KINDLERS NEUES LITERATUR LEXIKON

Hauptwerke der deutschen Literatur

Band 2

Hauptwerke der deutschen Literatur

Einzeldarstellungen
und Interpretationen

Band 2

Vom Vormärz bis zur
Gegenwartsliteratur

verlegt bei Kindler

Ausgewählt und zusammengestellt von Rudolf Radler

Satz: Satz-Rechen-Zentrum, Berlin
Druck und Verarbeitung: Franz Spiegel Buch, Ulm
Printed in Germany
ISBN 3-463-40262-9

3 5 4

Inhaltsverzeichnis

Vorwort

Mit dieser zweibändigen Sammlung der Beiträge aus Kindlers Neuem Literatur Lexikon zu den Hauptwerken der deutschen Literatur folgt der Verlag der Anregung zahlreicher Benutzer dieser Enzyklopädie, bestimmte Literaturbereiche aus dem zwanzigbändigen Gesamtwerk herauszulösen und in Form von Auswahlbänden für Lehrer und Schüler, Studenten und Dozenten der entsprechenden philologischen Fachbereiche sowie für Kenner und Liebhaber der betreffenden Nationalliteraturen zur Verfügung zu stellen.

Anders als im Gesamtlexikon, wo die Werkbeiträge durchgehend von A bis Z nach dem Alphabet der Autoren angeordnet sind, wurde in den beiden Bänden dieser Auswahlausgabe ein chronologisches Ordnungssystem angewandt: Die Beitragskomplexe zu den einzelnen Autoren — beispielsweise zu Lessing, Goethe oder Stifter — findet man daher in dem jeweiligen literarhistorischen Epochenzusammenhang, in den sie gehören, dort jeweils wieder in alphabetischer Reihenfolge. Beiträge zu anonymen Werken stehen — ebenfalls alphabetisch sortiert — innerhalb der einzelnen Abschnitte am Ende, also zum Beispiel die Anonyma der alt- und mittelhochdeutschen Literatur am Ende des ersten Abschnitts in Band I, *Von den Anfängen bis zum Ausgang des Mittelalters.* Zusätzlich findet der Leser am Ende beider Bände jeweils ein alphabetisches Register aller Autoren, deren Werke im betreffenden Band besprochen sind. Das in erster Linie chronologische, in zweiter Linie alphabetische Organisationsschema entspricht dem angestrebten Zweck, den Stoff so zu präsentieren, daß es der Methode didaktischer Vermittlung am besten entspricht; und aus dem historischen Entwicklungszusammenhang der Literaturgeschichte ergeben sich die in Unterricht und Studium am häufigsten angewandten Möglichkeiten der Erschließung des Stoffes.

Diese Sammlung verspricht Darstellungen und Interpretationen zu »Hauptwerken der deutschen Literatur«. Die prekäre Frage nach den Gesichtspunkten der Auswahl, die man selbst einem Unternehmen wie Kindlers Neuem Literatur Lexikon mit seinen nahezu 19000 Einzelbeiträgen stellt, wird sich auch an diese Bände richten. Wir haben uns an den Bedürfnissen von Schule und Universität orientiert und die Lektürepläne und Leseempfehlungen als Richtschnur benutzt. Einen besonderen Hinweis verdient die breite Berücksichtigung der Lyrik, die meist unter dem Kollektivtitel *Das lyrische Werk* dargestellt wird; diese Artikel sind jeweils den anderen Beiträgen zu den Werken des betreffenden Autors vorangestellt.

Die Redaktion von Kindlers Neuem Literatur Lexikon hat schon in der Einführung zum ersten Band (1988) darauf hingewiesen, daß es sich bei der Vielzahl der Mitarbeiter als unmöglich erwiesen hat, eine »Vereinheitlichung der Betrachtungsweise« zu erreichen. Die Tatsache, daß dieses Lexikon »das Werk höchst unterschiedlicher Temperamente ist«, daß es »alle Darstellungsmöglichkeiten versammelt, die zwischen dem nüchternen Bericht des strengen Fachgelehrten und der souveränen Interpretation ebenso kenntnisreicher wie gewandter Essayisten vorstellbar sind«, wird bei diesem Band zur deutschen Literatur zweifellos noch deutlicher ins Auge fallen als in den 20 Bänden des Grundwerks. Aber diese redaktionelle Toleranz, die den Autoren gewiß ungewöhnliche Freiheiten beließ, schlug dem Unternehmen letzten Endes doch zum Vorteil aus — wie seine Entwicklung zu einem inzwischen unbestrittenen Standardwerk der Literaturinformation bewiesen hat.

I. Vormärz, Biedermeier, Realismus. 19. Jahrhundert

GEORG BÜCHNER

* 17.10.1813 Goddelau bei Darmstadt
† 19.2.1837 Zürich

LITERATUR ZUM AUTOR:
Bibliographien:
W. Schlick, *Das G.-B.-Schrifttum bis 1965. Eine internationale Bibliographie*, Hildesheim 1968. – G. P. Knapp, *Kommentierte Bibliographie zu G. B.* (in *G. B. I/II*, Hg. H. L. Arnold, Mchn. 1979; 21982, S. 426–455). – G. B. Jb., Ffm. 1981 ff. [m. fortlaufender Bibliogr.].
Biographien:
K. E. Franzos, *G. B.* (in *G. B., SW u. handschriftlicher Nachlaß*, Ffm. 1879); ern. in *Der widerständige Klassiker. Einleitungen zu B.*, Hg. B. Dedner, Ffm. 1988. – H. Mayer, *G. B. u. seine Zeit*, Wiesbaden 1946; ern. Ffm. 1972; 41980. – K. Viëtor, *G. B. Politik, Dichtung, Wissenschaft*, Bern 1949. – E. Johann, *G. B. in Selbstzeugnissen u. Bilddokumenten*, Reinbek 1958; 151981 (rm). – M. Beese, *G. B.*, Lpzg. 1983.
Gesamtdarstellungen und Studien:
K. Viëtor, *G. B. als Politiker*, Bern/Lpzg. 1939; 21950. – P. Westra, *G. B. dans ses rapports avec ses contemporains*, Rotterdam 1946. – G. Baumann, *G. B. Die dramatische Ausdruckswelt*, Göttingen 1961; 21976. – *G. B.*, Hg. W. Martens, Darmstadt 1965; 31973 (WdF). – O. Döhner, *G. B.s Naturauffassung*, Diss. Marburg 1967. – E. Kobel, *G. B. Das dichterische Werk*, Bln. 1974. – *Materialien zur Rezeptions- und Wirkungsgeschichte G. B.s*, Hg. D. Goltschnigg, Kronberg/Ts. 1974. – Ders., *Rezeptions- und Wirkungsgeschichte G. B.s*, Kronberg/Ts. 1975. – G. Jancke *G. B. Genese u. Aktualität seines Werkes. Einführung in das Gesamtwerk*, Kronberg/Ts. 1975; 31979. – C. Ueding, *Denken, Sprechen, Handeln. Aufklärung u. Aufklärungskritik im Werk G. B.s*, Bern 1976. – M. B. Benn, *The Drama of Revolt. A Critical Study of G. B.*, Cambridge u. a. 1976; 21979. – W. Hinderer, *B.-Kommentar zum dichterischen Werk*, Mchn. 1977. – J. Thorn-Prikker, *Revolutionär ohne Revolution. Interpretation der Werke G. B.s*, Stg. 1978. – W. Wittkowski, *G. B. Persönlichkeit, Weltbild, Werk*, Heidelberg 1978. – *G. B. I/II*, Hg. H. L. Arnold, Mchn. 1979; 1982 (Text u. Kritik). – *G. B. III*, Hg. ders., Mchn. 1981 (dass.). – F. Sengle, *G. B. (1813–1837)* (in F. S., *Biedermeierzeit. Dt. Lit. im Spannungsfeld zwischen Restauration und Revolution 1815–1848*, Bd. 3, Stg. 1980, S. 265–331). – J. Hilton, *G. B.*, Ldn./Basingstoke 1982. – *Internationales G. B. Symposium* (Referate in G. B. Jb., 2, 1982 u. G. B. Jb., 3, 1983). – H. Poschmann, *G. B. Dichtung der Revolution u. Revolution der Dichtung*, Bln./Weimar 1983. – G. P. Knapp, *G. B.*, Stg. 21984 (Slg. Metzler). – J.-C. Hauschild, *G. B. Studien u. neue Quellen zu Leben, Werk u. Wirkung*, Königstein/Ts. 1985. – *G. B. Leben, Werk, Zeit*, Marburg 1985; 31987 [Kat. zur Marburger Ausst. 1984]. – *G. B. Revolutionär, Dichter, Wissenschaftler 1813–1837*, Basel/Ffm. 1987 [Kat. zur Darmstädter Ausst. 1987].

DANTONS TOD. Ein Drama

Schauspiel in vier Akten von Georg BÜCHNER, erschienen 1835; Uraufführung: Berlin, 5. 1. 1902, Belle-Alliance Theater und Neue Freie Volksbühne. – Als Medizinstudent in Gießen *»studierte«* Büchner Anfang 1834 die Geschichte der Französischen Revolution. Als Quelle diente ihm vor allem die Darstellung des liberalen französischen Historikers L. A. THIERS (*Histoire de la Révolution Française*, 1823–1827), der den Sturz des Ancien régime und die Kämpfe bis zum Staatsstreich Napoleons als zwangsläufige Folge der Auseinandersetzungen zwischen Aristokratie und Bürgertum deutete. Er gilt zusammen mit F. A. M. MIGNET als Begründer einer »fatalistischen Schule« in der Geschichtsschreibung, Büchners Äußerung über den *»gräßlichen Fatalismus der Geschichte«* im Brief an seine Braut (vermutlich erst nach dem 10. 3. 1834 verfaßt) reflektiert diese Lektüre und die Ohnmacht des einzelnen gegenüber den Zwängen der Verhältnisse: *»Der einzelne nur Schaum auf der Welle, die Größe ein bloßer Zufall, die Herrschaft des Genies ein Puppenspiel, ein lächerliches Ringen gegen ein ehernes Gesetz ...«* Zwischen Oktober 1834 und Januar 1835 entleiht Büchner sich aus der Großherzoglichen Hofbibliothek Darmstadt weitere historische Werke, u. a. L. S. MERCIERS *Le nouveau Paris* (1799), sowie Biographien und Memoirenliteratur, die er sowohl in den politischen Diskussionen der Darmstädter »Gesellschaft der Menschenrechte« benutzte, aber auch für das Drama exzerpierte. Rund ein Sechstel des Dramentextes, meist Reden, Charakterisierungen und Situationsbeschreibungen, ist wörtlich den Quellen entnommen, v. a. den Werken Thiers' und der umfangreichen, populären Heftchenreihe *Unsere Zeit, oder geschichtliche Übersicht der merkwürdigsten Ereignisse von 1789–1830*, die Carl STRAHLHEIM herausgab und die zur *»liebsten Lektüre«* von Büchners Vater gehörte; neben weiteren historischen Randquellen lassen sich literarische Einflüsse vor allem durch SHAKESPEARE, GRABBE und auch, was die Gestaltung der Volksszenen betrifft, durch GOETHE nachweisen.

Eigener Angabe zufolge schrieb Büchner das Drama *»in höchstens fünf Wochen«* nieder und schickte es am 21. 2. 1835 an den Frankfurter Verleger Sauerländer und dessen Redakteur Karl GUTZKOW, der es zunächst gekürzt und mit Tilgung oder Abschwächung sexueller *»Eindeutigkeiten«* in dem belletristischen Tagblatt ›Phönix‹ veröffentlichte: *»Es tobte eine wilde Sanscülottenlust in der Dichtung; die Erklärung der Menschenrechte wandelte darin auf und ab, nackt und nur mit Rosen bekränzt«*, schreibt Gutzkow 1837 in seinem Nachruf auf Büchner. Er war sich der Verstümmelung des Textes durch die Präventivzensur bewußt: *»Der ›ächte Danton‹ von Büchner ist ›nicht‹ erschienen.«* Im Juli 1835 – Büchner war wegen seiner Mitautorschaft am *Hessischen Landboten* nach Straßburg geflüchtet – erschien die ebenfalls stark zensierte Buchausgabe, der der Redakteur Eduard Duller noch den politisch kalkulierten, von Büchner als *»abgeschmackt«* bezeichneten Untertitel *Dramatische Bilder aus Frankreichs Schreckensherrschaft* hinzugefügt hatte.

Das Drama schildert in vier Akten die letzten beiden Wochen vor der Hinrichtung Dantons am 5. 4. 1794 in Paris. Die Vorgeschichte erschließt sich im Text aus den Erinnerungen Dantons, der zusammen mit Robespierre zu den führenden Köpfen der Revolution gehörte und 1792 für die »Septembermorde« an klerikalen und royalistischen Abgeordneten und Häftlingen verantwortlich zeichnete. In der Folgezeit kommt es zu Fraktionskämpfen zwischen den Anhängern Dantons und den Jakobinern, denen Robespierre und St. Just vorstehen. Die Handlung setzt ein, als die Kämpfe zugunsten der Jakobiner so gut wie entschieden sind. In der Anlage des Stücks weicht Büchner allerdings von der Chronologie der Ereignisse mitunter ab, wie er insgesamt das Quellenmaterial den dramaturgischen Erfordernissen des Stücks unterordnet, um die Konturen der historischen Situation und die ihr innewohnende Tendenz um so deutlicher herausarbeiten zu können.

Im ersten Akt lädt Robespierre das hungernde Volk, das nach Verschärfung des Terrors schreit, mit dem Versprechen in den Jakobinerclub, *»ein Blutgericht über unsere Feinde (zu) halten«*. Im Club hält Robespierre eine (historisch etwas früher anzusetzende) Rede, in der er die Herrschaft des Schreckens als *»Waffe der Republik«* und der Tugend legitimiert. Von dieser Rede wird Danton berichtet, und er läßt sich dazu bewegen, am folgenden Tag Robespierre aufzusuchen. Während Danton für das Ende der Terreur plädiert *(»ich sehe keinen Grund, der uns länger zum Töten zwänge«)*, ist für Robespierre die Revolution noch nicht abgeschlossen: *»Die soziale Revolution ist noch nicht fertig, wer eine Revolution zur Hälfte vollendet, gräbt sich selbst sein Grab.«* Weniger die politische Auseinandersetzung als vielmehr Dantons unverhüllte Verachtung der von Robespierre zur Schau getragenen Tugendhaftigkeit *(»Ist denn nichts in dir, was dir nicht manchmal, ganz leise, heimlich sagte du lügst, du lügst!«)* bestimmen das Gespräch. Robespierre gerät in Zweifel über sein Vorgehen, als St. Just ihn aus seinen Gedanken reißt: Sie verabreden die Verhaftung Dantons.

Der zweite Akt setzt mit einem neuen Tag ein. Danton muß feststellen, daß seine Ächtung durch Robespierre bereits über den Club hinausgedrungen ist. Vergebens drängen ihn seine Freunde, zu handeln oder wenigstens zu fliehen; Danton bleibt untätig, teils aus Lebensekel *(»... ich müßte schreien, das ist mir der Mühe zuviel, das Leben ist nicht die Arbeit wert, die man sich macht, es zu erhalten«)*, teils weil er auf sein Ansehen beim Volk vertraut: *»Sie werden's nicht wagen.«* In der sechsten Szene sind die Bürgersoldaten schon vor seinem Haus, in der letzten Szene wird seine bereits vollzogene Verhaftung im Konvent beraten und von Robespierre politisch, von St. Just geschichtsphilosophisch begründet: Die Revolution *»zerstückt die Menschheit, um sie zu verjüngen.«*

Der dritte Akt greift zunächst zeitlich zurück: die verhafteten Dantonisten werden ins Gefängnis eingeliefert. Die sich anschließende Gerichtsverhandlung (die sich historisch über mehrere Tage hingezogen hat) wird in einer raschen Szenenfolge zusammengefaßt. Ankläger und Präsident des Revolutionstribunals besprechen die Auswahl *»zuverlässiger«* Geschworener, Danton wird vor dem Tribunal verhört, unter einem Vorwand aber schließlich von der Verhandlung ausgeschlossen. Die Stimmung unter den Zuhörern, die Danton noch einmal zu seinen Gunsten beeinflussen konnte, schlägt endgültig gegen ihn um. Die Verurteilung Dantons und seiner Gefährten ist zu Beginn des vierten Akts bereits verkündet; in der Conciergerie warten die Gefangenen auf den Tod. Julie, die Frau Dantons, begeht Selbstmord (auch dies eine Abweichung von der Historie), nach der Guillotinierung der Männer sucht auch Lucile, die Frau von Camille Desmoulins, den Tod. Sie, die nicht begreift, daß angesichts der Ungeheuerlichkeit einer Hinrichtung *»Alles«* scheinbar unbeteiligt weitergeht *(»... da ist noch Alles wie sonst, die Häuser, die Gasse, der Wind geht, die Wolken ziehen. – Wir müssen's wohl leiden«)*, spricht ihr eigenes Todesurteil mit dem Ausruf: *»Es lebe der König!«*

Obgleich die Entwicklung der Geschehnisse die Äußerungen und Reflexionen der Figuren beherrscht, tritt die Aktion so weit hinter die Reflexionen der Akteure zurück, daß Gutzkow bemängeln konnte, es fehle dem Stück die Handlung, verstanden als Darstellung einer Intrige. Das Außergewöhnliche von Büchners Stück, das, worin es sich von der Literatur der Klassik und Romantik abhebt und worin es seine Modernität gewinnt, ist der Verzicht, hinter der Welt der Erscheinungen, Zufälle und Willkürlichkeiten ein System transzendentaler Ordnung entstehen zu lassen und die 32 Szenen des Dramas auf die herkömmliche, auf Einfühlung und Spannungsaufbau abzielende Entwicklung einer Fabel auszurichten. So intrigenhaft die Vernichtung der Dantonisten betrieben wird, so wenig setzt sich letztlich der intrigante Wille durch, es dominiert, in fast modern-episierender Weise, der Zwang der Verhältnisse: *»Wir haben nicht die Revolution gemacht, sondern die Revolution hat uns gemacht«*, konstatiert Danton. Und ein dritter politischer Faktor erscheint gleichsam als Voraussetzung und Ziel der politischen Akteure: Die dem Genuß huldigenden Anhänger Dantons und die radikalen Tugendwächter der Partei Robespierres stehen dem hungernden Volk gegenüber. Die Revolution müsse, um erfolgreich zu sein, *»von der ungebildeten und armen Klasse aufgefressen werden«*, hatte Büchner einst an Gutzkow geschrieben, aber die Französische Revolution kommt nicht an diesen Punkt. Zwar sind diejenigen, die oben sitzen, vom Willen beseelt, denen, die unten Hunger leiden, zu helfen *(»Ihr Hunger hurt und bettelt«)*, aber der Wille bleibt uneingelöst. Die Revolution verzehrt sich selbst, ohne eine Änderung der Verhältnisse herbeizuführen; die radikale Forderung eines Sansculotten: *»Die Guillotine ist zu langsam. Wir brauchen einen Platzregen«* kann Robespierre ohne Mühe verwenden, um seine politischen Widersacher auszuschalten. So tritt zur Diskrepanz zwischen Volk und Führern der Widerstreit der politischen Fraktionen hinzu. Zwischen ihnen wird der Kampf ausgetragen, mit dessen Darstellung Büchner entscheidende politische und philosophische Themen seiner Zeit (HEINE/BÖRNE-Debatte) auf ihre Widersprüche hin herausarbeitet: Dem rigiden Idealismus der Jakobiner widersetzt sich der Materialismus der Dantonisten. Beide, weder die Jakobiner noch die Dantonisten können die materiellen Voraussetzungen für ihre Ziele schaffen. Unter dem Eindruck des zweiten Bandes von Heines *Salon* akzentuiert Büchner die Haltung der Dantonisten noch durch das Moment sinnlicher Emanzipation. Der Gegensatz von Arm und Reich erweitert sich zum moralischen Antagonismus, zu Genuß und Bildung zugelassen oder davon ausgeschlossen zu sein, wie Dantons Gefährte Lacroix konstatiert: *»Und außerdem Danton, sind wir lasterhaft, wie Robespierre sagt d. h. wir genießen, und das Volk ist tugendhaft, d. h. es genießt nicht, weil ihm die Arbeit die Genußorgane stumpf macht, es besäuft sich nicht, weil es kein Geld hat und es geht nicht ins Bordell, weil es nach Käs und Hering aus dem Hals stinkt und die Mädel davor einen Ekel haben … Man nennt uns Spitzbuben und … es ist, unter uns gesagt, so halbwegs was Wahres dran.«* Die Dantonisten sind, als Privilegierte, die Statthalter jenes Glücksanspruchs, der dem Volk verheißen wird; aber da sie das Glück vorwegnehmen und als ein Vorrecht genießen, verraten sie zugleich den Anspruch jener, für die ihr Programm einstehen will.

Die Realität, die Büchner auf die Bühne bringt, hat wenig zu tun mit dem Ideal klassischer Harmonie; so hart er sein Quellenmaterial und die politischen Thesen aneinandermontiert, so heterogen die Stilebenen sind, die er kontrastiert, so gebrochen erscheinen seine Figuren, allen voran Danton. Sein Hedonismus hat seine Grenze am Ekel vor der Welt, er entzieht sich dem immergleichen Zwang zur Selbsterhaltung: *»Ja wahrhaftig, es war mir zuletzt langweilig. Immer im nämlichen Rock herumzulaufen und die nämlichen Falten zu ziehen … S'ist nicht zum Aushalten.«* Je nachhaltiger die Akteure an die Grenzen ihrer Handlungsmöglichkeiten stoßen, je mehr die Dinge ihrem Willen entgleiten, um so stärker schließen die Revolutionäre von ihrer Situation auf die Gnadenlosigkeit des Geschichtsablaufs, auf die Mitleidlosigkeit der Schöpfung. *»Sind wir nicht Nachtwandler…?«* sinniert Robespierre, und Danton klagt: *»Was ist das, was in uns hurt, lügt, stiehlt und mordet? Puppen sind wir von unbekannten Gewalten am Draht gezogen; nichts, nichts wir selbst!«* Die Zweifel am Sinn des eigenen Tuns finden ihr Pendant im Bild einer Welt, die für das Leiden der Menschen keinen Trost kennt; die Gespräche der Gefangenen kreisen um die »letzten Dinge«, um den Tod, den *»Riß in der Schöpfung«* (wohl eine Anspielung auf FEUERBACHS 1830 anonym veröffentlichte Schrift *Gedanken eines Denkers über Tod und Unsterblichkeit*), und um Gott. Während Camille die Umrisse eines materialistischen Weltbildes formuliert *(»… wir Alle sind Schurken und Engel, Dummköpfe und Genies und zwar das Alles in Einem … Schlafen, Verdaun, Kinder machen das treiben Alle, die übrigen Dinge sind nur Variationen aus verschiedenen Tonarten über das nämliche Thema«)*, kann Danton sich aus der Sinnsuche nicht lösen: *»Die Welt ist das Chaos. Das Nichts ist der zu gebärende Weltgott.«*

Utopische Entwürfe kennt das Stück kaum. Natur ist nur selten präsent, die Erfahrung von Schönheit meist mit der Ahnung des Todes verbunden. Sexualität erscheint von der ersten Szene an im Drama; den Hungernden ist sie aufgezwungen in Form der Prostitution, als Mittel zum Überleben, die Köpfe der Revolution gebrauchen sie zum Zeitvertreib. In einer der Grisetten jedoch, in Marion, wird Sexualität zur Utopie eines Lebens, das sich im Sinne *»erotische(r) Ich- und Besitzlosigkeit«* (B. Ullman) revolutioniert: *»Ich bin immer nur Eins. Ein ununterbrochnes Sehnen und Fassen, eine Glut, ein Strom. Meine Mutter ist vor Gram gestorben, die Leute weisen mit Fingern auf mich. Das ist dumm. Es läuft auf eins hinaus, an was man Freude hat, an Leibern, Christusbildern, Blumen oder Kinderspielsachen, es ist das nämliche Gefühl, wer am Meisten genießt, betet am Meisten.«* Im Drama schwingt, in einem elegischen Tonfall, eine Ebene der Zärtlichkeit und des Mitleidens mit gegenüber einer Wirklichkeit, die diese Empfindungen in vergebliche Tröstungen verwandelt.

Es waren vor allem diese leidvollen Bilder der Revolution, die, neben den sexuellen Anzüglichkeiten, die Rezeption des Stückes im 19. Jh. prägten: Das Drama führe *»so gräßlich-wahre Bilder jener wilden Schreckenszeit vor«*, urteilte der Literaturhistoriker Joseph KEHREIN 1840, *»daß einem dabei grauset«*. Noch im 20. Jh. wurde der Text als antirevolutionäre, nihilistische *»Tragödie des heldischen Pessimismus«* (K. Viëtor) gedeutet, als unterschwellig doch religiös-transzendentales Drama (W. Martens, W. Wittkowski) oder auch als Ausdruck politischer Resignation (R. Peacock). Dabei versuchte man fälschlicherweise den Autor mit den Aussagen einer seiner Figuren zu identifizieren, bevorzugt mit Danton, der an der Revolution leidet, oder auch mit Robespierre. G. LUKÁCS vor allem war es, der Büchners politisches Ideal auf seiten der Jakobiner verkörpert sieht. So unbestritten heute die revolutionäre Appellfunktion des Textes ist, so zweifelsfrei ist auch, daß Büchners Haltung nicht auf die einer seiner Figuren zu reduzieren ist. Daneben steht als dritte politische Kraft das Volk; so negativ es in seinem ziellosen Drang nach Gewalt, in seiner bewußtlosen Nachäffung politischer Parolen gezeichnet ist, so gewiß gehört Büchners Sympathie diesem Volk (*»Die Staatsform muß ein durchsichtiges Gewand seyn, das sich dicht an dem Leib des Volkes schmiegt ... Die Gestalt mag nun schön oder häßlich seyn, sie hat einmal das Recht zu seyn wie sie ist ...«*), aber er teilt augenscheinlich auch die Lebenslust der Anhänger Dantons wie den revolutionären Willen der Jakobiner. Die Thesen, mit denen sich die Akteure in diesem diskursiven Spiel begegnen, dementieren sich nicht in einem absoluten Sinne, sondern im Hinblick auf die konkrete Situation, wie auch Büchners Kritik einer in dem Sinne gescheiterten Revolution, daß sie eben dem Elend der Besitzlosen kein Ende bereitet hat, nicht als generelle Absage an die Notwendigkeit einer Revolution zu lesen ist. Büchner selbst kommentiert in seinem Brief von 28. 7. 1835: *»Der Dichter ist kein Lehrer der Moral, er erfindet und schafft Gestalten, er macht vergangene Zeiten wieder aufleben, und die Leute mögen dann daraus lernen, so gut, wie aus dem Studium der Geschichte und der Beobachtung dessen, was im menschlichen Leben um sie herum vorgeht.«* Der Text, für das Theater letztlich erst im 20. Jh. entdeckt, beeinflußte nachhaltig die später entstandenen dramatischen Gestaltungen der Revolution, darunter Aleksej TOLSTOJS *Smert' Dantona* (1919) sowie Romain ROLLANDS *Danton* (1900) und *Robespierre* (1939). KLL

AUSGABEN: Ffm. 1835 (in Phönix, Frühlingszeitung f. Dtschld., März/April, unvollst., Hg. K. Gutzkow); ern. Ffm. 1971 (in *Athenäum Reprints. Die Zeitschriften des Jungen Dtschld.*, Hg. A. Estermann); ern. Ffm. 1987 (in *GW. Erstdr. u. Erstausg. in Faks.*, Hg. Th. M. Mayer, 10 Bde., 3). – Ffm. 1835, Hg. K. Gutzkow; ern. Darmstadt 1981 (in *Dantons Tod. Faks. d. Erstausg. von 1835 mit B.s Korrekturen (Darmstädter Exemplar)*, Hg. E. Zimmermann); ern. Ffm. 1987 (in *GW. Erstdr. u. Erstausg. in Faks.*, Hg. Th. M. Mayer, 10 Bde., 4). – Ffm. 1850 (in *Nachgelassene Schriften*, Hg. L. Büchner). – Ffm. 1879 (in *SW u. handschriftlicher Nachlaß*, Hg. K. E. Franzos). – NY 1886. – Bln. 1909 (in *GS*, Hg. P. Landau, 2 Bde., 1). – Lpzg. 1922 (in *SW u. Briefe. GA*, Hg. F. Bergemann; krit.). – Ffm. 1968 (in *Werke u. Briefe. GA*, Hg. ders.; 11. korr. Aufl.). – Paris 1953 (in *G. B.: La Mort de Danton. Publiée avec le texte des sources et des corrections manuscrites de l'auteur*, Hg. R. Thieberger). – Hbg. [dann Mchn.]. 1967 ff. (in *SW u. Briefe. Hist. krit. Ausg.*, Hg. W. R. Lehmann, 2 Bde., 1; Hamburger Ausg.). – Ffm. 1980, Hg. Th. M. Mayer (krit.; m. Quellenang. in *G. B.: Dantons Tod. Die Trauerarbeit im Schönen*, Hg. P. v. Becker; ²1985 u. d. T.: *G. B.: Dantons Tod. Kritische Studienausg. des Originals mit Quellen, Aufsätzen u. Materialien*; verb.).

LITERATUR: A. Landsberg, *G. B.s »Dantons Tod«*, Diss. Bln. 1900. – A. Jaspers, *G. B.s Trauerspiel »Dantons Tod«*, Diss. Marburg 1918. – K. Viëtor, *Die Quellen von B.s Drama »Dantons Tod«* (in Euph, 34, 1933, S. 357–379). – W. Höllerer, *B.s »Dantons Tod«* (in *Das dt. Drama. Vom Barock bis zur Gegenwart*, Hg. B. v. Wiese, Bd. 2, Düsseldorf 1958, S. 65–88). – W. Martens, *Ideologie u. Verzweiflung. Religiöse Motive in B.s Revolutionsdrama* (in Euph, 54, 1960, S. 83–108). – P. Szondi, *»Dantons Tod«* (in NRs, 71, 1960, S. 652–657; ern. in P. S., *Versuch über das Tragische*, Ffm. 1961). – A. Beck, *Unbekannte französische Quellen von »Dantons Tod« von G. B.* (in FDH, 23, 1963, S. 489–538; ern. in A. B., *Forschung u. Deutung. Ausgewählte Aufsätze zur Literatur*, Hg. U. Fülleborn, Ffm./Bonn 1966, S. 346–393). – W. Viehweg, *G. B.s »Dantons Tod« auf dem dt. Theater*, Mchn. 1964. – R. Peacock, *Eine Bemerkung zu den Dramen G. B.s* (in *G. B.*, Hg. W. Martens, Darmstadt 1965). – Th. M. Mayer, *Zur Revision der Quellen von »Dantons Tod« von G. B.* (in Studi Germanici, 7, 1969, S. 287–336; 9, 1971, S. 223–233). – B. Zöllner, *B.s Drama »Dantons Tod« u. das Menschen- u. Geschichtsbild in den Revolutionsgeschichten von Thiers u. Mignet*, Diss. Kiel 1972. – F. Helbig, *Das Geschichtsdrama G. B.s Zitatprobleme u. hist. Wahrheit in »Dantons Tod«*, Bern/Ffm. 1973. – T. M. Holmes, *The Ideology of the Moderates in B.s »Dantons Tod«* (in GLL, 27, 1973/74, S. 93–100). – P. Michelsen, *Die Präsenz des Endes in G. B.s »Dantons Tod«* (in DVLG, 52, 1978, S. 476–495). – R. Galle, *Natur der Freiheit u. Freiheit der Natur als tragischer Widerspruch in »Dantons Tod«* (in Der Deutschunterricht, 31, 1979, H. 2, S. 107–121). – A. Behrmann u. J. Wohlleben, *B.: »Dantons Tod«. Eine Dramenanalyse*, Stg. 1980. – H. Adler, *G. B.: »Dantons Tod«* (in *Dt. Dramen. Interpretationen zu Werken von der Aufklärung bis zur Gegenwart*, Bd. 1, Hg. H. Müller-Michaels, Königstein/Ts. 1981, S. 145–169). – V. Bohn, *»Bei diesem genialen Cynismus wird dem Leser zuletzt ganz krankhaft pestartig zu Muthe«. Überlegungen zur Früh- und Spätrezeption von »Dantons Tod«* (in *G. B. III*, Hg. H. L. Arnold, Mchn. 1981, S. 104–130). – K. Eibl, *»Ergo todtgeschlagen«. Erkenntnisgrenzen u. Gewalt in B.s »Dantons Tod« u. »Woyzeck«* (in Euph, 75, 1981, S. 411–429). – C. Ueding, *»Dantons Tod« – Drama der unmenschlichen Geschichte* (in *Geschichte als Schauspiel*, Hg. W. Hinck, Ffm. 1981, S. 210–226). – T. Elm, *G. B.: Individuum u. Geschichte in »Dantons Tod«* (in *Zur Geschichtlichkeit der Moderne. Der Begriff der literarischen Moderne in Theorie u. Deutung*, Hg. T. E. u. G. Hemmerich, Mchn. 1982, S. 167–184). – D. James, *G. B.s »Dantons Tod«: A Reappraisal*, Ldn., 1982. – W. H. Rey, *G. B.s »Dantons Tod«. Revolutionstragödie u. Mysterienspiel*, Bern u. a. 1982. – R. Grimm, *»Dantons Tod« – ein Gegenentwurf zu Goethes »Egmont«?* (in GRM, N. F. 33, 1983, S. 424–457). – G. Knapp, *G. B.: »Dantons Tod«*, Ffm. 1983. – C. Heiß, *Die Rezeption von »Dantons Tod« durch die deutsch-amerikanische Arbeiterbewegung im 19. Jh.* (in G. B. Jb., 4, 1984, S. 248–263). – B. Dedner, *Legitimationen des Schreckens in G. B.s Revolutionsdrama* (in Jb. d. dt. Schillergesellschaft, 29, 1985, S. 343–380). – I. Nagel, *Verheißungen des Terrors. Vom Ursprung der Rede des Saint-Just in »Dantons Tod«* (in I. N., *Gedankengänge als Lebensläufe. Versuche über das 18. Jh.*, Mchn./Wien 1987, S. 107–133). – H. Wender, *G. B.s Bild der Großen Revolution. Zu den Quellen von »Dantons Tod«*, Ffm. 1988.

DER HESSISCHE LANDBOTE.
Erste Botschaft

Sozialrevolutionäre Flugschrift von Georg Büchner und Friedrich Ludwig Weidig (1791–1837). Die achtseitige Schrift erschien in rund 1000 Exemplaren, anonym und mit der fingierten Ortsangabe *»Darmstadt«* in Offenbach gedruckt, *»im Juli 1834«*. – Chronologisch und thematisch zwischen den Flugschriften deutscher »Jakobiner« wie Karl Clauer oder Georg Friedrich Rebmann und dem *Kommunistischen Manifest* von Marx und Engels stehend, markiert *Der Hessische Landbote* den Höhepunkt der revolutionären Publizistik im deutschen Vormärz. Über die beiden, mit etwa gleichen Textanteilen vertretenen Verfasser lassen sich unmittelbare Einflüsse näher umgrenzen: Büchner, der 1831–1833 in Straßburg studiert und die neuen Klassengegensätze zwischen Arm und Reich in der französischen Julimonarchie kennengelernt hatte (Aufstände der Lyoner Seidenweber 1831 und Anfang 1834), übernahm wesentliche Positionen des konspirativen frühkommunistischen Neobabouvismus, wie er u. a. von Auguste Blanqui (1805–1881) sowie in der »Société des Droits de l'homme et du citoyen« seit 1832/33 vertreten wurde und bereits die Flugschriften exilierter deutscher Republikaner und Handwerksgesellen in Paris um 1833/1834 beeinflußt hatte. Weidig, protestantischer Theologe und Rektor der Lateinschule in Butzbach bei Gießen, seit 1814 Kopf der Oppositionellen in Oberhessen, stand in der romantisch-volkstümlichen Tradition der nationalen und burschenschaftlichen Bewegung; er vereinte, ohne die taktische Unterstützung konstitutioneller Bestrebungen jemals aufzugeben, die beiden schon bei dem Gießener Radikalen Karl Follen (1796–1840) um 1818 ausgeprägten Positionen von aufklärender Volksagitation und unmittelbarer revolutionärer Gewaltanwendung; und durch ihn gingen, in einer besonderen, revolutionseschatologischen Richtung abgewandelt, Vorbilder früherer Flugschriften der hessen-darmstädtischen »Unbedingten« (so Wilhelm Schulz' *Frag- und Antwortbüchlein über Allerlei, was im deutschen Vaterlande besonders Not tut*, 1819) und der südwestdeutschen, vor allem der Frankfurter Republikaner, wie sie seit der Zeit um das Hambacher Fest (1832) und nach dem Frankfurter Wachensturm vom April 1833 verbreitet wurden, in den Text ein. Entstehung, Druck und Verbreitung des *Hessischen Landboten* wurden von mehreren organisatorischen Voraussetzungen bestimmt. Büchner kam als Medizinstudent im Oktober 1833 nach Gießen, wo der revolutionäre Kern der Burschenschaft, zu dem einige seiner Darmstädter Schulfreunde zählten, durch Verhaftungen nach dem Wachensturm zerschlagen war. Um Anfang 1834 lernte Büchner Weidig kennen, der diesen gescheiterten Versuch, durch eine bewaffnete Aktion am Sitz des Bundestags eine allgemeine Aufstandsbewegung auszulösen, in Oberhessen sowie als Emissär zu anderen Gruppen maßgeblich mitgeplant hatte und danach verstärkt die Auffassung vertrat, man müsse das *»Landvolk« »belehren, in welchem Zustande es lebe und in welchem es leben könnte«*, um es zum Aufstand *»gegen seine Regierungen«* zu bewegen. Nach Freilassung der Gießener Inhaftierten Anfang März 1834 überzeugte Büchner die gescheiterten Wachenstürmer – politisch erfahrene Studenten und Handwerker – von der Strategie einer Agitation der *»niederen Volksklassen«*, was *»vor der Hand nur durch Flugschriften«* möglich sei, die von konspirativen Vereinigungen gedruckt und verbreitet werden sollten. Nach dem Muster der französischen »Société des Droits de l'homme et du citoyen« gründete er daher mit den Entlassenen eine Gießener (im April 1834 auch eine Darmstädter) Sektion der »Gesellschaft der Menschenrechte«, in der egalitaristische und frühkommunistische Gesellschaftstheorien diskutiert wurden *(»Alles Vermögen ist Gemeingut«, »Gütergemeinschaft«)*. Noch im März legte Büchner den Sektionären seinen Entwurf einer ersten Flugschrift an die hessischen Bauern, Tagelöhner und Handwerker vor. Da nur Weidig über Beziehungen zu einer geheimen Druckerei verfügte, hatte Büchner auch mit diesem die Abfassung der Flugschrift abgesprochen und von ihm die als Quelle benützte Statistik des Großherzogtums Hessen (von G. W. J. Wagner, 1831) entliehen. Weidig lehnte es dann jedoch ab, Büchners Entwurf unverändert drucken zu lassen, weil er befürchtete, die heftigen Angriffe *»gegen die Reichen«* und Liberalen würden die konstitutionellen Kräfte unnötig brüskieren und auch im bäuerlichen Bereich die Einheit der Opposition gegen das restaurative System gefährden. Andererseits muß Weidig von der agitatorischen Kraft der Vorlage so beeindruckt gewesen sein, daß er mit seiner Bearbeitungskonzeption im Mai/Juni 1834 unter süddeutschen Republikanern zwischen Marburg und Mannheim erfolgreich für eine neue publizistische Offensive warb, mit der die seit dem Wachensturm unterbrochene überregionale Zusammenarbeit wiederaufgenommen werden sollte: neben einem republikanischen Exilorgan für *»die Gebildeteren«* sollten in den einzelnen süddeutschen Ländern nach dem Vorbild des *Landboten* Flugschriften zur sozialen Volksagitation erscheinen, die an den speziellen Verhältnissen ansetzten. Bei einem Treffen mit kurhessischen Oppositionellen auf der Badenburg (3. Juli) konnte Weidig diese Pläne wie auch – gegen Büchners Widerstand – seine Redaktion des *Landboten*-Entwurfs durchsetzen und die geheime Verbreitung der Schrift koordinieren. Erst danach ging der von Weidig stark bearbeitete Text in Druck.

Von Weidig stammen Titel und *»Vorbericht«*, er setzte an die Stelle ausdrücklicher Angriffe gegen die *»Reichen«* solche gegen *»die Vornehmen«*, milderte und strich gegen die *»liberale Partei«* gerichtete Passagen, fügte zahlreiche Bibelzitate und -bezüge ein und schrieb die zweite Hälfte des Textes völlig neu.

Büchners Appell hatte sich an den »materiellen Interessen« der hessischen Land- und Stadtarmen orientiert – häufig von feudalen Zwängen und vorindustriellem Pauperismus zugleich gedrückte Doppelerwerbstätige mit Arbeitstagen bis über 18 Stunden. Diesen müsse man *»zeigen und vorrechnen, daß sie einem Staate angehören, dessen Lasten sie größtenteils tragen müssen, während andere den Vorteil davon beziehen«; »daß die Gesetze, welche über ihr Leben und Eigentum verfügen, in den Händen des Adels, der Reichen und der Staatsdiener sich befinden usw.«* (Verhöraussage A. Beckers). Entsprechend rechnete Büchners Entwurf in den von Weidig respektierten Teilen an Hand der im einzelnen bezifferten Staatseinnahmen *(»der Blutzehnte, der von dem Leib des Volkes genommen wird«)* und -ausgaben absatzweise und mit schneidender Rhetorik die prinzipiellen Zumutungen des Status quo vor: Die Ausgaben für die Justiz bringen dem Volk *»einen Wust von Gesetzen, zusammengehäuft aus willkürlichen Verordnungen aller Jahrhunderte«; »Das Gesetz ist das Eigentum einer unbedeutenden Klasse von [Reichen] und Gelehrten, die sich durch ihr eignes Machwerk die Herrschaft zuspricht. Diese Gerechtigkeit ist nur ein Mittel, euch in Ordnung zu halten, damit man euch bequemer schinde«*. Mit den Ausgaben für das Finanzministerium *»werden die Finanzräte, Obereinnehmer, Steuerboten, die Untererheber besoldet. Dafür wird der Ertrag eurer Äcker berechnet und eure Köpfe gezählt. Der Boden unter euren Füßen, der Bissen zwischen euren Zähnen ist besteuert.«* Für die Militärkosten *»kriegen eure Söhne einen bunten Rock auf den Leib, ein Gewehr oder eine Trommel auf die Schulter«*, sie müssen *»den Tyrannen schwören und Wache halten an ihren Palästen«*. Die Soldaten *»sind die gesetzlichen Mörder, welche die gesetzlichen Räuber schützen«*. Der Staat mit seinen Organen erscheint als eine durch die Ideologie des Gottesgnadentums gestützte ›Maschine‹ zur ›Auspressung‹ und Unterdrückung der *»Bauern und Bürger«*, diese *»werden zu Ackergäulen und Pflugstieren gemacht, damit sie in Ordnung leben. In Ordnung leben heißt hungern und geschunden werden.«* Ebenso krasse Bilder porträtieren den *»langen Sonntag«* der reichen und adeligen Müßiggänger: *»sie haben feiste Gesichter und reden eine eigne Sprache«; »Die Töchter des Volks sind ihre Mägde und Huren, die Söhne des Volks ihre Lakaien und Soldaten. Geht einmal nach Darmstadt und seht, wie die Herren sich für euer Geld dort lustig machen, und erzählt dann euern hungernden Weibern und Kindern, daß ihr Brot an fremden Bäuchen herrlich angeschlagen sei, erzählt ihnen von den schönen Kleidern, die in ihrem Schweiß gefärbt, und von den zierlichen Bändern, die aus den Schwielen ihrer Hände geschnitten sind.«* Obgleich diese sozialrevolutionäre Substanz einschließlich der aus der Französischen Revolution stammenden, überschreibenden Parole *»Friede den Hütten! Krieg den Palästen!«* auch im gedruckten Text, den Weidig als der maßgebliche Bearbeiter in letzter Instanz verantwortet, jedenfalls nicht wesentlich angetastet scheint, war Büchner *»über die Veränderungen« »außerordentlich aufgebracht«*. Da ihm *»gerade das, worauf er das meiste Gewicht gelegt habe und wodurch alles andere gleichsam legitimiert werde«*, von Weidig *»durchgestrichen«* worden sei, wollte er die Flugschrift *»nicht mehr als die seinige anerkennen«* (A. Becker).

Weidigs Textanteile am *Hessischen Landboten* sind als eine relativ homogene Schicht von Anprangerungen einzelner Mißstände bzw. Personen, vor allem aber von ausgedehnten revolutionstheologischen Begründungen erkennbar. Nannte es Büchner, wie die französischen Neobabouvisten, generell einen *»Diebstahl«*, was *»von Staatswegen unter dem Namen von Abgabe und Steuern jeden Tag an eurem Eigentum«* abgezogen werde, und waren für ihn die Beamten nur abhängige *»Werkzeuge«*, so durchsetzte Weidig diese Systembeschreibung mit Attacken gegen besonders willkürliche Übergriffe und *»meineidige«, »feige«, ›heuchlerische‹ oder ›verräterische‹ »Persönlichkeiten«*. War für Büchner der Volkswiderstand profan legitimiert und aussichtsreich aufgrund des Mißverhältnisses zwischen 10 000 *»Pressern«* und 700 000 abhängigen Produzenten, so überhöhte Weidig den Widerstand mit geschichtstheologischen Ausführungen zu einer eschatologischen Notwendigkeit nach triadischem Muster: Nach Weidigs Auffassung wurde ein ursprünglich harmonischer Zustand im *»herrlichsten Reich«* der *»freien Voreltern«* zerstört durch sündhaften Abfall der *»Deutschen von Gott und von der Freiheit«* bzw. *»von der Freiheit und Gleichheit [ihrer] Voreltern«* zum *»Götzendienste«* der Fürstenherrschaft; die von Gott zur Strafe verordnete *»Teufels-Obrigkeit«*, der herrschende Zustand von *»Knechtschaft«* und *»Dienstbarkeit«* könne mit der Hilfe des *»Herrn«* erst dann überwunden werden, wenn das deutsche Volk sich *»bekehre von dem Irrtum [seines] Wandels«*. Dann werde Gott das in *»Trümmern«* liegende *»Reich« »zu seinem Freistaat verjüngen«*, und Deutschland werde als ein erneuertes, nunmehr republikanisches *»Paradies« »mit einer vom Volk gewählten Obrigkeit wieder auferstehn.«* Enge Verfugungen eschatologischer Bibelzitate (Ephes. 6; Jes. 27; Ezechiel 37) untermauern Weidigs heilsgeschichtliche Lesung der deutschen Geschichte, die er auch auf die Französische Revolution von 1789 und die Beziehungen zwischen Deutschland und Frankreich von den Revolutionskriegen über Napoleon bis nach der Julirevolution von 1830 übertrug (der entsprechende längere Exkurs Weidigs ersetzte wahrscheinlich einen im Entwurf Büchners gegen die *»liberale Partei«* gerichteten Abschnitt und seine Verwerfung der Herrschaft *»eine[s] Geldaristokratismus wie i[m] Frankreich«* der Julimonarchie als mögliches Ergebnis einer konstitutionell abgefangenen bürgerlichen Revolution in Deutschland).

Wenn sich auf diese Weise im gedruckten Text blanquistische Sozialrevolution und Revolutionstheologie, frühkommunistische Bourgeoiskritik und romantischer Antikapitalismus noch überlagern, dann läßt Büchners dezidierte Ablehnung des Drucks zumindest allgemeine Schlüsse zu auf die von Weidig mit freier Hand gestrichenen *(»legitimierenden«)* Passagen: es ist zwar unwahrscheinlich, daß Büchners Entwurf Ziele wie die *»Gütergemeinschaft«* ausdrücklich formulierte, doch so eng Büchner mit der Vorstellung einer vor allem fiskalischen Ausbeutung Theorien der französischen Frühkommunisten übernommen hatte, so weit dürfte er ihnen, wie im übrigen seine Briefe belegen, auch in der Strategie eines autonomen Widerstandes der subbürgerlichen Schichten gegen die Allianz von Adel bzw. konstitutioneller Monarchie, Bürokratie und Reichen (*»Krieg zwischen Arm und Reich«*, Blanqui 1832) gefolgt sein, den Büchner nach Beispielen des deutschen Bauernkriegs, der französischen Camisardenaufstände des 18. Jahrhunderts, der spanischen Guerilla gegen die napoleonische Fremdherrschaft und der polnischen Kämpfe gegen den Zarismus 1830/1831 als eine Guerilla im Inneren definierte: *»Soll jemals die Revolution auf eine durchgreifende Art ausgeführt werden, so kann und darf das bloß durch die große Masse des Volkes geschehen, durch deren Überzahl und Gewicht die Soldaten gleichsam erdrückt werden müssen«* (Büchner nach dem Zeugnis A. Beckers). Damit war fraglos auch im Ziel jener subsidiär-philanthropische Ausgleich aufgegeben, der in Weidigs Konzeption eines *»Freistaates«* zwischen den verschiedenen *»Ständen«* als *»Gliedern Eines Leibes«* herrschen sollte.

Nachdem ein Freund Büchners, der am 1. August 1834 einen Teil der *Landboten*-Auflage vom Druckort Offenbach nach Gießen transportierte, denunziert und verhaftet worden war, verhinderten ausgedehnte polizeiliche Untersuchungen das Erscheinen weiterer »Botschaften« des *Hessischen Landboten* ebenso wie die von Weidig vorgeschlagenen Flugschriften in anderen Ländern. Dennoch wurden die etwa 800 nicht beschlagnahmten Exemplare des *Landboten* ab Mitte August von Mitgliedern des Weidig-Kreises und Büchners »Gesellschaft« in Oberhessen verbreitet. Hierzu erhaltene Akten bestätigen nicht, *»daß die Bauern die meisten gefundenen Flugschriften auf die Polizei abgeliefert hätten«*, wie Becker 1837 in seinen Verhören vermutlich zur eigenen Entlastung vom Delikt des erfolgreichen *»Hochverrats«* vorgegeben hatte und von der Forschung häufig auch mit biographischen Schlußfolgerungen für den Autor von *Dantons Tod* zitiert wurde. Becker selbst bezeichnete nach seiner Haftentlassung den *Landboten* als einzige *»deutsche politische [...] Flugschrift, die zum Verständnis und Herz des Volkes gelangt«* sei. Auch Weidig soll *»Bauern gesprochen haben«*, *»auf welche der Landbote einen ungewöhnlichen Eindruck gemacht habe.«* Nur dies kann den inzwischen als Pfarrer strafversetzten Weidig im Herbst 1834 auch veranlaßt haben, eine zweite Auflage des *Hessischen Landboten* in Marburg drucken zu lassen, deren Veränderungen im wesentlichen auf Leopold Eichelberg zurückgehen, der bereits im Sommer auf der Badenburg an den Diskussionen über die erste Auflage beteiligt war.

Büchner ging im September 1834 von Gießen nach Darmstadt, wo er die dortige »Gesellschaft der Menschenrechte« reorganisierte und durch den geplanten Kauf einer eigenen Druckerpresse die Flugschriftenagitation ohne fremde Redaktionseinflüsse fortsetzen wollte. Sich verdichtende polizeiliche Erkenntnisse über seine Mitautorschaft am *Hessischen Landboten* zwangen ihn Anfang März 1835 zur Flucht nach Straßburg. Weidig wurde am 24. April 1835 verhaftet und starb wenige Tage nach Büchner am 23. 2. 1837 nach einem angeblichen Selbstmordversuch unter im einzelnen ungeklärten, jedoch durch Folter und zumindest unterlassene Hilfeleistung verursachten Umständen im Darmstädter Gefängnis. T.M.M.

AUSGABEN: Darmstadt [d. i. Offenbach] Juli 1834. – Darmstadt [d. i. Marburg] Nov. 1834 [2. veränd. Aufl., Mitverf. L. Eichelberg]; ern. Marburg 1973 [Faks. d. beiden Erstdr.; Nachw. E. G. Franz]; ern. Ffm. 1987 (in *GW. Erstdr. u. Erstausg. in Faks.*, Hg. Th. M. Mayer, 10 Bde., 1 u. 2); ern. Darmstadt 1987 (in F. L. Weidig, *GS*, Hg. H.-J. Müller). – Ffm. 1879 (in *G. B., SW u. handschriftlicher Nachlaß*, Hg. K. E. Franzos). – Mchn. 1896, Hg. E. David. – Bln. 1909 (in *GS*, Hg. P. Landau, 2 Bde., 2). – Lpzg. 1922 (in *SW u. Briefe. GA*, Hg. F. Bergemann). – Ffm. 1968 (in *Werke u. Briefe. GA*, Hg. ders.; 11. korr. Aufl.). – Lpzg. 1947 [Einl. u. Anm. ders.]. – Ffm. 1965; ern. 1974 [Komm. H. M. Enzensberger]. – Hbg. [dann Mchn.] 1967 ff. (in *SW u. Briefe. Hist. krit. Ausg.*, Hg. W. R. Lehmann, 2 Bde., 2; Paralleldr. beider Ausg.; Hamburger Ausg.). – Mchn./Wien 1976 (in *G. B./F. L. Weidig: Der Hessische Landbote. Texte, Materialien, Kommentar*, Hg. G. Schaub). – Mchn. 1980 (in *Werke u. Briefe*; Komm. ders.). – Ffm. 1987 (in *Insel-*

Almanach auf das Jahr 1987. G. B., Hg. Th. M. Mayer; enth. nur die vermutl. von B. stammenden Passagen, S. 44–49).

Literatur: F. Noellner, *Actenmäßige Darlegung des wegen Hochverraths eingeleiteten gerichtlichen Verfahrens gegen Pfarrer D. F. L. Weidig* ..., Darmstadt 1844. – W. Diehl, *Minnigerode's Verhaftung und G. B.s Flucht* (in Hessische Chronik, 9, 1920, S. 5–18). – K. Immelt, *Der »Hessische Landbote« u. seine Bedeutung für die revolutionäre Bewegung des Vormärz im Großherzogtum Hessen-Darmstadt* (in Mitt. d. Oberhessischen Geschichtsvereins, N. F., 52, 1967, S. 13–77). – V. Klotz, *Agitationsvorgang u. Wirkprozedur in B.s »Hessischem Landboten«* (in *Literaturwissenschaft u. Geschichtsphilosophie. Fs. für W. Emrich*, Hg. H. Arntzen u. a., Bln./NY 1975, S. 388–405). – H.-J. Ruckhäberle, *Flugschriftenliteratur im historischen Umkreis G. B.s*, Kronberg/Ts. 1975. – R. Saviane, *Libertà e necessità. »Der Hessische Landbote« di G. B.* (in AION, 19, 1976, S. 7–119). – G. Schaub, *Statistik u. Agitation. Eine neue Quelle zu B.s »Hessischem Landboten«* (in *Geist u. Zeichen. Fs. für A. Henkel*, Hg. H. Anton u. a., Heidelberg 1977, S. 351–375). – Th. M. Mayer, *B. und Weidig – Frühkommunismus und revolutionäre Demokratie. Zur Textverteilung des »Hessischen Landboten«* (in *G. B. I/II*, Hg. H. L. Arnold, Mchn. 1979; [2]1982, S. 16–298). – Th. M. Mayer, *Die Verbreitung u. Wirkung des »Hessischen Landboten«* (in G. B. Jb., 1, 1981, S. 68–111). – *Untersuchungsberichte zur republikanischen Bewegung in Hessen 1831–1834*, Hg. R. Görisch u. Th. M. Mayer, Ffm. 1982. – J. W. Fritz, *Carl Preller, der Drucker des »Hessischen Landboten«. Vom Kampf der Republikaner im Vormärz*, Offenbach 1984. – T. M. Holmes, *Druckfehler und Leidensmetaphern als Fingerzeige zur Autorschaft einer »Landboten«-Stelle* (in G. B. Jb., 5, 1985, S. 11–17). – *G. B. Leben, Werk, Zeit*, Marburg 1985; [3]1987, S. 97–168. – *G. B. Revolutionär, Dichter, Wissenschaftler 1813–1837*, Basel/Ffm. 1987, S. 156–217. – F. L. Weidig, *Gesammelte Schriften*, Hg. H.-J. Müller, Darmstadt 1987.

LENZ

Erzählung von Georg Büchner, erschienen 1839. – Büchner hinterließ bei seinem Tod den Text vermutlich ohne Titel. Seine Braut Minna Jaeglé fertigte eine Abschrift an, die sie im September 1837 an Karl Gutzkow sandte; die Veröffentlichung erfolgte im Januar 1839 in Fortsetzungen in der Zeitschrift ›Telegraph für Deutschland‹ unter dem Titel *Lenz. Eine Reliquie von Georg Büchner*. Ob Gutzkow in den Text eingriff, ist ungewiß; Büchners Bruder Ludwig Büchner (1824–1899) benutzte diese Fassung als Vorlage für die Edition des Werkes in den *Nachgelassenen Schriften* (1850). Da das handschriftliche Original des Textes verschollen ist, bleibt Gutzkows Erstdruck der *»einzige authentische Textzeuge«* (Gersch).

Seit Frühjahr 1835 beschäftigte sich Büchner mit dieser Erzählung, deren wesentliche Quelle der Bericht des Pfarrers, Sozialreformers und Pädagogen Johann Friedrich Oberlin (1740–1826) bildet, in dem der Aufenthalt des Schriftstellers Jakob Michael Reinhold Lenz (1751–1792) in Waldersbach (bei Büchner *»Waldbach«*) im vogesischen Steintal festgehalten ist; Lenz erscheint dort zwischen dem 20. 1. und dem 8. 2. 1778 mit allen Anzeichen einer psychotischen Erkrankung; aufgrund einer deutlichen Verschlechterung seines Zustandes läßt ihn Oberlin schließlich nach Straßburg bringen. Oberlins Bericht erhielt Büchner in einer Abschrift durch seine Straßburger Freunde August (1808–1884) und Adolf Stoeber (1810–1892). August Stoeber veröffentlichte 1831 einen Aufsatz *Der Dichter Lenz* im ›Morgenblatt für gebildete Stände‹, sein Vater, Daniel Ehrenfried Stoeber (1779–1835), publizierte 1831 eine umfangreiche Oberlin-Biographie *(Vie de J. F. Oberlin)*, und der Vater von Büchners Braut Minna, Johann Jakob Jaeglé (1763–1837), war es, der beim Tode Oberlins 1826 eine der Totenreden gehalten hatte. Weitere Einzelheiten entnahm Büchner Goethes Lenz-Porträt in *Dichtung und Wahrheit*. Während Goethe in distanzierter Form sich an diesen *»merkwürdigen Menschen«* erinnert und *»mehr in Resultaten«* spricht als zu schildern, sucht Büchner, wie er im Oktober 1835 an seine Eltern schreibt, eine Vergegenwärtigung des *»unglücklichen Poeten«*. Die Einarbeitung der Oberlin-Quelle in den Text ist durch einen Perspektivwechsel gekennzeichnet; Oberlins beobachtend-registrierende Sicht auf das Verhalten von Lenz ersetzt Büchner durch den Blick auf die Innenwelt, auf die Wahrnehmungsform des Kranken. Zwar hält er an der durch Oberlin überlieferten Chronologie der Ereignisse weitgehend fest, aber die Zeitangaben werden aufgelöst in das subjektive Zeitempfinden von Lenz. Naturbeschreibungen und -erfahrungen sind fast vollständig aus der Hand Büchners, ebenso die den Text prägende Auseinandersetzung mit dem Christentum sowie das sogenannte »Kunstgespräch«, das Lenz mit Christoph Kaufmann führt, einem befreundeten Dichter, der sich kurz im Steintal aufhält. Büchner entwirft so ein umfassendes, detailreiches Psychogramm von Lenz, dessen Dichte, Expressivität und Genauigkeit in der deutschen Literatur ohne Vorbild ist.

Die Natureindrücke auf Lenzens Weg *»durchs Gebirg«* konzipiert Büchner als Reflex wechselnder Bewußtseinszustände. Grau erstarrte, von feuchter Kälte beherrschte Landschaftsformen korrespondieren mit der Empfindung von Gleichgültigkeit; dynamische, lichtdurchflutete und von Bewegung geprägte Naturbilder weisen auf die Teilnahme des Wanderers am Spiel der Naturkräfte hin. Das Erleben bedrohender Enge der Welt findet seine Entsprechung im Bedürfnis nach grenzenloser Ausdehnung des Subjekts ins Unendliche des Universums: *»Es war ihm alles so klein, so nahe, so naß, er hätte die Erde hinter den Ofen setzen mögen ... er meinte, er müsse den Sturm in sich ziehen, alles in sich* *fassen, er dehnte sich aus und lag über der Erde, er wühlte sich in das All hinein ...«* Kurze, prädikatlose Hauptsätze stehen neben weit ausholenden, mühsam zu Ende gefügten Perioden; die Satzverbindungen sind brüchig, absolut gesetzte, außer allem syntaktischen Zusammenhang stehende Appositionen dominieren. Die mit der Dunkelheit einsetzende Angst, die Lenz auf der *»Höhe des Gebirgs«* überkommt, die Empfindung von Einsamkeit und Gejagtsein angesichts der Verschmelzung aller Landschaftskonturen, durchzieht leitmotivisch ebenso den Text wie die Auflösung des Zeitkontinuums in zusammenhangslose »Augenblicke«. Als Lenz das Dorf Waldbach erreicht, beruhigt er sich. Er wird herzlich von der Pfarrersfamilie aufgenommen, fühlt sich an glückliche Kindheitstage erinnert. Allein im *»Zimmer im Schulhause«* befällt ihn erneut eine *»unnennbare Angst«, »er war sich selbst ein Traum«*. Instinktiv beginnt er, sich zu kasteien, der selbstzugefügte Schmerz durch den Sturz ins kalte Brunnenwasser bringt ihn wieder zu Bewußtsein.

Unterwegs mit Oberlin, bessert sich sein Zustand in den nächsten Tagen. Er genießt die Nähe des pragmatischen Seelsorgers, empfindet Übereinstimmung zwischen Natur und den in Armut lebenden Bewohnern des Steintales, die *»mächtige Ruhe«* wird ihm zum Idealzustand. Doch mit einsetzender Dunkelheit überfallen ihn wieder Angstzustände, die Ahnung einer unabwendbaren Erkrankung verstärkt sich. Dem Vorbild Oberlins und der Talbewohner folgend, versucht Lenz die Natur als Offenbarung Gottes zu erkennen und zu fühlen, um sich damit gegen die durch die Finsternis und die Eindrücke einer *»verschmolzenen«* Natur ausgelösten Ängste zu behaupten; das unmittelbare, pantheistisch gewendete Naturerleben wird zur letzten Möglichkeit einer Selbsttherapie. Die Bibel lesend, für Oberlin predigend, beruhigt sich Lenz; er empfindet Befriedigung, *»Schlaf«* zu bringen und *»Leiden gen Himmel«* zu leiten. Die Illusion der Leidensgemeinschaft mit den gläubigen, unaufgeklärten Kirchgängern verschafft ihm für Augenblicke ein *»süßes Gefühl unendlichen Wohls«*, das jedoch rasch in Verzweiflung und Selbstmitleid über seine Einsamkeit und sein Leid umschlägt: *»... es war ihm, als müsse er sich auflösen, er konnte kein Ende finden der Wollust; endlich dämmerte es in ihm, er empfand ein leises tiefes Mitleid in sich selbst«*.

Nur noch einmal, als Christoph Kaufmann zu Besuch kommt, spricht Lenz gelöst und konzentriert. Dieses Gespräch über Kunst wird zu einem der zentralen Momente der Erzählung. Die ästhetischen Ansichten, die Lenz äußert, sind jene, die sich auch in *Dantons Tod* und in *Leonce und Lena* finden. Leidenschaftlich wird die Abstraktheit des Idealismus als *»schmählichste Verachtung der menschlichen Natur«* angeprangert und die Forderung nach einer realistischen, nichtnormativen Kunst dagegen gesetzt: *»Ich verlange in allem Leben, Möglichkeit des Daseins, und dann ist's gut; wir haben dann nicht zu fragen, ob es schön, ob es häßlich ist, das Gefühl, daß was geschaffen sei, Leben habe, stehe über diesen beiden, und sei das einzige Kriterium in Kunstsachen.«* Nur bei Goethe, SHAKESPEARE und im Volkslied fänden sich Beispiele solcher Kunst. Büchners Kunstauffassung ergänzt seine politische Kritik an den Verhältnissen seiner Zeit, gewinnt eine egalitär-demokratische Tendenz, und markiert zugleich die Grenzen der Kunst, die den Defiziten der Wirklichkeit, dem Leiden der Menschen lediglich den Wunsch nach Änderung entgegensetzen kann. In der Kunst kann Lenz seine Identität gewinnen, nicht aber in der Wirklichkeit. Er bricht das Gespräch ab, als Kaufmann ihn auffordert, zu seinem Vater zurückzukehren. Der Aufenthalt im Steintal sei die einzige Möglichkeit, sich vor der *»Tollheit«* zu retten, in die ihn das bürgerliche Leben treiben würde; tatsächlich aber steigert sich nach dieser Unterredung seine Krankheit zunehmend. Kaufmann und Oberlin brechen zu einer Reise in die Schweiz auf, Lenz begleitet sie ein Stück auf dem Weg. Als er umkehrt, übernachtet er unterwegs in Fouday bei Leuten, in deren Hütte ein todkrankes Mädchen im Fieber liegt. Das Bild des Mädchens verfolgt ihn bis Waldbach; bald glaubt er seine Mutter darin zu erkennen, bald Friederike Brion, mit der er sich nach Goethes Weggang aus Straßburg verlobt hatte. Als er hört, im Dorf Fonday sei ein Mädchen gestorben, eilt er, *»wie ein Büßender«, »das Gesicht mit Asche beschmiert«*, hin und sucht vergebens, in einer Nachahmung Christi, es wieder zum Leben zu erwecken. Die Erfahrung seiner Ohnmacht treibt ihn zu wilden Gotteslästerungen: *»es war ihm, als könne er eine ungeheure Faust hinauf in den Himmel ballen und Gott herbei reißen und zwischen seinen Wolken schleifen; als könnte er die Welt mit den Zähnen zermalmen und sie dem Schöpfer ins Gesicht speien.«* Die sich steigernde Psychose ist verbunden mit einer anhaltenden Kritik am Christentum. Die nebelhaft verschwindende, titanenhafte Landschaft im Mondlicht erlebt Lenz nur noch als *»dumm«* und *»einfältig«*, als Personifikation eines Gottes, der dem Leiden teilnahmslos beiwohnt. Leere, Kälte, Apathie wechseln in seinem Bewußtsein mit *»wahnsinniger Lust«* an der Selbstqual. Oberlin, aus der Schweiz zurückgekehrt, verweist ihn an Gott, um von Lenz die radikale Absage an jenes Heilsversprechen zu erhalten, das die Religion vorgibt: *»Aber ich, wär' ich allmächtig, sehen Sie ... ich könnte das Leiden nicht ertragen ...«* Die Verzweiflungszustände, die Lenz nun *»bei Tage«* überkommen, übertreffen an Intensität die der Nacht. Er ist nur noch in kurzen Momenten bei klarem Bewußtsein, die Ruhe, die er *»aus der Nähe Oberlins und aus der Stille des Tals geschöpft hatte, war weg; die Welt, die er hatte nutzen wollen, hatte einen ungeheuern Riß.«* Nach einem erneuten Selbstmordversuch läßt Oberlin ihn nach Straßburg transportieren, Lenz reagiert darauf nur noch mit Apathie und Leere. Die Abendlandschaft berührt ihn nicht mehr: *»Sein Dasein war ihm eine notwendige Last. – So lebte er hin.«*

Lenz galt lange als Fragment, teils, weil die Erzählung Lücken aufweist, teils, weil sie, wie man mit Blick auf ihr abruptes Ende konstatierte, *»in eine* *radikale Auflösung und Aufhebung jeden Sinnes hineinläuft«* (B. v. Wiese). Eng damit verbunden ist die immer wieder geltend gemachte These vom nihilistischen Büchner: Das Schicksal des Dichters Lenz, der in der historischen Realität schließlich in Moskau verkam, repräsentiere *»die Tiefe, die letzte Tiefe des Nichts, zu der Büchners Helden alle hinabstürzen«* (K. Viëtor). Neuere Arbeiten haben demgegenüber betont, daß der Text nicht als Fragment, sondern in dieser Form als abgeschlossen zu betrachten sei (E. Kritsch-Neuse), wie auch die auffällige Tendenz in der herkömmlichen Forschung zur *»Verharmlosung«* (J. Thorn-Prikker) und Entpolitisierung Büchners zunehmend kritisiert wird. Die sich steigernden Wahnzustände von Lenz, seine Erfahrung von Einsamkeit, Isolation und Entfremdung haben ihre Voraussetzung in einem *»Leiden an der Unmöglichkeit verändernden Eingreifens überhaupt«* (C. Ueding); erschien dies in *Dantons Tod* vergegenwärtigt in den politischen Revolutionären, so konturiert Büchner hier diese Ohnmacht aus der subjektiven Sicht des bürgerlichen Intellektuellen. Nicht nur wird Lenzens Psychose damit entmoralisiert (Oberlin hatte in seinen Aufzeichnungen vor allem einen unsittlichen Lebenswandel als Grund für dessen Erkrankung angeführt), sondern auch eine politisch motivierte Kritik am Christentum formuliert, die mit ihren Verweisen auf das Jenseits die Verhältnisse im Diesseits unangetastet läßt. Daher dürfte wohl Lenzens Wahnsinn weniger auf einen Glaubensverlust zurückzuführen sein, vielmehr hat Büchner *»die Rolle des wahnsinnigen Lenz«* benützt, *»um dem Zweifel an Gott so kräftig Ausdruck zu verleihen, wie dies auf dem direkten Weg damals kein Schriftsteller durfte, ohne ins Gefängnis zu kommen.«* (F. Sengle) Insgesamt, so resümiert J. Thorn-Prikker seinen Überblick über die Forschungsliteratur zu dieser Erzählung, zeige sich auch hier die im Falle Büchner so auffällige Tendenz der Wissenschaft, das Werk innerhalb der *»Grenzen der bürgerlichen Welt«* zu deuten, *»die dieses selber sprengen will«*. Den Versuch einer Aktualisierung der Büchnerschen Figur unternahm 1973 Peter Schneider mit seiner im Kontext der bundesdeutschen Studentenbewegung entstandenen Erzählung *Lenz*.

D.Bar.-KLL

Ausgaben: Hbg. 1839 (in Telegraph für Deutschland, Hg. K. Gutzkow), ern. Ffm. 1987 (in *GW. Erstdruck und Erstausgabe in Faksimile*, Hg. Th. M. Mayer, 10 Bde., 8). – Lpzg. 1942 (in *Mosaik. Novellen und Skizzen*, Hg. K. Gutzkow). – Ffm. 1850 (in *Nachgelassene Schriften*, Hg. L. Büchner). – Ffm. 1879 (in *SW u. handschriftlicher Nachlaß*, Hg. K. E. Franzos). – Bln. 1909 (in *GS*, Hg. P. Landau, 2 Bde., 1). – Lpzg. 1922 (in *SW u. Briefe. GA*, Hg. F. Bergemann). – Ffm. 1968 (in *Werke u. Briefe. GA*, Hg. ders.; 11. korr. Aufl.). – Hbg. [dann Mchn.] 1967 ff. (in *SW und Briefe. Hist. kritische Ausgabe*, Hg. W. R. Lehmann, 2 Bde., 1; mit dem Text des Oberlin-Berichts; Hamburger Ausg.). – Stg. 1984, Hg. H. Gersch [mit dem Text des Oberlin-Berichts und Ausz. aus Goethes *Dichtung und Wahrheit*].

Vertonung: W. Rihm, *Jakob Lenz* (Text: M. Fröhling; Kammeroper; Urauff.: Hbg. 8. 3. 1979, Staatsoper).

Verfilmungen: BRD 1971 (Regie: G. Moorse). – USA 1981 (Regie: A. Rockwell).

Literatur: K. Viëtor, *»Lenz«. Erzählung von G. B.* (in GRM, 25, 1937, S. 2–15). – G. Baumann, *G. B.: »Lenz«. Seine Struktur u. der Reflex des Dramatischen* (in Euph, 52, 1958, S. 153–173). – B. v. Wiese, *G. B. »Lenz«* (in B. v. W., *Die dt. Novelle von Goethe bis Kafka. Interpretationen*, Bd. 2, Düsseldorf ³1963, S. 104–126). – G. Irle, *B.s »Lenz«. Eine frühe Schizophreniestudie* (in G. I., *Der psychiatrische Roman*, Stg. 1965, S. 73–83). – H. P. Pütz, *B.s »Lenz« u. seine Quelle. Bericht u. Erzählung* (in ZfdPh, 84, 1965, S. 1–22; Sonderh.). – H. P. Herrmann, *»Den 20. Jänner ging Lenz durchs Gebirg«. Zur Textgestalt von G. B.s nachgelassener Erzählung* (ebd., 85, 1966, S. 251–267). – P. Hasubek, *»Ruhe« u. »Bewegung«. Versuch einer Stilanalyse von G. B.s »Lenz«* (in GRM, N. F. 19, 1969, S. 33–59). – E. Kritsch-Neuse, *B.s »Lenz«. Zur Struktur der Novelle* (in GQ, 43, 1970, S. 199–209). – H. Fischer, *G. B.s »Lenz«. Zur Struktur der Novelle* (in *G. B. Untersuchungen u. Materialien*, Hg. ders., Bonn 1972, S. 18–40). – D. Goltschnigg, *B.s »Lenz«, Hofmannsthals »Andreas« u. Trakls »Traum und Umnachtung«. Eine literaturpsychologische Wirkungsanalyse* (in Sprachkunst, 5, 1974, S. 231–243). – H. Anz, *»Leiden sei all mein Gewinnst«. Zur Aufnahme u. Kritik christlicher Leidenstheologie bei G. B.* (in Text & Kontext, 4, 1976, S. 57–72). – J.-F. Oberlin, *Herr L..... Edition des bisher unveröffentlichten Manuskripts. Ein Beitrag zur Lenz- und Büchner-Forschung*, Hg. H. Dedert u. a. (in Revue des langues vivantes, 42, 1976, S. 357–385). – R. Pascal, *B.'s »Lenz« – Style and Message* (in Oxford German Studies, 9, 1978, S. 68–83). – J. Thorn-Prikker, *»Ach die Wissenschaft, die Wissenschaft!« Bericht über die Forschungsliteratur zu B.s »Lenz«* (in *G. B. III*, Hg. H. L. Arnold, Mchn. 1981, S. 180–193). – G. Großklaus, *Haus u. Natur. G. B.s »Lenz«: Zum Verlust des sozialen Ortes* (in Recherches Germaniques, 12, 1982, S. 68–77). – J. Kahl, *»Der Fels des Atheismus«. Epikurs u. G. B.s Kritik an der Theodizee* (in G. B. Jb., 2, 1982, S. 99–125). – H. Gersch, *G. B.s Lenz-Entwurf* (in G. B. Jb., 3, 1983, S. 14–25). – W. Hinderer, *G. B.: »Lenz« (1839)* (in *Romane und Erzählungen zwischen Romantik und Realismus. Neue Interpretationen*, Hg. P. M. Lützeler, Stg. 1983, S. 268–294). – R. Thieberger, *Lenz lesend* (in G. B. Jb., 3, 1983, S. 43–75). – Th. M. Mayer, *Bemerkungen zur Textkritik von B.s »Lenz«* (ebd., 5, 1985, S. 184–197). – G. Schaub, *G. B.: »Lenz«*, Stg. 1987.

LEONCE UND LENA

Lustspiel von Georg BÜCHNER, erschienen 1838; Uraufführung: München, 31.5. 1895, Intimes Theater. – Das Stück entstand für eine Anfang 1836 angezeigte *»Preisaufgabe«*, in der die Cotta'sche Buchhandlung 300 Gulden für das beste Lustspiel ausgesetzt hatte. Büchners Manuskript traf jedoch zu spät ein, und er erhielt die Sendung ungeöffnet zurück. Ob der Autor den Text noch weiter bearbeitete, ist nicht eindeutig zu klären. Das Originalmanuskript ging verloren, Karl GUTZKOW, der 1838 das Stück als Teildruck im ›Telegraph für Deutschland‹ veröffentlichte, lag eine verschollene Abschrift des Originals aus der Hand Wilhelmine Jaeglés vor. In den *Nachgelassenen Schriften* gab Ludwig BÜCHNER 1850 eine von ihm redigierte Fassung heraus, die wahrscheinlich auf das verschollene Originalmanuskript des Autors zurückgeht. Neben diesen Ausgaben haben sich drei Entwurfsbruchstücke Büchners erhalten, namentlich ein umfangreicheres der ersten Szene. Somit ist die Komödie nur als ein von zwei Herausgebern unabhängig voneinander gefilterter Text überliefert, der in vielleicht geringem, aber nicht mehr genau erschließbarem Maß vom Original abweichen dürfte.

Das Stück präsentiert sich als kunstvolles Kaleidoskop literarischer Anspielungen und Zitate; bereits Gutzkow fühlte sich an C. BRENTANOS *Ponce de Leon* erinnert, stärker hat wohl SHAKESPEARES *As you like it (Wie es Euch gefällt)* auf die Handlungsstruktur eingewirkt, daneben sind Einflüsse aus Werken von A. v. CHAMISSO, V. ALFIERI, A. de MUSSET, Th. GAUTIER und L. TIECK erkennbar.

Der Handlungsgang des Stückes parodiert das gängige Schema der Komödie. Leonce, Prinz des Reiches *»Popo«*, und Lena, Prinzessin des Reiches *»Pipi«*, sind einander verlobt, ohne sich zu kennen. Unabhängig voneinander beschließen sie, vor der Hochzeit zu fliehen. Im zweiten Akt treffen und verlieben sie sich, im dritten Akt lassen sie sich am Hofe Popo verheiraten, um sich erst danach als Prinz und Prinzessin zu erkennen. Büchner bemüht sich nicht, das Geschehen aus der Psychologie seiner Figuren zu entwickeln, wie auch die Handlung nicht den herkömmlichen Gesetzen des dramatischen Aufbaus folgt; spannungserzeugende Irrungen und Wirrungen fehlen oder werden ironisch zitiert, auch die Tatsache, daß am Ende der Zuschauer vor den Figuren um deren jeweilige Identität weiß, bleibt ohne dramaturgische Konsequenz, da das Stück insgesamt jedweder Einfühlung des Zuschauers in die Akteure entgegenarbeitet. Die einzelnen Momente der Handlung – der Entschluß zur Flucht, die Begegnung der Flüchtenden und die Entscheidung, sich zu verheiraten – werden nicht entwickelt, sondern setzen abrupt ein. Leonce verkündet spontan seine Absicht, nach Italien zu gehen und dort als *»Lazzaroni«*, als Faulpelz, zu leben, Lena läßt sich von der plötzlichen Idee ihrer Gouvernante leiten, den Hof zu verlassen. Lenas erster Satz ist Anlaß für Leonce, sich in sie zu verlieben, und auch die Ehe wird ad hoc geschlossen. Der Gang der Handlung ist determiniert, und konsequenterweise erscheinen die Titelhelden auf den Hochzeitsfeierlichkeiten als *»Marionetten«*, als Automaten: *»Nichts als Kunst und Mechanismus, nichts als Pappendeckel und Uhrfedern!«*

Dem Stück, lange Zeit als *»Rückfall in die bloße Literaturkomödie der Romantik«* (F. Gundolf) oder als *»romantisch-ironisches Zwischenspiel«* (H. Mayer) mißdeutet, ist eine satirisch-subversive Tendenz zu eigen, die neben der Ästhetik der Romantik und der idealistischen Philosophie vor allem auf den Spätabsolutismus des 19. Jh.s zielt; die Form der Komödie ermöglicht dem Autor unter den Augen der Zensur eine verdeckte *»Fortführung des Krieges zwischen den ›leeren und den vergoldeten Bäuchen‹«* (H. Plard). Für Prinz Leonce besitzt das Leben keinen Sinn, *»Langeweile«* grassiert und jede menschliche Tätigkeitsform gerät ihm zur Parodie: *»Ich habe alle Hände voll zu tun, ich weiß mir vor Arbeit nicht zu helfen. Sehen Sie, erst habe ich auf den Stein hier dreihundert fünf und sechzig Mal hintereinander zu spucken. Haben Sie das noch nicht probiert? Tun Sie es, es gewährt eine ganz eigene Unterhaltung.«* Nur in absurd-melancholischer Form, wobei die Seitenhiebe auf die Unendlichkeitssehnsüchte der Romantiker nicht fehlen dürfen, vermag er an einer Welt zu leiden, in der die einen zu unmenschlichem Müßiggang, die andern zu unmenschlicher Arbeit verdammt sind. In Valerio findet Leonce einen Gleichgesinnten, der ebenfalls *»noch Jungfrau in der Arbeit«* ist und *»eine ungeheure Ausdauer in der Faulheit«* besitzt, nicht ohne die Widerstände zu registrieren – schließlich ist er in einem Entwurfsbruchstück des Textes ein Deserteur, den die Polizei verfolgt –, die seinem subjektiven Entwurf von der Welt entgegenstehen: *»Es ist ein Jammer. Man kann keinen Kirchturm herunterspringen, ohne den Hals zu brechen.«* Während Leonce und Valerio sich weigern, ein *»nützliches Mitglied der menschlichen Gesellschaft«* zu werden (*»Lieber möchte ich meine Demission als Mensch geben.«*), ist König Peter vom Willen beherrscht, durch Denken der Welt beizukommen: *»Der Mensch muß denken und ich muß für meine Untertanen denken, denn sie denken nicht, sie denken nicht. – Die Substanz ist das ›an sich‹, das bin ich ... Jetzt kommen meine Attribute, Modifikationen, Affektionen und Akzidenzien, wo ist mein Hemd, meine Hose? Halt, pfui! der freie Wille steht da vorn ganz offen. Wo ist die Moral, wo sind meine Manschetten?«* Der deduktive Schematismus der idealistischen Systeme, die die Welt aus einem Axiom zu generieren suchen, gerät in seiner Beliebigkeit und Folgenlosigkeit gegenüber der menschlichen Praxis zur Groteske. Die Staatsräte, um ihre Meinung befragt, antworten im Chor zur Zufriedenheit ihres Herrn: *»Ja, vielleicht ist es so, vielleicht ist es aber auch nicht so.«*

Unter der Maske des Lustspiels verbirgt sich die bittere Kritik an den politischen und sozialen Verhältnissen, die sich in wenigen Szenen auch unverhüllt zeigt, so, wenn der Lehrer mit den ausgehungerten Bauern das Jubelgeschrei für die Hochzeitsfeierlichkeiten probt; umgekehrt wird das Personal der höfischen Welt als Ensemble von Marionetten vorgeführt, allen voran Leonce und Lena, aber auch hier ist die Satire gebrochen. Der melancholische Gestus der Hofgesellschaft, der die Atmosphäre des gesamten Stücks bestimmt, resultiert aus dem Leiden an einem Leben, das zum leeren Ritual erstarrt ist. Leonce steht der Zuneigung der Mätresse Rosetta – eine Schwester der Marion aus *Dantons Tod* – teilnahmslos gegenüber, Emotionalität und Spontaneität sind einem lethargischen Weltschmerz gewichen, dem alles gleich wird: *»...ich habe Langeweile, weil ich dich liebe. Aber ich liebe meine Langeweile wie dich. Ihr seid eins. O dolce far niente, ich träume über deinen Augen, wie an wunderheimlichen tiefen Quellen, das Kosen deiner Lippen schläfert mich ein, wie Wellenrauschen.«* Dem Klischee romantischer Bilder entrinnt Leonce so wenig wie Lena *(»Ich brauche Tau und Nachtluft, wie die Blumen.«)*. Büchners höhnische Abrechnung mit dem Zeitgeist und der politischen Welt findet ihren Höhepunkt nach der Hochzeit von Leonce und Lena. König Peter zieht sich in den Ruhestand zurück, denn er muß viel *»denken, ungestört denken«*, und Leonce übernimmt die Regierung, um die Hochzeitsfeier sofort abzubrechen und die Wiederholung für den nächsten Tag anzukünden: *»... morgen fangen wir in aller Ruhe und Gemütlichkeit den Spaß noch einmal von vorne an.«* Die Unveränderlichkeit der Verhältnisse wird zementiert, unvermerkt aber zugleich in ein utopisches Bild verwandelt. Denn Lena will sich weder mit Militär noch mit Diplomaten umgeben, auch ein Theater reizt sie nicht, und Leonce schlägt vor, das Leben von Grund auf zu revolutionieren: *»... wir lassen alle Uhren zerschlagen, alle Kalender verbieten und zählen Stunden und Monden nur nach der Blumenuhr, nur nach Blüte und Frucht. Und dann umstellen wir das Ländchen mit Brennspiegeln, daß es keinen Winter mehr gibt und wir ... das ganze Jahr zwischen Rosen und Veilchen, zwischen Orangen und Lorbeern stecken.«* Und damit niemand diesen Zustand wieder zerstören kann, will der zukünftige Staatsminister Valerio ein *»Dekret«* erlassen, *»daß jeder der sich rühmt sein Brot im Schweiße seines Angesichts zu essen, für verrückt und der menschlichen Gesellschaft gefährlich erklärt wird und dann legen wir uns in den Schatten und bitten Gott um Makkaroni, Melonen und Feigen, um musikalische Kehlen, klassische Leiber und eine kommode Religion!«* Dieser Schluß des Stücks, Gegenstand zahlreicher und divergenter Auslegungen, hält sich nicht an das Bilderverbot über den Zustand der befreiten Gesellschaft und gerät deshalb notwendig zum phantastischen Bild. Aber in ihm hält Büchner der Revolution stärker die Treue als alle entsagungsvolle Theorie.

D.Bar.-KLL

AUSGABEN: Hbg. 1838 (in Telegraph für Deutschland, Nr. 76–80); ern. Ffm. 1987 (in *GW. Erstdr. u. Erstausg. in Faks.* Hg. Th. M. Mayer, 10 Bde., 7). – Lpzg. 1842 (in *Mosaik, Novellen u. Skizzen*, Hg. K. Gutzkow). – Ffm. 1850 (in *Nachgelassene Schriften*, Hg. L. Büchner). – Ffm. 1879 (in *SW u. handschriftlicher Nachlaß*, Hg. K.E. Franzos). – Bln. 1909 (in *GW. Nebst einer Auswahl seiner Briefe*; Einl. W. Hausenstein). – Lpzg. 1922 (in *Werke u. Briefe. GA*, Hg. F. Bergemann; krit.; Ffm. [8]1962). – Mchn. 1948 (in *GW*, Hg. K. Edschmid; erw. u. rev. Mchn. u. a., 1963). – Stg. 1962 (*Woyzeck – Leonce u. Lena*, Hg. u. Nachw. O. C. A. Zur Nedden; RUB). – Hbg. [dann Mchn.] 1967 ff. (in *SW u. Briefe. Hist. krit. Ausg.*, Hg. W. R. Lehmann, 2 Bde., 1; Hamburger Ausg.). – Ffm. 1982 [Ill. K. Walser; Nachw. J. Schröder]. – Ffm. 1987 (in *Kritische Studienausg., Beiträge zu Text und Quellen*, Hg. B. Dedner, Textedition v. Th. M. Mayer).

VERTONUNGEN: J. Weismann, *Leonce und Lena* (Text: ders.; Oper; Urauff.: Freiburg i. B. 1925). – W. Eisenmann, *Leonce und Lena* (Bühnenmusik; Teilauff.: Internationale Musiktage Braunwald 1950). – P. Dessau, *Leonce und Lena* (Text: Th. Körner; Oper; Urauff.: Bln./DDR 24. 11. 1979).

LITERATUR: A. Renker, *G. B. und das Lustspiel der Romantik. Eine Studie über »Leonce und Lena«*, Bln. 1924. – F. Gundolf, *G. B. Ein Vortrag* (in Zs. f. Deutschkunde, 43, 1929, S. 1–12). – H. Plard, *A propos de »Leonce und Lena«. Musset et B.* (in EG, 9, 1954, S. 26–36; dt. in *G. B.*, Hg. W. Martens, Darmstadt 1965, S. 289–304). – G. Beckers, *G. B.s »Leonce und Lena«. Ein Lustspiel der Langeweile*, Heidelberg 1961. – J. Schröder, *G. B.s »Leonce und Lena«. Eine verkehrte Komödie*, Mchn. 1966. – H. Mayer, *Prinz Leonce und Doktor Faust* (in H. M., *Zur deutschen Klassik und Romantik*, Pfullingen 1963, S. 306–314). – P. Mosler, *G. B.s »Leonce u. Lena«. Langeweile als gesellschaftliche Bewußtseinsform*, Bonn 1974. – L. Wawryzyn, *B. s »Leonce und Lena« als subversive Kunst* (in *Demokratisch-revolutionäre Literatur in Dtschld.: Vormärz*, Hg. G. Mattenklott u. K. Scherpe, Kronberg/Ts. 1974, S. 85–115). – M. B. Benn, *The Drama of Revolt. A Critical Study of G. B.*, Cambridge 1976, S. 157–185. – H. Poschmann, *B.s »Leonce und Lena«. Komödie des status quo* (in G. B. Jb. 1, 1981, S. 112–159). – W. Proß, *Was wird er damit machen? oder »Spero poder sfogar la doppia brama, De saziar la mia fame, e la mia fama.«* (ebd., S. 252–256). – J. Hermand, *Der Streit um »Leonce und Lena«* (ebd., 3, 1983, S. 98–117). – L. Völker, *Die Sprache der Melancholie in B.s »Leonce und Lena«* (ebd., S. 118–137). – Th. M. Mayer, *Vorläufige Bermerkungen zur Textkritik von »Leonce und Lena«* (in *G. B. »Leonce und Lena«. Kritische Studienausgabe, Beiträge zu Text und Quellen*, Hg. B. Dedner, Ffm. 1987, S. 89–153). – B. Dedner, *Bildsysteme und Gattungsunterschiede in »Leonce und Lena«, »Dantons Tod« und »Lenz«* (ebd. S. 157–218). – J. J. Berns, *Zeremoniellkritik und Prinzensatire. Traditionen der politischen Ästhetik des Lustspiels »Leonce und Lena«* (ebd. S. 219–274). – E. T. Voss, *Arkadien in B.s »Leonce und Lena«* (ebd. S. 275–436).

WOYZECK

In Bruchstücken hinterlassenes Drama von Georg BÜCHNER, erschienen 1878; Uraufführung: München, 8. 11. 1913, Residenztheater. – Das Drama ist in drei handschriftlichen Fragmenten überliefert; die älteste Fassung, die zwei Szenenfolgen (in der Forschung als H1 und H2 unterschieden) enthält, dürfte wohl im Herbst 1836 entstanden sein. Büchner gibt in seinen Briefen des Jahres 1836 nur spärliche Hinweise, die sich zudem auch auf *Leonce und Lena* oder auf das verschollene Drama *Pietro Aretino* beziehen lassen. Das zweite handschriftliche Fragment (H3) enthält lediglich zwei Szenen, der wohl jüngste Entwurf (H4) wird gemeinhin als *»vorläufige Reinschrift«* (W. R. Lehmann) betrachtet. Bereits der erste Herausgeber des Textes, Karl Emil FRANZOS, hatte mit der Entzifferung der schwer lesbaren Handschrift Büchners seine Probleme, die sich bereits in der Titelgebung ankündigen: *Wozzeck. Ein Trauerspiel-Fragment.* Franzos unterliefen zahlreiche Lesefehler; nach Gutdünken ließ er aus oder dichtete er phantasiereich hinzu und orientierte sich in der Anordnung der Szenen – wie die meisten Herausgeber nach ihm – an der klassischen Poetik. Wenn noch immer in zahlreichen zeitgenössischen Ausgaben am Anfang die Rasierszene steht und gegen Ende die durch nichts gerechtfertigte Annahme, daß Woyzeck im Teich »ertrinkt«, so geht das auf Franzos und den ästhetischen Bewußtseinsstand des späten 19. Jh.s zurück. Die wissenschaftliche und im eigentlichen Sinne textkritische Auseinandersetzung mit *Woyzeck* begann erst 1920 mit Georg WITKOWSKI, dem es nicht um einen spielbaren Text ging, sondern ausschließlich um die Entzifferung der Fragmente. Fritz BERGEMANN gelang es in seiner grundlegenden und verdienstvollen Ausgabe von 1922, die Textverhältnisse weiter zu klären und zu verbessern. Seit 1926 bietet Bergemann in seinen Insel-Ausgaben einen spielbaren Text, wobei allerdings die verschiedenen Entstehungsstufen miteinander vermengt und charakteristische Arrangements von Franzos übernommen werden. Dieses Herstellungsverfahren stieß in den sechziger Jahren auf Kritik, die historisch-kritische Büchner-Ausgabe von Werner R. LEHMANN (Hamburger Ausgabe, 1967) versuchte eine textkritische Erschließung des Textes, der zum Teil davon abweichende Editionen von Egon KRAUSE (1969) und Lothar BORNSCHEUER (1972, mit einer Synopse der verschiedenen kritischen Lesarten) folgten.

Woyzeck gehört zu den meistgelesenen und -gespielten Texten der dramatischen Weltliteratur des 19. Jh.s. Das Stück führt die Szenentechnik des Sturm-und-Drang-Theaters weiter und begründet zusammen mit *Dantons Tod* und einigen Dramen GRABBES neue form- und themengeschichtliche Traditionszusammenhänge. Wie kein anderes Werk des 19. Jh.s hat es auf die Dichtungsgeschichte des 20. Jh.s eingewirkt; es inspirierte Alban Berg zu seiner *Wozzeck*-Oper (1923) und regte Naturalisten wie Expressionisten zu schöpferischer Auseinandersetzung mit Büchner an. HAUPTMANN, WEDEKIND und HEYM verehrten in dem Autor des *Woyzeck* ihr Vorbild und den Vorläufer eigener Bestrebungen. Auch RILKE und HOFMANNSTHAL sahen in diesem Werk *»eines der höchsten Produkte«*, *»ein Schauspiel ohnegleichen«*. BRECHTS frühe Dramen, besonders *Baal*, aber auch Max FRISCHS *Andorra* sind eindrucksvolle Zeugen einer künstlerischen Büchner-Rezeption, die vom *Woyzeck* ausgeht. In der Geschichte des deutschen Dramas rangiert das rätselhafte Fragment zugleich als vehementer Beginn des sozialen Dramas. In einem keineswegs wohlmeinenden Aperçu scheint schon Gottfried KELLER auf einen solchen Zusammenhang hinweisen zu wollen, indem er Büchner in die Nähe von ZOLA rückt. Das ist zwar übertrieben und akzentuiert nur die Abneigung Kellers gegenüber dieser »Art von Realistik«. Unbestreitbar bleibt jedoch, daß mit dem Woyzeck ein neuer Menschentyp in die Welt des Dramas eindringt; Büchner rechnet ihn der sozialen Kategorie *»der Geringsten unter den Menschen«* zu, damit wird die schon vom Bürgerlichen Trauerspiel nicht mehr anerkannte Ständeklausel suspendiert. In *Leonce und Lena* werden herrscherliche Personen zum Gegenstand der Ironie, der Parodie, der karikierenden Komödie und zum Objekt der Satire. Im *Woyzeck* wird einer, der bis dahin allenfalls in der Burleske seinen Platz hätte finden können, zur zentralen Gestalt einer erschütternden Tragödie. Was Büchner schon in einer antiidealistischen Passage seines *Danton* gedanklich durchspielte, im *Woyzeck* geschieht es: *»die erbärmliche Wirklichkeit«* wird Gegenstand einer auf Erkenntnis dringenden Poesie.

Den Stoff fand Büchner in den beiden gerichtsmedizinischen Gutachten, die der Königlich Sächsische Hofrat Dr. Clarus im Zusammenhang mit dem Leipziger Mordfall Woyzeck anzufertigen hatte. Die Beiträge, die sich mit dem »Gemüthszustand« (1821) und der »Zurechnungsfähigkeit« (1823) des Mörders befassen, lernte Büchner aus der ›Zeitschrift für Staatsarzneikunde‹ kennen, zu deren Mitarbeitern auch sein Vater gehörte. Diese Beiträge haben als Büchners Hauptquellen zu gelten. Sie berichten detailliert über den Hergang der Tat und das Leben des 41jährigen Inquisiten. Zur Tatzeit war der ehemalige Perückenmacher, Diener und Soldat Woyzeck Gelegenheitsarbeiter, der zuletzt so wenig Geld besaß, daß er im Freien kampieren mußte. Am Abend des 21. Juni 1821 stach er mit einer abgebrochenen Degenklinge die 46jährige Baderswitwe Woost im Hausgang ihrer Wohnung nieder. Als Motiv galt Eifersucht. Drei Jahre nach der Tat, am 27. August 1824, wurde er in seiner Geburtsstadt Leipzig öffentlich durch das Schwert hingerichtet. Der Fall erregte Aufsehen und löste in der Wissenschaft einen heftigen Streit aus, der sich an der damals vieldiskutierten Frage nach der Zurechnungsfähigkeit und den methodischen Möglichkeiten ihrer Beantwortung entzündete. Es gibt verläßliche Anhaltspunkte dafür, daß Büchner das gesamte Material kannte; als Sekundärquellen dienten ihm wohl die Prozesse gegen

Daniel Schmolling und Johann Dieß, die 1817 in Berlin und 1830 in Darmstadt ebenfalls aus Eifersucht töteten. Es kam ihm darauf an, aus den Dokumentationen zitierbare Einzelheiten zu gewinnen, die für den Realitätsbezug der Poesie und die dunkle Poesie dieses Realitätsbezuges einstehen konnten. Wie schon in *Lenz* mustert er die psychiatrischen Befunde, die Inhalte der Halluzinationen und Phantasmagorien, die sich aufs engste mit der Bilder- und Vorstellungswelt der *Bibel*, des pietistischen Erbauungsbuches, des Märchens, des Sprichwortes, Rätsels und des Aberglaubens verbinden. Die Vorgänge verlegt Büchner in die ihm vertraute, geliebte und verhaßte hessische Welt, indem er die Personen seines Stücks, Woyzeck, Marie, Andres, die Großmutter und die Kinder eine mundartlich kolorierte Sprache sprechen läßt. Daß Woyzeck nicht nur als betrogener Liebhaber und als der mißbrauchte Mensch, sondern auch als der Mörder das Interesse Büchners fand, steht außer Frage. Wie das einsam und sinnlos gewordene Leben des armen Woyzeck im Drama hätte zu Ende gehen sollen, wird ungewiß bleiben. Es gibt genügend Hinweise dafür, daß es Büchner selbst noch nicht gewußt hat, so wie er sich an zahlreichen Stellen auch darüber im unklaren blieb, wie er die einzelnen Figuren des Dramas akzentuieren und benennen sollte; in den ersten Phasen der Textentstehung heißt der Held »Louis« und seine Geliebte »Margreth«, auch »Woyzecke« genannt, später dann heißen sie »Franz« und »Louise«, wobei allerdings nicht übersehen werden darf, daß gelegentlich auch der Familienname »Woyzeck« schon auftaucht, der in der überlieferten Endstufe dann ebenso dominiert wie der Vorname »Marie«.

Unter den Handschriften zum Stück findet sich ein Manuskript, das in der künstlerischen Ausarbeitung besonders weit gediehen ist. Diese Handschrift H4 enthält die letzte, beste und vom Autor halbwegs autorisierte Fassung. Von den 17 Szenen, die H4 überliefert, gehen 14 aus den Entwürfen der Handschriften H1 und H2 hervor. Daß es sich bei H1 und H2 um Vorstufen zu H4 handelt, ergibt sich daraus, daß Büchner alle Szenenentwürfe, die von ihm für H4 verwertet wurden, in H1 und H2 durchgestrichen hat. Nach übereinstimmender Auffassung der modernen Textkritik sind Wortlaut und Szenenfolge von H4 unbedingt zu respektieren; es darf nicht auf etwas zurückgegriffen werden, was Büchner augenfällig verworfen hat. Die Vorzüge von H4 werden freilich dadurch beeinträchtigt, daß auch diese Handschrift lückenhaftes Fragment geblieben ist. H4 führt nur bis zu jener Kasernenszene, in der Woyzeck *»in seinen Sachen«* kramt und seine Habseligkeiten verteilt. Es fehlt also der Schluß mit der Mordtat und dem, was sich weiter daraus ergibt; es fehlen einige Zwischenpartien, die Büchner lediglich durch Szenenüberschriften, nicht abgeschlossene Szenenentwürfe und unbeschriebene, zur Auffüllung vorgesehene Räume markierte. Die Tatsache, daß die entsprechenden Parallelstellen in H1 und H2 nicht durchgestrichen sind, deutet darauf hin, daß Büchner auf dieser Grundlage hatte weiterarbeiten und zu einer neuen Form gelangen wollen. Die entstehungsgeschichtlichen Befunde sind insofern nicht unerheblich, als sie Hinweise für die Interpretation und die Herstellung einer, wenn auch nicht endgültigen, Spielfassung bieten. Die Beschreibung ist der erste Schritt zur Interpretation.

H1 beginnt damit, die dramatischen Konfliktsituationen zu skizzieren, die sich aus äußeren Ereignissen und inneren Motivationen ergeben: Hierzu zählt als Grundvoraussetzung, daß die weibliche Hauptfigur ihren Verführer kennenlernt; daß der Verführer, aufgrund seiner Stellung in der militärischen Hierarchie über Louis (Woyzeck) verfügen und ihn fortschicken kann, was zur Folge hat, daß Margreth sich ihm zuwendet. Dies Ereignis löst in Louis Unruhe, Angst und Eifersucht aus; er wird mißtrauisch, geht ins Wirtshaus und überrascht die beiden beim Tanz. Damit kommt das nun rasch zum Ende, zum Mord hinführende Eifersuchtsdrama in Gang, wobei Büchner schon auf dieser Stufe, etwa in der Szene *Freies Feld* (H1, 6), charakteristische Motivelemente bereitstellt, die das zwanghaft Determinierte seines Tuns deutlich machen sollen; der Mord wird nicht als Tat gedeutet, sondern als ein Ereignis, für das Woyzeck als freier Verursacher nicht in Betracht kommt. – Im Mittelpunkt dieser balladesken Szenenfolge, die bereits alles Wesentliche enthält, steht die Erzählung der Großmutter, jene berühmte Märchenkontrafaktur, deren Aufgabe es ist, den Vorgang des Woyzeck-Dramas zu kommentieren. Die Kontrafaktur bezieht sich auf die fromme Märchenlegende *Die Sterntaler* und auf das Märchen *Die sieben Raben* der Brüder GRIMM. Im Unterschied zu den Kindern der Grimmschen Märchen findet das Kind, von dem die Großmutter erzählt, selbst im Himmel nur Enttäuschung und Marter – eine Vorstellung, an der auch in H4 festgehalten wird: *»Unseins ist doch einmal unseelig in der und der andern Welt, ich glaub' wenn wir in Himmel kämen so müßten wir donnern helfen.«*

Die Motiv- und Themenelemente werden von Büchner sorgfältig verteilt und kunstvoll miteinander verbunden. Die Handschrift H2 mit ihren neun Szenen nimmt Bezug auf diese Problematik; es wird die Absicht deutlich, H1 zu erweitern und zu ergänzen. Das Neue, das mit Hilfe dieser szenischen Zusätze hineingebracht wird, ist die Thematik des sozialen Dramas. Damit erhält Woyzecks Verlust der Wirklichkeit, der Prozeß seiner Selbstentfremdung, eine zusätzliche Motivation, die über das hinausgeht, was H1 mit der Eifersuchtshandlung erreichen konnte. Es spielen hier besonders die burlesken und karikaturistischen Szenen eine Rolle, in denen der Hauptmann und der Doktor auftreten.

Dieser sozial- und bewußtseinskritische Zug, an dem auch H4 ganz entschieden festhält, wird noch weiter vorangetrieben und radikalisiert in der auf einem losen Blatt (H3) überlieferten Szene *Der Hof des Professors*. Dieser Szene kommt eine Schlüsselfunktion zu. Sie muß im Zusammenhang gesehen werden mit den physiologischen Experimenten, die an Woyzeck vorgenommen werden, indem man ihn systematisch mit Erbsen traktiert. In der Einzelszene aus H3 kollabiert Woyzeck. Der Doktor erläutert diesen Sachverhalt: *»Meine Herrn ... sehn Sie, der Mensch, seit einem Vierteljahr ißt er nichts als Erbsen, beachten sie die Wirkung, fühlen Sie einmal was ein ungleicher Puls, da und die Augen.«* Und an anderer Stelle, im Hinblick auf das *»seit ein paar Tagen«* ausfallende Haar: *»ja die Erbsen, meine Herren«.* – *»Beachten Sie die Wirkung«*: das könnte als Motto über der Standessatire der Hauptmann- und Doktorszenen stehen. Der Hauptmann und der Doktor, dieser gräßlich in die Karikatur getriebene Robespierre, der von einer wissenschaftlichen Revolution träumt, für den der Mensch nur einen Zweck, aber keinen Sinn hat, sie charakterisieren und dekuvrieren sich gegenseitig; sie stellen sich bloß in dem, was sie sagen, in dem, was sie tun, und ganz besonders in dem, was sie Woyzeck antun. *»Beachten Sie die Wirkung«*: das könnte als Motto über dem ganzen Drama stehen. Es kommt Büchner ganz ersichtlich darauf an, erst unvermittelt Wirkungen zu zeigen, Wirkungen kommentarlos zu demonstrieren, ehe er die Ursachen dieser Wirkungen im Gesellschaftlichen und Zwischenmenschlichen expliziert und erkennbar werden läßt. Der Leser sieht sich schon in der ersten Szene von H4 und H2 *(Freies Feld. Die Stadt in der Ferne)* rätselhaften Wahnzuständen gegenübergestellt, die ihm Fragen abnötigen; Fragen, die der dramatische Text in seinem Fortgang verständlich machen will. Dieses Kompositionsprinzip beachtet Büchner in *Dantons Tod*, im *Lenz*, in *Leonce und Lena* und im *Woyzeck*. Woyzeck hat keinen einzelnen Gegner. Er hat deren unzählige. Sein Gegner ist die Welt. Ehe er unterliegt, wird er systematisch depotenziert: physiologisch verstümmelt. Dieses Geschäft besorgt ausgerechnet der, der im Namen der Revolution und der Freiheit die Freiheit abschafft, indem er sie unmöglich macht – der Doktor. Die Physiologie als Universalmetapher des Schicksals und der zerstörenden Gegnerschaft: In der Geschichte der Dramenmotive ist das ein neuer Einfall. Der intermittierende Wahnsinn, dem Woyzeck endlich erliegt und der seine Zurechnungsfähigkeit aufhebt, wird gedeutet als Antwort auf das Unverständliche eines Schicksals, das ihn in zahllosen Formen trifft. Es widerfährt ihm von der Geliebten, der verführenden Verführten, die nicht anders kann, weil auch sie getrieben wird; es trifft ihn in der balladesken Gestalt des Tambours, der immer wieder als Sexualkreatur gesehen wird, als »brünstiger Stier« und »bärtiger Löwe«; es begegnet ihm sogar in der schuldlosen Ahnungslosigkeit des eigenen Kindes, das sich von ihm abwendet, so daß am Ende nur noch übrig bleibt, was das Märchen der Großmutter thematisch antizipiert: Erstarrung und Einsamkeit.

Die Textgestaltung des *Woyzeck* ist noch immer Gegenstand wissenschaftlicher Kontroversen. Der philologische Umgang mit diesem Stück hat Möglichkeiten und Grenzen. Die Möglichkeiten würden ungenutzt bleiben, wenn man das Textmaterial lediglich als ein historisches, gelehrt-antiquarisches Präparat behandelte und dabei übersähe, daß die Philologie außerstande ist, einen Prozeß rückgängig zu machen, der seit 1879 eine unbestreitbare Realität ist. Ehe der *Woyzeck* ein philologisches Problem wurde, war er ein ästhetisches. Im Kulturbewußtsein existiert er als ein spielbares und aufführbares Textstück. Und es hieße die philologische Entmythologisierung des Textes entschieden zu weit treiben, wollte man die aufeinander zustrebenden Textstücke der verschiedenen Entwicklungsstufen auf alle Zeit auseinanderreißen. Die Grenzen des philologischen Umgangs werden indes unstatthaft überschritten, wenn man glaubt, aus dem fragmentarisch überlieferten Material eine sakrosankte Lese- oder Bühnenfassung herstellen zu können. Nach Lage der Dinge und der Überlieferungsgeschichte wird es wohl immer mehrere vertretbare und plausible Lösungen geben; denn wir kennen nicht nur eine Intention Büchners, sondern mehrere, nämlich die Intentionen seiner einzelnen, nie zu Ende gebrachten Fassungen, die sich bruchlos nie ineinanderfügen lassen. W.R.L.-KLL

AUSGABEN: Wien 1875 (in Neue Freie Presse; Nov., unvollst., Hg. K. E. Franzos). – Bln. 1878 (in Mehr Licht! Eine dt. Wochenschrift f. Literatur u. Kunst, Hg. ders.); ern. Ffm. 1987 (in *GW. Erstdr. u. Erstausg. in Faks.*, Hg. Th. M. Mayer, 10 Bde., 10). – Ffm. 1879 (in *SW u. handschriftlicher Nachlaß*, Hg. K. E. Franzos). – Bln. 1909 (in *GS*, Hg. P. Landau, 2 Bde., 2). – Lpzg. 1920, Hg. G. Witkowski [krit.]. – Lpzg. 1922 (in *SW u. Briefe. GA*, Hg. F. Bergemann; krit.). – Lpzg. [2]1926 (in *Werke u. Briefe*, Hg. F. Bergemann). – Ffm./Bln. 1962, Hg. H. Mayer. – Bln./Weimar 1964 (in *Werke*, Hg. H. Poschmann; [6]1984). – Hbg. [dann Mchn.] 1967 ff. (in *SW u. Briefe. Hist. krit. Ausg.*, Hg. W. R. Lehmann, 2 Bde., 1; Hamburger Ausg.). – Ffm. 1969, Hg. E. Krause [krit.]. – Manchester 1971 (*Dantons Tod and Woyzeck*, Hg. M. Jacobs; m. Komm.). – Stg. 1972, Hg. L. Bornscheuer [krit.]. – Lpzg./Wiesbaden 1981 (Faks.-Ausg. d. Hss.; Bearb. G. Schmid; m. Transkription u. Komm.). – Lpzg. 1984/Ffm. 1985, Hg. H. Poschmann [m. Komm.].

VERTONUNGEN: A. Berg, *Wozzeck* (Oper; Urauff.: Bln., 14. 12. 1925, Staatsoper). – K. Pfister, *Wozzeck* (Opernballade; Urauff.: Mchn. 1949).

VERFILMUNGEN: Deutschland 1947 (Regie: G. C. Klaren). – BRD 1978 (Regie: W. Herzog).

LITERATUR: L. Marcuse, *G. B. u. seine drei besten Bühnenwerke*, Bln. 1921. – H. van Dam, *Zu G. B.s »Woyzeck«* (in Akzente, 1, 1954, S. 82–99). – G. L. Fink, *Volkslied u. Verseinlage in den Dramen B.s* (in DVLG, 35, 1961, S. 558–593). – F. H. Mautner, *Wortgewebe, Sinngefüge u. Idee in B.s »Woyzeck«* (ebd., S. 521–557). – B. v. Wiese, *G. B. Die Tragödie des Nihilismus* (in *Die dt. Tragödie von Lessing bis Hebbel*, Hg. B. v. W., Hbg. [5]1961). – H. Elema,

Der verstümmelte »Woyzeck«(in NPh, 49, 1965, S. 131–156). – K. Völker, *Woyzeck u. die Natur* (in Revue des langues vivantes, 23, 1966, S. 611–632). – B. Ullman, *Die sozialkritische Problematik im Werk G. B.s u. ihre Entfaltung im »Woyzeck«*, Diss. Stockholm 1970. – W. R. Lehmann, *Repliken. Beiträge zu einem Streitgespräch über den »Woyzeck«* (in Euph, 65, 1971, S. 58–83). – L. Bornscheuer, *Neue Beurteilung der »Woyzeck«-Hss.* (in GRM, N. F., 22, 1972, S. 113–123). – Ders., *G. B.: Woyzeck*, Stg. 1972. – M. Patterson, *Contradictions Concerning Time in B.'s »Woyzeck«* (in GLL, 32, 1978/79, S. 115–121). – A. Meier, *G. B.: »Woyzeck«*, Mchn. 1980. – H. Wetzel, *Die Entwicklung Woyzecks in B.s Entwürfen* (in Euph, 74, 1980, S. 375–396). – K. Eibl, *Ergo todtgeschlagen. Erkenntnisgrenzen u. Gewalt in B.s »Dantons Tod« u. »Woyzeck«* (ebd., 75, 1981, S. 411–429). – *G. B. »Woyzeck«. Materialien u. Arbeitsvorschläge*, Bearb. K. Schuster, Bamberg 1981. – H. G. Werner, *B.s »Woyzeck«. Dichtungssprache als Analyseobjekt* (in WB, 27, 1981, H. 12, S. 72–99). – I. Oesterle, *Verbale Präsenz u. poetische Rücknahme des lit. Schauers. Nachweise zur ästhetischen Vermitteltheit des Fatalismusproblems in G. B.s »Woyzeck«* (in G. B. Jb., 3, 1983, S. 168–199). – A. Glück, *Der »ökonomische Tod«: Armut u. Arbeit in G. B.s »Woyzeck«* (ebd., 4, 1984, S. 167–226). – A. Glück, *Militär u. Justiz in G. B.s »Woyzeck«* (ebd., S. 227–247). – Ders., *»Herrschende Ideen«: Die Rolle der Ideologie, Indoktrination u. Desorientierung in G. B.s »Woyzeck«* (ebd., 5, 1985, S. 52–138). – Ders., *Der Menschenversuch: Die Rolle der Wissenschaft in G. B.s »Woyzeck«* (ebd., S. 139–182). – G. Reuchlein, *Das Problem der Zurechnungsfähigkeit bei E. T. A. Hoffmann u. G. B. Zum Verhältnis von Literatur, Psychiatrie u. Justiz im frühen 19. Jh.*, Ffm. u. a. 1985. – G. Schmid, *Zur Faks.ausg. v. B.s »Woyzeck«* (in Impulse, 8, Bln./Weimar 1985, S. 280–295).

ANNETTE FREIIN VON DROSTE-HÜLSHOFF

* 10.1.1797 Wasserburg Hülshoff bei Münster
† 24.5.1848 Meersburg am Bodensee

LITERATUR ZUR AUTORIN:
Bibliographien:
E. Arens u. K. Schulte-Kemminghausen, *D.-Bibliogr.*, Münster 1932. – C. Heselhaus, *D.-Bibliogr. 1932–1948* (in Jb. der D.-Ges., 2, 1948–1950, S. 334–352). – W. Theiss, *D.-Bibliogr. 1949–1969* (in Jb. der D.-Ges., 5, 1972, S. 147–244). – H. Thiekötter, *Auswahlbibliogr.*, 2. erw. Aufl. Münster 1968.
Zeitschriften:
Jb. der D.-Ges., Hg. C. Heselhaus, Münster 1947 ff. – Kleine Beiträge zur D.-Forschg., Hg. W. Woesler, Münster 1971 (Nr. 1), Dülmen 1972 ff.
Forschungsberichte:
G. Häntzschel, *A. v. D.-H.* (in *Zur Literatur der Restaurationsepoche 1815–1848. Forschungsreferate und Aufsätze*, Hg. J. Hermand u. M. Windfuhr, Stg. 1970, S. 151–201). – F. Sengle, *A. v. D.-H.* (in F. S., *Biedermeierzeit*, Bd. 3, Stg. 1980). – W. Woesler, *Modellfall der Rezeptionsforschung. D.-Rezeption im 19. Jh. Dokumentation, Analysen, Bibliogr.*, 3 Bde., Ffm. u. a. 1980.
Biographien:
H. Hüffer, *A. v. D.-H. und ihre Werke. Vornehmlich nach dem literarischen Nachlaß und ungedruckten Briefen der Dichterin*, Gotha 1887; 3. Aufl. bearb. v. H. Cardauns 1911. – P. Berglar, *A. v. D.-H. In Selbstzeugnissen und Bilddokumenten*, Reinbek 1967 u. ö. (rm). – C. Heselhaus, *A. v. D.-H., Werk und Leben*, Düsseldorf 1971. – M. E. Morgan, *A. v. D.-H. A Biography*, Ffm. u. a. 1984.
Gesamtdarstellungen und Studien:
B. Badt, *A. v. D.-H. Ihre dichterische Entwicklung und ihr Verhältnis zur englischen Literatur*, Lpzg. 1909. – G. P. Pfeiffer, *Die Lyrik der A. v. D.-H.*, Bln. 1914. – G. Weydt, *Naturschilderung bei A. v. D.-H. und Adalbert Stifter*, Bln. 1930. – F. Gundolf, *A. v. D.-H.*, Bln. 1931. – E. Staiger, *A. v. D.-H.*, Horgen-Zürich/Lpzg. 1933; ern. Frauenfeld 1962. – R. A. Schröder, *A. v. D.-H.* (in R. A. S., *GW*, Bd. 2, Ffm. 1952). – R. Schneider, *Über Dichter und Dichtung*, Köln 1953. – D. Jehl, *Le monde religieux et póetique d'A. v. D.-H.*, Paris 1965. – H. M. Gensch, *Versuch einer statistischen Stilanalyse von Gedichten der A. v. D.-H.*, Diss. Univ. of Cincinnati 1967. – J. Nettesheim, *Die geistige Welt der Dichterin A. D. zu H.*, Münster 1967. – W. Nigg, *Glanz der ewigen Schönheit. A. v. D.-H.*, Zürich/Stg. 1968. – G. Häntzschel, *Tradition und Originalität. Allegorische Darstellung im Werk A. v. D.-H.s*, Stg. u. a. 1968.– S. Bonati-Richner, *Der Feuermensch. Studien über das Verhältnis von Mensch und Landschaft* …, Bern 1972. – J. Nettesheim, *A. D. zu H. Naturwissenschaftliches Lexikon. Lyrik und Epik*, Münster 1973. – R. Schneider, *Realismus und Restauration. Untersuchungen zu Poetik und epischem Werk der A. v. D.-H.*, Kronberg/Ts. 1976. – Ders., *A. v. D.-H.*, Stg. 1977 (Slg. Metzler). – B. Kortländer, *A. v. D.-H. und die deutsche Literatur. Kenntnis, Beurteilung, Beeinflussung*, Münster 1979. – E. M. Toegel, *E. Dickinson and A. v. D.-H.: Poets as Women*, Diss. Washington 1980. – D. Maurer, *A. v. D.-H. Ein Leben zwischen Auflehnung und Gehorsam*, Bonn 1982. – W. Gössmann, *A. v. D.-H. Ich und Spiegelbild. Zum Verständnis der Dichterin und ihres Werkes*, Düsseldorf 1985. – L. Folkerts, *»… nichts Lieberes als hier – hier – nur hier …« Haus Rüschhaus, A. v. D.-H.s Einsiedelei in Literatur und Kunst einst und jetzt*, Münster 1986. – H. Kraft, *Mein Indien liegt in Rüschhaus*, Münster 1987.

DAS LYRISCHE WERK von Annette von DROSTE-HÜLSHOFF.

Die Autorin veröffentlichte zu Lebzeiten nur zwei Gedichtbände. Die Sammlung *Gedichte* von 1838, die auf Druck der Familie anonym erscheinen mußte, enthielt außer den drei Verserzählungen *Das Hospiz auf dem großen St. Bernhard, Des Arztes Vermächtnis* sowie *Die Schlacht im Loener Bruch* zehn Gedichte, wovon acht zu dem damals bereits abgeschlossenen ersten Teil des *Geistlichen Jahres* gehörten. Der schmale Band des Jahres 1838 wurde ein Mißerfolg; Levin SCHÜCKING erst spornte die Droste zu reicherem lyrischen Schaffen an und vermittelte ihr den Kontakt zur zeitgenössischen Literatur. Die überarbeitete und erweiterte Sammlung, 1844 bei Cotta erschienen, brachte der Autorin den Beifall der Kritik und enthielt fast alle Gedichte und Balladen, die zwischen 1838 und 1843 entstanden waren, während die geistlichen Gedichte 1851 im *Geistlichen Jahre* erschienen, einer Sammlung von 72 Gedichten auf alle Sonn- und Festtage des Jahres. 1860 veröffentlichte Levin Schücking ihren lyrischen Nachlaß unter dem Titel *Letzte Gaben*.

Die locker-zyklische Anordnung der maßgeblichen Sammlung von 1844 umfaßte Zeitbilder, Heidebilder; Fels, Wald und See; Gedichte vermischten Inhalts; Scherz und Ernst; Balladen. Freilich ergeben sich aufschlußreiche Zuordnungen auch aus dem Entstehungskontext und der zeitlichen Folge der Gedichte. So befindet sich das an Schücking gerichtete Gedicht *Die Schenke am See*, das den Kontrast von Jugend und Alter melancholisch umspielt, auf demselben Manuskriptblatt mit *Junge Liebe*; offenbar gruppierten sich die schöpferischen Einfälle der Droste um bestimmte Themen.

Die Rezeption ihres Werkes war gespalten. Einerseits – von Ferdinand FREILIGRATH und dem jungen Friedrich ENGELS – wurde ihre *»Virtuosität im Schildern westfälischer Moor- und Heidegegenden«* gerühmt; der katholischen Literaturbewegung jedoch empfahlen sich ihre geistlichen Gedichte zur *»Erfrischung des religiösen Sinnes«* (Eichendorff). Annette von Droste-Hülshoff war in ihrer Weltsicht der Frömmigkeitshaltung der katholischen Erneuerung verpflichtet, die nicht nur ihre geistliche Dichtung, sondern auch die Naturlyrik und Zeitbilder prägt. In einer sich zunehmend säkularisierenden Zeit sucht sie die Natur weiterhin als Teil göttlicher Offenbarung zu lesen, doch ist das schlichte *Irdische Vergnügen in Gott*, wie es Berthold Hinrich BROCKES 1721 noch feiern konnte, dem Zweifel gewichen. Bereits das Gedicht *Am dritten Sonntag nach Ostern* aus dem *Geistlichen Jahr* sucht Gott vergebens in der Natur; das lyrische Ich nimmt die traditionellen Zeichen wahr, ohne ihre lebendige Botschaft zu erfahren: *»Warum denn, ach! / Warum nur fällt mir ein was ich gelesen?«* Denn: *»O bittre Schmach! / Mein Wissen mußte meinen Glauben töten.«* Aus dem Gegensatz von Wissen und Glauben entspringt die zweifelnd und fast verzweifelt hochgetriebene Spannung zwischen empirischem Naturbild und christlich allegorischer Zeichensprache im *Geistlichen Jahr*, eine Spannung, die auch die bekannten Natur- und Heidebilder der Droste prägt. Die Bilder werden weit über die allegorische Konvention hinaus in *»einer radikalen Subjektivierung umgedeutet«* (Berning) und zu ganzen Bildfeldern erweitert. Weil die Droste verwandte Sinnbilder so kombiniert, daß ein scheinbar realistisches, detailgetreues Naturbild entsteht, können sich die einzelnen Zeichen verselbständigen, bis ihr allegorischer Sinn rätselhaft wird. So ist nicht nur die *»Wüste«* in dem geistlichen Gedicht *Am achten Sonntag nach Pfingsten (»Ach, nicht die Wüste neben mir, / Die Wüste mir im Busen liegt!«)*, sondern auch die ebenso ausgedehnte, unfruchtbare, nur ein Scheinleben gewährende *»Moor«*-Landschaft bei der Droste eine Chiffre des Lebens ohne Glauben; das *»Irrlicht«*, das im Moor umgeht, verweist auf den anmaßenden Verstand, der nicht das Geborgenheit vermittelnde Licht der Glaubensgemeinschaft zu spenden vermag, sondern den Menschen in den *»Schlamm«* der Sünde verlockt. Das berühmte, oberflächlich als Schauerballade gelesene Gedicht *Der Knabe im Moor* enthüllt sich so als sinnbildliche Gestaltung der Gefährdung des Menschen in glaubensloser Zeit.

Die *»Zeitbilder«*, die den Gedichtband von 1844 eröffnen, suchen den Dialog zwischen geschichtlichem und heilsgeschichtlichem Dasein. *Die Stadt und der Dom* tadelt die religiös-nationale Bewegung zum Ausbau des Kölner Doms als *»eine Karikatur des Heiligsten«; An die Weltverbesserer* entwirft *»Prinzipien für eine Ethik der Öffentlichkeit«* (Gössmann), und *Die Verbannten* schildert visionär die Begegnung mit den allegorischen Figuren der Kindesliebe, der Gattenliebe, der christlichen Liebe, die sich aus der Gesellschaft und Geschichte in die Natur flüchteten.

Das Bewußtsein, nicht im Einklang mit der Zeit zu stehen, ›zu früh‹ oder ›zu spät‹ geboren zu sein, ist freilich ein Epochenthema der Restauration, das bei dem fortschrittlich gesinnten HEINE wie dem katholisch konservativen EICHENDORFF begegnet; auch an der Droste lobte dieser die Abkehr von der *»modernen Bildung«*. Tatsächlich beabsichtigte sie, *»nie auf den Effekt zu arbeiten, keiner beliebten Manier, keinem anderen Führer als der ewig wahren Natur durch die Windungen des Menschenherzens zu folgen und unsere blasierte Zeit und ihre Zustände gänzlich mit dem Rücken anzusehen. Ich mag und will jetzt nicht berühmt werden«* (an Elise Rüdiger, 1843). Zwar verschloß sie sich keineswegs dem literarisch Gängigen: Frühe Gedichte huldigen der – später bei FREILIGRATH forcierten – Orientmode; mit dem kleinen Zyklus *Volksglauben in den Pyrenäen* (1845) folgte sie der – in Heines *Atta Troll* (1843) ironisierten – Begeisterung der Zeit für diese letzte Region unverfälschten Volkslebens in Europa. Die Droste freilich suchte auch sonst den bildungsfernen Raum, vergleichbar darin den englischen »Lake poets« um William WORDSWORTH, deren Programm einer volksnahen Dichtung ihr dank ihrem Mentor Schlüter spätestens seit 1834 bekannt war.

Zum Sinnbild ihres Ideals stilisiert sie ihre Heimat Westfalen. Wie andere Dichter der Biedermeierzeit entdeckt die Droste im Abgelegenen das Ursprüngliche, in der Provinz das Unverdorbene. In Prosa und Gedichten wird diese Verwandlung der Natur ins poetische Sinnbild reflektiert. Obgleich ihre *Heidebilder* (1841/42) diejenigen Nikolaus LENAUS in der Treue zur heimischen Landschaft weit übertrafen, will dieser Zyklus doch das Verhältnis von Poesie und Landschaft erst erkunden. Im Eingangsgedicht *Die Lerche* wird der verspielt-allegorische Aufputz der Heidelandschaft im Lied erschaffen und verschwindet, sobald die Lerche verstummt; die Kunstpoesie drapiert eine nüchterne Wirklichkeit. Elementare, dämonische Volkspoesie läßt *Das Hirtenfeuer* aus der Heidenatur erwachsen. *Der Heidemann* steigert – wie *Der Knabe im Moor* – in ständigem Perspektivenwechsel die Dämonie der Natur zum Schaurigen für den Menschen, der ihre Zeichen deutet, bis zuletzt Natur und Geschichte übermenschlich drohend erscheinen.

In der auf die Jahre 1840–1842 konzentrierten Balladenproduktion hatte sich die Droste dem Formtypus der Schauerballade angeschlossen, um ihn aufzulösen. Die romantische Naturwissenschaft, Magnetismus und Mesmerismus hatten ihr gezeigt, daß die »Nachtseiten der Natur« bis in die Seele des Menschen reichten. Das Schaurige entsteht erst aus der Begegnung von Geist und Natur. Obschon es objektiv auf den Menschen wirkt, spiegelt es dessen Seele. In der Zeichensprache der Natur begegnen dem Menschen verschlüsselt die Geheimnisse seines Selbst. Die christliche Reue vermag ihn deshalb in der Großballade *Der Spiritus familiaris des Roßtäuschers* (1842) aus dem magischen Zusammenhang des Bösen zu retten. In den berühmten Schicksalsballaden – wie *Der Geierpfiff* und *Die Vergeltung* – wird der scheinbar zufällige Weltlauf durchsichtig für die höhere Ordnung Gottes; sie verleiht den Zeichen der Natur ihren Sinn. Mit ihren Balladen für Freiligraths und Schückings *Malerisches und romantisches Westfalen* (1841) – etwa dem *Fegefeuer des westphälischen Adels, Kurt von Spiegel, Der Tod des Erzbischofs Engelbert von Köln* – nahm die Droste an der Westfalendichtung teil, die diese junge preußische Provinz als eine alte eigenständige Kulturregion vorstellen wollte. Über den Regionalismus ihrer Epoche hinaus wurzeln die Abkehr von »Weimar« – im Widmungsgedicht zum Epos *Walter* (1819) –, die Abwehr des exzentrisch Romantischen und raffiniert Literarischen bei der Droste noch in der traditionellen heimischen Adels- und Dilettantenkultur und markieren die konservative Position in der Frauenkultur ihrer Epoche.

Immer wieder speisen sich Schaffenskraft und Schaffenswille der Droste aus ihrem privaten Lebenskreis. Die Familie und ein oft provinzieller Freundeskreis ersetzen ihr – gelegentlich bis zur Zensur – die literarische Öffentlichkeit. Befreiend wurde die Zuneigung zu Levin Schücking. Das Gedicht *O frage nicht, was mich so tief bewegt* (1841/42), in Schückings Ausgabe 1860 *Spiegelung. An Levin Schücking* genannt, vertieft Anregungen, die sie dem jungen Freund verdankte, bis in den innersten Bezirk der Bildsprache: *»Da ist es mir, als ob Natur mein Bild / Mir aus dem Zauberspiegel vorgehalten.«* Freiligrath hatte Schücking sein Gedicht *Die Rose* mit dem Motiv der zaubrisch-gespenstischen Spiegelung im Freunde übersandt. Das Motiv der Doppelgänger-Begegnung hatte in der Droste-Ballade *Das Fräulein von Rodenschild* (1841) erklärt, warum das *»tolle Fräulein«* so *»schön und wild«* wurde: im Gedicht *Das Spiegelbild* (1842), das Motive aus Freiligraths Gedicht wie aus ihren eigenen an Schücking variiert, wird das gespiegelte *»Phantom«* zum Sinnbild der Entfremdung. Der Spiegel ist für die Droste die Chiffre existenziell erfahrener Poesie. Denn der Spiegel verwandelt das Wirkliche in ein schaurig-gespenstisches Zeichen und hebt damit magisch die Grenzen der Realität auf. In den Schücking-Gedichten der Droste wird die Zuneigung zu dem Jüngeren so wie die Hingabe an die Poesie erlebt, die er wiederum geweckt hatte.

Halluzinative Zustände der Ich-Entgrenzung sind für die Droste eine Grundlage des Poetischen. Sie beschreibt sie physiologisch genau mit dem Wortschatz zeitgenössischer Naturforschung. Die Verführung des Verstandes wird hier weiter vorangetrieben als im *Geistlichen Jahr*. In *Die Mergelgrube* – wie im vorangehenden »Heidebild« *Der Hünenstein* – wird die verlockende Hingabe an die Natur grade noch ironisch abgebrochen. Zunächst taucht das Ich visionär bis nahe dem Selbstverlust in die Natur und damit in die Tiefe der Zeit ein. Die anschließende Schäferidylle relativiert die bedrohlichen *»Träume«* des wissenschaftlich Gebildeten, ohne eine beschränkt religiöse Weltsicht des Volkes zu verklären. Komplementär wird in der *Vogelhütte* die beschränkte Gebildetenkultur ironisiert und der echten Poesie der Natur kontrastiert.

Die Kennchiffren und damit die verschiedenen Gedichte der Droste kommentieren sich wechselseitig: Ausbruchswille – seit den Jugendgedichten – und Gefangenschaft, Ich-Entgrenzung und Bewahrung sind die Pole ihres Erlebens; daß auch die Naturbilder auf das erlebende Ich hin als Chiffren ausgelegt werden, verleiht den Gedichten der Droste ihren *»meditativen Charakter«* (Schneider). – *»Süße«* und beängstigende Wach-*»Träume«* werden dem Ich in *Durchwachte Nacht* (1845) zuteil, das um eine aus *Doppelgänger* (1844) übernommene Vision zentriert ist; aus der *»Träume Zauberturm«* erwacht das Ich – wie es in dem Gedicht *Spätes Erwachen* (1844) auf den Lebenslauf bezogen heißt – zu Leben und Liebe. *Am Turme* (1841/42) mit der Poesie-Metapher im Titel klagt – aggressiv und doch bereits verheimlichend und verzichtend – die Befreiung des Weiblichen von den Fesseln der Konvention ein. Im Abschiedsgedicht an das Ehepaar Schücking *Lebt wohl (Zum 30. Mai 1844)* wird der scheinbar an den *»Turm«* Gebannten, der nur der Ausblick auf die Landschaft der Freiheit bleibt, dann von ihrer *»wilden Muse«* eine unantastbare innere Freiheit und damit die Gemeinschaft mit der

Welt gewährt. *Die Taxuswand* (1841/42) zeigt das Ich, das die *»Krone«* des Lebens verlor und die Umwallung des verlorenen Paradieses nicht mehr zu durchdringen vermag. Trotz der resignierten Schlußgeste hier – dem *Hamlet*-Zitat der Lebensmüdigkeit – überwindet die Droste in ihrer Lyrik immer wieder die unerfüllbare romantische Sehnsucht und stellt sich der Aufgabe, *»nach dem verlorenen Paradies ein menschliches Dasein in Übereinstimmung mit dem Wort Gottes aufzubauen«* (Heselhaus). Erst aus jener Zweideutigkeit von bedrohlich lockendem Selbstverlust und Selbsterkenntnis, wie sie im Spiegelmotiv verdichtet ist, löst sich im Werk der Droste der ethische Appell. Nicht Rückkehr zur Natur, Öffnung zum Volk, Wende zur Vergangenheit können daher aus der Verführung zur grenzenlosen Freiheit und der Verwirrung der Epoche retten. Vielmehr muß dies alles im *Gemüt*, wie es ihr Gedicht von 1844 preist, aufgenommen und zu einer Ethik christlicher Gemeinschaft geläutert werden.

So hebt auch das Gedicht *Im Grase* mit verführerisch entgrenzendem, *»ekstatischem«* Sprechen (Rölleke) an: *»Süße Ruh, süßer Taumel im Gras, / Von des Krautes Arome umhaucht / Tiefe Flut, tief tief trunkne Flut«* – bis das Ich, berauscht versunken in die Natur, dem menschlichen Dasein abstirbt: *»Tote Lieb, tote Lust, tote Zeit«*. Im ethisch-religiösen Appell *»Dennoch, Himmel ...«* findet das Gedicht wieder Halt in der Flucht der Visionen: Was ekstatisch erlebt wurde, wird nun erinnernd *»in dauernden Sinnbesitz«* verwandelt; so stellt sich zuletzt das Gedicht als *»zeitlicher Dienst am Ewigen«* dar (Rölleke). Unverschlüsselte Dichtergedichte finden sich im *Geistlichen Jahr* wie in den *Zeitbildern* – mit dem aufsehenerregenden *An die Schriftstellerinnen in Deutschland und Frankreich. Mein Beruf* (1841/42) rechtfertigt das Dichter-Amt *»von Gottes Gnaden«* mit dem Dienst an denen, die zu Gott pilgern. Gegen die – wohl von Schücking verfochtene, jungdeutsche – These: *Das Ich der Mittelpunkt der Welt* (1844) bekennt sich die Droste zu christlicher Nächstenliebe und Entsagung. Auf demselben Manuskriptblatt stehen *Der Dichter* und *»Locke nicht, du Strahl aus der Höh'«*. Jenes stellt den *»Geisteskrösus«* und Prometheus vor, der die *»Seele«* für die Eigenmacht von Kunst und Wissen – seine ›Lampe‹ – preisgibt; dieses nimmt das Prometheus-Motiv auf, vertieft es mit Anspielungen auf Goethes und Schillers Balladen ins Existenzielle und stellt Selbstherrlichkeit und Wagemut in der zweiten Strophe dem Zwang zum Opfer gegenüber: *»Ach soll ich denn die Rose sein, / Die zernagte, um andre zu heilen.«* Nach der Lehre damaliger Naturheilmediziner nistete in einer Distelart, welche den Rosen-Vergleich erlaubte, schmarotzend eine heilkräftige Larve. In dem Fragment *Siri und Bettina* klärt sich an dieser Motivik die Stellung der Droste in der Literatur ihrer Zeit. Schlüter hatte sie beauftragt, das Hauptthema aus Frederika Bremers Roman *In Dalekarlien* (1845) poetisch zu behandeln. Die Droste nahm sich – ihn mißverstehend – vor, die Hauptfigur, das Naturkind Siri, mit Bettine von Arnim, die die Jungdeutschen als verkörperte Naturpoesie feierten, zu vergleichen – *»zwei Feuerrosenknospen im Garten der Poesie«*. In den ausgeführten Strophen geschickt Bettinische Motive kombinierend, unterschiebt die Droste dieser die Grunderfahrung ihres eigenen Dichtens: Bettine befreit sich aus der träumenden Naturversunkenheit in einer *»grünen Kerkerhülle«*; doch wird diese Reminiszenz an *Im Grase* einem Kontrastschema zwischen den *»alten Göttern«* und dem *»Gotte der am Kreuze hing«*, eingepaßt, wie es Heine im Sinn jungdeutscher Emanzipation vom Christentum popularisiert hatte. Bettine wählt die erwachten heidnischen *»Marmorbilder«* und wird damit zur wahrhaft ›kranken Rose‹. Indem die Droste die emanzipatorischen Strömungen ihrer Zeit als eigene Sucht nach Ich-Entgrenzung erlitt, sie als Teil ihrer dichterischen Begabung erfuhr und bestürzend modern gestaltete, wurde ihre konservative Ethik der Entsagung und des Mitleids glaubwürdig. Aus derselben Aufgabe Schlüters entstand im August 1846 ihr letztes größeres Gedicht *»An einem Tag, wo feucht der Wind« (Die ächzende Kreatur)*, die Vision der wahrhaftigen Befreiung und Entgrenzung des Ich zur Schuldgemeinschaft mit der Schöpfung Gottes. W.Schm.

Ausgaben: *Gedichte*, Münster 1838 [2. Faks. 1978; Nachw. W. Woesler]. – *Gedichte*, Stg. 1844 [veränd. u. erw.]. – *Das geistliche Jahr. Nebst einem Anhang religiöser Gedichte*, [Hg. Ch. B. Schlüter], Stg./Tübingen 1851; ern. 1857. – *Letzte Gaben. Nachgelassene Blätter*, Hg. L. Schücking, Hannover 1860; ern. 1871. – *SW*, Hg. K. Schulte-Kemminghausen in Verbindg. m. B. Badt u. K. Pinthus, 4 Bde., Mchn. 1925 ff. [hist.-krit. m. Erstdr.]. – *SW*, Hg. C. Heselhaus, Mchn. 1952; zul. 1986 u. d. T. *Werke in einem Band*. – *SW*, Hg. G. Weydt u. W. Woesler, 2 Bde., Mchn. 1973. – *Werke. Briefwechsel*, Hg. W. Woesler, Tübingen 1978 ff., Bd. 1–7 [hist.-krit.].

Literatur: W. Kayser, *Sprachform und Redeform in den »Heidebildern« der A. v. D.-H.* (in FDH, 1936/40; auch in *Interpretationen 1. Deutsche Lyrik*, Hg. J. Schillemeit, Ffm. 1965). – J. Müller, *»Durchwachte Nacht«* (in *Gedicht und Gedanke*, Hg. H. O. Burger, Halle 1942). – J. Nettesheim, *Die Droste und der Kölner Dombau. Eine geistesgeschichtliche Studie zu dem Gedicht »Die Stadt und der Dom«* (in Jb. der D.-Ges., 2, 1948/50). – C. Heselhaus, *A. v. D.-H., »Das Spiegelbild« u. »Mondesaufgang«* (in *Die deutsche Lyrik*, Hg. B. v. Wiese, Bd. 2, Düsseldorf 1956). – W. Höllerer, *Zwischen Klassik und Moderne*, Stg. 1958. – E. Rotermund, *Die Dichtergedichte der Droste* (in Jb. der D.-Ges., 4, 1962). – G. Hasenkamp, *Das verlorene Paradies der Tiere. Zu dem Gedicht »Die ächzende Kreatur«* (ebd.). – H. Kunisch, *A. v. D.-H., Der Knabe im Moor* (in H. K., *Kleine Schriften*, Bln. 1968). – R. Böschenstein-Schäfer, *Die Struktur des Idyllischen im Werk der A. v. D.-H.* (in Kleine Beiträge zur Droste-Forschung, 3, 1974/75). – W. Preisendanz, *»... und jede Lust, so Schauen nur gewähren mag«. Die Poesie der Wahrnehmung in der Dichtung A. v. D.-H.s* (in Kleine Beiträge zur Droste-Forschung, 4, 1976/77). – B. Kortländer u. A. Marquardt, *Poetische Kontaktstellen. Die Anregungen Ch. B. Schlüters zu Gedichten der Droste* (ebd.). – H. Laufhütte, *Die deutsche Kunstballade*, Heidelberg 1979. – H. Schulz, *Form und Inhalt. Vers- und Sinnstrukturen bei Joseph von Eichendorff und A. v. D.-H.*, Bonn 1981. – W. Woesler, *A. v. D.-H.: »Der Knabe im Moor«* (in *WW*, 1981). – A. Binder, *Vormärz als Kontext. Zu A. v. D.-H.s Gedicht »Das Ich der Mittelpunkt der Welt«* (in Kleine Beiträge zur Droste-Forschung, 5, 1978–1982). – H. Rölleke, *»Dennoch, Himmel ...« Zu A. v. D.-H.s Gedicht »Im Grase«* (in *Gedichte und Interpretationen*, Bd. 4, Hg. G. Häntzschel, Stg. 1984).

DAS GEISTLICHE JAHR

Gedichtzyklus von Annette von DROSTE-HÜLSHOFF, erschienen 1851. – Die ersten 25 Gedichte (*Am Neujahrstage* bis *Am Ostermontage*) entstanden 1819/20, die folgenden 47 (*Am ersten Sonntage nach Ostern* bis *Am letzten Tage des Jahres*) erst 1839/40. Im Jahre 1819 beabsichtigte die junge Droste, für ihre Großmutter Maria Anna von Haxthausen eine Reihe *»geistlicher Lieder«* zu verfassen, womit zunächst naiv-fromme Andachtlieder gemeint waren. 1820 bewirkte vermutlich (C. Heselhaus) die sog. *»Jugendkatastrophe«* der Droste die Unterbrechung der Arbeit, die Autorin war familiären Sanktionen ausgesetzt, als sie sich zwischen zwei Verehrern nicht entscheiden konnte. Die Aufarbeitung dieses Erlebnisses, das auch in einer religiösen Krise kulminierte, führte zur Neugestaltung des Gedichtzyklus; statt beschaulicher Andacht dienen die Gedichte nun religiöser Selbstreflexion, die Großmutter ist nicht mehr als Adressatin vorausgesetzt und beabsichtigt ist nun, Lieder *»auf alle Sonn- und Festtage«* des Kirchenjahres zu verfassen; mit dem Lied auf den Ostermontag schloß die Droste die Arbeit zunächst ab, die sie mit einem Widmungsschreiben am 9. Oktober 1820 ihrer Mutter überreichte: *»... mein Werk ist jetzt ein betrübendes, aber vollständiges Ganze ... ich habe ihm die Spuren eines vielfach gepreßten und geteilten Gemütes mitgeben müssen ... Es ist für die geheime, aber gewiß sehr verbreitete Sekte jener, bei denen die Liebe größer wie der Glaube.«* Erst neunzehn Jahre später vollendete sie auf Drängen ihrer Freunde Christoph Bernhard Schlüter und Wilhelm Junkmann den Zyklus. Der zweite Teil ist nur im Entwurf mit zahllosen Korrekturen überliefert und war, wie auch der erste, zunächst nicht zur Veröffentlichung bestimmt.

Statt, wie ursprünglich beabsichtigt, zu einem Erbauungsbuch für die fromme Seele, war schon der erste Teil zu einer Beichte der um religiöse Wahrheit ringenden Dichterin, zum Geständnis der Glaubensschwäche eines modernen Menschen geworden. Neben konventionell wirkenden Gedichten in der Tradition des geistlichen Volkslieds tragen viele der Sonntagslieder des ersten Teils den Charakter individueller Bekenntnisse, aus denen *»immer wieder ... der apostolische Rettungsruf: ›Ich glaube, Herr, hilf meinem Unglauben!‹«* ertönt (J. Schwering). Die persönliche Erfahrung religiöser Ungeborgenheit ist immer gegenwärtig, auch wenn die Gefühle der Angst und Schuld aus Glaubensnot durch ein bewußt starres Festhalten an den gewohnten Formen der Frömmigkeit am Ende meist gewaltsam zurückgedrängt oder, in der Hoffnung auf die verzeihende Liebe und Gnade Gottes, für Augenblicke überwunden werden. *Am fünften Sonntage in der Fasten* ist – weitab von aller klassisch-romantischen Dichtung – die Grunderfahrung des 19. Jh.s von der Gott entfremdeten Menschennatur ausgesprochen: *»Hab ich grausend es empfunden / Wie in der Natur ... / Oft dein Ebenbild verschwunden / Auf die letzte Spur: / Hab ich keinen Geist gefunden, / Einen Körper nur!«*

Im zweiten Teil findet das Hauptthema des Zyklus – die als Schuld erlebte Gottferne, *»die Spannung zwischen dem Verlangen nach ewiger Geborgenheit ... und dem Instinkt eines Menschen des 19. Jahrhunderts, der alles nicht mit Händen Greifbare verleugnet«* (E. Staiger) – Ausdruck in dem Gedicht *Am dritten Sonntage nach Ostern: »Ich seh dich nicht! / Wo bist du denn, o Hort, o Lebenshauch? / Kannst du nicht wehen, daß mein Ohr es hört? ... / O bittre Schmach: / Mein Wissen mußte meinen Glauben töten!«* Einen weiteren Themenkreis bilden Gedichte, die zur Einkehr und Buße mahnen, aufrütteln sollen und Sendungscharakter haben (z. B. *Am vierten Sonntage nach Ostern*); wieder andere betonen *»das Hineingestelltsein in den Widerstreit von Nacht und Helle«* (C. Heselhaus). Höhepunkte der religiösen Bekenntnisdichtung des *Geistlichen Jahres* sind das Schlußgedicht *(Sylvester)* mit der Bitte *»O Herr, ich falle auf das Knie: / Sei gnädig meiner letzten Stund!«* und die unvergeßliche Strophe aus dem Lied *Am siebenundzwanzigsten Sonntage nach Pfingsten*, die an Clemens BRENTANOS *Frühlingsschrei eines Knechtes aus der Tiefe* und Gottfried KELLERS *Winternacht* erinnert: *»Sei Menschenurteil in Unwissenheit / Hart wie ein Stein, du, Herr, erkennst das Winden / Der Seele, und wie unter Mördern schreit / Zu dir ein Seufzer, der sich selbst nicht finden / Und nennen kann. Kein Feuer brennt so heiß / Als was sich wühlen muß durch Grund und Steine; / Von allen Quellen reißender rinnt keine, / Als die sich hülflos windet unterm Eis.«*

Der Gedichtzyklus ist das Zeugnis einer tiefen, undogmatischen, überkonfessionell christlichen Religiosität. Diese Charakterisierung kennzeichnet jedoch zugleich die Ursache für seine künstlerischen Schwächen. Der Dichterin, deren lyrisches Werk aus der Schärfe der sinnlichen Wahrnehmung, aus dem gesehenen Bild lebt, mußte die abstrakte Gedankenlyrik im Grunde fremd sein. Dem Bedürfnis, sich zu bekennen und im Bekenntnis Erlösung zu suchen, stellt sich in manchen Gedichten merkbar das Unvermögen zu künstlerischer Gestaltung des Gedankens entgegen. Ungenau oder inkonsequent durchgeführte Bilder (z. B. *Am zweiten Weihnachtstage*), Anhäufungen von Metaphern (z. B. *Am zwanzigsten Sonntage nach Pfingsten*), Ungeschicklichkeiten, ja Geschmacklosigkeiten *(»Ich lange mit des Wurmes Dehnen / Sehnsüchtig nach der Arzenei«)* sind die Folge. Auch die formale Vielfalt der 72 Gedichte, die, sich nur ein einziges Mal in Versmaß und Strophenform wiederholend, einen Blick in *»eine große Werkstätte des Strophenbaus«* (W. Kayser) gewähren, ist stellenweise mit störenden Satzverschachtelungen und unnatürlichen Wortstellungen erkauft. Heißt es so auch zu Recht von den Gedichten des *Geistlichen Jahres*, sie hätten *»so originell sie sind ... niemals ausgereicht, Annetten in der Ruhmeshalle deutscher Dichterinnen den ersten Platz zu sichern«* (B. Pelican), so geben sie – besonders dort, wo ihre Diktion in die Form des Chorals gebunden ist *(Am fünften Sonntage in der Fasten)* – doch ergreifende Kunde von einem um den Glauben ringenden *»Gemüt in seinen wechselnden Stimmungen«* (Widmungsschreiben an die Mutter).

Die neuere Forschung hat diese kritische Beurteilung, die letztlich der Deutung Emil STAIGERS entspringt, im Ansatz revidiert. G. HÄNTZSCHEL sah den Zyklus in der Tradition rhetorischer und allegorischer Figuren, die sich aus der Zeit des Barock erhalten hatten, S. BERNING deutete das Werk im Kontext der Gattungsentwicklung des lyrischen Perikopenzyklus, vor dessen Hintergrund er die in einem modernen Sinne subjektivierende Aufnahme biblisch-religiöser Bilder als eigentliche Leistung des Textes herausstellen konnte. K.Re.-KLL

AUSGABEN: Stg./Tübingen 1851, Hg. B. Schlüter u. W. Junkmann; ³1876. – Bln. 1912 (in *SW*, Hg. J. Schwering, 6 Tle. in 3 Bdn., 2). – Münster 1920, Hg. F. Jostes [krit.]. – Mchn. 1925 (in *SW*, Hg. K. Schulte-Kemminghausen, B. Badt u. K. Pinthus, 4 Bde., 1925–1930, 2/2; krit.). – Lpzg. 1939 (in *SW*, Hg. W. Kayser). – Münster 1939, Hg. C. Schröder; ²1951. – Mchn. 1952 (in *SW*, Hg. C. Heselhaus; zul. 1986 u. d. T. *Werke in einem Band*). – Tübingen 1980 (in *Werke. Briefwechsel*, Hg. W. Woesler, Bd. 4/1).

LITERATUR: C. Flaskamp, *Das »Geistliche Jahr« der A. Freiin v. D.-H.*, Mchn. 1915. – K. Möllenbrock, *Die religiöse Lyrik der D. und die Theologie der Zeit. Versuch einer theologischen Gesamtinterpretation u. theologiegeschichtlichen Einordnung des »Geistlichen Jahres«*, Bln. 1935. – C. Heselhaus, *A. v. D.-H. Die Entdeckung des Seins in der Dichtung des 19. Jh.s*, Halle 1943, S. 83 ff.; 101 ff. – C. Schröder, *Zur Textgestaltung des »Geistlichen Jahres« der D.* (in Jb. d. Droste-Ges., 1, 1947, S. 111–128). – C. Heselhaus, *Das »Geistliche Jahr« der D.* (ebd., 2, 1948–1950, S. 88–115). – M. Bruneder, *Das Glaubensproblem bei A. v. D.-H.*, Diss. Wien 1948. – E. Eilers, *Probleme religiöser Existenz im »Geistlichen Jahr«. Die D. und S. Kierkegaard*, Werl 1953. – W. Woesler, *Probleme der Editionstechnik. Überlegungen anläßlich der neuen krit. Ausg. des »Geistlichen Jahres« der A. v. D.-H.*, Münster 1967. – S. Berning, *Sinnbildsprache. Zur Bildstruktur des »Geistlichen Jahres« der A. v. D.-H.*, Tübingen 1975. – W. Woesler, *Religiöses Sprechen und subjektive Erfahrung. A. v. D.s »Am letzten Tage des Jahres (Sylvester)«* (in *Gedichte und Interpretationen*, Bd. 4, Hg. G. Häntzschel, Stg. 1984). – H. Heinz, *Die schuldverscheuchte Unterwelt. Zu A. v. D.-H.s »Das Geistliche Jahr«*, Bd. 1, Essen 1986.

DIE JUDENBUCHE. Ein Sittengemälde aus dem gebirgichten Westfalen

Erzählung von Annette von DROSTE-HÜLSHOFF, erschienen 1842. – Der Novelle liegt eine wahre Begebenheit zugrunde, die der Dichterin seit ihrer Kindheit aus Erzählungen vertraut war und die ihr Onkel August von Haxthausen unter dem Titel *Geschichte eines Algierer Sklaven* nach Gerichtsakten über den Judenmörder Johannes H. Winkelhagen (1764–1808) aufzeichnete und 1818 veröffentlichte. Indem die Droste eine Vorgeschichte dazu erfindet, gelingt es ihr, das historisch beglaubigte Ereignis als Folge einer Störung der menschlichen Gemeinschaft darzustellen, in der *»die Begriffe von Recht und Unrecht einigermaßen in Verwirrung geraten waren«*. Das Verhängnisvolle dieser allgemeinen gesellschaftlichen Situation enthüllt sich in einem individuellen Schicksal, das sich einer Reihe von ungewöhnlichen Ereignissen zunehmend verdichtet und dramatisch zuspitzt.

Die Geschichte spielt um die Mitte des 18. Jh.s in einem westfälischen Dorf, das *»inmitten tiefer und stolzer Waldeinsamkeit«* liegt und in dem Holz- und Jagdfrevel an der Tagesordnung sind. Den begangenen Rechtsverletzungen begegnet man jedoch *»weniger auf gesetzlichem Wege, als in stets erneuten Versuchen, Gewalt und List mit gleichen Waffen zu überbieten«*. So ist Friedrich Mergel bereits durch seine Herkunft für seinen späteren Lebensweg geprägt. In seinem Elternhaus herrscht *»viel Unordnung und böse Wirtschaft«*; sein Vater ist ein chronischer Säufer und wird zu den *»gänzlich verkommenen Subjekten«* gezählt. Nachdem ihm seine erste Frau weggelaufen ist, heiratet er die stolze und fromme Margret Semmler, die jedoch auch bald den verwahrlosten Verhältnissen im Mergelschen Hause unterliegt, so daß Friedrich schon vor seiner Geburt *»unter einem Herzen voll Gram«* getragen wird. Es dauert nicht lange, bis auch das gesunde Kind in das Unheil, das der Vater verbreitet, hineingezogen wird. Als Friedrich neun Jahre alt ist, kommt der Vater in einer *»rauhen, stürmischen Winternacht«* nicht nach Hause; man findet ihn tot im Brederholz. Nach diesem schauerlichen Ereignis haftet dem scheuen und verträumten Jungen in den Augen seiner Altersgenossen etwas Unheimliches an. Er gerät auch wirklich mehr und mehr in den Bannkreis verhängnisvoller Mächte, die in dem *»unheimlichen Gesellen«* Simon Semmler Gewalt über ihn gewinnen. Unter dem Einfluß seines Onkels verschafft sich der häufig verspottete und geringgeachtete Junge einen *»bedeutenden Ruf«* im Dorf: Wegen seiner Tapferkeit und seines *»Hangs zum Großtun«* wird er bewundert und zugleich gefürchtet. Sein ständiger Begleiter, Johannes Niemand, Simons Schweinehirt, verkörpert gleichsam sein abgelegtes Ich, er ist *»sein verkümmertes Spiegelbild«*. Je gewaltsamer Friedrich sich jedoch von dem Makel seiner Herkunft zu befreien sucht, desto mehr zieht er das Unheil auf sich. Er wird – ohne daß man ihm vor Gericht etwas nachweisen kann – mitschuldig an dem Tod des Oberförsters Brandes, der von den Blaukitteln, einer besonders listigen Holzfrevlerbande, im Brederholz erschlagen wird, und begeht schließlich aus verletztem Ehrgefühl einen Mord an dem Juden Aaron, nachdem dieser ihn wegen einer Restschuld von zehn Talern öffentlich bloßgestellt hat.

Da Friedrich jedoch mit seinem »Schützling« Johannes Niemand flieht, kann er des Mordes nicht überführt werden, ja der Recht sprechende Gutsherr ist später sogar geflissentlich bemüht, *»den Fleck von Mergels Namen zu löschen«*. Nach 28 Jahren – der Mord ist längst verjährt – kehrt Mergel als alter, *»armseliger Krüppel«* aus türkischer Gefangenschaft in die Heimat zurück, gibt sich als Johannes Niemand aus und verdient sich sein Gnadenbrot mit leichten Botengängen. Das Brederholz meidend und doch unwiderstehlich von ihm angezogen, erhängt er sich schließlich an der sogenannten Judenbuche. In seinem Selbstmord erfüllt sich der an den Judenmord mahnende Spruch, den die Glaubensgenossen Aarons zu seiner Rache in den Stamm eingehauen hatten: *»Wenn du dich diesem Orte nahest, so wird es dir ergehen, wie du mir getan hast!«*

Entsprechend der Buche, der die Juden die Rache an dem Mörder anvertrauen, erscheint die Natur in der Novelle stets als Richter und Zeuge; sie ist nicht Stimmung oder Kulisse, sondern wesenhaft *»mitverschuldet und mitgesegnet, Quell der Beunruhigung und Versuchung, Quell der Sicherheit und Bestärkung«* (H. Kunisch). Die Droste veranschaulicht durch diese enge Verbindung zwischen dem Handeln des Menschen und der ihn umgebenden Natur, daß, verliert er sein »inneres« Rechtsgefühl, er zugleich die kreatürliche Einheit von Mensch und Natur stört, die – wie aus dem Gesamtwerk der christlichen Dichterin hervorgeht – in der göttlichen Seinsordnung festgelegt ist. Bezeichnenderweise geschehen in der *Judenbuche* alle furchtbaren Ereignisse in der Nähe der Buche im Brederwald, während einer stürmischen und monderhellten Nacht. Der Brederwald wird zu einem magischen Raum, die Buche zum *»Dingsymbol für ein Geschehen des Unheils«* (B. v. Wiese). Der sachlich-nüchterne, durch genaue Zeitangaben äußerst distanzierte Berichtstil läßt die ständige Bedrohung des Menschen in einer scheinbar gesicherten Wirklichkeit durch die Macht des Dunklen und Irrealen noch unheimlicher hervortreten, wobei Anklänge an das Genre der »Kriminalgeschichte« von der Autorin beabsichtigt waren: *»Die ›Judenbuche‹ ist indes nicht nur eine Kriminalgeschichte, der durch Komposition und Bildlichkeit hintergründig-religiöse Dimensionen zuwachsen, sie ist auch und zuvor noch ›Sittengemälde‹ und Milieustudie, ist die Darstellung eines Kriminalfalles und einer Verbrecher-Vita als ethnographisches Exempel«* (R. Schneider). S.E.

Ausgaben: Stg. 1842 (in [Cottasches] Morgenblatt für gebildete Leser, Nr. 96–111). – Stg. 1879 (in *GS*, Hg. L. Schücking, 3 Bde., 2). – Dortmund 1925, Hg. K. Schulte-Kemminghausen [m. Vorarbeiten]. – Mchn. 1925 (in *SW*, Hg. K. Schulte-Kemminghausen, B. Badt u. K. Pinthus, 4 Bde., 1925–1930, 3). – Mchn. 1952 (in *SW*, Hg. C. Heselhaus; zul. 1986 u. d. T. *Werke in einem Band*). – Tübingen 1978 (in *Werke. Briefwechsel*, Hg. W. Woesler, Bd. 5/1; Bd. 5/2: *Dokumentation*, Tübingen 1984; hist.-krit.). – Ffm. 1979 (Insel Tb).

Literatur: H. Schulte, *A. v. D.-H. und ihre Novelle »Die Judenbuche«*, Diss. Marburg 1924. – L. Hoffmann, *Die Erzählkunst der D. in der »Judenbuche«*, Diss. Münster 1948. – B. v. Wiese, *Die deutsche Novelle von Goethe bis Kafka*, Düsseldorf 1956, S. 154–175. – H. Rölleke, *A. v. D.-H.: »Die Judenbuche«*, Bad Homburg u. a. 1970. – W. Huge, *A. v. D.-H., »Die Judenbuche«*, Diss. Münster 1977. – *A. v. D.-H., »Die Judenbuche«. Erläuterungen und Dokumente*, Hg. W. Huge, Stg. 1979 (RUB). – K. P. Moritz, *A. v. D.-H.: »Die Judenbuche«. Sittengemälde und Kriminalnovelle*, Paderborn 1980. – *A. v. D.-H., »Die Judenbuche«. Neue Studien und Interpretationen* (in ZfdPh, 99, 1980, Sonderheft). – P. Leiser, *A. v. D.-H., »Die Judenbuche«. Interpretationen und Hinweise*, Hollfeld 1983.

MARIE VON EBNER-ESCHENBACH

* 13.9.1830 Zdislawitz / Mähren
† 12.3.1916 Wien

Literatur zur Autorin:
E. Riemann, *Zur Psychologie u. Ethik der E.*, Hbg. 1913. – K. Offergeld, *M. v. E., Untersuchungen über ihre Erzähltechnik*, Diss. Münster 1917. – M. F. Radke, *Das Tragische in den Erzählungen von M. v. E.-E.*, Diss. Marburg 1918. – A. Bettelheim, *M. v. E.-E.s Wirken u. Vermächtnis*, Lpzg. 1920. – H. A. Koller, *Studien zu M. v. E.-E.*, Diss. Zürich 1920. – M. Alkemade, *Die Lebens- u. Weltanschauung der Freifrau M. v. E.-E.*, Würzburg 1935. – E. Fischer, *Die Soziologie Mährens in der zweiten Hälfte des 19. Jh.s als Hintergrund der Werke M. v. E.-E.s*, Lpzg. 1939. – I. Geserick, *Gesellschafts-*

kritik u. -erziehung im Werk der M. v. E.-E., Diss. Potsdam 1956. – H. Fink, *Studien zur Ethik M. v. E.-E.s. Entsagung, Resignation u. Opfer in den Erzählungen der Dichterin*, Diss. Graz 1965. – K. Benesch, *Die Frau mit den hundert Schicksalen. Das Leben der M. v. E.-E.*, Wien/Mchn. 1966. – G. Fussenegger, *M. v. E.-E. oder Der gute Mensch von Zdißlawitz*, Mchn. 1967. – M. Grundner, *M. v. E.-E. Wechselbeziehungen zwischen Leben, Werk u. Umwelt der Dichterin*, Diss. Graz 1971. – I. Aichinger, *Harmonisierung oder Skepsis? Zum Prosawerk der M. v. E.-E.* (in Österreich in Geschichte u. Lit., 16, 1972, S. 483–495). – B. Kayser, *Möglichkeiten u. Grenzen individueller Freiheit. Eine Untersuchung zum Werk M. v. E.-E.s*, Diss. Ffm. 1974. – A. Unterholzner, *M. v. E.-E. Eine Analyse der Form u. der Rezeption ihres Werkes*, Diss. Innsbruck 1978. – G. Hummel Snapper, *Entfremdung u. Isolation in den Prosawerken von M. v. E.-E.*, Diss. Univ. of California/Berkeley 1979. – A. C. Bramkamp, *M. v. E.-E. and Her Critics*, Diss. Cornell Univ. 1984.

DAS GEMEINDEKIND

Roman von Marie von EBNER-ESCHENBACH, erschienen 1887. – In diesem sozialkritischen Roman, dem man die Worte der Autorin voranstellen könnte: *»Es gäbe keine soziale Frage, wenn die Reichen von jeher Menschenfreunde gewesen wären«*, wird das Schicksal zweier Kinder erzählt, deren Vater wegen Mordes gehenkt worden ist und deren Mutter eine zehnjährige Haft im Zuchthaus verbüßen muß. Während das hübsche Mädchen Milada das Mitleid einer Gutsbesitzerin erregt und auf deren Kosten in einer städtischen Klosterschule erzogen wird, fällt ihr Bruder Pavel der Gemeinde des mährischen Dorfes zur Last, die nur widerwillig ihrer Pflicht nachkommt. Den schlechten Ruf seiner Eltern läßt man ihn so spürbar fühlen, daß er immer mehr verstockt und schließlich das Musterbeispiel eines schwererziehbaren Jungen wird, der die Schule schwänzt, sich herumprügelt und sogar stiehlt. So ist es nicht verwunderlich, daß auf ihn Verdacht fällt, als er dem Bürgermeister eine Medizin bringt, an der dieser wenig später stirbt, und er bald als *»Giftmischer«* verschrien ist. Dieser Schimpfname bleibt ihm, obwohl sich später seine Unschuld erweist. Als sich die Geschwister nach Jahren wiedersehen, ist Milada erschüttert über die Verwahrlosung ihres Bruders. Ihrem Einfluß ist es zu danken, daß sich nun in Pavel langsam ein Wandel vollzieht: Er beginnt fleißig zu lernen, sucht sich in der Gemeinde nützlich zu machen, weicht allen Prügeleien aus und bezwingt seinen Menschenhaß, obwohl er auch weiterhin beschimpft und verspottet wird. Unbeirrbare Rechtschaffenheit, die einmal auch die Achtung seiner Mitmenschen finden wird, ist der Sinn seines Lebens geworden. Sein Charakter hat sich gefestigt, und er hat seinen Platz im Dorfe und im Leben gefunden, an der Seite seiner Mutter, die er nach der Verbüßung ihrer Zuchthausstrafe trotz aller bösen Nachrede bei sich aufnimmt.

Der Roman zählt zu den gelungensten Arbeiten der Autorin, die wohl als bedeutendste deutschsprachige Erzählerin ihrer Zeit gelten darf und die mit ihrem Menschenbild wie mit ihrer realistischen Gestaltungsweise in der Tradition des bürgerlichen Realismus steht, dem es nicht um eine naturalistische Abbildung des Wirklichen zu tun ist. Gegen die deterministischen Milieu- und Vererbungstheorien des späten 19. Jh.s behauptet Ebner-Eschenbach ihren liberal-individualistischen Glauben an das Gute im Menschen, an die Möglichkeit, daß jeder ungeachtet seiner Herkunft und sozialen Stellung seinen Platz in der Gesellschaft zu finden imstande ist, sofern ihm die Chance dazu eingeräumt wird. Bei aller sozialkritischen Parteinahme für die gesellschaftlichen Außenseiter verstand sich die Autorin nie als politische oder emanzipatorische Schriftstellerin: *»Was ich mit jeder meiner Arbeiten will: möglichst einfach die Lebensgeschichte eines Menschen erzählen, dessen Geschichte mir besonderes Interesse eingeflößt hat.«* B.B.

AUSGABEN: Bln. 1887, 2 Bde. – Bln. 1920 (in *SW*, 6 Bde., 2). – Lpzg. 1928 (in *SW*, 12 Bde., 1). – Mchn. 1956, Hg. J. Klein. – Mchn. 1961 (in *GW*, Hg. E. Gross, 9 Bde., 6). – Wien 1964 (in *AW*, 3 Bde., 1; Vorw. K. Eigl). – Bonn 1983 (*Krit. Texte u. Deutungen*, Hg. K. K. Polheim, Bd. 3: Hg. R. Baasner). – Stg. 1985 RUB).

LITERATUR: K. Heydemann, *Jugend auf dem Lande. Zur Tradition des Heimatromans in Österreich* (in Sprachkunst, 9, 1978, S. 141–157). – T. Salumets, *Geschichte als Motto. E.-E.s Erz. »Das Gemeindekind«* (in Sprachkunst, 15, 1984, S. 14–23). – E. K. Edrich, *Women in the Novels of G. Sand, E. Brontë, G. Eliot and M. v. E.-E.: To Mitigate the Harshness of all Fatalities*, Diss. Univ. Denver 1984. – R. Baasner, *»Armes Gemeindekind, wirst Du noch?« Die Entstehungsgeschichte der Erz. »Das Gemeindekind« im Lichte der Tagebücher M. v. E.-E.s* (in ZfdPh, 104, 1985, S. 554–565).

THEODOR FONTANE

* 30.12.1819 Neuruppin
† 20.9.1898 Berlin

LITERATUR ZUM AUTOR:
Zeitschrift:
F.-Blätter, Potsdam 1969 ff.
Biographien:
H. Nürnberger, *F. in Selbstzeugnissen u. Bilddokumenten*, Reinbek 1968 (rm). – H.-H. Reuter,

Th. F. Grundzüge u. Materialien einer hist. Biographie, Lpzg. 1968. – *Ein Leben in Briefen*, Hg. O. Drude, Ffm. 1981. – K. Schober, *Th. F. In Freiheit dienen*, Herford 1980. – E. Verchau, *Th. F. Individuum u. Gesellschaft*, Ffm. u. a. 1983 (Ullst. Tb). – P. Aggeler, *Th. F. Lit. der Welt in Bildern, Texten, Daten*, Salzburg 1983.
Gesamtdarstellungen und Studien:
C. Wandrey, *Th. F.*, Mchn. 1919. – M. E. Gilbert, *Das Gespräch in F.s Gesellschaftsromanen*, Bln. 1930. – E. Croner, *F.s Frauengestalten*, Langensalza ²1931. – C. Wandel, *Die typische Menschendarstellung in Th. F.s Erz.n*, Diss. Bln. 1938. – H. J. M. Lange, *Die gesellschaftlichen Beziehungen in den Romanen Th. F.s*, Diss. Halle 1950. – M. Schmitz, *Die Milieudarstellung in den Romanen aus F.s reifer Zeit*, Diss. Bonn 1950. – H. Oelschläger, *Th. F. Sein Weg zum Berliner Gesellschaftsroman*, Diss. Marburg 1954. – T. L. Lowe, *The Problems of Love and Marriage in the Novels of Th. F.*, Diss. Univ. of Pennsylvania 1955. – W. Richter, *Das Bild Berlins nach 1870 in den Romanen Th. F.s*, Diss. Bln. 1955. – A. Boßhart, *Th. F.s hist. Romane*, Winterthur 1957. – J. Schillemeit, *Th. F., Geist u. Kultur seines Alterswerkes*, Zürich 1961. – H. Roch, *F., Berlin u. das 19. Jh.*, Bln. 1962. – P. Demetz, *Formen des Realismus: Th. F.*, Mchn. 1964. – H.-H. Reuter, *F.*, 2 Bde., Bln. 1967. – C. N. Hayes, *Symbol and Correlative in Th. F.s Fiction*, Diss. Brown Univ. 1967. – H. Ohl, *Bild u. Wirklichkeit. Studien zur Romankunst Raabes u. F.s*, Heidelberg 1968. – *Zur Entstehungs- u. Wirkungsgeschichte F.scher Romane*, Bearb. G. Erler, Potsdam 1969. – W. Migge, *Th. F. 1819–1969. Stationen seines Werkes*, Mchn. 1969. – E. Koltai, *Untersuchungen zur Erzähltechnik Th. F.s* ... Diss. NY 1969. – I. Mittenzwei, *Die Sprache als Thema. Untersuchungen zu F.s Gesellschaftsroman*, Bad Homburg v. d. H. u. a. 1970. – H. Nürnberger, *Der frühe F.*, Mchn. 1971. – C. Jolles, *Th. F.*, Stg. 1972; ³1983 [durchges. erg.]. – *F.s Realismus*, Hg. H. E. Teitge u. J. Schobeß, Bln. 1972. – *Th. F.*, Hg. W. Preisendanz, Darmstadt 1973. – H. E. Greter, *F.s Poetik*, Bern/Ffm. 1973. – K. Mommsen, *Gesellschaftskritik bei F. und Th. Mann*, Heidelberg 1973. – H. Aust, *Th. F. »Verklärung«. Eine Untersuchung zum Ideengehalt seiner Werke*, Bonn 1974. – P. Bange, *Ironie et dialogisme dans les romans de Th. F.*, Grenoble 1974. – W. Müller-Seidel, *Th. F. Soziale Romankunst in Dtschl.*, Stg. 1975; ²1980 [durchges.]. – C. Liesenhoff, *F. u. das lit. Leben seiner Zeit. Eine lit.soz. Studie*, Bern 1976. – A. R. Robinson, *Th. F. An Introduction to the Man and His Work*, Cardiff 1976. – R. Brinkmann, *Th. F.: Über die Verbindlichkeit des Unverbindlichen*, Tübingen ²1977. – K. Gärtner, *Th. F. Lit. als Alternative*, Bonn 1978. – H. Mittelmann, *Die Utopie des weiblichen Glücks in den Romanen Th. F.s*, Diss. Univ. of California/Los Angeles 1978. – H. Scholz, *Th. F.*, Mchn. 1978. – U. Hass, *Th. F. Bürgerl. Realismus am Beispiel seiner Berliner Gesellschaftsromane*, Bonn 1979. – A. M. Walter, *Th. F.s Emergence As a Novelist*, Diss. Northwestern Univ. 1979. – C. Grawe, *Führer durch die Romane Th. F.s*, Ffm. u. a. 1980. – *F. aus heutiger Sicht. Analysen u. Interpret. seines Werks*, Hg. H. Aust, Mchn. 1980. – N. Frei, *Th. F.: Die Frau als Paradigma des Humanen*, Königstein 1980. – H. E. Chambers, *Supernatural and Irrational Elements in the Works of Th. F.*, Stg. 1980. – M. L. Johnson, *Maturation in Demise. Th. F.'s »L'Adultera«, »Schach von Wuthenow«, »Unwiederbringlich« and »Effi Briest«*, Diss. Univ. of Washington 1981. – *Th. F. Dichtung u. Wirklichkeit*, Bearb. U. Ropohl, Bln. 1981. – G. Wilhelm, *Die Dramaturgie des epischen Romans bei Th. F.*, Ffm. 1981. – A. Bance, *Th. F.: The Major Novels*, Cambridge u. a. 1982. – C. Jolles, *F. u. die Politik. Ein Beitrag zur Wesensbestimmung Th. F.s*, Bln./Weimar 1983 [Nachw. G. Erler]. – W. Jung, *Das »Menschliche« im »Alltäglichen«. Th. F.s Lit.theorie in ihrer Bez. zur klass. Ästhetik u. seine Rezeption der Dichtungen Goethes u. Schillers*, Ffm. u. a. 1985. – G. Friedrich, *F.s preußische Welt. Armee – Dynastie – Staat*, Herford 1988.

EFFI BRIEST

Roman von Theodor FONTANE, begonnen 1890, in zwei Teilen erschienen 1894/95 in der ›Deutschen Rundschau‹. – Der Roman greift eine Ehetragödie auf, die in den achtziger Jahren Aufsehen erregt hatte; 1886 duelliert sich der preußische Offizier Armand von Ardenne mit dem Düsseldorfer Amtsrichter Emil Hartwich, dem er eine Affäre mit seiner Ehefrau Elisabeth, geb. v. Plotho, unterstellt. Fontane erfährt, wie er rückblickend in einem Brief an seinen Verleger Hans Hertz (2. 3. 1895) schildert, nähere Einzelheiten im Hause von Carl Robert Lessing (*»Effi komm«*); daneben gestaltete auch Friedrich Spielhagen den Stoff in seinem Roman *Zum Zeitvertreib* (1896).

Im Hause des Ritterschaftsrats von Briest auf Hohen-Cremmen hält ein Jugendfreund Frau von Briests, Baron von Innstetten, um die Hand der Tochter des Hauses an. Die Stellung Innstettens – er ist Landrat des Kreises Kessin in Hinterpommern –, seine vielversprechende berufliche Zukunft, sein Ruf als *»Mann von Charakter ... und guten Sitten«* machen eine Verbindung wünschenswert, und so folgt die siebzehnjährige und noch kindliche Effi dem mehr als zwanzig Jahre Älteren in sein Kessiner Haus, ohne eine rechte Vorstellung von der Ehe zu haben, ja ohne den zeremoniell-steifen Innstetten eigentlich zu lieben. Nachdem das Ungewohnte der neuen Umgebung zunächst anregend auf Effi gewirkt hat, beginnt sie bald, von ihrem Mann oft allein gelassen, sich in dem gesellschaftlich unergiebigen Kessin zu langweilen. Ihr wird schmerzlich bewußt, was ihr in ihrer Ehe fehlt: *»Huldigung, Anregungen, kleine Aufmerksamkeiten«*, denn *»Innstetten war lieb und gut, aber ein Liebhaber war er nicht«*. Zudem wird sie durch merkwürdige Spukgeräusche und -erscheinungen geängstigt, ohne bei ihrem Mann Verständnis und Trost zu finden. Die Geburt einer Tochter läßt Effi reifer und fraulicher werden; aber auch das Kind kann sie aus ihrer inneren Vereinsamung nicht befreien. Allmählich und fast gegen ihren Willen entwickelt sich eine Liebesbeziehung zwischen ihr und dem neuen Bezirkskommandanten Crampas, einem erfahrenen, leichtsinnigen *»Damenmann«*, dem *»alle Gesetzmäßigkeiten ... langweilig«* sind. Das Verhältnis bleibt jedoch ohne Leidenschaft, das Verbotene und Heimliche ihres Tuns ist Effis offener Natur zuwider. So begrüßt sie es als Erlösung, daß Innstetten nach Berlin versetzt wird und die Beziehung zu Crampas damit ein unauffälliges Ende findet. Das Ehepaar verlebt ruhige und harmonische Jahre in Berlin, da findet Innstetten eines Tages während der Abwesenheit seiner Frau die Briefe, die Crampas in Kessin an Effi geschrieben hat. Er fühlt sich tief in seiner Ehre verletzt, und wenn auch keinerlei Gefühl von Haß oder Rachsucht in ihm aufkommt, sieht er doch keinen andern Weg zur Wiederherstellung seines Ansehens vor sich selbst und der Welt, als Crampas zum Duell zu fordern. Crampas fällt. Obwohl Innstetten sich der Fragwürdigkeit des geltenden Ehrbegriffes bewußt ist, obwohl er erkennt, daß *»alles einer Vorstellung, einem Begriff zuliebe«* geschehen ist, *»eine gemachte Geschichte, halbe Komödie«* war, kann er sich doch über die Gebote der Gesellschaft nicht hinwegsetzen: *»Und diese Komödie muß ich nun fortsetzen und muß Effi wegschicken und sie ruinieren, und mich mit ...«* Er läßt sich von seiner Frau scheiden; das Kind bleibt bei ihm. Da Effis Eltern ihr aus gesellschaftlichen Rücksichten die Zuflucht in Hohen-Cremmen verweigern, lebt sie fortan zusammen mit dem Kindermädchen ihrer Tochter Annie in einer bescheidenen Berliner Wohnung. Dort findet auf ihr wiederholtes Bitten ein Wiedersehen mit der nun zehnjährigen Annie statt. Aber die Begegnung ist schmerzlich und bitter: Das Kind ist der Mutter entfremdet und verhält sich, offensichtlich vom Vater dazu angehalten, abweisend. Nach diesem Besuch bricht Effi, die schon lange kränkelt, zusammen. Auf Vermittlung ihres Arztes holen die Eltern die Todkranke endlich heim. Dort klingt ihr Leben in ruhigem Frieden aus: Sie versöhnt sich innerlich mit ihrem Mann und gesteht ihm zu, *»daß er in allem recht gehandelt ... Denn er hatte viel Gutes in seiner Natur und war so edel, wie jemand sein kann, der ohne rechte Liebe ist.«* Dem vereinsamten, freudlos dahinlebenden Innstetten aber bleibt nur das Bewußtsein, *»daß es ein Glück gebe, daß er es gehabt, aber daß er es nicht mehr habe und nicht mehr haben könne«*.

Bereits die zeitgenössische Kritik hatte an dem Roman, der wohl zu Fontanes größtem Erfolg wurde, die *»Milde des Urteils über menschliches Thun«* (J.V. Widmann) gerühmt und den Text als Alterswerk klassifiziert. Fontane erzählt die Geschichte Effi Briests fast im Plauderton, unaufgeregt, ohne Pathos und mit distanzierter Ironie, was ihm in der Forschung mitunter als mangelnde Leidenschaft angekreidet wurde, vergleicht man das Werk mit FLAUBERTS *Madame Bovary* oder TOLSTOIS *Anna Karenina*; eine direkte Anklage erhebt er sowenig wie er eine Schuldfrage aufwirft, obgleich am Anachronismus des preußischen Offiziers- und Ehrenkodexes kein Zweifel bleibt, worüber sich Fontane auch in einem Brief (12.6. 1895) äußert: *»Ich bin schon ohnehin gegen totschießen, Mord, aus dem Affekt heraus, geht viel eher, aber nun gar totschießen wegen einer 7 Jahre zurückliegenden Courmacherei – an die sich in der Regel ein anständiger Ehemann mit Vergnügen erinnert – das wäre denn doch über den Spaß. Auch so geht Innstetten – der übrigens von allen Damen härter beurteilt wird, als er verdient – sehr ungern 'ran und wäre nicht der Ehrengötze, so lebte Crampas noch.«* Sowenig sich Effi in ihrer seelischen Isolierung dem Verhängnis entziehen kann, sowenig ist es dem korrekten Innstetten möglich, anders als nach den Normen der Gesellschaft zu handeln. Und schließlich mündet alles Suchen nach einer Schuld in die Frage Frau von Briests: *»... ob sie nicht doch vielleicht zu jung war?«*

Der Roman gilt als Fontanes *»modernstes Werk, das am deutlichsten über die bürgerlich realistische Epoche hinaus in die Zukunft weist«* (Th. Mann), wie auch der Autor in den Dialogen seiner Figuren das Geschehen nur indirekt sich spiegeln läßt. Nur in Andeutungen schildert Fontane die entscheidende Beziehung zwischen Effi Briest und Crampas: Effis lange, einsame Spaziergänge, ihr verändertes Wesen und Aussehen – viel mehr erfährt der Leser nicht. Das, was in den Redenden und Handelnden vorgeht, was sich entwickelt und was entschieden wird, kann sich nicht artikulieren in jenem Geflecht von Zwängen und Konventionen, denen diese Menschen unterliegen. KLL

AUSGABEN: Bln. 1894/95 (in DRs, Bd. 81 u. 82). – Bln. 1895. – Bln. 1927 [Ill. M. Liebermann]. – Mchn. 1959 (in *SW*, Hg. E. Gross, Bd. 7). – Mchn. 1963 (in *SW*, Hg. W. Keitel, Abt. 1, Bd. 4). – Zürich 1964 [Nachw. M. Rychner]. – Bln./Weimar 1969 (in *Romane u. Erzählungen*, Hg. P. Goldammer u. a., 8 Bde., 7). – Stg. 1970 (Nachw. K. Wölfel; RUB). – Mchn. 1974, Hg. R. Bachmann u. P. Bramböck. – Mchn. 1974 [nach der Originalausg., Textrev. J. Perfahl; Nachw. F. Martini u. H. Platschek]. – Mchn. ²1974 (in *Werke, Schriften u. Briefe*, Hg. W. Keitel u. H. Nürnberger, Abt. 1, Bd. 4). – Ffm. 1976 (Insel Tb). – Mchn. 1978 (Nachw., Zeittafel u. Bibliogr. D. Mende; Goldm. Tb). – Bln./Weimar ⁵1979 (in *Werke*, 5 Bde., 4; Ausw., Einl. H.-H. Reuter). – Ffm. 1980 [Ill. M. Liebermann].

VERFILMUNGEN: *Der Schritt vom Wege*, Deutschland 1939 (Regie: G. Gründgens). – *Rosen im Herbst*, Deutschland 1956 (Regie: R. Jugert). – DDR 1969 (TV; Regie: W. Luderer). – BRD 1974 (Regie: R. W. Fassbinder).

LITERATUR: F. Poppenberg, Rez. (in Die Nation, 16. 11. 1895). – J. V. Widmann, Rez. (in Bund, Bern, 17. 11. 1895). – Th. Mann, *Zum hundertsten Geburtstag Th. F.s* (in Berliner Tageblatt, 25. 12. 1919). – F. Landshoff, *Th. F.s »Effi Briest«. Die Kunstform eines Romans*, Diss. Ffm. 1924. –

R. Gippert, *»Effi Briest«*, Diss. Bonn 1951. – P. Meyer, *Die Struktur der dichterischen Wirklichkeit in F.s »Effi Briest«*, Diss. Mchn. 1961. – H. W. Seiffert, *»Effi Briest« u. Spielhagens »Zum Zeitvertreib«. Zeugnisse u. Materialien* (in H. S., *Studien zur neueren deutschen Literatur*, Bln./DDR 1965, S. 187–192). – D. Weber, *»Effi Briest« – »Auch wie ein Schicksal«. Über den Andeutungsstil bei F.* (in FDH, 1966, S. 457–474). – W. Müller-Seidel, *F.s »Effi Briest«. Zur Tradition des Eheromans* (in *Wiss. als Dialog*, Hg. R. v. Heydebrand u. K. G. Just, Stg. 1969, S. 30–58). – R. Quabius, *Die Gestaltung des Raumes in Th. F.s Roman »Effi Briest«* (in Acta Germanica, 5, 1970, S. 133–152). – C. Laufer, *Vollständige Verzeichnung u. Erschließung der Werkhandschriften. »Unwiederbringlich«, »Effi Briest« und »Der Stechlin«*, Diss. Bln. 1973. – U. Baur, *Zur Rezeption der »Effi Briest« von Th. F.; mit zwei Briefen F.s zu dem Roman* (in Jb. der Raabe-Ges., 1975, S. 7–15). – G. Tax-Schultz, *Andeutung u. Leitmotiv in F.s »Effi Briest«* (in Fontane-Blätter, 3, 1976, S. 507–522). – Th. Degering, *Das Verhältnis von Individuum u. Gesellschaft in F.s »Effi Briest« und Flauberts »Madame Bovary«*, Bonn 1978. – G. Warnke, *Der Spuk als ›Drehpunkt‹ in F.s »Effi Briest«* (in Lit. für Leser, 1, 1978, S. 214–242). – P.-K. Schuster, *Th. F.: »Effi Briest« – ein Leben nach christlichen Bildern*, Tübingen 1978. – D. Mende, *Frauenleben. Bemerkungen zu F.s »L'Adultera« nebst Exkursionen zu »Cécile« und »Effi Briest«* (in *F. aus heutiger Sicht*, Hg. H. Aust, Mchn. 1980, S. 183–213). – W. Schafarschik, *Th. F.: »Effi Briest«. Erl. u. Dokumente*, Stg. 1980 (RUB). – A. M. Gilbert, *A New Reading of F.'s »Effi Briest«. Genesis and Interpretation*, Diss. Univ. of California 1980. – K. M. Bindokat, *»Effi Briest«: Erzählstoff u. Erzählinhalt*, Diss. Univ. of California 1981; Ffm./Bern 1984. – U. Rainer, *»Effi Briest« u. das Motiv des Chinesen. Rolle u. Darstellung in F.s Roman* (in ZfdPh, 101, 1982, S. 545–561). – W. Herzig, *Weltentwurf u. Sprachverwandlung. Untersuchungen zu Dominanzverschiebungen in der Erzählkunst zwischen 1825 und 1950*, Bern/Ffm. 1982, S. 167–273. – E. Hamann, *Th. F.s »Effi Briest« aus erzähltheoret. Sicht unter bes. Berücksichtigung der Interdependenzen zwischen Autor, Erzählwerk u. Leser*, Bonn 1984. – G. Schachtschabel, *Der Ambivalenzcharakter der Literaturverfilmung. Mit einer Beispielanalyse von Th. F.s Roman »Effi Briest« u. dessen Verfilmung von R. W. Fassbinder*, Ffm. u. a. 1984. – H. Budjahn, *F. nannte sie »Effi Briest«. Das Leben der Elisabeth von Ardenne*, Bln. 1985.

FRAU JENNY TREIBEL ODER »WO SICH HERZ ZUM HERZEN FIND'T«. Roman aus der Berliner Gesellschaft

Roman von Theodor Fontane, erschienen 1892. – Das Buch, das als der witzigste Roman Fontanes gilt, soll nach den Worten des Autors *»das Hohle, Phrasenhafte, Lügnerische des Bourgeoisstandpunktes ... zeigen, der von Schiller spricht und Gerson meint«* (Brief an den Sohn Theo, 9. 5. 1888). Exponentin dieses Standpunkts ist die Berliner Kommerzienrätin Jenny Treibel, in die Köpenicker Straße aufgestiegene Tochter eines Kolonialwarenhändlers aus der Adlerstraße, die *»fürs Romantische, Ideale, Poetische, Ästhetische, Ethische und Etepetetische«* schwärmt (P. Schlenther), ohne dabei jedoch zu vergessen, daß materielle Sicherheit der einzige ernstzunehmende Wertmaßstab ist. Sie lädt Corinna, die Tochter ihres Jugendfreundes, des jetzigen Professors Willibald Schmidt, zu einem Diner ein. Dort entfaltet die intelligente und geistreiche Corinna ihren ganzen Charme und Witz, zum Entzücken des jungen Engländers Mr. Nelson, der Ehrengast des Abends ist. Tatsächlich aber brennt sie dieses Feuerwerk nur ab, um Leopold Treibel, den jüngeren Sohn der Gastgeber, für sich einzunehmen, wie ihr Vetter Marcell Wedderkopp, der sie liebt, mit schmerzlicher Eifersucht beobachtet. Auf dem Heimweg gibt sie Marcell zu verstehen, daß sie entschlossen ist, den ihr geistig und an Vitalität weit unterlegenen Leopold zu heiraten, um sich damit eine bessere gesellschaftliche Position zu erobern.

Auf einem Ausflug nach Halensee findet sich einige Tage später die Gesellschaft wieder zusammen. Jenny, am Arm Willibald Schmidts promenierend, gedenkt mit Tränen in Aug' und Stimme der vergangenen Zeiten und beteuert, daß sie *»in einfacheren Verhältnissen und als Gattin eines in der Welt der Ideen und vor allem auch des Idealen stehenden Mannes wahrscheinlich glücklicher geworden wäre«* – ganz im Sinne des Gedichts, das ihr Willibald einst widmete und in dem er nur dort wahres Leben sah, *»wo sich Herz zu Herzen find't«*. Währenddessen entlockt Corinna Leopold geschickt ein Liebesgeständnis und verlobt sich mit ihm. Frau Jenny ist außer sich. Sie *»vergißt ihr Sprüchlein von den Herzen, die sich finden, und wird praktisch«* (P. Schlenther). Ihr heftiger Widerstand richtet sich weniger gegen die Person Corinnas als gegen die Tatsache ihrer Mittellosigkeit. Zwar versucht der alte Treibel, *»der ein guter und auch ganz kluger Kerl«* ist, seiner Frau das Empörende und Überhebliche ihres Standpunktes klarzumachen, aber dann siegt doch der Bourgeois in ihm: *»Wenn sie am Ende doch recht hat?«* Nun erscheint Jenny eine von ihr bis dahin weit von sich gewiesene Verlobung ihres Sohnes mit Hildegard Munk, der Schwester ihrer Schwiegertochter Helene, immer noch wünschenswerter als eine Verbindung mit Corinna, denn Hildegard entstammt immerhin der Familie eines wohlhabenden Hamburger Holzhändlers. Leopold, der Corinna aufrichtig liebt, beteuert ihr in täglichen Briefen zwar stets aufs neue seine Entschlossenheit, sich gegen die Mutter durchzusetzen, doch ist er zu weich und energielos, um dem Entschluß die Tat folgen zu lassen. Corinna, tief gelangweilt und sich allmählich über die Beweggründe der Kommerzienrätin – die auch beinahe ihr eigenes Handeln bestimmt hätten – klar werdend, gibt Leopold frei und heiratet Marcell, der als Archäologe und zukünftiger Professor ihrer eigenen Welt angehört.

Auf der Hochzeit finden sich die beiden Familien Treibel und Schmidt wieder in alter Freundschaft vereint, denn man will *»vergeben und vergessen, hüben und drüben«*, die Räson, die *»Spielregel«*, nach der die bürgerliche Gesellschaft lebt (L. Mackensen), hat gesiegt.

Frau Jenny Treibel »steht unter Fontanes Romanen durchaus auf eigener Linie. Man könnte sagen: es ist das berlinischste unter allen seinen Werken. Denn in keinem andern prägt sich der Berliner Witz in seiner kennzeichnenden Verbindung von Gutmütigkeit und Spottsucht so deutlich aus wie hier« (L. Mackensen), vor allem auch in den vielen Gesprächen, zu denen der Autor seine Personen immer wieder zusammenführt. Mehr andeutend als ausführend, geben die Dialoge dennoch ein klares und umfassendes Bild der Sprechenden und der Welt, in der sie leben. Sie ist auch Fontanes eigener Lebenskreis, und so spricht aus Willibald Schmidts ironischer Ablehnung des bourgeoisen Protzentums der Autor selbst, tragen Frau Jenny und Corinna Züge der Schwester und der Tochter Fontanes. KLL

AUSGABEN: Bln. 1892 (in DRs, Bd. 70 u. 71). – Bln. 1893. – Gütersloh 1950 [Nachw. L. Mackensen]. – Mchn. 1959 (in *SW*, Hg. E. Gross, Bd. 7). – Mchn. 1963 (in *SW*, Hg. W. Keitel, Abt. 1, Bd. 4). – Bln./Weimar 1969 (in *Romane u. Erzählungen*, Hg. P. Goldammer u. a., 8 Bde., 6). – Mchn. 1974 [nach der Originalausg.; Textrev. J. Perfahl; Nachw. F. Martini u. H. Platschek]. – Mchn. [2]1974 (in *Werke, Schriften u. Briefe*, Hg. W. Keitel u. H. Nürnberger, Abt. 1, Bd. 4). – Ffm. u. a. 1976, Hg. dies. (Ullst. Tb). – Bln./Weimar [5]1979 (in *Werke*, 5 Bde., 3; Ausw., Einl. H.-H. Reuter). – Mchn. 1980, Hg. W. Keitel u. H. Nürnberger. – Ffm. 1984 (Nachw. R. Brinkmann; Insel Tb).

LITERATUR: D. Turner, *F.s »Frau Jenny Treibel«. A Study in Ironic Discrepancy* (in FMLS, 8, 1972, S. 132–147). – D. Kafitz, *Die Kritik am Bildungsbürgertum in F.s Roman »Frau Jenny Treibel«* (in ZfdPh, 92, 1973, S. 74–101; Sonderheft Th. F.). – R. Schäfer, *Th. F. »Unterm Birnbaum«. »Frau Jenny Treibel«. Interpretationen*, Mchn. 1974; [2]1985. – *Th. F.: »Frau Jenny Treibel«. Erl. u. Dokumente*, Hg. W. Wagner, Stg. 1976 (RUB). – H. Grieve, *Frau Jenny Treibel u. Frau Wilhelmine Buchholz: F.s Roman u. die Berliner Populärliteratur* (in *Formen realistischer Erzählkunst. Fs. für Ch. Jolles*, Hg. J. Thunecke, Nottingham 1979, S. 535–543). – H. Reinhardt, *Die Wahrheit des Sentimentalen. Bemerkungen zu zwei Romananschlüssen bei Th. F.: »Frau Jenny Treibel« u. »Effi Briest«* (in WW, 29, 1979, S. 318–326). – A. Bance, *Th. F.: The Major Novels*, Cambridge 1982, S. 131–162.

IRRUNGEN WIRRUNGEN

Roman von Theodor FONTANE, erschienen 1887. – In einem kleinen Häuschen, das zu der nahe Wilmersdorf gelegenen Dörrschen Gärtnerei gehört, leben um die Mitte der siebziger Jahre des 19. Jh.s die alte Waschfrau Nimptsch und ihre Pflegetochter Lene, freundschaftlich verbunden mit dem Ehepaar Dörr. Mittelpunkt dieses kleinen Kreises wird für einen kurzen Sommer der junge Baron Botho von Rienäcker, der Lene in aufrichtiger Liebe zugetan ist. Beide wissen jedoch, daß ihre Verbindung nicht von Dauer sein kann, daß die Gesellschaft und ihre Ordnung stärker sein werden. Mit diesem Wissen – vor allem Lene, die Stärkere und Klarere, gibt sich keiner auch nur vorübergehenden Täuschung hin – leben sie ganz ihrem gegenwärtigen Glück, dessen Höhepunkt, eine Landpartie spreeaufwärts nach »Hankels Ablage«, auch gleichzeitig die unumgängliche Trennung näherbringt. Das glückliche Zusammensein wird durch die »Gesellschaft« jäh gestört: Drei Kameraden Bothos treffen mit ihren »Damen« ein. Lene wird nun in die Rolle eines »Standesverhältnisses« gedrängt, und es gelingt beiden Liebenden nicht, ihre Beziehung vor der gesellschaftlichen Normierung zu bewahren. Kurz darauf wird Botho auf seine Familienpflichten hingewiesen: sein Gut durch die Heirat mit einer reichen Kusine zu sanieren. Botho ist wie Lene im Innersten davon überzeugt, daß er nicht gegen die bestehende Gesellschaftsordnung leben kann. *»Ordnung ist doch das Beste, die Grundbedingung, auf der Staat und Familie beruhen, wer dauernd dagegen verstößt, geht zugrunde.«* Die Trennung ist da. Botho heiratet seine lustige und oberflächliche Kusine und führt mit ihr eine nicht einmal unglückliche, konventionelle Ehe. Auch Lenes Weg führt einige Jahre später in die Ehe mit einem Laienprediger, einem älteren und ehrenhaften Mann, dessen Neigung stark genug ist, das Vergangene, das ihm Lene gestanden hat, zu überwinden. So sind Botho und Lene, ganz ohne Aufhebens, in ihre Ordnung zurückgekehrt; doch das leichthin von Bothos Freund Pitt gesprochene Wort – *»es tut weh, und ein Stückchen Leben bleibt daran hängen. Aber das Hauptstück ist doch wieder heraus, wieder frei«* – trifft für sie nicht zu. Das Glück ihrer kurzen Liebe ist ihnen unvergeßlich, aber auch der Schmerz der Trennung bleibt allgegenwärtig. Das Leben geht weiter, aber alles ist ohne Glanz, das »Hauptstück« ist »hängengeblieben«.

Die Erzählung stieß auf heftige Ablehnung bei der Leserschaft. Sie nahm Anstoß an der unbefangenen Darstellung des Liebesverhältnisses zwischen einem Adligen und einer kleinen Plätterin, deren Gefühle der Dichter auch noch *»einfach, wahr und natürlich«* nannte und damit auf eine Wertstufe hob, die ihnen nach der herrschenden Moral nicht zustand. Daß sich Fontanes Gesellschaftskritik, wie in allen seinen Werken, auch hier hinter der scheinbaren Anerkennung der bestehenden Standeshierarchie verbirgt, darf nicht darüber hinwegtäuschen, daß diese Kritik gleichwohl vorhanden ist. Sie richtet sich gegen einen Sittenkodex, der zwei Menschen, die sich in tiefer Neigung gefunden haben, zwingt, ihr Glück gesellschaftlichen Vorurteilen zu opfern. Das Thema der unstandesgemäßen Liebe hat Fontane wenig später in *Stine* (1888) noch einmal ungleich bitterer und tragisch gestaltet. In *Irrungen Wirrungen* aber ist alles auf Nüchternheit und Klarheit gestimmt, alle Bewegung bleibt unter der Oberfläche, und alles Leid wird Resignation, die jedoch nichts von der Heiterkeit hat, die man ihr bei Fontane gern zuschreibt. KLL

Ausgaben: Lpzg. 1887. – Mchn. 1969 (in *SW*, Hg. E. Gross, Bd. 3). – Mchn. 1962 (in *SW*, Hg. W. Keitel, Abt. 1, Bd. 2). – Bln./Weimar 1969 (in *Romane u. Erzählungen*, Hg. P. Goldammer u. a., 8 Bde., 5). – Mchn. [2]1971 (in *Werke, Schriften u. Briefe*, Hg. W. Keitel u. H. Nürnberger, Abt. 1, Bd. 2). – Mchn. 1974 [nach der Originalausg., Textrev. J. Perfahl; Nachw. F. Martini u. H. Platschek]. – Ffm. u. a. 1976, Hg. W. Keitel u. H. Nürnberger (Ullst. Tb). – Bln./Weimar [5]1979 (in *Werke*, 5 Bde., 3; Ausw., Einl. H.-H. Reuter). – Ffm. 1984 (Nachw. W. Killy; Insel Tb).

Literatur: O. Pniower, *»Irrungen, Wirrungen«* (in O. P., *Dichtungen u. Dichter*, Bln. 1912, S. 332–336). – M. Zerner, *Zur Technik von F.s »Irrungen, Wirrungen«* (in MDU, 45, 1953, S. 25–34). – G. Friedrich, *Die Frage nach dem Glück in F.s »Irrungen, Wirrungen«* (in Der Deutschunterricht, 11, 1959, H. 4, S. 76–87). – W. Killy, *Abschied vom Jh. F.s »Irrungen, Wirrungen«* (in W. K., *Wirklichkeit und Kunstcharakter*, Mchn. 1963, S. 193–211). – H. Schmidt-Brümmer, *Formen perspektivist. Erzählens. F.s »Irrungen, Wirrungen«*, Mchn. 1971. – H. Ester, *Über Redensart u. Herzenssprache in Th. F.s »Irrungen, Wirrungen«* (in Acta Germanica, 7, 1972, S. 101–116). – *Th. F.: »Irrungen, Wirrungen«. Erl. u. Dokumente*, Hg. F. Betz, Stg. 1979 (RUB). – G. H. Hertling, *Th. F.s »Irrungen, Wirrungen«. Die »Erste Seite« als Schlüssel zum Werk*, Bern u. a. 1985.

SCHACH VON WUTHENOW. Erzählung aus der Zeit des Regiments Gensdarmes

von Theodor Fontane, erschienen 1882 in der ›Vossischen Zeitung‹, in Buchform 1882. – Privates und Gesellschaftliches sind in dem frühen Werk Fontanes, dem *»einsamen Gipfel der deutschen historischen Erzählung«* (G. Lukács), eng aufeinander bezogen. Fontane greift auf Geschehnisse des Jahres 1806, der Zeit vor der Jenaer Schlacht, und auf ein eher privates Ereignis aus dem Jahr 1815 zurück, um die Gesellschaft Berlins vor dem Untergang Preußens – durchaus stellvertretend für die zeitgenössische Gesellschaft – kritisch darzustellen. Er verknüpft die Vorgänge um das Verhältnis des altadligen Preußen Schach zu der blatternarbigen früheren Schönheit Victoire von Carayon mit den öffentlich-politischen Geschehnissen um das preußische Eliteregiment Gensdarmes, das nach der Schlacht bei Jena aufgelöst wurde.

Die Offiziere des Regiments, unter ihnen Schach als *»einer der Besten«*, treffen im Salon der Mutter Victoires und beim Prinzen Louis Ferdinand mit dem Zeitkritiker und Napoleonverehrer von Bülow zusammen und werden von ihm, der mit seinem Verleger *»die politische Meinung der Hauptstadt … terrorisierte«*, in Debatten verwickelt. Zentrale Ereignisse der öffentlichen wie privaten Sphäre bestätigen die scharfsinnige Kritik Bülows. In einer Diskussion um das Lutherdrama *Weihe der Kraft* von Zacharias Werner, das 1806 in Berlin uraufgeführt wurde, entwickelt er im Widerspruch zu der religiös erstarrten und naiven Ablehnung des »Bühnenluther« durch die Offiziere seine politischen Theorien, die auf eine Parallelisierung der »Episode Luther« mit der »Episode Preußen« hinauslaufen. Anläßlich dieser Aufführung veranstalten die Offiziere trotz Schachs Einspruch eine »Maskerade« in Theaterkostümen, mit der sie parodistisch das Drama Werners – wie Schach erkennt, aber auch dessen Zentralgestalt als »Mummenschanz-Luther« – bloßstellen. Hinter dem *»widerlichen Spiel«*, das nur aus der Sicht Victoires geschildert wird, steht die Überzeugung der Offiziere, *»daß das neuerdings von seiner früheren Höhe herabgestiegene Regiment eine Art patriotischer Pflicht habe, sich mal wieder ›als es selbst‹ zu zeigen«*. Diese Demonstration von Selbstbewußtsein und Patriotismus, von der sich Schach bewußt distanziert, beweist durch ihre Form die Berechtigung von Bülows kritischer Theorie.

Daß Schach, unter dem Eindruck der Gedankenspielerei des Prinzen über die paradoxe *beauté du diable*, die geistvolle Victoire verführt und die Heirat solange hinauszögert, bis ihn eine Vorladung an den Hof dazu bewegt, sich den Regeln der *honnêteté* zu beugen; daß er auf der Heimfahrt von der Hochzeit Selbstmord begeht, nachdem ihm durch Karikaturen und Schmähschriften die gesellschaftliche Problematik dieser Ehe bewußt wurde, bestätigt Bülows These von der *»falschen Ehre«* Preußens. Als deren Symptom diagnostiziert und verurteilt Bülow den »Fall Schach« in seinem Brief vor Ende der Erzählung. Seine Perspektive wird ergänzt in dem abschließenden Brief der Victoire, die aus einer religiös-romantisierenden Stimmung heraus Schachs Verhalten ganz individuell zu deuten versucht. Ähnlich wie ihre sentimental gefärbten Aussagen werden diejenigen Bülows – wie auch die der Mehrzahl der anderen Figuren – durch pointierte Erzählerkommentare relativiert: *»Wider Wissen und Willen war er [Bülow] ein Kind seiner Zeit und romantisierte.«*

Fontanes Gesellschaftskritik erfolgt nicht nur im Medium des Bülowschen Geistes, sondern ist auch, indirekter und allgemeiner, im Erzählvorgang insgesamt wirksam, in Gesprächssituationen, Gruppierungen der Figuren und der distanzierten Darstellung ihrer Denkweise. In intellektuell und redensartlich feinst nuancierten Diskussions- und Konversationsszenen, die erstmals im Werk Fontanes in diesem Umfang erscheinen, beleuchtet er aus verschiedenen Perspektiven die zentralen Themen von Ehre und Schönheit und läßt die Figuren die Ereignisse reich facettiert kommentieren. Zusätzlich motiviert der Autor das punktuell dargestellte Handeln der Zentralfigur aus sowohl individuell-psychologischer wie gesellschaftlicher Sicht. Schach ist einerseits der scheinhaften Gesellschaft überlegen. In einem zentralen Gespräch begeistert er sich für die absolut bindenden Gelübde der längst untergegangenen Tempelherren. Andererseits verdeutlicht sein fluchtartiger Besuch auf dem Landgut, mit dem Fontane einen psychologischen Vorgang szenisch umsetzt, Schachs Unfähigkeit, selbständig zu einer von den gesellschaftlichen Normen gelösten eigenen kritischen Position zu gelangen. *»Die Rücksicht auf den Schein«*, die laut Schach dem Prinzen fehlt, wird zum verbindlichen Maßstab seines Verhaltens. Er geht, dem königlichen Gebot folgend, seine Schein-Ehe in dem Bewußtsein ein, sie nicht leben zu wollen. Das von der Gesellschaft anerkannte konsequente Schein-Dasein mündet in die konsequente Negation der Existenz in seinem Selbstmord. Dieser vom Leser zu erschließende Zusammenhang offenbart die Problematik der Figur, die durch die widersprüchlichen Briefe am Ende der Erzählung noch einmal betont wird.

Durch den Rückzug in das von einem komischen Dialog zwischen Kutscher und Groom überspielte Pathos seines Endes lehnt sich Schach in einem vereinzelten »Protest« gegen die gesellschaftliche Bestimmtheit seines Lebens auf und tritt der Kritik des theoretisierenden Bülow aktiv gegenüber. Zugleich wird dieser Kritiker durch Schachs Tod, der keineswegs als »tragisch« zu verstehen ist, auch bestätigt. Daß Schachs und Bülows gegensätzliche Reaktionen auf die gesellschaftlichen Zustände sich ergänzen und aufeinander bezogen sind, führt zu der für Fontane charakteristischen Offenheit der Erzählung. U.Di.

AUSGABEN: Bln. 1882 (in Vossische Ztg.). – Lpzg. 1883 [recte 1982]. – Lpzg. 1929 (IB). – Mchn. 1959 (in *SW*, Hg. E. Gross, Bd. 2). – Mchn. 1959 (zus. m. *Graf Petöfy* u. *Ellernklipp*). – Mchn. 1962 (in *SW*, Hg. W. Keitel, Abt. 1, Bd. 1). – Ffm./Bln. 1966, Hg. P. P. Sagave (Dichtung u. Wirklichkeit, 23; Text u. Dokumentation). – Bln./Weimar 1969 (in *Romane u. Erzählungen*, Hg. P. Goldammer u. a., 8 Bde., 3). – Mchn. ²1970 (in *Werke, Schriften u. Briefe*, Hg. W. Keitel u. H. Nürnberger, Abt. 1, Bd. 1). – Ffm. u. a. 1976, Hg. dies. (Ullst. Tb). – Bln./Weimar ⁵1979 (in *Werke*, 5 Bde., 2; Ausw. u. Einl. H.-H. Reuter). – Ffm. 1984 (Nachw. B. v. Wiese; Insel Tb).

LITERATUR: E. Behrend, *Die historische Grundlage von Th. F.s Erzählung »Schach von Wuthenow«* (in DRs, 50, 1924, S. 168–182). – G. Lukács, *Deutsche Realisten des 19. Jh.s*, Bln./DDR 1951, S. 298–304. – J. Kuczynski, *»Schach von Wuthenow« u. die Wandlung der deutschen Gesellschaft um die Wende der siebziger Jahre* (in Neue dt. Literatur, 2, 1954, H. 7, S. 99–110). – B. v. Wiese, *Th. F.: »Schach von Wuthenow«* (in B. v. W., *Die deutsche Novelle von Goethe bis Kafka*, Bd. 2, Düsseldorf 1962, S. 236–260). – G. Lukács, *Deutsche Literatur in zwei Jahrhunderten*, Neuwied/Bln. 1964, S. 489–491. – W. Müller-Seidel, *Der Fall des »Schach von Wuthenow«* (in *Th. F.s Werk in unserer Zeit*, Potsdam 1966, S. 53–66). – G. Kaiser, *»Schach v. Wuthenow« oder die Weihe der Kraft: Variationen über ein Thema von W. Müller-Seidel, zu seinem 60. Geburtstag* (in Jb. der dt. Schiller-Ges., 22, 1978, S. 474–495). – R. Schmitt, *Th. F.: »Schach von Wuthenow«* (in *Deutsche Novellen von Goethe bis Walser*, Hg. J. Lehmann, Bd. 2, Königstein/Ts. 1980, S. 11–28). – W. Wagner, *Th. F.: »Schach von Wuthenow«. Erl. u. Dokumente*, Stg. 1980 (RUB). – W. P. Guenther, *Preußischer Gehorsam: Th. F.s Novelle »Schach v. Wuthenow«. Text u. Deutung*, Mchn. 1981.

DER STECHLIN

Roman von Theodor FONTANE, erschienen 1897 in der Zeitschrift ›Über Land und Meer‹, in Buchform veröffentlicht 1899. – Im Entwurf eines Briefes an den Redakteur, der den Vorabdruck des in neun größere Abschnitte und 46 Kapitel gegliederten Romans übernahm, hat Fontane selbst sein letztes, *»in artistischer Beziehung ... am weitesten über seine Epoche«* hinausragendes Werk (Th. Mann) charakterisiert: *»Der Stoff, soweit von einem solchen die Rede sein kann – denn es ist eigentlich bloß eine Idee, die sich einkleidet – dieser Stoff wird sehr wahrscheinlich ... Ihre Zustimmung erfahren. Aber die Geschichte, das was erzählt wird. Die Mache! Zum Schluß stirbt ein Alter und zwei Junge heiraten sich; – das ist so ziemlich alles, was auf 500 Seiten geschieht. Von Verwicklungen und Lösungen, von Herzenskonflikten oder Konflikten überhaupt, von Spannungen und Überraschungen findet sich nichts. – Einerseits auf einem altmodischen märkischen Gut, andrerseits in einem neumodischen gräflichen Hause (Berlin) treffen sich verschiedene Personen und sprechen da Gott und die Welt durch. Alles Plauderei, Dialog, in dem sich die Charaktere geben, mit und in ihnen die Geschichte. Natürlich halte ich dies nicht nur für die richtige, sondern sogar die gebotene Art einen Zeitroman zu schreiben, bin mir aber gleichzeitig zu sehr bewußt, daß das große Publikum sehr anders darüber denkt und die Redaktionen (durch das Publikum gezwungen) auch«* (Briefentwurf an Adolf Hoffmann, Berlin 1897). – Die Skepsis Fontanes bezüglich der Rezeption erfüllte sich zunächst weitgehend; heute jedoch hat sich gegenüber vielen Mißverständnissen allgemein die Hochschätzung des Romans behauptet, die Thomas MANN ihm bereits 1910 entgegenbrachte. *Der Stechlin* gilt als *»eines der weisesten Spiele, die mit der deutschen Sprache gespielt wurden«* (M. Rychner), und I. Mittenzwei sieht ihn als Vorläufer von Thomas Manns *Zauberberg*; in seiner *»dialogisch-offenen, plaudernd-ausgreifenden Sprachbewegung«* kündige sich an, was als *»Bewußtseinsstrom«* den modernen Roman prägt. Diese Aufwertung beruht auf der veränderten Einschätzung der sprachlichen Gestaltung, der den Roman durchgängig bestimmenden Gespräche und Konversationen, die die *»Handlungsarmut«* – ein *»wesentliches Darstellungselement der Fontaneschen Erzählweise«* (W. Müller-Seidel) – bedingen. Die erzählerische Abstinenz von Urteilen wie von psychologischen Motivationen, die Beschränkung auf Regiebemerkungen zur Konstellation und zum Aussehen der Figuren und die auch innerhalb der Gespräche bewußte Aussparung von privaten seelischen Vorgängen mußte zunächst beim Publikum auf Ablehnung stoßen. Der zeittypischen Kritik Conrad Wandreys an der ganz auf szenische Darstellung gerichteten Romanform, in der die Schilderung oft durch mehrfache Figurenkommentare zum gleichen Geschehen gebrochen wird, widersprach jedoch bereits Th. Mann: Statt des angeblichen *»Versagens der Gestaltungskraft«*, der Verselbständigung der Fontaneschen Gesprächstechnik, welche die *»Menschenwelt des Stechlin nebulos«* erscheinen lassen (Wandrey), sieht Mann durch die *»Verflüchtigung des Stofflichen«* ein *»artistisches Spiel von Geist und Ton«* gelingen, das die *»zeleste Lebensmusik dieser Plaudereien«* ermöglicht.

In den Gesprächen und Plaudereien steht das Verhältnis von Alt und Neu im Vordergrund. Oft nur beiläufig und scheinbar nebensächlich werden Begriffe wie das »Revolutionäre«, »Heldische«, die »Freiheit« und die gesellschaftlichen Probleme der Zeit erörtert oder auch nur auf sie angespielt. Die Meinung, man könne daraus ein *»Fontane-Brevier«* mit *»prächtiger Spruchweisheit«* (Wandrey) zusammenstellen, verfehlt dabei den Roman ebenso wie die Versuche, im Anschluß an die in den Gesprächen entfaltete Gesellschaftskritik und den von Fontane wiederholt betonten *»politischen (!!) und natürlich auch märkischen«* Inhalt (an E. Heilborn, 12.5. 1897) das politische Programm des Autors aus den Unterhaltungen der Figuren herauslösen zu wollen. Denn die zentrale Sprachmotivik, die auf die Sprachkritik Nietzsches und die Sprachskepsis in der Dichtung um 1900 verweist, stellt alle formulierten Stellungnahmen in dem Roman in Frage. Die Sentenz der Hauptfigur, des Dubslav von Stechlin, *»Wenn ich das Gegenteil gesagt hätte, wäre es ebenso richtig«*, die, im Zusammenhang mit seiner insistierenden Frage nach dem *»richtigen Wort«* und auch seiner Sammlung von Wetterfahnen gesehen, keineswegs Zeichen eines *»nihilistischen Skeptizismus«* (Lukács) ist, erweist die Geringschätzung gegenüber fixierten »Meinungen« und das Interesse an den »Gesinnungen« der Figuren. Die Wahl der Adligen als Hauptgestalten ist nicht als politische Vorentscheidung Fontanes gemeint – vielmehr läßt sich an den Angehörigen eines festgefügten, geschichtlich geprägten Standes mit einer eigenen Sprachkultur am deutlichsten die den Autor interessierende gesellschaftliche Thematik entfalten, bei der im *Stechlin* die richtige Relation von menschlichem Sprechen in der Konversation und politischem Reden im Sinn aller Stellungnahmen zu öffentlich interessierenden Gegenständen im Vordergrund steht. In bezug auf diese Thematik erscheint die zitierte, humoristisch gemeinte Einschränkung des Gesagten durch Dubslav (und ebenso vergleichbare Äußerungen anderer Figuren) als ein Beleg der menschlichen Gesinnung, der Offenheit für fremde Meinungen und die Tendenzen der Zeit: Dubslav von Stechlins *»Selbstironie ... überhaupt hinter alles ein Fragezeichen«* zu setzen, gehört unmittelbar zu seinem *»schönsten Zug«*: einer *»tiefen, so recht aus dem Herzen kommenden Humanität«*.

Dem Junker Dubslav von Stechlin, dessen *»Weltfahrten ... immer nur zwischen Berlin und Stechlin«* lagen, entspricht in dieser Hinsicht – trotz mancher differierender Meinung – ein Angehöriger des städtischen Hochadels: der ehemalige Gesandte Graf Barby, der Schwiegervater von Stechlins Sohn Woldemar wird. Die paarweise Gegenüberstellung der Figuren wiederholt sich bei den Regimentskameraden Woldemars, dem kritisch-mokanten Czako und dem fast sektiererisch frommen Rex, die mit ihren Kommentaren aus der Sicht des Militärs einen zeitgeschichtlich wichtigen Teil der Gesellschaft repräsentieren. Ebenso sind die Töchter Barbys, Armgard, die spätere Frau Woldemars, und Melusine nebeneinandergestellt. Die Zuordnung von je zwei Figuren, die sich auch an den Dorfpolizisten und weiteren Nebenfiguren zeigt, schließt eine eindeutige Identifizierung des Autors mit einer einzelnen Gestalt aus. Jede der Figuren erscheint durch ihre gesellschaftliche Stellung konstituiert (so wird als eine der ersten Angaben zur Hauptfigur deren finanzielle Abhängigkeit von einem jüdischen Gläubiger mitgeteilt); doch kann jede an ihrem Ort ein Positivum repräsentieren, sofern sie nicht auf Prinzipien und enge Glaubenssätze festgelegt oder durch lächerliche Sprachformeln, Redeklischees und eine mechanische Wiederholung bestimmter Wendungen komisch entlarvt wird. Die Vermittlung der positiven Elemente in den verschiedenen Sprachhaltungen steht im Zentrum des Romans – und darum bemühen sich auch die überlegenen Figuren, indem sie den Zusammenprall gegensätzlicher Meinungen zu entschärfen suchen.

Unter den Figuren bildet Pastor Lorenzen in mehrfacher Hinsicht eine Ausnahme. Der von ihm vertretene christliche Sozialismus, dessen Abhängigkeit von zeitgenössischen Propagandisten dieser Richtung (Stöcker) im Roman differenzierend diskutiert wird, spiegelt Fontanes eigene politische Einstellung. Lorenzen vertritt beruflich den Glauben, den die komisch bis satirisch gezeichneten Figuren – voran sein Vorgesetzter, Superintendent Koseleger – in besonderer Erstarrung und Fragwürdigkeit repräsentieren. Einerseits Erzieher und Lehrer des jungen Stechlin – eines zukünftigen Junkers der traditionellen Führungsschicht –, unternimmt er andererseits als Vermittler des traditionsbeladenen Bibelwortes in der abgeschiedenen Pfarrei seine *»Ritte ins Bebelsche«* – wie es einmal der alte Stechlin nennt, d. h., Lorenzen propagiert trotz seiner privaten Bindung an den Adel die Ideen einer sozialistischen Zukunft.

Fontanes Interesse am vierten Stand, der im Roman nur durch Randfiguren vertreten ist, belegen viele Briefe, die eine Kritik am Adel oft unverhüllter aussprechen als der Roman. Im *Stechlin* ging es ihm auch weniger um Klassenfragen als darum, eine Möglichkeit zu suchen, wie eine individuell realisierte Menschlichkeit über die geschichtlich aufbrechenden Klassengegensätze hinweg sich glaubwürdig formulieren und vermitteln ließe. Eine ähnliche Vermittlungsabsicht deutet schon der Titel des Romans an: Der Name eines märkischen Sees – mit dem des Dubslav von Stechlin, der *»auf seinen See... stolz«* ist, identisch – ist das erklärte *»Leitmotiv«* (an C. R. Lessing, 8. 6. 1896). Die geographisch bestätigte *»Besonderheit«* des Stechlin-Sees, den Fontane in dem 1862 erschienenen ersten Band der *Wanderungen durch die Mark Brandenburg* als *»geheimnisvoll, einem Stummen gleich, den es zu sprechen drängt«* beschreibt, beruht in der Spannung zwischen seiner abgeschiedenen Lage und den *»großen Beziehungen«*, die er *»in einer halbrätselhaften Verbindung«* zur *»großen Weltbewegung«* unterhält. Wie zu Anfang des ersten Romankapitels geschildert und in den Gesprächen wiederholt erwähnt, reagiert der Stechlin auf Vulkanausbrüche oder Erdbeben von Island bis Java mit dem Aufsteigen eines Wasserstrahles. Durch diese – inhaltlich undefinierte – Mahnung an den *»Zusammenhang der Dinge«* erfüllt der See in der Natur eine Funktion, die in Parallele zu der Aufgabe Lorenzens in dem Roman steht. Dabei beweisen die vom Erzähler hergestellten Bezüge zwischen der geschichtlich an ihre Zeit gebundenen Figur und ihrem geologischen, zeitenthoben exemplarischen Pendant, daß es sich bei Lorenzens Stellungnahme weniger um eine »Meinung« als um eine über den Moment hinausreichende »Gesinnung« handelt. Der See wird durch seine Funktion innerhalb dieser Zusammenhänge zum *»perspektivisch vermittelten«* (Ohl) Symbol in den engen Grenzen des Geschehnisraumes.

Wie zwei Ereignisse aus den dargestellten sechs Monaten preußischer Geschichte zeigen, die Fontane in seiner lakonischen Inhaltsangabe unerwähnt läßt, geschah die lokale und zeitliche Begrenzung des Romans bewußt: Während die Niederlage der Hauptfigur bei ihrer von Standesgenossen gewünschten Kandidatur zur Reichstagswahl (Stechlin unterliegt einem Sozialdemokraten) zum sozialen Panorama ausgeweitet wird, ist die militärische Mission Woldemars von Stechlin in England nur ganz kurz referiert. Fontanes *»Zeitroman«* schildert die *»große Weltbewegung«* nicht durch lokale Erweiterung des Geschehens, sondern spiegelt sie in den Gesprächen der Figuren um Dubslav von Stechlin, den Angehörigen des *»Adels, wie er bei uns sein sollte«* (an C. R. Lessing, 8. 6. 1896). Zur Vermittlung zwischen der »Welt« und dem begrenzten Geschehnisraum tragen dabei auf den verschiedenen Ebenen des gedeuteten Naturgeschehens und des notwendig am historischen Moment orientierten Programms vor allem die Mahnung des Sees und die Äußerungen des Pastor Lorenzen bei: Auf den *»Zusammenhang der Dinge«* bedacht, erörtert er in einer von Berufs- und Standesgrenzen unbeschränkten – nach eigener Aussage *»sehr menschlichen, ja für einen Pfarrer beinah lästerlichen«* – Sprache mit dem alten Stechlin und den anderen menschlich offenen Vertretern des Alten, des Adels, die Ideen einer neuen Zeit, in der – wie es am Ende des den Roman abschließenden Briefs an den Pastor heißt – *»nicht nötig (ist), daß die Stechline weiterleben, aber es lebe der Stechlin«*. U. Di.

AUSGABEN: Stg. 1897 (in Über Land u. Meer. Dt. Illustr. Ztg., 79). – Bln. 1899. – Mchn. 1959 (in *SW*, Hg. E. Gross, Bd. 8). – Mchn. 1966 (in *SW*, Hg. W. Keitel, Abt. 1, Bd. 5). – Mchn. 1967. – Mchn. 1968 (in *Werke*, Hg. K. Schreinert, 3 Bde., 2). – Bln./Weimar 1969 (in *Romane u. Erzählungen*, Hg. P. Goldammer u. a., 8 Bde., 8). – Mchn. 1974 [nach der Originalausg., Textrev. J. Perfahl; Nachw. F. Martini u. H. Platschek]. – Zürich 1975 [Nachw. M. Rychner]. – Ffm. 1975 (Nachw. W. Müller-Seidel; Insel Tb). – Stg. 1978 (Nachw. H. Aust; RUB). – Bln./Weimar [5]1979 (in *Werke*, 5 Bde., 5; Ausw. u. Einl. H.-H. Reuter). – Mchn. [2]1980 (in *Werke, Schriften u. Briefe*, Hg. W. Keitel u. H. Nürnberger, Abt. 1, Bd. 5).

LITERATUR: E. Behrend, *Th. F.s Roman »Der Stechlin«*, Marburg 1929. – M. Rychner, *Welt im Wort. Literarische Aufsätze*, Zürich 1949, S. 256–285 (auch in *Interpretationen III. Deutsche Romane von Grimmelshausen bis Musil*, Hg. J. Schillemeit, Ffm. 1966; FiBü). – D. Barlow, *Symbolism in F.'s »Der Stechlin«* (in GLL, 8, 1954/55, S. 182–191). – S. Holznagel, *Jane Austens »Persuasion« u. Th. F.s »Der Stechlin«, eine vergleichende morphologische Untersuchung*, Bonn 1956. – Th. Mann, *Der alte F.* (in Th. M., *GW*, Bd. 9, Ffm. 1961). – R. Schäfer, *F.s Melusine-Motiv* (in Euph, 56, 1962, S. 19–104). – W. Müller-Seidel, *F. »Der Stechlin«* (in *Der deutsche Roman vom Barock bis zur Gegenwart*, Bd. 2, Düsseldorf 1963, S. 146–189). – G. Lukács, *Der alte F.* (in G. L., *Werke*, Bd. 7, Bln./Neuwied 1964, S. 452–498). – B. Hildebrandt, *F.s Altersstil in seinem Roman »Der Stechlin«* (in GQ, 38, 1965, S. 139–156). – H. Strech, *Th. F.: Die Synthese von Alt und Neu. »Der Stechlin« als Summe des Gesamtwerks*, Bln. 1970. – H. Buscher, *Die Funktion der Nebenfiguren in F.s Romanen unter besonderer Berücksichtigung von »Vor dem Sturm« und »Der Stechlin«*, Diss. Bonn 1969. – M. Ferrara, *Die sprachliche Verdichtung in F.s Roman »Der Stechlin«*, Diss. Wien 1970. – F. Betz, *The Contemporary Critical Reception of Th. F.'s Novels »Vor dem Sturm« and »Der Stechlin«, 1878–1899*, Diss. Indiana Univ. 1973. – C. Grawe, *F.s neues Sprachbewußtsein in »Der Stechlin«* (in C. G., *Sprache im Prosawerk*, Bonn 1973). – C. Laufer, *Vollständige Verzeichnung u. Erschließung der Werkhandschriften. »Unwiederbringlich«, »Effi Briest«, »Der Stechlin«*, Diss./DDR Bln. 1973. – J. Rothenberg, *Gräfin Melusine: F.s »Stechlin« als politischer Roman* (in Text &

Kontext, 4, 1976, H. 3, S. 21–56). – *Th. F.: »Der Stechlin«. Erl. u. Dokumente*, Hg. H. Aust, Stg. 1978 (RUB). – M. Lüdtke, *Was Neues vom alten F.* (in Diskussion Deutsch, 9, 1978, S. 113–133). – I. Degenhardt, *Ein Leben ohne Grinsezug? Zum Verhältnis von sozialer Wirklichkeitsperspektive u. ästhetischem Postulat in F.s »Stechlin«* (in *Naturalismus-Ästhetizismus*, Hg. Ch. Bürger u. a., Ffm. 1979, S. 190–223). – P. U. Hohendahl, *Th. F. u. der Standesroman. Konvention u. Tendenz im »Stechlin«* (in *Literaturwiss. u. Sozialwiss., Bd. 11: Legitimationskrisen des deutschen Adels 1200–1900*, Hg. P. U. Hohendahl u. P. M. Lützeler, Stg. 1979, S. 263–283). – J. Müller, *Das Alte u. das Neue. Hist. u. poet. Realität in Th. F.s Roman »Der Stechlin«*, Bln./DDR 1984.

VOR DEM STURM. Roman aus dem Winter 1812 auf 13

Historischer Roman von Theodor Fontane, erschienen 1878. – Der erste Roman Fontanes, von dem sein Tagebuch bereits am 25. 1. 1862 berichtet, wollte den *»Sieg des Realismus«* gegen eine *»falsche Romantik«* durchsetzen. Als historischer Roman erfüllte er die Forderung des Autors, ein Leben widerzuspiegeln, *»an dessen Grenze wir selbst noch standen oder von dem uns unsere Eltern noch erzählten«*. Das *Zeit- und Sittenbild aus dem Winter 12 auf 13* – so der ursprüngliche Untertitel – sollte als *»Vielheitsroman«* ein Panorama der märkischen Adels-, Bürger- und Bauernwelt vor Beginn der Befreiungskriege geben. Die Absicht, *»das große Fühlen, das damals geboren wurde«*, in seiner Wirkung auf *»die verschiedenartigsten Menschen«* zu schildern, bedingt den porträtierenden, additiven, episodenreichen Charakter des Werks. Dessen lockere Fügung wird weniger durch die immer wieder retardierende Haupthandlung als durch eine Fülle von Verweisungen und beziehungsstiftenden Andeutungen, durch teils parallel, teils antithetisch aufeinander bezogene Personengruppierungen zusammengehalten.

Mittelpunktsfigur in dem unerschöpflichen Personal, das in volkhafter und aristokratischer Zusammensetzung die Idee des Ausgleichs repräsentiert, ist Lewin von Vitzewitz; seine Verbindung mit der Tochter eines herumziehenden Schauspielers ist der Zielpunkt der Handlung. Das Stammschloß Hohen-Vietz bei Küstrin bildet ein Zentrum der zwar zeitlich und örtlich eng begrenzten, aber durch panoramaartige Blickführung ausgeweiteten Fabel. Das Geschichtlich-Allgemeines und Privat-Intimes einschließende Geschehen wird durch Elemente aus Milieu, Kulturgeschichte, Literatur und Ethnographie angereichert.

Die breite Schilderung der Weihnachtstage auf Gut Hohen-Vietz, zu denen der Student Lewin von Berlin aus anreist, leitet den Roman ein. In Gesprächen zwischen Lewin, einer männlich-ehrlichen Natur, und dem charakterfesten, draufgängerischen Vater Berndt von Vitzewitz werden das Schicksal Napoleons nach dem Rückzug aus Rußland und die möglichen Reaktionen Preußens (offener, vom König geführter Befreiungskampf oder versteckter Guerillakrieg) erörtert. Die Bewohner von Haus Hohen-Vietz – Renate von Vitzewitz und die herrnhuterische Tante Schorlemmer – werden ebenso wie die Vergangenheit des Hauses oder die Geschichte des Oderbruchs liebevoll breit dargestellt. Das Dorf wird mit seinen Bewohnern, darunter Schulze Kniehase, seine Pflegetochter Marie und die Botenfrau Hoppenmarieken, vorgeführt – besonders intensiv der märkische »Tendenzsammler« Pastor Seidentopf, dem ein ausführlich geschilderter Besuch des Herrenhauses und einiger Honoratioren der Gegend gilt. Nach Schloß Guse in den Kreis der dem *»dix-huitième-siècle«* zugetanen Gräfin Pudagla mit ihrer Verehrung für *»Prince Henri«* führt ein anderer Ausflug. Kathinka und Tubal von Ladalinski, Tochter und Sohn eines borussisierten polnischen Aristokraten, deren Verbindung mit den Kindern des alten Vitzewitz ein Familienplan ist, treffen auf Hohen-Vietz ein.

Mit einem von Lewin und Tubal glücklich abgewendeten Überfall auf Hoppenmarieken kündigt sich die beginnende Ordnungslosigkeit an. In Unterredungen des alten Vitzewitz mit Schulze Kniehase wird die Volkserhebung vorbereitet, deren Bedeutung anläßlich der Aufführung eines französischen Tell-Stücks auf Schloß Guse besprochen wird. Eine Neujahrsvisite Berndts von Vitzewitz und des Geheimrats von Ladalinski bei Prinz Ferdinand in Berlin, dem Bruder Friedrichs II., bringt noch einmal die abwartende Politik Hardenbergs und des Königs in ihrem Gegensatz zu dem selbstsicheren Landadel wie zur kampfbereiten Volksstimmung zur Sprache. Auch die Bürger Berlins politisieren, sei es im Wirtshaus, sei es bei einem Fest, das Frau Hulen, die Wirtin Lewins, gibt. Die Kapitulation Yorks überrascht eine Ballgesellschaft bei den Ladalinskis.

Ganz mit Privatem ist Lewin beschäftigt: Er, der seinen Studien nachgeht und literarische Ressourcen besucht, leidet unter der unerwiderten Liebe zur phantasiereichen, aber bedingungslos-subjektiven Kathinka, die schließlich mit einem polnischen Grafen nach Polen und in den »Schoß der Kirche« zurückkehrt. Lewin bricht zusammen; in dörflicher Abgeschiedenheit findet er seine Gesundheit und Festigkeit wieder. – Ähnlich unglücklich verläuft die Liebe Renates von Vitzewitz zu Tubal Ladalinski, der ihr zwar seine Neigung gesteht, aber auch von Marie angezogen wird. Überlagert und schließlich verhängnisvoll entschieden werden die privaten Verwicklungen durch den Überfall auf die französische Besatzung in Frankfurt von seiten der lebusischen Bevölkerung.

Da die russische Hilfeleistung ausbleibt und die adligen Heerführer ehrgeizig und einsichtslos handeln, geht die Kampagne für die Märker unglücklich aus. Bei den schweren Verlusten ist das Schicksal Lewins von Vitzewitz, seine Gefangennahme, verhältnismäßig erträglich, wenn auch nicht ungefährlich: Dem drohenden Tode durch Erschießen kommen die Seinen durch eine Befreiungsaktion zuvor. Tubal allerdings findet, ein Opfer der Freundschaft und eine Sühne, dabei den Tod. Lewin erkennt, daß er in Marie die »Prinzessin« gefunden hat, die nach einer alten Weissagung dem Hause Glück bringt. Renate tritt verzichtend in ein Damenstift ein.

Die Bucheinteilung der Erstausgabe, auf die der gekürzte Vorabdruck in der Zeitschrift ›Daheim‹ und fast alle späteren Ausgaben verzichten, deutet mit den Überschriften *Hohen-Vietz, Schloß Guse, Alt-Berlin, Wieder in Hohen-Vietz* den Wechsel der Schauplätze als äußeres Kompositionsprinzip an. Genauer erhebt Fontane, in der Absicht, die Pluralität der Gesellschaft vorzuführen, das Nebeneinander, selten auch Zueinander von »Lebenskreisen« (man hat deren acht unterschieden) zum Gesetz der epischen Entfaltung. Stand am Anfang der Konzeption die Absicht, den Roman des preußischen Freiheitshelden Schill zu schreiben, scheint dann der geplante Titel *Lewin von Vitzewitz* auf die Tradition des hergebrachten »Einheitsromans« mit einem Mittelpunktshelden zu verweisen, so zeigt die endgültige Ausführung, inwieweit Fontane – die Vorbilder SCOTT, GUTZKOW und ALEXIS im Zeichen THACKERAYS überwindend – dem historischen Roman eine neue Dimension gewinnt, indem er nämlich Geschichte im Licht sozialer und individueller Psychologie darstellt.

Von Kritik und Forschung wurde Fontanes Romandebüt lange Zeit nicht sonderlich geachtet. Paul Heyse bemängelte das lose Kompositionsprinzip des Romans, wogegen sich Fontane mit einer Verteidigung des *»Vielheitsromans«* gegenüber dem auf einen Helden konzentrierten *»Einheitsroman«* wandte. Dieser Kritikpunkt tauchte in der Folgezeit immer wieder auf; Wandrey (1919) erklärte das Kompositionsprinzip mit der strukturellen, stilistischen und stofflichen Nähe des Romans zu den *Wanderungen durch die Mark Brandenburg*. Erst in jüngerer Zeit kam es, anknüpfend an die Untersuchung von Demetz 1964, zu einer Revision dieses Urteils und zum Nachweis, daß das Werk bereits *»ungeduldig zu den Erzählformen des Romans der guten Gesellschaft«* (Demetz) hindränge und genug *»Formkraft«* (Wagner) besitze, um den *»Zusammenhalt des epischen Werkes«* zu garantieren. Vor allem aber werden die Parallelen betont, die sich zwischen Fontanes erstem Roman und seinem letzten, *Der Stechlin*, ziehen lassen; in beiden Fällen entfalte sich eine Symbolik, die *»das jeweilige Geschehen transzendiert, jedenfalls aber innerhalb der Romanwelt Bezüge eröffnet, die das individuelle Geschick der Romanpersonen auf ein Allgemeines hin übersteigt«* (Ohl). G.O.-KLL

AUSGABEN: Lpzg. 1878 (in Daheim, 14). – Bln. 1878, 4 Bde. – Mchn. 1957, Hg. E. Groß. – Mchn. 1959 (in *SW*, Hg. E. Gross, Bd. 1). – Mchn. 1962 (in *SW*, Hg. W. Keitel, Abt. 1, Bd. 3). – Bln./Weimar 1969 (in *Romane und Erzählungen*, Hg. P. Goldammer u. a., 8 Bde., 1, 2). – Mchn. ²1971 (in *Werke, Schriften u. Briefe*, Hg. W. Keitel u. H. Nürnberger, Abt. 1, Bd. 3). – Ffm. u. a. 1976 (Ullst. Tb). – Ffm. 1982 (Nachw. H. Aust).

LITERATUR: F. Walter, *Th. F.s »Vor dem Sturm« u. seine Stellung zur Romantik*, Diss. Münster 1924. – F. Behrend, *Zu F.s »Kajarnak der Grönländer«* (in Euph, 30, 1929, S. 249–254). – E. Biehahn, *F.s »Vor dem Sturm«. Die Genesis des Romans u. seine Urbilder* (in Frankfurter Oderztg., 19., 23./24., 26. bis 28. 7. 1938; ern. in Fontane-Blätter, 2, 1971, H. 5, S. 339–354). – A. Faure, *Eine Predigt Schleiermachers in F.s »Vor dem Sturm«* (in ZsTh, 17, 1940, S. 221–279; 19, 1942, S. 385–413). – M. Zerner, *Zu F.s »Vor dem Sturm«* (in GQ, 13, 1940, S. 201–206). – Ch. Putzenius, *Th. F.s erster Roman »Vor dem Sturm« als Spiegel der Welthaltung des Dichters*, Diss. Hbg. 1947. – A. Schmidt, *F. u. der Eskimo. Ein Beitrag zur Technik u. Geschichte der literarischen Restauration* (in Augenblick, 1, 1955, H. 2, S. 55–58). – P. Wruck, *Zum Zeitgeschichtsverständnis in Th. F.s Roman »Vor dem Sturm«* (in Fontane-Blätter, 1, 1965, S. 1–9). – H. Buscher, *Die Funktion der Nebenfiguren in F.s Romanen unter besonderer Berücksichtigung von »Vor dem Sturm« u. »Der Stechlin«*, Diss. Bonn 1966. – W. Walter, *Die Technik der Vorausdeutung in F.s »Vor dem Sturm« u. ihre Bedeutung im Zusammenhang des Werks*, Marburg 1966. – H. Ohl, *Der Zusammenhang der Dinge. Die Symbolik in »Vor dem Sturm« und »Der Stechlin«* (in *Bild u. Wirklichkeit. Studien zur Romankunst Raabes u. F.s*, Heidelberg 1968, S. 222–241). – F. Betz, *The Contemporary Reception of Th. F.'s Novels »Vor dem Sturm« and »Der Stechlin«, 1878–1899*, Diss. Indiana Univ. 1973. – H. Fricke, *F.s Studien zum Roman »Vor dem Sturm« am Werk des sächsischen Poeten u. Persien-Reisenden Paul Fleming* (in Jb. für Brandenburgische Landesgeschichte, 31, 1980, S. 141–152). – E. R. Rosen, *Aus der Werkstatt Th. F.s. Zur Quellenlage u. Entstehung des Kapitels »Durch zwei Tore« in dem Erstlingsroman »Vor dem Sturm«* (in Mitteilungen der Techn. Univ. Carolo-Wilhelmina zu Braunschweig, 16, 1981, H. 1).

WANDERUNGEN DURCH DIE MARK BRANDENBURG

Reisebilder von Theodor FONTANE, erschienen in vier Teilen 1862–1882: Tl. 1, *Die Grafschaft Ruppin* (1862; seit 1864 mit diesem Titel); Tl. 2, *Das Oderland. Barnim-Lebus* (1863); Tl. 3, *Havelland. Die Landschaft um Spandau, Potsdam, Brandenburg* (1873; Erstausgabe u. d. T. *Ost Havelland*); Tl. 4, *Spreeland. Beeskow-Storkow und Barnim-Teltow* (1882); hinzugerechnet wird ferner der ohne den gemeinsamen Titel 1889 erschienene Band *Fünf Schlösser. Altes und Neues aus Mark Brandenburg*. – Die Bände umfassen Reisefeuilletons sowie historische Aufsätze über die Mark Brandenburg. Mit letzteren demonstrierte Fontane, im Gegensatz zu der gelehrten landeskundlichen Forschung seiner Zeit, die vielfach außerordentlich trocken vorgetragen wurde, wie selbst scheinbar spröde Stoffe für den Laien interessant und ansprechend dargeboten werden können – *»durch Kunst des Stils und Klarheit«*.

Fontane beginnt im ersten Band mit der Landschaft, aus der er stammt, dem Ruppiner See und den dort liegenden Orten, wobei die Biographien Hans Joachim von Zietens, des Husarengenerals Friedrichs II., des Großen, und des Feldmarschalls Karl Friedrich von dem Knesebeck eingebaut werden. Ein umfangreicher Abschnitt über Fontanes Geburtsstadt Neuruppin schließt sich an, in dem Örtlichkeitsbeschreibungen, Regiments- und Stadtgeschichte mit Schilderungen bekannter und unbekannter Bürger, wie Karl Friedrich Schinkels, des Gastwirts Michel Protzen oder des Predigers der Paul-Gerhardt-Zeit, Andreas Fromm, abwechseln. Eine Kapitelserie über Rheinsberg folgt mit der seltsamen, zwielichtigen Gestalt des mit seinem Bruder, Friedrich II., verfeindeten Prinzen Heinrich und seinem Hof, einem Sammelpunkt der Fronde gegen Berlin/Potsdam. In den Landschaftsschilderungen der Ruppiner Schweiz kommt Fontane zum erstenmal auf den Menzer Forst und den Stechlinsee zu sprechen, jenes Gebiet, in dem er seinen letzten Roman, *Der Stechlin*, lokalisiert. Er wird angeregt von der eigentümlichen Atmosphäre dort, ähnlich wie von Lindow, dessen Damenstift in *Vor dem Sturm* und im *Stechlin* einen Schauplatz abgibt. Den zweiten Band eröffnet er mit der Beschreibung einer Dampferfahrt, *Von Frankfurt bis Schwedt*. Das ihm durch verwandtschaftliche Beziehungen bekannte Oderbruch, Schauplatz von *Unterm Birnbaum*, dessen früherer Zustand, seine Eindeichung und Kolonisation wird als nächstes behandelt; ein reizvolles Kapitel über *Freienwalde* a. O., seine Landschaft, Sage und Geschichte schließt sich an. Im Kapitel *Möglin* gedenkt Fontane des bedeutenden Landwirts Albrecht Thaer, in *Quilitz* des Staatsministers Hardenberg; im Anschluß an einen Besuch der Festung Küstrin a. O. wird eingehend über den Katte-Prozeß gehandelt und erwogen, ob *»Gesetz oder Willkür«*, *»Gerechtigkeit oder Grausamkeit«* vorwalteten. Der dritte Band beginnt mit einem großen Abschnitt über *Die Wenden und die Kolonisation der Mark durch die Zisterzienser*; es folgt die Schilderung der Spandauer und Potsdamer Gegend; über Potsdam selbst schrieb Fontane nicht; da ihm dies Thema zu häufig behandelt und zu stark vorgeprägt schien. Der Band schließt mit *Der Schwilow und seine Umgebungen*. Schilderungen des großen Sees, seiner Ufer und Ortschaften wechseln mit Darlegungen über Werderschen Obsthandel und Transportfragen sowie über die in der Umgegend angesiedelten großen Ziegeleien und ihre Fertigungsmethoden. Der vierte Band enthält eine Reihe von Wanderfahrten wie *In den Spreewald*, *Eine Pfingstfahrt in den Teltow*, das südlich von Berlin gelegene Gebiet, und die Segelfahrt von Köpenick an dem großen Waldgebiet der Dubrow vorbei nach Teupitz. Kleine Novellen (z. B. *Der Fischer von Kaniswall*) werden eingeflochten. Die östlichen Randgebiete Berlins: Köpenick, Müggelsee und Müggelberge, Friedrichsfelde und Rahnsdorf werden mit unterschiedlicher Themenstellung angegangen, *Berlin in den Tagen der Schlacht von Großbeeren* (Befreiungskriege, 1813) aufgrund eines zeitgenössischen Berichts gezeigt. In dem Band *Fünf Schlösser* wird nicht mehr »gewandert«. Fontane selbst bezeichnet im Vorwort die fünf Aufsätze – *Quitzöwel*, die Geschichte der Fronde des alteingesessenen Geschlechts der Quitzows gegen die Hohenzollern, *Plaue* und seine Vergangenheit, *Hoppenrade* und das ungewöhnliche Geschick der »Krautentochter«, *Liebenberg* und die Hertefelds, *Dreilinden*, das Jagdschloß des Prinzen Friedrich Karl – als *»historische Spezialarbeiten, Essays«* über eine *»durch fünf Jahrhunderte hin fortlaufende Geschichte von Mark Brandenburg«*.

Der Gedanke, die Mark zu bereisen und zu beschreiben, lag, angeregt durch Reisebeschreibungen der »Jungdeutschen«, in der Luft. Der ›Berliner Figaro‹, in dem Fontanes erste Veröffentlichungen erschienen, stellte schon 1842 in einem Artikel (*Die malerische Mark*, gez. H. Walter) einen solchen Plan vor, allerdings mit dem Hinweis: *»Der geeignetste Mann dazu scheint W. Alexis zu sein«*, ein zeitgenössischer märkischer Schriftsteller. Fontane erst verwirklichte diese Idee. Schon im Tagebuch von 1856/57, als er in England journalistisch tätig war, äußerte er die Absicht, mit seinen Erfahrungen als Reiseberichterstatter auch die Mark zu erschließen. Dieser Plan festigte sich 1858 während der Schottland-Reise, als er während der Fahrt über den Lochleven-See eine Vision des Rheinsberger Sees hatte. Nach Deutschland zurückgekehrt, begann er die Arbeit sogleich; er unternahm eine Fahrt in den als lohnendes Reiseziel schon damals bekannten Spreewald. Freunde und Fachkundige begleiteten ihn, zahlreiche Orts- und Sachkenner unterstützten ihn mit ihrem Wissen. Er selbst nennt und würdigt im *Schlußwort* als die wichtigsten Helfer im Lande die Adligen, die Lehrer und die Pfarrer. Aber der Kreis war noch größer. Er reichte vom Lübbenauer Gurkenhändler bis zum Berliner Professor. Mit den Besichtigungen und Erkundigungen an Ort und Stelle geht die Beschaffung und Benutzung einer Fülle von Quellenmaterial einher, wobei Fontane persönliche Äußerungen wie Memoiren, Briefe, Chroniken gegenüber amtlichen Akten und Urkunden bevorzugt. Die Skala der in den verschiedenen Kapiteln angeschnittenen Themen ist ungewöhnlich breit: Typische Landschaftsformen der Mark und ihre Eigenart werden ebenso vorgeführt wie die dort seit alters betriebenen Gewerbe, Fischfang, Bienenzucht und Wiesenwirtschaft; Fontane untersucht die besonderen Arbeitsbedingungen bei der Torfgewinnung im Luch und erörtert kritisch die Lebensbedingungen und Besitzverhältnisse der Bevölkerung. Er beobachtet die beginnende Industrialisierung, den aufkommenden Kapitalismus und das Entstehen des Proletariats.

Die einzelnen Kapitel wurden zuerst als Feuilletons in verschiedenen Zeitungen und Zeitschriften veröffentlicht. Die heute vorliegende Gestalt der *Wanderungen* ist das Ergebnis eingehender Überarbeitung, Erweiterung und kritischer Auswahl. In der Erstausgabe von 1862 beschränkte sich der Inhalt des Bandes noch nicht auf eine Landschaft, der Titel lautet einfach *Wanderungen durch die Mark Brandenburg*. Erst bei der zweiten Auflage (1864) tauchte im Zusammenhang mit dem Gedanken einer Erweiterung der Sammlung das geographische Ordnungsprinzip auf. Infolge der damit notwendig gewordenen Umordnung wurde die Chronologie der Entstehung völlig verwischt. Endgültige Gestalt erreichten die Bände im wesentlichen in der »Wohlfeilen Ausgabe« von 1892, die zahlreiche Auflagen erlebte: Es scheint, daß die *Wanderungen* in den Jahren, in denen Berlin deutsche Hauptstadt geworden war, einem Wunsch nach Orientierung über »Land und Leute« entgegenkamen. Fontane geriet zeitweilig in Gefahr, als »Wanderer durch die Mark Brandenburg« festgelegt zu werden. Seine Romane fanden bis zum Durchbruch mit *Effi Briest* weit zögernder Aufnahme, ein Umstand, der sich heute zugunsten des Erzählwerks verändert hat.

Die *Wanderungen* bedeuteten für den Romanschriftsteller Fontane wichtige künstlerische Vorbereitung, zudem wurden sie für ihn ein unersetzliches, reiches Reservoir, aus dem er immer wieder für seine Erzählungen schöpfte, von kleinen Gesprächsthemen über Einzelszenen, die z.T. wörtlich übernommen wurden, bis zu den Darstellungen des märkischen Lebens in den Romanen *Vor dem Sturm, Effi Briest* und *Stechlin*. Sie haben aber auch ihren Eigenwert als mit persönlichem Engagement verfaßte und zugleich kritische Darstellung der landschaftlichen, ethnischen und wirtschaftlichen Eigenart der Mark, ihres geschichtlichen Werdegangs und der besonderen Lebensbedingungen ihrer Bewohner. J.N.F.

Ausgaben: Bln. 1862– 1882, 4 Tle. – Bln. 1888 *(Fünf Schlösser. Altes und Neues aus Mark Brandenburg)*. – Mchn. 1960 (in *SW*, Hg. E. Gross, Abt. 2, Bd. 9–13a). – Mchn. 1966–1968 (in *SW*, Hg. W. Keitel, Abt. 2, Bd. 1–3). – Mchn. 1971, Hg. E. Gross u. K. Schreinert, 5 Bde. – Ffm. u. a. 1974, Hg. W. Keitel (Ullst. Tb). – Mchn. 1977, Hg. E. Gross u. Mitarb. von K. Schreinert; ern. 1984. – Mchn. 1977 (in *Werke, Schriften u. Briefe*, Hg. W. Keitel u. H. Nürnberger, Abt. 2, Bd. 1–3; 31987 rev.).

Literatur: A. Hahn, *Th. F.s »Wanderungen durch die Mark Brandenburg« u. ihre Bedeutung für das Romanwerk des Dichters*, Breslau 1935. – J. Fürstenau, *Th. F.s »Ländchen Friesack«* (in Brandenburg. Jahrbücher, 1938, H. 9, S. 55–62). – Dies., *F. u. die märkische Heimat*, Bln. 1941. – J. Neuendorff-Fürstenau, *Th. F. der märkische Wanderer* (in Märkische Heimat, 1, 1956, S. 5–22). – E. Howald, *F. s »Wanderungen durch die Mark Brandenburg«* (in NZZ, 19. 11. 1960; auch in E. H., *Deutsch-französisches Mosaik*, Zürich/Stg. 1962, S. 269–289). – H. Fricke, *Th. F.s »Wanderungen durch die Mark Brandenburg« als Vorstufe seiner epischen Dichtung* (in Jb. f. Brandenburgische Landesgeschichte, 13, 1962). – A. Zahn-Harnack, *Th. F. Der Dichter der Mark* (in A. Z.-H., *Schriften u. Reden*, Bln. 1964, S. 165–174). – W. Ribbe, *Zeitverständnis u. Geschichtsschreibung bei Th. F.* (in Jb. für Brandenburgische Landesgeschichte, 20, 1969, S. 58–70). – H.-H. Reuter, *F., Glindow. Zugleich Anm. zu besserem Verständnis einiger Aspekte der Wanderungen in der Mark Brandenburg* (in *Wissen aus Erfahrungen*, Hg. A. v. Bormann u. a., Tübingen 1976, S. 512–540). – H. Kögler, *Namen, Landschaft u. Geschichte in den »Wanderungen durch die Mark Brandenburg«* (in Fontane-Blätter, 4, 1978, H. 4, S. 262–282). – D. Albrecht, *Ansichten im beschädigten Deutschland*. Bd. 1: *Auf den Spuren Th. F.s in der Mark Brandenburg*, Sankelmark 1983.

JEREMIAS GOTTHELF

d.i. Albert Bitzius

* 4.10.1797 Murten/Kanton Fribourg (damals Kanton Bern)
† 22.10.1854 Lützelflüh bei Bern

Literatur zum Autor:
G. Keller, *J. G.* (in Blätter für literarische Unterhaltung, Lpzg. 1849 ff.; ern. in G. K., *SW*, Bd. 22, Erlenbach bei Zürich/Mchn. 1948; ern. Zürich 1978; Nachw. H. Weder; detebe). – C. Manuel, *J. G.*, Bln. 1857. – G. Muret, *G. in seinen Beziehungen zu Deutschland*, Mchn. 1912. – *J. G. Sa vie et ses œuvres*, Paris 1913. – H. M. Waidson, *J. G. An Introduction to the Swiss Novelist*, Oxford 1953. – K. Fehr, *J. G.*, Zürich 1954. – W. Günther, *J. G. Wesen u. Werk*, Bln./Mchn. 1954. – W. Günther, *Neue G.-Studien*, Bern 1958. – W. Muschg, *J. G. Eine Einführung in seine Werke*, Bern/Mchn. 21960. – Ders., *J. G. Die Geheimnisse des Erzählers*, Mchn. 1967. – A. Reber, *Stil und Bedeutung des Gesprächs im Werke J. G.s*, Bln. 1967. – W. Junker, *Leben u. Persönlichkeit J. G.s*, Bern 1969. – W. Bauer, *J. G. Ein Vertreter der geistlichen Restauration der Biedermeierzeit*, Stg. 1975. – F. Sengle, *J. G.* (in F. S., *Biedermeierzeit*, Bd. 3, Stg. 1980, S. 888–951). – B. Juker u. G. Martorelli, *J. G. 1797–1854 (Albert Bitzius). Bibliographie 1830–1975. G. Werke – Literatur über G.*, Bern 1983 [Kataloge der Berner Burgerbibliothek]. – H. P. Holl, *G. im Zeitgeflecht. Bauernleben, industrielle Revolution u. Liberalismus in seinen Romanen*, Tübingen 1985. – K. Fehr, *J. G.*, Stg. 21985 (Slg. Metzler). – Ders., *J. G.: Poet u. Prophet*, Bern 1986. – H. P. Holl, *J. G. Leben – Werk – Zeit*, Zürich/Mchn. 1988.

DER BAUERNSPIEGEL ODER LEBENSGESCHICHTE DES JEREMIAS GOTTHELF, VON IHM SELBST BESCHRIEBEN

Roman von Jeremias Gotthelf, erschienen 1837, in einer überarbeiteten Neufassung 1839. – Gotthelfs erster großer Roman schildert an Hand der Biographie des armen Verdingbuben Jeremias die politischen, sozialen und sittlichen Mißstände im Berner Bauerntum in der ersten Hälfte des 19. Jahrhunderts.

Früh erfährt der Held, der kleine Miasl, *»geboren in der Gemeinde Unverstand, in einem Jahre, welches man nicht zählte nach Christus«*, Zwietracht und Armut. Nach dem Tod des Vaters nimmt sich die Gemeinde des Jungen an, der nun als »Güterbub« von Hof zu Hof zieht. Weder die Schule, die Jeremias nur widerwillig besucht, noch seine verschiedenen Dienststellen, an denen er nur Hartherzigkeit, Selbstsucht und Gaunerei kennenlernt, sind dazu angetan, seine wachsende Verbitterung aufzuhalten. Aus düsterer Trostlosigkeit und Haß gegen eine verständnislose, ungerechte Welt flüchtet Jeremias in ein Liebesverhältnis mit Anneli. Als diese ein Kind erwartet, verhindert die bittere Armut der beiden jungen Leute die Eheschließung. Bei der Entbindung sterben Mutter und Kind. Jeremias, in seiner Verzweiflung gegen Gott und Welt rebellierend, wird eingesperrt, kann aber ausbrechen und flüchtet in den französischen Militärdienst. Am Tiefpunkt seiner Existenz trifft er in dem Napoleonischen Gardisten Bonjour einen gütigen, weisen Menschen, der den jungen Vagabunden zu christlichem Gottvertrauen und sittlicher Lebenshaltung erzieht. Nachdem sich Jeremias von einer Verwundung bei den Barrikadenkämpfen der Juli-Revolution von 1830 erholt hat, kehrt er gereift in seine Heimat zurück. Dort wird er unfreundlich empfangen; vergeblich bewirbt sich Jeremias, der seinem *»Vaterlande«* vor allem *»nützlich«* sein will, um eine Stelle als Lehrer, als Straßeninspektor und schließlich als Polizeidiener. Ein schweres Nervenfieber bringt ihn an den Rand des Todes. Wieder genesen und durch die Hinterlassenschaft Bonjours von der drängendsten Not erlöst, erkennt Jeremias seine eigentliche Bestimmung, nämlich zu bessern, zu helfen und zu erziehen. In einem Gasthaus nimmt er sich der Kinder an, unterhält und belehrt die Gäste, wobei er gegen Aberglauben und Sektierertum, gegen politischen Unverstand und Radikalismus ankämpft, und schreibt seine Lebensgeschichte. Eine abschließende Notiz teilt seine Aussicht auf die Stellung eines Gemeindeschreibers mit – Hoffnung auf ein bescheidenes Glück im Dienst der Gemeinschaft.

Der Roman erregte so großes Aufsehen, daß der Dichter das bedeutungsvolle Pseudonym »Jeremias Gotthelf« in Zukunft beibehielt. Die Wendung des Politikers und Reformers Bitzius, des begeisterten Anhängers Pestalozzis, zur Schriftstellerei war keine biedermeierliche Flucht vor der Wirklichkeit; vielmehr hatte er, der bereits von 1835 an Beiträge für den liberalen ›Berner Volksfreund‹ verfaßt hatte, darin die ihm gemäße Waffe gefunden, einerseits den Aufbau eines Bildungs- und Erziehungswesens für die Landbevölkerung propagieren und sich zugleich gegen die antireligiösen, radikalen Tendenzen seiner Zeit wenden zu können. Stärker noch als in den späteren politischen Zeitromanen des Autors – *Leiden und Freuden eines Schulmeisters* (1838), *Zeitgeist und Berner Geist* (1852) oder auch in seiner einzigen größeren theoretischen Schrift *Die Armennot* (1840) – manifestiert sich hier eine bittere Polemik gegen die Verhältnisse im Berner Land; Gotthelf selbst schreibt in der Vorrede zur ersten Auflage des Romans: *»Mein Spiegel zeigt euch die Schatt- und nicht die Sonnseite Eures Lebens, zeigt also, was man gewöhnlich nicht sieht, nicht sehen will.«* Allerdings findet der Roman am Ende einen beschaulichen Ausgang, *»eine Harmonisierung im Stil der üblichen Biedermeierdichtung. Einen Menschen, der so gut geworden ist, kann die Vorsehung nicht im Stich lassen!«* (F. Sengle). H.P.

Ausgaben: Burgdorf 1837. – Burgdorf 1839 (rev.). – Erlenbach bei Zürich 1921 (in *SW in 24 Bdn.*, Hg. R. Hunziker u. H. Bloesch; seit 1958 K. Guggisberg u. W. Juker, 1). – Basel 1948 (in *Werke in 20 Bdn.*, Hg. W. Muschg, 1). – Erlenbach bei Zürich 1965 (in *Die Hauptwerke in 18 Bdn.*, neu durchges. v. W. Juker, 1). – Zürich 1986 (in *A W u. Materialien in 14 Bdn.*; detebe).

Literatur: H. Bayer, *Biblischer Ethos und bäuerliche Lebensform. Die sprachlichen, sozialen und religiösen Grundlagen von G.s Epik* (in FDH, 1980, S. 347–402). – E. Brewitt-Taylor, *The Craftmanship of J. G. Some Aspects of »Der Bauernspiegel«, »Uli der Knecht«, »Uli der Pächter« and »Der Schuldenbauer«*, Diss. Nottingham 1983.

DIE SCHWARZE SPINNE

Novelle von Jeremias Gotthelf, erschienen 1842 in der Sammlung *Bilder und Sagen aus der Schweiz*. – Von den klischeehaften Produkten der Trivial- und Schauerromantik, an die Titel und Zentralmotiv anknüpfen (z. B. August Langbein, *Die schwarze Spinne*, 1821), wie von der idyllischen Biedermeierliteratur der Zeitgenossen hebt sich Gotthelfs allegorisierend didaktische Novelle durch ihre kunstvolle Komposition deutlich ab. Ein aktualisierender dreiteiliger Rahmen und die zweiteilige, Vergangenheit und Gegenwart aufeinander beziehende Binnenhandlung sind durch das mehrfach abgewandelte Motiv der Taufe und das »Dingsymbol« (B. v. Wiese) des schwarzen Fensterpfostens eng miteinander verzahnt. – Im Rahmengeschehen, einer pastoralen Idylle von homerischer Luzidität, schildert Gotthelf ein sonntägliches Tauffest in einem reichen Emmentaler Bauernhof. Die Frage an den Großvater, warum in dem schönen Haus ein uralter, schwarzer Fensterpfosten stehengelassen worden sei, setzt die eigentliche Erzählung in Gang, deren unheimliche, dämonisch irrlichternde Atmosphäre mit der heiteren Ungetrübtheit des Rahmens kontrastiert. Der Erzähler greift Jahrhunderte zurück, in eine Vergangenheit, die in Gestalt des Pfostens bis in die Gegenwart hineinragt.

Die leibeigenen Bauern von Sumiswald seufzen unter der unmenschlich harten Fronarbeit für den Ritter Hans von Stoffeln, der nach einem aufwendigen Schloßbau seine Untertanen zwingt, innerhalb eines Monats einen Schattengang von hundert Buchen zu pflanzen. Da bietet der Teufel in der Maske des grünen Jägers seine Hilfe an – um den Preis der Seele eines ungetauften Kindes. Für die entsetzten Bauern schließt Christine, ein gottloses, wildes Weib, den Satanspakt, in der Hoffnung, den Teufel am Ende doch noch überlisten zu können. Während die Arbeit am Schattengang mit gespenstischer Eile vorangeht, schwindet das Grauen der Bauern vor dem unheimlichen Helfer: *»Sie begannen zu rechnen, wieviel mehr wert sie alle seien als ein einzig ungetauft Kind, sie vergaßen immer mehr, daß die Schuld an einer Seele tausendmal schwerer wiege als die Rettung von tausend und abermal tausend Menschenleben.«* Der Tag rückt näher, an dem ein Weib ein Kind gebären soll. Nach der Geburt nimmt der gottesfürchtige Priester unverzagt den Kampf mit dem Bösen auf und tauft das Neugeborene. Das Mal auf Christines Wange aber – vom Teufelskuß herrührend, der mythischen Vermählung mit dem Bösen – schwillt an, immer mehr einer giftigen Kreuzspinne gleichend. Nach der zweiten, vom Priester siegreich bestandenen Prüfung platzt das scheußliche Mal und wirft unzählige kleine, schwarze Spinnen aus, die Tod und Verderben über das Tal bringen. Christine leidet Höllenqualen, als eine weitere Geburt im Dorf bevorsteht; zugleich aber wächst die Bereitschaft der Bauern, das geforderte Opfer zu bringen. Der Priester gewinnt indes auch diesen letzten Kampf – Christine verwandelt sich in die schwarze Spinne, die mordgierig die Menschen anfällt, *»und das Sterben daran war schrecklicher als man es je erfahren, und schrecklicher noch als das Sterben war die namenlose Angst vor der Spinne, die allenthalben war und nirgends«*. Ein gottergebenes Weib – Inbegriff von *»Mutterliebe und Muttertreue«* – opfert endlich ihr Leben und sperrt die Spinne mit einem Zapfen in das vorbereitete Loch im Fensterpfosten ein. – Die Erzählung blendet kurz auf den Rahmen zurück und variiert im zweiten Teil die Motivmuster des ersten. Zwei Jahrhunderte später haben sich Reichtum und Wohlstand im Tal ausgebreitet, aber auch Hochmut und Hoffart. Von *»hoffärtiger Ungeduld«* getrieben, baut Christen, ein Nachkomme jener opferbereiten Mutter, ein neues, prächtiges Haus; das alte mit dem verhängnisvollen Pfosten überläßt er dem Gesinde, das an einem Weihnachtsabend auf dem Höhepunkt eines Gelages die Spinne befreit. Wieder wütet der Schwarze Tod, bis Christen sein Leben opfert, die Spinne einfängt und wieder in den Fensterpfosten einsperrt. Generationen rechtschaffener Bauern folgten, und *»man fürchtete die Spinne nicht, denn man fürchtete Gott«*.

Der Großvater, die Erzählerfigur der Rahmenhandlung, schließt seine Geschichte mit der lehrhaften Anmerkung, daß der stehengebliebene schwarze Fensterpfosten zugleich *»den alten Sinn, der ins alte Holz die Spinne geschlossen«*, bewahren solle. Bei der sich anschließenden Diskussion der Taufgäste verweist der junge Götti den vorlauten Vetter, der am Wahrheitsgehalt solcher Geschichten zweifelt, auf eine andere, der Predigt nahestehende Sinnebene der Überlieferung und hebt damit gleichfalls das didaktische Moment hervor: *»Sei jetzt daran wahr, was da wolle, so könne man viel daraus lernen.«* Der Ernst der Erzählung bewirkt, daß bei der Fortsetzung des Taufschmauses – in feinem Kontrast zu seinem ausgelassenen Beginn – *»manche verständige Rede«* gewechselt wird, *»bis groß und golden am Himmel der Mond stund«*.

Eine Entmythologisierung zumindest hinsichtlich des Aberglaubens, ungetaufte Kinder verfielen dem Teufel, hat die Geschichte auch im Sinn Gotthelfs nötig, wenn sie ihre Lehre von der angemessenen Vermittlung zwischen Altem und Neuem der Gegenwart näherbringen will. Nicht nur der Rahmen, sondern auch der zweite Teil der Binnenerzählung unterstützt diese Aktualisierungstendenz. Unfähig zum lebendigen, Altes und Neues verbindenden Glauben waren allerdings die unter dem Frondienst leidenden Vorfahren: Unselbständig und dem starren Aberglauben verfallen, meiden sie den offenen Konflikt und versuchen sich aus der Affäre zu ziehen, indem sie eine Randexistenz wie Christine als Ersatzopfer vorschieben. Doch wie diese werden sie selbst zu Geprellten, ihre Kollektivverdrängung fällt potenziert als quasi alttestamentliches Strafgericht auf sie zurück, wobei im Umkreis des küssenden und Kinder heischenden »Grünen« wie der »gebärenden« Spinne die Verteufelung des Geschlechtlichen als eine besondere Ausprägung der Sozialmotivik sichtbar wird. Gegenüber Christine als einer negativen Opfergestalt durchbrechen der Priester, die junge Mutter und Christen in legendenhaftem Martyrium den kollektiven Teufelskreis. Sie verkörpern so das im Sinn des Erzählers lebendig zu erhaltende Alte, welches das ebenso seit alters latent im Menschen liegende Dämonische zu bannen vermag, das der Erzähler in der Tiersymbolik, im Einbezug der elementaren Naturgewalten und der Gestaltung phantastisch-grotesker Auftritte gestaltet. Die Sprachkraft der wegen ihres lehrhaften Charakters eher allegorischen als symbolischen Erzählung, die der Versinnlichung dient, wie sie andererseits eine quasi politische Tendenzverkündigung mit eher rückwärtsgewandter Neigung unterstützt, wurde jahrzehntelang kaum beachtet, noch Elias CANETTIS Autobiographie *Die gerettete Zunge* (1977) erzählt davon. Seit den dreißiger Jahren existiert indes eine Fülle von Deutungen, Nachdichtungen und Vertonungen. V.Ho.-KLL

Ausgaben: Solothurn 1842 (in *Bilder und Sagen aus der Schweiz*, Bd. 1). – Mchn./Bern 1912 (in *SW in 24 Bdn.*, Hg. R. Hunziker u. H. Bloesch; seit 1958 K. Guggisberg u. W. Juker, 17). – Basel 1952 (in *Werke in 20 Bdn.*, Hg. W. Muschg, 17). – Stg. 1971 (RUB). – Zürich 1978 (in *A W u. Materialien in 14 Bdn.*; detebe). – München 1987 (Goldm. Tb). – Ffm. 1987 (Insel Tb).

Vertonungen: H. Sutermeister, *Die Schwarze Spinne* (Text: A. Rösler; Funkoper; Urauff.: Radio Bern, 1936; Kammeroper; Urauff.: St. Gallen, 1949; neubearb.). – W. Burkhard, *Das Spiel von der Schwarzen Spinne* (Text: R. Faesi u. G. Boner; Oper; Urauff.: Zürich, 1949).

Literatur: K. Fehr, *J. G.s »Schwarze Spinne« als christlicher Mythos. Untersuchungen zu den Gestaltungsgesetzen des Dichters*, Zürich/Lpzg. 1942. – R. Schneider, *Und vergib uns unsere Schuld. Essay über »Die schwarze Spinne«* (in R. S., *Im Schatten Mephistos. Drei Essays*, Stg. 1949, S. 33–44). – G. H. Graber, *»Die schwarze Spinne«. Menschheitsentwicklung u. Frauenschicksal*, Schwarzenberg/ Bern 21952. – B. Huber-Bindschedler, *Die Symbolik in G.s Erzählung »Die schwarze Spinne«*, Zürich/ St. Gallen 1956. – B. v. Wiese, *J. G.: »Die schwarze Spinne«* (in B. v. W., *Die deutsche Novelle von Goethe bis Kafka. Interpretationen*, Bd. 1, Düsseldorf 1956, S. 176–195). – H. Hömke, *Die Interpretation von G.s Novelle »Die schwarze Spinne« im Unterricht* (in WW, 9, 1959, S. 169–176). – H. Bausinger, *Sitte u. Brauch. Zu G.s Erzählung »Die schwarze Spinne«* (in Der Deutschunterricht, 14, 1962, H. 2, S. 100–114). – J. Hermand, *Napoleon und »Die schwarze Spinne«* (in MDU, 54, 1962, S. 225–231). – J. Batt, *J. G.s Erzählungen* (in SuF, 16, 1964, S. 603–619). – H. Pongs, *J. G. »Die schwarze Spinne«* (in Studium generale, 20, 1967, S. 304–313). – W. Muschg, *J. G., »Die schwarze Spinne«* (in *Pamphlet und Bekenntnis*, Hg. P. A. Bloch u. G. Muschg-Zollikofer, Olten 1968, S. 219–228). – W. Schwemme, *»Die schwarze Spinne«* (in *Dt. Novellen von Goethe bis Walser*, Bd. 1, Hg. J. Lehmann, Königstein/Ts. 1980, S. 203–226). – E. Ecker, *Erläuterungen zu J. G.: »Die schwarze Spinne«, »Elsi, die seltsame Magd«, »Der Besenbinder von Rychiswyl«, »Das Erdbeeri-Mareili«*, Hollfeld 1982. – K. Lindemann, *J. G. »Die schwarze Spinne«. Zur biedermeierlichen Deutung von Geschichte u. Gesellschaft zwischen den Revolutionen*, Paderborn 1983. – W. Mieder, *Erläuterungen u. Dokumente: J. G., »Die schwarze Spinne«*, Stg. 1983 (RUB). – *J. G., »Die schwarze Spinne«. Materialien u. Arbeitsvorschläge*, Hg. K. Schuster, Bamberg 1986. – J. W. Rankin, *Spider in a Frame: The Didactic Structure of »Die schwarze Spinne«* (in GQ, 1988, Nr. 3).

ULI DER KNECHT. – ULI DER PÄCHTER. Ein Volksbuch

Doppelroman von Jeremias Gotthelf, erschienen 1846 und 1849; der erste Teil erschien zuerst 1841 unter dem Titel *Wie Uli der Knecht glücklich wird. Eine Gabe für Dienstboten und Meisterleute*. – Im Vorwort des *Zweiten Teils* verdeutlichte Gotthelf die Intention dieses zwischen Goethes *Wilhelm Meister* und Kellers *Grünem Heinrich* stehenden konservativ-rustikalen Bildungsromans: *»Der erste Teil dieses Buches enthielt die Geschichte eines Knechtes, welcher durch Treue aus einem Knechte zum Meister wurde. Dieser zweite Teil enthält die Geschichte eines Meisters, welcher in den Banden der Welt lag und welchen der Geist wirklich freimachte. Der erste Teil war den einen zu weltlich; was nun dieser Teil den einen oder andern sein wird, läßt der Verfasser dahingestellt. Der Verfasser behauptet nicht, das Rechte getroffen, sondern bloß das: mit ehrlichem Willen nach dem Rechten gestrebt zu haben.«*

Der erste Teil des Romans zeigt Uli im Dienstverhältnis zum Bodenbauer, der – trotz modernistischer Strömungen auch in der Schweiz – den Typ des rechtschaffenen und traditionsbewußten Bauern repräsentiert. Dieser nimmt Anstoß am moralisch bedenklichen Leben seines Knechtes, da er sich als rechter »Meister« für seine Dienstleute, Gott und den Menschen verantwortlich fühlt. In einem nächtlichen Gespräch öffnet der Bodenbauer Ulis Herz für ein materiell erfolgreiches und zugleich gottgefälliges Leben, das in der freudigen Bejahung der Arbeit, in der Erlangung eines guten Rufes durch Pflichterfüllung und im Gedanken an Gott bestehe. Diese Lehren üben auf Uli, der bereit ist, über die mittelmäßigen Dienstleute hinauszuwachsen, große Anziehungskraft aus. Allerdings hat auch dieser bäuerliche »Wilhelm Meister« in einer Welt, die christliche Werke nicht mehr unbedingt anerkennt, allerlei Fährnisse zu bestehen. So entgeht er nur mit Hilfe seines Meisters den Anschlägen des Resli-Bauern, verliert teilweise sein Geld durch Spekulation und entkommt mit Mühe heiratslustigen Frauen.

Nachdem diese Prüfungen überstanden sind, Uli sich einen guten Namen und eine beträchtliche Rücklage erworben hat – die Mitte des Romans ist erreicht –, vermittelt der Bodenbauer aus uneigennützigen Beweggründen seinem Knecht die Meisterstelle bei seinem Vetter Joggeli in der Glungge, wo Meister und Dienstleute ihn wiederum einer harten Prüfung unterziehen, indem sie seinen Plänen und Befehlen nur mißmutig zustimmen und Folge leisten. Der heimliche und offene Kampf mit Joggeli und dem Gesinde veranlaßt Uli schließlich, das Dienstverhältnis aufzukündigen. Nur durch das Einschreiten der Glunggenbäuerin und Vrenelis, des unehelichen Kindes eines Verwandten, wird der Frieden wiederhergestellt, die Ernte eingebracht und das Liebesmahl der »Sichelten« gehalten, wozu sich auch die ganze Bauernfamilie einfindet: der Sohn Johannes, der einen Gasthof mehr schlecht als recht führt und des Vaters Geldmittel

verspekuliert, mit seiner putzsüchtigen Frau Trinette, die in einem ständigen Streit mit Elisi, des Johannes Schwester, liegt.
Mit der Zeit fragt sich Uli nach dem Sinn seines unermüdlichen Fleißes, und der schöne Hof verleitet ihn zu dem Gedanken, sich an das launische Elisi zu hängen, um als »Tochtermann« das Anwesen zu übernehmen. Doch Elisi findet bei einer Badefahrt in den Gurnigel an einem bankrotten Baumwollhändler Gefallen, der es versteht, Elisi, Mutter und Joggeli zu täuschen und auszunutzen. Nach Ulis mißratenen Heiratsplänen bringt es die Glunggenbäuerin fertig, auf einer Fahrt zum Vetter Johannes, dem Bodenbauer, Vreneli und Uli näherzubringen, nachdem sie mit Hilfe des Johannes für Uli einen Pachtvertrag ausgehandelt hat. Der erste Teil des Romans endet schließlich mit der Hochzeit der beiden – nicht ohne den erhobenen Zeigefinger des moralisierenden Erzählers: *»Aber nicht an einem Tage, sondern nach manchem harten Kampfe gelangten sie auf ebene Bahn und wurden des Zieles sicher. Merke dir das, lieber Leser!«*
Programmatisch eröffnet Gotthelf den zweiten Teil seines Romans mit einer Betrachtung, die die Gefahrenmomente der menschlichen »Pilgerfahrt« aufzeigt: *»Drei Siege muß er erkämpfen, will er dem vorgesteckten Ziele sich nahen, bei seinem Scheiden sagen können: ›Vater es ist vollbracht, in Deine Hände befehle ich meinen Geist.‹«* Die drei wichtigsten Lebensabschnitte bestehen in der ehelichen Bindung und deren Wahrung, der Auseinandersetzung mit der Welt um Anerkennung und Ehre und schließlich in der Überwindung der Welt und des »alten Adam«, was soviel wie eine *»Emanzipation der Seele«* oder einen *»Kampf um das Himmelreich«* bedeutet. Hatte Uli am Ende des ersten Teils die erste Etappe seines Bildungsziels erreicht, indem er Vreneli zur Frau nahm, so muß er nun in der Welt materiell und moralisch bestehen.
Gotthelf schildert zunächst, wie Uli als Pächter mit der Geldnot und der Angst um die Erhaltung seines Guts zu kämpfen hat und wie infolge dieser steten Sorge schließlich der Glaube an Vreneli in ihm stirbt. Er öffnet sich den Einflüsterungen Joggelis und stellt billige Arbeitskräfte ein, läßt sich gutmütig mit Wirt und Müller ein, die ihn auf raffinierte Weise ausnehmen. Daneben muß er sich mit Joggelis Sohn und dem »Tochtermann« auseinandersetzen. Während Uli sich der »Welt« überläßt, erträgt Vreneli das grobe Wesen Ulis mit Langmut und Liebe und steht ihrem Mann in der Bewirtschaftung des Hofes nicht nach. Doch am Neujahrsmorgen des vierten Pachtjahres ist Vreneli am Ende ihrer Kraft angelangt: *»Es ist nicht mehr wie ehemals, die böse Welt kam über uns und zwischen uns, und mir ist's als stehe vor uns ein groß, groß Unglück; noch ist Nacht darum, ich höre wohl sein Schnauben, aber seine Gestalt sehe ich nicht ...«* Das von Vreneli geahnte Unglück kündigt sich bald an: Der Pachtzins ist nicht völlig abzahlbar, hohe, nicht eintreibbare Außenstände liegen bei Wirt und Müller, ein ungerechter Kuhhandel bringt Uli einen Prozeß, den er zwar gewinnt, aber den Kontrahenten, der ihn verflucht, stürzt er damit ins Elend. Der Fluch erfüllt sich bereits auf dem Heimweg, als ein Hagelschauer fast die gesamte Ernte Ulis vernichtet. Uli fühlt sich von Gott bestraft und bricht unter der Last der moralischen und materiellen Not zusammen. Ein schweres Nervenfieber bringt ihn in Todesgefahr, doch aus dieser tiefsten existentiellen Krise geht er als neuer Mensch hervor. Seine wirtschaftliche Lage verschlechtert sich dagegen sehr schnell: Nach dem Tod der Base bestürmen die Kinder Joggeli um das Erbe. Schließlich ist der Bestand des Hofes durch eine Bürgschaft Joggelis für den »Tochtermann« nicht mehr gesichert, da die Bürgschaft eingetrieben werden soll. Es kommt zur Versteigerung des Hofes, den wider Erwarten ein entfernter Verwandter, Hagelhans im Blitzloch, erwirbt. Der aber wird zum Retter des bedrängten Pächterpaares, ja am Ende erweist er sich gar als Vater Vrenelis.
Gotthelf führt mit seinem Doppelroman – ein geplanter dritter Band, der Uli als Bauern zeigen sollte, kam nicht zustande – den Leser in die Welt schweizerischer Bauern des 19. Jh.s, über die der »Zeitgeist«, nach Gotthelf das Widerchristliche und Widernatürliche, hereingebrochen ist. Im Unterschied zu der einseitigen Polemik in *Zeitgeist und Bauerngeist* (1852) ist das Romanwerk jedoch nicht als bloßer Protest gegen die Fortschrittsgläubigkeit der Zeit zu verstehen, sondern als Ausdruck der Enttäuschung über den Verlust echter Menschlichkeit in eben dieser vermeintlich fortschrittlichen Welt, in der immer aber der unmittelbare Eingriff Gottes, sei es durch ein Hagelwetter oder Ulis Nervenfieber, möglich ist. Der Mensch weiß sich bei Gotthelf in einer existentiellen Verbundenheit mit Gott; Unfälle, aber auch wirtschaftlicher Niedergang bedeuten nicht Schicksalsschläge, sondern Prüfung und Aufforderung zu einem gerechten Leben, dem dann auch, wie im Falle Ulis, die überraschende, positive Wendung nicht versagt bleibt, weshalb neuere Deutungen den Roman in die Tradition der protestantisch-calvinistischen Ethik stellen (W. Hahl). Der Schöpfer erhält zwar das Attribut der Güte, aber das Verhältnis des *creator* zur *creatura* wird wesentlich als ein moralisch-praktisches gesehen, Lohn und Strafe werden den Menschen von ihm je nach Verdienst auch schon im irdischen Leben zugeteilt.
Der Roman illustriert dieses Weltbild in pädagogischer Absicht: *»Lektur für Knechte und Mägde«* wolle er schaffen, schreibt der Autor am 11. 8. 1840 an J. J. Reithart, Mitarbeiter, beim ›Berner Volksfreund‹. Er will unterhalten, belehren, den Sinn des Lebens sichtbar machen und nachahmenswerte Beispiele darbieten: *»Daher wird dem Volksschriftsteller, welcher nicht für große Helden, nicht einmal für eidgenössische, schreibt, erlaubt sein, das sogenannte Kleine, aber den Weisen das Wichtigste, auch mit den gewichtigsten Worten darzustellen, welche ihm zu Gebote stehen.«* Stets kommentiert der Autor wie hier die Handlungssituation und weist damit über das einmalige Geschehen hinaus auf die allgemeinverbindliche Anschauung einer konservativen Uto-

pie, die das Bauerntum zum Vorbild wahren Menschentums stilisiert. R.Go.

Ausgaben: Zürich/Frauenfeld 1841 *(Wie Uli der Knecht glücklich wird. Eine Gabe für Dienstboten und Meisterleute)*. – Bln. [2]1846 (*Uli der Knecht*; in Hochdt. umgearb. Fassg.). – Bln. 1847 *(Uli der Knecht)*. – Bln. 1849 *(Uli der Pächter)*. – Bln. 1856 (*Uli der Knecht. – Uli der Pächter*, in *GS*, 24 Bde., 1856–1858, 2/3). – Erlenbach bei Zürich 1921 (in *SW in 24 Bdn.*, Hg. R. Hunziker u. H. Bloesch; seit 1958 K. Guggisberg u. W. Juker, 4 u. 11). – Basel 1948 (in *Werke in 20 Bdn.*, Hg. W. Muschg, 4/5). – Erlenbach bei Zürich 1962 (in *Die Hauptwerke in 18 Bdn.*, neu durchges. v. W. Juker, 4/5). – Mchn. 1965/66 (Goldm. Tb). – Bln./Weimar 1971 (*Uli der Knecht*, in *Werke in 2 Bdn.*, Hg. W. H. Poschmann, 2). – Zürich 1978 (in *AW u. Materialien in 14 Bdn.*, 2 Bde.; detebe). – Stg. 1982 (*Uli der Knecht*, Hg. u. Nachw. H. P. Holl; RUB). – Ottobrunn bei Mchn. 1984 *(Uli der Knecht)*.

Verfilmung: Schweiz 1954 bzw. 1955 (Regie: F. Schnyder).

Literatur: I. Bockleth, *Der Zusammenhang von Volksmoral u. Volkserziehung in den Bauernromanen des J. G.*, Diss. Tübingen 1953. – H. Freier, *Die Natur im Werke J. G.s*, Diss. Tübingen 1953. – W. Kohlschmidt, *Die entzweite Welt. Studien zum Menschenbild in der neueren Dichtung*, Gladbeck 1953, S. 33–49. – G. Keller, *Besprechung von »Uli dem Knecht« u. »Uli dem Pächter« (1849)* (in *Meisterwerke deutscher Literaturkritik*, Hg. H. Mayer, Bd. 2/1, Bln. 1956). – H. Pongs, *J. G.: Die Uli-Romane* (in H. P., *Das Bild in der Dichtung*, Bd. 3, Marburg 1969, S. 300–323). – H. Bayer, *Biblischer Ethos u. bäuerliche Lebensform. Die sprachlichen, sozialen u. religiösen Grundlagen von G.s Epik* (in FDH, 1980, S. 347–402). – W. Hahl, *J. G.s »Uli der Knecht«* (in *Romane u. Novellen des bürgerlichen Realismus. Neue Interpretationen*, Hg. H. Denkler, Stg. 1980, S. 9–25). – E. Brewitt-Taylor, *The Craftmanship of J. G. Some Aspects of »Der Bauernspiegel«, »Uli der Knecht«, »Uli der Pächter« and »Der Schuldenbauer«*, Diss. Nottingham 1983. – B. Osterkamp, *Arbeit u. Identität. Studien zur Erzählkunst des bürgerlichen Realismus*, Würzburg 1983, S. 10–32.

ZEITGEIST UND BERNER GEIST

Roman in zwei Teilen von Jeremias Gotthelf, erschienen 1851/52. – Gotthelfs umfangreiches episches Alterswerk ist als politisches Testament des Dichters zu verstehen. Im Rahmen eines didaktischen Tendenzromans will Gotthelf die sittlichen Gefahren aufdecken, die das Volk unter dem verhaßten radikalen bernischen *»Freischaren Regiment«* bedrohten, und das Ideal des rechten Lebens dagegensetzen. Der Roman entstand aus einer ungedruckt gebliebenen pamphlethaften Erzählung, *Die Versöhnung des Ankenbenz und des Hunghans, vermittelt durch Professor Zeller*, die gegen den Eingriff des Staates in kirchliche Rechte (Anlaß war die 1846 erfolgte Berufung des Junghegelianers Eugen Zeller auf den theologischen Lehrstuhl der Universität Bern) protestierte, und erstrebte als ein kritisches Zeitgemälde durch einfache Handlungsführung und anschauliche Sprache breiteste Wirkung, ja sollte ursprünglich die konservative Partei bei den Frühjahrswahlen des Jahres 1850 unterstützen.

Weniger in einem Panorama des Volkslebens, wie es der Titel erwarten läßt, als in der individuellen Geschichte zweier Bauernfamilien, gesehen vor ihrem landschaftlichen und soziologischen Hintergrund, werden die Zeitbewegungen geschildert. In dem altväterisch-patriarchalischen Ankenbenzbauern und dem freisinnig-politischen Hunghansbauern begegnen sich die gegensätzlichen Moralauffassungen: die guten alten Sitten und die modernen Verirrungen. Innerlich dadurch miteinander verbunden, daß sie *»im gleichen Wasser getauft«* sind, entfremden sich die beiden Bauern immer mehr in der Entwicklung ihrer Gesinnungen. Hunghans, der seine Zeit mit radikalen und liberalen Freunden zumeist im Wirtshaus verbringt, versäumt Familie und Arbeit. Seine Frau siecht dahin, sein ältester Sohn, ein renommistischer Militär und Verschwender, verliert den Verstand, vom Alkohol zerrüttet und vom Gespött seiner Kameraden zermürbt.

Gegen dieses dunkle Gemälde hebt sich hell das Bild des Lebens nach dem bewährten »Berner Geist« ab. Zwar sieht sich Ankenbenz, um das Gedeihen von Haus und Hof bemüht, in seinem Festhalten an den christlichen Vätersitten zunächst zunehmend isoliert. Doch kann seine Persönlichkeit, gestärkt durch gediegenen Reichtum, sich die Achtung im Volk zurückerringen. Der vom häuslichen Leid und dem finanziellen Ruin zur Einkehr gebrachte Hunghans erneuert schließlich die Freundschaft mit Ankenbenz; der Ausblick auf die Heirat von dessen Tochter mit dem jüngeren Sohn des gewandelten Bauern kennzeichnet das versöhnliche Ende. Der »Berner Geist« kann glaubensstark, von Traditionen gehalten, in die Zukunft sehen.

Die epische Bewegung des Romans resultiert aus den Spannungen zwischen dem »Zeitgeist« und dem »Berner Geist«, die sich in episodischen Zusammenstößen entladen, nicht allerdings in sensationellen, effektvollen Geschehnissen, sondern in menschlichen Begegnungen. Den Ablauf verdichten gelegentlich genrehafte Kleinmalerei und epische Bildszenen. In Nebenfiguren – u. a. tritt Gotthelf unvermittelt selber auf – spiegeln sich die Prinzipien der Hauptcharaktere wider, Parallelepisoden und Zwischenhandlungen lockern das Grundmuster auf. Doch beschränkt sich die Handlung im ganzen auf die Darstellung der bäuerlichen Lebenswelt: Gegenseitige Besuche, politische Versammlungen, Gottesdienste, Wirtshausrunden wechseln miteinander ab. Diese Gelegenheiten werden reichlich zur gesprächsweisen Darlegung der Gesinnungen und zur mahnenden Entfaltung des wahren Weges genutzt. Zur Sprache kommen die Zeitfragen: die Postenjägerei der Beamten, die sich auf Kosten des Volkes vergnügen; die Verdrängung der Geistlichen durch die Schullehrer; das Eindringen des Staates in die naturgegebenen Ordnungen; die Fragwürdigkeit juristischer Praktiken, insbesondere der Eidesleistung; die Überschätzung von Bildung und Wissenschaft; die Zersetzung der Ehe, insgesamt die Demoralisierung der Öffentlichkeit als Folge des Abfalls vom Christentum.

Im Zeichen einer »christlichen Freiheit« kämpft Gotthelf gegen die allgegenwärtige Politisierung des Lebens und die Illusionen der politischen Ideologie. Sein Plädoyer gilt dem organischen Zusammenhang von Staat, Kirche und Familie, der Gleichheit und dem Fortschritt, wie sie sich in der patriarchalisch-liebenden Familiengemeinschaft und dem gesunden bäuerlichen Wirtschaftswachstum darstellen. Weil Gotthelf die dämonische Macht des Antichrist in den modernen Zeiterscheinungen sieht, ist ihm die eingängige Schwarzweißtechnik, die erregt übertreibende Karikatur wichtiger als ein ausgefeiltes Kunstprodukt. Dem heutigen Leser ist der Roman nicht nur wegen der hier wieder stärkeren mundartlichen Einsprengsel, sondern auch wegen der zahlreichen politischen Anspielungen wohl nur mit Hilfe eines guten Kommentars zugänglich.

Obwohl Gotthelf nicht in klischeehafter Antithetik Gut und Böse personifiziert, sondern als sittliche Möglichkeiten in die Handlung einbindet, ist doch die Bedenkenlosigkeit augenfällig, mit der er die politischen Gegner auch als moralisch minderwertig darstellt. Der Mangel an epischer Integration bei polemischen Ausfällen oder bei Nebenfiguren wie die glanzlose Verwendung alter Motive lassen sich nicht übersehen. Seine Stärke bezieht der Tendenzroman aus der drastisch-sinnlichen Sprache mit ihren Elementen aus Volks-, Bibel- und Hochsprache; satirischer und komischer Stil wechseln einander ab.

Während Gottfried KELLER den Roman *»demagogisch«* nannte (nach der Lektüre habe man *»den Eindruck, als sähe man einen Kapuziner, nach gehaltener Predigt den Schweiß abwischend, sich hinter eine kühle Flasche setzen mit den Worten: ›Denen habe ich es wieder einmal gesagt! Eine Wurst her, Frau Wirtin!‹«*), sieht ihn die Forschung heute überwiegend unter dem Vorzeichen des Zwiespalts, in den der christliche Reformer Gotthelf durch die liberalen Zeitläufe gerät, die in ihren Säkularisierungs- und Umwälzungstendenzen sehr viel stärker mit der alten Ordnung brechen, als Gotthelf akzeptieren konnte: *»Nur infolge dieser geschichtlichen Veränderung erschreckte Gotthelfs unversöhnliches Buch seinen Verleger und sein Publikum«* (F. Sengle). In einer Zeit jedenfalls, als sich schon der immanent-harmonisierende ›poetische Realismus‹ – Gotthelf selbst wird ihm mit früheren Werken zugerechnet – ankündigt, zieht dieser Altersroman, der im Kontext der späten Werke Gotthelfs zu sehen ist (*Der Geldstag*, 1845; *Jakobs Wanderungen*, 1846/47; *Käthi die Großmutter*, *Die Käserei in der Vehfreude*, 1849; *Erlebnisse eines Schuldenbauern*, 1852), eine düster-verbitterte Bilanz hinsichtlich der Auswirkungen des zeitgenössischen Reformwillens auf die von ihm geliebte Ordnung und Lebensform des Berner Bauernstandes. G.O.

AUSGABEN: Bln. 1851/52. – Erlenbach bei Zürich 1926 (in *SW in 24 Bdn.*, Hg. R. Hunziker u. H. Bloesch; seit 1958 K. Guggisberg u. W. Juker, 13). – Basel 1951 (in *Werke in 20 Bdn.*, Hg. W. Muschg, 12/13). – Erlenbach bei Zürich 1966 (in *Die Hauptwerke in 18 Bdn.*, neu durchges. v. W. Juker, 13).

LITERATUR: P. Baumgartner, *J. G.s »Zeitgeist und Berner Geist«*, Bern 1945. – I. Bockleth, *Der Zusammenhang von Volksmoral u. Volkserziehung in den Bauernromanen des J. G.*, Diss. Tübingen 1953. – B. Ch. Bäschlin, *J. G. u. der politische Radikalismus* (in DRs, 80, 1954, S. 1010–1015). – J. D. Demagny, *Les idées politiques de J. G. et de G. Keller et leur évolution*, La Celle-Saint-Cloud 1954. – F. Huber-Renfer, *J. G. als Politiker* (in *Führer zu G. und G.stätten*, Bern 1954, S. 136–153). – G. Keller, *Besprechung von »Zeitgeist und Berner Geist«* (in *Meisterwerke dt. Literaturkritik*, Hg. H. Mayer, Bd. 2/1, Bln. 1956). – J. Maybaum, *Gottesordnung und Zeitgeist. Eine Darstellung der Gedanken J. G.s über Recht u. Staat*, Bonn 1960. – R. Clifford Jespersen, *J. G. and the Christian Order. A Study of G.'s Social Philosophy as It Relates to His Theology*, Diss. Stanford 1966. – H. Bayer, *Biblischer Ethos und bäuerliche Lebensform. Die sprachlichen, sozialen und religiösen Grundlagen von G.s Epik* (in FDH, 1980, S. 347–402).

CHRISTIAN DIETRICH GRABBE

* 11.12.1801 Detmold
† 12.9.1836 Detmold

LITERATUR ZUM AUTOR:
Bibliographie:
A. Bergmann, *G. Bibliographie*, Amsterdam 1973. – G.-Jahrbuch, Emsdetten 1982 ff.
Biographien:
O. Nieten, *Ch. D. G. Sein Leben u. seine Werke*, Dortmund 1908; Nachdr. Hildesheim 1978. – A. Bergmann, *Die Glaubwürdigkeit der Zeugnisse für den Lebensgang u. Charakter Ch. D. G.s*, Bln. 1933; Nachdr. Nendeln 1967. – Ders., *Ch. D. G. Chronik seines Lebens. 1801–1836*, Detmold 1954. – F. Böttger, *G. Glanz u. Elend eines Dichters*, Bln. 1963. – A. Bergmann, *G. in Berichten seiner Zeitge-*

nossen, Stg. 1968. – R. A. Nicholls, *The Dramas of Ch. D. G.*, Den Haag/Paris 1969. – R. C. Cowen, *Ch. D. G.*, NY 1972. – H.-M. Gerresheim, *Ch. D. G.* (in *Deutsche Dichter des 19. Jh.s*, Hg. B. v. Wiese, Bln. 21979, S. 229–254). – L. Ehrlich, *Ch. D. G.*, Bln./DDR 1983.
Gesamtdarstellungen und Studien:
G.s Werke in der zeitgenössischen Kritik, Hg. A. Bergmann, 6 Bde., Detmold 1958–1966. – B. v. Wiese, *Die deutsche Tragödie von Lessing bis Hebbel*, Hbg. 61964. – W. Hegele, *G.s Dramenformen*, Mchn. 1970. – W. Steffens, *Ch. D. G.*, Mchn. 21972 (dtv). – H. Denkler, *Restauration u. Revolution. Politische Tendenzen im dt. Drama zwischen Wiener Kongreß u. Märzrevolution*, Mchn. 1973. – M. Schneider, *Destruktion u. utopische Gemeinschaft. Zur Thematik u. Dramaturgie des Heroischen im Werk Ch. D. G.s*, Ffm. 1973. – G. Schneilin, *Le théâtre de Ch. D. G.*, 3 Bde., Diss. Paris 1976. – A. Bergmann, *G.-Studien*, Detmold 1977. – D. Horton, *G. u. sein Verhältnis zur Tradition*, Detmold 1980. – F. Sengle, *Biedermeierzeit*, Bd. 3, Stg. 1980, S. 133–191. – M. Porrmann, *G. – Dichter für das Vaterland*, Lemgo 1982. – D. Kopp, *Geschichte u. Gesellschaft in den Dramen Ch. D. G.s*, Ffm./Bern 1982. – M. Vogt, *Literaturrezeption u. historische Krisenerfahrung. Die Rezeption der Dramen Ch. D. G.s 1827–1945*, Ffm. 1983. – *G.s Gegenentwürfe. Neue Deutungen seiner Dramen*, Hg. W. Freund, Mchn. 1986. – A. Cortesi, *Die Logik von Zerstörung u. Größenphantasie in den Dramen Ch. D. G.s*, Bern u. a. 1986. – *Ch. D. G. Ein Symposium*, Hg. W. Broer u. D. Kopp, Tübingen 1987.

DON JUAN UND FAUST

Tragödie von Christian Dietrich Grabbe, Uraufführung: Detmold, 29. 3. 1829. – Als einziges Werk wurde *Don Juan und Faust* zu Lebzeiten des Autors aufgeführt, der neben Jakob Michael Reinhold Lenz und Georg Büchner wohl am konsequentesten die strenge Ordnung des klassischen Dramas auflöste zugunsten der lockeren Aneinanderreihung einzelner Bilder und der, durch die episierende Form seiner Darstellung und die Einbeziehung der anonymen Masse in seine Geschichtsdramen, mit seinen anti-idealistischen Stücken als einer der Wegbereiter des modernen Dramas in Deutschland gelten kann; die Wirkungsgeschichte dieses umstrittenen Dichters, dessen zerrissene Biographie zu Stilisierungen (vgl. H. Johst, *Der Einsame*, 1917) oder auch Verdammungsurteilen führte, läßt sich bis zu Bertolt Brecht verfolgen. Grabbes *»Gegenentwürfe«* (W. Freund) gestalten das Bild eines diskontinuierlichen Geschichtsverlaufs und rebellieren damit gegen den letztlich immer in Harmonie und Einigkeit mündenden Entwicklungsgedanken, wie er der Literatur der deutschen Klassik zugrunde liegt. *Don Juan und Faust* steht am Ende der frühen, *»nichthistorischen«* (W. Hegele) Dramen Grabbes; ihm voraus gehen das Frühwerk *Herzog Theodor von Gothland*, das Lustspiel *Scherz, Satire, Ironie und tiefere Bedeutung*, das *Marius und Sulla*-Fragment sowie *Nanette und Maria*, ein 1823 entstandenes *»tragisches Spiel«*, und das dramatisierte Märchen *Aschenbrödel* (1. Fassung 1829), ihm folgen – neben dem unvollendeten *Hohenstaufen*-Zyklus (*Kaiser Friedrich Barbarossa*, 1829, *Kaiser Heinrich VI.*, 1830) – die großen Geschichtsdramen *Napoleon, Hannibal* und *Die Hermannsschlacht*. Grabbe selbst bemerkt zu *Don Juan und Faust*, daß er mit den beiden Titelhelden exemplarische Gestalten in Gegensatz zueinander stellt, scheinbar jenseits aller politisch-sozialen Bedingtheit: *»Unter den Namen Don Juan und Faust kennt man zwei tragische Sagen, von denen die eine den Untergang der zu sinnlichen, die andere den der zu übersinnlichen Natur im Menschen bezeichnet.«* Den beiden Hauptgestalten ordnet Grabbe eine Frau zu, die für Don Juan nur ein neues verlockendes Abenteuer, für Faust aber das unerreichbare Wunschbild möglichen Glücks bedeutet. Don Juan gesteht in Rom Donna Anna seine Liebe; auch sie liebt ihn, bleibt aber ihrem Verlobten Don Octavio treu. Bei einem Ball nach der Hochzeit Octavios und Donna Annas begegnet Don Juan Faust, der ebenfalls entschlossen ist, Anna für sich zu gewinnen. Don Juan tötet Octavio im Duell; als er aber die Braut rauben will, ist sie schon in der Gewalt Fausts, der sie von seinem ständigen Gefährten, einem dämonischen Ritter, dem Teufel, in ein Zauberschloß auf den Gipfel des Montblanc hat entführen lassen. Don Juan bricht mit seinem Begleiter Leporello auf, um Donna Anna zu finden. Sie lebt inzwischen in Fausts Machtbereich, weist aber die Werbung des Entführers ab, dessen leidenschaftlicher Erkenntnisdrang sich in blinde Gier verkehrt hat *(»Sein Geist / Schnaubt nach der Liebe, wie nach Blut der Tiger«)*. Faust läßt Don Juan und Leporello, die sich zum Montblanc emporgekämpft haben, von einem Sturm nach Rom zurückwehen; als er jedoch spürt, daß Donna Anna eigentlich Don Juan liebt, wünscht er in seiner Verzweiflung ihren Tod, ein Wunsch, der sogleich in Erfüllung geht. Darauf sucht er seinen Rivalen auf, um ihm den Tod der Geliebten mitzuteilen; aber Don Juan zeigt sich weniger erschüttert, als Faust erwartet hat. Er preist vielmehr das Leben, das ihm noch andere Schönheiten im Überfluß biete, die Faust in seiner Ruhelosigkeit nicht erkennt. Während geheimnisvolle, dämonische Mächte ihn bedrohen, setzt Don Juan gelassen sein heiteres, festliches Leben fort, und noch in dem Feuerregen, durch den der Ritter ihn und Leporello vernichtet, ruft er seinen Wahlspruch: *»König und Ruhm, und Vaterland und Liebe.«* Faust war schon vorher dem Teufel verfallen.

Grabbe folgt in seiner Polarisierung von Don Juan und Faust weitgehend der Konvention: Don Juan verkörpert Lebenslust, er, der aus dem Süden stammt, findet darin den Sinn des Lebens, während Faust, der Grübler aus dem Norden, nach der letzten Wahrheit strebt, sie bei keinem Denker findet *(»Auch Luther, du! den Wahn hast du verjagt, / ... / Nur etwas Andres, Wahrheit, die besteht, / Beruhigt, hast du nicht gegeben«)* und schließlich den Bund mit dem Teufel eingeht. In seinem spitzfindigen Pakt äußert sich sein unstillbarer Wissensdrang; er verlangt vom Teufel nicht, wie er ihn glücklich machen, sondern nur, daß er ihm zeigen solle, wie er hätte glücklich werden können. Die Größe des Universums, die ihm der Ritter bei einem nächtlichen Flug durch den Himmel enthüllt, will er erkennen, um die *»Pulse der Natur«* zu spüren. Seine Sehnsucht nach dem Unendlichen kontrastiert mit seiner Empfänglichkeit für die Liebe, durch die er immer wieder in den trivial-menschlichen Bereich herabgezogen wird; in seiner Maßlosigkeit aber wirkt Faust eher lächerlich, als daß er Gegenliebe erwecken könnte.

Bei aller Überzeitlichkeit des Sujets ist das Stück, in dem sich die beiden Rivalen nur zweimal begegnen und in dem die Don Juan und Faust zugeordneten Handlungsstränge parallel nebeneinander herlaufen, nicht ohne zeitkritische Seitenhiebe, etwa in Don Juans Auseinandersetzung mit der Polizei; Don Juan ist allemal ein Feind der bürgerlichen Ordnung wie der gängigen Heuchelei *(»ich bin, das bleib' ich! Bin ich Don Juan / So bin ich nichts, werd' ich ein Anderer! / Weit eher Don Juan im Abgrundsschwefel / Als Heiliger im Paradieseslichte!«)*, während Faust in seinem Streben eher der Groteske sich nähert und von Grabbes Absage an die herkömmlichen, klassisch-romantischen Topoi zeugt: *»Eben dieses spielbare und höchst zeitgemäße Drama belegt besonders deutlich die unüberbrückbare Kluft zwischen Grabbe und der offiziellen Biedermeiergesellschaft.«* – Albert LORTZING komponierte für die Uraufführung eine Bühnenmusik. M.Pr.-KLL

AUSGABEN: Ffm. 1829. – Emsdetten 1960 (in *Werke und Briefe. GA*, Hg. A. Bergmann, 6 Bde., 1; hist.-krit.). – Mchn. 1975 (in *Werke*, Hg. R.C. Cowen, 3 Bde., 1). – Stg. 1981, Hg. A. Bergmann (RUB).

LITERATUR: F. J. Schneider, *Das tragische Faustproblem in G.s »Don Juan und Faust«* (in DVLG, 8, 1930, S. 539–557). – H. Innig, *Das Problem der Religion in Ch. D. G.s Tragödie »Don Juan und Faust«*, Diss. Münster 1935. – P. Michelsen, *Verführer u. Übermensch. Zu G.s »Don Juan und Faust«* (in Jb. der Raabe-Ges., 6, 1965, S. 83–102). – H. Heckel, *G.s »Don Juan und Faust«. Zur Grundidee der Dichtung* (in *Goethe Almanach auf das Jahr 1968*, Bln./ Weimar 1967, S. 155–181). – H. Mayer, *Don Juans Höllenfahrt. »Don Juan und Faust«* (in *Untersuchungen zur Literatur als Geschichte. Fs. für B. v. Wiese*, Bln. 1973, S. 182–198). – H. Gnüg, *Die faunistisch-titanische Umgestaltung der Don Juan-Gestalt in Ch. D. G.s »Don Juan und Faust«* (in H. G., *Don Juans theatralische Existenz*, Mchn. 1974, S. 191–219). – S. A. Lindner, *Ch. D. G., »Don Juan und Faust«* (in S. A. L., *Der Don Juan-Stoff in Literatur, Musik u. bildender Kunst*, Aachen 1980, S. 210–277). – I. Capelle, *A. Lortzings Schauspielmusik zu Ch. D. G.s Tragödie »Don Juan und Faust« (1829). Mit Notenbeispielen* (in G.-Jb.; 2, 1983, S. 29–50). – R. C. Cowen, *Das historische Bewußtsein als formgebendes Moment in »Don Juan und Faust«* (in *G.s Gegenentwürfe*, Hg. W. Freund, Mchn. 1986, S. 45–58).

NAPOLEON ODER DIE HUNDERT TAGE

Drama in fünf Akten von Christian Dietrich GRABBE, entstanden 1829/30; Uraufführung (mit verstümmeltem Text): Wien, 12. 8. 1868, Theater an der Wien; mit vollständigem Text: Frankfurt a. M., 2. 9. 1895, Opernhaus. – Unmittelbar vor den Ereignissen der französischen Juli-Revolution von 1830 und fast ein Jahrzehnt nach dem Tod Napoleons I. kennzeichnen historische Distanz und politische Aktualität die dargestellte Wirklichkeit dieses Stücks. Nur im äußeren Ablauf beschränkt es sich auf Napoleons Herrschaft der »Hundert Tage«. Hinter der Zeitspanne zwischen Napoleons Rückkehr von Elba (1. 3. 1815) und der Schlacht bei Waterloo (18. 6. 1815) werden vielmehr die historischen Voraussetzungen und Folgen, das Wechselspiel zwischen Revolution und Restauration zu Beginn des 19. Jh.s sichtbar.

Diese doppelte Optik bestimmt vor allem die ersten beiden Akte, die die politische Atmosphäre im bourbonisch regierten Frankreich vergegenwärtigen, an die Zeit der großen Revolution erinnern und zugleich auf die bevorstehende Ankunft Napoleons vorausdeuten. Auf verschiedenen Ebenen spiegelt sich das differenzierte politische Bewußtsein der Zeit: In genrehaften Volksszenen, in den Auftritten kaisertreuer Kriegsveteranen und alter adeliger Emigranten, in Audienzen des Königs und schließlich in Napoleons Exil kommt die Unzufriedenheit mit den herrschenden Verhältnissen, die Hoffnung auf ihre Verbesserung, aber auch die Furcht vor einer Verschlechterung zur Sprache – ausgelöst durch Gerüchte und Nachrichten von der Wiederkehr des geliebten, gehaßten Kaisers. Zu Beginn des dritten Akts hat die Verwirrung in Paris ihren Höhepunkt erreicht. Das von geschäftstüchtigen Agitatoren aufgeputschte Volk schwankt zwischen schwärmerischer Begeisterung – *»Lang lebe der König!«* – und unversöhnlichem Haß – *»Der verfluchte bourbonische Heuchler! Ihm nach – fanget, fesselt ihn!«* Unter seinem Anführer Jouve – einer von Grabbe erfundenen Figur – läßt das Proletariat der Vorstädte die jakobinische Anarchie wiederaufleben. Doch der Revolutionsgeist ist wie seine allegorische Verkörperung, die »Göttin der Vernunft«, *»recht gealtert«*. Dem vom Jubel des Volkes begleiteten Einzug Napoleons folgt erneut die Restauration der autoritären Herrschaftsformen – *»der alte Brei in neuen Schüsseln«*, wie Jouve, Idealist und Zyniker, auf dem »Maifeld« (IV, 1) resigniert feststellt. Um seine einstige Macht wiederherzustellen und auszubauen, stürzt sich Napoleon erneut in Kriegsvorbereitungen. Doch auch er ist nicht mehr der alte, sieggewohnte Feldherr. Nach wechselndem Kriegsglück wird die französische

Armee von den Truppen der preußisch-englischen Allianz bei Waterloo vernichtend geschlagen. Napoleons Stern erlischt endgültig.

Grabbes Schauspiel ist kein Entwicklungs- oder Schicksalsdrama. Auf dem *»Feld der Ehre«* wie auf dem *»Feld der Eitelkeit«* (III, 3) eher monologisch als dialogisch fixiert, ist Grabbes Napoleon kein psychologisch gedeuteter »Held«, sondern ein Reflex seines eigenen Mythos. Es ist die Geschichte, der im Widerspiel zwischen der titanischen Größe des einzelnen und der untergründigen Macht der Masse die Hauptrolle zugewiesen wird und die Grabbe als sinn- und zusammenhanglosen Kreislauf des Alten und Neuen, von Restauration und Revolution darstellt: *»'s ist ja doch alles Komödie«*, ist ein Schlüsselsatz dieser pessimistischen Geschichtskonzeption. Und als Komödie weit mehr denn als Tragödie bietet sich Grabbes Drama der Geschichte dar. Das klassische Fünfakt-Schema wird überlagert von der epischen Gestaltung der einerseits bilderbogenartig breitangelegten, andererseits wie im filmischen Zeitraffer sprunghaft wechselnden Szenen, in denen ein vielschichtiges Spiel mit Elementen des Mimischen und Grotesken, mit Formen des Spiels im Spiel, mit der ironischen Kommentierung und Desillusionierung opernhafter Auftritte entfacht wird. Der bewußte Affront gegen die klassische Ästhetik und die Georg Büchner (vgl. *Dantons Tod*) verwandte Modernität der epischen Dramaturgie heben indes nicht die prinzipielle Problematik des »historischen Dramas« auf: Selbst dem kruden Realismus der Schlachtenszenen entzieht sich das komplexe Phänomen »Geschichte« letztlich und erweist sich somit als theatralisch nicht realisierbar. M.Schm.

Ausgaben: Ffm. 1831. – Emsdetten 1963 (in *Werke und Briefe. GA*, Hg. A. Bergmann, 6 Bde., 2; hist.-krit.). – Ffm./Bln. 1963, Hg. F. Sieburg [m. Materialien u. Bibliogr.]. – Mchn. 1975 (in *Werke*, Hg. R. C. Cowen, 3 Bde., 2). – Stg. 1985, Hg. A. Bergmann (RUB).

Bearbeitung: E. Keiser, *Napoleon oder die Hundert Tage*, Lpzg./Wien 1936 (Roman).

Vertonung: E. v. Boreck, *Napoleon* (Text: ders.; Oper; Urauff.: Gera 1942; Frgm.).

Literatur: A. Bergmann, *Quellen des G.schen »Napoleon«*, Detmold 1969. – E. Neis, *Erläuterungen zu Ch. D. G.s »Napoleon oder die hundert Tage« / »Hannibal«*, Hollfeld 1973. – R. Hennig, *G.s Napoleon u. Venturinis Chronik von 1815. Ein Vergleich* (in Amsterdamer Beiträge zur neueren Germanistik, 5, 1976, S. 1–24). – F. Martini, *Ch. D. Grabbe: »Napoleon oder die hundert Tage«* (in F. M., *Geschichte im Drama, Drama in der Geschichte*, Stg. 1979, S. 349–371). – H. Kaiser, *Hundert Tage Napoleon oder das goldene Zeitalter der Willensherrschaft. Zu G.s »Napoleon oder die hundert Tage«* (in *Geschichte als Schauspiel. Deutsche Geschichtsdramen. Interpretationen*, Hg. W. Hinck, Ffm. 1981, S. 197–209). – R. S. Zons, *»... die ganze Welt, schauen Sie hier, wie sie rollt und lebt.« Über G.s »Napoleon«* (in G.-Jb., 4, 1985, S. 9–27). – K. Lindemann u. R. S. Zons, *La marmotte – Über G.s »Napoleon oder die hundert Tage«* (in *G.s Gegenentwürfe*, Hg. W. Freund, Mchn. 1986, S. 59–81). – H. G. Werner, *Ch. D. G.: »Napoleon oder die hundert Tage«. Ein Drama in fünf Aufzügen* (in *Werkinterpretationen zur deutschen Literatur*, Hg. Autorenkoll. unter Ltg. v. H. Hartmann, Bln./DDR 1986, S. 107–122). – G. Lerchner, *G.s »Napoleon oder die hundert Tage«. Organisationsformen u. Funktionen der Textgestaltung* (ebd., S. 123–138).

SCHERZ, SATIRE, IRONIE UND TIEFERE BEDEUTUNG

Lustspiel in drei Aufzügen von Christian Dietrich Grabbe, entstanden 1822, erschienen 1827 in einer gemäßigten Fassung; Uraufführung: Wien, 7. 12. 1876, Akademie-Theater (Privatvorstellung). – Weil in der Hölle geputzt wird, ist der Teufel auf die Erde gekommen, wo er, trotz des heißen Sommerwetters, erfriert. Vier Naturhistoriker entdecken das vermummte Bündel und schleppen es auf das Schloß des Barons von Haldungen. Während man über den rätselhaften Fund disputiert *(»Der Teufel paßt nicht in unser System«)*, kommt der Höllenfürst wieder zu sich und sucht Wärme im Kaminfeuer. In der Absicht, Verwirrung und Böses anzustiften, kauft er die Nichte des Barons, die hübsche, aufgeweckte Liddy, ihrem Bräutigam Herrn von Wernthal ab, der nur an der Mitgift interessiert ist, und verspricht sie dem wüsten Freiherrn von Mordax *(»Die Liddy ist ein prächtiges Tier und behagt mir superbe! ... Ich will sie heiraten oder totstechen!«)*, der dafür dreizehn Schneidergesellen erstechen muß. Als weiterer Bewerber tritt der ehrliche, eben aus Italien zurückgekehrte Herr Mollfels auf den Plan, der wegen seiner Häßlichkeit *(»Wir haben eben sieben alte Weiber aus dem Schloßteiche gezogen, welche beim Anblicke seines Gesichts vor Schrecken ins Wasser gesprungen waren«)* vergebens um Liddys Gunst bittet. Doch als der Teufel sich ein neues Hufeisen an seinen Pferdefuß anpassen läßt, errät der Schmied, mit wem er es zu tun hat, und vertraut sich dem verschmitzten und dem Alkohol ergebenen Schulmeister an; dieser läßt einen mannshohen Käfig im Wald aufstellen, in den er sechzehn Kondome als Köder legt. Prompt geht der Teufel in die Falle, während Herr Mollfels die Intrige vereitelt – in sie ist auch der Dichter Rattengift verwickelt *(»›Rattengift, Sie sind doch entsetzlich feig!‹ – ›Ich bin ein Dichter, gnädiges Fräulein!‹«)* – und Liddy mit Waffengewalt vor dem Zugriff des Freiherrn von Mordax rettet. Das Stück findet einen allseits glücklichen Ausgang: Des Teufels Großmutter, in Gestalt einer jungen Frau und begleitet von Kaiser Nero, befreit den Teufel *(»Das Scheuern in der Hölle ist vorbei! ... der heiße, dich wieder erwärmende Kaffee dampft schon auf dem Tische«)*, und der treue Herr Mollfels erhält Liddy zur Gattin. Die zahlreichen satirischen Seitenhiebe auf die zeitgenössische Literatur, darunter Ernst Freiherr von Houwald (1771–1845), Adolph Müllner (1774–1829), Karl G. Th. Winkler (1775–1856) oder Wilhelm Blumenhagen (1781–1839), finden ihren Abschluß und Höhepunkt im selbstironischen Auftritt des Autors (*»Grabbe tritt herein mit einer brennenden Laterne. – Der Vorhang fällt«)*, vor dem der Schulmeister die Tür verschließen will: *»Das ist der vermaledeite Grabbe, oder wie man ihn eigentlich nennen sollte, die zwergigte Krabbe, der Verfasser dieses Stücks! Er ist so dumm wie'n Kuhfuß, schimpft auf alle Schriftsteller und taugt selber nichts, hat verrenkte Beine, schielende Augen und ein fades Affengesicht!«*

In seiner schillernden Mischung aus drastischer Situationskomik, Rüpelszenen, Satire und Groteske steht das Stück ebenso außerhalb der klassischen wie der romantischen Komödie und erinnert, sucht man den Traditionsbezug, in seiner epischen Bilderfolge wie in der grell-verzweifelten Grundstimmung eher an die Tragikomödien eines J. M. R. Lenz, wobei die Liebesintrige als zentrales Handlungselement dem konventionellen Schema der Commedia dell'arte entspricht. Aufgrund der das Stück prägenden Literatursatire wie der Illusionsbrechung in der letzten Szene, als Wernthal und Mordax in den Orchestergraben flüchten und Grabbe selbst erscheint, wurden stets auch Vergleiche etwa zu L. Tiecks *Der gestiefelte Kater* gezogen. Dabei sprengt Grabbe die versöhnende Perspektive romantischer Ironie, seine Kritik der biedermeierlichen Gesellschaft wird zur Karikatur einer »verkehrten Welt«, die, wie der Teufel in einem berühmt gewordenen Satz konstatieren darf, *»als ein mittelmäßiges Lustspiel«* erscheint, *»welches ein unbärtiger, gelbschnabeliger Engel, der ..., wenn ich nicht irre, noch in Prima sitzt, während seiner Schulferien zusammengeschmiert hat«*. Der hoffnungslosen Lächerlichkeit fallen der Adel ebenso anheim wie das Kleinbürgertum, die Vertreter der Wissenschaft ebenso wie die der Kultur; Klopstocks *Messias* benutzt der Teufel als *»altes, unfehlbares Schlafmittelchen«*, die Helden der klassischen Literatur, von der Antike bis zur deutschen Klassik, tummeln sich samt ihren Autoren bevorzugt in der Hölle, und daß die Regierungen *»immer noch zaudern, endlich einmal einen Schock Poeten wegen ihrer elenden Gedichte hinzurichten«*, ist in den Augen des Herrn Mollfels eine Grausamkeit gegenüber dem Publikum. Mit seinem bösen Witz, seinem Sarkasmus und der *»äußeren tollkomischen Erscheinung«* (Grabbe an Kettembeil, 1892) hat das Stück bis heute wenig von seinem Elan eingebüßt und sich als eines der wenigen nichtklassizistischen Lustspiele der deutschen Literatur im Repertoire der Bühnen behauptet. Der Rang des Werks ist in der Forschung unbestritten, die Deutungen differieren hinsichtlich der *»tieferen Bedeutung«* des Stücks, dem man eine teils nihilistisch-verzweifelte (B. v. Wiese, G. Kaiser), teils politisch-utopische Grundaussage (M. Schneider) zuschreibt oder es zum bloßen Spiel (H. Kaiser) erklärt. R.M.-KLL

Ausgaben: Ffm. 1827 (in *Dramatische Dichtungen*, 2 Bde., 2). – Mchn. 1907 (Schauspielbearbeitung v. M. Halbe für die erste öff. Auff. des Stücks, 27. 5. 1907, München, Schauspielhaus). – Emsdetten 1960 (in *Werke und Briefe. GA*, Hg. A. Bergmann, 6 Bde., 1; hist.-krit.). – Stg. 1970, Hg. A. Bergmann (RUB). – Mchn. 1975 (in *Werke*, Hg. R. C. Cowen, 3 Bde., 1).

Literatur: H. J. Radermacher, *Die tiefere Bedeutung in G.s Lustspiel: Scherz, Satire, Ironie und tiefere Bedeutung. Ein Beitrag zum Verständnis Ch. G.s* (in Die Kultur, 14, Wien 1913, H. 3, S. 308–314). – F. Metz, *G.s Lustspiel »Scherz, Satire, Ironie und tiefere Bedeutung«*, Diss. Marburg 1924. – G. Kaiser, *G.s »Scherz, Satire, Ironie und tiefere Bedeutung« als Komödie der Verzweiflung* (in DU, 11, 1959, S. 5–14). – H. Hollo, *G. Scherz, Satire, Ironie und tiefere Bedeutung*, Ffm. 1960. – B. v. Wiese, *G.s Lustspiel »Scherz, Satire, Ironie und tiefere Bedeutung« als Vorform des absurden Theaters* (in B. v. W., *Von Lessing bis Grabbe. Studien zur deutschen Klassik und Romantik*, Düsseldorf 1968, S. 289–308). – D. Brüggemann, *G. Scherz, Satire, Ironie und tiefere Bedeutung* (in *Die deutsche Komödie*, Hg. W. Hinck, Düsseldorf 1977, S. 127–144). – E. Neis, *Absurd groteske Komik. Ch. D. G.: Scherz, Satire, Ironie und tiefere Bedeutung* (in E. N., *Deutsche Lustspiele und Komödien*, Hollfeld 1983, S. 77–92). – H. Kaiser, *Scherz, Satire, Ironie u. tiefere Bedeutungslosigkeit. Zu G.s Lustspiel* (in *G.s Gegenentwürfe*, Hg. W. Freund, Mchn. 1986, S. 17–32). – R. Schnell, *Das Lustspiel als Trauerspiel. Zur ironischen Struktur von G.s Komödie »Scherz, Satire, Ironie und tiefere Bedeutung«* (in *Ch. D. G. (1801–1836). Ein Symposium*, Hg. W. Broer u. D. Kopp, Tübingen 1987, S. 78–95).

FRANZ GRILLPARZER

* 15.1.1791 Wien
† 21.1.1872 Wien

Literatur zum Autor:

Zeitschriften:

Jb. der Grillparzer-Ges., Dritte Folge, Wien 1956 ff. – Grillparzer-Forum Forchtenstein, Wien u. a. 1965 ff.

Gesamtdarstellungen und Studien:

U. Helmensdorfer, *G.s Bühnenkunst*, Bern 1960. – J. Kaiser, *G.s dramatischer Stil*, Mchn. 1961. – J. Müller, *F. G.*, Stg. 1963 (Slg. Metzler); 21966. – G. Kleinschmidt, *Illusion u. Untergang. Die Liebe im Drama F. G.s*, Lahr 1967. – W. Naumann, *F. G. Das dichterische Werk*, Stg. 21967. – G. Baumann, *Zu F. G. Versuche zur Erkenntnis*, Heidelberg 1969.

– H.-A. Bronsen-Knoll Berry, *Figurative language in the dramas of F. G.*, Diss. Vanderbilt Univ. 1969. – G. A. Wells, *The plays of G.*, Oxford 1969. – A. Oplatka, *Aufbauform u. Stilwandel in den Dramen G.s*, Diss. Zürich 1970. – H. F. Schafroth, *Die Entscheidung bei G.*, Bern 1970. – N. Griesmayer, *Das Bild des Partners in F. G.s Dramen. Studien zum Verständnis ihrer sprachkünstlerischen Gestaltung*, Diss. Wien 1970. – R. Pichl, *Die Dramenschlüsse Schillers u. G.s als Indizien individueller Vorgangsgestaltung*, Diss. Wien 1970. – F. Hoesch, *Der Gestus des Zeigens. Wirklichkeitsauffassung u. Darstellungsmittel in den Dramen F. G.s*, Bonn 1972. – H. Politzer, *F. G. oder Das abgründige Biedermeier*, Wien u. a. 1972. – *Das G.-Bild des 20. Jh.s*, Hg. H. Kindermann, Wien 1972. – A. Viviani, *G.-Komm.*, Mchn. 1972 (Bd. 1). – W. E. Yates, *G. A critical introduction*, Cambridge 1972. – T. Ghirelli, *G.s Entwicklung zum Dramatiker*, Diss. Zürich 1974. – H. Risse, *Das Problem der Sprache u. des Sprechens im dramatischen Werk F. G.s*, Zürich 1975. – A. Pausch, *G. im Finanzdienst. Ein Berufsbild des Dichters mit Selbstzeugnissen u. Arbeitsbeispielen*, Köln 1975; [2]1978. – B. Thompson, *A sense of irony. An examination of the tragedies of F. G.*, Bern/Ffm./Mchn. 1976. – Z. Škreb, *G. Eine Einf. in das dramatische Werk*, Kronberg/Ts. 1976. – S. Hitchman, *The world as a theatre in the works of F. G.*, Bern usw. 1979. – W. N. B. Mullan, *G.s aesthetic theory*, Stg. 1979. – H. Bachmaier, *F. G.*, Salzburg 1980. – B. Thompson, *F. G.*, Boston 1981. – R. Geißler, *Ein Dichter der letzten Dinge. G. heute*, Wien 1987.

DER ARME SPIELMANN

Erzählung von Franz Grillparzer, erschienen 1848. – Die von Adalbert Stifter und Franz Kafka als Meisterwerk gewürdigte Erzählung verbindet kunstvoll den »Rahmen« persönlicher Betrachtung mit der eigentlichen Handlung, in die der Erzähler immer wieder einbezogen wird: Er, *»ein leidenschaftlicher Liebhaber der Menschen, vorzüglich des Volkes«*, besucht ein großes Jahrmarktsfest in einer Wiener Vorstadt, denn: *»Von dem Wortwechsel weinerhitzter Karrenschieber spinnt sich ein unsichtbarer, aber ununterbrochener Faden bis zum Zwist der Göttersöhne, und in der jungen Magd, die, halb wider Willen, dem drängenden Liebhaber seitab vom Gewühl der Tanzenden folgt, liegen als Embryo die Julien, die Didos und die Medeen.«* – Hier auf dem Fest trifft er einen armen alten Geiger, der ihm seine Lebensgeschichte, eine Erzählung in der Erzählung, berichtet:

Sohn eines hohen und einflußreichen Staatsbeamten, versagt er, weich, träumerisch und nach innen gewandt, vor den Anforderungen der Wirklichkeit, wird von dem ehrgeizigen und jähzornigen Vater von der Schule genommen und muß nun als kleiner Schreiber in einem Büro arbeiten. Aber auch hier entzieht er sich der lauten und rohen Umwelt; nur sein Geigenspiel und Barbara, die Tochter eines Gemischtwarenhändlers, die er schüchtern und demütig liebt, sind ihm Zuflucht und Lebensinhalt. Barbara jedoch, den untüchtigen Mann halb verachtend, von seiner bürgerlichen Naivität und künstlerischen Besessenheit dennoch tief berührt, heiratet schließlich, als der Spielmann sich nach dem Tode seines Vaters um sein reiches Erbe kläglich hat betrügen lassen, einen Schlachtermeister. Der Spielmann zieht seither als Außenseiter durch Wien. – Viele Jahre später trifft der Erzähler Barbara an des Geigers Totenbett. Sie hat ihn nie vergessen. Als der Erzähler die Geige als Andenken kaufen will, verweigert sie ihm dies: *»Mein letzter Blick traf die Frau. Sie hatte sich umgewendet, und die Tränen liefen ihr stromweise über die Backen.«*

In der Lebensgeschichte des armen Spielmanns Jakob finden sich verschiedene Vorkommnisse, die wir auch aus Grillparzers Biographie kennen. Der autobiographische Gehalt der Erzählung zeigt in einigen Episoden die psychische Disposition des Autors und seine eigene Selbsteinschätzung. So beleuchtet er etwa das Mißverhältnis von Kunstideal und tatsächlicher künstlerischer Begabung sowie seine Unmännlichkeit: Der Spielmann küßt Barbara nur durch eine Glasscheibe – eine Schlüsselstelle der Erzählung. Um sich von seinen unordentlichen Zimmernachbarn abzusetzen, zieht Jakob einen Kreidestrich auf dem Boden als Grenze. Die trennende Glasscheibe und der Distanz schaffende Kreidestrich sind Metaphern für *Grenze*, die Fundamentalkategorie der Dichtung und Ästhetik Grillparzers. Damit reicht der Text aber weit über Selbstdarstellung und Selbstkritik hinaus.

Die politischen Zeitverhältnisse (Restauration, Vormärz) werden in einer konsequent durchgehaltenen Metaphorik (Strom, Überschwemmung) angedeutet. Jakobs Referate über Kunst und Musik sind dezidierte kunsttheoretische Überlegungen. Er kann selbst die einfachsten Walzermelodien nicht richtig spielen, gleichwohl hat er den höchsten Begriff von seiner Kunst. Die Ironie der Erzählung liegt in dem Mißverhältnis von Anspruch und Vermögen, von idealer Vorstellung und bescheidenem Können des Musikanten. Er erstrebt nämlich die vollkommene Kunst, die *absolute* Musik (er will *»den lieben Gott«* spielen; *»Worte verderben die Musik«*), eine genuin romantische Kunstidee, die in der Indifferenz des einen vollkommenen Klanges (»der ferne Klang«) alle Differenzen aufheben will.

Das beziehungsreiche Netz von autobiographischen, politischen, psychologischen und kunsttheoretischen Elementen ordnet die erzählte Wirklichkeit. Hinter ihr steht eine diffizile mythologisch-tektonische Idee: Die Erzählung wird durch den Demeter-Persephone-Mythos strukturiert. Zwischen dem Volksfest am Anfang der Geschichte (die Anfangspartie ist durch Goethes *Römischen Karneval* geprägt) und der Überschwemmung der Donau am Ende, zwischen Leben und Tod wird dieser Mythos vielfach funktionalisiert.

Jakobs Leben als Künstler ist ein Leidensweg, eine Passion, eine *Imitatio Christi*. Am Ende der Erzählung wird seine Geige mit dem Kruzifix in einer

Ecke der Wohnung Barbaras so arrangiert, daß durch einen Spiegel zwischen den beiden Gegenständen jeder als Zeichen sich in dem andern widerspiegeln kann. *»Die Erzählung bewahrt das Andenken – die Erinnerung ist ›das Musische der Epik‹ (Walter Benjamin) –, sie ist Erinnerungszeichen ..., Andenken an das dionysische Sein in apollinischer Form. ›Der arme Spielmann‹ ist episches Andenken an das Ideal der Kunst«* (H. Bachmaier). Grillparzers Erzählung gehört zum festen Bestand klassischer Erzählkunst. H.Ba.-KLL

AUSGABEN: Wien 1848 (im Almanach »Iris« auf das Jahr 1848). – Wien 1930 (in *Werke*, 1. Abt., Bd. 13, Hg. A. Sauer u. R. Backmann; Apparat in Bd. 22; hist.-krit.). – Mchn. 1964 (in *SW*, Bd. 3, Hg. P. Frank u. K. Pörnbacher). – Stg. 1979 (Nachw. H. Bachmaier; RUB). – Ffm. 1983 (Nachw. R. Brinkmann; Insel Tb). – Ffm. (in *Werke*, Hg. H. Bachmaier, Bd. 4; angekündigt).

LITERATUR: B. v. Wiese, *Die dt. Novelle v. Goethe bis Kafka*, Darmstadt 1956, S. 134–153. – R. Brinkmann, *F. G., »Der arme Spielmann«. Der Einbruch der Subjektivität* (in R. B., *Wirklichkeit u. Illusion*, Tübingen 1957, S. 87–145). – H. Politzer, *F. G.s »Der arme Spielmann«*, Stg. 1967. – B. Beutner, *Musik u. Einsamkeit bei G., Kafka u. del Castillo*, Köln 1975. – *Erl. u. Dokumente zu F. G.: »Der arme Spielmann«*, Hg. H. Bachmaier, Stg. 1986 (RUB).

EIN BRUDERZWIST IN HABSBURG

Trauerspiel in fünf Aufzügen von Franz GRILLPARZER, nach bis 1825 zurückreichenden Vorarbeiten 1848 beendet, veröffentlicht mit in den sechziger Jahren ständig fortgesetzten Umarbeitungen aus dem Nachlaß 1872; Uraufführung: Wien 1872. – Genaues Studium der historischen Quellen, die auch SCHILLER für seinen *Wallenstein* benutzte, hat Grillparzer befähigt, in diesem Stück mit sicheren Strichen ein Bild der Zeit unmittelbar vor Ausbruch des Dreißigjährigen Krieges zu zeichnen.

In Prag residiert Kaiser Rudolf II., jener seltsame Habsburger, der, in Spanien aufgewachsen, Kunst und Wissenschaft liebt und sich mit Astrologie und Alchimie beschäftigt; ein strenger Katholik, aber duldsam den ketzerischen Lutheranern gegenüber, menschenfeindlich und jähzornig, aber mitleidig, wenn es sich um unschuldige Opfer handelt: ein aus Einsicht in die moralische Fragwürdigkeit politischer Aktivität willensschwacher Herrscher, der sich jedoch seiner kaiserlichen Würde stets bewußt ist. (Sein Festhalten an überkommenen Ordnungen und sein Abscheu vor jeder Art von Aufruhr und Revolution entspricht Grillparzers eigenen politischen Überzeugungen.) Matthias, der Bruder Rudolfs und Heerführer im Krieg gegen die Türken, erhebt sich unter dem Einfluß des machtlüsternen Bischofs Klesel gegen den Kaiser; er schließt einen Separatfrieden, verbündet sich mit den Hussiten und führt sein Heer gegen Prag. Dort lebt der Kaiser einsam im Hradschin, plant zusammen mit dem ihm befreundeten Herzog Julius von Braunschweig die Gründung eines Ordens der Friedensritter und bemerkt die Gefahr zu spät. Er wird im Schloß gefangengehalten, und Matthias regiert von Wien aus. Die Erzherzöge unterstützen ihn aber nur zum Teil. Als Rudolf stirbt, wird Matthias Kaiser, schreckt aber vor dieser Aufgabe zurück. Dieser umfangreiche Handlungsstrang ist verflochten mit einem zweiten, dessen Held Don Cäsar ist, des Kaisers natürlicher Sohn, der in einer unglücklichen Haßliebe zum Mörder seiner Geliebten wird. Von einer Begnadigung will Kaiser Rudolf nichts wissen. Er selbst wirft den Schlüssel zum Gefängnis, in dem der zur Ader gelassene Don Cäsar verbluten muß, in den Brunnen des Schlosses: Durch die gerechte Strafe soll die göttliche Ordnung wiederhergestellt werden.

In diesem Stück gestaltet Grillparzer den tragischen Zwiespalt zwischen dem Menschen Rudolf, der die überkommene heilige Ordnung des Staates nicht durch Taten stören möchte – weil diese ihn, wie alles geschichtliche Handeln, notwendigerweise in Schuld verstricken würden –, und dem Kaiser Rudolf, der gerade durch seine Passivität diese Ordnung gefährdet. Die kaiserliche Würde allein soll das göttliche Gefüge des Reichs zusammenhalten, als die persönlichen und machtpolitischen Interessen der Gegenspieler es bedrohen. Aber *»... das Bewußtsein, daß im Handeln, / Ob so nun oder so, der Zündstoff liegt, / Der diese Mine donnernd sprengt gen Himmel«*, bringt Rudolf in Gegensatz zu den Erfordernissen seines kaiserlichen Amtes, das die widerstreitenden Mächte im Staat eben nicht allein durch die bloße Strahlkraft seiner Würde versöhnen kann.

Grillparzers Sprache, die den für das klassische Drama obligatorischen fünffüßigen Jambus benutzt, verzichtet hier, wie auch in nahezu allen anderen Stücken seit *Sappho* und der Trilogie *Das goldene Vließ*, vollständig auf deklamatorisches Pathos und bemüht sich, den psychologischen Beziehungen der Hauptpersonen zueinander differenziert nachgebend, um genaue Begründung und Erläuterung des vorwiegend gedanklichen Details. Dem entspricht dramaturgisch die Verlagerung des Hauptgewichts vom – trotz sehr genauem Quellenstudium frei behandelten – historischen Verlauf auf den Entscheidungsprozeß, in dem Kaiser Rudolf als »nachdenklicher« Held den dramatischen Grundkonflikt Grillparzers vorzuleben hat, den Konflikt zwischen kontemplativer Innerlichkeit und schuldhaftem Handeln, der auf der Voraussetzung beruht, daß Entschlossenheit zumeist nur Gewissenlosigkeit bedeute.

Neben dem komplexen Charakter des Habsburgerkaisers ist in dieser historischen und philosophischen Tragödie die Unversöhnbarkeit von quietistisch gedachtem Sein, das sich in der Ordnung des Fixsternhimmels symbolisch manifestiert, und der Autonomie des neuzeitlichen Subjekts von Bedeutung. Der Kaiser will deshalb allein durch sein Sein und nicht durch sein Handeln wirken. Seine Immobilität zerstört jedoch die Ordnung, die er in sich verkörpert. Am Ende bricht das Unheil des Dreißigjährigen Krieges herein, der das Chaos verallgemeinert. Das Scheitern des zaudernden Kaisers setzt die Kräfte in der Geschichte frei, die er durch seine unauffällige Herrschaft bannen wollte. Das Drama reflektiert ein historisches Exempel, das auch die Situation der Habsburger Monarchie in der Mitte des 19. Jh.s betrifft. H.Ba.-KLL

Ausgaben: Stg. 1872 (in *SW*, Bd. 7, Hg. H. Laube u. J. Weilen). – Wien 1927 (in *Werke*, 1. Abt., 6, Hg. A. Sauer u. R. Backmann; Apparat in Bd. 21; hist.-krit.). – Mchn. 1961 (in *SW*, Hg. P. Frank u. K. Pörnbacher, 4 Bde., 2). – Stg. 1982 (Hg. H. Bachmaier; RUB). – Glasgow 1982 (Hg. B. Thompson; mit umfangreicher englischer Einf.). – Ffm. 1987 (in *Werke*, Hg. u. Nachw. H. Bachmaier, Bd. 3).

Literatur: A. Bistricky, *G.s »Bruderzwist ...« im Spiegel seiner politischen u. geschichtlichen Auffassung*, Diss. Wien 1947. – G. Baumann (in *Das deutsche Drama*, Hg. B. v. Wiese, Bd. 1, Düsseldorf ²1960, S. 422–450; m. Bibliogr.). – S. Bauer, *F. G.: »Ein Bruderzwist in Habsburg«. Vollständiger Text des Trauerspiels. Dokumentation*, Ffm./Bln. 1969. – K. Langvik-Johannessen, *Im Namen kaiserlicher Majestät. Zur inneren Handlung in G.s »Ein Bruderzwist ...«*, Wien 1975. – O. Christiansen, *Gerechtigkeitsethos u. rhetorische Kunst in G.s »Ein Bruderzwist ...«*, Diss. Uppsala 1980.

DAS GOLDENE VLIESS. Dramatisches Gedicht in drei Abteilungen

Dramentrilogie von Franz Grillparzer, Uraufführung: Wien, 26./27. 3. 1821, Burgtheater. – Die Trilogie, Grillparzers zweites klassizistisches Drama nach *Sappho* (1818), enthält die Einzelstükke *Der Gastfreund* (ein Akt), *Die Argonauten* (vier Akte) und *Medea* (fünf Akte). Nach längeren Studien zu einem Einzelstück *Medea* faßte Grillparzer 1818 den Plan einer umfangreichen Trilogie, deren inneren Zusammenhalt das Vlies, das *»sinnliche Zeichen des Wünschenswerten, des mit Begierde Gesuchten, mit Unrecht Erworbenen«* (*Tagebuch*, 1822), bilden sollte. Als Quellen und Anregungen dienten dem Dichter Benjamin Hederichs *Gründliches mythologisches Lexikon* (1724 und 1770) und die Epen und Dramen von Ovid, Euripides und Seneca.

Das kurze Trauerspiel *Der Gastfreund* ist Vorspiel zur eigentlichen Medea-Handlung. Ins Land der barbarischen Kolcher kommt Phryxus, ein junger, von seinem Vater verbannter Grieche, der ein goldenes Vlies mit sich führt, das er in blindem Vertrauen auf ein im Traum empfangenes göttliches Gebot von der Statue eines Gottes in einem Tempel in Delphi gelöst hat. Er ersucht Aietes, den König der Kolcher, um Gastfreundschaft und übergibt ihm das Vlies zur Aufbewahrung, wird aber von dem wilden, habgierigen Aietes getötet, der damit das – auch in Kolchis heilige – Gastrecht gebrochen und einen Fluch auf sich geladen hat, dessen zukünftige Folgen Medea, die mit Seherkraft begabte Tochter des Aietes, voraussagt: *»Vater! Was hast du getan! / Den Gastfreund erschlagen, / Weh dir! Weh uns allen ... / Aufsteigts aus den Nebeln der Unterwelt, / Drei Häupter, blutge Häupter, / ... Sie kommen, sie nahen, / Sie umschlingen mich, / Mich, dich, uns alle! / Weh über dich!«*

Im zweiten Teil der Trilogie sind die Argonauten unter der Führung Jasons auf Geheiß von dessen Oheim Pelias, dem König von Thessalien, nach Kolchis gekommen, um Phryxus zu rächen und das Vlies wieder fortzuführen. Aietes und sein Sohn Absyrtus bitten die im Walde in einem Turm einsam hausende, zauberkundige Medea, ihnen gegen die Argonauten zu helfen. Sie sagt ihre Hilfe zu, trifft aber bei der Vorbereitung eines Abwehrzaubers auf den in ihren Turm eingedrungenen Jason, den sie für Heimdar, den Todesgott der Kolcher, hält und von dem sie sich küssen läßt. Als sie erfährt, daß Jason ein Sterblicher und ein Grieche ist, erfüllt sie, der die Liebe nur ein *»schöner Name für eine fluchenswerte Sache«* ist, zunächst brennende Scham; doch bald verfällt die männerscheue Amazone der Leidenschaft zu Jason. Sie hilft ihm mit einem Zaubertrank bei der Erringung des Vlieses, das tief in der Erde verborgen von einer Schlange bewacht wird, und entscheidet sich schließlich, von ihrem Vater vor die Wahl gestellt, für den Geliebten. Damit lädt sie unwillentlich die Schuld am Tode ihres Bruders und an dem späteren Selbstmord des gramerfüllten Vaters auf sich, der bei ihrer Abreise ihre Liebe und Ehe verflucht.

Zwischen dem Ende der *Argonauten* und dem Beginn des dritten Teils, der eigentlichen Medea-Tragödie, liegen einige Jahre. Nach dem plötzlichen Tode von Jasons Oheim Pelias aus Jolkis in Thessalien vertrieben, erreichen Jason und Medea mit ihren beiden Kindern nach langen Irrfahrten Korinth. Am Strande vergräbt Medea heimlich, gleichsam als Zeichen für die Abwendung von ihrer barbarischen Vergangenheit, ihre Zaubergeräte und das Vlies. Sie will nun im Lande der Korinther, deren König Kreon sie und Jason aufnimmt, eine Griechin werden, doch sie begegnet wegen ihrer barbarischen Herkunft überall Vorurteilen und gilt den Griechen als unheimliche Zauberin *»voll schwarzer Sprüche Greuel«*. Zwar will die arglose und reine Kreusa, Kreons Tochter, Medea bei der Gewöhnung an griechische Sitten helfen, hat aber damit wenig Erfolg. Jason, der einst Kreusa heiraten wollte, beginnt sich von Medea, die keine Barbarin mehr und noch keine Griechin ist, abzuwenden. Kurz darauf wird erneut der Bann über Jason und Medea gesprochen, da man Medea vorwirft, König Pelias ermordet zu haben. In der Tat kann sie diese Anschuldigung nicht ganz von sich weisen, obwohl sie den Tod des Königs auf den dämonischen Einfluß des Goldenen Vlieses zurückzuführen versucht, dessen Anblick Pelias nicht ertragen konnte. In dem Versuch, seine Ehre zu retten und sich ein ungestörtes Weiterleben in Korinth zu ermöglichen, scheut Jason nicht davor zurück, sich bedenkenlos von Medea loszusagen und sie zu verbannen. Als auch ihre Kinder sich von ihr abwenden, fällt Medea, im Innersten verletzt und vor Zorn und Gram außer sich, in ihre barbarische Wildheit zurück: Sie tötet die verhaßte Kreusa und ermordet die Kinder. In der nach diesen Vorfällen von Kreon über beide verhängten Verbannung begegnen sich Jason und Medea ein letztes Mal. Medea kündigt an, daß sie das Goldene Vlies in den Tempel von Delphi, seinen Ursprungsort, zurückbringen wolle und daß sie sich dem Sühnespruch der dortigen Priester beugen werde.

In Grillparzers Bearbeitung der Argonauten-Sage wird der mythische Stoff im Rahmen einer Trilogie zur geschichtsphilosophischen Tragödie des Humanitätsideals verwandelt. Das geschichtliche Handeln der Figuren wird einem Urteil unterworfen, das sich vor der Weisheit des Gottes in Delphi zu bewähren hat: Delphi ist Ursprungsstätte der Humanitätsidee und Apollon das göttliche Zeichen und die Schutzmacht der Humanitas. Wenn sich Medea nach ihrer grausamen Tat entschließt, das Vlies nach Delphi zu bringen und sich dort dem Richterspruch der Priester zu stellen, so unterwirft sie alles geschichtliche Wirken der apollinischen Gottheit, d.h. der Verpflichtung zur Humanität. Der Gang der Geschichte wird dabei durch die Ausfahrt der Argonauten nach dem Goldenen Vlies vergegenwärtigt.

Medea muß erfahren, daß sie als Mensch nicht angenommen, als Fremde nicht anerkannt wird. Man meidet sie unter den Griechen; als Tochter eines Barbarenkönigs wird sie aus der Gemeinschaft ausgegrenzt. Jeder Anspruch auf Menschlichkeit, die Teilhabe an der Menschheit wird ihr verweigert. Indem ihr dies streitig gemacht wird, verliert sie in ihrer Verzweiflung jegliches Maß, und es bricht aus ihrer Raserei der tödliche Vernichtungswahn hervor, der im Kindermord seinen entsetzlichen Abschluß erreicht. Durch ihre Tat wird mit greller Wahrheit bezeichnet, was ihr selbst angetan worden ist.

Sprachliches Unterscheidungsmerkmal zwischen Barbaren und Griechen ist das Versmaß: Grillparzer läßt die Griechen in regelmäßig fließenden Blankversen sprechen, während für die Kolcher und, auf weite Strecken, auch für Medea ein freies Versmaß und ein krampfhaft erregter, abgehackter Rhythmus kennzeichnend sind. Höhepunkte der Dichtung sind die beiden großen Monologe: In dem einen entdeckt Jason seine Liebe zu Medea *(Die Argonauten)*, im andern faßt Medea den Entschluß, ihre Kinder zu töten *(Medea)*.

Grillparzer hat den Bildungsgang der neueren Zeit des öfteren sarkastisch kommentiert. In einem Epigramm aus dem Jahre 1848 bemerkt er: *»Der Weg der neuern Bildung geht / von Humanität / Durch Nationalität / Zur Bestialität.«* Die Argonauten-Trilogie zeichnet bereits denselben Weg der modernen Entwicklung nach: Für Humanität kann Delphi und Apollon, für Nationalität Griechen- und Kolchertum, für Bestialität Medeas Kindermord stehen. Der kulturelle Gegensatz zwischen Griechen und Kolchern und seine genaue sprachliche Differenzierung vertritt die beiden Bereiche Kultur und Natur sowie die Oppositionen Freiheit – Trieb, Vernunft – Zauber, Licht – Dunkel. In der Grillparzer-Forschung wurde zudem aus der Unvereinbarkeit beider Sphären der Geschlechterkampf abgeleitet, denn das Weibliche oder Männliche dominiert jeweils in einer Daseinsform. Schließlich wurde in den *Argonauten* die Tragödie des Eros, in der *Medea* eine moderne Ehetragödie in mythischer Textur gesehen, eine Vorläuferin von IBSENS *Nora* und *Hedda Gabler*. J.Dr.-H.Ba.

AUSGABEN: Wien 1822. – Lpzg. 1903, Hg. M. Necker (Die Meisterwerke der deutschen Bühne, 14/15). – Wien/Lpzg. 1913 (in *SW*, Hg. A. Sauer u. R. Backmann, 42 Bde., 1909–1948, Abt. 1, Bd. 2; Anm. in Bd. 17; hist.-krit.). – Mchn. 1960 (in *SW*, Hg. P. Frank u. K. Pörnbacher, 4 Bde., 1960–1965, 1). – Stg. 1981 (*Der Gastfreund. Die Argonauten*; RUB). – Stg. 1982 (*Medea*, Hg. H. Bachmaier; RUB). – Ffm. 1986 (in *Werke*, Hg. u. Nachw. H. Bachmaier, Bd. 2).

LITERATUR: E. Zellweker, *G. »Das Goldene Vließ«*, Würzburg 1913. – R. Backmann, *Vom Werdegang des »Goldenen Vließes«. Versuch einer Analyse seines Entstehungsprozesses* (in *G.-Studien*, Hg. O. Kataun, Wien 1924, S. 130–183). – F. Herterich, *Zu G.s »Sappho« und der Trilogie »Das Goldene Vließ«* (in Jb. der G. Ges., 30, 1931, S. 149–151). – H. Tenschert, *G. und die antike Literatur*, Diss. Wien 1933. – R. Stiefel, *G.s »Goldenes Vließ«. Ein dichterisches Bekenntnis*, Bern 1959. – G. Heisterüber, *F. G.s »Vließ«-Trilogie auf der deutschen Bühne*, Diss. Köln 1960. – K. Schaum, *Gesetz und Verwandlung in G.s »Goldenem Vließ«* (in DVLG, 38, 1964, S. 388–423). – R. Geißler, *Ein Dichter der letzten Dinge. G. heute*, Wien 1987, S. 44–59.

DIE JÜDIN VON TOLEDO

Historisches Trauerspiel in fünf Akten von Franz GRILLPARZER, Uraufführung: Prag, 21. 11. 1872. – Grillparzer beschäftigte sich mit dem Stoff bereits 1816; 1824 arbeitete er einen detaillierten Plan aus, in dem er der endgültigen Konzeption bereits sehr nahekommt. Zwei in spanischen Trochäen geschriebene Szenen aus diesem Entwurf werden später beibehalten, darunter die Eingangsszene. Erst in den fünfziger Jahren wird das in Jamben fortgesetzte Drama abgeschlossen. Als Quellen dienten Grillparzer vor allem Lope de VEGAS *Las paces de los reyes y La Judia de Toledo* sowie die *Historia general de España* von Juan MARIANA und die Erzählung *Rachel ou La belle juive* von Jacques CAZOTTE. Außerdem lassen sich autobiographische und zeitgeschichtliche Reminiszenzen als Anregungen nachweisen, so z. B. Grillparzers Verhältnis zu Marie von Smolenitz und die Affäre zwischen König

Ludwig I. von Bayern und der spanischen Tänzerin Lola Montez.

Die dramatische Fabel ist einfach und klar und wird in ihrer Linearität nicht durch abweichende Nebenhandlungen unterbrochen. Die Jüdin Rahel, die entgegen einem ausdrücklichen Verbot den Schloßgarten zu Toledo betritt, um König Alfonso zu sehen, sucht bei diesem Schutz, als sie für ihr Vergehen verfolgt wird. Der König, als untadeliger Herrscher charakterisiert, verfällt, ohne sich dessen voll bewußt zu werden, einer heftigen Leidenschaft zu der schönen Jüdin und vernachlässigt in zunehmenden Maße die Interessen des Reichs und seine königlichen Pflichten. Unter der Führung der tugendhaft-kalten Königin, die sich durch die befremdliche Bezauberung ihres Gemahls in ihrer Würde verletzt fühlt, beschließen die Mächtigen des Landes die sofortige Ermordung Rahels. Alfonso vermag das im Interesse der Staatsräson geforderte Verbrechen nicht mehr zu verhindern. Am Ende des Dramas erscheint die gestörte Ordnung wiederhergestellt; die Rechtfertigung des tragischen Opfers jedoch bleibt problematisch.

Trotz der strengen Geschlossenheit des Aufbaus darf die *Jüdin von Toledo* nicht in der Tradition des klassischen Dramas gesehen werden. Der überschaubare, prozeßhafte Charakter des dramatischen Vorgangs verdeckt eine komplizierte innere Struktur. An die Stelle der klassischen, von Entscheidung und Tat geprägten Haltung des Helden tritt die Passivität gegenüber einer gleichsam autonomen Macht des Geschehens, auf die der menschliche Wille keinen Einfluß hat. Die tragische Situation stellt sich deshalb eigentlich ohne das Zutun der beteiligten Figuren her. – Breiten Raum widmet Grillparzer der psychologischen Motivierung des königlichen Liebesrauschs: »König: *›Mir selber ließ man nicht zu fehlen Zeit ...‹« – »Genährt vorzeitig mit der Weisheit Früchten, / Selbst seine Ehe treibend als Geschäft, / Kommt ihm zum erstenmal das Weib entgegen, / Das Weib als solches, nichts als ihr Geschlecht!«* Wie gefährdet der menschliche Wille ist, stellt Grillparzer in der durchgängigen Überlagerung der bewußten durch unbewußte Motive dar. Alfonsos Glaube, daß er das Geschehen beherrsche, *»daß eines Winkes nur, / Es eines Worts bedarf, um dieses Traumspiel / Zu lösen in sein eigentliches Nichts«*, enthüllt sich als trügerisch, ja der von den Verstandeskräften nicht lenkbare Willensimpuls erweist sich als letztlich identisch mit dem, was geschehen muß: *»Unser Wille will oft, weil er muß.«* Grillparzers radikale Skepsis in der Frage der Willensfreiheit wird in dieser Ambivalenz eines magischen und eines vernunftmäßig bestimmten Willens offenbar. (Man erkennt darin Anklänge an die Philosophie Schopenhauers.) Entsprechend sind auch menschliches Wollen und Handeln einerseits und tragische Schuld andererseits in der *Jüdin von Toledo* nicht mehr Korrelate wie im klassischen Drama. Angesichts des nicht näher begründeten ungeheuerlichen »Rechts« des Geschehens – *»All was geschieht ist Recht«*, heißt es im fünften Akt – erscheint menschliches Richtertum am Ende fragwürdig und Verzeihung als die einzig angemessene Haltung. Doch betont Grillparzer (in der Schlußrede Esthers), daß diese Lösung nicht die tragische Unwiederbringlichkeit aufzuheben vermag.

Ebensowenig kann von der Gestaltung eines Konflikts zwischen Pflicht und Neigung gesprochen werden. Die *Jüdin von Toledo* ist keine Staatstragödie – Grillparzer hat weder dem Staatsgedanken noch dem Historischen den Rang konstituierender Motive in seiner Konzeption zugewiesen. Sie sind gegenüber dem Thema der Zwangsläufigkeit menschlichen »Fehlens« sekundär. Innerhalb dieser Thematik gewinnt die Rahel-Gestalt eine bereits in den ersten Versen des Dramas angedeutete symbolische Funktion: Sie stellt das dem starren Prinzip der Ordnung und Gesetzmäßigkeit fehlende Element des Menschlichen dar. Vor allem unter dem Aspekt dieser neu begriffenen Tragik ist Grillparzers Tragödienstil, der in der *Jüdin von Toledo* seine Vollendung gewonnen hat, repräsentativ für das Drama des 19. Jh.s. Die durchgängige Betonung des Blicks, der Augen, der Berührungen und Spiegelungen ermöglicht in der erotischen Tragödie vielfältige Schattierungen in den Ton- und Gemütslagen. U.H.-H.Ba.

Ausgaben: Stg. 1872 (in *SW*, Hg. H. Laube u. J. Weilen, 10 Bde., 7). – Wien 1924 (in *SW*, Hg. A. Sauer u. R. Backmann, 42 Bde., 1909–1948, Abt. 1, Bd. 7; App. in Bd. 21; hist.-krit.). – Mchn. 1960 (in *SW*, Hg. P. Frank u. K. Pörnbacher, 4 Bde., 1960–1965, 1). – Stg. 1966 (Nachw. W. Paulsen; RUB). – Ffm. 1987 (in *Werke*, Hg. u. Nachw. H. Bachmaier, Bd. 3).

Verfilmung: Österreich 1919 (R: O. Kreisler).

Literatur: H. F. H. Lenz, *F. G's Political Ideas and »Die Jüdin von Toledo«*, NY 1938. – B. Stocker, *G.s »Die Jüdin von Toledo«*, Diss. Wien 1939. – H. Walter, *F. G.s Altersstil, dargestellt an einem Vergleich zwischen »Sappho« u. »Jüdin von Toledo«*, Diss. Hbg. 1952. – E. Thurnher, *Staat u. Liebe. Racines »Bérénice« u. G.s »Jüdin von Toledo«* (in LJb, 2, 1961, S. 117–133). – G. Hilty, *»Die Jüdin von Toledo«. G. u. Lope de Vega als verschiedene Gestalter des gleichen Motivs* (in RF, 76, 1964, S. 124–154). – B. Breitenbruch, *Ethik u. Ethos bei G. Denkerische Bemühungen u. dramatische Gestaltung*, Bln. 1966. – G. Baumann, *Zu F. G. Versuche zur Erkenntnis*, Heidelberg 1969, S. 96–117. – D. Borchmeyer, *F. G.: »Die Jüdin von Toledo«* (in *Deutsche Dramen*, Bd. 1, Hg. H. Müller-Michaels, Königstein/Ts. 1981, S. 200–238). – R. Geißler, *Ein Dichter der letzten Dinge. G. heute*, Wien 1987, S. 15–22.

KÖNIG OTTOKARS GLÜCK UND ENDE

Tragödie in fünf Akten von Franz Grillparzer, Uraufführung: Wien, 19. 2. 1825, Burgtheater. – Zensurschwierigkeiten verhinderten eine frühere Veröffentlichung des Dramas, das Grillparzer im

Jahre 1823 geschrieben hatte. Der endgültigen Konzeption des Stückes ging eine intensive Beschäftigung mit dem historischen Stoff voraus. Als Quellen dienten Grillparzer dabei vor allem die Biographie des Böhmenkönigs Ottokar im *Österreichischen Plutarch* (1807ff.) von Josef von HORMAYR sowie die mittelhochdeutsche Reimchronik Ottokars von HORNECK (1318), den der Autor in seinem Drama selbst auftreten läßt. Grillparzer plante zunächst eine epische Behandlung des Stoffes; balladische Strophen eines Gedichts *Rudolf und Ottokar* fanden sich im Nachlaß des Dichters. Neben den Quellenwerken hat auch das zeitgenössische Volkstheater, in dem nationalhistorische Sujets beliebt waren, Grillparzers Stoffwahl mit angeregt. Spuren dieser Theatertradition sind in dem Drama ebenso nachweisbar wie die Einwirkungen der Technik des spanischen Barocktheaters. – Zeitgeschichtlich bedeutungsvoll ist die vom Dichter intendierte Analogie zu der Gestalt Napoleons. Die Wahl des historischen Stoffes und der parabelartig-demonstrative Aufbau des Dramas lassen deutlich werden, daß weder die Kategorien eines individuellen Schicksals noch die einer psychologisch motivierten Charakterentwicklung für Grillparzers Gestaltungsabsichten relevant sind. Mit der Wendung zur Geschichtsdramatik im *König Ottokar* wird für Grillparzer das der Historie zugrunde liegende Allgemeine, das Typische und Beispielhafte des menschlichen Handelns entscheidend, wie es etwa in einer frühen Notiz zum Drama, *»Übermut und sein Fall – König Ottokar«*, angedeutet wird.

In der Reihenstruktur des Dramas (im ersten und vierten Akt ziehen die Figuren an Ottokar wie in einer Revue vorüber; wie im altdeutschen Bilderreihendrama treten die Gestalten auf, sprechen und treten wieder ab) zeigt sich der ästhetische Historismus, der die Geschichte in eine imaginäre Welt erinnerter Bilder, in Bilderreihen, auflöst (vgl. H. u. H. Schlaffer, *Studien zum ästhetischen Historismus*, Ffm. 1975). Der ästhetische Historismus ist für Grillparzers Geschichtsdramatik von zentraler Bedeutung: Er ist die ästhetische Aneignung abgelebter Tradition in der Erinnerung mittels des Kunstwerkes, wobei sich in der Wiederholung der Geschichte die Mythisierung der Vergangenheit und der Zeit vollzieht.

Die Handlung nimmt ihren Ausgang von dem Rechtsbruch, den Ottokar durch die Auflösung seiner Ehe mit Margarete von Österreich begeht. Es entspricht Grillparzers Idee des menschlichen Handelns in der Geschichte, daß dieser Rechtsbruch in seiner Dramenkonzeption bereits als Folge eines anderen Gelöbnisbruches erscheint; denn Margarete hatte beim Tode ihres ersten Gatten Heinrich künftige Ehelosigkeit gelobt. Der Autor läßt Margarete diese Verkettung des aufeinanderfolgenden Unrechts erkennen und aussprechen: *»Doch war's Gelübd', ich hätt' es halten sollen / ... Er* [Ottokar] *soll vor Unrecht sich bewahren; / Denn auch das kleinste rächt sich.«* Die Ottokar zugeordnete Figur der Margarete vertritt nicht den traditionellen Typus der nur leidenden Märtyrerin. Mit der vollendeten Tatsache der Ehescheidung, die trotz aller Rechtfertigungsversuche als »Unrecht« bestehen bleibt, ist der innere Bezugspunkt von Ottokars Niedergang gegeben, der späterhin nur noch äußere Gestalt annimmt. Scheinbar jedoch vollzieht sich ein glänzender Aufstieg. Die neue Heirat mit der ungarischen Königstochter und die politisch-militärischen Erfolge bestätigen diese Täuschung Ottokars, der der Hybris des vom Recht sich lossagenden Machtmenschen erliegt: *»So hoch ein Mensch mag seine Größe setzen, / So hoch hat Ottokar gesetzt die seine.«* Grillparzer macht dabei die Figur des Zawisch, der die Verhältnisse durchschaut, Ottokar aber in der Illusion verharren läßt, zum Träger der dramatischen Ironie. – Der Punkt des äußeren Umschwungs ist bereits im zweiten Akt gegeben: Die erhoffte Kaiserwürde fällt an Rudolf von Habsburg, der in der Folge kontrapunktisch zu der Figur Ottokars als Inkarnation und Allegorie des Rechtmäßigen in dem Maße aufsteigt, in dem Ottokars machtpolitischer Einfluß abnimmt. Aber gleichzeitig damit geht die Erkenntnis des Unrechts, vorher nur in der Optik des Geschehens selbst sichtbar, in das Bewußtsein des Protagonisten ein: *»Geblendet war ich, so hab ich gefehlt!«* – Grillparzers desillusionierter Held gewinnt in der tragischen Erkenntnis der Täuschung ästhetische Würde. Dieses aus dem religiösen spanischen Theater stammende Prinzip des *desengaño*, der Aufhebung schuldiger Verblendung durch das Erkennen, macht die strukturelle Mitte des Dramas aus, die mit der Entgegensetzung von »Recht« einerseits (Rudolf) und hybridem »Unrecht« auf der anderen Seite (Ottokar) nur unzulänglich bezeichnet wäre. U.H.-H.Ba.

AUSGABEN: Wien 1825. – Wien 1931 (in *SW*, Hg. A. Sauer u. R. Backmann, 42 Bde., 1909–1948, 1. Abt., Bd. 3; hist.-krit.). – Stg. 1951 (RUB). – Mchn. 1960 (in *SW*, Hg. P. Frank u. K. Pörnbacher, 4 Bde., 1960–1965, 1). – Ffm. 1986 (in *Werke*, Hg. u. Nachw. H. Bachmaier, Bd. 2).

LITERATUR: K. Glossy, *Zur Geschichte des Trauerspiels »König Ottokars Glück u. Ende«* (in Jb. der Grillparzer-Ges., 9, 1898, S. 213–247). – E. Staiger, *G.s »König Ottokar«* (in E. S., *Meisterwerke deutscher Sprache. Interpretationen*, Zürich ³1957, S. 163–185). – W. Naumann, *G. »König Ottokars Glück u. Ende«* (in *Das dt. Drama vom Barock bis zur Gegenwart*, Hg. B. v. Wiese, Bd. 1, Düsseldorf 1958, S. 405–421). – K. Partl, *F. Schillers »Wallenstein« u. F. G.s »König Ottokars Glück u. Ende«. Eine vergleichende Interpretation auf geschichtlicher Grundlage*, Bonn 1960. – *F. G. König Ottokars Glück und Ende. Erläuterungen u. Dokumente*, Hg. K. Pörnbacher, Stg. 1969 (RUB). – R. Geißler, *Ein Dichter der letzten Dinge. G. heute*, Wien 1987, S. 88–98.

DES MEERES UND DER LIEBE WELLEN

Trauerspiel in fünf Aufzügen von Franz GRILLPARZER. Seit 1820 beschäftigte sich Grillparzer mit der Sage von Hero und Leander; zwischen 1826 und 1828 schrieb er die ersten vier Akte (bis IV, 2); nach einer plötzlichen Unterbrechung wurde das Werk im Februar 1829 abgeschlossen. Uraufführung: Wien, 3.4.1831, Burgtheater. – Das Drama war Grillparzers erster großer Mißerfolg beim Wiener Publikum: Nach vier Vorstellungen bereits wurde es abgesetzt. Erst LAUBES Neuinszenierung von 1851 machte es zum populärsten, meistgespielten Stück Grillparzers.

Selbstzufrieden und geborgen lebt Hero im Dienst der Göttin Aphrodite. Sie schmückt den Tempel für das bevorstehende Fest ihrer Weihe zur Priesterin. Heros Eltern müssen Abschied für immer von der Tochter nehmen, denn jede Berührung mit der Außenwelt ist ihr hinfort untersagt. Auch Ehelosigkeit ist Pflicht. Bei der heiligen Handlung selbst kommt es zu einem Zwischenfall: Heros Blick trifft den Leanders, der sich mit seinem Freunde Naukleros unter den Zuschauern befindet. Hero stört das Zeremoniell durch ihre Verwirrung; Leander fällt von Stund an in trübsinniges Brüten. Wenig später begegnen die beiden Freunde Hero beim Wasserholen. Leander wagt nicht, sie anzusprechen. Aus übergroßer Scham wirbt er schließlich allzu stürmisch. Der Priester kommt dazu, als Hero den Liebeskranken aus ihrem Krug trinken läßt, und vertreibt die Eindringlinge unter Drohungen aus dem heiligen Bezirk. Leander ist jedoch zur Rückkehr um jeden Preis entschlossen. Der Priester geleitet Hero in ihr Turmgemach und ermahnt sie zu innerer Sammlung. An die Stelle des dramatischen Worts tritt, wie oft bei Grillparzer, die Geste, wenn Hero nun ihren Mantel ablegt zum Zeichen der Absage an das äußere Leben. Der dramatische Vorgang jedoch kehrt diese Deutung um: Hero setzt sich, in naiver Unschuld, der Gewalt des Wirklichen aus, das in Gestalt der Liebe zu Leander auf sie eindringt. Dieser steht unversehens leibhaftig vor ihr. Tollkühn hat er das Meer durchschwommen und ihren Turm erklettert. Wie Leanders Drängen und Heros Widerstreben über alle Stufen der Annäherung bis zum vereinenden Kuß geführt wird, gehört bis heute zum Faszinierendsten an Stimmungskunst im dramatischen Werk Grillparzers. – Der Abschied wird indes vom Tempelhüter beobachtet und dem Priester gemeldet. Am Abend des folgenden Tages stellt Hero, wie verabredet, das Öllämpchen ins Fenster. Beim Warten auf den Geliebten schlummert sie, träumerisch dessen Ankunft vorwegnehmend, übermüdet ein. Unterdessen löscht der Priester das Licht, und Leander kommt um in den Wellen. Am anderen Morgen entdeckt Hero die Leiche. In wilder Trauer klagt sie den Priester an, einem abstrakten Prinzip zuliebe – um *»Unrecht abzuhalten«* – zum Verräter am Leben überhaupt geworden zu sein: *»Sein Leben war das Leben, deines, meins, / Des Weltalls Leben.«* Von Schmerz überwältigt, stirbt Hero.

Grillparzer hielt, auch nach dem Erfolg, an seiner *»Überzeugung von den Kompositionsfehlern«* der letzten beiden Akte fest. Vor allem dem Priester glaubte er nicht gerecht geworden zu sein. Diese Gestalt verweist, neben der Metaphorik des Meeres, allegorisch auf die anonymen Zwänge einer Gesellschaft, die das Individuum vor die zynische Alternative stellt, entweder den Rückzug in das Nichts einer welt- und gesellschaftslosen Innerlichkeit anzutreten oder sich ohnmächtig den Verfügungen einer für Individuelles blinden öffentlichen Gewalt zu überlassen. Der lyrisch klingende Titel schlägt um in Ironie: Die versprochene Romantik wird, als unzeitgemäß, verweigert. Nach August Wilhelm von SCHLEGELS Definition des romantischen Dramas (in der 25. der *Vorlesungen über dramatische Kunst und Literatur*) müßte der *»über dem Werke schwebende Hauch des Märchenhaft-Romantischen«* (A. Sauer), um wahrhaft romantisch zu sein, sich manifestieren als *»Ausdruck des geheimen Zuges zu dem immerfort nach neuen und wundervollen Geburten ringenden Chaos, welches unter der geordneten Schöpfung, ja in ihrem Schoße sich verbirgt: der beseelende Geist der ursprünglichen Liebe schwebt hier von neuem über den Wassern«*. Das Gegenteil jedoch ist in *Des Meeres und der Liebe Wellen* der Fall: Unversöhnbar klaffen am Ende die Gegensätze auseinander. Liebe und Stimmungszauber deuten nicht, wie Schlegel fordert, auf eine insgeheim alle Widersprüche durchwaltende Einheit und Harmonie, sondern erscheinen im Zeichen einer trauerdurchwirkten Utopie, als nicht Gewährtes. D.Bar.

AUSGABEN: Wien 1840. – Wien/Lpzg. 1925 (in *SW*, Hg. A. Sauer u. R. Backmann, 42 Bde., 1909–1948, Abt. 1, Bd. 4; Anm. in Bd. 19; hist.-krit.). – Mchn. 1960 (in *SW*, Hg. P. Frank u. K. Pörnbacher, 4 Bde., 1960–1965, 1). – Stg. 1984 (Nachw. H. Bachmaier; RUB). – Ffm. 1987 (in *Werke*, Hg. u. Nachw. H. Bachmaier, Bd. 3).

LITERATUR: M. H. Jellinek, *Die Sage von Hero u. Leander in der Dichtung*, Bln. 1890. – H. v. Hofmannsthal, *Einleitung einer neuen Ausgabe* (in H. v. H., *GW. Prosa II*, Stockholm/Ffm. 1951, S. 31–35). – H. Seidler, *Zur Sprachkunst in G.s Hero-Tragödie* (in *Fs. M. Enzinger*, Hg. H. Seidler, Innsbruck 1953, S. 167–184). – H. Politzer, *Der Schein von Heros Lampe* (in MLN, 72, 1957, S. 432–437). – B. v. Wiese, *Die Bedrohung des Menschen durch die Liebe* (in B. v. W., *Die dt. Tragödie von Lessing bis Hebbel*, Hbg. [5]1964, S. 421–433). – E. E. Papst, *G. »Des Meeres u. der Liebe Wellen«*, Ldn. 1967. – K. Adel, *G.s Hero-Drama u. Kleists »Penthesilea«* (in Jb. der G.-Ges., 3. Folge, 7. Bd., 1969, S. 143–201). – H. Himmel, *Textstrukturierung durch Symbolik in G.s Trauerspiel »Des Meeres und der Liebe Wellen«* (in LJb, 14, 1973, S. 359–393). – K. Schaum, *G.s »Des Meeres und der Liebe Wellen«. Seelendrama u. Kulturkritik* (in Jb. der G.-Ges., 3. Folge, 11. Bd., 1974, S. 95–114). – R. Geißler, *Ein Dichter der letzten Dinge. G. heute*, Wien 1987, S. 33–43.

SAPPHO

Trauerspiel in fünf Akten von Franz GRILLPARZER, Uraufführung: Wien, 21.4. 1818, Burgtheater. Der Autor wurde, des großen Erfolges wegen, öffentlich geehrt. – Sappho kehrt von Olympia, wo sie in der Dichtkunst den Sieg errang, unter dem Jubel des Volkes in ihre Heimatstadt zurück. Ihr zur Seite auf dem Triumphwagen steht der Jüngling Phaon. Im Zusammenhang des Dramas repräsentieren beide zwei einander problematisch entgegengesetzte Bereiche: Phaon das »Leben«, Sappho die »Kunst«. Es geht darum, der Kunst einen legitimen Platz in der bürgerlichen Gesellschaft zu sichern. Phaon ist es von Sappho zugedacht worden, die Kunst aus ihren *»wolkennahen Gipfeln / In dieses Leben heitre Blütentäler / Mit sanft bezwingender Gewalt herabzuziehn«*. Die Symbiose von Kunst und Leben soll durch ein Liebesfest zeichenhaft vollzogen werden. Doch steht schon vor dem Versuch einer Annäherung die Unvereinbarkeit der Standpunkte fest: Zwischen Dichter und Bürger *»gähnt verschlingend«* eine *»weite Kluft«*.

In Phaons Einstellung zur Kunst ist schon der blinde Respekt vor einem unbegreiflich Hohen mit dem aggressiven Mißtrauen des Kleinbürgers gegen den außerhalb der Gesellschaft stehenden Künstler fatal im Bund. Sappho ihrerseits projiziert alles, was ihr die Unsicherheit der eigenen Position versagt, emphatisch auf Phaon. Schritt für Schritt deckt das Drama auf, daß eine Vereinigung nicht zustande kommen kann, weil die Beziehungen zwischen beiden Bereichen fundamental gestört sind. Phaon hält denn auch Sappho nicht die Treue, sondern fühlt sich mehr von Melitta, ihrer Sklavin, angezogen. Als Melitta beim Schmücken des Saales für das bevorstehende Liebesfest durch eine ungeschickte Bewegung zu Fall kommt, fängt Phaon sie auf und küßt sie unwillkürlich. Sappho wird Zeuge dieser Szene. Verzweifelt zieht sie sich in eine Grotte zurück und macht – paradoxerweise – ihr eigenes Leiden sich zum Vorwurf: Die Kompliziertheit ihrer Person, in der sich doch nur die Problematik der Situation ausdrückt, nimmt sich neben der natürlichen Unschuld der beiden Liebenden wie Schuld und Versagen aus. Doch ist Melittas und Phaons Naivität nur scheinbar ungebrochen: *»Gleicher Schmerz«*, zu dessen geistiger Analyse sie im Gegensatz zu Sappho allerdings unfähig sind, hat sie zueinander getrieben. Sappho versucht den Schein des Glücks der beiden eifersüchtig zu zerstören. Phaon flieht mit Melitta, als diese entführt werden soll. Sappho läßt beide wieder einfangen; dabei wird Melitta verletzt. Diese Vorgänge demonstrieren einen Teufelskreis: Das Unrecht, das die Umstände am einzelnen verüben, vermag sich wie Erbsünde zu perpetuieren, weil es als individuelle Schuld verkannt wird. Die Sühne der Schuld, wo immer sie einzelnen auferlegt wird, bleibt ein Akt des Unrechts und schafft nur neue, noch komplexere Schuldverhältnisse. So, wenn Phaon nun Sappho der Unmenschlichkeit anklagt und ihrer Dichtung deshalb einen auf die konkrete Lebenspraxis beziehbaren Wahrheitswert abspricht. Er weist der Kunst die Rolle zu, die sie in Metternichs Polizeistaat auch wirklich spielen mußte: zum Bestehenden den apologetisch untermalenden, unverbindlich konsumierbaren Begleittext zu finden. Eine Versöhnung im Stil der Iphigenien-Humanität, zu der Sappho von Melitta aufgefordert wird, ist – auch wenn Grillparzer in diesem Drama *»mit Goethes Kalbe gepflügt«* zu haben vorgab – nicht mehr möglich, weil der vorliegende Konflikt über den persönlichen Verfügungsbereich der Beteiligten hinausreicht. So flieht Sappho im Ornat der hohen Dichterin *»mit starrem Blick«* auf einen in die *»graue Unermeßlichkeit«* des Meeres hinausragenden Felsen und stürzt sich, nach Abschiedsworten in einer Sprache, von der es heißt, daß sie der Dichterin nicht mehr gehöre, in den Abgrund.

Dieses äußerlich streng klassisch komponierte Versdrama gibt durch die innere Organisation seiner Motive zu verstehen, daß eine Lösung der Konflikte im Sinn der klassischen Tragödie unmöglich ist. Dank der durchgehaltenen Spannung von intendierter, aber nicht mehr realisierbarer Form und dem resignativ gebrochenen Lyrismus seiner Sprache behielt es poetische Lebenskraft bis heute.

D.Bar.

AUSGABEN: Wien 1819. – Wien 1909 (in *SW*, Hg. A. Sauer u. R. Backmann, 42 Bde., 1909–1948, Abt. 1, Bd. 1, hist.-krit.). – Mchn. 1960 (in *SW*, Hg. P. Frank u. K. Pörnbacher, 4 Bde., 1960 bis 1965, 1). – Stg. 1985 (Nachw. H. Bachmaier; RUB). – Ffm. 1986 (in *Werke*, Hg. u. Nachw. H. Bachmaier, Bd. 2).

VERTONUNG: H. Kaun, *Sappho* (Text: F. Grillparzer; Oper; Urauff.: Lpzg., 27. 10. 1917, Stadttheater).

LITERATUR: R. Backmann, *Zur Entstehungsgeschichte der »Sappho«* (in *G.-Studien*, Hg. O. Katan, Wien 1924). – H. Teuschert, *G. u. die antike Lit.*, Diss. Wien 1933. – H. Rüdiger, *Sappho. Ihr Ruf u. Ruhm bei der Nachwelt*, Lpzg. 1933. – D. Yates, *G.'s »Sappho«* (in *German Studies Presented to H. G. Fiedler*, Oxford 1938, S. 459–492). – W. Vordtriede, *G.s Beitrag zum poetischen Nihilismus* (in Trivium, 9, 1951, S. 103 ff.). – R. C. Cowen, *Zur Struktur von G.s »Sappho«* (in G.-Forum Forchtenstein, 1968, S. 58–71). – J. Müller, *Figur u. Aktion in G.s »Sappho«-Drama* (ebd., 1970, S. 7–43). – R. Mühlher, *Das Doppelantlitz des Eros in G.s »Sappho«* (in *Die andere Welt*, Hg. K. Bartsch, Bern 1979, S. 39–70).

DER TRAUM EIN LEBEN

»Dramatisches Märchen« in vier Akten von Franz GRILLPARZER, begonnen 1817/18 (erster Akt), vollendet 1826–1831: Uraufführung: Wien, 4. 10. 1834, Burgtheater (letzter großer Bühnenerfolg

Grillparzers); erschienen 1840. – Märchenelemente verbinden sich in diesem Stück mit der Tradition des Barock, dem Einfluß des Wiener Vorstadttheaters (Zauberposse), dem Stoff von VOLTAIRES *Le blanc et le noir*, 1764 *(Der Weiße und der Schwarze)*, und CALDERÓNS *La vida es sueño*, 1636 *(Das Leben ein Traum)*.

Der erste Akt und der Schluß des vierten Akts umrahmen das Traumgeschehen, das die eigentliche Handlung des Dramas bildet. In die Idylle, in der der reiche Landmann Massud mit seiner Tochter Mirza lebt, ist Unruhe eingebrochen. Trotz der Gefühle, die Rustan, ihren Verlobten, mit Mirza verbinden, drängt es ihn, einen unsteten, umhergetriebenen und in sich gespaltenen Charakter, aus dem engbegrenzten Lebenskreis hinaus. Ihn verlangt es nach Abenteuern, großen Taten und Ruhm: *»Sich hinabzustürzen dann / in das rege, wirre Leben ...«* Sein Negersklave Zanga verkörpert für ihn die Verlockungen des freien Lebens. Samarkand wird ihm zum Inbegriff der Welt der Abenteuer. Rustan bittet Massud um Urlaub, bleibt jedoch auf Bitten Massuds und Mirzas noch eine Nacht. Das Lied des Derwisch von der Schattenhaftigkeit des Lebens weckt in ihm andere Bilder, leitet ihn hinüber in die Welt des Traums: Eine Berggegend tut sich auf mit Felsen und Brücke, Rustan und sein Begleiter Zanga wissen sich ihrem Ziel Samarkand nahe. Die Gelegenheit zur ersten Heldentat bietet sich Rustan bald, doch sein Speer verfehlt die Schlange, die den König von Samarkand bedroht und die nun von einem geheimnisvollen »Mann vom Felsen« getötet wird. Vor dem König rühmt sich Rustan selbst der Tat und tut damit den verhängnisvollen ersten Schritt in die Welt des Trugs und Scheins, der er fortan mehr und mehr verfällt: Die Ermordung des »Mannes vom Felsen«, Täuschung über seine eigene Herkunft, zweifelhafer Ruhm in der Befreiung Samarkands verstricken ihn immer mehr in Lüge und Ruhmsucht, denn das Ziel ist für ihn die Herrschaft und die Hand Gülnares, der Tochter des Königs. Der Verdacht, den »Mann vom Felsen« ermordet zu haben, treibt ihn zum Mord am König, der Verdacht am Königsmord schließlich führt ihn zur Gewalt- und Unrechtsherrschaft, durch die allein er alle Zeugen gegen sich ausschalten kann. Aber das Netz der Beweise gegen Rustan wird immer dichter, und als sich auch Gülnare gegen ihn stellt, gibt es keinen Ausweg als die Flucht, die ihn zurückführt in die Waldgegend, wo er dem König zuerst begegnet ist. Die Verfolger bedrängen ihn von allen Seiten, es bleibt nur der Sturz von der Brücke, auf der er den »Mann vom Felsen« ermordet hat, und dieser Sturz läßt Rustan aus seinem bedrängenden Traum erwachen. – Er findet sich wieder bei Massud und Mirza, in jener Welt, die er jetzt freiwillig annimmt. Unter dem Eindruck des Traums erkennt er die Scheinhaftigkeit des Ruhms und angemaßter Größe. Mit der Freilassung Zangas wird der Schlußstrich unter das Leben in Abenteuer und Schuld gezogen.

Für Grillparzers Zauberstück in der Tradition der Wiener Volksbühne gilt in besonderer Weise, was Hugo von HOFMANNSTHAL (*Rede auf Grillparzer*, 1922) von allen Dramen des Dichters sagte, daß nämlich jedes *»dem Stil nach völlig ein Gebilde für sich ist. Jedes ... erschiene innerhalb der dramatischen Gattung als die Vertretung einer Gattung für sich.«* Es ist das einzige »dramatische Märchen« Grillparzers, nirgendwo sonst ist eine so bunte, exotisch schillernde Welt dargestellt. Aber die formale Gestaltung zeigt unverwechselbar Grillparzers Handschrift: die große Bedeutung der Szenen- und Bühnenanweisungen sowie der Gesten und der Requisiten (Schlange, Dolch, Brücke, Mantel, Becher), das Auftreten allegorischer Figuren (»brauner« und »bunter« Knabe als Allegorien für Wirklichkeit und Traum). In vielfältiger Weise werden die zahlreichen Verknüpfungen von Traum und Wirklichkeit angedeutet: Die Parallelitäten von Personen, Ereignissen und zwischenmenschlichen Beziehungen bilden gemeinsam mit Motivzusammenhängen, Rückerinnerungen und vor allem der psychologischen Motivierung ein dichtes Beziehungsgefüge zwischen der Rahmen- und der Traumhandlung. Auch die Bogenform des Stücks (die Bezogenheit des Anfangs auf das Ende, der Traum als eingeschobene »Prüfung« zur Erprobung der Ausgangsthese) ist typisch für Grillparzers Dramenaufbau. Das Versmaß der vierhebigen Trochäen, teils gereimt, teils reimlos, das im Rhythmus das Vorwärtsdrängende, sich überstürzende der Handlung zum Ausdruck bringt, findet sich bereits in Grillparzers *Ahnfrau* (1817).

Wenn bei Calderón, auf dessen Drama *Das Leben ein Traum* Grillparzer schon mit der Umkehrung der im Titel ausgesprochenen Behauptung – *Der Traum ein Leben* – ganz offen anspielt, die gelebte Wirklichkeit als ein Traum genommen wird und die Nichtigkeit alles Irdischen vor der einzig gültigen Wirklichkeit des Ewigen, Jenseitigen aufgedeckt wird, so verschiebt sich dieses zentrale Argument bei Grillparzer in entscheidender Weise: Die Gefahren, die in Rustans zwiespältigem Charakter angelegt sind *(»Und was jetzt verscheucht der Morgen, lag als Keim in dir verborgen«)*, werden im Traum (ganz entsprechend der späteren *Traumdeutung* FREUDS als *»Wunscherfüllung«*) in gesteigerter Form durchlebt und durch diese Projektion der inneren Abgründe nach außen gebannt und überwunden. Wenn bei Calderón die Erkenntnis die religiöse Dimension öffnet, so erreicht zwar auch Rustan eine Stufe der Erkenntnis, die die Täuschung überwunden hat, aber es ist eine Erkenntnis, die ihm hilft, seinen Platz im Diesseits zu finden.

Das exotische Märchendrama stellt am Beispiel Rustans die Geschichte eines Individuationsprozesses (im Sinne C. G. JUNGS) dar und ist zugleich eine dramatische Analyse des Minderwertigkeitskomplexes (im Sinne Alfred ADLERS): Individualpsychologische Aspekte und die psychopathologische Inspektion einer ganzen Epoche, der Restaurationszeit mit ihrem *»kategorischen Traditionalismus«*, greifen ineinander. So wird die Bühne in *Traum ein Leben* zum Schauplatz epochaler

Wunscherfüllungen, und in der Beziehung zwischen Rustan und Zanga wird das Herrschafts- und Knechtschaftsverhältnis innerhalb der geschichtlichen Gestalt des Biedermeier kritisch durchgespielt. Sprachzweifel und Mißverständnisse fixieren die Figuren in einer monologischen Existenz, so daß jede diskursive Vermittlung zwischen quietistischer Ordnung und willensbestimmter Subjektivität scheitert. Die Musik und der Sonnenmythos springen dafür als Vermittlungsinstanzen ein und schließen symbolisch die Kluft der Entzweiung. Es ist festzustellen, *»daß ›Traum ein Leben‹ als Drama einer epochalen Seelenlage die traumbefangene Wunsch- und Wahnwelt, die willensgetriebene Subjektivität und ihren Narzißmus kritisch auseinanderlegt und darin die problematische Verfassung des modernen Individuums diagnostiziert«* (H. Bachmaier). I.Am.-H.Ba.

AUSGABEN: Wien 1840. – Wien/Lpzg. 1936 (in *SW*, Hg. A. Sauer u. R. Backmann, 42 Bde., 1909–1948, Abt. 1, Bd. 5; Anm. in Bd. 20; hist.-krit.). – Mchn. 1961 (in *SW*, Hg. P. Frank u. K. Pörnbacher, 4 Bde., 1960–1965, 2). – Stg. 1982 (Hg. H. Bachmaier; RUB). – Ffm. 1987 (in *Werke*, Hg. u. Nachw. H. Bachmaier, Bd. 3).

LITERATUR: S. Hock, *»Der Traum ein Leben«*, Stg. 1904. – E. Hock, *G.s Drama »Der Traum ein Leben«* (in Zs. für Deutschkunde, 54, 1940, S. 49–65). – E. Frey-Staiger, *G. Gestalt u. Gestaltung des Traums*, Diss. Zürich 1966. – H. Haider-Pregler, *Zur Bühnengeschichte von G.s »Traum ein Leben«* (in G.-Forum Forchtenstein, 1972, S. 125–144). – A. Barthofer, *Und kein Wachen als im Schlafe. Anmerkungen zu F. G.s Märchendrama »Der Traum ein Leben«* (in Jb. der G.-Ges., 3. Folge, 16. Bd., 1987, S. 69–83). – R. Geißler, *Ein Dichter der letzten Dinge. G. heute*, Wien 1987, S. 60–70.

EIN TREUER DIENER SEINES HERRN

Trauerspiel in fünf Akten von Franz GRILLPARZER, Uraufführung: Wien, 28. 2. 1828, Burgtheater; erschienen 1830. – Der Wiener Hof gab 1825, anläßlich der Krönung von Kaiserin Karoline Auguste zur Königin von Ungarn, bei Grillparzer ein Festspiel in Auftrag. Grillparzer verzichtete, da der Stoff des »Treuen Diener« behördlicherseits mißfiel. Die Niederschrift des Dramas fällt in den Herbst 1826, im Anschluß an eine Deutschlandreise; die geplante Widmung an Goethe unterbleibt aus Selbstzweifel. Die Uraufführung, welcher der Kaiser beiwohnt, findet unter großem Beifall statt. Franz I. läßt dem Autor durch Polizeipräsident Sedlnitzky mitteilen, er wolle das Stück als Privatbesitz erwerben; weitere Aufführungen und Druck hätten deshalb zu unterbleiben. Grillparzer lehnt ab. Das Stück wird daraufhin stillschweigend vom Spielplan gestrichen.

Bancbanus ist Paladin bei König Andreas von Ungarn. Otto von Meran, der Bruder von Königin Gertrude, stellt Bancbans junger schöner Frau Erny nach. An der Spitze einer johlenden Menge bespöttelt er den alten Mann. Doch Bancbanus reagiert nicht, sondern begibt sich – wie befohlen – zu Hofe. Der König zieht in den Krieg und bestimmt Bancbanus – nicht Otto, wie Gertrude gewünscht hätte – zu seinem Statthalter. Demütig nimmt er das Amt an: *»Ich bin ein schwacher Mann!«* Sogleich bereitet Otto, mit Unterstützung der Königin, einen neuen Anschlag auf Erny vor. Auf einem Fest gelingt ihm beinahe die Verführung. Erny droht gegen ihren Willen seiner erotischen Faszination zu erliegen. Hilfesuchend flüchtet sie zu Bancbanus, der im Vorsaal unbeirrt seines Amtes waltet. Der weise Mann versteht ihre Not und ermutigt sie, dem Verführer mit Verachtung zu begegnen. Otto fühlt sich betrogen. Verzweiflung befällt ihn und macht ihn körperlich krank. Abermals mit Hilfe der Königin lockt er Erny auf sein Zimmer. Nicht Liebe verlangt er, sondern Vertrauen. Er ist gefangen in einem Teufelskreis: Um Vertrauen zu erzwingen, übt er fortgesetzt Treubruch. Um nicht Opfer seiner Zudringlichkeiten zu werden, ersticht sich Erny. Die Gewalt, die Otto an Erny übt, wird jedoch dargestellt als Reflex einer anonymen Gewalt, die die Umstände zuvor schon an Otto übten. Man drängt nun Bancbanus zur Rache. Dieser aber stellt die Interessen der Gesellschaft über sein persönliches Leid. Er fürchtet den Bürgerkrieg. Seine Absage an die Gewalt ist in eine Geste gelegt: Er zieht das Schwert gegen die Rebellen unter den eigenen Gefolgsleuten und bricht dabei zusammen. Doppelsinnig demonstriert die Gebärde einerseits die Machtlosigkeit des einzelnen, zum andern aber auch die Ohnmacht von Gewaltanwendung überhaupt. Statt sich zu rächen, verhilft Bancbanus Otto, der Königin und dem kleinen Kronprinzen zur Flucht vor seinen eigenen Leuten. Bei einem Handgemenge mit den Verfolgern trifft ein Dolch, der nach Otto geworfen wurde, tödlich die Königin. Bancbanus rettet den Thronfolger; in einen Winkel gekauert, breitet er schützend seinen Mantel über ihn. König Andreas kehrt unerwartet früh zurück und findet das Land in Aufruhr. Bancbanus gelingt in letzter Minute die Schlichtung des Zwists, weil das Volk für ihn Partei ergreift. Der König, wie im spanischen barocken Trauerspiel irdischer Repräsentant Gottes, schickt sich an, Gericht über die Schuldigen zu halten. Doch Bancbanus versteht es, das Geschehene zu rechtfertigen. Das individuelle Verschulden der Beteiligten habe ihren Fluchtpunkt in einem allgemeinen Schuldzusammenhang, der keiner Rechtsprechung faßbar sei. Der König zeigt sich einsichtig, erkennt und vergibt die Schuld als menschlich. Bancbanus erbittet sich statt aller Rangerhöhung die Gunst, dem Königskind die Hand küssen zu dürfen. Väterlich ermahnt er ihn zu »Milde«, »Gerechtigkeit« und »Pflichttreue«.

Form und Sprache des Dramas sind klassischen Vorbildern verpflichtet. Grillparzer befürchtete, dieses *»bis zum Übermaß loyale Stück«* könne als *»Apologie knechtischer Unterwürfigkeit«* mißverstanden werden. Nicht um Kadavergehorsam wird jedoch geworben, sondern um jene »Treue« in den Beziehungen zwischen Individuum und Gesellschaft, die der Polizeistaat Metternichs unmöglich machte.

Der Diener ist als Diagnosefigur für die Wiener Verhältnisse, was im 19. Jh. der Flaneur für Paris ist: An ihm objektiviert sich die Wertordnung der Habsburger Welt. Das Dienen ist Selbstverzicht und Anerkennung einer überzeitlichen, sakralen Ordnung. D.Bar.-H.Ba.

Ausgaben: Wien 1830. – Wien 1931 (in *SW*, Hg. A. Sauer u. R. Backmann, 42 Bde., 1909–1948, Abt. 1, Bd. 3; hist.-krit.). – Wien 1958. – Mchn. 1960 (in *SW*, Hg. P. Frank u. K. Pörnbacher, 4 Bde., 1960–1965, 1). – Stg. 1966; ern. 1968 (RUB). – Ffm. 1986 (in *Werke*, Hg. u. Nachw. H. Bachmaier, Bd. 2).

Literatur: H. Roselieb, *G. u. die Barocke* (in Jb. d. österr. Leo-Ges., 4, 1927, S. 165–195). – E. Howald, *Ernys Schuld. Zum Problem der dichterischen Gestaltung bei G.* (in E. H., *Humanismus u. Europäertum*, Zürich/Stg. 1957, S. 230–247). – U. Helmensdorfer, *»Ein treuer Diener seines Herrn«* (in U. H., *G.s Bühnenkunst*, Bern 1960, S. 30–68). – K. Schaum, *G.s Drama »Ein treuer Diener seines Herrn«* (in Jb. der G.-Ges., 3, 1960, S. 72–94). – G. Baumann, *»Ein treuer Diener seines Herrn«* (in G.-Forum, 1, 1965, S. 26–36). – H. Politzer, *Verwirrung des Gefühls. F. G.s »Ein treuer Diener seines Herrn«* (in DVLG, 39, 1965, S. 58–86). – P. Lattmann, *F. G. Untersuchungen zu seinem Drama »Ein treuer Diener seines Herrn«*, Diss. Zürich 1971.

WEH DEM, DER LÜGT!

Lustspiel in fünf Akten von Franz Grillparzer, entstanden 1834–1837; Uraufführung: Wien, 6. 3. 1838, Burgtheater (der völlige Mißerfolg führt zu Grillparzers Rückzug vom Theaterleben); erschienen 1840. Als Quelle diente die *Historia Francorum* des Gregor von Tours. – Die auch sonst von Grillparzer gern verwendete Rahmenform bestimmt den Aufbau dieses Dramas: Die Aufgabenstellung im ersten Akt entspricht der Lösung im letzten, und die Durchführung der gestellten Aufgabe im Mittelstück bildet das eigentliche dramatische Geschehen. Reflexion und Betrachtung bestimmen den Rahmen, Handlung und dramatische Spannung die Binnenhandlung. Wahrhaftigkeit als absolute Forderung; Wahrheitsstreben in der Angefochtenheit des Handelns, in der Wirrnis des bewegten Lebens, das Wahrhaftigkeit nur in gebrochenen Formen verwirklichen kann; Modifizierung der Forderung nach Wahrhaftigkeit als Frucht der Erkenntnis irdischer Bedingungen – das sind die drei Stufen der Entwicklung der dramatischen Handlung.

Gregor, Bischof im Frankenland zur Zeit der Merowinger, ist strenger Verfechter des Gebotes absoluter Wahrhaftigkeit, das Gott und der Natur allein entspricht. Aber sein unbedingtes »Weh dem, der lügt« wird den Bedingungen der Wirklichkeit nicht gerecht. Gregors Küchenjunge Leon erkennt die Spannung zwischen der sittlichen Norm und den Anforderungen der Wirklichkeit. Er will den Neffen des Bischofs, Attalus, aus der Gefangenschaft der germanischen Barbaren durch »Herauslügen« befreien, wogegen sich der Bischof streng verwahrt. *»Und wenn nun euer Neffe drob vergeht?«* fragt Leon. *»So mag er sterben und ich sterbe mit.«* Die Aufgabe besteht also darin, Attalus unter strikter Einhaltung der Wahrheit zu befreien. – Leon verdingt sich zu diesem Zweck als Küchenjunge bei Kattwald, Graf im Rheingau, der Attalus gefangenhält. Er macht keinen Hehl daraus, daß er Attalus befreien will, aber die Direktheit und Dreistigkeit seiner Worte ist so entwaffnend, daß ihn niemand ernst nimmt. Kattwalds Tochter Edrita, gegen ihren Willen von ihrem Vater zur Vermählung mit dem triebhaft-dumpfen Galomir bestimmt, wird zur Verbündeten der Franken, hilft den beiden zur Flucht und schließt sich ihnen an. Die Hindernisse, die es zu überwinden gilt, werden immer bedrohlicher, aber in höchster Gefahr zeigt sich immer wieder ein Ausweg. Die Verknüpfung von Wahrhaftigkeit und göttlicher Fügung wird besonders deutlich, als Leon dem Fährmann Kattwalds, der sie allein retten kann, die Wahrheit sagt, daß er nämlich vor Kattwald fliehe, und gegen alle Wahrscheinlichkeit gerade dadurch gerettet wird. Noch einmal scheint alles verloren, als Kattwalds Knechte die Fliehenden vor Metz einholen. Leons Gebet *»Und so begehr ich denn, ich fordre Wunder«* zwingt das Wunder herbei: Aus den Toren von Metz treten den Flüchtlingen nicht, wie erwartet, Feinde entgegen, sondern Franken, die die Stadt am Tage zuvor eingenommen haben, allen voran Gregor, der nun als Richter, aber mit gewandeltem Verstehen der Spannung zwischen absoluter Forderung und den Möglichkeiten der Wirklichkeit, das Geschehene prüft. Noch eine letzte Prüfung der Wahrhaftigkeit wird Leon abverlangt: das Geständnis seiner Liebe zu Edrita, die mit ihrer Liebe zu Leon zugleich den Schritt in den Bereich höherer Humanität tut und den christlichen Glauben annimmt.

Grillparzers Zentralproblem der Spannung zwischen Bedingtheit alles Menschlichen und Unbedingtheit des Göttlichen wird hier im Hinblick auf die Wahrheitsfrage gestaltet, und die Konstellation der Figuren ist wesentlich durch ihr verschiedenes Verhältnis zu Wahrheit und Lüge bestimmt. In immer neuen Situationen wird die Komplexität der Wahrheitsfrage durchgespielt, die Ambivalenz auch der vermeintlichen Wahrhaftigkeit aufgezeigt, wie Edrita klar erkennt: *»Hast du die Wahrheit immer auch gesprochen* (die Hand aufs Herz legend), *hier fühl ich dennoch, daß du mich getäuscht.«* Wenn Leon zunächst durch unverblümte Wahrheitssprache täuscht, also nur formal am Gebot der Wahrhaftigkeit festhält, sie in Wirklichkeit aber zum Zweck der Täuschung einsetzt, gelingt ihm der Durchbruch zur unbedingten Wahrhaftigkeit gerade in dem Augenblick, in dem er dem Fährmann ohne Rücksicht auf die Folgen die Wahrheit bekennt. Die rettende Kraft der Wahrheit zeigt sich, wenn nach menschlichem Ermessen alles verloren ist. Leons Entwicklung ist damit in gewissem Sinne der des Bischofs gegenläufig, denn dieser muß schließlich doch erkennen, daß die absolute göttliche Seinsordnung in der *»buntverworrenen Welt«*, im Zwang des Handelns nicht zu verwirklichen ist.

Diese philosophische Komödie rekapituliert die Menschheitsentwicklung und ihre verschiedenen kulturellen Stadien, die an der Sprachfähigkeit und Moralität ablesbar werden. Dabei bilden Sprache – Moralität – Kultur einen Zusammenhang, der in jeder Phase des Zivilisationsprozesses seine eigene Ausprägung besitzt. Die Geschichte erscheint in diesem Verständnis als Prozeß der kulturellen und sittlichen Vervollkommnung des Menschen.

I.Am.-H.Ba.

AUSGABEN: Wien 1840. – Wien/Lpzg. 1936 (in *SW*, Hg. A. Sauer u. R. Backmann, 42 Bde., 1909–1948, Abt. 1, Bd. 5; Anm. Bd. 20; hist.-krit.). – Mchn. 1961 (in *SW*, Hg. P. Frank u. K. Pörnbacher, 4 Bde., 1960–1965, 2). – Stg. 1959 (RUB). – Ffm. 1987 (in *Werke*, Hg. u. Nachw. H. Bachmaier, Bd. 3).

LITERATUR: O. Katann, *»Weh dem, der lügt« u. das Problem der Wahrhaftigkeit* (in *G.-Studien*, Hg. ders., Wien 1924, S. 184–220). – H. Seidler, *G.s Lustspiel »Weh dem, der lügt«* (in Jb. der G.-Ges., 3, Bd. 4, 1965, S. 7–29; ern. in H. S., *Studien zu G. u. Stifter*, Wien/Köln 1970, S. 66–84). – J. L. Bandet, *G.s »Weh dem, der lügt«* (in *Das dt. Lustspiel*, Hg. H. Steffen, Bd. 1, Göttingen 1968, S. 144–165). – F. Forster, *G.s Theorie der Dichtung u. des Humors*, Wien 1970. – *F. G. »Weh dem, der lügt«. Erl. u. Dokumente*, Hg. K. Pörnbacher, Stg. 1970 (RUB). – U. Birbaumer, *»Weh dem, der lügt«. Von Hanswurst zu Leon* (in G.-Forum Forchtenstein, 1971, S. 45–63). – U. Fülleborn, *Zwischen Wahrheit u. Lüge. Die condition humaine in G.s Lustspiel* (ebd., S. 7–28). – F. Martini, *F. G.: Weh dem, der lügt! oder von der Sprache im Drama* (in F. M., *Lustspiele*, Stg. 1974, S. 198–212). – H. G. Werner, *G.s »Weh dem, der lügt« u. die Tradition der ernsthaften Komödie* (in *Die österr. Lit.*, Hg. H. Zeman, Graz 1982, S. 323–341).

CHRISTIAN FRIEDRICH HEBBEL

* 18.3.1813 Wesselburen
† 13.12.1863 Wien

LITERATUR ZUM AUTOR:

Bibliographien:
U. H. Gerlach, *H.-Bibliographie 1910–1970*, Heidelberg 1973. – Ders., *H.-Bibliographie 1970–1980* (in H.-Jb., 1983, S. 157–189). – D. Lohmeier, *H.-Bibliographie 1981–1984* (in H.-Jb., 1986, S. 129–141).

Zeitschrift:
Hebbel-Jb., Heide in Holstein 1939 ff.

Biographien:
H. Matthiesen, *F. H. in Selbstzeugnissen u. Bilddokumenten*, Reinbek 1970 (rm); ern. 1979. – W. Augustiny, *Elise u. Christine. Die beiden Frauen im Leben F. H.s*, Heide 1986.

Gesamtdarstellungen und Studien:
O. Walzel, *F. H. u. seine Dramen. Ein Versuch*, Lpzg. 1913; ³1927; ern. Hildesheim 1973. – R. Ebhard, *H. als Novellist*, Bln. 1916. – E. Dosenheimer, *Das zentrale Problem in der Tragödie F. H.s*, Halle 1925 (DVLG); ern. Hildesheim 1976. – K. Ziegler, *Mensch u. Welt in der Tragödie H.s*, Bln. 1938; ern. Darmstadt 1966. – H. Frisch, *Symbolik u. Tragik in H.s Dramen*, Bonn ²1963 [zugl. Diss. Köln]. – *H. in neuer Sicht*, Hg. H. Kreuzer, Stg. 1963; ern. Stg. u. a. 1969 (durchges.). – B. v. Wiese, *Die deutsche Tragödie von Lessing bis H.*, Hbg. ⁶1964. – H. Matthiesen, *Untersuchungen über die Quellen zu H.s hist. Dramen*, Diss. Kiel 1965. – C. Kleinschmidt, *Die Person im frühen Drama H.s*, Lahr 1965. – A. Meetz, *F. H.*, Stg. ²1965 (Slg. Metzler). – M. Schaub, *F. H.*, Velber 1967 (Friedrichs Dramatiker des Welttheaters). – H. Kraft, *Poesie der Idee. Die tragische Dichtung H.s*, Tübingen 1971. – M. Garland, *H.s prose tragedies. An investigation of the aesthetic aspect of H.s dramatic language*, Cambridge 1973. – B. Fenner, *Geschichte – Natur – Mythos. Dramen, Tagebücher, Briefe u. Schriften F. H.s. Zum Verhältnis von Geschichte, Philosophie u. Kunst in der 1. Hälfte des 19. Jh.s*, Diss. Bln. 1977. – Dies., *F. H. zwischen Hegel u. Freud*, Stg. 1979. – M. Guiolas, *Probleme der Lessing-Rezeption im dramatischen Schaffen F. H.s*, Diss. Halle 1980. – *F. H. Neue Studien zu Werk u. Wirkung*, Hg. H. Grundmann, Heide in Holstein 1982. – H. Kaiser, *F. H.*, Mchn. 1983 [U + B]. – W. J. Niven, *The reception of F. H. in Germany in the era of National Socialism*, Stg. 1984. – *H. Mensch u. Dichter im Werk*, Hg. I. Koller-Andorf, Wien 1985. – *F. H.*, Hg. H. Kreuzer, Darmstadt 1989.

AGNES BERNAUER. Ein deutsches Trauerspiel

Tragödie in fünf Akten von Friedrich HEBBEL, erschienen 1852; Uraufführung: München, 25. 3. 1852, Hoftheater. – Wie – mit Ausnahme von *Maria Magdalene* – alle Dramen Hebbels, des zwischen dem Idealismus der deutschen Klassik und dem Realismus des 19. Jh.s stehenden Dramatikers, behandelt auch dieses Stück einen überlieferten Stoff: die Geschichte der schönen Baderstochter Agnes Bernauer aus Augsburg, die 1432 von Albrecht (III.), Sohn des regierenden Herzogs Ernst von Bayern, geheiratet und auf Befehl ihres Schwiegervaters, da nichtadligen Geblüts, 1435 als Hexe in der Donau ertränkt wird. Das Geschehen, früh in Volksliedern und Moritaten festgehalten, fand bald Eingang in das Repertoire von Schauspieltruppen; in mehr als sechzig Dramatisierungen wurde der Stoff aufgegriffen, darunter in einer Bearbeitung von J. A. Graf v. TÖRRING (1790) sowie, 1947, von Carl ORFF *(Die Bernauerin. Ein bairisches Stück)*.

Weniger die dynastischen Machtinteressen des ausgehenden Mittelalters oder die Rekapitulation der historischen Ereignisse sind Hebbels Anliegen, auch für ein *»soziales Drama«*, so schreibt er rückblickend an S. Engländer (27. 1. 1863) habe er das Stück nie gehalten; vielmehr war ihm das Schicksal der Baderstocher deshalb *»so merkwürdig«* vorgekommen, *»weil ihr Schicksal zeigt, daß auch die bloße Schönheit, die doch ihrer Natur nach nicht zum Handeln, geschweige zu einem die Nemesis aufrufenden Handeln gelangen kann, also die ganz passive bloße Erscheinung auf der höchsten Spitze ohne irgendein Hinzutreten des Willens einen tragischen Konflikt zu entzünden vermag ...«*, der auf einem metaphysisch fundierten Gegensatz zwischen dem Anspruch des Individuums und den Interessen des Staates wie der althergebrachten Ordnung beruht.

Im ersten Akt charakterisiert Hebbel in wenigen Zügen die Bürgerstochter Agnes; die Liebesbeziehung zwischen ihr und dem Herzogssohn entsteht ohne willentliches Zutun der Beteiligten, gleichsam als natürlicher Akt, unter dessen Eindruck der junge Herzogssohn Albrecht alle ständischen Bedenken abtut. Wenn sie *»sich offen wider mich empören: ich schickte dein Bild statt eines Heeres, und sie kehrten schamrot zum Pfluge zurück«*, ruft Albrecht, während Agnes von Anfang an ein Gefühl drohender Gefahr beherrscht; sogleich nach ihrer Krönung läßt sie bei Straubing ihre Totenkapelle erbauen.

Agnes und Herzog Ernst, der ihre Ermordung betreiben wird, begegnen sich auf der Bühne nicht. Der Landesherr, der mit dem dritten Akt erscheint, hat nach der Hochzeit seines Sohnes von drei Juristen das Todesurteil über Agnes ausstellen lassen und es jahrelang verborgen. Als sein kränklicher Neffe, den er zum Thronfolger erhoben hatte, stirbt und das Land zu zerfallen droht, unterzeichnet Ernst das Urteil: *»Das große Rad ging über sie weg – nun ist sie bei dem, der's dreht.«*

Das Urteil wird nur vordergründig durch den Vorwurf legitimiert, Agnes habe *»verbrecherisch«* den Herzogssohn zu *»unrechtmäßiger Ehe«* verführt. Vielmehr ist die Baderstochter zu einer Bedrohung aller bestehenden Verhältnisse geworden: Sie hat *»die Ordnung der Welt gestört, Vater und Sohn entzweit, dem Volk seinen Fürsten entfremdet«*, und dies in einem Maße, daß nach herkömmlichen Rechtsgrundsätzen nicht mehr geurteilt werden kann; denn sie hat *»einen Zustand herbeigeführt, in dem nicht mehr nach Schuld und Unschuld, nur noch nach Ursach und Wirkung gefragt werden kann«*. Während Herzog Ernst mit seinem Handeln stets im Rahmen der Feudalordnung und der Interessen des Staates sich bewegt *(»Aber wenn du dich wider göttliche und menschliche Ordnung empörst: ich bin gesetzt, sie aufrecht zu erhalten, und darf nicht fragen, was es mich kostet!«)*, konzentriert das Liebespaar sich allein auf seine Gefühlswelt, beharrt es auf der Einlösung seines individuellen Glücks *(»Worauf sollte Gott die Welt gebaut haben, wenn nicht auf das Gefühl, was mich zu dir zieht und dich zu mir?«)* und verkörpert somit ein in letzter Instanz anarchisch wirkendes, bürgerliches Verhalten. Hebbels Drama bleibt aber nicht bei dieser historischen Zuschreibung stehen; es verfolgt die *»Dialektik einer Ordnung, die einerseits notwendig auf freien Vereinzelten basiert, andererseits gezwungen ist, deren Individuationstendenz wieder umzukehren, weil sie sonst als Ordnung insgesamt gefährdet ist. – Deutlich läßt sich in dieser Struktur das Problem der bürgerlichen Revolution (1848) erkennen«* (H. Kaiser).

Zwischen beiden Extremen, der Notwendigkeit staatlicher Ordnung und dem Recht individueller Verwirklichung, zu vermitteln ist letztlich Aufgabe des Fürsten, wie Albrecht schließlich anerkennt. Ihm und seinen Truppen, die das Land mit Zerstörung überziehen, stellt sich der alte Herzog entgegen. Er übergibt dem noch Widerstrebenden die Verantwortung über das Land und unterwirft sich im voraus dem Urteil, das der Sohn nach Jahresfrist über ihn sprechen soll, nicht ohne zuvor die Eingebundenheit individuellen Handelns in den allgemeinen, letztlich religiösen Zusammenhang zu stellen, wogegen sich der Sohn vergangen habe: *»Wir müssen das an sich Wertlose stempeln und ihm einen Wert beilegen, wir müssen den Staub über den Staub erhöhen, bis wir wieder vor dem stehen, der nicht Könige und Bettler, nur Gute und Böse kennt ... Weh dem, der diese Übereinkunft der Völker nicht versteht ... So greife denn endlich auch in deine Brust, sprich: Vater, ich habe gesündigt im Himmel und vor dir, aber ich wills büßen, ich will leben!«*

Neben *Judith* und *Maria Magdalene* gehört *Agnes Bernauer* bis heute zu den bekanntesten Bühnenwerken Hebbels. Die Zeitgenossen des Autors, dessen Sympathien zweifellos eher bei den Konservativen lagen denn bei den bürgerlichen Aufrührern, faßten das Werk als Kommentar zu den politischen Umwälzungen der Gegenwart auf, schon G. G. GERVINUS aber äußerte in einem Brief an Hebbel (26. 12. 1852) sein Unbehagen darüber, daß die *»Nothwendigkeit«* hier über das *»Recht der*

Natur« siege, und auch die späteren Interpreten suchten nach einer Rechtfertigung des Mordes an der Baderstocher, zumeist mit einer religiösen Begründung (P.G. KLUSSMANN, G. FRICKE, B.v. WIESE), wenn ihnen das Mädchen als ein Absolutes – P.G. Klussmann spricht von der *»Offenbarung Gottes im irdisch schönen Leib«* – erscheint, das im Irdisch-Endlichen notwendig untergehen müsse. Die Forschung der jüngsten Zeit (P.M. LÜTZELER, H. KAISER, H. REINHARDT) hat sich davon ebenso abgesetzt wie von der gängigen Betonung des restaurativen Charakters des Dramas, das letztlich in einer Modellsituation die Ansprüche des Individuums und der – in Form des Staates auftretenden – Allgemeinheit gegeneinanderstellt, beide Haltungen aber gleichermaßen problematisiert und relativiert; dennoch wurde das Stück lange Zeit als ein den Staat bedingungslos legitimierendes Drama gedeutet und vor allem während des Dritten Reiches so gerne gespielt, daß es nach 1945 weitgehend von den Bühnen verschwand. Eine eigenständige, von der Kritik als mißglückt beurteilte Bearbeitung des Stücks versuchte 1976 F.X. KROETZ, dessen Hauptfigur, nunmehr die Tochter eines versoffenen Friseurs, die der Sohn eines reichen Unternehmers zur Frau wählt, Opfer der sozialen Gegensätze wird, aber letztlich Rettung beim Volk findet. M.Pr.

AUSGABEN: Wien 1852 [Bühnenms.]. – Wien 1855. – Bln. 1911 (in *SW*, Hg. R.M. Werner, Abt. I, Bd. 3; hist.-krit.); ern. Bern 1970. – Stg. 1960 (RUB). – Mchn. 1963 (in *Werke*, Hg. G. Fricke, W. Keller u. K. Pörnbacher, 5 Bde., 1963–1967, 1). – Bln./Weimar 1971 (in *Werke*, Hg. J. Müller, 3 Bde., 1).

LITERATUR: H. Meyer-Benfey, *H.s Agnes Bernauer*, Weimar 1931. – G. Fricke, *H.s Agnes Bernauer* (in H.-Jb., 1951, S. 29–59). – W. Wittkowski, *Menschenbild u. Tragik in H.s »Agnes Bernauer«* (in GRM, 39, 1958, S. 232–259). – H. Kreuzer, *H.s »Agnes Bernauer« (u. a. Dramen der Staatsraison u. des politischen Notstandsmordes)* (in *H. in neuer Sicht*, Hg. H. Kreuzer, Stg. 1963, S. 267–293). – P. G. Klussmann, *H.s Agnes Bernauer* (in *Das deutsche Drama vom Barock bis zur Gegenwart*, Hg. B. v. Wiese, Bd. 2, Düsseldorf ³1964, S. 141–157). – M. E. Smith, *Das Zeitbewußtsein u. seine Gestaltung in H.s »Agnes Bernauer«* (in H.-Jb., 1971/72, S. 93–130). – M. Durzak, *Politische oder politisiertes Drama? Bemerkungen zu H.s »Agnes Bernauer«* (in H.-Jb., 1973, S. 9–31). – K. Pörnbacher, *F. H.: »Agnes Bernauer«. Erl. u. Dokumente*, Stg. 1974 (RUB). – Ders., *»Agnes Bernauer« – Literatur und Wirklichkeit* (in H.-Jb., 1976, S. 107–123). – H. Reinhardt, *Das gebeugte Individuum. Zum Verhältnis von politischer u. tragischer Problematik in H.s »Agnes Bernauer«* (in *F. H. Neue Studien zu Werk u. Wirkung*, Hg. H. Grundmann, Heide 1982, S. 45–62). – P. M. Lützeler, *F. H.s »Agnes Bernauer«. Ein Geschichtsdrama zwischen Politik u. Metaphysik* (ebd., S. 63–84).

GYGES UND SEIN RING

Tragödie in fünf Akten von Friedrich HEBBEL, erschienen 1856; Uraufführung: Wien, 25.4. 1889, Burgtheater. – Hebbel wurde im Frühjahr 1854 auf die von HERODOT (5. Jh. v. Chr.) in seinen *Historien* erzählte Geschichte von Gyges, der die Gemahlin seines Freundes Kandaules auf dessen Wunsch heimlich unverschleiert sieht, aufmerksam gemacht und faßte sogleich den Plan, eine Tragödie zu schreiben, die *»sich ganz für das théâtre français eignen wird: aus einer uralten Fabel des Herodot hervorgesponnen, abenteuerlich bunt in den Situationen, sich bis zum letzten Moment in der Handlung steigernd und dennoch griechisch einfach in den Charakteren, dabei knapp im Zuschnitt und rapid im Verlauf«* (Brief an S. Engländer, 6. 5. 1854).
Die um das Märchenmotiv des Zauberrings, das sich zuerst in PLATONS Überlieferung des Gyges-Stoffes *(Politeia)* findet, bereicherte Handlung des Dramas ist *»mythisch und vorgeschichtlich; sie ereignet sich innerhalb eines Zeitraumes von zwei Mal vier und zwanzig Stunden«* (Vorbemerkung): Kandaules, der aus dem Geschlecht der Herakliden stammende König von Lydien, der als ebenso kühner wie unbedachter Neuerer wenig Rücksicht nimmt auf die Ehrfurcht seines Volkes vor Traditionen, bemerkt erste Anzeichen der Unzufriedenheit, als er versucht, *»die alten Heiligtümer zu verdrängen«*, und Krone und Schwert seines Ahnen Herakles umschmieden läßt. Doch während er sich gegen seine Untertanen durchsetzen kann, wird ihm seine »moderne« Einstellung gegenüber Althergebrachtem im privaten Bereich zum Verhängnis. Als sein griechischer Freund Gyges ihm einen unsichtbar machenden Ring schenkt, drängt er Gyges, ihn im Schutze der Zaubermacht des Ringes nachts in das Gemach seiner Gemahlin Rhodope zu begleiten und ihm deren Schönheit zu bestätigen: *»Ich brauche einen Zeugen, daß ich nicht / Ein eitler Tor bin, der sich selbst belügt, / Wenn er sich rühmt, das schönste Weib zu küssen, / Und dazu wähl ich dich.«* Damit verstößt er gegen die in der indischen Heimat seiner Frau heilige Sitte, daß nur der Vater der Braut und später ihr Ehegatte sie entschleiert sehen darf. Die nächtliche Szene selbst ist ausgespart; erst danach erfährt der Zuschauer, daß Gyges, sogleich das Unehrenhafte seines Tuns erkennend, noch im Schlafgemach den Ring abgenommen und sich sichtbar gemacht hat, um sich der rächenden Hand des Kandaules darzubieten, der zur Wahrung der Ehre Rhodopes gezwungen gewesen wäre, ihn zu töten. Doch Kandaules verbarg Gyges, indem er sich vor ihn stellte, und auch am Morgen nimmt er das Anerbieten seines Freundes nicht an; Gyges will sich daher von Kandaules trennen und nach Ägypten reisen. Rhodope aber hat Verdacht geschöpft und läßt sich von Kandaules nicht lange täuschen; nach und nach erfragt sie die Wahrheit und erfährt schließlich, was sie am meisten verletzen muß: daß Gyges nicht heimlich, sondern mit Wissen, ja auf Wunsch des Kandaules ihr Schlafgemach betreten hat. Nun bleibt ihr, wenn sie ihre

Selbstachtung bewahren will, nichts mehr übrig, als Gyges aufzufordern, ihren Gatten im Zweikampf zu töten. Kandaules fällt mit der Einsicht, daß er *»schwer gefehlt«* hat: *»Man soll nicht immer fragen: / Was ist ein Ding? Zuweilen auch: Was gilt's?«* Als Gyges, dem inzwischen die Krone Lydiens angetragen wurde, mit Rhodope vor dem Altar der Göttin Hestia getraut worden ist, nimmt sich Rhodope das Leben, um dem mythischen Gesetz der absoluten Reinheit zu genügen: *»Ich bin entsühnt, / Denn keiner sah mich mehr, als dem es ziemte, / Jetzt aber scheide ich mich [sie durchsticht sich] so von dir!«*

Die Tragödie, eines der geschlossensten und sprachlich geschliffensten Stücke Hebbels, wurde schon von den Zeitgenossen wegen der sublimen Gestaltung des Konflikts und dessen psychologisch-moralischer Dialektik bewundert, so von GRILLPARZER mit den Worten: *»Wie ist das filtriert! Wie ist das filtriert!«* Der Autor selbst kommentierte sein Werk mit den Sätzen: *»Ich hoffe, den Durchschnittspunkt, in dem die antike und die moderne Atmosphäre weitgehend ineinander übergehen, nicht verfehlt und einen Konflikt, wie er nur in jener Zeit entstehen konnte und der in den entsprechenden Farben hingestellt wird, auf eine allgemein menschliche, allen Zeiten zugängliche Weise gelöst zu haben«* (an F. von Uechtritz, 14. 12. 1854).

Was Hebbel als der *»Durchschnittspunkt«*, als die überzeitliche Problemkonstellation erscheinen mußte, war der Zusammenstoß eines schon einem neuen Äon zugewandten Individuums mit den festen Werten und Traditionen seiner Zeit. Kandaules rührt sowohl mit seiner aufklärerischen Haltung als König wie auch mit seiner Mißachtung dessen, was seiner Frau als heiligste Sitte gilt, an das von der Zeit Geheiligte und für die Menschen fraglos Geltende, an den *»Schlaf der Welt«*: *»Ich weiß gewiß, die Zeit wird einmal kommen, / Wo alles denkt wie ich; was steckt denn auch / In Schleiern, Kronen oder rost'gen Schwertern, / Das ewig wäre?«* Vor allem aber zerstört er durch die Verletzung der Sitten und Riten den Einklang des Menschen mit der Weltordnung und mit sich selbst: Rhodopes Schleier ist *»ein Teil ihres Wesens«*, und sie muß daher Kandaules' und Gyges' Tat als eine tödliche, sie ins Innerste treffende Schmach empfinden, als eine Bedrohung des religiösen Grundes, aus dem ihre Sittlichkeit erwächst. Ausgelöst wird allerdings Kandaules' Handlungsweise nicht nur durch seine Mißachtung für *»Schleier, Kronen oder rost'ge Schwerter«*, sondern auch durch seine Eitelkeit und unbedachte Prahlsucht, aus der heraus er in Rhodope nur ein Ding, einen kostbaren Gegenstand sieht. Mit dem geschichtsphilosophisch zu deutenden Aspekt des Geschehens als eines Weltprozesses verknüpft ist also die individualpsychologisch-realistische, die *»Gesetze der menschlichen Seele«* (an S. Engländer, 23. 2. 1863) berücksichtigende Begründung und Deutung der menschlichen Reaktion auf das Geschehen. Die Unvereinbarkeit des Welt- und Selbstverständnisses der beiden Zentralgestalten Kandaules und Rhodope löst die Katastrophe aus; der tragische Ausgang stellt die Ordnung wieder her.

Die antik-idealistische Stilisierung läßt das Stück in die Nähe J. RACINES und der antikisierenden Dramen J. W. v. GOETHES, insbesondere der *Iphigenie*, rücken, mit denen es auch den leicht rhetorischen Ton der Sprache gemeinsam hat; doch mit der genauen psychologischen Motivierung, die Hebbel dem Handeln seiner Gestalten gibt, ist ein entscheidendes Element moderner realistischer Dramatik eingeführt. J.Dr.

AUSGABEN: Wien 1856. – Lpzg. [ca. 1890] (RUB). – Bln. 1911 (in *SW*, Hg. R.M. Werner, Abt. I, Bd. 3, ³1911; *Säkular-Ausg.*); ern. Bern 1970. – Lpzg. 1905, Hg. ders. (Die Meisterwerke der deutschen Bühne, 36). – Mchn. 1964 (in *Werke*, Hg. G. Fricke, W. Keller u. K. Pörnbacher, 1963–1967, 2). – Ffm./Bln. 1965, Hg. H. G. Rötzer (Dichtung und Wirklichkeit, 22; m. Dokumentation).

LITERATUR: G. Osswald, *»Gyges und sein Ring«*, Diss. Kiel 1935. – K. Witte, *»Gyges und sein Ring«. Bericht über eine öffentliche Disputation im klassisch-philologischen Seminar der Univ. Erlangen*, Erlangen 1947. – P. Eggstein, *F. H.s Drama »Gyges und sein Ring«. Eine Interpretation*, Mchn. 1948 [zugl. Diss. Zürich]. – W. Naumann, *»Gyges und sein Ring«* (in MDU, 43, 1951, S. 253–270). – H. Kreuzer, *H.s »Gyges und sein Ring«. Die Einheit der Konzeption* (in H.-Jb., 1959, S. 75–102). – H. Stolte, *H.s »Gyges und sein Ring« im Lichte historischer Erfahrungen* (ebd., S. 52–74). – B. Nagel, *Die Tragik des Menschen in H.s Dichtung. Zum Verständnis der Tragödie »Gyges und sein Ring«* (in H.-Jb., 1962, S. 15–93). – H. Matthiesen, *»Gyges und sein Ring«* (in H.-Jb., 1965, S. 129–155). – P. Michelsen, *Rhodopes Schleier. Betrachtungen zu F. H.s »Gyges und sein Ring«* (in *Fs. für K. Ziegler*, Tübingen 1968, S. 233–268). – J. P. Simmen, *Theorie u. Praxis F. H.s. Studien zu »Gyges und sein Ring« u. »Herodes und Mariamne«*, Bern, Mchn. 1969. – U. H. Gerlach, *H. as a critic of his own works. »Judith«, »Herodes und Mariamne«, and »Gyges und sein Ring«*, Diss. Cornell Univ. 1968. – L. Völtz, *Zur Analyse der Sprache in H.s »Gyges und sein Ring«* (in H.-Jb., 1973, S. 137–164). – B. Nagel, *Der Tragiker F. H. Zu »Gyges und sein Ring«* (in B. N., *Kleine Schriften zur deutschen Literatur*, Göppingen 1981, S. 393–477). – L. Lütkehaus, *Dialektik u. Aufklärung. H.s »Gyges und sein Ring«*, Heidelberg 1983. – H. Reinhardt, *Die Kröte vor dem Gemach. Zur Verteidigung der tragischen Struktur in H.s »Gyges und sein Ring«* (in H.-Jb., 1983, S. 89–126).

HERODES UND MARIAMNE

Tragödie in fünf Akten von Friedrich HEBBEL, Uraufführung: Wien, 14. 9. 1849, Burgtheater. – Ähnlich wie in *Gyges und sein Ring* geht es auch hier um die tragische Situation, in die eine Ehe trotz der

Liebe der Gatten gerät, als die Frau in entwürdigender Weise vom Mann *»zum Ding herabgesetzt«* wird. Herodes, der König von Judäa, ein orientalischer Despot voller Mißtrauen gegen seine Umgebung, hegt Argwohn auch gegen seine Frau Mariamne, obwohl sie ihm den politischen Mord an ihrem Bruder Aristobulos verziehen und so ihre unverbrüchliche Liebe und Treue bewiesen hat. Als Herodes nach Alexandria reisen muß, um mit Marcus Antonius, dem Gegner Octavians, gefährliche Verhandlungen zu führen, verlangt er von Mariamne, sie solle ihm schwören, sich zu töten, falls er nicht zurückkäme. Tief verletzt durch diesen Versuch, noch über seinen Tod hinaus über sie zu verfügen wie über einen Gegenstand, den er als seinen kostbarsten Besitz mit ins Grab nehmen möchte, verweigert sie ihm den Schwur, den sie allerdings später – nun aber aus freiem Entschluß – doch leistet, als in Abwesenheit des Königs ein Komplott gegen ihn geschmiedet wird und ihre intrigante Mutter Alexandra versucht, sie gegen den Gatten aufzuhetzen. Als sie jedoch erfährt, daß Herodes sie vor seiner Abreise *»unter's Schwert gestellt«*, d. h. für den Fall seines Todes seinen Statthalter Joseph beauftragt hat, sie umzubringen, damit sie gewiß keines anderen Frau mehr werden könne, ist ihr bisher unbedingtes Vertrauen zu Herodes schwer erschüttert. *»Das ist ein Frevel, wie's noch keinen gab«*, ein Frevel gegen ihre Freiheit und menschliche Unantastbarkeit, ja gegen die Menschheit überhaupt: *»Du hast in mir die Menschheit / Geschändet, meinen Schmerz muß jeder teilen ...«*

Vergeblich macht Herodes nach seiner Rückkehr den Versuch, sein Verhalten zu rechtfertigen. Es ergibt sich jedoch bald eine Gelegenheit für Mariamne, ihren Mann, nachdem sie ihm noch einmal verziehen hat, auf die Probe zu stellen, als dieser in den Krieg zieht. *»Jetzt werd ich's sehn, ob's bloß ein Fieber war, / Das Fieber der gereizten Leidenschaft, / Das ihn verwirrte, oder ob sich mir / In klarer Tat sein Innerstes verriet!«* Wieder muß sie erfahren, daß Herodes den furchtbaren Befehl gab; in ihrer Liebe und in ihrem Stolz gleich tief getroffen, will sie sich zuerst den Tod geben, faßt dann aber den Entschluß zu furchtbarer Rache. Obwohl es scheint, daß Herodes auf dem Feldzug gefallen ist, veranstaltet sie ein Fest, das ihre Hochzeit noch übertreffen soll. Als Herodes überraschend zurückkehrt, schreit sie ihm ins Gesicht: *»Hier wird gejubelt über deinen Tod!«* und nimmt widerspruchslos das Todesurteil hin. Doch vertraut sie dem Römer Titus noch die Wahrheit an und überantwortet damit Herodes, der nach ihrem Tod von ihrer unbedingten Liebe und von ihrem unabänderlichen Entschluß, seinen Vertrauensbruch nicht zu überleben, erfährt, der ewigen Verzweiflung und Reue, die ihn jedoch nicht daran hindern, von seiner Verfügungsgewalt über den Menschen noch einmal schrecklich Gebrauch zu machen: In Mariamnes Todesstunde hat er von den drei Königen aus dem Morgenlande erfahren, daß der kommende König geboren ist. Um seine Krone, *»die jetzt an Weibes Statt mir gelten soll«*, zu retten, gibt er den Befehl zum bethlehemitischen Kindermord – eine letzte Gewaltmaßnahme der *»untergehenden, ihrem Schicksal noch im Erliegen trotzenden und krampfhaft zuckenden alten Welt«*, wie Hebbel in einer Besprechung der seinem Stück stofflich verwandten Tragödie *Ludovico* (1849) von MASSINGER (in der Übersetzung von DEINHARDSTEIN) bemerkt.

Die in regelmäßigen Blankversen geschriebene Tragödie, deren Quellen die *Jüdischen Altertümer* und die *Geschichte des jüdischen Volkes und seiner Hauptstadt Jerusalem* des FLAVIUS JOSEPHUS sind, hielt der Autor selbst für sein Meisterwerk. Das Stück hat, trotz Hebbels Anspruch, es sei *»eine Tragödie der absoluten Notwendigkeit«*, sehr unterschiedliche Deutungen erfahren. Die größten Schwierigkeiten bei der Interpretation macht – sieht man die Tragödie nicht insgesamt konturiert, wie dies M. MICHAEL in jüngster Zeit unternahm, als Ausdruck eines verengten, *»klassenbedingten«* Blicks auf die Gesellschaft des 19. Jh.s – die Frage nach dem Zusammenhang der persönlichen Tragödie von Herodes und Mariamne mit der Geschichte, dem historischen Zeitpunkt des Geschehens, der ja durch die in der Schlußszene des Dramas auftretenden Heiligen Drei Könige besonders akzentuiert wird. Als geschichtliches Drama im Hegelschen Sinne deutete vor allem O. WALZEL das Stück; Herodes ist demnach der letzte Repräsentant despotisch-heidnischer Maßlosigkeit, nicht nur im Politischen, sondern auch in seiner Liebe zu Mariamne. Deren höhere Denkart, ihr Gefühl für das Recht auf Freiheit jedes einzelnen Menschen, der als *»Ebenbild Gottes, nicht als Ding oder Besitz«* (A. Meetz) betrachtet werden soll, macht sie, vor allem nach J. KÖRNERS Interpretation, zur fortschrittlichen, dem neuen christlichen Äon angemessenen und dem Despoten Herodes menschlich überlegenen Gestalt. Ähnlich wie schon K. MAY wies demgegenüber L. RYAN darauf hin, daß auch Mariamne *»ihren Partner im wesentlichen als Gegenstand der eigenen Berechnung«* benutzt: *»Herodes wird von Mariamne wie Mariamne von Herodes auf die ›Probe‹ gestellt«*, und für J.-P. SIMMEN wie für H. KAISER ist für beide Figuren der *»Wille zur Selbstbehauptung«* entscheidender Antrieb für ihr Handeln, dem sie jedes menschliche Gebot unterordnen. Dies führt letztlich die Tragödie herbei, an deren Ende, in den Gestalten der Heiligen Drei Könige, nur ein schwaches Symbol der Versöhnung aufscheint, wie insgesamt der Schluß des Werks von der Kritik wiederholt als erzwungen kritisiert wurde. J.Dr.-KLL

AUSGABEN: Wien 1850. – Bln. 1911 (in *SW*, Hg. R.M. Werner, Abt. I, Bd. 2; *Säkular-Ausg.*); ern. Bern 1970. – Mchn. 1963 (in *Werke*, Hg. G. Fricke, W. Keller u. K. Pörnbacher, 5 Bde., 1963–1967, 1).

LITERATUR: J. Körner, *H.s Hauptwerk (»Herodes und Mariamne«)* (in FDH, 1928, S. 178–236). – F. Weichenmayr, *Dramatische Handlung u. Aufbau in H.s »Herodes u. Mariamne«*, Halle 1929; ern.

Walluf b. Wiesbaden 1973. – M.-L. Hiller, *H.s »Herodes u. Mariamne« auf der Bühne 1849–1925*, Bln. 1930; ern. Hildesheim 1978. – K. May, *H.s »Herodes und Mariamne«* (in ders., *Form u. Bedeutung. Interpretationen deutscher Dichtung des 18. u. 19. Jh.s*, Stg. 1957, S. 299–311). – R. Gruenter, *H.s »Herodes und Mariamne«* (in *Das dt. Drama vom Barock bis zur Gegenwart*, Hg. B. v. Wiese, Bd. 2, Düsseldorf [2]1960, S. 123–140). – L. Ryan, *H.s »Herodes und Mariamne«. Tragödie u. Geschichte* (in *H. in neuer Sicht*, Hg. H. Kreuzer, Stg. 1963, S. 247–266). – J. Müller, *Zu Struktur u. Motivik in H.s »Herodes u. Mariamne«* (in H.-Jb., 1966, S. 56–87). – U. H. Gerlach, *H. as a critic of his own works. »Judith«, »Herodes und Mariamne« and »Gyges und sein Ring«*, Diss. Cornell Univ. 1968. – J. P. Simmen, *Theorie u. Praxis F. H.s Studien zu »Gyges und sein Ring« u. »Herodes und Mariamne«*, Bern/Mchn. 1969. – M. Michael, *F. H.s »Herodes und Mariamne«: literarhistorische Studien zur gesellschaftlichen Funktion u. Klassenbedingtheit von Werk u. Wirkung*, Stg. 1976. – P. Schütze, *Die maskierte Idee. Betrachtung anhand »Herodes und Mariamne«* (in H.-Jb., 1984, S. 103–133).

JUDITH

Tragödie in fünf Akten von Friedrich HEBBEL, Uraufführung: Berlin, 6. 7. 1840, Königliches Hoftheater. – Hebbel schrieb sein erstes, damals als sehr kühn empfundenes Drama in der kurzen Zeit vom 3. 10. 1839 bis zum 28. 1. 1840. In der als Manuskript gedruckten ersten Fassung (1840) war das Drama in drei Akte gegliedert. Vorarbeiten und Entwürfe reichen in das Jahr 1837 zurück, ohne daß der Dichter sich zu jener Zeit schon auf die Judith-Fabel festgelegt hätte. Als einzige Quelle benutzte er das apokryphe *Buch Judith* des *Alten Testaments* (vgl. *Deuterokanonische Bücher*), nach dem Judith das Volk Israel durch die Ermordung des assyrischen Feldherrn Holofernes rettet.

Mit der Wahl dieses biblischen Stoffs setzt Hebbel eine bis zum humanistischen Drama zurückreichende motivgeschichtliche Tradition fort. Seinen dramentheoretischen Ideen entsprechend sucht er den pseudo-mythischen Vorgang zu humanisieren; Entscheidungen des menschlichen Gefühls treten an die Stelle der göttlichen Inspiration. Auch Hebbels Judith glaubt zunächst im Dienst einer religiös-patriotischen Idee zu handeln, doch unbewußt fühlt sie sich von Anfang an zu Holofernes, dem übermächtigen, gottähnlichen Individuum und Widersacher, hingezogen und deutet sich ihr heimliches Begehren in einen göttlichen Auftrag um. Als ihr klar wird, wie sehr sie sich, völlig in seinen Bann geraten, von diesem Auftrag entfernt hat, als auch ihr aufbrechender Haß und ihre offene Drohung ohnmächtig bleiben und sie sich durch Holofernes immer tiefer gedemütigt fühlt, weil er aus maßloser, auf Überwältigung gerichteter Selbstherrlichkeit in ihr nur ein Ding und nicht die ebenbürtige Seele sehen will, wird sie zu ihrer furchtbaren Tat schließlich nur noch vom Verlangen nach persönlicher Rache getrieben, die jedoch, anders als in der biblischen Vorlage, nicht im Triumphgefühl, sondern in Verzweiflung endet: *»Nein, – nein … nichts trieb mich, als der Gedanke an mich selbst … Mein Volk ist erlöst, doch wenn ein Stein den Holofernes zerschmettert hätte – es wäre dem Stein mehr Dank schuldig, als jetzt mir! Dank? Wer will den? Aber jetzt muß ich meine Tat allein tragen, und sie zermalmt mich!«* – Das von Hebbel wiederholt aufgenommene Thema des Geschlechterdualismus, den er als im Grund unüberbrückbaren Wesensgegensatz verstand, ist auch für die Konzeption der *Judith* wichtig geworden: *»Nur dadurch wird die Tat der Judith menschlich, daß sie sich selbst rächt, daß sie Mord gegen Mord setzt«*, erläutert er selbst seine Absicht. Durchaus neu und ganz Hebbels eigene Erfindung ist die sexualpsychologische Motivierung der unbewußten Reaktionen der *»jungfräulichen Witwe«* (Tagebuch v. 7. 3. 1840). In diesem Zusammenhang erhält das Motiv des Traums eine besondere Funktion: Er verrät die verborgenen Triebkräfte, die Judiths Handeln entscheidend bestimmen. Judiths Tragödie erwächst aus der Erkenntnis, daß die zunächst unbewußten psychologisch-erotischen Motive ihrer Tat die religiös-idealistischen überlagert und zur Scheinhaftigkeit degradiert haben. Daß sie sich – in der Gebetsszene zu Beginn des dritten Akts – traumsicher zugunsten des eigenen Begehrens entschloß, bleibt ihr selber lange verborgen. Erst als sie nach der Tat zur Besinnung kommt (im großen Gespräch mit Mirza), tritt das wahre Motiv eindeutig in ihr Bewußtsein: *»Nichts trieb mich als der Gedanke an mich selbst.«* Sie verlangt als öffentlichen Lohn (und zugleich als heimliche Sühne) für die Tat ihren eigenen Tod, falls sie von Holofernes ein Kind empfangen habe.

Trotz aller religiösen Legitimierung ihrer Tat, wodurch sie sich als Werkzeug Gottes sieht, ist Judith in ihrem Subjektivismus und in ihrer Egozentrik nicht weniger monströs wie Holofernes: *»Der Weg zu meiner Tat geht durch die Sünde!«* hält Judith in ihrem übersteigerten Monolog im dritten Akt, ihrem Gebet zu Gott, fest. Sie definiert sich allein durch ihre Tat *(»Dank, Dank dir, Herr! … Darf ich meine Ehre, meinen unbefleckten Leib mehr lieben, wie dich? O, es löst sich in mir, wie ein Knoten. Du machtest mich schön; jetzt weiß ich, wozu«)*, die sie daneben auch durch das Versagen der Männer begründet: *»sehen alle Männer in der Gefahr nichts als die Warnung, sie zu vermeiden – dann hat ein Weib das Recht erlangt auf eine große Tat.«* Auch Judith wird ein Opfer des tragischen Antagonismus zwischen dem handelnden und damit seine Grenzen überschreitenden Individuum und den Gesetzen des *»Weltprozesses«*, den darzustellen nach Hebbels Theorie die Aufgabe des modernen Dramatikers ist. *»Die Gottheit selbst, wenn sie zur Erreichung großer Zwecke auf ein Individuum unmittelbar einwirkt und sich dadurch einen willkürlichen Eingriff … ins Weltgetriebe erlaubt, kann ihr Werkzeug von der Zermalmung durch dasselbe Rad, das es einen Augen-*

blick aufhielt oder anders lenkte, nicht schützen« (Tagebuch).
Hebbels *Judith*, als Erstlingswerk nicht frei von dramaturgischen Schwächen und einer übersteigerten Zeichnung der Charaktere, wurde von Johann NESTROY (*Judith und Holofernes*, 1849) und Georg KAISER (*Die jüdische Witwe*, 1911) parodiert. U.H.-KLL

AUSGABEN: Hbg. 1841. – Bln. 1901 (in *SW*, Hg. R.M. Werner, Abt. I, Bd. 1; hist.-krit.; *Säkular-Ausg.*); ern. Bern 1970. – Stg. 1950 (RUB). – Mchn. 1963 (in *Werke*, Hg. G. Fricke, W. Keller und K. Pörnbacher, 5 Bde., 1963–1967, 1).

VERTONUNG: Emil Nikolaus v. Reznicek, *Holofernes* (Text: E.N. v. R.; Oper; Urauff.: Berlin, 27. 10. 1923, Deutsches Opernhaus).

LITERATUR: A. Kerr, *Judith u. Holofernes* (in A. K., *Die Welt im Drama*, Bln. 1917, Bd. 5, S. 162–166). – H. Stern, *H.s »Judith« auf der dt. Bühne*, Bln. 1927; ern. Hildesheim 1978. – J. D. Wrigth, *H.s Theory of Tragic Guilt and Its Application in »Judith« and »Agnes Bernauer«*, Diss. Univ. of Wisconsin 1942. – W. Wittkowski, *Das Tragische in H.s »Judith«* (in H.-Jb., 1956, S. 7–27; ern. in *H. in neuer Sicht*, Hg. H. Kreuzer, Stg. ²1969, S. 164–184). – W. Vontin, *»Judith«. Götze aus Erz u. Ton. H.s Kritik an seinem Jugendwerk u. ihre Auswirkungen* (in H.-Jb., 1960, S. 54–99). – K. Ziegler, *»Judith«* (in *Das dt. Drama*, Hg. B. v. Wiese, Bd. 2, Düsseldorf ²1964, S. 101–122). – U. H. Gerlach, *H. as a critic of his own works. »Judith«, »Herodes und Mariamne« and »Gyges und sein Ring«*, Diss. Cornell Univ. 1968. – H. Kraft, *Über H.s »Judith«* (in H.-Jb., 1970, S. 54–84). – M. Durzak, *H.s »Judith«. Deutungsprobleme u. Deutung* (in H.-Jb., 1971/72, S. 36–62). – K. Kreuzer, *Die Jungfrau in Waffen. H.s »Judith« u. ihre Geschwister von Schiller bis Sartre* (in *Untersuchungen zur Lit. als Geschichte*, Bln. 1973, S. 363–384). – L. Lütkehaus, *Opfer der Zeit. H.s »Judith« u. »Genoveva«*, Heidelberg 1985. – H. Stolte, *»Judith«. Die Geburt der modernen Tragödie* (in *H.*, Hg. I. Koller-Andorf, Wien 1985, S. 25–38).

MARIA MAGDALENE. Ein bürgerliches Trauerspiel

Tragödie in drei Akten von Friedrich HEBBEL, entstanden 1843; Uraufführung: Königsberg, 13. 3. 1846. – Der Titel des Dramas sollte ursprünglich »Klara« lauten, der schließlich gewählte Titel verweist auf die biblische Figur der reuigen Sünderin, deren Name (Maria Magdalena) durch einen Druckfehler auf dem Titelblatt des Erstdrucks zu »Magdalene« wurde. Unter diesem Titel wurde das Stück bekannt, auch Hebbel selbst gebrauchte ihn schließlich in dieser Form.
Dem Werk ist ein Vorwort vorangestellt, das die in Hebbels Aufsatz *Ein Wort über das Drama* (1843) ausgeführten grundsätzlichen Überlegungen zum Drama (*»Die dramatische Schuld* [entspringt] *nicht, wie die christliche Erbsünde, erst aus der Richtung des menschlichen Willens …, sondern unmittelbar aus dem Willen selbst, aus der starren, eigenmächtigen Ausdehnung des Ichs«*) aufgreift und im Zusammenhang mit dem bürgerlichen Trauerspiel konkretisiert. LESSINGS *Miss Sara Sampson* (1755) trug als erstes Stück in deutscher Sprache erstmals diese Bezeichnung, aber die weitere Entwicklung hat diese Gattung, wie Hebbel festhält, in *»Mißkredit«* gebracht, da die tragischen Konflikte nicht *»aus der schroffen Geschlossenheit, womit die aller Dialektik unfähigen Individuen sich in dem beschränktesten Kreis gegenüberstehen«*, entwickelt wurden, sondern *»aus allerlei Äußerlichkeiten, z. B. aus dem Mangel an Geld bei Überfluß an Hunger, vor allem aber aus dem Zusammenstoß des dritten Standes mit dem zweiten und ersten in Liebes-Affären«*. Die Kritik zielt auf SCHILLERS *Kabale und Liebe* (1784) ebenso wie auf das sozialkritische Drama des Jungen Deutschland, allen voran K. GUTZKOW (*Richard Savage*, 1839; *Werner*, 1840). Hebbels Absicht ist es, wie er in seinem *Tagebuch* (4. 12. 1843) notiert, *»das bürgerliche Trauerspiel zu regeneriren und zu zeigen, daß auch im eingeschränktesten Kreis eine zerschmetternde Tragik möglich ist«*. Während das traditionelle bürgerliche Trauerspiel die bürgerlichen Normen und Werte als menschlichen Verhaltenskodex schlechthin zu etablieren suchte, vor allem gegen den Feudaladel, problematisiert Hebbels Stück gerade die bürgerliche Ordnungswelt, die sich mittlerweile politisch wie gesellschaftlich durchgesetzt hat.
Die für den Typus des bürgerlichen Trauerspiels konstitutive Vater-Tochter-Beziehung ist in ihrer Bedeutung für den tragischen Ablauf des Hebbelschen Stücks gegenüber früheren Vertretern der Gattung noch gewachsen. Klara, die Tochter des Tischlers Meister Anton, der seine Familie und Umgebung mit engherziger Rechtschaffenheit tyrannisiert, hat sich nicht durch eine entschiedene Partnerbeziehung wie Sara Sampson oder Luise Millerin von dem väterlichen Haus getrennt; sie hat sich zwar Leonhard, ihrem Bräutigam, hingegeben, aber ohne Liebe in einem Augenblick, als ihre Jugendliebe zu einem Sekretär wiederaufleben wollte. Das periphere Mutter-Sohn-Verhältnis schafft die Zuspitzung der Tragödie. Karl, der Bruder Klaras, wird unter dem Verdacht des Diebstahls verhaftet, die Mutter trifft der Schlag: So sieht sich Klara noch ausschließlicher auf ihren prinzipientreuen Vater verwiesen, der ihr mit Selbstmord droht, falls auch sie ihm Schande bereite. Rückhalt findet Klara weder bei dem Sekretär, der nicht darüber hinwegkommt, daß sich Klara seinem unwürdigen Nebenbuhler hingegeben hat, noch bei ihrem Bräutigam, dem sie sich bittend hinwirft; unzufrieden mit Klaras Aussteuer und von der Aussicht auf eine lukrative Heirat fasziniert, hat sich Leonhard von Klara unter dem Vorwand losgesagt, die Familie sei durch die Verhaftung Karls ihrer Bürgerehre verlustig gegangen.

Während der Sekretär Leonhard zu einem Pistolenduell fordert und erschießt, ertränkt sich die von allen isolierte Klara in einem Brunnen, weil sie weiß, daß ihr Vater – auch nach der erfolgten Rehabilitierung seines Sohnes – ihr Verhalten und ihren Wunsch, der Enge ihres Daseins zu entfliehen, nie begreifen und anerkennen wird; allein bleibt am Schluß Meister Anton zurück mit den Worten: *»Ich verstehe die Welt nicht mehr!«*

Die Diskrepanz zwischen der individuellen Selbstgerechtigkeit und der moralischen Engherzigkeit, Bigotterie, der gewinnsüchtigen Taxierung der Umwelt wie der mangelnden Zivilcourage ist kennzeichnend für die bürgerlichen Vertreter des Stücks, für Meister Anton ebenso wie für Leonhard und den Sekretär. Während sich Klaras Bruder durch den Entschluß, auf See zu gehen, von dieser Welt, die als *»Grab«* und *»Kerker«* bezeichnet wird, lösen will, zeigt Klara noch durch ihren Selbstmord, wie sehr sie an die Normen der Gesellschaft gebunden ist, deren Verständnislosigkeit sich auch im Monologischen des Dialogs – man spricht aneinander vorbei – und im unreflektiert-geschwätzigen Umgang mit der Sprache der Luther-Bibel widerspiegelt. Anders als das von ihm stets kritisierte »Tendenzdrama« der Jungdeutschen aber vermeidet Hebbel jede offene Kritik; alle Personen des Stücks seien *»im Recht«*, so der Autor an Elise Lensing (5. 12. 1843), und im *Tagebuch* (2910) hält er fest, daß es ihm darauf ankam, *»durch das einfache Lebensbild selbst zu wirken und alle Seitenblicke des Gedankens und der Reflexion zu vermeiden ... Ich hatte mich also sorgfältig zu hüten, mich bei der Arbeit zu erhitzen, um nicht über den beschränkten Rahmen des Gemäldes hinweg zu sehen und Dinge hinein zu bringen, die nicht hinein gehören, obgleich es eben diese Dinge sind, die mich am meisten reizen«*. Gerade diese Zurückhaltung, von der zeitgenössischen Kritik positiv vermerkt, hat spätere Interpreten des Textes zu kontroversen Deutungen über die Reichweite von Hebbels Kritik am Bürgertum (S. Streller, L. Lütkehaus) sowie über die dem Text innewohnende dramaturgische Programmatik, durch die er sich vom gesellschaftlichen Kontext emanzipiert (M. Stern, H. Kaiser), geführt; 1972 radikalisierte F. X. Kroetz in seiner Bearbeitung das Stück als eine politisch noch immer virulente Bestandsaufnahme kleinbürgerlicher Mentalität.

Hebbels Werk markiert nicht nur das Ende des bürgerlichen Trauerspiels (K. Guthke); die bürgerliche Welt insgesamt ist mit der Etablierung des Besitzbürgertums kein Gegenstand mehr für die Tragödie im klassischen Sinne. Statt dessen wird der vierte Stand Konfliktträger: Aus dem bürgerlichen Trauerspiel wird das soziale Drama (G. Hauptmann). Dabei werden die von Büchner und Hebbel vorgezeichneten Formen des mangelnden Bewußtseins für die Konstitution des Tragischen in einem Ausmaß wichtig, daß Tragik, die im strengen Sinn an Bewußtheit gebunden bleibt, nicht mehr möglich ist und Formen des »Lächerlichen« und »Absurden«, die von Hebbel noch verbannt wurden, aus dem Bereich der Komödie in die Tragödie einbezogen werden. V.Ho.-KLL

Ausgaben: Hbg. 1844. – Bln. 1911 (in *SW*, Hg. R. M. Werner, Abt. I, Bd. 2; *Säkular-Ausg.*); ern. Bern 1970. – Stg. 1960 (RUB). – Gütersloh 1963 (in *GW*, Hg. A. Meetz, 2 Bde., 1). – Mchn. 1963 (in *Werke*, Hg. G. Fricke, W. Keller u. K. Pörnbacher, 5 Bde., 1963–1967, 1).

Literatur: P. Zinke, *Die Entstehungsgeschichte von H.s »Maria Magdalene«*, o. O. 1910. – G. Pogge, *H.s »Maria Magdalene« u. das Problem der inneren Form im bürgerlichen Trauerspiel*, Diss. Hbg. 1925. – H. Sievers, *H.s »Maria Magdalene« auf der Bühne*, Bln. 1923 (Hebbel-Forschungen, 23); ern. Hildesheim 1978. – G. Brychan Rees, *F. H. »Maria Magdalene«*, Oxford 1948. – K. May, *H.s »Maria Magdalene«* (in ders., *Form u. Bedeutung. Interpretationen deutscher Dichtungen des 18. u. 19. Jh.*, Stg. 1957, S. 273–298). – W. Fischer, *H. »Maria Magdalene«*, Ffm. u. a., [2]1963. – M. Stern, *Das zentrale Symbol in H.s »Maria Magdalene«* (in *H. in neuer Sicht*, Hg. H. Kreuzer, Stg. 1963, S. 228–246). – J. Müller, *Zur motivischen u. dramaturgischen Struktur von H.s »Maria Magdalene«* (in H.-Jb., 1968, S. 45–76). – S. Streller, *»Maria Magdalene«. Die Wandlungen des bürgerlichen Trauerspiels bei F. H.* (in *Studien zur Literaturgeschichte u. Literaturtheorie*, Hg. H.-G. Thalheim u. U. Wertheim, Bln. 1970, S. 101–115). – J. Berg, *F. H.s »Maria Magdalene« u. die Bearbeitung von Franz Xaver Kroetz* (in *Von Lessing bis Kroetz. Einführung in die Dramenanalyse*, Hg. J. B. u. a., Kronberg/Ts. 1975, S. 43–67). – *F. H. Maria Magdalene. Erl. u. Dokumente*, Hg. K. Pörnbacher, Stg. [2]1980 (RUB). – L. Lütkehaus, *F. H. Maria Magdalene*, Mchn. 1982 (UTB). – G. Pilz, *F. H.: »Maria Magdalene«* (in Ders., *Deutsche Kindesmord-Tragödien*, Mchn. 1982, S. 65–89). – W. Wittkowski, *Klara u. Mariamne, Kleinstädterin u. Königin* (in *F. H. Neue Studien zu Werk u. Wirkung*, Hg. H. Grundmann, Heide 1982, S. 147–158). – H. Kaiser, *F. H.*, Mchn. 1983, S. 53–64 (UTB). – K. S. Guthke, *Das dt. bürgerl. Trauerspiel*, Stg. 1984, S. 95–102.

DIE NIBELUNGEN. Ein deutsches Trauerspiel in drei Abtheilungen

Tragödien-Trilogie *(Der Gehörnte Siegfried, Siegfrieds Rache, Kriemhilds Tod)* von Friedrich Hebbel, entstanden zwischen 1855 und 1860; Uraufführung des ersten und zweiten Teils: Weimar, 31. 1. 1861, Hoftheater; des dritten Teils am 18. 5. 1861 (ebd.). – Hebbel wich einer dramatischen Bearbeitung des in mittelhochdeutscher Sprache überlieferten *Nibelungen*-Epos lange Zeit aus, nachdem die vorangegangenen Versuche von Baron de la Motte Fouqué (*Der Held des Nordens*, 1810), E. Raupach (*Der Nibelungen-Hort*, 1834) oder E. Geibel (*Brunhild*, 1857) als mißglückte

Annäherungen galten. F. Th. VISCHER, der maßgebende Ästhetiker der Zeit, hatte zudem davor gewarnt, das Epos von den *»Riesenmännern«* und den *»Eisenweibern«* in eine dramatische Form zwingen zu wollen. Hebbel dagegen war von dem Stoff immer wieder fasziniert, als *»dramatisches Wagestück«* bezeichnete er schließlich sein Unterfangen, das, wie er wiederholt betonte, keine Umformung des Mythos darstelle, sondern die ihm immanente dramatische Struktur herausschäle: *»Ich habe die Fabel, die Charaktere und die Situation entlehnt und bin ... mit einem Uhrmacher zu vergleichen, der ein vortreffliches altes Uhrwerk von Spinnweb und Staub gesäubert hat. Nun zeigt und schlägt es wieder gut ...«* Dennoch zwang die Fülle des Stoffs schließlich zur trilogischen Aufteilung; auch die Figuren erfahren gegenüber der Vorlage eine Individualisierung und, wenn auch sparsame, psychologische Einkleidung und Handlungsmotivation: *»Die Individualisierung der Figuren führt dennoch nicht zum Charakterdrama, weil im Konzept der überindividuellen, geschichtlichen Tragik wiederum eine Typisierung der Charaktere in Betonung ihres funktionalen Gehalts gefordert ist. Auffällig wird dies in den archaisierenden Stilzügen der heroischen oder mythischen Überhöhung – vor allem bei Brunhild und Dietrich –, die sich nicht in die modernisierende Bearbeitungstendenz fügen, die Motivation im Interesse der dramatischen Kausalität ... durchgängig im Bereich des Menschlichen und ›Natürlichen‹ zu halten«* (K.H. Hilzinger).

Der mythologische Kontext des Geschehens wird am Hofe des Burgunderkönigs Gunther durch den Spielmann Volker gegeben; er erzählt von Brunhild und Siegfried. Während in Gunther der Wunsch erregt wird, um Brunhild zu werben, erscheint Siegfried; er, der eigentlich dazu bestimmt wäre, um Brunhild zu werben, die ebenso wie er der mythischen Vorzeit entstammt, verliebt sich in Gunthers Schwester, die schöne Kriemhild. Er setzt seine Zauberkräfte für Gunther ein, um Kriemhild zu gewinnen, und erniedrigt Brunhild zum Tauschobjekt. Als Brunhild den Betrug schließlich entdeckt, läßt sie Siegfried durch Hagen ermorden. Die Ansätze zur Individualisierung der Figuren, die bereits Hebbels Gestaltung des Siegfried prägt, werden im letzten Teil der Trilogie weiter entfaltet; Kriemhild fordert zwar Wahrheit und Recht angesichts von Siegfrieds Tod, wird dabei aber von einem unerbittlichen Rachegelüst bewegt, das Hagen durch seine Provokationen noch steigert, wobei er die aussichtslose Situation der Burgunder an Etzels Hof kühl einkalkuliert. Am Ende der Tragödie bietet König Etzel dem ebenfalls überlebenden Dietrich von Bern seine Krone an, die dieser mit den Worten annimmt: *»Im Namen dessen, der am Kreuz erblich!«*

Die Forschung hatte wiederholt, gestützt vor allem auf die Schlußworte Dietrichs, darin den Versuch gesehen, das Christentum als neues Ordnungssystem anstelle der zerfallenen mythischen Welt zu setzen (O. WALZEL, F. SENGLE), wie man die Trilogie auch weniger unter der Ambivalenz von mythischer und modernisierender Gestaltung, sondern in der, meist auf HEGEL rekurrierenden, geschichtsphilosophischen Abfolge von mythischer, heroischer und christlicher Welt deutete. Die Betonung des Christentums als utopisch-versöhnende Perspektive wurde jedoch immer wieder angezweifelt aufgrund der fehlenden Vermittlung zur mythischen Welt wie aufgrund der Tatsache, daß sich aus Hebbels sonstigen Äußerungen dafür keine Hinweise finden lassen. Auch die von W. EMRICH angeregte Kölner Inszenierung durch Hansgünter Heyme 1973 spart, und die neueren Arbeiten zum Text (O. EHRISMANN, K. H. HILZINGER, H. KAISER) gehen damit konform, jeden Geschichtsoptimismus aus, der allerdings die Rezeption des Werkes auf der Bühne, vorwiegend aus nationalistischen Beweggründen, lange Zeit prägte und worin Hebbel nach dem großen Erfolg der Trilogie einstimmte (*»Es handelt sich ja nicht um mich, sondern um das hohe Lied der Deutschen Nation ...«*; Brief v. 24. 3. 1861 an die Wiener Hesperus-Gesellschaft). Die im Untergang der Nibelungenwelt sich manifestierende Zeitenwende vollzieht der Text kaum nach, er verharrt, verortet man ihn in seinem eigenen historischen Kontext, in einer *»Mittelstellung zwischen der Verwerfung der Achtundvierziger Revolution und dem Geist der Gründerzeit«* (J. Hermand).

Die *Nibelungen* waren, auch wenn R. WAGNER, K. GUTZKOW oder F. GRILLPARZER sich kritisch äußerten, Hebbels größter Bühnenerfolg; 1863 wurde er dafür mit dem Schillerpreis geehrt. Während der Gründerzeit entstanden in seiner Nachfolge eine Reihe von Nibelungenstücken, die ebenso wie Hebbels Werk aber überdeckt wurden durch Richard WAGNERS 1876 in Bayreuth uraufgeführten *Ring der Nibelungen*. R.Br.-KLL

AUSGABEN: Hbg. 1862, 2 Bde. – Bln. 1911 (in *SW*, Hg. R. M. Werner, Abt. I, Bd. 4; hist.-krit.; *Säkular-Ausg.*); ern. Bern 1970. – Stg. 1960 (RUB). – Hbg. 1963 (in *Werke*, Hg. H. Stolte, 2 Bde., 1; *Jubiläums-Ausg.*). – Mchn. 1964 (in *Werke*, Hg. G. Fricke, W. Keller u. K. Pörnbacher, 5 Bde., 1963–1967, 2). – Ffm./Bln. 1966 (in *Die Nibelungen. Vollständiger Text und Dokumentation*, Hg. H. de Boor; Dichtung und Wirklichkeit, 16).

LITERATUR: C. Weitbrecht, *Die Nibelungen im modernen Drama*, Zürich 1892. – E. Meinck, *F. H.s u. Richard Wagners Nibelungen-Trilogien*, Lpzg. 1905. – J. Stuhrmann, *Die Idee und die Hauptcharaktere der »Nibelungen«*, Paderborn [3]1910. – E. Schmidt, *Quellen u. Gestaltung von H.s »Nibelungen«*, Diss. Breslau 1921. – W. Landgrebe, *H.s »Nibelungen« auf der Bühne*, Oldenburg 1927. – K. May, *H.s »Nibelungen« im Wandel des neueren H.bildes* (in Dichtung und Volkstum, 41, 1941, S. 22–43). – J. Hermand, *H.s »Nibelungen« – ein deutsches Trauerspiel* (in *H. in neuer Sicht*, Hg. H. Kreuzer, Stg. 1963, S. 315–333). – H. Stolte, *Ein Plädoyer für H.s »Nibelungen«* (in H.-Jb., 1970, S. 11–42). – W. Emrich, *H. »Nibelungen«. Götzen u. Götter der Moderne*, Mainz/Wiesbaden 1974. – O. Ehrismann, *Siegfried. Studie über Heldentum, Liebe und Tod. Mittelalterliche Nibelungen, H., Wagner* (in H.-Jb., 1981, S. 11–48). – K. H. Hilzinger, *H.s »Nibelungen«-Mythos u. Nationalgeschichte* (in *F. H. Neue Studien zu Werk u. Wirkung*, Heide 1982, S. 103–116). – R. Tscherpel, *Freiheit u. Geschichte in H.s »Nibelungen«* (in H.-Jb., 1984, S. 37–60).

HEINRICH HEINE

* 13.12.1797 Düsseldorf
† 17.2.1856 Paris

Literatur zum Autor:
Bibliographien:
G. Wilhelm u. E. Galley, *H.-Bibliographie*, 2 Bde., Weimar 1960. – S. Seifert, *H.-Bibliographie 1954–1964*, Bln./Weimar 1968. – S. Seifert u. A. A. Volgina, *H.-Bibliographie 1965–1982*, Bln./Weimar 1986. – J. L. Sammons, *H. H., A Selected Critical Bibliography of Secondary Literature, 1956–1980*, NY/Ldn. 1982. – *H.-Jb.*, Hg. H.-Archiv Düsseldorf, Hbg. 1961 ff. [m. fortlaufender Bibliogr.].
Forschungsberichte:
E. D. Becker, *H. H. Ein Forschungsbericht 1945–1965* (in *H. H.*, Hg. H. Koopmann, Darmstadt 1975; WdF). – J. Hermand, *Streitobjekt H. Ein Forschungsbericht 1945–1975*, Ffm. 1975. – W. Feudel, *Positionen u. Tendenzen der H.-Forschung der BRD* (in *Streitpunkt Vormärz*, Hg. Akademie der Wiss. der DDR, Bln. 1977, S. 183–218). – B. Müller, *Die französische H.-Forschung 1945–1975*, Meisenheim a. Gl. 1977. – M. Werner, *Sozialgeschichtliche H.-Forschung 1970–1978* (in *Internationales Archiv für Sozialgeschichte der dt. Literatur*, Hg. G. Jäger u. a., Bd. 5, Tübingen 1980, S. 234–250). – M. Werner, *H.-Forschung in Frankreich 1975–1982* (in *Interferenzen: Deutschland u. Frankreich*, Hg. L. Jordan u. a., Düsseldorf 1983, S. 80–91). – *Signaturen – H. H. und das 19. Jh. Neue Beiträge zur Forschung*, Hg. R. Hosfeld, Bln. 1986 (Argument Sonderbd., 124).
Biographien:
L. Marcuse, *H. H. Ein Leben zwischen Gestern und Morgen*, Bln. 1932 [³1970, u. d. T. *H. Melancholiker, Streiter in Marx, Epikureer*, Rothenburg 1970; erw.; ern. Zürich 1977; detebe]. – Ders., *H. H. in Selbstzeugnissen u. Bilddokumenten*, Reinbek 1960; zul. 1988 (rm). – C. Brinitzer, *H. Roman seines Lebens*, Hbg. 1960; ern. Ffm./Bln. 1972 (Ullst. Tb). – L. Kopelew, *Ein Dichter kam vom Rhein. H. H.s Leben u. Leiden*, Bln. 1981; ern. Mchn. 1986 (dtv). – J. A. Kruse, *H. H. Leben u. Werk in Daten und Bildern*, Ffm. 1983 (Insel Tb). – Chr. Trilse, *H. H.*, Lpzg. 1984; ²1986 [rev.; m. Abb.]. – W. Hädecke, *H. H. Eine Biographie*, Mchn. 1985. – F. Futterknecht, *H. H. Ein Versuch*, Tübingen 1985.
Gesamtdarstellungen und Studien:
M. M. Kofta, *H. u. die bürgerliche Revolution*, Diss. Bln. 1952. – B. Fairley, *H. H. An Interpretation*, Oxford 1954 (dt. *H. H. Eine Interpretation*, Stg. 1965). – W. Welzig, *H. als Dichter der Sentimentalität*, Diss. Wien 1958. – P. Bürger, *Der Essay bei H. H.*, Diss. Mchn. 1959. – H. Kaufmann, *H. H. Geistige Entwicklung u. künstlerisches Werk*, Bln./Weimar 1967; ³1976. – P. K. Kurz, *Künstler, Tribun, Apostel. H. H.s Auffassung vom Beruf des Dichters*, Mchn. 1967. – W. Maier, *Leben, Tat u. Reflexion. Untersuchungen zu H. H.s Ästhetik*, Bonn 1969. – J. L. Sammons, *H. H. The Elusive Poet*, New Haven/Ldn. 1969. – M. Windfuhr, *H. H. Revolution u. Reflexion*, Stg. 1969; ern. 1976. – V. Deblué, *Anima naturaliter ironica. Die Ironie im Wesen und Werk H. H.s*, Bern 1970. – F. Mende, *H. H. Chronik seines Lebens u. Werkes*, Bln./DDR 1970; ²1981 [bearb.; erw.]; ern. Mchn. 1984 (u. d. T. *H. Chronik zu Leben u. Werk*; gek.; dtv). – L. Kreutzer, *H. und der Kommunismus*, Göttingen 1970. – W. Vordtriede, *H.-Kommentar*, 2 Bde., Mchn. 1970. – *Dichter über ihre Dichtungen H. H.*, Hg. N. Altenhofer, 3 Bde., Mchn. 1971. – A. Betz, *Ästhetik u. Politik. H.s Prosa*, Mchn. 1971. – *H. H.*, Hg. H. L. Arnold, Mchn. 1968 (Text + Kritik; ⁴1982; völlig veränd.). – N. Altenhofer, *Harzreise in der Zeit. Zum Funktionszusammenhang von Traum, Witz u. Zensur in H.s früher Prosa*, Düsseldorf 1972. – ZfdPh, 91, 1972 [Sondernr. *H. und seine Zeit*]. – E. J. Krzywon, *H. H. und Polen*, Köln/Wien 1972. – J. A. Kruse, *H.s Hamburger Zeit*, Hbg. 1972. – W. Kuttenkeuler, *H. H. Theorie u. Kritik der Literatur*, Stg. u. a. 1972. – G. Oesterle, *Integration u. Konflikt. Die Prosa H. H.s im Kontext oppositioneller Literatur der Restaurationsepoche*, Stg. 1972. – D. Sternberger, *H. H. und die Abschaffung der Sünde*, Hbg./Düsseldorf 1972; ern. Ffm. 1976 (st). – *Begegnungen mit H. Berichte der Zeitgenossen*, Hg. M. Werner, 2 Bde., Hbg. 1973. – H. Hengst, *Idee u. Ideologieverdacht. Revolutionäre Implikationen des dt. Idealismus im Kontext der zeitkritischen Prosa H. H.s*, Mchn. 1973. – *Internationaler H.-Kongreß 1972, Referate u. Diskussionen*, Hg. M. Windfuhr, Hbg. 1973. – *H. H. Streitbarer Humanist u. volksverbundener Dichter, Internationale wiss. Konferenz Weimar 1972*, Weimar 1973. – H. Kircher, *H. H. u. das Judentum*, Bonn 1973. – D. Möller, *Episodik u. Werkeinheit*, Wiesbaden/Ffm. 1973. – W. Preisendanz, *H. H. Werkstrukturen u. Epochenbezüge*, Mchn. 1973; ²1983 [erw.]. – Rosenthal, *H. H. als Jude*, Ffm. 1973. – *Cahier H.*, Red. M. Werner, 3 Tle., Paris 1975–1984. – S. Grubăcić, *H.s Erzählprosa*, Stg. u. a. 1975. – *H. H.: Wirkungsgeschichte als Wirkungskritik. Materialien zur Rezeptions- u. Wirkungsgeschichte H.s*, Hg. K. Hotz, Stg. 1975. – W. Hömberg, *Zeitgeist und Ideenschmuggel. Die Kommunikationsstrategie des Jungen Deutschland*, Stg. 1975. – *H. H.*, Hg. H. Koopmann, Darmstadt 1975 (WdF). –

E. Loeb, *H. H. Weltbild u. geistige Gestalt*, Bonn 1975. – J. Müller, *H.s Prosakunst*, Bln./DDR 1975; ern. Bln. 1977. – G. Tonelli, *H. H.s politische Philosophie (1830–1845)*, Hildesheim/NY 1975. – *H. in Deutschland: Dokumente seiner Rezeption 1834–1856*, Hg. K. T. Kleinknecht, Mchn. 1976 (dtv). – U. Lehmann, *Popularisierung u. Ironie im Werk H. H.s*, Ffm./Bern 1976. – B. v. Wiese, *Signaturen. Zu H. H. und seinem Werk*, Bln. 1976. – *H. H. Artistik u. Engagement*, Hg. W. Kuttenkeuler, Stg. 1977. – E. Krüger, *H. und Hegel*, Kronberg/Ts. 1977. – R. G. Hooten, *H. H. und der Vormärz*, Meisenheim a.Gl. 1978. – R. L. Jacoby, *H. H.s jüdisches Erbe*, Bonn 1978. – M. Werner, *Genius u. Geldsack. Zum Problem des Schriftstellerberufs bei H. H.*, Hbg. 1978. – J. Brummack, *Satirische Dichtung. Studien zu Friedrich Schlegel, Tieck, Jean Paul u. H.*, Mchn. 1979. – H. Clasen, *H.s Romantikkritik. Tradition – Produktion – Rezeption*, Hbg. 1979. – D. Court, *Argumentative u. narrative Texte in der Prosa H.s*, Diss. Ffm. 1979. – *H. H. Dimensionen seines Wirkens. Ein internationales H.-Symposion*, Hg. R. Immerwahr u. H. Spencer, Bonn 1979. – *H. H. und die Zeitgenossen. Geschichtliche u. literarische Befunde*, Hg. Akademie der Wiss. der DDR, Bln./Weimar 1979. – D. Oehler, *Pariser Bilder 1 (1830–1848). Antibourgeoise Ästhetik Baudelaire, Daumier u. H.*, Ffm. 1979 (es). – W. Reese, *Zur Geschichte der sozialistischen H.-Rezeption in Deutschland*, Ffm./Bern 1979. – *H. H. Epoche – Werk – Wirkung*, Hg. J. Brummack, Mchn. 1980. – *H. H. 1797–1856. Internationaler Veranstaltungszyklus zum 125. Todesjahr 1981 bei Eröffnung des Studienzentrums Karl-Marx-Haus Trier*, Trier 1981 [m. Beitr. v. K. Briegleb u. a.]. – *H. H.s Werk im Urteil seiner Zeitgenossen*, Hg. E. Galley u. A. Estermann, 3 Bde., Hbg. 1981–1987. – *H. in Paris 1831–1856*, Hg. J. A. Kruse u. M. Werner, Düsseldorf 1981 [Ausst.-Kat. m. wiss. Aufsätzen]. – *Zu H. H.*, Hg. L. Zagari u. P. Chiarini, Stg. 1981. – *Der späte H.: 1848–1856; Literatur – Politik – Religion*, Hg. W. Gössmann u. J. A. Kruse, Hbg. 1982. – W. Grab, *H. H. als politischer Dichter*, Heidelberg 1982. – W. Koßek, *Begriff u. Bild der Revolution bei H. H.*, Ffm. 1982. – J. Voigt, *Ritter, Harlekin u. Henker. Der junge H. als romantischer Patriot u. als Jude*, Ffm. 1982. – F. Bech, *H.s Pariser Exil zwischen Spätromantik u. Wirklichkeit: Kunst u. Politik*, Ffm. u. a. 1983. – W. Kraft, *H. der Dichter*, Mchn. 1983. – F. Mende, *H. H. Studien zu seinem Leben u. Werk*, Bln./DDR 1983. – H. Gutjahr, *Zwischen Affinität u. Kritik. H. H. und die Romantik*, Ffm. u. a. 1984. – R. Hosfeld, *Die Welt als Füllhorn: H. Das 19. Jh. zwischen Romantik u. Moderne*, Bln. 1984. – Su-Yong Kim, *H. H.s soziale Begriffe*, Hbg. 1984. – L. Netter, *H. et les Français. Histoire d'une amitié* (in Recherches Germaniques, 15, 1985, S. 63–86). – U. Pongs, *H. H. Sein Bild der Aufklärung und dessen romantische Quellen*, Ffm. u. a. 1985. – S. S. Prawer, *H.'s Jewish Comedy. A Study of His Portraits of Jews and Judaism*, Oxford 1983. – K. Briegleb, *Opfer H.? Versuche über Schriftzüge der Revolution*, Ffm. 1986 (stw). – J. Habermas, *H. H. und die Rolle des Intellektuellen in Deutschland* (in Merkur, 1986, Nr. 448, S. 453–468). – J. P. Lefebvre, *Der gute Trommler. H.s Beziehungen zu Hegel*, Hbg. 1986. – G. Höhn, *H.-Handbuch*, Stg. 1987. – *Das junge Deutschland. Kolloquium zum 150. Jahrestag des Verbots vom 10. Dezember 1835*, Hg. J. A. Kruse u. B. Kortländer, Hbg. 1987. – C. Rauschenberg, *Emanzipation als Synthese. Zur Kritik der radikalen Vernunft in H. H.s Philosophie der Religion*, Ffm. u. a. 1987. – *Rose und Kartoffel: ein H. H.-Symposium*, Hg. A. A. van den Braembussche u. Ph. van Engeldorp Gastelaars, Amsterdam 1988. – St. B. Würffel, *H. H.*, Mchn. 1989.

DAS LYRISCHE WERK von Heinrich HEINE. Heines lyrisches Werk umfaßt vier Gedichtsammlungen und einen nicht mehr von ihm selbst publizierten Nachlaß. Seine frühen Gedichte sind im *Buch der Lieder* (1827) zusammengefaßt; es besteht aus den fünf Zyklen *Junge Leiden, Lyrisches Intermezzo, Die Heimkehr, Aus der Harzreise* und *Die Nordsee*. Der Band *Neue Gedichte* (1844) enthält (außer dem später herausgelösten *Deutschland. Ein Wintermärchen*) die Abteilungen *Neuer Frühling, Verschiedene, Romanzen, Zur Ollea* und *Zeitgedichte*. Der *Romanzero* (1851) gliedert sich in die drei Bücher *Historien, Lamentationen* und *Hebräische Melodien*. Als erster Band in *Vermischte Schriften* erschienen endlich 1854 *Gedichte. 1853 und 1854*. Nicht mehr zustande kam ein Gedichtband *Das Buch Lazarus*, in dem Heine die »lyrischen Bulletins« seines tödlichen Siechtums in der »Matratzengruft« vereinigen wollte. Außerhalb dieser Sammlungen zu Lebzeiten ist eine große Anzahl von Nachlaßgedichten an zerstreuten Orten und dann in den verschiedenen Gesamtausgaben veröffentlicht worden.

»Buch der Lieder«

Heine nannte, neben der Prosa der *Reisebilder*, das *Buch der Lieder* und den *Romanzero* die drei Säulen seines Ruhms. In der Tat gründet sein Weltruhm als Lyriker auf diesen beiden Sammlungen, vor allem aber auf der im *Buch der Lieder* zusammengestellten frühen Lyrik. Sie fächert sich in unterschiedliche Gattungen aus, in Lieder, Sonette, Romanzen und die freien Rhythmen der *Nordsee*-Gedichte. Entscheidend für die Popularität des Lyrikers Heine ist aber der Gedichttyp des *Lyrischen Intermezzos* und der *Heimkehr*: das liedhafte Gedicht, dem Bündigkeit, geringe Strophenzahl und unauffällige Metrik epigrammatischen Zuschnitt geben. Die Gedichte tragen keine Überschriften, sie verketten sich zum Zyklus und variieren fast ausnahmslos das eine Thema unglücklicher, unerwiderter oder aussichtsloser Liebe. Dies wurde lange Zeit mit Heines schmerzlicher Liebe zur Hamburger Kusine Amalie in Verbindung gebracht. Indessen steht einem solchen Verständnis als »Erlebnislyrik« schon die Unterschiedlichkeit weiblicher

Typen entgegen, in die sich die Gestalt der Geliebten ausfaltet: sie ist bald kindhaft, bald Frau, bald verwöhntes Töchterlein, bald mondäne Dame, bald Sphinx oder kalter, herzloser Vamp. Immer aber geht es um *»der Liebe süßes Elend / Und der Liebe bittre Lust«*. Deswegen rückte man Heine in die Tradition des Petrarkismus, und dafür spricht das antinomische Liebeskonzept des Liebesglücks in der Liebesqual ebenso wie das zyklische Organisationsprinzip und, mit beidem zusammenhängend, der »serielle« Charakter der Gedichte.

Heine selbst berief sich auf seine Inspiration durch das Volkslied bzw. durch die am Volkslied orientierte romantische Lyrik; insbesondere habe Wilhelm MÜLLER (1794–1827) auf ihn eingewirkt. Allerdings betonte er schon selber, daß dieser Anlehnung an Volkslied und volksliedhaft stilisierte Kunstpoesie die Abgrenzung und Distanz eingezeichnet ist: *»... in meinen Gedichten ist nur die Form einigermaßen volkstümlich, der Inhalt gehört der konventionellen Gesellschaft.«* Die Adaption wird Folie des Kontrasts. *»Poesie der Vergangenheit wird von der Prosa der Gegenwart aus interpretiert, vermag aber zugleich die Prosa der Gegenwart zu poetisieren«* (G. Oesterle). Dabei »zitiert« Heine nicht nur die metrische Form, sondern auch das Bild- und Ausdrucksrepertoire, oft ganze Zeilen und Strophen aus Volksliedern und deren Widerhall im Gedicht der Romantik, um in solchem Rückgriff eine Subjektivität hervorzukehren, die als moderne sich mit der naiven, schlichten Mentalität des Volksliedhaften nicht mehr identifizieren kann: *»Wenn zwei voneinander scheiden, / So geben sie sich die Händ, / Und fangen an zu weinen, / Und seufzen ohne End. // Wir haben nicht geweinet, / Wir seufzten nicht Weh und Ach! / Die Tränen und die Seufzer, / Sie kamen hintennach.«* Die erste Strophe ist ein Zitat aus *Des Knaben Wunderhorn*, die zweite Strophe konfrontiert brüsk das Abschiedsverhalten im Volkslied, wo Gefühl und Ausdruck konform sind, mit einem Abschied im Raum der *»konventionellen Gesellschaft«*, bei dem Emotion und Benehmen nicht mehr in Einklang stehen. Unausdrücklich pointiert das Gedicht die Kluft zwischen Volkslied und moderner, zersplitterter Psyche. Die Innigkeit des Volkslieds profiliert die Kompliziertheit moderner Verhältnisse, daher meinte Heine, seine Gedichte könnten *»als eine Art Volkslieder der neuen Gesellschaft«* gelten. Er hat eine prägnante gegenläufige Bewegung im Blick, wenn er von seinen *»maliziös-sentimentalischen«* Liedern, von seiner *»neuen nonchalanten Weise«*, von seiner *»lyrisch-maliziösen Manier«* spricht. Und wenn er sagt, das Lyrische sei bei ihm *»ganz und gar durchdrungen von einem geistigeren Element, von der Ironie«*, so betrifft dies zwar nicht jedes einzelne Gedicht, gilt aber für einen das Ganze, die Konstellation der Gedichte im Zyklus bestimmenden Antagonismus von Sentimentalität und Ironie.

Auf der Folie von Volkslied, *»Märchen aus alten Zeiten«*, Bildern und Klängen romantischer Poesie spiegelt sich ein lyrisches Ich im Zeichen der Entzweiung von Dichtung und Erfahrungswirklichkeit. Es bezieht sich auf gesicherte Form- und Sprachkonzepte, ohne sie noch ungebrochen in seine subjektive Wirklichkeit einbinden zu können. Der Rückgriff auf die Tradition bedeutet *»Temporalisierung und Historisierung lyrischer Poesie in einer prosaischen Gegenwart«* (G. Oesterle). Im Horizont der prosaischen modernen Welt wird die Wahrheitsfähigkeit lyrischer Poesie problematisch. Max FRISCH sah bei Heine ein Spannungsverhältnis zwischen seiner Poesie und *»einem Bewußtsein, das in seiner Poesie nicht enthalten ist«*. Doch dieses Spannungsverhältnis ist der Lyrik selbst eingeschrieben. Ausdrücklich verweisen manche Gedichte auf den Abstand zwischen Gedicht- und Lebenswelt: *»Doch Lieder und Sterne und Blümelein, / Und Äuglein und Mondglanz und Sonnenschein, / Wie sehr das Zeug auch gefällt, / So machts doch noch keine Welt«* lautet der Schluß des Gedichts *Wahrhaftig* nach einer deutlich persiflierenden Auflistung von Klischees der Liebes- und Naturlyrik. *»Ja, die Welt besteht noch aus anderen Ingredienzen«* ist seine sarkastische Randbemerkung zu *Wahrhaftig*. Gewiß gibt es sehr viele Gedichte ohne Zwiespältigkeit, ohne Dissonanz. Aber aufs Ganze gesehen überwiegt das Widerspiel von poetischer Projektion und desillusionierender Kontrafaktur. Pathos, Gefühlsmächtigkeit werden bis zu dem Grad stilisiert, an dem sie sich als Selbstkostümierung verraten. Daß die Lyrik Flucht aus der Erfahrungswirklichkeit, daß sie eine Exklave ist, wird zum Gedichtmotiv: *»Auf Flügeln des Gesanges, / Herzliebchen, trag ich dich fort.«* Eine imaginäre, formelhaft zitierte Natur und eine hochsentimentale Naturbeseelung sind Bedingung der Möglichkeit von Wunsch- oder nostalgischen Gegenbildern der prosaischen, öden realen Welt. Deren Gegengewicht erzwingt aber den ironischen Vorbehalt bei der poetischen Vermittlung von Leben und Dichtung; er bedeutet die Kapitulation vor einer Wirklichkeit, in der sich die poetischen Vorstellungen nicht halten lassen. Poetische Idealität läßt sich für den *»romantique défroqué«* – Heine fand diese Formel treffend – nur noch ironisch realisieren, prosaische Realität nur noch ironisch poetisieren. Die Entfremdung zwischen Poesie und Empirie wird in die Lyrik selbst hineingezogen, sie wird selbst zur thematischen Realität.

»Neue Gedichte«

Siebzehn Jahre nach dem *Buch der Lieder* erschien, zuerst als dessen zweiter Band bzw. Nachtrag gedacht, der Gedichtband *Neue Gedichte* (1844). In der Tat schließt sich der erste Zyklus *Neuer Frühling* eng an Form, Sprache und Motivkreis der frühen Liebeslyrik an. Der Kontrast von Gefühlsseligkeit und Desillusion, Pathos und Ironie oder Witz ist noch gesteigert, und noch stärker sind poetische Requisiten wie Rose, Nachtigall, Veilchen, Lilie oder Schmetterling zur Verbildlichung des neuen Liebesfrühlings eingesetzt, der freilich vergänglich ist wie die Jahreszeit selbst. Rose und Geliebte, Veilchen und Augen, Vogelstimmen und Liebeslied assoziiert eine überschwängliche Metaphorik so innig, daß die Prädikate bildlich und real vertauschbar scheinen: *»Doch welche von den Blumen alln / Wird mir das Herz umgarnen? / Es wollen die singenden Nachtigalln / Mich vor der Lilje warnen.«* Von ganz anderer Art ist der Zyklus *Verschiedene*. Liebe ist hier entsublimiert, auf ihre sinnliche Dimension reduziert: *»Diese schönen Gliedermassen / Kolossaler Weiblichkeit / Sind nun ohne Widerstreit / Meinen Wünschen überlassen.«* Das petrarkistische Muster ist vollends preisgegeben, das Lustprinzip verdrängt das geistige, idealische Element im Erotischen. Der Gefühlskult ist abgelöst durch die Feier des augenblicklichen, unverbindlichen Genusses; Liebe erscheint als denkbar profane, vitale und temporäre »Passion«: *»Du hast an mir den Mann gefunden, / Wie du ihn brauchst. Du wirst mich reichlich / Beglücken mit Gefühl und Küssen, / Und dann verraten, wie gebräuchlich.«* Entstanden sind diese Gedichte kurz nach Heines Übersiedlung nach Paris im Mai 1831, ihr Hintergrund ist sein Kontakt mit den Saint-Simonisten, mit ihrer Forderung der Rehabilitation des Fleisches, ihrer Opposition zur jüdisch-christlichen Vergeistigung, zur spiritualistischen Herabsetzung des Sinnlichen. Der Bezug auf einen die ganze Menschheitsgeschichte durchziehenden Antagonismus von Spiritualismus und Sensualismus, von »Hellenentum« und »Nazarenertum« bildet eine durchgängige Konstante in Heines Werk. Hier, in Teilen der *Neuen Gedichte*, findet seine pantheistisch-sensualistische Position, sein Bekenntnis zu einem neuen, »dritten Testament« der Versöhnung von Geist und Materie die prägnante lyrische Gestaltung: *»Vernichtet ist das Zweierlei, / Das uns so lang betöret; / Die dumme Leiberquälerei / Hat endlich aufgehöret ... Und Gott ist alles was da ist; / Er ist in unsern Küssen.«* Frivolität, als Attacke auf die Tabuierung der Lust durch eine repressive Sexualmoral, wird im Interesse einer Emanzipation ausgespielt, die auch das Geschlechterverhältnis betrifft; *»französisch helles Tageslicht«* evozieren Gedichte, die als erotische zugleich mentalitätskritisch die Pariser Luft der stickigen deutschen Atmosphäre entgegensetzen.

Jedoch steht auch die Affirmation der sinnlichen Liebe im Zeichen der Ambivalenz: Liebe als sexuelle Passion hat ihre Frist, verbraucht sich, wird schal: *»Dieser Liebe toller Fasching, / Dieser Taumel unsrer Herzen, / Geht zu Ende, und ernüchtert / Gähnen wir einander an.«* Auf dem Glück der Erfüllung liegt der Schatten des Überdrusses, der Langeweile, der Enttäuschung: *»Morgen kommt der Aschermittwoch.«* Vom Zwist zwischen Sinnenlust und Ekel, Begierde und Überdruß spricht die moderne Legenden-Version *Der Tannhäuser*. Dieses große Gedicht schließt in prismatischer Verdichtung alles zusammen, was den Bezugsrahmen der *Neuen Gedichte* bildet: den Dualismus von Poesie und Prosa, von Sensualismus und Spiritualismus, von christlicher Verdächtigung und antiker Verherrlichung des Erotischen, die Dialektik von antikem, mittelalterlichem und modernem Weltverhältnis. Ohne diese Aktualisierung der Tannhäuser-Sage ist Wagners Oper kaum denkbar.

Mit dem Zyklus *Zeitgedichte* legte Heine das Fundament seines Nachruhms als Klassiker der politischen Lyrik. Dieses Genre hatte im Deutschland des Vormärz Hochkonjunktur, aber gerade die seit 1840 einsetzende Flut von Gedichtbänden dieser Art gab die Negativfolie ab für Heines Verständnis und Praxis des Zeitgedichts. Die Aversion gegen *»Tendenzpoesie«*, gegen den *»Enthusiasmusdunst«* und das *»unfruchtbare Pathos«* der *»sogenannten politischen Dichter«* ist nicht nur Hintergrund, sondern wird Motiv eigener Gedichte. An die Stelle appellierender Rhetorik und deklamatorischer Begeisterung oder Empörung treten ironische Bloßstellung oder satirische Verfremdung des Objekts. Das entspricht Heines Überzeugung, daß politische Lyrik erst durch ihren *»Kunstfaktor«*, ihre ästhetische Prägnanz imstande sei, die *»Zeitinteressen«* anders zu artikulieren als in Form von *»gereimten Zeitungsartikeln«*. Seine Zeitgedichte richten sich auf ganz konkrete, punktuelle Erscheinungen, ohne einen bestimmten, programmatischen Standpunkt zu demonstrieren. Was das Eingangsgedicht als *Doktrin* verkündet, ist die Aufgabe, ein *»guter Tambour«* zu sein: *»Trommle die Leute aus dem Schlaf, / Trommle Reveil mit Jugendkraft, Marschiere trommelnd immer voran, / Das ist die ganze Wissenschaft«*. Aber diese Intention des Wachtrommelns setzt, mit wenigen Ausnahmen wie *Die schlesischen Weber* von 1847, auf die brisante Funktion des Komischen. Nicht um die Proklamation politischer Konzepte und Ziele geht es, sondern um satirische Negation, die mittels transparenter Entstellung die Wirklichkeit im Zerrbild verdeutlicht. Freilich fanden die Zeitgedichte wie der zweite Gedichtband überhaupt im breiten Publikum wenig Resonanz. Daß sie ihre historische Situation überdauert haben und noch heute exemplarisch sind, verdanken sie ihrer ästhetischen Prägnanz, die den Leser auch noch engagiert, wo ihn das Gegenständliche nicht mehr betrifft.

Die späte Lyrik

Mitten im Revolutionsjahr 1848 zwang das unheilbare Rückenmarksleiden Heine in *»ein Grab ohne Ruhe«*, in die »Matratzengruft«. Vom *Romanzero* (vgl. dort) bis zu den letzten Gedichten ist seine Lyrik Zeugnis einer Existenz, von der *»schier nichts übrig geblieben als die Stimme«*. Mit der physischen Katastrophe geht der Zusammenbruch der politischen Hoffnungen wie der pantheistisch-sensualistischen Lebensauffassung einher; Schicksal, Weltlauf und Geschichte erscheinen in radikaler Negativität. Die Welt erweist sich als *»Unfug«*, bar aller Vernunft, als Tableau von Gewalt, Unrecht, Triumph des Schlechten. Als *»zertretener Wurm«* identifiziert er sich mit Lazarus, bekennt er sich lamentierend und hadernd wie Hiob zum Bibelgott seiner Väter. Aber als *»blasphemisch-religiös«* bezeichnet er das Prologgedicht *Zum Lazarus:* Lästerung bleibt religiös, wo sie auf Rechtfertigung pocht. Und die verzweifelte *»Rückkehr zu Gott«* begleitet ironisierend der Zweifel, ob sich eine solche Umkehr nicht doch nur dem *»schrecklichen Lebens-*

leide« verdanke. Die eigene *»schwere Misere«*, der Unfug des Weltlaufs und die *»schaurig süßen Orgia«* einer evasiven Phantasie kommen in einer Weise zum Ausdruck, die nicht ihresgleichen hat. *»In meine dunkle Zelle dringt / Kein Sonnenstrahl, kein Hoffnungsschimmer; / Ich weiß, nur mit der Kirchhofsgruft / Vertausch ich dies fatale Zimmer. // Vielleicht bin ich gestorben längst; / Es sind vielleicht nur Spukgestalten / Die Phantasien, die des Nachts / Im Hirn den bunten Umzug halten.«* *»Gedichte der Agonie«* nannte er die Gedichte aus der Matratzengruft. Kein allgemein verbindliches, repräsentatives Subjekt teilt sich darin mit. Die absolute Privatheit der Selbstvergegenwärtigung und der Widerspiegelung einer sinnfremden Welt bewirkt eine Realistik, welche die eigene wie die universale Misere als factum brutum präsentiert, ohne Selbstheroisierung und ohne illusionäre Sinnstiftung. Todesmetaphysik und Geschichtsteleologie sind ostentativ verbannt; ideelle »Bewältigung« wird ebenso verweigert wie eine poetische Überformung der abstoßenden Realitäten, von denen die Rede ist. So ergibt sich das Paradox, daß das Krud-Prosaische und Makaber-Banale des Dargestellten durch die Gedichtform erst recht profiliert wird. Im Kontext der lyrischen Konvention dementieren diese Gedichte ihren lyrischen Status; Lyrik läßt hier durch all ihre Elemente – Reim, Metrik, Vokabular, Metaphorik, Bildlichkeit – das Gesagte als etwas im Grund der Lyrik Versagtes, Entzogenes erscheinen.

Ob *Historien* oder *Lamentationen*: dominierend ist der Doppelaspekt von Elend und Komik. Selbst in die Darstellung des Grausamsten mischt sich *»unbarmherzige Lustigkeit«*. An die Stelle ironischer Artikulation des Abstandes zwischen poetischer Optik und Erfahrungswirklichkeit tritt ein irritierender, oft zynischer Humor. Die Ambivalenz der späten Lyrik beruht auf der befremdlichen Verquickung von Pathos und Lachen: *»O miserere! Verloren geht / Der beste der Humoristen!«* endet das Gedicht *Misere*, das den Neid des *»lebenden Leichnams«* auf die *»Söhne des Glücks«* ausspricht, denen *»ein schmerzlos rasches Verscheiden«* vergönnt ist. Der humoristische Diskurs hebt die Negativitätserfahrung nicht auf, er profiliert sie sogar durch den schockierenden Kontrast von Schreibweise und Gegenstand. Vor allem aber entzieht die humoristische Brechung die Leidens- und Todesrealität einer homogen pathetischen Darstellung. Wenn die nackte Wirklichkeit des Leidens respektiert werden soll, darf sie nicht ästhetisiert, sublimiert, poetisch transzendiert werden. Die humoristische Brechung und Verfremdung des Pathos unterbindet die Gefahr, Heilloses durch seine ästhetische Gestaltung zu positivieren.

Überblickt man das gesamte lyrische Werk Heines, so bestimmen Vielfalt und Heterogenität das Bild. Keinem Modell und keinem Ton ist er treu geblieben. Das ist freilich kein moderner Zug, darin gleichen sich Goethe und Heine. Kontinuität in allen Wandlungen und Diskontinuitäten zeigt sich bei Heine darin, daß seine Lyrik durchweg das prekäre Verhältnis zwischen poetischer und praktischer Bewußtseinsstruktur festhält. *»Es will mich bedünken, als sei in schönen Versen allzuviel gelogen worden, und die Wahrheit scheue sich in metrischen Gewanden zu erscheinen«*: diese frühe Meinung hat er in seiner eigenen Lyrik realisiert. Intellekt, Vorbehalt und Selbstreflexivität lassen durchweg eine Gegenströmung entstehen, gerade auch dort, wo er sich scheinbar als Epigone einer erstarrten Tradition dichterischen Sprechens einzufügen oder in routinierten Effekten zu ergehen scheint. Ihn hat die Krise lyrischen Dichtens produktiv gemacht, er hat sie ausgetragen in einem Diskurs voll Ambivalenzen, Dissonanzen, ironischen Zurücknahmen und humoristischen Brechungen. Auch unter diesem Gesichtspunkt erweist er sich als *»the elusive poet«* (J. L. Sammons). *»Mit mir«*, schrieb er am Ende, *»ist die alte lyrische Schule der Deutschen geschlossen, während zugleich die neue Schule, die moderne deutsche Lyrik von mir eröffnet ward.«* Das ist nicht nur plausibel im Hinblick auf seine »entromantisierte Romantik«, sondern trifft auch zu, wenn man seine Modernität darin erkennt, wie bei ihm Lyrik sowohl Medium der subjektiven Auseinandersetzung mit der Wirklichkeit (J. Schnell) ist als auch Medium der Auseinandersetzung mit der Problematik des Mediums, in der sie erfolgt.

Zur Rezeptionsgeschichte

Zwar stand die Lyrik zunächst im Schatten der *Reisebilder*, aber gegen die Jahrhundertmitte hin erlangte sie eine enorme Popularität; zwischen 1837 und 1856 kam das *Buch der Lieder* zu zwölf weiteren Auflagen. Gegen diesen Erfolg, zu dem im Lauf der Zeit Anthologien fast mehr beitrugen als die Originalausgaben, konnte sich die politische Lyrik nicht behaupten. Auch der *Romanzero* fand nur für kurze Zeit starke Beachtung; zudem zeigte sich das Publikum konsterniert, weil vieles mit den herrschenden Vorstellungen von Form, Sprache und organischer Ganzheit lyrischer Gebilde unvereinbar war. Die Beliebtheit der früheren Lyrik wiederum beruhte weitgehend auf ihrem Mißverständnis als Erlebnislyrik; das Bild bestimmten Gedichte, die – und sei es gegen den Strich – als unmittelbare Gefühlsaussprache oder als neue Variante romantischer Stimmungslyrik empfunden werden konnten. Als Meister romantischer Poesie galt Heine jenseits des deutschen Sprachgebiets noch weit über sein Jahrhundert hinaus. Auf Kritik stießen unter diesen Umständen schon von Anfang an Züge, die sich dieser Auffassungsnorm widersetzten. Prädikate wie *»Reflexionspoesie«* oder *»Pointenlyrik«* stellten sich ein, wo die *»Echtheit der Empfindung«* und *»Gefühlstiefe«* vermißt wurden. Ein der klassisch-romantischen Tradition verhaftetes Lyrikverständnis war auf lange Zeit die Crux der Rezeption; die Orientierung an Normen der klassischen deutschen Ästhetik hat einen Teil der wissenschaftlichen Heine-Literatur bis in die Gegenwart hinein als Erblast behindert. Indessen blieb der Dichter des *Buchs der Lieder* im großen und ganzen während des 19. Jh.s unumstritten.

Eine Umwertung setzte nach der Jahrhundertwende ein. Mit dem Auftritt einer forciert modernen, avantgardistischen Lyrik verlor Heine an Prestige. Die Wiederentdeckung HÖLDERLINS, der Durchbruch des Expressionismus und das Verblassen der Heine-Lyrik ist keine zufällige Koinzidenz. Und im selben Zeitpunkt, 1910, erreichte die Degradierung Heines schon ihren Gipfel mit dem Verriß seiner Poesie als *»Operettenlyrik«* und *»skandierter Journalismus«* durch Karl KRAUS in *Heine und die Folgen* (1910). Allerdings balancierte Kraus dieses Verdikt aus durch ein respektvolles Urteil über die Lyrik aus der Matratzengruft. Von diesem Bewertungswandel blieb die internationale Rezeption ziemlich unberührt, wohl schon deshalb, weil in den Übersetzungen wenig spürbar bleiben konnte von dem, was aufgrund gewandelter literarästhetischer Präferenzen Heines Lieder in Verruf geraten ließ. In der Heine-Forschung verrät die – quantitativ überwiegende – Literatur zum *Buch der Lieder* noch immer ein Bedürfnis der Rehabilitation. Die späte Lyrik dagegen bietet sich geradezu an, noch viel intensiver als bislang den – im historischen Kontext – Ausnahmefall einer nicht mehr »schönen«, harmonisch ausgestalteten, integren Lyrik zu erschließen. W.Pre.

AUSGABEN: *Buch der Lieder*, Hbg. 1827. – *Neue Gedichte*, Hbg. 1844. – *Romanzero*, Hbg. 1851. – *Vermischte Schriften. Erster Band: Gedichte. 1853 und 1854*, Hbg. 1854. – In *SW*, Hg. A. Strodtmann, 21 Bde. u. 2 Suppl.-Bde., Hbg. 1861–1884. – In *SW*, Hg. E. Elster, 7 Bde., Lpzg./Wien 1887–1890, 1 u. 2. – In *SS*, Hg. K. Briegleb, 6 Bde., Mchn. 1968–1976, 1, 4 u. 6. – In *Werke, Briefwechsel, Lebenszeugnisse*, Bln. (DDR)/Paris 1970 ff., Bd. 1, Bearb. I. Möller u. H. Böhm [m. Komm.]; Bd. 2, Bearb. I. Möller; Bd. 3, Bearb. H. Brandt u. R. Francke *[Säkularausg.]*. – In *GA*, Hg. M. Windfuhr, Hbg. 1973 ff., Bd. 1, Bearb. P. Grappin; Bd. 2, Bearb. E. Genton [hist.-krit.; *Düsseldorfer Ausg.*]. – In *Werke*, Hg. St. Atkins u. O. Schönberg, Mchn. 1973–1978, 2 Bde. [m. Komm.]. – *Buch der Lieder*, Hg. J. Schnell, Mchn. ³1987 (Goldm. Tb).

VERTONUNGEN: Unzählige Komponisten haben Heine-Gedichte, vorzüglich aus dem *Buch der Lieder*, komponiert, darunter Schubert, Schumann, Mendelssohn, Meyerbeer, Liszt, Brahms, Wagner. W. A. Berendsohn hat bis 1914 über zweieinhalbtausend Vertonungen nachgewiesen, 222 allein für *Du bist wie eine Blume* (vgl. W. A. Berendsohn, *Dichterliebe. H. H. im Lied. Verzeichnis der Vertonungen und Gedichte*, Hbg. 1972). Gerade die Vertonungen belegen, daß die Rezeption weithin *»nur die spätromantische Sentimentalität, ohne deren radikale Infragestellung«* (A. Destro) herausfilterte. Umgekehrt haben Kompositionen wie Schumanns Zyklus *Dichterliebe* wesentlich zu einem verkürzten Bild des Lyrikers Heine und zur Popularität der ihm entsprechenden Texte beigetragen.

LITERATUR: Ch. Andler, *La poésie de H.*, Lyon/Paris 1948. – K. Weinberg, *Henri Heine, ›romantique défroqué‹, hérault du symbolisme*, New Haven/Paris 1954. – Th. W. Adorno, *Die Wunde H.* (in Th. W. A., *Noten zur Literatur I*, Ffm. 1958, S. 144–152). – S. S. Prawer, *H.: »Buch der Lieder«*, Ldn. 1960. – Ders., *H. The Tragic Satirist. A Study of the Later Poetry 1827 to 1856*, Cambridge 1961. – W. Rose, *The Early Love Poetry of H. H.*, Oxford 1962. – M. Windfuhr, *H. und der Petrarkismus. Zur Konzeption seiner Liebeslyrik* (in Jb. d. dt. Schiller-Ges. 10, 1966, S. 266–285). – J. Schnell, *Realitätsbewußtsein u. Lyrikstruktur. H.s Lyrik u. ihre ästhetischen Voraussetzungen*, Diss. Konstanz 1970. – P. Hasubeck, *H. H.s Zeitgedichte* (in ZfdPh, 91, 1972, S. 23–46; Sondernr.). – P. Grappin, *H.s lyrische Anfänge* (in *Internationaler H.-Kongreß 1972*, Hg. M. Windfuhr, Hbg. 1973. S. 50–78). – G. Waseem, *Das kontrollierte Herz. Die Darstellung der Liebe in H.s »Buch der Lieder«*, Bonn 1976. – A. Destro, *L'attesa contradetta. La svolta finale nelle liriche del »Buch der Lieder« di H. H.* (in AION, 20, 1977, S. 7–127). – W. Hinck, *Ironie im Zeitgedicht H.s* (in W. H., *Von H. zu Brecht. Lyrik im Geschichtsprozeß*, Ffm. 1977). – E. Mayser, *H. H.s »Buch der Lieder« im 19. Jh.*, Stg. 1978. – R. Lüdi, *H. H.s »Buch der Lieder«* Bern u. a. 1979. – B. Boie, *Am Fenster der Wirklichkeit. Verflechtungen von Wirklichem und Imaginärem in H. H.s später Lyrik* (in *H. H. und die Zeitgenossen*, Bln./Weimar 1979, S. 163–177). – W. Preisendanz, *Die Gedichte aus der Matratzengruft* (in W. P., *H. H.: Werkstrukturen u. Epochenbezüge*, Mchn. ²1983, S. 99–130). – B. Bianchi, *Die unmögliche Synthese. H.s Frühwerk im Spannungsfeld von Petrarkismus und frühromantischer Dichtungstheorie*, Bern 1983. – I. Guy, *Sexualität im Gedicht. H. H.s Spätlyrik*, Bonn 1984. – G. Oesterle, *H. H.s Tannhäusergedicht. Eine erotische Legende aus Paris* (in *Signaturen. H. H. und das 19. Jh.*, Hg. R. Hosfeld, Bln. 1986, S. 6–49).

ATTA TROLL. Ein Sommernachtstraum

Satirisches Versepos in 27 Kapiteln von Heinrich HEINE, erschienen in der von Heines Freund Heinrich LAUBE redigierten ›Zeitung für die elegante Welt‹, 1843; in Buchform veröffentlicht 1847, *»lediglich aufgestutzt und nur äußerlich geründet«*, im Grunde jedoch unfertig *»wie alle großen Werke der Deutschen, wie der Kölner Dom, der Schellingsche Gott und die preußische Konstitution«*. – Der Autor betont in der Vorrede seine Abneigung gegen die in Blüte stehende *»politische Dichtkunst«*, die die mißliche *»Antithese von Talent und Charakter«* hervorgebracht habe und mit ihr jenes *»vage, unfruchtbare Pathos, jenen nutzlosen Enthusiasmusdunst, der sich mit Todesverachtung in einen Ozean von Allgemeinheiten stürzte«*. Der satirische Angriff richtet sich nicht gegen die *»heiligsten Menschheitsideen«* selbst, wohl aber gegen ihre politischen Zielen verpflichtete Propagierung in der sog. Tendenzliteratur des Vormärz, die *»temporelle Bärenhaut«*, über die der Autor in der Vorrede urteilt: *»Der leere Kopf pochte jetzt mit Fug auf sein volles Herz, und die Gesinnung war Trumpf.«* Das Gedicht verfolgt damit sowohl eine politische als auch eine literaturkritisch-ästhetische Intention. Sein ironischer Grundton wird durch pathetische, elegische, trauervolle, bewußt sentimentale und humoristische Passagen gebrochen. Mit dem Titelhelden, dem Tanzbären Atta Troll, knüpft Heine an die Tierdichtung aus Aufklärung und Romantik an. Der seither zum Begriff gewordene »deutsche Bär« Atta Troll ist eine Allegorie der politischen Bewegungen des Vormärz, wobei – entsprechend dem Differenzierungsgrad der politischen Opposition in Deutschland am Anfang der vierziger Jahre – kaum zwischen sozialistischer, radikaldemokratischer und liberaler Orientierung unterschieden wird.

Atta Troll hat sich bei einer Vorführung von seiner *»Sklavenfessel«* losgerissen, läßt die *»schwarze Mumma«*, seine Frau, zurück, und flieht in seine Höhle in den Bergen, wo er vor seinen Kindern politische Reden hält. Dabei werden durch die verfremdende Bärenperspektive die Ideale und Zielvorstellungen der oppositionellen Bewegung in Deutschland als illusionär und idealistisch karikiert. Scheinlogisch und rhetorisch agitiert Atta Troll für die Gleichheit aller, für Freiheit, Brüderlichkeit und nationale Einheit und gegen das Privateigentum: *»Menschen, seid Ihr etwa besser, / Weil ihr Wissenschaft und Künste / Mit Erfolg betreibt? Wir Andre / Sind nicht auf den Kopf gefallen. // Gibt es nicht gelehrte Hunde? / Und auch Pferde, welche rechnen / Wie Kommerzienräte?... // Schreiben Esel nicht Kritiken? / Spielen Affen nicht Komödie?«* Die Absurdität der Bärenargumentation wird dabei durch abwertende Kommentare des Ich-Erzählers verstärkt.

Mit Kapitel 11 tritt der Ich-Erzähler als Figur auf; er jagt mit dem Bärenführer Laskaro nach Atta Troll, der zuletzt mit Hilfe der listigen Hexe Uraka erlegt wird und in einer unrühmlichen Zukunft als Bettvorleger dient. Eine vorgebliche Inschrift auf der 1842 vollendeten Walhalla charakterisiert ihn abschließend: *»Atta Troll, Tendenzbär; sittlich / Religiös; als Gatte brünstig; / Durch Verführtsein von dem Zeitgeist, / Waldursprünglich Sanskülotte; Sehr schlecht tanzend, doch Gesinnung / Tragend in der zottgen Hochbrust; / Manchmal auch gestunken habend; / Kein Talent, doch ein Charakter!«*

Mit dem Gedicht klärt Heine auch sein Verhältnis zur Romantik, die er als autonome Dichtung gegen die in die Tagesaktualität eingebundene politische Tendenzliteratur verteidigt, aber deren Ende *Atta Troll* als das *»letzte / Freie Waldlied der Romantik«* durch des Helden Tod definitiv markiert. Typische Gestaltungsmittel wie die Figurenwahl (Tier und Hexe), Träume, Motivzitate, das Handlungsmuster der Jagd, Bezüge zur Gespenster-, Feen- und Götterwelt sowie die lockere, arabeskenhafte Komposition und die Brechung der epischen Objektivität durch den ironischen Erzähler verweisen auf die Romantik zurück; poetologische Einwürfe kommentieren Selbstverständnis und Wirkung der Romantiker. Im letzten Kapitel, das August Varnhagen von Ense gewidmet ist, klingt etwas von echter Sehnsucht nach den eigenen dichterischen Jugendträumen *»mit Chamisso / und Brentano und Fouqué«* mit, deren Epigonen – besonders die schwäbische Dichterschule – er eben noch vernichtend getroffen hat: *»Ja, mein Freund, es sind die Klänge / Aus der längst verschollnen Traumzeit; / Nur daß oft moderne Triller / Gaukeln durch den alten Grundton.«*

Geschrieben ist das Epos in den durch Heines virtuose Behandlung berühmt gewordenen, später häufig nachgeahmten reimlosen Vierzeilern aus vierfüßigen Trochäen. Der Schluß verrät die ihm jederzeit verfügbare kritisch-sensible Schärfe, die sich alle nur affirmative Zustimmung in der distanzierenden Maske von Ironie und Witz verbot: *»Andre Zeiten, andre Vögel! / Andre Vögel, andre Lieder! / Sie gefielen mir vielleicht, / Wenn ich andre Ohren hätte!«* R.Hk.-KLL

Ausgaben: Lpzg. 1843 (in Zeitung f. die elegante Welt, Nr. 1–70, Jan. – März; Kap. 1–24). – Hbg. 1847. – Lpzg./Wien 1887–1890 (in *SW*, Hg. E. Elster, 7 Bde., 2). – Mchn. 1971 (in *SS*, Hg. K. Briegleb, 6 Bde., 1968–1976, 4). – Stg. 1977 (krit.; Dokumentation, Komm. u. Nachw. W. Woesler; RUB). – Bln. (DDR)/Paris 1979 (in *Werke, Briefwechsel, Lebenszeugnisse*, 1970 ff., Bd. 2, Bearb. I. Möller; *Säkularausg.*). – Ffm. 1983 (Nachw. B. Kortländer; Insel Tb). – Hbg. 1985 (in *GA*, Hg. M. Windfuhr, 1973 ff. Bd. 4, Bearb. W. Woesler; hist.-krit.; *Düsseldorfer Ausg.*).

Literatur: H. Schanze, *Noch einmal: Romantique défroqué. Zu H.s »Atta Troll«, dem letzten Waldlied der Romantik* (in H.-Jb., 9, 1970, S. 87–98). – R. C. Figge, *H. H.'s »Atta Troll«. An Analysis*, Diss. Stanford Univ. 1970. – W. Wadepuhl, *»Atta Troll«. H.s Sommernachtstraum* (in Duitse Kroniek, 25, 1975, S. 132–143). – K. F. Gille, *H.s »Atta Troll«* (in Neoph, 62, 1978, S. 416–433). – W. Woesler, *H.s Tanzbär. Hist.-lit. Untersuchung zum »Atta Troll«*, Hbg. 1978. – J. Bark, *H. im Vormärz: Radikalisierung oder Verweigerung?* (in Der Deutschunterricht, 31, 1979, S. 48–60). – D. Grumbach, *H.s »Atta Troll« – Die »Unveräußerlichen Rechte des Geistes«. Zur Begründung einer politischen Poetik* (in Kürbiskern, 1981, H. 3, S. 54–72). – B. Donnellan, *The Structure of »Atta Troll«* (in H.-Jb., 21, 1982, S. 78–88). – S. Heym, *»Atta Troll«. Versuch einer Analyse*, Mchn. 1983; ern. Ffm. 1986 (FiTb; erstmals als Diss. Univ. of Chicago 1936 unter dem Namen Helmut Flieg).

DEUTSCHLAND. EIN WINTERMÄRCHEN

Satirisches Versepos in 27 Kapiteln von Heinrich Heine, erschienen 1844. – Das im wesentlichen zwischen Dezember 1843 und März 1844 entstandene Werk wurde im Mai 1844 zensurgerecht umgearbeitet und nach einigen Auseinandersetzungen mit dem Verleger Julius Campe gemeinsam mit den *Neuen Gedichten* gedruckt, um den zensurfreien Umfang von zwanzig Bögen zu erreichen. In seinem zeitkritischen Reisebericht verarbeitet Heine Eindrücke seiner Reise von Paris nach Hamburg im Herbst 1843 – dabei entstanden schon erste Aufzeichnungen und Entwürfe –, wobei das Werk die Reisestationen frei variiert.

Im Vorwort zur Erstausgabe weist Heine präventiv die erwartete Kritik *»jener Pharisäer der Nationalität«* zurück, die in dem seit dreizehn Jahren exilierten Dichter einen Vaterlandsverräter sahen: *»Wir sind im Herzen gewappnet gegen das Mißfallen dieser heldenmütigen Lakaien in schwarz-rot-goldner Livree. Ich höre schon ihre Bierstimmen: du lästerst sogar unsere Farben, Verächter des Vaterlands, Freund der Franzosen, denen du den freien Rhein abtreten willst. Beruhigt euch. Ich werde eure Farben achten und ehren, wenn sie nicht mehr eine müßige und knechtische Spielerei sind. Pflanzt die schwarz-rot-goldne Fahne auf die Höhe des deutschen Gedankens, macht sie zur Standarte des freien Menschtums, und ich will mein bestes Herzblut für sie hingeben.«* Damit weist sich das *»Wintermärchen«* – der Titel ist nach Shakespeares *The Winter's Tale* und zugleich kontrapunktisch zu Heines erstem Versepos *Atta Troll. Ein Sommernachtstraum* gebildet – als Deutschlandbild eines kosmopolitisch und humanistisch denkenden Patrioten im Exil aus. Zwanzig Jahre nach der ironisch-heiteren Frühlingswanderung der *Harzreise* entwickelt Heine in einem neuen Genre (*»versifizierte Reisebilder«*, so Heine in einem Brief an Campe am 20. 2. 1844) ein fast durchgängig pessimistisches Bild des deutschen »politischen Winters«. Anfangs- und Schlußkapitel formulieren an exponierter Stelle Heines unter dem Einfluß des französischen Frühsozialismus (SAINT SIMON) entwickeltes sozialrevolutionäres Programm, das gegen Nationalismus und religiöse Bevormundung eine sinnlich und ästhetisch befriedigte Menschengemeinde fordert: *»Wir wollen hier auf Erden schon / Das Himmelreich errichten. // ... Ja, Zuckererbsen für jedermann, / Sobald die Schoten platzen! / Den Himmel überlassen wir / Den Engeln und den Spatzen. // ... Die Jungfer Europa ist verlobt / Mit dem schönen Geniusse / Der Freiheit, sie liegen einander im Arm, / und schwelgen im ersten Kusse.«* (Kap. 1); Kap. 27 nennt als eigentlichen Adressaten die dem aussterbenden *»Geschlecht der Heuchelei«* nachfolgende Jugend: *»Es wächst heran ein neues Geschlecht, / Ganz ohne Schminke und Sünden, / Mit freien Gedanken und freier Lust – / Dem werde ich alles verkünden.«* Dazwischen liegt die Reise mit den Hauptstationen Aachen, Köln und Hamburg. Die einzelnen Etappen geben dem Erzähler Anlaß, die deutsche Gegenwart mit Figuren und Symbolen der Vergangenheit zu konfrontieren und dadurch sowohl den Ursprung der vormärzlichen politischen Restauration als auch den Verlust fortschrittlicher Traditionen aufzuzeigen. Reflexionen, Träume, reale und phantasierte Dialoge, Anspielungen und Visionen strukturieren dabei gemäß dem Bauprinzip der assoziativen Reihung den Text stärker als die Ortswechsel.

Aus dem fortschrittlichen Frankreich kommend, wird der Erzähler an der Grenze durch die Suche des Zollbeamten nach *»konfiszierlichen Büchern«* mit der preußischen Zensur-Realität konfrontiert, während ein Harfenmädchen vom *»Jenseits, wo die Seele schwelgt / Verklärt in ewgen Wonnen«* singt und damit dem elegisch gestimmten Heimkehrer den Bewußtseinsstand der deutschen Kleinbürger zeigt. Das kritische Aufklärungsprogramm muß geschmuggelt werden: *»Ihr Toren, die ihr im Koffer sucht! / Hier werdet ihr nichts entdecken! / Die Contrebande, die mit mir reist, / Die hab ich im Kopfe stekken.«*

Das Straßenbild Aachens, der Stadt Karls des Großen, wird vom preußischen Militär beherrscht, dessen Uniform an das *»Mittelalter so schön«* erinnert und damit die romantisch-reaktionäre Orientierung der preußischen Monarchie verrät (König Friedrich Wilhelm IV. gilt als »Romantiker auf dem Thron«). Köln wird als Hochburg des konservativen Katholizismus dargestellt, in der die *»Flamme des Scheiterhaufens ... / Bücher und Menschen verschlungen«* hat; im Dom, *»des Geistes Bastille«*, sollte nach dem Willen Roms *»die deutsche Vernunft verschmachten«*. Dieser Auseinandersetzung mit der religiösen Restauration folgt ein Gespräch mit dem *»Vater Rhein«*, der sich gegen die nationale Vereinnahmung durch Deutsche und Franzosen zur Wehr setzt; die romantisierende Rhein-Lyrik habe ihn *»politisch kompromittieret«* (Kap. 5). In der Begegnung mit einem Doppelgänger ironisiert der Erzähler die Diskrepanz zwischen seiner gegenwartskritischen Analyse und der Unmöglichkeit umstürzlerischer Taten. Die bleiche Gestalt mit dem Richtbeil gibt sich ihm als sein terroristisches *alter ego* zu erkennen: *»Du bist der Richter, der Büttel bin ich, / Und mit dem Gehorsam des Knechtes / Vollstreck ich das Urteil, das du gefällt, / Und sei es ein ungerechtes.«* (Kap. 6) Ein Alptraum in der folgenden Nacht verdeutlicht indes, daß solche Formen der Gegenwehr zur Selbstzerstörung führen müssen.

Westfalen (Kapitel 8–10) wird liebevoll als rückständige Region gezeichnet, in die *»Gleißen und Prahlen«* der Städte noch nicht Einzug gehalten hat. Nur hier zeigt der Alltag sinnliche Fülle und Genuß. Eine Sottise auf die nationale Gedenkstätte des Arminius-Denkmals (»Hermannsdenkmal«, seit 1838 im Bau, vollendet 1875) im Teutoburger Wald leitet über zu der zentralen Auseinandersetzung mit der Barbarossa-Figur, die seit der romantischen Wiederentdeckung der deutschen Vergangenheit als Symbol für die Reichsidee und dabei zugleich für soziale Gerechtigkeit und weise politische Führung steht. In der schaukelnden Kutsche schlummernd, erscheint dem Erzähler der mittelalterliche Kaiser im Kyffhäuser und hört seinen Bericht über die Revolution in Frankreich und das Ende Ludwigs XVI. Noch schlafend wünscht er sich, vom Kaiser der Frechheit und des Verrats bezichtigt, daß dieser im Kyffhäuser bliebe: *»Nur träumend, im idealen Traum, / Wagt ihnen der*

Deutsche zu sagen / Die deutsche Meinung, die er so tief / Im treuen Herzen getragen.« Die im Traum aussprechbare Monarchiekritik nimmt der Erzähler nach dem Erwachen aber ironisch zurück, da *»das alte römische Reich«* allemal besser sei als das gegenwärtig regierende *»Komödiantenpack«*, das *»die Vorzeit parodiert«*. Der Rückgriff auf die populäre Barbarossa-Gestalt denunziert so die Vereinnahmung der Geschichte durch die Hohenzollern als angebliche Nachfolger der Staufen (Kap. 14–17).

Die letzte Station ist Hamburg; auch die in ihrem Selbstverständnis weltoffene Handelsstadt kann – wohl in einem historischen Fehlurteil Heines – wegen ihrer biedermeierlichen Selbstgenügsamkeit, ihrer Eitelkeit und ihrer korrupten Kommerzialität nicht als Modell für ein besseres Deutschland dienen. Eine Traumbegegnung mit Hammonia, *»Hamburgs beschützender Göttin«*, in deren Armen der Erzähler das Liebesglück genießt, beschließt den Text. Nochmals werden die zentralen Aspekte der deutschen Rückständigkeit zusammengefaßt und in einem obszönen Symbol für die deutsche Zukunft integriert: Ein Blick in den Nachttopf Karls des Großen, des sagenhaften Stadtgründers Hamburgs, den ihm Hammonia unter dem Siegel der Verschwiegenheit gewährt, soll ihm die Zukunft offenbaren, beschert aber nur entsetzliche Düfte: *»Es war, als fegte man den Mist / aus sechsunddreißig Gruben«* – sprich deutschen Staaten. Das Motiv des wissenden, aber zum Schweigen gezwungenen Dichters reflektiert dabei Heines Situation als Autor.

Leitmotivisch durchziehen den Text die Auseinandersetzung mit der Zensur und die karikierende Beschreibung preußischer Herrschaftssymbole (Fahne, Reichsadler, Arminiusdenkmal etc.). Den Kontrapunkt bilden Befreiungssymbole – Anspielungen auf Napoleon (Kap. 8), ein Prometheus-Traum (Kap. 18), Christus (Kap. 13), die Aufforderung zum *»lustigen Schießen«* auf den preußischen Adler – und zuletzt die Ankündigung der Revolution in den Worten Hammonias: *»Es poltert heran ein Spektakelstück, / Zu Ende geht die Idylle.«* Nur so – dies ist die Quintessenz des »Märchens« – könnten Vielstaaterei, militanter Nationalismus, Franzosenhaß, provinzielle Engstirnigkeit, Klerikalismus, romantische Mittelalterverklärung und obrigkeitsstaatliches Denken überwunden werden. Die mehr als 500 vierversigen Strophen sind der populären Nibelungenstrophe nachgebildet; unvermutete Zeilensprünge, bewußt gesuchte unreine Reime und komische Fremdwortreime stützen dabei durch kunstvolle Analogie- und Kontrastbildungen die Gedankenführung des Texts und verleihen oftmals Verspaaren oder Strophen den Charakter von polemischen Merksätzen und satirischen Handlungsanweisungen – ganz im Sinne der *»Contrebande«*, die es im Kopf zu transportieren gilt. Der Sprachgestus ist wechselnd hymnisch, elegisch, spöttisch, ironisch, plaudernd und aggressiv-anklagend mit deutlichem Schwerpunkt auf ironisch-satirischen Elementen und benutzt auch alltagssprachliche, ja jargonhaft-zotige Wendungen. Der mit Heine nicht bruchlos identifizierbare Ich-Erzähler, ein dem klassischen Epos fremdes Gestaltungselement, erlaubt den spielerischen, subjektivierenden Zugriff auf den Erzählgegenstand.

Noch im Erscheinungsjahr begannen Verbotsmaßnahmen, die sich aber nicht bundesweit durchsetzen konnten. Von konservativen Kreisen vor allem wegen der Religionskritik vehement abgelehnt, wurde die Satire von der liberalen Opposition als nützliche Polemik begrüßt und von den Frühsozialisten enthusiastisch gefeiert. Als einziges Werk Heines reizte das *Wintermärchen* mit fast zwanzig heute zumeist vergessenen Adaptionen – die meisten von ihnen aus dem 19. Jh. – zur Nachahmung; unter ihnen ist die Wiederaufnahme des Motivs durch Wolf Biermann (1972) am bekanntesten, in der der Ich-Erzähler aus dem nach seiner Deutung besseren östlichen Deutschland, der DDR, in die Bundesrepublik reist. R.Hk.

Ausgaben: Hbg. 1844 (in *Neue Gedichte*). – Hbg. 1844. – Lpzg./Wien 1887–1890 (in *SW*, Hg. E. Elster, 7 Bde., 2). – Charlottenburg 1915, Hg. F. Hirth [Faks. der Hs.]. – Mchn. 1971 (in *SS*, Hg. K. Briegleb, 6 Bde., 1968–1976, 4). – Bln. (DDR)/Paris 1979 (in *Werke, Briefwechsel, Lebenszeugnisse*, 1970 ff., Bd. 2, Bearb. I. Möller; *Säkularausg.*). – Hbg. 1985 (in *GA*, Hg. M. Windfuhr, 1973 ff., Bd. 4, Bearb. W. Woesler; hist.-krit.; *Düsseldorfer Ausg.*).

Literatur: G. Schirges, *»Deutschland. Ein Wintermärchen«. Von H. H.* (in Telegraph f. Deutschland, 1844, Nr. 169, S. 673 f.). – L. L. Hammerich, *H. H.: »Deutschland. Ein Wintermärchen«*, Kopenhagen 1921. – G. Lukács, *H. und die ideologische Vorbereitung der 48er Revolution* (in Geist u. Zeit, 1956, S. 319–345). – P. Demetz, *Marx, Engels u. die Dichter*, Stg. 1959, S. 106–114. – H. Kaufmann, *Politisches Gedicht u. klassische Dichtung. H. H.: »Deutschland. Ein Wintermärchen«*, Bln. 1959. – W. A. Berendsohn, *Das Wort als geistige Waffe. H.s politische Dichtung »Deutschland. Ein Wintermärchen«*, Dortmund 1960. – M.-B. v. Loeben, *»Deutschland. Ein Wintermärchen.« Politischer Gehalt u. poetische Leistung* (in GRM, N. F., 20, 1970, S. 265–285). – W. Gössmann u. W. Woesler, *Politische Dichtung im Unterricht.« Deutschland. Ein Wintermärchen« von H. H. Text, Komm., Unterrichtshinweise, Materialien*, Düsseldorf 1974 [ern. 1986 u. d. T. *H. H.: »Deutschland. Ein Wintermärchen.« Text und Materialien*]. – J. Hermand, *H.s »Wintermärchen« – Zum Topos der »deutschen Misere«* (in Diskussion Deutsch, 1977, H. 35, S. 234–249). – D. P. Meier-Lenz, *H. H., W. Biermann: Deutschland. Zwei Wintermärchen. Ein Werkvergleich*, Bonn 1977; [3]1985 [erw.]. – St. B. Würffel, *H. H.s negative Dialektik. Zur Barbarossa-Episode des »Wintermärchens«* (in Neoph, 61, 1977, S. 421–438). – M. A. Rose, *The Idea of the »Sol Iustitiae« in H.'s »Deutschland. Ein Wintermärchen«* (in DVLG, 52, 1978, S. 604–618). – J. Bark, *H. im Vormärz: Radikalisierung oder Verweigerung* (in

Der Deutschunterricht, 31, 1979, H. 2, S. 47–60). – *Erläuterungen und Dokumente. H. H.: »Deutschland. Ein Wintermärchen«*, Hg. W. Bellmann, Stg. 1980, ern. 1984 (RUB). – R. W. Hannah, *The Broken Heart the Accusing Flame. The Tension of Imagery and the Ambivalence of Political Commitment in H.'s »Deutschland. Ein Wintermärchen«* (in Colloquia Germanica, 14, 1981, S. 289–312). – I. Scholz, *H. H.: »Deutschland. Ein Wintermärchen«. »Reisebilder«*, Hollfeld 1983. – H. Henning, *H.s »Deutschland. Ein Wintermärchen« in der zeitgenössischen Rezeption*, Lpzg. 1984 [m. Nachdr. der Erstausg., zeitgenössische Quellen u. Rezz.; Komm.]. – P. Haida, *»Freiheit« – das neue Lied. H. H.: »Deutschland, ein Wintermärchen«, Johann Nestroy: »Freiheit in Krähwinkel«*, Stg. 1986.

DIE HARZREISE

Reisebeschreibung von Heinrich HEINE, erschienen 1826, durch die preußische Zensur stark entstellt, in der Berliner Zeitschrift ›Der Gesellschafter oder Blätter für Geist und Herz‹, im gleichen Jahr als erster Teil der mehrbändigen *Reisebilder* (1826–1830) in Hamburg vollständig veröffentlicht. – Dieses erste Prosastück Heines, das seinen Namen in der literarischen Öffentlichkeit bekannt machte, schildert eine Fußreise von Göttingen, wo der Dichter studiert hatte und wegen eines Duells relegiert worden war, durch den Harz; sie führte ihn im September und Oktober 1824 über Northeim, Osterode, Clausthal und Goslar zum Brokken und ins Ilsetal. Vordergründig anknüpfend an die beliebte Gattung der Reiseliteratur – der Harz wurde Anfang des 19. Jh.s touristisch erschlossen – mischt Heine in der *Harzreise* komisch-satirische Stilmittel, lyrische Passagen und subjektiv-assoziative Betrachtungen zu einem ironischen Zeit- und Sittenbild.

Witzige Effekte entstehen, wenn das Erzähler-Ich Elemente aus unterschiedlichen Bedeutungs- und Stilebenen miteinander verbindet. So verläßt der Erzähler am frühen Morgen die Stadt Göttingen, *»berühmt durch ihre Würste und Universität«*. Mit genußvoller Spottsucht geißelt er das philiströse, altkluge Gehabe der akademischen Zunft und die Sauf- und Rauflust der studentischen Verbindungen, die *»in Sitten und Gebräuchen noch immer wie zur Zeit der Völkerwanderung dahinleben«*. Die frische Morgenluft macht ihn übermütig, vergessen sind Pandekten, *»selbstsüchtige Rechtssysteme«* und die ewige Angst vor dem Examen. Einem ältlichen Trio, bestehend aus einem Herrn und zwei Damen, das eine Unterkunft in Göttingen sucht, empfiehlt er das *»Hotel de Brühbach«*. So aber wird dort der Karzer von den Studenten genannt. Einem wandernden Schneidergesellen gegenüber gibt der Erzähler sich als Kosmopolit aus, der auf Kosten des türkischen Kaisers herumreise, um Rekruten anzuwerben. Bei dem Schneidergesellen handelte es sich jedoch in Wahrheit um den Handlungsreisenden Karl DÖRNE, der dieses Zusammentreffen 1826 im ›Gesellschafter‹ als *Seitenstück zu H. Heines Harzreise* sehr unterhaltsam schilderte. Er war nicht der einzige, der sich in einem der bissigen Porträts wiedererkannte. Der *»schwarze, noch ungehenkte Makler, der dort* [in Hamburg] *mit seinem spitzbübischen Manufakturwarengesicht herumläuft«* wurde später sogar auf offener Straße tätlich, um sich an Heine für die Bloßstellung zu rächen. Die gesamte prominente Gelehrtenschaft der Zeit muß sich wohlgezielte Seitenhiebe gefallen lassen. Auch dort, wo sich dem Reisenden in freier Luft die Brust weitet und die Seele erhebt, kommt es zur komischen Desillusionierung durch das muffige Spießertum und die filzige Engstirnigkeit der Philister. Das herrliche Naturschauspiel eines Sonnenuntergangs quittiert ein junger Kaufmann mit dem Ausruf: *»Wie ist doch die Natur im allgemeinen so schön!«* Doch seinem geliebten Lehrer, dem Historiker Georg SARTORIUS und dessen *»historischen Tröstungen«* setzt Heine ein ehrendes Denkmal, und mit Freude entdeckt der Erzähler in einem Gästebuch den *»vielteuren«* Namen Adelbert von CHAMISSO. Höhepunkte der Wanderung sind ein Besuch in der Münze von Clausthal, eine lebensgefährliche Kletterpartie in das Clausthaler Bergwerk und die Besteigung des Brocken, dessen wuchtige Erhabenheit ihn zu einem ironischen Vergleich mit dem deutschen Charakter anregt. Die eigentliche Reisebeschreibung schließt mit dem Besteigen des Ilsensteins ab, doch geht aus den erhaltenen Paralipomena zur *Harzreise* hervor, daß ursprünglich eine Fortsetzung des Werks beabsichtigt war.

Die *Harzreise* zeichnet mit ihrer Mischung aus trockenem Witz, schwärmerischer Naturschilderung, beißender Zeitsatire, realistisch detaillierter Beschreibung und stimmungsvollen lyrischen Passagen das Bild einer Gesellschaft im Übergang, in der traditionelle Werte und Konventionen in Frage gestellt sind. Im Mittelpunkt der Betrachtungen steht ein Ich-Erzähler mit autobiographischer Nähe zum Autor, der seine subjektiven Erfahrungen mit bitterböser Schärfe kommentiert. Neben der Verhöhnung des Spießbürgertums ist die Kritik an christlicher Sinnenfeindlichkeit – in Anspielungen auf heidnische Götter und Naturgeister – eines der zentralen Motive, die in Heines späteren Werken wieder aufgegriffen und entfaltet werden. – Die Gedichteinlagen wurden 1827 von Heine in sein *Buch der Lieder* aufgenommen. W.v.S.-KLL

AUSGABEN: Bln. 1826 (*Harzreise. Geschrieben im Herbst 1824*, in Der Gesellschafter, 10, Nr. 11–24). – Hbg. 1826 (in *Reisebilder*, Bd. 1). – Lpzg./Wien 1887–1890 (in *SW*, Hg. E. Elster, 7 Bde., 3). – Hbg./Bln. 1920, Hg. F. Hirth [Faks. d. Ausg. 1826]. – Stg. 1955, Hg. M. Windfuhr (Nachw. F. Sengle; RUB). – Mchn. 1969 (in *SS*, Hg. K. Briegleb, 6 Bde., 1968–1976, 2, Hg. G. Häntzschel). – Bln. (DDR)/Paris 1970 (in *Werke, Briefwechsel, Lebenszeugnisse*, 1970 ff., Bd. 5, Bearb. K. W. Becker; *Säkularausg.*). – Hbg. 1973 (in *GA*, Hg. M. Windfuhr, 1973 ff., Bd. 6, Bearb. J. Hermand; hist.-krit.; *Düsseldorfer Ausg.*).

LITERATUR: H. J. Forman, *In the Footpoints of H.*, Ldn. 1910. – E. Löwenthal, *Studien zu H.s »Reisebildern«*, Bln./Lpzg. 1922; ern. Ldn./NY 1967. – O. Williams, *The H. of the »Harzreise«* (in Cornhill Magazine, 59, 1925, S. 407–422). – G. Tschich, *Der Impressionismus im Prosastil von H.s »Reisebildern«*, Diss. Kiel 1928. – N. Altenhofer, *Harzreise in die Zeit. Zum Funktionszusammenhang von Traum, Witz u. Zensur in H.s früher Prosa*, Düsseldorf 1972. – K. Pabel, *H.s »Reisebilder«. Ästhetisches Bedürfnis u. politisches Interesse am Ende der Kunstperiode*, Mchn. 1977. – K. L. Komar, *The Structure of H.'s »Harzreise«: Should We Take the Narrator at His Word?«* (in GR, 56, 1981, S. 128–133). – G. Heinemann, *H. H. »Reisebilder«. Interpretationshinweise*, Mchn. 1981. – H. D. Weber, *H.s »Harzreise« u. der Tourismus* (in Der Deutschunterricht, 38, 1986, S. 51–64).

DER RABBI VON BACHERACH

Romanfragment in 3 Kapiteln von Heinrich HEINE, erschienen 1840. – Durch seine Mitarbeit 1822/23 im Berliner »Verein für Cultur und Wissenschaften der Juden«, einem als Reaktion auf die 1819 wieder ausgebrochenen Judenverfolgungen gegründeten Kreis jüdischer Hegelianer, war Heine, der eine eigentlich jüdische Erziehung nie genossen hatte, mit Fragen der jüdischen Leidensgeschichte und der Judenemanzipation vertraut geworden. In dieser Umgebung entstand der Plan zum *Rabbi*, an dessen Ausführung er sich 1824 in Göttingen machte. Er betrieb ein intensives Studium der historischen Quellen. Dabei erwies sich die ursprüngliche Novellenkonzeption (vgl. Brief an Christiani, 24. 5. 1824) bald als zu begrenzt und wich dem Versuch eines historischen Romans in der Manier Walter SCOTTS. Doch die Arbeit ging wegen der *»Sprödigkeit des Stoffes«* und Zweifeln an seinem *»Talent des Erzählens«* (an Moser, 25. 6. 1824) nur stockend voran und wurde Ende 1825 oder Anfang 1826 abgebrochen. Berufliche Sorgen, die Konversion zum Protestantismus (1825), der Umzug nach Paris (1831), das immer stärkere Engagement für politische Tagesfragen, ein gewisses Desinteresse an der Form des historischen Romans, bedingt durch den wachsenden Einfluß von CERVANTES (vgl. Heines Versuch eines pikarischen Roman im *Schnabelewopski*), und wachsende Distanz zu den Ideen des Kulturvereins verhinderten in der Folge immer wieder die Vollendung des Romanplans. Erst Judenverfolgungen 1840 in Damaskus wegen des Vorwurfs eines Ritualmordes zum Passahfest – wie im 1. Kap. des *Rabbi* – veranlaßten Heine dazu, das Manuskript zu überarbeiten und als *»zeitgemäße Materialienzutat«* (an Campe, 28. 3. 1840) dem vierten Band seines *Salons* beizufügen.

Der Hinweis am Ende des Druckes, daß der Schluß des dritten Kapitels und weitere Kapitel verlorengegangen seien, wird unterschiedlich gedeutet. H. KIRCHER etwa sieht darin eine literarische Fiktion zur Entschuldigung des Fragmentcharakters. Demnach hat Heine 1840 die unausgeführten Kapitel zwei und drei des Manuskripts von 1825/26 überarbeitet, vielleicht sogar weitgehend neugeschrieben. Nach K. BRIEGLEB dagegen liegt 1826 ein weitgehend ausgeführter Romanentwurf in zwei Büchern zu jeweils drei Kapiteln vor, der, von Heine im Haus der Mutter in Hamburg zurückgelassen, 1833 bei einem Brand vernichtet wird. Buch eins entwickelte – so Briegleb – *»ein individualisiertes Geschichtsbild der Passahfest-Passionen der Juden«*, Buch zwei *»das Problem des emanzipierten Juden in antisemitischer Umgebung«*. Nach Paris mitgeführte Konzeptniederschriften erlaubten 1840 die Herstellung der Druckfassung durch intensive Überarbeitung des zweiten und dritten Kapitels, womit Heine den 1837 schon einmal ins Auge gefaßten Plan, das Werk wieder herzustellen, endgültig aufgegeben habe – unter Zeitdruck wegen der Drucklegung des vierten Bandes des *Salon* und resigniert wegen der Mühen der Wiederherstellung. Dabei repräsentiere das dritte Kapitel des Fragments, mit dem *»aus einer poetischen Ghetto-Dokumentaion eine autobiographisch passionierte Problemschrift«* werde (K. Briegleb), die inhaltliche Konzeption des verbrannten zweiten Buches. Der lange und komplizierte Entstehungsvorgang hat im Fragment selbst seinen Niederschlag gefunden und erklärt dessen Uneinheitlichkeit. Das erste Kapitel setzt düster, passionsartig ein. In breitem, chronikalem Stil berichtet Heine vom tragischen Schicksal der Juden im Spätmittelalter. Dann verengt sich die erzählte Zeit; die gesamte Handlung beansprucht weniger als einen Tag. Beim idyllisch geschilderten Passahfest der kleinen Judengemeinde von Bacherach am Rhein schmuggeln zwei Flagellanten eine Kindsleiche in das Haus des Rabbi Abraham, um die Juden des Ritualmordes bezichtigen zu können. Der Rabbi, ein gelehrter und gebildeter Mann, *»ein Muster gottgefälligen Wandels«* entdeckt die Leiche frühzeitig. In seinem Entsetzen redet er sich ein, der Anschlag gelte nur ihm; er verläßt mit seiner Frau Sara heimlich Bacherach und flieht nach Frankfurt, ohne seinen Verwandten und Freunden die schreckliche Entdeckung mitzuteilen, und überläßt sie damit größter Todesgefahr. – Das zweite Kapitel spielt im wesentlichen im Ghetto von Frankfurt. Die beiden Flüchtlinge feiern in der Synagoge ihre Errettung. Hier erfährt der Rabbi, daß die Flagellanten, wie er befürchten mußte, die ganze jüdische Gemeinde Bacherachs niedergemacht haben. Doch diese düstere Seite der Erzählung wird durch parodistisch-satirische Züge aufgehellt. Schon die beiden jüdischen Ghettowächter Nasenstern und Jäckel, die die Flüchtlinge erst nach langem Palaver ins Ghetto lassen, verschieben die Erzählung ins Burleske. Stärker noch kommt diese vielleicht aus der letzten Entstehungsphase stammende Erzählschicht in der Art zum Ausdruck, wie Heine die reichen, eitlen, klatschsüchtigen Jüdinnen auf der Frauenempore der Synagoge karikiert. Das dritte Kapitel ist vollends in dieser heiter-satirischen Tonart geschrieben. Sara und Abraham treffen nach dem Gottesdienst den zum Christentum konvertierten spanischen Ritter Don Isaak Abarbanel, einen Jugendfreund des Rabbi aus den gemeinsamen Studienjahren in Spanien, wo damals ein assimiliertes Judentum im spanisch-arabischen Kulturkreis blühte. Den sinnenfreudigen Don Isaak hat die hochgerühmte Garküche der Schnapper-Elle ins Ghetto gelockt. Mit *»übertriebener Grandezza«* macht er der unförmigen Garköchin den Hof. In dieser Szene, mit der das Fragment endet, entfaltet sich voll Heines witziger Stil. Scharfe Kontraste bestimmen das Prosastück. Im ersten Kapitel als *»düsteres Martyrlied«* angelegt (Gedicht an Moser, 1824), wendet es sich nach der Flucht des Rabbi ins Komische und Satirische. Heine überläßt sich völlig dem witzigen, virtuosen Spiel mit der Sprache. Der bewußt archaisierende, objektivierende Chronikstil des ersten Kapitels ist dem neuen Thema nicht gemäß.

Der stilistische Kontrast stützt die gedankliche Entwicklung des Textes, der das jüdische Ghetto-Schicksal als Flucht vor der Verfolgung, nicht primär als Vertreibung deutet. Der durch sein angstvolles Schweigen schuldig gewordene Rabbi flieht ins Frankfurter Ghetto, wo die Juden trotz der Weltoffenheit der Handelsstadt »in Druck und Angst« (Kap. 2) leben. In den gebrochenen närrischen Charakteren der Ghettobewohner zeigt sich die Ausweglosigkeit ihrer Situation, die aus Verdächtigungen und Progromen resultiert. Heines Auseinandersetzung mit dem eigenen Judentum zeigt sich zudem in Wortspielen, Wortwitzen, Sarkasmen und parodistischen Handlungselementen wie Don Isaaks Garküchenmahlzeit, einer Blasphemie des Abendmahls in Bacherach. H.Str.-R.Hk.

AUSGABEN: Hbg. 1840 (in *Der Salon*, Bd. 4). – Bln. 1929 [Ill. M. Liebermann]. – Bln. 1937 [Nachw. E. Loewenthal; Ill. L. Schwerin]. – Mchn. 1968 (in *SS*, Hg. K. Briegleb, 6 Bde., 1968–1976, 1). – Bln./Weimar 1971 [Nachw. G. Erler; Ill. M. Liebermann]. – Bln. (DDR)/Paris 1979 (in *Werke, Briefwechsel, Lebenszeugnisse*, 1970 ff., Bd. 9, Bearb. F. Mende; *Säkularausg.*). – Stg. 1983 (Nachw. H. Kircher; RUB).

LITERATUR: G. Karpeles, *H. H. u. »Der Rabbi von Bacherach«*, Wien 1895. – L. Feuchtwanger, *H.s »Rabbi von Bacherach«. Eine kritische Studie*, Diss. Mchn. 1907 [ern. Ffm. 1985 u. d. T. *H. H.s »Rabbi von Bacherach«*]. – E. Loewenthal, *H.s Fragment »Der Rabbi von Bacherach«* (in Der Morgen, 12, 1936, S. 168–175; ern. in H.-Jb., 1964, S. 3–16). – M. Tabak, *Judaic Lore in H.*, Baltimore 1948; 21956. – M. A. Bernhard, *Welterlebnis u. gestaltete Wirklichkeit in H. H.s Prosaschriften*, Diss. Mchn. 1962. – F. Finke, *Zur Datierung des »Rabbi von Bacherach«* (in H.-Jb., 1965, S. 26–32). – M. A. Rose, *Über die strukturelle Einheit in H.s Fragment »Der Rabbi von Bacherach«* (ebd., 15, 1976, S. 38–51). – H. Kircher, *H. H.: »Der Rabbi von Bacherach« (1840)* (in *Romane u. Erzählungen zwischen Romantik u. Realismus*, Hg. P. M. Lützeler, Stg. 1983, S. 295–313). – R. Feldmann, *H. H. »Der Rabbi von Bacherach«*, Diss. Mchn. 1984.

REISEBILDER

Prosasammlung von Heinrich HEINE, erschienen in vier Teilen 1826–1831. – Die Texte, die Heine nach und nach unter dem Titel *Reisebilder* zusammenstellte und veröffentlichte, bilden zusammen mit dem *Buch der Lieder* den Teil seines Werks, der das Urteil über ihn in Deutschland bestimmt hat. In der Anordnung der zweiten Auflage, die für die weiteren Ausgaben gültig blieb, umfassen die *Reisebilder* folgende Arbeiten: Bd. 1: *Die Heimkehr. – Die Harzreise. – Die Nordsee, I. und 2. Abt.;* Bd. 2: *Die Nordsee, 3. Abt. – Ideen. Das Buch Le Grand. – Neuer Frühling*; Bd. 3: *Italien 1828. I. Reise von München nach Genua. II. Die Bäder von Lucca*; Bd. 4: *Italien 1828. III. Die Stadt Lucca. – Englische Fragmente.* – Seiner Gepflogenheit entsprechend, dieselben Texte in mehreren Bänden unterzubringen, hat Heine sämtliche Gedichte des ersten Bandes als eigene Zyklen in das 1827 erscheinende *Buch der Lieder* (vgl. *Das lyrische Werk*) aufgenommen. Ebenso wurde der Zyklus *Neuer Frühling* später zu den *Neuen Gedichten* gestellt.

Die *Reisebilder*, Heine prägte diesen Begriff selbst, knüpfen an die Reiseliteratur an, wie sie im späten 18. Jh. und vor allem in der von Aufbruchsstimmung gekennzeichneten Zeit des Vormärz populär war. Die feuilletonistisch-kritische Prosa, die antisystematische, zyklische Struktur und der fragmentarische Charakter der einzelnen Stücke führen aber über traditionelle Gattungsvorstellungen hinaus. Die moderne Form erlaubt es dem autonomen Ich-Erzähler, die allgemeinen politischen Verhältnisse kritisch zu beleuchten und gleichzeitig, ironisch gebrochen, das subjektive Leiden an diesen Verhältnissen darzustellen.

Anstoß und Kern zu einer Sammlung von Reisedarstellungen bildet die → *Harzreise*, die Heine im Anschluß an seine Wanderung durch den Harz im Sommer 1824 niederschrieb und zunächst als Zeitschriftenbeitrag 1826 im ›Gesellschafter‹, von der Zensur entstellt und gekürzt, in demselben Jahr in der von ihm gewünschten Form zusammen mit den Gedichten der *Heimkehr* und der *Nordsee* als *Reisebilder. I. Teil* veröffentlichte. Der ironisch-kritische Stil der *Harzreise* mit ihren satirischen Angriffen auf Universität und Studentenleben, auf zeitgenössische Persönlichkeiten und Ereignisse wird kennzeichnend auch für die späteren *Reisebilder*-Bände. Sie ist jedoch noch deutlich romantischen Traditionen verpflichtet, etwa in dem Wechsel von Prosa und Lyrik, in der – wenn auch schon lächerlich gemachten – Betonung des Gefühls, in ihrer fragmentarischen Form; auch hält sie sich noch an die Gattungsbestimmungen einer Reiseschilderung. – Doch schon im zweiten Teil (1827) ist der Schritt zu einer neuen Form vollzogen, und die lyrischen Elemente treten zurück. In Briefen an seine Freunde spricht Heine in dieser Zeit immer wieder von dem neuen Ton, den neuen Themen, die der zweite Band bringen werde, von offener, rücksichtsloser Kritik an allem Bestehenden, von seiner politischen Aufgabe. Die dritte Abteilung der *Nordsee*, ein Prosastück in Essayform, befaßt sich nur noch einleitend mit dem Badeleben auf der Insel Norderney und mit deren Bewohnern. Die wahren Themen des Stückes sind Heines erster deutlicher Angriff auf den Adel und sein Bekenntnis zu Napoleon. Ferner versucht Heine hier, sich die Gestalt GOETHES zu vergegenwärtigen. Der für Heine enttäuschende Besuch in Weimar hatte ja die tatsächliche Harzwanderung abgeschlossen. Aber erst jetzt vermag Heine den Eindruck, gerecht abwägend, zu verarbeiten und kann Goethe die Anerkennung nicht verweigern. Das Napoleon-Thema, in der *Nordsee* präludiert, wird im Hauptstück dieses Bandes, *Ideen. Das Buch Le Grand*, voll ausgespielt und verzahnt mit der eigenen Jugendbiographie und den verschüsselt angedeuteten und leitmotivisch wiederholten Hinweisen auf seine Jugendlieben. Napoleon ist Heine als der Vertreter der großen Revolution das Symbol des emanzipierten, fortschrittlichen Staatsmannes. Und in Erfüllung dieser Revolutions- und Freiheitsidee sieht er selbst die Aufgabe seiner politischen Schriftstellerei. In biblischen Wendungen die Gestalt Napoleons überhöhend, vergleicht er dessen Einzug in Düsseldorf mit Christi Einzug in Jerusalem. (Später, schon im vierten Teil der *Reisebilder*, revidiert Heine sein Napoleon-Bild, beeinflußt von der kritischeren Haltung der VARNHAGENS und ihres Kreises.) In reizvoller Verdoppelung der Perspektive schildert Heine das Napoleon-Erlebnis nicht nur aus seiner eigenen Sicht, sondern noch einmal aus dem Blickwinkel eines französischen Soldaten, des nach Jahren aus Rußland zurückkehrenden Trommlers Le Grand. – Am Tag der Auslieferung dieses Bandes floh Heine nach England, um dort die gefürchtete Reaktion der Behörden abzuwarten. Und tatsächlich boten die Napoleon-Begeisterung, das offene Eintreten für die Revolution, die scharfe Adels- und Kleruskritik und nicht zuletzt eine Satire auf die Zensoren (Kap. 12 der *Ideen* enthält außer den Worten *»Die deutschen Zensoren —— Dummköpfe«* nur Zensurstriche) genug Ärgernis für die österreichische, hannoversche und mecklenburgische Zensur, um das Buch in diesen Staaten zu verbieten, was die Aufmerksamkeit erst recht steigerte.

Der dritte und vierte Teil der *Reisebilder* (1830/31) steht unter dem zusammenfassenden Titel *Italien. 1828.* Heine war, nachdem er bald nach Erscheinen des zweiten Bandes die Redaktion der ›Neuen allgemeinen politischen Annalen‹, einer Cottaschen Zeitschrift, in München übernommen hatte, im Sommer 1828 nach Italien gereist. So finden sich in den beiden Stücken des dritten Bandes (*Reise von München nach Genua* und *Die Bäder von Lucca*) auch Berichte, assoziativ aneinandergereihte Eindrücke, kleine Reisebegebenheiten, Menschen- und Kunstbeschreibungen. Den Kern aber bilden Polemiken gegen einzelne Personen des literarischen und öffentlichen Lebens, Angriffe, deren rücksichtslose Schärfe Heine später teilweise selbst gern zurückgenommen hätte. Heine war in München mit vielen bedeutenden Persönlichkeiten aus Staat, Kirche und Adel bekannt, aber zugleich selbst heftig angegriffen worden, auch seiner jüdischen Herkunft wegen. Außerdem war er enttäuscht darüber, daß ihm eine Professur an der Münchner Universität verweigert wurde. So sieht er sich nun aufgerufen, gegen Mißstände im gesellschaftlichen und kulturellen Bereich literarisch vorzugehen. Seine schärfste Polemik führt er gegen PLATEN: Dieser war in den *Xenien* angegriffen worden, die IMMERMANN gegen Literaten seiner Zeit, gegen MÜLLNER, RAUPACH, FOUQUÉ, CLAUREN, die SCHLEGELS und gegen die Nachahmer des *Divan*-Stils, RÜCKERT und Platen, verfaßt, und die Heine 1827 im zweiten Teil der *Reisebilder*, im Anschluß an den dritten (Prosa-)Teil der *Nordsee* veröffentlicht hatte. Daraus entspann sich eine erbitterte literarische und persönliche Fehde zwischen Heine und Platen, die weit über den ursprünglichen Anlaß hinausführte. Zunächst versuchte Platen, in seinem satirischen Lustspiel *Der romantische Ödipus* (1829) neben Immermann, den er als Repäsentanten der romantischen Dichtung wählte, besonders auch Heine – ohne Kenntnis von dessen Schriften – mit antisemitischen Anspielungen zu diffamieren. Darauf antwortete Heine im zehnten und elften Kapitel der *Bäder von Lucca*. Schon die Einführung seines Opfers Platen muß es lächerlich machen: In Lucca kämpft der neureiche und bildungsbeflissene Banause Gumpelino, anstatt endlich die ersehnte Nacht bei seiner angebeteten, schon etwas abgetakelten Julia zu verbringen, mit den Folgen eines in Überdosis eingenommenen Abführmittels und liest dazu Platens Gedichte, was ihn restlos über die entgangenen Freuden hinwegtröstet. Heine kann mit einer gründlichen Kenntnis der Platenschen Schriften aufwarten und die empfindlichen Stellen des Gegners, etwa seine Überbetonung metrischer Perfektion, sicher treffen. Er scheut aber auch nicht davor zurück, die homosexuelle Neigung seines Gegners sarkastisch zu verspotten. Daß es Heine jedoch nicht nur um die Person Platens ging, daß er vielmehr *»in ihm nur den Repräsentanten seiner Partei gezüchtigt, den frechen Freudenjungen der Aristokraten und Pfaffen«* (an Varnhagen, 3. 1. 1830), daß diese Kontroverse das Aufeinanderprallen zweier gegensätzlicher und zeitbedingter Grundhaltungen darstellte, geht aus vielen Briefen Heines deutlich hervor, wurde von den Zeitgenossen aber weder durchschaut noch verstanden, so daß sich Heine mit diesem Ausfall bei Feinden und Freunden sehr geschadet hat.

Der vierte Teil des Werks schließlich, von Heine 1831 mit dem Titel *Nachträge zu den Reisebildern* veröffentlicht, knüpft mit *Die Stadt Lucca* unmittelbar an die durch die Platen-Kapitel abgebrochene Handlung der *Bäder von Lucca* an. Der Tenor des Stückes, in dem es wieder fast ausschließlich um Religions- und Adelskritik geht, insbesondere um die fatale Verquickung von Klerus und Adel, um

die Staatskirche, die jede liberale Bestrebung erstickt, ist bestimmt von den Ereignissen der französischen Julirevolution (1830), von der sich Heine auch für Deutschland das Ende der Restauration und eine gründliche Änderung der Verhältnisse erhofft. Die letzten Texte, die *Englischen Fragmente*, die Heine größtenteils schon einzeln als Zeitschriftenaufsätze veröffentlicht hatte, vermitteln ein mosaikartiges Bild von den Zuständen des englischen Staates, der parlamentarischen Regierung, dem Rechtswesen, dem Staatshaushalt, sie gehen auf soziale Fragen ein, sie geben Charakteristiken des englischen Volkes in allen seinen Klassen und heben einige Persönlichkeiten hervor (Walter Scott, George Canning, William Cobbett, Francis Burdett, Robert Peel, Wellington). Im ganzen ist Heines Urteil über England negativ. Die Emanzipation, das Hauptziel auch dieser Schrift, sieht er in England nicht verwirklicht. Fortschritt und notwendige Revolution findet er nur bei den Franzosen, dem *»auserlesenen Volk der neuen Religion«*, der Freiheit. Im Mai 1831 entzieht sich Heine einer möglichen Verfolgung seitens der Behörden durch seine Übersiedlung nach Paris.
Im Verhalten der Zensur gegenüber den Reisebildern, ihren ständigen Eingriffen und wiederholten Verboten, spiegelt sich deutlich die Engstirnigkeit des politischen Denkens und die Empfindlichkeit gegenüber jeder Art von Kritik in der Restaurationszeit. Das Werk wurde 1836 von der katholischen Kirche auf den Index gesetzt. Neben den revolutionären Themen der *Reisebilder* begründet ihre ironisch-pointierte, feuilletonistisch-kritische Prosa innerhalb des literarischen Epigonentums der auslaufenden Klassik und Romantik in den zwanziger Jahren des 19. Jh.s einen neuen Stil und ein neues Genre. Sie wurden richtungsweisend für die jungdeutschen Schriftsteller; mit ihrer Verflechtung von Lyrik, Erzählung, politischer Abhandlung, Feuilleton und Autobiographie brachten sie Auflockerung in die starr festgelegten Gattungen und trugen dazu bei, daß sich die Kluft zwischen Kunst und Leben, Literatur und Öffentlichkeit verringerte. H.Hä.

AUSGABEN: Hbg. 1826 (Bd. 1; enth.: *Die Heimkehr; Harzreise; Die Nordsee. Erste Abt.*); Hbg. 1827 (Bd. 2; enth.: *Die Nordsee. Zweite u. dritte Abt.; Ideen. Das Buch Le Grand; Briefe aus Berlin*); Hbg. 1830 (Bd. 3; enth.: *Italien. 1828, Tl. I: Reise von München nach Genua; Tl. II: Die Bäder von Lucca*); Hbg. 1831 (Bd. 4 m. d. T. *Nachträge zu den Reisebildern*; enth.: *Italien. 1828, Tl. III: Die Stadt Lucca; Englische Fragmente; Schlußwort*). – Hbg. ²1830–1834 (Bd. 1 enth.: *Die Heimkehr; Harzreise; Die Nordsee. Erste u. zweite Abt.*; nicht aufgenommen sind die Gedichte *Götterdämmerung; Ratcliff; Dona Clara; Almansor; Die Wallfahrt nach Kevlaar*. Bd. 2 enth.: *Die Nordsee. Dritte Abt.; Ideen. Das Buch Le Grand; Xenien* [von Immermann]; *Neuer Frühling*. Bd. 3 u. 4 wie Erstaufl.). – Hbg. ⁵1856, 4 Bde. – Mchn. 1969 (in *SS*, Hg. K. Briegleb, 6 Bde., 1968–1976, 2, Hg. G. Häntzschel). – Bln. (DDR)/Paris 1970–1986 (in *Werke, Briefwechsel, Lebenszeugnisse*, 1970 ff., Bd. 5, Bearb. K. W. Becker; Bd. 6, Bearb. C. Stöcker; *Säkularausg.*). – Hbg. 1973 (in *GA*, Hg. M. Windfuhr, 1973 ff., Bd. 6, Bearb. J. Hermand; hist.-krit.; *Düsseldorfer Ausg.*). – Mchn. 1982 (Nachw., Zeittafel u. Bibliogr. U. Roth; Goldm. Tb).

LITERATUR: J. Ransmeier, *H.s »Reisebilder« und Laurence Sterne* (in ASSL, 118, 1907, S. 289–317). – E. Loewenthal, *Studien zu H.s »Reisebildern«*, Bln./Lpzg. 1922; ern. NY/Ldn. 1967. – G. Tschich, *Der Impressionismus im Prosastil von H.s »Reisebildern«*, Diss. Kiel 1928. – K. Emmerich, *H. H.s »Reisebilder«*, Diss. Bln. 1965. – G. Großklaus, *Textstruktur u. Textgeschichte. Die »Reisebilder« H. H.s*, Ffm. 1973. – J. Hermand, *Der Frühe H. Ein Kommentar zu den »Reisebildern«*, Mchn. 1976. – R. Schneider, *Themis und Pan. Zu literarischer Struktur u. politischem Gehalt der »Reisebilder« H. H.s* (in AION, 18, 1975, S. 7–42). – K. Pabel, *H.s »Reisebilder«. Ästhetisches Bedürfnis u. politisches Interesse am Ende der Kunstperiode*, Mchn. 1977. – M.-E. Jahn, *Techniken der fiktiven Bildkomposition in H. H.s »Reisebildern«*, Stg. 1979. – G. Heinemann, *H. H., »Reisebilder«. Interpretationshinweise*, Mchn. 1981. – R. H. Klinkenberg, *Die »Reisebilder« H. H.s Vermittlung durch literarische Stilmittel*, Ffm./Bern 1981.

DIE ROMANTISCHE SCHULE

Literaturgeschichtliche Schrift von Heinrich HEINE, in der endgültigen Fassung erschienen 1835. – 1832 bat Victor BOHAIN, der Herausgeber der in Paris erscheinenden Zeitschrift ›Europe Littéraire‹, Heine, für die französischen Leser eine leicht faßliche Abhandlung über die neuere deutsche Literatur in der Art einer Fortsetzung zu Madame de STAËLS *De l'Allemagne* (1810) zu schreiben. Heine sagte zu unter der Bedingung, die Staël kritisch beurteilen zu dürfen. Die erste Fassung, die außer den ersten beiden Büchern auch die Abschnitte 1 und 2 des dritten Buches der endgültigen Fassung enthielt, erschien von März bis Mai 1833 in der obigen Zeitschrift unter dem Titel *L'état actuel de la littérature en Allemagne. De l'Allemagne depuis Madame de Staël*. Im selben Jahr erschien in Paris und Leipzig die deutschsprachige Version *(Zur Geschichte der neueren schönen Literatur in Deutschland)*. Bereits 1833 plante Heine eine Fortsetzung, die auch die Literatur des Jungen Deutschland einschließen sollte, doch blieb es in der Folge bei Erweiterungen zum dritten Buch. Ende 1835 (Druckvermerk 1836) erschien diese zweite Fassung unter dem neuen und präziseren Titel *Die Romantische Schule*. Als der Deutsche Bundestag im Dezember 1835 alle Schriften des Jungen Deutschland verboten hatte und darüber hinaus *Die Romantische Schule* von mehreren Bundesländern zusätzlich verboten wurde, mußte der geschäftliche Erfolg, den Heine sich mit der Schrift erhofft hatte, ausbleiben. Das Werk kam zu Lebzeiten des Autors über die erste Auflage nicht hinaus.

Heines Schrift, Pendant zu seiner Abhandlung *Zur Geschichte der Religion und Philosophie in Deutschland* ist keine streng systematische Darstellung, sondern gleicht eher einer Folge miteinander verknüpfter Essays. In der Thematik folgt sie zwar dem Werk der Staël, doch ist die zugrunde liegende Tendenz eine gänzlich andere. *»Frau von Staël«*, schreibt Heine, *»hat ... in der Form eines Buches, gleichsam einen Salon eröffnet, worin sie deutsche Schriftsteller empfing und ihnen Gelegenheit gab, sich der französischen zivilisierten Welt bekannt zu machen.«* Sie huldigte einer Schule von Schriftstellern (Brüder Schlegel, Brentano, Tieck u.a.), die er abwertend als die »romantische« bezeichnet. Damit habe sie dem französischen Publikum ein einseitiges Bild vermittelt. Heine sieht es als seine wichtigste Aufgabe an, dieses romantisch-idealistische Bild zu korrigieren. Seine Auseinandersetzung mit den literarischen Traditionen von Romantik, Klassik und Aufklärung ist höchst vielschichtig und differenziert, indem er fortschrittliche Tendenzen zu bewahren und rückschrittliche zu entlarven und zu bekämpfen sucht. So sehr Heine sich als Poet der romantischen Literatur verpflichtet weiß, so scharf wendet er sich als kritischer und kosmopolitischer Zeitschriftsteller gegen die *»neudeutsch-religiös-patriotische Kunst«* der Romantiker. Ihm ist die *»Wiedererweckung der Poesie des Mittelalters«* mit ihrer Betonung des Unendlichen, des Mystischen, des Phantastisch-Wunderbaren, der Allegorie und Parabel, des christlichen Spiritualismus mit seiner *»Wollust des Schmerzes«* ein Greuel. *»Obscurantismus«* nennt er die Hinwendung der Romantiker zum Katholizismus; *»Religion und Heuchelei sind Zwillingsschwestern«*, lautet sein apodiktisches Urteil. Heine orientiert sich in seiner Kritik deutlich am Gedankengut der Saint-Simonisten, vor allem des Prosper Enfantin, der dem lebens- und sinnenfeindlichen Spiritualismus einen vergeistigten Sensualismus entgegensetzte.

Den Schwerpunkt des ersten Buches bildet die Auseinandersetzung mit Goethe. Heine bewundert dessen Werk, nennt ihn den *»König unserer Literatur«*, rügt jedoch seine politische Gleichgültigkeit. Mit Goethes Tod (1832) habe die Epoche der klassisch-romantischen Kunst, die *»Goethesche Kunstperiode«*, ein Ende gefunden. *»Heine ist überzeugt, am Wendepunkt zweier Zeiten zu stehen und durch seine Schrift die Heraufkunft der neuen Zeit befördern zu können«* (P. Bürger). Die politische und geistige Situation der Zeit verlange Offenheit für die Gegenwart. Dazu ist es aber nach Heines Ansicht notwendig, die – unpolitischen – Geister der Vergangenheit endgültig zu verabschieden, die von den Romantikern immer noch beschworen werden. *»Das deutsche Mittelalter liegt nicht vermodert im Grabe, es wird vielmehr manchmal von einem bösen Gespenste belebt und tritt am hellen, lichten Tage in unsere Mitte und saugt uns das rote Leben aus der Brust.«* Aus dieser Sicht erklärt sich der vehemente, ja bösartige Angriff, den Heine im zweiten und dritten Buch seiner Schrift gegen die Repräsentanten der romantischen Bewegung und ihre Gefolgsleute führt, gegen die Schlegels, gegen Tieck, Görres, Schelling, Novalis, E.T.A. Hoffmann, Brentano u. viele andere. Dieser Gruppe von Schriftstellern mit ihrer Flucht in die Vergangenheit, ihrer *»Manier, die Gegenwart mit dem Maßstabe der Vergangenheit zu messen«* (über A.W. v. Schlegel), hält er Autoren wie Lessing, Herder, Schiller, Jean Paul und die Vertreter des Jungen Deutschland als Vorbilder entgegen. Heines Polemik mit ihrer Mischung von sachlichen und persönlichen Argumenten scheut nicht die persönliche Diffamierung. So beschreibt er die *»Häuptlinge«* der romantischen Bewegung als künstlerisch epigonal (Tieck), krank (Novalis), wahnsinnig (Zacharias Werner) oder sexuell wie künstlerisch impotent (A.W. Schlegel). Dabei würdigt er aber durchaus die Verdienste der Brüder Schlegel in der Literaturkritik und -übersetzung sowie die herausragende Bedeutung der Volksliedsammlung *Des Knaben Wunderhorn* von Achim von Arnim und Clemens Brentano.

Die romantische Schule wurde nach ihrem Erscheinen weltweit verbreitet und diskutiert wie kein anderes Buch der Zeit. Außer der französischen Ausgabe erschienen vollständige Übersetzungen in den USA (1836) und Schweden (1838) sowie Teilübertragungen in England (1833), Rußland (1834), Spanien (1835–1838) und Ungarn (1841 und 1842). In Deutschland wurde Heines brillanter essayistischer Stil anerkannt, die Schrift galt aber bis in die Mitte des 20. Jh.s als unwissenschaftlich, dilettantisch, ja »frivol«. Bis in die jüngste Zeit wurde Heine die Anspielung auf die angeblichen sexuellen Defizite A.W. Schlegels vorgeworfen. Im 19. und frühen 20. Jh. kam aus nationalistischen Kreisen der Vorwurf der Nestbeschmutzung hinzu.

Heute gilt die Schrift als *»Pionierarbeit innerhalb der Romantikgeschichtsschreibung«* (M. Windfuhr). Mit seinem witzig-ironischen, assoziationsreichen Stil, der Mischung von Literaturwissenschaft, Poesie und Zeitkritik hat Heine neue Maßstäbe gesetzt für eine Literaturbetrachtung gleichermaßen literarischen wie wissenschaftlichen Charakters.

H.Str.-H.Bor.

Ausgaben: Paris 1833 (*État actuel de la littérature en Allemagne*, in L'Europe Littéraire, Journal de la Littérature Nationale et Étrangère, 8 Art., 1.3. bis 24.5.). – Paris 1833 *(Zur Geschichte der neueren schönen Literatur in Deutschland)*. – Paris/Lpzg. 1833 (*Zur Geschichte der Literatur in Deutschland*, 2 Bde.). – Hbg. 1836 [recte 1835] *(Die romantische Schule)*. – Mchn. 1971 (in *SS*, Hg. K. Briegleb, 6 Bde., 1968–1976, 3, Hg. K Pörnbacher). – Bln. (DDR)/Paris 1972 (in *Werke, Briefwechsel, Lebenszeugnisse*, 1970 ff., Bd. 8, Bearb. R. Francke; *Säkularausg.*). – Stg. 1976, Hg. H. Weidmann (krit.; RUB). – Hbg. 1980/81 (in *GA*, Hg. M. Windfuhr, 1973 ff., Bd. 8/1 u. 8/2, Bearb. ders.; hist.-krit.; *Düsseldorfer Ausg.*).

LITERATUR: S. Born, *Die romantische Schule in Deutschland und in Frankreich*, Heidelberg 1879. – E. Simon, *H. u. die Romantik* (in *Essays Presented to Leo Baeck on the Occasion of His Eightieth Birthday*, Ldn. 1954, S. 127–157). – B. Fairley, *H. H. An Interpretation*, Oxford 1954 (dt.: *H. H. Eine Interpretation*, L. Hofrichter, Stg. 1965). – G. Lukács, *H. H. und das Ende der Kunstperiode* (in Geist u. Zeit, 1956, S. 40–46). – W. Welzig, *H. als Dichter der Sentimentalität*, Diss. Wien 1958. – P. Bürger, *Der Essay bei H. H.*, Diss. Mchn. 1959. – F. Strich, *H. H. und die Überwindung der Romantik* (in F. S., *Kunst und Leben. Vorträge und Abhandlungen zur deutschen Literatur*, Bern/Mchn. 1960, S. 118–138). – K. H. Brokerhoff, *Über die Ironie bei H. H.*, Düsseldorf 1964. – P. K. Kurz, *Künstler, Tribun, Apostel. H. H.s Auffassung vom Beruf des Dichters*, Mchn. 1967. – P. U. Hohendahl, *Geschichte u. Modernität. H.s Kritik an der Romantik* (in Jb. der dt. Schiller-Ges., 17, 1973, S. 318–361). – R. L. Jacoby, *H.s »Romantische Schule«. Eine Antwort auf Mme. de Staëls »De l'Allemagne«* (in H.-Jb., 19, 1980, S. 140–168). – B. Selzer, *Wertungskriterien in H. H.s »Die Romantische Schule«*, Ffm. u. a. 1987.

ROMANZERO

Gedichtzyklus von Heinrich HEINE, erschienen 1851. – Die Gedichte der Sammlung entstanden mit einer Ausnahme (*Altes Lied*, Erstdruck 1824) in den Jahren 1844–1851, der größte Teil wurde aber im *Romanzero* erstmals veröffentlicht. 1848 zwang Heines unheilbares Rückenmarksleiden ihn in die »Matratzengruft«. Mit dem körperlichen Zusammenbruch ging das Scheitern der revolutionären Hoffnungen in den Jahren 1848/49 einher, so daß die private Verzweiflung das Leiden an der Epoche, den Zusammenbruch des politischen Fortschrittsoptimismus spiegelt. Die drei Teile des *Romanzero* – *Historien, Lamentationen, Hebräische Melodien* – haben zentrale Themen gemeinsam. Sie schildern eine Welt, die aus den Fugen geraten ist. Schicksale und Weltgeschichte erscheinen als sinnloser Kreislauf von Unvernunft, Gewalt, Verfall und Leiden. Die drei Bücher, deren Grundstruktur wiederum triadisch ist, unterscheiden sich aber voneinander in ihrem Aussagemodus. *Geoffroy Rudèl und Melisande von Tripoli*, ein Gedicht des ersten Buchs, stellt z. B. das Motiv der Liebessehnsucht, ein für Heine typisches Motiv, in einer Episode *»aus des Minnesanges Zeiten«* dar. Dieses Formprinzip historischer Verkleidung und Distanzierung, für das erste Buch sehr charakteristisch, weicht im zweiten einer direkteren, fast bekenntnishaften Darstellungsform, in der das lyrische Ich stärker hervortritt: So teilt es seine Liebessehnsucht in den Gedichten *Der Ungläubige* und *Der Abgekühlte* unmittelbarer, ohne sich in einer Rolle zu verbergen, mit. Im dritten Buch neigt Heine wieder zur objektivierenden, historisch distanzierenden Darstellungsform, wenn er z. B. in dem Gedicht *Jehuda ben Halevy* das Sehnsuchtsmotiv in die unglückliche Liebe des Dichters Jehuda ben Halevy zum fernen Jerusalem übersetzt.

Dieser Wechsel der Darbietungsweise, der von Heines Vorliebe für artistisches Experimentieren zeugt, zerstört keineswegs die Einheit des *Romanzero*. Vielmehr enthüllen sich die miteinander verwandten Stilmittel des Kontrasts, der Ambivalenz und der Paradoxie als die dominierenden Bauelemente fast aller Gedichte, somit als die Bindeglieder der drei Bücher. In dem für seine Dichtung charakteristischen, Ernst und Ironie mischenden Tonfall, in ambivalenter, zwischen Schmerz und Lächeln, Resignation und Spott spielender Ausdruckshaltung verklammert Heine unversöhnbare Gegensätze zu *»unbarmherzige(r) Lustigkeit«*. Dominierend ist der Widerspruch zwischen realer und traumhafter Welt, den er in die Abfolge seiner Gedichte hineinträgt (auf das hoffnungsvolle vom *Ungläubigen* folgt das desillusionierende vom *K.-Jammer*) oder den er im Gedicht selber, etwa in den Strophen über den Alltag und Sonntag der Juden, entfaltet *(Prinzessin Sabbat)*. Poetische und prosaische Situationen, Phantasie und Wirklichkeit bleiben in ungelöster Spannung nebeneinander bestehen oder relativieren sich gegenseitig. So dringt in dem Gedicht *Böses Geträume* der Gedanke nüchterner Eheschließung in romantische Phantasien ein, und die Strophen vom *Weißen Elefant* verfremden das romantische Sehnsuchts- und Melancholiemotiv durch einen halbpoetischen Elefanten, einen *»vierfüßigen Werther«*, der *»nur Dampfnudeln und Ossian«* liebt. In solcher Koppelung banaler und stimmungshaltiger Begriffe schlägt Heines Lust an Wort- und Bildwitzen durch, zugleich aber das Bewußtsein, daß die Autonomie romantischer Gefühlswelt längst untergraben ist: Daher häuft er denn auch romantische Sprachformeln, bis sie wie hohle, unzeitgemäße Requisiten wirken. So schafft Heine durch desillusionierende Kontraste, durch komischen Witz und destruktive Übertreibung Beispiele für jene Vermischung verschiedener Stilebenen, die auf das moderne Gedicht vorausweist. Antizipiert werden moderne Stilmittel auch in der Verbindung disparater Assoziationen und Bilder *(Jehuda ben Halevy, Unvollkommenheit)*, im blitzartigen Ineinanderschieben der Zeiten *(Nächtliche Fahrt)*, in der Sprunghaftigkeit des Erzählstils *(Der Apollogott, Der Ex-Nachtwächter)*. Nicht nur wird damit das vertraute, von einem Einzelerlebnis aus organisierte Gedichtganze in Frage gestellt, auf den Titel des Werks selber fällt ein ironisches Licht; viele Gedichte des *Romanzero* erweisen sich geradezu als Parodien auf die herkömmliche epische Geradlinigkeit und Naivität der Romanze, einer der Ballade verwandten romantischen Dichtungsform.

Der religiöse Charakter zahlreicher Gedichte wie die Abkehr vom sensualistischen Pantheismus hin zum persönlichen Gott der Bibel darf nicht als »Bekehrung« mißverstanden werden. Heines Verhältnis zur Religion blieb geprägt von souveränem, unparteilichem Interesse, das sich auch kurz vor dem Tod nicht durch eine bestimmte Religionsgemeinschaft, sie sei christlicher oder jüdischer Art, fesseln ließ *(Disputation)*.

Nicht zuletzt die intensive Werbekampagne des Verlegers Julius Campe verschaffte dem *Romanzero* einen für die Zeit ungewöhnlichen Erfolg. Innerhalb eines Jahres erschienen vier Auflagen. Im November 1851 wurde die Sammlung in Österreich, Preußen und anderen Bundesländern als unmoralisch und religionskritisch verboten und z.T. beschlagnahmt. G.Sa.-KLL

Ausgaben: Hbg. 1851. – Mchn. 1975 (in *SS*, Hg. K. Briegleb, 6 Bde., 1968–1976, 6, Hg. W. Klaar). – Bln. (DDR)/Paris 1986 (in *Werke, Briefwechsel, Lebenszeugnisse*, 1970 ff., Bd. 3, Bearb. H. Brandt u. R. Francke; *Säkularausg.*).

Literatur: H. Herrmann, *Studien zu H.s »Romanzero«*, Bln. 1906. – A. Meißner, *Die Matratzengruft. Erinnerungen an H.H.*, Hg. G. Weberknecht, Stg. 1921. – S. S. Prawer, *H. The Tragic Satirist. A Study of the Later Poetry 1827 to 1856*, Cambridge 1961. – K. Stöcker, *Der Stil der späten Lyrik H.s*, Diss. Wien 1970. – H.-P. Bayerdörfer, *»Politische Ballade«. Zu den ›Historien‹ in H.s »Romanzero«* (in DVLG, 46, 1972, S. 435–468). – H. Tischer, *Ironie u. Resignation in der Lyrik H. H.s*, Hollfeld 1973. – F. Bartelt, *Entstehung u. zeitgenössische Aufnahme des »Romanzero« von H. H.*, Diss. Kiel 1973. – H. Koopmann, *H.s »Romanzero«* (in ZfdPh, 97, 1978, Sonderh., S. 51–70). – H. Nobis, *H.s Krankheit. Zu Ironie, Parodie, Humor u. Spott in den »Lamentationen« des »Romanzero«* (ebd., 102, 1983, S. 521–541). – J. Bark, *›Versifiziertes Herzblut‹. Zu Entstehung u. Gehalt von H.s »Romanzero«* (in WW, 36, 1986, S. 86–103).

KARL LEBERECHT IMMERMANN

* 24.4.1796 Magdeburg
† 25.8.1840 Düsseldorf

Literatur zum Autor:
H. Maync, *I. Der Mann u. sein Werk im Rahmen der Zeit- u. Literaturgeschichte*, Mchn. 1921. – E. Guzinski, *K. I. als Zeitkritiker. Ein Beitrag zur Geschichte der dt. Selbstkritik*, Bln. 1937. – M. Windfuhr, *I.s erzählerisches Werk. Zur Situation des Romans in der Restaurationszeit*, Gießen 1957. – B. v. Wiese, *K. I. Sein Werk u. sein Leben*, Bad Homburg 1969. – H. J. Halm, *Formen der Narrheit in I.s Prosa*, Marburg 1972. – G. J. Holst, *Das Bild des Menschen in den Romanen K. I.s*, Meisenheim a. Gl. u. a. 1976. – F. Sengle, *Biedermeierzeit. Dt. Literatur im Spannungsfeld zwischen Restauration u. Revolution 1815–1848*, Bd. 3, Stg. 1980, S. 863–874.

DIE EPIGONEN. Familienmemoiren in neun Büchern

Roman von Karl Leberecht Immermann, erschienen 1836. – Die Anfänge des Romans, der als Immermanns Hauptwerk gilt, liegen in den frühen zwanziger Jahren, als die historischen Romane W. Scotts in Deutschland erfolgreich waren; neben der von M. Windfuhr hervorgehobenen Episode aus Immermanns Lustspiel *Die Prinzen von Syrakus* (1821) existiert 1822 der Plan eines komischen Romans mit dem Titel *Die Schicksale des vortrefflichen Armino von Syrakus*, der 1823 sich ändert zu: *Leben und Schicksale eines lustigen Deutschen*. Gegenüber seinem Verleger A. Brockhaus betont Immermann 1823 die zeitkritische Tendenz seines Vorhabens – er wolle *»sämmtliche komische Elemente der deutschen Natur und des deutschen Lebens«* darstellen –, und 1825 erscheinen drei Kapitel aus diesem ansonsten nicht erhaltenen ersten Versuch. In der Folgezeit werden die Einflüsse von Goethes *Wilhelm Meisters Wanderjahre* (1821–1829) stärker, Immermann wählt für sein Projekt den Titel *Die Zeitgenossen*, und erst im April 1830 schreibt er an seinen Bruder über den Roman: *»Er hat jetzt den Namen bekommen: ›Die Epigonen‹, und behandelt ... den Segen und Unsegen des Nachgeborenseins. Unsere Zeit, die sich auf den Schultern der Mühe und des Fleißes unserer Altvordern erhebt, krankt an einem gewissen geistigen Überflusse. Die Erbschaft ihres Erwerbes liegt zu leichtem Antritte uns bereit, in diesem Sinne sind wir Epigonen. Daraus ist ein ganz eigentümliches Siechtum entstanden, welches durch alle Verhältnisse hindurch darzustellen die Aufgabe meiner Arbeit ist. Das Schwierigste bei derselben ist ... aus diesem verwünschten Stoffe ein heiteres Kunstwerk zu bilden; denn der Abweg in eine trübe Lazarettgeschichte liegt sehr nahe.«* Diesen Abweg hat Immermann vermieden, und das mit kühlem Skeptizismus entwickelte Motiv der gesellschaftlich-kulturellen Erschöpfung wird durch die Andeutung einer möglichen Heilung aufgehoben. Hermann, der Held des Romans, durchschaut und bekämpft die Kränklichkeit seiner Zeit, die er selbst aufgrund seiner eigentümlichen gesellschaftlichen Mittelstellung am meisten zu spüren bekommt. *»Mit Sturmesschnelligkeit eilt die Gegenwart einem trockenen Mechanismus zu; wir können ihren Lauf nicht hemmen, sind aber nicht zu schelten, wenn wir für uns und die Unsrigen ein grünes Plätzchen abzäunen und diese Insel solange wie möglich gegen den Sturz der vorbeirauschenden industriellen Wogen befestigen.«*

Dem Autor gelingt es, in dem Werk allerlei miteinander zu verbinden: die Memoiren einer adeligen und einer durch Ehebruch mit ihr verwandten bürgerlichen Familie, die mit viel Geschick vorgenommene kulturkritische Analyse und den individuellen Bildungsgang Hermanns. Er ist vermeintlich der Sohn eines Bremer Senators, in Wirklichkeit aber, wie sich erst am Schluß herausstellt, das uneheliche Kind eines Aristokraten. Auf der Wanderung zu seinem Oheim, einem großen Fabrikherrn, trifft er mit einem Herzogspaar zusammen, auf dessen Erbschaft der Oheim nach altverbrieftem Recht Anspruch erhebt. Als Hermann zu vermitteln versucht, wird er selbst in allerhand Abenteuer verwickelt. Er liebt die Herzogin und ihre Schwägerin Johanna, verlobt sich mit Kornelie, der Pflegetochter seines Oheims, verbringt mit seinem Schützling »Flämmchen« eine Liebesnacht, nicht, wie er glaubt, mit Johanna, die in Wahrheit seine Stiefschwester ist. Schuldgefühle wegen des vermeintlichen Inzests treiben ihn vorübergehend fast zum Wahnsinn, ehe er Kornelie schließlich doch heiraten kann.

Die Forschung hatte, neben Bezügen zur *Odyssee* (H. J. Halm) und der biblischen Parabel vom verlorenen Sohn, immer wieder auf die Beeinflussung durch Goethes *Wilhelm Meister* aufmerksam gemacht. Wie Wilhelm Meister unternimmt Hermann, um dem ungeliebten praktischen Beruf zu entgehen, Reisen, durch die er mit verschiedenen Schichten der Gesellschaft in Berührung kommt, kehrt auf Schlössern ein und gerät in Beziehung zur Kaufmannswelt. Auch ähneln mehrere Personen Goethes Gestalten: In Flämmchen erkennt man unschwer Mignon, in Kornelie Natalie wieder. Doch kann man nicht von Nachahmung sprechen, da Hermanns Bildungserlebnisse ganz eigener Natur sind: In einem studentischen Kreis lernt er die Aufgeblasenheit und politische Unvernunft der Burschenschafter, in der Berliner Gesellschaft Antisemitismus und Kunstsnobismus kennen, in dem Arzt Wilhelmi entdeckt er den schroffen Materialisten und in Johannas Gatten Medon den brutalen, vor keiner Bosheit zurückschreckenden Machtpolitiker. Der Adel ist für ihn lediglich eine *»Ruine«*, und an seinen lächerlichen Ritterspielen, die eine vergangene Zeit heraufbeschwören sollen, beteiligt er sich nur, um die Gastfreundschaft nicht zu verletzen. Er ist einer der wenigen, die die Scheinhaftigkeit und den erheuchelten Ernst ihrer Zeit, sowohl des untergehenden privilegierten Feudalismus als auch des aufsteigenden Industrialismus, entlarven und über den Ekel an ihrer Zeit hinaus zu einer neuen Wahrheit vordringen. Zwar weiß auch er: *»Wir armen Menschen! Wir Frühgereiften! Wir haben keine Knospen mehr, keine Blüten; mit dem Schnee auf dem Haupt werden wir schon geboren.«* Dennoch resigniert er nicht wie andere Figuren des Werkes, obwohl er dazu Grund genug hätte; denn auch die Existenz seines Oheims erweist sich als brüchig: Dessen einziger Sohn entstammt dem Ehebruch seiner von ihm als tugendhaft eingeschätzten Gattin, und Hermann selbst muß sich über seine illegitime Herkunft aufklären lassen. *»Das Erbe des Feudalismus und der Industrie fällt endlich einem zu, der beiden Ständen angehört und keinem.«* Aber er betrachtet sein Eigentum in stolzer Bescheidenheit nur als *»Depositar für kommende Geschlechter«*. Ob sein Plan, die neu entstandenen Fabriken eingehen zu lassen und die Ländereien dem Ackerbau zurückzugeben, eine sehr realistische Lösung ist, mag bezweifelt werden.

Immermanns *Epigonen* sind, auch nach dem Anspruch des Autors, das Dokument einer Übergangszeit (*»In unsern Geschichten ... spielt gleichsam der Kampf alter und neuer Zeit, welcher noch nicht geschlichtet ist«)*, in der die übergreifenden philosophisch-ästhetischen Systeme der Klassik und Romantik mit ihrem Objektivitätsanspruch sich zunehmend auflösen, wie auch die alte gesellschaftliche Ordnung durch die zunehmende Industrialisierung eine grundlegende Umwälzung erfährt. Das individualistische Ende des Romans fand bei der zeitgenössischen Kritik ein überwiegend negatives Echo, aber eine allgemein verbindliche Utopie zu formulieren, war Immermann nicht möglich; was bleibt, sind Facetten, die durchaus widersprüchlich zueinander stehen: *»Feudalismus und Industrialismus stellen im Verständnis Immermanns Gegenpositionen dar, die, jede für sich genommen, in der Zukunft verderblich werden können. Der Adel als tragende politische Kraft im Staat wird von Immermann kritisch ad absurdum geführt. ... Das fortschrittliche Moment des aufkommenden Industrialismus vertreten die Person des Oheims und die von ihm geschaffene ... Organisation eines ... Industriebetriebs. Das Negative einer solchen Industrialisierung konzentriert sich für Immermann ... in den schädlichen Wirkungen, die von der industriellen Arbeit auf den einzelnen Menschen ausgehen«* (P. Hasubek). Was bleibt, ist die Hoffnung des Autors auf die Zukunft: *»Zwar sehe ich morsch gewordne Einrichtungen, die dahinstürzen, aber ich erblicke ein verjüngtes Geschlecht, welches der Atem des Lebens beunruhigt und in jedem Sinne vorwärts stößt. Dieses wird nach einem unbekannten Plan das unendliche Werk wiederaufbaun, dessen stete Erschaffung und Herstellung Gott dem Menschen anvertraut hat: sein eignes Geschick.«*

W.v.S.-KLL

AUSGABEN: Bln. 1925 (*Bruchstücke aus einem Roman, »Leben und Schicksale eines lustigen Deutschen«*, in Der Gesellschafter oder Blätter für Geist und Herz, 56.–61. Bl., 8.–16. April). – Stg./Tübingen 1830 (*Der Lieutenant und das Fräulein. Anekdote aus der Praxis eines Arztes*, in Morgenblatt für gebildete Stände, Nr. 89–92, 14.–17. April). – Düsseldorf 1836 (in *Schriften*, 14 Bde., 1835–1843, Bd. 5–7). – Bln. 1883 (in *Werke*, Hg. R. Boxberger, 20 Bde., 5–8). – Lpzg./Wien 1906 (in *Werke*, Hg. H. Maync, 5 Bde., 3–4). – Ffm./Wiesbaden 1971 (in *Werke*, Hg. B. v. Wiese, 5 Bde., 1971–1977, 2). – Mchn. 1981, Hg. P. Hasubek [nach der Erstausg. v. 1836; m. Dokumenten zur Entstehungs- u. Rezeptionsgeschichte, Textvarianten, Kommentar u. Nachw.].

LITERATUR: E. Spohr, *Die Darst. der Gestalten in I.s »Die Epigonen«*, Diss. Greifswald 1915. – B. v. Wiese, *Zeitkrisis u. Biedermeier in Laubes »Das junge Deutschland« u. I.s »Epigonen«* (in DuV, 36, 1935, S. 163–197). – E. Grütter, *I.s »Epigonen«, ein Beitrag zur Geschichte des dt. Romans*, Diss. Zürich 1951. – A. Moritz, *Die Romanstruktur in I.s »Epigonen«. Eine Untersuchung der epischen Raumgestaltung am Beispiel eines Zeitromans*, Diss. Göttingen

1955. – M. Windfuhr, *Der Epigone. Begriff, Phänomen u. Bewußtsein* (in Archiv f. Begriffsgeschichte, 4, 1958/59, S. 182–209). – H. Mayer, *K. I.s »Epigonen«* (in H. M., *Von Lessing bis Thomas Mann. Wandlungen der bürgerl. Lit. in Dtschld.*, Pfullingen 1959, S. 247–272). – B. v. Wiese, *I. als Kritiker seiner Zeit* (in B. v. W., *Zwischen Utopie u. Wirklichkeit. Studien zur dt. Literatur*, Düsseldorf 1963, S. 163–176). – H.-G. Gadamer, *Zu I.s Epigonen-Roman* (in H.-G. G., *Kleine Schriften II. Interpretationen*, Tübingen 1964, S. 148–160). – F. Rumler, *Realistische Elemente in I.s »Epigonen«*, Diss. Mchn. 1964. – P. Hasubek, *K. I.: »Die Epigonen«* (in *Romane u. Erz. zwischen Romantik u. Realismus. Neue Interpretationen*, Hg. P. M. Lützeler, Stg. 1983, S. 202–230). – M. Minden, *Problems of Realism in I.'s »Die Epigonen«* (in Oxford German Studies, 16, 1985, S. 66–80). – M. Schwering, *Epochenwandel im spätromant. Roman. Untersuchungen zu Eichendorff (»Ahnung und Gegenwart«), Tieck (»Der junge Tischlermeister«) u. I. (»Die Epigonen«)*, Köln 1985.

MÜNCHHAUSEN. Eine Geschichte in Arabesken

Humoristischer Roman in vier Bänden von Karl Leberecht IMMERMANN, erschienen 1838/39. – Der *Münchhausen* – neben den *Epigonen* Immermanns bedeutendstes Werk – teilt mit diesem wenige Jahre zuvor erschienenen Roman die zeitkritische Intention. Viele Anspielungen und Seitenhiebe auf zeitgenössische Autoren wie G. W. F. HEGEL, J. v. GÖRRES, D. F. STRAUSS, J. KERNER, H. v. PÜCKLER-MUSKAU, K. GUTZKOW und andere sind zwar heute kaum mehr unmittelbar verständlich, haben aber als grundsätzliche Ideologiekritik – Immermann wendet sich polemisch gegen die Auswüchse des subjektivistischen, von der Goethezeit ererbten Idealismus – an Aktualität nichts eingebüßt. Neben dem satirisch-ironischen *Münchhausen*-Teil (Buch 1, 3, 4, 6), in dem alle Formen dieses Subjektivismus und seiner Pervertierungen bar jeder stringenten Handlung durchgespielt werden, steht der *Oberhof*-Teil (Buch 2, 5, 7, 8), der – seiner losen Verknüpfung mit dem Ganzen des Romans wegen – immer wieder herausgelöst und gesondert veröffentlicht wurde.

Münchhausen, der sich als Enkel des berühmten Lügenbarons ausgibt, kommt mit seinem Diener Karl Buttervogel, dem *»einzigen praktischen Charakter dieses Buches«*, zu dem halb verfallenen Schloß Schnick-Schnack-Schnurr, wo er sich als Erzähler der absonderlichsten Abenteuer unentbehrlich zu machen weiß. Die abstruse Exotik der Ereignisse, die, wie versichert wird, alle wirklich geschehen sind, wird von Münchhausen in einer grotesk anmutenden wissenschaftlichen Terminologie vorgetragen, deren pompöser Beweiskraft sich keiner der Zuhörer zu entziehen vermag. Sein Publikum besteht aus einem senilen Baron mit gänzlich antiquierten Standesvorstellungen, der nichts Angenehmeres kennt, als sich das Gehirn mit Münchhausens Lügengeschichten vollstopfen zu lassen, dessen empfindsamer Tochter Emerentia, die seit Jahrzehnten auf die Werbung eines Fürsten aus dem längst erloschenen Hechelkramschen Geschlecht wartet, und dem Schulmeister Agesel, der über der Beschäftigung mit Phonetik den Verstand verloren hat. Obwohl alle von einer fixen Idee besessen sind, läßt jeder sich bereitwillig von Münchhausen überzeugen, daß er der einzige Normaldenkende sei. Münchhausen nutzt diese Situation, um alle gleichermaßen an der Nase herumzuführen, vor allem mit seinem phantastischen Projekt einer *»Luftverdichterkompanie«*. Die Manipulierbarkeit derer, die keinen Realitätsbezug mehr haben, da sie entweder nur in der Vergangenheit oder nur in der Zukunft leben, ist der einzige Genuß, den Münchhausen noch kennt. Er selbst klammert sich an nichts, da er die abgenutzten Ideale seiner Zeit durchschaut hat. Nur die Freude an der eigenen Überlegenheit bleibt ihm, *»das selige Behagen, mit allen stolzen Torheiten der Zeit zu tändeln, zu scherzen, zu spielen«*. Münchhausen ist für Immermann der Prototyp des bindungslosen modernen Menschen, dessen hypertrophiertes Bewußtsein jede Gefühlsregung und alle Spontaneität im Keim erstickt und der auf eine Zerstörung der Person hinsteuert, deren fleischgewordener Ausdruck Münchhausens Existenz ist: Geheimnisvoll wird angedeutet, daß er nicht – wie alle Menschen – geboren wurde, sondern Produkt eines chemischen Prozesses sei. Das Resultat einer solchen Bewußtseinshaltung ist Nihilismus: *»Woher kommen wir als aus dem Nichts? – Wohin werden wir gehen anders als ins Nichts?«* Folgerichtig läßt der Dichter denn auch Münchhausen ins Nichts verschwinden, als dessen erzählerische Funktion beendet ist. Nur noch Gerüchte geben über sein weiteres Leben Auskunft.

Im *Oberhof*-Teil treten Satire und Ironie fast völlig zurück. Die restaurative Tendenz bestimmt in diesem Teil sowohl die Figurengestaltung als auch Komposition und Sprachgebung. Alles, was auf dem Oberhof und in seinem Umkreis geschieht, sei es nun eine Hochzeit oder das geheime Femegericht der Bauern, verläuft nach den uralten Regeln des »Herkommens«. Die zentrale Gestalt, in der sich dieses Ideal des Überindividuellen verkörpert, ist der Hofschulze – eine Gestalt, die einem der Bauernromane Jeremias GOTTHELFS entstammen könnte. Immermann ist sich, bei aller Idealisierung des Bauernstandes, des Vergangenheitscharakters solcher Lebensformen durchaus bewußt; denn am Ende des Romans findet auch die Tradition des Femegerichts, in dem sich die Eigenständigkeit der Oberhofbauern am deutlichsten manifestierte, ihr Ende. Das Hauptargument dafür aber, daß der Oberhof nicht letzte Norm sein kann, wird von dem Liebespaar, das die Handlung der Oberhofgeschichte bestimmt, geliefert. Zwar ist der Oberhof der Ort, an dem sie, *»außer dem Pferch der Zivilisation«*, sich gefunden haben; aber gerade das »Herkommen« wird von ihnen immer wieder zugunsten

eines Höheren, der Liebe, überwunden. Die Standesschranken zwischen dem Grafen Oswald und dem Findelkind Lisbeth werden übersprungen wie die gesellschaftlichen Formen bei der Verlobung und Hochzeit.
Immermann selbst gibt in einem Brief am Ende des Romans zu verstehen, worin das Neue dieser Liebesgeschichte liegt: »*Mein Sinn stand darauf... der Liebe zu folgen bis zu dem Punkte, wo sie den Menschen für Haus und Land, für Zeit und Mitwelt reif, mündig, wirksam zu machen beginnt.*« Realitätsbezogenheit der Liebe wird verlangt, nicht ein romantisches Schwärmen, wie Emerentia es im *Münchhausen*-Teil vorführt. Eine Grundeinstellung Immermanns ist damit charakterisiert: Die Tätigkeit soll innerhalb der gegebenen Welt den Vorrang haben vor einem zeitenthobenen und versponnenen Ästhetentum. – Die poetischen Sünden der zeitgenössischen und romantischen Schriftsteller, die selbst nur Ausflüsse eines krankhaften Subjektivismus sind, werden durch Übersteigerung ad absurdum geführt: Illusionsdurchbrechung durch Auftreten des Autors, Potenzierung der Erzählebenen, Konfusion des Aufbaus und endlose Einführungen entlarven die Willkürlichkeit des parodierten Musters. Das *Fragment einer Bildungsgeschichte* mit dem Titel *Ich*, eine Parodie auf den deutschen Bildungsroman, wendet sich gegen die Übersteigerung des klassischen Persönlichkeitskults. Stil und Aufbau des *Oberhof*-Teils dagegen sind geschlossener. Dem Subjektivismus Münchhausens, der seine Geschichten bis zur Unverständlichkeit verschachtelt, wird jenes Gesetz der organischen Entwicklung entgegengesetzt, das den inneren Rhythmus der Oberhofgeschichte beherrscht. Freilich entgeht Immermann bei der Darstellung der Bauernwelt nicht immer der Gefahr, ins Sentimentale abzugleiten. Auch wirkt – vor allem am Schluß des Romans – der Versuch des Autors, Komisches und Tragisches nach SHAKESPEARES Vorbild zusammenzubringen, gewollt und verkrampft.
Durch die dialektische Bezogenheit des *Oberhof*-Teils auf den *Münchhausen*-Teil, dessen Komposition an E. T. A. HOFFMANNS *Kater Murr* geschult ist, gelingt es jedoch, den Reflex der Offenheit und Unabschließbarkeit prosaischer Wirklichkeitserfahrung, wie sie für den nachklassischen Roman typisch ist, auch in die scheinbar harmonische Geschlossenheit der Idylle hineinzutragen. G.Le.

AUSGABEN: Düsseldorf 1838/39 (in *Schriften*, 14 Bde., 1835–1843, 8–11). – Bln. 1883 (in *Werke*, Hg. R. Boxberger, 20 Bde., 1–4). – Lpzg./Wien 1906 (in *Werke*, Hg. H. Maync, 5 Bde., 1–2). – Ffm. 1972 (in *Werke*, Hg. B. v. Wiese, 5 Bde., 1971–1977, 3). – Mchn. 1977, Hg. P. Hasubek. – Ffm. 1984, Hg. H.-J. Piechotta (Insel Tb).

LITERATUR: W. Schweizer, *Die Wandlungen Münchhausens*, Lpzg. 1921. – H. Fehrlin, *Die Paralipomena zu I.s »Münchhausen«*, Diss. Bern 1923. – N. Göke, *Untersuchung der literarischen u. stofflichen Quellen von I.s »Münchhausen«*, Münster 1925. – W. Kohlschmidt, *Entzweite Welt*, Gladbeck 1953, S. 33–49. – J. Wassermann, *I.s »Münchhausen«* (in Der magische Schrein, 1956, S. 161–169). – M. Windfuhr, *I.s erzählerisches Werk*, Gießen 1957. – B. v. Wiese, *I. »Münchhausen«* (in B. v. W., *Der deutsche Roman*, Bd. 1, Düsseldorf 1963, S. 353–406). – M. Scherer, *I.s »Münchhausen«-Roman* (in GQ, 36, 1963, S. 236–244). – B. v. Wiese, *I.s »Münchhausen« u. der Roman der Romantik* (in *Formenwandel. Fs. für P. Böckmann*, Hbg. 1964, S. 363–382). – D. Statkow, *Über die dialektische Struktur des I.-Romans »Münchhausen«* (in WB, 11, 1965, S. 195–211). – G. Konrad, *I.s »Münchhausen«* (in Acta Germanica, 3, 1968, S. 167–185). – W. Mieder, *Die Funktion des Sprichworts in K. I.s »Münchhausen«* (in ZfdPh, 90, 1971, S. 228–241). – D. Käferlein, *Erzählsituation u. fiktive Wirklichkeit in I.s »Münchhausen«. Ein Beitrag zur Typologie des auktorialen Romans*, Diss. Erlangen-Nürnberg 1971. – S. Kohlhammer, *Resignation u. Revolte. I.s »Münchhausen«. Satire u. Zeitroman der Restaurationsepoche*, Stg. 1973.

GOTTFRIED KELLER

* 19.7.1819 Zürich
† 15.7.1890 Zürich

LITERATUR ZUM AUTOR:
Bibliographie und Forschungsberichte:
C. E. Zippermann, *G. K. Bibliographie 1844–1934*, Zürich 1935. – W. Preisendanz, *Die K.-Forschung der Jahre 1939–1957* (in GRM, N. F., 39, 1958, S. 144–178). – F. Martini, *Forschungsbericht zur deutschen Literatur in der Zeit des Realismus* (in F. M., *Deutsche Literatur im bürgerlichen Realismus*, Stg. 1962, S. 43–56; [4]1981). – H. Aust, *Bürgerlicher Realismus. Forschungsbericht II* (in WW, 35, 1985, S. 72–85).
Periodikum:
Jahresbericht der G. K.-Gesellschaft, Zürich 1933 ff.
Biographien:
E. Ermatinger, *G. K.s Leben, Briefe u. Tagebücher. Auf Grund der Biographie Jakob Baechtolds dargestellt*, 3 Bde., Stg./Bln. 1915/16; Zürich [8]1950. – E. Ackerknecht, *G. K. Geschichte seines Lebens*, o. O. 1939; ern. Ffm. 1948. – H. Boeschenstein, *G. K. Grundzüge seines Lebens u. Werkes*, Bern 1948. – B. Breitenbruch, *G. K. in Selbstzeugnissen u. Bilddokumenten*, Reinbek 1968; zul. 1987 (rm). – W. Muschg, *Umriß eines G.-K.-Portraits* (in W. M., *Gestalten u. Figuren*, Bern/Mchn. 1968, S. 148–208). – A. Muschg, *G. K.*, Mchn. 1977; ern. Ffm. 1980 (st). – W. Preisendanz, *G. K.* (in *Deut-*

sche Dichter des 19. Jh.s, Hg. B. v. Wiese, Bln. ^{2}1979, S. 508–531). – G. Kaiser, *G. K. Das gedichtete Leben*, Ffm. 1981; ern. 1987. – W. Baumann, *G. K. Leben, Werk, Zeit*, Mchn./Zürich 1986.
Gesamtdarstellungen und Studien:
F. T. Vischer, *G. K. Eine Studie* (in F. T. V., *Altes u. Neues, 2. Heft*, Stg. 1881, S. 135–216). – W. Benjamin, *G. K.* (in Die Literarische Welt, 5. 8. 1927; ern. in W. B., *G. S.*, Hg. R. Tiedemann u. H. Schweppenhäuser, Bd. 2/3, Ffm. 1977, S. 283–294). – G. Lukács, *G. K.*, Bln. 1946 [auch in G. L., *Deutsche Realisten des 19. Jh.s*, Bln./DDR 1952, S. 147–230]. – A. Hauser, *G. K. Geburt u. Zerfall der dichterischen Welt*, Zürich 1959. – F. Martini, *G. K.* (in F. M., *Deutsche Literatur im bürgerlichen Realismus*, Stg. 1962, S. 557–610; ^{4}1981). – W. Preisendanz, *G. K.* (in W. P., *Humor als dichterische Einbildungskraft*, Mchn. 1963, S. 143–213). – C. Winter, *G. K. Zeit – Geschichte – Dichtung*, Bern/Mchn. 1964. – H. Richter, *G. K.s frühe Novellen*, Bln. ^{2}1966. – M. Kaiser, *Literatursoziologische Studien zu G. K.s Dichtung*, Bonn ^{2}1968. – K. T. Locher, *G. K. Der Weg zur Reife*, Bern/Mchn. 1969. – K. Szmekus, *Gesellschaftlicher Wandel u. sprachliche Form. Literatursoziologische Studie zur Dichtung G. K.s*, Stg. 1969. – B. Hillebrand, *Mensch u. Raum im Roman. Studien zu K., Stifter, Fontane*, Mchn. 1971. – A. Ehrensperger, *Individuum u. öffentliche Gemeinschaft bei G. K.*, Zürich 1972. – K. Fehr, *Aufschlüsse u. Deutungen*, Bern/Mchn. 1972. – G. Imboden, *G. K.s Ästhetik auf der Grundlage der Entwicklung seiner Naturvorstellung. Studie zur Begründung der geometrischen Struktur in der Novellistik*, Ffm. u. a. 1975. – H. Richartz, *Literaturkritik als Gesellschaftskritik. Darstellungsweise u. politisch-didaktische Intention in G. K.s Erzählkunst*, Bonn 1975. – J. Rothenberg, *G. K. Symbolgehalt u. Realitätserfassung seines Erzählens*, Heidelberg 1976. – B. Boeschenstein, *G. K.*, Stg. ^{2}1977 (Slg. Metzler). – K. Moormann, *Subjektivismus u. bürgerliche Gesellschaft. Ihr geschichtliches Verhältnis im frühen Prosawerk G. K.s*, Mchn./Bern 1977. – F. Hildt, *G. K. Literarische Verheißung u. Kritik der bürgerlichen Gesellschaft im Romanwerk*, Bonn 1978. – K. Jeziorkowski, *Literarität u. Historismus. Beobachtungen zu ihrer Erscheinungsform im 19. Jh. am Beispiel G. K.s*, Heidelberg 1979. – B. Hauschild, *Geselligkeitsformen u. Erzählstruktur. Die Darstellung von Geselligkeit u. Naturbegegnung bei G. K. und Th. Fontane*, Ffm. 1981. – K. Sandberg Russell, *Das Problem der Identität in G. K.s Prosawerk*, Bern 1981. – U. Lemm, *Die literarische Verarbeitung der Träume G. K.s in seinem Werk*, Bern/Ffm. 1982. – M. Davidis, *Der Verlag von Wilhelm Hertz. Beitrag zu einer Geschichte der Literaturvermittlung im 19. Jh., insbesondere zur Verlagsgeschichte der Werke von Paul Heyse, Theodor Fontane u. G. K.*, Ffm. 1982. – W. Menninghaus, *Artistische Schrift. Studien zur Kompositionskunst G. K.s*, Ffm. 1982. – B. Neumann, *G. K. Eine Einführung in sein Werk*, Königstein/Ts. 1982. – K.-D. Metz, *Korrespondenzen. Der Brief in G. K.s Dichtung*, Ffm. u. a. 1984 – Th. Grossenbacher, *Studien zum Verhältnis von Literatur u. Moral an ausgewählten Werken des schweizerischen bürgerlichen Realismus*, Bern 1984. – *Zu G. K.*, Hg. H. Steinecke, Stg. 1984. – G. Kaiser, *G. K. Eine Einführung*, Zürich/Mchn. 1985. – K. T. Locher, *G. K. Welterfahrung, Werkstruktur u. Stil*, Bern 1985. – U. Eisenbeiß, *Didaktik des novellistischen Erzählens im bürgerlichen Realismus*, Ffm. u. a. 1985 [zugl. Hab.Schr. Regensburg 1982]. – R. Obermaier, *Stadt u. Natur. Studie zu Texten von A. Stifter und G. K.*, Ffm. u. a. 1985.

DER GRÜNE HEINRICH

Roman von Gottfried KELLER, nach Plänen von 1842/43 entstanden 1846–1859, erschienen in vier Bänden 1854/55, in einer zweiten, umgearbeiteten Fassung 1879/80. – Neben GOETHES *Wilhelm Meister* (1795–1821) und STIFTERS *Nachsommer* (1857) gilt dieses Werk gemeinhin als der bedeutendste deutschsprachige Bildungsroman des 19. Jh.s, obgleich die Fachwissenschaft diese Kennzeichnung – sie wurde von Wilhelm DILTHEY für die Romane der Klassik und Romantik im späten 19. Jh. geprägt – heute übereinstimmend als schematisierend und normierend ablehnt und auch eine Traditionslinie von Goethe über die Romantik hin zu Kellers Werk nur bedingt gelten läßt: *»der ›Grüne Heinrich‹ ist alles andere als eine Fortsetzung des romantischen Künstlerromans – er ist viel eher seine Aufhebung, denn eigentlich besteht der dargestellte Bildungsprozeß ja darin, daß der Held sein beharrliches Festhalten an der eingebildeten Berufung zum Künstler als Selbsttäuschung erkennt …«* (K. D. Müller). Schon E. ERMATINGER sah das Werk als Gestaltung eines einzigen *»Desillusionierungsprozesses«*. Wie bei kaum einem anderen Roman auch sahen sich die Interpreten dazu verführt, das Schicksal der Romanfigur mit dem Lebensweg des Autors zu vergleichen, oftmals auch gleichzusetzen. Diesen immer wieder problematisierten Schemata der Keller-Forschung steht Einigkeit hinsichtlich des künstlerischen Rangs des Textes wie seiner Eigenart gegenüber; anders als etwa Goethes *Wilhelm Meister* wird im *Grünen Heinrich* das *»scheinbar Unbedeutende und Unerhebliche, das Banale und Kommune, das Beiläufige und Geringfügige als die eigentliche Struktur der Wirklichkeit aufgefaßt und dargestellt«* (W. Preisendanz). Wie sehr sich der »Realist« Keller darum bemühte, *»das Gewöhnliche und jedem Naheliegende darzustellen, ohne jedoch gewöhnlich und platt oder langweilig zu sein«*, geht schon daraus hervor, daß er nach mehr als zwanzig Jahren das Werk erneut umarbeitete und es nicht nur inhaltlich, sondern auch strukturell und stilistisch veränderte.

Gottfried Keller erzählt im *Grünen Heinrich* – unter Rückgriff auf seine eigene Kindheit und Jugend – die Lebensgeschichte eines Künstlers, der bei dem Versuch, seiner Bestimmung oder dem, was er dafür hält, gegen alle Widerstände zu folgen, an der Realität scheitert. Dieser Konflikt liefert zugleich das strukturbildende Prinzip – Keller nennt es das

»Schema« – des gesamten Romans, das zwischen den scheinbar nur episodischen Einzelheiten der Erzählung einen auf die Grundproblematik des Helden bezogenen Sinnzusammenhang herstellt.
Die Schilderung von Heinrich Lees Lebensweg gliedert sich in zwei Abschnitte: Kindheit und Jugend, Aufenthalt in der Fremde und Heimkehr. Nach dem frühen Tod des Vaters wächst Heinrich, der wegen der Farbe seines Wamses der *»grüne«* genannt wird, bei der stets um den Sohn besorgten, gottesfürchtigen Mutter in einfachen Verhältnissen auf. In den Episoden aus Heinrichs Kindheit, die – wie es in der Urfassung heißt – *»ein Vorspiel des ganzen Lebens ist und bis zu ihrem Abschlusse schon die Hauptzüge der menschlichen Zerwürfnisse im kleinen abspiegelt«*, zeigt sich ein Grundzug von Heinrichs Wesen in der besonderen Neigung des Kindes, die Wirklichkeit aus der inneren Anschauung zu sehen und zu erklären. So hält der Knabe die vom oberen Stockwerk des Hauses in der Ferne sichtbaren weißen Bergkuppen, da sie über der Erde zu schweben scheinen, für etwas Lebendiges und Mächtiges, für Wolken, wovon ihn auch niemand abzubringen vermag. Ein langes, hohes Kirchendach dagegen ist für ihn ein Berg. Auch seine Vorstellung von Gott ist bestimmt durch *»ganz innerliche Anschauungen«*. Einmal glaubt er, der *»glänzende goldene«* Turmhahn, ein andermal ein *»prächtig gefärbter«* Tiger sei Gott. Die Gebilde seiner Phantasie gewinnen bei Heinrich zusehends den Vorrang vor der Wirklichkeit. So gelingt es dem Siebenjährigen, mit einer erfundenen Geschichte dem Lehrer und dem Pfarrer glaubhaft zu machen, vier ältere Mitschüler hätten ihn gezwungen, unanständige Wörter auszusprechen; und als die Jungen bestraft werden, empfindet er Befriedigung darüber, *»daß die poetische Gerechtigkeit meine Erfindung so schön und sichtbarlich abrundete«*.
Die Poetisierung der Realität geht nicht immer so glimpflich aus wie in diesem *»Kinderverbrechen«*. Als er sich später einmal an die Spitze eines gegen einen Lehrer gerichteten Demonstrationszuges setzt – nicht aus Überzeugung, sondern von dem Vorgang fasziniert: *»Mir schwebten sogleich gelesene Volksbewegungen und Revolutionsszenen vor«* –, wird er von der Schule verwiesen. Er bildet sich nun autodidaktisch weiter und wendet sich der Landschaftsmalerei zu. Bei dem Kunstmaler Habersaat lernt er zunächst nach der Natur zu malen. Bald jedoch befreit er sich von der *»Naturwahrheit«* und malt phantastische Bilder, wobei es ihm – wie in dem *»Kinderverbrechen«* – gelingt, seine Erfindungen für die Wirklichkeit auszugeben. Verstärkt wird diese Neigung durch Heinrichs Beschäftigung mit Jean Paul, der ihn *»von einem Geiste träumerischer Willkür und Schrankenlosigkeit besessen«* macht. Erst durch die Lektüre von Goethes Werken wird ihm klar, daß nicht das *»Unbegreifliche und Unmögliche, das Abenteuerliche und Überschwengliche«* *»poetisch«* ist; was der Künstler braucht, ist vielmehr die *»hingebende Liebe an alles Gewordene und Bestehende, welche das Recht und die Bedeutung jeglichen Dinges ehrt und den Zusammenhang und die Tiefe der Welt empfindet«*. Heinrichs Bemühung, die Dinge nun in ihrer Eigengesetzlichkeit zu erfassen, findet Unterstützung durch den Maler Römer, in dem er einen *»wirklichen Meister«* gefunden hat, der ihn hart in die Schule nimmt und keine *»wunderliche Fiktion«* duldet. Aber immer wieder regt sich die *»Erfindungslust«* des Schülers und beginnt die *»gemeine Naturwahrheit«* zu überwuchern.
Das Schwanken zwischen Phantasiebild und Wirklichkeit, Geist und Natur bestimmt auch Heinrichs Doppelliebe zu Anna und Judith, die er bei seinen Verwandten auf dem Dorf kennenlernt. In der zarten und blassen Anna glaubt er den *»besseren und geistigeren Teil«* seiner selbst zu lieben, während die *»kräftige und stolze«* Judith seine *»sinnliche Hälfte«* anlockt, ihn verwirrt und verführt. Annas Anziehungskraft beruht darauf, daß sie ihm ermöglicht, sich ein Bild von der heiligenden Wirkung der Liebe zu machen, weshalb er das Mädchen auch vorwiegend in Bildern sieht *(»zarte Knospe«, »Elfe«, »Himmelsbote«, »heilige Cäcilie«)* und lieber Briefe an sie schreibt, als daß er ihr nahezukommen sucht. Manchmal erscheint sie ihm auch wie eine *»fast wesenlose Gestalt«*, ein *»urfremder, wesenloser Gegenstand«*. Die ältere, erfahrene Judith dagegen bedeutet für ihn die *»blühendste Wirklichkeit«*, das *»Leben und Weben der Liebe«*, aber sobald er sich außerhalb ihres Bannkreises befindet, beschäftigt sie seine ganz von Anna in Anspruch genommene Phantasie nur wenig. *»Als ich Anna geküßt, war es gewesen, als ob ich eine wirkliche Rose berührt hätte; jetzt aber küßte ich eben einen heißen, leibhaften Mund ...«* Tief verwirrt von der Erfahrung, daß, unabhängig von seinem Willen, beide Frauen Macht über ihn haben, vermag er sich von keiner von beiden zu lösen: *»Ich fühlte mein Wesen in zwei Teile gespalten ...«* Erst als Anna stirbt, entscheidet er sich für das Andenken an sie, als die *»edlere und höhere Hälfte der Liebe«*, und reißt sich von Judith und damit von der Realität los.
Daß er zu Unrecht das Bild der Liebe über die Wirklichkeit stellte, wird Heinrich bezeichnenderweise erst viel später klar: in der Kunststadt München, in die er als Zwanzigjähriger gekommen ist, um dort seinen Malerberuf auszuüben. Das *»Bild«* Annas verbleicht vor der *»Gestalt«* Judith in ähnlicher Weise, wie seine Kunstprodukte vor der Wahrheit des Seins. Wie seine Liebe ist seine Malerei ein *»Herausspinnen einer fingierten, künstlichen, allegorischen Welt aus der Erfindungskraft, mit Umgehung der guten Natur«*. Als er erkennt, daß er nie ein großer Maler werden wird, beschließt er verzweifelt, der Kunst zu entsagen, und schlägt sich so lange als Gelegenheitsarbeiter durch, bis er etwas Geld für den Weg zurück in seine Vaterstadt verdient hat, wo die Mutter in großer Sorge um den Sohn auf eine Nachricht wartet. Abgerissen und ausgehungert gelangt er unterwegs zu einem Schloß, wird von einem Grafen freundlich aufgenommen und verliebt sich leidenschaftlich, doch ohne es ihr zu gestehen, in dessen Nichte Dortchen Schönfund, die ihn mit der atheistischen Philosophie Feuerbachs bekannt macht. Hier begibt sich

ein *»Glückswandel«*. Heinrich kommt plötzlich durch seine Bilder noch zu einem kleinen Vermögen; doch auch diese Anerkennung vermag an seiner zunächst aus Verzweiflung getroffenen Entscheidung, den Künstlerberuf aufzugeben, nichts mehr zu ändern; er wiederholt sie aus freier Wahl und will hinfort im öffentlichen Dienst sinnvolle Arbeit für die menschliche Gemeinschaft leisten. Als er nach Monaten zu Hause ankommt, liegt seine Mutter, durch die Sorge um ihn zermürbt, im Sterben. Der Sohn kommt zu der Erkenntnis, daß er an der *»Unverantwortlichkeit der Einbildungskraft«* nicht nur als Künstler, sondern auch moralisch gescheitert ist.

In der Urfassung ist bei seiner Ankunft die Mutter schon tot, und er selbst geht bald darauf an der unseligen Verschlungenheit von Schuld und ehrlichem Wollen zugrunde. Keller hat in der zweiten Fassung diesen *»zypressendunklen Schluß«* geändert und Heinrichs Schuld gemildert. Er bescheidet sich und nimmt ein Amt im Staatsdienst an. Erst die erneute Begegnung mit der seinetwegen aus Amerika zurückgekehrten Judith, die ihm von nun an treu zur Seite steht, vermag die Schatten, die seine *»ausgeplünderte Seele«* erfüllen, zu vertreiben. Die Freundin, in der sich *»Selbsterhaltungstrieb«* und *»große Opferfähigkeit«* glücklich vereinen, gibt ihm Frieden durch ihre Liebe und Menschlichkeit. Die Abwandlung des Schlusses ist die einschneidendste, aber nicht die einzige inhaltliche Änderung, die die zweite Fassung von der ersten unterscheidet. Neu sind die beziehungsreiche Geschichte des Albertus Zwiehan, die Hulda-Episode, die Figur des Gilgus. Anstößig Wirkendes – wie die herrliche Szene der badenden Judith – wurde gestrichen, *»das subjektive und eitle Geblümsel«*, die allzu spontanen Gefühlsäußerungen, die zeitkritischen Ansichten, Urteile und Polemiken, vor allem gegen Schule, Staat und Kirche, mußten einer distanzierten Betrachtung weichen. Persönlich gefärbte Epitheta fielen ganz weg oder wurden durch sachlichere ersetzt, kommentierende Einschübe und Reflexionen des Erzählers sind eingeschränkt oder in direkte Rede umgeschrieben oder ganz entfernt.

Die stärkste Veränderung aber erfuhr die formale Anlage des Ganzen: Während Keller in der ersten Fassung, die mit Heinrichs Reise nach München beginnt, nur die an einer späteren Stelle eingefügte Jugendgeschichte von diesem selbst erzählen läßt, entschied er sich später für die einheitliche Verwendung der Ichform, wozu ihn vor allem die Literaturhistoriker Hettner und Kuh anregten. Dieser entscheidende Eingriff, aus dem sich die chronologische Anordnung des Stoffes und vielfach auch eine andere Motivierung des Erzählten ergab, unterstrich die Fiktion, daß der Held Selbsterlebtes berichtet, und steht im Zusammenhang mit einer allgemein stärkeren Konzentrierung des Ganzen auf die Hauptfigur. Der ersten Fassung wird gerne lyrische Intensität und Unmittelbarkeit zugeschrieben, die zweite erreicht mit Hilfe der *»größeren Ökonomie und Knappheit«* künstlerische Ausgewogenheit und eine Einheit von Gehalt und Gestalt, von sachlicher Aussage und poetischer Verklärung, der dieser Roman seinen Rang als Meisterwerk des »poetischen Realismus« verdankt. S.E.-KLL

Ausgaben: Braunschweig 1854/55, 4 Bde. [erste Fassg.]. – Stg. 1879/80, 4 Bde. [zweite Fassg.]. – Stg./Bln. 1914, Hg. E. Ermatinger, 2 Bde. [erste Fassg.]. – Erlenbach-Zürich 1926 (in *SW*, Hg. J. Fränkel u. C. Helbling, 22 Bde., 1926–1949; zweite Fassg. in Bd. 3–6; erste Fassg. in Bd. 16–19; krit.). – Mchn. 1956 (in *SW u. ausgewählte Briefe*, Hg. C. Heselhaus, 3 Bde., 1956–1958, 1; erste Fassg.; zweite Fassg. ab Bd. 3; [4]1978). – Mchn. 1966, Hg. J. Müller [zweite Fassg.]. – Mchn. 1978, Hg. u. Nachw. C. Heselhaus (1. Fassg.; m. Anm.; dtv). – Zürich 1978, 2 Bde., (1. u. 2. Fassg.; detebe). – Ffm. 1978, 2 Bde. (1. Fassg., Insel Tb). – Ffm. 1985 (in *SW*, Hg. Th. Böning u. G. Kaiser, 1985 ff., Bd. 2; 1. Fassg.).

Literatur: P. Gessler, *Die erste Fassg. des »Grünen Heinrich«*, Diss. Basel 1924. – P. Foucar, *G. K.s Ethik, dargestellt am »Grünen Heinrich«*, Diss. Ffm. 1926. – H. Schumacher, *Die Architektur von K.s »Grünem Heinrich«*, Diss. Zürich 1941. – A. Dürst, *Die lyrischen Vorstufen des »Grünen Heinrich«*, Bern 1955. – P. Rilla, *G. K. u. der »Grüne Heinrich«* (in P. R., *Essays*, Bln./DDR 1955, S. 51–108). – Th. Würtenberger, *Rechtsphilosophie in K.s »Grünem Heinrich«* (in *Fs. G. Kisch. Rechtshistorische Forschungen*, Stg. 1955, S. 283–309). – R. Pascal, *G. K. – »Green Heinrich«* (in R. P., *The German Novel*, Manchester 1956, S. 30–51). – O. Ernst, *Die Philosophie Feuerbachs in G. K.s Roman »Der grüne Heinrich«* (in WB, 6, 1960, S. 76–111). – W. Preisendanz, *»Der grüne Heinrich«* (in *Der dt. Roman. Vom Barock bis zur Gegenwart*, Hg. B. v. Wiese, Bd. 2, Düsseldorf 1963, S. 76–127). – A. v. Arx, *Krisenhaftes Erleben als Entwicklungsfaktor. Unter besonderer Berücksichtigung von G. K.s Roman »Der grüne Heinrich«*, Diss. Zürich 1968. – H. Laufhütte, *Wirklichkeit u. Kunst in G. K.s Roman »Der grüne Heinrich«*, Bonn 1969. – K.-D. Müller, *Die »Dialektik der Kulturbewegung«. Hegels romantheoretische Grundsätze u. K.s »Grüner Heinrich«* (in Poetica, 8, 1976, S. 300–320). – G. Sautermeister, *G. K.: »Der grüne Heinrich«. Gesellschaftsroman, Seelendrama, Romankunst* (in *Romane u. Erzählungen des Bürgerlichen Realismus*, Hg. H. Denkler, Stg. 1980, S. 80–123). – J. Manthey, *Wenn Blicke zeugen könnten. Eine psychohistorische Studie über das Sehen in der Literatur u. Philosophie*, Mchn. 1983. – J. Hörisch, *Gott, Geld u. Glück. Zur Logik der Liebe in den Bildungsromanen Goethes, K.s u. Thomas Manns*, Ffm. 1983 (es). – H. Laufhütte, *G. K.: »Der grüne Heinrich«* (in *Zu G. K.*, Hg. H. Steinecke, Stg. 1984, S. 18–39). – B. Schubert, *Die Idealität des Alt-Bürgerlichen in G. K.s »Der Grüne Heinrich«* (in Jb. der Jean-Paul-Ges., 19, 1984, S. 85–119). – Chr. Träger, *G. K.s »Der grüne Heinrich«. Das Modell des Bildungsromans in der geschichtlichen Entscheidung* (in WB, 31, 1985, S. 2008–2024). – E. Enayat, *G. K. »Der grüne*

Heinrich«. Versuch einer literaturpsychologischen Werkanalyse, Diss. Freiburg i. B. 1985. – G. K. Hart, *The Functions of Fictions. Imagination and Socialization in Both Versions of K.'s »Der grüne Heinrich«* (in GQ, 59, 1986, S. 595–610). – L. Steinlin, *G. K.s materialistische Sinnbildkunst. Die Arbeit am »Grünen Heinrich« 1848–55 im Kontext*, Bern u. a. 1986.

KLEIDER MACHEN LEUTE

Erzählung von Gottfried KELLER, erschienen 1874 im zweiten Band des Novellenzyklus *Die Leute von Seldwyla*. – Der Text entstand wohl in den sechziger Jahren in Zürich, nach B. A. ROWLEY dürfte Keller bereits 1844 von einem authentischen Geschehen in dem Ort Wädenswil gehört haben; auch Jakob FREYS Erzählung *Das erfüllte Versprechen* (1862) gilt als motivierende Quelle.

Ein arbeitsloser Schneidergeselle aus Seldwyla, Wenzel Strapinski, hat sich auf die Wanderschaft begeben, darf unterwegs aber bald in einer vornehmen Kutsche Platz nehmen, die mit ihm in das Nachbarstädtchen Goldach einfährt. Der dem herrschaftlichen Wagen entsteigende Schneider wird vom Kutscher als Herr von aristokratischer Herkunft ausgegeben, und Wenzel, der durch sein romantisch-melancholisches Aussehen, vor allem aber durch seinen langen und kostbar wirkenden, samtgefütterten Mantel Aufsehen erregt, gilt bald als ein polnischer, mit Reichtümern gesegneter Graf, den die neugierige und gewinnsüchtige Bürgerschaft fürstlich bewirtet und gebührend feiert. Das verträumte Schneiderlein fördert das für ihn märchenhafte Mißverständnis nicht von sich aus, findet aber auch nicht den Mut, es aufzuklären. Die wachsende Neigung zur Amtstochter Nettchen verführt ihn endgültig dazu, die allseitige Bewunderung freundlich hinzunehmen und aus der glanzvollen gesellschaftlichen Erhöhung Nutzen zu ziehen. Sein natürlich-vornehmes Wesen und sein »fürstlicher« Aufzug erwecken bald zärtliche Gefühle in der Amtstochter, die in Wenzel den Märchenprinzen erblickt, den sie in ihren romantischen Träumen herbeisehnte. Doch auf dem prächtig zugerüsteten Verlobungsfest, das Wenzel mit einem Spielgewinn finanzieren will, wartet dem Paar eine Abordnung aus Seldwyla mit einer schadenfrohen Entlarvungskomödie auf. In einer auf ihn zielenden allegorischen Pantomime über das Wortspiel *»Leute machen Kleider – Kleider machen Leute«* sieht sich der Kostümgraf entdeckt und flieht verzweifelt in die Winternacht hinaus. Halb erfroren findet ihn Nettchen, die ihm nachgefahren ist, im Schnee. Durch kluge Fragen bringt sie ihn zum Sprechen, erkennt nach anfänglicher Entrüstung, daß Unschuld und Wahrhaftigkeit sich hinter seiner romantischen Verirrung verbergen, und setzt gegen den Widerstand des Vaters, und ohne den Spott der Bürger zu fürchten, die Heirat durch. Wenzel rechtfertigt glänzend das in ihn gesetzte Vertrauen: Er wird ein angesehener Tuchherr in Seldwyla, später in Goldach, der seinen Besitz, aber auch seinen Leibesumfang und die Zahl seiner Kinder nach Belieben erweitert.

Wie in den anderen Erzählungen seines Zyklus deckt Keller auch hier das komplexe Verhältnis zwischen Täuschung und Realität, zwischen Schein und Sein unter gesellschaftskritischem Aspekt auf, so aber, daß der freie Humor als dominierende Erzählhaltung alle Ansätze zu satirischer Schärfe überspielt und eine freundliche Distanz des Erzählers zu seinen Gestalten ermöglicht. Der wandernde Schneider, eine typisch spätromantische Figur, kommt durch seinen vornehmen Mantel und die melancholische Blässe seines Angesichts dem heimlichen Wunschbild der Kleinstädter entgegen – einem Wunschbild, das nur die exzentrische Kehrseite ihrer kleinbürgerlichen Enge ist und das es im ersten Teil der Erzählung den beiden jungen Leuten gestattet, sich dem romantischen Schein uneingeschränkt zu überlassen. Die unvermeidliche Entlarvung dieser Täuschung stürzt das Liebespaar in eine Verzweiflung, in der erst die befreiend-heitere Wende erfolgen kann. In Nettchen, die sich, allen maskenhaften Konventionen zum Trotz, tapfer zu Wenzel bekennt, kristallisiert sich Kellers Ideal praktischer Humanität: *»So feierte sie erst jetzt ihre rechte Verlobung aus tief entschlossener Seele, indem sie in süßer Leidenschaft ein Schicksal auf sich nahm und Treue hielt.«* Nicht in einer träumerisch-weltfremden Gebärde und im aristokratischen Habitus erscheint das Wunderbare – zeichenhaft hierfür steht der Mantel, den Keller wie zahlreiche andere Details in den Rang eines dem Allegorischen angenäherten Dingsymbols zu erheben wußte –, sondern das Wunder ereignet sich einzig in einer der gesellschaftlichen Wirklichkeit kritisch zugewandten Haltung, in der neben Tatkraft vor allem die Liebe dominiert: *»So wird am Ende der märchenhafte Triumph der Fortuna, wenn auch in der reduzierten Gestalt eines realen, bürgerlichen Eheglückes, dem Helden nur dadurch geschenkt, weil die Liebe alle die Masken überwindet«* (B. v. Wiese). Dagegen sieht G. SAUTERMEISTER die Novelle beherrscht von der Absicht des Autors, den falschen Schein der bürgerlichen Welt zu enthüllen, die ökonomisch bedingten Grenzen des in ihr möglichen Glückes zu umreißen: *»Mit ironischem Augenzwinkern zeichnet«* Keller *»liebender Humanität die Grenze vor, die ihr durch den wirtschaftlichen Selbstbehauptungswillen der Privateigentümer gesetzt ist«.*

KLL

AUSGABEN: Stg. 1874 (in *Die Leute von Seldwyla*, 2 Bde., 2). – Lpzg. 1921 (IB). – Erlenbach-Zürich 1927 (in *SW*, Hg. J. Fränkel u. C. Helbling, 22 Bde., 1926–1949, 8; krit.). – Lpzg. 1937 (in *Die Leute von Seldwyla*). – Mchn. 1957 (in *SW u. ausgewählte Briefe*, Hg. C. Heselhaus, 3 Bde., 1956–1958, 2; [4]1979). – Stg. 1969 u. ö. (RUB). – Mchn. 1978 (in *Die Leute von Seldwyla*; Text nach AlH; Nachw. u. Anm. U. Buergel-Goodwin; dtv). – Zürich 1978 (in dass., 2 Bde.; detebe). – Zürich 1982 (in dass.; Nachw. E. Staiger). – Ffm. 1987 (in dass.; FiTb). – Ffm. 1989 (in *SW*, Hg. Th. Böning u. G. Kaiser, 1985 ff., Bd. 4).

VERFILMUNG: Deutschland 1940 (Regie: Helmut Käutner).

LITERATUR: P. Wüst, *Entstehung u. Aufbau von K.s »Kleider machen Leute«* (in Mitt. der Lit.-hist. Ges. Bonn, 9, 1914, H. 4/5, S. 77–142). – B. v. Wiese, *Die deutsche Novelle von Goethe bis Kafka*, Bd. 1, Düsseldorf 1956, S. 238–249. – L. Kirchberger, *»Kleider machen Leute« u. Dürrenmatts »Panne«* (in MDU, 52, 1960, S. 1–8). – B. A. Rowley, *K.: »Kleider machen Leute«*, Ldn. 1960. – E. Friedrichmeyer, *Strapinskis Krise in K.s »Kleider machen Leute«: Eine Komplementärkrise* (in GQ, 40, 1967, S. 1–13). – H. Bänziger, *Strapinskis Mantel* (in Schweizer Monatshefte, 51, 1971/72, S. 816–826). – M. Rubin, *Kleider machen Leute. Komische Oper in einem Vorspiel und vier Akten nach G. K.s Erzählung* [Textbuch], Wien/Mchn. 1973. – G. Sautermeister, *Erziehung u. Gesellschaft in G. K.s Novelle »Kleider machen Leute«* (in *Lesen 2. Der alte Kanon neu*, Hg. W. Raitz u. E. Schütz, Opladen 1976, S. 176–207; in überarb. Fassg. in *Zu G. K.*, Hg. H. Steinecke, Stg. 1984, S. 88–107). – K. Jeziorkowski, *G. K. »Kleider machen Leute«. Texte, Materialien, Kommentar*, Wien/Mchn. 1984. – *G. K., »Kleider machen Leute«. Erläuterungen u. Dokumente*, Hg. R. Selbmann, Stg. 1984 (RUB). – P. Reinacher, *Die Sprache der Kleider im lit. Text. Untersuchung zu G. K. und Robert Walser*, Bern u. a. 1988.

DIE LEUTE VON SELDWYLA

Novellensammlung von Gottfried KELLER, erschienen in zwei Teilen 1856 bzw. 1873/74; der erste Teil der Sammlung enthält → *Pankraz, der Schmoller*; → *Romeo und Julia auf dem Dorfe*; → *Frau Regel Amrain und ihr Jüngster*; → *Die drei gerechten Kammacher*; → *Spiegel, das Kätzchen*; der zweite Teil besteht aus → *Kleider machen Leute; Der Schmied seines Glückes; Die mißbrauchten Liebesbriefe; Dietegen* und *Das verlorne Lachen*. – Die zu den repräsentativen Erzählungen des 19. Jh.s gehörenden zehn Seldwyler Geschichten Kellers sind zugleich Beispiele dessen, was seit O. LUDWIG (*Shakespeare-Studien*, 1871) als »poetischer Realismus« bezeichnet wird: die auch bei Autoren wie STIFTER, RAABE, STORM und FONTANE hervortretende Haltung einer teils humoristisch-verklärenden, teils gelassen-distanzierten Schilderung einer gesellschaftlichen Wirklichkeit, die heftigen Umwälzungen ausgesetzt ist. Die Seldwyler Geschichten entstanden nach der Revolution von 1848, die den Beginn der Industrialisierung in Mitteleuropa ankündigte. Dem entspricht ein Zuwachs an gegenständlicher Welt im epischen Werk, die am massivsten sich bei Keller ausbreitet, was Biographen wie E. ERMATINGER früh schon auf den Einfluß L. FEUERBACHS zurückführten. Seldwyla, so heißt es eingangs, ist *»schön«* gelegen, *»mitten in grünen Bergen, die nach der Mittagsseite zu offen sind ... Deswegen gedeiht auch ein ziemlich guter Wein rings um die alte Stadtmauer, während höher hinauf an den Bergen unabsehbare Waldungen sich hinziehen, welche das Vermögen der Stadt ausmachen.«* Eigenartigerweise aber profitieren die Menschen von diesem Reichtum nicht: *»denn dies ist das Wahrzeichen und sonderbare Schicksal«* der Stadt, *»daß die Gemeinde reich ist, und die Bürgerschaft arm, und zwar so, daß kein Mensch zu Seldwyla etwas hat und niemand weiß, wovon sie seit Jahrhunderten eigentlich leben«*. Die Bewohner dieser Stadt erweisen sich, solange sie jung sind, als durchaus geschäftstüchtig, *»das heißt sie lassen ... fremde Leute für sich arbeiten und benutzen ihre Profession zur Betreibung eines trefflichen Schuldenverkehres«*. Sobald einer jedoch jenes Alter erreicht hat, in dem *»die Männer anderer Städtlein etwa anfangen, erst recht in sich zu gehen und zu erstarken, so ist er in Seldwyla fertig; er muß fallen lassen und hält sich ... ferner am Orte auf als ein Entkräfteter und aus dem Paradies des Kredites Verstoßener«*. Die Leute von Seldwyla erweisen sich als unfähig, vor allem aber als nicht reif genug, ihren Reichtum zu halten. Keller entwickelt mit Seldwyla – die *»civitas dei helvetica«* (W. Benjamin) – eine nach dem Topos der Narrengemeinschaft entworfene Stadt, die mit ihrem liberalistischen Einschlag von törichter Unternehmungslust und fahrlässigem Müßiggang, Kalkül und politischer Unmündigkeit, Konkurrenzneid und Bestechlichkeit den atmosphärischen Hintergrund bildet, aus dem die Hauptfiguren in vorbildlich entschlossener Gegenwendung oder als komisch übertriebene Sinnbilder hervortreten.

Die Tendenzen der Zeit erfaßt Kellers Blick am schärfsten in der Form der Groteske. Seine Novelle *Die drei gerechten Kammacher* spiegelt die wachsende Geltung des Ökonomischen an drei Gesellen, von denen jeder besessen auf die Übernahme eines Kammachergeschäftes zusteuert. Dieselbe einfallslose Arbeit, dieselbe manische Sparsamkeit und dumpfe Ungeselligkeit regiert sie, macht den einen zum mechanischen Doppelgänger des anderen, einzig noch zur *»Regung der Eifersucht, der Besorgnis, der Furcht«* fähig. Was der Konkurrenzkampf an Angst potentiell in sich birgt, das Sich-Belauern und Sich-Beriechen, ist von Keller ebenso erspürt wie seine Tendenz zu besinnungsloser Dynamik. Die Groteske, daß ein halbstündiger Wettlauf über den künftigen Inhaber des Geschäfts entscheiden soll, hat ihren Wahrheitsgehalt darin, daß die Kammacher zu austauschbaren Marionetten ihres blindlings entfesselten ökonomischen Wettlaufs veräußerlicht sind. – Wie weit die wirtschaftliche und gesellschaftliche Wirklichkeit in das scheinbar Persönlichste und Intimste hineindringt, geht aus dem Gang der Handlung in *Romeo und Julia auf dem Dorfe* hervor. Den beiden Kindern der tödlich verfeindeten Familien wird der *»gute Grund und Boden«* zur Ehe, zur bürgerlichen Erfüllung ihrer jäh erwachten Leidenschaft, entzogen. Das Bewußtsein davon wirft sie nur um so mehr auf ihren einzigen Besitz – ihre tiefe Passion – zurück. Aber wie stets bei Keller ist selbst hier noch *»im menschlich Elementaren die Dimension der Bürgerlichkeit gegenwärtig«* (W. Preisendanz). Mit psychologischem Takt hat Keller die tragische Wendung im Schicksal seiner Figuren aus ihrem immer unbezwinglicheren tiefbürgerlichen Wunsch hergeleitet, wie zwei *»richtige«* Brautleute ihre Trauung zu vollziehen und, als *»Eheleute«*, im Angesicht des Todes sich zu vereinen.

Nicht mehr in *Romeo und Julia auf dem Dorfe*, wohl aber noch in den *Kammachern* klingt jener Humor an, der *»in der Erzählkunst des poetischen Realismus einen so weiten Spielraum gewinnt«*. Er ist Kellers dominierende Erzählperspektive – auf die poetische Verklärung der entfremdeten Empirie zielend und daher *»poetischer Vermittler zwischen autonomer Einbildungskraft und verbindlicher, von außen aufgedrungener Wirklichkeit«* (W. Preisendanz). So entwirft Kellers Phantasiekraft erfinderisch, mit epischem Behagen, poetische Sinnbilder der ernüchternden, ökonomisch bedingten Phantasielosigkeit der drei Kammacher. Das nimmt der Satire durch *»ihre sanfte schnöde Herz- und Gefühllosigkeit«* nichts an Realität, wohl aber an bitterer Schärfe, weil der poetische »überflüssige« Glanz, den Kellers phantasievolles Ausschmücken seinen Episoden und Dingen verleiht, zurückstrahlt noch auf die ödesten Figuren. Daß Kellers Blick so ausdauernd auf dem sinnlichen Detail, auf Berufs- und Dingwelt, auf den trivialsten Verrichtungen seiner Personen ruht, ist nicht bloß ein Indiz für deren Verflochtensein mit der Umwelt; auch liefert diese Umwelt nicht nur sinnbildliche Korrelate für Seelenlage und Geist der Figuren. Sondern Kellers Humor, der seine Lust am Einfall, an der Arabeske, am erfinderischen Sich-Verbreitern hat, erstattet dem Beschriebenen einen ästhetischen Überschuß, jene Aura, die ein verklärendes Licht auch auf das Entfremdetste wirft. Dieses Mischen des Verschiedenartigsten – des poetischen, arabeskenhaften Verklärens und des unbestechlichen Entlarvens – bestimmt seinen Stil bis ins einzelne. In leicht umständlichen Satzgebilden versteckt er unauffällig, wie nebenbei, scharfzüngige Pointen, wechselt unmerklich von der verblasenen Perspektive der Figuren zur illusionslosen des Erzählers, von ihrem pathetisch verblümten Selbstverständnis zu seinem ernüchternden Eingriff, von eitler Verstiegenheit in Wort und Tat zu heiter lächelnder Desillusionierung.

Es ist das Signum dieses Humors, daß er einen Zug ins Didaktisch-Utopische ausbildet. Die Erziehungsnovelle par excellence, *Frau Regel Amrain und ihr Jüngster*, zeichnet das Heranwachsen eines Knaben in selbständige Episoden ein, deren Gefahrenpunkt jeweils die Mutter durch souveränen Weitblick und entschlossenes Eingreifen überwinden hilft. Am Ende hat sich der junge Mann, gleichsam von selbst, zum edlen Charakter und politisch wachen Bürger erzogen, in bewußter Selbstbehauptung, trotz des liederlichen Gegenbeispiels einer ganzen, der Seldwyler, Gesellschaft. Das Individuum, anstatt in Privatinteressen sich zu vereinzeln und kleinbürgerlichem Mittelmaß zu willfahren, entfaltet sich im Blick auf ein idealeres, erst herzustellendes Gemeinwesen, unter dem Aspekt des Politischen. Das ist die Perspektive des verklärenden, ins Utopische vorausgreifenden Humors. Erhoffte sich Keller von Novellen dieser Art eine volkserzieherische Wirkung, so läßt sich daran das Neue im epischen Schaffen seiner Zeit ermessen: die politische, gesellschaftsbildende Intention von Dichtung. *»Dichter und Politiker gehören jetzt im Realismus ähnlich zusammen, wie in der Klassik Dichter und Philosophen zusammen gegangen waren«* (C. Heselhaus).

Ganz dem inneren Vorgang anverwandelt ist dieses lehrhaft-gesellschaftliche Moment des Kellerschen Humors in den Novellen *Pankraz, der Schmoller* und *Kleider machen Leute* (entstanden seit 1860). Beide entfalten modellhaft einen hervorstechenden Typus von Kellers Erzählstruktur: den Umschlag aus dem fast Tragischen in das Versöhnte. Es ist inhaltlich der Umschlag aus dem romantischen Schein in wirklichkeitsoffene Humanität. Pankraz der Schmoller verliebt sich aus der Distanz in ein ausnehmend schönes weibliches Wesen; ungesellig und verstockt, zum Gespräch unfähig, gehen ihm erst spät Dummheit und Eitelkeit des vornehmen Fräuleins auf, fast zu spät: Längst hat sich seine hochromantische Einbildungskraft verselbständigt und webt, seiner rationalen Einsicht zum Trotz, aus der Ferne am Bild der Geliebten weiter, in kranker, selbstvergessener Sehnsucht. Erst auf dem Gipfelpunkt des Realitäts- und Selbstverlusts – ironisch-exotisches Sinnbild ist die tödliche Gefährdung durch einen Löwen – erwacht er zu sich selbst und zu höherer praktischer Geselligkeit. – Die Lebensferne unzeitgemäßer Romantik demonstriert ebenso schlagend der novellistisch pointierte Handlungsverlauf in *Kleider machen Leute*. Das Liebesverhältnis zwischen Nettchen und Wenzel Strapinski entzündet sich am märchenhaft-exotischen Aufzug des Schneidergesellen, einem romantischen Trugbild, dem auch die gelangweilte, sensationslüsterne Kleinbürgerschaft prompt verfällt. Erst in der tödlichen Gefahr, in die ein satirisches Entlarvungsmanöver die Verliebten stürzt, erfolgt die befreiend heitere Wende. Nettchen, anstatt am Schneider irre zu werden, ergründet geduldig sein wirkliches, besseres Wesen und hält, den Leuten zum Trotz, ohne Furcht vor ihren inhumanen Vorstellungen von Ehre und Schande, entschlossen zu ihm. Darin realisiert sie als einzelne, was noch nicht gesellschaftliche Realität ist: Kellers Ideal einer praktischen, Romantisches und Kleinbürgerliches transzendierenden Humanität.

Kellers Humor, der *»nicht goldene Politur der Oberfläche«* (Benjamin) ist, sondern, von den fahlen Reflexen des Tragischen umspielt, erst in der Tiefe der Selbstentfremdung sich sammelt, ist am maßvollsten in dieser Novelle ausgebildet. Sie hält darum, zusammen mit *Pankraz der Schmoller* und *Frau Regel Amrain*, etwa die Mitte zwischen den erzählerischen »Grenzfällen«, zwischen der Stilform der Groteske *(Die drei Kammacher)* und der Tragödie

(Romeo und Julia auf dem Dorfe), zwischen spielerisch effektvollen Übertreibungen ins Märchenhafte *(Spiegel, das Kätzchen)* oder schwankhaft Komödiantische (*Der Schmied seines Glückes* und *Die mißbrauchten Liebesbriefe*, beide 1855 entstanden) und Kellers gedanklich beschwerten moralistischen Beispielgeschichten (*Dietegen* und *Das verlorne Lachen*). An dieser Vielfalt konträrer Formen mag man die erstaunliche Spannweite seines Erzählens ermessen, das zwischen den entferntesten Polen sich bewegt. Er ist allerdings auch der Versuchung durch das unverbindliche Extrem erlegen.

Im zweiten Teil der Sammlung, der nur in *Kleider machen Leute* die poetische Höhe des ersten ganz erreicht, übertreibt Keller gelegentlich seinen großzügigen Umgang mit der regelhaften, auf dramatische Zielstrebigkeit und pointierte Peripetie ausgerichteten Novellenform. Schlägt sonst sein Vergnügen am Episodischen und an der *»bauchigen Arabeske«* (Benjamin), an der barocken Entfaltung der Dingwelt und der gelassenen Reflexion den Novellen zum Vorteil aus, indem es die entspannenden Strahlungspunkte des Humors und spannungssteigernde Verzögerungen in einem schafft, so gereicht es den Erzählungen dort zum Nachteil, wo es zur spaßhaften Ungezwungenheit oder zum problembeladenen Reflektieren forciert ist. Die Geschichte *Der Schmied seines Glückes* variiert in einer zwanglosen Folge possenhafter Begebenheiten stets dieselbe Pointe: Ein Seldwyler Müßiggänger verstrickt sich selber im feingesponnenen Netz seines Kalküls, seiner Spekulation auf Besitz und Reichtum, bis er, durch seine Fehlschläge kuriert, das Glück in bescheidener praktischer Tätigkeit sucht. Mit verwandten komödiantischen Effekten und moralistischer Schlußwendung warten *Die mißbrauchten Liebesbriefe* auf. Sie parodieren in burlesker Überzeichnung das zeitgenössische Literatenunwesen, das im widrigen Konkurrenzneid sein romantisches Pathos bloßstellt. Mit satirischem Lächeln inszeniert Keller ein Literatenschicksal, dem er, in sehr durchsichtiger pädagogischer Absicht, durch eine künstliche Handlungsverknüpfung das Ethos praktischer Tätigkeit entgegenstellt. Mit diesen Geschichten, deren forcierte Lustigkeit sich unvermittelt in moralischen Ernst auflöst, kontrastieren die beiden letzten, schon vom spröderen, reflexiv-umständlichen Altersstil gezeichneten Erzählungen: *Dietegen* (entstanden seit 1860), der Entwurf eines romantisierenden Geschichtsbilds und einer episodisch breiten Liebesgeschichte, in der Güte und unverstelltes Gefühl aus dem Schein und der Krise herausführen – und *Das verlorne Lachen* (geschrieben 1873/74), eine in selbständige Szenen aufgelöste Ehegeschichte – sie präludiert den *Martin Salander* –, die privateste Verstörungen aus dem allgemeineren gesellschaftlichen Unwesen und aus Entfremdungen öffentlicher Institutionen ableitet. Es rufen aber noch diese Geschichten, wenn auch nur sporadisch, jenes Gemischte eines Stils in Erinnerung, das HOFMANNSTHAL an den *Leuten von Seldwyla* rühmte, so *»die ganz unglaublichen Übergänge vom Lächerlichen ins Ergreifende, vom Patzigen, widerlich Albernen ins Wehmütige«*, die ihren Reflex im *»Mischen vieler Ausdrucksschichten vom Zarten und Innigen bis zum Drastischen und Knollig-Gröblichen«* haben.

G.Sa.-KLL

AUSGABEN: Braunschweig 1856. – Stg. 1873/74, 4 Bde. [erw.]. – Erlenbach-Zürich 1927 (in *SW*, Hg. J. Fränkel u. C. Helbling, 22 Bde., 1926–1949, 7 u. 8; krit.). – Mchn. 1957 (in *SW u. ausgewählte Briefe*, Hg. C. Heselhaus, 3 Bde., 1956–1958, 2; ⁴1979). – Mchn. 1978 (Text nach AlH; Nachw. u. Anm. U. Buergel-Goodwin; dtv). – Zürich 1978, 2 Bde. (detebe). – Zürich 1982 [Nachw. E. Staiger]. – Ffm. 1987 (FiTb). – Ffm. 1989 (in *SW*, Hg. Th. Böning u. G. Kaiser, 1985 ff., Bd. 4).

LITERATUR: M. Held, *Auf goldenen Spuren. Der Schauplatz von K.s »Die Leute von Seldwyla«*, Zürich 1920. – F. Altvater, *Wesen u. Form der deutschen Dorfgeschichte im 19. Jh.*, Bln. 1930; Nachdr. Nendeln 1967. – W. Höllerer, *G. K.s »Leute von Seldwyla« als Spiegel einer geistesgeschichtlichen Wende. Eine Studie zur Novelle im 19. Jh.*, Diss. Erlangen 1949. – B. Lange-Stichtenoth, *Untersuchungen zur Erzählkunst G. K.s an »Die Leute von Seldwyla«*, Diss. Göttingen 1956. – J. L. McHale, *Die Form der Novellen »Die Leute von Seldwyla« von G. K. und der »Schwarzwälder Dorfgeschichten« von B. Auerbach*, Bern 1957. – H. Richter, *Seldwyla u. die Wirklichkeit* (in WB, 4, 1958, S. 172–201). – Ders., *G. K.s frühe Novellen*, Bln./DDR 1960; ²1966. – O. E. Newton, *The Male-Female Relationships in K.'s Novellen with Special Reference to »Die Leute von Seldwyla«*, Diss. Louisiana State Univ. 1964. – H. Ohl, *Das zyklische Prinzip von G. K.s Novellensammlung »Die Leute von Seldwyla«* (in Euph, 63, 1969, S. 216–226). – S. Mews, *Zur Funktion der Literatur in K.s »Die Leute von Seldwyla«* (in GQ, 43, 1970, S. 394–405). – R. C. Cowen, *G. K., »Die Leute von Seldwyla« (I, II)* (in R. C. C., *Der poetische Realismus*, Mchn. 1985, S. 219–234).

MARTIN SALANDER

Roman von Gottfried KELLER, erschienen 1886 in der Zeitschrift ›Deutsche Rundschau‹. – In seinem letzten Werk greift Keller noch einmal das Thema der bürgerlich-demokratischen Ordnung und der Erziehung des einzelnen zum politisch mündigen Mitglied der Gesellschaft auf. Aus kritischem Mißtrauen gegenüber der Entwicklung, die die Schweizer Demokratie in der Zeit der Gründerjahre nahm, breitet er sein sozialpädagogisches Anliegen mit einer um »Realismus« bemühten, zuweilen schwerfällig und langatmig wirkenden Detailtreue aus, die weit vom humordurchwirkten epischen Behagen seiner frühen Werke entfernt ist. Angesichts der Nivellierungserscheinungen in den demokratischen Institutionen, wo der Geist des aufkommenden Kapitalismus zu herrschen beginnt, und angesichts der Verschärfung der Klassengegensätze ist der idealistische Optimismus, mit dem der Autor in der ersten Fassung des *Grünen Heinrich* die bürgerlich-republikanische Zukunft gepriesen hatte, grimmiger Skepsis, ja Bitterkeit und Enttäuschung gewichen. – Der Kaufmann Martin Salander wurde durch eine Bürgschaft für seinen gewissenlosen Jugendfreund Louis Wohlwend früh um sein ganzes Vermögen gebracht. Um sich eine neue Existenz aufzubauen, wanderte er nach Brasilien aus. Als er nach siebenjähriger Abwesenheit zu Frau und Kindern nach Münsterburg zurückkehrt, trifft ihn ein neuer Schlag: Abermals sind seine Papiere durch Machenschaften Wohlwends wertlos geworden. Salander gibt jedoch nicht auf, sondern geht für weitere drei Jahre nach Südamerika und gründet, nach erneuter Heimkehr, mit Unterstützung seiner tatkräftigen Frau Marie ein rasch aufblühendes Handelshaus. Als aktiver Demokrat setzt er sich für den besonnenen Gebrauch der errungenen politischen Freiheiten ein, muß aber schließlich einsehen, daß die Vertreter der vielgepriesenen »neuen Zeit« im Grunde nur skrupellose Geschäftemacher und Karrieristen sind. Bitter enttäuschen ihn vor allem die Ehemänner seiner beiden Töchter Netti und Setti, die Zwillinge Isidor und Julian Weidelich, die ihre Parteizugehörigkeit mit dem Würfel entscheiden und schließlich wegen Unterschlagung im Gefängnis landen; auch die ebenso schöne wie dümmliche Myrrha, die eine späte Leidenschaft in ihm entfacht, hält nicht, was sie verspricht. Nur der skeptische, aber aufrechte Wirklichkeitssinn seines Sohnes Arnold bereitet Salander auf seine alten Tage noch Freude und tröstet ihn über manche unerfüllte Hoffnung hinweg: *»Ruhig fuhr nun das Schifflein Martin Salanders zwischen Gegenwart und Zukunft dahin, des Sturmes wie des Friedens gewärtig, aber stets mit guten Hoffnungen beladen. Manches Stück mußte er noch als gefälschte Ware über Bord werfen; allein der Sohn wußte unbemerkt die Lücken so wohl zu verstauen, daß kein Schwanken eintrat und das Fahrzeug widerstandsfähig blieb den bösen Klippen gegenüber, welche bald hie, bald dort am Horizonte auftauchen.«*

Der Bruch in der Gestalt des eigentümlich starr und farblos geratenen Sohnes – die geplante Fortsetzung des Romans, »Arnold Salander«, wurde nicht ausgeführt – zeigt, wie sehr der Glaube des späten Keller an eine bessere Zukunft von Zweifel und Resignation überschattet war. Lebendiger gezeichnet sind die negativen Figuren des Romans: die gesinnungslosen Schwiegersöhne und der niederträchtige Wohlwend. Es entspricht den polemisch-didaktischen Intentionen Kellers, daß er aus den Gegenspielern Salanders Karikaturen macht, die ebensowenig »realistisch« sind wie die stereotype Tugendhaftigkeit der Familie Salander. Die – von Rührseligkeit nicht immer freie – Familiengeschichte gewinnt nicht die Dimensionen eines sozialkritischen Gesellschaftsromans. Eine *»idyllische Gestaltungstendenz«* (F. Martini) herrscht vor in Kellers Darstellung der Schweizer Verhältnisse und bewirkt, daß immer wieder die aktuelle, zeitbezogene Problematik des Romans, die im Vorwurf angelegt ist, durch den Verweis auf ein – ungeschichtlich gedachtes – Allgemein-Menschliches verdrängt wird. Mit dieser unpolitischen, eher moralistischen Akzentuierung der Konflikte steht Kellers Alterswerk den lehrhaften Sittengemälden GOTTHELFS, mit denen es den ethischen Utopismus und die konservative Grundhaltung teilt, näher als dem zeitgenössischen europäischen Gesellschaftsroman. KLL

AUSGABEN: Bln. 1886 (in DRs, Nr. 46–48). – Bln. 1886. – Bern 1943 (in *SW*, Hg. J. Fränkel u. C. Helbling, 22 Bde., 1926–1942, 12; krit.). – Lpzg. 1950, Hg. P. Beyer. – Mchn. 1958 (in *SW u. ausgewählte Briefe*, Hg. C. Heselhaus, 3 Bde., 1956–1958, 3; 41979). – Zürich 1978 (detebe).

LITERATUR: F. Mauthner, *G. K.s »Martin Salander«* (in Die Nation, 47, 1886/87, S. 258 f.). – R. Fürst, *G. K.s »Martin Salander«*, Lpzg. 1903. – A. v. Grolmann, *G. K. »Martin Salander«* (in A. v. G., *Europäische Dichterprofile*, Bd. 1, Düsseldorf 1947, S. 93–106). – H. Ahl, *»Martin Salander«* (in DRs, 76, 1950, S. 579–584). – J. M. Ritchie, *»Martin Salander«. Eine Untersuchung von K.s Alterswerk*, Diss. Tübingen 1954. – Ders., *The Place of »Martin Salander« in G. K.'s Evolution as a Prose Writer* (in MLR, 52, 1957, S. 214–222). – M. Merkel-Nipperdey, *G. K.s »Martin Salander«. Untersuchungen zur Struktur des Zeitromans*, Göttingen 1959 (Palaestra, 228). – W. Kohlschmidt, *Louis Wohlwend u. Niggi Ju. Eine vergleichende Studie zum Zeitgeistmotiv bei K. u. Gotthelf* (in W. K., *Dichter, Tradition u. Zeitgeist. Gesammelte Schriften zur Literaturgeschichte*, Bern/Zürich 1965, S. 337–348). – W. Kohlschmidt, *Der Zeitgeist in G. K.s »Martin Salander«* (in OL, 22, 1967, S. 93–100). – R. v. Passavant, *Zeitdarstellung und Zeitkritik in G. K.s »Martin Salander«*, Bern 1978. – R. Pirog, *G. K.'s »Martin Salander«: A Critical Reception*, Diss. Univ. of North Carolina, Chapel Hill 1983 (vgl. Diss. Abstracts, 44, 1983/84, S. 2779A). – A. Muschg, *G. K.: »Martin Salander«* (in *Zu G. K.*, Hg. H. Steinecke, Stg. 1984, S. 158–166).

ROMEO UND JULIA AUF DEM DORFE

Novelle von Gottfried KELLER, erschienen 1856. – Der Text nimmt im Zyklus *Die Leute von Seldwyla* eine Ausnahmestellung ein. Thematisch SHAKESPEARES Drama von Liebe und Tod zweier Veroneser Adliger verpflichtet *(An Excellent Conceited Tragedie of Romeo and Juliet)*, geht er auf ein tatsächliches Ereignis zurück, von dem Keller aus der ›Züricher Freitagszeitung‹ vom 3. 9. 1847 erfuhr. Der Versuch, das Ereignis als episches Gedicht darzustellen, scheiterte 1849. Erst 1855 vollendete Keller die Novelle und sah sich verpflichtet, in einem Vorwort eine Begründung für seine Adaption eines berühmten literarischen Stoffes zu geben: *»Diese Geschichte zu erzählen würde eine mü-*

ßige Nachahmung sein, wenn sie nicht auf einem wirklichen Vorfall beruhte, zum Beweise, wie tief im Menschenleben jede jener Fabeln wurzelt, auf welche die großen alten Werke gebaut sind. Die Zahl solcher Fabeln ist mäßig; aber stets treten sie in neuem Gewande wieder in Erscheinung und zwingen alsdann die Hand, sie festzuhalten.« Das *»neue Gewand«* ist die bäuerlich-kleinbürgerliche Lebensform des 19. Jh.s, deren Werte und Normen, nicht der Eingriff eines anonymen Schicksals oder transzendentaler Mächte, Kellers jugendliche Helden in den Tod treiben.

Bereits das berühmte Eingangsbild typisiert die scheinbar unumstößliche, archaisch wirkende Ordnung des bäuerlichen Lebens: Zwei Bauern, Manz und Marti, Nachbarn aus einem Dorf bei Seldwyla, pflügen an einem Sommermorgen *»ruhevoll«* ihre Äcker: *»es war schön anzusehen in der stillen goldenen Septembergegend, wenn sie so auf der Höhe aneinander vorbeizogen, still und langsam, und sich mälig voneinander entfernten, immer weiter auseinander, bis beide wie zwei untergehende Gestirne hinter die Wölbung des Hügels hinabgingen und verschwanden, um eine gute Weile darauf wieder zu erscheinen.«* Getrennt werden die Äcker durch ein brachliegendes Feld, von dem beide Bauern bei Abschluß ihres Tagwerks noch jeweils eine tüchtige Furche reißen. Eigentümer der Brache ist vermutlich, die beiden zweifeln nicht daran, der »schwarze Geiger«, ein aus der Gemeinde Ausgeschlossener und in den Augen der Bauern ebenso *»verwildert«* wie sein Feld, der jedoch die nötigen Papiere nicht beibringen kann, die seinen Anspruch auf das Feld belegen würden. Manz kann schließlich das Feld auf einer öffentlichen Versteigerung erwerben. Aber da sich Marti zuvor noch, gegen jede augenfällige Ordnung der Felder, ein Dreieck aus dem Brachland ausgeschnitten hat, beginnt zwischen beiden Bauern ein ruinöser Rechtsstreit. Manz erfüllt ein *»wunderbarer Sinn für Symmetrie und parallele Linien«*, jeder der vormals befreundeten Kontrahenten fühlt sich nun *»in seiner wunderlichen Ehre gekränkt«*, und ihre Händel haben erst ein Ende, als beide sich um Haus und Hof prozessiert haben.

Leidtragende dieser Entwicklung sind vor allem die Kinder der beiden Bauern, Sali und Vrenchen, *»welche weder eine gute Hoffnung für ihre Zukunft fassen konnten noch sich auch nur einer lieblich frohen Jugend erfreuten, da überall nichts als Zank und Sorge war«*. Das Mädchen leidet unter der *»Tyrannei eines verwilderten Vaters«*, und es fällt ihr schwer, sich *»ordentlich und reinlich«* zu kleiden. Auch Sali, Sohn von Manz, fühlt, *»wie er nichts Rechts vor sich hatte und ebensowenig Rechts lernte«*, wo es sein Bedürfnis ist, *»im ganzen einfach, ruhig und leidlich tüchtig zu sein«*. Die Zuordnungen haben sich verkehrt, die Welt der Väter ist nunmehr eine Sphäre des »verwilderten« Lebens, die Attribute bürgerlicher Ordentlichkeit sind ins Unerreichbare geschwunden. Manz übernimmt einen verkommenen Gasthof in Seldwyla, Marti bleibt mit wenigen vernachlässigten Feldern auf dem Land, beide suchen schließlich durchs Fischen, wie alle *»fallierten«* Seldwyler, sich und ihre Familien zu ernähren. Sali und Vrenchen kennen sich von klein auf, mit dem Streit der Väter verlieren sie sich aus den Augen und begegnen sich erst wieder, als ihre Väter auf einer Brücke in wütenden Streit geraten. Sali und Vrenchen treten dazwischen, *»und in diesem Augenblick erhellte ein Wolkenriß, der den grellen Abendschein durchließ, das nahe Gesicht des Mädchens, und Sali sah in dies ihm so wohlbekannte und doch so viel anders und schöner gewordene Gesicht. Vrenchen sah in diesem Augenblick auch sein Erstaunen und es lächelte ganz kurz und geschwind mitten in seinem Schrecken und in seinen Tränen ihn an.«*

Am andern Tag schleicht Sali sich in das alte Dorf zurück und trifft Vrenchen schließlich an jenen Äckern, die ihre Väter einst pflügten, wo sie *»Hand in Hand«* entlanggehen: *»sie legten zwei und dreimal den Hin- und Herweg zurück, still, glückselig und ruhig, so daß dieses einige Paar nun auch einem Sternbilde glich, welches über die sonnige Rundung der Anhöhe und hinter derselben niederging, wie einst die sicher gehenden Pflugzüge ihrer Väter«*. Zwar stört sie unvermutet der schwarze Geiger, der das Schicksal ihrer Eltern als Ausgleich für den ihm angetanen Schaden betrachtet, aber schließlich können sie einander ihre Liebe gestehen und bauen sich im Kornfeld *»einen engen Kerker in den goldenen Ähren, die ihnen hoch über den Kopf ragten, als sie drin saßen, so daß sie nur den tiefblauen Himmel über sich sahen und sonst nichts von der Welt«*. Marti aber überrascht das junge Paar, und als er beginnt, Vrenchen zu mißhandeln, schlägt ihn Sali, *»halb in Angst um Vrenchen und halb im Jähzorn«*, mit einem Stein nieder. Sechs Wochen liegt Marti im Koma; er erwacht als Debiler, und Sali hat damit endgültig das mögliche Glück mit Vrenchen zerstört: *»Doch kann ich dich nie bekommen, auch wenn alles andere nicht wäre, bloß weil du meinen Vater geschlagen und um den Verstand gebracht hast! Dies würde immer ein schlechter Grundstein unserer Ehe sein und wir beide nie sorglos werden, nie!«* Martis Anwesen wird nun gänzlich versteigert, er selbst von der Gemeinde in *»einer Stiftung für dergleichen arme Tröpfe auf öffentliche Kosten«* untergebracht, und binnen zwei Tagen muß Vrenchen das Haus räumen.

Erneut erscheint Sali, und mit ihm will Vrenchen einen Tag verbringen, bevor sie sich irgendwo als Dienstmagd verdingen muß: *»Vorher aber möchte ich einmal, nur einmal recht lustig sein ...; ich möchte recht herzlich und fleißig mit dir tanzen irgendwo.«* Sali verkauft seine Uhr, ersteht aus dem Erlös für Vrenchen ein Paar Schuhe, und zusammen wandern sie in ein Dorf, wo man sie nicht kennt – nicht ohne daß zuvor Vrenchen jener Bäuerin, der sie ihr Bett verkauft hat, Sali als ihren Bräutigam vorstellt, der in der Lotterie unermeßlich reich geworden sei, was jenen Ausbruch an Herzlichkeit bewirkt, den die beiden sonst von den Leuten von Seldwyla nie erfahren haben. Soziale Sicherheit, Anerkennung und immer wieder die Attribute des Reinlichen und Sauberen – dies sind die Kennzeichen, die beider Utopie ausmachen und die sie nicht verwirklichen können. Sie wandern auf ein Dorf zu, werden von der dortigen Wirtin für *»rechtliche junge Leutchen«* gehalten, ein Urteil, das sich wiederholt, als sie sich in einem anderen Wirtshaus zum Mittagstisch niederlassen. Als aber am Abend, auf einem Kirchweihfest, einige Seldwyler sie erkennen und ihr Glück mit *»Neid«* mustern, fliehen sie dorthin, *»wo das arme Volk sich lustig macht, zu dem wir jetzt auch gehören«*. Dort – der Garten trägt den Namen »Paradiesgärtlein« – spielt auch der schwarze Geiger auf, der ihnen rät, ihr Leben außerhalb der bürgerlichen Konventionen zu führen. Gerade dies aber ersehnen die beiden nicht: *»Das Gefühl, in der bürgerlichen Welt nur in einer ganz ehrlichen und gewissenfreien Ehe glücklich sein zu können«*, war in Sali *»ebenso lebendig wie in Vrenchen«*. In der Gesellschaft der *»Heimatlosen«* verbringen sie den Rest der Nacht und dulden es, daß der schwarze Geiger in einer *»spaßhaften Zeremonie«* ihre Trauung simuliert. Schließlich folgen sie dem wilden tanzenden Zug der ausgelassenen Gesellschaft durch ihr früheres Heimatdorf und über die Felder zu den drei Äckern, *»so daß es ein wahrer Blocksberg war auf der stillen Höhe«*. Der bürgerlichen Welt können sie nicht, dem Bereich des »Blocksbergs« wollen sie nicht angehören – um ihre Liebe zu erfüllen, bleibt daher nur ein Weg: *»Es gibt nur eines für uns, Vrenchen, wir halten Hochzeit zu dieser Stunde und gehen dann aus der Welt.«* Ein am Flußufer angebundenes Boot wird ihnen zum *»Brautbett«* und zum Todeslager: Das Schiff treibt in den Nachtstunden den Fluß hinunter, und als *»es sich der Stadt näherte, glitten im Froste des Herbstmorgens zwei bleiche Gestalten, die sich fest umwanden, von der dunklen Masse herunter in die kalten Fluten.«*

Kellers *»unvergängliche Novelle«* (W. Benjamin) zeigt eine bürgerliche Welt, die, anders als etwa in GOETHES *Hermann und Dorothea*, von einem bornierten Erwerbssinn erfüllt ist, der Eigenschaften wie persönliche Ehre und Anerkennung der gesellschaftlichen Normen als Legitimation für Erfolg wie für die Zugehörigkeit zu dieser Welt voraussetzt, Eigenschaften, die in HEGELS *Ästhetik* – Keller war mit ihr vertraut – der feudalen Welt zugerechnet werden. Die Väter des jungen Paares glauben ihre Ehre zu vergrößern durch *»Vermehrung ihres Eigentums«* und führen deshalb einen Rechtsstreit ungeachtet seiner Kosten; den Kindern wird diese Vorstellung von Ehre zum Verhängnis. Der Gedanke an Rebellion oder Flucht ist ihnen ganz fremd, denn jener bürgerlichen Sphäre, von der sie aufgrund ihrer Armut ausgeschlossen sind, wollen sie gerade angehören: *»Als letztes Bekenntnis zur bürgerlichen Ordnung, zum bürgerlichen Selbst, gehen sie in den Tod«* (M. Swales). Es macht auch den Rang dieser Novelle aus, daß sie weder ausschließlich als Kritik an einer bürgerlichen Lebensform noch als säkularisierte Parabel auf die Gebrochenheit alles Irdischen sich lesen läßt, wie auch Sali und Vrenchen sich allein weder als Märtyrer einer antibürgerlichen Utopie noch als Vertreter eines idealen Christentums deuten lassen. An Wertungen und Rechtfertigungen war der Autor letztlich wohl nicht interessiert. Keller hatte zwar die Erstausgabe ursprünglich um eine kommentierende Schlußbemerkung ergänzt, in der er einerseits Entsagen predigt, andererseits diesen Ausbruch der Leidenschaft im Vergleich mit der herrschenden Gleichgültigkeit positiv beurteilt; aber bereits 1856 spricht er von der Notwendigkeit, diesen *»schnöden Schluß«* zu streichen, was allerdings erst mit der Neuauflage 1874 geschehen konnte. M.Pr.

AUSGABEN: Braunschweig 1856 (in *Die Leute von Seldwyla*). – Stg. 1876. – Erlenbach/Zürich 1927 (in *SW*, Hg. J. Fränkel u. C. Helbling, 22 Bde., 1926–1949, 7; krit.). – Mchn. 1957 (in *SW u. ausgewählte Briefe*, Hg. C. Heselhaus, 3 Bde., 1956–1958, 2; 41979). – Stg. 1962 u. ö. (Nachw. K. Nussbächer; RUB). – Mchn. 1978 (in *Die Leute von Seldwyla*; Text nach AlH; Nachw. u. Anm. U. Buergel-Goodwin; dtv). – Zürich 1978 (in *Die Leute von Seldwyla*, 2 Bde.; detebe). – Ffm. 1984 (Komm. u. Nachw. K. Jeziorkowski; Insel Tb). – Ffm. 1989 (in *SW*, Hg. Th. Böning u. G. Kaiser, 1985 ff., Bd. 4).

VERTONUNG: F. Delius, *A Village Romeo and Juliet*, Bln. 1907 (Oper).

VERFILMUNG: BRD 1968 (TV; Regie: W. Schmidt).

LITERATUR: H. Gonzenbach, *G. K., »Romeo und Julia ...« Untersuchungen zum Wesen des Sprachkunstwerks u. zu K.s Weltbild*, St. Gallen 1949. – R. H. Phelps, *K.'s Technique of Composition in »Romeo und Julia ...«* (in GR, 24, 1949, S. 34–51). – E. Feise, *K.s »Romeo und Julia« und Stifters »Brigitta«* (in E. F., *Xenion. Themes, Forms, and Ideas in German Literature*, Baltimore/Ldn. 1950, S. 153–179). – W. Silz, *»Romeo u. Julia«* (in W. S., *Realism and Reality*, Chapel Hill 1954, S. 79–93). – U. Kultermann, *Bildformen in K.s Novelle »Romeo und Julia ...«* (in DU, 8, 1956, S. 86–100). – E. A. McCormick, *The Idylls in K.'s »Romeo und Julia«. A Study in Ambivalence* (in GQ, 35, 1962, S. 265–279). – H. W. Fife, *K.'s Dark Fiddler in 19th Century Symbolism of Evil* (in GLL, 16, 1962/63, S. 117–127). – H. Singer, *»Romeo u. Julia«. Person u. Figur* (in *Fs. f. R. Alewyn*, Hg. ders. u. B. v. Wiese, Köln/Graz 1967, S. 63–83). – B. v. Wiese, *Novelle*, Stg. 41969 (Slg. Metzler; m. einer Zusammenstellung aller Interpretationen). – A. T. Cook, *G. K.'s »Romeo und Julia ...«* (in GLL, 24, 1970/71, S. 235–243). – *G. K., »Romeo und Julia ...«. Erläuterungen u. Dokumente*, Hg. J. Hein, Stg. 1971; 21976 (RUB). – A. Obermayer, *G. K.s »Romeo und Julia ...«. Ein realistisches Märchen?* (in Jb. der Grillparzer-Ges., 12, 1976, S. 235–255). – G. Kaiser, *Sündenfall, Paradies u. himmlisches Jerusalem in K.s »Romeo und Julia ...«* (in Euph, 65, 1971, S. 21–48). – W. Herzig, *Weltentwurf u. Sprachverwandlung. Untersuchungen zu Dominanzverschiebungen in der Erzählkunst zwischen 1825 u. 1950*, Bern u. a. 1982, S. 117–166. – W. Menninghaus,

»Romeo und Julia ...«. Eine Interpretation im Anschluß an Walter Benjamin (in W.M., *Artistische Schrift. Studien zur Kompositionskunst G.K.s*, Ffm. 1982, S.91–158). – J. Östbö, *Die Realität des Elementaren. Drei Untersuchungen über romantische u. poetisch-realistische Erzählformen*, Oslo 1984. – M. Swales, *G.K.s »Romeo und Julia ...«* (in *Zu G.K.*, Hg. H. Steinecke, Stg. 1984, S.54–67). – R.C. Holub, *Realism, Repetition, Repression. The Nature of Desire in »Romeo und Julia ...«* (in MLN, 100, 1985, S.461–497). – P. Haida, *Stundenblätter. K.s »Romeo und Julia ...«*, Stg. ²1986.

NIKOLAUS LENAU

eig. Nikolaus Franz Niembsch, Edler von Strehlenau

* 13.8.1802 Csatád / Ungarn
† 22.8.1850 Oberdöbling bei Wien

LITERATUR ZUM AUTOR:
Bibliographie:
R. Hochheim u. a., *N.L. Deutschsprachige Personalbibliographie*, Ffm./Bern 1986.
Konkordanz:
H.P. Delfosse, *Synoptische Konkordanz zu N.L.s Versepen*, Tübingen 1989.
Zeitschriften:
L.-Almanach, Stockerau 1959ff. – L.-Forum, Vierteljahresschrift für vergleichende Literaturforschung, Wien 1969ff.
Gesamtdarstellungen und Studien:
G. Karpeles, *N.L. Sein Leben und Dichten*, Bln. 1871. – B. Auerbach, *N.L. Erinnerungen u. Betrachtungen*, Wien 1876. – L.A. Frankl, *Zur Biographie N.L.s*, Wien u. a. ²1885. – Th. Gesky, *L. als Naturdichter*, Diss. Lpzg. 1902. – W. Alexander, *Die Entwicklungslinien der Weltanschauung N.L.s*, Diss. Greifswald 1912. – A. Korr, *L.s Stellung zur Naturphilosophie*, Diss. Münster 1914. – E. Lemke, *N.L.*, Lpzg. 1923. – L. Wege, *L. u. Hegel*, Diss. Mchn. 1929. – M. Schaerffenberg, *N.L.s Dichterwerk als Spiegel der Zeit*, Diss. Erlangen 1935. – V. Errante, *L. Geschichte eines Märtyrers der Poesie*, Mengen 1948. – K. Köhnke, *Der Pessimismus im dichterischen Werk L.s*, Diss. Hbg. 1950. – K. Deschner, *L.s metaphysische Verzweiflung u. ihr lyrischer Ausdruck*, Diss. Würzburg 1951. – W. Martens, *Bild u. Motiv im Weltschmerz. Studien zur Dichtung N.L.s*, Köln/Graz 1957; ²1976. – J. Turóczi-Trostler, *L.*, Bln./DDR 1961. – A. Mádl, *L. als politischer Dichter* (in A.M., *Politische Dichtung in Österreich*, Budapest 1969, S.55–107). – H. Steinecke, *N.L.* (in *Deutsche Dichter des 19. Jh.s*, Hg. B.v. Wiese, Bln. 1969, S.342–365). – G. Häntzschel, *N.L.* (in *Zur Literatur der Restaurationsepoche 1815–1848. Forschungsreferate u. Aufsätze*, Hg. J. Hermand u. M. Windfuhr, Stg. 1970, S.62–107). – D. Statkov, *N.L.s poetische Welt*, Diss. Bonn 1971. – H. Schmidt, *N.L.*, NY 1971 (TWAS). – E. Fischer, *Von Grillparzer zu Kafka*, Ffm. 1975, S.67–144. – V. Suchy, *Der Wandel des L.-Bildes in der Literaturwissenschaft*, Paris 1976 (Publications de l'Institut Autrichien de Paris). – *L. in Schwaben*, Hg. W. Scheffler, Marbach 1977 (Marbacher Magazin). – F. Sengle, *N.L.* (in F.S., *Biedermeierzeit. Deutsche Literatur im Spannungsfeld zwischen Restauration und Revolution*, Bd. 3, Stg. 1980, S.640–690). – R. Hochheim, *N.L. Geschichte seiner Wirkung 1850–1918*, Ffm. u. a. 1982. – A. Mádl, *Auf L.s Spuren. Beiträge zur Österreichischen Literatur*, Wien 1982. – H. Schmidt-Bergmann, *Ästhetismus u. Negativität. Studien zum Werk N.L.s*, Heidelberg 1984. – J.P. Hammer, *L. Poète, rebelle et libertaire*, Paris 1987 [dt.: *N.L. Dichter u. Rebell*, Wiener Neudorf 1989]. – C. Gibson, *L. Leben – Werk – Wirkung*, Heidelberg 1989.

DAS LYRISCHE WERK von Nikolaus LENAU. Bis heute ist Nikolaus Lenau als Dichter biedermeierlicher Räuber- und Zigeunerromantik der Nachwelt im Gedächtnis geblieben, oder als Typus des melancholischen Poeten, als österreichisch-ungarisches Pendant zu Lord BYRON. Indessen artikuliert sich in Lenaus Lyrik auf mitunter durchaus modern anmutende Weise die Spannung einer Zeit, die bestimmt ist vom Gegensatz zwischen anachronistischer politischer Repression und den einschneidenden Veränderungen, die der technisch-industrielle Fortschritt mit sich bringt oder zumindest ahnen läßt. Lenaus Versuche einer ästhetischen Existenz, seine bohemienhafte Sehnsucht nach einem *»anderen Dasein«*, die er zunächst 1831 im Umkreis der schwäbischen Dichterschule (G. SCHWAB, J. KERNER, L. UHLAND) zu verwirklichen suchte, treiben ihn 1832 nach Amerika *(»Vielleicht geht mir in der neuen Welt zugleich eine neue Welt der Poesie auf«)* und schließlich ernüchtert wieder zurück in die Heimat *(»Diese Amerikaner sind himmelanstinkende Krämerseelen. Tot, für alles geistige Leben, mausetot«)*, wo ihn sein mittlerweile erschienener Band *Gedichte* (1832) überraschend berühmt gemacht hatte. Die Sammlung erlebte bis zu Lenaus Tod sieben Neuauflagen und wurde 1838 ergänzt durch *Neuere Gedichte*.
Lenaus lyrische Anfänge – der erste Hinweis findet sich im Brief an die Mutter vom 8. Mai 1821 – sind nur spärlich überliefert *(Rezept; Unmögliches; Ghasel)* und verweisen auf Vorbilder aus dem 18. Jh., auf die Lyrik der Empfindsamkeit und des Hainbundes. Mit seinem eigentlichen Namen trat Lenau erstmals 1828, in J.G. SEIDLS Taschenbuch ›Aurora‹, als Lyriker an die Öffentlichkeit *(Die Jugendträume)*, das erste mit dem Pseudonym »Lenau« bezeichnete Gedicht *(Glauben, Wissen, Handeln)* erschien 1830 in K. SPINDLERS ›Damenzeitung‹. Ein emphatischer Kunstbegriff wird hier gegen

eine Wirklichkeit gestellt, die – und dieses Bewußtsein begründet früh schon Lenaus Weltschmerz – dafür keinen Raum läßt: *»Der Jüngling weilt in einem Blütengarten, / Und schaut mit Lust des Lebens Morgenrot«*, heißt es am Anfang der *Jugendträume*, um dann zu enden: *»Doch, weh! ihm naht mit eisern schwerem Gange / Die Wirklichkeit, und fort auf ewig fliehn / Die Vögel, und dem Jüngling wird so bange, / Da er sie weiter sieht und weiter ziehn.«* Lenau war zeit seines Lebens nicht bereit, die Kunst als privaten Eskapismus zu betreiben neben einer im übrigen bürgerlichen Existenz, wie etwa die Freunde in Schwaben; persönliche Unrast verhindert dies, und auch Unzufriedenheit mit den politischen Verhältnissen, wie es etwa in seinen *Polenliedern* zum Ausdruck kommt oder im Gedicht *Abschied. Lied eines Auswandernden (»Sei zum letztenmal gegrüßt, / Mein Vaterland, das, feige dumm, / Die Ferse dem Despoten küßt / Und seinem Wink gehorchet stumm«)*. Es gehört zu Lenaus Eigentümlichkeit, wie sie dann vor allem in den seit 1830 entstehenden Gedichten aufscheint, daß ihm sowohl Natur wie menschliche Geschichte letztlich zur Allegorie des Vergänglichen werden, die durch keine jenseitige Tröstung aufzuheben ist: *»Vom Berge schaut hinaus ins tiefe Schweigen / Der mondbeseelten schönen Sommernacht / Die Burgruine; und in Tannenzweigen / Hinseufzt ein Lüftchen, das allein bewacht / Die trümmervolle Einsamkeit, / Den bangen Laut ›Vergänglichkeit‹« (Vergänglichkeit)*.

Die barock anmutende *»Poesie der Negation alles Positiven«*, wie J. v. Eichendorff diese Lyrik charakterisierte und auch kritisierte, die aber für die neuere Forschung durchaus bereits auf die österreichische Literatur der Jahrhundertwende, etwa eines H. v. Hofmannsthal, vorausweist (A. Mádl), bleibt dabei nicht ohne Versuche einer positiven Sinngebung. In einer Rezension über einen Gedichtband des heute vergessenen Georg Keil (*Lyra und Harfe*, 1834) legt Lenau seine Auffassung *Über Naturpoesie* dar; er fordert, darin den Einfluß der idealistischen Philosophie Hegels und Schellings verratend, der Dichter müsse *»die Natur und das Menschenleben in einen innigen Konflikt bringen, und aus diesem Konflikt ein drittes ›Organischlebendiges‹ resultieren lassen, welches ein Symbol darstelle jener höhern geistigen Einheit, worunter Natur und Menschenleben begriffen sind«*. Auch wenn die *Schilflieder* (1832) in wehmütig-stimmungsvollen Bildern diese *»Einheit«* noch zu imaginieren scheinen, Beethovens Musik dem Dichter die Idee der *»Versöhnung«* nahebringt (*Beethovens Büste*, 1840) oder Lenau in dem späten Zyklus der *Waldlieder* (1843) die Vorstellung einer durchgeistigten Natur entstehen läßt *(»Sehnsüchtig zieht entgegen / Natur auf allen Wegen, / Als schöne Braut im Schleier, / Dem Geiste, ihrem Freier«)*, so fehlt dem überwiegenden Teil seiner Gedichte doch ein utopisch-tröstender Gedanke, wie er der romantischen Lyrik noch zu eigen war, überwiegt das Bild der Natur als Sinnbild für *»die Negativität von Geschichte und Gesellschaft. Die Erkenntnis der Entfremdung von Mensch und Natur und das Wissen, daß die Natur dem Menschen nur als todverfallene entgegentritt, … bestimmt auch das spätere Werk Lenaus zunehmend«* (H. Schmidt-Bergmann). Und obgleich der Dichter etwa seinem Epos *Die Albigenser* (1842), der Schilderung der Greuel der Kreuzzüge gegen die Katharer, einen Schlußgesang anfügt, der eine sinnhafte Deutung der Geschichte möglich erscheinen läßt, als Abfolge befreiender Revolutionen, kontrastiert dazu ein spätes Gedicht wie *Die Drei: »Drei Reiter nach verlorner Schlacht, / Wie reiten sie so sacht, so sacht! // Aus tiefen Wunden quillt das Blut, / Es spürt das Roß die warme Flut. // … /// Und lauernd auf dem Todesritt / Ziehn durch die Luft drei Geier mit. // Sie teilen kreischend unter sich: ›Den speisest du, den du, den ich.‹«* Am Ende bleibt nichts als Vernichtung – *»eine Vernichtung, die durch die Natur bewerkstelligt wird. Das menschliche Leben steht unter dem Signum der Sinnlosigkeit«* (W. Martens).

Zwar erschloß Lenau der Lyrik die weitflächigen Landschaften (W. Martens) mit ihrer extremen Natur, in den *Heidebildern* (1831) die Pußta Ungarns, in dem Zyklus *Atlantica* (1834) das offene Meer, dennoch bleibt sein Repertoire an Bildern konstant, was zusammen mit dem melancholischen Grundton seiner Gedichte zum Vorwurf der *»Eintönigkeit«* (G. Schwab) führte. Auch griff Lenau, in Abwendung von der Romantik, wieder auf die Formen der Rhetorik zurück, auf die sinnbildliche Auslegung der Phänomene, die kunstgerechte *»Ausführung«* der Idee, den *»Wert der strengen Form«* und den Wirkungsgrundsatz, *»das Gemüt des Lesers allmählig hinauf- und herunterzustimmen«*. So wird der Natur ihre sinnbildliche Bedeutung beigefügt, gelegentlich attributiv verkürzt *(»Wald des Lebens«, »Strand des Lebens«, »Wüstensand des Lebens«)*, oder es stehen Idylle und weltschmerzliches Pathos im bewußten Kontrast zueinander, mitunter in einem Maße schematisierend, daß C. Brentano kritisieren konnte, Lenau dichte, *»wie ein Mensch schreibt, der aus den verschiedensten Vorschriften«* der rhetorischen Lehrbücher *»schreiben gelernt hat«*; K. Immermann versteifte sich zu dem Urteil: *»Im Ganzen mehr Rhetor als Poet.«* Indessen variiert Lenau die rhetorische Tradition aus einer Krise ihrer Voraussetzungen heraus. So ist das Doppelsonett *Einsamkeit* (1838) nicht als Gefühlsaussprache, sondern in paradoxer Steigerung als Anrede gehalten. Der Sprecher legt einem Gegenüber einen Grad von Einsamkeit dar, wie ihn sich der Angesprochene bislang nicht ausgemalt hatte, die Gedichte sind rhetorisch aus dem Topos des *locus terribilis* entwickelt: *»Die ganze Welt ist zum Verzweifeln traurig.«* Doch belegt die Anrede gerade nicht die Gemeinschaft von Sprecher und Hörer, wie sie traditionell vorausgesetzt wurde; das Verhältnis des Dichters zum Publikum ist vielmehr – wie auch bei Platen und dem gemeinsamen Vorbild Lord Byron – von einem Aristokratismus des Talents bestimmt, das in einer poesiefeindlichen Zeit, wie Lenau beim Erscheinen der bürgerlich-liberalen Literaturgeschichte von G. G. Gervinus konstatiert, zu Einsamkeit, unverstandenem Schmerz und *»sinnender Melancholie«* verdammt ist: *»Und die Menschen scharen sich um den Dichter und sagen zu ihm: Singe bald wieder; das heißt: möchten doch neue Leiden deine Seele martern.«* Entwurf und Inszenierung seiner ästhetischen Existenz, die Lenau im Kreis der schwäbischen Freunde bestätigt wurden, sind dabei in charakteristischer Weise ambivalent; Lenau kehrt sich ab von der bürgerlichen Welt seines Publikums, dessen Bewunderung zugleich Voraussetzung seines Existenzentwurfs ist. Diese Abkehr spiegelt sich im exklusiven Gebrauch der hohen Formen gebundener Rede, in der Vorliebe für das Erhabene und Pathetische in Kunst und Natur (*Beethovens Büste*, 1840), schließlich in den Sujets seiner Gedichte, die den Topos der Einsamkeit wiederholen, die Natur zum Freiraum gesellschaftlicher Außenseiter, vom Räuber bis hin zu den Indianern Nordamerikas (*Die drei Indianer*, 1833/34), stilisieren.

So widerstreitet die rhetorische Prämisse eines gemeinsamen Weltbildes von Publikum und Autor der ästhetischen Existenz des Dichters, der allein berufen scheint, das Rätsel der Natur zu begreifen; neben der Rolle des Leidenden wächst ihm die des Erlösers zu: *»Ich fühle, daß die Kluft zwischen dem Leben des Menschen und der ihm kalt gegenüber trotzenden Natur eine unausfüllbare sei, und daß die Kreatur eines Mittlers bedürfe, damit sie nicht verzweifle und untergehe.«* Einer Geschichte, die in Sinnlosigkeit und Vernichtung zu münden scheint *(Die Drei; Auf meinen ausgebälgten Geier)* und die im Sinnbild des »ewigen Juden« *(Der ewige Jude; Ahasver, der ewige Jude)*, in der unerlösten Bewegung sich erschöpft, kann allein die Poesie widerstehen: *»Daß alles vorübersterbe, / Ist alt und allbekannt; / Doch diese Wehmut, die herbe, / Hat niemand noch gebannt«*, heißt es in den *Waldliedern* (1843). Ohne die Poesie wäre Geschichte auf eine bewußtlose, zerstörerische Wiederholung reduziert, erst ihre Bilder bannen die Vergänglichkeit, obgleich die Poesie sich ihrer eigenen Zeitlichkeit bewußt bleiben muß. Die poetischen Bilder, die sich dem Lebensprozeß entziehen wollen, sind, wie die Kleinepen *Anna* (1838) und *Ziska* (1843) problematisieren, zur Sterilität des Ästhetizismus verdammt *(Anna)* oder steigern noch, wie in *Ziska*, die Exzesse der Mordlust. Als der Heerführer erblindet und der *»Zauberspiegel«* seines Auges für die Bilder der Welt stumpf wird, ist *»Thanatos, der edle Genius«*, wie es in Anspielung auf das von Lessing formulierte Ideal des sanften Todes heißt, *»zum Sensenmann verbauert«*.

Lenaus Lyrik reagiert dabei, aller Stilisierung zum Trotz, durchaus aggressiv auf die Zeitgeschichte; da diese für ein Handeln, das den Menschen aus einem Objekt der Geschichte zu deren Subjekt verwandeln könnte, keinen Raum läßt, muß das Wort die Tat ersetzen. Dabei ist Lenaus Engagement nie politisch-programmatisch, sondern wendet sich gegen die Anmaßungen einer philisterhaften Ordnung schlechthin, gegen die politische Repression, aber auch gegen die resigniert-erbaulichen Freiheitsbekundungen der schwäbischen Dichterkollegen, so etwa im Gedicht *Das Blockhaus (»Hoffnungsloser Kummer ist ein Phantast«)* oder gegen die Künder einer schon zum Klischee erstarrten, gefühlsselig-romantischen Volkspoesie: *»Törichte Freunde des toten Alten, / Fahrend in ausgeleierten Gleisen, / Tanzend nach verklungenen Weisen« (Die Bauern am Tissastrande)*. Der Dichter weiß sich auf der Seite des Wandels, weniger allerdings im liberal-feuilletonistischen Stil des »Jungen Deutschland«, gegen das er in *Die Poesie und ihre Störer* polemisiert: *»Wenn mir's beliebt, werd' ich hier Blumen pflücken; / Wenn mir's beliebt, werd' ich von Freiheit singen; / Doch nimmermehr lass' ich von euch mich dingen!«* Der rebellische, mitunter anarchisch anmutende Subjektivismus Lenaus bewahrt sich seine Sympathien für die tatsächlichen Außenseiter der Gesellschaft, etwa in dem Gedicht *Der Räuber im Bakony* (1842), das nach dem Urteil der zeitgenössischen Zeitschrift ›Die Grenzboten‹ *»in einer einzigen Pointe die tiefste Wunde unserer gesellschaftlichen Zustände, den ganzen Kampf der Armen gegen die Besitzenden, aus welchen der Communismus und Chartismus hervorgewachsen ist, trifft«*. Der Räuber ist ein Schweinehirt, der seine Waffe, eine Axt, an einem Schwein seiner Herde erprobt: *»Wählt aus der Herde sich ein Stück, / So fliegt die Hacke ins Genick, / Und lautlos sinkt der Eichelmast / Entseelter Gast. // Und ists ein Mensch mit Geld und Gut, / So meint der Hirt: es ist sein Blut / Nicht anders, auch nur rot und warm, / Und ich bin arm.«*

W.Schm.-M.Pr.

Ausgaben: *Gedichte*, Stg./Tübingen 1832 [ern. 1834; 1837; 1840; 1841; 1843; 1844]. – *Neuere Gedichte*, Stg. 1838. – *Dichterischer Nachlaß*, Hg. A. Grün, Stg./Tübingen 1851. – In *SW u. Briefe*, Hg. E. Castle, Lpzg. 1910, Bd. 1. – In *SW. Briefe*, Hg. H. Engelhard, Stg. 1959. – *Gedichte*, Hg. H. Rieder, Stg. 1965 u. ö. (RUB). – In *SW u. Briefe*, Hg. W. Dietze, Ffm. 1971.

Vertonungen: H. Marteau, *Fünf Schilflieder*, op. 31, Lpzg. 1923. – Cz. Marek, *Fünf Lenau-Lieder*, op. 17, Zürich 1977. – A. Klughardt, *Schilflieder: Fünf Fantasiestücke*, op. 28, Hg. B. Päuler, Winterthur 1980.

Literatur: H. Bischoff, *N. L.s Lyrik. Ihre Geschichte, Chronologie u. Textkritik*, 2 Bde., Bln. 1920/21. – W. Rasch, *N. L.s Doppelsonett »Einsamkeit«* (in DVLG, 25, 1951, S. 214–231). – A. Hofmann, *N. L.s Polenlieder* (in L.-Almanach, 1967/68, S. 82–95). – G. Neumann, *Das »Vergänglich Bild«. Untersuchungen zu L.s lyrischen Verfahren* (in ZfdPh, 86, 1967, S. 485–509). – W. Martens, *Das letzte Wort haben die Geier. Zu L.s Gedicht »Die Drei«* (in *Gedichte u. Interpretationen 4*, Hg. G. Häntzschel, Stg. 1983, S. 132–144). – Ders., *L. als Lyriker* (in L.-Forum, 1985, S. 38–46).

FAUST. Ein Gedicht

Episch-dramatische Dichtung von Nikolaus LENAU, erschienen in Teilen 1834 und 1835, als Buchausgabe 1836; Uraufführung: Sommerhausen, 17.7. 1954, Theater im Torturm. – Lenau schrieb sein Faust-Drama in den Jahren 1833–1835 bewußt als Gegenstück zu GOETHES *Faust*: *»Faust ist zwar von Goethe geschrieben, aber deshalb kein Monopol Goethes, von dem jeder andre ausgeschlossen wäre. Dieser Faust ist Gemeingut der Menschheit.«* Lediglich mit der Form des Knittelverses an Goethe anschließend, weicht er in der Handlungsführung ganz von ihm ab, ebenso in der Konzeption der Gestalt Fausts, der hier Vertreter einer individualistisch-nihilistischen Weltanschauung ist, die ihn schließlich zum Selbstmord treibt.

In dem ursprünglich in dreiundzwanzig Abschnitte gegliederten Werk – die zweite Fassung von 1840 ist um eine Szene vermehrt, dafür um das Einleitungsgedicht *Der Schmetterling* verkürzt – wechseln szenische und erzählende Partien einander ab; Überschriften geben die Etappen der Handlung an. Das Drama setzt mit dem erzählenden Abschnitt *Der Morgengang* ein, der zugleich Disposition der Gestalt Fausts ist. Der immer Fragende, immer Zweifelnde, *»den Flammenwunsch im Herzen ..., der Schöpfung ihr Geheimnis abzufordern«*, versucht auf kühner Bergbesteigung *»den Nebeln und Zweifeln«* zu entrinnen. Vergebens: *»Des Abgrunds Nebel werden nach dir schleichen, / Auch dort dir Zweifel an die Stirne streichen.«* Den ungestüm Emporstrebenden reißt ein hastiger Schritt fast in die Tiefe, *»Doch faßt ihn rettend eine starke Hand / Und stellt ihn ruhig auf den Felsenrand; / Ein finstrer Jäger blickt ins Aug' ihm stumm / Und schwindet um das Felseneck hinum.«* – Die nächste Szene zeigt Faust mit seinem Famulus Wagner im Seziersaal. Bei anatomischen Studien hofft Faust Antwort auf seine Frage nach dem Wesen und der Bestimmung des Menschen zu finden. Zweifelnd grübelt er über den Sinn des Seins nach. Als fahrender Scholar und Arzt erscheint Mephistopheles und verhöhnt Fausts an Menschenmaß gebundenes Forschen und Suchen. Schon beim nächsten Treffen *(Die Verschreibung)* wird der von Mephistopheles vorgeschlagene Pakt abgeschlossen. *»Willst du zur Wahrheit führen mich«*, ist die Bedingung, die Faust stellt, und die Antwort Mephistopheles' ist eine Beschreibung der Wahrheit, wie er sie sieht: Sie ist Lebensgenuß, ist *»Ruhm und Ehre, Macht und Gold / Und alles, was den Sinnen hold«*; sie findet sich zwischen den beiden Polen *»liebend zeugen«* und *»hassend morden«*, die des *»Menschenherzens Süd und Norden«* sind. Dieser *»Wahrheit«* verschreibt sich Faust, und so führt ihn Mephistopheles *»von Begierde zu Genuß«* und läßt ihn schließlich zum Mörder an einem Nebenbuhler werden. Doch Faust, weit entfernt davon, in diesem Sinnestaumel seine Zweifel zu vergessen, findet sich nun auch noch der Qual der Reue ausgesetzt. Er fühlt sich als Mörder von Gott und Natur gleichermaßen verstoßen, und es geht ihm, von Mephistopheles bestärkt, nun darum, *»daß ich die Seele / Aus Christus und Natur heraus mir schäle«*. In wildem Trotz zieht er sich ganz auf sein *»starres Ich«* zurück. *»Niemandem hörig mehr und untertan, / Verfolg' ich in mich einwärts meine Bahn.«*

Eine Meerfahrt soll endgültige Befreiung von allem, was ihn quält, bringen, doch auch hier holt die Erinnerung ihn ein, ziehen als Traumvisionen die Geliebten an ihm vorüber, deren Leben er zerstört hat, erscheint ihm das mahnende Bild der Mutter. Ein Unwetter vernichtet das Schiff, doch Faust kann sich mit Hilfe Mephistopheles' retten. In einer Schenke am Strand erkennt er im Gespräch mit dem Matrosen Görg, einem nur im Diesseits und im Heute lebenden, Gott wie Natur in gleichem Maße leugnenden Menschen, daß er sich nach dem, was dieser *»so kalt entbehrt«*, nur immer stärker sehnt. Er wird sich seiner völligen Isolierung bewußt und versucht, aus seinem realen Ich, das ihn wie ein Sarg umgibt, zu fliehen in ein irreales, das er mit Gott *»festinniglich verbunden«* glaubt, während das wahre Ich und alles, was diesem begegnet ist und was es getan hat, nur *»ein Traum von Gott, ein wirrer Traum«* ist. So meint Faust auch dem Teufel zu entgehen: *»Du böser Geist, heran! ich spotte dein! / Du Lügengeist! ich lache unserm Bunde, / Den nur der Schein geschlossen mit dem Schein!«* In ekstatischem Taumel ersticht er sich: *»Ich bin ein Traum mit Lust und Schuld und Schmerz / Und träume mir das Messer in das Herz.«* Mephistopheles aber bemächtigt sich triumphierend des Selbstmörders: *»Nicht du und ich und unsere Verkettung, / Nur deine Flucht ist Traum und deine Rettung! ... Da bist du in die Arme mir gesprungen, / Nun hab' ich dich und halte dich umschlungen!«*

Lenaus *Faust* kennt keine kontinuierliche Handlung; der Autor selbst hebt hervor, *»daß bei diesem Gegenstande eine abgeschlossene, durchaus gegliederte Fabel gar nicht an ihrer Stelle wäre, daß ich nur einzelne, zum Teil abgerissene Züge aus«* Fausts *»äußern Erlebnissen hingestellt habe«* (an Karl Mayer, 15.8. 1835). Das Geschehen bleibt zudem, worauf schon A. GRÜN verwies, eng mit der Autobiographie des Autors verbunden: *»So ist Goethes Faust der Mensch, das ganze sterbliche und doch ewige Geschlecht, Lenau's Faust nur eine Individualität, allerdings eine große und bedeutende. Niembsch-Lenau selbst.«* Zwischen bitterem Atheismus und einem Pantheismus spinozistischer Prägung hin und her gerissen, zwischen Negation und Hoffnung auf Sinngebung der geschichtlichen Welt schwankend, sind Faust und Mephistopheles Spiegelbilder des Lebensgefühls des Dichters, wobei Fausts Ende in der Forschung durchaus ambivalent diskutiert wird; teils als letzte Auflehnung oder Rebellion gegen eine Welt, die in *»Einzelwesen kalt zertrümmert, / Wo keines sich des andern kümmert«* (H. Steinecke, H. Schmidt-Bergmann), teils als Reue über eine falsche *»Lebensentscheidung«* (H. Mayer). Zerrissenheit und Unstetheit prägen auch die Sprache des Stücks, das, wie die Spätdichtung Lenaus insgesamt, als episch-dramatische *»Mischgattung«* erscheint, resultierend aus der *»Abneigung gegen eine*

bestimmte vorgeprägte Gattung« und der *»Fähigkeit zu präziser, individueller Formkombination«* (F. Sengle).
Die zeitgenössische Kritik maß das Werk natürlich an Goethes großem Vorbild und kam dabei – sofern nicht Antipathien gegen den Dichterfürsten, wie etwa bei A. Menzel, die Haltung bestimmten – fast durchweg zu negativen Urteilen; Th. Mundt sah in dem Versuch eine *»beklagenswerte Talentvergeudung«*, K. Gutzkow hielt es für *»gänzlich mißlungen«*. Heute dagegen gilt die Dichtung als *»nur eines von vielen Zeichen des geistesgeschichtlichen Umbruchs«* nach der Goethe-Zeit: *»Lenaus ›Faust‹ gelangt nicht zur Erkenntnis, weil es die absolute Erkenntnis, die er sucht, nicht gibt: weder in der Wissenschaft noch in der Religion oder in der Philosophie. Dieser pessimistischen Sicht der Welt ist der Optimismus der Klassik gewichen«* (H. Steinecke). KLL

Ausgaben: Lpzg. 1834 (in Deutscher Musenalmanach für das Jahr 1835; Ausz.). – Stg. 1835 (in Frühlingsalmanach, 1). – Stg./Tübingen 1836. – Lpzg. 1911 (in *SW u. Briefe*, Hg. E. Castle, 6 Bde., 1910–1923, 2). – Stg. 1959 (in *SW. Briefe*, Hg. H. Engelhard). – Stg. 1971, Hg. H. Steinecke (m. Dokumenten zur Wirkungsgeschichte; RUB). – Ffm. 1971 (in *SW u. Briefe*, Hg. W. Dietze).

Literatur: J. Martensen, *Ueber L.s »Faust«*, Stg. 1836. – C. Siegel, *L.s »Faust« u. sein Verhältnis zur Philosophie* (in KSt, 21, 1917, H. 1, S. 66–92). – E. Schönburg, *N. L.s »Faust«*, Diss. Greifswald 1922. – R. Schröter, *L.s »Faust«*, Diss. Marburg 1923. – I. Ancker, *Deutsche Faustdichtungen nach Goethe*, Diss. Bln. 1937. – J. S. Stamm, *L.s »Faust«* (in GR, 26, 1951, S. 5–12). – K. Mohr, *L.s »Faust«* (in Der Wächter, 39/40, 1960, S. 33–46). – H. Henning, *Die wichtigsten deutschen Faust-Dichtungen in der 1. Hälfte des 19. Jh.s und ihr Verhältnis zu Goethe. Grabbe – L. – Heine*, Diss. Jena 1964. – H. Steinecke, *»Kein Monopol Goethes«. Faust in Österreich. N. L. und andere* (in Jb. des Wiener Goethe-Vereins, 86–88, 1982–1984, S. 275–289).

CONRAD FERDINAND MEYER

* 11.10.1825 Zürich
† 28.11.1898 Kilchberg bei Zürich

Literatur zum Autor:
Biographien:
A. Frey, *C. F. M. Sein Leben u. seine Werke*, Stg. 1900. – B. Meyer, *C. F. M. Sein Leben u. seine Werke*, Stg. 1900. – A. Langmesser, *C. F. M. Sein Leben, seine Werke u. sein Nachlaß*, Bln. 1905. – R. d'Harcourt, *C. F. M. Sa vie, son œuvre*, Paris 1913. – W. Linden, *C. F. M. Entwicklung u. Gestalt*, Mchn. 1922. – E. Everth, *C. F. M. Dichtung u. Persönlichkeit*, Dresden 1924. – R. Faesi, *C. F. M.*, Lpzg. 1925. – H. Maync, *C. F. M. und sein Werk*, Lpzg. 1925. – *C. F. M. in der Erinnerung seiner Schwester Betsy Meyer*, Basel 1971. – D. A. Jackson, *C. F. M.* (in *Selbstzeugnissen u. Bilddokumenten*, Reinbek 1975; rm). – M. Burkhard, *C. F. M.*, Boston 1978 (TWAS).
Gesamtdarstellungen und Studien:
O. Blaser, *C. F. M.s Renaissancenovellen*, Bern 1905; Nachdr. Hildesheim 1975. – F. Baumgarten, *Das Werk C. F. M.s. Renaissance-Empfinden u. Stilkunst*, Mchn. 1917. – M. Faessler, *Untersuchungen zum Prosa-Rhythmus in C. F. M.s Novellen*, Bern 1925; Nachdr. Nendeln 1970. – O. Hoffmann, *Die Menschengestaltung in C. F. M.s Renaissance-Novellen*, Bln. 1940; Nachdr. Nendeln 1969. – G. Felderer, *Die Komposition in C. F. M.s Novellen*, Diss. Wien 1948. – H. Henel, *The Poetry of C. F. M.*, Madison/Wis. 1954. – L. Wiesmann, *C. F. M. Der Dichter des Todes u. der Maske*, Bern 1958. – J. Fährmann, *Bildwelt u. symbolische Gestaltung in der Dichtung C. F. M.s. Studien zur Symbolik in den Gedichten u. Novellen*, Freiburg i. B. 1964. – G. Brunet, *C. F. M. et la nouvelle*, Paris 1967. – H. Hillmann, *C. F. M.* (in *Deutsche Dichter des 19. Jh.s Ihr Leben u. Werk*, Hg. B. v. Wiese, Bln. 1969, S. 463–486). – H.-D. Brückner, *Heldengestaltung im Prosawerk C. F. M.s*, Bern u. a. 1970. – G. H. Hertling, *C. F. M.s Epik: Traumbeseelung, Traumbesinnung u. Traumbesitz*, Bern 1973. – Ch. Merian-Genast, *Die Gestalt des Künstlers im Werk C. F. M.s*, Bern u. a. 1973. – C. Moos, *Dasein als Erinnerung. C. F. M. und die Geschichte*, Bern u. a. 1973. – A. Zäch, *C. F. M. Dichtkunst als Befreiung aus Lebenshemmnissen*, Frauenfeld 1973. – S. Onderdelinden, *Die Rahmenerzählungen C. F. M.s*, Leiden 1974. – *Stimmen über M. Zeugnisse zu Wesen u. Werk von C. F. M. aus den Jahren 1881–1975*, Zusammenstellung B. Weber, Zürich [Zentralbibliothek] 1975. – F. A. Kittler, *Der Traum u. die Rede. Eine Analyse der Kommunikationssituation C. F. M.s*, Bern 1977. – T. S. Evans, *Formen der Ironie in C. F. M.s Novellen*, Bern 1980. – K. Fehr, *C. F. M.*, Stg. ²1980 (Slg. Metzler). – M. Salloch, *Der Verlust der existenztragenden Wahrheit als Grundidee der Novellen C. F. M.s*, Diss. Bochum 1980. – Ch. Sand, *Anomie u. Identität. Zur Wirklichkeitsproblematik in der Prosa von C. F. M.*, Stg. 1980. – P. G. Spitzer, *Untersuchungen zur Geschichtsdichtung C. F. M.s. Das Verhältnis von politisch-geschichtlicher Wirklichkeit u. individuellen Motiven*, Diss. Köln 1980. – K. Fehr, *C. F. M. Auf- u. Niedergang seiner dichterischen Produktivität im Spannungsfeld von Erbanlagen u. Umwelt*, Bern 1983. – P. N. Franchini, *Italienische Dichter u. Schriftsteller im Werk C. F. M.s*, Bern u. a. 1984. – R. Godwin, *Three Swiss Realists: Gotthelf, Keller and M.*, Lanham u. a. 1988.

DAS LYRISCHE WERK von Conrad Ferdinand MEYER.

Unter den Vertretern des bürgerlichen Realismus nimmt der Schweizer C.F. Meyer im deutschen Sprachraum als Lyriker einen wichtigen Rang ein. Sein Beitrag zur Lyrik läßt sich mit dem Beitrag G. KELLERS oder Th. FONTANES zum Roman oder mit dem F. HEBBELS zum Drama vergleichen; das innovative Moment dieses lyrischen Werks liegt in einer Aussageform, die symbolistische Verfahrensweisen der nachfolgenden Generation – etwa S. GEORGES oder R.M. RILKES – im Ansatz bereits antizipiert und auch Parallelen zum französischen Symbolismus der Zeit (S. MALLARMÉ) aufweist, ohne daß die Symbolik in Meyers lyrischer Sprache jedoch bereits zu autonomen Bedeutungselementen würden.

Am Beginn des lyrischen Schaffens stehen – läßt man zwei 1845 und 1860 *(Bilder und Balladen von Ulrich Meister)* zusammengestellte Juvenilia außer acht, die zu Lebzeiten nicht veröffentlicht wurden und nur bruchstückhaft erhalten blieben – die anonym publizierten *Zwanzig Balladen von einem Schweizer* (1864) sowie die Sammlung *Romanzen und Bilder* (1870), die infolge ihrer formalen wie inhaltlichen Konventionalität kaum Beachtung fanden; es handelt sich, neben historisierender Lyrik, die sich bevorzugt der Antike und dem Mittelalter zuwendet, vorwiegend um romantisch-empfindsame Natur- und Heimatdichtung. Einem breiteren Publikum wurde Meyer erstmals durch sein Versepos *Huttens letzte Tage* (1872) bekannt, das er 1870/71, wie er es formulierte, unter dem Eindruck eines *»merkwürdig gereiften Stammesgefühls«* verfaßte und das aufgrund seiner patriotischen Stimmungslage rasch mehrere Auflagen erlebte. Meyer paßte sich zu jener Zeit als Günstling des engen Bismarck-Vertrauten Francois v. Wille und mit Blick auf den engen Literaturmarkt den Möglichkeiten an, die Deutschland gegenüber dem *»Holzboden«* Schweiz (G. Keller) bot. Heute ist das Werk ebenso wie die bereits früher entstandene Verserzählung *Engelberg* (1872) vergessen.

Meyers Ruf als Lyriker beruht vor allem auf der Sammlung *Gedichte*, die 1882 in erster Auflage mit 191 Gedichten und Balladen erschien und im Verlauf der fünf weiteren Auflagen, die zu Meyers Lebzeiten erschienen, um vierzig Gedichte erweitert wurde. In diese Sammlung, die bereits 1873 – während der Entstehungszeit des *Georg Jenatsch* – geplant, von Meyers Leipziger Verleger Hermann HAESSEL wegen ökonomischer Bedenken aber erst zehn Jahre später ins Programm aufgenommen wurde, finden die meisten der in den beiden ersten Lyrikbänden enthaltenen Arbeiten Eingang. Viele Texte erschienen zuerst in bürgerlichen Familienzeitschriften wie Cottas ›Morgenblatt für gebildete Stände‹, der ›Gartenlaube‹ oder den (schweizerischen) ›Alpenrosen‹. In der deutschsprachigen Lyrik des 19. Jh.s stellt Meyers lyrisches, in neun Zyklen – *Vorsaal, Stunde, In den Bergen, Reise, Liebe, Götter, Frech und Fromm, Genie*, und *Männer* – untergegliedertes Hauptwerk mit seiner immer wieder revidierten Komposition einen Einzelfall dar, der schon früh von der Forschung als solcher wahrgenommen wurde (W. Brecht). Die langhin geplante und zunehmend ausgefeilte Gruppierung der Gedichte in neun Abteilungen ist die äußere Entsprechung zur intensiven formalen Arbeit am Einzelgedicht. Diese Suche nach dem *»großen Styl«* führte bei 96 der 231 Gedichte zu Umarbeitungen, aus denen teilweise mehr als zehn Fassungen hervorgingen. Eines der prägnantesten Beispiele für diese Arbeitsweise ist das Gedicht *Der römische Brunnen*, das sich 1882 als letzte von zwölf Bearbeitungsstufen aus dem 1860 verfaßten *Springquell* zu einem der formalen Höhepunkte Meyerscher Verskunst entwickelte: *»Aufsteigt der Strahl und fallend gießt / Er voll der Marmorschale Rund / Die, sich verschleiernd, überfließt / In einer zweiten Schale Grund; / Die zweite gibt, sie wird zu reich, / Der dritten wallend ihre Flut, / Und jede nimmt und gibt zugleich / Und strömt und ruht.«*

Unter den Metren überwiegt der Trochäus, doch sind besonders Balladen und balladeske Gedichte *(Venedigs erster Tag; Bettlerballade)* auch jambisch geformt, wobei die sogenannte *»Huttenstrophe«* häufig als Strukturmuster dient. Daneben finden auch reimlose freie Strophenformen Verwendung. Meyers Stärke liegt nicht in der kombinatorischen Verskunst, in der er etwa von E. GEIBEL mühelos übertroffen wird, sondern im konstruktiven Gestaltungspotential. Häufig sind die Ausgangsgedichte belanglose Reimereien; sie entwickeln sich zu den späteren Fassungen nicht »organisch« (im Sinne GOETHES als Entfaltung einer Idee), sondern erfahren zumeist sprunghafte motivische, metrische und strophische Veränderungen. In deren Verlauf setzt sich mit der reduktiven Setzung von Attributen und Adjektiven eine Tendenz zur Pointierung durch, zur präzisen Bildlichkeit, in der visuell-explikative die musikalisch-mimetischen Elemente verdrängen. Anders als etwa bei Hebbel oder Fontane kann man bei Meyer nicht von einer chronologischen Werkentwicklung im üblichen Sinne sprechen, vielmehr findet hier eine zunehmende Binnendifferenzierung statt. Meyers immanente Poetik der reinen Form knüpft verbal noch an das Ideal der Expressivität des lyrischen Ichs an, ist aber von einem objektivistischen, oft geradezu depersonalisierenden Zug geprägt, weshalb Meyer für diese Gedichte die Kennzeichnung *»Bilder«* wählte. Daher weist entgegen dem noch über die romantische Genieästhetik definierten Selbstverständnis die dichterische Technik in eine andere Richtung. Das Erlebnis ist nur noch gelegentlich der Ausgangspunkt, während Meyers ureigenstes Verfahren die konstruktive Erzeugung der Stimmungen ist, mit dem er sein Hauptanliegen, die Überwindung eines poetischen Subjektivismus und die Objektivierung der dichterischen Aussage, zu verwirklichen sucht. Nur scheinbar widerspricht dem die zweite Strophe der Vorsatz-Widmung *Zur neuen Ausgabe: »Was da steht, ich hab es tief empfunden / Und es bleibt ein Stück von meinem Leben – / Meine Seele flattert ungebunden / Und ergötzt* *sich drüberhinzuschweben.«* Die hier angesprochene, in *Möwenflug* noch sicherer formulierte Frage nach der Authentizität der Dichtung *(»... Bist du echt beflügelt? / Oder nur gemalt und abgespiegelt?«)* wird von Meyer, anders als von seinem Gegenpol Th. STORM, eindeutig zugunsten der Form beantwortet.

Quer zu einer Typologie der Gedichte – wozu etwa Traum-, Rollen-, Dialog-, Gleichnis-, Naturgedichte, Allegorien, und Epigramme gehören – liegt eine Kluft zwischen der ausgeprägt lyrischen Dichtung und den Balladen. Als qualitativ eher fragwürdiger Teil des Werkes sind diese jedoch formal ein markanter Ausdruck jener Objektivierungsbestrebungen, mit dem ein *»Höhepunkt der historischen Schicksalsballade«* (W. Kayser) erreicht wird. Am ehesten in den Balladen ist denn auch eine Kontinuität zwischen Lyrik und Prosawerk, speziell zur Novelle feststellbar, deren Rahmenstruktur auf eine Reihe von Balladen übertragen wird *(Thespesius; Gesang der Parze; Der Pilger und die Sarazenin; Venedigs erster Tag; Die Füße im Feuer)*. Den historischen, von der Antike bis in die Reformation und – spärlicher – darüber hinaus reichenden Szenerien liegt ein protestantisch-idealistisches Geschichtsbild zugrunde, das gleichsam *sub specie aeternitatis* jeder »unerhörten« Begebenheit, jeder »großen« Figur ihren Ort und eine genaue Bedeutung zuweist. Dieser Grundzug setzt sich in der Lyrik soweit fort, daß man auch über die Balladenform im engeren Sinn hinaus im Hinblick auf etwa ein Drittel der Gedichte von einem *»stark balladenhaften und episierenden, distanzierenden Zug«* (L. Völker) sprechen kann.

Besonders sinnfältig konkretisiert diese Poetik sich an den zentralen Themenbereichen Tod, Zeit und künstlerisches Wirken. Meyer, der *»wie kein älterer Dichter deutscher Sprache«* auf die *»Vermittlung durch die Kunst«* zurückgreift (E. Staiger), verdankte nach eigenem Bekunden *»die stärksten Impulse zum dichterischen Schaffen«* dem Renaissance-Maler Michelangelo. Tatsächlich strebt Meyer in vielen seiner Gedichten, die sich aus Bildern oder Gegenständen *(Zwei Segel)* motivieren und darin bereits auf das Ding-Gedicht vorausweisen, eine geradezu skulpturale Geschlossenheit des Gegenstandes an und entnimmt Michelangelos *Rime* (Nr. 151) den für ihn maßgeblichen Gedanken, daß nicht der Künstler seine subjektive Idee dem Material aufpräge, sondern daß die wesentliche, dem Inhalt angemessene Form im Stoff selber schon stecke *(»Non ha l'ottimo artista alcun concetto / c'un marmo solo in sé non circonscriva«)*. Meyer redet damit noch keiner autonomen Ästhetik das Wort, wenn auch der moralische, aus dem Pietismus des Autors herrührende Impetus längst nicht mehr ungebrochen ist, wie die Anlehnung an *Rime* Nr. 288 in der frühen Fassung von *In der Sistina, Michel Angelo* belegt *(»Die süßen Fabeln haben mir geraubt / Die Zeit, die dich zu suchen du verliehn«; »le favole del mondo m'hanno tolto / il tempo dato a contemplare Iddio«)*. Im Balanceakt zwischen Historismus und Moralismus kommen beide Seiten zu Wort, wenn auch der *Chor der Toten* für sich reklamiert: *»Wir suchen noch immer die menschlichen Ziele- / Drum ehret und opfert! Denn unser sind viele!«*

Während Meyer mit seinem historischen, eher wahllos zugemessenen Pathos, wie es besonders die Zyklen *Götter, Frech und Fromm, Genie* und *Männer* kennzeichnet, kaum Eigenes hinterlassen hat, so daß etwa G. KELLER, der Meyer durchaus zu schätzen wußte, bereits das Stichwort vom »Manierismus« gab oder später HOFMANNSTHAL darin *»die Welt des gebildeten, alles an sich raffenden Bürgers«* fand, kommt in der Zeit- und Todesthematik der Kern dieser Lyrik und ihr treibendes Motiv zur Sprache *(Der Marmorknabe; Das Ende des Festes; Schnitterlied; Lethe; Chor der Toten; Eingelegte Ruder; Schwüle; Im Spätboot)*. In einer oft an barocke Dichtung gemahnenden Grundstimmung offenbart alles Lebendige oder Lebenspendende immer schon seine moribunde Kehrseite, so in *Marmorknabe*, wo die Amorfigur sich als Todesengel erweist, oder in *Lenz Wanderer, Mörder, Triumphator: »Mit den Veilchen, mit den Flöten / Kommt mich dann der Lenz zu töten«*. Das Leben selbst scheint seine eigentliche Präsenz erst aus der Erinnerung zu gewinnen: *»Eine liebe, liebe Stimme ruft / Mich beständig aus der Wassergruft«*, heißt es etwa in *Schwüle*, und in *Lethe*: *»Sprachst zu mir mit trautem Augenwinken: / Herz, ich trinke dir Vergessen zu«*. Syntaktisch überwiegt die Beiordnung der Eindrücke und Bilder, rhythmisch das *»stetige Gleichmaß des Auf und Ab«* (E. Staiger), das den Grundcharakter der Meyerschen Lyrik als typische Lesedichtung bestimmt.

Meyers lyrisches Werk ist heute, wie bereits H. v. HOFMANNSTHAL in den zwanziger Jahren feststellte, einer breiten Lektüre kaum mehr zugänglich, wobei das selten überzeugende Pathos ein übriges tut. Es wird auch weniger durch seinen *»unpersönlichen«* Charakter (K. Fehr) beeinträchtigt als durch den nur in den besten Arbeiten überwundenen Mangel an Lebendigkeit, der den deskriptiven, dinglichen Realismus oftmals ans Groteske streifen läßt, etwa in *Die Felswand* oder in *Der Berg der Seligkeiten: »Drommetenstoß! Jach klimmt empor / Ein Heer, das Schlacht und Raum verlor. / Kreuzritter sind's, von Saladin / Versprengt, die wild zur Höhe fliehn, / Heiß unter ihren Schritten her / Entflammt den dürren Rasen er, / In schwarzen Wolken wallt der Qualm. / Schlachtrosse schnauben auf der Alm.«* Erst postum setzte sich in der Rezeption der Lyriker deutlich und nachhaltig gegenüber dem Erzähler durch, wobei in der Fachwissenschaft alsbald das Interesse an der kompositorischen Technik überwog. Unter interpretatorischen Gesichtspunkten bildete lange Zeit, besonders für die Schule um E. STAIGER, die symbolistische Betrachtungsweise den Schwerpunkt, und auch R. SCHNEIDER sah in seinem Begleitwort zu einer Anthologie der Gedichte Meyers den Dichter wesentlich durch die Vorwegnahme der Moderne definiert: *»Die Gedichte sind so makellos wie modern. Ihre Modernität korrespondiert zu dem absichtslosen, doch deutlich wahrnehmbaren Traditionsbruch, den Meyers Lyrik* *vollzieht. Mit Unterkühlung, Dissonanz, Hermetismus, Klangwirklichkeit, mit der Divergenz zwischen Zeichen und Bezeichnetem und dem, was Ortega die Enthumanisierung der Kunst nannte, werden wesentliche Tendenzen heutiger Poesie vorgegeben oder angedeutet. Meyers Gedichte, seine besten, artikulieren die Grundstimmung einer anbrechenden Epoche ...«* Die moderne, zumeist strukturell orientierte Forschung (G. Beckers, H. Zeller) hat demgegenüber betont, wie sehr diese Charakterisierung nur für einen kleinen Teil der Meyerschen Gedichte zutrifft. Meyers Zeitgebundenheit, sein Bemühen darum, *»in seiner Dichtung die Illusion, daß man sich in einer wirklichen Welt befinde«*, nie zu zerstören (A. Zäch), gilt für seine Lyrik ebenso wie die modern anmutende Tendenz zur Entpersonalisierung: *»Zwei Segel erhellend / Die tiefblaue Bucht! / Zwei Segel sich schwellend / Zu ruhiger Flucht! // Wie eins in den Winden / Sich wölbt und bewegt, / Wird auch das Empfinden / Des andern erregt. // Begehrt eins zu hasten, / Das andre geht schnell, / Verlangt eins zu rasten, / Ruht auch sein Gesell.«* Dieses mit *Zwei Segel* überschriebene Gedicht, vielleicht Meyers berühmtestes, offenbart zugleich, wie etwa auch *Der römische Brunnen*, das für das 19. Jh. Neue dieser Lyrik: *»der personale Bezug, die private Emotionalität sind hier völlig durch die Symbolisierungsabsicht abgedeckt. Aber so verschlossen diese und vergleichbare Gedichte zum Autor hin sind, so offen sind sie für den Leser: sie bieten freiesten Interpretationsraum. Hier ist der Lyriker C. F. Meyer am modernsten – es ist die Modernität der Zeitlosigkeit«* (S. Onderdelinden).

P. Koh.

Ausgaben: *Zwanzig Balladen von einem Schweizer*, Stg. 1864. – *Romanzen und Bilder von C. F. M.*, Lpzg. 1870. – *Gedichte von C. F. M.*, Lpzg. 1882. – *SW*, Hg. H. Zeller u. A. Zäch, 15 Bde., Bern 1959 ff., 1 u. 6 [hist.-krit.]. – *Gedichte*, Ffm. 1970 [Vorw. R. Schneider]. – *Sämtliche Gedichte*, Stg. 1978 (Nachw. S. Onderdelinden; RUB). – *GW*, Hg. W. Ignée, 5 Bde., Mchn. 1985, 4 u. 5.

Literatur: H. Moser, *Wandlungen der Gedichte C. F. M.s*, Lpzg. 1900. – H. Kraeger, *C. F. M. Quellen u. Wandlungen seiner Gedichte*, Bln. 1901; ern. NY/Ldn. 1967. – W. Brecht, *C. F. M. und das Kunstwerk seiner Gedichtsammlung*, Wien/Lpzg. 1918. – H. v. Hofmannsthal, *C. F. M.s Gedichte* (in Wissen und Leben, 18, 1925). – J. Klein, *Urmotivierung u. Sekundärmotivierung bei G. Keller und C. F. M.* (in Zs. f. Ästhetik, 28, 1934, S. 113–146). – E. Staiger, *»Das Spätboot«. Zu C. F. M.s Lyrik* (in E. S., *Die Kunst der Interpretation*, Zürich ²1957, S. 239–273). – K. Pestalozzi, *Tod u. Allegorie in C. F. M.s Gedichten* (in Euph, 56, 1962, S. 300–320). – K. S. Guthke, *Akustisches in der Beschreibungstechnik C. F. M.s* (in K. S. G., *Wege zur Literatur*, Stg. 1967, S. 187–204). – V. Haefeli, *Das Beispiel C. F. M.* (in W. Zemp, *Das Problem einer deutschen poésie pure*, Zürich 1967, S. 119–134). – B. Sandberg-Braun, *Wege zum Symbolismus. Zur Entstehungsgeschichte dreier Gedichte C. F. M.s*, Zürich 1969. – G. Beckers, *»Der verwundete Baum«. Infrastrukturelle Analyse zum genetischen Typus lyrischer Arbeit bei C. F. M.* (in Colloquia Germanica, 6, 1972, S. 257–312). – K. A. Knauth, *Metamorphosen des Lebens- u. des Liebesschiffes. Ethik u. Erotik in C. F. M.s »Zwei Segel«* (in Arcadia, 10, 1975, S. 223–242). – G. Häntzschel, *Bemerkungen zum literarhistorischen Ort von C. F. M.s Lyrik* (in *Literatur in der sozialen Bewegung*, Hg. A. Martino, Tübingen 1977, S. 355–369). – *Konkordanz zu den Gedichten C. F. M.s: mit einem Versmaß- u. Reimschemaregister*, Bearb. D. Chrisholm u. M. S. S. Sondrup, Tübingen 1982. – H. u. R. Zeller, *Zu C. F. M.s Gedicht »Auf Goldrand«* (in *Gedichte u. Interpretationen 4. Vom Biedermeier zum Bürgerlichen Realismus*, Hg. G. Häntzschel, Stg. 1983, S. 385–398). – H. u. R. Zeller, *Zu C. F. M.s »Gesang des Meeres«* (ebd., S. 400–407). – Dies., *Zu C. F. M.s »Rose von Newport«* (ebd., S. 411–418). – B. Böschenstein, *Arbeit am modernen M.-Bild: George u. Hofmannsthal als Richter seiner Lyrik*, Zürich 1985. – Chr. L. Hart-Nibbrig, *C. F. M.s »Möwenflug« oder Der Abstand des Textes zu sich selbst. Ein Annäherungsversuch* (in Colloquium Helveticum, 2, 1985, S. 63–72). – W. Stauffacher, *Lyrisches Ich, ins Bodenlose starrend. Zu C. F. M.s Gedicht »Möwenflug«* (ebd., S. 51–61). – G. Kaiser, *Der schöne Tag des Gedichts. C. F. M.: »Der schöne Tag«* (in G. K., *Augenblicke deutscher Lyrik*, Ffm. 1986, S. 283–299).

DAS AMULETT

Novelle von Conrad Ferdinand Meyer, erschienen 1873. – Nach dem Gedichtzyklus *Huttens letzte Tage* (1871) und dem Versepos *Engelberg* (1872) war dies die erste, 1872 niedergeschriebene Novelle des Autors, deren historischer Hintergrund die in der Bartholomäusnacht von 1572 gipfelnden französischen Glaubenskriege des 16. Jh.s sind; Vorstudien Meyers zum Text gehen auf das Jahr 1867 zurück, der Stoff selbst jedoch beschäftigte ihn, vor allem in Form seiner *»Hugenottengedichte« (Der Hugenott; Die Füße im Feuer)* zeit seines Lebens. Als Quellen für *Das Amulett* dienten dem Autor neben L. Häussers *Geschichte des Zeitalters der Reformation 1517–1648* (1868) und J. Michelets *Histoire de France au seizième siècle* (1856) vor allem Prosper Mérimées Roman *Chronique du règne de Charles IX.*, der 1829 anonym erschienen war.
Ein protestantischer Deutsch-Schweizer, Hans Schadau, erzählt rückblickend seine Jugendfreundschaft mit dem Katholiken Wilhelm Boccard, der ihm, dem Ketzer, mittels eines Amuletts das Leben rettete: Als Schadau einen Zweikampf zu bestehen hat, schiebt ihm Boccard unbemerkt das wunderwirkende Amulett unter den Wams, so daß die Klinge des Gegners daran abgleitet. Das geschieht in Paris, wo Schadau als Sekretär bei Admiral Coligny, dem Führer der Hugenotten, tätig ist, während Boccard im Dienst der Schweizer Garde

des Königs steht. Nach der Bartholomäusnacht des Jahres 1572, in der die Hugenotten einem fürchterlichen Blutbad zum Opfer fallen, gelingt es Boccard abermals, den Freund vor dem Tod zu bewahren, indem er ihm die Uniform eines Schweizer Gardisten beschafft. Schadau kann fliehen, Boccard aber fällt, von einer Kugel getroffen, die seinem protestantischen Freund zugedacht war. Das Amulett konnte seinem Besitzer nicht helfen.

Bereits in diesem erzählerischen Erstlingswerk tritt der für Meyers gesamtes Schaffen kennzeichnende Anspruch auf Tendenzlosigkeit und Objektivität hervor: *»Das Amulett«*, so betont der Autor selbst, *»ist eine rein objectiv gehaltene, nach dem Vorgange der altitalienischen Meister knapp erzählte Novelle«* (An F. Brümmer, 11. 3. 1874). Die Historizität des Stoffs, vor allem aber die exakt datierte (hier ist es der 14. 3. 1611) Rahmenhandlung – Merkmale auch der späteren Werke Meyers – unterstützen die Distanz zum erzählten Geschehen ebenso wie die der Erzählung vorangestellte Anmerkung des Autors: *»Alte vergilbte Blätter liegen vor mir mit Aufzeichnungen aus dem Anfange des siebzehnten Jahrhunderts. Ich übersetze sie in die Sprache unserer Zeit.«* Daß der Autor zugleich aber die betonte Objektivität durchaus ironisch bricht, indem er in Hans Schadau einen Berichterstatter zuläßt, der *»als gläubiger, ja fanatischer Calvinist ... in vielen Fragen, die sich aus der Handlung ergeben, notwendig parteiisch entscheiden muß«* (G. P. Knapp), hat erst die Aufmerksamkeit der neueren Forschung gefunden, die zudem darauf verweist, daß Hans Schadau – und darin setzt sich C. F. Meyer in sehr moderner Weise vom Schema des traditionellen Bildungsromans ab – von seinen Erlebnissen sich in keiner Weise geprägt zeigt, obgleich ihn bei der späten und zufälligen Begegnung mit dem alten Amulett die Erinnerung zu einer persönlichen Beichte zwingt: *»Das Schicksal Wilhelm Boccards war mit dem meinigen aufs engste verflochten ... Ich habe ihn in den Tod gezogen. Und doch, so sehr mich dies drückt, ich kann es nicht bereuen und müßte wohl heute im gleichen Falle wieder so handeln ... Immerhin setzte mir die Erinnerung der alten Dinge so zu, daß ich mit mir einig wurde, den ganzen Verlauf dieser wundersamen Geschichte schriftlich niederzulegen und so mein Gemüt zu erleichtern.«* KLL

Ausgaben: Lpzg. 1873. – Bern 1959 (in *SW*, Hg. H. Zeller u. A. Zäch, 15 Bde., 1959 ff., 11; hist.-krit.). – Mchn. 1984 (Nachw. G. P. Knapp). – Stg. 1985 (RUB). – Mchn. 1985 (in *GW*, Hg. W. Ignée, 5 Bde., 1).

Literatur: J. C. Blankenagel, *C. F. M.: »Das Amulett«* (in JEGPh, 33, 1934, S. 270–279). – G. H. Hertling, *Religiosität ohne Vorurteil. Zum Wendepunkt in C. F. M.s »Das Amulett«* (in ZfdPh, 90, 1971, S. 526–545). – D. A. Jackson, *Schadau, the Satirized Narrator in C. F. M.s »Das Amulett«* (in Trivium, 7, 1972, S. 61–69). – P. Schimmelpfennig, *C. F. M.s Religion of the Heart: A Reevaluation of »Das Amulett«* (in GR, 47, 1972, S. 181–202). – *Erläuterungen u. Dokumente zu C. F. M.: Das Amulett*, Hg. H. Martin, Stg. 1977 (RUB). – W. Huber, *Formen dichterischer Selbstdarstellung in C. F. M.s »Amulett« u. »Jürg Jenatsch«*, Bern u. a. 1979. – E. Eisenbeiß, *»Das Amulett«* (in *Deutsche Novellen von Goethe bis Walser*, Hg. J. Lehmann, Bd. 1, Königstein/Ts. 1980, S. 289–305). – G. P. Knapp, *C. F. M.: »Das Amulett«. Historische Novellistik auf der Schwelle zur Moderne*, Paderborn 1985. – K. Brehmer, *Determination oder Freiheit. Zur Problematik der Prädestination in C. F. M.s Novelle »Das Amulett«* (in WW, 35, 1985, S. 18–38).

GEORG JENATSCH. Eine Geschichte aus der Zeit des Dreißigjährigen Krieges

Roman von Conrad Ferdinand Meyer, erschienen 1874 in der Zeitschrift ›Die Literatur‹, in überarbeiteter Buchform 1876 u. d. T. *Georg Jenatsch. Eine alte Bündnergeschichte*; mit der dritten Auflage von 1882 wird der Titel in *Jürg Jenatsch* geändert. – Die Geschichte des Georg Jenatsch, eines Schweizer Volkshelden des 17. Jh.s, mit der sich Meyer seit 1866 intensiver beschäftigte und die er zunächst in dramatischer Form behandeln wollte, entnahm er vor allem Balthasar Rebers Darstellung *Georg Jenatsch, Graubündens Pfarrer und Held während des Dreißigjährigen Krieges*, die 1860 in den Basler ›Beiträgen zur vaterländischen Geschichte‹ erschienen war. Meyer erzählt die Geschehnisse um den Helden nicht in Form einer zusammenhängenden Chronik, sondern vergegenwärtigt sie als dramatische Handlung in zahlreichen Einzelsituationen und Szenen, läßt die Romanfiguren in Erinnerungen, Briefen, Gesprächen und Augenzeugenberichten auch selbst zu Wort kommen. Dabei geht es ihm weniger um die Nachzeichnung der historischen Ereignisse als, wie er an seinen Verleger schreibt, um die Demonstration des *»Konflikts von Recht und Macht, von Politik und Sittlichkeit«*.

Der Roman besteht aus drei Büchern, denen eine sich in drei Stufen vollziehende Wandlung des Helden entspricht. In *Die Reise des Herrn Waser* (1. Buch) erscheint Jenatsch, ein junger protestantischer Pfarrer, der seine Glaubensgenossen im Kampf gegen die Katholiken anführt, als ein unbesonnener fanatischer Patriot und *»wütender Demokrat«*. Als zu Beginn des Dreißigjährigen Krieges die Spanier Graubünden wegen der für sie strategisch wichtigen Bergpässe hart bedrängen, ruft er zur Verteidigung der Unabhängigkeit auf, wodurch er sich in dem Freiherrn Pompejus Planta, dem Haupt einer die spanischen Interessen unterstützenden katholischen Partei, einen unversöhnlichen Feind schafft. Nach einer von Planta inszenierten Verschwörung, bei der Georgs Frau Lucia umkommt, müssen Jenatsch und die Reformierten fliehen; die Spanier und Österreicher besetzen das Land. Jenatsch rächt den Tod seiner Frau, indem er Planta tötet, und versucht viele Jahre vergebens, mit seinen *»Bündnerischen Tellen«* das *»arme Vater-*

land« zu befreien. Als er aber erkennt, daß er durch seinen *»unbändigen Willen«* und durch seine *»willkürlichen Taten des Hasses«* das Vaterland ins Verderben gestürzt hat, statt es zu befreien, wendet er sich schließlich an den französischen Herzog Heinrich von Rohan, einen den Idealen der Gerechtigkeit und Treue verpflichteten Protestanten, den das katholische Frankreich entsandt hat, um den Bündnern zu helfen. Georg tritt als Oberst in die Dienste des Herzogs, dem er die heimischen Regimenter zuführt, stellt sich unter dessen *»leitenden planvollen Willen«* und zeichnet sich durch *»selbstverleugnerische Taten des Gehorsams und kriegerische Zucht«* aus (2. Buch: *Lukretia*). Als Heinrich im Vertrag von Chiavenna die Freiheit und Unabhängigkeit Graubündens verbürgt, glaubt Jenatsch sein politisches Ziel erreicht zu haben, erkennt jedoch bald, daß der französische Kanzler Richelieu den Vertrag nicht unterzeichnen will. Jenatsch sieht seinen Plan, den er auf den *»blutigen Irrwegen«* seiner Jugend nicht verwirklichen konnte, nun, trotz glanzvoller Siege, durch politisches Kalkül zunichte gemacht. So schwört er allen verpflichtenden Werten ab und vertieft sich *»mit einem durch das Gefühl der Gefahr geschärften Geiste in die Schlangenwege und Berechnungen der französischen Politik«*. Durch ein geheimes Bündnis mit Spanien kann er die Franzosen vertreiben; er erzwingt von den spanischen Unterhändlern einen Unabhängigkeitsvertrag, indem er sich dazu bereit findet, zum katholischen Glauben überzutreten. Es gelingt ihm, *»sein Vaterland ganz und völlig zu retten«*, aber er opfert dafür mehr, *»als ein aufrechtes Gewissen verantworten kann«*. Da er den Spaniern zu mächtig geworden ist, soll er beseitigt werden. Bei einem Maskenfest kommt der Meuchelmörder selbst um; doch Lukretia, die Tochter des Pompejus Planta und Geliebte Georgs vollzieht die Rache an dem Mörder ihres Vaters mit eigener Hand (3. Buch: *Der gute Herzog*).

Getrieben von seiner *»übermächtigen Vaterlandsliebe«* erreicht Georg Jenatsch zwar unter gewaltigen *»Verrenkungen seines Wesens«* sein politisches Ziel – im Gegensatz zu Rohan, der, um *»ein Ehrenmann zu bleiben«*, seine Heimat verließ und *»gemeine Reiterdienste im deutschen Heere«* leistet. Letztlich aber scheitert er nicht nur im ethischen Sinn, sondern auch als Politiker in seinem Vaterland, zu dessen Befreiung er *»notwendige Taten«* ausgeführt hat, die *»von reinen Händen nicht vollbracht werden können«* und ihn als einen *»gesetzlosen Kraftmenschen«* erscheinen lassen, von dem das Volk sich abwendet: *»Es war etwas Maßloses in seinem Wesen, eine gereizte Gewaltsamkeit in seiner Stimme und Haltung, als hätte eine übermenschliche Kraftanstrengung ihn aus dem Geleise und über den letzten der seiner Natur gesetzten Marksteine hinausgeworfen.«* Das Werk, das Meyer nicht als Roman gelten lassen wollte und in dem er sich vom Schema des traditionellen Bildungsromans löst, wurde zu seinem erfolgreichsten Buch und erlebte bis zu seinem Tode dreißig Auflagen. Bis heute gilt es als Muster für die realistische Erzählweise Meyers, der seine Ästhetik in der lakonischen Bemerkung an C. SPITTELER selbst am treffendsten formulierte: »*... ich lege mich ... jeden Abend realistischer zu Bette als ich morgens aufgestanden bin. Mein Glaubensbekenntnis ist das Wort Mercks zu Goethe: nicht das Poetische realisieren, sondern das Reale poetisieren*« (Brief vom 11. 12. 1882).
KLL

AUSGABEN: Lpzg. 1876 (*Georg Jenatsch. Eine alte Bündnergeschichte von C. F. M.*, 2 Bde.). – Lpzg. [2]1878. – Lpzg. [3]1882 (*Jürg Jenatsch. Eine Bündnergeschichte*). – Bern 1958 (in *SW*, Hg. H. Zeller u. A. Zäch, 15 Bde., 1959 ff., 10; hist.-krit.). – Zürich 1982 (mit *Der Heilige*, Hg. G. Steiner; Essay H. Mayer; detebe). – Ffm. 1985 (Nachw. R. Hänny; Insel Tb). – Stg. 1985 (RUB). – Mchn. 1985 (in *GW*, Hg. W. Ignée, 5 Bde., 2).

VERFILMUNG: *Jenatsch*, Schweiz/Frankreich 1987 (Regie: D. Schmid).

LITERATUR: H. Bleuler, *C. F. M.s »Jürg Jenatsch« im Verhältnis zu seinen Quellen*, Diss. Zürich 1920. – M. Rychner, *»Jürg Jenatsch«* (in Wissen und Leben, 17, 1923, S. 239–244). – P. Werner, *M.s »Jürg Jenatsch«. Gehalt u. Form der Dichtung*, Diss. Marburg 1924. – F. Jecklin, *Die Ermordung Georg Jenatsch. Nach dem Churer Verhörprotokoll ediert*, Chur 1925 [Komm. M. Valèr]. – E. Metelmann, *Zu C. F. M.s »Jürg Jenatsch«* (in Euph, 30, 1929, S. 403–407). – B. Gartmann, *Georg Jenatsch in der Literatur*, Disentis 1946. – G. Müller, *Über das Zeitgerüst des Erzählens, am Beispiel von C. F. M.s »Jürg Jenatsch«* (in DVLG, 24, 1950, S. 1–31; ern. in *Die Werkinterpretation*, Hg. H. Enders, Bonn [2]1978, S. 214–252). – H. Baberg, *Der Konflikt von Macht u. Recht, Politik u. Sittlichkeit in Stifters »Witiko« und C. F. M.s »Jürg Jenatsch«*, Diss. Bonn 1956. – H. Mayer, *Epische Spätzeit. C. F. M.s »Jürg Jenatsch«* (in H. M., *Von Lessing bis Thomas Mann*, Pfullingen 1959, S. 317–337). – G. H. Hertling, *Zur Funktion u. Bedeutung der Traumerinnerung bei C. F. M. Nachweis an einem Beispiel aus dem »Jürg Jenatsch«* (in EG, 25, 1970, S. 155–169). – V. Herzog, *Ironische Erzählformen bei C. F. M., dargestellt an »Jürg Jenatsch«*, Bern 1970. – H. H. Marks, *Textstrukturen u. Leserrolle. Beobachtungen zu C. F. M.s »Jürg Jenatsch«*, Diss. Univ. of Maryland 1978. – W. Huber, *Formen dichterischer Selbstdarstellung in C. F. M.s »Amulett« u. »Jürg Jenatsch«*, Bern u. a. 1979. – M. R. Jacobson, *»Jürg Jenatsch«. The Narration of History* (in Amsterdamer Beiträge zur Neueren Germanistik, 9, 1979, S. 73–88).

DER SCHUSS VON DER KANZEL

Novelle von Conrad Ferdinand MEYER, erschienen 1877 im ›Zürcher Taschenbuch auf das Jahr 1878‹, in Buchform, zusammen mit der Novelle *Das Amulett*, 1878 unter dem Sammeltitel *Denkwürdige Tage*. – Das Werk ging aus der Arbeit am *Jürg Jenatsch* hervor, wo auch die Figur des Generals

Rudolf Wertmüller bereits vorkommt, hebt sich von diesem Roman aber durch seine humoresken Züge ab; als *»Farce«* bezeichnete der Autor selbst das Werk, als *»tolles Zeug«*, das ihm *»eigentlich nicht zu Gesicht stehe«*. Dabei entbehrt auch dieser Text nicht einer tragischen Perspektive, die von Wertmüllers Todesträumen vor seinem Aufbruch zu einem neuen Feldzug bis zu seinem *»unheimlichen«*, schon außerhalb der Handlung liegenden, aber noch kurz berichteten Tod reicht.
Dieser Zweideutigkeit des Lebens, dieser *»Welt des Zwanges und der Maske«*, scheint der naive und zarte Pfannenstiel, Kandidat der Theologie, nicht gewachsen; das Spiel des areligiösen Spötters Wertmüller stürzt ihn in Angst und Verwirrung. Den General, dem er seine Dissertation über die Symbolik der *Odyssee* gewidmet hat, sucht Pfannenstiel auf, um von ihm eine Stelle als Militärkaplan in seiner venezianischen Kompanie zu erbitten; aufgrund von Standesunterschieden glaubt er, auf seine Liebe zu Rahel, der Tochter von Wilpert Wertmüller, Pfarrer von Mythikon und Vetter des Generals, verzichten zu müssen. Der General, der Pfannenstiels Geheimnis durchschaut, verspricht ihm Hilfe bei seiner Werbung. Rahel sucht ihn ihrerseits auf, um seine Hilfe gegen ihren Vater zu erbitten, der seine Jagdlust bei weitem seinen geistlichen Geschäften vorzieht: Der General verspricht ihr darüber hinaus, Pfannenstiel zum Pfarrer von Mythikon zu machen und mit ihr zu verheiraten. Bevor er mit seinem geistlichen Vetter zum Gottesdienst aufbricht, überreicht er ihm eine wertvolle Pistole, mit welcher der Pfarrer während des Gottesdienstes spielt, im Vertrauen darauf, daß ihr Mechanismus nur sehr schwer funktioniere, und ohne zu ahnen, daß der General sie durch eine täuschend ähnliche, aber einwandfreie Waffe ersetzt hat. Die Katastrophe, der Schuß von der Kanzel, tritt ein, aber der General entwirrt die Fäden der von ihm inszenierten Komödie, indem er die erregte Mythikoner Gemeinde in seinem Testament bedenkt und seinen Vetter zum Verwalter seiner Jagdgründe einsetzt – unter der Bedingung, daß dieser seine Stelle an Pfannenstiel abtrete und ihm Rahel zur Frau gebe. Dabei verlangt er von den Mythikonern, das Geschehen mit Schweigen zu bedecken und es *»zu den ungeschehenen Dingen zu verstoßen«*; die Realität verwandelt sich so zur *»unverbürgten ... wesenlosen Sage«*.
Rudolf Wertmüller erzeugt die komischen Verwirrungen durch Berechnung und Manipulation der beteiligten Charaktere, wobei er besonders Unsicherheiten der Figuren gegenüber ihren psychologischen und sozialen Rollen ausnutzt und sich selbst auf keine Rolle festlegen läßt, sondern über alle nach Belieben verfügt. Dazu gehört auch der Widerspruch zwischen Naivität und Raffinement, der die Novelle, wie viele andere des Autors, durchzieht, ohne je gelöst zu werden. Hebt das testamentarische Dekret Wertmüllers die Realität des Geschehenen auf, dann stellt sich auf der Ebene der Gesamterzählung die Frage, woher es der Erzähler denn kenne, da es doch nach dem Willen Wertmüllers von den Betroffenen verschwiegen wurde und Meyer auch nicht die Existenz irgendwelcher Quellen behauptet. Implizit gibt damit die Dichtung spielerisch ihren Realitätsanspruch ebenso wieder auf, wie der General die Realität zu den *»ungeschehenen Dingen«* verstößt. »Realität« besteht offenbar nur innerhalb des Spiels des Inszenierenden und nur so lange, wie dieses Spiel währt: Die Realität des historischen Faktums wie die der Aussagen der Dichtung wird damit abhängig vom Bewußtsein der Individuen, durch das allein sie wahrnehmbar ist und konstituiert wird. Dieser Sachverhalt gewinnt seinen Sinn allerdings erst im Gesamtwerk Meyers – etwa im Hinblick auf seine Vorliebe, Geschichten durch Zeugen erzählen zu lassen, oder im Hinblick auf die ausdrückliche hypothetische Rekonstruktion der Realität wie in der *Hochzeit des Mönchs*. Ähnlich werden die meisten der verstreut und scheinbar zusammenhanglos in der »Farce« angeschlagenen Themen und Motive erst bedeutungsvoll im Kontext seiner anderen Novellen, wobei allerdings die Erzählung, wie angedeutet, ihre scheinbare Harmlosigkeit verliert. M.T.

Ausgaben: Lpzg. 1878 (mit *Das Amulett* unter dem Sammeltitel *Denkwürdige Tage*). – Bern 1959 (in *SW*, Hg. H. Zeller u. A. Zäch, 15 Bde., 1959 ff., 11; hist.-krit.). – Stg. 1984, Hg. W. Schafarschik (RUB). – Mchn. 1985 (in *GW*, Hg. W. Ignée, 5 Bde., 1).

Verfilmung: Schweiz 1942 (Regie: L. Lindtberg).

Literatur: L. Schmidt, *Grundbegriff des Komischen erörtert an C. F. M.s Novelle »Der Schuß von der Kanzel«* (in DU, 14, 1962, S. 106–113). – L. B. Jennings, *The ambiguous explosion. C. F. M.s »Der Schuß von der Kanzel«* (in GQ, 43, 1970, S. 210–222). – S. W. Mews, *Der fehlende Shakespeare. re. Betrachtungen zu C. F. M.s »Der Schuß von der Kanzel«* (in Seminar, 9, 1973, S. 36–49). – G. Vitt-Maucher, *Ein Jenatsch in komischer Maske. Beziehungen zwischen C. F. M.s »Schuß von der Kanzel« und »Jürg Jenatsch«* (in Colloquia Germanica, 11, 1978, S. 111–122).

DIE VERSUCHUNG DES PESCARA

Novelle von Conrad Ferdinand Meyer, erschienen 1887 in der ›Deutschen Rundschau‹ sowie in Buchform. – Die Handlung des vorletzten Werks des Autors, eines seiner bedeutendsten, spielt in der italienischen Renaissance in Italien, nachdem der italienische Söldnerführer Pescara für Kaiser Karl V. 1525 bei Pavia den Sieg über die Truppen des französischen Königs Franz I. errungen und damit der vom Kaiser verfolgten Idee der Erneuerung des mittelalterlichen Universalreiches Vorschub geleistet hatte, einer Idee, der vor allem die italienischen Kleinstaaten sich widersetzten.

Franz Sforza, Herzog von Mailand, wird durch seinen Kanzler Morone dazu bewogen, ein kaiserliches Ultimatum nicht zu erfüllen und einer Liga mit Frankreich, Venedig, Florenz und dem Kirchenstaat beizutreten, welche die Unabhängigkeit der italienischen Fürstentümer gegen Karl V. und seine spanische Hausmacht garantieren soll. Allerdings fehlt dem Bündnis ein Feldherr, der gegen Pescara bestehen kann. Wiederum ist es Morone, der den Plan faßt, Pescara selbst durch Rufmord, Bestechung und Verrat auf die Seite der Liga zu ziehen. Dieser allerdings wurde, was keiner der Politiker weiß, gerade im Augenblick seines größten Sieges, der Schlacht von Pavia, durch einen Lanzenstich schwer verwundet und ist, als er auftritt, bereits vom Tode gezeichnet. Er sieht die Einigung und die Selbständigkeit Italiens mit Sympathie, weiß aber auch, daß dem Land jede Voraussetzung dazu fehlt. Was er für Italien tun kann, ist nur noch, es schnellstens zu unterwerfen, damit er selbst, nicht das machtgierige Spanien, die Bedingungen der Kapitulation diktieren kann. Er erobert Mailand und spricht gegen spanischen Widerstand ein mildes Urteil über Franz Sforza und dessen Kanzler. Schließlich formuliert Pescara, bereits *»völlig entkräftet«*, ein letztes Gesuch an den Kaiser, in dem er um Begnadigung Sforzas und seines Beraters bittet sowie um die Übertragung des Oberbefehls über die Truppen an den französischen Herzog von Bourbon.

Die Bezüge der Novelle zur deutschen Geschichte in der Zeit ihrer Entstehung, vor allem zur im März 1887 gemeldeten Erkrankung des deutschen Thronfolgers Friedrich III. sind auffällig, nach Ansicht von A. Zäch aber eher zufälliger Natur, während sie nach Meinung von K. Fehr zur Überarbeitung des Manuskripts durch den Autor führten, der eine ausgesprochene Bewunderung für das Deutschland der Bismarck-Zeit hegte. Eine weitere Bedeutungsebene des Textes wird durch die umfangreiche Kunstthematik in der Novelle gestiftet: Nicht nur zitiert Meyer aus der Literatur (so etwa aus Dantes *Comedia*), zahlreiche Motive seiner eigenen Lyrik, auch die dargestellte Zeit selbst ist überreich an Kunstwerken, die, von den Figuren gedeutet, die Handlung begleiten: So erscheint Pescara in Analogie zu Christus, wenn er auf einem klösterlichen Gemälde eben jenen Schweizer Landsknecht, der ihm die tödliche Seitenwunde beibrachte, als Römer abgebildet sieht, der Christus in die Seite sticht. Die Kunst erscheint als ebenso vieldeutig wie die Realität, ihre Betrachtung löst immer wieder Reflexionen der Personen aus, wie umgekehrt Pescara für alle Beteiligten schwer zu durchschauen ist, er, der selbst als *»ein genialer Rechner«* gilt, *»der die Dinge unter ihrem trügerischen Antlitz auf ihren wahren Wert und ihre reale Macht zu untersuchen die Gewohnheit hat«*. Eindeutig ist nur die der Welt abgewandte Unschuld einerseits und die Inhumanität andererseits. Meyer deutet partiell den Ablauf durch Erzählerkommentare und die Gesamthandlung durch den Aufbau umfangreicher Zeichensysteme, die oftmals dem Verhalten einer Person eine Bedeutung verleihen, von der sie selbst nichts weiß. Eine Vielzahl von Symbolen, Motiven und scheinbar nebensächlichen Handlungen wird zu einer komplexen Struktur von Vorausdeutungen und Hinweisen auf den Handlungsverlauf. Stark vertreten ist der Bildkomplex von Tod und Untergang, der zumal in den Motiven von Ernte und Sonnenuntergang repräsentiert ist und somit selbst mehrdeutig wird.

M.T.-KLL

Ausgaben: Lpzg. 1887. – Bern 1962 (in *SW*, Hg. H. Zeller u. A. Zäch, 15 Bde., 1959 ff., 13; hist.-krit.). – Stg. 1982 (RUB). – Mchn. 1985 (in *GW*, Hg. W. Ignée, 5 Bde., 3).

Literatur: B. v. Wiese, *C. F. M. »Die Versuchung des Pescara«* (in B. v. W., *Die deutsche Novelle von Goethe bis Kafka*, Bd. 2, Düsseldorf 1956, S. 250–267). – S. Friebert, *C. F. M.s »Die Versuchung des Pescara«* (in GQ, 35, 1962, S. 475–481). – W. Schulze, *Aus der Werkstatt des Dichters: »Die Versuchung des Pescara«* (in WW, 12, 1962, S. 38–46). – G. Beckers, *Morone u. Pescara* (in Euph, 63, S. 117–145). – F. M. V. Plater, *The Banquet of Life. C. F. M.'s »Die Versuchung des Pescara«* (in Seminar, 8, 1972, S. 88–98). – W. Stauffacher, *Der ermordete Vater. Zu einem Motiv in C. F. M.s »Die Versuchung des Pescara«* (in WW, 28, 1978, S. 191–197). – R. C. Cowen, *Der poetische Realismus*, Mchn. 1985, S. 275–288.

EDUARD MÖRIKE

* 8.9.1804 Ludwigsburg
† 4.6.1875 Stuttgart

Literatur zum Autor:
Biographien:
M. Koschlig, *M. in seiner Welt*, Stg. 1954. – M. Mare, *E. M. The Man and the Poet*, Ldn. 1957. – H. E. Holthusen, *E. M. in Selbstzeugnissen u. Bilddokumenten*, Reinbek 1971 (rm). – K. Miyashita, *M.s Verhältnis zu seinen Zeitgenossen*, Bern u. a. 1971. – H.-U. Simon, *M.-Chronik*, Stg. 1981. – A. Jäger, *Liebe u. Leiden. Ein Lebensbild des Dichters E. M.*, Freiburg i. B. 1982. – P. Lahnstein, *E. M. Leben u. Milieu eines Dichters*, Mchn. 1986.
Gesamtdarstellungen und Studien:
H. Maync, *E. M. Sein Leben u. Dichten*, Stg./Bln. 1902; [5]1944. – K. Fischer, *E. M.s künstlerisches Schaffen u. dichterische Schöpfungen*, Bln. 1903. – I. Märtens, *Die Mythologie bei M.*, Diss. Marburg 1921. – G. Neumann, *Romantik u. Realismus bei E. M.*, Diss. Göttingen 1951. – S. S. Prawer, *M. u. seine Leser. Versuch einer Wirkungsgeschichte. Mit*

einer M.-Bibliogr. u. einem Verzeichnis der wichtigsten Vertonungen, Stg. 1960. – G. Storz, *E.M.*, Stg. 1967. – H. Steinmetz, *E.M.s Erzählungen*, Stg. 1969. – U. Pillokat, *Verskunstprobleme bei E.M.*, Hbg. 1969. – H. Unger, *M.-Kommentar zu sämtlichen Werken*, Mchn. 1970 [Einf. B.v. Wiese]. – H. Slessarev, *E.M.*, NY 1970 (TWAS). – C.L. Cingolani, *E.M. Wirklichkeit u. Dichtung*, Zürich 1973. – V.G. Doerksen, *Die M.-Literatur seit 1950: Literaturbericht u. Bibliographie* (in DVLG, 47, 1973, Sonderh.,S. 343–397). – C.L. Hart-Nibbrig, *Verlorene Unmittelbarkeit. Zeiterfahrung u. Zeitgestaltung bei E.M.*, Bonn 1973. – *E.M. 1804–1875–1975. Gedenkausstellung zum 100. Todestag* ..., Hg. B. Zeller u. a., Mchn./Stg. 1975. – *E.M.*, Hg. V.G. Doerksen, Darmstadt 1975 (WdF). – G.V. Graevenitz, *E.M.: Die Kunst der Sünde. Zur Geschichte des literarischen Individuums*, Tübingen 1978. – L. Wiesmann, *Symbole u. Wandlungen bei E.M.*, Basel 1979. – B.v. Wiese, *E.M. Ein romantischer Dichter*, Mchn. 1979. – F. Sengle, *E.M.* (in F.S., *Biedermeierzeit. Dt. Literatur im Spannungsfeld zwischen Restauration u. Revolution 1815–1848*, Bd. 3, Stg. 1980, S. 691–750). – P. Labaye, *Le symbolisme de M. Étude de la création mörikéenne comme jeu de miroirs*, Bern u.a. 1982. – B. Mayer, *E.M.s Prosaerzählungen*, Ffm. u. a. 1985. – Dies., *E.M.*, Stg. 1987 (Slg. Metzler).

DAS LYRISCHE WERK von Eduard MÖRIKE. In den *Liedern für die Jugend* von R. SCHUMANN (1810–1856) findet sich als Nr. 24 Eduard Mörikes 1829 entstandenes Gedicht *Er ist's*. Schumanns Meisterwerk zarter Stimmungskunst auf die Verse *»Frühling läßt sein blaues Band / Wieder flattern durch die Lüfte«* war keineswegs dessen erste Mörike-Vertonung, wohl aber versetzte Schumanns Bemerkung anläßlich seines Opus 79 von 1849, daß er dafür nur Gedichte von den besten Dichtern – GOETHE, SCHILLER, UHLAND oder RÜCKERT – gewählt habe, Mörike mit seinem Gedicht aus dem zweiten Teil des *Maler Nolten* (1830/1832) in den poetischen Adelsstand. Auch in der Folge schienen die Komponisten (J. Brahms, M. Bruch, H. Wolf [53 Lieder], M. Reger, H. Pfitzner, O. Schoeck [40 Lieder], H. Distler) Schumanns Urteil bereitwillig zu bestätigen und die Musikalität von Mörikes Lyrik zu unterstreichen. Unbelastet von den Vorbehalten, die die Zeitgenossen dem Dichter entgegenbrachten, darf die musikalische Rezeption (vor allem durch Hugo Wolf) als beispielhaft gelten. Sie war glücklicherweise nie in jene Wertungsprobleme und Epochenschemata wie Epigonentum und Biedermeier eingespannt, die der literarischen Rezeption und der Auseinandersetzung den Weg zu Mörikes lyrischem Werk zumeist eher verbauten als eröffneten, und sie bestätigte den unvergänglichen Kern in einem quantitativ nicht übermäßig großen lyrischen Werk.

Mörike war 1849 gerade 45 Jahre alt und hatte die wesentlichsten Perioden seiner lyrischen Produktivität bereits abgeschlossen. Im November 1847 erschien mit der Jahreszahl 1848 die zweite Auflage seiner *Gedichte*. Diese enthielt 187 Stücke und war gegenüber der ersten Auflage um 55 erweitert; allerdings wurden dabei auch 11 Gedichte der Auflage von 1838 ausgeschieden. Im Laufe der weiteren Jahrzehnte wurde die Sammlung immer wieder um einige Stücke vorsichtig gekürzt oder bescheiden mit neuen Gedichten aufgestockt. Die dritte Auflage von 1856 verzeichnet dann 200, die im Mai 1867 erschienene vierte und endgültige Ausgabe seiner gesammelten Gedichte brachte es – wiederum um 5 Gedichte gekürzt und um 31 neue vermehrt – gerade auf 226 Stücke. Eine sogenannte fünfte Auflage im Jahre 1873 stellt nur noch eine unveränderte Titelauflage der Auflage von 1867 dar. Natürlich waren, wie die Ausgaben belegen, nach 1848 noch gewichtige Stücke hinzugekommen, aber das relativ schmale lyrische Werk eines durchaus nicht kurzen Lebens lag bereits zu diesem Zeitpunkt ziemlich gerundet vor, und Schumanns Urteil war aus der Retrospektive kein ungedeckter Wechsel auf eine Zukunft voller möglicher Überraschungen, wie sie etwa Goethes – von Mörike vielbewundertes und nachgeeifertes – Schaffen nach der Lebensmitte noch bereithielt. Nicht nur, daß deshalb in den Anfängen bereits die Elemente seines gesamten lyrischen Werks angelegt waren, sondern auch deren volle Formen-, Themen- und Stoffvielfalt ist schon auszumachen. Obwohl die vierte Auflage von 1867 als Auflage letzter Hand zur Grundlage aller späteren Ausgaben von Mörikes Lyrik innerhalb und außerhalb von Gesamtausgaben wurde, ist die von Mörike selbst angeordnete, gegliederte und gleichwohl problematische Anordnung der Sammlung bereits in der ersten Auflage von 1838 *mutatis mutandis* vorgegeben. Dennoch ist die Editionslage nach wie vor unzureichend. Die Lyrikbände der seit 1967 unter H.-H. KRUMMACHER im Entstehen begriffenen historisch-kritischen Gesamtausgabe (sie sind auf die einleitenden zwei Textbände plus zwei Apparatbände angelegt) stehen noch aus, und so besitzt die verdienstvolle, wenn auch überholte Ausgabe von H. Maync von 1909 noch immer die Funktion einer bescheidenen historisch-kritischen Werkausgabe, von der sie auch neuere Editionen, wie die mit großer Zuverlässigkeit von H.G. GÖPFERT vorgelegten *Sämtlichen Werke*, nicht befreien konnten.

Studien- und Vikariatszeit bis 1833

Erstaunlich war es, in den ästhetischen Beschränkungen und sozialen Bedingtheiten, wie innerhalb einer gewissen Erschöpfung der von KLOPSTOCK, Schiller und allen voran Goethe und den Romantikern sukzessive eroberten Formen und der Erweiterung der lyrischen Möglichkeiten der Sprache Mörike in seinen Anfängen noch einen eigenen, ganz unverwechselbaren Ton finden konnte und wie er am Beginn seiner eigentlichen poetischen Produktion um 1822/23 der epigonalen Situation entging. Der freiwillig-unfreiwillige Verzicht auf den großen Stil und das abenteuerliche Leben (wie etwa der Freund W. WAIBLINGER es vorexerzierte) beschränkte Mörikes lyrische Produktion in einem durchaus positiven Sinne auf die Anlässe einer zwar bescheidenen Lebenswirklichkeit, aber einer dafür um so empfindsameren Psyche. Zumeist sind diese Anlässe und Gelegenheiten klar erkennbar und benennbar, aber sie reichen nicht annähernd hin, die Lyrik dieser frühen Zeit zu erklären, vor allem nicht im Falle der fünf *Peregrina*-Gedichte, die gern als sublimierende Verarbeitung der unglücklich verlaufenden Beziehung zu dem *»Schenkmädchen«* Maria Meyer gedeutet werden, ohne doch der Komplexität dieser Dichtung damit gerecht zu werden: *»Als ginge, luftgesponnen, ein Zauberfaden / Von ihr zu mir, ein ängstig Band, / So zieht es, zieht mich schmachtend ihr nach! / – Wie? Wenn ich eines Tags auf meiner Schwelle / Sie sitzen fände, wie einst, im Morgenzwielicht, / Das Wanderbündel neben ihr, / Und ihr Auge, treuherzig zu mir aufschauend, / Sagte, da bin ich wieder / Hergekommen aus weiter Welt!«* Was Mörike später, 1864, anläßlich der Revision der *Anakreontischen Lieder* schreiben wird, scheint auch für seine frühe Lyrik zu gelten: *»Im Ganzen halten wir diese begeisterten Lieder für das gereinigte Product wirklicher Leidenschaft oder des innigsten Herzensantheils. Jedenfalls aber ist bei ihm alles persönlich, durchaus erlebt, nichts aus dem Blauen hergeholt, kein trivialer Zug.«* Und wenn es manchmal den Anschein hat, daß in der Dominanz des liedhaften Erlebnisgedichts die Bändigung des Anlasses nur bedingt gelungen sei, so zeigt sich gleichzeitig in der Formen-, Stoff- und Themenvielfalt stets um so entschiedener ein Zurückdrängen des Privaten zugunsten artistischer Verarbeitung der Unmittelbarkeit.

An vorgegebenen Formen sind in dieser ersten Phase neben jenem dominierenden Erlebnisgedicht bereits Volkslied, Ballade, Sonett, Gebet und Hymne, Unsinnspoesie und Idylle, Spruch und Hausvers versammelt oder doch zumindest angelegt. Ein Zug ins Biedermeierliche, keinesfalls in die Biederkeit, reicht also schon von hier biographisch über die Lebensmitte hinweg, die den Wandel von poetischer Subjektivität und Individualität zu Objektivität und entspannter Gelassenheit beschleunigt. Solcher Wandel deutet sich nicht zuletzt im paradigmatischen Wechsel der raum-zeitlichen Konfiguration, von der Nacht, dem Morgen, von Traum und Sehnsucht hin zu Stimmungen des Nachmittags und der Reflexion an (R. v. Heydebrand). Vergleichbar diesem Wandel in der Gesamtbiographie ist deshalb innerhalb der ersten poetischen Phase von Mörikes Schaffen sein Versuch, Rollenlyrik und Volksliedton als Heilmittel gegen Ästhetizismus, Weltschmerz und Traumverlorenheit einzusetzen. Da der Versuch im Gedicht stets auf subtile Art bewußt gehalten wird, mutet diese vermittelte Unmittelbarkeit wie virtuose, künstlich-preziöse Unschuld ohne allen abwertenden Beigeschmack an. *Der Jäger* (1828) oder *Jung Volker* und *Jung Volkers Lied* (1826), das *Lied vom Winde* (1828), die Ballade *Der Feuerreiter* (1824) oder *Die schlimme Greth und der Königssohn* (1828/29) zeigen unverkennbar ihre fragile Naivität: *»»Rück her, rück her, sei nicht so bang! / Nun sollst du erst noch sehn, / Wie lieblich meine Arme tun; / Komm, es ist gleich geschehn!‹ – // Sie drückt ihn an die Brüste, / Der Atem wird ihm schwer; / Sie heult ein grausiges Totenlied, / Und wirft ihn in das Meer« (Die schlimme Greth und der Königssohn).*

In der Lyrik, die in den Roman *Maler Nolten* (1832) einwandert, setzen diese verschiedenen Schattierungen kontrastreiche Gegensätze. Der *Peregrina*-Zyklus mit seinem intensiven Spektrum wird vom Zyklus der Sonette und von den Volksliedern ausbalanciert. Dieser Roman ist als die eigentliche Sammlung der frühen Mörike-Gedichte zu sehen, und das nicht nur mangels einer anderweitigen Ausgabe seiner Lyrik bis dahin, sondern vor allem deswegen, weil diese Lyrik über den Kontext des Romans jenen Kontext der zurückgedrängten Privatheit kompensiert, den Fr. Th. VISCHER im Rahmen seiner Besprechung der 1838 erschienenen Gedichte Mörikes vermißte: *»Ein rätselhaft geheimnisvolles weibliches Bild ... führt uns der Dichter am Schlusse in einer Reihe von Gedichten ›Peregrina‹ vor uns. Hätten wir nur irgendeinen Anknüpfungspunkt, um diese Phantasmagorie zu deuten, so müßten uns diese herrlichen Bilder ... mit ungeteilter Bewunderung erfüllen ... Aber das Bild hat keinen Boden, es fehlt eine Notiz, ein trockener Anhaltspunkt des Verständnisses.«* Der von Vischer vermißte *»Boden«* der lyrischen Bilder war der Roman *Maler Nolten*. Wie Vischer ihn anläßlich der Erstausgabe von Mörikes Gedichten geflissentlich vergessen zu haben schien, so wird selbst heute oft übersehen, daß es sich hier zumeist um Rollenlyrik handelt, daß Anlaß und Gelegenheit innerhalb der Roman-Welt ihr ästhetischer Raum sind; der Kon-Text ist mehr als nur ein Vehikel zum Tansport von Ware, die anderweitig keinen Verleger fand. Später allerdings, wenn Mörike seiner Lyrik diese Rollensituation vorenthält, werden sich auch andere Blickwinkel der Betrachtungsweisen einstellen müssen.

Cleversulzbacher Zeit bis zur Pensionierung 1843

Zunächst aber stagniert die lyrische Produktion gänzlich. 1833, 1834 und 1835 sind so gut wie keine Gedichte entstanden. Erst 1837/38 zeigt sich erneut eine Verdichtung von Mörikes lyrischem Schaffen, nicht zuletzt wohl beflügelt durch die Planung und Herausgabe eines reinen Lyrikbandes im Jahre 1838. Dieser Band ist in zweifacher Hinsicht problematisch geworden: Die Sammlung hatte keinerlei strenge thematische oder formale Gliederung, und das Zufällige behielt die Oberhand und erschwerte künftige Einordnungen; gleichzeitig waren die Gedichte aus dem *Maler Nolten* nun plötzlich in die Autonomie absoluter Lyrik entlassen und eröffneten neue Kontexte innerhalb der Gedichtsammlung, die durch den Produktionsschub von 1837 der Quantität nach erst repräsentativ wurde. Die irrlichternden, auch verwirrenden neuen Bezüge setzten sich bis in die 4. Auflage

1867, die als Ausgabe letzter Hand gilt, fort. Chronologie, Kontexte, Stoff- und Formkriterien durchkreuzten einander nicht immer zum Vorteil, so daß die Sammlung auch für die späteren kritischen Editoren keine unbedingt einleuchtende Gliederung für die sogenannten *Nachlesen* ergab, in denen das Ausgeschiedene und das Ungedruckte überzeugende Ordnungskriterien hätten finden können. Aus der Anordnung der Sammlung, bei der *»man nicht consequent«* sein kann, ja bei der es sogar von Mörike als *»angenehmer«* empfunden wurde, *»wenn Alles durcheinander steht«* (an J. Mährlen, Ende Mai 1837), ließ sich und wird sich vermutlich auch in der künftigen historisch-kritischen Ausgabe (die die Vorgabe der vierten Auflage einzuhalten gedenkt) nicht unbedingt jene Entwicklung in Mörikes lyrischer Produktion ablesen lassen, die als nochmaliger Distanzierungsprozeß auch in der Umarbeitung von frühen Gedichten wie als Versuch gelten kann, Erlebtes zu objektivieren, und die mit dem Produktionsschub von 1837 einhergeht. Zahlreiche Gedichte im Volksliedton entstehen, etwa das *Jägerlied (»In die Lüfte hoch ein Reiher steigt, / Dahin weder Pfeil noch Kugel fleugt: / Tausendmal so hoch und so geschwind / Die Gedanken treuer Liebe sind«)*, und auch die frühe Balladendichtung erfährt eine Wiederaufnahme, so im *Schiffer- und Nixen-Märchen* oder in *Schön-Rohtraut: »Es jauchzt der Knabe in seinem Sinn: / Und würdest du heute Kaiserin, / Mich sollt's nicht kränken: / Ihr tausend Blätter im Walde wißt, / Ich hab Schön-Rohtrauts Mund geküßt! / – Schweig stille, mein Herze!«* Aufgenommen wird auch wieder das Thema vom Königreich Orplid, jener Mythos, der 1825 erdacht wurde, im *»Zwischenspiel« Der letzte König von Orplid*, in den *Maler Nolten* einging und nun im *Märchen vom sicheren Mann* wieder aufscheint. Rollenlyrik erhält gegen die problematische Innerlichkeit erneut die Funktion eines Heilmittels, und eine gewisse Neigung zum Genre und zu Kleinformen wird endgültig, nicht ohne entsagenden Einschlag. Da die Cleversulzbacher Zeit auch noch jene Reise an den Bodensee umfaßt, die zur *Idylle vom Bodensee* führt, konnte jenes Vorurteil vom biedermeierlichen Dichter entstehen, das H. Heine prägte und das sich bis zu G. Lukács fortsetzte, der in Mörike einen der *»niedlichen Zwerge«* des 19. Jh.s sah.

Die Mergentheimer Periode bis zur Heirat 1851

Die Cleversulzbacher Zeit geht, was die Lyrik betrifft, fließend in jene Periode über, die Mörike mit 39 Jahren (1843) eigentlich frei machen sollte von den Bürden eines Amtes für seine Herzensangelegenheit, die Poesie. Aber der Dichter gewann sich keine Gegenwart, sondern das, was Mörikes Poesie von Anfang an auszeichnet – daß sie immer schon auf Vergangenes erinnernd zurückgreift, daß Unmittelbarkeit stets als Verlust und nicht als Besitz sich einstellte –, zeigen in dieser Periode sofort die elegischen Klagen auf die verlorene Cleversulzbacher Idylle, die ja eine durchaus falsche, gefährdete Idylle war. Das Gedicht *Ach nur einmal noch im Leben!* (1845/46) zeigt auf vielschichtige Art die ganze biographische und ästhetische Verfassung seines Schöpfers. Idyllisch im Ton, tändelnd mit Mozarts Melodie aus der Oper *Titus* als Motto, greift es rückblickend über abstrus nebensächlich Anmutendes (das quietschende Gartentor des Pfarrhauses) Mörikes melancholisch gestimmte psychologische Verfassung der Mergentheimer Schuldenjahre auf und variiert eigene Themen und Motive. Aus seiner lebensbestimmenden *»vis inertiae«*, aus dem *»unglaublich verzärtelten Gang«* seines *»inneren Wesens«* (an W. Waiblinger, 13. 8. 1824) gestaltet Mörike unter einem vieldeutig schillernden Titel formal und inhaltlich eine Elegie ganz eigener, meisterhafter Art. Aus der reflexiven Stimmung des Nachmittags, wie es der die Subjektivität durch Objektivität bewältigten Verfassung dieser Jahre entspricht, gelingt *en miniature*, genrehaft jenseits von Pathos und Heroismus in scheinbarer Verkleinerung und Privatheit die Verewigung des flüchtigen Augenblicks im Gedicht: *»In meinem Garten aber (hieß' er nur noch mein!) / Ging so ein Hinterpförtchen frei ins Feld hinaus, / Abseits vom Dorf. Wie manches liebe Mal stieß ich / Den Riegel auf an der geschwärzten Gattertür / Und bog das überhängende Gesträuch zurück, / Indem sie sich auf rost'gen Angeln schwer gedreht! –«*.

Von diesem gelungenen Exempel elegischer Stimmungs- und Reflexionskunst lassen sich leicht formale und inhaltliche Bezüge zu Mörikes schon aus der Cleversulzbacher Zeit rührenden Vorliebe für antike Versformen und Inhalte herstellen. Diese Neigung verstärkt sich noch; nicht nur, daß metrische Ordnungen wie der Senar, der das Gedicht auf Mozarts Melodie bestimmt, als der klassische Dialogvers der antiken Tragödie nun häufig Verwendung finden, auch Epigramm und generell distichische Versstrukturen bestimmen zunehmend seine elegische Gelegenheitsdichtung, aus der sich oft überzeitlich schöne lyrische Gebilde *»der echten Art«* herauskristallisieren. Die Stanze, das lyrisch-elegische metrische Strophenmaß der neueren Zeit, und das Sonett werden jetzt fast gänzlich verdrängt, und schon 1840, mit der Veröffentlichung der *Classischen Blumenlese*, einer Anthologie antiker Lyrik, begann sich diese Entwicklung abzuzeichnen. Das *Florilegium* (Blütenlese) als anthologische Möglichkeit wird Mörike weiterhin pflegen und seine Übersetzungsbemühungen an antiken Autoren sogar intensivieren (*Theokritos, Bion und Moschus*, 1855; *Anakreon und die sogenannten anakreontischen Lieder*, 1864), aber das Florilegium als Prinzip scheint auch seine ab 1846 zunehmend nur noch aus Gelegenheitsgedichten bestehende eigene lyrische Produktion zu bestimmen. Daß diese Entwicklung keinesfalls als ein Versanden der selbstständigen Produktion und der poetischen Kraft verstanden werden darf, zeigt wiederum exemplarisch ein Gedicht wie jenes bekannte »Dinggedicht« *Auf eine Lampe* (1846), an dem die Diskussion bis heute sich an der Bedeutung des Verbes *»scheinen«* in der letzten Verszeile entzündet: *»Noch* *unverrückt, o schöne Lampe, schmückest du, / An leichten Ketten zierlich aufgehangen hier, / Die Decke des nun fast vergeßnen Lustgemachs. / Auf deiner weißen Marmorschale, deren Rand / Der Efeukranz von goldengrünem Erz umflicht, / Schlingt fröhlich eine Kinderschar den Ringelreihn. / Wie reizend alles! lachend, und ein sanfter Geist / Des Ernstes doch ergossen um die ganze Form – / Ein Kunstgebild der echten Art. Wer achtet sein? / Was aber schön ist, selig scheint es in ihm selbst.«* Das scheinbar Nebensächliche wird wieder im Senar elegisch grundiert, reflexiv gebrochen, vielschichtig und vieldeutig sich selber überantwortet. Ansätze zu solcherart »Dinggedicht« finden sich schon 1837 im Fall der lyrischen Betrachtung *An eine Äolsharfe* und verstärken sich über der Beschäftigung mit der antiken Lyrik. Umgekehrt und wiederum im scheinbaren Widerspruch zur florilegisch-idyllischen Grundhaltung der Gelegenheitsdichtung dieser Jahre verstärkt sich jenes elegische Moment, das in *Ach nur einmal noch im Leben!* im Titel und im Ende des Gedichts schon angedeutet ist: Todesahnung, Todesnähe und Omnipräsenz und Unausweichlichkeit des Todes. Was dort im Gedicht noch einen Umzug ins nächste Pfarrhaus bedeuten könnte (*»Es kommt die Zeit, da werden wir auch ferne weg / Gezogen sein, den Garten lassend und das Haus«*) ist 1851 in der Schlichtheit von *Denk es, o Seele!* endgültig und eindeutig geworden. Hier ist die Rede vom absolut letzten Umzug.

Späte Wanderjahre in Stuttgart

Im Jahre 1851 heiratet Mörike; der Siebenundvierzigjährige, den seine Familie nie entließ, kann doch noch eine Familie gründen. Der Hypochonder schien sich endgültig zu stabilisieren, aber die Konstellation dieser Ehe stand unter keinem günstigen Stern. Es verwundert kaum, daß Mörike in Stuttgart keine Ruhe finden konnte. Als hätte die Lyrik einer gefährdeten Idylle es prophezeit: Umzug über Umzug folgte bis zum allerletzten Umzug; ein unruhiges Wanderleben, das in Stuttgart dennoch auf der Stelle trat. Dennoch prägen bei soviel nicht nur symbolischer Unruhe Haus und Familie, Bürgerlichkeit und Gesellschaft fast ausschließlich die lyrische Produktion. Eine Idylle wie die *Häusliche Szene* (1852) ganz zu Beginn dieser letzten Phase gibt witzig und parodistisch über den Alltag, aber auch übers »elegische Versmaß« Auskunft. Die lange Liste jener Gedichte *An N. N.* oder *In das Stammbuch von* … oder *Inschrift auf* … gelangt später jedoch nur noch als Nachlese in jenes lyrische Werk, das Mörike mit 226 Gedichten in 1000 Exemplaren als vierte Auflage 1867 noch einmal als die endgültige Auswahl präsentiert. Sie bewahrte mit behutsamen Veränderungen im Bestand die frühere Anordnung, fügte jedoch im Inhaltsverzeichnis Jahreszahlen zu den Gedichten bei, denn Mörike war auf Fragen der Chronologie seinerseits bei der Redaktion von Karl MAYERS *Gedichten* gestoßen. Aus der umfangreichen Produktion der langen Stuttgarter Jahre hat Mörike insgesamt wenig übernommen, am ehesten das, wo ihm der Anlaß am zurückgedrängtesten erscheinen mochte. An selbständiger Produktion jenseits der vielen »Gebrauchstexte« wurden aus dieser Zeit dem Bestand im Wesentlichen die *Bilder aus Bebenhausen* (1863/1865 und 1867) und die lyrische Epistel *Erinna an Sappho* (1863/64) hinzugefügt. Die *Bilder aus Bebenhausen* spinnen alte Mergentheimer Verfassungen als Mörikes Altersstil weiter und verdichten in zyklischer Form und in distichischem Maß Mörikes Orientierung an antiken Stilintentionen. Nicht minder spinnt er in dem in freien Rhythmen ebenfalls 1863 entstandenen elegischen Brief alte Todesthematik weiter und vollendet im meisterhaften Gebilde seinen an antiker Form vermittelten Klassizismus, der in kunstreich-schlichter Sprache die immer gleiche einfache Wahrheit formuliert: *»›Vielfach sind zum Hades die Pfade‹, heißt ein / Altes Liedchen – ›und einen gehst du selber, / Zweifle nicht!‹«*

Wirkung und Forschung

Keiner *»der Späteren«*, meinte E. STAIGER (1947), *»durfte sich wohl noch Goethe so nahe fühlen wie er«*. Aber Mörikes subtile, sich zwischen Goethe und der Romantik behauptende Lyrik konnte sich bis zum Ende seines Lebens nicht gegen den »idyllischen Schwaben« behaupten, und dann auch nicht mehr gegen die Paradigmen einer neuen Zeit. Für die Kenner jedoch, zu denen hier zweifellos die Musiker zu zählen sind, stand der Rang von Mörikes Lyrik stets außer Zweifel. Mag Gottfried KELLERS Lob Mörikes Art zwar am unübertrefflichsten charakterisieren – Mörike sei der *»Sohn des Horaz und einer feinen Schwäbin«* –, im Medium der Musik konnte seine Lyrik die größten Triumphe ihrer produktiven Wirkung entfalten. Literarische Wirkung dagegen war ihr kaum beschieden. Der Verdacht des Klassizismus brachte bei allem Lob auch schnell die Kritiker auf den Plan, und Naturalismus, Neuromantik und Expressionismus, das 20. Jh. insbesondere fanden keine Anknüpfungsmöglichkeiten beim Spätgeborenen, dem seine Innerlichkeit in vielerlei Tonarten und Formen aussprechbar war. Eher wurde Mörikes Lyrik da schon Gegenstand der Biographik, der Literaturgeschichte, der hermeneutisch-interpretierenden Bemühung. Am besten offenbart dies die Auseinandersetzung zwischen E. Staiger, M. HEIDEGGER und Leo SPITZER über Mörikes Gedicht *Auf eine Lampe*. In ihr kulminiert eine Tradition, die schon zu des Dichters Lebzeiten in den wohlabgewogenen kritischen Urteilen des Freundes Fr. Th. VISCHER ihre Anfänge besaß. Aber nach diesem Höhepunkt an produktiver Auseinandersetzung mit Mörikes Lyrik *»war man«*, so B. MAYER, in den fünfziger und sechziger Jahren *»hinsichtlich seiner Einschätzung trotz allen mittlerweile erlangten Kenntnissen über Leben und Werk im Prinzip wieder auf derselben Ebene wie zu seinen Lebzeiten angelangt«*. Zwar kennzeichne es heute die Mörike-Forschung, *»daß ihr Gegenstand gewissermaßen im Trend liegt«*, aber im Falle der Lyrik verzögert das philologische Problem der noch immer ausstehenden einschlägigen

Lyrikbände der historisch-kritischen Ausgabe bei manchem Forscher einen beherzten Anschluß an diesen Trend. J.K.D.

AUSGABEN: *Gedichte*, Stg./Tübingen 1838. – *Gedichte*, Stg./Tübingen ²1848 [verm.]. – *Gedichte*, Stg./Augsburg ³1856 [verm.]. – *Gedichte*, Stg. ⁴1867 [verm.]. – *Gedichte*, Stg. ⁵1873. – *Werke*, Hg. H. Maync, Lpzg./Wien 1909, 3 Bde., 1 [krit.; ²1914]. – *SW*, Hg. H. G. Göpfert, Mchn. 1954 [Nachw. G. Britting; ⁷1981]. – *SW. Briefe*, Hg. G. Baumann, 3 Bde., Stg. 1959–1961; 1. – *SW*, 2 Bde., Mchn. 1967–1970; 1 [²1985]: *Gedichte*; Bd. 2: *Nachlese der Gedichte* [Nachw. B. v. Wiese; Anm. H. Unger]. – *Sämtliche Gedichte*, Hg. H. G. Göpfert, Mchn. 1975 (Nachw. G. Britting; dtv). – *Gedichte*, Hg. B. Zeller, Stg. 1981 (RUB). – *Sämtliche Gedichte und die »Idylle vom Bodensee«*, Hg. u. Nachw. H. Schlaffer, Mchn. 1984. – *Sämtliche Gedichte*, Hg. H. G. Göpfert, Mchn. 1987 [Nachw. G. Britting].

VERTONUNGEN: Vgl. U. S. Marquard, *E. M. im Lied. Ein Verzeichnis der Vertonungen von Gedichten E. M.s. Zusammengestellt zum 100. Todestag des Dichters*, Hbg. 1975.

LITERATUR: Fr. Th. Vischer, *Gedichte von E. M.* (in Jbb. für wiss. Kritik, 1839, Nr. 14 ff.; ern. in *E. M.*, Hg. V. G. Doerksen, Darmstadt 1975, S. 3–32). – R. Krauß, *Studien zu E. M.s Gedichten* (in Euph, 2, 1895, Ergänzungsh., S. 99–121). – D. F. Heilmann, *M.s Lyrik u. das Volkslied*, Bln. 1913. – A. Fischli, *Über Klangmittel im Vers-Innern, aufgezeigt an der Lyrik E. M.s*, Bern 1920. – M. Reuschle, *Die Gestalt der Gedichtsammlung M.s*, Diss. Tübingen 1922. – G. Schütze, *M.s Lyrik u. die Überwindung der Romantik*, Diss. Münster 1940. – E. Staiger, *M.: »Das verlassene Mägdlein«* (in Trivium, 5, 1947, S. 44–53; ern. in *E. M.*, Hg. V. G. Doerksen, Darmstadt 1975, S. 232–240). – H. Schnabel, *Die Eigenart der Lyrik M.s*, Diss. Göttingen 1949. – E. Staiger, *Zu einem Vers von M. Ein Briefwechsel mit Martin Heidegger* (in Trivium, 9, 1951, S. 1–15; ern. in *E. M.*, Hg. V. G. Doerksen, Darmstadt 1975, S. 241–253). – A. R. Strauß, *M.s Gelegenheitslyrik. Zum Verhältnis von Kern u. Peripherie in seinem dichterischen Werk*, Diss. Marburg 1960. – H.-H. Krummacher, *Zu M.s Gedichten, Ausgaben u. Überlieferung* (in Jb. d. dt. Schillergesellschaft, 5, 1961, S. 267–344). – Ders., *Mitteilungen zur Chronologie u. Textgeschichte von M.s Gedichten* (ebd., 6, 1962, S. 253–310). – V. G. Doerksen, *M.s Elegien u. Epigramme. Eine Interpretation*, Diss. Zürich 1964. – R. M. Tscherpel, *Die rhythmisch-melodische Ausdrucksdynamik in der Sprache E. M.s*, Stg. 1964. – H. Schlaffer, *Lyrik im Realismus. Studien über Raum u. Zeit in den Gedichten M.s, der Droste u. Liliencrons*, Bonn 1966; ³1984. – D. Barnouw, *Entzückte Anschauung. Sprache u. Realität in der Lyrik E. M.s*, Mchn. 1971. – R. v. Heydebrand, *E. M.s Gedichtwerk. Beschreibung u. Deutung der Formenvielfalt u. ihrer Entwicklung*, Stg. 1972. – H. Gockel, *Venus-Libitina. Mythologische Anmerkungen zu M.s Peregrina-Zyklus* (in WW, 24, 1974, S. 46–56). – F. Strack, *Wehmütige Liebeserwartung in M.s früher Lyrik. Eine Analyse des Gedichts »Im Frühling«* (in *Gedichte u. Interpretationen 4. Vom Biedermeier zum Bürgerlichen Realismus*, Hg. G. Häntzschel, Stg. 1983, S. 83–92; RUB; ern. 1987). – Ders., *Das religiöse Geheimnis der Natur. Zu M.s Gedicht »Im Weinberg«* (ebd., S. 94–107). – G. Allenspach, *Das Formproblem der Peripetie in M.s frühen Gedichten. Eine Reihe von Interpretationen*, Diss. Zürich 1984. – H. J. Etter, *E. M.s Peregrinadichtung*, Diss. Zürich 1985. – G. M. Mayer, *E. M. – der aufgelegte Schwein-Igel mit schöner Seele. Reinheit u. Obszönität im Spannungsfeld von sinnlich poetischer Erfüllung*, Diss. Mchn. 1989.

MALER NOLTEN. Novelle in zwei Teilen

Roman von Eduard MÖRIKE, erschienen 1832 in zwei Bänden; 1877 erschien postum die im zweiten Teil unvollendet gebliebene zweite Fassung (entstanden 1853–1875) in der ergänzenden Bearbeitung von Julius KLAIBER. – Mit der Gattungszuordnung beginnen die Probleme des *Maler Nolten*. Seinem Umfang nach geht das Werk weit über die Grenzen einer Novelle hinaus; so spricht Mörike im ersten Stadium der *Maler-Nolten*-Konzeption auch von einem »Roman«, aber während der Ausführung des literarischen Plans in Owen (1829/30) und Eltingen bzw. Ochsenwang (1831/32) entscheidet er sich doch für die Bezeichnung »Novelle«. Als Gründe führt Mörike den *»modischen«* Reiz der Novelle als eines modernen *»Literaturzweigs«* an, den *»Schlag auf Schlag«* vorgehenden Reflexionen abgeneigten novellistischen Erzählduktus und die damit gegebene Entfernung vom Prototyp des Romans der Zeit, dem *Wilhelm Meister*. Mit dieser Modernität verbindet der *Maler Nolten* zahlreiche Traditonslinien. Die zentrale Rolle der Tragik weist auf die *Wahlverwandtschaften* zurück (mit GOETHE hatte sich Mörike in der Zeit der Entstehung des *Nolten* intensiv beschäftigt), erinnert aber auch, in Verbindung mit der Schicksalsmotivik und der Verflechtung von Einzel- und Familienschicksal, an das spätromantische Schicksalsdrama und an E. T. A. HOFFMANNS *Die Elixiere des Teufels*. Mit E. T. A. Hoffmann hat Mörike ferner das Interesse für die *»Nachtseiten«* der menschlichen Existenz, für den *»psychologischen Gang«* der Lebensschicksale gemeinsam, doch deutet dieses Interesse, soweit es – wie übrigens auch schon im Spätwerk von E. T. A. Hoffmann – mit einer Tendenz zur Realitätsbewältigung des Alltags verbunden ist, bei Mörike bereits deutlich auf die Erzählkunst der realistischen Epoche hin. Der *Maler Nolten* spiegelt in einer Zeit des Übergangs die verschiedenen Strömungen der Zeit selbst wider.
Die damit angedeutete Komplexität des Romans bezeichnet Friedrich Th. VISCHER in seiner Rezen-

sion von 1839 als *»doppelte Motivierung«*: *»zur Hälfte«* sei das Werk *»ein Bildungsroman, ein psychologischer Roman ... zur Hälfte ein Schicksalsroman, ein mystischer Roman«*, und Vischer fügt kritisch hinzu: *»... beide Hälften gehen nicht ineinander auf.«* Tatsächlich zeigt der Handlungsablauf – von der Frage der nicht geleisteten Vermittlung einmal abgesehen – eine Affinität zum Bildungsroman wegen seiner Künstler- und Theatermotivik, der oft komplizierten Intrigenverflechtung und den häufigen Rückblenden in die Anfangsstadien der Ausbildung der einzelnen Charaktere, während die Schicksalsmotivik auf die Erzähltradition der Romantik verweist. Eine der Verkörperungen des Schicksals ist Wispel, Theobald Noltens früherer Diener, der die Handlung in Gang bringt, indem er seinen ehemaligen Herrn mit dem Maler Tillsen bekanntmacht, der Nolten dann Zugang zum Haus des Grafen Zarlin verschafft. Hier wird er mit der Gräfin Konstanze von Armond, geb. v. Zarlin, bekannt; er verliebt sich in sie, nachdem er sich in seiner anfänglichen Liebe zu Agnes, der Tochter seiner Pflegeeltern, durch angebliche Untreue des Mädchens enttäuscht sieht. In Wirklichkeit ist das Verhältnis durch eine erste Intrige des Zigeunermädchens Elisabeth hintertrieben worden. Elisabeth, die den Maler für sich allein beansprucht, ist seit seiner frühen Jugend schicksalhaft mit ihm verbunden: Sie entstammt – wie sich später herausstellt – einer abenteuerlichen Verbindung zwischen Noltens Onkel und einer Zigeunerin.

Larkens, Noltens Freund, ein Schauspieler, dem sein Beruf zur zweiten Natur geworden ist, leitet die Gegenintrige zugunsten von Agnes ein, indem er Noltens Rolle im Briefwechsel mit Agnes übernimmt und die sich mehr und mehr festigende Beziehung zwischen dem Maler und Konstanze dadurch untergräbt, daß er Konstanze Briefe Noltens an Agnes zuspielt. Die Handlung um Nolten erreicht einen ersten Tiefpunkt mit der anschließenden Abwendung Konstanzes von Nolten, der Werbung Herzog Adolfs um ihre Hand und der Verhaftung des Freundespaares Nolten und Larkens im Anschluß an eine Theateraufführung *(»Der letzte König von Orplid. Ein phantasmagorisches Zwischenspiel«)*, die nicht ganz zu Unrecht als eine Satire auf den verstorbenen König aufgefaßt wird.

Trotz einer schweren Krankheit Noltens, die mit dem erneuten Auftauchen des Zigeunermädchens Elisabeth in Zusammenhang steht, scheint sich nach der Haftentlassung eine Wende zum Guten anzubahnen, als Larkens sein Intrigenspiel aufdeckt und so ermöglicht, daß sich Nolten und Agnes in idyllhafter Umgebung wiederfinden. Larkens scheitert allerdings bei seinem Versuch, sich für seine eigene Person von der Welt des Scheins und Theaters zu lösen und die Realität des Alltags durch die Ausübung des Tischlerhandwerks zu meistern: Er begeht nach einem von Wispel herbeigeführten flüchtigen Wiedersehen mit Nolten Selbstmord. Noch scheint es, daß das Verhängnis isoliert werden kann. Durch den Tod Larkens werden Nolten und Agnes mit einem Bekannten des Schauspielers, dem Präsidenten von K., bekannt, auf dessen Landschloß sie übersiedeln. Diese zweite Idylle ist jedoch – der Retardation in der Tragödie vergleichbar – nur von kurzer Dauer. Gerade das Bekenntnis Noltens bezüglich der Intrigen des verstorbenen Freundes, das ihr Verhältnis endgültig hätte klären und sichern können, kann Agnes nicht bewältigen. In ihrer Unreflektiertheit ist Agnes auch dem verhängnisvollen Auftreten der Zigeunerin wehrlos ausgeliefert; sie begeht in geistiger Umnachtung Selbstmord. Nolten stirbt, durch die Schicksalsschläge vollkommen entkräftet, infolge einer nächtlichen Vision. Die Einladung des Hofrats und dessen Eröffnung, daß er der Vater der Zigeunerin und Noltens Onkel ist, erreicht den Maler nicht mehr. Kurz vor seinem Tod wird die Zigeunerin tot aufgefunden; Konstanze überlebt das tragische Geschehen nur um wenige Monate.

Der Bildungsroman, der ursprünglich das Leben in seiner breitesten Entfaltung zum Thema hatte, ist im *Maler Nolten* zu einem Erzählgenre geworden, in dem die »Krankheit zum Tode« im Mittelpunkt steht. Es erscheint wenig sinnvoll, die verschiedenen Krankheitsgeschichten von der Schicksalsmotivik zu trennen, wie das Vischer mit der Antithetik von psychologischer und fatalistischer Motivation vertritt, sondern Schicksal wie psychologische Kausalität sind Ausdruck der im Geschehen vorherrschenden »Nachtseite«, die nur vorübergehend aufgelichtet wird: durch Bekenntnisse, die den Figuren das Verhängnis bewußt zu machen scheinen und dadurch eine Bewältigung ermöglichen könnten. Meistens wird jedoch von den Figuren die *»Nacht- oder Traumseite ihrer Seele«*, die lastende Vergangenheit mit ihren traumatischen Erlebnissen verschwiegen und verdrängt. Nolten und Larkens freilich, die durch ihre Künstlerexistenz in erhöhtem Maß für Schein und bloßes Spiel anfällig sind, weichen schuldhaft durch mangelnde Konsequenz und Aufrichtigkeit bzw. durch ihr Intrigenspiel einer Klärung aus. Sie verbleiben in dem von dem Erzähler in stets neuen Variationen umschriebenen Bereich der »Selbstvergessenheit«, des »kaum Bewußten«, für das *»der Übergang vom Wachen zum Schlaf ohne Bewußtsein«* oder die *»Frühe«* in ihrem Übergang von Tag zu Nacht charakteristische Situationen sind. Dabei käme für eine im Handlungsablauf wie durch die Erzähldistanz immer wieder angestrebte Bewältigung der »Nachtseite« alles darauf an, nicht in diesem Dämmerzustand des Halb- und Unterbewußten zu bleiben, denn *»schon das Aussprechen des Geheimnisses an und für sich ist entscheidend für die Heilung«*, wie der Erzähler bemerkt. Aber dazu kommt es nie rechtzeitig oder in ausreichendem Maß, zuletzt vermag *»nicht einmal die Kraft des evangelischen Wortes die arme Seele zu der Erkenntnis ihrer selbst ... zurückzuführen«*.

Die lyrischen Einlagen (etwa die *Peregrina-Lieder* und der *Jung Volker*-Zyklus), die sehr genau in den Ablauf der Erzählung eingefügt sind, bringen gerade diese Zwischenwelt des Halb- und Unbewußten zum Ausdruck. Andererseits weisen sie darüber hinaus auf eine für Mörike bezeichnende artistische Bändigung des Bedrohlichen, das ganz unbiedermeierlich den Roman bestimmt. Was Larkens vergeblich versucht, unternimmt der Roman in seiner formalen Struktur als Ganzes: durch die Artistik lyrischer Formen, durch die Theatereinlage mit ihrer Märchenmotivik und durch idyllenhafte Retardation das Bedrängende auf Distanz zu halten. Diese Haltung des Autors deutet neben der Todes- und Krankheitsthematik an, wieweit die veränderte Zeitlage in sein Werk hineindringt und die Entstehung moderner Kunstformen veranlaßt. – Durch stilistische Glättungen, verbunden mit einer objektivierenden Präzision von Handlungsdetails, durch fortschreitende Psychologisierung des Handlungsablaufs wie durch die Verselbständigung von Nebenpersonen verstärkt Mörike in der zweiten Fassung den Bezug des Werks zur Epoche des Realismus, der eine bedrohlicher empfundene Wirklichkeit mit neuen Kunstmitteln bewältigen mußte. Allerdings wurde dieser Text von J. Klaiber, dem Herausgeber, redigiert, eine historisch-kritische Edition liegt mit der Ausgabe von Herbert Meyer vor. V.Ho.

Ausgaben: Stg. 1832 (*Maler Nolten. Novelle in zwei Theilen.* Mit einer *Musikbeilage* des Autors; 2 Bde.). – Stg. 1878 (*Maler Nolten. Roman*, 2 Bde.; zweite, überarb. Fassg., Hg. J. Klaiber). – Lpzg./Wien 1909 (in *Werke*, Hg. H. Maync, 3 Bde., 2; krit.; ²1914). – Mchn. 1954 (in *SW*, Hg. H. G. Göpfert; Nachw. G. Britting; ⁷1981). – Stg. ²1961 (in *SW. Briefe*, Hg. G. Baumann, 3 Bde., 1959–1961, 2). – Mchn. 1967–1970 (in *SW*, 2 Bde., 1967–1970; 1 [²1985]. Erstfassg.; 2: Zweitfassg.; Nachw. B. v. Wiese; Anm. H. Unger). – Stg. 1967–1971 (in *Werke u. Briefe*, Hg. H.-H. Krummacher, H. Meyer u. B. Zeller, 1967 ff., Bd. 3–5, Hg. H. Meyer; hist.-krit.). – Ffm. 1979 [1. Fassg.; Nachw. W. Vogelmann]. – Ffm. 1979 (1. Fassg.; Insel Tb). – Stg. 1987, Hg. H. Eilert (RUB).

Literatur: B. Seuffert, *M.s »Maler Nolten« u. »Mozart«*, Graz u. a. 1924. – R. Bachert, *M.s »Maler Nolten*, Lpzg. 1928. – H. Reinhardt, *M. u. sein Roman »Maler Nolten«*, Zürich/Lpzg. 1930. – R. Völk, *Die Kunstform des »Maler Nolten« von E. M.*, Bln. 1930; Nachdr. Nendeln 1967. – E. A. Drawert, *M.s »Maler Nolten« in seiner ersten u. zweiten Fassg.*, Diss. Jena 1935. – H. Meyer, *M.s Legende vom Alexisbrunnen* (in DVLG, 26, 1952, S. 225–236). – H. W. Hewett-Thayer, *M.'s Occultism and the Revision of »Maler Nolten«* (in PMLA, 71, 1956, S. 386–413). – S. S. Prawer, *Mignon's Revenge. A Study of »Maler Nolten«* (in Publications of the English Goethe Society, N. S. 25, 1956, S. 63–85; dt. in *Interpretationen. Deutsche Romane von Grimmelshausen bis Musil*, Ffm. 1966; FiBü). – W. F. Taraba, *Die Rolle der Zeit u. des Schicksals in E. M.s »Maler Nolten«* (in Euph, 50, 1956, S. 405–427). – W. Weischedel, *M.s »Maler Nolten«* (in DU, 11, 1959, S. 50–62). – H. Meyer, *Stufen der Umgestaltung des »Maler Nolten«* (in ZfdPh, 85, 1966, S. 209–223). – G. Storz, *»Maler Nolten«* (ebd., S. 161–209). – L. H. Bronner, *M.s »Maler Nolten«. Die wesentlichen Unterschiede der beiden Fassungen*, Diss. Univ. of Massachusetts 1968. – J. Kolbe, *Tragik u. Bindung: E. M.s Roman »Maler Nolten«* (in J. K., *Goethes »Wahlverwandtschaften« u. der Roman des 19. Jh.s*, Stg. 1968, S. 56–85). – J. Steiner, *Kunst u. Zeit in M.s »Maler Nolten«* (in J. S., *Geschichte, Deutung, Kritik*, Bern 1969, S. 186–198). – J. L. Sammons, *Fate and Psychology: Another Look at M.'s »Maler Nolten«* (in J. L. S., *Lebendige Form*, Mchn. 1970, S. 211–227). – H. Eilert, *E. M.: »Maler Nolten« (1832)* (in *Romane u. Erzählungen zwischen Romantik u. Realismus*, Hg. P. M. Lützeler, Stg. 1983, S. 165–182; RUB). – J. T. Adams, *E. M.'s ›Orplid‹. Myth and Poetic Mind*, Hildesheim u. a. 1984. – R. M. Tscherpel, *M.s lemurische Possen. Die Grenzgänger der schönen Künste u. ihre Bedeutung für eine dem »Maler Nolten« immanente Poetik*, Königstein/Ts. 1985.

MOZART AUF DER REISE NACH PRAG

Novelle von Eduard Mörike, erschienen 1855 im ›Morgenblatt für gebildete Stände‹. – Seit seinem Besuch einer Aufführung des *Don Giovanni* in Stuttgart 1824 bewahrte sich Mörike eine bleibende Verehrung für Mozart. Überlegungen, den Komponisten in den Mittelpunkt einer Erzählung zu stellen, tauchen in Mörikes Briefen immer wieder auf, tatsächlich aber widmete er sich erst ab Ende 1852 der Novelle, heute wohl die bekannteste Dichtung des Autors: *»im Ganzen heiter, der Stoff dazu erfunden, doch der Mensch, wie ich hoffe, wahr«* (an K. Mayer, 21. 5. 1855). Als eine Hauptquelle Mörikes für seine Kenntnis der Persönlichkeit Mozarts gilt die dreibändige Biographie des Komponisten von Alexander Oulibischeff (dt. *Mozart's Leben, nebst einer Übersicht der allgemeinen Geschichte der Musik,* Stuttgart 1847).

Geschildert wird ein Tag aus dem Leben Mozarts im Herbst 1787. Der Komponist ist mit seiner Gattin Konstanze auf dem Weg von Wien nach Prag, wo die Uraufführung seiner neuen Oper *Don Juan* stattfinden wird. Als man auf dem Land, nahe dem Schloß des Grafen von Schinzberg, Rast macht, spaziert Mozart durch den Schloßpark und pflückt gedankenverloren eine Orange vom schönsten Pomeranzenbäumchen des Parks, wobei er vom gräflichen Gärtner überrascht wird. Die Auseinandersetzung endet damit, daß Mozart ein Billett an die Gräfin schreibt und ins Schloß geladen wird. Dort feiert das gräfliche Paar soeben die Verlobung ihrer Nichte Eugenie. Mozart und seine Frau fügen sich harmonisch in den kultivierten Kreis ein, und schließlich spielt der gefeierte, im Zenith seines Ruhms stehende Maestro der heiteren Runde aus der fast fertigen neuen Oper vor. In Eugenie aber, und Mörike läßt dieses wehmütige

Fazit durch einen anonymen Erzähler bekräftigen, ruft gerade die begeistert aufgenommene Musik die Ahnung vom baldigen Tod Mozarts hervor: *»Es ward ihr so gewiß, so ganz gewiß, daß dieser Mann sich schnell und unaufhaltsam in seiner eigenen Glut verzehre, daß er nur eine flüchtige Erscheinung auf der Erde sein könne, weil sie den Überfluß, den er verströmen würde, in Wahrheit nicht ertrüge.«* Am nächsten Morgen reist Mozart, vom Grafen mit einem Reisewagen bedacht, weiter; mit dem volksliedhaften Gedicht *Ein Tännlein grünet wo* ... klingt das Werk aus.

Es bildet den Reiz dieser Novelle, daß sie die Grenzen der Gattung souverän überspielt. Mörikes Lust am Anekdotischen, an der Ausmalung von Details und der Verschränkung verschiedener Erzählperspektiven hat dazu geführt, daß man einerseits in diesem Text nur *»die Verknüpfung von Einzelerscheinungen zu einer unendlichen Reihe als freies Spiel der Phantasie, ohne Beziehung auf ein Zentrum«* (F. Gundolf) sah, während man andererseits gerade im retardierenden Handlungsaufbau, in der Spannung zwischen epischem Sich-Ausbreiten und raschem Anstieg zu einem Höhepunkt eine Analogie zur Musik Mozarts und ihrem Wechsel zwischen Rezitativ und Arie zu finden glaubte; wie denn überhaupt die Erzählstruktur der Komposition von Musikwerken nachgebildet ist, in denen die divergierendsten Themen zunächst angeschlagen, dann durchgespielt werden und in wechselnden Konstellationen, sich vereinigen. So bindet Mörike das Entfernteste zusammen: den munteren nonchalanten Plauderton der Eheleute und rhythmisch hochdifferenzierte Sätze mit starker melodischer Kurve, festlich erhöhte Rokoko-Geselligkeit und romantisch unbedingte Individualität *(»Genießend oder schaffend, kannte Mozart gleichwenig Maß und Ziel«)*, biedermeierliche Idyllensehnsucht und dämonische Selbstentäußerung, realitätsgesättigte Analyse der ökonomischen Bedingungen von Mozarts Existenz und ungeniertes Fabulieren, hochgradige künstlerische Bewußtheit und produktives, unwillkürliches Eingedenken im Sinne von PROUSTS *mémoire involontaire*. Die Schloßparkszene entfaltet eine synästhetische, auf BAUDELAIRE deutende Verschmelzung von Gestalt und Duft der Pomeranze mit der Erinnerung an eine Jugendszene: Auf diese Weise erfindet dann Mozart, fast im selben Zuge, eine Melodie.

Diese Vielstimmigkeit der Erzählung entsteht gleich eingangs, auf der Fahrt der Eheleute bis hin zum Schloß, und prägt sich symbolisch in der Schloßparkszene aus – das Motiv des Paradieses und des »Sündenfalls«, des »frevelnden« Eingriffs der Kunst und des Künstlichen in die paradiesische Natur verschränkt sich dort mit der Idee einer höheren Vereinigung von Natur und Kunst. Am Ende erst verliert sich das hell-düstere Doppelantlitz der Erzählung, und die »Nachtseite« der Existenz tritt, während des Mozartschen Klavierspiels, ihre Herrschaft an.

Durch die Ansiedlung des Helden im historisch fixierten Raum wird die im Ansatz romantische Künstlernovelle zum *»Charaktergemälde«* (an Cotta, 6. 5. 1855) einer künstlerischen Existenz ausgeweitet, die nicht ohne Bezug zur Person Mörikes ist. Seine Interpretation Mozarts und des *Don Giovanni*, im 19. Jh. an Modernität derjenigen E. T. A. HOFFMANNS *(Don Juan)* vergleichbar, empfing ihre Autorität aus verwandten Zeiterfahrungen: Was als die *»Nachtseite«* der Existenz in ihr Künstlertum einging, deutet, im Falle Mozarts, auf die Auflösung der aristokratischen Rokoko-, im Falle Mörikes auf die Problematik der beschränkt-bürgerlichen Biedermeier-Kultur hin. KLL

AUSGABEN: Stg. 1855 (in Morgenblatt für gebildete Stände, Nr. 30–33). – Stg./Augsburg 1856; Faks. Mchn. 1983. – Lpzg./Wien 1909 (in *Werke*, Hg. H. Maync, 3 Bde., 3; krit.; [2]1914). – Mchn. 1954 (in *SW*, Hg. H. G. Göpfert; Nachw. G. Britting; [7]1981). – Stg. [2]1961 (in *SW. Briefe*, Hg. G. Baumann, 3 Bde., 1959–1961, 1). – Mchn. 1967 (in *SW*, 2 Bde., 1967–1970, 1 [[2]1985]; Nachw. B. v. Wiese; Anm. H. Unger). – Ffm. 1979 (Ill. H. Steiner-Prag; Insel Tb). – Zürich 1983 (detebe). – Stg. 1985 (RUB).

LITERATUR: M. Ittenbach, *»Mozart auf der Reise nach Prag«* (in GRM, 25, 1937, S. 338–354). – F. H. Mautner, *M.s »Mozart ...«* (in PMLA, 60, 1945, S. 199–220; ern. in F. H. M., *Wort u. Wesen*, Ffm. 1974, S. 135–160). – K. K. Polheim, *Der künstlerische Aufbau von M.s Mozartnovelle* (in Euph, 48, 1954, S. 41–70). – R. Immerwahr, *Apocalyptic Trumpets: The Inception of »Mozart ...«* (in PMLA, 70, 1955, S. 390–407; dt. in *E. M.*, Hg. V. G. Doerksen, Darmstadt 1975, S. 399–425). – B. v. Wiese, *E. M. »Mozart ...«* (in B. v. W., *Die deutsche Novelle von Goethe bis Kafka*, Düsseldorf 1956, S. 213–237; [2]1962). – R. B. Farell, *M.'s »Mozart ...«*, Ldn. 1960. – V. Sander, *Zur Rolle des Erzählers in M.s Mozartnovelle* (in GQ, 36, 1963, S. 120–130). – H. Rokyta, *Das Schloß in M.s Novelle »Mozart ...«* (in Jb. des Wiener Goethe-Vereins, 71, 1967, S. 127–153). – M. B. Benn, *Comments of an Advocatus Diaboli on M.s »Mozart ...«* (in GLL, 25, 1971/72, S. 368–376). – H. Holesovsky, *Der Bereich des Schlosses in M.s Mozartnovelle* (in GQ, 46, 1973, S. 185–201). – H. Kaiser, *Betrachtungen zu den neapolitanischen Wasserspielen in M.s Mozartnovelle* (in FDH, 1977, S. 364–400). – G. W. Field, *Silver and Orange. Notes on M.'s Mozart-»Novelle«* (in Seminar, 14, 1978, S. 243–254). – G. v. Graevenitz, *Don Juan oder die Liebe zur Hausmusik. Wagner-Kritik in E. M.s Erzählung »Mozart ...«* (in Neoph, 65, 1981, S. 247–262). – *E. M.: »Mozart ...« Erl. u. Dokumente*, Hg. K. Pörnbacher, Stg. 1985 (RUB). – H. Meyer, *Das Fortleben Mozarts bei E. M. und seinen Freunden* (in Acta Mozartiana, 2, 1985, H. 2, S. 29–40). – H. Rölleke, *M.s »Mozart ...« Ein Vorklang des »ästhetischen Immoralismus« u. dessen mutmaßliche Quelle* (in WW, 36, 1986, S. 333–343). – M. Staehelin *»Mozart ...« Musikhistorisches zu M.s Novelle* (in NZZ, 24. 5. 1990).

DAS STUTTGARTER HUTZELMÄNNLEIN

Märchen von Eduard Mörike, erschienen 1853. – Wie der Autor im Vorwort zur ersten und zweiten Auflage mitteilte, entwarf er dieses Werk als *»Seitenstück«* zum bereits 1836 erschienenen Märchen *Der Schatz*, führte es aber erst 1852/53 aus. Die Polarität von Romantik und Realismus ist in dieser reifsten und volkstümlichsten Märchendichtung Mörikes aufgehoben und einer phantastischen Synthese aus romantischen und realistischen Erzählelementen gewichen, in der sich sein unbestechlicher Sinn für die Wirklichkeit mit einem kindlich anmutenden Glauben an Zauber und Magie paart. Für *»ein wahres Mäusnest von Fabeleien, die durcheinanderkrabbeln«*, hielt David Friedrich Strauss das bizarre, Scherz und Ernst humoristisch mischende Geflecht von Märchen-, Sagen- und Legendenmotiven.

Der Stuttgarter Kobold – »Pechschwitzer«, »Tröster« und »Hutzelmännlein« genannt – schenkt dem Schustergesellen Seppe ein Stück nie endendes Hutzelbrot (Dörrobstgebäck) und zwei Paar Glücksschuhe, von denen er ein Paar anziehen und das andere, Mädchenschuhe, am Weg stehen lassen soll. Seppe aber verwechselt die Schuhe und trägt fortan einen Mädchenschuh, während seine vorbestimmte Lebensgefährtin Vrone Kiderlen, die das zweite Paar findet, allerlei Mißhelligkeiten ertragen muß, weil sie den anderen falschen Schuh trägt. Das Hutzelmännlein lenkt aus dem Verborgenen das Schicksal der beiden Glückskinder und vereint sie nach wechselnden Zufällen am Ende zu einem glücklichen Paar: Nachdem Seppe in Ulm den Heiratsgelüsten einer des mehrfachen Gattenmords verdächtigten Witwe entkommen ist, verloben sich Seppe und Vrone während der Hochzeitsfeierlichkeiten Graf Eberhards des Greiners in schwindelnder Höhe auf einem Trapezseil, von der magischen Gewalt ihrer endlich passenden Zauberschuhe unwiderstehlich angezogen.

Im Hutzelbrot wandelt Mörike das Tischlein-deckdich-Motiv ab, ein für ihn typisches Phantasiespiel, das sich in der schwankhaften Passage vom Diebe fangenden Stiefelknecht wiederholt, dem abgewandelten Knüppel-aus-dem-Sack-Motiv. Der Dichter beschränkt sich auf einen lokal begrenzten Märchenraum, obwohl sich die Reihe der Abenteuer und Schicksalsfügungen beliebig multiplizieren ließe. Eingebettet in das Hauptmärchen und mit diesem durch das Motiv des unsichtbar machenden Krackenzahns verbunden, steht die *Historie von der schönen Lau*, ein zweites Märchen, das von einer Donaunixe erzählt, die im »Blautopf« bei Blaubeuren haust und erst dann ein lebendes Kind zur Welt bringen kann, wenn sie fünfmal gelacht hat.

Mörike führt bewußt die Tradition der romantischen Märchenerneuerung fort – seine eigenen Märchendichtungen aber zeichnen sich im Gegensatz zu den spekulativen allegorischen Kunstmärchen der Romantiker durch eine Fülle volkstümlicher und realistischer Details aus, die ganz konkret und aller Phantastik zum Trotz den Ort des Märchens bestimmen. Die vielen archaisierenden Redewendungen aus dem schwäbischen Kultur- und Sprachraum machten es sogar erforderlich, daß der Dichter seinem Märchen ein kleines Sprachlexikon beifügen mußte. Während sich Mörikes Zeitgenossen D. F. Strauss und Fr. Th. Vischer eher negativ zu diesem Werk äußerten, gilt es der Forschung heute als herausragendes Beispiel für das Kunstmärchen, mit dem der Autor eine kaum übertroffene *»Nähe zum Volksmärchen«* (H. Landmann) erreicht habe. Die Erzähleinlage *Historie von der schönen Lau* erschien 1873 auch als eigenständige Erzählung mit Illustrationen von M. v. Schwind, die dem Publikum aber als anstößig erschienen und der Ausgabe keinen Erfolg brachten. KLL

Ausgaben: Stg. 1853. – Stg. 1855 [geringfügig überarb.]. – Lpzg. Wien 1909 (in *Werke*, Hg. H. Maync, 3 Bde., 3; krit.; 21914). – Mchn. 1954 (in *SW*, Hg. H. G. Göpfert; Nachw. G. Britting; 71981). – Stg. 21961 (in *SW. Briefe*, Hg. G. Baumann, 3 Bde., 1959–1961; 1). – Stg. 1960 u. ö., Hg. W. Hofstaetter (RUB). – Mchn. 1967 (in *SW*, 2 Bde., 1967–1970, 1 [21985]; Nachw. B. v. Wiese; Anm. H. Unger). – Stg. 1976 [Nachw. A. Goes].

Literatur: G. Storz, *Gestalt u. Rang von M.s »Stuttgarter Hutzelmännlein«* (in DU, 3, 1951, S. 18–29; ern. in G. S., *Figuren u. Prospekte*, Stg. 1963, S. 133–146). – H. Landmann, *M.s Märchen »Das Stuttgarter Hutzelmännlein« im Verhältnis zum Volksmärchen*, Diss. Bln. 1961. – W. Popp, *E. M. »Stuttgarter Hutzelmännlein« zwischen Volksmärchen u. Kunstmärchen* (in WW, 20, 1970, S. 313–320).

JOHANN NEPOMUK NESTROY

* 7.12.1801 Wien
† 25.5.1862 Graz

Literatur zum Autor:
Bibliographie und Forschungsberichte:
J. Hein, *N.forschung (1901–1966)* (in WW, 18, 1968, S. 232–245). – Ders., *Das Wiener Volkstheater. Raimund u. N.*, Darmstadt 1978 (EdF). – G. Conrad, *J. N. N. 1801–1862: Bibliographie zur N.forschung und -rezeption*, Bln. 1980.
Zeitschrift:
Nestroyana, Red. G. Riedl, Wien 1979 ff.
Biographien:
O. Basil, *J. N. in Selbstzeugnissen u. Bilddokumenten*, Reinbek 1967; zul. 1986 (rm). – H. Schwarz,

J. N. im Bild. Eine Ikonographie, Hg. J. Hüttner u. O. Schindler, Graz 1977. – H. Ahrens, *›Bis zum Lorbeer versteig ich mich nicht‹. J. N. – Ein Leben*, Ffm. 1982.
Gesamtdarstellungen und Studien:
K. Kraus, *N. u. die Nachwelt*, Wien 1912 (ern. Ffm. 1987; Nachw. H. Mayer; BS). – O. Rommel, *J. N. Ein Beitrag zur Geschichte der Wiener Volkskomik* (in *J. N.*, SW, Hg. F. Brukner u. O. Rommel, Bd. 15, Wien 1930). – S. Brill, *Die Komödie der Sprache. Untersuchungen zum Werke N.s*, Nürnberg 1967. – A. Hillach, *Die Dramatisierung des komischen Dialogs. Figur u. Rolle bei N.*, Mchn. 1967. – H. Weigel, *J. N.*, Velber 1967. – R. Preisner, *J. N. Der Schöpfer der tragischen Posse*, Mchn. 1968 [m. Bibliogr.]. – J. Hein, *Spiel u. Satire in den Komödien J. N.s*, Bln. u. a. 1970. – K. Kahl, *J. N. oder Der wienerische Shakespeare*, Wien u. a. 1970. – W. E. Yates, *N.: Satire and Parody in Viennese Popular Comedy*, Cambridge 1972. – F. H. Mautner, *N.*, Heidelberg 1974. – B. Hannemann, *J. N. Nihilistisches Welttheater u. verflixter Kerl. Zum Ende der Wiener Komödie*, Bonn 1977. – H. Rössler, *Karl Kraus u. N. Kritik u. Verarbeitung*, Stg. 1981. – H. Zeman, *J. N. – Profile seines Lebens u. Schaffens* (in *Die österreichische Literatur. Ihr Profil im 19. Jh. (1830–1880)*, Hg. ders., Graz 1982, S. 633–660). – R. Urbach, *N. Stich- u. Schlagworte*, Wien 1984. – W. Neuber, *N.s Rhetorik. Wirkungspoetik u. Altwiener Volkskomödie im 19. Jh.*, Bonn 1987. – J. Hein, *J. N.*, Stg. 1990 (Slg. Metzler).

DER BÖSE GEIST LUMPAZIVAGABUNDUS ODER DAS LIEDERLICHE KLEEBLATT

Zauberposse mit Gesang in drei Akten von Johann NESTROY, Musik von Adolf Müller; Uraufführung: Wien, 11. 4. 1833, Theater an der Wien; erschienen 1835. – Das Stück brachte Nestroy, der in der Rolle des Knieriem als virtuoser Komödiant brillierte, den durchschlagenden Erfolg als Theaterautor. Der Posse liegt die Humoreske *Das große Los* von Carl WEISFLOG (aus *Phantasiestücke und Historien*, Bd. 6, 1827) zugrunde; Nestroy spannte die drollige realistische Handlung in den Rahmen des Wiener Zauberstückes ein und lokalisierte das Geschehen im Wiener Handwerkermilieu.

Die Posse beginnt im Wolkenpalast des Feenkönigs Stellaris. Einige alte Zauberer erscheinen vor dem König, um sich über den bösen Geist Lumpazivagabundus zu beklagen, der ihre Söhne zu Liederlichkeit und Trunksucht verleite. Die mächtige Glücksfee Fortuna glaubt, allein durch Reichtum jeden Menschen wieder auf den rechten Weg bringen zu können. Lumpazivagabundus jedoch behauptet, daß die Liebesfee Amorosa mächtiger als die Glücksfee sei. Hilaris, ein junger Zauberer, liebt Fortunas Tochter Brillantine. Fortuna macht ihre Einwilligung zur Hochzeit von einem Versuch abhängig, bei dem sie ihre Macht erproben kann. Sie will ihr Füllhorn über drei lockere Gesellen ausschütten, die bisher in größter Armut gelebt haben. Wenn wenigstens zwei von ihnen dadurch zu Vernunft kommen und ein neues Leben beginnen, so ist Fortunas Macht erwiesen; wenn die Gesellen jedoch den Reichtum verschleudern und ihr Glück mit Füßen treten, dann sollen Hilaris und Brillantine ein Paar werden. – In einer Herberge auf der Erde trifft nun das *»liederliche Kleeblatt«* zusammen: der derbe, trunksüchtige Schuster Knieriem, der brave Tischler Leim und der prachtliebende Schneider Zwirn. Alle drei träumen die gleiche Glückszahl, und sie legen ihr letztes Geld zusammen, um gemeinsam ein Los zu kaufen. Tatsächlich fallen ihnen hunderttausend Taler als Haupttreffer zu, die sie sich teilen; nach Ablauf eines Jahres wollen sie sich wieder in Wien treffen. Zwirn beginnt in einer eleganten Villa ein mondänes Leben, und Knieriem vertrinkt sein ganzes Geld; Leim heiratet die Tochter seines Wiener Meisters. Als die beiden anderen am Jahrestag – natürlich mittellos – bei ihm vorstellig werden, bietet er ihnen eine auskömmliche Existenz an. Zwirn und Knieriem wollen jedoch nicht auf ihr freies Vagabundenleben verzichten, und damit hat Fortuna die Wette verloren und muß zugeben, daß Amorosas Macht die ihre übertrifft. Hilaris und Brillantine werden ein Paar, und Amorosa bringt durch die Macht der Liebe sogar noch die beiden anderen Gesellen auf den rechten Weg und verbannt damit den bösen Geist für immer aus dem Feenreich.

In dieser Posse dient der Zauberapparat der Altwiener Volkskomödie nur mehr als Folie für die Realhandlung, Geister, Feen und Zauberer erscheinen bei Nestroy – ähnlich wie in der Pariser Operette – in ironischer und parodistischer Beleuchtung. Lumpazivagabundus, der *»Beherrscher des lustigen Elendes, Beschützer der Spieler und Protektor der Trinker«* ist der Titelheld der Posse, obwohl er im ganzen Stück nur einmal kurz auftritt. Er ist der Schutzpatron der drei Handwerksburschen Leim, Zwirn und Knieriem, die als Haupthelden die Vordergrundshandlung der dreiaktigen Posse beherrschen. Die drei Handwerksburschen sind individuell gezeichnete Charaktere, nicht mehr Typen, wie die Hanswurste und Bedienten des früheren österreichischen Volkstheaters. Zwirn, ein kleiner Don Juan, verjubelt als Gönner anspruchsvoller Damen seinen Anteil am Lotteriegewinn. Knieriem ist der interessanteste unter den dreien, sein fatalistisches Credo, das der pessimistischen Weltanschauung des »Vormärz« entspricht, spiegelt sich in Monologen und im Lied *»Es ist kein' Ordnung mehr jetzt in die Stern. D' Kometen müßten sonst verboten wer'n … Auch unt' sieht man, daß auf'n Ruin losgeht«* mit dem Refrain *»Da wird einem halt angst und bang, die Welt steht auf kein' Fall mehr lang«*. Leim ist der »bürgerlichste« unter den drei Handwerksburschen. Er charakterisiert seine Kumpane treffend, wenn er von ihnen behauptet: *»Ihr seid's Lumpen, aber treue Seelen, wahre Goldkerls.«*

Mit Nestroys *Lumpazivagabundus* hat sich der Realismus im Wiener Volkstheater wieder durchgesetzt. »Romantische Zaubermärchen«, die die Zuschauer in entlegene Länder und Zauberreiche entführen, wurden unmodern und verloren die Gunst des Publikums. Nicht so erfolgreich war eine Fortsetzung des Stückes unter dem Titel *Die Familien Zwirn, Knieriem und Leim oder Der Weltuntergang*, in der das *»liederliche Kleeblatt«* seine guten Vorsätze aufgegeben hat und die Gesellen als rückfällige unverbesserliche Vagabunden gezeigt werden. A.Sch.

AUSGABEN: Wien 1835; ²1838 [verb.]. – Stg. 1890 (in *GW*, Hg. V. Chiavacci u. L. Ganghofer, 12 Bde., 1890/91, 1). – Wien 1924 (in *SW*, Hg. F. Brukner u. O. Rommel, 15 Bde., 1924–1930, 2; hist.-krit.; Nachdr. NY/Nendeln 1973). – Ffm. 1979 (in *Komödien*, Hg. F. H. Mautner, 6 Bde., 1). – Mchn. 1983 (m. Nachw. u. Anm.; Goldm. Tb). – Stg. 1985 (Nachw. W. Zentner; RUB). – Ffm. 1987 (in *Komödien*, Hg. F. H. Mautner, 3 Bde., 1; Insel Tb).

VERFILMUNGEN: *Lumpazivagabundus*, Dänemark 1911 (Regie: S. Nielsen). – Dass., Deutschland 1922 (Regie: C. Wilhelm). – Dass., Schweden 1923 (Regie: C. Barcklind). – Dass., Österreich 1937 (Regie: G. v. Bolvary). – Dass., Deutschland 1956 (Regie: H. Antel).

LITERATUR: D. Stieglitz, *Syntaktische Untersuchung der Sprache J. N.s am Beispiel seiner Zauberposse »Der böse Geist Lumpazivagabundus«*, Diss. Wien 1974. – *»Der böse Geist Lumpazivagabundus«. Erläuterungen u. Dokumente*, Hg. J. Hein, Stg. 1979 (RUB).

EINEN JUX WILL ER SICH MACHEN

Posse mit Gesang in vier Aufzügen von Johann NESTROY, Uraufführung: Wien, 10. 3. 1842, Theater an der Wien; erschienen 1844. – Nestroys Posse, die auf John OXENFORDS Farce *A Day Well Spent* (1834) basiert und von Thornton WILDER wiederum für seine erfolgreiche Komödie *The Merchant of Yonkers* (1954, später unter dem Titel *The Matchmaker – Die Heiratsvermittlerin*) zur Vorlage genommen wurde, gilt als *»Paradestück der österreichischen Nationalliteratur«* (O. Basil).

Weil er wenigstens einmal in seinem einförmigen Kaufmannsleben *»ein verfluchter Kerl«* sein möchte, beschließt der sonst durchaus solide Kommis Weinberl, frischgebackener Kompagnon des *»vermischten Warenhändlers«* Zangler, das *»G'wölb'«* zuzusperren und sich zusammen mit dem pfiffigen Lehrjungen Christopherl in der nahegelegenen Hauptstadt einen Jux zu machen. Dort laufen sie um ein Haar dem gefürchteten Prinzipal in die Arme, der, sein Geschäft und sein schwärmerisches Mündel Marie in guter Obhut wähnend, auf recht bejahrten Freiersfüßen wandelt. Kurzerhand suchen die beiden in einer Modewarenhandlung Zuflucht, ohne zu ahnen, daß deren Inhaberin, Madame Knorr, Zanglers Braut ist. Nun zettelt Weinberl aus schierem Übermut eine Posse in der Posse an, über die er jedoch bald jede Kontrolle verliert. Er erkundigt sich nach der Rechnung einer flugs von ihm erfundenen »Frau von Fischer« und gibt sich für deren Gatten aus. Da erhält Madame Knorr den Besuch einer befreundeten Dame – einer Frau von Fischer. Diese geht jedoch zum Schein auf die Komödie ein und läßt sich samt Freundin von *»ihrem lieben Mann«* ausführen. Als die Damen in einem Ausflugsrestaurant ein fürstliches Menü bestellen, schwant den provinziellen Hochstaplern, daß der Jux ihre Nerven und ihre Finanzen weit überfordern wird. Als sie zudem noch entdecken, daß im gleichen Lokal, nur durch eine spanische Wand von ihnen getrennt, der Prinzipal diniert, gibt es kein Halten mehr. Daß der Fiaker, in dem sie die Flucht ergreifen, von Zangler gemietet war, um die von zu Hause ausgerissene Marie und ihren dem Oheim nicht genehmen Liebhaber August Sonders ins hochnotpeinliche Gewahrsam Fräulein von Blumenblatts, der Schwägerin Zanglers, zu befördern, trägt zu weiterer Verwirrung bei, zumal die alte Jungfer hartnäckig bei ihrer Meinung bleibt, der sich mit Hut und Schleier der Frau von Fischer tarnende Christopherl sei ihre entflohene Nichte und Weinberl deren Liebhaber.

Im Hause Fräulein von Blumenblatts dreht sich nun das Juxkarussell immer schneller: Zanglers phlegmatischer Hausknecht Melchior, der alles »klassisch« findet, und der echte Sonders, der sich das Pseudonym »Weinberl« zugelegt hat – so daß sich also Weinberl alias Sonders und Sonders alias Weinberl gegenüberstehen –, sorgen dafür, daß jeder jeden gerade für den hält, der er nicht ist. Das Verwechslungschaos wird durch die Ankunft Zanglers nur teilweise geordnet, denn die beiden Hauptsünder haben sich wieder einmal rechtzeitig aus dem Staub gemacht. Von ihrer Juxromantik gründlich geheilt, gelangen Weinberl und Christopherl gerade rechtzeitig bei ihrem Laden an, wo sie einen Einbrecher auf frischer Tat ertappen. Der ahnungslos heimkehrende Zangler überschüttet die beiden mit Lob. Listig erkauft sich Weinberl Frau von Fischers Diskretion mit einem Heiratsantrag, und Sonders darf Marie endlich mit Zanglers Erlaubnis in die Arme schließen, denn seine Erbtante in Brüssel war so kulant, das Zeitliche zu segnen.

Wieviel ironische Bewußtheit in diesem mit Gags überladenen Stück waltet, deutet Weinberls Schlußwort an: *»Also hat sich der Fall schon wieder ereignet? Nein, was's Jahr Onkel und Tanten sterben müssen, bloß damit alles gut ausgeht –!«* Nestroy, der sich die Rolle des Weinberl auf den Leib schrieb, verwendet die traditionellen Gattungsklischees nur, um parodistisch damit zu spielen. Mit Hilfe der Sprache distanziert er sich von einer Juxkomik der stereotypen Verwechslungen, Mißverständnisse, Zufälle und Hochzeiten und übersteigert sie ins Absurde. Die virtuose Dramentechnik, mit der er *»die Verwendung der Elemente im Drama zum Spiel mit diesen Elementen verkehrt«* (W. Müller-Seidel),

läßt Nestroy zum Vorläufer der Komödien- und Vaudevilletechnik eines Eugène LABICHE werden.
W.D.

AUSGABEN: Wien 1844. – Stg. 1890 (in *GW*, Hg. V. Chiavacci u. L. Ganghofer, 12 Bde., 1890/91, 1). – Wien 1928 (in *SW*, Hg. F. Brukner u. O. Rommel, 15 Bde., 1924–1930, 11; hist.-krit.; Nachdr. NY/Nendeln 1973). – Stg. 1956, Hg. u. Einl. W. Zentner (RUB; ern. 1984). – Freiburg i. B. 1962 (in *Klassische deutsche Dichtung in 20 Bden.*, Hg. F. Martini u. W. Müller-Seidel, Bd. 17; Nachw. W. Müller-Seidel). – Ffm. 1979 (in *Komödien*, Hg. F. H. Mautner, 6 Bde., 4). – Ffm. 1987 (in *Komödien*, Hg. ders., 3 Bde., 2; Insel Tb).

BEARBEITUNG: T. Stoppard, *On the Razzle: Adapted from »Einen Jux will er sich machen« by J. N.*, Ldn. 1982.

VERFILMUNGEN: Österreich 1916 (Regie: E. Leyde). – Deutschland 1928 (Regie: J. Brandt). – *Das Einmaleins der Liebe*, Deutschland 1935 (Regie: C. Hoffmann). – *Einmal keine Sorgen haben*, Österreich/BRD 1953 (Regie: G. Marischka). – Österreich 1957 (Regie: A. Stöger u. L. Lindtberg).

LITERATUR: R. Bauer, *N.s »Jux« oder die Verwandlung einer englischen Komödie zum Wiener Volksstück* (in R. B., *Laßt sie koaxen, die kritischen Frösch' in Preußen und Sachsen! Zwei Jahrhunderte Literatur in Österreich*, Wien 1977, S. 136–149).

DER TALISMAN

Posse mit Gesang in drei Akten von Johann NESTROY, Uraufführung: Wien, 16. 12. 1840, Theater an der Wien; erschienen 1843. – Als zeitlose Satire mehr denn als satirisches Zeitstück ist Nestroys *Talisman* zumeist verstanden worden. Mit gutem Grund kann sich diese Interpretation darauf berufen, daß die Thematik des Vorurteils gegen rote Haare eine zentrale Rolle für den Ablauf der Handlung spielt und daß damit zugleich der menschliche Hang zum Vorurteil generell ins Licht der Komik gerät. Schon die Vorlage, die französische Vaudeville-Komödie *Bonaventure*, für Nestroy nicht mehr als das Ausgangsmaterial seines literarischen Gestaltens, hatte das Vorurteil gegen rote Haare in diesem Sinn zum Thema erhoben.

Bei Nestroy indes ist dieses Thema nicht Selbstzweck, es ist Mittel der Satire auf die konkrete Situation der österreichischen Gesellschaft im Vormärz. Deren Verhalten gegenüber dem Rothaarigen, dem Außenseiter, wird symptomatisch für das Maß ihres Verfalls. Titus Feuerfuchs, der Prototyp des Deklassierten, erreicht mit Hilfe eines simplen Tricks – er kommt durch Zufall in den Besitz einer schwarzen Perücke –, was ihm bisher kategorisch verweigert wurde: die gesellschaftliche Anerkennung. Binnen kurzem erklimmt er die Stufenleiter der sozialen Hierarchie und wird vom Gärtner zum Jäger, vom Jäger zum Sekretär befördert, wobei er sich nacheinander der Protektion dreier Damen erfreut, der Gärtnerin Flora, der Kammerfrau Constantia und der Schloßbesitzerin Frau von Cypressenburg. In allen drei Fällen gelingt es Titus, die Damen nicht nur durch sein Äußeres, sondern auch durch seine den jeweiligen Bedürfnissen angepaßte Eloquenz zu beeindrucken: Titus (auf die Frage der Schloßbesitzerin nach der Tätigkeit seines Vaters): *»Er betreibt ein stilles, abgeschiedenes Geschäft, bei dem die Ruhe das einzige Geschäft ist; er liegt von höherer Macht gefesselt, und doch ist er frei und unabhängig, denn er ist Verweser seiner selbst – er ist tot.«* In der Reaktion auf diesen rhetorischen Coup verrät Frau von Cypressenburg, eine Adelige mit schriftstellerischen Ambitionen, ihr gestörtes Sprachbewußtsein: *»Der Mensch hat offenbar Anlagen zum Literaten.«* Titus schlägt aus der totalen Veräußerung des Goetheschen Bildungsideals durch das neureiche Bürgertum Kapital. Die Verdinglichung des Denkens und Empfindens dieser Schicht zeigt sich zumal in der Szene, in der Titus *coram publico* als Rothaariger entlarvt und verstoßen wird, um mit den Worten abzutreten: *»Das ist Ottokars Glück und Ende!«* Auch die Art, in der Nestroy hier ein klassisches Zitat, den Titel eines Dramas von Franz GRILLPARZER, parodistisch abwandelt, deutet darauf hin, daß Gesellschaftssatire und Bildungssatire Hand in Hand gehen. Darüber hinaus bezeichnet das Zitat den Punkt der Komödie, an dem sie zur Tragödie umzuschlagen droht. Die Wendung zum obligatorischen guten Ende vollzieht sich mit der Ankunft des »Bierversilberers« (Schankwirts) Spund, eines typischen Kleinbürgers, der es zu Geld gebracht hat, seinem Vetter Titus bisher aber keinen Anteil an seinem Wohlstand gegönnt hat *(»Ich könnt' das nicht brauchen, daß mir a Rotkopfeter die Schand antut und erweist mir die letzte Ehr'«)*. Ihren Standesdünkel samt Vorurteil gegen rote Haare vergessend, bringt die Schloßbesitzerin Spund dazu, Titus als Universalerben einzusetzen, in der Hoffnung, für ihre Kammerfrau einen vermögenden Ehemann zu ergattern. Aber Titus wählt nicht Constantia zur Frau, sondern die rothaarige Gänsemagd Salome – die Deklassierten schließen einen Bund, dessen Symbolcharakter im Hinblick auf die soziale Entwicklung in Österreich bis 1848 nicht zu übersehen ist.

Der *Talisman* ist ein Meisterwerk der facettenreichen Sprachkunst Nestroys; vom komischen Jargon des Gärtnerburschen Plutzerkern *(»Ein Fremder gestaltet sich vor meinem Blick«)* über die Wortakrobatik des mit dem überlegenen Bewußtsein ausgestatteten Komikers Titus – Nestroy selbst spielte diese Rolle – bis hin zu den unverfälschte Menschlichkeit signalisierenden Versprechern der Gänsemagd *(»Und jetzt bitt' ich nochmal um Verzeihung, daß ich umg'fallen bin in Zimmern, die nicht meinesgleichen sind«)* reicht die Skala der Ausdrucksnuancen. Mit dem *Talisman* entfernte sich Nestroy endgültig von der in Ferdinand RAIMUND kulminierenden Tradition des Wiener Volkstheaters und reihte sich ein in die Entwicklungsgeschichte der deutschen Komödie. Was zu deren Erneuerung in der ersten Hälfte des 19. Jh.s an theoretischen Vorstellungen entwickelt wurde – das Modell einer aristophanischen Komödie, die zeitbezogene Satire, Parodie und volkstümliche Form vereinen sollte –, ist im *Talisman* annäherungsweise zum ersten Mal realisiert. W.D.

Ausgaben: Wien 1843. – Stg. 1890 (in *GW*, Hg. V. Chiavacci u. L. Ganghofer, 12 Bde., 2). – Wien 1927 (in *SW*, Hg. F. Brukner u. O. Rommel, 15 Bde., 1924–1930, 10; hist.-krit.; Nachdr. NY/Nendeln 1973). – Stg. 1960 (Nachw. O. Rommel, RUB; ern. 1984). – Bln. 1971, Hg. H. Herles [mit Anm. u. Materialien]. – Ffm. u. a. 1977, Hg. C. Stumpf [m. Texten zum Wiener Volkstheater u. zur gesellschaftlichen Wirklichkeit im Österreich der Restauration]. – Ffm. 1987 (in *Komödien*, Hg. F. H. Mautner, 3 Bde., 3; Insel Tb).

Literatur: F. H. Mautner, *J. N. »Der Talisman«* (in *Das deutsche Drama*, Hg. B. v. Wiese, Bd. 2, Düsseldorf 1958, S. 23–43; ern. in F. H. M., *Wort und Wesen. Kleine Schriften zur Literatur*, Ffm. 1974, S. 66–91). – H. Herles, *N.s Komödie »Der Talisman«. Von der ersten Notiz zum vollendeten Werk. Mit bisher unveröffentlichten Handschriften*, Mchn. 1974. – *»Der Talisman«. Erläuterungen u. Dokumente*, Hg. J. Hein, Stg. 1975 (RUB).

DER ZERRISSENE

Posse mit Gesang in drei Akten von Johann Nestroy, Musik Adolf Müller; Uraufführung: Wien, 9. 4. 1844, Theater an der Wien; erschienen 1845. – Wie bei vielen seiner Werke verwendet Nestroy die Handlung eines französischen Vaudeville (*L'homme blasé* von Duvert und Lauzanne), ist aber im geistreichen Überspielen des bloßen Handlungselements, in der Dialogführung und im sprachlichen Ausdruck völlig autark. Daß erst Nestroy dem Original zu künstlerischer Bedeutung verhalf, führte den Wienern dessen deutsche Fassung vor Augen, die am gleichen Abend wie *Der Zerrissene* unter dem Titel *Überdruß aus Überdruß oder Der gespenstige Schlosser* im Theater in der Josefstadt Premiere feierte.

Nestroy versieht das Thema – ein nicht mehr existentiell, sondern gesellschaftlich bedingter, zum modischen Surrogat veräußerlichter Weltschmerz – von vornherein mit satirischen Akzenten (der Bediente Christian in der ersten Szene: *»Ein zerriss'nes Gemüt mit dem Geld!«*). Herr von Lips, ein Hypochonder und Räsonnierer, der sich in der Attitüde des Zerrissenen gefällt, erkennt in seinem Reichtum die Ursache seiner Langeweile und Melancholie. Das Kapital wird zum Signum eines Wirklichkeitsverlustes, den Lips beklagt und um jeden Preis wettmachen möchte. Um sich eine Zerstreuung zu schaffen, verfällt er auf die närrische Idee, der ersten Frau, die an diesem Tag zur Tür hereintritt, die Ehe anzutragen. Es ist dies die verwitwete, leicht anrüchige Madame Schleyer, die Lips ihre Aufwartung macht, und im folgenden entwickelt sich zwischen den beiden eine Komödie in der Komödie (Lips: *»Spielen Sie mir jetzt die Komödie vor, als ob nicht mein Reichtum, sondern meine liebenswürdige Persönlichkeit Ihren Entschluß bestimmet!«*), die die Liebesphraseologie romantischer Trivialliteratur desillusioniert und parodistisch umkehrt und die, wie der erste Akt insgesamt, an metaphorischem Witz und satirischer Prägnanz im weiteren Verlauf des Stücks nicht mehr überboten wird (Lips: *»Ich versteh', vom Neinsagen keine Red', aber zum Jasagen finden Sie eine Bedenkzeit schicklich«*). Der erste Akt endet mit einem grotesken Eklat: Der Schlosser Gluthammer erkennt in Madame Schleyer seine, wie er in seiner plumpen Treuherzigkeit glaubt, entführte, in Wirklichkeit aber davongelaufene Geliebte und hält Lips für deren Entführer. Die beiden gehen aufeinander los und stürzen im Eifer des Gefechts vom Balkon in den Fluß. Zwar bleiben sie unversehrt, da aber das Gerücht umgeht, sie seien beide ertrunken, hält sich jeder für den Mörder des andern und verschwindet von der Bildfläche. Zufällig wählen beide den gleichen Ort als Versteck: den Hof des Bauern Krautkopf, der mit Gluthammer befreundet ist und Lips zum Pachtherrn hat. Dieser gibt sich als Knecht aus und kommt auf diese Weise in engeren Kontakt mit der Wirklichkeit, als ihm lieb ist. Nur gegenüber seinem Patenkind Kathi, der unverbildeten, uneigennützigen, ihn schwärmerisch verehrenden Tochter einer früheren Hausangestellten, lüftet er sein Inkognito. Daß Lips schließlich von seiner Grille geheilt wird, bewirken nicht zuletzt die Aufrichtigkeit und Treue dieses Mädchens, das er als Alleinerbin einsetzt und heiratet, während seine falschen Freunde leer ausgehen. In einer burlesken Gespensterszene – einem der Glanzstücke des Komikergespanns Johann Nestroy–Wenzel Scholz – haben sich zuvor Lips und Gluthammer von ihrer leiblichen Existenz und damit von ihrer Unschuld überzeugt.

Mit dem *Zerrissenen* knüpfte Nestroy an die großen Erfolge seiner vorausgegangenen Stücke *Der Talisman* (1840), *Das Mädl aus der Vorstadt* (1841), *Einen Jux will er sich machen* (1842) und *Liebesgeschichten und Heiratssachen* (1843) an. Das Stück ist beispielhaft für die Art, in der Nestroy die allegorisch umrahmte Besserungsmotivik der Altwiener Volkskomödie ihrer überholten weltanschaulichen Determinanten entkleidet, realistisch auf Zeit- und Gesellschaftsphänomene des Vormärz bezieht und nur mehr als Vehikel seiner satirischen Reflexionen bestehen läßt. W.D.

Ausgaben: Wien 1845. – Stg. 1890 (in *GW*, Hg. V. Chiavacci u. L. Ganghofer, 12 Bde., 1890/91, 3). – Wien 1929 (in *SW*, Hg. F. Brukner u. O. Rommel, 15 Bde., 1924–1930, 12; hist.-krit.; Nachdr. NY/Nendeln 1973). – Stg. 1959 (Nachw. O. Rommel; RUB; ern. 1984). – Ffm. 1979 (in *Komödien*, Hg. F. H. Mautner, 6 Bde., 4). – Wien/Mchn. 1985 (in *SW*, Hg. J. Hein u. J. Hüttner,

1979ff., Bd. 21, Hg. J. Hein; hist.-krit.). – Ffm. 1987 (in *Komödien*, Hg. F. H. Mautner, 3 Bde., 2; Insel Tb).

VERTONUNG: G. v. Einem, *Der Zerrissene* (Libretto: B. Blacher; Oper; Urauff.: Hbg., 17. 9. 1964, Staatsoper).

VERFILMUNG: *Die goldene Fessel*, Deutschland 1944 (Regie: H. Thimig).

AUGUST GRAF VON PLATEN

eig. August Graf von Platen-Hallermünde
* 24.10.1796 Ansbach
† 5.12.1835 Syrakus

LITERATUR ZUM AUTOR:
R. Schlösser, *A. Graf v. P. Ein Bild seines geistigen Schaffens*, 2 Bde., Mchn. 1910–1913. – M. Koch, *P.s Leben u. Schaffen*, Lpzg. o. J. [1910] (auch in A. Graf v. P., *SW*, Hg. M. Koch u. E. Petzet, 12 Bde., 1). – Th. Mann, *P. – Tristan – Don Quichotte* [späterer Titel *A. v. P.*] (in *Fünf Jahre P.-Gesellschaft*, Ansbach 1931; ern. in Th. M., *Adel des Geistes*, Stockholm 1945, S. 503–517). – K. Wölfel, *P.s »Poetische Existenz«. Studien zur Lebenshaltung des Dichters*, Diss. Würzburg 1951. – H. H. Lewald, *P.s geistiges Bild*, Diss. Köln 1958. – G. Häntzschel, *A. v. P.* (in *Zur Literatur der Restaurationsepoche*, Hg. J. Hermand u. M. Windfuhr, Stg. 1970, S. 108–150). – J. Link, *Artistische Form u. ästhetischer Sinn in P.s Lyrik*, Mchn. 1971. – F. Redenbacher, *P.-Bibliographie*, Hildesheim/NY ²1972. – H. Dollhammer, *A. Graf v. P.*, Ansbach 1976. – V. J. Günther, *A. Graf v. P.* (in *Deutsche Dichter des 19. Jh.s. Ihr Leben u. Werk*, Hg. B. v. Wiese, Bln. ²1979, S. 77–97). – F. Sengle, *A. Graf v. P.* (in F. S., *Biedermeierzeit*, Bd. 3, Stg. 1980, S. 415–467). – H.-J. Teuchert, *A. v. P. in Deutschland: Zur Rezeption eines umstrittenen Autors*, Bonn 1980. – J. Link, *Heines Antipode. Der Lyriker P. in neuer Sicht*, Mchn. 1983. – H. Fichte, *»Deiner Umarmungen süße Sehnsucht«. Die Geschichte der Empfindungen am Beispiel der französischen Schriften des Grafen A. v. P.-Hallermünde*, Tübingen 1985. – P. Bumm, *A. Graf v. P. Eine Biographie*, Paderborn 1990.

DAS LYRISCHE WERK von August Graf von PLATEN.
Als Person wie als Autor blieb Platen zeit seines Lebens ein Außenseiter: als verarmter Adeliger in einer sich formierenden bürgerlichen Gesellschaft, als Homosexueller in einer restaurativen Zeit, als Lyriker, der einen klassischen Kulturbegriff und eine elitäre Genievorstellung gegenüber einem Literaturbetrieb zu vertreten suchte, der schon weitgehend von den Maximen des Marktes beherrscht wurde. 1826 verließ Platen Deutschland endgültig, nur für wenige Wochen sollte er nochmals zurückkehren. Seit fünf Jahren hatte er sich als Schriftsteller versucht, als Dramatiker (*Die Verhängnißvolle Gabel*, 1826) auch Erfolge erzielt und sich darüber hinaus einen gewissen Ruf im literarischen Leben seiner Zeit erworben mit vier bis dahin erschienenen Gedichtbänden: *Lyrische Blätter* (1821), *Ghaselen* (1821), *Neue Ghaselen* (1823) sowie *Sonette aus Venedig* (1825). Weitere Ghaselen enthält das Bändchen *Vermischte Schriften* (1822), 1828 folgt der Sammelband *Gedichte von August Graf von Platen*. Daß Platen letztlich auch in positiven zeitgenössischen Rezensionen stets latenten Widerspruch provozierte, lag am elitären Anspruch, den er mit seinem Werk verband; im Vorwort zu den *Lyrischen Blättern* stellte er sich in die Nachfolge von PETRARCA und CAMÕES, die *Ghaselen* eröffnete er mit den Zeilen: *»Du, der nie gewagt zu fliegen / Nach dem Orient, wie wir / Laß dies Büchlein, laß es liegen, / Denn es ist Geheimnis dir!«* Auf den Vorwurf des Selbstlobes reagierte der Autor schließlich mit dem Epigramm gleichen Titels, das schlaglichtartig Platens überaus traditionelle Vorstellung von der Funktion des Dichters als Medium des poetischen Genius beleuchtet: *»Nicht mich selber, ich rühmte den Genius, welcher besucht mich, / Nicht mein sterbliches, mein flüchtiges, irdisches Nichts!«* Dabei war Platen mehr als nur ein Epigone; Narzißmus und Weltschmerz einerseits, Ästhetizismus und Sprachartistik andererseits heben seine Gedichte durchaus von den gängigen Spielarten der zeitgenössischen Erlebnislyrik im Gefolge GOETHES wie der romantischen Ironie und Formauflösung ab und eröffnen Wirkungslinien, die über das Fin de Siècle und Stefan GEORGE bis hin zu Hugo von HOFMANNSTHAL und vor allem Thomas MANN reichen, dem die vielleicht treffendste Charakterisierung Platens – für ihn eine Inspirationsquelle zum *Tod in Venedig* – vorbehalten blieb; als in die Schönheit tödlich verliebter Tristan und als Don Quijote zugleich.
Bevor Platen mit seinen *Ghaselen* 1821 an die Öffentlichkeit trat, hatte er seine frühen lyrischen Versuche dem seit 1813 geführten *Tagebuch* anvertraut, dem Dokument einer tiefgreifenden Verstörung. Weder beruflich – als Zehnjähriger schon war Platen ins Münchner Kadettenkorps gesteckt worden – noch persönlich konnte der Autor eine Perspektive für seine Existenz erkennen; die Poesie erscheint als teils bewußt gewählte Möglichkeit, der Tristesse der Realität zu entfliehen (*»Die Phantasie muß der Wirklichkeit nachhelfen. Also soll ich mich selbst betrügen?«*). Als Vorbilder fungieren zunächst Autoren der Empfindsamkeit, HÖLTY und MATTHISSON, dazu der junge SCHILLER. Bilder einer idyllisch-verklärten Welt prägen die frühesten Gedichte Platens (*»Süßer tönten Philomelens Lieder,*

/ Sanfter bricht im Bache sich die Well', / Und vom Felsen stürzt der Silberquell / Still mit leiserem Gemurmel nieder.«), denen sich bald aber der desillusionierte Blick auf die Wirklichkeit beimischt; es entstehen melancholische Romanzen, die mit ihrem nachhallenden Klang in der Dichtung LENAUS ihr zeitgenössisches Pendant finden: *»Ich blickte hinauf in der Nacht, in der Nacht, / Ich blickte hinunter aufs neue: / O wehe, wie hast du die Tage verbracht! / Nun stille du sacht / In der Nacht, in der Nacht, / Im pochenden Herzen die Reue!« (Wie rafft ich mich auf in der Nacht)*. Es sind *»statische Gedichte«* (H. Henel), in der Form des Trioletts, der Terzine oder der Stanze, und früh schon versucht der junge Platen sich auch in Elegien und Oden, auf die er in seinem Spätwerk wieder zurückkommen wird; gerade die Bemühungen Platens um anspruchsvolle lyrische Formen (später ergänzt durch das persische Ghasel), führten bereits in der zeitgenössischen Rezeption dazu, daß sein Werk als naturfeindlich, als *»kalt«*, als *»zu künstlich«* (G. Schwab) eingestuft wurde. Die neuere Forschung relativiert diese Einschätzung: der eigentliche Antrieb der Lyrik Platens *»ist und bleibt dabei immer der geradezu verzweifelte Wille, eine als sinnlos erfahrene Welt in sinnvolle geistige Gestalten«* – in Formen – *»zu integrieren und ihr dadurch Sinn zu verleihen«* (J. Link).

Als Platen 1821 seine *Ghaselen* veröffentlichte, waren orientalische Mode und Lebensform durchaus sehnsuchtsvolle Fluchtpunkte des deutschen Biedermeiers, dazu hatte GOETHES *West-oestlicher Divan* (1819) die Ghaselen-Dichtung des persischen Dichters HĀFEẒ (Hafis, um 1320–1389/90) bekannt gemacht. Für Platens Annäherung an diese Form war zudem die Anakreontik des Rokoko bestimmend, in der die für das Ghasel charakteristische Prinzip der Reimserie ansatzweise vorbereitet war. Das Ghasel besteht aus einer beliebigen Anzahl von Langversen, wobei die beiden Halbverse des Eingangsverses – im Deutschen ist der Langvers in der Regel zu einem Verspaar umgebildet – sich untereinander reimen und die folgenden Verse diesen Reim wiederholen: *»Sieh die Wolke, die mit Blitz und Knall spielt; / Sieh den Mond, mit dem der Himmel Ball spielt; / Sieh den Fels, der bis ans Firmament reicht, / Wie er liebend mit dem Widerhall spielt;«* Platen konnte auf diese Weise die melancholischen Motive seiner Romanzen und Jugendlieder verbinden mit den heiteren Topoi des Ghasels, der Feier des Lebensgenusses und der Erotik. In der oszillierenden Form des Bildreihengedichts wird die disparat erfahrene Welt ebenso poetisiert wie die persönliche Außenseitersituation des Dichters, aufgehoben in einer spielerischen Artistik mittels einer Metaphorik, die zwar traditioneller Art ist, durch *»das organisierende Prinzip der Bildreihe«* (J. Link) aber eine durchaus neue ästhetische Ausdrucksform gewinnt, die auch imstande ist, die erotische Thematik zu integrieren: *»Ich bin wie Leib dem Geist, wie Geist dem Leibe dir; / Ich bin wie Weib dem Mann, wie Mann dem Weibe dir, / Wen darfst du lieben sonst, da von der Lippe weg / Mit ew'gen Küssen ich den Tod vertreibe dir?«* Die zeitgenössische Rezension antwortete auf Platens Ghaselen, denen weitere in den *Vermischten Schriften* (1822) sowie in dem Band *Neue Ghaselen* (1823) folgten, durchaus positiv, obgleich man gern den Vergleich zu Goethe suchte; dieser wiederum lobte die *Ghaselen* von 1821 als Sammlung *»wohlgefühlter, geistreicher, dem Orient vollkommen gemäßer Gedichte«*.

Erst anläßlich der *Sonette aus Venedig* (1825) reagierte Goethe distanziert und warf Platen mangelnde *»Liebe«* zum Gegenstand vor, wie Eckermann am 25.12. 1825 notierte, ein Vorwurf, der in der Platen-Rezension seitdem stereotyp wiederkehrt. Dabei hatte der Autor, dessen frühe Versuche in dieser Gedichtform meist seine gescheiterten Liebesbeziehungen zum Gegenstand hatten, gerade in diesem, vierzehn Sonette umfassenden Zyklus eine objektivierende Haltung erlangt, fühlte sich im Ambiente Venedigs wie noch nie *»einbezogen ... in eine Ordnung äußerer Dinge«*, die ihm zum Spiegel seiner eigenen Befindlichkeit werden. Zwischen dem 8.9. und dem 9.11. 1824 hatte sich Platen erstmals in der Stadt aufgehalten, deren Paläste, Brücken und Kunstschätze – vor allem Tizian, Veronese, Bellini und Canaletto sind hervorgehoben – die Sonette verklären und jenen esoterischen, gleichsam symbolistischen Mythos eines Reiches fast unirdischer, *»wie eine Tulipane«* dem Meer entstiegener Kunst und Schönheit entwerfen, eine Mythenschöpfung ohne Pathos, getragen zugleich vom Bemühen um Dämpfung und Distanzierung durch die Form: *»Wie lieblich ist's, wenn sich der Tag verkühlet, / Hinaus zu sehn, wo Schiff und Gondel schweben, / Wenn die Lagune, ruhig, spiegeleben, / In sich verfließt, Venedig sanft umspület!«* Die bald auf die Quartette, bald auf die Terzette verteilten Reflexionen spiegeln in gebrochenen Halbtönen jene melancholische Grundstimmung, die neben der sinnlichen Intensität deskriptiver Verse den eigentümlichen Reiz des Zyklus ausmacht. Auf einer desillusionierenden Stilebene wird das Bewußtsein von der Vergänglichkeit und Künstlichkeit des Idols transparent (*»Dann blick ich oft, an Brücken angeschmieget, / In öde Wellen, die nur leise zittern, / Wo über Mauern, welche halb verwittern, / Ein wilder Lorbeerbusch die Zweige bieget.«)*, wie auch jenes Motiv unerfüllter homoerotischer Liebe, das im vorletzten Sonett aufscheint *(»Kein Mittel giebt's, das mich dir näher brächte / Und einsam siehst du meine Tritte wanken / Den Markus auf und nieder alle Nächte.«)*, verflochten ist mit der schwermütigen Liebe Platens zu dieser Stadt, deren Schönheit, wie er im *Tagebuch* festhält, *»etwas Wundervolles, Geheimes, Schauerliches beigesellt«* sei.

Im Venedig-Mythos hat Platen ein fortwirkendes, noch für Hofmannsthal, HAUPTMANN und vor allem Thomas Mann *(Tod in Venedig)* gültiges Symbol geschaffen. Im Sonett fand er eine lyrische Ausdrucksform, die es ihm ermöglichte, persönliches Bekenntnis und objektivierende Reflexion zu verbinden. Allerdings blieb die Sammlung beim Publikum weniger erfolgreich, und zunehmend fühlte Platen sich – zumal nachdem er Anfang 1825 wegen Überschreitung seines Urlaubs in Arrest genommen worden war – isoliert und unverstanden in Deutschland; zwar betonte er bei jeder Gelegenheit, wie wenig er von der öffentlichen Anerkennung abhängig sei, aber sein nicht wenig ausgeprägtes Geltungsbedürfnis ließ diese Haltung nur als Pose zu. Im Jahre 1828, zwei Jahre nach seiner Abreise nach Italien, veröffentlichte der Lyriker eine erste Sammlung seiner *Gedichte*, eine zweite, vermehrte Auflage folgte 1834; hier nahm Platen auch jene Ghaselen und Sonette auf, in denen er seine unglücklichen Liebesbeziehungen thematisierte, sowie historische Balladen. HEINE reagierte früh schon allergisch gegen diese Dichtung; zwar sei Platen ein *»wahrer Dichter«*, aber *»das ganze Buch enthält nichts als Seufzer nach Pedrastie. Es hat mich bis zum fatalsten Mißbehagen angewidert«* (An W. Menzel, 2. 5. 1828). In einem weiteren Sinn aber waren es vor allem die Versuche Platens, die klassischen Gedichtformen – Hymnen und Oden, Epigramme und Eklogen – in ihren antiken Versmaßen zu rekonstruieren, die seine Rezeption verhinderten; er selbst formulierte seinen Anspruch in dem Gedicht *Antwort an einen Ungenannten im Morgenblatt: »Laß mich Odysseen erfinden, schweifend an Homers Gestaden, / Bald, in voller Waffenrüstung folgen ihnen Iliaden. / Ja, wenn ganz mit deutscher Seele griechische Kunst sich hat verschmolzen / Sollst du sehen, zu welchen Pfeilen greift Apoll, zu welchen Bolzen.«* Allerdings war es weniger das ungewollt komische Pathos, wie es aus diesen Zeilen spricht, die Platens Lyrik behafteten; seine Hymnen und Oden waren, wie J. LINK hervorhebt, für die mündliche Deklamation gedacht, während der Zusatzakzente und Akzenthäufungen zwanglos anzubringen waren, die im geschriebenen Wort zu ungewöhnlichen, die Vor- oder Nachsilbe hervorhebenden Betonungen führte. Darin wirkte Platen für seine Zeitgenossen bereits epigonal, über alle Maßen formverliebt, und noch Thomas Mann notierte: *»War es denn nicht eine Donquijoterie der generös-eigensinnigsten Art, daß er der deutschen Sprache Formen aufzwang ..., die sie erhoben, aber quälten, wie die Wiederkehr des Gleichen im Ghasel und das hieratische Zeremoniell der Ode, das ihn zur Forderung unnatürlicher Betonungen wie Deutsch*land, *Wahr*heit, *und Nach*sicht, *führte ...?«* Auf ähnliches Befremden stieß auch Platens – in den obigen Zeilen angekündigte – Absicht, analog zur *Ilias* und der *Odyssee* ein deutschen Nationalepos zu schaffen; verwirklicht wurde lediglich das Versepos *Die Abbassiden*, entstanden 1828–1830, ein Zaubermärchen, das in der Welt des Orients spielt und seine Anregungen aus *Tausendundeine Nacht* empfing. Charakteristisch für Platens späte Dichtung ist die Tendenz zur Entsubjektivierung; während in der Ode *Der künftige Held* das lyrische Ich gelassen gleichsam den Kosmos der Mythen und Sagen überblickt *(»Rückwärts gewandt blickt oft in der Fabel Nacht / Der Dichter, späht Heroen sich aus, ...«)*, hatte Platen in seinem 1825 entstandenen »Lied« *Tristan* für sich die elegischen Zeilen gefunden: *»Wer die Schönheit angeschaut mit Augen, / Ist dem Tod schon anheimgegeben, / Wird für keinen Dienst auf Erden taugen, / Und doch wird er vor dem Tode beben, / Wer die Schönheit angeschaut mit Augen!«*

Nach seiner Kontroverse mit Heine und seinem frühen Tod war Platen in Deutschland bald vergessen, in Schulbüchern finden sich bis heute nur noch einige Balladen *(Das Grab im Busento; Der Pilgrim von St. Just)*; allerdings stießen seine erst postum erschienenen *Polenlieder* (1839) bei liberalen Autoren des 19. Jh.s, wie HERWEGH oder FREILIGRATH, auf starke Zustimmung, die sich im 20. Jh. in der DDR-Germanistik überraschend fortsetzte. Ansonsten stand Platen, sieht man vom Fin de siècle ab, *»nie im Mittelpunkt des Forschungsinteresses«* (H.-J. Teuchert), auch wenn J. Link in seiner grundlegenden Arbeit zur Lyrik dieses Autors und seinem Bemühen, der Welt einen primär ästhetisch gebundenen Sinn zuzuschreiben, aufzeigen konnte, wie sehr hier Verbindungslinien zur Philosophie SCHOPENHAUERS und NIETZSCHES, aber auch zur Lyrik der Moderne, zu BAUDELAIRE und MALLARMÉ, bestehen. M.Pr.

AUSGABEN: *Ghaselen*, Erlangen 1821. – *Lyrische Blätter*, Erlangen 1821. – *Vermischte Schriften*, Erlangen 1822. – *Neue Ghaselen*, Erlangen 1823. – *Sonette aus Venedig*, Erlangen 1825. – *Gedichte*, Stg./Tübingen 1828; ²1834 [verm.]. – *Die Abbassiden. Ein Gedicht in neun Gesängen*. Stg./Tübingen 1835. – *GW*, Hg. F. Graf v. Fugger, Stg./Tübingen 1839. – *Gedichte aus dem ungedruckten Nachlasse*, Hg. G. L. Schuler, Straßburg 1839; ²1841 [verm.]. – Lpzg. o. J. [1910] (in *GW*, 12 Bde., Hg. M. Koch u. E. Petzet, 1–6; hist.-krit.). – *Die Gedichte des Grafen A. v. P.*, Hg. R. Schlösser, Lpzg. 1910. – *Gedichte*, Hg. u. Ausw. C. Fischer, Heidelberg 1958 [Nachw. H. Cysarz]. – *Gedichte*, Hg. u. Nachw. H. Henel, Stg. 1968 (RUB). – Mchn. 1982 (in *Werke*, Hg. K. Wölfel u. J. Link, 2 Bde., 1).

LITERATUR: H. Stockhausen, *Studien zu P.s Balladen*, Bln. 1899. – H. Tschersig, *Das Gasel in der deutschen Dichtung u. das Gasel bei P.*, Lpzg. 1907. – F. Veit, *Graf P.s Nachbildungen aus dem Diwan des Hafis u. ihr persisches Original* (in StvLg, 7, 1907, S. 257–307; 390–438; 8, 1908, S. 145–224). – H. Kallenbach, *P.s Beziehungen zu Shakespeare* (ebd., 8, 1908, S. 449–469). – E. Meyer, *P.s Gaselen*, Lpzg. 1914. – N. Westram, *Die Lyrik P.s unter besonderer Berücksichtigung der Liederdichtung*, Diss. Marburg 1949. – H. Henel, *Epigonenlyrik. Rückert u. P.* (in Euph, 55, 1961, S. 260–278). – B. v. Wiese, *A. v. P.: Sonett (LX; »Wer wußte je das Leben recht zu fassen«)* (in *Die deutsche Lyrik*, Bd. 2, Hg. ders., Düsseldorf 1962, S. 118–127). – K. Partl, *Die Spiegelung romantischer Poetik in der biedermeierlichen Dichtungsstruktur Mörikes u. P.s* (in *Zur Literatur der Restaurationsepoche*, Hg. J. Hermand u. M. Windfuhr, Stg. 1970, S. 490–560). – J. Link, *Echobild u. Spiegelgesang: Zu P.s »Tristan«* (in *Gedichte u. Interpretationen 4*, Hg. G. Häntzschel, Stg. 1983, S. 36–46; RUB). –

W. Schmitz, *Rhetorik des Nihilismus. Zu A. v. P.s Gedicht »Es liegt an eines Menschen Schmerz, an eines Menschen Wunde nichts«* (ebd., S. 22–34). – A. v. Schirnding, *A. v. P.: »Ghasel«* (in *Wenn Zeit ist wie Ewigkeit. Dichter, Interpreten, Interpretationen*, Hg. R. Riedler, Mchn./Zürich 1987, S. 33–37). – P. Bumm, *A. Graf v. P.*, Paderborn 1990.

WILHELM RAABE

* 8.9.1831 Eschershausen
† 15.11.1910 Braunschweig

LITERATUR ZUM AUTOR:
Bibliographien:
Jbb. der R.-Gesellschaft, Braunschweig 1960 ff. – F. Meyen, *W. R. Bibliographie*, Göttingen 1973 (in *SW* [Braunschweiger Ausgabe], Hg. K. Hoppe, 21 Bde. u. 4 Erg.-Bde., Freiburg i. B./Braunschweig 1951–1959, Göttingen 1960–1983; Erg.-Bd. 1). – *R.-Verzeichnis. Bestände in Braunschweig, Marbach/Neckar u. Wolfenbüttel*, Hg. M. Garzmann u. W.-D. Schuegraf, Braunschweig 1985.
Biographien:
F. Hartmann, *W. R. Wie er war u. wie er dachte*, Hannover ²1927. – W. Fehse, *W. R. Sein Leben u. seine Werke*, Braunschweig 1937. – H. Oppermann, *W. R. in Selbstzeugnissen u. Bilddokumenten*, Reinbek 1970 (rm). – H. S. Daemmrich, *W. R.*, Boston 1981. – H. Denkler, *W. R. Legende – Leben – Literatur*, Tübingen 1989.
Gesamtdarstellungen und Studien:
R.-Studien, Hg. C. Bauer, Wolfenbüttel 1925. – H. Meyer, *Raum u. Zeit in W. R.s Erzählkunst* (in DVLG, 27, 1953, S. 236–267). – R. Pascal, *The Reminiscence-Technique in R.* (in MLR, 49, 1954, S. 339–348; dt. in *R. in neuer Sicht*, Hg. H. Helmers, Stg. 1968, S. 130–144). – H. Pongs, *W. R. Leben u. Werk*, Heidelberg 1958. – B. Fairley, *W. R. Eine Deutung seiner Romane*, Mchn. 1961. – F. Martini, *W. R.* (in F. M., *Deutsche Literatur im bürgerlichen Realismus 1848–1898*, Stg. 1962, S. 665–736). – H. Meyer, *Der Sonderling in der deutschen Dichtung*, Mchn. ²1963. – G. Lukács, *W. R.* (in G. L., *Werke*, 7, Neuwied 1964, S. 420–451). – K. Hoppe, *W. R. Beiträge zum Verständnis seiner Person u. seines Werkes*, Göttingen 1967. – *R. in neuer Sicht*, Hg. H. Helmers, Stg. 1968. – E. Beaucamp, *Literatur als Selbstdarstellung. W. R. u. die Möglichkeiten des deutschen Realismus*, Bonn 1968. – R.-D. Holl, *Raumgestaltung bei W. R.*, Bonn 1977. – E. Rüter, *Die Gesellschaft der Freunde W. R.s. Rezeptionssteuerung als Programm*, Darmstadt 1977. – H. Helmers, *W. R.*, Stg. ²1978 (Slg. Metzler). – *W. R. Studien zu seinem Werk*, Hg. L. A. Lensing u. H.-W. Peter, Braunschweig 1981. – H. Kolbe, *Vom Entwicklungs- zum Desillusionierungsroman*, Bln./DDR 1981. – W. T. Webster, *Wirklichkeit u. Illusion in den Romanen W. R.s*, Braunschweig 1982. – H.-W. Peter, *W. R.: Der Dichter in seinen Federzeichnungen u. Skizzen*, Rosenheim 1983. – A. Klein, *Versuch einer Interpretation von R.s Werk*, Braunschweig 1983. – R. Schmid-Stotz, *Von Finkenrode nach Altershausen: Das Motiv der Heimkehr im Werk W. R.s*, Bern u. a. 1984. – S. Radcliffe, *Der Sonderling im Werk W. R.s*, Braunschweig 1984. – W. Zirbs, *Strukturen des Erzählens: Studien zum Spätwerk W. R.s*, Ffm. u. a. 1986. – J. Sammons, *W. R. The fiction of the alternative community*, Princeton 1987. – H. Denkler, *Neues über W. R. Zehn Annäherungsversuche an einen verkannten Schriftsteller*, Tübingen 1988.

ALTERSHAUSEN

Romanfragment von Wilhelm RAABE, entstanden 1899 bis 1902, postum erschienen 1911. – *Altershausen* ist ein doppelt anachronistisches Werk: Inhaltlich – wie sein Autor – einem längst vergangenen Realismus zugehörig, wirft es ästhetische Fragestellungen auf, die eigentlich erst Gegenstand der späteren Avantgardebewegungen sind. Die strukturelle Offenheit des Textes, den Raabe bis zu seinem Tode unveröffentlicht liegen ließ, führte gar zu Spekulationen, ob es sich wirklich um ein unvollendetes Werk handle.

Der zu seinem siebzigsten Geburtstag mit allen Ehren überhäufte *»Geheimrat Feyerabend saß ... in dem höchsten Gipfel einer Tanne«*. Mit einer Fülle solcher auf ironische Distanz bedachten Wendungen wird der Leser hineingezogen in das Leben und Denken des weltberühmten Arztes, der – alt geworden – beginnt, sich auf seine Kindheit zu besinnen. Aber wie im gesamten Spätwerk Raabes dient diese Ironie nicht mehr in erster Linie der Bewältigung der Phänomene; bei seiner Rückkehr nach Altershausen, dem Städtchen seiner Kindheit, findet der alte Geheimrat einen aus den Augen verlorenen, nunmehr gesuchten Freund aus Kindertagen, Ludchen Bock, als Idioten wieder: Infolge eines Unfalls ist er auf der Entwicklungsstufe eines Zwölfjährigen stehengeblieben.

Die Wiederbegegnung mit dem Ort, mit Ludchen und mit der ehemaligen Gespielin, dem nunmehr greisen Minchen, wirkt in der Durchdringung von Gegenwart und Vergangenheit fast surreal; sie konzentriert sich zeitlich, abgesehen von den einleitenden vier Kapiteln, auf weniger als vierundzwanzig Stunden und bildet den gesamten nacherzählbaren Inhalt des Werks. Wie etwa auch in *Stopfkuchen* und in *Die Akten des Vogelsangs* steht das Verhältnis von Kindheit und Alter, von Zeitenwandel und persönlicher Entwicklung im Mittelpunkt des Romans; allerdings wird nirgends ein entwicklungsfeindliches Verharren und das Festhalten an der Illusion von der *»goldnen Kindheit«* so

radikal in Frage gestellt wie im Bild des wohlkonservierten, greisen Kindes Ludchen. So mutet das ganze Werk wie ein Alptraum an, dessen plötzliches Abbrechen selbst noch die Fiktion des Lebens problematisiert.
Raabes Verstummen wurde verschiedentlich als Resignation gedeutet. Der Dichter habe die Unmöglichkeit eingesehen, seinen trotzigen Humor mit dem realen Wahnsinn zu vermitteln. Unzweifelbar liegt der Rang von Raabes Romanfragment in dessen literarischer Technik: Strukturprinzip des Erzählens ist eine *»direkte Wiedergabe des Bewußtseinsstroms«* (F. Maatje), lange bevor diese Technik durch JOYCE literarische Furore machte. Äußere Ereignisse durchmischen sich mit Kindheitserinnerungen und Assoziationen; es läßt sich weder eine kontingente Erzählperspektive noch eine durchgängige Erzählebene ablesen. So wurde Raabe aufgrund dieses Textes mit einigem Recht als der wohl erste deutsche Epiker gefeiert, der *»mit den Problemen der Gestaltung simultaner Bewußtseinsakte gerungen«* (W. Overdieck) habe. Dieser latente Avantgardismus des späten Raabe ist um so bemerkenswerter, als sich der Dichter fern aller inhaltlichen Radikalität bewegt, so daß avantgardistische Techniken hier nicht als Provokation, sondern als historische und ästhetische Notwendigkeit erkennbar werden. V.H.-A.Ar.

AUSGABEN: Bln. 1911, Hg. P. Wasserfall. – Göttingen 1968 (in *SW*, Hg. K. Hoppe, 21 Text- u. 4 Erg.-Bde., Braunschweig/Göttingen 1951 bis 1983, 20; *Braunschweiger Ausg.*). – Stg. 1981, Nachw. E. Oehlenschläger (RUB). – Ffm. 1985 (in *Werke in Einzelausgaben*, Hg. J. Schrader; Insel Tb).

LITERATUR: W. Overdieck, *Simultaneität u. Ambivalenz in W. R.s »Stopfkuchen« u. »Altershausen«*, Diss. Tübingen 1957. – F. C. Maatje, *Ein früher Ansatz zur »Stream of Consciousness«-Dichtung. W. R.s »Altershausen«* (in Neoph, 45, 1961, S. 305–322). – R. Pascal, *Warum ist »Altershausen« Fragment geblieben?* (in Jb. der R.-Ges., 1962, S. 147–154). – G. Mayer, *R.s Romanfragment »Altershausen«* (ebd., 1962, S. 155–165; 1963, S. 64–75). – F. Martini, *R.s »Altershausen«* (ebd., 1964, S. 78–105). – K. Hoppe, *Entstehung u. Veröffentlichung von »Altershausen«* (ebd., 1967, S. 72–79). – S. Hajek, *Die Freiheit des Gebundenen. Bemerkungen zu R.s »Altershausen«* (ebd., 1974, S. 24–40). – E. Oehlenschläger, *Erzählverfahren u. Zeiterfahrung. Überlegungen zu W. R.s »Altershausen«* (in *W. R. Studien zu seinem Leben u. Werk*, Hg. L. A. Lensing u. H. W. Peter, Braunschweig 1981, S. 381–405). – V. Adolphs, *Schreibakt als Suche nach Identität. W. R.s »Altershausen«* (in Jb. der R.-Ges., 1985, S. 92–106). – T. Buck, *Am Rande des inneren Monologs. Zur Erzählkonstruktion von R.s »Altershausen«* (ebd., 1987, S. 24–45).

DER HUNGERPASTOR

Roman von Wilhelm RAABE, entstanden 1862/63, erschienen 1863/64. – *»Vom Hunger will ich in diesem schönen Buche handeln, von dem, was er bedeutet, was er will und was er vermag. Wie er ... im einzelnen zerstörend und erhaltend wirkt und wirken wird bis an der Welt Ende.«* Mit diesen Worten beginnt *Der Hungerpastor*. Der Banalität der so schulmeisterlich ausgebreiteten Thematik entspricht die konstruierte Moralität einer breit ausgelegten, kaum einmal überraschenden Handlung, für die man Einflüsse durch Charles DICKENS, Eugène SUE und Gustav FREYTAG festgestellt hat.
Die romanhafte Veranschaulichung von Raabes einleitenden Sätzen entfaltet sich aus den Lebensläufen zweier streng antagonistisch gestalteter Helden: Der eine ist der Schuhmacherssohn Hans Jakob Unwirrsch, der andere Moses Freudenstein, der Sohn eines Trödlers, zwei Freunde, die in einer Kleinstadt in *»einfachster Ärmlichkeit«* aufwachsen; sie beide hungern, schon bevor sie das Gymnasium besuchen, nach Wissen und Bildung. Für Moses hat jedoch die Anhäufung von Wissen, womit er sich *»nur Waffen gegen die Welt schmiedet«*, eine zunehmende Kälte des Gefühls und Verarmung der Phantasie zur Folge. Als ihm sein Vater, Samuel Freudenstein, nach der Reifeprüfung, die Moses als Bester besteht, Einblick in die für ihn gesammelten, aber bisher vor ihm verborgen gehaltenen Reichtümer gibt, erfaßt den Sohn eine *»dämonische«* Gier nach dem Erbe. Auf den Tod des Vaters braucht er nicht lange zu warten, da diesen, als er ahnt, was in seinem Sohn vorgeht, der Schlag trifft. Nach Abschluß seines Philosophiestudiums läßt sich Freudenstein, vom Ehrgeiz getrieben, als Literat in Paris nieder, tritt – getreu seiner Maxime vom Zweck, der die Mittel heiligt – zum Katholizismus über, legt sich den Namen Theophil Stein zu, verkehrt nur mit hochgestellten Personen der Gesellschaft und übernimmt schließlich Spitzeldienste für verschiedene Regierungen.
Dem *»wüsten«* und *»zerstörerischen«* Hunger Moses' steht der *»aufbauende«* Hunger Hans Unwirrschs nach *»Wahrheit, Freiheit und Liebe«* gegenüber. Er studiert Theologie, wird Hauslehrer auf dem Gut des Herrn von Holoch und dann bei einem Fabrikanten, der ihn jedoch wieder entläßt, als Hans für die hungerleidenden, meuternden Arbeiter Partei ergreift. Er findet eine neue Stelle als Erzieher beim Geheimrat Götz in Berlin, wo er dessen Nichte, die verwaiste Franziska, seine spätere Frau, kennenlernt. Durch Intrigen seines Freundes Moses, der ihn spöttisch »Hungerpastor« nennt, verliert er jedoch auch diesen Posten. Schwer enttäuscht von der *»schlüpfrigen, ewig wechselnden Kreatur, die sich einst Moses Freudenstein nannte«* und desillusioniert durch den *»Krieg aller gegen alle«*, zieht er sich ganz auf seine Innerlichkeit zurück und übernimmt schließlich – froh, dem Großstadtleben entronnen zu sein – die *»Hungerpfarre«* in dem kleinen Fischerdorf Grunzenow an der Ostsee.

Vom Antisemitismus, den man ihm vorgeworfen hat, distanziert sich der Dichter in Kapitel 3: *»Damals herrschte noch eine Mißachtung der Juden, die man, so stark ausgeprägt, glücklicherweise heute nicht mehr findet.«* Das Jüdische dient hingegen zur psychologischen Motivierung der rücksichtslosen Anpassung Moses' an seine Umwelt. Dieser Materialist, der sich gesellschaftliche Anerkennung erzwingen will, ist letztlich eine tragische Figur; egoistisch und skrupellos versucht er sich gegen eine Realität zu behaupten, in der eine Verwirklichung des Idealen nicht möglich ist.

Auch für Hans Unwirrsch, Prototyp des Träumers und Idealisten, ist *»manch heller Schein verblaßt«*. Am Ende aber gelingt es ihm, im Gegensatz zu Moses, der sich von den *»Nichtigkeiten blenden«* und von *»falschen Trugbildern verwirren«* ließ, die *»Einheit seines Wesens«* zu bewahren und in der Liebe zu seiner Frau Franziska und der *»rechten, tüchtigen Arbeit«* die Erfüllung des *»echten, wahren Hungers«* zu finden.

Schon von der »faustischen« Anlage des Textes her desavouiert sich das harmonisierende Ende selbst. Raabe wollte den Roman zunächst mit einer Desillusionierung der Idylle enden lassen. Wenn er in der endgültigen Fassung Unwirrsch zurückgezogen seinen Frieden finden läßt, bedeutet dies nicht nur ein Zugeständnis an triviale Erzählmuster, sondern verdeutlicht auch, daß der Roman jene Lebenshilfe, die ihm gemeinhin unterstellt wurde, weder leisten will noch kann. Anders als in dem späteren *Schüdderump* gleicht der Symbolzusammenhang die genreartige Typisierung der beiden Hauptfiguren und die klischeehaften Schilderungen, etwa des großstädtischen Lebens, nicht aus. Dem überwiegend negativen Werturteil der Forschung steht eine breite Wirkungsgeschichte des Buches – auch in der Zeit des Nationalsozialismus – gegenüber. Raabe selbst wollte mit seinem Werk *»nicht nur ein deutsches Volksbuch, sondern das deutsche Volksbuch«* schlechthin verfassen; er hat allerdings rückblickend den Roman, der später mit *Abu Telfan* und *Schüdderump* zur »Stuttgarter Trilogie« zusammengefaßt wurde, seinen *»Kinderbüchern«* zugerechnet und als *»Jugendquark«* bezeichnet.

KLL

Ausgaben: Bln. 1863/64 (in Deutsche Roman-Zeitung, 1, Nr. 1–12, Nov. 1863–März 1864). – Bln. 1964 (3 Bde.). – Braunschweig 1953 (in *SW*, Hg. K. Hoppe, 21 Text- u. 4 Erg.-Bde., Braunschweig/Göttingen 1951–1983, 6; ²1966; *Braunschweiger Ausg.*). – Mchn. 1984.

Literatur: K. Ziegner, *Die psychologische Darstellung u. Entwicklung der Hauptcharaktere in R.s »Hungerpastor«*, Diss. Greifswald 1913. – F. C. Maatje, *Der Raum als konstituierendes Moment in W. R.s »Hungerpastor«* (in *R. in neuer Sicht*, Hg. H. Helmers, Stg. 1968, S. 185–191). – R. Schweikert, *»Vom Hunger will ich handeln«. Überlegungen zur Hunger-Metapher u. zum Licht-Dunkel-Gegensatz in W. R.s Roman »Der Hungerpastor«* (in Jb. der R.-Ges., 1978, S. 78–106). – D. Arendt, *»Nun auf die Juden«. Figurationen des Judentums im Werk W. R.s* (in Tribune, 19, 1980, Nr. 74, S. 108–140). – F. Sengle, *»Der Hungerpastor« (1863/64). Zum Problem der frühen Biedermeiertradition* (in *W. R. Studien zu seinem Leben u. Werk*, Hg. L. A. Lensing u. H.-W. Peter, Braunschweig 1981, S. 77–98). – K. Wirschem, *Die Suche des bürgerlichen Individuums nach seiner Bestimmung. Analyse u. Begriff des Bildungsromans, erarbeitet am Beispiel von W. R.s »Hungerpastor« u. Gustav Freytags »Soll und Haben«*, Ffm. u. a. 1986. – H. Denkler, *Das »wirkliche Juda« u. der Renegat. Moses Freudenstein als Kronzeuge für R.s Verhältnis zu Juden u. Judentum* (in GQ, 60, 1987, S. 5–18).

DAS ODFELD. Eine Erzählung

Historische Erzählung von Wilhelm Raabe, entstanden 1886/87, erschienen 1888. – Seitdem Raabes Spätwerk durch die Forschung aufgewertet wurde, zählt *Das Ödfeld* zu den wichtigsten Werken des Autors. Ganz bewußt schrieb Raabe die fast zum Roman ausgeweitete Erzählung gegen *»den heutigen Kammerjungfer- und Ladenschwengel-Geschmack unserer Nation«* (an O. Elster am 2. 10. 1888) und schätzte sie auch höher als seine viel gelesenen eigenen Frühwerke – *»den abgestandenen Jugendquark«* (an K. Schönhardt am 30. 12. 1902).

Die in der Landschaft des Odfelds (bei Holzminden an der Weser) spielende Handlung hat den Siebenjährigen Krieg zum Hintergrund. Zentralgestalt des streng gebauten Werks, dessen lässiger Erzählton reizvoll mit dem dichten Gefüge der Leitworte und den metaphorischen Verklammerungen kontrastiert, ist der Magister Noah Buchius, ein scheinbar nutzloser und lebensuntauglicher Außenseiter, lange Zeit Angehöriger eines berühmten Gymnasiums, das am Rand des Odfelds, im Kloster Amelungsborn, angesiedelt war. Der Erzähler schildert vierundzwanzig Stunden aus dem Leben des Schulmeisters, der nach der Verlegung des Gymnasiums in die Stadt (Holzminden) seine Tage in dem ehemaligen Kloster hinbringt, zusammen mit dem Klosteramtmann und dessen Familie. Die bewußte Passivität, der »pädagogische Stoizismus«, womit der Magister sowohl die Ordnung des Klosteramtmanns wie das Chaos des Kriegs erträgt, bilden zugleich die Voraussetzung für die menschliche Positivität dieses Vorläufers der »negativen« Helden, für den durch ihn vermittelten humoristisch relativierten *»Trost«*.

Am Abend des 4. November 1761 beobachtet der Magister den Kampf zwischen zwei Rabenschwärmen als *»Portentum«* und *»fast als ein Praesagium«* der Schlacht zwischen den französischen und den englisch-preußischen Heeren am folgenden Tage, die weithin aus der Sicht des Buchius geschildert wird. Innerhalb des Geschehens wird der Magister in mehrfacher Weise zum Bezugspunkt. In der Nacht zwischen den beiden Kämpfen suchen zwei junge Männer bei dem alten Schulmann Rat und Unterschlupf: der Knecht Schelze und der ehemalige Schüler Thedel von Münchhausen, der die aktive Gegenfigur zum Magister bildet. Mit ihnen und ihren Mädchen (Wieschen und Selinde) erlebt Buchius den folgenden Tag. Nach einem rüden Ansturm französischer Marodeure flieht die kleine Schar Hals über Kopf aus dem Kloster und sammelt sich auf dem nebligen Odfeld hilfesuchend um Buchius. Der Magister führt sie in eine versteckte unterirdische Höhle, wo sie scheinbar geschützt sind, schließlich aber doch von schottischen Soldaten aufgestöbert und mißhandelt werden. Ein Zufall rettet die fünf: Eben reitet der von allen geliebte preußische Feldherr, der Herzog Ferdinand von Braunschweig vorbei, bekümmert um die Schlacht, die statt des Sieges wieder nur viele Opfer und verbrannte Dörfer einbringt. Trotz seiner Sorgen hört er sich die Bitten der Hilfesuchenden an und erfährt selbst zum erstenmal an diesem Tag, erstaunt und getröstet, ein Wort der Menschlichkeit und Brüderlichkeit, an ihn gerichtet von Magister Buchius. Der übermütige Thedel von Münchhausen stellt sich sofort tatendurstig in den Dienst Ferdinands, um – ortskundig wie er ist – den Feind auf Seitenwegen in die Flanke zu treffen und so doch noch einen Sieg herbeizuführen. Aber als Buchius und seine Schützlinge nach mühseliger Wanderung am Abend sich zum Kloster hinschleppen, finden sie Thedel von Münchhausen tot zwischen den Raben vom Vortag und den gefallenen Soldaten. Hatte der Klosteramtmann noch am Morgen dem Magister bzw. einem von ihm in seiner Zelle gepflegten Raben die Schuld am Überfall der französischen Marodeure gegeben, so begrüßen er und seine Frau jetzt den Heimkehrenden als ersten und *»wirklichen Trost«*, als *»einen Menschen, ... der einem ein vernünftig Wort sagen und an den man sich halten kann!«*.

Raabe gibt das eigentliche Geschehen der Erzählung weithin in Dialogen wieder, in die – wie der Erzähler anmerkt – der *»ganze große Krieg ... mit hinein«* redet. Eine objektive Instanz, die über die subjektiven Reaktionen der Figuren hinaus die Ereignisse kommentiert, wird bewußt ausgespart. Obwohl die realen Einzelheiten kartographisch genau und quellengetreu angegeben sind, besitzen sie nur eine funktionale Bedeutung. Der Erzähler durchbricht die Realistik der Schilderung immer wieder durch beiläufig eingefügte Zitate, Vergleiche und Verweisungen, wie bei der Schilderung des *»kalten, nassen, magenleeren, frostigen, bellonaumdonnerten Novembermorgens«*. Das Schlachtenpanorama des 5. November 1761, vor dem des Magisters Weg unter die Erde und sein Treffen mit dem Feldherrn abläuft, weitet sich durch derartige Anspielungen und zusätzlich durch eine besondere Ausprägung der für Raabe typischen Zeitstrukturierung zu einem umfassenden Geschichtspanorama aus. In einem die moderne Montage vorwegnehmenden Verfahren zitiert der Autor Quellen und poetische Zeugnisse und flicht Redensarten in die Erzähler- und die zum Teil dialektgefärbten Dialogpassagen ein. Er erwähnt frühere geschichtliche Ereignisse, die den Schauplatz, die *»Walstätte weltgeschichtlicher Katzbalgereien«*, zum exemplarischen historischen Raum machen und den Situationen einen weiten Horizont geben: So bietet die Beschreibung des Klosters Anlaß zur Erwähnung des Ordensgründers, an dessen Nennung sich wiederum ein ausgedehntes Zitat aus dem Goethe-Schiller-Briefwechsel über Bernhard von Clairvaux anschließt. Von der Angabe von Buchius' Herkunft leitet ein aus dem *Alten Testament* übernommenes Geschlechtsregister über zum Vornamen Noah und zum Motiv des *»Trostes«* für die *»gejagte Kreatur«*. Selbst in die Zukunft öffnet sich der Geschehnisraum, wenn die Ausrüstungen der Gefallenen *»dermaleinst des Ausgrabens und Aufbewahrens in Provinzialmuseen«* für wert erachtet werden.

Die Erzählung ist von einem resignierenden Individualismus geprägt, der sich humoristisch relativiert, zugleich aber auch in den Verweisen auf die Verlorenheit des einzelnen in Mythos und Historie den passiven Sonderling zu einer exemplarischen Figur werden läßt. Intendiert ist damit zugleich eine Kritik am Geschichtsoptimismus der Gründerzeit: Als artistisch erzählender *poeta doctus*, der seine eigene Gelehrsamkeit in der Darstellung des hilflosen Gelehrten belächelt, nimmt Raabe Stellung gegen die Bildungs- und Wissenschaftsgläubigkeit sowie die Dichtungserwartung seiner Zeit, in der er selbst zutiefst befangen ist. U.Di.

AUSGABEN: Bln. 1888 (in Nationalzeitung). – Lpzg. 1889. – Göttingen 1966 (in *SW*, Hg. K. Hoppe, 21 Text- u. 4 Erg.-Bde., Braunschweig/Göttingen 1951–1983, 17; ²1981; *Braunschweiger Ausg.*). – Stg. 1977, Nachw. U. Dittmann (RUB). – Braunschweig 1981 (in *Werke in Auswahl*, Hg. H.-W. Peter, 9 Bde.; 7). – Ffm. 1985 (in *Werke in Einzelbänden*, Hg. H. J. Schrader; Insel Tb).

LITERATUR: E.-A. Roloff, *Ein Briefwechsel um R.s »Odfeld«* (in W. R.-Kalender, 2, 1948, S. 93–97). – H. Lamprecht, *Studien zur epischen Zeitgestaltung in W. R.s Roman »Das Odfeld«*, Diss. Ffm. 1958. – W. Killy, *»Das Odfeld«* (in *Der deutsche Roman vom Barock bis zur Gegenwart. Interpretation*, Hg. B. v. Wiese, Düsseldorf 1963, Bd. 2, S. 128–145). – E. Weniger, *Die Quellen zu W. R.s »Odfeld«* (in Jb. der R.-Ges., 1966, S. 96–124). – H. Oppermann, *Der passive Held. R.: »Das Odfeld«* (ebd., 1967, S. 31–50). – G. Witschel, *R.-Integrationen. »Das Innerste«. »Das Odfeld«. »Stopfkuchen«*, Bonn 1969. – P. Derks, *R.-Studien. Beiträge zur Anwendung psychoanalytischer Interpretationsmodelle: »Stopfkuchen« u. »Das Odfeld«*, Bonn 1976. – M. Ritterson, *Rückwendung, Vorausdeutung u. Erzählablauf in W. R.s »Das Odfeld« u. »Hastenbeck«* (in Jb. der R.-Ges., 1976, S. 107–132). – H. V. Geppert, *»Das Odfeld«. Zur Zeichensprache der Geschichte* (in *W. R. Studien zu seinem Leben u. Werk*, Hg. L. A. Lensing u. H.-W. Peter, Braunschweig 1981, S. 266–280). – H. Detering, *Apokalyptische Bedeutungsstrukturen in R.s »Das Odfeld«* (in Jb. der R.-Ges., 1984,

S. 87–98). – R. C. Cowen, *Der poetische Realismus*, Mchn. 1985, S. 288–304.

DER SCHÜDDERUMP

Roman von Wilhelm RAABE, erschienen 1869/70. – Das Werk, entstanden in Raabes Stuttgarter Zeit (1862–1870), ist eines der bedeutendsten seiner mittleren Schaffensphase. Die Schlußbemerkung des Erzählers und spätere Äußerungen Raabes haben seinen Freund Wilhelm JENSEN veranlaßt, den Roman mit den beiden früher entstandenen Werken *Der Hungerpastor* (1862/63) und *Abu Telfan oder Die Heimkehr vom Mondgebirge* (1865/67) unter der Bezeichnung »Stuttgarter Trilogie« eng zu verknüpfen. Zu einer Trilogie schließen sich die drei Romane jedoch nicht zusammen; lediglich die Bildungs- und Gesellschaftskritik ist ihnen allen gemeinsam. Gleichzeitig wird – zumindest in *Abu Telfan* und im *Schüdderump* – die Geltung herkömmlicher Motive des deutschen Bildungsromans in Frage gestellt.

Nach einem Motto von Gottfried August BÜRGER, das den *Schüdderump* von dem typischen Bildungsromanklischee, dem *»heiteren Glück am Schluß«*, abhebt, eröffnet der Erzähler den Roman mit einem Reiseerlebnis. Es kündigt programmatisch den düsteren, resignativen Grundton des Werks an. In einem norddeutschen Städtchen erblickt der Erzähler einen Pestkarren – seine Bezeichnung kehrt als Titel des Romans wieder (niederdeutsch »schüdderump« bedeutet »schütt' herunter«, womit die vom Pestkarren ehemals in das Massengrab beförderten Toten gemeint sind). Der Pestkarren kommt im Roman selbst nicht vor, wird aber vom Erzähler, der ihn als Sinnbild menschlichen Daseins versteht, mehrfach assoziativ zur Deutung des Erzählten zitiert. In der Erfindung und souveränen Verwendung eines so ungewöhnlich ins Allegorische hinüberspielenden Zeichens, das mit dem herkömmlichen Symbolbegriff nicht angemessen zu erfassen ist, kündigt sich Raabes Modernität an, die sich im Alterswerk zusehends entfaltet.

Die ersten 24 Kapitel des Romans spielen in dem am Harz gelegenen Dorf Krodebeck und auf dem benachbarten Lauenhof. Hier wächst Hennig von Lauen, der gutmütige, mittelmäßig begabte Sohn der Gutsherrin Adelheid von Lauen, unter dem Einfluß eines gegensätzlichen Erzieherpaares auf: des Ritters Karl Eustachius von Glaubigern, der trotz altertümlichem Gehabe durch ständige Selbsterziehung sich für die Wandlungen der Zeit offengehalten hat, und seiner Gegenspielerin, des Fräuleins Adelaide Klotilde von Saint Trouin, die noch ganz der feudalen Rokokowelt des vergangenen Jahrhunderts verhaftet ist. Die karge Handlung setzt mit einem Ereignis im Siechenhaus des Dorfes ein. Marie, die uneheliche Tochter des aus dem Dorf verstoßenen Barbiers Dietrich Häußler, wird mit ihrem kleinen Töchterchen Antonie in ihre Heimat zurückgebracht und findet unter dem Murren der Dorfbewohner im Siechenhaus Unterschlupf. Außer den beiden Fremden lebt in diesem Haus nur noch die greise Hanne Allmann. Marie stirbt wenig später, die alte Hanne nimmt sich des verwaisten Mädchens an, unterstützt von ihrer Freundin, der lebenserfahrenen Jane Warwolf. Hennig, dem es gelingt, sich der pädagogischen Zwangsjacke des standesbewußten Fräuleins Adelaide zu entledigen, schließt Freundschaft mit Antonie. Als nach dem Tod von Hanne Allmann Antonie im Lauenhof eine neue Heimat findet, glückt ihr, was Hennig nicht beschieden ist: Sie bildet unter dem Einfluß des seltsamen Erzieherpaars ihre Vorzüge aus und scheint sich überdies durch Schönheit und Anmut die Sympathie der Umwelt zu erwerben. Mit dem Großvater Dietrich Häußler, der in Wien durch skrupellose Spekulationen zum Edlen von Haußenleib avanciert ist, bricht dann das Verhängnis in die Idylle ein. Seinem von kaltem Profitdenken diktierten Wunsch, die schöne Enkelin mit sich zu nehmen, vermag sich niemand zu widersetzen. – Jahre später spielen die letzten zwölf Kapitel des Romans. Anläßlich einer Italienreise sucht Hennig in Wien seine Jugendfreundin auf. Antonie, obwohl schwindsüchtig, ist dem Grafen Basilides Conexionsky, einem Geschäftsfreund des Großvaters Häußler, versprochen. Hennig bietet Antonie, die ihn liebt, die Ehe an. Antonie wehrt ab. Sie wird gewahr, daß nicht Liebe, sondern Mitleid den Freund rührt. Der alte Ritter bricht auf, um sie heimzuholen: Aber es ist zu spät, er kann nur noch ihren Tod lindern.

Schon durch seine bloße Existenz bestimmt Häußler, der *»eigentliche Held und Triumphator«*, weitgehend die Geschicke der Hauptfiguren mit, noch bevor er endlich im letzten Drittel des Romans persönlich erscheint. Indem der Leser ihn meist als abwesend und fast immer nur von außen, d. h. ohne seine Verhaltensmotivationen sieht, steigert sich der Eindruck seiner Unberechenbarkeit, seiner schwer kontrollierbaren Verfügungsgewalt über die Menschen. Deren Zusammenleben stellt der Roman als tief gestört dar: Der »Schüdderump« ist ein Zeichen von Leiden, Ausgesetztheit und Tod des Individuums und der Unmöglichkeit, andere zu verstehen oder ihnen zu helfen. Den Sinn des Romans gewährleistet allein der Erzähler, indem er der Ebene des als real Erzählten eine zeichenhafte Ebene durch seine Kommentare überlagert. So erscheint der an sich nur bösartige Häußler als unbewußter Träger eines außerzeitlich Bösen, wobei die Figur als solche real bleibt und nicht in eine allegorische Personifikation übergeht. Der Erzähler bezieht die erzählte Wirklichkeit als historisch bedingte Erscheinungsform auf ein »unwandelbares« Gesetz. *»Das ist das Schrecknis in der Welt, schlimmer als der Tod, daß die Canaille Herr ist und Herr bleibt.«* Die Vorhersagen des Erzählers, die sich im letzten Romandrittel häufen, akzentuieren diesen resignativen Grundton. Was als historische Realität sich im Roman am unmittelbarsten greifen läßt, die Erfahrung wirtschaftsgeschichtlichen Wandels um die Jahrhundertmitte, soll dieser Resignation den Schein zeitloser Aktualität verleihen. Sowohl

die alte bäuerlich-feudale Enge Krodebecks wie das neue sozio-ökonomische System in Wien ist dem Menschlichen entgegengesetzt und ihm faktisch überlegen. So verbündet sich etwa die christliche Pastorenfamilie des Dorfs in dem Augenblick mit dem früher verachteten Häußler gegen Tonie, da Häußler als Kapitalist auftritt.
Über der ethisch-existentiellen Ebene des Romans, auf der sich das Scheitern der Ausnahme und sozialen Randexistenz (Tonie) vollzieht, lagert noch eine ästhetische. Denn wenn es auch nicht um den Bildungsweg eines Individuums geht, so erzählt Raabe doch am Beispiel Tonies einen Roman von der Genese der Schönheit, ihrer Existenzmöglichkeit, ihrer Fremdheit und Unverstandenheit in der Welt. Die gutbürgerliche Durchschnittlichkeit eines Hennig begreift das Besondere dieser Schönheit gegenüber dem falschen Schein der Gesellschaft nicht. Wenn Tonie sich dem Ende nähert und dieses Ende in den Metaphern von Herbst und Sonnenuntergang, beliebten Motiven in der Lyrik des 19. Jh.s, gespiegelt wird, dann kontrastiert die Schönheit des Lyrischen mit der Prosa des historischen Moments, d. h. mit einer Sprache, die nur noch Mittel der Lüge im Kampf ums Dasein ist (Häußler). Das Schöne entsteht weder organisch inmitten der Gesellschaft, noch überdauert es sie. Vielmehr ist es dem geschichtlichen Wandel unterworfen (die anachronistische Formenwelt des Fräuleins) und ein Produkt bewußten Willens (die Erziehung Tonies am Rande der Gesellschaft). Seine Hinfälligkeit erweist sich darin, daß vorwiegend die selbst hilflosen Alten es genießen: Wie die Schönheit, die untergeht, wo sie Zwecken dienen soll, sind auch sie nicht mehr funktional für eine Rolle verwendbar.
Die Bemerkung des Erzählers, daß sein Roman nicht vom normalen Leser rezipiert werde, weist darauf hin, daß hier die Literatur sich in ihren Möglichkeiten und Publikumsbezügen selbst reflektiert, daß der Roman, was sich bis in Einzelheiten verfolgen läßt, hier den Wandel von Struktur und Stellung der Literatur seit der Goethezeit bis in den Realismus hinein beschreibt. M.T.

AUSGABEN: Braunschweig 1869/70 (in WM, 27, Nr. 157–162). – Braunschweig 1870. – Braunschweig 1952 (in *SW*, Hg. K. Hoppe, 21 Text- u. 4 Erg.-Bde., Braunschweig/Göttingen 1951 bis 1983, 8; ²1972; *Braunschweiger Ausg.*).

LITERATUR: K. Bergt, *Vom Wurzener »Schüdderump«-Pestkarren* (in Jb. der R.-Ges., 1949, S. 58–66). – F. Neumann, *W. R.s »Schüdderump«* (in ZfdPh, 71, 1953, S. 291–329). – Th. C. van Stockum, *W. R.s »Schüdderump«. Komposition u. Gehalt* (in Th. C. van S., *Von F. Nicolai bis Th. Mann. Aufsätze zur deutschen u. vergleichenden Literaturgeschichte*, Groningen 1962, S. 215–234). – J. Klein, *R.s »Schüdderump« in seiner u. unserer Zeit* (in Jb. der R.-Ges., 1965, S. 65–82). – M. Bröhan, *Die Darstellung der Frau bei W. R. u. ein Vergleich mit liberalen Positionen zur Emanzipation der Frau im 19. Jh.*, Ffm./Bern 1981, S. 154–181.

DIE SCHWARZE GALEERE. Geschichtliche Erzählung

Novelle von Wilhelm RAABE, entstanden 1860, erschienen 1861. – Die frühe Erzählung des Autors greift aus der Geschichte des Befreiungskampfes der Niederländer eine Episode heraus, die Carl CURTH in seiner historischen Darstellung *Der niederländische Revolutionskrieg* (1823) überliefert hat: den bravourösen Handstreich der »Schwarzen Galeere« im Hafen von Antwerpen (1599), der die Erzählung als heroisches Finale beschließt. Diese »Schwarze Galeere«, ein Kaperschiff der niederländischen Freiheitskämpfer, der »Wassergeusen«, greift bei Nacht und Nebel in blitzartigen Überfällen spanische Schiffe an, vernichtet sie und verschwindet wie ein Geisterschiff wieder in den Weiten des Meeres. Mit der Liebesgeschichte zwischen Jan und Myga vertieft Raabe das historische Geschehen um die Dimension konkreter Menschlichkeit, ohne je ins nur vordergründig Private abzugleiten.
Heimlich schleicht der verfemte Geuse Jan Norris, Steuermann der »Schwarzen Galeere«, in das von den Spaniern besetzte Antwerpen, um seine Braut Myga van Bergen im Schutze der Nacht zu besuchen. Auch Antonio Valani, der genuesische Kapitän der »Andrea Doria«, begehrt sie. Ein Entführungsversuch des eher schwerfälligen als heißblütigen Italieners mit Hilfe seines Freundes Leone della Rota führt zur Entdeckung des Geusen, der seinen Rivalen tödlich verwundet. Nach hartnäckigem Widerstand werden Jan und Myga schließlich überwältigt und auf die »Andrea Doria« gebracht, von der sich aber der zum Tode verurteilte Jan mit einem verzweifelten Sprung ins Wasser rettet. Während der Kapitän stirbt, hofft der hinterhältige Leone, mit dem Schiffskommando auch die schöne Niederländerin übernehmen zu können. Doch auch sein Ende ist besiegelt – Rettung für die von dem gewalttätigen Italiener bedrängte Myga naht in Gestalt der »Schwarzen Galeere«, die Jan Norris lautlos durch die Nacht in den Hafen steuert. Mit dem erbeuteten Schiff und der befreiten Braut segelt das Geusengeschwader an den Kanonen der spanischen Wachforts vorbei aufs offene Meer hinaus.
Raabe stilisiert die »Schwarze Galeere«, die gleichsam leitmotivisch an dramatischen Höhepunkten der Handlung auftaucht, zum Sinnbild des niederländischen Befreiungskampfes. Das Motiv der befreiten Braut korrespondiert mit dem Motiv des befreiten Vaterlands, das seine ebenfalls leitmotivische Formel im Schlachtruf der Geusen: *»Lieber Türk als Pfaff!«*, findet. Dennoch verteilt Raabe seine Sympathien mit gerechtem Sinn für die historische Realität – Spanier wie Niederländer beherrscht der gleiche ritterliche Kampfgeist, die gleiche noble Gestik. Der Verzicht auf individuelle

Charakteristik und psychologische Vertiefung der Figuren ist strukturierend in diesem typisierenden Historiengemälde. Nur im Ansatz deutet sich in eingeschobenen Wendungen an den Leser (*»Werfen wir einen Blick zurück in die vergangenen Tage!«; »wie wir bereits aus Jan Norris' Erzählung wissen«*; usf.) eine Erzählhaltung an, die das historische Panorama nicht unbesehen Revue passieren läßt, sondern es ins Licht kritischer Reflexion rückt. Die Novelle, von der Forschung heute zu den schwächeren Werken Raabes gezählt, erlangte als Schullektüre eine gewisse Popularität. M.Ke.

Ausgaben: Braunschweig 1961 (in WM, 9, Nr. 53). – Rotterdam 1863. – Bln. 1865 (in *Ferne Stimmen. Erzählungen*). – Göttingen 1969 (in *SW*, Hg. K. Hoppe, 21 Text- u. 4 Erg.-Bde., Braunschweig/Göttingen 1951–1983, 3; *Braunschweiger Ausg.*). – Stg. 1984, Nachw. W. Haußmann (RUB). – Mchn. 1987 (Goldm. Tb).

Vertonung: K. Vethake, *Die schwarze Galeere.* Hörspiel nach W. R., Hbg. 1982.

Literatur: C. A. Williams, *Die Quellen der »Schwarzen Galeere«* (in Mitt. f. d. Ges. der Freunde W. R.s, 3, 1913, S. 138 f.). – H. Plischke, *Graf von Lumey in W. R.s Erzählung »Die schwarze Galeere«* (ebd., 36, 1949, S. 85 f.).

STOPFKUCHEN. Eine See- und Mordgeschichte

Roman von Wilhelm Raabe, erschienen 1891. – Mit der »Wiederentdeckung« dieses Romans durch Romano Guardini wurde eine Revision des Raabe-Bildes eingeleitet, die zu einer entschiedenen Bevorzugung der erzählerischen Artistik im Spätwerk des Dichters vor der sentimentalen Erbaulichkeit seiner Jugendromane führte. In der Tat gibt die Modernität einer mehrschichtigen Erzählstruktur dem *Stopfkuchen* seinen primären Reiz: Der Südafrika-Deutsche Eduard schreibt während einer Schiffsreise die Erlebnisse während seines Heimaturlaubs nieder und erzählt besonders ausführlich von der eintägigen Begegnung mit dem Jugendfreund Heinrich Schaumann, und zwar so, daß im weitaus überwiegenden Teil des Romans dieser – seit seiner Kindheit wegen seiner angeblich unmäßigen Dummheit, Faulheit und Gefräßigkeit »Stopfkuchen« genannt – selbst das Wort nimmt, plaudert, räsoniert, erzählt und unter vielfachen sarkastischen Abschweifungen zielsicher die endgültige Aufklärung eines alten Mordes betreibt.
Der Erzähler-Polarität zwischen Eduard und »Stopfkuchen« entspricht eine auch an Konstellationen symbolischer Gegenstände und Situationen ablesbare Polarität der Charaktere, ja Welthaltungen: Der aktive, welterfahrene Reisende blieb noch in Afrika befangen in den Wertsystemen provinzieller Bürgerlichkeit, während der schwerfällige scheinbare Versager, indem er auf dem ihm von jeher bestimmten Platz verharrte, sich von allen Konventionen emanzipiert und ein humanes Glück aus der Substanz »bewältigter Vergangenheit« erschlossen hat. Die »Mordgeschichte«, die von Heinrich Schaumann enthüllt wird, soll keinen Mörder überführen – der Täter, der beiden Freunden gut bekannte Briefträger Störzer, ist soeben gestorben –, aber der durchgeführte Aufklärungsprozeß kann das eindimensionale, haltlose und darum latent auch aggressive Wesen des deutschen Bürgers um 1890 – für ihn ist Eduard repräsentativ – in seiner erfolgstüchtigen Sicherheit erschüttern. Denn in der Vorgeschichte erscheint der arme Störzer (seine Abenteuerphantasien haben Eduard bleibend geprägt), der in rastloser Diensterfüllung mehrfach den Erdumfang abgelaufen ist, ohne je aus seinem Amtsbezirk zu kommen, als das *alter ego* des brutalen Emporkömmlings Kienbaum, den er einstmals im Affekt erschlug. Durch seine Tat hat Störzer sich indes selbst nicht befreien können, hat er Unschuldige unglücklich gemacht und damit eine verdeckte Geschichte des Bösen fortgesetzt, die nur durch den stillen, aber beharrlichen Einsatz des »Stopfkuchen« beendet wird.
Inhaltlich ist Raabes Geschichte der Enthüllung eines Verbrechens gar den Anfängen der Detektivgeschichte zuzurechnen. Freilich erahnt Raabe weniger die dramaturgischen als die poetologischen Möglichkeiten jener Literaturgattung, die Sprache im Zeitaufschub zwischen Verbrechen und Aufklärung entstehen läßt. Selbst die bei Raabe übliche Rollenteilung zwischen einem konventionell erscheinenden Erzähler und einem exzentrischen Helden entspricht dem. Formal ist Raabes geschickte Entfaltung mehrerer Lebensläufe im Laufe der Gespräche eines einzigen Tages wegweisend für spätere Erzähltechniken des Genres.

Ausgaben: Bln. 1891 (in Deutsche Roman-Zeitung, 28, Nr. 1–6). – Bln. 1891. – Göttingen 1963 (in *SW*, Hg. K. Hoppe, 21 Text- u. 4 Erg.-Bde., Braunschweig/Göttingen 1951–1983, 18; 21969; *Braunschweiger Ausg.*). – Braunschweig 1981 (in *Werke in Auswahl*, Hg. H.-W. Peter, 9 Bde.; 8). – Stg. 1983 (Nachw. A. Ritter; RUB). – Reinbek 1984 (rororo). – Ffm. 1985 (in *Werke in Einzelbänden*, Hg. H. J. Schrader; Insel Tb). – Braunschweig 1986 (Hg. H.-W. Peter, Anh. W. T. Webster).

Literatur: H. Ahrbeck, *W. R.s »Stopfkuchen«. Studien zu Gehalt u. Form von R.s Erzählungen*, Diss. Göttingen 1926. – W. Fehse, *»Stopfkuchen«* (in Mitt. f. d. Ges. der Freunde W. R.s, 17, 1927, S. 105–129). – K. Hoppe, *Die weltanschaulichen Grundzüge in R.s »Stopfkuchen«* (ebd., 41, 1954, S. 77–89). – W. Overdick, *Simultaneität u. Ambivalenz in W. R.s »Stopfkuchen« u. »Altershausen«*, Diss. Tübingen 1957. – R. Guardini, *Über R.s »Stopfkuchen«* [1932] (in R. G., *Sprache, Dichtung, Deutung*, Würzburg 1962, S. 91–140). – K. Höse, *Juristische Bemerkungen zu R.s »Stopfkuchen«* (in Jb. der R.-Ges., 1962, S. 136–146). – H. Ohl, *Eduards*

Heimkehr oder Le Vaillant u. das Riesenfaultier. Zu W. R.s »Stopfkuchen« (in Jb. der dt. Schiller-Ges., 8, 1964, S. 274–279). – C. David, *Über W. R.s »Stopfkuchen«* (in *Lebendige Form. Interpretationen zur deutschen Literatur*, Fs. H. Henel, Mchn. 1970, S. 259–275). – P. Detroy, *Der Humor als Gestaltungsprinzip in R.s »Stopfkuchen«*, Bonn 1970. – P. Derks, *R.-Studien: Beiträge zur Anwendung psychoanalytischer Interpretationsmodelle. »Stopfkuchen« u. »Das Odfeld«*, Bonn 1976. – U. Eisele, *Der Dichter u. sein Detektiv. R.s »Stopfkuchen« u. die Frage des Realismus*, Tübingen 1979. – R. C. Cowen, *W. R. »Stopfkuchen«* (in R. C. C., *Der poetische Realismus*, Mchn. 1985, S. 316–330). – K. Imm u. J. Linder, *Verdächtige u. Täter* (in *Zur Sozialgeschichte der dt. Lit. von der Aufklärung bis zur Jh.-Wende. Einzelstudien*, Hg. G. Häntzschel u. a., Tübingen 1985, S. 21–96). – M. Lehrer, *Der ausgegrabene Heinrich Schliemann u. der begrabene Theodor Storm. Anspielungen auf Zeitgenossen in R.s »Stopfkuchen«* (in Jb. der R.-Ges., 1989, S. 63–90).

FERDINAND RAIMUND

eig. Ferdinand Jakob Raimann

* 1.6.1790 Wien

† 5.9.1836 Pottenstein / Niederösterreich

LITERATUR ZUM AUTOR:

O. Rommel, *F. R. u. die Vollendung des Alt-Wiener Zauberstücks*, Wien 1947. – Ders., *F. R.s Original-Zauberspiele* (in O. R., *Die Alt-Wiener Volkskomödie*, Wien 1952, S. 886–927). – E. de Laporte, *Studien über die Beziehung F. R.s zur Romantik*, Diss. Kiel 1953. – H. Olles, *Zerrissenheit bei R. u. Nestroy*, Diss. Ffm. 1954. – G. Pichler, *F. R.* (in *Neue Österreichische Biographie*, Bd. 10, 1957, S. 9–16). – K. Zeeh, *Die Wiener Mundart bei F. R.*, Diss. Wien 1964. – R. Bauer, *Le théâtre de R.* (in R. B., *Le réalité, royaume de Dieu*, Mchn. 1965, S. 137–173). – K. Kahl, *R.*, Velber 1967. – G. Erken, *F. R.* (in *Dt. Dichter des 19. Jh.s*, Hg. B. v. Wiese, Bln. 1969, S. 303–325). – F. Schaumann, *Gestalt und Funktion des Mythos in F. R.s Bühnenwerken*, Wien 1970. – J. Hein, *F. R.*, Stg. 1970 (Slg. Metzler). – G. Wiltschko, *R.s Dramaturgie*, Mchn. 1973. – R. Urbach, *R. und sein Publikum* (in *Theater und Gesellschaft. Das Volksstück im 19. Jahrhundert*, Hg. J. Hein, Düsseldorf 1973, S. 81–93). – H. Zeman, *Die Liedeinlagen in den Märchen- u. Zauberspielen F. R.s* (in *Die Andere Welt, Fs. für H. Himmel*, Bern/Mchn. 1979, S. 107–131). – M. Wachsmann, *Spielebenen als Stilebenen in F. R.s Zauberspielen*, Diss. Mchn. 1975. – H. Zeman, *Das Märchen vom realen Leben – Zur Dramatik F. Grillparzers u. F. R.s um 1830* (in H. Z., *Die österreichische Literatur. Ihr Profil im 19. Jh.*, Graz 1982, S. 297–322). – R. Wimmer, *F. R.s Zauberspiele*, Mchn. 1984.

DER ALPENKÖNIG UND DER MENSCHENFEIND

»Romantisch-komisches Original-Zauberspiel« in drei Aufzügen von Ferdinand RAIMUND, Uraufführung: Wien, 17. 10. 1828, Theater in der Leopoldstadt, Musik von Wenzel Müller. – Die thematischen Vorbilder zu Raimunds zu seinen Lebzeiten erfolgreichstem Stück reichen von SHAKESPEARES bitterer Tragödie *Timon von Athen* und MOLIÈRES Komödie *Der Menschenfeind* bis zu zeitgenössischen Wiener Zauberspielen und Possen von Josef Alois GLEICH und Karl MEISL, doch führte die Gestaltung des Motivs – die Darstellung des seelischen Leidens der Hypochondrie und Misanthropie als Ichspaltung – weit hinaus über die Mechanik der konventionellen Zauberspieltechnik. Auch im Vergleich zu Raimunds früheren Werken läßt sich deutlich eine formale Weiterentwicklung erkennen: Die Geisterwelt wird zwar noch bemüht, um den Gesinnungswandel des Helden zu beglaubigen, aber der Alpenkönig Astragalus ist nicht mehr als *deus ex machina* konzipiert, der die Handlung durch sein Erscheinen mechanisch zum Guten wendet, sondern er wird hier als Gegenspieler von wirklichem dramatischem Gewicht eingesetzt.

Die Hauptfigur ist ein unzufriedener, mißtrauischer Misanthrop, ein Schloßherr mit dem vielsagenden Namen »Rappelkopf«, der sich und seiner Umwelt durch seinen krankhaften Argwohn, ja Verfolgungswahn das Leben zur Hölle macht. Überall vermutet er Komplotte und Anschläge auf sein Leben; selbst ein gewöhnliches Küchenmesser hält er für eine Mordwaffe, seinen harmlosen Diener für seinen zukünftigen Mörder. Immer mehr verleiden ihm diese Wahnvorstellungen seine Mitmenschen und engen seinen Lebensbereich ein, bis er schließlich in die Einsamkeit eines großen Waldes flieht. Hier erscheint ihm, als Jäger verkleidet, der Alpenkönig Astragalus, um dem Griesgram Wahn und Menschenfeindlichkeit auszutreiben. Als er dem starrsinnigen Rappelkopf nicht anders beikommt, führt er ihn kurzerhand auf dessen Landgut, gibt ihm die Gestalt seines Schwagers Silberkern und nimmt selber das Aussehen des galligen Menschenfeindes an. Da sieht nun Rappelkopf zum ersten Male seine eigene widerwärtige Gestalt ihr Unwesen treiben, und erst diese so handgreifliche Spiegeldarstellung seiner selbst hilft zu guter Letzt seiner Selbsterkenntnis; aus dem Menschenfeind wird ein Menschenfreund. Feierlich proklamiert der Alpenkönig dieses Ergebnis seiner »Heilbehandlung«. Das Stück endet mit einer allgemeinen Versöhnungsszene.

Die Gesangseinlagen – Einzel- und Ensemblestükke mit Musik von Wenzel Müller (1767–1835), unter denen das berühmt gewordene Finale des ersten Akts, ein Sextett der von Rappelkopf vertriebenen Köhlerfamilie, hervorragt (*»So leb denn wohl, du stilles Haus«*) – verwendet Raimund nicht nur, nach Art des Altwiener Volksstücks, als isolierte oder unterhaltende Beigaben, er gibt vielmehr in seinen Liedern oft die Quintessenz seiner Philosophie: *»Der Mensch soll vor allem sich selber erkennen,/ Ein Satz, den die ältesten Weisen schon nennen./ Drum forsche ein jeder im eigenen Sinn –/ Ich hab' mich erkannt heut', ich weiß, wer ich bin.«*

A.Sch.-KLL

Ausgaben: Wien 1828. – Lpzg. 1921 (IB, 336). – Wien 1933 (in *SW*, Hg. F. Brukner u. E. Castle, 6 Bde., 1924–1934, 2; hist.-krit.; Nachdr. Nendeln/Liechtenstein 1974). – Mchn. 1960 (in *SW*, Hg. F. Schreyvogl; ern. 1966). – Stg. 1983 (RUB; Nachw. W. Zentner).

Literatur: E. Beutler, *R.s »Alpenkönig«* (in E. B., *Essays um Goethe*, Lpzg. 1941, S. 354–366; ern. Mchn./Zürich 1980). – W. Bender, *Verkennung und Erkennung in F. R.s Zauberspiel »Der Alpenkönig und der Menschenfeind«* (in GRM, 18, 1968, S. 58–71). – H. Politzer, *Das Schweigen der Sirenen*, Stg. 1968, S. 185–205. – G. Hay, *Die Darstellung des Menschenhasses in der deutschen Literatur des 18. und 19. Jh.s*, Ffm. 1970. – W. Schmidt-Dengler, *F. R. »Der Alpenkönig und der Menschenfeind«* (in *Die deutsche Komödie. Vom Mittelalter bis zur Gegenwart*, Hg. W. Hinck, Düsseldorf 1977, S. 160–174).

DAS MÄDCHEN AUS DER FEENWELT ODER DER BAUER ALS MILLIONÄR

»Romantisches Original-Zaubermärchen mit Gesang« (Musik von J. Drechsler) in drei Akten von Ferdinand Raimund, Uraufführung: Wien, 10. 11. 1826, Theater in der Leopoldstadt. – Mit seiner dritten Bühnendichtung entfernt sich Raimund endgültig von der gängigen Zauberspieldramaturgie der Alt-Wiener Volkskomödie (Bäuerle, Meisl, Gleich u. a.).

Die neugeprägte Gattungsbezeichnung »Original-Zaubermärchen« hat programmatischen Charakter: Raimund verbindet hier Elemente der Volkstheatertradition – Maschinenkomödie, Feerie, Singspiel, Posse, Parodie, Zauberstück – mit dem Ethos der Hochstildramatik; die Geisterwelt und die irdische Handlungsebene sind vielfältig ineinander verschränkt, Wirklichkeit und Transzendenz werden hier am Vorabend des Industriezeitalters noch einmal zu einem organischen, poetischen Weltentwurf voll gemüthafter Innerlichkeit verschmolzen. Den Kern des Stücks bildet die Allegorie der Zufriedenheit, Ausdruck biedermeierlicher Lebensphilosophie und Sozialutopie.

Dieser Absicht entsprechen die beiden ineinandergreifenden Handlungsebenen des Stücks, dessen Exposition das Bild einer gestörten Harmonie bietet. Die Fee Lakrimosa ist auf ihr Wolkenschloß verbannt worden, weil sie schwur, ihre mit einem Sterblichen gezeugte Tochter später einmal nur dem Sohn der Feenkönigin selbst zur Frau zu geben. Außer sich vor Zorn über diese Vermessenheit, hat die Herrscherin verfügt, daß Lakrimosas Kind bei den Menschen aufwachsen soll und seine Mutter nur dann wiedersehen darf, wenn es den Reichtum verschmäht und sich vor Vollendung seines achtzehnten Lebensjahres mit einem armen jungen Mann vermählt. Von allen Bedingungen ist nur noch diese letzte unerfüllt. Zwar ist Lottchen – so lautet der Erdenname des Feenkinds – tugendhaft, bescheiden und hat keinen anderen Wunsch, als die Frau des armen Fischers Karl zu werden, doch seit ihr Pflegevater, der Waldbauer Fortunatus Wurzel, vom »Neid« mit Reichtum bedacht wurde und in der Stadt auf großem Fuß lebt, ist ihr ein reicher alter Juwelier zum Mann bestimmt. Auf diese Weise will sich der Neid dafür rächen, daß Lakrimosa ihm ihr Herz verweigert hat. Als Lottchen ihrem Karl die Treue hält, jagt Wurzel sie aus dem Haus. Wohltätige Geister nehmen sich der Verlassenen an und führen sie ins Reich der »Zufriedenheit«. Unterdessen nimmt Wurzels Lotterleben immer ausschweifendere Formen an. Da tritt »Die Jugend« an ihn heran (die Schauspielerin Therese Krones brillierte in dieser Rolle), kündigt ihm in dem berühmten Lied *Brüderlein fein* die Freundschaft auf und macht dem »Alter« Platz, das Wurzel schlagartig in einen gichtbrüchigen Graukopf verwandelt. Doch der Neid gibt das Spiel noch nicht verloren: Um Karl als Bräutigam auszuschalten, läßt er ihm einen Brillantring von unermeßlichem Wert zukommen. Daß Karl den Ring am Ende von sich wirft, daß er sich für Lottchen und gegen den Reichtum entscheidet, daß Lakrimosa ihre Tochter wieder in die Arme schließen kann, ist das Werk der Zufriedenheit und der Lakrimosa treu ergebenen Zauberer. Und auch der bekehrte Wurzel wird in die allgemeine Zufriedenheit mit einbezogen: Er erhält sein früheres Aussehen zurück und preist sich glücklich, wieder ein armer Bauer zu sein.

In der moralisch aufgeladenen Kontrastierung von Armut und Reichtum erschließt sich der Gehalt des Stücks. Die kausale Zuordnung von Armut und Zufriedenheit, Reichtum und Zuchtlosigkeit bzw. Unmenschlichkeit impliziert wie im *Verschwender* die Kritik an einer sich immer stärker zum Materialismus bekennenden Zeit. Die gemüthafte Substanz, aus der Raimund die Gattung erneuerte, manifestiert sich besonders in der Gestalt Lottchens – eine Figuration menschlichen Leidens, mit der er ein dominierendes Motiv der zeitgenössischen Dichtung aufgreift –, in der Begegnung Wurzels mit der Jugend bzw. dem Alter und in den eingestreuten Liedern, von denen das *Lied der Jugend* und das *Aschenlied* rasch in den österreichischen Liederschatz eingingen. Raimunds Sprache gliedert sich in drei deutlich zu unterscheidende Stillagen: in das deklamatorische Pathos Lakrimosas und der Zufriedenheit, in den burlesken, mundartlich gefärbten Umgangston Wurzels und der niederen Zauberer (Ajaxerle, Bustorius) und in die Sprache des reinen Gefühls (Lottchen). In vieler

Hinsicht weist das Stück auf den *Verschwender* voraus, in dem die tragische Einsicht in die Vergänglichkeit des Glücks zum vorherrschenden Thema wird. W.D.-KLL

AUSGABEN: Wien 1837 (in *Sämtliche dramatische u. poetische Werke*, Hg. J.N. Vogl, 4Bde., 2). – Wien 1934 (in *SW*, Hg. F. Brukner u. E. Castle, 6Bde., 1924–1934, 1; hist.-krit.; Nachdr. Nendeln/Liechtenstein 1974). – Mchn. 1960 (in *SW*, Hg. u. Nachw. F. Schreyvogl; ern. 1966). – Bln. 1966, Hg. U. Helmensdorfer [m. Materialien]. – Stg. 1984 (RUB; Nachw. W. Zentner).

VERTONUNG: Leo Fall, *Brüderlein fein* (Urauff.: Wien, 1. 12. 1909, Kabarett »Hölle« im Theater an der Wien; Singspiel nach Motiven aus *Der Bauer als Millionär*).

LITERATUR: O. Katann, *»Der Bauer als Millionär« von F. R.* (in O. K., *Gesetz im Wandel. Neue literarische Studien*, Innsbruck/Wien 1932, S. 26–50). – W. Pötscher, *Euripides' »Herakliden« und F. R.s »Der Bauer als Millionär«* (in LJb, 17, 1976, S. 343–347).

DER VERSCHWENDER

»Original-Zaubermärchen« in drei Akten von Ferdinand RAIMUND, Uraufführung: Wien, 20. 2. 1834, Theater in der Josefstadt (Musik: Conradin Kreutzer). – Berufliche und private Probleme und nicht zuletzt auch der Mißerfolg seines Stücks *Die unheilbringende Zauberkrone* (1829) veranlaßten den beliebten Theaterdichter, sein Engagement am Leopoldstädter Theater zu lösen und an deutschen Bühnen als Schauspieler zu gastieren. Mit seinem letzten vollendeten »Zaubermärchen« *Der Verschwender*, das vor allem auf Philippe DESTOUCHES' *Le dissipateur ou L'honnete friponne* 1736 *(Der Verschwender oder Die ehrenhafte Spitzbübin)* basiert, feierte Raimund ein glänzendes Comeback in seiner Heimatstadt. In konsequenter Weiterführung seiner Zaubermärchendramaturgie läßt Raimund den für das Wiener Volkstheater typischen Geisterapparat – im *Verschwender* auf nur mehr zwei Figuren reduziert – in der realistischen Handlung beinahe aufgehen; die Zaubersphäre der Rahmenhandlung, sinnbildhaft für menschliche Daseinskräfte, ist eng verflochten mit der Psyche des Helden.

Der reiche Edelmann Julius von Flottwell gibt auf seinem prächtigen Schloß eine Jagdgesellschaft. Nach dem Ausritt trifft er sich mit seiner Geliebten, dem Bauernmädchen Minna, das in Wahrheit die in Menschengestalt auftretende Fee Cheristane ist. Vor einundzwanzig Jahren war sie von der Feenkönigin Illmaha auf die Erde gesandt worden, um würdigen Menschen Wohltaten zu erweisen, hatte sich in den damals siebzehnjährigen Julius verliebt und in den Jahren seither ihm zu seinem großen Reichtum verholfen. Nun erst enthüllt sie ihm ihre wahre Natur; sie muß ins Feenreich zurückkehren, und der verzweifelte Flottwell schenkt ihr zum Abschied auf ihre Bitten hin ein Jahr seines Lebens. – Der zweite Akt spielt drei Jahre später. Flottwell hat ein neues Schloß gebaut und verschwendet in immer glanzvolleren Festlichkeiten seinen Reichtum. Er verliebt sich in Amalie, die Tochter des Präsidenten von Klugheim, und will sie heiraten – gegen den Willen ihres Vaters, der Flottwells Verschwendungssucht als Vorzeichen einer Katastrophe durchschaut und Amalie dem soliden Baron Flitterstein zugedacht hat. Aber nach einem turbulent endenden Fest bei Flottwell, in dessen Verlauf dieser sich mit dem Widersacher duelliert, gelingt den beiden Liebenden die Flucht. Flottwells und Amaliens Glück soll sich in England erfüllen. Zurück bleiben: der intrigante Kammerdiener Wolf, der das Schloß an sich zu bringen versteht; ein geheimnisvoller Bettler, der seit Cheristanes Verschwinden auftrat, nur für Flottwell sichtbar war und ihm mit herausforderndem Gehabe Geld und Geschmeide abgetrotzt hat; schließlich der treuherzige Bediente Valentin (der eigentlich ein Tischlergeselle ist), der mit dem Kammermädchen Rosa unter dem Verdacht, einen kostbaren Schmuck gestohlen zu haben, von Wolf fortgejagt wurde.

Valentin wird zur eigentlichen Zentralfigur des dritten Akts, der zwanzig Jahre später spielt. Flottwell kehrt, mittellos und als Bettler auftretend, aus England zurück. Frau und Kind sind tot, das Vermögen ist verschwendet, das Schloß seiner Väter zur Ruine verfallen; seinen früheren Kammerdiener, inzwischen »von Wolf«, findet er als Herrn des neuen Schlosses vor. Den Heimatlosen nimmt Valentin auf, der mit Rosa und vielen Kindern in zufriedener Bescheidenheit sein Tischlerhandwerk betreibt und sich immer noch in der Dankesschuld seines früheren wohltätigen Herrn empfindet. Rosa allerdings ist ganz anderer Meinung: *»Verhältnisse bestimmen die Äußerungen der Menschen ... Können Sie von uns fordern, daß wir in unserer eingeschränkten Lage noch einen Mann erhalten, dem wir nichts zu danken haben als unsern richtigen Lohn ...«* – mit diesen Worten weist sie Flottwell aus dem Haus. Erst Valentins Drohung, sie samt den Kindern zu verlassen, bewirkt, daß Rosa ihre Meinung ändert. Flottwell ist mittlerweile zur Ruine seines Schlosses gelangt: *»Ich kehre nie zu eurer Welt zurück,/ Denn mein Verbrechen schließt mich aus dem Reich/ des Eigennutzes aus. Ich habe mich/ Versündigt an der Majestät des Goldes.«* – In dieser Phase einer grundlegenden Sinnesänderung des »Verschwenders« erscheint wieder jener seltsame Bettler; es ist Azur, den Cheristane als Schutzgeist ihres geliebten Flottwell entsandt hat. Er gibt ihm nun die Kostbarkeiten zurück, die er einst von ihm »erbettelt« hatte. Während Valentin wieder in Flottwells Dienste tritt, verheißt Cheristane ihm ein Wiedersehen *»in der Liebe grenzenlosem Reich«*.

Wenngleich Flottwells Schicksal am Anfang und am Ende des Stücks in entscheidender Weise von außerirdischen Mächten bestimmt wird, so ist der dazwischenliegende Lebensweg des Helden doch ganz seiner eigenen Willensentscheidung anheimgestellt: Azur liest im Buch des Schicksals den Spruch, der über Flottwells Leben verhängt ist: *»Kein Fatum herrsch auf seinen Lebenswegen,/ er selber bring sich Unheil oder Segen.../ Und da er frei von allen Schicksalsketten,/ Kann ihn sein Ich auch nur von Schmach erretten.«* Mit dieser »Abdankung« der überirdischen Mächte hat Raimund sein Stück ausgerichtet auf ein Tugendideal, dessen Verwirklichung individuellen Seelenfrieden und soziale Harmonie verheißt. – In der aus Naivität, Güte und Resignation überaus lebenswahr gelungenen Gestalt des Valentin aber hat Raimund seine eigene Anschauung zur Geltung gebracht. Valentin, seit der Uraufführung des Stücks eine Paraderolle großer Schauspieler des Wiener Theaters, verkündet im berühmten *Hobellied* die Einsicht in die Veränderlichkeit des Glücks, aber auch den *»zufriedenen Sinn«* des aus eigener Redlichkeit zu bescheidenem Wohlstand gelangten Bürgers. G.O.

Ausgaben: Wien 1837 (in *Sämtliche dramatische u. poetische Werke*, Hg. J.N. Vogl, 4 Bde., 4). – Wien 1933 (in *SW*, Hg. F. Brukner u. E. Castle, 6 Bde., 1924–1934, 2; hist.-krit.; Nachdr. Nendeln/Liechtenstein 1974). – Mchn. 1960 (in *SW*, Hg. F. Schreyvogl; ern. 1966). – Stg. 1983 (RUB).

Verfilmungen: Österreich 1917 (Regie: L. Kolm u. J. Fleck). – Österreich 1963 (Regie: K. Meisel).

Literatur: G. Merck, *R.s »Verschwender«*, Diss. Marburg 1927. – E. Castle, *Das Tischlerlied im »Verschwender«* (in E. C., *Dichter und Dichtung aus Österreich*, Wien 1951, S. 55–60). – H. Emmerling, *Untersuchungen zur Handlungsstruktur der dt. Barockkomödie*, Diss. Saarbrücken 1961, S. 193–221.

FRITZ REUTER

* 7.11.1810 Stavenhagen / Mecklenburg
† 12.7.1874 Eisenach

Literatur zum Autor:
H. Müller, *F. R.s epische Entwicklung*, Diss. Freiburg i. B. 1923. – H. Hunger, *F. R. Ein Lebensbild*, Düsseldorf 1948. – R. Landwehr, *Die Gestaltung von Mensch u. Welt bei F. R.*, Diss. Bonn 1949. – L. Wessels, *Die Darstellung des ländlichen Lebens in den Werken von F. R.*, Diss. Hbg. 1950. – F. Börgers, *Die Erzählform F. R.s*, Diss. Bonn 1953. – H. J. Gernentz, *F. R.*, Lpzg. 1956. – K. Batt, *Untersuchungen zur Auseinandersetzung zwischen Klaus Groth u. F. R.*, Diss. Lpzg. 1958. – *F. R. Eine Fs. zum 150. Geburtstag*, Rostock 1960. – K. Watanabe, *Über F. R.s Dichtungen*, Schwerin 1960. – K. Batt, *F. R. Leben u. Werk*, Rostock 1967. – H. C. Christiansen, *F. R.*, Stg. 1975 (Slg. Metzler). – *F.-R.-Gedenkschrift*, Hg. H. C. Christiansen, Amsterdam 1975. – J. A. Chambers, *The Treatment of Social and Political Ideas in the Work of F. R.*, Diss. Aberdeen 1977. – C. Foerste, *F. R.* (in *Dt. Dichter des 19. Jh.s*, Hg. B. v. Wiese, Bln. [2]1979, S. 480–509). – M. Töteberg, *F. R. in Selbstzeugnissen u. Bilddok.*, Reinbek 1979 (rm). – F. Minssen u. H. de Voss, *Bemühung um F. R. Eine Gedenkschrift*, Ffm. 1980. – A. Hückstedt u. W. Siegmund, *F. R. Wiss. Bibliographie zu Leben, Werk u. Wirkung*, Hg. F. R.-Literaturmuseum Stavenhagen, Stavenhagen 1982. – A. Hückstedt, *F. R. in Neubrandenburg*, Neubrandenburg 1982. – *F. R. im Urteil der Literaturkritik seiner Zeit. Rez. u. Betrachtungen über die Werke u. zur Persönlichkeit F. R.s*, Hg. A. Hückstedt, Rostock 1983. – A. Hückstedt, *»Wenn einer Augen hat zu sehen...« F. R. Sein Leben in Bildern u. Texten*, Hbg. 1986. – C. Bummers, *F. R. u. der Protestantismus*, Bln. 1987.

UT MINE FESTUNGSTID

(nd.; *Aus meiner Festungszeit*). Autobiographischer Roman von Fritz Reuter, erschienen 1862. – 1831 schloß sich Reuter als Student in Jena der Burschenschaft »Germania« an, die Anfang April 1833 in Frankfurt die Konstablerwache stürmte. Obgleich Reuter zu dieser Zeit in Stavenhagen war, inhaftierte ihn die preußische Justiz 1833 als »Demagogen« und verurteilte ihn zunächst zum Tode; nach siebenjähriger Festungshaft wurde er 1840 amnestiert. Ein erster, satirisch getönter Versuch der Beschreibung dieser Zeit war Reuters *Heitere Episode*, in Hochdeutsch verfaßt und 1855 in dem von ihm herausgegebenen ›Unterhaltungsblatt für beide Mecklenburg und Pommern‹ veröffentlicht; erst 1861 entstand *Ut mine Festungstid*, wo Reuter die letzten dreieinhalb Jahre seiner Haft schildert.
Da der Dichter kein eigentlich politischer Mensch war, ist *Ut mine Festungstid* auch kein politisches Werk, kein Rechenschaftsbericht, keine Anklageschrift im engeren Sinn. Es ist vielmehr ein sehr persönliches Buch. Die Bewältigung des Alltags, die Überwindung der Zeit stehen ganz im Mittelpunkt. Der Abstand von fast fünfundzwanzig Jahren hat dem Gedenken an die Härte des Leidens manches von seiner Bitterkeit genommen. Doch wie sehr das Anekdotenhafte, die Schilderung heiter-burlesker Erlebnisse, pennälerhaft-übermütiger Streiche und tragikomischer Liebeshändel nur die bewußte Verdrängung der Erinnerung an weit härtere, quälendere Eindrücke waren, zeigen nicht nur der häufige Bruch der Stimmung, der oft allzu rasche Wechsel bis in die (für Reuter ohnehin gefährliche) Nähe überquellender Sentimentalität, sondern vor allem der momenthafte Durchbruch allen aufgestauten Hasses, aller Not und Verzweiflung des politischen Häftlings beim Wiedersehen mit der Berliner Hausvogtei, wohin er nach seiner

Verhaftung gebracht worden war: *»Dor hewwen sei mal üm min Lewensglück spelt, un sei hewwen gewunnen«* (*»dort haben sie einmal um mein Lebensglück gespielt, und sie haben gewonnen«*). H.J.B.

AUSGABEN: Wismar 1862 (*Olle Kamellen, zweiter Theil*). – Lpzg. 1936 (in *Werke*, nach der in Gemeinschaft mit C. Borchling u. E. Brandes besorgten Ausgabe neubearb. u. erg. v. W. Seelmann u. H. Brömse, 12 Bde., 5). – Rostock/Neumünster 1967 (in *GW u. Briefe*, Hg. K. Batt, 9 Bde., 4). – Mchn./Wien 1976 (in *Gezeiten des Lebens. Die Romane der Erinnerung*; Übertr. B. u. F. Minssen). – Mchn. 1978 (in *Autobiographische Romane*; Übertr. dies.; dtv).

LITERATUR: G. Schab, *F. R.s »Festungstid« u. ihre hochdeutsche Urgestalt*, Diss. Halle 1923.

UT MINE STROMTID

(nd.; *Aus meiner Tagelöhnerzeit*). Roman von Fritz REUTER, erschienen in drei Bänden 1862–1864. – Nach der Entlassung aus siebenjähriger Festungshaft 1840, beschrieben in *Ut mine Festungstid*, versuchte Reuter zunächst, als Landwirtschaftsschüler eine neue Lebensgrundlage aufzubauen. Aus dieser Zeit stammt seine Kenntnis der krassen Gegensätze zwischen Landbesitzern und Tagelöhnern (*»Stromer«*), wie sie in Mecklenburg auf dem Lande bestand und wie er sie schon zwischen 1847 und 1850 in dem in Hochdeutsch verfaßten und zu Reuters Lebzeiten nicht publizierten Fragment *Herr von Hakensterz und seine Tagelöhner. Manuskript eines Romans* zu gestalten suchte.

Der zeitliche Abstand wie die niederdeutsche Sprachform haben den noch in *Kein Hüsung* (1858) deutlich spürbaren sozialrevolutionären Ton gemildert; das unverkennbar unter dem Einfluß von Charles DICKENS entstandene Werk ist in der ungewöhnlichen Breite des Handlungsfeldes wie in der intensiven Durchformung der Gestalten und ihrer sozialen Vielfalt das umfassendste und typischste, in der Geschlossenheit der künstlerischen Gestaltung wie in der Breite der Ausstrahlung die bislang bleibendste, zugleich wirksamste und volkstümlichste Schöpfung der mecklenburgischen Literatur nicht nur in plattdeutscher Sprache. Nach wie vor geißelt Reuter die böswillig-skrupellosen Methoden des nach oben gespülten »Rittergutsbesitzers« Pomuchelskopp, stellt seinem Unwesen jedoch das gutmütig-patriarchalische Regiment des altadligen »Herrn Kammerrat« von Rambow gegenüber. Die Sympathien Reuters sind auf der Seite der ihm auch sozial am nächsten stehenden ländlichen Mittelschicht der Inspektoren und kleinen Gutspächter. Zu ihr gehört sowohl der alle Handlungsfäden verbindende Inspektor Karl Hawermann, der in der klischeehaft-sentimentalen Überzeichnung seiner positiven Charaktermerkmale alle Moralvorstellungen Reuters in idealer Vollkommenheit vereinigt, wie der alle sozialen Gegensätze überbrückende »Entspekter« Zacharias Bräsig, der als die zentrale Gestalt dieses Romans wohl die populärste Figur Reuters ist und den Weg des Dichters zum Volksschriftsteller entscheidend geebnet hat. Er verkörpert das moderne, aufklärerische Denken, propagiert den Fortschritt, hat ein junges Herz und ein Herz für die Jugend. Seine unerfüllbare Liebe zur Schwester seines Freundes Hawermann, der adretten »Madam« Nüßler (die aber längst mit Jung-Jochen, der denkbarsten Potenzierung mecklenburgischen Gleichmuts, verheiratet ist), sein artiger Umgang mit der »Fru Pastern« (dem Urbild rührender Fürsorge und rundlicher Lebenslust), seine pfiffige Weltklugheit, sein treuer, uneigennütziger Rat, seine resolute Hilfsbereitschaft – immer ist die Grundanständigkeit, die Moralität seines Handelns aus der Sphäre abstrakter Idealität ins Realistische gewendet und glaubwürdig geworden durch den schlauen Witz, den schalkhaften Humor Bräsigs wie durch die Lächerlichkeit der äußeren Erscheinung des rotgesichtigen, stupsnasigen und kurzbeinigen Mannes. Seine eigenartig gedrechselte Art des Sprechens (er bemüht sich darum, das Hochdeutsche zu verwenden, *»awer wenn em wat Irnstliches bedrapen ded, denn föll hei leider ummer in de plattdütsche Red«*), seine Vorliebe für hochdeutsche Wendungen und den Gebrauch halbverstandener Fremdwörter hat im »Missingsch« einen unnachahmlichen Ausdruck gefunden.

Neben solch treffend charakterisierenden sprachlichen Eigenheiten verdanken Reuters Gestalten der Verwendung immer wiederkehrender Redensarten ihre besondere Eindringlichkeit und Plastizität: *»daß du die Nas' ins Gesicht behältst«* (Bräsig), *»'t is all so, as dat Ledder is«* oder *»wat sall einer dorbi dauhn«* (Jochen Nüßler). Die Vielgestaltigkeit und Unmittelbarkeit seiner Figuren, ihre prägnante Individualität wie ihre getreue Typisierung, die Milderung eines tragischen Schicksals durch die versöhnende Kraft des Humors zeigen Reuter auf der Höhe seiner Schaffenskraft, sie begründen den literarischen Rang seines Hauptwerkes wie seine zeitlose Popularität. H.J.B

AUSGABEN: Wismar 1862–1864 (*Olle Kamellen*, Tl. 3–5). – Lpzg. 1936 (in *Werke*, nach der in Gemeinschaft mit C. Borchling zu E. Brandes besorgte Ausgabe neubearb. u. erg. v. W. Seelmann u. H. Brömse, 12 Bde., 6–8). – Rostock/Neumünster 1967 (in *GW u. Briefe*, Hg. K. Batt, 9 Bde., 5). – Bln./Weimar 1972 (in *Werke in drei Bdn.*, 2/3; Ausw. u. Einl. K. Batt). – Mchn./Wien 1975 (*Das Leben auf dem Lande*; Übertr. B. u. F. Minssen; ern. Mchn. 1977, dtv). – Düsseldorf/Köln 1982 [m. Ill. v. L. Pietsch v. 1865].

VERFILMUNG: *Onkel Bräsig*, BRD 1977/78 (TV-Serien; Regie: V. Vogeler u. S. Barabas).

LITERATUR: C. W. Neumann, *Wahrheit u. Dichtung in R.s »Stromtid«* (in Universum, 27, 1910, S. 111–120). – G. Timm, *Vergleich u. Metapher in*

F. R.s »Stromtid«, Diss. Greifswald 1920. – H. D. Dahnke, *»Herr von Hakensterz und seine Tagelöhner« u. »Ut mine Stromtid«. F. R.s Beitrag zum dt. Gesellschaftsroman des 19. Jh.s*, Habil.schr. Humboldt Univ. Bln./DDR 1966. – F. Rothe, *Unkel Bräsig. Zur nachrevolutionären Erzählkunst im 19. Jh.* (in DVLG, 43, 1969, H. 2, S. 260–273). – L. Foerste, *Der Humor als poetischer Träger des »Franzosentid«- u. »Stromtid«-Romans* (in *F.-R.-Gedenkschrift*, Hg. H. C. Christiansen, Amsterdam 1975, S. 29–56). – M. Machartzke, *F. R.: »Ut mine Stromtid« (1863/64). Die Gesellschaftsidee der bürgerlichen Humanität im humoristischen Roman* (in *Romane u. Erzählungen des bürgerlichen Realismus*, Hg. H. Denkler, Stg. 1980, S. 203–216). – A. Hückstedt, *Die »Stromtid« u. ihr Dichter im Urteil der Zeiten* (in Niederdt. Wort, 25, 1985, S. 29–43). – L. M. Davis, *History and Narrative Structure: »Ut mine Stromtid« by F. R. u. »Jahrestage« by Uwe Johnson*, Diss. Yale Univ. 1987.

ADALBERT STIFTER

* 23.10.1805 Oberplan / Böhmen
† 28.1.1868 Linz

LITERATUR ZUM AUTOR:
Bibliographien und Forschungsberichte:
A. S.-Institut des Landes Oberösterreich. Vierteljahrsschrift [Vasilo], Linz 1952 (mit fortlaufender Bibliogr.). – E. Eisenmeier, *A. S. Bibliographie*, Linz 1964 (1. Forts. 1971; 2. Forts. 1978; 3. Forts. 1983). – H. Seidler, *A. S. Forschung 1945–1970* (in ZfdPh, 91, 1972, S. 113–157, 252–284). – B. Kahrmann u. a., *Bürgerlicher Realismus III. S., Hebbel, Otto Ludwig* (in WW, 26, 1976, S. 356–381). – H. Seidler, *Die A.-S.-Forschung der siebziger Jahre* (in Vasilo, 30, 1981, S. 89–134).
Biographien:
A. R. Hein, *A. S. Sein Leben u. seine Werke*, Prag 1904 [Zürich ²1952]. – U. Roedl, *A. S. Geschichte seines Lebens*, Bln. 1936 [Bern ²1948]. – E. A. Blackall, *A. S. A Critical study*, Cambridge 1948. – U. Roedl, *A. S. in Selbstzeugnissen u. Bilddokumenten*, Reinbek 1965 [bibliogr. überarb. Nachdr. 1987 u. ö.]. – A. Großschopf, *A. S. Leben, Werk, Landschaft*, Linz 1968 [Bilddok.]. – Chr. Wetzel, *A. S. Literatur der Welt in Bildern, Texten, Daten*, Stg. 1983. – W. G. Sebald, *A. S.* (in *Österreichische Porträts*, Hg. J. Jung, Bd. 1, Salzburg/Wien 1985, S. 232–255).
Gesamtdarstellungen und Studien:
E. Bertram, *Studien zu A. S.s Novellentechnik*, Dortmund 1907 [Nachdr. Hildesheim 1978]. – O. Pouzar, *Ideen u. Probleme in A. S.s Dichtungen*, Reichenberg 1928 [Nachdr. Hildesheim 1973]. – K. Steffen, *A. S. u. der Aufbau seiner Weltanschauung*, Zürich/Lpzg. 1931. – K. J. Hahn, *A. S. Religiöses Bewußtsein u. dichterisches Werk*, Halle 1938. – H. Kunisch, *A. S. Mensch u. Wirklichkeit. Studien zu seinem klassischen Stil*, Bln. 1950. – J. Müller, *A. S. Weltbild u. Dichtung*, Halle 1956. – K. G. Fischer, *Die Pädagogik des Menschenmöglichen. A. S.*, Linz 1962. – F. Aspetsberger, *Schlüsselbegriffe zur Erfassung des Daseins in der Dichtung A. S.s*, Diss. Wien 1963. – M. Enzinger, *Gesammelte Aufsätze zu A. S.*, Wien 1967. – *A. S. Studien u. Interpretationen*, Hg. L. Stiehm, Heidelberg 1968. – M. Enzinger, *A. S. im Urteil seiner Zeit*, Wien 1968. – W. Dehn, *Ding u. Vernunft. Zur Interpretation von A. S.s Dichtung*, Bonn 1969. – Chr. Buggert, *Figur u. Erzähler. Studien zum Wandel der Wirklichkeitsauffassung im Werk A. S.s*, Mchn. 1970. – H. D. Irmscher, *A. S. Wirklichkeitserfahrung u. gegenständliche Darstellung*, Mchn. 1971. – M. Kaiser, *A. S. Eine literaturpsychologische Untersuchung seiner Erzählungen*, Bonn 1971. – G. Mattenklott, *Sprache der Sentimentalität. Zum Werk A. S.s*, Ffm. 1973. – M. Selge, *A. S. Poesie aus dem Geist der Naturwissenschaft*, Stg. 1976. – W. W. Freye, *Tradition in S.s Romanen*, Bern u. a. 1977. – K. E. Pfeiffer, *Kunsttheorie u. Kunstkritik im 19. Jh. Das Beispiel A. S.*, Bochum 1977. – *S.-Symposium 1978. Vorträge u. Lesungen*, Linz 1979. – U. Naumann, *A. S.*, Stg. 1979 (Slg. Metzler). – M. Tielke, *Sanftes Gesetz u. historische Notwendigkeit. A. S. zwischen Restauration u. Revolution*, Ffm. u. a. 1979. – F. Sengle, *A. S.* (in F. S., *Biedermeierzeit*, Bd. 3, Stg. 1980). – K. Neugebauer, *Selbstentwurf u. Verhängnis. Ein Beitrag zu A. S.s Verständnis von Schicksal u. Geschichte*, Tübingen 1982. – M. u. E. Swales, *A. S. A Critical Study*, Cambridge 1984. – *A. S. heute. Londoner Symposion 1983*, Hg. J. Lachinger u. a., Linz 1985. – R. Obermaier, *Stadt u. Natur. Studie zu Texten von A. S. u. Gottfried Keller*, Ffm. u. a. 1985. – *Studi su A. S.*, Pisa 1986. – *A. S. u. die Krise der mitteleuropäischen Literatur. Ein ital.-österr. Colloquium*, Hg. P. Chiarini, Rom 1988. – H. Friedl, *Beginn der Errichtung eines Denkmals. Variationen zu dem Thema A. S.*, Graz u. a. 1988.

BUNTE STEINE. Ein Festgeschenk

Erzählungssammlung von Adalbert STIFTER, erschienen in zwei Bänden 1853. – Ursprünglich war geplant, und daraus erklärt sich der Untertitel der Erstausgabe, die Sammlung – des besseren Absatzes wegen – rechtzeitig vor Weihnachten 1852 erscheinen zu lassen, was jedoch an der umständlichen Arbeitsweise des Autors scheiterte. Schon am 6. 3. 1849, also noch vor Beendigung der *Studien*, hatte Stifter seinem Verleger G. HECKENAST *»2 oder 3 Bändchen für Kinder«* angekündigt, mit dem – für seine Haltung nach der Revolution von 1848 – bezeichnenden Zusatz: *»Kinder revolutionieren nicht und Mütter auch nicht, also schauen sie auf das Werk«*. Fünf der sechs Erzählungen waren von 1843 an bereits in verschiedenen Zeitschriften und

Almanachen erschienen; wie die Texte für die *Studien* überarbeitete Stifter auch diese sog. »Journal«-Fassungen eingehend; *Katzensilber* entstand neu. Nur bedingt sind die Erzählungen der *Bunten Steine* allerdings als Geschichten für Kinder zu betrachten. Bestimmt waren sie wohl von Anfang an für ein erwachsenes Publikum, an das sich schon die Journalfassungen gewandt hatten; offensichtlich sollte ihre Charakterisierung in der *Vorrede* als *»allerlei Spielereien für junge Herzen«* dem Vorwurf des Idyllischen und Unzeitgemäßen vorbeugen, dem sich Stifter bereits bei den *Studien* ausgesetzt sah. F. HEBBEL hatte 1849 gegen *Die alten Naturdichter und die neuen (Brockes und Geßner, Stifter, Kompert und so weiter)* bereits heftig polemisiert: *»Wißt ihr, warum euch die Käfer, die Butterblumen so glücken?/ Weil ihr die Menschen nicht kennt, weil ihr die Sterne nicht seht!«*

Dagegen setzte sich Stifter in seiner berühmten *Vorrede* zu den *Bunten Steinen* zur Wehr, die als sein bedeutendstes poetologisches Bekenntnis gilt. Der herkömmlichen Bewertung vom *»Großen und Kleinen«* folgt Stifter nicht. Er, für den Dichtung *»nach der Religion das Höchste auf Erden«* ist, hält die kleinen, kontinuierlichen Bewegungen der Natur *(»Das Wehen der Luft, das Rieseln des Wassers, das Wachsen der Getreide ...«)* für *»größer«* als die heftigen Ausbrüche der Elemente, die für ihn nur singuläre Erscheinungen, zudem *»nur Wirkungen viel höherer Gesetze«* sind, die sie mit der Gewalt ihrer Katastrophen verdecken; in analoger Weise betrachtet Stifter auch das menschliche Leben: *»Ein ganzes Leben voll Gerechtigkeit, Einfachheit, Bezwingung seiner selbst, Verstandesgemäßheit, Wirksamkeit in seinem Kreise, Bewunderung des Schönen, verbunden mit einem heiteren gelassenen Sterben, halte ich für groß«*, wogegen ihm der *»entzündet(e) Geist, der nach Tätigkeit strebt, umreißt, ändert, zerstört und in der Erregung oft das eigene Leben hinwirft«*, in der Einseitigkeit seines Auftretens als *»kleiner«* erscheint. Diese Haltung, in der sich der Glaube an die Natur als göttliche Offenbarung verbindet mit einer Haltung der *»Dingfrömmigkeit«* (F. Sengle), die ihre romantische Tradition nicht verleugnen kann, offenbart zugleich die für Stifters frühe Dichtung kennzeichnende Betonung sozialer Stabilität durch eine schon nahezu pathologisch anmutende Verdrängung subjektiver Bedürfnisse, welche die Ordnung des Ganzen und damit die Sicherheit der eigenen Lebensführung in diesem Rahmen unterminieren: es ist *»das Gesetz der Gerechtigkeit, das Gesetz der Sitte, das Gesetz, das will, daß jeder geachtet, geehrt, ungefährdet neben dem anderen bestehe, daß er seine höhere menschliche Laufbahn gehen könne, sich Liebe und Bewunderung seiner Mitmenschen erwerbe, daß er als Kleinod gehütet werde ...«* – eine Befindlichkeit, die zerstört wird, wenn die Menschen *»nach einseitigen und selbstsüchtigen Zwecken ringen«*. So sehr Stifter mit dem Begriff dieses *»sanften Gesetzes«* eine prägnante Formel für sein Schaffen gefunden hatte, so wenig besitzen die Erzählungen dieser Sammlung allein darin ein zusammenhängendes Moment.

Stärker als die *Studien* sind die *Bunten Steine*, worauf bereits die für die Buchausgabe neu gefundenen Titel der Erzählungen verweisen, als Ganzes komponiert, wobei allerdings die endgültige Anordnung der Texte – *Granit, Kalkstein, Turmalin, Bergkrystall, Katzensilber, Bergmilch* – teils der Chronologie ihrer Entstehung folgt; ursprünglich sollte *Bergkrystall* hinter *Kalkstein* stehen. Darüber hinaus besteht in der Stifter-Forschung keine Einigkeit über den thematischen Zusammenhang der Erzählungen; ebenso wie *Granit* handeln auch *Bergkrystall* und *Katzensilber* von der Rettung von Kindern, in *Kalkstein* und *Turmalin* stehen Sonderlinge im Mittelpunkt, während *Bergmilch*, eine historische Novelle, gemeinhin als schwächster Bestandteil der Sammlung gesehen wird. Strukturelle oder inhaltliche Analogien – *»Rettung von Kindern«* (P. Requadt), *»Isolation und Integration«* (H. Bleckwenn) oder der Verweis auf ein erzieherisches Motiv als *»das von der revolutionären Erschütterung inspirierte Grund- und Bundthema«* (M. Selge) – lassen sich nur bedingt eruieren. In jedem Fall ist die scheinbar idyllische Welt Stifters von überraschenden Gefährdungen durchzogen, erweisen sich die geschilderten Schicksale von oftmals nur angedeutetem Versagen und von Verfehlungen *(Kalkstein)* geprägt, die nicht mehr gutzumachen sind. In den ausweglosen Situationen, in welche die Protagonisten geraten und in denen das Gesetz der Natur teilnahmslos waltet, ist Rettung nur durch ein Wunder möglich, allerdings *»nicht ein phantastisch-magisches oder rein stoffliches Wunder, sondern ... ein geistig und sittlich notwendiges«* (E. Mason), wobei Stifter in den späteren Texten, wie *Turmalin* und *Katzensilber*, zunehmend distanzierter verfährt in der Einschätzung jener Welt, der Rettung zuteil wird; die Menschen dort umgeben sich mit nutzlosen Dingen, sie retten – in *Katzensilber* – ihren Besitz aus einem brennenden Haus, vergessen aber ihr Kind darin.

Wie im Falle der *Studien* wird allerdings auch bei den *Bunten Steinen* die in der älteren Forschung dominierende Vorstellung, wonach eine organische Entwicklung Stifters von der Journalfassung hin zu klassischer Objektivität an den verschiedenen Fassungen abzulesen sei, in neueren Arbeiten stark problematisiert. Bei aller Tendenz zur Aussparung und zur knappen, prägnanten Formulierung wird *»das Wunder der Rettung in der Studienfassung nicht realistisch abgeschwächt, sondern verstärkt«*, so *»daß also die Kindergeschichte gut biedermeierlich der Legende angenähert wird«* und der Autor *»sich mit allen Mitteln der dichterischen Magie gegen die Entzauberung der Wirklichkeit, gegen die heraufkommende Ernüchterung«* durch die Moderne stellt (F. Sengle) – eine Haltung, mit der Stifter bei der zeitgenössischen Kritik nur noch auf geringes Verständnis stieß. M.Pr.

AUSGABEN: Pest/Lpzg. 1852, 2 Bde. – Prag 1908 (in *SW*, Begr. v. A. Sauer [Prager Ausgabe], 25 Bde., 1901–1979; Bd. 5,1, Hg. F. Egerer u. A. Raschner; Nachdr. Hildesheim 1972). – Augsburg ²1953 (in *Erz. in der Urfassung*, Hg. M. Stefl, 3 Bde., 2 u. 3). – Wiesbaden 1959 (in *GW*, Hg. M. Stefl, 6 Bde., 3). – Ffm. 1980 (in *Bergkristall u. a. Erz.*; Insel Tb). – Mchn. ⁷1979 (in *SW*, Nachdr. F. Krökel, 5 Bde., 1). – Stg. u. a. 1982 (in *Werke u. Briefe. Hist.-krit. GA*, Hg. A. Doppler u. W. Frühwald, 1978 ff., Bd. 2,1 [Journalfassg.], Bd. 2,2 [Buchfassg.], Hg. H. Bergner). – Mchn. 1983 (Nachw. H. Schlaffer, Goldm. Tb).

Literatur: F. Stopp, *Die Symbolik in S.s »Bunten Steinen«* (in DVLG, 28, 1954, S. 165–193). – E. Thurnher, *S.s »Sanftes Gesetz«* (in *Unterscheidung u. Bewahrung*, Fs. H. Kunisch, Bln. 1961, S. 381–397). – P. Requadt, *S.s »Bunte Steine« als Zeugnis der Revolution u. als zyklisches Kunstwerk* (in *A. S. Studien u. Interpretationen*, Hg. L. Stiehm, Heidelberg 1968, S. 139–168). – H. Bleckwenn, *A. S.s »Bunte Steine«. Versuche zur Bestimmung der Stellung im Gesamtwerk* (in Vasilo, 21, 1972, S. 105–118). – E. Mason, *S.s »Bunte Steine«. Versuch einer Bestandsaufnahme* (in *A. S. heute*, Hg. J. Lachinger u. a., Linz 1985, S. 75–85). – H. R. Klieneberger, *The Image of Childhood in »Bunte Steine«* (ebd., S. 129–134). – E. Mason, *S.: »Bunte Steine«*, Ldn. 1986.

DIE MAPPE MEINES URGROSSVATERS

Erzählung von Adalbert Stifter, erschienen in einer ersten Fassung – »Urmappe« – 1841/42 in der ›Wiener Zeitschrift für Kunst, Literatur, Theater und Mode‹, in einer zweiten Fassung – »Studienmappe« – 1847 im dritten Band der *Studien*; eine 1864 entstandene dritte Fassung – »Letzte Mappe« – blieb Fragment und wurde 1870 mit Kürzungen durch J. Aprent ediert, eine Ausgabe dieser Fassung nach der Handschrift erfolgte erst 1987. Während der Arbeit an einer vierten Fassung (erschienen 1939 in Bd. 12 der »Prager Ausgabe«) starb Stifter. – Keinem anderen Werk hat Stifter eine solche Aufmerksamkeit zuteil werden lassen wie der *Mappe*. Die Arbeit an einzelnen Kapiteln geht wohl schon auf das Jahr 1840 zurück; bereits 1842 begann der Autor mit der Umarbeitung der Journalfassung, die sich bis Ende 1846 hinzog, sehr zum Verdruß des Verlegers G. Heckenast, dem Stifter immer wieder den Druck bereits übersandter Bögen untersagte, um noch Änderungen einzufügen. Als sein *»Lieblingskind«* bezeichnete Stifter das Werk, das er in der Folgezeit (Brief an Heckenast vom 22. 3. 1850) in einen zweibändigen Roman umarbeiten wollte. Zwar verwirklichte er diesen Plan nicht, aber 1864 unterbrach Stifter die Arbeit am *Witiko* und begann die bis zum zweiten Kapitel des zweiten Bandes reichende Neufassung der Mappe, die er wieder aufgab, als Heckenast ihn zur Fertigstellung des *Witiko* drängte. Erst von Mitte 1867 an bis zu seinem Tod konnte er sich erneut dieser Arbeit widmen, in deren Verlauf er die dritte Fassung aber erneut überarbeitete.

Der Text bewahrt in allen Fassungen die Grundzüge der Handlung. In einem Einleitungskapitel berichtet der Erzähler vom Fund des Tagebuchs seines Urgoßvaters, der *»Mappe«*, woraus Auszüge berichtet werden. Der Urgroßvater Augustinus studierte in Prag und ließ sich im böhmischen Waldland als Arzt nieder. Hier lernt er Margarita, die Tochter eines Obristen, kennen und lieben, verliert das Mädchen aber wieder durch seine mißtrauische und hektische Gemütsart. Seinen sich anschließenden Selbstmordversuch vereitelt der Obrist, der dem jungen Augustinus aus didaktischen Gründen nun seinen eigenen Lebensweg schildert: Er war in seiner Jugend nicht weniger unbeherrscht und erlangte erst dadurch mehr Kontrolle über sich, daß er Tagebuch führte. Der Arzt folgt diesem Ratschlag und widmet sich daneben selbstlos seinem Beruf. Als er nach Jahren seelischer Ausgeglichenheit zu allgemeinem Ansehen gelangt ist, kann er Margarita zurückgewinnen.
In allen Fassungen ist die *Mappe* als Rahmenerzählung angelegt, wobei in der Journalfassung auf das Eingangskapitel *Die Antiken* – das in den folgenden Fassungen mit *Die Altertümer* überschrieben ist – zunächst das Kapitel *Der sanftmütige Obrist* folgt, das die Schilderung der unglücklichen Liebe des Augustinus mit der Erzählung des Obristen verbindet, während das dritte Kapitel *(Die Geschichte der zween Bettler)* chronologisch zurückgreift und die Studentenzeit des Augustinus in Prag und seine Freundschaft mit dem Dichter Eustach nachzeichnet; das abschließende Kapitel *(Das Scheibenschießen in Pirling)* erzählt die Wiederbegegnung mit Margarita. Die späteren umfangreicheren Fassungen – bereits die *Studien*-Fassung ist auf sieben Kapitel angewachsen – variieren den Stoff in zahlreichen, für Stifters Erzählhaltung bezeichnenden Merkmalen. Augustinus, dessen Lebensweg in der »Letzten Mappe« in chronologischer Ordnung erzählt wird, womit die Eustach-Geschichte – die in der »*Studien*-Mappe« fehlt – vor die Erlebnisse mit dem Obristen und Margarita tritt, erscheint in den weiteren Fassungen von Anfang an als sehr viel gesetzterer Mensch, der sich bereitwillig in die soziale Gemeinschaft einfügt, nicht nur als Arzt, sondern auch, indem er sich um die Gewinnung neuen Bauernlandes bemüht, um die Verbesserung der Landwirtschaft und des Straßenbaus; der Verlust Margaritas, in der »Letzten Mappe« begründet aus dem Zweifel an deren Aufrichtigkeit und nicht mehr mit einem beabsichtigten Selbstmord Augustinus' verbunden, bestärkt ihn nur noch in diesem Tun, so daß sein Läuterungsprozeß, der zunächst den Kern der Fabel bildete, zunehmend an Konturen verliert. Auch die Margarita-Handlung dominiert nicht mehr mit der früheren Ausschließlichkeit; an ihre Seite tritt die Suche nach dem im Bettler-Kapitel spurlos verschwundenen Dichterfreund Eustach, dessen Rückkehr sich in der »Letzten Mappe« abzeichnet. Statt dessen nehmen die Schilderungen des Alltagslebens und der Natur in der für Stifter typischen Weise einen zunehmend breiten Raum ein: *»Anstelle der sprü-*

henden, frischen, unbekümmert sprunghaften, leidenschaftlich-subjektiven Darstellungsart der Urfassung tritt in der Studienfassung eine gelassene, reflektierende, vieles aussparende Erzählweise. Der Humor, in der Urfassung ein bestimmendes Element, ist in den Überarbeitungen einem getragenen Ernst, einem streng stilisierten Ebenmaß gewichen« (K. Pörnbacher), wobei noch bis in die späten Fassungen hinein Überreste der frühen Ausdruckskraft in seltsamem Kontrast zur Strenge des späten Stils stehen.

Aufgrund Stifters anhaltender Auseinandersetzung mit diesem Stoff erblickte die Forschung in den verschiedenen Entwicklungsstufen lange Zeit ein repräsentatives Beipiel für die Wandlungen seines Stils. Bereits der Ausdruck »Urmappe« suggeriert eine organisch-lineare Entwicklung hin zur vielgepriesenen »Klassizität« und der Feier des entsagungsvoll-einfachen Lebens, eine Sichtweise, die in neueren Arbeiten (M. Selge) grundlegend problematisiert wird. Nicht nur, daß die verschiedenen Fassungen in ihren sozialen Entwürfen weniger einem literarisch-klassischen Zielpunkt folgen als vielmehr Gegenwelten entwerfen zu den revolutionären Gefährdungen, denen Österreich Mitte des 19. Jh.s, wie Stifter es sah, ausgesetzt war; auch autobiographische Bezüge, besonders zur unglücklichen Liebe des Dichters zu Fanny Greipl, lassen sich dem Text zuordnen (K. Pörnbacher), dessen zentrales Motiv des Heilens damit auch unter dem Aspekt der Selbsttherapie gelesen werden kann.

M.Pr.

AUSGABEN: Wien 1841/42 (in Wiener Zeitschrift für Kunst, Literatur, Theater und Mode, 1841, Nr. 88–93 u. Nr. 151–156; 1842, Nr. 43–50). – Pest/Lpzg. 1847 (in *Studien*, 6 Bde., 1844–1850, 3). – Pest 1870 (in *Vermischte Schriften*, Bd. 1, Hg. J. Aprent [3. Fassg., vom Hg. gek.]). – Reichenberg 1939 (in *SW*, Begr. v. A. Sauer [Prager Ausg.], 25 Bde., 1901–1979; Bd. 12, Hg. F. Hüller; Nachdr. Hildesheim 1972). – Stg. 1983 (Nachw. K. Pörnbacher; RUB [*Studien*-Fassung]). – Wiesbaden 1987 (Vorw. K.-H. Hahn, Komm. H. Hofman; 3. Fassg.). – Ffm. 1990 (in *Erzählungen*; Insel Tb). – Weitere Ausgaben: Vgl. *Studien*.

LITERATUR: L. Lucie, *Vergleich der drei Fassungen von A. S. Erzählung »Die Mappe…«*, Diss. Wien 1946. – Th. C. van Stockum, *»Die Mappe…« u. ihre Bedeutung im Zusammenhang von S.s Werk u. Weltanschauung* (in Neoph, 30, 1946, S. 172–184; ern. in Th. C. van S., *Von F. Nicolai bis Th. Mann. Aufsätze zur deutschen u. vergleichenden Literaturgeschichte*, Groningen 1962, S. 193–214). – E. Zenker, *Klassik u. Romantik in S.s drei Fassungen der »Mappe…«*, Diss. Lpzg. 1948. – M.-C. Endres, *»Die Mappe…« Das nachgelassene Fragment S.s als Sprachkunstwerk betrachtet*, Diss. Göttingen 1951. – R. Sauerwein, *A. S.s dichterische Entwicklung gezeigt an den drei Fassungen der »Mappe…«*, Diss. Innsbruck 1954. – F. Schneider, *Sehen u. Sein. Der religiöse Realismus in der »Mappe…«* (in Vasilo, 4, 1955, S. 15–31). – P. Böckmann, *Die epische Objektivität in S.s Erzählung »Die Mappe…«* (in *Stoffe, Formen, Strukturen*, Fs. H. H. Borcherdt, Hg. A. Fuchs u. H. Motekat, Mchn. 1962, S. 398–423). – K. G. Fischer, *Vom »einfachen Leben« bei A. S. Der Konflikt von Moral u. Existenz in der »Mappe…«* (in Österreich in Geschichte und Literatur, 9, 1965, S. 101–114). – J. Müller, *Einige Gestaltzüge in S.s »Letzter Mappe«* (in *A. S.*, Hg. L. Stiehm, Heidelberg 1968, S. 245–270). – M. Böhler, *Die Individualität in S.s Spätstil. Ein ästhetisches Problem* (in DVLG, 42, 1969, S. 652–684). – F. Aspetsberger, *Die Aufschreibung des Lebens. Zu S.s »Mappe…«* (in Vasilo, 27, 1978, S. 11–38). – S. Gattermann, *Arztbild u. Krankheitsverständnis in A. S.s Briefen u. dem Werk »Aus der Mappe…«*, Diss. Heidelberg 1979. – H. Lengauer, *Konstitution u. Selbstbeherrschung. Zum Verhältnis von Lebensgeschichte u. Zeitgeschichte in S.s »Mappe«* (in *A. S. heute*, Hg. J. Lachinger u. a., Linz 1985, S. 135–155). – H. Turk, *Die Schrift als Ordnungsform des Erlebens. Diskursanalytische Überlegungen zu A. S.* (in *Diskurstheorien u. Literaturwissenschaft*, Hg. J. Fohrmann u. H. Müller, Ffm. 1988, S. 400–417; stm).

DER NACHSOMMER. Eine Erzählung

Roman von Adalbert STIFTER, erschienen in drei Bänden 1857. – Bereits Ende der vierziger Jahre hatte der Autor eine Erzählung mit dem Titel *Der alte Hofmeister* projektiert, von der drei kurze Fragmente erhalten sind. 1852 beabsichtigte er, den Stoff – nun unter dem neuen Arbeitstitel *Der Vogelfreund* – als *»selbständiges Buch«* zu bearbeiten, und schon am 9. 6. 1853 vermeldet er seinem Verleger G. HECKENAST, daß sein Werk, *»welches ich gerne* Nachsommer *heißen möchte«*, *»fast schon ganz fertig«* sei. Die endgültige Fertigstellung des Stifterschen Hauptwerks verzögert sich schließlich, da der Autor davor noch seinen böhmischen Geschichtsroman, aus dem der *Witiko* hervorging, herausgeben wollte. *Der Nachsommer* ist Stifters erster Versuch in der epischen Großform und wurde vor allem von der älteren österreichischen Literaturwissenschaft gern als Bildungsroman in der Tradition von GOETHES *Wilhelm Meister* gesehen, während die moderne Forschung diese Kategorie zunehmend problematisiert; lakonisch vermerkt F. SENGLE, daß *»es sich im ›Nachsommer‹ nicht nur um ein gattungsgeschichtliches, sondern auch um ein deutsches Unikum handelt«*.

Heinrich Drendorf, Hauptfigur des Werks, wächst auf als Sohn eines vermögenden Wiener Kaufmanns, der es sich leisten kann, seinen Kindern das Erlernen eines Brotberufs zu ersparen, ihnen statt dessen eine ungehinderte Ausbildung ihrer Anlagen zu ermöglichen. Nachdem Heinrich sich durch Hauslehrerunterricht die in seiner Zeit obligatorischen Basiskenntnisse erworben hat, entscheidet er sich für eine naturwissenschaftliche Spezialausbildung: nach einigen Tastversuchen legt er dabei das

Hauptgewicht auf die Geologie. Doch auch in seinem weiteren Entwicklungsgang bedient er sich nicht der von der Gesellschaft angebotenen Bildungsinstitutionen, vielmehr verfährt er ausgesprochen autodidaktisch: Auf immer ausgedehnteren Streifzügen durch das Alpenvorland, schließlich durch die österreichischen Alpen selbst, stellt er einen geologischen Befund dieser Gegend zusammen. Während einer dieser Wanderungen muß er vor einem herannahenden Gewitter Zuflucht auf dem Anwesen des Freiherrn von Risach nehmen. Er folgt der Einladung des Hausherrn, länger zu bleiben, und lernt nun in dessen Besitz (Haus, Garten, landwirtschaftlich genutzte Fläche, angegliederte Kunsttischlerei) einen Kleinstkosmos kennen, der bis ins Detail nach Prinzipien der Rationalität, der Effektivität, aber auch der kunstgerechten Wirkung geordnet ist.

Die Bekanntschaft mit Risach wird für Heinrich lebensentscheidend. Bei weiteren Besuchen übt er sich in dessen Methode der Wirklichkeitsbewältigung immer vollkommener ein. Er findet auf dem Asperhof, so der Name des Risachschen Besitzes, nahezu alles Wirklichkeitsmaterial in Form von Sammlungen und Spezialbibliotheken wissenschaftlich aufgearbeitet vor. Dank der Schulung an diesen Hilfsmitteln, dank auch der geduldigen Ratschläge Risachs vermag Heinrich seine eigene wissenschaftliche Tätigkeit mehr und mehr zu systematisieren. Vor allem aber erweitern sich seine Interessen über das bisherige Spezialgebiet hinaus. Wichtigstes neues Studiengebiet wird für Heinrich die Kunst. Er erweist sich hier als so gelehriger Schüler, daß er bald zu eigenen Kunstübungen übergehen kann.

Während eines seiner Besuche auf dem Asperhof ist gleichtzeitig Mathilde Tarona mit ihrer Tochter Natalie dort zu Gast. Heinrich wird in das nahezu verwandtschaftlich wirkende Verhältnis zwischen seinem Gastgeber und diesen Frauen sogleich einbezogen. Bei weiteren Kontakten mit der Familie Tarona entwickelt sich zwischen ihm und Natalie eine Zuneigung, die schließlich zum Ehebündnis führt. Vor der Hochzeit – in dem berühmten vorletzten Kapitel des Romans, *Der Rückblick* – klärt Risach den jüngeren Freund über die Art seiner Beziehung zu Mathilde Taron auf: Während seiner Studienzeit war er als Privatlehrer im Hause Tarona tätig; ihn und die noch sehr junge Mathilde erfaßte eine heftige Leidenschaft; da eine Verbindung aufgrund der Jugend Mathildes vorläufig nicht möglich war, kam es zur Trennung; erst Jahrzehnte später nahm die inzwischen verwitwete Mathilde den Kontakt zu Risach wieder auf; nun leben beide – betont auf eine späte Ehe verzichtend, aber in einer Art »nachsommerlicher« Liebe miteinander verbunden – auf zwei nicht weit entfernt voneinander liegenden Landsitzen.

Adäquate Einschätzung erfährt diese bereits zum Spätwerk des Dichters zählende Großerzählung nur im Vergleich mit Stifters früheren Schaffensphasen. In seinen ersten literarischen Versuchen – wie etwa den Erzählungen *Der Hochwald, Abdias, Die Narrenburg* und *Prokopus* – zeigt Stifter, wie übrigens die meisten maßgeblichen Autoren seiner Zeit, einen ausgesprochen fatalistisch gefärbten Wirklichkeitsbegriff. Gegenüber den Gewalten der Natur und der Blindheit der politischen Geschichte, auch gegenüber den aus der eigenen Psyche hervorbrechenden zerstörerischen Kräften sind die Figuren seiner Früherzählungen nahezu machtlos. In einer mittleren Schaffensphase dann – am deutlichsten ablesbar an der *Studien*-Fassung der Erzählung *Die Mappe meines Urgroßvaters* – beginnt Stifter, gegenüber diesem ursprünglichen Wirklichkeitseindruck erzählerische Gegenwelten zu gründen. Er wird zu einem der Wortführer der literarischen Restauration seiner Zeit: Seine Vorliebe gehört jetzt Gestalten, die vor der bedrohlichen Umwelt ausweichen in die Idylle bzw. in Geisteshaltungen wie Resignation, Entsagung, Humor; in geringerer Zahl schafft der Dichter in dieser mittleren Phase Figuren, die sich auf die gefahrvolle Umwelt einzustellen wissen, ihre Gesetzlichkeit zu erforschen und nach Maßgabe dieser Erkenntnisse Vorkehrungen zu treffen versuchen. Auf der letztgenannten Linie liegt Stifters *Nachsommer*. Das Bemühen um Sicherung und Restaurierung kennzeichnet hier aber nicht mehr einzelne Figuren, vielmehr ist der Akt des Erzählens selbst zu einem Akt der Absicherung geworden.

Die in Ichform abgefaßte Großerzählung vollzieht einen radikalen Bruch mit dem klassischen Romanschema. Alle Versuche, dem schwierigen Text unter Gesichtspunkten wie »lebendige Handlung«, »differenzierte Psychologisierung der Figuren« o.ä. beizukommen, können nur eine befremdliche, zuweilen an Langeweile grenzende Kargheit des Erzählens konstatieren. Denn nicht um farbige Abschilderung der Wirklichkeit geht es Stifter, nicht um den Aufbau fiktiver Szenerien, die ein fiktives zwischenmenschliches Geschehen füllt, vielmehr schreitet Stifter alle für sein Bewußtseinsfeld maßgeblichen Wirklichkeitsbereiche ab, um deren ursprünglich chaotisches und unverläßliches Erscheinungsbild im Akt des Erzählens zu reharmonisieren, d.h. in ein stabiles und überschaubares Gefüge zu bringen. Es handelt sich um den enzyklopädisch-weitläufigen Versuch, eine ursprünglich als sinnentleert erfahrene Welt wenigstens im epischen »Abbild« wieder mit Sinn zu begaben. Der Dichter wählt sich zu diesem Zweck eine Hauptfigur, deren individuelle Attribute unauffällig und durchschnittlich sind, die aber in dem Bestreben, Wirklichkeit systematisch aufzuarbeiten, eine idealisch-übertriebene Fertigkeit besitzt. Die »Handlung«, deren Träger dieser Heinrich Drendorf ist, besteht weitgehend darin, daß er in periodischen Abständen auf die fünf in den Augen Stifters maßgeblichen Erfahrungsfelder – Natur, Kunst, Gesellschaft, Geschichte und Religion – geführt wird, wobei seine Fähigkeit, auf diesen Gebieten Grundtatsachen und Wesensmerkmale zu konstatieren, sich von Mal zu Mal vertiefter erweist. Der Aufbau des epischen Ichs besteht also kaum in einer Bereicherung der existentiellen Substanz, vielmehr in einer stetig sich perfektionierenden erkenntnishaften Durchdringung von Wirklichkeit. Schon einige der von Stifter gewählten Kapitelüberschriften – wie etwa *Die Erweiterung, Die Annäherung, Der Einblick, Die Entfaltung* – verweisen auf diesen Sachverhalt.

Ohne Zweifel hat die somit umschriebene Bemühung einer erzählerischen Gliederung und Reharmonisierung des Wirklichkeitsmaterials ihr Hauptmotiv in der äußerst starken denkerischen Bindung Stifters an das Geistesgut des deutschen Idealismus. Die Vorstellung etwa HERDERS (auch Wilhelm von HUMBOLDTS und GOETHES) von einer alle Wirklichkeitselemente einheitlich durchwirkenden göttlichen Idee läßt sich sowohl in den epischen Werken Stifters als auch in seinen Briefen und theoretischen Schriften als einer der Lieblingsgedanken des Dichters nachweisen. Wichtig für das Verständnis des *Nachsommer* jedoch ist, daß Stifter in seiner von politischen Krisen und naturwissenschaftlich-technischen Revolutionen erschütterten Zeit solche aus schon vergangenen Epochen übernommenen Totalitätsvorstellungen nur noch mit äußerster geistiger Anstrengung zu verteidigen vermag. Speziell der *Nachsommer* zeigt, daß der Dichter den Eindruck einer in sich sinnvoll gefügten Wirklichkeit oft nur um den Preis einer erzählerischen Sterilität erzeugen kann: Die das Frühwerk des Dichters bestimmenden – und im Vergleich mit der bewegten Zeitwirklichkeit Stifters aktueller wirkenden – fatalistischen Akzente sind im Spätwerk nicht eigentlich widerlegt, sie werden vielmehr bewußt aus dem Erzählvorgang ausgesperrt. Das geschieht mit Hilfe einer weitgehenden Verkargung der dichterischen Sprache; der Eindruck der Einheitlichkeit und Ausgeglichenheit der Erscheinungswelt wird suggeriert durch eine betont unplastische, farblose Wortwahl; die Heterogenität der Erscheinungen wird abgemildert durch ungenaue Benennung. Daneben aber zeigt Stifter in seinem *Nachsommer* eine oft befremdliche Vorliebe für betont handlungsarme Passagen; es ließe sich geradezu von einer epischen Aufwertung der Handlungspausen sprechen. Vor allem in der Schilderung des zwischenmenschlichen Geschehens reduziert der Dichter seinen Erzählstoff auf statisch-zeremoniöse, völlig konfliktarme Verhaltensformen. Der Eindruck einer *harmonia mundi* resultiert nicht aus der präzisen Abschilderung, vielmehr aus einer stilisierenden Verfremdung der aktuellen Wirklichkeit.

Es entsteht auf diese Weise eine harmonistisch-abgeschlossene Idylle. Die *Nachsommer*-Figuren, die den Kontakt untereinander in vollendet widerspruchsarmer Form gestalten, führen sogar innerhalb der Romanwirklichkeit ein weltfernes, von den Geschehnissen »draußen« weitgehend unberührtes Dasein. Stifter selbst charakterisierte sein Werk als Streitschrift gegen die *»Schlechtigkeit«*, die *»in den Staatsverhältnissen der Welt in dem sittlichen Leben derselben und in der Dichtkunst herrscht. Ich habe eine große einfache sittliche Kraft der elenden Verkommenheit gegenüber stellen wollen«* (Brief vom 11. 2. 1858). Das zeitgenössische Publikum nahm das Werk, auf das F. HEBBEL mit zwei sarkastischen Polemiken, darunter *Das Komma im Frack*, reagierte, nur noch verhalten auf. C.Bu.-KLL

AUSGABEN: Pest 1857, 3 Bde. – Prag 1916–1921 (in *SW*, Begr. v. A. Sauer [Prager Ausg.], 25 Bde., 1901–1979; Bd. 6–8, 1, Hg. K. Eben u. F. Hüller; Nachdr. Hildesheim 1972). – Wiesbaden 1959 (in *GW*, Hg. M. Stefl, 6 Bde., 4). – Ffm. 1978 (in *Werke*, Hg. U. Japp u. H. J. Piechotta, 4 Bde., 3). – Ffm. 1982. – Mchn. 1984 (dtv). – Mchn. [12]1987 (in *SW*, Nachw. F. Krökel, 5 Bde., 3). – Lpzg. 1988.

LITERATUR: H. v. Hofmannsthal, *S.s »Nachsommer«* (in Ariadne. Jb. der Nietzsche-Ges., Mchn. 1925, S. 27–35). – E. Staiger, *A. S. »Der Nachsommer«* (in E. S., *Meisterwerke deutscher Sprache aus dem 19. Jh.*, Zürich 1943, S. 147–162). – M. Rychner, *S.s »Nachsommer« u. »Witiko«* (in M. R., *Welt im Wort. Literarische Aufsätze*, Zürich 1949, S. 181–210). – W. Rehm, *»Nachsommer«. Zur Deutung von S.s Dichtung*, Mchn. 1951; ern. Bern/Mchn. 1966. – A. Schmidt, *Der sanfte Unmensch. Ein Jahrhundert »Nachsommer«* (in A. S., *Dya na Sore. Gespräche in einer Bibliothek*, Karlsruhe 1958, S. 194–229). – W. Killy, *Utopische Gegenwart. S.: »Der Nachsommer«* (in W. K., *Wirklichkeit u. Kunstcharakter. Neun Romane des 19. Jh.s*, Mchn. 1963, S. 83–103). – V. Lange, *A. S. »Der Nachsommer«* (in *Der deutsche Roman. Vom Barock bis zur Gegenwart*, Hg. B. v. Wiese, Bd. 2, Düsseldorf 1963, S. 34–75). – H. A. Glaser, *Die Restauration des Schönen. S.s »Nachsommer«*, Stg. 1965. – H. Seidler, *Gestaltung u. Sinn des Raumes in S.s »Nachsommer«* (in *A. S., Studien u. Interpretationen*, Hg. L. Stiehm, Heidelberg 1968, S. 203–226). – K.-D. Müller, *Utopie u. Bildungsroman. Strukturuntersuchungen zu S.s »Nachsommer«* (in ZfdPh, 90, 1971, S. 199–228). – Chr. Oertel Sjörgen, *The Marble Statues as Idea. Collected Essays on A. S.'s »Der Nachsommer«*, Chapel Hill 1972. – M.-U. Lindau, *S.s »Nachsommer«. Ein Roman der verhaltenen Rührung*, Bern 1974. – W. Wittkowski, *Daß er als Kleinod gehütet werde. S.s »Nachsommer«. Eine Revision* (in LJb, 16, 1975, S. 73–132). – K. Amann, *A. S.s »Nachsommer«. Studie zur didaktischen Struktur des Romans*, Wien 1977. – G. Mayer, *A. S.s »Nachsommer«: Gestaltbegriff u. Werkstruktur* (in *Formen realistischer Erzählkunst*, Fs. f. C. Jolles, Hg. J. Thuneke, Nottingham 1979, S. 120–127). – D. Borchmeyer, *Ideologie der Familie u. ästhetische Gesellschaftskritik in S.s »Nachsommer«* (in ZfdPh, 99, 1980, S. 226–254). – U.-K. Ketelsen, *A. S.: »Der Nachsommer« (1857). Die Vernichtung der historischen Realität in der Ästhetisierung des bürgerlichen Alltags* (in *Romane u. Erzählungen des bürgerlichen Realismus. Neue Interpretationen*, Hg. W. Denkler, Stg. 1980, S. 180–202). – K. Wagner, *»Patriarchalisches Stilleben«? Ein sozialgeschichtlicher Versuch über S.s »Nachsommer«* (in Vasilo, 29, 1980, S. 139–165). – K. Amann, *Zwei Thesen zu S.s »Nachsommer«* (ebd., 31, 1982, S. 169–184). –

P. U. Hohendahl, *Die gebildete Gemeinschaft. S.s »Nachsommer« als Utopie der ästhetischen Erziehung* (in *Utopieforschung. Interdisziplinäre Studie zur neuzeitlichen Utopie*, Hg. W. Voßkamp, Bd. 3, Stg. 1982, S. 333–356). – Th. Keller, *Die Schrift in S.s »Nachsommer«. Buchstäblichkeit u. Bildlichkeit des Romantextes*, Köln/Wien 1982. – F. Aspetsberger, *Der Groß-Sprecher Heinrich Drendorf. Zu A. S.s »Nachsommer«* (in Vasilo, 32, 1983, S. 179–219). – S. Domandl, *Wiedergeburt aus der Schönheit. Der »Kern« in A. S.s »Nachsommer«* (ebd. S. 45–60). – B. Osterkamp, *A. S.: »Der Nachsommer«* (in B. O., *Arbeit u. Identität. Studien zur Erzählkunst des bürgerlichen Realismus*, Würzburg 1983, S. 207–248). – U. Weinhold, *Uneigentliche Eigentlichkeit. Zum Problem der Authentizität in S.s »Nachsommer«* (in Neoph, 68, 1984, S. 247–258). – M. Walter-Schneider, *Das Licht in der Finsternis. Zu S.s »Nachsommer«* (in Jb. d. Dt. Schiller-Ges., 28, 1985, S. 381–404). – A. Langenbacher, *Die Unlust am Text. Behagen u. Unbehagen bei der Lektüre von S.s »Nachsommer«* (in Schweizer Monatshefte, 67, 1987, S. 459–469).

STUDIEN

Erzählungssammlung von Adalbert Stifter, erschienen in Folgen von je zwei Bänden 1844, 1847 und 1850. – In seiner ersten Buchveröffentlichung versammelte Stifter dreizehn Erzählungen, die zuvor bereits in Zeitschriften, Taschen- und Jahrbüchern veröffentlicht worden waren: *Der Condor* (1840), *Das Haidedorf* (1840), *Feldblumen* (1840), *Die Mappe meines Urgroßvaters* (1841), *Der Hochwald* (1841), *Die Narrenburg* (1841), *Abdias* (1843), *Brigitta* (1844), *Das alte Siegel* (1844), *Der Hagestolz* (1844), *Der Waldsteig* (1845), *Die Schwestern* (1845, in den *Studien* u. d. T. *Zwei Schwestern*) sowie *Der beschriebene Tännling* (1846). Für die *Studien* erfuhren sämtliche Erzählungen eine gründliche Überarbeitung, so daß jeweils eine »Journal«- und eine Buchfassung vorliegt. Die Journalfassung wurde in der Stifter-Forschung immer wieder gern als »Urfassung« bezeichnet; man glaubte im Vergleich zweier, an denselben Stoffen sich erprobender Schaffensphasen den Wandel der Stilformen Stifters auf seinem Weg zur »Klassizität« verfolgen zu können, wobei diese Hypothese mittlerweile eher skeptisch gesehen wird: Es gibt zwar *»von den eher trivial-biedermeierlicher Anfängen des ›Haidedorfs‹ bis zum ... ›Waldgänger‹ ... eine Entwicklung, aber sie läuft nicht so geradlinig auf die Buchfassung der ›Studien‹ zu, wie das bisher dargestellt wurde, und es muß offenbleiben, ob es in jedem Fall eine Entwicklung zu immer reinerer Menschlichkeit und höherer Kunst gewesen ist«* (A. Doppler). Bereits 1842, noch bevor also die meisten Erzählungen in der Journalfassung vorlagen, hatte Stifter dem Verleger G. Heckenast die Buchausgabe vorgeschlagen und sich damit selbst unter Produktionszwang gesetzt; er stellte sich damit dem literarischen Markt und zwar mit einem später nicht mehr wiederholten – auch finanziellen – Erfolg. Allerdings fügte sich dieses Marktbewußtsein für die spätere Forschung nicht so recht zum Bild eines Autors, der die religiös-sittliche Zielsetzung seiner Dichtung stets betonte und sich selbst durchaus in der Nachfolge der Weimarer Klassik sah, obgleich seine Kunstauffassung nur schwerlich mit deren Autonomiebegriff zu vermitteln ist.

Bereits der Titel der Erzählsammlung betont deren experimentierenden Charakter, der sich in den unterschiedlichen literarischen Vorbildern zeigt, denen die Texte verpflichtet sind – von Herder über E. T. A. Hoffmann bis hin besonders zu Jean Paul. Allerdings formt Stifter die Topoi und den Stil der Spätromatik immer schon um in einen zunehmend sich objektivierenden, sachlichen Gestus; seine Akteure bewegen sich in einer zumeist kleinräumigen Welt, in abgelegenen Landsitzen oder in Dörfern, gezeichnet von verfehlten Liebesbeziehungen *(Brigitta)*, von falschen Lebensentscheidungen *(Der Hagestolz)*, vom gescheiterten Verlangen nach Glück und persönlicher Erfüllung *(Abdias)*. Die Journalfassungen geben durch ihre Knappheit den Eindruck fatalistischer Ergebenheit der Helden in ihr einsames Schicksal, ohne daß, wie etwa im *Abdias*, eine persönliche Schuld, eine gravierende Verfehlung sichtbar wird. Die Buchfassungen – obgleich sie sich teils auch nur durch stilistische Änderungen von den Journalfassungen unterscheiden – werten tendenziell die resignative, selbstbeherrschte Haltung der Hauptfiguren auf, die entsagungsvoll und beinahe widerstandslos sich ihrem Schicksal fügen. Die mitunter durchaus zeitkritische Akzentuierung – etwa im Bild der emanzipierten Frau in *Brigitta* – leiten über zu einer lediglich die Privatsphäre tangierenden Problematik. Das individuelle Leiden ist nur insofern von Belang, als es teilhat an Verhaltensformen, die Kontinuität und die Aufrechterhaltung der gesellschaftlichen Ordnung gewährleisten. Nicht Ausnahmesituationen, nicht emotionale Aufgipfelungen sind daher für den Erzähler der *Studien* von vorrangiger Bedeutung, sondern die Rituale des Alltags, die jene Anerkennung des Gegebenen mit sich bringen, gegen die zu rebellieren für den Dichter Ausdruck ungenügender Reife und Sittlichkeit ist. Es sind vor allem die Künstler-Gestalten in den frühen Erzählungen, wie *Das Haidedorf* oder *Feldblumen*, die den Konflikt zwischen dem unbedingten subjektiven Anspruch und den Forderungen der Welt nur durch den Verzicht auf ihr je individuelles Verlangen lösen können, ohne daß sich damit allerdings ein tragisches Geschehen verbindet.

Der resignative Grundton der Erzählungen, der Aufruf, sich in die Ordnung der Dinge einzufügen, verweist auf das Ereignis der Revolution von 1848, der Stifter zunehmend ablehnend gegenüberstand, nicht zuletzt deshalb, weil durch die Politisierung der Leserschaft jene Journale und Almanache, in denen er publizierte, plötzlich ihr Publikum verloren. Unabhängig davon aber hatte der Biedermeierautor Stifter die Kunst stets mit einem Erziehungsgedanken verbunden, der letztlich religiös fundiert ist; *»Ich fühle«*, so heißt es prägnant in einem späten Brief – vom 13. 2. 1867 an Carl von HIPPEL – *»seit meiner Kindheit auf das Lebhafteste das Göttliche im Menschen und in der Natur, der sichtlichen Offenbarung Gottes und der Gesellschafterin des Menschen, und diese Gefühle bereiten mir Wonne, wo sie ihre Befriedigung finden, diese Gefühle mochten mich zur Schriftstellerei geführt haben, und mochten aus ihr in meine Arbeiten geflossen sein.«* Die Natur als Offenbarung Gottes – in der Vorrede zu den *Bunten Steinen* (1853) wird dies durch die Formel vom *»sanften Gesetz«* ergänzt – motiviert auch Stifters berühmte Landschaftsbeschreibungen, die in ihrer Intensität nicht allein symbolische Bedeutung als Entsprechung der inneren Befindlichkeit der handelnden Akteure, sondern darüber hinaus *»Eigenwert«* (F. Sengle) besitzen, als Ausdruck einer bleibenden Ordnung gegenüber den Kräften der Zeit, aber auch als Gegenbild der Leidenschaften der Menschen, ohne daß aber dieser Ordnung ein immer schon versöhnendes Moment, eine falsche Harmonie zu eigen wäre.

In den Schicksalen, die Stifter schildert, manifestiert sich zugleich sein *»kosmisches Erschrecken«* (W. H. Rey) darüber, daß der Mensch scheinbar blinden Kräften, sei es der Natur *(Abdias)* oder der Geschichte *(Der Hochwald)* ausgeliefert ist; die Sinnhaftigkeit des Geschehens wird unterstellt, aber sie ist nicht mehr erfahrbar. Stifter entwickelt weniger ein psychologisches Interesse an seinen Figuren als vielmehr ein metaphysisches; Georg SCHIRGES, einer der frühen Rezensenten der ersten Bände der *Studien*, konnte diese daher treffend – in GUTZKOWS ›Telegraph für Deutschland‹ (1844) – als *»das Ergebnis einer poetisch wissenschaftlichen Anschauung des kosmischen Ganzen«* charakterisieren, *»durch welche die Begriffe über Gegensätze zwischen Natur und Mensch, wie sie sich im klassischen und Mittelalter geltend machten, modifiziert werden«*. Stifters Bemühen um einen objektivierenden Stil korrespondiert zugleich mit seiner Liebe zum Detail, seinem naturwissenschaftlichen Interesse, in dem sich nicht, wie noch bei GOETHE, eine grundsätzliche Gegnerschaft zum rationalisierenden Verfahren der modernen Naturwissenschaft äußert, aber die Ahnung der drohenden Konsequenzen ihrer positivistisch verkürzten Anwendung bereits sich anzudeuten scheint in der betonten Zeichnung artifizieller Gegenwelten. Charakteristisch für Stifters distanzierendes Verfahren ist auch die häufig benutzte Technik der Rahmenerzählung; oft wird der Leser nicht in direkter Form mit dem Geschehen konfrontiert, sondern erhält es geschildert durch den schriftlichen oder mündlichen Bericht eines Beobachters, aus dessen Perspektive die Phänomene wiederum in Relation zu allgemeinen Gesetzmäßigkeiten oder Erfahrungen gebracht werden, wie dies etwa durch den namenlosen Ich-Erzähler in *Brigitta* geschieht.

Die *Studien* blieben Stifters größter Publikumserfolg; noch zu seinen Lebzeiten erschienen vier Auflagen, auch wenn die späteren Erzählungen bereits auf Kritik stießen aufgrund ihrer Handlungsarmut, ihrer Detailfreudigkeit und der Sprödigkeit der Schilderung; schon in der ›Augsburger Allgemeinen Zeitung‹ vom 23. 6. 1847 schreibt Levin SCHÜCKING, Argumente der späteren Stifterkritik vorwegnehmend: *»Stifter bleibt zu sehr an der Studie kleben und kommt nicht zur Komposition. Er malt Detail mit Virtuosität ... Aber dies fortwährende, nicht endende Malen ermüdet; man erwartet endlich Handlung, mindestens Begebenheit; man erwartet Konflikte, mindestens künstlerische Gruppierung und Kontraste – das alles kommt nicht, Seite nach Seite ist mit Beschreibung angefüllt...«* M.Pr.

AUSGABEN: Pest/Lpzg. 1844–1850 (6 Bde.). – Prag 1904–1912 (in *SW*, Begr. v. A. Sauer [Prager Ausg.], 25 Bde., 1901– 1979, Bd. 1–4; Nachdr. Hildesheim 1972). – Augsburg [2]1953 (in *Erzählungen in der Urfassg.*, Hg. M. Stefl, 3 Bde.). – Wiesbaden 1959 (in *GW*, Hg. M. Stefl, 6 Bde., Bd. 1 u. 2). – Mchn. 1975 (2 Bde., Nachw. F. Krökel; dtv). – Stg. u. a. 1978–1982 (in *Werke u. Briefe. Hist.-krit. GA*, Hg. A. Doppler u. W. Frühwald, 1978 ff.; Bd. 1, 1–1, 6, Hg. H. Bergner u. U. Dittmann). – Mchn. [7]1979 (in *SW*, Nachw. F. Krökel, Anm. K. Pörnbacher, 5 Bde., 4).

LITERATUR: W. Kohlschmidt, *Leben u. Tod in S.s »Studien«* (in Euph, 36, 1935, S. 210–230). – U. Bohn, *Bild u. Gebärde in S.s »Studien« mit besonderer Berücksichtigung der Lesarten*, Bln. 1938. – I. Ackermann, *A. S.s »Studien«. Untersuchungen zur Struktur*, Diss. Göttingen 1961. – F. W. Wodtke, *Mensch u. Schicksal in A. S.s frühen »Studien«* (in WW, 12, 1962, S. 12–28). – K. Mautz, *Das antagonistische Naturbild in S.s »Studien«* (in *A. S.*, Hg. L. Stiehm, Heidelberg 1968, S. 23–56). – H. Mettler, *Natur in S.s frühen »Studien«. Zu S.s gegenständlichem Stil*, Zürich 1968. – H. G. Hertling, *Grenzübergang u. Raumverletzung. Zur Zentralthematik in A. S.s »Studien«* (in Vasilo, 16, 1967, S. 61–77). – M. Kuhle, *Formen ästhetischer Idealität in S.s »Studien I«*, Göttingen 1974. – H. Ehrke, *Die Funktion der Farben in A. S.s »Studien«*, Ffm. 1979. – A. Doppler, *Formen u. Möglichkeiten der wissenschaftlichen S.-Rezeption* (in *A. S. heute*, Hg. J. Lachinger u. a., Linz 1985, S. 4–11). – E. Tunner, *»Zum Sehen geboren, zum Schauen bestellt«. Reflexionen zur Augensymbolik in S.s »Studien«* (in EG, 40, 1985, S. 335–348).

WITIKO. Eine Erzählung

Roman von Adalbert STIFTER, erschienen in drei Bänden 1865–1867. – Das Werk über die Frühzeit der böhmischen Geschichte entstand vor dem Hintergrund der Revolution von 1848, die Stifter wiederholt skeptisch bis ablehnend kommentiert hatte. Beschäftigungen mit dem Stoff sind seit 1847 dokumentiert, in diesem Jahr berichtet Stifter seinem Verleger G. HECKENAST von Studien zu einem *»Roman aus unserer babenberger Heldenzeit«*, aber

erst von 1850 an beginnt er mit Quellen- und Literaturstudien, die zunächst im Plan einer Trilogie über die südböhmische Dynastie der Rosenberger kulminiert. Nach erneuter Verzögerung durch die Herausgabe des *Nachsommer* wurde schließlich in mehrjähriger Arbeit nur der Roman über die Gründerfigur Witiko realisiert, den Stifters Hauptquelle, František PALACKÝS *Geschichte von Böhmen* (1836 ff.) als Ahnherrn der Rosenberger und als königlichen Obertruchseß in den Jahren 1169–1176 schildert.
Im Spätsommer des Jahres 1138 reitet der zwanzigjährige Witiko, nach dem frühen Tod seines tschechischen Vaters unter der Obhut seiner deutschen Mutter in Bayern aufgewachsen, von seinem Schulort Böhmen nach Norden, um im Land seiner Vorfahren *»sein Glück zu suchen«*. Auf einer Waldblöße am Fuß des Dreisesselberges begegnet ihm in der sechzehnjährigen Bertha von Jugelbach seine künftige Frau, vor der er seinen hochgesinnten Lebensplan entwirft: *»Ich gehe nach einem großen Schicksale, das dem rechten Manne ziemt«* und *»Ich will in der Welt das Ganze tun, was ich nur immer tun kann«*. In der böhmischen Ebene holt den einsamen grauen Reiter eine bunte Jagdgesellschaft ein. Witiko weiß sich gegen den Spott der höfischen Jungritter mit wortkargem Ernst zu behaupten und gewinnt die Sympathie ihres Anführers Wladislaw, seines späteren Lehnsherrn. Mit dieser Begegnung beginnt Witikos steile Karriere. – Ersten politischen Erfolg erringt Witiko zwei Jahre später auf dem Prager Wahllandtag, wo die Großen des Landes anstelle des öffentlich zum Nachfolger bestimmten, aber noch zu jungen Sohnes des todkranken Herzogs Soběslaw (1125–1140) dessen Neffen Wladislaw zum Herzog wählen. Witiko, in Soběslaws Diensten als Kundschafter in Prag, erkämpft sich, um seinem Herrn ganze Wahrheit melden zu können, durch entschlossenes Auftreten das Recht der passiven Teilnahme. Im wogenden Auf und Ab der Reden hat er Gelegenheit, die Großen des Landes, ihre Argumente, Interessen und Parteien kennenzulernen.
Nach dem Regierungsantritt Wladislaws zieht Witiko sich auf seinen kleinen Hof im Oberen Plan zurück, da er die entstandene Rechtsproblematik – der dramatische und thematische Kern des ganzen Buches – nicht zu entscheiden vermag. Erst als der Sohn Soběslaws beim Ausbruch des Nachfolgestreits im Frühling 1142 seinen bestehenden Herrschaftsanspruch durch Abtretung an den Rebellenherzog Konrad von Znaim verliert, geht Witiko mit seinen ihm freiwillig folgenden Waldleuten auf die Seite des nunmehr legitimen Herzogs Wladislaw und verhindert in der Schlacht am Berge Wysoka die durch Verrat in den eigenen Reihen drohende Niederlage. Während der anschließenden Belagerung Prags, auf dem Rückweg vom Nürnberger Reichstag, wohin er den Hilfe holenden Herzog begleitet hat, kommt Witikos größte Stunde. In einem Reitergefecht bei Pilsen läßt er die mährischen Fürsten, die er vernichten könnte, absichtlich entfliehen. Er muß sich einem Kriegsgericht stellen, wird jedoch eingedenk der sittlichen Motive und des politischen Weitblicks seiner Tat durch milde Bestrafung geehrt und zum Anführer seiner Waldleute ernannt. Sein kühnes Auftreten auf dem Wahllandtag, sein erfolgreiches Eingreifen in der Schlacht und sein vernünftiges Verhalten gegenüber den Fürsten haben ihn als Gefolgsmann, bei dem militärisches und politisches Genie sich mit ethischem Rigorismus verbindet, ausgezeichnet und über die Grenzen des Landes berühmt gemacht.
Im weiteren Verlauf des Nachfolgestreits verhilft Witiko dem verfolgten Bischof von Olmütz zur Flucht nach Passau. Von dort fährt er auf der Donau nach Wien, um seine Mutter zu besuchen und den Babenberger Hof kennenzulernen, der ihm, dem Rationalisten, das glanzvolle, kunstsinnige Leben der ritterlich-höfischen Gesellschaft Österreichs vor Augen führt – einziges heiter-ironisches Gegenbild zum beherrschenden Ernst des Buches. Wieder nach Plan zurückgekehrt, bereitet Witiko seine Waldleute systematisch auf den kommenden Entscheidungskampf vor. Diesen gewinnt im Frühjahr 1143 die Partei des Herzogs in der Schlacht vor Znaim, dank Witikos Strategie und dem Einsatz seiner Waldleute. Er wird mit einem Teil des südlichen Böhmens belehnt, beginnt den Bau einer Stammburg und verlobt sich mit Bertha. Nach dem großen Versöhnungsfest auf dem Prager Hradschin im Herbst 1144 zieht Witiko in die fertige Burg ein und feiert Hochzeit. Seines Schwiegervaters Bedingung: *»Sehet, daß die Rose* [sie ist Witikos heraldisches Symbol] *in die Geschicke Eurer Länder hinein blühet«*, hat er erfüllt. – In dem nach allgemeinem Urteil abfallenden Schluß des Buches wird die Integration der böhmischen Geschichte in die des Reiches am Beispiel der Beteiligung Wladislaws am zweiten Italienzug Barbarossas (1158–1162) dargestellt. Dabei erscheint allerdings die imperiale Machtpolitik des Kaisers, habsburgischem Patriotismus und einer menschheitlichen Gesamtordnungsutopie zuliebe, in stark idealisierendem Licht. Wieder tut Witiko sich mit seinen Waldleuten entscheidend hervor, wird nach der Rückkehr erneut mit Land belehnt und am Ende *»Zupan von Prachem, Heerführer, Gesandter und oberster Truchseß des Königreiches Böhmen«*. Schlußbild des Romans ist der festliche Reichstag Pfingsten 1184, den der 64jährige Witiko mit seinem Anhang besucht und bei dem ihm von seinen österreichischen Dichterfreunden die ersten Strophen des Nibelungenliedes vorgesungen werden – immanenter Hinweis auf den eigenen *»Dichtungsversuch aus der Geschichte seines Heimatlandes«*, den der Verfasser *»Seinen Landsleuten insbesonders der alten ehrwürdigen Stadt Prag«* gewidmet hat.
Die zeitgenössische Kritik lehnte das umfangreiche Werk befremdet ab. Neben offensichtlichen Verfälschungen der historischen Wahrheit durch die anachronistische Ausstattung des Mittelalters mit Charakteristika späterer Jahrhunderte, von der Verwendung von Eßbesteck über die Pflege parlamentarischer Debatten bis hin zum Vorkommen

freier Lohnarbeit sowie der stets bemängelten leidenschaftslosen Vernünftigkeit der Figuren schokkierte vor allem die neuartige, scheinbar primitive Schreibart, die man als Nachahmung eines einfältigen Chronikstils mißverstand und als trocken, dürr, steif, ledern, marottenhaft, naturwidrig, unmodern abtat (K. v. Thaler). Sofern damit die an der historischen Belletristik eines SPIESS, SCHEFFEL oder auch SCOTT orientierten Gattungserwartungen enttäuscht wurden, lag dies in der Absicht des Buches. Stifter hat sich ausdrücklich von jener Art des historischen Romans distanziert, in der *»gewöhnlich bei geschichtlichem Hintergrunde Gefahren, Abenteuer und Liebesweh eines Menschen oder einiger Menschen«* erzählt werden. Seiner Vorstellung nach sollte *»das Völkerleben in breiteren Massen«* erscheinen, sollte sich in den Völkerschicksalen *»die Abwicklung eines riesigen Gesetzes ..., das wir in Bezug auf uns das Sittengesetz nennen«* zeigen, sollte *»die Geschichte die Hauptsache und die einzelnen Menschen die Nebensache«* sein (an G. Heckenast, 8.6. 1861).

Dem entspricht ein poetisches Verfahren, das das Allgemeine nicht mehr am Beispiel individueller Subjektivität, sondern unvermittelter als kategoriale Objektivität entfaltet und damit, radikaler als in allen anderen Werken Stifters, die Grenzen klassischer und realistischer Ästhetik im 19. Jh. zugunsten eines formalistischen Konzepts in gesellschaftskritischer Absicht transzendiert. Anstelle symbolischer Bilder oder evokativer Details wird die stilisierte Merkmalkette zum durchgängigen Darstellungsmittel. Als Merkmale fungieren nahezu ausschließlich äußere, d. h. sinnlich wahrnehmbare Kennzeichnungen, die zu weiträumigen Reihen und Gebilden addiert werden, deren ständig sichtbare Ordnungen allgemeine Auffassungsformen des Bewußtseins repräsentieren. Diese in permanenten Wiederholungen reich nuancierte Aufzählungsstilistik, die das ganze Werk, die großen Massenszenen der Rede- und Feldschlachten ebenso wie das einfache Leben im Walde, den intimen Liebesdialog wie die offizielle Audienz, Witikos Sorge um sein Pferd wie sein politisches Argumentieren in unerhörter Gleichartigkeit strukturiert, ist die eigentliche, doch bis heute problematisch gebliebene Leistung des *Witiko*.

Das Problem liegt, wie bei jedem formalistischen Verfahren, in der bewußten Begrenztheit der epischen Mittel. Es bedarf eines Lesers, der den ihm freigeräumten Spielraum durch Nachvollzug der sprachlichen Figuren und Substitution des Verschwiegenen kreativ zu füllen versteht: *»Er ging einen langen Berg hinan, dann eben, dann einen Berg hinab, eine Lehne empor, eine Lehne hinunter, ein Wäldchen hinein, ein Wäldchen hinaus, bis es beinahe Mittag geworden war.«* Es gilt vor allem, das pathetische Vibrato einer unausgesprochenen, latenten Innerlichkeit mitzuhören, das noch die schlichtesten Feststellungen durchpulst: *»Sie stand, und sah auf Witiko, Witiko sah auf sie.«* Wo das nicht gelingt, erstarrt die lebendige Leere zu leerem Formalismus, mag man den *Witiko* ein Buch nennen, *»in dem geschildert wird, wie sich drei Menschen auf drei Stühle setzen«* (H. Hesse) oder gar als Stifters *»Austrittserklärung aus der menschlichen Gesellschaft«* (A. Schmidt) verdammen. Dementgegen behauptet sich der Sinn für *»eine als Kunst angewandte Monotonie«* (W. Höllerer), die von rhythmischen Ausdrucksbildern bis zur *Poésie pure* seitenlanger Namenslisten reicht, steht die Erfahrung des *Witiko* als *»Traumabenteuer einer Langweiligkeit höchster Art«*, in das *»die kühne Reinheit, die gewagte Pedanterie, die fromme Vorbildlosigkeit dieses Meisterwerks«* (Th. Mann) zu verstricken imstande seien.

Indessen, all die konstruktive Sprachgestik ist kein Selbstzweck, sondern Funktion und ästhetisches Vehikel ihres politischen Gehalts. *Witiko* ist ein politisches Buch; wofür tritt es ein? Ist es ein *»Handbuch für Offiziersanwärter«* (A. Schmidt) oder ein *»Grundbuch revolutionärer Gesinnung«* (H. Bahr)? Eher vielleicht der utopische Entwurf eines politischen Handlungsmodells, der im Bilde mittelalterlicher Vergangenheit die Grundlagen einer vernünftigen politischen Praxis formuliert: die Axiome menschlicher Gerechtigkeit und die Regeln rationaler Argumentation. *Witiko* bestätigt am entschiedensten Stifters Überzeugung, daß seine Bücher *»als sittliche Offenbarung, als mit strengem Ernste bewahrte menschliche Würde«* (an G. Heckenast, 22. 2. 1850) mehr wert seien denn als Kunstwerke.

M.Se.-KLL

AUSGABEN: Pest 1865–1867, 3 Bde. – Reichenberg 1930–1932 (in *SW*, Begr. v. A. Sauer [Prager Ausg.], 25 Bde., 1901–1979; Bd. 9–11, Hg. F. Hüller; Nachdr. Hildesheim 1972). – Ffm. 1959 (in *SW*, Hg. M. Stefl, 6 Bde., 5). – Mchn. 71981 (in *SW*, Nachw. F. Krökel, 5 Bde., 5). – Stg. u. a. 1985 (in *Werke u. Briefe. Hist.-krit. GA*, Hg. A. Doppler u. W. Frühwald, 1978 ff., Bd. 5, 1–5, 3). – Mchn. 1986 (dtv).

LITERATUR: K. Flöring, *Die historischen Elemente in A. S.s »Witiko«*, Gießen 1922. – H. Bahr, *A. S.s Witiko*, St. Gallen 1928. – H. Blumenthal, *S.s »Witiko« u. die geschichtliche Welt. Studien zum geschichtlichen Bewußtsein u. seiner dichterischen Ausprägung im 19. Jh.* (in ZfdPh, 61, 1936, S. 393–431). – M. Rychner, *Witiko* (in M. R., *Welt im Wort. Literarische Essays*, Zürich 1949, S. 181–210). – M. Enzinger, *Witiko Geographie* (in A. S.-Almanach 1953, S. 54–78; ern. in M. E., *Gesammelte Aufsätze zu A. S.*, Wien 1967, S. 192–218). – W. Höllerer, *S.* (in W. H., *Zwischen Klassik u. Moderne*, Stg. 1958, S. 357–377). – A. Schmidt, *»... und dann die Herren Leutnants!« Betrachtungen zu »Witiko« & A. S.* (in A. S., *Die Ritter vom Geist. Von vergessenen Kollegen*, Karlsruhe 1965, S. 282–317). – M. Böhler, *Die Individualität in S.s Spätwerk* (in DVLG, 43, 1969, S. 652–684). – F. Seibt, *S.s »Witiko« als konservative Utopie* (in S.-Jb., 9, 1971, S. 23–39). – M. Selge, *Die Utopie im Geschichtsroman. Wie man A. S.s »Witiko« lesen kann* (in DU, 27, 1975, S. 86–103). – H. Pfotenhauer, *Die Zerstörung eines*

Phantasmas. Zu den historischen Romanen von S. u. Flaubert (in GRM, 27, 1977, S. 25–47) – H. Kunisch, *A. S.s »Witiko« u. die Geschichte* (in H. K., *Von der »Reichsunmittelbarkeit der Poesie«*, Bln./Mchn. 1979, S. 233–251). – A. Doppler, *»Der Organismus ist gegliedert und es fehlt nur die Textierung«. S.s poetische Verfahrensweise im »Witiko«* (in Vasilo, 29, 1980, S. 5–33). – H. D. Irmscher, *Politisches Bewußtsein u. poetische Form. Am Beispiel von A. S.s »Witiko«* (in *Literatur aus Österreich – Österreichische Literatur. Ein Bonner Symposium*, Hg. K. K. Polheim, Bonn 1981, S. 93–127). – H. J. Piechotta, *Aleatorische Ordnung. Untersuchungen zu extremen literarischen Positionen in den Erzählungen u. dem Roman »Witiko« von A. S.*, Gießen 1981. – W. Hahl, *Vom Gottesstaat Österreich – S.s »Witiko«* (in *Die österreichische Literatur. Ihr Profil im 19. Jh. (1830–1880)*, Hg. H. Zeman, Graz 1982, S. 439–464). – W. Wiesmüller, *Die politische Rede als Medium der Geschichtsdeutung in S.s »Witiko«. Mit Textbeispielen aus den Hss.* (in EG, 40, 1985, S. 349–373). – Ders., *»Wenn er nicht Raub und Gewalt ist, ehret der Kampf«. Aspekte des Krieges in S.s »Witiko«* (in Vasilo, 35, 1986, S. 115–143). – H. R. Klienberger, *S.s »Witiko« und die Romane Walter Scotts* (ebd., S. 145–155).

THEODOR STORM

* 14.9.1817 Husum
† 4.7.1888 Hademarschen

LITERATUR ZUM AUTOR:
Bibliographien:
H. E. Teitge, *Th.-S.-Bibliographie*, Bln./DDR 1967. – K. E. Laage, *Der handschriftliche Nachlaß Th. S.s. Katalog* (in K. E. L., *Th. S. Studien zu seinem Leben u. Werk mit einem Handschriftenkatalog*, Bln. 1985; [2]1988; erw. u. verb.).
Zeitschrift:
Schriften der Th.-S.-Ges., 1952 ff. [m. fortlaufender Bibliogr.].
Biographien:
G. Storm, *Th. S. Ein Bild seines Lebens*, 2 Bde., Bln. 1912/13. – Dies., *Mein Vater Th. S.*, Bln. 1922. – F. Stuckert: *Th. S. Sein Leben u. seine Welt*, Bremen 1955. – F. Böttger, *Th. S. in seiner Zeit*, Bln./DDR 1959. – P. Goldammer, *Th. S. Eine Einführung in Leben u. Werk*, Lpzg. 1968; [2]1980. – H. Vinçon, *Th. S. in Selbstzeugnissen u. Bilddokumenten*, Reinbek 1972 u. ö. (rm). – K. E. Laage, *Th. S. Leben u. Werk*, Husum 1979; [3]1983. – W. Freund, *Th. S.*, Stg. u. a. 1987. – G. Bollenbeck, *Th. S. Eine Biographie*, Ffm. 1988. – *Th. S.s Welt in Bildern. Eine Bildbiographie*, Hg. K. E. Laage, Heide/Holstein 1988. – R. Frommholz, *Th. S.* (in *Deutsche Dichter*, Bd. 6: *Realismus, Naturalismus u. Jugendstil*, Hg. G. E. Grimm u. F. R. Max, Stg. 1989; RUB).
Gesamtdarstellungen und Studien:
H. Sievers, *S.s Gedanken über Unsterblichkeit u. Tod in ihrem inneren Zusammenhang* (in Schriften der Th.-S.-Ges., 5, 1956, S. 18–42). – C. A. Bernd, *Die Erinnerungssituation in der Novellistik Th. S.s*, Diss. Heidelberg 1958. – E. A. McCormick, *Th. S.'s Novellen. Essays on Literary Technique*, Chapel Hill/N.C. 1964. – F. Stuckert, *Th. S. Der Dichter in seinem Werk*, Tübingen 1966. – E. Loeffelholz von Colberg, *Epische Darstellung in den Novellen Th. S.s*, Diss. Mchn. 1967. – W. Preisendanz, *Gedichtete Perspektiven in S.s Erzählkunst* (in Schriften der Th.-S.-Ges., 17, 1968, S. 25–39). – K. F. Boll, *Das Problem der Zeit bei Th. S.* (ebd., 18, 1969, S. 54–76). – Th. Kuchenbuch, *Perspektive u. Symbol im Erzählwerk Th. S.s*, Diss. Marburg 1969. – W. Zuber, *Natur u. Landschaft in der späteren Novellistik Th. S.s*, Diss. Tübingen 1969. – M. Boutet, *Th. S.s Novellistik von den Frühjahren (1848–1849) bis zum Spätwerk (1888)*, Bordeaux 1971. – B. Coghlan, *Dauer im Wechsel, Kontinuität u. Entwicklung der Stormschen Erzählkunst* (in Schriften der Th.-S.-Ges., 20, 1971, S. 9–22). – I. Schuster, *Th. S. Die zeitkritische Dimension seiner Novellen*, Bonn 1971. – C. A. Bernd, *Th. S. und die Romantik* (in Schriften der Th.-S.-Ges., 21, 1972, S. 24–37). – H. Vinçon, *Th. S.*, Stg. 1973 (Slg. Metzler). – A. T. Alt, *Flucht u. Verwandlung: Th. S.s Verhältnis zur Wirklichkeit* (in Schriften der Th.-S.-Ges., 25, 1976, S. 9–24). – W. A. Coupe, *Der Doppelsinn des Lebens: Die Doppeldeutigkeit in der Novellistik Th. S.s* (ebd., 26, 1977, S. 9–21). – J. De Cort, *Das Idyllische in S.s Novellistik* (ebd., S. 22–36). – W. Tschorn, *Idylle u. Verfall. Die Realität der Familie im Werk Th. S.s*, Bonn 1978. – M. K. Altmann, *Th. S. in seinen Briefen: Ein Profil*, Diss. NY City Univ. 1979. – K. F. Boll, *S.: »Meine Novellistik ist aus meiner Lyrik erwachsen«* (in Schriften der Th.-S.-Ges., 29, 1980, S. 17–32). – G. Ebersold, *Politik u. Gesellschaftskritik in den Novellen Th. S.s*, Ffm. 1981. – D. Rüegg, *Theodor Fontane und Th. S. Dokumentation einer kritischen Begegnung*, Diss. Zürich 1981. – P. Barz, *Der wahre Schimmelreiter. Die Geschichte einer Landschaft u. ihres Dichters Th. S.*, Hbg. 1982. – N. Karoussa, *Entstehung u. Ausbildung des personalen Erzählens in der Mitte des 19. Jh.s*, Hildesheim u. a. 1983. – M. Th. Peischl, *Das Dämonische im Werk Th. S.s*, Ffm./Bern 1983. – I. Roebling, *Liebe u. Variationen. Zu einer biographischen Konstante in S.s Prosawerk* (in Amsterdamer Beiträge zur neueren Germanistik, 17, 1983, S. 99–130). – W. Frühwald, *Der Enthusiasmus des Lebens. Individuation u. Psychologisierung in Th. S.s späten Erzählungen* (in Schriften der Th.-S.-Ges., 33, 1984, S. 9–18). – U. Eisenbeiß, *Didaktik des novellistischen Erzählens im bürgerlichen Realismus. Literaturdidaktische Studien zu G. Keller, W. Raabe und Th. S.*, Ffm. 1985 [Hab.Schr.]. – K. E. Laage, *Th. S. Studien zu seinem Leben u. Werk mit einem Handschriftenkatalog*, Bln. 1985; [2]1988. – F. Löding, *Th. S. und Klaus Groth in ihrem Verhältnis zur*

schleswig-holsteinischen Frage, Neumünster 1985. – H. Lorenz, *Varianz u. Invarianz. Th. S. Erzählungen: Figurenkonstellationen u. Handlungsmuster*, Bonn 1985. – J. M. Ritchie, *Th. S. und der sogenannte Realismus* (in Schriften der Th.-S.-Ges., 34, 1985, S. 21–33). – G. Spurgat, *Th. S. im Film. Die Kino- u. Fernsehverfilmungen seiner Werke. Eine Dokumentation*, Lübeck 1987. – R. Fasold, *Th. S.*, Lpzg. 1988. – E. Pastor, *Die Sprache der Erinnerung. Zu den Novellen von Th. S.*, Ffm. 1988. – *Studien zur Kunst- u. Künstlerproblematik. Mit Beiträgen von W. Freund, R. Frommholz, H. Vinçon, W. Zimorski*, Hg. W. Zimorski, Bonn 1988. – G. Häntzschel, *Th. S. als Anthologie-Herausgeber* (in Schriften der Th.-S.-Ges., 38, 1989, S. 39–51).

AQUIS SUBMERSUS

Novelle von Theodor STORM, erschienen 1876. – Die bitteren Erfahrungen, die Storm mit der Annexion Schleswig-Holsteins durch Preußen machte, forderten ihn zur Kritik heraus. Schon 1867 schreibt er an L. PIETSCH: *»Man wird äußerlich unters Proletariat gedrängt«* (30. 1.), und wenig später an F. EGGERS: *»Wir können nicht verkennen, daß wir unter der Gewalt leben ... Die unglaublich naive Roheit dieser Leute vertieft die Furche des Hasses, die Preußens Verfahren tief in die Stirn der Schleswig-Holsteiner eingegraben«* (16. 8. 1867). Um seinen Widerstand vornehmlich gegen Adel und Kirche, für Storm das *»Gift in den Adern der Nation«* (an H. BRINKMANN, 18. 1. 1864), dichterisch wirksam zum Ausdruck bringen zu können, entwickelte er den Formtypus der Chroniknovelle, die es ihm ermöglichte, auf dem Umweg über die verfremdende historische Distanz massive Kritik an den bestehenden gesellschaftlichen und klerikalen Zuständen ohne Gefährdung der eigenen Person – Storm war 1868 als Amtsrichter in den preußischen Staatsdienst übernommen worden – zu üben.
Über die Anregung zu *Aquis submersus* gibt Storm in Briefen an P. HEYSE (20. 6. 1876) und A. NIESS (5. 10. 1876) Auskunft: *»Vor ein paar Jahren sah ich bei einem Besuch bei meinem Schwager Pastor Feddersen in dem 2 Meilen von hier liegenden nordfriesischen Dorfe Drelsdorf ... in der alten Kirche die ... Bilder einer alten dortigen Predigerfamilie. Der eine Knabe war noch einmal als Leiche gemalt ... Unter diesem Todtenbilde standen ... die merkwürdigen, harten Worte: ›Incuria servi aquis submersus‹. Diese seltsam harte, die Nachlässigkeit des armen Kerls verewigende Inschrift prägte sich mir ein und ging mir nach, bis sie mich zu dieser Dichtung anregte.«*
In seiner Novelle begegnet Storm als Knabe diesem *»Todtenbild«*, neben dem noch ein weiteres, einen finsteren Priester darstellendes, hängt, der für den Vater des Knaben gehalten wird. Der Dichter variiert die ursprüngliche Inschrift *»Aquis incuria servi submersus«* (»Durch die Unachtsamkeit eines Knechtes im Wasser ertrunken«) zu C.P.A.S. und deutet sie als »Durch die Schuld des Vaters ertrunken« *(»Culpa patris«)*. Durch Zufall begegnet er, inzwischen erwachsen, Jahre später einem ähnlichen Bild und entdeckt gleichzeitig eine Chronik, in der die Geschichte des Malers, der zugleich einer der Beteiligten des Geschehens war, erzählt wird. – 1661 kehrt der Maler Johannes, aus Amsterdam kommend, zu seinem väterlichen Freund und Förderer Gerhardus zurück, den er aber nur noch als eben Verstorbenen vorfindet. Dessen Sohn, der brutale, skrupellose Junker Wulf, will seine einzige, mit Johannes befreundete Schwester Katharina mit dem sittlich verwahrlosten Junker Kurt verheiraten und beauftragt Johannes, ein Brautbild von Katharina zu malen. Darüber entdecken Katharina und Johannes ihre Liebe, die geplante gemeinsame Flucht mißlingt, Johannes, von den Bluthunden des Junkers gehetzt, flieht in die Kammer Katharinas und verbringt dort die Nacht. Als er bei Junker Wulf um die Hand Katharinas anhält, schießt dieser ihn nieder. Nachdem er nach Monaten von seiner schweren Verwundung genesen ist, findet er Katharina, die ein Kind von ihm erwartet, nicht mehr vor. Erst nach fünf Jahren entdeckt er sie an der Seite eines Priesters, einer *»finsteren Erscheinung«*, den zu heiraten sie ihr Bruder gezwungen hatte, um ihrem Kind einen Vater zu geben, und der sich nun von Johannes malen lassen will. Bei einem Besuch in der Pfarrei trifft Johannes Katharina allein im Garten; während er sie seiner unveränderten Liebe versichert, ertrinkt ihr gemeinsames Kind im nahen Weiher.
Storms Novelle *Aquis submersus* gehört in die Reihe jener kritischen Dichtungen, mit denen der liberal erzogene, von Theodor MOMMSEN in antifeudalistischem und antiklerikalem Sinn beeinflußte Dichter den Leser über gesellschaftliche Mißstände aufzuklären beabsichtigte. An Hand einer in seinem Tagebuch *Was der Tag giebt* enthaltenen Eigeninterpretation läßt sich die von ihm mit dem Werk intendierte Wirkung deutlich erkennen. Am Beispiel der *»die bestehende Sitte außer Acht lassenden Hingebung des Paares«* entlarvt Storm den eigentlich Schuldigen an der sich anbahnenden menschlichen Tragödie: *»Die ›Schuld‹, wenn man diese Bezeichnung beibehalten will, liegt auf ... dem Uebermuth jenes Bruchtheils der Gesellschaft, welcher, ohne Verdienst auf die irgendwie von den Vorfahren erworbene Ausnahmestellung pochend, sich besseren Blutes dünkt u. so das menschlich Schöne u. Berechtigte mit der ererbten Gewalt zu Boden tritt; und nicht zu übersehen ist es, daß es eben diese feindliche Gewalt ist, welche das Paar einander fast blindlings in die Arme wirft.«*
Daß Storm mit seiner massiven Kritik vor allem die preußische Aristokratie seiner Zeit treffen will, beweist der briefliche Kontext. In einem Schreiben an seinen Vater vom 10. 5. 1862 spricht er im Zusammenhang mit dem preußischen Adel vom *»verrottetsten Junkertum«*, und L. Pietsch gegenüber nennt er ihn gar die *»verfluchte Junkerbrut«* (Pfingsten 1864). – Die Darstellung des noch in Teufelsglauben und Hexenwahn befangenen fanatischen Priesters wie die wenig zwingende Hineinnahme der Verbrennung einer – allerdings schon in der Haft

gestorbenen – Hexe in das Novellengeschehen entspricht der Wirkungsintention der später geschriebenen Chroniknovelle *Renate*; beide zielen darauf, den zu Storms Zeit schwelenden Konflikt zwischen der protestantisch-konservativen Neuorthodoxie und dem aufgeklärten Bürgertum durchschaubar zu machen. R.Fr.

Ausgaben: Bln. 1876 (in Deutsche Rundschau, 9). – Bln. 1877. – Braunschweig 1882 (in *SS*, 19 Bde., 1868–1889, 11). – Lpzg. 1919/20 (in *SW*, Hg. A. Köster, 8 Bde., 4). – Bln./Weimar 1956 (in *SW*, Hg. P. Goldammer, 4 Bde., 2; [6]1986). – Ffm. 1988 (in *SW*, Hg. K.E. Laage u. D. Lohmeier, 4 Bde., 1987/88, 2). – Stg. 1988 (in *Erzählungen*, Hg. R. Frommholz; RUB).

Verfilmung: *Unsterbliche Geliebte*, BRD 1950 (Regie: V. Harlan).

Literatur: T. Rockenbach, *T. S.s Chroniknovellen*, Braunschweig 1916, S. 21–30; 75–79; 84–90. – T. Müller, *Th. S.s Erzählung »Aquis submersus«* (in BdtLw, 26, 1925). – V. Steege, *Th. S.s »Aquis submersus«* (in *Deutsche Novellen des 19. Jh.s*, Ffm. 1961, S. 17–49). – K. F. Boll, *Das Bonnixsche Epitaph in Drelsdorf u. die Kirchenbilder in Th. S.s Erzählung »Aquis submersus«* (in Schriften der Th.-S.-Ges., 14, 1965, S. 24–39). – C. A. Bernd, *Th.S.'s Craft of Fiction*, Chapel Hill/N.C. [2]1966, S. 11–53; 107–114. – D. A. Jackson, *Die Überwindung der Schuld in »Aquis submersus«* (in Schriften der Th.-S.-Ges., 21, 1972, S. 45–56). – K. F. Boll, *Das verschollene Totenbildnis der Kirche in Drelsdorf* (ebd., 24, 1975, S. 98–101). – W. A. Coupe, *Zur Frage der Schuld in »Aquis submersus«* (ebd., 24, 1975, S. 57–72). – G. Kaiser, *Aquis submersus – versunkene Kindheit. Ein literaturpsychologischer Versuch über Th. S.* (in Euph, 73, 1979, S. 410–434). – W. N. B. Mullan, *Tragic Guilt and the Motivation of the Catastrophe in S.'s »Aquis submersus«* (in FMLS, 18, 1982, S. 225–246). – B. Coghlan, *»Laß den Anfang mit dem Ende sich in Eins zusammenziehen«, Eingang u. Ausgang in Th. S.s Novellen* (in *Dichtung – Wissenschaft – Unterricht, R. Frommholz zum 60. Geb.tag*, Hg. F. Kienecker u. P. Wolfersdorf, Paderborn u. a. 1986, S. 113–125).

CARSTEN CURATOR

Novelle von Theodor Storm, erschienen 1878. – Die Novelle ist das Ergebnis eines zehnjährigen Ringens um die dichterische Bewältigung der Lebenstragödie seines ältesten Kindes, seines *»urtrefflichsten«*, *»genialsten«* *»Schmerzenssohnes«* Hans (1848–1887) (an Th. Fontane, 25.5. 1868; an P. Heyse, 25.5. 1887; P. Heyse an Storm, 9.12. 1886). Mit der *»herben Geschichte«* (an E. Schmidt, 2.5. 1877), die *»ich jetzt, buchstäblich mit körperlichen Schmerzen, meinen Nerven abquäle«* (an G. Lorenzen, 23.5. 1877), versucht er sich von dem ihm von Hans durch dessen Trunksucht bereiteten, sein *»Leben zerstörenden Kummer«* und dem *»Entsetzen, das mir das Blut vergiftet«* (an Sohn Hans, November 1875 und 22. 12. 1878) zu befreien. Die ausweglose Situation, in der Storm seine Novelle schrieb – er hatte noch im Februar 1877, allerdings ohne Erfolg, versucht, Hans nach einem medizinischen Studium von zwanzig Semestern durchs Examen zu bringen –, erklärt die Hoffnungslosigkeit und tragische Konsequenz der Handlung sowie die harte dramatische Diktion des Werkes. Carsten Carstens, wegen seines unbestechlichen Charakters mit dem Beinamen »Curator« (Vorsteher, Vormund) belehnt, heiratet die schöne, leichtsinnige Tochter eines Spekulanten, der sich nach seinem finanziellen Scheitern umgebracht hat. Die junge Frau stirbt im Kindbett; der Sohn Heinrich hat nicht nur das Äußere der Mutter, sondern auch deren Leichtsinn geerbt. Er veruntreut Geld seines Arbeitgebers und verschuldet sich derart, daß er seinen Vater an den Rand des finanziellen Ruins bringt. Heinrich heiratet eine Verwandte, Anna, verfällt dem Trunk und bringt das Vermögen seiner Frau bis auf einen Rest durch, dessen Auszahlung der Curator verweigert, um das Geld dem inzwischen geborenen Enkel zu erhalten. Als Heinrichs neuerlicher Versuch, den Vater umzustimmen, erfolglos bleibt, fährt er trotzig bei Sturmflut im Boot hinaus und kommt um. Carsten Curator, verarmt und seines einzigen Sohnes beraubt, wird vom Schlag getroffen und verdämmert sein Leben in der Obhut Annas.

Naturgemäß führt die künstlerische Verdichtung des über Jahre sich hinziehenden Untergangs eines Menschen im Rahmen einer Novelle – Storm bedurfte einer solchen inneren *»Befreiung (à la Göthe)«* (an E. Schmidt, 25. 6. 1877), um sich aus der ihn existentiell bedrohenden Lage zu lösen – zu einer erheblich schärferen Konturierung der Wirklichkeit und des charakterlichen Defekts des Sohnes. Der Autor weist selber darauf hin, daß dessen Gestalt *»keinen poetischen Gehalt hat, daß sie mir unterderhand zu sehr zum wahren Lump geworden ist«* (an A. Nieß, 26. 3. 1878), und betont Heyse gegenüber am 15.6. 1881, den novellistischen Sachverhalt mildernd, daß *»Hans in so unehrenhafte Dinge, wie der Sohn des C. C., nie hineingeraten ist«*. Im Blick auf das Schicksal seines Sohnes Hans zentriert Storm seine Novelle um das Problem der Vererbung und die sich daraus ergebenden Fragen nach menschlicher Verantwortung und Schuld. Er relativiert in der Erzählung die aus der genetischen Determination sich ergebende Schuldhaftigkeit: *»... ein jeder Mensch bringt sein Leben fertig mit sich auf die Welt; und Alle, in die Jahrhunderte hinauf, die nur einen Tropfen zu seinem Blute gaben, haben ihren Teil daran.«* Die schuldhafte Verstrickung sieht Storm vornehmlich in des Sohnes kampfloser Selbstpreisgabe: *»... aber darin liegt* Deine *Schuld, daß Du, obgleich Dir Deine Schwäche nicht verborgen bleiben konnte, Dich ganz darin hast gehen lassen, ohne auch nur den Versuch zu machen, Dich aufs feste Land zu retten«* (an Sohn Hans, 22.12. 1878). Auch in der Novelle *Carsten Curator* bekennt sich

Storm zu der vergebenden Kraft der Menschenliebe: *»Diese Dinge, welche dem armen Jungen ... von kindauf anhaften, fordern den, der sie kennt, andererseits auch zu einer milderen Beurteilung des Menschen Hans auf, und rufen mein, des Vaters, ganzes Erbarmen auf«* (an E. Schmidt, 5. 4. 1877). R.Fr.

AUSGABEN: Braunschweig 1878 (in Westermann's Monatshefte, 44). – Bln. 1878. – Braunschweig 1882 (in *SS*, 19 Bde., 1868–1889, 12). – Lpzg. 1919/20 (in *SW*, Hg. A. Köster, 8 Bde., 5). – Bln./Weimar 1956 (in *SW*, Hg. P. Goldammer, 4 Bde., 3; [6]1986). – Stg. 1984 (RUB; Nachw. I. Ruttmann). – Ffm. 1988 (in *SW*, Hg. K. E. Laage u. D. Lohmeier, 4 Bde., 1987/88, 2).

LITERATUR: R. Hilbig, *Th. S.s »Carsten Curator« u. »Hans u. Heinz Kirch«. Ein Beitrag zur Erkenntnis seiner Altersnovellistik*, Diss. Greifswald 1950. – F. Stuckert, *Th. S. Sein Leben u. seine Welt*, Bremen 1955, S. 339–343. – J. H. Ubben, *Heredity and Alcoholism in the Life and Works of Th. S.* (in GQ, 28, 1955, S. 231–236). – F. Böttger, *Th. S. in seiner Zeit*, Bln./DDR 1959, S. 282–285. – L. Zagari u. G. D'Onghia, *»Die häßliche Wirklichkeit«. Tre novelle di S. nel guidizio del contemporanei* (in Studi Germanici, 13, 1975, Nr. 1, S. 55–66).

EIN DOPPELGÄNGER

Novelle von Theodor STORM, erschienen 1887. – Die Reihe der sozialkritischen Novellen Storms beginnt bereits 1859 mit dem Werk *Auf dem Staatshof*, in der die Gestalt der zur Liebe wie zum Leben unfähigen Protagonistin das Ende der feudalistischen Epoche symbolisiert, und endet mit der Erzählung *Ein Doppelgänger*, von welcher der Hamburger Kritiker Johannes WEDDE schrieb: *»Die ganze Not der Wirklichkeit von 1887 und 1888 schreit aus diesem ... mit klassischer Meisterschaft ausgeführten Zeitbild uns entgegen.«* Daß Storm sich gegenüber dem Herausgeber Karl Emil FRANZOS bereit fand, seine Arbeit an den Novellen *Der Schimmelreiter* und *Ein Bekenntnis* von Juli bis Dezember 1886 zu unterbrechen, um für dessen neue Zeitschrift ›Deutsche Dichtung‹ eigens die Erzählung *Ein Doppelgänger* zu schreiben, beweist sein starkes Engagement für soziale Fragen. So bezeugt auch der lange mit Storm befreundete Soziologe Ferdinand TÖNNIES noch 1917 in seinen *Gedenkblättern* das bei ihm ausgeprägte *»wirkliche Volksverständnis«* und sein Mitgefühl mit den *»kleinen Leuten«*.

Erstmals rückt Storm in den Mittelpunkt einer seiner Novellen einen Proletarier, John Hansen, der eher aus situativer Bedingtheit wie Arbeitslosigkeit, Verführung und körperlicher Unbändigkeit denn aus krimineller Neigung straffällig und nach sechsjähriger Zuchthaushaft fortan nach dem Ort des Strafvollzugs John Glückstadt genannt wird. Trotz Haftverbüßung trägt er nun sein Leben lang das Stigma des aus der Gesellschaft Ausgestoßenen, Entehrten. John Hansen findet zunächst als »Aufsichtsmann« über Landarbeiterinnen beim Zichorienanbau in Husum Arbeit, lernt dabei die siebzehnjährige, begehrenswerte und leidenschaftliche Hanna kennen, heiratet sie und erlebt nicht zuletzt mit der Geburt seiner Tochter Christine ein vorläufiges, bescheidenes Glück. Immer wieder aber holt ihn seine Vergangenheit ein, und als selbst Hanna im Lauf einer der sich häufenden ehelichen Auseinandersetzungen ihm den *»Vorwurf seiner jungen Schande«* macht, verursacht er mit seiner jähzornigen Reaktion ungewollt ihren Tod, der ihn in ausweglose Verzweiflung stürzt. Überdies führt das zufällige Zusammentreffen mit einem früheren Mithäftling zu neuen Verdächtigungen, die ihn um seine Arbeit bringen, so daß er mit seinem Kind in bitterste Not gerät. Bei dem Versuch, nachts Kartoffeln zu stehlen, stürzt er, von Gewissensängsten getrieben, in einen tiefen, versiegten Brunnen, in dem er umkommt.

Die Erzählung des Schicksals des »Doppelgängers« John Hansen-Glückstadt ergibt sich aus einer in die Rahmenhandlung verlegten Zufallsbekanntschaft des Chronisten mit einem Oberförster in Jena, dessen Frau Husumerin und keine andere als jene Christine, die Tochter John Hansens, ist. Sie wurde nach dem Tod ihres Vaters von den Eltern des Försters aufgenommen und später dessen Frau.

Der harte Kontrast zwischen der Binnenhandlung, deren unerbittliche Entlarvung menschlichen Weltseins bereits naturalistische Züge trägt, und der idyllisch durchtönten Rahmenerzählung, deren parodistisch anmutende Versatzstücke auf Storms schwindenden Glauben an ein Leben in der Geborgenheit betulichen Bürgertums hinweisen, verschärft den sozialkritischen Akzent des Werks, das der Dichter um ein zum Sinnbild fortwährender existentieller Gefährdung des Entrechteten stilisiertes Brunnenmotiv komponiert hat. Das seiner Novelle eigene subtile Rechtsempfinden weist bereits auf die Diskussion der Frage nach der Resozialisierung von Strafgefangenen und dem Recht auf Arbeit im 20. Jh. voraus. Indem er sich konsequent auf die Seite der Erniedrigten und Entrechteten stellt – *»Nachdem dieser John von Rechtes wegen seine Strafe abgebüßt hatte, wurde er, wie gebräuchlich, der lieben Mitwelt zur Hetzjagd überlassen. Und sie hat ihn nun auch zu Tode gehetzt; denn sie ist ohn Erbarmen.«* – bekennt er sich zu Humanität und Menschenliebe, in denen allein er *»die Hoffnung auf eine erlösende Wendung der Dinge«* (J. Wedde) zu erkennen vermag. R.Fr.

AUSGABEN: Stg. 1886 (in Deutsche Dichtung, Hg. K. E. Franzos, Bd. 1, H. 1–6). – Braunschweig 1889 (in *SS*, 19 Bde., 1868–1889, 15). – Lpzg. 1919/20 (in *SW*, Hg. A. Köster, 8 Bde., 7). – Bln./Weimar 1956 (in *SW*, Hg. P. Goldammer, 4 Bde., 4; [6]1986). – Heide 1986, Hg. W. Zimorski. – Ffm. 1988 (in *SW*, Hg. K. E. Laage u. D. Lohmeier, 4 Bde., 1987/88, 3). – Stg. 1988 (in *Erzählungen*, Hg. R. Frommholz; RUB).

Verfilmung: *John Glückstadt*, BRD 1975 (Regie: K. Miehe).

Literatur: J. Wedde, *Th. S. Einige Züge zu seinem Bilde*, Hbg. 1888, S. 26f.; 30f. – F. Braun, *Th. S.s »Doppelgänger«* (in GR, 32, 1957, S. 267–272). – I. Schuster, *S.s »Ein Doppelgänger« u. Brechts »Der gute Mensch von Sezuan«. Eine Gegenüberstellung* (in Schriften der Th.-S.-Ges., 23, 1974, S. 33–38). – G. Grimm, *Th. S. »Ein Doppelgänger«* (in *Romane u. Erzählungen des bürgerlichen Realismus. Neue Interpretationen*, Hg. H. Denkler, Stg. 1980, S. 325–346). – W. Tschorn, *Der Verfall der Familie, »Der Herr Etatsrat« u. »Ein Doppelgänger« als Beispiele zu einem zentralen Darstellungsobjekt S.s* (in Schriften der Th.-S.-Ges., 29, 1980, S. 44–52). – M. Schunicht, *Th. S.: »Ein Doppelgänger«* (in *Wege der Literaturwissenschaft*, Hg. J. Kolkenbrock-Netz, Bonn 1985, S. 174–183). – E. Mayer-Krentler, *»Stopfkuchen« – »Ein Doppelgänger«. Raabe erzählt S.* (in Jb. der Raabe-Ges., 1987).

DRAUSSEN IM HEIDEDORF

Novelle von Theodor Storm, erschienen 1872. – Das Werk bezeichnet einen Wendepunkt in der Novellistik Storms, der nach dem Tod seiner Frau Constanze 1865 in eine Schaffenskrise geraten war. Seine Erzählung, die grundsätzliche Bedeutung für sein weiteres episches Schaffen gewann, beruht auf einem Fall, mit dem er sich noch während seiner Zeit als Husumer Landvogt zu befassen hatte und über den er im Frühjahr 1866 an seine spätere zweite Frau Do Jensen berichtete: *»Ein junger Mann, der sich durch Liebschaften und Schulden sein Leben anscheinend unheilbar zerrüttet hat, war seit einigen Tagen verschwunden. Ich ließ alle Trinkgruben und Brunnen des Dorfes absuchen, heut ist er in Rantrum tot in einer Trinkgrube gefunden, die Frau ist schwanger. Gestern um 9 kam ich von jener traurigen Fahrt zurück. Es war der Leichnam eines stattlichen jungen Mannes, der am Rande der öden Mergelgrube lag. Von dort fuhren wir nach Rantrum und ich vernahm zuerst seine schwangere junge Frau, die er nicht geliebt, aber geheiratet hatte, um mit Beihülfe ihres Geldes den väterlichen Besitz aufbessern zu können und dann das bezaubernde in süßester Jugendfrische blühende Kind, die er schon, da sie noch fast ein Kind gewesen, geliebt und um die er sich, mir ganz unzweifelhaft, den Tod gegeben. Sie war wahrscheinlich auf Antrieb seines Vaters von ihrer Mutter (Hebamme) fortgeschickt gewesen, aber nachdem seine Ehe ein Jahr lang gedauert, zurückgekehrt. Nun ist er wieder zu ihr gegangen und hat sich aus diesen wunderbaren Augen Leidenschaft und Tod getrunken. Ein Tag vor seinem Selbstmord ist er nach ihrer Angabe zuletzt bei ihr gewesen, auffallend niedergeschlagen und hat gesagt, er halte das Leben zu Haus nicht aus, es brächte ihn unter die Erde (...) Die Frau, die ihn sehr geliebt und ihm, wenn überhaupt nur milde Vorwürfe gemacht zu haben scheint, hatte ihn des Abends, da sie schon im Bett war (...) aus dem Haus gehen hören. Das junge Mädchen schien beim Verhör eigentlich nur von Angst vor irgendeiner kriminellen Verantwortung erfüllt. Sie war in höchster Aufregung, aber von Schmerz um den Toten gewahrte ich nichts – obgleich sein nackter Leichnam eben ins Dorf gefahren wurde. – Da hast Du das Drama einer Leidenschaft auf dem Lande.«*
Storm, modernen wissenschaftlichen Erkenntnissen gegenüber von erstaunlicher Aufgeschlossenheit – in seinen Novellen werden zahlreiche aktuelle Probleme wie die Resozialisierung von Strafgefangenen und das Recht auf Arbeit (*Ein Doppelgänger*, 1886/87), die Euthanasie (*Ein Bekenntnis*, 1888), die Rassenfrage (*Von Jenseit des Meeres*, 1864/65) und die körperliche Behinderung eines Menschen (*Eine Malerarbeit*, 1867/68) behandelt – hatte unter dem Einfluß vor allem Darwins und Feuerbachs zu einem völlig gewandelten, desillusionierten Welt- und Daseinsverständnis gefunden, das erstmals in seiner bewußt dem *»Dunstkreis einer bestimmten Stimmung«* (an E. Kuh, 24. 2. 1873) entzogenen Novelle *Draußen im Heidedorf* dichterische Gestalt gewann. So gelang ihm eine Dorfgeschichte, die dem Rang nach mit G. Kellers *Romeo und Julia auf dem Dorfe* (1856) vergleichbar ist. Im Gegensatz zu Kellers lichter Natur dominiert bei Storm allerdings die Landschaft in ihrer herben, herbstlichen Düsternis, die er zum Symbol für die Undurchschaubarkeit des Seins und die qualvolle Erkenntnisnot des Menschen stilisiert. Der in der Novelle von Storm vertretene tragisch gebrochene Humanismus, der seiner Einsicht in die Vergänglichkeit des Menschen und dem Verlust der transzendenten Dimension entspringt, offenbart dem Leser die völlige Hoffnungslosigkeit seines Weltseins: Hinrich Fehse gibt sich am Ende einen verzweifelten Tod, und das *»Slowakenmädchen«*, so Storm am Schluß seiner Novelle, *»soll in ich weiß nicht welche große Stadt gezogen und dort in der Menschenflut verschollen sein«*. R.Fr.

Ausgaben: 1872 (in Der Salon für Literatur, Kunst und Gesellschaft, Hg. E. Dohm und J. Rodenberg, Bd. 10, H. 2). – Bln. 1873 (in *Zerstreute Kapitel*, S. 113–173). – Braunschweig 1877 (in *SS*, 19 Bde., 1868–1889, 7). – Lpzg. 1919/20 (in *SW*, Hg. A. Köster, 8 Bde., 3). – Bln./Weimar 1956 (in *SW*, Hg. P. Goldammer, 4 Bde., 2; [6]1986). – Ffm. 1988 (in *SW*, Hg. K. E. Laage u. D. Lohmeier, 4 Bde., 1987/88, 2). – Stg. 1988 (in *Erzählungen*, Hg. R. Frommholz; RUB).

Verfilmung: *Draußen im Heidehof*, DDR 1980 (Regie: J.-P. Proll).

Literatur: F. Böttger, *Th. S. in seiner Zeit*, Bln./DDR 1959, S. 270–275. – R. Barrick, *Ambivalence in Character Portrayal in Th. S.'s Novelle »Draußen im Heidedorf«* (in Language Quarterly, 11, 1972, S. 29–34). – J. Kunz, *Th. S.s Novelle »Draußen im Heidedorf«. Versuch einer Interpretation* (in Schriften der Th.-S.-Ges., 22, 1973, S. 18–31).

IMMENSEE

Novelle von Theodor STORM, erschienen 1850. – Vor den Augen eines einsamen alten Mannes zieht die Geschichte seiner unerfüllten Liebe vorüber: die mit der Gespielin Elisabeth gemeinsam auf dem Lande verbrachte glückliche Kindheit, noch kaum überschattet von dem, was sie einmal trennen würde *(»sie war ihm oft zu still, er war ihr oft zu heftig«)*, die Gedichte, die er für sie schrieb, die Märchen, die er ihr erzählte, dann in einem Sommer die Trennung wegen seines Studiums. Als er Ostern heimkommt, findet er Elisabeth verändert, ohne doch sagen zu können, weshalb. Der Hänfling, den er ihr geschenkt hat, ist gestorben; statt seiner flattert ein Kanarienvogel im vergoldeten Bauer – beides ein Geschenk seines Schulfreunds Erich, der das Gut Immensee übernommen hat. Beim Abschied bittet der Erzähler Elisabeth, auf ihn zu warten. Aber er schreibt ihr nicht mehr, und so erfährt er nach zwei Jahren, daß sie auf Drängen ihrer Mutter Erich geheiratet hat. Eine letzte Begegnung, die die Erinnerung an das zerbrochene Glück heraufbeschwört, wird zur unerträglichen Qual, und er geht auf Nimmerwiedersehn davon. *»Er sah nicht rückwärts ...; und mehr und mehr versank hinter ihm das stille Gehöft, und vor ihm stieg auf die große weite Welt.«*
Die *»ganz und durch und durch von dem Dufte und der Atmosphäre der Liebe«* (an H. Brinkmann, 2. 6. 1852) erfüllte Novelle – sie wurde zur erfolgreichsten Storms und erreichte zu seinen Lebzeiten bereits dreißig Auflagen – gleicht in ihrem Aufbau einem in Prosa aufgelösten Gedicht. Die einzelnen Kapitel, die die Funktion von Strophen haben, geben lyrische Stimmungsbilder wieder, hinter denen die auf ein Minimum beschränkte Handlung zurücktritt. Aneinandergereihte Motive und symbolische Bilder stehen in festem innerem Zusammenhang: eine Erdbeersuche der Kinder im Wald, bei der sie sich verirren, der Tod des Hänflings und Erichs Geschenk, die Begegnung des Studenten mit einem Zigeunermädchen, das er als Bettlerin im Gutshaus am Immensee wiedertrifft. Zentrales Motiv ist die unerreichbar auf dem Immensee schwimmende Wasserlilie, Symbol des zum Greifen nahen, aber nie zu fassenden Glücks.
Eine die sprachliche Ausdruckskraft seiner frühen Prosa übersteigende Gefühlsintensität erklärt den häufigen Übergang Storms in lyrisches Sprechen; so erscheint etwa das schmerzvolle Leitthema der Novelle lyrisch sublimiert – *»Meine Mutter hat's gewollt/ Den andern ich nehmen sollt«* – in dem Gedicht *Elisabeth*. Aber auch das *Lied des Zithermädchens (»Heute, nur heute/ Bin ich so schön; Morgen, ach morgen/ Muß alles vergehn«)* und *Im Walde (»Hier an der Bergeshalde/ Verstummet ganz der Wind;/ Die Zweige hängen nieder, Darunter sitzt das Kind.«)* haben ihre feste Funktion im Gewebe der Bilder und erhöhen den Eindruck des Lyrischen, wie auch viele Motive der Novelle in der Lyrik Storms wiederkehren, so etwa das von der leidgezeichneten Hand, die Elisabeth vor dem Freund verbirgt *(Frauenhand)*.

R.Fr.-KLL

AUSGABEN: Altona 1850 (in *Volksbuch für Schleswig, Holstein und Lüneburg*, Hg. K.-L. Biernatzki). – Bln. 1851 (in *Sommergeschichten und Lieder*). – Braunschweig 1877 (in *SS*, 19 Bde., 1868–1889, 2). – Lpzg. 1919/20 (in *SW*, Hg. A. Köster, 8 Bde., 1). – Bln./Weimar 1956 (in *SW*, Hg. P. Goldammer, 4 Bde., 1; [6]1986). – Ffm. 1987 (in *SW*, Hg. K. E. Laage u. D. Lohmeier, 4 Bde., 1987/88, 1). – Stg. 1988 (in *Erzählungen*, Hg. R. Frommholz; RUB).

VERFILMUNG: Deutschland 1943 (Regie: V. Harlan). – *Was die Schwalbe sang*, BRD 1956 (Regie: G. v. Bolvary).

LITERATUR: E. O. Wooley, *»Immensee«. Ein Beitrag zur Entstehung u. Würdigung der Novelle* (in Schriften der Th.-S.-Ges., 9, 1960, S. 24–32). – R. Belgardt, *Dichtertum als Existenzproblem. Zur Deutung von S.s »Immensee«* (ebd., 18, 1969, S. 77–88). – F. R. Sammern-Frankenegg, *Perspektivische Strukturen einer Erinnerungsdichtung. Studien zur Deutung von S.s »Immensee«*, Stg. 1976. – H. Hohn, *Der Stil der Landschaftsdarstellung in S.s Novelle »Immensee«* (in Schriften der Th.-S.-Ges., 29, 1980, S. 33–43). – D. A. Jackson, *In the Lion's Den. Th. S.'s »Immensee«* (in Oxford German Studies, 14, 1983, S. 1–34). – *Th. S., »Immensee«. Erläuterungen u. Dokumente*, Hg. F. Betz, Stg. 1984 (RUB). – H. Brülls, *Der Künstler als Biedermann. Zum Problem der »Bürgerlichkeit« in Th. S.s »Immensee«* (in WW, 35, 1985, S. 184–202).

POLE POPPENSPÄLER

Novelle von Theodor STORM, erschienen 1874. – Ehe Storm der Bitte Julius LOHMEYERS entsprach, einen Beitrag für die neugegründete Zeitschrift ›Deutsche Jugend‹ zu liefern, befaßte er sich mit der *»Schwierigkeit der ›Jugendschriftstellerei‹. ›Wenn du für die Jugend schreiben willst‹ – in diesem Paradoxon formulierte es sich mir –, ›so darfst du nicht für die Jugend schreiben! – Denn es ist unkünstlerisch, die Behandlung eines Stoffes so oder anders zu wenden, je nachdem du dir den großen Peter oder den kleinen Hans als Publikum denkst‹.«*
Der in diesen Überlegungen intendierte Zusammenhang zwischen Kindheits- und Erwachsenenwelt bestimmt in doppelter Hinsicht die Erzählstruktur von Storms Novelle. Der Ich-Erzähler des novellistischen Rahmens gedenkt eines Mannes, der ihm als Knaben handwerkliche Fähigkeiten und *»Einsicht in die künftige Entwicklung der Gewerke überhaupt«* vermittelte. Dieser *»Kunstdrechsler und Mechanikus«* namens Paul Paulsen erzählt seinerseits dem Rahmenerzähler, der ihn einst nach der Herkunft des Spitznamens »Pole Poppenspäler« fragte, Erlebnisse aus seiner Kindheit und Jugend.
Eines Nachmittags, berichtet Paulsen, seien Puppenspieler aus München – ein Ehepaar Tendler mit seiner kleinen Tochter Lisei – in seine norddeutsche

Heimatstadt gekommen. Die fremde und geheimnisvolle Welt des »fahrenden Volkes« übt auf den Sohn biederer Handwerker eine eigentümliche Anziehungskraft aus. Bald ist er ständiger Gast in den allabendlichen Vorstellungen und gewinnt durch Anteilnahme und Hilfsbereitschaft Liseis Freundschaft. Sie vertieft sich, als er durch sein ungeschicktes Hantieren die kunstvolle Mechanik des Kasperl beschädigt. Mit einigen improvisierten Dialogen und einem Ersatz-Kaspar rettet Tendler die gefährdete Vorstellung von »Doktor Faust«. Als die erwartete Strafe ausbleibt und Pauls Vater die Figur wieder repariert, beginnt für Paul und Lisei *»eine Zeit des schönsten Kinderglücks«*. – *»Aber alles im Leben ist nur für eine Spanne Zeit.«* Das Gastspiel der Puppenspieler geht zu Ende, und für die Kinder kommt die schmerzliche Stunde des Abschieds. Doch eine unerwartete Begegnung führt sie zwölf Jahre später für immer zusammen. An einem Winternachmittag sieht Paul, der inzwischen auf Wanderschaft gegangen ist, wie eine junge Frau am Gefängnistor Einlaß begehrt, aber von dem hartherzigen Gefängnisinspektor abgewiesen wird und in der klirrenden Kälte umherirrt. Als er ihr nachgeht, erkennt er sie: Es ist Lisei, deren Vater fälschlicherweise des Diebstahls verdächtigt und verhaftet wurde. Dank Pauls Hilfe wird der alte Mann bald entlassen, aber er *»verwind't«* die *»Schand«* nicht und erkrankt. Glücklich über das unverhoffte Wiedersehen und nicht zuletzt, um Vater und Tochter das unstete Leben auf den Landstraßen zu ersparen, heiratet Paul Lisei – allen Vorurteilen seiner Umwelt gegenüber den »Herumtreibern« zum Trotz. Gelassen findet sich Paulsen auch mit dem Spitznamen »Pole Poppenspäler« ab, und nur vorübergehend fällt ein Schatten auf das bürgerliche Eheglück, als Tendlers Abschiedsvorstellung brutal gestört wird. Wenig später stirbt der alte Puppenspieler, und mit seinem Meister wird Kasperl begraben, den eine anonyme Hand ins offene Grab geworfen hat. Paulsen und seine *»Puppenspieler-Lisei«* aber, denen ein Sohn geboren wird, haben bald *»alles, was zu einem vollen Menschenglück gehört«*.

Die einfache Sprache, die spürbare Anteilnahme des Erzählers am Geschehen, genrehafte Kinderszenen, der Reiz des Abenteuerlichen und der schlichte moralische Akzent haben diese Novelle zur Schullektüre prädestiniert und ihr eine gewisse Popularität gesichert. Doch läßt es Storm bei einer romantischen Verklärung der Kindheit nicht bewenden; deren Zauber wird zwar in der Erinnerung lebendig, aber nur als der glückliche und nicht immer problemlose Anfang einer menschlichen Bindung, die sich zu bewähren hatte. Die Erzählung verläuft so nicht als Flucht zurück in eine unwiederbringliche Zeit, sondern führt, nicht ohne pädagogische Intention, von der idyllischen Vergangenheit über Konflikte und Rückschläge zu einer durchaus bejahten Gegenwart. So erreicht Storm einen einfachen progressiven Handlungsverlauf und, da der Endpunkt der erzählten Geschichte durch den Rahmen fixiert ist, eine strenge Geschlossenheit. – Der thematische Reiz der Handlung liegt in der Variation des Gegensatzes zwischen Künstlertum und Bürgertum, eines der Motive, die Thomas MANN an der Stormschen Dichtung rühmend hervorhob.

Der erste Teil der Novelle, welcher die Phase der Kindheit darstellt, beruht z. T. auf eigenen Jugenderlebnissen Storms und greift auch, so in der Szene im leeren Schützenhofsaal, auf KELLERS *Grünen Heinrich* zurück. Während hier der Akzent auf dem Abenteuerlichen und Fremden der Künstlerwelt liegt – Storm war von früher Jugend an mit dem Puppenspiel vertraut – bietet die zweite Hälfte der Erzählung eine Auseinandersetzung zwischen Bürgertum und Künstlertum, wobei Storm das Scheitern des Puppenspielers allerdings eher in der Unzeitgemäßheit seiner Kunstform denn in einer generellen Absage an die Kunst schlechthin verstanden wissen will. Das glückliche Ende stellt sich nicht als reale Aussöhnung beider Bereiche dar, sondern entsteht um den Preis jener *»Beschränkung und Isolierung«* des Weltblicks, die nach einer Definition des Autors (an H. Brinkmann, 21. 11. 1851) zum Wesen der Novelle gehören. Der durch die Versuchungen des Künstlerischen gegangene Paul Paulsen – von daher ist ihm der Spottname »Pole Poppenspäler« geblieben – kehrt zurück in die Solidität der bürgerlichen Existenz. Storms von pädagogischer Verantwortung getragene Parteinahme für das bürgerliche Leben ist mitbestimmt von seinem Wissen um die Gefährdungen des künstlerischen Menschen, der heimatlos *»zwischen zwei Welten«* steht, gezeichnet *»vom Fluch der Erkenntnis und der schöpferischen Qual«* (Th. Mann); seine Entscheidung ist Ausdruck der Sehnsucht eines vom *»Wesen der blutsaugerischen Poesie«* (H. E. Holthausen) Gezeichneten nach dem *»Harmlosen, Einfachen und Lebendigen«* (Th. Mann).

H.Hä.-R.Fr.

AUSGABEN: Lpzg. 1874 (in Deutsche Jugend, Hg. J. Lohmeyer, Bd. 4). – Braunschweig 1875 (in *Novellen*, zusam. m. *Waldwinkel*). – Braunschweig 1877 (in *SS*, 19 Bde., 1868–1889, 9). – Lpzg. 1919/20 (in *SW*, Hg. A. Köster, 8 Bde., 4). – Bln./Weimar 1956 (in *SW*, Hg. P. Goldammer, 4 Bde., 2; [6]1986). – Ffm. 1988 (in *SW*, Hg. K. E. Laage u. D. Lohmeier, 4 Bde., 1987/88, 2). – Stg. 1988 (in *Erzählungen*, Hg. R. Frommholz; RUB).

VERFILMUNG: Deutschland 1935 (Regie: C. Oertel). – *Der Puppenspieler*, Deutschland 1944/45 (Regie: A. Braun; unvollendet). – DDR 1954 (Regie: A. Pohl). – BRD 1968 (Regie: G. Anders).

LITERATUR: H. Schroeder, *»Pole Poppenspäler« u. die Schule* (in Schriften der Th.-S.-Ges., 24, 1975, S. 36–56). – K. E. Laage, *Das Puppenspiel des »Dr. Johannes Faust«, eine Quelle für S.s »Pole Poppenspäler«* (in ZfdPh, 99, 1980, S. 581–589). – Ders., *Entstehung u. Schicksal des »Pole Poppenspäler«-Manuskripts* (in Schriften der Th.-S.-Ges., 35, 1986, S. 30–37). – W. Freund, *Th. S.*, Stg. u. a.

1987, S. 79–89. – R. Frommholz, *Th. S.s »Pole Poppenspäler«, Kinder- oder Künstlergeschichte?* (in Schriften der Th.-S.-Ges., 36, 1987, S. 19–36).

DER SCHIMMELREITER

Novelle von Theodor STORM, erschienen 1888. – Im Februar 1888 vollendete Storm nach weitläufigen Vorstudien seine bereits 1886 begonnene Novelle *Der Schimmelreiter*, die das Vermächtnis des schon von tödlicher Krankheit gezeichneten Dichters – Storm litt seit 1887 an Magenkrebs – darstellt. Er verlegt die ursprünglich westpreußische, an der Weichsel spielende Deichsage vom *»gespenstigen Reiter«*, der nach seinem Tod als Wiedergänger im Aberglauben des Volkes weiterlebt, in die mit überwältigenden Sprachbildern beschworene heimatliche Meereslandschaft, deren elementaren Kräften der Held schließlich erliegt. Während der locker gefügte erste Teil dem Erzählprofil eines Entwicklungsromans gleicht, hält der dramatisch gespannte Kompositionsstil des zweiten Teils an der strengen Kunstform der Novelle fest. Der Dichter bettet die eigentliche Novellenhandlung in eine Rahmenerzählung ein, die eine weitere Rahmenkonstruktion umschließt. Die gestaffelte Rahmentechnik rückt das Geschehen in eine mythische Ferne und rechtfertigt die Gleichzeitigkeit von Vergangenheit und Gegenwart, rationalen und phantastischen Elementen. Die Geschichte des genialen Deichbauers erzählt ein aufgeklärter Dorfschullehrer, der die Erscheinung des Schimmelreiters mit eigenen Augen wahrgenommen hat.

Der technisch hochbegabte Hauke Haien, ein Autodidakt ohne ererbten Besitz, aber von einem mächtigen Selbstgefühl beseelt, widmet schon als Kind sein ganzes Interesse der Deichbaukunst. Er tritt als Knecht in den Dienst des alten Deichgrafen. Technische Kenntnisse, brennender Ehrgeiz und eine unermüdliche Arbeitskraft prädestinieren ihn für dieses Amt. Als der alte Deichgraf stirbt und Hauke seine Tochter heiratet, fällt ihm mit dem Besitz auch die Würde zu. Mit verbissener Tatkraft begegnet er dem Vorwurf, er sei Deichgraf nur seines Weibes wegen geworden, ein Vorwurf, den sein größter Feind, der ehemalige Großknecht Ole Peters, geschickt auszunützen weiß. Gegen die Trägheit der Dorfbewohner setzt Hauke seinen gewaltigen Plan durch, einen neuen, architektonisch kühnen Deich zu bauen.

Mit äußerster Willensanstrengung, dabei nicht frei von Haß und Verachtung gegenüber seinen Mitmenschen, trotzt er dem Meer Neuland ab. Privates Glück aber bleibt ihm versagt: Als nach Jahren des Wartens seine Frau Elke ihm endlich ein Kind schenkt, muß Hauke erkennen, daß seine Tochter Wienke schwachsinnig ist. Einsamkeit und Krankheit schwächen seine Widerstandskraft, in einem Augenblick der Verzagtheit gibt er seinem Gegenspieler Ole Peters nach und wird damit sich und seinem Werk untreu; dies Versagen führt seinen Untergang herbei. Eine schwere Sturmflut läßt den Deich brechen und vernichtet seine Familie. Hauke Haien stürzt sich mit seinem Schimmel in die entfesselten Fluten.

Die Novelle lebt aus der Spannung zwischen dem *»Abergläubisch-Geheimnisvollen«* und dem *»fachkundigen Realismus«* (an F. TÖNNIES, 9. 5. 1886), und Storm weist mehrfach auf die Schwierigkeiten hin, die sich daraus ergaben, *»eine Deichgespenstsage auf die vier Beine einer Novelle zu stellen, ohne den Charakter des Unheimlichen zu verwischen«* (an P. HEYSE, 29. 8. 1886). Der Haß schlägt Hauke offen entgegen, als er mit Gewalt den Aberglauben unterdrückt, daß *»etwas Lebigs«* in den neuem Deich eingegraben werden müsse, damit er Bestand habe. Das Volk verknüpft zudem den geheimnisvollen Schimmelspuk auf Jeverssand spontan mit dem mysteriösen Schimmelkauf des verdächtig freigeistigen Deichgrafen. Nach Haukes Tod läßt die Sage den gespenstischen Schimmelreiter immer dann erscheinen, wenn Unwetter die Deiche bedroht.

Mit seiner Novelle *Der Schimmelreiter* gelingt Storm ein überwältigendes Bekenntnis zur Humanität. In dem Werk vereint er noch einmal die großen Ziele seines Dichtens, wie sie mehr als ein Jahrhundert zuvor schon HERDER, dem Storm vielfach verpflichtet ist, für sein publizistisches Wirken verkündet hatte: *»Beseitigung der Barbarei, Überwindung der Unwissenheit, Ausbreitung der Kultur und Freiheit und Pflege der Menschenliebe.«* Gerade die Menschenliebe läßt Storm in der Bereitschaft Haukes und Elkes zum gemeinsamen Leiden an ihrem schwachsinnigen Kind sich bewähren: *»Da warf sich Elke an ihres Mannes Brust und weinte sich satt und war mit ihrem Leid nicht mehr allein.«*

Durch Menschenliebe wird auch die irdische Schuld – Hauke Haien bringt durch sein Versagen seine Familie und die Solidargemeinschaft in tödliche Gefahr – als *»eine menschlich verzeihliche«* (an F. Tönnies, 7. 4. 1888) vergeben. Gerade an des Dichters Humanitätsanspruch zeigt sich, so Thomas MANN, die »absolute Weltwürde« des Werkes Storms, der sich auch mehr als ein Jahrhundert nach seinem Tod noch als ein unbestechlicher Advokat der Menschlichkeit erweist.

M.Ke.-R.Fr.

AUSGABEN: Bln. 1888 (in Deutsche Rundschau, 55). – Bln. 1888. – Braunschweig 1889 (in *SS*, 19 Bde., 1868–1889, 19). – Lpzg. 1919/20 (in *SW*, Hg. A. Köster, 8 Bde., 7). – Bln./Weimar 1956 (in *SW*, Hg. P. Goldammer, 4 Bde., 4; 61986). – Stg. 1981 (Nachw. W. Heybey; RUB). – Ffm. 1988 (in *SW*, Hg. K.E. Laage u. D. Lohmeier, 4 Bde., 1987/88, 3). – Stg. 1988 (in *Erzählungen*, Hg. R. Frommholz; RUB).

VERFILMUNGEN: Deutschland 1933 (Regie: Curt Oertel u. Hans Deppe). – BRD 1978 (Regie: A. Weidenmann). – DDR/Polen 1984 (Regie: K. Gendries; TV).

LITERATUR: K. Hoppe, *Der gespenstige Reiter. Eine unbekannte Quelle S.s* (in WM, 5, 1949, S. 45–47).

– W. Silz, *»Der Schimmelreiter«* (in Schriften der Th.-G.-Ges., 4, 1955, S. 9–30). – A. Burchard, *Th. S.s »Schimmelreiter«. Ein Mythos im Werden* (in Antaios, 2, 1961, S. 456–469). – L. Wittmann, *Th. S.: »Der Schimmelreiter«* (in *Deutsche Novellen des 19. Jh.s*, Ffm. 1961, S. 50–92). – E. Loeb, *Faust ohne Transzendenz. Th. S.s »Schimmelreiter«* (in *Studies in Germanic Languages and Literatures*, Hg. E. Hofacker u. L. Dieckmann, St. Louis/Mo. 1963, S. 121–132). – J. Hermand, *Hauke Haien* (in WW, 15, 1965, S. 40–50). – R. K. Holander, *Th. S., »Der Schimmelreiter«. Kommentar u. Dokumentation*, Bln. 1976. – *Th. S.: »Der Schimmelreiter«. Erläuterungen u. Dokumente*, Hg. W. Wagener, Stg. 1976 (RUB). – K. E. Laage, *Der ursprüngliche Schluß der Stormschen »Schimmelreiter«-Novelle* (in Euph, 73, 1979, S. 451–457). – W. Frühwald, *Hauke Haien, der Rechner. Mythos u. Technikglaube in Th. S.s Novelle »Der Schimmelreiter«* (in *Literaturwissenschaft u. Geistesgeschichte. Fs. f. R. Brinkmann*, Tübingen 1981, S. 438–457). – T. Heine, *»Der Schimmelreiter«. An Analysis of the Narrative Structure* (in GQ, 55, 1982, S. 554–564). – W. Freund, *Th. S.: »Der Schimmelreiter. Glanz u. Elend des Bürgers*, Paderborn 1984 [m. Bibliogr.]. – Ders., *Th. S.*, Stg. u. a. 1987, S. 136–162. – H. Segeberg, *Literarische Technik-Bilder*, Tübingen 1987, S. 55–106.

II. Naturalismus, Fin de siècle, Jugendstil. Die Wende zum 20. Jahrhundert

THEODOR DÄUBLER

* 17.8.1876 Triest
† 13.6.1934 St. Blasien / Schwarzwald

LITERATUR ZUM AUTOR:
Bibliographie:
P. Raabe, *Die Autoren und Bücher des literarischen Expressionismus*, Stg. 1985, S. 102–107. – *Th. D. 1876–1934*, bearb. von F. Kemp u. F. Pfäfflin, Marbach 1984, S. 69–80 (Marbacher Magazin, 30).
Gesamtdarstellungen und Studien:
A. Moeller van den Bruck, *Gestaltende Deutsche*, Mchn. 1907. – E. Buschbeck, *Die Sendung Th. D.s*, Wien u. a. 1920. – K. Edschmid, *Th. D. und die Schule der Abstrakten* (in K. E., *Die doppelköpfige Nymphe*, Bln. 1920). – Th. Sapper, *Th. D. und die Maschinenzeit* (in Die Horen 4, 1927/28; ern. in Th. S., *Alle Glocken dieser Erde*, Wien 1974). – *Der Kreis* 7, 1930 [Sonderheft *Th. D.*]. – T. Sussmann, *Th. D., ein Requiem*, Ldn. 1943. – C. Schmitt, *Ex captivitate salus*, Köln 1950. – C. W. Hüllen, *Mythos u. Christentum bei Th. D.*, Diss. Köln 1951. – Ders., *Die Sonne als Kristall* (in Euphorion, 47, 1953). – H. Eicke, *Das Symbol bei Th. D.*, Diss. Bln. 1954. – R. Lohn, *Der bildhafte Ausdruck in den Dichtungen Th. D.s*, Diss. Bonn 1956. – R. Pannwitz, *Th. D* (in Merkur, 10, 1956). – B. Rang, *Th. D.* (in *Expressionismus als Literatur*, Hg. W. Rothe, Bern 1969). – H. Wegener, *Gehalt und Form von Th. D.'s dichterischer Bilderwelt*, Diss. Köln 1962. – E. Peterich, *Th. D.* (in LJb, N. F. 5, 1964). – K. O. Conrady, *Th. D.* (in *Dt. Dichter der Moderne*, Hg. B. v. Wiese, Bln. 1965). – J. Müller, *Die Akte Th. D.*, Weimar 1967. – R. Eppelsheimer, *Mimesis und Imitatio Christi bei Loerke, D., Morgenstern, Hölderlin*, Bern 1968. – W. Huder, *Th. D.*, Bln. 1968 [Ausst.-Kat.]. – H. Wehinger, *Sprache und Stil Th. D.s*, Diss. Innsbruck 1973. – Ders., *Mythisierung und Vergeistigung* (in *Untersuchungen zum »Brenner«. Fs. für Ignaz Zangerle*, Hg. W. Methlagl u. a., Salzburg 1981). – P. Schulze Belli, *Th. D.: Un Espressionista* (in *Momenti di Cultura Tedesca*, Cremona 1973). – H. E. Schröder, *Schiller – Nietzsche – Klages*, Bonn 1974. – C. Zell, *Ernst Barlach und Th. D.*, Hbg. 1976. – *Th. D. 1876–1934*, bearb. von F. Kemp u. F. Pfäfflin, Marbach 1984 (Marbacher Magazin, 30). – Vgl. auch Th. Däubler, *Im Kampf um die moderne Kunst u. a. Schriften*, Hg. F. Kemp u. F. Pfäfflin, Darmstadt 1988.

DAS LYRISCHE WERK von Theodor DÄUBLER.

Däublers Werk wird beherrscht von seinem frühen Weltanschauungsepos *Das Nordlicht* (1910), das die Lehre der Gnosis vom Licht wie vom Pneuma, dem weltschöpferischen Geisteshauch, entfaltete und den *»Aufbruch des Menschen, die Bejahung des beseelten Kosmos und die Rückkehr zur Sonne – dem Geist-Symbol – als Sinn des Daseins«* (H. Wehinger) verkündet hatte. Im Anschluß daran entstanden die schmaleren Gedichtbände, die aber in der Bindung an diesen Mythos stets auf das Epos bezogen bleiben. Ebenso stammt das Gedicht *Schwäbische Madonna* in der Sammlung *Das Sternenkind* (1916), wie auch deren Titelgedicht, aus dem *Nordlicht*, und von dort wurden die Verse *Mein Grab ist keine Pyramide*, die bei der jungen expressionistischen Generation ebenso berühmt waren wie van HODDIS' *Weltende* (1918), in die Anthologie *Menschheitsdämmerung* (1920) von Kurt PINTHUS übernommen.

Stilistisch und motivisch läßt sich daher im Werk Däublers keine deutliche Entwicklung feststellen. Zwar erschienen in *Der sternhelle Weg* (1915) liedhafte Gedichte, wie *Die Fichte, Katzen, Schnee* oder *Mittag*, die bei einem breiteren Publikum Anklang fanden, doch kaum eines seiner Gedichte will sich zur beruhigten Werkgestalt runden; sie wirken alle wie Zeichen eines größeren Ganzen jenseits der Sprache. Die Brüche und Nachlässigkeiten verweisen auf Däublers Existenz als wandernder Rhapsode. Es kennzeichnet ihn, daß jede *»Auseinandersetzung mit seinem Werk zu einer Beschäftigung mit seiner Person führt«* (E. Peterich). Als Repräsentant der Boheme und als Dichter-Prophet fand Däubler zwar kaum öffentliches Echo, konnte aber auf Anerkennung in Literatenkreisen zählen. Seine Gedichtbände erschienen zumeist in Form des Liebhaberdrucks, nur das 1916 in die Insel-Bücherei aufgenommene Bändchen *Das Sternenkind* mit Gedichten aus *Das Nordlicht, Der sternhelle Weg* und *Hymne an Italien* brachte es bis 1930 auf fünf Auflagen (mit 26000 Exemplaren), während *Das Geheimnis. Ein Gespinst*, ein später Zyklus von 28 Sonetten *»an eine ferne Geliebte«* nicht in Buchform erscheinen konnte (Teile daraus in ›Die Horen‹, 2, 1926 sowie in *Otto zur Linde 60 Jahre*, 1933). Materielles Elend und unbezweifelter Rang verschränkten sich noch in Däublers letzten Lebensjahren. *»Ich breche unter dem Druck meines Tempels zusammen«*, bekannte er 1933, *»Keine Leser bevölkern ihn. Und der Opferdienst, der in ihm zu leisten wäre durch Verständnis, findet nicht statt.«*

Dichtung war für Däubler immer nur ein Wegweiser zum Gesamtkunstwerk. Zur zentralen ästhetischen Herausforderung wurde ihm die Begegnung mit der Musik Beethovens und Wagners 1898, nicht nur auf lyrischem Gebiet (sein Band *Hesperien*, 1915, trägt den Untertitel *Eine Symphonie*), sondern auch in essayistischen Versuchen (*Lucidarium in arte musicae*, 1917); literarische Einflüsse traten daher in den Hintergrund, obgleich ihm von den Zeitgenossen Albert MOMBERT nahestand und er sich selbst dem Werk Oskar LOERKES und Else LASKER-SCHÜLERS verwandt fühlte, wie er auch während des Ersten Weltkriegs in expressionistischen Zeitschriften wie ›Die Aktion‹ und ›Die weißen Blätter‹ publizierte. Als Vorbild aller modernen Lyrik verehrte er RIMBAUD, dessen Werk er übersetzte.

Geprägt wurde Däublers lyrisches Schaffen vor allem aber vom frühen Erlebnis Venedigs (1887) wie der Inselwelt des Mittelmeers, das er 1892 als Schiffsjunge kennenlernte: *»Was ich gedichtet habe, ist die Melodie des Mittelmeeres.«* Sein Bild der mediterranen Welt ist nicht klassizistisch, sondern *»neoarchaisch«* (E. Peterich). Bewußte formale Modernität und Rückgriff auf das Früheste faszinierten bereits die Zeitgenossen an diesen Versen, die zunächst, in den ersten Gedichtbänden, sich immer wieder auf Italien beziehen. 1915 erschien *Hesperien. Eine Symphonie*, entstanden im März 1914 in Florenz. In die *Hymne an Italien* (1916) wurden die Gedichte aus *Ode und Gesänge* (1913) aufgenommen. Der Band enthält umfangreiche Preisgedichte auf italienische Städte und Landschaften – ausgehend von Rom bis nach Sizilien im Süden, dann in einer Bewegung nordwärts bis nach Mailand mit seinem *»futuristischen Tempo«*. Doch wird auch in den Städtebildern vor allem die Landschaft beschrieben und sogleich beseelt; die Landschaftsbeseelung durch *»Völkerseelen, Kulturen, vorchristliche wie christliche«* (E. Peterich) ist wieder nur die Vorstufe zu einer Landschaftsdeutung, die das Beschriebene zum Zeichen des Geist-Mythos erhebt. So wird wie in allen Gedichten Däublers die Welt neu aus Chiffren geschaffen. In seinen früheren Prosabüchern finden sich noch Erläuterungen jener Schlüsselmotive, die in seinen Versen immer wiederkehren: *»Die Sterne«* etwa, heißt es in *Mit silberner Sichel* (1916), seien *»im Menschen selbst liegende Tendenzen, die sich in der planetarischen Welt nur physisch verkörpern«*. Das objektiv Gegenständliche wird gesucht, um zu einer solchen expressiven Entgrenzung des Subjekts anzureizen; das nur Subjektive findet wieder sein Maß in der Außenwelt: *»Es hat im Ich die Weltidee sich selber übertrieben: / Nun kommen wir zur Welt, um die Zurückhaltung zu lieben« (Sang an Neapel)*. Wiederholbar wird die mythische Einheit von Ich und Welt im Rausch der Bilder. Als *Ekstatiker* ist Däubler deshalb in einer Plastik Barlachs genau erfaßt.

Im Stil bilden sich die entsprechenden, gegenläufigen Tendenzen ab. Das Statisch-Gegenständliche wird in kühnen Nominalmetaphern, die Dynamisierung in Verbalmetaphern versinnlicht. Doch antwortet wiederum dem Bild, das den Geist in mythisch-sinnlicher Anschauung zeigt, jene Neigung zur sentenzenhaften Abstraktion. Ähnlich polar gespannt erscheinen die Vorliebe für strenge lyrische Formen – wie Sonett oder Terzine – und für den Reim einerseits, der rauschhafte Überschwang der Bilder, die Zerstörung aller sprachlichen Normen andererseits.

Die Gedichte der Sammlung *Der sternhelle Weg* (1915), im Sommer 1908 in Italien sowie im Frühjahr 1915 in Dresden entstanden, überschreiten den mittelmeerischen Raum. Wie im Epos wird auch in diesen Gedichten die nördliche Natur zum Zeichen des Geistes in einem beseelten Kosmos, so etwa in der zweiten Strophe des Gedichts *Die Fichte*: *»Es scheint ein Stern an jedem Ast zu hängen. / Des Himmels Steile wurde erst zum Baum. / Wie unerklärt sich die Gestirne drängen! / Vor unserm Staunen wächst und grünt der Raum.«*

Däublers Übertragungen aus dem Französischen, aus denen der folgende Band *Der Hahn* (1917) komponiert ist, sind sein Beitrag zur pazifistischen Literatur während des Ersten Weltkriegs. Wie in einem der übersetzten Gedichte von Eugene MANUEL die Feinde als Brüder durch die gleiche Sprache elementarer Menschlichkeit verbunden sind, so belegen die Übersetzungen mit den Schlüsselvokabeln Däublers die Spracheinheit der französischen und deutschen Moderne.

Däublers letzte eigenständige Gedichtsammlung, *Päan und Dithyrambus*, die er 1924 veröffentlichen konnte, verarbeitet wie seine ebenfalls in diesem Jahr erschienenen *Attischen Sonette* das Erlebnis Griechenlands, der Heimat der europäischen Kultur. Einleitend wird die Einheit von Mythos, Natur und Seelenraum entworfen; der Dichter kehrt, durch den von Göttern belebten Archipelagus, zurück zu Apollo: *»Dem kühnen Gott, als Jüngling, glüh mein Laut ins Blaue«*. Der Band schlägt einen Bogen von der mythischen Schöpfungszeit hin zur Geburt der Tragödie am Beginn der attischen Kultur und zeugt damit von Däublers spätem Versuch, Griechenland als geistigen Raum in seinen kosmischen Mythos einzuordnen. Etliche Stücke aus dem im Nachlaß aufgefundenen Zyklus *Gesänge um Griechenland* sollten denn auch mit den Griechenland-Essays, die erst 1946 ediert wurden (*Griechenland*, Hg. M. v. Sydow), zu einem Buch zusammengestellt werden. Däublers Lyrik ist heute weitgehend vergessen, auch literaturwissenschaftliche Einzeluntersuchungen dazu existieren bislang kaum. W. Schm.

AUSGABEN: *Ode u. Gesänge*, Hellerau 1913. – *Der sternhelle Weg*, Hellerau 1915; Lpzg. ²1919 [verm.]. – *Hesperien. Eine Symphonie*, Mchn. 1915; Lpzg. ²1918. – *Hymne an Italien*, Mchn. 1916. – *Das Sternenkind*, Lpzg. 1916 (Ausw.). – *Der Hahn. Übertragungen aus dem Französischen*, Bln. 1917. – *Perlen von Venedig*, Lpzg. 1921. – *Attische Sonette*, Lpzg. 1924. – *Päan u. Dithyrambos. Eine Phantasmagorie*, Lpzg. 1924. – *Dichtungen u. Schriften*, Hg. F. Kemp, Mchn. 1956. – *Gedichte*, Hg. W. Helwig, Stg. 1968 (RUB). – *Der sternhelle Weg u. andere Gedichte*, Hg. H. Kaas, Mchn. 1985.

DAS NORDLICHT

Lyrisches Epos von Theodor DÄUBLER, erschienen 1910. – Däubler faßte 1898 *»am Fuß des Vesuv«* den Plan zu einem, nach einer zweisprachigen Erziehung bewußt *»in deutscher Sprache«* konzipierten Lebenswerk. Bis 1900 wurde der erste Teil, *Das Mittelmeer*, in den Jahren 1902 und 1903 *Pan. Orphisches Intermezzo*, vom Herbst 1904 bis Frühjahr 1906 der zweite Teil *Sahara* vollendet. Die »Florentiner Fassung« des *Nordlicht* lag 1910 vor. 1919 bis 1921 folgte die »Genfer Fassung«; *Das Nordlicht. Eine Selbstdeutung* (1920) begleitete sie, und die *Treppe zum Nordlicht*, eine *Symphonische Dichtung in vier Sätzen* (1920) versuchte das große Thema in kleinerem Maßstab darzustellen. Bis 1930 arbeitete Däubler an der »Athener Fassung« des Werkes, die ungedruckt blieb; sie befindet sich im Goethe-Schiller-Archiv in Weimar (Auszüge in der Ausgabe von F. Kemp). Unter dem Titel *Gleichgewicht im Kosmos* versuchte Däubler 1931 erneut, sein Epos zu erläutern.

Däublers mythologischer Entwurf löst die Schöpfung in einen dreistufigen Prozeß auf, der mit einer Trennung beginnt und mit der Versöhnung alles Getrennten endet: danach hat die Erde sich einst von ihrer Mutter, der Sonne, losgerissen und sei äußerlich erstarrt, während sie in ihrem Innern noch den lebenspendenden Lavakern, der sich nach der Mutter Sonne zurücksehnt, bewahrt. Alles irdische Leben ist daher polar gespalten; es verlangt aus der Trennung zum Ursprung im Sonnenlicht zurück. Das Nordlicht ist ein Zeichen dieser Liebessehnsucht, die Aussaat für eine künftige Vereinigung im Kosmos. Gespiegelt wird diese Kosmogonie in Däublers Vision vom Entwicklungsgang der Menschheit: Der Geist ist das Licht, dem die Menschheit zustrebt.

Das Nordlicht ist nach dem Modell der zweipoligen Ellipse konstruiert, offener als die Erd-, noch nicht vollendet wie die Sonnenkugel. So stiftet kein geschlossener Handlungsbogen die äußere Einheit des Epos, sondern ein lyrisches Ich, das zahllosen Verwandlungen unterworfen ist. Verbunden mit einer namenlosen Geliebten erlebt dieses Ich in der stilisierten Autobiographie des ersten Teils das mittelmeerische Abendland. Komplementär führt eine Zeitreise im zweiten Teil durch symbolisch gedeutete Geschichtsepochen des Orients und Okzidents; sie sind jeweils durch eine neue Stufe im Weg zur Sonne markiert. In Metamorphosen zu Roland, Parzival und Christus strebt das Ich nach seiner Vergöttlichung: *»Der Mensch wird Gott und Gottes Sohn im Geist vertreten«*. Aus der *»Auferstehung des Fleisches«* und den apokalyptischen Schrekken scheint zuletzt ein astraler Christus als Herr einer neuen Schöpfung hervorzugehen, doch bleibt diese Weltvision von neuen Drohungen verschattet. Denn *Das Nordlicht* ist kein Weltepos im Sinne des deutschen Idealismus, sondern ein Großgedicht von der stufenweisen Befreiung des Ichs. Sein geheimes Zentrum ist, wie Orpheus' Wiederauftreten im Schlußteil verrät, das *»orphische Intermezzo. Pan«*. Das Dichter-Ich erfährt sich hier als neuer Orpheus und durchschreitet nun die Zeitalter wie Imaginationsräume auf der Suche nach Eurydike, der Erdenfrau als polarer Ergänzung des Sonnenmannes. Zuletzt durchstößt dieser »Weg nach innen« den geschichtlichen Raum und führt in die existentielle Sphäre des Todes. Deshalb münden die apokalyptischen Bildreihen noch nicht in die Schöpfung einer neuen Erde, sondern in die Forderung nach dem *»neuen Menschen«*. Er steht an der Schwelle zwischen dem vergangenen Chaos und der neuen Schöpfung.

Das Nordlicht ist als Ganzes ein Zeugnis der poetischen Existenz dieses neuen Menschen. *»Halb Pyramide halb Urwald«* bildet es den Zustand der Schöpfung zwischen Chaos und geistiger Klarheit ab. Daher bezieht es synkretistisch den gesamten geistigen Kosmos des 19. Jh.s ein und versucht als Zyklus aus Zyklen, die früheren Versuche poetischer Weltordnung zu überbieten. Das Dichterwort birgt die Keime der Geistesherrschaft in sich; in *»Altsilben«* (wie z. B. »Ra« – der ägyptische Name des Sonnengottes; in »Sahara«, aber auch verkehrt im Vulkan »Ararat«) verbirgt sich die Wahrheit des Seins: *»Ra ist eine Silbe, ein Schrei, eine Flamme, die ich intuitiv oder willkürlich das Kataklisma durchgellen lasse; es ist die Sprachwurzel, die dann aglutinisch Sprachungeheuer gebiert, umwälzt u. verloren geht, gespenstig wieder aufkracht, sich emporarbeitet, ... der Tagesaar wird, als Gott aufersteht, den Ararat auftürmt, vom Menschen wieder verschleudert wird u. in der ›Aurea borealis‹ ›dem Nordlicht‹ abermals obsiegt u. die Welt versöhnt.«* Im Sprachbild, in Rhythmus und Reim, Leitmotiven und Leitworten wird das Getrennte zusammengeführt und die Versöhnung vorweggenommen. Die formale Vollendung muß jedoch versagt bleiben; Däubler hat bewußt das *»Chaotische«* und *»Willkürliche«* in sein Epos aufgenommen. Das verführte freilich – angesichts der überbordenden Fülle von Stoffen und Formen – immer wieder dazu, kleinere, in sich geschlossene Episoden herauszulösen – wie die Sonettreihe *Perlen von Venedig*, den *Äthiopischen* oder den *Klassischen Totentanz*.

Doch nur als bewußt geplantes Lebenswerk gewinnt *Das Nordlicht* seinen Rang. Die Herrschaft des Geistes, die es schildert, ist in seiner Entstehungsgeschichte bereits verwirklicht. Die Schlußzeile des Epos enthüllt rückblickend sein Programm und seine Leistung: *»Die Welt versöhnt und übertönt der Geist«*. Anders als in der Epentheorie des deutschen Idealismus geht es nicht um den Ausdruck einer in sich ruhenden, mythischen Welt durch die Dichtung, sondern Däubler versucht eine mythisierende Weltsetzung als Folge eines Weltgedichts. Damit wird der Mythos zur Prophetie, das ganze Epos aber *»autobiographisch im gleichnishaften Sinn«*. Auch die nord-südliche Kultursynthese von christlicher Romantik und heidnischer Klassik, die es anstrebt, ist für Däubler ein autobiographisches Anliegen. Insgesamt zielt *Das Nordlicht* – nach dem autobiographischen ersten Teil, nach der magischen Naturpoesie des zweiten – auf die Prophetenexistenz des Dichters als vorläufige Einlösung des Geistes in der Wirklichkeit.

Mit Edschmids programmatischer Würdigung, den Porträts von Conrad Felixmüller und Otto Dix, und den Däubler gewidmeten Passagen des Romans *Seespeck* von Ernst Barlach beginnt jedoch der »Mythos« Theodor Däubler, obgleich sich Däubler 1921 bei Rudolf Pannwitz beklagt, daß sich *»das eigne Volk«* nicht an seinem *» Weltepos«* beteilige. Erst die Gemeinde, die dem Dichter als Führer und Prophet nachfolgt, kann das Gedicht vollenden, indem sie es ins Leben überträgt. Diese anspruchsvolle Dichterrolle Däublers konnte freilich nur in seinem Boheme-Lebenskreis Anklang finden. Die Erstauflage des *Nordlicht* betrug 750 Exemplare; von den 3000 Stück der Neufassung waren bis 1924 *»keine zehn verkauft«*.

Die Fülle der verarbeiteten Quellen und Anregungen soll den universalen Anspruch dieses Dichtertums bestätigen. Das Spektrum reicht von Dante, Giordano Bruno, der Geschichtsphilosophie des Joachim von Fiore und Campanellas Utopie vom *Sonnenstaat* über die Naturphilosophie der deutschen Romantik und die utopischen Spekulationen französischer Frühsozialisten wie Fourier und Proudhon bis zum vergeistigten Monismus Haeckels und Bölsches und der Anthroposophie Rudolf Steiners. Gestaltungsanregungen verdankte Däubler vor allem Victor Hugos *Légende des siècles*, den allegorischen Epen Spittelers wie auch Whitmans hymnischer Epik. Eingeordnet werden muß das Epos jedoch trotz seines absoluten Anspruchs in den Kult von Licht und Leben, die Wiedererweckung von Gnosis und Theosophie in der Zeit des Jugendstils; die Entzauberung der Schöpfung durch Naturwissenschaft und Technik sollte in einer Mystik ohne Gott rückgängig gemacht, die historistische Zersplitterung der Geschichte durch den Mythos geheilt werden.

Bei den Verehrern Däublers sind zwei Gruppen zu unterscheiden: Die einen betonten das mythenschöpferische Wollen und damit die Gemeinsamkeit mit »kosmischen« Autoren wie Otto Zur Linde; Bedenken meldeten sie gegen den *»Mythos der Psyche«* (R. Pannwitz) an. Andererseits wurde der Mythos als »Gleichnis« des *»neuen Menschen«* begriffen (E. Peterich) und Däubler zu einer *»Schule der Abstrakten«* (K. Edschmid) gezählt. So verehrte Arno Schmidt Däubler als den Prototyp des expressionistischen Autors, während Albert Paris Gütersloh spielerisch am kosmischen Mythos weiterdichtete. Die Forschung ist, gestützt auf den Nachlaß, Carl Schmitt in der Betonung des christlichen Aspektes gefolgt, den Däubler selbst immer stärker hervorgehoben hatte. W. Schm.

Ausgaben: Mchn. 1910 (Lpzg. 21921). – Mchn. 1956 (in *Dichtungen und Schriften*, Hg. F. Kemp).

Literatur: A. Moeller van den Bruck, *Th. D. und die Idee des Nordlichts* (in DRs, 186, 1921). – C. Schmitt, *Th. D.s »Nordlicht«*, Mchn. 1916. – C. Heselhaus, *Th. D.s Nordlicht-Gnosis* (in *Deutsche Lyrik der Moderne. Von Nietzsche bis Ivan Goll*, Hg. ders., Düsseldorf 21962). – D. Haenicke, *Th. D.s »Das Nordlicht« – Anmerkungen zum gattungspoetischen Aspekt* (in *Essays in Honor of Paul K. Whitacker*, Lexington 1974).

STEFAN GEORGE

* 12.7.1868 Rüdesheim bei Bingen
† 4.12.1933 Minusio bei Locarno

Literatur zum Autor:
Bibliographien:
L. Heidingsfeld, *S.-G.-Bibliographie*, Bingen 1958. – G. P. Landmann, *S. G. u. sein Kreis. Eine Bibliographie*, Hbg. 1960; ern. 1976 [erg.; Mitarb. G. Günther]. – *Neuerscheinungen der G.-Literatur* (in Neue Beiträge zur G.-Forschung, 9, 1984, S. 61–70; 11, 1986, S. 75–78).
Zeitschriften:
Castrum Peregrini, Amsterdam 1951 ff. – Neue Beiträge zur G.-Forschung, Bingen 1975; Heidelberg 1977 ff.
Forschungsberichte:
H. Bruneder, *Wandel des G.-Bildes seit 1930* (in DVLG, 28, 1954, S. 248–267). – H. Naumann, *S.-G.-Schrifttum zum Gedenkjahr 1968* (in ZfdPh, 92, 1973, S. 560–581).
Biographien:
F. Schonauer, *S. G. in Selbstzeugnissen u. Bilddokumenten*, Hbg. 1960; zul. 1986 (rm). – R. Boehringer, *Mein Bild von S. G.*, Düsseldorf/Mchn. 21967. – H.-J. Seekamp u. a., *S. G. Leben u. Werk. Eine Zeittafel*, Amsterdam 1972. – G. P. Landmann, *Vorträge über S. G. Eine biographische Einführung ins Werk*, Düsseldorf/Mchn. 1974. – C. Petersen, *S. G.*, Bln. 1980. – H. P. Althaus, *S. G. Ausstellung zum 50. Todestag*, Trier 1983.
George-Kreis:
G. Giur, *Kunstlehre u. Kunstanschauung des G.-Kreises u. die Ästhetik O. Wildes*, Bern 1957. – *Der G.-Kreis. Eine Auswahl aus seinen Schriften*, Hg.

G. P. Landmann, Köln/Bln. 1965 [m. Bibliogr.]; ern. Stg. 1980 [erw.]. – M. Durzak, *Epigonenlyrik. Zur Dichtung des G.-Kreises* (in Jb. der Dt. Schiller-Ges., 13, 1969, S. 482–529). – M. Winkler, *G.-Kreis*, Stg. 1972 (Slg. Metzler). – M. Landmann, *Figuren um S. G. 10 Porträts*, Amsterdam 1982. – *Gestalten um S. G.*, Hg. J. Aler, Amsterdam 1984. – W. Lepenies, *Gesellschaftsferne u. Soziologie-Feindschaft im Kreis um S. G.* (in W. L., *Die drei Kulturen*, Mchn. 1985, S. 311–334; 490–494).

Gesamtdarstellungen und Studien:

F. Gundolf, *G.*, Bln. 1920; ³1930 [erw.]; Nachdr. Darmstadt 1968. – E. Lachmann, *Die ersten Bücher G.s*, Bln. 1933. – C. David, *S. G. Son œuvre poétique*, Lyon/Paris 1952 (dt.: *S. G. Sein dichterisches Werk*, Mchn. 1967). – W. Benjamin, *Rückblick auf S. G.* (in W. B., *Schriften II*, Ffm. 1955, S. 323–330). – A. Zweig, *Standbild u. Einsturz des S. G.* (in Neue Deutsche Literatur, 5, 1957, H. 11, S. 107–116). – G. Schneider-Herrmann, *S. G. in seiner Dichtung*, Zürich 1957. – U. K. Goldsmith, *S. G. A Study of His Early Work*, Colorado 1959. – K. Hildebrandt, *Das Werk S. G.s*, Hbg. 1960. – E. Morwitz, *Kommentar zu dem Werk S. G.s*, Düsseldorf/Mchn. 1960; *Nachträge, Berichtigungen, Personennachweis*, Mchn. 1969. – P. G. Klussmann, *S. G. Zum Selbstverständnis der Kunst u. des Dichters in der Moderne*, Bonn 1961. – E. Morwitz, *Kommentar zu den Prosa-, Drama- u. Jugenddichtungen S. G.s*, Mchn./Düsseldorf 1962. – M. Gerhard, *S. G. Dichtung u. Kündung*, Bern/Mchn. 1962. – G. R. Urban, *Kinesis and Stasis. A Study in the Attitude of S. G. and His Circle to the Musical Arts*, Den Haag 1962. – R. Ibel, *Mensch der Mitte. G., Carossa, Weinheber*, Hbg. 1962. – T. W. Adorno, *G. u. Hofmannsthal. Zum Briefwechsel 1891–1906* (in T. W. A., *Prismen*, Ffm. 1963; zul. in T. W. A., *Noten zur Literatur*, Ffm. 1981, S. 523–535). – E. v. Kahler, *S. G. Größe u. Tragik*, Pfullingen 1964. – W. Picht, *Besinnung auf S. G.*, Düsseldorf/Mchn. 1964. – C. v. Bock, *Wort-Konkordanz zur Dichtung S. G.s*, Amsterdam 1964. – C. Wandrey, *S. G.*, Straßburg 1965. – G. Simons, *Die zyklische Kunst im Jugendwerk S. G.s. Ihre Voraussetzungen in der Zeit u. ihre allgemeinen ästhetischen Bedingungen*, Diss. Köln 1965. – H. S. Schultz, *Studien zur Dichtung S. G.s*, Heidelberg 1967. – H. Arbogast, *Die Erneuerung der deutschen Dichtersprache in den Frühwerken S. G.s*, Köln/Graz 1967. – H. Schumacher, *S. G.*, Mühlacker 1967. – R. B. Farrell, *S. G.s Beziehungen zur englischen Dichtung*, Nendeln 1967 [zuerst Bln. 1937]. – E. Heftrich, *S. G.*, Ffm. 1968. – P. W. Guenther, *S. G. u. die bildenden Künste*, Diss. Austin Univ. 1968. – M. Durzak, *Der junge G. Kunsttheorie u. Dichtung*, Mchn. 1968. – M. Winkler, *S. G.*, Stg. 1970 (Slg. Metzler). – G. Mattenklott, *Bilderdienst. Ästhetische Opposition bei Beardsley u. G.*, Mchn. 1970; ern. Ffm. 1985. – O. Marx, *S. G. in seinen Übertragungen englischer Dichtung*, Amsterdam 1970. – *S. G. Kolloquium*, Hg. E. Heftrich u. a., Köln 1971. – V. A. Schmitz, *Bilder u. Motive in der Dichtung S. G.s*, Düsseldorf/Mchn. 1971. – E. Landmann, *S. G. u. die Griechen. Idee einer neuen Ethik*, Amsterdam 1971. – H. Tiedemann-Bartels, *Versuch über das artistische Gedicht. Baudelaire, Mallarmé, G.*, Mchn. 1971. – M. Stettler, *G.-Triptychon*, Düsseldorf/Mchn. 1972. – M. A. Siemoneit, *Politische Interpretationen von S. G.s Dichtung*, Diss. Connecticut Univ. 1973; ern. Ffm./Bern 1978. – M. Durzak, *Zwischen Symbolismus u. Expressionismus. S. G.* Stg. u. a. 1974. – M. Melenk, *Die Baudelaire-Übersetzungen S. G.s*, Mchn. 1974. – *S. G. Dokumente seiner Wirkung*, Hg. L. Helbing u. a., Amsterdam ²1974. – K. Landfried, *S. G. Politik des Unpolitischen*, Heidelberg 1975. – M. Nutz, *Werte u. Wertungen im G.-Kreis. Zur Soziologie literarischer Kritik*, Bonn 1976. – J. Aler, *Symbol u. Verkündung. Studien um S. G.*, Düsseldorf/Mchn. 1976. – W. Strodthoff, *S. G. Zivilisationskritik u. Eskapismus*, Bonn 1976. – H.-G. Gadamer, *Der Dichter S. G.* (in H.-G. G., *Poetica*, Ffm. 1977, S. 7–37). – D. Sternberger, *Zeit zur Unterscheidung* (in D. S., *Über Jugendstil*, Ffm. 1977, S. 47–54). – B. Würffel, *Wirkungswille u. Prophetie. Studien zu Werk u. Wirkung S. G.s*, Bonn 1978. – J. Wertheimer, *Dialogisches Sprechen im Werk S. G.s. Formen u. Wandlungen*, Mchn. 1978. – D. Mettler, *S. G.s Publikationspolitik. Buchkonzeption u. verlegerisches Engagement*, Mchn. 1979. – W. Kraft, *S. G.*, Mchn. 1980. – *Dokumente zur Wirkungsgeschichte*. Bd. 1: *S. G. in seiner Zeit*; Bd. 2: *S. G. u. die Nachwelt*, Hg. R.-R. Wuthenow, Stg. 1980/1981. – S. Hubert, *G.-Parodien. Untersuchungen zu Gegenformen literarischer Produktion u. Rezeption*, 2 Bde., Diss. Trier 1982. – E. Meuthen, *Bogengebete: Sprachreflexion u. zyklische Komposition in der Lyrik der Moderne. Interpretationsansätze zu G., Rilke u. Celan*, Ffm. u. a. 1983. – R. Birkenhauer, *Reimpoetik am Beispiel S. G.s. Phonologischer Algorithmus u. Reimwörterbuch*, Tübingen 1983. – K. Kluncker, *»Das geheime Deutschland«. Über S. G. u. seinen Kreis*, Bonn 1985. – *Die Wirkung S. G.s auf die Wissenschaft*, Hg. H.-J. Zimmermann, Heidelberg 1985. – G. Heintz, *S. G. Studien zu seiner künstlerischen Wirkung*, Stg. 1986.

HYMNEN – PILGERFAHRTEN – ALGABAL

Drei Gedichtsammlungen von Stefan GEORGE, vom Dichter 1899 zu einem Band vereinigt. Sie umfassen sein Frühwerk ohne die erst 1901 – in *Die Fibel* – erschienene *Auswahl erster Verse*. – Die Gedichte entstanden zwischen 1889 und 1892 als unmittelbarer Niederschlag von Georges entscheidender Begegnung mit Frankreich (Aufenthalte in Paris 1889 und 1890) und mit der Dichtung des französischen Symbolismus (Bekanntschaft mit dem Kreis um MALLARMÉ) gleichzeitig mit seinen Umdichtungen (1891) von BAUDELAIRES *Les fleurs du mal*. Sie bezeugen eine für die deutsche Lyrik *»neue fühlweise und mache«*, die eine *»geistige kunst«* – eine *»kunst für die kunst«* – erstrebt und für deren esoterische Pflege George 1892 die Zeitschrift ›Blätter für die Kunst‹ gründete. Die *»neue mache«*

tritt schon im äußeren Erscheinungsbild hervor, das durch eine eigene, stilisierte Schrift, durch Kleinschreibung der Hauptwörter und Beschränkung der Satzzeichen auffällt. Der hierbei betonte Zug zur Verdichtung, zur Ausmerzung des Überflüssigen, zur Rangerhöhung des Wortes, zur Abschirmung gegen den Alltagsgebrauch bestimmt auch Sprache und Form der Gedichte und verleiht ihnen ihren eigenen »Ton«. Die Formen – Strophenbau, Metrum, Reim – sind traditionell, eher den französischen »Parnassiens« nahestehend; sie werden streng und genau gehandhabt. Unverwechselbar aber ist ihre sprachliche Füllung, worin sich vor allem Georges poetische Forderung nach Kürze bekundet. Alles Unwesentliche fällt, wo immer möglich, weg: Artikel, Präpositionen, Konjunktionen, Verbalpräfixe, selbst Verben *(»Auf dem wasser ruderklirren«, »Reiche tränen – wahre tränen?«)*. Dadurch werden sprachlich »harte Fügungen« erreicht, die, wie der nominale Stil überhaupt, das auch metrisch betonte Gewicht des Verses und der Strophe hervorheben. Der gleichen Absicht dient der ausgewählte Wortschatz, auch er voller Kurzformen und Zusammensetzungen. Ungebräuchliche, exotische, archaistische Wörter und Wortformen *(»umfahen«, »demant«, »bronnen«)* verstärken den erstrebten Eindruck des Seltenen und Erlesenen. Alle diese anfangs fast manieristisch gehäuften poetischen Mittel – auch die zahlreichen Alliterationen und Lautmalereien – bezeugen das Wirken eines bewußten Kunstwillens in der durch Baudelaire vermittelten Nachfolge von Edgar Allan Poe (*The Philosophy of Composition*, 1846), wovon schon das zweite Gedicht der *Hymnen* kündet: *»Er hat den griffel der sich sträubt zu führen.«*

Die einer symbolistischen Poetik verpflichteten frühen Gedichte Georges sind keine Erlebnislyrik und keine Lieddichtung im überlieferten Sinne mehr; sie evozieren Sinnbilder für den inneren Zustand *(état d'âme)* des Dichters, der sich in einer Situation, einer Landschaft, einer Gestalt oder einem Bild *(Der Infant, Ein Angelico)* spiegelt. Dies gilt bereits für die motivisch noch begrenzte Welt der *Hymnen* (1890), deren Hauptbedeutung im Erproben eines neuen »Tons« liegt. Der Titel trifft also mehr die gehobene Sprache dieser Gedichte als ihren thematischen Umkreis. Feierlich, wenngleich sprachlich geschraubt, wirkt das Eingangsgedicht *Weihe*, das in der präraffaelitisch getönten Vision des Musenkusses die Einweihung des Dichters, den sakral verstandenen Akt seiner Inspiration, beschwört. Die Erhöhung des Dichters und seine Absonderung von der Menge *(Im Park)* lassen das Vorbild Mallarmés ahnen; zugleich aber bricht bereits der die Anfänge Georges bestimmende Konflikt zwischen *»Leidenschaft und Weihe«* (F. Gundolf) hervor, der in immer neuen »Verwandlungen«, oft im unerfüllten Umkreisen einer ersehnten Gefährtin, den Gedichtzyklus durchzieht und sich nur im Traum und Rausch *(Neuländische Liebesmahle)* oder in der kurzen Hingabe an eine Stimmung der *fêtes galantes (Hochsommer)* beruhigt. Verschärft kehrt diese Spannung im Gedichtkreis *Pilgerfahrten* (1891) wieder, zu dem das Schlußgedicht der *Hymnen* überleitet. Der Dichter erscheint als *»fremdling« (Aufschrift)*, der sich, auf der Suche nach einem verstehenden Du, den Gefährdungen des Lebens und den Drohungen seiner unerhellten Abgründe aussetzt (als Gleichnis die Ballade *»Mühle lass die arme still ...«*). Wiederum ersehnt er *»in lichten schlafen«* eine *»braut«*, die er doch, um der »Weihe« willen, zurückweisen muß. So objektiviert sich seine Sehnsucht in den bildhaften *Gesichten* und in den erinnerten Augenblicken der *Verjährten Fahrten*. Den Abschluß bildet das symbolische Gedicht *Die Spange*, das die damalige Spannung zwischen Georges künstlerischem Ideal und der Möglichkeit seiner Verwirklichung antithetisch versinnbildlicht:

»Ich wollte sie aus kühlem eisen
Und wie ein glatter fester streif.
Doch war im schacht auf allen gleisen
So kein metall zum gusse reif.

Nun aber soll sie also sein:
Wie eine grosse fremde dolde
Geformt aus feuerrotem golde
Und reichem blitzendem gestein.«

Das exotische Sinnbild der »fremden Dolde« verweist bereits auf den nächsten Gedichtkreis *Algabal* (1892), die formal und thematisch geschlossenste der drei frühen Sammlungen Georges. Die 22 Gedichte sind in klarer Dreigliederung geordnet, in Metrum, Rhythmus und Reim von auffallender Kongruenz, die nur durch wenige kurzhebige Gedichte aufgelockert wird. Die Einheit des Ganzen gründet vor allem in der Titelgestalt, auf die alle Gedichte bezogen sind. Urbild Algabals ist der spätrömische Kaiser Heliogabalus (204–222), der einen orientalischen Sonnenkult, als dessen Priester er wirkte, nach Rom brachte und der dort wegen seines zügellosen Lebens noch im Jünglingsalter erschlagen wurde. Seine dichterische Vergegenwärtigung durch George beruht auf einer genauen Kenntnis der Geschichtsquellen (Lampridius, Cassius Dio, Herodian). Dennoch erstrebt der Dichter keine getreue Nachzeichnung einer historischen Figur oder eines Zeitalters, die ihm nur als *»mittel künstlerischer erregung«* dienen. Algabal – *»der spätrömische Kultkaiser, der verrufenste Name der Geschichte«* – wird vielmehr, *»als Träger eines Traumes von Weihe, Höhe und Ferne«* (F. Gundolf), zum Gleichnis von Georges unbedingtem Künstlertum, in dem auch eine Erinnerung an Ludwig II. von Bayern, den *»verhöhlten dulderkönig«*, anklingt. Die »Idee« dieser Gestalt – die priesterliche und herrscherliche Würde des Dichters – geht dabei wie der Stoff selbst auf symbolistische Anregungen zurück, der dem *»empire à la fin de la décadence«* (Verlaine), einer von den Symbolisten aus dem Empfinden spätzeitlicher Affinität bevorzugten Epoche, entnommen wurde. Thematisch gehört das Werk daher zugleich in den Bereich der europäischen »Dekadenzdichtung«.

Der erste Teil, *Im Unterreich*, schildert in vier statuarisch gemessenen Gedichten eine unterirdische Prachtwelt, die der Kaiser als Artifex sich selbst schuf – eine Welt vollkommener Künstlichkeit und Anti-Natur:

»Mein garten bedarf nicht luft und nicht wärme
Der garten den ich mir selber erbaut
Und seiner vögel leblose schwärme
Haben noch nie einen frühling geschaut.«

Die *»dunkle grosse schwarze blume«*, die Algabal in diesem artistischen *»heiligtum«* zu *»zeugen«* versucht, wird zum antiromantischen Symbol der *L'art pour l'art*-Ästhetik. Anregungen der bedeutendsten symbolistischen Vorbilder treffen in der hermetischen Kunstwelt des »Unterreichs« zusammen: aus Baudelaires *Rêve parisien* (1860), aus den *Contes cruels* (1883) von VILLIERS DE L'ISLE-ADAM, aus HUYSMANS' Roman *A rebours* (1884), dessen Held Des Esseintes manche Züge Algabals vorwegnimmt.

Deutlich werden diese erst im zweiten Teil des Zyklus entfaltet. Das herrscherliche Walten, Tun und Empfinden Algabals – zwischen »Weihe« und ausschweifender »Leidenschaft« schwankend, ja beides verbindend – spiegelt sich in einzelnen Episoden seiner *Tage*. Hier enthüllt sich das Werk als *»die einzige rein antimoralische Dichtung«* der Deutschen (F. Dülberg), in der auch NIETZSCHES ästhetischer Amoralismus nachwirkt. Dennoch ist in dieser symbolischen Dichtung nichts »ethisch« zu verstehen; es ist die »Oberherrlichkeit« des Dichters *(»ICH bin als einer so wie SIE als viele«)* und die Reinheit einer Kunst, für die ein *»sittlicher deckmantel ... wertlos«* geworden ist, die in jeder Gebärde Algabals gleichnishaften Ausdruck findet *(»Ich raffe leise nur die purpurschleppe«)*.

Eine letzte, kontemplative Stufe der Weltüberlegenheit erreicht das Ich des Künstler-Herrschers, nachdem es den »Wahn« menschlichen Handelns erfaßt hat, im dritten Teil, *Die Andenken*. Erinnernd begreift es den imaginären Weltbesitz des Kindesalters als das reinere Sein *(»Grosse tage ...«, »Fern ist mir das blumenalter ...«)*, empfindet es in der Traumentrückung das tiefere Glück *(»Ich will mir jener stunden lauf ...«, »Fühl ich noch ...«)*, ahnt es schließlich im Welken des Augenblicks das Nahen eines unabweislichen Endes *(»Ob denn der wolkendeuter mich belüge ...«)*. – Das abgesonderte Schlußgedicht *Vogelschau* faßt die Bedeutung des Algabal-Zyklus für die dichterische Entwicklung Georges, in der er den Höhepunkt und Abschluß der Frühphase darstellt, zu einem Gleichnis zusammen: Der exotisch-bunte *»wald der Tusferi«* und dunkle, tödliche Seelenabgründe mußten erst durchschritten werden, bevor sich der Dichter jenem *»kalten und klaren«* Wind aussetzen konnte, der seine kommenden Werke durchwehen sollte.

In der Landschaft der deutschen Dichtung um 1890 aber – zwischen Epigonenliteratur und Naturalismus – bedeutete das Frühwerk Stefan Georges etwas unerhört Neues. Indem es die poetischen Errungenschaften des französischen Symbolismus für die deutsche Lyrik fruchtbar machte und zugleich das Vorbild formaler Zucht, bewußten Schöpfertums und einer gereinigten Sprache bot, schuf es jene Voraussetzungen, aus denen erst eine dichterische Moderne, bis hin zu HEYM, TRAKL und BENN, erwachsen konnte. J.W.St.

AUSGABEN: Bln. 1890 (*Hymnen*; Privatdr.). – Wien 1891 (*Pilgerfahrten*; Privatdr.). – Paris 1892 (*Algabal*; Privatdr.). – Bln. 1899. – Bln. 1928 (in *GA der Werke*, 18 Bde., 1927–1934, 2). – Mchn./Düsseldorf 1958 (in *Werke*, Hg. R. Boehringer, 2 Bde., 1); ern. Mchn. 1983, 4 Bde. (dtv; Nachw. W. Vordtriede). – Düsseldorf/Mchn. 1966 (in *Werke in Einzelausgaben*, 1964–1969, 18 Bde., 2; Nachdr.); ³1976.

LITERATUR: F. Sengle, *G. Vom Algabalgarten zum Land der Gnade* (in *Gedicht u. Gedanke*, Hg. H. O. Burger, Halle 1942, S. 308–317). – H. J. Meessen, *S. G.s ›Algabal‹ u. die französische ›décadence‹* (in MDU, 39, 1947, S. 304–321). – V. A. Oswald, *The Historical Content of S. G.'s »Algabal«* (in GR, 23, 1948, S. 193–205). – Ders., *Oscar Wilde, S. G. Heliogabalus* (in MLQ, 10, 1949, S. 517–525). – H. S. Schultz, *»Hymnen«* (in H. S. S., *Studien zur Dichtung S. G.s*, Heidelberg, 1967, S. 11–32). – D. M. Bornmann, *Interpretazioni Georghiane. L'»Algabal« e le sue fonti storiche antiche* (in Studi Germanici, 8, 1970, S. 251–268). – W. Rasch, *S. G.s »Algabal«. Ästhetizismus u. gesellschaftliches Engagement* (in *Dichtung, Sprache, Gesellschaft*, Hg. V. Lange u. H.-G. Roloff, Ffm. 1971, S. 579–589). – J. A. Walsh, *Variant Readings in the First Editions of S. G.'s »Algabal«* (in Harvard Library Bull., 29, 1981, S. 215–217). – R. Kiefer u. B. Jungheim, *Der Krieg der Prinzipien. Über G.s »Algabal« u. Artauds »Heliogabal«*, Aachen 1981.

DAS JAHR DER SEELE

Zyklischer Gedichtband von Stefan GEORGE, erschienen 1897. – Die Gedichte entstanden zumeist 1894–1896, einige bereits 1891–1893. Wie schon die vorangegangenen Bücher Georges ist auch *Das Jahr der Seele* dreifach gegliedert. Die Klarheit, Strenge und Dichte des Einzelgedichts wie der zyklischen Ordnung, welche der Dichter von Anfang an erstrebte, erscheinen hier weitgehend verwirklicht. Das gilt zumal für den ersten Teil des Bandes. Er enthält *Das Jahr der Seele* im engeren Sinn: einen Gedichtkreis, der, drei exemplarischen Jahreszeiten entsprechend, in die Abschnitte *Nach der Lese, Waller im Schnee* und *Sieg des Sommers* zerfällt. Auch rhythmisch und formal herrscht eine große Einfachheit vor: Die Gedichte sind, von wenigen Varianten abgesehen, zumeist jambische Fünfheber mit vorwiegend drei, daneben zwei und vier je vierzeiligen Strophen, alle regelmäßig gebaut und fast immer mit weiblicher Endung gereimt. Dem hierdurch erzeugten gleichmäßigen, getragenen

Ton entspricht die thematische Rundung jedes der drei Abschnitte. In allem kommt ein Zug zur Verdichtung wie zur Verinnerlichung zum Ausdruck. Das lyrische Ich kehrt aus der Weite der drei geschichtlichen Bildungswelten (vgl. *Die Bücher der Hirten- und Preisgedichte, der Sagen und Sänge und der Hängenden Gärten*) in die nun tiefer ergründete innere Dimension der eigenen Seele zurück, die sich – leidend, hoffend, trauernd, nachdenkend – vor dem Hintergrund der Natur im rhythmischen Wechsel ihrer Jahreszeiten erfährt. Erst auf der hier erreichten Stufe seiner Dichtung erschließt sich George diesen bevorzugten Bereich lyrischer Poesie. Doch ist *Das Jahr der Seele* weit von traditioneller Naturlyrik entfernt. Das Ich begegnet darin der Natur nicht erlebnishaft; es verschmilzt nicht mit ihr. Sie bildet vielmehr den Hintergrund und das symbolische Äquivalent für die Zwiesprache der Seele mit sich selbst und für Begegnungen des Ichs mit einem Du. Sie evoziert oder spiegelt die »Stimmung« eines Gedichts. Daher erscheint sie auch nie in deutlicher und individueller Ausprägung, sondern nur in suggestiven Einzelzügen, in Farben oder Tönen angedeutet. Vor allem tritt die Natur in den Gedichten dieser Sammlung stets als gebändigte, vom Menschen gestaltete Landschaft auf: vornehmlich als Park mit Hecken, Teichen und Bänken, als Garten mit Blumenbeeten und Gittern, als von Kähnen befahrener Fluß und als mit Pfaden gesäumtes Ufer. Dieser Grundzug kommt schon im berühmten Eingangsgedicht des Zyklus beispielhaft zum Ausdruck:

»Komm in den totgesagten park und schau:
Der schimmer ferner lächelnder gestade
Der reinen wolken unverhofftes blau
Erhellt die weiher und die bunten pfade.«

Das »Du« des Gedichts erscheint als Ausdruck eigener Seelenzwiesprache, wie es Georges spätere Vorrede (1899) vermuten läßt: *»selten sind so sehr wie in diesem buch ich und du dieselbe seele.«* Dennoch schält sich aus den folgenden Gedichten des ersten zyklischen Abschnitts, *Nach der Lese* (11 Gedichte), die Gestalt einer weiblichen Gefährtin heraus, wenngleich sie keine deutlichen Konturen gewinnt. Sie entspricht nicht dem – schon in den *Hymnen und Pilgerfahrten* ersehnten – weiblichen Ideal *(»der Einen Fernen«)*, dessen irdische Unerreichbarkeit für George zu den Erfahrungen des *Jahres der Seele* gehört. So nimmt der Dichter seine fiktive Begleiterin auf seinen herbstlichen *»sonnenwanderungen«* nur in einer *»Situation des ›Als-ob‹«* (Klussmann) an. Aus versuchter Zwiesprache wird dabei immer wieder ein Selbstgespräch der Seele. Ohne Einklang mit dem begleitenden Du durchmißt im zweiten Abschnitt (10 Gedichte) der *Waller im Schnee* den Winter der Herbheit und der Trauer; er knickt schließlich, in einem symbolischen Gedicht, *»die blasse blume mit dem kranken herzen«*: *»Nun heb ich wieder meine leeren augen / Und in die leere nacht die leeren hände.«* Das »Winken« eines *»bruders«* – eines dichterischen Gefährten – im vorfrühlingshaften Schlußgedicht leitet zum dritten Abschnitt, dem *Sieg des Sommers* (10 Gedichte), über. Im Ablauf dieser Jahreszeit vollzieht sich *»ein neues abenteuer«*: der dichterische Versuch, gemeinsam *»ein reich der sonne«* zu *»stiften«* – ein immer wieder ersehntes und erstrebtes Urerlebnis Georges. Auch hier wird das Glück aber nur *»in seinem flüchten«* erfahren. Sommerende und Abschied fallen zusammen.

Der mittlere Teil des Zyklus versammelt *Überschriften und Widmungen*: Gedichte, die – selbst teilweise schon älteren Datums – frühere Erlebnisse, Begegnungen und poetische Erfahrungen in die Gegenwart des *Jahres der Seele* »hinüber-schreiben«, sowie – den Brauch der *Preisgedichte* wieder aufnehmend, dieses Mal jedoch durch Einsetzen der Namensinitialen persönlicher gemeint – Widmungsverse an die Freunde der frühen Jahre. Der mehrschichtigen Zusammensetzung dieses Teils entspricht eine größere formale Auflockerung: Die Anzahl der Strophen, die Zeilenlänge, das Metrum und die Reimform zeigen häufigeren Wechsel, wenngleich auch hier der getragene Rhythmus und die Verhaltenheit des Tons überwiegen. Den Eingang bilden mehrere Gedichte, welche die Wurzeln der poetischen Entwicklung Georges und des erwachenden Bewußtseins seiner dichterischen Berufung bekenntnishaft bloßlegen *(»Zu meinen träumen floh ich vor dem volke«)*. – In den *Erinnerungen an einige Abende innerer Geselligkeit* finden sich Gedichte, die bei ihrem ersten Erscheinen in den ›Blättern für die Kunst‹ (1894) Ida Coblenz, der Binger Freundin des Dichters aus den Jahren 1890–1896, gewidmet waren. Die Gestalt dieser Frau begleitete somit das Entstehen des *Jahres der Seele*, welches, trotz der entscheidenden künstlerischen *»umformung«*, auch an anderen Stellen verschwiegene Spuren dieses Erlebnisses aufweist.

Das gilt auch für den dritten Teil der Sammlung, der den Titel trägt: *Traurige Tänze*. Sie umfassen in ununterbrochener Folge, die jedoch eine innere Dreiteilung erkennen läßt, 32 durchweg dreistrophige Gedichte. Diese äußerliche, eine Stimmung der Traurigkeit reflektierende Monotonie wird strukturell aufgelockert durch thematische Gruppierungen sowie durch häufigen Wechsel des Metrums und der Verslänge. So fallen gegenüber den anderen Teilen des Buchs die zahlreichen kurzzeiligen, liedhaften Gedichte auf. Die stärkere rhythmische – also gleichsam »tänzerische« – Bewegung differenziert die Grundstimmung der Melancholie und erzeugt ein Gleichgewicht zwischen dem *»dumpfen weh der leere«* und der ruhigen Einsicht in Bescheidung und Verzicht:

»Verschweigen wir was uns verwehrt ist
Geloben wir glücklich zu sein
Wenn auch nicht mehr uns beschert ist
Als noch ein rundgang zu zwein.«

Das Jahr der Seele – *»die letzte große Dichtung des europäischen Weltschmerzes, der nicht Schmerz über die Welt ist, sondern Schmerz der Welt«* (F. Gundolf) –

bezeichnet somit einen Wendepunkt in der dichterischen Entwicklung Georges. In seiner formalen Ausgewogenheit, seiner zugleich herben und geschmeidigen Sprache, seiner rhythmischen Verhaltenheit, seinem Verzicht auf sprachliche *(Hymnen)* oder symbolistische *(Algabal)* Übersteigerung bildet es den vollendeten Abgesang vom Frühwerk des Dichters. J.W.St.

AUSGABEN: Bln. 1897 [Privatdr.]. – Bln. 1899; [11]1922. – Bln. 1928 (in *GA der Werke*, 18 Bde., 1927–1934, 4). – Godesberg 1948. – Düsseldorf/Mchn. 1958 (in *Werke*, Hg. R. Boehringer, 2 Bde., 1); ern. Mchn. 1983, 4 Bde. (dtv; Nachw. W. Vordtriede). – Düsseldorf/Mchn. 1964 (in *Werke in Einzelausg.*, 1964–1969, 18 Bde., 4; Nachdr.). – Stg. 1982 (in *SW*, 18 Bde., 1982 ff., 4).

VERTONUNGEN: A. v. Webern, *Entflieht auf leichten Kähnen*. Für gemischten Chor a capella. op. 2, Wien 1921. – A. Schönberg, *Zwei Lieder*. op. 14, Wien 1920.

LITERATUR: H. v. Hofmannsthal, *Das Gespräch über Gedichte* (in NRs, 1, 1904, S. 129 ff.). – U. K. Goldsmith, *The Renunciation of Woman in S. G.'s »Das Jahr der Seele«* (in MDU, 46, 1954, S. 113–122). – J. Pfeiffer, *Über fünf Gedichte von S. G.* (in J. P., *Über das Dichterische u. den Dichter*, Hbg. 1956, S. 108–112). – W. Loock, *S. G.: »Komm in den totgesagten park«* (in *Wege zum Gedicht*, Hg. R. Hirschenauer u. A. Weber, Mchn./Zürich 1956, S. 108–112). – P. G. Klussmann, *S. G. »Wir schreiten auf und ab im reichen flitter«* (in *Die deutsche Lyrik*, Hg. B. v. Wiese, Bd. 2, Düsseldorf 1957, S. 268–276). – M. Keilson-Lauritz, *S. G.: L(udwig) K(lages). Marginalien zum Widmungsgedicht im »Jahr der Seele«* (in Castrum peregrini, 121/122, 1976, S. 48–63). – H.-G. Gadamer, *Ich u. du, die selbe Seele* (in H.-G. G., *Poetica*, Ffm. 1977, S. 69–76). – H. E. Faletti, *Die Jahreszeiten des Fin de Siècle. Eine Studie über S. G.s »Das Jahr der Seele«*, Bern 1983. – J. Aler, *Eine Nachlese u. ein Neubeginn. Zum Erscheinen von Verweys »Dichtspel« u. G.s »Jahr der Seele«* (in *Gestalten um S. G.*, Amsterdam 1983, S. 59–75).

DER SIEBENTE RING

Gedichtzyklus von Stefan GEORGE, erschienen 1907. – Mit der Veröffentlichung seines umfangreichsten lyrischen Werks – es enthält die seit 1899 entstandenen Gedichte – erweiterte sich Georges bis dahin noch sehr esoterischer Leserkreis beträchtlich. Der Titel des Zyklus steht in vielfältigen Bezügen (u. a. das Erscheinungsjahr 1907, der siebente Schöpfungstag), zu denen auch die Einteilung des Werkes in sieben Gruppen gehört *(Zeitgedichte, Gestalten, Gezeiten, Maximin, Traumdunkel, Lieder, Tafeln)*, wobei die Gesamtzahl der Gedichte jeder Gruppe jeweils ein Vielfaches von sieben darstellt. Besonders die erste (14 Gedichte mit je vier reimlosen Achtzeilern; das erste wie das letzte Gedicht trägt jeweils den Titel *Das Zeitgedicht*) und die vierte Gruppe (21 Gedichte, die mit Ausnahme der letzten drei in Dreiergruppen geordnet sind) werden von numerischen Ordnungsprinzipien beherrscht.

Maximin bildet die zentrale vierte Gruppe wohl nicht zuletzt wegen des Bezugs auf das Jahr 1904 – das Todesjahr des hier als Gott gefeierten, im Alter von sechzehn Jahren gestorbenen Münchner Schülers Maximilian KRONBERGER. Ebenfalls 1907 ließ George Kronbergers Lyrik unter dem Titel *Maximin. Ein Gedenkbuch* in 200 Exemplaren erscheinen; einer Vorrede fügte er Gedächtnisverse von sich selbst und einigen Mitgliedern des Kreises an. Im Unterschied zu früheren Werken Georges bedarf es also zum Verständnis des *Rings* eines viel höheren Maßes an biographischen Kenntnissen, womit z. T. die veränderte Auffassung von Dichtung wie auch der schon im *Teppich des Lebens* (1899) begonnene Stilwandel Georges zu seinem Spätwerk hin angedeutet ist. Georges »Kreis« dichtender Freunde wurde nun zu einer Gemeinschaft von Schülern und Jüngern, deren Mitgliedschaft nicht mehr durch künstlerische Leistung, sondern durch angeblich höhere Formen des Menschseins legitimiert wurde. Folgerichtig bemühte man sich im Kreis, selbst Georges frühere artistische Lyrik nachträglich als Erlebnisdichtung umzudeuten: Nicht mehr die »Form« soll den Wert der Lyrik begründen, sondern ihr metaphysischer Gehalt, der seinerseits durch das »Erlebnis«, und nicht durch Logik, begründet wird. Der im 20. Jh. einigermaßen abwegige Versuch der Stiftung einer neuen Religion im *Ring* hat eine weitere Grundlage in Georges Bekanntschaft mit den Münchner »Kosmikern« (KLAGES, SCHULER, DERLETH), in deren bedenklichen Irrationalismus sich Träume von Machtergreifung. Untergangsvisionen und Nationalismus mischten. Auch George – wenngleich nicht in dieser Eindeutigkeit – scheint jetzt der bei ihm längst angelegten Verwechslung von Literatur und Realität zu erliegen, wenn er im *Ring* Herrschaftsansprüche anmeldet und den Gültigkeitsbereich von Fiktionen wie denen von einer neuen Religion und einem feudalistischen Gesellschaftssystem über die Lyrik hinaus auszuweiten versucht. Hierzu gesellt sich die Feier der Macht, des Kampfes, der heroischen Tat – eines antiquierten Heldentums. Die Sprache des »Erlebnisses«, die den Gültigkeitsanspruch gerade rechtfertigen soll, stellt ihn erst recht in Frage: Sie bleibt auf zitathaftes Verfügen über *Bibel* und Mystik angewiesen. Die gewollte neue Einheit des Daseins, als Einheit von Leib und Seele, von Form und Inhalt, von Tat und Dichtung, ließ sich aus einem privat bleibenden Mythos nicht ableiten.

Zu den Widersprüchlichkeiten des Werks gehört auch das Problem der Einheit des Zyklus selbst. Entgegen den Neuorientierungen des Kreises und Georges selbst und in unaufgelöster Spannung zum werkimmanenten Anspruch scheint der *Ring* durch eine geradezu artistische Beliebigkeit und

Verfügbarkeit verschiedenster Stile gekennzeichnet, ein Feld Georgescher Möglichkeiten, deren keine den Anspruch auf eben diese Unausweichlichkeit der Aussageform erheben kann, die vom Erlebnisbegriff impliziert wird. Eine solche Verdichtung zu einem einheitlichen Stil, der keine Wahlmöglichkeiten zu lassen scheint, wird erst im nächsten Band, dem *Stern des Bundes* (1914), vollzogen. Im *Ring* dagegen scheint die zyklische Einheit vorwiegend durch rein quantitative Mittel gesichert.
Schon in Georges früher Lyrik hatte es viele formale Anreden ohne erkennbares Gegenüber gegeben, das oft vielleicht nur das lyrische Ich selbst war; sie geben sich jetzt als echter Dialog mit dem Gott, womit scheinbar Georges Einsamkeit überwunden wird. Doch die Gottesschöpfung hat noch weitere Funktionen: Sie soll den Nihilismus, von dem sich schon der junge George bedroht sah, abwenden und Berechtigung und Funktion der Dichtung als Verkündigung und Preisung des Gottes sichern. Sie rechtfertigt auch den hohen Stil bei George und seine hymnischen Formen, wie sie auch seiner Zeitkritik einen Standort angeblich gesicherter Werte liefern muß und die neuen Ansprüche für den Dichter als »Seher« begründet. Zugleich erlaubt sie die Einbeziehung neuer Themenbereiche, die Georges frühere Artistik gefährdet hätten und die in anderer Form Probleme der Lyrik seiner Zeit überhaupt sind: So z.B. werden die früher sehr verschleierten Erfahrungen der Bedrohung durch das Unheimlich-Unbegreifliche, durch Untergang und Chaos, jetzt in gewissem Umfang zugelassen. Die eschatologische Hoffnung, die manche Gedichte verkünden, scheint Chaos und Untergang vorauszusetzen, die denn auch in anderen Gedichten fast ersehnt werden. Doch die Aussage des Irrationalen bleibt an strenge Formen gebunden, die freilich, weil den Inhalten jetzt der Primat zukommt, zur bloßen Dekoration zu werden drohen. M.T.

AUSGABEN: Bln. 1907 [Privatdr.]; ²1909. – Bln. 1931 (in *GA der Werke*, 18 Bde., 1927–1934, 6/7). – Godesberg 1949. – Düsseldorf/Mchn. 1958 (in *Werke*, Hg. R. Boehringer, 2 Bde., 1); ern. Mchn. 1983, 4 Bde. (dtv; Nachw. W. Vordtriede). – Düsseldorf/Mchn. 1965 (in *Werke in Einzelausg.*, 1964–1969; 18 Bde., 6/7; Nachdr.). – Stg. 1986 (in *SW*, 18 Bde., 1982 ff., 6/7).

LITERATUR: R. Borchardt, Rez. (in Hesperus, 1909, S. 49–82; ern. in R. B., *Prosa I*, Stg. 1957). – E. Landmann, *Mensch u. Erde* (in NSRs, N. F. 13, 1945/1946, S. 624–632). – F. W. L'Ormeau, *Das Rosensymbol* (in Castrum, 1951, H. 1, S. 15–25). – H. Linke, *Das Kultische in der Dichtung S. G.s u. seiner Schule*, 2 Bde., Düsseldorf/Mchn. 1960 [m. Bibliogr.]. – J. Winkler, *Zu einigen Liedern im »Siebenten Ring« S. G.s* (in GQ, 38, 1965, S. 298–309). – V. J. Günther, *Der ewige Augenblick. Zur Deutung von G.s »Der Siebente Ring«* (in *S. G. Kolloquium*, Hg. E. Heftrich u. a., Köln 1971, S. 197–212). – B. Bennett, *»Ursprünge«; The Secret Language of G.'s »Der Siebente Ring«* (in GR, 55, 1980; dt. in Castrum Peregrini, 31, 1982, H. 155, S. 28–51; 67 f.).

DER STERN DES BUNDES

Gedichtzyklus von Stefan GEORGE, erschienen 1914. – Das Werk, in Inhalt und Form Georges einheitlichstes, ist zugleich auch sein fragwürdigstes, da viele seiner Texte kaum mehr als eine irrationalistische Ideologie sind. Offenbar war ihm während des Ersten Weltkriegs eine große – freilich auf zahlreichen Mißverständnissen, zumal der Verkennung des elitären Anspruchs, beruhende – Wirkung beschieden.
Der *Stern* besteht aus 100 Gedichten in kurzen Formen, von denen neun Vierzehnzeiler den *Eingang* bilden; jedes der drei Bücher enthält 30 Gedichte, der letzte Text bildet den *Schlußchor*. Der *Eingang* feiert den Gott, den sich George im *Siebenten Ring* (1907) selbst erfunden hatte und der jetzt von seinem Namen – Maximin – wie von seinen biographischen Anlässen befreit ist. Das erste Buch ist vor allem der Zeitkritik, das zweite dem Verhältnis von Ich und Gott, das dritte der Ermahnung des »Bundes« (Georges »Kreis« der Jünger) gewidmet. Der Zyklus bedient sich einer vorwiegend spruchhaften Sprache, die Melodie und Reim meidet, syntaktische Beiordnungen bevorzugt und in feierlich-gehobenem Stil mit dem apodiktischen Anspruch des Sehers auftritt. In der *Vorrede* spricht George fast bedauernd von der Breite der Rezeption des Buches, *»das noch jahrelang ein geheimbuch hätte bleiben können«*, womit er selbst eine Reduktion des Gültigkeitsanspruchs auf eine kleine private Gruppe in Kauf nimmt. Damit aber wird die Zeitkritik, die sich oft der direkten Anrede der Opfer bedient, zum Selbstwiderspruch, da sie die Betroffenen gar nicht zu erreichen sucht. Solche bloße Gruppenesoterik darf nicht mit der legitimen Dunkelheit moderner Lyrik, etwa der im gleichen Jahr erschienenen Dichtungen TRAKLS, verwechselt werden. Immer wieder postuliert George im *Stern*, es gebe Geheimnisse vor den Unbefugten zu bewahren, die er doch gleichzeitig ausspricht, und er häuft die Unsagbarkeitstopoi, die nicht zuletzt die Ungenauigkeit seiner Heilslehre rechtfertigen müssen. Der religiös-mystische Kontext, in dem diese Phänomene stehen, trägt zur Stilisierung des sprechenden Ich zum Propheten, der sich übrigens öfter mit seinem Gott zu verwechseln scheint, bei; hauptsächlich aber verschleiert er ein generelles Problem der Literatur dieser Periode: jene Sprachkrise nämlich, die aus dem Bewußtsein einer Inadäquatheit der Sprache gegenüber dem als »Realität« Erfahrenen hervorgeht und mit der nicht zuletzt die modernen Formen der »Dunkelheit« zusammenhängen. Solche Krisen der Verbindlichkeit von Systemen der Weltdeutung will diese Lyrik aber gerade überwinden und dadurch herrschen und wirken – ein Anspruch, der, primär von der Psychologie Georges her bedingt, wiederum durch die »neue Reli-

gion« gerechtfertigt werden soll. Gegenüber der Gruppe der Gläubigen und Jünger erscheint der Rest der Menschheit als dekadent und dem Untergang geweiht. Die Masse, das »weib« und alles Fremde (auch im Sinne des Nationalen) sind es vor allem, die der Verachtung oder gar dem Haß anheimfallen, während die Jünger, ohne Frage nach Sinn und Ziel des Gebots, bereit sein sollen, ihr Blut – wie auch das der »feinde« – für den Meister zu vergießen.
Der apodiktischen Verkündung der neuen Werte widerspricht ihre inhaltliche Unschärfe oder Leere, die es dann dem Faschismus möglich machten, sich mit diesem Buch zu identifizieren. Das für die moderne Lyrik der Zeit wie für Georges Frühwerk sehr wichtige Motiv des Fremden – als Zeichen einer Krise des Realitätsbegriffs wie des Bezugs der Literatur zur Realität – wird zum Zeichen eines Feindlichen. Dem entspricht der Irrationalismus, der den Zweifel zur Sünde erklärt und die Intellektualität verfolgt. Beide Phänomene sind innerhalb der Struktur des Zyklus logisch notwendig, will George seine Ansprüche aufrechterhalten. Die postulierten Ideale, um derentwillen der Untergang der restlichen Welt gefordert wird, müssen gegen eine Kritik der Ungläubigen *a priori* gefeit sein: Daher werden rationale Kritiker an sich schon als inkompetent erklärt. Der neue Gott bringt angeblich die Einheit der Welt und des Daseins zurück: Was die »Einheit« gefährden könnte, das »Fremde« und »Andere«, ist folgerichtig zu verwerfen und verworfen. Die neue, sehr partielle Einheit, die aus alten Ideen wie der des »neuen Lebens« der Klassik besteht, vollzieht sich nur verbal und bedarf der Antithese des nicht in ihr Begriffenen, um die typische Figur der »Wende« im Gedicht zu erlauben (Modell: Alles war schlecht – da kam der Gott). Der Preis des Irrationalen im Inhalt bedarf also formaler Logik. Der Zyklus, so problematisch sein Wert ist, bleibt historisch signifikant, indem er das offenkundig Reaktionäre deutlich als nicht selbstgenügsam, sondern als gescheiterten Versuch einer Lösung realer Probleme der modernen Lyrik erkennen läßt. M.T.

AUSGABEN: Bln. 1913 (Privatdr.). – Bln. 1914. – Bln. 1928 (in *GA der Werke*, 18 Bde., 1927–1934, 8). – Amsterdam 1947. – Godesberg 1949. – Mchn./Düsseldorf 1958 (in *Werke*, Hg. R. Boehringer, 2 Bde., 1); ern. Mchn. 1983, 4 Bde. (dtv; Nachw. W. Vordtriede). – Düsseldorf/Mchn. 1965 (in *Werke in Einzelausg.*, 1964–1969, 18 Bde., 8; Nachdr.).

LITERATUR: J. Bab, Rez. (in Die Gegenwart, 43, 1914, Nr. 28, S. 443). – H. Linke, *Das Kultische in der Dichtung S. G.s u. seiner Schule*, Mchn./Düsseldorf 1960. – G. A. Zekert, *Zu G.s »Stern des Bundes«* (in *Grüße. H. Wolffheim zum Geburtstag*, Hg. K. Schröter, Ffm. 1965, S. 51–74). – J. Aler, *Dynamische Monumentalität im »Stern des Bundes«* (in J. A., *Symbol u. Verkündung*, Düsseldorf/Mchn. 1976, S. 214–235; 351 f.). – J. Möller, *Zur Zahlensymbolik in S. G.s Gedichtband »Der Stern des Bundes«* (in Neue Beiträge zur G.-Forschung, 7, 1982, S. 35–53). – W. Frommel, *Drei Meditationen zum 2. Buch des »Stern des Bundes«* (in Castrum Peregrini, 32, 1983, H. 159/160, S. 5–19).

GERHART HAUPTMANN

* 15.11.1862 Ober-Salzbrunn / Schlesien
† 6.6.1946 Agnetendorf / Schlesien

LITERATUR ZUM AUTOR:
Bibliographien:
W. Requardt, *G.-H.-Bibliographie*, 3 Bde., Bln. 1931. – V. Ludwig, *G. H. Werke von ihm und über ihn* (1881–1931), Neustadt/Schlesien 1932. – W. A. Reichart, *G.-H.-Bibliographie*, Bad Homburg u. a. 1969. – H. D. Tschörtner, *G.-H.-Bibliographie*, Bln./DDR 1971. – S. Hoefert, *Internationale G.-H.-Bibliographie*, Bln. 1986, Bd. 1.
Forschungsberichte:
G. H., Hg. H. J. Schrimpf, Darmstadt 1976 (WdF). – R. C. Cowen, *H.-Kommentar zum dramatischen Werk*, Mchn. 1980. – Ders., *H.-Kommentar zum nichtdramatischen Werk*, Mchn. 1981. – S. Hoefert, *G. H.*, Stg. 21982 (Slg. Metzler).
Biograpien:
P. Fechter, *G. H.*, Dresden 21922. – P. Schlenther, *G. H. Leben und Werke*. Neue, von A. Eloesser umgearb. und erw. Ausg., Bln. 1922. – C. F. W. Behl u. F. A. Voigt, *Chronik von G. H.s Leben und Schaffen*, Mchn. 1957. – K. L. Tank, *G. H. in Selbstzeugnissen und Bilddokumenten*, Reinbek 1959; 51980 (rm). – F. W. J. Heuser, *G. H. Zu seinem Leben und Schaffen*, Tübingen 1961. – E. Ebermayer, *H. Eine Bildbiographie*, Mchn. 1962. – H. v. Brescius, *G. H. Zeitgeschehen und Bewußtsein in unbekannten Selbstzeugnissen. Eine politisch-biographische Studie*, Bonn 21977. – E. Hilscher, *G. H.*, Bln./DDR 31979. – C. F. W. Behl, *Aufsätze – Briefe – Tagebuchnotizen. Autobiographisches und Biographisches zu G. H.*, Hg. v. K. Hildebrandt, Mchn. 1981. – W. R. Maurer, *G. H.*, Boston 1982.
Gesamtdarstellungen und Studien:
H. Schreiber, *G. H. und das Irrationale*, Aichkirchen/Wien/Lpzg. 1946. – S. H. Muller, *G. H. and Goethe*, NY 1949. – J. J. Weisert, *The Dream in G. H.*, NY 1949. – J. Gregor, *G. H. Das Werk und unsere Zeit*, Wien 1951. – R. Fiedler, *Die späten Dramen G. H.s Versuch einer Deutung*, Mchn. 1954. – G. Hurtig, *Die Lichtsymbolik im Werk G. H.s*, Diss. Marburg 1956. – M. Hensel, *Die Gestalt Christi im Werk G. H.s*, Diss. Bln. 1957. – K. S. Guthke u. H. M. Wolff, *Das Leid im Werke G. H.s. Fünf Studien*, Bern 1958. – R. Rohmer, *Die Romane G. H.s*, Diss. Leipzig 1958. – *G. H. Leben und*

Werk. Katalog der Gedächtnisausstellung des Deutschen Literaturarchivs zum 100. Geburtstag des Dichters im Schiller-Nationalmuseum Marbach a. N., Stg. 1962. – R. Michaelis, *Der schwarze Zeus. G. H.s zweiter Weg*, Bln. 1962. – W. van der Will, *Voraussetzungen und Möglichkeiten einer Symbolsprache im Werk G. H.s*, Diss. Köln 1962. – N. E. Alexander, *Studien zum Stilwandel im dramatischen Werk G. H.s*, Stg. 1964. – F. A. Voigt, *G. H. und die Antike*, Bln. 1965. – H. Mayer, *G. H.*, Velber 1967 (Friedrichs Dramatiker des Welttheaters). – K. Hildebrandt, *G. H. und die Geschichte*, Mchn. 1968. – P. C. Wegner, *G. H.s Griechendramen. Ein Beitrag zu dem Verhältnis von Psyche und Mythos*, Diss. Kiel 1968. – R. Goetze, *Von Sonnenaufgang bis Sonnenuntergang. G. H.s Berliner Beziehungen*, Bln. 1971. – W. O. Dill, *Der Dionysosmythos als Strukturelement in G. H.s Prosa*, Diss. Univ. of Carolina, Davis 1972. – P. A. Mellen, *G. H. and Utopia*, Stg. 1976. – K. S. Guthke, *G. H. Weltbild im Werk*, Mchn. 21980. – W. Requardt u. M. Machatzke, *G. H. und Erkner. Studien zum Berliner Frühwerk*, Bln. 1980 (Veröffentlichungen der G.-H.-Gesellschaft). – A. Marshall, *The German Naturalists and G. H. Reception and Influence*, Ffm./Bern 1982. – P. Sprengel, *Die Wirklichkeit der Mythen. Untersuchungen zum Werk G. H.s aufgrund des handschriftlichen Nachlasses*, Bln. 1982 (Veröffentlichungen der G.-H.-Gesellschaft). – K. Hildebrandt, *Naturalistische Dramen G. H.s*, Mchn. 1983. – P. Sprengel, *G. H. Epoche – Werk – Wirkung*, Mchn. 1984. – R. Mittler, *Theorie u. Praxis des sozialen Dramas bei G. H.*, Hildesheim 1985. – W. Leppmann, *G. H. Leben, Werk u. Zeit*, Bern u. a. 1986; ern. Ffm. 1989 (FiTb). – *H.-Forschung. Neue Beiträge. H. Research. New Directions*, Hg. P. Sprengel u. P. Mellen, Ffm./Bern 1986. – H. D. Tschörtner, *Ungeheures erhofft. Zu G. H., Werk u. Wirkung*, Bln. 1986.

BAHNWÄRTER THIEL. Novellistische Studie

Erzählung von Gerhart HAUPTMANN, entstanden 1887, erschienen 1888. – 1885 hatte sich der Dichter zusammen mit seiner Frau Marie, geb. Thienemann, von Berlin auf das Land nach Erkner zurückgezogen, wo er Anschluß an den »Friedrichshagener Dichterkreis« um W. BÖLSCHE, die Brüder HART und B. WILLE fand und wo neben der Novelle *Fasching* (1887) auch *Bahnwärter Thiel* entstand, bis heute mit der bekannteste Prosatext des Autors.

Die knapp vierzig Seiten umfassende Erzählung setzt ein mit der Schilderung des robusten, mit einem *»unverwüstlichen Phlegma«* versehenen Bahnwärters, der zuverlässig und ohne Aufhebens seinen Dienst versieht. Nach dem Tode seiner Frau, eines *»schmächtigen und kränklich aussehenden Frauenzimmers«*, heiratet Thiel, ursprünglich nur, um seinen kleinen Sohn Tobias zu versorgen, eine Bauernmagd: *»Drei Dinge jedoch hatte er, ohne es zu wissen, mit seiner Frau in Kauf genommen: eine harte, herrschsüchtige Gemütsart, Zanksucht und brutale Leidenschaftlichkeit. Nach Verlauf eines halben Jahres war es ortsbekannt, wer in dem Häuschen des Wärters das Regiment führte. Man bedauerte den Wärter.«* Thiel muß sehen, wie seine Frau Lene nach der Geburt eines eigenen Kindes den geliebten Sohn seiner ersten Frau mißhandelt. Trotzdem gerät er, der noch immer der ruhigen Bindung seiner ersten Ehe nachtrauert, in immer größere Abhängigkeit von Lene; und als er nachts in stumpfer Verzweiflung in seinem Wärterhäuschen sitzt, erscheint ihm in einer mystischen Vision seine erste Frau mit einem blutigen Bündel auf dem Arm und flieht, ohne ihn zu beachten, die Gleise der Bahnstrecke entlang, verfolgt von dem heranbrausenden Zug. – Diese Vorausdeutung, die sich nun in Thiels Schicksal erfüllt, ist der symbolische Kern der Novelle. Lene mißhandelt den kleinen Tobias immer mehr, bis er eines Tages, in der Nähe der Bahnstrekke auf einem Grundstück spielend, das Thiel zur Bewirtschaftung überlassen wurde, unter einen Zug gerät und stirbt. Thiels Geist verwirrt sich nun endgültig. Nachts erschlägt er Lene und das kleine Kind mit einem Beil. Man findet ihn am nächsten Morgen an den Gleisen sitzend, die Pudelmütze des kleinen Tobias streichelnd; Wärter bringen ihn ins Irrenhaus.

An diesem Frühwerk, einem für die damalige Zeit unerhört modernen Text, wird deutlich, daß von Anfang an Hauptmanns literarisches Schaffen nur bedingt in einer naturalistischen Programmatik aufgeht. Die einzelnen Vorgänge, der Verfall eines Charakters, werden zwar mit wissenschaftlicher Objektivität festgehalten, und doch erscheinen die so realistisch geschilderten Geschehnisse als eine Kette von Symbolen für eine Wirklichkeit, die mit naturalistischen Mitteln nicht darzustellen ist. Schon früh wurde, und F. MARTINI hat dies in neuerer Zeit erneut betont, auf den *»impressionistischen Charakter«* der Darstellung hingewiesen, und B. v. WIESE hat das *»zentrale Dingsymbol«* der Eisenbahnstrecke hervorgehoben, *»die zu einem gleichnishaften Ort wird, an dem sich der Einbruch des Unsichtbaren in das Sichtbare und die Auflösung einer realen und geordneten Welt ins Geisterhafte und Chaotische vollzieht. Gerade die Entmächtigung der bis ins Detail beschriebenen alltäglich-durchschnittlichen Wirklichkeit durch überwirkliche, unbewußte Mächte des Traumes, der Vision, der Seele, der Natur, mit einem Wort: des Irrationalen ist das Thema dieser Novelle.«* N.v.H.

AUSGABEN: Mchn. 1888 (in Gesellschaft, H. 4). – Bln. 1892. – Bln. 1943 (in *GW*, AlH, Bd. 1). – Ffm./Bln. 1963 (in *SW. Centenar-Ausgabe*, Hg. H.-E. Hass, 11 Bde., 1962–1974, 6); ern. Ffm./Bln. 1981 (in *Das erzählerische Werk*, 10 Bde.; Ullst. Tb). – Stg. 1963 (RUB; Nachw. F. Martini); ern. 1970. – Stg. 1975 [Nachw. H. v. Hülsen]. – Mchn./Wien 1979, Hg. K. D. Post [Text, Materialien, Komm.].

LITERATUR: M. Ordon, *Unconscious Contents in »Bahnwärter Thiel«* (in GR, 1951, S. 223–229). – P. Requadt, *Die Bilderwelt in G. H.s »Bahnwärter Thiel«* (in *Minotaurus*, Hg. A. Döblin, Wiesbaden 1952, S. 102–111). – F. Martini, *Das Wagnis der Sprache*, Stg. 1954, S. 59–98. – B. v. Wiese, *Die dt. Novelle von Goethe bis Kafka*, Düsseldorf 1956, S. 268–283. – *›Bahnwärter Thiel‹. Erl. u. Dokumente*, Hg. V. Neuhaus, Stg. 1974 (RUB); ern. 1987. – J. L. Hodge, *The Dramaturgy of »Bahnwärter Thiel«* (in Mosaic, 9, 1976, S. 97–116). – I. Nommensen u. E. Neis, *Erl. zu »Bahnwärter Thiel« u. »Michael Kramer«*, überarb. u. erg. v. R. Poppe, Hollfeld 1979. – H. Krämer, *G. H. »Bahnwärter Thiel«. Interpretation*, Mchn. 1980. – W. Zimmermann, *G. H.: »Bahnwärter Thiel«* (in W. Z., *Deutsche Prosadichtungen unseres Jh.s*, Bd. 1, Düsseldorf 1981, S. 67–85).

MICHAEL KRAMER

Drama in vier Akten von Gerhart HAUPTMANN, Uraufführung: Berlin, 21. 12. 1900, Deutsches Theater. – Das Stück bezeichnet in Hauptmanns dramatischer Entwicklung eine reflektierte Wiederaufnahme der Kunstmittel seiner naturalistischen Frühzeit. Ein thematischer Zusammenhang – das Verhältnis von Künstler und Gesellschaft – verbindet *Michael Kramer* mit der Komödie *Kollege Crampton* (1892).

Im Mittelpunkt der Handlung steht die Gestalt des Malers und Akademieprofessors Michael Kramer, während sich die eigentliche Problematik des von der Gesellschaft nicht tolerierten Künstlers auf Kramers Sohn Arnold konzentriert, dessen Schicksal auch den Ablauf des dramatischen Geschehens bestimmt. In Vater und Sohn stehen sich zwei gegensätzliche Ausprägungen des Künstlertums gegenüber: auf der einen Seite der Brotkünstler Michael Kramer mit seinem bourgeoisen Arbeitsethos, auf der anderen der talentierte, ganz außerhalb aller sozialen Bindungen stehende Arnold, der für die Umwelt zur Zielscheibe des Spottes wird und der sich dieser Gesellschaft lediglich dadurch zu erwehren vermag, daß er sie karikiert. Michael Kramer bemüht sich mit väterlicher Redlichkeit vergebens um das Vertrauen seines ihm innerlich fernstehenden Sohnes, der in eine ausweglose Liebesaffäre verstrickt ist. Wegen seiner Liebe zu der Wirtstochter Liese Bänsch ist Arnold, dessen Ausgestoßensein eine körperliche Mißbildung symbolisiert (»Marabu« ist sein Spitzname), dem massiven Spott einer vom Bräutigam des Mädchens angeführten Runde von Stammtischbrüdern ausgesetzt. Zum äußersten getrieben, bedroht Arnold seine Peiniger mit der Waffe. Er wird davongejagt und sucht noch in der gleichen Nacht den Tod im Wasser. Der erschütterte Vater verteidigt – ungeachtet seiner auf das »Normale« gestellten Lebensmaximen – in einer großen Totenrede, die fast den gesamten vierten Akt zum Monolog werden läßt, die Künstlerwürde seines Sohnes, der am Unverständnis seiner Umwelt zugrunde gegangen sei. Thema des Dramas ist das gestörte Verhältnis zwischen einem absoluten Kunstanspruch und der verständnislosen Mediokrität der bürgerlichen Gesellschaft. Hauptmann greift dabei von einer anderen Seite die zeitsatirischen Tendenzen des naturalistischen Jahrzehnts wieder auf. Besonders im dritten Akt, in der Schilderung der Stammtischrunde der geistfeindlichen Spießbürger, sind Ansätze einer Gesellschaftssatire vorhanden, die vor allem in der sprachlichen Technik auf C. STERNHEIMS Komödien vorausweist. Das für Hauptmann zentrale Thema des leidenden Menschen, intensiviert in der Leiderfahrung des Künstlers, hat auch in *Michael Kramer* soziale Relevanz. Die Kunstthematik verbindet Hauptmann mit der für den Naturalismus symptomatischen Generations- und Familienthematik. In ihr findet die Entfremdung der künstlerischen Existenz Ausdruck. Zu dem spezifisch naturalistischen Motivbestand gehören ferner die Thematik des Leidens, in die sich die zahlreichen Christus-Anspielungen einfügen, wie die Doktrin der Unveränderbarkeit der Anlagen und der Charakterbedingtheiten.

R. M. RILKE und Th. MANN haben die Sprachkunst in Hauptmanns *Michael Kramer* bewundert. Das Problem, für die programmierte »Alltagstragödie« eine adäquate Sprache zu schaffen, hat Hauptmann hier einer Lösung nähergebracht, indem er durch die Verbindung von umgangssprachlicher Redensart und – im Gegensatz zur naturalistischen Verfahrensweise – leicht pathetischer Redegestik die hohe Sprache der traditionellen Tragödie relativiert und ihr zugleich neue Möglichkeiten eröffnet: *»Wenn erst das Große ins Leben tritt, hör'n Se, dann ist alles Kleine wie weggefegt. Das Kleine trennt, das Große, das eint, sehn Se. Das heißt, man muß so geartet sein. Der Tod ist immer das Große, hör'n Se: der Tod und die Liebe, sehn Se mal an«* (Kramer im vierten Akt). In dieser sprachlichen Gebrochenheit gelingt Hauptmann eine neue Legitimation des tragischen Pathos im modernen Drama. U.H.

AUSGABEN: Bln. 1900. – Bln. 1943 (in *GW*, AlH, Bd. 3). – Stg. 1953 (Nachw. F. Martini; RUB); ern. 1989. – Bln. 1960 (in *Meisterdramen*; Einl. H. Hilpert). – Ffm., Bln. 1966 (in *SW. Centenar-Ausgabe*, Hg. H.-E. Hass, 11 Bde., 1962–1974, 1); ern. Ffm./Bln. 1977 (in *Das dramatische Werk*, 8 Bde., 3; Ullst. Tb).

LITERATUR: A. Eloesser, Rez. (in Vossische Zeitung, 23. 12. 1900). – L. Andreas-Salomé, *»Michael Kramer«. Dank an den Dichter* (in Der Lotse, 1, 1901, H. 29, S. 71–79). – A. Kerr, *»Michael Kramers« Dichter* (in Der rote Tag, 1901, Nr. 1, S. 8). – H. Rettich, *Die Gestalt des Künstlers im Werke G. H.s*, Diss. Erlangen 1950. – K. S. Guthke u. H. M. Wolff, *Das Leid im Werke G. H.s*, Berkeley/Toronto 1958. – V. Steege, *G. H. »Michael Kramer«. Interpretation* (in *Das europäische Drama von Ibsen bis Zuckmayr*, Hg. L. Büttner, Bonn 1960, S. 63–86). – C. R. Bachmann, *Life into Art. G. H.*

and »Michael Kramer« (in GQ, 42, 1969, S. 381–392). – H. F. Pfanner, *Deutungsprobleme in G. H.s »Michael Kramer«* (in MDU, 2, 1970, S. 45–54). – J. Frese, *Zur Möglichkeit der Anwendung philosophischer u. soziologischer Handlungstheorien auf das Drama. Am Beispiel einer Sequenz aus G. H.s »Michael Kramer«* (in Poetica, 8, 1976, S. 379–384). – I. Nommensen u. E. Neis, *Erl. zu G. H. »Bahnwärter Thiel« u. »Michael Kramer«*, überarb. u. erg. v. R. Poppe, Hollfeld 1979. – K. Pratt, *G. H.s »Michael Kramer« als Analyse eines familiären Beziehungssystems innerhalb des bürgerlichen Bewußtseins* (in *Drama u. Theater im 20. Jh.*, Hg. H. D. Irmscher u. W. Keller, Göttingen 1973, S. 24–40). – P. Mellen, *A Source of H.s »Michael Kramer«* (in GQ, 17, 1986, S. 35–37).

DIE RATTEN. Berliner Tragikomödie

Schauspiel von Gerhart HAUPTMANN, Uraufführung: Berlin, 13. 1. 1911, Lessingtheater. – Hauptmanns »soziale« Dramen (*Fuhrmann Henschel*, 1899; *Rose Bernd*, 1903; *Vor Sonnenuntergang*, 1889; *Die Weber*, 1893) schließen sich der Tradition des bürgerlichen Trauerspiels an, die von G. E. LESSINGS *Miß Sara Sampson* (1755) über F. SCHILLERS *Kabale und Liebe* (1784) bis zu F. HEBBELS *Maria Magdalene* (1844) führt und sich um eine Erneuerung der Tragödie bemüht, die den veränderten historischen und sozialen Bedingungen Rechnung trägt. Die Emanzipation von der bis ins 18. Jh. poetologisch relevanten »Ständeklausel«, derzufolge ausschließlich hohe Standespersonen tragische Helden verkörpern durften, verlegte das tragische Geschehen ins bürgerliche und schließlich (bei Hauptmann) ins kleinbürgerlich-proletarische Milieu. Standesunterschiede und -gegensätze wurden damit jedoch nicht aufgehoben, sondern erst jetzt in ihrer ganzen Schärfe sichtbar gemacht, ja sie sind das eigentliche Movens der neuen Tragödie: Die Figuren, deren reduziertem Bewußtsein die Einsicht in die Tragik ihres Schicksals versagt bleibt, sind eher reagierende Opfer als agierende Helden, ihre tragische Konfliktsituation beruht weniger auf individuellen Denk- und Verhaltensweisen als auf der Determiniertheit gesellschaftlicher Verhältnisse.

Der zunehmenden Verdüsterung dieser Verhältnisse verleiht der Schauplatz des Dramas bedrükkenden Ausdruck. Es ist der von Ratten und menschlichem »Ungeziefer« verseuchte Dachboden einer ehemaligen Berliner Kavalleriekaserne, auf dem der verkrachte Theaterdirektor Hassenreuther seinen Kostümfundus untergebracht hat. In der verkommenen Mietskaserne hausen auch die Figuren des Stücks: das schwangere Dienstmädchen Pauline Piperkarcka, die Morphinistin Knobbe und Frau John, Maurersgattin und Putzfrau Hassenreuthers, die ihren in Altona arbeitenden Mann, der sich sehnlichst ein Kind wünscht, nicht enttäuschen möchte. Als sich ihre Hoffnung als unbegründet erweist, will sie durch einen barmherzigen Betrug Abhilfe schaffen. Sie kauft Paulines unehelich geborenes Kind und trägt es auf dem Standesamt als ihr eigenes ein. Doch in der Piperkarcka regt sich bald das schlechte Gewissen; aus Angst vor den Behörden meldet sie ihr Kind an und bezeichnet Frau John als Pflegemutter. Diese wird von Panik ergriffen, als sich der Vertreter der Fürsorge um das Kind kümmern möchte. Sie unterschiebt Pauline das todkranke Kind der Knobbe und verläßt mit dem »eigenen« Säugling das Haus. Die Ereignisse jagen der unaufhaltsamen Katastrophe engegen, als John freudestrahlend heimkehrt, aber angesichts der sonderbaren Situation mißtrauisch wird. Als Frau John auch noch erfahren muß, daß ihr gewalttätiger Bruder Bruno Mechelke die Piperkarcka, die er im Auftrag seiner Schwester einschüchtern und am Ausplaudern ihres Geheimnisses hindern sollte, erschlagen hat und nun von der Polizei gejagt wird, hält sie ihre Lage für aussichtslos, gesteht ihrem hilflos entsetzten Mann den Betrug (*»Paul, ick konnte nich anders, ick mußte det tun!«)* und stürzt sich aus dem Fenster.

Nur scheinbar relativiert die epische Distanz der komisch-satirischen Hassenreuther-Handlung den tragischen Vorgang. Denn gerade der Kontrast zwischen der nur vordergründig intakten bürgerlichen Welt Hassenreuthers und der verwahrlosten Unterwelt des Mietshauses wirft ein grelles Licht auf die gesellschaftliche Bedingtheit der Tragödie. Während der ehemalige Theologiestudent und jetzige Schauspielschüler Spitta, der sich auf LESSING und DIDEROT beruft, und der obsolete Weimaraner Hassenreuther über das Verhältnis von Kunst und Wirklichkeit diskutierten, haben sich die sozialen Verhältnisse längst ins Tragische gewendet und die ästhetische Theorie überholt. Die groteske Scheinwelt des Theaters und die unverhüllte Tragik der verkommenen Kleinbürger gehen eine gespenstische Synthese ein, die der Begriff »Tragikomödie« kaum noch deckt. Sie wird dramaturgisch sinnfällig in den zahlreichen Simultanszenen, im Aneinandervorbei-Sprechen der Figuren und in Augenblicken, in denen der vordergründig reale Vorgang ins Irreale umschlägt. *»Bin ick denn hier von Jespenster umjebn?«* fragt sich der verzweifelte John. *»De Sonne scheint, et is hellichter Tag. Ick weeß nich, sehen kann ick et nich! Det kichert, det wispert, det kommt jeschlichen, und wenn ick nach jreife, denn is et nischt!«* Was John freilich nur dumpf ahnt, wird im leitmotivischen Sinnbild der Ratten evident: Sie sind die Chiffre einer »unterminierten« und verfallenden Gesellschaft, in der die betrügerische Manipulation der Frau John paradoxerweise die einzige menschliche Regung ist. Als »spätnaturalistisches« Stück erschien das Werk den Zeitgenossen als überholt, erst in der Rückschau erweist sich, begründet auch in der Radikalität seiner Symbolik, die Modernität des Stücks, das sich bis heute auf den Bühnen behaupten konnte. KLL

AUSGABEN: Bln. 1911. – Bln. 1922. – Bln. 1942 (in *GW*, AlH, Bd. 5). – Bln. 1960 (in *Meisterdramen*). – Ffm./Bln. 1965 (in *SW. Centenar-Ausgabe*, Hg.

H.-E. Hass, 11 Bde., 1962–1974, 2); ern. Ffm./Bln. 1977 (in *Das dramatische Werk*, 8 Bde., 5; Ullst. Tb).

VERFILMUNGEN: Deutschland 1921 (Regie: H. Kobe). – BRD 1955 (Regie: R. Siodmak).

LITERATUR: A. Kerr, Rez. (in Der Tag, 13, 15. 1. 1911). – R. Elsner, *G. H., »Die Ratten«* (in R. E., *Moderne Dramatik in kritischer Beleuchtung. In Einzeldarstellungen*, H. 6, Bln. 1911). – K. S. Guthke, *G. H. u. die Kunstform der Tragikomödie* (in GRM, N. F. 7, 1957, S. 349–369). – Ders., *G. H. Weltbild im Werk*, Göttingen 1961. – P. Berger, *G. H.s »Ratten. Interpretation eines Dramas*, Winterthur 1961 [zugl. Diss. Zürich]. – B. v. Wiese, *Wirklichkeit u. Drama in G. H.s Tragikomödie »Die Ratten«* (in Jb. der Dt. Schiller-Ges., 6, 1962, S. 311–325). – H. J. Schrimpf, *Struktur u. Metaphysik des sozialen Schauspiels bei G. H.* (in *Literatur u. Gesellschaft vom 19. ins 20. Jh.*, Hg. ders., Bonn 1963, S. 274–308). – H. Rück, *Naturalistisches u. expressionistisches Drama. Dargestellt an G. H.s »Ratten« u. an Georg Kaisers »Bürger von Calais«* (in Der Deutschunterricht, 16, 1964, H. 3, S. 39–53). – B. v. Wiese, *Wirklichkeit u. Drama in G. H.s Tragikomödie »Die Ratten«* (in *G. H.*, Hg. H. J. Schrimpf, Darmstadt 1976, S. 301–318). – I. Janich, *Interpretationen der Frau John: Studien zur Rezeptionsgeschichte von G. H.s Tragikomödie »Die Ratten«*, Diss. Wien 1978. – B. Stuhlmacher, *»Vom Teil zur Einheit des Ganzen ...«* (in Zs. für Germanistik, 4, 1983, H. 1, S. 5–24). – K. Hildebrandt, *Naturalistische Dramen G. H.s »Die Weber«, »Rose Bernd«, »Die Ratten«. Thematik, Entstehung, Gestaltungsprinzipien, Struktur*, Mchn. 1983. – E. W. B. Hess-Lüttich, *Soziale Interaktion u. literarischer Dialog*. Bd. 2: *Zeichen u. Schichten in Drama u. Theater: G. H.s »Ratten«*, Bln. 1985. – H. D. Tschörtner, *Ungeheures erhofft. Zu G. H., Werk u. Wirkung*, Bln. 1986, S. 47–57; 300 f. – R. Ziesche, *Mutter John u. ihre Kinder. Zur Vor- u. Textgeschichte der »Ratten«* (in *H.-Forschung. Neue Beiträge*, Hg. P. Sprengel u. P. Mellen, Ffm./Bern 1986, S. 225–248).

ROSE BERND

Schauspiel in fünf Akten von Gerhart HAUPTMANN, Uraufführung: Berlin, 31. 10. 1903, Deutsches Theater. – Zwischen *Fuhrmann Henschel* (1898) und *Der rote Hahn* (1901) sowie *Und Pippa tanzt* (1905) und *Die Ratten* (1910) entstanden, gehört *Rose Bernd* zu Hauptmanns sozialen Dramen. Der aktuelle Anlaß für die Tragödie der von ihrer Umwelt zum äußersten getriebenen Bauernmagd war ein Gerichtsverfahren in Hirschberg gegen eine des Meineids und Kindsmords angeklagte Landarbeiterin, an dem Hauptmann als Geschworener teilnahm. Bedeutsamer als dieser authentische Hintergrund ist jedoch die Tatsache, daß das Schauspiel in einer motivgeschichtlichen Tradition steht, die von der Literatur des Sturm und Drang ausgeht. Am Motiv des Kindsmords entwickelten J. W. v. GOETHE (in der Gretchentragödie des *Urfaust*, 1772–1775) und vor allem H. L. WAGNER (*Die Kindermörderinn*, 1776) eine vehemente Kritik an der verlogenen Moral der herrschenden Gesellschaft, an den krassen Standesunterschieden zwischen Adel und Bürgertum und an der inhumanen Härte des Strafvollzugs. Darüber hinaus ordnet sich *Rose Bernd* in die Tradition des bürgerlichen Trauerspiels ein, die Hauptmann freilich *»um die ganze Dimension der durch die moderne Industrialisierung und Wirtschaftsstruktur bedingten gesellschaftlichen Wirklichkeit bereichert«* (H. J. Schrimpf). Geschult an der naturalistischen Darstellungstechnik vertieft Hauptmann die vordergründige Gestaltung eines handlungsbezogenen Konflikts durch dessen psychologische und sozialkritische Analyse. So geschehen auch die wesentlichen Ereignisse in diesem dumpfen und durch die Dialektfärbung atmosphärisch dicht gezeichneten schlesischen Kleinbürgermilieu vor und zwischen den Akten, während das Schauspiel selbst auf deren Enthüllung angelegt ist.

Rose Bernds Liebesverhältnis mit dem Erbscholtiseibesitzer Christoph Flamm gehört zu Beginn des Schauspiels bereits der Vergangenheit an. Sie ist bereit, den bieder-frommen Buchbinder August Keil zu heiraten, den ihr der Vater bestimmt hat. Ihre letzte Begegnung mit Flamm wird aber von dem Maschinisten Streckmann, einem prahlerischen und brutalen Weiberhelden, belauscht. Er, der bei Rose abgeblitzt ist, verfolgt sie nun mit erpresserischen Drohungen und beantwortet ihr Flehen mit Vergewaltigung. Noch scheint sie sich aus ihrer Not befreien zu können. Frau Flamm, der Rose anvertraut, daß sie schwanger ist, bietet ihr Trost und Hilfe. Rose drängt nun auf baldige Hochzeit, erhofft dabei von Keil Verzeihung für ihren Fehltritt und glaubt an Streckmanns Stillschweigen. Eine Auseinandersetzung zwischen dem alten Bernd und Keil mit Streckmann, der Rose wieder bedrängt, hat jedoch verhängnisvolle Folgen: Öffentlich beschuldigt Streckmann Rose, *»mit all'r Welt a Gestecke«* zu haben. Der alte Bernd, in seiner Ehre tief verletzt, sucht Recht vor Gericht. Rose schwört einen Meineid. *»Ich hoa mich geschaamt!«* entgegnet sie Frau Flamm, die ihr zwar immer noch helfen will, auch als sie weiß, daß Roses Kind von ihrem Mann ist, aber den Meineid nicht begreifen kann. Auch Flamm, in seinem Sexualprestige durch Streckmanns »Erfolg« beleidigt, zieht sich von Rose zurück. Bei ihrem Vater kann sie gleichfalls nicht auf Verständnis hoffen. Er hat ihr schon früher gedroht: *»Da lägst du längst uff d'r Straße draußen! Aso ane Tochter hätt ich nich.«* Verzweifelt, von allen verstoßen, bringt Rose ihr neugeborenes Kind um. Der Schlußakt in der Stube des alten Bernd verdeutlicht die totale Einsamkeit, die diese kleinbürgerlich-selbstgerechte Welt umfangen hat: *»Jeder steht am Schluß allein da. Und die Heldin, die einen Zusammenhang nicht sieht: die, ohne recht zu wissen, wie, von der Lichtseite

auf die Schattenseite kommt, hat am Schluß ein aufdämmerndes Gefühl von dem großen allgemeinen Verlassensein der Menschen. In dieser Trauer liegt die letzte Wahrheit« (A. Kerr).
Hauptmanns Drama ist nicht mehr auf den Konflikt verschiedener Standesebenen bezogen und übersteigt die implizite Gesellschaftskritik. Es begreift menschliches Leid als elementares und unausweichliches Schicksal, das alle Figuren erfaßt und von Hauptmann im *Griechischen Frühling* (1907) als *»die schaudernde Anerkennung unabirrbarer Blutbeschlüsse der Schicksalsmächte«* gedeutet wird: *»... keine wahre Tragödie ohne den Mord, der zugleich wieder jene Schuld des Lebens ist, ohne die sich das Leben nicht fortsetzt, ja, der zugleich immer Schuld und Sühne ist.«* Damit ist jedoch keineswegs die Orientierung am klassischen Begriff der Tragik postuliert. Zwar folgen der äußere Aufbau des fünfakten Dramas mit Peripetie und Katastrophe wie seine Stoff- und Motivwelt dem klassischen Schema; aber das Fehlen des für die Tragödie der deutschen Klassik entscheidenden Strukturmerkmals der Intrige verweist bereits auf grundlegende Unterschiede. Die das reduzierte Bewußtsein der Figuren übersteigende Tragik entzieht sich individueller Handlungsfreiheit und geht im erbarmungslosen Mechanismus des determinierten Geschehens auf. In der Ohnmacht des zum Objekt erniedrigten Menschen ist der Ursprung seines Leidens zu suchen; *»Es wird als tragisches Leid von Hauptmann begriffen, weil er den Weltgrund selbst ... als endlosen Kampf, Qual und Leiden versteht. Not, Verzweiflung und Verbrechen, Mord, Selbstmord, Ehebruch, Kindesraub oder Kindesmord, welche Gestalt immer dieses Leiden in seinem dichterischen Werk angenommenhat, es trifft den Menschen mehr als passiv Duldenden denn als Täter seines Tuns«* (H. J. Schrimpf). G.R.

Ausgaben: Bln. 1903. – Bln. 1943 (in *GW*, AlH, Bd. 4). – Bln. 1956 (in *Die großen Dramen*). – Ffm./Bln. 1965 (in *SW. Centenar-Ausgabe*, Hg. H.-E. Hass, 11 Bde., 1962–1974, 2); ern. Ffm./Bln. 1977 (in *Das dramatische Werk*, 8 Bde., 3; Ullst. Tb).

Verfilmungen: Deutschland 1919 (Regie A. Halm). – BRD 1956 (Regie: W. Staudte).

Literatur: A. Kerr, *»Rose Bernd«. Erstaufführung im Deutschen Theater* (in Der Tag, 515, 3. 11. 1903). – E. Wulffen, *G. H.s »Rose Bernd« vom kriminalistischen Standpunkt* (in Juristisch-psychiatrische Grenzfragen, 4/3, 1906/07, S. 13–23). – H. Levin, *Der Verbrecher im deutschen Drama von Lessing bis H.*, Braunschweig 1916 [zugl. Diss. Gießen]. – K. Schröder, *Die Grundlagen von G. H.s »Rose Bernd«*, Diss. Rostock 1921. – H. J. Schrimpf, *H., »Rose Bernd«* (in *Das deutsche Drama vom Barock bis zur Gegenwart*, Hg. B. v. Wiese, Bd. 2, Düsseldorf 1958, S. 166–185). – K. Hoyer, *G. H. u. das Recht. Versuch einer Deutung*, Diss. Würzburg 1959. – W. Emrich, *Der Tragödientypus G. H.s* (in W. E., *Protest u. Verheißung. Studien zur klassischen u. modernen Dichtung*, Ffm./Bonn 1960, S. 193–205). – W. Butzlaff, *Die Enthüllungstechnik in H.s »Rose Bernd«* (in Der Deutschunterricht, 13, 1961, H. 4, S. 59–70). – K. S. Guthke, *G. H. Weltbild im Werk*, Göttingen 1961. – T. E. Frank, *The Criminal in the Works of G. H.*, Diss. Michigan 1970/71. – K. Brinkmann, *Erl. zu G. H.s »Rose Bernd«*, bearb. v. R. Hippe, Hollfeld 1981. – G. Pilz, *G. H. »Rose Bernd«* (in G. P., *Deutsche Kindermord-Tragödien*, Mchn. 1982, S. 89–110; 129–131; 135 f.). – K. Hildebrandt, *Naturalistische Dramen G. H.s »Die Weber«, »Rose Bernd«, »Die Ratten«. Thematik, Entstehung, Gestaltungsprinzipien, Struktur*, Mchn. 1983.

UND PIPPA TANZT! Ein Glashüttenmärchen

Drama in vier Akten von Gerhart Hauptmann, Uraufführung: Berlin, 19. 1. 1906, Lessingtheater. – Der Niederschrift des *Pippa*-Märchens gingen viele Jahre umfangreicher Studien jener schlesischen Sagenwelt voraus, die den Hintergrund der zwischen Realität und Irrealität angesiedelten Handlung bildet. Schon 1897 griff Hauptmann in einem Plan zu dem Drama *Kynast* Sagen des Riesengebirges auf; das Fragment *Galahad*, an dem er seit 1907 arbeitete, nimmt diesen Sagenkreis wieder auf; schließlich finden sich charakteristische Motive und Figuren aus *Und Pippa tanzt!* bereits vorgeformt in dem 1903 entstehenden Romanfragment *Der Venezianer*. Möglicherweise ließ sich Hauptmann auch von Robert Brownings Verserzählung *Pippa Passes* (1841) anregen.
Waldarbeiter, kartenspielende Glasbläser und ein Glashüttendirektor, *»der statt zu rechnen Träume hat«*, sind in einer Winternacht Gäste in einer schlesischen Gebirgsschenke. Später gesellen sich dazu der alte Glasbläser Huhn und Michel Hellriegel, ein halb erfrorener, Okarina spielender Handwerksbursche, der *»was ganz Besonderes erlernen will«*. Während Pippa, die Tochter eines italienischen Glaskünstlers, auf Verlangen des Direktors mit dem monströsen Huhn tanzt, kommt es zu einer Schlägerei; das allgemeine Durcheinander benützt Huhn, um das zarte Mädchen in seine Hütte zu entführen. Dort findet Hellriegel sie wieder, befreit sie und macht sich mit seiner *»Märchenprinzessin«* auf den Weg nach Süden. Einen Tag lang kämpfen sie sich durch den Schneesturm und erreichen mit letzter Kraft die Baude (Berghütte) des einsam lebenden alten Wann, einer mit übernatürlichen Fähigkeiten begabten *»mythischen Persönlichkeit«*. Trotz der prahlerischen Plumpheit seines Verhaltens gegen Wann darf Hellriegel hier wenigstens in einem hypnotischen Traum das Ziel seiner Wünsche, die glanzvolle Wasser- und Glasmacherstadt Venedig, sehen. Die magische Kraft der Phantasie wird sichtbar in der Erzählung dieses Traumbilds, die in einer höchst kunstvollen, von der sonst vorherrschenden oberschlesischen Dia-

lektprosa sich abhebenden Verssprache abgefaßt ist. Wann entdeckt Huhn, der in Pippas Kammer einzudringen versucht; nach kurzem Zweikampf bricht Huhn mit einem Schrei zusammen. Hellriegel, den Wann beauftragt, vor der Hütte Eis für die Behandlung des Alten zu holen, erblickt die Eisdämonen und erblindet. Im Todeskampf liegend, verführt Huhn Pippa nochmals zum Tanzen, der Warnung Wanns zum Trotz. Der erblindete Hellriegel bläst auf seiner Okarina, Huhn trommelt *»mit den Fäusten tobsuchtsartig den Tanzrhythmus Pippas nach«*. Eines von Wanns venezianischen Gläsern zerbricht in Huhns Faust, die Scherben klirren zu Boden; im gleichen Augenblick sinkt auch Pippa tot um. *»Das Spiel klingt aus in der Resignation eines letzten Dialogs zwischen Wann, der seiner Ohnmacht bewußt ist, und dem erblindeten Hellriegel, der Pippas Tod nicht wahrnimmt und zuversichtlich, dem inneren Lichte folgend, weiterwandert«* (W. Rasch). Hauptmanns Hinwendung zur Märchenwelt ist durchaus nicht als eine Flucht aus der Wirklichkeit anzusehen. Im zentralen Bild des erkalteten Glasofens spiegelt sich eine finstere und kalte Welt wider. Das Feuer im Glasofen, das für das elementare Leben steht, ist erloschen; nur ein Restchen dieses Feuers, ein *»Fünkla«*, existiert noch in der zentralen Gestalt Pippas, der alle Figuren in ihren Wünschen und Sehnsüchten zugeordnet sind. In Pippa ist der Hoffnungsfunke allegorisiert, von dem eine heillos auseinandergebrochene Welt noch einmal mythische Einheit erwartet. Diese in der Verzauberung von Natur und Mensch aufscheinende Einheit nimmt, wenn auch unzulänglich und gebrochen, in Hellriegel wie im alten Huhn Gestalt an und erreicht in Wann ihren mystischen Höhepunkt.

Wie sehr in *Und Pippa tanzt!* aber auch Probleme der Kunst zur Darstellung gelangen, bezeugt eine Äußerung Hauptmanns aus dem Jahre 1937, die zugleich über das Verhältnis von Dichter und Werk Auskunft gibt: *»Im Dichter ist Hellriegel das reine, naive, kindlich-gläubige Element, Huhn die Kraft des rohen und wilden Triebes, der Direktor das, was zynisch an dem Triebe schmarutzt, zugleich das Genießerische auf Grund kalten Raffinements – aber auch etwas mehr. Wann ist das Überlegene, Hohe, Gestalthafte des Dichters selbst. Er ist, was dieser sein möchte: Herr im Spiel. Er hat gleichsam den zartesten, reinsten und jugendlichsten Teil seiner Leidenschaft in Hellriegel objektiviert und in der Liebe zwischen Pippa und ihm. Er protegiert diesen Teil seines Wesens, nimmt ihn in seinen besonderen Schutz, kann aber nicht hindern, daß er in tiefe und schmerzliche Tragik ausläuft.«* G.R.

AUSGABEN: Bln. 1906. – Bln. 1943 (in *GW*, AlH, Bd. 4). – Bln. 1965 (in *Die großen Dramen*). – Ffm./Bln. 1965 (in *SW. Centenar-Ausgabe*, Hg. H.-E. Hass, 11 Bde., 1962–1974, 2); ern. Ffm./Bln. 1977 (in *Das dramatische Werk*, 8 Bde., 3; Ullst. Tb). – Stg. 1984 (RUB).

VERTONUNG: A. Ruppert, *Und Pippa tanzt* (Oper; Urauff.: Münster, 14. 2. 1990, Städt. Bühnen).

LITERATUR: K. Haenisch, *G. H. u. das deutsche Volk*, Bln. 1922. – E. Locher, *Die Venedigersagen*, Diss. Freiburg i. B. 1922. – O. Rommel, *Die Symbolik von G. H.s Glashüttenmärchen »Und Pippa tanzt!«* (in Zs. für Deutschkunde, 36, 1922, S. 385–402). – H. Friedrich, *Kommentar zu H.s »Pippa« u. zur »Versunkenen Glocke«*, Lpzg. 1923. – F. A. Voigt, *Das Kynast-Fragment* (in G.-H.-Jb., Bd. 1, Breslau 1936). – G. Bianquis, *La femme-enfant dans l'œuvre de G. H.* (ebd., Bd. 2, Breslau 1937, S. 131–139). – C. F. W. Behl, *Die Metamorphosen des alten Wann* (ebd., 1948, S. 95–116). – R. Mülher, *Kosmos u. Psyche in G. H.s Glashüttenmärchen »Und Pippa tanzt!«* (in R. M., *Dichtung der Krise*, Wien 1951, S. 291–406). – F. Mehring, *»Und Pippa tanzt«* (in F. M., *Aufsätze zur dt. Literatur von Hebbel bis Schweichel*, Bln. 1961, S. 36–40). – C. F. W. Behl, *G. H.s schöpferisches Venedig-Erlebnis* (in Jb. der Dt. Schiller-Ges., 6, 1962, S. 326–339). – G. Hauptmann, *»Und Pippa tanzt«* (in G. H., *Die Kunst des Dramas; über Schauspiel u. Theater*, Hg. M. Machatzke, Bln. 1963, S. 108–112). – W. Rasch, *G. H.s Drama »Und Pippa tanzt!«* (in W. R., *Zur dt. Literatur seit der Jh.wende*, Stg. 1967, S. 96–113; zuerst 1958). – E. A. McCormick, *G. H.s »Und Pippa tanzt!«* (in *Theatrum Mundi*, Hg. E. R. Haymes, Mchn. 1980, S. 93–108). – M. Grieger, *Die Symbolik in G. H.s Glashüttenmärchen »Und Pippa tanzt!«. Eine tiefenpsychologische Deutung nach der Jungschen Schule*, Diss. Bln. 1985.

VOR SONNENAUFGANG

Soziales Drama in fünf Akten von Gerhart HAUPTMANN, Uraufführung: Berlin, 20. 10. 1889, Lessingtheater. – Die in einen Skandal mündende Uraufführung durch den Verein »Freie Bühne« bedeutete nicht nur für den Autor, sondern für die naturalistische Bewegung insgesamt den spektakulären Durchbruch auf dem deutschen Theater. A. HOLZ feierte das Stück als *»das beste Drama, das jemals in deutscher Sprache geschrieben«* wurde, auch Th. FONTANE bemerkte unter dem Eindruck des Werks mit Richtung auf die offiziöse Kritik des Wilhelminischen Staates, die der neuen Kunstrichtung nur Ressentiments entgegenbrachte: *»Es ist töricht, in naturalistischen Derbheiten immer Kunstlosigkeit zu vermuten. Im Gegenteil, richtig angewandt (worüber dann freilich zu streiten bleibt) sind sie ein Beweis höchster Kunst.«* Mit Hauptmanns *Vor Sonnenaufgang* vollzieht das deutsche Drama den Anschluß an die Weltliteratur, an literarische Strömungen, die in Frankreich, Skandinavien und Rußland mit den Werken E. ZOLAS, H. IBSENS und L. TOLSTOJS sich bereits durchgesetzt hatten und deren Einflüsse auf Hauptmann unverkennbar sind.

Der Verkauf seiner kohlefündigen Felder hat den schlesischen Bauern Krause reich gemacht. Müßiggang und Trunksucht bestimmen nunmehr seine Tage. Zweimal nur erscheint er auf der Szene, beide

Male torkelt er in den frühen Morgenstunden johlend nach Hause. Seine ältere Tochter, verheiratet mit dem Ingenieur Hoffmann, der seine sozialistischen Jugendideen längst zugunsten rücksichtsloser Profitmacherei über Bord geworfen hat, ist ebenfalls alkoholsüchtig. Krause wird von seiner zweiten Frau betrogen, er selbst stellt seinen Töchtern nach, Hoffmann giert nach Helene, der jüngeren Tochter Krauses, die, dem Wunsch ihrer verstorbenen Mutter entsprechend, in Herrenhut erzogen wurde und in ihrer Reinheit inmitten der Familie ein Leben des Leidens erduldet. In dieses Milieu kommt Alfred Loth, ein Jugendfreund Hoffmanns, um eine sozialkritische Studie über das schlesische Kohlerevier zu schreiben. Mit äußerster Prinzipienstarrheit und leidenschaftlichem Einsatz verfolgt Loth seine sozialreformerischen Ideen. Sein *»Kampf ist ein Kampf um das Glück aller«*. Helene, die an Loth glaubt, hofft auf Befreiung aus ihrer verkommenen Umwelt. Loth sieht in ihr freilich mehr die »Aufgabe«, die sich seinem Reformdogmatismus stellt. Ohne Skrupel und Zögern zerstört er dann auch die aufkeimende Liebe und verläßt Helene, als er vom Alkoholismus ihrer Familie erfährt. Mit seinen Anschauungen über Vererbung und Rassenhygiene läßt sich dies nicht vereinbaren. Helene, deren letzte Hoffnung zunichte ist, ersticht sich.

Vor dem düsteren Hintergrund der Kohlengruben und ihrer Arbeiter scheint sich eine Familientragödie abzuspielen. Doch zur Tragödie im herkömmlichen, klassischen Sinn kommt es gar nicht mehr. Das Bewußtsein von Tragik fehlt, zu eigenverantwortlichem Handeln sind die Figuren nicht imstande. Opfer, nicht Heldin, ist Helene. *»Der Mensch als gehetzte und unerlöste Kreatur, als von allem Anfang her gezeichnete Figur des Leidens, ist der Gegenstand auch der im engeren Sinne sozialen Dramen Gerhart Hauptmanns«* (H.-J. Schrimpf). Wenn auch äußerliche Formkriterien die Erfüllung der Regeln klassischer Poetik vermuten lassen, so sind es doch gerade diese Konventionen, die durch das Stück in Frage gestellt werden. Vor allem das Vertrauen zur Sprache, die überdies in ein Spannungsverhältnis von Dialekt und Hochsprache eintritt, scheint verloren. Gebärde und stummes Spiel übernehmen vielfach die Funktion der Rede. Ausführliche Regieanweisungen markieren die Tendenz zum Epischen, die für das soziale Drama kennzeichnend ist. Sie entfaltet sich hier aus der Familienthematik: Formen des Zerfalls, unverbundenes Nebeneinander der Menschen, treten an die Stelle gewohnter Harmonie und Einheit. So bedarf es auch der – in der literaturwissenschaftlichen Forschung bis heute kontrovers diskutierten – Figur des Alfred Loth, der von außen kommt, damit die dramatische Handlung überhaupt entstehen kann: *»Der Besuch Loths bei der Familie Krause gestaltet im Thematischen das formbegründende Herantreten des Epikers an seinen Gegenstand«* (P. Szondi). Hauptmanns dramatischer Erstling steht damit am Beginn jener Dramen der Moderne, denen die eigene Gattung zum Problem geworden ist. G.R.

Ausgaben: Bln. 1889. – Bln. 1943 (in *GW*, AlH, Bd. 1). – Gütersloh 1953. – Bln. 1959. – Ffm./Bln. 1966 (in *SW. Centenar-Ausgabe*, Hg. H.-E. Hass, 11 Bde., 1962–1974, 1); ern. Ffm./Bln. 1977 (in *Das dramatische Werk*, 8 Bde., 1; Ullst. Tb).

Literatur: W. A. Reichardt, *H. before »Vor Sonnenaufgang«* (in JEGPh, 28, 1929, S. 518–531). – R. Stecher, *Erläuterungen zu G. H.s Drama »Vor Sonnenaufgang«*, Lpzg. 1933. – E. Krause, *G. H.s frühe Dramen im Spiegel der Kritik*, Diss. Erlangen 1952. – P. Szondi, *Theorie des modernen Dramas*, Ffm. 1956; ^{2}1963, S. 62 ff. – L. R. Shaw, *Witness of Deceit. G. H. as Critic of Society*, Berkeley/Los Angeles 1958. – H.-J. Schrimpf, *Struktur u. Metaphysik des sozialen Schauspiels bei G. H.* (in *Literatur und Gesellschaft. Fs. f. B. v. Wiese*, Bonn 1963, S. 273–308). – R. Goetze, *Von Sonnenaufgang bis Sonnenuntergang. G. H.s Berliner Beziehungen*, Bln. 1971. – Th. Fontane, *G. H. »Vor Sonnenaufgang«. Aufführung vom 20. 10. 1889* (in *G. H.*, Hg. H. J. Schrimpf, Darmstadt 1976, S. 10–18; zuerst 1889). – H. D. Tschörtner, *Ein Theaterskandal: »Vor Sonnenaufgang«* (in H. D. T., *Ungeheures erhofft. Zu G. H., Werk u. Wirkung*, Bln. 1986, S. 9–19, 297 f.; zuerst 1964).

DIE WEBER. Schauspiel aus den vierziger Jahren

Soziales Drama von Gerhart Hauptmann; Uraufführung: 26. 2. 1893, Neues Theater, als private Veranstaltung der »Freien Bühne« Berlin; erste öffentliche Aufführung: 25. 9. 1894, Deutsches Theater, Berlin; erschienen 1892. Neben der dem Hochdeutschen angenäherten Fassung erschien gleichzeitig die ursprüngliche schlesische Dialektfassung des Dramas *De Waber* (abgeschlossen Ende 1891).

Die historischen Vorgänge, die Hauptmann seiner Dichtung zugrunde legt, spielten sich im Juni 1844 in den schlesischen Orten Kaschbach, Langenbielau und Peterswaldau ab, als ein spontaner Aufstand der von ihren Arbeitgebern ausgebeuteten Weber mit militärischer Gewalt niedergeschlagen wurde. Erzählungen von den menschenunwürdigen Lebensverhältnissen der schlesischen Leinenweber, die im Laufe des 19. Jahrhunderts wiederholt durch Aufstände ihre Lage zu verbessern suchten, wurden in Hauptmanns Familie überliefert, wie der Autor in seiner Widmung des Weber-Dramas an seinen Vater Robert H. bezeugt. Den Plan zu einer dramatischen Behandlung des Themas faßte Hauptmann 1888 in Zürich. Es folgten detaillierte historische Studien sowie zwei Informationsreisen in das schlesische Webergebiet im Frühjahr 1891, wo Hauptmann das *»Elend in seiner klassischen Form«* kennenlernte. Als Quellenwerk benutzte er die auf Dokumentation gegründete Schrift *Über die Noth der Leinenarbeiter in Schlesien und die Mittel ihr abzuhelfen* von Alexander

SCHNEER, die im Juli 1844, also unmittelbar nach dem von Hauptmann dramatisierten Aufstand, erschienen war und Mitteilungen enthielt, die direkt in die Konzeption des Dramas eingingen. Ferner orientierte sich Hauptmann an Alfred ZIMMERMANNS *Blüthe und Verfall des Leinengewerbes in Schlesien* (1885) sowie vor allem an Wilhelm WOLFFS *Das Elend und der Aufruhr in Schlesien* (1845), einer präzisen Analyse, die die Ereignisse des Aufstandes dokumentarisch wiedergibt und aus der Hauptmann das *Weberlied* übernahm.

Hauptmann behält die traditionelle Fünfaktigkeit bei. Dieses Formschema dient jedoch nicht mehr einem geschlossenen und kontinuierlichen dramatischen Prozeß, es stützt vielmehr die auf Wirkung und Kontrast angelegte Spannungskurve und ermöglicht die ökonomische Gliederung der verschiedenen Stoffkomplexe. Der erste Akt gibt eine allgemeine Charakteristik der Situation. Die Weber liefern im Hause des Fabrikanten Dreißiger (dessen historisches Vorbild ein zu Reichtum gelangter Unternehmer namens Zwanziger ist) ihren Parchent ab und nehmen ihren Hungerlohn in Empfang. Der Profitgier des Unternehmers steht auf der Seite der Lohnarbeiter die Angst vor dem Verlust ihrer Aufträge gegenüber. Der offen revolutionäre Ton, den der »rote Bäcker« anschlägt, rückt einen gewaltsamen Konflikt in greifbare Nähe. Der zweite Akt stellt der Massenszene des ersten die intime Familienszene gegenüber: Die Auswirkungen des Weberelends werden am Beispiel einer betroffenen Familie vorgeführt. Der in die Heimat zurückgekehrte Moritz Jäger begeistert die an ihrer Lage verzweifelten Weber mit dem sogenannten *Dreißicherlied: »Hier im Ort ist en Gericht, / noch schlimmer als die Vehmen, / Wo man nicht erst ein Urteil spricht, / das Leben schnell zu nehmen. / – Hier wird der Mensch langsam gequält, / hier ist die Folterkammer, / hier werden Seufzer viel gezählt / als Zeugen von dem Jammer.«* Der Wunsch nach Verbesserung der Lage artikuliert sich unmittelbar im Anschluß an das Lied: *»Und das muß anderscher wern ... jetzt uf der Stelle. Mir leiden's nimehr!«* – Die zunehmende Unruhe unter den Webern veranlaßt die Behörden, das Weberlied zu verbieten, wordurch sie erbitterte Reaktionen der Betroffenen auslösen. Die revolutionäre Stimmung schlägt im vierten Akt in Aktion um. Die Aufständischen dringen plündernd und zerstörend in Dreißigers Villa ein und zwingen die Besitzer zur Flucht. Pastor Kittelhaus, ein Verfechter der bestehenden Verhältnisse, die auf der gemeinsamen Interessenbasis von Thron und Altar gründen, wird bei dem Versuch, die aufgebrachte Menge zu besänftigen, mißhandelt. Der Schlußakt zeigt aus der privaten Perspektive der Familie Hilse die Entfaltung des Aufstandes und nimmt am Ende die Ahnung seiner Niederlage symbolisch vorweg. Der alte Hilse, der aufgrund seiner religiösen Überzeugung den Aufstand verurteilt, findet als Unbeteiligter den Tod.

Eine eindeutige Festlegung der Tendenz des Weber-Dramas verbietet sich gerade von dieser Schlußwendung der Hilse-Handlung her, die als eine tragisch-ironische Zusammenfassung des ganzen Dramas erscheint; P. SZONDI sprach gar vom Umschlag des Revolutionsdramas in eine *»beinah zynisch gezeichnete Märtyrertragödie«*. Hauptmann selbst wandte sich gegen die Auffassung, sein Drama sei ein sozialrevolutionäres Tendenzstück, was für ihn einer *»Herabwürdigung der Kunst«* gleichkäme. Obwohl er auch von dem *»Zwangsgedanken sozialer Gerechtigkeit«* spricht, betont er, daß die *»christliche und allgemein menschliche Empfindung, die man Mitleid nennt«* als Motivation zu nennen sei. Ganz in Hauptmanns Sinn spricht Alfred KERR in einer bekannten *Weber*-Rezension von einem Drama, in dem *»bloße Volkswirtschaft zur Menschlichkeit geworden ist«*. Andere Bewunderer Hauptmanns setzen die sozialkritische Bedeutung des Dramas allerdings höher an. So vertritt Julius HART die Ansicht, in den *Webern* atme ein *»revolutionärer Geist, so ernst und so entschieden, wie in den »Räubern« und in der »Kabale und Liebe«, hier fließt der sozialdemokratische Ingrimm unserer Zeit ... in purpurroten Blutwellen dahin ...«*.

Die Hilse-Handlung kann weder als resignative Zurücknahme des revolutionären Elans interpretiert werden noch im Sinne eines revolutionären Aktionismus, der das private Schicksal dem ideologischen Entwurf opfert. An der Offenheit des Dramenschlusses entzündete sich die kritische Auseinandersetzung mit dem Stück. B. BRECHT sah im Tendenzgehalt der *Weber »in Bezug auf die Gesellschaft nicht mehr, als das »Milieu« gibt«*. Th. FONTANE macht dagegen eine Formtradition dafür verantwortlich, daß Hauptmann sich genötigt fand, *»das, was ursprünglich ein Revolutionsstück sein sollte, schließlich als Anti-Revolutionsstück ausklingen zu lassen. Es ließ sich nicht anders thun, nicht blos von Staats- und Obrigkeits-, sondern ... auch von Kunst wegen. Todessühne, Zugrundegehen eines Schuldigen, das ist ein Tragödienschluß, Radau und Spiegelzertrümmerung nicht ...«* Diese Äußerung weist darauf hin, wie aus der Aufnahme sozialer Thematik ein dramatisches Formproblem erwächst, das kennzeichnend für die Entwicklung des modernen Dramas ist. Der konventionelle, Lösungen nur andeutende Schluß des Weber-Dramas hat keine symbolische Repräsentanz mehr, da das Einzelschicksal hinter der sozialen Thematik der Masse zurücktritt. Hauptmann eröffnet hier ansatzweise die Entwicklung einer modernen dialektischen Dramenform mit differenzierter offener Tendenz. Diese neue Formorientierung verändert die Struktur des Tragischen in dem Maße, wie der Held durch das Vordringen der Massenproblematik in die passive Rolle gedrängt wird und nur noch jeweils eine Gruppe zu repräsentieren hat. Tragik wird nicht mehr im individuellen Sprechen der Einzelperson artikuliert, sondern aus distanzierter epischer Sicht gezeigt, wobei die Verwendung des Dialekts – häufig mißverstanden als Stilmittel einer vordergründigen naturalistischen Mimesis – diesen Abstand sichtbar macht. Ein Beispiel für die Tendenz der Episierung ist die Leitmotivfunktion des Weberliedes.

Dem Ruf der *Weber* als Kampfstück, das eines der ungelösten zentralen Probleme der Gründerjahre-Gesellschaft zur Diskussion stellte, war die Kulturpolitik der Wilhelminischen Zensurbehörden eher förderlich. Diese versuchten, die Aufführung der *Weber* zu verhindern, mit der Begründung, die im Drama enthaltenen Schilderungen seien dazu angetan, Klassenhaß zu erzeugen und könnten zu *»einem Anziehungspunkt für den zu Demonstrationen geneigten Teil der Bevölkerung Berlins«* werden. Es bedurfte langer gerichtlicher Auseinandersetzungen, ehe das Kgl. Preußische Oberverwaltungsgericht das Verbot der *Weber* aufhob, was Wilhelm II. nicht hinderte, wegen der *»demoralisierenden Tendenz«* der *Weber* die kaiserliche Loge im Deutschen Theater zu kündigen. U.H.

Ausgaben: Bln. 1892. – Bln. 1892 (*De Waber*; Dialektfassg.). – Bln. 1943 (in *GW*, AlH, Bd. 2). – Bln. 1956 (in *Die großen Dramen*). – Bln. 1963, Hg. H. Schwab-Felisch. – Ffm./Bln. 1966 (in *SW. Centenar-Ausgabe*, Hg. H.-E. Hass, 11 Bde., 1962–1974, 1); ern. Ffm./Bln. 1977 (in *Das dramatische Werk*, 8 Bde., 2; Ullst. Tb).

Bearbeitung: L. Wulff, *Die Weber oder Die eigentlichen Morituri von Rautendelein Hauptmann*, Lpzg./Baden-Baden 1898.

Vertonung: V. Nejedlý, Pilsen 1961.

Verfilmung: Deutschland 1927 (Regie: F. Zelnik).

Literatur: S. D. Stirk, *Aus frühen »Weber«-Kritiken* (in G.-H.-Jb., 1948, S. 190–210). – E. Wawersich, *Vergleichende Betrachtung von Zolas »Germinal« u. H.s »Webern«*, Diss. Wien 1950. – H. W. Emrich, *Der Tragödientypus G. H.s* (in Deutschunterricht, 5, 1953, H. 3). – P. Szondi, *Theorie des modernen Dramas*, Ffm. 1956; ern. 1963 (es). – K. May, *H.s »Weber«* (in *Das deutsche Drama*, Hg. B. v. Wiese, Bd. 2, Düsseldorf 1958, S. 157–165). – H. Rabl, *Die dramatische Handlung in G. H.s »Webern«*, Walluf b. Wiesbaden 1973 [zuerst 1928]. – F. Mehring, *G. H.s »Weber«* (in F. M., *Werkauswahl*, Bd. 3, Ffm. u. a. 1975, S. 170–180; zuerst 1893). – Th. Fontane, *G. H. »Die Weber«* (in *G. H.*, Hg. H. J. Schrimpf, Darmstadt 1976, S. 29 f.; zuerst 1898/99). – H. M. Wolff, *Der alte Hilse* (in *G. H.*, Hg. H. J. Schrimpf, Darmstadt 1976, S. 250–259; zuerst 1958). – R. Poppe, *G. H. »Vor Sonnenaufgang«. »Die Weber«. »Der Biberpelz«. Soziales Engagement u. politisches Theater*, Hollfeld 1978. – *G. H.s »Weber«. Eine Dokumentation*, Hg. H. Praschek, Bln. 1981. – J. Jakobs, *G. H.s »Weber«: Historien- u. Zeitstück* (in *Geschichte als Schauspiel*, Hg. W. Hinck, Ffm. 1981, S. 227–239). – L. Kroneberg, *»Die Weber«. Schauspiel aus den 40er Jahren. Von G. H.* (in *Dt. Dramen*, Bd. 2, Hg. H. Müller-Michaels, Königstein/Ts. 1981, S. 3–23). – W. H. Rey, *Der offene Schluß der »Weber«. Zur Aktualität G. H.s in unserer Zeit* (in GQ, 55, 1982, S. 141–163). – K. Hildebrandt, *Naturalistische Dramen G. H.s »Die Weber«. »Rose Bernd«. »Die Ratten«. Thematik, Entstehung, Gestaltungsprinzipien, Struktur*, Mchn. 1983. – G. Schildberg-Schroth, *G. H.: »Die Weber«. Grundlagen u. Gedanken zum Verständnis des Dramas*, Ffm., 1983. – R. Poppe, *G. H.: »Die Weber«*, Hollfeld 1984. – H.-J. Rhie, *Die epischen Elemente des Dramas »Die Weber« von G. H.* (in Dogilmunhak, 1986, H. 37, S. 105–130).

Hugo von Hofmannsthal

* 1.2.1874 Wien
† 15.7.1929 Rodaun (heute Wien-Rodaun)

Literatur zum Autor:
Bibliographien:
H. Weber, *H. v. H. Bibliographie des Schrifttums 1892–1963*, Bln. 1966. – N. Altenhofer, *Die H.-Forschung von 1964–1972* (in H.-Blätter, 1968, H. 1 – 1972, H. 9). – H. Weber, *H. v. H. Bibliographie. Werke, Briefe, Gespräche, Übersetzungen, Vertonungen*, Bln./NY 1972. – H.-A. Koch, *H. – Bibliographie 1–7* (in H.-Blätter, 1974, H. 12 – 1979, H. 21/22). – H.-A. u. U. Koch, *H. v. H. Bibliographie 1964–1976*, Freiburg i. B. 1976. – C. Köttelwesch, *H.-Bibliographie* (1979 ff., in H.-Blätter, 1980ff., H. 23 ff.).
Periodika:
Hofmannsthal-Forschungen, Hg. W. Mauser, Bd. 1 ff., Basel [ab Bd. 2 Freiburg i. B.] 1971 ff. – Hofmannsthal-Blätter, H. 1 ff., 1968 ff.
Biographien:
K. J. Naef, *H. v. H.s Wesen u. Werk*, Zürich 1938 [m. Bibliogr.]. – C. J. Burckhardt, *Erinnerungen an H.*, Basel 1943; ern. Mchn. 1964 [erw.]. – E. Hederer, *H. v. H.*, Ffm. 1960. – G. Erken, *H.-Chronik. Beitrag zu einer Biographie* (in LJb, 3, 1962, S. 239–313). – E. Coche de la Ferté, *H.*, Paris 1964; ern. 1974. – W. Volke, *H. v. H. in Selbstzeugnissen u. Bilddokumenten*, Reinbek 1968; zul. 1987 (rm).
Gesamtdarstellungen und Studien:
M. Kommerell, *H. v. H. Öffentliche Antrittsvorlesung*, Ffm. 1930. – G. Schaeder, *Die Gestalten. H. v. H. I*, Bln. 1933. – W. H. Rey, *Die Drohung der Zeit in H.s Frühwerk* (in Euph, 48, 1954, S. 280–310). – H. Broch, *H. und seine Zeit* (in H. B., *Dichten u. Erkennen. Essays*, Bd. 1, Zürich 1955, S. 43–181). – R. Borchardt: *H.s Lehrjahre (1930/54)* (in R. B., *Prosa*, Bd. 1, Stg. 1957, S. 136–162). – W. Jens, *H. und die Griechen*, Tübingen 1955. – R. Alewyn, *Über H. v. H.*, Göttingen 1958; 41978. – K. Pestalozzi, *Sprachskepsis u. Sprachmagie im Werk des jungen H.*, Zürich 1958. –

R. Brinkmann, *H. und die Sprache* (in DVLG, 35, 1961, S. 69–95). – M. Hamburger, *H.s Bibliothek. Ein Bericht* (in Euph, 55, 1961, S. 15–76). – W. H. Rey, *Weltentzweiung u. Weltversöhnung in H.s griechischen Dramen*, Philadelphia 1962. – E. Rösch, *Die Komödien H.s. Die Entfaltung ihrer Sinnstruktur aus dem Thema der Daseinsstufen*, Marburg 1963; ³1975. – R. Exner, *H. v. H.s »Lebenslied«. Eine Studie*, Heidelberg 1964. – M. Hamburger, *H. v. H. Zwei Studien*, Göttingen 1964. – G. Wunberg, *Der frühe H. Schizophrenie als dichterische Struktur*, Stg. 1965 [m. Bibliogr.]. – W. Nehring, *Die Tat bei H. Eine Untersuchung zu H.s großen Dramen*, Stg. 1966. – L. Wittmann, *Sprachthematik u. dramatische Form im Werke H.s*, Stg. 1966. – G. Erken, *H.s dramatischer Stil. Untersuchungen zur Symbolik u. Dramaturgie*, Tübingen 1967. – *H. v. H.*, Hg. S. Bauer, Darmstadt 1968 (WdF). – M. Hoppe, *Literatentum, Magie u. Mystik im Frühwerk H. v. H.s*, Bln. 1968. – G. Pickerodt, *H.s Dramen. Kritik ihres historischen Gehalts*, Stg. 1968. – M. E. Schmid, *Symbol u. Funktion der Musik im Werk H. v. H.s*, Heidelberg 1968. – K. G. Esselborn, *H. und der antike Mythos*, Mchn. 1969. – E.-O. Gerke, *Der Essay als Kunstform bei H. v. H.*, Lübeck 1970. – E. Kobel, *H. v. H.*, Bln. 1970. – R. Tarot, *H. v. H. Daseinsform u. dichterische Struktur*, Tübingen 1970. – *H. im Urteil seiner Kritiker. Dokumente zur Wirkungsgeschichte*, Hg. G. Wunberg, Ffm. 1972. – M. Stern, *H.s Wirklichkeit* (in *H.-Forschungen*, Hg. W. Mauser, Bd. 2, Freiburg i. B. 1974, S. 7–21). – P. Szondi, *Das lyrische Drama des Fin de siècle*, Ffm. 1975. – St. Sondrup, *H. and the French Symbolist Tradition*, Bern/Ffm. 1976. – W. Mauser, *H. v. H. Konfliktbewältigung u. Werkstruktur. Eine psychosoziale Interpretation*, Mchn. 1977. – C. Braegger, *Das Visuelle u. das Plastische. H. v. H. und die bildende Kunst*, Bern 1979. – H. Dengler-Bangsgaard, *Wirklichkeit als Aufgabe. Eine Untersuchung zu Themen u. Motiven in H. v. H.s Erzählprosa*, Ffm. u. a. 1983. – G. Briese-Neumann, *Ästhet-Dilettant-Narziss. Untersuchung zur Reflexion der Fin-de-siècle-Phänomene im Frühwerk H. v. H.s*, Ffm. u. a. 1985. – B. Bennett, *H. v. H. The Theaters of Consciousness*, Cambridge 1988. – W. Wiethölter, *H. oder Die Geometrie des Subjekts*, Tübingen 1989. – H.-A. Koch, *H. v. H.*, Darmstadt 1989 (EdF).

DAS LYRISCHE WERK von Hugo von HOFMANNSTHAL.

Mit den Gedichten, die der junge Hofmannsthal unter dem Pseudonym »Loris« veröffentlichte, wurde er alsbald zum *»Idol einer Generation«* (R. Borchardt). Das Bild des Autors in der literarischen Öffentlichkeit blieb, auch nachdem sich Hofmannsthal seit 1910 von der Sprachmagie des Lyrischen abgewandt hatte, weiterhin von diesem lyrischen Frühwerk geprägt. *»Der Weg von den Gedichten des zwanzigjährigen Loris zu den politischen Verworrenheiten des ›Turms‹ des Fünfzigjährigen war«*, so urteilte Gottfried BENN noch 1954 in dem Vortrag *Altern als Problem für Künstler, »der Weg von der Speisung der Fünftausend zum Einsammeln der Brocken«*. Die geringe Zahl und die ausgeprägte Eigenart der Gedichte, deren jedes gleichsam *»eine eigene Gattung«* schuf (M. Kommerell), weckten den Eindruck, als sei hier ein Kanon »moderner« Poesie nach dem Naturalismus geschaffen.

Die Gedichte einer *»Vorbereitungsstufe«* (W. Perl) seit 1887 – etwa die an NIETZSCHE geschulten Verse *Gedankenspuk* (1890) – belegen und reflektieren Epigonalität. Im Lauf des Jahres 1891 bilden sich *»die beiden Tendenzen der einfachen liedhaften Form und der reichen prunkhaften Wortkunst«* (W. Perl), des Impressionismus und des Symbolismus, heraus, die Hofmannsthals weiteres Schaffen bestimmen. Zwischen 1894 und 1897 entstehen dann Gedichte wie *Weltgeheimnis* (1894), *Ein Traum von großer Magie* (1895) und *Lebenslied* (1896), die für Hofmannsthals Selbstdeutungen stets im Zentrum seines Frühwerks stehen. Sie werden ihm, vor allem in den seit 1916 niedergeschriebenen Aufzeichnungen *Ad me ipsum*, zum Zeugnis eines *»glorreichen, aber gefährlichen Zustandes«* der Präexistenz, in dem sich Poesie in magischer Einheit mit der Welt ereigne. Nach diesem Höhepunkt lehnt sich Hofmannsthal allmählich an eine volkstümliche, gesellig liedhafte Tradition an, wie sie ihm in ARNIMS und BRENTANOS Sammlung *Des Knaben Wunderhorn* begegnete, bis sich sein Schaffen in einer Öffnung zum *»Sozialen«* auf das theatralische Gesamtkunstwerk konzentrieren wird; *»Hofmannsthals Lyrik ist nun in seiner Prosa zu finden und in den Dramen«* (H. Steiner).

Doch war die Grenze zwischen den Gattungen gerade im Frühwerk keineswegs scharf gezogen; *»Prologe«* zu Dramen anderer – etwa der berühmte *Prolog zu dem Buch »Anatol«* (1892), ein Zeugnis der Freundschaft Hofmannsthals mit Arthur SCHNITZLER – gehen in die späteren Gedichtsammlungen ein; Verse werden aus Dramenfragmenten übernommen; die lyrischen Dramen entfalten gleichsam die Rollengedichte der *»redenden Masken«*, wie sie Hofmannsthal seit 1897 in der Werkgruppe der *»Gestalten«* entwickelt hatte, zu szenischen Bildern. So hat Hermann BROCH festgestellt, daß bereits der junge Hofmannsthal *»sogar das lyrische Gedicht auf eine imaginäre Bühnenszene versetzt. ... der Dichter entwickelt die lyrische Situation nicht von ihrem Kern her, der auch der seine ist, sondern steht ihr und damit sich selber publikumshaft als Betrachter gegenüber«*. Diese Distanzhaltung, der Verzicht auf die Einheit von Ich und Welt wird, ertragen oder aufgehoben, in allen Gedichten Hofmannsthals vorausgesetzt. In den Gedichten *Zum Gedächtnis des Schauspielers Mitterwurzer* (1897), *Auf den Tod des Schauspielers Hermann Müller* (1899) und *Verse zum Gedächtnis des Schauspielers Josef Kainz* (1910) wird der Schauspieler denn auch zum Halbbruder des Dichters, der sich in alle Wesen zu verwandeln weiß und erst so, sich selbst gefährdend, den Zusammenhang der Welt herstellt. Die frühen Gedichte berufen sich zweifellos auf diese Tradition romantischer Schöpfungspoetik.

In der an Ferdinand von SAAR gerichteten *Widmung* erscheint der Dichter als der Messias der Welt, und eine Aufzeichnung *Gedicht* (Ende 1893/Anfang 1894), die aus dem Archiv der Historisch-kritischen Ausgabe am Freien Deutschen Hochstift veröffentlicht wurde, erwartet vom Dichter *»das Bilden ... mächtiger vielbeschwörender Zauberworte, deren letztes einfachstes Gott weiß, Gott ist«*.
Dieser Rückgriff auf die Romantik ist als Affront gegen jenen Wirklichkeits- und Sprachzerfall der modernen Welt konzipiert, dessen literarisches Symptom der Naturalismus ist: Eine *»schöne Wahrheit«* wird gegen *»Phrasen, Lügen, Taumel, Schein«* des *»Pöbels in den Gassen« (Tobt der Pöbel...)* gestellt; die *»didactische Ader«* in der Poesie des Tages wird – in dem Gedicht *Die Triebe* – verspottet. Der sozial engagierte Wahrheitsanspruch des Naturalismus ist in diesen Stichworten zwar mit getroffen, doch werden mit der ironischen Forderung – 1890 in einem Brief an Gustav Schwarzkopf – nach einem *»›historischen‹ Sinn«*, um Nietzsche wie Schopenhauer, eine *»Problempremiere von Ibsen«* und *»ein bißchen Proletariat«* zu genießen, die konkurrierenden Weltanschauungen der Zeit sämtlich wie jene Stilkostüme eingeschätzt, die der Historismus zur unverbindlichen Wahl ausbreitet. Forciert durch Nietzsches Kritik der Historie erfaßt das Trauma der Epigonalität, dem Hofmannsthal ein eigenes Sonett *Epigonen* (1891) widmete, über die Kunst hinaus das *»Leben«* selbst. Die Notwendigkeit einer *»schönen Wahrheit«* für wenige erwächst aus der Beliebigkeit der massenhaft vervielfältigten, historischen Lebens- und Literaturformen: *»Lüge, dein Amt liegt in der Form: Schule, Gewohnheit, Tradition«*. Das *»Leben«* selbst hingegen ist – wie gerade die Fülle unwahrer Ausdrucksformen erweist – *»halt einmal stumm« (Bild spricht)*. Die Reihe *Sonette* (1891), inspiriert von SCHOPENHAUER und Richard WAGNER, lehrt, daß der Dichter in vorsprachlichem »Mitleid« wohl die Gemeinschaft aller Kreatur fühlen und damit die lebensfremde Kunst überwinden könne. »Reden« allerdings muß er *»in Bildern ... und in Symbolen«*, Zeichen, die gerade, weil sie nicht »Leben« sind, auf das Abwesende verweisen. Der frühe Hofmannsthal formuliert diese Poetologie einer Chiffrensprache des Lebens dennoch im Traditionszitat: *»Am farbigen Abglanz haben wir das Leben«*, heißt es im *Brief an Lili* (189?) mit den Worten von GOETHES *Faust II*, der bei Hofmannsthal wie schon bei Ferdinand von Saar stets dem Verdikt dem Historismus enthoben ist.

Hofmannsthal, George und der Symbolismus

Erst die Begegnung mit Stefan GEORGE (1891) erschließt Hofmannsthal jene Formensprache der Moderne, an der sich sein eigener Stil bilden sollte; das George gewidmete Gedicht *Einem, der vorübergeht* (1891) bezeugt mit seinen ungewöhnlich zahlreichen Varianten, wie intensiv der junge Hofmannsthal den faszinierenden und beängstigenden Eindruck der Persönlichkeit des nur wenig Älteren zu verarbeiten hatte: *»Du hast mich an Dinge gemahnet, / Die heimlich in mir sind, / Du warst für die Saiten der Seele / Der nächtige flüsternde Wind«*.
George hatte Hofmannsthal mit dem französischen Symbolismus, den Gedichten BAUDELAIRES, VERLAINES und MALLARMÉS, vertraut gemacht; für einen Aufsatz Hermann BAHRS, den rührigen Mentor der Gruppe »Jung Wien«, notierte Hofmannsthal 1892 eigene Gedichte als *»meine Definitionen«* des Symbolismus, und *Mein Garten* (1891) sowie *Die Töchter der Gärtnerin* (1891) wurden von Bahr dann als *»handliche Schulbeispiele«* angeführt. Mit der Titelanspielung auf den Abschnitt *»Vom Vorübergehen«* in Nietzsches *Also sprach Zarathustra* ist dem Erweckungserlebnis, wie es die erste Strophe des Gedichtes für George schildert, jedoch bereits die Grenze gezogen; das »Vorübergehen« ist die Haltung der Lieblosigkeit angesichts der modern städtischen Massenzivilisation und der geistfremden Sprache der Zeitungen. Das Fehlen der *»Liebe«*, von George in seiner brieflichen Reaktion auf Hofmannsthals Gedicht enttäuscht vermerkt, wurde dort also durch Nietzsches Text aus dem autobiographischen in einen poetologischen Zusammenhang versetzt. Deutlicher schildert das zweite George-Gedicht Hofmannsthals, *Der Prophet* (1891), das Tödliche an Georges Ästhetizismus, und die beiden Gedichte *Mein Garten* und *Die Töchter der Gärtnerin* kontrastieren die »künstlichen Paradiese« symbolistischer Poesie dem fruchtbaren Paradies der Natur wie den raffinierten Tod einem rauschhaften Leben und der Unschuld des Kindes. Hofmannsthal versuchte seither im Werkdialog mit George und dem Symbolismus eine Antwort der »Liebe« auf den tödlich eigensüchtigen Ästhetizismus der *poesie pure*.
Die Sprache ist zwar – laut Hofmannsthals Auffassung – vom Leben getrennt. Das *»Wort als Träger eines Lebensinhaltes und das traumhafte Bruderwort, welches in einem Gedicht stehen kann, streben auseinander«*, sind aber doch in Liebe – *»brüderlich«* – aufeinander bezogen. So bleibt die Dichtersprache, entfernt vom Alltagsgerede, wiederum selbst nur Zeichen des unaussprechlichen Lebens; menschliches Dasein und Erleben aber ist von ihrer Form bedingt und nur in dieser sehnsüchtigen Distanz von dem All-Leben möglich, das dionysisch mit dem Tod verschmilzt.
Ein Vergleich der Gedichte *Wolken* und *Vorfrühling*, die beide Ende 1892 im Organ des George-Kreises, den ›Blättern für die Kunst‹ erschienen, belegt freilich Hofmannsthals Schulung an den ästhetischen Mitteln des Symbolismus. Im ersten Gedicht werfen die Impressionen der Außenwelt ihre *»Schatten«* auf die *»Seele«*, so daß ein klar bestimmter, metaphorischer Bezug hergestellt ist. *Vorfrühling* gibt dagegen in der ersten Strophe gleichsam das Programm des Gedichts: *»Es läuft der Frühlingswind / Durch kahle Alleen, / Seltsame Dinge sind / In seinem Wehn«*. – Der »Wind« stiftet den Zusammenhang all jener im folgenden aufgezählten *»seltsamen«* – zunächst in fremder Vereinzelung da-

seienden – *»Dinge«*; doch wird damit der antike Topos, der den »Wind« mit der Dichtung gleichsetzt, angewandt, ohne im Gedicht metaphorisch, im Vergleich, ausgeführt zu sein. Das »Bild« wird von seiner Abbildungsfunktion gelöst, steht isoliert – und verwandelt sich damit in ein chiffriertes Zeichen für einen Zusammenhang, der sich noch erahnen, aber nicht mehr sprachlich fassen läßt. Dieser Zusammenhang des *»großen Lebens«* ist das wahre Geheimnis der Welt und des Ichs zugleich.

Das Zentralthema: Ich und Welt

Die Endzeile der dritten *Terzine* (1894) reiht in einer säkularisierten Dreifaltigkeitsformel die Elemente des Weltganzen: *»Und drei sind Eins: ein Mensch, ein Ding, ein Traum«* – das Subjekt, das Objekt und der geistige, aber nur unbewußt geahnte Zusammenhang. In *Weltgeheimnis* (1894) wird eine Ursprungsmythe vom verlorenen Weltganzen in Bildern erzählt. Zuerst weiß *»der tiefe Brunnen«* – *»als das eigene Ich«* (Hofmannsthal), in dem das *»Wasser«* des All-Lebens sich jeweils sammelt – wohl um jenes »Geheimnis«, das vor jeder Mitteilung, noch diesseits der Sprache besteht. Die Gebärde, das Lächeln und der Tanz gehören in allen Gedichten Hofmannsthals dieser Sphäre an. Dem Sprechen preisgegeben, wird das Geheimnis in *»Zauberworten«* bewahrt, aber nicht verstanden, wie ein *»Edelstein«* im *»Kies«* verschüttet, und dennoch von einem *»Mann«*, der *»redet' irr und sang ein Lied«*, an ein Kind, von diesem, zum *»Weib«* herangewachsen, wieder in der »Liebe« weitergegeben und wirkt so unerkannt fruchtbar in der Welt: *»Der tiefe Brunnen weiß es wohl, / Einst aber wußten alle drum, / Nun zuckt im Kreis ein Traum herum.«*

Daß der Dichter den verlorenen »Zusammenhang der Welt«, das epochale Wunschziel der Totalität bei Nietzsche wie in der Dichtung des Realismus, keineswegs mit souveräner Schöpfungsgeste wiedergewinnt, mochte noch für den späten Hofmannsthal in der Lektüre seiner Jugendgedichte *»das furchtbar Autobiographische«* ausmachen. Jedenfalls reflektieren diese Gedichte Rollen-Facetten einer poetischen Existenz in Erfüllung und Gefährdung und enthalten eine Dichtungslehre.

Gefährdet ist das Ich in seiner Zeitlichkeit. Die Einheit des Selbst wird in der ersten der *Terzinen* (1894) – *Über Vergänglichkeit* – in eine Folge unverbundener Momente aufgelöst. So ist diese poetische Existenz gespalten in ein *»Leben ohne Gnade«*, fern dem All-Zusammenhang, und in *»ekstatische Zustände der Erhöhung«*. In den Komplementärgedichten *Ballade des äußeren Lebens* und *Traum von großer Magie*, beide in den ›Blättern für die Kunst‹ 1896 erschienen, sind diese Zustände gespiegelt. Mündet in jenem der »Taumeltanz« (ital. *ballata*) der unverbundenen, äußeren Dinge in das Zutrauen zu einem traumhaften »Zauberwort«, so kreist dieses insgesamt um *»das Wort, das selber Gott ist; die unmittelbare Magie«*; der Magier wird zur Figuration des Dichters inmitten des Zusammenhangs der Welt: *»Er fühlte traumhaft aller Menschen Los«*.

Ähnlich beruht in den Gedichten *Welt und Ich* (1893) und *Der Kaiser von China spricht* (1897) auf dem schaffenden, zentralen Ich der Bestand der Welt. Die Zeit erscheint als *»eine bloße Anschauungsform unseres Geistes«* und wird im zeitlosen, geistig-schöpferischen Bild aufgehoben. In Versen nach T. S. Coleridge 1902 wird die *Verwandlung* des Lebensprozesses in ein allegorisches Bild einmal im poetologischen Modell vorgeführt.

Geheimnisvoll verschlüsselt entfaltet sich dieses Thema im anthropologischen Innentheater des Gedichts *Reiselied* (1898), das aus einem 1897 entstandenen fragmentarischen Versgespräch erwuchs. Im Topos der Lebensreise werden die Naturvorgänge der Außenwelt erst bezogen auf den Menschen zur Gefahr, die freilich zugleich das Rettende erahnen läßt – so wie es die kunstvoll doppelsinnige Aussage zum Schluß der ersten Strophe abbildet: Die *»Vögel«* dort mögen eine weitere Gefährdung bedeuten, während zugleich die Poesiesymbolik des *»Wassers«* fortgeführt und der dichterische »Aufschwung« eingeleitet wird. Als dessen Resultat präsentiert sich jetzt im *»Blick von oben«*, der ein Leitmotiv dichterischer Wahrnehmung in Hofmannsthals Lyrik ist, eine aus den Elementen deutscher Italientopik montierte Landschaft, mit beruhigten *»Spiegeln«* des *»Wassers«*; zuletzt schafft der *»Wind«*, also wiederum die Poesie, den Zusammenhang all dieser Dinge: Die Lebensreise und der Schaffensprozeß im Dichter, Außen und Innen sind verschmolzen und eins geworden. *»... draußen sind wir zu finden, draußen«*, hatte sich Hofmannsthal notiert, und weiter als *»neue Technik«* des Symbolismus eben diese Verwandlung der Seele ins räumlich-zeitlose Bild, *»ein Reich der Seele«*, erkannt.

Diese Innen-Landschaft muß aus Chiffren zusammengesetzt sein. In Hofmannsthals Bildsprache wird die Seele zum *»Regenbogen über den Sturz des Daseins«*, also zum *»farbigen Abglanz«* göttlichen *»Lichtes«* im *»Wasser des Lebens«* über dem Chaos. Magische Dichtung bannt das Zerfließende in die Schönheit von *»Perlen«* und *»Edelsteinen«*, wie es in *Ein Traum von großer Magie* (1895) mit einer Sprachsymbolik heißt, die aus Goethes *Divan*-Gedicht *Lied und Gebilde* stammt. Der Übergang vom chaotischen zum magischen Zustand der Existenz vollzieht sich in der Höhendimension des Raumes: Der *»Aufschwung«* bis zum Blick von oben – oft verknüpft mit dem Bild kreisender Vögel – fügt die Dinge in eine Ordnung zueinander. So wird im *Traum von großer Magie* diese Aufwärtsbewegung betont. Und dennoch ist – wie das Epigramm *Dichtkunst* (1898) an der Poesiemetapher der *»Spinne«* lehrt – diese *»fürchterliche«* Kunst, den Abgrund des Daseins zu überwinden, eine hybride Selbsterlösung, wie sie seit der Romantik dem Dichter zugemutet wird.

Eklektizismus und Anspielungskunst

Hofmannsthal hat denn auch das romantische Dichtervertrauen nicht wiederbelebt, sondern rekonstruiert: *»Wir sind zu kritisch, um in einer*

Traumwelt zu leben wie die Romantiker«, gesteht er und weiß sich zugleich *»(antiromantisch doch) allem Tiefsten und Geheimnisvollsten verwandt, wie die Generation nach dem Naturalismus«*. Im Plan zu einem *Prolog zu meinen Jugendarbeiten* wird die Mythe vom Dichter Orpheus so abgewandelt, daß die Rede erst den von seinem Blut genährten Schatten zukommt; so wollen die Verse Hofmannsthals nicht als poetische Originalschöpfung, sondern als eine *»Eklektizismus und Objektivität«* mischende, *»nachschaffende«* Kunst gewürdigt werden.
Dann entpuppt sich die Existenzchiffre des Magiers als eine »Marionette« im Sinne von Kleists Essay *Über das Marionettentheater*. Der *»Cherub«* – jener *»Geist«*, der in den *»obern Sternen«* thront, – ist gar ein bei Kleist belegtes Deckzitat paracelsischer Naturphilosophie; das *Reiselied* (1898) zeichnet als Goethe-Pastiche in der Abfolge von Zitaten aus den *Prometheus*- und *Ganymed*-Hymnen zum Mignon-Lied aus *Wilhelm Meister* den Übergang von der naturgenialen Schöpfungspoetik des Sturm und Drang zur Kunstwelt der Klassik nach. Die *»moderne Mythenbildung«* in der *Ballade vom kranken Kind* (1892) ist am Vorbild von Goethes *Erlkönig* ausgerichtet; das weltschaffende Ich in *Der Kaiser von China spricht* (1897) ist sogleich als Rolle gekennzeichnet: *»Also spielen wir Theater / ... / Die Komödie unserer Seele«*, wie der *Prolog zu dem Buch »Anatol«* (1892) – nun im Ton Heinrich Heines – gesteht. *»Heterogene Formen und Inhalte ineinanderspielen zu lassen«* (M. Hoppe), hat Hofmannsthal selbst als seine *»Stilverdrehungsmanie«* gekennzeichnet: *»Wir leben in einem abgeleiteten Zustand. Alles die Nachschwingungen eines primären erhöhten Daseins. Bilder, Worte, Bücher, Altäre, Landschaften: Talismane unseres Verlangens, die unserer Seele ihr erhöhtes Selbst verkleidet vorspiegeln.«* Nach seinem Verlust läßt sich das erhöhte Dasein nur in Rollen und Zitaten, in der Zeichensprache einer mythisierten und ins scheinbar ursprüngliche Bild verwandelten Literaturtradition noch ausdrücken; die Welt ist demnach *»eine große Einheit, aber sie ist es im Hinblick auf die Literatur«* (M. Hoppe). In dieser Überwindung des Historismus also wird das Historische keineswegs verworfen, sondern raffiniert ins Mythische verfremdet. Das berühmte *Lebenslied* (1896), dessen *»völlige Unverständlichkeit«* die Zeitgenossen skandalisierte, vollzieht solche Verwandlung der Tradition in die Poesie des geheimnisvollen Weltzusammenhanges: *»Den Erben laß verschwenden / An Adler, Lamm und Pfau / Das Salböl aus den Händen / Der toten alten Frau!«*
Der Anlaß dieses Gedichtes – eine merkwürdige Erzählung einer Bekannten, aber ebenso der Schock des Todes von Josefine von Wertheimstein, die für den jungen Hofmannsthal die Fülle österreichischer Kultur verkörperte – wird in traditionsreiche Bilder gefaßt, obgleich deren ererbter Sinn verrätselt wird; so sind *»Salböl«* und die Tiere, jene *»eigentlichen Hieroglyphen«*, nur dem Eingeweihten als Chiffren von Hofmannsthals Weltpoesie zu entschlüsseln. Dem *»Erben«* wird, in der Verschwendung des Ererbten, die Fülle der Schöpfung zuteil. Damit wird zum Inhalt des Gedichtes sein eigenes Verfahren. Die poetischen Chiffren der Tradition vereinen sich »magisch« zu einem Weltgedicht. Doch erst, wenn alles Ererbte vertan ist, wird – wie ein Brief an Richard Dehmel fortführt – das *»Selbst«* errungen sein.
Wiederum mit einer inszenierten Anspielungskunst entwirft das Gedicht *Die Beiden* (1896) eine Parabel nichtsprachlicher Kommunikation, die ein menschliches Selbst voraussetzt: Die Flüssigkeit, das Element »magischer« Welteinheit, wie eine »Perle« zum »Tropfen« gebannt, *»rollt«* verloren am Boden; gerade im Mißlingen der Gebärde aber werden die Beiden ihrer Gemeinschaft in ›Liebe‹ gewahr. Und ebenso wird die menschenferne Präexistenz im Reminiszenzenstil von *Manche freilich* ... (1895) unter dem Einfluß östlichen Denkens als eine Gemeinschaft allen Schicksals faßbar, die sich der *»schmalen Leier«* eines bloß erlesenen Ästhetizismus entzieht.
Die scheinbar schlichten, liedhaften Gedichte, etwa das Motto zur Gedichtsammlung von 1911 *Wo kleine Felsen ...*, erkunden dann in noch immer unausgesetztem Werkdialog mit George, dessen *Hirten- und Preisgedichte* inzwischen vorlagen, diesen Weg aus den Höhenregionen der Kunst in die Bereiche des Sozialen und Geselligen. W. Schm.

Ausgaben: *Ausgewählte Gedichte*, Bln. 1903. [Zweite Ausgabe. 1904]. – *Die gesammelten Gedichte*, Lpzg. 1907. – *Die Gedichte und Kleinen Dramen*, Lpzg. 1907. – *Gedichte*, Lpzg. 1922. – *Gedichte und lyrische Dramen*, Hg. H. Steiner, Stockholm 1946. – *Gedichte. Dramen I*, Hg. B. Schoeller in Ber. m. R. Hirsch, Ffm. 1979. – *Gedichte 1* (in *SW. Kritische Ausgabe I*, Hg. E. Weber, Ffm. 1984). – *Gedichte 2* (in *SW. Kritische Ausgabe II*, Hg. A. Thomasberger u. E. Weber, Ffm. 1989).

Literatur: W. Perl, *Das lyrische Jugendwerk H. v. H.s*, Bln. 1936. – F. N. Mennemeier: *Die Gedichte H. v. H.s*, Diss. Münster 1948. – Ders., *Ballade des äußeren Lebens* (in *Die deutsche Lyrik*, Hg. B. v. Wiese, Düsseldorf 1959, S. 303–317). – W. Derungs, *Form und Weltbild der Gedichte H. v. H.s in ihrer Entwicklung*, Zürich 1960. – P. G. Klussmann, *H. v. H.s Lebenslied* [1963] (in *H. v. H.*, Hg. S. Bauer Darmstadt 1968, S. 224–253). – R. Exner, *H. v. H.s »Lebenslied«. Eine Studie*, Heidelberg 1964. – G. Wunberg, *Der frühe H. Schizophrenie als dichterische Struktur*, Stg. 1965. – St. Sondrup, *Konkordanz zu den Gedichten H. v. H.s*, Provo/Utah 1974. – P. Szondi, *Das lyrische Drama des Fin de Siècle*, Ffm. 1975, S. 271–293. – *H. v. H. »Gedichte und kleine Dramen«. Zeugnisse seiner Jugendzeit und seines frühen Werkes*, Hg. D. Lüders, Ffm. 1979 [Ausst.-Kat.]. – L. Paul, *Subjektivität. Geschichtliche Logik in lyrischer Gestalt. (H. v. H.: »Manche freilich ...«)* (in *Naturalismus/Ästhetizismus*, Hg. Ch. Bürger u. a., Ffm. 1979, S. 139–161). – R. Grimm, *Bange Bot-*

schaft. Zum Verständnis von H.s »Manche freilich ...« (in *Gedicht u. Interpretation*, Bd. 5, Hg. R. Hartung, Stg. 1983, S. 33–42). – W. Schwan, *H. v. H.s Gedicht »Vor Tag«, kein Blick in den Zauberspiegel* (in H.-Forschungen, 8, 1985, S. 277–290). – G. Briese-Neumann, *Ästhet, Dilettant, Narziß. Untersuchungen zur Reflexion des Fin-de-siècle-Phänomens im Frühwerk H.s*, Ffm. u.a. 1985. – T. Kovach, *H. and Symbolism*, Bern u.a. 1985. – *Seltene Augenblicke. Interpretations of Poems by H. v. H.*, Hg. M. Resch, Columbia/S.C. 1989.

EIN BRIEF

Poetologisch-sprachkritischer Essay in Briefform *(Brief des Lord Chandos)* von Hugo von HOFMANNSTHAL. Der im August 1902 geschriebene, im Oktober in der Zeitschrift ›Der Tag‹ publizierte fiktive Brief des Lord Chandos an seinen Freund, den Philosophen und Naturwissenschaftler Francis BACON, gehört im Werk Hofmannsthals in die Reihe der *»erfundenen Gespräche und Briefe«* (Brief an L. v. Andrian, 16. 1. 1903), zu der u.a. auch der Dialog mit BALZAC *Über Charaktere im Roman und im Drama* (1902), das *Gespräch über Gedichte* (1903) und die *Briefe des Zurückgekehrten* (1907) zählen.

Chandos versucht, seinen *»gänzlichen Verzicht auf literarische Betätigung«* zu begründen. In den zurückliegenden Jahren, von denen ihn nun ein Abgrund trennt, hat er sich als frühreifer und anerkannter, universal gebildeter Dichter bewährt, dessen Werken eine ganze Reihe von Plänen historischer, literarischer und philosophischer Art folgen sollten. Schien ihm damals in einer *»Art von andauernder Trunkenheit das ganze Dasein als eine große Einheit: ... in allem fühlte ich Natur ... und in aller Natur fühlte ich mich selber«*, so ist er nun, zum Zeitpunkt des Schreibens, einer geistigen Starre verfallen, in der sich ihm religiöse, moralische und logische Begriffe entziehen. *»Es ist mir völlig die Fähigkeit abhanden gekommen, über irgend etwas zusammenhängend zu denken oder zu sprechen.«* Vor allem abstrakte Worte und Urteile zerfallen ihm in Teile, nichts läßt sich mehr *»mit einem Begriff umspannen«*. Statt des *»vereinfachenden Blicks der Gewohnheit«* drängen sich ihm die Gegenstände in einer *»unheimlichen Nähe«* auf, die Worte starren ihn wie Augen an und werden zu schwindelerregenden Wirbeln. Aus dieser Situation, die keine Flucht in die Antike erlaubt, heben sich jedoch einzelne, nicht willentlich herbeizuführende, kaum benennbare *»freudige und belebende Augenblicke«* ab, in denen eine gleichgültige Erscheinung der alltäglichen Umgebung zum Gefäß einer Offenbarung werden kann – *»eine Gießkanne, eine auf dem Felde verlassene Egge, ein Hund in der Sonne, ein ärmlicher Kirchhof.«* Selbst abwesende Gegenstände, ein Todeskampf vergifteter Ratten, der Untergang von Alba Longa, werden ihm, ohne Mitleid zu erregen, *»vollste erhabene Gegenwart«*. Dieses *»unbenannte selige Gefühl«* läßt *»alles, was es gibt, etwas ... sein«* und den um seine tote Muräne weinenden Crassus zum Vorbild werden. Das neue Denken *»in einem Material, das unmittelbarer, glühender ist als Worte«*, kann aber nicht formuliert werden; Denken und Sprechen wäre für Lord Chandos jetzt nur noch in einer Sprache möglich, die es nicht gibt, und *»in welcher ich vielleicht einst im Grabe vor einem unbekannten Richter mich verantworten werde«*.

Der *Brief*, dessen Gehalt sich der Faszination durch die Epoche Bacons verdankt, aber gleichwohl einem *»eigenen inneren Erlebnis, einer lebendigen Erfahrung«* entliehen ist, stellt ein zentrales Dokument der Hofmannsthalschen Dichtungsreflexion dar. In diesem Rahmen erfüllt der Chandosbrief weder die Erwartung einer verhüllten Abrechnung mit dem lyrischen Jugendwerk, noch kann er als Ausdruck bloß einer Krise in Anspruch genommen werden. Vielmehr ist der symptomatische Charakter der dargestellten Erfahrung, die nicht nur Sprachkrise ist, sondern zugleich eine Sinn- und Bewußtseinskrise, im Hinblick auf RILKE, KAFKA oder MUSIL, aber auch auf F. MAUTHNERS *Beiträge zu einer Kritik der Sprache* (1901/02) thematisiert worden. Die sprachkritischen Momente des Hofmannsthalschen Frühwerks, die versteckten Bezüge, die Bacon mit GEORGE verbinden sowie die Konfrontation von mystischem und begrifflichem Denken und der Weg, der aus dem Zweifel an der Sprache zu Hofmannsthals Beschäftigung mit der Tanzkunst, der Pantomime, dem Ballett führt, aber auch das Spiel mit der historischen Maske und dem geliehenen Stil erlauben die Integration des *Briefes* in das Gesamtwerk, in dem er gleichwohl einen prominenten Platz einnimmt. Der Brief ist keineswegs Absage an die Dichtung, sondern Zeugnis ihrer paradoxen, dem Gewohnten entzogenen Voraussetzungen: So wie er einerseits die Sprache durch die Sprache widerruft, so stellt er andererseits die nur utopisch skizzierte Möglichkeit eines anderen Sprechens, das *»mit dem Herzen zu denken«* versucht, in die poetologische Spannung zwischen Leben und Tod: Fällt das von den Epiphanien beglückte Auge *»auf keinen toten Fleck«* und scheint ihm *»alles etwas zu sein«*, so ist diese Erwekkung der *»stummen und manchmal unbelebten Kreaturen«* zu einem erhöhten Leben (für das die Sprache noch fehlt) zugleich eine Entfernung vom gewohnten Sehen des Alltäglichen. Denn nicht der *»vereinfachende Blick der Gewohnheit«* schenkt den Dingen ihre Lebendigkeit, sondern eine den stummen Dingen und dem Tod zugewandte Erkenntnis. Der Übergang von einer ungebrochen aus dem natürlichen Leben erwachsenden Produktion durch eine Selbst- und Sprachentfremdung zu einem Erlebnis mystischer Epiphanie – Hofmannsthal spricht vom *»Mystiker ohne Mystik«* –, das sich nur in der Sprache stummer Dinge oder des Todes formulieren ließe und sich im *»Anstand des Schweigens«* niederschlägt, deutet somit auf eine Grundeigenschaft von Hofmannsthals Œuvre hin, auf jenes *»statische Element, wonach meinen Figuren nichts begegnet als daß sie sich, sozusagen, ihrem Tod entgegen enthüllen«* (An W. Brecht, 28. 10. 1925). M. May.

Ausgaben: Bln. 1902 (in Der Tag). – Wien 1905 (in *Das Märchen der 672. Nacht u. andere Erzählungen*). – Bln. 1907 (in *Die prosaischen Schriften*, Bd. 1). – Darmstadt 1925; Faks. 1975, Hg. u. Nachw. R. Hirsch. – Ffm. 1951 (in *GW. Prosa 2*, Hg. H. Steiner). – Ffm. 1979 (in *GW. Erzählungen. Erfundene Gespräche u. Briefe. Reisen*, Hg. B. Schoeller; FiTb).

Literatur: P. Requadt, *Sprachverleugnung u. Mantelsymbolik im Werke H.s* (in DVLG, 29, 1955, S. 255–283). – W. Jens, *Der Mensch u. die Dinge* (in Akzente, 4, 1957, S. 319–323; ern. in *H. v. H.*, Hg. S. Bauer, Darmstadt 1968; WdF). – W. Kayser, *D. Wahrheit d. Dichter*, Hbg. 1959 (rde). – W. Mauser, *Bild u. Gebärde in der Sprache H.s*, Wien 1961. – H. S. Schulz, *H. and Bacon. The Sources of the »Chandos Letter«* (in CL, 13, 1961, S. 1–15). – R. Brinkmann, *H. und die Sprache* (in DVLG, 35, 1961, S. 69–95). – G. Wunberg, *Francis Bacon, der Empfänger des »Lord-Chandos-Briefes von H. v. H.* (in GLL, 15, 1961/62, S. 194–201). – F. Kuna, *The Expense of Silence. Sincerity and Strategy in H.'s »Chandos Letter«* (in Publications of the English Goethe Society, 40, 1970, S. 69–94). – G. D. Daviau, *H. v. H. and the »Chandos Letter«* (in Modern Austrian Literature, 4, 1971, S. 28–44). – H. Steffen, *»Wahre Sprachliebe ist nicht möglich ohne Sprachverleugnung«. Die Kunstform des »Chandosbriefes«* (in GRM, N.F. 24, 1974, S. 430–445). – B. Bennett, *Chandos and His Neighbors* (in DVLG, 49, 1975, S. 315–331). – W. Kraft, *Der »Chandos-Brief«*, Darmstadt 1977. – Ch. L. Hart Nibbrig, *Der Anstand des Schweigens: H.* (in Ch. L. H. N., *Rhetorik des Schweigens*, Ffm. 1981, S. 154–164). – B. Nagel, *Zum »Chandos-Brief« H. v. H.s* (in B. N., *Kleine Schriften zur dt. Literatur*, Göppingen 1981, S. 489–518). – T. Brønsted, *Das Versagen der begrifflichen Denkweise, H. v. H.s »Ein Brief« (1902) als Beispiel einer Poetologie der Moderne*, Odense 1983. – D. G. Daviau, *H. v. H., S. George und der »Chandos-Brief«. Eine neue Perspektive auf H.s sog. Sprachkrise* (in *Sinn und Symbol. Fs. für J. P. Strelka*, Hg. K. K. Polheim, Ffm. u. a. 1987, S. 229–248). – C. Magris, *Der Rost der Zeichen. H. und der »Brief des Lord Chandos«* (in C. M., *Der Ring der Clarisse*, Ffm. 1987, S. 51–90).

ELEKTRA. Tragödie in einem Aufzug. Frei nach Sophokles

Von Hugo von Hofmannsthal. Uraufführung: Berlin, 30. 10. 1903, Kleines Theater; als Opernfassung mit der Musik von Richard Strauss (1864–1949), Uraufführung: Dresden, 25. 1. 1909, Hofoper. – Hofmannsthals Tragödie ist weitaus mehr als eine Bearbeitung. Schon in der Handlungsführung weicht sein Stück von der *Elektra* des Sophokles deutlich ab. So entfällt nicht nur der antike Chor, sondern auch der Prolog, in dem bereits die Ankunft des Orest bekanntgegeben wird. Die genaue Darlegung der Vorgeschichte und der näheren Umstände von Orests Heimkehr, die Gestaltung des zum Sühnemord führenden Geschehens, überhaupt alles Faktische der äußeren Handlung, tritt bei Hofmannsthal hinter der Darstellung der seelischen Vorgänge zurück. Im Gegensatz zur Behandlung des Stoffs bei Aischylos *(Oresteia)* und stärker noch als bei Sophokles steht hier nicht Orest, sondern Elektra im Mittelpunkt: Sie ist während des ganzen Stücks auf der Bühne. Ausgestoßen und erniedrigt, in tragischer und gewollter Einsamkeit lebt sie nur noch in dem Gedanken an den ungesühnten Mord an ihrem Vater Agamemnon und in Visionen der Rache an ihrer Mutter Klytämnestra und ihrem Oheim Ägisth. Starr und maßlos in allen ihren Äußerungen, erfüllt sie die schicksalhafte Bestimmung, die Untaten nicht zu vergessen. Ein Gegenbild ihrer Schwester Chrysothemis, die der gräßlichen Vergangenheit endlich entrinnen will und sich ein *»Weiberschicksal«* ersehnt, opfert Elektra ihr Dasein als Frau, ihre Individualität ausschließlich dieser einen Erinnerung und einer erhofften Zukunft und ist doch wie Hamlet unfähig zur Tat.

Die Wildheit und rauschhafte Übersteigerung ihrer Sprache und Haltung haben dazu geführt, daß besonders Hofmannsthals Zeitgenossen in dem Stück nichts als eine pathologische Studie sehen wollten, die die momentane Lebenskrise des Dichters widerspiegle. Gewiß ist das »Dionysische« ein Kennzeichen und *»Blut«* ein Leitwort des Dramas; doch geht es Hofmannsthal weder um die Verherrlichung eines elementaren Triebes noch um bloße seelische Analyse, um eine Psychologisierung – oder gar »Hysterisierung« – des antiken Mythos etwa im Sinne Freuds (dessen *Studien über Hysterie*, 1895 zusammen mit Josef Breuer verfaßt, Hofmannsthal allerdings gerade gelesen hatte), sondern um die dichterische Gestaltung von Problemen, die auch sein übriges Werk beherrschen: das Nachwirken des Vergangenen in der Gegenwart, die Dialektik der Zeit, der Treue, des Persönlichkeitsbegriffes, der Antagonismus von Denken und Tun, von Selbstaufgabe und Selbstfindung im Opfer. Sie werden nicht nur an einer Einzelfigur, an einem Einzelschicksal, sondern in einer Konfiguration von drei genau aufeinander abgestimmten Frauengestalten (Elektra, Chrysothemis, Klytämnestra) dargestellt. Diese seien ihm *»wie die Schattierungen eines* [einzigen] *intensiven und unheimlichen Farbtons gleichzeitig aufgegangen«*, schrieb der Dichter in einem Brief an Ernst Hladny. Dem entsprechen Höhepunkt und Schluß der Tragödie, die ganz sein eigenes Werk sind. In der zentralen Auseinandersetzung zwischen Mutter und Tochter stellt er beide Figuren nicht sogleich in feindlichem Wechselgespräch einander gegenüber, sondern läßt Elektra scheinbar einlenken und enthüllt durch diese ironische Übereinstimmung die unauflösliche Schicksalsgemeinschaft der beiden Gestalten, ihre symbolische Einheit über den Gegensätzen. So ist auch der Schluß kein einseitiger Triumph der Rache mehr, sondern eine »Lösung« höherer Art: mit Klytämnestras Tod hat Elektras

Leben seinen Sinn erfüllt und zugleich sein Ende erreicht. In trunkenem Taumel, einem *»namenlosen Tanz«*, bricht sie tot zusammen.

Elektra ist nach Hofmannsthals lyrisch bestimmtem Jugendwerk sein erster geglückter Versuch, zu Form und Stil der großen Tragödie zu gelangen. Mit ihrer ausdrucksstarken Sprache, die sich oft an den Ton des *Alten Testaments* anlehnt, und ihrer suggestiven Bühnensymbolik ist sie alles andere als ein klassizistisches Griechendrama. Hofmannsthal errang mit diesem Stück seinen ersten großen Theatererfolg, betrachtete es aber stets als das etwas unbefriedigende Produkt einer künstlerischen Übergangszeit und akzeptierte es *»in seiner gräßlichen Lichtlosigkeit«* nur im Hinblick auf den *»innerlich untrennbaren zweiten Teil«*, die geplante, aber nie ausgeführte Fortsetzung *Orest in Delphi* (10. 11. 1903 an H. Schlesinger).

Mit dem Vorschlag Richard Strauss', *Elektra* zu einem Opernlibretto umzugestalten, begann 1905/06 die lange währende, ideale Zusammenarbeit zwischen dem Komponisten und seinem kongenialen Textdichter. Um Elektras Rachestreben noch stärker zu motivieren, stellte Hofmannsthal einige Szenen um, in den im Sprechdrama durchgehend forcierten Dialog baute er lyrische Ruhepunkte ein, ohne dem Bühnengeschehen etwas von seiner drängenden Kraft zu nehmen. Nach dieser Vorlage schuf Strauss sein eindringlichstes, am weitesten in den Bereich der Moderne vordringendes Musikdrama. G.E.

AUSGABEN: Bln. 1904. – Bln. 1908 [Operntextbuch]. – Ffm. 1953 (in *GW. Dramen 2*, Hg. H. Steiner). – Mchn. 1965 (Theater der Jahrhunderte). – Ffm. 1979 (in *GW. Dramen 2*, Hg. B. Schoeller; FiTb).

VERFILMUNG (der Opernfassung): BRD 1981 (Regie: G. Friedrich).

LITERATUR: H. v. Hofmannsthal, *Szenische Vorschriften zu »Elektra«* (in Das Theater, Hg. Ch. Morgenstern, Bln. 1904; auch in *GW. Prosa 2*, Mchn. 1951, S. 81–84). – M. Harden, *»Elektra«* (in Die Zukunft, 12, 1904, 48). – E. Hladny, *H. v. H.s Griechenstücke*, Progr. Leoben 1910–1912. – H. Meyer-Benfey, *Die »Elektra« des Sophokles u. ihre Erneuerung durch H.* (in NJb, 23, 1920; ern. in H. M.-B., *Welt der Dichtung*, Hbg.-Wandsbek 1962, S. 339–352). – K.-J. Krüger, *H. v. H. und R. Strauss*, Bln. 1935, S. 56–76 (NDF, 35). – G. Schaeder, *H. v. H.s Weg zur Tragödie* (in DVLG, 23, 1949). – E. Steingruber, *H. v. H.s Sophokleische Dramen*, Winterthur 1956. – G. Baumann, *H. v. H.: »Elektra«* (in GRM, N.F. 9, 1959, S. 157–182; ern. in *H. v. H.*, Hg. S. Bauer, Darmstadt 1968; WdF). – L. Dieckmann, *The Dancing Elektra* (in Texas Studies in Literature and Language, 2, 1960). – K. G. Esselborn, *H. und der antike Mythos*, Mchn. 1969. – H. K. Doswald, *Nonverbal Expression in H.'s »Elektra«* (in GR, 44, 1969, S. 199–210). – H. Politzer, *H. v. H.s »Elektra«. Die Geburt der Tragödie aus dem Geist der Psychopathologie* (in H. P., *Hatte Ödipus einen Ödipus-Komplex?*, Mchn. 1974, S. 78–105). – W. Nehring, *Szenische Bemerkungen zu H.s Griechendramen* (in Euph, 71, 1977, S. 169–179). – H. Wetzel, *Elektras Kult der Tat »freilich mit Ironie behandelt«* (in FDH, 1979, S. 354–368). – R. Robertson, *»Ich habe ihm das Beil nicht geben können.« The Heroine's Failure in H.'s »Elektra«* (in OL, 41, 1986, S. 312–331). – L. Martens, *The Theme of the Repressed Memory in H.'s »Elektra«* (in GQ, 60, 1987, S. 38–51).

DIE FRAU OHNE SCHATTEN

Oper in drei Akten von Hugo von HOFMANNSTHAL, entstanden 1911–1914. Musik von Richard Strauss (1864–1949): Uraufführung: Wien, 10. 10. 1919, Staatsoper; 1912–1919 bearbeitete der Autor den Stoff auch als Märchen, das noch 1919 erschien. – Die Frau ohne Schatten ist die Tochter des Geisterkönigs, der über ein Reich unsterblicher Wesen herrscht. Sie wurde, als sie sich in eine weiße Gazelle verwandelt hatte, vom Kaiser der südöstlichen Inseln erbeutet und ist seit fast einem Jahr seine Frau. Ihre Amme, die die Menschen haßt, soll dafür Sorge tragen, daß die Kaiserin auch in den letzten drei Tagen dieses Jahres keinen Schatten wirft, d. h. sich nicht Mutter fühlt: *»... dies ist ein und dasselbe, Zeichen und Bezeichnetes.«* Dann, so sagte es ein Fluch des Geisterkönigs und so wiederholt es nun sein Bote, wird der Kaiser zu Stein und sie kann wieder ins Geisterreich zurückkehren. Doch die Kaiserin will den Schatten um jeden Preis gewinnen, denn *»von der Mutter her«* fühlt sie sich den Menschen verbunden. Sie will den geliebten Mann vor dem Fluch bewahren und wagt auch den Abstieg in die *»Todesluft«* der Menschen. Eine junge Färbersfrau nämlich verschließt sich dem Wunsch ihres gutmütigen, aber häßlichen Mannes nach Kindern. Die Amme durchschaut die heimliche Sehnsucht der Färberin nach Reichtum und einem Liebhaber und kann ihr durch dreitägigen Dienst, den sie zusammen mit der Kaiserin im Färbershaus verrichtet, den Schatten abkaufen. Als die Färberin ihren Entschluß dem Mann entgegenhält, holt er aus, um sie zu töten, doch finden sich alle durch das Eingreifen von geisterhaften Mächten in eine märchenhafte Bergwelt versetzt.

Die Färbersfrau erkennt ihre Schuld und akzeptiert das Urteil ihres Mannes, aber die Kaiserin will nicht den mit Menschenblut befleckten Schatten und nimmt alle Schuld auf sich. Indem sie im entscheidenden Moment auf den Schatten und das Wasser des Lebens verzichtet, mit denen sie ihren Mann retten könnte, besteht sie die Prüfung und kann den schon zu Stein erstarrten Kaiser erlösen. Zugleich wirft sie, aber auch die Färbersfrau, einen Schatten, und die Stimmen der ungeborenen Kinder ertönen aus dem Orchester.

Das Märchen, die *»schwerste Arbeit«* Hofmannsthals (Brief an R. BORCHARDT, 7.7. 1917), galt ihm im Vergleich zur Oper als die *»strengere Form«* und etwas *»völlig Neues«* (Brief an Auernheimer, 4. 11. 1919): Den Kern des Märchens bildet daher das vierte von sieben Kapiteln, das in der Opernhandlung kein Äquivalent hat und in dem der Kaiser in einer Berghöhle von seinen ungeborenen Kindern bewirtet wird. Der Märchenstoff der *Frau ohne Schatten*, den Hofmannsthal aus Gozzis Zauberstücken und Mozarts *Zauberflöte* gewann und mit Motiven aus Lenaus Ballade *Anna*, aber auch aus den Werken Goethes *(Das Märchen; Die Geheimnisse)*, Mörikes, Stifters, Whitmans, Bachofens, Dostoevskijs und Yeats' verband, ist die Geschichte von Verschuldung, Prüfung und Erlösung, die zur Menschwerdung der Kaiserin führt. Das Verhältnis des Geisterreiches, aus dem sie stammt, zur Menschenwelt verbleibt *»im Geheimnis«* (Brief an Pannwitz, 4. 8. 1918): Heißt es in der Oper, *»Menschendunst«* sei für die Geister *»Todesluft«*, aber noch schlimmer, noch *»mehr als Tod«* sei für sie das goldene Wasser des Lebens, so spricht das Märchen davon, daß *»die großen Mächte«*, die Geister und das Leben, einander lieben; in Hofmannsthals Handlungsskizze der Oper findet sich jedoch der Satz, *»es haust kein Geisterkind* ungestraft *unter den Menschen«*. Zeichen dieses vielschichtigen Zusammenhangs ist das Zentralsymbol des Schattens als Ausdruck der Menschlichkeit *und* der Fruchtbarkeit, der Sterblichkeit und Schuld (der keiner entgeht, der *»einen Fuß vor den anderen setzt«*, im Unterschied zu den ungeborenen Kindern im Märchen, die *»mit geschlossenen Füßen«* gehen), des Schmerzes und der Tränen. Nur der seine Bedingtheit akzeptierende Mensch, der nicht wie die Färbersfrau über seinen eigenen Schatten springen will, kann des Lebenswassers teilhaftig werden und den Tod durch Versteinern abwenden. Nicht die *»eifersüchtige genießende Liebe«* des Kaisers, so die Handlungsskizze der Oper, vermag der Kaiserin das Menschsein zu stiften, sondern erst ihr freiwilliger, sich seiner Schuld (vor dem Färber) bewußte Verzicht auf den Schatten der Färberin. Der Kaiser, dem es nicht gelang, der Kaiserin den *»Knoten ihres Herzens«* zu lösen, erfährt in der Höhle der ungeborenen Kinder die Lehre, daß *»viel Schlimmes geschehen [muß], ehe die gesegnete Speise bereitet ist«: »Die Verwirrungen sind nötig und die Scham und die Beschmutzung«*, zu denen die Kaiserin bereit ist. Die durch das Geisterreich diktierte Aufgabe, *»der Erde mit dem Schatten ihr Geschick«* abzukaufen, ihr das Dasein heimzuzahlen, läßt sich nicht durch den Handel mit dem Schatten lösen, sondern durch Selbstüberwindung. Das in Hofmannsthals Selbstkommentar *Ad me ipsum* als *»Triumph des Allomatischen«* bezeichnete Werk ist daher nicht Verherrlichung der Mutterschaft. *»Dass alles was an den Menschen ist, durch Geburt bedingt ist«*, wird vielmehr zur *»Allegorie des Sozialen«*, Symbol für *»das ewige Geheimnis der Verkettung alles Irdischen«*, daß nichts aus sich selbst zu existieren vermag (als Automate), sondern *»dass man seine Existenz von einem andern empfangen kann«* (alle Zitate aus *Sämtliche Werke*). M.May.

Ausgaben: Bln. 1919 [Textbuch]. – Bln. 1919 [Erzählung]. – Stockholm 1945 (in *GW. Die Erzählungen*, Hg. H. Steiner). – Ffm. 1957 (in *GW. Dramen 3*, Hg. ders.). – Ffm. 1975 (in *SW*, Bd. 28, Hg. E. Ritter; krit.: Märchen). – Ffm. 1979 (in *GW. Dramen 5*: Oper u. *GW. Erzählungen. Erfundene Gespräche u. Briefe. Reisen*: Märchen, Hg. B. Schoeller; FiTb).

Literatur: R. Pannwitz, *H.s Erzählung »Die Frau ohne Schatten«* (in Der Neue Merkur, 3, 1919, H. 7, S. 509–512). – R. Borchardt, *Über H.s Erzählung* (in R. B., *GW. Prosa 1*, Hg. M. L. Borchardt, Stg. 1957, S. 131–135). – W. Naumann, *Die Quelle von H.s »Frau ohne Schatten«* (in MLN, 59, 1944, S. 385 ff.). – H. Steiner, *»Die Frau ohne Schatten«* (in MDU, 37, 1945). – H. Wyss, *Die Frau in der Dichtung H.s*, Zürich 1954, S. 117–126. – G. Pfaff, *H. v. H.s Märchendichtg. »Die Frau ohne Schatten«*, Diss. Ffm. 1957. – H. Mayer, *H. v. H. und Richard Strauss* (in H. M., *Ansichten*, Hbg. 1962, S. 9–32). – M. L. Kaschnitz, *»Die Frau ohne Schatten«* (in M. L. K., *Zwischen Immer u. Nie. Gestalten u. Themen der Dichtung*, Ffm. 1971, S. 153–160). – J. Knaus, *H.'s Weg zur Oper »Die Frau ohne Schatten«. Rücksichten u. Einflüsse auf die Musik*, Bln. 1971. – G. J. Ascher, *»Die Zauberflöte« u. die »Frau ohne Schatten«. Ein Vergleich zw. zwei Operndichtg. der Humanität*, Bern 1972. – H. Himmel, *Textkritisches zu H.s Erzählung »Die Frau ohne Schatten«* (in Modern Austrian Literature, 7, 1974, S. 135–151). – R. Bauer, *H. v. H. u. das Wiener Volkstheater: »Die Frau ohne Schatten«* (in R. B., *Laßt sie koaxen …*, Wien 1977, S. 169–180; S. 251–253). – Sh. Hahn-Pentle, *»Die Frau ohne Schatten« by H. v. H. and Richard Strauss. An Analysis of Text, Music and Their Relationship*, Bern u. a. 1978. – H. Mayer, *»Die Frau ohne Schatten«* (in Jahresringe, 25, 1978/79, S. 221–240). – A. Guth, *À propos de »La femme sans ombre«. La conjuration des esprit d'après la correspondance H.-Pannwitz* (in Revue d'Allemagne, 13, 1981, S. 299–312). – W. Kuckartz, *H. als Erzieher*, Fellbach 1981. – K. Csúri, *H. v. H.s späte Erzählung »Die Frau ohne Schatten«. Struktur u. Strukturvergleich* (in Studia poetica, 2, 1980, S. 126–177). – T. A. Kovach, *»Die Frau ohne Schatten«. H.'s Response to the Symbolist Dilemma* (in GQ, 57, 1984, S. 377–391). – M. Janz, *Marmorbilder. Weiblichkeit u. Tod bei Brentano u. H.*, Königstein/Ts. 1986, S. 179–195.

JEDERMANN. Das Spiel vom Sterben des reichen Mannes

Mysterienspiel, »erneuert« von Hugo von Hofmannsthal, entstanden 1903–1911; Uraufführung (unter der Regie von M. Reinhardt): Berlin, 1. 12. 1911, Zirkus Schumann. – Den Jedermann-Stoff, der das Thema von der Hinfälligkeit der irdischen Besitztümer und der Heilsnotwendigkeit der Buße mit der Parabel vom Freund in der Not verbindet, fand Hofmannsthal in einer englischen Bearbeitung, der anonym überlieferten Moralität *The Somonynge of Everyman* (Erstdruck 1509). Als weitere Stoffquelle stand ihm die *Comedi von dem reichen sterbenden Menschen, der Hecastus genannt* (1549) von H. SACHS zur Verfügung, eine Übertragung des neulateinischen Schuldramas *Hecastus* (1539) von G. MACROPEDIUS; der Stoff selbst geht auf das 12. Jh. zurück, wo er sich etwa in Petrus ALFONSIS *Disciplina clericalis* findet, eine dramatische Gestaltung – *Elckerlijc* (1495) – ist auch durch Peter van DIEST (DIESTHEMIUS) überliefert sowie durch Christian ISCHYRIUS (*Homulus*, 1536). Hofmannsthals erste Versuche – eine 1906 vollendete Prosafassung (veröffentlicht 1911 in der Zeitschrift ›Tag‹) sowie eine Übersetzung des englischen Textes – blieben Fragment.

Mit seiner Bearbeitung wollte Hofmannsthal, wie er in seinen Aufsätzen *Das alte Spiel von Jedermann* (1911) und *Das Spiel vor der Menge* (1911) festhielt, die alte *»Geschichte von Jedermanns Ladung vor Gottes Richtstuhl«*, die er als zeitloses, allgemein menschliches und daher *»nicht einmal mit dem christlichem Drama unlöslich«* verbundenes *»Märchen«* auffaßte, dem *»toten Wasser des gelehrten Besitzstandes«* entreißen. Berühmt wurde das Stück vor allem durch die Salzburger Festspiele, die am 22. 8. 1920 mit seiner Aufführung auf dem Domplatz der Stadt eröffnet wurden.

Nachdem ein Herold das *»geistlich Spiel«* von der *»Vorladung Jedermanns«* angekündigt hat, beginnt das Vorspiel: Gott der Herr, der einen Gerichtstag halten will über alle Menschen, die durch die ständige Mißachtung seiner Gebote *»in Sünd ersoffen«* sind, beauftragt den Tod, Jedermann vor den göttlichen Richtstuhl zu bringen, damit dieser Rechenschaft ablege über sein irdisches Leben. – Der Hauptteil zeigt eingangs Jedermann als besitzstolzen und selbstgerechten Verwalter seines Reichtums; er will sich einen *»Lustgarten«* anlegen, jeder Gedanke an das Jenseits ist ihm fremd, weder der verarmte Nachbar noch der Knecht, der wegen seiner Schulden ins Gefängnis muß, können sein Mitleid kaum rühren: *»Mein Geld muß für mich werken und laufen, / Mit Tod und Teufel hart sich raufen, / Weit reisen und auf Zins ausliegen, / Damit ich soll, was mir zusteht, kriegen.«* Unwillig nur vernimmt er auch die Mahnung seiner Mutter, an sein ewiges Heil zu denken; seine verdüsterte Stimmung hellt sich auf, als seine Geliebte, »Buhlschaft«, erscheint, umgeben von Spielleuten und Freunden, um alle zu einem festlichen Bankett zu versammeln. Aber Jedermann kann nicht unbekümmert an der Ausgelassenheit seiner Gäste teilhaben, die ihn vergebens durch Wein, Lieder und Späße aufzuheitern suchen. Von der wachsenden Verstörtheit und den Vorahnungen Jedermanns angekündigt *(»Was ist das für ein Glockenläuten! / Mich dünkt, es kann nichts Guts bedeuten«)*, erscheint mitten im Festtrubel der Tod und fordert Jedermann auf, ihm vor Gottes Thron zu folgen. Das einzige, was er sich noch ausbitten kann, ist eine kleine Frist von einer Stunde, in der er einen Gefährten für seinen letzten Weg suchen will. Aber weder sein ihm bislang so treu ergebener Freund und »Gesell« noch seine beiden Vettern sind bereit, ihn zu begleiten. Buhlschaft und die anderen Gäste haben bereits beim Erscheinen des Todes fluchtartig das Fest verlassen.

Da läßt Jedermann seine Schatztruhe holen, damit er auch auf der letzten Strecke seines Lebens nicht auf Macht und Selbstsicherheit verzichten muß. Der Truhe aber entsteigt »Mammon« *(»Dein Reichtum bin ich halt, dein Geld, / Dein eins und alles auf der Welt.«)*, und klärt Jedermann mit derselben zynischen Offenheit, mit der dieser sich einst zur Macht des Geldes bekannt hat, über das wahre Verhältnis von Besitzendem und Besessenem auf: Nicht Jedermann ist durch den Besitz des Geldes in den Rang einer *»kleinen Gottheit«* erhoben, Mammon selbst ist der Gott, der unerkannt von Jedermanns Seele Besitz ergriffen hat. Von allen Freunden verlassen und aller irdischen Güter beraubt, macht sich Jedermann auf den Weg zum Gericht Gottes, nur von seinen gebrechlichen »Werken« und deren Schwester »Glaube« begleitet. Die Werke freilich sind zu schwach, um Jedermanns Sache wirksam zu vertreten. Erst nachdem Glaube ihm den Sinn für die Erlösungstat Gottes aufgeschlossen hat, fällt von den Werken die Schwäche ab, so daß beide ihn dem Zugriff des Teufels entziehen können – kraft des Opfertodes Christi, der *»Jedermanns Schuldigkeit«* bereits für alle Ewigkeit *»vorausbezahlt«* hat. Unter den zuversichtlichen Worten von »Glaube« und dem Gesang der Engel steigt Jedermann an der Seite seiner Werke ins Grab.

Nicht eine theologische Neuformulierung, sondern eine künstlerisch-zeitkritische Neugestaltung der alten Moralität wollte Hofmannsthal geben, um den *»unsäglich gebrochenen Zuständen ein ungebrochenes Weltverhältnis gegenüberzustellen« (Das Spiel vor der Menge)*. Dabei hat er den mittelalterlichen Grundzug des überlieferten Spiels bewahrt, aber ihm zugleich den Charakter des allegorisierenden Traktats und das konfessionell-dogmatische Gepränge genommen. Auch im thematischen Gefüge des Mysterienspiels setzte der Autor neue Akzente. So gehört der personifizierte Mammon zwar zum ursprünglichen Bestand der Überlieferung, aber Hofmannsthal rückt diese *»Allegorie des Dieners Mammon, der ein verlarvter Dämon und stärker als ein Herr ist, und sich als den Herrn seines Herrn offenbart« (Das alte Spiel von Jedermann)* in den Mittelpunkt. Der Fetischcharakter des Geldes, wie ihn G. SIMMEL in seiner *Philosophie des Geldes* (1900) in Abwandlung der MARXschen Bestimmung faßt, wird für Hofmannsthal zur entscheidenden Verbindung zwischen dem magischen Weltbild des Mittelalters und dem 20. Jh.: *»Was wir besitzen sollten, das besitzt uns, und was das Mittel aller Mittel ist, das Geld, wird uns in dämonischer Verkehrtheit zum Zweck der Zwecke.« (Das alte Spiel von Jedermann)*. Hinter dem Geld als allgemeinem Äquivalent, das alles in quantitative Beziehungen verwandelt und somit die Käuflichkeit nicht nur aller Güter, sondern auch aller Dienstleistungen ermöglicht, stehen stets menschliche Schicksale, an denen der Geldbesitzer schuldig wird und die sich nur scheinbar durch den Verweis auf numerische Schuldbeträge und Zahlungstermine erledigen: *»Denn das Geldwesen ist ein solches allverfangendes Netz, daß irgendwie ein jeder Reiche der Gläubiger und Fronherr jedes Armen ist. Der Reiche meint, er rührt keinen Finger, und doch schickt er bei Tag und Nacht Hunderte in den Frondienst...« (Das alte Spiel von Jedermann)*.

Das Gegenbild zu jener vom Geld beherrschten Welt, in der alle Beteiligten nur losgelöst von ihrer menschlichen Qualität, nur als Geldbesitzer erscheinen, und weshalb auch das Drama nur allegorische, nicht individuelle Figuren kennt, stiftet für Hofmannsthal der Glaube. Zwar will Gott sich Jedermanns *»Schuldbuch«* vorlegen lassen, zwar will er *»Abrechnung«* halten und danach den *»Lohn«* verteilen: aber sein Maßstab ist kein formal-abstrakter, sondern ein moralischer. Durch den Opfertod Christi wurde *»Jedermanns Schuldigkeit«* in Ewigkeit *»vorausbezahlt«*, worauf G. Erken in seiner Studie bereits hingewiesen hat, und das ewige Leben wird nicht, wie der todgeweihte, noch im irdisch-verkehrten Denken befangene Jedermann glaubt, *»durch gute Werk und Frommigkeit ... erkauft«*, sondern durch Gottes Gnade geschenkt. Hierin ist für Hofmannsthal die Möglichkeit begriffen, jenen *»unsäglich gebrochenen Zuständen«* der Gegenwart zu entgehen, in der das Leben, wie der Autor in seiner Skizze *Die Idee Europa* (1917) vielleicht am komprimiertesten festhält, allein von Bedürfnisbefriedigung und Verwertungsdenken beherrscht wird: *»Jedes Machtverhältnis in Geld umsetzbar. Geld der Knoten des Daseins, Träger der schwarzen Magie ... Vor ihm, dem Sklaven Mammons, lag eine erniedrigte Wirklichkeit: keine magische Sprache von ihm zu dieser entseelten Welt. Tastbar – in Bewegung zu setzen durch Technik: durch Geld.«*

Hofmannsthals kultur- wie zeitkritische Akzentuierung des Stücks kontrastierte von jeher mit dem einerseits volkstümlichen Grundton des Stücks, andererseits mit der auf Effekte basierenden Regie Max Reinhardts; bereits die Uraufführung in einem Berliner Zirkus vor rund 5000 Menschen fand nur geteilten Beifall, S. Jacobsohn kritisierte den Aufführungsort, von *»Ersatzdichtung«* sprach A. Kerr, E. Lasker-Schüler sah darin gar eine *»Blasphemie, eine Verhöhnung einer alten Pietät, einer religiösen Verfassung«*. Auch die seit 1920 stattfindenden, 1939–1945 allerdings unterbrochenen *Jedermann*-Aufführungen in Salzburg provozierten immer wieder heftige Reaktionen – man solle den Salzburger Domplatz zusperren, empfahl der Kabarettist H. Qualtinger, von *»Kunstgewerbe«* sprach 1971 H. Karasek anläßlich der Inszenierung durch L. Lindtberg; der Publikumswirksamkeit des Stücks, der wohl populärsten Bühnendichtung Hofmannsthals, taten diese Einwände bis heute keinen Abbruch. E.O.G.-KLL

Ausgaben: Bln. 1911. – Bln. 1924 (in *GW*, 6 Bde., 1923/24, 5). – Ffm. 1952 [Nachw. L. Malcher]. – Ffm. 1957 (in *GW. Dramen 3*, Hg. H. Steiner). – Ffm. 1979 (in *GW. Dramen 3*, Hg. B. Schoeller; FiTb).

Verfilmung: Österreich 1961 (Regie: G. Reinhardt).

Literatur: A. Kerr, *Das alte Spiel von Jedermann* (in A. K., *GS*, Bd. 5, Bln. 1917, S. 198–201). – W. Brecht, *Die Vorläufer von H.s »Jedermann«* (in ÖRs, 20, 1924, S. 271–287). – H. Lindner, *H. v. H.s »Jedermann« u. seine Vorgänger*, Diss. Lpzg. 1928. – K. J. Naef, *H. v. H.s »Jedermann«* (in SchwRs, 34, 1935, S. 1092–1105). – U. Schulz, *Die Beziehungen von H.s »Jedermann« zu »Everyman« u. »Hecastus«*, Diss. Marburg 1949. – G. Kahofer, *H. v. H.s Beziehungen zu den Vorlagen seiner Dramen »Jedermann«, »Das Salzburger Große Welttheater«, »Der Turm«*, Diss. Wien 1950. – B. Coghlan, *H.'s Festival Dramas. »Jedermann«, »Das Salzburger Große Welttheater«, »Der Turm«*, Cambridge 1964. – R. Koester, *Everyman and Mammon. The Persistence of a Theme in Modern German Drama* (in Revue des langues vivantes, 35, 1969, S. 368–380). – R. Hirsch, *Zum Verständnis des »Jedermann«* (in H.-Blätter, 1970, S. 289–293). – H. Karasek, *Immer noch »Jedermann«* (in Die Zeit, 13. 8. 1971). – E. Leisler u. a., *H. v. H. – »Jedermann«. Das Spiel vom Sterben des reichen Mannes und M. Reinhardts Inszenierungen*, Ffm. 1973. – R. Hirsch, *»Jedermann«, ein überfordertes Weltgedicht?* (in H.-Blätter, 1982, H. 26, S. 81–85). – Ders., *»Jedermann« als Weltgedicht. Ein Nachtrag* (ebd., 1984, H. 29, S. 38–41). – E. Fischer, *»Jedermann« in Salzburg* (in E.F., *Kultur, Literatur, Politik*, Hg. K. M. Gauß u. a., Ffm. 1984, S. 9–13; zuerst 1921). – D. C. Van Handle, *»Das Spiel vor der Menge«. H. v. H.s Bemühungen um Bühnenwirksamkeit am Beispiel ausgewählter Dramen*, NY u. a. 1986, S. 77–103.

DAS MÄRCHEN DER 672. NACHT

Novelle von Hugo von Hofmannsthal, entstanden Frühjahr 1895, erschienen 1895 in der Wiener Zeitschrift ›Die Zeit‹ mit dem Untertitel *Geschichte des jungen Kaufmannssohnes und seiner vier Diener*. – Die auf die arabische Märchen- und Erzählungssammlung *1001 Nacht* anspielende Novelle kennt letztlich keine märchenhaften Züge, obgleich ihr Thema, so der Autor, die *»Märchenhaftigkeit des Alltäglichen, das Absichtlich-Unabsichtliche, das Traumhafte«* sei, wobei man allerdings nur *»beim oberflächlichen Hinschauen glaubt, Tausend und eine Nacht zu sehen, und, genauer betrachtet, wieder versucht wird, es auf den heutigen Tag zu verlegen«*; der erste Entwurf (datiert auf den 19. 4. 1895) spielte noch in Wien.

Ein schöner, elternloser Kaufmannssohn, der *»bald nach seinem fünfundzwanzigsten Jahre der Geselligkeit und des gastlichen Lebens überdrüssig«* wurde, zieht sich auf ein *»ziemlich einsames Leben«* zurück, das *»anscheinend seiner Gemütsart am meisten entsprach«*. Genuß gibt ihm die Betrachtung der schönen Gegenstände seiner Wohnung, der Teppiche, Leuchter und Statuen, in denen *»alle Formen und Farben der Welt«* leben; im Linienspiel ihrer Ornamente erkennt er *»ein verzaubertes Bild der verschlungenen Wunder der Welt«*. Was faktisch verloren ist, die Unmittelbarkeit des Lebens, ersetzt ihm die genießende Betrachtung verdinglichter Schönheit: *»Doch er fühlte ebenso die Nichtigkeit aller dieser Dinge wie ihre Schönheit«*. In seiner Umgebung leben nur drei Dienerinnen – eine alte Haushälterin, ein achtzehn- und ein fünfzehnjähriges Mädchen – sowie ein Diener, die er im Sommer mit in sein Landhaus nimmt; sie werden zu Symbolgestalten des geknechten Lebens, sie *»umkreisen ihn wie Hunde«*, unentwegt damit beschäftigt, *»ihm gut zu dienen«*, und verschließen sich zugleich vor ihm: *»Wie das Grauen und die tödliche Bitterkeit eines furchtbaren, beim Erwachen vergessenen Traumes, lag ihm die Schwere ihres Lebens, von der sie selber nichts wußten, in den Gliedern.«*

Als der Diener durch einen anonymen Brief eines *»abscheulichen«* Verbrechens beschuldigt wird, bricht der Kaufmann allein in die Stadt auf, um die Angelegenheit zu regeln. Aber er verfolgt dort nicht sein Vorhaben, sondern irrt ziellos, *»wie ein Fremder«*, durch die Straßen. Angst packt ihn beim Gedanken, die Dienerschaft zu verlieren, seine letzte Verbindung zum wirklichen Leben. Unmerklich verwandelt sich die Außenwelt in die Szenerie seines Alptraums. In einem armseligen Juwelierladen kauft er Schmuck für die beiden älteren Dienerinnen, hinter den Scheiben eines Treibhauses erscheint ihm plötzlich seine jüngste Dienerin in Gestalt eines aggressiven, vierjährigen Mädchens. Er eilt auf sie zu und will ihr Goldmünzen zustecken, doch sie wehrt ihn leidenschaftlich ab und sperrt ihn ein. Der Kaufmannssohn quält sich durch ein Gestrüpp widerspenstiger Pflanzen, deren Blüten *»etwas von Masken hatten, heimtückischen Masken mit zugewachsenen Augenlidern«*. Schließlich findet er einen Ausweg durch einen *»gemauerten Gang«*, der ihn über ein hängendes Brett in die vergitterten Hinterhöfe eines Elendsviertels, in verdreckte Gassen und zuletzt in einen großen, traurigen Kasernenhof führt, in dem verwahrloste Soldaten häßlichen, boshaft wirkenden Pferden die Hufe waschen. Wieder ist sein erster Gedanke, die *»Elenden durch ein Geschenk für den Augenblick aufzuheitern«*. Er sucht nach einer Geldmünze, wobei das Geschmeide aus dem Juwelierladen einem Pferd unter die Füße fällt: *»Er bückte sich, das Pferd schlug ihm den Huf mit aller Kraft nach seitwärts in die Lenden, und er fiel auf den Rücken.«* Die Soldaten bringen ihn in ein muffiges Zimmer, wo er allein, des Schmucks und seines Geldes beraubt, stirbt, seine Diener verfluchend, *»die ihn in den Tod getrieben hatten«*, sein Leben hassend, weil es ihn in den frühen Tod geführt hat; er stirbt mit *»verzerrten Zügen, die Lippen so verrissen, daß Zähne und Zahnfleisch entblößt waren und ihm einen fremden, bösen Ausdruck gaben.«*

Der Text, in den – so R. ALEWYN oder J. D. WORKMANN – auch Hofmannsthals eigene Erfahrungen der Militärzeit eingingen, wurde entsprechend den Notizen des Autors, wonach hier ein *»ins Märchen gehobener Gerichtstag des Ästhetismus«* vollzogen werde, als Allegorie von der Scheinhaftigkeit des schönen Lebens (R. Alewyn) oder der zwangsläufigen Rache des selbstentfremdeten Lebens (H.-J. SCHINGS) gedeutet. Neuere Arbeiten (D. COHN, M. JANZ) haben vor allem die psychologischen Dimensionen der Figur des Kaufmannssohnes hervorgehoben, dessen gestörte Identität (W. MAUSER) vor allem durch das Gegenbild der Dienerschaft provoziert wird, deren Leben ihm *»stärker, eindringlicher«* scheint, *»als er sich selbst leben fühlte«*, deren Leben vor allem eine praktische, nichtästhetische Seite besitzt in dem Sinne, in dem der junge Hofmannsthal am 9. 8. 1893 an A. SCHNITZLER schreibt: *»Um es zu essen, muß man es rupfen und sieden und schälen und schneiden und kauen, und dann ist es gar nicht mehr schön! Und doch gehört's zum Essen und nicht zum Anschauen. Es – ich meine das Leben.«* D.Bar.-KLL

AUSGABEN: Wien 1895 (in Die Zeit, 2., 9. u. 16. 11.). – Wien/Lpzg. 1905. – Lpzg. 1918. – Bln. 1923 (in *GW*, 6 Bde., 1923/24, 2). – Stockholm 1945 (in *GW. Die Erzählungen*, Hg. H. Steiner). – Ffm. 1975 (in *SW*, Bd. 28, Hg. E. Ritter; krit.). – Ffm. 1979 (in *GW. Erzählungen. Erfundene Gespräche u. Briefe. Reisen*, Hg. B. Schoeller; FiTb).

LITERATUR: L. Sternaux, Rez. (in Der Tag, Bln., 1. 7. 1920). – M. Brion, *Versuch einer Interpretation der Symbole im »Märchen der 672. Nacht« von H. v. H.*, in *Deutsche Erzählungen von Wieland bis Kafka*, Hg. J. Schillemeit, Ffm./Hbg. 1966, S. 284–302; FiBü. – J. D. Workmann, *H.'s »Märchen der 672. Nacht«* (in MDU, 53, 1961, S. 303–314). – D. Schäfer, *Der Leserkontakt in den Erzählungen H. v. H.s*, Göttingen 1962. – H.-J. Schings, *Allegorie des Lebens. Zum Formproblem in H.s »Märchen der 672. Nacht«* (in ZfdPh, 86, 1967, S. 533–561). – U. Böker, *H. v. H.s »Märchen der 672. Nacht«* (in Archiv, 206, 1969/70, S. 16–38). – K. Csúry, *Struktur u. Bedeutung von H. v. H.s »Märchen der 672. Nacht«* (in Acta Germanica e Romanica, 4, 1969, S. 39–63). – B. Kronauer, *Die Dinge sind nicht unter sich! Zu H. v. H.s »Märchen der 672. Nacht«* (in Phäicon, 3, 1978, S. 57–69). – D. Cohn, *»Als Traum erzählt«: The Case for a Freudian Reading of H.'s »Märchen der 672. Nacht«* (in DVLG, 54, 1980, S. 284–306). – J. Rieckmann, *Von der menschlichen Unzulänglichkeit. Zu H.s »Märchen der 672. Nacht«* (in GQ, 54, 1981, S. 298–310). – A. v. Laeken, *Das nicht erreichte Selbst. Unter dem Bann der Angst in H.s »Märchen der 672. Nacht«* (in Germanistische Mitt., 13, 1981, S. 55–71). – J. Mathes, *Überlegungen zur Verwendung der Zahlen in H.s Erzählung »Die 672. Nacht«* (in GRM, 32, 1982, S. 202–214). – E. Verhofstadt, *H. v. H.s »Märchen der 672. Nacht«. Eine soziopsychologische Interpretation* (in

Theatrum Europaeum, Hg. R. Brinkmann u. a., Mchn. 1982, S. 559–575). – H. Rölleke, *Nochmals zum Rätsel der 672. Nacht bei H.* (in GRM, 33, 1983, S. 344 f.). – M. Janz, *»Das Märchen der 672. Nacht«: Destruktion eines falschen Selbst* (in M. J., *Marmorbilder. Weiblichkeit u. Tod bei Brentano u. H.*, Königstein/Ts. 1986, S. 128–148).

REITERGESCHICHTE

Novelle von Hugo von Hofmannsthal, begonnen 1898, erschienen 1899 in der Weihnachtsbeilage der ›Neuen Freien Presse‹ (Wien). – *»Den 22. Juli 1848, vor 6 Uhr morgens«*, so beginnt diese *»kurze Reitergeschichte aus dem Feldzug Radetzkys«* gegen italienische Freischärler, reitet eine Schwadron von österreichischen Kürassieren unter dem Rittmeister Baron Rofrano auf Mailand zu. Die Landschaft birgt zahlreiche Gefahren: Zwischen Maisfeldern blitzen Waffen, die Schwadron wird von *»eigentümlich lauten, fast miauenden Kugeln überschwirrt«*, versprengte Truppen tauchen auf; die Vorgänge jedoch sind in die Naturszenerie einkomponiert, gewinnen einen naturwüchsigen, bildhaften Charakter. Die Aggressivität der Reiter erscheint ebenso als Ausdruck kreatürlichen Leidens wie das ohnmächtige Dulden der Opfer, der Aufständischen und der Landschaft. Schwadron und Landschaft, beide sind umstrahlt von einem Schein verklärter Schönheit, der, weil kein Bewußtsein ihn zur subjektiven, verfügbaren Qualität entbindet, fremd und unerlöst, gleichsam eine Folie von Trauer bildend, an den Erscheinungen haftet. Daß im Herrschaftsanspruch der Reiter auch verdrängte erotische Motive wiederaufleben, verrät die insgeheim obszöne Siegergebärde, mit der man Mailand durchreitet: *»Mit aufgestemmten nackten Klingen«* dringt die Schwadron ein in *»diese große und schöne, wehrlos daliegende Stadt«*. Aus einem innersten, chthonischen Schutzbezirk ihrer Schönheit sendet die – metaphorisch – geschändete Stadt, ähnlich wie die mit Blut befleckte Landschaft, unwägbare Drohungen gegen die Schwadron aus: *»Aus tausend Dachlucken, dunklen Torbogen, niedrigen Butiken«* hat sie *»Schüsse zu gewärtigen«*.

Zur weiteren Entfaltung dieser Exposition tritt nunmehr die Gestalt eines einzelnen Reiters in den Mittelpunkt des Erzählinteresses – die des Wachtmeisters Anton Lerch. Kurz bevor die Schwadron Mailand verläßt, schert Lerch aus der reitenden Kolonne aus und lenkt – unübersehbar auch hier die erotische Grundierung des Vorgangs – *»Das Vorderteil seines Pferdes in den Flur jenes Hauses«*, an dessen Fenster er im Vorbeireiten eine ihm von früher flüchtig bekannte *»üppige, beinahe noch junge Frau«* erblickt hatte. Diese Frau – sie heißt Vuic und fasziniert Lerch durch eine klebrig-dumpfe, schwerblütige Sinnlichkeit – bewohnt, zusammen mit einem *»beleibten, vollständig rasierten Mann«*, ein Zimmer, dessen kleinbürgerliche Muffigkeit – *»Gartenfenster ..., ein paar Töpfchen Basilika und Pelargonien ..., ein Mahagonischrank und eine mythologische Gruppe aus Biskuit«* zieren es – bedrückend mit der ehrwürdig sakralen Pracht von Mailands Kathedralen kontrastiert. Lerch ist wie gelähmt vom Anblick einer *»großen Fliege«*, die *»über den Haarkamm der Frau kriecht«*; lasziv verweilt er bei dem Gedanken, *»wie er seine Hand, diese Fliege zu scheuchen, sogleich auf den weißen, weich und warmen Nacken legen würde«*. Sein durch lebenslange Knechtung verstümmelter Eros bedarf des Ekels als Stimulans; Zärtlichkeitsbekundungen mißraten ihm unwillkürlich zur brutalen Herrschergeste: Vuics Kopf *»mit schwerer Hand nach vorwärts drückend«* kündigt er vielsagend seine baldige Einquartierung an. Beim Weiterreiten – sein Pferd hat ihn einfach *»fortgedrängt«* – überschwemmen infantile Omnipotenzphantasien Lerchs trübes Bewußtsein. Das *»bevorstehende Eintreten in das Zimmer«* Vuics ist *»der Splitter im Fleisch, um den herum es von Wünschen und Begierden schwärt«*. Der Mann, den er in Vuics Nähe gesehen hat, wird dabei zum Objekt wüster Aggressionsorgien: *»Der Rasierte nahm bald die Stelle eines vertraulich behandelten Freundes ein ..., bald wurde er an die Wand gedrückt, mußte Schweigegelder zahlen, stand mit allen möglichen Umtrieben in Verbindung ... und wuchs zur schwammigen Riesengestalt, der man an zwanzig Stellen Spundlöcher in den Leib schlagen und statt Gold Blut abzapfen konnte.«*

Im Zuge solcher Phantasien läßt Lerch sich zu einem neuen Exkurs auf eigene Faust hinreißen. Ein seitab liegendes ödes Dorf scheint ihm *»auf verlockende Weise verdächtig«*. Lerchs Ritt durch das Dorf, auf dem bleierne Schwüle lastet, stellt sich dar als entlarvende Kontrafaktur zum Ritt der Schwadron durch das strahlende Mailand. Assoziativ wird ein Zusammenhang zwischen dem exhibitionistischen Protzen der Reiter, Lerchs Lüsternheit und den alptraumartigen Bildern totaler Impotenz, mit denen der Wachtmeister sich hier konfrontiert sieht, hergestellt: Widerliche Hunde *»mit weichen Knochen und schlaffer Haut«* hindern Lerchs Pferd am Vorwärtskommen; *»ohne bellen und beißen zu können, zogen sie einander mit stumpfen Zähnen an den Lefzen«*. Diese Szenen kreatürlichen Elends sind Allegorien der psychischen Verfassung Lerchs. Die Außenwelt erstarrt zur Materiatur seines Bewußtseins. Er reitet gleichsam immer tiefer in sich hinein, ohne jedoch am Erkenntnisprozeß, den die Novelle allegorisch entfaltet, selbst teilzuhaben. Lerchs Weigerung, sich selbst zu erkennen, wird episch illustriert: Am Ausgang des nicht enden wollenden Dorfes sieht Lerch aus der Ferne einen Reiter auf sich zukommen, der ihm, in Gestalt und Bewegung, spiegelbildlich gleicht. Als nur eine Brücke noch die beiden Reiter voneinander trennt, erkennt Lerch im anderen entsetzt sich selbst. Diesem Anblick vermag er nicht standzuhalten: Er reißt, wie allzu grelles Licht abwehrend, eine Hand vor die Augen, wendet sein Pferd und findet sich hineingerissen in eine Attacke seiner eigenen Schwadron, schlägt blindlings drein, bleibt stets Sieger und erbeutet schließlich einen edlen, zierlichen Eisenschimmel.

Typisch für den Erzählstil der Novelle ist die Zergliederung dieses ganzen Vorgangs in ein impressionistisches Neben- und Nacheinander relativ selbständiger Einzelaspekte, so daß ein äußerst weitläufiges, von zahlreichen Nebensätzen und Appositionen durchwuchertes Satzgebilde entsteht, worin der zentrale Hauptsatz und das identifizierbare handelnde Subjekt gleichsam verschwinden. Die magisch dahinschießende Eigendynamik der Vorgänge erhält so auch grammatisch ihren adäquaten Ausdruck. – Den Eisenschimmel behandelt Lerch als Fetisch, der über das ewige Mißlingen der eigenen Befreiung hinwegtrösten soll; die schönen Bewegungen des Tieres repräsentieren, in verdinglichter Gestalt, das, was Lerch in unbewußter Verzweiflung ersehnt: frei zu sein vom Druck des Dienstverhältnisses. Provozierend läßt Lerch den Schimmel vor Rittmeister Rofrano tänzeln, in dem er instinktiv seinen unmittelbaren Unterdrükker erkennt. Der Rittmeister fühlt die dreiste Insubordination und befiehlt, um die siegestrunkene Schwadron zu disziplinieren, die Freilassung der Beutepferde. Sein Blick ist dabei drohend auf Lerch gerichtet, in dem *»aus einer ihm selbst völlig unbegreiflichen Tiefe seines Innern ein bestialischer Zorn gegen den Menschen da vor ihm aufsteigt, der ihm das Pferd wegnehmen will«*. Der Rittmeister zieht seine Pistole, legt auf Lerch – in dessen Blick nur *»dann und wann etwas Hündisches, Gedrücktes aufflackert«* – an und drückt, da der Befehl nicht ausgeführt wird, ab. Lerch stürzt tot vom Pferd. Rittmeister Rofrano aber führt die Schwadron von neuem dem Feind entgegen, der diesen Angriff allerdings nicht mehr annimmt.

Die Novelle, die ihren Interpreten immer wieder an H. v. KLEIST erinnert hat und die der Autor selbst aufgrund ihrer Überfülle von Motiven und symbolischen Bezügen als *»Schreibübung«* rückblickend eingeschätzt hat, hat zahlreiche und kontroverse Deutungen gefunden, die bei der Beantwortung der von R. ALEWYN gestellten Frage: *»Warum muß der Wachtmeister Anton Lerch sterben? Warum muß er so sterben?«* in *»stillschweigend hingenommener Uneinigkeit«* nebeneinander stehen, wie H. SCHMIDT in seinem Überblick konstatierte. Neben werkimmanenten Aufschlüsselungen (M. E. GILBERT, B. v. WIESE), Untersuchungen zur Symbolik des Textes (H. SCHMIDT) und psychologischen Ansätzen (G. WUNBERG) wurde auch auf den sozialen wie politischen Gegensatz hingewiesen, der zwischen dem adligen Baron und dem aus den unteren sozialen Schichten stammenden Wachtmeister besteht; so sieht V. O. DURR in der Erschießung des Wachtmeisters *»die maßlose Reaktion einer geschwächten und verstörten Oberschicht«*, während R. ALEWYN in dessen Ungehorsam den *»Aufstand des Gemeinen gegen das Edle, des Häßlichen gegen das Schöne«* zu erkennen glaubt und die Aufmerksamkeit darauf lenkt, wie sehr das triste Dorf Lerchs *»innere Landschaft«* widerspiegele: *»Von der Dorfepisode an«*, so stimmt ihm W. MAUSER zu, *»wird der bewußte Erfahrungsbereich Lerchs um unbewußte Dimensionen ausgeweitet. Dieses Unbewußte kann nicht durch Verbalfügungen aus der Erlebniswelt Lerchs vergegenwärtigt werden, sondern nur durch Bilder und Szenen.«* Die räumlichen wie zeitlichen Angaben erhalten eine symbolische Beibedeutung (Abend, Dorf, Brücke), vor allem aber ist es die Begegnung mit Vuic (das slawische Wort für Wölfin, aber auch Hure), die in Lerch ambivalente Wunschwelten weckt: Er träumt sich hinein *»in eine Zivilatmosphäre, durch welche doch das Kriegsmäßige durchschimmerte, eine Atmosphäre von Behaglichkeit und angenehmer Gewalttätigkeit«*. Die Träume von sexueller wie materieller Bereicherung verlocken Lerch schließlich, *»seitlich«* von der Schwadron abzubiegen, ein *»von der Landstraße abliegendes Dorf«* zu durchreiten. Die Traumbilder der dortigen animalischen Szenerie, die sich verbinden mit Lerchs Mühe, sich vorwärtszubewegen, so daß ihm ist, als hätte er *»unmeßbare Zeit mit dem Durchreiten des widerwärtigen Dorfes verbracht«*, entladen sich schließlich in der Agression gegen das eigene Selbstbild. Das erbeutete Pferd wird schließlich zum Symbol aller bisherigen Versagungen, die Verfügungsgewalt darüber aber verliert Lerch durch das gesprochene Wort; die beiden einzigen Sätze direkter Rede – *»Vuic ... in acht Tagen rücken wir ein, und dann wird das da mein Quartier«* sowie der Befehl des Barons: *»Handpferde loslassen!«* – manifestieren Herrschaft (*»Das ausgesprochene Wort aber machte seine Gewalt geltend«*), auf die das jeweilige Gegenüber, die Frau bzw. die Schwadron, nur stumm reagieren kann.

Dem kunstvoll komponierten Text mit seiner vielschichtigen Tier- und Farbensymbolik läßt zugleich autobiographische Bezüge erkennen; 1894 absolviert Hofmannsthal sein Freiwilligenjahr in Mähren, 1896 und 1898 nimmt er an Waffenübungen in Galizien teil; die Briefe aus dieser Zeit berichten nicht nur von Elend und Tristesse, Schmutz und Häßlichkeit, sondern auch von einem Leben, dem weder Schönheit noch die Möglichkeit zur Selbstverwirklichung zukommt: *»Ich bin hier viel ernster und härter, als ich in meinem Leben war. Ich korrigiere meinen Begriff vom Leben: von dem, was das Leben für die meisten Menschen ist: es ist viel freudloser, viel niedriger, als man gerne denkt, noch viel niedriger.«* (An F. Eckstein, 2. 5. 1896).

D.Bar.-KLL

AUSGABEN: Wien 1899 (in Neue Freie Presse). – Wien 1905. – Wien 1920 (Die Erzählung, 3). – Stockholm 1945 (in *GW. Die Erzählungen*, Hg. H. Steiner). – Ffm. 1975 (in *SW*, Bd. 28, Hg. E. Ritter; krit.). – Ffm. 1975 (in *Reitergeschichte u. andere Geschichten*, Hg. ders.; Nachw. R. Hirsch). – Ffm. 1979 (in *GW. Erzählungen. Erfundene Gespräche u. Briefe. Reisen*, Hg. B. Schoeller; FiTb).

LITERATUR: B. v. Wiese, *H. v. H.: »Reitergeschichte«* (in B. v. W., *Die dt. Novelle von Goethe bis Kafka. Interpretationen*, Düsseldorf 1956, S. 284–303). – M. Schunicht, *Die frühen Erzählungen H.s* (in GRM, 15, 1965, S. 275–292). – G. Träbing, *H.s*

»Reitergeschichte«. Beitrag zu einer Phänomenologie der dt. Augenblicksgeschichte (in DVLG, 43, 1969, S. 707–725). – U. Heimrath, *H.s »Reitergeschichte«. Eine Interpretation* (in WW, 21, 1971, S. 313–318). – H. Rieder, *H.s »Reitergeschichte«* (in *Marginalien zur poetischen Welt. Fs. für Robert Mühlher*, Hg. A. Eder u. a., Bln. 1971, S. 311–323). – V. O. Durr, *Der Tod des Wachtmeisters Anton Lerch u. die Revolution von 1848. Zu H.s »Reitergeschichte«* (in GQ, 45, 1972, S. 33–46). – H. Schmidt, Zum Symbolgehalt der »Reitergeschichte« H.s (in *Views and Reviews of Modern German Literature*. Fs. A. D. Klarmann, Mchn. 1974). – M. Burkhard, *H.s »Reitergeschichte«. Ein Gegenstück zum »Chandosbrief«* (in Amsterdamer Beitr. zur neueren Germanistik, 4, 1975, S. 27–53). – P. Mollenhauer, *Wahrnehmung u. Wirklichkeitsbewußtsein in H.s »Reitergeschichte«* (in GQ, 50, 1977, S. 203–297). – W. Mauser, *Fatalität der Identitätsstörung: »Reitergeschichte«* (in W. M., *H. v. H.*, Mchn. 1977, S. 101–117). – R. Robertson, *The Dual Structure of H.'s »Reitergeschichte«* (in FMLS, 14, 1978, S. 316–331). – O. Hoppe, *H.s »Reitergeschichte«* (in *Dt. Novellen von Goethe bis Walser*, Bd. 2, Königstein/Ts. 1980, S. 49–76). – G. Träbing, *H.s »Reitergeschichte«. Interpretationen u. Obersvationen 1949–1976* (in SpitZ, 21, 1981, S. 221–236). – W. Zimmermann, *H. v. H.: »Reitergeschichte«* (in W. Z., *Dt. Prosadichtungen unseres Jh.s«*, Bd. 1, Düsseldorf 1981, S. 86–99). – R. Exner, *Ordnung u. Chaos in H. v. H.s »Reitergeschichte«. Strukturelle u. semiotische Möglichkeiten der Interpretation* (in *Im Dialog mit der Moderne, Fs. für J. Steiner*, Hg. R. Jost u. a., Ffm. 1986, S. 46–59). – M. Stern, *Die verschwiegene Hälfte von H.s »Reitergeschichte«* (ebd., S. 41–45). – F. Meltzer, *Reiter-[Writer-, Reader-]Geschichte* (in MDU, 77, 1985, S. 38–46).

DAS SALZBURGER GROSSE WELTTHEATER

Moralitätenspiel von Hugo von Hofmannsthal, entstanden 1921, erschienen 1922 in den ›Neuen deutschen Beiträgen‹ (in gekürzter Fassung) sowie als Buch; Uraufführung (unter der Regie von M. Reinhardt): Salzburg, 12. 8. 1922, Kollegienkirche. – Die Neuschöpfung von Calderóns Fronleichnamspiel *El gran teatro del mundo* (1675), das Hofmannsthal in der Eichendorffschen Übersetzung vorlag, wurde für die 1917 von M. Reinhardt, Hofmannsthal und R. Strauss initiierten Salzburger Festspiele entworfen, deren Ziel es war, *»europäische Kunst auf dem Boden österreichisch-katholischer Tradition«* zu feiern. Bereits die Romantiker, besonders A. W. Schlegel und J. v. Eichendorff, hatten sich um Calderóns Werk bemüht, aber erst F. Grillparzer *(Der Traum, ein Leben*, 1840, nach *La vida es sueño*, 1636) und nach ihm Hofmannsthal ließen sich von Calderóns Stükken direkt anregen. Allerdings sah Hofmannsthal in seinem Werk mehr als die bloße Bearbeitung einer Vorlage; von Calderón, so heißt es im *Vorspruch* zum *Salzburger Großen Welttheater*, ist *»die das Ganze tragende Metapher entlehnt: daß die Welt ein Schaugerüst aufbaut, worauf die Menschen in ihren von Gott ihnen zugeteilten Rollen das Spiel des Lebens aufführen; ferner der Titel dieses Spiels und die Namen der sechs Gestalten, durch welche die Menschheit vorgestellt wird – sonst nichts«.*

Aus seiner Vorlage nicht übernommen hat Hofmannsthal die Figur des ungeborenen Kindes; neu schuf er den »Vorwitz« und den »Widersacher«. Anders als bei Calderón erscheint die »Welt«, sie ist weniger streng allegorisch gefaßt und erhält durch das Zusammenspiel mit dem mundartlich-salopp sprechenden »Vorwitz« fast persönliche Züge, der Tod wirkt nicht so erschreckend wie bei Calderón: Mit Hut und Degen bietet er ein fast elegantes Erscheinungsbild. Vor allem in der Figur des »Meisters« zeigt sich eine Neuakzentuierung: Der »Meister« ist bei Hofmannsthal »nur« Gott, während er bei Calderón Gott, Dichter, Autor und Spielleiter zugleich repräsentiert, – eine Komplexität, die auf das Selbstverständnis des Renaissance-Poeten verweist.

Das Spiel setzt ein mit einer Versammlung von allegorischen und mythischen Gestalten, Propheten, Sybillen, Engel, Frau Welt, Tod, Widersacher und Vorwitz, die den *»Meister im Sternenmantel«* erwarten. Dieser erscheint alsbald vor seinem Palast (Oberbühne), er will sich von »Frau Welt« ein *»Fest und Schauspiel«* bereiten lassen. Frau Welt hofft, daß es sich dabei um eine amüsante Aufhebung der Naturgesetze handeln wird, während ihr Genosse »Vorwitz« an alchimistische Zaubereien denkt. Der Meister aber befiehlt ein Schauspiel mit Menschen, gemäß der barocken Idee des *Theatrum mundi*, was Frau Welt zu hochmütiger Spöttelei über die Bedeutungslosigkeit dieser Kreaturen reizt, so daß »der Engel« sie in ihre eigene Hinfälligkeit, an die Sintflut und an ihr jederzeit mögliches Verschwinden im Nichts erinnern muß *(»Heidenweib! Hat der Herr dich nicht einmal schon ersäuft ...«)*. Der »Widersacher« dagegen kramt in seiner Handbibliothek, um sich theoretisch für den Fall zu rüsten, da er der Frau Welt als Anwalt zur Seite treten könnte.

Auf Befehl des Meisters ruft Frau Welt nun eine Schar von *»unverkörperten Seelen«* herbei, die aus der Hand des Engels ihre vom Meister bestimmten *»Rollen«* erhalten sollen, denen gemäß Frau Welt sie *»anzukleiden«* hat. Auf die Frage des Widersachers, wie denn Schauspiel ergötzen könne, in dem alles vorherbestimmt sei, Anfang und Ende, antwortet der Meister: Den Menschen ist die *»Wahl ... gegeben zwischen Gut und Böse ... Damit sie sich entscheide, dazu hab ich der höchsten Freiheit einen Funken in die Kreatur gelegt.«*

Frau Welt hat Skrupel, *»schlechte Rollen«* zu verteilen, worauf der Meister die Relativität solcher Wertungen betont und durch den Mund des Engels verkünden läßt, daß alles Leben nur ein Spiel sei, das einzig aus seiner Gottbezogenheit einen gleichnishaften Sinn erhalte. Demzufolge kann der Titel dieses Spiels auch nicht einfach *»das Leben der Menschen«* heißen, da dieses Leben für sich selbst keinen Sinn hat; es bekommt seinen Titel vielmehr von dem, was hinter dem Spiel sichtbar gemacht werden soll: *»Tuet Recht! Gott über euch! Du sollst den Nächsten lieben wie dich selbst, und aber deinen Gott, den sollst du lieben über alles.«* Hierin folgt Hofmannsthal Calderón.

Die unverkörperten Seelen empfangen nun ihre Schicksalsrollen und werden von Frau Welt ausstaffiert: Der König erhält seine Krone, die Weisheit ein Nonnengewand, der Bauer einen Spaten. Jene Seele aber, die den Bettler spielen soll, weigert sich, diese Rolle anzunehmen – anders als der »Pobre« bei Calderón, der sich zwar auch beklagt, aber sein Schicksal schließlich hinnimmt. Hofmannsthals Bettler gestaltet seinen Protest gegen die Ungleichheit des Schicksals, gegen Unglück und Elend zu einem geballten antichristlichen Manifest, das in der Mitte des Spiels zu einem revolutionären Aufruf sich steigert: *»Der Weltstand muß dahin, neu werden muß die Welt, / Und sollte sie zuvor in einem Flammenmeer / Und einer blutigen Sintflut untertauchen, / So ists das Blut und Feuer, das wir brauchen.«*

Nachdem der Engel die Bettlerseele mühsam mit christlichem Gedankengut besänftigt hat, beginnt das eigentliche Spiel im Spiel mit dem Auftritt des Königs, der sogleich und nicht ohne Selbstüberhebung beginnt, sich seiner Machtfülle zu freuen. Die Schönheit erscheint voller Selbstverliebtheit, die Weisheit kritisiert alsbald das eitle Treiben. Der Reiche beansprucht die Macht des Königs zum Schutz des eigenen Besitzes, der Bauer wird vom König jovial als *»braver Nährstand«* apostrophiert. Der Bettler beschwört die einzige dramatische Situation des Spiels herauf, als er seine unglückliche Lage mit der Zufriedenheit und dem Wohlstand der übrigen vergleicht und zum Umsturz der bestehenden *»Ordnung«* (*»So nennt ihr die Gewalt, / Die uns in Boden druckt.«*) aufruft: *»Nämlich: ich hab nichts zu verlieren!«*. Besänftigungsversuche der Schönheit und des Reichen scheitern, ein Arbeitsangebot durch den Bauern könnte die Lage retten. Dieser aber befiehlt dem Bettler, in seiner neuen Funktion als Holzknecht und Waldwächter vor allem Kinder, Witwen und anderes armes *»Schandpack«* beim *»Holzklauben«* zu verjagen. Da kennt der Zorn des Bettlers keine Grenzen mehr, und das Ende der im Spiel repräsentierten Gesellschaftsordnung scheint gekommen: Der Bettler hebt die Axt, um alle zu erschlagen. Die Welt begreift dies als Höhepunkt des Spiels und unterstreicht die Bedeutung des Augenblicks durch Trompetenmusik. Das Gebet der Weisheit jedoch führt zu einem nochmaligen Umschwung, zu einer Wandlung, bringt dem revolutionären Bettler in der Art des *»Saulus Blitz und redend Himmelslicht«:* Er läßt ab von seinen Umsturzplänen und zieht als Geläuterter, als frommer Büßer in den Wald.

Hofmannsthal war sich bewußt, wie sehr dieser Umschwung im Verhalten des Bettlers, seine Bekehrung, *»außerhalb des Gebiets des eigentlich dramatisch Möglichen«* bleibt, aber er verstand das Werk als ein *»Mysterium oder eine theatralische Allegorie«*, das sich dem Kausalitätszwang des *»gewöhnlichen Theaterstücks«* entziehen dürfe. Dennoch kritisierte etwa Richard STRAUSS, der in der Bettlerfigur eine Allegorie auf den Bolschewismus sah, diese zentrale Stelle: *»So schön dichterisch die Idee des Umschwungs im Bettler ist, meinem dramatischen Empfinden steht doch ein Knax im Wege, der sich zwischen der eigentlichen dramatischen Lösung (d.h. der Vollendung der Zerstörung) und dem christlichen Gedanken der plötzlichen Umkehr findet. Das ist eben das Unglück, daß der Bolschewik innerlich unfrei ist, und diese Errettung zur Freiheit hat etwas vom Wunder und scheint mir von außen hineingetragen. Ihr Bettler spielt seine Figur nicht richtig zu Ende, sondern wird gerade im entscheidenden Moment von Hofmannsthal erleuchtet«* (Brief vom 12.9. 1922). 1923 entwarf der Autor für diese Szene eine Pantomime, in der der Bettler *»blitzschnell in einer filmartig vorüberfliegenden Bilderfolge alles vor sich sieht was eintreten würde wenn er in diesem Augenblick seinen Gedanken zur Tat werden läßt«*.

Nach diesem Höhepunkt folgt rasch das Ende des Spiels. Die Schönheit bemerkt zuerst die Spuren der *»Mörderin Zeit«* an sich, nach ihr ahnen König, Reicher und Bauer das bevorstehende Ende, noch bevor der Tod erscheint. Der König wird als erster abberufen, wie er ja auch als erster gesandt war. Er will im Tode seine Krone der Weisheit vermachen, doch die Welt reißt das Symbol der Herrschaft wieder an sich. Nach dem Abtritt des Königs beansprucht der Reiche die Herrschaft: Er faßt die Schönheit, die sich mit dem König verbunden hatte: *»Denn ich bin wahrhaft, was er schien.«* Hofmannsthal knüpft hier an die Figur des Mammons aus dem *Jedermann* an; Reichtum und Besitz erscheinen als die – falschen – Triebfedern der gesellschaftlichen Entwicklung, als einziger der Spieler wird der Reiche verflucht werden und *»tiefer unten, im Dunkel«*, büßen.

Nun wird die Schönheit vom Tod gerufen. Sie bringt nicht die Kraft auf, den schweren Weg allein zu gehen und wird von der Weisheit gestützt, die vor dem Eingehen in die Todesnacht die Schlüsselworte des Spieles ausspricht, als die Welt ihr und der Schönheit die symbolischen Attribute – Kreuz und Spiegel – wieder abstreift: *»Nimm hin: in jenen Reichen / Strahlt Wesenheit, dort brauchts kein Zeichen.«* Die Figur der Weisheit ist ein gutes Beispiel für die bei Hofmannsthal gegenüber Calderón veränderte dramaturgische Technik; die Weisheit spielt nicht allein eine Rolle innerhalb eines Spiels, sie ist zugleich sowohl in den umgreifenden göttlichen Kosmos wie in den Zusammenhang der Welt eingebunden und steht damit ständig in Kontrast mit den Manifestationen der endlichen Wirklichkeit: der Eitelkeit der Schönheit, der Aufgeblasenheit des Königs, der Skrupellosigkeit des Reichen. Leicht humoristisch gefärbt ist das Abtreten des Bauern, er tut, als höre er den Ruf des Todes nicht, stellt sich dumm und versucht schließlich den Tod zu überzeugen, daß er fürs Sterben keine Zeit habe.

Der Bettler dagegen freut sich über das Erscheinen des Todes und will den Reichen, der noch übriggeblieben ist, auf dem letzten Weg stützen; diesen aber faßt die Angst vor dem Verlust dessen, was ihm Kraft gegeben hat. Dann hält der Engel im Namen des Meisters Gericht; nur der Bettler wird, wie auch die Weisheit, in den *»Palast«* des Meisters eingelassen, die übrigen werden davor gruppiert: *»Schönheit, König und Bauer knien seitlich dem Eingang, der Reiche tiefer unten, im Dunkel.«*
Die Stilisierung einer christlich-harmonischen Ordnung, die Rückwendung auf das barocke Theater, wie sie sich auch im *Jedermann* und im Plan zu einer Neufassung des *Cenodoxus* nach dem Jesuitendrama von J. Bidermann (1578–1639) sich manifestiert, ist Hofmannsthals konservative, aber auch hilflose Antwort auf die deutsche wie österreichische Nachkriegszeit, mit Arbeitslosigkeit, Inflation und Massenprotest. Die Forderung auf eine *»natürliche Gleichheit des Schicksals«*, wie der Bettler sie erhebt, ist auch eine Forderung des »Widersachers«, des Teufels, und im revolutionären Plan des Bettlers, der für die politische Linke steht, sieht der Autor keine Lösung für die herrschenden Widersprüche: *»Umsturz des Bestehenden, Ansichreißen der Gewalt; und was dann? aufs Neue Gewalt!«* Die neuere Forschung hat wiederholt darauf aufmerksam gemacht, wie sehr Hofmannsthals Gesellschaftsbild weitgehend statisch ist, wie sehr ihm Veränderungen als Störungen einer prästabilisierten Ordnung erscheinen, die für ihn eine letztlich immer religiös begründete Ordnung ist. *»Meine Antwort«*, so schreibt er über *Das Salzburger Große Welttheater*, *»war nicht optimistisch, aber auch nicht pessimistisch, sondern dichterisch oder religiös«*, und in seinem Aufsatz *Das Schrifttum als geistiger Raum der Nation* (1927) hält er fest, *»daß im halben Glauben kein Leben ist ... daß das Leben lebbar nur wird durch gültige Bindungen«*. R.Lo.-KLL

Ausgaben: Mchn. 1922 (in Neue dt. Beiträge, 1. Folge, H. 1). – Lpzg. 1922 [veränd.]. – Bln. 1924 (in *GW*, 6 Bde., 1923/24, 5). – Ffm. 1957 (in *GW. Dramen 3*, Hg. H. Steiner). – Ffm. 1977 (in *SW*, Bd. 10, Hg. H.-H. Ledner u. H.-G. Dewitz; krit.). – Ffm. 1979 (in *GW. Dramen 3*, Hg. B. Schoeller; FiTb).

Literatur: K. Kraus, Rez. (in Die Fackel, 24, 1922, S. 1–7). – A. Polgar, Rez. (in Die Weltbühne, 18, 1922, H. 38, S. 310–314; H. 39, S. 339–341). – L. v. Andrian, Rez. (in Hochland, 20, 1922/23, H. 2, S. 177–180). – E. Gürster, *»Das Salzburger Große Welttheater« u. Calderón* (in Hochland, 23, 1925/26, H. 2, S. 253–255). – H. Wocke, *H. v. H.s »Salzburger Welt-Theater«: ein Beitrag zur Nachwirkung Calderóns* (in WW, 1, 1950/51, S. 264–272). – A. M. Ellis, *Language and Style in »Das Große Welttheater« by H. v. H.*, Manchester 1952. – A. Wolff. *›Weltgeheimnis‹. Reflections on H. v. H.* (in GLL, N. S. 11, 1957/58, S. 173–181). – H. Müller, *Gestalt u. Bedeutung des Todes im Werk H. v. H.s*, Diss. Tübingen 1958. – E. Schwarz, *»Das Salzburger Große Welttheater«: Faust, Calderón u. die Sprache der Gegenwart* (in E. S., *H. u. Calderón u. die Sprache der Gegenwart* (in E. S., *H. u. Calderón*, Cambridge/Mass. 1962, S. 64–90). – B. Coghlan, *H.'s Festival Dramas. »Jedermann«, »Das Salzburger Große Welttheater«, »Der Turm«*, Cambridge 1963. – E. Ernst, *Studien zum religiösen Problem im »Salzburger Großen Welttheater« u. in den »Turm«-Dichtungen H. v. H.s*, Diss. Kiel 1963. – S. Hoefert, *Zu H.s »Das Salzburger Große Welttheater«* (in GRM, 16, 1966, S. 319–321). – A. Bergstraesser, *Der Heilige Bettler. Religion u. Gesellschaft in H.s »Salzburger Großem Welttheater«* (in *Staat und Dichtung*, Hg. ders., Freiburg i. B. 1967, S. 61–85). – M. Briegel, *Das Leben als Schauspiel. H.s »Salzburger großes Welttheater«* (in Boletin de estudios germanicos, 8, 1970, S. 81–95). – B. Bennett, *The Role of Vorwitz in H.'s »Das Salzburger Große Welttheater«* (in Symposium, 29, 1975, S. 13–29). – W. Weiss, *Salzburger Mythos? H.s und Reinhardts Welttheater* (in *Staat u. Gesellschaft in der modernen österr. Literatur*, Hg. F. Aspetsberger, Wien 1977, S. 5–19). – C. Walk, *H.s »Großes Welttheater«: Drama und Theater*, Heidelberg 1980. – K. Bohnen, *H. im Gespräch. Eine Selbstdarstellung des »Salzburger Großen Welttheaters«*, (in NZZ, 14. 5. 1982). – L. M. Fiedler, *Welttheater und Revolutionstribunal. H. v. H.s »Salzburger Großes Welttheater« und seine Weiterung* (ebd.). – W. Bellmann, *Eine Quelle zu H.s »Großem Welttheater« und zum »Turm«* (in FDH, 1984, S. 289–294).

DER SCHWIERIGE

Lustspiel in drei Akten von Hugo von Hofmannsthal, Uraufführung: München, 7. 11. 1921, Residenztheater. – Die seit 1908 geplante, erst 1920 beendete Komödie fand vor allem nach 1945 bei Bühne, Kritik und Wissenschaft großes Interesse. Durch eine Fülle von Interpretationen wurde sie in den Rang einer klassischen Dichtung der Moderne erhoben. Das zugleich durch problematische Vielschichtigkeit und durch sinnlich-komödiantische Eleganz ausgezeichnete Stück kann sowohl als poetisches Modell zeitgenössischer Erkenntnisproblematik wie als glanzvolles Finale der europäischen Lustspieltradition verstanden werden.
Zwei Entfaltungsweisen des Lustspiels sind hier miteinander verschmolzen: Die Charakterkomödie des »Schwierigen« Kari Bühl ist eingebettet in das schillernde Panorama einer Gesellschaftskomödie aus dem Wien von 1920 – schon 1917 behandelte Hofmannsthal (in der Handschrift) den Krieg als abgeschlossen (M. Stern) –, die zentrale Figur des »Mannes ohne Absichten« – wie ein früherer Titel des Stücks lautet – ist umgeben von vielen sehr absichtsvollen Akteuren. Dieser unheldische Held, dem eine Soirée *»ein Graus«* ist, bewegt sich im zweiten und dritten Akt auf einer Abendgesellschaft und wird schon im ersten Akt durch das

Hin und Her der Vorbereitungen auf dieses Ereignis, das vor allem für ihn ungeahnt wichtig werden soll, aus seiner kunstvoll abgeschirmten Einsamkeit gerissen. Das Ensemble der nach dem Ersten Weltkrieg labil und funktionslos gewordenen aristokratischen Salongesellschaft, dem man in dieser Komödie begegnet, setzt sich zusammen aus dem traditionellen Bestand komischer Typen: Da finden sich die Heiratsvermittlerin Crescence, der eitle jugendliche Liebhaber Stani, die Kokette Antoinette nebst einer Kammerzofe, der brambarsierende Fremde Baron Neuhoff, die Preziöse Edine, der »dottore« Professor Brück, der treuherzige Tölpel und betrogene Ehemann Hechingen. Es bleibt freilich bei indirekten Hinweisen auf die Typologie der *commedia dell'arte* oder MOLIÈRES, denn alle Figuren bewegen sich – Konversation ist ihr Tun – im selben, kunstvoll zubereiteten und individuell abschattierten Dialekt einer spähöfischen Gesellschaft. Aber zur Erkenntnis des Stücks und der eigenartigen Sonderrolle Kari Bühls trägt auch dieser Aspekt bei. Für Bühl nämlich wird der typenmäßig festgelegte Hintergrund explizit formuliert, wenn er mit großer Anteilnahme vom Clown Furlani erzählt: *»Er outriert nie, er karikiert auch nie. Er spielt seine Rolle: er ist der, der alle begreifen, der allen helfen möchte und dabei alles in die größte Konfusion bringt. Er macht die dümmsten Lazzi ... Alle andern lassen sich von einer Absicht leiten ... er geht immer auf die Absicht der andern ein«*. Das eben tut aber auch Kari Bühl selbst, mindestens in der ersten Hälfte des Stücks. Wie man nun die Daseinsform des Clowns als archetypisch-reine Spielexistenz von den spezialisierten komischen Funktionsträgern abheben kann, so kommt bei der konkreten Analyse des Charakters und der Rolle des »Schwierigen« der Kategorie des Archetypischen besondere Bedeutung zu. Während die anderen Figuren für eine reale Gegenwart existieren wollen und in ihre alten Paläste Vertreter einer »neuen« Welt (Neuhoff, Neugebauer, im Entwurf: den Diener Nowak) aufnehmen und so zu Spielbällen der Zeitlichkeit werden, ist Bühl in die Mystik einer archetypischen Zeitlosigkeit auf »magische« (ein Schlüsselwort Hofmannsthals) Weise so sehr versunken, daß er nur von einem andern, ihn rückhaltlos liebenden Menschen, Helene Altenwyl, zu einer wahren Existenz – und die Ehe repräsentiert für Hofmannsthal deren Substanz – befreit werden kann. Bühls Überzeugung, daß *»alles schon längst irgendwo fertig dasteht und nur auf einmal erst sichtbar wird«*, hat ihre Wurzeln in dem Kriegserlebnis des *»Verschüttetwerdens«*, von dem er Helene berichtet. An der Grenze des Todes wurde ihm *»eine ganze Lebenszeit«* sichtbar, in zeitlosem Schwebezustand, doch eher als *»etwas Vergangenes als etwas Zukünftiges«*, ein imaginäres Leben, in dem Helene Karis Frau war. Während seiner Genesung, wurzelnd in dieser Urerfahrung, ist ihm *»die ganze Welt wiedergekommen, wie etwas Reines, Neues und dabei so Selbstverständliches«*, und im Zentrum dieser Welt sah er *»ganz heilig und feierlich«* Helenes Ehe, als deren Partner er sich freilich aus eigener Kraft nicht zu bekennen vermag. So bleibt ihm das Bild wahren Lebens eine reine, für ihn selbst schon vertane Möglichkeit. Helene muß am Ende die *»Enormität«* leisten, mit ihrem Liebesbekenntnis eine reale Zukunft für beide zu ermöglich. Sie kann dies übernehmen, weil auch sie – wie keine andere Frau, der Kari begegnete – in archetypischer Zeitlosigkeit gründet: Auch für sie *»ist der Moment gar nicht da«*, und sie fühlt, daß sie *»alles in der Welt, was sich auf uns zwei bezieht, schon einmal gedacht«* hat.
Hofmannsthals Postulat *»Die Tiefe muß man verstecken. Wo? An der Oberfläche« (Aufzeichnungen)* wird in dieser Komödie auf erstaunliche Weise realisiert. Eine aus konventionellen Elementen zusammengesetzte Fabel (alternder Junggeselle – falsche Werbung – überraschende Verlobung) setzt nicht nur eine abwechslungsreiche Szenenfolge in einem für satirische Pointen geeigneten Milieu in Bewegung, sondern spiegelt zugleich fundamentale Bedingungen des Menschseins, jedenfalls in der Perspektive des Autors: Zumal durch die fast traumhaft-ideale Helene verkündet Hofmannsthal seine Lebenslehre einer schöpferischen Restauration zerbrochener Ordnungen.
Auch die oft isoliert interpretierten Reflexionen über Wesen und Leistung der Sprache lassen sich dieser Gesamtkonzeption des Stücks einfügen. Gegenüber Helene – und gelegentlich gegenüber Antoinette – vermag Kari Bühl zu sprechen, in zusammenhängender Rede und in prägnanter Bildlichkeit Vergangenheit zu beschwören und das Wesen einer rechten Ehe darzustellen; unter den bewußtlos handelnden und geistreich-sinnlos redenden Figuren einer substanzentleerten Gesellschaft jedoch verhält er sich wie der Clown Furlani, reagiert fast nur pantomimisch und reflektiert ironisch die *»Konfusionen«*, die entstehen. Karis Schweigen bildet zwar im Bereich der Gesellschaftskomödie den Maßstab für die psychologischen Kategorien Stanis oder seiner Mutter, für die voluntaristische Rhetorik Neuhoffs, den Feuilletonismus Edines, den Konversations-Fetischismus Altenwyls und für andere defiziente Sprachzustände, dies Schweigen wird aber gegenüber dem lebendigen, existentiell verantworteten Reden Helenes selbst als ein Versagen enthüllt. Zwar wird radikale Sprachskepsis als ein unausweichliches Phänomen der Epoche analysiert, aber die mystische Hoffnung auf eine Neugeburt des glaubwürdigen und welthaltigen Wortes wird ihr entgegengestellt. So ist auch das Nachdenken Hofmannsthals über die Sprache wie das ganze Lustspiel *Der Schwierige* als ein unter den Bedingungen der Zeit um 1920 noch möglicher, gegenwärtig indes nicht wiederholbarer Versuch zu erkennen, eine künstlerische und ethische Kontinuität zu stiften, die über das Ende der alteuropäischen Traditonen hinausreichen sollte. E.Ri.

AUSGABEN: Bln. 1921. – Bln. 1924 (in *GW*, 6 Bde., 1923/24, 4). – Stockholm 1948 (in *GW. Lustspiele 2*, Hg. H. Steiner). – Hbg. 1958 (zus. m. *Der Unbestechliche*, FiBü). – Ffm. 1979 (in *GW. Dramen 4*, Hg. B. Schoeller; FiTb).

LITERATUR: E. Staiger, *H. v. H. – »Der Schwierige«* (in NSRs, 24, 1941/42, S. 289–301; 387–394; 433–443; ern. in *H. v. H.*, Hg. S. Bauer, Darmstadt 1968, WdF). – H. J. Himstedt, *Studien zum dramatischen Werk H. v. H.s unter besonderer Berücksichtigung seines Lustspiels »Der Schwierige«*, Diss. Ffm. 1949. – W. Emrich, *H.s Lustspiel »Der Schwierige«* (in WW, 6, 1955/56, S. 17–25; auch in W. E., *Protest u. Verheißung*; Ffm. [3]1968, S. 223–232). – K. Maier, *Untersuchungen zur Struktur des höheren Humors in H.s Lustspiel. Mit besonderer Berücksichtigung der Stücke »Minna von Barnhelm« von Lessing u. »Der Schwierige« von H.*, Diss. Tübingen 1957. – R. Thieberger, *Das Wiener Aristokraten-Französisch in H.s »Der Schwierige«* (in Antares, 5, 1957, H. 7, S. 9–12; H. 8, S. 15–18). – C. J. Burckhardt, *Zu H.s »Der Schwierige«* (in NRs, 71, 1960, S. 133–137). – F. N. Mennemeier, *H. »Der Schwierige«* (in *Das deutsche Drama*, Hg. B. v. Wiese, Bd. 2, Düsseldorf 1964, S. 244–264). – H. Steffen, *H.s Gesellschaftskomödie »Der Schwierige«* (in *Das deutsche Lustspiel*, Hg. ders., Bd. 2, Göttingen 1969). – H. Weigel, *Triumph der Wortlosigkeit. Ein Versuch über H. v. H.s Lustspiel »Der Schwierige«* (in H. W., *Das tausendjährige Kind*, Wien 1965, S. 196–211). – H. Wittmann, *H.s Lustspielsprache. Die Sprachkrise u. ihre Überwindung in den Komödien »Der Schwierige«, »Der Rosenkavalier« u. »Ariadne auf Naxos«*, Diss. Univ. of. Massachusetts 1969. – A. Doppler, *Die Thematisierung der Konversation. H. v. H.s Lustspiel »Der Schwierige«* (in A. D., *Wirklichkeit im Spiegel der Sprache*, Wien 1975, S. 65–78). – B. Bennett, *Missed Meetings in H.'s »Der Schwierige«* (in FMLS, 12, 1976, S. 59–64). – M. Stern, *»Der Schwierige«* (in *4. Tagung der H. v. H.-Ges.*, Freiburg i. B. 1977, S. 67–83). – J. Rothenberg, *»Durchs Reden kommt ja alles auf der Welt zustande«. Zum Aspekt des Komischen in H. v. H.s Lustspiel »Der Schwierige«* (in Jb. der Dt. Schiller-Ges., 21, 1977, S. 393–417). – A. Schmidt, *Anachronistisches in H.s Lustspiel »Der Schwierige«* (in *Dichter zwischen den Zeiten*, Hg. V. Suchy, Wien 1977, S. 158–166). – W. Frühwald, *Die sprechende Zahl. Datensymbolismus in H. v. H.s Lustspiel »Der Schwierige«* (in Jb. der Dt. Schiller-Ges., 22, 1978, S. 572–588). – M. Stern, *Wann entstand und spielt »Der Schwierige«?* (ebd., 23, 1979, S. 350–365). – R. Thieberger, *Das Schwierige am »Schwierigen«* (in R. T. *Gedanken über Dichter und Dichtungen*, Hg. A. Faure u. a., Bern/Ffm. 1982, S. 119–134). – W. Mauser, *Österreich u. das Österreichisch in H.s »Der Schwierige«* (in Recherches germaniques, 12, 1982, S. 109–130). – B. Greiner, *Die Rede des Unbewußten als Komödie. H.s Lustspiel »Der Schwierige«* (in GQ, 59, 1986, S. 228–251). – H. Söhnlein, *»Gesellschaftliche u. private Interaktionen. Dialoganalysen zu H.s »Der Schwierige« u. Schnitzlers »Das weite Land«*, Tübingen 1986. – H. Geulen, *Komödien H.s. Beobachtungen zum »Schwierigen« u. »Unbestechlichen«* (in *Komödiensprache*, Hg. H. Arntzen, Münster 1988, S. 99–110).

DER THOR UND DER TOD

Lyrisches Drama in einem Akt von Hugo von HOFMANNSTHAL, erschienen 1893; Uraufführung: München, 13. 11. 1898, Theater am Gärtnerplatz. – In seinem mit Kunstschätzen museal ausstaffierten Studierzimmer sinnt der alternde reiche Claudio, am Fenster sitzend, dem Leben nach: Sich in das begrenzte, wirkliche *»Menschenleben«* hinübersehnend, kann er es allenfalls verstehen, sich jedoch nicht hineinverweben und daran verlieren. Sein müdes Denken und die *»Rumpelkammer voller totem Tand«*, die ihn umgibt, sind ihm ein unzureichender Lebensersatz. Sein Leben wie ein Buch erlebend, bleiben ihm Schmerz und Glück gleichermaßen versagt. Da ertönt plötzlich eine Geigenmelodie. Sie ruft ihm seine Kindheit in Erinnerung, in der er sich als *»ein lebend Glied im großen Lebensringe«* fühlte. Der Geiger aber ist der Tod, der nicht als schauerliches Gerippe, sondern als *»großer Gott der Seele«* vor ihm steht. Claudio fühlt sich aber noch nicht reif zum Sterben, denn *»ich hab nicht gewußt, daß das schon Leben heißt«*. Der Tod lehrt den Toren nun, das Leben wenigstens am Ende zu ehren, und ruft mit ein paar Geigenstrichen drei Tote hervor, gegenüber denen Claudio schuldig geworden ist: Seine Mutter, seine verlassene Geliebte, seinen Freund. Alle haben den Schmerz des Lebens ausgekostet und gelitten, sind aber selig gegenüber Claudio, *»der keinem etwas war und keiner ihm«*. Der Tod gewährt keinen Aufschub, und nun erfährt Claudio erstmals Wirklichkeit und verklärt sein eigenes Sterben mit den Worten: *»Da tot mein Leben war, sei du mein Leben, Tod!«*

Hofmannsthals berühmtestes Jugendwerk, für das der Autor ursprünglich den Titel *Der neue Totentanz* vorgesehen hatte, hat zusammen mit einigen unter dem Pseudonym »Loris« erschienenen Gedichten, Rezensionen und weiteren kleinen Bühnenstücken den frühen Ruhm des Dichters begründet, teils resultiert daraus jedoch auch das mißverständliche Bild vom Autor neuromantischen Poesiezaubers, subtiler Stimmungsreize und dekadenter Lebenshaltung, bis vor allem R. ALEWYN mit seinen Untersuchungen die lebensphilosophische Skepsis gegenüber dem narzißtischen Ästhetizismus bereits im Frühwerk Hofmannsthals nachweisen konnte. So können auch die Verse Claudios keineswegs mit der Haltung des Autors gleichgesetzt werden; Claudio ist der Vertreter eines radikalen Schönheitsglaubens, der die Natur als Gemälde, das Leben als Buch und die Mitmenschen als bloße Puppen behandelt. Claudios Lebensfremdheit, die sich hinter Kunst und Wissen verbirgt, wird nicht objektiv dargestellt, sondern einem Gericht unterzogen: Der dionysische Todesgott aus *»der Venus Sippe«* tritt nicht etwa als Widerpart der zentral konzipierten Lebensvorstellung auf, sondern als Erfüllung des Lebens, als Lebenslehrer. Daher begnügt sich Hofmannsthal auch nicht mit der traditionellen Gegenüberstellung von Kunst und Leben, aus der Claudio als Künstler hervorginge, sondern bezieht sie auf den Hintergrund

des Todes, der sowohl als Lebensende wie auch als Analogon des Dichters auftritt. Seine Geige beruft gleichsam als Spiel im Spiel den Totentanz von Mutter, Mädchen und Freund; wie ein Dichter preßt der Tod in eine Stunde mehr Leben *»als das ganze Leben konnte halten«*. Sein Epilog ironisiert nicht nur Claudios *»Fühlensübermaß«*, sondern die menschliche Bemühung, das Geflecht von Leben und Tod, *»was nicht deutbar, dennoch deuten«* zu wollen, und unterstreicht so die Inkommensurabilität der Dichtung.
Zahlreiche literarische Anspielungen – auf SHAKESPEARE, HÖLDERLIN und vor allem auf GOETHES *Faust* – betonen nicht nur Claudios Rolle als die eines »Faust« des Fin de siècle, sondern lassen zugleich deutlich werden, daß die durch den Tod vermittelte Lehre auch die eigene Grundlage eines Dichtens angreift, das sich gegenüber einer bloß anverwandelten Tradition erst noch behaupten muß. M.May.

AUSGABEN: Mchn. 1893 (in Moderner Musen-Almanach auf das Jahr 1894). – Lpzg. 1907 (*Der Tor und der Tod*, in *Kleine Dramen*, 2 Bde., 1906/07, 1). – Lpzg. 1911 (in *Die Gedichte und kleinen Dramen*). – Bln. 1924 (in *GW*, 6 Bde., 1923/24, 1). – Stockholm 1946 (in in *GW. Gedichte u. Lyrische Dramen*, Hg. H. Steiner). – Hbg. 1949 [Begleitwort E. Zinn; Maximilian-Ges., 81; Faks.-Ausg.]. – Ffm. 1966 (in *Gedichte und kleine Dramen*; BS). – Ffm. 1979 (in *GW. Gedichte. Dramen 1*, Hg. B. Schoeller, FiTb). – Ffm. 1982 (in *SW*, Bd. 3, Hg. K.-G. Pott; krit.).

LITERATUR: W. Baschata, *Die Entwicklung der dramatischen Technik u. Form in H.s lyrischen Dramen*, Diss. Innsbruck 1948. – M. Th. Lehn, *Tragedy and Comedy in H.'s Dramatic Works*, Saint Louis/Mo. 1959 [zugl. Diss. Washington Univ.; m. Bibliogr.]. – P. Szondi, *Lyrik u. lyrische Dramatik in H.s Frühwerk* (in P. S., *Satz u. Gegensatz. 6 Essays*, Ffm. 1964, S. 58–70). – M. Porter, *H. v. H.s »Der Tor u. der Tod«. The Poet as Fool* (in Modern Austrian Literature, 5, 1972, S. 14–29). – P. Szondi, *Der junge H.: »Der Tor u. der Tod«* (in P. S., *Das lyrische Drama des Fin de siècle*, Ffm. 1975, S. 252–270). – B. Bennett, *Idea, Reality and Playacting in »Der Tor u. der Tod«* (in OL, 30, 1975, S. 262–276). – R. Thieberger, *H.s dramatische Dichtung »Der Tor u. der Tod«* (in R. T., *Gedanken über Dichter u. Dichtungen*, Hg. A. Faure u. a., Bern/Ffm. 1982, S. 91–106).

DER UNBESTECHLICHE

Lustspiel in fünf Akten von Hugo von HOFMANNSTHAL, Uraufführung: Wien, 16.3. 1923, Raimundtheater; erschienen 1956. – Mehr noch als bei anderen Theaterstücken Hofmannsthals war ein Schauspieler der Anlaß zur Niederschrift des *Unbestechlichen*: Die Titelrolle ist Max Pallenberg *»auf den Leib geschrieben«*. Entgegen Hofmannsthals eigener Einschätzung – *»ein Lustspiel ... das ich im Sommer (neben der Arbeit an dem Trauerspiel) so hingeschrieben hatte«* – zählt *Der Unbestechliche* im Bewußtsein des Publikums zu seinen Hauptwerken. Die überaus theaterwirksamen Szenen, die sichere Führung des Dialogs erklären den Erfolg auf dem Theater. Inkonsequenzen der Konzeption und Durchführung lassen aber auch die Fragwürdigkeit bestimmter Prinzipien des späten Hofmannsthal deutlicher als in anderen Werken hervortreten.
Jaromir, der mit Anna verheiratete Sohn der Baronin, hat zwei ehemalige Geliebte zu sich eingeladen. Daraufhin kündigt der Diener Theodor, dem das Leben, das Jaromir führt, *»eine fortgesetzte Beleidigung meiner Person«* ist, seinen Dienst im Haus der Baronin. Er bleibt nur vorläufig unter der Bedingung, daß sie ihm freie Hand läßt, das sich anbahnende *»Techtelmechtel«* zu verhindern, die eingeladenen Damen zur Abreise zu bewegen, die Ehe als Abbild des metaphysischen Prinzips gesellschaftlicher Ordnung zu retten und so sich *»Genugtuung«* zu verschaffen. Mit dem Ziel Theodors, das er schließlich durch allerlei Intrigen erreicht, ist das Handlungsziel des Lustspiels verknüpft. Am Ende reist der Besuch ab, erkennt Jaromir mit dem Sinn seiner Ehe auch seine Pflichten, wird Theodors Ansprüchen Genüge getan.
Die lehrhafte Tendenz des *Unbestechlichen* sowie die handlungstragende Intrige stehen in guter Komödientradition, um deren Wiederbelebung sich Hofmannsthal auch in anderen Werken bemühte. Ebenso gehören die Hauptfiguren und ihre Konstellation dem Bestand der traditionellen Komödie an, sosehr sie auch den Leitideen Hofmannsthals anverwandelt sind. So ist Jaromir der leichtlebige Herr, der seine Unabhängigkeit zu immer neuen Abenteuern ausnutzt, und repräsentiert zugleich den typisch Hofmannsthalschen Abenteurertyp, dem in seiner Lebensspielerei das Eigentliche des Lebens zu entgleiten droht. So ist Theodor ein später Nachfahr jener Diener, die die Drähte der Handlung ziehen, doch nicht als Vertraute ihres Herrn. Gleichwohl unterscheidet sich seine Absicht von der etwa Figaros (in BEAUMARCHAIS' *Le mariage de Figaro*), da er nicht emanzipatorisch wie dieser der Herrschat ein altes Recht streitig machen will. Vielmehr ist sein Ziel die Restauration der alten Ordnung, zu deren Anerkennung die von ihm inszenierte Intrige seinen Herrn zwingen soll. Sein Name und seine ursprüngliche Bestimmung zur *»geistlichen Person«* lassen hinter seinem aus *»Wesen und Rolle, Seele und Maske«* zusammengesetzten Charakter (N. Altenhofer) die Figur eines fast göttlichen, aber auch satanischen Spielleiters, der *»die Aufsicht über das Ganze«* führt, hervortreten.
Die Zwiespältigkeit von Hofmannsthals Konzeption des *Unbestechlichen* zeigt sich auch darin, daß nicht durch Theodor der Sinn der Ehe enthüllt und ihre Anerkennung herbeigeführt wird, wie es einer Konzeption entspräche, die ihn zu diesem Zweck mit »höheren Kräften« begabt. Zur Rettung der Ehe ist die direkte Wirkung des Metaphysischen vonnöten, durch die Anna und Jaromir ihrer Zu-

sammengehörigkeit inne werden. Anna führt die versöhnende Aussprache mit Jaromir auf ihr Gebet zurück. Daß es möglich wurde, *»mich zu mir selber zu bringen und dadurch auch ganz zu dir«*, hält Jaromir für etwas *»Ungeheueres«*. Mit Anna sieht er schließlich darin eine *»Planmäßigkeit«*, das Walten Gottes. Indem die eigentliche Lösung unabhängig von Theodors Einfluß durch den direkten Eingriff göttlicher Kräfte, die Jaromirs Sinn erleuchten, bewirkt wird, erscheint nicht nur Theodors Selbstverständnis ironisch widerlegt; die Handlung schießt über das logische Ziel ihrer Konzeption hinaus, da dieser Schluß nicht aus dem vorherigen Geschehen folgt, sondern auch ohne es möglich wäre. Das Ziel der Intrige ist erreicht mit der Abreise der Damen. Was dann folgt, ist dem Mysterienspiel des Welttheaters näher als der Komödie, entspricht damit aber Hofmannsthals symbolischer Auffassung der Gesellschaft als Abbild göttlicher Ordnung. M.Ni.

Ausgaben: Ffm. 1956 (in *GW. Lustspiele 4*, Hg. H. Steiner). – Ffm./Hbg. 1958 (zus. m. *Der Schwierige*, FiBü). – Ffm. 1979 (in *GW. Dramen 4*, Hg. B. Schoeller; FiTb). – Ffm. 1986 (in *SW*, Bd. 13, Hg. R. Haltmeier; krit.).

Literatur: *Briefwechsel H. v. H. – R. Borchardt*, Hg. M. L. Borchardt u. H. Steiner, Ffm. 1954. – P. Requadt, *H.s Lustspiel »Der Unbestechliche«* (in WW, 13, 1963, S. 222–229). – N. Altenhofer, *H.s Lustspiel »Der Unbestechliche«*, Bad Homburg u. a. 1967. – A. Stillmark, *The Servant as Master. Some Observations on H.'s »Der Unbestechliche«* (in GLL, 29, 1975/76, S. 148–155). – A. Fenk, *Zur Persönlichkeitsstruktur von Figuren aus der modernen dt. Literatur* (in Klagenfurter Beiträge zur Sprachwiss., 5, 1979, S. 1–21). – L. M. Fiedler, *Keime des Lustspiels. Frühe Notizen zum »Schwierigen« u. zum »Unbestechlichen«* (in H.-Blätter, 1982, H. 25, S. 75–85). – A. Doppler, *Das Paradoxon des scheinbaren noch-Bestehen-Könnens bei tatsächlichem Ende. Zu H.s Lustspielen »Der Schwierige« u. »Der Unbestechliche«* (in *Geisteswissenschaften stellen sich vor*, Hg. W. Krömer u. a., Innsbruck 1983).

ARNO HOLZ

* 26.4.1863 Rastenburg / Ostpreußen
† 26.10.1929 Berlin

Literatur zum Autor:

Forschungsberichte:
H. Günther, *Der A. H.-Kreis u. das A. H.-Archiv* (in Ostdeutsche Monatshefte, 23, 1956/57). – *Die Akte A. H.*, Bln./Weimar 1965 (Veröffentl. aus dem Archiv der deutschen Schillerstiftung Weimar, 8).

Biographien:
W. Milch, *A. H. Theoretiker–Kämpfer–Dichter*, Bln. 1933. – K. Turley, *A. H. Der Weg eines Künstlers*, Lpzg. 1935. – H. Motekat, *A. H. Persönlichkeit und Werk*, Kitzingen 1953. – B. Sauer, *A. H. Ausstellung zum 100. Geburtstage des Dichters*, Bln. 1963. – H. Scheuer, *A. H. im literarischen Leben des 19. Jh.s (1883–1896)*, Mchn. 1971. – G. Schulz, *A. H. Dilemma eines bürgerlichen Dichterlebens*, Mchn. 1974 [m. Bibliogr.].

Gesamtdarstellungen und Studien:
J. Schlaf, *Mentale Suggestion. Letztes Wort in meiner Streitsache mit A. H.*, Stg. 1905. – S. Lublinski, *H. und Schlaf. Ein zweifelhaftes Kapitel Literaturgeschichte*, Stg. 1905. – J. Weist, *A. H. und sein Einfluß auf das dt. Theater*, Diss. Rostock 1921. – *A. H. und sein Werk*, Hg. F. Avenarius, M. Liebermann u. M. v. Schillings, Bln. 1923. – O. Schär, *A. H. Seine dramatische Technik*, Bern 1926. – H. L. Stoltenberg, *A. H. und die deutsche Sprachkunst* (in ZfÄst, 20, 1926, S. 156–180). – W. Brachtel, *»Ignorabimus« von A. H.*, Diss. Wien 1933. – L. Demler, *A. H. Kunst und Natur*, Diss. Wien 1938. – E. Regler, *Das Reich der Seele in den Dichtungen von A. H.*, Diss. Wien 1943. – A. Mette, *A. H. und seine Wortkunst. Erwägungen zur Darstellungsweise und Theorie des Dichters auf dem Boden der Lehre I. P. Pawlows* (in Psychiatrie, 6, 1954, S. 273–283). – F. G. Cohen, *Social and Political Concepts in the Works of A. H.*, Diss. Univ. of Iowa 1955. – H.-G. Rappl, *Die Wortkunstlehre von A. H.*, Diss. Köln 1957. – W. Emrich, *Protest und Verheißung*, Ffm./Bonn 1960, S. 111–122; 155–168. – C. Heselhaus, *Dt. Lyrik der Moderne von Nietzsche bis Yvan Goll*, Düsseldorf 1961. – H. Motekat, *Absicht und Irrtum des dt. Naturalismus* (in H. M., *Experiment und Tradition*, Ffm./Bonn 1962, S. 20–31). – W. Emrich, *A. H. – sein dichterisches Experiment* (in NDH, 10, 1963, H. 94, S. 43–58). – H. Fauteck, *A. H.* (in NRs, 77, 1963, S. 459–476). – E. Rotermund, *Die Parodie in der modernen dt. Lyrik*, Mchn. 1963. – D. Schickling, *Interpretationen u. Studien zur Entwicklung u. geistesgeschichtlichen Stellung des Werkes von A. H.*, Diss. Tübingen 1965. – W. Beimdick, *A. H.: »Berlin. Die Wende einer Zeit in Dramen«. Untersuchungen zu den Werken des Zyklusfragments*, Diss. Münster 1966. – S. Berthold, *Der sogenannte »konsequente Naturalismus« von A. H. und Johannes Schlaf*, Diss. Bonn 1967. – I. Strohschneider-Kohrs, *Sprache u. Wirklichkeit bei A. H.* (in Poetica, 1, 1967, S. 44–66). – H. Heißenbüttel, *Vater A. H.* (in H. H., *Über Literatur. Aufsätze und Frankfurter Vorlesungen*, Mchn. 1970, S. 32–35; dtv). – M. Kesting, *A. H. – ein behinderter Neuerer* (in M. K., *Entdeckung u. Destruktion. Zur Strukturumwandlung der Künste*, Mchn. 1970, S. 172–188). – H. Schultz, *Vom Rhythmus der modernen Lyrik. Parallele Versstrukturen bei H., George, Rilke, Brecht u. den Expressionisten*, Mchn. 1970. – G. Voswinkel, *Der literarische Naturalismus. Eine Betrachtung der theoretischen Auseinandersetzung unter besonderer Berücksichtigung der zeitgenössischen Zeitschriften*,

Bln. 1970. – J. Osborne, *The Naturalist Drama in Germany*, Manchester 1971. – M. Durzak, *A. H., Alfred Döblin, Günter Grass*, Stockholm 1972. – K. R. Scherpe, *Der Fall A. H.* (in K. R. S., *Positionen der literarischen Intelligenz zwischen bürgerlicher Reaktion u. Imperialismus*, Hg. G. Mattenklott u. ders., Kronberg/Ts. 1973). – B. H. Neumann, *Die kleinste poetische Einheit. Semantisch-poetologische Untersuchungen an Hand der Lyrik von Conrad F. Meyer, A. H., August Stramm und Helmut Heißenbüttel*, Diss. Köln/Wien 1977. – H.-G. Brands, *Theorie und Stil des sogenannten »konsequenten Naturalismus« von A. H. und Johannes Schlaf*, Bonn 1978. – K. M. Rarisch, *Niepiep. Ein Dichter gegen seinen Kaiser* (in Die Horen, 24, 1979). – Ders., *Wüster, rothester Socialdemokrat. Zum 50. Todestag von A. H.* (ebd.). – O. Frels, *Zum Verhältnis von Wirklichkeit und künstlerischer Form bei A. H.* (in *Naturalismus/Ästhetizismus*, Hg. G. Bürger u. a., o. O. 1979).

DIE FAMILIE SELICKE

Drama in drei Aufzügen von Arno HOLZ und Johannes SCHLAF (1862–1941), Uraufführung: Berlin, 7. 4. 1890, Freie Bühne. – Das Werk entstand 1889, während der kurzen Zeit intensiver Zusammenarbeit der beiden Autoren. Da Schlaf später behauptete, *Die Familie Selicke* stamme im wesentlichen von ihm, veröffentlichte Holz 1902 die Streitschrift *Johannes Schlaf. Ein nothgedrungenes Kapitel*, in der er betont, daß auf Schlaf lediglich der Stoff zurückgehe, er selbst aber den größeren Anteil an dem Werk beanspruchen dürfe.

Die Handlung des Stücks spielt an einem Weihnachtsabend der neunziger Jahre des 19. Jh.s in der kleinbürgerlichen, ärmlichen Wohnung der Familie Selicke im Berliner Norden. Frau Selicke, kränkelnd, wehleidig und vergrämt, schickt ihre beiden Söhne, den achtzehnjährigen Albert und den zwölfjährigen Walter, dem trunksüchtigen Vater entgegen. Sie hofft, ihn auf diese Weise dazu bewegen zu können, wenigstens am Heiligen Abend nach der Arbeit *»auf'm Comptoir«* nach Hause zu kommen, zumal sich der Gesundheitszustand des achtjährigen, an Schwindsucht erkrankten Linchens, der von ihm über alles geliebten Tochter, zusehends verschlechtert. Nacheinander treten der alte Kopelke, ein gelegentlich als Heilpraktiker aushelfender Silhouettenschneider, die erwachsene Tochter Toni und der junge Untermieter Gustav Wendt, Kandidat der Theologie, an das Bett des unruhig schlafenden und phantasierenden Kindes. Wendt hat eben seine Berufung auf eine vakante Landpfarre erhalten und beeilt sich, der seit langem geliebten Toni diese Neuigkeit mitzuteilen. Toni erwidert seine Zuneigung, zögert aber zunächst, seinen Heiratsantrag anzunehmen; sie will zwischen den Eltern vermitteln, die sich während ihrer dreißigjährigen Ehe bis zu offenem Haß entfremdet haben, willigt aber schließlich doch ein, als Wendt ihr ausmalt, wie wohltuend ihre Trennung von der Familie sich für sie selbst und für die zerrüttete Gemeinschaft auswirken könne. Das quälende Warten auf den Vater dauert an. Spät nachts erscheint Eduard Selicke endlich, schwer betrunken, doch gutgelaunt und mit einem Weihnachtsbaum und mit Geschenken beladen. Seine Familie, die einen plötzlichen Stimmungsumschlag fürchtet, drängt sich zitternd zusammen, bringt ihm jedoch gerade durch ihre ängstliche Zurückhaltung den Abscheu und die Furcht zum Bewußtsein, die er auslöst, und reizt seine Wut damit nur um so mehr. Schließlich versinkt er verzweifelt in dumpfes Brüten, aus dem ihn erst die Nachricht aufschreckt, daß Linchen gestorben sei. Als Wendt am Morgen die verstörte Familie aufsucht, um seine sofortige Abreise anzukündigen, löst Toni ihr Heiratsversprechen, um die schwachen Bindungen, die die Ehe ihrer Eltern noch zusammenhalten, nicht vollends zu zerstören. Der fassungslose Wendt erkennt ihre Selbstaufopferung für die Familie widerstrebend an, ja er entschließt sich, auf Toni zu warten und wiederzukommen. Der alte Kopelke versucht ihn mit einer Bemerkung zu trösten, die dem Stück als Motto hätte dienen können: *»Un denn, wissen Se: in die zwee Jahre haben Se hier wat kennenjelernt, wat mennch eener sein janzet Leben nich kennenlernt, un wat Beßres, verstehn Se, hätt' Ihn'n janich passiern können!«*

Der *Familie Selicke* – und nicht G. HAUPTMANNS früher entstandenem Schauspiel *Vor Sonnenaufgang* (1889) – kommt das Verdienst zu, für das naturalistische Drama bahnbrechend gewirkt zu haben. Holz und Schlaf folgen ihrer eigenen Dichtungstheorie, daß das Drama *»vor allem Charaktere zu zeichnen«* habe und *»die Handlung nur Mittel«* sei, und gehen geradezu experimentell vor, um ihr gleichzeitig ausgesprochenes künstlerisches Programm – *»Die Kunst hat die Tendenz, wieder die Natur zu sein«* – zu verwirklichen: *»Man revolutioniert eine Kunst ... nur, indem man ihre Mittel revolutioniert, oder vielmehr, da ja auch diese Mittel stets die gleichen bleiben, indem man ganz bescheiden nur deren Handhabung revolutioniert.«* In der Gestaltung der Dialoge verzichten die Verfasser auf die konventionelle dramatische Kunstsprache. Sie lassen die Personen aber nicht nur durchgehend Berliner Dialekt sprechen, was in Lokalpossen und Volksstücken seit langem üblich war, sondern schreiben auch Sprechtempo, Pausen, Lautstärke und Gestik aufs genaueste vor. Die angestrebte präzise Wiedergabe der »Wirklichkeit« soll so weit gehen, daß der Zuschauer *»in ein Stück Leben wie durch ein Fenster«* sieht. Der Ort der Handlung – das Wohnzimmer der Familie Selicke – bleibt das ganze Stück hindurch gleich. »Außenwelt« dringt nur durch ferne oder nahe Geräusche herein – ein dramaturgisches Mittel, das den Eindruck quälender Ausweglosigkeit des Familienschicksals verstärkt. – Eine der einsichtigsten zeitgenössischen Beurteilungen des Stückes stammt von Th. FONTANE, der unmittelbar nach der Uraufführung in der »Freien Bühne« schrieb: *»Diese Vorstellung wuchs insoweit über alle vorangegangenen an Interesse hinaus, als wir hier* *eigentlichstes Neuland haben. Hier scheiden sich die Wege, hier trennt sich Alt und Neu.«* H.H.H.

Ausgaben: Bln. 1890. – Lpzg. 1936, Hg. W. Linden (DL, R. Vom Naturalismus zur Volksdichtung, 1). – Emsdetten 1962 (in *Dramen des Naturalismus*, Hg. A. Müller u. H. Schlien). – Stg. 1966 (Nachw. F. Martini; RUB).

Literatur: Th. Fontane, *»Die Familie Selicke«* (in *Meisterwerke deutscher Literaturkritik*, Bd. 2, Hg. H. Mayer, Bln. 1956). – D. Turner, *»Die Familie Selicke« and the Drama of Naturalism* (in *Periods in German Literature. Vol II: Texts and Contexts*, Ldn. 1969, S. 193–219).

PAPA HAMLET

Drei Erzählskizzen von Arno Holz und Johannes Schlaf (1862–1941), erschienen 1889. – Im Winter 1887/88 bahnte sich die folgenreiche Zusammenarbeit zwischen Holz und Schlaf an, die in den drei Prosastücken dieses Erzählbandes – *Der erste Schultag, Ein Tod* und *Papa Hamlet* – ihren ersten schöpferischen Ausdruck fand. Die beiden Autoren verbargen sich hinter dem norwegischen Pseudonym Bjarne F. Holmsen und vermochten diese Fiktion eine Zeitlang aufrechtzuerhalten. So prägnant in den beiden übrigen Erzählskizzen die Situation eines Schulanfängers, der einem sadistischen Lehrer ausgeliefert ist, bzw. zweier Studenten, die die Nacht am Bett eines sterbenden Duellanten verbringen, beschrieben wird, für die Entwicklungsgeschichte des deutschen Naturalismus fällt nur die Titelerzählung ins Gewicht, der Schlafs *Ein Dachstubenidyll* zugrunde liegt. Die Wandlung von einer zwar alltäglichen, aber noch von konventionellen Sprachformen durchsetzten Erzählung (Urfassung) zum typischen Sprachgestus naturalistischer Prosa (Endfassung) läßt sich bis ins kleinste Detail verfolgen. Erst in der Endfassung kristallisiert sich der Kontrast zwischen der Existenz eines gescheiterten Schauspielers, des *»großen, unübertroffenen Hamlet«*, wie es ironisch heißt, und den idealistisch klingenden *Hamlet*-Zitaten heraus. Protagonist der Erzählung ist ein Schmierenschauspieler, der mit seiner schwindsüchtigen Frau in Schmutz, Hunger und Kälte ein erbärmliches Dachstubendasein fristet, bis er in einem Wutanfall sein schreiendes, kränkelndes Kind erwürgt und am Alkohol zugrunde geht. Ein Komödiant bis zum bitteren Ende, beklagt er mit pathetischen Sentenzen und willkürlichen *Hamlet*-Zitaten gestenreich sein jämmerliches Schicksal.

Die Skizze spiegelt jene Kunsttheorie wider, die Holz in seinen ästhetischen Schriften von 1890–1892, *Die Kunst, ihr Wesen und ihre Gesetze*, ausgearbeitet hat und die zum Dogma des Naturalismus wurde: *»Die Kunst hat die Tendenz, wieder die Natur zu sein. Sie wird sie nach Maßgabe ihrer jedweiligen Reproduktionsbedingungen und deren Handhabung.«* Kraft einer geradezu seismographischen Sprachsensibilität gelingt es den beiden Autoren, visuelle und akustische Eindrücke technisch exakt wiederzugeben und den von seiner Umwelt determinierten Menschen phänomenologisch zu beschreiben. Holz und Schlaf entdecken als erste die künstlerische Ausdrucksfähigkeit der Alltagssprache, die rhythmischen Valenzen des subliterarischen Idioms. Gesten, Bewegungen, Interjektionen, Lautfetzen, Anakoluthe und Stummelsätze verdrängen die syntaktisch-semantische Kongruenz der Sprache. Die erzählte Realität löst sich fast ganz im Gespräch auf, der Dialog überwuchert die wenigen impressionistischen Beschreibungen. Erzählte Zeit und Erzählzeit werden weitgehend identisch. Neben neuen Sprachformen – sogar die Interpunktion wird zum Stilmittel – erschließen Holz und Schlaf der deutschen Literatur bisher unbekannte, von der klassischen Ästhetik totgeschwiegene Stoff- und Themenbereiche: das soziale Elend des großstädtischen Industrieproletariats und die triste Schattenwelt von Armut und Laster. M.Ke.

Ausgaben: Lpzg. 1889. – Neuwied/Bln. 1962 (in *Werke*, Hg. W. Emrich u. Anita Holz, 7 Bde., 1961–1964, 4). – Stg. 1963 (Nachw. F. Martini; RUB).

Literatur: F. Martini, *A. H., »Papa Hamlet«* (in F. M., *Das Wagnis der Sprache. Interpretationen deutscher Prosa*, Stg. 1954).

PHANTASUS

Lyrischer Zyklus von Arno Holz, in zwei Heften erschienen 1898/99. – Einen großen Teil der Gedichte des *Phantasus*-Zyklus hatte Holz bereits in verschiedenen repräsentativen Zeitschriften und Anthologien der Jahrhundertwende publiziert (›Jugend‹, ›Pan‹, ›Moderner Musen-Almanach auf das Jahr 1893‹).

Der auf eine romantische Tradition (L. Tieck) zurückweisende Titel des Werkes ist der Name einer Gestalt der antiken Mythologie. Bei Holz wird Phantasus, ein Sohn des Schlafes, der durch seine vielfältigen Verwandlungskünste die menschlichen Träume erzeugt, zur Allegorie der dichterischen Existenz stilisiert. Das Thema des *Phantasus* ist das phantasiegelenkte Bewußtsein des Dichters selbst, das sich durch eine Fülle von Metamorphosen aller Erscheinungen bemächtigt. Zu dieser poetischen Selbstdarstellung erklärt Holz: *»Das letzte ›Geheimnis‹ der ... Phantasuskomposition besteht im wesentlichen darin, daß ich mich unaufhörlich in die heterogensten Dinge und Gestalten zerlege.«*

Zwei Ebenen stehen in diesem dichterischen Bewußtsein einander gegenüber. Auf der einen Seite steht die Welt des Berliner Alltags mit zahlreichen lokalen Anspielungen und Impressionen. Modernes Großstadtleben, Industriezeitalter, ironisierte Stimmungen des Fin de siècle und Bildungsphilistertum im Rahmen der bourgeoisen Gesellschaft der Wilhelminischen Epoche – all diese Motive erscheinen reflexartig in den Umweltnotierungen der Gedichte. Diesen »naturalistischen« Milieuspiegelungen steht eine künstliche Sphäre gegenüber, in deren poetische Unwirklichkeit das lyrische Ich seine Glücksvisionen, Wunschträume des Vergessens und der Identitätsentgrenzung, mythisierte Vergangenheit und elegisches Leiden an der desillusionierenden Gegenwart projiziert. Die Darstellung dieser Ebene ist gekennzeichnet durch immer wiederkehrende romantisierende Motive und Chiffren; dazu gehören z. B. das Lied des Vogels, der Farb- und Klangzauber exotischer Fernen, Märchen und Mythos sowie eine requisitenreiche ästhetische Scheinwelt mit jugendstilhaften Park-, Schloß- und Insellandschaften. – Das zentrale Strukturprinzip der *Phantasus*-Dichtung besteht darin, daß diese beiden Ebenen kontrastieren, entweder innerhalb eines Gedichts oder in aufeinanderfolgenden Gedichten. Im universalen Bewußtsein des Dichters sollen sich beide Ebenen zu jener Einheit zusammenschließen, die Holz im lyrischen Werk W. WHITMANS entdeckt zu haben glaubte. Holz fordert eine Universaldichtung als »Gesamtorganismus«, der dem »naturwissenschaftlichen Zeitalter« gemäß sei.

Der naturwissenschaftliche Hintergrund des *Phantasus* ist vor allem durch die biogenetischen Theorien E. HAECKELS bestimmt; das lyrische Ich durchwandert alle Entwicklungsstadien der lebenden Substanz, indem es sie in Metamorphosen nachvollzieht (vgl. das Eingangsgedicht des Zweiten Heftes: *»Sieben Billionen Jahre vor meiner Geburt / war ich eine Schwertlilie«*). In einer Selbstinterpretation heißt es bei Holz: *»Wie ich vor meiner Geburt die ganze physische Entwicklung meiner Spezies durchgemacht habe, wenigstens in ihren Hauptstadien, so seit meiner Geburt ihre psychische. Ich war ›alles‹, und die Relikte davon liegen ebenso zahlreich wie kunderbunt in mir aufgespeichert.«*

Gegenüber seiner vorangehenden lyrischen Produktion – *Das Buch der Zeit. Lieder eines Modernen* (1886) –, die zwar thematische Neuerungen brachte, aber den epigonalen Formen E. GEIBELS verpflichtet blieb, bedeutet *Phantasus* einen entscheidenden Schritt zur Formerneuerung der Lyrik, die Holz auch in seiner gleichzeitig erschienenen Schrift *Revolution der Lyrik* (1899) theoretisch forderte. Zentrum seiner Lyriktheorie ist der Begriff des Rhythmus, der als lyrisches Formelement absolut gesetzt wird und an die Stelle der älteren konventionellen Mittel wie Reim und Strophenform tritt. Als formale Konsequenz des rhythmischen Prinzips erklärt Holz die Anordnung seiner Zeilen um eine imaginäre Mittelachse; die Zeilen sind so gedruckt, daß ihre räumliche Mitte mit der Mitte der Seite übereinstimmt.

Der atomisierend-impressionistische lyrische Stil des *Phantasus* ist ein Pendant zur Technik des von Holz und J. SCHLAF gemeinsam für Drama und Prosa entwickelten naturalistischen *»Sekundenstils«*. In späteren Fassungen der Dichtung versuchte Holz dem Programm der quasi wissenschaftlich registrierten Empfindungstotalität noch näherzukommen. Er entwickelte dabei eine barocke Sprachphantasie, welche die Gegenstände mit äußerstem Nuancenreichtum und minuziöser Präzision darstellt – oder fast schon wieder auflöst. In dieser Sprachaufschwellung schlägt sich eine extreme Gegenposition zu der von Holz scharf kritisierten preziösen Sprachaskese St. GEORGES nieder (die letzte vom Autor selbst veröffentlichte Fassung des *Phantasus* von 1925 umfaßt drei Bände). Im experimentellen Impuls seiner Sprachgebung antizipiert Holz hier Techniken der Lyrik des 20. Jh.s. U.H.

AUSGABEN: Bln. 1898/99, 2 H. – Dresden 1913, 3 H. [bis auf 24 Exemplare eingestampft]. – Lpzg. 1916. – Bln. 1925 (in *Das Werk*, Hg. H. W. Fischer, 10 Bde., 1924/25, 7–9). – Neuwied/Bln. 1961/62 (in *Werke*, Hg. W. Emrich u. Anita Holz, 7 Bde., 1961–1964, 1–3). – Stg. 1968; ern. 1984 (RUB).

LITERATUR: M. Bruns, *Laterna Magica (Ein Anti-Phantasus)*, Minden 1901 (J. J. Bruns). – A. Closs, *Zur »Phantasus«-Zeile von A. H.* (in Dichtung und Volkstum [Euphorion], 37, 1936, S. 498–504). – K. Lichtenstern, *Der »Phantasus« von A. H. in seiner formalen Entwicklung*, Diss. Wien 1936. – E. Funke, *Zur Form des »Phantasus«* (in GR, 15, 1940, S. 50–58). – F. Kleitsch, *Der »Phantasus« von A. H.*, Würzburg-Aumühle 1940. – A. Closs, *A. H.: »Phantasus«* (in *Die freien Rhythmen in der dt. Lyrik. Versuch einer übersichtlichen Zusammenfassung ihrer entwicklungsgeschichtlichen Eigengesetzlichkeit*, Bern 1947, S. 158–170). – C. Heselhaus, *A. H.: Der »Phantasus«-Rhythmus* (in C. H., *Deutsche Lyrik der Moderne von Nietzsche bis Yvan Goll*, Düsseldorf 1961, S. 166–177). – K. Geisendörfer, *Motive und Motivgeflecht im »Phantasus« von A. H.*, Diss. Würzburg 1962. – Ders., *Die Entwicklung eines lyrischen Weltbildes im »Phantasus« von A. H.* (in ZfdPh, 82, 1963, S. 231–248). – A. Brandstetter, *Gestalt und Leistung der Zeile im »Phantasus« von A. H. Ein Beitrag zur Ästhetik der Syntax* (in WW, 16, 1966, S. 13–18). – G. Schmidt-Henkel, *A. H. und der proteische Mythos des »Phantasus«* (in *Mythos und Dichtung. Zur Begriffs- und Stilgeschichte der dt. Literatur im neunzehnten und zwanzigsten Jh.*, Bad Homburg 1967, S. 132–155). – G. Schulz, *Sprache im »Phantasus« von A. H.* (in Akzente, 18, 1971, S. 359–378). – R. Ress, *A. Holz arbeitet am »Phantasus«* (in Die Horen, 24, 1979).

RICARDA HUCH

* 18.7.1864 Braunschweig
† 17.11.1947 Schönberg/Ts.

LITERATUR ZUM AUTOR:
E. Hoppe, *R. H. Weg, Persönlichkeit u. Werk*, Stg. 21951. – M. Baum, *Leuchtende Spur. Das Leben R. H.s*, Tübingen/Stg. 1950; 41964 [m. Bibliogr.]. – G. H. Hertling, *Wandlung der Werte im dichterischen Werk der R. H.*, Bonn 1966. – H. Baumgarten, *R. H. Von ihrem Leben und Schaffen*, Köln/Graz 21968. – E. K. Staitscheva, *Das Menschenbild in der frühen Prosa R. H.s*, Sofia 1976. – M. H. Frank, *R. H. and the German Women's Movement*, Diss. NY 1977. – K.-H. Köhler, *Poetische Sprache u. Sprachbewußtsein um 1900. Untersuchungen zum frühen Werk Hermann Hesses, Paul Ernsts u. R. H.s*, Diss. Mchn. 1978. – M. Reich-Ranicki, *R. H., der weiße Elefant. Eine Dankrede* (in *R. H.-Preis*, Darmstadt 1982, S. 27–44). – M. Frank, *R. H. and the German Women's Movement* (in *Beyond the Eternal Feminine. Critical Essays on Women and German Literature*, Hg. S. L. Covalis u. K. Goodman, Stg. 1982, S. 245–260).

VITA SOMNIUM BREVE

Roman von Ricarda HUCH, erschienen 1903. – Abseits modischer Literaturströmungen und vorbereitet durch intensive literarhistorische Studien (*Blüthezeit der Romantik*, 1899; *Ausbreitung und Verfall der Romantik*, 1902), vollzog Ricarda Huch ihre Rückwendung zum Romantischen: Parallel zu den wissenschaftlich fundierten Untersuchungen entstanden ihre großen »neuromantischen« Romane *Erinnerungen von Ludolf Ursleu dem Jüngeren* (1893) und *Vita somnium breve* (1903), dessen Titel auf Böcklins gleichnamiges Bild anspielt. Das seit 1913 unter dem Titel *Michael Unger* erscheinende Werk greift die Thematik des ersten Romans auf und führt sie weiter; der mehr lyrische Grundcharakter des *Ursleu*-Romans erhält eine epische Dimension.

Michael Unger, die zentrale Gestalt von *Vita somnium breve*, erlebt und reflektiert die geistig, sozial und politisch vielschichtig differenzierte Welt vorwiegend episch, d. h., das erzählte Geschehen wächst nicht mehr ausschließlich aus einem subjektiven Kern heraus, sondern ordnet sich objektiveren Gesetzmäßigkeiten unter. Die autobiographische Sicht wiederum setzt intime Akzente auf das geistesgeschichtlich wie gesellschaftspolitisch stark bewegte und repräsentative Epochenpanorama, in dem die Autorin persönlich erlebte Realität in einem realitätsfernen, neuromantischen Sprachstil aufarbeitet. Michael Unger, Sohn eines reichen norddeutschen Patrizierhauses, verläßt aus Liebe zu der Malerin Rose seine Frau Verena: *»O Bitterkeit, daß ich nichts anderes habe und nichts anderes bin als diese Kaufleute mit den rötlichen Backenbärten und den nackten leeren Augen, auf die ich mitleidig herabzusehen pflegte, die auch mit Arbeit und Sorge Geld errungen haben, eine schöne Frau und hochmütige Kinder! Die vor mir die Überzeugung voraus haben, daß dies das Wichtigste und Größte ist, was man dem Leben abgewinnen kann.«* Sehnsüchtig lauscht er dem Grundakkord seiner romantischen Sehnsucht: *»O Leben, o Schönheit!«* – ein leitmotivisch wiederkehrender Satz, der den erfolgverwöhnten Helden aus dem *»Ekel sinnloser Langeweile«* fortlockt in das Abenteuer einer freien, erfüllten Existenz. Er sprengt das Pflichtkorsett bürgerlicher Lebensformen, geht nach Zürich und beginnt ein Medizinstudium. Dort schließt er sich einer Gruppe von Künstlern, Studenten und Professoren an, die mit rhetorischer Leidenschaft die Problematik einer im Ansatz schon modernen Welt diskutieren. Lebensenthusiasmus und Schönheitsrausch, Sehnsucht nach Glück und Existenzangst skandieren Michaels Lebensrhythmus; an der Seite Roses wächst er langsam zu einer harmonischen Persönlichkeit heran. Aber der »kurze Traum« bricht jäh ab, das gemeinsame Liebesglück scheitert an der tiefen Bindung zu seinem Sohn Mario, dem zuliebe er Rose verläßt und in den norddeutschen, patriarchalischen Lebenskreis seiner Familie zurückkehrt. Bourgeoises Pflichtdenken verdrängt den romantischen Lebenstraum in den Bereich melancholischer Erinnerung.

Wie *Ludolf Ursleu* aus distanzierender Rückschau geschrieben, markiert *Vita somnium breve* eine bedeutsame Zäsur in der geistigen Entwicklung Ricarda Huchs. An dem Geist der Ernüchterung und der Resignation, der in die fein ziselierte romantische Stimmungskunst und die pittoresken Traumbilder des Romans eindringt, läßt sich die Wandlung der Autorin nachvollziehen. M.Ke.

AUSGABEN: Lpzg. 1903, 2 Bde. – Lpzg. 51913 (u. d. T. *Michael Unger*). – Wiesbaden 1946. – Köln 1966 (in *GW*, Hg. W. Emrich, 11 Bde., 1966–1974, 1). – Ffm./Bln. 1980 [Nachw. B. Balzer]. – Ffm. 1987 (st).

LITERATUR: O. Walzel, *R. H. Ein Wort über die Kunst des Erzählens*, Lpzg. 1916. – G. Kast, *Romantisierende u. kritische Kunst. Stilistische Untersuchungen an Werken von R. H. u. Th. Mann*, Diss. Bonn 1928. – G. Grote, *Die Erzählkunst R. H.s u. ihr Verhältnis zur Erzählkunst des 19. Jh.s*, Bln. 1931; Nachdr. Nendeln 1967. – R. Holler, *Jugendstilelemente in R. H.s früher Prosa*, Diss. Kiel 1970. – J. Bernstein, *»Bewußtwerdung« im Romanwerk der R. H.*, Ffm./Bern 1977.

CHRISTIAN MORGENSTERN

* 6.5.1871 München
† 31.3.1914 Meran

LITERATUR ZUM AUTOR:
A. Mack, *Chr. M.s Welt u. Werk*, Diss. Zürich 1930. – B. F. Martin, *Chr. M.s Dichtungen nach ihren mystischen Elementen*, Weimar 1931; Nachdr. Hildesheim 1978. – F. Hiebel, *Chr. M. Wende u. Aufbruch unseres Jh.s*, Bern. 1957 (ern. Ffm. 1985; FiTb). – M. Bauer, *Chr. M.s Leben u. Werk. Vollendet von Margareta M. unter Mitarbeit von R. Meyer*, Mchn. 1954; ern. Mchn. 1985. – M. Beheim-Schwarzbach, *Chr. M. in Selbstzeugnissen u. Bilddokumenten*, Reinbek 1964 u. ö. (rm). – E. P. Hofakker, *Chr. M.*, Boston 1978 (TWAS). – B.-U. Kusch, *Chr. M.: Leben u. Werk*, Schaffhausen 1982. – E. Kretschmer, *Chr. M.*, Stg. 1985 (Slg. Metzler). – *Chr. M., ein Wanderleben in Text u. Bild*, Hg. E. Kretschmer, Bln. 1989.

GALGENLIEDER

Sammlung lyrischer Grotesken von Christian MORGENSTERN, erschienen 1905. 1932 wurden diese Gedichte unter dem Titel *Alle Galgenlieder* gemeinsam mit den Sammlungen *Palmström* (1910), *Palma Kunkel* (1916) und *Der Gingganz* (1919) veröffentlicht. – Die ersten *Galgenlieder* entstanden 1895 für den Bund der »Galgenbrüder«, *»der sich auf einem Ausflug nach Werder bei Potsdam, allwo noch heute ein sogenannter Galgenberg gezeigt wird, wie das so die Laune gibt, mit diesem Namen schmücken zu müssen meinte« (Über die Galgenlieder)*. Sie waren zunächst nicht für die Veröffentlichung bestimmt, hatten bei Lesungen in E. L. v. WOLZOGENS Berliner Kabarett »Überbrettl« jedoch so großen Erfolg, daß Morgenstern sie zum Druck gab.

»Man sieht vom Galgen die Welt anders an und man sieht andere Dinge als Andre« (Wie die Galgenlieder entstanden). Man sieht das *»Mondschaf«* (oder *»Lunovis«*), das auf *»weiter Flur«* der *»großen Schur«* harrt, oder den *»Zwölf-Elf«*, der *»auf sein Problem«* kommt und sich von nun an *»Dreiundzwanzig«* nennt. Der Tanz des *»Vierviertelschweins«* mit der *»Auftakteule«* bleibt gewöhnlichen Sterblichen, die nicht zu den Galgenbrüdern gehören – jener *»beneidenswerten Zwischenstufe zwischen Mensch und Universum« (Wie die Galgenlieder entstanden)* –, genauso verborgen wie die glückliche Ehe von *»Nachtschelm«* und *»Siebenschwein«*.

Die Sammlung *Palmström* hat den gutmütigen, immer versöhnlich gestimmten, außerordentlich erfinderischen Idealisten Palmström zum Helden, der *»aus seinen Federbetten / sozusagen Marmorimpressionen: / Götter, Menschen, Bestien und Dämonen«* haut, ein Theater mit drehbarem Zuschauerraum erfindet und die Uhr mit Herz, die *»je nachdem sie mitempfunden«* mehrere Stunden vor- oder nachgeht. Zu ihm gesellt sich auf einer Reise in ein *»böhmisches Dorf« (»Unverständlich bleibt ihm alles dort / von dem ersten bis zum letzten Wort«)* um des Reimes willen ein Herr v. Korf, Erfinder der *»Tagnachtlampe«*, *»die, sobald sie angedreht, / selbst den hellsten Tag / in Nacht verwandelt«*, und Komponist der *»Nieswurz-Sonate«*, bei deren *»Ha-Cis-Synkopen«* Palmström *»jedesmal beinahe vom Sessel«* fällt. – Die Heldin der dritten Sammlung, Palma Kunkel, ist mit Palmström verwandt, *»doch im übrigen sonst nicht bekannt«*. Sie wünscht dies auch nicht, und so ist von ihr selbst kaum die Rede, sondern von ihrem Papagei, der, nicht auf Applaus spekulierend, niemals ein Wort spricht und durch die Anrede »Lore« in *»Wehmut viele Wochen«* verfällt, so daß er nur durch *»Fritz Kunkels jungen Hund«* geheilt werden kann, der sich »Lorus« taufen läßt, *»den Namen also gleichsam auf sich nehmend«*. Auch in dieser Gedichtsammlung finden sich Dinge, die nur den Augen des Galgenbruders sichtbar sind, wie die *»Zirbelkiefer«*, die sich *»auf ihre Zirbeldrüse hin«* ansieht, den Sitz ihrer Seele *(»Sie weiß nicht, wo sie sitzen tut, / allein ihr wird ganz fromm zu Sinn«)*, und das zählende Perlhuhn: *»Es zählt, von Wissensdrang gejückt, / (die es sowohl wie uns entzückt:) / die Anzahl seiner Perlen.«* – Der Name der vierten Gedichtsammlung, *Der Gingganz*, *»bedeutet … ein in Gedanken Vertiefter, Verlorener, ein Zerstreuter, ein Grübler, Träumer, Sinnierer« (Über die Galgenlieder)*. Sein Urbild ist der Stiefel, der mit seinem Knecht *»von Knickebühl gen Entenbrecht«* wandert und plötzlich ausgezogen zu werden verlangt. *»Der Knecht drauf: ›Es ist nicht an dem; / doch sagt mir, lieber Herre, –!: wem?‹ // Dem Stiefel gibt es einen Ruck: / ›Fürwahr, beim heiligen Nepomuk, // ich GING GANZ in Gedanken hin …‹«*

Morgensterns Gedichtsammlungen, *»dem Kind im Manne«* gewidmet und vom Autor selbst zunächst nicht ernst genommen (spätere Versuche Morgensterns, den Gedichten, zum Teil aus anthroposophischer Sicht, nachträglich einen tieferen Sinn zu unterlegen, dürften jedoch mehr über die weltanschauliche Position des Dichters zu jener Zeit aussagen als über die fünfzehn Jahre früher entstandenen Galgenlieder), sind geniale Spielereien mit Worten, Formen und Gedanken. Sie leben aus dem sprachlichen Einfall: Der *»Werwolf«* sehnt sich danach, flektiert zu werden *(»›Der Werwolf‹ sprach der gute Mann, / ›des Weswolfs, Genitiv sodann, / dem Wemwolf, Dativ, wie mans nennt, / den Wenwolf, – damit hats ein End‹«)*, die Nähe, die darunter leidet, daß sie *»nie zu den Dingen selber«* kommt, wird vom *»kategorischen Komparativ«* zum *»Näher«* gesteigert und schließlich zur *»Näherin«*, und zu dem Wort »Mond« gesellen sich *»Tulemond« (tout le monde)* und *»Mondamin«*. In diesem assoziativen Spiel mit dem Wort aber enthüllt sich ein tiefes Mißtrauen gegen *»die Sprache und das von ihr getragene Weltbild«* (W. Kayser): *»Blitzartig erhellt sich dir die völlige Willkür der Sprache, in welcher unsere Welt be-*

griffen liegt, und somit die Willkür dieses unseres Weltbegriffes überhaupt« (Stufen).
Die literarische Tradition, in der Morgensterns Sprachgrotesken stehen, läßt sich bis ins 16. Jh. über Johann Fischart, der den synonymenreichen Stil der Humanisten ins Groteske übertrieb, zu Rabelais zurückverfolgen. Der Einfluß Fritz Mauthners *(Beiträge zu einer Kritik der Sprache)* auf Morgensterns Galgenlieder ist unverkennbar; ebenso lassen sich Parallelen zur Nonsens-Poesie der Kommersbücher, zu Jean Paul und Heine sowie zu Arno Holz, Stefan George, Dehmel, Hofmannsthal und anderen zeitgenössischen Dichtern nachweisen. Man wird sich jedoch hüten müssen, in diesen oft erstaunlich wörtlichen Anklängen bewußte Parodien auf die betreffenden Dichter und Dichtungen zu sehen, wie überhaupt die allzusehr in letzte Einzelheiten gehende Untersuchung den Gedichten ihren Charme und ihre Komik raubt. H.Mon.

Ausgaben: *Galgenlieder*: Bln. 1905; 31908 [verm.]. – *Palmström*: Bln. 1910; 71914. – Wiesbaden 1906 (IB). – *Palma Kunkel*: Bln. 1916. – *Der Gingganz*: Hg. M. Morgenstern, Bln. 1919. – Bln. 1932 *(Alle Galgenlieder. Galgenlieder, Palmström, Palma Kunkel, Gingganz*, Hg. M. Morgenstern; ern. Lpzg. 1938; Ffm. 1961; Ffm. 1964). – Mchn. 1965 (in *GW in einem Bd.*, Hg. M. Morgenstern; 161989). – Basel 1972/73 (in *GW*, Hg. H. O. Proskauer, 1971 ff., I/6 u. I/8). – Stg. 1978 *(Galgenlieder. Palmström. Palma Kunkel. Der Gingganz*; RUB). – Mchn. u. a. 1982 (in *Werke*, Hg. C. Heselhaus, 4 Bde., 1). – Zürich 1985 (*Sämtliche Galgenlieder*; Nachw. L. Forster). – Mchn. 191986 (dtv). – Stg./Mchn. 1987 *(Alle Galgenlieder)*. – Stg. 1987 (in *Werke u. Briefe*, Hg. M. Cureau, 9 Bde., 1987 ff., Bd. 1: *Lyrik 1887–1905)*. – Stg. 1987 (*Alle Galgenlieder*; Nachw. J. Walter).

Literatur: Chr. Morgenstern, *Über die Galgenlieder*, Bln. 1921 (ern. u. d. T. *Das aufgeklärte Mondschaf*, Hg. M. Morgenstern, Lpzg. 1941). – L. Spitzer, *Die groteske Gestaltungs- und Sprachkunst Chr. M.s*, Lpzg. 1918. – Ders., *Zur Interpretation M.scher Gedichte* (in Euph, 23, 1921, S. 95–99). – A. Liede, *Dichtung als Spiel. Studien zur Unsinnspoesie an den Grenzen der Sprache*, Bd. 1, Bln. 1963, S. 273–349. – F. Neumann, *Chr. M.s »Galgenlieder«. Spiel mit der Sprache* (in WW, 14, 1964, S. 332–350). – J. Walter, *Sprache u. Spiel in Chr. M.s »Galgenliedern«*, Freiburg i. B./Mchn. 1966. – H. P. Neumann, *M.s »Galgenlieder« als poetologische Modelle betrachtet* (in Sprachkunst, 4, 1973, S. 53–64). – A. J. A. van Zoest, *Eine semiotische Analyse von M.s Gedicht »Fisches Nachtgesang«* (in LiLi, 4, 1974, H. 16, S. 49–67). – F. Kretschmer, *Die Welt der Galgenlieder Chr. M.s und der viktorianische Nonsense*, Bln. u. a. 1983. – Chr. Palm, *Greule Golch u. Geigerich. Die Nabelschnur zur Sprach-Wirklichkeit in der grotesken Lyrik von Chr. M.*, Stockholm 1983. – J. Craciun, *Mystik u. Erotik in Chr. M.s »Galgenlieder«*, Ffm. 1988.

RAINER MARIA RILKE

eig. René Maria Rilke
* 4.12.1875 Prag
† 29.12.1926 Val Mont / Montreux

Literatur zum Autor:
Bibliographien:
W. Ritzer, *R. M. R. Bibliographie*, Wien 1951. – *Katalog der R.-Sammlung Richard von Mises*, Hg. P. Obermüller u. H. Steiner, Ffm. 1966. – K. W. Jonas, *Die R.-Kritik 1950–1966* (in *Insel Almanach auf das Jahr 1967*, Ffm. 1966, S. 94–117). – W. Simon, *Verzeichnis der Hochschulschriften über R. M. R.*, Hildesheim u. a. 1978. – Blätter der R.-Gesellschaft, 1 ff., Bern u. a. 1972 ff. [Seit 1978 mit fortlaufender Bibliogr.]. – F. Kunle, *Bibliographie der Vertonungen von Texten R. M. R.s*, Kehl 1980.
Biographien, Dokumente:
L. Andreas-Salomé, *R. M. R.*, Lpzg. 1928. – J. R. von Salis, *R. M. R.s Schweizer Jahre*, Frauenfeld 31952. – P. Demetz, *René Rilkes Prager Jahre*, Düsseldorf 1953. – J. F. Angelloz, *R. M. R. Leben u. Werk*, Mchn. 1955. – E. C. Mason, *R. M. R. Sein Leben u. sein Werk*, Göttingen 1964. – *R. M. R. 1897–1975. Katalog einer Ausstellung des Deutschen Literaturarchivs im Schiller-Nationalmuseum Marbach a. N.*, Hg. J. W. Storck, E. Dambacher u. I. Kußmaul, Stg. 1975. – I. Schnack, *R. M. R. Chronik seines Lebens u. seines Werkes*, 2 Bde., Ffm. 1975. – W. Leppmann, *R. Sein Leben, seine Welt, sein Werk*, Bern/Mchn. 1981. – I. Schnack, *R. M. R. Leben u. Werk im Bild*, Ffm. 1985 (Insel Tb). – D. Prater, *A Ringing Glass. The Life of R. M. R.*, Oxford 1986 (dt. Mchn./Wien 1986). – H. E. Holthusen, *R. M. R. in Selbstzeugnissen u. Bilddokumenten*, Reinbek 1988 [zuerst 1958].
Gesamtdarstellungen und Studien:
F. Dehn, *R. M. R. und sein Werk*, Lpzg. 1934. – H. Kunisch, *R. M. R. u. die Dinge*, Köln 1946. – W. Kohlschmidt, *R. M. R.*, Lübeck 1948. – O. F. Bollnow, *R. M. R.*, Stg. 1951; 21956. – W. Günther, *Weltinnenraum. Die Dichtung R. M. R.s*, Bern 21952. – E. Buddeberg, *R. Eine innere Biographie*, Stg. 1955. – S. Steffensen, *R. u. Skandinavien: Zwei Vorträge*, Kopenhagen 1958. – U. Fülleborn, *Das Strukturproblem der späten Lyrik R.s*, Heidelberg 1960; 21973. – B. Allemann, *Zeit u. Figur beim späten R. Ein Beitrag zur Poetik des modernen Gedichts*, Pfullingen 1961. – L. Langenfeld, *R. M. R.* (in *Deutsche Literatur im 20. Jh.*, Hg. H. Friedmann u. O. Mann, Bd. 2, Heidelberg 1961, S. 32–53). – E. C. Mason, *R., Europe and the English-Speaking World*, Cambridge 1961. – Ch. Dédéyan, *R. et la France*, 4 Bde., Paris 1961–1963. – E. C. Mason, *Lebenshaltung u. Symbolik bei R. M. R.*, Oxford 21964 [zuerst 1939]. – E. Heftrich, *Die Philosophie u. R.*, Freiburg i. B.

1962. – W. Kohlschmidt, *R. u. Obstfelder* (in W. K., *Dichter, Tradition u. Zeitgeist*, Bern 1965, S. 179–189). – In Sachen *R. M. R. Berliner Kritiker – Colloquium 1965* (in Sprache im technischen Zeitalter, 1966, H. 17/18). – W. Seifert, *Das epische Werk R. M. R.s*, Bonn 1969. – M. Kunz, *Narziß. Untersuchungen zum Werk R. M. R.s*, Bonn 1970. – *R. in neuer Sicht*, Hg. K. Hamburger, Stg. u. a. 1972. – E. Schwarz, *Das verschluckte Schluchzen, Poesie u. Politik bei R. M. R.*, Ffm. 1972. – *Rilke? Kleine Hommage zum 100. Geburtstag*, Hg. H. L. Arnold, Mchn. 1975. – *R. heute: Beziehungen u. Wirkungen*, 2 Bde., Hg. I. Solbrig u. J. W. Storck, Ffm. 1975/76 (st). – R. Eppelsheim, *R.s larische Landschaft. Eine Deutung des Gesamtwerks mit besonderem Bezug auf die mittlere Periode*, Stg. 1975. – E. Heller, *Nirgends wird Welt sein als innen. Versuche über R.*, (st; enth. *Die Reise der Kunst ins Innere; R. und Nietzsche; R. in Paris*). – H. Kunisch, *R. M. R. Dasein u. Dichtung*, Bln. 1975 [erw.; zuerst 1944]. – *R.-Studien zu Werk u. Wirkungsgeschichte*, Red. E. Bauer, Bln./Weimar 1976. – N. Fuerst, *R. in seiner Zeit*, Ffm. 1976. – K. Hamburger, *R.: eine Einführung*, Stg. 1976. – J. Gebser, *R. und Spanien*, Ffm. 1977 (BS; zuerst Zürich 1940). – H. Nalewski, *R. M. R.*, Lpzg. ²1978. – A. Stahl, *R.-Kommentar zum lyrischen Werk*, Mchn. 1978. – S. Becker-Grüll, *»Vokabeln der Not«. Kunst als Selbstrettung bei R. M. R.*, Bonn 1979. – A. Stahl, *R.-Kommentar zu den »Aufzeichnungen des Malte Laurids Brigge«, zur erzählenden Prosa, zu den essayistischen Schriften u. zum dramatischen Werk*, Mchn. 1979. – R. Grimm, *Von der Armut u. vom Regen. R.s Antwort auf die soziale Frage*, Königstein/Ts. 1981. – *Zu R. M. R.*, Hg. E. Schwarz, Stg. 1983. – H. Imhof, *R.s »Gott«. R. M. R.s Gottesbild als Spiegelung des Unbewußten*, Heidelberg 1983. – E. Meuthen, *»Bogengebete«: Sprachreflexion u. zyklische Komposition in der Lyrik der »Moderne«. Interpretationsansätze zu George, R. u. Celan*, Ffm. 1983. – K.-D. Hähnel, *R. M. R. Werk, Literaturgeschichte, Kunstanschauung*, Bln./Weimar 1984. – O. H. Olzien, *R. M. R.: Wirklichkeit u. Sprache*, Stg. 1984. – F. Loock, *Adoleszenzkrise u. Identitätsbildung: zur Krise der Dichtung in R. M. R.s Werk*, Ffm. u. a. 1985. – H. Nawelski, *R. M. R. in seiner Zeit*, Lpzg. 1985. – G. Guzzoni, *Dichtung u. Metaphysik am Beispiel R.*, Bonn 1986. – *R. M. R.*, Hg. R. Görner, Darmstadt 1987 (WdF). – H. Brunner, *Auf der Suche nach der gewaltlosen Sprache: ein Diskurs entlang an Texten R. M. R.s*, Zürich 1987. – R. Ruffini, *Das Apollinische u. das Dionysische bei R. M. R.: Konstituenten einer polaren Grundstruktur im lyrischen Werk u. Denken des Dichters*, Ffm. 1989.

DIE AUFZEICHNUNGEN DES MALTE LAURIDS BRIGGE

Tagebuchroman von Rainer Maria RILKE, begonnen 1904 in Rom unter dem Eindruck des ersten Pariser Aufenthalts von 1902/03, vollendet 1908–1910 in Paris, erschienen 1910. – Das Werk, das sich als erstes innerhalb der deutschen Literatur radikal vom realistischen Roman des 19. Jh.s unterscheidet, kennt keine kontinuierliche Handlung mehr, noch einen Erzähler im herkömmlichen Sinne. Seine äußere Form bildet das fingierte Tagebuch einer *»erfundenen Figur«*. Erst nach und nach läßt sich aus der assoziativen Folge von teils schildernden, teils reflektierenden oder rein erzählenden Abschnitten der vom Dichter intendierte *»Daseinsentwurf«* und ein *»Schattenzusammenhang sich rührender Kräfte«* erkennen. Der Tagebuchschreiber ist ein 28 Jahre alter Däne aus einem mit ihm aussterbenden Adelsgeschlecht, der, nach dem frühen Tod der Mutter und dem späteren des Vaters heimat- und besitzlos geworden, in Paris als Dichter zu leben versucht.

Alle prägenden Einflüsse in Rilkes Leben kommen in diesem Buch zusammen: früheste Prager Kindheitserinnerungen, die Erfahrung der Reisen nach Rußland zusammen mit Lou Andreas-Salomé, der Aufenthalt in Skandinavien im Jahre 1904 wie die vorausgegangene Lektüre der Schriften JACOBSENS, KIERKEGAARDS, BANGS und OBSTFELDERS, vor allem aber die *»immense Wirklichkeit«* von Paris, die den *»Hintergrund dieser in jedem Augenblick vom eigenen Untergang geprüften Existenz«* des Malte Laurids Brigge bildet.

Schon seine ersten Eintragungen bezeugen, wie dieser äußerst eindrucksempfindliche junge Mensch von einer Großstadtwirklichkeit, die fast überall ihre häßliche, ja entsetzliche Seite darzubieten scheint, förmlich überwältigt wird. Bilder des Ekels, der Krankheit, der Armut, des Todes dringen in den schutzlos Ausgesetzten ein und entbinden in ihm eine tiefe, aus den Ängsten der Kindheit mitgespeiste Daseinsangst, die sich hier zum erstenmal – und lange vor ihrer existenzphilosophischen Ergründung – als eine Grundstimmung des Jahrhunderts offenbart. Zugleich jedoch wächst dem jungen Malte aus den beständigen Konfrontationen mit dem Schrecklichen die Fähigkeit zu, es beobachtend aufzunehmen und auszusagen: Er *»lernt sehen«*. Dieses an der härtesten Wirklichkeit geschulte Sehen dringt unerbittlich unter die Oberfläche der Erscheinungen: Es enthüllt die Innenseite der Dinge (wie sie sich ihm etwa an der stehengebliebenen Mauer eines abgebrochenen Hauses darbietet), weil er im »Fühlen« des Beobachteten sich innerlich mit diesem identifiziert: *»Ich erkenne das alles hier, und darum geht es so ohne weiteres in mich ein: es ist zu Hause in mir.«* Dabei erschließt sich ihm zugleich sein eigenes Inneres, aus dem nun in umgekehrter Bewegung bisher Unerkanntes, *»Verlorenes aus der Kindheit«*, hervordrängt. In der Welt der Kindheit, die Malte zuvor *»wie vergraben«* schien, ersteht zugleich eine Gegenwelt zu der bedrängenden Großstadtgegenwart.

Aus zahlreichen – den Pariser Erfahrungen gegenübergestellten – Einzelerinnerungen fügt sich ein Bild der beiden wichtigsten Kindheitsumgebungen und der zu ihnen gehörenden Personen zusammen: von Ulsgaard, dem Schloß der Brigges, und von Urnekloster, dem Sitz der mütterlichen Familie Brahe. An »Maman«, Maltes einzige Vertraute in seiner Kindheit heften sich die innigsten Erinnerungen. Doch auch hier enthüllt sein unerbittliches *»Einsehen«* die Ungeborgenheit des kindlichen Daseins. Malte vergegenwärtigt sich die unheimlichsten, zur Zeit ihres Geschehens nicht »bewältigten« Begegnungen mit seiner Wirklichkeit: das erschreckende Ende einer kindlichen Maskerade vor einem das Vertraute verfremdenden Spiegel, die Begegnung mit einer rätselhaften Hand unter verdunkeltem Tisch, die zahlreichen *»okkulten Begebnisse«* in der skandinavischen Heimat. Schon diese frühen Erfahrungen bezeugen ein die gewohnten Zeitfolgen leugnendes Zeitverhältnis der gleichzeitigen Präsenz von Vergangenheit, Gegenwart und Zukunft. Sein erinnertes Kindsein bleibt für ihn *»eine unendliche Realität«*, deren Vorüber-Sein auch *»alles Kommende«* fortnehmen würde. Bei dieser Verflechtung der Zeiten bedeutet daher Maltes Bemühung, seine noch *»ungetane Kindheit«* inmitten einer durchlittenen Gegenwart durch erzählende und reflektierende Vergegenwärtigung innerlich zu *»leisten«*, zugleich auch den Versuch, die ihn übersteigende Prüfung an Paris aus den Vorräten dieser Kindheit zu bestehen. Als letzter seines Geschlechts preisgegeben dem drohenden Untergang, empfindet er sich dennoch an einem neuen Anfang: *»dieses Nichts fängt an zu denken«*. In einem großen inneren Monolog stellt er das gesamte bisherige Welt- und Wirklichkeitsverständnis in Frage, partizipiert an der Selbstbegründung der Moderne: *»Ist es möglich ..., daß man noch nichts Wirkliches und Wichtiges gesehen, erkannt und gesagt hat? Ist es möglich, daß man Jahrtausende Zeit gehabt hat, zu schauen, nachzudenken und nachzuzeichnen, und daß man die Jahrtausende hat vergehen lassen, wie eine Schulpause, in der man sein Butterbrot ißt und einen Apfel?«* In der Formulierung dieser aus dem Subjekt legitimierten Fragestellung läßt sich bereits die Position des modernen Romans erkennen.

Im zweiten Teil wird der »Spielraum« der *Aufzeichnungen* durch die Dimension der geschichtlichen Vergangenheit erweitert. Maltes subjektiv ausgewählte historische *»Evokationen«* (Grischa Otrepjow, Karl der Kühne, Karl VI., die avignonesischen Päpste) sind jedoch nicht als historische Figuren zu verstehen, sondern in sinnbildlicher Vergegenwärtigung, als *»Vokabeln seiner Not«* (an Hulewicz, 10. 11. 1925). – Gegen Ende der *Aufzeichnungen* überwiegen die Reflexionen. Malte richtet den *»Scheinwerfer seines Herzens«* nun ganz nach innen; die Erinnerung an Abelone, »Mamans« jüngste Schwester, der sein einziges artikuliertes Liebesgefühl galt, löst eine Kette von Rilke eigentümlichen Gedanken über die Liebe aus, die, in den Gestalten der »großen Liebenden« (Sappho, Gaspara Stampa, Louise Labé, Bettine) mythisiert, als unbedingtes, nicht mehr gegenstandsbezogenes Gefühl ihre höchste Intensität und Vollendung findet. Kontrapunktisch hierzu wird das Thema der Erfahrung und Liebe Gottes entfaltet. Die *Aufzeichnungen* schließen mit einer dichten und sinnträchtigen Parabel ab, die noch einmal die wichtigsten Themen und Motive in gleichnishafter Handlung zusammenfaßt und damit den Schlüssel zur Sinnerhellung des ganzen Buches bietet: In subjektiver Umdeutung wird die Geschichte des verlorenen Sohnes als *»die Legende dessen, der nicht geliebt werden wollte«*, erzählt, der – als Kind bereits durch die ichsüchtige Liebe der Familie bedrängt – herangewachsen beschließt, fortzugehen, um nicht *»ihr ungefähres Leben nachlügen«* zu müssen. In der Fremde müht er sich um die besitzlose Liebe, erfährt sie jedoch erst während eines langen Hirtendaseins in der *»stillen ziellosen Arbeit«* der nicht mehr gegenstandsgebundenen *»Liebe zu Gott«*. Um schließlich noch die Kindheit *»nachzuholen«*, kehrt der Entfremdete heim, wo die neu anbrandende Liebe ihn nicht mehr betrifft. Nur Einer wäre nun imstande, ihn zu lieben. *»Der aber wollte noch nicht.«* Legende und Buch klingen mit der offengelassenen Frage nach Gott aus.

Offen bleibt auch das Schicksal Maltes. Rilke selbst hat in der ursprünglichen Konzeption wie in nachträglichen Deutungsversuchen immer wieder von Maltes *»Untergang«* gesprochen, der in der *»Dekadenz des Verlaufes«* angelegt erscheint. Dem steht jedoch eine gegenläufige Bewegung vom *»Sehen-Lernen«* bis zum *»Einbilden«* neuer Wirklichkeit und zum darstellenden *»Leisten der Kindheit«* gegenüber. Aus der Annahme des Ausgesetztseins erwachsen auch Möglichkeiten und Kräfte des *»Bestehens«*, so daß Rilke einmal den Weg Malte Laurids *»nicht so sehr als einen Untergang, vielmehr als eine eigentümlich dunkle Himmelfahrt in eine vernachlässigte abgelegene Stelle des Himmels«* zu empfinden vermochte (an Lou Andreas-Salomé, 28. 12. 1911). Und in einem Brief vom 24. 2. 1912 aus Schloß Duino meinte er: *»Diese Aufzeichnungen, indem sie ein Maß an sehr angewachsene Leiden legen, deuten an, bis zu welcher Höhe die Seligkeit steigen könnte, die mit der Fülle dieser selben Kräfte zu leisten wäre.«*

Die vom Dichter nicht aufgelöste dialektische Doppelsinnigkeit des Romans spiegelt sich auch in seiner Form. Der äußere Rahmen – die Anlage als Tagebuchroman – entspricht zwingend der Intention des Werkes; das Einsehen des Kaum-Sagbaren, das Zur-Sprache-Bringen eines innersten Geschehens ist nur in einem persönlich-intimen Medium möglich. Zugleich hebt die Auflösung der äußeren Realität, hinter der tiefere Wirklichkeitsschichten sichtbar werden, die Voraussetzungen eines traditionellen Erzählens auf: *»Daß man erzählte, wirklich erzählte, das muß vor meiner Zeit gewesen sein.«* Und es erweist sich eine neue Form der epischen Verlautbarung als notwendig, die Rilke in den *Aufzeichnungen* aus den Eigenschaften seiner ursprünglich lyrischen Natur gewinnt: Viele der in sich geschlossenen Eintragungen sind, ihrer Struktur nach, *»Prosagedichte«* (U. Fülleborn). Ihre Folge ist jedoch keineswegs willkürlich, sondern gehorcht übergreifenden Prinzipien der Anordnung und Motivverkettung: etwa, im ersten Teil, in der

Konfrontation der Pariser Eindrücke mit denen aus der Kindheit, die durch motivische Bindungen (Tod, Angst, Krankheit) teils antinomisch, teils analog verknüpft sind. Der Kontrast – ein Strukturmerkmal auch der harten und präzisen Prosa dieses Werks – sowie eine musikalische Verschlingung der Themen und Motive erscheinen hier als die wichtigsten Kompositionsprinzipien eines neuen Romantypus. *Die Aufzeichnungen des Malte Laurids Brigge* zählen daher nicht nur thematisch – im Entblößen von Grunderfahrungen des modernen Daseins –, sondern auch formal zu den *»großen Durchbruchsleistungen der modernen Literatur«* (H. E. Holthusen). J.W.St.

AUSGABEN: Lpzg. 1910, 2 Bde.; [4]1914. – Lpzg. 1927 (in *GW*, 6 Bde., 5). – Lpzg. 1938 (in *AW*, 2 Bde., Hg. R. Sieber-Rilke, C. Sieber u. E. Zinn, 2). – Wiesbaden 1966 (in *SW*, 6 Bde., 1955–1966, Hg. Rilke-Archiv in Verbindung mit R. Sieber-Rilke, besorgt durch E. Zinn, 6; ern. Ffm. 1987; Insel Tb). – Ffm. 1982 (Insel Tb).

LITERATUR: M. Freundlieb, *R. M. R. »Die Aufzeichnungen ...«* (in GRM, 19, 1931, S. 261–268). – H. v. Jan, *R.s »Aufzeichnungen ...«*, Lpzg. 1938. – J. Klein, *Die Struktur in R.s »Malte«* (in WW, 2, 1951/52, S. 93–109). – F. Martini, *Das Wagnis der Sprache*, Stg. 1954, S. 133–175; [2]1956. – B. G. Madsen, *Influences from J. P. Jacobsen and S. Obstfelder on R. M. R.'s »Die Aufzeichnungen ...«* (in Scandinavien Studies, 26, 1954, S. 105–114). – M. Jäger, *R.s »Aufzeichnungen ...« in ihrer dichterischen Einheit*, Diss. Tübingen 1960. – U. Fülleborn, *Form u. Sinn in den »Aufzeichnungen ...«* (in *Unterscheidung u. Bewahrung. Fs. f. H. Kunisch*, Bln. 1961, S. 147–169; ern. in *Deutsche Romantheorien*, Hg. R. Grimm, Ffm. 1968, S. 251–273). – E. F. Hoffmann, *Zum dichterischen Verfahren in R.s »Aufzeichnungen ...«* (in DVLG, 42, 1968, S. 202–230). – J. Goheen, *Tempusform u. Zeitbegriff in R. M. R.s »Aufzeichnungen ...«* (in WW, 19, 1969, S. 3–36). – *Index zu R. M. R.s »Die Aufzeichnungen ...«*, Bearb. R. E. Brown, Ffm. 1971. – W. Loock, *R. M. R.: »Die Aufzeichnungen ...« Interpretationen*, Mchn. 1971. – J. Ryan, *Hypothetisches Erzählen«. Zur Funktion von Phantasie u. Einbildung in R.s »Die Aufzeichnungen ...«* (in Jb. d. Dt. Schiller-Ges., 15, 1971, S. 341–374). – *Materialien zu R. M. R. »Die Aufzeichnungen ...«*, Hg. H. Engelhardt, Ffm. 1975; ern. 1984 (st). – A. Stephens, *R.s »Malte Laurids Brigge«. Strukturanalyse des erzählerischen Bewußtseins*, Bern/Ffm. 1974. – U. Fülleborn, *»Veränderung«. Zu R.s »Malte« u. Kafkas »Schloß«* (in EG, 30, 1975, S. 438–454). – D. Saalmann, *R. M. R.s »Die Aufzeichnungen ...« Ein Würfelgriff nach dem Absoluten. Poetische Aspekte*, Bonn 1975. – I. Rumold, *Die Verwandlung des Ekels. Zur Funktion der Kunst in R.s »Die Aufzeichnungen ...« u. Sartres »La Nausée«*, Bonn 1979. – B. L. Bradley, *Zu R.s »Die Aufzeichnungen ...«*, Bern 1980. – H. Naumann, *Malte-Studien. Untersuchungen zu Aufbau u. Aussagegehalt der »Aufzeichnungen ...« von R. M. R.*, Rheinfelden 1983. – J. Ryan, *R. M. R.: »Die Aufzeichnungen ...«* (in *Deutsche Romane des 20. Jh.s. Neue Interpretationen*, Hg. P. M. Lützeler, Königstein/Ts. 1983, S. 63–77). – W. Small, *R.-Kommentar zu den »Aufzeichnungen ...«*, Chapel Hill 1983. – W. Leppmann, Rez. (in *Romane von gestern – heute gelesen*, Hg. M. Reich-Ranicki, Bd. 1, Ffm. 1989, S. 143–149).

DUINESER ELEGIEN

Gedichtzyklus von Rainer Maria RILKE, begonnen Anfang 1912 auf Schloß Duino bei Triest, fortgesetzt 1913 und 1915, vollendet im Februar 1922 in Muzot (Wallis); erschienen 1923. Dem Werk ist als Widmung vorangestellt: *»Aus dem Besitz der Fürstin Marie von Thurn und Taxis-Hohenlohe«*. – Die *Duineser Elegien* gehören durch ihren eigenwilligen sprachlichen Duktus, ihre kühne Metaphorik, ihre verschlüsselte Symbolik und durch ihren oft entlegene Bezüge und Überlieferungen aufnehmenden Gedankengehalt zu den am schwersten zugänglichen Werken der neueren deutschen Lyrik. Ihre Schwierigkeiten entsprechen dem hier verwirklichten dichterischen Anspruch Rilkes, in der Form hoher Lyrik nicht nur die Daseinsproblematik des neuzeitlichen Menschen, ja des Menschen überhaupt auszusagen, sondern darüber hinaus eine mythische Sinngebung dieses Daseins – außerhalb der überlieferten religiösen Systeme – zu verkünden und damit eine Sinngebung der Existenz und Aufgabe des neuzeitlichen Dichters zu verbinden. Daher ist diesen Gedichten ein hoher Stil gemäß. Die von Rilke gewählte Form der Elegie bezeugt die entscheidende Wendung seiner Dichtung ins Mythische und zugleich die freie Übernahme einer in Deutschland von KLOPSTOCK und HÖLDERLIN begründeten dichterischen Tradition, in der antike Formen der Gestaltung eines eigenen prophetischen Auftrags dienen. Der Begriff »Elegie« wird dabei von seiner ursprünglichen formalen Bestimmung (Gedicht in Distichen) weitgehend gelöst; er ist hier als »Klagegesang« in weit ausgreifender rhythmischer Bewegung zu verstehen. Nachklänge des antiken Metrums sind in den meist daktylischen Langzeilen spürbar; nur in zwei der zehn Elegien, der vierten und der achten, in denen die Klage reflektierend verhält, verwendet Rilke das rhythmisch gebändigte Metrum des Blankverses. Der oft über weite Satzbögen hinwegströmende, gelegentlich durch epigrammatische Kurzzeilen gleichsam »angehaltene« Rhythmus der übrigen Elegien wird durch das Pathos einer Sprache gesteigert, die durch syntaktische Umstellungen und Verkürzungen, ungewöhnliche Verbalformen, gewagte Wortneubildungen und Sinnverfremdungen ihren unverwechselbaren Ton erhält. In dieser »Sprache des Äußersten« wie auch in der intensiven, Innerstes vergegenständlichenden Metaphorik sind Verbindungen zum Expressionismus zu erkennen.

Die *Duineser Elegien* haben zahlreiche, sich oft widersprechende Deutungsversuche hervorgerufen. Obgleich sich Rilke selbst wiederholt gegen jede christliche Interpretation seines Werkes gewandt hat, wurde diese religiöse Botschaft doch immer wieder als Schlüssel zum Verständnis der Elegien herangezogen, sei es in bewußter Wendung gegen den Dichter selbst (F. Bergenthal), sei es als Frage danach, in welcher Weise Topoi, Symbole und Denkmuster des Christentums in Rilkes Werk aufscheinen (J. Schwarz, F. Dehn, R. Guardini, K. Näf, H. Kunisch). Die metaphysische Dimension der Elegien, ihr Versuch einer Sinngebung für menschliches Leid wie für den Tod selbst hat daneben zahlreiche existenzphilosophisch geprägte, zumeist an M. Heidegger orientierte Auslegungen provoziert (E. Lachmann, E. Vietta, E. Buddeberg). Daneben polarisierte sich die mittlerweile kaum mehr überschaubare Sekundärliteratur zu den *Duineser Elegien* schon in den fünfziger Jahren in der Frage, wieweit das Werk als allgemeinmenschliche Lebens- und Daseinsdeutung (H. E. Holthusen), als Entwicklung hin zum Mythos (W. Kohlschmidt, J. Steiner) oder als symbolische Gestaltung der individuellen Dichterproblematik zu verstehen sei; ein Ansatz, den vor allem auf E. C. Mason zurückgeht. War bei F. Dehn Rilkes *»Engel«* (*»WER, wenn ich schriee, hörte mich denn aus der Engel / Ordnungen? und gesetzt selbst, es nähme / einer mich plötzlich ans Herz: ich verginge von seinem / stärkeren Dasein…«)* noch als *»Pseudonym Gottes«* gedeutet worden, bei E. Vietta als *»Maß der größten Seinsnähe«*, so erscheint er bei E. C. Mason als *»Apotheose der reinen Kunst«*, als *»Dämon von Rilkes künstlerischer Berufung«*.

Die neuere Forschung steht diesen Versuchen, das Werk auf eine interpretatorisch immer schon vorbestimmte zentrale Fragestellung zurückzuführen, zunehmend skeptisch gegenüber; Rilke selbst unterläuft diese Ansätze durch eine Bildsprache, die gerade nicht auf begriffliche Setzungen oder eine stimmige, in sich geschlossene Systematik sich verpflichtet wissen will. Das Prinzip der Offenheit (oder Komplexität), das die *Elegien* charakterisiert, konstituiert einen poetischen Gegenentwurf zu einer Welt, in der – durch Technik, Wissenschaft und rationale Organisation – die Imagination des Subjekts zunehmend weniger Anhalt findet: *»Mehr als je / fallen die Dinge dahin, die erlebbaren, denn, / was die verdrängend ersetzt, ist ein Tun ohne Bild«*, heißt es in der neunten Elegie. Das lyrische Ich findet für seine Befindlichkeit, für seine *»Innenwelt«* kaum mehr allgemein verbindliche Entsprechungen in der Außenwelt, sondern muß diese aus sich selbst heraus schaffen; insofern zielen die *Duineser Elegien* darauf ab, *»die Situation der Zeit mit einem Gefüge von Bildern und konkreten Einzelszenen auszudrücken – also poetisch die äußeren Äquivalente zu schaffen, die es in der Lebenswelt«* des frühen 20. Jh.s *»nicht mehr gibt«* (M. Engel). Daß dieses *»Gefüge«* wesentlich ästhetisch motiviert ist, verweist auf die Entfremdungserfahrung, worauf dieses Werk reagiert und worin es den beiden anderen 1922 vollendeten Meisterwerken der Weltliteratur vergleichbar ist, T. S. Eliots *The Waste Land* und J. Joyces *Ulysses*; es verweist aber auch auf die Eigentümlichkeit und zugleich die Begrenztheit des Rilkeschen Entwurfs, sein – wiederholt als *»Narzißmus«* kritisierter – Drang, den Menschen als *»Ding«* zu betrachten, das Projektionen des Subjekts keinen Widerstand entgegensetzt, oder seine Tendenz, gesellschaftliche Verhältnisse zu verklären oder als natürliche zu poetisieren.

Die *Duineser Elegien* kennzeichnet eine zyklische Ordnung, in der ihre antithetischen Spannungen aufgehoben erscheinen. Ihre Einheit gründet zunächst in der mythischen Symbolfigur des »Engels«, vor dessen imaginärer Instanz das lyrische Ich *»aufsingt«*, und in dem sich der mythische Anspruch dieser Dichtung metaphorisch realisiert. Obwohl die bildliche Vergegenwärtigung des Engels – vor allem in den ersten Elegien – zuweilen an die Bibel erinnert, hat dieser, wie Rilke am 13. 11. 1925 in seinem wichtigen, das Werk kommentierenden Brief an seinen polnischen Übersetzer W. Hulewicz schrieb, doch *»nichts mit dem Engel des christlichen Himmels zu tun«*. Denn, so der Dichter, *»Lebens- und Todesbejahung erweist sich als Eines in den ›Elegien‹«*, der Engel erscheint als Repräsentant einer *»unsichtbaren«* Welt, in der das historische und menschliche Zeitgefüge aufgehoben, Vergangenes – als Gewesenes offensichtlich unzerstörbar – wieder gegenwärtig ist: *»Für den Engel der Elegien sind«*, so Rilke, *»alle vergangenen Türme und Paläste existent*, weil *längst unsichtbar, und die noch bestehenden Türme und Brücken unseres Daseins* schon *unsichtbar, obwohl noch (für uns) körperhaft dauernd«*.

In den späteren Elegien ist der Engel vor allem mythisch-metaphorische Sinnfigur des in Rilkes Weltdeutung imaginierten, zeitlosen, Leben und Tod zur Einheit des »Ganzen« verschmelzenden Raums, der als unbegrenzter Innen-Raum *(»Weltinnenraum«)* zu verstehen ist und in dem das »Innere« der Außenwelt ebenso wie das »Innen« der menschlichen Seele aufgehoben ist. Diese Bedeutungsverschiebung des Engel-Symbols innerhalb der Elegien enthüllt ein weiteres Merkmal der zyklischen Ordnung: die innere »Handlung« der Dichtung, eine durch viele motivische Verstrebungen gebundene, fast antithetische Bewegung von der Klage zum Jubel, von der Entlarvung menschlicher Unzulänglichkeit zur Verkündigung einer Aufgabe des Menschen im *»Hiesigen«*, von dichterischem Zweifel zu dichterischem Auftrag – eine Bewegung, die von einem großen thematischen Bogen überwölbt wird, der vom ahnenden Vortasten in die Einheit von Leben und Tod in der ersten Elegie über das negative Sinn-Bild der fünften Elegie bis zu der ausgestalteten mythischen Vision des Totenreichs in der zehnten Elegie reicht.

Schon der Eingang der ersten Elegie enthüllt vor dem *»Über-Maß«* des Engels die Grundbedingung des menschlichen Daseins, seine Unvollkommenheit und Fragwürdigkeit. In seiner eigenen, *»gedeuteten«* Welt unbehaust, erfährt der Mensch überall die Drohung der Vergänglichkeit, am schmerzlichsten in der Liebe. *»Diese ältesten Schmerzen«* endlich *»fruchtbarer«* werden zu lassen, empfindet der Dichter als seinen besonderen Auftrag: nicht nur durch die *»Preisung«* der höchsten Gefühlsintensität, welche die Liebe, gerade wenn sie sich nicht erfüllt, bei den *»Verlassenen«* erreicht, sondern auch durch die Verkündung der Einsicht, daß aus der Annahme der unaufhebbaren Vergänglichkeit eine Steigerung des eigenen Daseins zu gewinnen sei. Die andere große Aufgabe des Dichters – *»das Leben gegen den Tod hin offen zu halten«* (Brief an N. v. ESCHER vom 22. 12. 1923) – erwächst ihm aus dem Schicksal der *»jungen Toten«*, von dem er *»des Unrechts Anschein«* abtun soll.

Die zweite Elegie, thematisch aufs engste mit der ersten verbunden, ist die eigentliche Elegie des Engel-Mythos; ihre zweite Strophe ist ein Dithyrambus auf die »engelische« Vollkommenheit in ihrer narzißhaft geschlossenen, nichts verlierenden Selbstvollendung. Noch schärfer hebt sich hiervon das *»verflüchtigende«* Wesen des Menschen ab; noch eindringlicher werden die Liebenden, Sinnfiguren des Menschseins, nach dem bleibenden *»Sein«* inmitten ihres *»Schwindens«* befragt. Als Wunsch-Bild erst steigt am Schluß jener *»unsere Streifen Fruchtlands zwischen Strom und Gestein«* herauf, auf dem sich eine *»verhaltene, schmale«* menschliche Daseinsbewältigung erahnen läßt.

Die Klage der dritten Elegie erfaßt die Gefährdung und Ausgesetztheit des Menschen nicht in seinem gestörten Bezug zur Außenwelt, sondern beschwört am Beispiel einer konkreten Seinsbedingung, der Triebbestimmtheit des liebenden Jünglings, die Bedrohtheit von innen. Die Tiefenschichten des Unbewußten bis hin zu den Urbeständen des kollektiven Unbewußten und der weiterwirkenden Vorwelt werden vergegenständlicht. Die Macht des Triebs wird in der Gestalt des *»verborgenen, schuldigen Flußgottes des Bluts«* mythisch personifiziert. In dem bereits 1913 entstandenen Gedicht sind zum erstenmal Einsichten der Psychoanalyse nicht nur verarbeitet, sondern in einer mythischen Symbolwelt gültig aufgehoben. Mit der »erinnerten Kindheit« erschließt sich zudem ein neuer, für die Welt der Elegien wichtiger Daseinsbereich des Menschen. Der Ausklang endlich mutet dem liebenden Mädchen ein *»Verhalten«* und *»Lindern«* zu, das jenen Urkräften entgegenzusetzen wäre.

In der rhythmisch verhaltenen vierten Elegie erreicht das lyrische Ich den tiefsten Punkt seiner Einsicht in die Gebrochenheit und Zwiespältigkeit menschlicher Existenz. Abgetrennt vom *»Verständigsein«* des natürlichen und kreatürlichen Daseins durch Bewußtsein wie durch Distanz schaffende Reflexion, ist der Mensch auch in seinem Fühlen und Denken dialektisch gespalten. Überall, auch in der Liebe, wird *»für eines Augenblickes Zeichnung ein Grund von Gegenteil bereitet«*, und unerkannt bleibt die wahre *»Kontur des Fühlens«*. Die Bitternis dieser Erfahrung zwingt den Dichter – stellvertretend für den erkennenden Menschen – zu einer Selbstschau von unerbittlicher Eindringlichkeit. Sie vollzieht sich in der dichtesten Symbolhandlung des ganzen Zyklus. *»Vor seines Herzens Vorhang«* sitzend, versucht das Ich der nie enthüllten Triebkräfte seines Fühlens gewahr zu werden. Abgestoßen vom unwahren Spiel der *»halbgefüllten Masken«*, die auf der *»Bühne«* des Herzens auftreten, will es lieber die Leere und das *»Aussehn«* der toten Puppe aushalten, die hier – ähnlich wie in KLEISTS Aufsatz *Über das Marionettentheater* – kein Bewußtsein, aber Ganzheit hat. Die äußerste Eindringlichkeit seines Schauens wird schließlich schöpferisch; es zwingt als *»Spieler«* einen Engel herbei. Nur in diesem kaum je zu erzwingenden Zusammenspiel von *»Engel«* und *»Puppe«*, von unendlichem Bewußtsein und reiner Bewußtseinslosigkeit, wäre die innere Antinomie, die *»Entzweiung«* unseres Daseins aufgehoben. Doch dies bleibt Vision. Einzig die Sterbenden und die Kinder scheinen der Bewußtseinsspaltung enthoben, vor allem das Kind, das noch ohne Zeitbegrenzung *»mit Dauerndem vergnügt«* sein kann und das, wenn es sterben muß, *»den ganzen Tod, noch vor dem Leben«* sanft und ohne Vorwurf zu enthalten vermag – für den Menschen der Entzweiung *»unbeschreiblich«*.

Die Mitte des Zyklus bildet die fünfte Elegie, die nicht nur durch ihre freie rhythmische Form, sondern auch durch die Geschlossenheit ihrer Bilderwelt aus dem Ganzen herausragt. Dichterisches Gleichnis des menschlichen Daseins ist das Auftreten einer Gruppe von Pariser Straßenakrobaten, für deren Gestaltung Rilke schon früh motivische Anregungen empfing (1907 in Paris, 1915 von Picassos Bild »La famille des saltimbanques«). Die unermüdlichen Vorführungen der Akrobaten offenbaren ein virtuoses, aber zugleich seelenlos-mechanisches *»Können«*, das äußerlich, scheinhaft, ja sinnlos bleibt. Der glatten Geschicklichkeit wie dem leeren Schein gegenüber, welche das geschäftige Tun der *»Fahrenden«* und damit der Menschen überhaupt kennzeichnen, sucht der Dichter nach der Möglichkeit reinen Seins und echten, wiewohl noch ungelenken Fühlens, bevor sich, an *»unsäglicher Stelle«*, der unbegreifliche Umschlag vom *»reinen Zuwenig«* in das *»leere Zuviel«* ereignet. Dieses leere, uneigentliche, ruhlos-geschäftige Dasein wird tatsächlich vom Tode angetrieben, allerdings von einem verkleideten, zur *»Modistin«* billiger Konfektionswaren verfremdeten Tod *(»Madame Lamort«)*. Das Gegenbild eines wirklichen, durchfühlten *»Könnens«* – nicht im äußeren Tun, sondern im inneren *»Herzschwung«*, vor allem in der Liebe als der höchsten Form menschlicher Seinsverwirklichung – kann nur visionär im Bereich der Toten erschaut werden, wo allein, von keinen Bedingtheiten gehemmt, die *»hohen Figuren des Herzschwungs«* möglich und zeigbar sind. – Zu den positiven Grundfiguren, die von dem uneigentlichen Durchschnittsdasein abgehoben und in ihrer Seinsmöglichkeit gedeutet werden, gehört neben dem Kind, den Liebenden und den jungen Toten die Gestalt des Helden. Ihn rühmt die sechste Elegie.

Auch seine Erscheinung, die stürmisch in die *»Frucht«* seines Lebens, in Gefahr und Tod drängt, wird an dem *»Grund von Gegenteil«* des allgemeinen Menschendaseins sichtbar gemacht, welches im *»Blühn«* des Lebens verharren und die *»Frucht«* des Todes vermeiden möchte.

Nachdem Rilke in den ersten sechs Elegien den Bereich menschlicher Unzulänglichkeit klagend und deutend gestaltet hat, erfolgt in der siebenten, auf dem Grunde der Einsicht in die unaufhebbaren Bedingungen der Vergänglichkeit, der Umschlag in die jubelnde Bejahung des *»Hiesigen«*, das trotz allem dem Menschen aufgegeben bleibt. In hymnischer Sprache und weit ausgreifenden Satzperioden steigert sich der erste Teil der Elegie zu dem eindeutigen Bekenntnis: *»Hiersein ist herrlich.«* Das ist ebensosehr Rühmung der Natur wie Bejahung jeglichen menschlichen Daseins, das sich wenigstens in einem unmeßbaren Augenblick als solches verwirklichte. Diese Erfahrung ermöglicht es dem Dichter, einen Sinn des menschlichen Hierseins auch im gegenwärtigen, als *»dumpfe Umkehr der Welt«* erkannten Zeitalter einzusehen und zu verkünden. Das *»Schwinden«* des sichtbaren »Außen« und das Unsichtbarwerden der einst »dauernden« Dinge, welches sich in einer vom gestaltlos-technischen Zeitgeist beherrschten Epoche zu vollziehen droht, machen die *»Verwandlung«* des Gewesenen wie des Seienden ins *»Innere«* zum dringenden Gebot. Darin vollzöge sich auch die *»Bewahrung der noch erkannten Gestalt«*, worunter Rilke das vom Menschen Geschaffene und Geformte versteht.

Die achte Elegie, rhythmisch zurückgenommen und nochmals auf den Ton der Klage gestimmt, geht – wie die vierte – von der Einsicht aus, daß die Unterschiedenheit von Mensch und naturhafter Kreatur unaufhebbar ist. Durch sein Bewußtsein von allem naturhaft-kreatürlichen Dasein getrennt, ist dem Menschen damit zugleich das *»Offene«* verschlossen, das die Kreatur, *»frei von Tod«*, mit allen Augen sieht. Nur das Kind, der Sterbende, selten ein Liebender sind dem *»Offenen«*, Unabgegrenzten noch nahe; unser reflektierendes Sein aber hat immer *»Welt«* vor sich, niemals *»Nirgends ohne Nicht«*. Es ist, seiner Vergänglichkeit eingedenk, ein »Sein zum Tode«. Infolge seiner Struktur als *»Gegenüber-sein«* wird unser Leben zum *»Schicksal«*; durch den unausweichlichen Zwang zum beständigen Abschiednehmen erhält es einen fast tragisch-verhängnishaften Charakter. Dennoch bleibt, entgegen jeder romantischen Sehnsucht nach bewußtseinsloser All-Einheit, dieses *»Schicksal«* unsere Bestimmung. Die neunte Elegie versucht zu zeigen, wie es in seiner unaufhebbaren Begrenzung und *»Einmaligkeit«* dennoch anzunehmen und für uns, ja für alles Seiende fruchtbar zu machen sei. Als die sinngebende Aufgabe unseres Daseins wird, wie bereits in der siebenten Elegie, die *»Verwandlung«* erkannt, die nun noch deutlichere Konturen erhält. Sie beginnt im scheinbar bescheidenen Akt des Sagens, zwar nicht des *»Unsäglichen«*, vor dem wir versagen müssen, aber der *»Dinge«*, die im magisch beschwörenden Wort eine ihr Dasein übertreffende *»Innigkeit«* erreichen. Damit finden sie, die heute ein *»Tun ohne Bild«* (d.h. ohne mythische Symbolkraft) verdrängend zu ersetzen droht, Eingang ins *»Unsichtbare«*, für dessen *»höheren Rang der Realität«* der Engel einsteht (Brief an W. Hulewicz vom 13.11. 1925). Diese *»Verwandlung ins Unsichtbare«* ist der Dinge, ja der *»Erde«* eigentlicher *»Auftrag«* an uns, die Möglichkeit ihrer *»Rettung«* aus der Vergänglichkeit. Aus der Annahme dieses Auftrages und damit aus der Bejahung des vergänglichen Hierseins wie des *»vertraulichen Todes«* erwächst eine Haltung der Lebenszustimmung, die der Dichter als sein eigentliches Vermächtnis zu hinterlassen wünschte.

Die zehnte Elegie schließlich stellt das Gleichgewicht zwischen Klage und Jubel endgültig her. Die antithetische Struktur des Zyklus erscheint in einer großartigen und metaphorisch dichten mythischen Vision zusammengefaßt und aufgehoben. Die Daseinsbejahung der neunten Elegie wird durch die Annahme der Schmerzen als *»unseres dunkeln Sinngrüns«* vertieft; ja, in der Bezogenheit auf das *»Leid«* wird die Bestimmung und das Maß der Wahrhaftigkeit unseres Lebens und unseres Todes überhaupt erkannt. In der Beschreibung einer Landschaft des Leides wird die Einheit dieser beiden Bereiche symbolisch-metaphorisch gestaltet. Noch einmal beschwört hier der Dichter, jetzt unter diesem metaphysischen Aspekt, die Uneigentlichkeit des menschlichen Daseins, vor allem in seinen zivilisatorischen Beschäftigungen und Zerstreuungen: in den satirischen Allegorien der *»Leid-Stadt«*, deren Scheinhaftigkeit durch die Verdrängung von Leid und Tod bestimmt ist. Das *»Wirkliche«* beginnt erst dahinter: im offenen Übergang zum Tod und zur *»Landschaft der Klagen«*. Das Totenreich, in das ein toter Jüngling schließlich durch die mythisch personifizierte *»Klage«* eingeführt wird, ist tatsächlich das *»Leidland«*, eine mit Anklängen an Ägypten gestaltete Urlandschaft, in deren tiefster, von den *»Bergen des Urleids«* umgebenen Talschlucht die *»Quelle der Freude«* entspringt. Dort geht der Tote in das *»Los«* seines Totseins ein, das nicht mehr ausgesagt werden kann. Daher münden die Elegien in ein Gleichnis aus der Natur, das den Einklang von Steigen und Fallen, von Glück und Schmerz, von Leben und Tod bezeugt. J.W.St.-KLL

AUSGABEN: Lpzg. 1923. – Lpzg. 1927 (in *GW*, 6 Bde., 3). – Zürich 1948 (Faks. d. Hs.; Begleitw. E. Zinn). – Wiesbaden 1955 (in *SW*, 6 Bde., Hg. R.-Archiv in Verbindung mit R. Sieber-Rilke, besorgt durch E. Zinn, 1955–1966, 1; ern. als *SW in 12 Bden.* [WA], Ffm. 1975, 2; ern. als *SW*, 6 Bde., Ffm. 1987, 1; Insel Tb). – Ffm. 1974 (mit *Sonette an Orpheus*; Insel Tb). – Zürich 71984 (Erl. A. Kippenberg). – Ffm. 1985 (mit einem Essay von P. Szondi; BS).

LITERATUR: K. Näf, *Die Weltanschauung R. M. R.s (Ein Beitrag zur Deutung der »Duineser Elegien«)* (in Jb. des Verbandes der Renaissance-Gesellschaften, 7, 1928/29, S. 32–46). – H. Wocke, *R.s »Duineser Elegien«* (in GRM, 20, 1932, S. 333–350). – M. Ch. Bentivoglio, *Die »Duineser Elegien« u. ihre Stellung im Gesamtwerke R. M. R.*, Diss. Wien 1933. – F. Dehn, *R.: Die vierte Duineser Elegie* (in *Gedicht u. Gedanke*, Hg. O. Burger, Halle 1942, S. 318–334). – A. Trapp, *R. M. R.s »Duineser Elegien«*, Gießen 1936. – E. Vietta, *Über die »Duineser Elegien«* (in NRs, 47, 1936, S. 1306–1318). – H. Cämmerer, *R. M. R.s »Duineser Elegien«*, Stg. 1937. – E. C. Mason, *Lebenshaltung u. Symbolik bei R. M. R.*, Weimar 1939. – F. Bergenthal, *Die Spätdichtung R.s u. die christliche Entscheidung* (in Theologie und Glaube, 4, 1948, S. 338–355). – E. Buddeberg, *Die »Duineser Elegien« R. M. R.s. Ein Bild vom Sein des Menschen*, Karlsruhe 1948. – K. Kippenberg, *R. M. R.s »Duineser Elegien« u. »Sonette an Orpheus«*, Wiesbaden 1948. – F. J. Brecht, *Schicksal u. Auftrag des Menschen. Philosophische Interpretationen zu R. M. R.s »Duineser Elegien«*, Mchn./Basel 1949. – H. Kreutz, *R.s »Duineser Elegien«*, Mchn. 1950. – H. E. Holthusen, *R.s letzte Jahre* (in H. E. H., *Der unbehauste Mensch*, Mchn. 1951; 31955). – R. Guardini, *R. M. R.s Deutung des Daseins. Eine Interpretation der »Duineser Elegien«*, Mchn. 1953; 21961. – E. Lachmann, *Der Engel in R.s »Duineser Elegien«* (in DVLG, 27, 1953, S. 387–412). – L. Hardörffer, *Formanalytische Studien zu R. M. R.s »Duineser Elegien«*, Diss. Mainz 1954. – H. Meyer, *Die Verwandlung des Sichtbaren: Die Bedeutung der modernen bildenden Kunst für R.s späte Dichtung* (in DVLG, 31, 1957, S. 465–505). – *R. à Duino*, Turin 1960. – Th. C. van Stockum; *Der gedankliche Hintergrund von R.s »Duineser Elegien«* (in Th. C. van S., *Von F. Nicolai bis Th. Mann*, Groningen 1962, S. 280–300). – J. Steiner, *R.s »Duineser Elegien«*, Bern/Mchn. 1962; 21969. – H. J. Weigand, *Zu R.s Verskunst. Das Wort als plastischer Stoff im Vers der »Duineser Elegien«* (in Neoph, 48, 1964, S. 31–51). – H. G. Gadamer, *Mythopoietische Umkehrung in R.s »Duineser Elegien«* (in H. G. G., *Kl. Schriften*, Bd. 2, Tübingen 1967, S. 194–209). – P. Szondi, *R.s »Duineser Elegien«* (in P. S., *Das lyrische Drama des Fin de siècle*, Ffm. 1975, S. 377–510; Vorlesungen von 1955). – *Materialien zu R. M. R.s »Duineser Elegien«*, Hg. U. Fülleborn u. M. Engel, 3 Bde., Ffm. 1980–1982 (st; Selbstzeugnisse; Forschungsgeschichte; Rezeptionsgeschichte). – K. Mühl, *»Verwandlung« im Werk R.s Studien zur inn. Genese der »Duineser Elegien«*, Nürnberg 1981. – I. Solbrig, *Gedanken über lit. Anregungen zur verfremdenden Engelkonzeption des mittleren u. späten Rilke* (in Modern Austrian Literature, 15, 1982, S. 3/4 [R.-Sonderheft], S. 277–290). – M. Engel, *R. M. R.s »Duineser Elegien« u. die mod. dt. Lyrik: zwischen Jahrhundertwende u. Avantgarde*, Stg. 1986. – B. Subramanian, *Engel u. Mensch. Studien zu R.s Duineser Elegien*, Ffm. u. a. 1986. – P. Krumme, *»Eines Augenblickes Zeichnung«: zur Temporalität des Bewußtseins in R.s Duineser Elegien*, Würzburg 1988. – K. Schulze, *Ein luftiger Austausch: das implizite Wissen vom Subjekt in den »Duineser Elegien«*, Ffm. u. a. 1988.

NEUE GEDICHTE

Gedichtzyklus in zwei Teilen von Rainer Maria Rilke; der erste Teil entstand in den Jahren 1902 bis 1907 und erschien 1907; *Der Neuen Gedichte anderer Teil* entstand 1907/08 und wurde 1908 veröffentlicht. – Die beiden Bände dokumentieren Rilkes Abwendung von der gefühlsbestimmten Dichtung seines Frühwerks hin zu einer Lyrik, die sich nicht in der Beschreibung der Innerlichkeit des Dichters erschöpft, sondern Unmittelbarkeit in der Erfahrung der den Menschen umgebenden Dinge erneut ermöglichen will – angesichts einer sich rapide wandelnden, von Technik bestimmten Welt und angesichts des Fortschritts der Wissenschaften, deren Gegenstände sich zunehmend jeder sinnlichen Wahrnehmung entziehen, zugleich aber jedes Urteil des Subjekts über seine Welt stillschweigend demontieren. Die *»Erweiterung der Sinne«* mit den Mitteln der Kunst ist, wie Rilke es in seinem 1919 im ›Inselschiff‹ publizierten Essay *»Ur-Geräusch«* reflektiert, bis in das Spätwerk des Dichters hinein sein poetologisches Programm; eine Erweiterung durch den Anspruch, den Dingen zum einen mittels der Sprache ihre Eigenwertigkeit, ihre *»reine Größe«*, zurückzugeben, sie jeder Verfügbarkeit durch das rezipierende Subjekt zu entziehen, zum andern aber auf einen »höheren« Gesamtzusammenhang alles Seienden zu vertrauen, der nur mittels Kunst evozierbar ist und wodurch die *›Welt unter einem bestimmten Aspekt auf jener übernatürlichen Ebene erscheinen, die eben die des Gedichtes ist«*. Anders als die Dinggedichte des 19. Jh.s, etwa E. Mörikes *An eine Lampe* oder C. F. Meyers *Der römische Brunnen*, zielen Rilkes Dinggedichte nicht allein auf die Objektivierung einer durch den Gegenstand hervorgerufenen Stimmung oder beschränken sich auf dessen Beschreibung. Der Gegenstand wird vielmehr, gerade in der Beschränkung auf ihn, mit einer Bedeutung gleichsam aufgeladen, die stets auf jene *»übernatürliche Ebene«* hinausweist und ihn damit aus allen konventionellen Zeit- und Raumbezügen löst, am deutlichsten ausgedrückt wohl im Gedicht *Die Rosenschale*, das am Ende des ersten Teils der *Neuen Gedichte* steht: *»Und die Bewegung in den Rosen sieht: / Gebärden von so kleinem Ausschlagswinkel, / daß sie unsichtbar blieben, liefen ihre / Strahlen nicht auseinander in das Weltall.«* Das Dasein der Dinge korrespondiert mit einer Außenwelt, aber nicht im Sinne einer Entgegensetzung, sondern einer Anverwandlung; das Gedicht schließt mit den Zeilen: *»Und sind nicht alle so, nur sich enthaltend, / wenn Sich-enthalten heißt: die Welt da draußen / … / in eine Hand voll Innres zu verwandeln. // Nun liegt es sorglos in den offnen Rosen.«*

Rilkes *Neue Gedichte* wurden immer wieder als Vergegenwärtigung einer phänomenologischen Betrachtung der Dinge mittels Sprache gedeutet, besonders Käte Hamburger hat auf Bezüge zur Phänomenologie Edmund Husserls hingewiesen. Vor allem aber spiegeln die beiden Bände die Eindrücke wider, die Rilke in der Begegnung mit dem Bildhauer Auguste Rodin erfahren hat, sowie sein Erlebnis der Bildwelt Paul Cézannes. Die Briefe aus den Pariser Jahren (vor allem aus den Jahren 1903 und 1907) dokumentieren die Faszination, die Rodins Arbeitsweise auf den Lyriker ausübt: die Konzentration auf den Gegenstand statt auf eine Idee oder ein Gefühl, die handwerkliche Virtuosität und auch die Fähigkeit, sich von der Arbeit nicht ablenken zu lassen – wie Vorsätze für sich selbst preist Rilke dieses Arbeitsethos in seinen Briefen. Doch vor allem ist es die Formgebundenheit der bildenden Kunst, die Rilke fesselt, ihr Vermögen, in der Darstellung des Äußeren eines Gegenstandes zugleich die Ahnung seines Wesens aufscheinen zu lassen. Zahlreiche der insgesamt 172 Gedichte haben Skulpturen und Gemälde zum Thema *(Das Einhorn; Jugendbildnis meines Vaters; Kretische Artemis; Damenbildnis aus den achtziger Jahren, Buddha in der Glorie)*, aber auch Bauwerke und architektonische Details *(Die Kathedrale; Das Portal; Die Treppe der Orangerie [Versailles]; Römische Sarkophage)* oder Gegenstände wie *Die Laute* oder *Der Ball*.

Eingeleitet werden beide Teile der *Neuen Gedichte* durch Beschreibungen von Statuen des Dichtergottes Apoll *(Früher Apollo; Archaischer Torso Apollos)*; da Kunstwerke keiner praktischen Funktion dienen können, ihr Zweck in ihnen selbst liegt, stehen sie für Rilke gleichberechtigt neben der Welt der Natur: Menschen *(Die Irren; Der Blinde; Die Bettler)*, vor allem aber Pflanzen *(Blaue Hortensie; Das Rosen-Innere; Schlaf-Mohn)* und Tiere: *Der Hund; Die Flamingos; Die Gazelle;* schließlich *Der Panther*, das wohl berühmteste Gedicht der Sammlung: *»Sein Blick ist vom Vorübergehn der Stäbe / so müd geworden, daß er nichts mehr hält. / Ihm ist, als ob es tausend Stäbe gäbe / und hinter tausend Stäben keine Welt.«* Rilkes *Neue Gedichte* rücken ihre Gegenstände in eine Ferne, die ihre *»reine Größe«*, ihr Für-sich-Seiendes, das losgelöst vom Betrachter existiert, erahnen läßt, im Vertrauen darauf, daß gerade dieses von jedem subjektiven Zweck, von jedem Kalkül abgelöste absichtslose Schauen die Grenze zwischen Betrachtetem und Betrachter in einem Augenblick der Erkenntnis aufzuheben imstande ist: *»Nur manchmal schiebt der Vorhang der Pupille / sich lautlos auf–. Dann geht ein Bild hinein, / geht durch der Glieder angespannte Stille – / und hört im Herzen auf zu sein.« (Der Panther)*. Diesen Umschlag *»von der deskriptiven zur imaginativen Fiktion«* (A. Stahl) beschreibt auch Rilkes Brief vom 8. 3. 1907 an seine Frau (Clara Westhoff), in dem von der Eigentümlichkeit des *»Anschauens«* die Rede ist: *»wir sind mit ihm ganz nach außen gekehrt, aber gerade wenn wirs am meisten sind, scheinen in uns Dinge vor sich zu gehen, die auf das Unbeobachtetsein sehnsüchtig gewartet haben, und während sie sich, intakt und seltsam anonym, in uns vollziehen, ohne uns, – wächst in dem Gegenstand draußen ihre Bedeutung heran ...«* Das Betrachtete – und dementsprechend dominiert in Rilkes Sprache der Vergleich – wandelt sich in ein Sinnbild, das auf ein Transzendentes, Subjekt und Objekt gleichermaßen Umschließendes verweist. Am deutlichsten wird dies wohl in dem Gedicht *Archaischer Torso Apollos*, das am Anfang der *Neuen Gedichte anderer Teil* steht; obgleich dem Torso das Haupt fehlt, *»glüht«* die gesamte Skulptur und leuchtet dem Betrachter entgegen: *»denn da ist keine Stelle, / die dich nicht sieht. Du mußt dein Leben ändern.«*

Die Grundzüge dieser Vorstellungswelt weisen zurück auf Idealismus und Romantik; bei Novalis etwa findet sich die Entsprechung von Innen- und Außenwelt in der Frage ausgedrückt: *»Wird nicht der Fels ein eigentümliches Du, eben wenn ich ihn anrede?«* Anders aber als seine Vorgänger des späten 18. und frühen 19. Jh.s verzichtet Rilke auf philosophische Reflexionen in seiner Dichtung, deren Metaphern und Symbole sich nicht im Sinne eines letztlich systemhaften, in seinen Vermittlungsschritten nachvollziehbaren Denkens aufeinander beziehen, sondern die eine Ästhetisierung der Welt insgesamt intendiert. Gelingen kann dies nur noch – und in den späteren Gedichten vor allem der Jahre 1912–1914 wird dieser Ansatz insgesamt problematisiert – durch die Reduktion des Geschauten auf sein Wesen, wie es in einer Geste oder einer Gebärde aufscheint oder im Detail eines Ensembles, stets aber durch seine Ablösung von den zeitlichen und räumlichen Gegebenheiten seiner Existenz. In dem Gedicht *Die Treppe der Orangerie (Versailles)* klingen die Bezüge zur Zeit des Sonnenkönigs nur noch entfernt an; die Treppe selbst aber hat sich, als personifiziertes Gebilde, die Gebärde von Hoheit und Würde angeeignet, nicht allerdings im Zusammenhang mit einem Machtinteresse, sondern als Selbstzweck, als Ausdruck: *»so steigt, allein zwischen den Balustraden, / die sich verneigen schon seit Anbeginn, / die Treppe: langsam und von Gottes Gnaden / und auf den Himmel zu und nirgends hin; ...«*

Rilkes *Neue Gedichte* fanden in der Fachwissenschaft die meiste Aufmerksamkeit; sie gelten neben dem *Malte Laurids Brigge*, als Hauptwerk der mittleren Schaffensphase Rilkes zwischen dem *Stunden-Buch* und den Kriegsjahren, zogen allerdings schon in der älteren Forschung widersprüchliche Interpretationen auf sich. Während ein Teil der Forschung (P. Böckmann, B. Bradley, W. Müller) im eher traditionellen Sinne das Werk als umfassende, versöhnende Deutung menschlichen Daseins las, wurde zugleich immer wieder die *»eisige Herrlichkeit«* der *Neuen Gedichte* hervorgehoben: *»all jene Dinge, die Fontänen und Marmorkarren, die Treppe der Orangerie, die Kurtisane und der Alchimist, der Bettler und der Heilige – keines weiß zutiefst vom andern. Alle stehen sie unbezüglich wie zufällig und ausgespart, gleich Statuen oder Plastiken, einsam nebeneinander im kunstvoll gefügten Raum dieser Gedichtsammlung fast wie in einem Museum«* (W. Rehm). Für Th. W. Adorno war dieser *»Dingkult«* ein letzter angespannter Versuch, angesichts der herrschenden Verdinglichung der Welt *»noch die fremden Dinge in den subjektiv-reinen Ausdruck hineinzunehmen und aufzulösen, ihre Fremdheit metaphysisch ihnen gutzuschreiben« (Rede über Lyrik und Gesellschaft*, 1957), obgleich dies nur noch um den Preis der *»Vermischung von Religiosität und Kunstgewerbe«* möglich gewesen sei. Wesentlich unbefangener auch in der ideologiekritischen Betrachtung, nähern sich die jüngeren Arbeiten dem Werk Rilkes, indem sie die Grenzen dieser Dingdichtung am poetischen Verfahren und dessen Sprachmaterial untersuchen und in Rilkes Bemühen um eine Wesensschau die *»Tendenz zur Ornamentierung eines brüchig gewordenen feudal-bürgerlichen Lebensstils«* (A. Doppler) oder auch die Unfähigkeit erkennen, Realität anders als in ihrer ästhetischen Vollendung fassen zu können; die Dingdichtung gilt demnach als *»Erlebnismodell, das in allen Gegenständen ... Vehikel seiner Selbstdarstellung findet«* (F. Aspetsberger). Realität scheint, so zeigen die Analysen A. Stahls zum Gebrauch des Konjunktivs bei Rilke, für den Dichter *»allenfalls im ›Nahesein‹, im ›unendlichen Entzug‹ und nur unter Verzicht erlebbar«* gewesen zu sein. Die suggestive Sprache mit ihrer ausgeprägten Musikalität löst den Gegenstand in eine *»potentiell unendliche Serie von Verwandlungen«* auf, wie D. Wellbery am Beispiel des Gedichts *Die Gazelle* zeigen kann, und unterläuft damit Rilkes eigene Deutung des Dinggedichts, den Glauben an die Kraft des absichtslosen Anschauens: *»Gegen diesen Kult und diese Theorie bringen die gelungensten von Rilkes poetischen Texten eine dekompositorische Tendenz ins Spiel, die die ästhetische Totalität auflöst und die Werkeinheit für ein offenes Feld der Sinnproduktion öffnet. Diese Tendenz markiert Rilkes Verwandtschaft mit den bedeutendsten Figuren der literarischen Moderne«* (D. Wellbery). M.Pr.

Ausgaben: Lpzg. 1907 *(Neue Gedichte)*. – Lpzg. 1909 *(Der Neuen Gedichte anderer Teil)*. – Lpzg. 1927 (in *GW*, 6 Bde., 3). – Ffm. 1955 (in *SW*, 6 Bde., Hg. vom R.-Archiv in Verbindung mit R. Sieber-R., besorgt durch E. Zinn, 1955–1966, 1; ern. Ffm. 1987; Insel Tb).

Literatur: W. Rehm, *Orpheus. Der Dichter und die Toten. Selbstdeutung und Totenkult bei Novalis, Hölderlin, R.*, Düsseldorf 1950. – B. Blume, *Ding u. Ich in R.s »Neuen Gedichten«* (in MLN, 77, 1952, H. 4, S. 217–224). – H. Berendt, *R. M. R.s »Neue Gedichte«. Versuch einer Deutung*, Bonn 1957. – L. McGlashan, *R.s »Neue Gedichte«* (in GLL, 12, 1957/58, S. 81–102). – P. Böckmann, *Der Strukturwandel der modernen Lyrik in R.s »Neuen Gedichten«* (in WW, 12, 1962, S. 336–354). – B. Bradley, *R. M. R.s »Neue Gedichte«. Ihr zyklisches Gefüge*, Bern/Mchn. 1967. – A. Stahl, *Das Sein im »Angelischen Raum«. Zum Gebrauch des Konjunktivs in der Lyrik R. M. R.* (in ZfdPh, 89, 1970, S. 481–510). – W. Müller, *R.s »Neue Gedichte«. Vielfältigkeit eines Gedichttypus*, Meisenheim am Glan 1971. – J. Ryan, *Umschlag u. Verwandlung. Poetische Struktur u. Dichtungstheorie in R. M. R.s Lyrik der mittleren Periode (1907–1914)*, Mchn. 1972. – B. L. Bradley, *R. M. R.s »Der Neuen Gedichte anderer Teil. Entwicklungsstufen seiner Pariser Logik*, Bern/Mchn. 1976. – A. Doppler, *Die poetische Verfahrensweise in R.s »Neuen Gedichten«* (in Studi Germanici [N.S.], 14, 1976, S. 175–195; ern. in *R. M. R.*, Hg. R. Görner, Darmstadt 1987, S. 334–349). – F. Aspetsberger, *Apotheose der Innerlichkeit. Zu R. M. R.s »Neuen Gedichten«* (in *Zu R. M. R.*, Hg. E. Schwarz, Stg. 1983, S. 109–124). – D. Wellbery, *Zur Poetik der Figuration beim mittleren Rilke: »Die Gazelle«* (ebd., S. 125–132). – P. H. Neumann, *R.s »Archaischer Torso Apollos« in der Geschichte des modernen Fragmentarismus* (in *Fragment u. Totalität*, Hg. L. Dädlerbach u. Chr. L. Hart Nibbrig, Ffm. 1984, S. 257–274; es).

DIE SONETTE AN ORPHEUS. Geschrieben als ein Grab-Mal für Wera Ouckama Knoop

Gedichtzyklus von Rainer Maria Rilke, entstanden im Château de Muzot im Februar 1922, erschienen 1923. – Der Autor charakterisierte den zweiteiligen Zyklus mit seinen je 26 und 29 Gedichten als *»kleine fast ungewollte Arbeit«*, entstanden mit den letzten der zehn *Duineser Elegien* und *»geschrieben im Gedächtnis an ein vor zwei Jahren verstorbenes ganz junges Mädchen«* (an Marie v. Thurn und Taxis-Hohenlohe, 25. 2. 1922); gemeint ist damit die mit 19 Jahren 1919 verstorbene Tochter des mit Rilke befreundeten Ehepaares Gerhard und Gertraud Ouckama Knoop, der der Autor einige Male begegnet war. In seinem Brief an den polnischen Übersetzer W. Hulewicz vom 13. 11. 1925 verweist Rilke darauf, wie sehr das Anliegen der *Sonette an Orpheus* sich mit dem der *Duineser Elegien* vermische; in der Erinnerung wird ihm das Mädchen – *»deren Unvollendung und Unschuld die Grabtür offen hält, so daß sie, hingegangen, zu jenen Mächten gehört, die die Hälfte des Lebens frisch erhalten und offen nach der anderen wundoffenen Hälfte zu«* – zum mythischen Bild für die Fortsetzung des Lebens über den Tod hinaus: *»Wir, diese Hiesigen und Heutigen, sind nicht einen Augenblick in der Zeitwelt befriedigt, noch in sie gebunden; wir gehen immerfort über und über zu den Früheren, zu unserer Herkunft, und zu denen, die scheinbar nach uns kommen. In jener größesten*, »offenen« *Welt* sind *alle, man kann nicht sagen »gleichzeitig«, denn eben der Fortfall der Zeit bedingt, daß sie alle* sind. *Die Vergänglichkeit stürzt überall in ein tiefes Sein.«*

Nicht alle der 55 Sonette beziehen sich explizit auf den Orpheus-Mythos, der allerdings bereits durch den Titel des Zyklus als leitendes Motiv hervorgehoben ist und wovon auch das erste Gedicht handelt, das die Sage vom verwandelnden Gesang Orpheus', dem nicht nur Tiere, sondern sogar Bäume nachfolgten, aufgreift: *»Da stieg ein Baum. O reine Übersteigerung! / O Orpheus singt! O hoher Baum im Ohr! / Und alles schwieg. Doch selbst in der Verschweigung / ging neuer Anfang, Wink und Wandlung vor.«* Die von Rilke beschworene Wandlung ist, und hier greift er ebenfalls auf den Themenkreis der *Duineser Elegien* zurück, vor allem eine Entgrenzung des Subjekts. Denn der in den

Sonetten aufscheinende Orpheus ist nicht derjenige, der wie im Mythos und auch wie in Rilkes frühem Gedicht *Orpheus, Eurydike, Hermes* (1904) Eurydike ins irdische Leben zurückzuführen sucht, sondern der zu ihr, die im Reich der Toten sich befindet, gehört und – als Künstler – die Entgegensetzung zwischen Leben und Tod aufhebt: *»Sei immer tot in Eurydike –, singender steige, / preisender steige zurück in den reinen Bezug. / Hier, unter Schwindenden, sei, im Reiche der Neige, / sei ein klingendes Glas, das sich im Klang schon zerschlug.«* Es ist jene Entgrenzung zur *»größesten* offenen *Welt«*, die Rilke in seinem Brief vom 13.11. 1925 anspricht (das 9. Sonett im ersten Teil kündet von einem *»Doppelraum«*, in dem *»Stimmen / ewig und mild«* werden), und in der die Widersprüche, die Bestimmungen des gewöhnlichen Daseins, sich lösen: *»Ein Gott vermags. Wie aber, sag mir, soll / ein Mann ihm folgen durch die schmale Leier?«*

Wie bereits im *Stunden-Buch* und daran anschließend in den folgenden Werken Rilkes verkündet der Dichter auch in den *Sonetten an Orpheus* eine Reduktion, eine von allen individuell-egoistischen Wünschen absehende Hingabe an das bloße Dasein: *»Gesang, wie du ihn lehrst, ist nicht Begehr, / nicht Werbung um ein endlich noch Erreichtes; / Gesang ist Dasein. Für den Gott ein Leichtes.«*, so das dritte Sonett des ersten Teils des Werks, das schließt mit den Zeilen: *»... lerne // vergessen, daß du aufsangst. Das verrinnt. / In Wahrheit singen, das ist ein andrer Hauch. / Ein Hauch um nichts. Ein Wehn im Gott. Ein Wind.«* Dem Bestreben, sich mit dem *»Weltraum«* zu vereinigen, entspricht die Tendenz zu einem Gesang im Einklang mit der Natur; zu ihm gehört zugleich aber die Bestimmtheit des einzelnen, des Sängers, dessen Hinwendung auf den *»Weltraum«* stets gepaart ist mit der Erfahrung seiner selbst. Es ist der Akt des *»Atmens«*, der für Rilke diese Bewegung ausdrückt: *ATMEN, du unsichtbares Gedicht! / Immerfort um das eigne / Sein rein eingetauschter Weltraum. Gegengewicht, / in dem ich mich rhythmisch ereigne.«*

Die Feier einer letztlich von allen Gegensetzungen befreiten und geheiligten Welt, deren Totalität die Kunst erfahrbar macht in einem Maße, daß auch Störendes – *»Schreier«* – von ihr bezwungen werden *(»Ordne die Schreier, / singender Gott! daß sie rauschend erwachen, /tragend als Strömung das Haupt und die Leier.«)* ist jedoch nicht ohne Bedrohung. Vor allem sind es die technischen Umwälzungen der Moderne, Fabrikarbeit und Herrschaft über die Natur, die Rilke als Gefahr erkennt: *»Sieh, die Maschine: / wie sie sich wälzt und rächt / und uns entstellt und schwächt.«* Ein mitunter resignativer Grundton durchzieht den zweiten Teil der *Sonette* auch dort, wo beschwörend gegen die Maschinenwelt das Reich des orphischen Gesangs gepriesen wird: *»Aber noch ist uns das Dasein verzaubert; an hundert / Stellen ist es noch Ursprung. Ein Spielen von reinen / Kräften, die keiner berührt, der nicht kniet und bewundert.«*

Neben dem Orpheus-Motiv kennen die *Sonette an Orpheus* eine Vielzahl weiterer Sujets, die teils aus der eigenen Biographie stammen, so etwa das seinem Vetter Egon von Rilke gewidmete achte Sonett aus dem zweiten Teil des Zyklus, teils aber auch an Motive der *Duineser Elegien* oder aber an die Dinggedichte der *Neuen Gedichte* erinnern, so die Blumen-Sonette, von denen jenes an die Rose (II,6) vielleicht das Bekannteste ist. Seine Einheit gewinnt der Zyklus durch die Form des Sonetts, dessen Metrik und Rhythmus Rilke jedoch vielfältig variiert. M.Pr.

AUSGABEN: Lpzg. 1923. – Lpzg. 1927 (in *GW*, 6 Bde., 3). – Wiesbaden 1955 (in *SW*, 6 Bde., Hg. R.-Archiv in Verbindung mit R. Sieber-Rilke, besorgt durch E. Zinn, 1955–1966, 1; ern. Ffm. 1987; Insel Tb). – Ffm. 1979 (Nachw. U. Fülleborn; BS).

LITERATUR: Th. Jost, *Kritik der Zeit in R.s »Sonetten an Orpheus«* (in Th. J., *Mechanisierung des Lebens u. moderne Lyrik*, Bonn 1934, S. 116–127). – H. Wokke, *R.s »Sonette an Orpheus«. Zum Gedächtnis des 60. Geburtstages* (in ZfdPh, 61, 1936, S. 75–100). – H.-W. Bertallot, *Der Sinn des Orpheus-Symbols in R.s »Sonetten an Orpheus«* (in DVLG, 15, 1937, S. 124–142). – H. E. Holthusen, *R.s »Sonette an Orpheus«. Versuch einer Interpretation*, Mchn. 1937. – H. Pongs, *R.s Orpheus (als Dichtung des reinen Widerspruchs. Symbol u. Existenz bei R.)* (in H. P., *Das Bild in der Dichtung*, Bd. 2, Marburg 1939, S. 392–418). – K. Kippenberg, *R. M. R.s »Duineser Elegien« u. »Sonette an Orpheus«*, Wiesbaden 1946. – A. Geering, *R. M. R.s »Sonette an Orpheus«. Versuch einer Einführung*, Ffm. 1949. – W. Rehm, *Orpheus. Der Dichter u. die Toten. Selbstdeutung u. Totenkult bei Novalis, Hölderlin u. R.*, Düsseldorf 1950. – S. Noll, *R. M. R.s »Sonette an Orpheus«*, Diss. Ffm. 1953. – H. Mörchen, *R.s »Sonette an Orpheus«*, Stg. 1958. – I. Parry, *Space and Time in R.'s »Orpheus Sonnets«* (in MLR, 58, 1963, S. 524–531; dt. in *R. M. R.*, Hg. G. Görner, Darmstadt 1987, S. 214–226). – E. Potthoff, *Ein orphischer Gesang zur Überwindung der Vergänglichkeit. Zu R.s »Sonetten an Orpheus«* (in *Im Dialog mit der Moderne. Zur deutschsprachigen Literatur von der Gründerzeit bis zur Gegenwart* (J. Steiner zum 60. Geburtstag), Hg. R. Jost u. H. Schmidt-Bergmann, Ffm. 1986). – E. Leise, *R.s Sonette an Orpheus: Interpretation, Kommentar, Glossar*, Tübingen 1987. – S.-A. Eom, *Todesvertrautheit: Deutungen der Orpheus-Gestalt in R.s Dichtung*, Ffm. u. a. 1988.

DAS STUNDEN-BUCH, enthaltend die drei Bücher: Vom mönchischen Leben. Von der Pilgerschaft. Von der Armut und vom Tode

Lyrisches Werk von Rainer Maria RILKE, entstanden 20.9.–14.10. 1899 (Berlin), 18.9.–25.9. 1901 (Worpswede) sowie 13.4.–20.4. 1903 (Viareggio), erschienen 1905. – Rilke hatte die Arbeit an dem Zyklus, den er Lou ANDREAS-SALOMÉ

(1861–1937) widmete, nach der mit ihr unternommenen ersten Reise nach Rußland begonnen. Der zweite Teil entstand nach seiner Heirat mit Clara Westhoff in Worpswede; schon 1902 aber übersiedelte Rilke in die Großstadt Paris, aus der er 1903 nach Italien (Viareggio) flüchtete, wo der letzte Teil des *Stunden-Buches* entstand. Der Titel bezieht sich auf die seit dem späten Mittelalter gebräuchlichen *Stundenbücher (Livres d'heure)*, Gebetssammlungen, die den geistlichen Tag strukturierten. Allerdings wird der Gestus des Breviers nur im ersten Teil des Werks, in den Gebeten eines russischen Mönches, konsequent durchgehalten. In den beiden übrigen Teilen des *Stunden-Buches* artikulieren sich Rilkes Eindrücke, wie er sie in Italien und in Paris erhalten hat. Das Thema der Anbetung Gottes wandelt sich zu jenem der Gottsuche, neben den Mönch aus Rußland treten seine *»Brüder in Soutanen«* aus Italien, Fra Angelico oder Fra Bartholomäo, vor allem aber Franz von Assisi. Daneben steht die Erfahrung der Großstadt – wenn auch in der für Rilke typischen Poetisierung, die vor allem diesen Gedichtband als wohl wichtigstes Werk des »frühen« Rilke immer auch zu einem Gegenstand schwärmerischer Verklärung durch Publikum und Forschung werden ließ.

Das Stunden-Buch steht beispielhaft für die Erprobung jenes lyrischen Verfahrens, das Rilke in Abwendung von den verbrauchten Konzepten gängiger Stimmungslyrik unter dem Einfluß der zeitgenössischen Lebensphilosophie, vor allem aber der Lektüre NIETZSCHES, ausbildete. Die Vergewisserung eines Einheitsgrundes des Lebens, von Rilke pantheistisch als *»Gott«* bezeichnet *(»Ich finde dich in allen diesen Dingen, / denen ich gut und wie ein Bruder bin; / als Samen sonnst du dich in den geringen / und in den großen giebst du groß dich hin.«)*, wird für den Autor jedoch nicht allein zu einem Problem der Selbstfindung und der eigenen Ich-Suche *(»Ich kreise um Gott, um den uralten Turm, / und ich kreise jahrtausendelang; / und ich weiß noch nicht: bin ich ein Falke, ein Sturm / oder ein großer Gesang.«)*, sondern auch zu einem Problem des sprachlichen Ausdrucks. Zwar artikuliert sich im *Stunden-Buch* nicht jene grundsätzliche Sprachskepsis, wovon HOFMANNSTHALS berühmter Chandos-Brief (*Ein Brief*, 1902) zeugt, aber bereits am Anfang des Werks thematisiert auch Rilke die Problematik, sich unmittelbar des eigenen Ichs wie des Wesens Gottes zu bemächtigen: *»Wir bauen Bilder vor dir auf wie Wände; / so daß schon tausend Mauern um dich stehn. / Denn dich verhüllen unsre frommen Hände, / sooft dich unsre Herzen offen sehn.«* Rilke reagiert darauf mit der Eröffnung eines letztlich unabgeschlossenen Dialogs zwischen dem Ich und seinem Gegenüber Gott, in dessen Verlauf jede Bestimmung und Kennzeichnung immer wieder aufgehoben wird. Das lyrische Ich dissoziert sich ebenso wie sein Dialogpartner, der in den verschiedensten Charakterisierungen erscheint *(»der Tiefste«, »der Bittende und Bange«, »der Dunkelste«, »der große Unscheinbare«, »der Fürst im Land des Lichts«)*, teils auch im ornamentalen Gepränge als ein *»Gott des Jugendstils«* (B. Herzog). Es ist insofern das Bild eines »werdenden« Gottes, das Rilke hier entwirft, der aber als die eigentlich sinnstiftende Instanz der Welt in seinem Wesen für den Dichter ein Unsagbares bleibt: *»Ich habe Hymnen, die ich schweige.«*

Die Form des *Stunden-Buches* mit seinen locker gefügten, im Umfang wechselnden Gedichten entspricht der anhaltenden Vorläufigkeit dieses Sprechens. Rilke spielt mit vielfältigen Reim- und Strophenformen, Binnenreim und Enjambement, Alliterationen und Assonanzen schaffen jene suggestive Musikalität der Verse, die zu einem Kennzeichen seiner Lyrik wurde, teils verklärt von einer treuen Rezipientengemeinde, teils heftig kritisiert in ihrer Attitüde; Hugo FRIEDRICH (*Die Struktur der modernen Lyrik*, 1956) rechnete Rilkes Dichtung aufgrund ihrer Eingängigkeit und ihres Mangels an dissonanter, auch aggressiver Spannung gerade nicht zur eigentlichen Moderne. Stärker noch als die formale Seite verweist jedoch Rilkes pantheistische Weltdeutung, die im späteren Werk allerdings weitgehend überwunden ist, auf tradierte Ideologeme. Das lyrische Ich, Beter und Dichter in einem, evoziert eine in allen Facetten durch Gott geheiligte, immer schon harmonische Welt: *»Ein jedes Ding ist überwacht / von einer flugbereiten Güte / wie jeder Stein und jede Blüte / und jedes kleine Kind bei Nacht.«* Die vom Dichter geforderte Haltung ist – vor dem Hintergrund eines als entfremdet empfundenen Lebens in der modernen Gesellschaft – die der gläubigen Hinnahme, der Bescheidung auf Innerlichkeit und *»Demut«*, auf eine selbstgenügsam-kreatürliche Haltung, die *»unwillkürlich«* dann zur adäquaten Sprache findet und somit den Gegensatz von Ich und Gott aufhebt: *»Nur wir, in unsrer Hoffart, drängen / aus einigen Zusammenhängen / in einer Freiheit leeren Raum, / statt, klugen Kräften hingegeben, / uns aufzuheben wie ein Baum.«*

Die Verklärung und Ästhetisierung der Wirklichkeit zum bloßen So-Sein korrespondiert mit der vor allem im Abschnitt *Von der Armut und vom Tode* aufscheinenden Tendenz, sie zu enthistorisieren. Rilkes Erfahrungen in der Großstadt Paris, die Wahrnehmungen allgegenwärtigen Elends *(»Da wachsen Kinder auf an Fensterstufen, / die immer in demselben Schatten sind«)* dienen lediglich als Sujet, das hohe Lied der Armut zu singen: *»DENN Armut ist ein großer Glanz aus innen ...«* Die Armen, die Rilke sieht, sind für ihn *»nicht wirklich arm«*; sie erscheinen ihm lediglich als die *»Nicht-Reichen«*, erfüllt von materiellen Bedürfnissen, die dem Leben, wie der Dichter es sieht, entgegenstehen. Sein Anruf an Gott: *»mach die Armen endlich wieder arm«* zielt erneut auf jene Lebensform des Kreatürlich-Dinglichen, die sich allein in Gott aufgehoben weiß: Denn die Armen *»sind reiner als die reinen Steine / Und wie das blinde Tier, das erst beginnt, / und voller Einfalt und unendlich Deine / und wollen nichts und brauchen nur das* Eine: *// so arm sein dürfen, wie sie wirklich sind.«* Entsprechend *»einfach«*, wenn auch voller epigonal-romantischer Klischees, gestaltet sich Rilkes Bild der kommenden, erlösten Welt: *»ALLES wird wieder groß sein und gewaltig. /*

Das Lande einfach und die Wasser faltig, / die Bäume riesig und sehr klein die Mauern; / und in den Tälern, stark und vielgestaltig, / ein Volk von Hirten und von Ackerbauern.«
Rilkes Drang, Armut und Auslassung aller gesellschaftlichen Bezüge zu poetisieren, hat mitunter sarkastische Kommentare auf sich gezogen, etwa durch B. BRECHT, aber auch durch G. BENN (*»Schließlich reimt sich alles, und es findet sich immer noch ein gräfliches Schloß, von dem aus man die Armen bedichtet ...«*). Die Fachwissenschaft dagegen konzentrierte sich zumeist und vorwiegend affirmativ auf dem religiösen Gehalt des Werkes (G. BÄUMER, H. RÖSSNER, E. WERNICK) oder suchte es als modernes Beispiel jener seit Idealismus und Romantik datierenden Versuche zu lesen, die in der Moderne verlorene Totalität des Lebens zu reformulieren. Erst in jüngerer Zeit wies man ideologiekritisch (E. SCHWARZ, R. GRIMM) auf die konservativ-apologetische Tendenz des hier aufscheinenden Denkens hin: *»Das geschichtlich und gesellschaftlich Konkrete wird in Rilkes Versen einerseits zur puren Naturhaftigkeit einer heilen, zeitenthobenen Idylle ... und die Menschen vollends – die Armen, wohlgemerkt – erfahren andererseits eine radikale Verdinglichung nicht nur zum reinen Gegenstand, sondern zum Kunstgegenstand«* (R. Grimm). M.Pr.

AUSGABEN: Lpzg. 1905. – Lpzg. 1927 (in *GW*, 6 Bde., 2). – Wiesbaden 1955 (in *SW*, 6 Bde., 1955–1966, Hg. R.-Archiv in Verbindung mit R. Sieber-Rilke, besorgt durch E. Zinn, 1; ern. Ffm. 1987; Insel Tb). – Ffm. 1986.

LITERATUR: A. Faust, *Der dichterische Ausdruck mystischer Religiosität bei R. M. R.* (in Logos, 11, 1922/23, S. 224–255). – E. Wernick, *Die Religiosität des Stundenbuches von R.*, Bln./Lpzg. 1926. – Th. Jost, *Mechanisierung des Lebens u. moderne Lyrik*, Bonn 1934, S. 48–63. – G. Bäumer, *»Ich kreise um Gott«. Der Beter R. M. R.*, Bln. 1935. – H. Hett, *Das »Stundenbuch« R. M. R.s als Ausdruck des Willens zum Leben*, Diss. Lpzg. 1935. – H. Rößner, *R.s »Stundenbuch« als religiöse Dichtung* (in GRM, 23, 1935, S. 260–283). – R. Mövius, *R. M. R.s »Stunden-Buch«: Entstehung u. Gestalt*, Lpzg. 1937. – B. Herzog, *Der Gott des Jugendstils in R.s »Stundenbuch«* (in Schweizer Rundschau, 60, 1961, S. 1237–1241). – H.-H. Krummacher, *R. M. R.s »Stunden-Buch«. Religiöse Aussage oder Stadium der dichterischen Entwicklung* (in *Gemeinde Gottes in dieser Welt. Festgabe für F. W. Krummacher*, Bln. 1961, S. 171–187). – E. C. Mason, *Zur Entstehung und Deutung von R.s »Stunden-Buch«* (in E. C. M., *Exzentrische Bahnen*, Göttingen 1963, S. 181–204). – J. Mendels u. L. Spuler, *Zur Herkunft der Symbole für Gott und Seele in R.s »Stundenbuch«* (in LJb, 4, 1963, S. 217–231). – V. Mathieu, *Dio nel »Libro d'ore« di R. M. R.*, Florenz 1968. – R. Grimm, *Von der Armut u. vom Regen. R.s Antwort auf die soziale Frage*, Königstein/Ts. 1981.

RENÉ SCHICKELE

* 4.8.1883 Oberehnheim (Obernai) / Elsaß
† 31.1.1940 Vence bei Nizza

LITERATUR ZUM AUTOR:
F. Bentmann, *R. S. Leben u. Werk in Dokumenten*, Nürnberg ²1976. – G. Renard, *L'œuvre des R. S. de 1902 à 1920*, Diss. Paris 1976. – J. Meyer, *Vom elsässischen Kunstfrühling zur utopischen Civitas Hominum: Jugendstil u. Expressionismus bei R. S. (1900–1920)*, Mchn. 1981. – A. Finck, *Introduction à l'œuvre de R. S.*, Straßburg 1982. – *Elsässer, Europäer, Pazifist. Studien zu R. S.*, Hg. A. Finck u. M. Staiber, Kehl/Straßburg 1984. – *Hommage à R. S.*, Straßburg 1985 (Revue d'alsacienne de littérature, 1985, H. 10).

DAS ERBE AM RHEIN

Romantrilogie von René SCHICKELE, erschienen 1925–1931, bestehend aus den Bänden *Maria Capponi* (1925, zunächst unter dem Titel *Ein Erbe am Rhein*), *Blick auf die Vogesen* (1927) und *Der Wolf in der Hürde* (1931). – Am Schicksal der Familie von Breuschheim und ihres Kreises beschreibt der Autor die politische und menschliche Problematik der im Elsaß geborenen und lebenden Menschen, ihre Gespaltenheit zwischen den deutschen und den französischen Nachbarn.
Im ersten Teil wird in Form einer rückblickenden Ich-Erzählung die Liebe zwischen Claus von Breuschheim und der Italienerin Maria Capponi geschildert. Das Gegenwartsgeschehen, der Einzug der Franzosen und die verworrenen Zustände im Elsaß nach dem Waffenstillstand 1918, bildet den Rahmen dieser Erinnerungen. Wegen der unerfreulichen Verhältnisse hatte Claus von Breuschheim, obwohl mit den Franzosen sympathisierend, seine elsässische Heimat verlassen, kehrt aber schließlich dorthin zurück. Im Mittelpunkt des zweiten Teils steht der Gegensatz zwischen ihm und seinem Bruder Ernst, der sich vom deutschen Offizier zum fanatischen Vertreter einer französischen Politik der starken Hand entwickelt hat. Claus dagegen befürwortet eine Autonomie der *»Indianerreservation«* Elsaß, in der es nach dem Wunsch der Franzosen *»keine Abrüstung des Hasses«* geben soll. Ihm, der an ein freies Elsaß in der *»Gemeinschaft Europa«* glaubt *»wie an das Leben«*, stellt der Autor im letzten Teil der Trilogie die Gestalt des skrupellosen Parteipolitikers Silvio Wolf gegenüber, eines Abenteurers, der die Situation für seine eigenen ehrgeizigen Ziele ausnutzt. Claus von Breuschheim verläßt das Elsaß wieder.
Schickele wollte in dem – frei erfundenen – Adelsgeschlecht von Breuschheim eine traditionsreiche Familie darstellen, die das *»tausendjährige, seiner*

selbst bewußte Elsaß«, »das Schlechteste und das Beste im Elsässer« verkörpert. Als das Schlechteste schildert er – in Ernst von Breuschheim – die Neigung zum Opportunismus und zum (deutschen wie französischen) Nationalismus, die verhindert, daß das Elsaß zu einem *»gemeinsamen Garten«* wird, *»worin deutscher und französischer Geist ungehindert verkehren, sich einer am andern prüfen und die neuen Denkmäler Europas errichten«*. Positiv erscheint dagegen, in der Gestalt Claus von Breuschheims, die Fähigkeit der Elsässer zu einer ausgleichenden, pazifistischen Haltung. Wie schon während des Ersten Weltkriegs als Herausgeber der ›Weißen Blätter‹ tritt Schickele auch in diesem *»Entwicklungsroman eines Landes«* für das Ideal einer gewaltlosen Verständigung der Völker ein. G.H.-KLL

AUSGABEN: Mchn. 1925 (*Ein Erbe am Rhein*, 2 Bde.). – Mchn. 1926 (*Das Erbe am Rhein*, Bd. 1: *Maria Capponi*). – Mchn. 1927 (*Das Erbe am Rhein*, Bd. 2: *Blick auf die Vogesen*). – Bln. 1931 (*Das Erbe am Rhein*, Bd. 3: *Der Wolf in der Hürde*). – Köln/Bonn 1959 (in *Werke in 3 Bdn.*, Hg. H. Kesten unter Mitarb. v. A. Schickele, 1959–1961, 1). – Ffm. 1983 (FiTb).

LITERATUR: O. Flake, Rez. (in NRs, 36, 1925). – E. Korrodi, Rez. (in Die literar. Welt, 8. 1. 1926). – W. Hausenstein, Rez. (in Berliner Tageblatt, 11. 3. 1926). – H. Mann, Rez. (in Die literar. Welt, 22. 10. 1926). – W. Rasch, Rez. (in *Romane von gestern – heute gelesen*, Hg. M. Reich-Ranicki, Bd. 2, Ffm. 1989, S. 315–321). – G. Ueberschlag, *Poète, paysage et politique dans la trilogie »Das Erbe am Rhein«* (in Revue alsacienne de littérature, 1985, H. 10, S. 35–42). – C. Fichter, *Le terroir, la religion et l'Europe dans l'œuvre »alsacienne« de R. S.: »Das Erbe am Rhein«* (in Saisons d'Alsace, 1985, H. 90, S. 124–131).

JOHANNES SCHLAF

* 21.6.1862 Querfurt
† 2.2.1941 Querfurt

MEISTER OELZE

Drama in drei Akten von Johannes SCHLAF, erschienen 1892. Nach einigen Privataufführungen (München, 4. und 5. 2. 1899, Literarische Gesellschaft) fand die erste öffentliche Aufführung am Ostersonntag 1900 in Magdeburg statt. – In der Sammlung *Neue Gleise* (1892) legten Johannes Schlaf und Arno HOLZ (vgl. dort) die Summe ihrer Zusammenarbeit seit 1887 vor, darunter *Die Familie Selicke* sowie *Papa Hamlet*; in diesem Jahr erschien auch Gerhart HAUPTMANNS Drama *Die Weber*, das durch das staatliche Aufführungsverbot sogleich die öffentliche Aufmerksamkeit auf sich zog, während Schlafs Stück *Meister Oelze* in den Schatten dieser Werke geriet und nie Anklang beim Publikum fand. Dabei galt es der Kritik schon früh als exemplarisches Beispiel für einen »konsequenten Naturalismus«, obgleich das Sujet – ein Handwerkmeister hat, um das Erbe zu sichern, seinen Vater ermordet – nicht unmittelbar mit dem sozial motivierten Themenkreis der naturalistischen Bewegung zu verbinden ist: *»Einem den Bemühungen der jungen Schriftstellergeneration aufgeschlossenen Publikum, das bereit war, sich vom Theater für die sozialen Probleme und Mißstände der Zeit die Augen öffnen zu lassen, (...) mußte Schlafs Stück ebenso fremd erscheinen wie einem Publikum, das im traditionellen Sinne von der Bühne Erbauung und Erhebung erwartete«* (G. Schulz). Der Autor selbst vermutete die Gründe für den Mißerfolg in *»Milieu-Längen«* und der *»krausen Orthographie«* des mitteldeutsch-thüringischen Dialekts, der in dem Stück gesprochen wird. Aber auch spätere straffende und glättende Überarbeitungen brachten dem Drama keinen Erfolg. Das Stück steht unter dem Einfluß von ZOLAS *Thérèse Raquin* (1878) und folgt im Aufbau den analytischen Gesellschaftsdramen Henrik IBSENS.

Ein zwanzig Jahre zurückliegendes Verbrechen bestimmt die Handlung. Der Tischlermeister Franz Oelze hat gemeinsam mit seiner Mutter seinen Stiefvater vergiftet, um das Erbe des Alten nicht mit dessen Tochter Pauline teilen zu müssen. Oelze ist schwer lungenkrank; die Mutter lebt im Wahnsinn, von der Erinnerung an das Verbrechen gemartert. Die inzwischen verarmte Pauline weilt als Besucherin im Haus. Sie pflegt Oelze und versucht, ihn zum Eingeständnis des von ihr vermuteten Mordes zu bewegen. Gehässig und zynisch wehrt Oelze sie ab, sucht aber gleichzeitig aus Angst und Schuldbewußtsein ihre Nähe. Er glaubt seinen Besitz für seinen Sohn Emil vor Pauline retten zu müssen, obwohl die Stiefschwester keinen Anspruch darauf erhebt und ihr schon sein Geständnis als Zeichen existierender Gerechtigkeit genügen würde. Vielleicht aber will sie nicht einmal das Geständnis, weil damit ihr armes Leben, das nur dieses Ziel kennt, jeden Sinn verlieren würde. Oelze gibt sich zwar stets als ironischer Freigeist, aber sein Sohn Emil soll Pastor werden. Von Widersprüchen zerrissen, von der Angst, sich zu verraten, ebenso gequält wie von dem Gedanken, schuldig zu sterben, wird er endlich vom Tod erlöst, ohne gestanden zu haben.

Schlafs Stück zeigt alle programmatisch geforderten Kennzeichen naturalistischer Dramatik wie Milieuschilderung, Sekundenstil, dialektmäßige Fixierung von Ort, Zeit und Gesellschaftsschicht, reicht aber nach Anlage, Ausführung und Bedeutung darüber hinaus. Eine Poetisierung der Alltagssprache bringt auch lyrische Töne in den Dialog. Die dauernde Beziehung des Geschehens auf das Wetter öffnet die Guckkastenbühne für eine

Dimension, in der die Vorgänge auf der Bühne als Teil eines naturhaften Gesamtgeschehens erscheinen. In bewußter und unbewußter Doppeldeutigkeit des Redens der Personen schlägt sich die Vergangenheit als Bestandteil der Gegenwart nieder. Die Verwendung des thüringischen Dialekts erschließt in durchsichtiger Weise anders nur schwer darstellbare Regungen und Vorgänge in den Personen. Letzte Konsequenz dieses Stils ist die Einbeziehung auch des Schweigens und der stummen Handlung. Man meint, wie Schlaf selbst schreibt, *»hinter allen diesen indirekten Reden des Franz und der Pauline gleichsam einen viel leidenschaftlicher bewegten, direkten, unterirdischen Dialog«* zu hören. Das Thema von Verbrechen, Schuld und Erlösung wird weder moralisierend noch gesellschaftskritisch dargestellt, sondern als für den Menschen konstitutiv aufgefaßt. Dieser Grundzug, der Schlafs Stück in Beziehung zu den klassischen Tragödien der europäischen Dramatik setzt, zeigt zugleich an, daß hier jene naturalistische Konzeption, die das Sein des Menschen nur auf soziale Determinanten zurückführt, durchbrochen wurde. Das Stück war Schlafs letzter Beitrag zur naturalistischen Bewegung. Noch 1892 erlitt der Autor einen psychischen Zusammenbruch, der eine längere Behandlung nach sich zog; die weiteren, vom *»Trieb nach einer religiösen Weltanschauungssynthese«* motivierten Romane (*Die Wandlung*, 1922), Dramen (*Weigand*, 1906) und Essays (*Vom höchsten Wesen*, 1935) fanden kein Publikum mehr. K.P.

Ausgaben: Bln. 1892. – Mchn./Lpzg. 1908 [überarb.]. – Weimar 1922. – Stg. 1967 (RUB; Nachw. G. Schulz).

Literatur: E. Sander, *J. S. u. das naturalistische Drama*, Diss. Rostock 1925. – H. Praschek, *Zum Zerfall des naturalistischen Stils. Ein Vergleich zweier Fassungen des »Meister Oelze« von J. S.* (in *Worte u. Werte. Fs. B. Markwardt*, Bln. 1961, S. 315–321). – W. Ackermann, *Die zeitgenössischen Kritiken der deutschen naturalistischen Dramen*, Diss. Mchn. 1965. – S. Berthold, *Der sogenannte »konsequente Naturalismus« von A. Holz u. J. S.*, Diss. Bonn 1966. – *A. Holz u. J. S. Krit. Analyse der Forschungsergebnisse u. Versuch einer Neubestimmung*, Bonn 1978. – R. Berhart, *Ein Wort zu J. S.* (in *Aufklärung u. Tradition*, Hg. D. Heinemann, Halle 1986, S. 81–88). – H. Scheuer, *J. S.: »Meister Oelze«* (in *Dramen des Naturalismus. Interpretationen*, Stg. 1988, S. 147–177; RUB).

Arthur Schnitzler

* 15.5.1862 Wien
† 21.10.1931 Wien

Literatur zum Autor:
Bibliographien und Forschungsberichte:
R. H. Allen, *An annotated A.-S. Bibliogr. Editions and Criticism in German, French, and English 1879–1965*, Chapel Hill 1966. – R. Weiss, The A. S. Archive at the University of Kentucky (in Journal of the International A. S. Research Association 1, 1, 1961, S. 11–29). – G. Neumann, J. Müller, *Der Nachlaß A. S.s. Verzeichnis des im S.-Archiv der Universität Freiburg i. Breisgau befindlichen Materials. M. e. Anhang von H. Schnitzler: Verzeichnis des in Wien vorhandenen Nachlaßmaterials*, München 1969. – H. Seidler, *Die Forschung zu A. S. seit 1945* (in ZfdPh, 95, 1976, S. 567–595). – J. B. Berlin, *An annotated A. S. Bibliography 1965–1977*, Mchn. 1978. – J. B. Berlin, *A. S. Bibliography for 1978–1981* (in Modern Austrian Literature, 15, 1982, 1, S. 61–84). – H. Thomé, *Sozialgeschichtliche Perspektiven der neueren S.-Forschung* (in Int. Archiv f. Sozialgeschichte der dt. Lit., 13, 1988, S. 158–187).
Zeitschrift:
Modern Austrian Literature. Journal of the International A. S. Research Association, 1968 ff.
Biographien:
H. Scheible, *A. S. in Selbstzeugnissen u. Bilddokumenten*, Reinbek 1976; zuletzt 1988 (rm). – R. Wagner, *Frauen um A. S.*, Wien/Mchn. 1980; Ffm. 1983 (FiTb). – *A. S. Sein Leben. Sein Werk. Seine Zeit*, Hg. H. Schnitzler u. a., Ffm. 1981. – R. Wagner, *A. S. Eine Biogr.*, Wien 1981; Ffm. 1984 (FiTb). – H. U. Lindken, *A. S. Aspekte u. Akzente. Materialien zu Leben u. Werk*, Ffm./Bern 1984; ern. 1987.
Gesamtdarstellungen und Studien:
J. Körner, *A. S.s Gestalten und Probleme*, Zürich 1921. – R. Specht, *A. S. Der Dichter und sein Werk*, Berlin 1922. – *Studies in A. S.*, Hg. W. Reichert u. H. Salinger, Chapel Hill 1963. – *A. S.* Hg. T. Nickl u. H. Schnitzler, Ffm. 1964. – G. Baumann, *A. S. Die Welt von Gestern eines Dichters von Morgen*, Ffm./Bonn 1965. – F. Derré, *L'Œuvre d'A. S. Imagerie viennoise et problèmes humaines*, Paris 1966 (Germanica). – G. Just, *Ironie u. Sentimentalität in den erzählenden Dichtungen A. S.s*, Bln. 1968. – H. Politzer, *Diagnose u. Dichtung. Zum Werk A. S.s* (in H. P., *Das Schweigen der Sirenen*, Stg. 1968, S. 110–141). – R. Urbach, *A. S.*, Velber 1968. – M. Swales, *A. S. A Critical Study*, Oxford 1971. – R. Wagner u. B. Vacha, *Wiener S.-Aufführungen 1891–1970*, Mchn. 1971. – K. Kilian, *Die Komödien A. S.s. Sozialer Rollenzwang u. kritische Ethik*, Düsseldorf 1972. – E. L. Offermanns, *A. S. Das Komödienwerk als Kritik des Impressionismus*, Mchn. 1973.

– G. Kluge, *Die Dialektik von Illusion u. Erkenntnis als Strukturprinzip des Einakters bei A. S.* (in Jb. d. Dt. Schiller-Ges., 18, 1974, S. 482–504). – R. Urbach, *S.-Kommentar zu den erzählenden Schriften u. dramatischen Werken*, Mchn. 1974. – H. Scheible, *A. S. u. die Aufklärung*, Mchn. 1977. – R. P. Janz u. K. Laermann, *A. S. Zur Diagnose des Wiener Bürgertums im fin de siècle*, Stg. 1977. – B. Gutt, *Emanzipation bei A. S.*, Berlin 1978. – *A. S. in neuer Sicht*, Hg. H. Scheible, Mchn. 1981. – R. M. Werner, *Impressionismus als literarhistorischer Begriff. Untersuchungen am Beispiel A. S.s*, Ffm. 1981. – N. Abels, *Sicherheit ist nirgends. Judentum u. Aufklärung bei A. S.*, Königstein 1982. – *A. S. Actes du Colloque du 19–21 octobre 1981*, Hg. C. u. G. Ravy, Paris 1983. – U. Keller, *Böser Dinge hübsche Formel. Das Wien A. S.s*, Bln. 1984. – R. Allerdissen, *A. S. Impressionistisches Rollenspiel u. skeptischer Moralismus in seinen Erzählungen*, Hab.Schr. Bonn 1985. – *Akten des Internationalen Symposiums »A. S. u. seine Zeit«*, Hg. G. Farese, Bern u. a. 1985 (Jb. für Internationale Germanistik, 1985). – W. F. Glogauer, *Kritische Literatur u. literarische Ambivalenz: zum Zusammenhang von Stil u. Mythos der Wiener Moderne am Beispiel A. S.s*, Diss. Univ. of Washington, Ann Arbor 1985. – R. Geißler, *Experiment u. Erkenntnis. Überlegungen zum geistesgeschichtlichen Ort des S.schen Erzählens* (in Modern Austrian Literature, 19, 1986, 1, S. 49–62). – M. L. Perlmann, *A. S.*, Stg. 1987 (Slg. Metzler). – Dies., *Der Traum in der Literatur der Moderne. Untersuchungen zum Werk A. S.s*, Mchn. 1987. – H. Knorr, *Experiment u. Spiel – Subjektivitätsstrukturen im Erzählen A. S.'s*, Ffm./Bern 1988. – A. C. Roberts, *A. S. and Politics*, Riverside/California 1989.

DER EINSAME WEG

Schauspiel in fünf Akten von Arthur SCHNITZLER, entstanden 1903; Uraufführung: Berlin, 13. 2. 1904, Deutsches Theater. – Das Schauspiel gilt als Bindeglied zwischen Schnitzlers sozialkritischen Dramen (u. a. *Freiwild* 1894; *Liebelei*, 1895; *Das Vermächtnis*, 1898) und seinen großen Gesellschaftsstücken (*Zwischenspiel*, 1906; *Das weite Land*, 1911; *Professor Bernhardi*, 1912); waren seine früheren, von sozialem Engagement geprägten Thesenstücke formal und inhaltlich dem naturalistischen Theater verpflichtet, so wendet sich Schnitzler hier sozialpsychologischen Phänomenen zu, den Kommunikationsproblemen von Menschen, die *»alle so nahe sind und die doch alle voneinander nichts wissen, kaum ihre Beziehungen zueinander kennen und dazu bestimmt scheinen, auseinanderzuflattern, weiß Gott, wohin ...«* (I,6). Die Dramaturgie des Schauspiels wird von zwei einander überlagernden Handlungssträngen bestimmt, der Familientragödie um den Kunstprofessor Wegrat und dem Künstler- und Einzelgängerdrama um den Dichter Stephan von Sala und den Maler Julian Fichtner. Die Schicksale der Figuren sind auf mannigfache Weise miteinander verknüpft, ohne daß dadurch ihre Vereinzelung aufgehoben würde; jeder Lebensweg führt in die Einsamkeit, über allen lastet der Schatten des Todes.

Johanna, die Tochter Wegrats, ist von der düsteren Vorahnung erfüllt, daß ihre Mutter bald sterben wird, und ihre Liebe gehört dem todkranken Witwer Stephan von Sala. Nach dem Ableben der Mutter entdeckt der dreiundzwanzigjährige Felix Wegrat, daß Julian Fichtner, ein Freund der Familie, sein leiblicher Vater ist. Dieser hatte die Mutter kurz vor ihrer Heirat mit Wegrat verführt, sie aber aus Bindungsangst und Egoismus verlassen; nun, da es Fichtner vor der Einsamkeit des Alters graut, sucht er die Nähe seines Sohnes. Doch Felix, der Julians Eigennutz durchschaut, bekennt sich um so mehr zu Wegrat, dessen Fürsorge, Verantwortungsgefühl und Pflichterfüllung ihm tiefen Respekt gebieten. Fichtner wirft er vor, die Existenz der Mutter mit einer Lebenslüge beladen zu haben; nun, da der Zeitpunkt für eine tätige Reue verpaßt sei, könne er nicht aus Selbstsucht seine Ansprüche geltend machen *(»Hier hat man die Lüge ins Ewige getrieben, darüber kann ich nicht weg. Und die das getan hat, war meine Mutter – der sie dahin gebracht hat, waren Sie – und die Lüge bin ich selbst, solange ich für einen gelte, der ich nicht bin ... Es ist zu spät. Ein Geständnis hebt eine Schuld nur auf, solange der Schuldige dafür bezahlen kann«)*. In der Hoffnung, seinem Leben eine Wendung zu geben, beschließt Felix, sich der archäologischen Expedition anzuschließen, die Sala, der alle Brücken hinter sich abbrechen will, unternehmen wird. Johanna verzweifelt an ihrer Liebe, der keine Erfüllung beschieden ist, und begeht Selbstmord. Überzeugt von seiner Mitschuld und im Wissen um seine schwere Krankheit, folgt Sala ihr in den Tod. Felix wird die Reise allein antreten, Fichtner und Wegrat bleiben zurück: *»Den Weg hinab gehen wir alle allein, ... wir, die selbst niemandem gehört haben«* (IV,8).

Die dichte Atmosphäre des Werks, seine von Schnitzler selbst so genannte *»Seelenintensität«*, markiert einen stilistischen Wendepunkt im Œuvre des Dichters. Das überwiegend aus Gesprächsszenen komponierte Schauspiel, in dem Stimmungen und Empfindungsmomente, in feinsten Zwischentönen eingefangen, einen Zustand existentieller Stagnation beschreiben, gilt als eines der Hauptwerke des österreichischen literarischen Impressionismus. C.Fi.

AUSGABEN: Bln. 1904. – Ffm. 1962 (in *Die dramatischen Werke*, 2 Bde., 1; 21972). – Stg. 1964 (RUB). – Ffm. 1978 (in *Die dramatischen Werke*, 8 Bde., 1977–1979, 4; FiTb).

LITERATUR: S. Liptzin, *The Genesis of S.'s »Der einsame Weg«* (in JEGPh, 30, 1931, S. 392–404). – A. Doppler, *Der Ästhet als Bösewicht? S.s Schauspiel »Der einsame Weg«* (in Modern Austrian Literature, 12, 1979, H. 1, S. 1–18). – J. B. Berlin, *Die Beziehungen zwischen Ibsen und S.* (in *A. S.*; Text & Kontext, Bd. 10/2, Kopenhagen 1982, S. 383 bis 398). – B. Thompsen, *The End of the Lonely Road:*

A Study of S.'s »Der einsame Weg« (in *Studies in 19th Century Austrian Literature*, Hg. B. D. Murdock u. a., Glasgow 1983, S. 102–118). – M. L. Perlmann, *A. S.*, Stg. 1987, S. 69–72.

LIEBELEI

Schauspiel in drei Akten von Arthur SCHNITZLER, Uraufführung: Wien, 9. 10. 1895, Burgtheater. – Schnitzler hat mit *Liebelei* seinen ersten und größten Bühnenerfolg erzielt. Der *»Seelenzergliederer und Sittenschilderer, Gesellschaftskritiker und Wahrheitsfanatiker Schnitzler«* (R. Alewyn) verwandelt hier den Typus des gemütvollen Wiener Volksstücks in ein sozialpsychologisches Drama, wobei der ironische Unterton im Titel bereits auf die ambivalente Tragik der Handlung verweist.

Theodor und Fritz, zwei fesche, wohlhabende Wiener Studenten, verbringen mit ihren Freundinnen Mizi und Christine in Fritzens Wohnung eine stimmungsvolle Soirée – bei Kerzenlicht, leiser Klaviermusik und belangloser Konversation. Theodor, der mit der lebenslustigen Mizi liiert ist, hat seinem Freund – als Erholung von der strapaziösen »Liebestragödie« mit einer verheirateten Frau aus der »guten« Gesellschaft – eine kleine, unverbindliche »Liebelei« mit Christine Weiring, der naiven Tochter eines städtischen Theatermusikers, verordnet *(»Die Weiber haben nicht interessant zu sein, sondern angenehm ... Erholen! Das ist der Sinn. Zum Erholen sind sie da.«)* Für Fritz, labiler aber auch sensibler als Theodor, bedeutet Christine die Möglichkeit, seinem Ennui in augenblickshaften Glückserlebnissen zu entfliehen. Strikt verbittet er sich beim Tête-à-tête mit Christine alles, was diesem Vorhaben im Wege steht – etwa ihre besorgten Fragen nach jener mysteriösen »Dame in Schwarz«, mit der Fritz im Theater gesehen wurde: *»Gefragt wird nichts. Das ist ja gerade das Schöne. Wenn ich mit dir zusammen bin, versinkt die Welt – punktum.«* Das Kontinuum der Zeit ist für Fritz in ein Zufallsmosaik unzusammenhängender Augenblicke zerfallen; Glück ist nur denkbar als Stillstand, als Verewigung des Augenblicks: Denn der »Augenblick« ist die *»einzige Ewigkeit«*, so argumentiert Fritz, *»die wir verstehen können, die einzige, die uns gehört«*. Dieses Bewußtsein, daß die Wirklichkeit ungreifbar und nur momentweise zugänglich sei, steht, wie im lyrisch-dramatischen Werk des jungen HOFMANNSTHAL (vgl. *Der Kaiser und die Hexe* und *Das Kleine Welttheater*), in thematischem Zusammenhang mit einer radikalen Sprachskepsis: Fritz glaubt nicht mehr an die *»großen Worte«*, die das Geheimnisvolle der Augenblickserfahrung zerstören *(»Sprich nicht von Ewigkeit«)*; er glaubt einzig an die »Stimmung«, daran, daß es *»vielleicht Augenblicke«* gibt, *»die einen Duft von Ewigkeit um sich sprühen«*.

Jäh wird die inszenierte Gemütlichkeit gestört, als ein »unbekannter Herr« erscheint, der Gatte jener »Dame in Schwarz«. Kompromittierende Liebesbriefe Fritzens hat er als Beweismaterial mitgebracht. Barsch, in kaltem Zorn, spricht er in einer kurzen Unterredung unter vier Augen die unvermeidliche Duellforderung aus. Fritz zweifelt nicht daran, daß dies sein Todesurteil bedeutet. – Der zweite Akt spielt in der kleinbürgerlichen Dachwohnung, die Christine mit ihrem Vater bewohnt. Frau Binder, eine Nachbarin, die ihre Umwelt mit »guten« Ratschlägen tyrannisiert, versucht Christines Vater von den Vorteilen einer Ehe seiner Tochter mit einem Cousin zu überzeugen, der *»so ein honetter junger Mensch«* sei; *»jetzt ist er sogar fix angestellt ... mit einem ganz schönen Gehalt«*. Der einsichtige Vater Christines aber weist diese trostlose Aussicht auf ein Leben *»ohne Glück und ohne Liebe«* zurück. Schnitzler erkennt, mit einem unbestechlichen Blick für Korrespondenzen im Gefüge der zeitgenössischen Gesellschaft, die Verwandtschaft von Frau Binders Prüderie und Mizis erotischer Leichtlebigkeit: Beide betrachten die Beziehung zum Mann vornehmlich unter dem Aspekt von Sicherheit und Profit; Frau Binder findet den *»schönen Gehalt«* ihres biederen Cousins ebenso imponierend wie Mizi die »schön« und »prachtvoll« eingerichtete Wohnung von Fritz. Mit bissigen Anspielungen zieht Frau Binder sich zurück, als Christine nach Hause kommt und über Kopfweh klagt. Fritz ist zum verabredeten Rendezvous nicht erschienen. Plötzlich jedoch, gepackt von *»einer solchen Sehnsucht nach diesem lieben süßen Gesichtel«*, steht er vor der Tür und läßt sich, unter dem Vorwand, kurzfristig verreisen zu müssen, in Wirklichkeit aber um Abschied für immer zu nehmen, Christines Zimmer zeigen. Das Interieur dieses Raums – kleinbürgerliches Mobiliar mit künstlichen Blumen, Schubertbüste und kleiner Bibliothek – verklärt sich in den Augen des Todgeweihten zur Stätte paradiesischen Geborgenseins. Gleichzeitig behauptet sich in ihm hartnäckig das Wissen um die abgründige Scheinhaftigkeit dieser Idylle: *»O Gott, wie lügen solche Stunden!«* – Zwei Tage später erfährt Christine durch Dritte, daß sie für Fritz *»nichts gewesen als ein Zeitvertreib«*. Er hat sich im Duell *»für eine andere niederschießen lassen«* und ist bereits begraben. *»Indem er an einer Lüge stirbt, wird sie inne, daß sie von einer Lüge gelebt hat«* (H. Bahr). Verzweifelt stürzt Christine aus dem Zimmer, um sich den Tod zu geben.

Schnitzlers Schauspiel, dessen beiläufiger Konversationston sich im letzten Akt unversehens zu eindringlicher Unmittelbarkeit verdichtet, als in Christines jäh ausbrechender Verzweiflung der tragische Kern dieser scheinbar flüchtigen Beziehung enthüllt wird, erreicht mit diesen Szenen eine Dimension, die weit über den unmittelbaren, präzis faßbaren Zeitbezug hinausreicht. Es ist, der Figurenkonstellation und Thematik nach, ein später Nachfahr der – Ende des 19. Jh.s bereits historisch gewordenen – Gattung des bürgerlichen Trauerspiels (vgl. *Kabale und Liebe*). Das tragische Scheitern der leidenden Bürgermädchen bei LESSING und SCHILLER enthält jedoch stets einen versöhnenden Aspekt: Die Heldin durchschaut, kraft eines Bewußtseinsaktes, die Ausweglosigkeit ihrer Lage und verklärt den eigenen physischen Untergang zur Utopie eines von den Zwängen der Gesellschaft befreiten Individuums. Bei Schnitzler dagegen steht am Ende, wie in Gerhart HAUPTMANNS frühen naturalistischen Dramen (vgl. *Vor Sonnenaufgang* und *Die Ratten*), Ratlosigkeit und Verzweiflung. Alle Beteiligten sind in einem vom Individuum her nicht mehr aufhebbaren Schuldzusammenhang verstrickt. Die Übermacht des Anonymen, dem der einzelne ausgesetzt ist und erliegt, hält allegorisch ein Bild in Christines Zimmer fest; es zeigt *»ein Mädel«*, das *»schaut zum Fenster hinaus, und draußen ... ist der Winter«*. Das Bild heißt: »Verlassen«. KLL

AUSGABEN: Bln. 1896. – Ffm. 1962 (in *GW. Die Dramatischen Werke*, 2 Bde., 1; [2]1972). – Ffm. 1977 (in *Das dramatische Werk*, 8 Bde., 1977 bis 1979, 1; FiTb).

VERFILMUNGEN: Österreich 1911 (Regie: J. u. L. Fleck). – Dänemark 1913 (Regie: Holger-Madsen). – Deutschland 1926/27 (Regie: J. u. L. Fleck). – Schweden 1927 (Regie: G. Molander). – Deutschland 1933 (Regie: M. Ophüls). – *Christine*, Frankreich/Italien 1958 (Regie: P. Gaspar-Huit).

LITERATUR: O. Seidlin, *A. S.s »Liebelei«. Zum 100. Geburtstag des Dichters* (in GQ, 35, 1962, S. 250–253). – R. Alewyn, *Zweimal Liebe: S.s »Liebelei« und »Reigen«* [1960] (in R. A., *Probleme und Gestalten*, Ffm. 1982; st). – A. Fritz, *Vor den Vätern sterben die Töchter. S.s »Liebelei« u. die Tradition des bürgerlichen Trauerspiels* (in Text & Kontext, 10, 1982, S. 303–318). – A. K. Kuhn, *The Romantization of A. S. Max Ophüls' Adaptions of »Liebelei« and »Reigen«* (in *Probleme der Moderne*, Hg. B. Bennett u. a., Fs. f. W. Sokel, Tübingen 1983, S. 83–99).

LIEUTENANT GUSTL

Novelle von Arthur SCHNITZLER, erschienen 1900. – Das Erscheinen der Novelle in der Weihnachtsnummer der ›Neuen Freien Presse‹ provozierte eine heftige Reaktion in Kreisen des österreichischen Militärs, die nahezu wie eine Fortsetzung zu der Novelle selbst anmutet: Schnitzler, der Reserveoffizier war, wurde wegen »Verletzung der Standesehre« seine Offizierswürde aberkannt. – Mit *Lieutenant Gustl* hat Schnitzler die epische Technik des sogenannten »inneren Monologs« als erster in die deutsche Literatur eingeführt. Die vertiefte Darstellung der menschlichen Psyche, die diese Erzählform ermöglicht, korrespondiert der bereits vor 1900 einsetzenden wissenschaftlichen Erforschung des Unbewußten. So hatte Ernst MACH mit seinem »Empiriokritizismus« das reflektierende Ich nicht als eine rational ordnende Einheit, sondern als ein Aggregat von disparaten Empfindungen und Vorstellungen beschrieben. Voraus ging NIETZSCHES kulturkritische Analyse, die an der europäischen *»décadence«* die *»Lust an der Nuance«* als *»eigentliche Modernität«* hervorhob. Gleichzeitig mit Schnitzlers Erzählung erschien FREUDS epochemachende Schrift *Traumdeutung* (1900). Persönliche Erfahrungen des Autors als Nervenarzt kamen hinzu. Unmittelbares, formales Vorbild aber war für Schnitzler ein französischer Roman aus der Belle Époque: *Les lauriers sont coupés* von Edouard DUJARDIN.

In vorausgegangenen Erzählungen hatte Schnitzler den inneren Monolog nur passagenweise verwendet, im *Lieutenant Gustl* hingegen wird er zum übergreifenden Erzählprinzip; die äußere Handlung ergibt sich nur aus dem unwillkürlichen Reflexionsstrom der Hauptfigur: Im Foyer eines Wiener Konzertsaales wird Leutnant Gustl seiner plumpen Arroganz wegen von einem *»satisfaktionsunfähigen«* Bäckermeister *»dummer Bub«* geheißen. Gustl weiß dieses Vorkommnis nicht mit seiner »Ehre« zu vereinbaren und beschließt deshalb, sich am nächsten Morgen *»gleich eine Kugel vor den Kopf«* zu schießen. Er verbringt die Nacht im Prater, geht bei Tagesanbruch in sein Stammcafé, um vor dem *»Totsein«* noch einmal zu frühstücken, und erfährt dort, daß sein Beleidiger um Mitternacht am Schlagfluß gestorben ist. Durch dieses *»Mordsglück«* sieht sich der Leutnant von Schmach und Schande befreit – und kann weiter in den Tag hinein leben. In einer nervös flackernden Sprache erscheinen diese wenigen Vorgänge nur als Spiegelungen von sich durchkreuzenden Erinnerungsfetzen, gebrochenen Stimmungsmomenten, sensorischen Reizen, fragmentarischen Redensarten und eingedrillten Phrasen. Der Erzähler tritt scheinbar zurück und läßt die Figur objektiv, ohne Vermittlung hervortreten. Die willkürlich anmutende Folge von disparaten Assoziationen ist durchsetzt mit leitmotivisch wiederkehrenden Schlagworten, die Standesdünkel und Minderwertigkeitskomplex des von der »Angst« um seine gesellschaftliche Position umgetriebenen, unheldischen Helden verraten. Es entsteht eine Satire, die, ohne zu kommentieren oder Wertmaßstäbe zu setzen, allein durch das sich selbst darstellende Bewußtsein des Leutnants, Gustl und seine Welt der Lächerlichkeit preisgibt. In der 1924 erschienenen Novelle *Fräulein Else* hat Schnitzler die Technik des inneren Monologs noch verfeinert; weitergeführt wurde dieser Erzählstil weniger in der deutschen (Alfred DÖBLIN) als in der angelsächsischen Literatur (James JOYCE, Virginia WOOLF). W.F.S.

AUSGABEN: Wien 1900 (in Neue Freie Presse, Dez., Weihnachtssuppl.). – Bln. 1901 [Ill. M. Coschell]. – Ffm. 1961 (in *GW. Die Erzählenden Schriften*, 2 Bde., 1; [2]1970). – Ffm. 1977 (in *Das erzählerische Werk*, 7 Bde., 1977–1979, 2; FiTb).

LITERATUR: O. Schinnerer, *S. and the Military Censorship* (in GR, 5, 1930, S. 238 ff.). – W. Neuse, *Erlebte Rede u. innerer Monolog in den erzählenden Schriften S.s* (in PMLA, 49, 1934, S. 327–355). – H. Lawson, *A Reinterpretation of S.'s »Leutnant Gustl«* (in Journal of the International A. S. Research Association, 1, 1961/62, H. 2, S. 4–19). – M. Jäger, *S.s »Leutnant Gustl«* (in WW, 15, 1965, S. 308–316). – T. W. Alexander, *S.'s »Leutnant Gustl« and Dujardin's »Les Lauriers sont coupés«* (in Modern Austrian Literature, 2, 1969, Nr. 2, S. 7–15). – A. Doppler, *Innerer Monolog u. soziale Wirklichkeit. A. S.s Novelle »Leutnant Gustl«* (in A. D., *Wirklichkeit im Spiegel der Sprache*, Wien 1975, S. 53–64). – N. Ekfeldt, *A. S.s »Leutnant Gustl«: Interior Monologue or Interior Dialogue* (in Sprachkunst, 11, 1980, 1, S. 19–25). – D. Dethlefsen, *Überlebenswille: Zu S.s Monolognovelle »Leutnant Gustl« in ihrem literarischen Umkreis* (in Seminar, 1981, 17,1, S. 50–72). – R. Duhamel, *A. S.s Modernität – am Beispiel von »Leutnant Gustl« (1900)* (in Germanistische Mitteilungen, 19, 1984, S. 18–24). – G. von Wilpert, *Leutnant Gustl u. seine Ehre* (in *Die »Ehre« als literarisches Motiv. E. W. Herd zum 65. Geburtstag*, Hg. A. Obermayer, Dunedin 1986, S. 129–139).

PROFESSOR BERNHARDI

Komödie in fünf Akten von Arthur SCHNITZLER, Uraufführung: Berlin, 28. 11. 1912, Kleines Theater. – *Professor Bernhardi* kann als das dramatische Pendant zu Schnitzlers Schlüsselroman *Der Weg ins Freie* (1908) gelten; in Österreich kam dieses kritische Zeit- und Gesellschaftsstück, das von der Wiener Zensurbehörde *»wegen der tendentiösen und entstellenden Schilderung hierzuländischer öffentlicher Verhältnisse«* verboten worden war, erst 1920, nach dem Zusammenbruch der Habsburger Monarchie, zur Aufführung.

Bezeichnenderweise erhoben sich noch 1946 polemische Stimmen gegen das politisch brisante Werk, das um eine Affäre kreist, die zwar frei erfunden ist, deren Wirklichkeitsbezüge jedoch zweifellos in den Anfeindungen und Kränkungen zu suchen sind, die Schnitzlers Vater als Gründer und Direktor einer Wiener Klinik erfahren mußte. Wie dieser erlebt Professor Bernhardi nach Jahren anerkannten Verdienstes um das »Elisabethinum«, ein von ihm gegründetes und geleitetes Krankenhaus und privates Forschungsinstitut, den Affront einer Gesellschaft, hinter deren zur Schau getragenem Liberalismus sich antisemitische Haßgefühle nur mühsam verbergen. Anlaß der Affäre ist die Weigerung Bernhardis, den von der Krankenschwester gerufenen Priester zu einer Sterbenden vorzulassen, die sich nach Wochen der Todesqual in einem Zustand letzter Euphorie befindet: *»Und aus diesem Traum wollte Bernhardi sie nicht mehr zur furchtbaren Wirklichkeit erwachen lassen.«* Von Bernhardis Gegnern aber, allen voran der ehrgeizige Vizedirektor Dr. Ebenwald, wird dieser humanitäre Akt bewußt als Verletzung religiöser Gefühle mißdeutet und, da Bernhardi Jude ist, zu einem Politikum hochgespielt. Um *»der christlichen Bevölkerung Wiens Genugtuung zu verschaffen«*, wird ein Prozeß gegen Bernhardi angestrengt, der die Folge einer an die Regierung gerichteten Interpellation ist, die, wenn auch in kaschierter Form, der Meinung Ausdruck gibt, daß Juden von allen öffentlichen Ämtern ausgeschlossen werden müßten. Bernhardi hätte diese folgenschwere Interpellation verhindern können, wenn er auf den von Ebenwald vorgeschlagenen »Handel« eingegangen wäre, bei der Neubesetzung einer Institutsstelle für Ebenwalds Kandidaten zu stimmen statt für den hochqualifizierten jüdischen Arzt Dr. Wenger, dessen Wahl man Bernhardi als Betonung seines *»antikatholischen Standpunktes«* anlastet. Erbittert quittiert Bernhardi noch vor dem Prozeß seine Direktorenstelle. Wegen »Religionsstörung« wird er zu zwei Monaten Haft verurteilt. Die ambivalente Haltung des Pfarrers, der im Namen der Kirche gegen Bernhardi auftritt, ihm jedoch in einem Privatgespräch bekennt, daß er als Arzt *»nicht anders handeln«* konnte, verdeutlicht, wie wenig dieses juristische Urteil dem ethischen Problem gerecht wird, das letztlich eine »Frage der Willensfreiheit« ist. Bernhardis Gegenspieler aber haben sich mit diesem Prozeß nur selbst geschadet, denn die liberale Öffentlichkeit sieht in Bernhardi nun ein *»politisches Opfer klerikaler Umtriebe, eine Art medizinischen Dreyfus«*. Bei seiner Haftentlassung werden ihm von seiten der Studenten spontane Ovationen zuteil, und Prinz Konstantin beordert ihn als behandelnden Arzt zu sich, ein demonstrativer Akt, der die Suspendierung Bernhardis aufhebt.

Zwar endet das Stück mit dem moralischen Sieg Bernhardis, die politische Symptomatik der Affäre bleibt jedoch eindeutig gewahrt. Dennoch wollte Schnitzler *Professor Bernhardi* nicht als »Tendenzstück« verstanden wissen, sondern als »Charakterkomödie« (vgl. Briefwechsel mit Georg BRANDES). Der Terminus ist zutreffend, insofern sich die typischen Erscheinungsformen des Antisemitismus in individuell differenzierten Rollen verkörpern, die in einem von der Gesellschaft vorgezeichneten Spiel agieren, das Schnitzler mit ironischer Überlegenheit als eine Komödie der *»selbstlosen Gemeinheit«* entlarvt. I.Ž.-KLL

AUSGABEN: Bln. 1912. – Ffm. 1962 (in *GW. Die Dramatischen Werke*, 2 Bde., 2; [2]1972). – Ffm. 1979 (in *Das dramatische Werk*, 8 Bde., 1977–1979, 6; FiTb).

LITERATUR: S. Liptzin, *The Genesis of S.s »Professor Bernhardi«* (in PQ, 10, 1931, S. 348–355). – S. Melchinger, *Das Jüdische in »Professor Bernhardi«* (in Theater heute, 5, 1964, H. 12, S. 32–35). – P. Horvath, *A. S.s »Professor Bernhardi«. Eine Studie über Person u. Tendenz* (in Literatur und Kritik, 12, 1967, S. 88–104; 183–193). – W. H. Rey, *A. S.s »Professor Bernhardi«*, Mchn. 1972. – A. Gaisbaumer, *Der historische Hintergrund von A. S.s »Professor Bernhardi«* (in Bulletin des Leo Baeck Instituts, 13, 1974, S. 113–163). – J. B. Berlin, *The Priest Figure in S.'s »Professor Bernhardi«* (in Neoph, 64, 1980, S. 433–438). – H. Kaulen, *Antisemitismus u. Aufklärung. Zum Verständnis von A. S.s »Professor Bernhardi«* (in ZfdPh, 100, 1981, S. 177–198). –

E. Schwarz, *A. S. und das Judentum* (in *Im Zeichen Hiobs*, Hg. G. E. Grimm, Königstein 1985, S. 67–83). – W. W. Schnabel, *»Professor Bernhardi« und die Wiener Zensur. Zur Rezeptionsgeschichte der S.schen Komödie* (in Jb. der Dt. Schillerges., 28, 1984, S. 349–383). – R. P. Janz, *»Professor Bernhardi« – »ein medizinischer Dreyfuß«? Die Darstellung des Antisemitismus bei A. S.* (in *Akten des Internat. Symposiums »A. S. und seine Zeit«*, Hg. G. Farese, Bern/Ffm. 1985, S. 108–117).

REIGEN. Zehn Dialoge

Komödie von Arthur SCHNITZLER, entstanden 1896/97; erschienen 1900 (Privatdruck); erste Buchausgabe 1903; Uraufführung der Szenen 4–6: München, 25. 6. 1903; Uraufführung des gesamten Werks: Berlin, 23. 12. 1920, Kleines Schauspielhaus. – Die Rezeptionsgeschichte von Schnitzlers *Reigen* ist gekennzeichnet von Skandalen und Fehlinterpretationen; die heute gängige, undifferenzierte Rubrizierung der Komödie unter »erotische Literatur« ist nur das letzte Glied dieser Kette von Mißverständnissen. Dem Dichter selbst war die Skandalträchtigkeit seines Stücks von Anfang an bewußt; im Vorwort des in 200 Exemplaren hergestellten Privatdrucks, den Schnitzler im Freundeskreis verteilt hat, schreibt er: *»Ein Erscheinen der nachfolgenden Scenen ist vorläufig ausgeschlossen. Ich habe sie nun als Manuscript in Druck gegeben; denn ich glaube, ihr Wert liegt anderswo als darin, daß ihr Inhalt den geltenden Begriffen nach die Veröffentlichung zu verbieten scheint.«* Die erste öffentliche Ausgabe des Werkes 1903, die der Wiener Verlag dennoch wagte, löste eine Woge der Empörung aus, die geltenden Bestimmungen der Sittlichkeitszensur im österreichischen Kaiserreich versperrten dem Werk die Bühne. Die fast zwei Jahrzehnte später erfolgte Erstaufführung an Max Reinhardts Berliner Kleinem Schauspielhaus wurde durch gelenkte Demonstrationen gegen das als »pornographisch« diffamierte Werk gestört, der preußische Kultusminister untersagte weitere Vorstellungen; der Reigenprozeß vom 5.–12. November 1921 gegen die wegen Unzucht und Erregung öffentlichen Ärgernisses angezeigten Schauspieler Maximilian Sladek und Gertrud Eysoldt endete zwar mit einem Freispruch, doch nachdem auch Aufführungen in Wien und München zu organisierten Krawallen deutschnationaler, katholischer und antisemitischer Kreise geführt hatten, verbot Schnitzler weitere Inszenierungen. (Schnitzler an Tilla Durieux, 21. 2. 1921: *»Es ist kein Geheimnis, daß ich lange Zeit gezweifelt habe – nicht etwa, ob der* Reigen *ein unsittliches Werk sei – sondern, ob er auf die Bühne gehört. Ich glaube auch heute noch nicht, daß das Inszenierungsproblem gelöst ist; alles übrige, was heute noch gegen die Aufführungen des* Reigen *gesagt wird, ist für mich indiskutabel.«*)
Erst 1982, nach dem Tod von Schnitzlers Sohn und Erben Heinrich, gelangte das Werk wieder auf die Bühne. Nach wie vor jedoch ist Georg SIMMELS Einschätzung des Rezeptionsphänomens »Reigen« nicht überholt; er sah in dem Werk *»eine der erschütterndsten Menschheitstragödien und selbstverständlich keine Spur von Laszivität oder unkünstlerischer Pikanterie. Allein unser Publikum ist dafür absolut nicht reif. Es würde in seiner überwältigenden Majorität das Buch nur im pornographischen Interesse lesen.«* In der Tat verkehrt eine voyeuristische Betrachtungsweise die Darstellungsabsicht Schnitzlers in ihr Gegenteil; sein *Reigen*, ein Satyrspiel des Sexus, zeigt das *»Verlockende ... von schweren Schatten überdeckt«* (Schnitzler in der ›Internationalen Klinischen Rundschau‹, 4, 1890); als Schriftsteller und Arzt stellt er den Menschen seiner Zeit die Diagnose einer von Grund auf gestörten Sozialität.
Die zyklisch angeordnete Szenenfolge ist ein *»Meisterstück des strengen Satzes«* (R. Alewyn): Zehn Figuren bilden das Personal der zehn Dialoge, zehnmal findet sich ein Paar zu sexueller Vereinigung, nach jeder Szene wird einer der Partner ausgetauscht und dabei die gesellschaftliche Stufenleiter auf- und abgestiegen. Der Liebesreigen nimmt seinen Anfang bei der Dirne und dem Soldaten (1), er dreht sich weiter vom Soldaten und dem Stubenmädchen (2) zum Stubenmädchen und dem jungen Herrn (3), vom jungen Herrn und der verheirateten Frau (4) zur zentralen Szene des Ehepaares (5), und über den Gatten und das süße Mädel (6), das süße Mädel und den Dichter (7), den Dichter und die Schauspielerin (8), die Schauspielerin und den Grafen (9) zum Grafen und zur Dirne der ersten Szene (10), der Kreis ist geschlossen.
Die Dramaturgie des *Reigen* ist mit der des mittelalterlichen Totentanzes verglichen worden; im Sog ihrer Begierde werden die Personen des Stücks einander gleich wie der Kaiser und der Bettler vor dem Tod. Zehnfach variiert wiederholt sich das Ritual der Verführung: Unterwürfigkeit und Schamlosigkeit, Lust am Abenteuer und eheliche Pflichterfüllung, Verstellung und zynisches Raffinement, Frivolität und Naivität, all diese Verhaltensweisen streben ausschließlich dem Ziel sexueller Befriedigung zu.
Über die Struktur des Stücks, das Verhalten der Figuren und ihre Sprache vermittelt sich Schnitzlers kritische Sicht der tabuisierten Sexualsphäre. Im Kreislauf der Konstellationen konkretisiert sich Schnitzlers These von einer Gesellschaft, die Sexualität an die »heilige« Institution der Ehe bindet, diese aber durch Doppelmoral und die allgemein praktizierte Trennung von Lust und Liebe unterläuft. Im Verhalten der mit individuellen Zügen ausgestatteten, gesellschaftlich repräsentativen Figuren manifestiert sich die Destruktion hohler Liebesideale (der Gatte, Liebhaber des süßen Mädels, im Gespräch mit seiner Frau, die ein heimliches Verhältnis mit dem jungen Herrn unterhält: *»Uns wird das, was man so gemeinhin die Liebe nennt, recht gründlich widerwärtig gemacht; denn was sind das schließlich für Geschöpfe, auf die wir angewiesen sind!«)*; das Handlungsziel der Personen, ihre Triebbefriedigung, wird nur oberflächlich durch amouröse Etikette kaschiert *(Der Dichter: »Und*

jetzt komm in unser indisches Schloß.« Das süße Mädel: »Sag mir zuerst, ob du mich wirklich lieb hast.« Der Dichter: »Aber ich bete dich ja an.« (Küßt sie heiß) Ich bete dich ja an, mein Schatz, mein Frühling, mein...«). In den meisterhaften Dialogen hat Schnitzler das Intimste auf die diskreteste und zugleich enthüllendste Weise gestaltet, in der Redeweise der Figuren, in uneigentlichem Sprechen, in Phrasen und rhetorischen Posen *(Die junge Frau: »Nein, nein, nicht, ich darf nicht zum Bewußtsein kommen... Sonst müßte ich vor Scham in die Erde sinken.« Der junge Herr: »Emma, wenn Sie ahnen könnten, wie weh Sie mir tun«)* offenbart sich der unfreie Umgang mit der eigenen Sexualität ebenso wie ein Unbehagen an promiskuitiver Partnerschaft. Ein weiteres Thema des Stücks ist die Geschlechtsspezifik sexuellen Verhaltens: Die Beziehungen zwischen Mann und Frau verlaufen konstant disharmonisch, in der gegenläufigen Gefühlskurve (die Frau wechselt von spröder Ablehnung zu zärtlicher Anhänglichkeit, der Mann von sinnlicher Erregung zu kalter Abwendung) wird die Unmöglichkeit gemeinsamen Glücks evident *(Stubenmädchen: »Oh... oh... komm!...« Soldat (selig): »Herrgott noch einmal... oh« Stubenmädchen: »... ich kann dein G'sicht gar nicht sehn.« Soldat: »Ah wos – G'sicht...«)*.
Schnitzler, der sich mit der Psychoanalyse intensiv auseinandergesetzt hat, nimmt im *Reigen* eines der bestimmenden Themen im Wien der Jahrhundertwende auf. So hatte R. v. Krafft-Ebing in seiner *Psychopathologia sexualis* (1886, 12. Aufl. 1902) den tiefenpsychologischen Aspekt sexuellen Verhaltens behandelt; 1903, im Jahr der Erstveröffentlichung des *Reigen*, erschien Otto Weiningers sexualpsychologische Abhandlung *Geschlecht und Charakter*, zwei Jahre später veröffentlichte Sigmund Freud seine *Drei Abhandlungen zur Sexualtheorie*. 1906 hob Freud in einem Brief an Schnitzler die *»weitreichende Übereinstimmung«* hervor, *»die zwischen Ihren und meinen Auffassungen mancher psychologischer und erotischer Probleme besteht«*, 1922 bekräftigte Freud sein zustimmendes Urteil über das dichterische Schaffen des »Doppelgängers«: *»Ich habe immer wieder, wenn ich mich in Ihre schönen Schöpfungen vertiefe, hinter deren poetischem Schein die nämlichen Voraussetzungen, Interessen und Ergebnisse zu finden geglaubt, die mir als die eigenen bekannt waren. Ihr Determinismus wie Ihre Skepsis, Ihr Ergriffensein von den Wahrheiten des Unbewußten, von der Triebnatur des Menschen, Ihre Zersetzung der kulturell-konventionellen Sicherheiten, das Haften Ihrer Gedanken an der Polarität von Leben und Sterben, das alles berührte mich mit einer unheimlichen Vertrautheit.«* C.Fi.

Ausgaben: o.O. 1900 [Privatdruck]. – Wien/Lpzg. 1903. – Bln. 1916. – Ffm./Hbg. 1960 (Nachw. R. Alewyn; FiBü). – Ffm. 1962 (in *GW. Die dramatischen Werke*, 2 Bde., 1; 21972). – Ffm. 1978 (in *Das dramatische Werk*, 8 Bde., 1977–1979, 2; FiTb). – Ffm. 1985 (Vorw. G. Rühle; Nachw. R. Alewyn; FiTb).

Verfilmungen: Deutschland 1920 (Regie: R. Oswald). – *La ronde*, Frankreich 1950 (Regie: M. Ophüls). – *Das große Liebesspiel*, Deutschland/Österreich 1963 (Regie: A. Weidenmann). – *La ronde*, Frankreich/Italien 1964 (Regie: R. Vadim). – *Der Reigen*, Österreich 1976 (Regie: O. Schenk).

Literatur: P. de Mendelssohn, *Zur Geschichte des »Reigen«. Aus dem Briefwechsel zwischen A. S. u. S. Fischer* (in Almanach des S. Fischer-Verlags, 76, 1962, S. 18–35). – H. G. Hannum, *›Killing Time‹. Aspects of S.'s »Reigen«* (in GR, 37, 1962, S. 190–206). – L. Marcuse, *Obszön. Geschichte einer Entrüstung*, Mchn. 1962. – F. Aspetsberger, *Der Prozeß gegen die Berliner Aufführung des »Reigen« 1922* (in Akzente, 12, 1965, S. 211–230). – L. S. Couch, *Der »Reigen«. S. und Sigmund Freud* (in Österreich in Geschichte u. Lit., 16, 1972, S. 217–227). – E. Neuse, *Die Funktion von Motiven u. stereotypen Wendungen in S.s »Reigen«* (in MDU, 64, 1972, S. 356–370). – A. Delius, *S.s »Reigen« u. der »Reigen«-Prozeß* (in DU, 28, 1976, H. 2, S. 98–115). – A. K. Kuhn, *The Romantization of A. S. Max Ophüls' Adaptations of »Liebelei« and »Reigen«* (in *Probleme der Moderne*, Hg. B. Bennett u. a.; Fs. f. W. Sokel, Tübingen 1983, S. 83–99). – H. Schiffer, *A. S.s »Reigen«* (in Text u. Kontext, 11, 1983, S. 7–34). – H. Rüdiger, *S.s »Reigen« und seine Parodie* (in *Mélanges offerts à Claude David*, Hg. J.-L. Bandet, Bern 1983, S. 383–401). – J. Bossinade, *»Wenn es aber... bei mir anders wäre«. Die Frage der Geschlechtsbeziehungen in A. S.s »Reigen«* (in *Aufsätze zu Lit. u. Kunst der Jahrhundertwende*, Hg. G. Kluge, Amsterdam 1984, S. 104–119). – O. Gutjahr, *Im Wechselspiel von Enthusiasmus u. Melancholie. Zu A. S.s »Reigen«* (in *Melancholie u. Enthusiasmus*, Hg. K. Sauerland, Ffm./Bern 1988, S. 69–83).

DAS WEITE LAND

Tragikomödie in fünf Akten von Arthur Schnitzler, erschienen 1911; Uraufführung: Berlin, Breslau, Bochum, Hamburg, Hannover, Leipzig, München, Prag, Wien, 14. 10. 1911. – Seit der Uraufführung, die gleichzeitig an neun Theatern stattfand, blieb *Das weite Land* eines der erfolgreichsten Stücke Schnitzlers. Es ist eines der bedeutendsten Gesellschaftsdramen aus der Endzeit der österreichischen Monarchie, eine sensible Seelenanalyse des Wiener Großbürgertums. Hauptfigur der Tragikomödie – eine Ehekomödie wie schon zuvor *Zwischenspiel* (1905) – ist der alternde Bonvivant und Fabrikant Friedrich Hofreiter, der, wie Hofmannsthal bemerkte, das *»complexe Ganze«* zusammenhält. Alle übrigen Personen sind auf ihn bezogen, der das Geschehen wie ein Gesellschaftsspiel auffaßt und die anderen dank seiner materiellen und gesellschaftlichen Position in sein Spiel hineinzieht. – Korsakow, Klaviervirtuose und Freund Hofreiters, hat Selbstmord begangen, weil dessen Frau Genia seiner Werbung nicht nachgab.

Hofreiter, der Genia verdächtigt, Korsakows Geliebte gewesen zu sein, erfährt nach der Beerdigung mit Befremden, daß Genia, auch wenn sie die Folgen gewußt hätte, den Freund nicht hätte retten wollen, um der Treue zu ihrem Mann willen, der es selbst, trotz seiner Eifersucht um Genia, mit der Treue nicht zu genau nimmt. Bei einer Bergtour beginnt er ein Verhältnis mit der jungen Erna Wahl; unterdessen wird der Fähnrich Otto Aigner der Geliebte Genias, die zu Hause zurückblieb. Hofreiter reist nach der ersten Nacht mit Erna allein zurück. In Baden erfährt er von Genias Verhältnis mit Otto, den er nach einem Tennisspiel aus vorgeschobenem nichtigem Anlaß zum Duell fordert; weniger aus verletztem Ehrgefühl, als aus eitel-leichtfertiger Lebensspielerei, indem er sich die gesellschaftliche Konvention zunutze macht. Otto fällt im Duell, während Friedrich das Spiel der Gesellschaft weiterspielt, mit ungewisser Zukunft.
Diese Fabel des Stücks gelangt freilich auf der Bühne kaum zur Darstellung. Sie spielt sich zwischen den Akten ab, das Geschehen bleibt verborgen hinter der Konversation, die den größten Teil des Textes ausmacht. MUSIL hat die dem Stück zugrunde liegende Lebenshaltung gelegentlich so gekennzeichnet: *»Nie wird das Aktuelle erlitten, immer das Zwischenaktuelle. Die Akte selbst bestehen in der Hauptsache aus Vor- und Rückblicken. Es deutet sich darin eine Philosophie an, etwa des Inhalts, daß der Augenblick nichts ist als der wehmütige Punkt zwischen Verlangen und Erinnern. Daß leidenschaftliches Handeln nichts ist als eine Maske, hinter der der Mensch einsam bleibt.«* Maske und Spiel sind den Figuren notwendig geworden; bedroht von der Einsicht in das Falsche ihres Lebens, besteht ihre Ausflucht im Spiel der Konventionen, das aus Blindheit wie aus Selbstschutz für das wirkliche Leben genommen wird. Das Spielmotiv beherrscht das ganze Stück. Der erste Akt entwickelt die Spielthematik aus dem Charakter und Lebensgefühl der Figuren als Grundlage ihres gesellschaftlichen Umgangs. Im zweiten und vierten Akt versammelt man sich bei Hofreiter zum Tennisspiel, in dem Schnitzler das untergründige Spiel der Gesellschaft spiegelt. Der letzte Akt schließlich ist die tödliche Paraphrase des Spielthemas.
Dem scheinhaften Lebensspiel der Personen entspricht die Konversation als gesellschaftliche Ausdrucksform und zugleich als Mittel der dramatischen Darstellung. Nicht nur geben sich die Personen in ihrem Sprechen zu erkennen, selbst wenn sie sich hinter ihren Worten verbergen möchten, auch wird die Sprache und ihre Untauglichkeit zu wahrhaftiger Mitteilung Thema der Gespräche. Es liegt freilich nicht nur an den *»dummen schweren Worten«*, daß man nie weiß, *»ob man die Wahrheit zu hören kriegt«*, sondern auch am falschen Gebrauch, den man in den Konversationen von der Sprache macht, indem man sie als Instrument unverbindlich-spielerischen Scheins benutzt. Dieser falsche Gebrauch fällt auf die Figuren zurück, die nicht unterscheiden können zwischen Spiel und Ernst, die solche Unterscheidung auch nicht wollen können, weil sie nichts mehr fürchten als die Erkenntnis ihres wahren Selbst, des »weiten Landes« der Seele. Schnitzler greift mit der zentralen Thematik einer Sprache, die nur mehr den Schein der Wirklichkeit wiedergibt, den zeitgenössischen sprachphilosophischen Diskurs auf (Fritz MAUTHNERS *Beiträge zu einer Kritik der Sprache*, 1901–1903). M.Ni.

AUSGABEN: Bln. 1911. – Ffm. 1962 (in *GW. Die Dramatischen Werke*, 2 Bde., 2; [2]1972). – Ffm. 1979 (in *Das dramatische Werk*, 8 Bde., 1977 bis 1979, 6; FiTb).

VERFILMUNG: Österreich/BRD 1986 (R.: L. Bondy).

LITERATUR: H. Prang, *Der moderne Dichter u. das arme Wort* (in GRM, 7, 1957, S. 130–145). – A. Doppler, *Die Problematik der Sprache u. des Sprechens in den Bühnenwerken A. S.s* (in *Marginalien zur poetischen Welt. Fs. f. R. Mühlher*, Hg. A. Eder, Bln. 1971, S. 238–297). – M. Swales, *S.s Tragic-Comedy: A Reading of »Das weite Land«* (in Modern Austrian Literature, 10, 1977, 3–4, S. 233–245). – H. Spiel, *In meinem Garten schlendernd*, Ffm. 1981, S. 136–144. – H. Willenberg, *Die Kunst des Gesprächs: »Das weite Land«* (in *A. S. in neuer Sicht*, Hg. H. Scheible, Mchn. 1981, S. 81–98). – H. Söhnlein, *Gesellschaft u. private Interaktion. Dialoganalysen zu Hofmannsthals »Der Schwierige« u. S.s »Das weite Land«*, Tübingen 1986.

ROBERT WALSER

* 15.4.1878 Biel
† 25.12.1956 Herisau

LITERATUR ZUM AUTOR:
O. Zinniker, *R. W., der Poet*, Zürich 1947. – J. Greven, *Existenz, Welt u. reines Sein im Werk R. W.s. Versuch einer Bestimmung von Grundstrukturen*, Diss. Köln 1960. – G. Avery, *Inquiry and Testament. A Study of the Novels and Short Prose of R. W.*, Philadelphia 1968. – R. Lauener, *R. W. ou la primauté du jeu*, Bern 1970. – N. Naguib, *R. W. Entwurf einer Bewußtseinsstruktur*, Mchn. 1970. – D. Rodewald, *R. W.s Prosa. Versuch einer Bewußtseinsstruktur*, Mchn. 1970. – H. Holderegger, *R. W. Eine Persönlichkeitsanalyse anhand seiner drei Berliner Romane*, Bln. 1973. – M. Jürgens, *R. W. Die Krise der Darstellbarkeit. Untersuchungen zur Prosa*, Kronberg/Ts. 1973. – W. Bauer, *Sprache u. Existenz. Studien zum Spätwerk von R. W.*, Göppingen 1974. – D. Grenz, *Die Romane R. W.s. Weltbezug u. Wirklichkeitsdarstellung*, Mchn. 1974. – U. Herzog, *R. W.s Poetik. Literatur u. soziale Ent-*

fremdung, Tübingen 1974. – *R. W.*, Hg. H. L. Arnold, Mchn. ³1976 (Text + Kritik). – R. Mächler, *Das Leben R. W.s. Eine dokumentarische Biographie*, Ffm. 1976 (zuerst 1966; st). – W. Lüssi, *R. W. Experiment ohne Wahrheit*, Bln. 1977. – *Über R. W.*, Hg. K. Kerr, 2 Bde., Ffm. 1978 (st). – *R. W. Leben u. Werk in Daten u. Bildern*, Hg. E. Fröhlich u. P. Hamm, Ffm. 1980 (Insel Tb). – D. Borchmeyer, *Dienst u. Herrschaft. Ein Versuch über R. W.*, Tübingen 1980. – I. Kellenberger, *Der Jugendstil u. R. W. Studien zur Wechselbeziehung von Kunstgewerbe u. Literatur*, Bern 1981. – *R. W.*, Red. E. Pulver u. A. Zimmermann, Bern u. a. 1984; ³1986. – M. Suter, *Die Lebensquelle. Lebensphilosophie u. persönlicher Mythos im Spätwerk R. W.s*, Bern u. a. 1984. – J. Amann, *R. W. Auf der Suche nach dem verlorenen Sohn*, Mchn. 1985. – G. Stefani, *Der Spaziergänger. Untersuchungen zu R. W.*, Mchn./Zürich 1985. – H. D. Zimmermann, *Der babylonische Dolmetscher. Zu Franz Kafka und R. W.*, Ffm. 1985. – C. Schmidt-Hellerau, *Der Grenzgänger. Zur Psycho-Logik im Werk R. W.s*, Zürich 1986. – *»Immer dicht am Sturze ...« Zum Werk R. W.s*, Hg. P. Chiarini u. H. D. Zimmermann, Ffm. 1987. – Chr. Bungartz, *Zurückweisend vorwärtsschreiten. Die Ironie in R. W.s Berner Prosa*, Ffm. u. a. 1988. – T. S. Evans, *R. W.s Moderne*, Bern/Stg. 1989. – C. Sauvat, *R. W.*, Paris 1989. – P. Schünemann, *R. W.*, Bln. 1989. – *Die Brüder Karl u. R. W. Maler u. Dichter*, Hg. B. Echte u. A. Meier, Stäfa (Schweiz) 1990.

JAKOB VON GUNTEN. Ein Tagebuch

Roman von Robert WALSER, erschienen 1909. – Das Buch ist das bedeutendste der drei größeren erzählerischen Werke des Autors; nach den Romanen *Die Geschwister Tanner* und *Der Gehülfe* hat Walser mit ihm den Gipfel seines nuancenreichen, untergründig melancholischen Erzählstils erreicht. Schon der erste Satz zeigt jene für den Roman charakteristische Mischung von Trauer und leiser Komik: *»Man lernt hier sehr wenig, es fehlt an Lehrkräften, und wir Knaben vom Institut Benjamenta werden es zu nichts bringen, d. h. wir werden alle etwas sehr Kleines und Untergeordnetes im ... Leben sein.«*

Jakob, Sohn eines »Großrates« und aus »gutem Hause« (wie er mehrmals betont), der diesen Satz in sein Tagebuch einträgt, ist einer der Zöglinge des obskuren, etwas rätselhaften Berliner Erziehungsinstituts, in dem die Schüler *»wenig, aber gründlich«* lernen. Herr Benjamenta, ein selten sich zeigender, herrischer Mann, und seine Schwester Lisa führen den Unterricht, der hauptsächlich aus dem Auswendiglernen der *»Vorschriften«* und der Lektüre der Schrift *»Was bezweckt Benjamenta's Knabenschule?«* besteht; die andern Lehrer sind geheimnisvoll abwesend oder liegen in totenähnlichem Schlaf. Im übrigen unterhalten sich die Schüler, insbesondere der feinsinnige, durchaus aristokratische Jakob und sein Kamerad Kraus, über ihre Ansichten und ihre berufliche Zukunft und zeigen in diesen Gesprächen eine altkluge und resignierte Lebensphilosophie. Während aber unter den Mitschülern besonders Kraus das Erziehungsziel dienenden Gehorsams exemplarisch verkörpert, macht Jakob, der etwas Künstlerisches, tänzerisch Leichtsinniges an sich hat, eine abweichende Entwicklung durch. Mit Erstaunen bemerkt er in sich Anflüge von zärtlicher Liebe für Kraus, träumt sich in das luxuriöse Leben eines großzügigen Herrn oder eines Obersten, macht einige Erfahrungen bei amourösen Abenteuern, besucht seinen Bruder, einen in der Berliner Gesellschaft angesehenen Maler, und schreibt schließlich mit wachsendem Selbstbewußtsein für Herrn Benjamenta in der steifen, umständlichen Er-Form einen demütigen und zugleich wohlformuliert frechen Lebenslauf, der bei diesem strengen Mann Eindruck zu machen scheint. Er gewinnt auch das Vertrauen von Fräulein Lisa, mit der er einige Male – mit dem Takt und der Diskretion eines jungen Gentleman berichtete – geheime Gespräche führt, und träumt von einem Gang durch die den Schülern meist verschlossenen *»inneren Gemächer«* des Pensionats, wo ihn Lisa zum *»Licht der Freude«*, in den *»Keller der Armut«* und an die *»Sorgenwand«* führt. Bald nach dieser geträumten symbolischen Lebensweihe scheint es abwärts zu gehen mit dem Institut; Neuanmeldungen bleiben aus, die Disziplin läßt nach, und schließlich stirbt Fräulein Benjamenta. Als das Institut aufgelöst wird, sind sich Jakob und Herr Benjamenta einig geworden, daß sie zusammenbleiben wollen: *»Weg jetzt mit dem Gedankenleben! Ich gehe mit Herrn Benjamenta in die Wüste. Will doch sehen, ob es sich in der Wildnis nicht auch leben, atmen, sein, aufrichtig Gutes wollen und tun und nachts schlafen und träumen läßt. Ach was. Jetzt will ich an gar nichts mehr denken ... Nun denn adieu, Institut Benjamenta.«* Die heitere, leicht wahnhafte Hybris dieses letzten Satzes zeigt die Entwicklung des zunächst eher demütigen Jakob zu kecker, sich selbst genießender Sicherheit.

Dieser Entwicklung Jakobs ist auch der Stil des Werks angepaßt, der meist zart, scheu und unsicher ist (oft nimmt Jakob in seinen Eintragungen halb wieder zurück, was er kurz vorher gesagt hat) und erst gegen Ende eine pfiffige, fast leichtfertige Sicherheit gewinnt. Zugleich aber gibt es Szenen, die die melancholische Komik der Atmosphäre zu sprengen drohen, so der undurchsichtig bleibende Mordversuch Benjamentas an Jakob, der von diesem ungenau geschildert und leichthin überspielt wird, und vor allem die befremdende, fast surrealistisch anmutende Beschreibung der *»Lehrer, die aus irgendwelchen sonderbaren Gründen tatsächlich totähnlich daliegen und schlummern«*. Es scheint so nicht zufällig, daß KAFKA die Werke Walsers außerordentlich schätzte und eine Zeitlang fast täglich darin las. Die Elemente des Wahnhaft-Bedrohlichen, des Träumens, der bisweilen sprunghaft aussetzenden Realitätskontrolle in den Aufzeichnungen Jakobs deuten wohl auch schon auf das Schicksal Walsers selbst voraus, der die letzten zwanzig Jahre seines Lebens in einer Nervenheilanstalt verbrachte. So meinte Walter BENJAMIN schon früh, das *»Schluchzen«* als die *»Melodie von Walsers Geschwätzigkeit«* zeige an, woher seine Figuren kommen: *»Aus dem Wahnsinn nämlich und nirgendher sonst.«* J.Dr.

AUSGABEN: Bln. 1909. – Zürich 1950. – Genf/Hbg. ²1975 (in *Das Gesamtwerk*, Hg. J. Greven, 12 Bde., 1966–1972, 4; ern. Zürich/Ffm. 1978). – Ffm. 1976 (BS). – Ffm. 1982. – Ffm. 1984 (in *Romane u. Erzählungen*, 6 Bde., 3). – Zürich/Ffm. 1985 (in *SW in Einzelausgaben*, Hg. u. Nachw. J. Greven, 20 Bde., 1985/86, 10; st). – Stg./Mchn. 1989.

VERFILMUNG: BRD 1971 (TV; Regie: P. Lilienthal).

LITERATUR: J. V. Widmann, Rez. (in Der Bund, 10./11. – 12./13. 5. 1909). – J. Hofmiller, Rez. (in Süddeutsche Monatshefte, 6, 1909, S. 253). – E. Frisch, Rez. (in NRs, 22, 1911, S. 416–420). – W. Benjamin, *R. W.* [1929] (in W. B., *GS*, Hg. R. Tiedemann u. H. Schweppenhäuser, Bd. 2/1, Ffm. 1976, S. 324–328). – G. Piniel, *R. W.s Roman »Jakob von Gunten«* (in Schweizer Monatshefte, 43, 1963/64, S. 1175–1186). – K. P. Philippi, *R. W.s »Jakob von Gunten«* (in DU, 23, 1971, S. 51–70). – M. Engel, *Außenwelt u. Innenwelt. Subjektivitätsentwurf u. moderne Romanpoetik in R. W.s »Jakob von Gunten« u. Franz Kafkas »Der Verschollene«* (in Jb. der Dt. Schiller-Ges., 30, 1986).

DER SPAZIERGANG

Prosastück von Robert WALSER, erschienen 1917 (überarbeitete Fassung 1919). – Robert Walser nennt sich selber einmal einen *»Verfertiger von Prosastücken«*, und er hat deren über tausend längere oder kürzere geschrieben, die in Zeitungen oder Zeitschriften erschienen und zum Teil von ihm selber zu Büchern zusammengestellt wurden: *Fritz Kocher's Aufsätze* (1904), *Aufsätze* (1913), *Geschichten* (1914), *Kleine Dichtungen* (1914), *Prosastücke* (1917), *Kleine Prosa* (1917), *Poetenleben* (1918), *Seeland* (1919), *Die Rose* (1925). Viele dieser Texte, darunter kleine Szenen, Porträts, Begegnungen, Betrachtungen, Parabeln, imaginäre Lebensläufe, Monologe, erdachte Gespräche und Briefe, sind Improvisationen; *Der Spaziergang* gehört zu den umfangreicheren und darf, auch seines Themas wegen, beispielhafte Geltung beanspruchen. Er entstand vermutlich im Sommer 1916 in Walsers Vaterstadt Biel, wohin er nach mehreren in Berlin verbrachten Jahren zurückgekehrt war.

Der Ich-Erzähler in *Der Spaziergang* durchwandelt, vormittags aufgebrochen, das Städtchen, betritt eine Buchhandlung und führt dort ein Gespräch über *»das weitestverbreitete Buch des Jahres«*, begibt sich auf eine Bank, *»um über gewisse Wertpapiere zuverlässigen Aufschluß zu erhalten«* (Walser spielt hier auf einen ihm 1914 zuerkannten Dichterpreis an); er kommt an Werkstätten und Fabriken vorüber, begegnet einem Hund, spielenden Kindern, sausenden Automobilen, plaudert mit einer vermeintlichen Schauspielerin, entdeckt die Auslage eines Damenhutladens, gelangt in den Wald, erblickt an einem ärmlichen Vorstadtfenster ein singendes Mädchen, was ihm abermals Gelegenheit bietet, nach seiner Gepflogenheit ein Gespräch vom Zaun zu brechen; er speist bei einer Gönnerin zu Mittag, *»marschiert kuragös«* zu seinem Schneider zu einer Anprobe, wird auf dem Steueramt vorstellig, kommt zuletzt vor die Stadt, erfährt in *»süßem Liebeslichte«* einen *»glühenden, blühenden Augenblick«* und gerät gegen Abend in ein Erlenwäldchen am See, wo ihn Anwandlungen selbstanklägerischer Schwermut umdüstern.

Reisen, Wandern, Spazierengehen ist Robert Walsers liebste Beschäftigung; nur gilt es, in seinem Fall jede Vorstellung des Sportsmäßigen oder Touristenhaften von diesem Tun fernzuhalten. Spazierengehen ist für ihn ein so unermüdliches wie unerschöpfliches Sich-durch-die-Welt-Bewegen, schauend, träumend, kaum angekommen schon wieder Abschied nehmend: nicht als Beobachter, sondern als eine gelegentlich mitspielende Nebenfigur und als ganz und gar freier Schriftsteller, als »Poet« im ältesten, reinsten Sinn. Der Erzähler erläutert dies selber durch die einigermaßen weitläufigen Expektorationen, mit denen er sich vor dem Steuerbeamten gegen den Vorwurf, daß man ihn immer spazierengehen sehe, rechtfertigt: *»Spazieren muß ich unbedingt, um mich zu beleben und um die Verbindung mit der lebendigen Welt aufrecht zu halten, ohne deren Empfinden ich keinen halben Buchstaben mehr schreiben und nicht das leiseste Gedicht in Vers oder Prosa mehr hervorbringen könnte ... Auf einem schönen und weitschweifigen Spaziergang fallen mir tausend brauchbare nützliche Gedanken ein. Zu Hause eingeschlossen, würde ich elendiglich verkommen und verdorren. Spazieren ist für mich nicht nur gesund und schön, sondern auch dienlich und nützlich. Ein Spaziergang fördert mich beruflich und macht mir zugleich auch noch persönlich Spaß und Freude; er erquickt und tröstet und freut mich, ist mir ein Genuß und hat zugleich die Eigenschaft, daß er mich zu weiterem Schaffen reizt und anspornt, indem er mir zahlreiche kleine und große Gegenständlichkeiten als Stoff darbietet, den ich später zu Hause emsig und eifrig bearbeite.«*

In der Bearbeitung solcher spaziergängerischer »Gegenständlichkeiten« hat es Walser damals zu einem erstaunlichen Reichtum virtuos abgewandelter Etüden, Skizzen und Prosagedichte gebracht, in denen Entzücken und Wehmut, poetische Imagination und ironische Durchtriebenheit, unter Zuhilfenahme einer in wechselnden Graden sich distanzierenden Förmlichkeit des Sprechens, einander durchdringen und zu einer beständig »verunsicherten« Stillage führen, in der es dem Leser selber aufgegeben ist, eine Balance zu finden.

F.Ke.

AUSGABEN: Frauenfeld 1917. – Zürich 1919 (2. Fassg., in *Seeland*; Ill. K. Walser). – Zürich 1939 (in *Schweizer Novellenbuch*, Hg. W. Muschg). – Zürich 1944 (Ill. E. Früh). – Basel 1958 (in *Die schönsten Schweizer Erzählungen*, Hg. M. Rychner). – Genf/Hbg. ²1975 (in *Das Gesamtwerk*, Hg. J. Greven, 12 Bde., 1966–1972, 3; ern. Zürich/Ffm. 1978). – Ffm. 1978 (BS). – Ffm. 1984 (in *Romane u. Erzählungen*, 6 Bde., 5). – Zürich/Ffm. 1985 (in *SW in Einzelausgaben*, Hg. u. Nachw. J. Greven, 20 Bde., 1985/86, 5; st).

LITERATUR: K. Münzer, Rez. (in LE, 20, 1918, H. 10, Sp. 586). – C. Seelig, Rez. (in Tages-Anzeiger, Zürich, 16. 8. 1944). – G. Kurscheidt, *»Stillstehendes Galoppieren«. Der Spaziergang bei R. W. Zur Paradoxie einer Bewegung u. zum Motiv des »stehenden Sturmlaufs« bei Franz Kafka* (in Euph, 81, 1987, S. 131–155).

III. Expressionismus und experimentelle Avantgarde

HANS ARP

* 16.9.1886 Straßburg
† 7.6.1966 Basel

DAS LYRISCHE WERK von Hans ARP.
Der Bildhauer, Maler und Dichter Hans Arp war Teilnehmer an wichtigen Avantgarde-Gruppierungen des frühen 20. Jh.s (»Sturm-Kreis«; »Der Blaue Reiter«; »Dada-Zürich«; »Pariser Surrealisten«). Sein lyrisches Werk, belegt ab 1903, steht dabei im gesamten künstlerischen Œuvre gleichberechtigt neben den malerischen und skulpturalen Arbeiten.
Die Editionsproblematik, die in der mittlerweile dreibändigen Sammelausgabe der Gedichte (1963 ff.) zutage tritt, entsteht allerdings aufgrund poetologischer Qualitäten. Arp begriff einen Großteil seiner verstreut veröffentlichten Gedichte als momentane Konstellationen; darüber hinaus wurde in der Zeit »Dadas« bewußt mit Datierungen gespielt und durch beabsichtigt undeutliche Manuskripte auch das Druckereipersonal zur Teilnahme am lyrischen Produktionsprozeß gezwungen. Die lyrischen Anfänge Arps in der Straßburger Zeit – 1904 veröffentlicht René SCHICKELE drei Arp-Gedichte in ›Das Neue Magazin‹ (Berlin) – sind stark von der Lektüre Clemens BRENTANOS, NOVALIS' und der modernen französischen Symbolisten geprägt. Vokabular und Poetologie der deutschen Romantik bleiben übrigens für Arps gesamtes späteres lyrisches Schaffen verpflichtend. Nach akademischen und autodidaktischen Mal-Studien (u. a. »Académie Julian«, Paris) wird literarischer Ausdruck für Arp erst 1913 wieder relevant *(Von Zeichnungen aus der Kokoschka-Mappe)*. Die Bemühungen um Überwindung anerzogener mimetischer Kunstübungen lassen ihn besonders die Bekanntschaft Wassily KANDINSKYS suchen, dessen neue bildnerische *(Kompositionen)* und lyrische Arbeiten *(Klänge)* maßgebend werden.
Der literarische Durchbruch gelingt Arp erst 1916 in Zürich, wo er auf Einladung von Hugo BALL am Entstehen »Dadas‹ im »Cabaret Voltaire« teilhat. Die Elegie *Kaspar ist tot* – veröffentlicht 1920 in *Der Vogel selbdritt* – wird neben Kurt SCHWITTERS' *Anna Blume* zum bekanntesten Gedicht jener Epoche. Das Gedicht, das in mehreren inhaltlichen und typographischen Varianten mit bewußt verunklarter Datierung der Erstfassung (ab 1912) vorliegt, zeigt in der Mischung von hohem romantischem und alltäglich-banalem Vokabular den spezifischen Arpschen Tonfall der frühen zwanziger Jahre: *»weh unser guter kaspar ist tot./ wer trägt nun die brennende fahne im zopf. wer dreht die kaffemühle. wer lockt das idyllische reh«*. Der Totenklage, die so ihre Parodie in sich trägt, wird zumeist jene, in der bisherigen Arp-Hermeneutik schon tradierte Undeutbarkeit apostrophiert. Dabei erfährt die unsinnige Gesamthaltung des Textes als produktiv-antikünstlerische zumeist eine positive Wertung: *»Unsinn der Kunst gegen Wahnsinn der Zeit«* (Döhl). Jedoch verstellt diese Nachfolge im Mythos »Dadas« als Anti-Kunst den Blick auf das metaphysische Interesse Arps, das in der 1953 publizierten Fassung vollends zutage tritt. Die ernstzunehmenden Klagen um den Tod der Kunstfigur *»Kaspar«* nämlich münden in die Frage: *»warum bist du ein stern geworden oder eine kette aus wasser an einem heißen wirbelwind oder ein euter aus schwarzem licht oder ein durchsichtiger ziegel an der stöhnenden trommel des felsigen wesens«*. Diesem durchaus konstitutiv sich gebenden Vorstoß ins umfassend Elementare – die poetische Transformation Kaspars und der Dinge im kosmischen Bestand rekurriert unmittelbar auf Novalis' Poetologie *(Die Lehrlinge zu Sais)* – wird die belanglose weitere materielle Existenz der Kunstfigur gegenübergestellt: *»seine büste wird die kamine aller wahrhaft edlen menschen zieren doch das ist kein trost und schnupftabak für einen totenkopf«*.
Den ästhetischen Innovationsschub »Dadas« nutzt Arp weiter zur Entwicklung eines Produktionsschemas von Lyrik, welches dem Collage-Prinzip folgt und alltägliches Sprachmaterial verarbeitet. In der partiellen Nutzung des Zufalls – *»öfters bestimmte ich auch mit geschlossenen Augen Wörter und Sätze in den Zeitungen«* – konstituiert Arp ein neuartiges Entstehungsverfahren von Text. In der *»Arpade« Weltwunder* (2. erweiterte Fassung 1945) ist es ihm möglich, unter der Signifikanz des Titels verschiedenste Sprachspiele und Wortkombinationen zu subsumieren: *»die töchter aus elysium und radium binden die rheinstrudel zu sträußen«*. Im Gedichtband *Die Wolkenpumpe* (1920) ist das im Zufall begründete *»automatische Schreiben«* (vgl. Gertrude STEIN und die *»Écriture automatique«* der

französischen Surrealisten) dahingehend modifiziert, daß die intuitive auktoriale Formung gegenüber dem direkten Zugriff auf alltägliches Sprachmaterial bevorzugt wird. War Arps dichterisches Ideal bisweilen die Entpersönlichung des Dichters im automatischen Zufall – der metaphysische Kontext jener Schreibhaltung ist oft diskutiert –, so bleibt das Vokabular der dichterischen Sozialisation doch konstant. Zudem unterliegen die *»automatischen Gedichte«* im Gefolge der Entwicklung moderner Lyrik einer durchgehenden lautlichen Strukturierung. Arps anagrammatische Kerne vereinen so erst im Sprechen der Texte die in einfachen Wort- bzw. Satzfolgen fugenlos aneinandergereihten Bilder: *»die langen nasen haben als futterale fischreusen übergezogen«*. Sprache wird dabei oft auch kalauernd semantisch und lautlich überlagert – »Futter-aale« und »Fisch-reusen«.

Der Pyramidenrock (1924) versammelt 13 kleine Gedichtzyklen, die in ihrer gemeinsamen Textstruktur als gereimte Vierzeiler das *»automatische Schreiben«* in vierhebigen Jamben rhythmisch forcieren. Erscheint die Sprachspielkunst jener Gedichte, die stets die Sprache intakt läßt und in verstärktem Maße auf Sprachklischees abhebt, zunächst als burlesk-unsinnig, so weisen doch die Zyklen auch eine thematische Gliederung auf. Die artistisch anti-künstlerische Haltung, die jene Verse in der Form der Nonsens-Poesie des 19. Jh.s (vgl. Wilhelm Busch) provozieren, bildet allerdings den Grundakkord: *»Ein Volksmund und ein Virtuos/ erhängen die dressierte Laus«*. Neben *Schneethlehem*, das mit dem Tod von Religion und Märchen Weltthemen anspricht, beschäftigt sich der Zyklus *das bezungte brett* in der Manier Christian Morgensterns reflexiv mit Sprachkonstrukten: *»er kommt abhanden mit der hand«*. Eine poetologische Reflexionsebene prägt auch das *Opus Null*, das in seinen vier Stücken als Gesang über den automatischen Künstler (*»halb Zauberer, halb Dirigent«*) und seine Kunst gelesen werden kann. Im dritten Stück des Zyklus wird das Dichten selbst als hermetisch ablaufende, organische Selbstzeugung des Dichters paraphrasiert. Der Automatismus einer »Junggesellenmaschine«, die im abgeschlossenen Kreis des Dichters alle Zeugungsinstrumente zur Verfügung hat (*»Sack«* und *»Weib«*) erzeugt in rhythmisch generativem Verfahren den automatischen Text: *»Und tick und tack und tipp und topp/ der eigne Leib fällt aus der Braut«*.

Das für das Spätwerk Arps grundlegende Verfahren der organischen Schöpfung und des beständigen natürlichen Fortschreitens, im *Pyramidenrock* noch mit maschineller Ästhetik durchmischt, zeigt sich hier in den häufig gebrauchten Ding-Symbolen Ei, Hut, Knopf und Nabel bereits voll präsent. 1917 schon hatte Arp in *»bewegten Ovalen Sinnbilder der ewigen Verwandlung«* erkannt; im Nachlassen dadaistischen Weltgefühls (z. B. *weisst du schwarzt du*, 1924/30) wird ihm nun vor allem der Nabel, als Mittelpunkt des Ichs und Verbindung in den Kosmos, zum zentralen biomorphen Symbol in Gedicht und Skulptur: *»Um einen kleinen gelben Nabel am Himmel legt sich ein größerer gelber Nabel...«*. Mit der Reflektion über organische Schöpfungsmechanismen und deren Einbindung in einen metaphysischen Kontext entwickelte Arp, der sich 1926 mit der Künstlerin Sophie Taeuber-Arp in Meudon bei Paris niederließ, für seine Kunst die programmatische Erkenntnis, daß die Natur ihre Elemente in Konstellationen ordnet, die einem organischen Prozeß qualitativer Weiterentwicklung unterliegen. Die um 1930 entstehenden *Konfigurationen* vereinigen so verschiedene häretische Schöpfungsphilosophien (*»Vorsokratiker«, »I Ging«*). Unter Einbezug der metaphysischen Größe des Zufalls wird z. B. in der *Davos II Konfiguration* mit elementaren Größen (*»Wasser«, »Feuer«, »Mann«, »Frau«* etc.) in der sprachstrukturellen Abfolge von Konstellation, Chaos und Re-Konstellation eine qualitativ höhere Entwicklungsstufe erreicht, welche inhaltlich der Goetheschen »Urpflanzenidee« nahekommt: *»der stiel des feuers. der stiel der luft./ die blätter des mannes. die blätter der frau«*. Die konsequente Anwendung jenes lyrischen Produktionsprozesses zeigt Arp in der *Straßburg-Konfiguration* (1932), in welcher alle Titel der »dadaistischen« Lyrikbände Arps de-konstruktiv verwertet sind.

Jene poetisch verwaltete Kosmogonie Arps erfährt eine eindeutige Ausrichtung nach dem Unfalltod seiner Frau Sophie Taeuber-Arp 1943. Die Künstlergefährtin seit der Züricher Zeit, die ihr eigenes Arbeiten bescheiden hinter das Werk ihres Mannes zurückstellte, wird nun zum zentralen Gegenstand von Arps Lyrik. In der Konstitution einer »unio mystica« im Bild der *Sophie* wird sie Arp zu einem geistigen Projektionsraum, in dem alles künstlerische Denken aufgehoben scheint. Arp überhöht seine Trauer um den Menschen und *Sophie* wird zum Zentrum seiner romantisch-kosmologischen Poetik: *»Sophie ist ein Himmel./ Sophie ist ein Stern./ Sophie ist eine Blume«*. Das *Sophie*-Bild, das auch im »Sophia«-Begriff Jakob Böhmes wurzelt – Arp trug schon im »Cabaret Voltaire« aus den Schriften des christlichen Mystikers vor –, verschwimmt im breiten Spätwerk immer mehr. In der Überzeugung, daß der vorgefundene natürliche Entwicklungsprozeß in sich moralische Kraft trage, wird für Arp zunehmend auch der Fortschritt der menschlichen Vernunft, der Maschinen und Kriege zeitigte, zum Gegenstand fundamentaler Kritik. Der Ort der künstlerischen Utopie (*»die überträumer werden nicht nur kreise wie noch nie, sondern überkreise, sogenannte ›sophiekreise‹ träumen«*) wird in einfachen Bildern der erkannten gesellschaftlichen Realität gegenübergestellt (*»Die alten finsteren Siebensachen/ sind ein Kinderspiel/ im Vergleich mit den Übermaschinen«*). Gegen die Menschen, *»die Gott verloren haben«*, versucht Arp das Personal einer Wunder- und Traumpoetik (*»Engel«* und *»archaische Traummatrosen«*) zu mobilisieren, jedoch bleiben auch ihm, der stets innovative künstlerische Produktionsformen entwickeln konnte, solche Rettungsversuche zweifelhaft. Arps Suche nach einer elementaren heilsamen und heilsstiftenden

Kunst scheint nach kurzer intensiver Berührung vor der Moderne kapitulieren zu müssen. E.Er.

AUSGABEN: *Der Vogel selbdritt*, Bln. 1920. – *Die Wolkenpumpe*, Hannover 1920 (Neudr. Mchn. 1980). – *Der Pyramidenrock*, Zürich/Mchn. 1924 (Neudr. Köln 1971). – *weisst du schwarzt du*, Zürich 1930. – *Konfiguration*, Paris 1930. – *Muscheln und Schirme*, Meudon 1939. – *Mondsand*, Pfullingen 1960. – *Sinnende Flammen*, Zürich 1961. – *Logbuch des Traumkapitäns*, Zürich 1965. – *Gesammelte Gedichte*, Bd. 1 (1903–1939), Hg. H. A., M. Arp-Hagenbach u. P. Schifferli, Wiesbaden 1963; Bd. 2 (1939–1957), ebd. 1974; Bd. 3 (1957–1966), Hg. A. Bleikasten, Wiesbaden/Mchn. 1984.

VERTONUNGEN: A. Reimann, *Auf verschleierten Schaukeln* (Chor), Mainz 1984. – K.-H. Stahmer, *5 Lieder* (Stimme u. Begl.), Bad Schwalbach 1984. Versch. weitere Liedvertonungen.

LITERATUR: F. Usinger, *Die dichterische Welt H. A.s*, Wiesbaden 1965. – R. Döhl, *Das literarische Werk H. A.s (1903–1930)*, Stg. 1967. – R. W. Last, *H. A. The Poet of Dadaism*, Ldn. 1969. – E. Philipp, *Dadaismus*, Mchn. 1980, S. 197–220. – H. A. Watts, *Chance. A Perspective of Dada*, Michigan 1980, S. 51–135. – A. Bleikasten, *Arp Bibliographie*. Bd. 1: *Écrits*, Ldn. 1981; Bd. 2: *Critique*, ebd. 1983. – *H./Jean A.*, Mchn. 1986 (Text + Kritik). – *A. 1886–1896*, Hg. J. Hancock u. S. Poley, Baden-Baden 1986 [Kat.]. – *H. A. zum 100. Geburtstag*, Hg. H. Bollinger u. a., Zürich 1986 [Kat.].

HUGO BALL

* 22.2.1886 Pirmasens
† 14.9.1927 Sant' Abbondio / Tessin

LITERATUR ZUM AUTOR:
E. Egger, *H. B.*, Olten 1951. – E. Ball-Hennings, *Ruf und Echo. Mein Leben mit H. B.*, Einsiedeln 1953. – G. E. Steinke, *The Life and Work of H. B., Founder of Dadaism*, Den Haag 1967. – R. W. Last, *German Dadaist Literature. K. Schwitters, H. B., H. Arp*, NY 1973. – G. Stein, *Die Inflation der Sprache. Dadaistische Rebellion und mystische Versenkung bei H. B.*, Ffm. 1975. – *H. B.-Almanach*, Hg. E. Teubner, Pirmasens 1977ff. – H. J. Bähr, *Die Funktion des Theaters im Leben H. B.s*, Ffm./Bern 1982. – *H. B. (1886–1986). Leben und Werk*, Hg. E. Teubner, Bln. 1986 [Ausst.-Kat.].

CABARET VOLTAIRE

Eine Sammlung künstlerischer und literarischer Beiträge. Zeitschriftenartige Publikation mit Beiträgen verschiedener Autoren, herausgegeben von Hugo BALL, erschienen im Mai 1916 in »Zürich, Spiegelgasse 1«. Die in einer Auflage von 500 Stück erschienene, erste und einzige Textsammlung des gleichnamigen Züricher Emigrantentreffpunktes und Kabaretts verdankt ihren Ruhm weniger der kaum originellen Zusammenstellung und Auswahl der Text- und Bild-Beiträge als vielmehr der Tatsache, daß hier erstmals das Wort *»dada«* im Zusammenhang mit der es propagierenden Künstlergruppe erscheint.
Geschichte der Avantgarde bedeutet über weite Strecken eine Geschichte von Publikationsorganen. Die am Schnittpunkt neuer Kriegs- und Medientechniken entstehenden Spielarten der radikalen Moderne suchen sich – bevor sie über Skandale Zugang zu den schneller operierenden Medien finden oder bevor sich ihre Vertreter in Erinnerungsbüchern als ehemalige Avantgardisten feiern – autonome Publikationsmöglichkeiten für ihren ästhetischen Terror. *Cabaret Voltaire* muß dabei als die Urzelle der vielen, stets kurzlebigen Avantgarde-Zeitschriften wie TZARAS *DADA*, PICABIAS *391* oder SCHWITTERS *Merz* angesehen werden. Gegenüber diesen sich ästhetisch betont avanciert gebenden Organen entstammt *Cabaret Voltaire* noch ganz dem konventionellen Kunstbetrieb der Moderne, aus dem heraus sich der Dadaismus entwikkelt. Die Zeitschrift gibt sich als Dokumentation und Katalog von Ausstellungen und Lesungen des gleichnamigen Kabaretts. Sie enthält aber weder das erste dadaistische Manifest Hugo Balls noch Tristan TZARAS Manifest *Le Aventure céleste de M. Antipyrine*.
Die Textzusammenstellung dokumentiert so in erster Linie prä-dadaistische Veranstaltungen ohne explizit demagogische Absicht. In strenger Typographie, noch fern von collagistischen Verfremdungen listet das elegant gediegene Titelblatt neben den Kabarett-Mitarbeitern und zukünftigen Dadaisten, darunter H. ARP, R. HUELSENBECK, M. JANCO, T. TZARA, vor allem Künstler der klassischen Moderne auf, von denen Werke in die Sammlung Eingang fanden, ohne daß sie direkten Anteil an Dada gehabt hätten, wie MODIGLIANI, PICASSO, der Futurist MARINETTI oder KANDINSKY, von dem Ball aus Verehrung für sein Werk zwei Gedichte aufnimmt.
Die radikalste Inszenierung einer Kunstepoche, der Dadaismus als Manifestation poetischer Gewalt, nimmt einen höflichen Anfang: *»Als ich das Cabaret Voltaire gründete, war ich der Meinung, es möchten sich in der Schweiz einige junge Leute finden, denen gleich mir daran gelegen wäre, ihre Unabhängigkeit nicht nur zu genießen, sondern auch zu dokumentieren.«* Hier in seinem Urzustand ist der Dadaismus, der später zur Epoche verklärt wird, noch als Amalgam von Theoremen der Moderne kenntlich, deren konsequente Ausgestaltung freilich ge-

nuine Leistung Dadas bleibt. So findet sich das von Huelsenbeck, Janco und Tzara im Kabarett am 31.3. 1916 rezitierte Simultangedicht *l'amiral cherche une maison à louer* ebenso abgedruckt wie sein Vorbild, Marinettis *Parole in libertà*. Daneben sind die eingestreuten Gedichte von Huelsenbeck *(Der Idiot)* oder Ball (Teile des Zyklus *Cabaret*) zwar engagiert modern, doch durchaus epigonal im Pathos zeitgenössischer, expressionistischer Diktion befangen. Einzig der – später von Ball in seinen Roman *Tenderenda der Phantast* aufgenommene – Text *Das Carousselpferd Johann* oder Huelsenbeck/Tzaras *DADA, Dialogue entre un cocher et une alouette* mögen der dadaistischen Attitude entsprechen. Bietet Balls Erzählung bereits eine verschlüsselte Allegorie auf die Avantgarde, so geht der französisch-deutsche Dialog von einer Anpreisung der alsbald erscheinenden Zeitschrift ›Dada‹ in eine der sich selbst beschwörenden, rituellen Litaneien über, die in ihrer zärtlich-verspielten Lust an der Sprache und der gleichzeitigen brachialen Aggressivität gegen deren zwangsläufige Inhalte das Publikum so verstören sollten: *»Olulu Olulu Dada ist gross Dada ist schön.«*

Nichts als eine semantische Operation steht am Beginn der dadaistischen Revolution. *»Dada ist eine neue Kunstrichtung«*, *»Dada stammt aus dem Lexikon«* und *»Jede Sache hat ihr Wort; da ist das Wort selber zur Sache geworden«*, wird Hugo Ball am 14. Juli 1916 am *»1. Dada-Abend«* proklamieren. Ein Laut mit vager Assoziationskraft firmiert seit dem *Cabaret Voltaire* als Signet einer Geisteshaltung, die fortan in den Rang einer Kunstrichtung einrücken wird. Die Frage bleibt müßig, von wem und wie diese Bedeutungsübertragung des Wortes Dada stattgefunden hat. Auch in der ersten Drucklegung bleibt der Ursprung von Dada im dunkeln, wenngleich schon das erste Auftauchen von dem Willen zur symbolischen Inszenierung zeugt, die fortan dem Unsinns-Wort seinen Weltruhm sichert: Unvermittelt bricht es an einer Stelle von Balls einleitendem Bericht über bisherige Aktivitäten des Kabaretts als Versprechen für die Zukunft hervor, um den Text, der schließlich nur noch das Datum festhält, zur Gänze zu überwuchern: *»Das nächste Ziel der hier vereinigten Künstler ist die Herausgabe einer Revue Internationale. La revue paraitra a Zurich et portera le nom ›DADA‹. (»Dada«) Dada Dada Dada Dada. / Zürich, 15. Mai 1916«.*

A.Ar.

Ausgaben: Zürich 1916; Nachdr. Nendeln 1977. – Paris 1981. – Hbg. 1984 (in *DADA Mappe*; Faks. dadaistischer Zss.).

Literatur: M. Prosenc, *Die Dadaisten in Zürich*, Bonn 1967. – K. Riha, *Dada Zürich* (in *Tendenzen der zwanziger Jahre*, Bln. 1977, S. 52–56; Ausst.-Kat.). – R. Meyer, *»Dada ist gross, Dada ist schön«. Zur Geschichte von »Dada Zürich«* (in *Dada in Zürich*, Zürich 1985, S. 6–79; Ausst.-Kat.). – G. Magnaguano u. H. Bollinger, *›Cabaret Voltaire‹* (ebd., S. 208–210).

ERNST BARLACH

* 2.1.1870 Wedel / Holstein
† 24.10.1938 Rostock

Literatur zum Autor:
Bibliographie:
E. B.-Bibliographie, Bearb. K. H. Kröplin, Bln. 1972.
Biographien:
I. Kleberger, *Der Wanderer im Wind: E. B.*, Bln. 1984. – C. Krahmer, *E. B. in Selbstzeugnissen und Bilddokumenten*, Reinbek 1984 (rm).
Gesamtdarstellungen und Studien:
D. Fleischhauer, *B. auf der Bühne, Eine Inszenierungsgeschichte*, Diss. Köln 1956. – G. Lietz, *Das Symbolische in der Dichtung E. B.s*, Diss. Marburg 1957. – H. Dohle, *Das Problem B. Probleme, Charaktere seiner Dramen*, Köln 1957. – W. Flemming, *E. B. Wesen und Werk*, Bern 1958. – E. Lichter, *Wort und Bild in den Dramen E. B.s*, Diss. Heidelberg 1960. – K. Braak, *Zur Dramaturgie E. B.s*, Diss. Heidelberg 1961. – F. A. Muschg, *Der Dichter B.*, Diss. Zürich 1961 [Zs.fassg.]. – H. Meier, *Der verborgene Gott, Studien zu den Dramen E. B.s*, Nürnberg 1963. – F. Deppert, *Schuld und die Überwindung der Schuld in den Dramen E. B.s*, Diss. Ffm. 1966. – K. H. Erdmann, *E. B.s Dramen. Eine Untersuchung zur spätbürgerlichen Problematik der Konfliktwahl und Menschengestaltung*, Diss. Jena 1967. – K. Graucob, *E. B.s Dramen*, Kiel 1969. – E. M. Chick, *E. B.*, NY 1972. – E. Jansen, *E.B.: Werk und Wirkung*, Ffm. 1972. – H. Kaiser, *Der Dramatiker E. B. Analysen und Gesamtdeutung*, Mchn. 1972. – B. Mogridge, *Satire in E. B.s Plays*, Diss. Cambridge 1972. – P. Fleischhauer, *Die Metaphernsprache im Werk E. B.s*, Diss. Köln 1975. – I. Schmidt-Sommer, *Sprachform und Weltbild in den Dramen von E. B.*, Diss. Tübingen 1976. – H. Falkenstein, *E. B.*, Bln. 1978. – M. Durzak, *Das expressionistische Drama. E. B., E. Toller, F. v. Unruh*, Mchn. 1979. – E. Piper, *E. B. und die nationalsozialistische Kunstpolitik*, Mchn. 1983. – M. Heukäufer, *Sprache und Gesellschaft im dramatischen Werk E. B.s*, Heidelberg 1985.

DER BLAUE BOLL

Drama in sieben Bildern von Ernst Barlach, Uraufführung: Stuttgart, 13. 10. 1926; erschienen 1926. – In diesem spökenkiekerischen *»Drama des Werdens«* versucht der Bildhauer und Dichter den Leitgedanken vom *»Aufgehen des Persönlichen im Überpersönlichen«* zu veranschaulichen und das Problem der Versöhnung des im Fleisch lebenden Menschen mit dem väterlich-geistigen Gott durch dramatische Gestaltung zu bewältigen. Boll, dessen häufig »blaue« Gesichtsfarbe seine Neigung zum Schlagfluß verrät, ein von wütend-berserkerhafter Kraft strotzender, sektiererisch grübelnder, urvitaler Gutsbesitzer, erscheint mit seiner Frau Martha in einer Kleinstadt, um einzukaufen. Beide sind verabredet mit Otto Prunkhorst – wie Boll Gutsbesitzer –, dem jede Veränderung verhaßt ist. Boll wird in einem plötzlichen, von Blutandrang zum Kopf herrührenden Rausch zur Flucht vor sich selbst getrieben und sieht sich zweifach: *»Boll will Boll umbringen«*; denn *»Boll muß Boll neu gebären«*. Da trifft er mit Grete zusammen, der Frau des Schweinehirten Grüntal. Sie ist ihrem Mann gerade entlaufen. Ihre starke Triebhaftigkeit, die sie für sich und ihre Kinder als Gefahr empfindet, übt auf Boll einen verjüngenden, sinnlichen Reiz aus; beide spüren die gegenseitige Anziehung, als sie sich im Kirchturm verbergen. Grete will sich und ihre Kinder vergiften; Boll soll ihr das Mittel dazu verschaffen, versucht aber, ihr den Vorsatz auszureden. Beim teuflischen Wirt Elias erkennt Grete schließlich, dem Tod gegenüberstehend, das Verwerfliche ihrer Absicht und erwartet sehnsüchtig Boll, fällt aber bei seinem Erscheinen in Ohnmacht und muß von ihm in die Kirche gebracht werden. Als sie *»zwischen Aposteln«* erwacht, hat der »blaue«, wieder ganz gewöhnliche Boll die Anfechtung überwunden und rettet damit auch Grete, die zu ihrer Familie zurückfindet. Prunkhorst ist inzwischen einem Schlaganfall erlegen. Der Herr, der die letzten Stunden an seinem Bett verbracht hat, ein eigenartiger, klumpfüßiger Mensch, spricht mit Boll über dessen innere Wandlung: *»Leiden und Kämpfen, lieber Herr, sind die Organe des Werdens ... Boll wird durch Boll ... Werden vollzieht sich unzeitig, und Weile ist nur sein blöder Schein.«*

Solange in diesem Stück, das auch als Hörspiel eine starke Wirkung ausübt, die Figuren ihre schwerblütige realistisch-alltägliche Sprache sprechen, ist es von großer Eindringlichkeit – selbst dort, wo Elemente des Irrealen unmittelbar einbezogen sind. Dagegen sind die Partien, in denen die gedanklich-reflexive Dimension sich verselbständigt und alle anderen Elemente des Stückes zu überwuchern droht, ausgesprochen undramatisch. Immerhin zeugt die Figur des blauen Boll mit ihrer Gespaltenheit von Barlachs Gabe, die »innerste Erfahrung« seiner Bilderwelt aus der norddeutschen Landschaft lebendig zu machen, wenn auch dafür letztlich *»das Wort untauglich ist, bestenfalls eine Krücke für die, denen das Humpeln genügt«*.

W.P.-KLL

AUSGABEN: Bln. 1926. – Mchn. 1956 (in *Das dichter. Werk*, Hg. F. Droß u. K. Lazarowicz, 3 Bde., 1956–1959, 1; [4]1985). – Mchn. 1977 (in *Drei Dramen*). – Bln. 1981. – Mchn. 1987, Hg. H. H. Fischer [m. Zeichn. v. E. B.].

LITERATUR: W. I. Lucas, *B.'s »Der blaue Boll« and the New Man* (in GLL, 16, 1963, S. 238–247). – E. M. Chick, *»Der blaue Boll« and the Problem of Vision in B.* (in GR, 40, 1965, S. 31–40).

DIE SÜNDFLUT. Drama in fünf Teilen

Drama in fünf Teilen von Ernst BARLACH, Uraufführung: Stuttgart, 27. 9. 1924, Württembergisches Landestheater. – Gestaltungen und Wandlungen Gottes im Abbild seiner menschlichen Erscheinung – dieses Grundthema der Dramen Barlachs variiert *Die Sündflut* mit letzter, geradezu blasphemisch scheinender Konsequenz. *»In meiner ›Sündflut‹ habe ich dem Bibelgott ja wohl nach Vermögen das Letzte an Größe gegeben (ich weiß: ›gegeben‹ ist eine Art Lästerung), aber er ist vor meinem Gewissen doch der Gott, wie ihn die Menschen als das Erhabenste zu sehen vermögen, weil sie sehen, sich vergegenwärtigen müssen, den sie so und nicht anders zu erkennen vermeinen.«* Barlach treibt den metaphysischen Urkonflikt zwischen Schöpfer und Geschöpf bis an die Grenze des Darstellbaren voran und setzt die traditionellen biblischen Vorstellungen in gewagte Antithesen um.

Die Sündflut handelt vom direkten Kampf gegen Gott, der ein anderer ist als der Gott der *Bibel*, ein anderer auch, als ihn die Engel jeweils am Anfang der einzelnen Teile des Dramas preisen. Dieser Gott irrt als Fremder durch seine ihm fremd gewordene Schöpfung, mehr noch: Gott tritt als Bettler auf, der seine Welt dem Wahnsinn verfallen, sein Ebenbild zur Fratze verzerrt wiederfindet: *»Mein Werk höhnt meiner selbst.«* In seiner trostlosen Qual schleudert ihm der bucklige Aussätzige seine Flüche entgegen. Calan, der nihilistische Empörer, fordert Gott in hybrider Selbstvergötterung heraus: *»Er oder ich, Er oder ich!«* Seiner Gottähnlichkeit bewußt, stellt er sich dem kindlich vertrauenden, gläubigen Noah als Versucher in den Weg. *»Versprichst du mir auf Gott zu spucken, wenn es sich herausstellt, daß er das Opfer verabscheute und doch nicht hinderte?«* Trotz seiner tiefen Gläubigkeit unschlüssig, wehrt sich Noah noch gegen das angebotene Menschenopfer. Die Frage der Theodizee, der Existenz des Bösen und ihrer Rechtfertigung in Gott, stürzt Calan in den Abgrund absoluter, frevelnder Gottesferne, in der ihm das Bild eines neuen, größeren Gottes erwächst. Noahs passiver Glaube aber verhindert das Opfer genausowenig wie Jehova selbst: Als Calan einem Hirten beide Hände abschlagen läßt, schaut der hilflose Noah bestürzt zu, ohne gegen den Frevel einzuschreiten. Sein zunächst positiver Gottesgehorsam wandelt sich zu verantwortungslosem Frommsein, zu schuldhafter Passivität. Nach seiner Auseinandersetzung mit Noah setzt Calan seine Anklagen heftig fort – Gott aber nimmt die Herausforderung direkt an: *»Denn dein Gott, Calan, wenn er stärker ist als Noahs Gott, wird dich und deine Dinge vor der Flut erretten.«* Die Flutprophezeihung, Vorspiel eines apokalyptischen Weltgeschehens, stellt sich als bittere Notwendigkeit dar, die einer Absage an Gottes eigene Schöpfung gleichkommt: *»Für jeden Tropfen Blut wird ein Meer aus den Brunnen der Tiefe brechen, für jeden bangen Hauch des klagenden Mannes wird ein Schwall aus den Schleusen des Himmels niederschlagen.«* Während Noah nach Awahs Vision, in der sie die Flut schaut, zum Berg Ararat zieht, um die Arche zu bauen, bricht die Katastrophe mit furchtbarer Gewalt herein. Die Fragwürdigkeit von Noahs Verhalten wird deutlich in jener symbolischen Szene, da er den verstümmelten Hirten und den Aussätzigen ohne Erbarmen vertreibt. Je mehr er seine Verantwortung auf Jehova abschiebt, desto greller tritt seine Schuld zutage. Unzufrieden mit der Passivität des Vaters, wenden sich seine Söhne Sem und Japhet, die ihrer Weiberlosigkeit überdrüssig sind, gegen den Zögernden und gefährden so den Bau der Arche: Noah muß sich zu dem Entschluß durchringen, Japhet die Heidin Zebid an Awahs Stelle zum Weibe zu geben, gegen den ausdrücklichen Willen Gottes, der ihn davor warnt, daß Zebid seine Nachkommenschaft für alle Zukunft verderben werde. Sogar Jehova beginnt an seinem Knecht zu verzweifeln. – Calan geht in unsäglicher Qual zugrunde – unlösbar an den Aussätzigen gefesselt, kann ihn auch der verstümmelte Hirt nicht mehr befreien. In der Nacht des Grauens aber erfährt der Sterbende Gottes wesenlose Größe, die allumfassender ist als Noahs patriarchalische Vatergestalt: *»... nur Glut ist Gott, ein glimmendes Fünkchen, und alles entstürzt ihm, und alles kehrt in den Abgrund seiner Flut zurück. Er schafft und wird vom Geschaffenen neugeschaffen.«* Am Grunde von Calans Nihilismus leuchtet eine neue Gottesahnung auf, die der Hirt in ergreifenden Worten ausspricht: *»Ich schäme mich, von Gott zu sprechen. Ich begreife, daß er nicht zu begreifen ist, das ist all mein Wissen von ihm.«* Bigotte Selbstgerechtigkeit macht die tragikomische Gestalt Noahs blind gegenüber der neuen Gottesschau Calans, der im tragischen Untergang den *»unwandelbaren«* Gott Jehova nicht als menschenähnliche Vatergestalt schaut, sondern in seiner Unergründlichkeit das wandelbare Prinzip des ewig Werdenden erkennt, jene Gottesvorstellung, die Barlachs religiöse Botschaft meint. *»Hier wird eine neue Frömmigkeit sichtbar, die die abgründigen Tatsachen des Leidens und des Bösen schmerzvoll erkennt und erfährt und dennoch die Absurdität des zeitlichen Seins im Glauben an die All-Göttlichkeit der Schöpfung gegen alle Zweifel durchzustehen aufgefordert ist«* (H. Wagner).

Was sich auf der Bühne dieses urzeitlichen Welttheaters ereignet – Szenen von bestürzender Drastik, elementarer Wucht und balladesker Figuration – gehört zu jenen kühnen Apotheosen Barlachs, die rigoros mit der konventionellen Gottesvorstellung brechen. Seine Dramaturgie ist vertikal strukturiert entsprechend jener transzendenten Spielebene, die jenseits und über der szenisch realisierten Spielebene sichtbar wird. Vor dem Schauspiel einer apokalyptischen Weltverfinsterung führen die Symbolfiguren ihren einsamen, die Ausdrucksformen der Sprache immer wieder sprengenden Dialog mit Gott. Barlachs Dramen bieten weder greifbare Konflikte noch praktikable Lösungen: Sie sind nur *»Vorbereitung für eine Handlung, die ihre Verwirklichung erst in einer ganz anderen Welt finden kann«* (K. Lazarowicz). M.Ke.

Ausgaben: Bln. 1924. – Emsdetten 1954 (in *Dramen der Zeit*). – Mchn. 1956 (in *Das dichterische Werk*, Hg. F. Droß u. K. Lazarowicz, 3 Bde., 1956–1959, 1; 41985). – Ffm. 1986 (FiTb). – Mchn. 1987, Hg. H.H. Fischer [m. Zeichn. v. E.B.].

Literatur: E.M. Chick, *Diction in B.'s »Sündflut«* (in GR, 33, 1958, S. 243–250). – H. Wagner, *E. B. »Die Sündflut«* (in *Das deutsche Drama*, Hg. B. v. Wiese, Bd. 2, Düsseldorf 1958, S. 338–356). – W. Kriess, *Vom Text zum Spiel. »Die Sündflut« von E. B.* (in Provinz, 14, 1960, S. 608–615). – K. Lazarowicz, *Endspiele. Zu B.s »Sündflut« und Becketts »Fin de partie«* (in *Theatrum mundi*, Bln. 1981, S. 387–406). – C.A. Beck, *Waters Over the Earth. The Flood in Modern Drama*, Diss. Indiana Univ. 1982 (vgl. Diss. Abstracts, 42, 1982, S. 5112A).

DER TOTE TAG

Drama in fünf Akten von Ernst Barlach, erschienen 1912; Uraufführung: Leipzig, 22. 11. 1919, Schauspielhaus. – Mythendunkel und Märchenlicht erfüllen den szenischen Raum von Barlachs erstem Theaterstück, einem Familiendrama, das in schwerfällig symbolischen Verwandlungen die großen Themen der Barlachschen Dramatik vorwegnimmt; in der Gestalt des Vaters die Herkunft des Menschen von einem unsichtbaren Gott, ferner den Dualismus zwischen der Geist-Welt des Vaters und der Erd-Welt der Mutter, zwischen *»Geisthaftigkeit«* und *»Leibhaftigkeit«* und die Ahnung einer noch fernen, neuen Zeit – Themen, die im Widerspiel von Geist und Natur, Licht und Dunkel szenische Gestalt annehmen.

Der »tote Tag« ist ein Tag ohne Gott, *»ein Schreckgespenst für eines Schuldigen Seele«*. Zusammen mit den Gnomen Steißbart und Besenbein hausen Mutter und Sohn unter einem Dach, bis eines Tages der blinde Bettler Kule über ihre Schwelle tritt, der unerkannte, verschollene Vater, den die um ihre matriarchalische Herrschaft besorgte Mutter als Störenfried beargwöhnt. Kule, der Träger einer universalen Vaterbotschaft göttlichen Ursprungs, bringt dem Sohn das Pferd Herzhorn, das ihn aus dem Tod ins Leben, in die zukünftige Welt des Vaters führen soll. Festgehalten von der chthonischen Mutterbindung, quält sich der Sohn mit der Frage, warum ein Vater so lange schweigen kann, wenn er die Not des Sohnes kennt: *»Wenn Vater unsichtbar ist, wie bin ich sichtbar, wenn ich rufen kann, wie kann Vater schweigen?«* Im Schutze der Nacht tötet die Mutter Herzhorn, eine Freveltat, die den Tag – *»totgeblieben vor ihrem Schrecken«* – in Dämmer und Dunkel hüllt: *»Die Nacht hat Höhe und Ferne und Raum nach hinten und vorn!«* In diesem nächtlich verdunkelten Raum vollzieht sich das mystische Drama, der Kampf um eine verschüttete Wahrheit, in den auch die Hausgeister eingreifen: *»Geben muß es eine Wahrheit, ein Wort muß da sein, aber freilich Gott-Mutter ist es nicht.«* Sohnes-Zukunft ist nicht Mutter-Zukunft: *»Es hat Menschen gegeben und wird wieder welche geben, die mit dem Hauch ihres Mundes sprechen können zu einem Gott: Vater! Und dürfen den Ton in ihren Ohren hören: Sohn!«* In der Einsicht, daß sie ihren Sohn nicht an ihr erdhaftes Dasein zu fesseln vermag, entdeckt sie ihm ihre Untat. Beide erstechen sich mit einem Messer. Kule und Steißbart ziehen mit ihrer Vaterbotschaft weiter, irgendwohin, denn *»ein Weg braucht kein Wohin, es genügt ein Woher«.*

Barlach macht mit dem von Steißbart gesprochenen Schlußsatz die symbolischen Sinnbezüge dieses grüblerischen Gottsucher-Dramas transparent: *»Sonderbar ist nur, daß der Mensch nicht lernen will, daß sein Vater Gott ist.«* Der Dramatiker Barlach wollte vor allem Zeugnis ablegen von einem höheren, geistig und göttlich begründeten Herkunftsbereich des Menschen. Die transzendentale Dimension hinter dem Bühnengeschehen durchbricht immer wieder die theatralische Illusion. Die szenische Gestaltung vermittelt zwischen einer vordergründigen Spielebene und einer hintergründigen Sinnebene: Barlachs Drama weist über den Bühnenraum hinaus in einen Raum absoluter Transzendenz. Es lebt vor allem aus seiner zugleich schwerfälligen wie suggestiven Sprachkraft, seiner expressiven Metaphorik und dunklen Symbolik.

M.Ke.

AUSGABEN: Bln. 1912. – Bln. 1919. – Mchn. 1956 (in *Das dichterische Werk*, Hg. F. Droß u. K. Lazarowicz, 3 Bde., 1956–1959, 1; 41985). – Mchn. 1963 (zus. m. *Der arme Vetter*; dtv). – Mchn. 1988, Hg. H. H. Fischer [m. Zeichn. v. E. B.].

LITERATUR: W. Muschg, *Der Dichter E. B.*, Wiesbaden 1958 (Abh. der Akad. der Wiss. u. Lit., Mainz 1957, 3). – M. Lehman, *Eine Interpretation von E. B.s Dramen gestützt auf der Psychologie von C. G. Jung*, Diss. NY Univ. 1965 (vgl. Diss. Abstracts, 27, 1966/67, S. 211/212A). – A. Page, *Das Vater-Sohn-Verhältnis in E. B.s Dramen*, Hbg. 1965. – H. Hatfield, *Cave matrem. The battle of sexes es in E. B.s »Der tote Tag«* (in Studies in the German, 1974, S. 225–234).

JOHANNES ROBERT BECHER

* 22.5.1891 München
† 11.10.1958 Berlin / DDR

LITERATUR ZUM AUTOR:
SuF, 12, 1960 [Sondernr. *J. R. B.*]. – E. M. Herden, *Vom Expressionismus zum sozialistischen Realismus. Der Weg J. R. B.s als Künstler und Mensch*, Diss. Heidelberg 1962. – E. Hinckel, *Gegenwart und Tradition: Renaissance und Klassik im Weltbild J. R. B.s*, Bln./DDR 1964. – *Erinnerungen an J. R. B.*, Bearb. H. Görsch, Bln./DDR 1968; ern. Ffm. 1974. – N. Hopster, *Das Frühwerk J. R. B.s*, Bonn 1969. – A. F. Stephan, *Konkretisierte Utopie. Die Politisierung der Dichtung bei J. R. B.*, Diss. Princeton Univ. 1973. – W. Herzfelde, *Wandelbar und stetig. Zum Werk J. R. B.s* (in W. H., *Zur Sache geschrieben und gesprochen zwischen 18 und 80*, Bln./Weimar 1976). – A. Abusch, *Die Welt J. R. B.s. Arbeiten aus den Jahren 1926–1980*, Bln./Weimar 1981. – H. Haase, *J. R. B. – Sein Leben und Werk*, Bln. 1981.

AN EUROPA

Gedichtsammlung von Johannes Robert BECHER, erschienen 1916; die wichtigste Veröffentlichung aus der expressionistischen Phase des Autors. – *»Der Dichter«*, heißt es in dem berühmten Programmgedicht, *»meidet strahlende Akkorde. / Er stößt durch Tuben, peitscht die Trommel schrill. / Er reißt das Volk auf mit gehackten Sätzen«*, er zertrümmert die konventionelle Syntax und Sprache, um das Ohr des Volkes zu erreichen. Undeutlich ist von einer paradiesischen Zukunft – *»der neue, der heilige Staat«* – die Rede, doch noch bleibt alles Programm und Manifest: *»Wer, Dichter, schreibt die Hymne an die Politik!?«* Diesem Anruf *An die Dichter* folgen eine Hymne *An die Marseillaise* und Sonette *An die Zwanzigjährigen (»mit Bombenfäusten, der Panzerbrust, drin Lava gleich die neue Marseillaise wiegt!!«)*. Bechers Anliegen war es, eine *neue*, zur Tat treibende Marseillaise in den Herzen der Mitmenschen zu wecken und ihren revolutionären Kern zu aktualisieren. Noch ist es allerdings ein die ganze Menschheit in brüderlichem Anruf umfassendes Gefühl ohne parteipolitische Fixierung, ein Appell, der WERFELS Aufforderung zur Güte und Hingabe, zur Weltfreundschaft nahesteht und dessen O-Mensch-Pathos immer wieder streift. Deshalb können auch Dichter wie RIMBAUD, WHITMAN, DÄUBLER, HASENCLEVER, HEYM, STADLER und TRAKL noch als *»Brüder«* angeredet werden. Diese Anrede greift indessen noch weiter, sie meint auch *»Völker-Bruderschaften«* und beschreibt die Sehnsucht, daß nach diesem Krieg, in dem sie sich selbst zerfleischen, die Nationen *»ineinander wiederkehren«*. Über Deutschland hinaus richtet Becher deshalb das Wort *An Europa* und *An die Völker*. *»Aus den Schlachten«* – so läßt das expressionistische Lebensgefühl, das er mit vielen zeitgenössischen Autoren teilte, ihn hoffen – ziehe *»ein fabelhafter Morgen auf«*, denn trotz aller Niederlagen der einzelnen Nationen: *»Menschheit heißt der unerhörte Sieg.«* Im dichterischen Wort gelingt das *»Erwachen«*, die *»Erweckung«* tatsächlich: der torpedierte, versenkte Dampfer »Lusitania« fliegt wieder über die Ozeane als *»erneuter Menschheit heiliger Fisch«*. Das ist utopisches Bewußtsein, und Becher weiß es; *Klänge aus Utopia* heißt folgerichtig das ersehnte Bild einer einigen Menschheit, und das

Schlußgedicht, *An die Freude*, kann, SCHILLER zitierend, nur hymnisch erbitten: *»Füll, Utopia, füll des Chaos Raum«*, des Chaos, das in den zahlreichen Kriegsgedichten des Bandes dargestellt ist.
Das Faszinierende der lyrischen Produktion des jungen Becher liegt weniger in dem hier entwickelten Programm als darin, daß die formalen Konventionen der um die Jahrhundertwende und danach vorherrschenden Lyrik in einem großartigen, expressiven Sprachchaos aufgelöst wird. Die Sprache, hier von selten nachlassender Wucht, ist aus den heterogensten Elementen der großen Errungenschaften moderner Lyrik – der DÄUBLER, STRAMM, TRAKL, HEYM, RILKE, LICHTENSTEIN u. a. – zusammengeschmolzen; Kurt PINTHUS nannte sie *»fäkalischen Barock«*. Der Glaube an den Aufbruch des Proletariats, der Nationen und Völker zu ihrer *Verbrüderung* – so heißt ein ebenfalls 1916 erschienener Gedichtband – sollte in einer neuen Syntax wirksam vorgetragen werden, als deren besonderes Merkmal der Imperativ erscheint (*»Imperativ schnellt steil empor. Phantastische Sätzelandschaft überzüngelnd«)*.
Der Band *An Europa* war, einer Schlußbemerkung zufolge, als *»erster Teil neuer Gedichte«* geplant. Mit zunehmendem parteipolitischem Engagement wandte Becher sich jedoch der proletarisch-revolutionären Dichtung zu, verwarf die frühe Lyrik und sah sich selbst als Antipode zu seinem Zeitgenossen Gottfried BENN. In den letzten Lebensjahren erkannte er dann den Expressionismus als Bestandteil des kulturellen Erbes und vor allem als wichtige Phase in seinem Leben wieder an. L.D.-KLL

AUSGABEN: Lpzg. 1916. – Bln./Weimar 1966 (in *GW*, 18 Bde., 1966–1981, 1). – Lpzg. 1969 (in *Das Atelier. Ausgew. Gedichte 1914–1918*, Hg. A. Klein). – Mchn. 1973 (in *Gedichte 1911–1918*, Hg. P. Raabe).

LITERATUR: O. Loerke, *B.s »An Europa«* (in NRs, 1919, S. 1524). – K. Pinthus, *Erinnerungen an B.s Frühzeit* (in SuF, 12, 1960; Sondernr. *J. R. B.*). – G. Hartung, *B.s frühe Dichtungen und die literarische Tradition* (in WZJena, 1960/61, Nr. 10, S. 393–401). – E. Weiß, *J. R. B. und die sowjetische Literaturentwicklung 1917–1933*, Diss. Bln. 1964. – N. Hopster, *Das Frühwerk J. R. B.s*, Bonn 1969. – F. J. Raddatz, *Auf der Suche nach Deutschland* (in F. J. R., *Traditionen und Tendenzen*, Ffm. 1972, S. 69–111; ern. 1976). – D. Schubert, *Die Entwicklung wesentlicher Erkenntnisse zum Realismus im Dichter und Denker J. R. B. und ihre Bedeutung für die Formung des kulturell-künstlerischen Profils sozialistischer Menschen*, Diss. Zwickau 1977. – M. Rohrwasser, *Der Weg nach oben. J. R. B. Politiken des Schreibens*, Basel/Ffm. 1980.

GOTTFRIED BENN

* 2.5.1886 Mansfeld / Westpriegnitz
† 7.7.1956 Berlin

LITERATUR ZUM AUTOR:
Bibliographien:
E. Lohner, *G. B. Bibliographie 1912–1956*, Wiesbaden 1958; bearb. und ergänzt von T. Zenner, Morsum/Sylt 1985. – J. Vahland, *Teils-Teils, Neue Literatur zu G. B.* (in GGA, 277, 1975). – B. Hillebrand, *Bibliographie* [bis 1977] (in *G. B.*, Hg. ders., Darmstadt 1979; WdF).
Forschungsbericht:
E. Buddeberg, *Probleme um G. B. Die Benn-Forschung 1950–1960*, Stg. 1962.
Biographien:
T. Koch, *G. B. Ein biographischer Essay*, Mchn. 1957; ern. Ffm. 1986 (FiTb). – N. P. Soerensen, *Mein Vater G. B.*, Wiesbaden 1960; 21984; Mchn. 1975 (Überarb.; dtv). – W. Lennig, *G. B. in Selbstzeugnissen und Bilddokumenten*, Reinbek 1962; 151984 (rm). – H. Brode, *B. Chronik. Daten zu Leben und Werk*, Mchn/Wien 1978. – J. Dyck, *G. B.: Das Nichts und der Herr am Nebentisch. 50 Gedichte, m. einer Einl. u. einem biographischen Essay*, Bln. 1986. – H. E. Holthusen, *G. B. Leben, Werk, Widerspruch. 1886–1956*, Bd. 1, Stg. 1986. – P. Raabe, *G. B. in Hannover, 1935–1937*, Seelze 1986. – H. Heintel, *Block II, Zimmer 66. G. B. in Landsberg 1943–1945*, Stg. 1988.
Gesamtdarstellungen und Studien:
E. Gürster-Steinhausen, *G. B., ein Abenteuer der geistigen Verzweiflung* (in NRs, 58, 1947, S. 215–226; ern. in *B. – Wirkung wider Willen*, Hg. P. U. Hohendahl, Ffm. 1971). – M. Rychner, *G. B. Züge seiner dichterischen Welt* (in Merkur, 3, 1949; ern. in M. R., *Zur europäischen Literatur zwischen zwei Weltkriegen*, Zürich 1951, S. 239–290). – M. Bense, *Ptolemäer und Mauretanier oder die theologische Emigration der dt. Literatur*, Köln/Bln. 1950. – P. de Mendelssohn, *Der Geist in der Despotie*, Bln. 1953, S. 236–282 (ern. Ffm. 1987; FiTb). – H. E. Holthusen, *G. B. Rede zu seinem 70. Geburtstag* (in H. E. H., *Das Schöne und das Wahre*, Mchn. 1958). – W. Muschg, *Der Ptolemäer. Abschied von G. B.* (in W. M., *Die Zerstörung der deutschen Literatur*, Bern 1956, S. 47–70; 31958). – W. Jens, *Sektion und Vogelflug. G. B.* (in W. J., *Statt einer Literaturgeschichte*, Pfullingen 1957; 71978). – E. Nef, *Das Werk G. B.s*, Zürich 1958. – D. Wellershoff, *G. B. Phänotyp dieser Stunde*, Köln 1958; ern. 1986. – R. Minder, *Das Bild des Pfarrhauses in der dt. Lit. von Jean Paul bis G. B.*, Wiesbaden 1959, S. 53–78. – E. Buddeberg, *G. B.*, Stg. 1961. – G. Loose, *Die Ästhetik G. B.s*, Ffm. 1961. – *Die Kunst im Schatten des Gottes. Für und wider G. B.*, Hg. R. Grimm u. W.-D. Marsch, Göttingen 1962. – F. W. Wodtke, *G. B.*, Stg. 1962; ern. 1970 (erg.;

Slg. Metzler). – B. Allemann, *G. B. Das Problem der Geschichte*, Pfullingen 1963. – F. W. Wodtke, *Die Antike im Werk G. B.s*, Wiesbaden 1963. – J. P. Wallmann, *G. B.*, Mühlacker 1965. – *B. – Wirkung wider Willen. Dokumente zur Wirkungsgeschichte B.s*, Hg. P. U. Hohendahl, Ffm. 1971; ern. 1975. – J. M. Ritchie, *G. B. The Unreconstructed Expressionist*, Ldn. 1972. – P. Schünemann, *G. B.*, Mchn. 1977. – O. Sahlberg, *G. B.s Phantasiewelt. Wo Lust und Leiche winkt*, Mchn. 1977. – *G. B.*, Hg. B. Hillebrand, Darmstadt 1979 (WdF). – O. Sahlberg, *G. B.* (in KLG, 18. Lfg., 1984). – *G. B.*, Hg. H. L. Arnold, Mchn. 1985 (Text + Kritik). – *G. B. 1886–1956*, Hg. L. Greve u. a., Marbach 1986 [Ausst.-Kat.]. – J. Schröder, *G. B. und die Deutschen*, Tübingen 1986 [Aufsätze]. – *Über G. B. Kritische Stimmen 1957–1986*, Hg. B. Hillebrand, Ffm. 1987 [m. Bibliogr.]. – J. Dyck, *G. B.*, Stg. 1989 (Slg. Metzler).

DAS LYRISCHE WERK von Gottfried Benn. Als 1912 im Berliner Verlag des Schriftstellers Alfred Richard Meyer ein Heft mit neun Gedichten unter dem Titel *Morgue* (vgl. dort) erschien, begann mit dieser Lyrik eines unbekannten Berliner Arztes das Lebenswerk eines Dichters, der als *»der größte europäische Lyriker seit Rilke und Valéry«* (Frank Maraun) gefeiert wurde. *»Wenn einem Ruhm gebührte, so diesem«* (Klaus Mann). Benns frühe Wirkung blieb auf avantgardistisch-literarische Zeitschriften (›Die Aktion‹, ›Pan‹) beschränkt, deren Rezensenten als Autoren und Freunde zum Expressionismus gehörten (Stadler, Lasker-Schüler, Loerke, Sternheim). Nur wenige bürgerlich-konservative Blätter nahmen von seinen frühen Veröffentlichungen ablehnend Kenntnis (›Die schöne Literatur‹, ›Augsburger Abendzeitung‹): Benn erschien als Verächter der Moral und des guten Geschmacks, als zynischer Exzentriker. In den zwanziger Jahren vergrößerte sich zwar seine Publizität, doch blieb sie mit wenigen Ausnahmen auf Kulturzeitschriften beschränkt (›Neue Rundschau‹, ›Querschnitt‹, ›Weltbühne‹). Erst nach 1930 räumen auch bedeutende Tageszeitungen (›Vossische Zeitung‹, ›Berliner Tageblatt‹) für Besprechungen Platz ein. Anlaß war hauptsächlich die Uraufführung des von Paul Hindemith vertonten Oratoriums *Das Unaufhörliche* (1931). Der musikalische Erfolg war groß, während Benns geschichtsphilosophischer Text von der linken wie der rechten Tagespresse als zu nihilistisch abgelehnt wurde; doch äußerten sich etwa Peter Hamecher und Klaus Mann anerkennend. Auch Benns Wahl in die Preußische Akademie der Künste und seine Auseinandersetzungen mit der politischen Linken (Egon Erwin Kisch, Werner Hegemann) um das Verhältnis von Politik und Kunst verschafften ihm größere Publizität. Schließlich rief sein Eintreten für den Nationalsozialismus (*Der neue Staat und die Intellektuellen*, 1933) und die Rundfunkansprache *Antwort an die literarischen Emigranten* (1933) eine beachtliche Zahl von Stellungnahmen in regionalen und überregionalen Zeitungen sowie in einigen wichtigen Publikationsorganen der Emigranten (›Die Sammlung‹, Amsterdam; ›Neue Deutsche Blätter‹, Prag; ›Das Wort‹, Moskau) hervor.

1934 verließ Benn Berlin und trat als Sanitätsoffizier wieder in die Wehrmacht ein: Der Weg in die *»innere Emigrierung«* (an Oelze, 18. 11. 1934) hatte begonnen. Zu seinem fünfzigsten Geburtstag (2. Mai 1936) legte die Deutsche Verlagsanstalt die *Gesammelten Gedichte* vor. Das Buch löste am 7. Mai eine gefährliche Kritik der SS-Zeitschrift ›Das Schwarze Korps‹ aus *(»widernatürliche Schweinereien«)*, die am 8. Mai im ›Völkischen Beobachter‹ in verkürzter Form nachgedruckt wurde. Am 18. März 1938 erhielt Benn dann – obwohl er außer sechs Gedichten im Januarheft 1937 der Zeitschrift ›Die Literatur‹ nichts mehr veröffentlicht hatte, – Schreibverbot, verursacht wohl durch das Buch von Wolfgang Willrich, *Säuberung des Kunsttempels* (Lehmanns Verlag, München 1937). Da Benn im August 1943 nur noch einen illegalen Privatdruck *(Zweiundzwanzig Gedichte. 1936–1943)* herstellen ließ, blieb er bis zum Zusammenbruch des NS-Staats aus dem Bewußtsein der literarischen Öffentlichkeit verschwunden.

Benns eigentlicher Ruhm begann bald nach dem Krieg. Der Verleger Max Niedermayer, Inhaber des Limes-Verlages in Wiesbaden, war entschlossen, Benn auf dem Markt durchzusetzen und brachte 1949 gleichzeitig vier neue Bücher des Verschollenen heraus: Im Februar erschien *Der Ptolemäer*, im März die Lizenzauflage der *Statischen Gedichte* (Erstausg. Archeverlag, Zürich 1948), im Juni der Prosaband *Ausdruckswelt. Essays und Aphorismen* und im Oktober der Gedichtband *Trunkene Flut*. Binnen kurzem füllte die junge Generation von Kritikern, die um 1950 – nachdem die Emigranten und Kommunisten an Einfluß verloren hatten – das literarische Leben der BRD bestimmte (Max Bense, Curt Hohoff, Ernst Kreuder u. a.), die Zeitungen mit ihrem Lob, und Friedrich Sieburg bestimmte die Höhenlinie, die in Zukunft die Kritik des Bennschen Werkes bestimmte: *»Mit einem einzigen Flügelschlage reißt uns eine neue Dichtung Gottfried Benns* [Statische Gedichte] *über das Stimmengewirr der um lyrischen Ausdruck bemühten Gegenwart hoch hinaus«* (1949).

Seit dem Erscheinen der Bücher Benns wurde überraschend klar, *»daß es für unsere Generation in Zukunft ohne Benn keine Kunst wird geben können«*. Diese Prognose von Georg Rudolf Lind (›Europakurier‹, 1949) hat sich bewahrheitet, die deutsche Nachkriegslyrik (Rühmkorf, Enzensberger, Höllerer) ist ohne seinen Einfluß nicht zu denken. Benns Spätwerk, in dem die geschichtspessimistische und apolitische Haltung noch einmal zusammengefaßt wurde, hat einer Lebenseinstellung Ausdruck gegeben, *»mit der sich die von der eigenen geschichtlichen Erfahrung enttäuschte Intelligenz identifizieren konnte«* (P. U. Hohendahl).

Diese Verehrung fand ihren offiziellen Ausdruck in der Verleihung des Georg-Büchner-Preises 1951.

Benn wurde Mitglied der Bayerischen Akademie der Künste und erhielt 1952 das Bundesverdienstkreuz erster Klasse. Zu seinem siebzigsten Geburtstag (2. Mai 1956) wurde er in einer Feierstunde des Berliner Senats geehrt, zahlreiche Zeitungsartikel, Rundfunksendungen und Zeitschriftenaufsätze bewiesen, daß er den Gipfel seines Ruhmes erreicht hatte.

Bis zum Tode Benns am 7.7. 1956 lag das lyrische Werk vollständig in einzelnen Ausgaben vor. Ein Jahr später kam bereits ein Band *Ausgewählte Briefe. Mit einem Nachwort von Max Rychner* (Limes Verlag) heraus. Neben dem schmalen lyrischen Nachlaß (*Primäre Tage*, 1958) erschien 1958 bis 1961 die erste, durch Dieter WELLERSHOFF besorgte vierbändige Gesamtausgabe, die eine Kanonisierung Benns einleitete. Sie blieb zwanzig Jahre lang verbindlich, bis 1982 die *Gesammelten Werke in der Fassung der Erstdrucke* (Hg. Bruno HILLEBRAND) und ab 1986 die *Sämtlichen Werke* in der Stuttgarter Ausgabe (Hg. Gerhard SCHUSTER in Verbindung mit Ilse BENN) erschienen. Es handelt sich um Editionsvarianten, die bisher unbekannte Gedichte und Fragmente nur in ganz geringem Umfang enthalten. Die Wirkungsgeschichte des Bennschen Werks wurde 1971 von Peter Uwe HOHENDAHL ausführlich dargestellt und wissenschaftlich kommentiert.

Über die Einteilung des Bennschen lyrischen Werks bestehen keine übereinstimmenden Urteile. Für einen Überblick bietet sich die chronologische Einteilung an, die Benn selbst dem in seinem letzten Lebensjahr erschienenen Band *Gesammelte Gedichte* zugrunde gelegt hat. Er gliedert sein lyrisches Werk in vier Abschnitte: 1912–1920; 1922–1936; 1937–1947; 1949–1955. Der Abschnitt von 1922–1936 umfaßt aber zwei Phasen, *»die durch eine längere Unterbrechung im lyrischen Schaffen getrennt sind«* (H. Steinhagen).

Die expressionistische Phase. 1912–1920

Auf den Zyklus *Morgue* folgte im Oktober 1913 ein zweites Heft bei Alfred Richard Meyer in Berlin-Wilmersdorf unter dem Titel *Söhne*. Mit ihm versucht der Verleger an den Erstlingserfolg anzuknüpfen, wie das Titelblatt beweist: »Neue Gedichte von Gottfried Benn, dem Verfasser der ›Morgue‹«. Die Gedichte sind Else Lasker-Schüler zugeeignet, mit der Benn von 1912–1913 ein Liebesverhältnis verband. An sie ist nachweislich *Hier ist kein Trost* gerichtet, die ins Surreal-Visionär gesteigerte Sprache und Bildlichkeit *(»Mir träumte einmal, eine junge Birke/schenkte mir einen Sohn«)* dieser Dichtungen zeigt ihren Einfluß.

Der Titel der Sammlung nimmt das für die Expressionisten typische Vater-Sohn-Problem auf, wobei die Verachtung der Vätergeneration und der Ausbruch eines gesteigerten Ich-Gefühls der Generation der Söhne *(»das ganze Land/ein Grab voll Väter«; Schnellzug)*, das an den Sturm und Drang des 18. Jh.s anknüpft *(»Ich bringe Pest. Ich bin Gestank«; Räuber-Schiller)*, sich verbinden mit der völligen Absage an die vorhergehende Nuancenkunst der Impressionisten und Symbolisten in dem Programmgedicht *Der junge Hebbel (»Ich bin mir noch sehr fern./Aber ich will Ich werden«)*.

In den Visionen südlich-antiken Glücks am Mittelmeer *(»Dämmert ein Tal mit weißen Pappeln/ein Ilyssos mit Wiesenufern«; Hier ist kein Trost)*, in der Pathetik der Sprache und im ersten Auftauchen des Nihilismus-Begriffs macht den Einfluß der Lyrik NIETZSCHES, vor allem seiner *Dionysos-Dithyramben*, deutlich.

In der Folgezeit läßt die lyrische Produktion nach, die Gedicht-Zyklen *Morgue II* und *Finish* (1913) zeigen bereits die Gefahr bloßer Wiederholung der krassen Zeitkritik. Diese schöpferische Krise ist zum Teil durch äußere Umstände bestimmt: Benn wird 1914 als Sanitätsoffizier eingezogen und arbeitet bis 1917 als Oberarzt im besetzten Brüssel. Hier setzt seine dichterische Arbeit wieder ein.

Bis 1916 entstanden die fünf bedeutenden *Rönne*-Novellen der Sammlung *Gehirne*. Der lyrische Ertrag der Brüsseler Jahre war eher spärlich: Etwa zwanzig neue Gedichte, vereint mit der Lyrik seit 1917 erschienen im Verlag der Aktion unter dem Titel *Fleisch. Gesammelte Lyrik*.

Schon der einleitende Gedichtzyklus *Der Arzt I–III* mit seiner lapidaren Feststellung: *»Die Krone der Schöpfung, das Schwein, der Mensch«* schlug den Ton schroffster Menschenverachtung an, der die ganze Sammlung bestimmte und Benns Reaktion auf die Greuel des Krieges zeigte, eine ähnliche Abrechnung wie bei anderen Expressionisten (Franz WERFEL, Wilhelm KLEMM, Albert EHRENSTEIN). Die Sammlung wird beherrscht vom Prinzip der Kontrastierung gegensätzlicher Bilder und Stimmungen. Auf die Klage über Leiden und Tod der Mutter und die *Gesänge* mit ihrer regressiven Sehnsucht *(»Oh, dass wir unsre Ur-ur-ahnen wären./Ein Klümpchen Schleim in einem warmen Moor«)* folgt das zynisch-desillusionierende *»Da fiel uns Ikarus vor die Füsse«*, das den ekstatischen Aufschwung als bloß fleischliche Erregung entlarvt. Das aggressive Gedicht *Der Psychiater* leitet den dritten Teil ein, der die Gedichte der Brüsseler Zeit sammelt. Die ersten vier *(Das Instrument; Notturno; Das Plakat; Ball)* drücken ihre Menschenverachtung durch die Reduktion der Phantasien auf den Geschlechtsverkehr aus *(»Der Mann im Sprung, sich beugend vor Begattung,/Straußeneier fressend, daß die Schwellung schwillt«)*. Mit dieser krassen Polemik kontrastiert Benn eine Reihe stiller, monologischer Gedichte, in denen sich weiterführende Themen ankündigen: die stärkere Einbeziehung des lyrischen Ichs, das Hervortreten antiker Mythen als Anlaß dichterischer Visionen *(Kretische Vase)*, schließlich die Drogenwirkung im Erlebnis der Ich-Erhöhung *(O Nacht)* und des Ich-Zerfalls *(Kokain)*.

Von 1918 bis 1920 erscheinen keine neuen Gedichte und nur noch wenige Prosa-Arbeiten. Benn scheint also 1917 gespürt zu haben, daß er zum Epigonen seiner selbst werden würde, wenn er sich nicht vor der leeren Wiederholung seiner 1912 gefundenen Ausdrucksformen bewahrte.

Als verspäteter Nachklang der expressionistischen Phase ließ Benn 1921 in der Zeitschrift ›Der Anbruch‹ zwölf Gedichte erscheinen *(Curettage; Café; Der späte Mensch 1–3; Puff; Innerlich 1–6)*, deren Form regelmäßiger geworden ist: Alle bestehen aus vierzeiligen Strophen, die metrisch frei behandelt werden, aber durchweg nach dem Reimschema *abab* gebaut sind. Benn überarbeitete einige dieser Gedichte – was für ihn ungewöhnlich ist und den Beginn einer neuen Entwicklungsphase anzeigt – und nahm sie in die *Gesammelten Schriften* auf (Verlag Erich Reiss, 1922). Diese Ausgabe bildete den endgültigen Abschluß der expressionistischen Phase. Als sie ausgeliefert werden sollte, erhob der Verleger Kurt Wolff gerichtlich Einspruch, die *Rönne*-Novellen mußten entfernt werden. In der zweiten Ausgabe ist an deren Stelle der Zyklus *Schutt* (1922) aufgenommen, dem vorausweisende Bedeutung zukommt. Denn Benn fand nun einen neuen Gedichttypus von achtzeiligen Reimstrophen mit weiblich-männlich alternierenden Kreuzreimen *(ababcdcd)* und wechselnder Taktfüllung bei fallendem Rhythmus, der sich durch stärkere Formstrenge und größere Geschlossenheit auszeichnet. Das in dem kurzen, dreiteiligen Zyklus *Schutt* stichwortartig angeschlagene Thema von archaisch-mythischem Daseinsglück des Ichs in exotischen Südseekulturen *(Palau)* entfaltet sich in den Gedicht-Zyklen der folgenden Jahre, wobei Benns Fremdwort-Ekstasen *(»–Schluchzend Hyper-malade/Letztes Pronom jactif«; Spuk)* bereits die Grenze der Selbstparodie streifen.

Krise und neuer Anfang

Die expressionistische Phase endete mit einer Krise, die Benn im »Epilog« der *Gesammelten Schriften* (1922) auf die Formel gebracht hat: *»Wie soll man da leben? Man soll ja auch nicht. Fünfunddreißig Jahre und total erledigt, ich schreibe nichts mehr – man müßte mit Spulwürmern schreiben und Koprolalien«*. Aber 1925 erschien der Zyklus *Betäubung*, in dem Benn zum erstenmal im Gedicht selbst die Frage nach dem Ursprung des dichterischen Schaffensprozesses stellt. Damit erreicht er, ähnlich wie VALÉRY und RILKE zur gleichen Zeit, die Ebene absoluter Poesie. Die *Gesammelten Gedichte*, die 1927 im Verlag Die Schmiede erschienen, enthalten eine repräsentative Auswahl aus der expressionistischen Lyrik und fast alle Gedichte seit 1912. Im ersten Teil (1912–1920) eröffnet der lange *Prolog 1920* eine nochmals die zynisch-provokanten Motive und Themen der Frühzeit zusammenfassende Montage. Der zweite Teil (1922–1927) zeichnet sich durch thematische Vielseitigkeit und vor allem durch strenge formale Einheitlichkeit aus. Von den zweiundvierzig Gedichten gehören neununddreißig zum Typus der achtzeiligen Reimstrophe aus dem Problemkreis des Mythischen und Absoluten *(Trunkene Flut; Osterinsel; Mediterran)*. In ihnen trug Benn die Ergebnisse seiner geistigen Auseinandersetzung mit den Geschichtstheorien Oswald SPENGLERS, dem »kollektiven Unbewußten« C. G. JUNGS sowie ethnologischen Studien in der von ihm neu geschaffenen Form des monologisch-didaktischen Ideen-Gedichts vor.

Zwischen 1928 und 1933/34 ruht die lyrische Produktion. Benn entwickelt in diesen Jahren in seiner Essayistik die Auseinandersetzung mit der modernen Medizin und Naturwissenschaft, konzentriert seine geschichtsphilosophische Zeitkritik auf das Nihilismus-Problem und faßt seine Essays in den Sammlungen *Fazit der Perspektiven* (1930) und *Nach dem Nihilismus* (1932) zusammen. Zum idealen Vorbild einer Synthese von Dichter und Naturwissenschaft wurde ihm GOETHE, den er im April 1932 mit einem Essay, der Benns Rang als Essayist festigte, in der ›Neuen Rundschau‹ ehrte *(Goethe und die Naturwissenschaften)*.

1933–1936: Übergang zur neuen Lyrik

»Mit meiner ganzen brutalen Energie, die ich im Geistigen zur Verfügung habe, versuche ich durchzustoßen zu einem neuen Gedicht, einer neuen lyrischen Strophe, aber vorläufig vergeblich,« schreibt Benn am 31. Juli 1933 an Käthe von Porada resigniert. Aber schon im Oktober 1933 läßt er in der Zeitschrift ›Die Literatur‹ zwölf neue Gedichte erscheinen, die eine Entwicklungsphase mit deutlichem Formwandel einleiten: Die achtzeilige Strophe tritt immer mehr zugunsten der vierzeiligen zurück, angeregt vielleicht durch Stefan GEORGE, mit dessen Werk er sich zu dieser Zeit beschäftigte. Der Ton der Untergangsbestimmtheit alles Menschlichen in Geschichte, Kultur und Glauben bleibt weitgehend erhalten: *»Über allem steht die Doppelschwinge/einer zehrenden Unendlichkeit:/Welten-, Werke-, letzte Dinge-:/totgeweiht«* (Entwürfe zum Oratorium *Das Unaufhörliche*). Daneben finden sich Aufforderungen zur Schicksalsbejahung *(Dennoch die Schwerter halten)* und zur männlich-heroischen Größe *(»schweige und habe gelitten,/sammle dich und sei groß!«; Mann)*. Im Zeichen dieses heroischen Nihilismus wird Nietzsche als heldenhaft leidender gefeiert *(Sils-Maria-I-II)*, 1936 aber als der in hoffnungslosem Wahnsinn Versinkende *(Turin)* gesehen. Im Zyklus *Am Brückenwehr* (1934) gelingt es Benn zum erstenmal, die Antinomie zwischen der Sehnsucht nach rauschhafter Auflösung und der Begrenzung durch formale Disziplin im Gedicht selbst zu bewältigen.

Zum fünfzigsten Geburtstag des Dichters 1936 erscheinen die *Ausgewählten Gedichte*, die in der SS-Zeitschrift ›Das Schwarze Korps‹ scharf angegriffen werden. Benn muß die Gedichte *Mann und Frau gehen durch die Krebsbaracke; D-Zug; Untergrundbahn; O, Nacht* und *Synthese* herausnehmen und durch andere ersetzen. *(Wer allein ist; Spät im Jahr; Anemone; Einsamer nie)*. Dann darf der Band *»stillschweigend und ohne Propaganda«* weiter vertrieben werden. Benns Kommentar: *»Mir wäre es lieber, sie verböten es ganz«*. Unter dem Einfluß der Auseinandersetzungen mit dem Regime arbeitet Benn immer deutlicher jene theoretischen Begriffe heraus, die dann die Grundlage seines Spätwerks bilden: *»Der Geist und die Kunst kommt nicht aus sieghaften, sondern aus zerstörten Naturen, dieser*

Satz steht für mich fest, u. auch, daß es eine Verwirklichung *nicht gibt. Es gibt nur die Form u. den Gedanken. Geist und Macht... es sind* zwei *Reiche«* (an Ina Seidel, 30.9. 1934). Dem Reich der Macht – an anderen Stellen spricht Benn von Geschichte, Handeln, Leben oder Werden (im Gegensatz zum Sein) – setzt er das autonome Reich des Geistes, der Kunst oder auch die *»Ausdruckswelt«* entgegen. Einige Naturgedichte, die Benn in der Hannoverschen Stadthalle verfaßt *(Tag, der den Sommer endet; Astern; Die weißen Segel)* gehören zu den schönsten und berühmtesten Strophen aus der Zeit des »Doppellebens«, das Benn als Militär und Dichter führte.

1941–1945: »Statische Gedichte«

Benns These von der *»Statik«* des Kunstwerkes ist das Ergebnis der Zeit seiner »inneren Emigration« ab 1936, in der er seine Lyrik auf eine neue Stufe hob. Am Anfang dieser Entwicklungsstufe stehen einfache, meist nur drei- oder vierstrophige Reimgedichte, die in herbstlichen Bildern negative Daseinserfahrungen von Melancholie und Todesgefühlen fassen. Am 21. 12. 1941 schickt Benn an den Bremer Freund Dr. Friedrich Wilhelm Oelze ein Typoskript von sieben »biographischen« Gedichten (darunter *Verse; Ein Wort; Abschied*). Sie sind die Keimzelle der späteren Sammlung *Statische Gedichte* und zeigen bereits das Nebeneinander verschiedener Formen: die achtzeilige und die vierzeilige Strophe sind gleichmäßig vertreten. Wichtiger ist aber, daß fünfhebige jambische Verse dominieren *(»Im Namen Dessen, der die Stunden spendet«; Gedichte)*, die Benn früher nur sehr selten gebraucht hat. Im Vergleich zur früheren Lyrik mit ihren extremen Darstellungen zeigt sich nun eine Begrenzung in Ausdrucksformen und Themen: Die Kunst selbst und ihr Verhältnis zur Wirklichkeit ist der eigentliche Gegenstand, den Benn in sieben Variationen lyrisch darstellt.

Im August 1943 läßt Benn dann illegal *Zweiundzwanzig Gedichte* drucken, die er als den Abschluß seines lyrischen Werks ansieht. Der Umfang der Gedichte reicht vom einstrophigen Vierzeiler *(Henri Matisse: »Asphodèles«)* bis zu Gedichten von acht Strophen *(Verlorenes Ich)*, die Länge der Verse von zwei bis fünf Hebungen. Die Sammlung ist eine Erweiterung der »Biographischen Gedichte« um so wesentliche Gedichte wie *Verlorenes Ich*, in dem die Situation des modernen Menschen im Zeitalter der Atomphysik, des Völkermordens und des Nihilismus mit der Geborgenheit des mittelalterlichen Menschen in der religiösen Bindung konfrontiert wird. Das Haßgedicht *Monolog* gegen den Nationalsozialismus *(»Den Darm mit Rotz genährt, das Hirn mit Lügen, /erwählte Völker Narren eines Clown's«)* steht zwischen Gedichten, die rein individuelle Stimmungen, Erinnerungen an erfülltere Jahre behandeln.

Die lyrische Ernte der Landsberger Zeit (August 1943–Dezember 1944) schließlich, die Benn als Sammlung von vierzehn Gedichten am 3. Januar 1945 an Oelze sendet, war besonders beachtlich durch das Bekenntnis zur strengen Form. Das Titelgedicht *Statische Gedichte* definiert Statik als *»Entwicklungsfremdheit«: »Statik also heißt Rückzug auf Maß und Form, es heißt natürlich auch ein gewisser Zweifel an Entwicklung und es heißt auch Resignation, es ist antifaustisch.«* (an Schifferli, 23.11. 1947)

Die beiden Sammlungen von 1943 und 1944 bilden den Grundstock der *Statischen Gedichte*, die im September 1948 im Schweizer Arche Verlag erscheinen und Benns späten Ruhm begründen. Benn versuchte auch in dieser Sammlung von vierundvierzig Gedichten das Kompositionsprinzip der Kontrastierung und Stimmungsbrechung anzuwenden, mußte sich aber den Vorbehalten des Verlegers fügen, der *»alles Düstere und Kalte«* eliminierte, so die Gedichte *Monolog; Clemenceau; 1886*. Das dadurch entstehende einseitige Bild der späten Lyrik konnte Benn erst in der deutschen Ausgabe (Limes-Verlag 1949) korrigieren, indem er *»Tragik und Schärfe«* durch die 1946 entstandenen *Gewisse Lebensabende* (Rembrandts und Shakespeares) und die Totenklage *Acheron* betonte.

Die *Statischen Gedichte* bilden ein geschlossenes Werk: Sie sind während des Schreibverbots entstanden und gehören derselben Stilphase an. Liebesmotive und Gefühlsaussagen fehlen in dieser gedanklich geprägten Lyrik fast völlig, die Naturmotive *(Anemone)* dienen als Kontrast zur Selbstdarstellung des lyrischen Ichs *(September)*. Zentrale Themen sind die Beziehung von Kunst und Wirklichkeit *(Gedichte)* oder das Verhältnis des Künstlers zu seinem Leben, das am Beispiel historischer Figuren *(Chopin; Nietzsche)* reflektiert wird.

Das Spätwerk 1948–1956

Noch vor der Zusammenstellung der *Statischen Gedichte* 1946 formulierte Benn die ästhetischen Grundsätze seiner Alterslyrik, die an die Realitätsbeschreibung der expressionistischen Ausdrucksformen anknüpft: *»Man will ja mit einem Gedicht nicht ansprechend sein, gefallen, sondern es soll die Gehirne spannen und reizen, aufbrechen, durchbluten, schöpferisch machen.«*

Denn die Sinnfrage ist nach zwei Weltkriegen als Kinderfrage entlarvt, die Geschichte nichts weiter als ein fades *da capo*, und die Würde des Menschen besteht darin, mit der Erkenntnis der Aussichtslosigkeit zu leben. In den Gedichten nach 1945 erweist sich Benn als bedeutender Realist: *»Lassen wir das Höhere, bleiben wir empirisch«*. Angelpunkt dieses Realismus sind Erfahrungen des Großstadtbewohners, seine Bewußtseinszustände: *»Nur noch flüchtig alles/ Neuralgien morgens,/ Halluzinationen abends/ angelehnt an Trunk und Zigaretten« (Nur noch flüchtig alles)*. In diesen Gedichten der Nachkriegszeit, die in den Sammlungen *Fragmente* (1951), *Destillationen* (1953) und *Apèslude* (1955) erscheinen, entwickelt Benn den modernen Stil, der dem gesellschaftlichen Zustand gewachsen ist. Da der bisherige Mensch bankrott ist, *»Biologie, Soziologie, Familie, Theologie, alles verfallen und aus-*

gelaugt, alles Prothesenträger«, kann auch die Lyrik nicht mehr wie früher sein: *»Die edle einfältige Lyrik fasst das Heute in keiner Weise ... Wir sind böse und zerrissen u. das muss zur Sprache kommen.«*
Zur Sprache kommt die Moderne in einer Collagentechnik von Sätzen, die der Dichter etwa im Radio oder am Biertisch hört, und die in ihrer Banalität so typisch sind für die *»ontologische Leere«* der modernen Gesellschaft, daß man sich fragen muß: Ist die Sprache *»nur noch Material für Geschäftsbesprechungen«*?
Diese analytisch-kritische Haltung legt Benn gegenüber der *»Biedermannsjovialität und Christentumsrenaissance«* der Nachkriegszeit an den Tag, deren restaurative Aufwärmung abendländischer Kulturwerte ihm verhaßt ist. Die Gegenwartsanalyse führt er aber hauptsächlich in seinen Prosaarbeiten weiter (*Der Ptolemäer. Berliner Novelle 1947*, 1949; *Der Radardenker*, 1949), von denen besonders der Band *Ausdruckswelt. Essays und Aphorismen* (1949) durch seine ästhetisch-literaturkritischen Bemerkungen Aufsehen erregte. An Wirkung und Bedeutung übertraf diese Veröffentlichungen aber sein Marburger Vortrag *Probleme der Lyrik* (1951). Diese Ausführungen, die er vorher dem Bonner Romanisten Ernst Robert CURTIUS zur Stellungnahme übersandt hatte, beginnen mit der Betonung des »Artistischen« *(»ein Gedicht wird gemacht«)* der modernen Lyrik, ihrem Charakter als »Kunstprodukt«. Benn weist auf die Gleichrangigkeit von Lyrik und Essay bei modernen Dichtern hin und entwickelt nach einem kurzen Überblick den Weg der modernen Lyrik von MALLARMÉ und BAUDELAIRE bis zum Expressionismus, Surrealismus und Dadaismus, den zentralen Begriff der »Ausdruckswelt«, die den Versuch darstellt, gegen den allgemeinen Nihilismus der Werte die *»Transzendenz der schöpferischen Lust«* zu setzen. Dieser Vortrag, der sich bis ins Detail auf Ideen stützt, die auch von MARINETTI, VALÉRY, T.S. ELIOT oder ELUARD vorgetragen wurden, ist als Theorie der Gegenwartslyrik zu einer *ars poetica* geworden, mit der sich die meisten deutschen Lyriker der fünfziger und sechziger Jahre von Wilhelm LEHMANN über Karl KROLOW und Heinz PIONTEK bis zu Walter HÖLLERER und Peter RÜHMKORF auseinanderzusetzen hatten.

Benn-Forschung

Noch zu Lebzeiten Benns erschienen die ersten Dissertationen über sein lyrisches Werk (Dieter WELLERSHOFF, Astrid CLAES). Die Monographie von Edgar LOHNER (1961) entstand noch in Zusammenarbeit mit dem Dichter. Else BUDDEBERG legte dann 1960/61 den ersten zusammenfassenden Forschungsbericht vor. In den nächsten Jahren standen Interpretationen einzelner Gedichte im Vordergrund, die Ästhetik Benns wurde in der Monographie von Gerhard LOOSE 1961 gewürdigt. 1962 erscheint die erste bio-bibliographische Übersicht über das Gesamtwerk von Friedrich Wilhelm WODTKE, die sich durch umfassende Informationen auf der Höhe der damaligen Kenntnisse auszeichnet. Sie erscheint 1970 in einer zweiten Auflage, ein eigenes Kapitel verweist auf »Aufgaben und Probleme der Benn-Forschung«. Die für die Lyrik wichtigste Publikation der folgenden Jahre ist das Buch von Harald STEINHAGEN über die *Statischen Gedichte* (1969), in dem aufgrund bis dahin unbekannter Quellen die Genese dieser bedeutenden Sammlung beschrieben wird. Für den Zusammenhang von lyrischer Entwicklung und Zeitgeschichte legte Jürgen SCHRÖDER eine Untersuchung vor (1978). Seit Beginn der achtziger Jahre ist die Benn-Forschung sehr umfangreich geworden, allerdings liegen zur Lyrik nur einzelne Aufsätze von ALLEMANN, GRIMM, HILLEBRAND, HOHENDAHL, MICHELSEN, SCHRÖDER u. a. vor, eine propädeutische Monographie stammt von Dieter LIEWERSCHEIDT (1980). Für die Entwicklung der Nachkriegszeit und ihren Realismus ist jetzt zu konsultieren: Gottfried WILLEMS (1981), für die psychoanalytische Interpretation Oskar SAHLBERG (1977). Der bisher wichtigsten Benn-Bibliographie von Edgar LOHNER (1958; neu bearb. 1985) steht jetzt zur Seite eine Bibliographie zur Gottfried-Benn-Literatur 1957–1985, in der auch die wissenschaftlichen Werke der Germanistik der letzten zwanzig Jahre erscheinen (*Über Gottfried Benn*, Hg. Bruno Hillebrand, 1987). Eine umfassende biobibliographische Darstellung von Joachim DYCK erscheint 1989. J.Dy.

AUSGABEN: *Morgue und andere Gedichte*, Bln. 1912. – *Söhne. Neue Gedichte*, Bln. 1913. – *Fleisch. Gesammelte Lyrik*, Bln. 1917. – *GS*, Bln. 1922. – *Schutt*, Bln. 1924. – *Spaltung. Neue Gedichte*, Bln. 1925. – *Betäubung*, Bln. 1925. – *Gesammelte Gedichte*, Bln. 1927. – *Gedichte*, Hbg. 1936. – *Ausgewählte Gedichte 1911–1936*, Stg. 1936. – *Zweiundzwanzig Gedichte*, 1943 [Privatdruck des Autors]. – *Statische Gedichte*, Zürich 1948; ern. Wiesbaden 1949. – *Trunkene Flut. Ausgewählte Gedichte*, Wiesbaden 1949. – *Fragmente. Neue Gedichte*, Wiesbaden 1951. – *Destillationen. Neue Gedichte*, Wiesbaden 1953. – *Apréslude*, Wiesbaden 1955. – *Gesammelte Gedichte*, Wiesbaden 1956. – *GW*, Hg. D. Wellershoff, 4 Bde., Wiesbaden 1958–1961; Bd. 3: *Gedichte*, 1960. – *GW in der Fassg. der Erstdrucke*, Hg. B. Hillebrand, 5 Bde., Ffm. 1982 ff.; Bd. 1: *Gedichte*, 1982. – *SW Stuttgarter Ausg.*, Hg. G. Schuster u. I. Benn, Stg. 1986 ff.; Bd. 1/2: *Gedichte*, 1986.

LITERATUR: F. Sieburg, *»Wer allein ist – «* (in Die Gegenwart, 4, 1949, H. 4; ern. in *B. – Wirkung wider Willen*, Hg. P.U. Hohendahl, Ffm. 1971, S. 221–223). – D. Wellershoff, *Untersuchungen über Weltanschauung und Sprachstil G. B.s*, Diss. Bonn 1952. – A. Claes, *Der lyrische Sprachstil G. B.s*, Diss. Köln 1953. – R. Grimm, *G. B. Die farbliche Chiffre in der Dichtung*, Nürnberg 1958; ²1962. – C. Heselhaus, *Die rhythmische Ausdruckswelt von G. B.* (in C. H., *Dt. Lyrik der Moderne von Nietzsche bis Yvan Goll*, Düsseldorf 1961, S. 258–285). –

E. Lohner, *Passion und Intellekt. Die Lyrik G. B.s*, Neuwied u.a. 1961; ern. Ffm. 1986 (FiTb). – P. Rühmkorf, *Das lyrische Weltbild des Nachkriegsdeutschen* (in *Bestandsaufnahme. Eine dt. Bilanz*, Hg. H.W. Richter, Mchn. u.a. 1962, S. 447–476; ern. in P.R., *Die Jahre die Ihr kennt*, Reinbek 1972). – E. Buddeberg, *Studien zur lyrischen Sprache G. B.s*, Düsseldorf 1964. – H. Steinhagen, *Die Statischen Gedichte von G. B.*, Stg. 1969. – J.K. Lyons u. C. Inglis, *Konkordanz zur Lyrik G. B.s*, Hildesheim 1971. – J. Schröder, *G. B. Poesie und Sozialisation*, Stg. u.a. 1978. – P.U. Hohendahl, *G. B.s Poetik u. die dt. Literaturtheorie nach 1945* (in Jb. der dt. Schiller-Gesellschaft, 24, 1980, S. 369 bis 398). – D. Liewerscheidt, *G. B.s Lyrik. Eine kritische Einführung*, Mchn. 1980. – J. Østbø, *Expressionismus und Montage. Über G. B.s Gedichtstil bis 1932*, Oslo 1981. – G. Willems, *Großstadt- und Bewußtseinspoesie*, Tübingen 1981. – R. Rumold, *G. B. und der Expressionismus: Provokation des Lesers, absolute Dichtung*, Ffm. 1982. – E. Huber-Thoma, *Die triadische Struktur in der Lyrik G. B.s*, Würzburg 1983. – U. Meister, *Sprache u. lyrisches Ich. Zur Phänomenologie des Dichterischen bei G. B.*, Bln. 1983. – Chr. Eykman, *Die Funktion des Häßlichen in der Lyrik Georg Heyms, Georg Trakls u. G. B.s: Zur Krise der Wirklichkeitserfahrung im dt. Expressionismus*, Bonn [3]1985 [erg.]. – C. Schmiele, *Die lyrische Frage bei G. B.*, Ffm. u.a. 1985. – E. Huber-Thoma, *Lyrische Novitäten im Trend der Tradition. G. B.s literarische Anfänge* (in *Romantik u. Moderne, Fs. f. H. Motekat*, Hg. ders. u. G. Adler, Ffm. u.a. 1986, S. 247–278). – J. Dyck, *G. B.: Das Nichts und der Herr am Nebentisch. 50 Gedichte, m. einer Einl. u. einem biographischen Essay*, Bln. 1986. – Vgl. auch *Literatur zum Autor*.

DOPPELLEBEN. Zwei Selbstdarstellungen

Autobiographische Schriften von Gottfried BENN, erschienen 1950. – Dieses autobiographische Werk vereinigt den *Lebensweg eines Intellektualisten* aus dem 1934 erschienenen Sammelband *Kunst und Macht* und die Fortsetzung der Selbstdarstellung mit dem für das ganze Werk programmatischen Titel *Doppelleben* von 1950. Der erste Teil umfaßt Benns Leben bis zum Beginn des Dritten Reiches, der zweite Teil die Zeit von 1933 bis in die Nachkriegsjahre.

Doppelleben ist nicht die Entwicklungsgeschichte einer Persönlichkeit in Form einer Selbstobjektivierung, sondern stellt Benns Verteidigung und die Rechtfertigung seiner geschichtlichen und geistigen Existenz dar. In scheinbar lose aneinandergefügten Kapiteln schildert Benn seinen Lebensweg, erläutert seine expressionistische Dichtung und späte Prosa und äußert sich zu Fragen der Kunst und des Kunstschaffenden. Die drei Themen werden in beiden Selbstdarstellungen in analoger Abfolge behandelt. Das Autobiographische ist für Benn der Anlaß, die Kunst gegenüber dem Leben, das schöpferische Ich gegenüber dem empirischen Ich geltend zu machen, indem er die Kunst und ihre Probleme im Verlauf der Darstellung immer mehr in den Vordergrund rückt. Der Struktur des *Doppellebens* als gezieltem Fortschreiten vom Leben zur Kunst, vom Mitteilen zum Ausdrücken, entspricht Benns Existenzmodell »Doppelleben«, das ein radikales, *»bewußtes Aufspalten der Persönlichkeit«* und das Verhalten *»vor dem Unvereinbaren«* von Denken und Handeln, von Geist und Tat, von Kunst und Macht postuliert.

Schon vor 1933 forderte Benn die Trennung von Leben und Kunst, die er dann nach dem Scheitern seines Versuches einer Synthese im Sinne der nazistischen Ideologie noch rigoroser vollzog und verwirklichte. »Doppelleben« bedeutet für Benn in den Jahren seiner »inneren Emigration« von 1935 bis 1945 eine von ihm bewußt kultivierte Lebensform, die es ihm ermöglichte, als Militärarzt zu »handeln« und zugleich als Künstler tätig zu sein. Den Menschen bestimmte er in dieser Zeit als *»Wille zum Geist«* (im Gegensatz zu NIETZSCHES *»Willen zur Macht«*) und die *»Gestaltungssphäre«* als den Bereich seines Wirkens. Handeln und Denken sind unvereinbar, lautet Benns Maxime. *(»Kunst und die Gestalt dessen, der sie macht, ja sogar das Eigenleben von Privaten sind völlig getrennte Wesenheiten.«)* Daß Benn in dieser Autobiographie dennoch seinen Lebensweg mit seinem künstlerischen Schaffen in Verbindung brachte, hängt mit den äußeren Umständen zusammen, die ihn zur Niederschrift der beiden Selbstdarstellungen nötigten. Benn blieb im März 1933 Mitglied der Preußischen Akademie, nachdem viele seiner Freunde aufgrund der nationalsozialistischen Einflußnahme austraten oder ausgeschlossen wurden. In einer Rundfunkrede vom 24. 4. 1933 *(Der neue Staat und die Intellektuellen)* legte er ein Bekenntnis zu den neuen Machthabern ab und wandte sich einen Monat später in einem weiteren Rundfunkvortrag *(Antwort an die literarischen Emigranten)* ablehnend und hochmütig gegen die Emigranten. Im selben Jahr noch geriet Benn jedoch selbst in Bedrängnis, als ihn der Balladendichter Börries von MÜNCHHAUSEN mit den Expressionisten unter die *»Deserteure, Zuchthäusler und Verbrecher«* einreihte und als *»reinblütigen Juden«* bezeichnete. Benn suchte sich zu behaupten, indem er im *Lebensweg eines Intellektualisten* im Anschluß an die Darlegung seiner *Erbmasse* (so der Titel eines Kapitels im *Doppelleben*), seine frühen Werke (in den Abschnitten *Rönne, Pameelen, Das lyrische Ich*) und damit die gesamte Kunstbewegung des Expressionismus als notwendig und sinnvoll rechtfertigte. In den kunsttheoretischen Erörterungen zieht er sich auf seine geistige Position von vor 1933 zurück. Er bekennt sich zur *»Eigengesetzlichkeit der Kunst«*, zur *»Ausdruckswelt«* (im Gegensatz zur geschichtlichen Welt) und zum Intellektualismus. Gegen die Verketzerung seiner Künstlergeneration als »Intellektuelle« gerichtet, schreibt Benn: *»Am liebsten würden sie eine Notverordnung für Deutschland sehen: Denken ist zynisch, es findet hauptsächlich in Berlin statt, an seiner Stelle wird das Weserlied empfohlen.«*

Nach dem Zusammenbruch des Hitler-Regimes war Benn wegen seines Verhaltens im Jahr 1933 heftiger Kritik von seiten der Emigranten ausgesetzt. Sein Verleger Max Niedermayer drängte ihn 1949 zur Fortsetzung seiner Autobiographie von 1934.

Benns Stellungnahme zu seinem vorübergehenden Eintreten für die Nazis und gegen die Emigranten gibt dem *Doppelleben* die Bedeutung eines Dokuments. Es ist *»wohl die einzige autobiographische Rechtfertigungsschrift ihrer Art, die von einem hervorragenden Geist seit dem Zusammenbruch der Hitler-Despotie vorgelegt worden ist«* (P. de Mendelssohn). Benn erklärt sein Verhalten gegenüber den Emigranten, vor allem die Voraussetzungen seiner Antwort auf den im *Doppelleben* abgedruckten Brief von Klaus MANN vom 9. 5. 1933, und gibt Aufschluß über seinen Konflikt mit der Reichsschrifttumskammer. Er berichtet über sein persönliches Schicksal nach dem Zugriff der national-sozialistischen Kunstpolitik in der »inneren Emigration« *(»Die Armee ist die aristokratische Form der Emigration«)* und über die Nachkriegsjahre in Berlin. Der Rückblick auf sein Verhalten im Jahre 1933 kommt allerdings über den Verweis auf das »Allgemein-Menschliche« nicht hinaus: *»Immer alles gewußt zu haben, immer recht behalten zu haben, das alleine ist nicht groß. Sich irren und dennoch seinem Innern weiter Glauben schenken müssen: – das ist der Mensch.«*

Unmißverständlich aber ist Benns Ablehnung der Nazi-Machthaber in der Zeit seines dichterischen Schweigens, wie aus dem Gedicht *Monolog* hervorgeht, das er 1943 an Bekannte verschickte und dann im *Doppelleben* veröffentlichte: *»Den Darm mit Rotz genährt, das Hirn mit Lügen / erwählte Völker, Narren eines Clowns...«* Im folgenden erläutert Benn dann in einer Deutung seines *Romans des Phänotyp* das Problem der *»absoluten Prosa«*, einer Prosa, die rein formal bestimmt und nur den Gesetzen der Schönheit verpflichtet ist. Eine *»Prosa außerhalb von Raum und Zeit, ins Imaginäre gebaut, ins Momentane, Flächige gelegt, ihr Gegenspiel ist Psychologie und Evolution«*. In dem Abschnitt *Doppelleben*, der den zwei Selbstdarstellungen den Obertitel gab, entwickelt Benn die Bedeutung des Existenzmodells »Doppelleben« an seinem Prosawerk *Der Ptolemäer*. Sein eigenes Leben als Arzt und Dichter entsprach weitgehend jenem »Doppelleben«, wie er es in dieser Novelle darstellte: *»In diesem Institut sind Handeln und Gedanken streng separiert, Leben und Geist zwei völlig verschiedene Dinge...«* »Doppelleben« war für Benn die Chance, vor der Wirklichkeit bestehen zu können. Die Aufspaltung des Ichs in ein empirisch-handelndes und ein geistig-schöpferisches ist über Benns eigene innere Problematik hinaus Ausdruck einer Wirklichkeit, in der die Einheit der Persönlichkeit fragwürdig geworden ist.

Doppelleben ist wichtig als Informationsquelle über Benns Lebensweg und über seine Kunstauffassung, aber auch als Zeugnis für die problematische Stellung eines großen Künstlers, dem eine bewußt antipolitische und antimoralische Haltung samt ihrer scheinbaren Souveränität für sich als Antwort auf Krieg und Terror genügte. Gerade die auf den ersten Blick provokante Radikalität dieser Position begründete nach 1945 die erneute Popularität Benns, der stets betonte, daß ihm die Verlautbarung des schöpferischen Ichs, daß ihm künstlerisches Gestalten mehr bedeute als die Welt der politischen oder gesellschaftlichen Tatsachen. In diesem Sinne erhebt *Doppelleben* selbst den Anspruch, ein Kunstwerk zu sein, das die objektiven Fakten dem dichterischen Ausdruck unterwirft. S.E.-KLL

AUSGABEN: Wiesbaden 1950. – Wiesbaden 1961 (in *GW*, Hg. D. Wellershoff, 4 Bde., 1958–1961, 4). – Stg. 1984. – Ffm. 1984 (in *GW in der Fassung der Erstdrucke*, 5 Bde., Hg. B. Hillebrand, 2).

LITERATUR: P. de Mendelssohn, *Der Geist in der Despotie*, Bln. 1953, S. 236–282. – P. Michelsen, *Das »Doppelleben« und die ästhetischen Anschauungen G. B.s* (in DVLG, 35, 1961, S. 247–261). – H.-D. Balser, *Das Problem d. Nihilismus im Werk G. B.s*, Bonn 1965. – B. Hillebrand, *Artistik und Auftrag. Zur Kunsttheorie von B. und Nietzsche*, Mchn. 1966 (Slg. Dialog, 7). – D. Rossek, *Tod, Verfall u. das Schöpferische bei G. B.*, Diss. Münster 1969. – R. Alter, *G. B. The Artist and Politics, 1910–1934*, Bern 1976. – W. Kaußen, *Spaltungen. Zu G. B.s Denken im Widerspruch*, Bonn 1981.

GEHIRNE

Novellenzyklus von Gottfried BENN, entstanden 1914–1916, zum Teil einzeln veröffentlicht 1915 in ›Die weißen Blätter‹, gesammelt erschienen 1916 in der expressionistischen Schriftenreihe »Der jüngste Tag«. – Dieses frühe Prosawerk Benns, das einen wichtigen Schritt in der künstlerischen Entwicklung des Dichters bedeutet, ist ein Zyklus von fünf thematisch zusammenhängenden Novellen. *Gehirne, Die Eroberung, Die Reise, Die Insel, Der Geburtstag.* Im Mittelpunkt dieser sogenannten »Rönne-Novellen«, von Benn auch als *»Rönne-Komplex«* bezeichnet, steht die Figur des jungen Arztes Rönne, an der der Autor den Verlust einer die Verbindung zwischen Ich und Wirklichkeit herstellenden Anschauungsform in verschiedenen Modellsituationen darstellt. Wie in der Figur des Pameelen in den gleichzeitig entstandenen dramatischen Szenen *Der Vermessungsdirigent* und *Karandasch* findet in Rönne nicht nur Benns persönliche Problematik, sondern darüber hinaus die veränderte Bewußtseinslage des modernen Menschen, der sich einer mit den herkömmlichen Denkkategorien und Erlebnisformen nicht mehr zu erfassenden Welt gegenübersieht, ihren konzentrierten Ausdruck. Künstlerisch entspricht diesem *»ontologischen Mißtrauensvotum«* (A. Gehlen) eine die logische und syntaktische Ordnung auflösende Dynamisierung der Sprache und die assoziative Verknüpfung ihrer Elemente. Diese Zerstörung eines in der Sprache verfestigten Welt- und Menschenbildes verbindet *Gehirne* mit der revolutionären Sprachkunst des Expressionismus.

In Benns Novellen gibt es keine Fabel, keinen novellistischen »Falken« und keine festumrissene Person. Das sind bereits Symptome der Problematik, um die es geht; denn Rönnes Krise besteht gerade darin, daß die Auflösung seines Ichs ihn handlungsunfähig macht. In der ersten Novelle *Gehirne* wird er sich des *»Wirklichkeitsverlusts, der Entfremdung von Ich und Welt«* (D. Wellershoff) in einer Art Selbstdiagnose bewußt. Er soll an einem Krankenhaus den Chefarzt vertreten, aber er versagt schon bei den einfachsten Verrichtungen. *»Namentlich aber, wenn er sich gesprächsweise zu dem Verwalter oder der Oberin über irgendeinen Gegenstand äußern sollte ... brach er förmlich zusammen.«* Die Subjekt-Objekt-Beziehung ist abgebrochen, alles Selbstverständliche wird somit fragwürdig und außergewöhnlich. Das nicht mehr zentral, d. h. vom Gehirn, geleitete und stabilisierte Ich sieht sich an eine chaotische Wirklichkeit ausgeliefert, in der keine Orientierung mehr möglich ist: *»Es schwächt mich etwas von oben. Ich habe keinen Halt mehr hinter den Augen. Der Raum wogt so endlos.«* Daß es aus diesem Bewußtseinszerfall keinen Ausweg gibt, verdeutlicht Benn in den darauffolgenden Novellen. Rönne ist unentwegt bemüht, seinem Ich Stabilität zu verleihen, indem er verzweifelte Versuche unternimmt, einen Bezug zur Wirklichkeit herzustellen: *»Dies Land will ich besetzen, dachte Rönne, und seine Augen rissen den weißen Schein der Straße an sich.«* Alles wird registriert, besprochen und bedacht: *»Aufzunehmen gilt es, rief er sich zu, einzuordnen oder prüfend zu übergehen.«* In ausgesprochen grotesken Situationen glaubt er Halt zu finden an den erstarrten Formen einer bürgerlichen Welt, die Benn in ihrer Lächerlichkeit und Borniertheit satirisch entlarvt. Rönne wird dabei zur tragikomischen Figur, da seine vermeintliche Erlösung immer schon Auflösung, seine Macht Ohnmacht bedeutet. Seine »Eroberungen« enden alle wieder im Zerfall des Ichs: *»Anfang und Ende, aber ich geschehe.«* Die Unvereinbarkeit von Ich und Wirklichkeit ist nach Benns eigener Deutung im *Lebensweg eines Intellektualisten* (1934) ein anthropologischer Befund: *»Wir sehen, die Frage nach der anthropologischen Substanz liegt unmittelbar hier vor, und sie ist identisch mit der Frage nach der Wirklichkeit.«* Der einzige Ausweg aus diesem Dilemma ist der Weg nach Innen, zur schöpferischen Evokation des lyrischen Ichs. Dieses *»Irrealitätsprinzip«* der dichterischen Imagination deutet sich bereits in der Novelle *Die Insel* an, und in *Der Geburtstag* bedient Rönne sich seiner bewußt und methodisch, um vor der Wirklichkeit zu bestehen: *»Den Überschwang galt es zu erschaffen gegen das Nichts.«* Dies gelingt ihm jedoch nur selten und nur in der rauschhaften Beschwörung einer mittelmeerischen Welt. Dann versinkt er wieder in seine innere Zerrüttetheit: *»Manchmal eine Stunde, da bist du; der Rest ist das Geschehen. Manchmal die beiden Fluten schlagen hoch zu einem Traum.«*

Die Bedeutung dieser Prosa liegt vor allem in der sprachlichen Vergegenwärtigung der dargestellten Problematik. Dem intakten Ich-Welt-Bezug, den Rönne für sich vergeblich wiederherzustellen sucht, entspricht ein in der Sprache stabilisiertes Welt- und Menschenbild der objektiven Tatsachen, der Ordnung, der festumrissenen Inhalte, der Wertnormen und des eindeutigen, selbstsicheren Verhaltens, vorzugsweise repräsentiert durch die *»starke, geschlossene Gestalt«* der »Herren«. Typisch für die Darstellung dieser Seinsform sind die Verwendung des substantivischen Begriffs und der Vorstellungsbereich des Statischen und Vertikalen: *»Er war der geachtete Mann, dem im Umfang seines Faches Vertrauen zukam, eine bodenständige Natur, festen Schrittes und aufrechter Art.«* Demgegenüber soll die Charakterisierung Rönnes die Assoziation des Horizontalen wecken: *»Es zog ihm nieder, auf den Rasen zog es ihm, leicht hingemäht.«* Ihn kennzeichnen Begriffe und Bilder, die ein Wortfeld des Dynamischen bilden, des Chaotischen, Formlosen, Dionysisch-Rauschhaften und Organisch-Vegetabilischen. Das alles in Bewegung setzende, lösende und verbindende Verbum ist für den Stil dieser frühen Prosa Benns bezeichnend: *»Die Türen sanken nieder, die Glashäuser bebten, auf einer Kuppel aus Kristall zerbarst ein Strom des unverlierbaren Lichts.«* Es ist Ausdruck der Befreiung einer in Begriffen erstarrten Welt. Rönnes bis ins Groteske gesteigerte Gedanken- und Bildassoziationen sind als Emanationen seines zerfallenden Bewußtseins zu verstehen. *»Auf Flügeln geht dieser Gang – mit meinem blauen Anemonenschwert – in Mittagsturz des Lichts – in Trümmern des Südens – in zerfallendem Gewölk – Zerstäubungen der Stirne – Entschweifungen der Schläfe.«*

Benns künstlerische Leistung besteht darin, daß er, indem er Rönnes Problem im wörtlichen Sinne zur Sprache bringt, dieses bereits überwindet – ein schöpferischer Akt, der seiner Figur erst gegen Ende des Zyklus gelingt; indem der Erzähler durch Deformation und Destruktion der gewohnten Sprache die herkömmlichen Formen des Welterlebens auflöst, gewinnt er zugleich die Freiheit, im Kunstwerk (nämlich in den Rönne-Novellen) konstruktiv eine neue Welt, die des dichterischen Ausdrucks, zu schaffen. In *Gehirne* veranschaulicht Benn die existentiellen Voraussetzungen des sein ganzes späteres Werk beherrschenden Dogmas von der Überwindung des Lebens durch die Kunst. An Rönne wird dieser Weg vom Realität erfahrenden zum Ausdruck schaffenden Ich demonstriert, jenes Ich, in dem Figur und Autor letztlich identisch werden. Die Novellen gehören in den Zusammenhang einer Literatur (Baudelaire, Rimbaud, Mallarmé, Valéry, Gide, T. S. Eliot, Joyce u. a.), die durch Destruktion der Wirklichkeit die Autonomie des schöpferischen Ichs in einer »Ausdruckswelt« ermöglicht. S.E.

Ausgaben: Lpzg. 1915/16 (in Die weißen Blätter, 2, 1915, H. 2 u. 8; 3, 1916, H. 6). – Lpzg. 1916 (vollst.; Der jüngste Tag, 35). – Wiesbaden 1950 (in *Frühe Prosa u. Reden*; Einl. M. Bense). – Wiesbaden 1958 (in *GW*, Hg. D. Wellershoff, 4 Bde., 1958–1961, 2). – Ffm. 1984 (in *GW in der Fassung der Erstdrucke*, 5 Bde., Hg. B. Hillebrand, 2).

LITERATUR: I. Jens, *Studien zur Entwicklung der expressionistischen Novelle*, Diss. Tübingen 1954, S. 251–286. – H. Liede, *Stiltendenzen expressionistischer Prosa*, Diss. Freiburg i. B. 1960. – E. Oehlenschläger, *Provokation und Vergegenwärtigung. Eine Studie zum Prosastil G. B.s*, Ffm. 1971. – W. Krull, *Die Welt – hinter den Augen des Künstlers. Eine Skizze zu G. B.s »Gehirne«* (in *G. B.*, Hg. H. L. Arnold, Mchn. 21985; Text + Kritik).

MORGUE und andere Gedichte

Zyklus von neun Gedichten von Gottfried BENN, erschienen 1912 als »21. Flugblatt des Verlages Alfred Richard Meyer«. – Mit diesem Zyklus – *Kleine Aster; Schöne Jugend; Kreislauf; Negerbraut; Requiem; Saal der kreißenden Frauen; Blinddarm; Mann und Frau gehn durch die Krebsbaracke; Nachtcafé* – stellte der damals in der literarischen Öffentlichkeit noch unbekannte sechsundzwanzigjährige Mediziner Gottfried Benn die herkömmliche Vorstellung von Lyrik radikal in Frage. Die Gedichte lösten bei ihrem Erscheinen vor allem durch die für die konventionelle Poesie neuartige Stoffwahl, die *»gründlich mit dem lyrischen Ideal der Blaublümeleinritter aufräumt«* (E. Stadler), einen Sturm der Entrüstung aus. In einer wesentlich bürgerlichen Epoche, in der Kunst nur ein schöngeistiger Lebensschmuck war, wirkten Benns Bilder aus dem Leichenschauhaus und Sektionssaal, die genaue Fixierung des organischen Siechtums und Verfalls als eine zynische Herausforderung des geltenden Geschmacks. Die Presse reagierte, wie der *Morgue*-Verleger A. R. Meyer später feststellte, *»wohl nie in Deutschland in so expressiver, explodierender Weise auf Lyrik«* wie damals bei Benns erster Gedichtsammlung, die in 500 Exemplaren erschien, nach acht Tagen verkauft war und 1916 nachträglich beschlagnahmt wurde. Benn berichtet im *Lebensweg eines Intellektualisten* (1934), daß ihm der Zyklus, der vor allem bei Ernst STADLER und Else LASKER-SCHÜLER spontane Bewunderung hervorrief, von seiten der Öffentlichkeit den Ruf eines *»brüchigen Roués«*, eines *»infernalischen Snobs und des typischen Kaffeehausliteraten«* einbrachte.
Die Provokation der Gedichte beruht vor allem auf der Zerstörung der traditionellen Vorstellung vom Menschen als der »Krone der Schöpfung«: *»... laßt doch euer ewiges ideologisches Geschwätz, euer Gebarme um etwas ›Höheres‹, der Mensch ist kein höheres Wesen«* (*Vorwort* zu *Frühe Lyrik und Dramen*, 1952). Im Gegensatz dazu zeigt Benn den Menschen in seiner erbärmlichen Kreatürlichkeit und im physischen Zerfall (*»Hier diese Reihe sind zerfallene Schöße / und diese Reihe ist zerfallene Brust«*), ausgeliefert dem willkürlichen Geschehen (*»Irgendeiner hatte ihm eine dunkelhellila Aster / zwischen die Zähne geklemmt«*) und dem Prozeß rein vitaler Lebensvorgänge (*»Schließlich in einer Laube unter dem Zwerchfell / fand man ein Nest von jungen Ratten«*). Er ist nur noch ein *»etwas, das winselt«*, ein *»Klumpen Fett und faule Säfte«* und einzig von seinen Krankheitssymptomen her als menschlich erkennbar. Seine Bedeutung ist reduziert auf die zufällige Zweckmäßigkeit und Verwertbarkeit seiner Körperteile. Der *»ersoffene Bierfahrer«* wird wie ein Gegenstand *»auf den Tisch gestemmt«*, und seine Brusthöhle dient als Vase für eine kleine Aster. In einem Mädchen, *»das lange im Schilf gelegen hatte«*, leben junge Ratten von Leber und Niere der Toten. Die Identität der Person und der Sinnzusammenhang jeglicher Lebensordnung sind aufgehoben.
Die revolutionäre Bedeutung der Gedichte liegt jedoch nicht in dem von Benn entworfenen Menschenbild, sondern vielmehr in der künstlerischen Methode, mit der hier die wahre Situation des Menschen in einer veränderten Wirklichkeit aufgezeigt wird. Durch Isolation und paradoxe Zuordnung besonders religiöser Glaubensinhalte entlarvt Benn die Sinnentleertheit verbindlicher Wertsetzungen. Nicht der Bierfahrer wird in *Kleine Aster* christlich bestattet, sondern die Blume in der Leiche: *»Trinke dich satt in deiner Vase! / Ruhe sanft, kleine Aster!«* Das *Requiem* gilt den Leichenteilen auf dem Sektionstisch, und der *»Rosenkranz von weichen Knoten«* ist die *»Narbe an der Brust«* einer Krebskranken. Auch die allzu geläufigen Themen, Motive und Aussageweisen der poetischen Überlieferung enthüllt Benn als sinnentleert, indem er sie mit den makabren und abstoßenden Vorgängen aus der klinischen Praxis konfrontiert. In *Schöne Jugend* wird ein uraltes Thema als Klischee verwendet, aber nicht das junge Mädchen, das sich ertränkte, hatte eine schöne Jugend in der Geborgenheit und einen schönen Tod, sondern die jungen Ratten *»in der Laube unter dem Zwerchfell«* haben *»hier eine schöne Jugend verlebt. Und schön und schnell kam auch ihr Tod.«* Gänzlich sinnentstellt werden die vertrauten Bestandteile einer *»zum reproduzierbaren Bildungsgut gewordenen Poesie«* (W. Killy) wie etwa *»Der Mund des Mädchens«*, *»Glück der ersten Liebe«*, *»Rausch und Heimat«*, *»Der Frauen Liebe und Leben«* (Titel eines Liederzyklus von CHAMISSO), *»Glaube, Liebe, Hoffnung«*.
Daß die in den Gedichten dargestellte Wirklichkeit gerade die *»Auflösung, den Zusammenbruch der alten Ordnung«*, der *»ideellen und moralischen Werte«* (E. v. Kahler) kennzeichnet, demonstriert Benn durch die Sprengung der traditionellen Kunstformen und der eindeutigen, in der Sprache festgelegten Vorstellungsbereiche sowie durch die Verknüpfung von scheinbar Unvereinbarem bis zur völligen Sinnverkehrung im Absurden und Grotesken: *»auf Kissen dunklen Bluts gebettet«* – *»Brust an Brust auf eines Kübels Boden / begrinsen Golgatha und Sündenfall«* – *»Das Cello trinkt rasch mal. Die Flöte / rülpst tief drei Takte lang: das schöne Abendbrot. / Die Trommel liest den Kriminalroman zu Ende.«* Das Mißverhältnis von Gedichtüberschrift und Gedichtinhalt ist dafür ebenso typisch wie die be-

fremdende Zusammenstellung der einzelnen, disparate Vorstellungen assoziierenden Titel zu einem Zyklus, in dessen Bezeichnung *Morgue* nach dem berühmten Pariser Leichenschauhaus sich das Makabre mit einem fremdartig schönen Klang verbindet. Alles kann mit allem verbunden werden, das Hohe mit dem Niedrigen, das Schöne mit dem Häßlichen, das Tote mit dem Lebendigen, der Slang mit dem Pathos, die medizinische Fachsprache mit dem süßen Sentiment. In der Sprache spiegelt sich das Chaos der Wirklichkeit, der zerstückelte Mensch entspricht den isolierten Sprachelementen. Diese Zerstörung der erstarrten, verbrauchten, leeren und morschen Sprachformen erweist sich als eine schöpferische; die Sprache wird frei verfügbar, aus der zwar nicht für das Leben, aber für die Kunst eine neue, lebendige Form entsteht.

Mit dem *Morgue*-Zyklus begann für Benn nach ersten lyrischen Versuchen im spätimpressionistischen Stil *(Rauhreif; Gefilde der Unseligen; Herbst)* eine künstlerische Entwicklung, für die die *»Zusammenhangsdurchstoßung, das heißt die Wirklichkeitszertrümmerung«* in der Sprache kennzeichnend ist, wie Benn in *Probleme der Lyrik* (1951) selbst ausführt. Benn erhebt damit zum zentralen Thema seiner Lyrik ein Kunstproblem – die Unvereinbarkeit von Sprache und Wirklichkeit – das bereits in Hofmannsthals *Chandos-Brief* (1902; vgl. *Ein Brief*) vorweggenommen ist: *»Es gelang mir nicht mehr, die Menschen und Handlungen mit dem vereinfachenden Blick der Gewohnheit zu erfassen. Es zerfiel mir alles in Teile, die Teile wieder in Teile, und nichts mehr ließ sich mit einem Begriff umspannen.«* – Benns Gedichte, deren Thema in einem späteren Zyklus *Morgue II* (in ›Die Aktion‹, 1913) wieder aufgenommen und ins Groteske verzerrt wird, haben ihre Vorläufer in den Schreckensbildern des Todes und des düsteren Verfalls bei Baudelaire *(La Charogne)*, auf den sich Rilke bezieht (in seinem Gedicht *Morgue* und in *Die Aufzeichnungen des Malte Laurids Brigge*, 1910), und bei Georg Heym (*Der ewige Tag*, 1911). Dennoch besaß Benns Zyklus im Hinblick auf Sprache und Thematik den Rang einzigartiger Modernität – die Sprengung der gewohnten lyrischen Ausdrucksmittel und die rücksichtslose Revolte gegen eine bügerliche Weltanschauung bestimmten nachhaltig die expressionistische Lyrik. Es war *»das Manifest eines Mannes, der die Brücken zur Vergangenheit wie kein anderer vor ihm abgebrochen hatte und als erster die Sprache seines Jahrhunderts schrieb«* (W. Jens). S.E.

Ausgaben: Bln. 1912. – Bln. 1913 (*Morgue II*, in Die Aktion, 3, 8. 1.). – Mchn. 1926. – Wiesbaden 1960 (in *GW*, Hg. D. Wellershoff, 4 Bde., 1958–1961, 3). – Ffm. 1982 (in *GW in der Fassung der Erstdrucke*, 5 Bde., Hg. B. Hillebrand, 1). – Stg. 1986 (in *SW*, Bd. 1, Hg. G. Schuster).

Literatur: A. R. Meyer, *Die maer von der musa expressionistica*, Düsseldorf 1948, S. 14–24. – B. Blume, *Das ertrunkene Mädchen* (in GRM, 35, 1954, S. 108–119). – Chr. Eykman, *Die Funktion des Häßlichen in der Lyrik G. Heyms, G. Trakls u. G. B.s. Zur Krise der Wirklichkeitserfahrung im deutschen Expressionismus*, Bonn 1965; [3]1985 [erg.]. – H. Fritz, *G. B.s Anfänge* (in Jb. d. dt. Schillerges., 12, 1968, S. 383–402; ern. in *G. B.*, Hg. B. Hillebrand, Darmstadt 1979). – H. J. Schmitt, *Über das dichterische Verfahren in der Lyrik G. B.s*, Diss. Würzburg 1970. – P. Rühmkorf, *Bemerkungen zu G. B.s »Mann und Frau gehn durch die Krebsbaracke«* (in P. R., *131 expressionistische Gedichte*, Bln. 1976). – Th. Meyer, *G. B. und der Expressionismus. Unter bes. Berücksichtigung der Lyrik* (in *G. B.*, Hg. B. Hillebrand, Darmstadt 1979, S. 279–408). – U. Meister, *Sprache u. lyrisches Ich. Zur Phänomenologie des Dichterischen bei G. B.*, Bln. 1983. – Vgl. auch den Beitrag *Das lyrische Werk*.

PROBLEME DER LYRIK

Vortrag von Gottfried Benn, gehalten am 21. 8. 1951 an der Universität Marburg. – Seit ihren Anfängen im 19. Jh. ist die moderne Lyrik untrennbar verbunden mit der Reflexion ihrer poetischen Verfahrensweise. Poetiken, Manifeste, Dokumente, zu Systemen sich ausweitende oder in Aphorismen keimhaft angelegte Programme beschreiben die dichterische Praxis und wirken zugleich nachhaltig auf sie zurück. Auf diese *»Doppelsichtigkeit«* von Produktion und Reflexion führt Benn nicht nur die *»Gleichrangigkeit in einem Autor von Lyrik und Essay«* zurück – sie ist für ihn auch ein spezifisches Symptom der modernen Lyrik selbst: *»Die Herstellung des Gedichtes selbst ist ein Thema, nicht das einzige Thema, aber in gewisser Weise klingt es überall an.«* Für diese höchst bewußte und selbstkritische Lyrik, die als *»Kunstprodukt«* das *»Emotionelle, das Stimmungsmäßige, das Thematisch-Melodiöse«* ausschließt, gebraucht Benn den *»gefährlichen Ausdruck«* »Artistik« und versteht sie als einen *»Versuch der Kunst, innerhalb des allgemeinen Verfalls der Inhalte sich selbst als Inhalt zu erleben und aus diesem Erlebnis einen Stil zu bilden«* – als einen *»Versuch, gegen den allgemeinen Nihilismus der Werte eine neue Transzendenz zu setzen: die Transzendenz der schöpferischen Lust«*.

Mit dem Schein literarhistorischer Objektivität wendet sich Benn der Vorgeschichte dieser modernen »Artistik« zu, ohne freilich mehr als einen umfangreichen Autorenkatalog zu bieten. Da wird etwa Mallarmé als der erste bezeichnet, *»der eine Theorie und Definition seiner Gedichte entwickelte und damit die Phänomenologie der Komposition begann«*; mit Eliot, Auden, Henry Miller und Ezra Pound trete der *»neue Stil in den angloatlantischen Raum«*, und unübersehbar sei *»in USA eine große lyrische Bewegung im Gange«*. Majakovskij und Vítězslav Nezval »müssen« genannt werden – *»beide bevor sie bolschewistisch wurden und Oden auf Väterchen Stalin dichteten«*. Nur begrenzt gehören George, Rilke und Hofmannsthal in diese Ahnenreihe – verweilt doch ihr *»Innenleben«* noch *»in* *der Sphäre der gültigen Bindungen und der Ganzheitsvorstellungen, die die heutige Lyrik kaum noch kennt«.* Die lyrische Produktion der *»allerletzten Zeit«* endlich wird als *»eine Art Neutönerei«* skeptisch beurteilt: *»Im Augenblick wird man ... sagen müssen, daß das abendländische Gedicht immer noch von einem Formgedanken zusammengehalten wird und sich durch Worte gestaltet, nicht durch Rülpsen und Husten.«*

Wichtiger als dieser pseudophilologische Exkurs ist Benns Versuch einer Phänomenologie moderner Lyrik. *Ex negativo* argumentierend, beschreibt er zunächst *»vier diagnostische Symptome«* mißlungener Gedichte. Das veraltete *»Andichten«* sei charakteristisch für ein *»Gedicht mit Trennung und Gegenüberstellung von angedichtetem Gegenstand und dichtendem Ich, von äußerer Staffage und innerem Bezug«*; Vergleiche mit *»wie«* signalisierten *»ein Nachlassen der sprachlichen Spannung, eine Schwäche der schöpferischen Transformation«*; die allzu üppige Verwendung von Farbadjektiven finde *»besser beim Optiker und Augenarzt ihr Unterkommen«*, während der *»seraphische Ton«* schließlich eine *»billige Spekulation auf die Sentimentalität und Weichlichkeit des Lesers«*, eine *»Flucht vor dem Irdischen«* sei. Gegenüber der Vielzahl mißlungener gebe es im Leben eines Lyrikers nur etwa sechs bis acht *»exorbitante«* Gedichte, deren exemplarischem Werdegang Benn nachgeht. Der Autor besitze zunächst *»einen dumpfen schöpferischen Keim, eine psychische Materie«* – den Gegenstand des künftigen Gedichts also, der niemals objektiv sei, sondern immer Gegenstand des Autors. Letztlich bedeute das: *»Es gibt keinen anderen Gegenstand für die Lyrik als den Lyriker selbst.«* Zu diesem Gegenstand in einer *»bipolaren Spannung«*, aus der erst das fertige Gedicht herausführt, stehen die Worte, die das *»lyrische Ich«*, Flimmerhaaren niederer Organismen vergleichbar, herantaste: Chiffren einer *»Zwischenwelt zwischen Natur und Geist«*. Dieses lyrische Ich aber sei kein Träumer, kein Ästhet, unvergleichbar auch den Himmelsstürmern und *»Titaniden«* vergangener Epochen – ein *»Kleinbürger mit einem besonderen, halb aus Vulkanismus und halb aus Apathie geborenen Drang«*, lebe es verschwiegen, für die Gesellschaft völlig uninteressant und an ihr auch nicht interessiert nur seiner *»monologischen Kunst«*, die sich allenfalls dem nicht minder verinnerlichten Leser erschließt.

Benns Vortrag, der bald Gegenstand lebhafter Diskussionen war und teilweise nachhaltig auf die zeitgenössische Lyrik (W. LEHMANN, K. KROLOW, H. PIONTEK, W. HÖLLERER und H. BENDER) wirkte, propagiert aus heutiger Sicht eine, wenn auch sublimierte, Variante der Erlebnisdichtung. Er charakterisiert das Gedicht als Reflex der individuellen Situation des Lyrikers, ohne in Rechnung zu stellen, daß noch das scheinbar autonomste, ganz für sich seiende künstlerische Gebilde durch die spezifischen Inhalte der umgreifenden geschichtlichen Situation bedingt ist, in der es entsteht. Mittlerweile sieht die Forschung den Dichter mit dieser poetologischen Konzeption, die seine lyrische Produktion selbst kaum je einzulösen vermochte, in der Tradition jener melancholischen Dichtung, wie sie in Europa seit dem 18. Jh. erscheint und deren Ursachen zurückzuführen sind auf die Kluft zwischen intellektueller Einsicht in die Verhältnisse und der fehlenden Macht, die Realität entsprechend dieser Einsicht zu verändern; der Soziologe W. LEPENIES hat die Merkmale dieser bürgerlichen Melancholie als zumeist regressive Fluchtbewegung bestimmt (*Melancholie und Gesellschaft*, 1972), und auch zu Benns Haltung lassen sich entsprechende Analogien ziehen: *»Mit seiner Kunsttheorie meldet Benn einen spekulativen Macht- und Herrschaftsanspruch an, der genau jenen erzwungenen realen Macht- und Herrschaftsverzicht und den damit verbundenen Weltverlust zu kompensieren hat, aus dem sein Rückzug in das ›Unangreifbarste‹ der Poesie entstanden ist und sich speist.«* (J. Schröder)

M.Schm.-KLL

AUSGABEN: Wiesbaden 1951; ern. 1961. – Wiesbaden 1959 (in *GW*, Hg. D. Wellershoff, 4 Bde., 1958–1961, 1). – Ffm. 1986 (in *GW in der Fassung der Erstdrucke*, 5 Bde., Hg. B. Hillebrand, 3).

LITERATUR: K. Krolow, *Das »absolute Gedicht« u. das »lyrische Ich«. Zu G. B.s Lyrik-Theorie* (in Die Neue Ztg., 27./28. 10. 1951). – T. S. Eliot, *The Three Voices of Poetry*, Ldn. 1953 (dt. in Akzente, 5, 1955, S. 463–479). – G. Loose, *Die Ästhetik G. B.s*, Ffm. 1961. – B. Hillebrand, *Artistik u. Auftrag. Zur Kunsttheorie v. B. u. Nietzsche*, Mchn. 1966. – R. Grimm, *Die problematischen »Probleme der Lyrik«* (in *Festschrift G. Weber*, 1967, S. 299–328; ern. in *G. B.*, Hg. B. Hillebrand, Darmstadt 1979). – T. Meyer, *Kunstproblematik u. Wortkombinatorik bei G. B.*, Köln/Wien 1971. – J. Schröder, *G. B.s späte Lyrik u. Lyriktheorie* (in *Bild u. Gedanke*, Hg. G. Schnitzler, Mchn. 1980; ern. in J. S., *G. B. und die Deutschen*, Tübingen 1986, S. 58–72). – U. Meister, *Sprache u. lyrisches Ich. Zur Phänomenologie des Dichterischen bei G. B.*, Bln. 1983.

KASIMIR EDSCHMID

eig. Eduard Schmid

* 5.10.1890 Darmstadt
† 31.10.1966 Vulpera

LITERATUR ZUM AUTOR:
G. Engels, *Der Stil expressionistischer Prosa im Frühwerk K. E.s*, Diss. Köln 1952. – H. Liede, *Stiltendenzen expressionistischer Prosa. Untersuchungen zu Novellen von A. Döblin, C. Sternheim, K. E., G. Heym u. G. Benn*, Diss. Freiburg i. B. 1960. – U. Brammer, *K. E.-Bibliogr.*, Heidelberg 1970 [Einf.

F. Usinger]. – *K. E. zum Gedenken*, Darmstadt 1971 [m. Beitr. v. E. Zimmermann, H. W. Sabais u. P. Raabe]. – A. Arnold, *Prosa des Expressionismus. Herkunft, Analysen, Inventar*, Stg. u. a. 1972. – C. H. Werba, *Einflüsse von Nietzsches »Zarathustra« auf das Bild des »Neuen Menschen« in E.s frühen Prosawerken*, Diss. Univ. of Connecticut 1972. – J. L. Brockington, *4 Pole expressionistischer Werke von K. E., C. Einstein, A. Döblin u. A. Stramm*, Diss. Michigan State Univ. 1981. – R. W. Williams, *Primitivism in the Works of C. E., Carl Sternheim and G. Benn* (in Journal of European Studies, 13, 1983, S. 247–267). – R. Rumold, *C. E.s Sprachkrise und gescheitertes Experiment »absoluter« Dichtung. Zur Evolution des halluzinator.-konstrukt. Stils* (in Erkennen und Deutsch, 1983, S. 254–272).

DAS RASENDE LEBEN

Zwei Novellen von Kasimir Edschmid, erschienen 1916. – Edschmids erster Novellenband *Die sechs Mündungen* (1915) gilt als ein Musterbeispiel expressionistischer Prosakunst. Die zwei Novellen des *Rasenden Lebens* (*Das beschämende Zimmer* und *Der tödliche Mai*) vertiefen und erweitern die suggestive Bildsprache und die explosive Thematik der ersten Erzählungen: Sie *»reden im hauptsächlichen Sinn nicht – wie das vorausgegangene Buch – vom Tod als einer letzten Station, nicht von Trauer und vom Verzicht. Sie sagen auch nicht: leben. Sie sagen: rasend leben« (Vorwort)*. In der ersten Novelle führt ein Freund den Dichter durch ein verstecktes Gemach, an dessen Wänden Bilder ohne Auswahl und Ordnung hängen; jedes Bild ruft ein aufwühlendes Erlebnis hervor, das der Freund erzählt: *»Abenteuerlichkeit fraß sich in die Wände. Schicksal brannte in den Rahmen und wollte heraus. Sehnsüchte ohne Maß, gelebte, nur gestreifte, schwellten den Raum, daß er fast barst, und Jahre rasten auf dem Sekundenblatt der Pendüle herunter.«* Am Ende bricht der Freund unter der Wucht innerer Gesichte zusammen. Der Dichter verläßt angewidert die Galerie der Erinnerungen: *»Denn der Genuß des Abenteuers ist das ungewiß Beschwebende: Wissen, vieles Bunte getan zu haben, aber eine Luft hinter sich zu fühlen ohne Halt und ohne Farbe. Tosendes ... rasendes Leben ...«*

Die zweite Novelle erzählt vom siegreichen Todeskampf eines Offiziers und Malers, der lethargischen Leere der Genesungszeit und der rauschhaften Rückkehr ins Leben. Aus der Kälte des Todes ersteht eine neue Verzücktheit des Daseins: *»Wo ich vor dem Tode am zerschmetterndsten empfunden habe, an dieser Stelle, meine ich, muß die ungeheuerliche Kraft des Lebens sitzen.«* In somnambuler Entrückung beschwört er das Bild blühender Bäume als eine kosmische Metapher unendlichen Daseins aus der Erinnerung herauf.

Die Georg Büchner gewidmeten Novellen, erste Prosaversuche des literarischen Expressionismus, erfüllen geradezu exemplarisch das expressionistische Programm der frühen Manifeste, die Edschmids literarisches Schaffen begleiten. Diese Prosa verzichtet bewußt auf Analyse und Psychologie; der Dichter erlebt direkt, aus dem unmittelbaren Gefühl heraus: *»So wird der ganze Raum des expressionistischen Dichters Vision. Er sieht nicht, er schaut. Er schildert nicht, er erlebt. Er gibt nicht wieder, er gestaltet. Er nimmt nicht, er sucht«* (*Über den dichterischen Expressionismus*, 1917). Expressionistische Dichtung, ihrer Tendenz nach kosmisch und visionär, bringt unter den Zwängen eines dämonisch gesteigerten Lebensgefühls ein transreales, die herkömmlichen Übereinkünfte und Rationalisierungen sprengendes Weltbild hervor. Die worpswedischen Maler treten als *»hypertrophierte Empfindungsdestillatoren des Seins«* auf. Das Leben bricht in vulkanischen Ausbrüchen hervor, ergießt sich in einem orgiastischen Wortrausch, als rasendes Staccato, verbales Stammeln oder als pathetischer Aufschrei: *»O Rausch, o Sonne, o Ruhm, o Süßigkeit.«* Ein ekstatisches Parlando, knapp, forciert und sprunghaft, weitet gewaltsam die sprachliche Ausdrucksmöglichkeit und soll vom revolutionären Dichter zeugen, der die Welt zertrümmert, um sie in kühner Metaphorik neu zu schaffen.

Edschmids Novellen gelten gemeinhin als erste Beispiele expressionistischer Prosa, wobei anscheinend der Autor selbst lebhaftes Interesse hatte, sich hier zum Vordenker der Bewegung erhoben zu sehen: *»Die Sage vom unschuldigen Edschmid, dem Provinzler, dessen Geschichten plötzlich und unabsichtlich den Expressionismus eingeleitet hätten, ist eine von Edschmid später erfundene Fabel«* (A. Arnold). M.Ke.

Ausgaben: Lpzg. 1916 (Der jüngste Tag, 20; Nachdr. Ffm. 1969). – Neuwied/Bln. 1965 (in *Die frühen Erzählungen*; zus. m. *Die sechs Mündungen* u. *Timur*).

Literatur: A. P. Dierick, *Culture, Colportage and Kitsch in K. E.s »Die sechs Mündungen«* (in Seminar, 19, 1983, S. 177–193).

ALBERT EHRENSTEIN

* 23.12.1886 Wien
† 8.4.1950 New York

Literatur zum Autor:
F. Martini, *A. E.* (in *Expressionismus als Lit.*, Hg. W. Rothe, Bern/Mchn. 1969, S. 690–706). – G. Beck, *Die erzählende Prosa A. E.s. Interpretation u. Versuch einer lit.hist. Einordnung*, Freiburg/Schweiz 1969. – J. Drews, *Die Lyrik A. E.s. Wandlungen in Thematik u. Sprachstil von 1910–1931*, Mchn. 1969. – A. Beigel, *Erlebnis u. Flucht im Werk*

A. E.s, Ffm. 1972. – T. Sapper, *Anklage wider hereinbrechende Entmenschung* (in T. S., *Alle Glocken der Erde*, Wien 1974, S. 31–44). – A. D. White, *The Grotesque and Its Applications. The Example of A. E.* (in New German Studies, 1, 1973, S. 150–162). – H. Mittelmann, *K. Kraus u. A. E.* (in K.-Hefte, 1984, H. 30). – U. Laugwitz, *A. E. Studie zu Leben, Werk u. Wirkung eines deutsch-jüdischen Schriftstellers*, Ffm. u. a. 1987.

DAS LYRISCHE WERK von Albert EHRENSTEIN.

Die Publikation seines Gedichts *Wanderers Lied* im Februar 1910 in der ›Fackel‹ durch Ehrensteins Förderer Karl KRAUS machte den 23jährigen Dichter mit einem Schlag berühmt und stellt eines der wichtigsten Daten für den Beginn des Wiener Expressionismus dar. In *Wanderers Lied* bekundet sich eine verzweifelte, geradezu selbstzerstörerische Gefühlsintensität; es endet mit einer Aufforderung des lyrischen Ich an sich selbst zum Selbstmord: *»›Töte dich!‹ spricht mein Messer zu mir. / Im Kote liege ich; / hoch über mir, in Karossen befahren / meine Feinde den Mondregenbogen.«* Damit war schon der wilde, sarkastische Ton angeschlagen, der einen Großteil von Ehrensteins Lyrik kennzeichnet. Von einigen wenigen Gedichten abgesehen – insbesondere jenen, in denen sich Ehrenstein der literarischen Proklamation des politischen Aktivismus anschloß – herrscht in seiner Lyrik eine depressive Stimmung voller ahasverischer Unruhe und ein masochistisch rückhaltlos zur Schau gestelltes geringes Selbstwertgefühl, das sich bisweilen zum Selbsthaß steigert. Auch wenn kein Ich spricht, das mit der empirischen Person Albert Ehrensteins (wie allerdings oft möglich) gleichgesetzt werden kann, wählt sich Ehrenstein doch meist Masken und Rollen lyrischen Sprechens, die seiner eigenen Disposition stimmungs- und seelenverwandt sind, Außenseiter und Gescheiterte aller Art: Julian Apostata, Rimbaud, ein altersschwacher Oberkellner, usw. Aus solcher Perspektive – von unten, aus dem Abseits – werden Monologe gesprochen, in denen sich Einsamkeit, Melancholie und Todesnähe, nach Stimmung und Gestus der Wiener Fin-de-siècle-Müdigkeit entstammend, zu einer solchen Bitterkeit verdichten, daß schon den Zeitgenossen – von Berthold VIERTEL bis Wilhelm SCHMIDTBONN – die abgründig rettungslose Trauer dieser Gedichte auffiel. In den Jahren bis 1914, wo dann – nach zahlreichen einzelnen Gedichtveröffentlichungen in expressionistischen Zeitschriften – Ehrensteins erster Gedichtband *Die weiße Zeit* erscheint, verwandelt er sich die verschiedensten lyrischen Traditionen und Sprechweisen an; es finden sich in seinen meist freirhythmischen Texten Balladeskes und Volksliedtöne, Hölderlinsche Zeilen und Wortspiele, die auf die satirische Sprechweise des von ihm viele Jahre hochverehrten Karl Kraus zurückdeuten. Ehrenstein findet eigentlich nie zu einem einheitlich durchgebildeten, konsistenten Sprachstil. Von Kurt PINTHUS wurde er als ein *»Zerrissener«* bezeichnet, der die *»bittersten Gedichte deutscher Sprache«* geschrieben habe, und solche Zerrissenheit behält seine Lyrik auch stilistisch; der Duktus ist sprunghaft, wechselnd kurz und dann wieder von schweifend-ausgreifendem Gestus. Ab etwa 1914 häufen sich Thema und Gefühl des Mit-Leidens mit den Verachteten der Gesellschaft, insbesondere mit den Juden und mit den Frontsoldaten, bis sich dies vielfältige Mitfühlen mit Verachteten und Entrechteten (als Hintergrund ist da auch der Wiener Antisemitismus in der Ära des Bürgermeisters Karl Lueger mitzudenken, den der Jude Ehrenstein entsetzt beobachtete) verdichtete zu einer Sozialkritik, welche Ehrenstein gegen Ende des Krieges nicht nur in Gedichten, sondern auch in politischen Aufrufen Partei ergreifen ließ für den gesellschaftlichen Umsturz.

Ehrensteins lyrische Sprache bricht nirgends so radikal mit der Tradition, wie es etwa bei Georg TRAKL, August STRAMM oder Jacob van HODDIS geschieht, und er stellt sich auch der Frage einer dem Sujet adäquaten Sprache sowohl des Kriegsgedichts wie auch des politischen Gedichts nicht mit der Strenge und dem Scharfsinn, mit denen expressionistische Autoren wie Franz Richard BEHRENS oder Otto NEBEL in den Bänden *Blutblüte* (1917) bzw. *Zuginsfeld* (1919) verfuhren, aber er setzt doch in einem Maße, das ihn bei den Zeitgenossen berühmt machte, alles daran, die lyrische Sprache zu verdichten, zu verschärfen, ja zu verhäßlichen, um ihr statt Wohllaut schneidende Wahrheit zu geben. Selbstgenießerisch melancholische Zeilen wie *»Ich bin des Lebens und des Todes müde«* aus der Zeit um 1914 machen später hyperbolischen Formulierungen des Überdrusses und eines geradezu kosmischen Ekels Platz: *»Den Mond möchte ich schlucken / und ausspeien ins All«*, heißt es ein paar Jahre später; die Sterne, traditionell milde angesungene lyrische Gegenstände, werden als *»Aussatz des Himmels«* denunziert, dem Kosmos wird seine angebliche Geordnetheit abgesprochen: *»Lyrisch piepst die Sternenbrut«*, höhnt Ehrenstein im Kontext einer Argumentation, die sich unablässig um das Wesen jenes Gottes dreht, der trotz seiner angeblichen Güte menschliches Leid zuläßt, das dann in den Schlächtereien des Ersten Weltkriegs kulminiert. Deshalb konstatiert Ehrenstein wegwerfend in dem Prosagedicht *Der rote Krieger spricht* (1918): *»Kurz nach der Bergpredigt entschlief Christus für immer.«*

Von 1917 bis etwa 1920 schreibt Ehrenstein keine Liebes- und Naturgedichte; sowohl private Glücks-(oder Unglücks-)Erfahrungen wie auch Naturerlebnisse werden als nicht mehr zu verantwortende Sujets aus seiner Lyrik ausgeschlossen, in der jetzt die verzweifelte, sich schrill überschlagende, bisweilen in die unfreiwillige Komik peinlich martialischer Bilder abrutschende Anklage gegen den Krieg und die dafür Verantwortlichen dominiert. Bezeichnenderweise heißt der Gedichtband von 1916 *Der Mensch schreit* und der von 1917 *Die rote Zeit*; es folgt schließlich 1919 der Band *Den ermordeten Brüdern*, der auch eine bewegte Totenklage um Ehrensteins Bruder Otto enthält, der im Militärspital qualvoll zugrunde ging, weil die Ärzte ihn für einen Simulanten hielten. Ehrensteins Lyrik ist in diesen Jahren beherrscht von der Anstrengung, immer neue, bis zum Unästhetischen grelle Bilder und pejorative Metaphern zu finden für Heerführer, kriegsbegeisterte Journalisten, Potentaten und am Krieg verdienende Industriemagnaten; eine Zeitenwende sei möglich, und die Leser werden beschworen, diese *»Menschendämmerung«* handelnd heraufzuführen. Alles ist in apokalyptisches Licht getaucht; viele Gedichte enden mit dem Appell zur Aktion: *»Schwinget endlich den fressenden Hammer / Wider Hirnschädel der Großen!«* heißt es in dem Gedicht *Auf!* (1918/19). Ehrenstein spricht wie eine Mischung aus Psalmist und Agitator und verwirft schließlich verzweifelt die Literatur ob ihrer Hilflosigkeit (allerdings unter Verwendung eines literarischen Zitats): *»Verflucht sei das Wort! Im Anfang war die Tat!«* endet das Prosagedicht *Der rote Krieger spricht*; der Fluchtpunkt von Ehrensteins Lyrik der Kriegsjahre ist ein nichtliterarischer, politischer Aufruf in der Zeitschrift ›Die Aktion‹ vom November 1918, den er zusammen mit dem Publizisten Franz PFEMFERT, dem Dichter Karl OTTEN und dem späteren Dramatiker Carl ZUCKMAYER unterzeichnet. Kurz darauf wendet sich Ehrenstein von der Hoffnung auf die *»Menschwerdung des Menschen«* ab und bezichtigt sowohl *»das Volk«* wie auch speziell die Sozialdemokraten, die Chance einer Revolution vertan zu haben; die Scheidemannsche Regierung weine über die Ermordung von Rosa LUXEMBURG und Karl LIEBKNECHT nur noch *»Krokodilstränen«*. 1920 veröffentlicht Ehrenstein die Sammlung *Die Gedichte* mit seiner gesamten seit 1900 entstandenen Lyrik; er spürt, daß eine Epoche abgeschlossen ist.

Die folgenden Gedichtbände, *Wien* (1921), *Briefe an Gott* (1922) und *Herbst* (1923) zeigen ihn auf dem Rückzug zu ganz subjektivistischen Stimmungsgedichten mit Titeln wie *Taedium Vitae* oder *Flucht* oder *Schnee schweigen die Sterne*; allerdings gelingen ihm in diesen Jahren auch eine Anzahl von in die sonstigen lyrischen Strömungen der Zeit gar nicht einordenbaren umfangreichen Porträts in Gedichtform von quasimythologischen Gestalten (*Ahasver; Kimpink* – dies eine Art Personifikation der Donau, ein Flußgott) und von historischen Figuren *(Alexander; Bernal Diaz del Castillo)* sowie der wunderbar schrille Prosamonolog *Geschrei der Tonfilmdiva Oliva von Zaehlendorff*, das Selbstporträt eines frühen Ufa-Stars. Mit diesem Text hat Ehrenstein übrigens auch teil an der Neuen Sachlichkeit in der Lyrik, welcher aber vor allem jenes Dutzend Gedichte zuzurechnen ist, die er während einer zusammen mit Oskar KOKOSCHKA unternommenen Reise in den Nahen Osten (1928/29) schrieb. Hier verschärft sich auch nochmals sein sozialkritischer, rebellischer Ton, als er in den Kolonialländern von Ägypten bis Syrien die weißen Kolonisatoren, Soldaten und Touristen hassen lernte; die meist eine bestimmte Lokalität porträtierenden langen Gedichte bestehen aus einer durch den sarkastischen Ton zusammengehaltenen Reihung von Zitaten aus dem Jargon der Weißen, aus Beobachtungen der Landschaft und des Alltags der unterdrückten Völker, untermischt mit Spott über die lächerlichen Westler und ätzenden Seitenhieben auf ihre zivilisatorische Verschandelung der nahöstlichen Kulturen. Nach der Rückkehr überarbeitet Ehrenstein abermals seine gesamte lyrische Produktion und veröffentlicht sie – zum Teil in Fassungen, welche die Ausdrucksschärfe der früheren Fassungen stören oder mildern – 1931 in dem Band *Mein Lied.*

In den folgenden neunzehn Jahren, die Ehrenstein zunächst überwiegend in Brissago im Tessin und dann, ab 1941, im New Yorker Exil verbrachte, schreibt er zwar noch ca. 70 Gedichte (aufbewahrt in dem Nachlaß Ehrensteins im Manuscript Department der Jewish National and University Library in Jerusalem), darunter das scharf sozialkritische Gedicht *Wanzen*, dessen Anfang die Oberschicht der Weimarer Republik mit George-Groszscher Schärfe zeichnet: *»Droben trieft geile Musik. / Champagner. Soiree. / Der Wänste gellendes Fest. /Blutpralle Wanzen tanzen.«* Aber insgesamt schwindet seine Ausdruckskraft immer mehr. Neben der Arbeit an einer Unzahl nie verwirklichter Projekte beschäftigt ihn im Exil vor allem die sorgfältige Überarbeitung seiner Nachdichtungen chinesischer Lyrik, die 1933 in Deutschland nur noch in wenigen Exemplaren hatte gedruckt werden können; diese Sammlung *Das gelbe Lied* wurde dann von den Nazis sofort verboten. 1950 starb Ehrenstein in New York. In der Sammlung *Menschheitsdämmerung*, Kurt PINTHUS' legendärer Anthologie expressionistischer Lyrik von 1920, war Ehrenstein noch mit der zweitgrößten Anzahl von Gedichten vertreten; erst 1961 erschien in Deutschland mit der Ausgabe von Karl OTTEN eine umfangreiche, in der Zuverlässigkeit der Texte einigermaßen akzeptable Ausgabe eines jahrzehntelang fast vergessenen Lyrikers, dessen vorbildliche *»schneidende Schärfe des Ausdrucks«* Arno SCHMIDT mehrfach rühmte. Eine Gesamtausgabe ist für die neunziger Jahre zu erwarten. J.Dr.

AUSGABEN: *Die weiße Zeit*, Mchn. 1914. – *Der Mensch schreit*, Lpzg. 1916. – *Die rote Zeit*, Bln. 1917. – *Den ermordeten Brüdern*, Zürich 1919. – *Die Gedichte (1900–1920)*, Lpzg./Prag/Wien 1920. – *Wien*, Bln. 1921. – *Briefe an Gott*, Lpzg./ Wien 1922 (Die Gefährten, Bd. 13); ern. Ffm. 1979. – *Herbst*, Bln. 1923. – *Mein Lied. Gedichte 1900–1931*, Bln. 1931. – *Gedichte u. Prosa*, Hg. K. Otten, Bln./Neuwied 1961. – *Stimme über Barbaropa*, Hg. J. Jahn, Bln./Weimar 1967. – *Wie bin ich vorgespannt den Kohlenwagen meiner Trauer*, Hg. J. Drews, Mchn. 1977; ern. 1986.

LITERATUR: O. Basil, *Ritter Johann des Todes oder Das österreichische Apokalypserl* (in Wort in der Zeit, Feb. 1962, Nr. VIII, S. 4–11). – J. Drews, *Wie bin ich vorgespannt den Kohlenwagen meiner Trauer* (in SZ, 25./26. 4. 1970). – K. Völker, *Mein Wort hat keinen Preis gekrönt* (in FRs, 2. 5. 1981).

CARL EINSTEIN

* 26.4.1885 Neuwied
† 5.7.1940 Lestelle-Bétharram bei Pau

LITERATUR ZUM AUTOR:
S. Penkert, *C. E. Beiträge zu einer Monographie*, Göttingen 1969. – *C. E.* (in alternative, 1970, Nr. 75). – E. Krispyn, *C. E.*, NY 1971 (TWAS). – H. Heißenbüttel, *C.-E.-Portrait* (in H. H., *Zur Tradition der Moderne*, Neuwied/Bln. 1972. – H. Kraft, *Kunst u. Wirklichkeit im Expressionismus*, Bebenhausen 1972. – H. Oehm, *Die Kunsttheorie C. E.s*, Mchn. 1976. – K. Riha, *Enthemmung der Bilder u. Enthemmung der Sprache. Zu P. Scheerbaart u. C. E.* (in *Phantastik in Literatur u. Kunst*, Hg. C. W. Thomsen u: J. M. Fischer, Darmstadt 1980, S. 268–280). – J. Müller, *C. E. Hinweise auf neuere Forschungsliteratur* (in Studi Germanici, 19/20, 1981/82, S. 285–314). – K. W. Kiefer, *Avantgarde, Weltkrieg, Exil. Materialien zu C. E. u. S. Friedlaender/Mynona*, Ffm. 1986. – *C. E.*, Hg. H. L. Arnold, Mchn. 1987 (Text + Kritik). – Ch. Braun, *C. E. Zwischen Ästhetik u. Anarchismus: Zu Leben und Werk eines expressionistischen Schriftstellers*, Mchn. 1987. – W. Ihrig, *Literarische Avantgarde u. Dandyismus. Von C. E. bis Oswald Wiener*, Ffm. 1988.

DAS LYRISCHE WERK von Carl EINSTEIN. Dem Lyriker Carl Einstein wird bis heute wenig Aufmerksamkeit geschenkt. Einer der wenigen, die nach dem Zweiten Weltkrieg an ihn zu erinnern suchten, war Gottfried BENN, der schon früh die Bedeutung Einsteins erkannt und ihm 1925 das Gedicht *Meer- und Wandersagen* gewidmet hatte. Er nahm Einsteins Gedicht *Tödlicher Baum* in die von ihm 1955 herausgegebene Anthologie *Lyrik des expressionistischen Jahrzehnts* auf und stellte den Lyriker damit in eine Reihe mit den bedeutenden Autoren dieser Epoche, während ihn Kurt PINTHUS in seiner Anthologie *Menschheitsdämmerung* (1919) nicht berücksichtigt hatte. Benn wählte gerade jenes Gedicht aus, das Karl KRAUS 1917 in der ›Fackel‹ zum Anlaß genommen hatte, um gegen den *»Dilettantismus«* der von ihm wenig geliebten Berliner Avantgarde zu polemisieren.
Einsteins lyrisches Werk ist, soweit es veröffentlicht wurde, nicht sehr umfangreich. Die im Nachlaß aufgefundenen Texte sind noch nicht vollständig ediert, zu Lebzeiten des Autors wurden, die *»Nachdichtungen«* afrikanischer *Negerlieder* inbegriffen, nur knapp vierzig Gedichte publiziert, zumeist während des Ersten Weltkriegs in der von Franz PFEMFERT herausgegebenen expressionistischen Zeitschrift ›Die Aktion‹. Sie blieben, im Gegensatz zum Roman *Bebuquin*, ohne größere Resonanz. Mit Pfemfert fühlte Einstein sich auch politisch eng verbunden und einer engagiert-kritischen Avantgarde zugehörig. Nach dem Krieg schloß sich Einstein dem Kreis des Malik-Verlags um Wieland HERZFELDE, John HEARTFIELD, George GROSZ, Walter MEHRING und John HÖXTER an, zwischen 1921 und 1930 entstanden allerdings kaum literarische Arbeiten.
Im Gegensatz zu vielen seiner expressionistischen und dadaistischen Zeitgenossen war Einsteins Verständnis der literarischen Moderne weit gefaßt. Sein literarisches Programm versuchte den Gegensatz zwischen einer »hermetischen« und »engagierten« Literatur zu überbrücken. Großen Einfluß übte auf ihn die französische Kunsttradition aus. Das betrifft nicht nur seine Anverwandlung des Kubismus, den er in Deutschland mit bekannt gemacht hatte. Einstein versuchte die bereits klassisch gewordene literarische Moderne Frankreichs zu aktualisieren. Insbesondere war es MALLARMÉ, den er zu seinen »Ahnen« zählte und über dessen Lyrik er 1913 schrieb: *»Aber Mallarmé war im Grunde nicht nur Fanatiker des Absoluten, er war Dandy und originell und ging von der Lehre des Spleens aus, dieser Quelle jeder reinlichen unromantischen Phantastik. Er gewinnt sein Imaginäres, die Umsetzung merkwürdigerweise aus dem impressionistischen Moment der sensibilité; trotz aller Parnassiens war er durchaus Impressionist und originell, identifizierte das Absolute mit dem Seltenen. Also eine Individualitätsstrebung.«*
Die Empfindung als Gegenstand des Dichterischen, die tatsächlichen Erlebnisse und die mehrstufigen Komplexe der Erinnerungen – damit ist ein Hinweis auf die frühen Gedichte Einsteins gegeben.
1914 erschien der Zyklus *Fünf Gedichte* in ›Die Aktion‹. Die Nähe zu der von Einstein bei Mallarmé hervorgehobenen *»Lehre des Spleen«* ist unverkennbar: des *»Lebens starker Tod«*, *»das Nichts«*, die *»Leere«* und der *deus absconditus* – der sich verbergende Gott – sind die zentralen Motive *(»Noch lange, nie erwarte deinen Gott;/Denn schmutzig liegst Du, unerheblich,/Und deine Leere ist sein Spott.«)*. Doch diese traditionellen Topoi der Melancholie sind nicht ungebrochen. Die Depersonalisierung des Ichs und das Verlieren der Sprache – Einstein spricht von *»autistischen Monologen«* – sind gebunden an die Erfahrung einer sinnentleerten modernen Lebenswelt – eine Thematik, die ihn mit seinen expressionistischen Zeitgenossen verbindet *(»Der Städte abgedrehte Lichte,/ Der Trunknen Fallen in den frühen Straßen, ...«)*.
In Opposition zu der industrialisierten Lebenswelt stehen auch Einsteins als »Nachdichtungen« ausgegebene *Negerlieder*, die er ebenfalls in der ›Aktion‹ publizierte. Sie sind im Kontext seiner Studien über die afrikanische Kunst und Kultur entstan-

den. Wie aus dem Vorwort zu seiner Arbeit über *Negerplastik* (1915) hervorgeht, sah Einstein in der afrikanischen Kunst ein Gegenmodell zum modernen europäischen Kunstverständnis. Das Kunstwerk, so fordert er, soll nicht *»als willkürliche und künstliche Schöpfung angesehen werden«*, sondern als eine *»mythische Realität, die an Kraft die natürliche übertrifft«* – was die avantgardistische Lesart der afrikanischen Kunst deutlich vernehmen läßt. Die am Beispiel der *Negerplastik* erörterte *»kubische Raumanschauung«*, um die es Einstein primär ging, haben seine Forderung nach einer *»kubistischen«* Erneuerung der lyrischen Sprache maßgeblich beeinflußt. In einem Brief an den Kunstmäzen Daniel Henry Kahnweiler schreibt Einstein 1923, daß die *»Wirklichkeit der Dichtung«* allein durch die *»Wortfolge«* konstituiert werde: Daher müssen sich die *»seelischen Dimensionen tatsächlich durch Wortverbindungen«* darstellen. Die Auflösung der konventionellen Sprache und die *»Befreiung der Worte«* aus den Fesseln der traditionellen Syntax sind einige der Konsequenzen, die Einstein in seinen Ansätzen zu einer kubistischen Wortkunst formulierte. Von dieser Position aus kritisierte er einen großen Teil der modernen Lyrik: *»Die Litteraten hinken ja so jammerhaft mit ihrer Lyrik und den kleinen Kinosuggestionen hinter Malerei und Wissenschaft hinter her. Ich weiß..., dass nicht nur eine Umbildung des Sehens und somit des Effekts von Bewegungen möglich ist, sondern auch eine Umbildung des sprachlichen Aequivalents und der Empfindungen. Die Litteraten glauben sehr modern zu sein, wenn sie statt Veilchen Automobile oder Aeroplane nehmen.«*

Walter Muschg qualifizierte Einsteins Gedichte als eine Nachahmung der expressionistischen »Wortkünstler«, insbesondere der Gedichte August Stramms, ab; schon Karl Kraus hatte in seiner Polemik gegen Einstein darauf verwiesen. Zutreffend daran ist, daß die von Einstein eingesetzten Stilmittel, darunter die radikale Verknappung der lyrischen Sprache, sich nicht wesentlich von den Gedichten des Sturm-Kreises um Herwarth Walden unterscheiden. Einstein selbst verweist auf die Futuristen. Doch in der Nachahmung der »Wortkünstler« erschöpfen sich insbesondere die beiden 1917 in der ›Aktion‹ veröffentlichten Gedichtzyklen *Der Leib des Armen* und *Gedenken des André Derain* nicht (der kubistische Maler André Derain (1880–1954) galt irrtümlich als im Krieg gefallen). Dies gilt auch für den ebenfalls 1917 publizierten Zyklus *Kranke (»Höhle knäuelt/Augapfel brandet in barometrigem Kanal./Verrostet schwimmt ein hohler Hammer in den Adern.«)* Einsteins Gedichte sind ein eigenständiger Versuch, die von den Futuristen und den expressionistischen »Wortkünstlern« begonnene Erneuerung der lyrischen Sprache fortzusetzen *(»Ist denn die Art des Erlebens, wobei ich keine psychologische Analyse verstehe, sondern das* Erlebnis, *dessen Symptom eben eine Gruppe von Dingen oder Zuständen ist, nicht wichtiger als die Beschreibung aneinander gereihter Zustände und müßte man versuchen diese Sprache der Form der Erlebnisse anzupassen, wie man im Kubismus ein bestimmtes, entscheidendes Raumgefühl übersetzte?«)*. Als einen letzten Versuch dieses neue kubische *»Raumgefühl«* lyrisch zu übersetzen, kann man das Gedicht *Entwurf einer Landschaft* interpretieren. Diese letzte Einzelveröffentlichung eines literarischen Textes zu Lebzeiten Einsteins erschien 1930 als bibliophiler Druck mit Illustrationen von Gaston-Louis Roux in hundert Exemplaren in Paris – gleichzeitig mit einer englischen Übersetzung in der literarischen Zeitschrift ›Transition‹. Mit diesem Gedicht, das noch einmal die Depersonalisierung und den Verlust der Sprache thematisierte, verstummte der Lyriker Carl Einstein in der Öffentlichkeit *(»Zerfiele das Wort/Wir atmeten enteist/Entsegelten/Geschienten erstickten Docks.«)*

Gottfried Benns Rehabilitation des Lyrikers Carl Einstein erfolgte zu Recht. Wenn Einstein auch nur mit wenigen Gedichten zu überzeugen vermochte, so gehört er doch zu den repräsentativen Dichtern des expressionistischen Jahrzehnts – und wie viele von ihnen, kam auch Einstein als Jude und politischer Schriftsteller 1933 auf die Fahndungslisten der Nationalsozialisten, seine Bücher wurden verbrannt und aus den Bibliotheken entfernt.

H.S.B.

Ausgaben: Bln. 1980 (in *Werke*, Hg. R.-P. Baacke unter Mitarb. v. J. Kwasny, Bd. 1: 1908–1918). – Bln. 1981 (in *Werke*, Hg. M. Schmid, Bd. 2: 1919–1928). – Wien/Bln. 1985 (in *Werke*, Hg. M. Schmid u. L. Meffre, Bd. 3: 1929–1940). – Ffm. u. a. 1986 (in K. H. Kiefer, *Avantgarde – Weltkrieg – Exil. Mat. zu C. E. u. Salomo Friedlaender/Mynona*; m. Texten aus dem Nachlaß).

Literatur: W. Muschg, *Von Trakl zu Brecht. Dichter des Expressionismus*, Mchn. 1961. – H. Oehm, *Die Kunsttheorie C. E.s*, Mchn. 1976. – H. J. Dethlefs, *C. E. Konstruktion und Zerschlagung einer ästhetischen Theorie*, Ffm. 1985. – L. Cejpek, *Metamorphosen des Göttlichen. C. E.: »Entwurf einer Landschaft«* (in Sprache im techn. Zeitalter, 1986, Nr. 99, S. 198–205). – B. Worbs, *Raumfolgen. Essays*, Darmstadt 1986.

BEBUQUIN ODER DIE DILETTANTEN DES WUNDERS

Prosawerk von Carl Einstein, erschienen 1912. – *»Hier wird, auf einem Kap, Extremes geformt. Unsere Bücher werden Euch unfaßlich sein, Bürger«* – mit diesen Sätzen Ferdinand Hardekopfs aus der ersten Proklamation des »Aeternismus« (1916), dessen Programm Carl Einstein entworfen hatte, lassen sich Formenwelt und Wirkung des *Bebuquin* sinnfälliger charakterisieren als mit einer analysierenden Beschreibung seiner Themen, deren sprunghaft wechselnde und widersprüchliche Aspekte ebenso wie die bewußt alogisch und akausal gefügte Komposition sich der rationalen Erfassung und der Perspektive von Handlung und Zeitablauf vollständig entziehen.

In einer Deutung des *Vathek* von William BECKFORD weist Carl Einstein den *Bebuquin* in jene literarische Klasse ein, der MALLARMÉS *Herodiade*, FLAUBERTS *Herodias* und BAUDELAIRES *Harmonies* angehören. Seine Kennzeichnung des *Vathek* zielt auf das eigene Werk: *»Ein Buch der artistischen Imagination, der Willkür; die Laune des Spleens wird ... zur Technik gerundet.«* Zum Darstellungsinhalt wird die Phantastik, *»die Kraft des Imaginären, dieser wahrhaften Essenz«* erklärt: *»Ein Wille, übermüde der Wirklichkeit ... erfindet im Sinne des ornamentalen bildhaften Zusammenhangs.«* Schroff wendet sich Einstein gegen Psychologie und Begründung; seine künstlerische Absicht ist, *»mit der Willkür die Kausalität zu beschämen«*. Entsprechend bildet er Dinge und Menschen zu den abstrakten Konstruktion eines ästhetischen Subjektivismus, der sich an der aperspektivischen Kunst des Kubismus orientiert und den Dingen seinen *»geometrischen Willen«* aufprägen will. Dieses artistische Verhältnis zur Realität entspricht dem erkenntnistheoretischen Bemühen Bebuquins, die Projektionen des ästhetischen Bewußtseins absolut zu setzen. Er verlangt nach Formen, *»wie sie ihm keine Wirklichkeit bisher zu geben vermochte«*. Diesem Willen liegen Motive zugrunde, die aus den Anfängen der Moderne, von Mallarmé, den Symbolisten und der Neuromantik herstammen; *ennui, dégoût* vor den Dingen und der empirischen Vernunft, denen Bebuquins proteushaftes Bewußtsein entkommen will. *»Aber in mir ist so viel und gerade das Wertvollste, was über die Tatsache hinausgeht. Die materielle Welt und unsere Vorstellungen decken sich nie.«* Weltverlust und Abkehr von der Wirklichkeit, Ablehnung der klassischen Ontologie und des Kunstgesetzes der Mimesis sowie die Bedrohung subjektiver Formgebung durch die Absurdität des Todes sind die Leitthemen des Buchs. Es sucht nach einem Wunder, das die Sinnlosigkeit, die Zerstörung der *adaequatio rei et intellectus*, der Übereinstimmung von Sache und Denken aufhöbe und dem Denken ermöglichte, sich in der Idealität der künstlerischen Form zu erlösen: *»Tod, du Vater des Humors, wenn dich ein Wunder, das ich mit meinen Augen sehe, vernichtete; dein Feind ist das Phantastische, das außer den Regeln steht; aber die Kunst zwingt es zum Stehen, und erschöpft gewinnt es Form.«* Doch die Hoffnung auf eine Verwandlung der Welt durch einen neuen Menschen, durch die Logik des Phantastischen, war eitel. Vergeblich bat Bebuquin im hohen Ton Zarathustras: *»Herr, laß mich einmal sagen, ich schuf aus mir. Sieh mich an, ich bin ein Ende, laß mich eine unabhängige Tat, ein Wunder tun.«* Die Vielfalt phantastischer Deutungsmöglichkeiten überwältigt sein Denken. Er endet in deutlicher Analogie zu NIETZSCHE im Wahnsinn.

Die Gestalten des Buchs, ohne individuellen Umriß wie extreme Typen des expressionistischen Theaters, erscheinen szenisch, als Schallkörper eines geistigen Prozesses, der die Realitätsebene aufhebt und aus der objektiven epischen Haltung ständig in geballte lyrisch-dramatische Mischformen, in Monologe, in Dialoge, in liturgische und parodistische Formen, in surreale Bildzeilen und freie Montage ausbricht. Ekastatische Aufschwünge wechseln mit Deklamationen des Ekels, Hohn auf den klassischen Kunstkanon mit todesbewußter Melancholie und aphoristischer Groteske. – Gegenüber diesem Buch, *»das nichts als Gedanke ist«* (Kurt Hiller), erweisen die herkömmlichen Gattungsbegriffe sich als unzulänglich. Die versuchte Einstufung des Werkes als Roman kommt einer Irreführung gleich. Am treffendsten wurde es von Ewald WASMUTH als *»surreale Burleske«* bezeichnet. Der erkenntnistheoretischen Leidenschaft des Werkes und seiner todesbewußten Melancholie wird dieses Etikett indessen nicht gerecht. Vorbehalte sind auch gegen Gottfried BENNS Wertschätzung des *Bebuquin* anzumelden; er pries GIDES *Paludes* und den *Bebuquin* (der die Widmung trägt: *»Für André Gide geschrieben 1906–1909«*) als die zwei Bücher absoluter Kunst, die er kenne. Besonderes Augenmerk verdient die richtungsweisende Bedeutung, die das Werk – von Hugo BALL propagiert – für den Dadaismus hatte. H.H.H.

AUSGABEN: Kap. 1–4, Lpzg. 1907 (in Die Opale). – Bln. 1912 (in Die Aktion, 2). – Bln. 1912 [Nachw. F. Blei]. – Bln. 1917; Nachdr. Nendeln 1973. – Wiesbaden 1962 (in *GW*, Hg. E. Nef). – Ffm. 1963 (Nachw. E. Wasmuth; IB). – Ffm. 1974 (Nachw. ders.; BS). – Bln. 1980 (in *Werke*, Hg. R.-P. Baacke unter Mitarb. v. J. Kwasny; 3 Bde., 1980–1985, 1). – Stg. 1985, Hg. E. Kleinschmidt (RUB).

LITERATUR: K. Hiller, *D. Weisheit der Langeweile*, Bd. 1, Bln. 1913, S. 171–177. – E. Wasmuth, *Die Dilettanten des Wunders. Versuch über C. E.s »Bebuquin«* (in Der Monat, 14, 1962, H. 163, S. 49–58). – G. Quenzer, *Absolute Prosa. C. E.s »Bebuquin ...«* (in Der Deutschunterricht, 17, 1965, H. 5, S. 53–65). – E. Ihekweazu, *»Immer ist der Wahnsinn das einzig vermutbare Resultat«. Ein Thema des Expressionismus in C. E.s »Bebuquin«* (in Euph, 76, 1982).

REINHARD GOERING

* 23.6.1887 Schloß Bieberstein bei Fulda
† 7.11.1936 Jena

SEESCHLACHT

Tragödie von Reinhard GOERING, Uraufführung: Dresden, 10. 2. 1918, Königliches Schauspielhaus. – Unter dem unmittelbaren Eindruck der die anonyme technische Kriegsführung einleitenden Seeschlacht am Skagerrak (31. 5. 1916) schrieb Goering, der selbst im Ersten Weltkrieg als Feldarzt von der Tuberkulose infiziert wurde und in Davos Heilung suchte, sein erstes Drama. Die Akteure des Stücks (es *»beginnt mit einem Schrei«*, dem der Anruf *»Mutter!«* auf dem Widmungsblatt wie ein Hilfeschrei des Dichters vorangeht) sind *»sieben Matrosen, die im Panzerturm eines Kriegsschiffes in die Schlacht fahren«*. – Fiebernd vor Unruhe warten die Eingeschlossenen – namenlose, nach Alter und Herkunft, Denkweise und Lebenserfahrung differenzierte typische Charaktere – auf den Beginn des Gefechts. Im Wachen, im Halbtraum, im überreizten Zustand plötzlicher Erleuchtung und schließlich in der Stimmung des Kampfes offenbaren die Männer ihr geheimstes Denken und Fühlen. Der Gläubige, der Zeichen und Gesichte sieht, trifft auf den grüblerisch-melancholischen Freigeist; der spöttische Revolutionär begegnet dem nüchternen und pflichtbewußten Realisten; der Tatmensch, klar und überlegen, findet sein Gegenbild in dem blutjungen dritten Matrosen, der jetzt der Schlacht entgegenträumt wie sonst der Liebe im Hafen. Die Stimme des Dichters selbst spricht aus dem fünften Matrosen, dem Skeptiker. Er, der lieber Puppe in der Hand eines irren Riesen sein als ein sinnvolles göttliches Walten anerkennen will, ist sich der Sinnlosigkeit auch des Krieges bewußt. Noch ungeformt trägt er schon das Bild eines neuen Menschen in sich, der sich gegen die Anbetung von Macht und Besitz auflehnt. Sein großes Zwiegespräch mit dem gläubigen Spintisierer steht nicht nur äußerlich in der Mitte des Stückes; es entwikkelt den zentralen Gedanken: *»Nicht Hoffnung und nicht Götter / nehmen dem Tod das Grauen. / Nur dies: / Gedenken dessen, / was war und sein kann zwischen Mensch und Mensch.«* Dem sinnlosen Befehl zur Schlacht, zum Kampf des Menschen gegen den Menschen aber will er den Gehorsam verweigern. Meuterei und Empörung scheinen unvermeidbar; da ertönt das Signal zum Angriff, und alle verfallen der irren Lust des Kampfes. Eine Explosion im Panzerturm fordert das erste Opfer; unter der Gasmaske kämpfen die Matrosen weiter. Durch die Hölle, die über sie hereinbricht, gellt bald nur noch die verzweifelte Frage: *»Werden wir leben, werden wir leben?«* Der Skeptiker ist der einzige, der noch am Rohr steht und schießt, um das Leben der anderen zu retten. Auf die Frage des »Pflichtmenschen«, warum er doch nicht gemeutert habe, antwortet er am Ende des Stücks: *»Ich habe gut geschossen, wie? / Ich hätte auch gut gemeutert, wie? / Aber schießen lag uns wohl näher, wie? / Muß uns wohl näher gelegen haben!«*

Goerings Drama, das bei der extrem realistisch inszenierten Uraufführung begeisterte, entsetzte und empörte Publikumsreaktionen auslöste, konnte nur dem zeitgenössischen Zuschauer und Leser als *»der am besten gelungene Versuch, ein Kriegsgeschehen unmittelbar zu geben«* (A. Soergel), gelten. Die Unmöglichkeit, die perfekt und perfid technisierte Vernichtungsmaschinerie moderner Kriege unmittelbar dramatisch darzustellen, ist nicht erst nach Auschwitz und nach dem Abwurf der Atombombe evident geworden. Die suggerierte Unmittelbarkeit wird vor allem durch die Struktur der *Seeschlacht* in Frage gestellt: Verse von ständig wechselnder Länge und Rhythmik, die Verschränkung von Traum und Wirklichkeit, Aktion und Vision, die sich zum chorähnlichen Monolog vereinenden Reden und Gegenreden sind Elemente eines Distanzierungsprozesses, der aktuelles Zeitgeschehen der obsoleten Dramaturgie des antiken Schicksalsdramas unterwirft (Alfred Kerr notierte nach der Uraufführung: *»In dem Empörergespräch ist Sokratisches«*). Wo sich dennoch das Gefühl der Unmittelbarkeit einstellt, paradoxerweise bei der als »Zweifler« vorgestellten Hauptfigur des fünften Matrosen, wird die Schwäche des Stücks: seine mangelnde Bereitschaft zu Reflexion und Analyse, unabweisbar. Vom rauschhaften Erlebnis menschlicher Solidarität wird der Skeptiker schließlich doch in den Taumel der Schlacht hineingezogen: *»... jetzt erwächst etwas zwischen Männern, das alle Not aufwiegt ... Blut! Blut! Darin allein liegt Wahres.«* Ideengut Nietzsches kolportierend (*»Schlacht! Sagt man nicht ›heißer Tanz‹ dafür?«*), begreift Goering Krieg und Vernichtung nicht als Ausdruck politischer Aggressionstriebe, sondern als unausweichliches mythisches Fatum. Im ekstatischen Pathos dieses *»oratorisch-opernhaften Wort-ton-Bilddramas«* (Denkler) manifestiert sich exemplarisch die ohnmächtige Verzweiflung der expressionistischen Dichtergeneration. KLL

Ausgaben: Bln. 1917. – Emsdetten 1954 (Dramen der Zeit). – Mchn. 1961 (in *Prosa, Dramen, Verse*; Vorw. D. Hoffmann). – Mchn. 1966 (zus. m. *Die Retter* u. *Die Südpolexpedition des Kapitän Scott*; dtv). – Stg. 1972 (RUB; Nachw. O. Best). – Stg. 1977 [m. engl. Übers.; Einf. u. Auswahlbibliogr. I. H. Solbrig].

Literatur: S. Jacobson, Rez. (in Die Schaubühne, 14, 14. 3. 1918, S. 252–254). – E. Busse, Rez. (in SL, 19, 1918, S. 59). – A. Kerr, *Junges Deutschland* (in NRs, 29, 1918, Bd. 2, S. 979–981). – Th. Lessing, Rez. (in DD, 2, 1919, S. 211). – H. Denkler, *Das Drama des Expressionismus ...*, Diss. Münster 1963. – G. Capell, *Die Stellung des Menschen im Werk R. G.s*, Diss. Bonn 1967. – R. C. Cowen, *R. G.s »Seeschlacht«. Tendenzstück oder Dichtung* (in ZfdPh, 91, 1972, S. 528–540). – O. F. Best, *Rebellion u. Ergebung. R. G.s »Seeschlacht« als dreifache Demonstration* (in Colloquia Germanica, 1973, S. 144–161). – E. A. Glass, *R. G.s »Seeschlacht«. Its Style and Meaning*, Diss. Bryn Mawr College 1973. – M. C. Eben, *A Bibliography of Secondary Literature Concerning R. G.* (in MLN, 92, 1977, S. 609–614). – H. Anz, *Absolute Gemeinschaft. Zum Dezisionismus in R. G.s Tragödie »Seeschlacht«* (in Text & Kontext, 6, 1978, H. 1/2, S. 200–214). – S. Mayer, *R. G.s »Seeschlacht«: »klassisches« Drama des Expressionismus* (in Seminar, 14, 1978, S. 45–62). – D. S. Martin, *The Life and Literature of R. G.: A Study in Contradictions*, Diss. Univ. of Illinois, Urbana-Champaign 1980. – R. Chapin Davis, *Final Mutity: R. G., His Life and Art*, Diss. Stanford Univ. 1982. – W. R. Elwood, *R. G.s »Seeschlacht« and the Expressionistic Vision* (in *To Hold a Mirror to Nature*, Hg. K. V. Hartigan, Washington D.C. 1982, S. 37–47).

WALTER HASENCLEVER

* 8.7.1890 Aachen
† 21.6.1940 Les Milles / Frankreich

LITERATUR ZUM AUTOR:
E. L. Stahl, *Der Dramatiker H.* (in Deutsche Bühne, 1, 1919, S. 253–260). – F. Leschnitzer, *W. H.* (in Internationale Literatur, 10, 1940, H. 12, S. 93–97). – E. Zeltner, *Die expressionistischen Dramen W. H.s*, Diss. Wien 1961. – K. Pinthus, *W. H., Leben u. Werk* (in *W. H. Gedichte. Dramen. Prosa*, Hg. ders., Reinbek 1963, S. 6–62). – M. Raggam, *Das Leid als menschliche Grunderfahrung im Leben u. Werk W. H.s*, Diss. Wien 1968. – W. Paulsen, *W. H.* (in *Expressionismus als Literatur*, Hg. W. Rothe, Bern/Mchn. 1969, S. 531–546). – M. Raggam, *W. H. Leben u. Werk*, Hildesheim 1973 [m. Bibliogr.]. – A. Wilder, *Die Komödien W. H.s Ein Beitrag zur Literatur der zwanziger Jahre*, Ffm. 1983. – A. Hoelzel, *W. H.s humanitarianism. Themes of Protest in His Works*, NY 1983.

DER SOHN

Drama in fünf Akten von Walter HASENCLEVER, erschienen 1914; Uraufführung: Prag, 30. 9. 1916, Deutsches Landestheater (Kammerspiele). – Der jungen Generation vor und nach dem Ersten Weltkrieg galt Hasenclever als Prototyp des politischen Dichters. Sein *»Drama der Menschwerdung«*, das expressionistische Verkündigungsstück *Der Sohn*, wurde von Publikum und Kritik als Ausdruck einer revoltierenden Jugend begeistert aufgenommen und als politische Demonstration, als Kampfruf einer verratenen Jugend gegen das tyrannische Alter, gegen das herrschende System und gegen jede Art von Autorität gefeiert. Mitten im Krieg schrieb der Autor in einem Manifest: *»Dieses Stück wurde im Herbst 1913 geschrieben und hat den Zweck, die Welt zu ändern. Es ist die Darstellung des Kampfes durch die Geburt des Lebens, der Aufruhr des Geistes gegen die Wirklichkeit.«* Der Sohn, gerade im Abitur durchgefallen, lebt seinen unstillbaren Drang nach Freiheit und Menschlichkeit – prädominantes Thema von Hasenclevers früher Lyrik – in ekstatischen Gefühlseruptionen aus, denn *»die Wirklichkeit würde einen verlegen machen«*. Eingeschirrt in das tyrannische Joch seines Vaters, erkennt er zwischen Selbstmordgedanken und Daseinstrunkenheit in der Vatergestalt das dem Sohn bestimmte Schicksal. Der Vater aber verwehrt die ungestüm geforderte Freiheit, unfähig, die durch Tradition und Konvention sanktionierte Autorität preiszugeben.

Der nach dieser Entscheidung völlig isolierte Sohn schwört Haß bis ins Grab und flieht eines Nachts mit Hilfe bewaffneter Freunde aus dem elterlichen Gefängnis. Der *»Kampf gegen alle Kerker der Erde«* nimmt konkrete Formen an. Der Freund führt die verzückten Rebellen in einen Wedekindschen Kreis enthusiasmierter Jünglinge ein, wo ein »Cherubim« genannter Scharlatan den Mut zur *»Brutalisierung unseres Ich in der Welt«* predigt. Unter Suggestion verkündet der Sohn seine Thesen, die mit dem Pathos der Jugend und des Hasses alle Väter vor Gericht fordern und zum aktiven Kampf gegen die Tyrannei der Familie aufrufen. Diese Jugend, *»preisgegeben der Peitsche und dem Wahnsinn des väterlichen Gespensts«*, vereinigt sich unter der Parole des Vatermords, angeführt vom Sohn, der einen Bund der Jungen gegen die Welt stiftet. Nach einer Bordellnacht bringt die Polizei den Sohn in Ketten seinem Vater zurück, der mit äußerster Strenge auf die Eskapaden des Abtrünnigen reagiert und ihn nach erbitterter Abrechnung verflucht und verstößt. Der Vatermord geschieht aber nicht: Ehe der Sohn den Revolver abdrückt, wirft ein Schlaganfall seinen Vater tot zu Boden.

Der maßlos übersteigerte Generationskonflikt – literarische Sublimierung von quälenden Reminiszenzen aus des Autors eigener Jugend – hat einen prononciert politischen, für die expressionistische Dramatik modellhaften Charakter: Das *»Spiel des Sohns zum Vater«* stellt exemplarisch das *»Vorspiel des Bürgers zum Staat«* dar. Hasenclevers Drama – ein Prototyp expressionistischer Bühnenkunst, der den Katalog expressionistischer Stil- und Formkriterien vollständig repräsentiert – ist ein Drama der Wandlungen, der komplexe Versuch, die Welt der Zwanzigjährigen aus der Seele des einzigen Sohnes zu sehen, der aufgesplittert in verschiedenen stark typisierten Charakteren erscheint. Es ist der Versuch, *»das Gegenspiel der Figuren in demselben Darsteller zu verkörpern«* und die dramaturgische Einheit dadurch zu wahren, daß derselbe Gedanke in den verschiedenen Protagonisten einen jeweils verschiedenen Ausdruck findet. Die Rebellion des Geistes gegen die paralysierende Übermacht der Wirklichkeit wendet sich zunächst gegen die Wirklichkeit traditioneller Sprachformen. Pathetischer Rausch und ekstatischer Taumel, barocke Rhetorik und scharfe Dialektik kennzeichnen den neuen Sprachstil, der sowohl das szenische Geschehen als auch die dramatische Motorik in deklamatorischen Gesten und oratorischen Gebärden erstarren läßt, in einem opernhaften Szenarium mit Satz- und Wortkonvulsionen expressionistischer Manier. Die monologische Struktur sowie der abrupte Wechsel der Vorstellungs- und Assoziationsebenen und der grelle Kontrast zwischen Prosa- und Versszenen akzentuieren den neuen Bühnenstil, der in der Berliner Inszenierung mit Ernst Deutsch in der Titelrolle (1916) seine für die expressionistische Darstellungskunst beispielhafte Realisation fand. Die starke Wirkung von Hasenclevers *Sohn* ging gerade von jenen typisch expressionistischen Exaltationen aus, die wenig später am Expressionismus kritisiert wurden: *»In seinem lyrischen Schematismus und seiner Überspanntheit stellt das Stück fast eine Karikatur der expressionistischen Manier dar«* (Claude David). M.Ke.

AUSGABEN: Lpzg. 1914. – Bln. 1917. – Hbg. 1963 (in *Gedichte, Dramen, Prosa*, Hg. K. Pinthus; m. Einl.).

LITERATUR: S. Jacobsohn, *»Der Sohn«* (in Die Weltbühne, 1918, S. 325–327). – A. Polgar, *»Der Sohn«* (in Die Weltbühne, 19, 1923, S. 544 f.). – A. Rapp, *H.: »Der Sohn«* (in Das deutsche Drama, 1, 1918, S. 264–267). – C. U. Quandt, *W. H. zum Gedächtnis* (in Zwiebelfisch, 25, 1946/48, H. 3).

GEORG HEYM

* 30.10.1887 Hirschberg / Schlesien
† 16.1.1912 Berlin

LITERATUR ZUM AUTOR:
Biographien:
H. Greulich, *G. H. (1887–1912); Leben u. Werk. Ein Beitrag zur Frühgeschichte des dt. Expressionismus*, Bln. 1931; Nachdr. Nendeln 1967. – P. Schünemann, *G. H.*, Mchn. 1986.
Gesamtdarstellungen und Studien:
E. Blass, *G. H.* (in Die Aktion, 2, 1912, Sp. 882–885). – H. Ellermann, *G. H., E. Stadler, G. Trakl: drei Frühvollendete. Versuch einer geistesgeschichtlichen Bibliographie* (in Imprimatur, 5, 1934, S. 158–181). – H. Uhlig, *Vom Ästhetizismus zum Expressionismus* (in *Expressionismus*, Hg. H. Friedmann u. O. Mann, Heidelberg 1956). – U. R. Mahlendorff, *G. H. Stil und Weltbild*, Diss. Brown Univ. 1958 (vgl. Diss. Abstracts, 1, 1958/59, S. 1759). – H. Loewenson, *G. H. oder Vom Geist des Schicksals*, Hbg./Mchn. 1962. – R. Schweitzer, *Die Kunstmittel G. H.s*, Diss. Graz 1962. – G. Schwarz, *G. H.*, Mühlacker 1963. – H. Rölleke, *Die Stadt bei Stadler, H., Trakl*, Bln. 1966. – K. L. Schneider, *Zerbrochene Formen. Wort und Bild im Expressionismus*, Hbg. 1967. – Chr. Meckel, *Allein im Schatten seiner Götter. Über G. H.* (in Der Monat, 20, 1968, H. 232, S. 63–70). – E. Krispyn, *G. H. A Reluctant Rebel*, Gainesville/Fla. 1968 [m. Bibliogr.]. – H. Rölleke, *G. H.* (in *Expressionismus als Literatur*, Hg. W. Rothe, Bern/Mchn. 1969, S. 354–373). – K. L. Schneider, *G. H.* (in *Dt. Dichter der Moderne*, Hg. B. v. Wiese, Bln. 1969, S. 389–406). – G. Irle, *Rausch u. Wahnsinn bei Gottfried Benn u. G. H. Zum psychiatrischen Roman* (in *Literatur u. Schizophrenie*, Hg. W. Kudszus, Tübingen 1977, S. 104–112). – E. Ihekweazu, *Verzerrte Utopie. Bedeutung u. Funktion des Wahnsinns in der expressionistischen Prosa*, Ffm./Bern 1982. – H. Korte, *G. H.*, Stg. 1982 (Slg. Metzler).

DER EWIGE TAG

Lyriksammlung von Georg HEYM, erschienen 1911. – Dieser Gedichtband, neben einem unbedeutenden frühen Trauerspiel – *Der Athener Ausfahrt* (1907) – das einzige zu Lebzeiten des Autors veröffentlichte Werk, kann als früheste literarische Manifestation des Expressionismus bezeichnet werden. Mit Heym und einigen anderen bedeutenden Autoren – E. STADLER, G. TRAKL, J. v. HODDIS, G. BENN und E. LASKER-SCHÜLER, die mit ihren ersten Sammlungen nur wenig später oder nahezu gleichzeitig hervortraten – erschöpft sich in einem erstaunlich kurzen Zeitraum (etwa 1910–1914/15) eine literarische Bewegung, die, als Sammelbecken disparatester Einflüsse, sich schon bald zum epigonalen Spätexpressionismus abschwächte; dieser wandte sich vorwiegend dem Drama zu und erreichte die Dichte und Ausdruckskraft seiner Initiatoren nur selten wieder.
In Heyms Sammlung, die Gedichte aus den Jahren 1910/11 zusammenfaßt, lassen sich – ebenso wie in *Umbra vitae* (1912), der von Freunden veranstalteten Ausgabe seiner nachgelassenen Gedichte – noch einzelne frühere, den mythologisch-idealisierenden Bildkanon des ausklingenden Jugendstils verarbeitende Gedichte *(Der Tag, Styx, Der Schläfer im Walde)* aussondern. Als Erbe des Jugendstils darf ebenfalls die häufig benutzte Sonettform gelten. In den meisten Gedichten des Bandes schlägt der Autor jedoch schon jenen unverwechselbar expressiven Stil an, den man zwar nicht einfach als »Zeitstil« jener Epoche bezeichnen kann, der jedoch bei anderen expressionistischen Lyrikern wie Stadler und Trakl in auffallendem Maße Ähnlichkeiten und Entsprechungen findet. Bereits das erste Gedicht der Sammlung – *Berlin I* (das Anfangsgedicht eines dreiteiligen Zyklus) – bietet die metaphorischen Hauptelemente, mit denen der Autor sich einer Realität zu bemächtigen sucht, die zum erstenmal in ihrer Unheimlichkeit, ihrer seelenlosen, erstarrten Fremdheit und Feindlichkeit erlebt wird – die der modernen, städtischen Industrielandschaft. *»Beteerte Fässer rollten von den Schwellen / Der dunklen Speicher auf die hohen Kähne. / Die Schlepper zogen an. Des Rauches Mähne / Hing rußig nieder auf die öligen Wellen.«* Die dunkle Bedrohlichkeit dieser Szenerie korrespondiert genau mit dem Schlußbild des Gedichts: die Teilnehmer einer Vergnügungsfahrt auf einem Ausflugsdampfer – eine ins Anti-Idyllische gewendete Variation des aus der Literatur des 18. und 19. Jh.s bekannten

Motivs der »fröhlichen Kahnfahrt« – sehen vor dem dunklen Abendhimmel *»der Riesenschlote Nachtfanale«* aufragen. Dieses Bild hat eine für nahezu alle Gedichte Heyms bezeichnende *»dämonisierende«* Funktion (G. Mautz), die bestimmten Elementen der Realität (zumal der des großstädtischen Zivilisationsbereiches) die Aura unbestimmter, dennoch intensiver Fremdheit und Gefährlichkeit beilegt, die nicht selten in groteske Bizarrerie übergeht – so im Gedicht *Die Professoren: »Kahlköpfig hocken sie in den Folianten, / Wie auf dem Aas die alten Tintenfische.«* Dieser dämonisierenden Tendenz entspricht andererseits das Verstummen des traditionellen lyrischen Ich, das entweder ganz fehlt oder im entleerten, inhaltslosen, indexartigen »Wir« aufgeht: *»Wir sahen in der Enge / Unzählig: Menschenströme und Gedränge, / Und sahn die Weltstadt fern im Abend ragen.« (Berlin II) »Das persönliche Ich, dessen Empfindungen und Gedanken bis dahin in Lyrik einen unmittelbaren Ausdruck fanden, verstummt und verschweigt sich. Wo es in ihr* [der Lyrik Heyms] *noch begegnet, ist es ein von den andern abgeschnittenes, sich selber fremdes, sich verlierendes, verlorenes oder bedrohtes Ich«* (G. Mautz).

Die Lyrik Heyms stellt den Menschen vor allem im Zustand vollkommener – sei es gesellschaftlicher, sei es vitaler – Erniedrigung und Verdinglichung dar: *»Es spielen Kinder, denen früh man brach / Die Gliederchen. Sie springen an den Krücken / Wie Flöhe weit...« (Die Vorstadt).* Selbstmörder, Sträflinge, Spitalinsassen, Krüppel, Vorstadtbettler, Blinde, Irre, zerfleischte Leichname und endlose Totenzüge bevölkern eine Welt, über der metaphorisch jene Atmosphäre von Endzeit liegt, wie sie J. v. Hoddis' berühmtes, ebenfalls 1911 entstandenes Programmgedicht *Weltende* verbreitet. Heym bevorzugt außerdem eine Metaphorik, die – wie in *Der Winter* – in der Dimension der Leblosigkeit der Abgestorbenheit und Verödung angesiedelt ist. Ein für den gesamten Frühexpressionismus bezeichnendes, bei Heym ebenso wie bei G. Trakl und E. Stadler wiederkehrendes Stilmerkmal ist auch die ungewöhnlich häufige Verwendung von Farbchiffren, die, vom empirisch-sinnlichen, prädikativen Bezug abgelöst, mit starken affektiven Gehalten beladen werden (bei Heym etwa *»lila Hauch«, »weißer Sturm«, »purpurne Seuche«, »eines Kusses Karmoisin«*).

»Heym ist ein Priester der Schrecken. Ein Visionär des Grauenerregenden und (auch in der Strenge seiner Rhythmik und der metrischen Gefüge) Grotesken. Ein Bruder der Poe und Baudelaire (diesem verwandt) und mehr noch vielleicht der Rops und Kubin« (E. Stadler, 1912). Dieser geistigen Ahnenreihe muß noch der Name A. RIMBAUD hinzugefügt werden, auf den Heym sich in wenigstens zwei Gedichten – *Ophelia* und *Der Schläfer im Walde* – deutlich bezieht. H.H.H.

AUSGABEN: Lpzg. 1911. – Mchn. 1922 (in *Dichtungen*, Hg. K. Pinthus u. E. Loewenson). – Zürich 1947 (in *GG*, Hg. C. Seelig; Bibliogr. v. H. Bolliger). – Zürich 1962; Nachdr. Nendeln 1973. – Mchn 1964 (in *Dichtungen u. Schriften*, Hg. K. L. Schneider, 6 Bde., 1960–1968, 1). – Mchn. 1977 (in *Das lyrische Werk*, Hg. K. L. Schneider; dtv).

LITERATUR: E. B. [d. i. E. Balcke], *G. H.: »Der ewige Tag«* (in Die Aktion, 1, 1911, 12, Sp. 375–377; anon.). – E. Lissauer, *G. H.: »Der ewige Tag«* (in LE, 14, 1911, S. 175–179). – E. Stadler, *G. H.: »Der ewige Tag«* (in Cahiers Alsaciens, 1, 1912, S. 144–146). – H. Ellermann, *G. H., E. Stadler, G. Trakl; drei Frühvollendete. Versuch einer geistesgeschichtlichen Bibliographie* (in Imprimatur, 5, 1934, S. 158–181). – K. L. Schneider, *Der bildhafte Ausdruck in den Dichtungen G. H.s, G. Trakls und E. Stadlers*, Heidelberg 1954; [3]1968. – C. Heselhaus, *Die deutsche Lyrik des 20. Jh.s* (in *Dt. Literatur im 20. Jh.*, Hg. H. Friedmann u. O. Mann, Heidelberg 1955, S. 169–188). – K. Mautz, *Die Farbensprache der expressionistischen Lyrik* (in DVLG, 31, 1957, S. 198–240). – R. Brinkmann, *Expressionismus-Probleme. Die Forschung der Jahre 1952 bis 1958* (ebd., 33, 1969, S. 104–181). – K. Mautz, *Mythologie und Gesellschaft im Expressionismus. Die Dichtung G. H.s*, Bonn 1961; Ffm. [3]1987. – A. Regenberg, *Die Dichtung G. H.s und ihr Verhältnis zur Lyrik Ch. Baudelaires u. A. Rimbauds. Neue Arten der Wirklichkeitserfahrung*, Diss. Mchn. 1961. – Ch. Grote, *Wortarten, Wortstellung und Satz im lyrischen Werk G. H.s*, Diss. Mchn. 1962. – *Index zu G. H. Gedichte 1910–1912*, Bearb. R. E. Brown, Ffm. 1970. – R. Salter, *G. H.s Lyrik*, Mchn. 1972. – J. Ziegler, *Form u. Subjektivität. Zur Gedichtstruktur im frühen Expressionismus*, Bonn 1972. – B. W. Seiler, *Die historischen Dichtungen G. H.s*, Mchn. 1972 [Bibliogr.]. – E. Stegmaier, *Kreis u. Vertikale als strukturbegleitende Elemente in der Dichtung G. H.s* (in DVLG, 47, 1973, S. 456–466). – M. Schecker, *Textsorten in der Literatur. Eine Studie zu Gedichten der »Kondor«*, Ffm. 1977. – W. H. Rey, *Poesie der Antipoesie. Moderne dt. Lyrik. Genesis, Theorie, Struktur*, Heidelberg 1978. – I. Reinhardt-Steinke, *Untersuchungen zur Lyrik der Moderne am Beispiel der Großstadtgedichte G. H.s*, Diss. Gießen 1979. – H. C. Kirsch, *G. H. oder die Dämonie der großen Städte* (in *Klassiker heute – Die Zeit des Expressionismus*, Hg. B. Dörrlamm u. a., Ffm. 1981, S. 28–65, FiTb). – D. Arendt, *G. H. u. die verzweifelte Friedensbewegung. Oder: »Ich hoffe jetzt wenigstens auf einen Krieg«* (in Stimmen der Zeit, 107, 1982, S. 464–472). – J.-M. Chick, *Form as Expression. A Study of the Lyric Poetry Written Between 1910 and 1915 by Lasker-Schüler, Stramm, Stadler, Benn and H.*, Diss. Univ. of Waterloo, Ontario 1983. – B. Erenz, *Die unendlichen Gedichte. Ein ungehobener Schatz: Entwürfe aus dem Nachlaß G. H.s* (in Die Zeit, 43, 1984, S. 69). – W. Schömel, *»Selbstmörder gehen nachts in großen Horden...« Die Zukunft als Katastrophe in frühexpressionistischer Lyrik* (in Text & Kontext, 12, 1984, S. 244–265). – C. Eykmann, *Die Funktion des Häßlichen in der Lyrik G. H.s. Georg Trakls u. Gottfried Benns*, Bonn 1965; [3]1985 [erg.].

UMBRA VITAE

Gedichtsammlung von Georg HEYM, postum erschienen 1912. – In Heyms einzigem bei Lebzeiten veröffentlichten Lyrikband *Der ewige Tag* (1911) kündigen sich bereits jene großen leitmotivischen Themen seines Dichtens an, deren exzessiver Gestaltung in *Umbra vitae*, der von Freunden aus dem lyrischen Nachlaß edierten Gedichtsammlung, Heym seinen frühen Ruhm verdankt: Fluch und Dämonie der Großstädte, Krieg und Untergang, Siechtum und Verfall, Chaos und Tod. Selbstmörder, Blinde, Irre, Taube, Somnambule, Kranke und Tote geistern durch seinen lyrischen Kosmos, eine ins Visionäre und Dämonische gesteigerte Todes- und Zerstörungsszenerie, eine von Leid und Schrecken durchflutete Alpdruckwelt, wie sie Jahrhunderte vor ihm der Maler Hieronymus Bosch gestaltet hat.

Heyms Lyrik markiert den Durchbruch zu neuen Formen des lyrischen Sprechens, eine originäre, das symbolistische und impressionistische Stilempfinden kraß verletzende Wendung zum Expressionismus hin, die mit den Traditionen des 19. Jh.s entschieden bricht. Mit der formalen Strenge S. GEORGES schafft Heym eine an A. RIMBAUD und Ch. BAUDELAIRE erinnernde Poesie der Grausamkeit und Gewalttätigkeit, die in beklemmenden Phantasmagorien, ekstatischen Bilderuptionen und gespenstisch aufleuchtenden Farbbrechungen ihren formal gebändigten, an der strengen Verszeile festhaltenden Ausdruck findet. Heym ist der visuelle Dichter par excellence, die Metapher sein wesentliches Gestaltungselement. In *Umbra vitae*, dem Einleitungs- und Titelgedicht des Bandes, entladen sich die grausamen Zukunftsvisionen in apokalyptischen Bildern. Ein gewaltsamer, harter Ton konturiert die lautliche Dynamik der Verse, in denen noch immer die Form des gepaarten Reims vorherrscht. In *Krieg*, dem bekanntesten Gedicht (*»Aufgestanden ist er, welcher lange schlief...«*), ahnt Heym visionär die nahe Katastrophe des Ersten Weltkriegs voraus: Am Ende schwelgt der triumphierende Gott der Vernichtung in einem Bacchanal totaler Zerstörung, eine mythische Dämonengestalt, in der die maßlos übersteigerte Wirklichkeit des Unmenschlichen personifiziert ist. Auch in den übrigen Gedichten dominiert die nächtliche Szenerie kalter, grausiger Todeslandschaften, denen wenige schwermütige Liebesgedichte zur Seite stehen. Der Tod feiert im hektischen Getriebe der Großstädte makabre Orgien: Nebelstädte, Qualstädte, Meerstädte – die »Verfluchung der Städte« treibt kontrapunktisch das Gefälle düsterer Endzeit- und Untergangsstimmungen voran. Farbig grelle Metaphern signalisieren Verderben, Tod und Katastrophe. In *Morgue* zelebriert der »schwarze Tod« seinen Gespenstertanz – die »Hora Mortis« beherrscht das Leben. Heyms Lyrik verklingt in *»der Trauer der endlosen Horizonte«*, die in seinen Versen mitschwingt. In seinen Gedichten manifestiert sich eine dunkle, zwischen Rausch und Schwermut, Stagnation und Dynamik schwebende Erfahrung kommenden Untergangs, eine bizarre Ahnung des Höllensturzes, wie sie auch andere expressionistische Dichter kannten: *»Dieses Vorgefühl bringt ihre Vereinsamung mit sich, abgelöst von sichernden objektiven, noch verbindlichen Seinsbezügen, und eine Radikalisierung des eigenen Daseinserlebnisses bis zur Entrückung in die Ekstatik des Visionären«* (F. Martini). M.Ke.

AUSGABEN: Lpzg. 1912. – Mchn. 1924 (m. Holzschnitten von E. L. Kirchner; Faks. Nachdr. Mchn. 1969, Hg. E. Jansen). – Ffm. 1962 (IB). – Hbg./ Mchn. 1964 (in *Dichtungen u. Schriften*, Hg. K. L. Schneider, 6 Bde., 1960–1968, 1). – Mchn. 1977 (in *Das lyrische Werk*, Hg. K. L. Schneider; dtv).

LITERATUR: G. Martens, *»Umbra vitae« und »Der Himmel Trauerspiel«. Die ersten Sammlungen der nachgelassenen Gedichte G. H.s* (in Euph, 59, 1965, S. 118–131). – G. Lemke, *G. H.s Gedicht »Der Krieg«. Die Quelle u. die Rezeption* (in WW, 24, 1974, S. 319–324). – Vgl. Literatur zu *Der ewige Tag*.

JAKOB VAN HODDIS

* 16.5.1887 Berlin
† 30.4.1942

DAS LYRISCHE WERK von Jakob van HODDIS.

Der Name des 1942 zusammen mit anderen jüdischen Patienten der Heilanstalt Sayn deportierten und an einem unbekannten Ort ermordeten Lyrikers van Hoddis wird auch heute im wesentlichen mit den acht Zeilen seines epochemachenden Gedichtes *Weltende* verknüpft, das bei seiner Veröffentlichung 1911 in ›Der Demokrat‹ von den anderen Mitgliedern des Neuen Clubs der »Neopathetiker« (dem außer van Hoddis u. a. K. HILLER, G. HEYM, A. LICHTENSTEIN, E. BLASS, E. LOEWENSON, E. UNGER angehörten) und vom literarisch interessierten Publikum Berlins gleichsam als Initialzündung einer neuen Dichtungsweise verstanden wurde. Der damalige Rowohlt-Lektor Kurt PINTHUS nahm 1920 in die Sammlung *Menschheitsdämmerung*, die für die spätere Expressionismus-Rezeption von großer Bedeutung war, nicht nur vier Gedichte van Hoddis' auf, sondern stellte seiner Anthologie auch gerade *Weltende* – das J. R. BECHER retrospektiv einmal die *»Marseillaise der expressionistischen Rebellion«* nannte – als programmatische Äußerung der Lyrik des frühen 20. Jh.s voran. Inzwischen ist man von der früheren Vorstellung einer homogenen expressionistischen Bewegung und einem ihr angeblich gemäßen Stil vielfach abgerückt, so daß die Stellung jenes bekanntesten Zeugnisses des Dichters im erst neuerdings kritisch erschlossenen Gesamtwerk heute weniger exzeptionell erscheint. Gleichwohl spielte das in ihm beispielhaft realisierte Prinzip der simultanen Assoziation unverbundener Bilder seine eigene, gegenüber futuristischen und symbolistischen Ansätzen selbständige Rolle für die Entwicklung lyrischer Darstellungsmittel, die allerdings in primär stilistischen Imitationen wie A. Lichtensteins Gedicht *Die Dämmerung* nur eher oberflächlich zur Geltung kommen.

Mit *Weltende* gelang van Hoddis eine Form, deren Leistung nicht in der metrischen Neuerung liegt – als Endecasillabo mit umschließendem *(abba)* und Kreuzreim *(cdcd)* verwendet er die gängigsten Schemata der deutschen Lyrik –, sondern vor allem darin, daß in ihr mehr als nur eine ›verrückte‹ Sprache inszeniert, nämlich eine *»Welt ohne Zentrum«* (U. Reiter) dadurch dargestellt wird, daß sie einzelne Elemente konkreter aber auch abstrakter, nur noch vermittelter Wirklichkeitswahrnehmung aneinanderreiht: *»Dem Bürger fliegt vom spitzen Kopf der Hut, / In allen Lüften hallt es wie Geschrei, / Dachdecker stürzen ab und gehn entzwei / Und an den Küsten – liest man – steigt die Flut. // Der Sturm ist da, die wilden Meere hupfen / An Land, um dicke Dämme zu zerdrücken. / Die meisten Menschen haben einen Schnupfen. / Die Eisenbahnen fallen von den Brücken.«* Äußere Anlässe wie das verheerende Erdbeben, das 1908 die sizilianische Stadt Messina weitgehend zerstörte und besonders das für 1910 erwartete Auftauchen des Halleyschen Kometen, dem regelrechte publizistische Untergangsszenarien vorhergingen, haben dieses Gedicht in seinen parodistischen Dimensionen durchaus beeinflußt, treten aber hinter dem Grundgefühl der Irrealität, das viele Intellektuelle in der spätwilhelminischen Epoche vor Ausbruch des Ersten Weltkriegs erfaßt hatte, in den Hintergrund. Katastrophal erscheint weniger das in grotesken Bildern arrangierte Hereinbrechen der Naturgewalt als die offenbar unüberbrückbare Kluft zwischen der äußeren Realität, die man zumal als ausgestaltet und lähmend – *»Es zieht sie zur wohlumbauten Enge« (Stadt)* – empfand, und den Möglichkeiten zur individuellen Erkenntnis. Und noch bevor in den zwanziger Jahren die Massenpresse der Berliner Boulevardblätter ihren eigentlichen Aufschwung erlebte, notiert van Hoddis in *Weltende* mit der für ihn charakteristischen Lakonie – *»liest man«* – den Wirklichkeitsverlust der stets und prompt informierten Öffentlichkeit. Um 1910 lernte van Hoddis das Werk Nietzsches kennen, dessen *Zarathustra* in *Der Denker* und *Der Abenteurer* nachwirkt, und hörte ebenfalls um diese Zeit in Berlin Vorlesungen bei dem Philosophen G. Simmel, mit dem er zwar lebensphilosophische Fragestellungen teilt, in seinem Urteil die *»Tragödie der Kultur«* (Simmel) jedoch entschieden negativer bewertet. Gedichte wie *He!, Nacht, Umschwung*, oder *Wunderlegende* artikulieren das Leiden an der Flachheit des saturierten Bürgertums und dem Talmiglanz seiner Lebensform, vor der zugleich kaum ein Entkommen möglich scheint: *»Gedanken über Jahr und Stund' – / Wir gähnen und wir harren.«*, schließt resignativ *Gartenabend*. Wie der *Italien*-Zyklus belegt, ist van Hoddis aber auch zur scharfen Attacke willens, in diesem Fall gegen den bildungsbürgerlichen Goethe-Kult, mit der die Einsicht in die Unmöglichkeit des klassischen Ideals selbst einhergeht.

Die Lyrik van Hoddis' ist nicht durch einen markanten persönlichen Stil oder eine geradlinige Entwicklung geprägt, deren Feststellung schon wegen der vielfach unsicheren Datierung, für die oft nur der Zeitpunkt der Veröffentlichung zur Verfügung steht, Schwierigkeiten bereitet. Die erhaltenen Jugendgedichte sind insgesamt unbeträchtlich und von meist gesuchter Originalität. Mythisches und Sagenstoffe, Nachahmung klassischer Stilmuster und Themen, oder obszöne Epigramme erschöpfen sich zumeist in der Imitation oder der provokativen Geste. Hält man sich an die zu Lebzeiten des Autors publizierten sowie an die ebenfalls etwa im Zeitraum zwischen 1910 und 1914 entstandenen und im Nachlaß erhaltenen Gedichte, so fallen die zunächst noch deutliche Orientierung besonders an der Frühdichtung Stefan Georges (wie *Algabal*) auf, die Adaption an dessen Wortschatz des Kostbaren und die komplexe Syntax, aber auch neuromantische Anleihen. Die subjektive Befindlichkeit steht vielfach im Vordergrund, wobei van Hoddis jedoch stets die Psychologisierung vermeidet. Motive der griechischen Mythologie und deren Fabelstrukturen, die er seinen altphilologischen Studien verdankte, bilden in vielen Gedichten das Grundgerüst *(Perseus; Traumkönig; Karthago; Der Abenteurer)* und gehören, wie die Erinnerung an indische Weisheitslehren in *Legende*, eher in den Bereich spätklassizistischer Konventionen, die für sie zumeist auch den Schlüssel liefern. Obschon das Nebeneinander von Progression und Tradition typisch ist, verändert sich andererseits doch die Umgangsweise mit der Überlieferung: Während in *Perseus* die Strukturelemente identisch übernommen werden, erhalten sie etwa in *Aurora* neue symbolische Funktionen, bis van Hoddis in den letzten Arbeiten (vor dem definitiven Ausbruch seiner geistigen Erkrankung im Herbst 1914) die mythologische Terminologie ganz eliminiert.

Nur verhältnismäßig schwache Spuren hinterläßt seine Konversion zum Katholizismus (1912). Zwar entstehen einige Arbeiten religiösen Inhalts *(Jesuslied; Gebet)*, doch überwiegen auch hier die Ambivalenz und das Zeugnis tiefer Verunsicherung *(Klage; Nachts; Das Dunkel rauscht)*. Die eigenwillige Stellung des Dichters dem religiösen Glauben gegenüber spiegelt sich in seiner Umkehrung der plotinisch-augustinischen Lichtmetaphysik: *»Das Dunkel rauscht, um Gottes Lob zu künden. / Der Beter jauchzt, er wandert fern dem Licht.«* Während bei Autoren wie P. Zech, Th. Däubler oder O. Loerke gerade das Verschwinden des Lichts, der ›Fall‹ der Sonne als äußerste Bedrohung gilt, spricht die Lichtmetapher in der Lyrik van Hoddis'

von Angst und Unheil in einer noch entschiedeneren Weise als etwa G. BENN in seinen frühen *Morgue*-Gedichten: *»Ein Teufelslachen bleckt am blauen Himmel / Und in den Straßen quält der trockene Staub« (Mittag)*. Die *»goldne Nacht«* wird vom Licht zerstört, *»Und Menschen winden sich vom Lichte wund« (Nachtgesang)*. Als der eigentliche Ursprung jener drohenden Helle wird schließlich das Ich-Bewußtsein und das rastlos, oft schon am Rand des Irreseins mit sich beschäftigte Denken beschrieben: *»Nächte sind weißer von Gedankensonnen / Als je der tiefe Tag im Süden weiß« (Und goldne Nacht)* – anders als bei G. TRAKL, bei dem der Abend und das Zwielicht auch Befriedung und Ruhe verheißen. Ähnlich invertiert wie das Licht erscheinen das Wunder und das Wunderbare. Stehen sie im religiösen Kontext für Hilfe und Heil, so kündigt sich unter ihrem Vorzeichen bei van Hoddis ein Überwältigtwerden, die Vernichtung des Selbst unter seiner eigenen Last an: *»Und wütend läufst du immer weiter, / Das Ganze ist zwar zaubertoll, / Doch ist es weiter gar nicht heiter, / wenn man am Wunder sterben soll.«*
K. HILLER trifft die Tonlage dieser Gedichte, wenn er sie gegenüber den *»barbarisch«*-kraftvollen Dichtungen G. HEYMS als die *»zarteren und zynischeren, geistigeren und skeptischeren«* bezeichnete. Das trifft auch da zu, wo ein Gedicht wie *Es hebt sich ein rosa Gesicht* eine infolge der Epiphora zunächst sehr kompakte Fügung erhält, wird diese doch dann immer wieder durchbrochen. Ähnlich ist der Dichter auch zur Ironisierung des eigenen Schreibens bereit, wenn er in der *Wunderlegende* über den mutmaßlichen Tiefsinn stumpfer Phrasen spekuliert. Mit drei Gedichten – *Der Träumende*, *Tohub* und *Der Visionarr* – ist van Hoddis (in der Übersetzung von H. ARP) in André BRETONS *Anthologie de l'Humour noir* (1950) vertreten. Ob Breton ihm damit den richtigen Platz anweist, steht dahin, doch trifft zweifellos die Einschätzung seines Extremcharakters zu. Zwischen Berlin und München pendelnd, war van Hoddis ganz Stadtmensch, dem doch die urbane Wirklichkeit zusehends fremder wurde: *»Du gehst bestürzt, so einsam wie in Wüsten, / Zu wild und stolz nach Mensch und Lust zu jagen. / Und selbst nach Träumen, die als Kind dich grüßten, / Wagst du jetzt diese Häuser nicht zu fragen.«* (Mittag) P.Koh.

AUSGABEN: *Das Aktionsbuch*, Hg. F. Pfemfert, Bln. 1917. – *Weltende*, Bln. 1918. – *Weltende*, Zürich 1958, Hg. P. Pörtner. – *Dichtungen u. Briefe*, Hg. R. Nörtemann, Zürich 1987 [hist.-krit.].

LITERATUR: P. Rühmkorf, *J. v. H. – »Weltende« u. andere Dichtungen* (in NRs, 74, 1963, S. 672–677). – H. Schneider, *J. v. H. Ein Beitrag zur Erforschung des Expressionismus*, Bern 1967. – V. Lange, *J. v. H.* (in *Expressionismus als Literatur*, Hg. W. Rothe, Bern/Mchn. 1969, S. 344–355). – U. Reiter, *J. v. H. Leben u. lyrisches Werk*, Göppingen 1970. – H. G. Hermann, *J. v. H., »Weltende«* (in *Gedichte der »Menschheitsdämmerung«*, Hg. H. Denkler, Mchn. 1971). – H. Tramer u. W. Kisten, *J. v. H. – ein deutsch-jüdisches Dichterschicksal* (in Bull. des Leo Baeck Institute, 50, 1974, S. 76–80). – R. Sheppard, *J. v. H.' Literary Remains* (in LJb, 18, 1977, S. 219–270). – K. Riha, *»Dem Bürger fliegt vom spitzen Kopf der Hut«* (in *Gedichte u. Interpretationen*, Bd. 5, Hg. H. Hartung, Stg. 1984, S. 118–125; RUB). – L. H. Görgens, *»Der Hut flog mir vom Kopfe«. Ein Motiv aus E. T. A. Hoffmanns »Lebens-Ansichten des Katers Murr«* (in MHG, 31, 1985, S. 53–58). – G. H. Pompen, *J. v. H. u. die Simultaneität des Heterogenen* (in *Annäherungen*, Hg. H. Ester u. G. v. Guillaume, Amsterdam 1985). – H. Hornbogen, *J. v. H. Die Odyssee eines Verschollenen*, Mchn. 1986. – E. Neis, *Struktur u. Thematik der klassischen u. der modernen Lyrik*, Paderborn 1986, S. 68–74. – *Tristia ante – Geahnte Finsternis. Zu Leben u. Werk des Dichters J. v. H.*, Hg. H. J. Seim, Gütersloh 1987.

RICHARD HUELSENBECK

* 23.4.1892 Frankenau
† 20.4.1974 Muralto / Tessin

DADA-ALMANACH

Dadaistische Dokumentation, *»im Auftrag des Zentralamts der deutschen DADA-Bewegung«* herausgegeben von Richard HUELSENBECK, erschienen 1920. – Die in dem Band zusammengestellten Texte und Dokumente der dadaistischen Bewegung bilden eine Art summarischer Bestandsaufnahme radikaler Kunst und haben wesentlich zur historischen Physiognomie von Dada als einer Epoche beigetragen.
An Stelle des avantgardistischen Elans tritt ab 1920 die fast verzweifelte Geste der Verwaltung der eigenen Leistung. Statt der ursprünglich romantischen Gegnerschaft der Avantgardisten zum beklagten Verlust ästhetischer und weltanschaulicher Emphase ist nun verstärkt die sublime Einfühlung und ästhetische Nutzanwendung eben der Strukturen zu beobachten, die die Selbstbestimmung des Künstlers zu bedrohen schienen. So ist der Untertitel des Almanachs ebensowenig rein ironisch zu verstehen wie die den Almanach abschließende Werbung für eine *»dada-Reklame-Gesellschaft«*. Tristan Tzara und Paul Eluard verfaßten tatsächlich regelrechte Reklamezettel, die in Paris, aber auch in der Schweiz verbreitet wurden und Grundthesen des Dadaismus enthielten (*»Dada ne signifie rien«*). Das Ideal des Dadaismus ist gewissermaßen die Direktheit, Schrille und Unverbindlichkeit der Reklame. Dabei mag es als einmalig gelten, daß eine Kunstrichtung es als Teil ihres Artikulationsver-

mögens begreift, mit Wort, Tat und Demagogie den Kampf um ihren Platz in der Kunstgeschichte aufzunehmen.

Die Geschichte Dadas ist zunächst weithin die Geschichte seiner autonomen Publikationsorgane. Nicht nur in dieser Hinsicht markiert der *Dada-Almanach* einen vorläufigen Endpunkt. Schon früh zeigt sich Huelsenbeck in der Rolle des Historiographen, Kompilators und Sachverwalters der Dada-Bewegung. An deren Ende bleibt nur, die Geste des Verschwindens und deren Zeitpunkt festzuhalten: *»Die Zeit ist dadareif. Sie wird in Dada aufgehen und mit Dada verschwinden. Charlottenburg, im Mai 1920.«* Mit diesen Worten beschließt Huelsenbeck das Vorwort seiner Textkompilation, die einen Überblick über die historischen und aktuellen Spielarten des Dadaismus darstellen will.

Huelsenbeck versammelt Dokumente des Züricher, Berliner und Pariser Dadaismus, wobei ersterer durch die *Chronique Zurichoise* (1920) von TRISTAN TZARA (1896–1963) vertreten ist. Unter collagierender Vewendung der originalen Verlagsanzeigen beschränkt sich Tzaras – im Gegensatz zu anderen fremdsprachigen Artikeln – unübersetzter französischer Originalbeitrag auf die pure Rekapitulation von Aktivitäten der Züricher Urzelle des Dadaismus in den Jahren 1915–1919. Dabei bietet die *Chronique Zurichoise* so etwas wie ein frühes Werkverzeichnis des bereits 1920 historischen Züricher Dadaismus; sie listet Zeitpunkt und Art der Dada-Veranstaltungen auf, benennt Dada-Zeitschriften und deren *»Collaborateurs«*. Die Chronik muß als ein genuines Zeugnis der an konkreten Überlieferungen armen dadaistischen Epoche auch dann gelten, wenn sich hinter ihrem scheinbar objektivierenden Chronikstil eine demagogische Absicht versteckt. Tzara ist darauf bedacht, seinen Anteil an Dada herauszustellen und ungeliebte, sich von der Bewegung loslösende Dada-Kollegen, wie etwa H. BALL, weitgehend zu verschweigen. Eine Rekonstruktion der »wahren Geschichte« des Dadaismus kann sich nur beschränkt auf die historiographischen Bemerkungen der Gründer verlassen und ist doch einzig auf diese angewiesen. Dennoch ist die *Chronique* frei von persönlichen Einlassungen des Autors, weitgehend frei von Spuren der Individualität überhaupt. Daß Tzara sie dennoch mit seinem Namen zeichnet, mag als Hinweis auf den Charakter und Umfang des dadaistischen Kunstwerkes gelten: Tzara versteht die Züricher Jahre 1915–1919 als sein eigentliches und hypertrophes Werk. So gewinnt aus der Erinnerung, vom Ende her das dadaistische Gesamtkunstwerk, die Inauguration einer Kunstepoche ohne Werke, sein Profil: Es besteht – wenn überhaupt – nicht aus überlieferbaren Objekten, auch nicht nur aus der historischen Abfolge einiger Aktionen, von denen wenig mehr als Anekdoten existieren, die zudem meist in mythisierender Weise von den Künstlern selbst überliefert sind. Der Dadaismus besteht hauptsächlich aus Erinnerungen seiner Erfinder, ist das Produkt purer Einbildungskraft, deren ästhetische Apotheose er gewissermaßen darstellt. Der Dadaist setzt sich nicht den Mühen der Fixierung seiner Phantasien aus. Er will nicht um jeden Preis ein Werk hinterlassen. Seine Tinte ist der Skandal. Der Schreibgrund des Avantgardisten ist die Öffentlichkeit, das vergängliche Zeitungspapier ist ihm untrügliches Dokument, wenn der Journalist Dada seine Feder leiht. Dem gegenüber kann sich der Künstler mit der Rolle des Archivars begnügen. Tzaras Chronik endet mit dem Hinweis, daß bis zum 15. Oktober 1919 *»8590 articles sur le dadaisme«* in verschiedenen Zeitschriften der gesamten Welt erschienen seien. Einen Teil von ihnen dokumentiert der Almanach.

Angesichts dieses chimärischen, kulturgeschichtlich kaum speicherbaren Charakters der Dada-Aktivitäten betreibt der *Dada-Almanach* bereits ästhetische Spurensicherung. Neben den Pressereaktionen und markanten Manifesten und Polemiken der Dadaisten finden sich Dokumente, wie ein exemplarisches Programm einer Dada-Soiree oder der Abdruck eines Solidaritätstelegramms an D'ANNUNZIO, eine Liste von mit Dada assoziierten Personen sowie erste ernsthafte, außerhalb des Dadaismus entstandene Theorieansätze. Den Berliner Dadaismus, den der aus Zürich angereiste Huelsenbeck dort seit 1918 lanciert, ist durch einige zentrale Manifeste vertreten, darunter Huelsenbecks erstes deutsches Dada-Manifest, J. BAADERS *Deutschlands Größe und Untergang* und R. HAUSMANNS *Rückkehr zur Gegenständlichkeit in der Kunst*. Überproportional sind im *Dada-Almanach* die Pariser Dadaisten (T. Tzara, F. PICABIA, P. ELUARD) vertreten, denen Huelsenbeck selbst zwar durchaus verächtlich gegenüberstand, die aber zum Zeitpunkt des Erscheinens des Almanachs die einzig lebensfähige Zelle des Avantgardismus zu sein schienen. Huelsenbeck versucht noch einmal die in Wahrheit bereits zerfallende Dadaistische Vereinigung in einer integrierend internationalistischen Geste wenigstens auf dem Papier zu einen. A.Ar.

AUSGABEN: Bln. 1920. – NY 1966. – Hbg. 1980 [Nachdr.]. – Einzelveröffentlichung der *Chronique Zurichoise*: Zürich 1957 (in *Dada Dichtung und Chronik der Gründer*, Hg. P. Schifferli).

LITERATUR: *Dada in Europa – Werke und Dokumente* (in *Tendenzen der Zwanziger Jahre*, Bln. 1977; Ausst.-Kat.). – G. Browning, *Tristan Tzara. The Genesis of the Dada Poem*, Stg. 1979. – K. Füllner, *The Meister Dada. The Image of Dada through the Eyes of R. H.* (in R. Sheppard, *New Studies in Dada*, Driffield 1981, S. 16–34). – R. Meyer, *›Dada ist gross, dada ist schön‹. Zur Geschichte von ›Dada Zürich‹* (in *Dada in Zürich*, Zürich 1985, S. 6–79; Ausst.-Kat.).

PHANTASTISCHE GEBETE

Gedichtsammlung von Richard HUELSENBECK, erschienen 1916 mit Holzschnitten von Hans Arp, in erweiterter zweiter Auflage 1920 mit Zeichnungen von George Grosz. – Der Band, den als »Gedichtsammlung« im herkömmlichen Sinn zu bezeichnen einer Irreführung gleichkäme, darf als erste Dokumentation des literarischen Dadaismus gelten, der aus dem Expressionismus hervorgegangenen, gegen dessen »Verinnerlichung« sich wendenden Bewegung, deren Hauptvertreter Hans Arp, Huelsenbeck, Tristan TZARA und Marcel JANCO sich im Ersten Weltkrieg in der Schweiz um Hugo BALL und Emmy HENNINGS und deren im Februar 1916 gegründetes »Cabaret Voltaire« in Zürich scharten. Das Programm dieses nur etwa ein Jahr bestehenden Etablissements, anfänglich noch durchaus kabarettistisch-varietéhaft, wurde bald zum Sammelbecken aller avantgardistischen Strömungen, die sich aus Futurismus, Kubismus, Fauvismus und abstraktem Expressionismus der Vorkriegszeit weiterentwickelt hatten. Die historische Bedeutung des Dadaismus, an dessen Gründung und späterer Fortsetzung und Propagierung in Berlin gerade Huelsenbeck entscheidenden Anteil hatte, liegt nicht ausschließlich in der literarischen Manifestation des gedruckten Textes, wie progressiv bzw. destruktiv er auch sein mag, sondern ebensosehr in der provozierten und kalkulierten Interaktion mit einem Publikum, d.h. vor allem in der dadaistischen Einzel- oder Gruppenaktion. Hugo Balls Tagebuch hält zahllose dieser Aktionen fest: *»Alle Stilarten der letzten zwanzig Jahre gaben sich gestern ein Stelldichein. Huelsenbeck, Tzara und Janco traten mit einem ›Poème simultan‹ auf. Das ist ein kontrapunktliches Rezitativ, in dem drei oder mehrere Stimmen gleichzeitig sprechen, singen, pfeifen oder dergleichen ... Auf das Poème simultan ... folgten ›Chant nègre I und II‹, beide zum erstenmal. ›Chant nègre (oder funèbre) N. I‹ war besonders vorbereitet und wurde in schwarzen Kutten mit großen und kleinen exotischen Trommeln wie ein Femegericht exekutiert«* (30.3. 1916, in *Die Flucht aus der Zeit*, 1927).

Die *Phantastischen Gebete* sind im Laufe des Jahres 1916 entstanden und im Cabaret Voltaire, später auch bei Dada-Abenden in Berlin, Leipzig und Prag häufig von Huelsenbeck selbst vorgetragen worden, Balls Berichten zufolge mit ironisch-dandyhafter Gestik, mit Kniebeugen und unter Begleitung großer Trommeln. Sie demonstrieren eine chaotisch-groteske Sinnlosigkeit und Auflösung von »Sinn« in der semantischen und in der weltanschaulich-ideologischen Dimension von Sprache. Wie in den Collagen der Kubisten und in den collageartigen Gedichten von Kurt SCHWITTERS werden auch in den *Phantastischen Gebeten* alle sprachlichen Materialien frei benutzt, seien es vorgefundene wie Reklameslogans, Merkverse, Sprichwörter, oder seien es suggestive Lautgesten wie das berühmte *»Schalaben-Schalabai-Schalamezomai«*, das als Refrain in einem grotesken Beschwörungsritual auftaucht. Die Grundstimmung nahezu aller Arbeiten des Bandes – sofern eine solche Vokabel für Sprachstrukturen, die Sinn und Unsinn ironisch nivellieren, noch legitim ist – ist die einer aggressiven und lärmenden Verzweiflung: *»Stülpt o stülpet die elektrischen Bahnen auf eure Arme und schlaget das Rathaus ein nehmet die Schwäne aus den Lilaweihern und den Parawang von der Fürstin Bett denn offenbar o offenbar muß alles werden alles werden alles muß werden in der Erden hopsasa...« (Der Zwiebelbäcker. Aufforderung)*. Ebenso wird die von LAUTRÉAMONT und den Futuristen in die Literatur eingeführte alogische Metaphorik und die Koppelung entferntester und widersprüchlicher Wirklichkeitsbereiche zum direkten Movens des Gedichts: *»Habt ihr die Fische gesehen die im Cutaway vor der Opera stehen schon zween Nächte und zween Tage?« (Ende der Welt)*.

Der 1936 emigrierte Autor, dessen spätere Arbeiten, die Reiseberichte aus den dreißiger Jahren oder der Gedichtband *Die Antwort der Tiefe* (1954), seinen Anfängen nicht im entferntesten gleichzustellen sind, hat sich als Chronist des Dadaismus und als Herausgeber mehrerer Anthologien häufig zum Phänomen des Dadaismus rückblickend und theoretisch geäußert: *»Der kreative Irrationalismus* [der Dadaisten] *setzt das Gefühl des Terrors voraus, die Empfindung der Angst und des Alleinseins, so wie wir es – von Kriegen umgeben – in der Schweiz empfanden, die existentielle Verzweiflung, der wir mit Ironie, Regression und Angriffslust begegneten.«* KLL

AUSGABEN: Zürich 1916 [Ill. H. Arp]. – Bln. ²1920 [erw.; Ill. G. Grosz]. – Zürich 1960 [Ill. H. Arp u. G. Grosz].

LITERATUR: H. Ball, *Die Flucht aus der Zeit*, Mchn./Lpzg. 1927. – *Dada. Die Geburt des Dada. Dichtung u. Chronik der Gründer*, Hg. P. Schifferli, Zürich 1957. – R.H., *Dada. Eine literarische Dokumentation*, Reinbek 1964.

FRANZ KAFKA

* 3.7.1883 Prag
† 3.6.1924 Kierling bei Wien

LITERATUR ZUM AUTOR:
Bibliographien und Forschungsberichte:
K.-Symposion, Hg. J. Born, L. Dietz, M. Pasley, P. Raabe u. K. Wagenbach, Bln. 1965. – P. U. Beikken, *F.K. Eine kritische Einführung in die Forschung*, Ffm. 1974. – *F.K. Kritik u. Rezeption zu seinen Lebzeiten 1912 – 1924*, Hg. J. Born, Ffm. 1979. – M.-L. Caputo-Mayr u. J.M. Herz, *F.K.s Werke. Eine Bibliographie der Primärliteratur (1908–1980)*, Bern/Mchn. 1982. – *F.K. An Anthology of Marxist Criticism*, Hg. K. Hughes, Hanover (N.H.)/Ldn. 1982. – *F.K. Kritik u. Rezeption 1924–1938*, Hg. J. Born, Ffm. 1983. – M.-L. Caputo-Mayr u. J.M. Herz, *F.K. Eine kommentierte Bi-*

bliographie der Sekundärliteratur (1955–1980, mit einem Nachtrag 1985), Stg. 1987.
Biographien, Lebenszeugnisse:
G. Janouch, *Gespräche mit K. Aufzeichnungen u. Erinnerungen*, Ffm. 1951 [erw. Neuausg. Ffm. 1981]. – K. Wagenbach, *F. K. Eine Biographie seiner Jugend 1883–1912*, Bern 1958. – Ders., *F. K. in Selbstzeugnissen u. Bilddokumenten*, Reinbek 1964; zul. 1988 (rm). – M. Brod, *Über F. K. – F. K. Eine Biographie – F. K.s Glauben u. Lehre – Verzweiflung u. Erlösung im Werk F. K.s*, Ffm. 1966; ern. 1974 u. ö. (FiTb). – F. K., *Briefe an Ottla u. die Familie*, Hg. H. Binder u. K. Wagenbach, Ffm. 1974. – C. Bezzel, *K. Chronik. Daten zu Leben u. Werk*, Mchn./Wien 1975. – C. Stölzl, *K.s böses Böhmen. Zur Sozialgeschichte eines Prager Juden*, Mchn. 1975. – J. Unseld, *F. K. Ein Schriftstellerleben. Die Geschichte seiner Veröffentlichungen*, Mchn. 1982; ern. Ffm. 1984 (FiTb). – J. Gruša, *F. K. aus Prag*, Ffm. 1983. – K. Wagenbach, *F. K. Bilder aus seinem Leben*, Bln. 1983. – R. Hackermüller, *Das Leben, das mich stört. Eine Dokumentation zu K.s letzten Jahren 1917–1924*, Wien/Bln. 1984. – J. Born, *K.s Bibliothek. Ein beschreibendes Verzeichnis*, Ffm. 1990.
Gesamtdarstellungen und Studien:
J. L. Borges, *K. y sus precursores* (in J. L. B., *Otras inquisiciones, 1937–1952*, Buenos Aires 1952, S. 126–128; dt., *K. und seine Vorläufer*, in *GW*, Bd. 5/2: *Essays 1952–1979*, Mchn. 1981, S. 114–117). – F. Beißner, *Der Erzähler F. K.*, Stg. 1952. – Th. W. Adorno, *Aufzeichnungen zu K.* (in NRs, 64, 1953, S. 325–353). – R. Rochefort, *K. und die unzerstörbare Hoffnung*, Wien/Mchn. 1955 [Geleitw. R. Guardini]. – W. Emrich, *F. K.*, Bonn 1958. – *F. K. Today*, Hg. A. Flores u. H. Swander, Madison/Wis. 1958. – H. Pongs, *F. K. Dichter des Labyrinths*, Heidelberg 1960. – K. Hermsdorf, *K. Weltbild u. Roman*, Bln./DDR 1961. – M. Walser, *Beschreibung einer Form*, Mchn. 1961. – W. Haas, *Über F. K.* (in W. H., *Gestalten. Essays zur Literatur und Gesellschaft*, Bln. 1962). – H. Richter, *F. K. Werk u. Entwurf*, Bln./DDR 1962. – K. Weinberg, *K.s Dichtungen. Die Travestien des Mythos*, Bern/Mchn. 1963. – H. Hillmann, *F. K. Dichtungstheorie u. Dichtungsgestalt*, Bonn 1964. – W. H. Sokel, *F. K. – Tragik u. Ironie. Zur Struktur seiner Kunst*, Mchn. 1964; ern. Ffm. 1976 (FiTb). – *F. K. aus Prager Sicht*, Hg. P. Reimann u. Z. Vančura, Bln. 1966. – H. Binder, *Motiv u. Gestaltung bei F. K.*, Bonn 1966. – H. Politzer, *F. K. Parable and Paradox*, Ithaca/N.Y. [2]1966 [rev. u. erw.; dt. *F. K. Der Künstler*, Ffm. 1965; ern. 1978; st.]. – B. Brecht, *Geziemendes über F. K.* (in B. B., *Schriften zur Literatur u. Kunst*, Bd. 1, Ffm. 1967, S. 77/78). – P. Raabe, *F. K. und der Expressionismus* (in ZfdPh, 86, 1967, S. 161–175). – G. Neumann, *Umkehrung u. Ablenkung: F. K.s ›Gleitendes Paradox‹* (in DVLG, 42, 1968, S. 702–744). – K. H. Fingerhut, *Die Funktion der Tierfiguren im Werke F. K.s. Offene Erzählgerüste u. Figurenspiele*, Bonn 1969. – N. Kassel, *Das Groteske bei F. K.*, Mchn. 1969. – J. Born, *K.s unermüdliche Rechner* (in Euph, 64, 1970, S. 404–413). – J. Kobs, *K. Untersuchungen zu Bewußtsein u. Sprache seiner Gestalten*, Bad Homburg 1970. – H. Kraft, *K. Wirklichkeit u. Perspektive*, Bebenhausen 1972. – *F. K.*, Hg. H. Politzer, Darmstadt 1973 (WdF). – P. Bridgwater, *K. and Nietzsche*, Bonn 1974. – D. Krusche, *K. und K.-Deutung. Die problematische Interaktion*, Mchn. 1974. – W. Hoffmann, *K.s Aphorismen*, Bern/Mchn. 1975. – H. Binder, *K.-Kommentar zu den Romanen, Rezensionen, Aphorismen und zum »Brief an den Vater«*, Mchn. 1976; [2]1982 [erg.]. – G. Deleuze u. F. Guattari, *K. Für eine kleine Literatur*, Ffm. 1976 (es). – E. Heller, *F. K.*, Mchn. 1976. – H. Binder, *K.-Kommentar zu sämtlichen Erzählungen*, Mchn. [2]1977 [rev.]. – W. Ries, *Transzendenz als Terror: Eine religionsphilosophische Studie über F. K.*, Heidelberg 1977. – K. Hermsdorf, *Anfänge der K.-Rezeption in der sozialistischen dt. Literatur* (in WB, 24, 1978, S. 45–69). – *K.-Handbuch*, Hg. H. Binder, 2 Bde., Stg. 1979. – M. Pasley, *Der Schreibakt u. das Geschriebene. Zur Entstehung von K.s Texten* (in *F. K. Themen u. Probleme*, Hg. C. David, Göttingen 1980, S. 9–25). – W. Benjamin, *Benjamin über K. Texte, Briefzeugnisse, Aufzeichnungen*, Hg. H. Schweppenhäuser, Ffm. 1981 (stw). – F. Nemec, *K.-Kritik. Die Kunst der Ausweglosigkeit*, Mchn. 1981. – F. Beißner, *Der Erzähler F. K. und andere Vorträge*, Ffm. 1982 [Einl. W. Keller]. – H. Binder, *K. Der Schaffensprozeß*, Ffm. 1983 (st). – H. H. Hiebel, *Die Zeichen des Gesetzes. Recht u. Macht bei F. K.*, Mchn. 1983. – B. Nagel, *K. und die Weltliteratur. Zusammenhänge u. Wechselwirkungen*, Mchn. 1983. – U. Abraham, *Der verhörte Held. Verhöre, Urteile u. die Rede von Recht u. Schuld im Werk F. K.s*, Mchn. 1985. – P.-A. Alt, *Doppelte Schrift. Unterbrechung u. Grenze. F. K.s Poetik des Unsagbaren im Kontext der Sprachskepsis um 1900* (in Jb. der Dt. Schiller-Ges., 29, 1985, S. 445–490). – W. Kittler, *»Der Turmbau zu Babel« u. das »Schweigen der Sirenen«. Über das Reden, das Schweigen, die Stimme u. die Schrift in vier Texten von F. K.*, Erlangen 1985. – J.-D. Lee, *Taoistische Weltanschauung im Werke F. K.s*, Ffm. u. a. 1985. – M. Robert, *Einsam wie F. K.*, Ffm. 1985. – *Was bleibt von F. K.? Positionsbestimmung / K.-Symposium Wien 1983*, Hg. W. Schmidt-Dengler, Wien 1985 (Schriftenreihe der K.-Ges., 1). – W. Bauer-Wabnegg, *Zirkus u. Artisten in F. K.s Werk. Ein Beitrag über Körper u. Literatur im Zeitalter der Technik*, Erlangen 1986. – *K. und das Judentum*, Hg. K. E. Grözinger u. a., Ffm. 1987. – W. Müller-Seidel, *K.s Begriff des Schreibens u. die moderne Literatur* (in LiLi, 17, 1987, S. 104–121). – P.-A. Alt, *›Das Gute ist in gewissem Sinne trostlos‹. Motive der Melancholie bei K.* (in Modern Austrian Literature, 21, 1988, S. 55–76). – R. Robertson, *K. Judentum Gesellschaft Literatur*, Stg. 1988. – P. Heller, *F. K. Wissenschaft u. Wissenschaftskritik*, Tübingen 1989. – P. Citati, *K.*, Mchn. 1990. – L. Dietz, *F. K.*, Stg. [2]1990 [rev. u. erw.; Slg. Metzler].

EIN BERICHT FÜR EINE AKADEMIE

Erzählung von Franz KAFKA, entstanden im Mai/Juni 1917, im selben Jahr in der von Martin BUBER herausgegebenen Zeitschrift ›Der Jude‹ und 1919 in Kafkas Erzählband *Ein Landarzt* veröffentlicht. – Der Affe Rotpeter war von einer Akademie aufgefordert worden, einen Bericht über sein *»äffisches Vorleben«* einzureichen. *›Ein Bericht für eine Akademie‹* ist Rotpeters Antwort auf diese Anfrage. Ob sie schriftlich oder mündlich erfolgt und an wen genau sie sich richtet, ist dem kurzen Text nicht zu entnehmen.

Rotpeter erklärt zunächst, er könne den gewünschten Bericht nicht vorlegen. Fünf Jahre trennten ihn vom Affentum, einer Gattung, der er nicht mehr angehöre. Deshalb besitze er keine Erinnerungen mehr an sein äffisches Vorleben: *»Ihr Affentum, meine Herren, soferne Sie etwas Derartiges hinter sich haben, kann Ihnen nicht ferner sein als mir das meine.«* Innerhalb von fünf Jahren sei es ihm gelungen, die Entwicklung vom Affen zum Menschen *»durchzugaloppieren«*, und zwar nur dadurch, daß er *»nicht an meinem Ursprung, an den Erinnerungen der Jugend«* habe festhalten wollen. Dennoch könne er die Anfrage der Akademie in *»eingeschränktestem Sinn«* beantworten: indem er nicht über sein äffisches Vorleben, sondern über das Zwischenstadium der Entwicklung vom Affen bis zu seinem heutigen Zustand berichte. Die *»alte Affenwahrheit«* sei ihm nicht mehr zugänglich. Rotpeter ist darum *»auf fremde Berichte angewiesen«*, wenn es um sein tierisches Vorleben geht.

An der Goldküste war er von einer Jagdexpedition der Firma Hagenbeck mit zwei Schüssen niedergestreckt und in einem Käfig auf einem Dampfer nach Hamburg verschifft worden. In diesem Käfig habe er *»nur das eine Gefühl: kein Ausweg«* gehabt, gleichzeitig aber festgestellt, daß man sich als Mensch außerhalb des Käfigs – so wie die Schiffsmannschaft – frei bewegen kann. Deshalb habe er beschlossen, aufzuhören, ein Affe zu sein, um dadurch frei zu werden. Durch Nachahmung der Menschen habe er sich selbst zum Menschen entwickeln wollen. Das sei für ihn der einzig mögliche Ausweg gewesen. Den Begriff »Freiheit« vermeide er absichtlich.

Von der Schiffsmannschaft lernt er das Grüßen per Handschlag, Ausspucken, Tabakrauchen und Alkoholtrinken. Er ahmt diese Verhaltensweisen nur äußerlich nach, ohne ihre Bedeutung zu verstehen oder sinnlichen Genuß zu verspüren. Bei einem Fest auf dem Schiff entfährt ihm das Wort *»Hallo«*. Von da an beginnt er in menschlicher Sprache zu sprechen. In Hamburg wird er einem berühmten Dresseur übergeben. Rotpeter entscheidet sich gegen den Zoo. Er wird statt dessen zum weltweit gefragten Varietékünstler. Fünf Dresseure stehen in seinen Diensten. Immer habe er das Lernen für das Wichtigste gehalten und inzwischen die Durchschnittsbildung eines Europäers erreicht.

Rotpeter ist wie ein Mensch gekleidet und wohnt im Luxushotel. Er ist berühmt, gesellschaftlich etabliert, wirtschaftlich erfolgreich. Sein Affengebiß hat sich schon zurückgebildet. Auf sein Verbleiben im Affentum verweisen nur noch sein Fell, die Varieténummern und seine Freundin, *»eine kleine halbdressierte Schimpansin«*. Er führt ein geradezu spießbürgerliches Leben: *»Überblicke ich meine Entwicklung und ihr bisheriges Ziel, so klage ich weder, noch bin ich zufrieden.«* Sein Ziel, einen Ausweg aus dem Käfig zu finden, habe er erreicht.

Der Erscheinungsort in Martin Bubers Zeitschrift ›Der Jude‹ legte zeitgenössischen Lesern wie Max BROD die Deutung nahe, Kafkas Erzählung sei als Allegorie oder Satire auf die Assimilation des Westjudentums aufzufassen. Den Westjuden, zum Beispiel im großstädtischen Bürgertum Prags, wurde – auch selbstkritisch aus den eigenen Reihen – vorgeworfen, sich vorbehaltlos der modernen, säkularisierten Welt anzupassen. Als Intellektuelle seien sie jüdischen Traditionen und ursprünglicher Religiosität, etwa dem immer noch lebendigen Chassidismus des Ostjudentums, entfremdet. Der Affe Rotpeter sei ein typischer Vertreter des Westjudentums: ein kritikloser Nachahmer fremder Lebensweisen, fern der ursprünglichen Heimat und innerhalb weniger Jahre ohne Erinnerung an die eigene Herkunft. Diese Deutung des *Berichts* hält sich bis heute (R. ROBERTSON).

Die Tatsache, daß Rotpeter als Künstler auftritt, ließ auch die Betrachtung aufkommen, es gehe um die autobiographische Problematik der Schriftstellerexistenz. W.H. SOKEL glaubt, die Ironie des Textes völlig mißachtend, im *Bericht* einen angeblichen Wunschtraum Kafkas gestaltet sehen zu können: der Künstler in wunderbarer Symbiose mit seinem Publikum. Es gibt auch K.-H. FINGERHUTS negative Deutungsvariante, die sich auf Kafkas Doppelleben zwischen Büroberuf und Schreiben bezieht: Rotpeter muß auf seine ureigene Affen-Identität verzichten und sich als Varietékünstler vor gemeinem Publikum prostituieren, um zu überleben. In dieser satten, selbstzufriedenen Existenz sei die ursprüngliche Wildheit des Affentums, das »wahre« Künstlertum, unterdrückt und schließlich vergessen.

Psychoanalytische Lesarten finden im *Bericht für eine Akademie* den von FREUD propagierten Zusammenhang von Zivilisationsentwicklung und nie ganz gelingender Triebunterdrückung (Rotpeters Affenfreundin, bei der er es sich *»nach Affenart... wohlgehen«* läßt) wieder. Die Gefangennahme durch den Schuß wird als Kastration aufgefaßt. Kreativitätspsychologisch auf Kafka bezogen: der Schritt vom Affentum zum Menschentum ist als Bild für den Verzicht Kafkas auf das Ausleben seiner Sexualität (das mehrfache Scheitern seiner Beziehungen zu Frauen) zugunsten seiner Schriftstellerexistenz zu sehen.

In der Literaturgeschichte taucht der Affe vor allem in zwei Varianten auf: Er ahmt die Menschen nach, hält ihnen einen Spiegel vor und wird so, wie der Narr, zum eigentlich Wissenden. Auch steht der Affe außerhalb aller zivilisatorischen und kulturellen Ordnungen. Bei ihm ist das Gesetzlose und Sittenwidrige noch Natur, er darf seine Triebe ausleben. Diese Facetten sind in Kafkas *Bericht* ironisch gebrochen wiederzufinden. Als direktes literarisches Vorbild Rotpeters kann der weintrinkende, pfeiferauchende und sprechende Affe aus E. T. A. HOFFMANNS *Nachricht von einem gebildeten jungen Mann* (aus dessen *Kreisleriana*, 1815) genannt werden.

Tatsächlich ist *Ein Bericht für eine Akademie* aber tief in der wissenschaftsgeschichtlichen Situation der Zeit Kafkas verwurzelt. Alle entscheidenden Punkte der Erzählung (Gefangennahme, Seetransport, Dressur, Varieté, Affe als Hotelbewohner) entnahm Kafka der Beschreibung des Orang-Utan und Schimpansen in *Brehms Tierleben*. Dort ist der Affe Peter aus dem Dresdner Zoo mit einer Photographie vertreten – es gibt ihn auch auf Meißner Porzellan. Rotpeter erzählt, er sei nach dem *»unlängst krepierten, hie und da bekannten, dressierten Affentier Peter«* benannt worden. In allen Varietés und Zirkusmanegen gab es Nummern mit sogenannten Gentleman-Schimpansen, meist mit Namen »Konsul«, die in *»Frack, Lack und Claque«* (Brehm) auftraten. Der Zuschauer sollte in einer der Travestie-Show ähnlichen Ungewißheit gelassen werden, ob es sich um einen Menschen oder einen Affen handelt. Es tobten auch Menschen im Affenfell durch die Manege, diese Standardnummer nannte sich »Affe oder Mensch?«. Damit steht der *Bericht* nicht nur im Umfeld von Kafkas Artistengeschichten, sondern auch im Zusammenhang mit DARWINS populärer Evolutionstheorie. Vor allem die Tierpsychologen als Vorläufer der Verhaltensforscher glaubten damals, die Evolution durch menschliche Eingriffe beschleunigen zu können. Man versuchte, Hunden, Pferden und Affen das Rechnen, Lesen und Schreiben beizubringen, um so die Tiere innerhalb einer Generation auf die Entwicklungsstufe des Menschen zu heben und ihnen Jahrmillionen zufallsgesteuerter evolutionärer Entwicklungen zu ersparen. Kafka las schon als Schüler Darwin und beschäftigte sich zeit seines Lebens mit dem wissenschaftlichen Diskurs über sprechende Tiere.

Kafka kehrt – wie in vielen seiner Texte – etablierte Verhältnisse und Denkweisen um: Rotpeter ist nicht mehr auf menschliche Hilfe zur Beschleunigung der evolutionären »Höher«-Entwicklung angewiesen, er hat sein Schicksal selbst in die Hand genommen. Seine Evolutions-»Geschichte« zeigt die Evolution *in actu*, als einen selbstinitiierten Willensakt. Er läßt nicht mehr den Affen Objekt menschlicher Wissenschaft sein, sondern macht einen Affen, der sich für einen Menschen hält und vor einer Akademie zu sprechen glaubt, selbst zum Wissenschaftler, der als Kompetentester von allen in Sachen Evolution einen wissenschaftlichen Bericht vorlegt. Und diese Perspektive zielt auch wieder vom Affen zurück auf die Menschenwelt: Menschliche Trapezkünstler im Varieté können bei einem Affen nur Gelächter erregen, und Rotpeters erster Lehrer mußte selbst *»fast äffisch … in eine Heilanstalt gebracht werden«*.

Ein Bericht für eine Akademie handelt wie alle Texte Kafkas vom Autonomieanspruch subjektiver Wahrheiten und fremder Lebenswelten. Er bezieht damit Stellung gegen die sozialdarwinistische Kategorisierung der Fülle des Lebens in »nützlich« und »schädlich« oder »lebensunwert«. Daher nahm Kafka auch Methoden der »subjektiven Biologie« Jakob von UEXKÜLLS, jenes von ihm aufmerksam verfolgten neuen wissenschaftlichen Ansatzes des Begründers der Umwelttheorie (*Umwelt und Innenwelt der Tiere*, 1909) in seine literarische Perspektivierungstechnik auf. Auch die Erkenntniskrise der modernen Wissenschaft seit der Einführung des erkennenden Subjekts in die Physik durch PLANCKS Quantentheorie schlägt hier durch: Wahrheit als ein durch Logik geschlossenes System ist nur noch innerhalb des einzelnen Subjekts denkbar. Die Subjekte in ihrer Mehrzahl aber sind um ihres eigenen Überlebens willen zum Pluralismus verdammt. Ob Rotpeters Bericht nur die persönliche Fiktion eines ausgebeuteten und zur Varietéarbeit gezwungenen, also unfrei gewordenen Tieres ist, subjektiv aus der Tierperspektive dargestellt, bleibt daher »objektiv« durch die hintergründige und groteske Doppelsinnigkeit der menschlichen Erzählinstanz unaufgelöst. P.Hel.

AUSGABEN: Bln./Wien 1917 (in Der Jude, 2, Okt./Nov.). – Mchn./Lpzg. 1919 (in *Ein Landarzt. Kleine Erzählungen*). – Ffm. 1952 (in *GW. Erzählungen*, Hg. M. Brod). – Ffm. 1970 u. ö. (in *Sämtl. Erzählungen*, Hg. P. Raabe; FiBü; ern. FiTb). – Ffm. 1980 u. ö. (in *Beschreibung eines Kampfes*, Hg. M. Brod; FiTb). – Ffm. 1988 (zus. m. *Forschungen eines Hundes*; FiTb).

VERFILMUNGEN: BRD 1962 (TV; Regie: W. Schmidt). – *Föreläsning för en Akademi*, Schweden 1969. – *Lecture to an Academy*, Großbritannien 1969 (Regie: T. Lemkow). – *Redogörelse Framlagd för en Akademi*, Schweden 1976 (Regie: B. Ahlstedt).

LITERATUR: L. Weinstein, *K.'s Ape: Heel or Hero?* (in MFS, 8, 1962, S. 75–79). – G. Neumann, *»Ein Bericht für eine Akademie«. Erwägungen zum ›Mimesis‹-Charakter K.scher Texte* (in DVLG, 49, 1975, S. 166–183). – W. H. Sokel, *Satire and Education: The Ape's »Report to the Academy«* (in Newsletter of the K. Society of America, 1, 1977, S. 5/6). – W. Emrich, *F. K.s ›Menschen- u. Tiergericht‹: Zur Erzählung »Ein Bericht für eine Akademie«* (in Modern Austrian Literature, 11, 1978, S. 151–166). – M. Norris, *Darwin, Nietzsche, K., and the Problem of Mimesis* (in MLN, 95, 1980, S. 1232–1253). – L. O. Frye, *World Play: Irony's Way to Freedom in K.'s »Ein Bericht für eine Akademie«* (in DVLG, 55, 1981, S. 457–475). – P. Bridgwater, *Rotpeters Ahnherren, oder: Der gelehrte Affe in der dt. Dichtung* (ebd., 56, 1982, S. 447–462). – R. R. Nicolai, *Nietzschean Thought in K.'s »A Report to an Academy«* (in Literary Review, 26, 1983, S. 551–564).

IN DER STRAFKOLONIE

Erzählung von Franz KAFKA, geschrieben im Oktober 1914, erschienen 1919. – Die Erzählung steht thematisch in unmittelbarem Zusammenhang mit Kafkas fragmentarischem Roman *Der Prozeß*. Dessen Hauptfigur Joseph K. zweifelt an der Berechtigung der von einem – ihm unerreichbaren – Gericht über ihn verhängten Anklage. Seine Ahnung, daß offensichtlich *»ein einziger Henker«* genüge, dieses ganze Gericht zu ersetzen, scheint die Erzählung *In der Strafkolonie* insofern zu »verwirklichen«, als der Autor in ihr den barbarischen Prozeß eines mechanischen Strafvollzugs ablaufen läßt, dessen Unwiderruflichkeit in keinem Verhältnis zur Schuld des Verurteilten steht.

Ein Forschungsreisender besucht die auf einer entlegenen Insel eingerichtete Strafkolonie einer europäischen Großmacht und wird Zeuge einer Exekution, die mittels eines *»eigentümlichen Apparates«* vorgenommen wird; diesen hat, wie er erfährt, der verstorbene Kommandant erfunden, der, *»Soldat, Richter, Konstrukteur, Chemiker, Zeichner«* in einer Person, die gesamte Anlage der Kolonie entwarf und verwirklichte. Die Maschine, deren Bedienung und Erklärung ein jüngerer, richterliche Funktionen ausübender Offizier übernommen hat, besteht aus drei Hauptteilen: dem vibrierenden »Bett«, auf das der Verurteilte bäuchlings geschnallt wird, dem darüber an vier Stangen befestigten »Zeichner«, der das Antriebsräderwerk enthält, und einem dazwischen schwebenden, mit einem komplizierten Nadelsystem besetzten Stahlband, der »Egge«, womit dem Opfer das übertretene Gebot *»auf den Leib«* geschrieben wird. Der Verurteilte wird nicht davon in Kenntnis gesetzt, daß er verurteilt worden ist; er erfährt es aus seinen Wunden, denn seine Schuld ist *»immer zweifellos«*. Eine Verteidigungsmöglichkeit besteht nicht, eine Abänderung des Urteils ist ausgeschlossen. Die Hinrichtung dauert gewöhnlich zwölf Stunden mit einem »Wendepunkt« etwa in der Mitte. Hat die Egge den Körper des Opfers hinreichend »beschrieben«, so beginnt der Verurteilte die Schrift seiner Wunden zu »entziffern«: *»Wie still wird dann aber der Mann! Verstand geht dem blödesten auf.«* Verzückt nahmen alle Zuschauer, vor allem die Kinder, in früheren Zeiten, als das Strafverfahren noch in Blüte stand, den *»Ausdruck der Verklärung«*, den *»Schein dieser endlich erreichten und schon vergehenden Gerechtigkeit«* vom Antlitz des Sterbenden, dessen Leiche die Egge nach vollzogener Hinrichtung vollends aufspießt und in die Grube wirft.

Der Reisende, der zögernd den Erläuterungen des jungen Offiziers gefolgt ist, bekennt sich bestürzt als Anhänger der *»neuen milden Richtung«*, wie sie auch der derzeitige Kommandant vertritt: *»Die Ungerechtigkeit des Verfahrens und die Unmenschlichkeit der Exekution waren zweifellos.«* Daraufhin gibt der Offizier dem Verurteilten die Freiheit, ordnet das Räderwerk neu an, um die Maschine das Gebot *»Sei gerecht!«* schreiben zu lassen, und befiehlt, unfähig, eine Zeit zu überleben, die ihn der Schande des Hilfesuchens überantwortet, dem wachhabenden Soldaten, ihn auf das Bett zu fesseln. Doch der Apparat scheint die Selbstpreisgabe seines Betreuers abzulehnen: Während eine Gruppe von großen und kleinen Zahnrädern wie unter ungeheurem Druck aus dem Zeichner gepreßt wird, zerstört die Maschine sich selbst und hebt den blutüberströmten Körper über die Grube, ohne ihn freizugeben. Auf dem Gesicht des Toten läßt sich jedoch *»kein Zeichen der versprochenen Erlösung«* ablesen. Der in die Kolonie zurückkehrende Reisende besucht zunächst das Grab des alten Kommandanten, dessen Grabinschrift seine baldige Wiederauferstehung ankündigt und mit der geheimnisvollen Devise *»Glaubet und wartet«* endet, entschließt sich dann aber überstürzt zur Abreise.

Das Problem der Schuld – und zwar nicht einer einzelnen Verfehlung, sondern das der universellen Schuldhaftigkeit – hat Kafka unablässig beschäftigt. Der Grundsatz seines Richter-Offiziers, daß *»die Schuld immer zweifellos«* sei, und dessen Überzeugung, daß sein Hinrichtungsverfahren das *»menschlichste und menschenwürdigste«* sei, entspricht aufs genaueste jener Gesetzesordnung, gegen die in Kafkas fragmentarischem Roman Josef K. scheiternd rebelliert. *»Das Gericht will nichts von dir. Es nimmt dich auf, wenn du kommst, und es entläßt dich, wenn du gehst«*, sagt der Gefängniskaplan zu K., und einer der Wächter bemerkt spöttisch: *»Er gibt zu, er kenne das Gesetz nicht, und behauptet gleichzeitig, schuldlos zu sein.«* Wenn allen Opfern der Hinrichtungsmaschine die ihnen als »Zierat« auf den Leib geschriebene Schuld erst in der sechsten Stunde aufgeht, so deutet sich damit an, daß sie sich der Verbindlichkeit jenes absoluten, »ewigen« Gesetzes entzogen haben, das die *»Erkenntnis der Totalschuld«* als menschlicher *»Daseinsschuld«* (W. Emrich) fordert und diese erst im erlösenden Opfer tilgt. Diese »alte Ordnung« wird von der »milden« Gerichtsbarkeit des Reisenden und des neuen Kommandanten aufgehoben, die aber gerade, wie ein später verworfenes Fortsetzungsfragment der Erzählung andeutet, der »Schlange«, der unablässig produzierenden modernen Arbeitswelt, den Weg bereitet, die den in sie Verstrickten stärkere, nur heimlichere Wunden schlägt als das archaische Gesetz. *»Zur Erklärung dieser ... Erzählung füge ich nur hinzu, daß nicht nur sie peinlich ist, daß vielmehr unsere allgemeine und meine besondere Zeit gleichfalls sehr peinlich war und ist«* (Brief Kafkas an Kurt Wolff, 11. 10. 1916). H.H.H.

Dieses ›Peinliche‹ der Zeit konnte A. LANGE-KIRCHHEIM konkret nachweisen: Eine Quelle Kafkas war Alfred WEBERS Aufsatz *Der Beamte* in der ›Neuen Rundschau‹ von 1910. Weber wendet sich bürokratiekritisch gegen die Auffassung vom Beamten als funktionierendem Rädchen in einer irrationalen Maschinerie und benutzt dazu das Wortfeld um ›Apparat‹ und ›Maschine‹ zur Beschreibung des Phänomens Bürokratie. Schon vor diesem Aufsatz sprach Weber von den *»in den Apparat hineingezogenen«* Beamten, die dort *»alles nur ganz* *nackt und geschäftsmäßig zu behandeln«* hätten und deren *»freie Persönlichkeit«* dort *»einfach absorbiert«* werde. Bevor der Offizier vom Apparat in Kafkas Strafkolonie aufgesogen wird, zieht er sich »nackt« aus und legt Uniform und Degen ab. Kafka nimmt die Maschinenmetaphorik wörtlich, denkt sie konsequent zu Ende und entlarvt sie.

W. MÜLLER-SEIDEL wies Zusammenhänge von Kafkas Erzählung mit konkreten rechtswissenschaftlichen Diskussionen der Zeit nach. Es ist der Fall Otto Groß von 1913, der die Diskussion um ein liberales oder sozialdarwinistisches Strafrecht am Schicksal einer Einzelperson anschaulich machte und schon Kafkas *Prozeß* beeinflußt hatte. Auch der Forschungsreisende in der Strafkolonie hat sein konkretes Vorbild: Der Kriminalist Robert HEINDL verfaßte 1912 einen Bericht über Neukaledonien als Strafkolonie mit dem Titel *Meine Reise nach den Strafkolonien*, das Buch wurde in Prager Tageszeitungen vorabgedruckt. P.Hel.

AUSGABEN: Lpzg. 1919. – Bln. 1935 (in *GS*, Hg. M. Brod u. H. Politzer, 6 Bde., 1935–1937, 1). – Ffm. 1952 (in *GW. Erzählungen*, Hg. M. Brod). – Ffm. 1961 (in *Die Erzählungen*, Hg. K. Wagenbach). – Ffm. 1970 u. ö. (in *Sämtl. Erzählungen*, Hg. P. Raabe; FiBü; ern. FiTb). – Bln. 1975 u. ö. [Anm. u. Materialien K. Wagenbach].

VERFILMUNGEN: *Und die Kinder spielen so gern Soldaten*, Österreich 1951 (Regie: H. Vesely). – BRD 1962 (Regie: W. Schmidt).

LITERATUR: L. R. Mendelsohn, *K.'s »In the Penal Colony« and the Paradox of Enforced Freedom* (in SSF, 8, 1971, S. 309–316). – J. B. Street, *K. through Freud: Totems and Taboos in »In der Strafkolonie«* (in Modern Austrian Literature, 6, 1973, S. 93–106). – P. Pernthaler, *Das Bild des Rechts in drei Werken von F. K. (»Amerika«, »Strafkolonie«, »Prozeß«)* (in *Dimensionen des Rechts. Gedächtnisschrift für R. Marcic*, Hg. M. Fischer u. a., Bd. 1, Bln. 1974, S. 259–281). – A. Lange-Kirchheim, *F. K.: »In der Strafkolonie« u. Alfred Weber: »Der Beamte«* (in GRM, N. F. 27, 1977, S. 202–221). – W. J. Dodd, *K. and Freud: A Note on »In der Strafkolonie«* (in MDU, 70, 1978, S. 129–137). – M. Norris, *Sadism and Masochism in Two K. Stories: »In der Strafkolonie« and »Ein Hungerkünstler«* (in MLN, 93, 1978, S. 430–447). – M. Satz u. Z. Ozsvath, *»A Hunger Artist« and »In the Penal Colony« in the Light of Schopenhauerian Metyphysics* (in German Studies Review, 1, 1978, S. 200–210). – P. F. Neumeyer, *Do Not Teach K.'s »In the Penal Colony«* (in College Literature, 6, 1979, S. 103–111). – L. Hadomi, *The Utopian Dimension of K.'s »In the Penal Colony«* (in OL, 35, 1980, S. 235–249). – R. Pascal, *K.'s »In der Strafkolonie«: Narrative Structure and Interpretation* (in Oxford German Studies, 11, 1980, S. 123–145). – D. Wachler, *Mensch u. Apparat bei K. Versuch einer soziologischen Interpretation* (in Sprache im technischen Zeitalter, 1981, H. 77, S. 142–155). – W. J. Dodd, *Dostoyevskian Elements in K.'s »Penal Colony«* (in GLL, 37, 1983, S. 11–23). – U. Schmidt, *Von der ›Peinlichkeit‹ der Zeit. K.s Erzählung »In der Strafkolonie«* (in Jb. der Dt. Schiller-Ges., 28, 1984, S. 407–445). – L. Kirchberger, *F. K.'s Use of Law in Fiction. A New Interpretation of »In der Strafkolonie«, »Der Prozeß« and »Das Schloß«*, NY u. a. 1986. – W. Müller-Seidel, *Die Deportation des Menschen. K.s Erzählung »In der Strafkolonie« im europäischen Kontext*, Stg. 1986; ern. 1989 (FiTb).

EIN LANDARZT

Erzählung von Franz KAFKA, erschienen 1917; 1919 in die gleichnamige Sammlung der kleineren Erzählungen aufgenommen. – Ein älterer, erfahrener Landarzt, den die Nachtglocke zu einer eiligen Fahrt ans Bett eines Schwerkranken seines Bezirks ruft, benötigt dringend ein neues Wagenpferd, da sein eigenes, infolge von Überanstrengung während des langen, eisigen Winters, gerade verendet ist. Er schickt sein Dienstmädchen Rosa ins Dorf, um ein Pferd auszuleihen. Als Rosa unverrichteter Dinge zurückkehrt, bemerken beide im Dunkel des *»schon seit Jahren unbenützten Schweinestalles«* zwei mächtige, gutgepflegte Pferde, die ein ebenso überraschend auftauchender, rätselhafter Pferdeknecht anzuschirren sich erbietet. Der Landarzt, erfreut über das schöne Gespann, ist schon im Begriff abzufahren, als er mit ansehen muß, wie der Pferdeknecht sich Rosa mit roher Gewalt nähert und die sich verzweifelnd Wehrende – offenbar als »Kaufpreis« für die Fahrt – ins Haus verfolgt. Aber schon wird der Wagen fortgerissen und erreicht, wie im Sturm, sein Ziel, das Haus des Patienten, wo sich eine verwirrte Familie um das Bett eines Jungen drängt. Die Untersuchung ergibt, daß der Kranke nicht »krank« ist, zwar *»ein wenig schlecht durchblutet, von der sorgenden Mutter mit Kaffee durchtränkt, aber gesund und am besten mit einem Stoß aus dem Bett zu treiben«*. Während die beiden *»unirdischen«* Pferde die Fenster aufstoßen und die Köpfe ins Zimmer stecken und die Eltern und Geschwister den Arzt besorgt zur Hilfe auffordern, wird ihm deutlich, daß die Krankheit, die er hier heilen soll, offenbar nicht mit »Rezepten« zu bekämpfen ist. Er entdeckt in der Hüftgegend des Jungen eine tiefe, handtellergroße Wunde, in der sich, bei näherem Zusehen deutlich erkennbar, rosige, blutbespritzte Würmer winden. *»Armer Junge, dir ist nicht zu helfen. Ich habe deine große Wunde gefunden; an dieser Blume in deiner Seite gehst du zugrunde.«* Dieses Symbol der auszeichnenden, aber tödlichen Wunde – *»Mit einer schönen Wunde kam ich auf die Welt; das war meine ganze Ausstattung«*, flüstert der Junge dem Landarzt ins Ohr – bildet das Zentrum der Erzählung; es bezeichnet die Sphäre genereller Schuldhaftigkeit, der sich die Helden der beiden großen Romane Kafkas – *Das Schloß* und *Der Prozeß* – im Kampf mit den undurchdringlichen Hierarchien der Beamten und Richter zu entziehen versuchen. Angesichts dieser Wunde, die nicht mit »ärztlichen« Mitteln geheilt werden kann, wird der Arzt selbst Patient und läßt sich, nachdem die Familie und die Dorfältesten ihn entkleidet haben, zu dem Kranken ins Bett legen, während ein Schulchor ein Lied von grotesker Monotonie singt: *»Entkleidet ihn, dann wird er heilen, / Und heilt er nicht, so tötet ihn! / S'ist nur ein Arzt, s'ist nur ein Arzt.«* Auch der kranke Junge erkennt, daß sein Arzt an derselben Wunde leidet. *»Weißt du, mein Vertrauen zu dir ist sehr gering. Du bist ja auch nur irgendwo abgeschüttelt, kommst nicht auf eigenen Füßen. Statt zu helfen, engst du mir mein Sterbebett ein.«* Der Landarzt, im plötzlich erwachenden Bewußtsein, statt an seine eigene eher an die »Rettung« Rosas denken zu sollen, die zu Hause dem Wüten des Pferdeknechts ausgesetzt ist, springt auf, rafft Kleider, Pelz und Tasche zusammen und besteigt sein Gefährt. Die beiden Pferde aber, die den Hinweg in Windeseile zurückgelegt haben, ziehen jetzt langsam *»wie alte Männer«* durch den Schnee, während der *»neue, aber irrtümliche«* Gesang des Kinderchors ihn lange begleitet: *»Freuet Euch, Ihr Patienten, / Der Arzt ist Euch ins Bett gelegt!«* Ohne Hoffnung, nach Hause zu kommen, *»nackt, dem Froste dieses unglückseligsten Zeitalters ausgesetzt, mit irdischem Wagen, unirdischen Pferden«*, aus allen Bindungen herausgerissen, bleibt ihm nichts als das Gefühl des Betrogenseins.

Auch die stringenteste Interpretation wird in dieser verschlüsselten Erzählung auf einen nicht kommunikablen Rest stoßen. Während andere, zumal die späteren Erzählungen des Autors, wie etwa *Der Bau* oder *Josefine, die Sängerin*, eher dem Typus des reflektierenden, in unendlichen »Selbstaufhebungen« kreisenden Berichts entsprechen, kann *Ein Landarzt* als expressiv-lyrische, beinahe balladenhafte Kurzerzählung mit ungeheuer sich steigerndem Erzähltempo gelten. Einer ihrer Schlüsselsätze findet sich gleich zu Beginn: *»Man weiß nicht, was für Dinge man im eigenen Hause vorrätig hat«*, bemerkt Rosa, dieses *»schöne Mädchen, das jahrelang, von mir kaum beachtet, in meinem Hause lebte«*, angesichts der rätselhaften Pferde und ihres Wärters. *»Nirgends verdämmert bei Kafka die Aura der unendlichen Idee, nirgends öffnet sich der Horizont. Jeder Satz steht buchstäblich, und jeder bedeutet«* (Th.W. Adorno). Die aus dem unbenützten Schweinestall losbrechenden Gewalten sind die des eigenen Innern: Selbstverantwortung und Gier nach Lebensgenuß. Die absolute Forderung (der »Ruf« des Arztes) ist also nicht Einbruch einer göttlichen, jenseitigen Macht, es handelt sich vielmehr um dunkle, im Menschen selbst wirkende Mächte. Diese treiben ihn, *»heiligen Zwecken«* zu folgen und heilen zu wollen, was er nicht heilen kann. *»So sind die Leute in meiner Gegend. Immer das Unmögliche vom Arzt verlangen. Den alten Glauben haben sie verloren; der Pfarrer sitzt zu Hause und zerzupft seine Meßgewänder, eines nach dem andern; aber der Arzt soll alles leisten mit seiner zarten chirurgischen Hand.«* Der Arzt verbleibt schließlich in einem ähnlichen Zwischenreich wie der Held einer anderen Erzählung Kafkas, der Jäger Gracchus, der, ausgestoßen zwischen »Himmel« und »Erde«, sich immer auf der *»großen Freitreppe«* herumtreibt, die *»nach oben«* führt. H.H.H.

An *Ein Landarzt* sind alle Deutungsansätze der Kafka-Forschung ausprobiert worden, psychoanalytische Interpretationen überwiegen. H. H. HIEBEL zum Beispiel versteht alle Elemente der Erzählung als ›Signifikanten‹, also nur symbolisch. Sie kann aber auch wörtlich genommen und vor dem Hintergrund von Kafkas wissenschaftskritischer Beschäftigung mit Schulmedizin und Naturheilkunde gelesen werden. Der Landarzt wird durch den unbestimmten Artikel der Überschrift selbst zum ›Fall‹, zum anonymen, wissenschaftlich wertvollen Beispiel.

Ein Landarzt enthält alle Punkte der Medizinkritik in Kafkas autobiographischen Schriften: 1) die zufällige Disposition des Arztes entscheidet über das Wohl des Patienten, 2) Fehldiagnosen sind wegen Routinearbeit, Spezialistentums und Oberflächlichkeit des eiligen Geschäftemachers wahrscheinlich, 3) der Arzt klärt den Patienten nicht auf und behält sein Wissen für sich, 4) die Schulmedizin behandelt nur Folgen, ihr fehlt die Ganzheitlichkeit. Kranksein wird daher für Kafka zu einer Gefahr für die Menschenwürde.

Als der Landarzt mit seinen schulmedizinischen Kenntnissen nicht weiterkommt, schlägt sein Hausbesuch als Amtsarzt in eine ritualistische Heilungszeremonie magischer Medizin um. Kafka greift Elemente der Heilverfahren bei »Naturvölkern« auf, Praktiken von Schamanen und Medizinmännern, und bezieht sich dabei auf zeitgenössische Untersuchungen dieser Phänomene in der jungen Ethnologie.

Seine Tasche mit den chirurgischen Instrumenten als Insignien des Schulmediziners hat der Landarzt bald vergessen. Die ganze Dorfgemeinschaft muß am Heilungsritual teilnehmen. Der Patient, die Dorfbevölkerung und der Landarzt als Wunderheiler scheinen in einen tranceartigen Zustand der Entrückung zu fallen, in dem erfolgreiche Heilung erst möglich wird. Der Landarzt wird entkleidet und damit seiner zivilisatorisch geprägten Hülle, seines Pelzmantels, entledigt, aus seiner Funktion des Amtsarztes herausgerissen und in den nackten Urzustand des Wunderheilers eines ›Naturvolkes‹ zurückversetzt. Dann legt man ihn zu seinem Patienten ins Bett, *»an die Seite der Wunde«*. Es ist die persönliche Gegenwart, der Körper, die »Heilung von Mensch zu Mensch« und nicht das angeeignete Wissen, das den Heilungserfolg zu bringen verspricht. Als die beiden im Bett allein gelassen werden, entwickelt sich aber ein Dialog. In diesem Rückfall aus der reinen Körperlichkeit und der ritualistischen Musik des Schulchors in die Sprache und damit in die rationale, wissenschaftlich-technische Zivilisation verschwindet der schamanistische Zauber sofort. Der Landarzt fällt in seine alte Rolle zurück. Er denkt nicht daran, sich mit einem zwar interessanten, aber aussichtslosen Fall abzugeben. Er flieht nackt in seiner Kutsche.

Aber da ja der Landarzt im Grunde vor seiner eigenen Unzulänglichkeit flieht, ist ihm eine Rückkehr in das ersehnte Zuhause, in die ungebrochene persönliche und berufliche Identität nicht mehr möglich. Im Gegensatz zur blitzschnellen Hinfahrt, die zeitlich in ihrer Kürze kaum wahrnehmbar war, erfolgt die Rückfahrt im Kurvenmodell der unendlichen asymptotischen Annäherung, einer zentralen Denkfigur Kafkas. *»Nackt, dem Froste dieses unglückseligen Zeitalters ausgesetzt«*, erfährt der Landarzt am eigenen Körper die Ohnmacht des Menschen auch in der wissenschaftlichen Zivilisation. Insofern kann Kafkas Erzählung auch als zeitkritisch gegen die Ideologie des Fortschritts und der Machbarkeit gewendet betrachtet werden. P.Hel.

AUSGABEN: Lpzg. 1918 [recte 1917] (in *Die neue Dichtung. Ein Almanach*). – Lpzg. 1919 (in *Ein Landarzt. Kleine Erzählungen*). – Bln. 1935 (in *GS*, Hg. M. Brod u. H. Politzer, 6 Bde., 1935–1937, 1). – Ffm. 1952 (in *GW. Erzählungen*, Hg. M. Brod). – Ffm. 1961 (in *Die Erzählungen*, Hg. K. Wagenbach). – Ffm. 1970 u. ö. (in *Sämtl. Erzählungen*, Hg. P. Raabe; FiBü; ern. FiTb).

VERTONUNG: H. W. Henze, *Ein Landarzt* (Funkoper; Urauff.: Köln 1951).

LITERATUR: R. H. Lawson, *K.'s »Der[!] Landarzt«* (in MDU, 49, 1957, S. 265–271). – E. Marson u. K. Leopold, *K., Freud u. »Ein Landarzt«* (in GQ, 37, 1964, S. 146–160). – G. Irle, *Krankheitsphänomene in K.s Werk* (in G. I., *Der psychiatrische Roman*, Stg. 1965, S. 83–100). – B. Goldstein, *F. K.'s »Ein Landarzt«: A Study in Failure* (in DVLG, 42, 1968, S. 745–759). – L. Weinstein, *Altered States of Consciousness in Flaubert's »Madame Bovary« and K.'s »A Country Doctor«* (in *Voices of Conscience. Essays on Medieval and Modern French Literature in Memory of J. D. Powell and R. Hodgins*, Hg. R. J. Cormier, Philadelphia 1977, S. 215–229). – J. J. Brancato, *K.'s »A Country Doctor«: A Tale for Our Time* (in SSF, 15, 1978, S. 173–176). – T. C. Hanlin, *K.'s »Landarzt«: ›Und er heilt nicht...‹* (in Modern Austrian Literature, 11, 1978, S. 333–344). – K. Stockholder, *»A Country Doctor«: The Narrator as Dreamer* (in American Imago, 35, 1978, S. 331–346). – S. Harroff, *The Structure of »Ein Landarzt«: Rethinking Mythopoesis in K.* (in Symposium, 34, 1980, S. 42–55). – P. M. Channing, *K.'s Hierogram: The Trauma of the »Landarzt«* (in GQ, 57, 1984, S. 197–212). – H. H. Hiebel, *F. K.: »Ein Landarzt«*, Mchn. 1984.

DER PROZESS

Roman von Franz KAFKA, entstanden zwischen August 1914 und Januar 1915, erschienen 1925; herausgegeben von Max BROD. – Vom Autor selbst als *»unvollendet betrachtet«* (M. Brod), wurde der Roman dennoch von kaum jemand als unvollkommen empfunden. Sein Geschehen erstreckt sich vom Morgen des 30. Geburtstags Josef K.s, der Hauptfigur, bis zum Vorabend des 31., an dem er exekutiert wird. Der erste Satz des Romans formuliert im Gestus der erlebten Rede, die die Perspektive des Erzählers und der Figur vereint und auch den Leser mit einbezieht, ein Urteil über einen Vorfall nach dem Erwachen Josef K.s, das eine klassische Kriminalerzählung einleiten könnte: *»Jemand mußte Josef K. verleumdet haben, denn ohne daß er etwas Böses getan hätte, wurde er eines Morgens verhaftet.«* Die hier geweckte Erwartung der Aufklärung eines Rechtsirrtums und der Identifizierung eines im Verborgenen wirkenden Bösen wird aber im Verlauf des Geschehens immer nachhaltiger enttäuscht. Die Verhaftung und ihre begleitenden Umstände, das Gericht und seine ausführenden Organe sowie das Gesetz, dem diese folgen, erscheinen mysteriös und bleiben unverständlich, aber auch K.s eigenes Verhalten ist rätselhaft.

Gleich nach dem Erwachen meint K. zu bemerken, daß eine ihm gegenüber wohnende Frau ihn *»mit einer ganz ungewöhnlichen Neugierde beobachtete«*; als er nach dem Frühstück läutet, tritt anstelle der Köchin ein Fremder, ohne sich vorzustellen, in sein Zimmer und verweigert ihm das Frühstück nach kurzer Verständigung mit einem anderen hinter der Tür (beide erweisen sich später beiläufig als die Wächter Franz und Willem). Josef K. protestiert zwar, aber in einer Weise, daß er mit seinem Protest, wie er selbst bemerkt, *»gewissermaßen ein Beaufsichtigungsrecht des Fremden anerkannte«*. Als K. Anstalten macht, sich bei der Vermieterin Frau Grubach zu beschweren, wird ihm endlich seine Verhaftung mitgeteilt, aber so, als sei sie längst bekannt: *»Sie dürfen nicht weggehen, Sie sind ja verhaftet.«* Auch über *»seine Sachen«* scheint schon verfügt zu sein; jedenfalls wird ihm nahegelegt, im Hinblick auf die im *»Depot«* herrschende Korruption seine Wäsche den Wächtern anzuvertrauen. Erst als K. an einem der Wächter ein Mißverhältnis zwischen *»dickem Körper«* und *»trockenem, knochigen Gesicht«* wahrnimmt, fragt er sich: *»Was waren das für Menschen? Wovon sprachen sie? Welcher Behörde gehörten sie an? K. lebte doch in einem Rechtsstaat.«* Für den Fall, daß es sich um einen Schabernack von Kollegen handelte, beschließt er, sich nicht *»unvorsichtig«* zu benehmen und die *»Komödie«* mitzuspielen. Über die Gründe der Verhaftung wissen die Wächter nichts. K.s Beteuerungen seiner Schuldlosigkeit werten sie aber als Schuld angesichts seiner Unkenntnis des Gesetzes.

In diesem Zusammenhang erhält er die – im Verlauf der Erzählung – einzige positive Mitteilung über den Inhalt des Gesetzes, die Aufgabe des Gerichts betreffend: Dieses sucht *»nicht etwa die Schuld in der Bevölkerung, sondern wird, wie es im Gesetz heißt, von der Schuld angezogen und muß uns Wächter ausschicken«*. Wiederholt fügt sich K., *»ohne es zu wollen«*, den Absichten des Gerichts, überhaupt verfügt dieses, ohne sichtbare Anwendung von Gewalt, über ihn und andere. So wird etwa das Zimmer der Pensionsnachbarin Fräulein Bürstner als Verhandlungsraum benutzt. Ein *»Aufseher«* bestätigt ihm hier endgültig seine Verhaftung. Als dieser K.s Wunsch, sich telephonisch der rechtlichen Unterstützung eines befreundeten Staatsanwalts zu versichern, mit dem gleichzeitigen Hinweis auf die Sinnlosigkeit dieser Unternehmung stattgibt, reagiert K. ebenso empört *»(Sie wollen einen Sinn und führen dieses Sinnloseste auf, das es gibt?«)* wie einsichtig *(»Gut, ich werde nicht telephonieren«)*. Schließlich wird ihm erlaubt, während der Dauer der Untersuchung sein Leben als höherer Bankangestellter weiterzuführen; beiläufig bemerkt er, daß drei untergeordnete Kollegen aus der Bank der Verhandlung beigewohnt haben.

Wenig später erhält er, ohne Angabe der Uhrzeit, eine Vorladung für den nächsten Sonntag und die Mitteilung, er müsse sich auf regelmäßige Untersuchungen einstellen. Am bezeichneten Tag verspürt er zwar *»nicht die geringste Lust, sich durch allzugroße Pünktlichkeit vor der Untersuchungskommission zu erniedrigen«*, beginnt allerdings zu laufen, *»um nur möglichst um neun Uhr einzutreffen«*. Sein dennoch verzögertes Eintreffen wird dann auch am selbstgesetzten Maßstab der Pünktlichkeit gemessen: *»Sie hätten vor einer Stunde und fünf Minuten erscheinen sollen.«* In einer Ansprache startet er einen Angriff auf die Behörde, bezeichnet, die Umstände seiner Verhaftung erinnernd, die Wächter als *»demoralisiertes Gesindel«*, die anwesenden Beamten angesichts ihres Verhaltens bei der Verhandlung als *»korrupte Bande«*, schließlich behauptet er als *»Sinn dieser großen Organisation«* die *»Sinnlosigkeit«*, um mit der Bemerkung: *»Ihr Lumpen, ich schenke euch alle Verhöre«* die Szene zu verlassen. Dies ist für Josef K. aber keineswegs der Anlaß, sich den Verfügungen der Behörde endgültig entziehen zu wollen, vielmehr wartet er während der nächsten Woche ungeduldig auf eine erneute Vorladung: *»Er konnte nicht glauben, daß man seinen Verzicht auf Verhöre wörtlich genommen hatte.«* So kehrt er eine Woche später unaufgefordert an den Ort des Verhörs zurück, erfährt, daß keine Verhandlung vorgesehen ist, und läßt sich, nach einer Auseinandersetzung mit der Frau des Gerichtsdieners über deren sexuelle Beziehungen zum niederen und mittleren Gerichtspersonal, vom Gerichtsdiener die auf dem Dachboden des Gebäudes gelegenen Kanzleien des Gerichts zeigen: *»aus dem Verlangen festzustellen, daß das Innere dieses Gerichtswesens ebenso widerlich war wie sein Äußeres«*. Sein Vorhaben gelingt. Die stickige Atmosphäre und die demütigenden Umstände, unter denen er hier Angeklagte vorfindet, bereiten ihm solche Übelkeit, daß er von Angestellten ins Freie begleitet werden muß. All dies reicht immer noch nicht aus, der Behörde die Anerkennung der Zuständigkeit für seine Person zu versagen, im Gegenteil: Auf Drängen seines um das Ansehen der Familie besorgten Onkels bestellt er einen mit diesem befreundeten Advokaten mit dem beziehungsreichen Namen Huld. Als dieser sich ohnmächtig erweist und als das *»einzig Richtige«* das Sich-Abfinden mit den *»vorhandenen Verhältnissen«* anpreist, beschließt K., *»seine Verteidigung selbst in die Hand zu nehmen«* und als *»Verteidigungsschrift«* eine *»kurze Lebensbeschreibung«* anzufertigen. Durch den Hinweis eines über seinen Prozeß merkwürdigerweise informierten Bankkunden lernt er einen Maler namens Titorelli kennen, der das Privileg besitzt, Richter nach nur ihm bekanntem Schema zu porträtieren. K. hofft, durch dessen Beziehungen Einsicht in sein Verfahren gewinnen zu können, erhält jedoch nur Kenntnis von dessen Ausweglosigkeit: Während von einem *»wirklichen Freispruch«* nur Legenden, keine Akten berichten, bedeuten die dokumentierten Möglichkeiten der *»scheinbaren Freisprechung«* und der *»Verschleppung«* gerade die Unmöglichkeit des Freispruchs.

Gemessen an traditionellen Vorstellungen von Gerechtigkeit und Anstand zeigt sich die Sphäre des Gerichts für K. als äußerst dubios. Aber auch er selbst erweist sich in seinem Verhalten keineswegs als makellos. Dies wird vor allem im Umgang mit Frauen deutlich, die ihm für seine Auseinandersetzung mit der Behörde nützlich erscheinen. So möchte er von Fräulein Bürstner eine Bestätigung seiner Schuldlosigkeit erhalten. Obgleich feststeht, daß er *»kein besonderes Verlangen nach ihr«* verspürt, versucht er zuletzt mit einer überfallartigen Annäherung ihre Anteilnahme an seiner Sache zu erzwingen: Er *»küßte sie auf den Mund und dann über das ganze Gesicht, wie ein durstiges Tier über das endlich gefundene Quellwasser hinjagt. Schließlich küßte er sie auf den Hals, wo die Gurgel ist, und dort ließ er die Lippen lange liegen.«* Auch im Falle der Frau des Gerichtsdieners, die er als Objekt sexueller Begier des Gerichtspersonals kennenlernt, ist die Berechnung, sie zu seinem Vorteil und seiner Genugtuung einsetzen zu können, beherrschend, als er ihren Reizen nachgeben will: *»ihr Anerbieten einer Hilfe klang richtig und war vielleicht nicht wertlos. Und es gab vielleicht keine bessere Rache an dem Untersuchungsrichter und seinem Anhang, als daß er ihnen diese Frau entzog.«* Bei der Begegnung mit der Haushälterin des Advokaten – für sie sind Angeklagte erotisch attraktiv – wird Josef K. auf sein Kalkül selbst aufmerksam: *»Ich werbe Helferinnen, dachte er fast verwundert, zuerst Fräulein Bürstner, dann die Frau des Gerichtsdieners und endlich diese kleine Pflegerin, die ein unbegreifliches Bedürfnis nach mir zu haben scheint.«*

Einen zureichenden Grund für Verurteilung und Exekution geben solche Beweise von Lieblosigkeit und Berechnung, die ein moralisierender Betrachter Josef K. als Schuld zurechnen könnte, freilich nicht ab, zumal die Gerichtsbehörden diesem Kriterium in keiner Weise entsprechen. Wie das im Roman unterstellte Verhältnis von Schuld und Strafe zu verstehen ist, deutet ein Gedanke Josef K.s auf dem Weg zur ersten Untersuchung an, als er sich an den Spruch des Wächters erinnert, *»daß das Gericht von der Schuld angezogen werde, woraus eigentlich folgte, daß das Untersuchungszimmer an der Treppe liegen mußte, die K. zufällig wählte«*. Wenig später spricht er die Konsequenz dieses Gedankens gegenüber dem Untersuchungsrichter noch deutlicher aus: *»es ist ja nur ein Verfahren, wenn ich es als* *solches anerkenne«.* Das Gericht ist also ebenso mächtig wie ohnmächtig: ohnmächtig, da es von sich aus nicht in Tätigkeit treten kann und über keine der staatlichen Gerichtsbarkeit vergleichbaren Machtmittel verfügt, allmächtig dagegen, sobald es *»von der Schuld angezogen«*, d. h. von einem Schuldbewußtsein anerkannt und in Tätigkeit gesetzt wird, demgegenüber identifizierbare persönliche Mängel bedeutungslos erscheinen. Die Frage nach einem möglichen Verleumder, die der erste Satz aufwirft, beantwortet sich demnach paradox: Nicht ein übelwollender Dritter war hier im Spiel, sondern Josef K. selbst muß es gewesen sein, der sich jenseits aller bestimmten Verfehlungen einem Generalverdacht unterstellt hat, dem das Gericht nachgehen muß. Nicht kleine Gemeinheiten und Verfehlungen im Umgang etwa mit der Vermieterin, der Freundin Fräulein Bürstners oder dem Konkurrenten in der Bank, nicht die provokatorischen Unsittlichkeiten kommen als Grund für Josef K.s Exekution in Betracht, sondern der auf ihn selbst zurückgehende, vorausgesetzte Vorwurf genereller Schuldhaftigkeit. Die Figuren des Romans, auch die unbedeutendsten, wie die alte Frau im Fenster gegenüber, gewinnen Bedeutung als Personnage eines Verfahrens, das Josef K. gegen sich selbst inszeniert und in das er sich selbst als Hauptakteur so weit einläßt, daß ihm der Aufenthalt in der Alltagssphäre eines bürgerlichen Berufs als Bankangestellter mehr und mehr unmöglich wird. Daß es sich um K.s eigene Inszenierung handeln muß, macht auch der Brief deutlich, mit dem Kafka gegenüber Grete BLOCH den seine Entlobung (Juli 1914) beschließenden *»Gerichtshof«*, der als Anlaß zur Konzeption des Romans gilt, erklärt: *»Sie saßen zwar im Askanischen Hof als Richterin über mir... aber es sah nur so aus, in Wirklichkeit saß ich auf Ihrem Platz und habe ihn bis heute nicht verlassen«* (15. 10. 1914). Die Frage, die sich von Anfang an aufdrängt, warum Josef K. eine Veranstaltung, die er für das *»Sinnloseste«* erklärt, *»das es gibt«*, nicht einfach verläßt, beantwortet sich ebenso: Er führt in ihr selbst Regie.

K.s Generalverdacht gegenüber sich selbst besagt, daß jede bestimmte Bestrebung seiner Subjektivität eine Abweichung von der zwar unbekannten, aber dennoch absolut gültigen Norm darstellt. Gerade die Fragwürdigkeit der Gerichtssphäre, die von ihm bemerkte *»Sinnlosigkeit«* der Veranstaltung, beweist *ex negativo* die Realität des Gesetzes. Insofern Josef K. sein Leben als Verfehlung des Sinns begreift, wird er auch verurteilt. Die Vollstreckung des Urteils entspricht so sehr seinem Willen, daß er sogar eine mögliche Störung in Gestalt eines Polizisten meidet sowie eine letzte Regung seines Lebenswillens, die darin besteht, nicht selbst Hand an sich legen zu wollen, als *»letzten Fehler«* begreift, um sogleich einen allerletzten zu begehen, indem er die Verantwortung dafür jemandem zuschreibt, *»der ihm den Rest der dazu nötigen Kraft versagt hatte«.* Sein letzter Gedanke ist denn auch dem schlechten Gewissen eingeräumt, sich nicht ganz freiwillig geopfert zu haben: *»›Wie ein Hund‹, sagte er, es war als sollte die Scham ihn überleben.«* K.s Übernahme einer prinzipiellen Schuld jenseits aller läßlichen Verfehlungen bringt gleichzeitig mit sich, daß er damit vor der Welt, die seine Exekution als Opferung sieht, entschuldigt erscheint. Auch im Verhältnis Kafkas zu Felice BAUER zeigt sich, wie CANETTI bemerkt, ein vergleichbarer Vorgang: Der Tod von Felices Vater, von dem er im Dezember 1914 erfährt, ist ihm Anlaß, sich – unabhängig von zurechenbaren Fehlern – eine Gesamtschuld am Verderben der Familie zuzusprechen, bei der er sich beruhigen kann (*Tagebuch*, 5. 12. 1914).

Josef K. scheitert an der Radikalität, mit der er einem leeren Ideal von Recht und Sitte zur Durchsetzung an sich verhilft, demgegenüber sowohl die vorgestellte Gerichtsadministration verwerflich wie seine immer wieder vorgebrachten, rechtsstaatlich geprägten Vorstellungen abwegig erscheinen. In aller Härte, wenn auch gleichnishaft, wird Josef K. die Botschaft, daß der Sinn seines Daseins in dessen Sinnlosigkeit zu suchen sei, im Kapitel *Im Dom* vom Gefängnisgeistlichen durch eine vom Autor auch *»Legende«* genannte Erzählung aus den *»einleitenden Schriften zum Gesetz«* mitgeteilt (u. d. T. *Vor dem Gesetz* 1919 gesondert veröffentlicht). Hier scheitert ein *»Mann vom Lande«*, der lebenslang *»Eintritt in das Gesetz«* erstrebt, an den abschlägigen Bescheiden eines Türhüters, der ihm dennoch zuletzt bedeutet: *»Diese Tür war für dich bestimmt, ich gehe jetzt und schließe sie.«* Seinen Zweck trotz der vorgegebenen Notwendigkeit des Scheiterns nicht entschieden genug verfolgt, den Sinn nicht in der Sinnlosigkeit gesucht zu haben, wird ihm noch als *»letzter Fehler«* vorgehalten. Wie Josef K. scheitert der *»Mann vom Lande«* nicht aus einem bestimmten Grund, etwa weil er den Türhüter zu bestechen sucht, sondern an der prinzipiellen Unmöglichkeit, als Subjekt in das Gesetz einzugehen. Daß ein Eintritt in das Gesetz, das allenfalls als Schrift niedergelegt, nicht als Gebäude errichtet ist, nicht gelingen kann, ist die Falle des Gleichnisses, in die der Erzähler seine Figur gehen läßt, um der Botschaft Ausdruck zu geben: Die »unerschütterliche Logik« des negativen Ideals erfordert nicht resignierendes, sondern engagiertes Scheitern.

Dieser im *»Prozeß«* ausgestaltete Gedanke ist allen positiven religiösen Sinndeutungen, mit denen er sich durch die radikale Absage an Lebenswillen und subjektive Zwecksetzungen in Vergleich setzt, überlegen. Der unbekannte, jeder Erfahrung entzogene Sinn ist auch der Deutung und damit auch jeder Kritik voraus. Im Anschluß an die Erzählung der *»Legende«* ist dies im Roman ausgeführt in Form eines Disputs, den Josef K. mit dem Gefängnisgeistlichen über mögliche Täuschungen seinerseits bzw. auf seiten der Figuren der *Legende* führt. Bei der Sichtung einer Reihe von Deutungsmöglichkeiten lösen sich diese in bloße *»Meinungen«* auf im Verhältnis zur notwendigen Unbegreiflichkeit der Geschichte: *»Die Schrift ist unveränderlich und die Meinungen sind oft nur ein Ausdruck der Verzweiflung darüber.«*

Solchem Vorgriff auf mögliche Deutungen des Romans haben die Interpreten mit wenigen Ausnahmen auch entsprochen. Wie die *»einfache Geschichte«* der *Legende* ist die des Romans durch die Vielzahl unterschiedlicher und zum Teil widersprechender Deutungen im Laufe der Zeit *»unförmlich geworden«*. Bereits W. Benjamin bemerkte, daß Kafka *»alle erdenklichen Vorkehrungen gegen die Auslegung seiner Texte getroffen«* hat. Gerade deshalb bemühte er sich, die Nicht-Erklärung von Gesetz und Gericht im Roman, die Verrätselung des Geschehens durch die *Legende* – als handle es sich um hermetische Schriften –, dem Verständnis durch kulturhistorische Auslegung näherzubringen; die Gerichtsbarkeit führt nach ihm *»weit hinter die Zeit der Zwölf-Tafel-Gesetzgebung in eine Vorwelt zurück, über die einer der ersten Siege geschriebenes Recht war«*. Andere sind ähnlich verfahren und haben den Roman als Ausdruck positiver religiöser (M. Brod, M. Buber, E. Heller) oder philosophischer (M. Bense, H. Ide, K.-H. Volkmann-Schluck, W. Emrich) Vorstellungen aufgefaßt. Wieder andere haben im Gerichtswesen des Romans eine *»Prophezeiung«* (Th. W. Adorno) nationalsozialistischer Herrschaftspraktiken gesehen. Gegen solche Deutungen ist zunächst eingewandt worden, sie vernachlässigten den spezifisch literarischen Charakter des Werks, weshalb sich die philologisch interessierte Auslegung neben der Erläuterung von Textbestand und Kapitelfolge (H. Uyttersprot, H. Binder u. a.) zunächst vor allem der Erklärung der Darstellungsmittel zugewandt hat (F. Beissner, M. Walser u. a.); dabei wurde besonders auf das Stilmittel der *»erlebten Rede«* (N. Miller) und die Denkfigur des *»gleitenden Paradoxes«* (G. Neumann) hingewiesen.

Daran anschließend haben spätere Interpreten angesichts der Vielfalt divergierender und konvergierender Meinungen die Auflösung der Paradoxien des Werks als Mangel der Interpretation verstanden und empfohlen, statt der *»Wiederholung des paradoxen Zirkels«* die *»unerklärbare und unerklärte Schuld«* als solche anzuerkennen (P. U. Beicken) sowie, statt die *»Leerstellenkonzeption«* des Romans zu tilgen, seiner prinzipiellen *»Deutungsoffenheit«* gerecht zu werden (Th. Elm). Beide Studien sind dennoch der vom Roman provozierten Versuchung einer recht eindeutigen Bestimmung seines Gehalts nicht entgangen. Während die eine diesen darin erblickt, daß der Autor im Roman metaphysische Spekulation *»als parasitär entlarvt und damit ... in ihre Kritik überführt«* (Beicken), sieht die andere in ihm einen Hinweis auf die *»transzendentale Begrenzung«* der Vernunft, der es dem Leser ermöglicht, durch deren Anerkennung *»die vom Glauben an die Allmacht des Denksystems verdeckten moralischen Gebote wiederzufinden«* (Elm). Mit dem auf den Satz des Gefängnisgeistlichen anspielenden, von Frank Schirrmacher herausgegebenen Interpretationsband *Verteidigung der Schrift* (1987) erhält die Kafka-Auslegung einen neuen Akzent; sie tritt nicht mehr als Meinung über das Werk hervor, sondern erhebt den Anspruch, den objektiven, dem Werk zugrunde liegenden Gehalt zu entdecken. Die Autoren gehen davon aus, daß der Roman *»in chronologischer Folge auf metaphysische, d. h. ›gerichtliche‹ Glaubens- und Denkmodelle«* anspielt und sich als *»Reflexionsprozeß ... in allen seinen Details rekonstruieren und verstehen läßt«*. Sie folgen dem Weg, den der Autor bei seiner Darstellung gegangen ist, in umgekehrter Richtung, indem sie die von ihm verwischten Spuren literarischer Vorlagen wieder sichtbar zu machen suchen. Dabei machen sie aber den Zweck der dichterischen Abstraktion von den Vorlagen, deren Umdeutung und Neufassung, weithin vergessen und lassen an die Stelle eines Urteils über das Werk und seine spezifische Absicht die verständnisvolle Assoziation treten. So kann der Meinungsstreit metaphysischer Interpretationen nun auf höherer Ebene fortgesetzt werden. F.N.

Ausgaben: Bln. 1925, Hg. u. Nachw. M. Brod. – Bln. 1935 (in *GS*, Hg. M. Brod u. H. Politzer, 6 Bde., 1935–1937, 3). – Ffm. 1958 (in *GW*, Hg. M. Brod). – Ffm. 1979 u. ö., Hg. M. Brod (FiTb). – Ffm. 1990 (*Der Proceß. Roman in der Fassung der Hs.*, Hg. M. Pasley). – Ffm. 1990 (*Der Prozeß*, Hg. J. Born, G. Neumann u. a., 2 Bde.; *Krit. Ausg. der Werke*).

Übersetzungen: Erste Übersetzungen des Romans erschienen 1933 in Frankreich, Italien und Norwegen. Es folgten 1936 eine polnische, 1937 eine englische und amerikanische, 1939 eine spanische, 1940 eine japanische, 1945 eine schwedische und eine dänische Ausgabe. In tschechischer Sprache erschien der Roman 1958 zum erstenmal.

Dramatisierung: A. Gide u. J.-L. Barrault, *Le procès* (Urauff.: Paris 1947, Théâtre Marigny; dt. Erstauff.: Bln. 30. 6. 1950, Schloßpark-Theater Steglitz).

Vertonungen: G. v. Einem, *Der Prozeß* (Libretto G. v. Einem; Oper; Urauff.: Salzburg, 17. 8. 1953). – G. Schuller, *The Visitation* (Libretto G. Schuller; Oper; Urauff.: Hbg., 12. 10. 1966, Staatsoper).

Verfilmung: *Le procés*, Frankreich/Italien/BRD 1962 (Regie: O. Welles).

Literatur: G. Anders, *K. Pro und Contra. Die Prozeß-Unterlagen*, Mchn. 1951. – K. H. Volkmann-Schluck, *Bewußtsein u. Dasein in K.s »Prozeß«* (in NRs, 62, 1951, S. 38–48). – M. Bense, *Die Theorie K.s*, Köln 1952. – H. Ide, *F. K.: »Der Prozeß«. Interpretation des ersten Kapitels* (in Jb. der Wittheit zu Bremen, 1, 1957, S. 66–104). – H. Uyttersprot, *Eine neue Ordnung der Werke K. s? Zur Struktur von »Der Prozeß« und »Amerika«*, Antwerpen 1957. – M. Buber, *Schuld und Schuldgefühle* (in Merkur, 9, 1957, S. 722–727). – G. Kaiser, *F. K.s »Prozeß«*.

Versuch einer Interpretation (in Euph, 52, 1958, S. 23–49). – N. Miller, *Erlebte und verschleierte Rede* (in Akzente, 5, 1958, S. 213–226). – B. Allemann, *K., »Der Prozeß«* (in *Der deutsche Roman*, Hg. B. v. Wiese, Bd. 2, Düsseldorf 1963, S. 234–292). – M. Pasley, *Two Literary Sources of K.'s »Der Prozeß«* (in FMLS, 3, 1967, S. 142–147). – E. Canetti, *Der andere Prozeß. K.'s Briefe an Felice*, Mchn. 1969. – P. Pernthaler, *Das Bild des Rechts in drei Werken von F. K. (»Amerika«, »Strafkolonie«, »Prozeß«)* (in *Dimensionen des Rechts. Gedächtnisschrift für R. Marcic*, Hg. M. Fischer u. a., Bd. 1, Bln. 1974, S. 259–281). – E. Marson, *K.'s »Trial«: The Case Against Josef K.*, St. Lucia 1975. – R. W. Jordan, *Das Gesetz, die Anklage und K.s Prozeß: F. K. und Franz Brentano* (in Jb. der Dt. Schiller-Ges., 24, 1980, S. 332–356). – C. Hebell, *Rechtstheoretische u. geistesgeschichtliche Voraussetzungen für das Werk F. K.s, analysiert an dem Roman »Der Prozeß«*, Diss. Mchn. 1981. – P. U. Beicken, *K.s »Prozeß« u. seine Richter. Zur Debatte Brecht-Benjamin u. Benjamin-Scholem* (in *Probleme der Moderne. Studien zur dt. Literatur von Nietzsche bis Brecht*, Tübingen 1983). – W. H. Sokel, *»Der Prozeß«. Ironie, Deutungszwang, Scham u. Spiel* (in Études germaniques, 39, 1984, S. 173–193). – J. Born, *K.s Roman »Der Prozeß«: Das Janusgesicht einer Dichtung* (in *Was bleibt von F. K.? Positionsbestimmung/K.-Symposium Wien 1983*, Hg. W. Schmidt-Dengler, Wien 1985). – R. R. Nicolai, *K.s »Prozeß«. Motive u. Gestalten*, Würzburg 1986. – L. Kirchberger, *F. K.'s Use of Law in Fiction. A New Interpretation of »In der Strafkolonie«, »Der Prozeß« and »Das Schloß«*, NY u. a. 1986. – *Verteidigung der Schrift. K.s »Prozeß«*, Hg. F. Schirrmacher, Ffm. 1987. – H. Burger, Rez. (in *Romane von gestern – heute gelesen*, Hg. M. Reich-Ranicki, Bd. 2, Ffm. 1989, S. 40–46). – Vgl. auch *Literatur zum Autor*.

DAS SCHLOSS

Roman von Franz KAFKA, entstanden 1922, erschienen 1926. – Seit Jahrzehnten ist Kafka den unterschiedlichsten Deutungen ausgesetzt, die seinem Werk unvertilgbare Spuren eingeprägt haben: Wer über gewisse Erzählungen und Romane des Dichters zu sprechen anfängt, denkt zwangsläufig an die Meinungen, die über sie im Umlauf sind. An eindeutigen Erzählfakten lassen sie sich nicht überprüfen. Kafka zieht fast jede Angabe in Zweifel, stiftet Widersprüche, verdunkelt Feststellungen. Die Grundrisse der Erzählung, die er verwirrt hat, muß der Interpret in einem unabschließbaren Prozeß neu konstruieren; so erlischt der gewohnte statische Dualismus zwischen Autor und Leser, produktivem und rezeptivem Tun. Wer einen Kafkaschen Text dechiffrieren und seine »Lücken« auffüllen möchte, muß seine eigenen Interessen aktiv ins Spiel bringen.

Der Roman *Das Schloß* beginnt mit rätselhaften Begebenheiten: Spät abends langt K. in einem Dorf an; in einer Wirtsstube stören Bauern seinen Schlaf: Das Dorf unterstehe einem Schloß, er benötige eine gräfliche Aufenthaltserlaubnis. K. hört verwirrt zu; dann behauptet er, der Graf selber habe ihn als Landvermesser hierher kommen lassen. K. macht sich am nächsten Morgen auf den Weg zum Schloß, kommt aber dort nicht an: Schnee fällt, und wenn die Straße *»sich auch vom Schloß nicht entfernte, so kam sie ihm doch auch nicht näher«*. Erschöpft findet K. ins Wirtshaus zurück, trifft dort auf zwei Gehilfen, die ihm vom Schloß für seine Tätigkeit zugeteilt worden sind. Sie erinnern an Clowns; vom Landvermessen verstehen sie nichts. Ein Bote namens Barnabas überbringt K. einen Brief von Klamm, einem hohen Schloßbeamten: Er, K., sei, wie er wisse, *»in herrschaftliche Dienste aufgenommen«*. Als sein unmittelbarer Vorgesetzter wird der Gemeindevorsteher bezeichnet. Längst ist die Nacht hereingebrochen. K., der eigentlich noch ins Schloß hinaufwollte, sieht sich in den »Herrenhof« geführt. In diesem Wirtshaus residieren gelegentlich die Beamten vom Schloß. K. begegnet dort dem Schankmädchen Frieda, der Geliebten Klamms. Er begehrt sie, Frieda gibt sich ihm vor der Zimmertür Klamms hin. Den folgenden Tag verbringen sie schlafend in K.s Zimmer. Dann, am dritten Morgen seines Hierseins, begibt sich K. zum Gemeindevorsteher. Der erklärt ihm, man brauche im Dorf keinen Landvermesser; ob je einer berufen worden sei, lasse sich nicht mit Sicherheit ausmachen. Gardena, die Wirtin, eine ehemalige Geliebte Klamms, entrollt vor K. wenig später ihre Lebensgeschichte. Inzwischen wird K. vom Gemeindevorsteher zum Schuldiener ernannt. Früh bricht die vierte Nacht herein. Im »Herrenhof« entdeckt K. den Kutscher, der auf Klamm wartet. K. gleitet in den Wagen Klamms, trinkt berauscht vom Cognac Klamms. Auf dem Rückweg überreicht ihm Barnabas einen Brief vom Schloß: Man sei mit K.s Landvermesserarbeiten und mit seinen Gehilfen zufrieden. Verwirrt ersucht K. schriftlich um eine Unterredung mit Klamm, begibt sich zu Frieda ins Schulhaus und gerät dort am nächsten Morgen in eine Debatte mit ihr: K. will unbedingt im Dorf bleiben, um über Klamm ins Schloß zu gelangen, Frieda möchte auswandern, um Klamm zu vergessen. Der fünfte Abend bricht herein. K. hat, entgegen Friedas Wünschen, die Gehilfen entlassen. Er begibt sich zur verfemten Familie des Barnabas; ungeduldig erwartet er neue Nachrichten von Klamm. Olga, die Schwester des Barnabas, erzählt ihm, warum die Familie verfemt ist. Amalia, ihre Schwester, hat sich eines Tages dem vulgären Ansinnen eines Schloßbeamten widersetzt. Das Dorf hat daraufhin ihre Familie mit schneidender Verachtung gestraft. Die Eltern, um die angebliche Schuld abzutragen, haben ihr Vermögen auf Behördengängen verbraucht, auf Bittgängen sind sie tödlich erkrankt; Olga setzt die Bittgänge auf anderer Ebene fort, gibt sich regelmäßig einem Haufen Schloßknechten hin; Barnabas verrichtet Botendienste, nutzlose vermutlich, denn das Schloß hat ihn nie zum Boten berufen. Je leidenschaftlicher Olga vor K. das Geheimnis des

Schlosses zu entziffern versucht, desto mehr zieht sich das Schloß ins Geheimnis zurück. Nur Amalia möchte vom Schloß noch immer nichts wissen; selbstbewußt, obgleich vergeblich, kämpft sie gegen die Flut der Leiden an, die durch sie über die Familie hereingebrochen ist. – Es ist spät geworden. Frieda hat inzwischen K. verlassen, ist zum »Herrenhof« zurückgekehrt. Vom Sekretär Erlanger wird K. zu einem Verhör dorthin beordert. Er sieht Frieda, versucht vergeblich sie zurückzugewinnen: Unerträglich sei die Schande, die er ihr durch den Besuch bei der Barnabas-Familie angetan habe. Todmüde fällt K. in das Zimmer eines Sekretärs namens Bürgel. Während Bürgel ihm offenbart, daß jede Bitte, in solch unerwarteter Situation ausgesprochen, vom Amt erfüllt werde, sinkt K. in Schlaf. Daraus reißt ihn Erlanger, der ihm eröffnet, er habe Frieda mit Rücksicht auf Klamm freizugeben. Benommen vor Müdigkeit schaut K. dann den Akten verteilenden Schloßdienern zu; es stellt sich heraus, daß seine Gegenwart Ursache unendlicher Komplikationen bei der Verteilung ist. Nach tiefem Schlaf, in den er frühmorgens fällt, erwacht K. erst am nächsten Tag. Pepi, das Zimmermädchen, das Frieda vertreten hat, schlägt ihm vor, bei ihr zu wohnen. – Laut Max Brod, der den unvollendeten Roman aus dem Nachlaß veröffentlicht hat, sollte der entkräftete K. am siebten Tag vom Tod ereilt werden, just in dem Augenblick, da vom Schloß die Nachricht eintrifft, er dürfe im Dorf leben und arbeiten.

Wie die Romanfigur K., so versucht auch die Forschung angestrengt zu ergründen, was es mit dem »Schloß« auf sich hat. Anfangs dominierte die theologische Deutung, für die vor allem Max Brod verantwortlich zeichnet: Das Schloß sei Gleichnis der göttlichen Gnade. Zeitgemäß erschienen theologische Spekulationen besonders dort, wo sie die modischen Philosophien des Nihilismus und Existentialismus für sich in Beschlag nahmen. So sieht Robert Rochefort (1947) im *»Erlebnis des Nichts«* und der *»Gottferne«* eine *»notwendige Voraussetzung für ein neues und tieferes Glaubensverständnis«*. Kafkas *»Experiment der totalen Verneinung«* sei, ähnlich wie der Kampf des Helden K., nur Zeichen dafür, daß der Mensch von heute Gott *»nur mehr als den Abwesenden zu begreifen vermag, den er in seiner Not und bis in die Überzeugung, daß alles absurd ist, verspürt«*. Diesen *deus absconditus* stürzten existentialistische Deutungen vom Thron. Albert Camus etwa sah im Schloß die Krise des zeitgenössischen Menschen gestaltet, des isolierten Menschen, der die Welt nur als Projektion eigener Tendenzen und Triebe, nie die Welt »an sich« gewahrt, darum immer nur sich selber findet. Keineswegs ist diese Deutung der modernen religiösen Interpretationsvariante unversöhnlich entgegengesetzt. Es können ja durchaus religiöse Wünsche, Bedürfnisse, Denkstrukturen sein, die man in die Realität hineinprojiziert. Um diese These kreist eine mit hohem philosophischem Anspruch auftretende Studie K. H. Philippis. Für ihn steht K. *»an einer Umbruchsstelle des neuzeitlichen Denkens, das für sich in den metaphysischen Traditionen keine Wahrheit mehr erkennen kann, ihnen aber doch unbewußt verhaftet bleibt; wo die alten Denkformen weiterleben und keine neuen Ziele sichtbar sind«*. Auch nach Nietzsches *»Gott ist tot«* halte K. unreflektiert an einer *»abstrakten Ausrichtung des denkenden Subjekts auf ein absolutes Ziel seines Lebens«* fest. *»K. verewigt so seine Entfremdung von dieser Welt, indem er einer formal metaphysischen Vorstellung nachjagt, die inhaltlich nur negativ bestimmt ist.«* Zu einem ähnlichen Resultat kommt Michel Dentan aufgrund subtiler Stilbeobachtungen.

Nun ist kein Zweifel, daß in K.s Bild von der Wirklichkeit laufend Selbstprojektionen eingehen. Und diese sind durch den Begriff *»inhaltslose Transzendenz«* (Philippi) immerhin umrißhaft bezeichnet. Spuren religiöser Denkstrukturen beim Helden überhaupt zu leugnen, war einmal ein notwendiger, aber auch übereilter Akt. Man sollte statt dessen die inhaltslose Transzendenz mit realem, irdischem Inhalt auffüllen. Kafkas Epik, seine Briefe und sein Tagebuch legen es nahe, die entleerte göttliche Autorität sich als weltliche vorzustellen: als väterliche und politische Autorität. Schon Walter Benjamin notierte das *»uralte Vater-Sohn-Verhältnis«* als eine Konstante im Werk Kafkas: *»Viel deutet darauf hin, daß die Beamtenwelt und die Welt der Väter für Kafka die gleiche ist.«* Auf diese These hat sich intensiv Walter H. Sokel eingelassen, darin einer Zeitströmung, dem gesteigerten Interesse an der Psychoanalyse Freuds, folgend. Sokel macht *Das Schloß* auf eine Personenkonstellation hin durchsichtig, die als ein Grundmuster bürgerlicher Familienverhältnisse gelten darf: *»Im Schloß raubt der junge K. dem Älteren und Mächtigeren, dem hohen Beamten Klamm, die Geliebte, Frieda, und versucht diese Verschiebung der erotischen Machtverhältnisse im Kampf mit Klamm auszunützen.«* Autobiographische Momente stützen diese These. Klaus Wagenbach hat auf der von der Kafka-Forschung emsig betriebenen Suche nach dem realen Vorbild des Schlosses den Ort Wossek ausfindig gemacht, der nicht nur viele Parallelen zum Schloß-Dorf-Komplex des Romans aufweist, sondern auch Schauplatz wichtiger Kindheitseindrücke Kafkas gewesen ist. Die Kindheit des Helden klingt denn auch fast leitmotivisch auf den Wegen an, die K. zum Schloß führen sollen – so, als machte er den Versuch, die eigene Vergangenheit zu bewältigen. Tagebuchstellen Kafkas lassen keinen Zweifel daran, daß in dieser Vergangenheit der Vater die überragende Rolle spielt.

Die Familienstrukturen, wie Kafka sie vorfand, sind aber nur Spiegelbild eines sozialpolitischen Ganzen, das sie stützen. Auf dieses Ganze haben z. B. Theodor W. Adorno, Friedrich Tomberg und Joseph Gabel den Blick gerichtet. Durch die patriarchalische, halb feudale Schloß-Dorf-Ordnung treten dem Leser auch historisch fortgeschrittene, neuere gesellschaftliche Tendenzen entgegen. Nur so läßt sich die Faszination erklären, die Kafka bis heute ausübt: *»Das Bild der heraufziehenden Gesellschaft entwirft er nicht unmittelbar – denn Askese* *herrscht bei ihm wie in aller großen Kunst gegenüber der Zukunft –, sondern montiert es aus Abfallsprodukten, welche das Neue, das sich bildet, aus der vergehenden Gegenwart ausscheidet«* (Adorno).

Aus welcher Perspektive immer man Kafka betrachtet – jede Betrachtung muß sich von Kafkas Erzählweise leiten lassen. Daher sind die Formstudien eines Martin WALSER, Friedrich BEISSNER, Heinz POLITZER, Manfred SEIDLER von unschätzbarem Wert: Sie zeigen indirekt die Grenzen von Spekulationen, die über künstlerische Eigenarten achtlos hinweggleiten. Politzer hat auf dem Labyrinth und dem Kreis als dominierenden Formelementen im Schloß beharrt. Den ersten Gang, den K. zum Schloß unternimmt, beschreibt Kafka wie folgt: *»So ging er wieder vorwärts, aber es war ein langer Weg. Die Straße nämlich, die Hauptstraße des Dorfes, führte nicht zum Schloßberg, sie führte nur nahe heran, dann aber, wie absichtlich, bog sie ab, und wenn sie sich auch vom Schloß nicht entfernte, so kam sie ihm doch auch nicht näher.«* K. läuft im Kreis, und Kafka läßt es sich angelegen sein, aus diesem Kreis andere Kreise hervorzutreiben und sie labyrinthisch ineinander zu schlingen. K. versucht Klamm beizukommen und gerät dabei in die Fänge jener Herrschaft, der schon die Dorfbewohner hörig sind. Denn Klamm ist nicht dingfest zu machen; er entzieht sich den Leuten im Dorf und fasziniert sie eben dadurch; er verfügt kurzfristig über sie, erhöht sie und läßt sie dann in Staub sinken, wo sie über das Rätsel seines Verschwindens anbetend nachsinnen, ein ganzes Leben lang. Zur Groteske erstarrt ist diese Knechtschaft in der Lebensgeschichte Gardenas, der Wirtin, zum zerstörerischen Bann im Dasein der Barnabas-Familie; in der Erzählung Olgas tritt dem Helden die Macht auf ihrem Höhepunkt entgegen. Weil Amalia sich gegen das entehrende Ansinnen eines Beamten aufgelehnt hatte, wird ihre Familie von den Dorfbewohnern verteufelt: Die Leute, an Unterdrückung gewöhnt, machen sich zum Anwalt der Unterdrücker. Auf einen Akt der Freiheit folgt ein Pogrom, das an die Verhältnisse in totalitären faschistischen Regimes erinnert. Und die Familie verinnerlicht das Pogrom zu einer Selbstanklage, die solchen Regimes ewige Dauer verspricht: Die Unschuldigen bitten die um Verzeihung, die ihnen letztlich das Böse angetan haben. Aber die Bitte um Verzeihung findet wohlweislich kein Echo: Indem die Urheber des Bösen sich entziehen, werden sie Gegenstand einer knechtischen Sehnsucht, die mit Phantasmagorien die Realität überzieht. *»Und ein so oft ersehnter und so selten erreichter Mann, wie es Klamm ist, nimmt in der Vorstellung der Menschen leicht verschiedene Gestalt an ... So arbeiten die Leute an ihrer eigenen Verwirrung.«* Die Leute drehen sich gebannt um die vermummte Herrschaft, verlaufen sich im Labyrinth ihrer Gedanken – im Kreis einer Hypothese, die eine Einschränkung, vielleicht eine Negation ihrer selbst nach sich zieht, worauf eine Negation der Negation erfolgen kann, die ihrerseits bezweifelt wird; der Gedanke kehrt, verzweifelter als zuvor, zur Hypothese zurück. Dieses endlose und erbitterte Sich-im-Kreis-Drehen prägt die Struktur der Kafkaschen Erzählform bis in die Syntax hinein. Am faszinierenden Schleier, der die Autorität verhüllt, weben die Menschen bis zur tödlichen Selbstverstrickung weiter. Längst ermangeln ihre Beziehungen zueinander der Freiheit und Spontaneität. Sie sehen sich selbst und den anderen nur noch als Medium einer sich ihnen ständig entziehenden Autorität.

Rettung scheint der zu verheißen, der, wie K., nicht immer schon im Bannkreis der Macht gelebt hat. Der Fremde hat die Aura des Erneuerers, der die Bauern aus ihrem Bann erlöst: die Bauern *»mit ihren förmlich gequälten Gesichtern – der Schädel sah aus, als sei er oben platt geschlagen worden und die Gesichtszüge hatten sich im Schmerz des Geschlagenwerdens gebildet«*. K., zunächst mit rebellischem Mut bewaffnet, gewillt, »neue Erfahrungen« zu machen, erliegt jedoch der Gewalt der Deutungen, die man sich im Dorf vom Schloß macht. Selber autoritätsgebunden, gleitet er in ein Labyrinth, wo an jeder Windung ein Spiegel aufgestellt ist, der ihm das Bild Klamms zurückstrahlt, nicht dessen wirkliches, sondern ein erdachtes, hundertfach schillerndes Bild, an dem K.s Vorstellungskraft sich sklavisch festsaugt: Klamms *»von K.s Tiefe her unzerstörbare Kreise, die er oben nach unverständlichen Gesetzen zog, nur für Augenblicke sichtbar«*. Dann, im Gespräch mit Olga, will K. dem undurchdringlichen Geheimnis gar Vernunft unterschieben, will er das rationale Prinzip einer Macht ausfindig machen, die sich durch Täuschungen, Irrationalitäten und Mystifikationen am Leben erhält. Am Ende ist er hinter den Anfang zurückgeworfen, der Kreis schließt sich: *»Über ihn hinweg gingen die Befehle, die ungünstigen und die günstigen, und auch die günstigsten hatten wohl einen letzten ungünstigen Kern. Jedenfalls aber gingen alle über ihn hinweg, und er war viel zu tief gestellt, um in sie einzugreifen oder gar sie verstummen zu machen und für seine Stimme Gehör zu bekommen.«* Müdigkeit, Zeichen des Scheiterns bei den Helden Kafkas, erfaßt K. mit unbezwinglicher Gewalt.

Der Grundfigur des Kreises und des Labyrinths, der endlosen Gedankenfluchten, der Bespiegelungen und des Zeitenstillstands eingedenk, wird man K. nicht länger, wie Wilhelm EMRICH, einen Entwicklungsgang unterstellen, ihm in Kategorien der klassisch-idealistischen Geistesepoche nachweisen, er habe in einem Reifeprozeß *»den Konflikt zwischen Individualität und Allgemeinheit, Person und Amt grundsätzlich erlebt und bestanden«*, damit *»in der Tat das Menschenmögliche geleistet: frei und doch teilnehmend am Allgemeinen zu leben«*. Das Amt, so K.s vorherrschende Erfahrung, saugt das Private ganz auf, das Allgemeine aber, das sich im Schloß und seinen Behörden manifestiert, ist gewiß nicht die *»objektive Gesetzlichkeit des Kosmos«* (Emrich) – zumindest nicht in der Perspektive des Dichters. Welcher Art ist diese Perspektive?

Daß der Erzähler in *»totaler Kongruenz«* mit dem Helden berichte (Walser), also unterschiedslos mit K. verschwimme, ist wiederholt behauptet worden.

Der Erzähler weiß jedoch mehr als K., und sein Blick dringt tiefer. Die Ehrfurcht, in die K. vor dem Schloßbetrieb zusehends versinkt, ist dem Erzähler fremd. Das mag man an einem seiner bevorzugten Gestaltungsmittel, der Groteske, ermessen (vgl. die Studie Norbert KASSELS). Der Erzähler verzeichnet und überzeichnet Schloßbehörde und Amtsvorgänge, er entstellt, er verzerrt sie, so wie man im Traum Größenordnungen zu verschieben, Gestalten zu übertreiben pflegt. Das Traumhafte, das man an Kafkas Erzählstil immer wieder hervorhebt, entspringt im *Schloß* dem kritischen Moment der Groteske. Der Erzähler macht durch sie auf die Vergeblichkeit der von den Personen des Romans praktizierten Unterwerfung unter die Herrschaft aufmerksam. Der ehrfurchtsvolle Ton, den die Personen anschlagen, führt sich selbst ad absurdum durch die grotesken Details, die sie, ohne der Groteske sich bewußt zu sein, ausbreiten.

Auch die herrschende Macht läßt Kafka im Zwielicht der Groteske erscheinen, indem die subtile Verschleierung als Entblößung und die souveräne Regie als Akt der Selbstvernichtung dargestellt wird. Die beamteten Diener, im Schloß *»still und würdig«*, sind *»dadurch, daß die Schloßgesetze für sie im Dorf nicht mehr gelten, wie verwandelt: ein wildes, unbotmäßiges, statt von den Gesetzen von ihren unersättlichen Trieben beherrschtes Volk«*. Kafka enthüllt die Schloßordnung als eine, die sich ständig selbst gefährdet. Nicht an Klamm, der noch unwiderstehlich *»wie ein Kommandant über den Frauen«* ist, wohl aber an Sordini wird offenbar, wie die verdrängte Lust sich gegen sich selber kehren kann: Amalia schaudert vor seinem brutalen Ansinnen zurück und kündigt ihm den Gehorsam auf. Der Nachtverhöre bedienen sich die Schloß-Sekretäre, weil sie sich *»den Anblick der ihnen so schwer erträglichen Parteien«* mildern, die *»Naturwahrheit«* verschleiern wollen. Es ist die Naturwahrheit der Gequälten und Leidenden, der *»sie eben nicht gewachsen sind«*. So sieht das Schloß aus der Ferne einmal souverän aus, sozusagen *»frei und unbekümmert«*, aus der Nähe aber auch einmal ruinös – *»der Anstrich war längst abgefallen und der Stein schien abzubröckeln«*. G.Sa.

T. R. MCDANIEL vergleicht Max WEBERS Analyse bürokratischer Herrschaft in *Wirtschaft und Gesellschaft* (1922) mit der Bürokratie-Thematik bei Kafka und zeigt die Parallelen auf. Bürokratie sei bei Kafka eine Metapher für die Unmöglichkeit einer rational-empirischen Wirklichkeitsbewältigung. A. DORNEMANN stellt in seiner vergleichenden Untersuchung von TOLSTOJS *Auferstehung* und Kafkas *Schloß*, offensichtlich durch McDaniels Arbeit angeregt, *»Max Webers Bürokratiemodell«* vor. Parallelen und Analogien in der Behandlung der Problematik des Prozesses der Rationalisierung, konkretisiert im Beispiel Bürokratisierung, werden in zwei verschiedenen Diskursformen aufgezeigt. Die Übereinstimmungen der voneinander unabhängigen Analysen komplexer gesellschaftlicher Systeme – abstrakt idealtypisch bei Weber, konkret literarisch bei Kafka – sind frappierend. Max Webers Wendung von der *»Metaphysik des Beamtentums«* scheint im Roman *Das Schloß* wörtlich genommen und umgesetzt zu sein. Die Schloßbürokratie bleibt unzugänglich, unberechenbar und unerkannt. Man ist ihr gegenüber auf *»Gnade«* angewiesen und wartet jahrelang auf ein *»Gnadenzeichen«*. K. dagegen gibt sich damit nicht zufrieden: *»ich will keine Gnadengeschenke vom Schloß, sondern mein Recht«*. Max BROD deutete die Thematik der Gnade allegorisch und verstellte damit den Blick auf die Möglichkeit, auch diesen Roman wörtlich zu nehmen und in ihm jene Metaphysik des Beamtentums, die Alfred WEBER auch Theokratisierung des Beamten nennt, gestaltet zu sehen, die die Irrationalität perfekt funktionierender ›rationaler Herrschaft‹ begründet. *»Jede Herrschaft äußert sich und funktioniert als Verwaltung.«* Die Herrschaft der Schloßbehörde ist vor allem sprachlich vermittelt. In ausschließlich sprachlichen Formen wie Telephongesprächen, Briefen und Bergen von Dokumenten erfahren K. und andere Dorfbewohner ihr Beherrschtsein. Protokolle sind *»die einzige wirkliche amtliche Verbindung«*. Damit herrscht im Schloß und herrscht das Schloß durch Webers *»Prinzip der Aktenmäßigkeit«*, nach dem alles *»schriftlich fixiert«* zu sein hat: *»Akten und kontinuierlicher Betrieb durch Beamte zusammen ergeben: das Bureau.«*

Die öffentliche Bürokratiedebatte vor dem Ersten Weltkrieg drehte sich vor allem um die Privatisierung von Staatsbetrieben. Die Brüder Weber setzten sich für verstärkte Privatisierung ein und standen damit weitgehend auf verlorenem Posten. K. versucht als ein Privatbeamter Zugang zum und Stellung im Schloß, in einer konventionell organisierten Behörde, zu finden. Er nimmt dabei die Position der Privatisierung gegen die der Kommunalisierung ein, die im Schloß offensichtlich schon abgeschlossen ist. Er glaubt, als freier und engagierter Privatbeamter, den Gesetzen vertrauen und die saturierte Bürokratie des Schlosses zur Ausübung des Legalitätsprinzips zwingen zu können. Doch in seiner trotzigen Hybris verkennt er die perfekt in Selbstgenügsamkeit funktionierende Herrschaftsmaschinerie der Schloßbehörde, die das in dumpfe und fatalistische Trägheit versunkene Dorf kontrolliert. Während K. zu Beginn die chaotisch und äußerst eigenwillig funktionierende Verwaltung belächelt und sich ihr und den Dorfbewohnern überlegen glaubt, paßt er sich später zunehmend der Irrationalität dieser Verwaltung an und ordnet sich unbewußt immer mehr in die Dorfgemeinschaft der vom Schloß Abhängigen und Beherrschten ein. Lebendige Vielfalt wurde dort durch die Übermacht einer Bürokratie in eine amorph-anonyme Masse verwandelt. Darin droht der Landvermesser K. langsam aufzugehen. Im Dasein als funktionierendes Teil der Herrschaftsmaschine hat ein Nichtbeamter wie K. die für ihn größtmögliche Nähe zum Schloß erreicht. P.Hel.

AUSGABEN: Mchn. 1926. – Bln. 1935 (in *GS*, Hg. M. Brod u. H. Politzer, 6 Bde., 1935–1937, 4). –

AUSGABEN: Mchn. 1926. – Bln. 1935 (in *GS*, Hg. M. Brod u. H. Politzer, 6 Bde., 1935–1937, 4). – Ffm. 1951 (in *GW*, Hg. ders.). – Ffm. 1968 u. ö., Hg. M. Brod (FiTb). – Ffm. 1982 (*Das Schloß. Roman in der Fassg. der Hs.*, Hg. M. Pasley). – Ffm. 1982, Hg. ders., 2 Bde. *(Krit. Ausg. der Werke)*.

DRAMATISIERUNG: M. Brod, *Das Schloß*, o. O. u. J. [1955; Bühnenms.]; ern. Ffm. 1964.

VERTONUNG: A. Laporte, *Das Schloß* (Oper; Libretto nach der Dramatisierung von M. Brod; Urauff.: Brüssel, 16. 12. 1986, Belgische Nationaloper).

VERFILMUNGEN: BRD 1962 (TV; Regie: S. Dhomme). – BRD 1968 (Regie: R. Noelte). – *The Castle*, Großbritannien 1974 (Regie: C. Nears).

ÜBERSETZUNGEN: Erste Übersetzungen des Romans erschienen in den dreißiger Jahren in englischer (1933), tschechischer (1935) und französischer Sprache (1938). Eine spanische Übersetzung erschien 1943 in Argentinien, es folgten 1946 eine schwedische, 1948 eine italienische, 1949 eine dänische sowie 1950 eine norwegische Ausgabe. 1957 kam eine polnische Ausgabe heraus.

LITERATUR: K.-P. Philippi, *Reflexion u. Wirklichkeit. Untersuchungen zu K.s Roman »Das Schloß«*, Tübingen 1966. – *Twentieth-Century Interpretations of »The Castle«*, Hg. P. F. Neumeyer, Englewood Cliffs/N.J. 1969. – T. R. McDaniel, *Two Faces of Bureaucracy: A Study of the Bureaucratic Phenomenon in the Thought of Max Weber and F. K.*, Baltimore 1971. – F. Dürrenmatt, *Nachrichten vom Schloß* (in F. D., *Dramaturgisches u. Kritisches. Theaterschriften u. Reden II*, Zürich 1972, S. 262–266). – W. G. Sebald, *Thanatos. Zur Motivstruktur in K.s »Schloß«* (in Literatur u. Kritik, 1972, Nr. 66/67). – R. R. Nicolai, *Ende oder Anfang. Zur Einheit der Gegensätze in K.s »Schloß«*, Mchn. 1977. – H.-G. Pott, *K.s »Schloß«* (in Kürbiskern, 1977, Nr. 2). – A. Ritzmann, *Winter u. Untergang. Zu F. K.s Schloßroman*, Bonn 1978. – M. E. Gooze, *Texts, Textuality, and Silence in F. K.'s »Das Schloß«* (in MLN, 98, 1983). – L. Moniková, *Das Schloß als Diskurs. Die Entstehung der Macht aus Projektionen* (in Sprache im technischen Zeitalter, 1983, Nr. 85, S. 98–106). – P. W. Nutting, *K.'s ›Strahlende Heiterkeit‹: Discursive Humor and Comic Narration in »Das Schloß«* (in DVLG, 57, 1983, S. 651–678). – A. Dornemann, *Im Labyrinth der Bürokratie. Tolstojs »Auferstehung« u. K.s »Das Schloß«*, Heidelberg 1984. – L. Kirchberger, *F. K.'s Use of Law in Fiction. A New Interpretation of »In der Strafkolonie«, »Der Prozeß«, and »Das Schloß«*, NY u. a. 1986. – R. Baumgart, Rez. (in *Romane von gestern – heute gelesen*, Hg. M. Reich-Ranicki, Bd. 2, Ffm. 1989, S. 30–39).

DAS URTEIL

Erzählung von Franz KAFKA, erschienen 1913. – *Das Urteil* schrieb Kafka in der Nacht vom 22. zum 23. September 1912 nieder, kurz nachdem er das Manuskript seines ersten Erzählbandes *Betrachtungen* zum Druck abgesandt hatte und nicht lange nach der ersten Begegnung mit Felice Bauer, der zweimaligen Verlobten. Ihr ist die Erzählung gewidmet. Die Anfangsbuchstaben ihres Namens stimmen mit denen des Namens der Verlobten im *Urteil*, Frieda Brandenfeld, überein. Noch andere, zum Teil schülerhaft subtile Analogien gibt es laut Tagebucheintrag zwischen den Namen; auch zwischen dem der Hauptfigur, Georg Bendemann, und Kafkas eigenem.

Georg Bendemann, ein junger Kaufmann, schreibt eines Sonntagvormittags seinem Freund in Rußland. Er teilt ihm seine Verlobung mit und lädt ihn, nicht allzu nachdrücklich, zur Hochzeit ein. Dann sucht er, nach Monaten wieder einmal, den Vater in seiner Kammer auf und teilt ihm sein Vorhaben mit. Der Vater antwortet mit Vorhaltungen. Es gelingt Georg jedoch, den Alten seiner schmutzigen Wäsche zu entkleiden, ins Bett zu tragen und zuzudecken. Kaum ist der Vater »zugedeckt«, richtet er sich auf, erhebt sich im Bett zu voller Größe. Dem Sohn gegenüber behauptet er, er habe schon immer mit dem fernen Freund in komplottartiger Verbindung gestanden. Und Georgs Verhältnis zu Frieda – er imitiert es mit greisenhaft obszöner Gestik – sei Verrat am Freund, an der toten Mutter und an ihm, dem Vater. Er verurteilt den Sohn zum Tod des Ertrinkens. Georg stürzt aus dem Zimmer, hört den Vater aufs Bett stürzen, jagt aus dem Haus zum Fluß hinab und ertränkt sich.

Das Urteil blieb für Kafka *»von allen Erzählungen die liebste«*. Diese Wertschätzung beruht weniger auf dem ästhetischen Rang der Geschichte – er hat vollkommenere Geschichten geschrieben – als ihrem literarisch-biographischen Stellenwert. Mit ihr etabliert er sich endgültig vor dem Publikum und vor sich selber als Schriftsteller, sie signalisiert den Beginn des Prozesses, dem er sein Leben unterstellt *(»damals brach die Wunde zum erstenmal auf in einer langen Nacht«)*. Für Kafka war der Vater, wie er im *Brief an den Vater* schreibt, das Maß aller Dinge gewesen – Inkarnation einer patriarchalischen Weltordnung. Das macht seine objektive Stärke aus, mag er auch subjektiv der bornierte Kleinbürger sein, als den ihn der Sohn durchschaut. Auch für Georg ist der Vater, trotz grotesk seniler Züge, *»noch immer ein Riese«*. Verliert er jedoch seine Vaterschaft, d. h. den Sohn, dann stürzt er zurück in seine Schwäche, aufs Bett. Die Mutter im *Urteil* ist tot – Kafkas Mutter war im innerfamiliären Kampf bloß eine Funktion des Gatten. Eine Gegenposition war in erster Linie nur mit den Freunden oder der jeweiligen Verlobten aufzubauen.

In einer Prosaskizze, einer Vorstudie zu einer der *Betrachtungen*, nennt Kafka das Erlebnis des abendlichen Spaziergängers, der seine Familie verläßt, *»ein Erlebnis, das man wegen seiner für Europa* *äußersten Einsamkeit nur russisch nennen kann«.* Die in den »russischen« Freund projizierte einsame Freiheit schlägt schockhaft um in Chaos und Ruin, als Georg erfährt, daß der Freund Komplice des Vaters ist. Ursache dieser katastrophalen Wende ist die Verlobung. Sie aktualisiert den ödipalen Konflikt, zwingt den Sohn, der die väterlichen Geschäfte schon routiniert betreibt, vor den Vater. Georg muß Rechenschaft ablegen, will er sich durch die Verlobung doch endgültig an die Stelle des Vaters setzen. Dieser hat das Bild des Freundes, den anläßlich der Einladung zur Hochzeit Georgs Eifersucht bereits gestreift hat, vollends aufgesogen und schlägt kraft unbefragbaren archaischen Rechts zurück.

Kafka hat den hier wirksamen Mechanismus verhältnismäßig klar durchschaut und (vgl. *Brief an den Vater*) ausgesprochen: Um sich vom Vater zu emanzipieren, müsse er selbst Vater werden, d.h. Familienoberhaupt. Das jedoch würde eine bürgerliche Ehe bedeuten und damit die äußerste Gefährdung des Schreibens, des Refugiums seiner Autonomie. Es bleibt dahingestellt, ob diese Deutung ganz zutrifft, die Heirat nicht vielmehr aus Angst vor dem »Vatermord« tabuisiert wird. Schreibend jedenfalls bestätigt Kafka die Tötung des Sohnes durch den Vater *(Das Urteil, Die Verwandlung)* auch in den Romanen *(Der Prozeß, Das Schloß)*, wo die patriarchalische Gewalt sich als gesellschaftliche Instanz zu erkennen gibt. Ihre ambivalente Struktur bleibt: Sie ist auch hier unantastbares »Natur«-Recht und, anstelle der väterlichen Senilität, Korruption und anachronistische Verfassung der Behörden. *Das Urteil*, das die relevanten Werke Kafkas eröffnet, ist in diesen eigentlich von Anfang an gesprochen. Auf ihre Welt fällt das merkwürdig reine Licht der Ironie, die nicht wie die romantische, nach einem Diktum Hegels, im Nichts endet, sondern von diesem ausgeht – dem antizipierten Tod. So heben sich – das ist die List des Sohnes als Schriftsteller – Stärke und Schwäche, Sieg und Niederlage gegenseitig auf. G.Schi.

Ausgaben: Lpzg. 1913 (in Arkadia. Ein Jahrbuch für Dichtkunst). – Lpzg. 1916; ern. Ffm. 1981. – Bln. 1935 (in *GS*, Hg. M. Brod u. H. Politzer, 6 Bde., 1935–1937, 1). – Ffm. 1952 (in *GW. Erzählungen*, Hg. M. Brod). – Ffm. 1952 u. ö. (in *Das Urteil und andere Erzählungen*; FiBü; ern. FiTb). – Ffm. 1970 u.ö. (in *Sämtl. Erzählungen*, Hg. P. Raabe; FiBü; ern. FiTb). – Ffm. 1989 (in *Die Söhne*, Hg. M. Müller; FiTb).

Literatur: J. P. Stern, *F. K.'s »Das Urteil«: An Interpretation* (in GQ, 45, 1972, S. 114–129). – A. Doppler, *Entfremdung u. Familienstruktur. Zu F. K.s Erzählungen »Das Urteil« u. »Die Verwandlung«* (in *Zeit- u. Gesellschaftskritik in der österreichischen Literatur des 19. u. 20. Jh.s*, Hg. Institut f. Österreichkunde, Wien 1973, S. 75–91). – G. Sautermeister, *Sozialpsychologische Textanalyse: F. K.s Erzählung »Das Urteil«* (in *Methodische Praxis der Literaturwiss.*, Hg. D. Kimpel u. B. Pinkerneil, Kronberg/Ts. 1975, S. 179–221). – A. Flores, *The Problem of »The Judgment«. Eleven Approaches to K.'s Story with a New Translation of »The Judgment« by M. Pasley*, NY 1977. – E. Piel, *Die Schwäche, der Eifer u. die Ich-Sucht. K.s Erzählung »Das Urteil« als ›Gesellschaftsroman‹* (in Sprache im technischen Zeitalter, 1977, Nr. 62, S. 167–179). – K. Hughes, *Psychoanalytic Studies in Modern German Literature, Honoring Claude Hill*, Hg. R. Ley u. a., Heidelberg 1978, S. 156–175. – N. Oellers, *Die Bestrafung der Söhne. Zu K.s Erzählungen »Das Urteil«, »Der Heizer« u. »Die Verwandlung«* (in ZfdPh, 97, 1978, S. 70–87). – F. Nemec, *K.-Kritik. Die Kunst der Ausweglosigkeit*, Mchn. 1981, S. 67–97. – G. Neumann, *F. K. »Das Urteil«: Text, Materialien, Kommentar*, Mchn. 1981. – S. Corngold, *K.'s »The Judgment« and Modern Rhetorical Theory* (in Newsletter of the K. Society of America, 7, 1983, Nr. 1, S. 15–21). – C. Frey, *F. K.s »Das Urteil«* (in C. F., *Das Subjekt als Objekt der Darstellung. Untersuchung zur Bewußtseinsgestaltung fiktionalen Erzählens*, Stg. 1983, S. 250–309).

DER VERSCHOLLENE

Romanfragment von Franz Kafka, begonnen im Herbst 1912 unter dem durch die Tagebücher bezeugten Titel *Der Verschollene*. – Gesprächsweise nannte Kafka das Manuskript seinen *»amerikanischen Roman«*. Das erste Kapitel, *Der Heizer*, ist 1913 gesondert als Erzählung erschienen. Schon vor dem Fragment gebliebenen Schlußkapitel fehlen große Abschnitte. Zwei umfangreiche Bruchstücke sind der zweiten Ausgabe des postum von Max Brod zuerst 1927 unter dem Titel *Amerika* edierten Werkes beigefügt worden.

Das Werk, das vor den Romanen *Der Prozeß* und *Das Schloß* entstand, unterscheidet sich von diesen weniger thematisch als durch seinen weniger düsteren, offeneren Schluß. Der Dichter selbst, der im Tagebuch seinen Roman eine *»glatte Dickensnachahmung«* nennt, betonte zudem im Gespräch das Hoffnungsfrohere, Lichtere, Leichtere des mit besonderer Freude geschaffenen Werkes, dessen Manuskriptseiten auffallend wenig Korrekturen und Streichungen zeigen. Im Hinblick auf die Thematik hat Brod auf Kafkas Vorliebe für Reisebücher, seine stete Sehnsucht nach Freiheit und fernen Ländern verwiesen.

Insbesondere in dem einleitenden, in sich völlig geschlossenen Kapitel *Der Heizer* scheint sich der neue Kontinent Amerika dem sechzehnjährigen Karl Roßmann aus Prag, den seine Eltern wegen eines Verhältnisses mit einem Dienstmädchen verstoßen haben, mit ungeahnten Möglichkeiten aufzutun. Aber bei dem Versuch, in die ungeheuren Maschinerien einer rationalisierten Welt der Arbeit und des Lebenskampfes auf eine seinen Anlagen entsprechende Weise einzudringen, scheitert er ständig: zum erstenmal, als sein Gerechtigkeitssinn ihn treibt, einen ihm durch die Überfahrt bekannten Schiffsheizer gegen die Vorwürfe seiner Vorgesetzten zu verteidigen. Ein reicher Onkel, amerikanischer Selfmademan und Inhaber eines riesigen Transportgeschäftes, nimmt sich seiner an und führt ihn in die neuen Verhältnisse ein, die ihn jedoch verstören. Vor den gewaltigen Mechanismen der industriellen Institutionen versucht er sich in ein zweckfreies, kindliches Dasein zu retten. *»Karl erhoffte in der ersten Zeit viel von seinem Klavierspiel und schämte sich nicht, wenigstens vor dem Einschlafen an die Möglichkeit einer unmittelbaren Beeinflussung der amerikanischen Verhältnisse durch dieses Klavierspiel zu denken.«* Sein Onkel verstößt ihn aber bald, wieder wegen einer zwielichtigen erotischen Situation, und er wird als Liftboy im »Hotel Occidental« angestellt, dessen undurchschaubarer Verwaltungsapparat mit seinen in den höheren Instanzen völlig unfaßbar werdenden bürokratischen Berufsklassen deutlich auf die Beamten- und Richterhierarchien der späteren Romane vorausweist. Auch hier entlassen – man wirft ihm fälschlicherweise Dienstpflichtverletzung vor –, findet er als Diener Unterkunft bei der Sängerin Brunelda, die ihm als Geliebte seines ehemaligen Arbeitskameraden Delamarche das Verhältnis von Herr und Knecht auf anderer Ebene aufzwingt. Wie Josef K. im *Prozeß* und der Landvermesser im *Schloß* umkreist auch der junge Karl ein ihm stets unzugängliches Ziel: ihm, der innerhalb des verflochtenen *»Systems von Abhängigkeiten«*, wie Kafka den Kapitalismus gesprächsweise nannte, lediglich ein brauchbarer Arbeiter sein will, gelingt es nicht oder nur vorübergehend, in diese Welt aus eigengesetzlicher, entpersönlichender Perfektion und Grausamkeit einzudringen. Das unvollendete Schlußkapitel scheint zunächst eine Lösung vorgesehen zu haben: das *»Naturtheater von Oklahoma«* bietet allen Menschen Beschäftigung, die *»Künstler«* werden wollen, die ihre eigene Individualität, ihr Selbst frei von den Deformationen der entfremdeten Arbeitswelt zu entwickeln bereit sind. – Für ein hoffnungsvolles Ende spricht auch, daß sich Karl Roßmann von den »Anti-Helden« der späteren Romane wesentlich unterscheidet: Seine Situation ist nicht tragisch, seine ganze Lebenslandschaft weniger gespenstisch und irreal. Er ist naiv-unbeschwert, ein sechzehnjähriger, gutwilliger Junge, der zwar sagen kann: *»Es ist unmöglich, sich zu verteidigen, wenn nicht guter Wille da ist«* (bei den Anklägern), der aber doch ungeachtet aller ihm begegnenden Perfidie immer wieder mit diesem guten Willen rechnet. Brod teilt mit, Kafka habe gesprächsweise erwähnt, daß sein junger Held im Schlußkapitel, dessen Einleitung der Dichter besonders schätzte, Beruf, Freiheit, Rückhalt, ja sogar Heimat und Eltern wie durch paradiesischen Zauber finden werde. Eine Tagebuchnotiz Kafkas selbst läßt diese Bemerkung in einem anderen Licht erscheinen; sie deutet einen weniger optimistischen Schluß an und spricht vom Tod des schuldlosen Roßmann: die Parallele zum Tod des schuldlos-schuldigen K. im *Prozeß*. H.H.H.

In jüngerer Zeit wird verstärkt die zeitgeschichtliche Dimension des Romans erforscht. Kafka selbst monierte bei seinem Verleger Kurt WOLFF, daß das *Heizer*-Bändchen mit einer Hafenansicht New Yorks aus dem 19. Jahrhundert versehen sei, obwohl er *»doch das allermodernste New York dargestellt«* habe. 1917 vergleicht Kafka seinen Roman mit Charles DICKENS' *David Copperfield*: sein eigenes Werk sei *»um die schärferen Lichter«*, die er *»der Zeit entnommen«* habe, bereichert. Konkret heißt das: Kafka beschäftigte sich mit der massenweisen Amerika-Auswanderung ostjüdischer Flüchtlinge, die sich unter katastrophalen Bedingungen in Prag sammelten. Er bezog sich auf zeitgenössische Reiseberichte, vor allem auf Arthur HOLITSCHERS *Amerika heute und morgen* (1912). Dessen Amerika-Bild war typisch für die damalige Zeit: ein Land der ungebändigten und unkontrollierbaren Modernisierung, des in atemberaubendem Entwicklungstempo entfesselten Fortschritts, ein Land der ungeheuren Möglichkeiten, in dem der Kampf aller gegen alle in einer tayloristisch gestalteten Arbeitswelt tobt, wo gigantische Stadtmaschinen im Geschwindigkeitsrausch von Kino und automobilem Straßenverkehr durch die Zeit jagen.

In dieses Land ist Karl Roßmann von seiner Familie verschickt worden, als Strafaktion dafür, daß er sich von einem Hausmädchen hatte vergewaltigen lassen. Genau genommen hat man es mit einem Fall von »zwangsweise verfügter Fortschaffung« nach Amerika ohne Rückkehrmöglichkeit zu tun, einer abgemilderten Form der Deportation, die damals Justizpraxis war. Amerika ist für Karl also zunächst kaum etwas anderes als eine Strafkolonie. Dennoch ist es für ihn eine zweite Geburt, ein neues Leben. Er hat alle Chancen, viele Türen stehen ihm offen. Doch er kann sein Leben nicht selbst in die Hand nehmen; er läßt sich vielmehr führen, hängt sich an verschiedene, mächtigere Vaterfiguren. Karl trägt viele Merkmale des Picaros und wäre damit ein Verwandter des Simplicissimus, er ist vaterlos, auf der Suche nach Sinn in einer chaotischen Welt als Jammertal, er wird nur behandelt, ohne selbst zu handeln. Und dennoch ist Karl Roßmann ein Anti-Picaro: nicht listig-verschlagen, ein Schalk, sondern naiv und trotzig-stur, kein Überlebender, der immer wieder gerade noch davonkommt, sondern ein Verschollener. Wer verschollen ist, kann nach gewissen Fristen für tot erklärt werden. Und alles spricht für dieses Ende. P.Hel.

AUSGABEN: Lpzg. 1913 (*Der Heizer*, in Der jüngste Tag. Neue Dichtungen, 3; Nachdr. Ffm. 1981). – Mchn. 1927 (*Amerika*, Hg. M. Brod). – Bln. 1935 (*Amerika*, in *GS*, Hg. ders. u. H. Politzer, 6 Bde., 1935–1937, 2). – Ffm. 1953 (in *GW. Amerika*, Hg. M. Brod). – Ffm. 1956 u. ö. (*Amerika*, Hg. M. Brod; FiTb). – Ffm. 1970 u. ö. (*Der Heizer*, in *Sämtl. Erzählungen*, Hg. P. Raabe; FiBü; ern. FiTb). – Ffm. 1975 (*Der Heizer*; Nachw. B. v. Wiese; BS). – Ffm. 1983 (*Der Verschollene. Roman in der Fassg. der Hs.*, Hg. J. Schillemeit). – Ffm. 1983, Hg. ders., 2 Bde. *(Krit. Ausg. der Werke)*. – Ffm. 1989 (*Der Heizer*, in *Die Söhne*, Hg. M. Müller; FiTb).

Dramatisierung: M. Brod, *Amerika* (Urauff.: Zürich, 28. 2. 1957).

Verfilmungen: *Amerika*, Großbritannien 1966 (Regie: J. Ferman). – *Amerika oder Der Verschollene*, BRD 1969 (TV; Regie: Z. Brynych). – *»Amerika« vor Augen oder Kafka in 43 min. 30 sec.*, BRD 1978 (TV; Regie: H. Zischler). – *Klassenverhältnisse*, BRD 1984 (Regie: D. Huillet u. J.-M. Straub).

Literatur: H. Uyttersprot, *Eine neue Ordnung der Werke K.s? Zur Struktur von »Der Prozeß« und »Amerika«*, Antwerpen 1957. – L. Bergel, *»Amerika«. Its Meaning* (in *F. K. Today*, Hg. A. Flores u. H. Swander, Madison/Wis. 1958, S. 117–124). – P. Tyle, *The Dream-America of K. and Chaplin* (in P. T., *The Three Faces of the Film*, NY/Ldn. 1960, S. 94–101). – W. Jahn, *K.s Roman »Der Verschollene« (»Amerika«)*, Stg. 1965. – G. Loose, *F. K. und Amerika*, Ffm. 1968. – H. Chr. Buch, *Entfremdung u. Verfremdung in K.s »Amerika«-Roman* (in H. Chr. B., *Ut pictura poesis. Die Beschreibungsliteratur u. ihre Kritiker von Lessing bis Lukács*, Mchn. 1972, S. 222–269). – W. H. Sokel, *Zwischen Drohung u. Errettung. Zur Funktion Amerikas in K.s Roman »Der Verschollene«* (in *Amerika in der dt. Literatur. Neue Welt – Nordamerika – USA*, Hg. S. Bauschinger u. a., Stg. 1975, S. 246–271). – H. Hillmann, *K.s »Amerika«: Literatur als Problemlösungsspiel* (in *Der dt. Roman im 20. Jh. Analysen und Materialien zur Theorie und Soziologie des Romans*, Bd. 1, Hg. M. Brauneck, Bamberg 1976, S. 135–158). – A. Wirkner, *K. und die Außenwelt. Quellenstudien zum »Amerika«-Fragment*, Stg. 1976. – I. Hobson, *Oklahoma, USA, and K.'s Nature Theater* (in A. Flores, *The K. Debate. New Perspectives For Our Time*, NY 1977, S. 273–278). – J. Pütz, *K.s »Verschollener« – ein Bildungsroman? Die Sonderstellung von K.s Romanfragment »Der Verschollene« in der Tradition des Bildungsromans*, Ffm. u. a. 1983. – R. R. Nicolai, *K.s Amerika-Roman »Der Verschollene«. Motive u. Gestalten*, Würzburg ²1986. – P. v. Matt, Rez. (in *Romane von gestern – heute gelesen*, Hg. M. Reich-Ranicki, Bd. 2, Ffm. 1989, S. 47–53).

DIE VERWANDLUNG

Erzählung von Franz Kafka, entstanden November/Dezember 1912, erschienen 1915. – *»Als Gregor Samsa eines Morgens aus unruhigen Träumen erwachte, fand er sich in seinem Bett zu einem ungeheuren Ungeziefer verwandelt.«* So lapidar und nüchtern wird eine unheimliche Verwandlung konstatiert. Gregor Samsa gerät über seine neue Existenzform zunächst kaum ins Staunen, halb unwillig möchte er sie als Einbildung abtun: *»›Wie wäre es, wenn ich noch ein wenig weiterschliefe und alle Narrheiten vergäße‹, dachte er.«* Ins Staunen gerät er zunächst eher darüber, daß er seinen auf vier Uhr gestellten Wecker nicht gehört hat: *»Ja, aber war es möglich, dieses möbelerschütternde Läuten ruhig zu verschlafen?«* Es war möglich, denn Gregor Samsa wollte gar nicht rechtzeitig aufwachen, auch wenn ihm das so klar nicht bewußt wird: *»›Ach Gott‹, dachte er, ›was für einen anstrengenden Beruf habe ich gewählt! Tagaus, tagein auf der Reise (...) ein immer wechselnder, nie andauernder, nie herzlich werdender menschlicher Verkehr. Der Teufel soll das alles holen!‹«* Das sind die Gedanken Gregors kurz nach dem Erwachen – und sie müssen wohl auch in seinen *»unruhigen Träumen«* ihr Wesen getrieben und sein Verschlafen herbeigeführt haben. Gregor protestiert gegen seine Lebensweise als Reisender, und der Protest drückt sich sinnfällig in seiner Verwandlung zum Käfer aus, die ihn für jede Reisetätigkeit untauglich macht. Das revoltierende Unbewußte hat sich eine äußere Gestalt geschaffen. – Doch warum muß es eine so *»traurige und ekelhafte Gestalt«* sein, vor der Gregors Familie zurückschreckt? Auch darüber gibt Gregors morgendliche Gedankenflucht Auskunft: *»Wenn ich mich nicht wegen meiner Eltern zurückhielte, ich hätte längst gekündigt, ich wäre vor den Chef hingetreten und hätte ihm meine Meinung von Grund des Herzens aus gesagt. Vom Pult hätte er fallen müssen!«* Gregors Protest schwelt lange schon, aber gleichsam verdeckt, aus Rücksicht auf die Eltern nicht zugelassen; nach außen hin und im täglichen Leben ist Gregor willfährig bis zur Selbstaufgabe – ein Reisender, der für das geschäftliche Unglück seines Vaters büßt, die ganze Familie – Vater, Mutter, Schwester – unterhält und aus diesem schmählichen Opfer seinen Stolz und sein Glück gewinnt, freilich nur scheinbar: Seine abstoßende Käfergestalt bringt seine unglückliche, geknechtete Existenz und seinen lange unterdrückten Protest grotesk zum Ausdruck. Das Groteske zieht bei Kafka stets eine verdrängte Wahrheit ans Licht. Es ist kein Wunder, wenn Gregors Familie angesichts dieser Wahrheit von Entsetzen ergriffen wird, denn die Familie hat selber mitgewirkt an der zutage tretenden Mißgestalt: die Mutter, indem sie in asthmatischer Passivität verharrte, der Vater, indem er die letzten Jahre mit Zeitungslektüre und im Bett verbrachte, die Schwester, indem sie ein unbeschwertes Leben geführt hat. Die Familie hat Gregor unterdrückt, weil sie ihn sklavisch für sich arbeiten ließ: In seiner Schreckgestalt blickt ihr die eigene Unmenschlichkeit entgegen, und zwar so schlagend, daß sie davor die Flucht ergreift. Was einzig Gregor zurückverwandeln könnte in seine menschliche Gestalt, wäre die rückhaltlose Anteilnahme der Familie. Statt dessen flieht die Familie vor ihm und offenbart dabei noch einmal und noch unverhüllter ihr wahres Gesicht. Der Vater bombardiert den Käfer, der eines Tages aus seinem Zimmer ausbricht, mit Äpfeln und fügt ihm eine schwere Wunde zu – wodurch klar wird, daß der Vater und Gregors früherer Chef miteinander identisch sind: Der erste ist der Schuldner des zweiten, und als unterdrückter Schuldner reicht er die Unterdrückung an den Sohn weiter. Plötzlich wächst der Vater – wie im *Urteil* – zur tödlichen Herrschaftsfigur empor;

Kafka variiert hier die in seinem Werk immer wieder durchbrechende Kritik an der väterlichen Autorität (vgl. *Das Schloß*). Und nicht grundsätzlich vom Vater unterscheidet sich die Schwester, die allein sich in das Zimmer des Bruders wagt und ihm angewidert etwas Nahrung bereitstellt: Gleichsam Herr in des Bruders Zimmer, verschafft sie sich erstmals Respekt vor den Eltern, tritt sie in Konkurrenz zur Mutter, wie der Vater in Konkurrenz zum Sohn getreten ist, und beide Male läßt Kafka den unterschwelligen erotischen Kampf von fern anklingen. Die hier dargestellten Familienverhältnisse sind nicht zufällig schon früh aus psychoanalytischer Perspektive betrachtet worden (W. H. SOKEL).

In diesen Verhältnissen verkommt Gregor. Man vernachlässigt ihn, richtet kein menschliches Wort an ihn, entzieht ihm mit seinen Möbeln die Erinnerung an seine menschliche Existenz, läßt ihn spüren, daß man seinetwegen zum Geldverdienen gezwungen ist – und kann ihn doch nicht ohne weiteres loswerden. Kafka registriert diese Vorgänge mit quälender Sachlichkeit, mit unerbittlicher Ausbreitung von Details, mit der Lust an der exakten Groteske, typischen Stilmitteln seines Erzählens. Der staubbedeckte, sieche Käfer wird zum Stachel im Fleisch der Familie, zu jener Wahrheit, welche die Familie verdrängen will. Als er zuletzt sich einmal hervorwagt, angezogen vom Violinspiel der Schwester, das ihm eine Erlösung vorgaukelt, lädt er, die augenfällige Wiederkehr des Verdrängten, die vernichtende Wut seiner Vewandten auf sich. Er stirbt, nachdem sich seine Erbitterung in Rührung und Liebe gewandelt hat, und dieses Sterben spiegelt die Trauer des Erzählers wider: Die Revolte war ohnmächtig geblieben, eine Mischung aus Empörung und knechtischen Selbstvorwürfen, die an den zugrunde liegenden Machtverhältnissen nicht rührt.

Die hier zutage tretende Thematik läßt sich als ein Leitmotiv in Kafkas Werk verfolgen; in ihm spricht sich eine doppelte Erfahrung aus: eine private, Kafkas Leiden und seine Kritik am eigenen Vater (darüber gibt z. B. der berühmte *Brief an den Vater* Aufschluß), und eine allgemeine, Kafkas Einblick in ein gesellschaftliches Ganzes, das auf Hierarchie und anonyme Verfügungsgewalt gegründet ist (vgl. *Der Prozeß, Das Schloß*) und das der *pater familias* stützt. Was dadurch dem einzelnen angetan wird, zeigen Kafkas groteske, traumhafte Bilder, deren Realitätscharakter durch eine nüchterne, präzise Sprache unabweisbar wird. G.Sa.

Eine Quelle für Kafkas Insektenmetapher in der *Verwandlung* ist die Beschreibung der Bettwanze in *Brehms Tierleben*. Für Brehm gehört die *»übel berüchtigte Bettwanze [...] zu dem lästigsten alles [!] Ungeziefers«*. Vor Entstehung der *Verwandlung* hatte Kafkas Vater seinen Freund LÖWY mit Wanzen verglichen. Kafkas Verleger Kurt WOLFF nannte die Erzählung eine »Wanzengeschichte«. Kafka las seine Geschichte möglicherweise unter dem Titel »Die Wanze« Franz WERFEL vor, der sie dann unter diesem Titel Kurt Wolff empfahl (J. UNSELD).

Die für Kafka typische Schlafthematik ist in der *Verwandlung* stets präsent. An Felice Bauer schreibt Kafka, *Die Verwandlung* sei ihm *»im Bett eingefallen«*. Gregor Samsa erwacht als Ungeziefer im Bett. Sein Vater dämmert und schläft meist vor sich hin. Der überhaupt nicht mehr ›gesunde‹ Schlaf des Vaters und damit die etablierte Ordnung wird durch die Bettwanze gestört, ein Gedanke, der im *Brehm* angelegt ist: *»Das häßlichste an ihnen ist das hinterlistige, heimliche Blutsaugen, um den Schlafenden in seiner Ruhe zu stören.«* Von blutsaugendem Ungeziefer ist dann auch im *Brief an den Vater* die Rede. Gregor muß seinerseits erwachend feststellen, daß er zur Verkörperung des Nutzlosen geworden ist, zum Ungeziefer, als das ihn Familie, Vorgesetzte und Gesellschaft betrachten. Seine Verwandlung geht einher mit dem Verlust der menschlichen Sprache. Gregor deutet dies als Vorboten *»einer Berufskrankheit«*. Auch der Vater macht das plausibel: *»Der Junge hat ja nichts im Kopf als das Geschäft.«* Gregor verweist auf die berufliche Situation des Reisenden, der *»zu Hause die schlimmen, auf ihre Ursachen hin nicht mehr zu durchschauenden Folgen am eigenen Leibe [!] zu spüren bekommt«*. Seine Todesart ist schließlich das ›Entschlafen‹: *»Dann sank sein Kopf ohne seinen Willen gänzlich nieder, und aus seinen Nüstern strömte sein letzter Atem schwach hervor.«*

Auch die Essens- und Hungerthematik der *Verwandlung* ist bei Brehm angesprochen: Bettwanzen vermögen *»lange zu hungern«*. Nach einiger Zeit, als er keine Hoffnung mehr auf Rückverwandlung hat, denn die Richtung der Evolution ist unumkehrbar, ißt Gregor *»fast gar nichts mehr«*. Er kann die ersehnte Nahrung nicht finden. Nahrung ist bei Kafka derjenige »Stoff«, der ein wahres, menschliches Leben erst ermöglicht: *»nur vorwärts, hungriges Tier, führt der Weg zur eßbaren Nahrung, atembaren Luft, freiem Leben, sei es auch hinter dem Leben«*, lautet im *Tagebuch* 1922 die Erklärung für diesen Begriff der Nahrung. Wie in der *Verwandlung* und im *Urteil* ist auch dort der Tod als letzter Ausweg mitbedacht. Wer nicht mehr nützlich ist – Gregor finanzierte immerhin den Lebensunterhalt der Familie –, schadet nur und muß unschädlich gemacht werden. Gregor übernimmt auch diese letzte Aufgabe selbst und verhungert.

Die Gregor Samsa nicht bewußte Regressionsstrategie, sich dem Kampf ums Dasein total zu verweigern und die Evolution in entgegengesetzter Richtung zurückzulegen, um einen Punkt des möglichen Neuanfangs zu finden – der Affe Rotpeter (vgl. *Ein Bericht für eine Akademie*) wird die andere Richtung wählen, er gewinnt die Sprechfähigkeit der Menschen, die Gregor verliert –, war vergebens. In der »neuen Ordnung«, die jetzt in der Familie einkehrt, tritt als erste neue Person ein Metzger wie ein verheißungsvoller Engel auf, der den Nachschub für die nächste Schlacht im Kampf ums Dasein bringt. Er ist die genaue Gegenfigur zu dem nutzlosen Kostverächter Gregor. P.Hel.

AUSGABEN: Lpzg. 1915 (in Die Weißen Blätter, 2, H. 10). – Lpzg. 1915 (Der jüngste Tag, 22/23). – Bln. 1935 (in *GS*, Hg. M. Brod u. H. Politzer, 6 Bde., 1935–1937, 1). – Ffm. 1952 (in *GW. Erzählungen*, Hg. M. Brod). – Ffm. 1952 (FiBü). – Ffm. 1970 u.ö. (in *Sämtl. Erzählungen*, Hg. P. Raabe; FiBü; ern. FiTb). – Ffm. 1973 (BS). – Ffm. 1986 u.ö. (Komm. V. Nabokov; FiTb). – Ffm. 1989 (in *Die Söhne*, Hg. M. Müller; FiTb).

VERFILMUNGEN: *Metamorphosis*, USA 1951 (Regie: B. Hampton). – Dass., Großbritannien 1953 (Regie: L. Mazzetti). – *La Metamorfosis*, Venezuela 1962 (Regie: A. Hurtado). – *Metamorphosis*, Großbritannien 1969 (Regie: C. P. Hansen). – BRD 1975 (TV; Regie: J. Nemec). – *Förvandlingen*, Schweden 1976 (Regie: I. Dvorak). – *Metamorphosis of Mr. Samsa*, Kanada 1972–1977 (Regie: C. Leaf).

LITERATUR: M. Spilka, *K.'s Sources for »The Metamorphosis«* (in CL, 11, 1959, S. 289–307). – B. v. Wiese, *Die deutsche Novelle von Goethe bis K.*, Bd. 2, Düsseldorf 1962, S. 319–345. – F. Tomberg, *K.s Tiere u. die bürgerliche Gesellschaft* (in Das Argument, 6, 1964, S. 1–13). – M. Krock, *F. K.: »Die Verwandlung«. Von der Larve eines Kiefernspinners über die Boa zum Mistkäfer. Eine Deutung nach »Brehms Thierleben«* (in Euph, 64, 1970, S. 326–352). – P. B. Waldeck, *K.'s »Verwandlung« and »Ein Hungerkünstler« as Influenced by Leopold von Sacher-Masoch* (in MDU, 64, 1972, S. 147–152). – A. Doppler, *Entfremdung u. Familienstruktur. Zu F. K.s Erzählungen »Das Urteil« u. »Die Verwandlung«* (in *Zeit- u. Gesellschaftskritik in der österreichischen Literatur des 19. u. 20. Jh.s*, Hg. Institut f. Österreichkunde, Wien 1973, S. 75–91). – G. Sautermeister, *Die sozialkritische u. sozialpsychologische Dimension in F. K.s »Die Verwandlung«* (in DU, 26, 1974, S. 99–109). – S. Wolkenfeld, *Christian Symbolism in K.'s »The Metamorphosis«* (in SSF, 13, 1976, S. 205–207). – N. Oellers, *Die Bestrafung der Söhne. Zu K.s Erzählungen »Das Urteil«, »Der Heizer« u. »Die Verwandlung«* (in ZfdPh, 97, 1978, S. 70–87). – H. Binder, *Die Rückverwandlung des Gregor Samsa, Karl Brand und F. K.* (in NZZ, 14./15. 2. 1981). – S. Goepfert u. H. C. Goepfert, *Der Interpret als Käfer. Zum psychoanalytischen Verständnis von K.s »Verwandlung«* (in S. G. u. H. C. G., *Psychoanalyse interdisziplinär: Sprach- u. Literaturwissenschaft*, Mchn. 1981, S. 117–125). – V. Nabokov, *K.s Erzählung »Die Verwandlung«* (in V. N., *Die Kunst des Lesens. Meisterwerke europäischer Literatur*, Hg. F. Bowers, Ffm. 1982, S. 313–352). – *F. K.: »Die Verwandlung«. Erläuterungen u. Dokumente*, Hg. P. U. Beicken, Stg. 1983 (RUB). – H. Binder, *Metamorphosen: K.s »Verwandlung« im Werk anderer Schriftsteller* (in *Probleme der Moderne. Studien zur dt. Literatur von Nietzsche bis Brecht*, Hg. B. Bennett u. a., Tübingen 1983, S. 247–305).

GEORG KAISER

* 25.11.1878 Magdeburg
† 4.6.1945 Ascona

LITERATUR ZUM AUTOR:
B. Diebold, *Der Denkspieler G. K.*, Ffm. 1924. – M. Freyhan, *G. K.s Werk*, Bln. 1926. – H. F. Koenigsgarten, *G. K. Mit einer Bibliographie von A. Loewenberg*, Potsdam 1928. – L. M. Linick, *Der Subjektivismus im Werke G. K.s*, Straßburg 1938. – E. A. Fivian, *G. K. u. seine Stellung im Expressionismus*, Mchn. 1947. – A. Schütz, *G. K.s Nachlaß. Eine Untersuchung über die Entwicklungslinien im Lebenswerk des Dichters*, Basel 1951. – B. J. Kenworthy, *G. K.*, Oxford 1957. – K. Behrsing, *Sprache u. Aussage in der Dramatik G. K.s*, Zürich/Mchn. 1958. – A. M. Elbe, *Technische u. soziale Probleme in der Dramenstruktur G. K.s*, Hbg. 1960. – W. Paulsen, *G. K. Die Perspektiven seines Werkes*, Tübingen 1960. – A. Meese, *Die theoretischen Schriften G. K.s*, Fürstenfeldbruck 1965. – H. D. Gröll, *Untersuchungen zur Dialektik in der Dichtung G. K.s*, Köln 1965. – W. Geifrig, *G. K.s Sprache im Drama des expressionistischen Zeitraums*, Mchn. 1968. – J. Marx, *G. K., ich u. die anderen. Alles in einem Leben. Ein Bericht in Tagebuchform*, Gütersloh 1970. – M. Kuxdorf, *Die Suche nach dem Menschen im Drama G. K.s*, Ffm. u. a. 1971. – E. Schürer, *G. K. u. Bertolt Brecht. Über Leben u. Werk*, Ffm. 1971. – K. Petersen, *G. K.: Künstlerbild u. Künstlerfigur*, Ffm. u. a. 1976. – W. Steffens, *G. K.*, Mchn. 1976. – R. Bussmann, *Einzelner u. Masse. Zum dramatischen Werk G. K.s*, Kronberg/Ts. 1978. – M. Durzak, *Das expressionistische Drama. Bd. 1: Carl Sternheim – G. K.*, Mchn. 1978. – *G. K. Eine Aufsatzsammlung nach einem Symposium in Edmonton/Kanada*, Hg. H. A. Pausch u. E. Reinhold, Bln./Darmstadt 1980. – *G. K.*, Hg. A. Arnold, Stg. 1980. – P. K. Tyson, *The Reception of G. K. 1915–1945. Texts and Analysis*, NY 1984. – P. Raabe, *Die Autoren und Bücher des literarischen Expressionismus. Ein bibliographisches Handbuch*, Stg. 1985.

DIE BÜRGER VON CALAIS

Bühnenspiel in drei Akten von Georg KAISER, entstanden 1914; Uraufführung: Frankfurt/Main, 29. 1. 1917, Neues Theater. – Dieses Stück brachte für Kaiser den Durchbruch als Theaterautor, nachdem er bis dahin schon mehr als zwanzig Dramen verfaßt hatte. Bis heute gelten *Die Bürger von Calais* mit ihrer emphatischen Forderung nach dem »neuen Menschen« als eines der klassischen Werke des deutschen Expressionismus, der Autor wird in der Folgezeit bis 1933 neben G. HAUPTMANN der meistgespielte deutsche Dramatiker.

Angeregt wurde Kaiser zu diesem Stück durch das in Calais aufgestellte Denkmal des französischen Bildhauers Auguste Rodin (1840–1918), das 1884–1886 entstand und als *Die Bürger von Calais* bezeichnet ist. Es erinnert an die in Jean FROISSARTS *Croniques de France* (um 1400) überlieferte Episode aus dem Hundertjährigen Krieg, als der englische König 1346 die französische Hafenstadt belagerte; ein Jahr lang verteidigen sich die Bürger, dann bieten sie die Öffnung der Stadt gegen ihr Leben an. Der englische König stimmt zu, sofern ihm sechs Bürger der Stadt übergeben werden, mit denen er nach seinem Willen verfahren kann.

Die Vorgeschichte setzt Kaiser voraus. Ein englischer Offizier verkündet vor den Gewählten Bürgern das Angebot des englischen Königs: *»Der König von England will Gnade üben ... mit dem Grauen des neuen Tages sollen sechs der Gewählten Bürger aus dem Tor aufbrechen – barhäuptig und unbeschuht – mit dem Kittel des armen Sünders bekleidet und den Strick im Nacken!«* Die Botschaft ruft einander widersprechende Reaktionen hervor. Der französische Hauptmann Duguesclins fordert die Fortsetzung des Kampfes, während Eustache de Saint-Pierre zur Annahme der Bedingungen rät. Er meldet sich als erster, sechs weitere folgen.

Im zweiten Akt nehmen die freiwilligen Opfer im Saal des Stadthauses Abschied von ihren Angehörigen und Vertrauten. Das Los soll, in Form von blauen Kugeln in einer verdeckten Schüssel, entscheiden, wer von den sieben Bürgern zurückbleiben kann. Eustache de Saint-Pierre hat jedoch heimlich nur blaue Kugeln in die Schüssel gelegt, um jeden der Freiwilligen nochmals zu bewegen, die Gründe für seinen Schritt zu überdenken: *»Ihr buhlt um diese Tat – vor ihr streift ihr eure Schuhe und Gewänder ab. Sie fordert euch nackt und neu.«* Derjenige soll nun mit dem Leben davonkommen, der am nächsten Morgen als letzter am Marktplatz erscheint.

Zur vereinbarten Zeit finden sich die Gewählten Bürger ein: *»Markt vor stufenhoher Kirchentür«*, *»die Seiten und noch in den Gassen säumt die dichte Ballung des Bürgervolkes – kenntlich mit blassem Streifen der helleren Gesichter«*. Die Freiwilligen legen das Armesünderhemd an, lediglich Eustache de Saint-Pierre fehlt. Die Gewählten Bürger verdächtigen ihn schon des Betrugs und des Verrats, da bringt Eustaches Vater eine Bahre mit der Leiche seines Sohnes. Er hat sich in der Nacht selbst getötet, um die Notwendigkeit des Opfers zu zeigen (*»Sie müssen sich eilen – wenn sie mir folgen wollen – ich bin vorausgegangen!«*) und das Erscheinen des »neuen« Menschen einzuleiten, wie sein blinder Vater verkündet: *»Meine blinden Augen sind gut ... ich habe den neuen Menschen gesehen – in dieser Nacht ist er geboren!«* In dem Augenblick, da die sechs Geiseln sich zum Aufbruch rüsten, tritt ein Bote auf: Dem englischen König wurde in der Nacht ein Sohn geboren, er will *»an diesem Morgen um des neuen Lebens willen kein Leben vernichten. Calais und sein Hafen sind ohne Buße vor der Zerstörung gerettet!«* Die Leiche von Eustache de Saint-Pierre wird in der Kathedrale aufgebahrt: *»der König von England soll – wenn er vor dem Altar betet – vor seinem Überwinder knien!«*

Das Stück galt bald nach seiner Uraufführung als beispielhaft für den expressionistischen Stil; die Handlung löst sich, vom Einzelschicksal abstrahierend, in eine zeitlose Parabel auf, in das *»Ideendrama«*, dessen Sprache zu höchstem Pathos gesteigert ist: Satzbrüche, durchgehende Passagen in Frageform, Wortwiederholungen, dazu intensive Regieanweisungen, die die Expressivität der Gebärde betonen. Der Opfertod des Eustache wurde von der Kritik mit wenigen Ausnahmen – *»Führer-Erbötigkeit der Masse, Opferexzesse gerade der Besten, totaler Funktionalismus und – Sehnsucht nach Frieden ohne Gewalt ... Opfergesinnung, die sich durch Anspruch zur Unbedingtheit über ihren Gegenstand erhebt, ist Hybris so gut wie der Machtrausch der Tyrannen«* (E. Lämmert) – immer schon als vorbildliche Haltung des einzelnen gegenüber der Allgemeinheit aufgenommen, zugleich als exemplarische Verkündung der expressionistischen Utopie des »neuen Menschen«: *»Selbstaufgabe und Opferbereitschaft erweisen sich in den ›Bürgern von Calais‹ als Grundvoraussetzung für die Überwindung des alten Menschen. In Eustaches Tod läßt Kaiser neues Menschentum über den alten Adam triumphieren«* (M. Kuxdorf). Bis heute gehört das Stück, als eines der wenigen Dramen aus der Zeit des Expressionismus, zum Kanon der Schullektüre. M.Pr.

AUSGABEN: Bln. 1914. – Potsdam 1931 (in *GW*, 3 Bde., 1928–1931, 3). – Stg. 1958 (RUB). – Ffm./Bln. 1971 (in *Werke*, Hg. u. Nachw. W. Huder, 6 Bde., 1970–1972, 1).

LITERATUR: H. Simon, Rez. (in Frankfurter Zeitung, 30. 1. 1917). – K. Edschmid, Rez. (in NZZ, 4. 2. 1917). – A. Polgar, Rez. (in Vossische Zeitung, 15. 10. 1917). – S. Jacobsohn, *Das Jahr der Bühne*, Bln. 1920, S. 16–22. – H. Rosenthal, *»Die Bürger von Calais«*, Diss. Hbg. 1922. – E. Lämmert, *K.s »Die Bürger von Calais«* (in *Das deutsche Drama*, Hg. B. v. Wiese, Bd. 2, Düsseldorf [2]1960, S. 305–324). – E. Ihrig, *»Die Bürger von Calais«. A. Rodins Denkmal – G. K.s Bühnenspiel* (in WW, 9, 1962, S. 290–303). – H. Rück, *Naturalistisches u. expressionistisches Drama. Dargestellt an Gerhart Hauptmanns »Ratten« u. an G. K.s »Die Bürger von Calais«* (in DU, 16, 1964, H. 3, S. 39–53). A. Arnold, *Die innere Wandlung des Menschen. G. K.* (in A. A., *Die Literatur des Expressionismus. Sprachliche u. thematische Quellen*, Stg. u. a. 1966, S. 113–134). – H. Denkler, *G. K. »Die Bürger von Calais«. Drama u. Dramaturgie. Interpretation*, Mchn. 1967. – G. C. Tunstall, *Light Symbolism in G. K.'s »Die Bürger von Calais«* (in JEGPh, 78, 1979, S. 178–192). – M. Kuxdorf, *»Die Bürger von Calais«* (in *G. K.*, Hg. A. Arnold, Stg. 1980, S. 66–69). – G. C. Tunstall, *Hebbel and G. K. Reflections of »Judith« in »Die Bürger von Calais«* (in Colloquia Germanica, 14, 1981, S. 130–141). – E. Neis, *Erläuterungen zu G. K. »Die Bürger von Calais«*, Hollfeld [4]1987.

GAS

Titel zweier Schauspiele von Georg KAISER, Uraufführung: *Gas* (fünf Akte), Frankfurt/Main, 28. 11. 1918, Neues Theater; *Gas. Zweiter Teil* (drei Akte), Brünn, 29. 10. 1920, Vereinigte Deutsche Theater. – Beide Stücke stehen in Zusammenhang mit dem Schauspiel *Die Koralle*, wenn der Autor sie auch nicht zu einer Trilogie zusammengeschlossen hat. In *Gas* erhebt Kaiser scharfe Anklagen gegen industrielle Automation und Vermassung, gegen Krieg, soziales Elend und menschliche Entfremdung, für die als Symbol die Maschine steht, ohne daß es ihm um eine realistische Darstellung zu tun ist; er selbst bezeichnete *Gas* als Mittel, *»um ins Menschunendliche vorzudringen; aus diesen Figuren abzuleiten das Gleichnis, das beständig gültig ist; den Aufruf zu uns, der so am schärfsten laut werden kann«*. Zugleich stellt er die geschichtliche Zwangsläufigkeit dar, mit der der »Erlöser« von denen, die er erlösen will, ans Kreuz geschlagen wird.

Gas I: Der Sohn eines Milliardärs (der Hauptfigur der *Koralle*) hat das Riesenwerk des Vaters in ein soziales Unternehmen umgewandelt, an dessen Profiten alle Arbeiter beteiligt sind. *»Ohne Chef und Lohnlisten«* wird der Kraftstoff Gas vornehmlich zu Kriegszwecken produziert. Eines Tages färbt sich trotz richtiger Formel das Gas im Sichtglas und die Anlagen explodieren unter ungeheurem Aufruhr. Die arbeitenden Massen sind nun brotlos und verlangen die Entlassung des schuldlosen Ingenieurs, dessen Formel allen nachträglichen Überprüfungen standhält. Der Milliardärssohn, der sich schützend vor ihn stellt, eröffnet den Arbeitern in einer großen Streikversammlung seine Pläne: Sie sollen das Werk verlassen, auf den Schutthalden siedeln und der sie versklavenden Vernichtungsmaschinerie abschwören, die doch nur zu neuen Katastrophen führen werde, weil man die alte Formel weiterverwenden müsse. Als der Ingenieur zwischen ihn und die Massen tritt und den Arbeitern mit rauschhaftem Pathos die von Menschen seines Schlages auszuarbeitenden Methoden künftiger Naturbeherrschung entwirft und ihnen als verächtliches Gegenbild das des unheroischen »Bauern« ausmalt, huldigen sie ihm als ihrem neuen Führer. Der Milliardärssohn, auf dessen privatem Grund und Boden das Werk liegt, versucht nun, seine Pläne mit Gewalt durchzusetzen. Ein Regierungsvertreter, der die Unentbehrlichkeit des Gases für die gesamte Rüstungsindustrie darlegt, enteignet ihn jedoch und überredet die Massen dazu, die Arbeit wieder aufzunehmen. Jubelnd kehren sie in die Fron zurück und steinigen ihren »Erlöser« am Werkeingang. Dem Verzweifelten verspricht die Tochter, den kommenden »großen« Menschen zu gebären, der sein Werk vollenden werde.

In *Gas II* setzt das Bühnengeschehen zwei Generationen später ein. Das in staatliche Zwangsverwaltung übergegangene Werk produziert Gas jetzt ausschließlich für Rüstungszwecke; es wird von zur vollkommenen Anonymität geschrumpften Mächten, den »Blaufiguren«, dirigiert, die einen Vernichtungskampf gegen die ähnlich abstrakten, jedoch technisch unterlegenen »Gelbfiguren« führen. Als die Leistungen der überforderten Arbeiter rapide sinken, wird zunächst der zum *»Petrefakt fanatischer Werkenergie«* gealterte *»Großingenieur«*, später der *»Milliardärarbeiter«* – ein Enkel des Milliardärssohns – von den »Blaufiguren« zur Rechenschaft gezogen. Ihm bietet man die Stellung des Chefs an, der durch persönliche Initiative die arbeitenden Massen zur letztmöglichen Leistungssteigerung und *»zum Untergang fanatisieren«* soll, zumal der Krieg im günstigsten Fall als *»Remis mit zwei schachmatten Parteien«* enden kann. Die Pläne der »Blaufiguren« werden jedoch von einem Aufstand der Arbeiter durchkreuzt, die in einer riesigen Werkhalle zusammenströmen und sich weigern, künftig Gas herzustellen. Unter Führung des neuen Chefs senden sie ein Friedensangebot an den Gegner. Die beschwörenden Mahnungen des *»Milliardärarbeiters«* – *»Ihr seid wieder bei Euch – ausgegangen aus fremder Nötigung – eingekehrt in letzte Verpflichtung!«* – werden jedoch von den plötzlich auftauchenden feindlichen »Gelbfiguren« erstickt, die alle Befehlsgewalt übernehmen und die sofortige Arbeitsaufnahme anordnen. Bald darauf legt eine neue Revolte den vom Feind umzingelten Fabrikkomplex still. Die »Gelbfiguren« setzen eine kurze Frist und drohen mit der Beschießung des Werks. In der letzten Massenszene enthüllt der *»Großingenieur«* den Arbeitern seine neue Erfindung, die sie endgültig von den feindlichen *»Zwingherrn«* befreien soll – Giftgas! Ein erbitterter Wortwechsel zwischen ihm, der zu Vernichtung und absoluter Herrschaft aufruft, und dem *»Milliardärarbeiter«*, der für ein gewaltloses Reich der demütigen Duldung, das *»nicht von dieser Welt«* ist, eintritt, zwingt die Massen zur Entscheidung. Als sie die Anwendung des Gases begeistert fordern, opfert sich der *»Milliardärarbeiter«*: Er wirft die Giftgaskugel über sich, die, zugleich mit der plötzlich einsetzenden Beschießung von außen, Freund und Feind, Arbeiter und »Gelbfiguren« in einem ungeheuren Chaos hinwegrafft.

Kaiser benutzt in seinen beiden konsequentesten Revolutionsstücken, deren erstes mitten in den wilden Unruhen der Nachkriegsrevolution von 1918 ein starkes Echo hatte, alle jene Bühneneffekte des Expressionismus, die später, zumal durch den Regisseur Erwin Piscator, Schule machen sollten. Die expressionistische Dramaturgie beherrscht er virtuos; er setzt sie jedoch beinahe zu perfektioniert und routiniert in den Gang seines *»Gedankenspiels«* ein. Vor allem *Gas II* zeigt schon alle Merkmale des formelhaft gewordenen, ins Bizarre übersteigerten Stils eines epigonalen Expressionismus. Die Szenerie wird mit entindividualisierten und zum Teil roboterähnlichen Typen bevölkert. Kaskadenartig stürzenden und durch Gedankenstriche und Pausen übermäßig zerdehnten und zersplitterten Dialogen wird ein Übermaß an Pathos aufgebürdet, aus dem die vorgestellten Thesen ihre Durchschlagskraft ziehen sollen. Neben kühler Sachlichkeit (z. B. den Anweisungen der »Blau«- und »Gelbfiguren«) steht hektische Überhitze; der Tendenz zu syntaktischer Vereinfachung im Dienste einer gesteigerten Intensität des Sprechstils, wie sie der Expressionismus schätzte, gibt Kaiser zwar bereitwillig nach, er erreicht jedoch die Stringenz etwa der grotesken Kurzdramen A. STRAMMS nicht. Tabellen, Formeln, technische Begriffe und Apparaturen, Lichtbündel, gewaltsame Wortballungen und durch Regieanweisungen geforderte Massenschreie sollen beiden Stücken die Atmosphäre kalter, inhumaner Technizität zu verleihen. Vor allem *Gas I* übte einigen Einfluß auf Fritz Lang und dessen Filmmonument *Metropolis* (1926) aus.

KLL

AUSGABEN: Bln. 1918 *(Gas)*. – Potsdam 1920 *(Gas. Zweiter Teil)*. – Potsdam 1928 (in *GW*, 3 Bde., 1928–1931, 1). – Ffm./Bln. 1971 (in *Werke*, Hg. u. Nachw. H. Huder, 6 Bde., 1970–1972, 2). – Ffm./Bln. 1978, Hg. ders. (Ullst. Tb).

LITERATUR: Zu *Gas I*: A. Neuweiler, *Anm. zu meinem Regiebuch von Ks. »Gas«* (in Scene, 8, 1918, S. 59). – B. Diebold, Rez. (in Frankfurter Zeitung, 29. 11. 1918). – A. Polgar, Rez. (in Weltbühne, 20, 1924, S. 26). – K. H. Fränkel, *K.s »Gas« u. das Verbot von Theaterstücken* (in Denkendes Volk, 1, 1947, S. 297–300). – S. Gittleman, *Fritz Lang's »Metropolis« and G. K.'s »Gas I«: Film, Literature, and Crisis of Technology* (in Unterrichtspraxis, 12, 1979, H. 2, S. 27–30). – P. Schlapp, *G. K. »Gas I: Textanalyse u. Konzept einer szenischen Realisation*, Diss. Ffm. 1984.
Zu *Gas II*: C. P. Siemens, Rez. (in Die Bücherhalle, 1920, S. 289–292). – B. Diebold, Rez. (in LE, 23, 1921, S. 393).
H. Glaser, *G. K.: Gas I, Gas II* (in *Das europäische Drama von Ibsen bis Zuckmayer*, Hg. L. Büttner, Ffm./Bln. 1960, S. 185–194). – R. Kauf, *G. K.'s Social Tetralogy and the Social Ideas of W. Rathenau* (in PMLA, 77, 1962, S. 311–317). – A. Arnold, *Innere Wandlung des Menschen. G. K.* (in A. A., *Die Literatur des Expressionismus. Sprachliche u. thematische Quellen*, Stg. u. a. 1966, S. 113–134). – G. Rühle, *G. K. »Gas I. Teil«, »Gas II. Teil«* (in G. R., *Zeit u. Theater. Vom Kaiserreich zur Republik. 1913–1925*, Bd. 1, Bln. 1973, S. 914–925). – E. Schürer, *Die »Gas«-Dramen* (in *G. K.*, Hg. A. Arnold, Stg. 1980, S. 92–110). – F. Martini, *Soziale Thematik u. Formenwandlungen des Dramas* (in F. M., *Literarische Form u. Geschichte*, Ffm. 1984). – H. Heinze, *Märtyrerdrama der Moderne. Eine gattungsgeschichtliche Grundlegung*, Ffm. 1985.

VON MORGENS BIS MITTERNACHTS. Stück in zwei Teilen

Drama von Georg KAISER, entstanden 1912, Uraufführung: München, 28. 4. 1917, Kammerspiele. – Die unvermutete Begegnung mit einer eleganten Dame von Welt, die an seinem Schalter Geld abheben will, ohne im Besitz der nötigen Unterlagen zu sein, wirft den Bankkassierer in der Kleinstadt W. aus dem Geleise seines ereignislosen Beamtendaseins. Er entwendet ihretwegen 60 000 Mark aus der Kasse, doch hält sie die versprochene Verabredung zur Flucht in die Großstadt B. nicht ein. Alleingelassen und gehetzt von der Begierde, das *»echte Leben«* zu finden, durchlebt der aus Verzweiflung und Sehnsucht zum »Wanderer« Gewordene von morgens bis mitternachts in symbolischer Raffung typische Existenzsituationen, an deren Ende der Tod steht. Die Erlebnisse beim Sechstagerennen, im Nachtklub und bei der Versammlung der Heilsarmee steigern nur noch seinen Ekel an der Welt, und als ihn das Mädchen von der Heilsarmee schließlich für ein paar Groschen an die Polizei verrät, jagt er sich eine Kugel durch den Kopf.

Zum Leitmotiv wird das Geld – *»Das Geld verschlechtert den Wert. Das Geld verhüllt das Echte – das Geld ist der armseligste Schwindel unter allem Betrug«* –, aber das Spiel mit dem Geldmotiv dient dem Autor lediglich als Vehikel viel weitergehender Aussagen. Nicht Besitzgier oder die Angst vor den Verfolgern treiben den Kassierer zur Flucht: Es ist eine Flucht vor der verödeten, sinnentleerten Existenz beruflicher und familiärer Spießigkeit in die Weite des »echt« erlebten Daseins, in das Mächtige und Großartige. Am Geld hängt er wenig: Er setzt fantastische Preise für die Runden des Sechstagerennens aus und berauscht sich an der Raserei der Masse, und ganz plötzlich verbindet sich mit dem Gedanken an die durch Geld hochgeputschte Sensationsgier der Impuls sozialer Anklage: Der König ist erschienen, um die am höchsten dotierte Runde mitzuerleben. Man spielt die Nationalhymne und das Grölen erstirbt in andächtiger Subordination. Da zieht der bitter Enttäuschte seinen Einsatz zurück: *»Dieser eben noch lodernde Brand ausgetreten von einem Lackstiefel seiner Hoheit. Sind Sie toll, mich für so verrückt zu halten, daß ich zehn Pfennige vor Hundeschnauzen werfe?«* Genauso unmenschlich wie der König verhalten sich die feinen Herren des Nachtklubs: Sie stehlen den Tausender, den der Kassierer als Zeche zurückgelassen hat, vom Tisch ohne Mitleid mit dem Kellner, den der Verlust seiner Stellung in den Untergang treiben wird. – Das dritte Motiv ist das der Scheinhaftigkeit religiöser Ekstase: Merkwürdig schillernd zwischen Komik und Ernst sind die Schuldbekenntnisse, die man auf der Bußbank der Heilsarmee abgibt. Und die Wirkung seiner eigenen Selbstanklage ist vollends eine Farce: Die Scheine, die er von sich wirft, lösen eine Prügelei aus. Da verwundert es nicht mehr, daß auch das Mädchen, dem er seine Liebe zuwendet wie einst der Dame und, in pervertierter Form, den verlogenen Mädchen des Nachtklubs, ihm den Rücken kehrt. Aus der Welt solcher Hartherzigkeit gibt es nur den Ausweg in den Tod. *»Ecce homo«*, sind seine letzten Worte, aber die angedeutete Christussymbolik wirkt angeklebt: Der Selbstmord ist kein Opfer, sondern nur ein über-

scharfes, sich in Verzweiflung und Negation kundgebendes Urteil über die Zeit.
Eine Lösung bietet Kaiser nicht an, nicht einmal die Konstellation eines tragischen Konflikts. Der Kassierer kämpft nicht, er ist kein Revolutionär, und wenn er scheitert, so muß er es tun, denn in einer so desillusionierenden Welt, in die er hätte besser nicht aufbrechen sollen, gibt es nur das grenzenlose Leid für ihn. Auch in formaler Hinsicht leitet das Drama die eigentlich expressionistische Periode Kaisers ein: Mit der kinoartig in rasendem Tempo abrollenden Handlung jagt eine kurzatmige, gehetzte, gebrochene Sprache einher, im Stil der Zeit emphatisch überhöht. Die fast gewaltsame Dynamik bedarf keines An- und Abschwellens, sondern pulsiert in schnellem Wechsel gleichmäßig atemlos dahin. Zwischen den impressionistisch-neuromantischen Stücken der Frühzeit und den *Bürgern von Calais* konzipiert, nähert sich dieses Werk dem Stationendrama Strindbergscher Prägung an, *»eine balladeske Revue, die vom Stil des mittelalterlichen Osterspiels und des späten Bänkelgesangs genausoviel profitiert, wie sie das epische Theater Brechts vorbereitet«* (W. Huder). W.v.S.-KLL

AUSGABEN: Bln. 1916. – Potsdam 1928 (in *GW*, 3 Bde., 1928–1931, 2). – Mchn. 1962 (in *Dt. Theater des Expressionismus*). – Stg. 1965, Hg. u. Nachw. W. Huder (RUB). – Bln./Ffm. 1971 (in *Werke*, Hg. u. Nachw. ders., 6 Bde., 1970–1972, 1).

VERFILMUNG: Deutschland 1920 (Regie: K. H. Martin).

LITERATUR: W. Adling, *G. K.s Drama »Von morgens bis mitternachts« u. die Zersetzung des dramatischen Stils* (in WB, 5, 1959, S. 369–386). – R. Koesters, *K.'s »Von morgens bis mitternachts« and Hesse's »Klein und Wagner«. Two Explorations of Crime and Human Transcendence* (in OL, 24, 1969, S. 237–250). – L. R. Shaw, *The Playwright and Historical Change. Dramatic Strategies in Brecht, Hauptmann, K. and Wedekind*, Madison 1970. – *G. K., »Von morgens bis mitternachts«. Erläuterungen und Dokumente*, Hg. E. Schürer, Stg. 1975 (RUB). – H. J. Schueler, *The Symbolism of Paradise in G. K.s »Von morgens bis mitternachts«* (in Neoph, 68, 1984, S. 98–104).

ELSE LASKER-SCHÜLER

* 11.2.1869 Wuppertal-Elberfeld
† 22.1.1945 Jerusalem

LITERATUR ZUR AUTORIN:
Biographien:
J. P. Wallmann, *E. L.*, Mühlacker 1966. – E. Klüsener, *E. L.-S. in Selbstzeugnissen u. Bilddokumenten*, Reinbek 1980 (rm). – J. Hessing, *E. L.-S. Biographie einer deutsch-jüdischen Dichterin*, Karlsruhe 1985. – M. Rachline, *La Muse de Berlin. Le roman de E. L. S. (1869–1945)*, Paris 1987.
Gesamtdarstellungen und Studien:
F. Goldstein, *Der expressionistische Stilwille im Werk E. L.-S.s*, Diss. Wien 1936. – K.-J. Höltgen, *Untersuchungen zur Lyrik E. L.s*, Diss. Bonn 1955. – S. Bauschinger, *Die Symbolik des Mütterlichen im Werk E. L.-S.s*, Diss. Ffm. 1960. – W. Muschg, *Von Trakl zu Brecht. Dichter des Expressionismus*, Mchn. 1961, S. 115–148. – M. Kupper, *Die Weltanschauung E. L.-S.s in ihren poet. Selbstzeugnissen*, Diss. Würzburg 1963. – H. Domdey, *Frühe u. späte Lyrik E. L.-S.s. Vergl. Untersuch. zu Gehalt u. Rhythmus*, Diss. Bln. 1964. – B. Blumenthal, *Aspects of Love in the Life and Works of E. L.-S.*, Diss. Univ. of Princeton 1965. – F. Martini, *E. L.-S. Dichtung u. Glaube* (in *Der dt. Expressionismus. Formen u. Gestalten*, Hg. H. Steffen, Göttingen 1965, S. 5–24). – G. Guder, *E. L.-S. Deutung ihrer Lyrik*, Siegen 1966. – W. Hegglin, *E. L.-S. u. ihr Judentum*, Freiburg i. B. 1966. – *L.-S. Ein Buch zum 100. Geb. der Dichterin*, Hg. M. Schmid, Wuppertal 1969. – D. Bänsch, *E. L.-S. Zur Kritik eines etablierten Bildes*, Stg. 1971. – A. Koch, *Die Bedeutung des Spiels bei E. L.-S. Im Rahmen von Expressionismus u. Manierismus*, Bonn 1971. – B. Hintze, *E. L.-S. in ihrem Verhältnis zur Romantik. Ein Vergleich der Thematik u. des Sprachstils*, Diss. Bonn 1972. – H. W. Cohn, *E. L.-S. The Broken World*, Ldn./Cambridge 1974. – K. Weissenberger, *Zwischen Stein u. Stern. Mystische Formgebung in der Dichtung von E. L.-S., Nelly Sachs u. Paul Celan*, Bern/Mchn. 1976. – E. E. Klüsener, *E. L.-S. – eine Biographie oder ein Werk?*, Diss. Univ. of Washington 1979 (vgl. Diss. Abstracts, 40, 1979/80, S. 4068A). – S. Bauschinger, *E. L.-S. Ihr Werk u. ihre Zeit*, Heidelberg 1980. – J. M. E. Zimmermann, *Der Mensch im Spiegel des Tierbildes. Untersuch. zum Werk E. L.-S.*, Diss. Univ. of Kansas 1980 (vgl. Diss. Abstracts, 41, 1980/81, S. 2132A). – U. Hahn, *Die Dichterin E. L.-S.* (in *Literarische Profile*, Hg. W. Hinderer, Königstein 1982, S. 202–215). – J. M. Chick, *Form as Expression. A Study of the Lyric Poetry Written by L.-S., Stramm, Stadler, Benn and Heym*, Waterloo, Ontario Univ. Diss. 1983. – E. Kleemann, *Zwischen symbol. Rebellion u. polit. Revolution. Studien zur dt. Bohème zwischen Kaiserreich u. Weimarer Republik: E. L.-S., Franziska Gräfin Reventlow, Frank*

Wedekind, Ludwig Derleth, Arthur Moeller van den Bruck, Hanns Johst, Erich Mühsam, Ffm./Bern 1985. – J. Kuckart, *Im Spiegel der Bäche finde ich mein Bild nicht mehr. Gratwanderung einer anderen Ästhetik der Dichterin E. L.-S.*, Ffm. 1985 (FiTb). – S. Schlenstedt, *Bilder neuer Welten* (in *Frauen Literatur Geschichte. Schreibende Frauen vom MA bis zur Gegenwart*, Hg. H. Gnüg u. R. Möhrmann, Stg. 1985, S. 300–317).

DAS LYRISCHE WERK von Else LASKER-SCHÜLER.

Wie kaum ein anderer Schriftsteller gilt Else Lasker-Schüler bis heute als die Repräsentantin des deutschen Expressionismus, wobei ihr Bild nicht allein durch ihre Gedichtbände *Styx* (1902), *Der siebente Tag* (1905), *Meine Wunder* (1911), *Die Kuppel* (1920), *Theben* (1923) sowie *Mein blaues Klavier* (1943) geprägt wurde, sondern auch durch ihr bohemienhaftes, teils exzentrisches Leben, das sie inmitten des Kulturbetriebs von der Jahrhundertwende bis 1933 führte. In ihren biographischen Angaben verklärte Else Lasker-Schüler ihr Leben früh schon zur Legende mit Bildern der ihr eigenen poetischen Mythologie (*»Ich bin in Theben [Ägypten] geboren, auch wenn ich in Elberfeld zur Welt kam, im Rheinland.«)*, wie auch die literarische Avantgarde ihrer Zeit, darunter G. BENN, K. KRAUS, G. TRAKL, F. MARC oder O. KOKOSCHKA, unter verschlüsselten Phantasienamen Eingang in ihr Werk fand. Noch 1952 erinnert sich Benn in einer Rede auf die Dichterin mit den schwärmerischen Worten: *»Und dies war die größte Lyrikerin, die Deutschland je hatte ... Ihre Themen waren vielfach jüdisch, ihre Phantasie orientalisch, aber ihre Sprache war deutsch, ein üppiges, prunkvolles, zartes Deutsch, eine Sprache reif und süß, in jeder Wendung dem Kern des Schöpferischen entsprossen.«*

Von 1899 an erschienen in der Zeitschrift ›Die Gesellschaft‹ Gedichte der Autorin, die 1894 mit ihrem ersten Ehemann Jonathan B. Lasker nach Berlin gezogen war und dort durch Peter HILLE Anschluß an die literarische Szene gefunden hatte. 1902 folgte als erste Publikation der Gedichtband *Styx*, der 62 Gedichte versammelte, die wesentlich vom Impressionismus und besonders vom Jugendstil der Zeit (R. DEHMEL, O. J. BIERBAUM), seiner Ornamentik und seinem Lebenskult geprägt sind, auch wenn einzelne Züge der späteren Leidenschaftlichkeit und Ekstatik des Expressionismus schon sichtbar werden. Bereits die Titel einzelner Gedichte lassen die euphorische Feier des Lebens, die zentrale Metaphorik von Jugend, Frühling, Liebe, Tanz und Rausch erkennen *(Frühling; Urfrühling; Lenzleid; Jugend; Trieb; Orgie; Fieber; Sinnenrausch; Fortissimo)*, die sich verbindet mit Einheitssehnsucht und dem Wunsch nach Auflösung: *»O, ich wollte, dass ich wunschlos schlief, / Wüsst' ich einen Strom, wie mein Leben so tief, / Flösse mit seinen Wassern.« (Styx)*. Gebrochen aber wird die Feier des dionysischen Liebestaumels und der Leidenschaft immer wieder durch das Thema des Verlorenseins und der Ruhelosigkeit *(Karma; Verdammnis; Weltschmerz; Der gefallene Engel; Schuld; Vagabunden; Meine Blutangst)*; im Gedicht *Nervus Erotis* heißt es: *»Die ganze Welt scheint rot, / Als ob des Lebens weite Seele blutet. / Mein Herz stöhnt wie das Leid der Hungersnot, / Aus roten Geisteraugen stiert der Tod.«* Daneben steht als weiteres Motivfeld die Familie *(Mutter; Du, mein; Mein Kind)*, während eine religiöse Thematik nur in *Das Lied des Gesalbten* und *Sulamith* – das Gedicht wurde in die Sammlung *Hebräische Balladen* aufgenommen – anklingt. Formal sind diese frühen Gedichte meist durch einen regelmäßigen Reim und einen *»fließenden Rhythmus«* geprägt, einer Form somit, wie sie *»in der Romantik ihre höchste Blüte erreichte und ... ihre bedeutende Rolle vor allem in der epigonalen Dichtung spielt«* (H. Domdey); aber es finden sich auch reimlose Gedichte mit unregelmäßigem Bau oder solche, die einem strengen Metrum folgen.

Die für Lasker-Schülers Lyrik wichtige zweizeilige, reimlose Strophenform erscheint erstmals – mit dem Gedicht *Mein stilles Lied* – in ihrem zweiten Gedichtband *Der siebente Tag* (1905), der in Motivik und Thematik dem lyrischen Debütband weitgehend folgt, wenn auch die in *Styx* vorfindliche Ekstatik und Lebensfeier weitgehend gemildert ist: *»Ich werde heimwärts / Von deinem Atem getragen, / Durch verzauberte Märchen, / Durch verschüttete Sagen.« (Die Liebe)*. Auch aus diesem Band gingen zwei religiöse Gedichte, *Zebaoth* und *Mein Volk*, später in die Sammlung *Hebräische Balladen* ein. Mit *Der siebente Tag* aber ist die frühe Lyrik Else Lasker-Schülers eigentlich abgeschlossen; bereits in *Mein Volk* klingt ein veränderter Ton und die Thematik der Zugehörigkeit zum Judentum an: *»Hab mich so abgeströmt / Von meines Blutes / Mostvergorenheit. / Und immer, immer noch der Widerhall / In mir, / Wenn schauerlich gen Ost / Das morsche Felsgebein, / Mein Volk, / Zu Gott schreit.«*

Im Jahre 1904 starb Peter Hille, dem die Autorin mit ihrem *Peter-Hille-Buch* (1906) ein literarisches Denkmal setzte, aber bereits 1903 hatte sie sich mit Georg Levin verheiratet, dem sie den Namen Herwarth WALDEN gab und für dessen 1910 gegründete Zeitschrift ›Der Sturm‹ sie anfänglich schrieb, neben Autoren wie K. Kraus, A. DÖBLIN oder R. SCHICKELE, bis 1912 die Scheidung von Walden erfolgte und K. Kraus zur Unterstützung für die mittellose Lyrikerin aufrief.

Im Jahre 1910 benutzte die Lyrikerin erstmals den Namen *»Prinz von Theben«* für sich, allerdings war die Welt der orientalischen Märchen bereits in den Gedichten präsent, die in den Prosaband *Die Nächte Tino von Bagdads* (1907) – diesen Namen hatte ihr einst Peter Hille gegeben – eingestreut sind. Das Spiel mit Farben, exotischem Dekor, mit Phantasienamen verleiht der Lyrik Lasker-Schülers, zumindest bis ins Jahr 1914 hinein, ein charakteristisches dekorativ-festliches Gepränge. Vor allem aber erscheint die Liebe zunehmend als zentrales Thema, auch in der Sammlung *Meine Wunder* (1911), die 58 Gedichte enthält, wovon einige aus der Sammlung *Der siebente Tag* stammen und nun in der von der Lyrikerin bevorzugten Form von zwei- oder dreizeiligen Strophen umgearbeitet wurden, eine Form, die in *Meine Wunder* schließlich dominiert und jene assoziative Reihung erlaubt, derer Else Lasker-Schüler im Spiel – ohnehin eine zentrale Kategorie in ihrem Werk – mit Sprache und Motiven bedarf. Bekannt wurde besonders das Gedicht *Ein alter Tibetteppich: »Deine Seele, die die meine liebet, / Ist verwirkt mit ihr im Teppichtibet. // Strahl in Strahl verliebte Farben, / Sterne, die sich himmellang umwarben. // Unsere Füße ruhen auf der Kostbarkeit, / Maschentausendabertausendweit.«* Bereits 1910 war dieses Gedicht in ›Der Sturm‹ erschienen und von Kraus in der ›Fackel‹ 1912 mit der Bemerkung nachgedruckt worden: Das *»Gedicht gehört für mich zu den entzückendsten und ergreifendsten, die ich je gelesen habe, und wenige von Goethe abwärts gibt es, in denen so wie in diesem Tibetteppich Sinn und Klang, Wort und Bild, Sprache und Seele verwoben sind«.*

Weniger jedoch der Orient als vielmehr die Tradition des Judentums gewinnt in der Lyrik wie in der damit verbundenen Privatmythologie schließlich eine dominierende Bedeutung, wovon die *Hebräischen Balladen* (1913) zeugen. Allerdings entstammt Lasker-Schüler, aller eigenen Legendenbildung zum Trotz, nicht aus einer orthodox-jüdischen Familie und ihr Verhältnis zu diesem Glauben war weniger auf *»Wissen und Studium begründet... Es war vielmehr ein instinktives und emotionales und eher mit dem mancher Romantiker – etwa Brentanos und Wackenroders – zur katholischen Religion zu vergleichen: mystisch und verschwärmt«* (S. Bauschinger).

Zu dieser Zeit war Else Lasker-Schüler eine von der literarischen Avantgarde anerkannte Lyrikerin und in den namhaften expressionistischen Zeitschriften mit ihren Gedichten vertreten, die – auch dies ein bezeichnendes Charakteristikum – stets einen mehr oder minder dialogischen Gestus besitzen, der sich nicht nur in den Widmungen äußert, die ihnen beigegeben sind, sondern auch in der direkten Anrede an geliebte oder verehrte Zeitgenossen. Die *Gesammelten Gedichte* (1917) enthalten den Zyklus *Gottfried Benn*, der siebzehn Gedichte an *»Giselher«* Benn umfaßt *(»Der hehre König Giselher / Stieß mit seinem Lanzenspeer / Mitten in mein Herz.«)*, in dem Else Lasker-Schüler einen Geistesverwandten zu erkennen glaubte, worauf Benn jedoch mit einer Absage reagiert. Heißt es bei Lasker-Schüler in *Letztes Lied an Giselher: »Ich bin dein Wegrand / Die dich streift, / stürzt ab.«*, antwortet Benn in seinem Gedicht *Hier ist kein Trost: »Keiner wird mein Wegrand sein. / Laß deine Blüten nur verblühen. / Mein Weg flutet und geht allein.«* Es sind vor allem Liebesgedichte, die in vier Zyklen dieser Sammlung dominieren, an den Prinzen Sascha von Moskau, auch als Senna Hoy bezeichnet (womit der in Moskau als Revolutionär inhaftierte Johannes Holzmann gemeint ist), an Tristan (Hans Ehrenbaum-Dengele), Vicemalik (Hans Albert von Maltzahn) und schließlich an Giselher-Benn; daneben finden sich einzelne Liebesgedichte und Widmungsgedichte sowie, wie schon in *Styx*, Gedichte an die Familie, hier überschrieben mit dem Zwischentitel *Meine schöne Mutter blickt immer auf Venedig*.

In den folgenden Jahren veröffentlicht Else Lasker-Schüler kaum mehr neue Gedichte; die Bände *Hebräische Balladen. Der Gedichte erster Teil* (1920) und *Die Kuppel* (1920) sowie *Theben* (1923) enthalten bereits Veröffentlichtes in neuer Zusammenstellung, erst in dem Prosaband *Konzert* (1932) finden sich unter den 16 eingestreuten Gedichten zwölf neue lyrische Texte, darunter ein Sonett sowie gereimte Gedichte mit drei- bis vierzeiligen Strophen, ein Vorgriff bereits auf die strenge Form der späten Lyrik in *Mein blaues Klavier*. In diesem Jahr erhielt Else Lasker-Schüler, als *»späte Ehrung«*, den Kleist-Preis für ihr Gesamtwerk, das mit *Konzert* eine eher melancholische Fortsetzung erfährt, woran auch die schwärmerischen Erinnerungen an die eigene Kindheit in vier Prosatexten nichts zu ändern vermögen. 1927 war Else Lasker-Schülers Sohn Paul gestorben, in der Folge schien sich die Dichterin zunehmend in ihre eigene Welt zurückzuziehen. Anspielungen auf die literarische Bohème fehlen ebenso wie die Motive aus dem Orient, nur noch einmal ist vom *»Prinz von Theben«* die Rede. Statt dessen dominiert eine dunkle Naturmystik und das Gefühl tiefer Ausgeworfenheit und Entfremdung: *»Wo ende ich? – O Gott!! Denn in die Sterne, / Auch in den Mond sah ich, in alle deiner Früchte Tal. / Der rote Mond wird schon in seiner Beere schal ... / Und überall – die Bitternis – in jedem Kerne.« (Gott hör ...)*.

1933 flüchtete die Dichterin in die Schweiz, wo ihr der Jüdische Kulturverband Unterstützung gewährt; dreimal reiste Else Lasker-Schüler in den folgenden Jahren nach Palästina (*Hebräerland*, 1937), der Kriegsausbruch 1939 verhinderte dann die Rückkehr nach Zürich, die Dichterin lebte nun bis zu ihrem Tod in Jerusalem, wo auch der letzte Gedichtband, *Mein blaues Klavier* (1943), erscheint, der zwei bereits in *Konzert* aufgenommene Gedichte, *An meine Freunde* sowie *An mein Kind*, enthält. Einsamkeit, Heimweh, aber auch Versöhnungswünsche, keine Haßgefühle, sind die Themen dieses Bandes, in dem die Lyrikerin nur noch in einer vorgeschichtlichen Welt Ruhe zu finden scheint: *»Komm zu mir in der Nacht auf Siebensternenschuhen / Und Liebe eingehüllt spät in mein Zelt. / Es steigen Monde aus verstaubten Himmelstruhen. // Wir wollen wie zwei seltene Tiere liebesruhen / Im hohen Rohre hinter dieser Welt.« (Ein Liebeslied)*. Die im Nachlaß aufgefundenen Verse sind beherrscht von Müdigkeit, Angst und der Gewißheit des Todes; in einem der letzten Gedichte heißt es: *»Ich bin so müde / Tag und Nächte trennen sich. // Ich lasse meinen Leib gehüllt in Flieder // Dem letzten Tag des März. // Ich schaue Gott im Himmelssüden ... / So stirbt der Mensch und du und ich.«* Auf die Kritik wie auf die Schriftstellerkollegen wirkte Else Lasker-Schüler zeitlebens polarisierend; neben Zustimmung, etwa durch Karl Kraus, finden sich euphorische Äußerungen (Wieland Herzfelde, Max Herrmann-Neisse), Vereinnahmungen als *»jüdi-*

sche« Dichterin (A. ZWEIG, K. EDSCHMID), aber auch zum Teil heftige und pauschale Ablehnung (A. BARTELS spricht von *»Brunstlyrik«*), in die sich früh schon antisemitische Stimmen mischen. Aufgrund ihres unkonventionellen Lebensstils und der Bekenntnishaftigkeit ihrer Äußerungen wurde die Lyrikerin auch Gegenstand zahlreicher Parodien, darunter von Hans GUMPPENBERG *(Jüxender Jux im Styx)* sowie von Hedwig COURTHS-MAHLER *(Else Lasker-Schüler)*. Nach 1945 bemühten sich Friedhelm KEMP und vor allem Werner KRAFT um die Wiederentdeckung der Schriftstellerin in Deutschland, letztlich mit Erfolg, auch wenn Kraft schon 1951 skeptisch vermerkte: *»Der heutigen Generation wird es schwer sein, diese dichterische Erscheinung zu verstehen, da die geistigen Voraussetzungen, auf denen sie beruht, schon seit langer Zeit aufgehört haben, eines allgemeinen Verstehens, geschweige einer allgemeinen Billigung sicher zu sein.«* M.Pr.

AUSGABEN: *Styx. Gedichte*, Bln. 1902. – *Der siebente Tag. Gedichte*, Bln. 1905. – *Meine Wunder. Gedichte*, Karlsruhe/Lpzg. 1911. – *Hebräische Balladen*, Bln. 1913 (zweite, verm. Aufl. o. J. [Bln. 1914]). – *Die gesammelten Gedichte*, Lpzg. 1917. – *Hebräische Balladen. Der Gedichte erster Teil*, Bln. 1920. – *Die Kuppel. Der Gedichte zweiter Teil*, Bln. 1920. – *Theben. Gedichte und Lithographien*, Bln./Ffm. 1923. – *Konzert*, Bln. 1932. – *Mein blaues Klavier. Neue Gedichte*, Jerusalem 1943. – *E. L.-S.*, Ausw. W. Kraft, Wiesbaden 1951. – *Dichtungen u. Dokumente*, Ausw. E. Ginsberg, Mchn. 1951. – *Gedichte 1902–1943*, Hg. F. Kemp, Mchn. 1959 (= *GW*, 2 Bde., 1); ern. Mchn. 1986 (dtv). – *Verse und Prosa aus dem Nachlaß*, Hg. W. Kraft, Mchn. 1961. – *Sämtliche Gedichte*, Hg. F. Kemp, Mchn. 1966; ern. 1977.

LITERATUR: E. Aker, *Untersuchungen zur Lyrik E. L. S.s*, Diss. Mchn. 1957. – G. Guder, *The Meaning of Colour in E. L.-S.' Poetry* (in GLL, 14, 1960/61, S. 175–187). – B. Baldrian-Schrenk, *Form u. Struktur der Bildlichkeit bei E. L.-S.*, Diss. Freiburg i. B. 1962. – C. Heselhaus, *E. L.-S.s literarisches Traumspiel* (in C. H., *Deutsche Lyrik der Moderne. Von Nietzsche bis Yvan Goll*, Düsseldorf ²1962, S. 213–228). – M. Kupper, *Materialien zu einer kritischen Ausgabe der Lyrik E. L.-S.s* (in LJb, N. F. 4, 1963, S. 95–190). – M. Kupper, *Wiederentdeckte Texte E. L.-S.s* (in LJb, N. F. 5, 1964, S. 229–263; ebd., N. F. 6, 1965, S. 227–233; ebd., N. F. 8, 1967, S. 175–199). – A. Jais, *E. L.-S. Die Lyrik der mittleren Schaffensperiode*, Diss. Mchn. 1965. – M. Kupper, *Der Nachlaß E. L.-S.s in Jerusalem* (in LJb, N. F. 9, 1968, S. 243–283; ebd., N. F. 10, 1969, S. 175–230; ebd., N. F. 11, 1970, S. 225–283). – G. Martens, *Vitalismus u. Expressionismus. Ein Beitrag zur Genese u. Deutung expressionistischer Stilstrukturen u. Motive*, Bln. u. a. 1971. – H. Politzer, *Kabbala der Leidenschaft* (in *Frankfurter Anthologie*, Bd. 2, Hg. M. Reich-Ranicki, Ffm. 1977, S. 95–98 [Zu *Die Verscheuchte*]).

HEBRÄISCHE BALLADEN

Gedichtzyklus von Else LASKER-SCHÜLER, erschienen 1913, in einer zweiten, vermehrten Auflage 1914. – Die Sammlung, mit der Widmung *»Karl Kraus zum Geschenk«* versehen, umfaßt in der ersten Ausgabe 15 Gedichte, von denen *Versöhnung*, *David und Jonathan*, *Ruth* und *An Gott* aus der Sammlung *Meine Wunder* (1911), *Sulamith* aus der Sammlung *Styx* (1902) sowie *Zebaoth* und *Mein Volk* aus *Der siebente Tag* (1905) stammen; die endgültige Ausgabe enthält zwanzig, nicht chronologisch geordnete Gedichte, deren jüngstes, *Abigail*, 1923 entstand.

Neben der Liebeslyrik bilden die Gedichte mit jüdischer Thematik ein Charakteristikum der Lyrik von Else Lasker-Schüler, ohne daß sich beide Elemente in strikter Weise scheiden ließen. Die erotisch erfüllte Intensität, wie sie etwa im Gedicht *Sulamith* aufscheint *(»O ich lernte an Deinem süßen Munde / Zuviel der Seligkeiten kennen!«)* löst sich nicht nur in diesem Gedicht selbst in eine Hingabe an ein nicht weiter benennbares Unendliches auf *(»Und ich vergehe / Mit blühendem Herzeleid / Und verwehe im Weltraum / In Zeit, / In Ewigkeit, / Und meine Seele verglüht in den Abendfarben / Jerusalems.«)*, sondern fügt sich auch bruchlos in die Komposition des gesamten Zyklus ein, der – eröffnet durch die Gedichte *Versöhnung* sowie *Mein Volk*, abgeschlossen durch das Gebet *An Gott* – in der Reihenfolge ihres Erscheinens in der Bibel die großen Namen des jüdischen Volkes, von *Abel* bis *Sulamith*, nennt. Wie kaum ein anderes Motiv der Lyrik von Else Lasker-Schüler aber ist ihr Verständnis des Jüdischen in der Forschung umstritten. Es geht ihr weniger um die Schicksale und Erfahrungen des geschichtlichen Judentums, sondern vielmehr um den Mythos eines mehr oder minder selbstgeschaffenen Hebräertums, in dem alttestamentarische Motive mit ägyptischen, arabischen, ganz allgemein »orientalischen« sich eigentümlich vermischen. Zugleich jedoch manifestiert sich hier ein – wenn auch zutiefst subjektiv getöntes – Bekenntnis zur jüdischen Tradition, so daß etwa W. KRAFT konstatierte: *»Dies ist das Erstaunliche, wie sie zur Dichterin der Hebräischen Balladen wurde, wie sie aus ihrem mythischen Chaos den Sprung ins Judentum wagte«*. Dagegen hebt S. BAUSCHINGER in ihrer Untersuchung des Gesamtwerks hervor, daß sich Else Lasker-Schüler *»nie ein systematisches Wissen«* über ihre Religion angeeignet und auf eher intuitiv-emotionale Weise die ihr zentralen Gedanken und Parabeln in ihren Kosmos transformiert habe. Versöhnung aber vor allem war eine zentrale Kategorie ihres Denkens, so daß auch von einer *»Umkehr«* zurück zu einer streng jüdischen Tradition, wie W. MUSCHG es sah, nicht gesprochen werden könne.

Sowenig wie die Vorstellung Lasker-Schülers vom Judentum oder dem *»Hebräischen«* ist auch der Begriff der *»Ballade«* im Titel der Sammlung in traditioneller Weise zu fassen. Der Band enthält keine Balladen im Sinne des 19. Jh.s. Die Gedichte sind zumeist in zweizeiliger Strophenform gehalten und, ganz im Gegensatz etwa zu Goethes Ausführung über die Ballade, herrscht ein lyrisch-subjektiver Ton vor, wie auch anstelle eines dramatischen Geschehens die Anspielung auf einen umfassenden, gewußten oder geahnten Zusammenhang steht. Im Gedicht *David und Jonathan* etwa heißt es: *»Deine Abschiedsaugen aber – / Immer nimmst du still im Kusse Abschied. // Und was soll dein Herz / Noch ohne meines – // Deine Süßnacht / Ohne meine Lieder.«* Vor allem sind es die Themen von Liebe und Freundschaft, Abschied und Verlust, die in der Gestaltung der biblischen Figuren immer wieder aufscheinen und der Dichterin als Masken der lyrischen Selbstaussage dienen. Was die teils gereimten, teils in reimlosen freien Versen geschriebenen Gedichte auszeichnet, ist die Kraft der mythenschöpfenden Phantasie, eine starkfarbige Ornamentik und ein unverwechselbar eigener Ton. Eine psychologisch einleuchtende Erklärung für Else Lasker-Schülers Eigenmächtigkeiten in der Behandlung altbiblischer Stoffe gibt Meir Wiener, einer ihrer frühesten Interpreten: *»Als die Dichterin einst die biblischen Geschichten vernahm, lachte sie, aber leicht ungläubig und ungeduldig wie einer, der es längst besser weiß. Eigenwillig vernahm sie bei der Erzählung nur, was sie bereits erschaut hatte, zwang die gehörten Geschehnisse in den eigenen Rahmen; was sich nicht fügte, wurde überhört. Kaum war der Erzählende zu Ende, als die Dichterin lebhaft, gleich einem Augenzeugen, zu erzählen begann, wie es eigentlich zuging ...«* F.Ke.-KLL

Ausgaben: Bln. 1913; 2. verm. Aufl., Bln. o. J. [1914]. – Lpzg. 1917 (in *Die gesammelten Gedichte*; Mchn. ³1920). – Bln. 1920 (in *Hebräische Balladen. Der Gedichte erster Teil*). – Mchn. 1959 (in *Gedichte 1902–1943*, Hg. F. Kemp [*GW*, 3 Bde., 1959–1962]; ern. Mchn. 1986; dtv). – Mchn. 1966 (in *Sämtliche Gedichte*, Hg. F. Kemp.).

Literatur: M. Wiener, *E. L.-S.* (in *Juden in der deutschen Lit.*, Hg. G. Krojanker, Bln. 1922, S. 179–192). – M. Gertner, *Biblische Spiegelbilder* (in *L.-S. Ein Buch zum 100. Geburtstag der Dichterin*, Hg. M. Schmid, Wuppertal 1969, S. 166–182). – N. Oellers, *E. L.-S.s »Hebräische Balladen« – auch für die asiatische Prinzessin Leila* (in *Zeit der Moderne. Zur deutschen Literatur von der Jahrhundertwende bis zur Gegenwart*, Hg. H.-H. Krummacher, F. Martini u. W. Müller-Seidel, Stg. 1984, S. 363–375).

MEIN BLAUES KLAVIER

Gedichtband von Else Lasker-Schüler, erschienen 1943. – Die letzte Lyriksammlung der Dichterin, die den nicht völlig zutreffenden Untertitel *Neue Gedichte* trug, da von den 34 Gedichten des Bandes zwei bereits 1932 in der Sammlung *Konzert (An meine Freunde, An mein Kind)*, andere vor 1933 in deutschen Zeitschriften publiziert worden waren, ist geprägt von der Exilsituation Else Lasker-Schülers. In der Widmung des Bandes heißt es: *»Meinen unvergeßlichen Freunden und Freundinnen in den Städten Deutschlands – und denen, die wie ich vertrieben und verstreut in der Welt, In Treue!«.* Der Zyklus ist streng komponiert. Die Eingangsgedichte errichten gleichsam das Fundament von Else Lasker-Schülers Welt: die Freunde, die Mutter, Jerusalem, der früh verstorbene Sohn, die Poesie, der Glaube. Zu einer Zeit, da in der Lyrik nur noch sehr zögernd »Ich« gesagt wird, macht sie von den Pronomen der ersten Person einen geradezu überschwenglichen Gebrauch. Dem Anachronismus entgeht sie, weil von vornherein auf eine Vermittlung von Ich und Welt, die lyrisch nicht mehr möglich ist, verzichtet wird. Else Lasker-Schüler zwingt die Wirklichkeit ins Kostüm einer Phantastik, die, wenngleich kindlich-gläubig sich selbst verschworen, nie vergißt, daß sie letztlich nur Wunsch bleibt. Mit der *»Zauberseide«* ihrer Reime und durch kühne Wortneubildungen wie *»blauvertausendfacht«* oder *»Sternenrebenperlenüberschäumen«* versucht die Dichterin in dieser *»Welt trostlosester Entblätterung«* das am Leben zu erhalten, was allenthalben *»im Alltag blinder Lust verdorrt«.* Nicht ohne Resignation wird jener Utopie gedacht, die in der Metapher des »Blauen« das eigene Frühwerk beherrschte und nun, gealtert und unerfüllt, als ein Stück verweigerter, negativer Geschichte in dieser späten Lyrik fortlebt. Deshalb bekennt Else Lasker-Schüler in der abschließenden Prosa-Notiz *An mich*, daß sie *»mit spätem, versunkenem Herzen«* dichte: *»1000 und 2-jährig, dem Märchen über den Kopf gewachsen«.* Die Kraft ihrer Sprache ist aber dennoch im Märchen, jenseits der unmittelbar gegenwärtigen Trostlosigkeit empfangen: *»Oh, ich atme Geschlafenes aus, / Den Mond noch wiegend / Zwischen meinen Lippen.«* Inbrünstig wird ein vorweltliches Stadium des Daseins beschworen: *»Wir wollen wie zwei seltene Tiere liebesruhen / Im hohen Rohre hinter dieser Welt.«* Die zahlreichen Liebesgedichte des Zyklus sprechen diese Flucht in eine vergessene, höhere Wirklichkeit am überzeugendsten aus: *»Und meine Lenden sprießen feierlich verzückt: vergessene goldene Legenden.«* Das wiederherzustellen, was war, *»bevor die Welt brach das Genick«*, gelingt nur im Gedicht. Und noch das Gedicht selbst, der Einstand von Erinnerung und Verheißung, ist Ausdruck jenes »Schmerzes«, der *»aus allen Dingen [steigt] ... seitdem die Welt verrohte«.* Das Titelgedicht *Mein blaues Klavier* entfaltet am präzisesten die poetologische Situation, der diese Dichtung entstammt: Die zerbrochene *»Klaviatür«* der eigenen, als *»blaue Tote«* beweinten Lyrik (*»Es spielen Sternenhände vier / – Die Mondfrau sang im Boote – / Nun tanzen die Ratten im Geklirr. // Zerbrochen ist die Klaviatür ... / Ich beweine die blaue Tote.«*) ist nur noch Nachklang dessen, was einst, vor der NS-Zeit, an lyrischer Aussage möglich gewesen war. Was bleibt, ist die Sehnsucht nach dem Tod: *»Ach liebe Engel öffnet mir / – Ich aß vom bitteren Brote – / Mir lebend schon die Himmelstür – / Auch wider dem Verbote.«*

Mit *Das blaue Klavier* kehrt Else Lasker-Schüler, was sich bereits in dem Band *Konzert* (1932) angedeutet hatte, zu Strophe und Reim zurück. Drei- bis vierzeilige Verse dominieren, der seit 1905 bevorzugte Zweizeiler tritt dagegen zurück: *»Im lyrischen Gesamtwerk Else Lasker-Schülers ist dieses so stark ausgeprägte Formbewußtsein etwas ganz Neues. Es erhebt die Alterslyrik zu einem besonderen Rang. Hier wird gleichsam aus einem Minimum an Material ein Maximum an ästhetischem Wert geholt.«* (S. Bauschinger). D.Bar.-KLL

AUSGABEN: Jerusalem 1943. – Mchn. 1959 (in *Gedichte 1902–1943*, Hg. F. Kemp [*GW*, 3 Bde., 1959–1962, 1]; ern. Mchn. 1986, dtv).

LITERATUR: H. Politzer, *»The Blue Piano«* (in Commentary, 9, 1950, S. 335–344). – W. Kraft, *»Mein blaues Klavier«. Zu E. L.-S.s Gedichten* (in DUZ, 11, 1956, H. 23/24, S. 20–24). – M. Kesting, *E. L.-S. und ihr »Blaues Klavier«* (in DRs, 83, 1957, S. 66–70). – V. Klotz, *Das blaue große Bilderbuch mit Sternen. Zu Gedichten der E. L.-S.* (in V. K., *Kurze Kommentare zu Stücken und Gedichten*, Darmstadt 1962, S. 61–70). – D. C. G. Lorenz, *»Mein blaues Klavier«. Die Exildichtungen E. L.-S.s* (in *Exil. Wirkung u. Wertung. Ausgewählte Beiträge zum fünften Symposium über deutsche u. österreichische Exilliteratur*, Hg. D. G. Daviau u. L. M. Fischer, Columbia/S.C. 1985, S. 185–193).

DIE WUPPER

Schauspiel in fünf Akten von Else LASKER-SCHÜLER, erschienen 1909; Uraufführung: Berlin, 27. 4. 1919, Deutsches Theater. – Das erste dramatische Werk der Autorin erschien in Buchform zu einer Zeit, wie H. JHERING konstatierte, *»die entweder romantisch schwelgte oder neuklassizistisch darbte, und wurde, weil es im Werktagsdampf der Gegenwart stand, für einen Nachzügler des Naturalismus gehalten«*. Heute ordnet man das Stück gemeinhin dem Expressionismus zu, obgleich es mit seinen teils absurd anmutenden Einsprengseln und seiner lyrischen Atmosphäre durchaus eigenständig in der Theaterlandschaft des frühen 20. Jh.s steht. In der ›Weltbühne‹ vermerkte S. JACOBSOHN anläßlich der Uraufführung treffend: *»Else Lasker-Schüler weiß nichts von der Technik des Dramas. Aber nachtwandelnd wie ihr eigenes Geschöpf, aus dem umhegenden Gemach der geniehaft gemeisterten Lyrik auf das nie betretene Dach einer abschüssigen Dramatik, hält sie sich ohne Schwindel in jedem Sinne auf schmalstem Grad.«* Das Schauspiel, von der Autorin selbst als *»Stadtballade«* und *»böse Arbeitermär«* bezeichnet, ist kein Drama mit strengem Handlungsaufbau oder kalkulierter Konflikt- und Problemfolge, sondern eine locker gefügte Szenenfolge, ein balladesker Bilderbogen.
Schauplatz ist eine Fabrikstadt im Wuppertal, eine triste Industrie- und Zechenwelt. Die fünf Akte spielen in der Villa der Fabrikbesitzerin Sonntag, in armseligen Arbeitermiethäusern und auf dem Rummelplatz. Suggestiv gehäufte Situationsschilderungen und grell aufleuchtende Momentaufnahmen demonstrieren die verworrene, scheinbar sinnlose Beziehungslosigkeit des Lebens, symbolisch eingefangen im hektischen Getriebe des Rummelplatzes. Ein vielgestaltiger, bunter Figurenreigen füllt die Bühne: Landstreicher, Säufer, Mörder, Dirnen, Volk, Arbeiter, Herren im Zylinder und eine Riesendame. Dabei ereignet sich wenig Dramatisches: Aus Angst vor dem Skandal erschießt sich ein Industrieller, nachdem er ein Arbeiterkind verführt hat. Die Berührungspunkte zwischen der Fabrikantenfamilie Sonntag und der Arbeiterfamilie Pius markieren die szenischen Höhepunkte, die aus sozialen und religiösen Gegensätzen leben: die unverständliche Freundschaft zwischen Carl Pius und Eduard Sonntag, von denen der eine evangelische Theologie studieren, der andere in ein Franziskanerkloster eintreten will; Carls hoffnungslose Liebe zu Marta Sonntag, die eine standesgemäße Vernunftehe eingeht; Heinrich Sonntags Neigung zu Lieschen. Immer auf ihren Vorteil bedacht, vermittelt und intrigiert die überaus realistisch gezeichnete Großmutter Pius, die lebensvollste Gestalt. Die soziale Hierarchie determiniert das Schicksal des einzelnen: Der Arme wird aus Liebe zur reichen Fabrikantentochter zum Erpresser, der Reiche geht an der Liebe zu einem Proletarierkind zugrunde. Die Schwindsucht zerfrißt Eduards schwärmerischen Traum von einer heilen Welt. Drei Herumtreiber paraphrasieren in der Funktion des antiken Chors die dumpfe Gebundenheit der menschlichen Existenz in einer sich verfinsternden Welt; leitmotivisch erklingt der Schlager: *»O Du lieber Augustin, alles ist hin ...«*
Das Schauspiel, bei der Uraufführung von Heinz Herold mit zwiespältigem Echo bei Publikum und Kritik als magisch-phantastisches Stück inszeniert, 1927 dagegen von Jürgen Fehling am Staatlichen Schauspielhaus in Berlin als *»phantasto-naturalistisches«* Stück (A. Kerr), kam erst wieder 1958 in Köln auf die Bühne, wo es zu einem, den Muff der Restaurationsjahre atmenden Skandal kam, nachdem die örtliche katholische Kirchenzeitung einen *»Sumpf der Amoralität«* in dem Stück vermutet hatte. Auch die folgenden Inszenierungen an bundesdeutschen Bühnen – Luc Bondys Aufführung an der Schaubühne am Halleschen Ufer 1976 war dabei die wohl einzig kongeniale – hatten stets ihre Schwierigkeiten mit dem undramatischen Aufbau des Stücks, ein Kennzeichen auch der beiden übrigen Dramen Else Lasker-Schülers, *Arthur Aronymus und seine Väter. Aus meines geliebten Vaters Kinderjahren* (1932) sowie dem Fragment gebliebenen *IchundIch* (entst. 1940/41; erstmals abgedruckt im ›Jahrbuch der Deutschen Schillergesellschaft‹, 14, 1970). M.Ke.-KLL

AUSGABEN: Bln. 1909. – Wiesbaden 1962 (in *GW*, 3 Bde., Hg. F. Kemp, 1959–1962, 2). – Mchn. 1965 (zus. m. *Arthur Aronymus und seine Väter*; dtv). – Stg. 1977 (Nachw. F. Martini, mit Dokumenten zur Entstehungs- u. Wirkungsgeschichte; RUB).

LITERATUR: H. Jhering, Rez. (in ›Die Schaubühne‹, 9, 1913, 2. Bd., S. 702–705). – H. Herold, *Die Wupper* (in ›Das junge Deutschland‹, 2, 1919, H. 3, S. 85). – S. Jacobsohn, Rez. (in ›Die Weltbühne‹, 15, 1919, H. 1, S. 544–546). – M. Goetz, *E. L.-S.' Play »Die Wupper«. A Forerunner of Contemporary Drama* (in *Proceedings of the Pacific Northwest Conference of Foreign Language*, Washington 1965, S. 101–108). – H. Schwab-Felisch, *Der Magier Hans Bauer u. »Die Wupper«* (in Theater heute, Jb. 1985). – P. K. Tyson, *E. L.-S.' »Die Wupper« between Naturalism and Expressionism* (in Journal of The Austral Asaian Univ. Language Association, 1985, Nr. 64, S. 144–153). – A. Parr, *Drama als »Schreitende Lyrik«. Die Dramatikerin E. L.-S.*, Ffm. u. a. 1988.

ALFRED LICHTENSTEIN

* 23.8.1889 Berlin
† 25.9.1914 nahe Vermandovillers bei Reims

DAS LYRISCHE WERK von Alfred LICHTENSTEIN.

Im Dezember 1912 erschien im Verlag von Alfred Richard MEYER ein *Lyrisches Flugblatt* mit Gedichten eines Dreiundzwanzigjährigen, der ein Jahr zuvor durch drei Strophen mit dem Titel *Die Dämmerung* in Herwarth WALDENS ›Sturm‹ Aufsehen erregt hatte: *»Ein dicker Junge spielt mit einem Teich. / Der Wind hat sich in einem Baum gefangen. / Der Himmel sieht verbummelt aus und bleich, / als wäre ihm die Schminke ausgegangen. / ...«* Damit hat der sechs Wochen nach Beginn des Ersten Weltkriegs gefallene Alfred Lichtenstein Literaturgeschichte geschrieben, andererseits aber die Rezeption seines Werkes in Bahnen gelenkt, für die eine rückblickende Äußerung von Johannes R. BECHER aus dem Jahre 1957 charakteristisch ist: *»Was an Alfred Lichtenstein, was an Ernst Blaß bemerkbar war, kam von van Hoddis.«* Bereits 1913 äußerte Franz PFEMFERT in seiner Zeitschrift ›Die Aktion‹, van HODDIS komme mit seinem kurz vor Lichtensteins *Dämmerung* veröffentlichten *Weltende* das Verdienst zu, den *»Stil«* lyrischer Groteske gefunden zu haben, Lichtenstein habe ihn lediglich weiterentwickelt. Die Unterscheidung scheint müßig: Tatsächlich stehen diese Gedichte für das Lebensgefühl einer Dichtergeneration, die um Namen wie Paul BOLDT *(Junge Pferde! Junge Pferde!)*, Ernst Wilhelm LOTZ *(Und schöne Raubtierflecken...)* oder Friedrich Wilhelm WAGNER *(Jungfrauen platzen männertoll)* zu ergänzen wäre.

Im Gegensatz zu seinem von der Forschung als *»ichdissoziiert«* eingestuften Dichterkollegen van Hoddis wechselte Lichtenstein zwischen Ichbesessenheit und Selbstzweifel; die Welt wird ihm gleichermaßen zum Panoptikum wie zur Irrenanstalt, zum erotischen Varieté oder weltstädtischen Kintopp mit ungeahnten Abgründen. Sowohl thematisch wie in ihrer Verflechtung von grotesker Form und apokalyptischer Vision erinnern Lichtensteins Verse an die Zeichnungen des Malerdichters Ludwig MEIDNER. Die Großstadt, ihre Straßen und Cafés offenbaren das mondäne Flair und die verzerrte Idylle eines *Sonntagsnachmittag: »Auf faulen Straßen lagern Häuserrudel, / Um deren Buckel graue Sonne hellt. / Ein parfümierter, halbverrückter Pudel / Wirft wüste Augen in die große Welt.«* Eineinhalb Jahre vor Beginn des Ersten Weltkriegs schreibt Lichtenstein seine *Prophezeiung* nieder: *»Einmal kommt – ich habe Zeichen – / Sterbesturm aus fernem Norden. / Überall stinkt es nach Leichen. / Es beginnt das große Morden.«*

Kurz nach dem ersten und lange vor dem zweiten *»großen Morden«* war Lichtensteins Werk vergessen. Dies, obwohl er die gesellschaftlichen Widersprüche des Wilhelminischen Kaiserreichs, über van Hoddis hinausgehend, im Gedicht thematisiert hatte. Neu ist in seinen Versen die motivische Legierung von Dekadenz und Apokalypse, von groteskem Natur- und panischem Stimmungsgedicht: lila Lauge und parfümierter Pudel, ein singender Generalleutnant und Kriegs-»Prophezeiung«, Sommerfrische und Nacht – die friedliche Welt als große Mausefalle.

Alfred Lichtenstein, ein Meister und Freund von Alliteration und Anapher, ordnete seine teils reimenden, teils freirhythmischen Gedichte, von denen rund einhundertdreißig veröffentlicht sind, in *Die Verse des Alfred Lichtenstein. Selbstkritik* vier Gruppen zu:

1. *»Die ersten achtzig Gedichte sind lyrisch. Im landläufigen Sinn. Sie unterscheiden sich wenig von Gartenlaubenpoesie. Der Inhalt ist die Not der Liebe, des Todes, der allgemeinen Sehnsucht.«* Die publizierten über zwei Dutzend »Frühen Gedichte«, zum Teil noch auf dem Gymnasium entstanden und Mitschüler ironisierend, sind indessen nur bedingt das, was Lichtenstein abwertend als »lyrisch« bezeichnet hat – kaum ein Vers erinnert an »Gartenlaubenpoesie«, ganz im Gegenteil: *Ich! Bekenntnisse einer schönen Seele* zählt zu den Wegbereitern des deutschsprachigen Chansons, des Kabaretts der zwanziger Jahre, ebenso *Der Bureaukrat* mit der Strophe: *»Er war Pedant beim Militär, / Im Leben und im Lieben. / Er hat ein dürres Eheweib / Und Kinder hat er sieben.«*

2. Von den übrigen drei Gedichtgruppen, nach denen auch die meisten Lichtenstein-Editionen geordnet sind, umfaßt die erste *»phantastische, halb spielerische Gebilde«*, *»Freude an reiner Artistik ist unverkennbar«*. Als Beispiele für diese Gruppe nennt der Autor unter anderem *Der Athlet, Die Gummischuhe* und *Capriccio*. Die Gedichte sind trotz der vom Verfasser beanspruchten »reinen Artistik« mit

wenigen Ausnahmen eher von geringer Kunstfertigkeit.
3. *Die Dämmerung* steht exemplarisch für den zweifellos interessantesten, lose zusammengestellten Gedicht»zyklus«. Lichtenstein wollte darin *»die Unterschiede der Zeit und des Raumes zugunsten der Idee des Gedichtes«* beseitigen – eine nachträgliche Definition des Autors, die wohl eher auf seine studienbedingten Theaterkenntnisse zurückgeht als auf das Wesen der von ihm so beschriebenen Lyrik. Folgt man der recht vagen Typologie des Dichters, so stellt dieser dritte Kreis von Gedichten den Versuch dar, neben der erwünschten Aufhebung von Zeit und Raum sur-reale Sprachbilder zu entwerfen und dabei *»die Reflexe der Dinge unmittelbar – ohne überflüssige Reflexionen aufzunehmen«*.
Lichtensteins *Selbstkritik* in der ›Aktion‹ gleicht eher einer Verteidigungsschrift als einer kritischen Reflexion seiner Lyrik, wenn er, offensichtlich in Abgrenzung zu van Hoddis, bemerkt, das Groteske sei keineswegs typisch für seinen Stil. Als »grotesk« bezeichnet Lichtenstein dabei das *»Unausgeglichene, nicht Zusammengehörige der Dinge, das Zufällige, das Durcheinander«*, wie er es zuvor als Aufhebung von Zeit und Raum umschrieben hatte.
4. Eine weitere Gedichtgruppe bilden für Alfred Lichtenstein die Verse des von Natur und Leben gleichermaßen benachteiligten Kuno Kohn, einer auch als Pseudonym verwendeten Kunstfigur, hinter der sich der Autor gelegentlich verbarg, die ihm allerdings niemals zur *»Chiffre des eigenen Ich«* wurde. Kuno Kohn ist das lyrische Ich der meisten von Lichtensteins literarischen Travestien deutscher Natur- und Stimmungslyrik.
Aus den mit »Aliwi« für »Alfred Lichtenstein, Wilmersdorf« gekennzeichneten Gedichten sowie aus dessen keineswegs *»hurrapatriotischen«* Soldatenliedern und Kriegsgedichten ergaben sich für K. Kanzog und H. Vollmer, die Herausgeber von Lichtensteins *Dichtungen*, drei weitere Gedichtkreise.
Die Lyrik Lichtensteins greift Themen der Zeit auf, wie sie sich der Boheme zwischen Prag, Wien, München und Berlin stellten: Großstadtleben, Kaffeehäuser und Kneipen, Prostitution, Drogen, Wahn und Freitod. Besondere Bedeutung kommt der Vision des Krieges zu, der Angst des Dichters wie seinem Wunsch nach *»Eisenklauen«*, die eine menschlichere Ordnung als die des Deutschen Kaiserreiches schaffen sollten. Die Großstadt wird als bedrohlicher, doch einzig denkbarer Lebensbereich dargestellt, dem allerdings sehnsuchtsvoll-phantastische Landschaften gegenübergestellt werden. Das häufig wiederkehrende lyrische Lamento eines nächtlichen Heimkehrers, der durch die Straßen von Berlin läuft, wurde bislang ohne die mitschwingende Selbstironie und Bohemekoketterie interpretiert. Es gehört zu Lichtensteins Groteske, das Tragische komisch, das Komische tragisch darzustellen, das Alltägliche monströs und die Monster des Alltags gewöhnlich. M.B.

Ausgaben: *Mulias*, Bln. 1909 [Privatdr.]. – *Die Dämmerung. Gedichte*, Bln. 1913. – *Gedichte und Geschichten*, Hg. K. Lubasch, 2 Bde., Mchn. 1919 (Bd. 1: *Gedichte*). – *Gesammelte Gedichte*, Hg. K. Kanzog, Zürich 1962. – *Die Dämmerung*, Bln./Weimar 1977. – *Die Welt fällt um. Die Augen stürzen ein*, Hg. B. Langer, Fulda 1985; [2]1989 [erw.]. – *Dichtungen*, Hg. K. Kanzog u. H. Vollmer, Zürich 1989 [überarb. u. erw.].

Literatur: H. Walden, Rez. (in Der Sturm, 15. 4. 1911). – M. Herrmann-Neiße, Rez. (in Breslauer Zeitung, 20. 7. 1913). – F. Pfemfert, Rez. (in Die Aktion, 4. 10. 1913). – R. Schickele, Rez. (in Buecherei Maiandros, Beibl. zum 4./5. Buch, 1913). – C. Zuckmayer, Rez. (in Tribunal, Juni 1919). – W. Herzfelde, *Das Begräbnis des A. L.* (in W. H., *Tragigrotesken der Nacht. Träume*, Bln. 1920). – K. Kanzog, *Die Gedichthefte A. L.s* (in Jb. der Dt. Schiller-Ges., 1961, S. 376–401). – L. Meidner, *Dichter, Maler u. Cafés*, Zürich 1973. – W. Koeppen, *Deutsche Expressionisten oder Der ungehorsame Mensch* (in FAZ, 7. 5. 1977). – W. M. Faust, *Das Gedicht als verunsichernde Sprachwelt* (in *Gedichte u. Interpretationen 5*, Hg. H. Hartung, Stg. 1983, S. 148–156; RUB; zu *Die Dämmerung*). – L. Harig, *Trotzlied, nicht Hellergesang* (in Frankfurter Anthologie, 10, 1986, S. 185–188; zu *Die Schlacht bei Saarburg*). – H. Vollmer, *A. L. – Zerrissenes Ich u. verfremdete Welt. Ein Beitrag zur Erforschung der Literatur des Expressionismus*, Aachen 1988.

KURT PINTHUS

* 29.4.1886 Erfurt
† 11.7.1975 Marbach / Neckar

MENSCHHEITSDÄMMERUNG.
Symphonie jüngster Dichtung

Sammlung expressionistischer Lyrik, herausgegeben von Kurt Pinthus, erschienen 1920. – Das Buch ist die umfangreichste und bedeutendste Anthologie der Lyrik des Expressionismus. Pinthus hatte sich als Wegbegleiter der Expressionisten seit ihren ersten Anfängen, als Freund vieler Autoren und als Lektor sowohl im Rowohlt-Verlag als auch bei Kurt Wolff eine intime Kenntnis der expressionistischen Lyrik erworben; viele Publikationen junger Dichtung der Jahre von 1910 bis 1920 gehen auf seine Anregung zurück. Als Herausgeber der *Menschheitsdämmerung* setzt er der expressionistischen Bewegung in der Lyrik auch ihr historisches Monument, ohne dies allerdings zum Zeitpunkt der Publikation der Anthologie zu beabsichtigen; als günstig erwies sich zudem der Zeitpunkt der Publikation, da um 1920 ein breiteres Publikum bereit war, den Expressionismus zur Kenntnis zu nehmen – paradoxerweise gerade zu einer Zeit, als er, nach dem Scheitern der Revolution von 1918/19, seinem Ende entgegenging. Schließlich dürfte auch die Anordnung der Gedichte in der Sammlung für den Erfolg eine Rolle gespielt haben. Pinthus ordnete nicht alphabetisch nach Autoren und auch nicht streng chronologisch, sondern »komponierte« einen Aufbau des Buchs, der diesem selbst wieder quasi den Charakter eines Kunstwerks gab, einer *Symphonie*, wie der Untertitel es benennt. Der Herausgeber stellte die Gedichte in vier mit zentralen Motiven und Gebärden dieser Lyrik überschriebenen »Sätzen« zusammen und forderte in der Einleitung, der Leser solle *»nicht vertikal, nicht nacheinander, sondern horizontal«* hören: *»... man scheide nicht das Aufeinanderfolgende auseinander, sondern man höre zusammen, zugleich, simultan. Man höre den Zusammenklang dichtender Stimmen: man höre symphonisch.«*

Die vier Abschnitte, *Sturz und Schrei, Erweckung des Herzens, Aufruf und Empörung* und *Liebe den Menschen*, spiegeln in ihrer Folge – zwar nicht streng, aber andeutungsweise – bestimmte aufeinanderfolgende Phasen des Expressionismus und auch vier Haupttendenzen der Lyrik dieses Jahrzehnts und der *»schäumenden, chaotischen, berstenden Totalität unserer Zeit«* (K. Pinthus). Zu Beginn des ersten Abschnitts steht Jakob van Hoddis' berühmtes Gedicht *Weltende* aus dem Jahr 1911 (das an den Anfang der Geschichte der grotesken, später zum Dadaismus führenden Tradition innerhalb der expressionistischen Lyrik zu setzen ist, in die auch Alfred Lichtenstein gehört); weiter sind in diesem Abschnitt vor allem die Dichter der apokalyptischen Vision (G. Heym), der Erschütterung des Menschenbildes (G. Benn), des äußersten Pessimismus (A. Ehrenstein, A. Wolfenstein) und das Erlebnisses von Krieg und Tod (A. Stramm, G. Trakl) versammelt. Franz Werfels Lyrik nimmt im zweiten Abschnitt – wie auch im vierten – breiten Raum ein; *»Erweckung des Herzens«*, der pazifistische Aufruf zur Bildung einer Gemeinschaft alliebender Menschen, ist eines der zentralen Themen von Werfels Lyrik. Ihr zur Seite stellt Pinthus vor allem Gedichte von E. W. Lotz, Walter Hasenclever, Else Lasker-Schüler, Ernst Stadler und Wilhelm Klemm. Karl Otten, Ludwig Rubiner und Johannes R. Becher dominieren im dritten, *Aufruf und Empörung* genannten Abschnitt, der vor allem die gegen Ende des Kriegs sich verstärkende Tendenz zum Umsturz, zum revolutionär-utopischen Entwurf, und die Politisierung der Lyrik dokumentiert. Im Schlußabschnitt schließlich, in *Liebe den Menschen*, stellt Pinthus noch einmal Gedichte zusammen, die eine Grundthematik des Expressionismus, seine Idee der Menschenliebe, der unpolitischen, quasi religiösen Versöhnung in brüderlichem Geist entfalten. Benn und Stramm, die die Wendung zum ethisch-revolutionären Expressionismus nicht vollzogen, tauchen hier nicht mehr auf; Werfels Lyrik dagegen bildet mit dem Gedicht *An den Leser* von 1911 und dem späteren *Ein Lebens-Lied* wiederum den Eckpfeiler dieser Gedichtgruppe.

Gemessen an der geringen Distanz zur expressionistischen Bewegung, hat Pinthus ein erstaunlich ausgewogenes Bild vom lyrischen Expressionismus gegeben, das aber in Einzelheiten der Korrektur bedarf. Seine Anthologie bevorzugt eindeutig die Dichter des aktivistischen Spätexpressionismus, was sich an der Aufnahme von Gedichten Rudolf Leonhards und Kurt Heynickes zeigt, die qualitativ Autoren nachstehen, die in der Sammlung nur spärliche (Yvan Goll) oder gar nicht vertreten sind (Paul Boldt, Ernst Blass, Ferdinand Hardekopf). Zudem wird deutlich, daß es Pinthus nicht so sehr auf eine Sammlung *»jüngster Dichtung«* (wie der Untertitel erklärt) ankam, sondern daß er eigentlich »expressionistische Dichtung« meinte; sonst hätte er die Gedichte der an Stramm orientierten Poeten der Wortkunst aus dem ›Sturm‹-Kreis, vor allem aber auch die Dadaisten, die seit 1916 aktiv waren, stärker berücksichtigen müssen. Bei aller Formenvielfalt verzichtet daher die *Menschheitsdämmerung* auf die im Expressionismus enthaltenen oder aus ihm sich entwickelnden Tendenzen einer radikalen Revolution lyrischen Sprechens bis hin zur völligen Zerstörung des Lyrik- und Kunstbegriffs bei den Dadaisten. Pinthus hat den Begriff Expressionismus implizite weitgehend inhaltlich und nach der Gesinnung der Dichter definiert; die Gemeinsamkeit der 23 in seiner Sammlung vereinigten Poeten sieht er in der *»Intensität und dem Radikalismus des Gefühls«*, das diese Dichter *»zum Kampf gegen die Menschheit der zu Ende gehenden Epoche und zur sehnsüchtigen Vorbereitung und Forderung neuer, besserer Menschheit«* zwinge. Daher suggeriert seine Sammlung (beabsichtigt oder nicht) eine Einheit des Expressionismus, die von der heutigen Kenntnis des Gesamtphänomens her fraglich erscheint.

Die Anthologie erlebte bis 1922, also innerhalb von zwei Jahren, vier Neuauflagen mit insgesamt 20000 Exemplaren. 1919 hatten sich Verleger und Herausgeber *»bescheiden eine Gasse für den Expressionismus«* erhofft, die sie mit der *Menschheitsdämmerung* bahnen wollten; doch zeigt Pinthus' Einleitung schon eine Ahnung vom Ende der expressionistischen Bewegung. In der zweiten Einleitung von 1922, *Nachklang* überschrieben, gesteht Pinthus ein, daß diese Ahnung sich bestätigt hat; er sieht, daß das Buch ein *»abschließendes Werk«* geworden ist, *»Zeugnis ... einer Generation, die fanatisch glaubte und glauben machen wollte, daß aus den Trümmern durch den Willen aller sofort das Paradies erblühen müsse. Die Peinigungen der Nachkriegsjahre haben diesen Glauben zerblasen ... Von der kleinen lyrischen Schar dieses Buches blieb nichts als der gemeinsame Ruf von Untergang und Zukunftsglück.«*

Die im Titel gemeinte *Menschheitsdämmerung*, das Ende des vergangenen und der Aufgang eines neuen Tages für die Menschheit, war nicht eingetreten. In diesen Jahren des Erfolgs der Sammlung wurde

allerorten das Ende des Expressionismus konstatiert: Max KRELL sammelte in *Die Entfaltung* (1920) Novellen des Expressionismus; Ludwig RUBINER stellte eine Auswahl der revolutionären expressionistischen Lyrik zusammen in dem Band *Kameraden der Menschheit* (1919), die ersten Werkausgaben, so von A. Stramm und G. Benn, erschienen.
Nur noch als *Ein Dokument des Expressionismus* (Untertitel) erschien die *Menschheitsdämmerung* 1959 in einer Neuauflage mit einem rückblickenden Vorwort des Herausgebers, *Nach 40 Jahren*, in dem er aus historischer Distanz auf jene Zeit zurückblickt. Diese Neuauflage, die ergänzte und stark erweiterte Biographien und Bibliographien der Dichter enthielt, wurde ihrerseits zum ersten wichtigen Nachschlagewerk über den Expressionismus, noch bevor, beginnend mit der großen Marbacher Expressionismus-Ausstellung von 1960 und deren Katalog, die Expressionismus-Forschung in der deutschen Literaturwissenschaft in größerem Umfang begann. J.Dr.

AUSGABEN: Bln. 1920. – Bln. o. J. [1922; m. Vorw. *Nachklang*]. – Hbg. 1959 [m. Biogr. u. Bibliogr.]; ern. 1968 (rev., m. erw. Anhang; RKl; zul. 1986). – Lpzg. ³1986 (RUB).

LITERATUR: E. B. [d. i. E. Blass], Rez. (in Freiheit, 19. 12. 1919). – O. Walzel, Rez. (in Berliner Tageblatt, 9. 5. 1920, Nr. 216). – I. Goll, Rez. (in Clarté, 5. 6. 1920, Nr. 19). – O. Loerke, Rez. (in NRs, 31, 1920, S. 852–861). – K. Weiss, Rez. (in Literar. Handweiser, 56, 1920, Nr. 5). – F. Muckermann, *Menschheitsdämmerung u. Heilandssehnsucht* (in Der Gral, 15, 1920/21, S. 98–106). – H. Saekel, *Expressionistische Lyrik und was mehr ist* (in Romantik, 3, 1920/21, S. 47–52). – K. Schoenberger, Rez. (in Romantik, 3, 1920/21, S. 15). – W. Fiedler, *Neue Lyrik* (in DRs, 187, 1921, S. 379–383). – P. Henschel, *»Menschheitsdämmerung« – Symphonie jüngster Dichtung. Darstellung u. Interpretation*, Diss. Bln. 1955. – H. A. Fiechtner, *»Menschheitsdämmerung« – nach 40 Jahren* (in Die Furche, 7. 11. 1959). – H. E. Jacob, *Gericht über den Expressionismus* (in Der Tagesspiegel, 10. 1. 1960). – M. Krell, *»Menschheitsdämmerung«, Hamburg 1959* (in DRs, 86, 1960, S. 177). – D. E. Zimmer, *Dokument des Expressionismus* (in Die Zeit, 19. 1. 1960). – B. Zeller, *K. P. zum Gedächtnis. Ansprache bei der Trauerfeier in Marbach* (in Jb. der Dt. Schiller-Ges., 19, 1975, S. 510–513). – W. B. Lewis, *Starting Anew: The Exile Years of K. P.* (in GLL, 33, 1979/80, S. 234–244).

KURT SCHWITTERS

* 20.6.1887 Hannover
† 8.1.1948 Ambleside / Westmoreland

LITERATUR ZUM AUTOR:
K. S., Hg. O. Nebel, Bln. 1920. – Chr. S. Themerson, *K. S. in England 1940–1948*, Ldn. 1958. – K. T. Steinitz, *K. S. Erinnerungen aus den Jahren 1918–1930*, Zürich 1963. – Ders., *K. S. A Portrait from Life*, Berkeley/Los Angeles 1968. – R. Döhl, *K. S.* (in *Expressionismus als Literatur. Gesammelte Studien*, Hg. W. Rothe, Bern/Mchn. 1969, S. 761/774). – F. Lach, *Der Merz-Künstler K. S.*, Köln 1971. – *K. S.*, Hg. H. L. Arnold, Mchn. 1972 (m. Auswahlbibl.; Text + Kritik). – K. S., *Wir spielen, bis uns der Tod abholt. Briefe aus fünf Jahrzehnten*, Ausw. u. Komm. E. Nündel, Ffm. 1977. – H. E. Hirscher, *Der Merz-Künstler K. S. und sein Materialbild*, Stg. 1978. – B. Scheffer, *Anfänge experimenteller Literatur. Das literarische Werk von K. S.*, Bonn 1978. – M. E. Burkett, *K. S., Creator of Merz*, Ulverston/Cumbria 1979. – E. Nündel, *K. S. in Selbstzeugnissen u. Bilddokumenten*, Reinbek 1981 (rm). – K.-S.-Almanach, Hg. M. Erlhoff, Hannover 1982 ff. – W. Schmalenbach, *K. S.*, Mchn. ²1984. – J. Elderfield, *K. S.*, Ldn. 1985 (dt. Düsseldorf 1987). – *K. S.*, Bearb. J. Büchner u. a., Ffm. 1986 [Ausst.-Kat.].

ANNA BLUME

Gedichtsammlung von Kurt SCHWITTERS, erschienen 1919. – Das für den literarischen Dadaismus programmatische Gedicht *An Anna Blume* (zuerst erschienen in ›Der Sturm‹, 10, 1919) gab der Sammlung den Titel. Auch spätere Publikationen von Schwitters greifen immer wieder auf dieses Gedicht und den darin angeschlagenen Stil bzw. Antistil zurück, so etwa die Sammlung *elementar. Die Blume Anna. Die neue Anna Blume, eine Gedichtsammlung aus den Jahren 1918–1922* (1923; die sogenannte »Einbecker Politurausgabe«) oder *Memoiren Anna Blumes in Bleie. Eine leichtfaßliche Methode zur Erlernung des Wahnsinns für Jedermann* (1922).
Schwitters, der ungefähr gleichzeitig mit dem Zürcher Dadaismus von ARP, TZARA, HUELSENBECK, HAUSMANN, PICABIA und JANCO in Hannover seine »Merz«-Kunst entwickelt hatte (die Bezeichnung rührt vom Briefkopf der »Privat- und Kommerzbank, Hannover« her, den er für eines seiner Klebebilder benutzte), schließt sich in diesen Arbeiten den sprachlichen Intentionen seiner Weggefährten an, die als *»Sinn«* eines Gedichts lediglich seine konsequente Enthaltsamkeit gegenüber jeder Art von konventioneller lyrischer Singgebung gelten lassen. Daneben macht sich, besonders bei Schwit-

ters, eine Tendenz zur Erweiterung der Mittel und Materialien von Kunst bemerkbar. *»Das Wort Merz bedeutet wesentlich die Zusammenfassung aller erdenklichen Materialien für künstlerische Zwecke und technisch die prinzipiell gleiche Wertung der einzelnen Materialien. Die Merzmalerei bedient sich also nicht nur der Farbe und der Leinwand, des Pinsels, der Palette, sondern aller vom Auge wahrnehmbarer Materialien und aller erforderlicher Werkzeuge. Dabei ist es unwesentlich, ob die verwendeten Materialien schon für irgendwelchen Zweck geformt waren oder nicht. Das Kinderwagenrad, das Drahtnetz, der Bindfaden und die Watte sind der Farbe gleichberechtigte Faktoren. Der Künstler schafft durch Wahl, Verteilung und Entformung der Materialien«* (in ›Der Zweemann‹, 1919). Diesen im Hinblick auf die Malerei formulierten Absichten folgt Schwitters auch in den skurrilen Sprachgebilden der *Anna Blume* und in späteren Prosastücken *(Der Schürm, Der Papagei, Die zoologische Gartenlotterie)* und in seiner berühmten *Ursonate*, auch als *Sonate in Urlauten* oder *Lautsonate* bezeichnet (veröffentlicht als Heft 14/15 der Zeitschrift ›Merz‹). Entformung der – schon fertig vorgefundenen – Materialien ist ebenso als Verfahren für *Anna Blume* charakteristisch, deren Ursprung in einer von Kinderhand an eine Mauer gekritzelten Inschrift – *Anna Blume hat ein Vogel* – liegt: *»O, du geliebte meiner siebenundzwanzig Sinne, ich liebe dir! / – Du deiner dich dir, ich dir, du mir. – Wir? / Das gehört (beiläufig) nicht hierher. / Wer bist du, ungezähltes Frauenzimmer?...«*

Das i-Gedicht

[lies: »rauf, runter, rauf, Pünktchen drauf«]

Interessant sind auch die Versuche von Schwitters, dem von den Futuristen und Apollinaire entwickelten *»visuellen Gedicht«* neue Möglichkeiten abzugewinnen. Spielte in einigen Stücken der *Calligrammes* (1918) von Apollinaire, wie etwa *Voyage* und *Il pleut*, die bildhafte, Bild werdende Anordnung von Sinnelementen des Texts eine Rolle, so verfährt Schwitters bei seinen *»elementaren Gedichten«*, so, daß, so im Gedicht *Cigarren*, unter Ausschaltung allen Inhalts lediglich einzelne Buchstaben zu einer Lesefläche arrangiert werden. Bezeichnendstes und konsequentestes Beispiel dafür ist das *i*-Gedicht (1922), das Schwitters später in den ›Merz‹-Heften (besonders Nr. 4) zu skurrilen Variationen weiterbildete. H.H.H.

Ausgaben: Hannover 1919 (Die Silbergäule, 39/40); Nachdr. Zürich 1965. – Zürich 1965 (in *Anna Blume u. ich. Die gesammelten »Anna Blume«-Texte*, Hg. E. Schwitters; m. Fotos, Zeichnungen, Dokumenten). – Köln 1973 (in *Das literarische Werk*, Hg. F. Lach, 5 Bde., 1973–1981, 1). – Köln 1986 (in *Anna Blume und andere: Literatur u. Grafik*, Hg. u. Nachw. J. Schreck).

Literatur: Chr. Spengemann, *Die Wahrheit über Anna Blume. Kritik der Kunst. Kunst der Kritik. Kritik der Zeit*, Hannover 1920. – J. Elderfield, *S.'s Abstract »Revolution«* (in GLL, 24, 1970/71, S. 256–261). – Ph. Thomson, *A Case of Dadaistic Ambivalence. K. S.'s Strammimitations and »An Anna Blume«* (in GQ, 45, 1972, S. 47–56). – L. Retiz, *S. and the Literary Tradition* (in GLL, 27, 1973/74, S. 303–315). – H. Heißenbüttel, *Gertrude Stein, K. S. und der Fortschritt in der Literatur* (in *Das Tempo dieser Zeit ist keine Kleinigkeit. Zur Literatur um 1918*, Hg. J. Drews, Mchn. 1981, S. 183–194). – *Zur Rezeption von »Anna Blume«. Texte u. Dokumente* (in K.-S.-Almanach 1982, S. 92–120). – N. Gutenberg, *K. S. »An Anna Blume«. Ein Spiel-Gedicht. Vorschläge für eine sprech-spielerische Erarbeitung* (in *Gedichte sprechen und interpretieren*, Hg. S. Berthold, Bonn-Bad Godesberg 1985, S. 87–94). – S. Barni, *Dama di lettere. »Anna Blume« di S. e la logica della forma* (in AION. Studi tedeschi, 29, 1986, S. 271–284). – K. Riha, *Zum Verhältnis von »Tradition« u. »Moderne«. Literarische Adaptionen bei K. S.* (in Sprache im technischen Zeitalter, 26, 1988, S. 67–77).

DIE URSONATE

Text von Kurt Schwitters, entstanden 1922 bis 1932, vollständig erschienen als Heft 24 der Zeitschrift ›Merz‹. – Das auf der großen DADA-Tournee 1921 von R. Hausmann rezitierte, bereits 1918 entstandene Plakatgedicht *fmsbwtözäu pggiv-?mü* lieferte Schwitters die Anregung zu seiner *Ursonate*, auch als *Sonate in Urlauten* bezeichnet, die er im Lauf von zehn Jahren beständig erweiterte.

Wie wenige andere Texte demonstriert die *Ursonate*, daß gerade den extremsten Werken der Avantgarde neben einem radikalen Kunstbegehren ein vor allem sinnliches Genußverlangen zugrunde liegt. Das von R. Hausmann entlehnte und nach den Regeln der klassischen Sonatenform durchgearbeitete Hauptthema der *Ursonate* lautet: *Fümms bö wö tää zää Uu, / pögiff / kwii Ee«*. Diese Klänge sind laut zu lesen, um abschätzen zu können, was es heißt, wenn Schwitters dieses und ähnliches lautliches Material in ein – keineswegs ironisiertes – Ordnungsschema hineinfließen läßt: *»die sonate besteht aus vier sätzen, einer einleitung, einem schluß, und einer kadenz im vierten satz.«* Die Sätze, so ließe sich in klassischer Weise fortfahren, tragen die Bezeichnungen *»rondo, largo, scherzo, presto mit kadenz ad libitum«*. Schwitters' genuine Leistung besteht weniger in innovativen Provokationen als vielmehr in der konsequenten Ausgestaltung und Nutzung der avantgardistischen Kunstmittel. Dabei ist die

Sonatenform für Schwitters das notwendige Gegenmittel gegen die Subjektlosigkeit des Sprechenden, die eine objektlose Sprache zwangsläufig erzeugt. Obwohl die *Ursonate* also ein quasi delirierender Text ist, erlaubt Schwitters nicht die bürgerliche Illusion der mystischen Versenkung, das Sich-Verlieren des Künstlers an den reinen Diskurs, wie sie Hugo BALL als Destillat des Vortrages seiner Lautgedichte im »Cabaret Voltaire« 1916 beschreibt (vgl. dessen *Die Flucht aus der Zeit*). Die wahre Kunst ist – wie die Welt – deutungslos. Also ist die *Alexie* – das Erkennen der Zeichen, ohne sie verstehen zu können – ebenso Schwitters' Ziel wie die Produktion reiner, von der Korruption der Sprache freier Zeichen und Wörter. Die Lust an den Urlauten entspricht dem Staunen vor einer Welt, die sich dem Verständnis verschließt. Er sei, schreibt Schwitters 1927 in *Meine Sonate in Urlauten*, angeregt worden *»durch abgekürzte Aufschriften auf Firmenschildern oder aus Drucksachen, besonders aber durch die interessanten Aufschriften auf Eisenbahnstellwerken, die immer so interessant wirken, weil man den Sinn nicht versteht.«*

Paradoxerweise ist Schwitters seinem Konzept des Gesamtkunstwerks dort am nächsten, wo er dieses auf die kleinsten semantischen Einheiten – den Laut, den Buchstaben, die Geste – reduziert. Körperkunst (der leibhaftige Vortrag), bildende Kunst (die Schwitters lange beschäftigende, 1932 in Zusammenarbeit mit Jan Tschichold besorgte typographische Notation), Literatur und Musik sind in der *Ursonate* ohne die aus dem Gesamtkunstwerk-Gedanken so oft folgende bombastische Verklärung ihre zwangloseste Synthese eingegangen. Sie wird abgeleitet aus der unhintergehbaren körperlichen Einheit des Künstlers als Laut-Produzenten, der zwanghaft Signifikate und Ordnungen von Signifikanten herstellen muß, jedoch nur Sprachausfälle erzeugen kann.

Dabei wird in dem lautlichen Material der *Ursonate* – ähnlich der Konsonanz in der Zwölftonmusik – Bedeutung keineswegs sklavisch umgangen. Schwitters selbst hat darauf hingewiesen, daß etwa das zweite der vier Hauptthemen des ersten Satzes *(»Dedesnn nn rrrrrr«)* eine rhythmische Verarbeitung des Wortes »Dresden« sei. Generell werden aber die Laute und Lettern abstrakt verwendet, was allerdings – wie in der Musik überhaupt – nichts an der emotionalen Wirkung der *Ursonate* ändert. Hans RICHTER berichtet so von der Wirkung der Uraufführung einer Vorform 1925: *»Das ganze Publikum, befreit von dem Druck, der sich in ihm angesammelt hatte, explodierte in einer Orgie des Gelächters. Die vornehmen alten Damen, die steifen Generäle schrieen nach Luft schnappend, schlugen sich auf die Schenkel und husteten. (...) Das alles störte Kurtchen keineswegs, noch hinderte es ihn am Vortrag. (...) Das Resultat war phantastisch. Dieselben Generäle, dieselben reichen Damen, die vorher Tränen gelacht hatten, kamen nun zu Schwitters wieder mit Tränen in den Augen, aber jetzt um ihre Bewunderung auszudrücken, ihre Dankbarkeit, beinahe stotternd in ihrem Enthusiasmus. Etwas war in ihnen geöffnet worden, etwas, das sie niemals erwartet hatten: eine große Freude.«*

Die musikalische Ausgestaltung: Die sprachliche Darstellung erlaubt keinerlei tonalen Kreislauf. Trotzdem hat Schwitters darauf Wert gelegt, daß sich die vier Hauptthemen des ersten Satzes in ihrer klanglichen Wirkung als je zwei weibliche und männliche identifizieren lassen. Da die Beschränkung auf eine einzige Stimme zwar die Erkennbarkeit der Themen fördert, aber keinerlei polyphone Wandlungen zuläßt, ist an Stelle dieser die rhythmisch durchdifferenzierte Wiederholung einzelner Klangteile getreten. Der Strom freier Signifikanten fügt sich dabei einem Formverlauf, der die ästhetische Wirkung der Sprachsonate begründet. Erhaltene Notizen zu einem späteren, fragmentarischen Lautgedicht (*RIBBLE BOBBLE PIMLICO*, 1946) zeigen, wie genau anhand von Tabellen das zunächst änigmatische Gewirr von Lauten konstruiert ist. Dennoch ist die *Ursonate* keine Konzeptkunst, sondern in den zehn Jahren ihrer Entstehung als Komposition für das Instrument »Mund« aus dem praktischen Vortrag heraus konzipiert und entwickelt worden.

In der Durchführung des ersten Sonatensatzes, die auf die Exposition der vier Themen folgt, formieren sich die variierten sprachlichen Themen in der Anordnung eines erweiterten *Rondos*, um in einem dutzendfachen *»kwiiee«* und einer Verdichtung der vier Themen ihre vorläufige Steigerung in der der Sonatenhauptsatzform entsprechenden Reprise zu erfahren. Das »Urmotiv« der *Ursonate*, das *»Fümms bö wö tää zää Uu«*, erhält dabei durch seine extensive Verwendung fast den Charakter einer Tonika. Die langen, zusammenhängenden und erst im Verlauf in Sequenzen zerhackten und dynamisch wieder montierten Klangpartien des Kopfsatzes entsprechen noch am ehesten melodischen Verläufen. Doch jeder Satz betont durch die jeweils verschiedene Anlage und Behandlung seiner Themata ein anderes Element lautlicher Gestaltung. Das Sujet des Rondos ist die Melodie. Der zweite Satz, das *Largo*, tragend und doch *»metallisch und unbestechlich«* (Schwitters), zehrt hingegen mit langausgehaltenen Vokalen – laut Notation um je einen viertel Ton absinkend – von der Sistierung, Dauer und Intensität der Klänge. Er wird abgelöst durch die *»bizarre form«* des *»auf mitte komponierten« Scherzos*, das neue, nun skurrile Themen einführt *(»Lanke trr gll / Ziiuu lenn trll? Lümpff tümpff trll«)*. Speist sich die Dynamik des zweiten Satzes aus dem abrupten Wechsel der Lautstärke, so wechselt entsprechend der dritte Satz die Tempi. Dabei beziehen sich die beiden Binnensätze in Aufbau und Effekt aufeinander. Sie sind kurz und dreiteilig, variieren hauptsächlich Motive des dritten Themas. Dagegen entspricht es dem kompositorischen Gefüge des Ganzen, daß sich vom klanglichen Material her eher die melodischen Sätze 1 und 3 sowie die rhythmischen Sätze 2 und 4 ähneln. *»der vierte satz ist der strengste und dabei reich im aufbau.«* Zusammen mit dem gleich umfangreichen ersten Satz bildet er mehr als zwei Drittel der ganzen Sonate, *»er* *ist für den vortragenden eine gute lungenprobe«.* Von ähnlichem, der Sonatenhauptsatzform nachgebildeten Aufbau wie der Kopfsatz, gehorcht das *Presto* jedoch nicht mehr den dualistisch geführten lautlichen Melodiebögen. Vielmehr ersetzen heiter rhythmische Klangpartien *(»grimm glimm gnimm bimbim«)* die klanglich volleren, komplexen Themata und Sprachfetzen des Kopfsatzes. Der Schlußsatz beinhaltet als virtuoses Solo auch eine frei zu gestaltende *Kadenz*. In dynamischer Durchmischung alter und neuer Themen bildet sie Zusammenfassung und deklamatorischen Höhepunkt des Werks. Die *Ursonate* endet nach einer dreiviertel Stunde *»sehr schmerzlich auf bee? ich habe dadurch die banalität vermieden, die sehr nahe gelegen hätte«* (Schwitters). Erst in jüngster Zeit fanden sich im Nachlaß des Dichters Studien zu Klavierkompositionen *»entsprechend meiner Lautsonate«*, die größtenteils aus der Exilzeit in Norwegen (1937–1940) stammen. Bis zu seinem Tode hoffte Schwitters darüber hinaus, die *Ursonate* insgesamt auf Schallplatte sprechen zu können, da dem Werk nur die mechanische Soundreproduktion als Medium angemessen scheint. A.Ar.

Ausgaben: Hannover 1932 (in Merz, H. 24). – Köln 1974 (in *Das literarische Werk*, Hg. F. Lach, 5 Bde., 1973–1981, 1). – Edewecht 1984. – Köln 1985 (in *Anna Blume und andere: Literatur u. Grafik*, Hg. u. Nachw. J. Schreck). – Zürich 1991 (in *Die Ursonate in Text, Ton u. Bild*, Hg. A. Ammer, A. Appel u. E. Erfurth).

Aufnahmen: Hannover 1925 (Merz-Grammophonplatte. Scherzo der *Ursonate*, gesprochen von K. S.; ern. auf *Phonetische Poesie*, Hg. F. Mon, Darmstadt 1970, Luchterhand Schallplatte). – Ldn. 1958 (*An Anna Blume – Die Sonate in Urlauten*, Lords Gallery). – Mchn. 1988 (Hörspiel d. Bayer. Rundfunks; Gesamtaufnahme gesprochen von A. Appel; ern. als CD Zürich 1991).

Literatur: R. Hausmann, *Am Anfang war DADA*, Steinbach 1972. – K. Schuldt, *Lautgestaltung. Beitrag zu einer Klärung des Begriffs an Hand der Ursonate* (in *K. S.*, Hg. H. L. Arnold, Mchn. 1972, S. 10–12; Text + Kritik). – B. Rauschenbach, *Das Singen des Torfmanns. K. S. als Komponist* (in K.-S.-Almanach 1983, S. 158–163). – H. Heißenbüttel, *Versuch über die Lautsonate von K. S.*, Wiesbaden 1983. – *Die »Ursonate« in Text, Ton u. Bild*, Hg. A. Ammer, A. Appel u. E. Erfurth, Zürich 1991 [in Vorb.].

Walter Serner

eig. Walter Seligmann

* 15.1.1889 Karlsbad / Böhmen

† 1942 KZ Theresienstadt

LETZTE LOCKERUNG manifest dada

Programmatische Schrift von Walter Serner, entstanden 1918, erschienen 1920; 1927 erneut publiziert in einer die dadaistischen Elemente tilgenden Überarbeitung mit dem Untertitel und dem gleichnamigen Anhang *Ein Handbrevier für Hochstapler*. – In der Reihe der avantgardistischen Manifeste, die die Moderne eigentlich erst konstituieren und deren Geschichte vom ersten futuristischen Manifest von Marinetti (1912) bis zu den surrealistischen Proklamationen Bretons (1924) reicht, nimmt Serners *Letzte Lockerung* in mehrfacher Hinsicht eine Sonderstellung ein. Entspricht schon ihr Umfang nicht der knappen, polemischen Thesenform, so leistet ihr Inhalt zwar die fundamentale Abrechnung mit der Vergangenheit, die mit dem Manifestgedanken verknüpft ist, ohne jedoch auch nur ansatzweise die damit verbundene Selbstschöpfung und Präsentation einer neuen Existenzform zu versuchen – auch nicht die widersprüchliche eines Dadaisten. Selbst Serners mehrfacher Ausruf *»Vive Dada!«* wirkt vor dem Hintergrund seiner sonstigen Schmähungen wie eine falsche Versöhnung und verschwindet konsequenterweise in den späteren Fassungen. Das Manifest ist gedanklich einem Traktat am nächsten, doch eher Kunstwerk denn Proklamation. Formaler Hinweis hierfür ist die Unterteilung der 78 als *»Grade«* bezeichneten Abschnitte in sechs Kapitel. Dabei entspricht der Kapitelunterteilung eine gewisse thematische Zentrierung um das Ich, um Politik, Emotionen, Psychologie, Philosophie und *»L. D.«* (Letzte Dinge). Sie erweckt die Illusion lexikalischer Systematik, wo es in jäher Verve um ethisches und ästhetisches *»rien ne va plus«* (J. Drews) geht. Serners Konsequenz: *»78° Dem Kosmos einen Tritt! Vive Dada!!! / Lugano, im März 1918.«* Serner, der promovierte Jurist, stößt erst relativ spät, 1918, zum Dadaismus, den er um eine aktionistische Komponente erweitert. Häufig spielen hierbei auszugsweise Rezitationen der *Letzten Lokkerung* eine dominierende Rolle. Serners Inszenierung der Genfer Dada-Soiree (1919), in deren Verlauf es zu einem fiktiven Duell zwischen Tristan Tzara und Hans Arp kommt und bei der selbst die Polizisten und die auf die Soiree reagierenden Zeitungsartikel unter der Ägide Serners standen, muß zu den frühen Vorläufern des Happenings gezählt werden. Serner wendet sich nach dem Ende der heroischen Phase der Avantgarde (um 1920) bald von dieser ab, um sich im Hochstaplermilieu spielenden Kriminalgeschichten zu widmen *(Die Tige-*

rin; Zum blauen Affen), bevor er – gegen 1927 – jeder Kunst endgültig den Rücken kehrt. Im Gegensatz zu seinen Dada-Kollegen verzichtet Serner weder zur Gänze auf das diskursive Vermögen der Sprache, noch mißtraut er so wie diese völlig der Kraft poetischer Bilder. So unterscheidet Serners Pamphlet sich von anderen Manifesten aus dem Umkreis Dadas vor allem durch die Art der textuellen Gewalt. Wo sich etwa Hugo BALL, Tzara oder Richard HUELSENBECK in Affronts, paradoxalen Sprachspielereien und Spitzfindigkeiten zu verlieren drohen, bleibt Serners Wut stets inhaltlich, ihre Artikulation stets direkt und unmittelbar. Serner erlaubt sich nicht die geringste ästhetische Überformung oder Ausflucht. Er überführt nacheinander jegliche Form von Positivität in ein Feld purer und leerer Imagination. Doch könnte kaum einem Buch eine Inhaltsangabe äußerlicher sein als diesem. Die Attitüde ist ihm Inhalt genug. Sein Gestus schwankt zwischen Allmachtsvorstellungen und kosmischem Ekel. Stärker auch als seine Kollegen dichtet Serner um den aporetischen Punkt jeglicher extremen Kunstrichtung herum: Wie nämlich mittels der logisch organisierten Sprache der Irrsinn des Wirklichen abzubilden sei? Selbst das Spiel der Imagination erscheint selbstzerstörerisch. *»19° Nein, es ist* nicht *wahrscheinlich. Diese Jammerwesten haben es sich* nicht *eingestanden. Hat man* wirklich, *auch nur* einmal, *diese fürchterliche Öde um einen (man halte mich!) – großen Gedanken erlebt, diese grenzenlose Langeweile, die von ihm ausgeht, dann* kann *man nicht anders: man löst seinen Krampf und – wütet um sich, gegen sich ...«*

Dabei bleiben Langeweile und Lust selbst als negative Trugbilder noch Angelpunkte des Denkens und Erfahrens: *»59° Lust ist der einzige Schwindel, dem ich Dauer wünsche.«* Die nie verleugnete geistige Herkunft Serners aus dem Umfeld der französischen Dekadenzdichtung mag dies erklären. Die zynische Wahrheitsemphase hingegen will ihren Nietzscheanischen Ursprung nie verleugnen, höchstens radikalisieren. Serner treibt solche dem 19. Jh. entstammende Motivik in gedankliche Extrembereiche fort, die nur noch zyklisch-resignative Denkfiguren erlauben, deren Anlage keinerlei Ausflüchte mehr zuläßt und den *»ennui«* in Reinform kultiviert. A.Ar.

AUSGABEN: Hannover/Lpzg./Zürich 1920 (Die Silbergäule, 62–64; Faks. Erlangen 1976). – Bln. 1927 (in *Die Bücher von W. S.*, 7 Bde.). – Bln. 1964. – Mchn. 1981 (in *GW*, Hg. Th. Milch, 8 Bde., 1979–1984, 7; ern. Mchn. 1988; Goldm. Tb). – Mchn. 1984 (dtv).

LITERATUR: R. Meyer, *DADA in Zürich u. Berlin 1916–1920*, Kronberg/Ts. 1973, S. 129–135. – *W. S. Hirngeschwür. Texte & Materialien zu W. S. u. Dada*, Hg. Th. Milch, Erlangen 1977. – Ders., *W. S.* (in *Das Tempo dieser Zeit ist keine Kleinigkeit. Zur Literatur um 1918*, Hg. J. Drews, Mchn. 1981, S. 61–73). – R. Meyer, *»Dada ist gross, dada ist schön«. Zur Geschichte von »Dada Zürich«* (in *Dada in Zürich*, Zürich 1985, S. 6–79; Ausst.-Kat.). – J. Drews, *»Hinter jedem Satz hat man ein wildes Gelächter unmißverständlich anzudeuten«. Zur geistigen Existenz W. S.s* (in Manuskripte, 25, 1985, H. 89/90, S. 149–153). – A. Backes-Haase, *Über topographische Anatomie, psychischen Luftwechsel u. Verwandtes*, Bielefeld 1989.

ZUM BLAUEN AFFEN. Dreiunddreißig hahnebüchene Geschichten

Kriminalgrotesken von Walter SERNER, erschienen 1921. – Figuren aus der Halb- und Unterwelt, Zuhälter, kleine und große Gauner, Hochstapler, Gentleman-Ganoven vom Schlage eines Mackie Messer, Kokotten und Lebedamen aus der besseren oder schlechteren Gesellschaft sind die Helden der Sernerschen Geschichten. Mit kultiviertem Zynismus ziehen sie sich gegenseitig das Geld aus der Tasche, legen sich bei amourösen Affären herein, paktieren miteinander, geben sich blasiert und reden meist brutal, doch nicht ohne Witz und bisweilen – wenn sie sich »fein« geben – mit gespreizter, ironischer Umständlichkeit. Gewalt gebrauchen sie möglichst wenig; ihr Ideal ist vielmehr der pfiffig mit Situationen jonglierende, die Gegner gegeneinander ausspielende, gerissene Gauner oder die *»von sämtlichen Finessen, Trucs und Hautfarben gelangweilte«*, doch einfallsreiche und wendige kleine Kokotte, die unter Einsatz ihrer Fäuste, ihrer körperlichen Reize oder kalkulierter hysterischer Anfälle die Männer weich macht oder die Konkurrentin aus dem Feld schlägt. Alle Geschichten sind heitere Genreszenen aus der Halbwelt, keine länger als fünf Seiten, jede voller blitzschneller Schachzüge der Ganoven und gekrönt von überraschenden Pointen, die meist eine Art Gangster-Tableau präsentieren, auf dem *»alles in strahlendster – Unordnung«* ist. Der Erzähler berichtet voller Ironie, oft in höchst gewählten Ausdrücken und mit der genüßlichen Haltung eines Connaisseurs von den Finten, Tricks und Bluffs seiner Gauner, die – gemäß Serners in seinem Buch *Letzte Lockerung* (1920) formulierter Maxime: *»Paris und Berlin seien deine Hochburgen. Hier ist Wagemut, Behendigkeit und sehr viel Verstand. Du hast es nicht leicht, aber sämtliche Möglichkeiten offen«* – in den Großstädten und eleganten Badeorten Europas ihre abgefeimten Stückchen liefern. Dabei legen sie sich gegenseitig oder andere mit so viel Geschick und Raffinesse herein, daß der Leser manchmal große Mühe hat, der ganzen Komplexität ihrer Gaunereien zu folgen, nicht zuletzt, weil die Ganoven und Ganovenbräute französisches Argot, ein mit Gaunerkürzeln oder Rotwelsch durchsetztes Deutsch und vulgärstes Berlinerisch sprechen.

Serners Geschichten stehen in der Tradition der expressionistischen Grotesken in Prosa (C. EINSTEIN, MYNONA-FRIEDLÄNDER) und Lyrik (VAN HODDIS, LICHTENSTEIN); vor allem aber erinnern sie an die *Kriminal-Sonette* (1913) von Ludwig RUBINER, in denen die Coups und Schwindeleien von zwei Edelgangstern schon spielerisch, pseudofeierlich und mit ironischer Bewunderung bedichtet wurden. Zugleich verzichtet Serner auf die expressionistische Verherrlichung und Mystifizierung der Dirne und des Verbrechers, die bei ihm einerseits realistischer, andererseits aber auch heiterer, als grotesk-komische Lebenskünstler dargestellt werden. Das Werk begeisterte Anfang der zwanziger Jahre die fortgeschrittenen Literaten und Anhänger des Dadaismus bis hin zu Alfred DÖBLIN, der äußerte: *»Als ich entzückt das Bändchen durchflogen hatte und fertig war, blätterte ich wehmütig hin und her, ob ich nicht eines ausgelassen hatte; ich hätte noch zu gern ein halbes Dutzend der scharfen, frechen, sicheren Bijous zu mir genommen.«*

J.Dr

AUSGABEN: Hannover/Lpzg./Zürich 1921 (Die Silbergäule, Bd. 91–98). – Hannover/Bln. ²1923. – Bln. 1927 (in *Die Bücher von W. S.*, 7 Bde.). – Bln. 1964. – Mchn. 1979 (in *GW*, Hg. Th. Milch, 8 Bde., 1979–1984, 4). – Mchn. 1988 (in *GW*, Hg. ders., 10 Bde., 3; Goldm. Tb).

LITERATUR: J. Drews, *Alles in strahlendster Unordnung. Anläßlich der Mitteilung einiger Briefe u. Dokumente zum Leben W. S.s* (in Protokolle, 1, 1980, S. 154–186; m. Abdruck v. Briefen u. Dokumenten). – Th. Milch, *W. S.* (in *Das Tempo dieser Zeit ist keine Kleinigkeit. Zur Literatur um 1918*, Hg. J. Drews, Mchn. 1981, S. 61–73). – J. Drews, *»Hinter jedem Satz hat man ein wildes Gelächter unmißverständlich anzudeuten«. Zur geistigen Existenz W. S.s* (in Manuskripte, 25, 1985, H. 89/90, S. 149–153).

REINHARD JOHANNES SORGE

* 29.1.1892 Rixdorf bei Berlin
† 20.7.1916 Ablaincourt / Somme

DER BETTLER. Eine dramatische Sendung

Drama in fünf Aufzügen von Reinhard Johannes SORGE, erschienen 1912; Uraufführung: Berlin, 23. 12. 1917, Deutsches Theater. – Die von Richard DEHMEL mit dem Kleistpreis ausgezeichnete symbolische Dichtung des im Ersten Weltkrieg gefallenen Schriftstellers, der 1913 zum Katholizismus konvertiert war und in der Folgezeit sich um eine Erneuerung des mittelalterlichen Mysterienspiels bemühte, ist einer der frühesten und charakteristischsten Versuche des Expressionismus. Denn das Sendungsbewußtsein des expressionistischen Dichters selbst, seine Berufung, einer *»hochgeborenen«*, aber *»verderbten«* und *»mißratenen«* Zeit *»Bilder der Zukunft zu erzählen«*, ist der Gegenstand dieses aus der Proklamation seiner *»dramatischen Sendung«*, aus hymnisch-visionärer Schau in der Zarathustra-Sprache NIETZSCHES und realistischen Umweltschilderungen eigenwillig gemischten Gebildes. Ort der scheinbar genialisch-verworrenen, in Wirklichkeit sehr bewußt konstruierten, ja überkonstruierten Handlung ist das Berlin vor dem Ersten Weltkrieg. Die Personen tragen keine Namen, sie sind eingeteilt in »Die Menschen«, »Gruppenpersonen«, »Nebenpersonen«, »Stumme Personen« und »Gestalten des Dichters«; einzeln gekennzeichnet sind sie durch Berufsbezeichnungen oder als Gattungstypen. »Der Dichter« fordert zum Schrecken seines »Älteren Freundes« von einem Mäzen statt eines ihm bewilligten Reisestipendiums eine eigene Bühne, da sein *»Drama des Aufbruchs«* erst durch eine Aufführung *»wirksam und recht befruchtend«* werden könne. Die Bitte wird abgelehnt. Nur das »Mädchen« lauscht hingegeben seiner hymnischen Schilderung der Wirkung seines Werkes auf eine visionär gesehene künftige Generation. Das »Mädchen«, das einem anderen Mann ein ungewünschtes Kind geboren hat, folgt dem »Jüngling«, wie der Dichter in den Liebesszenen genannt wird, und bietet ihm an, auf das Kind zu verzichten, um ganz nur ihm zu gehören. Im Elternhaus des Dichters herrscht die Not. Der Vater ist wahnsinnig, rennt mit einer Kindertrommel bewaffnet durch das Haus und entwirft gigantische, im Traum empfangene Pläne zur Konstruktion großer Maschinen, mit denen riesige Werke zum Wohl der Menschheit errichtet werden können. Der Dichter (jetzt der »Sohn«) schüttet, um den Leidenden zu erlösen, Gift in das Glas des Vaters. Dieser stirbt in euphorischer Verzückung. Aber auch die Mutter trinkt davon und stirbt. Am Ende betrachtet der Dichter seine in den voraufgegangenen Szenen geschilderten Erlebnisse und Visionen plötzlich als »Handlung« eines Manuskripts, das er geschrieben hat. Verzweifelt fühlt er seine Grenzen: *»Das Unaussprechbare – es ist unaussprechbar, keine Kunst darf heilig genannt werden, weil sie noch reden will ...«* Aber die Sendung bleibt. Sie heißt: *»Durch Symbole der Ewigkeit reden.«* Zum Schluß wechselt der Dichter, der die Handlung eben als sein Werk kritisch betrachtete, noch einmal über in die Rolle, die er darin spielt. Als »Dichter« trennt er sich von dem »Freund«, weil dieser gewisse Streichungen in seinem Drama verlangt; und als »Jüngling« bindet er sich endgültig an das »Mädchen«: *»Laß festigen! Laß bauen uns! Laß festigen! / Art senke sich in Art. Treue in Treue. / Blut sich in Blut. Bann die Ewigkeit / Zu Leib und Mensch ... – Ein Kind ...«* Der dramaturgische Kunstgriff dieses letzten Aktes macht deutlich, welchen Sinn der verwirrende Gestaltenwechsel des Helden (zwischen »Dichter«, »Jüngling« und »Sohn«) hat: Er soll die Identität von erdichtetem und gelebtem Leben zum Ausdruck bringen. Und zwar wird diese Identität nicht mehr nach dem bisher gültigen Gesetz dichterischen Gestaltens durch Objektivierung des Erlebnisses zugleich erreicht und verhüllt; der ex-

pressionistische Dichter geht den umgekehrten Weg: Er enthüllt die Identität und subjektiviert damit das Werk. Neben Szenen, in denen der junge Dichter sich reflektierend oder pathetisch mit seiner Sendung auseinandersetzt, statt diese vor Augen zu führen, stehen andere, die begreiflich machen, daß die gesamte Kritik sich einmütig vor dem *»größten Versprechen«* beugte, das nach Julius BABS Urteil ein junger Dramatiker seit HEBBELS Tod gegeben hatte: der wahnsinnige, durchs Haus rasende, trommelnde Vater, der zur Verdeutlichung bestimmter Linien in seinen Zeichnungen rote Tusche braucht und sie mit dem Stich einer Reißfeder aus dem Blut eines Vogels gewinnt, sein Wahn, *»die Erde beglücken«* zu können (der ein wahrscheinlich unbeabsichtigtes gespenstisches Gegenbild der Heilsbringer-Visionen des »Dichters« ist), sein euphorischer Tod, aber auch die Szenen zwischen Jüngling und Mädchen mit der Innigkeit ihrer sich zu Gedichten steigernden Dialoge.
Die Inszenierung von Max Reinhardt (Titelrolle: Ernst Deutsch) stand unter der Verantwortung der experimentierfreudigen Redaktion der von Reinhardt geschaffenen Zeitschrift ›Das junge Deutschland‹. Sie bedeutete auch in technischer Hinsicht einen Wendepunkt theatralischer Möglichkeiten. Die Effekte des barocken Vorhang-Theaters wurden wiedererweckt: Nach dem einleitenden Gespräch zwischen Dichter, Freund und Mäzen reißt der Vorhang auf und gibt dem Zuschauer den Blick in die typische, freilich großartig überhöhte Welt des Berliner Literatencafés frei. Scheinwerfer schneiden aus den Gruppierungen auf der Bühne bestimmte Segmente heraus – die für das expressionistische Theater so wichtige »Scheinwerferkulisse« war damit geschaffen. Den Zuschauer überfiel *»ein bald abstoßendes, bald hinreißendes, hier anwiderndes, dort bezwingendes Gemisch von Albernem und Tiefsinnigem, von Verworrenem und Klarem, von Ekstatischem und Plattem, von Krassem und Reinem, von Vergewaltigtem und Bezwungenem, Dilettantischem und staunenswert Gemeistertem, von Lächerlichem und Erschütterndem: ein Tohuwabohu von Lyrik, Monologen, Dialogen, Visionen, Szenischem, Prosa, Versen, Zeitungsdeutsch und Faustnachhall, in dem Genialisches immer wieder künftige Genialität vordeutet, während bare Ohnmacht ihr immer wieder Hohn sprach«* (H. Franck). W.P.-KLL

AUSGABEN: Bln. 1912. – Emsdetten 1954 (Dramen der Zeit, 4). – Nürnberg 1964 (in *Werke*, Hg. H.G. Rötzer, 3 Bde., 2). – Ffm./Bln. 1980 (in G. Rühle, *Zeit u. Theater*, Bd. 1/2; m. Komm.; Ullst. Tb). – Stg. 1985, Hg. E. Schürer (RUB).

LITERATUR: R.K. Diepold, *»Der Bettler«* (in Hochland, 15, 1917/18, S. 713–715). – F. Hollaender u. H. Herald (in Das junge Deutschland, 1, 1918). – H. Franck, *R. J. S.* (in Das deutsche Drama, 1, 1918, S. 144–148). – H. Grossrieder, *R. J. S.s »Bettler«. Der Schöpfungsgang des ersten expressionist. Dramas*, Diss. Fribourg 1939. – J. Kaiser, *»Der Bettler«* (in DUZ, 9, 1954, S. 14–16). – H. G. Rötzer, *R. J. S. Theorie u. Dichtung*, Diss. Erlangen 1961. – M. Kohnen, *Stil u. Sprache bei R. J. S.* (in Boletin de estudios germanicos, 6, 1967, S. 21–34). – H. Schumacher, *R. J. S.* (in *Expressionismus der Literatur. Gesammelte Studien*, Hg. W. Rothe, Bern/Mchn. 1969, S. 560–571). – W. B. Lewis, *The Early Drama of R. J. S. A Poet's Search for the Inner Light* (in MD, 14, 1971/72, S. 449–454). – W. E. Riedel, *Über »das Geistige der Farben« in R. J. S.s Drama »Der Bettler«* (in Germanico Slavica, 2, 1976, Nr. 1, S. 15–25). – P. Lincoln, *Aspects of S.'s Imagery: A Reappraisal of His Position within Expressionism* (in GLL, 34, 1981, S. 374–384). – R.W. Sheppard, *Unholy Families. The Oedipal Psychopathology of Four Expressionist Ich Dramen* (in OL, 41, 1986, S. 355–383). – S. Shearier, *Modernist Conciousness and Mass Culture. Alienation in »Der Bettler« by R. S.* (in German Studies Review, 11, 1988, S. 227–240).

ERNST STADLER

* 11.8.1883 Colmar
† 30.10.1914 bei Ypern

DER AUFBRUCH

Gedichtband von Ernst STADLER, erschienen 1914. – Die 57 Gedichte dieses Bandes, dessen erste Ausgabe Stadler noch selbst besorgte, entstanden in den Jahren 1910 bis 1913, etwa die Hälfte erschien sogleich in literarischen Zeitschriften, vor allem in F. Pfemferts ›Die Aktion‹. Während Stadlers früheste Lyrik noch Einflüsse von Naturalismus, elsässischer Heimatkunst und Impressionismus (A. HOLZ, F. LIENHARD, D. v. LILIENCRON) verrät und sein erster Gedichtband *Praeludien* (1905) sich in Form und Motivik an der Lyrik deutscher und französischer Symbolisten (P. VERLAINE, H. de RÉGNIER, S. GEORGE, H. v. HOFMANNSTHAL) orientiert hatte, vollzog die Sammlung *Der Aufbruch* eine programmatische Absage an die literarischen Strömungen des Fin de siècle und gehört neben den Werken F. WERFELS, G. BENNS, G. HEYMS und G. TRAKLS zu den wichtigsten Buchveröffentlichungen frühexpressionistischer Lyrik.
Die Einteilung in vier Kapitel (*Die Flucht*: 19 Gedichte, *Stationen*: 11 Gedichte, *Die Spiegel*: 19 Gedichte, *Die Rast*: 8 Gedichte) organisiert den – weder chronologisch noch strikt thematisch bestimmten – Zusammenhang zwischen den einzelnen Gedichten der Sammlung, in dem sich drei verschiedene Gestaltungsprinzipien überlagern: ein übergreifender Spannungsbogen von *»Aufbruch«* zu *»Einkehr«*, der ein romantisches Erlebnismuster auf-

greift; eine zyklische Wiederholung von Bewegung *(Die Flucht; Die Spiegel)* und Verharren *(Stationen; Die Rast)*; schließlich eine schrittweise Erweiterung und Transformation des dargestellten Erfahrungsraums. So thematisieren die Gedichte des ersten Teils vor allem die Metamorphosen des lyrischen Ichs im Wechsel von Erstarrung und Ekstase, Ende und Neubeginn und stellen damit die Frage nach psychischer wie ästhetischer Erneuerung. Aspekte der Lenbenssteierung – amoralische und vitalistische Erfahrung *(Tage I–III; Der Aufbruch)*, Liebeserlebnisse *(Metamorphosen; Was waren Frauen)*, religiöse Läuterung *(Gegen Morgen; Reinigung; Resurrectio)* oder Hinwendung zum Alltäglichen *(Ende)* – verbinden sich mit poetologischen Reflexionen *(Worte; Form ist Wollust)*, die das Verhältnis von Literatur und Leben, Form und Erfahrungsgehalt problematisieren und als Kritik ästhetizistischer Standpunkte zu verstehen sind. Diese Verschränkung läßt sich vor allem im Titelgedicht *Der Aufbruch* erkennen, das diesen ersten Teil abschließt und zunächst als autobiographische Wiedergabe einer literarischen Evolution interpretiert werden kann (K.L. Schneider): Es verweist auf Stadlers Engagement im »Stürmer«-Kreis (zusammen mit R. Schickele, O. Flake, H. Arp) in den Jahren 1901 bis 1903, in dem eine Erneuerung elsässischer Literatur im Sinne des Symbolismus angestrebt wurde *(»Einmal schon haben Fanfaren mein ungeduldiges Herz blutig gerissen«)*; dann auf eine Erstarrung in Unwirklichkeit, die den Bildbereich des Ästhetizismus zitiert *(»Dann, plötzlich, stand Leben stille. Wege führten zwischen alten Bäumen. / Gemächer lockten.«)*; schließlich auf eine unbedingte Erneuerung und Intensivierung des *»Lebens«*, die sich den programmatischen Ansätzen der Frühexpressionisten zuordnen läßt *(»Aber eines Morgens rollte durch die Nebelluft das Echo von Signalen«)*. Zugleich aber zeichnet sich die Kriegsmetaphorik des 1913 entstandenen Gedichts durch eine doppelte Unbestimmtheit aus, verzichtet auf inhaltliche und teleologische Fixierungen dieses *»Aufbruchs«* und nimmt damit auf eine psycho-historische Konstellation Bezug, die zu Kriegsbeginn 1914 affirmative Lesarten nahelegen konnte: *»Ich war in Reihen eingeschient, die in den Morgen stießen, Feuer über Helm und Bügel, / Vorwärts, in Blick und Blut die Schlacht, mit vorgehaltnem Zügel. / Vielleicht würden uns am Abend Siegesmärsche umstreichen, / Vielleicht lägen wir irgendwo unter Leichen. / Aber vor dem Erschlaffen und vor dem Versinken / Würden unsre Augen sich an Welt und Sonne satt und glühend trinken.«*

Der zweite Abschnitt verläßt die solipsistische Abgeschiedenheit des Ichs und rückt ein liebendes oder geliebtes »Du« in den Mittelpunkt, an dem sich verschiedene Momente der Liebeserfahrung kristallisieren: Mitleiden *(Fernen)*, Schuld *(Entsühnung)*, Erfüllung *(In Dir; Glück)*, Hingabe *(Fülle des Lebens)*, sexuelle Vereinigung *(In diesen Nächten)*. Darauf folgt – im dritten Teil – eine Konfrontation von Einzelnem und Gemeinschaft, verbunden mit einer Ausweitung der Themenbereiche; die Darstellung messianischer oder asketischer Figuren *(Segnung; Der junge Mönch)* steht nun neben Großstadtmotivik und Bildern sozialen Elends *(Heimkehr; Abendschluss; Judenviertel in London; Kinder vor einem Londoner Armenspeisehaus)*. Dabei soll die quälende Verschlossenheit des Ichs *(Der Flüchtling)* in mehrfacher Hinsicht aufgebrochen werden: durch ein Pathos der Mitmenschlichkeit *(Die Befreiung)*, durch ekstatische Verschmelzung und Ich-Auflösung *(Fahrt über die Kölner Rheinbrücke bei Nacht; Meer)*, durch Anrufung eines unzerstörbaren Wesens als *»Spiegel«* des Selbst *(Anrede)* und durch eine Apologie des tätigen Lebens: *»Auf! Fort! Hinaus! Ins Weite! Lebe, diene dulde! (Parzival vor der Gralsburg)*. Die Gedichte des letzten Abschnitts schließlich umreißen einen Bereich emphatischer Natur- und Landschaftserfahrung, in der das lyrische Ich rezeptiven Charakter annimmt *(Hier ist Einkehr; Fluß im Abend; Kleine Stadt; Rosen im Garten; Weinlese)* und wiederum ästhetische Fragestellungen thematisiert. Einerseits erscheint Literatur hier als privilegierter Ort kontemplativer Existenz *(Herrad)*, andererseits wird – am Beispiel einer allegorischen Gegenüberstellung von Ecclesia und Synagoge am Straßburger Münster – *»Demut«* zu einem Richtwert, der die dienende Gestaltung der sinnlichen Welt und Sympathie für die Unterlegenen und Besiegten gleichermaßen bezeichnet *(Gratia divinae pietatis…)*.

Epigonale Reste, die eine Nähe zur Jugendstil-Lyrik aufweisen (J. Hermand), entsprechen einem Verzicht auf formale Experimente; nur fünf der *»Aufbruch«*-Gedichte sind ganz reimlos, wesentliche Neuerung ist der bei Verhaeren, Whitman und Dauthendey vorgefundene gereimte Langvers. Zugleich aber dokumentieren diese Gedichte zentrale Merkmale frühexpressionistischer Lyrik: eine an der Lebensphilosophie (Nietzsche, Bergson, Simmel) orientierte Poetologie, deren Leitbegriffe Stadler auch in seinen literaturkritischen und -wissenschaftlichen Schriften formulierte *(»Intensität des Welterlebens«, »Weltgefühl«, »Lebensenthusiasmus«)*; hyperbolische Bildlichkeit und Verwendung *»dynamisierender Metaphern«* (K.L. Schneider), die die Ausweitung und Steigerung von Bewegungsabläufen verfolgen; eine typologische Überformung einzelner Figuren (Prostituierte, Wahnsinniger, Asket); Allegorisierung und Personifikation; schließlich ein appellativer Gestus der *»Weltfreudigkeit«*, der Elemente aus der Lyrik C. Péguys, F. Jammes' (von Stadler übersetzt) und Werfels übernimmt. Beruht der Anspruch von Stadlers *Der Aufbruch* nicht zuletzt auf der Verschränkung verschiedener Aussageschichten – literarische Programmatik, Lebensemphase und ethischer Impuls – so bezeichnet er zugleich seine Grenzen: die Arbeit am literarischen Bild wird zuweilen durch dualistische Reduktionen (Leben-Form, Intensität-Erstarrung, Einzelner-Gemeinschaft) verkürzt, in denen noch einmal hermetische Sujektivität und eine zum Topos geronnene »Welt« einander gegenüberstehen. J.Vo.

AUSGABEN: Lpzg. 1914. – Mchn. 1920. – Hbg. 1954 (in *Dichtungen*, Hg. K. L. Schneider, 2 Bde., 1). – Mchn. 1983 (in *Dichtungen, Schriften, Briefe*, Hg. K. Huerlebusch u. K. L. Schneider; krit.).

LITERATUR: D. W. Schumann, *E. S. and German Expressionism* (in JEGPh, 29, 1930, S. 510–534). – K. Kraft, *E. S. Ein Beitrag zum Werden des Expressionismus*, Diss. Ffm. 1932. – R. D. Eberling, *Studien zur Lyrik des Expressionismus*, Diss. Freiburg i. B. 1951. – K. L. Schneider, *Der bildhafte Ausdruck in den Dichtungen G. Heyms, G. Trakls u. E. S.s*, Heidelberg 1954; ³1968. – C. Heselhaus, *Deutsche Lyrik der Moderne von Nietzsche bis Y. Goll*, Düsseldorf 1962, S. 193–205. – J. Hermand, *S.s stilgeschichtlicher Ort* (in DU, 17, 1965, H. 5, S. 21–33). – R. Gérard, *E. S.: Poète vitaliste*, Diss. Paris 1963. – K. L. Schneider, *Zerbrochene Formen. Wort u. Bild im Expressionismus*, Hbg. 1967, S. 135–191. – W. Kohlschmidt, *E. S.* (in *Expressionismus als Literatur*, Hg. W. Rothe, Mchn. 1969, S. 277–294). – G. Martens, *Vitalismus u. Expressionismus. Ein Beitrag zur Genese u. Deutung expressionistischer Stilstrukturen u. Motive*, Stg. 1971, S. 127–179. – W. Minaty, *E. S. und die erotische Motivik in seiner ›Aufbruch‹-Dichtung* (in Sprachkunst, 5, 1974, H. 1/2, S. 33–48). – H. Gier, *Die Entstehung des deutschen Expressionismus u. die antisymbolische Reaktion in Frankreich: Die literarische Entwicklung E. S.s*, Diss. Mchn. 1977. – K. H. Hucke, *Utopische Intention u. ihre ideologischen Aporien: Die literarische Evolution der Aufbruchs-Thematik bei R. Schickele, E. S. und E. W. Lotz*, Tübingen 1980. – H. Korte, *Der Krieg in der Lyrik des Expressionismus. Studien zur Evolution eines literarischen Themas*, Bonn 1981, S. 58–73. – D. S. Wolfe, *E. S. The Way of the »Aufbruch«*, Diss. Univ. of Oregon 1981. – J. McGregor Chick, *Form as Expressionism: A Study of the Lyric Poetry Between 1910 and 1915: Lasker-Schüler, Stramm, S., Benn and Heym*, Diss. Univ. of Waterloo/Canada 1983.

CARL STERNHEIM

* 1.4.1878 Leipzig
† 3.11.1942 Brüssel

LITERATUR ZUM AUTOR:
F. Eisenlohr, *C. S. Der Dramatiker u. seine Zeit*, Mchn./Bln./Wien 1926. – K. Hagedorn, *C. S. auf der deutschen Bühne*, Diss. Köln 1961. – W. Emrich, *C. S.s »Kampf der Metapher!« u. für die »eigene Nüance«* (in W. E., *Geist u. Widergeist, Wahrheit u. Lüge der Literatur*, Ffm. 1965, S. 163–184; erw. Fassg. des *Vorworts* in *Gesamtwerk*, Hg. W. Emrich unter Mitarb. v. M. Linke [ab Bd. 8], Bd. 1, Neuwied 1963, S. 5–19). – I. Nagel, *Der Dramatiker C. S.* (in NRs, 75, 1964, S. 477–482). – H. Karasek, *C. S.*, Velber 1965. – W. Wendler, *C. S. Weltvorstellung u. Kunstprinzipien*, Ffm./Bonn 1966. – F. Hofmann, *C. S. Sein Leben u. Werk* (in *GW*, Hg. F. Hofmann, Bd. 1, Bln./Weimar 1968, S. 5–143). – W. G. Sebald, *C. S. Kritiker u. Opfer der Wilhelminischen Ära*, Stg. 1969. – B. Diebold, *S., der Grandseigneur* (in B. D., *Anarchie im Drama. Kritik u. Darstellung der modernen Dramatik* [1921], NY/Ldn. ⁴1975, S. 77–126). – *C. S. Zur Textanalyse, Ideologiekritik u. Rezeptionsgeschichte*, Hg. J. Schönert, Heidelberg 1975. – R. Billetta, *S.-Kompendium. C. S. Werk, Weg, Wirkung*, Wiesbaden 1975. – H. Schwerte, *C. S.* (in *Deutsche Dichter der Moderne*, Hg. B. v. Wiese, Bln. ³1975, S. 476–491). – W. Freund, *Die Bürgerkomödien C. S.s*, Mchn. 1976. – M. Durzak, *Das expressionistische Drama I. C. S., Georg Kaiser*, Mchn. 1978. – K. Deiritz, *Geschichtsbewußtsein – Satire – Zensur. Eine Studie zu K. S.*, Königstein/Ts. 1979. – M. Linke, *C. S. in Selbstzeugnissen u. Bilddokumenten*, Reinbek 1979 (rm). – *C. S. Materialienbuch*, Hg. W. Wendler, Darmstadt/Neuwied 1980 (SLu). – B. Dedner, *C. S.*, Boston 1982 (TWAS). – R. W. Williams, *C. S. A Critical Study*, Bern u. a. 1982. – *Zu C. S.*, Hg. M. Durzak, Stg. 1982. – B. Budde, *Über die Wahrheit u. über die Lüge des radikalen, antibürgerlichen Individualismus. Eine Studie zum erzählerischen u. essayistischen Werk C. S.s*, Ffm. u. a. 1983. – *C. S.*, Hg. H. L. Arnold, Mchn. 1985 (Text + Kritik). – V. Hennecke, *Die Sprache in den Lustspielen C. S.s*, Diss. Köln 1985.

BÜRGER SCHIPPEL

Komödie in fünf Aufzügen von Carl STERNHEIM, entstanden 1911; Uraufführung: Berlin, 5. 3. 1913, Kammerspiele des Deutschen Theaters. – Das Stück, bei dessen Uraufführung Max Reinhardt Regie führte, gehört zu Sternheims Zyklus *Aus dem bürgerlichen Heldenleben*, der aus elf Komödien besteht und als Satire auf das Wilhelminische Deutschland gelesen werden darf, auch wenn der Autor selbst sich nicht als Satiriker empfand. In den sechziger Jahren, in denen es zu einer Sternheim-Renaissance kam, vertraten W. EMRICH und W. WENDLER die These, daß Sternheim weniger der spöttische Chronist seiner Zeit gewesen sei, sondern die machtvolle Verwirklichung und Entfaltung des Individuums feierte. Dieser Interpretationsansatz – und damit das gesamte Werk Sternheims – wird bis heute kontrovers diskutiert und stützt sich vor allem auf Sternheims Selbstdeutung in seinem Essay *Das gerettete Bürgertum* (1918), in dem er die Hauptfigur in seinen Stücken als *»gegen gesellschaftlichen Widerstand leidenschaftlich und heldisch Gewillte(n)«* kennzeichnet: *»Also nicht Ironie und Satire, die als meine Absicht der tüchtige Reporter festgestellt und Menge nachschwatzte ...«* Das Zitat gibt zugleich einen Eindruck von der Eigenart der Sprache dieses Autors, der sich in seinem

Aufsatz *Kampf der Metapher!* (1917) gegen jede Verherrlichung der banalen Realität durch poetische Bilder gewandt hatte und sich dergestalt jeder Ideologisierung und Mythisierung des Wirklichen zu entziehen schien, wie Sternheim es auch in *Bürger Schippel*, einem seiner erfolgreichsten Bühnenwerke, demonstrierte; Adjektive fehlen weitgehend, ebenso Artikel, die Substantive treten hervor, so daß jede Ästhetisierung vermieden wird, die Sätze frieren zu Befehlen und Phrasen ein.

Der biedere, von seiner bürgerlichen Reputation völlig überzeugte Goldschmied Tilman Hicketier benötigt für sein Sängerquartett, mit dem er sich bereits zweimal einen Preis ersungen hat, dringend einen Tenor, da der Tod des Verlobten seiner Schwester Thekla eine schmerzliche Lücke in die edle Gemeinschaft gerissen hat. In der ganzen Stadt gibt es nur einen, der den verstorbenen Naumann ersetzen könnte, dieser aber – ein derber, *»dreckiger Prolet«*, uneheliches Kind, mit Namen Schippel – ist leider nicht standesgemäß. Dennoch entschließt sich Hicketier, da der Sängerwettstreit bedrohlich näherrückt, zu einem Versuch, ist jedoch zunächst von den ungeschliffenen Manieren Schippels abgestoßen, so daß dieser beleidigt abzieht. Als sich sogar der regierende Duodez-Fürst, den ein Reitunfall in Hicketiers Haus verschlägt, lebhaft für das Quartett, in Wahrheit allerdings mehr für Thekla zu interessieren beginnt, erscheint der Sieg jetzt geradezu als ehrenvolle Standespflicht. Hicketier söhnt sich mit Schippel aus, der seinerseits verspricht, sich bürgerlichen Lebensgepflogenheiten anzupassen. Außerdem gefällt ihm Thekla, die den anderen Mitgliedern des Quartetts, Krey und Wolke, bereits einen Korb gegeben hat, zu Hicketiers Entsetzen jedoch den kräftigen Schippel mit Wohlgefallen betrachtet, was sie aber nicht hindert, während das Quartett oben im Haus probt, zu einem Rendezvous mit dem Fürsten auf einer Leiter in den Garten hinabzusteigen.

Im Sängerkampf wird der Sieg errungen; Hicketier versucht sich mit dem Gedanken vertraut zu machen, daß Schippel eine Ehe mit Thekla eingeht. Es soll zunächst ein angemessener Stammbaum gefunden werden. Als Hicketier jedoch durchblicken läßt, daß seine Schwester ihre *»Blüte an einen Höheren verloren habe«*, behält Schippel sich stolz die Entscheidung vor. Krey fühlt sich betrogen. Man hält es für Standespflicht, daß die beiden wackeren Kontrahenten sich duellieren. Beide fürchten sich entsetzlich, Schippel will sich sogar heimlich davonmachen, wird aber festgehalten. Er bringt es fertig, Krey im Pistolenkampf leicht zu verwunden, und steht als Held da. Hicketier hält ihn nun für durchaus würdig, der *»höheren Segnungen des Bürgertums voll und ganz«* teilhaftig zu werden. Das Stück schließt mit einem stolz-verschämten Monolog Schippels: *»Paul, du bist Bürger!«*

Schippel hat die Demütigungen der Gesellschaft auf sich genommen, um schließlich ihrer höchsten Ehrungen teilhaftig zu werden; wie die übrigen Mitglieder dieser Welt orientiert auch er sich am Standard der ihm sozial Überlegenen und gibt damit seine proletarische Identität ohne Wehmut auf. Das Stück fand seine Fortsetzung in *Tabula rasa* (1914); hier tritt Schippel als erfolgreicher Unternehmer auf. W.P.-KLL

Ausgaben: Lpzg. 1913. – Mchn. 1920. – Neuwied 1963 (in *Gesamtwerk*, Hg. W. Emrich unter Mitarb. v. M. Linke [ab Bd. 8], 10 Bde., 1963–1976, 1). – Bln./Weimar 1963 (in *GW*, Hg. F. Hofmann, 6 Bde., 1963–1968, 2). – Darmstadt/Neuwied 1977 (SLu).

Literatur: E. Faktor, Rez. (in Berliner Börsen-Courier, 6. 3. 1913). – F. Engel (in Berliner Tageblatt, 6. 3. 1913). – S. Jacobsohn, Rez. (in Die Schaubühne, 13. 3. 1913). – A. Kerr, Rez. (in NRs, 24, 1913, H. 5, S. 720–723). – O. Mann, *S.s »Bürger Schippel«* (in *Das deutsche Drama*, Hg. B. v. Wiese, Bd. 2, Düsseldorf [2]1960, S. 284–304). – K. Bräutigam, *C. S. »Bürger Schippel«* (in *Europäische Komödien*, Hg. K. Bräutigam, Ffm. 1964, S. 175–191). – R. Brinkmann, *S.s Komödie »Bürger Schippel«* (in *Das deutsche Lustspiel II*, Hg. H. Steffen, Göttingen 1969, S. 103–124). – W. Jahn, *Sternheims Bürger in der ständischen Gesellschaft. Zu »Bürger Schippel« u. anderen Komödien* (in *»Wissenschaft als Dialog«*, Fs. W. Rasch, Hg. R. v. Heydebrand u. K. G. Just, Stg. o. J., S. 249–270). – K. L. Schneider, *Des Bürgers gute Stube. Anmerkungen zur Raumsymbolik in S.s »Bürger Schippel« u. Kaisers »Von morgens bis mitternachts«* (ebd., S. 242–248). – J. Joost, *C. S. Bürger Schippel – Prolet u. Philister* (in *Das deutsche Drama vom Expressionismus bis zur Gegenwart*, Hg. M. Brauneck, Bamberg [3]1977, S. 64–81). – H. Siefken, *»Ein ganzes Arsenal nichtssagender Floskeln« – S.'s Comedy »Bürger Schippel«* (in FMLS, 15, 1979, S. 336–346). – B. Belhalfaoui, *»Bürger Schippel«: ein Lust- u. Gesellschaftsspiel oder S.s Beitrag zur »ästhetischen Erziehung des Menschen«* (in EG, 37, 1982, S. 329–347). – G. Scholdt, *Gegenentwürfe. Zu S.s »bürgerlichem Heldenzyklus« u. seinem Verhältnis zu Molière* (in Jb. der Dt. Schiller-Ges., 26, 1982, S. 296–324). – H. S. Reiss, *»S. – ein Satiriker!«?* (in DVLG, 57, 1983, S. 321–343).

DIE HOSE. Ein bürgerliches Lustspiel

Komödie in vier Akten von Carl Sternheim, Uraufführung: Berlin, 15. 2. 1911, Kammerspiele des Deutschen Theaters (unter dem Titel *Der Riese*). – *Die Hose* ist neben *Bürger Schippel* das wohl bekannteste Werk aus dem Zyklus *Aus dem bürgerlichen Heldenleben*, an dessen Anfang es steht; zugleich eröffnet es darin die Trilogie über den Aufstieg der Familie Maske vom Kleinbürgertum zum Adelsstand *(Der Snob; 1913)*; das späte Stück *Das Fossil* (1925) gehört nur noch marginal dazu.

Der philiströse, aber kraftvolle Subalternbeamte Theobald Maske *(»Meine Unscheinbarkeit ist eine Tarnkappe, unter der ich meinen Neigungen, meiner innersten Natur ungehindert frönen darf«)* bangt um seine Stellung, weil seine verträumte Frau Luise just in dem Augenblick, als die kaiserliche Majestät an einer großen Volksmenge vorbeifuhr, jenes reizvolle Kleidungsstück verlor, das dem Stück den Titel gibt. Um die zu erwartenden finanziellen Einbußen auszugleichen, werden sogleich zwei Zimmer vermietet, und zwar an den eleganten, von hohen Bildungsidealen besessenen Schriftsteller Frank Scarron, der Zeuge jenes peinlichen Zwischenfalls war und sich vorgenommen hatte, die hübsche Bürgerin zu verführen, und an den hypochondrischen Friseurgehilfen Mandelstam, der die Absichten Scarrons sofort durchschaut. Um den Friseur abzulenken – denn sie fühlt sich zu dem »romantischen Dichter« hingezogen –, heuchelt Luise Sympathie für ihn, und beide Männer bewerben sich nun heftig um ihre Gunst. Während Luise auf Scarron wartet, philosophiert der »Schriftsteller« mit Theobald im Wirtshaus. Die Satire erreicht ihren fast makabren Höhepunkt, als der Spießbürger Maske im Gespräch mit dem lächerlich emphatischen »Literaten« und Philisterfeind Scarron plötzlich zum – scheinbar – überlegenen Skeptiker wird, der Nietzsches von Scarron nachgekautes Ideal des »Übermenschen«, ohne im mindesten etwas von dem Thema zu verstehen, lächerlich macht. Der rachitische Mandelstam hingegen stimmt seinem Nebenbuhler auf einmal mit Begeisterung zu – eine Szene, die Sternheims virtuose Technik, seine Figuren so gegeneinander auszuspielen, daß die Lächerlichkeit des einen die des andern erhöht, glanzvoll demonstriert. Am nächsten Morgen erzählt Theobald seiner enttäuschten Frau, er habe Scarron betrunken nach Hause bringen müssen. Luise hat jetzt von den schwächlichen Männern genug; außerdem erfreut sie sich endlich des vitalen Interesses ihres durch ein Techtelmechtel mit Fräulein Deuter, einer kupplerischen Nachbarin, auf den Geschmack gekommenen Mannes, der auf diese Weise als Sieger aus den erotischen Verwicklungen hervorgeht. Da die Zimmervermieterei sich so gut angelassen hat, ist Maske nun sogar in der verwegenen Laune, sich einen Sohn leisten zu wollen: *»Jetzt kann ich es, dir ein Kind zu machen, verantworten.«*

Die Hose, nach anfänglichem Polizeiverbot eins der meistgespielten Stücke Sternheims, ist das erste, in dem der Verfasser seinen Komödienstil gefunden hat; dramaturgisch raffiniert setzt er seine bissige Satire auf die bürgerliche Verlogenheit der Wilhelminischen Ära in Szene, wenn auch, angestoßen durch W. EMRICH, dieser gesellschaftskritischen Deutung des Stücks jene gegenübertritt, die im Aufstieg Theobald Maskes die Feier des sich unbekümmert entfaltenden Individuums sieht, das der »Maske« bedarf, um sich gegen die Anforderungen der Gesellschaft behaupten zu können. Die stark stilisierte, oft artikel- und verbenlose, den konventionellen Satzbau umstürzende Diktion *(»Telegrammstil«)* manifestiert Sternheims Versuch einer bilderlosen, unpoetischen Sprache, vom Autor selbst mit den Worten kommentiert: *»In meinem Stück verlor ein Bürgerweib die Hose, von nichts als der banalen Sache sprach in kahlem Deutsch man auf der Szene. Ob solcher Einfalt fällte Welt das Urteil: wie war das Dichtung? Eine bürgerliche Hose und fünf Spießer, die von ihr räsonnierten? Wo blieb gewohnter Glanz(ersatz) wo (Pseudo)Naturalismus?«* Sternheim parodiert nicht allein den späten Naturalismus der Epoche, sondern auch den Wortschwulst der damaligen Moderne wie die gängige WAGNER- und NIETZSCHE-Verehrung der Zeit: *»Sternheims eigene, bewußt reduzierte und verstellte Sprache war nicht expressiv im Sinne kommender Dramatik, sondern kritisch, satirisch, polemisch, aufklärend. Sie löste gerade die menschliche und ›irdische‹ Gegebenheiten übersteigenden, d. h. entwertenden Metaphern auf. ›Die Hose‹ bringt diese Absichten poetisch in Handlung und in Sprache: wahrhaft ›Lust‹spiel, aber darein gefädelt auch literarische Satire, kritische Aufklärung und polemisches ›Programm‹, dessen Grundsätze freilich weder eindeutig noch unbedenklich sind«* (H. Schwerte). W.P.-KLL

AUSGABEN: Bln. 1911. – Lpzg. 1919. – Mchn. 1926. – Neuwied 1963 (in *Gesamtwerk*, Hg. W. Emrich unter Mitarb. v. M. Linke [ab Bd. 8], 10 Bde., 1963–1976, 1). – Bln./Weimar 1963 (in *GW*, Hg. F. Hofmann, 6 Bde., 1963–1968, 2). – Darmstadt/Neuwied 1976 (SLu).

LITERATUR: S. Jacobsohn, Rez. (in Die Schaubühne, 7, 23.2.1911). – H. Lautensack, Rez. (in SL, 12, 11.3. 1911). – H. Jhering, Rez. (in Der Merker, 2, 1911, Nr. 15). – A. Polgar, Rez. (in Die Weltbühne, 20, 24. 1. 1924). – H. Schwerte, *»Die Hose«* (in DU, 15, 1963, H. 6, S. 59–80). – J. Ukena, *S. Die Hose*, Ffm. u. a. 1974. – H.-G. Kemper, *Gestörtes Vergnügen. C. S.: »Die Hose«* (in S. Vietta u. H.-G. K., *Expressionismus*, Mchn. 1975, S. 306–329). – R. Rumold, *C. S.s Komödie »Die Hose«. Sprachkritik, Sprachsatire u. der Verfremdungseffekt vor Brecht* (in Michigan Germanic Studies, 4, 1978, S. 1–16). – H. S. Reiss, *»S. – ein Satiriker!«?* (in DVLG, 57, 1983, S. 321–343). – H. Nabbe, *Parodie u. literarische Satire in C. S.s »Die Hose«* (in Neoph, 68, 1984, S. 247–267). – E. Czucka, *Schimären des Tatsächlichen. Die Maske-Tetralogie in C. S.s »Aus dem bürgerlichen Heldenleben«* (ebd., 72, 1988, S. 556–581).

DIE KASSETTE

Komödie in fünf Akten von Carl STERNHEIM, Uraufführung: Berlin, 24. 11. 1911, Deutsches Theater. – Neben *Die Hose* und *Bürger Schippel* gehört *Die Kassette* zu den bekanntesten Werken aus Sternheims elfteiligem Zyklus *Aus dem bürgerlichen Heldenleben*. Bei einer Aufführung in München am 25.3. 1912 entfachte das Stück einen Theaterskandal, während des Ersten Weltkriegs war seine Aufführung untersagt. Offiziöse Reaktionen dieser Art zeigen, daß Sternheim mit seinen Werken ein treffendes und prägnantes Porträt seiner Zeit zeichnet, unabhängig davon, ob seine Stücke als Satire auf die bürgerliche Gesellschaft

des Kaiserreiches oder als Verherrlichung der Willenskraft seiner Akteure intendiert waren.
In der »Kassette« liegt die Macht, an deren Übernahme die Hauptakteure des Stücks interessiert sind. Die ältliche, unverheiratete Tante Elsbeth Treu ist die Besitzerin jener Kassette mit Wertpapieren in Höhe von 140000 Mark, um die gekämpft wird. Aussichtsreichster Kandidat ist der 47jährige Oberlehrer Heinrich Krull, der zu Beginn des Stücks mit seiner viel jüngeren zweiten Frau Fanny von der Hochzeitsreise an den Rhein zurückkehrt. Wie seine sentimentale und metaphernreiche Begeisterung den Spießer und Bildungsbürger verrät, so charakterisiert es seine Einstellung zu seiner Frau, wenn er keinen anderen Kosenamen als *»süße Puppe«* für sie findet: Sie ist ihm sexueller Gebrauchsartikel und Repräsentationsmarionette. Seine Beziehung zu ihr ist von dem gleichen Machtinstinkt beherrscht, der ihn auch der Erbschaft nachjagen läßt. In einer Reihe von Szenen werden beide Bereiche, der erotisch-sexuelle und der materielle, komisch miteinander kontrastiert – ganz ähnlich wie in MOLIÈRES *L'avare*. Vor allem der vierte Akt lebt von dem gehetzten Hin und Her zwischen den beiden Polen Erotik und Geld. Die sich gegenseitig steigernden, zu Höhepunkten treibenden Doppelspiele sind – teilweise in raffinierter Überblendungstechnik als Simultanszenen – meisterhaft komponiert; so der größenwahnsinnige, um die Macht des Geldes kreisende Monolog Krulls vor der Schlafzimmertür seiner Frau, die währenddessen von seinem zukünftigen Schwiegersohn Seidenschnur verführt wird. Der Sieg des Geldes über die Erotik zeigt sich schließlich in einem grotesken Bild: Die Kassette hat Fannys Platz im Bett an der Seite Krulls eingenommen. Vom Ende des dritten Akts an weiß aber der Zuschauer, daß Krull, der sich in der Hoffnung wiegt, Alleinerbe zu werden, von der Tante zugunsten der Kirche bereits enterbt ist. Alle Demütigungen, die er von ihr der erhofften Erbschaft wegen hinnimmt, und sein dauerndes Lavieren zwischen Fanny, die ihn mit sinnlichem Genuß, und der Tante, die ihn mit der Kassette lockt, werden zu einem blinden Manöver, das nur die Mechanik des Spiels um die Macht aufdeckt.
Dieses Spiel von Unterwerfung und Unterdrükkung zwischen dem Besitzlosen und dem Inhaber der Macht wird im letzten Akt farcenhaft potenziert: Seidenschnur, ein Photograph mit künstlerischen Ambitionen, der mit Lydia, Krulls Tochter, von der Hochzeitsreise nach Italien zurückgekehrt ist, schwelgt in genialischem Ton von der italienischen Landschaft und der göttlichen Inspiration, die ihn dort überkam. Wie im ersten Akt Krulls emphatischer Bericht über seine Rheinreise immer wieder von den bissigen Bemerkungen der Tante gedämpft wurde, so ist es nun Krull, der – von seiner vermeintlichen Machtposition aus – Seidenschnurs Elan mit Hinweisen auf eben dessen finanzielle Lage zügelt. Am Ende des fünften Akts hat Seidenschnur seinem künstlerischen Ehrgeiz entsagt; der Anblick der Kassette macht auch ihn zum Anbeter des der Kirche vermachten »Hausgötzen«. Abermals entfaltet sich hier die groteske Komik des Stücks. Sie entspringt dem Imperativ des *juste milieu*, des korrumpierten Bürgertums der Wilhelminischen Ära: um mächtig zu werden, müsse man sich demütig geben. *»Wir müssen uns strecken, anpassen; das ist Weltordnung«*, sagt Krull. G.Le.

AUSGABEN: Lpzg. 1912. – Mchn. o.J. [1926]. – Neuwied 1963 (in *Gesamtwerk*, Hg. W. Emrich unter Mitarb. v. M. Linke [ab Bd. 8], 10 Bde., 1963–1976, 1). – Bln./Weimar 1963 (in *GW*, Hg. F. Hofmann, 6 Bde., 1963–1968, 2). – Darmstadt/Neuwied 1978 (SLu).

LITERATUR: H. Jhering, Rez. (in Die Schaubühne, 7, 30. 11. 1911). – H. Lautensack, Rez. (in SL, 12, 16. 12. 1911). – P. Rilla, *S.s Bürgerkomödien* (in P. R., *Literatur. Kritik u. Polemik*, Bln. 1950, S. 90–97). – H. Arntzen, *Die unmenschliche Komödie. Zu S.s »Kassette«* (in H. A., *Literatur im Zeitalter der Information*, Ffm. 1971, S. 301–304). – H. Hoppe, *Der inhaltliche Widerspruch zur traditionellen Form – C. S.: »Die Kassette« (1911)* (in H. H., *Das Theater der Gegenstände*, Bensberg 1971, S. 44–49). – H.-P. Bayerdörfer, *S., »Die Kassette«* (in *Die deutsche Komödie*, Hg. W. Hinck, Düsseldorf 1977, S. 213–232). – M. Durzak, *Die Gesellschaftskomödie als Parabel vom kapitalistischen Sündenfall: S.s »Die Kassette«* (in M. D., *Das expressionistische Drama I. C. S., Georg Kaiser*, Mchn. 1978, S. 73–87; ern. in *Zu C. S.*, Hg. ders., Stg. 1982, S. 119–131).

1913

Schauspiel in drei Akten von Carl STERNHEIM, erschienen 1915; Uraufführung: Frankfurt/Main, 23. 1. 1919, Schauspielhaus (nicht öffentlich). – Das Stück schließt die Maske-Trilogie *(Die Hose, Der Snob)* aus dem Zyklus *Aus dem bürgerlichen Heldenleben* ab. Die Hauptfigur Christian Maske, Sohn des Theobald Maske aus der Komödie *Die Hose* und bereits im Mittelpunkt des Stücks *Der Snob*, ist der Prototyp des Parvenüs, der durch Anpassung an die Praktiken und Ideologien der Großfinanz und der Aristokratie vom subalternen Beamten zum Industriemagnaten aufgestiegen ist und in *1913* als Freiherr Maske von Buchow der gesellschaftlichen »Spitzenklasse« angehört.
Das Stück, das auf Schloß Buchow spielt, umfaßt die kurze Zeitspanne vor Maskes Tod und spiegelt in der snobistischen Blasiertheit und koketten Arroganz von Maskes Kindern – Philipp Ernst, Ottilie und Sofie verh. Gräfin von Beeskow – ein erstarrtes Standesbewußtsein wider, gegen das der alternde Großindustrielle, der seine Erfolge rücksichtsloser Selbstdisziplin und unbedingtem »Selbstmut« verdankt, einen erbitterten Kampf führt. Die Diskrepanz zwischen der individualbetonten Lebenshaltung Maskes und dem klischeehaften Prestigedenken seiner Erben steigert sich

zum offenen Konflikt, als Maske sich weigert, einen von Sofie während seiner Krankheit abgeschlossenen Waffenvertrag zu akzeptieren. Maske intrigiert gegen diese durch »geniale« Skrupellosigkeit zustande gekommene Transaktion nicht etwa aus moralischen Gründen, sondern weil er fühlt, daß paradoxerweise gerade diese Tochter, die als einzige den Geschäftssinn des Vaters geerbt hat, sein *»Lebenswerk in Stücke«* schlägt. Ihre kühl kalkulierende Habgier ist keineswegs mit seinem vitalen Machthunger identisch. Während Maske seine Position dazu benutzt, die gesellschaftlichen Zustände menschenwürdiger zu gestalten, indem er als Unternehmer vom Verbraucher Wertbewußtsein fordert und in der Produktion bei Steigerung der Quantität auf eine Verbesserung der Qualität dringt, sieht Sofie den Konsumenten nur als ausbeutbare Masse. Sie *»kennt die ausgeleierten Wege seiner Instinkte und jagt ihm Befehle zu, die er für seinen eigenen Willen hält«*. Das Beharren Sofies auf »Simplizität«, *»Massen- nicht Maßgeschäft«* ist für Maske, dessen Parole stets *»lebendiges, ungezügeltes Lebensbewußtsein«* lautete, Zeichen dafür, daß diese Gesellschaft reif ist für die Katastrophe des Krieges: *»Nach uns der Zusammenbruch! Wir sind reif!«* Zwar gelingt es Maske, die Pläne seiner Tochter zu vereiteln, doch noch während er dies triumphierend verkündet, bricht er zusammen und stirbt – ein Ende, das auf kommendes Unheil deutet; Sternheim hatte das im Februar 1914 vollendete Stück denn auch *»bewußt als ein prophetisches Zeitstück«* (H. Vormweg) geplant, während des Ersten Weltkriegs war seine Aufführung untersagt.

Die Auseinandersetzung zwischen Sofie und ihrem Vater kennzeichnet den Kulminationspunkt einer Epoche des Macht- und Prestigedenkens, die zum Untergang verurteilt ist, da die nivellierenden Prinzipien des *juste milieu* den Menschen zwangsläufig zum »Konsumenten« einer bestehenden Norm stempeln und somit jeden Fortschritt ausschließen. Maske erkennt angesichts der Stagnation, daß die Rettung der Gesellschaft nur durch jene geschehen kann, die *» von Grund auf die Zustände erschüttern, die wir geschaffen«*. Diese revolutionäre Opposition aus dem Geiste des idealistischen Expressionismus – das Stück ist Ernst STADLER gewidmet – wird durch die Rollen des Sekretärs Wilhelm Krey und Friedrich Stadlers verkörpert. Wenn auch Stadler und Maske ein ganz entgegengesetztes Verhältnis zur Welt haben, so ist doch beiden Positionen gemeinsam, daß sie das Recht des Menschen auf freie Entfaltung seiner Persönlichkeit verteidigen. Sternheims Postulat, »Mut zu sich selber« zu zeigen, d. h. Mut zur *»eigenen Nüance«*, impliziert allerdings keinen sittlichen Imperativ oder eine moralische Haltung, die Sternheim als Dramenautor ohnehin von sich wies, sondern plädiert für einen *»revolutionären Subjektivismus«*, der sich seinen Impuls nicht sogleich durch den Verweis auf die unabsehbaren Konsequenzen seines Tuns verbieten lassen will; in seinem Essay *Berlin oder Juste milieu* (1920) schreibt der Autor über seinen gesamten Zyklus *Aus dem bürgerlichen Heldenleben: »Ich riet zu keiner Erziehung; warnte im Gegenteil vor Kritik göttlicher Welt durch den Bürger und machte ihm Mut zu seinen sogenannten Lastern, mit denen er Erfolg errang und riet ihm, meiner Verantwortung bewußt, Begriffe, die einseitig nach sittlichem Verdienst messen, als unerheblich und lebensschwächend aus seiner Terminologie zu entfernen.«* Die Maske-Trilogie erfuhr eine Fortführung durch das Stück *Das Fossil* (1925), in dem Sofie von Beeskow und ihr Mann Otto erneut auftreten und in dessen Mittelpunkt ein preußischer General steht, der den überkommenen Militarismus einer untergegangenen Gesellschaft zu konservieren versucht; schon 1918 hatte H. JHERING allerdings zutreffend bemerkt, daß für das Publikum *»Sternheims Spießersatire nach der Revolution ins Leere stieß«*. I.Ž.-KLL

AUSGABEN: Lpzg. 1915 (in Die weißen Blätter, 2, H. 2). – Lpzg. 1915. – Mchn. 1920. – Neuwied 1963 (in *Gesamtwerk*, Hg. W. Emrich unter Mitarb. v. M. Linke [ab Bd. 8], 10 Bde., 1963–1976, 1). – Bln./Weimar 1963 (in *GW*, Hg. F. Hofmann, 6 Bde., 1963–1968, 2). – Stg. 1967 (Nachw. H. Vormweg; RUB). – Ffm./Bln. 1980 (in G. Rühle, *Zeit u. Theater*, Bd. 1/2; m. Komm.).

LITERATUR: S. Jacobsohn, *S.* (in Das Jahr der Bühne, 4, 1914/15, S. 103–107). – Dbd. [d. i. B. Diebold], Rez. (in Frankfurter Ztg., 24. 1. 1919). – P. Kornfeld, Rez. (in Der Friede, Bd. 3, Nr. 55, 7. 2. 1919). – E. Faktor, Rez. (in Berliner Börsen-Courier, 10. 4. 1920). – A. Kerr, Rez. (in Berliner Tageblatt, 10. 4. 1920). – H. Jhering, Rez. (in Der Tag, 11. 4. 1920). – E. M. Chick, *S.s »1913« as Satire. Fantasy and Fashion* (in *Studies in the German Drama*, Hg. D. H. Crosby u. G. C. Schoolfield, Chapel Hill/N.C. 1974, S. 213–224). – E. Czucka, *Schimären des Tatsächlichen. Die Maske-Tetralogie in C. S.s »Aus dem bürgerlichen Heldenleben«* (in Neoph, 72, 1988, S. 556–581).

DER SNOB

Komödie in drei Akten von Carl STERNHEIM, Uraufführung: Berlin, 2. 2. 1914, Kammerspiele des Deutschen Theaters. – Das Stück stellt den zweiten Teil der mit *Die Hose* begonnenen Maske-Trilogie dar, dem Kernstück von Sternheims dramatischem Zyklus *Aus dem bürgerlichen Heldenleben*. Am Ende der Komödie *Die Hose* kann es sich Theobald Maske leisten, an Nachkommenschaft zu denken; in *Der Snob* steht sein Sohn Christian Maske im Mittelpunkt, wie sein Vater um den gesellschaftlichen Aufstieg bemüht und nicht gewillt, sich durch Rücksichtnahmen irgendwelcher Art davon abhalten zu lassen.

In realistischer Einschätzung seiner Situation hält der sechsunddreißigjährige Christian Maske eine rasche und vollständige Aufhebung seiner bisherigen Bindungen für die unabdingbare Voraussetzung seiner zu erwartenden Karriere. Der Forderung seines Vaters Theobald, ihm in einer finanziellen Notlage zu helfen, begegnet er mit einem Tauschangebot, in dem er gegen die Rückzahlung der für ihn gemachten Aufwendungen sich das Versprechen erkauft, daß die Eltern mit einem Umzug in die Schweiz jeden Kontakt zu ihm aufgeben. Ebenso ersetzt er der früheren Geliebten, der er sein kultiviertes Benehmen verdankt, ihren emotionalen Aufwand mit einer großzügig bemessenen Summe. Dieser Bruch mit der von ihm verachteten Klasse seiner kleinbürgerlichen Herkunft schafft für ihn die Voraussetzung, sich dem Adel zu verbinden: Trotz anfänglicher Widerstände des Grafen von Palen, des Aufsichtsratsvorsitzenden eines Großunternehmens, dessen Generaldirektor Christian werden soll, kommt eine Verbindung zwischen ihm und der Tochter des Grafen, Marianne, zustande. Nun entdeckt Christian seine Zuneigung zu seinen Eltern wieder und bittet sie, ihn zu besuchen; er vermutet, daß die bereits erreichte Stufe gesellschaftlicher Anerkennung genügt, seine soziale Herkunft nicht länger als Hindernis, sondern eher als persönlichen Luxus erscheinen zu lassen. Theobald Maske, der dem Sohn bei seiner Ankunft den Tod der Mutter mitteilen muß, sieht in der von Christian angestrebten Verbindung zunächst eine unsittliche Überschreitung unantastbarer Standesgrenzen, bevor schließlich der stolze Gedanke an seine Selbstverwirklichung im eigenen Sohn die moralische Entrüstung verdrängt. Hier liefern die Maskes den schlagenden Beweis für die praktische Anwendbarkeit einer zynischen Einschätzung der vornehmen Gesellschaft: Wie Christian die adlige Elite dadurch zur Bewunderung zwingt, daß er, ihre Arroganz und Distinguiertheit übertreffend, sie von oben herab behandelt, so findet Graf Palen, zu Christians Erleichterung, selbst an der kleinbürgerlichen Selbstgewißheit des Vaters Gefallen. Christians Heirat mit der gräflichen Tochter bildet den Höhepunkt und die Sicherung seines gesellschaftlichen Aufstiegs. In einem Akt der Selbstmythisierung erzählt er der Braut die erfundene Geschichte von der Entstehung des angeblich seine Mutter darstellenden Gemäldes, das er ihr nun als Hochzeitsgeschenk vermacht. Seine Erzählung, die die Mutter gleichzeitig verleumdet und zu Überlebensgröße erhebt, soll bei ihm jenen Stammbaum vermuten lassen, den ihm weder der Wille zur Anpassung noch der reale Aufstieg hatten verschaffen können. Diese letzte Differenz zur Gesellschaftsschicht seiner Braut, die nach dieser Eröffnung in Ergebenheit vor ihm hinsinkt, konnten allein Lüge und Verleumdung verschwinden machen.

Wie die übrigen Werke des Zyklus *Aus dem bürgerlichen Heldenleben* weist auch dieses Stück den für Sternheim typischen abgehackten *»Telegrammstil«* auf, der seinen Dialogen ihre stakkatohafte Geschwindigkeit verleiht und zugleich den Herrschaftsanspruch der Mächtigen wie die Phrasenhaftigkeit der ideologisch gewendeten Sprache aufscheinen läßt. Ihren Abschluß findet die Maske-Trilogie in der Komödie *1913*. E.Koe.

Ausgaben: Lpzg. 1914. – Mchn. 1920. – Neuwied 1963 (in *Gesamtwerk*, Hg. W. Emrich unter Mitarb. v. M. Linke [ab Bd. 8], 10 Bde., 1963–1976, 1). – Bln./Weimar 1963 (in *GW*, Hg. F. Hofmann, 6 Bde., 1963–1968, 2). – Darmstadt/Neuwied 1981 (SLu).

Literatur: S. Jacobsohn, Rez. (in Die Schaubühne, 10, 12.2. 1914). – A. Kerr, Rez. (in NRs, 25, 1914, H. 5, S. 717–719). – L. Lore, *C. S. »Der Snob«. Der satirische Telegrammstil* (in L. L., *Dialogstrukturen u. ihre szenischen Elemente im deutschsprachigen Drama des 20. Jh.s*, Bonn 1969, S. 34–41). – H. Jakob, *Ästhetik u. Öffentlichkeit in S.s dramatischem Werk (unter besonderer Berücksichtigung von »Tabula rasa« u. »Der Snob«)*, Diss. Mchn. 1970. – E. Czucka, *Schimären des Tatsächlichen. Die Maske-Tetralogie in C. S.s »Aus dem bürgerlichen Heldenleben«* (in Neoph, 72, 1988, S. 556–581). – W. Freund, *Der Bürger auf Probe. S.s Komödie »Der Snob«* (in *Deutsche Komödien. Vom Barock bis zur Gegenwart*, Hg. W. Freund, Mchn. 1988, S. 196–208).

August Stramm

* 29.7.1874 Münster
† 2.9.1915 Horodec / Rußland (gefallen)

Literatur zum Autor:
C. Hering, *Gestaltungsprinzipien im lyrisch-dramatischen Werk A. S.s*, Diss. Bonn 1950. – E. Bozzetti, *Untersuchungen zu Lyrik u. Drama A. S.s*, Diss. Köln 1961. – R. Haller, *A. S.* (in *Expressionismus als Literatur*, Hg. W. Rothe, Bln. 1969, S. 232–250). – A. Arnold, *Die Literatur des Expressionismus. Sprachliche u. thematische Quellen*, Stg. [2]1971. – C. Chiellino, *Die Futurismusdebatte: zur Bestimmung des futuristischen Einflusses in Deutschland*, Ffm. u. a. 1978. – *A. S. Kritische Essays u. unveröff. Quellenmaterial aus dem Nachlaß des Dichters*, Hg. J. D. Adler u. J. J. White, Bln. 1979. – G. Brühl, *H. Walden u. »Der Sturm«*, Köln/Lpzg. 1983. – K. Möser, *Literatur u. die »Große Abstraktion«. Kunsttheorien, Poetik u. »abstrakte Dichtung« im »Sturm«*, Erlangen 1983. – V. Pirsich, *Der Sturm. Eine Monographie*, Herzberg 1985. – J. L. Brockington, *Vier Pole expressionistischer Prosa: Studien zu den Erzählformen expressionistischer Werke von K. Edschmid, C. Einstein, A. Döblin u. A. S.*, Bern u. a. 1987. – *A. S. Alles ist Gedicht. Briefe, Gedichte, Bilder, Dokumente*, Hg. J. Adler, Zürich 1990.

DAS LYRISCHE WERK von August Stramm. Der Autor, im Zivilberuf Postinspektor, der eine

Doktorarbeit über *Das Welteinheitsporto* schrieb und sich zum Hauptmann d. R. emporgedient hatte, verfaßte von 1902 an einige Theaterstücke im Stil des Naturalismus. Als Lyriker und Klassiker des Expressionismus aber ging er in die Literaturgeschichte ein, allein durch die literarische Produktion seiner letzten Lebensjahre; nach R. RADRIZZANI, Herausgeber von Stamms Werk, hat kein Dichter des 20. Jh.s *»die deutsche Sprache so sehr in Fluß gebracht und um neue Ausdrucksmöglichkeiten bereichert (...) wie Stramm«*. Das Dichten sei, so die berühmte Äußerung seiner Tochter, über ihn *»plötzlich gekommen wie eine Krankheit, etwa im Jahre 1912«*, eine Zeitbestimmung, die nach R. Radrizzani eher in das Jahr 1913 zu verlegen ist und die immer wieder mit der Rezeption des Futurismus in Zusammenhang gebracht wurde, wobei über die Bedeutung dieses Einflusses die Forschung zu disparaten Urteilen kommt; es entstanden die Stücke *Rudimentär, Sancta Susanna, Die Haidebraut, Erwachen, Kräfte, Geschehen* und *Die Unfruchtbaren*, und – fast ausschließlich in der Zeitspanne zwischen dem März 1914 und dem Sommer 1915 – das überlieferte lyrische Werk Stramms, der alle früheren Gedichte vernichtete.

Mit seinem Werk war Stramm einer der wichtigsten Autoren von Herwarth WALDENS Zeitschrift ›Der Sturm‹; im März 1914 waren Stramm und Walden sich erstmals begegnet. Bereits in den Monaten vor dem Beginn des Ersten Weltkriegs publizierte Walden jene Gedichte Stramms, die im Februar 1915 – mit Ausnahme der ersten vier im ›Sturm‹ erschienenen Gedichte *Tanz, Urwanderung, Ritt* und *Vorfrühling* – als selbständige Sammlung unter dem Titel *Du. Liebesgedichte* im Sturm-Verlag erschienen. Titel und Auswahl stammen von Stramm, Anordnung und Ausstattung hatte er Walden anvertraut. Die weiteren Gedichte Stramms sind geprägt vom Kriegserleben; auch sie erschienen im ›Sturm‹, einer brieflich bezeugten Absicht des Dichters folgend edierte sie R. Radrizzani im Rahmen der von ihm herausgebenen *Werk*-Ausgabe (1963) unter dem Titel *Tropfblut*. Die Aufnahme aller Kriegsgedichte und ihre Anordnung in der Reihenfolge der Erstveröffentlichung gehen ebenso wie der Untertitel *Gedichte aus dem Krieg* auf den Herausgeber zurück; diese Edition hat nichts zu tun mit jener freien Auswahl von Gedichten, die Walden 1919 unter dem Titel *Tropfblut* zusammenstellte. Daneben existieren noch einige einzelne Gedichte, darunter zwei zyklisch komponierte Weltanschauungspoeme, betitelt *Die Menschheit* und *Weltwehe* vom Frühjahr und Herbst 1914. Der Nachlaß, der noch Gedichtentwürfe aus Friedenszeiten enthält, befindet sich in der Universitätsbibliothek Münster.

Stramms Lyrik verstößt gegen die grammatikalischen wie semantischen Konventionen der Sprache, sie ist mitunter vieldeutig bis zur Unverständlichkeit, stets aber konzentriert auf das Wort, wie in dem Gedicht *Heimlichkeit*, das in der Mitte der Sammlung *Du* steht: *»Das Horchen spricht / Gluten klammen / Schauer schielen / Blut seufzt auf / Dein Knie lehnt still / Die heißen Ströme / Brausen / Heiß / Zu Meere / Und / Unsere Seelen / Rauschen / Ein / In / Sich.«* Gerade diese Regelverletzungen begründeten den Ruf des Autors *»als Vorläufer oder Wegbereiter der literarischen Avantgarde in Deutschland«* (L. Jordan); seine Dichtung wirkte provozierend auf die Zeitgenossen, ohne daß Stramm damit ausschließlich nonkonformistische Ziele verfolgt hätte. Worin er der Kunst seiner Zeit gleichkommt, ist die Absage an eine verbindliche und widerspruchsfreie, damit naturwissenschaftlich fundierte Sicht der Welt und deren objektive Erkennbarkeit. Ist der Glaube an die technische Beherrschung der Welt bereits bei MARINETTI soweit auf die Spitze getrieben, daß er sich zur Groteske wandelt, so wird die Kategorie des »Lebens«, werden Einfühlung, Erlebnis, Intuition und die Hinwendung zum Subjektiven zum Konsens der Avantgarde, auch bei jenen Autoren, die schon vor Stramm Mitarbeiter des ›Sturm‹ waren, darunter A. DÖBLIN, J. van HODDIS, E. LASKER-SCHÜLER oder Grafiker und Zeichner wie O. KOKOSCHKA, W. KANDINSKY oder F. MARC: *»Hinter der Sprachrevolution«* August Stramms *»steht eine altmodische Weltanschauung, eine Mystik, die das Leben des Individuums als Prozeß versuchter Wiedervereinigung mit dem Weltgeist deutet«* (Chr. Hering).

Die Gedichte der Sammlung *Du* entstanden zwischen Frühjahr und Ende Juli 1914. Die Bedeutung des *»Du«* schwankt zwischen persönlicher Anrede und der Beschwörung eines universellen Prinzips, sei es Gott (so in *Wunder*) oder die Liebe selbst, die sich hier in vielfältigen Erscheinungsformen darbietet, von denen schon die Titel künden; *Erfüllung* steht neben *Freudenhaus, Sehnen* neben *Wiedersehen, Trieb* neben *Begegnung*. Den meisten der Gedichte aber ist jener pessimistische Grundton zu eigen, der schon das Eingangsgedicht *Liebeskampf* auszeichnet: Das lyrische Ich sieht sich vom *»Du«* zurückgewiesen *(»Das Wollen steht / Du fliehst und fliehst...«)*, aber es gelingt ihm nicht, aus seiner Kränkung und dem daraus resultierenden Verzicht *(»Ich / Will / Dich / Nicht!«)* eine konsequente Haltung zu machen. Der innere Drang überwiegt und ließe sich nur durch die Verneinung des eigenen Bedürfnisses und damit des Ichs selbst aufheben, wie der Schluß des Gedichts andeutet, nach einer manieristisch anmutenden Häufung von Redefiguren, wie Antithese, Parallelismus und Chiasmus, die diese paradoxe Gegenläufigkeit von *»Wollen«* und Entsagung zum Ausdruck bringen. Stramms Technik der Worthäufung und gleichzeitigen Ausdrucksverknappung gewinnt mitunter, worauf A. ARNOLD hinwies, ungewollt komische Züge, so in dem Gedicht *Trieb (»Schrecken Sträuben / Wehren Ringen / Ächzen Schluchzen / Stürzen / Du! / ...«)*; ein Verfahren der Konkreten Poesie vorwegnehmend, benutzt Stramm die Wörter als semantisches Material, die er nach einem psychischen Verlaufsschema – der Erregung, der Sehnsucht, des Streites – anhäuft *(»Deine Finger perlen / Und / Kollern Stoßen Necken Schmeicheln / Quälen Sinnen Schläfern Beben / Wogen um mich«)* oder geradezu architektonisch gruppiert und strukturiert. Kennzeichnend ist auch die Vertauschung von Subjekt und Objekt des erotischen Handelns (*»Hoch schlagen die Röcke den Blick auf«*), die allerdings auch kosmische Harmonie evozieren kann, wie in dem Gedicht *Abendgang: »(...) / Die schlafe Erde armt den nackten Himmel / Du schaust und schauerst / Deine Lippen dünsten / Der Himmel küßt / Und / Uns gebärt der Kuß!«*

Nach Stramms Einberufung erschienen 1915 bis zu seinem Tod im ›Sturm‹ zwanzig Kriegsgedichte des Autors; Herwarth Walden versammelte sie mit elf weiteren, postum veröffentlichten sowie mit sechs früheren Gedichten 1919 unter dem Titel *Tropfblut*, während die Werkausgabe von 1963 unter diesem Titel die insgesamt 31 Kriegsgedichte nach ihrem chronologischen Erscheinen zusammenstellt. Thematisch lassen sich die Texte unterscheiden in solche, die eher das Warten auf den Kampf veranschaulichen, den Alltag an der Front: *»Das Turmkreuz schrickt ein Stern / Der Gaul schnappt Rauch / Eisen klirrt schlafen / Nebel streichen / Schauer / Starren Fösteln / Frösteln / Streicheln / Raunen / Du!« (Wache)*. Daneben stehen Gedichte wie *Sturmangriff, Patrouille, Feuertaufe* oder *Schrapnell*, die direkte Kampf- und Kriegsszenen schildern: *»Tode schlurren / Sterben rattert / Einsam / Mauert / Welttiefhohe / Einsamkeiten« (Im Feuer)*. Stramm eliminiert alle konkreten Zeit- und Ortsangaben, es finden sich keine Eigennamen und auch keine Fremdwörter, sofern sie nicht, wie »Patrouille«, zur militärischen Terminologie gehören, und es finden sich auch keine literarisch-mythischen Anspielungen auf das abendländische Bildungsgut; dahinter steht das Bemühen, *»das Erlebnis des Subjekts im Moment, in einem als Einheit erlebten kurzen Zeitraum festzuhalten. Das wird auch durch die Kürze der Strammschen Kriegsgedichte belegt. Sie enthalten im Schnitt 26 bis 27 Wörter in 15 Zeilen, also nur knapp zwei Wörter pro Zeile«* (L. Jordan).

Das Gedicht *Urtod* besteht aus 47 Zeilen von je einem Wort; neunmal erscheint der Refrain *»Raum / Zeit / Raum«*, der auch am Anfang des Gedichts steht; dazwischen vollzieht sich der Prozeß des Sterbens, zunächst langsam, wiederum in Dreierschritten (*»Wegen / Regen / Richten«, »Dehnen / Einen / Mehren«, »Kehren / Wehren / Recken«, »Ringen / Werfen / Würgen«, »Fallen / Sinken / Stürzen«*), schließlich sich beschleunigend in einzelnen Zeilen: *»Wirbeln«, »Wirren«, »Flirren«, »Irren«*. Das Gedicht endet mit dem Wort: *»Nichts«*. Die Unmittelbarkeit eines überraschend und schnell ablaufenden Geschehens soll erfahrbar werden, die Sprache kennt kaum mehr Adjektive oder Adverbien, sie ist reduziert auf Substantive und Verben, die sich ungeachtet syntaktischer oder grammatischer Regeln gruppieren und als subtile Chiffren auf eine akustische Präsenz, auf Rhythmus und Lautstruktur hinzielen; das lyrische Ich ist kaum mehr wahrnehmbar, es dominiert die Motorik der Körper: *»Wehe wühlt / Harren starrt entsetzt / Kreißen schüttert / Bären spannt die Glieder / Die Stunde blutet / Frage hebt das Auge / Die Zeit gebärt / Erschöpfung / Jüngt / Der / Tod« (Krieg)*. Die Gedichte tragen daher auch keine politische oder pazifistische Botschaft mit sich, sie memorieren durch ihr Material lakonisch das So-Sein des Krieges, der aber nicht als das Inhumane, als das Negative schlechthin gezeichnet wird; immer wieder scheint eine mystisch anmutende Allverbundenheit aller Wesen auf (*»Der Himmel flaumt das Auge / Die Erde krallt die Hand / Die Lüfte sumsen«*, so das Gedicht *Gefallen*), die auf H. Waldens Forderung an die Dichtung verweist, diese müsse *»Übersinnliches den Sinnen sichtbar machen«*, wie sie auch in den letzten Briefen des Dichters zum Tragen kommt: *»Schlacht und Not und Tod und Nachtigall alles ist eins. Eins! Und Kampf und Schlaf und Traum und Handeln alles ist eins! ... Und über mir scheint eine Hand! Ich schwimme über alles! Bin alles! Ich!«*

Es ist dieses Nebeneinander von formalem Rigorismus und inhaltlichem Konformismus, das schon bei den Dadaisten Kurt Schwitters und Richard Huelsenbeck parodistische Imitationen provozierte und Walter Muschg zu dem Verdikt brachte: *»Stramm will um jeden Preis vorwärts zu einer entrümpelten Lyrik, aber auch er hat nichts mitzuteilen als die Freude an seiner Erfindung. Dennoch oder deshalb gilt er als Stammvater des lyrischen Sprachexperiments. Dieser wildgewordene Spießer mit harmlos schizophrener Physiognomie ist in Wahrheit ein biederer Gemütsmensch, dessen geistige Heimat etwa durch Hauptmanns ›Versunkene Glocke‹ markiert wird.«*

Die moderne Forschung beurteilt Stramm in jeder Hinsicht differenzierter; unter Anerkennung der formalen Innovation, die schon zu Zeiten des ›Sturm‹ O. Nebel und H. Walden selbst hervorhoben, werden heute doch die Zeitgebundenheit wie die Grenzen seiner Ausdruckskraft nicht übersehen. Hatte etwa noch R. Radrizzani in den Kriegsgedichten den *»Gipfel«* des Strammschen Werks gesehen (*»Der stilistische Fortschritt gegenüber den Liebesgedichten besteht in äußerster Vereinfachung, Verdichtung ... Nur größte sprachliche Schlichtheit und Genauigkeit kann das furchtbare Erleben wiedergeben«*), so wird in neueren Untersuchungen bereits auf die hier aufscheinenden *»Aporien der Avantgarde«* verwiesen: *»Literatur kann die Konventionalität von Sprache nicht aufheben; sie kann sie bestenfalls lokkern oder modifizieren, auch demonstrieren; sie kann jenseits der Aporien in Tradition zurückkehren oder auch von Sprache – und damit von selbst – wegführen, was nicht heißt: von Kunst«* (L. Jordan). KLL

Ausgaben: *Du. Liebesgedichte*, Bln. 1915. – *Tropfblut*, Hg. H. Walden, Bln. 1919.– *Dein Lächeln weint. Gesammelte Gedichte*, Hg. u. Einl. I. Stramm, Wiesbaden 1956. – *Das Werk*, Hg. u. Komm. R. Radrizzani, Wiesbaden 1963. – *Du. Liebesgedichte*, Münster 1988 [Faks. d. Ausg. 1915, Nachw. L. Jordan]. – *Tropfblut*, Bln. 1988. – *Die Dichtungen. Sämtliche Gedichte, Dramen, Prosa*, Hg. J. Adler, Mchn. 1990.

VERTONUNG: H. Walden, *»Wankelmut«* (in Der Sturm, 12, 1921, S. 36 f.).

LITERATUR: W. Muschg, *Von Trakl zu Brecht. Dichter des Expressionismus*, Mchn. 1961, S. 62–68. – Chr. Hering, *A. S. »Untreu«* (in *Gedichte der »Menschheitsdämmerung«. Interpretationen expressionistischer Lyrik*, Mchn. 1971, S. 97–105). – C. R. B. Perkins, *A. S. His Attempts to Revitalize the Language of Poetry* (in New German Studies, 4, 1976, S. 141–155). – Chr. Hering, *Die Botschaft des Schweigens. Über die Steigerung der Ausdrucksgebärden im Verstummen der Sprache* (in *A. S. Krit. Essays u. unveröff. Quellenmaterial aus dem Nachlaß des Dichters*, Hg. J. D. Adler u. J. J. White, Bln. 1979, S. 14–30). – P. Bridgewater, *The Sources of S.'s Originality* (ebd., S. 31–46). – J. Adler, *»Urtod«. An Interpretation* (ebd., S. 84–98). – R. Radrizzani, *»Allmacht«. Ein Liebesgedicht* (ebd., S. 99–115). – J. Adler, *The Arrangement of the poems in S.'s »Du. Liebesgedichte«* (in GLL, 33, 1980, S. 124–134). – L. Jordan, *Zum Verhältnis traditioneller u. innovativer Elemente in der Kriegslyrik A. S.s* (in *Das Tempo dieser Zeit ist keine Kleinigkeit. Zur Literatur um 1918*, Hg. J. Drews, Mchn. 1981, S. 112–127). – R. Sheppard, *The poetry of A. S. A suitable case of deconstruction* (in Journal of European Studies, 15, 1985, S. 261–294). – K. v. Abrahms, *The »Du« of A. S.'s »Liebesgedichte«* (in FMLS, 18, 1985). – H. Opalka, *Linguistische Struktur u. poetischer Text. Zur Verfremdung in S.s Gedicht »Schwermut«* (in Seminar, 24, 1988, S. 359–381).

ERNST TOLLER

* 1.12.1893 Samotschin / Kreis Bromberg
† 22.5.1939 New York

LITERATUR ZUM AUTOR:
J. M. Spalek, *E. T. and His Critics. A Bibliography*, Charlottesville/Va. 1968; Nachdr. NY 1973. – Th. Bütow, *Der Konflikt zwischen Revolution u. Pazifismus im Werk E. T.s*, Hbg. 1975. – R. Altenhofer, *E. T.s politische Dramatik*, Diss. Washington Univ. 1976. – R. Eichenlaub, *E. T. et l'expressionisme politique*, 2 Bde., Paris 1977. – C. ter Haar, *E. T. Appell oder Resignation?*, Mchn. 1977. – M. Bauer, *E. T. u. die Massenfestspiele der Leipziger Arbeiterschaft 1920–1924*, Diss. Mchn. 1978. – *Der Fall T. Komm. u. Materialien*, Hg. W. Frühwald u. J. M. Spalek, Mchn. 1979. – M. Durzak, *Das expressionistische Drama. Ernst Barlach – E. T. – Fritz von Unruh*, Mchn. 1979. – M. Pittock, *E. T.*, Boston 1979. – *Die Münchner Räterepublik u. die Schriftsteller*, Hg. H. Viesel, Ffm. 1980. – *Zu E. T. Drama u. Engagement*, Hg. J. Hermand, Stg. 1981. – W. Rothe, *E. T. in Selbstzeugnissen u. Bilddokumenten*, Reinbek 1983 (rm). – A. Lixl, *E. T. u. die Weimarer Republik 1919–1933*, Heidelberg 1986. – S. Rothstein, *Der Traum von der Gemeinschaft. Kontinuität u. Innovation in E. T.s Dramen*, Ffm. u. a. 1987. – R. Benson, *Deutsches expressionistisches Theater. E. T. u. Georg Kaiser*, Bern u. a. 1987. – G. Dotzauer, *Da wölbt sich ein Himmel, der heißt: Ohne Glück. Über E. T.*, Ffm. 1988. – K. Bebendorf, *T.s expressionistische Revolution*, Ffm. u. a. 1990.

DER DEUTSCHE HINKEMANN

Tragödie von Ernst TOLLER, *»geschrieben 1921/22 im Festungsgefängnis Niederschönenfeld«*; Uraufführung: Leipzig, 19. 9. 1923, Altes Stadttheater; seit der zweiten Auflage (1924) u. d. T. *Hinkemann*. – Wegen seiner Beteiligung an der Begründung der Münchner Räterepublik war Toller, dessen Weg als expressionistischer Schriftsteller mit den Dramen *Die Wandlung* (1919), *Masse Mensch* (1921) und *Die Maschinenstürmer* (1922) begonnen hatte, zu fünf Jahren Festungshaft verurteilt worden. In dieser Zeit entstand unter anderem *Der deutsche Hinkemann*, eine Tragödie, in der sich der Autor nicht nur zusehends von seinen expressionistischen Anfängen löst, sondern auch seinen eigenen politischen Utopien erheblich distanzierter gegenübertritt, indem er, wie er festhält, *»die tragische Grenze aller Glücksmöglichkeiten sozialer Revolutionen erkannte. Die Grenze, jenseits der die Natur mächtiger ist als menschliches Einzelwollen und gesellschaftliches Wollen. Darum wird die Tragödie niemals aufhören. Auch der Kommunismus hat seine Tragödie. Immer wird es Individuen geben, deren Leid unlösbar ist ...«*

Der Arbeiter Eugen Hinkemann ist verstümmelt von der Front heimgekehrt; er hat ein Bein verloren und ist entmannt. Mit tiefer Liebe hängt er an seiner Frau, zweifelt aber an ihrer Liebe und fürchtet, daß sie ihn lächerlich findet. Um die materielle Not zu beheben, nimmt er heimlich eine Stellung in einer Schaubude an. Übergroß ist die Erniedrigung: Früher empörte es ihn, daß ein Vogel geblendet worden war, damit er schöner sang, und nun tritt er, von einem zynischen *»Völkerpsychologen«* als *»Homunkulus«* und *»deutscher Held«* angepriesen, vor einer sensationslüsternen Menge auf, muß lebenden Tieren die Kehle durchbeißen und ihr Blut schlürfen. Inzwischen erliegt seine Frau der brutalen Werbung seines Freundes Paul Großhahn, entschließt sich aber erschüttert, zu Hinkemann zurückzukehren, als sie ihn in der Schaubude auftreten sieht und die Größe seines Opfers erkennt. Nach seinem Auftritt sitzt Hinkemann mit Arbeitern in einem Wirtshaus zusammen und diskutiert mit ihnen über die Glücksmöglichkeiten des Krüppels in einer zukünftigen Gesellschaft. Großhahn tritt betrunken dazu und verhöhnt Hinkemann wegen seiner Verstümmelung, prahlt mit dem Ehebruch und behauptet triumphierend, Grete habe ihren Mann verlacht. Innerlich zerbrochen, kauft dieser sich auf dem Heimweg eine bronzene Priapus-Statue, vor der er – als dem heimlichen Gott der Menschheit – einen sinnlosen Tanz aufführt. So trifft ihn Grete. Als sie ihn reumütig um Verzeihung bittet, weist Hinkemann sie ab; jede menschliche Gemeinschaft ist für ihn zerstört. Grete findet sich nicht mehr zurecht und begeht Selbstmord.

Die Gestalt und das Schicksal des verstümmelten Heimkehrers Hinkemann ist immer wieder auf die Zeit nach dem Ersten Weltkrieg bezogen worden. Er selbst sieht es so: *»Diese Zeit hat keine Seele. Ich hab kein Geschlecht. Ist da ein Unterschied?«* Das an Büchners *Woyzeck* erinnernde Thema des Werks ist indessen nicht an eine bestimmte historische Situation gebunden; es ist der leidende Mensch, der mit dem Verlust der Liebe einem verworrenen und blinden Schicksal ausgeliefert wird. Tollers Sprache in diesem Stück ist realistischer als etwa in dem expressionistischen Drama *Masse Mensch*, dessen Pathos ganz fehlt.

Als das Stück am 17.1. 1924, am Vorabend des Reichsgründungstages, in Dresden aufgeführt wurde, kam es zu einem von nationalistischen Besuchern provozierten Theaterskandal; weitere Vorstellungen mußten wegen Morddrohungen gegen das Ensemble unterbleiben. Die polizeilich ermittelten Täter wurden vor Gericht freigesprochen, da der Richter sie – aufgrund der Beleidigung ihres *»würdige(n) Gefühl(s) der Vaterlandsliebe«* – in *»Notwehr«* handeln sah.

Nach dem Zweiten Weltkrieg waren Werk und Autor – Toller beging 1939 in der Emigration Selbstmord – in der Bundesrepublik weitgehend vergessen, wie viele der linken Autoren der Weimarer Zeit; erst in den siebziger Jahren deutete sich ein erneutes Interesse an ihm an, wozu auch Tankred Dorst mit seinem Theaterstück *Toller* (1968) sowie W. Frühwald und J. M. Spalek durch die von ihnen edierte Gesamtausgabe des Werks beitrugen.

W.F.S.-KLL

Ausgaben: Potsdam 1923. – Potsdam 1924 *(Hinkemann)*. – Reinbek 1961 (in *Prosa, Briefe, Dramen, Gedichte*, Vorw. K. Hiller; ern. 1979; rororo). – Stg. 1971 (Hg. W. Frühwald; RUB). – Mchn. 1978 (in *GW*, Hg. W. Frühwald u. J. M. Spalek, 5 Bde., 2). – Lpzg./Weimar 1979.

Literatur: A. Kerr, Rez. (in Berliner Tageblatt, 11. 12. 1923). – F. Michael, Rez. (in Die Literatur, 26, 1923/24, S. 105). – J. Roth, Rez. (in Vorwärts, 15.4. 1924). – E. Egert, *The Disassociated Man in Büchner's »Woyzeck« and T.'s »Hinkemann«*, Diss. Vancouver 1961. – H. L. Cafferty, *Pessimism, Perspectivism and Tragedy: Hinkemann Reconsidered* (in GQ, 54, 1981, S. 44–58).

EINE JUGEND IN DEUTSCHLAND

Autobiographie von Ernst Toller, erschienen 1933. – *»Am Tag der Verbrennung meiner Bücher in Deutschland«*, im Mai 1933, schrieb der Autor das programmatische Vorwort zu seinem Buch, in dem er die Geschichte der *»Jugend einer Generation und ein Stück Zeitgeschichte dazu«* erzählen will. Die Zeit seines Berichts, der als eines der ersten Werke der deutschen Exilliteratur im Amsterdamer Emigrantenverlag Querido erschien, reicht von seinem Geburtsjahr 1893 bis zu seiner Entlassung aus der Festungshaft im Jahr 1924. Äußerlich fragmentarisch, bricht die Autobiographie an diesem Zeitpunkt ab; allerdings waren für Toller bis dahin die entscheidenden Erlebnisse und Wendungen seines Lebens, mindestens aber seiner geistigen Entwicklung, überschaubar.

Der Autor, aus wohlhabender deutsch-jüdischer Bürgerfamilie stammend, beschreibt zu Anfang seine Jugend in Samotschin, einer Kleinstadt im Netzebruch, und die Gymnasialzeit in Bromberg. Früh registriert er den Chauvinismus der Lehrer und die Erfahrung seines Ausgestoßenseins als Jude und, immer wieder, die ihn schon als Kind und Jugendlichen tief beunruhigenden sozialen Unterschiede. Er geht zum Studium nach Frankreich, kehrt bei Kriegsausbruch nach Deutschland zurück und meldet sich, ergriffen von dem allgemeinen *»Rausch des Gefühls«*, als Freiwilliger; nun endlich glaubt er zeigen zu können, daß er nur Deutscher ist: Er läßt sich aus den Listen der jüdischen Gemeinde streichen. Erst in den Stellungskämpfen vor Verdun beginnt er das Unwesen des Krieges zu erkennen: *»In dieser Stunde weiß ich, daß ich blind war, weil ich mich geblendet hatte, in dieser Stunde weiß ich endlich, daß alle diese Toten, Franzosen und Deutsche, Brüder waren, und daß ich ihr Bruder bin.«* Aus dem Heer entlassen und zum Studium nach München zurückgekehrt, versucht er den Krieg zu vergessen, gerät aber dann immer stärker in studentische und parteipolitische Kreise, die gegen den Krieg agitieren. Entscheidend wird seine Begegnung mit Kurt Eisner; Toller tritt, Sozialist und Pazifist geworden, 1917 in die USPD ein. Beim Aufstand der Munitionsarbeiter verteilt er Zettel mit Gedichten und mit Szenen aus seinem Drama *Die Wandlung* an die streikenden Arbeiter. Im November 1918 ernennt ihn der Zentralrat der bayerischen Arbeiter-, Bauern- und Soldatenräte zu seinem zweiten Vorsitzenden; Eisner ist der Ministerpräsident der bayerischen Räterepublik, Toller wird kurz darauf der erste Vorsitzende des Zentralrates und später Kommandant der Roten Armee. Er versucht, unnötige Kämpfe, Grausamkeiten und Ausschreitungen zu verhindern, als die Weißgardisten Südbayern zurückerobern. Nach dem Zusammenbruch der Räterepublik wird er im Sommer 1919 verhaftet und wegen Hochverrats zu fünf Jahren Festungshaft verurteilt, die er in Eichstätt und Niederschönenfeld absitzt. *»Nein, ich war nie allein in diesen fünf Jahren, in der trostlosesten Verlassenheit nie allein«*; ihn ermutigte *»der Glaube an eine Welt der Gerechtigkeit, der Freiheit, der Menschlichkeit, an eine Welt ohne Angst und ohne Hunger. Ich bin dreißig Jahre. Mein Haar wird grau. Ich bin nicht müde.«*

Tollers Aufzeichnungen dürfen zu den wichtigsten Augenzeugenberichten über die Zeit um 1918 gerechnet werden, obgleich ihnen der lakonische Gestus etwa von Oskar Maria GRAFS Erinnerungen (*Wir sind Gefangene*, 1927; *Gelächter von außen*, 1966) fehlt. Immer wieder kreisen die Reflexionen Tollers um den Widerstreit zwischen inhumanen Mitteln und humanem Ziel, gewaltsamer Revolution und friedlicher Utopie, ein Themenfeld, das Toller auch in seinen literaturpolitischen Aktivitäten in den Emigrationsjahren verfolgte, als er das Ausland über die von Hitler ausgehende Bedrohung aufzuklären suchte. W.F.S.-KLL

AUSGABEN: Amsterdam 1933. – Reinbek 1961 (in *Prosa, Briefe, Dramen, Gedichte*, Vorw. K. Hiller; ern. 1979; rororo). – Reinbek 1963 (rororo). – Mchn. 1978 (in *GW*, Hg. W. Frühwald u. J. M. Spalek, 5 Bde., 4).

MASSE MENSCH. Ein Stück aus der sozialen Revolution des zwanzigsten Jahrhunderts

Drama in sieben Bildern von Ernst TOLLER, Uraufführung: Nürnberg, 15. 11. 1920, Stadttheater. – Nur in geschlossener Vorstellung konnte Tollers zweites Drama, nach *Die Wandlung*, uraufgeführt werden. Das Stück entstand 1919 während seiner Haft im Festungsgefängnis Niederschönenfeld und reagiert auf die revolutionären Ereignisse des Jahres 1919; ausdrücklich *»den Proletariern«* gewidmet, versteht es sich als Kampfansage gegen jede Art von Gewalt und wurde doch in Bayern *»wegen Aufreizung zum Klassenhaß«* verboten. Bereits der Titel – im Erstdruck fehlt der Bindestrich zwischen *»Masse«* und *»Mensch«*, wie er in den späteren Ausgaben üblich war *(Masse-Mensch)* – verweist auf die Bezogenheit wie Entgegensetzung von Kollektiv und Individuum.

Eine bürgerliche Frau, Sonja Irene L., solidarisiert sich mit dem revolutionären Proletariat und tritt aktiv für die Befreiung und Verbrüderung aller Menschen ein. Blutigen Klassenkampf jedoch lehnt sie ab. Ihr Mann, der gemeinsame Sache mit den Herrschenden macht, droht, sie ihrer staatsfeindlichen Umtriebe wegen zu verlassen. Die Frau zögert nicht, ihre Liebe zu ihm den vordringlicheren Interessen der »Masse« zu opfern. – Ein Traumbild zeigt den makabren Tanz der Börsenspekulanten, die Krieg und Ausbeutung des Proletariats als Geschäft betreiben. – Die Frau ruft die Masse auf, durch Streik andere, bessere Zustände zu erzwingen. Ein »Namenloser«, die Verkörperung der verhetzten, blind aggressiven Masse, fordert die Revolutionäre jedoch zu gewaltsamen Aktionen auf. Seine Thesen finden Anklang bei allen; sogar die Frau folgt seinem Appell, weil sie als einzelne sich der Masse gegenüber im Unrecht glaubt. – Das zweite Traumbild zeigt eine Zukunftsvision der Frau: Sie erlebt die Hinrichtung ihres eigenen Mannes durch die Revolutionäre. – Daraufhin sagt sie sich von der Masse los, überzeugt davon, daß Gewalt nur neue Gewalt hervorbringe und deshalb im Widerspruch zu den humanen Zielen der Revolution stehe. – Als sie, noch während des Aufstands, Blutvergießen verhindern will, wirft ihr der Namenlose Verrat vor; er ist bereit, für eine bessere Zukunft auch Menschenleben zu opfern. Der Aufstand wird niedergeschlagen, die Frau als Rädelsführerin verhaftet. – Das dritte Traumbild der Frau zeigt die Gefangene in ihrer Zelle, bedrängt von den Schatten Erschossener, die sie anklagen. Die Frau bekennt sich zu ihrer Schuld, weiß aber, daß sie nicht anders handeln konnte. Ihre Rechtfertigungsversuche gipfeln in der Anklage: *»Gott ist schuldig.«* Ihr Mann besucht sie in der Zelle und spricht sie von aller Schuld frei; schuldig sei allein die Masse: *»Wer Masse aufwühlt, wühlt die Hölle auf.«* Aber die Frau plädiert für Mitschuld und Mitverantwortung jedes einzelnen: *»Schuldig wir alle.«* Sie lehnt das Angebot des Namenlosen, ihr zur Flucht zu verhelfen, ab, da ein blutiger Zusammenstoß mit dem Gefängnispersonal nicht ausgeschlossen werden kann. Nun vollzieht sie endgültig die Abkehr von einer Revolution, die zur Durchsetzung ihrer Ziele vor dem Mittel der Gewalt nicht zurückschreckt: *»Höre: kein Mensch darf Menschen töten / Um einer Sache willen.«* Für diese Überzeugung geht die Frau in den Tod.

Tollers Drama, in dem sich expressionistisches Menschheitspathos in ekstatisch-verkürzter Sprache verbindet mit Szenen wie den Traumbildern, die auf Elemente des epischen und antiken Theaters zurückgreifen, artikuliert sich das Grunddilemma des sozialistischen Revolutionärs, der mit gewaltsamen Mitteln zur Verwirklichung einer Utopie des Friedens und der Gerechtigkeit zwischen den Menschen angetreten ist, somit sich immer schuldig macht an der Humanität; handelt er nicht, bleiben die unmenschlichen Zustände bestehen, handelt er, muß er zu unmenschlichen Mitteln greifen. Hinter der Hauptfigur Sonja Irene L. verbirgt sich, folgt man den Hinweisen in Tollers Autobiographie *Eine Jugend in Deutschland*, die Ehefrau eines Münchner Universitätsprofessors, die sich 1918 den streikenden Arbeitern anschloß und dafür von ihrem Mann verlassen wurde. Toller selbst begann sich nach 1921 von Form und Inhalt des Werks zu distanzieren: *»Ich habe die Bedingtheit der Form erkannt, die herrührt von einer trotz allem! inneren Gehemmtheit jener Tage, einer menschlichen Scham, die künstlerischer Formung persönlichen Erlebens, nackter Konfession, scheu auswich, und die doch nicht den Willen zu reiner künstlerischer Objektivation aufbringen konnte. Das Ungeheure der Revolutionstage war nicht seelisches ›Bild‹ der Revolutionstage geworden, es war irgendwie noch schmerzendes, qualvolles ›Seelen*element‹, ›*Seelen*-Chaos«. KLL

AUSGABEN: Potsdam 1921. – Reinbek 1961 (in *Prosa, Briefe, Dramen, Gedichte*, Vorw. K. Hiller; ern. 1979; rororo). – Bln. 1977 (in *Zwei Stücke aus der Revolution. »Masse-Mensch« u. »Die Maschinenstürmer«*). – Mchn. 1978 (in *GW*, Hg. W. Frühwald u. J.M. Spalek, 5 Bde., 2). – Stg. 1979 (Nachw. R. Altenhofer; RUB).

Literatur: A. Kerr, Rez. (in Berliner Tageblatt, 30.9.1921). – E. Heilborn, Rez. (in LE, 23, 1921, S. 155). – M. Pittock, *»Masse Mensch« and the Tragedy of Revolution* (in FMLS, 8, 1972, S. 162–183). – A. v. Bormann, *Nämlich der Mensch ist unbekannt. Ein dramatischer Disput über Humanität u. Revolution (»Masse Mensch«, »Die Maßnahme«, »Mauser«)* (in *Wissen aus Erfahrung, Fs. f. H. Meyer*, Hg. A. v. Bormann u. a., Tübingen 1976, S. 851–880). – M. L. Ossar, *Anarchism and Socialism in E. T.s »Masse Mensch«* (in GR, 51, 1976, S. 192–208). – M. W. Wierschin, *Traum u. Realität in E. T.'s »Masse Mensch«* (in *Im Dialog mit der Moderne. J. Steiner zum 60. Geburtstag*, Hg. R. Jost u. H. Schmidt-Bergmann, Ffm. 1986, S. 261–275). – S. D. Martinson, *A Multiperspectivist Approach to the Drama of Revolution. E. T.'s »Masse Mensch«* (in OL, 43, 1988, S. 240–259). – W. R. Elwood, *E. T.'s »Masse Mensch«. The Individual Versus the Collective* (in *From the Bard to Broadway*, Hg. K. V. Hartigan, Lanham u. a. 1987, S. 43–50).

Georg Trakl

* 3.2.1887 Salzburg
† 4.11.1914 Krakau

Literatur zum Autor:
Bibliographien:
W. Ritzer, *T.-Bibliographie*, Salzburg 1956. – W. Klein u. H. Zimmermann, *Index zu G. T., Dichtungen*, Ffm. 1971. – H. Wetzel, *Konkordanz zu den Dichtungen G. T.s*, Salzburg 1971. – W. Ritzer, *Neue T.-Bibliographie*, Salzburg 1983.
Biographien:
W. Schneditz, *G. T. in Zeugnissen der Freunde*, Salzburg 1951. – H. S. Lindenberger, *G. T.*, NY 1971. – J.M. Palmier, *Situation de G. T.*, Paris 1972. – Chr. Saas, *G. T.*, Stg. 1974. – H. Gumtau, *G. T.*, Bln. 1975. – O. Basil, *G. T. in Selbstzeugnissen u. Bilddokumenten*, Reinbek 1965; ern. 1989 (rm). – *G. T. 1887–1914*, Wien 1987 [Ausst.-Kat.].
Gesamtdarstellungen und Studien:
E. Bayerthal, *G. T.s Lyrik. Analytische Untersuchung*, Mainz 1926. – E. Vietta, *G. T. Eine Interpretation seines Werkes*, Hbg. 1947. – E. Barth, *G. T.*, Krefeld 1948. – E. Lachmann, *Kreuz u. Abend. Eine Interpretation der Dichtungen G. T.s*, Salzburg 1954. – L. Dietz, *Die lyrische Form G. T.s*, Salzburg 1959. – W. Killy, *Über G. T.*, Göttingen 1960. – K.L. Schneider, *Der bildhafte Ausdruck in den Dichtungen Georg Heyms, G. T.s und Ernst Stadlers. Studien zum lyrischen Sprachstil des deutschen Expressionismus*, Heidelberg ²1961. – Chr. Eykman, *Die Funktion des Häßlichen in der Lyrik Heyms, T.s u. Benns. Zur Krise der Wirklichkeitserfahrung im deutschen Expressionismus*, Bonn 1964. – R. Blass, *Die Dichtung G. T.s. Von der Trivialsprache zum Kunstwerk*, Bln. 1968. – H. G. Kemper, *G. T.s Entwürfe. Aspekte zu ihrem Verständnis*, Tübingen 1970. – R.D. Schier, *Die Sprache G. T.s*, Heidelberg 1970. – A. Berger, *Dunkelheit u. Sprachkunst. Studien zur Leistung der Sprache in den Gedichten G. T.s*, Wien 1971. – A. Hellmich, *Klang u. Erlösung. Das Problem musikalischer Strukturen in der Lyrik G. T.s*, Salzburg 1971. – W. Gorgé, *Auftreten u. Richtung des Dekadenzmotivs im Werk G. T.s*, Bern/Ffm. 1973. – *Salzburger T.-Symposion*, Hg. W. Weiss u. H. Weichselbaum, Salzburg 1978. – E. Bolli, *G. T.s »dunkler Wohllaut«: ein Beitrag zum Verständnis seines dichterischen Sprechens*, Zürich 1978. – H. Esselborn, *G. T. Die Krise der Erlebnislyrik*, Köln/Wien 1981. – *Londoner T.-Symposion*, Hg. W. Methlagl u. W. E. Yuill, Salzburg 1981. – K. Pfisterer-Burger, *Zeichen u. Sterne. G. T.s Evokationen lyrischen Daseins*, Salzburg 1983. – *Internationales G. T.-Symposion, Albany/N.Y.*, Hg. J.P. Strelke, Bern/Ffm. 1984. – G. Rusch u. S.J. Schmidt, *Das Voraussetzungssystem G. T.s*, Braunschweig/Wiesbaden 1983. – I. Denneler, *Konstruktion u. Expression. Zur Strategie u. Wirkung der Lyrik G. T.s*, Salzburg 1984. – Z. Zuberbühler, *»Der Tränen nächtige Bilder«. G. T.s Lyrik im literarischen u. gesellschaftlichen Kontext seiner Zeit*, Bonn 1984. – *G. T.*, Hg. H. L. Arnold, Mchn. ⁴1985 (Text + Kritik). – G. Kleefeld, *Das Gedicht als Sühne. G. T.s Dichtung und Krankheit. Eine psychoanalytische Studie*, Tübingen 1985. – H. Steinkamp, *Die Gedichte G. T.s. Vom Landschaftscode zur Mythenpoesie*, Ffm. u. a. 1988. – P. Schünemann, *G. T.*, Mchn. 1988.

DAS LYRISCHE WERK von Georg Trakl.
Noch heute gilt Trakls Dichtung weitgehend als rätselhaft und dunkel. Der Annäherung durch die *»klassischen«* Verstehensweisen tritt, nach W. Killy, die – vom französischen Symbolismus in die ästhetische Theorie überführte – Einsicht entgegen, daß dichterische *»Sprache spricht, ohne zugleich mitzuteilen«*. Trakls *»Sprache ist in einem eigenen Raum zu Hause, der nicht notwendig der Raum des Lesers ist«*. Hat gerade die moderne Dichtung, ausgehend von Rimbaud, Baudelaire und Mallarmé, die Trakls Poesie aufnimmt, die Harmonie zwischen Betrachter und Kunstwerk zerbrochen, so ist vor allem bei ihm selbst die Neigung zu erkennen, mit seiner eigenen Sprache den *»Sprachgeist«* (K. Kraus) überhaupt zu restituieren, sich mit den von ihm entwickelten Formen einer *poésie pure* (Mallarmé) von der Sprechwelt zu entfernen und damit zugleich die Entfremdung zwischen innerer und äußerer Realität unerbittlich hervorzuheben. Nur wenige Zeitgenossen haben das *»Neue und Unwiederholbare«* von Trakls Lyrik erkannt, *»ihre völlig geschlossene, in sich beruhende Welt«* (J. Leit-

geb). Man hat ihn den Dichtern des sog. Expressionismus wohl in der Absicht zugerechnet, die poetische Produktion der Epoche zwischen 1910 und 1920 als überpersönliche Antwort auf die Wende eines Zeitalters verstehen zu können. Doch gerade an Dichtern wie Trakl mag der Epochenbegriff zweifelhaft werden. Am Ende hat die Archaik seiner Dichtung, der Rekurs aufs Mythische, im Spätwerk der Mystik sich annähernd, ihn vom »Expressionismus« abgehoben.

Trakls bedeutendste Dichtungen sind zwischen 1910 und 1914 entstanden, zu seinen Lebzeiten publiziert in einem Band *Gedichte*, der 1913 bei Kurt WOLFF in der Reihe *Der jüngste Tag* erschien, sowie in dem Zyklus *Sebastian im Traum*, der, mit dem Druckvermerk 1914, erst 1915, wenige Monate nach seinem Tod, ebenfalls bei Kurt Wolff, herausgegeben wurde. Bis 1912 waren verstreut nur einige Gedichte publiziert. Im Frühjahr 1912 veröffentlichte L. v. FICKER *Vorstadt im Föhn* in seiner Zeitschrift ›Der Brenner‹, in der fortan alle Dichtungen Trakls zum erstenmal gedruckt werden. Rund ein Dutzend spätester Dichtungen, darunter Gedichte, die Trakl im Krakauer Armeehospital Ficker übergab oder ihm nach Innsbruck nachschickte, veröffentlichte der ›Brenner‹ in den Jahren 1914/15. Eine *Sammlung 1909* wurde erst in die 1969 erschienene, von W. KILLY und H. SZKLENAR edierte historisch-kritische Ausgabe aufgenommen. Sie ist gegenüber den verschiedenen Einzelausgaben (außer den von Trakl selbst zusammengestellten) schon deshalb die einzig verbindliche, weil sie in einem minuziös organisierten Apparat die Lesarten der oft in bis zu vier Fassungen erhaltenen Gedichte mit den überhaupt noch ermittelbaren Datierungen vorlegt.

Beruft sich der Sprachgestus der frühen Lyrik *(Sammlung 1909)* – mit den impressionistischen Neigungen des getuschten »Ungefährs« – vor allem auf die morbide Ästhetik der Décadence, die gleichwohl auf das spätere Werk schon vorausweist, ohne dessen empirische Tiefe zu erlangen, so verdichten sich die Bilder in der seit 1910 entstehenden Lyrik, mit unverkennbaren Einflüssen Rimbauds und Baudelaires: *»Die Nacht ist über der zerwühlten Stirne aufgegangen / Mit schönen Sternen / Am Hügel, da du von Schmerz versteinert lagst, // Ein wildes Tier im Garten dein Herz fraß. / Ein feuriger Engel / Liegst du mit zerbrochener Brust auf steinigem Acker, // Oder ein nächtlicher Vogel im Wald / Unendliche Klage / Immer wiederholend in dornigem Nachtgezweig«* (*Nächtliche Klage*, 1. Fassg.). Die Lyrik dieser Phase bedeutet nicht allein den Beginn einer Durchdringung von Lebens- und Persönlichkeitsgeschichte; die inzestuöse Bindung an die Schwester, deren Bild noch geisterhaft im Spätwerk erscheint, mit der unauflösbaren Folge von Schuld, Angst, Paranoia und Aggression, erfährt zugleich die Externalisierung der peinigenden seelischen Gewalten in der klaren Einsicht, des *»rotierenden Wahnsinns«* (Th. W. ADORNO) der Zeit und Zeitgenossenschaft ansichtig zu sein. Aus der Welt *»unendlichen Wohllauts«* tritt das *»infernalische Chaos von Rhythmen und Bildern«* hervor, das alsbald in einer *»heiß errungenen Manier«*, die aus disparaten Bildern *»einen einzigen Eindruck zusammenschmiedet«*, zu einem Kosmos von düsterer Gewalt in Kälte, *»Schwärze und Schweigen«* zusammenschmilzt.

Der erste, von Trakl selbst zusammengestellte Band *Gedichte* (1913) macht in Elementen des Frühexpressionismus ebenso wie in einer gewissen Konventionalität bestimmter Verse, die sich an impressionistischen Mustern orientieren, die Abhängigkeit von der zeitgenössischen Dichtung deutlich. Unübersehbar treten gleichwohl die bestimmenden Merkmale des Spätwerks hervor, das zwischen 1912 und 1914 entstehen wird; dafür sprechen nicht zuletzt die zahlreichen Änderungen, die Trakl noch während der Drucklegung des Bandes 1913, im Jahr seiner schwersten Lebenskrise, vornahm. Die erfahrene Nähe der Geburtsstadt und ihrer ländlichen Umgebung ist durchbrochen von den Ahnungen des Verfalls und der Verwesung: *»Schwarze Himmel von Metall. / Kreuz in rotem Stürmen wehen / Abends hungertolle Krähen / Über Parken gram und fahl. / … Häuser dräu'n aus stummen Nähen; / Helle im Theatersaal. // Kirchen, Brükken und Spital / Grauenvoll im Zwielicht stehen. / Blutbefleckte Linnen blähen / Segel sich auf dem Kanal« (Winterdämmerung)*. Mimetischen Bildungen in Naturgedichten *(Verklärter Herbst; Verwandlung)* stehen Strophen gegenüber, die in eine angstvolle, düster drohende Metaphorik überleiten *(De Profundis; In den Nachmittag geflüstert)*, deren allegorischer Entzauberung der Décadence endgültig das Eigene entgegentritt: *»Auf meine Stirne tritt kaltes Metall / Spinnen suchen mein Herz. / Es ist ein Licht, das in meinem Mund erlöscht« (De Profundis)*.

Zugleich kündigt sich eine der Natur entzogene Farbmotivik an, die als allegorisches Zeichen im Spätwerk ebenso hohe Bedeutung erlangen wird wie die Manier der Oxymora: *»Auf deine Schläfen tropft schwarzer Tau.«* Ubiquitär erscheinen Bildelemente der barocken Katholizität, die in der Oszillation von Angst und Bedrohung als Spiegelung von Schuldbewußtsein in einem düsteren *Höllenlicht* erscheinen. Der unübersehbare Traumcharakter, der schon in dieser Sammlung stilbildend hervortritt, läßt sich am bedeutendsten Gedicht des Bandes, *Psalm*, in weiten Phasen zeigen, ausgehend von den auseinanderbrechenden Bildfolgen, die eine Dramaturgie des Übergangs entfalten *(»Es ist ein Licht, das der Wind ausgelöscht hat. / Es ist ein Heidekrug, den am Nachmittag ein Betrunkener verläßt. / Es ist ein Weinberg, verbrannt und schwarz mit Löchern voll Spinnen. / Es ist ein Raum, den sie mit Milch getüncht haben. / Der Wahnsinnige ist gestorben. Es ist eine Insel der Südsee, / Den Sonnengott zu empfangen …«)*. Hier erscheinen – folgerichtig für die Traumsequenz – die harten parataktischen Redefiguren, die zum wesentlichen Kunstmittel des Spätwerks werden. Einige Gedichte des Bandes nahm Trakl in den Zyklus *Sebastian im Traum* auf, der – bis auf die letzten großen Gedichte der Spät-

zeit, vor allem *Klage* und *Grodek* – das zentrale Werk des Autors vereint.
Sebastian im Traum wurde von Trakl noch selbst zusammengestellt, erschien aber (1915) erst nach seinem Tod. Trauer um die verlorene Schöpfung, Wahn und Verlorenheit greifen in diesem Zyklus ineinander. Spiegelbildlich sind so auch die Texte geordnet – der *»dornige Pfad«* in ein Feld aufgegebener Hoffnung. Die poetische Intention des Verfalls und der Zerstörung bricht sich schon in der Auflösung der klassischen Versformen bis hin zu den »Prosagedichten« *(Verwandlung des Bösen; Winternacht; Traum und Umnachtung)*. Im Aufeinanderprall von innerer Grauenwelt und den *»höllischen Fratzen«* der Realität bleibt eine Stimmführung fast zauberischer Laute wie ein Oberton erhalten, in dem Erlösungswünsche und die manifeste Hoffnungslosigkeit einander in einem *»grauen, steinernen Schweigen«* begegnen. So verschwinden die überwältigenden Kontraste von Sterben und Frühling, Tod und Geburt im Ineinandersprechen von Bildern, deren parataktische Fügung auf den späten Hölderlin zurückgeht. Die Elemente der *»heiß errungenen Manier«* treten jetzt scharf hervor in der Substantivierung von Adjektiven *(Ein Dunkles; Ein Verwesendes; Ein Silbernes)* oder deren Steigerung *(»Erscheinender stieg der Schläfer...«)*, zugleich werden Farben zu naturfernen, allegorisch verschlüsselten Motiven: *»Erscheinender stieg der Schläfer den schwarzen Wald hinab, / Und es rauschte ein blauer Quell im Grund, / Daß jener leise die bleichen Lider aufhob / Über sein schneeiges Antlitz; // Und es jagte der Mond ein rotes Tier / Aus seiner Höhle; / Und es starb in Seufzern die dunkle Klage der Frauen. / ...« (Siebengesang des Todes)*. Unübersehbar ist der Rekurs auf den Manierismus in der Erstarrung von Stilfiguren, in der *»Versteinerung«* der Leidensmacht. Die verbliebene traumhafte Stille, ja die nicht selten zarte Sanftheit ist tonlose *»Klage«*, hinter der sich die *»Dürre eines Schlachtfeldes«* (W. Benjamin) auftut. Die Sprache wird zunehmend chiffriert, bricht ab, oft verschwinden die finiten Verben; sie wird zum Geheimzeichen, entzieht sich der Sprechwelt ihrer Zeit in Worten, *»die in den innersten Kern des Verstummens«* vorgedrungen sind, wie Benjamin in einem anderen Zusammenhang dieses sprachliche Verfahren einmal genannt hat.
Gleichwohl suchen unaufgegebene Erlösungswünsche, etwa in jenem mit *Gesang des Abgeschiedenen* überschriebenen Unterzyklus, auch die Nähe der christlichen Mystik eines H. Seuse, J. Tauler oder Meister Eckhart. Das wird auch in der Konfiguration biblischer Bilder manifest: *»Frieden der Seele. Einsamer Winterabend, / Die dunklen Gestalten der Hirten am alten Weiher; / Kindlein in der Hütte von Stroh; o wie leise / Sank in schwarzem Fieber das Antlitz hin. / Heilige Nacht. // ...« (Sebastian im Traum)*. Dazu tritt der archaische Mythos, der in der historisch gewordenen Gegenwelt verschwindet: *»O des Menschen verweste Gestalt: gefügt aus kalten Metallen, / Nacht und Schrecken versunkener Wälder / Und der sengenden Wildnis des Tiers; / Windesstille der Seele« (Siebengesang des Todes)*. Umgreift Kindheit menschliche Urgeschichte überhaupt, so wird im Spätwerk Trakls, vor allem in den »Prosagedichten« *Verwandlung des Bösen* und *Traum und Umnachtung*, das Verschwinden ihres Mythos *(»O unser verlorenes Paradies!«)* als *»Umnachtung und Untergang«* verstanden; wo Kindheit erscheint, trifft auch sie der Blick des Allegorikers.
Entsprechendes gilt für das Verständnis von Natur als Psychotopographie: *»gefügt aus kalten Metallen«*. Die oft mechanisch erscheinenden Landschaftsbilder werden zum Modell ihrer Vernichtung. Der mimetische Naturbegriff ist illusionär; was bleibt, sind von Trauer und Klage eingefaßte Wunschbilder: *»Auf schwärzlichem Kahn fuhr jener schimmernde Ströme hinab, / Purpurner Sterne voll, und es sank / Friedlich das ergrünte Gezweig auf ihn, / Mohn aus silberner Wolke.«* So faßt das Gedicht *Siebengesang des Todes* wie in einer Parabel die ganze Bewegung seiner Natursicht zusammen – bis zum niederstürzenden Blick in die Nacht und den *»Schrecken versunkener Wälder«*. Erst postum erschienen jene beiden Gedichte, die heute zu den bedeutendsten der deutschen Literatur gezählt werden, *Grodek (»Am Abend tönen die herbstlichen Wälder / Von tödlichen Waffen, die goldenen Ebenen / Und blauen Seen, darüber die Sonne / Düstrer hinrollt; ...«)* und *Klage: »Schwester stürmischer Schwermut / Sieh ein ängstlicher Kahn versinkt / Unter Sternen, / Dem schweigenden Antlitz der Nacht.«* Umfassend wäre vom rätselhaften Dunkel der Lyrik Trakls mit Sätzen Schopenhauers über Musik zu sprechen: *»Wir erkennen in ihr nicht die Nachbildung ... irgendeiner Idee der Wesen in der Welt... [wir] müssen ihr eine viel ernstere und tiefere, sich auf das innerste Wesen der Welt und unser Selbst beziehende Bedeutung zuerkennen, in Hinsicht auf welche die Zahlenverhältnisse, in die sie sich auflösen läßt, sich nicht als das Bezeichnete, sondern selbst erst als das Zeichen verhalten.«* P.Schü.

Ausgaben: *Gedichte*, Lpzg. 1913. – *Sebastian im Traum*, Lpzg. 1914 [recte 1915]. – *Die Dichtungen*, Hg. K. Röck, Lpzg. 1919. – *Die Dichtungen*, Salzburg 1938 [Vorw. L. v. Ficker]. – *Dichtungen u. Briefe. Hist.-krit. Ausg.*, Hg. W. Killy u. H. Szklenar, Salzburg 1969, 2 Bde. (Mchn. 31974; dtv); Salzburg 21987 [erg.]. – *Gedichte*, Ffm. 1974 (Ausw. u. Nachw. M.L. Kaschnitz; BS; ern. 1987). – *Gedichte. Dramenfragmente. Briefe*, Hg. F. Fühmann, Lpzg. 1981 [m. Ill. v. E. Schiele; 21985; veränd.; auch Wiesbaden 1985]. – *Werke. Entwürfe. Briefe*, Hg. H.-G. Kemper u. F. R. Max, Stg. 1984.

Literatur: J. Leitgeb, *Die T.-Welt. Zum Sprachbestand der Dichtungen G. T.s* (in Wort im Gebirge, 3, 1951, S. 7–39). – M. Heidegger, *G. T. Eine Erörterung seines Gedichts* (in Merkur, 1953, H. 61, S. 226–258; ern. in M. H., *GA*, Bd. 12, Ffm. 1985, S. 31–78). – C. Heselhaus, *G. T. »Gesang des Abge-*

schiedenen« (in *Die deutsche Lyrik*, Hg. B. v. Wiese, Bd. 2, Düsseldorf 1956, S. 401–408). – R. D. Schier, *Von der Metapher zur figuralen Sprache. Abgrenzung der Begriffe. Dargestellt an G. T.s »Gesang des Abgeschiedenen«* (in DU, 20, 1968, S. 49–68). – G. Bergsten, *G. T.s traumatischer Kode* (in Studia neophilologica, 43, 1971, S. 333–351). – E. L. Marson, *T.'s »Grodek«. Towards an Interpretation* (in GLL, 26, 1972/73, S. 32–38). – Chr. Saas, *G. T.s »Am Abend«. Wandlungsprozeß u. poetischer Stellenwert* (in *Texte u. Kontexte. Fs. für N. Fuerst*, Hg. M. Durzak u. a., Bern/Mchn. 1973, S. 177 bis 192). – E. Staiger, *Zu einem Gedicht G. T.s* [1961] (in E. St., *Spätzeit*, Zürich/Mchn. 1973, S. 269 bis 294). – E. E. Matzner, *Zur Datierung u. Deutung einiger T.-Texte der letzten Lebensphase* (in Euph, 69, 1975, S. 69–85). – A. Doppler, *Poetisches Bild als historisches Abbild. Der Wandlungsprozeß in der Lyrik G. T.s* (in A. D., *Wirklichkeit im Spiegel der Sprache*, Wien 1975, S. 100–132). – P. Lincoln, *Religious Dualism and Aesthetic Mediation in the Work of G. T.* (in OL, 32, 1977, S. 229–246). – G. K. Kleefeld, *Die seelische Landschaft eines gefährdeten Daseins. Erläuterungen zu einem Gedicht G. T.s* (in Exempla, 4, 1978, H. 2, S. 24–68). – R. Schneider, *G. T.: »Grodek«* (in *Frankfurter Anthologie*, Bd. 4, Ffm. 1979, S. 131–134). – P. v. Matt, *Die Dynamik von T.s Gedicht. Ich-Dissoziation als Zerrüttung der erotischen Identität* (in *Expressionismus. Sozialer Wandel u. künstlerische Erfahrung. Mannheimer Kolloquium*, Hg. H. Meixner u. S. Vietta, Mchn. 1982, S. 58–72). – G. Grapow, *Die Elis-Gedichte G. T.s*, Bern u. a. 1982. – E. Sauerman, *Zur Datierung u. Interpretation von Texten G. T.s*, Innsbruck 1984. – M. Hepp, *Kommentar zu ausgewählten Gedichten G. T.s*, Pisa 1987.

FRITZ VON UNRUH

* 10.5.1885 Koblenz
† 28.11.1970 Diez / Lahn

LITERATUR ZUM AUTOR:

R. K. Goldschmit, *F. v. U.*, Augsburg 1921. – F. Engel, *F. v. U. u. seine Bühnenwerke. Eine Einführung*, Bln./Lpzg. 1922. – W. Geyer, *F. v. U. Versuch einer Deutung*, Rudolstadt 1924. – C. S. Gutkind, R. Ibil u. L. Durtain, *F. v. U. Auseinandersetzung mit dem Werk. Aufsätze*, Ffm. 1927. – A. Kronacher, *F. v. U. A Monograph*, NY 1946 [Einl. A. Einstein]. – *F. v. U. Rebell u. Verkünder. Der Dichter u. sein Werk*, Hg. F. Rasche, Hannover 1960; ern. Ffm. 1965. – M. Durzak, *F. v. U.* (in *Expressionismus als Literatur*, Hg. W. Rothe, Bern/Mchn. 1969, S. 490–505). – G. E. Salter, *Christian Symbolism and Concepts in F. v. U.s Works*, Diss. Vanderbilt Univ. 1970. – P. Ward, *The Concept of the »Soldier of Peace« in the Public Works of F. v. U.*, Diss. Univ. of Pennsylvania 1976 (vgl. Diss. Abstracts, 37, 1976/77, S. 4387A). – J. V. Buffinga, *Stasis and Metamorphosis: Modes of Characterization in the Works of F. v. U.*, Diss. Univ. British Columbia 1983 (vgl. Diss. Abstracts, 44, 1983). – *F. v. U. zum 100. Geburtstag u. 15. Todestag*, Hg. W. Schreiber, Koblenz 1985 [Ausst.-Kat.].

EIN GESCHLECHT

Verstragödie in einem Akt von Fritz von UNRUH, Uraufführung: Frankfurt am Main, 16. 6. 1918, Schauspielhaus. – Das Werk ist weniger eine Tragödie als ein lyrisch-dramatischer Gewaltakt, der die entmenschlichende Wirkung des Krieges und die Vision einer neuen besseren Welt an einem Geschlecht von mythischer Zeit- und Namenlosigkeit zu demonstrieren versucht. Die orgiastisch-wilde Handlung dieses für den expressionistischen Bühnenstil bezeichnenden, wenn auch nicht repräsentativen Stücks spielt während einer Nacht *»Vor und in einem Kirchhof auf Bergesgipfel«*. Die Mutter, *»ein verhülltes Bild«*, die nicht mehr mit diesem Namen, diesen *»zwei Silben, die mich niederschlagen«*, genannt werden will, steht mit ihrer Tochter und dem jüngsten Sohn am Grab eines ihrer vier Söhne, des *»schlachtgefallenen Lieblings«*. Währenddessen binden Soldaten ihre beiden anderen Söhne an das Kirchhofsgitter. Sie sollen, wegen Feigheit der eine, wegen Schändung der andere, bei Tagesanbruch hingerichtet werden. Um das Geschlecht zu entsühnen, soll der jüngste Sohn das Urteil vollstrecken. Er bringt es nicht über sich, und die Soldaten zwingen ihn, mit in die Schlacht zu ziehen. Allein gelassen mit ihren drei Kindern, erlebt die Mutter, wie der *»Weltvernichtungsgeist«* alle Bande der Moral und der Menschlichkeit zerstört: der älteste Sohn begehrt die Schwester, die seine Leidenschaft erwidert und ihm die Fesseln löst. Beide planen den Mord an der Mutter, die sie als den Ursprung ihres Lebens und Leidens verfluchen. In Raserei reißt der Sohn die Kreuze aus den Gräbern und stürzt sich schließlich von der Kirchhofsmauer in die Tiefe. In diesem Chaos erhebt die Mutter ihre Stimme, und, eben noch in Zorn, Verzweiflung und sich selbst anklagender Liebe *»eine wilde Gottheit«*, kündet sie jetzt visionär von einer neuen Zeit, einer neuen Welt, einem neuen Geschlecht, in dessen Namen sie dem Soldatenführer den Herrscherstab entreißt: *»O Mutterleib, o Leib, so wild verflucht / und aller Greuel tiefster Anlaß erst, / du sollst das Herz im Bau des Weltalls werden / und ein Geschlecht aus deiner Wonne bilden, / das herrlicher als ihr den Stab gebraucht! – / Ihm werf' ich ihn erschauernd so entgegen!«* Der Anführer tötet sie, doch ihr Geist wirkt in dem jüngsten Sohn fort, der die Soldaten der jungen Generation zum Aufstand ruft: *»O Mutterhauch, / von dir geschmolzen rolle die Lawine / auf die Kaserne der Gewalt hinab, / und was sich je zu frech ins Blau gebaut, / fall hin!«*

Ein Geschlecht, der erste Teil einer Trilogie – deren zweiter Teil, *Platz*, 1920 erschien, und deren dritter, *Dietrich*, 1936 entstand –, galt einer ganzen Generation als Fanal eines neuen, engagierten Theaters, das, über alle nationalen Vorurteile hinweg, einen kämpferischen Pazifismus vertreten wollte. Die Schlachten des Ersten Weltkriegs hatten den ehemaligen preußischen Offizier Fritz von Unruh in einen erklärten Feind des Militarismus und der alten monarchistischen Ordnung verwandelt: *»Wie können wir den Wahnsinn weiter dulden, / der diesen Bau der Menschheit, den wir schufen, / sinnlos zerschlägt und in die Gräber schleift!«* Unter dem Druck des Kriegserlebnisses entlud sich eine Spannung, die die realistisch-impressionistische Diktion seiner frühen Dramen (*Offiziere*, 1911, und *Louis Ferdinand, Prinz von Preußen*, 1913) schon angekündigt hatte, mit einer die Grenzen der konventionellen Bühnensprache und manchmal auch der Glaubwürdigkeit sprengenden Gewalt. Als wollte er der übermäßigen Ausdrucksintensität seiner *»mit unendlichen Bildern fieberhaft überfüllten Sprache«* (J. Bab) Zügel anlegen, benutzt der Autor als Versmaß meist fünffüßige Jamben. Besonders die breitangelegten Monologe schreiten gleichsam im Rhythmus einer Sophokles-Übersetzung dahin, doch erdrückt der gewaltsam entfachte Wortrausch häufig die schönen, meist allegorischen Sprachbilder. Aber wenn auch die zeitgenössische Kritik der Kühnheit, mit der Unruh den Sturm empörter Gefühle in Handlung und Sprache umsetzte, keine richtungweisende Bedeutung zugestand – Julius Bab nannte das Drama *»ein aus allen geistigen und künstlerischen Formen gequollenes Produkt«* –, so darf doch sein Einfluß auf die deutsche Dichtung gegen Ende des Ersten Weltkriegs nicht unterschätzt werden. Dramatiker wie Hasenclever und Kaiser, Lyriker wie Rubiner und Wolfenstein sind die unmittelbaren Nachfahren dieser wild aufbegehrenden Antikriegs- und »O Mensch!«-Dramatik.

W.P.-KLL

Ausgaben: Lpzg./Mchn. 1917 [Vorzugsausg.]. – Lpzg. 1918. – Bln. 1973 (in *SW. Endgültige Ausg.*, Hg. u. Nachw. H.M. Elster, 1973 ff., Bd. 3: *Dramen II*).

Literatur: J. Bab, *Die Chronik des deutschen Dramas*, Bd. 4, Bln. 1922, S. 90–94. – J. Petersen, *»Ein Geschlecht« von U.* (in LE, 1. 2. 1918). – W. Küchler, *»Opfergang«. »Ein Geschlecht«* (in W. K., *R. Rolland, H. Barbusse, F. v. U. Vier Vorträge*, Würzburg 1919, S. 64–74).

Frank Wedekind

eig. Benjamin Franklin Wedekind

* 24.7.1864 Hannover

† 9.3.1918 München

Literatur zum Autor:

Bibliographien u. Forschungsberichte:

H. Stobbe, *Bibliographie der Erstausgaben F. W.s* (in Almanach der Bücherstube auf das Jahr 1921, Mchn. [2]1920, S. 58–70). – E. Force, *The Development of W. Criticism*, Diss. Indiana Univ. 1964. – P. G. Graves, *F. W.s dramatisches Werk im Spiegel der Sekundärliteratur 1960–1980: Ein Forschungsbericht*, Diss. Univ. of Colorado, Boulder 1982.

Biographien:

H. Kempner, *F. W. als Mensch u. Künstler*, Bln. o. J. [1911]. – A. Kutscher, *F. W. Sein Leben u. seine Werke*, 3 Bde., Mchn. 1922–1931; ern. 1964, Hg. K. Ude [bearb.]. – G. Seehaus, *F. W. in Selbstzeugnissen u. Bilddokumenten*, Reinbek 1974 (rm). – H. Wagener, *F. W.*, Bln. 1979 (Colloquium). – *F. W. porträtiert in 13 Bildern. »Ein Lesebuch für Neugierige – ein Boulevard-Magazin zum Blättern...«*, Hg. H. Muff, Lenzburg 1987. – R. Kieser, *Benjamin Franklin W. Biographie einer Jugend*, Zürich 1990. – Vgl. auch: Tilly Wedekind, *Lulu – die Rolle meines Lebens*, Mchn. u. a. 1969. – F. W., *Die Tagebücher. Ein erotisches Leben*, Hg. G. Hay, Ffm. 1986.

Gesamtdarstellungen und Studien:

J. Kapp, *F. W. Seine Eigenart u. seine Werke*, Bln. 1909. – F. Blei, *Über W., Sternheim u. das Theater*, Lpzg. 1915. – P. Fechter, *F. W. Der Mensch u. das Werk*, Jena 1920. – B. Diebold, *Anarchie im Drama*, Ffm. 1921. – H.M. Elster, *W. u. seine zwölf besten Bühnenwerke*, Bln./Lpzg. 1922. – O. Riechert, *Studien zur Form des W.schen Dramas*, Diss. Hbg. 1923. – E. Schweizer, *Das Groteske u. das Drama F. W.s*, Diss. Tübingen 1929. – A. R. Vieth, *Die Stellung der Frau in den Werken von F. W.*, Diss. Wien 1939. – K. Wiespointner, *Die Auflösung der architektonischen Form des Dramas durch W. u. Strindberg*, Diss. Wien 1949. – R. Baucken, *Bürgerlichkeit, Animalität u. Existenz im Drama W.s u. des Expressionismus*, Diss. Kiel 1950. – H. L. Schulte, *Die Struktur der Dramatik F. W.s*, Diss. Göttingen 1954. – F. Gundolf, *F. W.*, Mchn. 1954. – G. Milkereit, *Die Idee der Freiheit im Werke von F. W.*, Diss. Köln 1957. – J. Jesch, *Die Stilhaltungen im Drama F. W.s*, Diss. Marburg 1959. – G. Seehaus, *F. W. u. das Theater*, Mchn. 1964. – K. Völker, *F. W.*, Velber 1965; ern. Mchn. 1970 (dtv). – R. M. Hovel, *The Image of the Artist in the Works of F. W.*, Diss. Univ. of South Carolina 1966. – K. Ude, *F. W.*, Mühlacker 1966. – F. Rothe, *F. W.s Dramen. Jugendstil u. Lebensphilosophie*, Stg. 1968. – S. Damm, *Probleme der Menschengestaltung im Drama Hauptmanns, Hof-*

mannsthals u. W.s, Diss. Jena 1970. – H.-J. Irmer, *Der Theaterdichter F. W. Werk u. Wirkung*, Bln. 1971; [3]1979. – G. Witzke, *Das epische Theater W.s u. Brechts*, Diss. Tübingen 1972. – H.-J. Thomas, *Die weltanschauliche u. ästhetische Entwicklung F. W.s*, Diss. Halle/Saale 1972. – J. J. Seiler, *W. and Dürrenmatt. A Comparative Study*, Diss. Univ. of Wisconsin 1973. – J. Friedman, *F. W.s Dramen nach 1900. Eine Untersuchung zur Erkenntnisfunktion seiner Dramen*, Stg. 1975. – A. Best, *F. W.*, Ldn. 1975. – D. R. Arthur, *F. W.'s Social Theatre*, Diss. Stanford Univ. 1979. – A. Höger, *F. W.: Der Konstruktivismus als schöpferische Methode*, Königstein/Ts. 1979. – Ders., *Hetärismus u. bürgerliche Gesellschaft im Frühwerk F. W.s*, Mchn. 1981. – A. K. Kuhn, *Der Dialog bei F. W. Untersuchung zum Szenengespräch der Dramen bis 1900*, Heidelberg 1981. – T. Medicus, *»Die große Liebe«. Ökonomie u. Konstruktion der Körper im Werk von F. W.*, Marburg 1982. – M. Meyer, *Theaterzensur in München, 1900–1918*, Mchn. 1982. – J. Schröder-Zeballa, *F. W.s religiöser Sensualismus. »Die Vereinigung von Kirche u. Freudenhaus«?*, Ffm. u. a. 1985. – M. Muylaert, *L'image de la femme dans l'œuvre de F. W.*, Stg. 1985. – H. Vinçon, *F. W.*, Stg. 1987 (Slg. Metzler). – E. Boa, *The Sexual Circus. W.'s Theatre of Subversion*, Oxford 1987.

DAS LYRISCHE WERK von Frank Wedekind.

Mit Wedekind begibt sich die Lyrik auf den Markt. Die Auftragsarbeit nimmt in seinem lyrischen Werk keinen geringen Raum ein. Nicht nur hat Wedekind seine Dichtung gegen Entgelt in den Dienst der Satire gestellt, er hat auch ungeniert Worte gegen Geld getauscht. Als Werbetexter dichtete er: *»Das wissen selbst die Kinderlein: / Mit Würze wird die Suppe fein. / Drum holt das Gretchen munter / die Maggi-Flasch' herunter.«* Mehr als ein Dutzend derartiger Texte hatte Wedekind in seiner Züricher Zeit (1886–1888) als Reklame- und Pressechef der Firma Maggi wöchentlich abzuliefern. Auch seine späteren politischen Gedichte sind eng mit seinem Schicksal als freier Autor und Mitarbeiter der seit 1896 in München erscheinenden satirischen Wochenschrift ›Simplicissimus‹ verknüpft: *»Meine Hauptbeschäftigung«*, schreibt er 1898, *»ist der Simplicissimus, für den ich täglich arbeite in Witzen, Gedichten und anderem Mist.«* Und noch nach der Jahrhundertwende tritt der Dichter allabendlich in Kabaretts – berühmt wurde er als Mitglied der »Elf Scharfrichter« in München – als »Bänkelsänger« mit eigenen Texten auf, *»eine Rolle, die mir entsetzlich ist. Aber es bringt Geld und ich lebe davon.«* Mit dem Durchbruch als Dramatiker nach dem Erfolg von *Frühlings Erwachen* (1906) konnte Wedekind auf diese Form des Gelderwerbs verzichten und damit auch auf das Verfertigen von Gedichten; gleichwohl sind seine Dramen nicht ohne die Lieder und Tänze zu denken, die Wedekind in sie einarbeitet, wie insgesamt seine Gedichte erst durch die Vertonung, in der musikalischen Rezitation sich voll entfalten. Wedekind schrieb nur bedingt für das – zumeist gutbürgerliche – Lesepublikum seiner Zeit; dessen Erwartungshaltung konnte der Autor so wenig ernst nehmen wie die überkommene Rolle der lyrischen Gattung als Ausdruck individueller Gefühlswelten: *»Schwer ist's heute, ein Gedicht zu machen, / Drum läßt man es am besten sein; / Wenn die Menschen wirklich drüber lachen, / Sperrt man den Verfasser meistens ein; / Wenn sie sich jedoch in Tränen winden, / Dann verhungert schließlich der Poet, / Deshalb wird man es begreiflich finden, / Daß die Poesie zugrunde geht« (Des Dichters Klage)*. Bekanntlich hatte Wedekind mit seinen Gedichten *Meerfahrt* und *Im heiligen Land*, in denen er eine Palästinareise Kaiser Wilhelms II. (Oktober 1898) ironisch kommentierte *(»Wie wird von nun an Golgatha sich brüsten, / Das einst vernahm das letzte Wort vom Kreuz / Und heute nun das erste deinerseits«)*, eine Anklage wegen Majestätsbeleidigung auf sich gezogen, die zu einer Verurteilung zu sieben Monaten Festungshaft führte.

Wedekinds erste lyrische Versuche reichen bis in seine Kindheit zurück, dreizehn dieser frühen Gedichte nahm er sogar in seine erste Gedichtsammlung *Die Jahreszeiten* auf, erschienen 1897 in dem Band *Die Fürstin Russalka*. Bereits in den achtziger Jahren entstehen auch Melodien zu eigenen Versen; 1905 publiziert er schließlich eine erweiterte Ausgabe der frühen Sammlung unter dem Titel *Die vier Jahreszeiten* als eigenständigen Band. Die meist unter Decknamen im ›Simplicissimus‹ veröffentlichten politischen Gedichte nahm Wedekind, der nach seinen Konflikten mit dem Herausgeber A. Langen keine Werbung für diese Zeitschrift treiben mochte, allerdings nicht auf, auch nicht in die *Gesammelten Werke* von 1912. Die darin enthaltene Lyrik ist weitgehend identisch mit dem Gedichtband von 1905, danach hatte er nur noch im Zusammenhang mit seiner dramatischen Arbeit Gedichte verfaßt. Noch ein Jahr vor seinem Tod plante Wedekind die Ausgabe einer neuen Sammlung seiner lyrischen Texte, die den Titel *Lautenlieder* tragen und seine Dichtungen in eigenen und fremden Vertonungen enthalten sollte. Die erst postum erschienene Ausgabe dieses Bandes durch A. Kutscher (1920) kann sich teilweise auf Wedekinds Notizen berufen.

Naturgemäß hat Wedekind vor allem mit seinen erotischen Gedichten Resonanz bei den Zeitgenossen gefunden, denen – Th. Heuss mag dafür repräsentativ sein – die *»zur Sensation getriebene Erotik«* geradezu *»Übelkeit«* verursachte. Den Erfolgen des Autors tat dies keinen Abbruch; jedoch ist, im Rückblick gesehen, seine erotische Lyrik kaum originell und verwendet in ihren Bildern und Topoi erstaunlich traditionelle Formen: *»Kindlich erschrocken / Öffnen sich heiße Lippen, / Nachtschwarze Locken / Flattern im Purzelbaum«* (aus *Froh macht dein Lächeln* ...). Freilich spielt Wedekind, auch bei solchen scheinbaren dichterischen Unbeholfenheiten, mit überlieferten literarischen Versatzstücken, die dann als Groteske, als Parodie oder als Provokation gegen die Normen des Kunstbetriebs der Kaiserzeit gestellt werden, wie etwa im *Gebet einer Jungfrau: »Ave Maria! / Gratia plena! / ... Einen braven Mann / Mußt du mir bescheren, / Einen braven Mann, / Der gut lieben kann.«* Allerdings erscheinen bei Wedekind, jenseits des provokatorischen Effekts, die erotischen Motive nicht allein als Chiffren für Emanzipation und individuelle Befreiung; sie sind auch belastet mit der Beibedeutung des Überdrusses, wenn der Band *Die vier Jahreszeiten* mit dem Gedicht *Das tote Meer* programmatisch schließt: *»An hundert Weiber hatt ich wohl im Sold, / Mit denen ich mein Gut und Blut vertollt, / Die schönsten Nymphen im modernen Babel, / Und ich blieb leer, vom Scheitel bis zum Nabel.«*

Als Lyriker blieb Wedekind mit seinen Attacken auf die bürgerliche Moral seiner Zeit für die Kultur- und Literaturkritik stets im Zwielicht. Zu unbekümmert öffnete er dem Gedicht neue Themen und Verwendungszwecke, schon F. GUNDOLF bezeichnete seine Texte als die *»Lieder eines Mannes, der Schiller, Geibel und die Zeitungen gelesen hat«*, zu ungeniert knüpfte er an die Ironie Heinrich HEINES, die Dekadenzmotive BAUDELAIRES und die Trivialpoesie des Bänkelsangs an, womit er andererseits die Reihe der »Bänkelsänger« und kritischen Literaten der Weimarer Republik beeinflußte, von Bertolt BRECHT bis Walter MEHRING. Und er durchschaute zeitlebens illusionslos die Doppelbödigkeiten und Eitelkeiten des offiziösen, elitär angehauchten Kunstbegriffs, dessen stets betonte Leitbilder vom »Guten, Wahren, Schönen« zu hohler Statuarik erstarrt sind; im Gedicht *An einen Dichter* heißt es lakonisch: *»Dein Schaffen war wie Gold so echt, / Solang du Modekram geschaffen. / Du gabst dem menschlichen Geschlecht / Unechten Plunder zu begaffen. // Doch seit ein reineres Idol / Dein ruhmbedürftig Herz begeistert, / Wie ward dein Schaffen falsch und hohl, / Aus eitel Phrasenschwulst gekleistert.«* Die Kritik der Wedekindschen Lyrik übersieht meist deren mediale Aspekte. Seinen Gedichten wird das Buch nicht mehr zum angemessenen Medium. Verfaßt sind sie, abgesehen von den bukolischen Jugendwerken, für den lauten Markt der Werbung (als solche finden sie sich bis heute nicht in Werkausgaben), für die kurze Intensität der Zeitschriften (als solche hat sie Wedekind nicht in seine Ausgaben übernommen) oder für den Vortrag auf der Bühne; dafür hat erst die Zeit nach Wedekind angemessene Verbreitungstechniken und Speichermedien geschaffen. A.Ar.-KLL

AUSGABEN: *Die Jahreszeiten* (in *Die Fürstin Russalka*, Mchn. 1897). – *Die vier Jahreszeiten*, Mchn. 1905. – In *GW*, 6 Bde., Mchn./Lpzg. 1912–1914, 1. – *Lautenlieder. 53 Lieder mit eigenen u. fremden Melodien*, Hg. A. Kutscher u. H. R. Weinhöppel, Bln./Mchn. 1920. – In *GW*, 9 Bde., Mchn./Lpzg. 1912–1921, 8. – In *AW*, Hg. F. Strich, 5 Bde., Mchn. 1924, 1. – *Ich hab meine Tante geschlachtet. Lautenlieder und ›Simplicissimusgedichte‹*, Hg. M. Hahn, Ffm. 1982. – *Gedichte u. Lieder*, Hg. G. Hay, Stg. 1989 (RUB). – In *Werke*, Hg. E. Weidl, 2 Bde., Mchn. 1990, 1.

LITERATUR: A. Kutscher, *Die älteste Fassg. von W.s »Felix und Galathea«* (in Freie Deutsche Bühne, 1, 1919/20, S. 2069–2072). – F. Juer, *Die Motive u. Probleme F. W.s im Spiegel seiner Lyrik*, Diss. Wien 1925. – P. G. Krohn, *F. W.s politische Gedichte* (in Neue Dt. Literatur, 6, 1958, S. 84–95). – K. Riha, *F. W., »Im Heiligen Land«* (in *Geschichte im Gedicht. Texte u. Interpretationen*, Hg. W. Hinck, Ffm. 1979, S. 183–190). – W. Schumann, *F. W. – Regimekritiker? Einige Überlegungen zur »Majestätsbeleidigung« in den »Simplicissimusgedichten«* (in Seminar, 15, 1979, S. 235–243). – E. P. Harris, *Freedom and Degradation. F. W.'s Career as Kabarettist* (in *The Turn of the Century. German Literature and Art 1890–1915*, Hg. G. Chapple u. H. H. Schulte, Bonn 1981, S. 493–506). – Th. Medicus, *Der Abgesang. Erotik u. Melancholie im Spiegel der Lyrik* (in Th. M., *»Die große Liebe«. Ökonomie u. Konstruktion der Körper im Werk von F. W.*, Marburg 1982, S. 257–290). – E. Weidl, *Problematisierung der Rechtsprechung aus dem Geist der Bergpredigt. F. W.s Moritat »Der Tantenmörder«* (in *Deutsche Balladen*, Hg. E. Grimm, Stg. 1988, S. 366–384; RUB). – E. Austermühl, *»Melitta oder die Liebe siegt«. Ein lyrischer Beitrag F. W.s zu seiner Werkprogrammatik* (in *Pharus I: »Kein Funke mehr, kein Stern aus früh'rer Zeit«*, Hg. E.A. u. a., Darmstadt 1989, S. 215–232).

DER ERDGEIST

Tragödie in vier Aufzügen von Frank WEDEKIND, Uraufführung: Leipzig, 25. 2. 1898, Kristallpalast (»Literarische Gesellschaft«). – Neben C. STERNHEIM gehört Wedekind wohl zu den bissigsten Kritikern des deutschen Bürgertums in der Kaiserzeit, neben B. BRECHT wird er heute zu den bedeutendsten deutschsprachigen Theaterautoren des 20. Jh.s gezählt, zeitlebens von der Zensur schikaniert, während des Dritten Reiches verpönt und auch nach 1945 von der Germanistik lange Zeit eigentümlich vernachlässigt; eine historisch-kritische Ausgabe seiner Werke fehlt bis heute, seine *Tagebücher* fanden erst 1986 durch G. HAY eine angemessene Edition. Kritik an bürgerlicher Scheinmoral und Sexualfeindlichkeit, Aufruf zur Selbstentfaltung und zu weiblicher Emanzipation – allerdings nicht als bloße Teilhabe an den Freiheiten der bürgerlichen Gesellschaft – sind die immer wiederkehrenden Themen seiner Dramen, mit denen er, durch seine bewußte Wendung gegen den Naturalismus, auf die Autoren des Expressionismus, aber auch auf Ö. v. HORVÁTH, BRECHT und DÜRRENMATT einwirkte.

Zu den Hauptwerken Wedekinds zählt seine zweiteilige *Lulu*-Tragödie. Seit 1892 arbeitete der Autor an einem Drama des Titels *Die Büchse der Pandora*. Die ersten drei Aufzüge dieses Stücks veröffentlichte er, um einen neu geschriebenen Aufzug erweitert, unter dem Titel *Der Erdgeist*; dies ist der erste Teil der sogenannten *Lulu*-Tragödie, deren zweiter Teil 1902 ebenfalls selbständig unter dem ursprünglichen Titel *Die Büchse der Pandora* erschien (Uraufführung: Nürnberg, 1. 2. 1904). Erst in einer Ausgabe von 1913 mit dem Titel *Lulu* wurden beide Stücke zusammengefaßt. In dieser Bearbeitung, die auch den meisten Aufführungen zugrunde liegt, fehlen der dritte Aufzug des *Erdgeist* und der erste der *Büchse der Pandora*.

Der Erdgeist zeigt den gesellschaftlichen Aufstieg des faszinierenden, ungehemmten Mädchens Lulu, das im von einem Tierbändiger gesprochenen Prolog *»das wahre Tier, das wilde, schöne Tier«* genannt wird. Der reiche Zeitungsverleger Dr. Schön hat Lulu, damals fast noch ein Kind, von der Straße aufgelesen, wo sie sich mit ihrem angeblichen Vater, dem alten Ganoven Schigolch, herumtrieb. Schön hat Lulu erzogen und sie zu seiner Geliebten gemacht, dann aber mit seinem Freund Dr. Goll verheiratet, um sich selbst mit einem vornehmen Mädchen verloben zu können. Im ersten Akt bringt Goll Lulu zu dem jungen Maler Schwarz, der sie porträtiert. Dr. Schön und sein erwachsener Sohn aus erster Ehe, Alwa, überreden Goll, sie zu einer Ballettprobe zu begleiten. Lulu bleibt mit Schwarz allein und verführt ihn. Den zurückkehrenden Goll, der die beiden überrascht, trifft der Schlag. Im zweiten Akt ist Lulu die Gattin von Schwarz, der mit Hilfe Schöns berühmt und reich geworden ist. Aber sie ist immer noch Schöns Geliebte. Er will sich endlich von ihr befreien, um reinen Gewissens heiraten zu können, und offenbart Schwarz ihr zügelloses Leben. Völlig verzweifelt schneidet dieser sich daraufhin die Kehle durch. Lulu, die im dritten Akt als Tänzerin in einer Revue auftritt, bringt Schön zum Bewußtsein, daß er ihr rettungslos verfallen ist, und zwingt ihn, seine Verlobung aufzulösen. Im Schlußakt ist sie mit ihm verheiratet und betrügt ihn mit Freunden und Lakaien. In seiner Abwesenheit empfängt sie Schigolch, Alwa, den Zirkus-Muskelprotz Rodrigo, die hoffnungslos in sie verliebte Gräfin Geschwitz und andere. Schön überrascht die Gesellschaft und will Lulu zwingen, sich das Leben zu nehmen. Doch statt sich selbst erschießt sie ihn.

Die Büchse der Pandora zeigt Lulus Niedergang und Ende. Alwa, Schigolch, Rodrigo und der Gräfin Geschwitz gelingt es, sie aus dem Gefängnis zu befreien. Sie fliehen nach Paris, wo Lulu, die nun Alwa geheiratet hat, ein hochstaplerisch-luxuriöses Leben führt. Unter ihren undurchsichtigen Gästen ist ein Mädchenhändler, Marquis Casti-Piani, der sie in den Orient verkaufen will. Bei der Polizei denunziert, flieht sie nach London. Im Schlußakt hausen Lulu, Schigolch, Alwa und die Gräfin Geschwitz dort völlig verarmt in einer erbärmlichen Dachkammer. Trotz des Protestes der anderen geht Lulu auf die Straße. Ihr erster Kunde ist ein stummer Pilger. Der nächste, ein Negerprinz, erschlägt Alwa, als dieser ihn anfällt. Die Geschwitz versucht vergeblich, sich zu erhängen. Lulus vierter Kunde schließlich, Jack the Ripper, tötet die Gräfin und dann Lulu. Schigolch allein überlebt.

Wedekind hat beide Dramen als Tragödien bezeichnet. Tragik entspringt hier jedoch nicht bewußtem Handeln, sondern entsteht aus der »Natur« des Menschen. Die infantil-animalische Lulu – *»der Dämon des weiblichen Geschlechtstriebes«* (Artur Kutscher) – verhält sich meist passiv oder handelt völlig unreflektiert, triebhaft, im Grunde unschuldig. Sie geht an ihrer Natur zugrunde: *»Die kann von der Liebe nicht leben, weil ihr Leben die Liebe ist.«* Ein Opfer seiner Natur, nämlich seiner Hörigkeit, ist auch Dr. Schön, nicht anders als die Gräfin Geschwitz, die der Dichter die *»tragische Hauptfigur«* des zweiten Teiles genannt hat, da auf ihr *»das furchtbare Verhängnis der Unnatürlichkeit«* laste. Wedekind zeigt den Menschen als seinen Trieben ausgelieferte Marionette und attackiert so die verkrampft-verlogene Moral der bürgerlichen Welt, die Lulu, amoralisch, buchstäblich über Leichen gehend, durch ihre sich ungehemmt auslebende »Natürlichkeit« zerstört; ihr Handeln richtet sich *»gegen eine gesellschaftliche Welt, in welcher, beruhend auf der Gewaltgeschichte des Mannes gegen die Frau, Frauen ohne Geschichte bleiben sollen«* (P. Unger / H. Vinçon). – Die einzelnen Akte sind in sich abgeschlossene Stationen aus dem Leben Lulus und auf drastische Situationen und Effekte hin angelegt. Ganz bewußt wird die tragische Wirkung durch grotesk-komische Kontrasthandlungen zerstört. Vor allem durch diese »theatralische« Dramaturgie und durch die nichtrealistische Form des Dialogs unterscheiden sich Wedekinds Dramen von denen des zeitgenössischen Naturalismus und weisen auf den Expressionismus voraus.

Ein Zensurprozeß um die *Büchse der Pandora*, in drei Instanzen 1903 bis 1906 ausgefochten, endete mit dem Freispruch Wedekinds und dem Verbot des Werks. Darauf beziehen sich polemisch der Einakter *Die Zensur* (1907) und der zur »gereinigten« Fassung der *Büchse der Pandora* (1906) verfaßte *Prolog in der Buchhandlung*, der formal GOETHES *Vorspiel auf dem Theater* parodiert. Alban Berg vertonte das Stück in seiner Oper *Lulu*, vor deren Vollendung er starb; das Fragment wurde 1937 in Zürich uraufgeführt, das vollständig ausgeführte Libretto wurde erst 1977 veröffentlicht, die Uraufführung der von Friedrich CERHA unter Benutzung von Bergs Nachlaß vervollständigten Oper erfolgte 1979 in Paris. U.J.-KLL

AUSGABEN: Mchn. 1895 *(Der Erdgeist)*. – Bln. 1902 (*Die Büchse der Pandora. Tragödie in 3 Aufzügen*, in Die Insel, Juli 1902, H. 10). – Mchn. 1903 *(Lulu. Dramatische Dichtung in zwei Teilen. 1. Teil: Erdgeist)*. – Bln. 1904 *(Die Büchse der Pandora)*. – Bln. 1906 (*Die Büchse der Pandora*; neu bearb.). – Mchn./Lpzg. 1911 (*Die Büchse der Pandora*; Bühnenbearb.). – Mchn./Lpzg. 1913 (*Erdgeist* u. *Die Büchse der Pandora*, in *GW*, 9 Bde., 1912–1921, 3). – Mchn. 1924 (*Erdgeist* u. *Die Büchse der Pandora*, in *AW*, Hg. F. Strich, 5 Bde., 2). – Mchn. 1954 (*Erdgeist* u. *Die Büchse der Pandora*, in *Prosa. Dramen. Verse*, Hg. H. Maier, 2 Bde., 1954–1964, 1; [3]1969). – Mchn. 1980 (*Erdgeist. Die Büchse der Pandora*; Nachw. u. Anm. P. Unger u. H. Vinçon). – Stg. 1989 (*Lulu*, Hg. E. Weidl; RUB). – Mchn.

1990 (*Erdgeist* u. *Die Büchse der Pandora*, in *Werke*, Hg. E. Weidl, 2 Bde., 1). – Darmstadt 1991 (*Die Büchse der Pandora*; krit. Edition der Urfassg., Hg. u. Erl. H. Vinçon, in *Pharus III*).

VERTONUNG: A. Berg, *Lulu* (Urauff.: Zürich, 2. 6. 1937, Stadttheater; Urauff. der komplettierten Fassg.: Paris, 24. 1. 1979, Théâtre National de l'Opéra).

VERFILMUNGEN: *Lulu*, Deutschland 1917 (Regie: A. v. Antalffy). – *Der Erdgeist*, Deutschland 1923 (Regie: L. Jessner). – *Die Büchse der Pandora*, Deutschland 1928 (Regie: G. W. Pabst). – *Lulu*, Österreich 1962 (Regie: R. Thiele). – *Lulu*, BRD 1975–1977 (Regie: R. Chase). – *Lulu*, BRD 1979 (Regie: W. Borowczyk).

LITERATUR: K. Kraus, *»Die Büchse der Pandora«* (in Die Fackel, 1905, H. 7, S. 1–14; auch ebd., 1925, H. 22, S. 43–55). – E. Mühsam, *Von W. »Die Büchse der Pandora«* (in Die Schaubühne, Jg. 6., Bd. 2, 1910, S. 1209–1213). – W. Geiger, *»Lulu« von F. W.*, Mchn. 1921. – F. Hagemann, *W.s »Erdgeist« u. »Die Büchse der Pandora«*, Neustrelitz 1926. – W. Emrich, *F. W. – Die Lulu-Tragödie* (in *Das deutsche Drama*, Hg. B. v. Wiese, Bd. 2, Düsseldorf 1958, S. 207–228). – G. Mensching, *F. W. »Erdgeist«* (in G. M., *Das Groteske im modernen Drama*, Diss. Bonn 1961, S. 60–77). – C. C. Boone, *Zur inneren Entstehungsgeschichte von W.s »Lulu«: eine neue These* (in EG, 27, 1972, S. 423–430). – H. A. Glaser, *Arthur Schnitzler u. F. W. – Der doppelköpfische Sexus* (in *Wollüstige Phantasie*, Hg. ders., Mchn. 1974, S. 148–184). – U. McGowan, *W.s Bühnenstil. Zur Interpretation seiner »Lulu«-Dramen* (in Proceedings and Papers of the 16th Congress of Australasian Univ. Language and Literature Association, Canberra 1974, S. 227–241). – Th. W. Adorno, *Berg. Der Meister des kleinsten Übergangs* (in Th. W. A., *GS*, Bd. 13, Hg. G. Adorno u. R. Tiedemann, Ffm. 21977, S. 321–496). – H. Stroszeck, *»Ein Bild, vor dem die Kunst verzweifeln muß«. Zur Gestaltung der Allegorie in F. W.s Lulu-Tragödie* (in *Literatur u. Theater im Wilhelminischen Zeitalter*, Hg. H.-P. Bayerdörfer u. a., Tübingen 1978, S. 217–237). – S. Bovenschen, *Inszenierung der inszenierten Weiblichkeit: W.s »Lulu« – paradigmatisch* (in S. B., *Die imaginierte Weiblichkeit. Exemplarische Untersuchungen zu kulturgeschichtlichen u. literarischen Präsentationsformen des Weiblichen*, Ffm. 1979, S. 43–61; es). – H. Mayer, *Dalila als bürgerlicher Vamp. 1. Lulu u. andere Weibsteufel* (in H. M., *Außenseiter*, Ffm. 1981, S. 127–137). – C. Dahlhaus, *Berg u. Wedekind. Zur Dramaturgie der »Lulu«* (in C. D., *Vom Musikdrama zur Literaturoper. Aufsätze zur neueren Operngeschichte*, Mchn./Salzburg 1983, S. 165–173). – J. L. Hibberd, *The Spirit of the Flesh. W.'s »Lulu«* (in MLR, 79, 1984, S. 336–355). – E. Weidl, *Philologische Spurensicherung zur Erschließung der »Lulu«-Tragödie F. W.s* (in WW, 35, 1985, S. 99–119). – D. Midgley, *W.s »Lulu«. From »Schauertragödie« to Social Comedy* (in GLL, 38, 1984/85, S. 205–232). – J. E. Olsson, *Don Juan u. Lulu. Sinnlichkeit u. Sittlichkeit in mythischer Verarbeitung* (in *Autorität u. Sinnlichkeit*, Hg. K. Sauerland, Ffm. u. a. 1986, S. 39–55). – E. Weidl, *Lulus Pierrot-Kostüm u. die Lüftung eines zentralen Kunstgeheimnisses* (in Editio, 2, 1988, S. 90–110). – H. Maclean, *The Genesis of the »Lulu«-Plays* (in *Pharus I: »Kein Funke mehr, kein Stern aus früh'rer Zeit«*, Hg. E. Austermühl u. a., Darmstadt 1989).

FRÜHLINGS ERWACHEN. Eine Kindertragödie

Schauspiel in drei Akten von Frank WEDEKIND, entstanden 1890/91, Uraufführung: Berlin, 20. 11. 1906, Kammerspiele. – Wedekinds erstes großes, seinen Ruhm begründendes Bühnenwerk führt in lockerer Szenenfolge die Pubertätsnöte einer in Schule und Elternhaus verständnislos behandelten bürgerlichen Jugend um 1890 vor. Aus persönlichen Erlebnissen oder denen seiner Schulkameraden schöpfend (*»fast jede Szene entspricht einem wirklichen Vorgang«*), greift der Autor die unselig ineinander verstrickten Schicksale dreier Kinder heraus: das der vierzehnjährigen Wendla Bergmann, die von ihrer Mutter aus falscher Scham im Zustand kindlicher Unwissenheit über alles Geschlechtliche gehalten wird, und die der ungleichen Schulfreunde Moritz Stiefel und Melchior Gabor. Moritz, selbstquälerisch veranlagt und ängstlich, wird von der Schule und seinen auf strenge Pflichterfüllung pochenden Eltern überfordert, Melchior erscheint gefestigt, sich selbst unproblematisch, von seiner Mutter vernünftig und tolerant erzogen. Realistisch denkend, will er seinen Freund von quälenden Grübeleien und sexuellen Zwangsvorstellungen befreien, indem er ihm eine selbstverfaßte Aufklärungsschrift zusteckt; Moritz aber ist durch die Lektüre eher verstört als beruhigt, so daß er sich nicht aufs Lernen konzentrieren kann; er wird nicht versetzt, denkt in seiner Verzweiflung an Flucht nach Amerika und nimmt sich schließlich das Leben.

Unterdessen haben sich Melchiors und Wendlas Wege gekreuzt. Das Mädchen hat den Jungen verwirrt und erregt, indem es sich von ihm schlagen ließ; bei ihrer nächsten, halb zufälligen, halb gewollten Begegnung verführen die beiden einander. Melchior wird nach Moritzens Selbstmord wegen der Aufklärungsschrift, die nach Ansicht der bornierten Lehrer die Verzweiflungstat ausgelöst hat, von der Schule verstoßen und von seinen hilflosen Eltern in eine Erziehungsanstalt gesteckt; Wendla stirbt an einer von ihrer Mutter veranlaßten Abtreibung. In der letzten Szene begegnen sich nachts an Wendlas Grab Melchior, aus der Anstalt entflohen, und der tote Moritz, *»seinen Kopf unter dem Arm«*. Melchior, verzweifelt über Wendlas Ende, an dem er sich schuldig fühlt, denkt an Selbstmord; Moritz unterstützt ihn darin, indem er ihm die Erbärmlichkeit des Lebens ausmalt. Als Melchior gerade die Hand des Toten zustimmend fassen will, erscheint *»der vermummte Herr«* – dieser Gestalt, Inkarnation des unzerstörbaren Lebens, hat Wedekind seine Tragödie gewidmet –, tritt Moritzens verführerischer Schilderung des Todes heftig entgegen und zieht Melchior mit sich fort.

Die Haupthandlung ist eingebettet in eine Reihe von episodischen Dialogen, die die jugendliche Unreife der Helden und aus ihr geborene Gefühlsverwirrungen deutlich machen: altkluges Backfischgeplauder, Schülerdebatten über Idealismus und Materialismus, verzweifelte Selbstbefriedigung, knabenhafte Homoerotik. All das, mit psychologischem Scharfblick erfaßt, wird nicht naturalistisch ausgemalt, sondern in gedrängten, gelegentlich ins Visionäre gesteigerten Szenen dargestellt. In scharfem Gegensatz zu diesen mit dunkler Naturpoesie durchwobenen Dialogen der Jugendlichen stehen die Auftritte der schrill karikierten Pädagogen, die Namen wie Sonnenstich, Knochenbruch, Fliegentod oder Prokrustes tragen. – Die Pathos und Groteske hart gegeneinander setzende Dramaturgie und der lyrisch-expressive Dialogstil weisen auf die Vorbilder Lenz, Grabbe und Büchner hin. Wedekind verstand sich schon in seiner Frühzeit in künstlerischer wie persönlicher Hinsicht als entschiedener Antipode Gerhart Hauptmanns und wurde von den jungen Expressionisten als einer ihrer Vorläufer angesehen. – *Frühlings Erwachen* wurde seit der ersten Buchausgabe (1891) als *»unerhörte Unflätigkeit«* (Wedekind, in *Was ich mir dabei dachte*) von der Zensur verfolgt und erst 1912 – in einer etwas gemilderten Bühnenfassung – durch einen mutigen Entscheid des Berliner Oberverwaltungsgerichts endgültig zur öffentlichen Aufführung freigegeben. U.J.

Ausgaben: Zürich 1891. – Mchn. 1907. – Mchn. 1911. – Mchn./Lpzg. 1912 (in *GW*, 9 Bde., 1912–1921, 2). – Mchn. 1921. – Mchn. 1924 (in *AW*, Hg. F. Strich, 5 Bde., 1). – Mchn. 1954 (in *Prosa. Dramen. Verse*, Hg. H. Maier, 2 Bde., 1954–1964, 1; [3]1969). – Stg. 1971 (Nachw. G. Hensel; RUB). – Mchn. 1980 [Nachw., Zeittafel, Anm. u. Bibliogr. B. Dedner u. Th. Medicus]. – Mchn. 1990 (in *Werke*, Hg. E. Weidl, 2 Bde., 1).

Vertonung: M. Ettlinger, *Frühlings Erwachen*, Mchn. 1928 (Oper).

Literatur: L. Andreas-Salomé, *»Frühlings Erwachen«* (in Die Zukunft, 58, 1907, S. 97–100). – W. Benjamin, *W. u. Kraus in der Volksbühne* (in Die literarische Welt, Nov. 1929; ern. in W. B., *GS*, Bd. 11, Hg. T. Rexroth, Ffm. 1980, S. 551 f.; es). – K. Bullivant, *The Notion of Morality in W.'s »Frühlings Erwachen«* (in New German Studies, 1, 1973, S. 40–47). – F. Roth, *F. W.: »Frühlings Erwachen«* (in *Von Lessing bis Kroetz. Einführung in die Dramenanalyse*, Kronberg/Ts. 1975, S. 104–137). – U. Vohland, *Wider die falsche Erziehung. Zu W.s »Frühlings Erwachen«* (in Diskussion Deutsch, 10, 1979, S. 3–18). – J. L. Hibberd, *Imagery Numbers and »Humor«: W.'s »Frühlings Erwachen«* (in MLR, 74, 1979, S. 633–647). – *F. W. »Frühlings Erwachen«. Erläuterungen u. Dokumente*, Hg. H. Wagener, Stg. 1980 (RUB). – P. Jelavich, *W.'s »Spring Awakening«. The Path to Expressionist Drama* (in *Passion and Rebellion*, Hg. S. E. Bronner u. D. Kellner, South Hadley/Mass. 1983, S. 129–150). – H. Kämper-Jensen, *Partnergespräche Jugendlicher um die Jh.wende. Am Beispiel von F. W.s »Frühlings Erwachen«* (in *Gespräche zwischen Alltag u. Literatur*, Hg. D. Cherubim u. a., Tübingen 1984, S. 20–41). – H. Richter, *»Frühlings Erwachen«. F. W. und seine Kindertragödie* (in H. R., *Verwandeltes Dasein*, Bln. 1987, S. 8–28; 349–351). – I. Scheller, *Szenische Interpretation: F. W. »Frühlings Erwachen«*, Oldenburg 1987. – A. Kessler, *Eine Anmerkung zu Freud u. »Frühlings Erwachen«* (in *Pharus I: »Kein Funke mehr, kein Stern aus früh'rer Zeit«*, Hg. E. Austermühl u. a., Darmstadt 1989, S. 37–54).

DER MARQUIS VON KEITH

Schauspiel in fünf Akten von Frank Wedekind, Uraufführung: Berlin, 11. 10. 1901, Residenztheater. – Es bedurfte mehrerer Fassungen – des unvollendet gebliebenen Dramas *Ein Genußmensch* (1898) und der daraus resultierenden Überarbeitung *Der gefallene Teufel* –, bis das Stück im ersten Jahrgang (1900) der Zeitschrift ›Die Insel‹ erscheinen konnte – unter dem Titel *Münchner Scenen. Nach dem Leben aufgezeichnet*. Leicht überarbeitet, erfolgte 1901 die Buchausgabe, in der ersten Auflage unter dem Titel *Der Marquis von Keith (Münchner Scenen)*, in der zweiten Auflage von 1907 ohne den auf den Schauplatz München hinweisenden Zusatz.

Eine banale Hochstapleraffäre gibt den äußeren Handlungsrahmen. Der Marquis von Keith, ein Glücksritter, gewinnt einige Münchener Geldbürger für sein »Feenpalast«-Projekt (das Stück spielt, wie der Autor eigens vermerkt, *»in München im Spätsommer 1899«*), unter seiner Leitung soll eine der luxuriösesten und modernsten Kunststätten entstehen. Dank seinen gewandten Manipulierungskünsten gelingt es ihm, das Projekt hochzuspielen, sich selbst die führende Rolle und freie Verfügung über die eingebrachten Gelder zu sichern. Sein Glücksstern sinkt jedoch ebenso rasch wieder, als bekannt wird, daß Keith das Aktienkapital unbedenklich für seine ganz persönlichen Lebensgenüssse verwendet und auch vor Unterschriftenfälschung nicht zurückschreckt. Schließlich wird er aus der Kunstmetropole München ausgewiesen.

In diese äußere Fabel, die bereits in der Motivverflechtung von Kunst und Geschäft auf eine beherrschende thematische Schicht der Gesamtkonzeption weist, sind andere Handlungsstränge eingelagert, die weniger eine handlungstechnische Funktion im alten Sinn haben, als vielmehr Auseinandersetzungen abstrakt-gedanklicher Art darstellen.

Die bewußte Banalität der »eigentlichen« Handlung kontrastiert so mit der Bedeutungshaltigkeit der dramatischen Konfrontationen und Dialoge. Strukturbildend ist im *Marquis* das Gegenspielerprinzip: Dem Protagonisten Keith steht sein Jugendfreund Ernst Scholz gegenüber. Der verquälte Moralist Scholz möchte sich bei Keith, dem alles, was die bürgerliche Gesellschaft »Moral« nennt, höchst zweideutig erscheint *(»Das glänzendste Geschäft in dieser Welt ist die Moral«)* und der jede Form von Verantwortlichkeit grundsätzlich ablehnt, zu *»einem Genußmenschen ausbilden«*, zieht sich jedoch schließlich resigniert in eine Irrenanstalt zurück. Scholz' Altruismus ist ebenso unheilbar und einseitig wie der vitalistische Egoismus Keiths. Wedekind bezeichnet die ironisch dargestellte Alternative Keith–Scholz als ein *»Wechselspiel zwischen einem Don Quixote des Lebensgenusses und einem Don Quixote der Moral«*. Hier werden die fließenden Übergänge von hintergründiger Ironie und tragischer Akzentuierung deutlich. Als Höhepunkt der tragischen Groteske erscheint der Freitod der Molly Griesinger. Molly – in der Figurengliederung dem masochistischen Scholz zugeordnet – hat sich in rückhaltloser Aufopferung für ihren Geliebten Keith eingesetzt, der sie fallenläßt, sobald sie ihm nicht mehr von Nutzen sein kann. Die weibliche Kontrastfigur der bürgerlich-naiven Molly ist die Lebedame Gräfin Werdenfels, die ihrerseits ganz im Sinne der pervertierten Ethik Keiths diesen seinem Unglück überläßt. Keith ist der Exponent eben jener bürgerlichen Gesellschaft, die ihn als Ausgestoßenen betrachtet. Wedekind benutzt die Figur des Marquis als Medium satirischer Gesellschaftskritik. So durchleuchtet Keith zum Beispiel den in der kapitalistischen Gesellschaft der Gründerjahre zur Phrase gewordenen Begriff der »höheren Güter«: *»Diese Güter heißen nur deshalb höhere, weil sie aus dem Besitz hervorwachsen ...«* An anderer Stelle desavouiert er mit seiner grotesken Definition des Wortes »Sünde« die Verlogenheit und die Milieubedingtheit der bürgerlichen Moralbegriffe: *»Sünde ist eine mythologische Bezeichnung für schlechte Geschäfte. Gute Geschäfte lassen sich nun einmal nur innerhalb der bestehenden Gesellschaftsordnung machen!«*
Eine tragische Verstrickung kann es in dem dargestellten Gesellschaftsrahmen, in welchem Unglück lediglich bedeutet, kein Geld zu haben, nicht geben. Auch Mollys Unglück, von ihr selbst herbeigesehnt, wird zur tragikomischen Groteske, die den Überlebenden recht zu geben scheint. Der Marquis stellt sich bewußt jenseits von Gut und Böse. Noch das Scheitern, das Unglück ist für ihn *»eine günstige Gelegenheit wie jede andere. Unglück kann jeder Esel haben; die Kunst besteht darin, daß man es richtig auszubeuten versteht!« »Grinsend«* legt er den Revolver wieder fort: *»Das Leben ist eine Rutschbahn ...«* U.H.

Ausgaben: Bln. 1900 (*Münchner Scenen. Nach dem Leben aufgezeichnet*, in Die Insel, 1, H. 7–9). – Mchn. 1901 [*Der Marquis von Keith (Münchner Scenen)*]. – Mchn. 21907. – Mchn./Lpzg. 1913 (in *GW*, 9 Bde., 1912–1921, 4). – Mchn. 1924 (in *AW*, Hg. F. Strich, 5 Bde., 3). – Mchn. 1954 (in *Prosa. Dramen. Verse*, Hg. H. Maier, 2 Bde., 1954–1964, 1; 31969). – Stg. 1975 (Nachw. G. F. Hering; RUB). – Mchn. 1980 [Nachw. u. Erl. B. Dedner u. Th. Medicus]. – Mchn. 1990 (in *Werke*, Hg. E. Weidl, 2 Bde., 2). – Darmstadt 1990 (*Ein gefallener Teufel. Urfassung des Schauspiels »Der Marquis von Keith«*, Hg. u. Anm. E. Austermühl; Pharus II).

Literatur: P. Goldmann, *»Der Marquis von Keith«* (in P. G., *Literatenstücke*, Ffm. 1910, S. 103–114). – L. Weber, *F. W. »Der Marquis von Keith«. Der Abenteurer in dramatischer Gestaltung*, Diss. Kiel 1934. – Th. Mann, *Eine Szene von W.* (in Th. M., *Altes u. Neues. Kleine Prosa aus fünf Jahrzehnten*, Ffm. 1953, S. 31–38). – H. Maclean, *W.'s »Der Marquis von Keith«: An Interpretation Based On the Faust and Circus Motifs* (in GR, 43, 1968, S. 163–187). – V. Wipf, *F. W. »Der Marquis von Keith«*, Diss. Zürich 1969. – H.-P. Bayerdörfer, *»Non olet« – altes Thema u. neues Sujet. Zur Entwicklung der Konversationskomödie zwischen Restauration u. Jh.wende* (in Euph, 67, 1973, S. 323–358). – B. Dedner, *Intellektuelle Illusionen. Zu W.s »Marquis von Keith«* (in ZfdPh, 94, 1975, S. 498–515). – W. Kuttenkeuler, *Der Außenseiter als Prototyp der Gesellschaft. F. W.: »Der Marquis von Keith«* (in *Fin de siècle. Zu Literatur u. Kunst der Jh.wende*, Hg. R. Bauer u. a., Ffm. 1977, S. 567–595). – A. Höger, *Der Marquis von Keith, 1900. Beispiel einer konstruktivistischen Allegorie* (in A. H., *F. W. Der Konstruktivismus als schöpferische Methode*, Königstein/Ts. 1979, S. 94–130). – W. Nolting, *W.s »Marquis von Keith« als Darstellung herrschender Kommunikation u. als Beispiel der Jh.wende* (in W. N., *Literatur oder Kommunikation*, Münster 1982, S. 150–232). – H. Mayer, *»Der Marquis von Keith« u. Der Hochstapler Felix Krull* (in H. M., *Aufklärung heute*, Ffm. 1985, S. 87–104). – J. L. Hibbard, *The Morality of W.'s »Der Marquis von Keith«* (in DVLG, 61, 1987, S. 510–530).

Franz Werfel

* 10.9.1890 Prag
† 26.8.1945 Beverly Hills / Calif.

Literatur zum Autor:
R. Specht, *F. W. Versuch einer Zeitspiegelung*, Bln. u. a. 1926. – A. v. Puttkamer, *F. W. Wort u. Antwort*, Würzburg 1952. – E. Keller, *F. W. Sein Bild des Menschen*, Aarau 1958. – W. Braselmann, *F. W. Dichtung u. Deutung*, Wuppertal 1960. – A. Mah-

ler-Werfel, *Mein Leben*, Ffm. 1960. – L. B. Foltin, *F. W. 1890–1945*, Pittsburgh 1961. – H. Meister, *F. W.s Dramen u. ihre Inszenierungen auf der deutschsprachigen Bühne*, Diss. Köln 1964. – H. Rück, *F. W. als Dramatiker*, Diss. Marburg 1965. – L. Zahn, *F. W.*, Bln. 1966. – D. Kuhlenkamp, *W.s späte Romane. Seine Kritik an der Rationalität*, Ffm. 1971. – L. B. Foltin, *F. W.*, Stg. 1972 (Slg. Metzler). – P. Wimmer, *F. W.s dramatische Sendung*, Wien 1973. – *Das F. W. Buch*, Hg. P. S. Jungk, Ffm. 1986. – L. B. Steinmann, *F. W. The Faith of an Exile. From Prague to Beverly Hills*, Waterloo/Ont. 1985. – P. S. Jungk, *F. W. Eine Lebensgeschichte*, Ffm. 1987. – N. Abels, *F. W. mit Selbstzeugnissen u. Bilddokumenten*, Reinbek 1990 (rm). – *F. W. im Exil. International F. W. Conference, Los Angeles, Okt. 1990*, Hg. W. Nehring u. H. Wagener, Bonn 1991.

DAS LYRISCHE WERK von Franz WERFEL. Die Erfolge von Franz Werfels Romanen rückten sein lyrisches Œuvre, das knapp 800 Gedichte umfaßt, in den Hintergrund, obwohl der Autor zunächst als Lyriker an die Öffentlichkeit getreten war. Sein erster Lyrikband, *Der Weltfreund*, 1911 durch Vermittlung Max BRODS erschienen, machte den jungen Prager Schriftsteller über Nacht bekannt; vor allem das Gedicht *An den Leser* mit seinem berühmt gewordenen Eingangsvers *»Mein einziger Wunsch ist, Dir, o Mensch, verwandt zu sein«* wirkte als Signal. Gemeinschaftspathos, *»Musik des Gefühls«* (Kurt Hiller), intensiv empfundene Liebe zu allen Menschen und Dingen sprachen aus den Gedichten, die von den Zeitgenossen als bahnbrechende Leistung gewürdigt wurden und den Beginn der emphatischen *»O-Mensch«*-Dichtung des Expressionismus markierten.
Die knapp 70 *Weltfreund*-Gedichte thematisieren Kindheitseindrücke und -erinnerungen *(Der Kinderanzug; Kindersonntagsausflug)*, schildern kleine Begebenheiten, Gegenstände und Gestalten des Alltags *(Die vielen Dinge; Konzert einer Klavierlehrerin)* und feiern den Einklang des lyrischen Ichs mit der Welt: *»Ich fühle schon, / Wie alles mich liebt, / Weil ich alles liebe!«* Neben konventionellen Formen, etwa Sonetten und Volksliedstrophen, finden sich Gedichte, die mit ihren locker gefügten, langzeiligen Versen in langsam sich steigernden freien Rhythmen von Walt WHITMANS *Leaves of Grass* (1855) inspiriert sind und in ekstatischen Ausbrüchen die Konventionen der Syntax sprengen. Deutlich wird der Einfluß Whitmans auch in der Mischung von Menschheitspathos und Alltagspoesie. Bewußt naive Formulierungen und Wörter der Alltagssprache stehen in auffälligem Kontrast zum hohen Ton des hymnischen Stils, der mit den kleinsten und unscheinbarsten alltäglichen Dingen – dem Schaukelpferd, den Krümeln von Frühstücksbroten und knarrenden Schreibtischen – einem ganz neuen lyrischen Inventar gilt. Wie befreiend diese neue Unmittelbarkeit wirkte, die bewußt mit den starren, totgelaufenen Traditionen von Naturalismus und Symbolismus brach, bezeugt die Reaktion KAFKAS: *»Werfel ist tatsächlich ein Wunder; als ich sein Buch ›Der Weltfreund‹ zum erstenmal las, dachte ich, die Begeisterung für ihn werde mich bis zum Unsinn fortreißen. Der Mensch kann Ungeheures«* (Brief an Felice Bauer, Dez. 1912).
Die meisten Gedichte des folgenden Bandes, *Wir sind* (1913), entstanden während der für Werfel außerordentlich produktiven Jahre in Leipzig, wo er seit 1912 als Lektor des Kurt Wolff Verlags arbeitete, dem Zentrum der expressionistischen Literatur, in dem auch seine eigenen Bücher bis 1923 erschienen. Wie *Der Weltfreund* ist auch *Wir sind* von ekstatischer Welt- und Lebensbejahung geprägt. Deutlicher als zuvor jedoch werden Erfahrungen von Fremdheit und Leid ausgesprochen, die das lyrische Ich bewußt annimmt *(»Ich will den Tod der ganzen Welt einschließen«)* und durch Liebe zu überwinden sucht. Hinwendung zu den Armen, Verstoßenen und Unterdrückten, zu Dirnen, Morphinistinnen, zu den Alten und Kranken bestimmt das soziale Ethos der mitfühlenden Weltfreundschaft, die in jeder menschlichen Existenz Harmonie und Schönheit zu entdecken vermag: *»Es schwebt in jedem Schicksal, / Im Schritt der Lust und Schmerzen, / Im Morden und Umarmen, / Anmut des Menschlichen!« (Ein Lebenslied)*. *»Feindschaft ist unzulänglich«* ist programmatisch ein Abschnitt überschrieben, und immer wieder, in Volksliedstrophen, Balladen, vor allem aber in Sonetten und Langversen, verkündet das lyrische Ich sein grenzenloses Mitleiden und Mitfühlen mit aller Kreatur, beschwört es den Geist von Liebe und Frömmigkeit, mit jenem Pathos, über das sich Karl KRAUS, der in seiner ›Fackel‹ im Jahre 1911 Werfels frühe Gedichte abgedruckt, sich dann aber mit ihm, als dieser ein Zitat falsch wiedergab, überworfen hatte, in seinen Fehdezügen gegen Werfel so gerne und ausführlich mokierte.
Der Erste Weltkrieg bedeutete einen tiefen Einschnitt in Werfels dichterischem Schaffen und hat im Band *Einander* (1915) deutliche Spuren hinterlassen. Die Gedichte – entstanden in den Jahren 1913/14 – sind von schroffer Gegensätzlichkeit. Während einige noch im ursprünglichen *»Weltfreund«*-Ton der naiv-freudigen, pathetisch drängenden Liebe und Menschheitsemphase klingen *(Lächeln Atmen Schreiten; Ein Sonntag)*, zeugen andere von tiefer Verzweiflung; *»Die Welt ist Bruch und Schuld auf immerdar«* heißt es, das Böse erscheint existentiell verewigt, die Fremdheit ist unüberwindlich *(»Fremde sind wir auf der Erde alle, / Und es stirbt, womit wir uns verbinden«)*.
Vom Erlebnis des Krieges ist auch der in den Jahren 1916/17 entstandene Zyklus *Der Gerichtstag* (1919) mit seinen rund 150 Gedichten gezeichnet. Im Unterschied zu den *Einander*-Gedichten, die den Krieg als Lüge, als Herrschaft von Dummheit und Gewalt und als Abwendung von Gott verurteilen und insofern unmittelbar auf die soziale Realität bezogen sind, gelten die heftigen Klagen und Anklagen jetzt einer abstrakten Allgegenwärtigkeit von Schuld und Tod. Das lyrische Ich, selbst schul-

dig *(»Weh, mein Gesicht ist Sünde«)*, erfährt Verunsicherung *(»Und ich weiß nicht, wer ich war und wer ich bin!«)* und leidet an der eigenen Ohnmacht und Unzulänglichkeit der Worte *(»Ach, was wir sagen, lügt schon, weil es spricht«)*. Einzig durch die Rückkehr zu Gott scheint die Überwindung des beklagten Weltzustandes möglich. Mit der Hoffnung, durch das dichterische Wort eine innere Verwandlung der Menschen zu bewirken, ist auch das begeisterte Pathos und die dialogische Struktur der früheren Lyrik geschwunden, die sich in werbenden, proklamatorischen Anrufen an den Leser wandte. Die Gedichte haben sich gleichsam nach innen gekehrt und den Gestus von Gebeten angenommen; sie verlieren sich in Abstraktionen und metaphysischen Spekulationen, ertrinken in Manierismen, gesuchten Metaphern und bloßen Stilfiguren von Alliterationen und Binnenreimen.

Eine Stimmung von Düsternis und Bedrohung liegt über den Texten des Bandes *Beschwörungen* (1923). Bestürzende Visionen und Traumbilder werden in den Gedichten entworfen, rätselhafte, finstere Mächte, Gestalten fremder Welten angerufen, eine mythische Urmutter, *»Ruhende Riesin, / Ungeheure Todin«* von zugleich erzeugender und zerstörender Kraft beschworen. Glaube und Hoffnung verheißt erst das *»Allelujah«* des abschließenden Gedichts: *»O schweigendes Jauchzen!«*

Schon bevor *Beschwörungen* erschien, stand Werfel seinen expressionistischen Anfängen distanziert gegenüber. Er schrieb weiterhin Gedichte, aber sie bildeten nicht mehr das Zentrum seiner Arbeit, die sich zunehmend auf die Dramen- und Romanproduktion verlagerte. Die spätere Lyrik bis zum letzten Band *Gedichte aus den Jahren 1908–1945*, der neben einer Auswahl aus früheren Gedichtbüchern den 1943 entstandenen Zyklus *Kunde vom irdischen Leben* enthält, schreibt alte Themen fort. Die Gedichte rufen Erinnerungen an die Kindheit wach, die nun in resignativem Sinne als unwiderruflich verlorenes Paradies erscheint, sprechen von einer tiefen, metaphysischen Schuld, die von der ganzen Schöpfung getragen werden muß, reflektieren den Gedanken der Erlösung und greifen in ihrer religiösen Thematik auf Mythen der Kabbala, vor allem aber auf christliche Motive zurück. Zunehmend kreisen die Gedichte um Tod und Todeserfahrung, erscheint die Welt als Wartehalle des Todes. Die Orientierung an traditionellen Werten, die für Werfels spätere Lyrik charakteristisch ist, findet auch ästhetischen Ausdruck; die Gedichte werden gezügelter, konventioneller, halten sich an die Verbindlichkeit von Strophe, Versmaß und Reim (*»Der Reim ist heilig«*, heißt es in *Kunde vom irdischen Leben*).

Zwei Konstanten prägen Werfels lyrisches Werk; zum einen die Musikalität der Gedichte (A. D. Klarmann), die in ihren Titeln oft Worte wie Lied, Gesang, Hymnus, Ode oder Elegie enthalten, aber auch nach musikalischen Formen gestaltet sind und beispielsweise die Fugentechnik verwenden; zum andern das Motiv der Fremdheit, das von den frühen *Weltfreund*-Gedichten *(»Hinabgetaucht in die fremdeigenen Gegenden bin ich«)* bis zum späten *»Du aber schufst mich, Gott, im Geiste / So fremd, so urfremd, daß mir graut« (Mensch und All)* stets gegenwärtig ist und in vielfältiger Weise variiert wird. Den Erfolg seines lyrischen Erstlings *Der Weltfreund* hat Franz Werfel mit den späteren Gedichtbüchern nicht mehr wiederholen können. Dennoch galt er als Sprecher seiner Generation und repräsentativer Dichter der Zeit. So veranstaltete die Zeitschrift ›Die Aktion‹ im Herbst 1916 eine Werfel-Sondernummer, und in der von Kurt Pinthus herausgegebenen Sammlung *Menschheitsdämmerung* (1920), der zentralen Anthologie des Expressionismus, ist Werfel mit 27 Gedichten der am umfangreichsten dokumentierte Autor, der auch das Schlußwort erhält mit seinem Gedicht *Ein Lebens-Lied*. Wie rasch freilich seine Gedichte alterten, zeigte sich bereits 1922, als ein Kritiker befand, *»daß der Dichter Werfel Repräsentant einer Zeit ist, die – vorüberging«* (A. L. Schmitz). B.Bh.

Ausgaben: *Der Weltfreund. Gedichte*, Bln. 1911 [2., verb. Aufl. Lpzg. 1912]. – *Wir sind. Neue Gedichte*, Lpzg. 1913. – *Einander. Oden Lieder Gestalten*, Lpzg. 1915. – *Gesänge aus den drei Reichen. Ausgewählte Gedichte*, Lpzg. 1917. – *Der Gerichtstag. In fünf Büchern*, Lpzg. 1919 [gek. Fassg. 1923]. – *Arien*, Mchn. 1921. – *Beschwörungen*, Mchn. 1923. – *Gedichte*, Bln. u. a. 1927. – *Neue Gedichte*, Bln. u. a. 1928. – *Schlaf und Erwachen. Neue Gedichte*, Bln. u. a. 1935. – *Gedichte aus dreißig Jahren*, Stockholm 1939. – *Gedichte aus den Jahren 1908–1945*, Los Angeles 1946; ern. Ffm. 1953. – Ffm. 1967 (in *Das lyrische Werk*, Hg. A. D. Klarmann; *GW*).

Vertonungen: Orchesterstücke, Lied- und Gesangskompositionen von Ernst Krenek, Paul Hindemith, Carl Orff, Hans Werner Henze.

Literatur: K. Hiller, Rez. (in Pan, 2, 1911/12, S. 1043–1045). – F. Stößinger, Rez. (in NRs, 23, 1912, S. 1778–1780). – B. Viertel, Rez. (in Der Strom, 2, 1912/13, S. 158 f.). – E. Stadler, Rez. (in Cahiers Alsaciens, 2, 1913, Nr. 11, S. 248 f.). – E. Blass, Rez. (in Die Argonauten, 1, 1914, S. 44–47). – H. Herrmann-Neisse, Rez. (in Sirius (Zürich), 1915, H. 2, S. 29–31). – E. Blass, *Gedanken über den liebenden Geist und F. W.* (in Das junge Deutschland, 1, 1918, S. 159–161). – H. Kenter, *F. W.s »Gerichtstag«: die geistige Wende einer dichterischen Sendung* (in LE, 23, 1920/21, Sp. 1292–1297). – A. L. Schmitz, *Der Dichter F. W.* (in Hochland, 19, 1922, Bd. 2, S. 175–195). – A. D. Klarmann, *Musikalität bei F. W.*, Philadelphia 1931. – D. Schumann, *The Development of W.s »Lebensgefühl« as Reflected in His Poetry* (in GR, 6, 1931, S. 27–53). – I. F. W. Hochbaum, *Künstlertum u. Wirklichkeit. Studien zur Vorgeschichte u. Deutung der Bilderwelt in den Gedichten des »Gerichtstages« (1915–1916) von F. W. unter besonderer Berücksichtigung der Bedeutung August Strindbergs für den dichterischen Expressionismus*, Diss. Kiel

1955. – M. Arnold, *Lyrisches Dasein u. Erfahrung der Zeit im Frühwerk F. W.s*, Fribourg 1961. – C. Heselhaus, *F. W.s Gleichnis-Gedichte* (in C. S., *Deutsche Lyrik der Moderne von Nietzsche bis Yvan Goll*, Düsseldorf 1961, S. 205–213). – P. Trost, *Die dichterische Sprache des frühen W.* (in *Weltfreunde. Konferenz über die Prager deutsche Literatur*, Hg. E. Goldstücker, Neuwied 1967, S. 313–318). – L. B. Foltin u. H. Heinen, *F. W.s »Als mich dein Wandeln an den Tod verzückte«. An Interpretation* (in Modern Austrian Literature, 3, 1970, S. 62–67). – H. Thomke, *Hymnische Dichtung im Expressionismus*, Bern/Mchn. 1972. – K. S. Guthke, *F. W.s Anfang. Eine Studie zum literarischen Leben am Beginn des expressionistischen Jahrzehnts* (in DVLG, 52, 1978, S. 71–89). – A. Goes, *F. W. »Als mich dein Wandeln an den Tod verzückte* (in A. G., *Dichter u. Gedichte*, Ffm. 1983, S. 28–33; FiTb). – F. Wyatt, *Der frühe W. bleibt. Seine Beiträge zu der expressionistischen Gedichtsammlung »Der Kondor«* (in *Literaturpsychologische Studien u. Analysen*, Hg. W. Schönau, Amsterdam 1983, S. 249–267).

DER ABITURIENTENTAG. Die Geschichte einer Jugendschuld

Roman von Franz WERFEL, erschienen 1928. – Während seines Urlaubs an der italienischen Riviera traf Werfel öfters mit Hermann SUDERMANN zusammen, der ihn mit den Schilderungen seiner harten Jugendzeit beeindruckte und den Anstoß zu diesem Roman gab, dessen Held Franz Adler auch autobiographische Züge trägt. Wenn das Werk auch nie an den Bekanntheitsgrad von Romanen wie *Verdi* (1924) oder *Das Lied von Bernadette* (1941) heranreichte, thematisiert es stringenter und präziser als diese den bei Werfel immer wieder auftauchenden Motivkomplex der verdrängten, nicht mehr gutzumachenden Schuld.

Fünfundzwanzig Jahre nach dem Abitur kommen die Schüler eines österreichischen Gymnasiums wieder zusammen. Am Tag dieses Klassentreffens vernimmt der Landgerichtsrat Sebastian einen Untersuchungshäftling, in dem er einen früheren Mitschüler, den lange verschollenen Franz Adler, wiederzuerkennen glaubt. Dieser Vorfall und der peinlich belanglose Abend mit den übrigen Klassenkameraden lassen ihm die Schülerzeit mit qualvoller Deutlichkeit wieder lebendig werden. Wie unter einem Zwang schreibt Sebastian noch in der gleichen Nacht ein Selbst- und Schuldbekenntnis nieder. *»Meine Aufgabe ist es, mich zu verhören.«*

Die Niederschrift dieser in der Ichform geschriebenen Lebensbeichte bildet das Kernstück des Romans. Sie führt zurück in eine österreichische Kleinstadt der Jahrhundertwende, in eine Schulklasse voll Abenteuerlust, Freiheitsdrang und üblicher Unarten. Nur einer, der Schüler Franz Adler, paßt nicht in dieses Bild. Trotzdem flößt der häßliche, unsportliche, grüblerische Junge den Gleichaltrigen wie den Lehrern einen nahezu ehrfürchtigen Respekt ein. Auch Sebastian kann sich der selbstverständlichen Autorität, die von Adlers *»unbeirrbarer Wahrhaftigkeit«* ausgeht, nicht entziehen. Aber er mißgönnt ihm die Vorrangstellung. Der Stachel dieser Unterlegenheit läßt ihn ein *»langes geheimnisvolles Vernichtungswerk«* beginnen. Es gipfelt darin, daß er den durch jahrelange Quälereien und Erniedrigungen gebrochenen Adler, *»der nur still sein Haupt dem wachsenden Hohne hinhielt«*, zu einer Flucht aus der Stadt nötigt, um den Verdacht einer Urkundenfälschung von sich auf ihn zu lenken. Im Verlauf der Rahmenhandlung stellt sich am nächsten Tag die Identifikation des Untersuchungshäftlings mit Adler als Irrtum heraus. Der alternde Landgerichtsrat aber begreift den Fremden als ein von Gott gesandtes *»Substitut der Gerechtigkeit«*. C.Bi.-KLL

AUSGABEN: Wien 1928. – Ffm. 1953. – Bln./Weimar 1965. – Ffm. [15]1989 (FiTb). – Ffm. 1991, Hg. K. Beck *(GW in Einzelausgaben)*.

DRAMATISIERUNG: L. Bush-Fekete, *Der Abituriententag*, Ffm. 1956 [Bühnenms.; aus dem Engl. v. G. Kaus].

LITERATUR: M. M. Gehrke, Rez. (in Weltbühne, 26, 1929, Nr. 1, S. 38 f.). – H. Schimmelpfeng, Rez. (in Die christliche Welt, 2. 2. 1929). – W. Haas, Rez. (in Central Verein Zeitung, 22. 2. 1929).

DIE VIERZIG TAGE DES MUSA DAGH

Roman von Franz WERFEL, erschienen 1933. – Die grausame Armenierpolitik der jungtürkischen Staatsregierung in den Jahren 1915/16, von deren schlimmen Folgen Werfel noch 1929 auf einer Nahostreise beeindruckt war, als er die elenden Lebensbedingungen armenischer Flüchtlingskinder in Damaskus wahrnehmen mußte, wurde zum Anlaß dieses Romans. Werfel hat in den folgenden Jahren immense Quellenstudien betrieben, bis er ab Juli 1932 das Werk in knapp neun Monaten niederschrieb.

Die Armenierverfolgung war von den Jungtürken schon eröffnet worden, als der Austreibungsbefehl auch in jener Dörfergemeinde an der syrischen Küste bekannt wurde, die der Autor zum Schauplatz seines Romans gewählt hat. Die Armenier – Bauern und Handwerker – sammelten sich im Hauptort Yoghonoluk westlich von Antiochia in einem Tal des Küstengebirges und beschlossen mit großer Mehrheit, sich nicht kampflos zu fügen. Die etwa 5000 Entschlossenen verproviantierten sich und zogen auf den Musa Dagh (d. i. Berg Mosis), der eine günstige Abwehrfestung darstellte. Zur Überraschung der übermächtigen, auf einen Blitzsieg vertrauenden Türken gelang es den Armeniern, sich zu behaupten. Die hohen Verluste zwangen die Türken zu einem Belagerungskampf; in der sechsten Woche der Belagerung kämpften die Verfolgten tatsächlich auf verlorenem Posten, als ihnen vom Meer her Rettung winkte. Alliierte Kriegsschiffe hielten mit ihren Bordwaffen die Verfolger in Schach, bargen die tödlich Erschöpften aus der Umzingelung und brachten sie nach Ägypten in Sicherheit.

Die epische Fiktionalisierung dieser Ereignisse bewerkstelligte Werfel vor allem durch die Hereinnahme einer fiktiven Hauptfigur, die auch Sinnträger des Themas werden sollte. Beim Ausbruch der Verfolgungen weilt scheinbar zufällig ein in Paris ansässiger Armenier, Gabriel Bagradian, mit seiner französischen Frau Juliette und seinem Sohn Stephan im armenischen Heimatort. Als Mitbetroffener und ausgebildeter Militär hält er seine Landsleute zum Widerstand an und organisiert in Zusammenarbeit mit dem (ebenfalls fiktiven) orthodoxen Oberhaupt der Gemeinde, Ter Haigasun, den Widerstandskampf, dessen leidender und unter schweren Opfern siegreicher Protagonist er wird. Werfel hat diese Hauptfigur aber nicht nur funktional eingebaut, um durch die Individualisierung das Massenschicksal gestalterisch in den Griff zu bekommen und das angestrebte Heldenepos legitimieren zu können, sondern er stattete Bagradian auch mit einer Individualproblematik aus, die im Ablauf der Handlung stetig vorrangiger wird. Bagradian befindet sich auf einem inneren Läuterungsweg, dessen Ablauf in verschiedenen Werken des Dichters charakteristisch wiederkehrt. Eine *»andere Macht«* treibt den in der Fremde zum *»abstrakten«* Menschen verkümmerten Bagradian zurück in die Heimat und spielt ihm ein Führertum zu, das er in hart ringender Selbstfindung als von oben ausgehend erkennt und annimmt. So wird er durch die Rückverwandlung in den Sohn des eigenen Volkes von der Not zum Vater dieses Volkes berufen. Dieser existentielle Prozeß, der den Menschen besonders in Prüfungszeiten zur letztmöglichen Authentizität läutern soll, zwingt Werfel ein hohes Maß an Stilisierung auf und drängt den Realismus der Darstellung zurück – ein Sachverhalt, den die Kritik schon früh bemängelte.

Die fiktive Figur des Gabriel Bagradian ist von Werfel relativ spät in seine Romanidee eingefügt worden. Alma Mahler-Werfel berichtet, daß Werfel nach einer hitzigen Diskussion um den Begriff Held und Heldentum, in der Alma nachdrücklich den *»wagnerischen Heldentyp des Siegfried«* verfocht, die endgültige Romanfassung verkündigte: *»Er werde einen Helden schildern, wie er ihn sich vorstelle ... den türkischen Nationalismus beleuchten und die Geschichte der armenischen Greuel berichten ...«* Diese thematische Stufung hat Werfel im Roman eingehalten und die spätere Proklamation in einer Art Vorwort zur Erstausgabe (er beabsichtigte, *»das unfaßbare Schicksal des armenischen Volkes dem Totenreich alles Geschehenen zu entreißen«*) klingt apologetisch, als ob der Autor unter dem Eindruck der sich ankündigenden aktuellen Massenverfolgungen durch den Nationalsozialismus die ursprüngliche Intention der Öffentlichkeit gegenüber hätte betonen wollen.

Das Werk ist dann auch in diesem Sinne rezipiert worden. Noch vor der nationalsozialistischen Machtergreifung absolvierte Werfel eine Lesetournee mit dem zeitsymptomatisch-vorausdeutenden fünften Kapitel des ersten Buches, das kurze Zeit später beim Erscheinen des Romans schon von der Wirklichkeit eingeholt wurde. Der Autor wurde von den Nazis aus der Preußischen Dichterakademie »entfernt« und sein neuer Roman zusammen mit dem Großteil des Gesamtwerks verfemt; aber das Echo auf das ahnungsvolle Werk war weltweit und konnte sich sogar im »Reich« artikulieren, wo es das Schicksalsbuch der zunehmend ghettoisierten Juden wurde und zu ihrer Aufrichtung in der fortschreitenden Leidensperiode beitrug. Die anglo-amerikanischen Übersetzungen begründeten Werfels Weltruhm und beeinflußten wenigstens die materiellen Verhältnisse in der kommenden Emigration für ihn günstig. (Eine 1933/34 von MGM in den USA geplante Verfilmung des Werks wurde nicht realisiert.) Die dankbarste Anerkennung allerdings spendeten die Armenier in aller Welt. Anfang 1936 wurde der Dichter in New York und Paris von den armenischen Kolonien überschwenglich gefeiert, und noch heute erscheint der Roman in armenischer Übersetzung als Bestseller und wird von der Kritik *»als ein einzigartiges und für uns Armenier wertvolles Werk«* gewürdigt. P.Gl.

Ausgaben: Wien/Bln./Lpzg. 1933, 2 Bde. – Stockholm/Amsterdam 1939, 2 Bde. – Ffm. 1959 *(GW)*. – Bln./Weimar 1978, 2 Bde. – Ffm. 1979 (FiTb). – Ffm. 1990, Hg. K. Beck *(GW in Einzelausgaben)*.

Vertonung: L. Rocca, *Monte Ivnor* (Libretto: C. Meano; Oper; Urauff.: Rom, 24. 12. 1939, Teatro dell'Opera).

Literatur: G. Schulz-Behrend, *Sources and Background of W.'s Novel »Die vierzig Tage des Musa Dagh«* (in GR, 26, 1951, S. 111–123). – H. Fähndrich, *Fremd sein u. Opfer werden. F. W. und der armenische Widerstand am Musa Dagh* (in NZZ, 9. 7. 1982). – M. B. Lee, *Agony, Pathos and the Turkish Side in W.'s »Die vierzig Tage des Musa Dagh«* (in Philological Papers, 31, 1985, S. 58–65). – H. Ch. Buch, Rez. (in *Romane von gestern – heute gelesen*, Hg. M. Reich-Ranicki, Bd. 3, Ffm. 1990, S. 18–30).

IV. Von der Weimarer Republik bis zum Ende des Zweiten Weltkriegs. 1918 bis 1945

WERNER BERGENGRUEN

* 16.9.1892 Riga
† 4.9.1964 Baden-Baden

LITERATUR ZUM AUTOR:
G. Klemm, *W.B.*, Wuppertal/Barmen 1949. – E. Sobota, *Das Menschenbild bei B. Einführung in das Werk des Dichters*, Zürich/Mchn. 1962. – P. Meier, *Die Romane W.B.s*, Bern 1967. – C.J. Burckhardt, *Über W.B. Mit vollständiger Bibliographie u.a.*, Zürich 1968. – A. Hofstetter, *W.B. im Dritten Reich*, Diss. Fribourg 1968. – W. Wilk, *W.B.*, Bln. 1968. – H. Bänziger, *W.B. Weg und Werk*, Bern/Mchn. 1983.

DER GROSSTYRANN UND DAS GERICHT

Roman von Werner BERGENGRUEN, erschienen 1935. – Das Werk ist in fünf Bücher eingeteilt: *Nespoli, Vittoria, Diomede, Der Färber* und *Der Großtyrann und das Gericht*, benannt jeweils nach einer Hauptfigur. Ein Motto – *»Ne nos inducas in tentationem« (»Führe uns nicht in Versuchung«)* – weist ebenso deutlich auf das Thema des Romans hin wie die Präambel: *»Es ist in diesem Buche zu berichten von den Versuchungen der Mächtigen und von der Leichtverführbarkeit der Unmächtigen und Bedrohten. Es ist zu berichten von unterschiedlichen Geschehnissen in der Stadt Cassano, nämlich von der Tötung eines und von der Schuld aller Menschen. Und es soll davon auf eine solche Art berichtet werden, daß unser Glaube an die menschliche Vollkommenheit eine Einbuße erfahre. Vielleicht, daß an seine Stelle ein Glaube an des Menschen Unvollkommenheit tritt; denn in nichts anderem kann ja unsere Vollkommenheit bestehen als in eben diesem Glauben.«* Im Kern enthalten diese Sätze bereits das Geschehen und seine Problematik.

In Cassano, einem italienischen Stadtstaat der Renaissance, ist Fra Agostino, ein gelegentlich als Diplomat verwendeter Mönch, ermordet worden. Der Großtyrann fordert Aufklärung des Verbrechens innerhalb von drei Tagen. Das hat zur Folge, daß sich ein Netz von Lügen, Intrigen und gegenseitigen Verdächtigungen immer enger um zahlreiche hochgestellte Bürger zusammenzieht: Nespoli, der Polizeichef, fürchtet um seinen Kopf und beschuldigt deshalb eine junge Selbstmörderin der Untat; Vittoria Confini, seine Geliebte, läßt eine Schrift anfertigen, in der ihr Mann auf dem Sterbelager den Mord an Fra Agostino gesteht; Diomede, ihr Stiefsohn, nimmt den Kampf um die Ehre des verstorbenen Vaters auf und stiftet eine Dirne zu der Aussage an, Confini sei in der Mordnacht bei ihr gewesen; der Färber Sperone endlich, ein frommer Mann, kann der Versuchung nicht widerstehen, die vergiftete Atmosphäre zu reinigen und durch Selbstbezichtigung die Bewohner der Stadt vor weiterem Umsichgreifen des Bösen zu bewahren. Da, auf dem Höhepunkt der Verstrickung, als der Ekel über die eigene Verführbarkeit schon die meisten der in den Fall Verwickelten ergriffen hat, löst der Großtyrann selbst in einer Gerichtsverhandlung die scheinbar unerklärlichen Widersprüche mit dem Geständnis, er selber habe den Mönch ermordet, um die Herzen seiner Untertanen zu prüfen. Weil das Ergebnis so beschämend ausgefallen sei, wolle er nun über sie Gericht halten. Doch Don Luca, der Priester, erhebt nun flammende Anklage gegen den Großtyrannen: *»Du hast mit deinem freien Willen dies widergöttliche Spiel angehoben ... in Gleichheit Gottes die Schicksale der Menschen zu bewegen und zu beschauen und endlich als ein Weltenrichter über sie zu befinden.«* Erschüttert erkennt der Herrscher, daß er sich versündigt hat: ein Schuldbekenntnis aller und gegenseitige Vergebung schließen diese Parabel menschlicher Unzulänglichkeit ab.

Ursprünglich als Novelle geplant, trägt der Roman noch deutliche novellistisch-dramatische Züge, die an C.F. MEYERS Erzähltechnik erinnern: straffer, zugespitzter Verlauf der Handlung, Konzentration auf eine einzige »unerhörte Begebenheit« und übersichtlicher, bühnenhafter Wechsel der Schauplätze kennzeichnen seine durchdachte, überaus spannungsgeladene Komposition. Sprachlich gehört das Werk nicht zu den besten des Dichters; der Stil verrät eine gewisse epigonale Starre und gesuchte Originalität. Doch seiner packenden Thematik wegen ist das Buch, das man auch (nach H. Bänziger *»irrtümlicherweise«*) als Schlüsselroman gegen die NS-Diktatur verstanden hat, eins der meistgelesenen von Bergengruen. KLL

Ausgaben: Hbg. 1935. – Mchn. o.J. [1965]. – Zürich 1971. – Ffm./Bln. 1980 (Ullst. Tb).

Dramatisierung: G. Fleckenstein, *Der Großtyrann u. das Gericht* (Urauff.: Baden-Baden 1963).

Literatur: G. A. Konitzky, *Mensch u. Verantwortung in den Romanen W. B.s*, Diss. Bloomington 1954 (vgl. Diss. Abstracts, 14, 1954, S. 1413). – K. Migner, *Formprobleme der Erzählkunst W. B.s*, Diss. Mchn. 1956. – W. B., *Rückblick auf einen Roman* (in Abh. d. Akad. d. Wiss. u. Lit., Mainz, 3, 1961, 2). – K. Brinkmann, *Erläuterungen zu W. B.s Roman »Der Großtyrann u. das Gericht«*, Hollfeld 1963. – R. H. Paslick, *The Tempter. B.s »Großtyrann« and the Hermetic Tradition* (in Neoph, 57, 1973, S. 66–73). – A. v. Schirnding, *Rückkehr zu Büchern. W. B., seine Zeit und Adornos Verdikt* (in Merkur, 1982, H. 7, S. 699–707). – S. T. Samples, *Characters and Their Conflicts in Selected Novels of W. B. and E. Wiechert 1932–1950*, Diss. Yale Univ. 1982 (vgl. Diss. Abstracts, 43, 1982, S. 1561A).

bertolt Brecht

eig. Eugen Berthold Friedrich Brecht

* 10.2.1898 Augsburg

† 14.8.1956 Berlin / DDR

Literatur zum Autor:

Bibliographien:

W. Nubel, *B. B.-Bibliographie* (in SuF, 9, 1957, S. 481–623). – *B. B. (Bibliographie). Zum 5. Todestag am 14. August*, Bearb. Berliner Stadtbibl., Bln. 1961 [Nachträge: 1968 u. 1971]. – K.-D. Petersen, *B. B.-Bibliographie*, Bad Homburg u. a. 1968. – G. Seidel, *Bibliographie B. B.: Titelverzeichnis Bd. 1: Deutschsprachige Veröffentlichungen aus den Jahren 1913–1972. Werke von B.: Sammlungen, Dramatik*, Bln./Weimar 1975. – St. Bock, *B. B.-Auswahl- u. Ergänzungsbibliographie*, Bochum 1979.

Zeitschrift:

B. heute: Jb. der Internationalen B.-Gesellschaft, Hg. R. Grimm u. a., Ffm. 1971 ff. [ab 1974 u. d. T. B.-Jb.]. – B-Journal. Hg. J. Knopf, Ffm. 1984 ff.

Biographien:

M. Kesting, *B. B. in Selbstzeugnissen und Bilddokumenten*, Reinbek 1959; zul. 1986 (rm). – A. Bronnen, *Tage mit B. B.*, Mchn. 1960; ern. Darmstadt/Neuwied 1976 (SLu). – W. Hecht u. a., *B. B. Leben und Werk*, Bln. 1963. – *Erinnerungen an B.*, Hg. H. Witt, Lpzg. 1964. – K. Völker, *B.-Chronik. Daten zu Leben und Werk*, Mchn. 1971. – Ders., *B. B. Eine Biographie*, Mchn. 1978 (dtv); ern. Reinbek 1988 (rororo). – E. u. R. Schumacher, *Leben B.s in Wort und Bild*, Bln./DDR 1978; ³1981. – O. F. Best, *B. B.: Weisheit und Überleben*, Ffm. 1982. – R. Hayman, *B. B. Der unbequeme Klassiker*, Mchn. 1983. – W. Mittenzwei, *Das Leben des B. B. oder Der Umgang mit den Welträtseln*, 2 Bde., Ffm. 1987.

Kommentare:

E. Marsch, *B.-Kommentar. Zum lyrischen Werk*, Mchn. 1974. – K.-D. Müller, *B.-Kommentar. Die erzählende Prosa*, Mchn. 1979. – K. Völker, *B.-Kommentar zum dramatischen Werk*, Mchn. 1983.

Gesamtdarstellungen und Studien:

SuF, 1, 1949 u. 9, 1957 [Sonderh. *B. B.*]. – V. Klotz, *Versuch über das Werk*, Darmstadt 1957. – M. Esslin, *Das Paradox des politischen Dichters*, Ffm. 1962; ³1973. – R. Grimm, *B. B. Die Struktur seines Werkes*, Nürnberg 1959; ⁶1972 [erw.]. – F. H. Crumbach, *Die Struktur des epischen Theaters*, Braunschweig 1960. – R. Grimm, *B. B. und die Weltliteratur*, Nürnberg 1961. – Ders., *B. B.*, Stg. 1961; ³1971 (Slg. Metzler). – H. Mayer, *B. B. und die Tradition*, Pfullingen 1961. – W. Hecht, *B.s Weg zum epischen Theater*, Bln. 1962; ²1976. – H. Hultberg, *Die ästhetischen Anschauungen B.B.s*, Kopenhagen 1962. – P. Witzmann, *Antike Tradition im Werk B. B.s*, Bln. 1964. – K. Rülicke-Weiler, *Die Dramaturgie B. B.s*, Bln. 1966. – H. Rischbieter, *B. B.*, 2 Bde., Velber 1966 (Friedrich's Dramatiker des Welttheaters). – H. Mayer, *Anmerkungen zu B.*, Ffm. ²1967 (es). – W. Benjamin, *Versuche über B.*, Ffm. 1966 (es). – B. Ekmann, *Gesellschaft und Gewissen*, Kopenhagen 1969. – H. Mayer, *B. in der Geschichte*, Ffm. 1971. – Q. Qureshi, *Pessimismus und Fortschrittsglaube bei B. B.*, Köln 1971. – *B. B.*, Hg. H. L. Arnold, 2 Bde., Mchn. 1972 [²1978] und 1973 (Text + Kritik). – F. Buono, *Zur Prosa B.s*, Ffm. 1973. – E. Schumacher, *B. Theater und Gesellschaft im 20. Jh.*, Bln. ³1976. – *B. in der Kritik. Rezensionen aller B.-Uraufführungen*, Hg. M. Wyss, Mchn. 1977. – G. Wagner, *Weill und B. Das musikalische Zeitalter*, Mchn. 1977. – C. Hill, *B. B.*, Mchn. 1978. – L. L. Thomas, *Ordnung und Wert der Unordnung bei B. B.*, Ffm. u. a. 1979. – J. Knopf, *B.-Handbuch*, 2 Bde., Stg. 1980 u. 1984; ²1986. – H. Jhering, *B. hat das dichterische Antlitz Dtld.s verändert. Gesammelte Kritiken zum Theater B.s*, Hg. K. Völker, Mchn. 1980. – K. Völker, *B.-Kommentar zum dramatischen Werk*, Mchn. 1983. – R. Gerz, *B. B. und der Faschismus. Rekonstruktion einer Versuchsreihe*, Bonn 1983. – *B. B. Aspekte seines Werkes, Spuren seiner Wirkung*, Hg. H. Koopmann u. T. Stammen, Mchn. 1983. – U. Führer u. J. Vogt, *B. B.* (in KLG, 16. Nlg., 1984). – *B.s Dramen. Neue Interpretationen*, Hg. W. Hinderer, Stg. 1984. – W. Joost u. a., *B. B.: Epoche – Werk – Wirkung*, Mchn. 1985. – *B. 85. Zur Ästhetik B.s*, Hg. W. Hecht, Bln./DDR 1986. – C. Pietzcker, *»Ich kommandiere mein Herz«. Brechts Herzneurose – Ein Schlüssel zu seinem Leben und Schreiben*, Würzburg 1988.

DAS LYRISCHE WERK von Bertolt Brecht. Brecht, lange Zeit nur als Stückeschreiber rezipiert, hinterließ mit über 2000 Gedichten und drei großen Lyriksammlungen eines der umfangreichsten und gewichtigsten lyrischen Werke der deutschsprachigen Literatur des 20. Jh.s. Anders als die meisten Autoren der Moderne sucht Brecht mit seiner Lyrik von Beginn an nicht den »Ausdruck des Persönlichen«. Er meidet die übliche lyrische Gefühlshaftigkeit, mißachtet Stimmung und prägt keinen einheitlich gestimmten subjektiven Ton aus. Dennoch gewinnen seine Gedichte durch Vielfalt an Motiven, Bildern, Sprache und durch thematischen Reichtum ihre unverwechselbare lyrische Eigenart. Er schrieb Gedichte über Alltägliches, Frivoles, Obszönes und Politisch-Brisantes, nahm aber auch traditionelle Themen der Lyrik auf und brachte sie in neue, überraschende und provozierende Zusammenhänge. Satire und Parodie gehören ebenso zum Erscheinungsbild von Brechts Lyrik wie politisches und humanes Engagement sowie die ihm eigene Freundlichkeit.

Brecht verfügte über alle wesentlichen Formen der Lyrik: er übernahm mit Hexametern und Odenstrophen antike Metren *(Das Manifest; Beim Lesen des Horaz)*, dichtete mit Kinderreimen und Knittelversen in volkstümlichen Liedformen *(Kinderlieder; Kriegsfibel)*, ahmte mit Sonetten, Balladen klassische Gedichtformen *(Augsburger Sonette)* nach, schrieb in freien Rhythmen *(Deutsche Satiren)*, epigrammatische Gedichte *(Deutsche Kriegsfibel)*, Erzählgedichte *(Legende von der Entstehung des Buches Taoteking...)* bis hin zur Prosalyrik *(Psalmen)*, zu Gedichten in Ein-Wort-Versen *(Vergnügungen)* und Wandinschriften *(Theater)*.

Er selbst verstand sich in erster Linie als Liederdichter, und er wollte seine Gedichte in den Köpfen und weniger auf dem Papier wissen: *»auf Zeitungspapier groß gedruckt, fett gedruckt auf Makulationspapier, das zerfällt in drei, vier Jahren, daß die Bände auf den Mist wandern, nachdem man sie sich einverleibt hat«*. Wenn er seine Gedichte nicht selbst vertonte, so schrieb er sie häufig zur Vertonung oder sie wurden auch unabhängig von ihm vertont, u. a. von Franz S. Bruinier *(Erinnerung an die Marie A.)*, Kurt Weill *(Songs der Dreigroschenoper)*, Hanns Eisler *(Die Ballade vom Wasserrad)*, Paul Dessau *(Der Mann-ist-Mann-Song)* und Rudolf Wagner-Régeny *(Lied der Melinda)*.

Überblick über die Editionslage

Neben zahlreichen Einzelpublikationen vorwiegend in Zeitungen, weniger in Zeitschriften publizierte er seine erste Lyriksammlung *Die Hauspostille* (1927) als Liederbuch (mit Notenanhang) sowie weitere Gedichte und kleinere Sammlungen (z. B. *Aus dem Lesebuch für Städtebewohner*, 1927) innerhalb seiner Reihe *Versuche* (ab 1930), in grau eingebundenen, gehefteten Zusammenstellungen von Texten verschiedener Sorten (Lyrik, Drama, Prosa, Aufsätze). Die erfolgreichen *Songs der Dreigroschenoper* erschienen (1928) als Groschenheft im Kleinformat. Die Edition von *Lieder Gedichte Chöre* (Paris 1934), zusammen mit dem Komponisten Hanns Eisler, reagierte bereits auf die politische Situation nach 1933 und war als antifaschistisches Liederbuch unter den Exilierten wirksam. Die weitere Publikation der Lyrik stand ebenfalls im Zeichen des antifaschistischen Kampfes. Einzelgedichte wurden zahlreich in Exilzeitschriften (u. a. in ›Das Wort‹, ›Internationale Literatur‹) gedruckt oder über »Freiheitssender« nach Deutschland ausgestrahlt *(Deutsche Satiren)*. Der Versuch, die vorliegenden Lyriksammlungen *(Hauspostille; Aus dem Lesebuch für Städtebewohner; Lieder Gedichte Chöre)* und die neue Sammlung *Gedichte im Exil* 1938 innerhalb der *Gesammelten Werke* im Malik-Verlag (Prag) zu veröffentlichen, scheiterte an der Besetzung der Tschechoslowakei. Die *Gedichte im Exil* wurden als *Svendborger Gedichte* (1939) ausgegliedert und durch Ruth Berlau in Kopenhagen (als Verlagsort ist London angegeben) herausgegeben. Nach dem Krieg bereitete Brecht eine Ausgabe seiner gesammelten Gedichte im Exil (Aufbau-Verlag, Berlin-Ost) vor, zog jedoch die Druckerlaubnis nach der Fahnenkorrektur zurück. 1951 ließ er durch Wieland Herzfelde die *Hundert Gedichte* (1918–1950) publizieren, einen lyrischen Überblick über Brechts Gedichtproduktion von den Anfängen bis zur Publikationszeit; ein westdeutsches Pendant zu den *Hundert Gedichten* besorgte Peter Suhrkamp 1956 unter dem Titel *Gedichte und Lieder*. 1955 erschien die *Kriegsfibel* in großer Aufmachung und hoher Auflage, ein Band, der gereimte Vierzeiler mit Fotos als »Fotoepigramme« vereinte und als Abc des Krieges – gegen den Krieg – gedacht war. Außer weiterhin zahlreichen Einzelpublikationen brachte Brecht zu seinen Lebzeiten keine Gedichtsammlung mehr heraus; selbst die berühmt-berüchtigten *Buckower Elegien* (1953) publizierte er lediglich in Auszügen. Nach Brechts Tod edierte die langjährige Mitarbeiterin Elisabeth Hauptmann die Lyrik aus dem Nachlaß (*Gedichte*, 10 Bde., 1960–1976). Sie folgte dem von Brecht vorgegebenen Muster der *Ersten Stücke* (1953), und das heißt dem Prinzip »letzter Hand«, das sie ebenfalls der Lyrik-Edition innerhalb der *Gesammelten Werke* (20 Bände, 1967) zugrunde legte. Die *Gesammelten Werke* wurden 1982 durch zwei Supplementbände *Gedichte aus dem Nachlaß*, herausgegeben von Herta Ramthun, ergänzt, und zwar um Gedichte, die von Hauptmann bewußt zurückgehalten bzw. die erst durch die umfassende Bestandsaufnahme von Brechts Nachlaß bekannt geworden waren. Das Prinzip der »letzten Hand« hatte zur Folge, daß Brechts Gedichte und Sammlungen ausschließlich in ihrer jeweils letzten Bearbeitungsstufe durch den Dichter gedruckt wurden. Brechts Arbeitsweise, die Gedichte für neue Anlässe (Neupublikationen, Aufführungen, Rezitationen) umzuschreiben bzw. neu zu ordnen, blieb unkenntlich, ihre historische Wirkung verdeckt. Die Neuedition der Lyrik innerhalb der *»Großen kommentierten Berliner und Frankfurter Ausgabe«* der *Werke* (Herausgeber: Werner Hecht, Jan Knopf, Werner Mittenzwei, Klaus-Detlef Müller; ab

1988) folgt deshalb den Erstdrucken und präsentiert die Gedichte als *»work in progress«*. Den zwei Bänden (Band 11 und 12), die erstmals die von Brecht publizierten bzw. zum Druck zusammengestellten Sammlungen vereinen, folgen drei Bände (Band 13–15) mit Einzelgedichten, die die zeitgenössisch wirksamen Fassungen zusammen mit den späteren Bearbeitungen berücksichtigen und um weitere Gedichte aus dem Nachlaß ergänzen.

Das Frühwerk

Brecht begann – von den unselbständigen Schülergedichten abgesehen – als Liederdichter. Vorbilder waren Frank Wedekind, François Villon und Artur Rimbaud. Die meisten frühen Gedichte entstanden spontan zur Klampfe, häufig zusammen mit Freunden und Freundinnen, bei Streifzügen durch Augsburg oder bei Aufenthalten am nahen Lech. Seine erste Sammlung von acht Gedichten (mit Noten) nannte Brecht *Lieder zur Klampfe von Bert Brecht und seinen Freunden* (1918). Wie sich die sog. »Brecht-Clique« als antibürgerliche Herausforderung verstand, so zeichnete auch die frühe Lyrik der antibürgerliche Gestus aus, Verhöhnung bürgerlicher Lebensweise, Nihilismus, Vitalismus (vor allem in der Gestalt des Baal; *Baals Lied, Choral vom Manne Baal*), Exotik und ungebundener Individualismus sind ihre hervorstechenden Merkmale. Die Gedichte handeln von Empörern, Abenteurern, haben erotische und sexuelle Themen zum Inhalt und geben sich häufig als Parodie, und zwar in Text und Melodie. Selbst das berühmte Gedicht *Erinnerung an die Marie A.*, entstanden als *Sentimentales Lied Nr. 1004* (1920), parodiert einen populären Schlager der Zeit *(Verlor'nes Glück)*, lehnt sich in Text und Metrik eng an sein Vorbild an und verweist in der Zählung der Erstfassung auf Casanovas bzw. Don Giovannis (1003) Liebschaften. Mit der Sammlung der *Psalmen* (1920) verfaßte Brecht in seinem produktivsten lyrischen Jahr (über 200 Gedichte) herausfordernde Prosagedichte, die das religiöse Vorbild, die *Psalmen Davids*, im erotisch-sexuellen Sinn umdeuten und statt des *Hohenlieds* der Liebe ihren Abgesang im verblassenden Gesicht der Geliebten thematisieren. Den Abschluß der frühen Lyrik bildete das verspätete Erscheinen der *Hauspostille* (1927), die die wichtigsten Gedichte von 1916 bis 1925 vereint.

Gesellschaftskritische Phase

Mitte der zwanziger Jahre näherte sich Brechts Lyrik gesellschaftlicher Thematik, ohne den antibürgerlichen Gestus aufzugeben. Er benutzte in den (1930) als *Lesebuch für Städtbewohner* publizierten Gedichten (entstandenen 1926/27) den neusachlichen Ton der Zeit, nicht aber um die »Neue Sachlichkeit« der »großen Städte« zu feiern, sondern um sie als notwendige Voraussetzung für das Verständnis der neuen gesellschaftlichen Realitäten sichtbar werden zu lassen *(»So rede ich doch nur / Wie die Wirklichkeit selber / (Die nüchterne, durch deine besondere Artung unbestechliche / Deiner Schwierigkeiten überdrüssige) / Die du mir nicht zu erkennen scheinst«)*. Die »subjektive Gattung« wurde jetzt dazu verwendet, die gesellschaftliche Auslöschung von Individualität zu brandmarken und auf der Grundlage des »Einverständnisses« mit ihr, zu einem neuen Verständnis des Individuums zu gelangen, das dann auch in der Lage ist, an der Veränderung der Verhältnisse mitzuwirken. Die Wendung zu gesellschaftlicher Thematik verbindet sich bis zur Machtübernahme der Faschisten zunehmend mit politischem Engagement, das zwar mit den Kommunisten gegen den Faschismus sympathisierte, nie aber von Brecht parteipolitisch fixiert wurde. Diese Lyrik stand im Zusammenhang mit den »Lehrstücken« und verstand sich als Eingriff in den politischen Tageskampf. Für die Stücke *Die Maßnahme* und *Die Mutter* sowie für den Film *Kuhle Wampe* schrieb Brecht Kampflieder, in denen das Proletariat als positive geschichtliche Kraft gewürdigt wurde. Das *Solidaritätslied* wurde in Hanns Eislers Vertonung zu einem der wichtigsten Lieder der Arbeiterbewegung. Die Uraufführung der *Maßnahme* (1930), bei der 400 Arbeitersänger (drei Chöre) Brechts Lieder sangen, feierte die Presse als *»neue Aera in der Geschichte der proletarischen Sängerbewegung«*.

Antifaschistisches Engagement und dänisches Exil

Während die engagierte Lyrik der Jahre 1927–1931 von revolutionärem Elan getragen war – in der Hoffnung, durch eine proletarische Revolution den Faschismus noch zu verhindern –, begann mit dem Jahr 1932 die antifaschistische Lyrik Brechts, die mit der Etablierung des nationalsozialistischen Staates rechnete und zum gemeinsamen Kampf der Antifaschisten aufrief. Die Exilzeit (ab Februar 1933) vertiefte die Thematik und forderte zugleich eine neue lyrische Sprache. War die frühe Lyrik Brechts weitgehend von festen Formen und durch Metrik geprägt, so setzte mit dem Exil die Phase der *»reimlosen Lyrik mit unregelmäßigen Rhythmen«* ein. Sie war nicht Ergebnis einer persönlichen Vorliebe des Dichters, sondern Brecht sah sie sich objektiv durch die Zeit aufgezwungen: *»Ausschließlich wegen der zunehmenden Unordnung / [...] / Haben etliche von uns in diesen Jahren beschlossen / Nicht mehr zu reden von Hafenstädten, Schnee auf den Dächern, Frauen / Geruch reifer Äpfel im Keller, Empfindungen des Fleisches / All dem, was den Menschen rund macht und menschlich / Sondern zu reden nur mehr von der Unordnung / Also einseitig zu werden, dürr, verstrickt in die Geschäfte / Der Politik und das trockene ›unwürdige‹ Vokabular / Der dialektischen Ökonomie«*. Hinzu kamen Gedichte, die Inschriftcharakter haben: Kürze, Prägnanz und öffentliche Haltbarkeit zeichnen sie aus (*Deutsche Kriegsfibel*, 1937).

Die Herausforderung war, die *»Schlechte Zeit für Lyrik«* für eine Veränderung der Lyrik zu nutzen; im gleichnamigen Gedicht von 1939 realisierte Brecht das Paradox: während das Gedicht davon handelt, daß es den blutigen Zeiten nicht angemessen ist, lyrisch zu sprechen, vollzieht es die Absage an Lyrik innerhalb eines Gedichts; ihre Ästhetik ist so zu ändern, daß sie die *»unschönen«* Realitäten zur Sprache bringt, ohne deshalb auf Ästhetik verzichten zu müssen. Brechts politische Lyrik der Exilzeit hat die deutsche Lyrik einschneidend verändert und zugleich ihre Ausdrucksmöglichkeiten um neue Dimensionen erweitert. Brecht integrierte in ihr persönliche Betroffenheit, Zeitthematik, gesellschaftskritisches Engagement und humane Anteilnahme *(An die Nachgeborenen)* zu einer neuen ästhetischen Einheit. Diese Gedichte wurden Vorbild für die Politisierung der Lyrik in den sechziger Jahren, die unter dem Schlagwort *»Veränderung der Lyrik«* (Jürgen THEOBALDY) angetreten war. Eine Summe der Gedichtproduktion der ersten Exilzeit in Dänemark (1933–1939) zog die Sammlung der *Svendborger Gedichte.*

Die »Sprachwaschung« des Exils (Schweden, Finnland, USA)

Die Gedichte der folgenden Exilstationen (Schweden, Finnland, USA) zeichnete eine weitere *»Sprachwaschung«*, wie Brecht es nannte, aus. Die großen politischen Themen wichen mehr und mehr der Darstellung des »Kleinen«, Alltäglichen, Unscheinbaren, aber auch der Natur und verbanden sie mit der Isolation des exilierten Dichters, ohne ihren politischen Charakter zu verlieren. Die Lyrik zielte darauf ab, diese Isolation als aufgezwungenen Zustand bewußt zu machen und in der alltäglichen Erfahrung von Natur und Gegenstandswelt den kriegerischen Weltzustand hindurchscheinen zu lassen. In der *»Steffinschen Sammlung«*, die 1940 die Mitarbeiterin und Freundin Margarete STEFFIN anlegte, herrscht eine provokative Kunst der Kürze vor, die vor allem mit dem Prinzip der unverbundenen Reihung arbeitet. Im amerikanischen Exil (1941–1947) benutzte Brecht für die Charakterisierung seiner Lyrik den Terminus *»basic german«: »ich empfinde den Mangel an Ausdruck und Rhythmus [...], aber beim Schreiben (und Korrigieren) widerstrebt mir jedes ungewöhnliche Wort«.* Brecht, der sich im Exil stets als Verbannter fühlte und mit der möglichen Rückkehr nach Deutschland rechnete, verfaßte seine Lyrik aus zunehmender Distanz; sie sei *»wie vom Mars aus geschrieben«.* Auch diese Distanz empfand er nicht als persönliche Reaktion, sondern sah sie als *»Lieferung«* der Stadt an, in der er wohnte. In den *Hollywoodelegien* (1942), die kein lyrisches Ich kennen und es dennoch indirekt zum Inhalt haben – nämlich als negiertes –, formulierte Brecht die *»Klage«* über die totale Entfremdung und Beziehungslosigkeit unter den Menschen: *»Das Dorf Hollywood ist entworfen nach den Vorstellungen, / Die man hierorts vom Himmel hat. Hierorts / Hat man ausgerechnet, daß Gott, / Himmel und Hölle benötigend, nicht zwei / Etablissements zu entwerfen brauchte, sondern / Nur ein einziges, nämlich den Himmel. Dieser / Dient für die Unbemittelten, Erfolglosen / als Hölle.«.*
Als eine Herausforderung ganz anderer Art sah Brecht seine Versifizierung des *Kommunistischen Manifests* von MARX und ENGELS an (1945), die das Zentrum des Lehrgedichts *Von der Unnatur der bürgerlichen Verhältnisse* bilden sollte. Die Erneuerung des Pamphlets, das er selbst als Kunstwerk einschätzte, sollte die neuen Inhalte in der *»respektablen Versart«* von *De rerum natura* des LUKREZ präsentieren und so nochmals zum klassischen Kunstwerk erheben. Brecht scheiterte an der Form des Hexameters, dem sich die *»technischen Worte«* des Manifests (z. B. Bourgeoisie, Proletariat) nicht fügen wollten. Dennoch überliefern die Gedichtfragmente einen der großen Versuche – ähnlich wie GOETHES Bestrebungen, das antike Versepos zu erneuern (vgl. die gescheiterte *Achilleis*) –, klassische Formen mit neuem Gehalt zu füllen.

Nachkriegszeit

Die Lyrik der ersten Nachkriegszeit (noch im USA-Exil) stand wiederum unter dem Kennzeichen der Politisierung. Die Tatsache, daß sich die Deutschen nicht selbst vom Faschismus befreien konnten, die Frontstellung der westlichen Alliierten gegen die Sowjetunion sowie die beginnende Restauration in Westdeutschland, forderten Brechts lyrische Satire erneut heraus. Wie in den *Deutschen Satiren* der *Svendborger Gedichte* (1939) geißelte er nun mit einer gleichnamigen Klein-Sammlung die ausbleibenden Veränderungen in Westdeutschland: die unter den Exilierten weit verbreitete Meinung, daß Deutschland nach dem Krieg nur als sozialistischer Staat weiterexistieren könnte, stellte sich als Illusion heraus. Mit dem *Anachronistischen Zug oder Freiheit und Democracy* (1947) bezichtigt er sein Gastland USA, unter dem falschen Etikett »Democracy« den Faschismus in Westdeutschland zu restaurieren. Das Gedicht schließt formal (gereimte Vierzeiler) an die *Legende vom toten Soldaten* (1918) an, eine Satire auf das wilhelminische Kaiserreich und die Durchhaltekraft seiner Kriegführung, ein Gedicht, das Brecht 1923 auf die schwarze Liste der Nationalsozialisten gebracht und durch mehrere Gerichtsprozesse zu seinem (zweifelhaften) Ruhm als Lyriker beigetragen hatte. Über das Selbstzitat der Form bildete Brecht die von ihm unterstellte Kontinuität der gesellschaftlichen Verhältnisse in Deutschland ästhetisch nach.
Eine einzigartige Verbindung von lyrischem Text (gereimte Vierzeiler in Knittelversen) und offizieller Fotografie stellen die sog. Fotoepigramme des Antikriegsbuchs *Kriegsfibel* dar; 1940 im USA-Exil begonnen, wurde es erst 1955 nach vielen Widerständen der DDR-Behörden publiziert und erreichte keine wesentliche Wirkung (sie begann erst in den siebziger Jahren durch mehrere Nachahmungen, z. B. Uwe HERMS, *Brokdorfer Kriegsfibel*, 1977). Die eingängigen Verse, die ohne die Bilder teilweise oberflächlich bis banal wirken, bringen die aus ihrem Kontext gerissenen Fotos buchstäblich zum Sprechen und halten dazu an, ihnen Informationen zu entnehmen, die der politisch ungeschulte Leser in ihnen nicht vermutet.

Brechts »Alterslyrik« in der DDR

Die in der DDR entstandene Lyrik Brechts (1949–1956) suchte zunächst wieder den Adressaten, den die Exillyrik nicht haben konnte, und zwar das »Volk«, dessen »Weisheit« Brecht für den Wiederaufbau und den Aufbau des Sozialismus in Deutschland für unverzichtbar hielt. Das Thema »Frieden« und die Warnung vor neuen Kriegen aufgrund der Teilung Deutschlands ist vorherrschend, bis Brecht erkennen mußte, daß sich die sozialistische DDR weitgehend als Bürokraten- und Funktionärsstaat verwirklichte. Die Folge war wiederum Distanz und Kritik an der Kulturbürokratie sowie ein lyrischer Ton, der von Prägnanz und Weisheit geprägt ist. Die Forschung hat, obwohl Brecht nur 58 Jahre alt geworden ist, von Alterslyrik gesprochen. Typisch sind z. B. das herausfordernde Gedicht *Vergnügungen*, dessen Verse fast ausschließlich aus Einzelworten bestehen und das Epigramm: *»Dauerten wir unendlich / So änderte sich alles / Da wir aber endlich sind / Bleibt vieles beim alten.«* Als letzte große Sammlung entstanden 1953 die nur als Fragment überlieferten *Buckower Elegien*. Sie verbinden einfache Naturbilder mit hintergründiger politischer Thematik, die die Ereignisse und Folgen des 17. Juni 1953 für die DDR zum Inhalt hat. Die vieldeutigen und vielgedeuteten Gedichte behaupten überdies im Zitat antiker Metren (z. B. sapphische Ode) und in der Aufnahme antiker Bilder Dauer und Wirkung von Dichtung *(Beim Lesen des Horaz)*. Sie erfüllen wie ein Großteil seiner Lyrik Brechts Wort: *»Alle großen Gedichte haben den Wert von Dokumenten«*.

Brecht-Forschung

»Die Stunde der Lyrik Brechts ist (endgültig) gekommen«, konstatierte Walter Hinck 1978. Obwohl es bereits prominente Urteile über die Lyrik Brechts gab – *»Sie steht im Zentrum des Brecht'schen Œuvres«* (Walter Jens, 1964) –, blieb sie vom Theater lange Zeit überdeckt. Daran änderte auch die klassisch gewordene Darstellung von Klaus Schuhmann über den frühen Lyriker Brecht (1964) wenig, die zuerst in der DDR erschien und 1971 in der Bundesrepublik nachgedruckt wurde. Schuhmann stellt die Entwicklungsetappen der Lyrik dar – vom bürgerlichen Voluntarismus und Fatalismus über die Sachlichkeit der zwanziger Jahre bis hin zur sozialistischen Lyrik, die er 1930 einsetzen sieht und als Konsequenz von Brechts Antibürgerlichkeit beschreibt. Es ist kennzeichnend, daß es außer Schuhmanns Buch in der DDR keine großen Forschungsbeiträge zur Lyrik gab und gibt und daß sich die Forschung im Westen zunächst fast ausschließlich mit dem frühen Lyriker beschäftigt, der noch am ehesten dem traditonellem Bild entspricht (Steffen Steffensen, Peter Paul Schwarz). Während sich Steffensen hauptsächlich mit der Symbolik der frühen Gedichte beschäftigt, sieht Schwarz Brechts Nihilismus (nach Nietzsche) als Werkzusammenhang der Lyrik von 1914 bis 1922 an. Die erste umfassende Untersuchung der politischen Lyrik legte 1968 Ulla C. Lerg-Kill vor, die unter publizistischen Aspekten die propagandistische Lyrik als *»politische Werbung«* beschreibt. Eigene Wege geht Klaus Birkenhauer, der die *»objektiv faßbaren Baugesetze der dichterischen Sprache«* in Brechts offenen, vorwärtsdrängenden (*pro-vorsa*-Charakter) Versen erkennt und gegen die traditionelle Geschlossenheit (*in-versus*-Charakter) bürgerlicher Lyrik abgrenzt. Nochmals steht die frühe Lyrik im Zentrum der psychoanalytisch orientierten Studie von Carl Pietzcker, die für Brechts Entwicklung vom anarchischen Nihilismus zum Marxismus den Vaterverlust verantwortlich macht, für den der junge Brecht Ersatz sucht. Eine erste Gesamtdarstellung legte 1974 Edgar Marsch mit seinem *Brecht-Kommentar* vor, der auf dem Stand der damaligen Ausgaben die Gedichte in chronologischer Folge vorstellt und mit Sachinformationen versieht. Die späte Lyrik weckt in den siebziger Jahren zunehmend das Interesse der Forschung, allen voran die *Buckower Elegien* (Jürgen Link, Klaus-Bernd Vollmar, Nosratollah Rastegrar); es handelt sich um Deutungen, die weitgehend assoziativ argumentieren und Brechts poetische Bilder mit traditionellen Symbol-Theorien zu entschlüsseln suchen. Einen Überblick über Brechts Entwicklung als Lyriker gibt Franz Norbert Mennemeier (1982) in meist unverbundenen Einzelinterpretationen. Abgesehen von der *Hauspostille* und den *Buckower Elegien* untersucht erstmals Christiane Bohnert die entscheidende Rolle, die bei Brecht die Einordnung der Gedichte in präzis komponierte Zyklen spielt. Umfassende Darstellungen, die die Ergebnisse Bohnerts berücksichtigen, liegen seit 1984 bzw. 1985 von Jan Knopf und Klaus-Detlef Müller vor. J.Kn.

Ausgaben: *B. B.s Hauspostille. Mit Anleitungen, Gesangsnoten und einem Anhange*, Bln. 1927. – *Die Songs der Dreigroschenoper*, Potsdam 1928. – *Aus dem Lesebuch für Städebewohner* (in B., *Versuche 4–7*, Heft 2, Bln. 1930). – B. B. u. Hanns Eisler, *Lieder Gedichte Chöre. Mit 32 Seiten Notenanhang*, Paris 1934. – *Svendborger Gedichte*, London 1939. – *Neue Songs aus der Dreigroschenoper*, Bln. 1949. – *Chinesische Gedichte* (in B., *Versuche 22–24*, Heft 10, Bln. 1950). – *Die Erziehung der Hirse*, Bln. 1951. – B. B. u. Paul Dessau, *Herrnburger Bericht*, Bln. 1951. – *Studien* (in B., *Versuche 25/26/35*, Heft 11, Bln. 1951). – *Hundert Gedichte. 1918–1950*, Hg. W. Herzfelde, Bln. 1951. – *Neue Kinderlieder* (in B., *Versuche. Sonderheft*, Bln. 1953). – *Buckower Elegien* (in B., *Versuche 31*, Heft 13, Bln. 1954). – *Gedichte aus dem Messingkauf* (in B., *Versuche 19*, Heft 14, Bln. 1955). – *Kriegsfibel*, Bln. 1955. – *Gedichte u. Lieder*, Hg. P. Suhrkamp, Bln. 1956. – *Gedichte*, 10 Bde., Ffm. 1960–1976. – *GW*, Hg. Suhrkamp Verlag, E. Hauptmann, 20 Bde., Ffm. 1976, 4 Suppl.-Bde., Ffm. 1982, Hg. H. Ramthun. – *B.-Liederbuch*, 3 Bde., Hg. F. Hennenberg, Ffm. 1984, Tb. Ffm. 1985. – *Buckower Elegien*, Hg. J. Knopf, 1986. – *W*, Hg. W. Hecht, J. Knopf, W. Mittenzwei, K.-D. Müller (= »Große kommentierte Berliner u. Frankfurter Ausgabe«), 30 Bde., Bln./Ffm. 1988 ff.

LITERATUR: K. Schuhmann, *Der Lyriker B. B. 1913–1933*, Bln. 1964, Mchn. ²1971. – U. C. Lerg-Kill, *Dichterwort und Parteiparole. Propagandistische Lieder und Gedichte B. B.s*, Bad Homburg u. a. 1968. – P. P. Schwarz, *B.s frühe Lyrik. 1914–1922. Nihilismus als Werkzusammenhang der frühen Lyrik B.s*, Bonn 1971. – K. Birkenhauer, *Die eigenrhythmische Lyrik B.s. Theorie eines kommunikativen Sprachstils*, Tübingen 1971. – S. Steffensen, *B. B.s Gedichte*, Kopenhagen 1972. – E. Marsch, *B.-Kommentar zum lyrischen Werk*, Mchn. 1974. – C. Pietzcker, *Die Lyrik des jungen B. Vom anarchischen Nihilismus zum Marxismus*, Ffm. 1974. – J. Link, *Die Struktur des literarischen Symbols. Theoretische Beiträge am Beispiel der späten Lyrik B.s*, Mchn. 1975. – K.-B. Vollmar, *Ästhetische Strukturen und politische Aufklärung. Ein Versuch, die materialistische Literatur auf den Boden des Textes zu stellen*, Bern u. a. 1976. – N. Rastegar, *Die Symbolik in der späten Lyrik B.s*, Bern u. a. 1978. – *Ausgewählte Gedichte B.s mit Interpretationen*, Hg. W. Hinck, Ffm. 1978. – C. Bohnert, *B.s Lyrik im Kontext. Zyklen und Exil*, Königstein/Ts. 1982. – F. N. Mennemeier, *B. B.s Lyrik. Aspekte, Tendenzen*, Düsseldorf 1982. – E. Licher, *Zur Lyrik B.s. Aspekte ihrer Dialektik und Kommunikativität*, Ffm. u. a. 1984. – J. Knopf, *B.-Handbuch. Lyrik, Prosa, Schriften*, Stg. 1984. – *B. B. Epoche – Werk – Wirkung*, Hg. K.-D. Müller, Mchn. 1985. – A. Dümling, *Laßt euch nicht verführen. B. und die Musik*, Mchn. 1985. – J. Lucchesi u. R. K. Shull, *Musik bei Brecht*, Bln./Ffm. 1988 (mit Diskographie).

BAAL

Bühnenstück von Bertolt BRECHT, entstanden 1918/19 in Augsburg, erschienen 1922; Uraufführung: Leipzig 8. 12. 1923, Altes Theater. – Den unmittelbaren Anlaß für die Niederschrift gab Hanns JOHSTS Stück *Der Einsame* (1917), das in expressionistischer Manier das Leben des Dichters Ch. D. GRABBE (1801–1836) behandelt. Gegen das Pathos und die idealistische Erlösungshoffnung dieses Werks wendet sich Brecht, der für seinen *Baal* anfänglich als Titel vorsieht: *Baal frißt! Baal tanzt!! Baal verklärt sich!!!*. Aus dem sogenannten *Urbaal* (1918) entsteht 1919 jene Fassung, in *»der die Gestaltung des Baal-Stoffes den stärksten dichterischen Ausdruck findet«* (D. Schmidt, 1976), die den interessierten Verlagen jedoch als zu provokant erscheint. Brecht mildert 1920 die anstößigen Stellen, diese dritte Fassung erscheint 1922, sie bleibt für Brecht jedoch stets unbefriedigend. Er bearbeitet den Stoff erneut 1926 *(Lebenslauf des Mannes Baal)* sowie 1954 für die Ausgabe seiner *Stücke*; jetzt kehrt er zur zweiten Fassung zurück, die er um je ein Gedicht von J. R. BECHER *(Der Dichter meidet strahlende Akkorde)* und von G. HEYM *(Der Baum)* ergänzt. Auf Heyms 1910 entstandenes Gedicht *Der Gott der Stadt* wird die Namengebung des Stücks meist zurückgeführt, daneben erscheint der Name *Baal* im *Alten Testament* als heidnischer Göttername.

Dem Stück ist der *Choral vom großen Baal* vorangestellt, der Baal in 18 Strophen als unersättlich diesseitige, überzeitliche Gestalt mythisiert. Die erste von 24 Szenen zeigt Baal im Speisezimmer des Großkaufmanns und Verlegers Mech *(»Ganze Wälder Zimthölzer schwimmen für mich brasilianische Flüsse abwärts«)*, der das Genie Baal groß herausbringen würde, wenn Baal nur wollte. Baal jedoch zeigt sich widerborstig und wird hinausgeworfen. In seiner Dachkammer singt er seinem Freund Johannes das Lob auf die Fleischeslust, in einer Branntweinschenke demütigt er unter der johlenden Zustimmung der Fuhrleute seine Geliebte, die Frau des Unternehmers Mech. Ein Mann namens Ekart tritt auf ihn zu: *»Geh mit mir, Bruder! Zu den Straßen mit hartem Staub: abends wird die Luft violett. Zu den Schnapsschenken von Besoffenen: in die schwarzen Flüsse fallen Weiber, die du gefällt hast. Zu den Kathedralen mit kleinen Frauen.«* Aber Baal wehrt ab, dazu sei es zu früh. Später erwacht er mit Johanna, der Geliebten seines Freundes Johannes, in seiner Kammer, hält wegwerfende Reden, die Johanna in den Selbstmord treiben, und holt sich mittags zur Abwechslung zwei Schwestern. Er säuft mit Strolchen, liegt mit dem Mädchen Sophie unter Bäumen und bricht im Nachtcafe *»Zur Wolke in der Nacht«* seine obszönen Darbietungen erst ab, als der Chef ihm den kontraktlich vereinbarten Schnaps vorenthält. Vor Holzfällern spielt er sich als Leichenredner auf und entgeht, nachdem er die Arbeiter um den Schnaps ihres eben verunglückten Genossen betrogen hat, nur mit Mühe ihrer Rache. Von nun an zieht Baal mit jenem Mann Ekart durchs Land, der sich ebenso wild und großsprecherisch gebärdet und zweifellos ein Lyriker ist. Sie schlagen sich mit Betrug durch und meditieren über ihren Verfall: *»Du hast ein Gesicht, in dem viel Wind Platz hat. Konkav.«* Sie geraten in Streit wegen eines Fußtritts, den Baal der ihm hörigen Sophie versetzt hat, sie bereden und besingen die Welt und hocken beieinander im *»Grünen Laubdickicht«*, in *»Jungen Haselsträuchern«* und unterm *»Ahorn im Wind«*. Schließlich, nach acht Jahren, sticht Baal, einer Kellnerin wegen, seinen Freund nieder. Landjäger sind auf der Suche nach ihm. In einer Bretterhütte im Wald scheint er als schmutziges Bündel zu sterben, während die Holzfäller unter großem Gelächter *(»Eine Ratte verreckt«)* weggehen. Nach einer Weile kriecht Baal zur Tür hinaus.

Die Figur des Baal, der im Personenverzeichnis als Lyriker gekennzeichnet wird, ist zunächst, was ein Landjäger als Steckbrief formuliert: *»Vor allem: Mörder. Zuvor Varietéschauspieler und Dichter. Dann Karussellbesitzer, Holzfällern, Liebhaber einer Millionärin, Zuchthäusler und Zutreiber.«* Vor allem aber ist Baal von einer anarchischen Asozialität, womit er sich außerhalb der Konventionen der bürgerlichen Gesellschaft und ihrer Vorstellung von Individualität begibt. Baals Beharren, nur er selbst zu sein, bleibt jedoch negativ, weder in der Beziehung zu Frauen noch in der Freundschaft zu Ekart oder in der Zuflucht in eine Natur, deren Wälder bereits von Holzfällern dezimiert werden, kommt er über die Haltung der Verweigerung hinaus. Wieweit Baal, von Brecht selbst als *»der sichausleber und der andreausleber«* (*Arbeitsjournal*, 11.9.1938) umschrieben, primär zu deuten ist, als Verkörperung einer letztlich unpolitischen Idee vom anarchischen Subjekt oder als erste Auseinandersetzung Brechts mit der bürgerlichen Gesellschaft und ihrer Scheinmoral, ist in der Forschung durchaus umstritten, wenn auch zunehmend der antibürgerliche Akzent der Figur im Vordergrund gesehen wird: auch deshalb, weil das Stück mit seiner unerhörten Sprache, mit seinem Reichtum an Bildern und Assoziationen die Figuren nicht in ungebrochener Weise sprechen läßt, sondern sie in ein recht distanziertes, beinahe sachliches Verhältnis zueinander setzt.

1954 hat Brecht das Stück noch dahingehend erläutert, daß Baal sich mit seiner Lebenskunst gegen die *»Verwurstung«* seiner Talente wehrt: *»Er ist asozial, aber in einer asozialen Gesellschaft.«* Dieses Moment war von Anfang an mitgesetzt und gehört zum Selbstverständnis des jungen Brecht wie zur Prägung seiner *Baal*-Figur durch die großen *»asozialen«* Vorbilder Villon, Büchner, Verlaine und Rimbaud. K.B.-M.Pr.

Ausgaben: Mchn. 1920. – Potsdam 1922. – Bln. 1957 (in *Stücke*, 12 Bde., 1956–1959, 1). – Ffm. 1967 (in *GW in 20 Bdn.*, 1; es). – Ffm. 1973 (m. Varianten u. Materialien; es). – Ffm. 1976, Hg. u. Komm. D. Schmidt (drei Fass.; krit.; es). – Ffm. 1978 (in *Die Stücke von B.B. in einem Band*; [3]1981).

Verfilmung: Großbritannien 1978 (Regie: E. Bennett).

Literatur: A. Kerr, *B. B. »Baal«* (in Berliner Tageblatt, 77, 15. 2. 1926). – M. Jacobs, Rez. (in Vossische Ztg. 77, 16. 2. 1926). – D. Schmidt, *»Baal« und der junge B. Eine textkritische Untersuchung zur Entwicklung des Frühwerks*, Stg. 1966. – P. Zeindler, *Der negative Held im Drama. Versuch einer Interpretation am Beispiel von B.s »Baal«*, Diss. Zürich 1969. – G. E. Nelson, *»Baal«. The Foundations of B.'s Style*, Diss. Yale Univ. 1969. – R. Fernau, *Uraufführung von B.s »Baal« am 8. Dez. 1923 im alten Leipziger Stadttheater*, Bln. 1971. – P. Rothstein, *B.s »Baal« und die moderne Aggressionsforschung*, Ann Arbor (Mich.)/Ldn. 1977. – H. Claas, *Die politische Ästhetik B. B.s vom »Baal« zum »Caesar«*, Ffm. 1977.

BERTOLT BRECHTS HAUSPOSTILLE.
Mit Anleitungen, Gesangsnoten und einem Anhange

Gedichtsammlung von Bertolt Brecht, erschienen 1926/27. – Wie es für Brechts Arbeitsweise typisch ist, gibt es zwar eine verbindliche Ausgabe seiner ersten großen Sammlung von 1927, sie wurde jedoch bis ins letzte Lebensjahr des Dichters hinein immer wieder geändert und neu zusammengestellt. Ihr Plan geht bis ins Jahr 1922 zurück, als Brecht ein Inhaltsverzeichnis zu einem gleichnamigen Balladenbuch anfertigte und die Publikation im Programmheft der Münchner Kammerspiele zu seinem Stück *Trommeln in der Nacht* ankündigen ließ. 1926 erschien die Sammlung mit dem Titel *Taschenpostille* als Privatdruck in 25 Exemplaren (bei Kiepenheuer in Potsdam), nachdem Brecht über Jahre hinweg die Publikation verzögert und schließlich einen neuen Vertrag mit dem Propyläen-Verlag (Berlin) abgeschlossen hatte, der die *Hauspostille* in zwei Ausgaben 1927 herausbrachte. Die *Taschenpostille* unterscheidet sich in Aufmachung, Textdarbietung (Bibeldruck) und in der Zusammenstellung des Anhangs (*Vom armen Bidi* mit dem zusätzlichen Gedicht *Von seiner Sterblichkeit*) von den Ausgaben der *Hauspostille*. Eine einschneidende Überarbeitung erfuhr die Sammlung, als Brecht 1937 seine *Gesammelten Werke* in vier Bänden für den Malik-Verlag London (Druckort Prag) zusammenstellte. Sie sollte in den 4. Band *(Gesammelte Gedichte)* aufgenommen werden, der jedoch wegen der Vernichtung der Druckstöcke durch die Hitlertruppen bei der Besetzung der Tschechoslowakei nicht mehr realisiert werden konnte. 1951 druckte Peter Suhrkamp mit Brechts Zustimmung die Ausgabe von 1927 in teilweise veränderter Textgestalt und ohne den *Gesang des Soldaten von der roten Armee* nach, der von Brecht nach den Kritiken der Ausgabe von 1927 verworfen worden war. Ihre letzte Gestalt erhielt die *Hauspostille* 1956, als Brecht die Ausgabe seiner Gesammelten Gedichte vorbereitete.

Die Ausgabe von 1927 ist zu Brechts Lebzeiten nicht mehr gedruckt worden; eine weitere authentische Ausgabe liegt lediglich mit einem Faksimile-Druck von 1970 vor. Die bisher vorliegenden Werkausgaben Brechts hingegen enthalten die Fassung von 1956, die von Elisabeth Hauptmann nach Brechts letzter Zusammenstellung ediert worden ist und mit *Orges Wunschliste* ein Gedicht aus den letzten Schaffensjahren aufgenommen hat. Auch der – als Faksimile-Druck deklarierte – Nachdruck der *Taschenpostille* (Aufbau-Verlag Berlin, 1958) ist nicht mit dem Privatdruck von 1926 identisch (es fehlt *Der Gesang des Soldaten der roten Armee*). Die Neuedition der *Werke* in der *»Großen kommentierten Berliner und Frankfurter Ausgabe«* (Band 11, 1988) druckt die Fassung von 1927 erstmals wieder ab und gibt mit der Wiedergabe aller übrigen Zusammenstellungen einen Überblick über den Arbeitsprozeß des Dichters an der *Hauspostille*.

Die Gedichte der *Hauspostille* von 1927 entstanden zwischen den Jahren 1916 und 1925; sie umfassen beispielhaft die frühe Lyrik aus der Augsburger (*Das Lied von der Eisenbahntruppe von Fort Donald*, 1916), Münchner (*Von der Kindesmörderin Marie Farrar*, 1922) und ersten Berliner Zeit (*Mahagonnygesänge*, 1924/25). Das Typoskript der *Taschenpostille* schloß Brecht im Oktober 1925 ab; die Überarbeitung für die Ausgabe der *Hauspostille* erfolgte 1926 zusammen mit Elisabeth HAUPTMANN. Brechts Wunsch, die Ausgabe als *»großes leder- und goldgebundenes Buch«* mit Zweispaltendruck zu gestalten, lehnte der Verlag ab.

Vorbild für Anlage und *»Gebrauchswert«* der Sammlung war Martin LUTHERS *Hauspostille*, die in einer Bearbeitung von Veit DIETRICH seit 1544 nachweisbar ist. *»Postille«* bezeichnete ursprünglich *»Erklärung des vorangestellten Bibeltextes«* (lat. *»post illa verba texta«*, d.h. *»nach den eigentlichen Texten«*). Es handelt sich um Predigten und dabei wiederum vor allem um Texte zur moralisch-religiösen Erziehung, also um religiöse Gebrauchstexte. Brecht parodiert sein Vorbild und kehrt dessen religiös-moralischen in einen profan-unmoralischen Sinn um. Das gilt auch für die Anspielungen auf den katholischen Ritus, die die Überschriften der einzelnen *»Lektionen«* aufweisen. So zielen die *Bittgänge (Erste Lektion)* auf die katholischen Gemeinschaftsübungen (Prozessionen) der *»Fürbitte«*, mit denen um gute Ernten, Abwehr von Unheil u.ä. gebetet zu werden pflegt. Brechts Gedichte dagegen gelten Opfern der bürgerlichen Gesellschaft, die zunächst gar nicht wie Opfer aussehen, deren Taten jedoch aus der Ausweglosigkeit und Inhumanität der Gesellschaft resultieren (der Elternmörder Apfelböck, die Kindsmörderin Farrar). Räubern und Mördern gilt die Fürbitte. Die *Exerzitien (Zweite Lektion)* gehen auf IGNATIUS VON LOYOLA zurück; dessen *Exercitia spiritualia* sind die geistlichen Grundbücher des Jesuitenordens, Buß- und Andachtsbücher, die dem sündigen Menschen den Weg zu Gott eröffnen sollen. Brechts lyrische Lebensläufe schildern den Menschen in einem freudlosen Dasein zwischen Geburt und Tod; die *»Freundlichkeit der Welt«* (so ein Gedichttitel) gilt nur mehr dem Besorgen der unmittelbaren Lebensbedürfnisse. Die *Chroniken* der *Dritten Lektion* verwenden – in diesem Zusammenhang – einen (auch) religiös geprägten Begriff. Die *Chronikbücher* des *Alten Testaments* berichten von exemplarischen Taten und Lebensläufen verschiedenster Menschen, die als Offenbarungsgeschichte Gottes gedeutet werden. Brechts *Chroniken* beschreiben die Schicksale »kleiner Leute«, deren Lebensläufe exemplarisch für den ungerechten und inhumanen Weltlauf stehen und die auf Erlösung nicht mehr hoffen können. In dieser Lektion findet sich auch die *Erinnerung an die Marie A.*, die das für den jungen Brecht typische Motiv des verblassenden Gesichts der ehemaligen Geliebten im Bild der Wolke, *»sie war sehr weiß und ungeheuer oben«*, klassisch formuliert hat. Die *Vierte Lektion*, die *Mahagonnygesänge*, bleiben ohne deutlichen Bezug auf ein religiöses Vorbild (möglicherweise ist auf Babylon angespielt). Sie persiflieren in bewußter Primitivität den populären Schlager der frühen zwanziger Jahre (USA-Import) und verweisen mit dem Phantasienamen *»Mahagonny«* auf die drohende, im Vormarsch befindliche Kleinbürgerlichkeit, die Brecht in München bei den ersten Naziaufmärschen kennengelernt hatte. Die *Fünfte Lektion* der *Kleinen Tagzeiten der Abgestorbenen* spielt auf die *»horae canonicae«* an, die kanonischen Stunden, die vor allem im Kloster zur Andacht vorgeschrieben sind und den Menschen Geborgenheit in Gott versprechen. Brechts »Abgestorbene« finden aber nicht mehr zu Gott, sondern sie gehen wieder in die Natur zurück und lösen sich dort für immer auf: *»Dann ward sie Aas in Flüssen mit vielem Aas«* (aus: *Vom ertrunkenen Mädchen*, um 1919). Die berühmte *Legende vom toten Soldaten* (1918), Bestandteil von *Trommeln in der Nacht*, ist kontrapunktisch gesetzt: Die bürgerliche Gesellschaft läßt nicht einmal die Toten ruhen, eine Ruhe, die ihr angeblich heilig ist, und treibt sie erneut ins kriegerische Leben hinaus. Das *Schlußkapitel: Gegen Verführung*, mit dem nach dem vorangestellten Text der *Anleitung zum Gebrauch der einzelnen Lektionen* jede Lektüre der Sammlung abzuschließen ist, warnt vor der Verführung durch jenseitige, religiöse Verheißungen: *»Laßt euch nicht verführen! / Zu Fron und Ausgezehr! / Was kann euch Angst noch rühren? / Ihr sterbt mit allen Tieren / Und es kommt nichts nachher.«*

Im Anhang, *Vom armen B.B.*, setzt sich Brecht selbst ein Denkmal, das sowohl mit der von Caspar Neher stammenden Zeichnung, die dem Band beigegeben ist, als auch mit der Figur des Baal *(Choral vom Manne Baal)* korrespondiert, der Figur, die für den ungebundenen Vitalismus und die negierend-antibürgerliche Haltung Brechts gleichsam archetypisch geworden ist. »Baal« lebt sein Leben in vollen Zügen, indem er sich, aber auch die ihm begegnenden Menschen verbraucht und sich keiner Konvention beugt: *»Unter düstern Sternen in dem Jammertal / Grast Baal weite Felder schmatzend ab. / Sind sie leer, dann trottet singend Baal / In den ewigen Wald zum Schlaf hinab.«*

Das religiöse Vorbild der »Postille«, die Anordnung nach »Lektionen« und »Kapiteln« (die einzelnen Gedichte) sowie die konsequente Zählung der Strophen betonen den Gebrauchscharakter und damit die nichtlyrische Anlage dieser Sammlung. Brecht verstößt bewußt gegen die zeitgenössischen Muster bürgerlicher Lyrik, die die Gedichte als Ausdruck einer Persönlichkeit verstehen und im Zyklus um ein thematisches Zentrum anordnen. Die Motive (z.B. das »Schiff« nach RIMBAUDS *Bateau ivre*), die Themen des Abenteurertums (nach François VILLON), des Vitalismus und Anarchismus (nach den französischen *poétes maudits*) sowie die noch nicht politisch begründete Antibürgerlichkeit (nach Frank WEDEKINDS Moritaten) sind für die Publikationszeit der Sammlung für Brecht nicht mehr typisch; sie stellt einen lyrischen Rückblick auf den frühen Lyriker Brecht dar.

Die zeitgenössische Wirkung des Bandes war von Verwirrung gezeichnet. Die bürgerliche Presse bemängelte Brechts *»zerstörerischen Drang«* und die Heroisierung der Räuberbande, des *»fünften Standes der im Verbrechen von Staatsmoral Befreiten«*, der den romantischen Helden spielte (Bernhard Diebold). Die kommunistische Kritik (Alexander Abusch) hielt den Band innerhalb der bürgerlichen Stagnation für bedeutend, kritisierte aber die *»boheme Verherrlichung von alkoholischen Sensationen«*. Fast allen Gedichten fehlte *»jener Schuß Gesinnung, der erst einen Stoff zur* wahrhaft lebendigen *Gestaltung führen kann«*. Der *Gesang des Soldaten der roten Armee* ist Abusch Beispiel dafür, wie *»schlimm die ›Verwirrung der Gefühle‹ ausarten«* könnte; der Autor habe die *»Methode der Zersetzung des Bürgerlichen«* auf das revolutionäre Rußland übertragen und sei damit offen antibolschewistisch. Brecht eliminierte daraufhin das Gedicht aus der Sammlung. Tucholsky (1928) ist die *Hauspostille* Anlaß festzustellen: Brecht und *»Gottfried Benn scheinen mir die größten lyrischen Begabungen zu sein, die heute in Deutschland leben«*. J.Kn.

Ausgaben: Potsdam 1926 (*Bertolt Brechts Taschenpostille. Mit Anleitungen, Gesangsnoten und einem Anhange*; Neudr. Bln. 1958). – Bln. 1927 (zwei Ausgaben) (*Bertolt Brechts Hauspostille...*; Faks. Ffm. 1970, 2 Bde.). – Bln. 1951. – Ffm. 1960 (in *Gedichte*, 10 Bände, 1960–1976, Bd. 1). – Ffm. 1967 (in *GW* in 20 Bdn., Bd. 8 bzw. in *GW* in 8 Bdn., Bd. 4). – Bln./Ffm. 1988 ff. (in *W* in 30 Bdn., Bd. 11; mit Kommentar).

Literatur: W. Benjamin, *Kommentare zu Gedichten von B.* (in *Gesammelte Schriften*, Bd. II, 2, Ffm. 1977). – A. Schöne, *B. B. »Erinnerung an die Marie A.«* (in *Die deutsche Lyrik*, Hg. B. v. Wiese, Bd. 2, Düsseldorf 1956, S. 485–494). – K. Schuhmann, *Der Lyriker B. B. 1913–1933*, Bln. 1964; Mchn. 1971. – Ders., *B. B.s »Hauspostille«*, Beiheft zur Faksimileausgabe, Ffm. 1970. – C. Pietzcker, *Die Lyrik des jungen Brecht*, Ffm. 1974. – *B. B.s Hauspostille*, Hg. H.-T. Lehmann u. H. Lethen, Stg. 1978. – J. Knopf, *Brecht-Handbuch. Lyrik, Prosa, Schriften*, Stg. 1984. – *B. B., Epoche – Werk – Wirkung*, Hg. K.-D. Müller, Mchn. 1985.

DIE DREIGROSCHENOPER. Ein Stück mit Musik in einem Vorspiel und acht Bildern nach dem Englischen des John Gay

Text von Bertolt Brecht, Musik von Kurt Weill (1900–1950), Uraufführung: Berlin, 31. 8. 1928, Theater am Schiffbauerdamm (Regie: Erich Engel). – Dem triumphalen Erfolg der *Dreigroschenoper* verdankt der junge Brecht seinen plötzlichen, zunächst jedoch leicht anrüchigen Ruhm. Inzwischen hat es das Werk zum Welterfolg gebracht. Er beruht auf einem merkwürdigen Widerspruch: auf der kühl und sicher vorauskalkulierten Wirkung der Antibürgerlichkeit und zugleich auf dem Mißverständnis des Publikums, das deren Entschiedenheit und Ernsthaftigkeit nicht zur Kenntnis nimmt. Trotz der revolutionären Gesellschaftstheorie, die hinter dem Stück steht, gerät es wegen seiner gewitzten Fabel, seiner eher zweideutigen als stechenden Schärfe und nicht zuletzt wegen der raffinierten und zündenden Musik immer wieder in die Nähe des Musicals.

Die Anregung zur *Dreigroschenoper* erhielt Brecht durch John Gays *Beggar's Opera* (1728). Er aktualisierte die Vorlage sehr freizügig, erweiterte sie durch Strophen von Villon und Stoffelemente von Kipling, experimentierte an dem entstehenden Text mit seiner noch neuen Auffassung vom »epischen Theater« und brachte ihn schließlich in die Form eines Schauspiels mit hauptsächlich kommentierenden Song-Einlagen. Gezeigt wird darin der Existenzkampf, das Debakel und die glückliche Errettung des Londoner Straßenräubers und Geschäftsmanns Macheath, genannt Mackie Messer, den sein Schwiegervater, der Bettlerkönig Peachum, an den Galgen bringen will. Peachum, Besitzer der Firma »Bettlers Freund« *(»mein Geschäft ist es, das menschliche Mitleid zu erwecken«)*, beherrscht und kontrolliert die Londoner Bettler. Er organisiert ihren wirkungsvollen Einsatz und kassiert einen großen Teil ihrer Einnahmen. Unglücklicherweise findet Macheath, der seinerseits den Londoner Straßenraub und Einbruch kontrolliert, Gefallen an Peachums Tochter Polly. Und da sie ihn heiß liebt und er ihr eine sichere Existenz bieten kann, schließen sie im Beisein von Mackies Bande und seinem milden Freund Brown, dem Polizeichef von London, den Bund fürs Leben. Für Herrn und Frau Peachum bedeutet das den Ruin: *»Wenn ich meine Tochter, die die letzte Hilfsquelle meines Alters ist, wegschenke, dann stürzt mein Haus ein, und mein letzter Hund läuft weg.«* Sie beschließen, Macheath bei seinem nächsten Besuch im Bordell festnehmen zu lassen. Doch Polly warnt ihn, und obwohl die Krönung der Königin bevorsteht und er sich das Geschäft des Jahres erhofft, flieht er nach schmerzlichem Abschied, geht jedoch zunächst ins Bordell. Inzwischen hat Frau Peachum die Spelunken-Jenny bestochen, Macheath der Polizei auszuliefern. Als er im Bordell erscheint, zeigt Jenny ihn an, und er wird verhaftet. Brown zittert noch um die Rettung seines Freundes *(»er ist ja so leichtsinnig, wie alle großen Männer«)*, da wird er schon eingeliefert. Er wird freilich nur nachlässig bewacht, und Lucy, eins seiner Mädchen, befreit ihn. Brown atmet auf. Leider muß Peachum ihm erklären, daß er Mackies Flucht nicht gutheißt und daß seine Bettlerscharen den Krönungszug zu einer Katastrophe machen können. Während er eine große Demonstration des Elends vorbereitet, erscheint Macheath abermals im Bordell, wird abermals von Jenny verraten und von seinem dem Erpresser Peachum hilflos ausgelieferten Freund Brown abermals verhaftet. Er soll nun gehängt werden. Der Versuch, seinen Wärter zu bestechen, scheitert am Geldmangel. Erst unterm Galgen, mit dem

Kopf in der Schlinge, wird er gerettet: ein reitender Bote des Königs verkündet den Befehl, Macheath sofort freizulassen. Gleichzeitig wird er in den erblichen Adelsstand erhoben und mit Schloß und Lebensrente ausgestattet.
Auch dieses Finale – mit dem reitenden Boten auf dem Holzpferd – ist wie das Werk insgesamt durchaus nicht parodistisch. Brecht hat hier zum erstenmal versucht, die bisherige »kulinarische« Oper durch eine Oper des Vorzeigens und Aufdekkens zu ersetzen und in der Fabel und in den trivialen oder märchenhaften Reaktionen seiner Gestalten tiefere gesellschaftliche Beziehungen abzubilden: das Elend als Mittel und als Ergebnis des Warenmarktes, den Bürger als Räuber, den Geschäftsmann als Charaktermaske *(»Was ist der Einbruch in eine Bank gegen die Gründung einer Bank?«)*. Brecht meinte daher, die *Dreigroschenoper* befasse sich mit den bürgerlichen Vorstellungen *»nicht nur als Inhalt, indem sie diese darstellt, sondern auch durch die Art, wie sie sie darstellt. Sie ist eine Art Referat über das, was der Zuschauer im Theater vom Leben zu sehen wünscht.«* In dieser Form ist die Theorie offensichtlich aufgegangen. Das Referat wird nicht als Referat erkannt, das Vergnügen entspricht nicht allein der Einsicht in Sachverhalte, sondern oft genug bloß der drastischen Komik des Bühnengeschehens. Der Bürger, den die Geschichte des Räubers Mackie Messer treffen soll, hat diese Geschichte und ihre Maxime *»Erst kommt das Fressen, dann kommt die Moral«* bisher stets genossen.
Vermutlich war Brecht mit der Anlage der Oper bald selbst nicht mehr zufrieden. Denn bereits in dem – nur in einer Prosaskizze veröffentlichten – Drehbuch für den »Dreigroschenfilm« *Die Beule* (1929) verdeutlicht und verschärft er die Fabel der Oper erheblich und greift eine Fülle neuer und aktuellerer Wirklichkeitselemente auf. Der Kampf zwischen Peachum und Macheath entzündet sich jetzt nicht mehr daran, daß Peachum seine Tochter Polly nicht hergeben will, sondern an den geschäftlichen Machtinteressen: der Räuber, der sich soeben eine Bank unterwirft, und der Bettlermagnat geraten unmittelbar auf ihrem Wirkungsfeld, auf Londons Straßen, aneinander. Jetzt operiert auch Peachum nicht mehr mit seinen zurechtgestutzten Bettlergestalten, sondern mit der Aufwiegelung des wirklichen Elends, nämlich der Massen aus den Vorstädten. Und der Bankier Macheath wird jetzt zu guter Letzt nicht durch den reitenden Boten des Königs errettet, sondern durch die reitenden Boten der Vorstädte, durch die aufgewiegelten Massen. Denn kurz vor der Krönung bemerkt Peachum, daß der Aufmarsch, den er vorbereitet hat, auch ihn selbst vernichten würde, und verhindert ihn. Brown, Peachum und Macheath sind sich plötzlich einig: sie haben den gleichen Feind, und gemeinsam erwarten sie die Krönung der Königin. – Dieses Drehbuch wurde allerdings nicht verfilmt. Der von Brecht nicht gebilligte Film *Die Dreigroschenoper* berücksichtigte die neu eingeführten Tendenzen generell nicht. Den Prozeß, den Brecht daraufhin führte und verlor, beschreibt, kommentiert und interpretiert er in der Schrift *Der Dreigroschenprozeß* (1930). K.B.-KLL

AUSGABEN: Wien 1928 [unvollst.; Klavierauszug]. – Wien 1929. – Bln. 1929 *(Die Songs der Dreigroschenoper)*. – Bln. 1931 (*Die Dreigroschenoper. Der Dreigroschenfilm. Der Dreigroschenprozeß*, in *Versuche*, H. 3; ern. Ffm. 1959). – Ldn. 1938 (in *GW*, Bd. 1). – Bln./Ffm. 1956 (in *Stücke*, 12 Bde., 1956–1959, 3). – Ffm. 1960 (in *Dreigroschenbuch*, Hg. S. Unseld; ern. 1973, 2 Bde., st). – Ffm. 1967 (in *GW in 20 Bdn.*, 2; es). – Ffm. 1973 (in *Werke in 5 Bdn.*, Stücke). – Ffm. 1974 (es). – Ffm. 1978 (in *Die Stücke von B. B. in einem Bd.*; ³1981). – Reinbek 1987 (zus. m. I. Strawinsky, *»The Rake's Progress«*; Texte, Materialien, Kommentare; rororo).

VERFILMUNGEN: Deutschland 1930 (Regie: G. W. Pabst). – BRD/Frankreich 1962 (Regie: W. Staudte).

LITERATUR: H. Jhering, *Die Dreigroschenoper* (in Berliner Börsen-Courier, Nr. 410, 1. 9. 1928). – C. Tolksdorf, *J. Gays »Beggar's Opera« u. B.s »Dreigroschenoper«*, Rheinberg 1934. – H. Riege, *Studien zur Satire in B. B.s »Dreigroschenoper«*, Diss. Jena 1956. – E. Bloch, *Lied der Seeräuberjenny in der »Dreigroschenoper«* (in E. B., *Verfremdungen*, Ffm. 1962; auch in E. B., *Lit. Aufsätze*, Ffm. 1965). – W. Benjamin, *B.s »Dreigroschenoper«* (in WB., 12, 1966; auch in *Dt. Literaturkritik der Gegenwart*, Bd. 4/1, Stg. 1971). – R. M. Fischetti, *B. B. Die Gestaltung des Dreigroschen-Stoffes in Stück, Roman u. Film*, Diss. Univ. of Maryland 1971.
Zur Verfilmung: H. Jhering, *»Dreigroschenoper«* (in Berliner Börsen-Courier, Nr. 86, 20. 2. 1931). – S. Kracauer, *Von Caligari bis Hitler*, Hbg. 1958; ern. Ffm. 1985 (stw). – W. Gersch, *Film bei B. B. B.s praktische u. theoretische Auseinandersetzung mit dem Film*, Mchn. 1976.
Zum Prozeß: S. Kracauer, *Der Prozeß um die »Dreigroschenoper«* (in Frankfurter Ztg., 9. 11. 1930). – P. Suhrkamp, *Der Kampf um den »Dreigroschen«-Tonfilm* (in Musik u. Gesellschaft, 1. 11. 1930). – B. Balasz u. H. Jhering (in Die Weltbühne, 10., 17. u. 24. 2. u. 3. 3. 1931). – S. Kracauer, *Ein soziologisches Experiment? Zu B. B.s Versuch »Der Dreigroschenprozeß«* (in Frankfurter Ztg., Lit.blatt, 28. 2. 1932). – D. Wöhrle, *B. B.s »Dreigroschenprozeß« – Selbstverständigung durch Ideologie-Zertrümmerung* (in Sprachkunst, 11, 1980, H. 1).

FLÜCHTLINGSGESPRÄCHE

Prosadialog von Bertolt BRECHT, geschrieben 1940/41 in Finnland und 1944 in Amerika, 1961 fragmentarisch aus dem Nachlaß veröffentlicht; szenische Uraufführung: München, 15. 2. 1962, Kammerspiele. – Der Titel des Dialogs ist nicht nur Hinweis auf seinen Inhalt, sondern zugleich auf seine Entstehung: Nach der Flucht aus Schweden und kurz vor der Flucht in die USA konzipiert und beginnt Brecht vor dem Hintergrund seines eigenen Emigrantenschicksals einen tiefsinnig-gewitzten »Dialog über den Weltlauf« zwischen zwei deutschen Flüchtlingen in aussichtsloser Lage, der vor allem um die Merkwürdigkeiten und Widersprüche der gesellschaftlichen Verfassung unter der faschistischen Herrschaft kreist. Der Physiker Ziffel und ein Metallarbeiter, der sich Kalle nennt, beginnen im Bahnhofsrestaurant von Helsinki unter großer Vorsicht ein Gespräch und treffen sich dann ständig zu neuen, immer rückhaltloseren Disputen. Sie folgen dabei keiner strengen Form, sondern wechseln ihre Themen nach Belieben – Themen zumal, die Brecht in seinen anderen Werken mehrfach wiederaufgenommen hat. Es finden sich Berührungen mit manchen Abschnitten aus den *Keunergeschichten*, aus *Mutter Courage*, den *Fünf Schwierigkeiten beim Schreiben der Wahrheit* und anderen Stücken, vor allem aber mit den Reflexionen aus dem *Buch der Wendungen*. Der Dialog ist stilistisch ähnlich knapp und leicht, doppeldeutig zugespitzt und umgangssprachlich direkt, aber auch ähnlich listig und verzwickt in der Aufdeckung von Widersprüchen.

Die achtzehn Kapitel des Dialogs – die einzelnen Dispute – tragen dem Charakter des Ganzen entsprechend fast durchweg provozierend-angriffslustige Überschriften, wie schon der erste Abschnitt: *Über Pässe / Über die Ebenbürtigkeit von Bier und Zigarre / Über die Ordnungsliebe*. Hier sind sich Ziffel und Kalle darin einig, daß der Paß der edelste Teil des Menschen sei *(»Er kommt auch nicht auf so einfache Weise zustande wie ein Mensch. Ein Mensch kann überall zustandkommen, auf die leichtsinnigste Art und ohne gescheiten Grund, aber ein Paß niemals. Dafür wird er auch anerkannt, wenn er gut ist, während ein Mensch noch so gut sein kann und doch nicht anerkannt wird«)* und daß man die unterschiedslos schlechte Qualität der Nahrungs- und Genußmittel, wie des Biers, der Zigarren und des Kaffees, gegenwärtig nur begrüßen könne angesichts der Tatsache, daß durch die ebenfalls unterschiedslos schlechte Qualität der beiden »führenden Marken« in der Politik, nämlich Hitlers und Mussolinis, *»das Gleichgewicht … wieder hergestellt«* sei: *»Sie brauchen den Vergleich miteinander nicht zu scheun und können Seit an Seit die ganze Welt herausfordern, keiner von ihnen find einen bessern Freund, und ihre Zusammenkünfte verlaufen harmonisch. Anders, wenn der Kaffee z. B. ein Kaffee und nur das Bier kein Bier wär, möchte die Welt leicht das Bier minderwertig schimpfen, und was dann?«* Zudem seien Schlamperei und Bestechlichkeit jedweder Ordnung vorzuziehen, die doch nur dazu da sei, den Menschen zu bestimmten Verrichtungen zu zwingen, *»nämlich die sinnlosen«*. Kalle sagt zusammenfassend: *»Sie könnens so ausdrücken: Wo nichts am rechten Ort liegt, da ist Unordnung. Wo am rechten Ort nichts liegt, ist Ordnung.«* Darauf Ziffel: *»Ordnung ist heutzutage meistens dort, wo nichts ist. Es ist eine Mangelerscheinung.«* In ganzen Kaskaden solcher vereinfachend zugespitzten Paradoxien werden Freidenkerei, das Überhandnehmen bedeutender Menschen, die Pornographie, die Schwierigkeiten großer Männer, das tragische Schicksal großer Ideen, Ungeziefer, Bildung, Freiheitsliebe und Käse, das Denken als ein Genuß, die Weltherrschaft, aber auch *Dänemark oder der Humor, Lappland oder Selbstbeherrschung und Tapferkeit* und nicht zuletzt die Hegelsche Dialektik *(»Die schärfsten Dialektiker sind die Flüchtlinge!«)* und der Marxismus, die Demokratie und der Sozialismus aufgegriffen und beredet. Am Ende des Fragments stößt Kalle mit Ziffel auf den Sozialismus an als auf einen Zustand, der *»solche anstrengenden Tugenden wie Vaterlandsliebe, Freiheitsdurst, Güte, Selbstlosigkeit«* so unnötig mache *»wie ein Scheißen auf die Heimat, Knechtseligkeit, Roheit und Egoismus«*, den zu erreichen aber *»allerhand nötig sein wird. Nämlich die äußerste Tapferkeit, der tiefste Freiheitsdurst, die größte Selbstlosigkeit und der größte Egoismus.«* K.B.

Ausgaben: Bln. 1957 (in SuF, 9; Teildr.). – Bln. 1958 (in Aufbau, 14; Teildr.). – Ffm. 1961; ern. 1975 (BS). – Ffm. 1965 (in *Prosa*, 5 Bde., 2). – Ffm. 1967 (in *GW in 20 Bdn.*, 4; es). – Lpzg. 1973; ²1980 (RUB).

Literatur: C. Cases, *B. B.: »Dialoghi di profughi«* (in C. C., *Saggi e note di letteratura tedesca*, Turin 1963, S. 197–205). – H. Motekat, *B. B.s »Flüchtlingsgespräche«* (in OL, 20, 1965). – D. Thiele, *Proletarier und Intellektuelle. B.s »Flüchtlingsgespräche« als Beitrag zur Bündnispolitik* (in WB, 24, 1978).

FURCHT UND ELEND DES DRITTEN REICHES

24 Szenen von Bertolt Brecht, entstanden 1935–1938 in der dänischen Emigration unter dem – Heinrich Heines *Wintermärchen* paraphrasierenden – Titel *Deutschland – ein Greuelmärchen*; stark gekürzt uraufgeführt am 21. 5. 1938 in Paris unter dem Titel *99%* (7 Szenen), nahezu vollständig erstaufgeführt am 7. 6. 1945 in Berkeley/Calif. (17 Szenen) unter dem Titel *The Private Life of the Master Race*.

Brechts Szenenfolge, entworfen für Slatan Dudows proletarische Spieltruppe in Paris, will keine fortlaufende Handlung, keine dramatische Entwicklung darstellen, sondern einen Zustand: die bloße Aufreihung charakteristischer Situationen aus der Zeit des Hitlerregimes soll den widersinnigen, unerträglichen und verabscheuenswerten Zwang abbilden, unter dem die Deutschen in der nationalsozialistischen Diktatur lebten. Dieser Intention des Autors entspricht, daß die Szenen nicht in einem einzigen dichterischen Arbeitsprozeß entstanden sind, sondern – nach Brechts eigener Auskunft – während langjähriger Sammlung und Sichtung von Augenzeugenberichten und Zeitungsnotizen, die Brecht entsprechend seiner Theaterkonzeption gestaltete. Er streute die Schauplätze nach soziologischen und geographischen Gesichtspunkten, um ein repräsentatives Bild des faschistischen Alltags in Deutschland zu erhalten. Vor allem aber spitzte er die Vorfälle auf brutale, enthüllende Verhaltensweisen der Beteiligten zu und verknüpfte schließlich die Szenen durch Titel und Stropheneingänge, die zugleich sarkastische Interpretation sind. So verlieh er dem Werk Bühnenwirksamkeit, ohne zugleich auf die Mittel des epischen Theaters zu verzichten, wie mitunter von Verfechtern des »sozialistischen Realismus« (Lukács, Mittenzwei) behauptet wurde.

Da ist der Tag der sogenannten Machtergreifung: zwei betrunken randalierende SS-Leute terrorisieren mit der Schießwut brutaler Feiglinge ein Arbeiterviertel *(Volksgemeinschaft)*; da ist der Kleinbürger mit dem horchenden Ohr an der Wohnungstür, voll kläglicher Furcht, als der Nachbar, den er denunziert hat, abgeführt wird *(Der Verrat)*; dann der SA-Mann, der sich vor dem »verdächtigen« Arbeitslosen brüstet, wie er an der Stempelstelle die Querulanten, Andersdenkenden und Gegner provoziert und ans Messer liefert *(Das Kreidekreuz)*; fünf Häftlinge in einem Konzentrationslager, zerstritten und uneins, dennoch gegen ihre Bewacher zusammenhaltend *(Moorsoldaten)*; dann ihr Bewacher, der aus Furcht vor dem Vorgesetzten grausam wird *(Dienst am Volke)*; die Justiz: der Amtsrichter, dem ein Überfall von SA-Schlägern auf einen jüdischen Juwelier zur Verhandlung übergeben wird und der zu jeder Rechtsbeugung bereit wäre, wenn er nur wüßte, welche gerade verlangt wird *(Rechtsfindung)*; die Medizin: der Chirurg vergißt vor dem Bett des zusammengeschlagenen Arbeiters, nach der Herkunft der Wunden zu fragen *(Die Berufskrankheit)*; dann zwei Physiker, die sich hüten, öffentlich über Einsteins Theorien zu diskutieren, und ihn vorsichtshalber laut verhöhnen *(Physiker)*; die jüdische Frau vor ihrer Flucht: sie spricht von einer kleinen Reise, und ihre Freunde und sogar ihr Mann spielen furchtsam mit *(Die jüdische Frau)*; der Studienrat und seine Frau: sie verlieren die Haltung schon bei dem Verdacht, ihr Sohn könnte sie bespitzeln und anzeigen *(Der Spitzel)*; der auftrumpfende Radioreporter, eingeübte Phrasen hervorsprudelnd *(Die Stunde des Arbeiters)*; die Arbeiterfrau, die es nicht wagt, den Zinksarg mit der Leiche ihres ermordeten Mannes zu öffnen *(Die Kiste)*; der entlassene Häftling, der das Mißtrauen seiner Genossen ertragen muß *(Der Entlassene)*; die alte Frau, die mit zutraulichem Gerede ihre Tochter der Polizei ausliefert *(Winterhilfe)*; der Metzger, der sich aus Angst erhängt *(Der alte Kämpfer)*; der Sterbende, der endlich seine Meinung preisgibt *(Die Bergpredigt)*; der Arbeiter aus der Bombenfabrik, dessen Schwager gerade in Spanien als Flieger gefallen ist *(Arbeitsbeschaffung)*; die kleine Widerstandsgruppe, die am Tag der Volksbefragung, die Hakenkreuzfahne im Fenster, ein Flugblatt entwirft *(Volksbefragung)*.

Die Szenenfolge bildet somit keine poetische Parabel, gibt vielmehr ein Kaleidoskop jener Verhaltensweisen, die im Faschismus auf seiten der Täter wie der Opfer symptomatisch sichtbar werden. Die Darstellung von tatsächlichen Begebenheiten in Form einer »gestentafel« (*Arbeitsjournal*, 15. 8. 1938) war allerdings nur möglich, solange Brecht sich auf die Jahre von 1933 bis 1938 beschränkte und Krieg und Massenmorde nicht mit einbezog. Brechts Szenenfolge gibt, so eindrucksvoll sie im ganzen ist, »Modelle« von unterschiedlicher Prägnanz. Die Bühnenpraxis hat sich stets mit einer Auswahl begnügt, meist mit einer Verknüpfung der großen Szenen *Das Kreidekreuz, Rechtsfindung* und *Der Spitzel* durch einige der anekdotisch kurzen Szenen.

Für die amerikanische Aufführung schrieb Brecht strophische Zwischentexte, die, ähnlich wie die Stropheneingänge zu den verschiedenen Szenen, rein satirisch interpretieren sollen, hier jedoch nicht das vorgeführte Geschehen, sondern das, was dem Furcht und Elend erzeugenden Anfang folgte: den Krieg und die »Endlösung«. K.B.-KLL

Ausgaben: Ldn. 1938 [27 Szenen]. – Moskau 1941 [14 Szenen]. – Norfolk/Conn. 1944 (*The Private Life of the Master Race*; 17 Szenen). – NY 1945 [24 Szenen]. – Bln. 1948 [24 Szenen]. – Bln./Ffm. 1957 (in *Stücke*, 12 Bde., 1956–1959, 6). – Ffm. 1967 (in *GW in 20 Bdn*, 3; es). – Bln./Weimar 1973 (in *Werke in 5 Bdn.*, Stücke). – Ffm. 1975 (es). – Ffm. 1978 (in *Die Stücke von B. B. in einem Bd.*; ³1981). – Bln./Ffm. 1988 (in *W* in 30 Bdn., 4; mit Komm.).

Literatur: W. Benjamin, *B.s Einakter* (in Die Neue Weltbühne, 35, 30. 6. 1938, S. 825–828). – G. Lukács, *Es geht um den Realismus* (in Das Wort, 3, 1938, H. 6; in späteren Nachdr. wurde die B.-Passage eliminiert). – M. Frisch, *Zu B. B.s »Furcht und Elend des Dritten Reiches«* (in Schweizer Annalen, 3. 2. 1947, S. 479–481). – Ders., *»Furcht und Elend des Dritten Reiches«. Szenenfolge von B. B.* (in Theater der Zeit, 2, 1948). – B. Brecht, *Zu »Furcht und Elend des Dritten Reiches«* (in B. B., *Schriften zum Theater*, Bd. 4, Ffm. 1963, S. 110–125). – W. Mittenzwei, *B. B. Von der »Maßnahme« zu »Leben des Galilei«*, Bln./Weimar 1965, S. 193–218. – G. Hartung, *»Furcht und Elend des Dritten Reiches« als Satire* (in *Erworbene Tradition*, Hg. G. Hartung, Bln./Weimar 1977). – W. Busch, *B. B. »Furcht und Elend des Dritten Reiches«*, Ffm. u. a. 1982. – Ders., *Cäsarismuskritik und epische Historik. Zur Entwicklung der politischen Ästhetik B. B.s 1936–1940*, Ffm./Bern 1982.

DER GUTE MENSCH VON SEZUAN

Parabelstück von Bertolt Brecht, unter Mitarbeit von Ruth Berlau und Margarete Steffin entstanden 1930 bis 1942, erschienen 1953; Uraufführung: Zürich, 4. 2. 1943, Schauspielhaus. – Von allen Stücken Brechts hat dieses Werk die komplizierteste Entstehungsgeschichte. Die von ihm selbst angegebene Arbeitszeit, 1938–1940, berücksichtigt nur die wichtigste Periode. Schon in den zwanziger Jahren konzipiert, entstanden 1930 fünf Szenen unter dem Titel *Die Ware Liebe*, eine Arbeit, die Brecht im März 1939 im dänischen Exil wiederaufnahm. Im Mai desselben Jahres beendete er – inzwischen in Schweden – die erste Fassung des Stücks. Im Juli begann er eine neue Fassung, zu der er 1941 die letzten Gedichte schrieb. Aber auch dann, trotz wiederholter gründlicher Überarbeitung, erschien das Werk ihm als *»ein Stück, das ganz fertig sein müßte, und das ist es nicht« (Arbeitsbuch)*. Erst 1942 legte Brecht die Arbeit beiseite, für wirklich beendet hielt er sie nie. *»Ohne das Ausprobieren durch eine Aufführung kann kein Stück fertiggestellt werden« (Arbeitsbuch)*.

Im *Vorspiel* begegnet Wang, ein obdachloser Wasserverkäufer in der Hauptstadt von Sezuan, drei Göttern, die ausgezogen sind, den guten Menschen zu finden, denn *»seit zweitausend Jahren geht dieses Geschrei, es gehe nicht weiter mit der Welt, so wie sie ist. Niemand auf ihr könne gut bleiben.«* Doch Wangs Suche nach einem Nachtquartier für die Götter bleibt ohne Erfolg: in dieser Gesellschaft zeigen sogar die Armen jene Lüge von Gleichgültigkeit und Selbstsucht gegenüber den anderen, und seien es die »Erleuchteten« selbst, die gemeinhin den Herrschenden zu eigen ist. Erst die Prostituierte Shen Te verzichtet auf den nächsten Kunden, der ihr das unentbehrliche Mietgeld eingebracht hätte, und nimmt die Götter bei sich auf. Als diese sie am nächsten Morgen ermahnen, weiterhin gütig zu bleiben, verweist sie auf ihre finanzielle Notlage und erhält schließlich von den Göttern einen Betrag, der ausreicht, einen kleinen Tabakladen zu erwerben. In ihrer Güte kann Shen Te sich jedoch nicht den um Hilfe flehenden Mitmenschen verschließen. Sie nimmt sie auf und versorgt sie, steht dadurch aber in kurzer Zeit selbst wieder vor dem finanziellen Ruin. In ihrer Not erfindet sie die Rolle des hartherzigen und geschäftstüchtigen Vetters Shui Ta, in dessen Maske sie gegenüber den Bettlern und Gläubigern auftritt und ihre geschäftlichen Interessen skrupellos durchsetzt. Als gutgesonnene Shen Te aber, zur Nächstenliebe nun schon verpflichtet, gerät sie erneut an den Rand ihrer Existenz durch ihre Liebe zu dem arbeitslosen Flieger Yang Sun. Für ihn verkauft sie ihren Laden, damit Yang Sun durch Bestechung in Peking eine Stelle erhalten kann. Aber Yang Sun in seiner Existenznot hat Shen Te nur benutzt, um Geld zu erlangen; er läßt sie mit dem Kind, das sie von ihm erwartet, sitzen. Erneut muß Shen Te ihr verhaßtes Gegen-Ich, den Vetter Shui Ta, zu Hilfe rufen. Dieser gründet in verfallenen Baracken eine Tabakfabrik und zwingt alle, denen Shen Te hilfreich war, dort gegen Hungerlöhne für ihn zu arbeiten. Mit Shui Ta blüht das Geschäft auf. Doch weil Shen Te nicht mehr erscheint, verdächtigen die Leute Shui Ta, den sie fürchten, das Mädchen ermordet zu haben. Shui Ta wird vor ein Gericht geführt, dessen Richter jene drei Götter sind, die Shen Te einst bei sich aufgenommen hat. Ihnen ergibt der Angeklagte sich als Shen Te zu erkennen: *»Euer einstiger Befehl / gut zu sein und doch zu leben / zerriß mich wie ein Blitz in zwei Hälften ... gut sein zu andern / Und zu mir konnte ich nicht zugleich. / Ach, eure Welt ist schwierig!«* Die Götter wissen keine Antwort auf Shen Tes Klagen und entschwinden auf einer rosa Wolke. Der Schluß des Stücks bleibt offen (*»Wir stehen selbst enttäuscht und sehn betroffen / Den Vorhang zu und alle Fragen offen.«*), ein Spieler wendet sich mit einem Epilog an das Publikum und weist es an, selbst eine Lösung für den *»guten Menschen«* zu suchen: *»Verehrtes Publikum, los, such dir selbst den Schluß! / Es muß ein guter da sein, muß, muß, muß!«*

Mit den Mitteln seines epischen Theaters, mit Songs, die kommentierend den Gang der Handlung unterbrechen, mit Rückblenden und pantomimischem Spiel inszeniert Brecht in diesem Stück ein Experiment zur Beantwortung der Frage, ob ein »guter Mensch« in der gegenwärtigen Welt zu leben imstande ist oder ob diese Welt geändert werden muß. Die Götter verschließen sich den Konsequenzen, die aus dem Scheitern des von ihnen initiierten Experiments erwachsen, an ihrer Stelle wird das Publikum dazu aufgerufen, den Schritt in die entsprechende Praxis zu wagen und die kapitalistische Ordnung, wie sie in »Sezuan« herrscht, aufzuheben. In dem der Suhrkamp-Ausgabe beigefügten alternierenden Epilog wird der Zuschauer direkt aufgefordert, die Stadt *»umzubauen«*; zugleich findet sich dort der Hinweis, daß *»die Provinz Sezuan«* jetzt nicht mehr zu Orten gehöre, *»an denen Menschen von Menschen ausgebeutet werden«*. Diesen Zusatz hielt Brecht für notwendig, nachdem 1949 in China die Kommunisten die Regierung übernommen hatten, obgleich aufgrund der durchgängigen Verfremdungstechnik dem Stück jede unmittelbare Zuordnung so wenig beikommt wie die Frage nach dem tragischen Gehalt. Brecht ahmt mit seinem epischen Theater Wirklichkeit nicht nach, sondern konstruiert sie als Spiel; dementsprechend ist die Doppelrolle der Shen Te auch nicht Ausdruck eines tragischen Konflikts, sondern die Demonstration der alltäglichen Spaltung des bürgerlichen Individuums in eine private Rolle, in der die Welt nach moralischen Kategorien betrachtet werden kann, und in eine öffentliche Rolle, in der allein das Kriterium des wirtschaftlichen Erfolgs entscheidend ist. Daß diese Schizophrenie auch den technischen Fortschritt begleitet, zeigt das Beispiel des Fliegers Yang Sun, der schließlich seine Intelligenz in der Tabakfabrik des Shui Ta als Angesteller des Unternehmers einsetzen darf: *»... was bringen doch Bildung und Intelligenz für große Dinge hervor! Wie will einer ohne sie zu den besseren Leuten gehören?«*

Die Deutung des Werks war lange Zeit von der Frage beherrscht, ob und in welchem Ausmaß in der Geschichte der Shen Te ein tragischer Konflikt behandelt wird. Erst die neuere Forschung (Giese) konnte einsichtig machen, daß für Brecht gesellschaftlichen Verhältnissen, die von seinem Standpunkt aus überholt sind, letztlich nur noch mit den Mitteln der Komik beizukommen ist. Die Inszenierungen des Stücks legen daher seit den späten sechziger Jahren den Akzent auf die komödiantischen Elemente des Werks. K.B.-M.Pr.

Ausgaben: Bln. 1953 (in *Versuche*, H. 12; Nachdr. Ffm. 1977). – Bln./Ffm. 1957 (in Stücke, 12 Bde., 1956–1959, 8). – Vgl. auch: B. B., *Schriften zum Theater*, Bd. 4, Ffm. 1963, S. 134–140. – Ffm. 1964 (es). – Ffm. 1967 (in *GW in 20 Bdn.*, 4; es). – Bln./Weimar 1973 (in *Werke in 5 Bdn.*, Stücke). – Ffm. 1978 (in *Die Stücke von B. B. in einem Bd.*; [3]1981).

Literatur: J. Jusowski, *B. B. und sein »Guter Mensch«* (in SuF, 9, 1957, S. 204–213). – B. Uhse, *Von alter und neuer Weisheit* (ebd., 11, 1959, S. 420 ff.). – W. Hinck, *Die Dramaturgie des späten B.*, Göttingen 1959; [6]1977 [rev.]. – V. Klotz, *»Der gute Mensch von Sezuan«* (in Das neue Forum, 10, 1960/61, S. 18–28). – F. Lan, *B. B. und Luther. Ein Versuch der Interpretation des »Guten Menschen von Sezuan«* (in Luther-Jb., 29, 1962, S. 92–109). – K. Bräutigam, *B. B.: »Der gute Mensch von Sezuan«. Interpretation*, Mchn. 1966. – *Materialien zu B.: »Der gute Mensch von Sezuan«*, Hg. W. Hecht, Ffm. 1968. – H. Gehrke, *B. B. »Der gute Mensch von Sezuan«, »Leben des Galilei«*, Hollfeld/Ofr. 1973. – P. C. Giese, *Das ›Gesellschaftlich-Komische‹. Zu Komik und Komödie am Beispiel der Stücke und Bearbeitungen B.s*, Stg. 1974. – A. D. White, *B. B.s Great Plays*, NY 1978. – B. Fenn, *Characterization of Women in the Plays of B.*, Bern/Ffm. 1982. – R. R. Kath, *Children in the Poetry of B. B.*, Bern/Ffm. 1982. – *B.s »Guter Mensch von Sezuan«*, Hg. J. Knopf, Ffm. 1982 (st). – Ders., *»Der gute Mensch von Sezuan«*, Ffm. 1982. – H.-S. Yim, *B. B. und sein Verhältnis zur chinesischen Philosophie*, Bonn 1984.

DIE HEILIGE JOHANNA DER SCHLACHTHÖFE

Stück in elf Bildern von Bertolt Brecht, entstanden 1929/30; Uraufführung: Hamburg, 30. 4. 1959, Schauspielhaus. – Dieser *»dreizehnte Versuch«* Brechts, der unter Mitarbeit von H. Borchardt, E. Burri und E. Hauptmann geschrieben wurde, *»soll die heutige Entwicklungsstufe des faustischen Menschen zeigen. Das Stück ist entstanden aus dem Stück ›Happy End‹ von Elisabeth Hauptmann. Es wurden außerdem klassische Vorbilder und Stilelemente verwendet: die Darstellung bestimmter Vorgänge erhielt die ihr historisch zugeordnete Form. So sollen nicht nur die Vorgänge, sondern auch die Art ihrer literarisch-theatralischen Bewältigung ausgestellt werden« (Vorbemerkung)*. Außer auf die genannte Quelle griff Brecht (meist parodistisch) auf Schiller *(Die Jungfrau von Orleans)*, Goethe (Schluß von *Faust II*), Hölderlin, Shaw und Sinclair *(The Jungle)* zurück. Eigene Vorarbeiten waren neben fachlichen Informationen und dem gleichzeitigen Studium des Marxismus die Entwürfe *Joe Fleischhacker* und *Der Brotladen*.

Von seinen New Yorker Börsenfreunden beraten, verkauft Chicagos Fleischkönig Mauler das Geschäft an seinen Kompagnon unter der Bedingung, den Bankrott des gefährlichsten Konkurrenten herbeizuführen. Die »Schwarzen Strohhüte« der Heilsarmee unter ihrem Leutnant Johanna Dark können das wachsende Elend der ausgesperrten Arbeiter nicht mit Suppen, Gesängen und Reden aufhalten. Johanna wendet sich an Mauler um Hilfe. Er will ihr beweisen, daß die Armen durch ihre Schlechtigkeit ihr Unglück selbst verschulden, aber Johanna erkennt auf dem Schlachthof den Grund für diese Schlechtigkeit: die Armut. Sie zieht mit den Schwarzen Strohhüten in die Viehbörse, um Ordnung zu schaffen. Scheinbar gelingt ihr das, aber Mauler hat den Markt nur gerettet, weil seine New Yorker Freunde ihm inzwischen wieder den Fleischkauf empfohlen haben. Johanna, überall wegen ihrer erfolgreichen Vermittlung gerühmt, begreift zu spät, daß Maulers erneuerte Monopolstellung die Not in kurzer Zeit vergrößern muß. Nun bietet sie den Arbeitslosen ihre rückhaltlose Unterstützung an; doch als der Generalstreik mit dem Aufruf zur Gewalt vorbereitet wird, verrät sie – Opfer falscher Informationen und Anhängerin der Gewaltlosigkeit – ihre Verbündeten. Der Streik wird niedergeschlagen, Sieger ist Mauler. Unter der Last ihrer Schuld bricht Johanna zusammen. Um die Verbreitung ihrer Erfahrungen und Einsichten zu verhindern, beschließen die Fleischhändler, die Sterbende, die den Unterdrückern so gelegen kam, als Märtyrerin der Mildtätigkeit zu kanonisieren. Ihr Schrei *»Es hilft nur Gewalt, wo Gewalt herrscht, und / Es helfen nur Menschen, wo Menschen sind«* geht unter in einem Furioso von Lobreden, Gesang und Musik.

Dieses erste der drei Johanna-Stücke Brechts zeigt – wie auch *Die Gesichte der Simone Machard* (1940–1943) und *Der Prozeß der Jeanne d'Arc zu Rouen 1431* (1952) – den notwendigen Widerstand gegen Ausbeutung und Unterdrückung, zugleich ist es eine umfassende Darstellung der Praxis des Klassenkampfes, weil die Auswirkungen der ökonomischen Verhältnisse in der Weltwirtschaftskrise – vorgeführt an einem auf Kosten der Besitzlosen manipulierten Börsencoup – den unmittelbaren Hintergrund der Fabel abgeben. Dieses politisch kompromißlos engagierte Stück, in dem *»nicht das ›innere Wesen der Religion‹, die Existenz Gottes, der Glaube zur Diskussion«* stehen, sondern *»das Verhalten des religiösen Menschen« (Anmerkungen)*, ragt wie das Stück *»Die Mutter«* aus den Experimenten der ›Lehrstück‹-Periode heraus, was die Kühnheit der Explikation zeitgeschichtlicher Probleme, aber auch die Genialität der poetischen Idee und ihrer Ausführung betrifft (vor allem in der Stilisierung realistischer Details durch die Prosadialoge ablösende Blankverse, gereimte und reimlose strophische Partien und durch die Verwendung des Chors). Aber es zeigt trotz der »großen Form« nicht weniger deutlich Brechts Konzeption vom Theater als Vermittler politischer Einsichten und als treibende Kraft zur Veränderung gesellschaftlicher Verhältnisse. Die Methode der nichtaristotelischen Dramaturgie in der Form des Brechtschen epischen Theaters wird über ihre formale und inhaltlich-ideologische Vordergründigkeit hinaus weiterentwickelt und erstmals zur Erhellung gesellschaftlicher Vorgänge verwendet, um *»eine tiefgreifende und zum Handeln ausreichende Erkenntnis der großen gesellschaftlichen Prozesse unserer Zeit zu vermitteln« (Anmerkungen)*. Allerdings wird in der neueren Forschung die Zeichnung der ökonomischen Vorgänge als zu schematisch bemängelt. Die Bereitschaft des Zuschauers zur Anwendung revolutionärer Erkenntnisse soll nicht durch Identifikation erreicht, sondern vom Publikum aus dem kritischen – aber dennoch nicht kühlen – Verständnis der paradigmatischen Handlung selbst abgeleitet werden. Diese Absicht konnte Brecht jedoch nicht verwirklichen, denn schon 1931 fand sich in der Weimarer Republik kein Theater bereit, dieses an Zündstoff reiche Stück, das Herbert Jhering noch Ende 1932 mutig als bedeutsamstes Drama des Jahrzehnts bezeichnete, aufzuführen. K.B.-KLL

Ausgaben: Bln. 1932 (in *Versuche*, H. 5; Nachdr. Ffm. 1977). – Ldn. 1938 (in *GS*, 4 Bde., 1). – Bln./Ffm. 1956 (in *Stücke*, 12 Bde., 1956–1959, 4). – Mchn. 1964, Hg. J. Schondorff (Vorw. P. Demetz; Theater der Jahrhunderte). – Ffm. 1965 (es). – Ffm. 1967 (in *GW in 20 Bdn.*, 2; es). – Ffm. 1971, Hg. G. E. Bahr [Bühnenfassg., Fragmente, Varianten; krit.]. – Bln./Weimar 1973 (in *Werke in 5 Bdn.*, Stücke). – Ffm. 1978 (in *Die Stücke v. B. B. in einem Bd.*; 3 1981).

Literatur: G. Schulz, *Die Schiller-Bearbeitungen B. B.s. Eine Untersuchung literarhistorischer Bezüge im Hinblick auf B.s Traditionsbegriff*, Tübingen 1972. – H. W. Seliger, *Das Amerikabild B. B.s*, Bonn 1974. – H. P. Hermann, *Wirklichkeit und Ideologie. B.s »Heilige Johanna der Schlachthöfe« als Lehrstück bürgerlicher Praxis im Klassenkampf* (in *B.-Diskussion*, Kronberg/Ts. 1974, S. 52–120). – P. Beyersdorf, *B. B.: »Die Heilige Johanna der Schlachthöfe«, »Der Jasager – Der Neinsager« und andere Lehrstücke. Anmerkungen und Untersuchungen*, Hollfeld/Ofr. 1975. – B. Fenn, *Characterization of Women in the Plays of B. B.*, Ffm./Bern 1982. – *B.s »Heilige Johanna der Schlachthöfe«*, Hg. J. Knopf, Ffm. 1986 (st).

HERR PUNTILA UND SEIN KNECHT MATTI

»Volksstück« von Bertolt Brecht, entstanden 1940; Uraufführung: Zürich 5. 6. 1948, Schauspielhaus. – In der finnischen Emigration (1940/41), in der Brecht außerordentlich produktiv war, die *Flüchtlingsgespräche*, den *Messingkauf* und den *Aufhaltsamen Aufstieg des Arturo Ui* schrieb und den *Guten Menschen von Sezuan* fast fertigstellte, empfing Brecht von Hella Wuolijoki, auf deren Gut Marlebäk er und seine Familie vorübergehend Zuflucht gefunden hatten, die Anregung zu diesem Stück. Die Dichterin hatte den Stoff, der auf eine Episode auf dem Gutshof ihres Onkels zurückgeht, bereits in Form einer Erzählung wie einer Komödie gestaltet. Brecht greift die Vorlage auf, befreit sie von allen psychologisierenden Momenten und konzentriert sie mit den Mitteln seines epischen Theaters auf das in ihr aufscheinende Herr-Knecht-Verhältnis. Ist bei Hella Wuolijoki der betrunkene Puntila nur einfach deshalb erträglich, weil er, wieder nüchtern, vor Katzenjammer bösartig wird, so erklärt Brecht Puntilas Verhalten aus dessen gesellschaftlicher Stellung. Nüchtern muß der Gutsbesitzer Puntila ein rücksichtsloser Ausbeuter sein. In Trunkenheit verlieren seine soziale Rolle und seine ausbeuterischen Interessen ihre Wichtigkeit. Dann wird er human. Puntilas soziale Schizophrenie wird gleich zu Handlungsbeginn deutlich: Nach einem zweitägigen Saufgelage sieht Puntila in seinem Chauffeur Matti plötzlich einen »Menschen« und vertraut sich ihm an. Er sorgt sich, weil ihn die bevorstehende Verlobung seiner Tochter Eva mit einem Attaché einen Wald als Mitgift kosten wird, und er fürchtet seine Anfälle von *»totaler, sinnloser Nüchternheit«*; er werde dann *»direkt zurechnungsfähig«. »Weißt du, was das bedeutet, Bruder, zurechnungsfähig? Ein zurechnungsfähiger Mensch ist ein Mensch, dem man alles zutrauen kann.«* Um dem zu entgehen, beschließt er weiterzutrinken, verlobt sich in einem Dorf nacheinander mit vier Frauen und heuert anschließend auf dem Gesindemarkt Arbeiter an. Doch zu Hause angelangt wird er wieder »zurechnungsfähig«: Er jagt zuerst die Arbeiter und dann seine »Bräute« davon und ignoriert auch die Wünsche seiner Tochter, die den fischblütigen Attaché nicht leiden kann und lieber den Matti hätte. Erst als Puntila später bei der Verlobungsfeier wieder betrunken ist, wirft er den Attaché vom Hof, gibt seiner Tochter den »menschlichen« Rat, seinen *»Freund Matti«* zu heiraten, und lädt das ganze Gesinde zur Hochzeit ein. Er wird, auf dem Gipfel der Trunkenheit, so menschlich und verständnisvoll, sieht die Welt so richtig – also verkehrt –, daß er sagt: *»Ich bin beinahe ein Kommunist.«* Doch Eva fällt bei Mattis Eheexamen durch, Puntila wird wieder nüchtern, versöhnt sich mit dem Attaché, entläßt den Knecht Surkkala, einen »Roten«, und droht auch Matti die Entlassung an. Schließlich schwört er dem Alkohol ab, vernichtet die letzten Flaschen, indem er sie austrinkt, und fordert – wieder betrunken – Matti auf, in der Bibliothek den Hatelmaberg aus zerschlagenem Mobiliar aufzubauen. Den Berg besteigt er mit Matti und besingt die Landschaft von Tavastland. Die nächste Ernüchterung wartet Matti nicht mehr ab; er verläßt den Hof: *»Es hilft nichts und 's ist schade um die Zähren: / 's wird Zeit, daß deine Knechte dir den Rücken kehren.«*

Das Stück, das unter Mitarbeit von Margarete Steffin entstand, gestaltet einen ähnlichen Tatbestand wie *Der gute Mensch von Sezuan*. In der kapitalistischen Gesellschaft ist der Mensch gezwungen, in einer Bewußtseinsspaltung zu leben, d. h., seine gute Natur zu verleugnen. Wie die gute Dirne Shen Te sich immer wieder in den bösen Vetter Shui Ta verwandeln muß, wird Puntila erst im Suff *»fast ein Mensch«*. Dennoch weist Brecht in den *Anmerkungen zum Volksstück* (1940) darauf hin, daß der *Puntila »alles andere als ein Tendenzstück«* sei; die kritische Distanz des Zuschauers, die im Tendenzstück vernichtet wird, soll erhalten bleiben. *»Entscheidend«* sei, wie Brecht in den *Notizen zur Züricher Erstaufführung* (1948) schreibt, *»die Ausformung des Klassenantagonismus zwischen Puntila und Matti. Die Rolle des Matti muß so besetzt werden, daß eine echte Balance zustande kommt, d. h. daß die geistige Überlegenheit bei ihm liegt.«* Diese geistige Überlegenheit muß Brecht schon deshalb betonen, weil die natürliche Figur des Puntila die sozialkritische Absicht zu überspielen droht, *»ein vielschichtiges und reichhaltiges Manko, das er mit der Figur des Galilei und der Courage in gewisser Weise teilt«* (M. Kesting). – Das Stück, in Prosa verfaßt, als Komödie angelegt und mit spielerischen Brechungen versehen, gehört in den Zusammenhang der Bemühungen Brechts um eine realistische Ästhetik, die den Gegensatz zwischen dem *»wirklichkeitsgetreuen«* und dem *»edlen«* Spiel *(Anmerkungen zum Volksstück)* überwinden soll. Brecht wollte mit einer Mischung von einfachen poetischen Formen, von Ballade, Historie und der Schilderung von Streichen und Abenteuern eine neue Tradition des Volksstücks begründen. K.B.-KLL

AUSGABEN: Bln. 1950 (in *Versuche*, H. 10; Nachdr. Ffm. 1977). – Bln./Ffm. 1957 (in *Stücke*, 12 Bde., 1956–1959, 9; enth. auch Notizen über die Züricher Erstauff.). – Vgl. auch: B. B., *Schriften zum Theater*, Bd. 4, Ffm. 1963, S. 140–162. – Ffm. 1965 (es). – Ffm. 1967 (in *GW in 20 Bdn.*, 4; es). – Bln./Weimar 1973 (in *Werke in 5 Bdn.*, Stücke). – Bln./Weimar 1978 [m. 64 Photos aus den Auff. des Berliner Ensembles v. 1949; Nachw. F. Hofmann]. – Ffm. 1978 (in *Die Stücke v. B. B. in einem Bd.*; ³1981).

VERTONUNG: P. Dessau, *Herr Puntila und sein Knecht Matti* (Text: P. Palitzsch u. M. Wekwerth; Oper; Urauff.: Berlin, 15. 11. 1966, Staatsoper).

VERFILMUNGEN: Österreich 1955 (Regie: A. Cavalcanti). – Finnland/Schweden 1978 (Regie: R. Längbacka).

LITERATUR: P. Rilla, *Literatur, Kritik und Polemik*, Bln. 1950, S. 62–69. – W. Hinck, *Die Dramaturgie des späten B.*, Göttingen 1959; ⁶1977 [rev.]. – F. Hennenberg, *Dessau – B. Musikalische Arbeiten*, Bln. 1963. – S. Mews, *B. B. »Herr Puntila und sein Knecht Matti«*, Ffm. 1975. – M. Youssef, *B. in Ägypten. Versuch einer literatursoziologischen Deutung unter besonderer Berücksichtigung der Rezeption des Stückes »Herr Puntila ...«*, Bochum 1976. – J. Hermand, *B.: »Herr Puntila ...«* (in *Die dt. Komödie*, Hg. W. Hinck, Düsseldorf 1977). – O. Valle, *Das Herr-Knecht-Verhältnis in B.s »Herr Puntila...« als theatralisches und soziales Problem*, Diss. Bln. 1977. – M. N. Deschner, *H. Wuolijkos Punttila-Geschichte. Ein vor-Brechtsches Dokument* (in *B.-Jb.*, Stg. 1978, S. 81–106; m. Text d. Kurzgesch.). – *B.s »Puntila«: öst och väst*, Hg. V. Hagnell, Trondheim 1980. – R. Semran, *Die Komik des Puntila*, Bln. 1981. – R. Kamath, *B.s Lehrstück-Modell als Bruch mit den bürgerlichen Theatertraditionen*, Ffm./Bern 1982. – *»Puntila«*, Hg. H. P. Neureuter, Ffm. 1985 (st).

IM DICKICHT DER STÄDTE. Der Kampf zweier Männer in der Riesenstadt Chicago

Stück von Bertolt BRECHT, entstanden 1921 bis 1924; Uraufführung der ersten Fassung: München, 9. 5. 1923, Residenztheater (unter dem Titel *Im Dickicht*); 2. Fassung erschienen 1927. Einige Fragment gebliebene Vorarbeiten entstanden schon 1921 *(»Das Stück vom kalten Chicago«, »Im Dickicht«)*. – Auf die mannigfachen Anregungen hat Brecht z. T. selbst hingewiesen; er schöpfte sie aus Impressionen vom »Plärrer«, einem Augsburger Jahrmarkt, aus einer Aufführung von SCHILLERS *Räubern* und Leopold Jessners *Othello*-Inszenierung: VERLAINE, RIMBAUDS *Une saison en enfer*, J. V. JENSENS Chicago-Roman *Hjulet*, 1905 *(Das Rad)*, und – wahrscheinlich – C. WESTERMANNS *Knabenbriefe* (²1908) sowie G. H. LORIMERS *»Briefe eines Dollar-Königs an seinen Sohn«* (1902) beeindruckten ihn tief, weiterhin Upton SINCLAIR und KIPLING, nach Julius BAB auch HAMSUN und WILBRANDT. Vor allem aber war es der Boxsport *»als eine der ›großen mythischen Vergnügungen der Riesenstädte von jenseits des großen Teiches‹«*, der Brecht zu jener Zeit fesselte. Es sollte in seinem Stück *»ein ›Kampf an sich‹, ein Kampf ohne andere Ursache als den Spaß am Kampf, mit keinem anderen Ziel als der Festlegung des ›besseren Mannes‹ ausgefochten werden«* (*Bei Durchsicht meiner ersten Stücke*, 1954). So sagt es auch der Vorspruch: *»Sie befinden sich im Jahre 1912 in der Stadt Chicago. Sie betrachten den unerklärlichen Ringkampf zweier Menschen ... Zerbrechen Sie sich nicht den Kopf über die Motive dieses Kampfes, sondern beteiligen Sie sich an den menschlichen Einsätzen, beurteilen Sie unparteiisch die Kampfform der Gegner und lenken Sie Ihr Interesse auf das Finish.«*

Die Handlung des Stücks, in dem sich laut Brecht *»der Philosoph besser zurecht* [findet] *als der Psychologe« (Schriften zum Theater)*, gehorcht nicht den gewohnten Gesetzen der Kausalität. Der malaiische Holzhändler Shlink verwickelt ohne ersichtlichen Anlaß den in einer Leihbücherei angestellten George Garga in einen Streit, der die Demolierung des Ladens und die Entlassung Gargas zur Folge hat. Garga nimmt den Kampf auf und vernichtet Shlinks Geschäft. Aber seinen Plan, nach Tahiti zu

gehen, um frei zu werden, muß er aufgeben, weil Shlink Gargas Familie in den Kampf mit einbezieht: Es gelingt ihm, zusammen mit seinen Freunden aus der Unterwelt, Gargas Schwester Marie und dessen Freundin Jane zu Prostituierten zu machen. Als Garga Jane dennoch heiratet, zeigt Shlink ihn als nächstes wegen Schiebung an. Garga muß ins Gefängnis, und seine Familie bricht auseinander. Er rächt sich mit einer Gegenanzeige wegen Vergewaltigung seiner Schwester und inszeniert eine Lynchaktion gegen Shlink. Dann aber entflieht er gemeinsam mit ihm. Shlink übergibt Garga seinen wiederaufgebauten Holzhandel und gesteht ihm seine Liebe, doch Garga stößt ihn zurück. Er hat nicht begriffen, daß er und Shlink *»Kameraden sind, Kameraden einer metaphysischen Aktion«*, daß Shlink kämpft, um die Entfremdung der Menschen untereinander zu überwinden. Doch *»die unendliche Vereinzelung des Menschen macht eine Feindschaft zum unerreichbaren Ziel«*. Shlink nimmt Gift, als der Mob vor der Tür steht. Am Ende brennt Garga das Holzgeschäft nieder und geht nach New York: *»Allein sein ist eine gute Sache.«*
Das gedanklich sehr schwer zugängliche Stück sah Arnolt BRONNEN, damals enger Freund Brechts, als die *»Stammesgeschichte der Familie Brecht«* an, *»zusammen mit unverdaut ausgeschiedenen individualistischen Resten«*, die neuere Forschung dagegen sieht Brechts Erfahrung der Großstadt Berlin als thematischen Hintergrund. Herbert JHERING sprach von dem Stück als einem *»neuen dichterischen Weltkörper«*, dessen Sprachgewalt *»seit Jahrzehnten unerhört ist«*. In vielem, vor allem in der eher lyrisch als dramatisch gestalteten Handlung, noch dem genialischen *Baal* (1920) verhaftet, weist es schon auf das epische Theater hin, nicht so sehr wegen der erstmals eingeführten Verfremdung durch ein amerikanisch-exotisches Milieu, womit Brecht *»das Augenmerk am leichtesten auf die eigenartige Handlungsweise großer Menschentypen lenken zu können«* glaubte, sondern vielmehr, weil es, *»dem Inhalt nach eine Kritik, die formale Aufgabe hatte, Theater zu organisieren (das heißt umzuwälzen)« (Schriften zum Theater)*. Mit diesem Stück hat Brecht einerseits das absurde Theater vorweggenommen, andererseits aber überwunden, liest man es als Reflexion über die Lebensformen der modernen Großstadt, über Konkurrenzkampf, Anonymität und Isolation. Fast alle Aufführungen der Jahre 1923–1928 führten zu einem Theaterskandal. Später ist Brecht das Stück *»fremd geworden«* (*Arbeitsbuch*, 30. 1. 1941); 1954 wies er darauf hin, daß *»die Dialektik des Stückes rein idealistischer Art«* sei (*Bei Durchsicht meiner ersten Stücke*, 1954).

K.B.-KLL

AUSGABEN: Bln. 1927 [2. Fassg.]. – Bln./Ffm. 1957 (in *Stücke*, 12 Bde., 1956–1959, 1). – Ffm. 1967 (in *GW in 20 Bdn.*, 1; es). – Ffm. 1970, Hg. u. Komm. G. E. Bahr (Erstfassg.; m. Materialien; es). – Bln./Weimar 1973 (in *Werke in 5 Bdn.*, Stükke). – Ffm. 1978 (in *Die Stücke v. B. B. in einem Bd.*; 3 1981).

LITERATUR: L. Adelt, Rez. (in Berliner Tageblatt, 15. 5. 1923). – A. Kerr, Rez. (in Vossische Ztg., 30. 10. 1924). – J. Bab, *Über den Tag hinaus*, Heidelberg 1960, S. 214–216. – B. M. Glanert, *B. B.s Amerikabild in drei seiner Dramen*, Diss. Univ. of Colorado 1961. – B. Brecht, *Für das Programmheft der Heidelberger Aufführung, 24. 7. 1928* (in B. B., *Schriften zum Theater*, Bd. 1, Ffm. 1963, S. 67–70). – Ders., *Bei Durchsicht meiner ersten Stücke* (ebd., Bd. 6, Ffm. 1964, S. 390–399). – Ch. R. Lyons, *Two Projections of the Isolation of the Human Soul: B.'s »Im Dickicht der Städte« and Albee's »The Zoo Story«* (in Drama Survey, 4, 1965, S. 121–138). – G. Bahr, *»Im Dickicht der Städte«. Ein Beitrag zur Bestimmung von B. B.s dramatischem Frühstil*, Diss. NY Univ. 1966. – P. L. Parmalee, *B.'s America*, Diss. Irvine Univ. 1970. – G. Schulz, *Die Schiller-Bearbeitungen B. B.s. Eine Untersuchung literar-historischer Bezüge im Hinblick auf B.s Traditionsbegriff*, Tübingen 1972, S. 59–74. – M. Morley, *B. and the Strange Case of Mr. L.* (in GQ, 46, 1973, S. 540–547). – H. W. Seliger, *Das Amerikabild B. B.s*, Bonn, 1974.

DER KAUKASISCHE KREIDEKREIS

Stück von Bertolt BRECHT, entstanden 1944/45; Uraufführung (in englischer Sprache): Northfield/Minn., 4. 5. 1948, Carlston College; deutsche Erstaufführung: Berlin, 7. 10. 1954, Theater am Schiffbauerdamm (Musik: Paul Dessau). – In alter, blutiger Zeit werden nach dem Sturz des Großfürsten alle Gouverneure Grusiniens hingerichtet, darunter Georgi Abaschwili. Seine verwöhnte Frau Natella kann mit ihren Kleidern entfliehen, läßt aber ihr Kind zurück, das gleich darauf von den neuen Machthabern gesucht wird. Die Magd Grusche nimmt es auf und bringt es durch alle Gefahren unter vielen Opfern in Sicherheit, wobei sie es liebgewinnt wie ein eigenes. Obwohl sie mit dem Soldaten Simon verlobt ist, heiratet sie, um ein Papier zu haben, einen offenbar todkranken Bauern, der sich jedoch von seinem nur vorgetäuschten Sterbelager erhebt, als der Krieg zu Ende ist. Simon, der hinzukommt, als Grusche vor neuen Verfolgern das Kind als ihr eigenes ausgibt, verläßt sie zornig. Die zurückgekehrte Gouverneursfrau läßt das Kind des reichen Erbes wegen suchen. Es kommt zum Prozeß vor dem ehemaligen Dorfschreiber Azdak, der in den politischen Wirren auf den Richterstuhl gekommen ist und beim Volk als Armeleuterichter gilt. Grusche beansprucht das Kind für sich: *»Es ist meins: ich hab's aufgezogen.«* Der Azdak entscheidet den Fall mit Hilfe eines Kreidekreises, in den das Kind gestellt wird. *»Die richtige Mutter wird die Kraft haben, das Kind aus dem Kreis zu sich zu ziehen.«* Grusche läßt los, weil sie dem Kind nicht wehtun will. Daran erkennt der Azdak die wirklich Mütterliche, spricht ihr das Kind zu und verjagt die Gouverneursfrau. Bevor er für immer verschwindet – nach einer *»kurzen, goldenen Zeit beinahe der*

Gerechtigkeit« –, scheidet er noch Grusche von ihrem Mann, so daß Simon sie heiraten kann.
Die Fabel entstammt einem chinesischen Singspiel des 13. Jh.s, verfaßt von Li Hsing-tau (Li Ssingdau), das Brecht in der Übersetzung durch Klabund kennenlernte. Anders als in dieser relativ freien Übertragung aus dem Jahre 1924 benutzt Brecht die Kreidekreisprobe lediglich als Spielmoment für sein Stück, das Zusammengehörigkeit, Besitz nicht nach biologischen oder tradierten, formal-juristischen Gesichtspunkten beurteilt wissen will, sondern nach dem Maßstab der Produktivität. Grusche, die Magd, nimmt anfänglich das Kind nur »seufzend«, aber je mehr sie durch das Kind in materielle Not gerät, um so stärker wird ihre Einsicht in die gesellschaftlichen Verhältnisse. Daraus resultiert jene Beziehung gegenseitiger Abhängigkeit, durch die Grusche zur Mutter für das Kind werden kann. Am Schluß des Stücks wird diese Lehre aus dem Beispiel Grusches ins Allgemeine ausgeweitet: *»Daß da gehören soll, was da ist, denen, die für es gut sind.«*
Dieser Idee folgte schon die 1940 verfaßte Erzählung *Der Augsburger Kreidekreis*, dem ein fragmentarischer *Odenseer Kreidekreis* (1939) voranging. Aber erst 1944 wurde der Versuch unternommen, eine realistische Grundlage für die neue Auslegung der Legende zu schaffen; der ersten Fassung vom Juni 1944 folgte rasch eine zweite, 1954 nochmals modifizierte Fassung. Brecht verlegte die Handlung in die Sowjetunion, in deren Gesellschaftsstruktur er die Voraussetzung für eine Umfunktionierung der Fabel sah (wobei er das noch Utopische durch die märchenhafte Exotik der kaukasischen Landschaft charakterisierte). Zu diesem Zweck schrieb er den einleitenden – ursprünglich als »Vorspiel« bezeichneten – *Streit um das Tal*, in dem Mitglieder zweier Kolchosen über den Besitz eines Tals diskutieren, das zuletzt denen zugesprochen wird, die es am besten zu nutzen versprechen. Im Anschluß daran spielen die Kolchosbauern das vom Volkssänger Arkadi Tscheidse einstudierte (und von ihm in Liedern kommentierte) Spiel vom Kreidekreis. Sinn dieser Konstruktion ist, zwei sachlich ähnliche Rechtsfindungen einander gegenüberzustellen, um als praktische Lehre zu zeigen, wie in einer sozialistischen Gesellschaftsordnung Konflikte auf vernünftige Weise gelöst werden können – anders als in der Klassengesellschaft, wo sich die Idee sozialer Vernunft nur ausnahmsweise, beim Zusammentreffen glücklicher Zufälle, realisieren läßt. Von lehrhafter Aufdringlichkeit ist Brechts didaktische Verfahrensweise frei. Er stellt in ihren Dienst, durchaus im Sinne seiner theoretischen Schriften (vgl. *Kleines Organon für das Theater*), die »unterhaltenden«, auf das »Vergnügen« des Zuschauers zielende Intention seines Theaters, wie sie sich in der märchenhaft-poetischen Durchführung der Kreidekreisfabel und der volkstümlichen Spielfreude etwa der Azdak-Szenen Ausdruck verschafft.
Das Stück, wegen seines politischen Gehalts von Anfang an heftig umstritten, ist ein Schulbeispiel für das epische Theater Brechts und seiner Verfremdungstechnik. Der Sänger tritt, indem er die Szenenfolge exponiert, begleitet und kommentiert, im Stil des epischen Erzählers dem Geschehen gegenüber und ermöglicht so durch Verfremdung jene Distanz zwischen Schauspielern und Publikum, die eine kritische Beurteilung der vorgeführten Verhaltensweisen erlaubt. So wird nacheinander erzählt, was sich gleichzeitig ereignet – zuerst die Geschichte Grusches, dann die des Azdak, ehe in der Gerichtsszene die beiden Handlungsstränge verknüpft werden. Dieses künstliche Auseinanderfalten simultaner Ereignisse beugt der möglichen Einfühlung des Zuschauers in das Spiel vor. Denn tatsächlich soll der Vorgang ja als eine Utopie, die es erst noch zu realisieren gilt, bewußt gemacht werden. Ähnlich verfremdend wirkt, daß das Vorspiel absichtsvoll vom Ganzen des Stücks abgesetzt ist. Die Kolchosbauern, die sich keineswegs mit den erdichteten Gestalten identifizieren und an der kritischen Erläuterung der Verhaltensweisen Grusches teilhaben, nehmen dem Geschehen dadurch jede Selbstverständlichkeit und fordern anstatt zur »Einfühlung« zur *»Reflexion über seinen Sinn«* heraus (A. Wirth). K.B.-KLL

Ausgaben: Bln. 1949 (in SuF, 1). – Bln./Ffm. 1957 (in *Stücke*, 12 Bde., 1956–1959, 10). – Ffm. 1967 (in *GW in 20 Bdn.*, 5; es). – Bln./Weimar 1973 (in *Werke in 5 Bdn.*, Stücke). – Ffm. 1978 (in *Die Stücke v. B. B. in einem Bd.*; [3]1981).

Literatur: B. Brecht, *Zu »Der kaukasische Kreidekreis«* (in B. B., *Schriften zum Theater*, Bd. 6, Ffm. 1964, S. 349–377). – A. Hurwicz, *B. inszeniert »Der kaukasische Kreidekreis«*, Velber 1964. – *Materialien zu B.s »Der kaukasische Kreidekreis«*, Hg. W. Hecht, Ffm. 1966 (es). – A. Wirth, *Über die stereometrische Struktur der B.schen Stücke* (in *Episches Theater*, Hg. R. Grimm, Köln/Bln. 1966). – S. Tscharchalaschwili, *»Der kaukasische Kreidekreis«, seine Geschichte und Verfremdungstheorie von B. B.* (in WB, 14, 1968). – P. Leiser, *B. B. »Mutter Courage und ihre Kinder«, »Der kaukasische Kreidekreis«*, Hollfeld/Ofr. 1973. – J. McPh. Ritchie, *B.: »Der kaukasische Kreidekreis«*, Ldn. 1976. – A. Springfield, *B. B. »The Caucasian Chalk Circle« and J.-P. Proudhon's Political Philosophy*, Diss. The American Univ. 1976. – *B.s »Kreidekreis«, ein Revolutionsstück. Eine Interpretation m. Texten aus dem Nachlaß*, Hg. B. N. Weber, Ffm. u. a. 1978. – S. Mews, *»Der kaukasische Kreidekreis«*, Ffm. 1980. – H.-S. Yim, *B. B. und sein Verhältnis zur chinesischen Philosophie*, Bonn 1984.

KLEINES ORGANON FÜR DAS THEATER

Kritische Schrift zum Theater von Bertolt Brecht, erschienen 1949 in der Zeitschrift ›Sinn und Form‹. Nachträge des Autors entstanden 1952 bis 1954 aus seinen Erfahrungen in der Theaterarbeit mit dem »Berliner Ensemble«; sie wurden 1960 erstmals veröffentlicht. – Das *Kleine Organon* soll als »Werkzeug« und »Methode« dazu dienen, in der Art von Brechts Berliner Theaterpraxis das *»Theater des wissenschaftlichen Zeitalters«* zu verwirklichen. In 77 Paragraphen bestimmt Brecht die Aufgabe des zeitgemäßen Theaters, wertet danach das bisherige Theater und erläutert seine neue Spielweise der *»Verfremdung«*. – Als Aufgabe und *»nobelste Funktion«* des Theaters sieht Brecht *»Unterhaltung«* und *»Vergnügung«* an. Im Gegensatz aber zu Schillers ethisch bestimmtem Begriff des Vergnügens soll Brechts Theater möglichst *»nahe an die Lehr- und Publikationsstätten«* rücken. Im Unterschied zu seiner früheren radikalen Auffassung des Theaters als Lehrstätte des sozialistischen Aufbaus, vom Hörsaal nur dadurch unterschieden, daß es *»lebende Abbildungen«* herstellt, betont Brecht im *Kleinen Organon* die fruchtbare Verbindung von Lernen und Unterhaltung: *»Hauptthese: daß ein bestimmtes Lernen das wichtigste Vergnügen unseres Zeitalters ist, so daß es in unserm Theater eine große Stellung einnehmen muß.«*

Brechts Verknüpfung von Didaktik und Unterhaltung, seine Intention, *»mit Lehren oder Forschen zu vergnügen«*, gründet in der spezifischen Struktur des gegenwärtigen Zeitalters: *»Unser Zusammenleben als Menschen – und das heißt: unser Leben – ist in einem ganz neuen Umfang von den Wissenschaften bestimmt.«* Diesem Sachverhalt muß das Theater Rechnung tragen. Parallel zu den Naturwissenschaften, die *»eine ungeheure Veränderung und vor allem Veränderlichkeit«* der Natur ermöglicht haben, muß das Theater auf die *»Umwälzung der Gesellschaft«* zielen. Es orientiert sich daher an jener Gesellschaftswissenschaft, die *»vor etwa hundert Jahren ... im Kampf der Beherrschten mit den Herrschenden«* begründet wurde. Das moderne Theater, wie Brecht es fordert, versteht sich demnach als Umsetzung marxistischer Gedankengänge in die Kunst – als ein Mittel zur Befreiung der Unterdrückten und Abhängigen vom Kapitalismus. Von hier aus konstruiert Brecht die schroffe Antithese zum traditionellen Theater, das *»die Struktur der Gesellschaft (abgebildet auf der Bühne) nicht als beeinflußbar durch die Gesellschaft (im Zuschauerraum)«* zeigte. Der Festigung des Bestehenden habe die dramatische Kunst bisher dadurch gedient, daß sie unabänderliche Schicksale dargestellt und zur Steigerung der *»Illusion«* eine *»magische«* Spielweise ausgebildet habe, die den Zuschauer zu *»einer verhältnismäßig neuen Prozedur, nämlich der Einfühlung«* genötigt und somit in einen distanzlosen, unproduktiven *»Zustand der Entrückung«* versetzt hat. Die neue Spielweise, die er fordert, soll dagegen mittels geeigneter Verfremdungen den kritischen Blick des Beobachters schulen, der *»laufend fiktive Montagen an unserem Bau vornehmen«* kann: *»Eine verfremdende Abbildung ist eine solche, die den Gegenstand zwar erkennen, ihn aber doch zugleich fremd erscheinen läßt.«* Dazu dienen Zwischentitel, Songs, Vermeiden der »Illusion« durch Bewußtmachen des »Spiels« und vor allem die gesellschaftskritische Distanz des Schauspielers von der Rolle, die er gleichsam als Lehrbeispiel demonstrieren soll. Brecht weist auf mehrere gestische Verfremdungseffekte (»V-Effekte«) in seinem *Leben des Gallilei* hin, die den Verlauf der Fabel in seiner Bedingtheit und Widersprüchlichkeit erhellen. Das gezeigte menschliche Verhalten soll durch diese *»Technik der Verfremdungen des Vertrauten«* als ungewöhnlich und in seinen gesellschaftlichen Ursachen erkennbar dargestellt werden. *»Die echten V-Effekte haben kämpferischen Charakter.«* In strenger politischer Konsequenz schult das Theater den Zuschauer für den Klassenkampf, indem es zeigt, *»daß die zutage getretenen Regeln in diesem Zusammenleben als vorläufige und unvollkommene behandelt sind. In diesem läßt das Theater den Zuschauer produktiv, über das Schauen hinaus.«*

Brechts Versuch, durch verfremdende Spielweise zu marxistisch-politischer Aktivität zu erziehen, schlägt sich auch in der Diktion seiner theoretischen Schrift nieder. In die zwingende, kühle Argumentation drängen sich aggressive Vergleiche, Imperative und schneidende Pointen, die den Leser zur Stellungnahme herausfordern. Bewußt provokatorischen Charakter hat vor allem seine schroffe Scheidung zwischen dem herkömmlichen Theater und dem modernen »epischen Theater«, als dessen wichtigste Programmschrift das *Kleine Organon* gelten darf, auch wenn der vieldiskutierte Begriff hier selber vermieden wird. Eine spätere Anmerkung zum *Kleinen Organon* zeigt, daß Brecht den Begriff sehr weit faßte, so weit, daß er gelegentlich ein Spannungsverhältnis zwischen dem Epischen und dem Dramatischen, zwischen kritischer Distanz und Einfühlung anvisieren konnte. Sein Theater, vermerkt er, strebe *»zu jener wirklich zerreißenden Widersprüchlichkeit zwischen Erleben und Darstellen, Einfühlen und Zeigen, Rechtfertigen und Kritisieren, welche gefordert wird. Und darin zu der Führung des Kritischen.«* Das erinnert an Schillers Vorrede zur *Braut von Messina*, die im Theater Affekt und kritisches Bewußtsein, dramatische Spannung und epischen Abstand zugleich fordert. Mit Schillers Schrift hat das *Kleine Organon* außerdem den für das Theater zentralen, von der Literaturwissenschaft immer wieder unterschlagenen Gedanken gemeinsam: daß die Struktur des dramatischen Kunstwerks bedingt sei erstens durch Zeit und Gesellschaft und zweitens durch die Intention, auf diese Zeit und diese Gesellschaft verändernd einzuwirken. P.Sch.-KLL

Ausgaben: Potsdam 1949 (in SuF, 1). – Ffm. 1957 (in *Schriften zum Theater*, Hg. S. Unseld; BS); zul. 1983. – Ffm. 1960 (suhrkamp-texte; erw.). – Ffm. 1964 (in *Schriften zum Theater*, 7 Bde., 1963/64, 7). – Ffm. 1967 (in *GW in 20 Bdn.*, 16; es). – Bln. 1977 (in *Schriften. Über Theater*).

Literatur: Th. Luthardt, *Vergleichende Studien zu B.s »Kleines Organon für das Theater«*, Diss. Jena 1955. – W. Hinck, *Die Dramaturgie des späten B.*,

Göttingen 1959; [6]1977 [rev.]. – R. Grimm, *Vom »Novum Organum« zum »Kleinen Organon«. Gedanken zur Verfremdung* (in E. Bloch, *Das Ärgernis B.*, Basel/Stg. 1961, S. 45–70). – D. Glodny-Wiereniski, *Marginalien zu B. B.s »Kleinem Organon«* (in DVLG, 42, 1968, S. 662–676). – M. Voigts, *B.s Theaterkonzeptionen*, Mchn. 1977. – W. H. Sokel, *Figur – Handlung – Perspektive. Die Dramentheorie B. B.s* (in *Dt. Dramentheorien II* Hg. R. Grimm, Wiesbaden [3]1981, S. 208–231). – *B.s Theorie des Theaters. Materialien*, Hg. W. Hecht, Ffm. 1986 (st).

LEBEN DES GALILEI

Schauspiel in fünfzehn Bildern von Bertolt Brecht. Die erste Fassung entstand 1938/39 im dänischen Exil; Uraufführung: Zürich, 9. 9. 1943, Schauspielhaus. Die zweite, »amerikanische« Fassung entstand 1945–1947; Uraufführung: Los Angeles, 30. 7. 1947. Die letzte Fassung schrieb Brecht 1954–1956 in Berlin; Uraufführung: Berlin, 15. 1. 1957, Theater am Schiffbauerdamm (Musik: H. Eisler). – Brecht verfaßte das Stück über den italienischen Astronomen und Physiker Galileo Galilei (1564–1642) mit der Absicht *»das ungeschminkte Bild einer neuen Zeit zu geben – ein anstrengendes Unternehmen, da jedermann überzeugt war, daß unserer eigenen alles zu einer neuen fehlte« (Anmerkungen)*. Den Anstoß gab offensichtlich ein Ereignis, das als Vorzeichen einer neuen Zeit gedeutet werden konnte: *»Die Zeitungen hatten die Nachricht von der Spaltung des Uran-Atoms gebracht.«* Ein Vergleich der verschiedenen Fassungen macht deutlich, wie Brecht den historischen Stoff benutzt, um eine aktuelle Problematik zu erhellen. Die Fassungen unterscheiden sich vor allem in der vierzehnten Szene. Sie zeigt den gealterten Galilei, der nach dem Widerruf seiner Lehre als Gefangener der Inquisition zwar zu eigenem Vergnügen forschen, aber nicht publizieren darf. Sein früherer Schüler Andrea Sarti, der Italien verläßt, um in Freiheit arbeiten zu können, besucht den alten Lehrer. In der ersten Fassung stellt sich Galileis Widerruf als kluge List heraus. Augenschwäche vortäuschend, hat er hinter dem Rücken der Kirche heimlich eine Abschrift der *Discorsi* hergestellt und veranlaßt den Schüler, das Manuskript ins Ausland zu bringen. Sarti: *»Sie versteckten die Wahrheit. Vor dem Feind. Auch auf dem Gebiet der Ethik waren sie uns um Jahrhunderte voraus.«* – In der zweiten Fassung stellt sich Galileis Widerruf völlig anders dar. Brecht sagte dazu: *»Das ›atomarische‹ Zeitalter machte sein Debüt in Hiroshima in der Mitte unserer Arbeit. Von heut auf morgen las sich die Biografie des Begründers der neuen Physik anders.«* In einer *»mörderischen«* Selbstanalyse erkennt Galilei nun: *»Ich hatte als Wissenschaftler eine einzigartige Möglichkeit. In meiner Zeit erreichte die Astronomie die Marktplätze. Unter diesen ganz besonderen Umständen hätte die Standhaftigkeit eines Mannes große Erschütterungen hervorrufen können. Hätte ich widerstanden, hätten die Naturwissenschaftler etwas wie den hippokratischen Eid der Ärzte entwickeln können, das Gelöbnis, ihr Wissen einzig zum Wohle der Menschheit anzuwenden.«* Aber wie auch in der dritten, nach Entwicklung der H-Bombe entstandenen Fassung, die letztlich eine Übertragung der zweiten Fassung ins Deutsche darstellt und in der der Vorwurf gegen den »negativen Helden« noch mehr verschärft ist, bejaht Galilei dennoch die Frage, ob er noch an ein neues Zeitalter glaube – was nicht als Optimismus Brechts, sondern als Aufruf an die eigene Zeit zu verstehen ist.

Das Stück gliedert sich in fünfzehn bzw. vierzehn Szenen, die zwar im ganzen der historischen Chronologie entsprechen, aber doch nicht im Sinne einer Lebenschronik aneinandergereiht sind. Die Bilder folgen in sehr unregelmäßigen Zeitabständen – von einem Tag bis zu mehreren Jahren – aufeinander, gelegentlich bleibt ihr zeitliches Verhältnis zueinander unklar. Das Prinzip ihrer Anordnung ist thematisch bestimmt. Das Stück hebt an mit der Begrüßung des neuen Zeitalters durch Galilei: *»Denn wo der Glaube tausend Jahre gesessen hat, eben da sitzt jetzt der Zweifel.«* Der Neubeginn wird auf eine Formel gebracht, in der sich die das ganze Stück charakterisierende Lust am Widersprüchlichen versteckt: *»Aber jetzt heißt es: da es so ist, bleibt es nicht so.«* Im Gegensatz zu dieser revolutionären, umfassenden Perspektive stehen die beengenden finanziellen Verhältnisse. Galilei löst sie vorübergehend durch einen Schwindel mit einem keineswegs ganz originären Fernrohr. Dann entdeckt er die Jupitermonde und damit einen entscheidenden Beweis für das von Kopernikus theoretisch formulierte Weltsystem. Im Gegensatz zu Galileis wissenschaftlicher Erkenntnisschärfe steht seine politische Blindheit, die indes beide denselben Ursprung haben: den Glauben an die Vernunft. Galilei wechselt aus der Republik Venedig an den Rom hörigen Hof in Florenz, wo die Gelehrten seine Forschungen nicht einmal überprüfen und ihn vor der Inquisition denunzieren. Die folgenden Szenen enthüllen Galilei als ebenso mutigen wie geschickten Verteidiger seiner Lehre gegenüber der kirchlichen Obrigkeit. Obwohl seine Ergebnisse sich bestätigen, wird die neue Lehre auf den Index gesetzt. Nach achtjährigem Schweigen, ermuntert durch die Wahl des Wissenschaftlers Barberini zum Papst (Urban VIII., 1623–1644), nimmt Galilei die verbotenen Untersuchungen wieder auf und zerstört dadurch das Glück seiner Tochter Virginia, die weiter ein unerfülltes Leben an der Seite ihres Vaters verbringen muß. Die neue Lehre findet im Volk Widerhall; in einer burlesken Marktszene zieht ein Bänkelsänger die Moral aus der neuen Wissenschaft: *»Auf stund der Doktor Galilei / Und sprach zur Sonn: Bleib stehn! / Es soll jetzt die creatio dei / Mal andersrum sich drehn. / Jetzt soll sich mal die Herrin, he! / Um ihre Dienstmagd drehn.«* Galilei wird erneut von der Inquisition nach Rom geholt, wo der Papst es zuläßt, daß man ihm mit der Folter droht. Galilei widerruft. Die Szene zeigt nicht den Widerruf selbst, sondern die Erschütterung, die er bei Galileis Schülern hervorruft. In ihrem Aufbau ist die – allerdings besonders dramatische – Szene für das ganze Stück typisch. Zwar löst sich die Spannung des Handlungsablaufs, aber die Gegensätze bleiben unauflösbar: *»Unglücklich das Land, das keine Helden hat«* (Sarti) – *»Nein, unglücklich das Land, das Helden nötig hat«* (Galilei).

Von den späten Dramen Brechts ist *Leben des Galilei* das schwierigste, seine Interpretation und Bewertung sind bis heute heftig umstritten, wobei die westliche Forschung lange dazu neigte, den Konflikt des Galilei zu personalisieren und damit seines gesellschaftlichen Problemgehalts zu entkleiden. Es ergibt sich die merkwürdige Tatsache, daß gerade diejenigen, die das Stück gegen Brechts ausdrückliche Intentionen deuten, es für sein bedeutendstes halten. Ohne Zweifel wollte der Autor aus dem ziemlich frei behandelten historischen Stoff die These gewinnen, Galilei habe ohne echte Lebensgefahr der Obrigkeit Widerstand leisten können, da er eine Zeitlang stärker gewesen sei als sie. Geleugnet von einem Teil der Forschung wird diese Intention Brechts nicht nur für den historischen Galilei, sondern auch für die Galilei-Figur. Dann würde auch für die Endfassung die Möglichkeit freibleiben, den Widerruf als kluge List zu verstehen. Scheint Galileis unerbittliche Selbstkritik diese Deutung auszuschließen, so ist sie dafür selbst als Widerspruch angelegt: Sie setzt die Kenntnis des weiteren Geschichtsverlaufs voraus, verlagert also eine Gegenwartsperspektive in die historische Figur. Doch gerade diese »falsche« Perspektive verleiht dem Drama seine Aktualität. Für Galilei zu spät, kann die Erkenntnis der Kräfteverhältnisse zwischen Wissenschaftler und Obrigkeit für die eigene Zeit noch fruchtbar werden. Das Stück enthält so die unausgesprochene Prämisse, das aus der Geschichte gelernt werden könne; mit ihr steht und fällt die These, allerdings nicht das Drama, das im Grunde kein Thesenstück ist. In sich widerspruchsvoll ist die Hauptfigur. Galilei begründet die neue Wahrheit und verrät sie zugleich, beides aus einem anderen Widerspruch. Die sinnlichen, unintellektuellen Züge seiner Forschernatur begründen sowohl seine empirische, allgemeinverständliche Wissenschaftlichkeit wie auch sein soziales Versagen: sein Epikureertum bedingt seine Angst vor der Tortur. Das Stück behandelt aber nicht einen persönlichen Konflikt Galileis, sondern zeigt ein gesellschaftliches Problem. War der Galilei der ersten Fassung von der Überzeugung beseelt, daß wissenschaftlicher Fortschritt letztlich auch den allgemeinen Fortschritt der Menschheit bewirkt, so ist dieser Optimismus in den späteren Fassungen angesichts der Erfindung atomarer Massenvernichtungsmittel gebrochen; Wissenschaft scheint sich der Unterordnung unter den Staat nicht entziehen zu können.

Auch in formaler Hinsicht entzieht sich das Stück jeder Eindeutigkeit. Seine epische Struktur ist nur schwer durchschaubar. Durchgehend in Prosa geschrieben, fehlen Songs und kommentierende Monologe fast völlig. Die Hauptmomente der von Brecht entwickelten epischen Dramaturgie: Dialektik, Didaktik und Explikation sind im *Leben des Galilei* bereits der Fabel und dem Stoff immanent, sie erscheinen als spezifische Fähigkeiten der Hauptfiguren, gehören zum Gelehrtenmilieu und gehen in die Dialoge ein. So entsteht, thematisch bedingt oder zumindest begünstigt, die für den *Galilei* typische Dialogform: der Disput. Streitgespräche tragen mehr noch als die Fabel die Dramatik des Schauspiels und füllen ganze Szenen (hervorzuheben ist vor allem die achte). Auch das antiaristotelische Element der Brechtschen Theaterform ist in diesem Stück inhaltlich-thematisch gebunden: Das neue, kopernikanische tritt gegen das alte, aristotelische Weltbild auf.

Wie keine andere dramatische Figur ist der Galilei Sprachrohr seines Autors und daher für das Gesamtwerk aufschlußreich. Mit anderen monumentalen »Heldenfiguren« wie der Mutter Courage und dem Schweyk teilt der Galilei die Problematik, daß er die überpersönliche, gesellschaftliche Thematik zugleich sichtbar macht und verdeckt. Nach Brecht haben vor allem Karl Zuckmayer (vgl. *Das kalte Licht)*, Heinar Kipphardt (vgl. *In der Sache J. Robert Oppenheimer*) und Dürrenmatt (vgl. *Die Physiker)* die Frage nach der Verantwortung des Wissenschaftlers in einer durch seine Erkenntnisse bedrohten Welt neu untersucht. K.N.-KLL

Ausgaben: Bln. 1955 (in *Versuche*, H. 14; 1. Fassg.; Nachdr. Ffm. 1977). – Bln./Ffm. 1957 (in *Stücke*, 12 Bde; 1956–1959, 8, 3. Fassg.). – NY 1961 (in *Seven Plays*, Hg. E. Bentley; 2. Fassg.). – Ffm. 1967 (in *GW in 20 Bdn.*, 3; es). – Ffm. 1976 (es). – Ffm. 1978 (in *Die Stücke von B. B. in einem Bd.*; [3]1981).

Verfilmung: Großbritannien/Kanada 1974 (Regie: J. Losey).

Literatur: B. Brecht, *Anmerkungen zu »Leben des Galilei«* (in Studien [Beil. zu Theater der Zeit, 1956, H. 11], Nr. 2, S. 3–5). – B. Brecht u. H. Eisler, *Aufbau einer Rolle. 1: Laughtons Galilei 2: B.s Galilei 3: B. »Leben des Galilei« [Text]*, Bln. 1956 (3 Hefte in Mappe; Modellbücher des Berliner Ensembles, 2). – K. Rülicke, *»Leben des Galilei«, Bemerkungen zur Schlußszene* (in SuF, 9, 1957, S. 269–321). – W. Mittenzwei, *B. B. Von der »Maßnahme« zu »Leben des Galilei«*, Bln. 1962, S. 253 ff. – *Materialien zu B.s »Leben des Galilei«*, Hg. W. Hecht, Ffm. 1963 (es). – S. Veca, *B. e la contradizione di Galileo* (in Aut Aut, 1964, Nr. 81, S. 89–101). – D. Wattenberg, *Galileo Galilei. Werk und Tragödie im Umbruch seiner Zeit*; D. Herrmann, *Galilei und B. B.*, Bln. 1964. – E. Schumacher, *Drama u. Geschichte. B. B.s »Leben des Galilei« und andere Stücke*, Bln. 1965; [2]1968. – W. Zimmermann. *B.s »Leben des Galilei«. Interpretationen u. didaktische Analyse*, Düsseldorf 1965 (WW, Beih. 12; ern. 1970; erw.). – Ch. R. Lyons, *»The Life of Galileo«. The Focus of Ambiguity in the Villain*

Hero (in GR, 41, 1966, S. 57–71). – G. Szczesny, *»Das Leben des Galilei« u. der Fall B. B.*, Ffm./Bln. 1966 (Dichtung u. Wirklichkeit). – H. Kästner, *B.s »Leben des Galilei«. Zur Charakterdarstellung im epischen Theater*, Diss. Mchn. 1968. – H. Gehrke, *B. B. »Der gute Mensch von Sezuan«. »Leben des Galilei«*, Hollfeld/Ofr. 1973. – P. Deghaye, *Galilée marxiste et le mysticisme astral. Essai sur »La vie de Galilée« de B. B.*, Paris 1977. – P. Beyersdorf, *B. B.s »Leben des Galilei«. Zur Problematik des Stoffes«*, Hollfeld/Ofr., 1977. – A. D. White, *B. B.'s Great Plays*, NY 1978. – *B.s »Leben des Galilei«*, Hg. W. Hecht, Ffm. 1981 (st). – *»Leben des Galilei«. Eine Dokumentation der Aufführungen des Berliner Ensembles 1978*, Bearb. G. Hof, Bln./DDR 1982. – W. Busch, *Cäsarismuskritik und epische Historik. Zur Entwicklung der politischen Ästhetik B. B.s 1936–1940*, Ffm./Bern 1982. – D. Suvin, *To B. and Beyond. Soundings in Modern Dramaturgy*, Brighton 1984. – R. Grimm, *Verfremdung in B. B.s »Leben des Galilei«*, Ffm. 1986.

MANN IST MANN. Die Verwandlung des Packers Galy Gay in den Militärbaracken von Kilkoa im Jahre neunzehnhundertfünfundzwanzig. Lustspiel in 11 Bildern und mit einem Zwischenspiel für das Foyer ›Das Elefantenkalb‹

Stück von Bertolt BRECHT, Uraufführung: Darmstadt, 25. 9. 1926, Hessisches Landestheater (Musik: P. Dessau). – Galy Gay, ein Mann, *»der nicht nein sagen kann«*, verläßt eines Morgens seine Hütte, um seiner Frau einen Fisch für das Mittagessen zu besorgen. Für Galy Gay ist das harmlose Unternehmen der Beginn einer Kette von Verwicklungen, aus denen er als ein völlig anderer hervorgehen wird. Unterwegs trifft er die Witwe Leokadja Begbick, Besitzerin einer Kantine auf dem Militärkamp, hilft ihr beim Heimtragen der Einkäufe, hat seinen Fisch schon vergessen und gerät in die Fänge von drei Soldaten der britischen Kolonialarmee Indiens. Sie haben die Gelbherrenpagode ausgeraubt und dabei den vierten Mann ihrer Maschinengewehrabteilung, Jeraiah Jip, zurücklassen müssen, der in einer Pechfalle ein Büschel Haare verloren hat, das sie verraten könnte. Die drei Männer (Uria Shelley, Jesse Mahoney, Polly Baker) überreden Galy Gay dazu, beim Appell für Jip einzuspringen; denn schon ist der brutale Sergeant Charles Fairchild, der »Blutige Fünfer«, hinter den »Verbrechern« her. Die Begbick soll den Sergeanten, *»der bei Regen sehr sinnlich wird«*, ablenken, damit der Trick nicht auffällt. Die Täuschung gelingt. Als die Soldaten Jip nach dem Appell aus der Pagode holen wollen, gibt der Bonze ihn nicht heraus. Er macht mit Jip ein großes Geschäft, indem er den Betrunkenen als einen Gott vorführt und Opfergaben kassiert. Galy Gay, der im Lager geblieben ist, soll die Soldaten retten. Aber er weigert sich. *(»Warum wollen Sie eigentlich nicht Jip sein?« - »Weil ich Galy Gay bin.«)* Aber der Lockung eines Geschäftes – die Soldaten bieten ihm einen Elefanten zum Kauf an – kann Gay doch nicht widerstehen. Der Packer besteht seine erste Probe als Jip: Er verleugnet seine Frau, die ihn sucht. Galy Gays »Ummontierung« hat begonnen. In einem Zwischenspruch, der den Übergang zu der entscheidenden neunten Szene bildet, erläutert die Begbick das bevorstehende Ereignis. *»Herr Bertolt Brecht behauptet: Mann ist Mann. / Und das ist etwas, was jeder behaupten kann. / Aber Herr Bertolt Brecht beweist auch dann / Daß man mit einem Menschen beliebig viel machen kann. / Hier wird heute abend ein Mensch wie ein Auto ummontiert / Ohne daß er irgend etwas dabei verliert.«* Das folgende Bild – inzwischen ist ein Krieg ausgebrochen, *»der vorgesehen war«* – ist in sechs Szenen aufgegliedert, deren Inhalt jeweils am Beginn ausgerufen wird. Sie stellen eine Art Spiel im Spiel dar. Galy Gay wird in den Elefantenhandel verwickelt. Aber das Tier ist nur eine Attrappe. Deshalb wird der Packer wegen Betrugs festgenommen, in eine Latrine geworfen und zum Tode verurteilt. Nun möchte Galy Gay nicht mehr er selbst sein, aber es hilft ihm nichts: Das Erschießungskommando wird aufgestellt. Galy Gay weiß nicht, daß die Gewehre nur Platzpatronen enthalten, er fällt vor Schreck in Ohnmacht. Wieder aufgewacht, bekennt er, Jip zu sein und hält auf sich selbst eine Grabrede. Parallel zu der Ummontierung Gays läuft die Verwandlung Fairchilds in einen Zivilisten und Individualisten. Er kann seinem Geschlechtstrieb nicht widerstehen und wird von den Soldaten verspottet. Die Armee bricht auf. Während der Fahrt (10. Bild) erleidet Gay einen Rückfall. Als er aber sieht, daß der verzweifelte Fairchild sich entmannt, damit seine Sinnlichkeit ihn nicht mehr in Privatabenteuer lockt, begreift Gay endlich, daß man auf seine Persönlichkeit nicht so großen Wert legen sollte. Endgültig hat er sich in Jip verwandelt. Das letzte Bild zeigt ihn als »Kriegsmaschine«. Er erobert die Bergfestung Sir El Dchowr, wobei 7000 Flüchtlinge ums Leben kommen. Der wirkliche Jip taucht wieder auf und wird verleugnet. Beim Übergang über die tibetische Grenze nimmt Galy Gay seinen drei Kameraden die Pässe ab, ein symbolischer Akt, durch den er ihre Individualität löscht. Jetzt hat er Macht über sie.

In der veränderten Fassung von 1931 waren die beiden letzten Szenen gestrichen worden, Brecht hat sie aber später wieder aufgenommen. Die Beschäftigung mit dem Stoff geht auf das Jahr 1919 zurück *(Das war der Bürger Galgei)*, unter dem Einfluß der Lektüre KIPLINGS entsteht in den 20er Jahren die Figur des Packers Galy Gay, der einen neuen Menschentypus repräsentiert: *»Ich denke auch, Sie sind gewohnt, einen Menschen, der nicht nein sagen kann, als einen Schwächling zu betrachten, aber dieser Galy Gay ist gar kein Schwächling. Er ist allerdings erst der Stärkste, nachdem er aufgehört hat, eine Privatperson zu sein«* (*Vorrede*, 1927). Daß er gezwungen werde, sein kostbares Ich aufzugeben, sei *»eine lustige Sache. Denn dieser Galy Gay nimmt eben keinen Schaden, sondern er gewinnt.«* Mit dem

Aufkommen des Faschismus problematisiert Brecht die Figur des Packers, er sieht ihn nun, wie auch nach dem Krieg (*Bei Durchsicht meiner Stücke*, 1954), als einen *»sozial negativen Helden«*. Galy Gay erscheint als Opfer seiner Sehnsucht nach dem *»echten sozialen Kollektiv der Arbeiter«*. Durch ein schlechtes Kollektiv wird er verführt. Diese nachträgliche Deutung bleibt dem Stück jedoch äußerlich und findet keine tatsächliche Fundierung; Brecht selbst beschränkte sich darauf, das Werk als Antikriegsstück mit den Mitteln der Groteske zu inszenieren.

In Brechts dramatischem Schaffen bezeichnet *Mann ist Mann* einen entscheidenden Wendepunkt. Der Autor verwendet zum erstenmal die Parabelform wie in den späteren Hauptwerken *Der gute Mensch von Sezuan* (1942) und *Der kaukasische Kreidekreis* (1945). Zum erstenmal begegnet hier auch die für Brechts reife Dramen typische *»stereometrische Struktur«* (A. Wirth), d. h. die Durchführung von Themen und Motiven auf verschiedenen, einander erläuternden Spiel- und Kommentarebenen (Songs, Paraphrasen, Selbstvorstellungen der Figuren: *»Ich bin die Witwe Begbick, und das ist mein Bierwaggon«*). Die Sprache erinnert kaum noch an die genialische, metaphernreiche Gebärdung der früheren Stücke (vgl. *Baal; Im Dickicht der Städte*). Verschiedene Stilebenen – z. B. Amtsdeutsch, Luthersprache – werden bewußt imitiert und in Kontrast gebracht. Mögen im einzelnen Elemente des klassischen Lustspiels aufgenommen worden sein, im ganzen wird man das Stück kaum als »klassisch« bezeichnen können (wie Brecht wollte). Die bewußte Klassizität betont eher – als Stilmittel eingesetzt – die neuartige dialektische Dramaturgie, die der Autor hier anwandte.
K.N.-KLL

Ausgaben: Bln. 1927. – Ldn. 1938 (in *GW*, 2 Bde., 1; die letzten beiden Szenen fehlen). – Bln./Ffm. 1957 (in *Stücke*, 12 Bde., 1956–1959, 2). – Ffm. 1967 (in *GW in 20 Bdn.*, 1; es). – Bln./Weimar 1973 (in *Werke in 5 Bdn.*, Stücke). – Ffm. 1976 (es). – Ffm. 1978 (in *Die Stücke von B. B. in einem Bd.*; ^{3}1981).

Literatur: A. Kerr, Rez. (in Berliner Tageblatt, 27. 9. 1926). – Ders., Rez. (in Berliner Tageblatt, 5. 1. 1928). – J. Bab, *Nachtrag zum Falle B.* (in Die Hilfe, 21. 2. 1931, S. 187–189). – E. Schumacher, *Die dramatischen Versuche B. B.s 1918 bis 1933*, Bln. 1955. – J. Willett, *The Theatre of B. B. A Study from 8 Aspects*, Ldn. 1959 (dt.: *Das Theater B. B.s. Eine Betrachtung*, Reinbek 1964). – B. Brecht, *Zu »Mann ist Mann«* (in B. B., *Schriften zum Theater*, Bd. 2, Ffm. 1963, S. 71–89). – F. Hennenberg, *Dessau – B.*, Bln. 1963. – A. Wirth, *Über die stereometrische Figur der B.schen Texte* (in *Episches Theater*, Hg. R. Grimm, Köln/Bln. 1966). – M. Kesting, *Das Groteske vom Verlust der Identität* (in *Das dt. Lustspiel*, Hg. H. Steffen, Bd. 2, Göttingen 1969, S. 180–212). – J.W. Onderderlinden, *B.s »Mann ist Mann«. Lustspiel oder Lehrstück?* (in Neoph, 54, 1970). – P. C. Giese, *Das ›Gesellschaftlich-Komische‹. Zur Komik u. Komödie am Beispiel der Stücke und Bearbeitungen B.s*, Stg. 1974. – J. K. Lyon, *B. B. und R. Kipling*, Ffm. 1976, S. 80–97. – *B.s »Mann ist Mann«*, Hg. C. Wege, Ffm. 1982 (st).

MUTTER COURAGE UND IHRE KINDER. Eine Chronik aus dem Dreißigjährigen Krieg

Bühnenstück in zwölf Bildern von Bertolt Brecht, geschrieben 1939, Uraufführung: Zürich, 19. 4. 1941, Schauspielhaus. Mit ihren beiden Söhnen, dem mutigen Eilif, dem ehrlichen Schweizerkas und mit der stummen Tochter Kattrin zieht die Marketenderin (Landstörtzerin) Anna Fierling, genannt Mutter Courage, durch die Lande, darum besorgt, ihre Kinder durchzubringen, aber auch, am Krieg ihren *»Schnitt zu machen«*. Die literarische Vorlage für die Figur der Courage findet Brecht in einer Ballade aus *Fähnrich Stahls Erzählungen* des schwedisch-finnischen Dichters J. L. Runeberg (1804–1877), ihr Name verweist auf Grimmelshausens Schelmenroman *Trutz Simplex*...; es lassen sich aber auch Anregungen durch Grimmelshausens *Simplicissimus* nachweisen.

Im Jahre 1624 wird der Courage in Schweden Eilif von Werbern hinterlistig entführt. Zwei Jahre später trifft sie ihn in Polen wieder. Eilifs Auszeichnung wegen einer Heldentat nutzt Mutter Courage zu einem Geschäft; an Pfeifenpieter, den Koch des Feldhauptmanns, schlägt sie einen Kapaun zum Überpreis ab. Drei Jahre später – Schweizerkas ist inzwischen Zahlmeister geworden – gerät die Fierling mit Teilen eines finnischen Regiments in Gefangenschaft der Katholischen. Als der redliche Schweizerkas die Regimentskasse in Sicherheit bringen will, wird er ertappt. Mutter Courage will ihren Wagen, von dem ihre Existenz abhängt, an die Lagerhure Yvette Pottier verpfänden, um Schweizerkas auszulösen. Courage feilscht ein wenig zu lang: Schweizerkas wird erschossen.

Mit dem evangelischen Feldprediger, der sein geistliches Amt verleugnet hat, und Kattrin zieht Anna Fierling nun im Troß des katholischen Heeres. *»1631. Tillys Sieg bei Magdeburg kostet Mutter Courage vier Offiziershemden«*, die sie dem Feldprediger, der Verwundete verbinden will, nur widerwillig überläßt. 1632 ist Tilly gefallen, bei Ingolstadt erlebt Mutter Courage sein Begräbnis. Sie fürchtet, daß Tillys Tod den Krieg beenden könnte (sie hat gerade neue Waren eingekauft). Der geht aber weiter, und bald steht die Courage *»auf der Höhe ihrer geschäftlichen Laufbahn«*. Im selben Jahr bricht für kurze Zeit der Friede aus, als der schwedische König Gustav Adolf bei Lützen fällt. Während Mutter Courage, um Ware abzustoßen, ihren Wagen verlassen hat, werden der Feldprediger und der heruntergekommene Pfeifenpieter Zeuge, wie Eilif, der im Frieden geplündert und geschändet hat (wofür er im Krieg auszgezeichnet wurde), zur

Hinrichtung abgeführt wird. Mutter Courage erfährt nichts davon. Mit Pfeifenpieter und Kattrin (sie ist überfallen und entstellt worden) zieht die Marketenderin nun wieder in der Nachhut des protestantischen Heeres. Im frühen Winter 1634 bettelt die Verarmte vor einem Pfarrhaus im Fichtelgebirge um Essen. Pfeifenpieter, der in seiner Heimatstadt Utrecht ein Wirtshaus geerbt hat, will Courage mitnehmen, wenn sie Kattrin zurückläßt. Aber sie willigt nicht ein und zieht mit Kattrin allein weiter. Im Jahre 1636 warnt die stumme Kattrin durch Trommelschläge die schlafende Stadt Halle vor einem Überfall der kaiserlichen Truppen, weniger um die wegen ihrer Geschäfte in der Stadt weilende Mutter zu retten, als aus Mitleid mit den Kindern. Kattrin wird erschossen, aber die Stadt hat ihre Warnung gehört. Mit ihrem zerlumpten Planwagen zieht die heruntergekommene, gealterte Courage allein weiter, in der Hoffnung, Eilif wiederzufinden, von dessen Tod sie nichts weiß, noch immer in Gedanken an ihr Geschäft. *»Ich muß wieder in den Handel kommen.«*

Brecht hat, nachdem das Stück trotz seiner Anspielungen auch auf das Dritte Reich und auf den deutschen Überfall auf Polen als eine Art Niobe-Tragödie mißverstanden worden war, mit wenigen Korrekturen das Bild der Courage als einer *»Hyäne des Schlachtfeldes«* schärfer herausgearbeitet. Dazu trägt vor allem jener Schlußsatz der Courage bei. Sie hat nichts gelernt. Der Marketenderin, die in und mit dem Krieg Geschäfte gemacht hat, ist der Zusammenhang zwischen Krieg und Geschäft (Kapitalismus) im Grunde nicht aufgegangen. Auf den bis heute erhobenen Vorwurf, daß die Uneinsichtigkeit der Courage ihrer sonstigen Lebenstüchtigkeit widerspreche und der Wirkung des Stückes schade, hat Brecht geantwortet, es komme ihm nicht darauf an, die Figur am Ende sehend zu machen, sondern das Publikum solle sehend werden. Mutter Courages beste Fähigkeiten, ihr vitaler Behauptungswille und ihr nüchterner, praktischer Sinn in heiklen, gefährlichen Situationen, sind zugleich ihre Verderbnis. Nach Brechts Aussagen sollte dadurch sichtbar werden, *»daß hier ein entsetzlicher Widerspruch bestand, der einen Menschen vernichtete, ein Widerspruch, der gelöst werden konnte, aber nur von der Gesellschaft selbst«* (*Mutter Courage in zweifacher Art dargestellt*, 1952). Tatsächlich verweist die »Tragik« der Courage auf die gesellschaftlichen Verhältnisse: Die Marketenderin verliert ihre Kinder durch einen Krieg, den sie selbst fördert und dessen Abschaffung sie nicht wünschen kann. Nur einmal verflucht Courage den Krieg, aber nur für einen Augenblick, als Kattrin verunstaltet wird. Auch durch die anderen Hauptfiguren macht Brecht eine intersubjektive, gesellschaftliche Problematik transparent. Alle drei Kinder gehen an ihren Tugenden zugrunde: Eilif an seiner Kühnheit, Schweizerkas an seiner Redlichkeit, Kattrin an ihrer Kinderliebe, ihrem Mitleid für hilflose Kreaturen. Der Krieg fördert ihre Tugenden und läßt sie zugleich »Tugenden zum Tode« werden.

Obwohl die »große Geschichte« des Dreißigjährigen Krieges ganz im Hintergrund bleibt, macht Brecht klar, wie sie die »kleine Geschichte«, die der »kleinen Leute«, bestimmt. Zusammen mit dem im gleichen Jahr entstandenen *Leben des Galilei* zählt die *Mutter Courage* zu den meistgespielten Stükken des »realistischen« Brecht. Nicht wird, wie in den Lehrstücken, ein didaktisches Verhaltensmodell gegeben, und nicht, wie in den Parabelstücken, ein Gleichnis dramatisch entwickelt. In den »realistischen« Dramen wird vielmehr ein historisches Geschehen, sei es ein tatsächliches oder fiktives, als gesellschaftlich bedingtes und daher veränderbares sichtbar gemacht. Die Mittel des epischen Theaters, wie offene Form und Verfremdungseffekt, sind in der *Courage* des »späten« Brecht voll entwickelt. Wie in keinem anderen Stück des Autors stehen Fabel, dramatischer Ablauf und Song in einem Verhältnis gegenseitiger Erhellung. Vor allem die Songs, die Paul Dessau 1946 komponierte, sind nun, gegenüber früheren Werken (wie vor allem A. Wirth und H. Mayer gezeigt haben), vollkommen mit der Struktur und der Themenführung verbunden, wobei ihre Funktion reich variiert wird. Das Courage-Lied durchzieht das ganze Stück, gleichsam als textliche Entsprechung zu dem optischen Motiv des Planwagens, der immer anwesend, bald reich beladen, bald heruntergekommen, die Verhältnisse der Besitzerin spiegelt, diejenigen, die ihn ziehen, zugleich ernährend und versklavend. Das ›Salomon-Lied‹ (9. Szene) gibt ein Beispiel für kontrapunktische Verwendung von Songs. Während der Koch von der Sinnlosigkeit tugendhaften Handelns singt, entschließt sich die Courage zu einer guten Tat: Sie läßt die stumme Kattrin nicht allein. In das *Lied von der Großen Kapitulation* mündet eine ganze Szene. Mutter Courage hat einen aufbegehrenden Soldaten, der aber nur eine »kurze Wut« hat statt einer langen, zu opportunistischem Verzicht auf eine verdiente Belohnung verführt. Der Song faßt zusammen: Die meisten, die aufbegehren wollen, kapitulieren schließlich doch – *»Und vom Dach der Star / Pfeift: wart ein paar Jahr! / Und sie marschiern in der Kapell / Im Gleichschritt, langsam oder schnell / Und blasen ihren kleinen Ton: / Jetzt kommt er schon.«* K.N.-KLL

Ausgaben: Bln. 1949 (in *Versuche*, H. 9; Nachdr. Ffm. 1977). – Bln./Ffm. 1957 (in *Stücke*, 12 Bde., 1956–1959, 7). – Bln. 1958 (*»Couragemodell 1949«*). – Ffm. 1963 (es). – Ffm. 1967 (in *GW in 20 Bdn.*, 4; es). – Bln./Weimar 1973 (in *Werke in 5 Bdn.*, Stücke). – Ffm. 1978 (in *Die Stücke von B. B. in einem Bd.*; ³1981). – Ffm. 1981 (Ill. T. Kulisiewicz; BS). – Lund 1981, Hg. J. E. Olsson [hist.-krit.].

Verfilmungen: Deutschland 1956 (Regie: E. Engel u. W. Staudte; Fragm.). – Deutschland 1960 (Regie: P. Palitzsch u. M. Wekwerth). – UdSSR 1986 (Regie: S. Kolossow; nach Motiven aus *»Mutter Courage«*).

Literatur: H. Mayer, *Anmerkungen zu einer Szene aus »Mutter Courage«* (in H. M., *Deutsche Literatur u. Weltliteratur*, Bln. 1957, S. 635–641); auch in H. M., *Anmerkungen zu B.*, Ffm. 1965, S. 46–55 (es, 143). – A. Wirth, *Über die stereometrische Struktur der B.schen Stücke* (in SuF, 1957, S. 346–387; auch in *Episches Theater*, Hg. R. Grimm, Köln/Bln. 1966). – F. N. Mennemeier, *B. B. »Mutter Courage u. ihre Kinder«* (in *Das deutsche Drama vom Barock bis zur Gegenwart*, Hg. B. v. Wiese, Düsseldorf 1958, S. 383–400). – E. Bentley, *The Songs in »Mother Courage«* (in *Varieties of Literary Experience*, Hg. S. Burnshaw, NY 1962, S. 45–74). – B. Brecht, *Zu »Mutter Courage u. ihre Kinder«* (in B. B., *Schriften zum Theater*, Bd. 4, Ffm. 1963, S. 130–134). – F. Hennenberg, *Dessau – B. Musikalische Arbeiten*, Bln. 1963. – *Mat. zu B. B.s »Mutter Courage u. ihre Kinder«*, Hg. W. Hecht, Ffm. 1965. (es). – K.-D. Müller, *Die Funktion der Geschichte im Werk B. B.s Studien zum Verhältnis von Marxismus u. Ästhetik*, Tübingen 1967. – M. L. Kaschnitz, *»Mutter Courage«* (in Insel Almanach auf das Jahr 1977, Ffm. 1977). – H. Dumazeau, *»Mère Courage«. B. Analyse critique*, Paris 1972. – P. Leiser, *B. B.s »Mutter Courage u. ihre Kinder«. »Der kaukasische Kreidekreis«*, Hollfeld/Ofr. 1973. – A. Reisinger, *B. B.s »Mutter Courage u. ihre Kinder«. Ein Beitrag zur Erkenntnis der ästhetischen Struktur des literarischen Kunstwerks*, Diss. Wien 1974. – G. Eversberg, *B. B., »Mutter Courage u. ihre Kinder«. Beispiel für Theorie u. Praxis des epischen Theaters*, Hollfeld/Ofr. 1976. – *B.s »Mutter Courage u. ihre Kinder«*, Hg. K.-D. Müller, Ffm. 1982 (st). – B. Fenn, *Characterization of Women in the Plays of B. B.*, Ffm./Bern 1982.

SVENDBORGER GEDICHTE

Gedichtsammlung von Bertolt Brecht, erschienen 1939. – Die Sammlung entstand 1937 unter dem Titel *Gedichte im Exil 1937*, als Brecht Gedichte, die zwischen 1926 und 1937 entstanden waren, in sechs Abteilungen zusammenfügte und sie zusammen mit den vorangegangenen Sammlungen *Hauspostille*, *Aus dem Lesebuch für Städtebewohner* und *Lieder Gedichte Chöre* im 4. Band der *Gesammelten Werke* (Malik-Verlag London, Sitz Prag) sowie als gesonderten Gedichtband publizieren wollte. Obwohl der Satz der Gedichte vorlag und noch korrigiert wurde, konnten die Ausgaben wegen der Besetzung der Tschechoslowakei durch die Hitlertruppen Anfang 1938 nicht mehr realisiert werden (Vernichtung der Druckstöcke). Ruth Berlau besorgte deshalb eine Einzelausgabe der Gedichte, die teilweise neu zusammengestellt und durch neue ergänzt wurden, in Kopenhagen und gab ihr nach Absprache mit Brecht den neuen Titel, der an dessen Exilort in Dänemark (Fünen) erinnern sollte. Die Ausgabe erschien im Jahre 1939 in einer Auflage von 1000 Exemplaren mit der Angabe des Verlagsortes London und dem Vermerk *»Vordruck aus Brecht, ›Gesammelte Werke‹, Band IV«*; sie wurde allerdings in Dänemark gedruckt und ausgeliefert.

Die Sammlung umfaßt sechs Abteilungen. Sie wird eröffnet durch die lapidaren Gedichte der *Deutschen Kriegsfibel*, die Brecht bereits 1937 gesondert als Sammlung publiziert hatte (in der Exilzeitschrift ›Das Wort‹, Moskau). In Form von Wandinschriften entlarvt dieses kleine Lehrbuch des Krieges vor dem Krieg die angeblich friedlichen und für die Bevölkerung nützlichen Maßnahmen der Nationalsozialisten als Kriegsvorbereitung; ehe der äußere Krieg ausbrechen wird, herrscht bereits der innere Krieg (sprich: Klassenkampf), der auf das kommende Unheil vorausweist: *»Auf der Mauer stand mit Kreide: / Sie wollen den Krieg. / Der es geschrieben hat / Ist schon gefallen.«* In der zweiten, ohne Überschrift verbliebenen Abteilung versammelt Brecht traditionelle Liedformen, die vom einfachen Lied *(Deutsches Lied)*, über *Kinderlieder* (*Der Pflaumenbaum*) und Balladen *(Ballade von der »Judenhure« Marie Sanders)* bis zum Kampflied *(Einheitsfrontlied)* reichen.

Das Zentrum der Sammlung bilden die *Chroniken*, die dritte Abteilung, meist längere, erzählende Gedichte, die auf neue Weise die Geschichte nach Lenins Motto *»Wer-Wen?«* befragen, im Sinn von »Wer arbeitet für wen?«. Paradigmatisch gelten die *Fragen des lesenden Arbeiters* dem eigentlichen Subjekt der Geschichte *»Der junge Alexander eroberte Indien. / Er allein? / Cäsar schlug die Gallier. / Hatte er nicht wenigstens einen Koch bei sich?«* Die Gedichte eröffnen die große historische Perspektive, indem sie berühmte Mythen *(Der Schuh des Empedokles)*, Legenden, Weltereignisse mit der Aktualität des Faschismus konfrontieren und das – von den Nazis verführte – Volk als die wesentliche politisch-historische, von der bürgerlichen Geschichtsschreibung aber verleugnete Kraft postulieren. Die *Legende von der Entstehung des Buches Taoteking auf dem Weg des Laotse in die Emigration*, eines der berühmtesten Gedichte Brechts, zeigt in der Gestalt des Zöllners, der dem Weisen seine Weisheit abverlangt, die produktiven Möglichkeiten der »kleinen Leute«. Laotses Einsicht, *»Daß das weiche Wasser in Bewegung / Mit der Zeit den mächtigen Stein besiegt«*, ist auf sie direkt übertragbar.

Die vierte, wiederum nicht mit Titel versehene Abteilung kehrt in die Gegenwart des faschistischen Alltags zurück. Hier sind die »Appelle« an den *»Schwankenden«*, die *»Gleichgeschalteten«*, die bildenden Künstler, Ärzte versammelt; diese werden aufgefordert, sich der Vereinnahmung durch die Nazipropaganda zu entziehen und Widerstand nicht als nutzlos anzusehen: Mitläufertum führt entweder zum aktiven Mitmachen oder am Ende doch in den Untergang.

Die *Deutschen Satiren* der fünften Abteilung bilden wie die *Deutsche Kriegsfibel* zunächst eine gesonderte Sammlung, die auszugsweise in verschiedenen Exilzeitschriften publiziert und über den »Deutschen Freiheitssender« ausgestrahlt wurde. Diese Satiren stellen einen einsamen Höhepunkt der politischen Lyrik in der deutschen Literatur

dar. Brecht schrieb sie für das Medium (Radio), das die Nazis zur Verdummung des Volkes benutzten. *»Es handelte sich darum, einzelne Sätze in ferne, künstlich zerstreute Hörerschaft zu werfen. Sie mußten auf die knappste Form gebracht werden, und Unterbrechungen (durch den Störsender) durften nicht allzuviel ausmachen.«* Unter der Verwertung vieler aktueller Daten und vor allem der gängigen Propagandasprüche der Nationalsozialisten stellen die Gedichte die Machthaber und ihre Anmaßungen bloß: *»Um das Lumpensammeln zu propagieren, hat der gewaltige Göring / Sich als den größten Lumpensammler aller Zeiten erklärt und / Um die Lumpen unterzubringen, mitten in der Reichshauptstadt / Einen Palast erbaut / Der selber so groß ist wie eine Stadt« (Notwendigkeit der Propaganda)*. Brecht gibt die *»großen politischen Verbrecher«* der Lächerlichkeit preis, *»Denn sie sind vor allem keine großen politischen Verbrecher, sondern die Verüber großer politischer Verbrechen, was etwas ganz anderes ist«*: *»Die Minister verkünden unaufhörlich dem Volk / Wie schwer das Regieren sei. ... / ... Ohne den Propagandaminister / Ließe sich kein Weib mehr schwängern. / Ohne den Kriegsminister / Käme niemals ein Krieg«.* Die abschließende sechste Abteilung der Sammlung enthält Brechts klassische Gedichte über das Exil. Sie verbinden die politische Thematik mit der persönlichen Betroffenheit des Exilierten, der sich als *»Vertriebener«*, *»Verbannter«*, nicht aber als *»Ausgewanderter«* empfindet *(Über die Bezeichnung Emigranten)*. Ihren Abschluß bildet Brechts bekanntestes Gedicht *An die Nachgeborenen*: *»Gingen wir doch, öfter als die Schuhe die Länder wechselnd / Durch die Kriege der Klassen, verzweifelt / Wenn da nur Unrecht war und keine Empörung. // Dabei wissen wir ja: / Auch der Haß gegen die Niedrigkeit / Verzerrt die Züge. / Auch der Zorn über das Unrecht / Macht die Stimme heiser. Ach, wir / Die wir den Boden bereiten wollten für Freundlichkeit / konnten selber nicht freundlich sein. // Ihr aber, wenn es soweit sein wird / Daß der Mensch dem Menschen ein Helfer ist / Gedenkt unsrer / Mit Nachsicht.«*
Brecht schätzte seine lyrische Exilsammlung im Vergleich zur *Hauspostille* als Abstieg und Aufstieg zugleich ein. Es sei (vom bürgerlichen Standpunkt aus) eine erstaunliche Verarmung eingetreten, alles sei einseitiger, weniger *»organisch«*, kühler, *»bewußter«*. Er hoffe aber, es würde erkannt, daß diese Literatur, die den *»realen Verwüstungen«* entspreche, eine neue Qualität aufweist und zugleich eine lyrische Herausforderung darstellt, die die aktuellen Ereignisse nach sich gezogen hatten. In der Tat hat sich mit dieser – für die deutsche Literatur einzigartigen – Lyrik-Sammlung die »Veränderung der Lyrik« vollzogen. Der Ton persönlicher Betroffenheit und der anklagende, entlarvende Gestus der politischen Thematik gehen eine neue ästhetische Verbindung ein, und zwar nach Brechts Überzeugung: *»Über literarische Formen muß man die Realität befragen, nicht die Ästhetik, auch nicht die des Realismus.«*
Die Gedichte hinterließen in der Emigration *»einen bisher ganz unüblichen Widerhall«* (Wieland HERZFELDE), ohne daß jedoch konkrete Urteile vorlägen; der beginnende Krieg verhinderte eine öffentliche Wirkung. Lediglich von Walter BENJAMIN ist durch sein *Tagebuch* überliefert: die Gedichte hätten in ihm eine Gewalt wirken lassen, *»die der des Faschismus gewachsen ist.«* J.Kn.

AUSGABEN: Ldn. 1939. – Ffm. 1961 (in *Gedichte*, 10 Bände, 1960–1976, Bd. 4). – Ffm. 1967 (in *GW in 20 Bdn.*, Bd. 9 bzw. in *GW in 8 Bdn.*, Bd. 4). – Bln./Ffm. 1988 ff. (in *W* in 30 Bdn.; Bd. 12 mit Kommentar).

LITERATUR: W. Benjamin, *Tagebuchnotizen* (in *Gesammelte Schriften*, Bd. VI, Ffm. 1985). – S. Schlenstedt, *Die Chroniken in den »Svendborger Gedichten«*, Diss. Bln. 1959. – C. Bohnert, *B.s Lyrik im Kontext*, Königstein 1982. – J. Knopf, *B.-Handbuch*, Stg. 1984. – K.-D. Müller, *B. B. Epoche – Werk – Wirkung*, Mchn. 1985.

GEORG BRITTING

* 17.2.1891 Regensburg
† 27.4.1964 München

LITERATUR ZUM AUTOR:
M. Andres, *Der Prosastil G. B.s*, Diss. Bonn 1947. – C. Hohoff, *G. B.* (in Merkur, 10, 1956, S. 379–400). – D. Bode, *G. B. Geschichte seines Werkes*, Stg. 1962 [Vorw. F. Sengle]. – E. R. Hauschka u. a., *G. B.*, Regensburg 1966 [m. Bibliogr.]. – *G. B. Der Dichter und sein Werk*, Mchn. 1967, Bearb. K. Dachs u. a. [Vorw. C. Hohoff]. – *Interpretationen zu G. B. Beiträge eines Arbeitskreises*, Hg. R. Hirschenauer u. A. Weber, Mchn. 1974. – W. J. Bekh, *Welt am Donaustrom. G. B.* (in W. J. B., *Dichter der Heimat*, Regensburg 1984, S. 147–165). – *G. B. 1891–1964. Zum Erscheinen einer neuen fünfbändigen Werkausgabe*, Hg. W. Schmitz, Mchn. 1987 [darin Beitr. v. C. Hohoff, W. Höllerer, H. Piontek, W. Schmitz, H. Ziegler, W. Haefs].

DAS LYRISCHE WERK von Georg BRITTING. Die frühen, 1911–1918 überwiegend in Familienzeitschriften veröffentlichten Gedichte von Georg Britting sind kaum mehr als Stilübungen, in Form und Motivik vor allem Richard DEHMEL und Detlev von LILIENCRON verpflichtet. Seit 1919 bemühte sich der noch in der Regensburger Provinz lebende Dichter, unter dem Eindruck der expressionistischen Literaturrevolution, um einen neuen lyrischen Ton und zeitgemäße Motive. Zunächst allerdings experimentierte er noch – zu einem Zeitpunkt, als er in den Feuilletons der überregionalen Zeitungen und Zeitschriften Fuß zu fassen begann und, nach der Übersiedlung nach München 1921, ambitioniert auch auf die Berliner Literatenszene blickte. Von 1919 bis Mitte der zwanziger Jahre verfaßte Britting neben Natur- und christliche Motive aufnehmenden Legendengedichten sowie manchen Friedrich NIETZSCHE und Rainer Maria RILKE nachempfundenen Gedichten auch Lyrik im ironischen Stil der Neuen Sachlichkeit sowie in BRECHTscher *Hauspostillen*-Manier *(Atelierszene; Bäckerladenballade; Moritat; Vorfall im Café)*.

Der 1930 publizierte erste schmale Gedichtband, mit dem Ertrag aus etwa zehn Jahren, schied bereits alle Zeitgedichte und literatenhaft-ironisierenden Verse aus und zeigte den Dichter auf dem Weg zu einer spezifischen Naturlyrik, die in Bildlichkeit und Motivik von einem süddeutschen Expressionismus beeinflußt war, wie ihn Heinrich LAUTENSACK und, weniger ausgeprägt, Gottfried KÖLWEL verkörperten. Daneben waren und blieben Georg HEYM und Georg TRAKL für den Lyriker Britting von großer Bedeutung. – Den Durchbruch als Lyriker brachte der 1935 veröffentlichte Band *Der irdische Tag*, der Gedichte von etwa 1922 bis 1935 versammelte. Der 1939 erschienene Band *Rabe, Roß und Hahn* bestätigte dann neben Wilhelm LEHMANN Brittings Rang als Naturlyriker in den dreißiger Jahren. Die Gliederung folgt jeweils dem jahreszeitlichen Rhythmus; eigens hervorgehoben wurden im *Irdischen Tag* die Abschnitte *Regenlieder* und *Gedichte vom Strom* (anknüpfend an die Lyrik- und Prosasammlung *Die kleine Welt am Strom*), in *Rabe, Roß und Hahn* Abschnitte unter dem Titel des Gedichtbandes sowie *Der alte Mond*: damit sind die motivischen Schwerpunkte von Brittings Lyrik genannt. Das Motto zum *Irdischen Tag* kennzeichnet das Naturverständnis und die Intention des Dichters: Es geht Britting darum, daß das Göttliche *»abgespiegelt«* werde *»hier unten«* *(»Wessen der andre auch ist«)*. In diesen naturmagischen Versen tritt das Subjekt, das nicht selten sogar hinter der Natur verschwindet, zurück; freilich in der Weise, daß es um ein *»Sich-messen mit den Dingen«* geht (W. Höllerer). Ich-Aussage und Reflexion sind in der Lyrik des *Irdischen Tags* weitgehend ausgespart. Beschworen wird, im Kult des Kleinen und Kleinsten, der Flora und der Fauna, eine scheinbar verselbständigte Dingwelt mit ihren herrschenden Naturgesetzen *(Raubritter; Sommer)*. Die einen eigenen Motivkomplex bildenden, die Kirche und ihre Symbolwelt thematisierenden Gedichte (*Geistliche Stadt* u. a.) sowie die Legendengedichte (*Die Kapelle* u. a.) demonstrieren eine bisweilen antimetaphysische Haltung, die aber von naiv-volkstümlichen Frömmigkeitsformen des Katholizismus fasziniert bleibt.

Der programmatisch-antiheroischen Naturapologie korrespondiert eine Vielzahl von Stileigentümlichkeiten, die sinnliche Anschaulichkeit vermitteln. Britting setzt in seiner Naturlyrik alle rhythmisch dynamisierenden und lautlich wirkungssteigernden Mittel ein (*»Morgenroter, abendroter / Vetter: Saug am Ziegenschlauch, / Daß ein bitterheller, fetter / Wein dir salbt den Bauch!«*, heißt es in *Rausch*). Alliterationen und Assonanzen, Laut- und Farbenmalerei, oft auch Neologismen und ungewöhnliche, sinnsteigernde Komposita *(»maussilbrigzart«; »schindelschuppig«; »speckschwartenbraun«; »trompetengelb«)* sowie Inversionen prägen eine Lyrik, in der die aus der Sprache lebende Anverwandlung von Natur vorherrscht. Wenn auch der Gegenstandsbereich relativ eng auf den Naturraum beschränkt ist, so gilt doch: Das zum Realen tendierende Bild geht in einem prägnanten Sinnbild auf. Natur wird von Britting fast immer bildmagisch beschworen; er ist der *»bildzeigende Lyriker«*, dem es um das *»Sichtbarmachen des Unsichtbaren«* (Gädke) geht *(»Leere den Weinkrug! / Schau der Flamme goldnes Gesicht! / Weißt du es nicht? / Kein Bild ist Betrug«)*.

Die Gedichte aus *Rabe, Roß und Hahn* lassen allerdings auch einige bezeichnende Veränderungen erkennen. Nun wird wieder ein lyrisches Subjekt vernehmlich, zugleich werden die rhythmische und bildliche Dynamik und sprachliche Expressivität langsam zurückgenommen. Dem entspricht ein erhöhter Sprachduktus, der von der nachhaltigen Rezeption antiker und klassischer Lyrikmuster herrührt *(Das Roß; Alle drei)*. Indiz für diese Entwicklung ist auch die auffallende Neigung zu langen Prosagedichten *(Der Berg; Die Brombeerenschlucht; Wintermorgen am Fluß)*. Vollends als Wendepunkt kann das Gedicht *Was hat, Achill* gelten, bereits 1938 geschrieben, 1940 im ›Inneren Reich‹ abgedruckt; ein »Penthesilea«-Gedicht, das Gottfried BENN *»großartig«* nannte. In diesem, thematisch an KLEISTS Drama orientierten Gedicht in freien Rhythmen und Versen von strenger metrischer Struktur durchdringt sich das *»Klassisch-Antike«* *»mit süddeutschem Kolorit«* (A. v. Schirnding). Damit läßt sich das Gedicht nicht dem gängigen Traditionalismus der Lyrik um 1940 subsumieren. Britting akzentuiert hier noch einmal, in sprachlich reduktionistischer und zugleich dramatisierender Gestaltung sein magisches und von Nietzsche beeinflußtes Weltbild.

In der Folgezeit differenziert sich Brittings Lyrik formal und motivisch spürbar aus. Er beginnt sich Anfang der vierziger Jahre eingehend mit antiken Metren zu beschäftigen und schreibt – vor allem dann in den fünfziger Jahren – einige bedeutende Gedichte in sapphischer und alkäischer Odenform *(Jägerglück; Das weiße Bett)*. Einen neuen Motivkomplex verkörpern die äußerlich der Anakreontik verpflichteten Weingedichte (*Lob des Weines*, 1944, erw. 1950). Sie erschöpfen sich jedoch nicht in Geselligkeitspoesie, auch wenn sie Ausdruck einer bewußt zeitfernen Geselligkeit vor dem autobiographischen Hintergrund des Münchner Dichterstammtischs »Unter den Fischen« sind; vielmehr exponieren sie jenseits der tradierten Topoi einen bekenntnishaft-persönlichen Ton, der sie zu einer Selbstaussprache des Autor-Ichs werden läßt.

Seit Anfang der vierziger Jahre bilden schließlich Totentanz-Gedichte einen zweiten neuen Motivkomplex, der mit der Veröffentlichung von 63 Sonetten in der Sammlung *Die Begegnung* (1947) seinen Abschluß findet. In seinen streng gebauten Sonetten artikuliert Britting eine Antwort auf die neuerlichen Schrecken der Zeitgeschichte. In ihnen drückt sich das subjektive Lebensgefühl eines Skeptikers und Anti-Metaphysikers *(Der Tod als Jägerknecht)* aus. Die von der Sonettform ausgehende Erstarrung und Einengung seiner Sprachphantasie jedoch spürend, vollzog Britting bald wieder eine Kehrtwendung hin zu den Realien der Natur. Die 1951 publizierte Sammlung *Unter hohen Bäumen* bietet wiederum einen Querschnitt durch das lyrische Œuvre seit den zwanziger Jahren; einige Gedichte erschienen nun allerdings in überarbeiteten Fassungen (u. a. *Was hat, Achill*). Die Sammlung leitet die Phase der Altersdichtung ein, in der sich stärkere Traditionsbezüge auf GOETHE und HÖLDERLIN geltend machen. Zugleich knüpft Britting noch einmal an den Nachexpressionismus der zwanziger Jahre an (im Vor- und Umfeld der Zeitschriftengründung ›Akzente‹ durch Walter HÖLLERER, als dessen früher Mentor Britting gelten kann), wodurch die späte Lyrik eine neue Qualität gewinnt. Der letzte, diese Entwicklung dokumentierende Lyrikband erschien, obschon 1955 im Manuskript vorliegend, erst postum 1965 – von der literarischen Öffentlichkeit kaum mehr beachtet. Hier variiert Britting noch einmal die chrakteristischen Themen und Motive seiner Lyrik in formaler Weiterentwicklung. Neben die wiederum jahreszeitlich gruppierte Naturlyrik treten nunmehr stärker poetische Reiseeindrücke (wie zum Teil schon Ende der dreißiger Jahre), die der Dichter vor allem in Italien gewonnen hat *(Venedig; Die Katzen Neapels; Markt in Verona)*.

Brittings Lyrik erreicht mit den Gedichten des *Unverstörten Kalenders*, in differenzierten Strophenformen und in oftmals reimlosen oder »freier« gereimten Versen, auch ohne alle Manierismen, einen späten Höhepunkt. Für diese, *»vertiefte Wirklichkeit«* (D. Bode) gestaltenden Gedichte gilt erst recht, was W. Höllerer schon 1952 über die Lyrik Brittings schrieb: *»Daß durch das »Gegeneinander von menschlichem Anspruch und überwältigender Naturmacht, Spiel und ernster Bekräftigung (...) ein Wechselbezug zwischen Menschlichem und Unmenschlichem zustande«* kommt, *»dramatische Bewegung, die aus dem Verborgenen wirkt und sich bis in Wortwahl und Rhythmus erstreckt.«* So bilden *»Schmerz und Entzücken«* den Erfahrungshintergrund für diese Gedichte. Der Utopie vom *»unbeschädigten Dasein« (Die Ratten)* antwortet die gereifte skeptische Lebensphilosophie des Dichters. Die bildlich-symbolische Durchdringung gelingt in diesen Gedichten, die von polyphonen Stilelementen charakterisiert sind, vollkommen. In einer gleichsam dialektischen Bewegung bringt das zentrale Gedicht *Die Trommel dröhnt* Brittings Weltverständnis auf den Begriff: In der Verknüpfung von Naturidylle und Untergangsmotivik wird die Empfindung einer nahenden Apokalypse scheinbar stoisch, unabweisbar drohend gestaltet. *»Die Zeit betrügt nicht«*, heißt es nun, und die Schlußwendung lautet sibyllinisch: *»Lächelnd berechnet der Wirt die Zeche.«* W.Hae.

AUSGABEN: *Gedichte*, Dresden 1930. – *Der irdische Tag*, Mchn. 1935; ern. 1948. – *Rabe, Roß und Hahn*, Mchn. 1939. – *Der alte Mond*, Mchn. 1941. – *Anfang und Ende*, Hbg. 1944. – *Lob des Weines* Hbg. 1944 [m. Ill. v. M. Unold; 3. erw. Aufl. Mchn. 1950]. – *Die Begegnung*, Mchn. 1947. – *Unter hohen Bäumen*, Mchn. 1951. – *Der unverstörte Kalender*. Aus dem Nachlaß, Hg. I. Britting u. F. Podszus, Mchn. 1965. – *Gedichte 1919–1939 / Gedichte 1940–1951* (in *GA in Einzelbdn.*, Bd. 1 u. 2, Mchn. 1957). – *SW*, Bd. 1, Hg. W. Schmitz, Mchn. 1987 [enth. auch Gedichte aus dem Zeitraum 1911–1930, die später nicht mehr publiziert wurden].

LITERATUR: L. Gädke, *Der bildzeigende Lyriker* (in Das Innere Reich, 11, 1944/1945, S. 42–50). – U. Jaspersen, *Die Gedichte G. B.s im Raum der modernen Lyrik*, Diss. Münster 1944. – C. Hohoff, *Antike Strophen in der Lyrik G. B.s* (in C. H., *Geist und Ursprung. Zur modernen Literatur*, Mchn. 1954, S. 175–185). – U. Jaspersen, *G. B.: »Grüne Donauebene« / »Sommergefühl«* (in *Die deutsche Lyrik*, Hg. B. v. Wiese, Bd. 2, Düsseldorf 1956, S. 471–484). – Anon., *Der Lyriker G. B. Ein kritischer Dialog* (in NDH, 5, 1958, S. 251–260). – D. Schug, *Die Naturlyrik G. B.s und Wilhelm Lehmanns*, Diss. Erlangen 1963. – H. E. Holthusen, *G. B. in seiner Zeit* (in *Das große G.-B.-Buch*, Hg. I. Schuldt-Britting, Mchn. 1977, S. 349–368). – C. Hohoff, *Unter den Fischen. Erinnerungen an Männer, Mädchen und Bücher, 1934–1939*, Wiesbaden/Mchn. 1982. – A. v. Schirnding, *»Ein Mann begegnet seinem Tod«. Zu G. B.s Gedicht »Was hat, Achill«* (in *Vom Naturalismus bis zur Jahrhundertwende. Gedichte und Interpretationen, Bd. 5*, Hg. H. Hartung, Stg. 1983, S. 394–404). – W. Schmitz, *»Die kleine Welt am Strom«* (in *Handbuch der Literatur in Bayern*, Hg. A. Weber, Regensburg 1987, S. 493–501).

HERMANN BROCH

* 1.11.1886 Wien
† 30.5.1951 New Haven / Conn.

Literatur zum Autor:
Biographien:
M. Durzak, *H. B. in Selbstzeugnissen u. Bilddokumenten*, Reinbek 1966 (rm, 118). – G. Schiavoni, *H. B.*. Firenze 1976. – E. Schlant, *H. B.*, Boston 1978. – *H. B. u. seine Zeit*, Hg. R. Thieberger, Bern/Ffm./Las Vegas 1980. – *Spiegelungen. Denkbilder zur Biographie B.s*, Hg. K. Mack u. W. Hofer, Wien 1984. – P. M. Lützeler, *H. B. Eine Biographie*, Ffm. 1985.
Gesamtdarstellungen und Studien:
E. v. Kahler, *Die Philosophie von H. B.*, Tübingen 1962. – M. Durzak, *H. B.*, Stg. 1967 (Slg. Metzler). – K. Menges, *Kritische Studien zur Wertphilosophie H. B.s*, Tübingen 1970. – P. Lopdell, *Epische Struktur u. innere Erfahrung im Werk H. B.s*, Diss. Göttingen 1970. – A. Tinturier, *Form u. Inhalt bei B., Freud u. Kafka*, Diss. Zürich 1970. – H. Krapoth, *Dichtung u. Philosophie. Eine Studie zum Werk H. B.s*, Bonn 1971. – M. Mian, *H. B.s View of Art, Literature and Language*, Diss. Toronto, 1971. – *H. B. Perspektiven der Forschung*, Hg. M. Durzak, Mchn. 1972. – K. E. Seitz, *Das Phänomen der Angst im Werk H. B.s*, Diss. Washington Univ. 1972. – S. Schmid, *Der Begriff »Ordnung« im Werk von H. B.*, Diss. Salzburg 1974. – W. Freese u. K. Menges, *B.-Forschung. Überlegungen zur Methode u. Problematik eines literarischen Rezeptionsvorgangs*, Mchn./Salzburg 1977. – M. Durzak, *H. B. Dichtung u. Erkenntnis. Studien zum dichterischen Werk*, Stg. 1978. – *B. heute*, Hg. J. Strelka, Bern/Mchn. 1978. – H. D. Osterle, *Produktive Irrtümer in der Brochforschung* (in Modern Austrian Literature, 13, 1980, H. 4). – B. E. Walter, *H. B. Autonomie u. Einsamkeitsproblematik*, Bonn. 1980. – S. Schmid-Bortenschlager, *Dynamik u. Stagnation. H. B.s ästhetische Ordnung des politischen Chaos*, Stg. 1980. – *H. B. Werk u. Wirkung*, Hg. E. Kiss, Bonn 1985.

DIE SCHLAFWANDLER

Romantrilogie von Hermann Broch, erschienen 1931/32. – Dieser erste große literarische Versuch des Autors entstand in einer verhältnismäßig späten Lebensphase. Das Werk ist in historische »Querschnitte«, jeweils im Abstand einer halben Generation, untergliedert (1888, 1903, 1918), die einem vom Autor für konsequent erachteten Verlauf von der »Romantik« über die »Anarchie« zur »Sachlichkeit« entsprechen. In diese Abschnitte gliedert sich der von Broch hervorgehobene geschichtliche Zerfall verpflichtender Werte, ohne die das Handeln der Menschen bewußtlos und zerstörerisch zu werden droht.
Erster Teil *(Pasenow oder die Romantik)*: *»Der Protagonist des ersten Teiles, Pasenow, als adeliger Offizier im vorhinein einer irrealen Tradition verhaftet, feinfühlig, aber im Gestrüpp der überkommenen Fiktionen beschränkt und festgehalten, ist sich vage der Aufgabe bewußt, seinem Leben einen Sinn zu geben.«* Nach einem Techtelmechtel mit dem Animiermädchen Ruzena – einer von beiden Partnern ziemlich hilflos erlebten Liebesaffäre – kehrt der junge Joachim von Pasenow in seine Kreise zurück und ehelicht Elisabeth Baddensen, eine junge Adlige, die er zum Keuschheitsidol christlich-puritanischer Prägung stilisiert. Körperliche und seelische Liebe bedeuten für ihn die Flucht aus einem gleichgültigen Leben in eine verwirrende oder pseudoharmonische Welt. Die Leere der Tradition versteckt sich hinter einem gespenstisch verhärteten Ritual: dem Ritual der Umgangsformen, der Religionsausübung, der sozialen Selbstversicherung, der Brautwerbung. Die Uniform dient als Zeichen einer starren Fassade vor einem bedrohlich anarchischen Leben. Ein defektes Weltverhältnis zwingt zur Selbsttäuschung des Bewußtseins, das sich unerschütterlich heile Weltbilder erfindet (in Brochs Sprachgebrauch: »Romantik«). Von der Familiengeschichte im *Pasenow*-Teil fühlten sich seinerzeit manche Leser an Thomas Mann, vom brandenburgischen Gutsherrn- und berlinischen Großstadt-Milieu an Fontane erinnert, Assoziationen, die auch Brochs ausführlich beschreibender und delikat einfühlender Stil hervorruft.
Zweiter Teil *(Esch oder die Anarchie)*: Der Buchhalter Esch, von Schüben der Libido und einer empfindlichen Sorge um den *»Buchungsfehler in dieser Welt«* vorangetrieben, wünscht eine unverbrüchliche Ordnung zu schaffen und gleichzeitig dem gesellschaftlichen Druck zu entkommen. Soziale Ungerechtigkeit, die einer Varieté-Künstlerin und einem sozialistischen Agitator widerfährt, läßt ihn wahnhaft den Urheber allen Übels im Industriellen Bertrand sehen, einer schon außerhalb der Klassengegensätze stehenden Hamlet-Gestalt, die heiter oder leidvoll resignierend bereits im *Pasenow*-Teil aufgetreten war und den Freunden des Autors als besonders porträtähnlich galt. Bertrand – so sollte der gesamte Roman ursprünglich überschrieben werden – ist ein *»Vorläufer der neuen Zeit... Seine inneren Versuche, zur neuen Lebensform zu gelangen, schlagen aber fehl... Er weiß, daß erst das Nichts kommen muß.«* Die Lebenssphäre der Arbeiter, Angestellten, des schäbigen Schaugewerbes – der Roman spielt zwischen Köln und Mannheim in einer Zone kapitalistischer Industrialisierung – grenzt gegen die mystische Sphäre, in der Esch Bertrand und auffälligerweise auch seine eigene Zukunft ansiedelt. Eschs Fahrt zur Villa Bertrands – ein erzählerischer Höhepunkt der Trilogie – wird zu einer magisch vermittelten Traumreise. Nach Bertrands Selbstmord, einer äußeren Folge des Gesprächs zwischen den beiden Antipoden, findet der Held in die Ehe mit einer älteren Schankwirtin, Mutter

Hentjen. Doch das neue Leben mißlingt: sowohl die Auswanderung nach Amerika als auch die mystische Übersteigerung seiner Heirat. Mehr noch als im *Pasenow* fällt auf, wie Broch offenbar eine zeittypische Geschlechts- und »Minne«-Mystik als Quasi-Religion bloßstellt. Pasenow und Esch gleichen sich im »Schlafwandeln«, einem als Daseinsform beschriebenen Zustand zwischen Nicht-Mehr und Noch-Nicht, in dem sich beide mit Scheinwerten einrichten – den Ersatzbefriedigungen des Religiösen oder Erotischen. Dieser Vorgang wird, dem Eschs Charakter entsprechend, ungleich heftiger und hektischer erzählt als im ersten Teil.

Dritter Teil *(Huguenau oder die Sachlichkeit)*: Huguenau *»hat mit der Werttradition nichts mehr zu tun«*. Als Geschäftsmann und *»Kind seiner Zeit«* kennt er nur noch egozentrische Antriebe – und »erkennt« selbst diese nicht. Andere vom Wertverlust geprägte Menschen treiben in eine Isolation, die in Wahnsinn oder Tod endet. Pasenow verliert den Verstand – ein »Romantiker«-Ende; Esch wird von Huguenau ermordet – ein »Anarchisten«-Ende. Der Erste Weltkrieg erscheint als Kulmination des Wertzerfalls und als Wende.

Der Autor verbindet in dem weitaus umfangreichsten dritten Teil die wichtigsten früheren Erzählstränge mit neu hinzukommenden Lebensläufen. Die *Geschichte des Heilsarmeemädchens in Berlin* trägt ein Ich-Erzähler vor, dessen Geisteshaltung derjenigen Bertrands verwandt ist – vor allem in der Resignation des analysierenden, aber passiven Betrachters. Zwischen dem Heilsarmeemädchen Marie und dem Juden Nuchem entsteht eine unerfüllbare Liebe, in der beiden nur ein fragwürdig gewordener Glaube bleibt. – Der junge Leutnant Jaretzki sucht im Delirium des Trinkens seine Kriegserlebnisse zu betäuben und macht die elementare Vereinsamung der Frauen und Männer für den Krieg, die Katastrophe verantwortlich. Bedeutsam scheint, daß ihm ein Arm abgenommen wird – der amputierte, »einarmige« Mensch als Gleichnisfigur der Zeit. Hannah Wendling erfährt eine ähnliche Reduzierung ihres Lebens: Die junge Frau verliert die Beziehung zu ihrem Mann, zu ihrer Ehe, zu ihrer Umwelt; sie verarmt zum nur noch geschlechtlich empfindenden und darin verwaisten Wesen, dessen vitalitätslähmende Isolation schließlich zum Tode führt. Der verschüttet gewesene Maurer und Landwehrmann Gödicke wird langsam wieder zum Leben erweckt und muß sich von neuem seine Welt bauen, ein Gerüst für sein Ich schaffen.

Um in einer Art erzählter Fuge das zersplitterte Wertsystem zu Kriegsende nicht nur kaleidoskopisch zu schildern, sondern auch zu deuten, fügt Broch historisch-logische Exkurse unter dem Titel *Zerfall der Werte* ein. Die Gruppierung all dieser Erzählkomponenten um das utopisch wirkende Ideal einer Glaubens-Gemeinde (ein Paulus-Zitat wird bedeutsames Leitmotiv), das kontrastreiche Nebeneinander vieler Stilebenen und Darstellungsformen (sokratische Dialoge, Sonette, Prosaparabeln) sowie das ständig veränderte Arrangement von mehr als hundert Motiven ermöglichen es dem Leser, diesen Roman wie einen Mikrokosmos kennenzulernen: Gerade darin zeigt sich die auch von Broch selbst konstatierte Nachbarschaft der Trilogie zu James JOYCES *Ulysses*.

Problematisch erscheint dabei, daß der Schluß harmonisiert, indem er die vielfachen Wert- und Unwertorientierungen, die verschiedenen Erzählansätze zusammenführt und beinahe zur Deckung bringt. Die Neigung zu künstlerischer Vereinheitlichung und abgeschlossener Architektur nimmt immer wieder Gestalt an: Allein die Virtuosität der Wiederholungen, Anspielungen und Entsprechungen erweckt im Sprachlichen so etwas wie jenes *»Mysterium der Einheit«*, nach dem sich die meisten Romanfiguren sehnen. Unabhängig von der Anpassung des Stils an »Romantik«, »Anarchie« oder »Sachlichkeit« drängt sich oft ein verzückter Predigtton vor, der eine gewisse Ekstase beim Leser erzwingen will. Der Erzähler durchschaut das irdisch und historisch Bedingte all der Gedanken, Worte, Taten seiner Helden und distanziert sich von ihnen mit deutlicher Ironie. Dabei scheint diese Überlegenheit meist nur ein Effekt des geschichtlichen Abstands, nicht immer der Erkenntnishöhe zu sein. Eine intensive Psychologie verschmilzt Außen und Innen, Ausdruck und Antrieb, liefert ferner sehr detaillierte *»Materialien zum Charakteraufbau«*. Endlich bildet diese sehr präzise Psychologie auch die Basis für die weit auseinanderstrebenden Tendenzen: Artistik und Untergangsvision, Geschichtsverständnis und Dogmenkritik, Darstellung des traumhaften und des scheinbar »vernünftigen« Geschehens. – In den *Schlafwandlern* setzte Broch seine langjährige theoretische Beschäftigung mit dem »Wertzerfall« fort. Man kann seine geschichtsphilosophische Auffassung, alle Krisen oder katastrophalen Ereignisse der neuesten Zeit seien auf die Demontage einer religiösen Wertordnung zurückzuführen, als zeitbedingt perspektivisch und monokausal werten. Wegen des einseitig analysierten Selbstverständnisses der Epoche, das für heutige Begriffe seinen Appellcharakter verloren und gegen den Dokumentarcharakter eingetauscht hat, aber auch wegen der erheblichen erkenntnistheoretischen Mitarbeit, die dem Leser abverlangt wird, blieb dem Roman Popularität versagt. T.Koe.

AUSGABEN: Mchn./Zürich 1931 *(Pasenow oder die Romantik 1888* und *Esch oder die Anarchie 1903)*. – Mchn./Zürich 1932 *(Huguenau oder die Sachlichkeit 1918)*. – Zürich 1952 (in *GW*, 10 Bde., 1952 bis 1961, 1). – Ffm. 1963. – Ffm. 1978 (in *Kommentierte Werkausgabe*, Hg. P.M. Lützeler, 17 Bde., 1974–1981, 1).

LITERATUR: P. Fechter, *»Pasenow oder die Romantik«* (in Dt. Allgemeine Ztg., 14.1. 1931). – H. Hesse, *»Die Schlafwandler«* (in NZZ, 15.6. 1932). – E. Muir, *H. B. »The Sleepwalkers«*, Boston

1932. – R. Brinkmann, *Romanform u. Werttheorie bei H. B. Strukturprobleme moderner Dichtung* (in DVLG, 31, 1957, S. 169–197). – L. v. Borcke, *Das Romanwerk H. B.s*, Diss. Bonn 1957. – K. R. Mandelkow, *H. B.s Romantrilogie »Die Schlafwandler«. Gestaltung u. Reflexion im modernen dt. Roman*, Diss. Hbg. 1958; ern. Heidelberg 1962. – J. Strelka, *Musil, B. u. die Entwicklung des modernen Romans*, Wien 1959. – R. Thieberger, *H. B.s Novellenroman u. seine Vorgeschichte* (in DVLG, 36, 1962, S. 562–582). – R. Geißler, *H. B. »Die Schlafwandler«. Romantrilogie* (in R. G., *Möglichkeiten des modernen Romans*, Ffm. 1965, S. 102–160). – L. Kreutzer, *Erkenntnistheorie und Prophetie. H. B.s Romantrilogie »Die Schlafwandler«*, Tübingen 1966. – D. Cohn, *»The Sleepwalkers«*, Den Haag 1966. – T. Koebner, *Die mythische Dimension in H. B.s Romantrilogie »Die Schlafwandler«*, Mchn. 1967. – T. Ziolkowki, *»The Sleepwalkers«* (in *Dimensions of the Modern Novel*, Princeton 1969); dt. *Strukturen des modernen Romans*, Mchn. 1972. – *Materialien zu H. B.s »Die Schlafwandler«*, Hg. G. Brude-Firnau, Ffm. 1972. – H. Reinhardt, *Erweiterter Naturalismus. Untersuchungen zum Konstruktionsverfahren in H. B.s Romantrilogie »Die Schlafwandler«*, Köln/Mchn. 1973. – K. Schachter, *Symbol and symbolism in H. B.s »Die Schlafwandler«*, Diss. NY 1973. – P. M. Lützeler, *H. B. Ethik u. Politik*, Mchn. 1973. – M. A. Bernheim, *The Monastery and the Fortress: B.s »Die Schlafwandler« and the Rehumanisation of Modern Art*, Diss. Rutgers Univ., State Univ. of New Jersey 1974. – K. R. Mandelkow, *H. B.s Romantrilogie »Die Schlafwandler«. Gestaltung und Reflexion im modernen deutschen Roman*, Heidelberg [2]1975. – H. Grimrath, *H. B. »Die Schlafwandler«. Die Heilsarmee-Geschichte, der Zerfall der Werte u. ihr Zusammenhang mit den erzählerischen Partien des Romans*, Diss. Bonn 1977. – R. Pütz, *Die Figur des Schlafwandlers bei H. B.*, Diss. Bln. 1976. – A. Bertschinger, *H. B.s »Pasenow«, ein künstlicher Fontane-Roman?*, Zürich/Mchn. 1982. – S. Storey Gannaway, *Secular Apocalyptic in the Novel Between the Wars*, Diss. Vanderbilt Univ. 1983.

DER TOD DES VERGIL

»Romandichtung« von Hermann Broch, entstanden 1939–1945, erschienen in deutscher und englischer Sprache 1945. – Der Roman geht auf eine kürzere Erzählung von 1935 zurück *(Die Heimkehr des Vergil)*, die Broch aus Interesse für das Thema »Literatur am Ende einer Kultur« niederschrieb. Parallelen zwischen Vergils Zeit und der Gegenwart schienen offenkundig: *»Bürgertum, Diktatur und ein Absterben der alten religiösen Formen.«* Brochs Roman erkundet die Situation des Dichters in einer spätzeitlichen Gesellschaft, fragt nach dessen Aufgabe und Legitimität, spricht endlich dem Ästhetischen alles Daseinsrecht ab, da es vor einer Welt nicht bestehen könne, die tätige Hilfe und keine Gedichte brauche.

Dichtung begriffen als Ablenkung von den eigentlichen Problemen – dieses Verdikt wird dem Roman zum Thema. Um die Alternative Schön – Nützlich kreist Vergils Denken in den letzten achtzehn Stunden seines Lebens: Der nahe Tod verlangt eine Entscheidung. Die Überschriften der vier ungleich langen Kapitel deuten auf einen Kreislauf durch die vier Elemente der antiken Philosophie, der einen Kreislauf des Sterbenden durch sein vergangenes Leben bis zum Ursprung zurück spiegelt. *Wasser – Die Ankunft*: Die Flotte des Augustus landet in Brundisium; auf einem der Schiffe liegt der kranke Vergil. Durch die am Hafen wartende Menge, das »Massentier«, muß sich seine Sänfte durchkämpfen; ein Knabe gesellt sich ihm zu; der Weg führt sie eine Elendsgasse mit »heulenden Weibern« hinauf zum kaiserlichen Palast, wo Vergil in einen abgelegenen Raum gebettet wird. Der Weg durch proletarische Massen und Großstadtelend entzaubert jäh die vornehme Isolierung des Dichters, in der er seine Reinheit kultiviert hat. – *Feuer – Der Abstieg*: In der folgenden Nacht zwingen die Fieberphantasien und die Kritik an seinem Leben Vergil zu einer Höllenwanderung in der Nachfolge Orpheus', Äneas' und Dantes (obwohl Broch den Hinweis auf die *Göttliche Komödie* ungern vernahm). Vergil glaubt, zur Sühne seines verfehlten, nur schöngeistigen Lebens die *Aeneis*, sein dichterisches Hauptwerk, opfern zu müssen. Als er, durch fratzenhafte Schreckensvisionen erregt, schließlich vom Fenster aus drei lemurenhafte Betrunkene beobachtet, deren Streit fast mit einem Mord zu enden scheint, als er hilflos wie vor einer Bühne vertierte Existenz sich darstellen sieht, verdammt er alle Schönheit für den Zuschauer als Skandalon, als *»Grausamkeit des ungezügelten Spiels, das im Sinnbild Unendlichkeitsgenuß verspricht«*. Wahre Schöpfung sei ethische Unterscheidung – und nicht Kunst um ihrer selbst willen. – *Erde – Die Erwartung*: Nach einem kurzen, traumlosen Schlaf erhält Vergil am nächsten Tag Besuch von seinen Freunden, denen er genausowenig wie dem behandelnden Hofarzt seinen Entschluß begreiflich machen kann, die *Aeneis* zu verbrennen. Der Opferwille der Nacht ist als rigorose Einstellung geblieben, die besondere Deutung aber verblaßt. Erst in einem, durch Mißverständnisse erschwerten Dialog mit seinem Freund, dem Cäsar Augustus, erkennt Vergil, daß zum Opfer auch Demut gehört, die wirkliche *»Erkenntnistat«* eine Tat der Liebe sein muß: Er überläßt das Werk der Nachwelt. Sogar im Wachsein dringen Träume in Vergils Bewußtsein. *»Hingehalten in die Zeit«* fließen Erinnerungen, Gegenwärtiges und historisch Zukünftiges ineinander. Er halluziniert ein arkadisches Paradies, in dem er der einstigen Geliebten Plotia begegnet. Der seltsam unirdische, nur Vergil sichtbare Knabe Lysanias (der Leidenlösende) huscht als »Jugendbildnis« des Dichters durch den realen Raum. Sinnfigur einer frommen Gerechtigkeit ist ein Sklave, der Vergil dazu drängt, sich, den Künstler, als *»falschen Heilbringer«* zu verstehen und den richtigen dafür in einem Kinde zu erwarten – Anspielung auf die vierte *Ekloge* des historischen Vergil, die im Mittelalter als Christus-Ankündigung verstanden wurde. Die Symbolik der Vater-Mutter-Kind-Archetypen und des androgynen Urwesens weist Broch als Kenner der Tiefenpsychologie, der Platonischen Philosophie und jener Mystik aus, die dem Menschen eine messianische Qualität zubilligt. (Der gern zu den »Müttern« hinabsteigende Broch hat es im antiken Milieu spürbar leichter, überzeugend zu wirken, als im zeitgenössischen seiner übrigen Romane). Während Vergil sein Testament diktiert, verliert das Tagesbewußtsein an Einfluß. In seiner Vorstellung durchmißt er den Weg, den man ihn gebracht hat, in umgekehrter Richtung. Er fühlt sich aus dem Haus, die Elendsgasse hinab zum Hafen getragen. – In *Äther – die Heimkehr* stößt er in einem Boot vom Ufer ab und läßt bei seiner Fahrt übers »unendliche« Meer alles Menschliche hinter sich. Der Knabe Lysanias, anfangs Lenkerfigur wie der mythische Hermes, scheint mit Plotia zu verschmelzen, mit ihr wiederum Vergil. Die Rückkehr setzt sich in einer umgekehrten Genesis fort: Tag für Tag der Schöpfungswoche wird aufgehoben. Ein beobachtendes Auge bleibt irgendwie bewahrt, während »er« sich ins Tierische, Pflanzliche verwandelt, Stein wird, flüssiges Licht, Kristall, dunkle Strahlung. Am Ziel dieser Erweiterung des Ichs in den Kosmos erfolgt ein Umschlag: Das Bewußtsein des Sterbenden wird »umgewendet«, er erschaut das Bild der Mutter mit dem Kind (christliches Sinnbild, Verheißung eines Messiaskindes oder seiner eigenen Wiedergeburt?). Ein Brausen erfaßt Vergil, in dem nach alttestamentarischem Vorbild das Wort Gottes zu hören sei – wenn auch nicht für den Leser, da dies bereits *»jenseits der Sprache«* geschieht.

Der innere Monolog des Vergilschen Bewußtseins – durch das ganze Werk hindurch ziemlich streng gewahrt – steigert sich in diesem Schlußkapitel zu unerhörter Ausdruckskraft. Die *»unendliche Annäherung an die Grenze«* des Lebens führt auch an die Grenze der Kunst. Aber gerade in der Spannung, die zwischen selbstvergessener, rhythmisch pulsierender, syntaktisch aufgelöster Sprache und jenem »Einfall« entsteht, den Sterbenden eine umgekehrte Genesis »durchleben« zu lassen, die mystische Selbstentgrenzung in mythischen Bildern oder mathematischen Modellen (Kreis, vieldimensionaler Raum) zu veranschaulichen, liegt der artistische Wert dieses Romans. Nicht immer ist die Sprache der ungeheuren visionären Anstrengung gewachsen. Wenn Broch versucht, der Gedankenflucht in der nächtlichen Zerknirschungs-»Orgie« des Feuer-Kapitels mit seismogrammartig »lebenswahren«, überlangen, litaneihaften Sätzen auf der Spur zu bleiben, versperren die rhetorische Aufschwemmung von Abstrakta und Konkreta, die Stereotypie der Beschwörungsformeln jedes nachprüfende Lesen. Broch selbst war sich dessen bewußt: *»Ich weiß auch, wo die hypnotische Konzentration abgerissen ist, um wieder dem Literarisch-Pathetischen Platz zu machen. Wäre sie nicht abgerissen, so wäre ich wahrscheinlich ganz konkret gestorben…«* Es bietet sich die paradox klingende Feststellung an, daß hier die Entlarvung der autarken Schönheit meist sehr »schön« erzählt wird. Die Erfahrung eines häßlichen Lebens hebt sich von der eines euphorischen Todes ab. Vor dem qualvoll widersprüchlichen Dasein rettet ein »schönes« Sterben, das alle Widersprüche und wohl auch alle Entscheidungen für das nützliche »Leben« aufhebt. Vergil hat gerade noch zur Erkenntnis und zu einer Erkenntnistat Zeit – die *Aeneis* den Überlebenden zu schenken. Die Lösung dieses Konflikts so nahe an einer Wende, die alle Konflikte zunichte macht, hat aber nur geringen Beispielwert, geschweige denn didaktische Überzeugungskraft. Die Wirkung dieses ungewöhnlichen Buches geht von einer anderen Tatsache aus: *»Nur wenige Werke der Weltliteratur haben es gewagt, sich – wohlgemerkt mit rein dichterischen Mitteln – so nahe an das Todesphänomen heranzupirschen«* (Broch).

Die *»Schwierigkeiten beim Lesen von Hermann Broch«* (M. Durzak) haben auch bei diesem Werk zu einer Fülle von fachwissenschaftlichen Detailuntersuchungen geführt. Werkimmanente Arbeiten zur Sprache und Bildlichkeit des Romans heben einerseits seinen avantgardistisch-sprachkritischen Anspruch hervor (STEPHAN, LUBE), kritisieren aber auch ein Abgleiten in Manierismus oder verweisen auf Grenzen sprachlicher Ausdrucksfähigkeit (KÖHNE, WOLFRAM). Neben literaturpsychologischen Ansätzen, meist unter dem Einfluß C. G. JUNGS, zu archetypischen Strukturen, Figuren und Attributen (JAFFE, MEINERT) stehen zunehmend literaturtheoretisch fundierte Arbeiten zur Symbolwelt Brochs (WINKEL). Die Gestalt des Seelengeleiters Lysanias wurde verschiedentlich mit dem bei Thomas MANN bestimmenden Hermes-Motiv (vgl. *Der Tod in Venedig*) verglichen, wie allgemein die Vielzahl mythologischer Verweise komparatistische Analysen dazu verlockt hat, das Buch als ebenso eindrucksvolle wie problematische Reproduktion archaischer Denk- und Ausdrucksweisen zu sehen (WEIGAND, HINDERER). Die Broch-Forschung erfuhr in den siebziger Jahren insgesamt eine Polarisierung durch die Arbeiten von W. FREESE und K. MENGES, die ideologiekritisch Brochs Werte- und Erkenntnistheorie untersuchten und nicht nur auf angebliche *»faschistoide Elemente«* in den theoretischen Kompilationen Brochs hinwiesen, sondern auch der gängigen Broch-Forschung ein affirmatives Verhalten gegenüber dem Werk vorhielten, teils durch die Beschränkung auf werkimmanente Detailstudien, teils durch unproblematisierte Vorgabe der von Broch umfangreich geleisteten Selbstkommentierung seines Werks, wobei vor allem DURZAK und LÜTZELER durch die Vielzahl ihrer Arbeiten zu Broch zwangsläufig im Mittelpunkt der Kritik standen. Produktiv im Sinne der Annäherung an das Werk wirkte diese Polemik nicht, bis heute ist es der Broch-Forschung nicht gelungen, dem Leser jene Handreichung zu geben, die ihm die *»Möglichkeit des überschaubaren Eindringens«* (Durzak) in

das komplexe Gefüge dieses Romans erleichtert.
T.Koe.-KLL

Ausgaben: NY 1945. – Zürich 1947. – Zürich 1952 (in *GW*, 10 Bde., 1952–1961, 3). – Zürich [5]1962. – Mchn. 1965 (dtv). – Ffm. 1976 (in *Kommentierte Werkausgabe*, Hg. P.M. Lützeler, 17 Bde., 1974–1981, 4).

Literatur: F. Martini, *H. B. »Der Tod des Vergil«* (in F.M., *Das Wagnis der Sprache*, Stg. 1954, S. 413–464). – A. Jaffe, *H. B.: »Der Tod des Vergil«* (in *Studien zur analytischen Psychologie C. G. Jungs. Fs. zum 80. Geburtstag*, Bd. 2, Zürich 1955, S. 283–343). – H. Broch, *Bemerkungen zum »Tod des Vergil«* (in H. B., *Essays*, Bd. 1, Zürich 1955, S. 265–275; *GW*, Bd. 6). – C. v. Faber du Faur, *Der Seelenführer in H. B.s »Tod des Vergil«* (in *Wächter und Hüter. Fs. für H. J. Weigand zum 17. Nov. 1957*, New Haven/Conn. 1957, S. 147–161). – D. Stephan, *Der innere Monolog in H. B.s »Tod des Vergil«*, Diss. Mainz 1957. – W. E. Wolfram, *Der Stil H. B.s. Eine Untersuchung zum »Tod des Vergil«*, Diss. Freiburg i. B. 1958. – A. Köhne, *Stilzerfall u. Problematik des Ich. Stilkritische Studie zur Sprache von H. B.s Roman »Der Tod des Vergil«*, Diss. Bonn 1959. – D. Stephan, *Th. Manns »Tod in Venedig« u. B.s »Vergil«* (in Schweizer Monatshefte, 40, 1960, S. 76–83). – W. Hinderer, *Die ›Todeserkenntnis‹ in H. B.s »Tod des Vergil«*, Diss. Mchn. 1961. – D. Meinert, *Die Darstellung der Dimensionen menschlicher Existenz in B.s »Tod des Vergil«*, Bern/Mchn. 1962. – A. Fuchs, *Zur Sprachbehandlung in H. B.s »Tod des Vergil«* (in Bulletin de Faculté des Lettres de Strasbourg, 41, 1962/63, S. 379–382). – Ders., *B. »Der Tod des Vergil«* (in *Der deutsche Roman. Vom Barock bis zur Gegenwart*, Hg. B. v. Wiese, Bd. 2, Düsseldorf 1962, S. 326–360). – G. Wienold, *Die Organisation eines Romans. H. B.s »Der Tod des Vergil«* (in ZfdPh, 86, 1967, S. 571–593). – T. Collmann, *Zeit u. Geschichte in H. B.s Roman »Der Tod des Vergil«*, Bonn 1967. – W. Kraft, *H. B.s »Tod des Vergil«* (in *Rebellen des Geistes*, Stg. 1968). – W. Baumann, *The Idea of Fate in H. B.s »Tod des Vergil«* (in MLQ, 29, 1968, S. 196–206). – M. Durzak, *H. B.s Vergil-Roman u. seine Vorstufen* (in LJB, 9, 1968, S. 285–317). – K. Menges, *Kritische Studien zur Wertphilosophie H. B.s*, Tübingen 1970. – K. Heydemann, *Die Stilebenen in H. B.s »Der Tod des Vergil«*, Wien 1972. – G. Dahl, *H. B.: »Der Tod des Vergil«. Eine psychoanalytische Studie* (in *Psychoanalytische Textinterpretation*, Hg. J. Cremerius, Hbg. 1974, S. 71–127). – *Materialien zu H. B. »Der Tod des Vergil«*, Hg. P.M. Lützeler, Ffm. 1976. – J.-P. Bier, *H. B. et »La Mort de Virgile«*, Paris 1974. – J. Kahle, *Anfang u. Kindheit – die Korrelate von Mythos u. Poiesis in H. B.s »Tod des Vergil«*, Diss. Aachen 1976. – J. Knowlton, *»Spätzeit« u. »Spätzeitlichkeit« in H. B.s Roman »Der Tod des Vergil«*, Diss. Graz 1975. – M. A. Winkel, *Denkerische u. dichterische Erkenntnis als Einheit. Eine Untersuchung zur Symbolik in H. B.s »Tod des Vergil«*, Ffm./Bern 1980. – C. M. Duebbert, *Zeitgeschichtliche Perspektiven in der Lit. Studien zu H. B.s »Die Verzauberung« u. »Der Tod des Vergil«*, Diss. Washington Univ. 1982. – B. Lube, *Sprache und Metaphorik in H. B.s Roman »Der Tod des Vergil«*, Ffm./Bern 1986.

DIE VERZAUBERUNG

Roman von Hermann Broch, erschienen 1953 unter dem Titel *Der Versucher*. – Bereits während der Arbeit an der *Schlafwandler*-Trilogie plante Broch eine Fortsetzung, die in seinen Briefen der Jahre 1930–34 als *»Filsmann«*-Roman aufscheint, in einer süddeutschen Kleinstadt spielen sollte, jedoch nicht verwirklicht wurde. Im Oktober 1934 kam es zu einer grundlegenden Neukonzeption, und am 23. 1. 1935 benachrichtigt Broch seinen Verleger Daniel Brody, er habe die *»richtige Form«* für seinen neuen, ursprünglich als Trilogie geplanten Roman gefunden. Der erste Entwurf für das Werk, bereits 1935 entstanden, ging verloren, die heute bekannte erste Fassung des Romans entstand zwischen dem 12. 7. 1935 und dem 16. 1. 1936. Die zweite Fassung, 1936 begonnen, blieb Fragment, und erst 1951, kurz vor seinem Tod, scheint Broch, worüber die Forschung lange unschlüssig war, offenbar mit der dritten Fassung des Romans begonnen zu haben, die er jedoch nur bis zum Beginn des fünften Kapitels vorantreiben konnte. Die drei Fassungen unterscheiden sich, worauf T. B. Shockey 1971 erneut hinwies, vor allem durch den zunehmenden Grad an Abstrahierung voneinander; die Fabel des Romans blieb unverändert.

Die ohnehin komplizierte Entstehungsgeschichte wird zusätzlich verwirrt durch die verschiedenen Titel, die Broch den Fassungen gab. In einem Brief vom 16. 1. 1936 erwähnt er erstmals den Titel *Die Verzauberung*, nachdem er lange Zeit das Werk als seinen *Gebirgsroman* oder *Bauernroman* bezeichnet hatte. Der Titel *Bergroman* taucht seit 1940 bevorzugt wieder auf, nach dem Krieg (14. 11. 1946) erscheint die Bezeichnung *Demeter* für die gesamte Trilogie, zu der sich das Werk ausweiten sollte, ohne daß es jemals dazu kam. F. Stössinger publizierte 1953 den Roman erstmals, kompilierte dazu jedoch alle drei Fassungen und wählte den Titel *Der Versucher*. Mittlerweile darf die Verfahrensweise der *Broch-Werkausgabe* als verbindlich angesehen werden, die 1976 die erste, vollständige Fassung u. d. T. *Die Verzauberung* edierte, das Fragment der dritten Fassung u. d. T. *Demeter* und alle drei Fassungen unter der Kennzeichnung *Bergroman* zusammenfaßte.

Zum Befremden vieler seiner Leser ließ Broch die Handlung im Bauernmilieu spielen, in einem abgelegenen Alpental mit zwei rivalisierenden Dorfgemeinschaften, deren Idiom er ungemein treffend wiederzugeben verstand. Daß Broch nachweislich Anleihen bei der einschlägigen Heimatliteratur à la Rosegger gemacht hat, wirkt ebenfalls befremdlich, ein Eindruck, der auch durch das Argument nicht völlig entkräftet wird, ins fragwürdige Lokalkolorit hülle sich hier das dichterisch kühne Experiment, die Psyche der Masse wie in einer Retorte auf Reaktionen hin zu untersuchen (vgl. dazu Brochs späte Studien zur Massenpsychologie). Der Ich-Erzähler stellt sich als alternder Mann vor, der in der Mitte seines Lebens eine erfolgreiche Karriere als Kliniker abgebrochen hat, um in der »Gebirgseinsamkeit« als Landarzt zu wirken. Die Natur sieht er als Heiligtum, die Landschaft evoziert kosmische All-Gefühle in ihm, eine entgrenzende Empfindung, die sich auf den Leser überträgt, da Wortschatz, Rhythmik und Nuancierung der Veduten eine künstlerische Klarheit erreichen, wie man sie nur von Landschaftsschilderungen JEAN PAULS oder Adalbert STIFTERS her kennt. Die Tempelruhe dieses Lebens, das so überraschend »positiv« mit der Natur mitschwingt, wird eines Frühlingstages von einem Eindringling, dem »Versucher«, gestört: Der für schön geltende Marius Ratti kehrt in der Art eines phrasenreichen Wanderpredigers sein albernes, wenngleich unheimliches Sendungsbewußtsein hervor. Seine Ideen von Männergemeinschaft, Keuschheit und Opferwillen artikulieren verborgene Bedürfnisse nach Selbsterhöhung und verdrängte Besitzwünsche. Unverkennbar ist in diesem »Scharlatan«, »Hypnotiseur« und »Menschenfänger« der Demagoge Hitler, in der für den Rückfall ins Inhumane so anfälligen Dorfgemeinde das Deutschland der dreißiger Jahre getroffen. Marius entgegen tritt das von ihm so philiströs bekämpfte »Weiberwissen«, verkörpert in Mutter Gisson, einer alten Bäuerin mit sprechendem Namen: Gisson ist ein Anagramm von Gnosis, Gottesschau.

Die weitere Handlung stellt zum einen die Dörfler vor die Wahl, Mutter Gisson oder Marius, Weisheit oder Wahnwitz, »Demeter oder die Verzauberung« zu verlieren, und konkretisiert zum anderen den Demeter-Persephone-Hades-Mythos. Als der Scharlatan Marius das Gerücht ausstreut, im Berg sei Gold zu finden, werden die Menschen von Gold- und Erlösungsfieber gepackt. Im Herbst kommt es bei einem Fest heidnisch-mythischen Ursprungs, einer Bergkirchweih, zum Durchbruch der den ganzen heißen Sommer über angestauten Unruhe: Angeblich um die Erde zu versöhnen und den unterirdischen Mächten (Hades) zu opfern, begeht man einen Ritualmord an einem jungen Mädchen (Persephone). Der Regenerationsmythos einer frühzeitlichen Ackerbaukultur muß, wird er Jahrtausende später nachvollzogen, zum Mord, die Eruption unterdrückter Triebe im archaisierenden Kultus zum Massenwahn führen. In der Anlage des Schlusses unterscheiden sich die diversen Fassungen besonders deutlich: Ursprünglich stirbt auch Mutter Gisson wenig später und gibt zum Abschied ihr Wissen an ein junges Mädchen weiter, deren künftigem Kind sich eine halb reale, halb symbolische Messias-Hoffnung zukehrt. In der pessimistischeren Nachkriegs-Fassung soll auch Mutter Gisson dem »Toben« der Bergkirchweih zum Opfer fallen. Marius verläßt nicht mehr spurlos das Tal, sondern bleibt als Sieger in der Gemeinde.

Broch selbst bezeichnete im Januar 1936 das Werk als einen *»religiösen Roman«* und sah im Faschismus eine Reaktion auf den Zerfall übergreifender, verbindlicher Werte in der Moderne, was er auch als religiöse Krise deutete. Auch wenn die Forschung über die politischen Akzentuierungen der verschiedenen Fassungen durchaus geteilter Meinung ist, so stimmt man bezüglich der Intention Brochs überein, daß das Werk ein Modell für das Entstehen von Faschismus zu entwerfen sucht. Bezeichnenderweise kommt Ratti aus Italien, wo der Faschismus zuerst an die Macht kam, der Name verweist auf den »Rattenfänger« Hitler, aber auch auf jenen Papst Achille Ratti, der 1933 das Konkordat mit Hitler schloß. So überzeugend und eindrucksvoll der Zusammenbruch des Menschlichen erzählt wird, so verschwommen gerät der »gute« Mythos von Mutter Gisson. Denn auch der Handlungsverlauf betont vor allem das Negative der hier allerdings »unkritischen« Vergegenwärtigung einer Mythologie. Der einfältige Erbauungsstil dieser eher karikaturistisch ins Überdimensionale gesteigerten Mutterfigur – *»Das Wirklichste in der Welt ist das Herz, dadrein wohnt jeder Baum und jede Blume«* – verweist auf den fragwürdigsten Aspekt dieses Romans, der wohl auch unter dem Eindruck der Zivilisationskritik KLAGES' zu sehen ist: den Gedanken, Irrationalismus durch Irrationalismus auszutreiben. Da auch der Dorfarzt sich verblenden läßt, entsteht überdies der Eindruck, dieses atavistische Verhalten von Menschen des technischen Zeitalters sei als unvermeidliche Fügung der Geschichte hinzunehmen. Dieser Eindruck mag ein Resultat der »Versuchsbedingungen« sein, welche die Fabel mit Ausnahme weniger eingestreuter märchenhafter oder biographischer Erinnerungen in einen vor der übrigen Welt hermetisch abgeschlossenen Raum verbannen. Dieser Fatalismus mag endlich sogar der Grund gewesen sein, aus dem Broch sein Werk, zumal den Schluß der frühen Konzeption, ablehnend beurteilte und an seiner Vollendung nicht sonderlich interessiert schien. Vielleicht hat erst das Erscheinen von Thomas MANNS *Doktor Faustus* Brochs Interesse an dem thematisch analogen Bergroman neu entfacht, wie beide Werke auch einzigartig in dem Versuch sind, den Faschismus mit *»symbolisch-parabelhaften Erzählmitteln«* (P. M. Lützeler) zu deuten.

T.Koe.-KLL

AUSGABEN: Zürich 1953 (in *GW*, 10 Bde., 1952 bis 1961; Bd. 4, Hg. u. Nachw. F. Stössinger). – Reinbek 1960, Hg. F. Stössinger (rororo; ern. 1965). – Ffm. 1967 (*Demeter*; 3. Fassg.; Bibl. Suhrkamp, 199). – Ffm. 1969 (*Bergroman*, alle 3 Fassungen, textkrit., Hg. F. Kress u. H. A. Maier; 4 Bde.). – Ffm. 1976 (*Die Verzauberung*, in *Kommentierte Werkausgabe*, Hg. P. M. Lützeler, 17 Bde., 1974–1981, 3).

LITERATUR: F. Kress, *Kritische Ausgabe des Vorwortes u. des 1. Kapitels der drei Originalfassungen von H.B.s Bergroman nebst Herkunftsnachweis*, Diss. Univ. of Connecticut 1966 (vgl. Diss. Abstracts, 27, 1966/67, S. 3442A). – M. Winkler, *Mythos u. Zeitgeschehen in H.B.s Roman »Der Versucher«*, Diss. Univ. of Colorado 1966 (vgl. Diss. Abstracts, 28, 1967/68, S. 1091/1092A). – J. N. Hardin, *»Der Versucher« and H.B.s Attitude toward Positivism* (in GQ, 39, 1966, S. 29–41). – D. Meinert, *H.B.: »Der Versucher«. Versuchung u. Erlösung im Bannkreis mystischen Erlebens* (in *Sprachkunst als Weltgestaltung. Fs. für Herber Seidler*, Hg. A. Haslinger, Salzburg/Mchn. 1966, S. 140–232). – M. Durzak, *Zur Entstehungsgeschichte u. zu den verschiedenen Fassungen von H.B.s Nachlaßroman* (in ZfdPh, 86, 1967, S. 594–627). – G. Wienold, *H.B.s Bergroman und seine Fassungen. Formprobleme der Überarbeitung. Mit bisher ungedruckten Quellen* (in DVLG, 42, 1968, S. 773–804). – M. Winkler, *Die Funktion der Erzählungen in H.B.s Roman »Der Versucher«* (in Seminar, 4, 1968, S. 81–99). – B. Loos, *Mythos Zeit u. Tod. Zum Verhältnis von Kunsttheorie u. dichterischer Praxis in H.B.s »Bergroman«*, Ffm. 1971. – T. Baird Shockey, *Variations in Style and Content in H.B.'s »Bergroman« as Shown by an Analysis of the Two Versions of the Foreword and the Three Versions of the First Chapter*, Diss. Univ. of Connecticut 1971. – P. S. P. Bennett, *The Motif of Seeing and the Symbol of the Eye in H.B.'s »Bergroman«*, Diss. Univ. of California, Berkeley 1970. – T. J. Casey, *Questioning B.'s »Der Versucher«* (in DVLG, 47, 1973, S. 467–507). – P. M. Lützeler, *H.B.s Die Verzauberung im Kontext von Faschismuskritik und Exilroman* (in *Broch heute*, Hg. J. Strelka, Bern/Mchn. 1978, S. 51–76). – *Brochs Verzauberung*, Hg. P. M. Lützeler, Ffm. 1983 (st).

FERDINAND BRUCKNER

d.i. Theodor Tagger

* 26.8.1891 Wien
† 5.12.1958 Berlin

LITERATUR ZUM AUTOR:
A. Kantorowicz, *Deutsche Schicksale. Neue Porträts*, Bln. 1949, S. 186–193. – E. Rieder-Laska, *F. B. Leben u. Werk des österreichischen Dramatikers bis zum Jahr 1949*, Diss. Wien 1950. – O. Mann, *Exkurs über F. B.* (in O. M., *Deutsche Lit. im 20. Jh.*, Bd. 1, Heidelberg 1961, S. 152–178). – W. H. Speidel, *Tragik u. Tragödie in der dichterischen Entwicklung F. B.s*, Diss. Univ. of Kansas 1963 (vgl. Diss. Abstracts, 25, 1964/65, S. 1926/1927). – H. Vogelsang, *Österreichische Dramatik des 20. Jh.s*, Wien/Stg. 1963. – C. Lehfeldt, *Der Dramatiker F. B.*, Göppingen 1975. – W. H. Speidel, *Freiheit u. Macht in den Dramen F. B.s vor, in u. nach dem Exil* (in *Das Exilerlebnis*, Hg. D. G. Gaviau u. L. M. Fischer, Columbia/S.C. 1982, S. 231–241). – D. Engelhardt, *F. B. als Kritiker seiner Zeit*, Diss. Aachen 1984. – K. Hörner, *Möglichkeiten u. Grenzen der Simultandramatik: unter der bes. Berücksichtigung der Simultandramen F. B.s*, Ffm. u. a. 1986.

KRANKHEIT DER JUGEND

Schauspiel in drei Akten von Ferdinand BRUCKNER, Uraufführung: Hamburg, 17. 10. 1926, Kammerspiele. – Die Handlung dieses Zeitdramas, das die soziale und moralische Situation der Jugend nach dem Ersten Weltkrieg zum Thema hat und im Wien des Jahres 1923 spielt, entwickelt sich aus der mißglückten Promotionsfeier für die Medizinstudentin Marie im ersten Akt: Irene, eine Studienkollegin, erobert Petrell, Maries engsten Freund, wobei die übrigen Personen teils fördernd, teils hindernd eingreifen. Der zweite Akt zeigt den Versuch Maries, in einer neuen Liebe – Partnerin ist eine lesbische Intellektuelle, die Gräfin Desiree – wieder Halt zu finden. Ihre Auseinandersetzungen mit Irene und Petrell verraten aber, daß sie ihren Verlust nicht verwunden hat. Mit dem Tod Desirees und Maries endet der dritte Akt. Freder, der ewige Student, hat Desiree Gift verschafft und tötet Marie auf ihren Wunsch im Rausch. Mit dem Schicksal dieser Personen verflicht Bruckner das des Zimmermädchens Lucy. Freder, dem Lucy hörig ist, macht sie zur Diebin und zur Dirne.

Aus dem Verfall der bürgerlichen Werte im Ersten Weltkrieg erklärt sich die »Krankheit« dieser Jugend, ihre Haltlosigkeit. Sie wird an den passiven Personen des Stücks, die jedem fremden Einfluß unterliegen, ebenso evident wie an den aktiven, deren Handeln kein Ziel hat. Die Welt der zunächst ernsthaft auf den Arztberuf zusteuernden Marie bricht zusammen, als Petrell sie verläßt. Sie erliegt kurz darauf der Werbung Desirees, die sie eben noch zurückgewiesen hatte, und dann der Anziehungskraft Freders, ehe sie, am Sinn des Lebens verzweifelnd, den Tod sucht. Freder, Verkörperung des aktiven Typs, nimmt jede Gelegenheit wahr, in das Leben der andern verantwortungslos einzugreifen. Mit Lucy etwa veranstaltet er, nach seinen eigenen Worten, nur ein *»interessantes Experiment«*, wobei es ihm nicht um verpflichtende Erkenntnis geht, sondern um das Gefühl seiner Macht. Zu der vom Macht- oder Sexualtrieb bestimmten Existenz – hier wird der außerordentliche Einfluß der simplifizierten Theorien NIETZSCHES bzw. FREUDS auf die Nachkriegsjugend greifbar – gibt es keine konstruktive Alternative. Irene und Petrell, die den bürgerlichen Weg einschlagen werden, dürfen nicht als positive Gegenfiguren verstanden werden. Ihre Karriere setzt nicht nur das Unrecht an Marie voraus, sondern bedeutet zugleich Flucht in eine risikolose Sicherheit.

Mit der zeitgemäßen Thematik des Schauspiels kontrastiert seine herkömmliche Darbietungsform, die an das österreichische Gesellschaftsdrama eines Arthur SCHNITZLER denken läßt. Die psychologisch erklärbare Handlung spielt durchgehend im Zimmer Maries und konstituiert sich aus einheitlichen, abgeschlossenen Ereignissen; die Sprache der Personen, die keine Monologe zu halten haben, zeigt nur noch Nachklänge des frühexpressionistischen Pathos. Dennoch wurde die Aufführung zu einer der Theatersensationen der zwanziger Jahre, ein Erfolg, den der Autor 1928 mit *Die Verbrecher* wiederholen konnte, diesmal szenisch innovativ durch den Einsatz der Simultanbühne. – Nach dem Zweiten Weltkrieg fügte der Autor das Stück mit den Dramen *Die Verbrecher* und *Die Rassen* zum Zyklus *Jugend zweier Kriege* zusammen.

H.Es.-KLL

AUSGABEN: Bln. 1928. – Bln./Wien 1947 (in *Jugend zweier Kriege*) – Bln./Wien 1948 (in *Dramatische Werke*, 2 Bde., 1).

LITERATUR: P. Fechter, M. Hochdorf u. O. Schabbel, Rez. (in *Theater für die Republik 1917–1933. Im Spiegel der Kritik*, Hg. G. Rühle, Ffm. 1967, S. 735–741).

DIE VERBRECHER

Schauspiel in drei Akten von Ferdinand BRUCKNER, Uraufführung: Berlin, 23. 10. 1928, Deutsches Theater. – Dieses zeitkritische Drama zeigt den Umschlag der traditionellen Rechtsprechung in blanke Ungerechtigkeit nach den gesellschaftlichen Veränderungen des Ersten Weltkriegs. In einem Berliner Mietshaus werden von zufällig beieinander wohnenden Personen einerseits Verbrechen begangen, die ungesühnt bleiben, andererseits machen sich einige dieser Menschen aus Not kleiner Vergehen schuldig und werden von der Justiz hart bestraft. Der erste Akt berichtet von den betreffenden Handlungen, der zweite zeigt die Reaktion des Gerichts darauf und der dritte wiederum die Folgen davon. Straflos bleiben: Frau Wieg, die anvertrauten Schmuck veruntreut hat; ihr Sohn Ottfried, der junge Männer zur Homosexualität verführt; der Erpresser Schimmelweis; der skrupellose Josef Berlessen, der seine Dienstmädchen mißbraucht; vor allem aber die Köchin Ernestine Puschek, die erst eine Kindesunterschiebung plant und dann die Wirtin Karla Kudelka, die Geliebte ihres Freundes, des Kellners Gustav Tunichtgut, umbringt und den Verdacht auf ihn lenkt.
Bestraft werden hingegen: Tunichtgut wegen angeblichen Raubmordes an der Kudelka zum Tode; die Sekretärin Olga Nagerle zu langjährigem Zuchthaus, weil sie in einem Anfall von Verzweiflung ihr Kind umbringt, das sie nicht ernähren kann; der von Ottfried verführte Frank Berlessen wegen eines Meineides, den er zugunsten von Schimmelweis geschworen hat, und (mit Bewährung) schließlich Alfred Fischau, der aus Liebe zu Frau Berlessen Geld veruntreute, es aber wieder zurückgab. Die Verurteilten kämpfen darum, mit dem Gefühl der Schande fertig zu werden. Der Freund Olgas, der Student Kummerer, aber schreibt ein Buch: »Es gibt keine Verbrecher«, worin er den fragwürdigen Justizurteilen jede moralische Berechtigung abspricht.
Vor dem Hintergrund der Inflationszeit bietet das Stück eine soziale Zeitdiagnose am Beispiel der Rechtsprechung. Gezeigt wird, wie diese zum Sinnbild des Unrechts verkommt und zugleich ständig einer reaktionären Moralauffassung unbewußt zum Opfer fällt. So hält man Tunichtgut aller Verbrechen für fähig, weil er mehrere Liebschaften hat. Unterschwellig wird der Zusammenhang zwischen der kapitalistischen Gesellschaftsordnung und den geltenden Normen deutlich. Alle Verbrechen geschehen aus Geldmangel oder Geldgier; straflos bleiben die, die Geld haben oder es sich zu verschaffen wissen. – Bühnentechnisch wirkte das Stück bahnbrechend, da Bruckner damit die Möglichkeiten der Simultanbühne wiederentdeckte. Sie setzt sich aus drei Stockwerken zu je ein bis drei Zimmern zusammen, die nacheinander erleuchtet werden und den Schauplatz für eine Szene bilden. Dieses Nebeneinander von Räumen, Personen und Handlungen gestattet die adäquate Darstellung kollektiver gesellschaftlicher Vorgänge. Verbunden ist damit eine filmisch anmutende Technik des Auf- und Abblendens von Szenen. In der Sprache sind Errungenschaften des Expressionismus verwertet. Auf ihn verweisen die Parataxe des einfachen Dialogs und die absurden Züge des Aneinandervorbeiredens und Mißverstehens. H.Es.

AUSGABEN: Bln. 1929. – Bln./Wien 1947 (in *Jugend zweier Kriege*). – Bln./Wien 1948 (in *Dramatische Werke*, 2 Bde., 1). – Ffm./Bln. 1980 (in G. Rühle, *Zeit und Theater*, Bd. 3/4; m. Komm.; Ullst. Tb).

LITERATUR: H. Schlien, *F. B.s dramatisches Werk* (in F. B., *Heroische Komödien*, Emsdetten 1955, S. 5–10; Vorw.).

ELIAS CANETTI

* 25.7.1905 Rustschuk / Bulgarien
† 14.8.1994 Zürich

LITERATUR ZUM AUTOR:
J. Schickel, *C.s Verwandlungen. Romancier, Essayist, Dramatiker* (in Der Monat, 1964, H. 188, S. 66–71). – M. Durzak, *Versuch über E. C.* (in Ak-

zente, 1970, H. 2, S. 169–191). – *E. C.*, Hg. H. L. Arnold, Mchn. 1970; [3]1982 (erw.; Text + Kritik). – A. M. Bischoff, *E. C. Stationen zum Werk*, Bern/Ffm. 1973. – *C. lesen. Erfahrungen mit seinen Büchern*, Hg. H. G. Göpfert, Mchn. 1975 [m. Bibliogr.]. – D. Barnouw, *E. C.*, Stg. 1979 (Slg. Metzler). – *Zu E. C.*, Hg. M. Durzak, Stg. 1983. – E. Piel, *E. C.*, Mchn. 1984. – *E. C. Blendung als Lebensform*, Hg. F. Aspetsberger u. G. Stieg, Königstein/Ts. 1985. – *Hüter der Verwandlung. Beiträge zum Werk E. C.s*, Mchn. 1985; ern. Ffm. 1988 (Fi Tb). – *Experte der Macht. E. C.*, Hg. U. Bartsch u. G. Melzer, Graz 1985. – *E. C.s Anthropologie u. Poetik*, Hg. S. H. Kaszyński, Mchn. 1985. – F. Aspetsberger u. G. Stieg, *E. C.*, Königstein/Ts. 1986. – B. Witte, *E. C.* (in KLG, 25. Nlg., 1986).

DIE BLENDUNG

Roman von Elias Canetti, erschienen 1936. – Dieses ungewöhnliche Buch, als Manuskript 1931 abgeschlossen, fand im deutschsprachigen Raum erst nach seiner Neuauflage 1963 jene Beachtung, die es schon durch seine Vorwegnahme literarischer Tendenzen verdient hätte, die zwei Jahrzehnte nach seinem ersten Erscheinen das Feld weitgehend beherrschten. Der Privatgelehrte Dr. Peter Kien, ein Mann von außergewöhnlicher intellektueller Kraft und, nach seiner Meinung und der anderer, *»wohl der größte Sinologe seiner Zeit«*, lebt völlig in der Welt seiner zahllosen Bücher und hat – in einem Ausmaß, das im Verlauf der Handlung immer erschreckender erkennbar wird – die »normale« Beziehung zur Wirklichkeit verloren, ohne indessen der romantisch-traditionelle Typ des geistigen Edelmenschen zu sein, der ein Opfer der bösen materialistischen Umwelt wird – er ist in seiner Art unmenschlich genug. Seine Haushälterin während langer Jahre, Therese – schon durch minimalen Wortschatz und primitiven Satzbau auf ihre nun folgende Rolle hin charakterisiert –, gewinnt zu dem Zeitpunkt, da die Handlung beginnt, mit Hilfe eines simplen Tricks (gespielte Ehrfurcht vor einem Buch) sein Vertrauen, und er heiratet sie. Von diesem Moment an ist ihre ganze Aktivität darauf gerichtet, den Mann mit juristischen, psychologischen und physischen Mitteln zu erledigen, auszuplündern, auszuweiden. Es gelingt ihr schließlich, ihn aus seiner heimischen Bücherfestung auszutreiben, und ein großer Teil des Buches ist der »Odyssee« (im Sinne von Joyce) des entwurzelten Kien gewidmet. Er verwickelt sich in abstruse Beziehungen zu allen möglichen Gestalten, die ausnahmslos »aus dem Leben gegriffen« und zugleich durch eine naiv-triebhafte Entmenschtheit gekennzeichnet sind. Der groteske jüdische Zwerg Fischerle, der sich für den größten Schachspieler der Welt hält, ist die Hauptfigur dieses sinistren Maskenzugs: von Kien für seinen einzigen Freund gehalten, tut er sein Bestes, die Ausplünderung des steuerlos treibenden Buch-Menschen mit Hilfe phantastischer Tricks zu vollenden. Nach einer Fülle absurder Zwischenfälle und Begegnungen kommt Kiens Pariser Bruder, ein erfolgreicher Psychiater (der übrigens, bei aller Überlegenheit und intellektuellen Disziplin, nur ein *primus inter pares* seiner Patienten ist und jede »Heilung« als eine Verarmung bedauert), zu seiner Rettung. Es gelingt ihm auch, die Verhältnisse äußerlich zu restaurieren und das Gesindel um seinen Bruder zu verscheuchen, und er fährt wieder ab – worauf Kien, nach einem makabren Tag-Alptraum, sich auf dem Gipfel seiner bis zur Decke angehäuften Bücher selbst verbrennt (die englische Version des Buches heißt denn auch *Autodafé*). Der Psychiater hatte nur eins nicht bemerkt und daher nicht in Rechnung gesetzt: daß der Bruder – trotz zugespitzter intellektueller Streitgespräche, die er dem Pariser Irrenhäuptling liefert – ganz einfach klinisch verrückt ist.

Wie bei allen bedeutenden Büchern sagt die dürre Inhaltsskizze wenig über den besonderen Gestus der Darstellung aus. Was den Roman zu einem Klassiker der Moderne macht, resultiert vor allem, wie bei Kafka oder Beckett, aus der schlichten Weglassung all dessen, was – als Zukunft, Hoffnung, Willen, eigene Schicksalsgestaltung – den »funktionierenden«, voll definierten Menschen ausmacht. Es entsteht ein seltsam transformiertes Weltbild. Wie bei Beckett vollzieht sich auch bei Canetti eine Änderung des gesamten »Erfahrungssystems« (um, nicht ohne innere Berechtigung, einen philosophischen Terminus zu gebrauchen); weggelassen ist alles »höhere Menschliche« der Figuren, das den reinen, fast schon mehr maschinenhaften als tierischen Mechanismus der elementaren Macht- und Freßtriebe hemmen oder auch nur verhüllen könnte. Dieses Bild von der Welt ist zugleich quälend und – wegen der Abwesenheit wirklicher menschlicher, moralischer Spannungen und Probleme – kaltlassend; man beobachtet die Vorgänge wie durch eine dicke, schalldichte Glaswand. Die Monotonie wird immer wieder durchbrochen durch den bitteren Humor, der die grotesken Episoden des Romans durchzieht, und sich schließlich zu einem apokalyptischen Gelächter steigert: *»Als ihn die Flammen endlich erreichen, lacht er so laut, wie er in seinem ganzen Leben nie gelacht hat.«* Ursprünglich hatte Canetti, wie er in seiner Erinnerung *Das erste Buch: »Die Blendung«* (in *Das Gewissen der Worte*, 1975) berichtet, den Roman als ersten Teil einer achtbändigen *»Comédie Humaine an Irren«* geplant, und neben den Eindrücken der Großstadt Berlin, wo er sich 1928/29 aufhielt, war es der Brand des Wiener Justizpalastes 1927, der als anregendes Motiv wirkte (wie auch bei Doderers *Dämonen*).

Die sprachliche Leistung des Werkes beruht auf Canettis Fähigkeit, all die bizarren Kreaturen völlig innerhalb ihrer eigenen Wahnlogik und streng im eigenen Tonfall sprechen zu lassen; man fühlt sich in dieser Welt von Wiener Alltags-Monstern zuweilen an den Karl Kraus der *Letzten Tage der Menschheit* erinnert. Nicht nur Canettis Begriff der *»akustischen Maske«*, der sein dramatisches Werk prägen sollte, ist in dieser Gestaltungsweise bereits sichtbar, auch die wahnhafte Welt der Masse, der Canettis Interesse in den folgenden Jahrzehnten gelten wird, erscheint in dieser *»epischen Provinz der Krüppel«* (M. Schneider) bereits angedeutet. So unübersehbar die prophetische Qualität von Canettis gespenstischem Marionettenspiel ist, das als ein Seismogramm des kommenden Faschismus, der Verblendung der Wissenschaft gegenüber der Realität und der dumpfen Aggression des Kleinbürgertums gelesen werden kann, so sehr entzieht sich das Werk jeder Vereinnahmung durch politisch motivierte Erklärungsmuster. Zwar wurde versucht, Canettis Figuren als Allegorien auf die Zerstörungen des Individuums in kapitalistischen Gesellschaften zu lesen (M. Curtius), aber die Obsessionen, denen Canettis Helden erliegen, besitzen eine zeitlos anmutende Dimension in der Sucht, die Defekte des konkreten Daseins aufzuheben durch die Flucht in die Symbolwelt des Mythos, sei sie umrissen durch die Welt der Bücher oder die Welt des Schachspiels, die Ganzheitliches zu garantieren scheint und deren Preis die Aufgabe des eigenen Ichs ist: *»Die Elemente von Canettis Mythos – der verkrüppelte Leib, die besessene Arbeit an dem symbolischen Körper, und schließlich sein Aufgehen in der Masse, seine Verausgabung in der Masse der symbolischen Leiber – diese Elemente, diese Trias als Stufen gedacht, lassen (in der* Blendung*) die Ordnung und Dynamik der Divina Comedia des Dichters Dante wiederkehren«* (M. Schneider). H.L.-KLL

AUSGABEN: Wien 1936. – Mchn. 1948. – Mchn. 1963. – Ffm. 1965; [20]1986 (Fi Tb). – Bln./DDR 1969. – Mchn. 1974; [7]1985.

LITERATUR: I. Parry, *E. C.'s Novel »Die Blendung«* (in *Essays in German Literature*, Bd. 1, Ldn. 1965, S. 145–166). – M. Moser, *E. C.: »Die Blendung«*, Diss. Wien 1968. – W. E. Stewart, *The Role of the Crowd in E. C.'s Novel »Die Blendung«*, Diss. Manchester 1968. – D. Dissinger, *Vereinzelung und Massenwahn. E. C.s Roman »Die Blendung«*, Bonn 1971. – M. Curtius, *Kritik der Verdinglichung in C.s Roman »Die Blendung«. Eine sozial-psychologische Literaturanalyse*, Bonn 1973. – D. Roberts, *Kopf und Welt. E. C.s Roman »Die Blendung«*, Mchn./Wien 1975. – M. Smith Lovett, *Fire in the Library: Paranoia and Schizophrenia as Models of Linguistic Crises in E. C.'s »Die Blendung«*, Diss. Indiana Univ. 1982. – L. Hennighaus, *Tod u. Verwandlung. E. C.s poetische Anthropologie aus der Kritik der Psychoanalyse*, Ffm. u. a. 1984. – B. Meili, *»Erinnerung und Vision«. Der lebensgeschichtliche Hintergrund von E. C.s Roman »Die Blendung«*, Bonn 1985. – M. Schneider, *Die Krüppel und ihr symbolischer Leib* (in *Hüter der Verwandlung. Beiträge zum Werk von E. C.*, Mchn. 1985; ern. Ffm. 1988, S. 22–41).

DIE GERETTETE ZUNGE. Geschichte einer Jugend

Erster Band der dreiteiligen Autobiographie von Elias CANETTI, erschienen 1977. Die weiteren Bände, *Die Fackel im Ohr. Lebensgeschichte 1921–1931* und *Das Augenspiel. Lebensgeschichte 1931–1937* erschienen 1980 bzw. 1985. – Die von Canetti in seinem achten Lebensjahrzehnt verfaßte Autobiographie trägt alle Merkmale eines »klassischen« Alterswerkes an sich: die Erinnerungen, die von der Darstellung seiner in Rustschuk verbrachten Kindheit (1905–1911) bis zu seiner Etablierung als Schriftsteller im Wien der Zwischenkriegszeit reichen, verwirklichen in ihrer Balance von Intimität und Distanz, in Tektonik und teleologischer Perspektive die Einheit von Schreiben und Leben, von geistiger Universalität und künstlerischer Gestaltung. Canettis Schreibweise ist geprägt von einer – für die zeitgenössische Literatur durchaus untypischen – Wertschätzung der »integralen Erinnerung« ohne Selbstanalyse, ideologische Fixierung oder Provokation; sein gegenständliches Erzählen wurzelt vielmehr in einem humanen Ethos, das die Würde des Individuums und dessen Ausbildung in der Begegnung mit dem anderen in den Mittelpunkt stellt, und verfolgt auf dieser Grundlage den Gründungsmythos der eigenen Dichterexistenz. Canetti orientiert sich dabei am Kanon jener bereits in der Körper- und Seelenlehre der Antike aufgestellten Welterfassungsmittel Sprache, Gehör- und Gesichtssinn, deren Ausbildung mit der ins Metaphorische zielenden Titelgebung der drei Bände angesprochen wird, und die für die Entwicklung zum bewußten Erleben und damit der eigenen Identität stehen.

Der erste Teil der Autobiographie, *Die gerettete Zunge*, beschränkt sich in der Darstellung auf die prägenden Kindheitserfahrungen und schlägt dabei gleichzeitig den Grundakkord der wesentlichsten Themen von Canettis Gesamtwerk an: Die Erinnerung setzt ein mit einem Bild der Angst, jenem traumatischen Erlebnis des Zweijährigen, dem der Liebhaber des Kindermädchens mit dem Herausschneiden der Zunge droht, damit das heimliche Verhältnis nicht bekannt werde. Der Knabe schweigt, er »rettet seine Zunge« und damit seinen kostbarsten Besitz; denn von Anfang an ist das Kind fasziniert von Sprache und Schrift: Hineingeboren in das altertümliche Spanisch der exilierten sephardischen Juden, wächst Canetti im orientalischen Milieu einer bulgarischen Provinzstadt auf, wird vertraut mit der Bildungssprache Französisch und erlernt als Sechsjähriger, nach der Übersiedlung der Familie, in Manchester Englisch. Nach dem plötzlichen Tod des geliebten, erst einunddreißigjährigen Vaters wird der älteste Sohn in die Rolle des männlichen Familienoberhaupts hineingedrängt, die ein quälendes Abhängigkeitsverhältnis zur Mutter mit sich bringt. Der engen Bindung an sie verdankt der Knabe aber auch seine wesentlichsten Bildungserlebnisse, sie öffnet ihm in gemeinsamer Lektüre die Welt der Literatur, von ihr erlernt er die von den Eltern gleichsam zelebrierte deutsche Sprache, die er als seine eigentliche, *»spät und unter wahrhaftigen Schmerzen eingepflanzte Muttersprache«* ansieht. Ein weiteres Grundthema ist eng mit diesem Prozeß der Sprachfindung des Kindes verbunden, nämlich das *»Urverbot«* des Großvaters, nicht zu töten, gegeben aus Anlaß eines Mordanschlages des fünfjährigen Elias auf seine Cousine, die ihm den Einblick in ihre Schulhefte verweigert und ihn solcherart aus dem *»Zauberreich«* der Schrift auszuschließen versucht hatte. Auch der Tod des Vaters, der zeitlich zusammenfällt mit dem Beginn des Balkankrieges und damit der Herrschaft von Macht, Massengehorsam und Tod, verschmilzt in der kindlichen Psyche mit dem Glauben an die lebenserhaltende Magie der Sprache; durch das Erzählen von Geschichten kämpft das phantasiebegabte Kind gegen den Einbruch von Krankheit, Krieg und Vernichtung in seine Welt an. Im Rückblick auf die Geschichte seiner Sprachfindung manifestiert sich für Canetti seine Bestimmung zum Dichter.

Der Schulung seines Gehörs gelten Conellis Erinnerungen im zweiten Band, *Die Fackel im Ohr*: der Bericht setzt ein mit den letzten Schuljahren Canettis in Frankfurt am Main, wohin die Mutter den bislang in der geschützten Idylle eines Züricher Pensionates aufgewachsenen Jüngling – der sich in Briefen bereits als *»in spe poeta clarus«* unterzeichnet – schickt, um ihn mit der bitteren sozialen Realität Deutschlands nach dem Ersten Weltkrieg zu konfrontieren. Nach dem Abitur entscheidet sich Canetti zwar für ein naturwissenschaftliches Studium an der Wiener Universität, das er 1929 auch abschließt, doch werden die Jahre von 1921 bis 1931 zur zweiten wesentlichen Etappe seiner literarischen Entwicklung: vor dem zeitgeschichtlichen Hintergrund von Inflation, der Ermordung Rathenaus, dem Arbeiteraufstand in Wien und der Blüte des kulturellen Lebens in Berlin am Ende der zwanziger Jahre entfaltet sich der innere Weg des Erzählers zum Schriftsteller; der Titel *Die Fackel im Ohr* spielt dabei ambivalent auf Canettis jahrelange Faszination durch Karl Kraus an, zu dessen Vorträgen ihn seine spätere Frau Veza mitgenommen hatte; Kraus' sprachkritisches Bewußtsein und seine satirische Technik, Figuren aus ihrem Sprachverhalten heraus zu charakterisieren, schlagen den literarisch ambitionierten Zuhörer in Bann, die Fixierung Canettis auf sein Idol verhindert aber gleichzeitig jahrelang eine persönliche Auseinandersetzung mit der Umwelt. Stationen auf dem Weg dahin sind dann in Berlin die Begegnungen mit Isaac Babel, der Canetti ansteckt mit seiner Neugier, *»Menschen zu erlernen«*, und der Zeichner George Grosz, dessen scharf umrissene, satirische Charakterstudien sich in den prägnanten Figuren vor allem der Dramen Canettis wiederfinden lassen. Am Ende des Bandes hat sich die Genese zum Schriftsteller vollzogen: eingebettet in die Erinnerung an die Gespräche mit Thomas Marek, einem Gelähmten, der Canetti das Hören, die aufmerksame Zuwendung zum Nächsten als notwendige Ergänzung zur Sprachbeherrschung lehrt, ist die Darstellung der Konzeption eines auf acht Bände projektierten Romanzyklus, einer *»Comédie Humaine an Irren«*, aus der 1930/31 der Roman *Die Blendung* hervorgeht.

Der geschärfte Sinn für die Einzigartigkeit des Individuums verleiht dem dritten Band *Das Augenspiel* seinen besonderen Charakter; Canetti berichtet hier über den Beginn seiner Dichterlaufbahn in Wien: nach der zermürbenden Arbeit an seinem Roman erfährt der junge Schriftsteller in der kathartischen Lektüre von Büchners *Woyzeck* und *Lenz* eine wesentliche Orientierungshilfe zur Fortsetzung seines eigenen Weges. Nicht das moralische Verdikt, das Karl Kraus mit der *»Peitsche«* des Satirikers fällt, sondern die *»Selbstanprangerung«* der Figuren bei gleichzeitiger Distanz des Autors werden nunmehr für die Schreibhaltung Canettis verbindlich. Um Resonanz auf seinen erst 1935 publizierten Roman zu finden, rezitiert er in kleinen, elitären Wiener Gesellschaftszirkeln aus seinen Werken – der *Blendung* und den 1932 und 1934 entstandenen Dramen *Hochzeit* und *Komödie der Eitelkeit*. In einer Reihe von prägnanten Charakterporträts schildert Canetti seine Begegnungen mit Größen der Wiener Kultur der dreißiger Jahre, insbesondere mit Hermann Broch, Robert Musil, Fritz Wotruba, Alma und Anna Mahler, Franz Werfel, Alban Berg und Hermann Scherchen. Den tiefsten Eindruck auf Canetti macht allerdings ein damals wie heute beinahe Unbekannter, ein Mann von hoher geistiger Integrität, der für ihn zur moralisch-intellektuellen Instanz wird und die endgültige Lösung von Karl Kraus bewirkt: es ist dies der Gelehrte Dr. Sonne, ein ständiger Gast im Wiener Café Museum, der unter dem Pseudonym Abraham ben Yitzchak mit nur 11 Gedichten zum Begründer der neuhebräischen Dichtung wurde. In der Schilderung dieses Menschen, der zum Symbol für Canettis Glauben an Bildung und Humanität wird, und in der Erinnerung an die letzte Begegnung mit der sterbenden Mutter in Paris gelingt dem Autobiographen auf exemplarische Art und Weise sein programmatisches Unterfangen der Rettung geliebter Menschen vor dem Tod, indem sie in die Literatur Eingang finden: *»Menschen durch Worte am Leben erhalten – ist das nicht beinahe schon so, wie sie durch Worte erschaffen?«* Der zeitgeschichtliche Hintergrund – die Ereignisse des Februar 1934 in Österreich, die Dollfuß-Ära, der Spanische Bürgerkrieg – bleibt in der Darstellung peripher, Canetti erlebt seine Zeit im »Augenspiel« mit den Mitmenschen, im Erfassen ihrer Physiognomie und ihres Habitus schult sich der Blick des Dichters, erkennt er die Zeichen der Zeit.

Was in allen drei Bänden der Lebensbeschreibung solcherart individualhistorisch als Bildungsweg geschildert wird, nämlich die Schärfung der Sinne in ständiger Auseinandersetzung mit den Menschen, gibt zugleich Auskunft über die Funktion, die Canetti der Literatur zuweist, und findet den entsprechenden Niederschlag in der Faktur der Autobiographie: Canettis *»erinnerndes Eingedenken«*

(B. Witte) entwickelt sich aus der Spannung von Authentizität und Fiktion, der Autor beschreibt in den Charakterporträts anderer sich selbst, findet aus der Begegnung mit den anderen seine eigene Identität und erfindet dabei sein Werk; alle Texte Canettis sind *»auf gleichzeitig distanzierte und intime Weise autobiographisch«* (Barnouw). Mit dieser Literarisierung seines Lebens behauptet sich Canettis Individualismus nicht nur gegen die Grunderfahrung einer auseinanderfallenden Wirklichkeit, die durch Krieg und Massenwahn ihre Signatur erhält, sondern auch gegen die des Todes: *»Das Werk Canettis ist im ganzen nicht nur eine Materialsammlung all der Schlechtigkeit, die im Gefolge der archaischen Raub- und Freßbedürfnisse, der Machtgelüste von Menschen bis heute in die Welt gesetzt wurde, vielmehr ist diese Materialsammlung von Anfang an als eine beeindruckende Dokumentation gegen den Tod angelegt. Der Kampf gegen die Mächtigen, gegen jede Form von Macht unter den Menschen und gegen die Gewalt im Leben, hat im Grunde nur eine Stoßrichtung: gegen den Tod«* (E. Piel). C.Fi.

AUSGABEN: *Die gerettete Zunge*: Mchn. 1977; [8]1983. – Ffm. 1979; [14]1986 (Fi Tb). – *Die Fackel im Ohr*: Mchn. 1980; [4]1983. – Ffm. 1982; [7]1987 (Fi Tb). – *Das Augenspiel*: Mchn. 1985. – Ffm. 1988 (Fi Tb).

LITERATUR: J. Amery, Rez. (in Der Spiegel, 14. 3. 1977). – R. Hartung, *Erinnerte Jugend. »Die gerettete Zunge« von E. C.* (in NRs, 1977, H. 2, S. 300–304). – L. Reinisch, *E. C.s »Gerettete Zunge«* (in Merkur, 1977, H. 345, S. 594–598). – B. Witte, *Der Erzähler als Tod-Feind. Zu E. C.s Autobiographie* (in *E. C.*, Hg. H. L. Arnold, Mchn. [3]1982). – S. P. Scheichl, *Sprachreflexion in C.s autobiographischen Büchern* (in Modern Austrian Literature, 16, 1983, Nr. 3/4, S. 23–46). – M. Bollacher, *»ich verneige mich vor der Erinnerung«* (in *Hüter der Verwandlung. Beiträge zum Werk von E. C.*, Mchn. 1985; ern. Ffm. 1988, S. 245–259). – E. Piel, *Der Gewalt den Garaus machen* (ebd., S. 148–166). – S. P. Scheichl, *Hörenlernen. Zur teleologischen Struktur der autobiographischen Bücher C.s* (in *E. C. Blendung als Lebensform*, Hg. F. Aspetsberger u. G. Stieg, Königstein/Ts. 1985, S. 73–79). – F. Eigler, *Das autobiographische Werk von E. C.*, Tübingen 1988

HEIMITO VON DODERER

* 5.9.1896 Hadersdorf-Weidlingau bei Wien
† 23.12.1966 Wien

LITERATUR ZUM AUTOR:
H. v. D., *Grundlagen und Funktion des Romans*, Nürnberg 1959. – H. Spiel, *H. v. D.*, 1960 (in *Dt. Literaturkritik der Gegenwart*, Hg. H. Mayer, Stg. 1972, Bd. 2, S. 59–63; ern. Ffm. 1983). – E. Stengel, *Die Entwicklung von H. v. D.s Sprachstil in seinen Romanen*, Diss. Wien 1963. – D. Weber, *H. v. D. Studien zu seinem Romanwerk*, Mchn. 1963. – H. Eisenreich, *Reaktionen*, Gütersloh 1964. – H. Rieser, *D. und Gütersloh. Metaphorik und »totaler« Roman*, Diss. Salzburg 1968. – M. Swales, *Ordnung und Verworrenheit. Zum Werk H. v. D.s* (in WW, 18, 1968, S. 96–130). – T. H. Falk, *H. v. D.'s Concept of the Novel. Theory and Practice*, Diss. Univ. of Southern California 1970. – I. Justin, *Das Problem der Selbstdarstellung bei H. v. D.*, Diss. Graz 1971. – E. Meingassner, *Wirklichkeitsdimensionen im kurzepischen Werk H. v. D.s*, Diss. Wien 1972. – *Erinnerungen an H. v. D.*, Hg. X. Schaffgotsch, Mchn. 1972. – A. Close Ulmer, *A D. Repertoire. With an Essay on Characterization in His Novels*, Diss. Yale Univ. 1973. – P. Dettmering, *Dichtung und Psychoanalyse*, Mchn. 1974. – A. Reininger, *Die Erlösung des Bürgers. Eine ideologiekritische Studie zum Werk H. v. D.s*, Bonn 1975. – H. J. Schröder, *Apperzeption und Vorurteil. Untersuchungen zur Reflexion H. v. D.s*, Heidelberg 1976. – *H. v. D. Symposium anläßlich des 80. Geburtstags*, Hg. W. Schmidt-Dengler u. W. Kraus, Wien 1976. – M. Bachem, *H. v. D.*, Boston 1981. – W. Düsing, *Erinnerung und Identität. Untersuchung zu einem Erzählproblem bei Musil, Döblin und D.*, Mchn. 1982. – *Begegnung mit H. v. D.*, Hg. M. Horowitz, Wien/Mchn. 1983. – K. H. Schneider, *Die technisch-moderne Welt im Werk H. v. D.s*, Ffm. u. a. 1985. – D. Weber, *H. v. D.*, Mchn. 1987.

DIE DÄMONEN. Nach der Chronik des Sektionsrates Geyrenhoff

Roman von Heimito von DODERER, erschienen 1956. – Die Entstehungsgeschichte der *Dämonen* ist ein einzigartiges Beispiel für die Zeitgebundenheit eines literarischen Textes und seiner ästhetischen Erscheinungsform: Das Buch hat im Rahmen von Doderers Auseinandersetzung mit Ideologie und Politik des Nationalsozialismus mehrere einander ablösende Konzeptionen erfahren und innerhalb eines Zeitraumes von fünfundzwanzig Jahren zu seiner endgültigen Gestalt gefunden; von 1930 bis 1936 wurde der erste Teil eines auf zwei Teile veranschlagten Romans fertiggestellt, von 1951 bis 1956 arbeitete Doderer den Roman in seiner endgültigen Form aus. Dazwischen liegen Jahre der Reflexion über den Fortgang des Projektes und die Niederschrift der *Strudlhofstiege*, die als Gesellschaftschronik des Wien der zwanziger Jahre quasi eine Vorstufe zu den *Dämonen* bildet. Obwohl die Lebensgeschichte einiger Figuren hier wieder aufgenommen wird, stehen beide Werke nach außen hin unabhängig nebeneinander.

Die Gattungsbezeichnung im Titel erfaßt präzise die epische Eigenart dieses komplexesten Werkes Doderers: der Roman, erzählt aus der objektiven Er-Perspektive, enthält eine in Ich-Form verfaßte Chronik, wobei im Verlauf der Entwicklung der Roman die Chronik überformt: der Chronist und seine Aufzeichnungen werden allmählich zum Objekt des Romans. Dementsprechend uneinheitlich ist die Zeitebene, sie wechselt zwischen der Erzählergegenwart (fünfziger Jahre) und der Handlungsgegenwart (Sommer 1926 und Winter 1927/28). Hierin manifestieren sich bereits Elemente des *»totalen Romans«*, dessen Erzählhaltung Doderer als *»Schweben des Schriftstellers zwischen der klaren Konstruktion und der ständigen Auflösung«* beschrieben hat. Ebensowenig wie eine kompositorische kennt der *»totale Roman«* als das *»universale Journal des Autors«* eine thematische oder stilistische Einheitlichkeit. Das ursprüngliche Hauptthema der *Dämonen* bricht Doderer im Fortschreiben durch ein Gegenthema, statt einer Haupthandlung und einem Protagonisten gibt es immer neue Situationen und ein Nebeneinander von etwa fünfzig Figuren. Jede Figur wird in immer neuen Situationen dargestellt, so daß sich aus sich überschneidenden Vorgängen und sich kreuzenden Schicksalen ein Kontinuum ergibt. Strukturprinzip des Erzählens ist die *»Anatomie des Augenblicks«* (Doderer), aus diesen kleinsten Bauteilen bildet sich nach und nach das »Lebensgewebe« des Romans (*»in der Tat gälte es nur, den Faden an einer beliebigen Stelle aus dem Geweb' des Lebens zu ziehen, und er liefe durchs Ganze, und in der nun breiteren offenen Bahn würden auch die anderen, sich ablösend, einzelweise sichtbar«* [*Dämonen*, S. 11]), es entsteht ein umfassendes Bild Wiens und seiner Bewohner: Straßen und Wohnungen, Kaffeehäuser und Branntweinschenken, Adelspalast, Bibliothek und Zeitungsredaktion sind bevölkert von Gestalten des Großbürgertums und Adels, von Intellektuellen und Arbeitern, Typen der Halb- und Unterwelt. Als Orientierungsfiguren gehen drei Objektivierungen der Person des Autors (»Spiegelfiguren«) durch die Handlung: Sektionsrat Geyrenhoff, René Stangeler und Kajetan von Schlaggenberg.

Den einzigen *durchlaufenden* Handlungsfaden des breit angelegten Zeitpanoramas der *Dämonen* bildet die Geschichte einer versuchten Erbschaftsunterschlagung und Aufdeckung verborgener Verwandtschaftsverhältnisse: Kammerrat Levielle gibt den Plan, das Erbe Charlottes von Schlaggenberg, genannt »Quapp«, der unehelichen Tochter eines im Weltkrieg gefallenen Offiziers, zu unterschlagen, schließlich auf, nachdem sich der Verdacht gegen ihn erhärtet hat.

Thema der Geyrenhoffschen Chronik im ersten Teil der *Dämonen* ist die *»Zerreißung der Wiener Gesellschaft durch den totalitär werdenden Antisemitismus«* (Doderer, *Tangenten*, 30. 1. 1940), ihr Gegenstand die Geschichte von Entstehung und Zerfall einer Gesellschaftsgruppe, die nach dem Vorbild Dostoevskijs *»Die Unsrigen«* genannt wird. Aus einer großen Gesellschaft (*»Troupeau«*) bei dem Rittmeister Eulenberg kristallisiert sich eine kleinere Figurenkonstellation heraus: Zu ihr gehören Sektionsrat Geyrenhoff, der Schriftsteller Kajetan von Schlaggenberg, »Quapp«, angeblich die Schwester Schlaggenbergs, fünfundzwanzigjährig, schon durch ihren Spitznamen charakterisiert, der junge Historiker René Stangeler, ein *»Subjektivist«*, durch seine Heftigkeit und Egozentrik in dauernder Spannung mit der äußerst sensiblen, eher bürgerlichen Grete Siebenschein, das Paar Dr. Neuberg – Angelika Trapp (eine Spiegelung von René und Grete) sowie der Ungar Imre von Gyurkicz, von Beruf Zeichner, zeitweise »Quapps« Liebhaber. Höhepunkt des ersten Teils, in dem die menschlichen, erotischen und geistigen Spannungen dieser Gruppe im Mittelpunkt stehen, ist das abschließende Kapitel *Der Eintopf*, das zu einem *»Tischtennis-Fünfuhrtee«* bei Siebenscheins fast alle Figuren zusammenführt, die in der kaum übersehbaren Gesellschaft schlußendlich zum Verschwinden gebracht werden. Ein kompositorischer Einschnitt liegt aber nicht hier, sondern nach dem ersten Kapitel (*Auf offener Strecke*) des zweiten Teils: der bisher als Chronist fungierende Geyrenhoff wird nun zu einer den anderen gleichgeordneten Figur. Dies ist die Stelle, an der Doderer die Arbeit an den *Dämonen* abbrach und sich der *Strudlhofstiege* zuwandte. Erst vom neunten Kapitel (*Der Sturz vom Steckenpferd*) des zweiten Teils ab ist Geyrenhoff wieder *»Chronist«*, zugleich aber auch Akteur. Im zweiten und dritten Teil des Romans weiten sich der Rahmen und die Perspektiven. Die *»Schicksalsgesunden«* treten auf den Plan, die im Gegensatz zu den *»Unsrigen«* frei von ideologischer Befangenheit sind. Der Arbeiter Leonhard Kakabsa, eine Lieblingsfigur Doderers, wird nunmehr der eigentliche Held des Romans: er ist ein normaler, zur Selbstveränderung fähiger und darin schon idealer Mensch, der gegen die Dämonie der *»zweiten Wirklichkeit«* steht (Doderers Terminus für alle Manien und Ideologien, die das Leben, die erste Wirklichkeit, verzerren und verstellen). Die Reifungsgeschichte Kakabsas ist eng mit seiner *»erotischen Biographie«* verbunden, er gerät in Verstrikkungen mit drei Frauen, der Buchhändlerstochter Malva, Trix, der Tochter von Mary K., und Elly. Sein Lateinstudium macht ihn zur *»Person«* und innerlich frei für die Beziehung zur, von Doderer philosemitisch heroisierten, Mary K. Unfrei bleibt dagegen Ian Herzka, ein Geschäftsmann mit sadistischen Neigungen (von Doderer aus seiner frühen Erzählung *Die Bresche* übernommen).

Das Ereignis, auf das die *Dämonen* von Anfang an

zulaufen, ist der Brand des Wiener Justizpalastes am 15. Juli 1927 (Kapitel *Das Feuer*), von Doderer als das *»österreichische Cannae«* bezeichnet. Erzähltechnisch bewältigt Doderer die Schilderung dieses Tages in einer kontrastierenden Verschränkung des anonymen politischen Geschehens mit dem individuellen Alltagsleben der Figuren. Die Arbeiterunruhen und Demonstrationen kündigen symbolisch den Verlust der persönlichen Freiheit, das Vordringen der Masse an. An diesem Tag der Katastrophe klären sich aber auch die Lebensprobleme vieler Figuren: Quapp bekommt ihr Erbe und wird die Frau des jungen Diplomaten Orkay, Geyrenhoff findet zu der reichen Witwe Friederike Ruthmayr, Leonhard zu Mary (ein »schicksalsgesundes« Paar). Das Verhältnis von René und Grete hellt sich auf, die »unsichtbare Wand« zwischen ihnen scheint sich aufzulösen. Und Imre schließlich, der ewige Poseur, gewinnt in den letzten Minuten vor seinem Tod bei den Unruhen eine feste innere Haltung. Doch das Unheil des Tages gerät darüber niemals in den Hintergrund, der Mörder Meisgeier treibt sein dämonisches Unwesen, ehe er im Wiener Kanalsystem umkommt.

Der 15. Juli 1927 als Fanal der drohenden politischen Katastrophe wird von Doderer durch Meinungen und Ansichten der *»Unsrigen«* vorbereitet, die auf den Faschismus hinweisen: etwa die Ablehnung des Intellekts, eine Romantisierung und Glorifizierung der Tat, selbst der sinnlosen, selbst des Verbrechens. Als weiteres Symptom *»zweiter Wirklichkeit«* tritt, gleichsam als private Vorwegnahme eines lebensfeindlichen Systems, die Schilderung sexueller Komplexe und Neurosen auf (Schlaggenbergs *»Dicke-Damen-Doktrinär-Sexualität«* und Herzkas *»Hexenpeinigungs«*-Wunschvorstellung: Kapitel *Die Falltür*). Das Dämonische verdichtet sich im Roman auch in den Visionen – Vorstellungen von Kraken, die aus der Tiefe auftauchen und die Menschen mit ihren Fangarmen hinabziehen – der Frau Kapsreiter, deren Neffe Pepi ein Opfer der bürgerkriegsähnlichen Unruhen *(»Schattendorfer Morde«)* ist, oder erscheint exemplarisch in Form eines fiktiven, frühneuhochdeutschen Dokuments eines privaten Hexenprozesses (Manuskript des Achaz von Neudegg *»Dort unten«*). Hierbei handelt es sich um den thematischen Schlüssel des Romans, den intensivsten Fall von *»zweiter Wirklichkeit«*, Beispiel einer *»Sexualideologie«* als Zustand extremster Befangenheit. Schutz und Heilung vermag der Mensch in einer Haltung der Offenheit *(»Apperceptivität«)* zu finden: dieser positive Gegensatz gegenüber dem Dämonischen wird dem Traktat des Renaissance-Humanisten PICO DELLA MIRANDOLA *De dignitate hominis*, 1496 *(Über die Würde des Menschen)* entnommen, dessen Lektüre den Höhepunkt der *»Geistes-Geschichte«* Kakabsas bildet: *»Als Mitte der Welt hab' Ich dich aufgestellt, daß du um dich blickest, was dir da wohl anstehe. Wir haben dich nicht himmlisch, nicht irdisch, nicht sterblich, nicht unsterblich gemacht, damit du, gleichsam dein eigner Urteiler und Einschätzer, dich als dein Bildner und Gestalter in der von dir bevorzugten Weise vorstellen mögest. Du kannst herabkommen in die Tiefe, die tierisch ist, du kannst neu geschaffen werden empor in's Göttliche, nach deines Geistes eigenem Entscheidungs-Spruche.«* (S. 658) Annahme des Lebens und Selbstgestaltung führen zusammen zur *»Menschwerdung«* und *»zweiten Geburt«*, am reinsten verkörpert durch Leonhard und Mary K., die, nach dem Verlust eines Beines (das Unglück schildert Doderer in der *Strudlhofstiege*), sich in der neuen Lebenssituation einrichten muß.

Die Beziehungen der Menschen untereinander sind in den *Dämonen* ungemein differenziert gezeichnet. Jede Person wird unverwechselbar in ihrem Habitus, zuweilen mit erhellenden Vergleichen prägnant charakterisiert. Auch im Äußeren der Geschehnisse offenbaren sich die Charaktere; die *Dämonen* sind kein psychologischer Roman. Gleich zu Beginn hält der Chronist Geyrenhoff fest, daß er einen Bericht über Ereignisse schreibe. Doderer zitiert mehrmals einen Satz seines von ihm verehrten Lehrers Albert Paris GÜTERSLOH (der in den *Dämonen* als Kyrill Scolander auftritt): *»Die Tiefe ist außen«*. Den Roman beschließt eine Abschiedsszene: *»Mit jener schleichenden Lautlosigkeit und Langsamkeit, mit der jeder Expreßzug die Halle verläßt..., glitt auch dieser hinaus und entzog uns rasch das Bild, welches vor uns in dieser Dunkelheit der Nacht zurückwich... Mir war in diesen Augenblicken, als sollte ich weder sie noch irgend jemand von der Gruppe, die mit erhobenen Armen und winkenden Tüchern auf dem sonst fast leeren Bahnsteige stand, jemals im Leben wiedersehen.«* Dem Erzähler Geyrenhoff bleibt als tiefste Verbundenheit eines Alternden mit dem Leben nur, das Vergehende in der Erinnerung festzuhalten. So bilden die *Dämonen* eine von Wehmut kontrapunktierte *»Synopsis des Lebens«* (Doderer in den *Tangenten*). H.O.-KLL

AUSGABEN: Mchn. 1956; ern. 1962. – Mchn. 1985 (dtv).

LITERATUR: H. Politzer, *H. v. D.s Demons and the Modern Kakanian Novel* (in *The Contemporary Novel in Germany*, Hg. R. R. Heitner, Austin/Ldn. 1967, S. 37–62). – W. Schmidt-Dengler, *Die Thematisierung der Sprache in H. v. D.s »Dämonen«* (in *Sprachthematik in der österreichischen Literatur des 20. Jh.s*, Hg. Institut für Österreichkunde, Wien 1974, S. 119–134). – A. Barthofer, *L. Kakabsa. Success or Failure? Marginalia to a Key Character in D.'s Novel »Die Dämonen«* (in FMLS 14, 1978, S. 304–315). – P. Dettmering, *Zum Entfremdungserleben in H. v. D.s »Dämonen«* (in *Perspektiven psychoanalytischer Literaturkritik* 1978, S. 9–22). – P.A. Batke, *Autobiograph. Elements in H. v. D.s »Die Dämonen«*. Diss. Univ. of North Carolina 1979. – E. C. Hesson, *H. v. D.s »Die Dämonen«: Its Genesis. Structure and Purport*, Diss. Oxford Univ. 1980. – B. I. Turner, *The Politics of Marriage: Personal and Social History in D.s »The Demons«*, Diss. Univ. of Virginia 1981; ern. Stg. 1982 u. d. T. *D. and the Politics of Marriage*. – E. C. Hesson, *Twen-*

tieth Century Odyssey. A Study of H. v. D.s »Die Dämonen«, Columbia/S.C. 1982. – G. Stieg, *Früchte des Feuers. Der 15. Juli 1927 in der »Blendung« und in den »Dämonen«* (in *Elias Canetti. Blendung als Lebensform*, Hg. F. Aspetsberger u. G. Stieg, Königstein/Ts. 1985, S. 143–175). – I. Werkgartner-Ryan, *Zufall und Freiheit in H. v. D.s »Dämonen«*. Wien u. a. 1986.

DIE STRUDLHOFSTIEGE oder Melzer und die Tiefe der Jahre

Roman in vier Teilen von Heimito von Doderer, erschienen 1951. – Von Doderer das »Zentrum der Substanz meines Schreibens überhaupt« genannt, wird der *Strudlhofstiege* von der Forschung eine Sonderstellung unter den Romanen der fünfziger Jahre zugewiesen. Doderers Werk hat Teil an der Konzeption des »totalen Romans«. Die atmosphärische Dichte des Werks, sein wienerisch-salopper Ton verleihen dem komplexen Gefüge Einheitlichkeit und Stimmigkeit. Die *Strudlhofstiege* ist Entwicklungs- und Familienroman, Zeit- und Gesellschaftsroman, Liebes- und Intrigenroman in einem. Technisch bewältigt Doderer das komplizierte Geflecht von Ereignissen und Gestalten durch ein *»polygraphisches Erzählmuster«* (D. Weber): Der Hauptfigur wird eine *»Umweg-Figur«*, über die der Autor sich dem Protagonisten annähert, zur Seite gestellt, beide sind umgeben von zahlreichen weiteren, prinzipiell ebenbürtigen Akteuren; alle Episoden, die sämtlich ihren Ausgang von einem jeweils mit einer Figur in einer bestimmten Situation gesetzten Zentrum nehmen, beziehen sich auf einen *»festen Finalpunkt«*, den 21. September 1925. Wissend um allfällige Schwierigkeiten bei der Lektüre der *Strudlhofstiege*, erläutert Doderer in einem *»Entwurf für den Verlag«* (*Tangenten*, 28. 1. 1948) sein Thema: *»Das Buch zeigt, was alles zum Dasein eines verhältnismäßig einfachen Menschen gehört. Und welcher langer Hebel – von Konstantinopel bis Wien, von Budapest bis Buenos Aires – das Leben bedarf und sich bedient und wievielerlei Kräfte es daran wendet, um auch nur einen einzigen solchen einfachen Mann durch die Etappen seines Schicksals zu bewegen; welches so sehr zum Kreuzungspunkt vieler Schicksale wird, daß es mitunter fast nur als deren Verbindendes erscheint ...«*. Der Roman durchkreuzt das suggerierte klassische Bildungsromanschema jedoch gründlich. Gewiß gelangt der ehemalige k. u. k. Infanterieleutnant Melzer, nach dem Ersten Weltkrieg als Amtsrat bei der österreichischen Tabak-Regie angestellt, kraft des alle Fäden seines Schicksals souverän in der Hand haltenden Erzählers zu tieferer Einsicht in seinen Lebensweg, dessen Etappen analytisch erhellt werden und der schließlich ein idyllisches glückliches Ende in der Hochzeit mit der Kleinbürgerin Thea Rokitzer findet. Die *»wesentliche Biographie«*, Melzers Entwicklungs- und Reifungsgeschichte, wird gekreuzt und parallelisiert mit der Bildungsgeschichte der *»Umweg-Figur«* der autobiographischen Figur des Gymnasiasten, Studenten und Historikers René Stangeler; diese beiden Lebensschicksale sind eingebettet in eine Fülle von Romanfiguren, deren eigene Geschichten zu beziehungsreich verschränkten Romanen im Roman auswuchern – ein fast unüberschaubares Panorama der Wiener Gesellschaft aller Schichten vor und nach dem Ersten Weltkrieg.

Diese Zeiträume, genauer: die Jahre 1911 und 1925, bilden die beiden Spannungspole des Romangeschehens, der Fahrt in die »Tiefe der Jahre«. Der personellen Verflechtung entspricht die temporäre, die erfahrene und gelebte Vergangenheit wird zur erinnerten Gegenwart, durch die bunte Oberfläche des Präsens brechen die verworrenen Wurzeln eines erst im Erzählen sich vollendenden imperfekten Perfekts. Das durchsichtige Prinzip dieser epischen Fahrten in die Vergangenheit und Vorvergangenheit ist der Verzicht auf einen eindeutig linearen, kontinuierlichen Handlungsablauf. Der Roman beginnt im Jahre 1923, weist voraus auf den Anfang und Ende wie eine Klammer zusammenhaltenden Unfall der Mary K. am 21. September 1925, blendet im ersten und zweiten Teil immer wieder auf die Jahre 1911 und 1918–1925 zurück und voraus, um dann schließlich doch im dritten und vierten Teil vom Sommer bis in den Herbst 1925 kontinuierlich fortzuschreiten.

Das ruhende, »mythische« Zentrum in der brodelnden Dynamik der personellen und temporären Verschränkungen ist die topographisch exakt vergegenwärtigte, durch Doderers Roman berühmt gewordene Strudlhofstiege, ein verwinkeltes, mit Treppen und Rampen ausgestattetes Verbindungsbauwerk zwischen zwei Wiener Straßen, dessen Erbauer der Roman preziös gewidmet ist. Die Stiege ist ein die Zeiten überdauerndes und zugleich verknüpfendes Monument, gewählter oder zufälliger Treffpunkt der Figuren, *»die Lebensbühne dramatischen Auftrittes«* – der *»Nabel einer Welt«*: Ihre mehr als nur kulissenhafte Topographie versinnbildlicht allegorisierend die Struktur des Romans, der vom *genius loci* lebt und diesem zugleich in seiner komplexen Form episches Leben verleiht. *Die Strudlhofstiege*, von Doderer als *»Rampe«* zu seinem umfangreichsten Romanwerk *Die Dämonen* (1956) verstanden, weil dort die Fäden der Lebensschicksale einiger Figuren weitergesponnen werden, erweist sich gleichwohl als geschlossenes Ganzes einer höchst artistischen Formkunst, als hermetische Selbstreflexion des Romans. Zwar scheint in der Schilderung der Lokalitäten, in der geradezu unheimlichen, bisweilen manierierten Imitation österreichischen Kanzleistils wie im sozialpsychologisch breitgefächerten Figurenreigen das Wien der Zeit unverwechselbar präsent zu sein. Aber diese Elemente sind nur konstituierende Funktionsträger des Romanganzen, der allegorischen Bühne der Wirklichkeit – einer Wirklichkeit freilich, die das Filter von Doderers Überzeugung passiert hat, derzufolge der *»Einhieb«* von 1918, der Zusammenbruch der Donaumonarchie, dem Vergangenheit und Gegenwart überbrückenden

Kontinuum des *»übernationalen«* österreichischen Bewußtseins nichts anhaben konnte.

M.Schm.-KLL

AUSGABEN: Mchn. 1951. – Mchn. 1955. – Mchn. 1976 (dtv). – Mchn. 1985.

LITERATUR: A. Haslinger, *Wiederkehr und Variation. Bildkette und Bildgefüge in D.s Roman »Die Strudlhofstiege«* (in *Sprachkunst als Weltgestaltung*, Hg. ders., Salzburg/Mchn. 1966, S. 88–130). – A. Boelckevy, *Rhetorische Darstellungsmittel in H. v. D.s »Strudlhofstiege«*, Diss. Univ. of Pennsylvania 1970. – H. v. D., *Ouvertüre zu »Die Strudlhofstiege«* (in H. v. D., *Die Wiederkehr des Drachen*, Hg. W. Schmidt-Dengler, Mchn. 1970, S. 263–272; Vorw. W. H. Fleischer). – R. Fischer, *Studien zur Entstehungsgeschichte und zum Aufbau der »Strudlhofstiege« H. v. D.s*, Diss. Wien 1971; ern. Wien/Stg. 1975. – M. Wiedenhofer, *Die Konfiguration in H. v. D.s »Strudlhofstiege«*, Diss. Wien 1971. – P. Dettmering, *Trennungsangst und Zwillingsphantasie in H. v. D.s Roman »Die Strudlhofstiege«* (in Psyche, 26, 1972, S. 549–580). – W. Schmidt-Dengler, *»Die Strudlhofstiege«* (in Das größere Österreich, 1982, S. 387–391). – A. Davies, *A Study of Structure, Narrative Technique and Imagery in H. v. D.s »Die Strudlhofstiege«*, Diss. London 1983. – A. Kluba, *Wie entstand »Die Strudlhofstiege«?* (in *Interpretationen und Polemiken*, Hg. K. Koczego u. K. Skrzypczak, Kattowitz 1984, S. 105–117). – L. Rohner, *»Die Strudlhofstiege«. Beispiel eines Epochenromans* (in Roman et société, 1984, S. 193–204).

ALFRED DÖBLIN

* 10.8.1878 Stettin
† 26.6.1957 Emmendingen

LITERATUR ZUM AUTOR:
Bibliographien:
W. Preiz, *A.-D.-Bibliographie 1905–1966*, Freiburg i. B. 1966. – L. Huguet, *Bibliographie A. D.*, Bln./Weimar 1972.
Gesamtdarstellungen und Studien:
A. D., Hg. H. L. Arnold, Mchn. 1966; ²1972 (Text + Kritik). – H. Elshorst, *Mensch u. Umwelt im Werk A. D.s*, Diss. Mchn. 1966. – L. Kreutzer, *A. D. Sein Werk bis 1933*, Stg. 1970. – W. Veit, *Erzählende u. erzählte Welt im Werk A. D.s Schichtung und Ausrichtung der epischen Konzeption in Theorie und Praxis*, Tübingen 1970. – W. Weyembergh-Boussart, *A. D., seine Religiosität in Persönlichkeit u. Werk*, Bonn 1970. – K. Blessing, *Die Problematik des ›modernen Epos‹ im Frühwerk A. D.s*, Meisenheim a. Gl. 1972. – K. Müller-Salget, *A. D. Werk u. Entwicklung*, Bonn 1972 [rev. u. erw.]. – *A. D. im Spiegel der zeitgenössischen Kritik*, Hg. I. Schuster u. I. Bode, Bern/Mchn. 1973. – M. Prangel, *A. D.*, Stg. 1973; ²1987 (neubearb.; Slg. Metzler). – M. Auer, *Das Exil vor der Vertreibung. Motivkontinuität u. Quellenproblematik im späten Werk A. D.s*, Bonn 1977. – L. Huguet, *L'Œuvre d'A. D. ou la dialectique de l'exode 1878–1918. Essai de psychocritique structurelle*, Lille 1978. – K. Schröter, *A. D. in Selbstzeugnissen und Bilddokumenten*, Reinbek 1978 (rm). – A. Wichert, *A. D.s historisches Denken*, Stg. 1978. – *A. D. 1878–1978*, Hg. J. Meyer u. U. Doster, Marbach ²1978 [Ausst.-Kat.]. – *Zu A. D. Interpretationen*, Hg. I. Schuster, Stg. 1980. – R. Links, *A. D. Leben u. Werk*, Bln./DDR ³1980 [bearb.]; ern. Mchn. 1981. – E. Kobel, *A. D. Erzählkunst im Umbruch*, Bln. u. a. 1985. – *Intern. A. D.-Kolloquien 1980–1983*, Hg. W. Stauffacher, Bern u. a. 1986. – H. Kiesel, *Lit. Trauerarbeit. Das Exil- u. Spätwerk A. D.s*, Tübingen 1986.

BERLIN ALEXANDERPLATZ. Die Geschichte vom Franz Biberkopf

Roman von Alfred DÖBLIN, erschienen 1929. – Das Werk ist der bisher bedeutendste deutsche Großstadtroman. Erzählt wird die Geschichte eines gutwilligen, aber schwachen *»kleinen Mannes«*, den dunkle, ungreifbare Mächte und Kräfte in ständiger Abhängigkeit halten, bis er am Ende seines Lebens endlich zur Besinnung kommt, seinen *»alten Menschen«* wegwirft und von nun an seine *»Vernunft«* zu gebrauchen beschließt. Die als ein Pandämonium geschilderte Großstadt – Häusergewirr und Menschentrubel, Zeitungs- und Reklamegeschrei, unterirdisch brodelndes Verbrechertum, Schlachthausdunst und Jazzrhythmen, Hurenwinkel und Kaschemmenphilosophie, Zuhälterpack, Flittermoral und strahlender Lichterglanz – ist der eigentliche Gegenspieler des ehemaligen Transportarbeiters Biberkopf, der aus dem Zuchthaus kommt und nun beschließt, *»anständig zu sein«*. Ehrlich will er bleiben, wenn er als Straßenhändler und Zeitungsverkäufer am Berliner Alexanderplatz steht, in Bierschwemmen, Tanzlokalen und Zuhälterkaschemmen seine Abende verbringt, und ist doch, ohne es selbst zu wissen, schon verloren. Denn *»verflucht ist der Mensch, der sich auf Menschen verläßt«*, das ist das Leitmotiv des Romans. Biberkopf, immer auf der Flucht vor der eigenen Vergangenheit, verläßt sich auf den Ungeeignetsten, einen skrupellosen Verbrecher, dessen dämonischer Macht er hörig wird. Er läßt sich von seinem neuen »Freund« Reinhold im Tauschhandel mit Frauen versorgen, wird in Verbrechen hineingezogen, verliert dabei einen Arm, weil der »Freund« den gefährlichen Mitwisser unter ein Auto stößt, und gelangt schließlich zu der Überzeugung, daß das Anständigbleiben in dieser Welt nicht lohne. Er sucht und findet eine »Braut« und wird ihr Zuhälter; jetzt arbeitet er nicht mehr und macht wieder dunkle Geschäfte. Doch Freund Reinhold, der Dämon der Unterwelt und immer auf Biberkopfs Spuren, raubt ihm die Geliebte, vergewaltigt und erwürgt sie. *»Ganz aus ist es mit dem Mann Franz Biberkopf«*, der als vermeintlicher Täter verhaftet wird: Er bricht zusammen und kommt in die Irrenanstalt. Nach dem Prozeß, der die Wahrheit zutage fördert, kann er vor Erschöpfung kaum noch nach Hause gehen, doch ist ihm nun endlich der *»Star gestochen«: »Man fängt nicht sein Leben mit guten Worten und Vorsätzen an, mit Erkennen und Verstehen fängt man es an und mit dem richtigen Nebenmann.«*

Mit *Berlin Alexanderplatz* erreichte der Berliner Armenarzt Döblin, der das Milieu und seine Sprache genau kannte, einen Höhepunkt expressiver Sprachgestaltung, einen neuen Naturalismus, der *»den Bezug zur Metaphysik wiedergefunden«* hat (R. Minder). Die Technik der pausenlosen Monologe, der ununterbrochenen assoziierten Bilder und Vorstellungen scheint auf Joyces *Ulysses*, der dauernde Wechsel der Szenerie auf Dos Passos' Großstadtroman *Manhattan Transfer* hinzudeuten, und tatsächlich »schneidet« Döblin wie Dos Passos nach Art der Filmtechnik Bilder und Szenen bis zu scheinbarer Zusammenhanglosigkeit. Aber W. Benjamin wies schon bald nach Erscheinen des Romans darauf hin, daß der »innere Monolog« bei Joyce eine *»ganz andere Zielsetzung«* und daß das Stilprinzip der Montage bei Dos Passos seine eigentlichen Wurzeln im Dadaismus habe, zu dessen ältesten und echtesten Vätern eben der Frühexpressionist Döblin gehöre. Die verschiedenen Handlungsstränge und ihre Funktion innerhalb des Romanganzen werden durch dauernden Wechsel der sprachlichen Mittel – Berliner Jargon, Bibelsprache, Schlager- und Moritatenton, Werbeslogans, Zeitungsdeutsch, Statistiken, schnoddrige Einwürfe des Autors – deutlich gemacht. Döblin will im Gegensatz zu Don Passos die Großstadtatmosphäre nicht nur realistisch beschreiben: Biblische Leitmotive überhöhen die Turbulenz der Massenwelt ins Apokalyptische; Berlin wird zu Sodom in der Hektik vor dem Untergang; die Hure Babylon reitet durch die Stadt (Verkündigungen aus den Büchern *Jeremia* und *Hiob* sind in den Text eingefügt), die schrecklichen Engel schreiten unsichtbar durch die Straßen, auf denen sich Menschenmassen im Totentanz wiegen. Urteilende, belehrende, erklärende, warnende, skeptische Kapitelüberschriften kommentieren das Geschehen. Diese ganze expressionistisch-naturalistisch-mystische Vielstimmigkeit ist, nach Döblins eigenen Worten, nicht wie Dos Passos' *U.S.A*-Trilogie polyphon, sondern homophon komponiert, bezogen auf den kleinen Mann Biberkopf, die aus der Masse zum Leiden und zur Erlösung auserwählte Kreatur. Er, der typische *»Mitläufer«* (R. Minder), in dem Döblin ahnungslos den Menschentypus der wenig später beginnenden Schreckenszeit schilderte, muß sich von der Faszination einer Stärke freimachen, die ihn zum willenlosen Werkzeug eines Verbrechers erniedrigt hatte. Wie ein Spruchband hängt der Bänkelsängervers über dem demütigen *»neuen Menschen«* Biberkopf: *»Wach sein. Dem Menschen ist gegeben die Vernunft, die Ochsen bilden statt dessen eine Zunft.«* B.B.-KLL

Ausgaben: Bln. 1929. – Bln. [50]1933. – Olten/Freiburg i. B. 1961 (*AW*; darin auch Selbstäußerungen D.s u. Nachw. v. W. Muschg; [4]1972). – Olten/Freiburg i. B. 1977.

Verfilmungen: Deutschland 1931 (Regie: P. Jutzi). – BRD 1979/80 (Regie: R. W. Fassbinder, TV).

Literatur: F. Martini, *Das Wagnis der Sprache*, Stg. 1954, S. 339–372. – H. Regensteiner, *Die Bedeutung des Romane A. D.s von »Die 3 Sprünge des Wang-lun« bis »Berlin Alexanderplatz«*, Diss. NY 1954. – H. Becker, *Untersuchungen zum epischen Werk A. D.s am Beispiel seines Romans »Berlin Alexanderplatz«*, Diss. Marburg 1962. – A. Schöne, *D.: »Berlin Alexanderplatz«* (in *Der deutsche Roman vom Barock bis zur Gegenwart: Struktur und Geschichte*, Hg. B. v. Wiese, Bd. 2, Düsseldorf 1963, S. 146–189). – G. Anders, *Der verwüstete Mensch. Über Welt- und Sprachlosigkeit in D.s »Berlin Alexanderplatz«* (in *Fs f. Georg Lukács*, Hg. Frank Benseler, Neuwied/Bln. 1965, S. 420–442). – E. Hülse, *A. D.: »Berlin Alexanderplatz«* (in *Möglichkeiten des modernen deutschen Romans*, Hg. R. Geißler, Ffm. u. a. [2]1965, S. 45–101). – J. H. Reid, *»Berlin Alexanderplatz«. A Political Novel* (in GLL, 21, 1967/68, S. 214–223). – H.-P. Bayerdörfer, *Der Wissende und die Gewalt. A. D.s Theorie des epischen Werks und der Schluß von »Berlin Alexanderplatz«* (in DVLG 44, 1970, S. 318–353). – M. Beyer, *Die Entstehungsgeschichte von A. D.s Roman »Berlin Alexanderplatz«* (in Wiss. Zs. d. Univ. Jena 20, 1971, S. 391–423). – B. Mitchell, *Joyce and D. At the crossroads of »Berlin Alexanderplatz«* (in ConL 12, 1971, S. 173–187). – Th. Ziolkowski, *A. D., »Berlin Alexanderplatz«* (in Th. Z., *Strukturen des modernen Romans*, Mchn. 1972, S. 94–126; zuerst Princeton 1969). – W. Mieder, *Das Sprichwort als Ausdruck kollektiven Sprechens in A. D.s »Berlin Alexanderplatz«* (in Muttersprache 83, 1973, S. 405–415). – E. Kämmerling, *Die filmische Schreibweise. Am Beispiel: A. D., »Berlin Alexanderplatz«* (in Jb. f. Intern. Germanistik 5, 1973, H. 1, S. 45–61). – *Materialien zu A. D.s »Berlin Alexanderplatz«*, Hg. M. Prangel, Ffm. 1975. – W. Muschg, *A. D.s Roman »Berlin Alexanderplatz«* (in *Der deutsche Roman im 20. Jh. I*, Hg. M. Brauneck, Bamberg 1976, S. 168–180). – H. S. Schoonover, *The Humorous and Grotesque Elements in D.'s »Berlin Alexanderplatz«*, Bern/Ffm. 1977. – M. Sibley Fried, *The City as Metaphor of the Human Condition: A. D.'s »Berlin Alexanderplatz«* (in Modern Fiction Studies, 24, 1978, S. 41–64). – H. Scherer, *Individuum und Kollektiv in D.s Roman »Berlin Alexanderplatz«* (in *Das literarische Leben in der Weimarer Republik*, Hg. K. Bullivant, Königstein/

Ts. 1978, S. 146–163). – O. F. Best, *Zwischen Orient und Okzident: D. und Spinoza. Einige Anmerkungen zur Problematik des offenen Schlußes von »Berlin Alexanderplatz«* (in Colloquia Germanica 12, 1979, S. 94–105). – O. Keller, *D.s Montageroman als Epos der Moderne. Die Struktur der Romane »Der schwarze Vorhang«, »Die drei Sprünge des Wang-lung« und »Berlin Alexanderplatz«*, Mchn. 1980. – R. W. Fassbinder, *A. D., Berlin Alexanderplatz* (in *Zeit-Bibliothek der 100 Bücher*, Hg. F. Raddatz, Ffm. 1980, S. 361–369). – H. Jähner, *Erzählter, montierter, soufflierter Text. Zur Konstruktion des Romans »Berlin Alexanderplatz« von A. D.*, Ffm./Bern 1984.

NOVEMBER 1918. EINE DEUTSCHE REVOLUTION. Erzählwerk

Roman in vier Bänden von Alfred DÖBLIN. – Der in den Jahren 1937–1943 im französischen und amerikanischen Exil entstandene und mit fast 2000 Seiten umfangreichste Roman Döblins kann als sein eigentliches Hauptwerk betrachtet werden. Der Experimentcharakter vieler früherer Werke ist hier überwunden, inhaltlich wie formal tritt in *November 1918* eine klare Linie zutage. Druckgeschichte, Editionslage und Rezeption dieses Romans spiegeln ein trauriges aber bezeichnendes Kapitel der Literaturgeschichte des 20. Jh.s wider: Der erste Band des ursprünglich als Trilogie konzipierten Werks konnte noch 1939, vor Döblins Flucht aus Paris in die Vereinigten Staaten, unter dem Titel *Bürger und Soldaten 1918* erscheinen. Bis Herbst 1943 lagen dann drei weitere Bände (den zweiten Band hatte Döblin wegen des großen Umfangs geteilt) druckfertig vor: *Verratenes Volk, Heimkehr der Fronttruppen* sowie *Karl und Rosa*. Vergeblich bemühte sich Döblin in den letzten Kriegsjahren einen Verleger dafür zu finden. Obgleich der Autor 1945 selbst als französischer Zensuroffizier nach Deutschland zurückkehrte, wurde der Druck seiner Tetralogie zensiert: Die Elsaßthematik des ersten Bandes schien der französischen Besatzungsmacht nicht opportun zu sein. Unter Verzicht auf den ersten Band wurden 1948–1950 schließlich die Bände 2–4 als dreibändige Ausgabe in Freiburg verlegt. Die Rezeption des Romans blieb aber selbst in der Literaturwissenschaft spärlich. In die große Ausgabe der Ausgewählten Werke in den sechziger Jahren wurde er gar nicht aufgenommen, weil der Herausgeber Walter Muschg, wie lange Zeit auch andere Literaturwissenschaftler (E. Ribbat, K. Müller-Salget, W. G. Sebald), den Roman formal und inhaltlich als mißlungen betrachtete. Erst 1978 erschien die vollständige – allerdings nicht kritische – Ausgabe.

Schon wegen seines historisch politischen Inhalts war der Roman, zumal zur Zeit seiner Abfassung, brisant. Döblin, der die Ereignisse der November-Revolution 1918 persönlich im Elsaß und in Berlin miterlebte, führt in seinem Werk das Scheitern dieser deutschen Revolution – im Gegensatz zur russischen von 1917 – vor. Der Roman ist *»als umfassende Diagnose der sozialen und politischen Krankheiten der Deutschen angelegt«* (H. Osterle). Er zeigt die grundsätzlich unrevolutionäre Mentalität der Soldaten wie den hoffnungslosen Mangel an politischem Bewußtsein weiter Bevölkerungsteile. Demonstrativ führt Döblin dabei den alten, bürgerlichen Kalender in Form von Kapitelüberschriften fort, quasi als Zeichen, daß diese Revolution für Deutschland kein einschneidendes Datum war. Die Möglichkeit zu einer grundlegenden Veränderung der Welt wird nur von einzelnen wahrgenommen. Doch selbst sie verfolgen dabei lediglich ihre privaten Obsessionen. Mit Spott und Ironie verzeichnet Döblin an manchen Stellen den Gang der Revolution, der ansonsten den historischen Ereignissen entsprechend widergegeben wird. Surrealistische Allegorien auf mögliche, historisch aber nicht eingetretene Geschehnisse der Revolution zeigen die Kontingenz der Geschichte.

Das Werk setzt sich aus verschiedenen, voneinander völlig unabhängigen Handlungssträngen zusammen, die, ineinander geschoben, ihren einzigen Zusammenhalt im zeitlichen und szenischen Rahmen der Revolution haben. Einige dieser Handlungsstränge könnten von ihrer Masse und Abgeschlossenheit her durchaus eigenständige Romane oder Novellen abgeben. Zeitlich bewegt sich das umfangreiche Werk – von kurzen Rück- bzw. Ausblicken abgesehen – lediglich zwischen den Randdaten der Revolution, dem 10. November 1918 und dem 15. Januar 1919.

Der erste Band, *Bürger und Soldaten 1918*, berichtet in detaillierten Milieustudien vom Beginn der Revolution im Elsaß. Kriegsende und Revolutionsbeginn werden aus der Sicht von Arbeitern, Soldaten, Offizieren und Bürgerlichen geschildert, so daß ein umfassendes historisches Spektrum stets subjektiver Perspektiven entsteht. In den weiteren Bänden verlagert sich die Schilderung des Revolutionsgeschehens nach Berlin. Döblin zeigt den verwirrenden Kampf um die politische Macht in Deutschland. Drei Gruppen sind daran maßgeblich beteiligt: der reaktionäre deutsche Generalstab in Kassel unter Leitung von Hindenburg und Groener, die provisorische Regierung, der »Rat der Volksbeauftragten«, der sich aus Sozialdemokraten und linksradikalen Unabhängigen unter Führung von Friedrich Ebert zusammensetzt, sowie der bolschewistische Spartakusbund mit Karl Liebknecht an der Spitze, der eine Revolution nach russischem Vorbild anstrebt. Ebert paktiert heimlich mit den Generälen und fällt dem Volk damit in den Rücken. Auf der Gegenseite werden politische Diskussionen über die Revolutionsführung zwischen Rosa Luxemburg, Karl Liebknecht und Karl Radek, dem Abgesandten Lenins, konstruiert. Im entscheidenden Moment versagt Liebknecht: Die bereits mobilisierten Massen bleiben ohne Führung, die Revolutionschance ist vertan; er ist kein zweiter Lenin. Der Kampf der Spartakisten und die konterrevolutionäre Niederschlagung der Revolution durch General Maerckers Freikorps und Gustav

Noskes Truppen werden in all ihrer Brutalität geschildert und mal in spöttisch-ironischen, mal in bitter ernsten Passagen kommentiert. Vor der Folie der historischen Ereignisse entwickelt Döblin die Lebenswege seiner Figuren in ihrer je unterschiedlichen Verwicklung in die Revolution.
Die drei Haupthelden des Romans, Friedrich Bekker, Erwin Stauffer und Rosa Luxemburg, die erst nach und nach eingeführt werden – Becker im ersten, Stauffer im zweiten, Luxemburg im vierten Band –, haben jeweils ein von der Revolution völlig unabhängiges Wiedergeburtserlebnis, das einen entscheidenden neuen Lebensabschnitt einleitet: Becker erfährt nach tödlicher Verwundung seine Genesung und Bekehrung zum Christentum, Stauffer entdeckt nach krisenbedingtem alkoholischem Scheintod seine vor 20 Jahren verlorene große Liebe und Rosa Luxemburg erlebt im Gefängnis die mystisch-psychedelische Wiedervereinigung mit ihrem verstorbenen Geliebten, an dessen Tod sie sich schuldig fühlt. Alle drei sind Döblinsche *»Sonden«*, Prototypen verschiedenartiger Lebensvollzüge und Handlungsoptionen. Alle drei suchen einen legitimen und angemessenen Weg in einer historischen Umbruchsituation, sind auf der Suche nach ihrer Identität und tragen deutlich autobiographische Züge.
Der Oberleutnant Friedrich Becker, der in einem elsäßischen Lazarett seine schwere Kriegsverletzung auskuriert, und sein Freund Leutnant Maus lieben beide die Krankenschwester Hilde. Becker leidet unter schweren Depressionen, aus denen ihm auch seine Bekehrung zum wahren Christentum durch die mystische Erscheinung seines himmlischen Begleiters Johannes Tauler, eines spätmittelalterlichen Mystikers, nicht hilft, in dessen Äußerungen Döblins Kierkegaard-Rezeption aufscheint. Nach Berlin zurückgekehrt, läßt sich Bekker von seiner Mutter pflegen. Als Kriegsneurotiker unterliegt er halluzinatorischen Wahnvorstellungen, in denen ihm Satan erscheint, und die ihn schließlich in einen Selbstmordversuch treiben. Seine Freundin Hilde reist ihm nach, rettet ihn auch vor dem Tod, kann ihm aber nicht wirklich helfen. Allein das Bibelstudium bereitet ihm Trost.
Der »berühmte Dramatiker« Erwin Stauffer, der sich in einer schöpferischen Krise befindet, nimmt, nachdem er zufällig die Briefe seiner ehemaligen Geliebten Lucie entdeckt, die Suche nach ihr auf, ohne sich von der Brisanz der politischen Ereignisse berühren zu lassen. Er findet Lucie, die er stark idealisiert, tatsächlich und beginnt mit ihr ein neues Leben. Im Lauf der Zeit lernen sich die beiden jedoch als ganz normale, mit Fehlern und Schwächen ausgestattete Menschen kennen und ergeben sich schließlich in die ihnen gemäße bürgerliche Existenz.
Der vierte Band, *Karl und Rosa*, ist sowohl hinsichtlich seines Umfangs als auch seines Inhalts wegen der Höhepunkt, oder, wie Döblin es formuliert, die »Engführung« des Romans. Zunächst wird in einer Rückblende die Gefängnishaft Rosa Luxemburgs geschildert. In Halluzinationen begegnet sie ihrem verstorbenen Geliebten Hannes Düsterberg (historisch Hans Diefenbach), später auch dem Teufel persönlich; Rosa ist von der Idee besessen, den toten Hannes in sich wiederzugebären. Die beschriebene, historisch nicht nachweisbare Psychose prägt bei Döblin die Schilderung Rosas während der letzten Revolutionstage. Sie enden mit der Ermordung Karl Liebknechts und Rosa Luxemburgs, deren Seele kurz vor ihrem Tod von einem Cherub dem Teufel entwunden wird. Rosa entsagt dem Fortschrittsglauben des Teufels, die literarische Vorlage ist Miltons *Paradise Lost*, 1667 *(Das verlorene Paradies)*, und akzeptiert die prinzipielle Vertriebenheit des Menschen aus dem Paradies.
Becker lehrt nach seiner Genesung als Altphilologe an einem preußischen Gymnasium und hält einige – für das Romangeschehen inhaltlich zentrale – Unterrichtsstunden, in denen er über die *Antigone* des Sophokles doziert. Er stellt die Frage nach der Bedeutung des Staates für eine praktische Ethik und fragt nach der Kriegsschuld und der daraus erwachsenden Verantwortung für den Frieden. Der deutsche Nationalismus aber erweist sich als unbelehrbar: Becker scheitert an der reaktionären preußischen Gesellschaft, als er sich für seinen homosexuell veranlagten Schuldirektor einsetzt und ihn schließlich, nach dessen Ermordung, bestattet. Eher zufällig verteidigt er auf seiten der Spartakisten das Polizeipräsidium, wird verwundet und muß, als er sich freiwillig stellt, für drei Jahre ins Gefängnis. Er verliert seine Geliebte, die als weibliche Doppelfigur – Verführerin und Erlöserin – gestaltete Hilde, scheitert beruflich völlig, zieht sich innerlich immer mehr zurück und durchwandert nach dem Tod seiner Mutter im religiösen Erwekkungswahn als Prediger das Land. In Becker spielt sich ein permanenter innerer Kampf zwischen Gut und Böse ab, wobei Döblin dämonische Elemente sozusagen rechristianisiert. Beckers psychotische Schübe nehmen zu, bis er endlich seiner als satanische Wette halluzinierten Schizophrenie erliegt und bei einem Raubüberfall erschossen wird. Seine Seele erfährt am Schluß eine Apotheose.
Nach der Figur der Antigone gestaltet, stehen sowohl Becker wie Luxemburg für die menschliche Suche nach Identität und Handlungslegitimation, Für beide liegt sie in einem klaren inneren Gefühl, das aus der Sicherheit der Selbstliebe kommt. Der religiöse Becker sucht es über den Umweg der Liebe Gottes, die Revolutionärin in der Identifikation mit der Masse. Beide scheitern allerdings: Becker durch totale Kontaktverarmung, Luxemburg durch endlose Selbstzweifel an ihrer Führungslegitimation.
Innerhalb des Döblinschen Gesamtwerks bezeichnet der *November*-Roman einen deutlichen Wendepunkt und zwar aufgrund seiner konsequenten Gestaltung der Trauer oder, psychologisch gesprochen, der Depression als Lebensweg (Kiesel), sowie aufgrund seiner Konzentration auf individuelle Perspektiven, trotz der Thematik eines historischen Massengeschehens. Biographisch entspricht dieser

Wende die 1941 im amerikanischen Exil vollzogene Konversion des Juden Döblin zum Katholizismus.

Die Struktur des Romans wird bestimmt von der reflektierten Spannung zwischen Innen- und Außenschau sowie dem ständigen perspektivischen Wechsel zwischen Massenszenen und individuellem Geschehen. *»Es verbinden sich hier zwei Grundtendenzen des modernen Romans: Die Kollektivierung des Menschen als Masse oder Typ und die Analyse des individuellen Bewußtseins.«* (H. Osterle) Döblin verknüpft dabei die Traditionslinie des sozialkritischen Romans (Zola, Dostoevskij, Dos Passos) mit der des modernen Bewußtseinsromans (Proust, Joyce, Broch, Musil). Dabei schöpft Döblin die für ihn typischen epischen Stilmittel voll aus: Dialog, erlebte Rede, innerer Monolog, Montage, Verwendung von Originaldokumenten, direkte Erzählereingriffe, ironische Fiktionsdurchbrechung sowie alle Formen seiner subtilen Komik. Ironie, Satire, Farce, Groteske und einfach Spott machen aus diesem *Revolutionsdrama* eine traurig-tragische Komödie. Eine niemals eindimensionale Mischung aus persönlicher Stellungnahme und historischem Bericht, aus Historizität und Fiktion – Döblins programmatische *»parteiliche Fiktionalität«* (E. Kleinschmidt) – sowie die Konfrontation von objektiver und subjektiver Zeit beherrschen den Roman. Dieser Umgang mit Geschichte war häufig Gegenstand der Kritik (H. Osterle, H. Th. Tewarson). Dabei fügt Döblin *»den historischen Fakten eine phantastische Potentialität hinzu, die das Geschichtsbild aufklärerisch verändert, indem sie Bezüge aufzeigt, die zwar in der Realität nicht objektivierbar sind, die aber in ihr nach Döblins Urteil grundsätzlich angelegt waren.«* (E. Kleinschmidt) Durch den schnitthaften Wechsel der Perspektiven entsteht eine filmartige Struktur, in der szenische Darstellungen und Detailaufnahmen mit epischen Berichten verbunden werden.

Für die Gestaltung der Hauptfiguren, Becker und Rosa Luxemburg, hat der Antigone-Mythos eine Schlüsselfunktion: *»Döblin hat (...) Rosa Luxemburg als moderne Antigone gesehen: als eine über die Barbarei ihrer Zeit zutiefst Trauernde. Als solche hat er sie zu gestalten versucht, indem er sie – psychologisch gesprochen – zur pathologisch Trauernden machte.«* Er folgte damit seiner Tendenz, *»in seinen Romanen gerade jene Figuren, die ›wirklichkeitsdurchstoßende‹ Einsichten gewinnen und vermitteln sollen, zu ›pathologisieren‹«* (Kiesel). H.B.H.

AUSGABEN: Stockholm/Amsterdam 1939 (Bd. 1, *Bürger und Soldaten 1918*). – Freiburg i. B. 1948–1950 (Bd. 2–4, *Verratenes Volk, Rückkehr der Fronttruppen, Karl und Rosa*). – Mchn. 1978 (Nachw. H. D. Osterle; dtv).

LITERATUR: M. Auer, *Das Exil vor der Vertreibung: Motivkontinuität u. Quellenproblematik im späten Werk A. D.s*, Bonn 1977. – A. W. Riley, *The Aftermath of the First World War: Christianity and Revolution in A. D.s »November 1918«* (in *The First World War in German Narrative Prose*, Hg. Ch. N. Genno u. H. Wetzel, Toronto u. a. 1980). – W. Düsing, *Erinnerung u. Identität. Untersuchungen zu einem Erzählproblem bei Musil, D. u. Doderer*, Mchn. 1982. – D. Dollenmayer, *Der Wandel in D.s Auffassung von der deutschen Revolution 1918–1919* (in *Internationale A. D.-Kolloquien 1983–1986*, Hg. W. Stauffacher, Bern u. a. 1986, S. 56–63). – H. Thomann Tewarson, *A. D.s Geschichtskonzeption in »November 1918. Eine Deutsche Revolution«. Dargestellt an der Figur der Rosa Luxemburg in »Karl und Rosa«* (ebd., S. 64–75). – H. D. Osterle, *Auf den Spuren der Antigone. Sophokles, D., Brecht* (ebd., S. 86–115). – E. Kleinschmidt, *Parteiliche Fiktionalität. Zur Anlage historischen Erzählens in A. D.s »November 1918«* (ebd., S. 116–132). – W. Frühwald, *Rosa u. der Satan. Thesen zum Verhältnis von Christentum u. Sozialismus im Schlußband von A. D.s Erzählwerk »November 1918«* (ebd., S. 239–256).

WALLENSTEIN

Roman von Alfred DÖBLIN, erschienen 1920. – Eines der bedeutendsten Werke nicht nur im Œuvre des Dichters, sondern in der modernen Romanliteratur überhaupt, entwirft Döblins *Wallenstein* als weiträumiges und suggestives Prosaepos ein vielfarbiges Panorama des Dreißigjährigen Kriegs, sprengt zugleich durch die Intensität unmittelbarer Evokation die historisierende Schematik des herkömmlichen deutschen Geschichtsromans und knüpft damit an FLAUBERTS *Salammbô* oder COSTERS *La légende d'Ulenspiegel* an.

Die erzählte Zeitspanne erstreckt sich von der Schlacht am Weißen Berg bis zur Ermordnung Wallensteins und umfaßt somit die Feldzüge Tillys und Wallensteins sowie die Schlachten und diplomatischen Verhandlungen Gustav Adolfs von Schweden, Christians von Dänemark und vieler anderer Monarchen und Generale. Zentrale Figur des Romans ist nicht so sehr Wallenstein als vielmehr Ferdinand II., Kaiser von Österreich: *»Um dessen Seele geht es«* (Döblin, *Aufsätze zur Literatur*). Gegenüber dem hektischen Kampfgetümmel elementarer Triebe, verkörpert in den Repräsentanten der politischen und militärischen Macht, verharrt Ferdinand in einer bald vital genießenden, bald mystisch-asketischen Passivität, in einer – durch das kaiserliche Amt mitbedingten – naturhaften Latenz. Durch das Auftreten Wallensteins, der als zynischer Spekulant und brutaler Ausbeuter, als »Potenz der Potenzen«, mythisiert als Ungeheuer oder Drache erscheint, gewinnt Ferdinand eine vollkommene, von jeder konkreten Bindung losgelöste Sicherheit der eigenen Existenz, aus der heraus er am Ende auch sein Amt von sich abstreift und ins anonyme, vom Krieg umhergetriebene Volk eintaucht. Schließlich ist er, von einem tierhaften Waldmenschen ermordet, nur noch Element in dem vegetativen Kosmos der Natur.

Die für Döblin schon früh zur Gewißheit gewordene Überzeugung, daß die subjektive Individualität des bürgerlichen Menschen scheinhaft und nichtig ist gegenüber der zeitlosen Substanz und allumfassenden Dynamik der kollektiven Natur, prägt auch den primär am Weg Ferdinands ablesbaren Sinn und die auf epische Totalität zielende Sprachgestalt des *Wallenstein*: Wenn Döblin in seinem ersten Roman *Die drei Sprünge des Wang-lun* (1915) das chinesische Ethos des »Nicht-Widerstrebens« bereits als einzig sinnvollen Weg in der tragischen Verwicklung des Lebens akzentuiert hat, so wird hier die groteske Absurdität der europäischen Geschichte mit ihren chaotischen Mischungen aus Finanzspekulation und Theologie, aus nationalen Machtansprüchen und privaten Leidenschaften erkennbar als ein millionenfaches qualvolles oder rauschhaftes Sterben.

Stilistisch realisiert *Wallenstein* die Forderungen, die Döblin – beeinflußt durch den Futurismus wie durch Arno Holz – seit 1913 an den modernen Roman stellte: »Tatsachenphantasie« äußert sich in ausschweifender Verwendung einer großen Fülle historischer Dokumente, die die abstrakten Linien der herkömmlichen Geschichtsschreibung mit drastisch konturierten Details überschüttet, zugleich aber auch in der rigorosen Integration der Einzelfakten in die *»unendliche Melodie«* der epischen Totalität. »Depersonation« ist ein weiteres provokatives Ziel des von unüberschaubar vielen Figuren sinnlich-affektiv erzählenden Epikers: Er entwirft keine in sich gerundeten Charakterbilder, sondern notiert nur präzise Abläufe, unterscheidbare Verhaltensweisen und protokolliert strikt situationsbezogene Gespräche. Die rapide Lebensdynamik wird an keiner Stelle zum Typischen fixiert, vielmehr in der atemlosen Folge einander gleichwertiger Szenen sprachlich repräsentiert.

In der Forschung wurde dem Roman ein dichtes Kompositionsprinzip, das über seine Großgliederung in sechs Bücher hinausgeht, immer wieder abgesprochen. Neuere Arbeiten zeigen jedoch, daß *»hinter dem vordergründig chaotischen Eindruck des Romanablaufs ... ein Bauwille spürbar (ist), wenn man die Bautypen der Bücher, den ausbalancierten Einsatz der verschiedenen Erzählweisen, der Haupthandlung und der episodenhaften Erzählstränge, das ausgewogene Gegenüber von Zeitdehnung und Zeitraffung erkennt.«* (D. Mayer) Der Erzähler tritt an keiner Stelle auktorial-einheitsstiftend auf, sondern bleibt hinter einer verwirrenden Pluralität der Perspektiven verborgen; er benennt die Realität lediglich, Kommentierung und Kritik überläßt er dem Wechselspiel seiner Figuren. *»Ein Romanautor«*, so Döblin 1913 in seinem Essay *Über Roman und Prosa*, *»muß vor allem schweigen können«*. Diese »Amoralität« sichert die artistische Geschlossenheit des Romans, sie ist zugleich aber Reflex des Autors auf die Kriegsjahre, in denen das Werk entstand und die bei Döblin primär den Eindruck umfassender Sinnlosigkeit hinterließen; im *Wallenstein* wie im Deutschland des Ersten Weltkriegs hat der Krieg sich verselbständigt: *»Es kommt«* so resigniert Döblin 1915 in einem Brief an Herwarth Walden, *»wie es scheint auf gar nichts an, auf gar nichts.«* E.Ri.

Ausgaben: Bln. 1920, 2 Bde. – Olten/Freiburg i. B. 1965 (*AW*, Nachw. W. Muschg; ern. 1976). – Olten/Freiburg i. B. 1977 (in *Jubiläums-Sonderausg. zum 100. Geburtstag A. D.s*).

Literatur: O. Loerke, *Das bisherige Werk A. D.s*, Bln. 1928 (in *A. D. Im Buch – Zu Haus – Auf der Straße*, Bln. 1928, S. 115 ff.). – J. Strelka, *Der Erzähler A. D.* (in GQ, 33, 1960, S. 197–210). – A. D., *Aufsätze zur Literatur*, Hg. W. Muschg, Olten/Freiburg i. B. 1963. – W. Rasch, *D.s »Wallenstein« u. die Geschichte* (in W. R., *Zur dt. Literatur seit der Jahrhundertwende*, Stg. 1967, S. 228–242). – G. Grass, *Über meinen Lehrer D.* (in Akzente, 14, 1967, S. 290–309). – E. Ribbat, *Die Wahrheit des Lebens im frühen Werk A. D.s*, Münster 1970. – U. Harnisch, *Sozialpsych. Studien zu A. D.s Roman »Wallenstein«*, Diss. Bln. 1971. – D. Mayer, *A. D.s »Wallenstein«. Zur Geschichtsauffassung u. zur Struktur*, Mchn. 1972. – K. Solha-Lipnicka, *A. D.s »Wallenstein« als hist. Roman* (in Studia Germanica Posnaniensia, 4, 1975, S. 13–20). – B. A. Brown, *Alchemical Themes and Gnostic Myth in A. D.'s Novel »Wallenstein«*, Diss. Rice Univ. 1980/81.

HANS FALLADA

d.i. Rudolf Ditzen

* 21.7.1893 Greifswald
† 5.2.1947 Berlin

Literatur zum Autor:
J. Desbarats, *Die deutsche Gesellschaft in den Romanen H. F.s*, Diss. Toulouse 1955. – H.-J. Geerdts, *H. F.*, Bln./DDR 1960. – J. Manthey, *H. F. in Selbstzeugnissen und Bilddokumenten*, Reinbek 1963; ern. 1978 (erw.; rm). – H. Schueler, *H. F. Humanist and Social Critic*, Den Haag/Paris 1970. – H. Bauer, *Zur Funktion der Gespräche in den Romanen H. F.s*, Diss. Wien 1972. – T. Crepon, *Leben und Tode des H. F. Eine Biographie*, Halle/Lpzg. 1978; ern. Hbg. 1981. – H. Möbius, *Der Sozialcharakter des Kleinbürgers in den Romanen F.s* (in *Stereotyp und Vorurteil in der Lit.*, Hg. J. Elliott u. a., Göttingen 1978, S. 84–110). – U. Theilig u. M. Töteberg, *Das Dilemma eines deutschen Schriftstellers. H. F. und der Faschismus* (in Sammlung. Jb. für antifaschistische Lit. und Kunst, Nr. 3, Ffm. 1980). – W. Liersch, *H. F. Sein großes kleines Leben*, Bln./DDR 1981; ern. Düsseldorf/Köln 1981. – *H. F. Werk und Wirkung*, Hg. R. Wolff, Bonn 1983. – D. Jürss, *Rausch und Realitätsflucht: eine*

Untersuchung zur Suchtthematik im Romanwerk H. F.s, Diss. Zürich 1985.

KLEINER MANN – WAS NUN?

Roman von Hans FALLADA, erschienen 1932. – Noch vor Veröffentlichung von *Bauern, Bonzen und Bomben* begann Fallada 1930 mit der Arbeit an diesem Roman, der sein erfolgreichstes Werk werden sollte. Die Schilderung der Lebenswelt des kleinbürgerlichen Angestellten, der in den Krisenjahren nach dem Ersten Weltkrieg verzweifelt darum kämpft, der Arbeitslosigkeit zu entgehen, wurde nicht nur durch persönliche Erfahrungen des Autors, sondern auch durch Siegfried KRACAUERS Studie *Die Angestellten* angeregt, die Fallada 1930 gelesen hatte.

Im »Vorspiel« des Romans, überschrieben mit *Die Sorglosen*, heiratet der Buchhalter Johannes Pinneberg seine Freundin »Lämmchen«, die ein Kind von ihm erwartet. Trotz äußerster Sparsamkeit reicht sein Verdienst kaum aus, das gemeinsame Leben zu sichern, zudem verliert er bald seine Stellung, da er durch die Heirat die Tochter seines Chefs verschmäht hat. Das Paar zieht zu Pinnebergs verwitweter Mutter Mia, die in Berlin einen zweideutigen Zirkel von Schiebern, Falschspielern und Amüsiermädchen unterhält. Jachmann, ihr gegenwärtiger Liebhaber, besorgt Pinneberg eine Stellung in der Herrenkonfektion eines Warenhauses, wo er nach dem Verkaufsquoten-System arbeitet; er muß als Verkäufer ein Vielfaches seines Monatsgehalts umsetzen, will er nicht entlassen werden. Als Pinneberg von den wahren Geschäften seiner Mutter erfährt, bezieht das Paar eine eigene kleine Wohnung. Der Kampf um die Erfüllung des Verkaufssolls und die Intrigen der Kollegen zermürben Pinneberg; nur der inzwischen geborene kleine »Murkel« gewährt ihm einen Rest idyllischen Glücks. Aus manchen Schwierigkeiten helfen Jachmann und der erste Verkäufer Heilbutt, aber auch sie können nicht verhindern, daß Pinneberg seine Stellung schließlich verliert. Die Familie muß in ein Schreberhäuschen vor der Stadt ziehen. Im »Nachspiel« *(Alles geht weiter)* ernährt Lämmchen die Familie, indem sie für die Nachbarschaft flickt und näht, Pinneberg geht stempeln. Die Arbeitslosigkeit stürzt ihn in Depression, und als ein Polizist den verwahrlost aussehenden Familienvater vor dem Schaufenster eines Feinkostgeschäfts davonjagt, begreift der Arbeitslose sich als vollkommenen Außenseiter dieser Gesellschaft, *»begreift er, daß er draußen ist, daß er hier nicht mehr hergehört, daß man ihn zu Recht wegjagt: ausgerutscht, versunken, erledigt. Ordnung und Sauberkeit: es war einmal. Arbeit und sicheres Brot: es war einmal... Armut ist nicht nur Elend, Armut ist auch strafwürdig, Armut ist Makel, Armut heißt Verdacht.«* Aber *»das alte Glück«*, *»die alte Liebe«* zu Lämmchen und dem schlafenden Kind richten Pinneberg wieder auf – ohne daß ihm freilich eine Antwort auf die Frage *»Was nun?«* gelingt. Ein Ausweg aus dem Elend ist für Pinneberg nicht in Sicht; die wirtschaftlichen und politischen Verhältnisse bleiben ihm, der immer nur reagieren, nie agieren kann, undurchschaubar. Und als Lämmchen, die aus einer klassenbewußten Arbeiterfamilie stammt, ihn frühzeitig auffordert, bei der nächsten Wahl die Kommunisten zu wählen, zögert Pinneberg: *»Das wollen wir uns noch mal überlegen... Vorläufig haben wir ja noch eine Stellung, da ist es ja noch nicht nötig.«* Allerdings setzt Pinneberg auch dann, als er arbeitslos ist, wenig Hoffnung auf politische Veränderungen, eine Verbesserung seiner sozialen Lage erwartet er, illusionär genug, von der moralischen Besserung der Mächtigen. Letzter Zufluchtsort für ihn bleibt die private Idylle, das Familienglück und das Bewußtsein der eigenen Integrität, allen Anfechtungen zum Trotz. Fallada liefert damit ein detailliertes Psychogramm des deutschen Kleinbürgers in den Jahren vor der nationalsozialistischen Machtübernahme, wie sich der Roman insgesamt durch seinen realistischen Darstellungswillen auszeichnet, der sich in den minutiösen Schilderungen des Alltags der Familie Pinneberg ebenso ausdrückt wie im dialektgefärbten Umgangston der Menschen. R.M.-KLL

AUSGABEN: Bln. 1932. – Hbg. 1950 (rororo 1). – Mchn./Wien 1953. – Bln. 1955. – Bln./Weimar 1962 (*A W in Einzelausg.*, Hg. G. Caspar; [2]1965). – Rastatt 1980.

VERFILMUNGEN: Deutschland 1933 (Regie: F. Wendhausen). – *Little Man what now?*, USA 1934 (Regie: F. Borzage). – DDR 1970 (Regie: H. J. Kasprzik; TV).

BEARBEITUNGEN: *Kleiner Mann – was nun?* Eine Revue von T. Dorst u. P. Zadek, Ffm. 1972.

LITERATUR: H. Hesse, Rez. (in Baseler National-Zeitung, 17. 7. 1932). – C. Zuckmayer, Rez. (in Vossische Zeitung, 7. 9. 1932, Unterhaltungsbeilage). – M. Schroeder, *H. F.* (in Neue dt. Literatur, 1, 1953, H. 12, S. 124–130). – J. Kuczynski, *»Kleiner Mann – was nun« oder Macht und Idylle* (in J. K., *Gestalten und Werke. Soziologische Studien zur deutschen Lit.*, Bln./DDR 1969, S. 350–358). – H. Lethen, *H. F.s »Kleiner Mann – was nun?« und die bürgerlichen Mittelstandstheorien* (in H. L., *Neue Sachlichkeit 1924–1932. – Studien zur Lit. des weißen Sozialismus*, Stg. 1970, S. 156–167). – B. Hüppauf, *H. F. Kleiner Mann – was nun?* (in *Der dt. Roman des 20. Jh.s* Bd. 1, Hg. M. Brauneck, Bamberg 1976, S. 209–239). – *F.s Kleiner Mann – was nun?* (in Diskussion Deutsch, 9, 1978, S. 133–151). – D. Mayer, *H. F.: Kleiner Mann – was nun? Hist., soziolog., biograph. und lit.geschichtliche Materialien zum Verständnis des Romans*, Ffm. 1978. – J. Améry, *Zeitbetrachtungen, unpolitische u. politische. Über H. F.s »Kleiner Mann – was nun?« und Lion Feuchtwangers »Erfolg«* (in J. A., *Bücher aus der Jugend unseres Jh.s*, Stg. 1981, S. 80–94). – D. Steinbach, *H. F. »Kleiner Mann – was nun?«* (in *Dt. Romane*,

Hg. J. Lehmann, Königstein/Ts. 1982, Bd. 2, S. 251–268). – H. J. Frotscher, *H. F. »Kleiner Mann – was nun?«*, Mchn. 1983. – H. Kesler, *H. F.s »Kleiner Mann – was nun?«* (in H. K., *Fakten und Hintergründe*, Lund 1982, S. 40–57).

LION FEUCHTWANGER

* 7.7.1884 München
† 21.12.1958 Los Angeles

LITERATUR ZUM AUTOR:
Bibliographie:
W. Müller-Funk, *Bibliographie zu L. F.* (in *L. F.*, Mchn. 1983; Textkritik).
Gesamtdarstellungen und Studien:
L. F. The Man. His Ideas. His Work. A Collection of Critical Essays, Hg. J. M. Spalek, Los Angeles 1972. – E. Birr u. H. Weiss, *L. F.*, Bln./DDR 1974. – L. Kahn, *Insight and Action. The Life and Work of L. F.*, Rutherford u. a. 1975. – J. Pischel, *L. F. Versuch über Leben u. Werk*, Lpz. 1976. – L. M. Fischer, *Vernunft u. Fortschritt. Geschichte u. Fiktionalität im hist. Roman L. F.s*, Königstein/Ts. 1979. – M. Feuchtwanger, *Nur eine Frau. Erinnerungen aus 90 Jahren*. Aufgezeichnet und dokumentiert v. R. Hoffmeister, Mchn. 1981. – K. Modick, *L. F. im Kontext der zwanziger Jahre: Autonomie u. Sachlichkeit*, Kronberg/Ts. 1981. – *L. F.*, Hg. H. L. Arnold, Mchn. 1983 (Text + Kritik). – W. Köpcke, *L. F.*, Mchn. 1983. – R. Jaretzky, *L. F. in Selbstzeugnissen u. Bilddokumenten*, Reinbek 1984 (rm). – W. Jeske u. P. Zahn, *L. F. oder Der arge Weg der Erkenntnis. Eine Biographie*, Stg. 1984. – V. Skierka, *L. F. Eine Biographie*, Bln. 1984. – W. v. Sternburg, *L. F. Ein dt. Schriftstellerleben*, Kronberg/Ts. 1984. – H. Zerrahn, *Exilerfahrung u. Faschismusbild in L. F.s Romanwerk zwischen 1933 und 1945*, Bern u. a. 1984. – F. Dietschreit, *L. F.*, Stg. 1988. – *L. F. Mat. zu Leben u. Werk*, Hg. W. v. Sternburg, Ffm. 1989.

JUD SÜSS

Historischer Roman von Lion FEUCHTWANGER, erschienen 1925. – Vorausschauend und mit bewußtem Bezug auf die Gegenwart analysiert Feuchtwanger hier einen Massenausbruch des Antisemitismus in seinen Ursprüngen und geheimen Verzweigungen. Josef Süß Oppenheimer, der historische Jud Süß, war Halbjude. 1692 in Heidelberg geboren, wurde er 1732 Finanzberater des Prinzen Karl Alexander von Württemberg. 1733 erhielt dieser die Herzogwürde. Das protestantische Land fühlte sich von dem katholischen Fürsten ständig bedroht. Der Widerstand gegen ihn und seinen Finanzrat Süß, der zwar nur eine beratende Funktion ausübte und kein Staatsamt besaß, doch immer mehr zum eigentlichen Regenten des Landes wurde, konzentrierte sich in den Landständen.

Beide, der Landesfürst und der Jude, werden von Feuchtwanger als ebenso lüstern wie machthungrig gezeichnet: der Herzog sinnlich, brutal und in seiner Regierungsweise beschränkt auf das Bestreben, den unter Prinz Eugen erworbenen Kriegsruhm mit einem absolutistischen Regiment nach Art von Ludwig XIV. zu krönen; Jud Süß intelligenter, subtiler, von Eitelkeit getrieben, dem Herzog geistig überlegen und doch zunächst völlig ergeben. Der elegante Finanzrat perfektioniert mit teuflischem Genie die üblichen gewaltherrscherlichen Methoden zur Auspressung des Volks (was Veit Harlan in seinem die Geschichte im Sinne des Dritten Reichs verzerrenden Film *Jud Süß* als Beispiel für »typisch jüdisches Verhalten« darstellte). Doch als der Herzog der sorgfältig verborgen gehaltenen schönen Tochter des Juden nachstellt, ja sie brutal zu mißbrauchen versucht und diese sich durch einen verzweifelten Sprung vom Dach in den Tod rettet, ist Süß, äußerlich unbewegt, zur Rache entschlossen. Das »katholische Projekt« des Herzogs und des Würzburger Fürstbischofs, das die Landstände ausschalten und eine Militärautokratie etablieren soll, gibt ihm die ersehnte Gelegenheit. In der Nacht vor dem Staatsstreich verrät Süß den Plan an die Parlamentarier; der Herzog, mit diesen konfrontiert, stirbt am Schlagfluß. Von der Erreichung seines Ziels ernüchtert, besinnt Süß sich auf sein Judentum und dessen geistig-religiöse Werte, die von seinem Oheim, einem mit okkulten Kräften begabten Rabbi, verkörpert werden. Süß hatte sich bisher dem Judentum verschlossen und bietet sich nun selbst den Verschwörern als Sündenbock an. Unter eklatanter Beugung des Rechts (denn als Berater ohne Staatsamt war Süß dem Gesetz nicht verfallen) und im Zeichen einer von den eigentlich Schuldigen scheinheilig angefachten antisemitischen Massenpsychose wird der Jude nach langwierigem Prozeß verurteilt und hingerichtet. Ohne sich zur Konversion, die ihn retten könnte, bewegen zu lassen, wählt Süß, der es auch früher schon abgelehnt hat, seine Abkunft von einem christlich-adligen Vater zu enthüllen, bewußt den Tod und stimmt zum Schluß in die Sterbegebete seiner Glaubensgenossen singend mit ein. *»Ein Jude habe für Christenschelme büßen müssen«*, sagten objektive zeitgenössische Beobachter nach der Hinrichtung (1738).

Feuchtwanger, der bis Anfang der zwanziger Jahre als Kritiker und Bühnenautor (*Warren Hastings, Gouverneur von Indien*, 1916) vor allem dem Theater verbunden gewesen war, wandte sich mit diesem Roman erstmals jenem Genre des historischen Romans zu, dessen wohl berühmtester Erneuerer er im 20. Jh. wurde. Bereits 1916 hatte er den Stoff *Jud Süß* in einem Schauspiel in drei Akten bearbeitet (Uraufführung: 13. 10. 1917, München, Schauspielhaus), aber 1920 begann er mit der Arbeit an dem Roman (das *»das Stück [war] nur eine Fassade dessen, was ich sagen wollte«*). Das Manuskript war 1923 abgeschlossen, aber da Feuchtwanger große Schwierigkeiten hatte, dafür einen Verleger zu finden, erschien der Roman erst nach dem Anfangserfolg von *Die häßliche Herzogin*.

Bereits 1827 hatte Wilhelm HAUFF den Stoff in einer Novelle verarbeitet, Feuchtwangers Quelle war jedoch vor allem die Oppenheimer-Biographie von Manfred Zimmermann (*Josef Süß-Oppenheimer, ein Finanzmann des 18. Jh.s*, 1874), an die er sich weitgehend hielt, wenn er auch durch romanhafte Ausschmückung dem historischen Milieu Anschaulichkeit zu geben versuchte. Wie stets bei Feuchtwanger ist auch hier die Wahl der geschichtlichen Vorlage lediglich ein Mittel, Tendenzen und Probleme der Gegenwart zu gestalten. Ursprünglich war es dem Autor, wie er in seiner Studie *Vom Sinn und Unsinn des historischen Romans* (1935) schreibt, um eine Studie des Schicksals des deutschen Außenministers Walther Rathenau gegangen: Jude, Autor, Konzernherr und Politiker. Dies mißlang, um so gleichnishafter erschien dem Autor die Figur des Jud Süß. Die Assimilation an die Herrschenden hat ihren Preis in der Aufgabe kultureller Identität; gerade dies verweigert Süß letztlich, der durch den Übertritt zum Christentum *»wahrscheinlich sein Leben hätte retten können«*. An dem geschmeidigen Politiker, der durchaus kein Idealbild darstellt, wird exemplarisch das Schicksal des jüdischen Volkes sichtbar, das, von der Umwelt verachtet und verfolgt, nur über die Macht des Geldes sich zu behaupten vermag, bis es – was Feuchtwanger kritisch beleuchtet – zum Spiegelbild seiner Verfolger wird und sich erst nach der Erfahrung der völligen Anpassung wieder auf die eigene religiöse Tradition besinnt: *»Mit dem Weg Joseph Süß Oppenheimers aus dem Ghetto, der völligen Assimilation an die nichtjüdische Umwelt und der Rückwendung zum Judentum vollzieht sich gleichnishaft die Geschichte der deutschen Juden seit der Zeit der Emanzipation«* (B. von der Lühe) – eine Entwicklung, die Josef Ben Matthias, Held der *Josephus*-Trilogie, in ähnlicher Weise nachvollzieht.

Der Roman, der zu Feuchtwangers größtem Erfolg wurde, fiel 1933 unter das Verdikt der Nationalsozialisten, für die Veit Harlan 1940 den Film *Jud Süß* drehte. Feuchtwanger sah darin stets ein antisemitisches Plagiat seines Werks, worin ihm die neuere Forschung jedoch nicht mehr folgt; danach *»hat der Harlan-Film mit dem Drama und Roman ›Jud Süß‹ nur die historische Vorlage gemeinsam, sonst nichts, und dabei besonders die historische Figur des Landschaftskonsulenten Sturm, die von Feuchtwanger zwar zum ersten Mal literarisch benutzt…, von Harlan aber zu einem wichtigen Gegenspieler Oppenheimers aufgebaut wurde«* (Knilli/Zielinski).

KLL

AUSGABEN: Mchn. 1925. – Bln. 1931. – Amsterdam 1939 (in *GW*, 11 Bde., 1933–1940, 2). – Stockholm u. a. 1950. – Bln./Weimar 1959 (in *AW in Einzelausgaben*, Bearb. G. Schubert; ³1972). – Ffm. 1976 (FiTb).

DRAMATISIERUNGEN: A. Dukes, *»Jew Süss«* (Urauff.: 29. 7. 1929, Blackpool). – P. Kornfeld, *Jud Süß* (Urauff.: 7. 10. 1930, Berlin, Theater am Schiffbauerdamm). – M. Avi-Shaul, *Jud Süß* (Urauff.: 1933, Habimah, Tel-Aviv; hebr. Fassung). – J. Kraemer, *La véridique histoire de Joseph Süss Oppenheimer dit LE JUIF SÜSS* (Urauff.: 1982).

VERFILMUNGEN: *Jew Suess*, auch: *Power*, England 1934 (Regie: L. Mendes). – *Jud Süß*, Deutschland 1940 (Regie: V. Harlan).

LITERATUR: S. Stern, *»Jud Süß«. Ein Beitrag zur deutschen u. zur jüdischen Geschichte*, Bln. 1929. – W. Berndt, *F.s frühe Romane »Jud Süß« u. »Die häßliche Herzogin«*, Diss. Bln./DDR 1953. – M. Pazzi, *»Jud Süß«* (in Lit. u. Kritik 12, Salzburg 1977). – P. G. Klussmann, *L. F.s Roman »Jud Süß«. Gedichtete Psychologie u. prophetischer Mythos des Juden* (in ZfdPh 97, 1978; Sondernr. L. F.). – H. Kesselmann, *L. F.s historischer Roman »Jud Süß« u. seine Lehren für die Geschichte* (in Lit. für Leser, 1979, S. 81–102). – F. Knilli u. S. Zielinski, *L. F.s »Jud Süß« u. die gleichnamigen Filme von Lothar Mendes (1934) u. Veit Harlan (1940)* (in *L. F.*, Hg. H. L. Arnold, Mchn. 1983, S. 99–121; Text + Kritik). – J. Pischel, *L. F.s »Jud Süß«. Lob der Asphaltlit.* (in WB, 29, 1983, S. 2112–2129). – B. v. d. Lühe, *L. F.s Roman »Jud Süß« u. die Entw. des jüd. Selbstbewußtseins in Deutschland* (in *L. F.*, Werk u. Wirkung, Hg. R. Wolff, Bonn 1984, S. 34–54).

DER JÜDISCHE KRIEG

Roman von Lion FEUCHTWANGER, erschienen 1932. – Der Roman war ursprünglich als erster Teil eines zweibändigen Romans über den jüdischen Historiker FLAVIUS IOSEPHUS (Josef Ben Matthias) konzipiert, der sich im 1. Jh. n. Chr. vom antirömischen Rebellen zum Günstling des Kaisers Vespasian wandelte, bis er schließlich, in die Heimat zurückgekehrt, sich erneut einem Aufstand anschloß und dabei umkam. Die schon in *Jud Süß* anklingende Frage, wie sich jüdische Identität inmitten unterschiedlichster Kulturkreise und Nationen bewahren lasse, steht im Mittelpunkt dieses Romanwerks, das Feuchtwanger zu einer Trilogie ausweitete, als die Nationalsozialisten im März 1933 sein Haus plünderten und dabei das Manuskript des zweiten Bandes vernichteten: *»Den verlorenen Teil in der ursprünglichen Form wiederherzustellen, erwies sich als unmöglich. Ich hatte zu dem Thema des ›Josephus‹: Nationalismus und Weltbürgertum, manches hinzugelernt, der Stoff sprengte den früheren Rahmen, und ich war gezwungen, ihn in drei Bände aufzuteilen.«* 1935 erschien der zweite Band *Die Söhne*, 1942 in englischer Sprache der dritte Band, *Josephus and the Emperor*, der in der 1945 in Stock-

holm erschienenen deutschsprachigen Ausgabe den Titel *Der Tag wird kommen* erhielt.
Schauplatz des ersten Buches, *Der jüdische Krieg*, ist zunächst Rom. Der ehrgeizige *»junge Literat und Staatsmann«* Josef Ben Matthias ist im Auftrag des Großen Rates von Jerusalem nach Rom gereist, um drei zu Zwangsarbeit verurteilte Mitglieder dieses Rates zu befreien. Über Vermittlung des Finanzmannes Claudius Regin und des jüdischen Schauspielers Demetrius Liban kann Josef sein Anliegen der Kaiserin vortragen. Liban, einer der berühmtesten Komödianten Roms, enthüllt bei der Audienz seinen ehrgeizigen und gewagten Wunsch, einmal den Juden Apella spielen zu dürfen: *»Der Jude Apella, das war die Figur des Juden, wie der bösartige römische Volkswitz ihn sah, ein sehr widerwärtiger Typ, abergläubisch, stinkend, voll ekelhafter Skurrilität...«* Die Kaiserin beschließt daraufhin die Freilassung der drei Gefangenen, wenn Liban seine Absicht wahr macht.
Unbeabsichtigt hat Josef, der während seines Aufenthalts in Rom seine erfolgreiche *»Geschichte der Makkabäer«* schreibt, damit den Jüdischen Krieg 66 n. Chr. mit ausgelöst, denn mit dem Gnadenerweis gegenüber den Gefangenen wird den Juden die Herrschaft über Caesarea, die Hauptstadt Judäas, entzogen, was zum Aufstand gegen die Römer führt, der zunächst mit einem Sieg der Juden endet. Die jüdische Zentralregierung in Jerusalem unterstellt die Bezirke des Landes Volkskommissaren. Josef wird Kommissar von Galiläa. Gegen die Pläne der Zentralregierung verbündet er sich mit Rebellengruppen und zerstört den Palast des Königs Agrippa von Tiberias, eines römischen Vasallen. Nun setzt Rom seine Legionen unter dem Kommando des Generals Vespasian in Marsch, um Jerusalem zu erobern. Josef verteidigt mit der Festung Jotapat den Zugang nach Jerusalem; sieben Wochen leistet er, gemäß einem Gelübde, Widerstand, anders aber als die meisten seiner Mitstreiter ergibt er sich den Römern und rettet sein Leben, indem er Vespasian weissagt, er werde der zukünftige Kaiser in Rom sein. Als Günstling Vespasians wird er von den Juden verflucht, aber er nimmt alle Demütigungen durch die Römer, einschließlich einer erzwungenen Heirat, in Kauf. Vespasians Stunde kommt, als in Gallien ein Aufstand losbricht und Kaiser Nero vom Senat abgesetzt wird; mit seinen Legionen kann er sich im Kampf um die Nachfolge durchsetzen. Josef nimmt daraufhin den Geschlechternamen des Kaisers an und nennt sich Flavius Josephus. Statt in den engen Grenzen des jüdischen Glaubens zu leben, statt in Ablehnung zu den übrigen Völkern zu stehen, will Josef über alle Nationalismen hinaus: *»Er war eine neue Art Mensch, nicht mehr Jude, nicht Grieche, nicht Römer: ein Bürger des ganzen Erdkreises, soweit er gesittet war.«*
Gegen alle Widrigkeiten und gegen alle Rücksichtnahmen geht Josef zielbewußt seinen Weg; mit einer Geißelung entledigt er sich der Verpflichtungen gegenüber Mara, seiner ersten Frau, die ihm mittlerweile einen Sohn geboren hat, verheiratet sich mit der Ägypterin Dorion und erlangt das römische Bürgerrecht gegen das Versprechen, die Geschichte des Jüdischen Krieges zu verfassen. Er begleitet Titus, den Sohn Vespasians, auf dem Feldzug gegen Jerusalem und wird schließlich Zeuge der Zerstörung der Stadt und ihres Tempels.
Im zweiten Band, *Die Söhne*, ist Josef nach Rom zurückgekehrt. Vespasian stirbt, Titus wird sein Nachfolger, und Josef schreibt seine »Geschichte des Jüdischen Krieges«, wofür ihm Titus in der Bibliothek des Friedenstempels eine Ehrensäule errichten läßt. Josef nimmt diese Ehrung an, obgleich dies dem Gebot des Judentums »Du sollst dir kein Bild machen« zuwiderläuft. Der Versuch, seine jüdische Identität zu bewahren und zugleich als römischer Bürger zu leben, zwingt ihn zu Kompromissen. Dorion weigert sich, ihren Sohn Paulus gemäß dem jüdischen Ritus beschneiden zu lassen. Als Josefs erste Frau Mara mit ihrem Sohn Simeon nach Rom kommt, will er diesem keine bessere Erziehung ermöglichen. Er kümmert sich nur sporadisch um Simeon, der schließlich tödlich verunglückt. Auch im Kampf um Paulus unterliegt Josef. Dorion trennt sich von ihm; zwar erzwingt Josef die Herausgabe seines Sohnes, schickt ihn jedoch wieder zur Mutter zurück, als sich der von einem griechischen Lehrer erzogene Junge der jüdischen Lehre verweigert.
Umrahmt wird die Haupthandlung von Josefs Schwierigkeiten, sich als Jude in Rom und als römischer Bürger innerhalb der jüdischen Gemeinde der Stadt zu behaupten; mit seinem Plan, eine großangelegte Abhandlung über die »Jüdische Geschichte« zu verfassen, kommt er nicht voran, bis ihm schließlich sein Verleger die Alternative aufzeigt: *»Es bleiben Ihnen nur zwei Wege. Sie können entweder, was Ihnen an Judentum geblieben ist, ganz abtun, es ist kein großer Schritt, und vollends zum griechischen Schriftsteller werden.«* Josef wählt die zweite Möglichkeit: zurück nach Judäa zu gehen. Im Land, das unter den Römern wirtschaftlich aufgeblüht ist, haben die Großdoktoren von Jabne, das nun als jüdische Hauptstadt gilt, die doktrinäre Verteidigung der jüdischen Lehre begonnen. Die aufkommende Lehre der Christen wird aus dem Judentum ausgeschlossen, der dem Judentum immanente Universalismus wird zugunsten der Rettung der Lehre selbst geopfert. *»Ich ziehe es vor«*, so konstatiert der Großdoktor Gamaliel, *»das Judentum für eine Weile national einzuengen, statt es ganz aus der Welt verschwinden zu lassen.«* Zusammen mit dem Schriftsteller Justus von Tiberias, einem alten Konkurrenten, kehrt Josef nach Rom zurück, wo Titus im Sterben liegt und dessen Bruder Domitian zum Kaiser erhoben wird. Josef stiftet eine Synagoge, die seinen Namen trägt, er nimmt Mara erneut zur Frau und widmet sich ganz seiner schriftstellerischen Tätigkeit, bis er gezwungen wird, am Trauerzug für Titus teilzunehmen und diesen als Gott zu ehren, womit er die *»Achtung der Römer und der Juden für immer zertritt«*.
Das dritte Buch, *Der Tag wird kommen*, handelt von Josefs Arbeit – er lebt nun zurückgezogen in

Rom – an seiner *»Universalgeschichte des jüdischen Volkes«*. Josef ist mittlerweile 50 Jahre alt, und erneut bahnt sich in Judäa ein Aufstand an; die Juden in Rom wissen, daß dieser Krieg nicht zu gewinnen ist, suchen mit einem Manifest die Unruhe zu dämpfen, auch um die Situation der römischen Juden unter dem despotischen Regime des Domitian nicht zu verschlechtern. Dennoch gerät vor allem Josef in die Intrigen des kaiserlichen Hofes. Bei einer Lesung aus seinem Buch begeht er einen Affront gegen den Kaiser. Er gibt seine Rücksichtnahmen, seine für das Ideal eines *»Weltbürgertums«* eingegangenen Kompromisse auf und schreibt sein Buch *»Gegen Appian oder Über die alte Kultur der Juden«*, ein Loblied auf das Judentum, und muß doch bitter dafür zahlen, als der Kaiser den Tod seines Sohnes Matthias veranlaßt, der im Dienst der Kaiserin Lucia stand. Mit der Leiche seines Sohnes kehrt Josef nach Judäa zurück, ein Geschlagener, der sich auf sein Landgut zurückziehen möchte, schließlich aber, gegen alle Vernunftgründe, sich den Aufständischen im Land anschließen will und auf dem Weg zu ihnen in den Händen einer römischen Patrouille umkommt. Sein Ideal des Weltbürgertums, der Versöhnung von östlicher und westlicher Kultur, ist gescheitert, einen Nachfolger findet er nicht.

Wie in keinem anderen Roman hat sich Feuchtwanger in dieser Trilogie mit dem Phänomen des Judentums beschäftigt, zum einen, um die eigenen (Exil-)Erfahrungen zu reflektieren, zum andern, um der nazistischen Propaganda ein historisch fundiertes Bild des Judentums entgegenzuhalten. Desungeachtet ist auch hier – wie in allen historischen Romanen Feuchtwangers – Geschichte nur ein Mittel, Konflikte des 20. Jh.s darzustellen *(»Wenn ich dieses Thema in Form eines zeitgenössischen Romans darzustellen versuche, dann fürchte ich, könnten persönliche Ressentiments meine Darstellung trüben...«)*. Es gehe darum, so notiert der Autor, *»zu zeigen, daß ein Mensch gleichzeitig national und kosmopolitisch sein kann« (An meine Sowjetleser)*. Die Juden, verbunden über den Glauben an die Schrift, bildeten durch die Vertreibungen zwangsläufig ein kosmopolitisches Denken aus, dessen Bedingung aber stets ein Beharren auf der eigenen Tradition ist. Josef will nicht die römische Kultur gegen die des Judentums eintauschen, sondern als Jude in Rom anerkannt werden, seine kulturelle Herkunft gleichberechtigt neben die der Römer stellen. Zu diesem Zweck verfaßt er seine Geschichtswerke: *»Ich habe... die Griechen und Römer enthusiasmieren wollen für die große Geschichte unseres Volkes.«* Er, der zeigen will, *»daß, was die Schicksale der Nationen geformt hat, immer Gedanken waren, religiöse Ideen, Geistiges«*, erweist sich dabei nicht nur als Idealist; sein Leben verharrt in einem Widerspruch, denn sein Engagement für die Juden wird erkauft durch Gesten der Unterwerfung gegenüber Rom, durch die Zerstörung seiner Familie. Er ist mit seinem Ideal eines kosmopolitischen Judentums seiner Zeit weit voraus, wie auch der Autor Feuchtwanger, der aber gerade aus dem historischen Schicksal der Juden ihre bevorzugte Stellung in der Zukunft ableitet: Daß die Juden *»seit Jahrhunderten umgetrieben wurden, daß sie sich immerzu neuen Menschen, neuen Verhältnissen anpassen mußten, macht sie in einer rasch veränderlichen Zeit... denen überlegen, die sich nur auf ihrer Scholle bewegen können. Es ist mit ihre historische Sendung, an erster Stelle mitzubauen an einer Welt, die sich aus einer Welt der Farmer in eine der Maschinen verwandelt.«* M.Pr.

AUSGABEN: *Der jüdische Krieg*, Bln. 1932. – *Die Söhne*, Amsterdam 1935 (in *GW*, Bd. 4: zus. m. *Der jüdische Krieg*). – *Der Tag wird kommen*, Stockholm 1945. – Ffm. 1952 (Vorw. W. Dirks). – Reinbek 1968 (rororo). – Bln./Weimar 1974 (in *GW in Einzelausg.*, Bearb. G. Schubert). – Ffm. 1982 (FiTb).

LITERATUR: D. Faulset, *Die Darstellung der Figuren – speziell Figurentechnik – in den beiden Romantrilogien L. F.s (Wartesaal-Trilogie u. Josephus-Trilogie)*, Diss. Lpzg. 1963. – K. Weissenberger, *Flavius Josephus – A Jewish Archetype* (in *L. F.: The Man – His Ideas – His Work*, Hg. J. M. Spalek, Los Angeles 1972, S. 187–199).

DER WARTESAAL

Romanzyklus von Lion FEUCHTWANGER, erschienen 1930 *(Erfolg. Drei Jahre Geschichte einer Provinz)*, 1933 *(Die Geschwister Oppenheim)*, 1940 *(Exil)*. – In den Romanen beschreibt Feuchtwanger den *»Wiedereinbruch der Barbarei in Deutschland und ihren zeitweiligen Sieg über die Vernunft«*. Intendiert wird eine Art Rechenschaftsbericht an die »Spätergeborenen«, damit diese begreifen, *»warum wir so lange zuwarteten, ehe wir die einzig vernünftige Schlußfolgerung zogen, die nämlich, der Herrschaft der Gewalt und des Widersinns unsererseits mittels Gewalt ein Ende zu setzen und an ihrerstatt eine vernünftige Ordnung herzustellen«* (Nachwort zum Roman *Exil*). Ursprünglich war daher auch noch ein vierter Roman vorgesehen, der von der »Rückkehr« nach Deutschland handeln sollte.

Der Roman *Erfolg* (1930) trägt den Untertitel *Drei Jahre Geschichte einer Provinz*. Zu Beginn der zwanziger Jahre wird der fortschrittliche, revolutionär gesinnte Kunsthistoriker und Subdirektor der staatlichen Sammlungen in München, Dr. Martin Krüger, von den reaktionären und erzkonservativen Kräften des Landes Bayern in einen Meineidsprozeß verwickelt und zu Unrecht zu mehreren Jahren Haft verurteilt. Seine resolute Freundin Johanna Krain sucht mit Hilfe einiger Freunde seine Freilassung zu erwirken. Einer ihrer schlimmsten Gegenspieler ist der bayerische Justizminister Otto Klenk, der nahezu »die nackte Gewalt« verkörpert. Krüger, der die Inhaftierung nach anfänglichem Widerstreben ziemlich gelassen erträgt, gerät zusehends in eine schlechte körperliche Verfassung und stirbt schließlich kurz vor seiner durch amerikanischen Einspruch bewirkten Entlassung an einem Herzleiden. Zusammen mit dem von einer *»humanisierten Vernunftgläubigkeit«* beseelten schweizerischen Schriftsteller Jacques Tüverlin – er trägt autobiographische Züge Feuchtwangers – will Johanna Krain durch einen in den USA gedrehten Film die deutsche Öffentlichkeit auf die verhängnisvolle *»Politisierung der Justiz«* aufmerksam machen, deren Opfer Krüger geworden ist.

Um diese Hauptgestalten gruppieren sich zahlreiche Nebenfiguren aus den verschiedensten sozialen Schichten, die den korrupten Provinzialismus Bayerns (*»Das Land Bayern ist der eigentliche Held meines Romans«*) und die wachsenden faschistischen Tendenzen widerspiegeln, wobei sich hinter vielen Akteuren Persönlichkeiten der Zeitgeschichte verbergen. In den Figuren des naiven Dr. Pfisterer und seines Gegenspielers, des Opportunisten Lorenz Matthäi, sind unschwer die Schriftsteller Ludwig GANGHOFER und Ludwig THOMA zu erkennen, während Hitler in der Gestalt des hysterisch-eloquenten Kleinbürgers Kutzner erscheint, dessen Auftritte in verräucherten Wirtshaussälen samt seinem Putschversuch eher als folkloristische Groteske denn als politische Bedrohung wirken. Es ist der Einbruch des Industriezeitalters in das agrarisch geprägte Land, das die Bewohner der *»bayerischen Hochebene«* verunsichert. Ganz durchschaut die gesellschaftliche Wirklichkeit offenbar nur der später in die UdSSR reisende Freund Krügers, der junge, sozialrevolutionär eingestellte Ingenieur und Balladendichter Kaspar Pröckl (er hat Ähnlichkeit mit dem jungen Bert BRECHT). Die locker aneinandergereihten Kapitel, die zwischen prallen Erlebnisschilderungen und distanziert-theoretischen Kommentaren zum Zeitgeschehen alternieren, fügen sich zu einer kritischen Bestandsaufnahme einer Krisenzeit, auf die vor allem Intellektuelle und Künstler aufklärerisch zu reagieren haben: *»Ich für meine Person glaube«*, so konstatiert Jacques Tüverlin, *»das einzige Mittel, [die Welt] zu ändern, ist, sie zu erklären. Erklärt man sie plausibel, so ändert man sie auf stille Art, durch fortwirkende Vernunft.«*

Am Ende des Romans stehen schließlich drei Versuche einer solchen Erklärung: Otto Klenks Autobiographie, Tüverlins *»Buch Bayern«* und Johanna Krains Film über das Schicksal Martin Krügers: die *»Intellektuellen- und Künstlerproblematik ist das eigentliche Thema des Romans«* (H. Zerrahn). Neben Tüverlin ist es der aufgeklärte amerikanische Unternehmer Potter, der die materiellen Mittel zur Lösung der gesellschaftlichen Konflikte besitzt: *»Die Dollars des sachlich kalkulierenden Kunstfreunds können Martin Krüger zwar nicht ins Leben zurückholen, sie machen aber den ›Wahrhaft Deutschen‹ Rupert Kutzners ihren Massenanhang und ihre hochgestellten Förderer in Politik und Wirtschaft abspenstig. Der Amerikanismus, eine Mischung aus organisiertem Kapitalismus und kultureller Modernisierung bietet sich an als Modell krisenfreier Konfliktlösung auf ökonomischer und politischer Ebene«* (J. Hans/L. Winckler).

Seinem zweiten Roman, *Die Geschwister Oppenheim* (1933), der zwischen November 1932 und Spätsommer 1933 spielt, gab Feuchtwanger später den Titel *Die Geschwister Oppermann*. Die Angehörigen einer jüdischen Großbürgerfamilie in Berlin erleben die Konsequenzen der nationalsozialistischen Machtergreifung im Januar 1933. Unter ihnen ragt der 50jährige Gustav Oppenheim hervor, Seniorchef eines großen deutschen Möbelhauses und zugleich Schriftsteller; an ihm werden die einzelnen Stadien der einsetzenden Judenverfolgung am intensivsten widergespiegelt. Er kehrt, zu politischer Aktion entschlossen, im Sommer 1933 mit einem falschen Paß aus dem Exil nach Deutschland zurück, um die Unmenschlichkeiten der Nationalsozialisten aufzudecken, wird verhaftet und stirbt kurz nach seiner Entlassung aus dem KZ an den Folgen der dort erlittenen Mißhandlungen. Gustav Oppenheims »Geschwister« (seine Brüder Martin, der das großväterliche Unternehmen leitet, und Edgar, Professor an einer Klinik, sowie seine Schwester Klara, deren ostjüdischer Mann, Jacques Lavendel, gleichfalls im Familienbetrieb tätig ist) werden schließlich zur Emigration gezwungen. Die Auseinandersetzung des Oberschülers Berthold Oppenheim mit dem Nazi-Lehrer Vogelsang illustriert drastisch die damaligen Schulverhältnisse: Berthold begeht am Ende Selbstmord.

Der Roman reiht einzelne Episoden oft rein assoziativ oder auch abrupt aneinander, fällt zuweilen in trocken-nüchterne Berichterstattung und überzeichnet einige Figuren karikaturistisch, zumal die Prototypen der Nationalsozialisten. Aber der kämpferische Wille des Autors, die Perfidie des Regimes zu durchschauen und sie am Beispiel der jüdischen Minderheit modellhaft zu entlarven, macht das Buch zu einer dramatischen Anklageschrift.

Der Roman *Exil* (1940) spielt in Paris. Dort lebt im Jahre 1935 der, obwohl Nicht-Jude, aus Deutschland emigrierte Komponist Sepp Trautwein mit seiner Frau und seinem Sohn in einem bescheidenen Hotel; die Entführung eines deutschen Journalisten durch die Gestapo veranlaßt ihn, Mitarbeiter einer deutschen Emigrantenzeitung zu werden, die später von den Nationalsozialisten unterwandert wird. In betont aggressiven Artikeln trägt er zur Befreiung des inhaftierten Journalisten, Friedrich Benjamin, bei und tut damit der politischen Forderung des Tage Genüge: der Forderung nach zeitweiligem Verzicht auf genuin künstlerisches Schaffen. Den alltäglichen Leiden der Emigranten wird das arrogante Gehabe der in Paris ansässigen Repräsentanten des NS-Regimes konfrontiert: dem jungen leninistischen Dichter Harry Meisel, der in einer Flüchtlingsbaracke haust, wird z. B. der in eitel Wohlstand lebende Zeitungskorrespondent und Parteigenosse Erich Wiesener gegenübergestellt, ein Prototyp des zynischen Mitläufers, der unverkennbar Züge des Publizisten und Schriftstellers Friedrich SIEBURG (1893 bis 1964) trägt.

Historische Fakten – wie die Entführungs-Affäre um den Journalisten Berthold Jacob und um die

Exilzeitung »Westland« – geben das Modell für einzelne Episoden ab. Deren zentrales Motiv ist die quälende Situation der Exilierten, die zwischen Hoffnung auf eine (baldige) Rückkehr nach Deutschland und völliger Verzweiflung schwanken. Sepp Trautweins Frau Anna ist den Anforderungen dieser Ausnahmesituation nicht mehr gewachsen und begeht Selbstmord, sein Sohn Hanns (Student der Architektur) geht, weil im Exil hier in Paris *»alles Bruch ist«*, als überzeugter Kommunist und Antifaschist nach Moskau; Trautwein selbst hat sich zwar zum »Abbé des Marxismus« gewandelt, möchte aber dennoch gewissen bürgerlichen Lebens- und Denkgewohnheiten treu bleiben. Trotz der vielfältigen Bedrängnis wird das Exil für ihn zum Vehikel gesteigerter und gereifter künstlerischer Produktivität; analog zu den Intentionen des Autors gelingt ihm die Komposition einer vom (ausländischen) Publikum lebhaft akklamierten »Wartesaal-Symphonie«, womit der Roman abschließt.

Den – im Roman *»Der falsche Nero«* (1936) unternommenen – Versuch, dem Massenphänomen des Nationalsozialismus durch individualpsychologische Analysen beizukommen, unternahm Feuchtwanger hier nicht. Er verfolgt statt dessen die Absicht, die gesellschaftlichen Bedingungen dieses Phänomens aufzudecken; in seiner konventionellen Figurendarstellung wird dieses analytische Verfahren allerdings nicht immer spürbar: Der Typus des Faschisten gerät gelegentlich zur Karikatur oder wird zum irrationalen Bösewicht schematisiert. Demgegenüber ist die Situation der Opfer des Regimes zugleich differenziert und frei von stilisierendem Pathos dargestellt. G.Hz.-KLL

AUSGABEN: *Erfolg*, Bln. 1930, 2 Bde. – Amsterdam 1934. – Hbg. 1956. – Bln./Weimar 1963 (in *GW in Einzelausgaben*, Bearb. G. Schubert; ³1973). – Ffm. 1975 (FiTb). – Mchn./Wien 1980 (Nachw. R. Hoffmeister).
Die Geschwister Oppenheim: Amsterdam 1933. – *Die Geschwister Oppermann*, Rudolstadt 1948. – Bln./Weimar ²1976 (in *GW in Einzelausgaben*). – Ffm. 1981 (FiTb). – Mchn. 1981.
Exil: Amsterdam 1940. – Rudolstadt 1948. – Bln./DDR 1960 (in *GW in Einzelausgaben*, Bearb. G. Schubert; ³1974). – Ffm. 1979 (FiTb). – Mchn. 1980.

VERFILMUNGEN: *Semya Oppenheim*, Rußland 1939 (Regie: G. Rosal). – *Exil*, BRD 1981 (TV; Regie: E. Günther). – *Familie Oppenheim*, BRD 1983 (TV; Regie: E. Monk).

LITERATUR: J. Bab, Rez. (in Der Morgen, Bln. 1930, H. 5). – W. Richter, Rez. (in Bücherwarte, 1931, H. 1). – A. Zweig, Rez. (in Das neue Tagebuch, 1, 1933, S. 597–599). – E. Ottwalt, *Das gute Beispiel. Über Heinrich Manns »Der Haß« und L. F.s »Die Geschwister Oppermann«* (in Neue deutsche Blätter, Prag 1934, H. 6). – D. Faulseit, *Die Darstellung der Figuren (speziell Figurentechnik) in den beiden Romantrilogien L. F.s »Wartesaal-Trilogie« u. »Josephus-Trilogie«*, Diss. Lpzg. 1963. – J. Pischel, *L. F.s »Wartesaal«-Trilogie*, Diss. Rostock 1967. – W. Berndt, *The Trilogy »Der Wartesaal«* (in *L. F.*, Hg. J. Spalek, Los Angeles 1972, S. 131–156). – S. Clasen, *Die Welt erklären. Geschichte und Fiktion in L. F.s Roman »Erfolg«*, Stockholm 1975. – E. Brückener u. K. Modick, *L. F.s Roman »Erfolg«. Leistung u. Problematik schriftstellerischer Aufklärung in der Endphase der Weimarer Republik*, Kronberg/Ts. 1978. – J. Pischel, *Zeitgeschichtsroman u. Epochendarstellung. L. F. »Exil«* (in *Erfahrung Exil*, Hg. S. Bock u. M. Hahn, Bln./Weimar 1979, S. 243–266). – S. Schneider, *Die Geschwister Oppermann* (in S. S., *Das Ende Weimars im Exilroman*, Mchn. u. a. 1980, S. 125–217). – R. Hoffmeister, *Schatten über München. Wahrheit u. Wirklichkeit in L. F.s Roman »Erfolg«*, Mchn. 1981. – L. Winckler, *Ein Künstlerroman: L. F.s »Exil«* (in *Faschismuskritik und Deutschlandbild*, Hg. Ch. Fritsch u. L. W., Bln. 1981; Argument-Sonderband 76, S. 152–178). – W. Müller-Funk, *Literatur als geschichtliches Argument. Zur ästhetischen Konzeption u. Geschichtsverarbeitung in L. F. Romantrilogie »Der Wartesaal«*, Ffm./Bern 1981. – J. Hans u. L. Winckler, *Von der Selbstverständigung des Künstlers in Krisenzeiten. L. F.s »Wartesaal«-Trilogie* (in *L. F.*, Hg. H. L. Arnold, Mchn. 1983, S. 28–48; Text + Kritik). – W. Müller-Funk, *Der Erfolg der Sinngebung oder: die List der Vernunft. Mythographie u. Aufklärung in L. F.s Roman »Erfolg«* (ebd., S. 49–60). – M. Schmitz, *Feuchtwanger/Eisenstein oder: Romanmontage und Montagefilm. Anmerkungen zu einem produktiven Mißverständnis* (ebd., S. 75–85).

MARIELUISE FLEISSER

eig. Marie-Luise Haindl

* 23.11.1901 Ingolstadt
† 1.2.1974 Ingolstadt

LITERATUR ZUR AUTORIN:
G. Rühle, *Leben u. Schreiben der M. F. aus Ingolstadt* (in M. F., *GW*, Bd. 1, Ffm. 1972, S. 7–60; ern. Ffm. 1983). – *Materialien zum Leben u. Schreiben der M. F.*, Hg. ders., Ffm. 1973 (es). – *M. F.*, Hg. H. L. Arnold, Mchn. 1979 (Text + Kritik). – W. Kässens u. M. Töteberg, *M. F.*, Mchn. 1979. – G. Lutz, *Die Stellung M. F.s in der bayerischen Lit. des 20. Jh.s*, Bern u. a. 1979. – A. Spindler, *M. F. Eine Schriftstellerin zwischen Selbstverwirklichung u. Selbstaufgabe*, Diss. Wien 1981. – *M. F. Anmerkungen, Texte, Dokumente*, Hg. F. Kraft, Ingolstadt 1981. – S. Tax, *M. F. Schreiben, Überleben. Ein biographischer Versuch*, Basel/Ffm. 1983. – M. E. Mey-

er, *M.F.: Her Life and Work*, Diss. Wisconsin 1983. – M. McGowan, *M.F.*, Mchn. 1987. – G. Lutz, *M.F.*, Mchn. 1989.

AVANTGARDE

Erzählungsband von Marieluise FLEISSER, erschienen 1963. – Mit dem vier Erzählungen umfassenden Buch schließt die Autorin thematisch und stilistisch an ihre ebenso erfolg- wie leidensreiche Zeit als bekannte Schriftstellerin der Weimarer Republik an. Zugleich steht die Titelgeschichte *Avantgarde* am Beginn einer Reihe von stärker autobiographisch geprägten Texten (u. a. *Eine ganz gewöhnliche Vorhölle, Der Rauch, Die im Dunkeln*), die sich in dem Band *Abenteuer aus dem Englischen Garten* (1969) und in ihren *Gesammelten Werken* (1972) finden. Neben dem 1962 verfaßten und mehr als die Hälfte des Buches einnehmenden, zunächst *Das Trauma* überschriebenen Prosatext *Avantgarde* enthält der Band die drei im Jahre 1949 entstandenen Erzählungen *Des Staates gute Bürgerin* (Neufassung der 1928 geschriebenen und 1929 in *Ein Pfund Orangen* veröffentlichten Prosaskizze *Das kleine Leben*), *Er hätte besser alles verschlafen* und *Das Pferd und die Jungfer*.

In einem für Marieluise Fleissers Gesamtwerk charakteristischen, süddeutsch gefärbten und oft lakonisch-knappen Sprachduktus erzählt die in vier Teile gegliederte Erzählung *Avantgarde* von den komplizierten Männerbeziehungen, den widersprüchlichen seelischen Zuständen und dem inneren Entwicklungsprozeß der Studentin Cilly Ostermeier, die, wenn auch der Text *»nicht als reine Autobiographie«* (M. Töteberg) gelesen werden darf, in ihren wesentlichen Zügen als Selbstportrait der jungen Marieluise Fleisser verstanden werden kann. Männliche Hauptakteure sind der in der Gestalt des *»umstrittenen Dichters«* versteckte zeitweilige Freund und Förderer Bertolt BRECHT und Marieluise Fleissers Jugendfreund und späterer Ehemann Bepp Haindl, der im Text als *»Nickl der Schwimmer«* auftritt. *»Ich wollte«*, so die Autorin, *»einfach den frühen Brecht ins Leben rufen, wirklich ins Leben rufen, so wie er eben war und wie er sich als junger werdender Dichter benahm. Wie er sich als Mensch benahm und wie er sich jungen Frauen gegenüber verhielt. Ich wollte das Bezaubernde an ihm festhalten und seine Fehler nicht verschweigen. Ich wollte den ganzen Menschen, so wie er mir gegenwärtig war.«* Die von der intellektuellen und erotischen Ausstrahlung des jungen Dichters faszinierte Protagonistin erträgt in angst- und liebevoller Bewunderung sein oft abweisend-unsensibles, egoistisches und zuweilen zynisches Gebaren *(»Der Mensch war so wichtig nicht, der Mensch ließ sich ersetzen. Das sagte er ihr dürr ins Gesicht, ganz bewußt stieß er sie ab. Das waren die Fröste der Freiheit, sie mußte lernen zu frieren«)*. Der als *»Menschenfänger«* und *»Dompteur«* bezeichnete Dichter, der die bereits durch das ungewohnte Leben in der großen Stadt verunsicherte Cilly Ostermeier dazu bringt, ihr Studium abzubrechen und damit ihre *»Leute daheim«* zu enttäuschen, fördert ihre ersten literarischen Versuche und regt sie dazu an, ein Theaterstück über die *Pioniere in Ingolstadt* zu verfassen. Als Cilly Ostermeier immer vehementer spürt, daß sie diesem *»Wesen besonderer Art« (»Im Endziel suchte er den Menschen zu helfen. In der Handhabung war er ein Menschenverächter«)* nicht wirklich näherkommen kann, daß ihre *»ursprüngliche Substanz«* (G. Rühle) aufgezehrt und gebrochen wird, und sie zudem den *»Schwarm von Weibern«* um ihn herum nicht mehr erträgt, sieht sie inmitten ihrer seelischen Not und Verwirrung für sich nur den Weg zurück in die vertraute *»Donaustadt«*. Dort ist die unsichere junge Frau mit dem kräftig-biederen, zu baldiger Heirat drängenden Schwimmer und Tabakwarenhändler Nickl zusammen. Der Erfolg des Dichters im fernen Berlin, wo auch ihre *Pioniere in Ingolstadt* uraufgeführt werden sollen, ist ihr Anlaß zu erneuter Hinwendung zu Brecht, der sie jedoch durch seine Wünsche nach Änderungen am Text und durch seine herrische Art schlichtweg überfordert *(»Das Dunkel schlug über ihr zusammen«)*. Es kommt schließlich zu dem von Brecht beabsichtigten und von rechtsradikalen Störtrupps entfachten großen Theaterskandal *(»Die Zeit hatte ihre besondere Schärfe, sie war schon mit dem aufgeladen, was hinterher kam«)*. Cilly fühlt sich mißbraucht und mißverstanden. Nach qualvollen Kämpfen kommt es zum endgültigen Bruch mit dem Dichter. *»Sie hatte sich befreit von dem Genie. Aber sie konnte nicht zum Nickl zurück, der der ganz andere war.«* Nickl kommt für ein Wochenende nach Berlin und zwingt sie liebesblind und gewaltsam dazu, sich den Ring anstecken zu lassen. Mit Mühe kann sich Cilly aus dieser neuen Abhängigkeit noch einmal befreien. Ihr Dilemma aber bleibt bestehen: *»Ohne einen festen Mann konnte sie anscheinend gar nicht mehr sein. Und doch war es verheerend für eine Frau, wenn sie schreibt, sie durfte das gar nicht wirklich wollen.«* Der Text endet damit, daß sich Cilly mit einem dritten Mann verbindet (d. i. der Schriftsteller Hellmut Draws-Tychsen) und darauf hofft, daß sich Schreiben und Verlobtsein miteinander vereinbaren lassen. Auf einen Mann als *»Mittler zur Wirklichkeit«* (G. v. Wysocki), auch wenn er sie in immer wieder neue Zwänge und Abhängigkeiten verstrickt, kann die Protagonistin nicht verzichten.

Auch die in und nach dem Ersten Weltkrieg in kleinbürgerlich geprägtem Provinzmilieu spielende Geschichte *Des Staates gute Bürgerin* hat das aus weiblicher Perspektive gestaltete abschreckende »Faszinosum« Mann zum Thema, wie ja Marieluise Fleisser generell von sich sagt, daß sie *»natürlich immer nur etwas zwischen Männern und Frauen machen«* könne. Die Autorin versteht den Text, der Verbindungen zum Personal des Volksstückes *Der starke Stamm* aufweist, als *»Geschichte über meine Familie, meine Großmutter mütterlicherseits«*. Als deren geliebter Ehemann Heinrich stirbt, kommt es zu Schwierigkeiten zwischen der Frau und ihrer Tochter. Die Frau *(»Ohne Mann war ein Verfall* *darin, wie sich zeigte«)* verkauft schließlich ihr Haus und zieht zur siebenköpfigen Familie der Tochter, ohne sich dort richtig aufgenommen zu fühlen. Die durch Arbeit und Alltagssorgen entkräftete Tochter stirbt, während der wenig geliebte Schwiegersohn nach einer gewissen Krisenzeit neuen Lebensmut schöpft. Zur inneren Leere der Frau kommen die Sorgen um die fortschreitende Geldentwertung und die neuen Heiratspläne des Schwiegersohnes. Als dieser ihr auf den Kopf zusagt, daß sie hauptsächlich deshalb so unglücklich ist, *»weil Sie selber noch ein Aug auf mich haben«*, erkennt die Frau ihre hoffnungslose Verlorenheit. *»Vor ihr war es hohl wie ein Grab ... Sie hatte neun Kinder geboren und hatte kein einziges mehr und wußte nicht mit der Liebe wohin.«*

»Ohne Männer konnte sie einfach nicht sein«, heißt es von der Mutter des Hofstetter Willy in der kurzen, nach Ende des Zweiten Weltkrieges spielenden Prosaskizze *Er hätte besser alles verschlafen*. Nach der Heimkehr des Vaters aus dem Ural sind Streitigkeiten und Eifersuchtsszenen zwischen den Eheleuten an der Tagesordnung. Als eines Nachts ein *»Mann drunten«* Einlaß begehrt und aus Verärgerung über die verschlossene Tür sein Taschenmesser durch die Fensterscheibe wirft, kommt es zum gewalttätigen Kampf zwischen Vater und Mutter, den der kleine Willy mitbekommt. Verstört flüchtet er aus dem Elternhaus. Auf der Landstraße trifft der Pferdenarr Willy einen anderen Jungen, der einen kranken Gaul bewacht und auf den Pferdeschlachter wartet. Das Pferd, in dessen Augen Willy seine eigene Verlorenheit erkennt, schlägt aus und tritt Willy ins Verderben. Am Streit der Eltern geht das Kind zugrunde.

Vom Sehnen nach einem geliebten Wesen und dem damit verbundenen Unglück handelt die Ich-Erzählung *»Das Pferd und die Jungfer«*. Eine nicht mehr ganz junge Frau kauft ein Pferd, an dem der Krieg *»was verdorben«* haben soll. Das Pferd wird ihr zum Sinn und Sicherheit gebenden *»Symbol der Lebenskraft, der Liebe und der Lebenserfüllung«* (G. Rühle), denn *»das Pferd ist wie Feuer so schön und in der stürzenden Welt ein Wunder für mich«*. Doch als ein Zirkus in die Stadt kommt, wird der Jungfer das geliebte Pferd von einem trickreichen *»Dompteur«* abspenstig gemacht, eine *»eindeutige Niederlage vor einem Mann, oh, es ist schändlich«*. Der Glaube an *»ein verfluchtes Glück«* erweist sich als Illusion: *»So oder so, das Pferd ist für mich verdorben.«* Was aber mit dem Pferd davongeht, *»ist das zweite, das dichterische, das glückhafte, das visionäre Ich«* (G. Rühle).

Avantgarde wurde vor allem wegen der kritischen Darstellung der Person Bertolt Brechts von der Kritik vielfach mißverstanden (weshalb die Autorin 1964 in der Erzählung *Frühe Begegnung* das *Avantgarde*-Thema nochmals aufnahm) und erst Jahre nach seinem Erscheinen als wichtiger Beitrag zur deutschen Literatur des 20. Jh.s erkannt. Während die drei 1949 entstandenen Texte stilistische und motivliche Erweiterungen der schon in den frühen Prosawerken reich entfalteten Fleisserschen Erzählmöglichkeiten dokumentieren, wird die Titelgeschichte heute vor allem von der feministisch orientierten Literaturwissenschaft als herausragende künstlerische Gestaltung der enormen und nach wie vor virulenten Probleme verstanden, denen sich schreibende Frauen in einer patriarchalisch geprägten Welt ausgesetzt sehen. K.Hü.

AUSGABEN: Mchn. 1963. – In *GW*, Hg. G. Rühle, Ffm. 1972, Bd. 3.

LITERATUR: G. Rühle, *Leben und Schreiben der M. F. aus Ingolstadt* (in *GW*, Hg. ders., Ffm. 1972, Bd. 1, S. 7–60). – *Materialien zum Leben und Schreiben der M. F.*, Hg. ders., Ffm. 1973, S. 318–327. – M. Töteberg, *Abhängigkeit und Förderung. M. F.s Beziehungen zu Bertolt Brecht* (in *M. F.*, Hg. H. L. Arnold, Mchn. 1979, S. 74–87; Text + Kritik). – G. v. Wysocki, *Die Magie der Großstadt – M. F.* (in G. v. W., *Die Fröste der Freiheit*, Ffm. 1980, S. 9–22). – E. Pfister, *Unter dem fremden Gesetz*, Diss. Wien 1981.

PIONIERE IN INGOLSTADT

Stück in 14 Bildern von Marieluise FLEISSER, Uraufführung: Berlin, 30. 3. 1929, Theater am Schiffbauerdamm. – Die literarische Bedeutung von »typisch« bayerischen Autoren wie Karl VALENTIN, Oskar Maria GRAF oder Lena CHRIST beruht gerade nicht auf ihrer »Volkstümlichkeit«, sondern auf ihrer Gabe, psychische und soziale Bedingtheiten und Verhaltensweisen mit einfachen, aber unverwechselbaren sprachlichen Mitteln darzustellen. Auch Marieluise Fleisser verfügte über diese Gabe, was Bertolt BRECHT dazu bewogen haben mag, bei der Entstehung und Aufführung ihrer Stücke entscheidend mitzuwirken. Bereits ihr Erstlingswerk, *Fegefeuer in Ingolstadt*, wurde 1926 auf Vermittlung Brechts an Moritz Seelers »Junger Bühne« in Berlin uraufgeführt.

Das an ihrer Sprachnot scheiternde Bedürfnis abhängiger, einfacher Menschen, sich anderen mitzuteilen und durch sie über ihre trostlosen Verhältnisse *»hinausgehoben«* (ein Leitwort des Stücks) zu werden, ist das zentrale Thema der *Pioniere in Ingolstadt*. Für einige Tage bringt ein Trupp Pioniere das fatal wohlgeordnete Leben der Ingolstädter Kleinbürger durcheinander – eine zweideutige Gelegenheit für die beiden ausgenutzten, unbedarften Dienstmädchen Alma und Berta, ihrem stumpfsinnigen Alltagstrott für ein paar Nächte zu entrinnen. Alma, die Ältere und Erfahrene, angelt sich schnell einen Jäger und verzieht sich mit ihm; Berta, die auch einmal *»einen Mann ... kennen«* möchte (Fabian, den Sohn ihres Herrn, kann sie nicht ausstehen), gerät an den Pionier Korl und verliebt sich Hals über Kopf in ihn. Doch der grobe Korl hat nichts für derlei Gefühle übrig (*»Von dir laß ich mich lang verklären mit der Verklärung«*) – für ihn gibt es nur eine handfeste Alternative: *»Stellen wir uns her oder stellen wir uns nicht her?«* Der rauhe Ton

und die bis zur Grausamkeit oberflächliche Kurzlebigkeit der Beziehungen sind charakteristisch für die vorübergehende Zwangsgemeinschaft zwischen Bürgern und Soldaten: Der bornierte Geschäftsmann Unertl, Fabians Vater, behandelt Berta als Menschen zweiter Klasse; der bürgerliche Schwimmverein stiehlt den Pionieren skrupellos Holz, um einen Steg zu bauen; Fabian biedert sich dem Feldwebel an, der sich aber nur über ihn lustig macht und seine eigenen Leute brutal schikaniert, die sich ihrerseits an Fabian mit Prügeln schadlos halten. Als die Pioniere ihren Feldwebel beim Brükkenbau ungerührt in der Donau ertrinken lassen, zieht sich Unertl achselzuckend aus der Affäre: *»Na, was geht's mich eigentlich an?«* Am Ende wird selbst Bertas Liebesverlangen auf schändliche Weise erfüllt: Korl verschwindet mit ihr vor den Augen seiner johlenden Kameraden im Gebüsch und »bedankt« sich hinterher mit einem gemeinsamen Schnappschuß vom Fotografen, der den Abzug der Pioniere als *»kleines Souvenir«* festhält.
Die drastische Schilderung des Provinzalltags in den trostlosen, locker gefügten Genrebildern stieß in Ingolstadt auf heftige Empörung; der Kritiker der nationalistischen ›Deutschen Zeitung‹ glaubte gar den *»Kulturbankerott des Theaters und seine politische Ausrottung«* vor Augen zu haben. Nach dem Krieg geriet das Werk von Marieluise Fleisser in Vergessenheit, erst in jüngster Zeit wurde es als bedeutsamer Beitrag zum »kritischen« Volksstück der Moderne erkannt. M.Schm.

Ausgaben: Bln. 1929 [2. Fassg.; Bühnenms. 1. Fassg.: Typoskript aus dem Nachlaß, 1928]. – Ffm. 1968. – Velber 1968 (3. Fassg.; in Theater Heute, 9, H. 8, S. 52–60). – Ffm. 1972 (2. Fassg.; in *GW*, 3 Bde.); ern. 1983.

Literatur: A. Kerr, Rez. (in Berliner Tageblatt, 2. 4. 1929). – W. Benjamin, *Nochmals: Die vielen Soldaten* (in Die lit. Welt, 10. 5. 1929). – M. F., *»Pioniere in Ingolstadt«* (in Avantgarde, Mchn. 1962). – W. Kässens u. M. Töteberg, *... fast schon ein Auftrag von Brecht* (in Brecht-Jb. 1976, Hg. J. Füegi u. a., Ffm. 1976, S. 101–119).

LEONHARD FRANK

* 4.9.1882 Würzburg
† 18.8.1961 München

Literatur zum Autor:
G. Schröder, *Die Darstellung der bürgerlichen Gesellschaft im Werk L. F.s.*, Diss. Potsdam 1957. – R. Grimm, *Zum Stil des Erzählers L. F. mit einem Anhang über F.s Verhältnis zur Mundart* (in Jb. f. fränkische Landesforschung, 21, 1961, S. 165–195). – J. de Rouck, *L. F. Liebe zur Menschheit in seinem Leben u. Werk*, Diss. Gent 1961. – C. Frank u. H. Jobst, *L. F.*, Mchn. 1962. – M. Glaubrecht, *Studien zum Frühwerk L. F.s*, Bonn 1965. – K. Kim, *L. F.s Werke*, Ffm. 1967. – T. C. Mathey, *Das Sozialkritische in den Werken L. F.s*, Diss. Univ. of Southern California 1968. – E. H. Samorajczyk, *A Bibliography of L. F.'s Major Works*, Diss. Univ. of Southern California 1974. – *L. F. Auswahlbibliographie zum 100. Geburtstag*, Bearb. M. Rost u. R. Geist, Lpzg. 1981. – C. Frank, *Sagen, was noch zu sagen ist. Mein Leben mit L. F.*, Mchn. 1982.

LINKS WO DAS HERZ IST

Roman von Leonhard Frank, erschienen 1952. – Leonhard Frank hat seine Autobiographie in der Form eines Romans geschrieben. Der Autor ist identisch mit dem Helden des Romans, durchbricht aber das biographische Schema dadurch, daß er aus allwissend-objektiver Perspektive auch vom Helden Nichterlebtes erzählt, Personen und Ereignisse dichterisch überhöht oder verschlüsselt und einzelnen Episoden eine geschlossene novellistische Form gibt. Wenn so auch die Fiktion häufig die Nachprüfung biographischer und zeitgeschichtlicher Fakten erschwert, beschreibt der Roman doch im großen und ganzen getreu *»das Leben eines kämpfenden deutschen Romanschriftstellers in der geschichtlich stürmischen ersten Hälfte des zwanzigsten Jahrhunderts«*. Frank schildert seine Herkunft aus einer Würzburger Arbeiterfamilie, Not und Demütigungen in Schule und Lehre und den schwierigen Prozeß der Selbstfindung, der den dreiundzwanzigjährigen Schlosser zunächst in die Münchner Boheme – seine »Universität« – führt (um 1905). Dem Versuch, hier als Maler Anerkennung zu finden, folgt eine Zeit harter schriftstellerischer Arbeit in Berlin (seit ca. 1910), in der sich Frank mit dem Roman *Die Räuberbande* (1914) und der Novelle *Die Ursache* (1915) freischreibt von den »psychischen Ungeheuern« seiner Jugend. Mit einem Schlag berühmt geworden (Fontane-Preis 1914), geht er 1915 in seine erste Emigration, um von der Schweiz aus mit pazifistischen, von vehement revolutionärem und anarchistischem Geist erfüllten Novellen gegen den Krieg zu kämpfen. Sie erschienen seit 1916 in René Schickeles Zeitschrift ›Die weißen Blätter‹ und 1918 unter dem herausfordernden Titel *Der Mensch ist gut* als Buch. Sie sollen wesentlich zum Ausbruch der Revolution in Deutschland beigetragen haben (Kleist-Preis 1920). Frank berichtet von seiner Arbeit an dem sozialistischen Roman *Der Bürger* (1924) und von seinen literarischen Erfolgen mit der Novelle *Karl und Anna* (1927), deren Dramatisierung (1929) und dem Roman *Das Ochsenfurter Männerquartett* (1927), die sich auch niederschlugen in seiner Wahl zum Mitglied der Preußischen Akademie der Künste, Sektion Dichtkunst (1929).

Sein Roman vermittelt den Glanz des literarischen und künstlerischen Lebens in der Weimarer Republik, in der die Menschen trotz Inflation und Arbeitslosigkeit, die Frank in dem Roman *Von drei Millionen drei* (1932) literarisch behandelt hat, freier atmeten als im Wilhelminischen Reich. Allerdings reflektiert er nicht seine politische Resignation, die an den erotizistischen Werken dieser Zeit ablesbar ist und zu einer Abkehr von der sozialen Problematik seines Frühwerks führte. Ursache des dann nahezu völligen Zerfalls der schöpferischen Kraft ist Franks zweite Emigration, die von 1933 bis 1950 dauerte. Der 1934 wegen seiner pazifistischen Novellen aus Deutschland ausgebürgerte Schriftsteller schildert eindringlich die Stationen des lebensbedrohenden Exils (Schweiz – Frankreich – USA), aber auch den Schock bei der Rückkehr in das zerstörte Deutschland, in dem Vierkants (Franks) Bücher verbrannt und vergessen sind und in dem er nicht hoffen kann, als Antifaschist verstanden und als Schriftsteller wieder anerkannt zu werden. Dennoch schließt der Roman mit dem Glauben an eine neue Generation und an die Kraft der Liebe, der Frank sein Werk ebenso intensiv gewidmet hat wie sozialen und politischen Fragen, und mit dem Bekenntnis zu einem gefühlsmäßig fundierten Sozialismus, das dem Buch den zum geflügelten Wort gewordenen Titel gab.
Trotz der wenig glücklichen Romanform ist Franks Buch *Links wo das Herz ist* ein bedeutendes literarisches Selbstzeugnis. Seine einzelnen Episoden vergegenwärtigen Atmosphäre und Gestalten der Boheme vor dem Ersten Weltkrieg, Stimmungen, Hoffnungen und Niederlagen der literarischen Linken in Revolution, Weimarer Republik, Emigration und Nachkriegsdeutschland, und sie geben zugleich Einblick in die Denk- und Fühlweise Franks und in seine schriftstellerische Werkstatt. Mit diesem Roman gelang ihm sowohl in der Komposition – Konfrontation und Reihung geschlossener optisch-sinnlicher Episoden, die im Erleben eines Helden miteinander verbunden sind – als auch in der einfachen und bildsicheren Sprache der Anschluß an sein literarhistorisch relevantes, autobiographisch bestimmtes Frühwerk. M.Gl.

AUSGABEN: Mchn. 1952. – Bln. 1957 (in *GW*, 6 Bde., 5). – Mchn. 1962. – Mchn. 1967. – Ffm. 1976. – Mchn. 1982 (dtv).

DIE RÄUBERBANDE

Roman von Leonhard FRANK, erschienen 1914. – Franks erster und zugleich bekanntester Roman, der ihm schon 1914 den Fontane-Preis einbrachte, scheint auf den ersten Blick ein Jugendbuch zu sein. Die Helden, zwölf Lehrjungen aus Würzburg, eifern Karl MAYS todesmutigen und großherzigen Gestalten nach, nennen sich Winnetou, Falkenauge, Rote Wolke, Oldshatterhand, Kriechende Schlange u. s. w. Sie träumen vom »Wilden Westen« und ihren glänzenden Heldentaten, wenn sie erst Würzburg mitsamt den verhaßten Lehrern, Meistern und Vätern in Schutt und Asche gelegt haben, mit gestohlenem Boot nach Hamburg und gekapertem Segelschiff nach Amerika gelangt sind. Aber vorerst noch ärgern sie die Bürger ihrer Stadt, treiben böse Späße, gehen auf Raubzüge aus, u. a. in die traubenschweren königlichen Weinberge, und sammeln ihre Beute im »Zimmer«, einer versteckten Höhle unter der Würzburger Festung. Dort vollziehen sie ihre Ritualien und bauen die Requisiten ihrer Träume auf: einen Revolver unter Glassturz, zwölf Paar selbstgenähter Rindsledersandalen, die täglich mit Schweinefett eingerieben werden, *»damit sie nicht knarrten, wenn man in der Prärie die Rothaut beschleiche«*, schließlich alle verfügbare Räuberliteratur in Fortsetzungsheftchen und das »Hausbuch der Bande«, SCHILLERS *Räuber*. Der Feind der Bande ist die kleinbürgerliche Erwachsenenwelt Würzburgs, die bigotte Mutter, der mit scheußlichem Raffinement strafende Lehrer (Herr Mager), die verständnislosen Väter, die ausbeuterischen Lehrherren, schließlich das ärmliche Milieu überhaupt. Aber die Räuber werden älter, lernen aus, sie verdienen eigenes Geld, die Mädchen, das Publikum überhaupt gewinnen ihr Interesse, der Traum vom »Wilden Westen« wird nebelhaft, wird schließlich parodiert und fallengelassen. Die Jungen treten genau in die Welt ein, gegen die sie sich auflehnten: Der eine wird stutzerhaft, der andere zum genießerisch tötenden Metzger im Schlachthaus; sie alle werden eitel und angeberisch und suchen, wie die Väter, ihren Profit zu machen. – Einen anderen Weg wählen nur Winnetou, der Aufsässigste zunächst, der sich der Kirche zuwendet und ins Kloster eintritt, und der eigentliche Held des Romans, mindestens im zweiten Teil, der kleine, stotternde, sensible und begabteste unter den Räubern, Oldshatterhand (Michael Vierkant). Ihm allein ist es wirklich ernst mit dem »Wilden Westen«, mit dem Ausbruch aus der kleinbürgerlichen Enge. Er geht fort von Würzburg, schlägt sich durch mit Gelegenheitsarbeiten, entdeckt sein Künstlertalent und folgt ihm. Seiner Begabung steht zunächst technisches Ungeschick, seiner empfindsamen und begeisterungsfähigen Natur die Niederträchtigkeit der Welt im Wege. Eine Kollegenintrige bringt ihn in München schuldlos vor Gericht. Er nimmt sich aus Verzweiflung mit dem alten Räuberrevolver das Leben – einen Tag vor dem Freispruch und vor der Auszeichnung eines seiner Bilder.
Mit diesem Selbstmord muß auch das pädagogische Engagement des »Fremden« enden, eines älteren Freundes von Oldshatterhand, der, dem jungen Künstler von der Erscheinung her ähnlich, aber reifer und erfahrener, seinen Fortgang bestimmt und ihm immer wieder Lebensmöglichkeiten eröffnet hat. Dieser »Fremde«, im Rahmen des ganz realistisch und unkompliziert erzählten Romans ein Fremdkörper, stellt sozusagen den dem Leben gewachsenen Oldshatterhand und damit zugleich ein Selbstporträt des Autors dar. Denn die Heimatstadt Würzburg, die Schlosserwerkstatt, die Ent-

deckung des künstlerischen Talents, der Weggang nach München und die Versuche als bildender Künstler sind wichtige Stationen in Leonhard Franks eigener Jugend. Die erzählten Ereignisse werden zugleich überhöht durch die Reflexionen des nun Erwachsenen, Reflexionen über das Verhältnis zwischen Herkunft, Milieu, individuellem Lebenswillen und Künstlertum. In Franks Einschätzung des Milieus wirken Gedanken des Münchner Psychoanalytikers Otto Groß nach. Obwohl der dominierende Einfluß kleinbürgerlicher Enge im Einzelschicksal erkannt wird, ist ein besonderer sozialkritischer Affekt noch nicht zu bemerken. – Gattungsmäßig steht *Die Räuberbande* in der Tradition des Entwicklungsromans, aber der Gang des Helden wird nicht unter dem Aspekt der Kontinuität und des organischen Wachstums gesehen, sondern ist aufgegliedert in eigenwertige, nur durch die Chronologie und die Hauptfiguren verknüpfte Episoden.

Der außerordentlich lebendige und treffsichere Stil dieses Romans, etwa in der Zeichnung von Münchner Boheme-Gestalten aus dem Blickwinkel der Räuber (Frank bemühte sich, so zu schreiben, *»daß der Leser sehe und höre, was er lese, dann nämlich müsse er glauben, was er lese«*), die stark von der Umgangssprache und dem Dialekt geprägte Prosa galten zeitgenössischen Rezensenten (etwa Max Brod und Otto Flake) als höchst modern. Inzwischen hat das Werk eine hohe Auflagenzahl erreicht und ist in viele Fremdsprachen übersetzt. In den Romanen *Das Ochsenfurter Männerquartett* (1927) und *Von drei Millionen Drei* (1932) hat Frank die Lebensläufe einiger Räuber weitergeführt und ihr Verhalten während der Inflation und der großen Arbeitslosigkeit gezeichnet. H.Hä.

Ausgaben: Mchn./Bln. 1914. – Lpzg. 1931. – Mchn. 1951. – Hbg. 1953 (rororo). – Bln. 1957 (in *GW*, 6 Bde., 1). – Lpzg. 1957 (RUB). – Mchn. 1963 (Kindler Tb). – Bln. 1980 [Einf. R. Christ]. – Bergisch Gladbach 1983.

Verfilmung: Deutschland 1928 (Regie: H. Behrendt).

Literatur: M. Brod, *»Die Räuberbande«* (in LE, 16, 1913/14, Sp. 1578/1579). – O. Flake, *»Räuberbande«* (in NRs, 26, 1915, S. 427–429). – K. Pinthus, *L. F.: »Die Räuberbande« – »Die Ursache«* (in Zs. f. Bücherfreunde, 8, 1916/17, Sp. 410–412). – E. Zak, *Die Liebe zur Jugend – L. F.s »Räuberbande« u. »Das Ochsenfurter Männerquartett«* (in Sonntag, Bln. 1952, Nr. 52, S. 4). – G. Caspar, *Über drei Romane L. Fs. »Die Räuberbande«, »Das Ochsenfurter Männerquartett«, »Von drei Millionen Drei«* (in Aufbau, 10, 1954, S. 905–911). – C. Emmrich, *Problematik u. Gestaltung der Würzburger Trilogie L. F.s*, Diss. Jena 1956. – M. Gregor-Dellin, *Weinberge, Kasematten. Über L. F.s »Die Räuberbande«* (in FAZ, 4. 10. 1985).

YVAN GOLL

d.i. Isaac Lang

* 29.3.1891 Saint Dié
† 14.3.1950 Paris

Literatur zum Autor:
M. Raymond, *La vie et l'œuvre de Y. G.*, Quebec 1948. – F. J. Carmody, *The Poetry of Y. G.*, Paris 1956. – J. Romains u. a., *Y. G. Quatre études*, Paris 1956. – J. Müller, *Y. G. im deutschen Expressionismus*, Bln. 1962. – W. Hauck, *Die Bildwelt bei I. G.*, Diss. Mchn. 1965. – E. Schwandt, *Das poetische Verfahren in der späten Lyrik Y. G.s*, Bad Homburg 1970 [zugl. Diss. Bln. 1968]. – V. Perkins, *Y. G. An Iconographical Study of His Poetry*, Bonn 1970. – K. Rieser-Spriegel, *Untersuchungen zum dramatischen Werk Y. G.s*, Salzburg/Mchn. 1972. – V. B. Profit, *Death and the Poet. Interpretations of I. G.s Late Poetry*, Bern/Ffm. 1977. – M. A. Parmée, *I. G.: The Development of His Poetic Themes and Their Imagery*, Bonn 1981. – J. Grimm, *G.* (in J. G., *Das avantgardistische Theater Frankreichs 1895–1930*, Mchn. 1982, S. 149–174). – J. Philips, *Y. G. and Bilingual Poetry*, Stg. 1984 [zugl. Diss. Tübingen 1982].

DAS LYRISCHE WERK von Yvan Goll.
Goll wuchs in der französischsprachigen, 1871 allerdings vom Deutschen Reich annektierten Stadt Metz auf; er nahm zeit seines Lebens – als Jude ohnehin schon in einer Außenseitersituation – eine Stellung zwischen diesen Kulturräumen ein und verfaßte sein umfangreiches lyrisches Werk in beiden Sprachen, ohne sich endgültig für eine davon zu entscheiden. Seine Biographie ist gekennzeichnet durch ein unruhiges Wanderleben: Aus Deutschland ging er im Ersten Weltkrieg in das Schweizer Exil, lebte zwischen den Kriegen in Paris, floh 1939 in die USA und nach Kuba, um nach 1945 wieder nach Paris zurückzukehren. Bestimmendes Element dieses von Heimatlosigkeit geprägten Lebens – wie auch des literarischen Werks – ist das leidenschaftliche und krisenreiche Verhältnis Golls zu seiner Frau, der Schriftstellerin Claire Goll (1891–1977), die er 1916 kennenlernte. Golls umfangreiches lyrisches Œuvre, anfänglich vom Expressionismus geprägt, nach 1921 dem Surrealismus zuzurechnen, ist den gängigen literaturkritischen Kategorien bis heute *»inkommensurabel«* (E. Schwandt) geblieben; wie kaum ein anderer deutschsprachiger Lyriker gehörte Goll in der ersten Hälfte des 20. Jh.s zum Kreis der europäischen Moderne, mit deren Protagonisten er meist auch persönlich bekannt war; wie viele seiner Schriftstellerkollegen geriet auch er aufgrund der durch den Nationalsozialismus erzwungenen Flucht aus Europa später in Vergessenheit.

Golls lyrisches Schaffen reicht bis in das Jahr 1906 zurück, sein erster Gedichtband, *Lothringische Volkslieder*, erschien 1912. Um 1912/13 fand Goll Anschluß an den Expressionismus, der sein Frühwerk mit seinem hymnischen Pathos, seinen dithyrambischen, oft die Grenze zur Prosa streifenden Langzeilen und seinen überschwenglichen Aufrufen zum »Neuen Menschen« prägt; Einflüsse W. WHITMANS lassen sich hier nachweisen, daneben ist für Golls lyrisches Werk außer F. NIETZSCHE und G. APOLLINAIRE stets die Bildwelt der *Bibel* und die – die eigene Situation metaphorisierende – jüdische Tradition des Ahasver, des »ewigen Juden«, präsent. Sieben frühe Gedichte Golls nahm Kurt PINTHUS in seine Anthologie *Menschheitsdämmerung* (1920) auf. Motivisch herrschen Ergriffenheit von einer dynamisch aufgefaßten Natur (*Genesis*, 1913; *Die Alpenpassion*, 1918) und einfühlendes Erbarmen mit der mißhandelten Kreatur vor, dazu die Darstellung der Großstadt als Hölle: *»Trostlose Häuser bleichende Gebeine, Fenster Wimpern ohne Brauen, / Am Himmel angehängt wie Wäsche schmutzig ...«* (*Die Unterwelt*, 1919).

Auf den Ausbruch des Ersten Weltkriegs reagierte Goll unmittelbar und emphatisch. Im *Requiem pour les morts de l'Europe* (1916), das mit Rezitativen, Chören und Litaneien nach Art einer Messe aufgebaut ist, beklagt er – damals Mitglied des pazifistischen Kreises um R. ROLLAND – die sinnlose Schlächterei des Krieges und fordert zur Umkehr auf; trauernd betrachtet er in *Torso* (1918) die Verwüstung: *»Europa, du bröckelnder Torso, du Rumpf der Welt!«* Trotz seiner Sympathien für Proletariat und Subproletariat erwartete er, wie viele Expressionisten, grundsätzliche Veränderung nicht von einer politischen Revolution, sondern von einer Umwälzung durch universale Menschenliebe mit anarchischen Zügen, als deren beispielgebender Verkünder sich der Dichter zu bewähren habe (*Dithyramben*, 1918); die Ohnmacht jedoch, in dieser Weise etwas auszurichten, konstituiert für Goll zugleich seine Schuld *(»Meine Schuld ist aber nicht gesühnt: / Ist der Hunger still, der Mord begraben?«)*.

Bereits ab 1918, mit Entschiedenheit aber 1921 wandte sich Goll vom Expressionismus ab: *»Expressionismus ist eine zerschossene, verlassene Barrikade.«* Er proklamiert nunmehr einen *»Überrealismus«*, der, wie es im Vorwort zu seinem Drama *Methusalem* (1922) heißt, die *»Wirklichkeit des Scheins«* zugunsten der *»Wahrheit des Seins«* entlarven und der in der Zivilisation verschütteten Natur und Dingwelt wieder zu ihrem Recht verhelfen will. Goll beruft sich vor allem auf G. Apollinaire und die Kubisten und grenzt sich scharf vom programmatischen Surrealismus der Gruppe um A. BRETON ab, dem er den Vorwurf frivoler Spielerei macht. Die Gedichte jener Phase – die meisten sind in dem Sammelband *Der Eiffelturm* (1924) enthalten – zeichnen sich durch schnellen Wechsel überraschender Bilder und durch die Einmontierung von Zeitungsschlagzeilen aus (*Paris brennt*, 1921), entsprechend der simultanen Wahrnehmung im modernen Großstadtleben: *»Die kleinen Füße der Damen / Geben sich meiner Sehnsucht preis / (Nur wer die Sehnsucht kennt weiß was ich leide) / Menschen lächeln aneinander vorbei / Mensch lebt an Mensch vorbei / Nur ›Vera Shoe – ist der beste!‹«* Die Aufbruchsstimmung des Frühwerks ist einer skeptischen Haltung gewichen, auch in der Einschätzung der Wirkungsmöglichkeit des Dichters *(»Orpheus allein im Wartesaal / Schießt sich das Herz entzwei!«)*.

Zwischen 1924 und 1936 schreibt Goll vor allem Natur- und Liebesgedichte, nunmehr in französischer Sprache, wobei sich sein Stil zunehmend verknappt und beruhigt. Die Sammlung *Dix milles aubes*, 1930 *(Zehntausend Morgenröten)*, entstanden 1924–1926, enthält die drei zusammen mit Claire Goll herausgegebenen, auch ihre Gedichte enthaltenden Einzelausgaben *Poèmes d'amour* (1925), *Poèmes de jalousie* (1926) sowie *Poèmes de la vie et de la mort* (1927). Diese Liebesgedichte entwerfen ein Bild der geliebten Frau, in dem diese zugleich als sehnsüchtig und eifersüchtig umworbenes Rätsel und als einzig rettende Zuflucht erscheint; in ihr erschließen sich Natur und Kosmos und verlieren ihre bedrohliche Fremdheit: *»Deine Augen im Rad des Pfauen / In den Schuppen des Karpfens / (...) / Deine Augen aus Sternen / Die das Paar des Algoll bilden.«* Die Beziehung zu Claire Goll bleibt die bestimmende Konstante in Yvan Golls Leben. Bereits in dem ihr gewidmeten Band *Die Unterwelt* (1919) wird sie als *»Heilige«* apostrophiert, später als *»Liane«* oder *»Neila«* angesprochen. Eine krisenhafte Unterbrechung erfährt die Freundschaft in den dreißiger Jahren durch Golls Verhältnis mit der Lyrikerin Paula LUDWIG (1900–1974); in dieser Zeit entstehen die *Chansons malaises* sowie der Zyklus *Jean sans terre*, 1934–1944 *(Johann ohne Land)*, das Hauptwerk Yvan Golls.

Das Spätwerk Golls nach seiner Flucht mit Claire nach Amerika 1939 wirft besondere Schwierigkeiten auf. Viele Fragen der Entstehungsgeschichte und der Zusammengehörigkeit der Gedichte, oft in mehreren Fassungen hinterlassen, liegen noch im dunklen, wie auch die zunehmende Tendenz zur Verknappung und Golls gesteigertes Interesse für kabbalistische und alchimistische Geheimwissenschaften den Zugang zur Lyrik der letzten Lebensphase erschwert. Alle Themenbereiche des frühen Werkes kehren – in zumeist verdüsterter Färbung – wieder, ergänzt durch die intensivierte Auseinandersetzung mit dem Tod. Erneut erscheint – in Gestalt New Yorks – die dämonische Großstadt in den P. Picasso gewidmeten *Élégies d'Ihpétonga*, 1949 *(Ihpetonga-Elegien)*; gegen die dem Tod geweihte Felsenstadt *»Manahatta«* wird das Indianerland *»Lackawanna«* gestellt. Ein Gegenstück dazu bilden *Les Géorgiques Parisiennes*, 1951 *(Pariser Georgika)*, deren Motive – der Hahn, die Straßenlaternen, der Pariser Regen – die Erinnerung des Exilierten an Frankreich und seine Hauptstadt spiegeln, auf die jedoch der Schatten der deutschen Besetzung fällt (*Chanson de France*, 1940). M. PAR-

MÉE hat herausgestellt, wie sehr die Lyrik Golls durch Dualität und Polarität charakterisiert ist; das lyrische Ich sucht die Gegensätze zu überwinden, indem es im Kreislauf der Natur aufgeht; eine *»paradiesische Seinsharmonie (ist)* der *utopische Fluchtpunkt in Golls Denken und Dichten«* (P. G. Pouthier), und auch Golls spätes Konzept des *»Reismus«* ist diesem Denken verpflichtet: *»Der Reist sagt: ›[...] Machen Sie sich zum Bestandteil des Gegenstandes, werden Sie dieser Gegenstand, bis er Sie verschlungen hat!‹«*. Über R. M. RILKES Auffassung vom Dinggedicht noch hinausgehend, fordert Goll die Aufhebung des Subjekts im Objekt, eine *unio mystica*, wie sie in seinem Zyklus *La mythe de la roche percée*, 1947 *(Der Mythus vom Durchbrochenen Felsen)*, zum Ausdruck kommt; er hat Dasein und Veränderungen eines konkreten, auffälligen Felsens an der kanadischen Küste zum Gegenstand und führt Goll zu geologisch-magischen Betrachtungen und Reflexionen über Dauer und Veränderung, Identität und ihre Auflösung. In diesen Zusammenhang gehören auch die fünfzehn Sonette des Bandes *Le char triomphale de l'Antimoine*, 1949 *(Der Triumphwagen des Antimons)*, dunkle, symbolreiche Gedichte, in die Golls Studien des Alchimismus und sein magisches Naturbild eingehen, wie es auch dem düsteren Zyklus *Les cercles magiques* (1951) zugrunde liegt. Goll schuf sich damit seine *»persönliche Mythologie«* (P. G. Pouthier); ihren Kern bildet in den späten Liebesgedichten (abgesehen von *Love Poems*, 1947, zumeist in Gedichtbänden aus dem Nachlaß, wie *Multiple femme*, 1956, veröffentlicht) die faszinierende Frau.

Nachdem der Dichter mit *Fruit from Saturn* (1945) sich auch im Englischen versucht hatte – die darin enthaltenen *Atom Elegies* reagieren frühzeitig auf die Erfindung der Atombombe –, wendet er sich am Ende seines Lebens erneut der deutschen Sprache zu mit den Zyklen *Abendgesang (Neila)* (1952, entstanden 1947/48) und vor allem *Traumkraut* (1951), jenem Werk, über dem der Dichter starb und das er als sein Vermächtnis ansah. In verdichteter Form nimmt Goll hier die Themen, Motive und Symbole seiner Lyrik nochmals auf, erneut huldigt er seiner Frau, und die Grenzen zwischen den mineralischen, vegetabilischen, animalischen und kosmischen Reichen werden aufgehoben: *»Im Aug des goldenen Frosches glüht / Das Licht des Saturn / Während auf den Wiesen / Deren Kometen blühen«*. Deren unzerstörbare Einheit söhnt den Dichter mit dem eigenen Tod aus; in den *Hiob*-Gedichten verwandelt der reglose Dulder sich in Pflanze und Mineral: *»Verzehre mich, greiser Kalk / Zerlauge mich, junges Salz / Tod ist Freude.«* Dennoch überwiegt die elegische Klage über die Vergänglichkeit, Golls letztes Gedicht *Der Staubbaum* beginnt mit den Zeilen: *»Ein Staubbaum wächst / Ein Staubwald überall wo wir gegangen / Und diese Staubhand weh! rühr sie nicht an!«*

Trotz seines ausgesprochenen *»Phasencharakters«* (D. Schaefer) weist Golls lyrisches Werk doch Kontinuität auf, auch wenn der Autor selbst immer wieder in Manifesten mit den verschiedenen Stilrichtungen, in denen er experimentierte, gebrochen hat. Die schärfste Zäsur stellt seine Verleugnung des expressionistischen Frühwerks 1921 dar; alles Folgende wird man, ohne Goll Unrecht zu tun (der mit seinem Konzept des *»Reismus«* auch diese Phase überwunden sah), in einem weiteren Sinne dem Surrealismus zuordnen dürfen, als dessen bedeutendster deutschsprachiger Vertreter er gilt. Stets läßt er eine Vorliebe dafür erkennen, weit auseinanderliegende Vorstellungsbereiche mittels Genitivmetaphern, Wortverbindungen und Synästhesien zu negativen und überraschenden Gebilden zusammenzuziehen. Kaum je gibt er einmal gewonnene Themen- oder Motivkomplexe auf: Tod, Liebe, die Welt der leblosen Dinge bleiben ebenso präsent wie das Symbolfeld der runden Form – Sonne, Auge, Ei – des Wassers oder der Vegetation. Im Lauf der Jahrzehnte neigte Goll zunehmend dazu, diese Komplexe zu komprimieren und miteinander zu verschmelzen, gleichzeitig ihnen aber auch konkretere Gestalt zu verleihen, so daß M. Parmée geradezu von einem Übergang von *»zentrifugaler«* zu *»zentripetaler«* Darstellung spricht. Diese Entwicklung läßt sich am Paradigmenwechsel der bevorzugten Ichfigur in Golls Lyrik nachzeichnen: vom expressionistischen Verkünder über den Sänger Orpheus und Johannes Ohneland zu Hiob, der versteinernd Leid und Tod auf sich nimmt.

Nach welchen Gesichtspunkten Goll zwischen der französischen und deutschen Sprache abwechselte, wird sich kaum eindeutig klären lassen; offensichtlich hat der jeweilige Aufenthaltsort dies mitbestimmt. Mit Golls Zweisprachigkeit dürfte es zusammenhängen, daß er die bildevozierende Kraft für das Wesentliche eines Gedichts erklärte und dessen klanglichen und sprachlichen Aspekten, die es eng an eine bestimmte Sprache binden, geringere Aufmerksamkeit schenkte. Seine Lyrik ist daher, ungeachtet eines gewissen Hangs zum Wortspiel, prinzipiell übersetzbar, und von etlichen Gedichten schrieb er sowohl eine deutsche wie eine französische Version.

Obwohl Goll sein Leben lang in engster Verbindung mit den Hauptgestalten der internationalen Avantgarde stand und viel persönliche Vermittlungsarbeit leistete – er war Sekretär von J. JOYCE, mit R. M. RILKE, H. ARP, T. TZARA, St. ZWEIG, L. ARAGON, A. BRETON, P. ELUARD, J. COCTEAU, H. MILLER, A. DÖBLIN und C. EINSTEIN persönlich bekannt oder befreundet, seine Bücher wurden von Künstlern wie G. Grosz, M. Chagall, S. Dali, P. Picasso, R. Delaunay, M.-R.-A. Léger, J. Miró oder H. Matisse illustriert – ist seine literarische Wirkung insgesamt doch beschränkt geblieben. Unter seinem Einfluß stehen allerdings der junge K. KROLOW und vor allem P. CELAN, der Goll noch kurz vor dessen Tod kennenlernte. Der von Claire Goll 1960/61 gegen Celan erhobene Vorwurf des Plagiats war jedoch gegenstandslos, der damals entfachte Skandal mag ein Hindernis für die Rezeption von Golls Werk gewesen sein. Schuld an der fehlenden Breitenwirkung ist wohl vor allem aber die immer noch unbefriedigende Editionslage seines Werks, das überwiegend in zahlreichen, teils nur schwer zugänglichen Einzelpublikationen vorliegt. Eine verläßliche Werkausgabe fehlt bis heute, ein umfassendes Projekt in dieser Art, 1960 von Claire Goll besorgt, muß als *»editorisch unzulänglich und wissenschaftlich unbrauchbar«* (E. Schwandt) bewertet werden. Nach wie vor unediert sind Teile des Nachlasses. B.Mü.

AUSGABEN in dt. Sprache: *Lothringische Volkslieder*, Metz 1912. – *Der Panamakanal*, Bln. 1912. – *Films*, Bln. 1913. – *Noemi*, Bln. 1915. – *Requiem für die Gefallenen von Europa*, Zürich/Lpzg. 1917. – *Felix. Eine Dithyrambe*, Dresden 1917. – *Der Torso. Stanzen und Dithyramben*, Mchn. 1918; Nachdr. Nendeln 1973. – *Dithyramben*, Lpzg. 1918. – *Der neue Orpheus. Eine Dithyrambe*, Bln. 1918. – *Die Unterwelt*, Bln. 1919; Nachdr. Nendeln 1973. – *Astral. Ein Gesang*, Dresden 1920. – *Paris brennt*, Zagreb 1921. – *Der Eiffelturm*, Bln. 1924. – *Die Siebente Rose*, Paris 1928. – *Traumgras*, Mainz 1948. – *Traumkraut*, Wiesbaden 1951; ern. Wiesbaden/Mchn. 1982. – *Malaiische Liebeslieder*, St. Gallen 1952; ern. Ebenhausen 1967; 1980. – *Abendgesang (Neila)*, Heidelberg 1952. – *Zehntausend Morgenröten (Gedichte einer Liebe)*, Wiesbaden 1954. – *Der Mythus vom Durchbrochenen Felsen*, Darmstadt 1956 [frz.-dt.; Übers. C. Goll]. – *Die Pariser Georgika*, Darmstadt 1956 [frz.-dt.; Übers. C. Goll]. – *Die Antirose* [mit C. Goll], Wiesbaden 1967, ern. Mchn. 1979.

AUSGABEN in frz. Sprache: *Elégies internationales*, Lausanne 1915. – *Requiem pour les morts de l'Europe*, Genf 1916. – *Le nouvel Orphée*, Paris 1923. – *Poèmes d'amour. Collection surrealiste* [mit C. Goll], Paris 1925. – *Poèmes de jalousie* [mit C. Goll], Paris 1926. – *Poèmes de la vie et de la mort* [m. C. Goll], Paris 1927 [die drei letzten Bände zusammengefaßt u. d. T. *Dix mille aubes*, Paris 1951]. – *Deux chansons de la Seine*, Paris 1930. – *Chansons malaises*, Paris 1934. – *Métro de la mort*, Brüssel 1936. – *La Chanson de Jean sans terre*, 3 Bde., Paris 1936–1939. – *Chansons de France*, NY 1940. – *Le mythe de la roche percée*, NY 1947. – *Élégies d'Ihpétonga, suivies de Masques de cendre*, Paris 1947. – *Le char triomphale de l'Antimoine*, Paris 1949. – *Les cercles magiques*, Paris 1951. – *Les Géorgiques Parisiennes*, Paris 1951. – *Multiple femme*, Paris 1956. – *L'histoire de Parménia, Calle Virtude, de la Havana*, Paris 1959. – *Duo d'amour* [m. C. Goll], Paris 1959. – *Herbe du songe*, Paris 1959. – *L'antirose*, Paris 1965.

AUSGABEN in engl. Sprache: *Atom Elegy*, NY 1945. – *Fruit from Saturn*, NY 1946. – *Love Poems* [m. C. Goll], NY 1947. – *Landless John/Jean sans terre*, NY 1958 [Vorw. W. H. Auden].

SAMMELAUSGABEN: *Jean sans terre*, Paris 1950 [Ausw. aus dem Werk]. – *Œuvres choisies*, Paris 1956 [mit Aufsätzen v. J. Romains, M. Brion, F. J. Carmody, R. Exner]. – *Dichtungen. Lyrik, Prosa, Dramen*, Hg. C. Goll, Darmstadt 1960 [enthält die Aufsätze *I. G.s Werk bis 1930* v. H. Uhlig u. *I. G.s Werk seit 1930* v. R. Exner]. – *Ausgewählte Gedichte*, Hg. G. Schlocker, Stg. 1962 u. ö. (RUB). – *Jean sans terre*, Hg. F. J. Carmody, Berkeley/Los Angeles 1962 [krit.]. – *Poems*, Hg. P. Zweig, San Francisco 1968. – *Gedichte. Eine Auswahl*, Hg. R. A. Strasser, Meilen 1968. – *Œuvres I–II*, Hg. C. Goll u. F. X. Jaujard, Paris 1968–1970. – *Unter keinem Stern geboren. Ausgewählte Gedichte*, Hg. K. Schuhmann, Bln./Weimar 1973. – *Gedichte 1924–1950*, Hg. H. Bienek, Mchn. 1976 (dtv). – *Gefangen im Kreise. Dichtungen, Essays und Briefe*, Hg. K. Schuhmann, Lpzg. 1982 (RUB).

VERTONUNG: K. Weill, *Der neue Orpheus* (Urauff.: Bln. 1928).

LITERATUR: R. Exner, *Y. G. Zu seiner deutschen Lyrik* (in GLL, 8, 1955, S. 252–259). – Ders., *Surrealist Elements in Y. G.s Franco-German Poetry* (in Symposium, 11, 1957, S. 92–99). – R. Döhl, *Geschichte u. Kritik eines Angriffs. Zu den Behauptungen gegen Paul Celan* (in Jb. der Deutschen Akademie für Sprache u. Dichtung, 1960, S. 101–132). – C. Heselhaus, *Y. G.s Symbolverschränkung* (in C. H., *Deutsche Lyrik der Moderne von Nietzsche bis Y. G.*, Düsseldorf 1961, S. 420–430). – D. Schaefer, *Die frühe Lyrik Y. G.s. Darstellung u. Deutung seines lyrischen Werks bis zum Jahre 1935*, Diss. Kiel 1965. – D. Schaefer, *I. G.* (in *Expressionismus als Literatur*, Hg. W. Rothe, Bern/Mchn. 1969, S. 426–436). – E. Menz, *Y. G. Der Panamakanal* (in *Gedichte der Menschheitsdämmerung*, Hg. H. Denkler, Mchn. 1971, S. 219–251). – P. Berg, *Jüdische Themen und das Hiob-Schicksal im Werke Y. G.s*, Diss. Univ. of Cincinnati 1976. – S. Fauchereau, *Y. G. expressioniste et moderniste appliqué* (in S. F., *Expressionisme, dada, surréalisme*, Paris 1976, S. 45–73). – S. Schlenstedt, *Wegscheiden deutscher Lyrik im Entscheidungsfeld der Revolutionen von 1917 u. 1918*, Bln. 1976, S. 53–84; S. 159–202. – S. Lenz, *Y. G. Orpheus* (in *Frankfurter Anthologie 3*, Hg. M. Reich-Ranicki, Ffm. 1978, S. 165–168). – S. Schlenstedt, *Einsamer – Mittler – Zeuge. I. G. zwischen Ende der zwanziger Jahre und 1936* (in *Wer schreibt, handelt. Strategien u. Verfahren literarischer Arbeit vor und nach 1933*, Hg. dies., Bln./Weimar 1983, S. 410–449). – G. Schramm, *Die traurigmachende Frucht* (in *Frankfurter Anthologie 9*, Hg. M. Reich-Ranicki, Ffm. 1985, S. 147–150). – P. G. Pouthier, *Yvan à Claire – Yvan an Claire – Yvan to Claire: Studien zur Thematik u. Symbolik der »Clairelyrik« Y. G.s*, Ffm. u. a. 1988.

OSKAR MARIA GRAF

eig. Oskar Graf

* 22.7.1894 Berg am Starnberger See
† 28.6.1967 New York

LITERATUR ZUM AUTOR:
W. Dietz u. H. F. Pfanner, *O. M. G. Beschreibung eines Volksschriftstellers*, Mchn. 1974. – H. Dollinger, *O. M. G., der Dichter und Rebell aus Bayern* (in M. Gregor-Dellin u. a., *Das andere Bayern. Lesebuch zu einem Freistaat*, Mchn. 1976). – H. F. Pfanner, *O. M. G. Eine kritische Bibliographie*, Bern/Mchn. 1976. – W. F. Schoeller, *Spezialität: Ländliche Sachen. Notizen zum Heimatschriftsteller O. M. G.* (in Literaturmagazin 14, 1981, S. 62–77). – R. Recknagel, *Ein Bayer in Amerika. O. M. G. Leben und Werk*, Bln./DDR ³1984. – G. Bollenbeck, *O. M. G.*, Reinbek 1985. – *O. M. G.*, Hg. H. L. Arnold, Mchn. 1986; ern. 1989 (Text + Kritik). – G. Bauer, *O. M. G. Gefangenschaft und Lebenslust*, Mchn. 1987.

KALENDERGESCHICHTEN

Erzählungen von Oskar Maria GRAF, erschienen 1929. – Die Erstausgabe umfaßte 48 Erzählungen in zwei Teilen, überschrieben mit *Geschichten vom Land* und *Geschichten aus der Stadt*. Graf überarbeitete diese Ausgabe mehrmals, die heute verbindliche Edition folgt einer im Nachlaß gefundenen Anordnung, nach der die *Geschichten aus der Stadt* als ein eigenständiger Band *Jedermann-Geschichten* erscheinen sollten. Diese revidierte Fassung, die sich nur mehr auf die Erzählungen aus dem ländlich-bäuerlichen Milieu beschränkt, läßt Rückschlüsse auf Grafs Verständnis des Gattungsbegriffs »Kalendergeschichte« zu: Er nahm zwar zusammen mit Bert BRECHT erneut die Tradition der »Kalendergeschichten ohne Kalender« auf, die das eigentliche Forum dieser Gattung, den periodisch erscheinenden Volkskalender, umgehen und gleich als Einzelveröffentlichung in Buchform erscheinen, hatte anfänglich wohl auch eine andere Auffassung darüber, was an Inhalten und Figuren in der Kalendergeschichte beschrieben werden kann; so erzählen die *Geschichten aus der Stadt* von Zuhältern, Prostituierten und Proletariern, aber auch von einem erfolgreichen Großstadt-Autor. Später fand Graf dann aber zurück zu einem eher traditionellen Verständnis dieses Genres. In Anknüpfung an Jeremias GOTTHELF und Johann Peter HEBEL, auf die sich Graf ebenso beruft wie auf den Wiener Stegreiferzähler Anton KUH, erwecken die *Geschichten vom Land* den Eindruck mündlich tradierter Dorf-Erzählungen, die vom Autor quasi nur gesammelt und herausgegeben werden. Was Graf über die Urheber der erotischen Schnurren des *Bayerischen Dekameron* (1928) sagt – es sei eigentlich *»das Landvolk zwischen Isar und Inn«* der Autor dieser Erzählungen –, ließe sich ohne weiteres auch auf die *Kalendergeschichten* übertragen.

Detaillierter noch gibt Graf Auskunft über die Quellen seiner Erzählstoffe in der *Antwort eines Provinzschriftstellers* für die Zeitschrift ›Literarische Welt‹ (1931): *»Alles was ich niederschreibe, habe ich dem Stoff nach aus den Gerichtssälen, von Begebnissen, die ganz kurz und lakonisch in der Zeitung standen, viel haben mir Freunde erzählt.«* Es überrascht daher nicht sonderlich, daß in vielen Erzählungen der *Kalendergeschichten* Mord und Totschlag, Betrügereien und Diebstahl das die Handlung vorantreibende Moment sind. Graf macht für diese Verbrechen einen alles andere dominierenden Charakterzug dieses Bauernschlags verantwortlich: die unheilvolle Fixierung *»aufs eigene Sach«*, das schrankenlose Besitzstreben, die Gewinnsucht. Wo die Ehefrau, das *»Trumm Weiberts«*, dieselbe Behandlung erfährt wie ein Arbeitsochse und ihr Wert nur nach der Mitgift berechnet wird (vgl. *Die Geschichte von der buckligen Hölleisengretl*), wo die Beziehung zur Verwandtschaft erst auflebt, wenn es ans Erben geht, wo sozial Außenstehenden, die der Dorfgemeinschaft zur Last fallen, alsbaldiger Tod gewünscht wird (vgl. *Der Schmalzerhans*), scheinen humanes Mitgefühl und ethische Verantwortung zu fehlen. Der lakonische Erzählton, der sich weitgehend einer Kommentierung enthält, läßt zudem diese vom nackten Materialismus regierte Gemeinschaft als naturgegebene Ordnung erscheinen. Daß dies nicht Grafs Auffassung ist, wird nur an wenigen Stellen deutlich, etwa in *Die Liebe bringt es an den Tag*: Als ein Dieb, der in die nur wenige Monate im Jahr bewohnte Luxusvilla einer Münchner Verleger-Maitresse eingebrochen war, vor Gericht auf sein fehlendes Gewissen angesprochen wurde, es sich mit fremdem Eigentum gutgehen zu lassen, meint er *»direkt aufreizend«: »Die lassen sich's aber Jahr und Tag so gehn ... Das soll eine Gerechtigkeit sein.«* Die soziale Ungleichheit, das animierende Zur-Schau-Stellen des Luxus macht den Armen erst zum Gesetzesbrecher – und läßt ihn dabei nicht einmal Unrecht empfinden.

Darüber hinaus wird aber auch Grafs kritische Distanz zu dieser rein materialistischen unsozialen Hackordnung deutlich in der Art und Weise, wie er die Deklassierten, aus dieser Ordnung Gefallenen zeichnet. So etwa die *»Perivlat-Leut«*, ein altes Landfahrer-Paar, das mit seinen Moritatenplakaten von Dorf zu Dorf zieht (vgl. *Das unrechte Geld*). Die *»Perivlatin«* legt einem Kleinhäusler-Bauern die Karten und prophezeit ihm einen hohen Gewinn in der Lotterie, falls er sich ein Los kauft. Entgegen der Abmachung reklamiert der Bauer dann den ganzen Gewinn für sich, die aufgebrachte Dorfgemeinschaft setzt ihm aber dermaßen zu, daß er bereit ist zu teilen. Doch die *»Perivlat-Leut«* verzichten auf das unheilvolle Geld und ziehen in ihrer Armseligkeit weiter. Nur wenige Figuren, und dann meist die ärmsten, besitzen diese Gleichgültigkeit gegenüber Besitz und Macht. Ansonsten herrscht der allerdings immer auch als menschlich verständlich gezeigte »Futterneid« vor. Daß dies, über das Einzelschicksal hinaus, weitreichende politische Konsequenzen hat, zeigt Graf in einer seiner eindrucksvollsten Geschichten: *Der Triumph der Gerechten*, eine Episode aus dem Dreißigjährigen Krieg. Graf, der sich lange mit der Materialsammlung zu einem Roman über den Bauernkrieg beschäftigte, sucht für sein Zeitalter der Umwälzungen historische Parallelen – aber auch Kontraste. Anders als bei der Münchner Revolution 1918, wo er viel umstürzlerische Schwärmerei, aber wenig Sinn für die Praxis sieht (vgl. *Die Siedler*), wertet er den Bauernaufstand im Winter 1633/34 gegen die Soldateska beider (!) kriegführenden Parteien als einen echten revolutionären Akt, der getragen wurde von einer Solidarität, die aus gemeinsamer existentieller Not erwuchs. Ihr Ende finden die revoltierenden Bauern erst, als der Feind erkennt, daß hier nicht argumentativ zu beschwichtigen oder militärisch aufzutrumpfen, sondern nur auf die triebhafte Leiblichkeit zu zielen ist: Der Abt des Klosters Eberbach läßt die Plünderer ungehindert die Speisekammer öffnen, die ausgehungerten prassenden Bauern werden von nachrückendem Militär überrascht und niedergemetzelt.

Wenn Gerhard BAUER also davon spricht, daß die Aufständischen *»nur so lange heldenmütig und Rächer des unermeßlichen Bauernelends [sind], bis ihr Feind sich mit ihren eigenen Mägen gegen sie verbündet«*, so ist damit ein Grundzug der Grafschen Bauerncharakterisierung erklärt: Ansatzweise vorhandenes politisches Bewußtsein und zwischenmenschliche Solidarität finden alsbald wieder ihr Ende, wenn egoistische Bereicherung und naturgebundene körperliche Triebhaftigkeit ihr Recht verlangen. Grafs Erzählungen sind somit auch *»weniger Behältnisse einer Moral, die ihnen jeder Leser entnehmen könnte, als bittend vorgestreckte Hände, denen man, vorübergehend, schamhaft den ›Sinn‹ wie einen Bettlerpfennig zustecken möchte«* (W. Benjamin). Dieser Sinn, der sich hinter einer ganz aufs Sinnlich-Konkrete ausgerichteten Erzählweise, die sich vor allem auch aus dialektalen Dialogpassagen aufbaut, verbirgt, könnte am ehesten in der Einsicht liegen, daß der angeblich freie Mensch *»unentrinnbar ... dennoch dem Apparat der Zivilisation verhaftet ist«* – oder, in eine positive Forderung gewendet: *»Alles nur Erdenkbare hämmert dir von Atemzug zu Atemzug die Gewißheit ins Hirn, daß es kein Alleinsein gibt.«* B.S.

AUSGABEN: Mchn./Bln. 1929. – Rudolstadt 1957. – Mchn. 1975 (dtv).

LITERATUR: L. Feuchtwanger, *Für O.M. G.s sechzigsten Geburtstag* (in Der Greifenalmanach, 1954, S. 131). – W. Benjamin, *O.M.G. als Erzähler* (in W.B., *GS*, Bd. 3, Ffm. 1972, S. 309–311). – P. Fischer, *Volkstümlicher Realismus. Ein Vorschlag, die Kalendergeschichten zu lesen* (in *O.M.G. Beschreibung eines Volksschriftstellers*, Hg. W. Dietz u. H. F. Pfanner, Mchn. 1974, S. 159–170). – *Kalendergeschichten*, Hg. W. Theiß, Stg. 1977, S. 427 f. – L. Rohner, *Kalendergeschichten und Kalender*, Wiesbaden 1978, S. 455–461.

WIR SIND GEFANGENE. Ein Bekenntnis aus diesem Jahrzehnt

Autobiographie von Oskar Maria GRAF, erschienen 1927. – Zur Zeit der zusammengeschlagenen Räterepubliken brillierte auf Münchener Ateliersabenden ein »Stegreiferzähler« mit seinen Jugend-, Militär- und Kriegserlebnissen. Es war der davongekommene Revoluzzer, einstige Bäckerlehrling und Prolet-Bohemien O. Graf-Berg, der seine literarische Bewährung als Lyriker (*Amen und Anfang*, 1919; vgl. das Nachwort zur Ausgabe 1988) erstrebte und deshalb nur zögernd dem ermunternden Drängen seiner Freunde folgte, das Erzählte doch niederzuschreiben. Erst dem Leiter des Malik-Verlages, Wieland HERZFELDE, gelang es, Graf zur Hergabe seiner »Erinnerungsnotizen« zu bewegen. Das Manuskript erschien 1922 unter dem Titel *Frühzeit* in der »Roten Romanserie« neben Werken des »Kampfgefährten« F. JUNG und blieb außer in Linkskreisen weitgehend unbeachtet. Diesen *»wider Willen«* entstandenen Report der *»Jugenderlebnisse«* 1905–1917 – *»ein höchst merkwürdiges, ein tolles Buch«* lobte Th. MANN – setzte Graf in den Jahren 1924–1926 unter dem Titel *Schritt für Schritt* bis 1919 fort und veröffentlichte beide Teile in dem Band *Wir sind Gefangene*.

»Das Buch erregte ein ungeheures Aufsehen« (Graf): M. GOR'KIJ, H. v. HOFMANNSTHAL, die Brüder MANN und R. ROLLAND würdigten es in *»begeisterten, eingehenden Äußerungen«*, während es den Rezensenten A. HITLER so erboste, daß, wie der Autor im Vorwort der Neuausgabe schreibt, er dem Verfasser den Galgen ankündigte. Der realistische Erzähler Graf war damit etabliert, ein Volksschriftsteller der Sache und Methode nach, der ungeschönt und scharfsichtig den Existenzkampf der Leute in Stadt und Land aufzeigt, den er selbst erlitten und an seinen Erfahrungen reflektiert hat. Die Erlebnisse waren derart reichhaltig und so bestimmend für Graf, daß er noch in *Wunderbare Menschen* (1927), *Dorfbanditen* (1932), *Notizbuch des Provinzschriftstellers O.M. Graf* (1932), *Das Leben meiner Mutter* (1940, dt. 1947) von ihnen erzählte und auch den zweiten Band seiner Autobiographie, *Gelächter von außen* (1966), mit ihnen anheben ließ.

Markiert von Wendepunkten in der Biographie des Autors, die ein weites zeit- und sozialgeschichtliches Bezugsfeld abstecken, werden am Schicksal des *»erlebnistragenden Helden«* (Th. Mann) die enormen Behinderungen veranschaulicht, die der Emanzipation eines Angehörigen der untersten Schichten erstehen. Nach dem Tod des Vaters wurde der sensible, mit autodidaktischem Übereifer und Phantasie begabte Oskar Opfer der Mißhandlungen des vom Militär verrohten ältesten Bruders Max im bäuerlich-handwerklichen Familienhaushalt am Starnberger See. An der trotzigen Insubordination des Vaters orientiert und vom Wunsch nach geistiger Betätigung, letztlich als Schriftsteller, erfüllt, mußte der Junge eine Leidenszeit quälerischer Unterordnung und schinderischer Zwangseinübung in den nicht erstrebten Bäckerberuf erdulden, die *»eine – freilich erschreckende – literarische Parallele«* im *Anton Reiser* von K. Ph. Moritz hat. *»Die Kontinuität in den Erfahrungen dieser beiden Gestalten aus dem 18. und 20. Jh. macht schaudern«* (H.-A. Walter). Robuster als sein vom Pietismus geprägter literarischer Vorfahr trat Graf den Pressionen entgegen und bildete ein Rebellentum aus, das er lebenslang nicht preisgab. Über Jahre hin trotzte er mit einer aus Rachsucht und Schläue kombinierten Taktik nicht nur dem Terror der Familien- und Dörflergemeinschaft und hielt verbissen an seinen schriftstellerischen Ambitionen fest, derentwegen er schließlich aus den mißgünstig-dumpfen Verhältnissen in die nahe Metropole München entfloh.

In der kunstsinnigen, sozial aber nicht minder als die Provinz bösartigen Stadt blieb sein Fortkommen ebenso blockiert. Vom blanken Überlebenskampf in verschiedene, gleich erniedrigende Arbeitsverhältnisse gestoßen, begehrte er im Namen seiner geschändeten Freiheit bald auf, widmete sich in elenden Unterkünften seinen Schriften oder ließ sich in linkspolitischen Vereinigungen seinen Anarchismus bestätigen, ohne sich sonderlich engagieren zu können. Verfestigt im Mißtrauen gegen Welt und Menschen, zog er sich auf einen rigorosen Egoismus der Selbsterhaltung zurück, der allerdings rückwirkend eine seelische Zerrüttung und Vereinsamung verursachte, die das hart errungene Existenz- und Freiheitsminimum gefährdete und ihn bedrohlicher Selbstentfremdung und Lebensverdrossenheit auslieferte. Die Bewältigung dieses Identifikationskonflikts eines unentdeckten, gewissermaßen ghettoisierten Ichs war Graf erst am Ende des in der Autobiographie berichteten Zeitraums gelungen und macht das Hauptthema des Buches aus, *»in dem er sich erlöst!«* (Th. Mann). Grafs prominenter Rezensent hat in seiner klugen Annotation darauf abgezielt, als er den Vergleich mit Hamsuns *Mysterien* auf *»seelischer Vexationslust«* gründete und damit wohl eines der wichtigen Stichworte für die Interpretation von *Wir sind Gefangene* lieferte.

Die doppelte, soziale und seelische Gefangenschaft abzuschütteln gelang Graf erstmals im Weltkrieg, als er sich durch simuliertes Irresein der Wehrfähigkeit entzog; als sich die Täuschung auswuchs und eine Zeitlang von seiner wirklichen Verfassung nicht mehr zu trennen war, da geschah es, daß er sich »frei« fühlte. Eine Gesellschaft, die Freiheit dem Menschen nur noch im Irrsinn garantieren konnte, war in der Tat überfällig, liquidiert zu werden, radikaler, als es zwei Jahre später versucht wurde. Graf, wieder in die gesellschaftliche »Freiheit« entlassen, erlitt dasselbe Elend wie zuvor, Gefangener einer miesen sozialen Existenz und eines drangsalierten, eingesperrten Ichs zu sein. Erst nach der blutigen Niederschlagung der Revolution, aus der Graf mit knapper Not lebendig entkam und die er als »show-down« zeigte, das *»als menschlich-historisches Zeugnis von unvergänglichem Wert sein wird«* (Th. Mann), glückte ihm die Aufsprengung des verkrusteten Ichs und die Verständigung mit dem sozialen und individuellen Gegenüber. An den niedergemetzelten Arbeiterbataillonen erwachte sein Solidaritätsbewußtsein: *»Sie sind alle Hunde gewesen wie ich, haben ihr Leben lang kuschen und sich ducken müssen, und jetzt, weil sie beißen wollten, schlägt man sie tot. Wir sind Gefangene!«* Und seine ungewöhnliche, in jahrelangen Fährlichkeiten seines vermeintlichen Einzelschicksals erprobte Lebensenergie schlug in einen kämpferischen Optimismus um: *»Die Stunde kommt! ... Es ist nichts umsonst gewesen!«* Die im Sozialen erfolgte Ich-Bindung setzt sich im Individuellen fort, in der Liebe zu einer Frau.

»Aus dem exemplarischen Ineinander von Allgemeinem und Individuellem« ist Graf *»ein menschliches Dokument dieser Zeit«* gelungen, dessen Bedeutung heute *»eher noch gewachsen«* ist (H.-A. Walter). Mit den scharfsichtig erfaßten sozialen Abläufen, vermittelt und überprüft an den eigenen, mit hoher Bewußtheit gewonnenen Erfahrungen, hat Graf freimütig und ungeschönt ein Psychogramm notiert, das für literarische Versuche, die Dialektik zwischen den Verhältnissen und dem Bewußtsein des Menschen darzustellen, verbindlich bleibt.

P.Gl.

Ausgaben: Mchn. 1927. – Bln. 1948. – Mchn. 1965 [Vorw. O. M. Graf]. – Mchn. 1981 (dtv). – Mchn. 1985.

Literatur: Th. Mann, *Verjüngende Bücher* (in Frankfurter Zeitung, 17. 4. 1927; ern. in Th. M., *Die Forderung des Tages*, Bln. 1930). – W. v. Molo, Rez. (in LE, 3, 1927, Nr. 27, S. 5). – P. Ernst, *Der Revolutionär von heute* (in Hochland, 1928, H. 9). – W. Hoyer, *Aus der Prosadichtung der letzten Jahre* (in Hefte für Büchereiwesen, 1928, H. 6). – B. Rang, *Dokumente der Zeit* (in Der Kunstwart, 1928, H. 7). – *Notizbuch des Schriftstellers O. M. G.*, Basel/Lpzg. 1932, S. 96/97. – Th. Mann, *Für O. M. G.* (in Greifenalmanach 1954, Rudolstadt 1954; ern. in *GW*, Bd. 10, Ffm. 1960, S. 538). – J. Moeller, *Der ›Lackel vom Land‹ und sein erster Wurf* (in Kölner Stadt-Anzeiger, 2. 12. 1965). – A. Kantorowicz, *Bekenntnisse eines bay. Simplizius* (in WdL, 11. 11. 1965). – B. Vesper-Triangel, *Keine Möglichkeit zu moralisieren. O. M. G.s Biographie nach 40 Jahren noch aktuell* (in Spandauer Volksblatt, 1. 8. 1965). – N. Koerber, *Dumpfer Kampf gegen die chaotische Welt* (in Die Weltwoche, 28. 5. 1965). – D. Hülsmanns, *Ein schonungsloses Bekenntnis* (in Allgemeine Wochenztg. d. Juden, 16. 4. 1965). – S. Landmann, *Kosmopolitisches Bayern* (in St. Galler Tagblatt, 12. 6. 1966). – K. Schröter, *O. M. G. und die neue »Sachlichkeit«. Zu »Wir sind Gefangene«* (in *O. M. G. Beschreibung eines Volksschriftstellers*, Hg. W. Dietz u. H. F. Pfanner,

Mchn. 1974, S. 146–158). – G. Mersmann, *Eine neurasthenische Angst vor dem Stillstand. O. M. G., die Provinz u. die Anarchie* (in Die Aktion, 1984, H. 28).

HERMANN HESSE

* 2.7.1877 Calw
† 9.8.1962 Montagnola / Tessin

LITERATUR ZUM AUTOR:
Bibliographien:
H. Waibler, *H. H. Eine Bibliographie*, Bern/Mchn. 1962. – O. Bareiss, *H. H. Eine Bibliographie der Werke über H. H.*, 2 Bde., Basel 1962–1964. – M. Pfeifer, *H.-H.-Bibliographie. Primär- u. Sekundärschrifttum in Auswahl*, Bln. 1973 [m. jährl. Fortsetzung]. – J. Mileck, *H. H. Biography and Bibliography*, 2 Bde., Berkeley 1977.
Biographien:
H. Ball, *H. H. Sein Leben u. Werk*, Bln. 1927 (Neudr. 1977; erw. Fassg.; st). – B. Zeller, *H. H. mit Selbstzeugnissen u. Bilddokumenten*, Reinbek 1963; zul. 1988 (rm). – G. W. Field, *H. H.*, NY 1970. – G. Hafner, *H. H. Werk u. Leben*, Nürnberg ³1970 [erw.]. – E. Midell, *H. H. Die Bilderwelt seines Lebens*, Lpzg. 1972; Köln 1982. – F. Boettger, *H. H. Leben, Werk, Zeit*, Bln./DDR 1974. – F. Pfäfflin, *H. H. 1877–1977*, Mchn. 1977 [Ausst.Kat.]. – J. Mileck, *H. H. Life and Art*, Berkeley 1978 (dt. *H. H. Dichter, Sucher, Bekenner*, Mchn. 1979; ern. Ffm. 1987; st). – R. Freedman, *H. H. Pilgrim of Crisis*, Ldn. 1979 (dt. *H. H. Autor der Krisis*, Ffm. 1982). – *H. H. Sein Leben in Bildern u. Texten*, Hg. V. Michels, Ffm. 1979 (Vorw. H. Mayer; Insel Tb). – F. Baumer, *H. H.*, Bln. ⁶1985 [erg.]. *H. H. – Personen u. Schlüsselfiguren in seinem Leben*, Hg. U. Apel, 2 Bde., Mchn. u. a. 1989.
Gesamtdarstellungen und Studien:
R. B. Matzig, *H. H. in Montagnola. Studien zu Werk u. Innenwelt des Dichters*, Basel 1947. – M. Schmid, *H. H. Weg u. Wandlung*, Zürich 1947. – K. Weibel, *H. H. und die deutsche Romantik*, Winterthur 1954. – G. Mayer, *H. H. Mystische Religiosität u. dichterische Form* (in Jb. der dt. Schiller-Ges., 4, 1960, S. 434–462). – E. Neumann, *Das epische Werk H. H.s vom »Demian« bis zum »Siddharta«*, Diss. Tübingen 1964. – H. J. Luethi, *H. H. Natur u. Geist*, Stg. 1970. – H. Stolte, *H. H. Weltscheu u. Lebensliebe*, Hbg. 1971. – S. Unseld, *H. H. Eine Werkgeschichte*, Ffm. 1973 (st). – A. Hsia, *H. H. und China. Darstellung, Materialien u. Interpretation*, Ffm. 1974; ern. 1981 (st). – R. Koester, *H. H.*, Stg. 1975 (Slg. Metzler). – *Über H. H.*, Hg. V. Michels, 3 Bde., Ffm. 1976–1979 (st). – H. Winter, *Zur Indien-Rezeption bei E. M. Forster u. H. H.*, Heidelberg 1976. – *H. H.s weltweite Wirkung. Internationale Rezeptionsgeschichte*, Hg. M. Pfeifer, 2 Bde., Ffm. 1977–1979 (st). – *H. H. A Collection of Criticism*, Hg. J. Liebmann, NY u. a. 1977. – Ch. Völpel, *H. H. und die dt. Jugendbewegung. Eine Untersuchung über die Beziehungen zwischen dem Wandervogel u. H. H.s Frühwerk*, Bonn 1977. – *Suche nach Einheit. H. H. und die Religionen*, Hg. W. Böhme, Stg./Ffm. 1978. – G. W. Field, *H. H. Kommentar zu seinen sämtlichen Werken*, Stg. ²1979. – Th. Ziolkowski, *Der Schriftsteller H. H. Wertung u. Neubewertung*, Ffm. 1979. – M. Pfeifer, *H.-Kommentar zu sämtlichen Werken*, Mchn. 1980. – *H. H. heute*, Hg. A. Hsia, Bonn 1980. – J. Röttger, *Die Gestalt des Weisen bei H. H.*, Bonn 1980. – K. v. Seckendorff, *H. H.s propagandistische Prosa. Selbstzerstörerische Entfaltung als Botschaft in seinen Romanen vom »Demian« bis zum »Steppenwolf«*, Bonn 1982. – *H. H.*, Hg. H. L. Arnold, Mchn. ²1983 (erw.; Text + Kritik). – S. Unseld, *H. H. Werk und Wirkungsgeschichte*, Ffm. 1985, 2 Bde. (Insel Tb). – R. Karalaschwili, *H. H.s Romanwelt*, Köln/Wien 1986. – G. Baumann, *Wege zum Selbst. H. H.s Erzählungen im Lichte der Psychologie C. G. Jungs*, Diss. Freiburg i. B. 1989.

DAS LYRISCHE WERK von Hermann HESSE. Hesses literarischer Erfolg beruhte vor allem auf seinen Romanen und Erzählungen, und in den sechziger Jahren waren es *Der Steppenwolf* (1927) und *Siddhartha* (1922), die, als Kultbücher der westlichen Jugendbewegungen, zur Wiederentdekkung des Autors führten. Sein umfangreiches lyrisches Werk galt demgegenüber stets als peripher, obgleich die Lyrik für Hesse Zeit seines Lebens ein zentrales Medium war und er ihr einen zentralen Rang innerhalb seines Werkes einräumte, eine Bewertung, die von der Kritik nur in Maßen geteilt wurde. Mit den lyrischen Ausdrucksformen der Moderne, mit den avantgardistischen Bemühungen um neue Sprachformen als Reflex auf die veränderte Wirklichkeit der technisierten Welt hat Hesses Lyrik nichts zu tun: *»Mit wenigen Ausnahmen«*, resümierte der Dichter selbst, *»war ich mit einer überkommenen Form, einer gangbaren Machart, einem Schema zufrieden, es lag mir nie daran, formal Neues zu bringen, Avantgardist und ›Wegbereiter‹ zu sein.«* Hesses Vorbilder, nicht nur als Lyriker, sind die Autoren der deutschen Klassik und Romantik, seine Themen sind, wie in seinem gesamten Werk, nie ohne autobiographischen Bezug, so daß auch seine Lyrik einen bekenntnishaften, oft auch sentimentalischen Ton nie verleugnen kann; Hesses bevorzugte Topoi – Einsamkeit des Ichs, Suche nach Heimat, die Stimmungen der Natur als Spiegelung menschlicher Befindlichkeit – lassen in ihrer traditionellen Formenwelt seine Lyrik daher durchaus epigonal wirken; obgleich er zu Lebzeiten immer prominente Fürsprecher fand, von Romain ROLLAND bis zu Thomas MANN oder André GIDE.

Bereits Hesses erste literarische Publikation, *Romantische Lieder* (1898), war eine Gedichtsammlung, entstanden während seiner Zeit als Buchhändlerlehrling in Tübingen, und der romantisch-empfindsamen Dichtung des 19. Jh.s verpflichtet: *»Tänze und Gefahren sanken / In den dunklen Fluß der Zeit, / Ohne Nähen, ohne Schranken / Wölbt sich meine Einsamkeit« (An die Schönheit)*. Einige dieser Gedichte nahm der Autor später in seine Ausgabe *Die Gedichte* (1942) auf, vereinzelt finden sie sich auch in dem Sammelband *Gedichte* (1902), erschienen in der von C. Busse herausgegebenen Reihe »Neue deutsche Lyriker«. Rückblickend schrieb K. Tucholsky zu den traditionell-bemühten Versen: *»Die Gedichte sind rührend schlecht. Sie stammen aus der Zeit, da Hesse noch Hermann Lauscher hieß und sehr jung war. Heute muß man leicht lächeln ...«* Bereits 1901 hatte Hesse in ähnlichem Tonfall gehaltene Gedichte und Prosastücke u. d. T. *Hinterlassene Schriften und Gedichte von Hermann Lauscher* als fiktiver Herausgeber publiziert.

In der Folgezeit wurde Hesse durch seine Romane bekannt: *Peter Camenzind* (1904), *Unterm Rad* (1906) und *Gertrud* (1910) erscheinen. Verfolgt der Autor hier die Entwicklung eines Ichs, seine mehr oder minder gelingende Einbindung in ein gesellschaftliches Umfeld, den Kampf um die Bewahrung seiner Individualität, so kultivieren die Gedichte dieser Zeit eine zumeist melancholische Gefühlswelt des Einzelnen, seine Verlorenheit und existentielle Ziellosigkeit: *»Wir Kinder im Juli geboren / Lieben den Duft des weißen Jasmin, / Wir wandern an blühenden Gärten hin / Still und in schwere Träume verloren«*, heißt es in Hesses drittem Gedichtband *Unterwegs* (1911), die vor allem die in Gaienhofen entstandenen Gedichte aufnimmt, wo Hesse 1904–1912 lebte. Der Autor wendet sich dem Naturgedicht und der philosophisch-religiös fundierten Gedankenlyrik zu, womit er sich selbst in der Nachfolge von Eichendorff, Novalis, Hölderlin und Mörike sieht. Erneut sind es herkömmliche Sujets, die im Mittelpunkt der Gedichte stehen, die unglückliche Liebe *(Elisabeth; Abschied; Liebeslied; Schicksal)*, Suche nach der verlorenen Heimat und Erinnerung an die Idylle der Kindheit, dazu belehrend-moralische Sentenzen: *»Solang du nach dem Glücke jagst, / Bist du nicht reif zum Glücklichsein, / und wäre alles Liebste dein (Rat)*.

Der Band *Musik des Einsamen* (1915) setzt diese Leitmotive fort, betont jedoch den Liedcharakter, mitunter auch – anstelle strenger Reim- und Versschemata – auch in freien Rhythmen und erprobt neue Formen wie die Ode und die Elegie. Unter dem Eindruck seiner persönlichen Misere, dem Scheitern seiner ersten Ehe, wie der politischen Zeitereignisse verschärfen sich die ambivalenten Erfahrungen und Bestrebungen Hesses, der sich einerseits zum unverstandenen und scheiternden Einzelgänger stilisiert, andererseits seine Sehnsucht nach Einstimmung in eine höhere Ordnung, eine Tendenz individueller Auflösung in eine umfassende Harmonie nicht verleugnen kann. *»Jahre ohne Segen, / Sturm auf allen Wegen, / Nirgend Heimatland, / Irrweg nur und Fehle! / Schwer auf meiner Seele / Lastet Gottes Hand«*, heißt es in dem Gedicht *Der Ausgestoßene* aus dem Band *Musik des Einsamen*, das die Figur des *»Steppenwolfs«* bereits zu antizipieren scheint; zugleich jedoch tut sich ein religiöses Versöhnungsstreben kund, das durchaus zurückweist auf die pietistische Tradition der Heimat Hesses, für den der *»pietistische Gedanke des Dienens und der Liebe ... dieselbe Anziehungskraft«* besaß *»wie der – ebenfalls pietistische – Traum einer Wiedervereinigung aller Gläubigen«* (Th. Ziolkowski). Die Begegnung mit der Lehre C. G. Jungs und den asiatischen Religionslehren, wie sie sich vor allem nach dem Ersten Weltkrieg vollzieht, wird die Begrifflichkeit dieser Tendenzen verändern, nicht jedoch deren Zielsetzungen.

Die lyrischen Stellungnahmen zum Ersten Weltkrieg wurden von Hesse zum größten Teil erst in die Gesamtausgabe seiner Gedichte von 1942 aufgenommen. Sie dokumentieren, daß sich der Autor nach einem kurzen Mitschwimmen auf der patriotischen Welle *(Das Erlebnis)* – als einer der wenigen deutschen Intellektuellen – unmißverständlich gegen den Krieg stellte. Eine eigenständige Gruppe von Gedichten aus der Kriegszeit dokumentiert den Wandlungsprozeß des Dichters, der durch die Kriegsereignisse, den Zerfall seiner Familie und die psychotherapeutische Behandlung durch J. B. Lang, einem Schüler C. G. Jungs, ausgelöst wurde und sich auch in der Erzählung *Demian* (1917) manifestiert. Im Gedicht *Rückkehr* bewertet Hesse die Wirkung der Langschen Analyse als eine Wendung von der Vaterwelt zur Mutterwelt, die übrigen Gedichte zeigen Hesses Erfahrung auf dem *»Weg nach Innen«* und kreisen um das Faszinosum der Gotteserfahrung *(Weg nach Innen; Bücher; Bekenntnis; Weg in die Einsamkeit)*.

Diese Verinnerlichungstendenz führt in der ersten Tessiner Zeit des Dichters, ab 1919, zu einer hochgradig gesteigerten Realitätswahrnehmung, die sich in den *Klingsor*-Gedichten bis zur mystischen Ekstase steigert. Wie die gleichzeitig entstandenen Novellen *Klein und Wagner* und *Klingsors letzter Sommer* artikulieren auch die Gedichte eine rauschhaft erlebte Einheit von Ich und Welt, die allerdings mit dem Leitmotiv der Vergänglichkeit und Todesdrohung konfrontiert wird *(Verzückung; Vergänglichkeit; Heimkehr nach Mitternacht von einem Gelage; Alle Tode)*, das, wenn auch in gemilderter Form, in den Naturgedichten der Sammlung *Gedichte des Malers* (1920), denen Aquarelle Hesses beigefügt sind, seine Fortsetzung findet.

Hesses Zug zur Selbstenthüllung, teils Folge seiner Beschäftigung mit der Psychoanalyse, teils Ausdruck eines letztlich lebenslangen Selbstklärungsprozesses findet – auf dem Gebiet der Lyrik – seinen Höhepunkt in der Sammlung *Krisis. Ein Stück Tagebuch* (1928). Die Gedichte entstanden während der Niederschrift des Romans *Der Steppenwolf* im Winter 1925/26 und enthalten, so der Dichter selbst, *»das rückhaltloseste Dichterbekenntnis seit*

Heine«, während sie Th. Mann von einer *»liebenswürdigen Hypochondrie«* geprägt sah. Hesse verstand die Texte als authentische Konfession seiner Lebenskrise Mitte der zwanziger Jahre; in gewollt holprigen, knittelversartigen Reimen und in unlyrischer Sprechweise entwirft er ein Porträt seiner Schattenseiten, seiner Verzweiflung am Leben. Zum Grundgefühl der Einsamkeit gesellen sich unerfüllte erotische Begegnungen, begleitet von teilweise massiven Gewaltphantasien gegen das weibliche Geschlecht *(Der Wüstling; Morgen auf dem Maskenball)*, der Beschreibung von Alkoholexzessen und anhaltender Todessehnsucht. Die Sezierung des eigenen Ichs setzt Hesse in der Sammlung *Trost der Nacht* (1929) fort, in die der Autor die seit 1911 veröffentlichten Gedichte aufnimmt, erweitert um die *»Verse im Krankenbett 1927«*, die M. HERRMANN-NEISSE einst – ein heute kaum mehr nachvollziehbares Urteil – neben HEINES Verse aus der »Matratzengruft« gestellt hatte.
Die Gedichte der dreißiger und vierziger Jahre, in den Ausgaben *Vom Baum des Lebens* (1933), *Neue Gedichte* (1937), *Die Gedichte* (1942) und *Der Blütenzweig* (1945), sind, wie das Alterswerk *Das Glasperlenspiel* (1943) geprägt von der Auseinandersetzung mit dem Nationalsozialismus und dem Zweiten Weltkrieg, verbunden allerdings in der für Hesse typischen Beschwörung ewiger geistiger Werte und der Bestimmung des Menschen; immer wieder erscheint die Musik J. S. Bachs oder W. A. Mozarts als Inbegriff des Schönen, Heiligen, Göttlichen und damit als Gegenmacht gegen die als dämonisch-angesehenen Kräfte der Gegenwart *(Dreistimmige Musik; Orgelspiel; Mit der Eintrittskarte zur Zauberflöte)*. Ebenso sind die Gedichte aus dem *Glasperlenspiel*, entstanden zwischen 1934 und 1942 und später als *Joseph Knechts hinterlassene Schriften* in den Roman eingefügt, als Gegenutopie zum Bestehenden konzipiert. Obgleich sie die Fragwürdigkeit einer rein ästhetischen Existenz in einer ständig im Wandel befindlichen, apokalyptischen Welt *(Der letzte Glasperlenspieler)* durchaus thematisieren, beschwören sie das Bild einer höheren Einheit des Lebens, die von den Grausamkeiten und Trivialitäten des Alltags und der Geschichte unberührt sich erhält; das Gedicht *Glasperlenspiel* ruft *»die verehrten Geister Begnadeter Zeilen«*, die allein sinnstiftend wirken können: *»Sternbildern gleich ertönen sie kristallen, / In ihrem Dienst war unserm Leben Sinn, / Und keiner kann aus ihrem Kreise fallen / Als nach der heiligen Mitte hin.«* In diesem Bild einer immer schon prästabilierten Harmonie der Welt wie der menschlichen Existenz, deren Erkenntnis letztlich Resultat höchster Leiderfahrung ist, knüpft Hesse – und darin, weniger in der konventionellen Form, liegt die Traditionsgebundenheit seiner Dichtung – auf die immer auch religiös fundierten Denkformen der deutschen Klassik und Romantik zurück, wie sie stets auch durch seine Rezeption der indischen Philosophie und der modernen Psychoanalyse durchscheint.
Heute ist Hesses Lyrik – die nach 1944 entstandenen Gedichte erschienen erst postum 1963 *(Die späten Gedichte)* – weitgehend vergessen, in literaturgeschichtlichen Darstellungen wird sie nur am Rande erwähnt, meist im Zusammenhang mit neoromantischen Autoren wie H. CAROSSA, R. A. SCHRÖDER oder R. HUCH. Auch die Forschung hat diesen Teil des Werkes weitgehend aus den Augen verloren. G.Bn.-KLL

AUSGABEN: *Romantische Lieder*, Dresden 1898. – *Gedichte*, Bln. 1902 [1950 in veränd. Aufl. u. d. T. *Jugendgedichte*]. – *Unterwegs*, Mchn. 1911. – *Musik des Einsamen*, Heilbronn 1915. – *Gedichte des Malers*, Bern 1920; ern. Ffm. 1985 (Insel Tb). – *Ausgewählte Gedichte*, Bln. 1921. – *Krisis. Ein Stück Tagebuch*, Bln. 1928. – *Trost der Nacht*, Bln. 1929. – *Jahreszeiten*, Zürich 1931. – *Vom Baum des Lebens*, Lpzg. 1933. – *Neue Gedichte*, Bln. 1937. – *Zehn Gedichte*, Bern 1939. – *Die Gedichte*, Zürich 1942. – *Der Blütenzweig*, Zürich 1945. – *Späte Gedichte*, Ffm. 1946. – *Die Gedichte*, Ffm./Bln. 1947. – *Letzte Gedichte* (in *Bericht an die Freunde. Letzte Gedichte*, Olten 1950). – *Stufen. Alte und neue Gedichte in Auswahl*, Ffm. 1961 u. ö. (BS). – *Die späten Gedichte*, Ffm. 1963 (IB). – *Stufen – Späte Gedichte* (in *GW*, Bd. 1, Ffm. 1970; es; ern. 1987; st). – *Die Gedichte 1892–1962*, Hg. V. Michels, Ffm. 1977, 2 Bde. (st; 91987; erw.).

VERTONUNGEN: von O. Schoeck, R. Strauß, E. Pfiffner, R. Wagner-Régeny, W. Crone, H. Berlinski, D. Erdmann, G. A. Theill, G. v. Einem u. a.

LITERATUR: I. Erhart, *Die Lyrik H. H.s*, Diss. Wien 1936. – A. Carlsson, *H. H.s Gedichte*, Zürich 1943. – A. Köstel, *Der Weg nach Hause in H. H.s lyrischem Werk. Eine Untersuchung der wichtigsten Motive*, Diss. Erlangen 1958. – G. Gottschalk, *H.s Lyrik. Konkordanz*, Mchn. u. a. 1987. – V. Michels, *Die Melodie der Bilder. H. H.s Gedichte* (in H. Hesse, *Ausgewählte Gedichte*, Gütersloh 1987).

DAS GLASPERLENSPIEL. Versuch einer Lebensbeschreibung des Magister Ludi Josef Knecht samt Knechts hinterlassenen Schriften. Herausgegeben von Hermann Hesse

Roman von Hermann HESSE, erschienen 1943. – Hesses letztes großes Prosawerk, an dem er von 1930–1942 arbeitete und das er als Summe seines Schaffens ansah, ist den *»Morgenlandfahrern«* gewidmet und verweist damit bereits vorab auf jenen Grundgedanken einer überzeitlichen Gemeinschaft des Geistes, den der Autor bereits in seiner vorangegangenen Erzählung *Die Morgenlandfahrt* (1932) beschworen hatte, durchaus als Reaktion auf die Erfahrungen der Hitler-Zeit, wie Hesse in einem Brief an R. PANNWITZ vom Januar 1955 schreibt: *»Ich mußte, der grinsenden Gegenwart zum Trotz, das Reich des Geistes und der Seele als existent und unüberwindlich sichtbar machen, so wurde meine Dichtung zur Utopie, das Bild wurde in die Zukunft projiziert, die üble Gegenwart in eine überstandene*

Vergangenheit gebannt. Und zu meiner eigenen Überraschung entstand die kastalische Welt wie von selbst.«

Der Roman beginnt mit dem *»Versuch einer allgemeinverständlichen Einführung«* in das Wesen und in die Geschichte des Glasperlenspiels. Der fiktive Chronist einer »kastalischen« Ordensgemeinschaft unternimmt um das Jahr 2200 den Versuch, das im Orden gepflegte Glasperlenspiel zu beschreiben, das er als *»Spiel mit sämtlichen Inhalten und Werten unserer Kultur«* definiert. Er sieht die Geschichte dieser Spielidee in allen Kulturen vom alten China über die Antike und die Gnosis bis hin zu Scholastik und Humanismus wirksam. Als individuelle Vorläufer werden u. a. Pythagoras, G. W. Leibniz, G. W. F. Hegel und Novalis genannt. Das Spiel verkörpert eine ewige Idee, den Drang des Geistes zur Einheit und Versöhnung: *»Jeder Bewegung des Geistes gegen das ideale Ziel einer Universitas Litterarum hin ... lag dieselbe ewige Idee zugrunde, welche für uns im Glasperlenspiel Gestalt gewonnen hat.«* Es entstand in der Epoche des *»feuilletonistischen Zeitalters«* – wie Hesse das 19. und 20. Jh. kennzeichnet –, einer vergangenen Geschichtsperiode, in der *»der Geist eine unerhörte und ihm selbst nicht mehr erträgliche Freiheit genoß ..., eine echte neue Autorität und Legitimität aber noch immer nicht gefunden hatte«.* Dieser Niedergang rief jedoch *»jene heroisch-asketische Gegenbewegung hervor«*, die die Keimzelle des späteren kastalischen Ordens bildete. Sie wurde getragen von einzelnen gewissenhaften Gelehrten, vor allem Musikforschern, und dem »Bund der Morgenlandfahrer«, einer Gemeinschaft von Männern, die *»weniger eine intellektuelle als eine seelische Zucht, eine Pflege der Frömmigkeit und Ehrfurcht betrieben«.* Ihre Meditationspraxis und Musikpflege übernahm der elitäre Orden der Glasperlenspieler, um gegen die Gefahr des geistigen Hochmuts und der bloß artistischen Ausübung des Spiels gefeit zu sein. Die Notwendigkeit, in strenger Auswahl hochbegabte Knaben heranzubilden und sie, um Störungen durch das »Weltleben« zu vermeiden, in einem hierarchisch aufgebauten Orden auf den Dienst am Geist zu verpflichten, führte zur Gründung der Ordensprovinz Kastalien.

Die *Lebensbeschreibung des Magister Ludi Josef Knecht* – der zweite Hauptteil des Werks – zeigt Kastalien etwa im Jahre 2200 in voller, anscheinend unzerstörbarer Blüte. Als exemplarisch gilt im Orden das Leben Josef Knechts, das bis zur höchsten Stufe der Hierarchie führt, der Würde des Magister Ludi, des Meisters des Spiels. Im Alter von etwa zwölf Jahren wird der Berolfinger Lateinschüler, der vor allem durch seine Musikalität auffällt, vom Musikmeister Kastaliens, einem der zwölf Hierarchen, geprüft und in die Eliteschule Eschholz aufgenommen. Dort widmet sich Knecht besonders dem Musizieren und gewinnt Einblick in Geist und Dienst des Ordens, dem er jedoch vorerst skeptisch gegenübersteht. Nach glänzender Absolvierung dieser Schule kommt er als Gast zu dem von ihm hochverehrten Musikmeister, der ihn in die Anfangsgründe der Meditation einweiht. In Waldzell, der Eliteschule der Glasperlenspieler, gerät Knecht nun, ohne sich dessen bewußt zu sein, in den engsten Kreis der Erwählten. Seine Neigung zur Musik hält ihn zunächst vom eingehenden Studium des Glasperlenspiels ab; überdies fesselt ihn das Weltleben der alten Stadt, das sich ihm in seinem Freund Plinio Designori, einem Gastschüler, verkörpert. Doch gerade in der Auseinandersetzung mit dem geistreichen jungen Mann, dessen Ansichten über die Weltdinge denen des Ordens in vielem zuwiderlaufen, festigt sich Knechts Haltung als Kastalier; er macht nun bedeutende Fortschritte im Glasperlenspiel.

Einige Jahre freien Studierens schließen sich an die Waldzeller Ausbildung. Der einzigen Verpflichtung, jährlich einen fiktiven Lebenslauf bei der Ordensleitung einzureichen, kommt Knecht gewissenhaft nach. Die drei Lebensläufe – *Der Regenmacher, Der Beichtvater* und *Indischer Lebenslauf* – dienen der Einfühlung in andere Epochen und Kulturen, der Selbsterkenntnis und Selbstdarstellung; die Grundthemen des Romans, das Lehrer-Schüler-Verhältnis und das Opfer für die Gemeinschaft, werden darin variiert. Als *Josef Knechts hinterlassene Schriften* bilden die Lebensläufe zusammen mit den *Gedichten des Schülers und Studenten* den dritten und abschließenden Teil des Werks. (Ein vierter Lebenslauf, der Knecht als Theologen im 18. Jh. darstellt, erschien erst 1965 aus Hesses Nachlaß.)

Eine Begegnung mit dem »Älteren Bruder«, einem in chinesische Weisheit sich versenkenden Außenseiter des Ordens, vermittelt Knecht das Gefühl des *»Erwachens«*, des Bewußtwerdens der eigenen Besonderheit, das zugleich das kastalische Ideal der Selbstentäußerung relativiert. Er ist nun etwa vierunddreißig Jahre alt, und der Altmusikmeister nimmt seine endgültige Aufnahme in den Orden vor. Zweimal führen besondere Missionen Knecht zu den Benediktinern in Mariafels, wo er mit dem Historiker Pater Jakobus – mit dieser Gestalt äußert Hesse seine Verehrung für Jacob Burckhardt – Freundschaft schließt. Fasziniert entdeckt Knecht die ihm bisher unbekannte Welt der Geschichte. Er lernt nun *»die Gegenwart und das eigene Leben als geschichtliche Wirklichkeit sehen«* und muß von Jakobus hören, daß *»möglicherweise auch die kastalische Kultur nur eine verweltlichte und vergängliche Neben- und Spätform der christlich-abendländischen Kultur sei«.*

Als Knecht, kaum vierzigjährig, zum Magister Ludi gewählt worden ist, schärft gerade der stete Umgang mit der Elitegruppe der Glasperlenspieler seinen Blick für die Gefahren, die Kastalien bedrohen: aristokratische Selbstgenügsamkeit, sinnentleerte Virtuosität und kraftlose Abgeschlossenheit vom Leben. Auf dem Höhepunkt seiner Laufbahn gewinnt er die Einsicht, daß ihm Kastalien und das Glasperlenspiel (*»etwas nahezu Vollkommenes«*) bereits bis ins letzte ausgemessene Möglichkeiten dienender Selbstverwirklichung sind. Und Knecht, der bei Pater Jakobus den Wandel als das einzig Stetige begreifen lernte, erkennt, daß er neue Räume durchschreiten muß. Den letzten Anstoß, ein Gesuch um Entbindung von seiner Würde bei der Ordensleitung einzureichen und um Versetzung an eine der vom Orden betreuten außerkatalischen Schulen zu bitten, gibt ihm ein Wiedersehen mit Designori, der resigniert darauf verzichtet hat, kastalische Geistigkeit mit den Anforderungen des Weltlebens in Einklang bringen zu wollen. Als das Gesuch abgelehnt wird, nimmt Knecht Designoris Angebot, Lehrer seines Sohnes Tito zu werden, freudig an.

Die bisher als biographische Aufzeichnungen eines Glasperlenspiel-Schülers ausgegebene Chronik von Knechts Leben steigert sich nun zur Legende, verfaßt wahrscheinlich von Vorzugsschülern des *»Dahingegangenen«*. Auf der Wanderung zu den Designoris überkommt Knecht seit langem zum erstenmal das Gefühl freien, unbeschwerten Daseins. Die erste Begegnung zwischen Lehrer und Schüler in Belpunt, dem an einem Alpensee gelegenen Landhaus der Familie, verläuft zu beiderseitiger Zufriedenheit. Nach einer unruhigen Nacht treffen sich die beiden am Ufer des Sees. Tito fordert den von der Reise geschwächten Lehrer zum Wettschwimmen auf. Trotz der Warnung seiner Instinkte springt dieser, um den Jungen nicht zu enttäuschen, in das eisige Wasser. Er ertrinkt und läßt den Schüler, der sich an seinem Tode schuldig fühlt, verwandelt zurück. Tito ahnt, daß diese Schuld *»viel Größeres von ihm fordern werde, als er bisher je von sich verlangt hatte«*.

Das *Glasperlenspiel* – *»die nunmehr endgültig gelungene Transposition und Überhöhung all jener Lebensläufe, in denen Hesse sich als Camenzind, als Giebenrath, als Sinclair, als Siddhartha, als Goldmund darstellte«* (E. R. Curtius) – erregte, als es 1946 endlich auch in Deutschland erscheinen konnte, außergewöhnliches Aufsehen; es wurde zur Pflichtlektüre in den Gymnasien, und unaufhaltsam wächst der Berg der interpretierenden Literatur. Diese erstaunliche Wirkung verdankt der Roman hauptsächlich seinem Anspruch, ein »Rettungsmittel« zu sein, und recht eigentlich seiner Vieldeutigkeit. *»Je schärfer und unerbittlicher wir eine These formulieren, desto unwiderstehlicher ruft sie nach der Antithese«* – diese gleich zu Beginn des Romans von dem kastalischen Chronisten erkannte Dialektik durchwaltet als Strukturprinzip Komposition und Gehalt des Werks. Hesse stellt sich der Alternative zwischen Leben und Geist, *vita activa* und *vita contemplativa*, die sein ganzes Schaffen beherrscht. Die Ordensprovinz Kastalien, an die pädagogische Provinz in Goethes *Wilhelm Meister* erinnernd, hat das Ideal, den einzelnen im Dienst für die Gemeinschaft aufgehen zu lassen, worauf der Name »Knecht« hindeutet, der zugleich als Gegenbegriff zum (Wilhelm) »Meister« auf die Tradition des deutschen Bildungs- bzw. Entwicklungsromans hinweist. Doch so wünschbar die Existenz des Ordens im Motto genannt wird, so fragwürdig erscheint sie durch Knechts Ausscheiden, und sein kurzes Leben danach wird als »Legende« in die Sphäre des beinah Heiligen gerückt und doch zugleich ironisch relativiert. Durch historisierenden Rückblick scheint Hesse sogar seine kulturkritische Position zu relativieren: selbst das Glasperlenspiel – *»ein Sichannähern an den über allen Bildern und Vielheiten in sich einigen Geist, also an Gott«* – zeigt, trotz aller Erhabenheit, als *»ein Spiel mit sämtlichen Inhalten und Werten unserer Kultur«* Kennzeichen des »feuilletonistischen Zeitalters«, in dem es ja auch entstand. In Verbindung mit dem pädagogischen Eros indessen wird das Spiel zum Sinnbild des Lebens: *»Dieser sinnvoll-sinnlose Rundlauf von Meister und Schüler, dieses Werben der Weisheit um die Jugend, der Jugend um die Weisheit ... war das Symbol Kastaliens, ja war das Spiel des Lebens überhaupt.«* E.N.-KLL

Ausgaben: Zürich 1943, 2 Bde. – Bln. 1946, 2 Bde., ern. Ffm. 1977. – Ffm./Zürich 1957 (in *GS*, 7 Bde., 6). – Ffm. 1970 (in *GW*, 12 Bde., 9; es; ern. 1987; st). – Ffm. 1972 u. ö. (st).

Literatur: A. Carlsson, *H. H.s »Glasperlenspiel« in seinen Wesensgesetzen* (in Trivium, 4, 1946, S. 175–201). – E. R. Curtius, *H. H.* (in E. R. C., *Kritische Essays zur europäischen Literatur*, Bern 21954, S. 152–168). – I. D. Halpert, *H. H. and Goethe. With Particular Reference to the Relationship of »Wilhelm Meister« and »Das Glasperlenspiel«*, Diss. Columbia Univ. 1957. – A. Schäfer, *Das pädagogische Problem der Begegnung in H. H.s »Glasperlenspiel«*, Diss. Saarbrücken 1961. – *Materialien zu H. H.s »Das Glasperlenspiel«*, Hg. V. Michels, 2 Bde., Ffm. 1973/74 (st). – U. Chi, *Die Weisheit Chinas und »Das Glasperlenspiel«*, Ffm. 1976. – *Vom Wesen u. der Herkunft des Glasperlenspiels. Die vier Fassungen der Einleitung zum Glasperlenspiel*, Ffm. 1977 (Nachw. V. Michels; st). – M. Pfeifer, *Erläuterungen zu H. H.s Roman »Das Glasperlenspiel«*, Hollfeld 21983. – E. Remys, *H. H.s »Das Glasperlenspiel«. A Concealed Defense of the Mother World*, Ffm. u. a. 1983. – *H. H.s »Glasperlenspiel«. 4. Internationales H. H.-Kolloquium in Calw 1986*, Bad Liebenzell 1987.

NARZISS UND GOLDMUND

Roman von Hermann Hesse, mit dem Untertitel *Geschichte einer Freundschaft* 1929/30 vorabgedruckt in der ›Neuen Rundschau‹, erschienen 1930. – Die Handlung beginnt in einem mittelalterlichen Kloster, in dem junge Menschen auf geistliche Berufe vorbereitet werden. Der junge Lehrer Narziß, ein frühreifer Menschenkenner und Gelehrter, hat sich für das Klosterleben entschieden. Der Knabe Goldmund wird von seinem Vater ins Kloster gegeben, um mit einem geistlichen Leben für die angeblichen Sünden seiner haltlosen Mutter zu büßen. Die beiden gegensätzlichen Naturen finden Gefallen aneinander und werden Freunde. Aber Goldmunds sinnlich-vitale Veranlagung läßt ihn keinen Frieden finden und treibt ihn immer wieder zu erotischen Abenteuern und zum

Bruch mit der Klosterordnung. Der psychologisch geschulte Narziß erkennt mit der Zeit Goldmunds andersartige Natur und führt ihn zur Einsicht, daß er nicht zum Klosterleben berufen sei. Daraufhin verläßt Goldmund die Anstalt und beginnt ein rastloses Vagabundenleben, das ihn von einem erotischen Abenteuer zum nächsten führt. Aber die Vergänglichkeit solcher Lust und namentlich das Erlebnis der Todesangst auf einer winterlichen Odyssee nach der Ermordung des Landstreichers Viktor – die als Notwehrhandlung beschrieben wird – wecken in ihm das Bedürfnis nach einer künstlerischen Bewältigung seiner Erlebnisse. Er beginnt eine Lehre bei dem Bildhauer Niklaus und gestaltet eine Reihe von Figuren, die ihm in seinem Leben wichtig wurden – darunter Narziß als Jünger Johannes. Aber auch die Kunst vermag Goldmund nicht zur Seßhaftigkeit zu bewegen: Das Beispiel des kleinbürgerlich-philiströsen Meister Niklaus mit seiner Doppelmoral und den kunstgewerblichen Konzessionen seiner Arbeit lehrt ihn, daß ein professionelles Künstlertum zur *»Verdorrung und Verkümmerung jener inneren Sinne führt, denen allein das Geheimnis zugänglich ist«* und läßt ihn das Angebot von Werkstatt und Tochter ablehnen.
Goldmund verläßt die Residenzstadt und bezieht auf der Flucht vor der ausbrechenden Pest mit seiner neuen Geliebten Lene und seinem Begleiter Robert eine Hütte im Wald. Aber bereits nach einem Jahr wird er wieder von seinem unwiderstehlichen Wandertrieb befallen und erschlägt einen Mann, der Lene vergewaltigen will. Als seine Geliebte an der Pest stirbt, will er zu Niklaus zurückkehren, findet die Werkstatt aber verschlossen und den Meister tot. Statt dessen trifft er auf Agnes, die Geliebte des kaiserlichen Statthalters, umwirbt sie und erlebt mit ihr die beglückendste erotische Erfahrung seines Lebens. Bei einem zweiten Rendezvous im Schloß wird er allerdings vom Statthalter in flagranti ertappt, gefangengesetzt und erst in letzter Sekunde durch den zufällig anwesenden Narziß vor dem Tod am Galgen gerettet. Zusammen mit seinem inzwischen zum Abt aufgestiegenen Freund kehrt er ins Kloster zurück, richtet sich eine Werkstatt ein und gestaltet noch einmal eine Reihe von Kunstwerken. Obgleich mittlerweile ein alter Mann, kann Goldmund auch jetzt noch nicht zur Seßhaftigkeit bewegt werden: Noch einmal bricht er auf, um Agnes zu besuchen, wird von ihr aber abgewiesen. Auf dem Rückweg von dieser Eskapade stürzt er vom Pferd und zieht sich schwere Verletzungen zu. Gebrochen und wegen der Unzugänglichkeit der Frauen ohne weiteren Lebensantrieb, kehrt er ins Kloster zurück und stirbt in den Armen von Narziß. Seine letzten Worte an den Freund sind Bekenntnis und Vermächtnis zugleich: *»Aber wie willst denn du einmal sterben, Narziß, wenn du doch keine Mutter hast? Ohne Mutter kann man nicht lieben. Ohne Mutter kann man nicht sterben.«*
Der Text wurde von jeher in der Tradition des deutschen Bildungsromans gesehen. Goldmunds Lebensweg verläuft in zwei Phasen: sein erster Individuationszyklus erstreckt sich von seinem Aufbruch im Kloster bis hin zu seinem Abschied von Meister Niklaus und führt ihn vom Faszinosum des Erotischen über die Konfrontation mit dem Tod bis hin zur künstlerischen Gestaltung und Verarbeitung seiner Erfahrungen; der zweite Zyklus beginnt mit seinem Aufbruch in der Residenzstadt und erweitert die für den Protagonisten bestimmenden Leitmotive Eros und Tod ins Kollektive: Goldmund erkennt hinter seinem persönlichen Mutterbild die Wirksamkeit des Archetypus – auch hier zeigt sich der große Einfluß der Psychologie C. G. Jungs auf Hesses Werk – und muß seine bislang persönlichen Todeserfahrungen durch die Konfrontation mit dem »Großen Tod« der Pestzeit erweitern. Am Ende beider Entwicklungsabschnitte flieht er aus den Schrecken des Todes in die künstlerische Produktion, findet aber auch dort weder Ruhe noch Erlösung. Er stirbt, als ihm das Leben – und das heißt bei ihm vor allem: die erotische Begegnung – im Alter nicht mehr erreichbar ist und damit auch das zentrale Movens für sein Künstlertum wegfällt. Die Existenz von Narziß ist als Gegenmodell zur sinnlich-künstlerischen Weltorientierung und zur Kreisbewegung von Goldmunds Existenz entworfen: Er widmet sein Leben dem Dienst am Geist und der Annäherung an das Göttliche. Zunächst der Führer, wird er am Ende des Romans selbst zum Geführten. Goldmund erinnert ihn daran, daß ihm das Mütterliche, die Jungsche »Anima«, zur Realisierung dessen fehlt, was als Ganzheitlichkeit benannt werden könnte. In der Entwicklung von Hesses Werk bedeutet dies die Anerkennung einer grundsätzlichen Polarität des Daseins und der unaufhebbaren Mangelhaftigkeit des Daseins: Weder Narziß noch Goldmund erreichen irgendeine Form menschlicher Vollkommenheit, sondern werden beschrieben und legitimiert als zwei entgegengesetzte Formen der Annäherung an die Idee des Vollkommenen und Göttlichen.
Der Roman war einer der erfolgreichsten Werke Hesses. Thomas Mann notierte über ihn in seinem Tagebuch vom 6. 12. 1930: *»... ein wunderschönes Buch in seiner poetischen Klugheit, seiner Mischung aus deutsch-romantischen und modern-psychologischen, ja psychoanalytischen Elementen«*, und auch an der Hesse-Renaissance in den sechziger Jahren war dieses Werk maßgeblich beteiligt, zog aber auch vehemente Verrisse auf sich, so durch den Kritiker Karlheinz Deschner, der in seiner »Streitschrift« *Kitsch, Konvention und Kunst* bereits 1957 über Sprache und Stil des Romans urteilte: *»Eine ganz und gar längst vorgeprägte und verbrauchte Ausdrucksweise, zuckrig-romantisch, läppisch-empfindsam, nah dem Schmachtfetzen, der Schnulze, dem Kitsch.«* G.Bn.

Ausgaben: Bln. 1929/30 (in NRs, 40/41). – Bln. 1930. – Zürich 1946. – Ffm./Zürich 1957 (in *GS*, 7 Bde., 5). – Bln./DDR 1957. – Ffm. 1962 (FiBü). – Ffm. 1970 (in *GW*, 12 Bde., 8; es; ern. 1987; st). – Ffm. 1970 u. ö. (BS). – Ffm. 1975 u. ö. (st).

LITERATUR: E. Knell, *Die Kunstform der Erzählungen und Novellen H. H.s*, Diss. Wien 1938. – R. C. Larson, *The Dream as Literary Device in Five Novels by H. H. »Unterm Rad«, »Roßhalde«, »Demian«, »Steppenwolf«, »Narziß und Goldmund«*, Diss. Yale Univ. 1949. – M. Wagner, *Zeitmorphologischer Vergleich von H. H.s »Demian«, »Siddhartha«, »Der Steppenwolf« und »Narziß und Goldmund« zur Aufweisung typischer Gestaltzüge*, Diss. Bonn 1953. – K. Deschner, *Kitsch, Konvention und Kunst*, Mchn. 1957, S. 114–127. – H. Märzhäuser, *Die Darstellung von Mönchtum und Klosterleben im deutschen Roman des zwanzigsten Jh.s*, Ffm. 1977.

SIDDHARTHA. Eine indische Dichtung

Erzählung von Hermann HESSE, erschienen 1922. – Das Werk ist das Ergebnis der andauernden Auseinandersetzung Hesses mit der Philosophie und Religion Indiens, die in seine Kindheit zurückreicht (seine Eltern waren als Missionare in Indien tätig), sich fortsetzt in seiner Indienreise von 1911 und in Tagebuchaufzeichnungen, Gedichten, Betrachtungen sowie Erzählungen von dieser Reise einen ersten literarischen Niederschlag findet (*Aus Indien. Aufzeichnungen von einer indischen Reise*, 1913) und über *Siddhartha* hinausreicht. Die relativ lange Entstehungszeit dieses Werkes resultiert aus einer mehr als einjährigen Pause zwischen der Niederschrift des ersten und des zweiten Teils der Dichtung; Hesse unterzog sich damals einer Analyse bei C. G. JUNG in Küsnacht.

Der Text verwebt legendäre Fragmente aus dem Leben Buddhas mit fiktionalen Handlungselementen zu einem psychologisch-religiösen Entwicklungsroman, der in Indien zur Zeit des Religionsstifters spielt. Der Brahmanensohn Siddhartha weiß um das Wesen der Erleuchtung als Koinzidenz von Einzelseele und Weltseele (Atman und Brahman), erkennt aber, daß die traditionellen Lehren und Riten der Brahmanen ihn nicht vom Wissen zum Erleben führen können. Daraufhin verläßt er zusammen mit seinem Freund Govinda das Elternhaus und schließt sich der Asketenschule der Samanas an. Aber das Experiment scheitert: Siddhartha muß erkennen, daß Erleuchtung nicht das Resultat einer bloßen Willensanstrengung ist. Enttäuscht ziehen die beiden Freunde weiter und suchen den berühmten Buddha auf. Während Govinda sich seinen Jüngern anschließt, insistiert Siddhartha trotz seiner Bewunderung für den Erleuchteten in einem Gespräch mit dem Meister auf seinem eigenen Weg zum Heil: *»Ich habe nicht einen Augenblick gezweifelt, daß du Buddha bist, daß du das Ziel erreicht hast ... Es ist dir geworden aus deinem eigenen Suchen ... Nicht ist es dir geworden durch Lehre! Keinem wird Erlösung zuteil durch Lehre.«* Im Einklang mit diesem individualistischen Bekenntnis und seiner Einsicht in die Insuffizienz des Geistes sucht Siddhartha den Weg ins Leben und wird der Geliebte der Kurtisane Kamala. Um die materiellen Wünsche der verwöhnten Halbweltdame befriedigen zu können, tritt er in die Dienste des Händlers Kamaswami und wird Kaufmann. Zunächst in philosophischer Distanz zur Sphäre des Ökonomischen, verliert er mit der Zeit alle Überlegenheit und Würde und verfällt hemmungslos der Raffgier, dem Glücksspiel und dem Alkohol.

Auf dem Höhepunkt der Selbstentfremdung, des Lebensekels und der Verzweiflung verläßt er Kamala und will seinem Leben ein Ende setzen. Aber gerade in dem Moment, als er bereit ist, sich ins Wasser fallen zu lassen, erfährt er ein visionäres Wiedergeburtserlebnis. Erschüttert begreift er die Zusammenhänge: *»Ich habe Verzweiflung erleben müssen, ich habe hinabsinken müssen bis zum törichtesten aller Gedanken, zum Gedanken des Selbstmords, um Gnade erleben zu können, um wieder Om zu vernehmen ...«* Er bleibt an dem Fluß, der ihm ein neues Leben geschenkt hat und wird der Gehilfe des weisen alten Fährmannes Vasudeva. Nach langen Jahren der Einsamkeit, der Meditation und einer anspruchslosen Lebensführung meint Siddhartha schließlich, das Wesen der Weisheit verstehen zu können: *»Es war nichts als eine Bereitschaft der Seele, eine Fähigkeit, eine geheime Kunst, jeden Augenblick, mitten im Leben, den Gedanken der Einheit denken, die Einheit fühlen und einatmen zu können.«* Als schließlich die altgewordene Kamala zu ihm kommt, in seinen Armen stirbt und ihm ihren gemeinsamen Sohn zurückläßt, wird jedoch der vermeintlich weise Siddhartha plötzlich in die Vaterschaft gezwungen und muß die schmerzliche Erfahrung machen, daß auch im Verhältnis zum eigenen Kind Weisheit nicht lehrbar ist: Der Sohn verläßt den Vater und geht seinen eigenen Weg – wie einst Siddhartha selbst. Als am Ende der Erzählung der ewige Sucher Govinda auftaucht und Siddhartha um seine Einsichten befragt, helfen auch hier die Worte nicht weiter; erst als Govinda seinen alten Freund bewundernd küßt, erkennt auch er in Siddharthas Gesicht jene Einheit in der Vielheit, die nach der Meinung des Dichters das Wesen des Erleuchteten und der Weisheit ausmacht.

Nach seinen eigenen Worten suchte Hesse in seiner Dichtung *»... die alte asiatische Lehre von der göttlichen Einheit für unsere Zeit und in unserer Sprache zu erneuern«* und dabei *»... das zu ergründen, was allen Konfessionen und allen menschlichen Formen der Frömmigkeit gemeinsam ist«*. Er realisierte dieses Ziel im Entwurf eines individuellen, alle vorgefertigten religiösen Dogmen und Lehren sprengenden Heilsweges, der den Antagonismus von Leben und Geist sowohl integriert als auch transzendiert und im Erlebnis des überindividuellen Selbst (im Sinne C. G. Jungs) gipfelt. Siddhartha erlangt dieses Ziel jedoch erst, nachdem er sich beiden Sphären restlos geöffnet hat und die Phase der Verzweiflung durchschritten hat. Damit werden die Voraussetzungen geschaffen für jene Überwindung des Ich und zum Leben aus dem Selbst, in dem Hesse – wie übrigens auch C. G. Jung – die gemeinsame psychologische Basis aller Weltreligionen und Weisheitslehren sahen. Die Beförderung dieses Zieles und der damit verbundenen Verständigungs- und Toleranzmöglichkeiten zwischen Ost und West ist spätestens seit dem *Siddhartha* ein zentrales Ethos von Hesses Œuvre.

Das Werk gehört zu den meistgelesenen Texten dieses Jahrhunderts – die Weltauflage hat mittlerweile zweistellige Millionenziffern erreicht. Gleichwohl blieb das religionssynthetische Anliegen des Dichters bei Erscheinen des Romans wenig verstanden; erst die neuere Rezeption entwickelte ein Verständnis für die philosophisch-religiösen Horizonte der Dichtung. H. Otten sah in dem Werk die *»... gemeinsame Formel zwischen Hinduismus, Buddhismus, Christentum, Taoismus, Konfuzianismus«* und Henry Miller meinte gar: *»Nichts mehr seit der Lektüre des Tao Te King hat mir soviel bedeutet ... Einen Buddha zu schaffen, der den allgemein anerkannten Buddha übertrifft, das ist eine unerhörte Tat, gerade für einen Deutschen. Siddhartha ist für mich eine wirksamere Medizin als das Neue Testament.«* G.Bn.

Ausgaben: Bln. 1922. – Ffm./Zürich 1957 (in *GS*, 7 Bde., 3). – Reinbek 1967 (rororo). – Ffm. 1969 u. ö. (BS). – Ffm. 1970 (in *GW*, 12 Bde., 5; es; ern. 1987; st). – Ffm. 1974 u. ö. (st).

Literatur: J. M. L. Kunze, *Lebensgestaltung u. Weltanschauung in H. H.s »Siddhartha«*, Herzogenbusch [2]1949. – M. Wagner, *Zeitmorphologischer Vergleich von H. H.s »Demian«, »Siddhartha«, »Der Steppenwolf« u. »Narziß und Goldmund« zur Aufweisung typischer Gestaltzüge*, Diss. Bonn 1953. – *Siddhartha. H. H. u. der Ferne Osten. Erzählungen, Legenden, Tagebücher, Essays*, Hg. V. Michels, Ffm. u. a. 1973. – *Materialien zu H. H.s »Siddhartha«*, Hg. V. Michels, 2 Bde., Ffm. 1975/76. – F. H. Lequen, *H. H.: »Der Steppenwolf«, »Siddhartha«. Zum Verständnis seiner Prosa*, Hollfeld 1977. – E. Neis, *Erläuterungen zu H. H.s »Demian«, »Siddhartha«, »Der Steppenwolf«*, Hollfeld 1977.

DER STEPPENWOLF

Roman von Hermann Hesse, erschienen 1927. – Das ohne Gattungsbezeichnung erschienene Werk, das den Weltruf des Autors begründete, gehört zu den wenigen bis heute gelesenen Texten aus dem Umkreis jener kultur- und zivilisationskritischen Strömung, die, meist mehr oder weniger vordergründig auf die Philosophie F. Nietzsches zurückgreifend, als Reflex auf die Erscheinungen der modernen Massen- und Industriegesellschaft die zwanziger Jahre durchzieht. Noch die europäische wie die amerikanische Jugendbewegung der sechziger Jahre fand im *Steppenwolf* und in seiner Stilisierung des einsamen und verkannten Künstler-Ichs Identifikationsmuster für ihren Protest gegen das Establishment.

Trotz seiner scheinbar chaotischen Struktur mit einer mehrfach wechselnden Erzählperspektive, einem eingeschobenen Essay und der verwirrenden Visionenfolge des *»Magischen Theaters«*, mit dem der Roman schließt, ist das Werk streng nach musikalischen Gesetzmäßigkeiten komponiert; Hesse selbst hat auf die Sonatenform der Dichtung aufmerksam gemacht, die *»um das Intermezzo des Traktats herum so streng und straff ... wie eine Sonate«* gebaut ist. Obgleich Th. Ziolkowski dies nur für den ersten Teil des Romans gelten läßt, strukturiert dieses Prinzip doch das Ganze des Werks: Das einleitende *»Vorwort des Herausgebers«*, eines fiktiven Editors, führt in die neurotische Persönlichkeitsstruktur des späteren Ich-Erzählers Harry Haller ein und fungiert als Exposition des ersten »Sonatenhauptsatzes«. Die anschließende erste Sequenz von *»Harry Hallers Aufzeichnungen«* konkretisiert unter dem Motto *»Nur für Verrückte«* das Leitmotiv der inneren Zerrissenheit namentlich anhand von Hallers ambivalentem Verhältnis zum Bürgertum und entspricht so der Durchführung in der Sonatenform. Der Essay *»Tractat vom Steppenwolf«*, der Haller von einem ominösen Bauchladenverkäufer zugespielt wird, dient, gleichsam als *»Intermezzo«*, als Verbindungsglied der beiden Romanteile: Indem er die wesentlichen Motive nochmals aufnimmt, fungiert er als Reprise des Vorangegangenen, entwirft gleichzeitig aber jene Lösungsperspektiven, die in der zweiten Sequenz der Aufzeichnungen weiterverfolgt werden.

Harry Haller, ein vereinsamter Mann von fünfzig Jahren, der seine Existenz selbst in die Chiffre des *»Steppenwolfs«* kleidet, befindet sich im Zustand völliger Entfremdung von seiner kleinbürgerlichen Umwelt, zu der er sich dennoch mit einer fast kindlichen Sehnsucht wieder hingezogen fühlt. Innerlich und äußerlich isoliert und verbittert, hat er sich in die Studierstube zurückgezogen, wo er innige Zwiesprache mit den Heroen des Geistes, Goethe vor allem, pflegt. Die Nächte verbringt er in billigen Kneipen; Haller hat, *»im Sinne mancher Aussprüche Nietzsches, in sich eine geniale, eine unbegrenzte furchtbare Leidensfähigkeit herangebildet«*. So wenig er sich allerdings mit der oberflächlich-bürgerlichen Umwelt zu arrangieren vermag, so wenig kann er es mit sich selbst; er ist für sich selbst, wie der *»Tractat vom Steppenwolf«* diagnostiziert, als Persönlichkeit zerfallen, was der Text mit Hilfe der Metaphern von Wolf und Mensch zu veranschaulichen sucht: *»Bei unserem Steppenwolf nun war es so, daß er in seinem Gefühl ... bald als Wolf, bald als Mensch lebte, wie es bei allen Mischwesen der Fall ist, daß aber, wenn er Wolf war, der Mensch in ihm stets zuschauend, urteilend und richtend auf der Lauer lag – und in Zeiten, wo er Mensch war, tat der Wolf ebenso ...«* Der *»Tractat«* entlarvt diese Selbstdeutung Hallers als vereinfachenden Dualismus und insistiert auf der unendlichen psychischen Mannigfaltigkeit jedes Menschen: *»Harry besteht nicht aus zwei Wesen, sondern aus hundert, aus tausenden. Sein Leben schwingt (wie jedes Menschen Leben) ... zwischen tausenden, zwischen unzählbaren Polpaaren.«* Als Lösungsvisionen für Hallers inneren Konflikt entwirft der *Tractat* zwei alternativ gedachte Möglichkeiten: Den Durchbruch zu dieser eigentlichen inneren Mannigfaltigkeit und damit die Nachfolge der hier noch als tragische Gestalten begriffenen *»Unsterblichen«* der geistigen Welt oder aber die »Vernunftehe« mit dem Bürgerlichen über den Humor.

In der zweiten Aufzeichnungssequenz Hallers – der Durchführung des zweiten »Sonatenhauptsatzes« – werden diese beiden Entwürfe leitmotivisch weiterverfolgt und charakteristisch abgewandelt. Der Ich-Erzähler begegnet einer Reihe von Figuren, die allesamt im Sinne der Psychologie C. G. JUNGS als archetypische Repräsentanten für die nicht realisierten Dispositionen von Hallers kollektivem Unbewußten fungieren und die ihm helfen sollen, seine vom Tractat postulierte innere Mannigfaltigkeit zu entdecken; Hesse verkehrte damals wie bereits während der Niederschrift des *Demian* häufig mit dem Jung-Schüler Dr. J. B. Lang. Auf dem Höhepunkt seiner Verzweiflung und nahe am Selbstmord begegnet Haller der Kurtisane Hermine – bereits ihr Name verweist auf ihre Bedeutung als Jungsche »Anima« – und wird von ihr in den Lebensgenuß der Großstadt-Halbwelt eingeführt. Sie umsorgt Haller mütterlich, lehrt ihn die Modetänze der Zeit und macht ihn mit ihren Freunden Pablo und Maria bekannt. Aber obgleich Haller mit der sinnlichen Maria eine beglückende erotische Beziehung erfährt und mit der Zeit auch die geistig-psychische Differenziertheit des vermeintlich dümmlichen Lebemannes Pablo immer mehr entdeckt, gelingt ihm keine wirkliche Überwindung seines Intellektualismus, seiner Lebensuntüchtigkeit und seiner dualistisch-neurotischen Selbstinterpretation. Aus diesem Grunde müssen die Lösungsvisionen des *Tractats* in der kompositorisch als Reprise fungierenden Schlußsequenz des Romans auf eine rituelle Weise durchgesetzt werden. Der Maskenball dient als Initiationsritus: In einer motivischen Engführung begegnet Haller noch einmal allen wichtigen Nebenfiguren und erlebt erstmals das Faszinosum vom *»Untergang der Person in der Menge«*.

Nach der Einnahme eines Halluzinogens und dem symbolischen Lachen über seine bisherige dualistische Selbstinterpretation ist er schließlich genügend vorbereitet, um in Pablos *»Magischem Theater«* das Auseinanderfallen seines Ichs in die *»wahre«* psychische Mannigfaltigkeit zu erleben. Es folgen eine Reihe von Assoziationskomplexen, die allesamt bestimmte Dispositionen seiner unbewußten Kollektivpsyche veranschaulichen. Nachdem er in den vorbeiflutenden Bildern – *Hochjagd auf Automobile; Anleitung zum Aufbau der Persönlichkeit; Wunder der Steppenwolfdressur; Alle Mädchen sind dein* – nacheinander mit dem potentiellen Mörder, dem Ideal einer spielerisch realisierten inneren Vielheit, seiner neurotischen Grunddisposition und seinem unausgelebten Sexualtrieb konfrontiert worden ist, wünscht Haller die Eroberung Hermines und zerstört mit diesem egozentrischen Wunsch die erwünschte freie Entfaltung seiner inneren Bilder. Mozart als Repräsentant der »Unsterblichen« taucht auf und versucht vergeblich, Haller auf seinen Irrtum hinzuweisen. Anstatt – wie von Pablo in seiner Einführung ausdrücklich verlangt – das *»Magische Theater«* als eine *»Schule des Humors«* zu begreifen und sich entspannt dem freien Fluten der inneren Bilder hinzugeben, halluziniert Haller Pablo und Hermine beim Beischlaf und tötet seine Traumgeliebte mit einem Messer. Noch einmal erscheint Mozart und klärt Haller in einem erkenntnistheoretischen Vortrag über die ewige Differenz von Ideal und Wirklichkeit auf: *»Sie sollen leben, und sie sollen das Lachen lernen. Sie sollen die verfluchte Radiomusik des Lebens anhören lernen, sollen den Geist hinter ihr verehren, sollen über den Klimbim in ihr lachen lernen. Fertig, mehr wird nicht von ihnen verlangt.«* Jetzt endlich versteht Haller das Geheimnis der *»Unsterblichen«*, das nicht nur Mozart, sondern auch Goethe in einem seiner Träume verkörperte und welches Pablo auf eine solch unscheinbare Weise vorlebt: Die Begründung eines humoristisch-gelassenen Verhältnisses zum unauflöslichen Ungenügen der empirischen Welt und des eigenen Ich, sowie die spielerische Realisierung der psychischen Mannigfaltigkeit der Persönlichkeit. Humor und die Nachfolge der *»Unsterblichen«* – so begreift Haller jetzt – sind nicht, wie im *Tractat* dargestellt, strenge Alternativen und implizieren weder eine »Vernunftehe« mit der Bürgersphäre noch ein tragisches Scheitern; die Unsterblichen sind humorige Naturen und haben bei aller psychischen Differenziertheit ein versöhnliches Verhältnis zur Endlichkeit von Ich und Welt. Mit dem Ausblick auf diese Lösungsvision für die Leiden des Ich-Erzählers endet der Roman: *»Einmal würde ich das Figurenspiel besser spielen. Einmal würde ich das Lachen lernen. Pablo wartete auf mich. Mozart wartete auf mich.«*

Hesses Roman verarbeitet autobiographische Erlebnisse mit fiktionalen Handlungselementen und einigen Grundgedanken aus der Tiefenpsychologie C. G. Jungs. Der Dichter wertete das Werk bezüglich seiner persönlichen Entwicklung als *»Katharsis«*: Die Erzählung beschreibt am Beispiel Hallers – der deutlich als Selbstporträt Hesses angelegt ist – wie ein idealistisch gesinnter und psychisch schwer gestörter Mann, der von sich und der Welt Unmögliches erwartet, durch Selbsterkenntnis und die Auseinandersetzung mit bestimmten archetypischen Symbolfiguren zur Vision einer neuen psychischen Ganzheit und Lebenstüchtigkeit findet. Damit überwindet Hesse die utopisch-tragische Weltsicht seiner Krisenjahre – die im *»Tractat vom Steppenwolf«* noch einmal zusammengefaßt ist – und entwickelt erstmals die Perspektive einer Versöhnung von höchstem Menschtum und Lebenstüchtigkeit: Pablo, Mozart und Goethe als Zielprojektionen von Hallers Entwicklung sind humorbegabte, lebensbejahende Charaktere und gleichzeitig Menschen von äußerster Differenziertheit, Wandlungsfähigkeit und innerer Harmonie. Damit einher geht eine charakteristische Wendung des Hesseschen Mythos der *»Unsterblichen«* vom Romantischen zum Klassischen: Verkörperten in der *Nürnberger Reise* noch Hölderlin und Mörike den

Inbegriff unsterblichen Künstlertums, so sind es nun Goethe und Mozart. In dieser neuen Versöhnungsbereitschaft gegenüber der Endlichkeit von Ich und Welt zeichnet sich auch der Übergang zu Hesses Spätwerk ab.

Der Steppenwolf fand bei seinem Erscheinen vor allem bei den Schriftstellerkollegen begeisterte Anerkennung, Th. Mann zog noch später die Parallele zu J. Joyce und A. Gide: *»Ist es nötig zu sagen, daß der »Steppenwolf« ein Romanwerk ist, das an experimenteller Gewagtheit dem »Ulysses«, den »Faux monnayeurs« nicht nachsteht?«* Und *Der Steppenwolf* war es vor allem, der in den sechziger Jahren die Wiederentdeckung Hesses auslöste und mit seiner tendenziösen Irrationalität, seinen Anklängen an die fernöstliche Philosophie, seiner Thematisierung des Drogenrausches und der Stilisierung des »zerrissenen«, unverstandenen Helden vor allem das jugendliche Publikum faszinierte, während der religiös-konservative Grundzug des Werks anscheinend kaum wahrgenommen wurde, ein Phänomen, das noch Hesse selbst registriert hatte; bereits 1941 schreibt er in einem Nachwort zum Roman: *»Die Leser haben, so scheint mir, im Steppenwolf sich selber wiedergefunden ... und haben darüber ganz übersehen, daß das Buch auch noch von anderem weiß und spricht als von Harry Haller, daß über dem Steppenwolf und seinem problematischen Leben sich eine zweite, höhere, unvergängliche Welt erhebt, und daß der ›Traktat‹ und alle jene Stellen des Buches, welche vom Geist, von der Kunst und von den ›Unsterblichen‹ handeln, der Leidenswelt des Steppenwolfes eine positive, heitere, überpersönliche und überzeitliche Glaubenswelt gegenüberstellen ...«* G.Bn.

Ausgaben: Bln. 1927. – Zürich 1941. – Zürich 1946. – Ffm./Zürich 1957 (in *GS*, 7 Bde., 4). – Mchn. 1963 (dtv). – Bln./DDR 1963. – Ffm. 1970 (in *GW*, 12 Bde., 7; es; ern. 1987; st). – Ffm. 1969 (BS; ern. 1985; m. Ill.). – Ffm. 1974 u. ö. (st). – Ffm. 1989.

Verfilmung: Frankreich/Schweiz 1987 (Regie: F. Haines).

Literatur: R. B. Matzig, *Der Dichter u. die Zeitstimmung. Betrachtungen über H. H.s »Steppenwolf«*, St. Gallen 1944. – M. Böttcher, *Aufbau u. Form von H. H.s »Steppenwolf«, »Morgenlandfahrt« u. »Glasperlenspiel«*, Diss. Bln. 1948. – M. Wagner, *Zeitmorphologischer Vergleich von H. H.s »Demian«, »Siddhartha«, »Der Steppenwolf«, »Narziß und Goldmund« zur Aufweisung typischer Gestaltzüge*, Diss. Bonn 1953. – H. D. Kreidler, *H. H.s »Steppenwolf«. Versuch einer Interpretation*, Diss. Freiburg i. B. 1957. – Th. Ziolkowski, *H. H.'s »Steppenwolf«. A Sonata in Prose* (in MLQ, 15, 1954, S. 349–358). – *Materialien zu H. H.s »Steppenwolf«*, Hg. V. Michels, Ffm. 1972 (st). – S. Meinecke, *H. H. »Der Steppenwolf«*, Diss. Zürich 1973. – F. H. Lequen, *H. H.: »Der Steppenwolf«, »Siddhartha«. Zum Verständnis seiner Prosa*, Hollfeld 1977. – E. Neis, *Erläuterungen zu H. H.s »Demian«, »Siddhartha«, »Der Steppenwolf«*, Hollfeld [2]1977. – *Materialien. H. H. »Der Steppenwolf«*, Stg. 1980 [Ausw. u. Einl. M. Pfeifer]. – *H. H.s »Steppenwolf«*, Hg. E. Schwarz, Ffm. 1980.

Ödön von Horváth

* 9.12.1901 Fiume (heute Rijeka)
† 1.6.1938 Paris

Literatur zum Autor:

Biographien:
D. Hildebrandt, *Ö. v. H. in Selbstzeugnissen u. Bilddokumenten*, Reinbek 1975; zul. 1987 (rm). – *Ö. v. H. Leben und Werk in Daten und Bildern*, Hg. T. Krischke u. D. Prokop, Ffm. 1977 (Insel Tb). – T. Krischke, *Ö. v. H. Kind seiner Zeit*, Mchn. 1980.

Zeitschrift:
H.-Blätter, Wien u. a. 1983 ff. [m. bibliogr. Beiträgen].

Gesamtdarstellungen und Studien:
G. Reuther, *Ö. v. H. Gestalt, Werk u. Verwirklichung auf der Bühne*, Diss. Wien 1962. – W. Boelke, *Die ›entlarvende‹ Sprachkunst Ö. v. H.s*, Diss. Ffm. 1969. – A. Heyne, *Der Dramatiker Ö. v. H. Zur Demaskierung des Bewußtseins*, Diss. Freiburg i. B. 1969. – M. Kesting, *Ö. v. H. Leben u. Werk aus ungarischer Sicht*, Wien 1969. – R. Hummel, *Die Volksstücke H.s*, Baden-Baden 1970. – H. U. Probst, *Dramentheorie u. Dramentechnik Ö. v. H.s*, Diss. Basel 1970. – S. Feigl, *Das Thema der menschlichen Wandlung in den Romanen Ö. v. H.s*, Diss. Wien 1971. – P. Lensing, *Die Rolle der Frau im Werk H.s*, Diss. Münster 1971. – *Über Ö. v. H.*, Hg. D. Hildebrandt u. T. Krischke, Ffm. 1972. – W. Huder, *Inflation als Lebensform. Ö. v. H.s Kritik am Spießertum. Ein Querschnitt durch das Gesamtwerk*, Gütersloh 1972. – A. Fritz, *Ö. v. H. als Kritiker seiner Zeit. Studien zum Werk u. zu seinem Verhalten zum politischen, sozialen und kulturellen Zeitgeschehen*, Mchn. 1973. – H. Kurzenberger, *H.s Volksstücke. Beschreibung eines poetischen Verfahrens*, Mchn. 1974. – St. Dietrich, *Gesellschaft u. Individuum bei Ö. v. H. Interpretation anhand von Stücken bis zur Emigration*, Diss. Zürich 1975. – A. Steets, *Die Prosawerke Ö. v. H.s Versuch einer Bedeutungsanalyse*, Stg. 1975. – *H.-Diskussion*, Hg. K. Bartsch u. a., Kronberg/Ts. 1976. – *Symposion on Ö. v. H. (1901–1938)*, Ldn. 1976. – W. Nolting, *Der totale Jargon. Die dramatischen Beispiele Ö. v. H.s*, Mchn. 1976. – J.-C. François, *Histoire et fiction dans le théâtre d'Ö. v. H.*, Grenoble 1978. – G. Günther, *Die Rezeption des dramatischen Werks von Ö. v. H. von den Anfängen bis 1977*, Diss. Göttingen 1978. – W. Lechner, *Mechanismen der Literaturrezeption in*

Österreich am Beispiel Ö. v. H.s, Stg. 1978 [m. Bibliogr.]. – B. Schulte, *Ö. v. H. Verschwiegen, gefeiert, glattgelobt*, Bonn 1980. – *Ö. v. H.*, Hg. T. Krischke, Ffm. 1981 (m. Bibliogr.; st). – R. Franchi, *Der Spießer u. seine Sprache. Eine Untersuchung von Ö. v. H.s Werk*, Diss. Zürich 1982. – M. Hell, *Kitsch als Element der Dramaturgie Ö. v. H.s*, Bern 1983. – J. Bossinade, *Vom Kleinbürger zum Menschen*, Diss. Amsterdam 1984. – S. Kienzle, *Ö. v. H.*, Bln. [2]1984. – H. Gamper, *H.s komplexe Textur. Dargestellt an frühen Stücken*, Zürich 1987. – *H.s Prosa. Materialien*, Hg. T. Krischke, Ffm. 1988 (st).

GESCHICHTEN AUS DEM WIENERWALD

Volksstück in drei Teilen von Ödön von HORVÁTH, Uraufführung: Berlin, 2. 11. 1931, Deutsches Theater. – Nach dem Willen ihres Vaters, eines Spielwarenhändlers, der sich der Zauberkönig nennt, soll Marianne die Ehe mit Oskar, einem benachbarten Fleischhauer, eingehen. Aber Marianne fühlt sich zu Oskar nicht hingezogen, es drängt sie aus der Enge ihres Milieus, und sie möchte gern einen Beruf erlernen. Als ihr Vater bei einem Ausflug in die Wachau die Verlobung seiner Tochter mit Oskar bekanntgibt, bricht Marianne aus: Sie glaubt, in Alfred, der bisher von Valerie, der Besitzerin eines Tabakladens ausgehalten worden war, den Mann ihrer Liebe gefunden zu haben. Alfred, ein Strizzi, ist seiner ältlichen Freundin Valerie überdrüssig und hat nur ein Abenteuer im Sinn. Die Verlobung platzt – Marianne trennt sich von ihrem Vater und von Oskar, der sie trotz ihrer Abneigung gegen ihn an sich binden möchte und ihr prophezeit: *»Du entgehst mir nicht.«* Als Geliebte Alfreds gerät Marianne ins Elend. Ohne Beruf versucht sich Alfred als Vertreter, doch die Geschäfte gehen schlecht. Das Kind, das sich Marianne in ihrer Liebe von Alfred gewünscht hatte, kann nicht ernährt werden. Alfred drängt Marianne, den kleinen Leopold zu seiner Mutter und Großmutter in die Wachau in Pflege zu geben, nicht zuletzt, um sich der Verantwortung zu entziehen. Auch Marianne, deren Anhänglichkeit ihm lästig wird, möchte er loswerden. Er bringt sie im ›Maxim‹ bei einer Tingeltangel-Tanzgruppe unter, wo sie in *»Lebenden Bildern«* nackt posiert. So sieht sie ihr Vater und stößt sie von sich. Eine Gelegenheit macht Marianne in ihrer Not zur Diebin. Sie wird mit Gefängnis bestraft und kehrt nach ihrer Entlassung – erniedrigt und in auswegloser Situation – zu ihrem Vater zurück. Valerie hat inzwischen die Versöhnung zwischen Vater und Tochter vorbereitet. Als Marianne den Großvater seinem Enkel Leopold zuführen will, muß sie erfahren, daß ihr Kind nicht mehr lebt. Ihre Ahnung, daß die Großmutter den ihr verhaßten Bankert auf tückische Weise hat sterben lassen, ist Gewißheit. Oskar sieht nun, da das Kind tot ist, keinen Hinderungsgrund mehr, Marianne doch noch zu heiraten. Es kommt zum Schluß so, wie er es ihr vorausgesagt hat: *»Mariann, du wirst meiner Liebe nicht entgehn.«*

»Nichts gibt so sehr das Gefühl der Unendlichkeit als wie die Dummheit.« Der von Horváth den *Geschichten aus dem Wienerwald* vorangestellte Satz erfüllt sich in grausamer Konsequenz. Dabei sieht es zum Schluß so aus, als wäre kaum etwas geschehen: Die Menschen des Stücks arrangieren sich miteinander und mit den Verhältnissen. Daß sich in der Zwischenzeit *»eine Tragödie nach der anderen abgerollt«* hat, erkennen sie nicht. Durch das, was passiert ist, sind sie nicht klüger geworden. Das Volksstück endet als Tragödie: das gilt vor allem im Hinblick auf Marianne, die eindeutig das Opfer ist. Das Mädchen, das die Grenzen ihrer bornierten Umgebung, die sie in ihrem Willen zur Emanzipation behindern, überschreiten will, um ihr eigenes Bild von der Welt zu entwerfen, muß erfahren, daß sich die Welt leider nicht danach richtet. In der Begegnung mit Alfred, der fast gegen seinen Willen zum Verführer wird, glaubt sie, den Mann gefunden zu haben, der ihr zu einem besseren Leben verhilft. Als zu der enttäuschenden Beziehung die wirtschaftliche Misere hinzukommt, beginnt für Marianne ein Leidensweg, an dessen Ende – auf dem tiefsten Punkt ihrer Erniedrigung – Oskar steht und ihr die Hand zum Leben reicht. Für den Zuschauer wird offenbar, daß Marianne in der Verbindung mit Oskar *»der grausamste, quälendste Tod [...] der langsamste Tod in der Ehe«* (D. Hildebrandt) beschieden ist.

Dennoch spielen die *Geschichten aus dem Wienerwald* in einer scheinbar heilen und heiteren Welt. Immer wieder gibt es etwas zu feiern und fast unentwegt spielt Musik: *»In der Luft ist ein Klingen und Singen – als verklänge irgendwo immer wieder der Walzer »Geschichten aus dem Wienerwald« von Johann Strauß.«* Doch wird durch die ständige Wiederholung – ähnlich wie in der stereotyp wiederkehrenden Redewendung von der *»schönen blauen Donau«* – der Eindruck unbeschwerter Heiterkeit bewußt entwertet. Die Musik erfüllt eine Kitsch-Funktion, die Horváth dazu dient, auf das verkitschte, d. h. verlogene Gefühl der Menschen in seinem Stück hinzuweisen. Diese Verlogenheit ist ihnen nicht bewußt; zu sehr sind sie in einer Sphäre der Illusion gefangen, die dadurch gekennzeichnet ist, daß sie sich in der Verwendung von Klischees etwas vormachen, nur, um der Wirklichkeit nicht ins Auge sehen zu müssen. Im Grunde brutal egoistisch und lieblos im Umgang miteinander, verdekken sie ihre wahren Gefühle in Sentimentalität und durch abgegriffene Floskeln.

Horváth dichterisches Ziel gilt der Desillusionierung, der Demaskierung des Bewußtseins, insbesondere des Kleinbürgertums. Dies zu erreichen, vertraut der Dichter vor allem auf die Sprache, der er Vorrang vor der dramatischen Handlung zuerkannte. Die Diskrepanz zwischen dem, was die Personen zur Befriedigung ihrer Triebe im Grund wollen und dem, wie sie sich äußern, zeigt Horváth in der Unangemessenheit ihrer sprachlichen Mittel. Das Pathos, in dem die Personen reden, z. B. Marianne, als sie sich innerlich von Oskar lossagt: *»Jetzt bricht der Sklave seine Fesseln«* und in ihren verschwommenen Vorstellungen von Liebe zu Alfred: *»Laß mich aus dir einen Menschen machen – du machst mich so groß und weit«*, da sie die Situation nicht durchschaut, kontrastiert die Trivialität der Gegebenheiten. Insbesondere da, wo sich die Personen in ihren niederen Motiven gestellt sehen, weichen sie in hochtrabende Phrasen aus und ergehen sich in Gemeinplätzen. Oskar, seinem Wesen nach roh und primitiv, läßt sich scheinbar tiefsinnig über das Weib als »Sphinx« aus. Immer wieder zitiert er die Bibel, aber das Scheitern von Marianne nutzt er zu einer erzwungenen Verbindung aus, der nicht ein wirkliches Verzeihen zugrunde liegt, sondern der selbstgefällige Genuß, scheinbar recht behalten zu haben. Auch Mariannes Vater, der egoistisch über seine Tochter wie über sein Eigentum verfügt, beruft sich zwar auf moralische und christliche Grundsätze, steckt aber doch viel zu sehr in kleinbürgerlichen Moralvorstellungen, als daß er seiner Tochter zu helfen vermöchte. Ein Zauberer ist er nicht, aber er hat etwas von der Dämonie des Kleinbürgertums. Alle Personen stehen in Kommunikationssituationen, in der sie keine Übereinstimmung zwischen ihrem Gefühl und ihrer Handlungsweise herstellen können. Diese Unfähigkeit führt nicht selten bis an die Grenze der Sprachlosigkeit, auf die Horváth durch die Szenenanmerkung *»Stille«* hinweist. Die Sprache seiner Figuren klingt mundartlich gefärbt, ohne Dialekt zu sein. Was sie sprechen, ist ein aus Zitaten, abgegriffenen Redewendungen, Floskeln und Phrasen zusammengesetzter Jargon, von Horváth als Bildungsjargon bezeichnet.

Die spezifische Sprachdarstellung, in der sich ein Realismus konstituiert, der mit der Verklärung volkstümlicher Lebensweise nichts zu tun haben will, weist Horváth als einen Erneuerer des Volksstücks aus. 1931 bekam er auf Vorschlag Carl Zuckmayers den Kleist-Preis. Doch, wie wenig Horváth Erwartungen entgegenkommt, die sich von der *»montierten Mannigfaltigkeit«* (W. Nolting) des Titels *»Geschichten aus dem Wienerwald«* Heurigen-Stimmung und Wiener Gemütlichkeit versprechen, zeigen die Skandale der Uraufführung und auch noch späterer Aufführungen,die in Horváth eher den *»Störenfried bürgerlicher Behaglichkeit«* (H. Schneider) sichtbar machen. Nach der Uraufführung 1931, nach der das Stück von den Rechtsradikalen als eine *»dramatische Verunglimpfung des alten Österreich-Ungarn«* scharf angegriffen wurde, kamen weitere geplante Aufführungen nach der Machtergreifung der Nationalsozialisten nicht mehr zustande. Auf die Erstaufführung in Wien 1948, die erneut einen Skandal wegen der *»Verunglimpfung Wiens«* auslöste, folgte erst zwanzig Jahre später wieder eine Inszenierung. Die nur zögernd einsetzende Horváth-Rezeption nach dem Zweiten Weltkrieg hatte es noch mit einem fast vergessenen und nahezu unbekannten Autor zu tun. Ende der Sechziger Jahre war Horváth *»auf dem Weg zum Klassiker«* (F. Torberg), und es hatte das begonnen, was man die *»Horváth-Renaissance«* genannt hat, die den Dichter nicht nur durch Publikationen seiner Werke sowie durch Bühnenaufführungen, sondern auch eine Reihe von Verfilmungen einem größeren Publikum bekannt machte.

M.Me.

Ausgaben: Bln. 1931. – Reinbek 1961 (in *Stücke*, Hg. T. Krischke; Nachw. U. Becher). – Mchn. o. J. [1961] (in *Österreichisches Theater des XX. Jh.s*, Hg. J. Schondorff; Nachw. O. Maurus Fontana). – Ffm. 1964 (in *Österreichisches Theater. Sechs Theaterstücke*; Nachw. S. Melchinger). – Bln. 1969 (in *Dramen*, Hg. D. Huhn u. H. Schneider). – Ffm. 1970/71 (in *GW*, Hg. T. Krischke u. D. Hildebrandt, 4 Bde., 1; [3]1974). – Ffm. 1972 (in *Spectaculum*, Bd. 16). – Bln. u. a. 1976 (in *Geschichten aus dem Wienerwald u. andere Dramen*, Hg. T. Krischke u. D. Hildebrandt). – Bln. 1981 (in *AW*, Hg. H. Schneider). – Ffm. 1986 (in *GW*, Hg. T. Krischke, 15 Bde., 1983–1988, 4; m. Komm.; st).

Bearbeitung: P. Handke, *Geschichten aus dem Wienerwald*, Ffm. 1970 (Nacherz.; BS).

Verfilmungen: BRD 1964 (Regie: M. Kehlmann; Auff. des Schauspielhauses Zürich). – BRD/Österreich 1979 (Regie: M. Schell).

Literatur: K. Mann u. W. Mehring (in Das neue Tagebuch, 11. 6. 1938). – F. Th. Csokor, *Ö. v. H.* (in Der Monat, 1951, H. 33, S. 309–313). – W. Emrich, *Die Dummheit oder das Gefühl der Unendlichkeit* (in W. E., *Geist und Widergeist. Wahrheit und Lüge der Literatur. Studien*, Ffm. 1965, S. 113–124). – E. Rotermund, *Zur Erneuerung des Volksstückes in der Weimarer Republik. Zuckmayer u. H.* (in *Volkskultur und Geschichte. Festgabe für J. Dünninger*, Bln. 1970). – *»Geschichten aus dem Wienerwald«. Materialien*, Hg. T. Krischke, Ffm. 1972; ern. 1983 (st). – D. Cyron-Hawryluk, *Zeitgenössische Problematik in den Dramen Ö. v. H.s*, Breslau 1974. – M. Walder, *Die Uneigentlichkeit des Bewußtseins. Zur Dramaturgie Ö. v. H.s*, Bonn 1974. – *Scheitern im Gespräch. Beobachtungen zu typischen Kommunikationssituationen in H.s Volksstükken* (in *H.-Diskussion*, Hg. K. Bartsch u. a., Kronberg/Ts. 1976, S. 38–54). – G. Melzer, *Das Phänomen des Tragikomischen. Untersuchungen zum Werk von K. Kraus u. Ö. v. H.*, Kronberg/Ts. 1976. – J. B. Matuszczak, *Asoziale Figuren im Werk Ö. v. H.s*, NY 1977. – P. Wapnewski, *Zumutungen. Essays zur Literatur des 20. Jh.s*, Düsseldorf 1979, S. 106–139.

GLAUBE LIEBE HOFFNUNG. Ein kleiner Totentanz in fünf Bildern

Schauspiel von Ödön von Horváth, Uraufführung unter dem Titel *Liebe, Pflicht und Hoffnung*: Wien, 13. 11. 1936, Theater für 49 am Schottentor. – Der Untertitel *Ein kleiner Totentanz in fünf Bildern*, den Horváth selber seinem Drama so gegeben hat, bezeichnet aufs genaueste die in seinem Spätwerk zunehmend an Bedeutung gewinnende Auseinandersetzung mit der Grenzsituation des Todes. Es ist zumeist der Tod des in Verzweiflung und Hoffnungslosigkeit getriebenen Menschen in einer von abstrakten Prinzipien beherrschten unmenschlichen Welt. In den fünf Bildern von *Glaube, Liebe, Hoffnung* schildert Horváth unter Verzicht auf alle ausschmückenden Details Station um Station den Leidensweg der mittellosen Elisabeth, die trotz ihrer tapferen Haltung am Unverständnis eines durch Paragraphen »geordneten« Staatswesens zugrunde geht.

Aus Not will Elisabeth ihren Körper für einhundertfünfzig Mark an ein Anatomisches Institut verkaufen, um mit dem Erlös einen Wandergewerbeschein bezahlen zu können. Der Oberpräparator weist sie auf die gesetzlichen Bestimmungen hin, nach denen der Staat keine *»lebendigen Toten«* kauft. Der Präparator – beeindruckt, daß Elisabeths Vater ein Inspektor ist, aus dem er für sich einen Zollinspektor macht –, leiht Elisabeth die benötigte Summe. Als er durch Nachforschungen erfährt, daß Elisabeths Vater kein Zollinspektor, sondern »nur« ein Versicherungsinspektor ist, und Elisabeth sein Geld dafür verwendet hat, eine Geldstrafe zu bezahlen, die ihr für die unerlaubte Beschäftigung ohne Gewerbeschein auferlegt worden war, zeigt er sie als Betrügerin an. Elisabeth wird mit vierzehn Tagen Gefängnis ohne Bewährung bestraft. Nach ihrer Entlassung lernt sie auf dem Wohlfahrtsamt den Polizisten Alfons Klostermeyer kennen. Er verspricht ihr die Ehe, und sie zieht als seine Braut zu ihm. Bei einer Razzia der Polizei, die Elisabeth in Verdacht hat, als Prostituierte zu arbeiten, erfährt Alfons, daß sie vorbestraft ist. Vorgeblich enttäuscht, daß ihm Elisabeth, die ihn nur schützen wollte, nicht die Wahrheit gesagt hat, tatsächlich, um seine Karriere nicht zu gefährden, verläßt Alfons seine Braut. In ihrer Not und Verzweiflung geht Elisabeth ins Wasser, wird jedoch vor dem Ertrinken gerettet. Auf einer Polizeiwache, wo sie ihren ehemaligen Bräutigam wiedersieht, versucht man, das Leben des unterkühlten Mädchens zu retten. Während der *»tollkühne Lebensretter«* als Held gefeiert wird, stirbt Elisabeth. Alfons Klostermeyer kann sich eine Mitschuld am Selbstmord Elisabeths nicht eingestehen. Ungerührt begeben sich alle Beteiligten zu einer vaterländischen Parade.

Horváth begann die Konzeption des Dramas, dessen Geschehen auf Tatsachen beruht, aufgrund einer Anregung des ihm bekannten Gerichtsreporters Lukas Kristl. Dessen Vorschlag war es, *»ein Stück gegen die bürokratisch-verantwortungslose Anwendung kleiner Paragraphen zu schreiben«*, wie es Horváth in der *»Randbemerkung«* zu *Glaube, Liebe, Hoffnung* notiert. Die von Kristl übermittelten Fakten verdichten sich in Horváths Drama zu einer Parabel, mit der der Autor *»wiedermal den gigantischen Kampf zwischen Individuum und Gesellschaft«* demonstriert. Im Fall der Elisabeth ist es der Kampf des auf sich gestellten Mädchens gegen eine unmenschliche Bürokratie und gegen die erbarmungslose Anwendung von Paragraphen. Das *»reglementierte«* Staatswesen hat für die Bitte Elisabeths, *»es könnte doch auch ein bißchen weniger ungerecht zugehen«* kein Verständnis. Horváth erkennt in diesem Kampf *»ein Formproblem der Bestialität, die bekanntlich weder gut noch böse ist«* ist. Der Zug des Reportagehaften, von dem das dramatische Geschehen bestimmt wird, hat Horváth in der Kritik manchen Vorwurf eingebracht. Dagegen scheint das Drama gerade wegen der nur knapp skizzierten Szenen *»in der Wertschätzung der Interpreten«* (D. Hildebrandt) zu steigen. In kaum einem anderen Werk Horváths dürfte die Kritik an der Gesellschaft seiner Zeit derart geschlossen zum Ausdruck kommen wie in diesem von der Alltagssphäre geprägten Stück. M.Me.

AUSGABEN: Reinbek 1961 (in *Stücke*, Hg. T. Krischke; Nachw. U. Becher). – Ffm. 1970/71 (in *GW*, Hg. T. Krischke u. D. Hildebrandt, 4 Bde., 1; [3]1974). – Ffm. 1973, Hg. u. Nachw. T. Krischke (Entwürfe, Vorarbeiten, Varianten; BS). – Mchn. o. J. [1973]. Mchn./Wien 1980. – Ffm. 1986 (in *GW*, Hg. T. Krischke, 15 Bde., 1983–1988, 6; m. Komm.; st).

VERFILMUNGEN: BRD 1958 (Regie: F. P. Wirth). – BRD 1963 (Regie: ders.).

LITERATUR: V. Kling, *Die Illusion des Waffenstillstands. Individuum u. Gesellschaft in den Werken H.s*, Diss. Univ. of Pennsylvania 1972. – H. Schneider, *Der Kampf zwischen Individuum u. Gesellschaft* (in *Über Ö. v. H.*, Hg. D. Hildebrandt u. T. Krischke, Ffm. 1972, S. 59–71). – *»Glaube, Liebe, Hoffnung«. Materialien*, Hg. T. Krischke, Ffm. 1973 (st).

KASIMIR UND KAROLINE

Volksstück in 117 Szenen von Ödön von HORVÁTH, Uraufführung: Leipzig, 18. 11. 1932, Schauspielhaus. – Der Lastwagenfahrer Kasimir, der infolge der Wirtschaftskrise gerade seine Arbeit verloren hat, und seine Braut Karoline, eine kleine Angestellte, besuchen das Münchener Oktoberfest. Ihm steht der Sinn nicht nach Lärm und Trubel; sie geraten bald in Streit, der sich an der harmlosen Erscheinung eines Zeppelins entzündet, und Kasimir läßt das Mädchen stehen. An einer Eisbude spricht sie der Kanzlist Schnürzinger an und trägt zu Karolines innerer Verwirrung bei, als er bemerkt, *»daß, wenn der Mann arbeitslos wird, die Liebe seiner Frau zu ihm nachläßt, und zwar automatisch«*. Von diesem Gedanken halb abgestoßen, halb auch davon fasziniert, fährt Karoline mit Schnürzinger auf der Achterbahn. Kasimir, der periodisch im Hintergrund auftaucht und seine Braut beobachtet, ist inzwischen Franz und dessen Braut Erna begegnet, die sich mit Diebereien ihren Lebensunterhalt verdienen. Schnürzinger dagegen trifft zufällig seinen Chef, den Kommerzienrat Rauch, der sich gleich für die hübsche Karoline interessiert und die beiden zum Trinken, ins Hippodrom und ins Kuriositätenkabinett einlädt. Rauch gelingt es schließlich, mit Karoline allein zu bleiben. Sie begleitet ihn zu seinem Auto, das Franz soeben ausgeraubt hat, während Kasimir und Erna Schmiere standen. Beim Fahren wird es dem betrunkenen Rauch übel; erst in der Sanitätsstation kommt er wieder zu sich und will nun von Karoline nichts mehr wissen, obwohl sie ihm durch ihre Geistesgegenwart gerade das Leben gerettet hat. Karoline sieht, daß der ertappte Franz abgeführt wird und Kasimir sich mit Erna tröstet. Von Kasimir zurückgestoßen, begnügt sie sich ihrerseits mit dem wiederaufgetauchten Schnürzinger.

Nur momentan kommt Karoline das Erbärmliche dieses Gefühls- und Menschenrummels zu Bewußtsein, als sie erkennt, daß sie nicht mehr die Triumphierende, Stärkere ist, sondern sich in die Lage der Benachteiligten, Beiseitegeschobenen versetzt sieht; indessen fällt sie schnell wieder in die für die Menschen dieses Stücks charakteristische illusionäre Selbsttäuschung zurück. Die am Ende kurz und grell aufleuchtende Demaskierung eines auf den ersten Blick völlig normalen, gleichwohl aber sich selbst betrügenden Bewußtseins, die für Horváths »Volksstücke« ganz allgemein charakteristisch ist, wird in *Kasimir und Karoline«* in besonders virtuoser Weise durch den pointierten Szenenwechsel vorbereitet und in steter Steigerung zum Eklat geführt.

Die manchmal nur aus einem musikalischen Motiv (einem tuschartig aufklingenden Marsch oder Schlager, den die Personen mitsingen oder nur mit anhören) oder aus einem pantomimischen Szenen- und Personenwechsel bestehenden, sich überstürzenden Miniaturszenen, die wie nebenbei auch den Pulsschlag eines Volksfests spüren lassen, leben vor allem aus dem scharfen Kontrast zwischen der gehässigen, verkrampften oder hilflosen Gefühlswelt der auftretenden Figuren und dem kitschig-süßen Abgesang gängiger Schlagertexte – ein planvoll und mit gelassenem theatralischem Raffinement gehandhabter Kunstgriff, der in sich schon einen ätzend-scharfen Kommentar darstellt. In der Sprache, die als genaues soziales Indiz ihre Träger kennzeichnet, entsteht ein begleitender kontrastreicher Zusammenklang aus derbem Dialekt und dem präzise nachgebildeten schichtenspezifischen schnoddrigen oder grotesken Jargon der Höhergestellten und Halbgebildeten.

Die von Horváth bevorzugte anekdotische, das Eigenleben der Personen betonende offene Schauspielform entfaltet sich hier besonders frei in einem melancholisch-trüben Reigen, der sich unmerklich einem Totentanz annähert, unter dem Gaudium das Skelett hervorscheinen läßt. Der Rummelplatz ist nicht so sehr Karussell als vielmehr Spiegel der *»unglücklich verstädterten Menschen, die früher einmal Volk waren«* (J. Bab), eines entwurzelten und kleinbürgerlich korrumpierten Proletariats. Horváth führt mit diesem wie mit anderen seiner spezifisch modernen Volksstücke die Tradition des Nestroyschen Volkstheaters im 20. Jh. zu einem neuen Höhepunkt. K.E.

Ausgaben: Reinbek 1961 (in *Stücke*, Hg. T. Krischke; Nachw. U. Becher). – Bln. 1969 (in *Dramen*, Hg. D. Huhn u. H. Schneider). – Ffm. 1970/71 (in *GW*, Hg. T. Krischke u. D. Hildebrandt, 4 Bde., 1; [3]1974). – Ffm. 1972 (Nachw. T. Krischke; BS). – Wien u. a. 1982. – Ffm. 1986 (in *GW*, Hg. T. Krischke, 15 Bde., 1983–1988, 5; m. Komm.; st).

Verfilmung: BRD 1959 (Regie: M. Kehlmann).

Literatur: J. Bab, *Deutsche Bühnenkunst* (in Die Hilfe, 39, 1933, S. 358). – A. Kerr, *»Kasimir und Karoline«* (in *Materialien zu Ö. v. H.*, Hg. T. Krischke, Ffm. 1970). – U. Jenny, *Ö. v. H.s Größe und Grenzen* (in *Über Ö. v. H.*, Hg. D. Hildebrandt u. T. Krischke, Ffm. 1972). – *»Kasimir und Karoline«. Materialien*, Hg. T. Krischke, Ffm. 1973 (es). – J. Hein, *»Kasimir und Karoline«* (in *Dt. Dramen*, Hg. H. Müller-Michaels, Bd. 2, Königstein/Ts. [2]1985, S. 42–67).

MEINRAD INGLIN

* 28.7.1893 Schwyz
† 4.12.1971 Schwyz

Literatur zum Autor:
E. Staiger, *M. I.* (in Atlantis, 10, 1953, S. 459–462). – E. Wilhelm, *M. I. Weite u. Begrenzung*, Zürich 1957. – K. Schmid, *M. I.* (in K. S., *Bestand u. Versuch*, Zürich 1964). – B. v. Matt, *M. I. Eine Biographie*, Zürich/Freiburg i. B. 1976. – Dies., *M. I.* (in *Bürgerlichkeit u. Unbürgerlichkeit in der Literatur der deutschen Schweiz*, Hg. W. Kohlschmidt, Bern/Mchn. 1978, S. 119–135). – Th. Hürlimann, *Hotelbrand u. Bergtod* (Nachw. zu M. Inglin, *Der schwarze Tanner u. a. Erzählungen*, Zürich 1985).

SCHWEIZERSPIEGEL

Roman von Meinrad Inglin, erschienen 1938. – Aus dem Blickwinkel der vom Faschismus bedrohten Schweiz kurz vor Ausbruch des Zweiten Weltkriegs geschrieben, stellt der Roman in epischer Breite die Schweiz während des Ersten Weltkriegs dar. Er schildert die Jahre 1912 (Besuch des deutschen Kaisers in der Schweiz) bis 1919 (Nachwehen des Generalstreiks) am Beispiel der fiktiven Zürcher Großbürgerfamilie Ammann. Der Vater, Alfred Ammann, Oberst der Schweizer Milizarmee, vertritt als Parlamentsabgeordneter in Bern die freisinnige (liberale) Partei. Es ist die Unternehmerpartei, der einst Gottfried KELLER literarische Unterstützung lieh, als sie Mitte des 19. Jh.s gemeinsam mit Handwerkern, Arbeitern, Bauern und Kleinbürgern das Ancien régime der städtischen Aristokratie aus den Angeln hob und den modernen Schweizer Bundesstaat schuf. In diesem Staat spielte sie wegen des Mehrheitswahlrechts bis 1919 eine mächtige Rolle und entfesselte durch bewußtes *laissez-faire* eine wirtschaftliche Dynamik, die die schweizerische Gesellschaft grundlegend umgestaltete und die politischen Partner von einst in Bedrängnis brachte. Inglins Roman setzt an jenem geschichtlichen Punkt ein, an dem die politischen und sozialen Grenzen des Wachstums für die liberalen Unternehmer nicht mehr länger zu ignorieren sind.

Die Söhne Oberst Ammanns sind sich der Krise, in die der Liberalismus geraten ist, mehr oder weniger deutlich bewußt. In allen dreien spiegeln sich Haltungen, die der junge Inglin bei seiner eigenen Suche nach einem politisch-weltanschaulichen Standpunkt durchdacht und durchlebt hat. An allen dreien zeigt der Autor auf, wie die Selbstbestimmung des Individuums, zu Beginn des 19. Jh.s noch die große Sehnsucht der Liberalen, hundert Jahre später zur Mühsal geworden ist, zur täglichen Herausforderung, die alle Kräfte anspannt. Dem Erlebnis der Arbeiter, stark zu sein durch Gemeinsamkeit, stellt Inglin den aristokratisch-individualistischen Gedanken gegenüber, wieviel Stärke nur schon jeder einzelne braucht, um er selber zu sein. Diese Selbstfindung des einzelnen muß nicht in Selbstverwirklichung gipfeln, sie bedeutet oft gerade, mit unvollkommenen Resultaten, halb abgeschlossenen Entwicklungen leben zu können. In einem Gespräch gegen Ende des Romans bekennt sich der hohe Offizier Bosshart, in bemerkenswerter Distanzierung vom blinden Siegeswillen der preußischen Militärs, zum Prinzip des »Gefechtsabbruchs«, zum Leben mit halben Lösungen. Aus Sehnsucht nach einer totalen Herausforderung haben viele Schweizer 1914 ihre ausländischen Altersgenossen um die Kriegsteilnahme beneidet; die Tatsache, daß die Schweiz wieder einmal im weltpolitischen Abseits stand, hat sich aber, so Bosshart, im nachhinein als Segen erwiesen. Auch ein Leben ohne Größe und höhere Weihe, so meint er, erfordere Charakter.

Nicht alle jungen Ammanns bringen die Kraft zur halben Lösung auf. Vor allem nicht Severin, der älteste Sohn: Er neigt nietzscheanischen Herrenmenschen-Gedanken zu und möchte gegen die streikenden Arbeiter die reine Lehre vom freien Unternehmertum mit Gewalt durchsetzen, wobei er in Kauf nimmt, den Liberalismus mit illiberalen Methoden zu verteidigen. – Der zweite Sohn Ammanns, Paul, weicht vom väterlichen Kurs in die Gegenrichtung ab und solidarisiert sich mit den Zürcher Arbeitern. In der Schlußphase des Generalstreiks spürt er dann freilich, daß er bei aller Sympathie zwar zum großbürgerlichen Humanisten und Pazifisten, doch nicht zum Revolutionär taugt; er bricht das Gefecht ab und kehrt ins Elternhaus zurück. – Der dritte Sohn, Fred, steht als »Weltkind in der Mitten« bald unbekümmert, bald ratlos zwischen den beiden politisch bewußteren Brüdern. Näher fühlt er sich seinem bäuerlichen Vetter Christian; er beginnt eine Ausbildung als Agronom und will aufs Land zurück ziehen, wo die Ammanns ursprünglich herstammen. – Während des Einsatzes seiner ländlichen Armee-Einheit gegen Zürcher Arbeiter stirbt Christian im Lazarett an der Grippe. Nur der energische Zuspruch eines andern Cousins, des westschweizerischen Militärarztes René, hindert den zornigen und erschütterten Fred noch eben rechtzeitig daran, der neugegründeten vaterländischen Saubermänner-Partei Severins beizutreten, in der sich faschistische Tendenzen schon abzeichnen.

Die einzige Tochter Ammanns, Gertrud, ist mit dem Berufsoffizier Hartmann verheiratet, einer Inkarnation des preußischen Militarismus schweizerischer Prägung, wie ihn der deutschstämmige General Wille bei der Heeresreform 1911 durchsetzte. Hartmann erweist sich als so soldatisch, so unfähig zu Zärtlichkeit, daß sich Gertrud von ihm scheiden läßt und sich dem Lyriker Albin zuwendet, einem Freund Pauls, der freilich aus entgegengesetzten Motiven keine volle Partnerschaft mit ihr einzugehen vermag. Auch er stirbt an der Grippeepidemie; danach ist auch Gertruds Rückkehr ins Elternhaus absehbar.

Der Roman stellt die Verhältnisse von 1912 bis 1919 aus schweizerisch-bürgerlicher Sicht dar. Diese Beschränkung des Blickwinkels führt dazu, daß gewisse Aspekte der Epoche nur angedeutet oder gar ausgespart werden. Neben den Ausblicken über die Grenze kommen vor allem die Einblicke ins Arbeitermilieu zwangsläufig zu kurz. Andererseits läßt Inglin erkennen, daß er seine politischen Hoffnungen für die Zukunft der Schweiz nicht etwa auf die Offizierselite setzt, sondern auf die Unteroffiziere der Milizarmee, auf Handwerker und stadtnah wohnende Bauern vom Schlage Christians. Es ist die Schicht, aus der Inglin selbst stammt. Auch Arbeiter zählt er durchaus zu dieser neuen Elite, freilich nicht die Kämpfer des Generalstreiks, sondern eher jene, die zwar die politische Entwicklung im Staat verfolgen, aber selbst nur im Notfall aktiv werden.

Der *Schweizerspiegel* spart auch die weltbürgerliche Schweiz von 1912 bis 1919 fast völlig aus, sowohl die touristische der großen Hotels, die Inglin in *Grand Hotel Excelsior* (1928) beschrieben hat, als auch die der Zürcher Bohème, in der Exilpolitiker neben führenden Künstlern der europäischen Moderne wirkten. Die wenigen Schlaglichter aufs Kosmopolitische, die die Erstausgabe enthielt, hat Inglin in der verknappten Zweitfassung von 1955 getilgt. Der Roman ist somit in seiner helvetischen Selbstbesinnung nicht nur geprägt vom Geist der

Zeit, die er beschreibt, sondern auch von der *»geistigen Landesverteidigung«* der späten dreißiger und frühen fünfziger Jahre: Er ist, obwohl Jahrzehnte jünger, weniger modern, als die Epoche es war, die er darstellt. Mit seinem überaus geschlossenen Bild der Schweiz reiht er sich unter die zahlreichen Erzählungen Inglins ein, die Inseln oder inselähnliche Bezirke in der innerschweizerischen Landschaft darstellen. Isolation und Abgrenzung sind wichtige Themen in Inglins Werk.
Der künstlerische Rang des Romans liegt in der fugenlosen Verschränkung des Fiktiven mit dem riesigen historischen Material, die vor allem durch raffinierten Wechsel der Perspektive erreicht wird; ferner im glanzvoll lakonischen Stil. So wie die Hauptgestalten sich fortwährend neu einstufen müssen, um ihren wechselnden Lebenslagen nichts schuldig zu bleiben und ihre Haut weder unter noch über ihrem Wert zu Markte zu tragen, so zeigt sich auch die Sprache des Romans streng gewichtend und bemessend, nicht schildernd. Inglin verfügt über ein geradezu strukturalistisches, reich und präzis gefächertes System der Intensitätsstufung, neben dem jede Farbigkeit verblaßt. Literaturgeschichtlich gehört der Roman mit seinem inhaltlichen und formalen Zug zum Unheroischen, »Farblosen«, Nüchternen in die Neue Sachlichkeit (B. v. Matt). Zugleich fügt er sich – als gewichtigster Schweizer Roman der ersten Hälfte des 20. Jh.s – ein in eine Tradition liberaler Schweizer Erzähler, die den real existierenden Liberalismus an dessen eigenen Idealen mißt; eine Tendenz, die beim Gotthelf des *Bauernspiegels* beginnt, sich in Kellers pessimistischem *Martin Salander* fortsetzt und bis in neueste Zeit die Auseinandersetzungen des progressiven Liberalen Max Frisch mit dem Freisinn der Schweizer Bankiers kennzeichnet.

U.Fr.

Ausgaben: Lpzg. 1938. – Zürich 1955 [2. Fassg.]. – Zürich 1965 [2. Fassg.; rev.; ern. 1980]. – Zürich 1981, Hg. Ch. Linsmayer [2. Fassg.; Nachw. U. Frei]. – Zürich 1981 (in *Werkausg.*, Hg. B. v. Matt, 8 Bde., 4; Erstfassg.). – Zürich 1987 (in *GW*, Hg. G. Schoeck, 10 Bde., 1987 ff., 5/1 u. 5/2; Erstfassg.).

Literatur: A. Zollinger, *M. I.s »Schweizerspiegel«* (in NSRs, 10, 1939, S. 628–635). – I. Leisi, *Die beiden Fassungen von M. I.s »Schweizerspiegel«* (in NZZ, 3. 12. 1972). – M. Inglin, *Zur Arbeit am »Schweizerspiegel«* (in M. I., *Notizen des Jägers*, Zürich 1973). – P. W. Hubatka, *Schweizergeschichte im »Schweizerspiegel«*, Bern 1985. – N. Meienberg, *I.s Spiegelungen* (in N. M., *Morgen sind wir alle schon bleich u. tot*, Zürich 1989, S. 125–137).

HANS HENNY JAHNN

* 17.12.1894 Hamburg-Stellingen
† 29.11.1959 Hamburg

Literatur zum Autor:
Bibliographien:
J. Meyer, *Verzeichnis der Schriften von u. über H. H. J.*, Mainz 1970. – J. Meyer, *Kommentierte Auswahl-Bibliographie* (in *H. H. J.*, Hg. H. L. Arnold, Mchn. ²1980, S. 139–158; Text + Kritik).
Gesamtdarstellungen und Studien:
H. H. J. Zum 60. Geburtstag J.s im Auftrag der Freien Akademie der Künste in Hamburg, Hg. R. Italiaander, Hbg. o. J. [1954]. – *H. H. J. Buch der Freunde. Zum 1. Todestag i. A. der Freien Akademie der Künste in Hamburg*, Hg. R. Italiaander, Hbg. o. J. [1960]. – W. Muschg, *H. H. J.* (in W. M., *Von Trakl zu Brecht. Dichter des Expressionismus*, Mchn. 1961, S. 264–334). – H. Wolffheim, *H. H. J. Der Tragiker der Schöpfung. Beiträge zu seinem Werk*, Ffm. 1966. – W. Muschg, *Gespräche mit H. H. J.*, Ffm. 1967. – W. Emrich, *Das Problem der Form in H. H. J.s Dichtungen*, Mainz/Wiesbaden 1968. – J. Hassel, *Der Roman als Komposition. Eine Untersuchung zu den Voraussetzungen u. Strukturen von H. H. J.s Erzählen*, Diss. Köln 1968. – R. Wagner, *Der Orgelreformer H. H. J.*, Stg. 1970. – W. Blohm, *Die außerrealen Figuren in den Dramen H. H. J.s*, Hbg. 1971. – H. J. Eichhorn, *Mythos u. Tragik. H. H. J.s Dramen*, Diss. Zürich 1973. – B. Goldmann, *H. H. J. Schriftsteller, Orgelbauer. 1894–1959. Eine Ausstellung*, Wiesbaden 1973. – P. Kobbe, *Mythos u. Modernität. Eine poetologische u. methodenkritische Studie zum Werk H. H. J.s*, Stg. u. a. 1973. – Ch. Linsmayer, *Das Todesproblem bei H. H. J.*, Diss. Zürich 1973. – W. Helwig, *Die Parabel vom gestörten Kristall*, Mainz 1977. – E. Jäger, *Untergang im Untergrund. Die jugendliche Gruppe in den Dramen H. H. J.s*, Ffm. u. a. 1979. – *H. H. J.*, Hg. H. L. Arnold, Mchn. ³1980 (Text + Kritik). – M. Maurenbrecher, *Subjekt u. Körper. Eine Studie zur Kulturkritik im Aufbau der Werke H. H. J.s, dargestellt an frühen Texten*, Ffm. u. a. 1983. – *Die Suche nach dem rechten Mann. Männerfreundschaft im literarischen Werk H. H. J.s*, Hg. W. Popp, Bln. 1984 (Argument, Sonderbd.). – H. Mayer, *Versuch über H. H. J.*, Aachen 1984. – *Siegener H. H. J.-Kolloquium 1985: Homosexualität u. Literatur*, Hg. D. Molitor u. a., Essen 1986. – T. Freeman, *H. H. J.: eine Biographie*, Hbg. 1986. – F. Krey, *H. H. J. u. die mann-männliche Liebe*, Ffm. u. a. 1987. – G. Rupprecht, *H. H. J.* (in KLG, 33. Nlg., 1989). – E. Wolffheim, *H. H. J. mit Selbstzeugnissen u. Bilddokumenten*, Reinbek 1989 (rm).

FLUSS OHNE UFER

Roman in drei Teilen von Hans Henny JAHNN. Der erste Teil *(Das Holzschiff)* erschien 1949, der zweite *(Die Niederschrift des Gustav Anias Horn, nachdem er neunundvierzig Jahre alt geworden war)* in zwei Teilbänden 1949 und 1950; der dritte Teil *(Epilog)* wurde 1961 in fragmentarischer Form von Walter MUSCHG aus dem Nachlaß herausgegeben. – Im Jahre 1934 emigrierte Jahnn auf die dänische Insel Bornholm, wo bis 1946 dieser Roman, sein bedeutendstes Werk, entstand. Nach der Rückkehr nach Hamburg behinderten den Autor finanzielle Schwierigkeiten und sein verzweifelter Kampf gegen das atomare Wettrüsten so in seiner Arbeit, daß der letzte Teil unvollendet blieb.

Die Handlung, die sich über 2200 Druckseiten erstreckt, ist nicht wesentlicher Bestandteil des Werks. Der Roman als Gattung des 19. Jh.s, das »Romanhafte«, interessiert – wie schon MUSIL und BROCH – auch Jahnn nicht mehr. Die Thematik wird nicht mehr im und durch das Geschehen ausgedrückt, sondern in der Widersprüchlichkeit der Personen. *»Sie gelangen ans Ziel, an ihre Wirklichkeit, weil sie der Schauplatz von Ereignissen sind, musikalisch ausgedrückt, von Themen, Strophen, Motiven, Anklängen, Rhythmen«* (Brief an Werner Helwig, 29. 4. 1946). – Auf diesem seelischen Schauplatz findet eine *»fast naturwissenschaftliche Betrachtung oder Erforschung des Wesens der Schöpfung, der Geschlechtlichkeit des Menschen und der interstellaren Einsamkeit seines Herzens«* statt: So faßte HELWIG (Brief an Jahnn, 23. 3. 1946) die Absichten des Autors zusammen. Der Protagonist dieses erzählerischen Experiments, der deutsche Tonsetzer Gustav Anias Horn – ein Vergleich mit Thomas MANNS Adrian Leverkühn im *Doktor Faustus* (1947) liegt nahe –, begibt sich auf die Suche nach der verlorenen Zeit. – Im ersten Teil beschreibt ein keineswegs allwissender Erzähler die Ausfahrt eines *»dreimastigen Vollschiffs«* mit dem Namen »Lais«. Ein junger Mann, Gustav genannt, macht die Reise als blinder Passagier mit, um seiner Verlobten Ellena Strunck, der Tochter des Kapitäns, nahe zu sein. Nach deren mysteriösem Verschwinden kommt es zur Meuterei, weil die Mannschaft, die man über Fracht und Ziel nicht unterrichtet hat, beunruhigt ist. Gustavs angestrengte Suche nach Ellena führt allerdings nur dazu, daß der Schiffsrumpf bei der durch ihn veranlaßten Öffnung eines verborgenen Laderaums vom Zimmermann beschädigt wird und das Schiff untergeht. Das Mädchen bleibt verschwunden, und der Erzähler teilt nur Mutmaßungen über die geheimnisvollen Vorgänge auf dem Schiff mit.

Ließ die Seegeschichte noch an Joseph CONRAD denken, so nimmt der zweite Teil alle Elemente des inneren Monologs, der Sprechweise der Personen, der Gedankenspiele und Abschweifungen auf, wie sie aus Jahnns früherem Roman *Perrudja* (1930) bekannt sind. *Die Niederschrift des Gustav Anias Horn*, jenes Verlobten des verschollenen Mädchens, schildert in einem fortlaufenden Bewußtseinsstrom Vergangenheit, Gegenwart und Erwartungen des Komponisten. Angesichts der Mumie seines einbalsamierten Freundes Alfred Tutein, der als Matrose auf dem Holzschiff gedient hatte, versucht er, ihn der Vergessenheit zu entreißen, der Vergänglichkeit Herr zu werden: Er erinnert sich der Aufklärung der rätselhaften Geschehnisse auf dem Holzschiff. Alfred Tutein hatte Ellena ermordet, aber Gustavs Verzeihung, ja sogar seine Liebe erlangt. Der Mörder ist an die Stelle des Opfers getreten, in einer Symbiose von Körper und Geist haben die beiden in mystischem Bluttausch eine dauernde homoerotische Blutsfreundschaft geschlossen, die bis zu Tuteins Tod währt. Die Flucht vor der Vergangenheit, Erlebnishunger und Freiheitsdurst treibt sie durch die Kontinente. Alle Experimente zur Überwindung des Zweiseins stoßen immer wieder an die Grenzen, die Tod und Vergänglichkeit setzen. Auf der Flucht vor der barbarischen Zivilisation kommen sie erst in Norwegen und Schweden zur Ruhe, Horn als Komponist, Tutein als Pferdehändler (Autobiographisches aus Bornholm spielt hier herein; keineswegs ist jedoch der Orgelbauer Jahnn dem Komponisten Horn gleichzusetzen). Nach Tuteins Tod zieht Horn Erkundigungen nach Überlebenden jenes lange zurückliegenden Schiffsunglücks ein. Ein junger Mann, Ajax von Uchri, gibt sich als Leidensgefährte Horns aus, versucht Tuteins Rolle zu übernehmen und wird schließlich zum Mörder Horns. Das Prinzip der Wiederholung bestimmt diesen Teil des Romans, in dem über weite Strecken musikalische Formen nachgebildet werden. Ein Brief Horns an seine verstorbene Mutter bringt nochmals eine *»enge Durchführung«* der Themen. Mit dem Verschwinden Uchris endet der zweite Teil.

Er habe bewußt jede traditionelle Handlung vermieden, schreibt Jahnn an Helwig (10. 6. 1946) und fährt fort: *»Das ist die innere Ursache des ›Epilog‹ geworden. Dort leite ich die Niederschrift des Einzelnen gleichsam in die Menschenwelt zurück, allerdings nicht in jene des ›Holzschiffs‹, sondern in eine absonderliche, die gleichsam die ›Aufzeichnungen des G. A. Horn‹ gelesen und daraus ihre Schlüsse gezogen hat.«* – In der norwegischen Stadt Halmberg erfährt Gemma Bohn vom Tode ihres einstigen Liebhabers Horn, von dem sie einen Sohn, Nikolaj, hat. Das Phänomen der Knabenliebe wird an der Begegnung Nikolajs mit Ajax von Uchri beschrieben, die die Liebesfreundschaft zwischen Horn und Tutein wiederholt. Die einzelnen Handlungsstränge sind jedoch nicht mehr verknüpft, der epische Fluß ist nicht mehr einzudämmen. Das Leben imitiert die Literatur: Weder Horn noch sein Schöpfer Jahnn können ihr Experiment zu Ende bringen. Der Mystik der Vergeblichkeit und Vergänglichkeit hat Jahnn eine neue entgegengesetzt: die der Verehrung des Menschen, der Verherrlichung der Natur, der Heiligung des Irdischen. Sein nach- und antichristliches Heidentum stieß auf Unverständnis, die unverstellte Offenheit seiner Darstellung, die Jahnn vor keinem tabuierten Bereich menschlichen Lebens zurückschrecken ließ, hat ihm oft verständnislose Kritik eingebracht. Über den *Fluß ohne Ufer* schreibt der Autor in einem Brief an H. Chr. Meier: *»Der Todeskampf eines Menschen erstreckt sich über 500 Druckseiten – und alle menschlichen Werte werden hineingeworfen. Das ist eine Reinigung à la Sartre, bei der dem Leser die Haut abgebeizt wird ... Ich gehe im ›Fluß‹ bis an die Grenze der mir erreichbaren Wahrheit, und ich habe die Unerschrockenheit, die die völlige Einsamkeit gibt, eingesetzt«* (22. 9. 1946). – Der Glaube an einen persönlichen Gott wird immer wieder scharf abgelehnt, die Freiheit des Willens geleugnet. Dem konventionellen Christentum wird eine erneuerte Religion entgegengehalten, eine neue Humanität der Liebe in allen ihren Variationen, des Erbarmens, besonders mit den Unterdrückten und Entrechteten, mit den Tieren, mit der ganzen Natur.

Das zentrale Problem der modernen Epik – die Reflexion auf ihr Medium, den Erzähler – wird auch bei Jahnn deutlich: Das Erzählen selbst ist Thema und Problem. Der zwanghafte Ablauf der Geschehnisse, das Prinzip der Wiederholung schaffen eine mythische Welt. Das alte mythologische Menschheitsepos von Gilgamesch und Engidu (das Horn zu vertonen sich müht) dient als Grundmuster der Zwillingsbruderschaft, der gleichgeschlechtlichen Bindung. Verhaltensmuster werden entworfen und verworfen – *»Ich übe mich in der Kunst, Menschen zu begegnen«*, sagt Ajax von Uchri –, typisiert und stilisiert, mythisiert. Auch die Sprache, die Kunst überhaupt, um die im und durch den Roman gerungen wird, dient der Schöpfung dieser mythischen Welt; sie ist nicht realistisch, aber doch ausdrucksstark, sinnlich und sehr anschaulich. Helwig vergleicht sie mit Luthers und Klopstocks Ausdrucksweise. Thomas Mann schrieb in seiner Würdigung: *»Mag Jahnn Anstoß erregen bei anderen, nicht bei mir, dem das künstlerisch Kühne immer ein Hauptspaß ist.«* R.Ra.

Ausgaben: Mchn. 1949 *(Das Holzschiff)*. – Mchn. 1949/50 (*Die Niederschrift des Gustav Anias Horn, nachdem er neunundvierzig Jahre alt geworden war*, 2 Bde.). – Ffm. 1959 (3 Bde.; überarb. Fassg. von *Das Holzschiff*). – Ffm. 1961 (*Epilog*, Hg. W. Muschg; mit Nachw.). – Mchn. 1964 (*Das Holzschiff*; Fassg. von 1958; dtv). – Gütersloh 1964 (*Das Holzschiff*; Fassg. von 1958; Nachw. W. Emrich). – Hbg. 1974 (in *Werke u. Tagebücher in 7 Bdn.*, Hg. T. Freeman u. Th. Scheuffelen, 2/3; Einl. H. Mayer). – Ffm./Bln. 1981 (Ullst. Tb). – Hbg. 1986 (3 Bde., in *Werke in Einzelbänden*, Hg. U. Schweikert, 1985 ff.: *Fluß ohne Ufer I. Das Holzschiff. Die Niederschrift des Gustav Anias Horn*, Hg. ders.; *Fluß ohne Ufer II. Die Niederschrift des Gustav Anias Horn II*, Hg. ders.; *Fluß ohne Ufer III. Epilog. Bornholmer Aufzeichnungen. Erzählungen u. Texte aus dem Umkreis von »Fluß ohne Ufer«*, Hg. ders. u. U. Bitz).

Literatur: H. Boetius, *Utopie u. Verwesung. Zur Struktur von H. H. J.s »Fluß ohne Ufer«*, Bern u. a. 1969. – R. E. Brown, *H. H. J.s »Fluß ohne Ufer«*, Bern 1969. – R. Wagner, *H. H. J.s Roman »Fluß ohne Ufer« – Summa Harmonica* (in Antaios, 10, 1969, S. 66–84). – R. Joswig, *Weltbewältigung. Zu H. H. J.s Roman »Fluß ohne Ufer«*, Diss. Freiburg i. B. 1969. – R. Schmitt, *Das Gefüge des Unausweichlichen in H. H. J.s Romantrilogie »Fluß ohne Ufer«*, Göppingen 1969. – J. Vogt, *Struktur u. Kontinuum – Über Zeit, Erinnerung u. Identität in H. H. J.s Romantrilogie »Fluß ohne Ufer«*, Mchn. 1970. – Th. Scheuffelen, *H. H. J. im Exil – Exilmotive in seinem Roman »Fluß ohne Ufer«. Eine Chronik von Leben u. Werk 1933–1945*, Diss. Mchn. 1972. – J. Bachmann, *Die Handschrift der Niederschrift: Manuskriptlektüre des Romans »Die Niederschrift des Gustav Anias Horn, nachdem er neunundvierzig Jahre alt geworden war« von H. H. J.*, Bern. u. a. 1977. – A. Schmidt, *Die Tugenden der Kaulquappe. Ein Bericht über H. H. J.s nunmehr fertig vorliegenden Roman »Fluß ohne Ufer«* (in Der Rabe, 1985, Nr. 12, S. 55–62). – J. Vogt, *H. H. J.s Romantrilogie »Fluß ohne Ufer«*, Mchn. [2]1986. – D. Hoffmann, *Die Wirklichkeit u. der Andere: zu H. H. J.s Roman »Fluß ohne Ufer«*, Ffm. u. a. 1987.

PASTOR EPHRAIM MAGNUS

Drama von Hans Henny Jahnn, begonnen 1916 in Norwegen, erschienen 1919; Uraufführung durch B. Brecht und A. Bronnen: Berlin, 24. 8. 1923, Schwechtenhalle. – Mit diesem umfangreichen, 1917 bereits abgeschlossenen Werk beginnt Jahnns literarische Laufbahn, die von Anfang an von Kontroversen begleitet war. Als O. Loerke dem Stück, dessen Ausgabe an Minderjährige nicht verkauft werden durfte, 1920 den Kleist-Preis zuerkannte, führte dies zu zahlreichen Polemiken, u. a. durch V. Klages, P. Fechter, J. Bab und E. Gross *(»ein masochistisch-sadistisches Produkt eines sich genial gerierenden ... Geistes«)*; auch die Uraufführung geriet zu einem Mißerfolg.

In vierzehn Szenen entwirft das Drama, das nachhaltig vom Expressionismus der Zeit geprägt war, daneben aber auch Anklänge an das barocke Trauerspiel sowie an G. Büchner (T. Freeman) zeigt, den *»Kampf«* um die *»Entfaltung des Urmenschen im Menschen«* (O. Loerke). Vor seinem Selbstmord verkündet der kranke Pastor Magnus seinen Kindern Ephraim, Johanna und dem unehelichen Sohn Jakob die Lehre von der Überwindung des Todes, dem er selbst anheimfällt, weil er mit der Liebe zu seiner verstorbenen Frau auch seine Seele verlor. Die *»zwei Wege, die Sicherheit bergen«*, sind der anarchistische Vollzug des Eros oder die qualvolle Nachfolge Christi. Aber schon in der Deutung des alten Magnus wird Christus zum knabenhaften Opfer des Triebverzichts, zur Gestalt des unterdrückten *»Mysteriums des Lebens«*. Damit ist die Transzendenz zur Leiblichkeit und libidinösen Dynamik entmythologisiert, die ihrerseits religiöse Züge annehmen. Da der von Jahnn kulturkritisch geforderte Archaismus des Gefühls und des Denkens auf den Widerstand eingefahrener Denk- und Verhaltensmodelle stoßen muß, richtet sich das Stück noch vor jeder revolutionären Handlung gegen die bestehende Sprache. Sprachskepsis und Sprachkritik sowie die mannigfachen Formen der Unsagbarkeit sind Grunderfahrungen der Hauptakteure. Sprachmagie und hymnische Monologik, märchenhafte, dämonisierende Perspektiven und eine forcierte Metaphorik des Gräßlichen reflektieren den neuen Denkstil, den im ersten Teil des Dramas Jakob eindringlich entfaltet, wenn er, durch sein Bastardtum zum Anarchisten prädestiniert, die »aufklärerische« Funktion übernimmt, Ephraim, Johanna und sich selbst der unbewußten und zweckfreien Liebesgewalt zu unterwerfen. Die Demaskierung der Partner der Geschwister erfolgt bewußt durch die jede Übereinkunft sprengenden Forderungen und Bekenntnisse der Liebenden. Dabei erweist sich das Gefühl als gesellschaftliches Klischee, das den Menschen zum bloßen Mittel entwürdigt. Zusehends enthüllen sich bei Jakob wie bei Ephraim und Johanna jene Schichten des Bewußtseins, die die *»Geschichte ihrer ersten Liebe«* von vornherein vereiteln: Homoerotische und inzestuöse Strukturen lassen sie zu gesellschaftlich Ausgestoßenen werden, deren anarchische Erotik unter dem Vorzeichen der Regression sich vollziehen muß.

So zeigt der zweite Abschnitt des Dramas den Weg ihrer *»ungestillten Seelen«*. Wie fast immer bei Jahnn sind auch hier Pathologie und überformende Sinngebung, Tiefenpsychologie und Religiosität untrennbar verknüpft. *»Konfrontiert mit einer Welt ohne Gott oder ohne Sinn, erlebt Jakob eine gewissermaßen psychotische Auflösung: Unfähig zu jeder sinnvollen Kommunikation, begibt er sich ... auf die Suche nach Erlösung, indem er zuerst mit menschlichen Beziehungen, dann mit menschlichem Fleisch experimentiert«* (T. Freeman). Er zwingt seine Verlobte Mathilde, mit dem Bildhauer Paul zu schlafen, um einen Beweis für ihre Unterwerfung zu erhalten, verweigert ihr dann aber die Ehe, als sie schwanger ist – das Mädchen stirbt bei der Geburt des Kindes. Nun wendet er in maßloser Ernüchterung den sexuellen Zynismus der Sprache *(»aufreißen«)* direkt auf eine Dirne an und wird zum Mörder. Vor Gericht stellt sich seine archaische Existenz als das Gegenbild einer Kultur dar, die den organisierten Mord sanktioniert, um den Verbrecher aus Verirrung und Leidenschaft um so nachhaltiger zu verfolgen.

Nach der Hinrichtung läßt Pastor Ephraim die Leiche seines Bruders Jakob in die Krypta des Doms entführen. Die Unsterblichkeitsfrage und der unbegreifliche Übergang vom Leben zum Tod treiben Ephraim in die Stationen des Grauens. Die Identifikation mit Christus, bis in zitathafte Anklänge nachweisbar, wird als regelrechter Ritus vollzogen. Aber der Aufstieg zum *»Mysterium der Qual«* Gottes ist zugleich die Abkehr von ihm. Die Marter des Leibes und der Sinne um der Heiligung und Erlösung willen, eine Marter, die durch Kastration und Blendung den Kreuzestod Christi noch zu überbieten sucht, gliedert sich in »Erkenntnisstufen«, die am Ende die Lust als Vollendung des Menschen erweisen werden.

Auch hier betreibt Jahnn Sprachkritik als »Vernunftkritik«, wenn er die Greuel als Zwänge der hybriden Spekulationen Ephraims darlegt. Aber erst über diesen Weg wird die Erfüllung der Liebe als versäumte Tat sichtbar. Ephraims extremer Masochismus, der in den eingeblendeten Totentanzfiguren auch als Folge der Verdrängung des inzestuösen Triebes gedeutet werden kann, zwingt auch Johanna zur Entsagung, die sie durch die Ausbrennung ihres Schoßes endgültig macht. Sie wird in ihrer ursprünglichen Hingabebereitschaft zum eigentlichen Opfer des Gottsuchertums, dargebracht durch den Ritualmord Ephraims. Indem Ephraim in die »Lichtlosigkeit« seiner zermarterten Seele hinabsteigt, überwindet er die Verwesung Jakobs, dessen Leib in der Gruft allmählich zur Statue verwandelt wird. Dieses »Wunder« der statuenhaften Restauration von Schönheit versinnbildlicht, daß der *»Weg von einem Lebenden zu einem Toten«* in der unbedingten brüderlichen Treue zu ihm gelungen ist. Restaurativ ist diese Schönheit, weil sie die des Knaben ist. Regression ist somit unpsychologisch als Rückkehr in den *»Rhythmus unserer Knabentage«* zu werten, in eine noch »experimentierende« Liebe und die schöpferische Kraft des Unbewußten. Das Motiv der Bachschen Musik gehört ebenso diesem Bereich zu, den Ephraim jedoch nur im Geistigen wiedergewinnen kann. Für ihn geht es darum, die über den Umweg der Gottessuche gewonnene Einsicht in das *»Mysterium der Lust«*, das sich an Jakobs und Johannas Unverweslichkeit, an ihrer Schönheit im Tode darstellt, ins Künstlertum zu transponieren. Er wird Baumeister des Münsters, das Paul erneuern wird; die Bewahrung seiner Geliebten durch eine unzugängliche Grabkammer ist gesichert. Die totale Identität von Seele und Leib, von Geistigem und sinnlich Geformtem drängt einerseits zur Verewigung des Fleisches im Totenkult und andererseits zum sakralen Innenraum der aufgestellten Knabenleiber, die als Konfigurationen der Seelen das physische Dasein gleichsam nach innen überschritten haben. Die Utopie dieser Stätte – des in der Kunst überwundenen Todes – ist eine Herausforderung der Jahnnschen Dramatik.

Der Autor selbst verhielt sich dem Stück gegenüber zeitlebens ambivalent; er bedauerte nachträglich mitunter seine Veröffentlichung, erklärte den Text gegenüber Walter MUSCHG als Reflex auf die Erfahrung des etablierten Literaturkanons *(»nur keine Literatur wie alle ... machen, nur das nicht, was man einem in der Schule als Dichtung eintrichtert, nur ja nicht jene Sprache«)*, an P. SUHRKAMP (18.8. 1936) schrieb er: *»Ich habe, wiewohl dies Werk mir mehr geschadet als irgend eine andere Dummheit meines Lebens, niemals verleugnet.«* Auch Jahnns zweites Drama, die Tragödie *Die Krönung Richards III.* (1921), fand bei seiner Uraufführung 1922 in Leipzig eine zwiespältige Aufnahme.

P.Ko.-KLL

Ausgaben: Bln. 1919. – Ffm. 1963 (in *Dramen*, 2 Bde., 1963–1965, 1; Nachw. W. Muschg). – Hbg. 1974 (in *Werke u. Tagebücher in 7 Bdn.*, Hg. T. Freeman u. Th. Scheuffelen, 4; Einl. H. Mayer).

Literatur: E. Gross, Rez. (in LE, 15. 5. 1921). – J. Bab, Rez. (in Die Weltbühne, 16. 6. 1921). – O. Loerke, *H. H. J.* (ebd., 23. 6. 1921; ern. in *Deutsche Literaturkritik*, Hg. H. Mayer, Bd. 3, Mchn. 1978, S. 329–335; dtv). – G. Harms, *H. H. J.: »Pastor Ephraim Magnus«* (in Kleine Veröffentlichungen der Glaubensgemeinde Ugrino, Aug. 1921, H. 3, S. 42–50). – E. Faktor, Rez. (in Berliner Börsen-Courier, 25. 8. 1923). – A. Michel, Rez. (in Vossische Ztg., 28. 8. 1923). – H. Kienzel, Rez. (in Hamburger Nachrichten, 28. 8. 1923). – A. Döblin, *H. H. J. »Pastor Ephraim Magnus«* (in A. D., *Die Zeitlupe. Kleine Prosa*, Freiburg i. B. 1962, S. 44). – A. Bronnen, *Die Tage mit Brecht*, Mchn. u. a. 1960, S. 152–156. – *Der Kleist-Preis 1912–1932. Eine Dokumentation*, Hg. H. Sembdner, Bln. 1968, S. 75–77.

PERRUDJA

Roman von Hans Henny Jahnn, unvollendet in zwei Bänden erschienen 1929. – Mit *Perrudja* gelang Jahnn der endgültige Durchbruch in die Kunst der Moderne. Naturwissenschaft und Tiefenpsychologie, Sprachkrise und musikalisch-analoge Verfahrensweise des Erzählens haben das Werk entscheidend geprägt; zwar behauptete Jahnn rückblickend, er habe den Roman in einem Zuge niedergeschrieben, nach T. Freeman führte die Lektüre des *Ulysses* von J. Joyce jedoch zwischen 1927 und 1929 zu einer gravierenden Umarbeitung des ersten Textentwurfs. Zugleich spiegelt das Werk, dessen Beeinflussung durch den Roman von Joyce der zeitgenössischen Kritik bereits aufgefallen war, die hochfliegenden Pläne des jungen Jahnn wider; Gründung und Ende der »Glaubensgemeinde Ugrino« (1921–1925), einer utopisch-religiösen Sekte, haben hier ihr fiktives Nachspiel. Dieser Dualismus von naturwissenschaftlicher Durchdringung und phantasmagorischer Sinngebung des Erzählten ist Ursache für die eigenartige Widersprüchlichkeit des Romans. Was Jahnn mit seinen Zeitgenossen – Joyce, Döblin oder Broch – verbindet, ist vor allem die Darstellungstechnik des inneren Monologs, eine bis zur Abstraktion vorstoßende Leitmotivik, die Erschließung psychischer Tiefendimensionen des Menschen und die virtuose Mischung verschiedener Stilebenen und Perspektiven: *»So wie bei Döblin überstürzen sich bei Jahnn die Anekdoten und die Aufzählungen, die Liederrefrains, medizinischen Konstatierungen, alten Sprüche, Kochrezepte, Obszönitäten, Legenden; die Namen von Edelsteinen, spanischen Generalen, Fleisch-, Gemüse-, Marmeladesorten, technischen Einrichtungen wirbeln, jagen sich durcheinander«* (K. Mann). Die Hereinnahme des Unbewußten, der Triebregungen und primitiven Denkformen sowie die exzessive Beschreibung physiologischer Vorgänge und die Betonung der Fleischgebundenheit sind jedoch nur Voraussetzung für eine radikale Umdeutung der Stellung des Menschen im Kosmos. Vornehmlich geht es Jahnn um die Ausgeliefertheit des Menschen an physische und biologische Kräfte und um seine Preisgabe an die von jedem Kalkül und jeder moralischen Wertung freizuhaltenden »Versuchungen« des Lebens. Daher ist Perrudja nicht mehr unverrückbare Gestalt, fraglos beschreibbarer Charakter, sondern *»Schauplatz für Abläufe«*, für elementare Erfahrungen; von einem *»Nicht-Helden«* spricht die dem Roman durch Jahnn vorangestellte *»Inhaltsangabe«*.

Der Roman gibt einen Erkenntnisprozeß wieder, der Perrudja die eigene Bedingtheit Stufe um Stufe enthüllt: die Leibnähe zum Tier, vor allem zum Pferd, gipfelnd im sehnsuchtsvollen Motiv kreatürlicher Einheit, dem Kentauren; Fremdheit und Tröstlichkeit der Natur, die sich immer wieder ins Außermenschlich-Erhabene oder Katastrophale entzieht; Angst und Verödung des Fürsichseins, die die Nähe des Nächsten und die Erlösung im Fleische fordern.

In seiner norwegischen Bergeinsamkeit bereitet Perrudja den *»Antrag an die Schöpfung«* vor; er sucht die Erfüllung in der Liebe. Aber sie wird ihm nicht zuteil, denn er handelt getreu der Jahnnschen Auffassung *»von mehreren getrennten Bewußtseinsebenen aus«*. Alle Pläne werden durch in ihm selbst wirkende gegenläufige Tendenzen der psychischen Schichten vereitelt. Die Magd Lina, die ihm wegen ihrer Verbindung mit seinem Knecht Hjalmar versagt bleiben muß, ist nur der Anlaß zur Aufdekkung eines verdrängten Abschnittes seiner Kindheit, in den seine erste homoerotische Neigung zu einem Schlächterburschen und die frühe schmerzliche Begegnung mit Signe Skaerdal, seiner weiblichen Gegenspielerin, fallen. In Signe glaubt er nun, nach einer kurzen und heftigen Verirrung mit dem Burschen Alexander, seine wahre künftige Partnerin gefunden zu haben. Er wirbt um sie und tötet nach langwierigen und demütigenden Wettkämpfen ihren tierhaft-barbarischen Verlobten Hoyer. Aber seine nichtheldische Veranlagung hindert Perrudja, den gemeinsam mit Signes Bruder Hein begangenen Mord zu bekennen, den sie, die archetypisch weibliche Heldin, gutgeheißen hätte. Die Hingabe in der Hochzeitsnacht wird dadurch unmöglich: Signe nimmt sein verspätetes Eingeständnis nicht mehr an. Der Sieg der nach Macht- und Zweckprinzipien arbeitenden Vernunft ist damit vollkommen; Perrudja zergliedert seine Liebe zynisch zu bloßer Begrifflichkeit, während Signes stolzes Ich über die Hingabebereitschaft des Leibes triumphiert. Nunmehr kann sich die utopische Zielsetzung des Romans entfalten. Die *»späte und einseitige Blutsbrüderschaft«* mit Hein, in der sich die homoerotische Konstitution Perrudjas endgültig manifestiert, macht ihn empfänglich für seine kosmopolitische Sendung. Das Motiv des märchenhaften Reichtums, dem Perrudja seine Unabhängigkeit und den Bau seines phantastischen

Bergschlosses verdankt, tritt jetzt in den Vordergrund. Als Herr eines internationalen Konzerns ist er der reichste Mann der Erde, dem das gesamte Großkapital zur Verfügung steht. Die Begegnung mit der Jugend und die kulturkritische Entlarvung der ausbeuterischen Zweckhaftigkeit und verlogenen Moral der industriellen Massengesellschaft veranlassen ihn, das Geldmonopol seines Konzerns für einen letzten Krieg zu nutzen, der die alte Welt zugunsten des paradiesischen Inselreiches einer neuen, an *»fleischliche Eide«* gebundenen Rasse vernichten soll. Dieser utopisch-inhumane Überbau kann jedoch die Vergeblichkeit auch dieses Unterfangens nicht verschleiern. Es ist nur ein letzter Schritt im Erkenntnisprozeß: Der Auseinanderfall von Wollen und Handeln, von Absicht und Wirkung wird hier am deutlichsten offenbar. Der Fragment gebliebene Roman mündet aus in das *»Hohelied des Gesetzes«*, in dem Signe ihre Demütigung unter die Gewalt der physischen Bestimmung erfährt und sich erneut dem Nichthelden Perrudja zugeordnet weiß, den sie mit dem Menschen schlechthin in eins setzt.

Die Modernität des Werks liegt nicht in der expressionistisch getönten Menschheitserlösung, sondern wesentlich in der inneren Entwicklung Perrudjas: in der Zerstörung eines herkömmlichen Begriffs vom Menschen. Daher ist das Künstlertum Perrudjas besonders hervorzuheben; in ihm wird die Dichtung selbst zum Thema. Seine schweifenden Visionen und Vorstellungsfluchten, denen mythische Gestalten, orientalische Geschichtsdeutungen und archaisch stilisierende Erzählungen entspringen, werden an der Wirklichkeit gemessen und korrigiert. Der Roman entfaltet ein betont anarchisches und gleichermaßen ästhetisches Denken, das die Liebe als *»das große Gesetz«* in natürlichsten und entlegensten Konstellationen zum Gegenstand hat – Liebe immer verstanden als Abtrünnigkeit und geistiges Bündnis über den Tod hinaus. Die homoerotische Komponente erhält von daher ihre das Psychologische übersteigende Funktion. Sie entwirft modellhaft die Auseinandersetzung zwischen Archetypus und Individuum, das Ringen zwischen der ewigen Wiederkehr des Gleichen und seiner Aufhebung im tragischen Vollzug der Liebe. Das *Gilgamesch*-Motiv, das in den Musikeinlagen des Romans anklingt und in seine Struktur esoterisch verflochten ist, wird so zum mythischen Grundmuster der Auflehnung und Schöpfungsklage: *»Er ertrug es nicht länger, die Schöpfung ohne Moral zu sehen.«* Im Jahre 1933 brach Jahnn die Arbeit am zweiten Teil des Textes ab und wandte sich dem Roman *Fluß ohne Ufer* zu; er habe, so schreibt er im Vorwort zur Ausgabe von 1958, damals jede Hoffnung auf jene bessere Welt verloren, mit deren Schilderung er *Perrudja* beenden wollte. P.Ko.-KLL

AUSGABEN: Bln. 1929, 2 Bde. – Ffm. 1958. – Ffm. 1966 (FiTb). – Ffm. 1968 *(Perrudja II; Fragmente aus dem Nachlaß)*. – Hbg. 1974 (in *Werke u. Tagebücher in 7 Bdn.*, Hg. T. Freeman u. Th. Scheuffelen, 1; Einl. H. Mayer). – Hbg. 1985 (in *Werke in Einzelbänden*, Hg. U. Schweikert; enth. *Perrudja, Perrudja, Zweites Buch (Fragmente aus dem Nachlaß)*, Hg. G. Rupprecht).

LITERATUR: H. Liepmann, Rez. (in Die Weltbühne, 26, 1930, S. 879–882). – K. Mann, Rez. (in Neue Freie Presse, 3. 8. 1930; ern. in K. M., *Prüfungen. Schriften zur Literatur*, Hg. M. Gregor-Dellin, Mchn. 1968, S. 162–167). – W. Koeppen, Rez. (in Berliner Börsen-Courier, 15. 7. 1932). – R. Lund [d. i. R. Hartung], *»Perrudja«. Ein Werk H. H. J.s* (in Literarische Revue, 4, 1949, S. 262–266). – G. Blöcker, *Eine neue Art Mensch* (in FAZ, 15. 11. 1958). – W. Muschg, *Monument des Naturmystizismus* (in FH, 14, 1959, S. 209–212). – Y. Bar-David, *H. H. J. ou le roman devenue musique* (in Critique, 17, 1961, S. 111–131). – R. Wagner, *H. H. J.s Roman »Perrudja« – Sprache u. Stil*, Diss. Mchn. 1965. – T. Freeman, *Structure and Symbolism in H. H. J.'s »Perrudja«*, Diss. Stanford Univ. 1970. – B. Mitchell, *H. H. J. and James Joyce. The Birth of the Inner Monologue in the German Novel* (in Arcadia, 6, 1971, S. 44–71). – Y. Bar-David, *Leitmotiv et roman. »Perrudja« de H. H. J.*, Diss. Paris 1972. – K. Hock, *Untersuchungen zu H. H. J.s »Perrudja«*, Diss. Mchn. 1976. – K. Brynhildsvoll, *H. H. J. u. Henrik Ibsen. Eine Studie zu H. H. J.s Roman »Perrudja«*, Bonn 1982. – M. Mahlstedt, *Erlösungsfigurationen in H. H. J.s »Perrudja«*, Hbg. 1982. – J. Wohlleben, *Versuch über »Perrudja«*, Tübingen 1985. – H. Kiesel, *Kombination disparater Elemente. Zur Neuausg. des Romans »Perrudja« von H. H. J.* (in NZZ, 28. 2. 1986) H. J. Fröhlich, Rez. (in *Romane von gestern – heute gelesen*, Hg. M. Reich-Ranicki, Bd. 2, Ffm. 1989, S. 178–186).

ERNST JÜNGER

* 29.3.1895 Heidelberg

LITERATUR ZUM AUTOR:
Bibliographie:
H. P. des Coudres u. H. Mühleisen, *Bibliographie der Werke E. J.s*, Stg. 1985.
Gesamtdarstellungen und Studien:
W. D. Müller, *E. J. Ein Leben im Umbruch der Zeit*, Bln. 1934. – M. Decombis, *E. J. L'homme et l'œuvre jusqu'en 1936*, Paris 1943. – E. Brock, *Das Weltbild E. J.s*, Zürich 1945. – K. O. Paetel, *E. J. Die Wandlung eines dt. Dichters u. Patrioten*, NY 1946. – G. Nebel, *E. J. u. das Schicksal des Menschen*, Wuppertal 1948. – G. Stein, *E. J.* (in FH, 1948, S. 434–454). – H. Becher, *E. J. Mensch u. Werk*, Warendorf 1949. – K. O. Paetel, *E. J. Weg u. Wir-*

kung, Stg. 1949. – H. R. Müller-Schwefe, *E. J.*, Wuppertal-Barmen 1951. – R. Gruenter, *Formen des Dandyismus. Eine problemgeschichtliche Studie über E. J.* (in Euph, 46, 1952, S. 170–201). – J. P. Stern, *E. J. A Writer of Our Time*, Cambridge 1953. – *Die Schleife. Dokumente zum Weg von E. J.*, Hg. A. Mohler, Zürich 1955. – *Freundschaftliche Begegnungen. Fs. f. E. J. zum 60. Geb.*, Hg. ders., Ffm. 1955 [m. Bibliogr.]. – G. Loose, *E. J. Gestalt u. Werk*, Ffm. 1957. – H. Kaiser, *Mythos, Rausch u. Reaktion. Der Weg Gottfried Benns u. E. J.s*, Bln./DDR 1962. – K. O. Paetel, *E. J. in Selbstzeugnissen u. Bilddokumenten*, Reinbek 1962 (rm). – H.-P. Schwarz, *Der konservative Anarchist. Politik u. Zeitkritik E. J.s*, Freiburg i. B. 1962. – *Farbige Säume. E. J. zum 70. Geb.* (in Antaios, 6, 1965, H. 5/6; Sonderdr.). – *Wandlung u. Wiederkehr. E. J. zum 70. Geb.*, Hg. H. L. Arnold, Aachen 1965 [m. Bibliogr.]. – H. Gerber, *Die Frage nach Freiheit u. Notwendigkeit im Werk E. J.s*, Winterthur 1965. – H. L. Arnold, *E. J.*, Mühlacker 1966. – *E. J.: Fakten*, Hg. H. Bingel (in STREIT-ZEIT-SCHRIFT, 6, 1968). – G. Kranz, *E. J.s symbolische Weltschau*, Düsseldorf 1968. – U. Böhme, *Fassungen bei E. J.*, Meisenheim a. Gl. 1972. – A. Mohler, *Die konservative Revolution in Deutschland 1918–1932. Ein Handbuch*, Darmstadt 1972. – H. Mörchen, *Studien zur polit. Essayistik u. Publizistik der Zwanziger Jahre*, Stg. 1973. – A. Kerker, *E. J. – Klaus Mann. Gemeinsamkeit u. Gegensatz in Literatur u. Politik*, Bonn 1974. – G. Loose, *E. J.*, NY 1974. – K. Prümm, *Die Literatur des Soldatischen Nationalismus der 20er Jahre (1918–1933). Gruppenideologie u. Epochenproblematik*, 2 Bde., Kronberg/Ts. 1974. – M. Decombis, *E. J. et la »Konservative Revolution«*, Paris 1975. – M. Hictala, *Der neue Nationalismus in der Publizistik E. J.s u. des Kreises um ihn, 1920–1933*, Helsinki 1975. – V. Katzmann, *E. J.s »Magischer Realismus«*, Hildesheim 1975. – E. Könnecker, *E. J. u. das publizistische Echo: Reaktionen zu Person u. Werk nach dem 2. Weltkrieg*, Diss. Bln. 1976. – G. Liebchen, *E. J. Seine lit. Arbeiten in den zwanziger Jahren*, Bonn 1977. – Mag. litt, 1977, Nr. 130 [Sondernr. *E. J.*]. – K. H. Bohrer, *Die Ästhetik des Schreckens. Die pessimistische Romantik u. E. J.s Frühwerk*, Mchn./Wien 1978; ern. Ffm./Bln. 1983 (Ullst. Tb). – F. Baumer, *E. J.*, Bln. 1980. – W. Kaempfer, *E. J.*, Stg. 1981 (Slg. Metzler). – A. Steil, *Die imaginäre Revolte. Untersuchungen zur faschistischen Ideologie u. ihrer theoret. Vorbereitung bei G. Sorel, C. Schmitt u. E. J.*, Marburg 1984. – R. Woods, *E. J. and the Nature of Political Commitment*, Stg. 1985. – La Nouvelle Revue de Paris, 1985, Nr. 2 [Sonderh. *E. J.*]. – H.-H. Müller, *Der Krieg u. die Schriftsteller. Der Kriegsroman der Weimarer Republik*, Stg. 1986. – H. Plard, *E. J.* (in KLG, 22, Nlg., 1986). – N. Dietka, *E. J. nach 1945: Das J.-Bild der bundesdeutschen Kritik (1945–1985)*, Ffm. u. a. 1987. – L. Dornheim, *Vergleichende Rezeptionsgeschichte. Das literarische Frühwerk E. J.s in Deutschland, England u. Frankreich*, Ffm. u. a. 1987. – *Leben u. Werk in Bildern u. Texten*, Hg. H. Schwilk, Stg. 1988.

AUF DEN MARMOR-KLIPPEN

Roman von Ernst Jünger, erschienen 1939. – Dieses bekannteste Buch des Autors wurde in den letzten Monaten des Friedens geschrieben und, zu Anfang von Jüngers zweiter Dienstzeit, *»im September 1939 beim Heer durchgesehen«*. – Ort der Handlung ist eine südliche Wald- und Seelandschaft, die in vielen Details an den Bodensee – seit 1936 lebte Jünger in Überlingen – erinnert. Der Erzähler zieht zusammen mit »Bruder« Otho nach langen Kriegsjahren aus »Alta Plana« an das friedliche »Marina«-Ufer, um sich in der »Rauten-Klause« der Kontemplation und der Botanik zu widmen; ihr Herbarium und eine großangelegte Sammlung der Flora der Gegend geben Anlaß zu Beschreibungen in der Art der *Capriccios*, die schon aus der Sammlung *Das abenteuerliche Herz* bekannt sind. Der Knabe Erio, ein natürlicher Sohn des Erzählers, seine Großmutter und eine von Erio gehütete Brut von Lanzenottern gehören zum Haushalt der Rauten-Klause. Die Städte der Marina sind von tiefen Wäldern umgeben, in denen der »Oberförster«, ein früherer Kampfgenosse der Brüder, und seine bewaffneten Banden, die »Mauretanier«, hausen. (Ihr Name, eine jener Mystifikationen, die Ernst Jünger liebt, geht auf sechs Matrosen zurück, die im Jahr 1633 auf St. Mauritius gestrandet waren und deren Tagebuch er in früheren Werken als das erste Dokument wissenschaftlichen Wagemuts rühmt.) *»Dunkle Gerüchte«*, dann *»Wirrnis ... Panik ... Zwiste und Händel«* führen endlich zu einem offenen Kampf, den der Erzähler und Bruder Otho auf der Seite der friedfertigen, jedoch im »Niedergang« begriffenen Bevölkerung des Marina-Ufers führen. Bei Einfällen in den mauretanischen Wald entdeckt der Erzähler »Schinderstätten«, Folter- und Todeskammern, den *»Totentanz auf Köppels-Bleck«*. Braquemart, ein Führer aus dem Lager des Oberförsters, versucht mit Hilfe des »jungen Fürsten«, der zu schwach ist, um Marina vor dem Terror des Oberförsters zu schützen, die Brüder auf seine Seite zu bringen: das Verhältnis zwischen Braquemart und dem Oberförster ist bestimmt durch den Konflikt *»zwischen dem ausgeformten Nihilismus und der wilden Anarchie ... Darin bestand Verschiedenheit insofern, als der Alte die Marina mit Bestien zu bevölkern im Sinne hatte, indessen Braquemart sie als den Boden für Sklaven und Sklaven-Heere betrachtete.«* Die Gesellschaft in der Rauten-Klause nimmt kurz vor Beginn des Kampfes den Pater Lampros als Gast auf, der die Brüder in der Kontemplation und auch im kriegerischen Handwerk, das sie gegen ihren Willen auszuüben gezwungen sind, kraft seiner geistlichen Autorität unterstützt. Zwischen den Bewohnern des Marina-Ufers und den Mauretaniern entwickelt sich ein kurzer und grausamer Kampf. Der junge Fürst und Braquemart fallen dem Meuchelmord zum Opfer. In einer entscheidenden Schlacht vernichten die Bluthunde des Oberförsters die edlen Jagdhunde des alten Belovar, der zusammen mit den Brüdern die Marina verteidigt. Darauf wird die mauretanische Meute von den Schlangen Erios vernichtet, zugleich brennen aber die Siedlungen der Marina ab. Auch die Rauten-Klause mit dem Herbarium geht in Flammen auf: *»Doch lag in ihrem Glanze auch Heiterkeit.«* Ihre Bewohner schiffen sich nach Alta Plana ein, dessen Fürstensohn sie freudig empfängt.

Im Gefüge des Romans sind drei bezeichnende Elemente zu erkennen. Das erste, das schon in der Inhaltsangabe hervortritt, ist dem Sagenbereich entlehnt. So erinnern besonders die lakonisch stilisierten Kriegsszenen und die Feuersbrunst an die isländische *Njala*-Sage. Das nordische Epos geht nicht auf individuelle psychologische Nuancen ein. So kann sich auch Jünger auf die typische Gestik überindividueller Gestalten beschränken, statt Charaktere realistisch zu beschreiben. Das zweite Element kann als eine Art von präraffaelitischer Dekoration bezeichnet werden; ob es ohne weiteres mit dem ersten vereinbar ist, bleibt dahingestellt. So heißt es etwa von der Feuersbrunst: *»Die Flammen ragten wie goldene Palmen rauchlos in die unbewegte Luft, indes aus ihren Kronen ein Feuer-Regen fiel. Hoch über diesem Funken-Wirbel schwebten rot angestrahlte Taubenschwärme und Reiher, die aus dem Schilfe aufgestiegen waren, in der Nacht. Sie kreisten, bis ihr Gefieder sich in Flammen hüllte, dann sanken sie wie brennende Lampione in die Feuersbrunst hinab.«* An anderen Stellen schlägt dieser »magische Realismus« in jambische Blankverse um *(»So lébt die Glút der gróßen Érdensómmer / in dúnklen Kóhlen-Ádern nách«)*, die leider jeder parodistischen Absicht entbehren. Die Naivität des epischen Vorwurfs weicht hier einer ästhetisierend-schwelgerischen Farben-, Formen- und Wortkunst, die immer wieder auf den Symbolgehalt des Dargestellten verweist: *»Doch war es noch ein anderes Bild, das uns, als ich das Haupt des toten jungen Fürsten erhob, ergriff – wir sahen im grünen Glanze die Rosette erstrahlen, die noch in unversehrter Rundung den Fensterbogen schloß, und ihre Bildung war uns wundersam vertraut. Uns schien, als hätte ihr Vorbild in jenem Wegerich geleuchtet, den Pater Lampros uns einst im Klostergarten wies – nun offenbarte sich die verborgene Beziehung dieser Schau.«* Durch solche »Bilder« wird das Starre, ja Leblose allen Geschehens vermittelt.

Die stetige Bemühung um symbolische Bezüge führt endlich zum dritten, dem zeitgeschichtlichen Element des Romans. Obwohl Jünger in seiner Verachtung für das Widerstandsgerede nach 1945 eine politische Deutung seines Werkes bestritten hat, lassen sich doch Parallelen zur Zeit des Nationalsozialismus herstellen, wenn auch die für Jünger eigentümliche Mythisierung und Naturalisierung politischer Vorgänge und Machtkonflikte einer rationalen Aufarbeitung des zeitgeschichtlichen Geschehens entgegensteht. H. SCHELLE konnte, indem er den Text mit E. A. POES *A descent in the mälstrom* (1841) verglich, erneut auf Unbestimmtheit des Jüngerschen Stils wie die Starre und Unbeteiligtheit in dessen Schilderungen des Schreckens hinweisen, etwa im Untergang der Marina: *»das Los der Gequälten scheint eher den Genuß des Schauspiels zu erhöhen«.* Nach 1945 galt das Buch, das zwar nie verboten, aber von nationalsozialistischer Seite angegriffen wurde, als Beispiel jener vielzitierten »inneren Emigration« deutscher Intellektueller. In einigen Szenen, besonders im Waldlager des Oberförsters, dessen interner Streit mit Braquemart auf den gewalttätig entschiedenen Konflikt zwischen SA und SS (1933/34) anspielt, liegen auffällige Bezüge zur Zeit vor. Immer wieder durchbricht Jüngers Hang zu Maximen und Sentenzen den Gang der Handlung: Der Autor sucht sich dem Zeitgeschehen kommentierend zu nähern, zugleich ihm gegenüber Distanz einzunehmen. J.P.S.-KLL

AUSGABEN: Hbg. 1939. – Paris 1942 [Wehrmachtausg.]. – Tübingen 1949. – Stg. 1958. – Pfullingen 1955. – Stg. 1960 (in *Werke*, 10 Bde., 1960–1965, 9). – Ffm./Bln. 1973 (Ullst. Tb). – Stg. 1978 (in *SW*, 18 Bde., 1978–1983, 15). – Stg. 141983.

LITERATUR: G. Nebel, *E. J. u. die Anarchie* (in Monatsschrift für das deutsche Geistesleben, 11, Nov. 1939, S. 610–616). – P. Suhrkamp, *Über das Verhalten in Gefahr* (in NRs, 50, 1939, S. 417–419). – W. E. Süskind, *Zwei schwarze Ritter* (in Die Literatur, 42, Dez. 1939, S. 98–101). – J. A. v. Rantzau, *»Marmorklippen« u. das Zeitgeschehen. Der umstrittene E. J.* (in Die Zeit, 18. 12. 1947). – J. Stave, *Mythos oder Form. Bemerkungen zu E. J.s Buch »Auf den Marmorklippen«* (in Die Sammlung, 3, 1948, S. 269–280). – G. Nebel, *Waren die »Marmorklippen« ein Schlüsselroman?* (in Schwäbische Landeszeitung, 2. 11. 1949). – E. Lachmann, *Die Sprache der »Marmorklippen«* (in WW, 4, 1953/54, S. 91–101). – G. Friedrich, *E. J.s »Auf den Marmorklippen«* (in Der Deutschunterricht, 1964, H. 2, S. 41–52). – P. U. Hohendahl, *The Text as Cipher: E. J.'s Novel »On the Marblecliffs«* (in Yearbook of Comparative Criticism, 1, 1968, S. 128–169). – H. Schelle, *E. J.s »Marmorklippen«*, Leiden 1970. – M. McQuenn, *E. J.s »Auf den Marmorklippen« and Northrop Frye's Theory of Romance* (in Carleton Germanic Papers, 1978, S. 37–56). – G. Scholdt, *»Gescheitert an den Marmorklippen«. Zur Kritik an E. J.s Widerstandsroman* (in ZfdPh, 98, 1979, S. 543–577). – D. Sternberger, *Eine Muse konnte nicht schweigen* (in FAZ, 4. 6. 1980). – H. Kiesel, *E. J. »Auf den Marmorklippen«* (in Internationales Archiv f. Sozialgeschichte der dt. Literatur, 1989, H. 1).

IN STAHLGEWITTERN. Aus dem Tagebuch eines Stoßtruppführers

Kriegstagebuch von Ernst JÜNGER, erschienen 1920. – Das Werk, die erste Buchpublikation des Autors, gehört neben *Das Wäldchen 125* (1925), *Der Kampf als inneres Erlebnis* (1922), *Sturm* (1923), *Feuer und Blut* (1925) und *Das Abenteuerliche Herz* (1929) zu den vom Ersten Weltkrieg berichtenden Schriften Jüngers. Doch im Gegensatz zu dem mehr reflektierend und systematisch abgefaßten Werk *Der Kampf als inneres Erlebnis* ist *In Stahlgewittern* ein ohne übergreifende Gedankengänge den Fronterlebnissen des Autors vom Januar 1915 bis zum August 1918 folgendes Tagebuch, das – obwohl noch im Krieg umgeschrieben – sehr stark die Unmittelbarkeit und Einfachheit eines Diariums bewahrt. *»In einem Regen von Blumen waren wir hinausgezogen, in einer trunkenen Stimmung von Rosen und Blut«*, voller *»Sehnsucht nach dem Ungewöhnlichen«*, sagt Jünger zu Beginn des Buchs. Gleich der erste Tag korrigiert seine romantischen Vorstellungen und zeigt ihm das wahre Bild des Kriegs: Eine Granate schlägt in ein Dorf; der Kriegsfreiwillige sieht die ersten Toten und Verwundeten. Nach und nach lernt er den Krieg an der Westfront in allen seinen Formen kennen: den Grabenkrieg in den Kreidefeldern der Champagne, die Materialschlacht an der Somme, den Gaskrieg, die große Doppelschlacht bei Cambrai, die Stoßtruppunternehmen in Flandern und die letzte große Offensive an der Westfront im März 1918. Den Beschluß seiner Aufzeichnungen bildet die Schilderung des letzten Sturms, von dem er mit einer schweren Verwundung zurückkam; im Lazarett in Hannover erreicht ihn – nachdem er bereits mit dem EK 1 ausgezeichnet worden ist – die Nachricht, daß »Seine Majestät, der Kaiser« ihm den Orden Pour le mérite verliehen hat.

Dieser Schluß ist in mehrfacher Hinsicht charakteristisch für das Tagebuch bzw. den Autor: Die gesamte Darstellung ist überaus ichbezogen, von einer bisweilen landsknechthaften Gleichgültigkeit gegenüber der moralischen Problematik des Tötens und nicht frei von Eitelkeit; mit einem beinah jungenhaften Stolz auf seine – in der Tat hervorragende – Tapferkeit stellt Jünger am Ende fest: *»In diesem Kriege, in dem bereits mehr Räume als einzelne Menschen unter Feuer genommen wurden, hatte ich es immerhin erreicht, daß elf von diesen Geschossen auf mich persönlich abgegeben wurden.«* Es finden sich in dem Buch kaum Reflexionen über politische Hintergründe, über Sinn oder Berechtigung des Kriegs, der als *»Teil kreatürlichen Lebens«* (K. O. Paetel) und wie eine Naturerscheinung hingenommen wird – worauf auch schon die im Titel enthaltene, den Kampf als Naturereignis mythisierende Metapher verweist; nur ein einziges Mal heißt es kurz: *»Der Krieg warf seine tieferen Rätsel auf.«* Wichtiger ist dem Autor die Beobachtung der neuen Kampfformen, der *»Materialschlacht«* und der *»planmäßigen mechanischen Schlacht«*, sowie vor allem der menschlichen Reaktionen darauf. Er bemerkt, daß die Soldaten, betäubt vom Schlachtendonner und der *»turmhohen, flammenden Feuerwand«* der Materialschlacht, nicht mehr *»bei klarem Verstand«*, die Gehirne oft in *»rote Nebel«*, in *»Blutdurst, Wut und Trunkenheit«* getaucht waren und die Schritte der Kämpfer von dem *»übermächtigen Wunsch zu töten«* beflügelt wurden. Wie im Krieg insgesamt etwas Elementares aufsteigt, so scheint dem Verfasser auch der einzelne beherrscht von einer urtümlichen Kampfes- und Zerstörungslust. Das Buch spiegelt manches von der Monotonie wieder, die der Krieg für den erfahrenen und abgebrühten Soldaten annimmt: Der Stil ist einfach, knapp, völlig nüchtern und bisweilen von einer kaum mehr nachvollziehbaren Trockenheit und Gleichgültigkeit des Tons, trotz der unzähligen schweren Verwundungen und qualvollen Todeskämpfe, die Jünger um sich herum wahrnahm und von denen er – weder Zustimmung noch Abscheu äußernd – berichtet.

Der Text, der fünf Überarbeitungen erfuhr, begründete den Ruhm Jüngers in den zwanziger Jahren, polarisierte aber zugleich das Urteil der Zeitgenossen wie der Kritik über den Autor. Während A. Andersch, einer der vehementesten Jünger-Verteidiger nach 1945, den Schriftsteller mit seinem Frühwerk in die Nähe des Surrealismus rückt und K. H. Bohrer in seiner umfangreichen Studie in der Jüngerschen *»Paradoxie von archaischer Rückwendung und schärfster Bewußtheit des epochalen Augenblicks«* die Kategorie der Plötzlichkeit, des Schocks als beherrschendes Moment moderner Wahrnehmung gestaltet sieht, weshalb die Kriegsbücher nicht mehr bloß als *»literarisch brillante Dokumente eines im übrigen präfaschistischen Nationalismus«* zu lesen seien, blieb, neben dem allgemeinen Desinteresse an dem Kriegsbuchautor Jünger nach 1945, der Eindruck elitärer Attitüde und Simplifizierung des Geschehens *(»Im Verlauf des Krieges«* ist dem Autor *»immer klarer geworden, daß aller Erfolg der Tat des einzelnen entspringt, während die Masse der Mitläufer nur Stoß- und Feuerkraft darstellt«)* bestimmend. J.Dr.-KLL

Ausgaben: Hannover 1920. – Bln. [2]1922 [2. Fassg.]. – Bln. [5]1924 [3. Fassg.]. – Bln. [14]1935 [4. Fassg.]. – Bln. [16]1935 [5. Fassg.]. – Bln. [25]1943. – Stg. [26]1961 (in *Werke*, 10 Bde., 1960–1966, 1; 6. Fassg.). – Stg. 1978 (in *SW*, 18 Bde., 1978–1983, 1). – Stg. [30]1986.

Literatur: Anon., Rez. (in Militärwochenblatt, 20. 10. 1921, H. 17). – Oberst F. Immanuel, *E. J.: »In Stahlgewittern«* (in Literarisches Centralblatt für Deutschland, 4. 2. 1922, S. 110 f.). – W. Hermann, *E. J.s Deutung des Krieges* (in Berliner Börsenzeitung, 4. 9. 1932, Beil.). – O. Brües, *»In Stahlgewittern«* (in Kölnische Zeitung, 3. 6. 1934). – A. Breitkopf, *J. Zur Psychologie des modernen Kämpfers* (in Soldatentum, 1939, H. 6, S. 28–32). – H. J. Bernhard, *Der Weltkrieg 1914–1918 im Werk E. J.s, E. M. Remarques u. A. Zweigs*, Diss. Rostock 1959. – Ders., *Die apologetische Darstellung des imperialistischen Krieges im Werk E. J.s* (in WB, 9, 1963, H. 2, S. 321–355). – M. Griffin, *The Influence of German History on E. J.s Interpretation of World War I*, Diss. Univ. of Washington 1983. – H. Mühleisen, *Zur Entstehungsgeschichte von E. J.s Werk »In Stahlgewittern«* (in Aus dem Antiquariat, 1985, H. 10, S. 376–378). – J. Volmert, *E. J.: »In Stahlgewittern«*, Mchn. 1985. – H.-H. Müller, *Der Krieg u. der Schriftsteller. Der Kriegsroman der Weimarer Republik*, Stg. 1986.

SIEBZIG VERWEHT

Tagebücher in zwei Bänden von Ernst JÜNGER, entstanden 1965–1980, erschienen 1980 und 1981. – Inhaltlich und formal wiederholen die Tagebücher die spätestens seit den *Strahlungen* (1949) bekannte Mischung aus Tagebucheintragungen, Einblicken in Briefwechsel (u. a. mit A. ANDERSCH, M. HEIDEGGER, C. SCHMITT) und in die Leserpost, Maximen und Reflexionen, Lektüre- und Reiseeindrücken, kurzen Traumprotokollen sowie Kommentaren zum eigenen Werk. Im Zentrum stehen die Autorschaft des späten Jünger und seine zeitkritische Weltsicht, die von kulturpessimistischen Anschauungen und obskurantistischen Gebärden geprägt ist: *»Noch einmal sollte ich auf den Unterschied der Annäherungen einerseits an den arithmetischen, andererseits an den orphischen Nullpunkt eingehen. Die eine mehrt die physische, die andere die metaphysische Macht. Zu beiden ist unsere Zeit unfähig.«* Dunkle Stellen wie diese sind das Resultat eines Programms, das der *»Entmythisierung«* und *»Verzifferung«* der Welt entgegenwirken will. Jünger wähnt sich in einer *»geschichtsfeindlichen Zeit«*, einer Epoche des allgemeinen Niedergangs, in der sich ein *»Heranwachsen des modernen, geschichtslosen Barbarentums«* beobachten lasse. Im *»Zeitalter der Gleichheit«* sieht er überall Verfall, Fellachentum und Profanation. Seine Spätzeit-Ideologie läuft in vielen Punkten auf eine Radikalisierung seiner programmatischen Studie *Der Arbeiter* (1932) hinaus: Das *»amorphe Kollektiv«* scheint jetzt auch den *»Typus«* zu verdrängen. Obwohl Jünger als genauer Beobachter gerühmt wird, darf die Relevanz seiner Zeitkritik bezweifelt werden. *»Es hat seine Gründe, daß kein Kunstwerk mehr gelingt«*, schreibt er an einer Stelle, ohne jedoch die Gegenwartskunst hinreichend zur Kenntnis genommen zu haben. Von den literarischen Neuerscheinungen der Jahre 1965–1980 hat er – bis auf wenige Ausnahmen (A. ANDERSCH, E. HERHAUS) – nichts gelesen. Bei einem Besuch des Antwerpener Museums der Schönen Künste widmet er *»moderne(n) Bildwerke(n)« »nur einige Minuten Zeit«*, um sich dann vom *»Heutigen«* gleich wieder abzuwenden. Der einstmals an der »Moderne« orientierte Schriftsteller hat die konservative Wende sehr nachdrücklich vollzogen. Am öffentlichen Leben der Bundesrepublik nimmt der *»Solitär«* kaum Anteil, für ihre Menschen und Werte hat er meist nur mokante Bemerkungen. Ihre Ehrungen gelten ihm nichts, nur die Zueignung von Insekten läßt sich der Entomologe Jünger, nach dem einige Kerfe benannt sind, *»in dieser bildlosen Zeit«* noch gefallen. Die späten Tagebücher sind, wenn nicht gerade über den verhaßten Zeitgeist räsonniert wird, Ausdruck einer phrasenhaften, geschmäcklerischen Selbststilisierung.

Die verstreuten Arbeitsberichte, die das Entstehen wichtiger Einzelwerke (v. a. *Subtile Jagden; Drogen und Rausch; Die Zwille; Eumeswil*) begleiten, sind von philologischem Interesse. 1975 arbeitet Jünger *»in der Hauptsache«* an *Eumeswil*, *»an der Fortsetzung von ›Heliopolis‹«*, wobei die Eintragungen leicht erkennen lassen, wie sehr er diese beiden Romane als zeitkritische Parabeln ansieht: *»Wiederum sind einige Jahrhunderte vergangen, die Fellachisierung hat Fortschritte gemacht. Der Geschichtsraum hat sich entleert.«* Dennoch versucht Jünger, den politischen Aspekt seiner Bücher herunterzuspielen. Der vielleicht prominenteste Vertreter einer kulturkonservativen nationalen Rechten in Deutschland will vornehmlich als Autor, Schriftsteller, Stilist betrachtet werden: *»Die deutsche Literatur wird heute als ein Nebenzweig der Politik behandelt, oder als Terrain der Soziologie. Mir dagegen ist es um die Sprache zu tun – das ist* mein *Dialog.«* Die Kritik ist diesen Stilisierungsversuchen Jüngers teilweise aufgesessen. Noch Dolf STERNBERGER hat – bezüglich der *Marmor-Klippen* (1939) – von den *»klingenden Rhythmen«* gesprochen, *»welche diese Prosa weithin«* durchzögen. Jüngers Anhänger lesen ihn jedoch vor allem als politischen Autor. Die Belege bringt er in den Tagebüchern, indem er genüßlich aus seiner Leserpost zitiert, etwa jenen Brief einer tschechischen Ärztin (vom 24. 6. 1978), die sich bei ihm dafür bedankt, daß er in den *Strahlungen* ihre Landsleute vor ungerechten Vorwürfen in Schutz genommen habe.

Mit seiner pessimistischen Weltsicht mag es zusammenhängen, daß Jünger häufig den Tod in kulturell etablierten Euphemismen thematisiert. Am Totenkult läßt sich seiner Meinung nach ablesen, in welchem Maße *»die Lebenden in Ordnung sind«*, der *»Gräberdienst«* sei *»das Hauptwerk der großen Kulturen«*. Das Sterben wird als große Leistung beschrieben, als *»Heimgang«*, der ins *»Zentrum der Poesie«* führe, als *»Schlaf«*, als *»Ruf nach der Mutter«*, der *»erhört«* worden sei. Häufig werden Todesfälle von Freunden, Bekannten, Verwandten registriert, und sie sollen auch Impuls und Anlaß von *Siebzig verweht* gewesen sein: *»Tagebücher habe ich ja nur in gefährlichen Zeiten geführt... Und als ich dann siebzig wurde, da dachte ich, na ja, jetzt kommen also von alten Freunden doch immer Verlustnachrichten, eine gefährliche Zeit, da könnte man ja wieder anfangen.«* L.Ha.

AUSGABEN: Stg. 1980/81, 2 Bde. – Stg. 1982 (in *SW*, 18 Bde., 1978–1983, 4).

LITERATUR: G. Ueding, Rez. (in FAZ, 7. 2. 1981). – M. Rutschky, Rez. (in Der Spiegel, 6. 4. 1981). – M. v. Brück, Rez. (in SZ, 11./12. 7. 1981). – M. Krüger, Rez. (in Die Zeit, 4. 9. 1981). – G. Blöcker, Rez. (in FAZ, 24. 12. 1981). – E. Cerch, *»Siebzig verweht«* (in Civitas, 1981, H. 13, S. 704–713). – I. Meidinger-Geise, *Flaschenpost an Nachgeborene* (in Zeitwende, 1982, H. 1, S. 49/50).

STRAHLUNGEN

Sechs Tagebücher von Ernst JÜNGER, entstanden 1939–1948; erschienen: *Gärten und Straßen*,

1942; *Das erste Pariser Tagebuch, Kaukasische Aufzeichnungen, Das zweite Pariser Tagebuch* und *Kirchhorster Blätter*, 1949; *Jahre der Okkupation* (späterer Titel *Die Hütte im Weinberg*), 1958. – Im Gesamtwerk Ernst Jüngers kommt seinen vor, während und nach dem Zweiten Weltkrieg entstandenen umfangreichen Tagebüchern ein besonderer Stellenwert zu: Von dem *»an die Jugend Europas«* gerichteten Aufruf *Der Friede* (1945) abgesehen, beschränkt sich Jüngers schriftstellerische Produktion in jenen Jahren auf diese während der Fahnenkorrektur des Romans *Auf den Marmorklippen* (1939) begonnenen und vor der Fertigstellung des Romans *Heliopolis* (1949) beendeten Rechenschaftsberichte über den Autor und seine schriftstellerische Verfahrensweise, über den Denker und seinen geistesgeschichtlichen Standort und über den Menschen und seine politischen Anschauungen und Verhaltensweisen.

Unschwer läßt sich im dichten Rankenwerk der zwischen den Extremen privater Intimität und spekulativer Verstiegenheit angesiedelten Aufzeichnungen der rote Faden der biographischen Information verfolgen. Im Ersten Weltkrieg mehrfach verwundet und für seine todesmutigen Einsätze an der Westfront mit dem Orden Pour le mérite ausgezeichnet, wird Jünger zu Beginn des Zweiten Weltkriegs erneut zum Kriegsdienst herangezogen. Während er *»im Bette behaglich im Herodot studierte«*, empfängt er den Mobilmachungsbefehl – *»ohne große Überraschung ..., da sich das Bild des Krieges von Monat zu Monat und von Woche zu Woche schärfer abzeichnete«*. Während der nächsten neun Monate nimmt er am Vormarsch der deutschen Truppen in Frankreich teil, von dem er unversehrt im Juli 1940 in die Heimat zurückkehrt, bereichert um treulich festgehaltene Eindrücke von Land und Leuten, Fauna und Flora. Auf Wunsch General Speidels wird Jünger im Februar 1941 als Hauptmann »z. b. V.« ins Stabsquartier nach Paris berufen, wo es ihm, weitgehend befreit von militärischen Aufgaben, bald gelingt, zahlreiche Kontakte zu den höheren Stabsoffizieren wie zu Repräsentanten der Vichy-Regierung aufzunehmen und Eingang in Pariser Literaten- und Künstlerkreise zu finden. Aus der Beschaulichkeit und Eleganz der Salons und der Stabsquartiere im »Raphael« und im »Ritz« wird Jünger durch ein Kommando nach Rußland gerissen – ein *»Einschnitt«*, den er als *»vielleicht begrüßenswert«* empfindet. Dieser Abstecher an die kaukasische Front konfrontiert ihn zum erstenmal wieder mit den Gefahren und Schrecken des Krieges, wenn auch aus der sicheren Distanz der Etappe. Nach einigen Monaten kehrt er im Februar 1943 wieder in sein *»Wartburgstübchen«* im Pariser Stabsquartier zurück. Wenige Tage nach dem Attentatsversuch vom 20. Juli 1944 wird er wegen »Wehruntüchtigkeit« aus dem Militärdienst entlassen; die letzten Tage vor der Kapitulation verbringt er im heimatlichen Kirchhorst als Hauptmann der »Volkssturm«-Miliz – bemüht um eine unblutige, ehrenvolle Übergabe. Die *Jahre der Okkupation* zeigen ihn dann wieder in der behaglichen Klause und im leidenschaftlich geliebten Garten – zurückgekehrt auf die idyllische Insel, an die nur gelegentlich Gerüchte und Greuelmeldungen, Plünderer und Flüchtlinge als Strandgut der Zeit gespült werden.

Der rote Faden der aufgezeichneten Lebensstationen ist untrennbar verknüpft mit den spezifischen Problemen des Tagebuchs wie des Tagebuchschreibers Jünger. Wie Gottfried Benns schillernde Haltung gegenüber dem Nationalsozialismus hat auch die Stellung Ernst Jüngers im Dritten Reich nach Kriegsende Kritik provoziert, die weder durch den offenherzigen Rechenschaftsbericht entkräftet wird noch durch die diffamierende Abwehr des Autors: *»Nach dem Erdbeben schlägt man auf die Seismographen ein. Man kann jedoch die Barometer nicht für die Taifune büßen lassen, falls man nicht zu den Primitiven zählen will.«* Gleichwohl bieten gerade die Aufzeichnungen des »Seismographen« wie seine spezielle Verfahrensweise genügend Anlaß zur Kritik. Als ganz allgemeines Merkmal der Tagebuchliteratur gilt Jünger die *»Absetzung des Geistes vom Gegenstand, des Autors von der Welt«*. In der besonderen Situation erscheint ihm das Tagebuch geradezu als das geeignetste literarische Medium: Es bleibe *»im totalen Staat das letzte mögliche Gespräch«*. Wie für viele Schriftsteller war auch für Jünger die Flucht in die Innerlichkeit, in die Intimsphäre des Tagebuchs, die geeignetste Möglichkeit, literarisch produktiv zu sein und sich zugleich dem Zugriff der Verfolger zu entziehen. Auch Jünger gehörte, ungeachtet seiner hohen militärischen Auszeichnung und seiner Verdienste als geistiger Vorkämpfer für die Idee des Nationalsozialismus (*»Wir wünschen dem Nationalsozialismus von Herzen den Sieg«*, schrieb er 1929 in der *»großdeutschen Wochenschrift aus dem Geiste volksbewußter Jugend«*, ›Die Kommenden‹), wegen seiner elitären Abkehr von der »primitiven«, die »Reinheit« der nationalsozialistischen Idee verratenden politischen Praxis zum Kreis der Verdächtigen. Nach der Indizierung von *Gärten und Straßen* wegen der verschlüsselten Kritik in der Erwähnung des 73. Psalms (29. 3. 1940) erwies sich auch das Tagebuchschreiben für den Autor als unmittelbare Gefährdung. Die leitmotivischen Anspielungen auf das Tagebuch der 1633 auf der Insel St. Mauritius zu wissenschaftlichen Zwecken ausgesetzten Matrosen verweist denn auch deutlich auf Jüngers *»Strategie und Taktik des Verhaltens auf verlorenem Posten«* (H.-P. Schwarz), einer Taktik, die Jünger in verschiedenen Spielarten meisterhaft beherrscht: im Rückzug in die Welt der Bücher, die Tröstung in trostloser Zeit gewährt wie vor allem die sich durch die gesamten Aufzeichnungen ziehende Bibellektüre; in den *»subtilen Jagden«* auf Fauna und Flora, den *»sinnvollen Mustern«* der Harmonie der Welt; in der Chiffrierung exponierter Namen (»Kniebolo«: Hitler, »Grandgoschier«: Goebbels); in der spekulativ metaphysischen Überhöhung und Verfremdung der aktuellen Zeitereignisse in kosmologische Zusammenhänge.

Diesen Spielarten eines Eskapismus, dem *»im In-*

nern« alles getan ist, entsprechen die militärisch knappe, elegante und zugleich ins prätentiös Verqualmte, oft unfreiwillig Komische sich verirrende *»Hieroglyphensprache«* wie die kühle Distanz des *»erhöhten Standorts«*, von dem aus Menschen wie Insekten gleiches Interesse beanspruchen. Was sich diesem Blickpunkt jedoch entzieht, ist gerade das reale Leiden unter der nackten Gewalt des totalitären Regimes, die dem dämonisierenden und darum verharmlosend stilisierenden Deuter Jünger gelegentlich fast so etwas wie »wertfreie« Bewunderung vor ihrer perfekten und perfiden Organisationsform abnötigt. M.Schm.

AUSGABEN: Bln. 1942 (*Gärten und Straßen. Aus den Tagebüchern von 1939 und 1940*; ern. Tübingen 1950; bearb. Fassg.: Stg. 1958; Reinbek 1962; rororo). – Tübingen 1949 (*Strahlungen*, ohne *Jahre der Okkupation*; ern. Tübingen 1955; 2. Fassg.). – Stg. 1958 (*Jahre der Okkupation*). – Stg. 1962 (in *Werke*, 10 Bde., 1960–1965, 2/3; ern. überarb. Fassg.). – Mchn. 1964–1966, 3 Bde. (dtv). – Stg. 1979 (in *SW*, 18 Bde., 1978–1983; 2/3).

LITERATUR: E. Staiger, *E. J.s »Gärten und Straßen«* (in Schweizer Monatshefte, 22, 1942, S. 167–173). – P. de Mendelssohn, *Gegenstrahlungen. Ein Tagebuch zu E. J.s Tagebuch* (in Der Monat, 1949, S. 149–174; in Teilen ern. in *Bundesrepublikanisches Lesebuch*, Hg. H. Glaser, Mchn. 1978, S. 103–119). – A. Gehlen, *Strahlungen* (in Wiener literarisches Echo, 1949/50, S. 72–85). – E. Kuby, *E. J.s »Strahlungen«* (in FH, 5, 1950, S. 205–209). – A. Andersch, *E. J.s »Strahlungen«. Metaphorisches Logbuch* (ebd., S. 209–211). – F. Usinger, *Abenteuer u. Geschichte* (in NRs, 1950, S. 248–266; ern. in F. U., *Tellurium*, Mchn. 1966, S. 55–73). – K. Prümm, *Vom Nationalisten zum Abendländer. Zur politischen Entwicklung E. J.s* (in Basis, 6, 1976, S. 7–29; st). – P. Wapnewski, *E. J. Der Sprachdenker, der Stilist u. das Maß* (in P. W., *Zumutungen. Essays zur Literatur des 20. Jh.s*, Düsseldorf 1979; ern. Mchn. 1982, dtv).

STURM

Roman von Ernst JÜNGER, erschienen 1923 in sechzehn Folgen als Fortsetzungsroman im ›Hannoverschen Kurier‹. – Der Kurzroman ist Jüngers erste genuin literarische Auseinandersetzung mit dem Ersten Weltkrieg. Geschildert werden drei Zugführer, Fähnrich Sturm, Leutnant Döhring und Feldwebel Hugershoff, die sich im Frühsommer 1916, kurz vor der Sommeroffensive der Alliierten, zu *»literarischen und erotischen Gesprächen«* im Unterstand treffen. Fähnrich Sturm, die Hauptfigur, hat unter dem Eindruck des Krieges wieder angefangen, Novellen zu schreiben, die er seinen Kameraden vorliest und die die primäre Erzählebene des Romans immer wieder unterbrechen – das Stichwort vom *»Dekameron des Unterstandes«* im 5. Kapitel läßt sich auch als Charakterisierung der Erzählstruktur des Romans lesen. An anderer Stelle heißt es: *»Gern hätte er* [scil. Fähnrich Sturm] *seine Kräfte in einen Roman versammelt, doch schien ihm das bei diesem Hexenkessel der Erscheinungen noch zu früh... So hatte er sich entschlossen, eine Reihe von Typen in festgeschlossenen Abschnitten zu entwikkeln, jede aus ihrem eigenen Zentrum heraus. Er plante, sie durch einen Titel zu verknüpfen, der das Gemeinsame ihrer Zeit, Unrast, Sucht und fieberhafte Steigerung aussprechen sollte.«* Das Zitat verweist auf Jüngers Roman selbst, in dem Sturms Pläne verwirklicht vorzuliegen scheinen. Sturm, Döhring und Hugershoff sind junge Soldaten, die *in sich* den unauflösbaren Widerspruch zwischen der Barbarei des Krieges und ihren musischen Interessen austragen müssen. Indem Sturm den Kameraden aus seinen Novellen vorliest, gibt er ihnen das, was sie unbewußt suchen: *»die Flucht aus der Zeit«*. Diese Flucht ist jedoch nur in den Gefechtspausen möglich, solange der Krieg es zuläßt: *»Der Kampf spielte in riesenhaften Ausmaßen, vor denen das Einzelschicksal verschwand.«* Neben der Bedrohung des Künstlers steht die Vernichtung jeder Individualität überhaupt. Sturm, der von knabenhafter Bewunderung für den Landsknechtstypus erfüllt ist, muß seine Einordnung *»in die Bewegung eines großen notwendigen Geschehens«* mit aller Konsequenz vollziehen: Bei einem Angriff der Alliierten opfert und verbrennt er seine Manuskripte, um im verschütteten Unterstand Licht zu machen. Dieses literarische Autodafé tilgt einen Teil seiner Identität und geht seiner vollständigen physischen Vernichtung nur um weniges voraus; er stirbt einen ästhetischen Tod: *»Sein letztes Gefühl war das des Versinkens im Wirbel einer uralten Melodie.«*

Trotz vieler Ähnlichkeiten kann *Sturm* nicht als Selbstporträt gelesen werden, der Roman weicht in entscheidenden Punkten von Jüngers Biographie ab. Sowohl von seiner literarischen Qualität her als auch wegen seiner Darstellung und Interpretation des Ersten Weltkriegs hat *Sturm* große Bedeutung für Jüngers Frühwerk. Im Gegensatz zum ungefügen Großessay *Der Kampf als inneres Erlebnis* (1922) versucht der Autor hier nicht mehr, Künstlerseele und Barbarei zu versöhnen. Der Widerspruch erscheint als unauflöslich und findet im Tod des Protagonisten seine konsequente Lösung. Erstmals wird auch der Krieg in seiner ganzen Sinnlosigkeit geschildert, wird mit Scheinwerten wie *»Heldentod«* und der Verpflichtung aufs *»Vaterland«* aufgeräumt und zugegeben, daß eine sinnstiftende Deutung des Krieges nicht möglich ist. Der Roman nimmt ferner den Eliteanspruch aus den *Stahlgewittern* (1920) und dem *Kampf als inneres Erlebnis* (1922) teilweise zurück; der einzelne dient nur noch als Instrument der *»Sklavenhalterei des modernen Staates«*. Im Unterschied zu den genannten Kriegsbüchern rücken die Kampfhandlungen weiter in den Hintergrund; im Mittelpunkt der Darstellung stehen nunmehr die Zusammenkünfte der drei Zugführer in den Gefechtspausen, der Schützengrabenalltag und *»die kurzen Stunden, die man dem Geistigen widmen konnte«*, und hier thematisch vor allem der ästhetische Widerspruch zwischen dem Rohen, Barbarischen, Urwüchsigen einerseits und dem Verfeinerten, Dekadenten andererseits. L.Ha.

Ausgaben: Hannover 1923 (in Hannoverscher Kurier, 11.4.–27.4.). – Olten 1963 [Nachw. H. P. des Coudres]. – Stg. 1978. – Stg. 1978 (in *SW*, 18 Bde., 1978–1983, 15).

Literatur: H. Plard, *Une œuvre retrouvée d'Ernst Jünger: »Sturm« (1923)* (in EG, 1968, Nr. 4, S. 600–615). – J. Günther, *E. J.: »Sturm«* (in NDH, 1979, H. 3, S. 603–605). – H.-H. Müller, *Der Krieg u. die Schriftsteller. Der Kriegsroman der Weimarer Republik*, Stg. 1986, S. 254–273.

DIE ZWILLE

Roman von Ernst Jünger, erschienen 1973 als Fortsetzungsroman in der ›Frankfurter Allgemeinen Zeitung‹. – Jüngers Schülerroman spielt um die Jahrhundertwende in einer norddeutschen Großstadt (Braunschweig, Hannover) und erzählt vom Leidensweg des hochsensitiven und überängstlichen Clamor Ebling, der ursprünglich aus dem niedersächsischen Dorf Oldhorst stammt und – nachdem er beide Elternteile und seinen Vormund, den Mühlenbesitzer Braun, verloren hat – als Stipendiat in die Stadt geschickt wird, wo er die Quarta des Realgymnasiums besuchen soll. Clamor, der von seinen Mitschülern und Lehrern wie ein dumpf-zurückgebliebener Dorfschüler behandelt wird, *»gehörte nicht dazu«*. Er war *»von einer erstaunlichen Unkenntnis der Welt und ihrer Spielregeln. Er mußte auf einer frühen Stufe der Entwicklung stehengeblieben sein, bei wachsender Empfindsamkeit.«* Am ersten Schultag wird er beinahe überfahren, voller Angst legt er den Weg zur Schule zurück: Ein *»Schlagwerk, das dazu diente, behelmte Pfähle in den Grund zu treiben, flößte Clamor ungemeinen Schrecken ein. Ihm war, als ob er einer Hinrichtung beiwohnte.«* Er empfindet das Leben wie das Numinose in seiner ganzen Ambivalenz: als erschreckend und anziehend zugleich. Die Angst ist der Generalbaß seiner Gefühle, sie hat ihre Hauptursachen in der Sensibilität Clamors, die in allen Realitätsbereichen, Schule, Familie, Sexualität und Religion, Gefahrenherde ausmacht, und in den *»Spielregeln«* der Welt, die dem historischen Wandel unterworfen sind und denen Clamor ohnmächtig gegenübersteht. Auf die bedrohlichen Vorgänge, etwa die nicht mehr überschaubare und beherrschbare Technisierung der Welt, reagiert Clamor mit Erstaunen und Erschrecken und mit einem Gefühl des *»Schuldig-Sein[s] überhaupt«*. Seine Dissonanzerfahrungen speisen sich aus den Veränderungen der Realität, die sich der Kontrolle des Individuums entziehen: *»Die Gesellschaft weichte an den Grenzen und in den Nähten auf.«* Die Wert- und Normkrise der Epoche kann vor allem an der Menge der dargestellten sexuellen Abweichungen (Ehebruch und inzestartige Initiation, Päderastie und Homosexualität, Sadismus und Masochismus) abgelesen werden, die die herkömmlichen Sozialstrukturen in Frage stellen und die Auflösungserscheinungen der wilhelminischen Gesellschaft veranschaulichen. Auch Clamor ist vermutlich die Frucht eines Ehebruchs seiner Mutter mit dem Müller Braun.

In der Schülerpension, einer sogenannten *»Presse«*, in der er untergebracht wird, trifft Clamor auf Teo, den Sohn von Pastor Quarisch aus Oldhorst, einen frühreifen Gymnasiasten, dessen Omnipotenzphantasien gelegentlich zu gefährlichen Abenteuern führen. Teo ist ehrgeizig, selbstbewußt, um nicht zu sagen überheblich, und mit allen Wassern gewaschen. Er macht Clamor zu seinem *»Leibschützen«* und beauftragt ihn, seine Lehrer und Mitschüler zu *»beschatten«*; was er dabei erfährt, *»wird auf die hohe Kante gelegt«*, denn Teo arbeitet mit den Mitteln der Erpressung: Er macht es sich zunutze, daß es in der dargestellten Welt zwischen den tradierten und weiterhin als verbindlich gesetzten Normen und der gelebten Praxis der Figuren eine Differenz gibt. Bei Gelegenheit zeigt er seinen Lehrern dann die Grenzen ihrer Macht. Da ist zum Beispiel Konrektor Zaddeck, ein sadistisch veranlagter Päderast *(»ein Schuß von Päderastie gehörte zum Gymnasium«)*, dem Teo einen ordentlichen *»Denkzettel«* verpassen, ihm die Fensterscheiben einschießen will, weil er Paulchen Maibohm, einen zarten und hilflosen Knaben im Matrosenanzug, bis aufs Blut gepeinigt und schließlich in den Selbstmord getrieben hat.

Doch das Unternehmen »Zwille« geht schief; als Teo, diese Instanz der ausgleichenden Ungerechtigkeit, und Clamor, sein Leibschütze, an Zaddecks Fenstern ihre Zwillen erproben wollen, wird Clamor erwischt und festgenommen. Seine Festnahme erlebt er nur als rauschhaftes Ereignis, ein symbolträchtiges Farbenspiel beginnt. Clamor muß die Schule und die Pension verlassen und wird vom Zeichenlehrer Mühlbauer adoptiert.

In Jüngers Schülerroman werden die Gefährdungen geschildert, denen ein junger Gymnasiast im wilhelminischen Deutschland zwischen 1900 und 1914 ausgesetzt war, wenn er sich den Quälereien seiner Mitschüler und Lehrer nicht entziehen konnte. In der *Zwille*, die einige autobiographische Erlebnisse transformiert – Jünger ist selbst einmal *»Pensionär«* in einer Braunschweiger *»Presse«* gewesen (vgl. das Kapitel *Rückblick* in *Subtile Jagden*) –, wird ein überwiegend bedrohlicher Schulalltag geschildert. Der Roman kann sicherlich nicht als Loblied auf die Schule gelesen werden, dennoch zeigt das *»anekdotische Webmuster«* einige Parallelen zur erinnerungsselig eingefärbten Manier der *Feuerzangenbowle* von Heinrich Spoerl. Darüber hinaus läßt sich die *Zwille* als *»Vorgeschichte einer geschundenen Generation«* (K. Prange) lesen, die den relativen *»Frieden der Welt«* im August 1914 zu Grabe tragen wird. L.Ha.

AUSGABEN: Ffm. 1973 (in FAZ, 4. 1.–20. 3.). – Stg. 1973. – Ffm./Bln. 1981 (Ullst. Tb). – Stg. 1983 (in *SW*, 18 Bde., 1978–1983, 18). – Stg. 1987. – Mchn. 1988 (dtv).

LITERATUR: H. Bender, Rez. (in Die Weltwoche, 18. 4. 1973). – S. Lenz, Rez. (in Der Spiegel, 23. 4. 1973). – J. Günther, Rez. (in Der Tagesspiegel, 27. 5. 1973). – J. Kaiser, Rez. (in SZ, 30. 5. 1973). – W. Kaempfer, Rez. (in Die Zeit, 1. 6. 1973). – A. v. Bormann, Rez. (in FRs, 8. 9. 1973). – W. Helwig, Rez. (in Die Tat, 4. 8. 1973). – K. Prange u. M. Rutschky, *Reflexionen u. Phantasmen* (in FH, 1973, H. 9, S. 667–672). – B. Reitenbach, *E. J.: »Die Zwille«*, Diss. Brüssel 1976.

ERICH KÄSTNER

* 23.2.1899 Dresden
† 29.7.1974 München

LITERATUR ZUM AUTOR:
Bibliographie:
E. K. Eine Personalbibliographie, Hg. U. Lämmerzahl-Bensel, Gießen 1988.
Biographien:
L. Enderle, *E. K. Eine Bildbiographie*, Mchn. 1960. – *E. K. Leben und Werk*, Mchn. 1964 [Ausst.Kat.; Texte: E. K. und L. Enderle]. – L. Enderle, *E. K. in Selbstzeugnissen u. Bilddokumenten*, Reinbek 1966; ern. 1980 (rm). – H. Wagener, *E. K.*, Bln. 1973. – H. Bemmann, *Humor auf Taille. E. K. Leben und Werk*, Ffm. 1985.
Gesamtdarstellungen und Studien:
J. Winkelman, *Social Criticism in the Early Works of E. K.*, Columbia/Mo. 1953. – R. Bossmann, *E. K. Werk u. Sprache*, Curitiba 1955. – H. Kesten, *Meine Freunde, die Poeten*, Mchn. 1959, S. 353–390. – H. Ahl, *Urenkel der Aufklärung. E. K.* (in H. A., *Literarische Porträts.* Mchn./Wien 1962, S. 144–151). – G. Klein, *E. K. als Moralist*, Newcastle/Australien 1964. – K. Beutler, *E. K. Eine literaturpädagogische Untersuchung*, Weinheim/Bln. 1967. – K. Larson, *Through the Looking Glass of E. K. Culture and Crisis in Germany*, Diss. Stanford 1968. – R. Benson, *E. K. Studien zu seinem Werk*, Bonn 1973. – D. Grenz, *E. K.s Kinderbücher in ihrem Verhältnis zu seiner Literatur für Erwachsene* (in *Literatur für Kinder*. Hg. M. Lypp, Göttingen 1977, S. 155–169). – D. Walter, *Zeitkritik u. Idyllensehnsucht. E. K.s Frühwerk (1928–1933) als Beispiel linksbürgerlicher Lit. in der Weimarer Republik*, Heidelberg 1977. – K. M. Baerent, *A Typology of E. K.'s Literary Figures: A Thematic and Stylistic Unity*, Diss. Univ. of Conn. 1978 (vgl. Diss. Abstracts 39, 1979, S. 6786A). – W. Biedermann, *Die Suche nach dem dritten Weg. Linksbürgerliche Schriftsteller am Ende der Weimarer Republik. Heinrich Mann. Alfred Döblin. E. K.*, Diss. Ffm. 1981. – H. Kiesel, *E. K.*, Mchn. 1981 (Autorenbücher). – D. Mank, *E. K. im nationalsozialistischen Dtschld. 1933–1945. Zeit ohne Werk?*, Ffm. 1981. – W. Schneyder, *E. K.: ein brauchbarer Autor*, Mchn. 1982. – *E. K. Werk u. Wirkung*, Hg. R. Wolff, Bonn 1983 [m. Bibliogr.]. – M. Bäumler, *Die aufgeräumte Wirklichkeit des E. K.*, Köln 1984. – P. Kirsch, *E. K.s Kinderbücher im geschichtlichen Wandel*, Diss. Mchn. 1986 [m. Bibliogr.]. – K. Fischer, *E. K.* (in KLG, 27. Nlg., 1987).

DAS LYRISCHE WERK von Erich KÄSTNER. Mit seinen Gedichten, deren Schwerpunkt in den letzten Jahren der Weimarer Republik liegt, wurde Erich Kästner zum *»lyrischen Reporter seines Zeitalters«* (H. Kesten), der dem eigenen Selbstverständnis nach *»Gebrauchslyrik«* schrieb. Sein erster Gedichtband, *Herz auf Taille*, erschien 1928, ihm folgten rasch drei weitere Sammlungen, die ungewöhnlich hohe Auflagen erreichten: *Lärm im Spiegel* (1929), *Ein Mann gibt Auskunft* (1930) sowie *Gesang zwischen den Stühlen* (1932). Der linksliberale Kästner, Mitarbeiter u. a. der ›Weltbühne‹ und der ›Vossischen Zeitung‹, blieb nach der Machtergreifung der Nationalsozialisten in Deutschland, obwohl seine Bücher am 10. Mai 1933 öffentlich verbrannt wurden und er mit Publikationsverbot belegt wurde. In Zürich erschien 1936 der Band *Doktor Kästners Lyrische Hausapotheke*, der alte und neue Gedichte versammelte. Nach 1945 verfaßte Kästner Chansons und Texte für die Münchner Kabaretts »Die Schaubühne« und »Die kleine Freiheit«, zu deren Mitbegründern er zählte.
Kästners frühe Lyrik umfaßt ein breites Themenspektrum: Alltagsbetrachtungen *(»Im Pflaster zittern Pfützen aus der Frühe. / Das Himmelsblau ist wieder repariert. / Die Sonne scheint. Sie gibt sich große Mühe. / Man merkt die Absicht, und man friert.«)*, gehören ebenso dazu wie Kommentare zu den politischen und sozialen Entwicklungen in Deutschland vor 1933, als deren nüchterner und kritischer Beobachter sich Kästner zeigt. – Im Zentrum seiner politischen Kritik steht das noch autoritär geprägte Erziehungssystem der Zeit, der virulente Militarismus *(»Wenn wir den Krieg gewonnen hätten, / mit Wogenprall und Sturmgebraus, / dann wäre Deutschland nicht zu retten / und gliche einem Irrenhaus.«)*, die fragwürdigen Parolen der politischen Rechten *(»Hast du, was in der Zeitung stand, gelesen? / Der Landtag ist mal wieder sehr empört / von wegen dem Geburtenschwund gewesen. / Auch ein Minister fand es unerhört.«)*, er beklagt das Schicksal der Arbeitslosen und kritisiert, in manchmal klischeehaften Wendungen, die Verhaltensweisen der Kriegsgewinnler und Besitzenden *(Ansprache an Millionäre; Offener Brief an Angestellte)*. Gleichermaßen aber greift Kästner, so in dem Gedicht *Zeitgenossen, haufenweise*, die saturierte kleinbürgerliche Mentalität an, wie sie sich in der Angestellten-

kultur der Weimarer Republik herausgebildet hatte und die der Lyriker dem Buchhalter ebenso wie dem Animiermädchen attestiert. An ihr bemängelt er die Fixierung auf Äußerlichkeiten, ihre Verklemmtheit und Unfähigkeit zum Gefühlsausdruck, das Fehlen von Idealen. Kästner verzichtet dabei auf das traditionelle Medium des »lyrischen Ich« und perfektioniert statt dessen die Form des »Rollengedichts«, in dem der Autor sich dem jeweiligen fingierten Sprecher mimetisch anverwandelt. In der satirisch-kritischen Beschreibung dieser Schichten entwirft Kästner das Bild einer Gesellschaft, die in seinen Augen gekennzeichnet ist durch den Verlust an moralischen Werten, dessen Konsequenzen zunehmende Anonymität, Entfremdung und Entindividualisierung des einzelnen in der industriellen Massengesellschaft, aber auch ökonomische Benachteiligung und politische Unterdrückung sind.

Im Eröffnungsgedicht *(Jahrgang 1899)* zur ersten Lyriksammlung *Herz auf Taille* faßt Kästner programmatisch seine Sicht der Zeitverhältnisse zusammen. Hier beschreibt er die enge Verschränkung von individueller Biographie und Zeitgeschichte *(»Wir haben der Welt auf die Weste gespuckt, / soweit wir vor Ypern nicht fielen.«)*, er erfaßt die Erfahrungen seines Jahrganges, die geprägt sind von Krieg und Nachkriegszeit, Revolution und Inflation und entwirft das Bild einer Generation, die ihre elementaren Ansprüche an das Leben, die Befriedigung des Hungers und des Liebesbedürfnisses, das Recht auf die eigene Kindheit und auf eine Sphäre des privaten Lebens nicht hat einlösen können. Das Gedicht endet mit einer kaum verhüllten Drohung: *»Noch einen Moment. Bald ist es soweit! / Dann zeigen wir euch, was wir lernten!«*

Dieser revolutionär anmutende Teil seines Programms wird aber in den Gedichten nicht eingelöst, weder in der ersten Lyriksammlung noch in den späteren Gedichtbänden. Die politische und gesellschaftskritische Perspektive von Kästners Lyrik nimmt sich vielmehr merkwürdig gebrochen aus. So kritisch sich Kästner in den meisten Gedichten darstellt, so anfällig erscheint er selbst für manche der kritisierten Phänomene. Unvermittelt neben seiner satirischen Entlarvung der kleinbürgerlichen Geisteshaltung steht eine kaum verhüllte Sentimentalität, die von den kritisierten Verhaltensformen nicht sehr weit entfernt ist. In manchen Gedichten, so in *Eine Mutter zieht Bilanz*, offenbart sich das fast ohne satirische Brechung ausgesprochene Bedürfnis nach den intakten Formen bürgerlichen Familienlebens und nach sozialer Harmonie; und die Revolutionsdrohung des Einleitungsgedichts weicht einer allgemeinen moralischen Haltung, die eher auf Versöhnung denn auf Umsturz zielt, wie es die *Ansprache an Millionäre* mit ihrem Appell an die Vernunft formuliert: *»Ihr sollt nicht gut sein, sondern vernünftig!«*

In solchen Texten wird die politische Haltung Kästners manifest: Sie ist geprägt von einem idealistischen Moralismus, der fundiert ist in aufklärerischen Traditionen. Kästners Gesellschaftskritik beruht nicht auf einer reflexiven Analyse der Verhältnisse; sie ist eher intuitiv und moralisch angelegt und beschränkt sich deshalb in der Regel auf den Appell an den guten Willen. Positive Aussagen finden sich kaum; Kästner karikiert diese Forderung vielmehr in einem eigenen Gedicht unter dem Titel *»Und wo bleibt das Positive, Herr Kästner?«* Die Einsicht in die eigene Ohnmacht gegenüber den kritisierten Verhältnissen mündet immer wieder in resignativen Aussagen, die in dem Band *Gesang zwischen den Stühlen* besonders deutlich in den Vordergrund treten. Von den Zeitgenossen wurde diese Haltung teilweise scharf kritisiert. Walter Benjamin hat in einem berühmt gewordenen Artikel Kästners Haltung unter dem Titel *Linke Melancholie* als positionslosen politischen Radikalismus charakterisiert, der schließlich im Fatalismus münde und gerade von den Angegriffenen besonders goutiert werden könne.

Ihren eigentlichen provokativen Impuls gewinnen Kästners Gedichte weniger durch ihre unentschiedene politische Haltung als vielmehr durch ihre Stellung im gattungsgeschichtlichen Zusammenhang. Immer wieder hat Kästner in halbtheoretischen Bemerkungen wie auch in Gedichten auf den Status seiner Lyrik innerhalb der literarischen Tradition reflektiert. Dabei tritt stets sein Affekt gegen das idealistische Gedicht und überhaupt gegen die klassische Literaturtradition in den Vordergrund, die er gelegentlich in seinen eigenen Texten satirisch verfremdet – so in seinem antimilitaristischen Gedicht *Kennst Du das Land, wo die Kanonen blühen?*, das wohl nicht zuletzt durch die Goethe-Anspielung zu einem seiner berühmtesten Texte wurde. Kästners Lyrik läßt sich auch als Reaktion auf die Epoche des expressionistischen Gedichts begreifen. Seine eigenen Gedichte lesen sich fast als direkter Gegenentwurf dazu: An die Stelle des expressionistischen Pathos tritt eine Mischung aus traditioneller Lyriksprache und betont nüchterner Ausdrucksform, die zum guten Teil von Anlehnungen an den Jargon des Alltags lebt und die pointierte Schlußwendung mit ihrer Gefahr des Abgleitens in den bloßen Witz, den Kalauer und die »Nonsense«-Poesie nicht scheut.

In betonter Abgrenzung von der Tradition hat Kästner den in der Weimarer Republik entstandenen Begriff der »Gebrauchslyrik« auch für sich beansprucht. Er will seine Gedichte verstanden wissen als Handlungsanleitungen für den Alltag, die Dichter rangieren für ihn – wie er in der *Prosaischen Zwischenbemerkung* von *Lärm im Spiegel* erläutert – *»unmittelbar nach den Handwerkern«*. Kästners Stellung in der Literaturgeschichte der Weimarer Republik ist bestimmt durch seine Zugehörigkeit zu jener Schicht linksintellektueller Literaten, die – ähnlich wie auch Walter Mehring oder Kurt Tucholsky – geprägt sind von der »Neuen Sachlichkeit«, ohne ihr gänzlich anzugehören, und deren wesentliches Charakteristikum der Versuch einer Verbindung von Literatur und gesellschaftlicher Kritik darstellt, die ihre Wirksamkeit auch durch unterhaltende Momente sichern will.

In den wenigen Gedichten, die Kästner in den ersten Nachkriegsjahren für die beiden Münchener politischen Kabaretts »Die Schaubude« und »Die kleine Freiheit«, schrieb, verschieben sich die Akzente unter dem Eindruck der zeitgeschichtlichen Ereignisse. Die Texte werden nun politisch aggressiver; Kästner attackiert wiederum mit besonderer Schärfe den westdeutschen Militarismus und generell das Fortbestehen der alten Autoritätsstrukturen und Verhaltensformen. Der Gedichttitel *Die kleine Freiheit* steht programmatisch für Kästners resignative Sicht der westdeutschen Entwicklung: *»Die große Freiheit ist es nicht geworden.«* Die letzte kleine Gedichtsammlung *Die 13 Monate* hingegen verzichtet auf jede Politik und beschränkt sich ganz auf melancholische Stimmungsbeschreibungen.

Gegenüber den frühen Gedichten erscheint die Nachkriegslyrik nur noch als ein schwacher Nachklang; Kästner findet hier keinen eigenen Ton mehr. Seine eigentliche Bedeutung in der Lyrikgeschichte hat er als herausragender Repräsentant jener Generation von Schriftstellern der Weimarer Republik, die versuchten, die Lyrik für politische und sozialkritische Aussagen zu öffnen und entsprechende Ausdrucksformen zu entwickeln.

P.J.B.

AUSGABEN: *Herz auf Taille:* Lpzg./Wien 1928. – Zürich 1959. – Mchn. 1989 (dtv). *Lärm im Spiegel:* Lpzg./Wien 1929. – Zürich 1963. – Zürich 1986. – Mchn. 1989 (dtv). *Ein Mann gibt Auskunft:* Stg./Bln. 1930. – Zürich 1960. – Zürich 1985. – Mchn. 1989 (dtv). *Gesang zwischen den Stühlen:* Stg./Bln. 1932. – Zürich 1961. – Zürich 1985. – Mchn. 1989 (dtv). *Doktor Erich Kästners Lyrische Hausapotheke. Ein Taschenbuch. Es enthält alte und neue Gedichte des Verfassers für den Hausgebrauch der Leser. Nebst einem Vorwort und einer nutzbringenden Gebrauchsanweisung samt Register:* Zürich 1936. – Bln. 1946. – Zürich 1986. – Mchn. 1989 (dtv). *Bei Durchsicht meiner Bücher: Eine Auswahl aus vier Versbänden*, Zürich 1946. – Zürich 1985. – Mchn. 1989 (dtv). *Der tägliche Kram. Chansons und Prosa 1945–1948:* Zürich 1948. – Singen 1949. – Zürich 1986. – Mchn. 1989 (dtv). *Kurz und bündig. Epigramme:* Wien 1948. – Zürich 1950 (erw. Ausg.). – Zürich 1986. – Mchn. 1989 (dtv). *Die kleine Freiheit. Chansons und Prosa 1949–1952:* Zürich 1952. – Bln. 1952. – Zürich 1986. – Mchn. 1989 (dtv). *Die 13 Monate:* Zürich 1955. – Bln. 1955. – Zürich 1986. – Mchn. 1989 (dtv). *Wieso–Warum? Ausgewählte Gedichte 1928–1955*, Bln./DDR 1962. – *GS*, 7 Bde., Vorw. H. Kesten, Zürich/Köln/Bln. 1959. – *GS für Erwachsene*, 8 Bde., Mchn./Zürich 1969. – *Gedichte*, Hg. u. Nachw. P. Rühmkorf, Ffm. 1981 (BS). – *Gedichte*, Ausw. V. Ladenthin, Stg. 1987 (RUB).

LITERATUR: K. Tucholsky, *Auf dem Nachttisch* (in Die Weltbühne, 1930, H. 50, S. 859; ern. in K. T., *GW in 10 Bden.*, Bd. 8, Reinbek 1975, S. 309–318). – W. Benjamin, *Linke Melancholie* (in Die Gesellschaft, 1931, Bd. 1, S. 181–184; ern. in W. B., *GS*, Bd. 3, Ffm. 1972, S. 279–283). – J. Bab, *Gebrauchslyrik. Mehring u. K.* [1931] (in J. B., *Über den Tag hinaus. Kritische Betrachtungen*, Heidelberg 1960, S. 118–124). – A. Endler, *Provokatorische Notizen über einen Gebrauchslyriker* (in Neue Deutsche Lit., 1963, H. 9, S. 96–108). – G. Seidel, *Links vom Möglichen. Zur Lyrik E. K.s* (in SuF, 20, 1968, S. 767–773). – E. Schwarz, *Die strampelnde Seele. E. K. in seiner Zeit* (in *Die sogenannten Zwanziger Jahre*, Hg. R. Grimm u. J. Hermand, Bad Homburg u. a. 1970, S. 109–141). – V. Klotz, *Lyrische Anti-Genrebilder. Notizen zu neusachlichen Gedichten E. K.s* (in *Historizität in Sprach- u. Literaturwissenschaft*, Hg. W. Müller-Seidel, Mchn. 1974, S. 479–495). – K. Riha, *Literarisches Kabarett u. Rollengedicht* (in *Die dt. Literatur in der Weimarer Republik*, Hg. W. Rothe, Stg. 1974, S. 282–395). – D. Sternberger, *Die praktische Vernunft in einer Nuß* (in FAZ, 6. 2. 1982). – D. Walter, *Lyrik in Stellvertretung. Zu E. K.s Rollengedicht »Jahrgang 1899«* (in *Gedichte u. Interpretationen*, Bd. 5, Hg. H. Hartung, Stg. 1983, S. 310–319; RUB).

FABIAN. Die Geschichte eines Moralisten

Satirischer Roman von Erich KÄSTNER, erschienen 1931. – Das Werk gilt als eine der brillantesten Satiren auf deutsche, insbesondere Berliner Zustände am Ende der zwanziger Jahre und während der großen Wirtschaftskrise um 1930.

Titelheld ist der zweiunddreißigjährige Germanist Dr. Jakob Fabian, bisher Adressenschreiber, nun Reklametexter für eine Zigarettenfirma, ein *»zarter Ironiker«*, der *»auf den Sieg der Anständigkeit wartet«*, nicht gerade lebenstüchtig ist und von den Menschen immer wieder übervorteilt wird. Als Moralist ist Fabian ein scharfer Beobachter des Lebens, und da er selbst es mit der bürgerlichen Moral nicht allzu genau nimmt, lernt er Menschen aus allen sozialen Schichten kennen. Ein erotisches Abenteuer löst das andere ab, er erkennt die Verlogenheit scheinbar reputierlicher bürgerlicher Familienverhältnisse, besucht Etablissements für sexuell Abartige, säuft mit Journalisten und bekommt Einblick in die gewissenlose Manipulation von Nachrichten und Meinungen. – Parallel zu dieser Handlung läuft die Geschichte seines Freundes Labude, eines Literaturwissenschaftlers, der sich mit einer Arbeit über Lessing habilitieren will. Mit ihm teilt Fabian die Neigung zu pessimistischem, sozialkritischem Philosophieren, aber während Labude anfangs noch politisch zu handeln versucht, ist Fabian passiver Beobachter aus *»Angst, das Glas zwischen ihm und den anderen könnte zerbrechen«*. Bei einem Besuch im Atelier einer lesbischen Bildhauerin trifft Fabian die junge Juristin Cornelia Battenberg. Die beiden verlieben sich ineinander und erleben einige Tage gemeinsamen Glücks. Als Fabian plötzlich arbeitslos wird, läßt Cornelia sich, teils um ihm zu helfen, teils um Karriere zu machen, mit einem Filmmagnaten ein und wird dessen Geliebte. Schließlich trennt sie sich von Fabian. Dieser nimmt nach vergeblichem Bemühen um eine Stellung und todunglücklich über den Verlust Cornelias sein Lotterleben wieder auf. Labude, der inzwischen die Nachricht erhalten hat, daß seine Habilitationsschrift nicht angenommen worden sei, schreibt Fabian einen Abschiedsbrief und erschießt sich. Sein Selbstmord erweist sich als *»tragischer Witz«*, denn ein mißgünstiger Assistent hatte ihm die Ablehnung der Habilitationsschrift nur vorgelogen.

Fabian geht nun in seine Heimatstadt in der Provinz zurück und führt dort bei seinen Eltern ein Leben verzweifelter Langeweile. Schließlich wird ihm ein Posten bei einer rechtsgerichteten Zeitung angeboten, den er, da ihm Gesinnungslumperei zuwider ist, ablehnt. Seinen Plan, für einige Wochen ins Gebirge zu fahren, kann er nicht mehr ausführen: Auf einem Gang durch die Stadt sieht er, wie ein kleiner Junge in den Fluß fällt. Ohne sich zu besinnen, springt Fabian ihm nach, um ihn zu retten. Aber: *»Der kleine Junge schwamm heulend ans Ufer. Fabian ertrank. Er konnte leider nicht schwimmen.«* Dieses gleichnishafte Ende ist zugleich die letzte und treffendste Kennzeichnung Fabians: ihm als Moralisten war es unmöglich, im trüben Strom der zeitgenössischen Amoral und Inhumanität mitzuschwimmen. Der ursprüngliche Titel dieser Moralsatire, den der Verleger jedoch nicht akzeptierte, lautete: *Der Gang vor die Hunde*. Nach Kästners eigener Aussage sollte damit *»schon auf dem Buchumschlag deutlich werden, daß der Roman ein bestimmtes Ziel verfolgte: Er wollte warnen. Er wollte vor dem Abgrund warnen, dem sich Deutschland und damit Europa näherten! Er wollte mit angemessenen, und das konnte in diesem Falle nur bedeuten, mit allen Mitteln in letzter Minute Gehör und Besinnung erzwingen.«* – Fabian spricht aus, wie der Autor selbst damals Berlin sah: *»Soweit diese riesige Stadt aus Stein besteht, ist sie fast noch wie einst. Hinsichtlich der Bewohner gleicht sie längst einem Irrenhaus. Im Osten residiert das Verbrechen, im Zentrum die Gaunerei, im Norden das Elend, im Westen die Unzucht, und in allen Himmelsrichtungen wohnt der Untergang.«* Für Fabians kleine Heimatstadt gilt dasselbe, nur mit umgekehrten Vorzeichen: *»Hier hatte Deutschland kein Fieber. Hier hatte es Untertemperatur.«*

Ähnlich wie Kästners erste Versbände ist der *Fabian* der Spätphase der sogenannten »Neuen Sachlichkeit« zuzurechnen. Szenen und Figuren des Romans sind zur Erhöhung der satirischen Wirkung überzeichnet, Laster wie Tugenden erscheinen verzerrt oder komisch. Fabians eigene moralische Schwächen fallen nicht ins Gewicht gegenüber den allgemein zerrütteten Zuständen. Dem zügigen Tempo der Erzählung, das durch den schnellen Szenenwechsel noch gesteigert wird, entspricht die einfache, parataktisch reihende Syntax. Schlagfertigkeit und Witz, Ironie und Schnodderigkeit zeichnen die Dialoge aus. Das Buch fand ein weites Echo und erlebte bis heute viele Übersetzungen und Neuauflagen. J.Dr.

AUSGABEN: Bln. 1931. – Köln 1959. – Köln 1959 (in *GS*, 7 Bde., 2). – Zürich 1985. – Mchn. 1989 (dtv).

VERFILMUNG: BRD 1980 (Regie: W. Gremm).

LITERATUR: H. Mayer, *Beim Wiederlesen des »Fabian« von E. K.* (in H. M., *Deutsche Literatur u. Weltliteratur*, Bln. 1957, 5, S. 661–664). – H. Lethen, *Neue Sachlichkeit 1924–1932. Studien zur Literatur des ›Weißen Sozialismus‹*, Stg. 1970, S. 142–155. – V. Klotz, *Forcierte Prosa. Stilbeobachtungen an Bildern und Romanen der ›Neuen Sachlichkeit‹* (in *Dialog. Festgabe für J. Kunz*, Bln. S. 244–271). – W. Dahle u. a., *Hatte der Globus Krätze? Anregungen zur Behandlung des Romans »Fabian« von E. K. im Deutschunterricht der oberen Gymnasialklassen* (in Der Deutschunterricht, 6, 1974, S. 142–163). – E. Schwarz, *E. K. Fabians Scheckengang im Kreise* (in *Zeitkritische Romane des 20. Jh.s*, Hg. H. Wagener, Stg. 1975, S. 124–145). – R. Harrigan, *Die emanzipierte Frau im deutschen Roman der Weimarer Republik* (in *Stereotyp und Vorurteil in der Literatur. Untersuchungen zu Autoren des 20. Jh.s*, Hg. J. Elliott u. a., Göttingen 1978, S. 65–83). – J. Amery, *Bücher aus der Jugend unseres Jh.s*, Stg. 1981, S. 65–79. – H. Kesler, *E. K.s ›Fabian‹. Fakten und Hintergründe. Sieben deutsche Prosawerke des 20. Jh.s*, Stockholm 1982, S. 30–39. – J. K. Yamamoto, *The Influence of the Fairy Tale on the Literary Language of E. K.s »Fabian«*, Diss. Univ. of Calif./Irvine 1984. – H. Spiel, Rez. (in *Romane von gestern – heute gelesen*, Hg. M. Reich-Ranicki, Bd. 2, Ffm. 1989).

HERMANN KASACK

* 24.7.1896 Potsdam
† 10.1.1966 Stuttgart

LITERATUR ZUM AUTOR:
W. Kasack, *Leben und Werk von H. K. Ein Brevier*, Ffm. 1966. – W. Raatz, *H. K. Mensch und Werk*, Diss. Iowa Univ. 1971. – H. Schütz, *H. K.: The Role of the Critical Intellect in the Creative Writer's Work*, Bern/Ffm. 1972. – *H. K.*, Hg. R. Tghart, Marburg 1976 (Marbacher Magazin).

DIE STADT HINTER DEM STROM

Roman von Hermann KASACK, erschienen 1947. – Das Werk entstand in zwei Abschnitten: 1942–1944 die Kap. 1–12 und 1946 die Kap. 13–20. Nach einem gekürzten Vorabdruck in der Berliner Tageszeitung ›Der Tagesspiegel‹

(1946) erschien die vollständige Edition im Suhrkamp Verlag. Der Autor wurde durch ein Traumerlebnis aus dem Jahr 1941, den »Totentraum«, und eine Vision, die er 1942 hatte, dazu bewogen, das Buch von der Stadt hinter dem Strom zu schreiben, ohne daß er damals wußte, wohin die Kraft der Intuition ihn führen würde.

Im Mittelpunkt des Romans steht der Orientalist Dr. Robert Lindhoff, der in höherem Auftrag eine ihm fremde Stadt bereist und mit seinem Reisebericht, einer Art Chronik, in das zerstörte Deutschland zurückkehrt. Er steht den Rätseln der seltsamen Stadt zunächst ebenso unwissend gegenüber wie der Leser. Er folgt der Aufforderung des Präfekten, in der Stadt hinter dem Strom die verwaiste Stelle eines Archivars und Chronisten anzutreten. Mit der Bahn erreicht er sein Ziel, ohne jedoch zu wissen, daß er es erreicht hat. Er irrt durch die Katakomben der Höhlen- und Ruinenstadt, in der gespenstige Wesen, Marionetten gleich, ihr Tagwerk verrichten, registriert fremde Lebensformen und merkwürdige Riten, deren Sinn ihm verborgen bleibt. Unter den schattenhaften Gestalten trifft er auf Menschen, die er von früher kannte, aber für längst verstorben hielt. Vom Kommissar erhält er den Auftrag – der Präfekt selbst, Symbol einer undurchsichtigen und nicht mehr überschaubaren Bürokratie, bleibt anonym und schaltet sich nur über ein Mikrophon in das Gespräch ein –, *»nicht nur die Gebräuche des Stadtstaates aufzuzeichnen, sondern auch dem Schicksal seiner Bewohner nachzugehen«*. Hinter modernen Apparaturen, emsiger Geschäftigkeit und einer unsichtbaren Obrigkeit erkennt Lindhoff erste Symptome der Brüchigkeit und des Zerfalls: Frauen putzen mit Brettern verschlagene Fensterscheiben, Männer ordnen verbeulte Blechdosen, Pappschachteln und rostige Nägel oder stehen in langen Schlangen vor Friseurläden, lassen sich rasieren, stellen sich wieder an, um sich erneut rasieren zu lassen. Das Unheimliche dieser Schattenwelt überfällt ihn immer mehr, bis sich Lähmung und Entsetzen ausbreiten. In der Umarmung mit Anna, seiner früheren Geliebten, die auf rätselhafte Weise verschwunden war, bestätigt sich seine Ahnung: er befindet sich als einziger Lebender (Anna: *»Du bist ja ein Gespenst aus Fleisch und Blut«*) im Reich der Gestorbenen, denen nur ihre leibliche Hülle und die Erinnerung geblieben sind, ehe sie in das gestaltlose All übergehen.

Lindhoff weiß nicht, wie lange er in der Stadt umherirrt, er verliert jeden Zeitbegriff, die aufregenden Ereignisse hindern ihn an der Chronistentätigkeit. Der Band, der den Bericht über seine Tätigkeit und Erfahrungen aufnehmen soll, bleibt unberührt. Doch als er das Buch dem Kommissar übergibt, haben sich die leeren Seiten auf magische Weise gefüllt. Bevor Lindhoff »beurlaubt« wird, trifft er noch einmal auf Anna, die ihm in Gestalt einer Sybille den Eingang ins Totenreich verwehrt: *»›Was soll ich tun?‹ fragte er. ›Lächelnd die Bahn des Lebens ziehen!‹ ›Warum lebt man?‹ ›Damit man sterben lernt.‹«* Und damit ist seine Bestimmung ausgesprochen, er war berufen. *»Zeugnis für das Erlebte abzulegen, Botschaft zu geben. Austausch zwischen hüben und drüben«*. Lindhoff kehrt ins Leben zurück und findet alles in Schutt und Asche, die Bewohner der Städte gleichen den Schatten und Schemen des Zwischenreiches: Der Krieg hat die Vision eingeholt. Er reist durchs Land, liest überall aus seiner Chronik, bis er stirbt und wieder die Brücke über den Strom passiert.

Kasacks Roman wirkt auffällig gebrochen. Während der erste Teil in einer beklemmend atmosphärischen Dichte, die an KAFKA erinnert, die Visionen vom Reich der Gestorbenen nachzeichnet, in denen sich das Entsetzen über die Sinnlosigkeit menschlichen Tuns spiegelt – besonders eindrucksvoll in der zynischen Parabel von den »Gegenfabriken« gestaltet, in deren einer farbige Steine aus Staub geformt werden, die in der anderen wieder zermahlen werden, um schließlich der ersten als Rohmaterial für neue Steine zu dienen, ohne daß die Arbeiter auch nur eine Ahnung davon –, enthält der zweite Teil eine Deutung der eigenen Phantasmagorien des Autors und der zeitgeschichtlichen Erfahrungen unter dem Terrorregime des Nationalsozialismus. Kasack selbst machte (in ›Die Welt‹, 29. 11. 1947) darauf aufmerksam, daß die Beendigung des Buches außerordentlich erschwert wurde, als er erkannt hatte, daß seine Vision durch die Wirklichkeit während der Agonie der letzten Kriegsjahre eingeholt worden war. Nach der Niederwerfung des Naziregimes und vor einer erhofften erneuerten deutschen Staatlichkeit mochte der Moralist Kasack *Die Stadt hinter dem Strom* nicht als literarisches Fragment publizieren. Daher mündet der zweite Teil des Romans in die an eine deutsche Restbevölkerung der »Davongekommenen« gerichtete Botschaft, sich einer kathartischen Läuterung nicht zu verschließen. Dem Leser wird nach dem dantesken Gang durch die »Unterwelt« des Dritten Reiches – nach dem Inferno und dem Purgatorium der Totenstadt – ein vages »Paradiso« offengehalten. Man glaubt die Stimme des Autors zu hören, die leidenschaftlich daran appelliert, im Sinne der daoistischen Naturphilosophie, aber auch der christlichen Mystik, den abendländischen Menschen wieder an seine naturmythischen Kräfte als Gegengewicht gegen die inhumane Zweckrationalität heranzuführen.

Da der Autor weitgehend auf handelnde Romanfiguren verzichtet, wird die Lektüre zu einem optischen Erlebnis für den Leser: Die *Stadt* ist eine Art »Laterna Magica«, deren Benutzer in eine Jenseitswelt zu blicken meint und nach vielen verwirrenden Vexierbildern das Doppelbödige der diesseitigen Realität gewahr wird. Kasacks raffinierte Technik der Mehrfachkodierung desillusioniert jedes einseitige Behaupten einer rein materiellen Welt.

Die seit Beginn unseres Jahrhunderts unternommenen Versuche, das Erzählerbewußtsein in Richtung der Tabuzone des Todes zu erweitern, hat Kasack mit einer Transzendierung seiner Erlebnis- und Erkenntnisgrenzen bereichert. Der *»Vorgarten des Todes«*, in dem sich Robert vorübergehend aufhält, erschließt bisher nicht bekannte Dimensio-

nen: Zeitlosigkeit, Hermetik des gläsernen »Sarges« und die Aufhebung des dreidimensionalen Raumgefühls (wobei die drohende Orientierungslosigkeit Roberts durch den »vergilischen« Begleiter Katell aufgefangen wird).
Das Buch ist eines der wenigen bedeutenden Werke der »inneren Emigration« in Deutschland. Das Manuskript kursierte in dem kleinen Freundeskreis um Kasack, H.-E. NOSSACK und G. EICH. Die Passivität des Protagonisten, seine Ohnmacht gegenüber der allgewaltigen Zentralinstanz und die surreale Bilderflut lösen beim Leser ähnlich lähmende Gefühle aus, wie sie von vielen Schriftstellern empfunden wurden, die während der Nazidiktatur in Deutschland geblieben waren. Als erstes größeres Prosawerk des bis dahin als Lyriker und Essayist bekannt gewesenen Autors (er war damals Cheflektor des Suhrkamp Verlags) war der Roman das herausragende literarische Ereignis der unmittelbaren Nachkriegszeit in Deutschland. Von Autoren wie W. BERGENGRUEN, G. EICH, E. LANGGÄSSER, H. BROCH u. W. LEHMANN wurde *Die Stadt hinter dem Strom* als *»bedeutendste deutsche Prosa seit Kafka«*, *»großer Wurf«*, *»geschlossene Sicht der abendländischen Kultur«*, *»außerordentliches Werk«* und *»Meisterwerk«* gefeiert. Die bürgerliche Kritik würdigte vor allem die *»suggestive Wirkung«* und die *»Ergriffenheit«*, die von Kasacks metaphysischer Deutung der deutschen Katastrophe ausging. Die marxistische Literaturkritik konnte die Symbolik des Zwischenreichs als Spiegelung des hybriden Spätkapitalismus akzeptieren, bestritt jedoch energisch, daß der »naive« Glaube an die Humanität revolutionierend wirke. – Der Roman wurde schon in den fünfziger Jahren in neun europäische und außereuropäische Sprachen übersetzt.

I.F.W.-H.Bes.

AUSGABEN: Bln. 1946 (in Der Tagesspiegel; gek. Fassg.). – Bln. 1947. – Ffm. 1960 (Suhrkamp Hausbuch; Abdr. der 1956 durchgesehenen Fassg.). – Ffm. 1983. – Ffm. 1988 (BS).

VERTONUNG: H. Vogt, *Die Stadt hinter dem Strom. Oratorische Oper* (Oper; Urauff.: Wiesbaden, 3. 5. 1955, Hessisches Landestheater).

LITERATUR: W. Milch, *Der deutsche Roman auf neuen Wegen* (in Neue Auslese, 2, 1947, S. 55–60). – E. Vietta, *Europa wendet sich zum Tode* (in Die Zeit, 20. 11. 1947). – F. W. Müller, Rez. (in FRs, 2. 12. 1948). – H.-L. Geiger, *Visionen des gespenstig gewordenen Lebens* (in Prisma, 1948, H. 19/20, S. 22–25). – G. Böhmer, *»Die Stadt hinter dem Strom«* (in Deutsche Beiträge, 1948, H. 3, S. 268–277). – A. R. Böttcher, *Realismus u. Magie* (in Literarische Revue, 3, 1948, S. 443–447). – K. Korn, *Allegorien der Existenz* (in Merkur, 3, 1949, S. 90–97). – F. Stössinger, *»Die Stadt hinter dem Strom«* (in NSRs, 17, 1949/50, S. 448–454). – W. Grenzmann, *Dichtung und Glaube*, Bonn 1950, S. 83–96; [6]1967. – R. Schneider, *Abgestorbene Geschlechter* (in Der christl. Sonntag, 19. 2. 1950). – P. Lech, *H. K. u. der zeitkritische Roman der Gegenwart*, Diss. Echternach 1956. – A. Mohrhenn, *Lebendige Dichtung*, Darmstadt/Heidelberg 1956, S. 100–111. – S. de Winter, *Der magische Realismus u. die Dichtung H. K.s*, Diss. Genf 1958 (Ausz. in Studia Germanica Gandensia, 3, 1961, S. 249–276). – K. Hamburger, Nachw. in H. Kasack, *Das unbekannte Ziel*, Ffm. 1963 [m. Bibliogr.]. – H. Kasack, *Der Totentraum* (ebd., S. 7–10). – I. Bader, *Die Maske in H. K.s erzählender Dichtung*, Diss. Univ. of Kansas 1965. – L. Fietz, *Strukturmerkmale der hermetischen Romane Th. Manns, H. Hesses, H. Brochs u. H. K.s* (in DVLG, 40, 1966, S. 161–183). – H. J. Gutmann, *The Prose Works of H. K. Themes and Structures*, Columbia Univ. 1968. – W. Ross u. L. Baier, *Wiedergelesen nach 25 Jahren: »Die Stadt ...«* (in SZ, 29. 5. 1971). – E. Bahr, *Metaphysische Zeitdiagnose: H. K., E. Langgässer u. Th. Mann* (in *Gegenwartsliteratur und Drittes Reich*, Hg. H. Wagener, Stg. 1977, S. 133–162). – Hae-In Hwang, *Ostasiatische Anschauungen in der dt. Literatur des 20. Jh.s unter besonderer Berücksichtigung von A. Döblin u. H. K.*, Diss. Bonn 1979.

GERTRUD KOLMAR

eig. Gertrud Chodziesner

* 10.12.1894 Berlin

† 1943 (?)

DAS LYRISCHE WERK von Gertrud KOLMAR.
Es kam einer literarischen Sensation gleich, als 1955 das lyrische Werk der Dichterin in einer Gesamtausgabe, ediert von Hermann KASACK, der Öffentlichkeit vorgestellt wurde. Gertrud Kolmar, 1943 von den Nationalsozialisten verschleppt und wahrscheinlich in einem NS-Vernichtungslager umgekommen, hatte zu Lebzeiten drei kaum beachtete Gedichtbände veröffentlicht (*Gedichte*, 1917; *Preußische Wappen*, 1934; *Die Frau und die Tiere*, 1938), wobei die ausbleibende Resonanz auch den politischen Umständen zuzuschreiben war. So wurde sie als Person für die Nachwelt *»anonymisiert«*, wie K. KROLOW es formulierte: *»Es blieb allein die Lyrikerin Gertrud Kolmar«*, deren Werk, zumeist in den zwanziger und dreißiger Jahren entstanden, mittlerweile in den Kanon der großen deutschsprachigen Dichter des 20. Jh.s eingegangen ist.
Nach ihrem lyrischen Debüt mit den noch sehr konventionellen *Gedichten* (1917) hatte Gertrud Kolmar über viele Jahre hinweg nichts publiziert und keinerlei Beziehung zum damaligen literarischen Umfeld in Berlin gesucht, vielmehr ihre Ly-

rik in völliger Zurückgezogenheit autodidaktisch weiterentwickelt. Drei *Frühe Zyklen* machen diesen Weg nachvollziehbar. Seit 1928 suchte sie aus ihrer Anonymität herauszutreten und sich, zunächst vermittelt durch ihren Vetter Walter BENJAMIN, durch Einzelveröffentlichungen, bekannt zu machen: in der ›Literarischen Welt‹ vom 5.4. 1928, im ›Insel Almanach auf das Jahr 1930‹, in der von E. LANGGÄSSER und I. SEIDEL 1933 herausgegebenen Anthologie *Herz zum Hafen* sowie 1933 und 1934 in der Zeitschrift ›Der Weiße Rabe‹. Als der Gedichtband *Preußische Wappen* mit 18 Gedichten aus einem größeren Zyklus von 53 Gedichten (heute unter dem Titel *Alte Stadtwappen*) 1934 erschien, hatte jedoch die Ausgrenzung der Juden in Deutschland bereits begonnen. Im Herbst 1938 erschien zwar noch *Die Frau und die Tiere*, die wichtigste Publikation der Autorin zu Lebzeiten, doch nun nicht mehr unter dem Pseudonym Kolmar, sondern unter ihrem bürgerlichen Namen. Ediert hatte diesen Band der Jüdische Buchverlag Erwin Löwe, der wie alle anderen jüdischen Verlage nach dem Pogrom vom November 1938 (der sog. »Reichskristallnacht«) aufgelöst wurde, weshalb die meisten Exemplare dieses Bändchens eingestampft wurden. Trotz der immer schwieriger werdenden Situation trat Gertrud Kolmar noch mindestens bis 1940 mit eigenen Werken in Veranstaltungen des Jüdischen Kulturbundes an die Öffentlichkeit.

Gertrud Kolmars lyrische Sprache speist sich zunächst aus dem allgemein verfügbaren Fundus der deutschen Literatur des 19. Jh.s bis hin zu Jugendstil und Expressionismus. Die Kritik verwies wiederholt auf die Lyrik G. HEYMS und Rainer Maria RILKES. Inspiriert wurde die Dichterin aber nach eigenem Bekunden auch von der *»großen französischen Lyrik«* und den *»Slawen«* (Brief an ihre Schwester Hilde, 11.9. 1940). Aus jener Anfangszeit stammt auch der balladenhafte Gedichtkreis *Napoleon und Marie*. Die subjektive, gefühlsbetonte Nachzeichnung der Liebesbeziehung zwischen Napoleon und Maria Walewska, voll von bewußter und unbewußter sexueller Symbolik, weist in ihrer Verherrlichung der demütigen Hingabe einer jungen, opferbereiten Frau an eine übermächtige Herrschergestalt auf eine innere Problematik hin, die Leben und Werk Gertrud Kolmars nachhaltig beeinflußt hat.

Unglückliche Liebeserfahrungen, Trauer um ein nie geborenes Kind, die bedrängenden Fragen nach der eigenen Identität und nach deren Rechtfertigung stehen denn auch im Zentrum der gesamten Kolmarschen Dichtung. Unter der Tarnkappe einer unscheinbaren und unglücklichen Tochterexistenz wurde Gertrud Kolmar zu einer der größten Dichterinnen der Liebe zwischen Frau und Mann, Mutter und Kind, wobei sie die Grenzen der von ihr persönlich gelebten Konvention radikal sprengte und einen Strom unbewußter Wünsche und Ängste in grandiosen Bildern, Symbolen und erdachten Mythen sichtbar werden ließ. Die schier unendliche Bilderfülle ihrer Lyrik schöpft aus Mythos, Geschichte, Traum, exotischer Ferne und nicht zuletzt auch aus der Nähe des erlebten Alltags, der häuslichen Umwelt und der Natur.

Die Bilder Gertrud Kolmars sind gelegentlich leicht verrätselt (*»Doch Gott schrieb einen Herbstmondbrief«* in *Die Leugnerin*), synästhetisch oder verbinden, nach expressionistischer Manier, Konkretes mit Abstraktem (*»Türme peitscht meines Flossenschweifs blitzender Hohn«* in *Wappen von Usedom*), ohne dabei zur nicht mehr aufschlüsselbaren Chiffre zu werden. Sie entspringen Tagträumen und Visionen, jenem Bereich des inneren »Schauens«, das in ihren Gedichten des öfteren reflektiert wird (*»Bedächtig kehrt mein Schauen in mich ein«* in *Die Müde*) und in sich selbst immer schlüssig bleibt. Denn im Zustand dieses inneren Schauens erhält das Ich zwar magische Kräfte und kann unbegrenzt auf Raum und Zeit ausgreifen, alle Dinge und Zustände ineinander verwandeln, doch ist diese scheinbare Willkür einem strengen Formwillen des lyrischen Ichs sowie einer klaren Architektonik des Gedichts unterworfen. Formende Elemente sind assoziative Verknüpfungen, eine starke Antithetik der Bildbereiche, die Umdeutung eines ursprünglichen Bildes in einen mythischen oder balladesken Vorgang sowie die Gliederung dieser Vorgänge durch Strophik und innere Komposition.

Anlaß für die Gedichte *Preußische Wappen*, entstanden im Winter 1927/28, waren die der Dichterin vorliegenden, von Otto Hupp entworfenen kleinen farbigen Reklamebilder der Firma Kaffee Hag, die seinerzeit in Millionenauflage verbreitet waren. Die knappe, rätselhafte Bildaussage dieser Wappen, bestehend aus Turm und Zinne, Burg, Tor, Pflanze und Tier wird zurückübersetzt *»in die Beweglichkeit ihres mythischen Ursprungs, der in der Dichterin selber offenliegt«* (F. Kemp).

Auch in dem nicht datierten Sonettenzyklus *Bild der Rose* scheinen konkrete Vorbilder, bestimmte Rosensorten, Auslöser zu sein für einen ganzen Reigen bewegter Bilder, die die verschiedensten Formen weiblicher Erotik, einschließlich der zärtlichen Hinwendung zum Kind, zum Ausdruck bringen. Hier sind, wie zum Beispiel in *Traumsee* oder in *Kanarienrose*, lyrische Gebilde von zauberhafter Leichtigkeit entstanden, die gelegentlich Ähnlichkeit aufweisen mit bestimmten Gedichten des Zyklus *Mein Kind*.

Dieser ebenfalls nicht datierte Zyklus enthält eine Reihe der schönsten Gedichte Gertrud Kolmars, wie *Ein grünes Kleid, Weide, Eisvogel, Wahn, Abschied* und *Welle*. Immer wieder wird ein Kind beschworen, wird ihm eine Spiel- und Märchenwelt erdacht, immer wieder wird es gerufen und angerufen oder die Ureinheit mit ihm erträumt – im Bild von der Weide im Wind, von der Traube am Rebstock oder der Muschel in der Woge. Aber immer wieder erfahren Kind und Mutter auch Verletzungen, endet die Beschwörung in einem Wahn, in einer Erstarrung oder mit dem Verlust des Kindes. Mit Visionen vom eigenen Altern, Sterben und Vergehen endet dieser Zyklus.

Nicht als Ganzes datiert, aber hinsichtlich seiner Entstehung mit Sicherheit in die zwanziger Jahre zurückreichend, ist ferner der Zyklus *Weibliches Bildnis* mit ursprünglich 51 Gedichten, von denen 35 in den Band *Die Frau und die Tiere* aufgenommen wurden. Hier werden abenteuerlich weite *»Räume«* – so die Untergliederung des Zyklus – durchschritten, von einem Ich, das sich fortwährend selber sucht und deutet, das sich einerseits als demütig und klein, andererseits aber auch als allumfassend, allgegenwärtig, als omnipotent empfindet. Dieses Ich schlüpft in immer neue Rollen wie in *Die Dichterin, Die Jüdin, Die Fahrende, Die Unerschlossene* etc. und unterzieht sich immerzu Verwandlungen, die zur Erlösung oder zum Tod und zur Auflösung der Identität führen.

Ein weiterer großer – undatierter – Zyklus, *Tierträume*, aus dem 19 Gedichte für den Band *Die Frau und die Tiere* ausgewählt wurden, deutet auf das große Spektrum der Naturbeziehung Gertrud Kolmars. Hier beobachtet sie die Kreatur, schenkt ihre Aufmerksamkeit auch der Kleinwelt in Feld und Wald, im Gras und im Teich, um diese dann mit der Größe des Kosmos in Verbindung zu bringen, sie zum Gleichnis menschlicher Existenz zu machen oder sie einzuweben in den Bereich von Mythos, Märchen und Legende. Pferd, Hund und Affe, Schwarzwild, Wal, Schlange, Spinne, Kröte und Fledermaus sind die von ihr bevorzugten Objekte, und Empathie und Identifikation mit solcher Kreatur machen die Dichterin zur Mitwisserin des Leidens der ganzen Schöpfung.

Der Balladenzyklus *Robespierre* ist wahrscheinlich 1933 entstanden, jedenfalls in zeitlicher Nähe zu der gleichfalls Robespierre gewidmeten Geschichtsstudie Gertrud Kolmars vom Herbst 1933 und den zwischen dem 18. August und dem 25. Oktober 1933 entstandenen Gedichten *Das Wort der Stummen*. In *Robespierre* werden, unter dem Eindruck der Machtergreifung Hitlers, die negativen Helden Robespierre, Marat und Saint-Just als die Verfechter von Gerechtigkeit und neuer sozialer Ordnung apostrophiert. Der etwas schematischen Auseinandersetzung zwischen Gut und Böse, dem zentralen Thema in diesem Zyklus, ist eine – verglichen mit den vorausgehenden Zyklen – traditionellere Metaphorik zugeordnet; dennoch gibt es auch hier faszinierende Visionen eines gleichsam apokalyptischen Kampfes zwischen den gegensätzlichen Kräften sowie schwebend leichte Darstellungen des Wunsches nach Auflösung eines sterblichen Ichs im Nichts beziehungsweise in einer *»Allgerechtigkeit«*.

Der Zyklus *Das Wort der Stummen* enthält mehrere zeitkritische Gedichte, die direkt Bezug nehmen auf politische Ereignisse wie die Errichtung der ersten Konzentrationslager und die Exzesse der Nazis gegen Kommunisten, Juden und andere sogenannte Volksfeinde bald nach der Machtergreifung. Die Darstellung von Lagerhaft, Folterung und von Gefolterten verrät ein hohes Maß an Kenntnis genauer Einzelheiten, wie sie seinerzeit Gertrud Kolmar als Tochter eines jüdischen Rechtsanwalts womöglich zugänglich waren. Zur Drastik des dargestellten Leidens, zur Intensität des dichterischen Mitleidens sowie zur Schärfe der Kritik am Regime gibt es kaum Vergleichbares in der damaligen deutschen Literatur, sieht man von Brecht ab. Die Gedichte sind Aufschrei gegen konkret verübtes und erlittenes Unrecht; und doch wird in ihnen, wie schwierig dies im politisch-zeitkritischen Gedicht auch sein mag, immer wieder die Balance hergestellt zwischen brutalem Inhalt und vermittelnder, versöhnender Form. Am besten gelingt diese Balance vielleicht in *Wir Juden*, in *Der Mißhandelte* sowie in *Die jüdische Mutter*.

Abwechselnd kurze und lange Zeilen nach Art freier Rhythmen mit Übergängen in expressive Prosa kennzeichnen die *Welten*, den letzten erhalten gebliebenen Gedichtzyklus Gertrud Kolmars, entstanden im Jahr 1937. Nicht mehr gebändigt durch Versrhythmus und Strophenform, strömen Bilder und Gedanken frei dahin und lassen in der Phantasie Länder, Gebirge, Inseln und ferne Epochen entstehen oder erinnern sehnsuchtsvoll an eine unvergessene Liebesbeziehung.

Gertrud Kolmars Lyrik darf keineswegs, wie Karl Krolow es sieht, dem *»neuen deutschen Naturgedicht«* seit 1935 zugeordnet werden, sie ist vielmehr das Werk einer großen Einzelgängerin, womöglich ranggleich mit dem Werk der beiden anderen großen deutschsprachigen Lyriker der Epoche, Gottfried Benn und Bertolt Brecht. J.Ze.

Ausgaben: *Gedichte*, Bln. 1917. – *Preußische Wappen*, Bln. 1934. – *Die Frau und die Tiere*, Bln. 1938. – *Welten*, Bln. 1947. – *Das lyrische Werk*, Hg. H. Kasack; Nachw. J. Picard, Darmstadt 1955 [erw.; mit Nachw. v. H. Wenzel, Mchn. 1960]. – *Tag- und Tierträume. Gedichte*, Nachw. F. Kemp, Mchn. 1963 (Ausw.; dtv). – *Das Wort der Stummen*, Bln./DDR 1978 [Nachw. U. Berger; nachgel. Gedichte mit *Erinnerung an G. K.* von Hilde Benjamin]. – *Frühe Gedichte (1917–1922) / Wort der Stummen (1933)*, Mchn. 1980 [Nachw. J. Woltmann-Zeitler]. – *Gedichte*, Ffm. 1983 (Ausw. u. Nachw. U. Hahn; BS). – *Weibliches Bildnis. Sämtliche Gedichte*, Mchn. 1987 (dtv).

Literatur: J. Picard, *Gertrud Chodziesner* (in Aufbau, NY, 8. 5. 1942). – Ders., *G. K. The woman and the beasts* (in Commentary 10, 1950, S. 459–465). – K. Krolow, Rez. (in Akzente, 3, 1956, S. 162–166). – V. O. Stomps, Rez. (in DRs 82, 1956, S. 787–789). – K. Pinthus, Rez. (in Aufbau, NY, 6. 9. 1957). – J. Picard, Rez. (in Jewish Frontier, März 1960, S. 12–15). – F. Kemp, *G. K.* (in NZZ, 1. 5. 1960; auch in F. K., ... *das Ohr, das spricht. Spaziergänge eines Lesers*, Mchn. 1989). – O. Schaefer, Rez. (in SZ, 31. 10./1. 11. 1961). – W. Schnurre, *G. K.* (in *Triffst du nur das Zauberwort. Stimmen von heute zur deutschen Lyrik*, Hg. J. Petersen, Ffm./Bln. 1961, S. 268–287). – B. G. Blumenthal, *G. K.: Love's Service to the Earth* (in GQ 42, 1969, S. 485–488). – H. Byland, *Zu den Gedichten G. K.s*, Diss. Bamberg 1971. – U. Berger,

Zum Bild G. K.s (in SuF 24, 1972, S. 395–398). – K. Krolow, *Die Lyrik in der Bundesrepublik seit 1945* (in *Die Literatur der Bundesrepublik Deutschland*, Hg. D. Lattmann, Mchn. 1973, S. 392 f.). – E. Langmann, *The Poetry of G. K.* (in Seminar, 14, 1978, S. 117–132). – U. Krechel, *Losgelöst und kinderlos* (in *Lesarten – Gedichte, Lieder, Balladen*, Hg. dies., Darmstadt/Neuwied 1982, S. 132–137). – M. C. Eben, *G. K.: An Appraisal* (in GLL 37, 1983/84, S. 197–210). – S. Schlenstedt, *Bilder neuer Welten* (in *Frauen Literatur Geschichte*, Hg. H. Gnüg u. R. Höhmann, Stg. 1985, S. 305–309).

KARL KRAUS

* 28.4.1874 Jičín / Ostböhmen
† 12.6.1936 Wien

LITERATUR ZUM AUTOR:
Bibliographien:
O. Kerry, *K.-K.-Bibliographie. Mit einem Register der Aphorismen, Gedichte, Glossen u. Satiren*, Mchn. 21970. – Ders., *Nachtrag zur K.-K.-Bibliographie* (in Modern Austrian Literature, 8, 1975, Nr. 1/2, S. 103–180). – S. P. Scheichl, *Kommentierte Auswahlbibliographie zu K. K.* (in *K. K.*, Hg. H. L. Arnold, Mchn. 1975, S. 158–241; Text + Kritik; fortgesetzt in Kraus-Hefte, Hg. S. P. Scheichl u. Chr. Wagenknecht, Mchn. 1977 ff.).
Zeitschrift:
Kraus-Hefte, Hg. S. P. Scheichl u. Chr. Wagenknecht, Mchn. 1977 ff.
Biographien:
L. Liegler, *K. K. u. sein Werk*, Wien 1920. – P. Schick, *K. K. in Selbstzeugnissen u. Bilddokumenten*, Reinbek 1965 (rm). – A. Pfabigan, *K. K. und der Sozialismus. Eine politische Biographie*, Wien 1976. – M. Horowitz, *K. K. Bildbiographie*, Wien 1986.
Gesamtdarstellungen und Studien:
R. Scheu, *K. K.*, Wien 1909. – *Rundfrage über K. K.*, Hg. L. v. Ficker, Innsbruck 1917. – B. Viertel, *K. K. Ein Charakter u. die Zeit*, Dresden 1921. – W. Benjamin, *K. K.* (in Frankfurter Zeitung, 10. 3.–18. 3. 1931; ern. in W. B., *GS*, Hg. R. Tiedemann u. H. Schweppenhäuser, Bd. 4, Ffm. 1980, S. 334–367). – H. H. Hahnl, *K. K. und das Theater*, Diss. Wien 1947. – W. Kraft, *K. K. Beiträge zum Verständnis seines Werkes*, Salzburg 1956. – H. Obergottsberger, *Der Weltuntergangsgedanke bei K. K.*, Diss. Wien 1957. – J. Stephan, *Satire u. Sprache. Zu dem Werk von K. K.*, Mchn. 1964. – F. Jenaczek, *Zeittafeln zur »Fackel«. Themen-Ziele-Probleme*, Gräfelfing 1965. – Ch. J. Wagenknecht, *Das Wortspiel bei K. K.*, Göttingen 1965. – C. Kohn, *K. K.*, Stg. 1966. – E. Haueis, *K. K. und der Expressionismus*, Diss. Erlangen 1968. – H. Weigel, *K. K. oder Die Macht der Ohnmacht. Versuch eines Motivenberichts zur Erhellung eines vielfachen Lebenswerkes*, Wien u. a. 1968; ern. Mchn. 1972 (dtv). – A. Disch, *Das gestaltete Wort. Die Idee der Dichtung im Werk von K. K.*, Zürich 1969. – M. Naumann, *Der Abbau der verkehrten Welt. Satire u. politische Wirklichkeit im Werk von K. K.*, Mchn. 1969. – G. Feigenwinter-Schimmel, *K. K. Methode der Polemik*, Diss. Basel 1970. – S. P. Scheichl, *K. K. und die Politik (1892–1919)*, Diss. Innsbruck 1971. – H. Zohn, *K. K.*, NY 1971 (TWAS). – E. Canetti, *K. K., Schule des Widerstands* (in E. C., *Macht u. Überleben*, Bln. 1972, S. 25–37). – V. Bohn, *Satire u. Kritik. Über K. K.*, Ffm. 1974. – J. M. Fischer, *K. K.*, Stg. 1974 (Slg. Metzler). – W. Kraft, *Das Ja des Neinsagers – K. K. u. seine geistige Welt*, Mchn. 1974. – *K. K.*, Hg. H. L. Arnold, Mchn. 1975 (Text + Kritik). – J. Quack, *Bemerkungen zum Sprachverständnis von K. K.*, Bonn 1976. – M. Schneider, *Die Angst und das Paradies des Nörglers. Versuch über K. K.*, Ffm. 1977. – K. Grimstad, *Masks of the Prophet. The Theatrical World of K. K.*, Diss. Univ. of Toronto 1982. – S. P. Scheichl, *K. K.* (in *Österreichische Portraits*, Bd. 2, Hg. J. Jung, Salzburg 1985, S. 158–191). – *K. K. in neuer Sicht. Londoner K.-Symposium*, Hg. S. P. Scheichl u. E. Timms, Mchn. 1986. – H. Arntzen, *K. K. und die Presse*, Mchn. 1975. – M. Bilke, *K. K.*, Bonn 1986. – E. Timms, *K. K., Apocalyptic Satirist: Culture and Catastrophe in Habsburg Vienna*, New Haven u. a. 1986. – *K. K. 1874–1936*, Wien 1986 [Ausst.-Kat.; Zusammenstellung H. Lunzer]. – *Die Belagerung der Urteilsmauer. K. K. im Zerrspiegel seiner Feinde*, Hg. F. Schuh, Wien 1986. – N. Wagner, *Geist u. Geschlecht: K. K. und die Erotik der Wiener Moderne*, Ffm. 1987. – *K. K. Ästhetik u. Kritik. Beiträge des K.-Symposiums Poznań*, Hg. S. Kaszyński u. S. P. Schleichl, Mchn. 1989.

DIE DRITTE WALPURGISNACHT

Zeitkritische Schrift von Karl KRAUS, entstanden 1933, erschienen 1952. – *»Mir fällt zu Hitler nichts ein.«* Mit diesem berühmt gewordenen Satz beginnt das Buch, in dem Karl Kraus dann doch sehr ausführlich zu den Ereignissen in Deutschland während der ersten Monate des Dritten Reiches (aber auch zur Situation in Österreich) Stellung nimmt. Der Text verbindet die bewegende Klage über die Opfer der Untaten mit vehementer Anklage der Täter, aber auch der indirekt Verantwortlichen, wozu Kraus insbesondere die *»Worthelfer der Gewalt«* zählt. Ausgangspunkt und Informationsgrundlage sind zahlreiche Zitate aus Berichten deutscher und ausländischer Zeitungen, die Kraus sprachkritisch analysiert und satirisch kommentiert. Durch diese in den mehr als dreißig Jahrgängen seiner Zeitschrift ›Die Fackel‹ entwickelte Betrachtungsweise wird es ihm möglich, Zeugnis zu geben von Ereignissen, die *»rings nichts als Stupor«* auslösten, *»Gebanntsein vor dem betörenden Zauber *der Idee, keine zu haben«*. Seine Einsicht in Zusammenhänge und seine Voraussicht muten heute geradezu prophetisch an; seine *»Dokumentation«* zeigt aber auch, daß vieles, was man später angeblich nicht gewußt hat, schon 1933 in den Zeitungen stand. Kraus nimmt in dem Werk vieles vorweg. So untersucht er bereits die Sprache des Nationalsozialismus, analysiert die ersten Beiträge zum »Wörterbuch des Unmenschen«, insbesondere die Sprache und Mentalität von GOEBBELS, zeigt den gespenstischen »Aufbruch der Phrase zur Tat« und erörtert die Erklärungen und Bekenntnisse zum Dritten Reich von Gottfried BENN, Wilhelm FURTWÄNGLER, Rudolf G. BINDING und Martin HEIDEGGER, *»der seinen blauen Dunst dem braunen gleichgeschaltet hat«*. Ein Satz über die Verstrikkung Gerhart HAUPTMANNS ist leider vom Herausgeber H. FISCHER gestrichen worden.

Der Maßstab, an dem Kraus die Gegenwart mißt und verurteilt, ist der Geist der Klassiker. In der *Dritten Walpurgisnacht* sind es vor allem GOETHE (mit seiner *»klassischen Walpurgisnacht«*), SCHILLER, NESTROY, HÖLDERLIN, PLATEN, LICHTENBERG und GOGOL', aber auch Gerhart Hauptmann, die Kraus als Eideshelfer zitiert. Und aus ihren Schriften gewinnt er die Hoffnung, daß dereinst, *»nach schmählicher Bewältigung der anderen Parole, Deutschland erwachen wird«*, wenn *»die guten Geister einer Menschenwelt aufleben zur Tat der Vergeltung«*. Dieser Maßstab bringt es zugleich mit sich, daß die Kritik weit vor dem Jahre 1933 ansetzt und auch mit dem Ende des Nationalsozialismus nicht als abgeschlossen gelten kann. Dies gilt insbesondere für die auch in der *Dritten Walpurgisnacht* im Mittelpunkt stehende Medienkritik.

Die Dritte Walpurgisnacht ist ein Buch von hoher sprachlicher Verdichtung, voll von direkten und indirekten Anspielungen, die vom Leser kaum je vollständig entschlüsselt werden können. Auch sind manche Einschätzungen der politischen Verhältnisse in Österreich heute nur schwer nachvollziehbar: so die erbarmungslose Kritik an der Führung der austromarxistischen Sozialdemokratie einerseits und die Rechtfertigung der Politik des klerikal-faschistischen Bundeskanzlers Engelbert Dollfuß andererseits. Es ist daher nicht verwunderlich, wenn die Rezensenten des Buches sich bisher über den Stellenwert der *Dritten Walpurgisnacht* nicht einig werden konnten: Während F. J. RADDATZ das Buch für eine *»intellektuelle Bankrotterklärung«* hält, ist es für A. POLGAR eine *»leidgezeichnete Absage an die Zeit«*; und während F. DÜRRENMATT es als *»Sprachkunstwerk«* lobt, erscheint H. MAYER *»die Sprache merkwürdig fahl und fahrig«*.

Karl Kraus schrieb den Text im Sommer 1933, ursprünglich für die ›Fackel‹ (vorgesehen als Nr. 888–907). Obwohl das Heft schon gesetzt war, entschied sich Kraus gegen die Veröffentlichung und setzte statt dessen sein demonstratives Schweigen fort, das er sich nach Hitlers Machtergreifung auferlegt hatte. Ein wichtiger Grund für den Entschluß, das Werk zurückzuhalten, dürfte das Bedenken gewesen sein, *»es könne in der Sturzflut des Geschehens nur politisch verstanden, also mißverstanden werden«* (H. Fischer). Erst im Juli 1934 erschienen Teile des Werks im Rahmen eines umfangreicheren Textes *Warum die Fackel nicht erscheint* (Die Fackel, Nr. 890–905). Entgegen einer Aussage des Herausgebers wurde die *Dritte Walpurgisnacht* (so der von Kraus vorgesehene Titel) niemals *»vollendet«*. Vielmehr stellt die – bisher nicht veröffentlichte – Fassung ein *»work in progress, in verschiedenen Bearbeitungsstufen«* (J. Stremmel) dar, das vom Herausgeber für die Buchausgabe verschiedentlich bearbeitet wurde. J.F.

AUSGABEN: Mchn. 1952, Hg. H. Fischer. – Mchn. [2]1955 (in *Werke*, Hg. ders., 14 Bde., 1954–1970, 1). – Mchn. 1967, Hg. ders. – Ffm. 1989 (in *Schriften*, Hg. Chr. Wagenknecht, 12 Bde., 1986–1989, 12; st).

LITERATUR: M. Rychner, *»Die dritte Walpurgisnacht« von K. K.* (in M. R., *Bedachte u. bezeugte Welt*, Darmstadt/Hbg. 1962, S. 222–225). – F. Dürrenmatt, *»Die dritte Walpurgisnacht«* (in F. D., *Theater-Schriften u. Reden*, Zürich 1966, S. 247–250). – W. Alff, *K. K. und die Zeitgeschichte* (in K. Kraus, *»Die dritte Walpurgisnacht«*, Hg. H. Fischer, Mchn. 1967, S. 317–365). – W. Kraft, *»Es war einmal ein Mann ...« – über die »Dritte Walpurgisnacht« von K. K.* (in Merkur, 22, 1968, S. 926–935). – M. Scharang, *Kritik u. Praxis im Angesicht der Barbarei. Zur »Dritten Walpurgisnacht« von K. K.* (in Protokolle, 1969, S. 237–248; 253–260). – W. Frühwald, *Kritik der Phraseologie. Sechs Thesen zu K. K.' »Dritter Walpurgisnacht«* (in *Interpretationen zur österreichischen Literatur*, Hg. Institut für Österreichkunde, Wien 1971, S. 111–132). – K. Riha, *Zur »Dritten Walpurgisnacht«* (in Sprache im technischen Zeitalter, 1982, H. 83, S. 197–206). – J. Stremmel, *»Dritte Walpurgisnacht«. Über einen Text von K. K.*, Bonn 1982. – K. Krolop, *Präformation als Konfrontation. »Drittes Reich« u. »Dritte Walpurgisnacht«* (in Impulse, 8, 1985, S. 128–154). – U. Teusch, *Sprache u. Faschismus. K. K.' »Dritte Walpurgisnacht«* (in Zeitgeschichte, 12, 1985, S. 351–389). – M. Scharang, *Zur »Dritten Walpurgisnacht«* (in Literatur u. Kritik, 1987, S. 152–156).

DIE LETZTEN TAGE DER MENSCHHEIT

»Tragödie in fünf Akten mit Vorspiel und Epilog« von Karl KRAUS. Eine erste Fassung des vor allem zwischen 1915 und 1917 entstandenen Dramas (»Akt-Ausgabe«) erschien in drei Sonderheften der ›Fackel‹ 1919, der Epilog *Die letzte Nacht* wurde bereits 1918 als erstes Sonderheft der ›Fackel‹ veröffentlicht; die Publikation der endgültigen Fassung (»Buchausgabe«) erfolgte 1922. Eine Bühnenaufführung hatte Kraus selbst anfänglich für nicht möglich gehalten, lediglich der *Epilog* wurde am 4. 2. 1923 an der »Neuen Wiener Bühne« urauf-

geführt. Ende der zwanziger Jahre beschäftigte sich Kraus mit einer gekürzten *»Bühnenfassung«* (E. Früh), zu einer Uraufführung des Stücks kam es aber, nach Leseaufführung von L. Lindtberg in Zürich (1945) sowie B. Viertel in New York (1947), erst in einer von H. Fischer und L. Lindtberg eingerichteten Kurzfassung am 14.6. 1964 am Wiener Burgtheater. Anders als diese Aufführung stieß die Inszenierung des Dramas, die H. Hollmann 1974 in Basel anläßlich des 100. Geburtstages von Kraus unternahm, auf allgemeine Zustimmung der Kritik.
Das Stück basiert in großen Teilen auf Glossen, Essays, Aphorismen und Gedichten, die Kraus in seiner Zeitschrift ›Die Fackel‹ veröffentlicht hatte. Die Form des Dramas, so der Autor in einem Vorwort, ist ein Reflex auf das Weltkriegs-Grauen: *»... der Inhalt ist von dem Inhalt der unwirklichen, undenkbaren ... und nur in blutigem Traum verwahrten Jahre, da Operettenfiguren die Tragödie der Menschheit spielten. Die Handlung, in hundert Szenen und Höllen führend, ist unmöglich, zerklüftet, heldenlos wie jene ... Leute, die unter der Menschheit gelebt und sie überlebt haben, sind als Täter und Sprecher einer Gegenwart, die nicht Fleisch, doch Blut, nicht Blut, doch Tinte hat, zu Schatten und Marionetten abgezogen und auf die Formel ihrer tätigen Wesenlosigkeit gebracht.«* 220 Szenen, in denen mehr als ein halbes Tausend Figuren auftreten, umfaßt das Drama. Das Geschehen des Ersten Weltkriegs erscheint als Mosaik von Wirklichkeitsausschnitten, deren verbindendes Element allein die allenthalben entfesselte Unvernunft ist. Überallhin führt Kraus: in die Straßen Wiens und Berlins, in Kanzleien und Kasernen, in Hinterhöfe und großbürgerliche Wohnungen, in Friseursalons und Redaktionen, in Vergnügungslokale und Truppenunterkünfte, in Lazarette und Wallfahrtskirchen, in ein chemisches Laboratorium und ins Kriegsarchiv, in den Wurstelprater und eine Wiener Frauenklinik. Es treten auf, neben dem *Nörgler* und dem *Optimisten*, der deutsche Kaiser Wilhelm II. sowie Österreichs Kaiser Franz Josef, der deutsche Kronprinz und die österreichischen Erzherzöge – daneben Militärs und Zivilisten jeder sozialen Schattierung. Viele dieser Repräsentanten einer entmenschten Menschheit werden von Kraus ins Maskenhaft-Typische stilisiert und durch sprechende Namen fixiert: »Kommerzienrat Wahnschaffe«, »Familie Durchhalter«, »Major Metzler«, »General Gloirefaisant«.
Fünf Akte lassen die Ereignisse je eines Kriegsjahres in bunter szenischer Folge Revue passieren. Schon im Vorspiel, das mit der marktschreierischen Ankündigung eines »Zeitungsausrufers« – *»Extraausgabee – ! Ermordung des Thronfolgers! Da Täta vahaftet!«* – beginnt, wird der durch das ganze Stück verfolgte Zusammenhang von Mediokrität und politischem Verbrechen deutlich. Unablässig wechselt der Schauplatz: Von Wien aus führt Kraus an alle Fronten, blendet Episoden aus der Etappe ein und wendet sich, vom dritten Akt an, mehr und mehr Deutschland und der Kritik des dort herrschenden wilhelminischen Ungeistes zu. Sarkastisch konfrontiert Kraus preußisches und österreichisches Militär, um die groteske Ungleichheit der beiden im Zeichen eines blutrünstigen Patriotismus verbündeten Partner bloßzustellen. Bitter wird registriert, daß *»die Suggestion einer von einem abgelebten Ideal zurückgebliebenen Phraseologie« (»Seelenaufschwung«, »deutsche Bildung«, »christliche Zivilisation«)* die Gehirne der Massen benebelt und zur Rechtfertigung einer Politik der Unmenschlichkeit führt. Je gespenstischer die darzustellende Wirklichkeit wird, desto häufiger nimmt Kraus beziehungsreiche Allegorisierungen vor. So entsteigen in der letzten, *Liebesmahl bei einem Korpskommando* betitelten Szene dem Wandgemälde »Die große Zeit« Figuren, die auf unheimliche Weise mit den im Saal anwesenden Militärs identisch sind und geisterhafte Pantomimen des Grauens vollführen. Schließlich, nach der Klage des »Ungeborenen Sohnes«, bricht völlige Finsternis herein, eine Flammenwand lodert am Horizont auf, man hört Todesschreie. Der Epilog *Die letzte Nacht* deutet das Kriegsende als Apokalypse der Menschheit: Die *»elektrisch beleuchteten Barbaren«* dieser Erde werden von Marsbewohnern *»ausgejätet«*, während – wie in einem mittelalterlichen Weltuntergangsspiel – ein Feuerkreuz am Himmel erscheint und Blut-, Aschen- und Meteorregen auf das Wrack der Welt niederprasselt. Ein langes Schweigen folgt, in das die »Stimme Gottes« den Satz spricht, mit dem der deutsche Kaiser seine Kriegserklärung kommentiert hatte: *»Ich habe es nicht gewollt.«*
Mehr als ein Drittel des Tragödientextes ist aus Zitaten montiert, die Zeitungsmeldungen, Leitartikeln, militärischen Tagesbefehlen, Verordnungsblättern, Gerichtsurteilen, kommerziellen Anzeigen und Gedichtsammlungen entnommen wurden: *»Die unwahrscheinlichsten Gespräche, die hier geführt werden, sind wörtlich gesprochen worden; die grellsten Erfindungen sind Zitate.«* Österreich hatte nach Kraus' Überzeugung den Krieg als Präventivkrieg herbeigeführt; schuld an ihm war in seinen Augen die Presse: *»Und das hat sie vermocht, sie allein ... Nicht daß die Presse die Maschinen des Todes in Bewegung setzte – aber daß sie unser Herz ausgehöhlt hat ...: das ist ihre Kriegsschuld!«* Kraus überführt seine Delinquenten mit ihren eigenen Äußerungen: *»Die Verschlingung der Dokumente, Zitate und Phrasen mit geringer, frei erfundener Handlung hat die Aufgabe ... den Nachweis der Tatsächlichkeit der Geschehnisse in Tat und Wort – und seine Ideen im Medium der Sprache, durch ihr Medium zu gestalten. Denn Sprache ist hier wie in allen Werken von Karl Kraus ... nicht nur Mittel, sondern Gegenstand der Darstellung, Brennpunkt der Aufmerksamkeit, Beweismittel«* (F. H. Mautner). Den Imitationen, die sein dramatischer Stil bei expressionistischen Dichtern fand, stand Kraus ablehnend gegenüber: *»Jetzt weiß ich wenigstens, daß der Begriff der ›Dramatisierung des Dokumentarischen‹, den diese Leute haben, von mir bezogen und auf das grausam Schändlichste kompromittiert ist.«* Der stilbildende Einfluß

der *Letzten Tage der Menschheit* ist in der Tat lange Zeit unterschätzt worden; heute steht fest, daß *»die gesamte deutsche Nachkriegsdramatik von 1920–1930, soweit sie politische Tendenzdramatik ist, direkt oder indirekt auf diese Quelle zurückgeht. Weder die Autoren noch die Kritiker fühlten sich veranlaßt, diese Quelle anzugeben. Auch Brecht... ist von der satirischen Methode der ›Letzten Tage der Menschheit‹ teilweise ausgegangen... vor allem in ›Furcht und Elend des Dritten Reiches‹«* (W. Kraft). Der Gestus des Zeigens, ein zentrales Stilprinzip des »epischen« Theaters, ist bei Kraus vorgeprägt in den reich kommentierten Regieanweisungen. Es gibt in diesem Drama weder Handlung noch Entwicklung und Finalduktus im traditionellen Sinn; das Szenenkonglomerat, für das ursprünglich der Untertitel »Angsttraum« vorgesehen war, bietet sich vielmehr dar als kreisende Abfolge unendlicher Variationen einer trostlos gleichbleibenden Grundfigur. Die Reflexion des dargestellten Schuldzusammenhangs wird nicht mehr von den handelnden Figuren geleistet, nur der Zuschauer noch kann sie, soll sie vollziehen. F.J.

AUSGABEN: Wien 1919 (in Sonderhefte der Fackel; Aktausgabe). – Wien/Lpzg. 1922. – Zürich 1954, Hg. H.M. Kann. – Mchn. 1957 (in *Werke*, Hg. H. Fischer, 14 Bde., 1954–1970, 5). – Mchn. 1964, 2 Bde. (Nachw. H. Fischer; dtv). – Mchn. 1976. – Bln./DDR 1978 (in AW, Bd. 5, Hg. K. Krolop; m. Kommentarbd.). – Ffm. 1986 (in *Schriften*, Hg. Chr. Wagenknecht, 12 Bde., 1986–1989, 10; st).

LESUNG: Helmut Qualtinger (Schallplatten 1962, 1964, 1972) [darunter: K. K. Die letzten Tage der Menschheit. 1. Vorspiel, Preiser Record 3018. 2. Auswahl (3 Platten), Preiser Record 3009, 3014, 3228].
Leseaufführung des gesamten Dramas 1974 (100. Geburtstag) im ORF.

LITERATUR: Für die zeitgenössische Reaktion vgl. Die Fackel, Nr. 521, 568, 657 (zur Aktausgabe); Die Fackel, Nr. 640, 649, 657, 668, 679, 697, 726, 781, 827, 890 (zur Buchausgabe); Die Fackel, Nr. 613, 834 (zur Aufführung des Epilogs *Die letzte Nacht* u. einer auf zwei Abende gekürzten Fassg. des Gesamtwerks).
S. Hermlin, *»Die letzten Tage der Menschheit«* (in S. H. u. H. Mayer, *Ansichten über einige Bücher u. Schriftsteller*, Bln. 1947, S. 121–125). – F. H. Mautner, *K. K.: »Die letzten Tage der Menschheit«* (in *Das deutsche Drama vom Barock bis zur Gegenwart*, Hg. B. v. Wiese, Düsseldorf 1958, S. 357–382; ern. in F. H. M., *Worte u. Wesen*, Ffm. 1974, S. 98–132). – W. Muschg, *K. K.: »Die letzten Tage der Menschheit«* (in W. M., *Von Trakl zu Brecht*, Mchn. 1961, S. 174–197). – F. Field, *»The Last Days of Mankind«. K. K. and His Vienna*, Ldn./NY 1967. – S. Hermlin, *Lektüre K. K.* (in SuF, 21, 1969, S. 1504–1507; ern. in S. H., *Lektüre 1960–1971*, Ffm. 1974, S. 100–105; st). – W. Dietze, *»Die letzten Tage der Menschheit« von K. K. – Dramaturgische Besonderheiten eines Antikriegs-Schauspiels* (in W. D., *Erbe u. Gegenwart. Aufsätze zur vergleichenden Literaturgeschichte*, Bln./Weimar 1972, S. 220–246). – E. Früh, *Das volkstümliche Wort bei K. K. Ein interpretativer u. lexikalischer Beitrag zum Verständnis des Dramas »Die letzten Tage der Menschheit«*, Diss. Wien 1973. – G. Melzer, *Der Nörgler u. die Anderen. Zur Anlage der Tragödie »Die letzten Tage der Menschheit« von K. K.*, Diss. Bln. 1973. – E. Sander, *Gesellschaftliche Struktur u. literarischer Ausdruck. Über »Die letzten Tage der Menschheit« von K. K.*, Königstein/Ts. 1979. – E. Früh, *Die Bühnenfassung der »Letzten Tage der Menschheit«* (in K.-Hefte, 1980, H. 13, S. 4–9). – N. Ruske, *Szenische Realität u. historische Wirklichkeit. Eine Untersuchung zu K. K.: »Die letzten Tage der Menschheit«*, Ffm. 1981. – P. Hawig, *Dokumentarstück, Operette, Welttheater. »Die letzten Tage der Menschheit« von K. K. in der literarischen Tradition*, Essen 1984. – W. Hindemith, *Die Tragödie des Nörglers. Studien zu K. K.' moderner Tragödie: »Die letzten Tage der Menschheit*, Ffm. u. a. 1985.

DIE SPRACHE

Sammlung von Aufsätzen und Glossen von Karl KRAUS, postum erschienen 1937, herausgegeben von Philipp BERGER, der zum engeren Freundeskreis des Autors gehörte. – Bereits 1923 hatte Kraus in seiner Zeitschrift ›Die Fackel‹ das Erscheinen eines Bandes zur *Sprachlehre* annonciert, der die in der ›Fackel‹ erschienenen Aufsätze zu diesem Themenkomplex zusammenfassen und Sidonie NÁDHERNÝ gewidmet werden sollte. Das Vorhaben blieb zunächst unausgeführt. Anfang der dreißiger Jahre kündigte Kraus erneut das Erscheinen des Bandes an, nunmehr unter dem Titel *Die Sprache*, jedoch verzögerten andere Projekte, darunter die Nachdichtung von SHAKESPEARES *Sonetten*, aber vor allem die Reaktion auf die Zeitereignisse *(Die Dritte Walpurgisnacht; Warum die Fackel nicht erscheint)* die Publikation. Sie versammelt Beiträge aus der ›Fackel‹ der Jahre 1903–1932 und wurde von Ph. Berger nach dem Tod von Kraus entsprechend dessen Bestimmungen herausgegeben und um den Aufsatz *Die Sprache* ergänzt; die Abhandlung *Subjekt und Prädikat* nahm Berger nicht auf, während sie den modernen Editionen des Sammelbandes stets beigefügt wird.
Kraus' Auffassung von der Sprache ist aufs engste verbunden mit seiner Kritik des Journalismus, jenes *»Phrasensumpfes«*, in dem nicht nur Moral und Ethik der Sensation und der schnellen Verwertung geopfert werden, sondern auch jene Abstumpfung sich breitmacht, die für Kraus eine der Voraussetzungen des Krieges ist – so die Anklage in *Die letzten Tage der Menschheit: »Nicht daß die Presse die Maschinen des Todes in Bewegung setzte – aber daß sie unser Herz ausgehöhlt hat, uns nicht mehr vorstellen zu können, wie das wäre: das ist ihre Kriegsschuld!«*.
Der Kampf, den Kraus mit der Presse Wiens führt,

ist vor allem ein Kampf um die Sprache, denn vehement postuliert Kraus den Zusammenhang zwischen Sprachgebrauch und der Fähigkeit zu differenzieren; der falsche Sprachgebrauch ist für Kraus stets Indiz für ein ebenso falsches Denken, seine Sprachkritik ist immer auch Ideologiekritik jener, deren Rede vom *»Beherrschen der Sprache«* unfreiwillig vom eigentlichen Drang nach Verfügungsgewalt und Manipulation kündet: *»Der richtige Anschluß, den ich den deutschen Brudervölkern mein Lebtag gewünscht habe, wäre der an die Sprache, die sie im Munde führen.«*

Sprache in ihrer eigentlichen, in ihrer vollendeten Form ist für Kraus der Gegenentwurf zum bestehenden Schlechten, ohne daß es ihm um die Etablierung einer modernen Sprachtheorie gegangen wäre; seine Anstöße findet er in der Kritik der journalistischen Sprache, die sich nicht auf das Konstatieren grammatikalischer Verstöße beschränkt. Auch für Kraus ist die Grammatik lediglich ein Regelwerk, an das ein authentischer Ausdruck, ein Stil, nicht notwendig gebunden ist: *»Der Stil holt sich seine Erlaubnisse nicht vom grammatikalischen Aufpasser.«* Richtschnur in jener Sprachverwendung, die über die bloße Verständigung hinausgeht, ist für Kraus vor allem sein Sprachempfinden, wobei er selbst von *»Sprachdenken«* oder von einer *»sprachlichen Denkform«* spricht und dabei das Gespür für die vielfältigen Beziehungen meint, die Worte in einem Satz zueinander aufbauen: *»Worte, die schon allen möglichen Verrichtungen und Beziehungen gedient haben, sind so gesetzt, daß sie das Ineinander ergeben, in welchem Ding und Klang, Idee und Bild nicht ohne einander und nicht vor einander da sein konnten.«* Das, was Kraus als *»Wortgestalt«* bezeichnet, meint letztlich eine poetische Dimension der Sprache, die vor jeder nur informativen liegt *(»Jedes Wort ist ursprünglich ein Gedicht, und was den Vollbegriff des Dings umfaßt, ist ihm nur abgelallt«)* und einen inneren Zusammenhang zwischen dem Wort, seiner Gestalt und der gemeinten Sache mit einschließt; in seinem Epigramm *Sprachschöpfung* formuliert Kraus, in Umkehrung zum bekannten *Faust*-Zitat: *»Ich kann aufs Wort in allen Lagen zählen, / es führt zum Wesen fort mich aus dem Schein, / und stellt es sich zur rechten Zeit mir ein, / so wird auch der Begriff nicht fehlen / ...«* Im Reim des Gedichts kann dies seine intensivste Ausprägung erfahren: *»Denn reimen kann sich nur, was sich reimt; was von innen dazu angetan ist und was wie zum Siegel tieferen Einverständnisses nach jenem Einklang ruft, der sich aus der metaphysischen Notwendigkeit worthaltender Vorstellungen ergeben muß.«* Der Reim ist mehr als nur die Wiederkehr einer identischen oder ähnlichen Lautung, wie auch die Sprache mehr ist als lediglich ein Informationssystem. So wenig sich das einzelne Wort im Satz losgelöst vom syntaktischen Umfeld betrachten läßt, so wenig der Satz losgelöst von seinem ideologischen Kontext.

Zweifellos bestimmen idealistische Prämissen die Sprachtheorie von Kraus, schließlich ist ihm die Sprache eher ein eigengesetzlicher, geistiger Organismus denn ein bloßes, auf Konvention beruhendes Zeichensystem; dennoch bleibt der ideologiekritische Impuls stets vorherrschend. *»Die Sprache bringt es an den Tag«*, so das triumphierende Credo des Autors, der sich selbst als *»Satzbauer«* titulierte und bereits im ersten Heft der ›Fackel‹ zu seiner Auffassung der Sprache bemerkte: *»Wenn die Menschheit keine Phrasen hätte, brauchte sie keine Waffen. Man muß damit anfangen, sich sprechen zu hören, darüber nachdenken, und alles Verlorene wird sich finden ... Jede Gedankenlosigkeit, die man spricht, war einmal ein Gedanke.«* Erst mit der Machtübernahme Hitlers sieht Kraus sich der Möglichkeit beraubt, Ideologiekritik als Sprachkritik zu betreiben.

Kraus' Verhältnis zur Sprache wurde in der Forschung immer wieder mit Ausdrücken wie *»Sprachmystik«* (L. Liegler), *»Sprachmagie«* (Chr. Wagenknecht) oder *»Spracherotik«* (F. Jenaczek) umrissen. W. BENJAMIN oder B. VIERTEL nehmen eine eher jüdisch-theologisch motivierte *»Heiligung des Namens«* an. Sehr viel allerdings spricht für die These von J. QUACK, wonach Kraus nicht eigentlich sprachphilosophisch noch sprachtheoretisch argumentiert: *»Die Systematisierung der aphoristischen, kontextgebundenen Äußerungen oder auch deren thesenartig verarbeitete Aufzählung würden sie in jeder Hinsicht verfälschen.«* Davon ist auch die Abhandlung *Subjekt und Prädikat* nicht ausgenommen, in der Kraus das Phänomen des vorangestellten Pronomens »es« analysiert, worauf er bereits 1921 in seinem Aufsatz *Es* eingegangen war und postuliert hatte, daß dieses »es« *(»es will Abend werden«)* nicht nur *»Vorläufer«* für das folgende Subjekt sei, sondern als *»richtiges Subjekt«* auftreten könne. Eine im modernen Sinne »linguistische« Analyse bietet Kraus nicht (P. Fässler), wie er auch keine erschöpfende Darstellung des Gegenstandes anstrebt. Von einer breiten Nachwirkung seiner Sprachauffassung, die ihrerseits von der Forschung gerne auf G. Chr. LICHTENBERG und A. SCHOPENHAUER zurückgeführt wird, kann daher nur bedingt gesprochen werden, auch wenn etwa Th. W. ADORNO zustimmend den Satiriker Kraus immer wieder anführt; in Adornos *Ästhetischer Theorie* erscheint Kraus als einer der letzten Verteidiger des *»authentischen«* Kunstwerks: *»Auf die Rettung solcher Gebilde in der Sprache hatte Karl Kraus es abgesehen, in Übereinstimmung mit seiner Apologie des unterm Kapitalismus Unterdrückten: des Tiers, der Landschaft, der Frau.«* M.Pr.

AUSGABEN: Wien 1937, Hg. Ph. Berger. – Mchn. 1954 (in *Werke*, Hg. H. Fischer, 14 Bde., Mchn. 1954–1970, 2 [erw. durch weitere Texte aus Die Fackel]). – Mchn. 1969 (dtv; identisch mit der Ausg. v. 1937). – Ffm. 1987 (in *Schriften*, Hg. Chr. Wagenknecht, 12 Bde., 1986–1989, 7; st).

LITERATUR: W. Kraft, *K. K. und die Sprache* (in Die Fähre, 1, 1946, S. 373–379). – S. v. Radecki, *K. K. und die Sprache* (in FH, 7, 1952, S. 110–116). –

G. Busch, *Der sprachliche Weltentwurf* (in Akzente, 2, 1955, S. 494–502). – H. Uhlig, *Vom Pathos der Syntax. Über K. K. u. gegen seine Lobredner* (ebd., S. 484–494). – P. Rühmkorf, *Die soziale Stellung des Reims. K. K. oder die Grenzen der Wesensbeschwörung* (in *Grüße. H. Wolffheim zum 60. Geburtstag*, Hg. K. Schröter, Ffm. 1965, S. 103–111). – M. Rychner, *K. K.: »Die Sprache«* (in M. R., *Aufsätze zur Literatur*, Zürich 1966, S. 535–548). – H.-J. Heringer, *K. K. als Sprachkritiker* (in Muttersprache, 72, 1967, S. 256–262). – P. Fässler, *Studien zur »Sprachlehre« von K. K.*, Zürich 1972. – J. F. Bodine, *K. K.' Conception of Language* (in Modern Austrian Literature, 8, 1975, Nr. 1/2, S. 268–314). – R. Bähr, *Grundlagen für K. K.' Kritik an der Sprache im nationalsozialistischen Deutschland*, Köln 1977. – J. F. Bodine, *Die Sprachauffassung u. Sprachkritik von K. K. Ein Forschungsbericht über Untersuchungen der siebziger Jahre* (in Rbph, 59, 1981, S. 665–683).

ELISABETH LANGGÄSSER

* 23.2.1899 Alzey
† 25.7.1950 Rheinzabern

LITERATUR ZUR AUTORIN:
Bibliographie:
A. W. Riley, *E.-Langgässer-Bibliographie mit Nachlaßbericht*, Bln. 1970.
Biographie:
F. Hetmann, *Schlafe meine Rose… Die Lebensgeschichte der E. L.*, Weinheim 1986.
Gesamtdarstellungen und Studien:
G. Storz, *E. L.* (in *Christliche Dichter der Gegenwart*, Hg. H. Friedmann u. O. Mann, Heidelberg 1955, S. 359–374). – E. Horst, *Christliche Dichtung u. moderne Welterfahrung. Zum epischen Werk E. L.s*, Diss. Mchn. 1956. – G. Behrsing, *Erzählform u. Weltschau der E. L.*, Diss. Mchn. 1957. – J. Perfahl, *Das Prosawerk E. L.s*, Diss. Kiel 1957. – E. Augsberger, *E. L. Assoziative Reihung, Leitmotiv u. Symbol in ihren Prosawerken*, Nürnberg 1962. – V. Bianchi, *E. L.s Prosawerke*, Diss. Univ. Bocconi, Mailand 1962/63. – J. P. Maassen, *Die Schrecken der Tiefe. Untersuchungen zu E. L.s Erzählungen*, Leiden 1973. – H. Meyer, *Die frühen Erzählungen E. L.s. Dichtung zwischen Mythos u. Logos*, Diss. Köln 1973. – E. Johann u. H. Schirmbeck, *E. L.s Darmstädter Jahre. Ein Rückblick*, Darmstadt 1981. – M. Burrows Brearley, *The Image of Childhood in the Novels of E. L.*, Diss. Univ. of Conn. 1982 (vgl. Diss. Abstracts, 43, 1982/83, S. 3924A). – I. Drewitz, *E. L. Versuch einer Annäherung* (in I. D., *Unter meiner Zeitlupe. Porträts u. Panoramen*, Wien/Mchn. u. a. 1984, S. 141–157). – K. Müller u. W. Solms, *Über E. L. Beiträge aus Anlaß einer Ausstellung*, Marburg 1986.

DAS UNAUSLÖSCHLICHE SIEGEL

Roman von Elisabeth LANGGÄSSER, erschienen 1946. – Das Hauptwerk der Dichterin, während der NS-Zeit trotz Schreibverbot entstanden, ist noch immer umstritten, wiewohl die Autorin ihre hervorragende Begabung für sprachlichen Reichtum, kühne Form und phantasievolle Metaphorik nie einleuchtender demonstriert hat. Die Kritik richtet sich vor allem gegen das katholische Weltbild der Autorin, die auch diesen Roman als Beispiel der Heilsgeschichte konzipierte. Aber auch die katholische Literaturkritik distanzierte sich von den Abgründen teuflischer Versuchungen, die Lazarus Belfontaine, Held des Romans, zu durchleiden hat. Wahrscheinlich verarbeitete die Halbjüdin Langgässer auch ihre persönliche Problematik, als sie den wegen einer Heirat zum katholischen Glauben übergetretenen Lazarus Belfontaine seine Taufe, das *»unauslöschliche Siegel«*, reflektieren ließ. Am siebten Jahrestag des Ereignisses stellt sich ein blinder Bettler, menschliches Symbol jener Wandlung, nicht ein; aus dieser Äußerlichkeit entwickelt sich, von Versuchungen und Gefährdungen längst provoziert, Belfontaines Abfall vom Glauben. Das vielfach gebrochene *»Ich habe keine Lust mehr«*, das seine kleine Tochter in die schwüle Atmosphäre eines Sommertages ruft, wird zum Schlüsselwort der Frustration Belfontaines, aus der sich eine Glaubens- und Bindungslosigkeit entwickelt, die auch ein heiligmäßiger, schwerkranker Pfarrer nicht aufhalten kann: Belfontaine negiert die Gottheit Christi. Jetzt ist er bereit für den Teufel, der ihn in immer neuen Figurationen begleiten wird und der das zentrale Thema des zweiten Teils bildet. Belfontaine folgt ihm nach Frankreich, verläßt seine rheinhessische Kleinstadt (die Landschaft der in Alzey geborenen Autorin, oft von ihr beschworen) und wird nach der Internierung – der Romanbeginn ist auf 1914 datiert, was als Geschichtsdatum jedoch folgenlos bleibt – ein geachteter, »frommer« Mann. In Wirklichkeit jedoch schwebt er zwischen Freveln und dem Nichts, bigamistisch der lasterhaften Suzette verbunden, an der Wege außerchristlicher und außersittlicher Lebensbewältigung dargestellt werden. Als Suzette ermordet wird, siegen in einer großartigen Gewittervision die guten Mächte über Belfontaine, siegt Gott, für den der Held sich einmal bewußt entschieden hat. Die Idee stellvertretender Sühne leuchtet – wie im ersten Teil im Schicksal des Pfarrers – auch hier auf. Belfontaine kehrt nach Deutschland zurück, man erfährt, er sei zum Bettler geworden, wie ein Bettler es war, der seine Taufe besiegelt und jahrelang in Erinnerung gebracht hatte. Die Spuren des Bettlers Belfontaine verlieren sich schließlich im Legendären, *»man verwechselte ihn, verlor das Gefühl für seine Identität«*. In diesem christlichen Welttheater gruppiert sich um den Helden ein Pandämonium von Rollenträgern, nicht psychologisch entwickelt, aber mit Wirklichkeit gezeichnet.

Dieser Roman mit der bezeichnenden Widmung *»Commystis committo«* ist nicht primär die Geschichte einer Bekehrung, in der der Gnadenbegriff wie bei CLAUDEL und BERNANOS benutzt würde. Zwar leistet Belfontaine dem Teufel in seinen zahlreichen Erscheinungen Gefolgschaft, aber einen Pakt hat er – im unauslöschlichen Siegel der Taufe – mit Gott geschlossen; deshalb wird Belfontaine erlöst. Durch das zentrale Motiv der Taufe sind in diesem dualistischen Mysterienroman die Würfel früh gefallen; der Kairos wurde erkannt und genutzt: Anruf Gottes und freiwillige Entscheidung dafür. Daher kann es gar nicht die Absicht der Autorin sein, in ihrem in drei Bücher mit Epilog aufgebauten Roman psychologisch vorzugehen. Die Steigerung der bösen Ereignisse gleicht der Eskalation eines Kampfes, angefangen bei Apathie und Lustlosigkeit, die sich Verführungen öffnet, über Heuchelei und Lüge bis hin in den Strudel von Laster und Mord. Der knappe, leise Schluß, dem der wie ein kurzer Einakter notierte Epilog folgt, zeigt, wie sehr die Autorin formal sich konsequent inhaltlicher Bedeutung unterworfen hat, ahnend wohl, daß ihre sprachlichen Möglichkeiten vor allem geeignet sind, dem Bösen, dem Dämonischen Gestalt zu geben. Dabei bedient sie sich eigenwilliger Mittel, die an PROUST, JOYCE, KAFKA denken lassen, benutzt sich scheinbar verselbständigende assoziative Reihen, rafft oder dehnt die Zeit, schafft höchst ausführliche Milieus und Atmosphären, in denen die Zeit stehenzubleiben scheint: Der Kampf um Belfontaine wird in einem geschichtslosen Raum ausgefochten, der sich der Zeit versagt, entsprechend der Meinung der Dichterin, das einzige historische Ereignis seit dem Sündenfall sei die Menschwerdung Christi.

Der Roman, der bei seinem Erscheinen eine starke Resonanz bei der Kritik fand, ist heute wie das übrige Werk der Autorin eher vergessen. Vor allem die heilsgeschichtliche Akzentuierung stellt heutige Rezipienten vor Schwierigkeiten, die diese Ebene des Werks nur mehr in Beziehung zur Zeitgeschichte zu fassen vermögen, während sich für die Autorin darin ein zeitloses Geschehen, ein *»Urereignis«* enthüllt, wie sie in ihrem Essay *Die christliche Wirklichkeit und ihre dichterische Darstellung* (abgedruckt 1961 in dem Sammelband *Das Christliche der christlichen Dichtung*) betonte: *»Denn, was der moderne Roman ausbreitet ..., ist weniger eine kontinuierliche und spannende Handlung als das Bezugssystem aufeinander wirkender Kräfte; die Bühne aber, auf der sich diese Kräfte an den verschiedensten Punkten der Welt entladen und wirksam werden, ist die eines großen Amphitheaters, in welchem Gott und Satan einander entgegentreten. Wie sich das Individuum nun in dem Kampf zwischen Gott und Satan verhält ..., das bildet die sogenannte Fabel.«*

M.Th.-KLL

AUSGABEN: Hbg. 1946. – Hbg. 1959 (in *GW*, 5 Bde., 1959–1964, 2). – Bln. 1965. – Reinbek 1965 (rororo). – Darmstadt 1979 (Nachw. U. Krechel; SLu). – Mchn. 1989 (dtv).

LITERATUR: C. Menck, *»Das unauslöschliche Siegel«* (in FH, 2, 1947, S. 1160–1165). – I. F. Görres, *»Das unauslöschliche Siegel«* (in Neues Abendland, 3, 1948, S. 270–276). – H. A. Stützer, *Das Weltbild E. L.s. Zu dem Roman »Das unauslöschliche Siegel«* (in Die Literatur der Gegenwart, 1948/49, H. 1, S. 20–29). – H. Broch, *Randbemerkungen zu E. L.s Roman »Das unauslöschliche Siegel«* (in Literar. Revue, 4, 1949, S. 56–59). – K. A. Horst, *E. L. und der magische Nihilismus* (in Merkur, 4, 1950, S. 562–571). – E. Schöbel, *Die Bedeutung der Zeit in zwei religiösen Romanen: G. Greene, »The Power and the Glory«, E. L., »Das unauslöschliche Siegel«*, Diss. Bonn 1951. – B. Blume, *Kreatur u. Element. Zur Metaphorik von E. L.s Roman »Das unauslöschliche Siegel«* (in Euph, 48, 1954, S. 71–89). – A. Fibicher, *»Gang durch das Ried« u. »Das unauslöschliche Siegel«. Zwei Romane von E. L. Vergleichende Aufbaustudie*, Diss. Freiburg i. B. 1958. – I. Hardenbruch, *Der Roman »Das unauslöschliche Siegel« im dichterischen Werk E. L.s.*, Köln 1963. – H. Urner, *Barock heute. Zu E. L.s neuem Werk »Das unauslöschliche Siegel«* (in Weg u. Gemeinschaft, 1976, S. 166–173).

GERTRUD VON LE FORT

* 11.10.1876 Minden / Westfalen
† 1.11.1971 Oberstdorf

LITERATUR ZUR AUTORIN:
E. Bergs, *Das Menschenbild der G. v. Le F. u. die christliche Mystik*, Diss. Bonn 1949. – A. Waltmann, *Die Prosawerke von G. v. Le F. betrachtet im Hinblick auf das Problem der Sicherung menschlicher Existenz in ihrer Ungesichertheit*, Diss. Münster 1949. – B. Weyer, *Beiträge zum Prosastil der G. v. Le F.*, Diss. Bonn 1949. – H. Jappe, *G. v. Le F. Das erzählende Werk*, Meran 1950. – E. Schmalenberg, *Das erzählerische Werk G. v. Le F.s*, Diss. Marburg 1956. – J. van der Ligt, *Die Symbolik in den Romanen G. v. Le F.s*, Breukelen 1958. – W. Grenzmann, *G. v. Le F. Der christliche Kosmos* (in W. G., *Dichtung u. Glaube, Probleme u. Gestalten der deutschen Gegenwartsliteratur*, Ffm./Bonn [4]1960; [5]1964, S. 327–354; neu bearb.). – N. Heinen, *G. v. Le F. Einführung in Leben, Kunst u. Gedankenwelt der Dichterin*, Luxemburg 1960. – L. O'Boyle, *G. v. Le F. An Introduction to the Prosa Work*, Fordham/NY 1964. – L. Berger, *Der »Heimweg« zu den ewigen Ordnungen im Werk G. v. Le F.s*, Diss. Wien 1965. – H. R. Klieneberger, *The Christian Writers on the Emigration*, Den Haag/Paris 1968. –

R. Göllner, *Der Beitrag des Romanwerks G. v. Le F.s zum ökumenischen Gespräch*, Paderborn 1973. – *G. v. Le F.*, Hg. W. Volke, Marbach 1976 (Marbacher Magazin, 3, 1976). – G. Kranz, *G. v. Le F. Leben u. Werk in Daten, Bildern u. Zeugnissen*, Ffm. 1976 (m. Bibliogr.; Insel Tb). – *Dichtung ist eine Form der Liebe. Begegnung mit G. v. Le F. u. ihrem Werk. Zum 100. Geburtstag am 11. Oktober 1976*, Hg. H. Bach, Mchn. 1976. – E. Biser, *Überredung zur Liebe. Die dichterische Daseinsdeutung G. v. Le Fs.*, Regensburg 1979. – E. von La Chevallerie, *G. v. Le F. Wirken u. Wirkung*, Heidelberg 1983 [Dokumentationsbd. zur Ausstellung Würzburg 1981]. – M. Klopfle Devinnery, *The Legends of G. v. Le F. Text and Audience*, Diss. Univ. of Pennsylvania 1986 (vgl. Diss. Abstracts, 47, 1986/87, S. 1738A).

DIE LETZTE AM SCHAFOTT

Novelle von Gertrud von Le Fort, erschienen 1931. – Das historische Schicksal der sechzehn Karmeliterinnen, die am 17. Juli 1794 in Paris in den Tod auf dem Schafott gingen, findet in dieser Novelle seine dichterische Gestaltung. Georges Bernanos griff das Motiv erneut auf und dramatisierte es 1948 *(Dialogues des Carmélites)*.

Blanche de La Force ist in ihrer ganzen Lebenshaltung von existentieller Angst bestimmt. *»Es war, als schwebe dieses bedauernswerte kleine Leben in der beständigen Erwartung irgendeines grauenvollen Ereignisses!«* Der Einblick in die *»entsetzliche Zerbrechlichkeit«* des Daseins läßt sie schließlich ins Kloster fliehen, in den strengen Orden des Carmel de Compiègne. Aber was vorher Weltangst war, erlebt Blanche nunmehr als Todesangst. Diese »Schwäche« der jungen Novizin, die bei der Einkleidung den symbolträchtigen Namen »de Jésus au Jardin de L'Agonie« erhält, entspricht nicht der strengen Observanz des Carmel, der äußerste Selbsthingabe fordert. Die hochadlige Novizenmeisterin Marie de L'Incarnation vertritt diese Forderung auf vorbildliche Weise. Der Tod im Martyrium gilt ihr als höchste Auszeichnung. Maries glühende Todesbereitschaft überträgt sich auf ihre Mitschwestern. Man bereitet sich *»jubelnd«* auf den Märtyrertod vor, der sich durch kirchenfeindliche Verfügungen des Revolutionstribunals bereits ankündigt. Blanche allein schwebt in einem beständigen Zustand des Entsetzens. Todesfurcht veranlaßt sie, zum zweitenmal zu fliehen – zurück in die Welt. Kurz darauf nehmen die Jakobiner die Karmeliterinnen in Compiègne fest; Maries heroischer Todessehnsucht bleibt das Martyrium »versagt«: Sie verbirgt sich während der Hinrichtung. Blanche de la Force aber folgt dem Hinrichtungskarren ihrer Schwestern und geht freiwillig, ihre Angst überwindend, mit ihnen in den Märtyrertod.

Das formal an die italienische Renaissancenovelle erinnernde Werk – in Briefen berichtet ein französischer Adliger einer Emigrantin – verdankt seine Spannung der antithetischen Zuordnung der beiden Hauptgestalten und ihres außergewöhnlichen Martyriums. Blanche flieht zunächst ins Kloster, um Schutz zu finden. Gott soll ihr die Angst nehmen; als »Gegenwert« bietet sie ihm ihr Gebet und ihre Verehrung an. Es ist ein Handel, kein Opfer. Das Opfer beginnt erst, als Blanche vor ihrer Angst nicht mehr flieht, sondern sie bewußt akzeptiert und in ihre Abgründe hinabsteigt. Sie unterwirft sich ihr als Kreuz, das ihr auferlegt ist, und überwindet sie damit. In diesem Vorgang wird die natürliche Schwäche zur übernatürlichen Stärke transzendiert. Die Letzte am Schafott bringt ein größeres Opfer als ihre Mitschwestern, die *»jubelnd«* den Tod erleiden – denn sie trägt das *»Kreuz der Angst«*. In der Form der Paradoxie vollzieht sich auch Maries Opfer, das der Selbsthingabe Blanches diametral entgegengesetzt ist. Marie, deren Todeswunsch im Martyrium die höchste Erfüllung gefunden hätte, verweigert sich diesen Tod mit einer unerhörten Anstrengung. Daß sie darauf verzichtet, freiwillig ihren verurteilten Schwestern in den Tod zu folgen, bezeugt nicht Feigheit und Schwäche, sondern Selbstüberwindung. *»Es handelt sich um das schweigende Versinken dessen, was ein ganzes Menschenleben als seinen Sinn erkannte; es handelt sich um das Opfer des Opfers selbst.«* Indem Marie den Tod ablehnt, unterwirft sie sich dem *»Leben wie einer schweren Buße«*.

Unter dem Einfluß Kierkegaards, der die Angst als treibende Kraft der Existenz zu bestimmen versuchte, stellt Le Fort ihre Helden Blanche de La Force als *» Verkörperung der Todesangst einer ganzen zu Ende gehenden Epoche«* dar. Das Ereignis der Französischen Revolution wird seiner historischen Qualität entkleidet und zum Anlaß für die Bewährungsprobe eines heroischen Christentums; im symbolisch überhöhten Schicksal der beiden Karmeliterinnen, die in der Nachfolge des Agnus Dei ihre Bestimmung erfüllen, deutet die Schriftstellerin Weltgeschichte als Heilsgeschichte und rückt damit ihre Novelle in die Nähe der Legende. U.Ba.

Ausgaben: Mchn. 1931. – Mchn. 1938. – Mchn. 1951. – Mchn./Wiesbaden 1956 (in *Erzählende Schriften*, 3 Bde., 3). – Mchn. [28]1983. – Stg. 1983 (RUB).

Literatur: E. Berbuir, *Vom Sieg der Gnade. Zu G. v. Le F.s »Die Letzte am Schafott«*, Düsseldorf 1947. – A. Roth, *Der Fall Blanche* (in FH, 7, 1952, S. 59–61). – A. Doppler, *Zweimal »Begnadete Angst«. »Die Letzte am Schafott« – »Dialoge der Karmeliterinnen«* (in Stimmen der Zeit, 166, 1959/60, S. 356–365). – G. Brenning, *Erläuterungen zu G. v. Le F.s »Die Letzte am Schafott«. »Die Consolata«. »Das Gericht des Meeres«*, Hollfeld 1962. – I. O'Boyle, *G. v. Le F.s »Die Letzte am Schafott«* (in GLL, 16, 1962/63, S. 98–104).

WILHELM LEHMANN

* 4.5.1882 Puerto Cabello / Venezuela
† 17.11.1968 Eckernförde

LITERATUR ZUM AUTOR:
Biographien:
H. Bruns, *W. L. Sein Leben u. Dichten. Eine Chronik*, Kiel 1962 [m. Bibliogr.]. – *W. L.*, Hg. U. Doster u. J. Meyer, Marbach 1982 (Marbacher Magazin). – D. Scrase, *W. L. A Critical Biography*, Bd. 1: *The Years of Trial 1880–1918*, Columbia/S.C. 1984.
Gesamtdarstellungen und Studien:
W. L. Die unbekannte Stimme, Hg. L. Kunz, Bln. 1932. – W. Kraft, *W. L.* (in W. K., *Wort u. Gedanke. Krit. Betrachtungen zur Poesie*, Mchn./Bern 1959, S. 251–281). – H. Bienek, *Werkstattgespräch mit W. L.* (in H. B., *Werkstattgespräche mit Schriftstellern*, Mchn. 1962, S. 125–137). – B. A. Barrett, *Nature and Myth in the Poetry of W. L.*, Diss. Univ. of Indiana 1966. – H.-D. Schäfer, *W. L. Studien zu seinem Leben u. Werk*, Bonn 1969. – P. Demetz, *W. L.* (in P. D., *Die süße Anarchie. Deutsche Literatur seit 1945*, Ffm./Wien 1970, S. 113–120). – J. Jung, *Mythos u. Utopie. Darstellungen zu Poetologie u. Dichtung. W. L.s*, Tübingen 1975. – G. E. Bauer-Rabé, *Bemerkungen zur L.-Forschung 1968–78* (in LWU, 15, 1982, H. 1, S. 87–111). – H. E. Holthusen, *Zauber und Sachlichkeit. W. L., dem Dichter des Grünen Gottes zum 100. Geburtstag* (in H. E. H., *Opus 19. Reden u. Widerreden aus fünfundzwanzig Jahren*, Mchn./Zürich 1983, S. 94–111). – G. E. Bauer-Rabé, *Hälfte des Lebens. Untersuchungen zu den Tagebüchern W. L.s 1900–1925*, Würzburg 1986.

DAS LYRISCHE WERK von Wilhelm LEHMANN.

Bis zu Beginn der dreißiger Jahre hatte Wilhelm Lehmann weitgehend unbeachtet gebliebene Romane (*Weingott*, 1921), Erzählungen und Novellen verfaßt, bevor er sich von 1932 an der Essayistik und vor allem der Lyrik zuwandte; mit seinen frühen Gedichtbänden (*Antwort des Schweigens*, 1935; *Der grüne Gott*, 1942) zählt er neben O. LOERKE zu den bedeutendsten Vertretern der sog. *»naturmagischen Schule«* (K. Krolow), in deren Nachfolge sich zeitweise eine jüngere Autorengeneration sah, darunter K. KROLOW, P. HUCHEL, E. LANGGÄSSER und G. EICH.

Lehmanns erste, bis zum Jahr 1909 unternommenen Versuche in der Lyrik blieben unveröffentlicht. Sie lösten sich nur allmählich von der epigonalen Literatursprache der deutschen Lyrik um 1900, wobei Lehmann teilweise bereits, angeregt von W. WHITMAN sowie von A. PAQUET, die Langzeile benutzt, die auch in seinen späteren Gedichtsammlungen vorherrscht. So wenig wie die zeittypische *»Sehnsucht nach der vorbewußten, sprachlosen Materie«* (H. D. Schäfer) sind dem Autor die populären Verkündigungen einer Geistnatur fremd, wie sie bei Maurice MAETERLINCK oder Bruno WILLE erscheinen. Die Sprach- und Erkenntniskrise der Moderne freilich wird erst in Lehmanns Prosawerken zum stilbildenden Thema, wobei in die Romane gelegentlich Gedichte eingeschoben sind, so in *Weingott* das *Lied des alternden Weingott*, in *Der Überläufer* (1927) die drei Strophen *An meinen (ältesten) Sohn*. Seit Beginn der zwanziger Jahre, als seine Prosa trotz der Wertschätzung etwa von Loerke oder DÖBLIN kaum noch ein Publikum fand, gelang es dem Autor wieder, *»die meine Epik unterwühlende Lyrik zur Gedichtform heraufzutreiben«*. Manche der Prosaskizzen aus der Sonntagszeitung ›Die grüne Post‹, die als *Bukolisches Tagebuch aus den Jahren 1927–1932* (1948) gesammelt wurden, dienten Gedichten als Vorlage.

Lehmanns Poetik geht vom Wirklichkeitszerfall der Moderne aus. Die *»hohen Zeiten, in denen ein großer, gemeinsamer Glaube, mithin auch eine große Form unserer Dasein überwölbten«*, sind vorbei, wie der Essay *Dichtung und Dichter heute* (1956) konstatiert. Dem Dichter fällt jedoch die Aufgabe zu, diesen historischen Prozeß zu widerrufen und den durch Technik und Industrie zerstörten Lebenszusammenhang, *»den Menschen als ein Ganzes«*, wiederherzustellen. Diese, den kulturpessimistischen Strömungen des frühen 20. Jh.s verpflichtete Haltung schreibt der Dichtung die Fähigkeit zu, die Zeit der Geschichte in die *»Allzeit«* des Mythos aufzuheben: *»Zeit, entgehe der Zeit / Werde, Augenblick, immer!«*, verlangt das späte Gedicht *Zu Zweien*. Gegenstand des mythenstiftenden Gedichts ist die Welt der Natur und ihre Ordnung: Was *»den früheren Menschen mythisch geschah, das geschieht den heutigen als Naturseligkeit«*. Die mythische Erlebnisform der Zeitlosigkeit wird im Naturgedicht jedoch verwirklicht durch das Zitat der Mythologie; Lehmann begreift die Aufhebung der Geschichte, anders als etwa G. BENN, nicht als Bruch mit aller Überlieferung, sondern als Vergegenwärtigung echter Tradition. Die antike Mythologie, der keltische Sagenkreis und SHAKESPEARES Feenwelt durchdringen einander in vielen seiner Gedichte. Unter den Vögeln wählt Lehmann gern den Mauersegler als Sinnbild eines freien Aufschwungs des poetischen Geistes, bevorzugt freilich noch den Kuckuck, den Vogel des keltischen Naturmagiers Merlin und mit seinem onomatopoetischen Namen die Hieroglyphe der Einheit von Dichter und Natur. So verweist auch die Vorliebe für Verwandlungsmythen, die Natur und Mensch verschmelzen lassen, in den Gedichten auf die Prinzipien von Lehmanns Dichten.

Überdies reiht er sich einer poetologischen Tradition ein, die Romantiker wie Clemens BRENTANO und die naturmagische Dichtung der DROSTE-HÜLSHOFF umfaßt. Ein Gedicht *An einen früheren Dichter* (1934) trug in der Handschrift noch die

Überschrift *Eichendorff*: *»Geliebter Mund! Spräche er noch heute, / Wie er vor hundert Jahren sprach, / Als kaum ein Pfiff der Dampfmaschine / Die Einsamkeit der Welt zerbrach?«* Noch in dem späten Gedicht *In Solothurn* werden moderne Technik und Fremdenverkehr, die Sage von der schönen Magelone und Eichdorffs Romantik zu mythischer Gleichzeitigkeit verwoben; so bewährt sich das »Zauberwort« dieses Romantikers *»noch immer«*. Im Sinne der idealistischen Philosophie – nicht nur SCHELLINGS, sondern auch HEGELS – behauptet Lehmann *»die Identität des Geistes* in *uns und der Natur* außer *uns«*; offenbart wird sie in der Sprache der Dichtung, die sich von der gängigen Rede reinhält: *»das eigentlich Wirksame ist das Wort: es nennt nicht schon Vorhandenes ... es erschafft«*. Im Gedicht *Die Signatur* (1940) wird die magisch-schöpferische *»Hochzeit von Wesen und Signatur«*, von Ding und Name gefeiert; Schlaf und Wachtraum sind die Gedichtmotive solcher Magie. Freilich verschränkt sich bei Lehmann die Tradition der Natursprachenlehre eines J. BÖHME, dem er eine Dissertation widmen wollte, mit moderner sprachwissenschaftlicher Forschung nach dem oft entlegenen, genauen und konkreten Wort; fachliche etymologische Studien suchen die Wahrheit des Wortes in seinem Ursprung noch jenseits der Wortgeschichte.

Die Gedichte Lehmanns wurden zunächst in Zeitungen und Zeitschriften wie ›Die neue Rundschau‹, ›Die literarische Welt‹ und ›Vossische Zeitung‹ veröffentlicht. Eine erste Sammlung, *Antwort des Schweigens*, erschien erst 1935 in Ernst NIEKISCHS Widerstands-Verlag. Der Titel forderte eine politische Interpretation heraus, und in dem Vers: *»Ich wanderte in die Wesen aus«* aus dem Gedicht *Über die Stoppeln* erhielt gerade die Abkehr vom Aktuellen und die Wendung zum Wesen in der Natur einen politischen Akzent. Das Grauen der eigenen Epoche bildet später in Gedichten wie *Signale* (1941) oder *Deutsche Zeit 1947* den Hintergrund; zum Thema wird es jedoch nicht: *»Sirene heult, Geschützmaul bellt. / Sie morden sich: es ist die Welt«* – heißt es in dem – Oskar Loerkes Gedächtnis gewidmeten – Gedicht *Auf sommerlichem Friedhof (1944)*. In dem Nachkriegsgedicht *Atemholen* aus dem Band *Noch nicht genug* (1950) mündet der Kontrast zwischen der geschichtlichen Welt und dem Wesentlichen in eine appellative Formel: *»Der Krieg der Welt ist hier verklungene Geschichte, / Ein Spiel der Schmetterlinge weilt die Zeit. / Mozart hat komponiert, und Shakespeare schrieb Gedichte, / So sei zu hören sie bereit.«* Lehmann begriff in seiner Dichtungslehre *»ein Schweigen als Tat«* und bestimmte die *»Tat des Gedichts«* als *»Ordnung der Sinnlichkeit«*; damit nehme es *»an einem geistigen Gespräch«* teil, das die Literaten der »inneren« Emigration als ihren – von den exilierten Autoren nach 1945 kritisch kommentierten – Beitrag gegen die NS-Zeit betrachteten. Der Literaturhistoriker Hermann PONGS freilich diffamierte 1935 in der Zeitschrift ›Das Innere Reich‹ den Autor als *»einen müden Nebengänger Brittings«*, der *»die letzte schlimme Fragwürdigkeit des ganz in sich abgesunkenen Lyrikers«* vorführe, während O. Loerke seinen Gedichtband *Der Silberdistelwald* (1934) mit einem Nachwort abschloß, das als Geleitbrief an Lehmann gehalten war und in dem es heißt: *»Ich lernte bei Dir: Im Dasein des Grünen Gottes (kühler und weniger bestimmt gesagt: der Natur) – in seinem bloßen Dasein als dem währenden Vollzug seiner Gesetze liegt dieses Gericht: das mildeste und härteste, das denkbar ist.«* Mit seiner folgenden Sammlung *Der grüne Gott* (1942) führte Lehmann seinen Dialog in der *»inneren Emigration«* weiter. *»Ist es nicht merkwürdig«*, so resümiert Loerke 1937 in einem Brief an Lehmann die Widerstandshaltung dieser Naturdichtung gegen die herrschende »Blut-und-Boden«-Ideologie, *»daß wir lange vor dem Kriege und ohne Ahnung des Künftigen wie auf Schicksalswegen auch zu außerhumanen Bindungen getrieben waren, ... und daß es uns freute zu sehen, daß das Erdreich immer sauber blieb«*.

Unabhängig von möglichen politischen Beibedeutungen blieb die Naturdichtung Loerkes wie Lehmanns nicht unumstritten. Zwar verteidigte E. Langgässer die *»exemplarische«* Modernität Lehmanns im *»Rückgang auf die Essenz der Sprache und in dem Durchbruch zu einer neuen Realität«*; allerdings war das Bemühen dieser Lyrik, mit den Mitteln der Moderne eben die Moderne zu überwinden, weder der großstädtischen literarischen Avantgarde noch einer stilkonservativen Heimatdichtung genehm. Die Erfolglosigkeit bestärkte wiederum Lehmanns kulturkritische Haltung; er erfuhr die Diktatur seit 1933 nur als Verschärfung eines umgreifenden kulturellen Verfalls und zog sich, seine anhaltende Aversion gegen den *»Schwall des Kulturgeschwätzes«* steigernd, in die Zirkel der »inneren Emigration« zurück. Vor allem für E. Langgässer wurden Lehmanns Naturgedichte zur Herausforderung; ihr *»Inhalt«* sei *»ein rein paganischer: die Sehnsucht nach der kosmischen Vereinigung aller Wesen und die Melancholie des Menschen, der sich von ihr ausgeschlossen fühlt; seine Verzückungen, wenn die Natur ihn duldet, und seine Schwermut, wenn sie zwischen sich und seinem erotischen Einigungsdrang die Schranke des Bewußtseins errichtet«*. In dem Gedicht *Gerodete Dornhecke* aus der Sammlung *Entzückter Staub* (1946) führt Lehmann eine im Einbruch der Geschichte geschändete Natur vor; in *»einer Art mythischer Kurzschrift«* (W. S. Rey) verschränkt er christliche Sehnsucht nach dem verlorenen Paradies mit der heidnischen Adonis-Mythe, um eine Wahrheit jenseits dieser mythologischen Verkleidungen erscheinen zu lassen: den liebenden Drang nach Vereinigung von Göttlichem und Menschlichem. Die Chiffre solch diesseitiger Weltharmonie aber ist die *»Rose«*, die eben in Langgässers Lyrik zum Symbol einer christlich erlösten Natur wird.

Anerkennung fand Lehmann mit seinem lyrischen Werk vor allem in den Nachkriegsjahren. Er galt neben G. BRITTING als der Begründer einer modernen, »magischen« Naturlyrik und verfocht in Polemiken gegen G. von der VRING (1951) und Peter HUCHEL (1964) seine Poetik. Obgleich der Lyriker in seinen späten Gedichten und ihren Entwürfen eines durchgeistigten Kosmos als Gegenwelt zum Bestehenden einen zunehmend graziösen, scherzenden und gelegentlich auch preziös-leichten Ton fand, stieß sein Werk und seine Vorstellung von autonomer Dichtung in den sechziger Jahren doch zunehmend auf Desinteresse, während die Fachwissenschaft den Autor kaum aus den Augen verlor und seit 1982 auch eine Gesamtausgabe ediert wird. W.Schm.

AUSGABEN: *Antwort des Schweigens*, Bln. 1935 [Teilausg. u. d. T. *Gedichte*, Hbg. 1936]. – *Der grüne Gott. Ein Versbuch*, Bln. 1942. – *Entzückter Staub*, Heidelberg 1946. – *Noch nicht genug*, Tübingen 1950. – *Überlebender Tag. Gedichte aus den Jahren 1951–1954*, Düsseldorf 1954. – *Meine Gedichtbücher*, Ffm. 1957 [Gesamtausg.] – *Abschiedslust. Gedichte aus den Jahren 1957–1961*, Gütersloh 1962. – *Essays. Gedichte* (in *SW*, Gütersloh 1962, Bd. 3). – *Gedichte*, Stg. 1963 (Ausw. R. Hagelstange; RUB). – *Sichtbare Zeit. Gedichte aus den Jahren 1962–1966*, Gütersloh 1967. – *Gedichte*, Ffm. 1977 (Ausw. u. Nachw. K. Krolow; BS). – *Sämtliche Gedichte* (in *GW*, Hg. A. Weigel-Lehmann, H. D. Schäfer u. B. Zeller, Stg. 1982, Bd. 1; m. Bibliogr.).

LITERATUR: H. Pongs, *Zur Lyrik der Zeit I* (in Das Innere Reich, Dez. 1935). – K. O. Conrady, *Zu einem Gedicht L.s* [Augusttag] (in WW, 5, 1954/55, S. 341–347). – P. Härtling, *Fabelzeit* (in P. H., *In Zeilen zuhaus*, Pfullingen 1957, S. 23–30; zu *Oberon*). – S. S. Prawer, *The Poetry of W. L.* (in GLL, 15, 1961, S. 247–258). – D. Schug, *Die Naturlyrik Georg Brittings und W. L.s*, Diss. Erlangen 1963. – *Gegenwart des Lyrischen. Essays zum Werk W. L.s*, Hg. W. Siebert, Gütersloh 1967. – K. Graucob, *W. L. Lyrik u. Bukolische Tagebücher. Eine vergleichende Untersuchung*, Kiel 1970. – H. E. Holthusen, *W. L.s Daphne-Gedicht* (in *Deutsche Weltliteratur, Fs. J. A. Pfeffer*, Hg. W. Jonas, Tübingen 1972, S. 271–276). – W. Koeppen, *Ritter, Tod u. Dichter* (in Frankfurter Anthologie, 1, 1976, S. 92–94). – G. Bien, *»Atemholen« von W. L.* (in *Begegnungen mit Gedichten*, Hg. W. Urbanek, Bamberg ³1977, S. 104–108). – U. K. Ketelsen, *Natur u. Geschichte. Das widerrufende Zeitgedicht der 30er Jahre. W. L.: »Signale«* (in *Naturlyrik u. Gesellschaft*, Hg. N. Mecklenburg, Stg. 1977, S. 152–162). – W. S. Rey, *Poesie der Antipoesie*, Heidelberg 1978, S. 271–278. – S. Lenz, *»Oberon«* (in Frankfurter Anthologie, 4, 1979, S. 119–122). – D. Scrase, *»Leicht« and »Schwer« in the Poetry of W. L.* (in Seminar, 15, 1979, S. 206–224). – A. Vieregg, *Wort u. Ding bei W. L.* (in WW, 29, 1979, S. 302–317). – U. Pörksen, *»Gryllotalpa, Gryllotalpa«* (in *Gedichte u. Interpretationen 5*, Hg. H. Hartung, Stg. 1983, S. 336–347; RUB). – A. Goodbody, *Natursprache. Ein dichtungstheoretisches Konzept der Romantik u. seine Wiederaufnahme in der modernen Naturlyrik. Novalis – Eichendorff – W. L. – Eich*, Neumünster 1984, S. 161–252. – G. E. Bauer-Rabé, *Die göttliche Hochzeit. Bemerkungen zum matriarchalen Kosmos in der Lyrik W. L.s u. Peter Huchels* (in *Peter Huchel*, Hg. A. Vieregg, Ffm. 1986, S. 47–67; st). – J. Nolte, *Lyrische Fälle. L. contra Huchel* (ebd., S. 39–46).

OSKAR LOERKE

* 13.3.1884 Jungen / Weichsel
† 24.2.1941 Berlin-Frohnau

LITERATUR ZUM AUTOR: *O. L. Charakterbild eines Dichters*, Wiesbaden 1951. – U. Dorn, *Untersuchungen an der Lyrik O. L.s. Naturbild als dichterisches Weltbild*, Diss. Mchn. 1954. – H. Mehner, *Die Verselbständigung der Metaphorik in der frühen Lyrik O. L.s*, Diss. Köln 1961. – E. Rotermund, *Bild u. Magie in der Lyrik O. L.s*, Diss. Münster 1962. – D. König, *O. L.s Gedichte*, Diss. Marburg 1963. – R. Tgahrt u. T. Krömer, *O. L. 1884–1964*, Stg. 1964 [Ausst.-Kat.]. – W. Gebhard, *O. L.s Poetologie*, Mchn. 1968 [zugl. Diss. 1965]. – H. Nicolet, *Die »verlorene« Zeit. Untersuchungen zur Struktur der Einbildungskraft O. L.s*, Zürich/Freiburg i. B. 1969. – R. Jung, *Das Problem des Dialogischen bei O. L. Untersuchungen zur frühen Lyrik*, Diss. Würzburg 1971. – E. Lozza, *Die Prosaepik O. L.s*, Diss. Zürich 1972. – D. E. Wolter, *Erscheinungsweisen der Wirklichkeit in der Lyrik O. L.s*, Diss. Univ. of California, Riverside 1973. – *O. L. Marbacher Kolloquium 1984*, Hg. R. Tgahrt, Mainz 1986.

DER SILBERDISTELWALD

Gedichtzyklus von Oskar LOERKE, erschienen 1934. – Fünf Bände des von Loerke als Einheit aufgefaßten lyrischen *Siebenbuches* waren bereits erschienen (*Wanderschaft*, 1911, *Pansmusik*, 1929 – eine Neuauflage der *Gedichte* von 1916 –, *Die heimliche Stadt*, 1921, *Der längste Tag*, 1926, *Atem der Erde*, 1930), als der Autor dem Widerstand seiner Lebensverhältnisse und der Feindlichkeit der nationalsozialistischen Zeit einen weiteren Zyklus abrang. Deshalb enthalten die meisten Gedichte das Motiv der Auseinandersetzung mit Ungeist und Inhumanität (*Das Gericht, Aufrichtung, Behütung, Vergebliche Gegenwart, Genesungsheim* – ein unverhüllter Protest gegen die Konzentrationslager). Mit dem Band von 1921 war das *»große innere Gewitter«* einer phantastisch-visionären, stark introvertierten expressionistischen Sprachschöpfung bestanden. Loerke sucht nun eine beruhigte und knappe Sprechform, die sich mit Tendenzen der Neuen Sachlichkeit trifft. Den kosmischen Entrückungen des Frühwerks antwortet ein näherer

Naturbezug, anstelle vitalistischen Einswerdens mit dem *»Grünen Gott«* tritt die Distanz des spruchhaft deutenden Dichters. In *»magischen Figuren«* erkennt er die Entsprechung von Natur-»Gesetz« und bleibenden Werten des Geistigen. Jede der sechs Gruppen des Zyklus wird mit einem Geleit eröffnet, die erste, *Gericht*, mit der Frage nach »Gott«: Er ist Natur, diese selbst *»Unterwelt«* wie *»Paradies«*, er ist Gedicht und Gericht. Die paradoxe Aussage sucht einen Daseins- und Wertraum jenseits bloß menschlicher Satzungen zu finden – *»die hellere Stimme«* des Schlußgedichts des Gesamtzyklus greift darauf zurück: Gut und Böse sind keine Kategorien der Natur. Auch das Geleitgedicht zur Gruppe *Die Nacht* enthält derart zweiwertige Sicherheit: Das lyrische Ich erfährt sich als *»das Heimsamste«*, zugleich als *»das Einsamste«*. Die Nachtgedichte fragen nach dem Ort des Dichters als dem Ort des Menschen. Im Gedicht *Silberdistelwald* spricht sich der Wunsch nach kosmischer Entrückung durch die Parusie Pans aus, in dessen Nachtgestalt die Widersprüche der Welt aufgelöst sind. Aber die zweite Strophe spricht von der Bedrohung von *»Pans Schlaf«*, von der Schutzlosigkeit des Rechtes des Gottes (das Gedicht ist Pfingsten 1933 entstanden). In gegensätzlicher Fügung stellt die dritte Strophe die Möglichkeit *»tiefer Kommunion«* in Aussicht, in direkter, chiastischer Wechselrede erreicht sie die Beschwörung gegenseitiger Behütung von Ich und Natur: *»Mein Vater du, ich hüte, / Ich hüte dich, mein Sohn.«* Die Schlußstrophe lenkt in Syntax, Klang- und Reimform zur ersten zurück, zu noch tieferer Beruhigung. In strengem spruchhaftem Langzeilenstil zieht *Was du verachtest* das Fazit des inneren Verhaltens des Dichters zur Krise der Zeit: *»Was deine Welt nicht ist, sollst du verlassen / Was dir verächtlich ist, sollst du verachten. / Was du verachtest, hüte dich zu hassen.«* In der Gruppe *Die Verstoßenen* ruft Loerke *»Dichter aus dem Dreißigjährigen Kriege«* in die Gegenwart herein; im Widerspiel von Klage und Trost klingt eine auch für ihn persönlich gültige Sicherheit in einem säkularisierten christlichen Glauben auf. – Die Gruppe *Die Tafelrunde* gedenkt der persönlichen Freunde, sie enthält – ein Beispiel für die ganz konkreten Anlässe vieler Verse Loerkes – die *»Antwort auf eine Postkarte mit einem Kamel«*, die der 1932 verstorbene Freund Emil Orlik Loerke 1916 geschickt hatte. Die in Loerkes Schaffen traditionelle Metaphorik der *»Unterwelt«* (vgl. *Unterstrom*-Zyklus in *Wanderschaft*) und der Stadt (vgl. *Berlin* in der Sammlung *Pansmusik, Stadtmauerschatten* in der Sammlung *Atem der Erde*) wird neu aufgegriffen. Es geht darin um die Frage der gesellschaftlichen Vernichtung der Kunst, des Bestandes des Geistigen überhaupt. Die Antwort wird mit platonischen und mythisierenden Vorstellungen versucht, die auch der letzten Gruppe, *Garten*, zugrunde liegen, die damit nicht nur einen aufgedrungenen Rückzug in die Natur andeutet, sondern die soziale und spirituelle Dimension bewahrt. Das einleitende Gedicht ist typisch für die Entwicklung der modernen deutschen Naturgedichtform: Vierzeilige gereimte Kurzzeilenstrophen wiederholen, variieren, verfremden fast spielerisch das Wortmaterial. Sie bilden sprachlich den Garten als Kubus des geistig-körperlichen Innenraums ab, indem die Grundidentität der Welt nach Schopenhauers Metaphysik als »Wille und Vorstellung« erfahrbar wird. Das Bewußtsein des Dichters begreift sich als von Ewigkeit her, *»welther«*, *»altber«* geschaffen, dauernd in der Bereitschaft zur Aufnahme des Leides. In dem stilistisch Goethe und Hölderlin, gedanklich chinesische Lehre zitierenden Gedicht *Die Laubwolke* wird die rahmende Sentenz *»Beständig ist das leicht Verletzliche«* negativ aus der Darstellung des Naturvorgangs abgeleitet und bewiesen. Didaktische Absicht, hymnische Haltung, antithetischer, fast montagehafter Aufbau verbinden sich in solchen Gedichten zu überraschender Einheit von Tradition und Moderne. Das Abstrakte daran ist menschlich konkret erlebt.

Loerke betont im *Nachwort zum Silberdistelwald* die Notwendigkeit einer Überwindung der sozialen Entfremdung durch die Gedichte *»Brüderliche Menschen gewannen sie mir«*. Erst die Gemeinschaft der *Hausfreunde* (Titel einer Sammlung von Charakterbildern) schafft die Bedingungen, daß *»wir in unseren besten Augenblicken durch das Verletzlichste unverletzlich«* werden – so geht das Dichten in die Welt ein, und es schließt sich der Kreis der kreatürlichen Solidarität *»in den Feuerblumenwäldern, im Silberdistelwald«*. W.G.

Ausgaben: Bln. 1934. – Ffm. 1958 (in *Gedichte und Prosa*, Hg. P. Suhrkamp, 2 Bde., 1). – Ffm. 1984 (in *Die Gedichte*, Hg. P. Suhrkamp; durchges. u. rev. v. R. Tgahrt; st).

Literatur: R. Hirschenauer, *Der Silberdistelwald* (in *Wege zum Gedicht*, Hg. R. Hirschenauer und A. Weber, Mchn./Zürich 1956, S. 317–325). – R. van de Perre, *O. L.s »Siebenbuch«* (in Studia Germanica Gandensia, 4, 1962, S. 253–289).

DER STEINPFAD

Gedichtzyklus von Oskar Loerke, erschienen 1938. – Der Steinplattenweg im Garten von Loerkes Haus in Berlin-Frohnau gab diesem Gedichtzyklus den Titel. Diesen Steinpfad auf und ab gehend, sinnt der Dichter, der sich schon seit Jahren aufgrund immer häufigerer und heftigerer Erkrankung dem Tod nahe fühlt, über Leben, Tod und Ewigkeit nach. Vor der immer grauenvolleren Zeit, in der ihm das Unmenschliche Tag um Tag begegnet, sucht er Zuflucht in der Zeitlosigkeit der Natur; sein Garten wurde ihm immer mehr zum einzigen Ort der Geborgenheit, der Steinpfad zum Symbol. *»Ich knüpfe fast immer an Gesehenes an, das mich erregte«*, lautet eine Briefstelle aus diesem Jahr.

Dieser Zyklus, der im August 1937 und im Januar 1938 entstand, wurde zu einem Requiem. Das, was

JEAN PAUL, einer der Schutzgeister seiner inneren Welt, als die *»wichtige, ungeheure Weltgeschichte, die der Sterbenden«* empfand, hat vielleicht nirgends gemäßeren und bannenderen Ausdruck gefunden als hier (und in einigen Versen von Loerkes siebtem Gedichtbuch *Der Wald der Welt*). Fast alle Motive seiner Dichtung klingen hier noch einmal an, in einer Verzweigung, die nur durch die zyklische Konzeption und Anlage ermöglicht wurde. Dieses zyklische Prinzip, das Loerke seit seinem zwanzigsten Lebensjahr vorschwebte, hat er weitgehend in der Gliederung der früheren Gedichtbücher durchgeführt. Auf eine *»fast mathematisch-musikalische Ordnung«* kam es ihm im *Steinpfad* an; und ihr zuliebe strich er sogar (wie sein *Geleitwort*, das eine Art Selbstinterpretation darstellt, betont) *»viele fertige Strophen und ganze Gedichte«*.
Als Vermächtnis seiner Weltanschauung bedurfte diese Dichtung solch symphonischer Formgebung; in dichterisch suggestiver Abbreviatur ergründet sie – in einer Art dialektischer Orchestrierung der Hauptmotive – Loerkes dreistufige Vorstellungswelt: das Inferno der damaligen Zeit, das Purgatorium existentieller Selbstbesinnung und das Paradies seines *»Unsichtbaren Reiches«*, das – in der Mitte zwischen Christentum und Buddhismus – keine individuelle Erlösung kennt und seinen innigsten Ausdruck im 10. Gedicht findet. Es geht es Loerke nicht so sehr um Gedanken, die der Dichter hat, sondern vielmehr um solche, die ihn haben; wie in aller triftigen Gedankenlyrik geht es um in ihrer Herkunft und Genesis letztlich unaufhellbare (bisher nur von Leone VIVANTE in *La poesia inglese ed il suo contributo alla conoscenza dello spirito*, 1947, grundlegend erforschte) »dichterische Gedanken« und nicht um isolier- und referierbare Gedanken des Dichters. Daher rührt das ebenso substantiell wie suggestiv Hermetische der *Steinpfad*-Gedichte, wie überhaupt der besten Gedichte Loerkes.
Im *Steinpfad* erschließt sich ein untrügliches Merkmal aller großen Lyrik: der frühe entschiedene und in mannigfaltigen Variationen weitergeführte Einsatz einer Grundthematik und, davon unabtrennbar, eines unverwechselbaren Tons: Loerkes Verse zeigen eine Musikalität, die auch die sprödeste Thematik und Textur durchdringt und integriert. Denn *»Gegenstand, Bild, Gedanke, Ausdruck und Name sind draußen einander fremd, und erst in unserer gleichzeitig umfassenden Empfindung grenzen sie einander an«*, betont Loerke in *Herders Weltgebäude*. Und seine Gedichte bezeugen, daß, warum und inwiefern nur solche *»gleichzeitig umfassende Empfindung«* die gesamte, zu äußerster Präzision führende, meist aber brachliegende Energie der Sprache zu aktivieren und somit ins schöpferische Spiel dichterischer Einbildungskraft einzubringen vermag. Solch dynamische, an Synästhesien reiche Diktion kennzeichnet Loerkes gesamtes Werk; sie führte zu einer nach Art, Rang und Ergiebigkeit kaum vergleichbaren, bis ins Vokabular und in die Eigenheiten der Syntax reichenden Symbiose des Lyrikers mit dem Erzähler, dem Essayisten und dem Kritiker. Schon früh wehrte sich Loerke gegen jegliche zur »Selbstherrschaft« der Sprache führende Tendenz. So betont er: *»Nicht vom Wort hat die Kunst auszugehen, sondern vom Gefühl, vom beseelten Gesicht. Wird das treu ausgedrückt, so wird die Sprache immer neu und reizvoll sein.«*
All dies führt weit über bloße Naturlyrik hinaus. Man verkennt Loerkes eigenste Leistung, wenn man in ihm nur den Urahn der modernen deutschen Naturlyrik sieht. Die Natur war ihm letztlich nicht Gegenstand, »Objekt«, geschweige denn isolierbares Thema; in ihrer unerschöpflichen Wandelbarkeit und Gestaltenfülle war sie für ihn Medium seiner dichterischen Einbildungskraft. *Der Steinpfad* bezeugt das auf seine Weise. Weit mehr als ein bloßer Nachklang von Loerkes *Siebenbuch* ist dieser schmale Zyklus ein Brevier und Brennspiegel der grundlegenden Thematik seines lyrischen Lebenswerkes. Hier spricht ebenso eindringlich wie der »Kosmologe« der Moralist Loerke. Daß er als solcher auch ein strenger und resoluter Solipsist ist, bezeugt das große Spruchgedicht: *»Wer nicht zum ersten Male, zum andern, zum dritten, / Sich selbst wie die Erde dem Leichnam begegnet, / Der ist nur gelitten, / Doch nicht gesegnet«* (Nr. 14). Nur im selbstbereiteten Purgatorium ständig erneuter und intensivierter Selbstbegegnung und Selbstprüfung vermag der Mensch vor sich selbst, nämlich vor dem »göttlichen Funken« in ihm, und vor dem »Gericht« der Natur – für Loerke ist es *»das mildeste und härteste, das denkbar ist«* – zu bestehen. Diese (Loerke mit Adalbert STIFTER verbindende) Ehrfurcht vor dem ihm sakrosankten Wallen der Allnatur und ihrer Gesetze kristallisiert sich im 6., 8., 11. und 20. Gedicht des *Steinpfads*. Erstaunlich, aber auch höchst aufschlußreich ist es, wie sich diese Natursicht mit der eines bahnbrechenden modernen Physikers, den Loerke nicht gekannt hat, deckt; von James JEANS stammt die Bemerkung: *»Wir können keinen Finger rühren, ohne die Bahn aller Sterne zu stören.«* Daß die Natur ein dem Menschen Urfremdes ist und bleibt, gehört zu den zentralen Themen Loerkes; dies läßt er im 8. Gedicht die Natur selbst bezeugen, die hier als Subjekt in der Gestalt der Bäume den Dichter anspricht. Das Wort HERDERS *»Der Mensch allein ist im Widerspruch mit sich und der Erde«* resümiert Loerkes komplexe Thematik, die im *Steinpfad* ihre höchste Entfaltung erfuhr. H.Hen.

AUSGABEN: Bln. 1938. – Bln. 1949 (in *Die Abschiedshand. Letzte Gedichte*, Hg. H. Kasack). – Ffm. 1958 (in *Gedichte und Prosa*, Hg. P. Suhrkamp, 2 Bde., 1). – Ffm. 1984 (in *Die Gedichte*, Hg. P. Suhrkamp; durchges. u. rev. v. R. Tgahrt; st).

LITERATUR: C. F. W. Behl, *O. L.s »Abschiedshand«* (in DRs, 77, 1951, H. 3, S. 276–279).

HEINRICH MANN

* 27.3.1871 Lübeck
† 12.3.1950 Santa Monica / Calif.

LITERATUR ZUM AUTOR:

Bibliographien und Forschungsbericht:
E. Zenker, *H.M.-Bibliographie. Werke*, Bln./Weimar 1967. – H. Kieser, *H.M.-Bibliographie* (in Arbeitskreis H.M., Mitteilungsblatt, Nr. 2 ff., 1973 ff.; fortgesetzt in H.M.-Jb., 1 ff., 1983 ff.). – H. Dittberner, *H.M. Eine kritische Einführung in die Forschung*, Ffm. 1974.
Zeitschriften:
Arbeitskreis H.M. Mitteilungsblatt, Hg. S. Sudhof u. W. Biedermann, Ffm. 1972–1982 [m. Bibliogr.]. – H.M.-Jb., Hg. H. Koopmann u. P.-P. Schneider in Zusammenarb. m. dem Senat der Hansestadt Lübeck, Lübeck 1983 ff. [m. Bibliogr.].
Biographien:
K. Schröter, *H.M. in Selbstzeugnissen u. Bilddokumenten*, Reinbek 1967; zul. 1988 (rm). – H. König, *H.M., Dichter u. Moralist*, Tübingen 1972. – S. Anger, *H.M. 1871–1950. Werk u. Leben in Dokumenten u. Bildern*, Bln./DDR ²1977. – V. Ebersbach, *H.M. Leben, Werk, Wirken*, Lpzg. 1978 (RUB); Ffm. 1978. – B. Hocke, *H.M.*, Lpzg. 1983.
Gesamtdarstellungen und Studien:
H. Sinsheimer, *H.M.s Werk*, Mchn. 1921. – H. Jhering, *H.M. Sein Werk u. Leben*, Bln./DDR 1952. – G. Specht, *Das Problem der Macht bei H.M.*, Diss. Freiburg i. B. 1954. – H. F. Schöpker, *H.M. als Darsteller des Hysterischen u. Grotesken*, Diss. Bonn 1960. – E. Lohner, *H.M.* (in *Deutsche Literatur im 20. Jh. Strukturen u. Gestalten*, Hg. H. Friedmann u. O. Mann, Bd. 2, Düsseldorf 1961, S. 80–100). – U. Weisstein, *H.M. Eine historisch-kritische Einführung in sein dichterisches Werk*, Tübingen 1962. – M. Hahn, *Das Werk H.M.s von den Anfängen bis zum »Untertan« 1895–1914*, 2 Bde., Diss. Lpzg. 1964. – K. Schröter, *Anfänge H.M.s. Zu den Grundlagen seines Gesamtwerks*, Stg. 1965. – L. Winter, *H.M. und sein Publikum. Eine literatursoziologische Studie zum Verhältnis von Autor und Öffentlichkeit*, Köln/Opladen 1965. – J. Zeck, *Die Kulturkritik H.M.s in den Jahren 1892–1909*, Diss. Hbg. 1965. – A. Banuls, *H.M. Le poète et la politique*, Paris 1966 [dt.: *H.M.*, Stg. 1970; gek. u. rev.]. – R.N. Linn, *H.M.*, NY 1967. – K. Lemke, *H.M.*, Bln. 1970. – *H.M. am Wendepunkt der deutschen Geschichte. Internationale wissenschaftliche Konferenz aus Anlaß des 100. Geburtstages von H.M., März 1971*, Bln./DDR 1971. – H. Dittberner, *Die frühen Romane H.M.s. Untersuchungen zu ihrer szenischen Regie*, Diss. Göttingen 1972. – K. Pawek, *H.M.s Kampf gegen den Faschismus im französischen Exil 1933–1940*, Hbg. 1972. – R. Werner, *Skeptizismus, Ästhetizismus, Aktivismus. Der frühe H.M.*, Düsseldorf 1972. – *H.M. 1871/1971. Bestandsaufnahme u. Untersuchung. Ergebnisse der H.M.-Tagung in Lübeck*, Hg. K. Matthias, Mchn. 1973. – H. Mörchen, *Schriftsteller in der Massengesellschaft. Zur politischen Essayistik u. Publizistik H. u. Thomas Manns, Kurt Tucholskys u. Ernst Jüngers während der zwanziger Jahre*, Stg. 1973. – M. Bloch-Ulmer, *Die Wende in H.M.s gesellschaftlichem Denken*, Diss. Zürich 1975. – F. Trapp, *»Kunst« als Gesellschaftsanalyse u. Gesellschaftskritik bei H.M.*, Bln./NY 1975. – R. Wittig, *Die Versuchung der Macht. Essayistik u. Publizistik H.M.s im französischen Exil*, Bern u. a. 1976. – *H.M. Texte zu seiner Wirkungsgeschichte in Deutschland*, Hg. u. Einl. R. Werner, Mchn. 1977 (dtv). – W.F. Schoeller, *Künstler u. Gesellschaft. Studien zum Romanwerk H.M.s zwischen 1900 u. 1914*, Mchn. 1978. – G. Loose, *Der junge H.M.*, Ffm. 1979. – J. Haupt, *H.M.*, Stg. 1980 (m. Bibliogr.; Slg. Metzler). – E.A. Emrich, *Macht u. Geist im Werk H.M.s 1900–1925. Eine Überwindung Nietzsches aus dem Geiste Voltaires*, Bln. u. a. 1981. – W. Jasper, *H.M. und die Volksfrontdiskussion*, Bern u. a. 1982. – *H.M. Sein Werk in der Weimarer Republik. Zweites Internationales Symposium, Lübeck 1981*, Hg. H. Koopmann u. P.-P. Schneider, Ffm. 1983. – W. Berle, *H.M. und die Weimarer Republik. Zur Entwicklung eines politischen Schriftstellers in Deutschland*, Bonn 1983. – *H.M. Werk u. Wirkung*, Hg. R. Wolff, Bonn 1984 [m. Bibliogr.]. – *H.M. Das Werk im Exil*, Hg. R. Wolff, Bonn 1985 [m. Bibliogr.]. – *H.M.*, Hg. H.L. Arnold, Mchn. ⁴1986 (m. Bibliogr.; Text + Kritik, Sonderbd.). – *H.M. Das Essayistische Werk*, Hg. R. Wolff, Bonn 1986 [m. Bibliogr.]. – R. Schlichting, *H.M. und Friedrich Nietzsche. Studien zur Entwicklung der realistischen Kunstauffassung im Werk H.M.s bis 1925*, 2 Bde., Ffm. u. a. 1986. – E. Segelcke, *H.M.s Beitrag zur Justizkritik der Moderne*, Bonn 1989.

DIE GÖTTINNEN oder Die drei Romane der Herzogin von Assy

Romantrilogie von Heinrich MANN, erschienen 1902. – Nach Abschluß des satirischen Romans *Im Schlaraffenland* (1900) kündigte Heinrich Mann seinem damaligen Verleger ein Werk an, dessen Plan er bereits 1894 notiert hatte: *»Es sind die Abenteuer einer großen Dame aus Dalmatien. Im ersten Teil glüht sie vor Freiheitssehnen, im zweiten Teil vor Kunstempfinden, im dritten vor Brunst ... Wenn alles gelingt, wird der erste Teil exotisch bunt, der zweite kunsttrunken, der dritte obszön und bitter«* (Brief an A. Langen, 2. 12. 1900). Umfangreiche Vorarbeiten waren vorausgegangen: in Paul BOURGETS psychologischem Roman *Cosmopolis* hatte der Autor das Leben der römischen *haute vie* studiert, die Italienbücher von STENDHAL, TAINE, GAUTIER und BURCKHARDT hatte er gelesen. NIETZSCHES späte lebensphilosophische Anschauungen verband er mit dem Thema des Renaissancekults, der um die Jahrhundertwende in Literatur und bildender Kunst dem labilen Décadence-Menschen einen heroischen, eigenmächtigen Gewalttypus gegenüberstellte. WEDEKINDS antibürgerliche »Geschlechts-Moral« war dem gesellschaftsfeindlichen Autor ebenso geläufig wie das »romantisch«-exotische Dekor in FLAUBERTS *Salammbô*. Aus Skandalchroniken, Feuilletons und Zeitungsmeldungen zog er stoffliche Anregungen, zur Diagnose der psychischen und physischen Dekadenz holte er medizinische Auskünfte ein.

All diese Anregungen verarbeitete Heinrich Mann zu einem kulturkritischen Panorama der europäischen Aristokratie, die in einem glanzvollen Maskenspiel das Bewußtsein ihres zunehmenden Verfalls zu betäuben sucht. Vor diesem Hintergrund, der äußerst kunstvoll aus über hundert Figuren aufgebaut ist, entfaltet sich eine geradlinige Handlung: der Lebenslauf einer mondänen Spielerin, die sich nacheinander dem Ideal der Freiheit, der Schönheit und der Liebe verschreibt. Jeder dieser Lebensabschnitte füllt einen Roman und ist allegorisch mit dem Namen einer Göttin überschrieben – *Diana, Minerva, Venus* –, der auf diese wechselnden Inhalte anspielt. – Violante, Herzogin von Assy, *»die letzte zerbrechliche Tochter sagenhafter Riesenkönige«*, wächst einsam und verloren in einem phantastischen Meeresschloß an der dalmatinischen Küste auf. Gewöhnt, keine Wirklichkeit anzuerkennen, versenkt sie sich in eine Traumwelt, in der sie – wie in verblichenen Gemälden und verfallenden Spiegelsälen – ihren Vorfahren wiederbegegnet: *»Sie alle waren Menschen der Entzweiung, der Schwärmerei, des Raubes und der heißen, plötzlichen Liebe.«* Dieses Titanentum in ihrem Leben nachzuspielen, sieht sie als ihre Bestimmung.

Diana: In der mondänen Lebewelt von Paris und Wien beeindruckt Violante, kaum erwachsen, durch unersättliche Vergnügungssucht, *»und ohne von den Endzwecken der Anbetung etwas zu wissen, hielt sie, mit der Geschicklichkeit einer Nachtwandlerin, alle in Atem«*. Im Königreich Dalmatien, das von dem lächerlichen Prinzen Phili von Koburg und seinem grotesken Hofstaat regiert wird, stiftet sie Unruhe und Verwirrung, indem sie sich mit dem Volkstribun Pavic verbindet und eine Revolution anzettelt. Sie gibt sich als Kämpferin für die Freiheit des unterdrückten Morlakenvolkes, doch in Wirklichkeit entspringt ihr Wunsch, ein *»Reich der Freiheit, der Gerechtigkeit, der Aufklärung und des Wohlstandes«* zu errichten, dem ästhetischen Unwillen über den *»unerquicklichen Anblick«* der Armut. Ihr unpolitischer Revolutionsversuch schlägt jedoch fehl, sie muß nach Italien fliehen. – *Minerva*: In der römischen Gesellschaft begegnet sie dem Maler Jakobus Halm und läßt von ihm in Venedig einen Palast mit schwülstigen Bildern und Statuen, Imitationen der Renaissancekunst, ausdekorieren. Vor dieser prachtvollen Kulisse versammeln sich die Repräsentanten der Dekadenzkunst: der zynische Literat Mortoeil, die Lyrikerin Blà, die aus ihren tränenreichen Leiden kleine Lieder verfertigt, die in ihrem Titanentum lächerliche Bildhauerin Properzia Ponti, ferner ein Gefolge von ruchlosen Kunstsammlern, Kurtisanen, Komödianten und Schönheitsanbetern. Sie alle leben im Zeichen der *»hysterischen Renaissance«*, wie Jakobus Halm sein *»eigenes Genre«*, das er entdeckt hat, heimlich nennt: *»Moderne Ärmlichkeiten und Perversitäten verkleide und schminke ich mit so überlegener Geschicklichkeit, daß sie an dem vollen Menschentum des goldenen Zeitalters teilzuhaben scheinen. Ihr Elend erregt keinen Widerwillen, sondern Kitzel. Das ist meine Kunst!«* Angesichts dieser Welt prunkvoller Falschmünzerei zu einer *»Unbewegten, Schauenden, Verweilenden«* verwandelt, fühlt sich Violante ins Reich der Kunst entrückt, die sich in unzerstörbarer Schönheit aller Vergänglichkeit entzieht. In dieser Entrückung gibt sie sich Jakobus Halm hin, der nun mit einem Porträt von ihr das verschollene Venus-Gemälde Botticellis übertrumpfen zu können meint; doch das Bild mißlingt. – *Venus*: Aus ihrem Traum von der Kunst gerissen, den sie als Künstlichkeit entlarvt sieht, gibt sich Violante nun in schrankenloser Liebesekstase allen Leidenschaften preis, ohne jedoch ihre immer stärkere Vereinsamung überwinden zu können: *»Je mehr fieberhaftes Leben sie aber verschenkte, desto mehr Todeskälte bekam sie zurück.«* Mit ihren Exzessen erscheint sie, eine *»Kurtisane des Himmels, des Meeres, der Erde«*, dem Volk als böse Astarte-Figur. Nach dem Tod ihres jungen Geliebten, Nino Degrandis, ist sie von jeder Gemeinschaft getrennt. Ihre Ausschweifungen sind Symptome des Verfalls, ihre letzte Lebensphase ist der *»Roman des Klimakteriums«* (eigener Klappentext des Autors). Versunken in ihr Spiegelbild stirbt sie, noch nicht fünfzigjährig, an Auszehrung des Rückenmarks.

Die drei Lebensphasen Violantes sind nicht als Entwicklungsstufen eines organisch ablaufenden Lebens zu verstehen, sondern als drei voneinander isolierte Metamorphosen einer Persönlichkeit, der alles Spiel ist, *»zum Zwecke einer schönen Geste und eines starken Schauers ... Bis zum letzten Atemzug wird sie bereit bleiben, Neues zu erproben – noch aus dem Tod wird sie ein Vergnügen machen, eine Szene, ein Spiel!«* Die Herzogin ist die Allegorie einer Schönheit, die nicht mehr gelebt, sondern nur noch gespielt werden kann – das bedeuten ihre drei Rollen, in die sie sich gleichsam hineinträumt und die sie ernüchtert wieder aufgibt: *»Mein Leben war das Kunstwerk.«* Allerdings feiert Heinrich Mann den zur Jahrhundertwende modisch gewordenen Typus des Renaissance-Menschen nicht; er parodiert ihn streckenweise (J. Haupt) auch in seiner Egozentrik (*»Es kam ihr niemals der Gedanke, daß außer ihr etwas Nennenswertes vorhanden sein könnte.«*) und seinem hysterischen Lebenskult. Eine endgültige Absage an diese Lebensform und eine erste Kritik am Werk selbst formuliert der Autor in seinem Brief an I. Schmied vom 25.7. 1905: *»Das Unbefriedigende des Buches kommt daher, daß die große, heidnische Sinnlichkeit, die darin gefeiert wird, doch eigentlich hier gar nicht das Ideal ist ... Aus Mangel an Nahrung für meine Zärtlichkeit behaup-*

tete ich, nur auf Sinnlichkeit komme es an; und behauptete es um so lauter, je weniger ich es innerlich glaubte.« Ungeachtet dessen gelingt Heinrich Mann ein dramatischer Bilderbogen, der in den kunstvoll montierten Einzelszenen die disparatesten Sprachstile mischt – malerische und plastische Bilderreihen, karikaturistische Verzerrungen, berauschende Lyrismen, pathetische Deklamationen, formelhafte Konversationen, elegische Klagen. Damit aber nähert er sich jener artistisch-epischen »Objektivität«, die er einige Jahre später an Flauberts *Madame Bovary* bewunderte: Wir *»hören diese Welt von Dingen nicht erzählen, sondern erleben sie; sehen sie selbsttätig ihren geheimen Sinn preisgeben«* (*Gustave Flaubert und George Sand*, 1905).
Das Werk begründete den Ruf Heinrich Manns als eines artistischen »Dichters der Moderne«: bis zum Ersten Weltkrieg beeinflußte es die zeitgenössischen Schriftsteller stark, unter ihnen vor allem Gottfried Benn (vgl. seine Rede auf Heinrich Mann, 1931). Später wirkte es nur noch stilistisch in der frühen Epik Klaus Manns nach. Die politische Orientierung der späteren Werke Heinrich Manns (vgl. vor allem *Der Untertan*, 1914) machte vornehmlich diese dem Publikum interessant und ließ das Frühwerk dahinter zurücktreten. W.F.S.

Ausgaben: Mchn. 1903 [recte 1902], 3 Bde. – Lpzg. 1917 (in *Gesammelte Romane u. Novellen*, 10 Bde., 2–4). – Mchn. 1922, 3 Bde. – Bln./DDR 1957 [Nachw. A. Kantorowicz]. – Bln./Weimar 1969 (in *GW*, 25 Bde., 1965 ff., 2). – Düsseldorf 1969 (in *GW in Einzelausg.*, 18 Bde., 1958 ff., 9; Nachw. A. Kantorowicz). – Düsseldorf 1976 (in *Werkausw.*, 10 Bde., 9). – Ffm. 1987, 3 Bde. (in *Studienausg. in Einzelbänden*; Nachw. A. Banuls; Materialienanh. P.-P. Schneider; FiTb).

Literatur: W. Rehm, *Der Renaissancekult um 1900 u. seine Überwindung* (in ZfdPh, 54, 1929, S. 296–328). – H. F. Bachmayr, *Die Leidenschaften der Herzogin von Assy. Zur Entstehungsgeschichte von H. M.s Roman »Die Göttinnen«* (in Philobiblon, 3, 1959, S. 142–148). – U. Kirchhoff, *Die Darstellung des Festes im Roman um 1900. Ihre thematische u. funktionale Bedeutung*, Münster 1969, S. 66–87. – B. A. Sørensen, *Der »Dilletantismus« des Fin de siècle und der junge H. M.* (in OL, 24, 1969, S. 251–270). – L. Ritter-Santini, *Die Verfremdung des optischen Zitats. Anmerkungen zu H. M.s Roman »Die Göttinnen«* (in Jb. d. Dt. Schiller-Ges., 15, 1971, S. 297–325; ern. in L. R.-S., *Lesebilder. Essays zur europäischen Literatur*, Stg. 1978, S. 7–47). – G. Kunigiel, *Sinnlichkeit u. Autorität in Romanen H. M.s: »Die Göttinnen oder die drei Romane der Herzogin von Assy«, «Professor Unrat« u. »Die kleine Stadt«* (in *Autorität u. Sinnlichkeit. Studien zur Literatur- u. Geistesgeschichte zwischen Nietzsche u. Freud*, Hg. K. Sauerland, Ffm./Bern 1986).

DIE JUGEND DES KÖNIGS HENRI QUATRE. – DIE VOLLENDUNG DES KÖNIGS HENRI QUATRE

Historischer Roman in zwei Teilen von Heinrich Mann, erschienen 1935 und 1938. – Schon 1925 – anläßlich einer Reise durch Südfrankreich, die ihn auch nach Pau, der Geburtsstadt Heinrichs IV. von Navarra (1553–1610; reg. seit 1589), führte – faßte Heinrich Mann den Plan, die Lebensgeschichte des französischen Königs zu schreiben. Ein umfangreiches Quellenstudium ging der Niederschrift des Romans voraus: Memoiren und Briefe von Zeitgenossen, insbesondere die Erinnerungen seines Ministers Sully, werden verarbeitet, aber auch die populärwissenschaftliche Biographie Heinrich IV. von Saint-René Taillandier sowie die großen repräsentativen Gesamtdarstellungen der Epoche von Jules Michelet und Leopold von Ranke zieht Heinrich Mann heran. Erst im Exil, nach mehr als sechsjähriger Arbeit, wird der Roman abgeschlossen.
Henri wächst in den Pyrenäen unter der Obhut seiner streng protestantischen Mutter Jeanne d'Albret auf. Frühzeitig lernt er in Paris, wo Katharina von Medici durch ihre Söhne regiert, das korrupte, von Intriganten beherrschte Hofleben kennen. Infolge religiöser Zwistigkeiten, die nur der verschleierte Ausdruck politischer Machtinteressen sind, ist Frankreich innerlich zerrissen. Nach dem Tod seiner Mutter stellt Henri sich zusammen mit Admiral Coligny an die Spitze des hugenottischen Befreiungskampfes gegen die Katholiken. Der jugendlich unbekümmerte, bisweilen zu Disziplinlosigkeit neigende Draufgänger, dem aller Standesdünkel fremd ist, hat seine ersten Liebesabenteuer in dieser Zeit, auch schließt er wichtige Freundschaften fürs Leben. Nach seiner Hochzeit mit Marguerite de Valois, der Schwester des Königs Karl IX., lebt er von neuem am Hof Katharinas. In der berüchtigten Bartholomäusnacht (23./24. 8. 1572) werden fast alle Hugenotten, die zur »Bluthochzeit« nach Paris gekommen waren, niedergemetzelt; auch Admiral Coligny ist unter den Opfern, Henri bleibt verschont. Unverhohlen aktualisiert Heinrich Mann das blutige Geschehen; die Darstellung der Vergangenheit wird durchsetzt mit Anspielungen auf die Gegenwart: Die Parallelisierung der volksfeindlichen Politik der katholischen Liga mit dem nationalsozialistischen Terror in Deutschland ist augenfällig. Guise, der Ligaführer, trägt die Züge Hitlers; der Volksverhetzer Boucher erinnert an Goebbels. Henri wird gezwungen, katholisch zu werden und muß als Gefangener am Hofe bleiben. Schließlich gelingt ihm die Flucht zu den Hugenotten, wo er wiederum den Glauben wechselt. Diese scheinbare Gewissenlosigkeit gehört zu Henris politischer Strategie, die das Religiöse den Erfordernissen eines Fortschritts zu größerer Humanität unterordnet. Entscheidend für Henris geistige Entwicklung sind die – von Heinrich Mann frei erfundenen – Gespräche mit dem Philosophen Montaigne, dem er vor den Wällen

der hugenottischen Festung La Rochelle begegnet. Montaignes Skeptizismus überzeugt ihn davon, daß er sein Leben auf die Grundlage des Zweifels stellen müsse. Die Frage des Philosophen: *»Que sais-je? (»Was weiß ich?«)* durchzieht deshalb leitmotivisch den Roman; ihr Geist ist auch in der Erzählhaltung des Autors lebendig. *»Nichts ist so volkstümlich wie Gutsein«*, lehrt Montaigne den werdenden König. Nur Macht, die im Bündnis mit der Güte stehe, sei legitim. Nach neuen Religonskriegen, in deren Verlauf König Karl IX. umkommt und sein Bruder Heinrich III., der letzte Valois, ermordet wird, gelangt schließlich Heinrich IV., der einer Nebenlinie des Hauses Bourbon entstammt, auf den Thron. Weil er Montaignes Lehren befolgt, hat er das einfache Volk auf seiner Seite: *»Die große Neuerung, der wir beiwohnen, ist die Menschlichkeit«*, sagen die Leute. Die einzelnen Abschnitte des ersten Romanteiles enden jeweils mit einer in französischer Sprache abgefaßten *Moralité*, worin die Etappen von Henris Werdegang kritisch resümiert und verallgemeinert werden. Heinrich Mann ging es darum, *»daß Deutsch und Französisch sich dies eine Mal durchdrängen. Davon erhoffte ich immer das Beste für die Welt.«*

Der zweite Teil des Romans schildert die mühselige Vollendung der persönlichen Entwicklung des Königs und seines politisch-sozialen Werks. Paris, die katholische Hauptstadt, verschließt vor dem protestantischen »Ketzer« ihre Tore. Zum fünften Mal vollzieht Henri, um der Einigung des Reiches und der Aussöhnung der verfeindeten Konfessionen willen, den *»Todessprung«* der Konversion. Nicht politischer Opportunismus, sondern die realen Lebensinteressen seines Volkes veranlassen ihn zu dem berühmt gewordenen Ausspruch: *»Paris ist eine Messe wert.«* Henri verkörpert einen streitbaren Humanismus, der sich nicht scheut, die reine Toleranz dort zu kritisieren, wo in ihrem Namen Unrecht geschieht. Im Edikt von Nantes schließlich sichert er seinem Volk Glaubensfreiheit zu und schafft damit die Voraussetzungen auch für eine politische Befriedung des Landes. Henri plant große soziale Reformen, bei deren Ausarbeitung ihn nicht zuletzt Gabriele d'Estrées, die große Liebe seines Lebens, unterstützt und inspiriert. Die Ermordung Gabrieles deutet er als Vorzeichen seines eigenen Endes: *»Die Wurzel meines Herzens ist tot und wird nicht wieder treiben.«* Seine zweite Frau, die landfremde Maria von Medici, schenkt ihm zwar Nachkommenschaft, intrigiert aber zusammen mit ihrem florentinischen Anhang gegen ihn und sein Reformwerk. Der *»Große Plan«* des alternden Henri, der einen Völkerbund der christlichen Nationen Europas zum Ziel hat, ist dem politischen Bewußtsein seiner Zeit weit voraus. Henri wird von Heinrich Mann zum Ahnherrn des modernen revolutionären Sozialismus stilisiert. *»Seither wäre er Bolschwik genannt worden. Indessen hieß er Ketzer, und die wirklichen Zusammenhänge blieben im dunkeln.«* Henri stirbt durch den Dolch Ravaillacs als Opfer einer Verschwörung fanatischer Jesuiten. Der Dichter läßt jedoch den toten König *»von der Höhe einer Wolke herab«* eine französische Schlußansprache halten, worin zukunftsgläubig die Utopie eines Ewigen Friedens, eines Wirklichkeit werdenden Goldenen Zeitalters entworfen wird. Frankreich, so lautet Henris politisches Vermächtnis, soll zum *»Vorposten der menschlichen Freiheiten«* werden, *»die da sind: die Gewissensfreiheit und die Freiheit, sich satt zu essen«*.

Nicht *»verklärte Historie«* oder *»freundliche Fabel«* bietet dieser Roman, sondern ein *»wahres Gleichnis«*: Heinrich Mann sieht die vergangene Zeit im Licht seiner eigenen, modernen Erfahrung. So lebt die scheinbar bereits veraltete Gattung des historischen Romans, den die deutsche Exilliteratur nicht zufällig zum bevorzugten Instrument ihrer politischen Kritik machte, einzig aus der Gegenwartsbezogenheit. Die Spannungslosigkeit des traditionellen Geschichtsromans, worin ein allwissender Erzähler bereits bekannte Ereignisse chronologisch berichtet, wird hier durch ein Erzählen aus verschiedenen Perspektiven, durch eingeschobene kritische Kommentare, Vor- und Rückverweise sowie Anreden des Erzählers an seine Figuren und an den Leser vermieden. Häufig geht die erzählende Prosa in dramatische Dialoge über. Ferner liebt es Heinrich Mann, durch den abrupten Wechsel von neutraler Beschreibung und grotesker Überzeichnung epische Verfremdungseffekte zu erzeugen. Das Problem einer Synthese von Geist und Tat, das Heinrich Manns episches und essayistisches Werk durchzieht, fand in der Gestalt des guten Königs Henri eine modellartige Lösung. R.Ra.-KLL

AUSGABEN: Amsterdam 1935 *(Die Jugend des Königs Henri Quatre)*. – Kiew 1935. – Moskau 1937–1939 *(Die Vollendung des Königs Henri Quatre)* (in Internationale Literatur, 7, 1937, H. 1–9, 1939, H. 4). – Kiew 1938. – Amsterdam 1938. – Bln. 1951 u. 1956 (in *AW in Einzelausg.*, Hg. A. Kantorowicz, 13 Bde., 1951–1962, 6 u. 7). – Hbg. [4]1964 (*Die Jugend* ..., in *GW in Einzelausg.*, 18 Bde., 1958 ff., 2). – Hbg. [3]1962 (*Die Vollendung*..., ebd., 3). – Bln./Weimar 1970 (in *GW*, 25 Bde., 1965 ff., 11/12). – Düsseldorf 1976 (in *Werkausw.*, 10 Bde., 5). – Düsseldorf 1985 *(Die Vollendung ...)*. – Reinbek 1987, 2 Bde. (rororo).

LITERATUR: A. Kantorowicz, *H.M.s Henri-Quatre-Romane* (in SuF, 3, 1951, H. 5, S. 31–42). – G. Lukàcs, *»Die Jugend des Königs Henri Quatre«* (in G. L., *Der historische Roman*, Bln. 1955). – E. Kirsch, *H.M.s Roman »Die Jugend und die Vollendung des Königs Henri Quatre«* (in WZHalle, 5, 1955/56, S. 623–636; 1161–1205). – H. Kirchner-Klemperer, *H.M.s Roman »Die Jugend und die Vollendung des Königs Henri Quatre« im Verhältnis zu seinen Quellen u. Vorlagen*, Diss. Bln. 1957. – H. Mayer, *H.M.s »Henri Quatre«* (in H. M., *Deutsche Literatur und Weltliteratur*, Bln. 1957, S. 682–689). – U. Weisstein, *H.M., Montaigne and Henri Quatre*, (in RLC, 36, 1962, S. 71–83). – G. Hünert, *Zu H.M.s »Henri Quatre«. Ein Bericht* (in Colloquia Germanica, 1971, S. 299–312). –

G. Müller, *Geschichte, Utopie u. Wirklichkeit. Vorstudie zu H. M.s »Henri-Quatre-Roman* (in OL, 26, 1971, S. 94–121). – I. Grieninger, *H. M.s Roman »Die Jugend und Vollendung des Königs Henri Quatre«. Eine Strukturanalyse*, Diss. Tübingen 1971. – E. Blattmann, *Henri Quatre Salvator. Studien u. Quellen zu H. M.s »Henri Quatre«*, 2 Bde., Freiburg i. B. 1972. – G. Köpf, *Humanität u. Vernunft. Eine Studie zu H. M.s Roman »Henri Quatre«*, Bern/Ffm. 1975. – U. Stadler, *Von der Exemplarursache zur Dialektik. Über den Gleichnischarakter von H. M.s »Henri-Quatre«-Romanen* (in *Literaturwiss. u. Geschichtsphilosophie. Fs. für Wilhelm Emrich*, Hg. H. Arntzen u. a., Bln./NY 1975, S. 539–560). – W. Jöckel, *H. M.s »Henri Quatre« als Gegenbild zum nationalsozialistischen Deutschland*, Worms 1977. – M. Hahn, *»Wahres Gleichnis«. H. M. »Die Jugend des Königs Henri Quatre« u. »Die Vollendung des Königs Henri Quatre«* (in *Erfahrung Exil. Antifaschistische Romane 1933–1945. Analysen*, Hg. S. Bock u. M. Hahn, Bln./Weimar 1979, S. 169–192). – K. P. Broszinsky, *Roman u. Hörspiel. Adaption u. Adaptionsregularitäten, anhand der »Henri Quatre«-Romane H. M.s u. ihrer Hörspielbearbeitung*, Diss. Greifswald 1980. – H. Müller, *Problem des historischen Romans. Zu H. M.s »Henri Quatre«-Romanen* (in *Textsorten u. literarische Gattungen*, 1983, S. 577–590). – A. Zweig, *H. M.s Meisterwerk (»Henri Quatre«)* [1935] (in A. Z., *Essays*, Bd. 1, 1987, S. 290–295).

DIE KLEINE STADT

Roman von Heinrich Mann, erschienen 1909. – Das Werk war 1907 zunächst als kleine Novelle für den ›Simplicissimus‹ begonnen worden, weitete sich aber 1908/09 in Italien zu einem Roman: *»Die kleine Stadt ist mir von meinen Romanen der liebste, denn er ist nicht nur technisch eine Eroberung, auch geistig. Es ist Wärme darin, die Wärme der Demokratie, die darin wiedergegeben ist, ein Glaube an die Menschheit – zu dem die Welt, wie mir scheint, wieder gelangen wird, zuletzt vielleicht in Deutschland, denn dort steht es am tiefsten«* (an L. Ewers, 13. 12. 1909). Das Geschehen, das die Entfaltung der liberalen Demokratie in Italien nach dem Risorgimento reflektiert, ist wie im klassischen Drama in fünf Akte gegliedert. Der erste vergegenwärtigt die behagliche Idylle des kleinen Stadtvolks, die schon bedroht ist von den untergründigen Spannungen zwischen Belotti, dem Anführer der Fortschrittspartei, und dem Gemeindesekretär Camuzzi, dem Haupt der Konservativen. Auf den Einzug einer Künstlergruppe, die sogleich die hemmungslose Klatschsucht der Pfahlbürger provoziert, folgen dann im zweiten Akt die Proben für die Theateraufführung, die der Führer der reaktionären Partei, der Priester und asketische Fanatiker Don Taddeo mit allen Mitteln – feingesponnenen Intrigen, Sturmgeläute der Kirchen und zänkischen Betschwestern – zu verhindern sucht. Im dritten und längsten Akt erleben die Kleinstädter mit Emphase die von der Künstlergruppe aufgeführte Oper: *»Die singenden Gestalten waren stärker und reiner als sie, und doch sie selbst. Da waren sie glücklich Menschen zu sein. Sie liebten einander.«* Die Kunst, von den Zuschauern naiv als gesteigerte Wirklichkeit begriffen, setzt aber auch die latenten gesellschaftlichen Konflikte frei; das Libretto der Oper, das Standesgegensätze zum Thema hat, dient als Analogon zur sozialen Wirklichkeit. Kann der Aufruhr im Theater gerade noch vom Bürgertum aufgefangen werden, so treten im vierten Akt schließlich die sozialen Antagonismen offen hervor: Zwischen den einzelnen Gruppen in der Stadt bricht Haß aus; Belotti, Camuzzi und Don Taddeo schüren das Feuer, und eine Revolution von rechts scheitert nur an der komischen Vermischung beider Lager. Im fünften Akt jedoch lösen sich die Gegensätze: Don Taddeo schwört seinem Fanatismus ab, Belotti und Camuzzi versöhnen sich auf einem öffentlichen Fest im Bewußtsein ihrer gemeinsamen Fehler; die Künstler werden reich beschenkt, und Enrico Dorlenghi, Heinrich Manns *»Anschauung des werdenden Puccini«*, der Komponist der Oper, der sich vordem in der Stadt als ein *»Verbannter«* fühlte, erkennt nun die soziale Funktion seiner Kunst: *»Der Ehrgeiz ist eins mit dem Drang zu beglücken, und Ruhm und Liebe sind das gleiche.«* Diese Geschehen übergreift die Geschichte zweier sich von der Gesellschaft absondernder Figuren: In dem Tenor Nello Gennari, einem narzißtischen Spieler, und Alba Nardini, einer weltabgewandten Nonne, stellt Heinrich Mann den theatralischen Verlauf und das tragische Ende einer ästhetischen Lebenshaltung dar, die Liebe nur um des Selbstgenusses willen treibt: Zur selben Zeit, als die Kleinstädter ihren Künstlern einen Abschiedstrionfo bereiten, ersticht Alba ihren Freund, der sie betrogen hat.

Am lyrisch-poetischen Sprachton der beiden Figuren, die im früheren Werk Heinrich Manns ihre Vorbilder haben, und an der melodramatischen Handlungsführung, die im Scheitern ihrer Liebe gipfelt, demonstriert der Autor sein Ästhetentum, indem er es zugleich verabschiedet. Er hebt es auf in der übergreifenden politischen Perspektive, die indirekt bereits in der an Flaubert geschulten Objektivität des Stils enthalten ist. Das Gesamtbild der Gesellschaft entsteht nicht durch Reflexionen und Erläuterungen des Erzählers, sondern unmittelbar durch die Redehaltung der Figuren, durch ihre gestische und mimische Selbstdarstellung und ihre wechselseitigen Kommentare. Die spannungsreiche Vielfalt der sich durchkreuzenden Stimmen – annähernd hundert Figuren wirken, oft nur durch ein sinnfälliges Detail in das Geschehen eingeführt, individuell und repräsentativ zugleich – entspricht der Anschauung Heinrich Manns von einer demokratischen Gesellschaft: *»Mein Roman ›Die kleine Stadt‹ ist politisch zu verstehen, als das Hohe Lied der Demokratie; aber natürlich merkt kein Mensch es«* (Brief an R. Schickele, 27. 12. 1909). Gegen das Mißverständnis, in diesem Roman sei *»der Überfall durch fremde Schönheit und die Steigerung an fremder Schönheit«* dargestellt (L. D. Frost), ein Mißverständnis, das die Legende um den »Ästheten« Mann verfestigte, setzte sich der Autor demonstrativ zur Wehr, indem er den utopischen Gehalt des Werks als Vorgang einer *»Vergeistigung«* des Volkes, die durch die *»Begeisterungen«* der Kunst ausgelöst wird, beschrieb – eine Charakteristik, die den Roman zugleich als Gegenentwurf zur politisch unmündigen Gesellschaft der Wilhelminischen Ära erscheinen läßt. W.F.S.

AUSGABEN: Lpzg. 1909. – Lpzg. 1917 (in *Gesammelte Romane u. Novellen*, 10 Bde., 8). – Stockholm 1939 (Forum Bücher). – Bln./DDR 1951 (in *AW in Einzelausg.*, Hg. A. Kantorowicz, 13 Bde., 1951–1962, 3). – Mchn. 1964 (dtv). – Düsseldorf [2]1970 (in *GW in Einzelausg.*, 18 Bde., 1958 ff., 11). – Bln./Weimar 1971 (in *GW*, 25 Bde., 1965 ff., 6). – Ffm. 1976 (BS). – Düsseldorf 1976 (in *Werkausw.*, 10 Bde., 6). – Düsseldorf 1983. – Ffm. 1986 (in *Studienausg. in Einzelbänden*; Nachw. H. Koopmann; Materialienanh. P.-P. Schneider; FiTb).

LITERATUR: L. D. Frost, Rez. (in Die Zukunft, 70, 1910, S. 116–119). – H. Mann, *»Die kleine Stadt«. Brief an Frl. L. D. Frost* (ebd., S. 265 f.). – U. Weisstein, *»Die kleine Stadt«. Art, Life and Politics in H. M.'s Novel* (in GLL, 13, 1959/60, S. 255–261). – G. Busch, *Kommentar zur lädierten Welt. H. M. »Die kleine Stadt«* (in FH, 15, 1960, S. 587–590). – R. N. Linn, *Democracy in H. M.'s »Die kleine Stadt«* (in GQ, 37, 1964, S. 131–145). – S. Lenz, Rez. (in FAZ, 8. 7. 1983). – D. E. Jenkinson, *»Die kleine Stadt« Revisited. H. M. and the Notion of Liberal Democracy* (in Publ. of the English Goethe Society, 55, 1984/85, S. 47–68). – R. Hillmann, *From Carnival to Masquerade. Bakhtin, H. M. (»Die kleine Stadt«), Böll (»Die verlorene Ehre der Katharina Blum«)* (in Jb. für Internationale Germanistik, 18, 1986, H. 1, S. 110–124). – E. Segelcke, *»Die kleine Stadt« als Hohelied der Demokratie* (in H.-M.-Jb., 5, 1987, S. 1–28).

PROFESSOR UNRAT ODER DAS ENDE EINES TYRANNEN

Roman von Heinrich MANN, erschienen 1905. – In seinen seit 1900 veröffentlichten Romanen hatte Heinrich Mann die bürgerliche Gesellschaft vorwiegend an ihrem ästhetischen Erscheinungsbild gemessen und – über eine Kritik der *décadence* – ihren spätzeitlichen Verfallszustand analysiert. Das in dem Roman *Die Jagd nach Liebe* zentrale Problem von Kunst und Leben behandelte er nach 1903 in einer Reihe von Novellen (*Pippo Spano*, 1905). Mit dem 1904 verfaßten *Professor Unrat*, dessen Niederschrift nach Aussage des Autors *»nur wenige Monate«* in Anspruch nahm, wandte er sich – die großstädtische, kosmopolitische und bohemienhafte Weitläufigkeit der früheren Werke preisgebend – unmittelbar der deutschen Provinz zu.

Die Geschicke eines wilhelminischen Schullehrers in einer norddeutschen Kleinstadt (die unschwer als das Lübeck des Schülers Heinrich Mann zu verifizieren ist) scheinen sich ganz den Schulsatiren WEDEKINDS, THOMAS, HAUPTMANNS und HESSES zuzuordnen. Vollends die mit Billigung des Autors entstandene Filmfassung Carl ZUCKMAYERS von 1931 unter dem Titel *Der blaue Engel* (Regie: Joseph von Sternberg, in den Hauptrollen Emil Jannings und Marlene Dietrich) veranlaßte das Publikum dazu, das Werk als eine karikierende Schulsatire zu verstehen. Doch eine historisch präzisere, werkgetreue Interpretation vermag – entgegen der im Film nivellierten Schlußwendung – die Doppelsinnigkeit der in siebzehn Kapiteln locker aneinandergereihten Einzelszenen zu beschreiben.

Daß ein tyrannischer, verknöcherter Gymnasialprofessor auf der nächtlichen Jagd nach seinen ihm verhaßten Schülern die Sängerin und »Barfußtänzerin« Rosa Fröhlich kennenlernt, sich in sie verliebt und deswegen seine Stellung verliert, bewahrt ganz den Anschein satirischer Lächerlichkeit; daß aber diese »lebensfeindliche« Lehrerfigur unversehens ihre bürgerliche Umwelt enthemmt und eine anarchistische Revolte gegen sie unternimmt (wogegen der Gymnasialprofessor im Film auf klägliche und mitleiderregende Weise endet), verstört das Lachen des Lesers und hebt seine anfängliche Übereinstimmung mit dem Autor auf. Eine bislang wenig beachtete Äußerung Heinrich Manns *(»›Unrat‹, dieses lächerliche Scheusal ... hat doch einige Ähnlichkeit mit mir«)* und die groteske Umkehrung der kleinstädtischen Verhältnisse – Aggressionslust, strammer Nationalismus und Autoritätsgläubigkeit schlagen in blinde Anarchie um – weisen darauf hin, daß die Hauptfigur nicht nur als typisiertes Objekt der Satire, sondern auch als Vexierbild des Satirikers zu verstehen ist. Der Roman stellt sich, abgehoben von bisheriger populärer Auffassung, als sozialpathologische Studie dar, in der die psychologische Motivation des Leidens und Handelns den einzelnen auch dann noch prägt, wenn er den politischen Mechanismus seiner Gesellschaft durchschaut und gegen sie revoltiert.

Der alternde Gymnasialprofessor Raat, seit mehr als einem Vierteljahrhundert im Schuldienst tätig und traditionsgemäß als »Unrat« verhöhnt, ordnet sein Verhältnis zu den Schülern psychologisch demselben Machtprinzip unter, das er – ein glühender Chauvinist, der *»über die Pflichttreue, den Segen der Schule und die Liebe zum Waffendienst«* Aufsätze schreiben läßt – politisch vertritt. Seiner tyrannischen Herrschsucht, die sich in drakonischen Strafen, ungerechten Zensuren und sinnwidrigen Anordnungen manifestiert, entspricht innere Ohnmacht und Triebverdrängung. Immer auf dem Sprung, *»jeden je möglichen Widerstand zu brechen, alle bevorstehenden Attentate zu vereiteln, es ringsumher noch stummer zu machen, Kirchhofsruhe herzustellen«*, gerät er auf der Suche nach widerborstigen Schülern in die Spelunke »Zum blauen Engel«, wo die leichtlebige »Künstlerin« Rosa Fröhlich gastiert. Aus der Sucht, die Schüler zu *»fassen«*, es den vermeintlich Aufsässigen zu *»beweisen«* und seine *»Erbfeinde«* an ihrer *»Laufbahn«* zu hindern, verirrt er sich in einen fremdartigen, verwirrend-erotischen Dunstkreis; seine Machtvorstellung – politisch *»eine einflußreiche Kirche, ein handfester Säbel, strikter Gehorsam und starre Sitten«* – wird allmählich von bislang zurückgedrängter, triebhafter Sinnlichkeit unterhöhlt. Je öfter er im »Kabuff« der Rosa Fröhlich verkehrt, je mehr seine autoritäre Stellung bei den Schülern dadurch untergraben wird, desto näher rückt er den von ihm Unterjochten; der in seiner Macht geschwächte Tyrann begegnet seinen Untertanen auf der gleichen Stufe: als ein Untertan. Als schließlich *»die überreizte Zärtlichkeit des Menschenfeindes«* über alle Hemmungen und Konventionen siegt und Unrat die nach Sicherheit sich sehnende Fröhlich heiratet, ist seine bürgerliche Stellung verloren. Verteidigt er als Zeuge in einem Prozeß gegen drei seiner Schüler wegen mutwilliger Beschädigung eines Hünengrabs anfangs noch die geheiligten Güter staatserhaltender Gesinnung, so bricht im folgenden der unterdrückte Haß auf die bürgerliche Gesellschaft, die ihn geprägt hat, durch: In einer geifernden Rede wendet er sich gegen die großbürgerliche Kaste, den dekadenten Adel und die korrumpierten Kleinbürger, wie sie repräsentativ in den drei pubertären Sündenböcken Lohmann, von Ertzum und Kieselack erscheinen.

»Auf neue, unvorhergesehene Weise« dehnt sich Unrats Kampf aus, als er nach einem lehrreichen Aufenthalt an der See mit seiner Frau in die Stadt zurückkehrt. Aus einem Seitensprung Rosas hat er gelernt, daß erotische Libertinage die Bürger fesselt und sie – wie ihn selbst – unversehens zu Untertanen macht. Seine *»Villa vor dem Tor«* wandelt er nun zu einer Stätte nächtlichen Vergnügens und verbotener Glücksspiele um, was sich im Getuschel der Kleinstadt zu einer um so größeren Sensation ausweitet, als das Glück im Verborgenen blüht: *»Was sie hertrieb, war die Leere ihrer Gehirne, der Stumpfsinn der humanistisch nicht Gebildeten, ihre dumme Neugier, ihre mit Sittlichkeit schlecht zugedeckten Lüsternheiten, ihre Habgier, Brunst, Eitelkeit und zu alledem hundert verquickte Interessen.«* Unverhüllt entblößt sich, was die Bürger vorher im Spottnamen »Unrat« auf ihren Lehrer abgewälzt haben. Je mehr durch dieses anarchistische Treiben die *»Entsittlichung einer Stadt«* vorantreibt, desto mehr fällt jedoch auch Unrat seiner verzehrenden Rachsucht zum Opfer. Seine Seele, *»ihre Abgrundflüge, ihr fürchterliches Auskohlen, ihr über alles hinaus zu sich selber Verdammtsein«*, legt die Disposition des Satirikers bloß, der – wie seine Hauptfigur – an dieser von ihm analysierten Gesellschaft leidet. *»All dies fanatisch Überkochende«*, in expressionistischen Metaphern zum Sprachbild abgründiger Dämonie erhöht, kann jedoch die Gesellschaft im letzten nicht gefährden: Als Unrat eine Brieftasche stiehlt, wird er verhaftet, und die vormalige bürgerliche Fassade der Wohlanständigkeit kann renoviert werden.

Der doppelten Negation, der Satire auf die kleinstädtisch-bürgerlichen Verhältnisse und dem Vexierbild des »Menschenfeindes«, steht in diesem Roman, zum erstenmal in Heinrich Manns Werk, eine Figur gegenüber, die sich in den Rahmen später ausformulierter demokratischer und sozialethischer Utopie fügt: In der Gestalt der Rosa Fröhlich, eines Mädchens aus dem Volk, beschrieb der Autor, noch weitgehend ironisch gebrochen, eine Repräsentatin humanen »Mitleids«; in der Figur des jungen Literaten Lohmann, durch den der Erzähler den Professor analysieren läßt und der mit dem Lübecker Schüler Heinrich Mann verblüffende Gemeinsamkeiten aufweist, stellt er kritisch den wirklichkeitsfernen Ästheten dar und festigt seinen Standort als sozialkritischer Realist.

Professor Unrat findet sein stoffliches und thematisches Pendant in dem 1914 fertiggestellten Roman *Der Untertan*, in dem Heinrich Mann vor derselben kleinstädtischen Kulisse Lübecks die Dialektik des Tyrann-Untertan-Verhältnisses wiederaufnahm, mit der historischen Perspektive vom Aufstieg des chauvinistischen Kleinbürgers und dem Untergang liberaler Humanität verband und – weitgehend entlastet von der Selbstauseinandersetzung des Satirikers – schärfer politisierte. W.F.S.

Ausgaben: Mchn. 1905. – Lpzg. 1917 (in *Gesammelte Romane u. Novellen*, 10 Bde., 6). – Bln./DDR 1951 (in *A W in Einzelausg.*, Hg. A. Kantorowicz, 13 Bde., 1951–1962, 1). – Hbg. 1951; ern. Reinbek 1968 (*Der Blaue Engel*; rororo). – Bln./Weimar 1966 (in *GW*, 25 Bde., 1965 ff., 4). – Hbg. 1966 (in *GW in Einzelausg.*, 18 Bde., 1958 ff., 8). – Düsseldorf 1976 (in *Werkausw.*, 10 Bde., 8). – Ffm. 1981 (BS). – Düsseldorf 1983. – Ffm. 1989 (in *Studienausg. in Einzelbänden*; Nachw. R. Wolff; Materialienanh. P.-P. Schneider; FiTb).

Verfilmungen: *Der blaue Engel*, Deutschland 1930 (Regie: J. v. Sternberg). – *The Blue Angel*, USA 1959 (Regie: E. Dmytryk).

Literatur: K. Schröter, *Zu H. M.s »Professor Unrat«* (in *Der deutsche Roman im 20. Jh. Analysen u. Materialien zur Theorie u. Sozilogie des Romans*, Hg. M. Brauneck, Bd. 1, Bamberg 1976, S. 107–115). – W. Sokel, *Demaskierung u. Untergang wilhelminischer Repräsentanz. Zum Parallelismus der Inhaltsstruktur von »Professor Unrat« u. »Tod in Venedig«* (in *Herkommen u. Erneuerung. Essays für Oskar Seidlin*, Hg. G. Gillespie u. E. Lohner, Tübingen 1976, S. 387–412). – M. Bieler, Rez. (in FAZ, 18. 4. 1984). – J. E. Allison, *An Analysis of the Nietzsche's »Wille zur Macht« als Portrayed in H. M.'s »Professor Unrat«* (in New German Studies, 7, 1979, S. 189–203). – E. Giobbio Crea, *Professor Unrat oder Ein wilhelminischer Held* (in Arbeitskreis H. M., Mitteilungsblatt, Sonderh., 1981, S. 71–76). – P. Fock, *Der Roman »Professor Unrat« u. H. M.s Kritik am Ästhetizismus* (in Literatur für Leser, 1982, H. 3, S. 164–176). – H. Künzel, *H. M.: »Professor Unrat«* (in *Deutsche Romane von*

Grimmelshausen bis Walser, Hg. J. Lehmann, Bd. 1, Königstein/Ts. 1982, S. 103–122). – R. Wolff, *Die Schule – so bitter wie Medizin. Zur Realismuskonzeption in H. M.s »Professor Unrat«* (in *H. M. – Werk u. Wirkung*, Hg. R. Wolff, Bonn 1984). – G. Koch, *Between Two Worlds: von Sternberg's »The Blue Angel« (1930)* (in *German Film and Literature*, Hg. E. Rentschler, NY/Ldn. 1986).

DER UNTERTAN

Roman von Heinrich MANN, in Buchform 1916 veröffentlicht. – Dieser 1906 begonnene und 1914 *»zwei Monate vor Ausbruch des Krieges«* beendete Roman schließt die Reihe der »wilhelminischen« Bücher Heinrich Manns ab. Als die schärfste (und prophetische) Analyse nationalistischer Politik und Machtverhältnisse unter der Regierung Kaiser Wilhelms II., die in der zeitgenössischen deutschen Literatur zu verzeichnen ist, wurde das Buch, von Kurt TUCHOLSKY als *»Herbarium des deutschen Mannes«* und als *»Anatomie-Atlas des Reichs«* bezeichnet, nach dem Ersten Weltkrieg zu einem sensationellen Erfolg. Es greift wie der erste »wilhelminische« Roman, *Im Schlaraffenland* (1900), auf die Nachgründerzeit zurück und schließt – in topographischen Anspielungen wie in der Mikroskopie von Autoritätsfiguren – unmittelbar an *Professor Unrat* (1904) an. Hier wie dort geht es um die Kritik der »Grundlagen« des Staates: *»eine einflußreiche Kirche, ein handfester Säbel, strikter Gehorsam und starre Sitten« (Professor Unrat)*, die – nach einem ursprünglichen Untertitelentwurf – in der *»Geschichte der öffentlichen Seele in Deutschland«* widergespiegelt werden sollten. Plan und Ausführung des Buchs begleitete die Entwicklung einer Utopie von Demokratie, die sowohl die Beseitigung der Feudalherrschaft wie der aristokratischen Esoterik intellektueller Opposition forderte. In dem Aufsatz *Reichstag* (1911) ist der wilhelminische Bürger beschrieben als *»dieser widerwärtig interessante Typus des imperialistischen Untertanen, des Chauvinisten ohne Mitverantwortung, des in der Masse verschwindenden Machtanbeters, des Autoritätsgläubigen wider besseres Wissen und politischen Selbstkasteiers«*. Heinrich Mann arbeitete zunächst einzelne Episoden aus, die er als abgeschlossene novellistische Szenen im ›Simplicissimus‹ (als erste *Gretchen*) veröffentlichte. Seit Januar 1914 erschien der Roman bis kurz nach Kriegsausbruch, als die Veröffentlichung abgebrochen werden mußte, in der Illustrierten ›Zeit im Bild‹ in Fortsetzungen (und in einer russischen Buchausgabe), 1916 in einem Privatdruck von zehn Exemplaren, bis er nach Wegfall der Zensur veröffentlicht werden konnte.

Die sechs Kapitel des Buchs, die wiederum in lokker gefügte Einzelszenen unterteilt sind, erzählen analog dem formalen Muster eines Bildungsromans und mit autobiographischen Anspielungen auf Heinrich Manns Geburtsstadt Lübeck, die Lebensgeschichte des Bürgers Diederich Heßling (urspr. Hänfling) von seiner früheren Kindheit bis zur Sicherung seiner Stellung in seiner Heimatstadt Netzig. In detailfreudigem, Drastik nicht scheuendem Realismus werden die Träume des Kindes beschrieben, die Taten des Schülers, die Erfahrungen des Studenten in Berlin: Demütigungen durch einen Stärkeren, Eingliederung in die Korporation Neuteutonia, Liebesaffäre mit Agnes Göppel, der Tochter eines Geschäftsfreundes, Prägung durch nationalkonservative Massenstimmung, das Dasein eines Drückebergers beim Militär. Nach Ende des Studiums – dem Abschluß des »Bildungs«-Gangs – wird die Hauptfigur fast ausschließlich in ihrem heimischen Aktionskreis vorgeführt: als Agitator am Stammtisch, als Herr über einen Betrieb und Beherrscher einer Familie, als Eiferer gegen das Proletariat, der selbst die Erschießung eines Demonstranten begrüßt, und als Zeuge im Prozeß gegen einen jüdischen Mitbürger wegen Majestätsbeleidigung; als geschickter Familienpolitiker und Winkeladvokat auf einem Ball, als Stadtverordneter und intriganter Kumpan des verhaßten Sozialdemokraten Napoleon Fischer, als erfolgreicher Liebediener des Regierungspräsidenten von Wulckow, als glücklicher Bräutigam des geldschweren Mädchens Guste Daimchen. Die Hochzeitsreise führt den Helden auf den Spuren seines Kaisers nach Rom; geheime Machenschaften schließlich sichern dem wohlhabenden Bürger die Aktienmehrheit an der Papierfabrik seines alternden Konkurrenten Klüsing, seine chauvinistische Haltung und Stadtratspolitik einen hohen Orden, der ihm bei der Einweihung eines Denkmals für Wilhelm I. überreicht wird.

An dieser Kette von Episoden und mit Hilfe eines aus Kaiserreden entlehnten Zitatfeldes wird die Doppelrolle Heßlings als Tyrann und Untertan entwickelt. Einerseits prägt ihn *»Zugehörigkeit zu einem unpersönlichen Ganzen, zu diesem unerbittlichen, menschenverachtenden, maschinellen Organismus«*, den die Hierarchie des imperialistischen Wilhelminismus in jeder ihrer Institutionen darstellt. Andererseits verschafft ihm gerade das Erleiden institutioneller Macht – in Schule. Universität, Korporation, Militär etc. – persönlichen Machtbesitz; in Heßlings Maxime *»wer treten wollte, mußte sich treten lassen«*, versteinert der Opportunismus dieses Lebenslaufs zum Erfolgsgesetz. In Momenten totaler Unterwerfung verschiebt sich der Machtwille Heßlings zum Umsturz-Rausch; doch jedesmal, wenn er *»alles niedergeworfen, zerstoben«* sehen will: *»die Herren des Staates, Heer, Beamtentum, alle Machtverbände und sie selbst, die Macht!«*, richtet er selbst *»das Gebäude der Ordnung«* wieder auf. Als er in seiner Festrede zur Einweihung des Ehrenmals *»die Seele deutschen Wesens«* mit der *»Verehrung der Macht, der überlieferten und von Gott geweihten Macht, gegen die man nichts machen kann«* gleichsetzt und damit sich selbst als den repräsentativen Typus der Zeit bündig formuliert, wird die Kritik Heinrich Manns ins Utopische projiziert: in einem Gewitter – einer satirischen Apokalypse – löst sich alle Ordnung auf. Die *»über alle Begriffe«* hinausgehende Vision einer Anarchie des Himmels, eines Strafgerichts gibt die Ahnung von der Selbstzerstörung des Wilhelminismus, ein *»Kehraus, wie der einer betrunkenen Maskerade, Kehraus von Edel und Unfrei, vornehmstem Rock und aus dem Schlummer erwachten Bürger, einzigen Säulen, gottgesandten Männern, idealen Gütern, Husaren, Ulanen, Dragonern und Train!«*

Gegenfigur des zwischen Pathos und Sentimentalität schwankenden Heßling ist sein Schulkamerad Wolfgang Buck; er exemplifiziert – als Medium und Objekt der Kritik zugleich – eine *»Tatsache der inneren Zeitgeschichte«*: die in Ästhetizismus abgeglittene intellektuelle Opposition, die den wilhelminischen Bürger an seinem teutonischen Kunstbegriff richtet (wie Mann in einer Szene den zeitgenössischen Wagner-Kult als schlechtes Theater entlarvt), die ihn zwar als *»Schauspieler«* und *»Komödianten«* erkennt, aber über dem Studium von *»Sensationen«* die Handlungsfähigkeit verliert.

Mit diesem zweiseitig kritischen Gegensatz von Macht und Geist verknüpft Heinrich Mann die historische Auseinandersetzung zwischen dem erstarkten wilhelminischen Imperialismus und dem verkümmernden Liberalismus. Wolfgang Bucks Vater, ein unzeitgemäßer 48er-Revolutionär, dessen Ansehen und Stellung in der Stadt von Heßling untergraben werden, stirbt im Angesicht des triumphierenden Untertans, den er als *»Fremden«*, ja als *»den Teufel«* erkennt.

Der Roman, häufig als *»Pamphlet«* mißverstanden und im Gefolge der Kritik Thomas Manns in seinen *Betrachtungen eines Unpolitischen* von völkischen Rezensenten abgewertet, gilt heute als das Hauptwerk deutscher Satire im 20. Jahrhundert. – Mann faßte diesen und zwei später veröffentlichte Romane zu der Sammlung *»Das Kaiserreich«* zusammen: Die 1917, noch vor der Buchausgabe des *Untertan* erschienene unmittelbare Fortsetzung *Die Armen* versteht sich als *»Roman des Proletariats«*, vermag aber wegen mangelhafter Detail-Kenntnisse ihres Verfassers und schematischer Handlung ebensowenig zu überzeugen wie das als *»Roman der* [geistigen] *Führer«* angelegte Buch *Der Kopf* wegen seiner Unübersichtlichkeit. W.F.S.

Ausgaben: Mchn. 1911/12 (in Simplicissimus, 27.11. 1911–9.9. 1912). – Bln./Mchn. 1913 (in März, 8; Ausz.). – Mchn. 1914 (in Zeit im Bild, 1.1.–13.8.). – Lpzg. 1916 [Privatdr.]. – Lpzg./Wien 1918. – Bln./DDR 1951 (in *AW in Einzelausg.*, Hg. A. Kantorowicz, 13 Bde., 1951–1962, 4). – Hbg. 1958 (in *GW in Einzelausg.*, 18 Bde., 1958 ff., 1; [4]1964). – Mchn. 1964 u.ö. (dtv). – Bln./Weimar 1965 (in *GW*, 25 Bde., 1965 ff., 7). – Düsseldorf 1976 (in *Werkausw.*, 10 Bde., 9). – Düsseldorf 1984.

Verfilmung: DDR 1951 (Regie: W. Staudte).

Literatur: H. Jhering, Rez. (in Berliner Börsen-Courier, 25.12. 1918). – W. Mahrholz, Rez. (in LE, 21, 1919, S. 518–521). – I. Wrobel [d.i. K. Tucholsky], Rez. (in Die Weltbühne, 15, 1919, S. 317–321). – *H. M.: »Der Untertan«*, Hg. P. Dehem, Paris 1955. – E. Kirsch u. H. Schmidt, *Zur Entstehung des Romans »Der Untertan«* (in WB, 6, 1960, S. 112–131). – F. C. Scheibe, *Rolle u. Wahrheit in H. M.s Roman »Der Untertan«* (in LJb, 7, 1966, S. 209–227). – K. Schröter, *H. M. »Untertan«, »Zeitalter«, »Wirkung«. Drei Aufsätze*, Stg. 1971. – H. Eggert, *Das persönliche Regiment. Zur Quellen- u. Entstehungsgeschichte von H. M.s »Untertan«* (in Neoph, 55, 1971, S. 298–316). – P. Süssenbach, *Formen der Satire in H. M.s Roman »Der Untertan«*, Diss. Köln 1972. – R. Nägele, *Theater u. kein gutes. Rollenpsychologie u. Theatersymbolik in H. M.s Roman »Der Untertan«* (in Colloquia Germanica, 1973, S. 28–49). – H. Siefken, *H. M.s »Der Untertan« u. Hermann Brochs »Die Schuldlosen«. Zur Satire u. Analyse des ›Spießers‹ als ›Untertan‹* (in ZfdPh, 93, 1974, S. 186–213). – G. Brude-Firnau, *»Gazetten sollen nicht geniert werden«. Zur Verarbeitung der Zeitungskarikatur in H. M.s »Der Untertan«* (in Neoph, 60, 1976, S. 560–569). – L. Thomas, *H. M.s »Kaiserreich« Trilogy with Special Reference to »Der Untertan«* (in Proceedings of the Leeds Philological and Literary Society; Literary and Historical Section, 16, 1977, Nr. 8, S. 159–181). – F. Stock, *Die Rezeption von Zolas »Rouqon-Macquart« in H. M.s »Der Untertan«. Second Empire u. Wilhelminisches Kaiserreich* (in Arcadia, 13, 1978, S. 40–54). – *H. M.: »Der Untertan«. Materialien*, Stg. 1979 (Ausw. u. Einl. J. Wolff; RUB). – W. Emmerich, *H. M.: »Der Untertan«*, Mchn. 1980. – H. Arntzen, *Die Reden Wilhelms II. u. Diederich Heßlings. Historisches Dokument und H. M.s Romansatire* (in Literatur für Leser, 1980, H. 1, S. 1–14; auch in H. A., *Zur Sprache kommen. Studien zur Literatur u. zum öffentlichen Sprachgebrauch*, Münster 1983, S. 119–133). – R. Schneider, Rez. (in FAZ, 25. 8. 1980). – C. Siefer, *H. M.: »Der Untertan«*, Düsseldorf 1980. – A. Banuls, *H. M.: »Der Untertan« (1914–1918)* (in *Deutsche Romane des 20. Jh.s. Neue Interpretationen*, Hg. P. M. Lützeler, Königstein/Ts. 1983, S. 78–94). – M. Silberman, *Semper fidelis: Staudte's »The Subject« (1951)* (in *German Film and Literature*, Hg. E. Rentschler, NY/Ldn. 1986, S. 146–160).

THOMAS MANN

* 6.6.1875 Lübeck
† 12.8.1955 Kilchberg bei Zürich

LITERATUR ZUM AUTOR:
Bibliographien:
H. Bürgin, *Das Werk Th.M.s*, Ffm. 1959. – H. Matter, *Die Lit. über Th.M. Eine Bibliographie 1898–1969*, 2 Bde., Bln./Weimar 1972. – *Die Th.-M.-Lit. Bibliogr. der Kritik*, Bearb. K. W. Jonas, Bd. 1: *1896–1955*, Bln. 1972; Bd. 2: *1956–1975*, Bln. 1979.
Zeitschriften:
Blätter d. Th.-M.-Ges. Zürich 1958 ff. – Hefte der Deutschen Th.-M.-Ges. Lübeck 1981 ff.
Forschungsberichte:
H. Lehnert, *Th.-M.-Forschung. Ein Bericht*, Stg. 1969. – H. Kurzke, *Th.-M.-Forschung 1969–1976. Ein kritischer Bericht*, Ffm. 1977. – K. Schröter, *Literatur zu Th.M. um 1975* (in MDU, 69, 1977, S. 66–75). – *Stationen der Th.-M.-Forschung. Aufsätze seit 1970*, Hg. H. Kurzke, Würzburg 1985.
Biographien:
K. Schröter, *Th.M. in Selbstzeugnissen und Bilddokumenten*, Reinbek 1964 (rev. Ausg. 1975; rm). – E. Hilscher, *Th.M. Sein Leben u. Werk*, Bln./DDR 1968 u.ö. [bearb. Neuausg.]; auch Bln. 1983 *(Th.M.: Leben u. Werk)*. – H. Bürgin u. H.-O. Mayer, *Th.M. Eine Chronik seines Lebens*, Ffm. 1974 (FiTb). – *Th.M., geb. in Lübeck*, Hg. J. Herchenröder u. U. Thoemmes, Lübeck 1975. – P. de Mendelssohn, *Der Zauberer. Das Leben des deutschen Schriftstellers Th.M.*, Bd. 1: *1875–1918*, Ffm. 1975 [weitere Bde. nicht erschienen]. – W. A. Berendsohn, *Th.M. u. die Seinen*, Bern 1973. – H. Mayer, *Th.M.*, Ffm. 1980. – I. Diersen, *Th.M. Episches Werk, Weltanschauung, Leben*, Bln./Weimar ³1985 (überarbeitet). – R. Winston, *Th.M. Das Werden eines Künstlers 1875–1911*, Mchn./Hbg. 1785. – R. Karst, *Th.M. oder der deutsche Zwiespalt*, Mchn. 1987. – J. Kolbe, *Heller Zauber: Th.M. in München, 1894–1933*, Bln. 1987.
Gesamtdarstellungen und Studien:
A. Bauer, *Th.M. u. die Krise der bürgerlichen Kultur*, Bln. 1946. – M. Rychner, *Th.M. und die Politik* (in NSRs, N. F., 15, 1947/48, S. 451–477; ern. in M. R., *Welt im Wort*, Zürich 1949, S. 349–394). – A. Kantorowicz, *Th.M. im Spiegel seiner politischen Aktivität* (in Ost und West, 3, 1949, H. 8, S. 46–68; ern. in A. K., *Deutsche Schicksale*, Bln. 1949, S. 37–94). – H. Mayer, *Th.M., Werk u. Entwicklung*, Bln. 1950. – R. Faesi, *Th.M. Ein Meister der Erzählkunst*, Zürich 1955. – F. Kaufmann, *Th.M.: The World as Will and Representation*, Boston 1957. – H. Hannemann, *Illusion u. Desillusion in den Novellen Th.M.s*, Diss. Hbg. 1957. – H. M. Wolff, *Th.M. Werk u. Bekenntnis*, Bern 1957. – G. Lukács, *Th.M.*, Bln./DDR 1957.– E. Heller, *Th.M. Der ironische Deutsche*, Ffm. 1959; ern. Ffm. 1970. – I. Diersen, *Untersuchungen zu Th.M. Die Bedeutung der Künstlerdarstellung für die Entwicklung des Realismus in seinem erzählerischen Werk*, Bln./DDR 1959. – K. Sontheimer, *Th.M. u. die Deutschen*, Mchn. 1961. – P. Altenberg, *Die Romane Th.M.s. Versuch einer Deutung*, Bad Homburg 1961. – *Vollendung u. Größe Th.M.s. Beiträge zu Werk u. Persönlichkeit des Dichters*, Hg. G. Wenzel, Halle 1962. – H. Stresau, *Th.M. u. sein Werk*, Ffm. 1963. – H. P. Pütz, *Kunst u. Künstlerexistenz bei Nietzsche und Th.M. Zum Problem des ästhetischen Perspektivismus in der Moderne*, Bonn 1963. – R. Baumgart, *Das Ironische u. die Ironie in den Werken Th.M.s*, Mchn. 1964; auch Ffm. u. a. 1974 (Ullst. Tb). – H. Lehnert, *Th.M. – Fiktion, Mythos, Religion*, Stg. 1965. – H. J. Maître, *Aspekte der Kulturkritik Th.M.s in seiner Essayistik*, Diss. McGill Univ. 1965. – J. Scharfschwerdt, *Th.M. u. der deutsche Bildungsroman*, Stg. 1967. – S. Szemere, *Kunst u. Humanität. Eine Studie über Th.M.s ästhetische Ansichten*, Bln./DDR u. Budapest ²1967. – K. Matthias, *Studien zum Werk Th.M.s*, Lübeck 1967. – *Th.-M.-Studien*, Hg. Th.-M.-Archiv der Eidgenössischen Technischen Hochschule in Zürich, Bern/Mchn. 1967 ff. – U. Dittmann, *Sprachbewußtsein u. Redeformen im Werk Th.M.s Untersuchungen zum Verhältnis des Schriftstellers zur Sprachkrise*, Stg. u. a. 1969. – K.-J. Rothenberg, *Das Problem des Realismus bei Th.M.*, Köln/Wien 1969. – H. Haug, *Erkenntnisekel. Zum frühen Werk Th.M.s*, Tübingen 1969. – C. A. M. Noble, *Krankheit, Verbrechen u. künstlerisches Schaffen bei Th.M.*, Bern 1970. – G. Reiss, *»Allegorisierung« u. moderne Erzählkunst. Eine Studie zum Werk Th.M.s*, Mchn. 1970. – Ch. Schmidt, *Bedeutung u. Funktion der Gestalten der europäisch östlichen Welt im dicherischen Werk Th.M.s. Untersuchungen zur deutschen Literutur u. zur Wirkungsgeschichte der russischen Lit. in Deutschland*, Diss. Mchn. 1971. – H. Grau, *Die Darstellung gesellschaftlicher Wirklichkeit im Frühwerk Th.M.s*, Diss. Freiburg i. B. 1971. – E. Nündel, *Die Kunsttheorie Th.M.s*, Bonn 1972. – M. Dierks, *Studien zu Mythos u. Psychologie bei Th.M. An seinem Nachlaß orientierte Untersuchungen zum »Tod in Venedig«, zum »Zauberberg« u. zur »Joseph-Tetralogie«*, Bern/Mchn. 1972. – E. Neumeister, *Th.M.s frühe Erzählungen. Der Jugendstil als Kunstform im frühen Werk*, Bonn 1972. – M. Zeller, *Väter und Söhne bei Th.M. Der Generationsschritt als geschichtlicher Prozeß*, Diss. Bonn 1974. – H. Koopmann, *Th.M. Konstanten seines literarischen Werks*, Göttingen 1975. – W. Mertz, *Th.M. Werk u. Wirkung*, Ffm. 1975. – U. Thomet, *Das Problem der Bildung im Werke Th.M.s*, Bern/Ffm. 1975. – *Th.M. Bild u. Text bei Th.M. Eine Dokumentation*, Hg. H. Wysling, Bern/Mchn. 1975. – E. Neumeister, *Th.M.s frühe Erzählungen. Der Jugendstil als Kunstform im frühen Werk*, Bonn ²1975 (erw. Aufl.). – *Th.M.*, Hg. H. Koopmann, Darmstadt 1975. – H. Wysling, *Th.M. heute. Sieben Vorträge*, Bern/Mchn. 1976. – *Th.M. 1875–1975. Vorträge in Mchn., Zürich, Lübeck*, Hg.

B. Bludau u. a., Ffm. 1977. – G. Sautermeister, *Widersprüchlicher Antifaschismus. Th. M.s politische Schriften (1914–1945)* (in *Antifaschistische Literatur*, Hg. L. Winckler, Bd. 1, Kronberg/Ts. 1977, S. 142–222). – H. Jendreiek, *Th. M. – Der demokratische Roman*, Düsseldorf 1977. – S. Heiner, *Politische Aspekte im Werk Th. M.s 1895–1918*, Diss. Bln. 1977. – *Werk u. Wirkung Th. M.s in unserer Epoche. Ein internationaler Dialog*, Hg. H. Brandt u. H. Kaufmann, Bln./Weimar 1978. – H. Anton, *Die Romankunst Th. M.s. Begriffe und hermeneutische Strukturen*, Paderborn [2]1979 (erw.). – A. Mádl, *Th. M.s Humanismus. Werden u. Wandel einer Welt- u. Menschenauffassung*, 1980. – H. Koopmann, *Die Entwicklung des ›intellektuellen Romans‹ bei Th. M. Untersuchungen zur Struktur von »Buddenbrooks«, »Königliche Hoheit« u. »Der Zauberberg«*, Bonn [3]1980 [erw.]. – H. Kurzke, *Auf der Suche nach der verlorenen Irrationalität. Th. M. u. der Konservativismus*, Würzburg 1980. – A. Schlee, *Wandlungen musikalischer Strukturen im Werke Th. M.s. Vom Leitmotiv zur Zwölftonreihe*, Ffm./Bern 1981. – H. Siefken, *Th. M.: Goethe – »Ideal der Deutschheit«. Wiederholte Spiegelungen 1893–1949*, Mchn. 1981. – *Th. M.*, Hg. H. L. Arnold, Mchn. [2]1982 [Text + Kritik]. – P. de Mendelssohn, *Nachbemerkungen zu Th. M.*, Ffm. 1982 (FiTb). – J. Marcus-Tar, *Th. M. u. Georg Lukács. Beziehung, Einfluß u. »Repräsentative Gegensätzlichkeit«*, Köln/Wien 1982. – C. Sommerhage, *Eros u. Poesis. Über das Erotische im Werk Th. M.s*, Bonn 1983. – H. Balonier, *Schriftsteller in der konservativen Tradition: Th. M. 1914–1924*, Ffm. u. a. 1983. – A. T. Lubich, *Die Dialektik von Logos u. Eros im Werk von Th. M.*, Diss. Univ. of California, Santa Barbara 1983 (vgl. Diss. Abstracts, 44, 1983/84, S. 3393/94A). – V. Hansen, *Th. M.*, Stg. 1984 [Slg. Metzler]. – B. Wedekind-Schwertner, *»Daß ich eins und doppelt bin«. Studien zur Idee der Androgynie unter bes. Berücksichtigung Th. M.s*, Ffm. u. a. 1984. – M. Curtius, *Erotische Phantasien bei Th. M.*, Königstein/Ts. 1984. – G. Byron Bridges, *Homoeroticism and the Father-Son Relation in the Principal Works of Melville and Th. M.*, Diss. Univ. of Illinois at Urbana Champaign 1983 (vgl. Diss. Abstracts, 44, 1983/84, S. 2139A). – H. R. Vaget, *Th. M.-Komm. zu sämtlichen Erzählungen*, Mchn. 1984. – H. Kurzke, *Th. M. Epoche – Werk – Wirkung*, Mchn. 1985. – D. W. Adolphs, *Literarischer Erfahrungshorizont. Aufbau u. Entwicklung der Erzählperspektive im Werk Th. M.s*, Heidelberg 1985. – R. G. Renner, *Lebens-Werk. Zum inneren Zusammenhang der Texte von Th. M.*, Mchn. 1985. – *Th. M.*, Hg. u. Einf. H. Bloom, NY u. a. 1986 [Aufsatz-Slg.]. – H. Fähnrich, *Th. M.s episches Musizieren im Sinne Richard Wagners. Parodie u. Konkurrenz*, Hg. u. Erg. M. Hülle-Keeding, Ffm. 1986. – St. Nagel, *Aussonderung u. Erwählung. Die »verzauberten« Helden Th. M.s u. ihre Erlösung*, Ffm. u. a. 1987 [zugl. Diss. Düsseldorf]. – G. Härle, *Männerweiblichkeit. Zur Homosexualität bei Klaus u. Th. M.*, Ffm. 1988. – *Th.-M.-Handbuch*, Hg. H. Koopmann, Stg. 1990.

BEKENNTNISSE DES HOCHSTAPLERS FELIX KRULL. Der Memoiren erster Teil

Roman von Thomas Mann, erschienen 1954. – Anregungen zum Werk erhielt der Autor offensichtlich schon durch die 1905 in deutscher Übersetzung erschienenen Memoiren des rumänischen Hochstaplers G. Manolescu. Eine erste Phase der Niederschrift datiert von 1910–1913; ein erstes Bruchstück erschien 1911 im Almanach des S. Fischer Verlages, die bis zum Selbstmord des Vaters der Hauptgestalt reichende Fassung – abgeschlossen Ende 1911 – wurde 1922 unter dem Titel *Buch der Kindheit* veröffentlicht. Die Arbeit am *Tod in Venedig* verursachte 1911/12 bereits eine Unterbrechung, bis 1913 konnte Thomas Mann jedoch den Bogen bis zur Rosza-Episode des sechsten Kapitels spannen. Der schon 1943 erwogene Plan, das Fragment fortzuführen, wurde zunächst zugunsten des *Doktor Faustus* aufgegeben. Erst 1951 wandte sich Thomas Mann wieder den *Bekenntnissen* zu. Der Stoff hatte für ihn jedoch an Faszination verloren, die in der Bindungslosigkeit und dem Narzißmus des Hochstaplers versteckte Künstlerthematik erfährt in den späteren Teilen eine philosophisch-mythologische Einbindung, wie sie etwa in der Figur des Professor Kuckuck erscheint.

Dennoch hat Thomas Mann hier seine Thematik in einer Welt der Heiterkeit und des schönen Scheins aufgelöst. Die *Bekenntnisse* parodieren die Memoirenliteratur, vor allem Goethes *Dichtung und Wahrheit*, und stehen dem Schelmenroman (Grimmelshausen) nahe. Felix Krull schreibt die fiktive Autobiographie am Ende seiner »Weltfahrt« gewissenhaft und mit selbstgefälliger Aufrichtigkeit, amoralisch und ohne eine Spur von Reue: auch der Titel ist parodistisch. – Felix, der Glückliche, Sohn eines bankrotten Sektfabrikanten, läßt sich schon im Kinderwagen als Kaiser verehren, produziert sich einem gläubigen Kurpublikum als Wunderkind, wenn er neben dem Kapellmeister mit *»Fiedel und Vaselinbogen«* auftritt, umgeht den Wehrdienst durch einen sorgsam einstudierten epileptischen Anfall und findet sich schließlich in Paris im Hotelgewerbe. Das entscheidende Ereignis in Krulls Leben ist hier sein Existenztausch mit dem Marquis de Venosta, mit dessen Papieren und Vermögen versehen er eine Welt- und Bildungsreise unternimmt. Er macht die Bekanntschaft des Paläontologen Professor Kuckuck und lernt in Lissabon auch dessen Familie kennen. Als Marquis de Venosta findet er Zutritt zur Gesellschaft, wird zur Audienz beim König vorgelassen und erobert schließlich Frau und Tochter des Professors. Hier bricht der Roman ab, von der Fortsetzung weiß man, daß sie den Helden ins Zuchthaus führen sollte, aus dem er jedoch offensichtlich wenig geläutert wieder entlassen worden wäre. – Eine »Fortführung« des *Felix Krull* unternahm H. P. Dorn mit seinem Roman *War ich wirklich ein Hochstapler?* (1958), der dort einsetzt, wo Thomas Mann aufgehört hatte, und in demselben Pariser Hotel endet, in dem die Karriere Krulls begonnen hatte.

Mit den Helden der Schelmenromane teilt Krull die besondere Fähigkeit, Situationen zu meistern, die noch vor seiner Erfahrung liegen. Er versteht es, aus dem wenigen, das er weiß, und dem vielen, das ihm anfliegt, zur rechten Zeit alles zu machen. Während sich im klassischen Bildungsroman der Held im Widerspiel mit der Gesellschaft zur Persönlichkeit ausbildet und entwickelt, ist Krull von allem Anfang an in seiner Persönlichkeit festgelegt. Sein Bild ergibt sich aus den Situationen, die er besteht, und aus den Verkleidungen, in die er je nach Gelegenheit schlüpft, d.h. seine Verwandlungen sind nur äußerer Natur. Sein Theatererlebnis – fester Bestandteil des deutschen Entwicklungsromans – ist der Besuch in der Garderobe eines mittelmäßigen Künstlers. Was er dort lernt, ist nur, was er schon wußte: daß nämlich die Welt betrogen werden *will*. Krull ist ein Spiel der Natur, Natur in ihrer sich selbst ironisierenden Gestalt. Die Dialektik von Sein und Schein trifft auf ihn nicht zu: sein ureigenstes Wesen *ist* der Schein.

Auch im *Krull* wird Manns Lebensthematik, die Spannung zwischen Künstlertum und Bürgertum, wiederaufgenommen, wird jedoch parodistisch gesteigert: Krulls Wesen, *»phantastisch und pfuscherisch«* zugleich, fügt sich glatt in die Gesellschaft ein, und *»seine Meisterschaft im Konventionellen führt die Konvention ad absurdum«* (P. Altenberg). Der Hochstapler ist dem Künstler verwandt, der seinerseits zur Hochstapelei neigt. Der Umschlag ins Negative einer kriminellen Karriere erfährt aber seine Aufhebung durch die ironisch-mythologischen Bezüge der Erzählung, vor allem durch die Assoziation Krulls mit der antiken Hermesgestalt (Hermes als Gott der Diebe). Der Ironie der Handlung entspricht die ironische Sprache, die elegant und doppeldeutig, durch Begriffsverkehrung (etwa die positive Definition von Betrug) wie durch die Gegensetzung von Pathos und Understatement die Selbstgefälligkeit und den Narzißmus des Helden enthüllt, zugleich aber auch den – teils selbstironisch gemeinten – Abgesang auf eine vergangene Zeit beinhaltet: *»Der parodistisch heitere, mit sozialkritischen Akzenten versehene Abschied von einer überholten und überlebten Welt ist abgeschlossen. Thomas Mann läßt das Thema verebben«* (I. Diersen).

H.E.-KLL

AUSGABEN: Bln. 1911 (*Bruchstück aus einem Roman*, in *Das 25. Jahr, 1886–1911. Almanach d. S. Fischer Verlages*, S. 273–283). – Hannover 1919 (*Schulkrankheit. Bruchstück aus dem unvollendeten Roman »Bekenntnisse des Hochstaplers Felix Krull«*, in *Das Kestner-Buch*, Hg. P. E. Küppers, S. 7–17). – Wien/Lpzg./Mchn. 1922 (*Buch d. Kindheit*; limitierte Aufl., Orig. Lithogr. O. Laske; Nachdr. Stg. 1988). – Amsterdam 1937 [um ein 2. Buch (fragm.) erw.]. – Ffm. 1954 (in *Stockholmer GA der Werke*). – Ffm. 1960 (in *GW in 12 Bänden*, 7). – Ffm. 1974 (in *GW in 13 Bänden*, 7). – Ffm. u. a. 1975 (Zeichn. u. Nachw. G. Böhmer). – Ffm. 1985, Hg. P. de Mendelssohn, Nachw. H. Wysling (*Frankfurter Ausg.*). – Ffm. 1988 (FiTb).

VERFILMUNGEN: BRD 1957 (Regie: K. Hoffmann). – BRD 1982 (Regie: B. Sinkel; Zusammenschnitt einer fünfteiligen TV-Serie).

LITERATUR: E. Kahler, *Die Erwählten* (in NRs, 66, 1955, 3, S. 305–334). – G. Lukács, *Das Spielerische u. seine Hintergründe. Fragmentarische Bemerkungen zum II. Teil der »Bekenntnisse ...«* (in Aufbau, 11, 1955, S. 501–524). – A. Riley, *Die Erzählkunst im Alterswerk Th. M.s mit besonderer Berücksichtigung der »Bekenntnisse ...«*, Diss. Tübingen 1958. – H. Mayer, *Felix Krull und Oskar Matzerath. Aspekte des Romans* (in H. M., *Das Geschehen und das Schweigen. Aspekte der Literatur*, Ffm. 1969, S. 35–67). – R. Diederichs, *Strukturen des Schelmischen im modernen deutschen Roman. Eine Untersuchung an den Romanen von Th. M. »Bekenntnisse ...« und G. Grass »Blechtrommel«*, Düsseldorf/Köln 1971. – H. Wysling, *Narzißmus und illusionäre Existenzform. Zu den »Bekenntnissen ...«*, Bern/Mchn. 1982. – L. J. Heiss, *The Osiris-Hermes Symbolism in Th. M.'s »Die Bekenntnisse ...«*, Diss. Univ. of Washington 1983. – G. Stein, *Th. M.: »Bekenntnisse ...« Künstler u. Komödiant*, Paderborn u. a. 1984. – Th. Sprecher, *Felix Krull und Goethe. Th. M.s »Bekenntnisse« als Parodie auf »Dichtung und Wahrheit«*, Bern u. a. 1985.

BUDDENBROOKS. Verfall einer Familie

Roman von Thomas MANN, entstanden 1897 (*»Rom Ende Oktober 1897«*) bis 1900, erschienen 1901. – Im Mai 1897 bot der Verleger S. FISCHER unter dem Eindruck des Novellenbandes *Der kleine Herr Friedemann* dem Autor an, *»ein größeres Prosawerk«* zu veröffentlichen, *»vielleicht einen Roman, wenn er nicht zu lang ist«*. Das Werk, umfangreicher als erwartet, bedeutete für Mann die endgültige literarische Anerkennung und wurde sein *»meistgelesenes und meistgeliebtes Buch«* (P. de Mendelssohn). 1929 wurde Thomas Mann dafür mit dem Nobelpreis ausgezeichnet; das Werk galt, wie der Autor selbst konstatierte, als repräsentative *»Seelengeschichte des deutschen Bürgertums, von der nicht nur dieses selbst, sondern auch das europäische Bürgertum überhaupt sich angesprochen fühlen konnte«*.

Das im Untertitel genannte Thema des Romans wird an vier Generationen einer Lübecker Kaufmannsfamilie dargestellt. Die Handlung erstreckt sich jedoch nur über rund vierzig Jahre (1835–1877). Der zu Beginn des Werks ungefähr siebzigjährige Urgroßvater Johann Buddenbrook repräsentiert das noch unerschütterte Lebensgefühl eines Bürgertums, das, selbstsicher und tatkräftig, seinen Besitz klugem Unternehmungsgeist verdankt und dessen *»Wille zum Leben«* ungebrochen ist. Für seinen Sohn, Konsul Johann Buddenbrook, gelten die überkommenen Prinzipien bürgerlicher Lebensführung unverändert, doch ist für ihn bereits nicht mehr unbekümmerte Lebensbejahung, sondern ein pietistisch-strenges Ethos charakteristisch. Im Gegensatz zu seinem humanistisch gebildeten Vater tritt er für *»praktische Ideale«* ein, ist aber als Kaufmann nicht besonders erfolgreich und erleidet durch einen betrügerischen Schwiegersohn einen erheblichen geschäftlichen Verlust. Mancherlei Anzeichen verraten überdies eine innere Problematik, in der sich die spätere Auflösung der Familie ankündigt. In den Charakteren und Schicksalen seiner vier Kinder treten verschiedene Formen des unaufhaltsamen Verfalls zutage, am sinnfälligsten in der eindrucksvollen Gestalt seines ältesten Sohnes Thomas, den der Autor in den *Betrachtungen eines Unpolitischen* einen *»späten und komplizierten Bürger«* nennt, *»dessen Nerven in seiner Sphäre nicht mehr heimisch sind – welcher, modern und fragwürdig geworden, unherkömmlichen Geschmacks und von entwickelt europäisierenden Bedürfnissen, die gesunder, enger und echter gebliebene Umgebung zu befremden und – zu belächeln begonnen hat«*. Sein Bruder Christian, schon als Kind neurotisch, führt in Bohemekreisen das Leben eines exzentrischen Clowns und verschuldeten Lebemanns. Seine Schwester Tony, naiv und töricht, anmutig und liebenswert, ist auch nach zwei gescheiterten Ehen von kindhafter Unreife. Die viel jüngere Clara stirbt kurz nach ihrer Heirat an Gehirntuberkulose.

Allein Thomas ist – wenn auch nur mit äußerster Anspannung und Selbstbeherrschung – noch in der Lage, das Erbe zu übernehmen. Er wird Senator, und äußerlich erreicht das Ansehen der Familie erst jetzt seinen Höhepunkt. Seine Frau, eine reiche, musikalisch hochbegabte Holländerin von *»nervöser Kälte«*, bringt ein exotisches Element und künstlerische Begabung in die Familie. Der Sohn aus dieser Ehe, Hanno, repräsentiert das letzte Stadium eines Prozesses, in dessen Verlauf die Buddenbrooks den Gewinn an Sensibilität und Bewußtsein mit dem Verlust ihrer Vitalität und zuletzt auch ihrer gesellschaftlichen Stellung bezahlen. Die naive Unbekümmertheit der vorangegangenen Generation – *»die Situation ohne Schamgefühl auszunutzen, sagte er sich, das ist Lebenstüchtigkeit«* – wurde abgelöst durch ein bestimmtes Rollenverhalten, durch eine Charaktermaske: *»Thomas Buddenbrooks Dasein«*, so heißt es im Roman, *»war kein anderes mehr als das eines Schauspielers, eines solchen aber, dessen ganzes Leben bis auf die geringste und alltäglichste Kleinigkeit zu einer einzigen Produktion geworden ist, einer Produktion, die mit Ausnahme einiger weniger und kurzer Stunden des Alleinseins und der Abspannung beständig alle Kräfte in Anspruch nimmt und verzehrt«*. Er stirbt, nach einer Zahnoperation, einen banalen Tod, sein Sohn Hanno – Inbegriff lebensfremder Zartheit und sensiblen Künstlertums, in dessen musikalischen Neigungen der Prozeß der Entbürgerlichung sich vollendet – erliegt dem Typhus.

Der Untergang der Buddenbrooks steht für das Schicksal eines patrizischen Bürgertums, an dessen Stelle – im Roman durch den Aufstieg der Familie Hagenström angedeutet – der kapitalistische Bourgeois tritt. Der Untertitel *Verfall einer Familie* darf indessen nicht in einem kulturpessimistischen Sinne verstanden werden. Verfall ist für Thomas Mann, wobei seine Geschichtsvorstellung nicht ohne Biologismen auskommt, auch die Voraussetzung für neue Lebensformen, Verfall ist Differenzierung und Steigerung der geistigen und ästhetischen Empfindungsfähigkeit, und *»ohne den décadent, den kleinen Hanno, wären Menschheit und Gesellschaft seit diluvialen Zeiten keinen Schritt vorwärtsgekommen. Es ist die Lebensuntauglichkeit, welche das Leben steigert, denn sie ist dem Geist verbunden.«*

Thomas Mann hatte zunächst, *»nach dem Muster skandinavischer Kaufmanns- und Familienerzählungen, an eine erweiterte Novelle«* gedacht, *»die ungefähr das letzte Viertel des Romans, den Verfall Thomas Buddenbrooks und Hannos Tod, zum Inhalt hat«*. Wie bei den späteren Romanen auch, wuchs ihm jedoch das Werk unter den Händen: *»Da aber ein epischer Instinkt mich trieb, ab ovo zu beginnen und die gesamte Vorgeschichte mit aufzunehmen, so entstand … ein als Familien-Saga verkleideter Gesellschaftsroman, der als solcher dem westeuropäischen Typ des Romans näherstand als dem deutschen, ein vom Verfallsgedanken überschattetes Kulturgemälde«*. Dementsprechend wurde der Roman stets bezogen auf die Sozialgeschichte des Bürgertums, auf dessen Verhaltenskodex und Wertvorstellungen. Am Beispiel der Lübecker Familie schildert Thomas Mann ein allgemeines Phänomen; im ersten Teil des Romans geschieht dies mit den Mitteln realistischer Erzählweise. Die Ereignisse ordnen sich der Chronologie unter, Vergangenes erscheint durch Familienpapiere oder erinnernde Dialoge vergegenwärtigt, die Personen werden mit kunstvoller Indirektheit durch ihre Redeweise charakterisiert. Im zweiten Romanteil jedoch, der mit Hannos Geburt beginnt, bleibt es nicht bei der Erzähltechnik einer Familienchronik. Der fortschreitenden Differenzierung der Hauptfiguren entspricht eine *»Komplizierung der Griffe«*, und die psychologisch vieldeutigen Vorgänge des *»Verfalls«* werden nicht in traditionell realistischer Weise abgebildet und widergespiegelt. Die Forschung problematisierte daher teilweise die Kennzeichnung des Werks als realistischen Roman und hob das fiktionale Gefüge von Strukturen und Motiven hervor, mit deren Hilfe der Autor die historische Wirklichkeit zu einer eigenen Wirklichkeit ordnet: *»Die Geschichte dient der Struktur, sie bestimmt sie nicht«* (H. Lehnert). In das Werk eingefügt sind reflexive Partien, etwa die *»Gedankenprotokolle«* Thomas Buddenbrooks bei seiner Schopenhauer-Lektüre, und wissenschaftliche Ausführungen, so etwa über den Typhus. Kontrastierung und Variation der Motive, Ergänzung der direkten Rede durch indirekte und erlebte Rede, gegen- oder parallelläufige Anordnung mehrerer Handlungen differenzieren das epische Gewebe.

Bis heute finden die *Buddenbrooks* ihr Lesepublikum, die Auflage hat mittlerweile mehr als vier Millionen Exemplare erreicht. In dem Vortrag *Meine Zeit* (1950), in dem Thomas Mann als Fünfundsiebzigjähriger auf sein Leben und Werk zurückblickt, nennt er einen der Gründe für diese außerordentliche Wirkung: *»Ich hatte persönlich-familiäre Erfahrungen zum Roman stilisiert, mit der Empfindung zwar, daß etwas ›Literarisches‹, das heißt Geistiges, das heißt Allgemeingültiges daran sei, aber doch ohne eigentliches Bewußtsein davon, daß ich, indem ich die Auflösung eines Bürgerhauses erzählte, von mehr Auflösung und Endzeit, einer weit größeren kulturell-sozialgeschichtlichen Zäsur gekündet hatte.«*

E.Ho.-KLL

AUSGABEN: Bln. 1901, 2 Bde. – Stockholm 1945 (in *Stockholmer GA der Werke*, 2 Bde.). – Bln./DDR 1955 (*GW in 12 Bänden*, 1). – Ffm. 1960 (in *GW in 12 Bänden*, 1). – Ffm. 1974 (in *GW in 13 Bänden*, 1). – Ffm. 1981, Hg. u. Nachw. P. de Mendelssohn (*Frankfurter Ausg.*). – Ffm. 281987 (FiTb).

VERFILMUNGEN: Deutschland 1923 (Regie: G. Lamprecht). – BRD 1959 (Regie: A. Weidenmann; zwei Teile). – BRD 1979 (Regie: F. P. Wirth; TV-Serie).

LITERATUR: W. Schleifenbaum, *Th. M.s »Buddenbrooks«*, Diss. Bonn 1956. – P. Scherrer, *Bruchstükke der »Buddenbrooks-UrHs. u. Zeugnisse zu ihrer Entstehung 1897–1901* (in NRs, 69, 1958, S. 258–291). – A. Nivelle, *La structure des »Buddenbrooks«* (in Revue des Langues Vivantes, 24, 1958, S. 323–339). – P. Scherrer, *Aus Th. M.s Vorarbeiten zu den »Buddenbrooks«*, Zürich 1959. – E. Lämmert, *Th. M.s »Buddenbrooks«* (in *Der Deutsche Roman*, Hg. B. v. Wiese, Düsseldorf 1964, S. 190–233). – K.-J. Rothenberg, *Das Problem des Realismus bei Th. M. Zur Behandlung von Wirklichkeit in den »Buddenbrooks«*, Köln/Wien 1969. – P. Pütz, *Die Stufen des Bewußtseins bei Schopenhauer u. den Buddenbrooks* (in *Teilnahme u. Spiegelung. Fs. H. Rüdiger*, Hg. B. Allemann u. E. Koppen, Bln./NY 1975, S. 443–452). – U. Ebel, *Welthaftigkeit als Welthaltigkeit. Zum Verhältnis von mimetischem u. poetischem Anspruch in Th. M.s »Buddenbrooks«* (in *Gedenkschrift für Th. M. (1875–1955)*, Hg. R. Wiecker, Kopenhagen 1975, S. 9–51). – M. Zeller, *Bürger oder Bourgeois? Eine literatursoziologische Studie zu Th. M.s »Buddenbrooks« und H. Manns »Im Schlaraffenland«*, Stg. 1976. – M. Ludwig, *Perspektive und Weltbild in Th. M.s »Buddenbrooks«* (in *Der deutsche Roman im 20. Jh.*, Hg. M. Brauneck, Bamberg 1976, S. 82–106). – F. Müller, *Th. M. »Buddenbrooks«. Interpretation*, Mchn. 1979. – S. Vietta, *Die »Buddenbrooks« im Fernsehen. Eine Mannheimer Studie zur Rezeption der Verfilmung des Romans von Th. M.* (in *Literaturwissenschaftliche und empirische Methoden*, Hg. H. Kreuzer u. R. Viehoff, Göttingen 1981, S. 244–263). – H. Lehnert, *Th. M.: »Buddenbrooks«* (in *Deutsche Romane des 20. Jh.s*, Hg. P. M. Lützeler, Königstein/Ts. 1983, S. 31–49). – J. Vogt, *Th. M.: »Buddenbrooks«*, Mchn. 1983. – R. Carstensen, *Kommentar zu Th. M.s »Buddenbrooks«*, Lübeck 1986. – M. Vogtmeier, *Die Familien M. und Buddenbrook im Lichte der Mehrgenerationen-Familientherapie. Untersuchungen zu Th. M.s »Buddenbrooks. Verfall einer Familie«*, Ffm. u. a. 1987. – *Buddenbrooks-Handbuch*, Hg. K. Moulden u. G. v. Wilpert, Stg. 1988. – *Th. M. Selbstkommentare: »Buddenbrooks«*, Hg. H. Wysling, Ffm. 1989 (FiTb). – S. Lenz, Rez. (in *Romane von gestern – heute gelesen*, Hg. M. Reich-Ranicki, Bd. 1, Ffm. 1989, S. 9–16).

DOKTOR FAUSTUS. Das Leben des deutschen Tonsetzers Adrian Leverkühn, erzählt von einem Freunde

Roman von Thomas MANN, entstanden 1943 bis 1947, erschienen 1947. – Ein *»Lebens- und Geheimwerk«* nannte Thomas Mann seinen letzten großen Roman, nach *Buddenbrooks*, nach *Der Zauberberg* und *Joseph und seine Brüder*. Standen diese Werke jeweils repräsentativ für das wilhelminische Deutschland, für die Weimarer Republik und für die Exilzeit, so wird *Doktor Faustus* zum beherrschenden Opus des letzten Lebensabschnittes des Autors, zum *»Roman einer Endzeit«* (H. Mayer): Künstlerroman, Zeitroman und Faustroman in einem.

Die Anfänge der Konzeption lassen sich weit zurückverfolgen, schon 1905 hält Thomas Mann in seinen Notizbüchern fest: *»›Novelle oder zu ›Maja‹‹ Figur des syphilitischen Künstlers: als Dr. Faust und dem Teufel Verschriebener. Das Gift wirkt als Rausch, Stimulans, Inspiration; er darf in entzückter Begeisterung geniale, wunderbare Werke schaffen, der Teufel führt ihm die Hand. Schließlich aber ›holt ihn der Teufel‹: Paralyse«*. Die hier angedeutete Grundidee, noch der Künstlerthematik der Frühzeit verpflichtet, gewinnt im Spätwerk eine charakteristische Ausformung. Gegen die Philosophie NIETZSCHES – dessen Werk und Leben mit der fiktiven Biographie des Komponisten Leverkühn vielfältig verwoben wird – beharrt Thomas Mann nun auf einer ethisch-moralischen Fundierung des Lebens, allem ästhetisch motivierten Relativierungsdrang zum Trotz (*»wir sind nicht mehr Ästheten genug«*, heißt es 1947 im Essay *Nietzsches Philosophie im Lichte unserer Erfahrung*, *»uns vor dem Bekenntnis zum Guten zu fürchten, uns so trivialer Begriffe zu schämen wie Wahrheit, Freiheit, Gerechtigkeit«*). Gegen das frühere Bild des ausschweifenden, autonom-irrationalen Künstlers wird dieser nun, um den Preis der Strafe, auf die Verantwortung gegenüber der Gesellschaft verpflichtet. Die Analogisierung künstlerischer Irrationalität und gesellschaftlicher Pervertierung im Zeichen des Faschismus war mit dem philosophischen Grundgerüst des *»Dreigestirns«* SCHOPENHAUER, WAGNER und NIETZSCHE allein nicht zu bewältigen. Den Umschlag in die Negativität gewährleistete der ursprünglichen Konzeption nach die Figur des Teufels, wie sie im Fauststoff vorgebildet war, den Thomas Mann über Goethe bis zum Volksbuch *Historia von D. Johann Fausten* (1587) zurückverfolgte; in seinem

Vortrag *Deutschland und die Deutschen* (1945) heißt es: *»Ein einsamer Denker und Forscher, ein Theologe und Philosoph in seiner Klause, der aus Verlangen nach Weltgenuß und Weltherrschaft seine Seele dem Teufel verschreibt, – ist es nicht ganz der rechte Augenblick, Deutschland in diesem Bilde zu sehen, heute, wo Deutschland buchstäblich der Teufel holt?«*

Zu einem *»Konzeptionsbruch«* (K. Sauerland) kommt es durch die Mitwirkung Theodor W. ADORNOS (*Philosophie der neuen Musik*, 1949), der nicht nur Thomas Mann mit der Zwölftonlehre A. SCHÖNBERGS vertraut macht, sondern auch, im Rekurs auf HEGEL, MARX und FREUD, seine Theorie der *»Dialektik der Aufklärung«* in den Roman einfließen läßt. Danach bezieht die blinde, technisch-rational fundierte Verfügungsgewalt über die Natur schließlich den Menschen ein und führt zum Rückfall in die Barbarei. Gegen den falschen Schein der stimmigen Welt und eines richtigen Lebens kann der Künstler nur das hermetische Werk stellen, das somit – als avantgardistische Kunst – als adäquater einzig möglicher Ausdruck der Zeit erscheint – ein Grundgedanke, der Thomas Manns Vorhaben, den faustischen Künstler, der in den irrationalen Schaffensrausch sich flüchtet, zum Sinnbild des faschistischen Deutschlands zu erheben, beträchtlich modifiziert.

Zum Zeitroman wird das Werk durch seinen Erzähler: Dr. phil. Serenus Zeitblom, *»eine gesunde, human temperierte, auf das Harmonische und Vernünftige gerichtete Natur«* und somit Inbegriff deutscher intellektueller Innerlichkeit, schildert in den letzten Kriegsjahren, zwischen 1943 und 1945, die Lebensgeschichte des hochmütigen Komponisten Adrian Leverkühn, *»eines stolzen und von Sterilität bedrohten Geistes«*, der vor den Schwierigkeiten einer ihm ausweglos erscheinenden Kulturkrise in einen Pakt mit dem Teufel flieht, der mit der Bedingung *»Du darfst nicht lieben«* verknüpft ist. Kurz vor seinem Ende blickt Adrian nochmals auf seinen Weg zurück: *»Ja und ja, liebe Gesellen, daß die Kunst stockt und zu schwer worden ist und sich selbsten verhöhnt, daß alles zu schwer worden ist und Gottes armer Mensch nicht mehr aus noch ein weiß in seiner Not, das ist wohl Schuld der Zeit. Lädt aber einer den Teufel zu Gast, um darüber hinweg und zum Durchbruch zu kommen, der zeiht seine Seele und nimmt die Schuld der Zeit auf den eigenen Hals, daß er verdammt ist.«*

Adrian, im Jahre 1885 geboren, wächst auf einem Bauernhof in der Nähe von Weißenfels auf. Er ist das Kind ländlich-einfacher Eltern, allerdings treibt sein Vater, ein Mann mit einer *»Physiognomie, wie geprägt von vergangenen Zeiten«*, in seinen Mußestunden die absonderlichsten biologischen und chemisch-physikalischen Studien, er *»spekuliert die elementa«*. Adrian ist von auffallender Intelligenz, er besucht das Gymnasium und zieht zu seinem Onkel nach Kaisersaschern, wo Stadtbild und Atmosphäre *»etwas stark Mittelalterliches«* bewahrt hatten. In dieser Stadt mit ihrer *»altertümlich-neurotischen Unterteuftheit und seelischer Geheim-Disposition«* absolviert er die Schule mit glänzenden, von ihm freilich gering geschätzten Erfolgen. In dieser Zeit entwickelt sich sein – ganz im Gegensatz zu seiner sonst kühlen Art – leidenschaftliches Interesse für die Musik. Vermittelt wird dies vor allem durch den Musiklehrer Wendell Kretzschmar, dessen stotternd vorgetragene Rede über Beethovens Sonate *Opus 111* nicht nur über weite Strecken Theodor Wiesengrund-Adorno verpflichtet ist, sondern auch eine direkte Reverenz vor dem Philosophen in der Erklärung eines aus drei Tönen bestehenden Motivs durch das Wort *»Wie-sen-grund«* enthält.

Was Adrian vor allem anzieht, ist das mathematisch Strenge und doch Geheimnisvoll-Vieldeutige der Musik. Sie ist für ihn die *»Zweideutigkeit als System«*, ihr sinnliches Element, die *»Kuhwärme«*, wird durch Ordnungsbeziehungen, Berechnung und Abstraktion aufgehoben. Dennoch beginnt Leverkühn zunächst, Theologie zu studieren, tut dies jedoch durchaus nicht aus schlichter Frömmigkeit. Sein Freund und Biograph vermutet von vornherein, daß auch nicht das Verlangen, seinen überlegenen Intellekt *»im Religiösen einzufrieden«*, sondern gerade Hochmut und Stolz der Grund für diesen Entschluß sind. Tatsächlich erweist die Theologie sich sehr bald als wahre Teufelswissenschaft, die ohne den *»schwarzen Kesperlin«* nicht auskommt. Für Adrian aber ist das Theologiestudium ein Umweg; er bricht es ab und wendet sich, obwohl von Zweifeln erfüllt, als Komponist endgültig der Musik zu. Er weiß, daß seinem Künstlertum jede robuste Naivität fehlt, daß sein Teil vielmehr *»eine rasch gesättigte Intelligenz«* ist, verbunden mit hoher Sensibilität und einem wachen *»Sinn für das Abgeschmackte«* der überlieferten Kunstmittel. *»Warum muß es mir vorkommen, als ob fast alle, nein, alle Mittel und Konvenienzen der Kunst heute nur noch zur Parodie taugen?«* Adrians kritischer Geist erlaubt ihm nicht, sich Illusionen zu machen. Die Gefahr des Unschöpferischen, der er sich gegenübersieht, ist nicht Ausdruck individueller Unfähigkeit, sondern eine Folge der musikgeschichtlichen Entwicklung, der Tatsache, daß das historisch vorgegebene musikalische Material ausgeschöpft und verbraucht ist.

Adrian durchschaut, daß die historische Entwicklung des musikalischen Materials sich *»gegen das geschlossene Werk gekehrt«* hat. Zu stolz, nur mit Formen zu spielen, *»aus denen … das Leben geschwunden ist«*, schließt er einen Pakt mit dem Teufel, zu dem er von Jugend an unterwegs war. Bei der Ankunft in Leipzig, wo er seine musikalischen Studien fortsetzen will, führt ihn ein *»Dienstmann und Fremdenführer, so ein Kerl, einen Strick um den Leib, mit roter Mütze und Messingschild, teuflisch redend«* anstatt in einen Gasthof in ein Bordell. Eines der Mädchen, später als Hetaera Esmeralda bezeichnet und in der Tonfolge h-e-a-e-es durch seine Komposition geisternd, berührt mit dem Arm seine Wange. Er entflieht, kehrt aber wie unter Zwang nach einiger Zeit zurück. Als er hört, daß jenes Mädchen inzwischen fortgezogen ist, fährt er ihr nach und verbringt die Nacht mit ihr, obwohl sie ihn vor ihrem kranken Körper gewarnt hat: an die Stelle der feierlichen Unterzeichnung des Teufelspaktes mit dem eigenen Blut tritt die willentliche Ansteckung mit Syphilis, die Zeit bis zur zerebralen Zersetzung ist die gesetzte Frist. *»Das alte kosmische Spiel zwischen Himmel und Hölle ist hereingeholt in die menschliche Person ... Der theologische Konflikt ist säkularisiert, Gott und der Teufel sind säkularisiert, ja sie sind in einen einzigen Leib gebunden.«* (E. Kahler)

Adrian geht zunächst nach München, wo er im Salon der Senatorenwitwe Rodde verkehrt und Thomas Mann die Möglichkeit zu einem erneuten, diesmal kritisch-sarkastischen Blick auf die deutsche Gesellschaft vor dem Faschismus bietet. Endgültig besiegelt wird Adrians Pakt mit dem Teufel vier Jahre später in Palestrina, wo es zur leibhaftigen Begegnung kommt. Der Teufel verspricht ihm die *»wahrhaft beglückende, entrückende, zweifellose und gläubige Inspiration«* und daß er die *»lähmenden Schwierigkeiten der Zeit durchbrechen«* werde. Dafür gehört seine Seele nach Ablauf der Frist dem Teufel, und schon bis dahin darf er nicht lieben: *»Dein Leben soll kalt sein – darum darfst du keinen Menschen lieben.«* Widerstrebend nimmt Adrian auch diese Bedingung an. Bald nach seiner Rückkehr aus Italien läßt er sich in Pfeiffering bei Waldshut nieder und lebt dort neunzehn Jahre in wachsender Zurückgezogenheit; ein Versuch des Konzertagenten Saul Fitelberg, ihn aus seiner Abgeschiedenheit *»in die Welt«* zu entführen – eines der witzigsten Kapitel des Buches – bleibt erfolglos. Erneut sind die hier eingeschobenen Ausführungen zur Zwölfton-Musik, wie sie A. Schönberg entwickelte, ebenso der Musikphilosophie Adornos verpflichtet wie die Beschreibung der Kompositionen Adrian Leverkühns; 1945 hatte Thomas Mann die letzten Teile des Romans unter dem Einfluß einer grundsätzlichen Kritik Adornos neu konzipiert.

Abgeschieden von der Gesellschaft, entstehen Werke wie *»Die Wunder des All«*, eine *»einsätzige Symphonie oder Orchester-Phantasie«*, eine *»Suite dramatischer Grotesken«* mit der Puppenoper über den Papst Gregorius, und bald nach dem Ersten Weltkrieg, in einem Zustand *»höchster Freiheit und staunenswerter Macht ungehemmter, um nicht zu sagen hemmungsloser, jedenfalls unaufhaltsamer und reißender, fast atemloser Hervorbringung«*, das Oratorium *»Apocalipsis cum figuris«*. Höhepunkt und zugleich Abschluß seines Schaffens ist die symphonische Kantate *»Dr. Fausti Weheklag«*, für die Adrian sich das Volksbuch vom Doktor Faust *»mit wenigen entschlossenen Griffen zur Unterlage seiner Sätze zurechtgefügt hat«*. Es ist das Werk der Verzweiflung eines rettungslos Verdammten, ein *»Monstre-Werk der Klage«*, geschrieben *»mit dem Blick auf Beethovens ›Neunte‹, als ihr Gegenstück in des Wortes schwermütigster Bedeutung«*, eine Komposition von äußerster Formenstrenge und zugleich des barbarischen Durchbruchs, in der sich die Paradoxie ereignet, *»daß aus der totalen Konstruktion sich der Ausdruck – der Ausdruck als Klage – gebiert«*. Unmittelbar nachdem Adrian *»dies dunkle Tongedicht«* vollendet hat, dessen Entstehungszeit auch geprägt wird durch den qualvollen Tod des geliebten, fünfjährigen Neffen Nepomuk, versammelt er – wie der Doktor Faustus des Volksbuches – seine Freunde bei sich, um ihnen eine Lebensbeichte abzulegen und ihnen aus dem Werk vorzuspielen. Dabei bricht er zusammen: *»Wir sahen Tränen seine Wangen hinunterrinnen und auf die Tasten fallen, die er, naß wie sie waren, in stark dissonantem Akkorde anschlug ... er breitete, über das Instrument gebeugt, die Arme aus, als wollte er es damit umfangen, und fiel plötzlich, wie gestoßen, seitlich vom Sessel hinab zu Boden.«* Er erleidet einen paralytischen Schock, seine Zeit ist abgelaufen. Nach jahrelangem bewußtlosen Dahinleben in geistiger Umnachtung stirbt er 1940.

Leverkühns Lebensgeschichte steht in vielfältigen Parallelen mit dem Zusammenbruch des nationalsozialistischen Deutschlands. Zunehmend verschränkt sich im Fortgang des Romans die Vergangenheit, Adrians Leben, mit der Gegenwart, den *»Schrecknissen der Zeit«*, die den Chronisten Serenus Zeitblom erschüttern. In der ersten Hälfte des Buches spricht er nur selten, nach dem Teufelsgespräch jedoch immer häufiger über die politische Situation und die Krisenlage, und fast alle Kapitel der zweiten Hälfte beginnen mit knappen Berichten über das seinem Untergang entgegentaumelnde Dritte Reich. Ausdrücklich miteinander verknüpft werden Adrians Teufelspakt und der Weg Deutschlands jedoch erst im letzten Satz des ganzen Buches: *»Ein einsamer alter Mann faltet seine Hände und spricht: Gott sei eurer armen Seele gnädig, mein Freund, mein Vaterland.«*

Der formale Grundgedanke des Werks, Adrians Leben nicht unmittelbarer darzustellen, es *»nicht selbst zu erzählen, sondern es erzählen zu lassen«*, ist von Thomas Mann konsequent, mit gelegentlich virtuoser und einer durchaus parodistischen Meisterschaft verwirklicht worden. Er hat hervorgehoben, daß dieser Kunstgriff notwendig gewesen sei, um eine *»gewisse Durchheiterung des düsteren Stoffes zu erzielen ... Das Dämonische durch ein exemplarisch undämonisches Mittel gehen zu lassen, eine humanistisch fromme und schlichte, liebend verschreckte Seele mit seiner Darstellung zu beauftragen, war an sich eine komische Idee.«* Doch ist Serenus Zeitblom keineswegs nur Erzähler, sondern von Anfang an selbst auch Romanfigur, und scheinbar nebenbei ist es Thomas Mann gelungen, in ihm eine zweite, der Welt Fausts und aller Dämonie entgegengesetzte und ihr doch eng verbundene Lebens- und Geisteshaltung dichterisch zu vergegenwärtigen. Zeitblom, der sich gern als Nachfahr der deutschen Humanisten betrachtet und der das als wesensfremd empfundene Dämonische instinktiv aus seinem Weltbild ausschaltet, verkörpert eine Kulturbürgerlichkeit und Vernunftrechtschaffenheit, der nichts ferner liegt, als sich *»mit den unteren Mächten verwegen einzulassen«*, die ihnen jedoch auch kaum etwas entgegenstellen kann. Es ist ein gleichsam hausbacken gewordener Humanismus, der –

im Unterschied zu Leverkühn – nicht mit dem Bösen paktiert, trotz klarer Ablehnung aber ohnmächtig in dessen Bann gerät – eine Hilflosigkeit, die noch im Stil zum Ausdruck kommt, dem uneigentlich, »parodistisch« verwendeten Humanistendeutsch, das Thomas Mann Zeitblom schreiben läßt.

Zwei Jahre nach Erscheinen des Werks veröffentlichte Thomas Mann den Bericht *Die Entstehung des Doktor Faustus. Roman eines Romans* (1949). Er schildert dort die Lebensumstände und die politische Situation, in der er den *Doktor Faustus* schrieb, kommentiert das Buch und geht ausführlich auf Quellen ein, die er benutzte oder die ihn anregten. Der Eindruck alles mitteilender Offenheit freilich ist trügerisch, tatsächlich ist die durch und durch literarisch geformte Schrift eine kunstvolle Mischung von Mitteilung, Andeutung und Verschweigen. Dennoch erfährt der Leser hier viel über die Fülle des Materials, das der Dichter verarbeitete oder »zitierend« übernahm. Er hat für dieses Verfahren den Begriff *»Montage«* gewählt, wobei er die verwendeten Texte oder die Anspielungen etwa auf die Biographie Nietzsches nicht kenntlich machte, somit auch keine, der Montagetechnik ursprünglich zugehörige Schockwirkung erstrebte, sondern die Dechiffrierung dem Bildungswissen des Lesers anheimstellte, auch um den Preis des Plagiatvorwurfs, wie ihn etwa A. Schönberg erhob.

H.H.H.-KLL

Ausgaben: NY 1944 (in Aufbau, 10, 22. 12. 1944, 51; Ausz.). – NY 1947. – Stockholm 1947 (in *Stockholmer GA der Werke*). – Wien 1948 (gekürzte endgültige Fassg.; vgl. H. Bürgin, *Das Werk Th. M.s. Eine Bibliogr.*, Ffm. 1959, S. 41). – Ffm. 1960 (in *GW in 12 Bänden*, 6). – Ffm. 1974 (in *GW in 13 Bänden*, 6). – Ffm. 1980, Hg. u. Nachw. P. de Mendelssohn *(Frankfurter Ausg.)*. – Ffm. 201988 (FiTb).

Verfilmung: BRD 1982 (Regie: F. Seitz).

Literatur: E. Kahler, *Die Säkularisierung des Teufels. Th. M.s Faust* (in NRs, 58, 1948, S. 185–202; auch in E. K., *Verantwortung des Geistes. Gesammelte Aufsätze*, Ffm. 1952, S. 143–162). – W. Boehlich, *Th. M.s »Doktor Faustus«* (in Merkur, 2, 1948, 10, S. 588–603). – Th. Mann, *Die Entstehung des »Doktor Faustus«*, Amsterdam 1949; ern. Ffm. 1960 [auch in Th. M., *Rede und Antwort*, Hg. P. de Mendelssohn, Nachw. H. Koopmann, Ffm. 1984, *Frankfurter Ausg.*]. – H. Mayer, *Th. M.s »Doktor Faustus«, Roman einer Endzeit u. Endzeit des Romans* (in H. M., *Von Lessing bis Th. M.*, Pfullingen 1959, S. 383–404). – I. Metzler, *Dämonie u. Humanismus. Funktion u. Bedeutung der Zeitblomgestalt in Th. M.s »Doktor Faustus«*, Essen 1960. – G. Bergsten, *Th. M.s »Doktor Faustus«. Untersuchungen zu den Quellen u. zur Struktur des Romans*, Lund 1963. – S. W. Becker-Frank, *Untersuchung zur Integration des Zitats in Th. M.s »Doktor Faustus«*, Diss. Tübingen 1963. – B. Heimann, *Th. M.s »Doktor Faustus« u. die Musikphilosophie Adornos* (in DVLG, 38, 1964, S. 248–266). – M. Dürr, *Th. M. und Adorno. Ein Beitrag zur Entstehung des »Doktor Faustus«* (in LJb, N. F. 11, 1970, S. 285–322). – G. Schmidt, *Zum Formgesetz des »Doktor Faustus« von Th. M.*, Wiesbaden/Ffm. 1972 [zugl. Diss. Zürich]. – H. Vogel, *Die Zeit in Th. M.s Roman »Doktor Faustus«* (in ZfdPh, 92, 1973, S. 511–536). – H. Brode, *Musik u. Zeitgeschichte im Roman. Th. M.s »Doktor Faustus«* (in Jb. d. Dt. Schiller-Ges., 17, 1973, S. 445–472). – L. Voss, *Die Entstehung von Th. M.s »Doktor Faustus«. Dargestellt anhand von unveröff. Vorarbeiten*, Tübingen 1975. – D. Assmann, *Th. M.s Roman »Doktor Faustus« u. seine Beziehungen zur Faust-Tradition*, Helsinki 1975. – K. Hasselbach, *Th. M.: »Doktor Faustus...«. Interpretation*, Mchn. 1977. – E. Heller, *Die Zurücknahme der Neunten Symphonie. Zu Th. M.s »Doktor Faustus«* (in E. H., *Die Wiederkehr der Unschuld und andere Essays*, Ffm. 1977, S. 215–234; st). – G. Sautermeister, *Vergangenheitsbewältigung? Th. M.s »Doktor Faustus« u. die Wege der Forschung* (in Basis, 7, 1977, S. 26–53). – Ders. *Zwischen Aufklärung u. Mystifizierung. Der unbewußte Widerspruch in Th. M.s »Doktor Faustus«* (in *Antifaschistische Literatur*, Hg. L. Winckler, Bd. 1, Kronberg/Ts. 1977, S. 26–53). – H. Weigand, *Zu Th. M.s Anteil an Serenus Zeitbloms Biographie von Adrian Leverkühn* (in DVLG, 51, 1977, S. 477–501). – K. Sauerland, *»Er wußte noch mehr...« Zum Konzeptionsbruch in Th. M.s »Doktor Faustus« unter dem Einfluß Adornos* (in OL, 34, 1979, S. 130–145). – C. Dahlhaus, *Fiktive Zwölftonmusik. Th. M. u. Th. W. Adorno* (in Jb. d. Dt. Akademie f. Sprache u. Dichtung, 1982, H. 1, S. 33–49). – H. Wiegand, *Th. M.s »Doktor Faustus« als zeitgeschichtlicher Roman*, Ffm. 21983. – R. Puschmann, *Magisches Quadrat u. Melancholie in Th. M.s »Doktor Faustus«. Von der musikalischen Struktur zum semantischen Beziehungsnetz*, Diss. Bielefeld 1983. – A. Busch, *Faust u. Faschismus. Th. M.s »Doktor Faustus« u. A. Döblins »November 1918« als exillit. Auseinandersetzung mit Deutschland*, Ffm. u. a. 1984. – M. Schäfermeyer, *Th. M.: Die Biographie des Adrian Leverkühn u. der Roman »Doktor Faustus«*, Ffm. u. a. 1984. – J. Jung, *Altes u. Neues zu Th. M.s Roman »Doktor Faustus«. Quellen u. Modelle, Mythos, Psychologie, Musik, Theo-Dämonologie, Faschismus*, Ffm. u. a. 1985. – D. Kiremidijan, *A Study of Modern Parody. James Joyce's »Ulysses«, Th. M.s »Doctor Faustus«*, NY u. a. 1985. – E. Timm, *Th. M.s »Doktor Faustus« im Film. Zum Problem der ›Wortmusik‹* (in Carleton Germanic Papers, 1987, 15, S. 41–54). – *Th. M. Selbstkommentare: »Doktor Faustus«. Die Entstehung des Doktor Faustus*, Hg. H. Wysling, Ffm. 1989 (FiTb).

JOSEPH UND SEINE BRÜDER

Vierteiliger Romanzyklus von Thomas Mann, entstanden in den Jahren 1926–1942, erschienen 1948 in einer dreibändigen Gesamtausgabe, der die Einzelbände *Die Geschichten Jaakobs* (1933), *Der junge Joseph* (1934), *Joseph in Ägypten* (1936) und *Joseph, der Ernährer* (1943) vorausgegangen waren. – Die lange Entstehungszeit des voluminösen Werks, das der Autor in einem späteren Vortrag (*Joseph und seine Brüder*; 17. 11. 1942) als *»verschämte Menschheitsdichtung«* bezeichnet hat, erklärt sich nicht allein aus den zeitraubenden Unterbrechungen, die sein Emigrantenschicksal – der größere Teil des dritten Bandes entstand 1933–1936 in der Schweiz, der vierte 1940–1942 in Amerika – ihm aufnötigte und die andere Arbeiten, wie etwa der zwischen den dritten und vierten Teil eingeschobene Goethe-Roman *Lotte in Weimar* (1939), noch vergrößerten, sondern auch aus der nach der Beendigung des *Zauberbergs* (1924) sich immer deutlicher herausbildenden umfassenden Intention, den Schritt vom *»Bürgerlich-Individuellen zum Mythisch-Typischen«* zu tun, jene *»Brunnentiefe der Zeiten«* auszuloten, *»wo der Mythus zu Hause ist und die Urnormen, Urformen des Lebens gründet«* (*Freud und die Zukunft*, 1936) – kurz, eine Psychologie des mythischen Bewußtseins zu liefern, in dem das *principium individuationis* noch durch kollektive, archaische Verhaltensmuster bestimmt und dirigiert wird. Dieser Absicht bot sich die biblische Josephslegende des ersten Buchs der *Genesis* (vor allem Kap. 27–50) nicht zuletzt deshalb an, weil der Autor eine von GOETHE empfangene Anregung seit langem produktiv aufzugreifen gedachte: *»Höchst liebenswürdig ist diese natürliche Geschichte* [i. e. die Josephslegende]: *nur erscheint sie zu kurz, und man fühlt sich versucht, sie in allen Einzelheiten auszuführen« (Dichtung und Wahrheit)*. Thomas Manns Bemühungen um eine aktualisierende Vergegenwärtigung mythologischen Stoffs, nicht nur des biblisch-palästinensischen, sondern auch des ägyptischen, phönizischen, hellenischen und assyrisch-babylonischen Raums, stützten sich zunächst auf den reinen Bibeltext, bezogen aber im Fortgang des Werks zahllose weitere alttestamentliche Quellen wie das *Buch der Jubiläen* und ältere Midrasch- und Sagenliteratur ein.

Die ersten beiden Bände beschreiben – nach einem essayartigen Einleitungskapitel *(Höllenfahrt)*, das den *»Brunnen der Vergangenheit«* perspektivisch immer weiter vertieft, immer größere *»Vergangenheitsstrecken«* durchmißt bis zu jenem von gnostischen Schöpfungsmythen umwobenen *»Paradies im Osten«*, dem Garten Eden, demgegenüber Josephs Epoche bereits als Spätzeit erscheinen mußte – in einem großangelegten Rückgriff die Lebensgeschichte Jaakobs, seinen Segensbetrug an Esau, seine Flucht und Demütigung durch dessen Sohn Eliphas, seine *»Haupterhebung«* und die Zeit seiner Verbannung bei Laban im Land Aram Nahareim, dem er vierzehn Jahre um seine Tochter Rahel diente, die Brautvertauschung mit deren ungeliebter Schwester Lea, die ihm jedoch seinen Erstgeborenen – Ruben – schenkt, während Rahel lange unfruchtbar bleibt, bevor sie ihm Joseph, den *»rechtmäßigen Sohn«*, gebiert, seine Lösung aus den Diensten Labans, Rückkehr und Aussöhnung mit Esau, endlich die Jugend Josephs im Weidelager seines Vaters bei Hebron und seine Konflikte mit den älteren Brüdern, die ihn, aufgrund der ungerechtfertigten Bevorzugung durch den Vater, in einem Brunnenschacht aussetzen, aus dem ihn wandernde Ismaeliter befreien und nach Ägypten bringen.

Die letzten beiden Bände stellen der patriarchalischen Hirtenwelt der »Erzväter« und ihrer *»Gottessorge«* und dem von Abraham *»entdeckten«* und *»hervorgedachten« »Einen und Höchsten«* das zivilisatorisch fortgeschrittene, kosmopolitisch-aufgeklärte Milieu des oberen Niltals mit seinem bunten Götterhimmel entgegen, wobei der Autor Josephs Auftreten in Ägypten – im Widerspruch zu einem Teil der Forschung, die einen früheren Zeitpunkt annimmt – auf das Ende der 18. Dynastie, in die Regentschaft Amenhoteps III. (1411–1375) und Amenhoteps IV. (1375–1352) verlegt und damit das *»Irgendwann«* und *»Einst«* der dem *»Zeitenstrom«* weitgehend entzogenen mittelmeerisch-semitischen Mythenwelt in klareren, historisch bereits umrißhaft greifbaren Bezügen aufhebt. Ihren – schematisch-verkürzten – Inhalt bilden zunächst Josephs Sklavendienst im Hause Peteprês (Potiphars), eines Groß-Eunuchen des Pharao, zu dessen Hausverwalter er aufsteigt, und seine Versuchung durch Peteprês Gattin Mut-em-enet – eine Episode, welcher der Autor den buhlerisch-bündigen Charakter des Genesis-Textes zwar nicht nimmt, die er aber in einer ungleich feinfühliger motivierten Dimension ansiedelt: Mut-em-enet, Vertreterin des ägyptischen Hochadels und jungfräuliche *»Mondnonne«* des Staatsgottes Amun-Rê, wird, in einer zeremoniell aufrechterhaltenen Ehe lebend, sich ihrer lange verdrängten Sexualität angesichts Josephs männlicher Schönheit schmerzhaft bewußt (FREUDS Trieblehre, ebenso wie seine Theorie der Bewußtseinsschichtung in *Das Ich und das Es* (1923) und *Totem und Tabu* (1913), hat bedeutenden und nachhaltigen Einfluß gerade auf die Josephs-Tetralogie ausgeübt). Es folgen Josephs Bestrafung und erneute *»Fahrt in die Grube«* (d. h. das Inselgefängnis Zawi-Rê), seine Erhöhung zum Traumdeuter des Pharao, dessen Gunst er mit seiner Auslegung des Traums von den sieben festen und den sieben mageren Kühen als Zeiten des Überflusses und der Dürre in dem Maß gewinnt, daß ihm als »Wirtschaftsminister« die Getreideversorgung des gesamten Reichs übertragen wird und er den Beinamen des »Ernährers« erhält, schließlich die Wiederbegegnung mit seinen Brüdern und Jaakob, der Zug der gesamten Familie nach Ägypten und Jaakobs Tod.

Dieses bekannte biblisch-legendäre Handlungsschema wird von Thomas Mann nicht nur im Sinn einer illusionistischen Fabulierlust romanhaft-fiktiv erweitert und aufgefüllt, sondern darüber hinaus mit textkritischen und essayistischen, religionshistorischen, mythenvergleichenden, soziologischen und kommentierend-analytischen Einschüben durchsetzt und verklammert, so daß die Geschichte *»gleichsam Selbstbesinnung gewinnt und* *sich erinnert, wie es denn eigentlich im Genauen und Wirklichen mit ihr gewesen, also, daß sie zugleich quillt und sich erörtert«.* Dabei bedingen gerade die versuchte Exaktheit und der wissenschaftlich-zünftige »Schein« die humoristisch-ironische Grundhaltung, *»denn das Wissenschaftliche, angewandt auf das ganz Unwissenschaftliche und Märchenhafte, ist pure Ironie«.*

Die *»Zusammenziehungen, Verwechselungen und Durchblickstäuschungen«*, welche die *Höllenfahrt* des Einleitungskapitels als für das mythische Bewußtsein charakteristische Verhaltensweise angesichts eines *»stilleren, stummeren, gleicheren Zeitgebreites«* mit langsamerem Entwicklungsgefälle beschreibt – so hält Joseph in *»träumerischer Ungenauigkeit«* Abraham für seinen Urgroßvater, ohne zu bemerken, daß eine Zeitspanne von wenigstens zwanzig Generationen ihn von Abraham trennen muß –, lassen ein personales Bewußtsein sich entfalten, das gleichsam *»nach hinten, ins Frühere«* offensteht, weniger fest umrissen ist als das der »Individualität«, der »Persönlichkeit« späterer Jahrhunderte und unmerklich archaisch-urtümliche, vorgeprägte Handlungskonstellationen wiederaufnimmt und sich imitierend mit ihnen identifiziert. Die chronologische Zeit hebt sich auf *»im Geheimnis der Vertauschung von Überlieferung und Prophezeiung, welche dem Worte ›Einst‹ seinen Doppelsinn von Vergangenheit und Zukunft und seine Ladung potentieller Gegenwart verleiht«.* So waltet etwa in der Austeilung des Abrahamssegens ein mythischer Wiederholungszwang, der, bei zwei Brüdern oder Gruppen von Brüdern, den Segen immer auf die *»Sanften und Klugen«*, die Hirten (wie Isaak und Jaakob), im Gegensatz zu den Streifenden und Jägern (wie Esau) lenkte. Dieser Wiederholungszwang bildet eine *»zeitlose und über-individuelle Zusammenfassung des Typus«* heraus und war schon ebenso bei Kain und Abel wirksam, wie er auch Parallelen in ägyptischen und sumerisch-akkadischen Mythen (zu Seth und Osiris, vgl. *Horus und Seth*; zu Tammuz: *Inannas (Ištars) Gang zur Unterwelt)* findet: Seth ermordet seinen Bruder und zerstückelt die Leiche des Osiris, der darauf König des Totenreichs wird; Tammuz wird – stellvertretend – von dem Eber Ninib zerrissen, stirbt und steigt als Bringer einer neuen Zeit und Religion aus der Erde empor (auch hier hat Thomas Mann die Überlieferung frei gestaltet).

Den mythischen Konstellationen gesellt sich das Motiv des Kreislaufs, der Vertauschbarkeit »irdischer« und »himmlischer« Geschicke zu: *»Die Sphäre rollt: das liegt in der Natur der Sphäre. Oben ist bald Unten und Unten Oben, wenn man bei solcher Sachlage von Unten und Oben überall sprechen mag. Nicht allein, daß Himmlisches und Irdisches sich ineinander wiedererkennen, sondern es wandelt sich auch, kraft der sphärischen Drehung, das Himmlische ins Irdische, das Irdische ins Himmlische, und daraus erhellt, daraus ergibt sich die Wahrheit, daß Götter Menschen, Menschen dagegen wieder Götter werden können.«* – Josephs Geschichte scheint zunächst ebenso unter mythischen Wiederholungszwang zu stehen: Der schöne Knabe, um den bereits der Vater ein *»Scheinen von Klarheit, Lieblichkeit, Ebenmaß, Sympathie und Gottesannehmlichkeit«* zu bemerken glaubt, lenkt in narzißtischer Selbstverliebtheit den Zorn seiner Brüder auf sich, als er sich dem »Erwähltheitstypus« der Sanften und Klugen halb schauspielerisch-bewußt, halb instinktiv anähnelt: *»Das ist aber der Vorteil der späten Tage, daß wir die Kreisläufe schon kennen, in denen die Welt abläuft, und die Geschichten, in denen sie sich zuträgt und die die Väter begründeten.«* So empfindet er seinen Sturz in die Brunnengrube (das Unterweltsmotiv des zerrissenen und zerstückelten Gottes) als direkte Analogie zum osirischen Göttermythus, so bemüht er sich in Ägypten, seinem »Totenreich«, zunächst, der *»erste der Unteren«* zu werden, in der Hoffnung auf eine Auferstehungszukunft, die ihm erlaubt, seine versöhnte Familie nachkommen zu lassen. *»Das zitathafte Leben, das Leben im Mythus, ist eine Art von Zelebration: insofern es Vergegenwärtigung ist, wird es zur feierlichen Handlung, zum Vollzuge eines Vorgeschriebenen durch einen Zelebranten, zum Begängnis, zum Feste«* (*Freud und die Zukunft*, 1936). Indem sich jedoch Joseph seiner »zitierenden« Identifikationen bewußt wird und den Sinn seiner »Geschichte« erkennt und damit überschreitet, ereignet sich das, was Thomas Mann die *»Geburt des Ich aus dem mythischen Kollektiv«* nennt, die den langen Prozeß menschlicher »Selbstverständigung« und Emanzipation einleitet. Auf diesen Prozeß der Bewußtwerdung bezieht sich auch eine Formulierung des Autors in seinem über zwanzig Jahre sich erstreckenden Briefwechsel mit dem Altphilologen und Mythenforscher Karl Kerényi, der – seit 1934 – mehr als die Häfte der Entstehungszeit der Josephstetralogie kritisch begleitet: *»Man muß dem intellectuellen Fascismus den Mythos wegnehmen und ihn ins Humane umfunktionieren. Ich tue längst nichts anderes mehr«* (14. 11. 1941).

Josephs Bewußtwerdung, in deren Verlauf er sich von der mythischen Rollenidentifikation löst, setzt ein mit seinem zweiten »Fall«: Seine Geschichte *»kommt auf die Erde«*, wird konkrete Menschengeschichte, in der sich die Gegensätze von Oben und Unten so durchdringen, daß Joseph, der *»Herr über Ägyptenland«*, und sein vorausschauendes, quasi bürgerlich-rationalistisches Wirtschaftssystem der Vorratsanhäufung und der Landbesitzverteilung durchaus *»als schelmisch und als Manifestation einer verschlagenen Mittlergottheit«* empfunden wird. Sein Weg zur männlichen Reife entläßt ihn nicht als *»Gotteshelden«*, als *»Boten geistlichen Heils«*, sondern als *»Volkswirt«*, als Verfechter einer *»einfachen, praktischen Sache«* – symbolischer Ausdruck eines Menschentums, das den das Frühwerk Thomas Manns beherrschenden Antagonismus von Natur (Leben) und Geist – wie die Goethe-Gestalt des Autors in *Lotte in Weimar* – aufhebt und gesegnet ist mit *»Segen oben vom Himmel herab und mit Segen von der Tiefe, die unten liegt«*. Und mit Josephs Lösung aus der mythischen Imitatio, an der das virtuos geknüpfte Motivgeflecht des gesamten Werks mit seiner weitausgreifenden Einbeziehung alttestamentarisch-orientalischer Mythologie suggestiv mitwirkt, wird auch das Schema der Segensausteilung an die Sanften zugunsten des schweifenden »Edom«-Typus durchbrochen: Juda wird zum Segenserben erwählt und Joseph sogar gänzlich übergangen, weil er – Jaakobs später Einsicht entsprechend –, das eigenwillig sich absondernde *»verpflanzte Reis«* des Stammes Israel, den Gehorsam gegen Gott vergaß und wohl *»weltlichen Segen«*, nicht aber geistlichen sich erwarb. H.H.H.

AUSGABEN: *Die Geschichten Jaakobs. Joseph und seine Brüder. Der erste Roman*, Bln. 1933. – *Der junge Joseph. Joseph und seine Brüder. Der zweite Roman*, Bln. 1934. – *Joseph in Ägypten. Joseph und seine Brüder. Der dritte Roman*, Wien 1936. – *Joseph, der Ernährer. Joseph und seine Brüder. Der vierte Roman*, Stockholm 1943. – Ausgaben der 4 Romane: Stockholm 1948 (in *Stockholmer GA der Werke*, 3 Bde.). – Ffm. 1960 (in *GW in 12 Bänden*, 4/5). – Ffm. 1974 (in *GW in 13 Bänden*, 4/5). – Ffm. 1983, 4 Bde., Hg. P. de Mendelssohn, Nachw. A. v. Schirnding *(Frankfurter Ausg.)*. – Ffm. 1988, 3 Bde. (FiTb).

LITERATUR: K. Hamburger, *Th. M.s »Joseph und seine Brüder«, eine Einführung*, Stockholm 1945; ern. Mchn. 1970 [u. d. T. *Der Humor bei Th. M. Zum Joseph-Roman*]. – H. N. Carlebach, *›Thamar‹ bei Th. M. und im jüdischen Schrifttum* (in MDU, 39, 1947, S. 237–247). – S. H. Floersheimer, *Character and Symbol in Th. M.s »Joseph und seine Brüder«*, Diss. Oxford 1951. – M. Beheim-Schwarzbach, *Joseph und der Zauberer* (in NRs, 64, 1953, S. 621–636). – M. van Doren, *»Joseph and His Brothers«. A Comedy in Four Parts* (in *Th. M. Commemoration*, Philadelphia 1956, S. 14–46). – G. Hillard, *Th. M.s Mythenspiel zum Joseph-Roman* (in Merkur, 10, 1956, S. 112–123). – R. Schinkenberger, *Th. M., »Joseph und seine Brüder«*, Bonn 1957. – O. Seidlin, *Ironische Brüderschaft. Th. M.s »Joseph der Ernährer« und Laurence Sternes »Tristram Shandy«* (in OL, 13, 1958, S. 44–63; auch in O. S., *Von Goethe zu Th. M. Zwölf Versuche*, Göttingen 2 1969, S. 185–207). – B. Richter, *Der Mythos-Begriff Th. M.s und das Menschenbild der Josephsromane* (in Euph, 54, 1960, S. 411–433). – H. Beck, *Epische Ironie als Gestaltungsprinzip in Th. M.s Josephs-Tetralogie*, Diss. Jena 1961. – H. Lehnert, *Th. M.s Vorstudien zur Josephs-Tetralogie* (in Jb. d. Dt. Schiller-Ges., 7, 1963, S. 458–520). – Ders., *Th. M.s Joseph-Studien 1927–1939* (ebd., 10, 1966, S. 378–406). – J. Hohmeyer, *Th. M.s Roman »Joseph und seine Brüder«. Studien zu einer gemischten Erzählsituation*, Marburg 2 1969. – H. Wysling, *»Mythos u. Psychologie« bei Th. M.*, Zürich 1969. – W. R. Berger, *Die mythologischen Motive in Th. M.s Roman »Joseph und seine Brüder«*, Köln/Wien 1971. – S. Mannesmann, *Th. M.s Romantetralogie »Joseph und seine Brüder« als Geschichtsdichtung*, Göppingen 1971. – J. Finck, *Th. M. und die Psychoanalyse*, Paris 1973, S. 153–319. – K. Hughes, *Mythos u. Geschichtsoptimismus in Th. M.s »Joseph«-Romanen*, Bern/Ffm. 1975. – D. Mieth, *Epik und Ethik. Eine theologisch-ethische Interpretation der Josephromane Th. M.s*, Tübingen 1976. – K. Hermsdorf, *»Joseph und seine Brüder«* (in *Das erzählerische Werk Th. M.s*, Hg. P. Fix u. a., Bln./Weimar 1976, S. 172–225). – E. Murdaugh, *Salvation in the Secular: The Moral Law in Th. M.s »Joseph und seine Brüder«*, Bern/Ffm. 1976. – K. Hamburger, *Th. M.s biblisches Werk. Der Joseph-Roman, die Moses-Erzählung »Das Gesetz«*, Ffm. 1984. – R. Cunningham, *Myth and Politics in Th. M.'s »Joseph und seine Brüder«*, Stg. 1985.

LOTTE IN WEIMAR

Roman von Thomas MANN, entstanden 1936–1939, erschienen 1939. – Die Figur GOETHES erscheint, wenn auch im Frühwerk eher mit Vorbehalt gesehen, für Thomas Mann von jeher als Ideal des naiv-klassischen, von keiner Reflexivität angekränkelten Künstlers, der in den politisch-konservativen Schriften aus der Zeit des Ersten Weltkriegs zudem als Gegenpol zum westlichen *»Zivilisationsliteraten«* auftreten konnte. Auch *Der Zauberberg* enthält zahlreiche Anspielungen auf das Werk des Weimarer Dichters, der in der Folgezeit (*Goethe und Tolstoi*, 1925) für den Autor zunehmend weltoffenere Züge gewinnt und schließlich in seiner Rede anläßlich des 100. Todestages (*Goethe als Repräsentant des bürgerlichen Zeitalters*, 1932) als Humanist und nationaler Erzieher erscheint, womit Mann Akzente gegen die völkische Vereinnahmung Goethes setzt. Der im Exil entstandene Roman *Lotte in Weimar* schließlich modifiziert dieses Bild: *»Werkgeschichtlich ist die in ›Lotte in Weimar‹ gestaltete kritische Mythologie des großen Mannes eine Variation des Leitthemas Leben und Kunst, Leben und Geist: Vor Lotte als der Individuation des Lebens wird der Ästhetizismus der Größe ins Gericht gerufen und auf seine humanen Qualitäten überprüft.«* (H. Jendreiek).

»Lustspielhaft«, so der Autor selbst, setzt der Roman ein: *»Mit der Ankunft einer distinguierten alten Dame, die den Gasthof der kleinen Residenzstadt, in der sie absteigt, in begreiflichen Aufruhr versetzt«.* Die alte Dame ist niemand anders als die Hofrätin Charlotte Kestner, geb. Buff. Zunächst wird sie von dem kunstbeflissenen Kellner Mager fassungslos bestaunt – steht er doch der berühmten Heldin des *Werther*-Romans (1774) leibhaftig gegenüber: Die Dichtung scheint Wirklichkeit zu werden. Damit ist bereits zu Anfang ein zentrales Thema des Romans angeschlagen. Auch für Lotte überlagert sich immer wieder die *»große Wirklichkeit«* des *Werther* mit der *»kleinen«* des Lebens. Die Nachricht ihrer Ankunft verbreitet sich schnell; bald schon stellen sich die ersten Besucher ein. Nach Miss Cuzzle, einer mit Skizzenblock bewaffneten *»Celebritäten«*-Sammlerin, erscheint Dr. Riemer, Goethes Sekretär, der seinerseits durch Adele von Schopenhauer abgelöst wird. Schließlich

läßt auch Goethes Sohn August sich bei Lotte melden. Durch indirekte Spiegelungen den Auftritt der Hauptfigur vorzubereiten ist Sinn dieser Gespräche. Schon aus ihnen geht hervor, daß Lotte auf einer von Goethe längst überwundenen Kunst- und Lebensstufe stehengeblieben ist.
Im zentralen siebenten Kapitel schließlich wird die Gestalt Goethes in den Roman eingeführt. Der Autor läßt ihn einen langen inneren Monolog sprechen – eine epische Verfahrensweise, die wiederholt Anlaß zu Vergleichen mit der von James Joyce entwickelten Erzähltechnik des *stream of consciousness* (Bewußtseinsstrom) gegeben hat. Die Selbstdarstellung Goethes zeigt, daß seine Umgebung wesentlich »klassischer«, das heißt aber: erstarrter ist als er selbst. Lottes Wunsch, Goethe wiederzusehen, geht in Erfüllung: Sie wird eingeladen, mit dem Geheimen Rat zu tafeln. Goethe bewahrt jedoch eine kühle, die Unmittelbarkeit von einst aufhebende Distanz. Als Lottes Weimarer Aufenthalt wieder in banale Alltäglichkeit einzumünden scheint, begegnet sie Goethe bei der Heimfahrt von einem Theaterbesuch, überraschend ein zweites Mal. Ein nächtliches Gespräch zwischen ihm und Lotte, worin Traum und Wirklichkeit sich auf seltsame Weise mischen und das *»Spiel der Verwandlungen«* von Gegenwart und Vergangenheit auf höchster Stufe noch einmal gespielt wird, beschließt den Roman.
Das Spannungsverhältnis von Kunst und Leben erscheint im Roman auf verschiedenen Ebenen des Bewußtseins. So ist Lotte noch ganz in der Romanwelt des *Werther* befangen, während Goethe längst auf einer höheren Bewußtseinsstufe des Wissens und Erkennens steht. Bewußt bleibt die Vokabel *»erzählen«* ihm vorbehalten, die übrigen Figuren *»reden«* nur. Einzig Goethe reflektiert beim Erzählen über das Erzählen; im Roman wird eine *»Selbstbesinnung«* des Romans geleistet. So verbindet Mann die Reverenz vor Goethe mit dem Versuch einer Ortsbestimmung des sich selbst in Frage stellenden Romans der Moderne. Und es ist zugleich auch ein Teil der Selbstbespiegelung des Autors, der in die Gestaltung der Goethe-Figur autobiographische Momente einfließen läßt; er *»genieße«*, so schreibt Thomas Mann am 15. 12. 1938 an Ferdinand Lion, *»die Intimität, um nicht zu sagen: die unio-mystica, unbeschreiblich«*. KLL

Ausgaben: Stockholm 1939 (*Stockholmer GA der Werke*; ern. Ffm. 1958). – Ffm. 1960 (in *GW in 12 Bänden*, 2). – Ffm. 1974 (in *GW in 13 Bänden*, 2). – Ffm. 1975 (in *Das erzählerische Werk*, 12 Bde., 3). – Ffm. 1982, Hg. u. Nachw. P. de Mendelssohn *(Frankfurter Ausg.)*. – Ffm. 19 1987 (FiTb).

Verfilmung: DDR 1974 (Regie: E. Günther).

Literatur: E. Cassirer, *Th. M.s Goethe-Bild, eine Studie über »Lotte in Weimar«* (in GR, 20, 1945, S. 166–194). – E. Zapfl, *Th. M. »Lotte in Weimar«*, Diss. Wien 1950. – G. Lange, *Der Goethe-Roman Th. M.s im Vergleich zu den Quellen*, Diss. Bonn 1955. – H. Meyer, *Integrative Zitierkunst in »Lotte in Weimar«* (in *Wächter und Hüter. Fs. für H. J. Weigand*, Hg. C. v. Faber du Faur u. a., New Haven 1957, S. 133–146). – E. Havenith, *Bemerkungen zur Struktur des Goetheromans »Lotte in Weimar«* (in Revue des Langues Vivantes, 27, 1961, S. 329–341). – K. Dickson, *The Technique of a ›Musikalisch-ideeller Beziehungskomplex‹ in »Lotte in Weimar«* (in MLR, 59, 1964, S. 413–424). – E. Heller, *Th. M. und das Klassische. Betrachtungen über »Lotte in Weimar«* (in *Die Klassik-Legende. Second Wisconsin Workshop*, Hg. R. Grimm u. J. Hermand, Ffm. 1971, S. 200–226). – Ch. B. Evans, *Das Goethebild in Th. M.s »Lotte in Weimar«* (in MDU, 63, 1971, S. 105–116). – H. Wysling, *Th. M.s Goethe-Nachfolge* (in FDH, 1978, S. 498–551). – E. Middell, *Ein Goetheroman, ein Deutschlandroman: Th. M.: »Lotte in Weimar«* (in *Erfahrung Exil. Antifaschistische Romane 1933–1945. Analysen*, Hg. S. Bock u. M. Hahn, Bln./Weimar 1979, S. 193–220). – H. Siefken, *Th. M.s Novel »Lotte in Weimar« – A ›Lustspiel‹?* (in Oxford German Studies, 11, 1980, S. 103–122). – Ders., *Th. M. Goethe – »Ideal der Deutschheit«. Wiederholte Spiegelungen 1893–1949*, Mchn. 1981. – R. Baumgart, Rez. (in *Romane von gestern – heute gelesen*, Hg. M. Reich-Ranicki, Bd. 3, Ffm. 1990).

DER TOD IN VENEDIG

Novelle von Thomas Mann, erschienen 1912. – Im Frühjahr 1911 zunächst als anspruchslose, *»rasch zu erledigende Improvisation und Einschaltung«* (*Lebensabriß*, 1930) in die Arbeit an den *Bekenntnissen des Hochstaplers Felix Krull* auf dem Lido bei Venedig konzipiert, entwickelte sich die Novelle im Lauf ihrer etwa einjährigen Entstehungszeit zu einem höchst beziehungsreichen, vielfältig deutbaren und gedeuteten Hauptwerk Thomas Manns, das sein vor dem Ersten Weltkrieg liegendes erzählerisches Werk – auch als eine Art *»Selbstgericht«* (G. Lukács) – abschließt. Der ersten Konzeption der Novelle ging ein anderer, in dieser Form nie verwirklichter Plan voraus: Im 9. Notizbuch findet sich unter der Rubrik *»Novellen, die zu machen«* der Arbeitstitel *Goethe in Marienbad*; Thema dieser Novelle sollte der plötzliche *»Einbruch der Leidenschaft«* in eine scheinbar gesicherte Existenz, die *»Entwürdigung eines hochgestiegenen Geistes«* sein (*On Myself*, 1940). Daß nicht Goethe der Held der geplanten Novelle wurde, lag jedoch weniger an einer Art heiliger Scheu, zu der Thomas Mann später seinen Verzicht stilisierte, als vielmehr an der Intention, mit der Entwürdigung auch die Korrumpierung des Künstlers und seinen Untergang (vgl. 7. Notizbuch) zu gestalten. Daher die Erfindung des Schriftstellers Gustav von Aschenbach, der äußerlich *»die leidenschaftlich strengen Züge«* Gustav Mahlers trägt, dessen Tod Thomas Mann während seines Aufenthaltes auf Brioni im Mai 1911 in den Zeitungen *»schrittweise miterlebte« (On*

Myself). Zu den Zügen Mahlers gesellen sich neben Anklängen an PLATEN und WAGNER autobiographische Anspielungen: Aschenbachs Wohnung in München, sein früher schriftstellerischer Ruhm, der Hang zu Repräsentation und *»Leistung«*, schließlich die mißlungene, fluchtartig angetretene Reise auf eine Insel vor der istrischen Küste und die Fortsetzung der Reise auf dem Lido, vor allem aber Aschenbachs Werke, die *»Prosa-Epopöe vom Leben Friedrichs von Preußen«*, Erzählungen wie *»Maja«* und *»Ein Elender«*, daneben eine *»Abhandlung über ›Geist und Kunst‹«* – Projekte, die Thomas Mann selbst verfolgte, ohne sie gänzlich auszuführen.
Aschenbach erscheint nicht nur unter diesem Aspekt als *»reifer«* Künstler; er hat, und die Novelle verknüpft zahlreiche Themen und Motive der frühen Werke Thomas Manns, den *»Erkenntnisekel«* eines Tonio Kröger überwunden durch den Entschluß, *»das Wissen zu leugnen, es abzulehnen, erhobenen Hauptes darüber hinwegzugehen, sofern es den Willen, die Tat, das Gefühl und selbst die Leidenschaft im geringsten zu lähmen, zu entmutigen, zu entwürdigen geeignet ist«*. Sein Werk, und darin formuliert er das ästhetische Programm der zeitgenössischen Neoklassik, ist *»einzig der Schönheit, das will sagen der Einfachheit, Größe und neuen Strenge, der zweiten Unbefangenheit und der Form«* verpflichtet. Daß auch die künstlich erzwungene Naivität und Unbefangenheit letztlich scheitert *(»Aber Form und Unbefangenheit ... führen zum Rausch und zur Begierde ..., führen zum Abgrund«)*, ist das skeptische Fazit, mit dem Thomas Mann in dieser Novelle die Frage nach der Rechtfertigung der Kunst, die sein Frühwerk beherrscht, abschließt.
Der Tod in Venedig ist in erster Linie die nicht ohne kritisch-ironische Distanz erzählte Geschichte einer Existenzvernichtung, eingekleidet in die Geschichte einer Reise ins *»märchenhaft Abweichende«* Venedigs, die – äußerlich durch eine Nachlässigkeit der Behörden – zu einer Reise in Krankheit und Tod wird. *»Die Sehnsucht«*, so heißt es in der Novelle, *»ist das Ergebnis mangelhafter Erkenntnis«*. Dieser Sehnsucht fällt der Schriftsteller zum Opfer, der bewußt *»dem Abgrund die Sympathie«* gekündigt hatte, der sein chthonisches Wissen, die Anziehungskraft dessen, was Nietzsche als das *»Dionysische«* bezeichnet hatte, durch *»Haltung«* und *»Würde«* zu überwinden versucht und, *»aller Ironie entwachsen, in die Verbindlichkeiten des Massenruhms sich gewöhnt hatte«*. An den Schaltstellen und Gelenken der Novelle stehen Charonsgestalten und allegorisierende Konfigurationen des Todes, die jedoch nie aus dem realistischen Handlungsgefüge herausfallen. Der fremde Reisende vor dem Münchner Nordfriedhof, der Aschenbachs pathologische, *»ins Leidenschaftliche, ja bis zur Sinnestäuschung«* gesteigerte Reiselust weckt, der betäubend geschwätzige Schiffsoffizier, der jung geschminkte Greis auf dem Schiff, der finstere Gondoliere, der Straßensänger auf dem Lido und schließlich jener antikisch-schöne, doch kränkliche Polenknabe Tadzio als Hermes Psychagogos: Sie alle haben für den Leser eine vorausdeutende Funktion, Aschenbach führen sie immer tiefer in das ausweglos-einsame Abenteuer der Entwürdigung und der tödlichen Krankheit. Der Paroxysmus ist Aschenbachs homoerotische Liebe zu Tadzio, die wie *»aller Ästhetizismus pessimistisch-orgiastischer Natur, das heißt des Todes ist«* (Thomas Mann, *Die Ehe im Übergang*, 1925). Dieser späten Aufwallung des Gefühls verdankt Aschenbach zwar *»jene anderthalb Seiten erlesener Prosa«*, aber er, der auch als Künstler Bürger sein wollte, der *»Leistungsethiker«* und *»Heroe aus Schwäche«*, empfindet sie selbst nur als *»Ausschweifung«* seines Geistes. Seine, einer vergangenen Epoche entlehnten Bürgerideale *»Haltung«*, *»Leistung«* und *»Würde«* erweisen sich als nichtig; dem Wink des Psychagogen haben sie nichts entgegenzusetzen.
Strukturanalytisch gesehen, bildet diese melancholisch-skeptische Tragödie des Künstlers eine abfallende Linie, die einer steigenden Strukturlinie des verlebendigten und – im Bereich der Fiktion – verlebendigenden Mythos entgegenstrebt. Tadzio, der, wie die anderen Todesboten, beiden Ebenen angehört, ist nicht nur Zerstörer, sondern in Andeutungen bereits der hermetische Mittler des *Joseph*-Romans: Dem sterbenden Aschenbach war, als ob er ihm *»voranschwebe ins Verheißungsvoll-Ungeheure«*. Auch wenn die Zitate des Mythos, hier vom Autor erstmals leitmotivisch verwendet, und der antiken Literatur zweifellos der Rechtfertigung Aschenbachs dienen, so hebt doch die steigende Linie der Ausweitung ins Mythische die fallende nicht auf, aber *Der Tod in Venedig* bleibt *»im Licht mancher Facette spielend«* ein *»in vielfachen Beziehungen schwebendes«* Gebilde *(Lebensabriß)*. H.W.

AUSGABEN: Bln. 1912 (in NRs, 23, H. 10/11). – Mchn. 1912. – Stockholm 1945 (in *Ausgew. Erzählungen; Stockholmer GA der Werke*). – Ffm. 1960 (in *GW in 12 Bänden*, 8). – Ffm. 1973 (Ill. A. Hrdlicka). – Ffm. 1974 (in *GW in 13 Bänden*, 8). – Ffm. 1981 (in *Frühe Erzählungen*, Hg. u. Nachw. P. de Mendelssohn; *Frankfurter Ausg.*). – Mchn./Wien 1983, Hg. T. J. Reed [Text, Mat., Komm., erstveröff. Arbeitsnotizen Th. M.s].

VERFILMUNG: *Morte a Venezia*, Italien 1970 (Regie: L. Visconti).

VERTONUNG: B. Britten, *Death in Venice* (Oper; Urauff.: Aldeburgh, 16. 6. 1973).

LITERATUR: B. Frank, *Th. M. Eine Betrachtung nach dem »Tod in Venedig«* (in NRs, 24, 1913, S. 656–669). – J. Hofmiller, *Th. M.s Novelle »Der Tod in Venedig«* (in Süddeutsche Monatshefte, 10, 1913, S. 218–232; auch in *Interpretationen IV*, Hg. J. Schillemeit; Ffm. 1966; FiBü). – M. Thalmann, *Th. M. »Tod in Venedig«* (in GRM, 15, 1927, S. 374–378). – F. H. Mautner, *Die griechischen Anklänge in Th. M.s »Tod in Venedig«* (in MDU, 44, 1952, S. 20–26). – F. Martini, *Th. M. »Der Tod in Venedig«* (in F. M., *Das Wagnis der Sprache*, Stg. 1954, S. 176–224). – A. v. Gronicka, *Myth Plus*

Psychology: A Style Analysis of »Death in Venice« (in GR, 31, 1956, S. 191–205). – W. F. Michael, *Stoff u. Idee im »Tod in Venedig«* (in DVLG, 33, 1959, S. 13–19). – H. W. Nicklas, *Th. M.s Novelle »Der Tod in Venedig«. Analyse des Motivzusammenhangs und der Erzählstruktur*, Marburg 1968. – J. Günther, *»Der Tod in Venedig«. Randbemerkungen zu Film und Buch* (in NDH, 18, 1971, H. 4, S. 89–99). – J. Améra, *Venezianische Zaubereien. Luchino Visconti und sein »Tod in Venedig«* (in Merkur, 25, 1971, S. 808–812). – L. Székely, *Th. M.s »Tod in Venedig«. Mit Anmerkungen über psychoanalytische u. marxistische Lit.interpretation* (in Psyche, 27, 1973, S. 614–635). – H. R. Vaget, *Th. M. und die Neuklassik. »Der Tod in Venedig« und Samuel Lublinskis Lit.auffassung* (in Jb. d. Dt. Schiller-Ges., 17, 1973, S. 432–454). – H. Luft, *Der Konflikt zwischen Geist und Sinnlichkeit in Th. M.s »Tod in Venedig«*, Bern/Ffm. 1976. – E. L. Marson, *The Ascetic Artist. Prefigurations in Th. M.s »Der Tod in Venedig«*, 1979. – H. Mayer, *»Der Tod in Venedig«. Ein Thema mit Variationen* (in *Lit.wiss. und Geistesgeschichte. Fs. für Richard Brinkmann*, Hg. J. Brummack u. a., Tübingen 1981, S. 711–724). – F. M. Sonner, *Ethik und Körperbeherrschung. Die Verflechtung von Th. M.s Novelle »Der Tod in Venedig« mit dem zeitgenössischen intellektuellen Kräftefeld*, Opladen 1984. – F. A. Lubich, *Die Entfaltung der Dialektik von Logos und Eros in Th. M.s »Tod in Venedig«* (in Colloquia germanica, 18, 1985, S. 140–159). – W. Koeppen, Rez. (in *Romane von gestern – heute gelesen*, Hg. M. Reich-Ranicki, Bd. 1, Ffm. 1989, S. 187–194).

TONIO KRÖGER

Novelle von Thomas MANN, erschienen 1903 in dem Band *Tristan. Sechs Novellen*, Vorabdruck am 14. 2. 1903 in der ›Neuen Rundschau‹. – Wenn Thomas Mann 1930 im *Lebensabriß* sagt, diese *»kleine Dichtung«* stehe *»noch heute vielleicht«* seinem *»Herzen am nächsten«* und sie habe *»vor dem ihr nächstverwandten ›Tod in Venedig‹ den Schmelz jugendlicher Lyrik voraus«*, so klingt dies fast wie eine Entschuldigung, und man ist versucht, an die langwierigen Schwierigkeiten zu erinnern, die ihm die Einfügung des *»lyrisch-essayistischen Mittelstücks«*, jenes berühmt gewordenen Literaturdialogs zwischen Tonio Kröger und seiner russischen Malerfreundin Lisaweta Iwanowna, in die stark autobiographisch gefärbte und an den Lübeck-Komplex der *Buddenbrooks* angelehnte Tonio-Kröger-Handlung bereitete. *»Die Konzeption ging zurück in die Zeit der Arbeit an den ›Buddenbrooks‹«*, und obwohl sich die frühesten Notizen Ende 1899 bereits auf das Literaturgespräch beziehen, ist doch deutlich, daß diese Nachbarschaft und eine vierzehntägige Reise in den Norden, deren Eindrücke *»den Erlebniskern«* der Novelle bilden, zunächst die am Anfang stehende Jugendgeschichte Krögers und seine auf das Gespräch folgende Reise in die Heimatstadt und nach Dänemark in den Vordergrund rückten. Erst im Verlauf der *»noch zeilenweiser, als gewöhnlich«* vollzogenen Niederschrift (An K. Martens, ab 16. 10. 1902) gewann das theoretisierende Mittelstück zeitweilig ein solches Übergewicht, daß die Novelle den Titel *Litteratur* erhalten sollte (An H. MANN, 13. 2. 1901). – Die Einheit der drei Teile wird kaum durch die Person des Helden, wie im *»Tod in Venedig«*, am wenigsten aber durch Handlung und novellistisches Spannungsgefüge erreicht, sie läßt sich vielmehr verstehen als ein musikalisch komponiertes *»geistiges Themengewebe«*, in dessen Zentrum die Antinomie von Kunst und Leben steht, wobei Kunst mit Literatur und beides mit Geist gleichgesetzt werden, während später in *Fiorenza* und im geplanten Literaturessay über *Geist und Kunst »Leben und Kunst zu einer Idee verschmolzen« (Betrachtungen eines Unpolitischen)* und gegen den »Geist« gerichtet sind. So ist *Tonio Kröger* zwar keine Novelle im klassischen Sinn, aber doch gültig geformter Ausdruck eines Antagonismus, der zumindest damals auch die Person des Autors erschüttert hatte, wiederholt bezeichnete er die Erzählung als *»meinen Werther«*.

Die Geschichte beginnt mit einigen alltäglichen Begebenheiten und stimmungsvollen Bildern *»in Storms Manier«* (H. Wysling), die den Helden Tonio Kröger als einen sensiblen, in sich versponnenen und verletzlichen Schüler kennzeichnen, der schüchtern um die Liebe des starken und unkomplizierten Blondschopfs Hans Hansen wirbt, sich *»in allen Stücken als etwas Besonderes«* fühlt, aber nicht ohne frühreif-sublimen Selbstgenuß darunter leidet, *»allein und ausgeschlossen von den Ordentlichen und Gewöhnlichen«* zu sein, *»obgleich er doch kein Zigeuner im grünen Wagen war, sondern ein Sohn Konsul Krögers«*. Schon sein Name, dieser dissonante Doppelklang von südlicher *»bellezza«* und nordisch biederer Bürgerlichkeit, deutet auf sein Außenseitertum, das ihn auch die erste zarte Tanzstundenliebe zu der blonden, lustigen Inge nur als Sehnsucht, *»schwermütigen Neid«* und *»selige Selbstverleugnung«* erfahren läßt. Wenige, aber intensive Impressionen und gleichsam seismographische Aufzeichnungen einer Seele genügen dem Erzähler: Mit dem Tanzstundenkapitel ist die Jugendgeschichte abgeschlossen. Auf wenigen Seiten entsteht nun das Bild eines anerkannten, in München lebenden Literaten vom Typ des Mannschen *»Leistungsethikers«*, dessen Künstlerschaft sich *»in dem Maße, wie seine Gesundheit geschwächt ward, verschärfte«*. Die auf das Lisaweta-Gespräch folgende Reise in die Heimat ist der Versuch, ins *»Leben«* und seine *»Wonnen der Gewöhnlichkeit«* zurückzukehren, sie ist aber auch eine Wiederholung der Jugend mit der Erfahrung des Außenseiterdaseins bei der beinahe erfolgten Verhaftung in der Heimatstadt und der visionären Wiederbegegnung mit Hans und der blonden Inge bei einem Tanzfest im dänischen Badeort. Den Schluß der Geschichte bildet ein das ohnehin fast monologisch geführte Gespräch wiederaufnehmender Brief an Lisaweta, der zwar die Antinomie nicht löst, aber *»der an Nietzsche genährten, psychologistisch-kalten Literaturana-*

lyse« (H. Wysling) ein wärmeres, versöhnlich-selbstironisches Licht aufsetzt.

Die Novelle, von Thomas Mann selbst als sein *»literarisches Lieblingskind«* bezeichnet, zog eine kaum mehr zu übersehende Vielzahl von Deutungen auf sich, die den Text als persönliche Konfession des Autors wie als Überwindung des zeitgenössischen Ästhetizismus durch das Mittel der Ironie auslegten. Begünstigt wurde dies durch die Äußerung Manns, wonach hier erstmals *»das Nietzschesche Bildungselement zum Durchbruch kam und fortan vorherrschend bleiben sollte«* (*Betrachtungen eines Unpolitischen*, 1918), eine Einordnung, die wohl der ungemein positiven Resonanz zuzuschreiben ist, welche die Novelle bei Publikum und Kritik gefunden hatte, während die Forschung heute eher dem *Kleinen Herrn Friedemann* diesen *»Durchbruchscharakter«* (H. R. Vaget) zugesteht, wie auch Thomas Mann selbst sich später gegen eine Überschätzung des Textes wehrte: *»diese Bürgerlichkeit mit schlechtem Gewissen, oder dies Künstlertum mit schlechtem Gewissen vor den bürgerlichen Vätern«* seien nunmehr *»ausgetretene Schuhe«* (An Agnes E. Meyer, 26. 7. 1941). Gerade die ironisch-spielerische Balanace, die der *»verirrte Bürger«* Tonio Kröger – so bezeichnet ihn Lisaweta – in der Novelle gewinnt, ließ den Text von jeher bedeutsam erscheinen, hebt hier sich doch der Gegensatz von Kunst und Leben auf. Kröger begreift sich am Ende als *»experimentierte Existenz«* (R. Baumgart) auf dem schmalen Grat zwischen kalter, Empfindungen im Wort erledigender Artistik und jener *»Bürgerliebe zum Menschlichen«*, die – gefiltert durch Selbstironie – *»imstande ist, aus einem Literaten einen Dichter zu machen«*, somit *»das eigene Künstlertum moralisch in Kontrolle«* (R. Baumgart) zu halten, freilich ohne dabei den am Schluß der durchaus parallelen *»Studie« Die Hungernden* vage angedeuteten Schritt zu einer sozial orientierten Menschheitsliebe zu tun. Dieser, den Konflikt relativierende, untragische Perspektivismus ist im Grunde bereits im Lisaweta-Gespräch angelegt. Auch dort steht das Leben der Kunst nicht als Absolutum gegenüber, nicht als trunkene *»Vision von blutiger Größe und wilder Schönheit«*, sondern *»bescheiden im Kostüm einer Stormschen Bürgerlichkeit«* (R. Baumgart) als liebenswürdige *»Banalität«*. G. LUKÁCS wiederum, der durch *Tonio Kröger* zum lebenslangen Thomas Mann-Verehrer wurde, sah darin die humanistisch motivierte Absage an die Dekadenz der Zeit, eine Deutung, die lange die marxistische Literatur zu Werk und Autor prägte. H.W.-KLL

AUSGABEN: Bln. 1903 (in NRs, 14, H. 2). – Bln. 1903 (in *Tristan. Sechs Novellen*). – Bln. 1913 [Ill. E. M. Simon]. – Bln. 1922 (in *Novellen II; GW in Einzelausg.*). – Stockholm 1945 (in *Ausgew. Erzählungen; Stockholmer GA der Werke*). – Ffm. 1960 (in *GW in 12 Bänden*, 8). – Ffm. 1974 (in *GW in 13 Bänden*, 8). – Ffm. 1981 (in *Frühe Erzählungen*, Hg. u. Nachw. P. de Mendelssohn; *Frankfurter Ausg.*).

VERFILMUNG: BRD 1964 (Regie: R. Thiele).

LITERATUR: W. Zimmermann, *»Tonio Kröger«* (in W. Z., *Deutsche Prosadichtungen der Gegenwart*, Bd. 1, Düsseldorf ²1958, S. 157–185). – R. Baumgart, *Das Ironische u. die Ironie in den Werken Th. M.s*, Mchn. 1964, S. 67–75. – J. R. McWilliams, *Conflict and Compromise: Tonio Kröger's Paradox* (in Revue des Langues Vivantes, 32, 1966, S. 376–383). – H. Wysling, *Dokumente zur Entstehung des »Tonio Kröger«. Archivalisches aus der Nach-Buddenbrooks-Zeit* (in *Th.-M.-Studien*, Hg. Th. M.-Archiv der Eidgenössischen Technischen Hochschule in Zürich, Bd. 1, Bern/München 1967, S. 48–63). – E. Kunne-Ibsch, *Der Aphorismus als Strukturelement im Lit.-gespräch von Th. M.s »Tonio Kröger«* (in *Dichter und Leser. Studien zur Lit.*, Hg. F. van Ingen, Groningen 1972, S. 177–190). – G. Seitz, *Film als Rezeptionsform von Lit. Zum Problem der Verfilmung von Th. M.s Erzählungen »Tonio Kröger«, »Wälsungenblut« u. »Der Tod in Venedig«*, Mchn. 1979. – H. A. Basilius, *Th. M.s Use of Musical Structure and Techniques in »Tonio Kröger«* (in *Literature and Music*, Hg. N. A. Cluck, Provo/Utah 1981, S. 153–174). – W. Herzog, *Th. M., »Tonio Kröger«* (in W. H., *Weltentwurf und Sprachverwundung. Untersuchungen zu Dominantenverschiebungen in der Erzählkunst zwischen 1825 und 1950*, Bern/Ffm. 1982, S. 275–348). – M. G. Ward, *More than »Stammesverwandtschaft«?, Tonio Kröger's Reading of »Immensee«* (in GLL, 36, 1982/83, S. 301–316). – H. Gehrke u. M. Thunich, *Th. M. »Tonio Kröger«, Interpretatorische u. unterrichtspraktische Vorschläge*, Hollfeld/Ofr. 1985. – *Th. M., »Tonio Kröger«. Erläuterungen und Dokumente*, Bearb. W. Bellmann, Stg. 1986; (RUB). – M. Reich-Ranicki, *Eine Jahrhunderterzählung: »Tonio Kröger«* (in FAZ, 14. 4. 1987).

DER ZAUBERBERG

Roman von Thomas MANN, entstanden 1913 bis 1924, erschienen 1924. – Im Jahre 1912 verbrachte Thomas Manns Frau mehrere Monate in einem Davoser Lungensanatorium; die Eindrücke, die der Autor bei seinen Besuchen empfing, bewogen ihn zu *»einer Art humoristischem Gegenstück«* zu seiner Erzählung *Der Tod in Venedig* (1912). Anstelle des etablierten Künstlers Gustav von Aschenbach sollte nun ein unbekannter Bürgersohn (Hans Castorp) stehen, als Pendant zum Verführer Tadzio erscheint die *»Asiatin«* Clawdia Chauchat, Symbol für den Niedergang ist statt der Cholera nunmehr die Tuberkulose. Der Erste Weltkrieg führte, im Sommer 1915, zur Unterbrechung der Arbeit, die erst 1919 wieder aufgenommen wurde. War der Krieg von Mann zunächst als Läuterung einer verfallenden Zeit gesehen worden, so ist ihm am Ende jedes positive Moment genommen. Der auf zwei Bände angewachsene Roman weitete sich zum Zeitroman aus, zur Kritik an spätbürgerlichen Lebens- und Denkformen der Vorkriegszeit, deren

Repräsentanten auf dem *»Zauberberg«* versammelt sind; zugleich aber treibt Thomas Mann seine leitmotivische Erzähltechnik, sein ironisches Spiel mit Bildungszitaten und Weltanschauungen in diesem Buch so weit voran, daß die Forschung das Werk auch als Bildungsroman, als *»intellektuellen«* oder *»metaphysischen«* Roman zu verstehen suchte.

Der junge, früh verwaiste Hamburger Patriziersohn Hans Castorp besucht nach bestandenem Ingenieur-Examen vor dem geplanten Eintritt in eine Schiffsbauwerft seinen lungenkranken Vetter Joachim Ziemßen in einem Sanatorium in Davos. Zunächst befremdet über die *»hier oben«* herrschende Lebensart, ordnet er sich zögernd in den Kurbetrieb ein, der, selbst auf Profit ausgerichtet, die Patienten aus ihren gewohnten bürgerlichen Verhaltensweisen reißt, sie in einen Zustand der Zeitlosigkeit und Pflichtvergessenheit versetzt: *»Man ändert hier seine Begriffe«*, prophezeit Joachim Ziemßen seinem Besucher. Anspielungen auf den Hades der Antike, auf den Hexenberg in GOETHES *Faust* oder den Venusberg in WAGNERS *Tannhäuser* begleiten die Beschreibung des *»Zauberbergs«*, eine mystische, traumverlorene Welt, in jeder Hinsicht das Gegenbild zum *»Flachland«* und der dort herrschenden Ordnung und Disziplin.

Drei Wochen will Hans Castorp zunächst zu Besuch in Davos bleiben, eine leichte Erkältung führt schließlich zu einer Verlängerung seines Aufenthalts, mit dessen Verlauf ein zunehmendes Desinteresse an der Welt des *»Flachlandes«* einhergeht. Der Italiener Lodovico Settembrini, Aufklärungsoptimist und *»Zivilisationsliterat«*, Republikaner und Humanist, der im Abschnitt *Satana* seinen ersten Auftritt hat *(»Bosheit, mein Herr, ist der Geist der Kritik, und Kritik bedeutet den Ursprung des Fortschritts und der Aufklärung«)* drängt ihn zur Abreise. Hans Castorp aber unterliegt der Faszination der Russin Clawdia Chauchat; sie vor allem hält ihn in dem Sanatorium zurück, bis es endlich im fünften von insgesamt sieben Kapiteln – der Abschnitt ist mit dem Titel *Walpurgisnacht* überschrieben und spielt am Faschingsabend – zur Liebesbegegnung mit ihr kommt, vom Autor nur indirekt angedeutet.

Sieben Monate sind bis dahin verstrichen, und der sich anschließende Teil des Romans erzählt von der restlichen Zeit der insgesamt sieben Jahre, die Hans Castorp auf dem *»Zauberberg«* verbringt. Clawdia Chauchat reist ab, Settembrini zieht in das Dorf hinab. Auch Hans Castorps Vetter verläßt entgegen den ärztlichen Ratschlägen das Sanatorium und kehrt zum Sterben zurück. Zwei Personen treten nun vor allem auf: der Jesuit und Kommunist Leo Naphta (für den Georg LUKÁCS Modell gestanden haben soll), der sich mit Settembrini erbitterte Diskussionen liefert, sowie Mynheer Pieter Peeperkorn, ein holländischer Kaffeepflanzer voller Vitalität, der Züge Gerhart HAUPTMANNS trägt und an dessen Seite Clawdia Chauchat wieder im Sanatorium erscheint. Aufgrund seiner *»Ohnmacht, das Weib zur Begierde zu wecken«*, wird Peeperkorn sich schließlich in den Tod flüchten. Zuvor allerdings gibt er Hans Castorp Gelegenheit, seine erotischen Begierden gleichsam sozialverträglich zu überwinden, dem männlichen Konkurrenzkampf zu entgehen und sich für Clawdia zum *»guten Menschen«*, für Mynheer Peeperkorn zum *»Bruder«* zu stilisieren. Nach Peeperkorns Tod und Clawdias endgültiger Abreise herrscht, wie ein Abschnitt überschrieben ist, der *»große Stumpfsinn«*, gelindert nur durch die *»Fülle des Wohllauts«*, die ein Grammophon hervorbingt, auf dem Hans Castorp *Aida* und *Carmen*, vor allem aber Schuberts *Am Brunnen vor dem Tore* hört. Ansonsten jedoch entwickelt sich eine *»große Gereiztheit«*, die zum Pistolenduell zwischen Naphta und Settembrini führt, bei dem beide sich dem Zwang, aufeinander schießen zu müssen, auf ihre Weise entledigen: Settembrini schießt in die Luft, Naphta tötet sich selbst. Das morbide Treiben – Hans Castorp sitzt schließlich am *»schlechten Russentisch«* und hat sich ein Bärtchen stehen lassen, *»als Zeugnis einer gewissen philosophischen Gleichgültigkeit gegen sein Äußeres«* – findet durch den *»Donnerschlag«* des Krieges ein unvermitteltes Ende; der Roman verliert seinen Helden als anonymen Soldaten im Angriff *»aus den Augen«*, mit Schuberts *Am Brunnen vor dem Tore* auf den Lippen: *»Lebewohl, Hans Castorp... Deine Geschichte ist aus. Zu Ende haben wir sie erzählt; sie war weder kurzweilig noch langweilig, es war eine hermetische Geschichte. Wir haben sie erzählt um ihretwillen, nicht deinethalben, denn du warst simpel.«*

Die *»hermetische Geschichte«* fand bis heute eine Fülle von Deutungen, die zum einen den Roman als letztlich realistischen Zeitroman, als Panorama der inneren Befindlichkeit des europäischen Bürgertums vor 1914 lasen (allen voran G. Lukács, der damit die ältere Forschung und die DDR-Germanistik prägte), zum anderen das Werk auf die Tradition des Bildungsromans zurückführte (H. WEIGAND, E. HELLER, J. SCHARFSCHWERDT). Thomas Mann selbst hat in seinen späteren Äußerungen diese Deutungen unterstützt, aber gerade die abschließenden Bemerkungen des Autors, der seinen *»simplen«* Helden in der Anonymität des Massentodes untergehen läßt, ihm eine höchstens gebrochene Entwicklung zukommen läßt, sowie seine raffinierten, das Geschehen eigentlich strukturierenden Ketten von Leitmotiven haben in der neueren Forschung dazu geführt, das Werk eher als allegorisches Spiel mit mythischen und literarischen Vorlagen oder im Rekurs auf die Philosophie A. SCHOPENHAUERS (B. KRISTIANSEN, H. KOOPMANN, E. HEFTRICH, L. SANDT, W. FRIZEN, M. DIERKS, H. KURZKE), zu erschließen. Die vor allem bei H. Kurzke übersichtlich entfaltete Leitmotivik, die sich um das Gegensatzpaar »bürgerlich« und »unbürgerlich« gruppiert, wird daneben fundiert durch Verweise des Autors, der bereits im *Vorsatz* auf die Verwandtschaft des Textes mit dem Märchen hinweist sowie immer wieder seine Figuren mythisch überhöht, etwa wenn Settembrini in der ersten Begegnung mit Castorp diesen mit *»Odysseus im Schattenreich«* bezeichnet und das Sanatorium damit als Hades charakterisiert. Vor allem

B. Kristiansen suchte daneben Schopenhauers Unterscheidung zwischen *»Wille«* – der Welt des Krieges – und *»Vorstellung«* – der Welt des Sanatoriums – auf das Werk anzuwenden: der Krieg negiert jeden Bildungsgedanken, in ihm verliert sich das bürgerliche Individuum Hans Castorp.

Die Zeit, die im traditionellen Bildungsroman die Perspektive der Fortentwicklung zu garantieren schien, birgt in Thomas Manns Roman keine Utopie mehr, wie auch die antithetischen Betrachtungen Naphtas und Settembrinis *(»sie sind beide Schwätzer«)* keine inhaltliche Synthese erfahren. Eine Kommentierung aus der Sicht Hans Castorps bietet der mit *Schnee* überschriebene Absatz des sechsten Kapitels, ein verkleinertes Modell des gesamten Romans und von Thomas Mann rückblikkend gerne an Schluß des gesamten Werkes positioniert, in dem Castorp sich auf Skiern in das Hochgebirge wagt, nicht ohne fortwährende Reminiszenzen an die beiden Kontrahenten *(»Ach ja, du pädagogischer Satana… Übrigens habe ich dich gern. Du bist zwar ein Windbeutel und Drehorgelmann, aber du meinst es gut, meinst es besser und bist mir lieber als der scharfe kleine Jesuit und Terrorist…, obgleich er fast immer recht hat, wenn ihr euch zankt…«)*, und dort im Schneesturm sich verirrt, im Kreis läuft. Die Szene mündet in einen Traum mit der kursiv gesetzten Quintessenz: *»Der Mensch soll um der Güte und Liebe willen dem Tode keine Herrschaft einräumen über seine Gedanken«*. Diese Absage an die mit dem Tod verbundene Sinnlichkeit und die damit implizierte Aufwertung von Ethos und Bewußtsein wird jedoch nicht nur durch die Bemerkung relativiert, daß Hans Castorp schon bald nach seiner Heimkehr seinen Traum *»nicht mehr so recht«* verstand; bereits im Traum selbst erscheint der Tod – er ist *»Freiheit, Durchgängerei, Unform und Lust«* – als fortwährende Versuchung zum ekstatischen, auch von Erotik geprägten Leben, nur durch den gewissenhaften Vorsatz zu bändigen: *»Ich will dem Tode Treue halten in meinem Herzen, doch mich hell erinnern, daß Treue zum Tode und Gewesenen nur Bosheit und finstere Wollust und Menschenfeindschaft ist, bestimmt sie unser Denken und Regieren.«* Nichts anderes als Thomas Manns eigene Lebensproblematik, die Suche nach dem Ausgleich von Leben und Geist, scheint letztlich im *Zauberberg* wieder auf: *»Der Roman erzählt, je länger er dauert, desto weniger von Castorp und desto mehr von Thomas Mann«*, so das Fazit von Martin Walser, der an diesem Beispiel eine vehemente Kritik am ironischen Erzählverfahren des Autors, seinem distanzierten Spiel mit Symbolen und Motiven übt, eine Kritik, die das Werk des Autors von Anfang an begleitet hat. Es wird allgemein als Kennzeichen der Klassizität Thomas Manns gewertet, daß eine literarische Nachwirkung seines Werkes kaum vorhanden ist, somit die Anmerkungen des Schriftstellers Walser eher eine Ausnahme darstellen, während für die Fachwissenschaft der Rang seines Werks und des *Zauberbergs* als *»klassischer Roman«* (H. Koopmann) im besonderen unbestritten ist. M.Pr.

Ausgaben: Bln. 1924, 2 Bde. – Stockholm 1939 (in *Stockholmer GA der Werke*, 2 Bde.; ern. Ffm. 1950). – Ffm. 1974 (in *GW in 13 Bänden*, 3). – Ffm. 1981, Hg. u. Nachw. P. de Mendelssohn *(Frankfurter Ausg.)*. – Ffm. [24]1987 (FiTb).

Verfilmung: BRD/Frankreich/Italien 1981 (Regie: H. W. Geissendörfer).

Literatur: H. Weigand, *Th. M.'s Novel »Der Zauberberg«*, NY 1933; ern. Chapel Hill 1964. – H. Koopmann, *Die Kategorie des Hermetischen in Th. M.s Roman »Der Zauberberg«* (in ZfdPh, 53, 1961, S. 404–422). – R. D. Miller, *The Two Faces of Hermes. A Study of Th. M.'s Novel »The Magic Mountain«*, Harrogate 1962. – F. Bulhof, *Transpersonalismus und Synchronizität: Wiederholung als Strukturelement in Th. M.s »Zauberberg«*, Groningen 1966. – M. Sera, *Utopie und Parodie bei Musil, Broch und Th. M. »Der Mann ohne Eigenschaften«, »Die Schlafwandler«, »Der Zauberberg«*, Diss. Bonn 1969. – Th. Ziolkowski, *Th. M., »The Magic Mountain«* (in Th. Z., *Dimensions of the Modern Novel, German Texts and European Contexts*, Princeton 1969, S. 68–98). – M. Karthaus, *»Der Zauberberg« – ein Zeitroman (Zeit, Geschichte, Mythos)* (in DVLG, 44, 1970, S. 169–305). – H. Vogel, *Die Zeit bei Th. M. Untersuchungen zu den Romanen »Der Zauberberg«, »Joseph und seine Brüder« und »Doktor Faustus«*, Diss. Münster 1971. – O. Seidlin, *Das hohe Spiel der Zahlen. Die Peeperkorn-Episode in Th. M.s »Zauberberg«* (in O. S., *Klassische u. moderne Klassiker*, Göttingen 1972, S. 103–126). – G. Loose, *Naphta, über das Verhältnis von Prototyp und dichterischer Gestalt in Th. M.s »Zauberberg«* (in K. Peter u. a., *Ideologiekritische Studien zur Literatur. Essays I.*, Ffm. 1972, S. 215–250). – G. Bruhn, *Parodistischer Konservatismus. Zur Funktion des Selbstzitats in Th. M.s »Zauberberg«* (in Neoph, 58, 1974, S. 208–224). – *Besichtigung des Zauberbergs*, Hg. H. Sauereßig, Biberach a. d. Riß 1974 [Aufsatz-Slg.]. – E. Heftrich, *Zauberbergmusik. Über Th. M.*, Ffm. 1975. – M. Walser, *Ironie als höchstes Lebensmittel oder: Lebensmittel des Höchsten* (in *Th. M.*, Hg. H. L. Arnold, Mchn. 1976, S. 5–26). – J. Rieckmann, *»Der Zauberberg«: Eine geistige Autobiographie Th. M.s*, Stg. 1977. – G. Fischer u. F. A. Kittler, *Zur Zergliederungsphantasie im Schneekapitel des »Zauberberg«* (in *Perspektiven psychoanalytischer Lit.kritik*, Hg. S. Goeppert, Freiburg i. B. 1978, S. 23–41). – L. Sandt, *Mythos und Symbolik im Zauberberg von Th. M.*, Bern/Stg. 1979. – W. Frizen, *Zaubertrank der Metaphysik. Quellenkritische Überlegungen im Umkreis der Schopenhauer-Rezeption Th. M.s*, Ffm. 1980. – J. Katalin Pataki, *Politische Rezeptionsgeschichte von Th. M.s »Zauberberg« bis 1936: Deutschland und Ungarn*, Diss. Univ. of Southern Calif. 1980 (vgl. Diss. Abstracts, 40, 1979/80, S. 5883/5884A). – P.-A. Alt, *Ironie u. Krise. Ironisches Erzählen als Form ästhetischer Wahrnehmung in Th. M.s »Der Zauberberg« u. Robert Musils »Der Mann ohne Eigenschaften«*, Ffm. u. a. 1985. –

W. Schumann, *»Deutschland, Deutschland über alles« und »Der Lindenbaum«. Betrachtungen zur Schlußszene von Th. M.s »Der Zauberberg«* (in German Studies Review, 9, 1986, S. 29–44). – G. Härle, *Die Gestalt des Schönen. Untersuchungen zur Homosexualität in Th. M.s Roman »Der Zauberberg«*, Königstein/Ts. 1986. – H. H. Wißkirchen, *Zeitgeschichte im Roman. Zu Th. M.s »Zauberberg« und »Doktor Faustus«*, Bern 1986. – B. Kristiansen, *Th. M.s »Zauberberg« und Schopenhauers Metaphysik*, Bonn ²1986. – W. Jens, Rez. (in *Romane von gestern – heute gelesen*, Hg. M. Reich-Ranicki, Bd. 2, Ffm. 1989, S. 54–64).

ROBERT MUSIL

eig. Robert Edler von Musil

* 6.11.1880 Klagenfurt
† 15.4.1942 Genf

LITERATUR ZUM AUTOR:

Bibliographien:
J. C. Thöming, *R.-M.-Bibliogr.*, Bad Homburg v.d.H. 1968. – L. J. King, *R. M. Bibliogr. 1976/77* (in M.-Forum, 4, 1978, S. 104–116). – M. Mae, *R. M. Bibliogr. 1977–1980* (ebd., 6, 1980, S. 239–258). – Ders., *R. M. Bibliogr. 1980–1983*, (ebd., 9, 1983, S. 183–220). – C. Chevalier, M. Mae, G. Militzer, *Bibliogr. der zu Lebzeiten erschienenen Texte R. M.s (1904–1942)*, Saarbrücken 1984 (M.-Forum, Beih. 2). – C. Chevalier u. J. Magnou, *Bibliogr. chronologique commentée des publications et critiques parues en français*, Saarbrücken 1987 (M.-Forum, Beih. 3).

Zeitschrift und Forschungsberichte:
U. Karthaus, *M.-Forschung und M.-Deutung. Ein Literaturbericht* (in DVLG, 39, 1965, S. 441–483). – R. L. Roseberry, *R. M. Ein Forschungsbericht*, Ffm. 1974. – M.-Forum, Jb. der Internationalen R.-M.-Ges., Wien/Saarbrücken 1975 ff. – B. Kümmerling, *R. M.-Forschung 1973–1987* (in LWU, 20, 1987, S. 540–570).

Biographien:
W. Berghahn, *R. M. in Selbstzeugnissen u. Bilddokumenten*, Reinbek 1963 (rm; zul. 1988). – K. Corino, *M. Leben u. Werk in Bildern und Texten*, Reinbek 1988.

Gesamtdarstellungen und Studien:
R. M. Leben, Werk, Wirkung, Hg. K. Dinklage, Hbg. 1960. – A. Schöne, *Zum Gebrauch des Konjunktivs bei R. M.* (in Euph, 55, 1961, S. 196–220). – G. Baumann, *R. M. Zur Erkenntnis der Dichtung*, Bern/Mchn. 1965. – U. Karthaus, *Der andere Zustand. Zeitstrukturen im Werke R. M.s*, Bln. 1965. – S. Bauer u. I. Drevermann, *Studien zu R. M.*, Köln/Graz 1966. – E. Albertsen, *Ratio u. »Mystik« im Werk R. M.s*, Mchn. 1968. – D. Kimpel, *»Beiträge zur geistigen Bewältigung der Welt ...« Über den Romanbegriff R. M.s* (in *Deutsche Romantheorien*, Hg. R. Grimm, Ffm. 1968, S. 374–395). – B. Allemann, *M.* (in B. A., *Ironie u. Dichtung*, Pfullingen 1969, S. 177–200). – D. Bachmann, *R. M.* (in D. B., *Essay u. Essayismus*, Stg. u. a. 1969, S. 157–192). – E. v. Büren, *Zur Bedeutung der Psychologie im Werk R. M.s*, Zürich/Freiburg 1970. – *R. M. Studien zu seinem Werk*, Hg. K. Dinklage u. a., Reinbek/Klagenfurt 1970. – W. Düsing, *Utopische Vergangenheit. Zur Erinnerungstechnik in M.s früher Prosa* (in ZfdPh, 89, 1970, S. 531–560). – J. Aler, *Als Zögling zwischen Maeterlinck u. Mach. R. M.s literarisch-philosophische Anfänge* (in *Probleme des Erzählens*, Hg. F. Martini, S. 234–290, Stg. 1971). – K. Corino, *R. M. – Thomas Mann. Ein Dialog*, Pfullingen 1971. – A. Reniers-Servranckx, *R. M. Konstanz u. Entwicklung von Themen, Motiven u. Strukturen in den Dichtungen*, Bonn 1972. – M.-L. Roth, *R. M. Ethik u. Ästhetik. Zum theoretischen Werk des Dichters*, Mchn. 1972 [m. Bibliogr.]. – *Vom »Törleß« zum »Mann ohne Eigenschaften«*, Hg. U. Baur u. D. Goltschnigg, Mchn./Salzburg 1973. – N. Fischer, *»Eine plötzlich u. umgrenzt bleibende geistige Erregung ...«: Zum Novellenbegriff R. M.s* (in MDU, 65, 1973, S. 3, S. 224–240). – *Materialien zum Internationalen Symposium zu Fragen der R.-M.-Forschung*, Saarbrücken 1973, 2. erg. Aufl. 1974. – J. Schmidt, *Ohne Eigenschaften. Eine Erläuterung zu M.s Grundbegriff*, Tübingen 1975. – R. Schneider, *Die problematisierte Wirklichkeit. Leben u. Werk R. M.s. Versuch einer Interpretation*, Bln./DDR 1975. – S. Mulot, *Der junge M.: Seine Beziehung zur Lit. u. Kunst der Jahrhundertwende*, Stg. 1977. – H. Wiegmann, *M.s Utopiebegriff u. seine literaturtheoretischen Konsequenzen* (in *Lit. ist Utopie*, Hg. G. Ueding, Ffm. 1978, S. 309–334). – H. Arntzen, *M.-Kommentar sämtlicher zu Lebzeiten erschienener Schriften außer dem Roman »Der Mann ohne Eigenschaften«*, Mchn. 1980. – *R. M. Untersuchungen*, Hg. U. Baur u. E. Castex, Königstein 1980. – A. Frisé, *Plädoyer für R. M. Hinweise u. Essays 1931–1980*, Reinbek 1980. – L. Weissberg, *Versuch einer Sprache des Möglichen: zum Problem des Erzählens bei R. M.* (in DVLG, 54, Nr. 3, 1980, S. 464–484). – G. Baumann, *R. M. Ein Versuch*, Bern 1981. – *Philologie u. Kritik. Klagenfurter Vorträge zur M.-Forschung*, Hg. W. Freese, Mchn./Salzburg 1981. – *R. M.*, Hg. M.-L. Roth u. R. Olmi, Paris 1981 [m. Bibliogr.]. – *R. M.*, R. v. Heydebrand, Darmstadt 1982 (WdF). – *Sachästhetische Sinnvermittlung. R. M. Symposion, Bln. 1980*, Hg. D. P. Farda, Ffm./Bern 1982. – *M. in Focus. Papers from a Centenary Symposium*, Hg. L. Huber u. J. J. White, Ldn. 1982. – R. M. Paulson, *R. M. and the Ineffable: Hieroglyphe, Myth, Fairy Tale and Sign*, Stg. 1982. – *R. M.*, Hg. H. L. Arnold, Mchn. 1983 (Text + Kritik; Neufassung der Ausg. von 1968). – *Beiträge zur M.-Kritik*, Hg. G. Brokoph-Mauch, Ffm./Bern 1983. – M. Frank, *Auf der Suche nach einem Grund – über den Umschlag von Erkenntniskritik in Mytho-*

logie bei R.M. (in *Mythos u. Moderne*, Hg. K.-H. Bohrer, Ffm. 1983, S. 318–362). – G. Reis, *M.s Frage nach der Wirklichkeit*, Königstein 1983. – *R.M. u. die kulturellen Tendenzen seiner Zeit*, Hg. J. Strutz, Mchn./Salzburg 1983. – H.-G. Pott, *R.M.*, Mchn. 1984. – *R.M. Literatur, Philosophie u. Psychologie*, Hg. J. u. J. Strutz, Mchn. 1984. – R. Willemsen, *Das Existenzrecht der Dichtung. Zur Rekonstruktion einer systematischen Literaturtheorie*, Mchn. 1984. – *R.M. Lit., Theater, Bildung, Kritik*, Hg. J. u. J. Strutz, Mchn. 1985. – E. Heftrich, *R.M.: eine Einführung*, Mchn. 1986. – A. Frisé, *Plädoyer für R.M.*, Reinbek 1987. – M.-L. Roth, *Gedanken u. Dichtung. Essays zu R.M.*, Saarbrükken 1987. – *R.M.s »Kakanien«*, Hg. J. Strutz, Mchn. 1987. – H. Cellbrot, *Die Bewegung des Sinnes: zur Phänomenologie R.M.s im Hinblick auf Edmund Husserl*, Mchn. 1988. – M. Mae, *Motivation u. Liebe. Zum Strukturprinzip der Vereinigung bei R.M.*, Mchn. 1988. – A. Venturelli, *R.M. u. das Projekt der Moderne*, Ffm./Bern 1988.

DREI FRAUEN

Drei Erzählungen von Robert Musil, erschienen 1924. – Mit den formal traditionellen Erzählungen *Grigia* (entstanden 1921), *Die Portugiesin* (1923) und *Tonka* (1922) dringt Musil in jenen dem Verstand nicht mehr ganz zugänglichen Grenzbereich des menschlichen Erfassungsvermögens vor, in jene *»bewegliche, singuläre, irrationale«* Welt, die sich mit der äußeren Welt *»nur scheinbar deckt, die wir aber nicht bloß im Herzen tragen oder im Kopf, sondern die genau so wirklich draußen steht wie die geltende« (Der Mann ohne Eigenschaften)*. – Grigia, die »Portugiesin« und Tonka – Bäuerin, Aristokratin und Verkäuferin – sind die drei Frauen, die als fremd-vertraute Wesen den ihnen verbundenen Männern zum Schicksal werden. In der erzählerischen Präzision seines »virisektorischen« Stils, der sich deutlich abhebt von den frühen Arbeiten des Autors und der im dichterischen Durchdringen der »Inbeziehungen« auf spätere Gestaltungstendenzen (etwa im *Mann ohne Eigenschaften*) hinweist, ist Musil schon hier dem Identitätsproblem der Person auf der Spur. Die äußere Wirklichkeit gibt dabei noch den Rahmen ab, bildet die Kulisse für das ganz Andere, Unergründliche, eben jene »innere« Wirklichkeit, um die es Musil geht.

Grigia: Homo, der Frau und Kind verlassen hat, um sich an den Arbeiten einer Bergwerksgesellschaft in einem in Venetien gelegenen Gebirgsort zu beteiligen, entfremdet sich dort seinem bisherigen Leben und wird der Geliebte der Bäuerin Grigia. Alles Fühlen und Denken, mit dem die Natur hier in innigem Einklang zu stehen scheint, verschmilzt ihm zu harmonischer Einheit, die Außenwelt erscheint als Symbol der inneren. Gleichzeitig wird Homo die Endgültigkeit seines neuen Gefühls, das jedoch die Bindungen zu seiner Familie keineswegs aufhebt, zur dumpfen Ahnung, bald sterben zu müssen. Als er Grigia eines Tages in einem alten Stollen umarmt, gewahrt er in der Helle des Eingangs die Gestalt ihres Mannes. Zunächst suchen die Liebenden zu entkommen, doch da zeigt sich, daß der Mann einen großen Felsblock vor die schmale Öffnung des Stollens gewälzt hat. Grigia, von Verzweiflung gepackt, bettelt, jammert und verspricht ihrem Mann, den sie hinter dem Felsblock vermutet, alles, um nur dem bedrükkenden Gefängnis zu entkommen. Homo legt sich still auf das gemeinsame Lager zurück, wird immer schwächer und dämmert ein. In einer klaren Minute bemerkt er noch, daß Grigia ihn durch eine schmale Spalte auf der anderen Seite des Stollens verlassen hat. Er selbst besitzt nicht mehr die Kraft und den Willen, ins Leben zurückzukehren. Zur gleichen Stunde wird von der Bergwerksleitung der Abbruch der Arbeiten beschlossen.

Noch mehr als in der ersten Erzählung gehen in der *Portugiesin* reales und irreales Geschehen ineinander über und nebeneinander her, so daß es nicht mehr möglich scheint, beide Schichten voneinander zu trennen. – Der Raubritter Herr von Ketten hat sich die Portugiesin, seine schöne junge Frau, *»aus der lieblichen Heimat ihres pfaublauen Meeres«* auf seine einsam-wilde Felsenburg in der Nähe von Trient geholt. Aus dem Kavalier, als der er um sie freite, ist wieder der raublustige Bandit geworden, der jahraus, jahrein im Sattel sitzt und nur auf einen Tag und eine Nacht im Jahr nach Hause kommt. *»Wäre er länger geblieben, hätte er in Wahrheit sein müssen, wie er war … gehobene Weiberröcke und verschreckte Bauern waren seine Zerstreuung in diesen Jahren.«* Seine beiden Kinder kennt er kaum. Die Portugiesin fügt sich in die fremde Ordnung, bleibt ihm aber dabei so geheimnisvoll fremd wie am ersten Tag. Sie ist das ganz Andere in seinem Leben, etwas Zauberhaft-Kostbares, und der Herr von Ketten *»liebte dieses andere heimlich«*. Mit dem Tod seines Erzfeindes, des Bischofs von Trient, verlieren mit einem Schlag die kämpferischen Raubzüge des Herrn von Ketten ihren Sinn. *»Da stach ihn, als er heimritt, eine Fliege.«* Er wird sterbenskrank. Tagelang bleibt er seiner Burg fern, erst als er sich dem Tode nahe fühlt, begibt er sich in die Pflege seiner Frau. – Während seiner Krankheit kommt plötzlich der Jugendfreund der Portugiesin zu Besuch, und von Ketten *»lag dabei wie ein Hund im Gras und schämte sich«*: Elf Jahre hat die Portugiesin auf ihren Herrn gewartet, der *»der Geliebte des Ruhmes und ihrer Phantasie gewesen war«*, nun geht er zerschabt auf dem Hof umher. Ihm ist zumute, als müßte ein Wunder geschehen. Und das Wunder kommt in Gestalt einer kleinen, räudigen Katze, die an der Pforte Einlaß begehrt, aufgenommen, gepflegt und schließlich, als man ihr Leiden nicht mehr länger mitansehen kann, vom Knecht getötet wird. Alle identifizieren sich auf seltsame Weise mit dem Tier, das *»in geheimer Vertretung für alle litt«* – die Portugiesin, der Jugendfreund und Herr von Ketten. Es ist ein Zeichen, *»aber wie war es zu deuten?«* – Der Herr von Ketten, der das Schicksal der Katze nicht teilen will, rafft sich eines Tages auf und versucht ein sinnlos Ungeheueres als

Kraftprobe und Gottesurteil zugleich: er klettert die *»unersteigliche Felswand«* unter der Burg hinauf *(»Unten ankommen konnte nur ein Toter und die Wand hinauf der Teufel«)* und besteht diesen Kampf, mit dem seine Kraft und seine Wildheit wiederzukehren scheinen. Er schleicht zum Schlafgemach seiner Frau, in dem er den Liebhaber vermutet, aber die Portugiesin *»atmete sanft im Schlaf, er hätte singen mögen vor Freude«*. Und der Knecht meldet, daß der Fremde am Morgen fortgeritten sei. – *»Es war nichts bewiesen und nichts fortgeschafft, aber sie fragte nicht, und er hätte nichts fragen können.«*

Tonka ist wohl die ergreifendste der drei Erzählungen, nicht zuletzt weil Musil hier das Erlebnis seiner ersten Jugendliebe mit hineinverwoben hat. – Tonka, das einfache junge Ding aus dem Tuchgeschäft, erwirbt sich die Zuneigung eines jungen Wissenschaftlers, der seine Studien im Elternhaus betreibt. Auf seinen Zuspruch hin kommt sie als Stütze der Großmutter ins Haus, aber *»der Himmel war gegen Tonka«*, die *»die gewöhnliche Sprache nicht sprach, sondern eine Sprache des Ganzen«*. Ihre rührende Einfalt, Schweigsamkeit und Anhänglichkeit werden zu einem beglückenden Teil seines Lebens, aber sie bedrücken ihn auch: er weiß nie recht, was er von ihr zu halten hat. Als die Großmutter stirbt und Tonka zu ihrer Tante zurückgehen soll, nimmt der Freund sie mit sich in eine andere Stadt. Und weil er glaubte, daß »es« dazugehört, wird Tonka seine Geliebte. Als Tonka nach Jahren des Zusammenlebens ein Kind erwartet, glaubt er genau zu wissen, daß die Empfängnis in eine Zeit seiner Abwesenheit gefallen ist, obgleich sonst alles für Tonkas beteuerte Unschuld spricht. So schwankt er während der Zeit ihrer Schwangerschaft und der sie begleitenden schleichenden Krankheit zwischen Zweifel und Glauben: *»Etwas Ungreifbares fehlte, um die Überzeugung zur Überzeugung zu machen.«* Obwohl von außen alles getan wird, um das ungleiche Paar zu trennen, kann er das Band, das ihn an Tonka fesselt, weder lösen noch fester knüpfen. Tonka wird immer hinfälliger, nach der Geburt stirbt sie mit ihrem Kind und nimmt ihr Geheimnis mit sich. *»Und wenn man dann alle Erinnerungen durchging, wie waren sie alle zweideutig.«* Aber: *»Vielleicht kann man anders durch die Welt gehen als am Faden der Wahrheit?«* – Das Geheimnisvolle bleibt unausgesprochen, aber sein geheimer Sinn teilt sich – durch die Worte hindurch – mit. Musils *Drei Frauen* nehmen mit ihrer inhomogenen Erzählstruktur und ihren wechselnden Erzählhaltungen eine für die Entwicklung der modernen Erzähltechnik bahnbrechende Stellung ein.

H.Hon.-KLL

Ausgaben: *Grigia*, Potsdam 1923; *Die Portugiesin*, Bln. 1923; *Drei Frauen*, Bln. 1924. – Zürich 1944. – Hbg. 1952. – Hbg. 1957 (in *GW in Einzelausg.*, Hg. A. Frisé, 3 Bde., 3). – Reinbek 1978. – Reinbek 1978 (in *GW*, Hg. A. Frisé, 9 Bde., 6).

Literatur: W. Braun, *An Interpretation of M.'s Novelle »Tonka«* (in MDU, 53, 1961, S. 73–85). – J. Hermand, *M.s »Grigia«* (in MDU, 54, 1962, S. 171–182). – W. Höllerer, *Die kurze Form der Prosa* (in Akzente, 9, 1962, S. 226–245). – L. Kirchberger, *M.s Trilogy. An Approach to »Drei Frauen«* (in MDU, 55, 1962, S. 167–182). – E. A. McCormick, *Ambivalence in M.'s »Drei Frauen«. Notes and Meaning and Method* (in MDU, 54, 1962, S. 183–196). – K. Tober, *R. M.s »Grigia«* (in *Sprachkunst als Weltgestaltung. Fs. H. Seidler*, Hg. A. Haslinger, Mchn. 1966, S. 334–348). – M. Aue, *Die Ablehnung romantischer Vorstellungen von Liebe, Natur u. Tod in R. M.s »Drei Frauen«* (in Modern Austrian Literature, 9, Nr. 2–3, 1976, S. 240–256). – R. Schier, *R. M.s »Tonka« als Vorläuferin des »nouveau roman«* (in EG, 32, H. 1, 1977, S. 40–47). – K. Eibl, *R. M. »Drei Frauen«. Text, Materialien, Kommentar*, Mchn. 1978. – W. Wucherpfennig, *»Tonka« oder die Angst vor Erkenntnis* (in *Perspektiven psychoanalytischer Literaturkritik*, Hg. S. Goeppert, Freiburg 1978, S. 233–259). – P. Henninger, *Der Text als Kompromiß. Versuch einer psychoanalytischen Textanalyse von M.s Erzählung »Tonka« mit Rücksicht auf Jacques Lacan* (in *Psychoanalytische u. psychopathologische Literaturinterpretation*, Hg. B. Urban, W. Kudszus, Darmstadt 1981, S. 398–420). – W. Herzig, *R. M., »Die Portugiesin«* (in W. H., *Weltentwurf u. Sprachverwandlung. Untersuchungen zu Dominanzverschiebungen in der Erzählkunst zwischen 1925 u. 1950*, Bern/Ffm. 1982). – M. W. Jennings, *Mystical Selfhood, Selfdelusion, Self-Dissolution. Ethical and Narrative Experimentation in R. M.s »Grigia«* (in Modern Austrian Literature, 17, 1984, S. 59–77). – R. Homann, *Literatur und Erkenntnis. R. M.s Erzählung »Tonka«* (in DVLG, 59, 1985, S. 497–518). – J. P. Strelka, *M.s Novelle »Grigia« als Gegenstück der »Vollendung der Liebe«* (in *Littérature et culture allemandes*, Hg. R. Gofin u. a., Brüssel 1985). – S. Erickson, *The Psychopoetics of Narrative in R. M.s »Die Portugiesin«* (in MDU, 78, 1986, S. 167–181). – T. Kontje, *Motivating Silence. The Recreation of the »Eternal Feminine« in R. M.s »Tonka«* (ebd., 79, 1987, S. 161–171).

DER MANN OHNE EIGENSCHAFTEN

Unvollendeter Roman von Robert Musil, erschienen 1930–1952. – Die Entstehungsgeschichte dieses Haupt- und Lebenswerks reicht bis in die Zeit um die Jahrhundertwende zurück. Nach 1920 bildete sich aus zahlreichen Kapitelentwürfen und Notizen eine Grundkonzeption heraus, *»die immer in Geltung bleibt, bei allem Wechsel der einzelnen Motive und Konstellationen«* (W. Rasch). Ulrich, der *»Mann ohne Eigenschaften«*, hieß anfangs Achilles, später Anders, und auch der Titel wechselte mehrfach *(Der Spion; Der Erlöser; Die Zwillingsschwester)*. 1930 erschien der erste Band (mit den Teilen *Eine Art Einleitung* und *Seinesgleichen geschieht*), der Musils Weltruhm begründete: *»Der Abstand dieses ›Mannes ohne Eigenschaften‹ von aller bisherigen deutschen Romanliteratur ist unermeßlich«*, konstatierte Franz BLEI, und setzte hinzu: *»Keine Zeile dieser 1075 Seiten läuft leer, jede ist wichtig für das strukturelle Ganze dieses unvergleichlichen Werkes. Was darin steht? Diese ganze heutige Welt.«* Musils akribische Arbeitsweise verzögerte die Fortsetzung: Einzelne Kapitel änderte er bis zu zwanzigmal, ehe sie seinem hohen Stilideal *(»Stil ist für mich exakte Herausarbeitung eines Gedankens«)* entsprachen. Auf Drängen seines Verlegers Ernst Rowohlt erschienen 1933 weitere 38 Kapitel als zweiter Band des Romanwerkes unter dem Titel *Ins tausendjährige Reich*.

Die Okkupation Österreichs durch Hitlers Truppen verhinderte das Erscheinen weiterer zwanzig Kapitel. Probleme der erzählerischen Gestaltung und widrige Lebensumstände (Geldmangel, Krankheit, seit 1938 Exil in der Schweiz) waren ausschlaggebend dafür, daß der Roman Fragment blieb, obwohl Musil bis zu seinem Tod nahezu ohne Unterbrechung daran arbeitete. 1941 notierte er in sein Tagebuch: *»Oft habe ich den Eindruck, daß meine geistige Kraft nachläßt, aber eher ist es wahr, daß die Problemstellung über sie hinausgeht.«* Bis zur Veröffentlichung der mit einem umfangreichen Nachlaßteil versehenen Neuausgabe (1952, Hg. Adolf FRISÉ) war Musil fast vergessen. Frisés Editionsverfahren (Kombination von Kapiteln aus verschiedenen Schaffensperioden, Eingriffe in den Text etc.) ist in der Folgezeit heftig kritisiert worden (vor allem von E. KAISER, E. WILKINS und W. BAUSINGER). W. RASCH beurteilte die »Leseausgabe« Frisés positiver, wenngleich auch er betont, daß sie kein Ersatz für eine textkritische Fassung sei.

Ulrich, dessen Familienname *»aus Rücksicht auf seinen Vater verschwiegen«* wird – wie sich der Erzähler in ironischer Selbstanspielung ausdrückt –, ist die zentrale Gestalt des Romans. Im August 1913, dem Zeitpunkt, da die Handlung einsetzt, ist er 32 Jahre alt. Drei Versuche, als Offizier, Ingenieur bzw. Mathematiker *»ein bedeutender Mann«* zu werden, sind für ihn unbefriedigend verlaufen. Schließlich erkennt er, daß ihm das Mögliche mehr bedeutet als das mediokre, schematische und rollenhafte Wirkliche. Da er in einer extrem technisierten Zeit keine *»Ordnung des Ganzen«* mehr findet, beschließt er, *»ein Jahr Urlaub von seinem Leben zu nehmen«*, um die *»Ursache und den Geheimmechanismus«* dieser in ihre Teile zerfallenden Wirklichkeit zu begreifen. Damit zieht sich Ulrich in die Passivität einer bloß reflektierenden Haltung zurück. Er fühlt sich als Mann ohne Eigenschaften, weil er nicht mehr den Menschen, sondern die Materie als Zentrum moderner Wirklichkeit ansieht: *»Heute ... hat die Verantwortung ihren Schwerpunkt nicht im Menschen, sondern in den Sachzusammenhängen ... Es ist eine Welt von Eigenschaften ohne Mann entstanden, von Erlebnissen ohne den, der sie erlebt.«* Ulrich sieht sich mit den Problemen seiner Zeit, mit den Widersprüchen zwischen Logik und Gefühl, Kausalität und Analogie, Wissenschaftsgläubigkeit und Kulturpessimismus konfrontiert. Im Gegensatz zum individuellen Helden des klassischen Bildungsromans wird er zum Integrationsmoment philosophisch-geistesgeschichtlicher Kraftfelder. Anschauungen von NIETZSCHE, Ernst MACH (über den Musil seine Doktorarbeit schrieb), KLAGES, EMERSON, C. STUMPF, W. KÖHLER, E. R. JAENSCH, J. v. ALLESCH und anderen (vgl. R. v. Heydebrand) gehen in Ulrichs Reflexionen ein. Die adäquate Form eines derart experimentierenden und kombinatorischen Denkens ist der Essay. *(»Ungefähr wie ein Essay in der Folge seiner Abschnitte ein Ding von vielen Seiten nimmt, ohne es ganz zu fassen ... glaubte er, Welt und sein eigenes Leben am richtigsten ansehen und behandeln zu können. Der Wert einer Handlung oder einer Eigenschaft, ja sogar deren Wesen und Natur erschienen ihm abhängig von den Umständen, die sie umgaben, von den Zielen, denen sie dienten, mit einem Wort, von dem bald so, bald anders beschaffenen Ganzen, dem sie angehörten.«)* Dieser Essayismus *(»Ausgestaltung ohne Verfestigung«)* prägt Musils Sprache: Die Metaphorik wird von eher offenen Sprachformen wie Analogie, Vergleich und Gleichnis verdrängt. Denn anders als die Metapher, die Identität erzeugt, schafft *»das Gleichnis die Verbindung der Vorstellungen, die im Traum herrscht; es ist die gleitende Logik der Seele«*.

Diese Konzeption verändert entscheidend die Struktur des Erzählten. An die Stelle eines erzählerischen Kontinuums tritt ein beziehungsreiches Feld von Handlungs- und Personenkomplexen, ein *»breites, verzweigtes System vielfältiger Spiegelungen und Variationen«* (W. Rasch). Zwar bleibt, laut Rasch, *»der erzählerische Gestus gewahrt: ein Erzähler, der alles überblickt, spricht ständig, färbt den Bericht, kommentiert zuweilen die Vorgänge, reflektiert«*, die Zeitdimension des Erzählens aber ist ebenso diskontinuierlich, wie die Titelfigur eigenschaftslos. An die Stelle der Zeit tritt als Ordnungsprinzip die Ironie des Erzählers, mit deren Hilfe die Verfestigungen der Wirklichkeit aufgebrochen werden. Diese Ironie enthält die Kategorie des Möglichen, ist also konstruktiv-utopisch. Das rückt sie in die Nähe des Ironiebegriffs von KIERKEGAARD. Ulrich selbst wird zum Objekt dieser erzählerischen Ironie.

Der Roman ist in Wien und in der österreichisch-ungarischen Monarchie lokalisiert, aber dieser szenische Hintergrund ist für Musil, anders als etwa für Joseph ROTH, nicht Milieu eines historischen Romans, sondern ein *»besonders deutlicher Fall der modernen Welt«*. Es ist dies eine Welt des sinnlos reproduzierenden Leerlaufs, in der nur *»Seinesgleichen geschieht«*. Das geht aus dem dominierenden Handlungskomplex des ersten Bandes hervor, der *»vaterländischen Aktion«*, als deren Sekretär Ulrich auftritt. Ein Komitee soll die Feiern zum siebzigjährigen Regierungsjubiläum Kaiser Franz Josephs I. im Jahre 1918 als »Parallelaktion« zu dem im selben Jahr stattfindenden dreißigjährigen Regierungsjubiläum Wilhelms II. vorbereiten. Ihr ironisches Doppelgesicht erhält die Parallelaktion dadurch, daß das Jahr 1918 den Zusammenbruch der beiden Monarchien bedeutet. Das geplante Jubelfest erhält somit von vornherein die Attribute einer Beerdigungsfeier. Im Umkreis der Parallelaktion begegnet Ulrich der empfindsamen Ermelinda Tuzzi – er nennt sie ironisch Diotima –, deren Mann, dem Sektionschef Tuzzi, ferner dem geistigen Vater der Aktion, Graf Leinsdorf, dem biederen General Stumm von Bordwehr und schließlich dem deutschen Finanzmagnaten und »Großschriftsteller« Arnheim, zu dem Diotima in platonischer Leidenschaft entbrennt. Außerdem treten auf: Ulrichs Jugendfreund Walter, die Nietzsche-Jüngerin Clarisse, der Prophet Meingast, der Bankdirektor Leo Fischl, dessen Tochter Gerda und ihr Freund Hans-Sepp, ein Anhänger völkischer Ideologie. Ulrichs Schwester Agathe, deren Ehemann Hagauer und Freund Lindner bilden einen weiteren Personenkreis. Entscheidend ist bei diesen Gruppierungen, gemäß dem Prinzip der »Spiegelung«, allein ihr Bezug auf Ulrich. Sie alle personifizieren bestimmte Möglichkeiten und Anlagen Ulrichs, vermitteln ihm *»das unbestechliche Bild eines Zerrspiegels«*.

Arnheim, ein Porträt des deutschen Politikers und Schriftstellers Walter Rathenau, fungiert als Gegenfigur zu Ulrich. Denn Arnheim glaubt gefunden zu haben, was Ulrich sucht: eine neue Moral in der Synthese zwischen Ratio und Seele. Weil er erkennt, daß Arnheims Selbstbewußtsein nur eine *»künstliche Einheit des Glücks«* darstellt, lehnt er dessen unreflektierte *»Vereinigung von Kohlenpreis und Seele«* ab. Dagegen fühlt sich Walter, wie anfangs auch Ulrich, zu *»Besonderem berufen«*. Nach etlichen gescheiterten Versuchen als Zeichenlehrer, Musikkritiker etc. hat er sich schließlich in eine bequeme Beamtenstellung geflüchtet und ist in kulturpessimistischer Attitüde erstarrt. Extremes Sinnbild der aus den Fugen gegangenen Welt ist die Gestalt des wahnsinnigen Prostituiertenmörders Moosbrugger. Als Zuhörer bei dessen Gerichtsverhandlung wird Ulrich bewußt: *»Das war deutlich Irrsinn, und ebenso deutlich bloß ein verzerrter Zusammenhang unserer eigenen Elemente des Seins. Zerstückt und durchdunkelt war es, aber Ulrich fiel irgendwie ein: wenn die Menschheit als Ganzes träumen könnte, müßte Moosbrugger entstehen.«* Moosbruggers Wahnvorstellungen korrespondieren mit Ulrichs Erfahrungen des »anderen Zustands«. In dem Maße, in dem Ulrich nämlich den Geheimmechanismus moderner Wirklichkeit durchschaut, sehnt er sich nach der Freiheit des Disparaten und nach ursprünglichem, paradiesischem Erleben. Vor allem in der zweiten Hälfte des Romans erlebt er wiederholt Entrückungszustände, ein Schwinden der Raumgrenzen. Ulrich begreift diesen *»anderen Zustand«* (seine Konzeption ist L. Klages' *Vom kosmogonischen Eros* verpflichtet) nicht als Negierung der Ratio. Die Erfahrungen einer konventionellen Erlebnismystik bei Diotima und Arnheim sowie deren Pervertierung in den Wahnsinn bei Moosbrugger zwingen ihn immer wieder zu einer kritischen Überprüfung seines Erkenntnisprozesses.

Im zweiten Band versucht Ulrich in der Gemeinschaft mit seiner Schwester Agathe den *»anderen Zustand«* zu leben. Die Geschwister treffen sich zum ersten Mal nach langer Zeit beim Begräbnis des Vaters. In Agathe gewahrt Ulrich *»die schattenhafte Verdoppelung seiner selbst in der entgegengesetzten Natur«*; erst im Zusammenleben mit ihr gewinnt das Dasein für ihn einen Sinn. Die Welt des *»Seinesgleichen geschieht«*, die des *»Gespenstigen«* verblaßt. Die Liebe der beiden Geschwister ist *»eine Reise an den Rand des Möglichen, die an den Gefahren des Unmöglichen vorbei, und vielleicht nicht immer vorbeiführte«*, eine Reise *»ins tausendjährige Reich«* (der Titel des dritten Teils). Der Inzest hat nur in der Totalität der Beziehungen zwischen Bruder und Schwester Stellenwert und ist von Musil als Mythos intendiert. Ulrich weiß, daß der *»andere Zustand«* zum Scheitern verurteilt ist, daß die Versöhnung von Ich und Welt, der *»Einzug ins Paradies«*, die Vita contemplativa sich nicht perpetuieren lassen. Dennoch behält der *»andere Zustand«* für ihn seinen Wert als *»augenblickhaftes Innewerden einer anderen Wirklichkeit«* (W. Rasch). Die *»Philosophie der induktiven Gesinnung«* (Induktion im Sinne von Möglichkeit) bezeichnet das positive Ende von Ulrichs geistigem Abenteuer. H.Str.

Ausgaben: Bln. 1930 [Buch 1]. – Bln. 1933 [Buch 2]. – Lausanne 1943, Hg. M. Musil [Buch 3]. – Wien ³1938 [Bd. 1]. – Hbg. 1952 (in *GW in Einzelausg.*, Hg. A. Frisé, 3 Bde., 1). – Reinbek 1978, 2 Bde.; ern. 1981. – Reinbek 1978 (in *GW*, Hg. A. Frisé, 9 Bde., 1–5).

Literatur: W. Boehlich, *Untergang u. Erlösung* (in Akzente, 1, 1954, S. 35–50). – W. Braun, *M.'s »Erdensekretariat der Genauigkeit u. Seele«. A Clue to the Philosophy of the Hero of »Der Mann ...«* (in MDU, 46, 1954, S. 305–316). – K. M. Michel, *Zu R. M.s Roman »Der Mann ...« Die Utopie der Sprache* (in Akzente, 1, 1954, S. 23–35). – W. Berghahn, *Die essayistische Erzähltechnik R. M.s. Eine morphologische Untersuchung zur Organisation u. Integration des Romans »Der Mann ...«*, Diss. Bonn 1956. – H. Arntzen, *Satirischer Stil. Zur Satire R. M.s im »Mann ohne Eigenschaften«*, Bonn 1960; ³1983. – W. Braun, *Moosbrugger Dances* (in GR, 35, 1960, S. 214–230). – R. v. Heydebrand, *Zum Thema Sprache u. Mystik in R. M.s Roman »Der Mann ...«* (in ZfdPh, 82, 1963, S. 249–271). – H. Honold, *Die Funktion des Paradoxen bei R. M. dargestellt am »Mann ohne Eigenschaften«*, Diss. Tübingen 1963. – E. Wilkins u. E. Kaiser, *Monstrum in Animo: Bemerkungen zu einem bisher im Original unveröffentlichten M.s aus dem Nachlaß R. M.s* (in DVLG, 37, 1963, S. 78–119). – W. Bausinger, *Studien zu einer historisch-kritischen Ausgabe von R. M.s Roman »Der Mann ohne Eigenschaften«*, Reinbek 1964. – H. Brosthaus, *Zur Struktur u. Entwicklung des »anderen Zustands« in R. M.s Roman »Der Mann ...«* (in DVLG, 39, 1965,

S. 388–440). – W. Rasch, *Zur Entstehung von R. M.s Roman »Der Mann ohne Eigenschaften«* (in DVLG, 39, 1965, S. 350–387). – R. v. Heydebrand, *Die Reflexionen Ulrichs in R. M.s Roman »Der Mann ohne Eigenschaften«*, Münster 1966. – W. Rasch, *Über R. M.s Roman »Der Mann ohne Eigenschaften«*, Göttingen 1967. – G. Bauer, *Die »Auflösung des anthropozentrischen Verhaltens« im modernen Roman. Dargestellt an M.s »Mann ohne Eigenschaften«* (in DVLG, 42, 1968, S. 677–701). – K. Laermann, *Eigenschaftslosigkeit. Reflexionen zu M.s Roman »Der Mann ...«*, Stg. 1970. – B.-R. Hüppauf, *Von sozialer Utopie zur Mystik. Zu R. M.s »Der Mann ...«*, Mchn./Salzburg 1971. – G. Müller, *Dichtung und Wissenschaft. Studien zu R. M.s Romanen »Die Verwirrungen ...« und »Der Mann ...«*, Uppsala 1971. – G. Müller, *Ideologiekritik u. Metasprache in R. M.s Roman »Der Mann ...«*, Mchn./Salzburg 1972. – J. Burckhardt, *»Der Mann ohne Eigenschaften« von R. M. oder das Wagnis der Selbstverwirklichung*, Bern 1973. – D. Goltschnigg, *Mystische Tradition im Roman R. M.s*, Heidelberg 1974. – M. Schrader, *M. »Der Mann ohne Eigenschaften«* (in M. Sch., *Mimesis u. Poiesis. Poetologische Studien zum Bildungsroman*, Bln./NY 1975, S. 156–348). – W. Fuld, *Die Quellen zur Konzeption des »anderen Zustands« in R. M.s Roman »Der Mann ohne Eigenschaften«* (in DVLG, 50, 1976, S. 664–682). – G. Müller, *Zur Entstehungsgeschichte von R. M.s Roman »Der Mann ohne Eigenschaften«. Folgerungen aus der neuen Edition* (in ZfdPh, 98, 1979, S. 524–543). – S. Rinderknecht, *Denkphantasie u. Reflexionsleidenschaft. M.s Formensynthese im Roman »Der Mann ohne Eigenschaften«*, Ffm. 1979. – P. Dettmering, *Die Doppelgänger-Phantasie in R. M.s »Der Mann ohne Eigenschaften«* (in Literatur u. Kritik, 1980, H. 148, S. 451–458). – W. Graf, *Erfahrungskonstruktion. Eine Interpretation von R. M.s Roman »Der Mann ohne Eigenschaften«*, Bln. 1981. – H. Arntzen, *M.-Kommentar zu dem Roman »Der Mann ohne Eigenschaften«*, Mchn. 1982. – G. Müller, *Isis u. Osiris. Die Mythen in R. M.s Roman »Der Mann ohne Eigenschaften«* (in ZfdPh, 102, 1983, S. 583–604). – U. Eisele, *R. M. »Der Mann ohne Eigenschaften«* (in U. E., *Die Struktur des modernen deutschen Romans*, Tübingen 1984, S. 114–150). – D. P. Farda, *Mundus pluralis, R. M.s Roman »Der Mann ohne Eigenschaften« im Wechselspiel von Reflexion u. Phantasie*, Heidelberg 1988. – Ph. Payne, *R. M.'s »The Man Without Qualities«: A Critical Study*, Cambridge u. a. 1988. – A. Venturelli, *Die Erfindung der Geschichte. M.s Auffassung der Geschichte in »Der Mann ...«* (in *Die österr. Literatur. Ihr Profil von der Jahrhundertwende bis zur Gegenwart*, Hg. H. Zeman, Graz 1989, Bd. 2). – P. C. Pfeiffer, *Aphorismus und Romenstruktur. Zu R. M.s »Der Mann ...«*, Bonn 1990.

DIE VERWIRRUNGEN DES ZÖGLINGS TÖRLESS

Erzählung von Robert MUSIL, entstanden 1903, erschienen 1906. Die Drucklegung des Werks, das Musils erster und einziger großer Erfolg wurde, kam erst nach mehreren Fehlschlägen durch Vermittlung von Alfred KERR zustande.

In der »guten Gesellschaft« zeichnet sich die Internatsschule zu W. durch angestammtes Prestige aus. Dennoch leidet der »Zögling« Törleß unter ihren Lebensbedingungen von Anfang an. Schon der Beginn der Erzählung verweist so auf den strukturbestimmenden Konflikt zwischen der *»ästhetisch intellektuellen«* Natur des Individuums Törleß und der gesellschaftlich sanktionierten und kollektiv vorhandenen Wirklichkeit des Instituts. Wie stets, so gilt auch hier Musils Interesse den objektiven Bedingungen dieser Wirklichkeit so wenig, daß er sie kaum erzählt. Im Sprachstil reflektierter Einfühlung beschreibt er fast ausschließlich den Konflikt, den die radikale Subjektivität der Psyche des Törleß heraufbeschwört. Ihrer Entwicklung folgt Musil konsequent. Sie beginnt mit dem Leiden des Kindes, führt über das zentrale Motiv der Erzählung, die »Verwirrungen« des pubertären, und schließt mit dem Versuch des nahezu erwachsenen Törleß, sich selbst neu zu bestimmen. *Törleß* ist demnach die biographische Erzählung einer Individuation, weshalb sie dem Bildungsroman einigermaßen ähnelt.

Auf die *»unwirtliche Fremde«* des Instituts reagiert Törleß mit *»Heimweh«* nach dem Schutz seiner Eltern – für Musil Anlaß, um in der Figur des Törleß eine Psychologie der Sehnsucht nach einer zweiten, imaginären Wirklichkeit darzustellen. Was *»Heimweh«* ist, gilt seinem Erzähler als *»seelische Kraft«*, die sich zunächst nur *»unter dem Vorwand des Schmerzes«* äußert. Mit beginnender Pubertät verebbt sie dann und Törleß schließt sich den Schülern Beineberg und Reiting an, die *»bisweilen bis zur Rohheit wild und ungebärdig«* sind. Vom *»animalischen«* Gehabe seiner Kameraden zugleich angezogen und abgestoßen, verharrt Törleß in einem Zustand der Ichspaltung. Gleich dem Kind verwandelt der pubertäre Törleß die gegebene Realität in Bilder sehnsüchtiger Phantasien, die sich jetzt allerdings um Symbole einer noch unbekannten Sexualität anlagern. So wartet er auf etwas von *»fürchterlicher, tierischer Sinnlichkeit«*. Nach einer Episode mit der gealterten Dorfhure Božena, die in Törleß bürgerliche Moral und sexuelle Phantasien zugleich bestätigt, bricht das ersehnte Ereignis dann auch tatsächlich herein. Allerdings zerstört nicht *»tierische Sinnlichkeit«* die alltäglichen Verhaltensgewohnheiten, sondern ein Eigentumsdelikt des Schülers Basini. Dessen Entdeckung wollen Beineberg und Reiting geheimhalten, um Basini privat überwachen und selbst bestrafen zu können. Törleß hingegen ahnte von Anfang an eine innere Verwandtschaft zwischen seinen sexuellen Phantasien und Basinis Diebstahl. Da er wie Basini gegen die moralische Postulate seiner bürgerlichen Erzie-

hung verstieß, fühlte er die Gemeinsamkeit des gleichen Konflikts. Anfänglich blieb das vage Empfindung. Jetzt allerdings ist auch die normenwidrige Sexualität der Phantasie des Törleß entrissen. Er projiziert sie gänzlich auf Basini. Dadurch rückt sie aber aus der *»Phantasie ins Leben«* und wird *»bedrohlich«*, weshalb Basini auch für Törleß eine *»wichtige Rolle«* spielt.
Beineberg und der machtlüsterne Reiting einigen sich zunächst, Basini gemeinsam zu foltern. Der Sadismus des Törleß äußert sich im Gegensatz dazu sublim. Da ihn an den Handlungen der anderen ohnehin nur interessiert, was allein er für wichtig hält, nämlich: Auskunft zu erhalten über die ihm noch fremde Unmoral der Gefühle, quält er Basini später nicht durch physische Mißhandlung, sondern durch psychische. Er will, daß Basini reflektierend bewußt erlebt, was er tat; er wünscht ferner Aufklärung über dessen homosexuelles Verhältnis zu Reiting und Beineberg. Das Interesse des Törleß wird dadurch zum Ebenbild der Erzählabsichten Musils. Erfährt Basini seine Handlungen gleich einem nicht weiter zu befragenden Schicksal, so hat Törleß (wie Musil) einen anderen Begriff vom »Handeln«: Es geht nicht aus der dumpfen Kausalität des Schicksals, sondern aus der verstehbaren Kausalität der »Seele« hervor. Für Törleß verlieren Basinis Verfehlungen daher jede psychische Tiefe, die »Bedrohung« scheint verschwunden, kurz bevor sie sich unversehens kreatürlich äußert: Basini verführt Törleß. Wiederum in einem Zustand der Ichspaltung befangen, reagiert dieser zugleich mit Scham, Verachtung und einer *»neuen Leidenschaft«*. Allerdings ist Basini, so stellt Musil fest, für Törleß nur Initiation eines *»ziellosen Hungers«*, der alsbald über ihn hinauswachsen wird. Die Feststellung ist wohl vorbereitet. Insbesondere die Meditationen des Törleß über die imaginäre, *»ziellose Grenzenlosigkeit«* seiner Erlebnisse verwiesen schon vorher darauf. Freilich ist die Krise hier wie in den meisten Erzählungen Musils notwendig, um verwirklichen zu können, was als Ziel der Individuation vorweg definiert ist: die kulturelle Autonomie der Person, die aus dem *»Wachstum der Seele, des Geistes«*, einer *»leidenschaftlichen«* Innerlichkeit, hervorgehen soll.
Am Ende der Krise des Törleß steht der Entschluß Beinebergs und Reitings, Basini nun doch den Schülern auszuliefern. Als sich diese in laienhafter Lynchjustiz austoben, entsteht ein schulinterner Skandal, als dessen Folge nun auch Törleß sein Verhalten rechtfertigen muß,; die homosexuelle Phase kann jedoch vertuscht werden. *»Mit beinahe dichterischer Inspiration«* repräsentiert er sich und seine Interessen schließlich vor dem Leiter und den Lehrern der Schule; vor einer quasi stellvertretenden Öffentlichkeit findet er sein Selbstverständnis. Er begreift jetzt die radikale Subjektivität seiner Psyche und ihren klassischen Konflikt mit einer Umwelt, deren inhumane Praxis durch moralisch verbürgte Konventionen kaum beeinträchtigt wird. Eben deshalb wird er von den öffentlichen Repräsentanten dieser Umwelt auch nicht verstanden. Gestörte Kommunikation, von Anfang an Symptom des strukturbestimmenden Konflikts, schließt die Erzählung ab. Konsequent stimmt folglich die Entscheidung des Törleß, aus dem Institut auszutreten, mit dem Entschluß des Lehrer-Kollegiums überein, ihn zu entlassen, da man sich seiner Erziehung nicht länger gewachsen fühle.
Für eine zwar versteckte, dennoch aber stark ausgeprägte autobiographische Thematik spricht zunächst weniger, daß sich viele Fakten belegen lassen, mehr, daß zahlreiche und gerade die wichtigsten Erzählmotive und ihre Bedeutungen aus der Biographie Musils selber stammen, insbesondere das Leiden am Internat »W.« (Musil selbst war Schüler in Mährisch-Weißkirchen; *Tagebuch 1937–1942* Nr. 95, 156, 184) und das Erlebnis jugendlicher Homosexualität *(Tagebuch 1903)*; schließlich, daß die Lebensform des Törleß und Musils psychologisches Erzählinteresse sich entsprechen – was zu ständigen Identifikationen des Autors mit seinem Helden führt; und vor allem, daß die Identitätsschwierigkeiten des Törleß die aus der fundamentalen Erfahrung des Widerspruchs zwischen Ichideal und kollektiver Wirklichkeit resultieren, Musils eigenes Selbstverständnis widerspiegeln, das er ausführlich in den *Tagebüchern* bereits zur Entstehungszeit der Erzählung niedergelegt hat. In Törleß inszeniert Musil sich folglich selbst, freilich nicht in plumper Reproduktion biographischer Tatsachen. Vielmehr entwirft er in Törleß eine Rolle, die seinem Selbstverständnis genau entspricht und verstreute biographische Erfahrungen im Rahmen des beherrschenden Konflikts der Erzählung in sich aufnehmen kann. Das verweist auf den stark individualpsychologisch belasteten Literaturbegriff von Musil überhaupt: Die sozial nur äußerst schwer vermittelbare Innerlichkeit, vorrangiges Thema der Tagebücher und des *Törleß*, findet in der literarischen Einsamkeit, im Akt des Schreibens und Lesens, ein angemessenes Medium, um sich unbeschädigt äußern zu können. Kulturell idealistisches Selbstverständnis und Kritik an der Kulturferne bürgerlicher Wirklichkeit ergänzen sich deshalb wie im *Törleß* so auch in den Tagebüchern Musils, eine Dialektik, die Musil nach dieser Erzählung eindeutig erst wieder im *Mann ohne Eigenschaften* darstellt.
Gerade die autobiographische Verbindlichkeit bestimmt denn auch den Rang des *Törleß*: Als ästhetisches Dokument für die Sprache der »Seele«, als psychologisches Dokument für ihre Widersprüche, deren Analyse mit anderen Voraussetzungen FREUD zur selben Zeit begann; als soziologisches Dokument für Selbstverständnis und Rollenkonflikt eines Schriftstellers mit radikal subjektivem Kulturidealismus, der übrigens dazu beitrug, Musil am Ende seiner Karriere in berufliche Erfolglosigkeit, soziale Vereinsamung und wirtschaftliche Not hineinzutreiben – späte, bittere Wirklichkeit zum Erzählthema des *Törleß*. R.Gr.

AUSGABEN: Wien/Lpzg. 1906. – Mchn. 1911. – Bln. 1931. – Hbg. 1957 (in *Prosa, Dramen, Späte*

Briefe, Hg. A. Frisé; *GW* in Einzelausg.). – Reinbek [14]1970. – Ffm. 1975. – Reinbek 1978. – Reinbek 1978 (in *GW*, Hg. A. Frisé, 9 Bde., 6).

VERFILMUNG: Deutschland/Frankreich 1965 (Regie: V. Schlöndorff).

LITERATUR: A. Kerr, Rez. (in Der Tag, 21. 12. 1906). – J. Schaffner, *»Die Verwirrungen des Zöglings Törleß«, von R. M.* (in NRs, 1911). – R. Minder, *Kadettenhaus, Gruppendynamik u. Stilwandel von Wildenbruch bis Rilke u. M.* (in R. M., *Kultur u. Lit. in Deutschland u. Frankreich. Fünf Essays*, Ffm. 1962, S. 73–93; IB). – W. Braun, *The Confessions of Toerless* (in GR, 40, 1965, S. 116–131). – H. Goldgar, *The Square Root of Minus One: Freud and R. M.'s »Törless«* (in GL, 17, 1965, S. 117–132). – E. Stopp, *M.'s »Törless«. Content and Form* (in MLR, 63, 1968, S. 94–118). – K. Corino, *Törleß ignotus. Zu den biographischen Hintergründen von R. M.s Roman »Die Verwirrungen …«* (in *R. M.*, Mchn. 1968, S. 18–25; Text + Kritik). – A. Reniers-Sevranckx, *»Törless«. Désarrois freudiens«* (in EG, 24, 1969, S. 103–109; dt. in *R. M. Studien zu seinem Werk*, Hg. K. Dinklage u. a., Reinbek/Klagenfurt 1970, S. 26–39). – L. Huber, *R. M.s »Törleß« u. die Krise der Sprache* (in Sprachkunst, 4, 1973, S. 91–99). – G. Mattenklott, *Der »subjektive Faktor« in M.s »Törless«* (in Neue Hefte für Philosophie, 4, 1973, S. 47–73). – D. Turner, *The Evasions of the Aesthete Törless* (in FMLS, 10, 1974, S. 19–44). – W. Braun, *Neuere Interpretationen zu den »Verwirrungen …«* (in Modern Austrian Literature, 9, Nr. 3/4, 1976, S. 43–56). – *Materialien zu R. M.s »Verwirrungen …«*, Hg. H.-P. Franke, Stg. 1979. – I. Winter, *Zeitperspektiven in R. M.s »Verwirrungen des Zöglings Törless«* (in Modern Austrian Literature, 13, Nr. 3, 1980, S. 47–68). – W. Zillig, *Dialog u. Charakter. Zu den Dialogen in R. M.s »Die Verwirrungen …«* (in *Interaktionsanalysen*, Hg. G. D. Rump u. W. Heindrichs, Hildesheim 1982). – J. A. Varsava, *Törleß at the Limits of Language. A Revised Reading* (in Seminar, 20, 1984, S. 188–204). – E. Meuthen, *Törleß im Labyrinth* (in DVLG, 59, 1985, S. 125–144). – K. Rossbacher, *Mathematik u. Gefühl. Zu R. M.s »Die Verwirrungen …«* (in *Österreichische Lit. des 20. Jh.*, Hg. S. P. Scheichl u. G. Stieg, Innsbruck 1986). – B. Grossmann, *R. M. »Die Verwirrungen …« Interpretation*, Mchn. [2]1988. – Th. Söder, *Untersuchungen zu R. M.s »Verwirrungen …«*, Rheinfelden 1988. – W. Jens, *Sadistische Spiele auf dem Dachboden. Über R. M.s »Die Verwirrungen …«* (in *Romane von gestern – heute gelesen*, Hg. M. Reich-Ranicki, Bd. 1, Ffm. 1989, S. 55–63).

THEODOR PLIEVIER

* 1.2.1892 Berlin
† 12.3.1955 Avegno / Tessin

LITERATUR ZUM AUTOR:
H. Wilde, *Th. P. Nullpunkt der Freiheit. Biographie*, Mchn. u. a. 1967. – W. J. Schwarz, *War and the Mind of Germany (Ernst Jünger. Erich Maria Remarque. Th. P.)*, Bern/Ffm. 1975. – H.-H. Müller u. W. Schernus, *Th. P. Eine Bibliographie*, Ffm. u. a. 1987.

STALINGRAD

Tatsachenroman von Theodor PLIEVIER, erschienen 1945. – Der sinnlose Untergang der deutschen 6. Armee im Zweiten Weltkrieg bei Stalingrad ist Gegenstand dieses Werks, das als der bedeutendste Antikriegsroman der engeren Nachkriegszeit gelten kann und das der Autor während seines Exils in Moskau verfaßte. Der Bericht beginnt mit dem 19. November 1942, jenem Tag, an dem die deutschen Fronttruppen durch einen russischen Angriff zwischen Don und Wolga eingekesselt wurden. Aus der Perspektive von Beteiligten, besonders des Panzerobersten Vilshofen und seiner Leute, der Strafkompanie um Unteroffizier Gnotke, des Oberstabsarzts Simmering und seiner Helfer, der Generäle Gönner und Damme und des Stabes mit dem Oberbefehlshaber Paulus, wird der Ablauf der Katastrophe bis zur Kapitulation am 2. Februar 1943 berichtet. Die Armeeführung lehnt auf Befehl Hitlers jeden Rückzug ab, und im Dezember scheitert auch der Entsatzversuch des Generals Hoth. So ist die eingeschlossene Truppe ganz auf sich selbst angewiesen und versucht trotz mangelhafter Ausrüstung und mittels Versorgung durch die Luft, bei strengem Winter und schlechtem Gesundheitszustand einem überlegenen Feind Widerstand zu leisten. Besonders die Kampfgruppe Vilshofen, zu der auch die Strafkompanie gehört, zeichnet sich dabei aus. Auf der schutzlosen Ebene werden sie aber immer weiter auf Stalingrad zurückgeworfen, bis der Kessel nur noch das eigentliche Stadtgebiet umfaßt. Hier herrscht völlige Anarchie: Ungehorsam der Untergebenen und Verantwortungslosigkeit der Führer, Elend und Verkommenheit. Die Naziführung lehnt die Kapitulation ab, da sie aus propagandistischen Gründen ein gigantisches, heroisches Sterben wünscht. Nun wird fast allen, besonders Simmering und Vilshofen, klar, daß sie und die ganze Armee sich für einen verbrecherischen und sinnlosen Krieg mißbrauchen ließen. Als das überlebende Drittel der 300 000-Mann-Armee in die Gefangenschaft zieht, verbündet sich der ehemalige Panzerkommandeur mit dem früheren Sträfling Gnotke, um sich für einen friedlichen

Wiederaufbau Deutschlands mit sozialer Gerechtigkeit bereitzuhalten.
Plivier knüpft mit seinem Werk an die Tradition der Dokumentarliteratur der Weimarer Republik an; die geschilderten Fakten sind authentisch, die Ereignisse werden aus der Perspektive einzelner Soldatenschicksale verfolgt, das Geschehen außerhalb des Kessels – politische Vorgänge oder die Situation auf der russischen Seite – geraten so wenig in das Blickfeld wie die Suche nach den Ursachen des Krieges. Der Roman schildert in realistisch-dokumentarischer Weise die Welt aus der Sicht der deutschen Soldaten, deren Untergang zum Symbol einer zwangsläufig scheiternden Politik wird: *»... welchen engstirnigen, habsüchtigen Interessen haben wir gedient und Leben und Wohlfahrt und Zukunft unseres Volkes geopfert! Stalingrad mußte kommen, nicht uns zum Triumph, uns zur Lehre!«*
Trotz des mitunter anklingenden moralischen Pathos hebt sich Pliviers Roman durch seine Montageform und dem Bemühen um Authentizität bis heute aus den zahlreichen Schilderungen des Zweiten Weltkriegs und vor allem der Schlacht um Stalingrad hervor. Der Autor, der 1947 aus dem östlichen Teil Deutschlands in den Westen wechselte, ohne sich *»dem Westen zu verschreiben«*, ließ nach dem Erfolg des Werkes zwei weitere Romane folgen, *Moskau* (1952) und *Berlin* (1954), in denen er das Geschehen an den weiteren zentralen Kriegsschauplätzen zu dokumentieren suchte. H.Es.

Ausgaben: Moskau 1943/44 (in Internationale Literatur, 13, 1943, H. 11–14; 1944, H. 1/2 u. 4–9). – Moskau 1945. – Bln. 1945. – Mexiko 1946. – Mchn./Wien/Basel 1958. – Mchn. 1966 [zus. m. *Moskau* und *Berlin*]. – Köln 1983 (in *Werke in Einzelausg.*, Hg. u. Nachw. H.-H. Müller). – Mchn. 1986 (dtv).

Bearbeitung: M. Häberlein, *Stalingrad* (Hörspiel; 1953; Südwestfunk).

Verfilmung: BRD 1963 (TV; Regie: G. Burmester; Buch: C. Hubalek).

Literatur: V. Klemperer, *Barbusse u. P.* (in Aufbau, 2, 1946, S. 635–645; auch in V. K., *Vor 33 bis nach 55. Gesammelte Aufsätze*, Bln. 1956). – A. Wiss-Verdier, *»Stalingrad« de Th. P.* (in Documents, 2, 1947, S. 411–426). – M. Meister, *»Stalingrad«* (in Merkur, 2, 1948, S. 454–461). – Y. Balaval, Rez. (in Temps Modernes, 1948/49, Nr. 39, S. 162–172). – G. Bataille, *Caprice et machinerie d'état à »Stalingrad«* (in Critique, 5, 1949, S. 447–454). – I. E. Lotze, *Th. P.s Kriegstrilogie: »Moskau«; »Stalingrad«, »Berlin«*, Diss. Columbia Univ. 1969. – R. E. Kyler, *P.'s War Trilogy. A Critical Evaluation*, Diss. Yale Univ. 1971. – D. H. Sevin, *Individuum u. Staat. Das Bild des Soldaten in der Romantrilogie Th. P.s*, Bonn 1972. – H. Peitsch, *Th. P.s »Stalingrad«* (in *Faschismuskritik u. Deutschlandbild im Exilroman*, Hg. C. Fritsch u. L. Winckler, Bln. 1981, S. 83–102).

ERICH MARIA REMARQUE

eig. E. Paul Remark

* 22.6.1898 Osnabrück
† 25.9.1970 Locarno

Literatur zum Autor:
I. Wegner, *Die Problematik der »verlorenen Generation« u. ihre epische Gestaltung im Romanwerk E. M. R.s*, Diss. Jena 1965. – F. Baumer, *E. M. R.*, Bln. 1976. – A. Antkowiak, *E. M. R. Leben u. Werk*, Bln. 21977 [bearb.]; zul. 1983. – C. R. Barker, R. W. Last, *E. M. R.*, Ldn. 1979. – C. R. Owen, *E. M. R.: A Critical Bio-Bibliography*, Amsterdam 1984. – H.-H. Müller, *Der Krieg u. die Schriftsteller. Der Kriegsroman der Weimarer Republik*, Stg. 1986. – *E. M. R.: Bibliographie. Quellen, Materialien, Dokumente*, Bearb. T. Westphalen u. a., 2 Bde., Osnabrück 1988. – H. U. Taylor, *E. M. R. A Literary and Film Biography*, Bern u. a. 1988. – *E. M. R. 1898–1970*, Hg. T. Westphalen, Bramsche 1988. – R. A. Firda, *E. M. R. A Thematic Analysis of His Novels*, Bern u. a. 1988.

IM WESTEN NICHTS NEUES

Roman von Erich Maria Remarque, erschienen 1929. – Das Buch gehört zu der Gruppe von Werken, in denen – rund zehn Jahre nach dem Ende des Ersten Weltkriegs – das Kriegserlebnis des Frontsoldaten geschildert und direkt oder indirekt Anklage erhoben wurde gegen den Krieg; es erschien im selben Jahre wie Ernest Hemingways *A Farewell to Arms (In einem anderen Land)*, ein Jahr nach Ernst Glaesers *Jahrgang 1902* und Ludwig Renns *Krieg*, drei Jahre nach Hemingways *The Sun Also Rises (Fiesta)*. Bei Remarque fällt wie auch bei Hemingway das Wort von der »verlorenen Generation«, die nach dem Krieg nicht mehr in der bürgerlichen Gesellschaft Fuß fassen kann, weil sie im Alter von achtzehn bis zwanzig Jahren schon zuviel Grauen erlebt hat und dem Tod zu oft ins Auge sehen mußte, um vergessen zu können.
Ähnlich wie Renn schildert Remarque den Krieg aus der Perspektive des einfachen Soldaten, des gemeinsam mit seinen Klassenkameraden von der Schule direkt aufs Schlachtfeld geschickten Paul Bäumer. Die Begeisterung, die ihn wie seine Kameraden zu Anfang des Kriegs erfüllte, wird ihm schon durch die Schikanen bei der Ausbildung ausgetrieben, durch Kasernenhoftyrannen vom Schlage des als Typ sprichwörtlich gewordenen Unteroffiziers Himmelstoß, durch den unsinnigen Drill, der nicht einmal für das Überleben in wirklicher Gefahr nützt. *»Auf eine sonderbare und schwermütige Weise verroht«*, schlagen der Erzähler und seine Freunde sich dann durch das Leben als Frontsoldaten, das sich zwischen *»Trommelfeuer, Verzweiflung*

und Mannschaftsbordells« abspielt und das sie zu *»Menschentieren«* macht. Als das einzig Positive erscheint die an der Front entstehende Kameradschaft quer durch alle Dienstgrade. Die mörderischen Kämpfe, der Stellungskrieg, die Materialschlachten, die Gasangriffe, die nächtlichen Patrouillen durch zerschossene Wälder, das hundertfache Sterben ringsumher kehren mit fast stereotyper Gleichförmigkeit wieder und ähneln den vergleichbaren Schilderungen in vielen andern Kriegsbüchern: kaum reflektiert, in einer einfachen Report-Sprache, nur bisweilen von melancholischem Pathos gefärbt und ohne jeden Ton von Hoffnung.
Der Roman ist durchaus unpolitisch; nur ein einziges Mal entspinnt sich zwischen den Soldaten eine Diskussion über die Ursache von Kriegen, die aber völlig schematisch und abstrakt bleibt. Diese Fragen bleiben ungelöst für den Ich-Erzähler, der – wie ein kurzer Schlußpassus mitteilt – als letzter der Gruppe von Schulkameraden im Oktober 1918 an einem Tag fällt, an dem *»der Heeresbericht sich nur auf den Satz beschränkte, im Westen sei nichts Neues zu melden«*.
Obwohl der Autor in einem Vorspruch betont, das Buch solle *»weder eine Anklage noch ein Bekenntnis sein. Es soll nur den Versuch machen, über eine Generation zu berichten, die vom Kriege zerstört wurde – auch wenn sie seinen Granaten entkam«*, wurde *Im Westen nichts Neues* doch nicht nur als Bericht, sondern als Anklage gegen den Krieg und vor allem auch gegen die Erwachsenen verstanden, gegen die Eltern und Lehrer, die diese *»eiserne Jugend«* mit chauvinistischen Reden in den Krieg trieben. Die Feindschaft der älteren Generation, die Remarque auf sich gezogen hatte, konnte von den Nationalsozialisten noch einmal politisch ausgemünzt werden: Goebbels organisierte Krawalle gegen die Verfilmung des Romans (1930), und seit 1933 gehörte *Im Westen nichts Neues* zur verbotenen und verbrannten Literatur in Deutschland.
Der Roman hatte dennoch, wohl gerade wegen seines kargen, beschreibenden Tons und der darin spürbaren bitteren Resignation, außerordentlichen Erfolg und fand, in 32 Sprachen übersetzt, weltweite Verbreitung. J.Dr.

AUSGABEN: Bln. 1929. – Köln 1964 [zus. m. *Der Weg zurück*]. – Ffm. u.a. 1985. – Köln 1987 [Nachw. T. Westphalen].

VERFILMUNG: *All Quiet on the Western Front*, USA 1930 (Regie: L. Milestone).

LITERATUR: H. Heisler, *Krieg oder Frieden. Randbemerkungen zu R.s Buch »Im Westen nichts Neues«*, Stg. o. J. [1929]. – W. Müller-Scheld, *»Im Westen nichts Neues« eine Täuschung*, Idstein 1929. – H. Krog, *Omkring R.s roman* (in H. K., *Meninger, Litteratur, Kristendom, Politik*, Oslo 1947, S. 73–80). – W. Victor, *»Im Westen nichts Neues«. Zum Nazi-Skandal um einen R.-Film* (in W. V., *Köpfe u. Herzen. Begegnungen mit Zeit u. Zeitgenossen*, Weimar 1949, S. 201/202). – H. Bär, *Kriegsbücher – so oder so* (in Heute und Morgen, 1950, S. 230–236). – H.-J. Bernhard, *Der Weltkrieg '14–'18 im Werk E. Jüngers, E. M. R.s u. A. Zweigs*, Diss. Rostock 1959. – J. Brantzsch, *Untersuchungen über die Publikumswirksamkeit der Romane »Im Westen nichts Neues« u. »Der Weg zurück« von E. M. R. vor 1933*, Diss. Potsdam 1970. – H. M. Klein, *Dazwischen Niemandsland. »Im Westen nichts Neues« u. »Her private we«* [von F. Manning] (in *Großbritannien u. Deutschland*, Hg. O. Kuhn, Mchn. 1974, S. 488–512). – H. Rüter, *E. M. R. »Im Westen nichts Neues«. Ein Bestseller der Kriegsliteratur im Kontext. Entstehung, Struktur, Rezeption, Didaktik*, Paderborn u. a. 1980. – J. Hermand, *Versuch, den Erfolg von E. M. R.s »Im Westen nichts Neues« zu verstehen* (in *Weimar am Pazifik*, Hg. D. Borchmeyer u. T. Heimeran, Tübingen 1985, S. 71–78). – P. Horn, *Der »unbeschreibliche« Krieg u. sein fragmentierter Erzähler* (in H.-Mann-Jb., 4, 1986, S. 85–108). – G. Blöcker, Rez. (in *Romane von gestern – heute gelesen*, Hg. M. Reich-Ranicki, Bd. 2, Ffm. 1989, S. 194–200).

JOSEPH ROTH

* 2.9.1894 Brody / Ostgalizien
† 27.5.1939 Paris

LITERATUR ZUM AUTOR:
Biographien:
D. Bronsen, *J. R. Eine Biographie*, Köln 1974; ern. Mchn. 1981 (dtv). – H. Nürnberger, *J. R. in Selbstzeugnissen u. Bilddokumenten*, Reinbek 1981 (rm).
Gesamtdarstellungen und Studien:
J. R. Leben u. Werk. Ein Gedächtnisbuch, Hg. H. Linden, Köln/Hagen 1949. – P. W. Jansen, *Weltbezug u. Erzählhaltung. Eine Untersuchung zum Erzählwerk u. zur dichterischen Existenz von J. R.*, Diss. Freiburg i. B. 1958. – E. Wegner, *Die Gestaltung innerer Vorgänge in den Dichtungen J. R.s*, Diss. Bonn 1964. – S. Rosenfeld, *Raumgestaltung u. Raumsymbolik im Romanwerk J. R.s*, Diss. Univ. of Ill. 1965 [m. Bibliogr.]. – F. Hakkert, *Kulturpessimismus u. Erzählform, Studien zu J. R.s Leben u. Werk*, Bern 1967. – C. Magris, *Lontano da dove. J. R. e la tradizione ebraico-orientale*, Turin 1971 (dt. *Weit von Wo. Verlorene Welt des Ostjudentums*, Wien 1974). – H. Scheible, *J. R. Mit einem Essay über Gustave Flaubert*, Stg. u. a. 1971. – F. Hackert, *Kaddisch und Miserere. Untergangsweisen eines jüdischen Katholiken. Joseph Roth im Exil* (in Hg. M. Durzak, *Die deutsche Exilliteratur 1933–1945*, Stuttgart 1973, S. 220–231). – W. Sieg, *Zwischen Anarchismus und Fiktion. Eine Untersuchung zum Werk von J. R.*, Bonn 1974. – *J. R.*, Hg. H. L. Arnold, Mchn. 1974 (Text + Kri-

tik), [2]1982. – *J. R. und die Tradition. Aufsatz- u. Materialiensammlung*, Hg. u. Einl. D. Bronsen, Darmstadt 1975. – M. Kranz, *J. R.s Stellung zum Zionismus* (in Tribüne, 14, 1975, H. 55, S. 6376–6392). – I. Sültemeyer, *Das Frühwerk J. R.s 1915–1926. Studien u. Texte*, Wien u. a. 1976. – L. Halldén, *Das Phänomen Österreich im Leben und Werk J. R.s* (in *Literatur und Kritik*, 104, 1976, S. 226–238). – Th. Juergens, *Gesellschaftskritische Aspekte in J. R.s Romanen*, Leiden 1977. – M. Kranz, *Juden u. ihre Berufe in J. R.s Werk* (in Tribüne, 16, 1977, H. 63, S. 55–82). – *J. R. 1894–1939. Eine Ausstellung d. Deutschen Bibl. Ffm.*, Red. B. Eckert u. W. Berthold, Ffm. 1979 [Ausst.-Kat.]. – P. Wapnewski, *Hiob. Leben u. Werk des J. R.* (in P. W., *Zumutungen. Essays zur Literatur d. 20. Jh.s*, Düsseldorf 1979, S. 140–163). – Z. M. Jászka, *Neue R.-Forschungen* (in Acta litteraria Academiae Scientiarium Hungaricae, 21, 1979, S. 421–428). – R. Koester, *J. R.*, Bln. 1982. – H. Kesten, *J. R.* (in *Deutsche Literaturkritik*, Hg. H. Mayer, Bd. 4: *Vom Dritten Reich bis zur Gegenwart (1933–1968)*, Ffm. 1983, S. 420–445; FiTb; zuerst 1956). – H. Céllerier, *Une patrie pour un emigré. J. R. établi en France* (in Austriaca, Nr. 19, 1984, S. 49–68). – E. Steinmann, *Von der Würde des Unscheinbaren. Sinnerfahrung bei J. R.*, Tübingen 1984. – M. Willerich-Tocha, *Rezeption als Gedächtnis. Studien zur Wirkung J. R.s*, Ffm./Bern 1984. – U. Greiner, *J. R.* (in *Österreichische Porträts*, Hg. J. Jung, 2 Bde., Salzburg/Wien 1985, 2, S. 356–378). – P. Stöcklein, *Zur Psychologie des Hasses. J. R.s Deutung des Judenhasses. Mit einem Blick auf Freud* (in *Weimar am Pazifik. Literarische Wege zwischen den Kontinenten. Fs. f. W. Vordtriede*, Hg. D. Borchmeyer u. T. Heimeran, Tübingen 1985, S. 79–89). – R. Baumgart, *Drei Ansichten von J. R.* (in R. B., *Glücksgeist u. Jammerseele. Über Leben u. Schreiben, Vernunft u. Literatur*, Mchn. 1986, S. 145–164). – K. Westermann, *J. R. Journalist. Eine Karriere 1915–1939*, Bonn 1987. – *J. R. Werk und Wirkung*, Hg. B. M. Kraske, Bonn 1988. – V. Henze, *Jüdischer Kulturpessimismus und das Bild des alten Österreich im Werk Stefan Zweigs u. J. R.s*, Heidelberg 1988. – W. Müller-Funk, *J. R.*, München 1989. – J. Reiber, *Annäherungen an die Habsburger Monarchie. Zur Entwicklung des Österreichbildes bei J. R.* (in *Die österreichische Literatur. Ihr Profil von 1880–1980*, Hg. H. Zeman, Bd. 1, Graz 1989, S. 729–748). – Austriaca, Nr. 30, Rouen 1990 [über J. R.]. – H. O. Horch, *»Im Grunde ist er sehr jüdisch geblieben …«. Zum Verhältnis von ›Katholizismus‹ und Judentum bei J. R.* (in *Literatur in der Gesellschaft*. Fs. f. Th. Buck, Hg. F.-R. Hausmann u. a., Tübingen 1990). – *J. R. Interpretation – Kritik – Rezeption. Akten des internat. interdisziplinären Symposions 1989*, Akad. d. Diözese Rottenburg-Stuttgart, Hg. M. Kessler u. F. Hackert, Tübingen 1990.

DIE KAPUZINERGRUFT

Roman von Joseph Roth, erschienen 1938. – Im Pariser Exil wurde Joseph Roth zum habsburgischen Legitimisten, *Die Kapuzinergruft*, erschienen im Jahr des »Anschlusses« Österreichs an das nationalsozialistische Deutschland, ist Roths schwermütiger Abgesang seiner rückwärtsgewandten Utopie der Vielvölkermonarchie Österreich-Ungarn. Die Handlung des Romans schließt unmittelbar an die des vielschichtigeren und perspektivenreicheren *Radetzkymarsch* (1932) an: Wird im *Radetzkymarsch* das Schicksal der Familie Trotta über vier Generationen hin verfolgt – und damit zugleich Glanz und Verfall des Habsburgerreichs dokumentiert –, so erzählt Roth in der *Kapuzinergruft* vom Leben des Franz-Ferdinand Trotta, in dessen Schicksal sich der Untergang der österreichischen Monarchie spiegelbildlich vollendet. Franz-Ferdinand und seine Freunde gehören jener Wiener *jeunesse dorée* an, der das Spiel mit der »Dekadenz« für Gefühle und Leidenschaften einstehen muß: *»Es war damals, kurz vor dem großen Kriege, ein höhnischer Hochmut im Schwung, ein eitles Bekenntnis zur sogenannten ›Dekadenz‹, zu einer halb gespielten und outrierten Müdigkeit und einer Gelangweiltheit ohne Grund … In dieser Atmosphäre hatten Gefühle kaum einen Platz, Leidenschaften gar waren verpönt.«*

Als der Erste Weltkrieg ausbricht, läßt sich der Leutnant Franz-Ferdinand Trotta in das Infanterieregiment versetzen, in dem auch sein vitaler slovenischer Vetter, der Bauer und Maronibrater Joseph Branco, und dessen Freund, der Fiaker Manes Reisiger, als einfache Soldaten dienen. Die Unmittelbarkeit des Erlebens, die sich Franz-Ferdinand vom Krieg erhofft, wird ihm nur sporadisch zuteil. Im ersten Gefecht gerät er in russische Gefangenschaft, aus der er 1918 nach Wien zurückkehrt. Sein Versuch, sich eine gesicherte bürgerliche Existenz aufzubauen, mißlingt. Die Firma seines Schwiegervaters, an der er sich beteiligt, macht Konkurs, und die noch bei Kriegsausbruch geschlossene Ehe scheitert an seiner Frau Elisabeth, die der lesbischen Kunstgewerblerin Frau Professor Jolanth Szatmary hörig ist. Ohnmächtig steht Franz-Ferdinand einer Nachkriegswelt des Scheins und der Künstlichkeit gegenüber, wie sie in den karikaturistisch gezeichneten Figuren des Schwiegervaters oder der Szatmary sichtbar wird. Nach seinem finanziellen Ruin eröffnet er im Elternhaus eine Pension, in der die verbitterten und zahlungsunfähigen Freunde aus der fröhlichen Vorkriegszeit Unterschlupf finden. Als Trottas Mutter, letzte Verkörperung einer von der Zeit überholten und vergessenen Generation, stirbt, verkauft der Sohn die Pension und nimmt, unbelehrt, apathisch und resigniert, sein altes Leben des Dolcefarniente in den Kaffeehäusern Wiens wieder auf. Die Welt Trottas und seiner Freunde versinkt endgültig mit der Machtergreifung der Nationalsozialisten. Ratlos besucht Franz-Ferdinand am Schluß des Romans die Kapuzinergruft, Grabstätte der österreichi-

schen Kaiser und Symbol der vergangenen Donaumonarchie, um mit der Frage *»Wohin soll ich, ich jetzt, ein Trotta?«* sein endgültiges Scheitern zu bekennen.
Resignation, Auflösung und Todesahnung, zentrale Motive des aus der Perspektive Franz-Ferdinands erzählten Ich-Romans, kennzeichnen die Welt Trottas und seiner Freunde. Sie verleihen diesem gefühlsbetonten, immer wieder die Distanz des objektiven Erzählens aufhebenden Versuch eines Rechenschaftsberichts jenen schwermütigen, leicht ermüdenden Grundton, den Roth etwa in dem leitmotivisch wiederkehrenden Satz anklingen läßt: *»Über den Gläsern, aus denen wir übermütig tranken, kreuzte der unsichtbare Tod schon seine knochigen Hände.«* Zu der »heillosen«, als Ausdruck dekadenter städtischer Zivilisation verstandenen Sphäre Trottas schafft Roth einen positiv gemeinten Gegensatz: die durch Branco und Reisiger verkörperte Sphäre des »Ursprünglichen« und des »Echten«, eine aus antizivilisatorischem Affekt erzeugte Fiktion, nach der sich der »Held« des Romans insgeheim sehnt. Roths Chronik des Zeitverfalls hat mit ihrer Sehnsucht nach der »versunkenen Welt« wesentlichen Anteil an der Dichtung des »habsburgischen Mythos«; der Perspektivelosigkeit von Roths Legitimismus in der unmittelbaren politischen Realität entspricht das schattenhafte Verlöschen des altösterreichischen Adelsgeschlechtes der Trotta, *»es ist ein Roman ohne Ausweg, ohne Ausblick, es sei denn in eine Gruft«* (H. Natonek).
S.Re.-H.Str.

AUSGABEN: Bilthoven 1938. – Köln/Bln. 1956 (in *Werke*, Einl. H. Kesten, 3 Bde., 1). – Köln 1982. – Bln./DDR 1984 (Nachw. Ch. Foerster). – Köln 1990 (in *Werke*, Hg. u. Nachw. F. Hackert, 6 Bde., 1989–1990, 6: *Romane und Erzählungen 1936–1940*).

VERFILMUNG: *Trotta*, BRD 1971 (Regie: J. Schaaf; nach dem Roman *Die Kapuzinergruft*).

LITERATUR: K. Pauli, *J. R. »Die Kapuzinergruft« u. »Der stumme Prophet«*, Ffm. u. a. 1985. – K. Zelewitz, *En lisant les romans de Roth »La marche de Radetzky« et »La crypte des capucins« – Pourquoi les Trotta sont-ils slovènes?* (in Austriaca, Nr. 30, Rouen 1990).

RADETZKYMARSCH

Roman von Joseph ROTH, erschienen 1932. – In seinem Meisterwerk stellt Roth den allmählichen Zerfall des Habsburgerreiches am wechselvollen Schicksal der vier Generationen einer Familie dar – Mitläufern und Randfiguren im Sog des historischen Geschehens, dessen bedeutsame Stationen und Repräsentanten jedoch fast völlig ausgespart bleiben (selbst die Gestalt des Kaisers Franz Joseph ließ Roth erst auf Anraten seines Freundes Walter Landauer auftreten). Roth geht es nicht um die exakte und überpersönliche Dokumentation und Analyse der Geschichte, sondern um die Vermittlung von Privatexistenz und historischem Prozeß, um *»den Willen jener unheimlichen Macht, die am Schicksal eines Geschlechts das einer historischen Gewalt deutet«* (Vorbemerkung zum Roman).
In der (historischen) Schlacht von Solferino (1859) rettet der (fiktive) Leutnant Trotta den Kaiser, indem er ihn rechtzeitig zu Boden wirft, als dieser sein Fernglas an die Augen führt und sich dadurch dem Feind als Ziel, *»würdig, getroffen zu werden«*, präsentiert; er selbst wird durch die dem Kaiser zugedachte Kugel verwundet. Trotta wird zum Hauptmann befördert, mit dem Maria-Theresien-Orden ausgezeichnet und geadelt. Die plötzliche Verbindung mit welthistorischen Ereignissen und seine unerwartete Karriere entfremden ihn dem Vater, dem Repräsentanten der bäuerlichen slovenischen Vorfahren der Familie Trotta. *»Ein neues Geschlecht brach mit ihm an.«* – Nach Jahren entdeckt Hauptmann Trotta im Lesebuch seines Sohnes zufällig eine Geschichte, die seine Tat entstellt und verkitscht wiedergibt; während sie in Wirklichkeit eher Reflex als »Heldentat« war, wird sie im Lesebuch zur Propagierung eines zweifelhaften vaterländischen Heldentums mißbraucht. Bei den zuständigen Behörden stößt Trotta mit seiner Beschwerde auf Unverständnis – nur der Kaiser, der ihm eine Audienz gewährt, begreift seine Empörung, fügt sich aber resigniert dem Zwang der politischen Mythenbildung. Trotta bittet um seine Entlassung aus der Armee und übersiedelt auf das Gut seines Schwiegervaters, um zur Lebensform seiner bäuerlichen Vorfahren zurückzufinden. Der Erzähler enthüllt die Unangemessenheit und gewollte Künstlichkeit dieses Reprivatisierungsversuchs, indem er die neue Tätigkeit des »Helden von Solferino« mit denselben Worten beschreibt, die zuvor Trottas Vater galten.
Sein Sohn, zum Beamten, nicht zum Soldaten bestimmt, wird Bezirkshauptmann in der Provinz. Er ist eine der prägnantesten Gestalten des Romans – ein typischer Vertreter des in der österreichischen Literatur von GRILLPARZER bis DODERER wiederholt porträtierten pflichtbewußten Beamten; er verkennt die Hinfälligkeit der Monarchie: Als er einmal gezwungen ist, in seinen Akten den Ausdruck *»revolutionärer Agitator«* (als Bezeichnung eines aktiven Sozialdemokraten) durch *»verdächtiges Individuum«* zu ersetzen, verharmlost er progressive politische Strömungen zu privaten Unruheherden. – Der Enkel Carl Joseph, Offizier wie der »Held von Solferino«, spürt dagegen bald das bevorstehende Ende des alten Staatengebildes. Er steht freilich unter dem Bann des Großvaters, dem er es, seiner Überzeugung nach, nie wird gleichtun können: Hatte jener den Kaiser selbst gerettet, so beschränkt sich der Enkel darauf, das Bild des Kaisers aus einem Bordell zu »retten«. Schon früh verbinden sich in ihm Todesahnung und Schuldgefühle. Als die Frau des Wachtmeisters Slama, die ihn als fünfzehnjährigen Kadettenschüler verführte, an einer Geburt stirbt, schreibt er sich nur allzu bereitwillig die Schuld an ihrem Tod zu. Diese

Schuldgefühle verstärken sich, als sein einziger Freund, der jüdische Regimentsarzt Dr. Demant, bei einem Duell ums Leben kommt – ein Vorfall, der die Sinnlosigkeit des erstarrten Ehrenkodex demonstriert: Trotta hatte die leichtlebige Frau seines Freundes lediglich nach dem Theater nach Hause begleitet, worauf Demant von einem Regimentskameraden angepöbelt worden war und Genugtuung verlangen »mußte«. Diese Toten, besonders aber das Bild des toten »Helden von Solferino«, zehren an der Lebenskraft des Leutnants: *»Ich bin nicht stark genug für dieses Bild. Die Toten! Ich kann die Toten nicht vergessen! Vater, ich kann gar nichts vergessen! Vater!«* In der abgelegenen Garnisonsstadt nahe der russischen Grenze, wo diese Worte fallen, ahnt schließlich auch der Bezirkshauptmann, daß die k. u. k. Monarchie, deren Einheit sich in der Figur des Kaisers versinnbildlicht, nicht mehr lange bestehen wird. Es ist der polnische Graf Chojnicki – die einzige Gestalt in Roths Roman, die die politischen Veränderungen nicht nur mehr oder weniger dumpf spürt, sondern sie auch zu artikulieren vermag –, der ihm die Augen öffnet: *»Die Zeit will uns nicht mehr! Diese Zeit will sich erst selbständige Nationalstaaten schaffen!«*

Unfähig, sich von seinen Schuldgefühlen und Todesahnungen zu befreien, wird Carl Joseph vom Alkohol abhängig und verstrickt sich in Schulden. Seine Schwermut wird nur selten von jäh aufkommender Euphorie unterbrochen, wie etwa während einer glanzvollen Fronleichnamsprozession in Wien – einer barocken Apotheose der alten Donaumonarchie –, der er mit einer Geliebten auf der Tribüne beiwohnt. Die Nachricht von der Ermordung des Thronfolgerpaares trifft – ein makabrer Zufall – bei Trottas Regiment ein, als ein orgiastisches Sommerfest im Gange ist. Trotta reicht seinen Abschied ein und versucht, wie sein Großvater, der »Held von Solferino«, innere Ruhe als Bauer zu finden. Bei Kriegsausbruch zur Armee zurückgekehrt, kommt er im Geschoßhagel ums Leben, als er für die Soldaten seines Zuges Wasser holen will. – Der »Epilog« schildert die beiden letzten Lebensjahre des Bezirkshauptmanns, der am Tage der Beisetzung des Kaisers (1916) stirbt. Diese Gleichzeitigkeit weist ein letztes Mal darauf hin, daß Roth mit dem Schicksal der Familie Trotta zugleich auch das Schicksal des Habsburgerreiches darstellen will: *»... sie konnten beide«* – der Kaiser und der Bezirkshauptmann – *»Österreich nicht überleben.«*

Die melancholische, virtuos auf der Grenze zwischen tragischer Ironie und Sentimentalität balancierte Stimmung des Romans beruht auf der Diskretion und Anpassungsfähigkeit des Autors, der sich in die jeweilige Bewußtseinslage seiner Figuren einzufühlen versteht, aber auf die aufdringliche Position des allwissenden Erzählers verzichtet. Dieser elegischen Grundhaltung, die selbst an den unübersehbaren Schwächen der Romangestalten wie der untergehenden Monarchie noch liebenswerte Züge entdeckt, entspricht die rückwärtsgewandte Utopie, die verklärende Sehnsucht nach der verlorenen Ursprünglichkeit, die die kritische Analyse des historischen Prozesses verweigert. Roths Roman, dem die intendierte Vermittlung von Individuum und Geschichte – im Gegensatz zu Musils bewußt kontrastierender Technik der *»Parallelaktion«* (vgl. *Der Mann ohne Eigenschaften*, 1930–1952) – nicht bruchlos gelingt, ist ein *»Requiem auf Österreich«* (F. Heer). Sein Leitmotiv ist der Radetzkymarsch, der jeden Sonntag vor dem Haus des Bezirkshauptmanns gespielt wird: Er versinnbildlicht die Idee der Einheit des Vielvölkerstaats, die schließlich nur noch so wenig in der Wirklichkeit begründet ist, daß die ironische Formulierung *»Einmal in der Woche war Österreich«* nur scheinbar paradox ist. H.Sch.

Ausgaben: Bln. 1932. – Stockholm 1939 (Forum-Bü., 18). – Köln/Bln. 1953; ern. 1960. – Köln/Bln. 1956 (in *Werke*, Einl. H. Kesten, 3 Bde., 1). – Köln/Bln. 1963; ern. 1965. – Bln./Weimar 1964. – Bln. 1967. – Köln 1979 [Sonderausg.]. – Mchn. 1981 (dtv). – Köln 1989. – Köln 1990 (in *Werke*, Hg. u. Nachw. F. Hackert, 6 Bde., 1989–1990, 5).

Verfilmung: Österreich 1965 (Regie: Michael Kehlmann; TV).

Literatur: A. Polgar, *J. R. »Radetzkymarsch«* (in Die Wiener Weltbühne, 19. 12. 1932; ern. in A. P., *Kleine Schriften*, Hg. M. Reich-Ranicki, Bd. 4, Reinbek 1984, S. 1139–1141). – L. Marcuse, *»Radetzkymarsch«* (in Das Tagebuch, 13, 1932, S. 1548–1550). – R. Geissler, *»Radetzkymarsch«* (in R. G., *Dekadenz u. Heroismus*, Stg. 1964, S. 60–65). – H. Böning, *J. R.s »Radetzkymarsch«. Thematik, Struktur, Sprache*, Mchn. 1968 [m. Ausw.-Bibliographie]. – A. Kurer, *J. R.s »Radetzkymarsch«. Interpretation. Ein Beitrag zum Phänomen des Spätzeitlichen in der österr. Literatur*, Diss. Zürich 1968. – S. Rosenfeld, *Grenze u. Untergang in J. R.s »Radetzkymarsch«* (in Modern Austrian Literature, 2, 1969, S. 12–16). – A. D. Klarmann, *Das Österreichbild im »Radetzkymarsch«* (in *J. R. und die Tradition*, Hg. D. Bronsen, Darmstadt 1975, S. 153–162). – W. G. Hoffmeister, *›Eine ganz bestimmte Art von Sympathie‹: Erzählhaltung und Gedankenschilderung im »Radetzkymarsch«* (ebd., S. 163–180). – R. S. Struc, *»Radetzkymarsch« als Roman der Beziehungslosigkeit* (in *Revue des Langues Vivantes*, 42, 1976, S. 457–468). – W. Maier, *Typische Formen der Geschichtsstruktur in J. R.s »Radetzkymarsch«* (in ASSL, 129, 1977, S. 71–79). – E. Lima, *Mito ed utopia. Nel Radetzkymarsch di J. R.*, Palermo 1978. – W. Zimmermann, *J. R.: »Radetzkymarsch«* (in W. Z., *Deutsche Prosadichtungen unseres Jh.s. Interpretationen für Lehrende u. Lernende*, Düsseldorf [6]1981, S. 296–372). – M. Curling, *J. R.s »Radetzkymarsch«. Eine psychosoziologische Interpretation*, Ffm., Bern 1981. – E. Santner, *Geschlossenheit, Geschichte und Welt in J. R.s »Radetzkymarsch«* (in Rocky Mountain Review, 36, 1982, S. 45–59). – M. Wörsching, *Die rückwärtsgewandte Utopie* (in *J. R.*, Hg. H. L. Arnold, München 1982, S. 90–100; Text + Kritik). –

D. Bronsen, *Das literarische Bild der Auflösung im »Radetzkymarsch«* (in *J. R. Werk und Wirkung*, Hg. B. M. Kraske, Bonn 1988, S. 9–24). – H. Spiel, Rez. (in *Romane von gestern – heute gelesen*, Hg. M. Reich-Ranicki, Bd. 2, Ffm. 1989, S. 350–358). – K. Zelewitz, *En lisant les romans de Roth »La marche de Radetzky« et »La crypte des capucins« – Pourquoi les Trotta sont-ils slovènes?* (in Austriaca, 30, Rouen 1990, S. 11–22).

DAS SPINNENNETZ

Roman von Joseph ROTH, erschienen in der Wiener ›Arbeiter-Zeitung‹ vom 7. 10.–6. 11. 1923. – Joseph Roths jahrzehntelang vergessener und erst 1967 wiederentdeckter erster Roman spielt vor dem Hintergrund der Spartakuskämpfe in den Jahren vor Hitlers und Ludendorffs Putsch in München und verdeutlicht den verworrenen Lauf der politischen Machtkämpfe an der Hauptfigur Theodor Lohse, einem Vertreter des *»aus den sozialen Ordnungen entgrenzten, wild gewordenen Kleinbürgers«*, dessen Ressentiments und Frustrationen gefährlich sind, *»weil er sich selbst blutige Gegenbeweise liefern muß«* (P. W. Jansen).

Als Leutnant aus dem Ersten Weltkrieg zurückgekehrt, findet er sich in der von sozialen und politischen Umwälzungen bedrohten zivilen Welt nicht mehr zurecht: *»Kein Vorgesetzter war, dessen Launen man erkunden, dessen Wünsche man erraten konnte.«* Aus Zufall gerät er nach einer homosexuellen Beziehung zum Prinzen Heinrich auf dessen Empfehlung in eine Geheimorganisation, die von München aus unter der Chiffre S II ihre Netze spinnt. Hier bietet sich ihm endlich eine Gelegenheit, als Spitzel, keiner Weltanschauung verpflichtet, sich immer mehr in die Wahnwelt seiner eigenen Machtwünsche hineinzusteigern und jeden zu ermorden, der ihn an seine Kleinbürgerlichkeit erinnern könnte: seinen Freund Günther, den er um die menschliche Wärme im Verhältnis zu dessen Braut beneidet; seinen Vorgesetzten Klitsche, dessen Stellung er selbst beansprucht. Er kehrt in die Armee zurück, die ihm ein besseres Wirkungsfeld bietet. Vergeblich sucht er den Schwager des ermordeten Freundes Günther aus dem Weg zu räumen, der als Zeuge von Lohses Feigheit während eines erfolgreichen Einsatzes gegen eine Arbeiterdemonstration – ein *»Sieg der Ordnung«*, wie Roth ironisch apostrophiert – von nun an leitmotivisch seine innere Unsicherheit verkörpert und ihn an seine früheren Morde erinnert. Theodor heiratet ein Fräulein von Schlieffen, eine ehrgeizige Frau, die nur zu ihm »aufblickt«, um ihn zu einem Werkzeug ihrer hochgesteckten gesellschaftlichen Ziele zu machen. Gleichzeitig wird Theodor, ohne sich dessen bewußt zu sein, zur Marionette in den Händen seines einzigen »Vertrauten«, Benjamin Lenz, Ostjude und Doppelagent aus Abscheu vor der europäischen Dekadenz. Im Unterschied zu dem jüdischen Großgrundbesitzer Chojnicki in *Radetzkymarsch* (1932), der den prophetisch vorausgeahnten Verfall der Donaumonarchie resigniert-genießerisch beobachtet, setzt Lenz alle seine Fähigkeiten dazu ein, den Untergang dieser dekadenten europäischen Welt zu beschleunigen, indem er die gegnerischen Kräfte gegeneinander ausspielt – über Lohse hinweg, der inzwischen als einer der führenden Männer gilt. Lohse überrascht Lenz zwar beim Fotografieren von Geheimakten, kann ihn aber nicht beseitigen, weil er bereits zuviel weiß. Mit seiner Flucht nach Amerika endet der Roman; Roth dachte wohl daran, ihn fortzusetzen, wie sein redaktioneller Vermerk auf einem Exemplar des Verlages Allert de Lange andeutet.

Roth schreibt aus der Sicht der jeweils im Mittelpunkt stehenden Figur und erzielt dadurch eine scheinbare Objektivität. Sein mit der sog. »neuen Sachlichkeit« sympathisierender Stil rafft in häufig anaphorisch reihenden, knappen Sätzen die sich in einer Fülle von scharf gezeichneten Eindrücken und Beobachtungen darbietende Wirklichkeit zum Stenogramm. Vier Jahre später charakterisiert Roth seine schriftstellerische Intention in *Die Flucht ohne Ende: »Es handelt sich nicht mehr darum, zu ›dichten‹. Das wichtigste ist das Beobachtete.«* Dennoch verläßt Roth nicht selten die Ebene des objektivierenden, unbeteiligten Sprechens, so daß sich die beobachteten Details zu Satzperioden vereinen, die die innere Anteilnahme des Autors verraten und ihren Höhepunkt in den leitmotivisch wiederkehrenden, ekstatisch gesteigerten Blutrauschvisionen Lohses finden. Die Figuren des Romans sind keine Individuen, sondern Exponenten gesellschaftlicher Kraftfelder: Günther und sein Schwager wirken als Bürger ebenso beängstigend und unüberwindbar wie das Kollektiv der Arbeiter; Theodor Lohse steht für den skrupellosen, aus eigener Inhaltlosigkeit zur autoritären Macht strebenden Kleinbürger; neben ihm als Varianten die Adeligen Freiherr von Köckwitz und Fräulein von Schlieffen. Roths besonderes Interesse gilt den Juden, die sich frei innerhalb der aufeinanderprallenden Kräfte bewegen und als einzige die labyrinthischen Zeitvorgänge zu durchschauen scheinen.

Als Zeitroman steht *Das Spinnennetz* am Anfang einer Reihe von Werken, die von *Hotel Savoy* (1924) über *Die Flucht ohne Ende* (1927) bis zu *Rechts und Links* (1929) reicht. Trotz »neuer Sachlichkeit« wird in ihnen nicht die objektive geschichtliche und gesellschaftliche Wirklichkeit zwischen den Weltkriegen dargestellt, sondern eine deutlich subjektive und die historische Entwicklung kritisch wertende Position bezogen. Drei Tage nach der letzten Fortsetzung des Romans trafen mit dem Münchner Putsch schriftstellerische Antizipation und politische Realität zusammen.

C.P.S.

AUSGABEN: Wien 1923 (in Arbeiter-Ztg., 35). – Köln/Bln. 1967. – Ffm. 1970 (Nachw. P. W. Jansen; FiBü). – Köln 1988 (KiWi-Tb). – Köln 1989 (in *Werke*, Hg. u. Nachw. F. Hackert, 6 Bde., 1989–1990, 4: *Romane und Erzählungen 1916–1929*).

VERFILMUNG: BRD 1989 (Regie: B. Wicki).

LITERATUR: H. J. Fröhlich, *Im Spinnennetz des Rechtsradikalismus* (in Die Welt der Literatur, 4, 1967, Nr. 16).

NELLY SACHS

* 10.12.1891 Berlin
† 12.5.1970 Stockholm

LITERATUR ZUR AUTORIN:
N. S. zu Ehren. Gedichte, Prosa, Beiträge, Ffm. 1961. – W. A. Berendsohn, *N. S.*, Dortmund 1963 [m. Bibliogr.]. – *N. S. zu Ehren. Zum 75. Geburtstag am 10. Dezember 1966. Gedichte, Beiträge, Bibliographie*, Ffm. 1966. – O. Lagercrantz, *Versuch über die Lyrik der N. S.*, Ffm. 1967 (es). – *N. S.*, Hbg. 1969 [Bibliogr., Einl. P. Kersten]. – *N. S.*, Hg. H. L. Arnold, Mchn. 1969 (Text + Kritik; 21979; erw. u. rev.). – G. Bezzel-Dischner, *Poetik des modernen Gedichts. Zur Lyrik der N. S.*, Bad Homburg u. a. 1970 [zugl. Diss. Ffm.]. – P. Sager, *N. S. Untersuchungen zu Stil u. Motivik ihrer Lyrik*, Diss. Bonn 1970. – D. J. Dodds, *S., Schoenberg. A Study on Myth in Word and Music*, Diss. Univ. of Colorado 1972. – B. Keller-Stocker, *Die Lyrik von N. S. Entwicklung u. Grundstruktur anhand von Interpretationen*, Diss. Zürich 1973. – W. A. Berendsohn, *N. S. Einführung in das Werk der Dichterin jüdischen Schicksals*, Darmstadt 1974. – L. Hardegger, *N. S. und die Verwandlungen der Welt*, Bern/Ffm. 1975. – K. Weissenberger, *Zwischen Stein u. Stern. Mystische Formgebung in der Dichtung von E. Lasker-Schüler, N. S. und P. Celan*, Bern/Mchn. 1976. – C. Vaerst, *Dichtungs- und Sprachreflexion im Werk von N. S.*, Ffm. 1977. – E. Bahr, *N. S.*, Mchn. 1980. – U. Klingmann, *Religion u. Religiosität in der Lyrik von N. S.*, Ffm. u. a. 1980. – J. H. Thompson, *The Theme of Rebirth in 5 Dramas of N. S.*, Diss. Univ. of North Carolina, Chapel Hill 1980. – P. Michel, *Mystische u. lit. Quellen in der Dichtung von N. S.*, Diss. Freiburg i. B. 1981. – E. K. Cervantes, *Struktur-Bezüge in der Lyrik von N. S.*, Ffm./Bern 1982. – A. Thuswaldner, *N. S.* (in KLG, 14. Nlg. 1983). – M. Krug, *Schmetterlingsweisheit. Die Todesbilder der N. S.*, Bln. 1983. – R. Dinesen, *N. S. – Primärbibliographie. Verstreute Veröffentlichungen vor 1940* (in Text & Kontext, 12, 1984, S. 164–166). – H. Falkenstein, *N. S.*, Bln. 1984.

DAS LYRISCHE WERK von Nelly SACHS.
In einem Brief aus dem Jahr 1947 beschreibt die aus dem assimilierten deutschen Judentum stammende Dichterin ihr literarisches Werk als *»schwache Versuche …, das Unsägliche in unzulängliche Sprache zu bringen«*. An dieses Unsägliche, das historische Datum Auschwitz, bleibt ihr Schreiben lebenslang gebunden. Ihre Texte, zu denen auch Prosastücke und etliche Dramen zählen, sind lesbar als Erkundungen menschlichen Leidens, als unaufhörlicher Schrei, als Totengebet, Erinnerungsschrift und Anklage. Ihre literarische Arbeit gilt dem immer wieder scheiternden Versuch, die Ferne der Toten in Sprache umzuwandeln, ihre *»meerhaft redende Abwesenheit«* zu hören und den namenlosen Ermordeten eine Stimme zu geben, doch zugleich auch in der Sprache die Welt erneut zusammenzufügen. Die Bindung an das Datum Auschwitz, das Nelly Sachs weniger als ein singuläres historisches Ereignis ansah denn als unwiderruflichen Riß durch die Schöpfung, betrifft daher neben Themen und Motiven auch die poetologische Struktur ihrer Lyrik. Nelly Sachs sah keine Möglichkeit, sprachlich an die *»Vormartyrium-Tradition«* anzuknüpfen in einer Zeit, die *»aufgerissen ist wie eine Wunde«*, in der *»ja doch kein Wort zu nichts mehr hin«* reiche. Ihre Empfindung, daß die logische Sprache ebenso wie die traditionelle Ästhetik nach Auschwitz versagten, und ihre Suche nach anderen Sprachformen, um aus dem Verstummen herauszufinden, verbindet die Poetologie ihrer Lyrik mit der ihres Freundes Paul CELAN. Das Zerbrechen der neoromantischen Metaphorik, die für ihre vor 1943 verfaßten, von den surrealistischen und expressionistischen Experimenten der zwanziger Jahre nahezu unberührten Gedichte prägend war, markiert den Beginn ihres auch sprachlichen Exils. Von der als *»graziös und lieblich«* (H. Domin) charakterisierten Sprache ihrer frühen Texte hat sich Nelly Sachs daher später immer distanziert; allerdings waren es diese Texte, die ihr im Jahre 1940 indirekt zur Emigration verhalfen und damit ihr Leben retteten. Unter dem Einfluß einer intensiven Lektüre mystischer Texte – vor allem der jüdischen Mystik, die sie durch Schriften Martin BUBERS und Gershom SCHOLEMS kennenlernte – entwickelte sie nach 1943 eine *»außer sich geratene, visionäre«* (H. Domin) lyrische Sprache, die ihre Nähe zu HÖLDERLIN und NOVALIS keineswegs aufgab und dabei *»auf einer neuen Ebene den deutschen Expressionismus (wiederholte), ohne ihn je gekannt zu haben«* (E. Bahr).
Unter dem Schock der Mitteilungen über die deutschen Vernichtungslager entstand im schwedischen Exil 1943/44 neben der Arbeit an dem »Mysterienspiel« *Eli* die *»Meinen toten Brüdern und Schwestern«* gewidmete Gedichtsammlung *In den Wohnungen des Todes* (1947). Sie setzt sich aus vier Zyklen zusammen: *Dein Leib im Rauch durch die Luft, Gebete für den toten Bräutigam, Grabschriften in die Luft geschrieben* und *Chöre nach der Mitternacht*. Die *»Wohnungen des Todes, / einladend hergerichtet«* repräsentieren jenes Universum der deutschen Vernichtungslager, das die Perversion aller menschlichen Werte zur Wirklichkeit erhob. Beherrscht wird dieser Ort von den *»Todesgärtnern«*,

die in sich zärtliche Fürsorge mit mörderischer Gewalt vereinen. Durch metonymische Reihung *(»Schornsteine«, »Finger«, »Hände«, »Schuhe«, »Kehle«, »Rauch«)* werden nicht nur Täter und Opfer benannt – es wird auch eine historische und physische Konkretion erreicht, die einer im symbolischen Raum der Sprache angedeuteten mystischen oder ästhetischen Überwindung des Leidens zuwiderläuft. Für die paradoxe Verknüpfung von Schmerz und Gottesnähe steht das metonymische Zeichen »Staub«, das Verletzung und Tod bedeutet, zugleich aber jenen mystischen Umschlagspunkt markiert, an dem Erlösung einsetzt und eine Öffnung ins Kosmische geschieht (B. Allemann). Die *Grabschriften in die Luft geschrieben* rufen einzelne Namen und die mit ihnen verknüpften Biographien von ermordeten Menschen in Erinnerung, die Nelly Sachs nahestanden: einen *Hausierer*, eine *Markthändlerin*, einen *Spinozaforscher*, eine *Tänzerin*, und andere. Ebenso wie bei den *Gebeten für den toten Bräutigam* handelt es sich um einen imaginären Dialog mit den Getöteten. In dem abschließenden Zyklus *Chöre nach der Mitternacht* besprechen die verlassenen und die unsichtbaren Dinge, die Toten und die Überlebenden, die Ungeborenen und die Tröster, die Sterne, Steine, Bäume, Wolken, und zuletzt das Land Israel die mit dem Wort *»Mitternacht«* bezeichnete Massenvernichtung der Juden.

Auch die zweite Gedichtsammlung, *Sternverdunkelung* (1949), bezieht sich unmittelbar auf die Erfahrung des Exils und des Holocaust, wobei die Titelmetapher auf den Rauch der Krematorien deutet, der die Erde geschwärzt hat. Gewidmet sind die fünf Zyklen, die wie die Gedichte des vorhergehenden Bandes ihr Stammeln durch den Rekurs auf die Rhetorik der biblischen Klagepsalmen überbrükken, den Überlebenden der Massenvernichtung *(Und reißend ist die Zeit; Überlebende)*, den in der hebräischen Bibel mit der Leidensgeschichte des jüdischen Volkes verknüpften Figuren Abraham, Jakob, Hiob, Daniel, David und Saul *(Die Muschel saust)*, dem *Land Israel*, das die *»aus den Weltecken verweint«* Heimkehrenden aufnimmt und so eine mystische Versprechung realisiert, und dem nahenden Tod der geliebten Mutter *(Im Geheimnis)*. Deutlicher noch als *In den Wohnungen des Todes* zeigt *Sternverdunkelung* den Einfluß einer intensiven Lektüre chassidischer Schriften: in der mystischen Deutung des Leidens, aber auch in der Sprachauffassung, derzufolge die Wörter Welt schöpfen, während sie mit ihrer der *»sterngebärenden Nacht«* zugekehrten Seite den göttlichen Ursprung *»wie Masken«* verdecken *(Chassidische Schriften)*. Nelly Sachs übernimmt die der jüdischen Mystik zugrunde liegende Vorstellung, daß die Einkleidung des *»Geheimnisses«* im sichtbaren Materiellen nicht abgestreift werden darf – ein Verbot der Enthüllung, das auf das Bild-Verbot hindeutet. Daher verknüpft sie religiöse Aussage, sprachtheoretische Reflexion und ethische Forderung, wenn in ihrem Gedicht *Hände der Todesgärtner* physische Gewalt mit einem Aufbrechen der Zeichen des Geheimnisses identifiziert wird *(»Des Leibes Tabernakel aufbrechend, / Der Geheimnisse Zeichen wie Tigerzähne packend –«; In den Wohnungen des Todes)*. Damit verbunden ist die Warnung an die *Völker der Erde* vor jedem künftigen ideologischen Mißbrauch der Sprache *(»O daß nicht Einer Tod meine, wenn er Leben sagt –«)*. Eine zentrale Metapher des chassidischen Mythos, die den Zusammenhang von Exil und Erlösung betrifft, greift die Dichterin im Motiv des Funkens bzw. des Lichts auf, welches ihr gesamtes lyrisches Werk durchzieht: Die in jedem profanen Detail enthaltenen Funken des göttlichen Lichts wurden durch den Schöpfungsakt über die ganze Welt zerstreut und müssen durch menschliche Hingabe aus ihrer Verbannung gelöst werden. Der Sprachtheorie der jüdischen Mystik entspricht auch Sachs' Dichtungskonzeption, deren Kern im Versuch der Rettung des durch die historischen Ereignisse *»ertrunkenen Alphabets«* liegt. Dabei laufen die Suche nach Sprache und die Suche nach Gott ineinander.

Die Gedichtsammlungen der mittleren Schaffensperiode (*Und niemand weiß weiter*, 1957; *Flucht und Verwandlung*, 1959; *Fahrt ins Staublose*, 1961) zeigen eine allmählich intensivierte Verklammerung der Motive *»Flucht«* und *»Verwandlung«*, wobei beide nun nicht mehr thematisch auftreten, sondern als paradoxe Bewegung im poetischen Akt inszeniert werden. Vor dem Hintergrund ihrer seit 1950 anhaltenden Beschäftigung mit der Kabbala, vor allem mit dem Buch *Sohar* (13. Jh.), weitet sich das Motiv der Flucht und des Exils vom Trauma der Verfolgung zu einer Chiffre für die Existenzbedingung des Menschen, die nach der Anerkennung dauerhaften Verlustes und einem Bewußtsein der Getrenntheit von Gott verlangt: Flucht und Exil werden zu einer *»Daseinsform..., die den mystischen Weg zur Gottesnähe beschreibt /«* (R. A. Berman). Dieser Tendenz zur figurativen und transhistorischen Abstraktion unterliegt auch das Thema der Gewalt: Die jüdische Verfolgungsgeschichte wird ausgeweitet zum menschheitsgeschichtlichen *»Urzeitspiel«* von *»Jägern«* und *»Gejagten« (Einen Akkord spielen Ebbe und Flut)*, und die *Landschaft aus Schreien* spannt sich von *»Moria«*, dem Ort von Isaaks Schrei unter Abrahams Opfermesser, bis zu dem *»Ascheschrei«* von *»Maidanek und Hiroshima«*. Zwar übernehmen die Gedichte der mittleren Periode weitgehend das Zeichen-Inventar der beiden ersten Lyriksammlungen (u. a. *»Sand«, »Staub«, »Schmetterling«, »Fisch«, »Stein«, »Stern«, »Licht«, »Sehnsucht«, »Tod«*), doch zeichnet sich im Kontext der Rezeption moderner Kunst (García Lorca, Neruda, Klee) eine Entwicklung zur absoluten Metapher ab, die zum zunehmend hermetischen Spätwerk (*Noch feiert Tod das Leben*, 1961; *Glühende Rätsel*, 1963–1967; *Die Suchende*, 1966; *Teile dich Nacht*, 1971) überleitet. Der Beginn der lyrischen Spätphase steht im Zusammenhang mit einem plötzlichen Hervorbrechen des Verfolgungstraumas nach dem ersten Deutschland-Besuch im Jahre 1960. Wiederholte Angstanfälle zwangen Nelly Sachs zu einem jahrelangen Krankenhausaufenthalt. Die Metaphorik der in *Noch feiert Tod das Leben* versammelten Gedichte entwikkelt sich aus der konkreten Realität der Krankenhauswelt *(Im Park spazierengehen –)*. Diese Tendenz zur Konkretion und zu einem verstärkten Wirklichkeitsbezug, die mit der Ausbildung einer universalen Mystik konvergiert, kennzeichnet auch die folgenden Gedichtbände. Der konkrete private Raum, die alltägliche Situation gleiten unversehens über ins Mystische *(Ich wasche meine Wäsche); »Zimmer«* oder *»Straße«* und Universum werden in einer paradoxen Spannung aufeinander bezogen *(In meiner Kammer)*. Die unter dem Titel *Glühende Rätsel* veröffentlichten Gedichte sowie ein Teil der postum edierten Sammlung *Teile dich Nacht* zeichnen sich zudem durch eine äußerste Verknappung der Aussage und eine Neigung zum Elliptischen aus, während der siebenteilige Zyklus *Die Suchende* in fast epischer Weise verschiedene Aspekte der Bewegung einer Frau beschreibt, die *»auf dem magischen Dreieck des Suchens«* den Spuren ihres verschwundenen Geliebten nachtastet *(»Sie sucht den Geliebten / findet ihn nicht / muß die Welt neu herstellen«)*.

Neben der kabbalistischen und chassidischen Schriften entnommenen Sprachfigur des mystischen Paradoxes *(»gebogen ohne Richtung ist das Opfer«)* und anderen poetischen Formen, die das Verschweigen thematisieren – Aposiopese, Ellipse, auch figurale Metaphern wie etwa *»Umriß«*, *»Ring«*, *»Geometrie«* –, dominieren in Sachs' später Lyrik aus dem mimetischen Zusammenhang entbundene absolute Metaphern und Zeichen, die zu Bilderketten verknüpft werden. Diese autonomen, polyvalenten Zeichen rekurrieren nicht mehr auf einen konkreten Anschauungs- und Erfahrungshintergrund, sondern sind nur noch von ihren bildlogischen Bezügen her entzifferbar. Es handelt sich nicht mehr um repräsentative Sprache, sondern um ein *»schweigendes«*, verletztes Sprechen, das sich immer wieder vortastet an die Schwelle zu jenem *»außerhalb«*, *»wo die Unsicherheit zu spülen beginnt«*. Doch die für die lyrische Sprache von Nelly Sachs kennzeichnende Kohäsion von realistischer und mystischer Rede bleibt bestehen: So behält etwa das Zeichen des Fisches über seine religiösen und mythischen Konnotationen hinaus als wörtlichen Kern die Bedeutung des konkreten Verstummens im Schock – eine Bedeutung, die sich auf eine biographische Erfahrung bezieht: Nach einem Verhör durch die Gestapo erlitt Nelly Sachs eine fünf Tage andauernde Kehlkopflähmung *(Leben unter Bedrohung)*.

Auch die späte Lyrik thematisiert die fortdauernde Bedrohung durch Gewalt und Apathie – ein Motiv schon der frühen Gedichte *(Ihr Zuschauenden)* –, wobei die Gewalttat nun in eine räumliche und zeitliche Nähe gerückt wird, die kein Ausweichen in eine historische Perspektive zuläßt *(Ein Faustschlag hinter der Hecke)*. An die Frage, was *»das Andere (ist) auf das ihr Steine werft«*, knüpft Sachs die Aufforderung, sich dem Fremden auf menschliche Weise zu nähern *(»Kommt einer / von ferne / mit Bewegungen des Hundes / oder / vielleicht der Ratte«)*. Die Rezeption des lyrischen Werks von Nelly Sachs in der Bundesrepublik begann mit Stillschweigen – ihre erste Gedichtsammlung erschien beim Aufbau-Verlag in Ost-Berlin, ein großer Teil der Auflage des zweiten beim früheren Exilverlag Berman-Fischer/Querido in Amsterdam verlegten Lyrikbandes wurde aus Mangel an Interesse eingestampft. Durchbrochen wurde dieses Stillschweigen erst gegen Ende der fünfziger Jahre durch die Vermittlung von Hans Magnus Enzensberger und Alfred Andersch. Doch schon in den späten sechziger Jahren, nach der Auszeichnung mit einer Reihe von bundesdeutschen Literaturpreisen und zuletzt dem Literatur-Nobelpreis (gemeinsam mit S. J. Agnon), setzte erneut ein *»Prozess des lauen Vergessens«* (E. Bahr) ein. Die literaturwissenschaftliche Forschung zu der auch als Übersetzerin schwedischer Lyrik des 20. Jh.s hervorgetretenen Autorin, deren Schwerpunkt in den frühen siebziger Jahren liegt, konzentriert sich auf die Untersuchung motivischer Bezüge und die Verarbeitung der mystischen Tradition. Bis in die siebziger Jahre zeigte das Sachs-Bild der bundesrepublikanischen Öffentlichkeit durchaus Züge einer Hagiographie, welche die Dichterin zu einer Versöhnungsfigur stilisierte und – indem sie sich vor eine wirkliche Auseinandersetzung mit ihrem Werk schob – zur fortgesetzten Verdrängung der eigenen Schuld beitrug. Eben dies hatte die Autorin zu vermeiden gesucht durch ihre konsequente Weigerung, biographische Details preiszugeben, die ihrer Auffassung nach eine Trivialisierung des Geschehenen erleichtern könnten. B.R.E.

Ausgaben: *In den Wohnungen des Todes*, Bln./DDR 1947. – *Sternverdunkelung. Gedichte*, Amsterdam 1949. – *Leben unter Bedrohung* (in Ariel, Darmstadt 1956, H. 3, S. 19; ern. in W. A. Behrendsohn, *N. S. Einführung in das Werk der Dichterin jüdischen Schicksals*, Darmstadt 1974, S. 9–12). – *Und niemand weiß weiter. Gedichte*, Hbg./Mchn. 1957. – *Flucht und Verwandlung. Gedichte*, Stg. 1959. – *Fahrt ins Staublose. Die Gedichte der N. S.*, Ffm. 1961. – *Ausgewählte Gedichte*, Ffm. 1963 (Nachw. H. M. Enzensberger; es). – *Das Leiden Israels. Eli. In den Wohnungen des Todes. Sternverdunkelung*, Ffm. 1964 (es). – *Glühende Rätsel. Teil 1 und 2. Gedichte*, Ffm. 1964. – *Späte Gedichte*, Ffm. 1965 (BS). – *Die Suchende. Gedichtzyklus*, Ffm. 1966. – *Teile dich Nacht. Die letzten Gedichte*, Hg. M. u. B. Holmqvist, Ffm. 1971. – *Suche nach Lebenden. Die Gedichte der N. S. Bd. 2*, Hg. dies., Ffm. 1971. – *Gedichte*, Hg. u. Nachw. H. Domin, Ffm. 1977 (BS). – *Briefe der N. S.*, Hg. R. Dinesen u. H. Müssener, Ffm. 1984. – in R. Dinesen, *»Und Leben hat immer wie Abschied geschmeckt«: frühe Gedichte und Prosa der N. S.*, Stg. 1987.

Literatur: B. Allemann, *Hinweis auf einen Gedichtraum* (in *Nelly Sachs zu Ehren*, Ffm. 1961, S. 37–44). – W. V. Blomster, *A Theosophy of the Creative Word. The Zohar-Cycle of N. S.* (in GR, 44,

1969, S. 211–217). – P. Kersten, *Die Metaphorik in der Lyrik von N. S. Mit einer Wort-Konkordanz u. einer N. S.-Bibliographie*, Hbg. 1970. – J. Margetts, *N. S. and »Die haargenaue Aufgabe«. Observations on the Poem Cycle »Fahrt ins Staublose«* (in MLR, 73, 1978, S. 550–562). – W. H. McClain, *The Imaging of Transformation in N. S.' »Holocaust Poems«* (in Hebrew Univ. Studies of Literature, 8, 1980, S. 281–300). – R. Dinesen, *Das Ziel des Kosmos. Zum Element »Fisch« in der Lyrik von N. S.* (in Jb. der dt. Schiller-Ges., 1982, S. 445–466). – R. A. Berman, *»Der begrabenen Blitze Wohnstatt«: Trennung, Heimkehr u. Sehnsucht in der Lyrik von N. S.* (in *Im Zeichen Hiobs. Jüdische Schriftsteller u. deutsche Literatur*, Hg. G. E. Grimm u. H.-P. Bayerdörfer, Königstein/Ts. 1985, S. 280–292).

ELI. Ein Mysterienspiel vom Leiden Israels

Szenische Dichtung von Nelly SACHS, entstanden im Winter 1943, erschienen 1951; Uraufführung: Frankfurt am Main, 6. 2. 1962 durch die »neue bühne« an der Goethe-Universität; die von der Dichterin autorisierte Hörspielfassung wurde zum erstenmal am 1. 10. 1961 vom Norddeutschen Rundfunk Hamburg gesendet. – Eli *»offenbarte sich«* der Dichterin in einer Stunde tiefster Erschütterung durch die Nachricht vom *»Märtyrertode«* eines nahen Freundes. Die Dichtung wurde in drei Nächten geschrieben, *»in Armut, Krankheit, vollkommener Verzweiflung«*.

In einer zerstörten polnischen Kleinstadt treffen sich in der *»Zeit nach dem Martyrium«* die Überlebenden der jüdischen Gemeinde. Eine neue Stadt soll errichtet werden, vor den Mauern der alten, an einem *»guten Ort«*. Ein Haus nur blieb unversehrt. Sein Bewohner stand auf wunderbare Weise außerhalb aller Verfolgung: Es ist Michael, der Schuster. Dunkel fühlt er in sich die Berufung, den Mörder von Eli, dem Hirtenjungen, zu suchen, den ein Soldat mit dem Gewehrkolben erschlagen hat, als dieser seinen Eltern, die zur Liquidierung abgeholt wurden, nur mit einem Hemd bekleidet nachlief und auf seiner Hirtenflöte blies. Michael findet den Mörder *»im Nachbarlande«*; der Mann zerfällt vor dem *»Gottglanz«* auf Michaels Stirn, dem *»Urlicht«*, zu Staub. Das Kind des Mannes stirbt zur gleichen Zeit.

In siebzehn Bildern, einer losen Reihung szenischer Dialoge, entfaltet sich eine vielschichtige Wirklichkeit. Die ersten neun Bilder gruppieren sich um den Brunnen (als biblisches Symbol) in der Mitte des zerstörten Ortes. Gestalten treten auf und verschwinden wieder. Das gegenwärtige Geschehen, der Neuaufbau der Stadt, wird durch eingefügte Erinnerungsbilder beklemmend doppeldeutig. *(»Hier ist die Stelle, / wo man den Bäcker Eisik mit dem schlürfenden Schritt / wegen einer Zuckerbrezel erschlagen hat.«)* Die Geschichte von Eli, die eine Wäscherin erzählt, wird leitmotivisch immer wieder ins Bewußtsein gerufen: Elis Schuhe, Elis Sterbehemd, Elis Flöte. Die Gestalten bleiben in symbolhafter Anonymität: ein Bauer, ein Maurer, ein Bettler, ein Scherenschleifer, ein Gärtner usw. Kaum dem Tod entronnen, noch in der Schrekkensstarre, finden sie zueinander im Erinnern an das vergangene Grauen, im Singen der Kinder, die das furchtbare Geschehen in ihren Spielen unschuldig distanziert nachvollziehen, in der Entschlossenheit zu neuem Aufbau: *»Wir bauen, wir bauen / die neue Stadt ... Wir brennen, wir brennen / die Ziegel der neuen Stadt!«* Immer mehr rückt Michael in den Mittelpunkt. Die Dichterin will ihn als einen der sechsunddreißig geheimen Gottesknechte verstanden wissen, jener »Gerechten«, die nach der chassidischen Mystik in sich *»das unsichtbare Universum«* tragen. In gleichem mystischem Bezug stehen Eli *(»Die Hirtenpfeife in Verzweiflung von einem Kinde zu Gott erhoben – versuchter Ausbruch des Menschlichen vor dem Entsetzen«)* und der Soldat, der das Kind erschlägt, weil er meint, es gäbe ein heimliches Signal, als *»Symbol des Unglaubens«: »Kein Vertrauen mehr in das Gute auf Erden.«* Es ist eine *»nächtliche Welt«*, die in den Visionen des Grauens, die Michael umdrängen, heraufbeschworen wird, eine Welt, in der immer die Unschuld das Opfer wird: das Kind Eli und der Sohn des Mörders. In den entscheidenden Bildern, die den Weg Michaels aus seiner Werkstatt heraus auf der Suche nach dem Mörder zeigen, sind es die Landstraße, der Wald, das Moor, die die Szenerie abgeben; keine Mitte ist mehr gegeben, wie am Anfang der Brunnen. Die Dinge selber sind verwandelt von dem Furchtbaren, das sich an ihnen vollzog, und sprechen es, der Rede mächtig, aus: die Stimme aus dem Schornstein, die Stimme eines Sterns, eines Baums: *»Ich kann nicht mehr gerade stehn – / Es hing an mir und schaukelte, / als hingen alle Winde der Welt an mir und schaukelten.«* Zwei Symbole werden immer wieder umkreist, die »Schuhe« und der »Sand«. Die Schuhe – in tragischem Bezug zu Michael, nämlich die Schuhe seiner toten Braut Myriam – meinen den endlosen Wanderweg Israels; der Sand steht für das Flüchtige, Vergängliche.

Seiner Struktur nach ist das Stück dem Stationendrama des Expressionismus verpflichtet; seine Sprache soll *»das Unsägliche aushaltbar machen«*. Verschiedene Schichten überlagern sich: ein ins Lyrische überhöhter Volkston, oft balladesk, spruchhaft, dazu die Bilderwelt und die Formelsprache des *Alten Testaments*. Enge Motivverbindungen bestehen zu dem gleichzeitig entstandenen Gedichtzyklus *In den Wohnungen des Todes*. M.Br.

AUSGABEN: Malmö 1951 [Privatdr.]. – Ffm. 1962 (in *Spectaculum*, Bd. 5; ern. 1983, st). – Ffm. 1962 (in *Zeichen im Sand. Die szenischen Dichtungen*). – Ffm. 1964 (in *Das Leiden Israels*; es).

VERTONUNG: M. Pergament (Oper; Urauff.: schwed. Rundfunk 1959).

LITERATUR: W. A. Behrendsohn, *N. S., Mysterienspiel vom Leiden Israels »Eli«*, Dortmund 1969. – E. Bahr, *Shoemaking as a Mystic Symbol in N. S.'s*

Mysteric Play »Eli« (in GQ, 45, 1972, S. 480–483). – D. Dodds, *The Process of Renewal in N. S.' »Eli«* (ebd., 49, 1976, S. 50–58). – U. Naumann, *Ein Stück der Versöhnung. Zur Uraufführung des Mysterienspiels »Eli« von N. S. (1962)* (in Exilforschung, 4, 1986, S. 98–114).

Reinhold Schneider

* 13.5.1903 Baden-Baden
† 6.4.1958 Freiburg i.Br.

Literatur zum Autor:

H. U. v. Balthasar, *R. S. – Sein Weg u. sein Werk*, Köln/Olten ²1965. – L. Bossle, *Utopie u. Wirklichkeit im politischen Denken R. S.s*, Mainz 1965. – B. Scherer, *Tragik vor dem Kreuz. Leben u. Geisteswelt R. S.s*, Freiburg i. B. 1966. – *R. S. Leben u. Werk in Dokumenten*, Hg. F. A. Schmitt u. B. Scherer, Karlsruhe ²1973. – *R. S. Leben u. Werk im Bild*, Hg. E. M. Landau u. a., Ffm. 1977; ²1989. – R. Meile, *Der Friede als Grundmotiv in R. S.s Werk*, Bern/Stg. 1977. – P. A. Meier, *Form u. Dissonanz. R. S. als historiographischer Schriftsteller*, Ffm. u. a. 1978. – K. W. Reddemann, *Der Christ vor einer zertrümmerten Welt. R. S. – ein Dichter antwortet der Zeit*, Basel u. a. 1978. – *Über R. S.*, Hg. C. P. Thiede, Ffm. 1980 (es). – I. Zimmermann, *R. S. Weg eines Schriftstellers*, Bln./DDR 1982. – *Trauer u. Widerspruch – Über R. S.*, Hg. E. Blattmann, Mchn./Zürich 1984. – *R. S. – Ich, Tod, Gott*, Hg. E. Blattmann u. B. Blattmann-Hoth, Ffm. u. a. 1985 (R.-S.-Jb. Bd. 1). – F. Baumer, *R. S.*, Bln. 1987. – H. Getzeny, *R. S. Seine geistige u. künstlerische Entwicklung am Beispiel der erzählenden Prosa*, Ffm. u. a. 1987.

DAS LYRISCHE WERK von Reinhold Schneider.

Mit Biographien, Essays und zumeist historischen Erzählungen (*Das Leiden des Camoes*, 1930; *Las Casas vor Karl V.*, 1937; *Das Vaterunser*, 1941) sowie seinen von 1939 an publizierten Lyrikbänden gehörte Reinhold Schneider zu den bedeutendsten Vertretern einer christlich inspirierten Literatur, die schon in den zwanziger Jahren vor allem im süddeutschen Raum eine gewisse Blütezeit erlebt hatte (K. Weiss, M. Mell). Die Wendung gegen den Pluralismus der modernen Massengesellschaft sowie die Betonung eines letztlich mythischen Geschichtsbildes und einer regressiven Utopie sind einige der Kennzeichen dieser Bewegung, zu der auch E. Langgässer, G. von Le fort, W. Bergengruen, R. A. Schröder und auch J. Klepper gehörten. Während sich der evangelische R. A. Schröder, der während des Dritten Reichs wie Schneider in Verbindung mit der konservativen Widerstandsgruppe des »Kreisauer Kreises« stand, auch an H. v. Hofmannsthal und R. Borchardt orientiert hatte, bewegte Schneider sich in den Spuren der Katholischen Bewegung des 19. Jh.s (Brentano, Eichendorff, Donoso Cortés), von der er nicht *»nur die Transzendierung der Geschichte gelernt (hat), sondern auch deren prophetisch-publizistische Sprache, die in den Berichten des Alten und des Neuen Testaments alle Geschichte vorgezeichnet fand... Die Katholische Bewegung hat aus der allegorisch-politischen Deutung der Bibel eine verschlüsselte und doch verständliche Sprache gewonnen, welche die Sonette Reinhold Schneiders, aber auch seine Prosa des Widerstands prägte«* (W. Frühwald).

Die vorherrschende Gedichtform Schneiders ist das Sonett. Schon die ersten lyrischen Versuche wenden sich dieser Form zu, und 1931 versammelt Schneider drei Sonettkreise *(Schwermut; Durchbruch; Die Tat)* unter dem Titel *Tragische Welt*, die allerdings unveröffentlicht blieben; sie zeigen bereits die Faszination durch die Philosophie Nietzsches und Schopenhauers, dessen Schneider noch 1956 bei der Entgegennahme des Friedenspreises des Deutschen Buchhandels gedachte, sowie den Einfluß des in der Autobiographie *Verhüllter Tag* hervorgehobenen spanischen Philosophen Miguel de Unamuno, dessen mystisch-religiöser Lebensbegriff für den Autor eine *»Erweckung«* bedeutete. Damit verbindet sich eine Begeisterung für die iberische Kunst, die sich nicht nur in der ersten literarischen Publikation Schneiders äußert (*Die Leiden des Camões*, 1930), sondern auch mitschwingt in seiner Begründung der Form des Sonetts, dessen bändigende Kraft gegenüber den vitalistischen Kräften des Lebens er vergleicht mit dem Symbol des Herrscher- und Königsamtes gegenüber den Mächten der Geschichte; Schneider sieht diese Haltung im Escorial, der Grablege der spanischen Könige, versinnbildlicht: *»Meine Verse baue ich ganz im Stil des Escorial: Symmetrisch, schwer; ich opfere die Form unter keiner Bedingung, weil die Form Inhalt ist; so kommt etwas Architektonisches zustande ... Meine eigene höchste Lust ist es nun, in diese Strenge einen chaotischen Gehalt zu bannen: das Lob der Schwermut, des Untergangs, des Chaos, wodurch die Form zur notwendigen Ergänzung des Gesagten wird. Da der Untergang in streng gebändigten Worten gefeiert wird, ist er von dem unbesiegbaren Bau- und Formtrieb doch schon überwunden. Die Sonette sind ganz das, was der Escorial für mich ist: eine zerstörende innere Gewalt wählt sich als Erscheinungsform das Gesetz«*. Wenn aber *»die Form zerbrochen ist, herrschen die Gewalten«*.

Als ordnende Instanz erscheint für Schneider neben dem Königsamt die Nation (*»Nur das Preußentum gibt heute noch das Beispiel einer Form«*, so das Tagebuch vom 6. 3. 1933), schließlich die Kirche; sie erlauben dem Menschen einen Zugang zur Welt, sie stehen zu den einander widerstrebenden Interessen in eben dem Verhältnis wie die Form des Sonetts zu seinem Inhalt, der vom *»Untergang«*, vom *»Chaos«* der Welt handelt. Vor diesem Hintergrund erscheint die NS-Bewegung für Schneider nicht von Anfang an als bedrohlich, aber bald erweist sich, daß seine konservative Utopie einer Gestaltung eines neuen Reiches, einer *»Verschmelzung des Germanischen und Christlichen«*, wie sie das Tagebuch vom 7.8. 1933 als dichterische Aufgabe festhält, im Werk der Nationalsozialisten keine Wirklichkeit finden würde. Die Vorstellung, in einer Erneuerung mittelalterlichen Denkens *»Weltreich und Gottesreich in eins zu fassen«*, schwindet, die 1937 vollendete, auch durch J. Klepper inspirierte Rückkehr zum Katholizismus führte schließlich dazu, daß Schneider, wie er es später noch an J.R. Becher würdigen sollte, *»entschlossen aus dem ästhetischen Bereich in den politisch-geschichtlichen«* trat. Als Schneider sich 1939 vornahm, *»eine ganze Reihe kleiner Schriften möglichst weit hinaus(zu)senden, die den Menschen zeigen würden, in welchem Kampfe sie stehen«*, dienten auch seine Sonette dieser Absicht. So entstand, in Anlehnung an die traditionelle Rolle des Dichters als eines prophetischen Sehers, eine *»Zweckdichtung hohen Stils«* (Chr. Perels); im 1943 entstandenen Zyklus *Der Prophet* wird es heißen: *»O daß ich sehen muß, was kommt, und künden, / Was der Betörten Ohr verschließt, daß ich / Bezeugen muß, was Gott allein bezeugt!«*

Schneiders erster Lyrikband – *Sonette* – erschien 1939 und erreichte noch im gleichen Jahr die dritte Auflage. Obschon Schneider von 1942 an keine Druckerlaubnis mehr erteilt wurde, fanden weitere Gedichte teils in maschinenschriftlicher Vervielfältigung, teils im halblegalen Druck durch den Alsatia Verlag von Joseph Rosse in Colmar weite Verbreitung; dem Band *Dreißig Sonette* von 1941, hergestellt als Privatdruck, folgten *Jetzt ist des Heiligen Zeit* (1943), *Die Waffen des Lichts* (1944) sowie die Sonett- und Essaysammlung *Das Gottesreich in der Zeit* (1944). Der letztgenannte Band führte zur Anklage gegen den Dichter wegen *»Vorbereitung zum Hochverrat«*. Die starke Resonanz, die seine Lyrik während der Kriegsjahre hervorrief, weckte in Schneider die *»fast vermessene Zuversicht«*, wie er in *Verhüllter Tag* (1954) bekennt, *»wirklich ein Volk zu sehen auf der Heimkehr zu Gott«: »Von allen Gütern bleiben nur die reinen: / Der Heiligen Bild, das letzte Wort der Dichter«.* In den ersten Jahren nach Kriegsende erschienen noch weitere, teils schmale Lyrikbände (*Die letzten Tage*, 1945; *Apokalypse*, 1946; *Die neuen Türme*, 1946; *Ave crux spes unica*, 1946; *Erscheinung des Herrn*, 1946; *Gnade der Zeit*, 1947; *Herz am Herdensaume*, 1947; *Stern der Zeit*, 1948). Von 1950 an publiziert Schneider bis auf einen Band – *Die Sonette von Leben und Zeit, dem Glauben und der Geschichte* (1954) – keine Lyrik mehr. Bereits mit den Gedichten des Bandes *Herz am Erdensaume* löst sich der Dichter von der Form des Sonetts.

Schneiders Sonette suchen fast immer die Übersetzung der Zeitgeschichte in Heilsgeschichte. Dafür dienen, wie der Autor gegenüber J. Klepper bekennt, *»möglichst eindringliche Symbole«*; die Gedichte sollen Werkzeuge der göttlichen Erleuchtung, *»Waffen des Lichts«*, sein. Hitler erscheint, etwa in dem 1938 entstandenen Sonett *Der Antichrist. (Nach Luca Signorelli)*, als Gegenspieler Gottes: *»Er wird sich kleiden in des Herrn Gestalt, / Und Seine heilige Sprache wird er sprechen / Und seines Richteramtes sich erfrechen / Und übers Volk erlangen die Gewalt«.* Und im Sonett *Der Getriebene* tritt *»Wahn verbreitend«* der *»Fürst der Zeit«* auf, der ein *»Wahnreich«* stiftet, das im Sonett *Nun baut der Wahn die tönernen Paläste*... dem Weltgericht anheimgestellt wird. Wie Luca Signorelli in seinem berühmten Fresco im Dom von Orvieto das Erscheinen des Antichrist mit dem Nahen des Jüngsten Gerichts verknüpft, so gipfelt in Schneiders Sonetten die Motivreihe »Richter« und »Gericht« in dem Zyklus *Apokalypse* (1946). Widerstand zu leisten meint bei Schneider – wie bei den übrigen Autoren der christlichen »inneren Emigration« – nicht den Aufruf zu politischer Aktion, sondern die Befreiung der Seele von dem in ihr sich vollziehenden Kampf zwischen Gott und Satan: *»Es streiten Gott und Satan in den Seelen / Und in den Völkern, die vor Unlust schäumen, / Wenn sie ihr Dämon in die Weiche stößt«* (*Im Bann der Erde*..., 1938). Der Dichter wird zum Zeugen des göttlichen Rufes zur Umkehr, zum einsamen Propheten: *»Doch müssen einige sich Gott befehlen / Und einsam wandern in den hellern Räumen, / Bis sie erlöst sind und ihr Volk erlöst«.*

Verbunden damit ist eine spirituelle Deutung von Volk und Staat. Das Sonett *Dir ist, mein Vaterland, das Herz gespalten* (1935) weist Deutschland aus der Orientierungslosigkeit im Irdischen auf den Ruf Gottes hin; die Reichsidee soll *»von der Gefangenschaft der Erdenmacht«* erlöst werden, damit *Das verborgene Reich* des Herrn in den Seelen erstehen kann. Dieses spirituelle Reich zu verwirklichen ist die eigentliche Mission der Deutschen, die damit in eine Parallele zu Gottes erstem ausgewählten Volk, den Juden, gestellt werden: *»Gesendet waren beide. Heil und Macht / Der Welt zu tragen, waren sie berufen, / Und beide widersagten dem Gebot«*, heißt es in dem Jochen Klepper gewidmeten Sonett *Dir ward des Volkes Schicksal auferlegt* (1942).

Der Abfall von Christus hatte sich *»gleichzeitig als Abfall von der Sendung des Reiches als einer Sendung des Friedens«* (R. Meile) erwiesen. In den Sonetten der Nachkriegszeit versuchte Schneider, die deutsche Geschichte in theologischen Kategorien zu deuten und die Schuld in der Buße aufzuheben. *»Geschlagnen ist der Friede anvertraut«*, heißt es in dem Sonettzyklus *Felix Culpa: »Dies ist Dein Wort, mein Volk. Dies Deine Sühne: / Den Frieden tief im Herzen zu vollenden / Und ihn zu tun, zu leiden, zu bezeugen.«* Die Hoffnung auf eine Zeitenwende, auf eine kollektive Umkehr im christlichen Sinne aber bleibt unerfüllt, eine religiös inspirierte Literatur gerät in den fünfziger Jahren, vor der ökonomisch dominierten Entwicklung in Westdeutschland, in den Hintergrund; erneut, wie schon in seinen frühesten literarischen Versuchen, erkennt Schneider in der Schwermut die Signatur des Zeitalters, das er in seinen Autobiographien *Verhüllter Tag* und *Winter in Wien* nochmals vergegenwärtigt. Lyrisches entsteht in den späten Lebensjahren kaum mehr. Es war Schneider nicht gelungen, die Krise der konservativen Sprache, deren Leitvokabeln wie *»Krone«* und *»Reich«* von der nationalsozialistischen Propaganda besetzt waren, zu bannen; sein lyrisches Werk blieb ohne Nachfolge.

W.Schm.-KLL

Ausgaben: *Sonette*, Lpzg. 1939. – *Dreißig Sonette*, Halle a. d. S. 1941. – *Jetzt ist des Heiligen Zeit*, Kolmar 1943. – *Die Waffen des Lichts*, Kolmar 1943. – *Die letzten Tage*, Baden-Baden 1945. – *Apokalypse. Sonette*, Baden-Baden 1946. – *Ave crux spes unica*, Mchn. 1946 [3 Sonette u. 3 Holzschnitte v. A. Dürer]. – *Erscheinung des Herrn. Sonette*, Waibstadt b. Heidelberg 1946. – *Die neuen Türme. Ausgewählte Sonette*, Wiesbaden 1946. – *Gnade der Zeit. Acht Sonette*, Freiburg u. a. 1947. – *Herz am Erdensaume. Gedichte*, Heidelberg 1947. – *Stern der Zeit. Sonette*, Krefeld 1948. – *Die Sonette von Leben und Zeit, dem Glauben und der Geschichte*, Vorw. H. v. Koenigswald, Köln/Olten 1954. – *Den Freunden unseres Hauses für 1957*, Köln 1957 (5 Sonette aus *Sonette*). – *Gedichte*, Hg. Ch. Perels, Ffm. 1981 (in *GW in 10 Bdn.*, Hg. E. M. Landau, 1977–1981, 5).

Literatur: K. Ihlenfeld, *R. S.s Sonette* (in Eckart, 16, 1940, S. 19–22). – E. Schmidt, *Tragik u. Kreuz. Versuch einer Interpretation der Lyrik R. S.s*, Diss. Wien 1963. – H. Kurzke, *Der ausgeträumte Traum vom Reich. R. S. u. die konservative Revolution* (in NRs, 90, 1979, S. 215–233). – W. Frühwald, *»Die Papierrosen der Literaturgeschichte«. Zur literarischen Einordnung des Werkes von R. S.* (in *Über R. S.*, Hg. C. P. Thiede, Ffm. 1980). – R. Meile, *R. S.s Sonette. Eine Studie über Dokumente des inneren Widerstandes im nationalsozialistischen Deutschland* (ebd., S. 242–260). – E. Blattmann, *Über R. S.s Sonett »Der Getriebene«* (in *R. S. – Ich, Tod, Gott*, Hg. E. Blattmann u. B. Blattmann-Hoth, Ffm. u. a. 1985, S. 159–204; R.-Schneider-Jb., 1).

LAS CASAS VOR KARL V. Szenen aus der Konquistadorenzeit

Erzählung von Reinhold Schneider, erschienen 1938. – Während der Arbeit an seinem Werk *Das Inselreich. Gesetz und Größe der britischen Macht* (1936) faßte Schneider den Plan einer Biographie des spanischen Hidalgo und Dominikanermönchs Fray Bartolomé de Las Casas (1474–1566), des leidenschaftlichen Streiters für die Gleichberechtigung der Indios in den amerikanischen Kolonien gegen die mit dem Missionsauftrag unvereinbare Ausbeutung und den Völkermord durch die spanische Conquista (vgl. *Brevissima relacion de la destruycion de las Indias* und *Historia general de las Indias*). Schneider griff den Stoff, diese *»Tragödie der Expansion«* bewußt auf als *»die Möglichkeit eines Protestes gegen die Verfolgung der Juden«* (so der Autor in *Verhüllter Tag*, 1954) und verarbeitete ihn entgegen dem ursprünglichen Vorhaben zu der um die Mitte des 16. Jh.s spielenden historischen Erzählung. – Im Unterschied zu Schneiders Geschichtsdeutungen wird hier die Genauigkeit des historischen Details, vor allem die der Chronologie zugunsten einer fast dramatisch anmutenden Szenenfolge aufgegeben, die jedoch trotz häufiger Mono- und Dialoge ihren epischen Charakter nie verleugnet: »Szenen«, Berichte aus der Vergangenheit, Schilderungen und Reflexionen aus der Erzählgegenwart ordnet der anonym bleibende Erzähler in den Sinnzusammenhang des epischen Vorgangs ein. Da dieser Erzähler fast ausschließlich aus der Perspektive des Helden Las Casas urteilt, bewirkt er weniger kritische Distanz als verpflichtende Nähe und mitleidendes Engagement des Lesers. Auffällig ist die sich kunstvoll mehr und mehr verzahnende Zweisträngigkeit der Handlungsführung. Die Erzählung beginnt mit der Einschiffung des Mönches Las Casas in Veracruz nach Spanien, wo er den Kaiser für einen grundsätzlichen Wandel in der Kolonialpolitik gewinnen will. Die geschichtlichen Voraussetzungen und gegenwärtigen Zustände in den »Neuen Indien« erfährt der Leser weniger von ihm als aus den stockend und zunehmend in Form von Beichtgeständnissen vorgetragenen Erinnerungen und szenischen Rückblenden seines zufälligen Reisegefährten Bernardino de Lares, dem die größten Teile des ersten und des zweiten, in Valladolid spielenden Kapitels gewidmet sind. Der Lebensrückblick des körperlich und seelisch zerquält heimkehrenden Konquistadors veranschaulicht, was Las Casas bekämpft, und dient so der Vorbereitung der eigentlichen Mitte des Buches, der großen – historisch belegten – Disputation vor Karl V. im dritten Kapitel, in der Bernardino, der ehemalige Gegner, als Zeuge des Las Casas zugleich beispielgebend die von diesem geforderte kompromißlose Umkehr seiner menschlichen und religiösen Existenz vollzieht. Las Casas, der in dieser, einer Gerichtsverhandlung ähnelnden Disputation gegen den Staatsrechtler und Verteidiger der spanischen Herrenrechte Juan Ginés Sepulveda als Naturrechtler für die unschuldigen Unterdrückten eintritt, kämpft ja zugleich für die seelische Rettung der Schuldigen, denn solange die Machtpolitik des sich als rassisch »höher geartet« verstehenden spanischen Volkes gegenüber den »minderen« Indios anhalte, müsse es verrohen und am erlittenen Unrecht ersticken. Die Erzählung endet im vierten Kapitel mit dem triumphlosen Sieg des Mönchs, der Verkündigung der »Neuen Gesetze« (*Leyes Nuevas*, 1542). Las Casas nimmt die schwere Mission an, sie als Bischof von Chiapa in Mexiko zu verbreiten.

Schneider schrieb den *Las Casas vor Karl V.* zur Zeit seiner Reversion zum Katholizismus; Geschichte wird jetzt unter heilsgeschichtlichem Aspekt als Widerspiel von *Macht und Gnade* (1940), Schuld und Glauben gesehen, die irdische Macht rückt an die von ihrer Verantwortlichkeit vor Gott gesetzte Grenze. Die Erzählung, die immer wieder als Beispiel literarischen Widerstands während des Dritten Reiches herangezogen wird, obgleich sie von den Machthabern nie verboten wurde, fand die meiste Aufmerksamkeit der Forschung (P. Meier, E. Blattmann, R. Schnell, H. Getzeny), die in dem Text aber auch die *»Beschwichtigung diesseitigen Leidens«* (R. Schnell) erkennt. H.W.

AUSGABEN: Lpzg. 1938. – Lpzg. 1955. – Ffm./Bln. 1962 (Ullst. Tb). – Ffm. 1962 (IB). – Ffm. 1979 (Nachw. E. M. Landau; BS). – Ffm. 1990 (st).

LITERATUR: W. Zimmermann, *R. S. »Las Casas vor Karl V.«* (in W. Z., *Deutsche Prosadichtungen der Gegenwart. Interpretationen*, Bd. 3, Düsseldorf 1960, S. 156–192). – H. v. Koenigswald, *Die Gewaltlosen. Dichtung im Widerstand gegen den Nationalsozialismus*, Herborn 1962, S. 48–58. – P. Berglar, *Die Gestalt des B. d. Las Casas in der Dichtung R. S.s* (in P. B., *Geschick u. Geschichte*, Darmstadt 1972, S. 48–91). – R. Schnell, *Natursymbolik u. Seinstranszendenz in S.s »Las Casas vor Karl V.«* (in *Über R. S.*, Hg. C. P. Thiede, Ffm. 1980, S. 202–210). – G. Ueding, *Vater der Indios. Über S.s »Las Casas vor Karl V.«* (in FAZ, 13. 11. 1985, S. 25). – B. Hoth-Blattmann u. E. Blattmann, *Grauen u. Passion. Quellenstudien zu R. S.s »Las Casas vor Karl V.«* (in R. S.-Jb., 1, 1985, S. 261–402). – E. Schäfer, *Die Indianer u. der Humanismus. Die spanische Conquista in lateinischer Literatur. Mit einem Anhang zu R. S.s »Las Casas vor Karl V.«* (ebd., S. 205–259). – G. Wirth, *Eine Stimme für die Gleichberechtigung der Völker. R. S.: »Las Casas vor Karl V.«* (in *Erfahrung Nazideutschland*, Hg. S. Bock, M. Hahn, Bln./Weimar 1987, S. 298 bis 334; 500–508).

ANNA SEGHERS

d.i. Netty Radvanyi

* 19.11.1900 Mainz
† 1.6.1983 Berlin / DDR

LITERATUR ZUR AUTORIN:
M. Reich-Ranicki, *Deutsche Literatur in West u. Ost*, Mchn. 1963, S. 354–385. – K. Batt, *A. S. Versuch über Entwicklung u. Werke*, Lpzg. 1973; ern. Ffm. 1980. – H.-A. Walter, *Eine deutsche Chronik. Das Romanwerk von A. S. aus den Jahren des Exils* (in *A. S. aus Mainz*, Red. W. Heist, Mainz 1973, S. 13–47). – E. Haas, *Ideologie u. Mythos. Studien zur Erzählstruktur u. Sprache im Werk von A. S.*, Stg. 1975. – *A. S. Materialienbuch*, Hg. P. Roos u. F. J. Hassauer-Roos, Darmstadt/Neuwied 1977 (SLu). – H. Neugebauer, *A. S. Ihr Leben u. Werk*, Bln./DDR [2]1978. – K. Sauer, *A. S.*, Mchn. 1978. – L. A. Bangerter, *The Bourgeois Proletarian. A Study of A. S.*, Bonn 1980. – F. Wagner, *A. S.*, Lpzg. 1980. – *A. S.*, Hg. H. L. Arnold, Mchn. [2]1982 (Text + Kritik). – W. Buthge, *A. S. Werk-Wirkungsabsicht-Wirkungsmöglichkeit in der Bundesrepublik*, Stg. 1982. – K. Reichelt, *Zur A. S.-Rezeption in der DDR-Literatur an ausgewählten Beispielen*, Diss. Halle 1983. – R. Maag, *Den Faschismus überwinden. Darstellung u. Deutung des Faschismus in A. S.' Romanen*, Diss. Zürich 1984. – Chr. Degemann, *A. S. in der westdeutschen Literaturkritik 1946–1983. Eine literatursoziologische Analyse*, Köln 1985 [Vorw. F. Benseler]. – U. Döring, *A. S.* (in KLG, 22. Nlg., 1986).

AUFSTAND DER FISCHER VON ST. BARBARA

Erzählung von Anna SEGHERS, erschienen 1928. – Auf knapp neunzig Seiten fügt dieses Erstlingswerk, das der Autorin 1929 den Kleistpreis eintrug, eine Fülle oft wie unverbunden nebeneinandergesetzter Episoden im zeitlichen Verlauf eines Dreivierteljahres zur Anatomie eines vergeblichen Aufstandes von Fischern gegen ihre Ausbeutung durch die Reeder zusammen. Sprunghaft gegliederte epische Kurzszenen, Schilderungen und Einblendungen lassen die Physiognomie eines dörflichen Kollektivs entstehen und verzeichnen dessen Reaktionen und blutiges Aufbegehren, das im Oktober eines ungenannten Jahres anhebt und im folgenden Frühsommer niedergeschlagen wird. Der Verzicht der Autorin auf eindeutige Datierung und örtliche Fixierung entspricht der Darstellungsabsicht, die nicht einen historischen Einzelfall, sondern in ihrem generell zu verstehenden Bericht das Exemplarische der Unterdrückung Besitzloser durch die Besitzenden gestalten will. Die Heillosigkeit der entsprechenden Gesellschaftsordnung enthüllt sich am Schicksal dreier sozialer Außenseiter, des Meuterers Hull, des verwaisten jungen Andreas Bruyn und der Prostituierten Marie. Zu ihnen gehört auch der Fischer Kedennek, dem seine Existenz als Familienvater unsinnig erscheint und dessen von ihm selbst provoziertes Ende als Flucht vor dem häuslichen Vegetieren empfunden wird. Ihr Verhalten und ihr Tod repräsentierten, von der Gemeinschaft getragen, stellvertretend das Geschick des Aufbegehrens.

Hull, ein weitgereister Seefahrer, der sich nach der Teilnahme an einem Aufstand der Exekution entziehen konnte, wird bei seiner Ankunft bald zum Zentrum des Aufbegehrens an der Küste um St. Barbara. Die Armut zweier schlechter Jahre, in denen die Fanganteile und die Preise heruntergingen, lastet auf dem Ort. Hulls Erscheinen gibt den Ausschlag, bisher nur beredete Pläne, die Verhältnisse zu ändern, in die Tat umzusetzen. Er organisiert eine Zusammenkunft aller Fischer aus den benachbarten Küstenorten; man beschließt, daß kein Boot im Frühjahr ausfahren soll, wenn nicht die Reeder neue Tarife einräumen. Der letzte Abschnitt der Erzählung setzt mit dem der Ausfahrt unmittelbar vorausgehenden Pfingstmarkt ein. Marie verweigert sich einem der jungen Reedereibesitzer, der daraufhin von den empörten Fischern niedergeschlagen wird. Die anschließende Demonstration vor den Büros der Reedereigesellschaft hat nur zur Folge, daß ein Regiment Soldaten in die Stadt verlegt wird, denen als erster der Fischer Kedennek zum Opfer fällt, als er sich bei der Blockade des Seglers »Marie Farère« exponiert. Andreas Bruyn, der den zweiten Versuch, die Ausfahrt zu erzwingen, vereitelt, verbirgt sich in den Klippen, wird aber bei seiner Rückkehr ins Dorf festgenommen und erschossen. Ein ähnlich zwanghaftes Verhängnis treibt den schon entkommenen Hull nach St. Barbara zurück, in die Verhaftung und in den sicheren Tod. Das Ende ihrer Helferin Marie bleibt ungewiß. Die Fischer fahren verspätet aus, zu den Bedingungen der Vorjahre, von den Ereignissen allerdings für die Zukunft verändert. *»Aber längst, nachdem die Soldaten zurückgezogen, die Fischer auf der See waren, daß der Aufstand noch auf dem leeren, weißen, sommerlich kahlen Marktplatz und dachte ruhig an die Seinigen...«*

Die Erzählung, dem Stil der Novellen Kleists verpflichtet, ist ein bedeutendes Dokument der »Neuen Sachlichkeit«. Eine herbe, betont ungefällige Sprache, der lapidare, asyndetische, auf streng objektive Wiedergabe der naturhaften Dinglichkeit gerichtete Stil und die episodisch-lockere Kompositionsweise kennzeichnen den Ausdruckscharakter der Erzählung, die bei einem scheinbar ganz kunstlosen Duktus eine eigenartige karge Schönheit gewinnt. Die Erzählerin tritt hinter dem Geschehen allenfalls mit einem allgemeinen, sentenzartigen Kommentar hervor und erzählt einheitlich aus der Perspektive der Fischer, aussparend, beiläufig, sich jeden dramatischen Effekt versagend. Seelische Motivationen, wie das ihre Protagonisten bewegende Solidaritätserlebnis, werden nur angedeutet. Die unsentimentale Art des Erzählens, die das Geschehen sich in einer Atmosphäre balladesken Verhängnisses vollziehen läßt, drängt nirgends doktrinäre Anklage auf, sondern überantwortet die Frage nach der Schuld dem in Distanz gehaltenen Leser. Die Erzählung der 1929 in die KP eingetretenen Autorin wurde 1934 von E. Piscator in der Sowjetunion verfilmt. H.H.H.

Ausgaben: Potsdam 1928. – Stg./Bln. 1929. – Weimar 1947. – Bln./Weimar 1975 (in *GW in Einzelausgaben*, 14 Bde., 1975–1980, 1). – Lpzg. 1954. – Ffm. 1954 (BS). – Darmstadt/Neuwied 1977 (in *Werke in 10 Bdn.*, 1; Nachw. Chr. Wolf). – Darmstadt/Neuwied 1981 (SLu). – Lpzg./Weimar 1981 [m. Ill.].

Verfilmung: *November 28*, SU 1934 (Regie: E. Piscator, zus. m. P. Jermolow u. P. Kirillow).

Literatur: M. Hermann-Neiße, Rez. (in Frankfurter Ztg., 1928, Nr. 51). – H. Kesten, Rez. (in Das Tagebuch, 1928, Nr. 52, S. 2286). – H. H. Jahnn, *Rechenschaft Kleist-Preis* (in Der Kreis, 1929, H. 3, S. 137–141). – E. Ottwalt, *Der Aufstand der Fischer. Bemerkungen zu Erwin Piscators erstem Tonfilm* (in Internationale Literatur, 1934, H. 6). – M. Reich-Ranicki, *A. S. und der Aufstand. Eine Interpretation* (in M. R.-R., *Nachprüfung. Aufsätze über deutsche Schriftsteller von gestern*, Stg. 1980, S. 294–299). – V. Klotz, *Kollektiv als Hauptperson: Wie es sich erzählen u. lesen läßt. Zu A. S' »Aufstand der Fischer von St. Barbara«* (in *Erzählung und Erzählforschung im 20. Jh.*, Hg. P. Kloepfer u. G. Janetzke-Dillner, Stg./Bln. 1981, S. 327–340). – F. K. Blocher, *A. S.: »Aufstand der Fischer von St. Barbara«* (in F. K. B., *Identitätserfahrung. Literarische Beiträge von Goethe bis Walser*, Köln 1984, S. 97–110). – S. Wirsing, Rez. (in *Romane von gestern – heute gelesen*, Hg. M. Reich-Ranicki, Bd. 2, Ffm. 1989, S. 140–147).

DER AUSFLUG DER TOTEN MÄDCHEN

Erzählung von Anna Seghers, geschrieben 1943 im Exil in Mexiko; erschienen 1946. – Im epischen Gesamtwerk der Autorin stellt *Der Ausflug der toten Mädchen* eine einzigartige Ausnahme dar: *»Die Erzählerin tritt diesmal – eigentlich nur in dieser Geschichte – aus der künstlerischen Namenlosigkeit hervor«* (H. Mayer). Die Erfahrung des mexikanischen Exils bildet den offenen Rahmen um einen chronikhaften, elegischen Bericht nach der Art eines Requiems, der mit der erinnernden Vergegenwärtigung eines Schulausflugs vor dem Ersten Weltkrieg das spätere Geschick der Beteiligten, ihr Sichbewähren oder Versagen vor dem Unheil des Dritten Reiches verknüpft. Den beiden zeitlichen Ebenen des Berichts – der historisch offenen Ebene politischer Gegenwart und Zukunftserwartung und der Ebene der abgeschlossenen Vergangenheit des Ausflugs – entspricht die doppelte Optik im Erzählvorgang selbst, die Erzählerin tritt im Geschehen mit auf, unter ihrem Mädchennamen Netty: Objekt in der Perspektive ihres gegenwärtigen Standortes. So erreicht sie, daß sich die Perspektive einer glücklichen Einbezogenheit in die paradiesische Jugendszene an den Einblendungen ihres späteren Wissens vom unheilvollen Ende der Mädchen brechen und reflektieren kann.

Von den beiden Lehrerinnen und den dreizehn Mädchen, die an dem Schulausflug in die Mainzer Rheinlandschaft teilnehmen, hat keine das »Dritte Reich« überlebt, mit Ausnahme der Erzählerin, die an einem bedrückenden Tag im Exil visionär in die verflossene Zeit vor dem Ersten Weltkrieg zurücktaucht. Die Caféterrasse am Rhein wird im dichterischen Rückblick zum Tribunal, nachdem die menschlichen Beziehungen sich unter veränderten historischen Bedingungen ins Zerstörerische verkehren. Exemplarisch dafür ist die Entwicklung der einstigen sehr engen Freundschaft zwischen dem schönen Mädchen Marianne und Leni. Marianne, die nach einer Liebe zu dem im Ersten Weltkrieg gefallenen Unterprimaner Fresenius später einen

SS-Sturmbannführer geheiratet hat, verleugnet die frühere Vertraute unter dem Einfluß ihres Mannes, der den oppositionellen Mann Lenis denunziert. Nach deren Verhaftung verweigert Marianne Nachbarn, die das Kind Lenis vor dem NS-Erziehungsheim nach Berlin in Sicherheit bringen wollen, das nötige Geld. Leni verhungert schließlich im KZ, Marianne kommt bei einem Bombenangriff um. Das Kind aber, das sie nicht bewahren helfen wollte, überlebt. Das Unheil, dem seine Funktionäre wie seine sich moralisch bewährenden Opfer – Fräulein Mees, die Lehrerin, die sich unerschütterlich für die bekennende Kirche einsetzt – erliegen, wird nicht aus der Psychologie determinierter Charaktere entwickelt. Vielmehr erscheint es als eine Konsequenz menschlichen Versagens gegenüber historischen Bedingungen, deren Entwicklung sich entsprechend der Herzensträgheit und Gewissenskälte von Personen wie Marianne vollzog. Die Schuld der Personen besteht in der Unempfänglichkeit für die Lehre des Ersten Weltkriegs: *»Sie war genau wie jetzt viel zu töricht, um zu ahnen, daß die Schicksale der Knaben und Mädchen zusammen das Schicksal der Heimat, das Schicksal des Volkes ausmachen, daß darum über kurz oder lang das Leid oder Glück ihrer Klassenfreundin sie selbst beschatten oder besonnen könnte.«*

Im Aufbau der Erzählung bewirkt der schwebende Wechsel zwischen offenbar und geschlossener Form die Simultaneität von jugendlicher Glücksversunkenheit und historischer Sichtung, die sich gelegentlich sehnsuchtsvoll in die Zukunft weitet. Der Stil ist den Erzählperspektiven entsprechend bald kritisch einräumend und drängend, bald von kindlich märchenhaften Assoziationen bestimmt. Euphemistische Umschreibungen, scheinbar naive Suggestivfragen und eine gelegentliche Biedermeiergemächlichkeit akzentuieren das Todesgrauen mit dem Mittel der Verfremdung. H.H.H.

AUSGABEN: NY 1946. – Bln. 1948. – Lpzg. 1962. – Ffm. 1964 (BS). – Bln./Weimar 1977 (in *GW in Einzelausg.*, 14 Bde., 1975–1980, 10). – Darmstadt/Neuwied 1977 (in *Werke in 10 Bdn.*, 9; Nachw. Chr. Wolf). – Darmstadt/Neuwied 1979.

LITERATUR: W. Grossmann, *Die Zeit in A. S.' »Der Aufstand der toten Mädchen«* (in SuF, 4, 1962, S. 126–131). – H. Mayer, *Anmerkungen zu einer Erzählung von A. S.* (in H. M., *Ansichten. Zur Literatur der Zeit*, Hbg. 1962, S. 85–92). – G. Gutzmann, *A. S.' »Ausflug der toten Mädchen« als ein Beitrag der Literatur zur Neugestaltung Deutschlands* (in *Das Exilerlebnis. Verhandlungen des 4. Symposium über deutsche u. österr. Exilliteratur*, Hg. D. G. Daviau u. L. M. Fischer, Columbia/S.C. 1982, S. 476–485). – B. v. Matt, *Unzerstörbarkeit. »Der Ausflug der toten Mädchen« von A. S.* (in NZZ, 17. 6. 1983, S. 33). – J. Gronell, *A. S. »Der Ausflug der toten Mädchen«* (in *»... das Weib wie es seyn sollte.« Aspekte zur Frauenliteraturgeschichte*, Hg. A.-M. Eder u. a., Bamberg 1986, S. 67–71). – R. Cohen, *Die befohlene Aufgabe machen. A. S.' Erzählung »Der Ausflug der toten Mädchen«* (in MDU, 79, 1987, S. 186–198).

DAS SIEBTE KREUZ. Roman aus Hitlerdeutschland

Roman von Anna SEGHERS, Teilabdruck 1939 in der Moskauer Zeitschrift ›Internationale Literatur‹; erschienen in Mexiko 1942. – Das Werk, *»den toten und lebenden Antifaschisten Deutschlands«* gewidmet, zählt zu den wenigen Widerstandsromanen in deutscher Sprache, die auch im Ausland ein breites Publikum fanden. In ihren drei vorangegangenen Romanen hatte die Autorin die Ereignisse der Jahre unmittelbar vor und nach der Machtübernahme Hitlers dargestellt: das langsame Vordringen der faschistischen Ideologie in ein deutsches Dorf (*Der Kopflohn*, 1933); die Situation schlesischer Bergarbeiter während der Zeit der Arbeitslosigkeit (*Die Rettung*, 1937); das Scheitern des österreichischen Arbeiteraufstandes gegen das Dollfuß-Regime (*Der Weg durch den Februar*, 1935). Das zentrale Thema dieser Romane waren die Möglichkeiten des aktiven inneren Widerstandes gegen den Nationalsozialismus. In *Das siebte Kreuz* – die Handlung spielt im Herbst des Jahres 1937 – zeigen sich die veränderten historischen Gegebenheiten: Das Dritte Reich hat sich konsolidiert; die Chance, daß illegale Kampfgruppen an diesem Zustand etwas ändern könnten, besteht nicht mehr. Dennoch ist der Grundtenor des Romans nicht Verzweiflung, sondern Zuversicht.

Aus dem Konzentrationslager Westhofen am Rhein sind sieben Häftlinge entkommen. Um die anderen Häftlinge abzuschrecken und die wieder Eingefangenen zu Tode zu quälen, läßt der Lagerkommandant sieben Kreuze auf dem *»Tanzplatz«* des KZ errichten. Der Gestapo gelingt es schon nach kurzer Zeit, vier der entflohenen Häftlinge einzufangen; ein anderer stirbt, bevor er sein Heimatdorf erreicht, während der sechste sich freiwillig stellt. Nur dem Mechaniker Georg Heisler glückt die Flucht aus den scharf bewachten Grenzen des nationalsozialistischen Deutschlands in die Freiheit. Das siebte Kreuz bleibt leer. Der abberufene Lagerkommandant fühlt seit der dramatischen Flucht, *»daß er nicht hinter einem einzelnen her war, dessen Züge er kannte, dessen Kraft erschöpft war, sondern einer gesichtslosen, unabschätzbaren Macht«*. Das siebte Kreuz wird zum Symbol der Hoffnung und des Widerstands. In einer Zeit scheinbar perfekt organisierten Terrors erfährt das nazistische Regime seine eigene Ohnmacht und Verwundbarkeit: *»... ein entkommener Flüchtling, das ist immer etwas, das wühlt immer auf. Das ist immer ein Zweifel an ihrer Allmacht. Eine Bresche.«* Die Nachfolger des alten Lagerkommandanten urteilen zynischer über die Praxis totalitärer Brutalität, die makabren Kreuze verschwinden wieder: *»Die so urteilen, wollten nicht, daß die Hölle aufhören sollte und die Gerechtigkeit beginnen, sondern sie wollten, daß auch in der Hölle Ordnung sei.«* Heislers Fluchtweg aus der

Hölle verwandelt sich in ein perfides *»System lebender Fallen«*. Die Menschen, denen er begegnet – Freunde, Verwandte, Gesinnungsgenossen und politisch Andersdenkende –, sehen sich plötzlich mit dem Problem konfrontiert, ob es erlaubt sei, einen Menschen für den anderen aufs Spiel zu setzen: *»Ja, es war erlaubt. Nicht nur erlaubt, sondern nötig.«* Die zentralen Gestalten auf Heislers Passionsweg handeln vor allem aus emotionalen Gründen, weniger aus ideologischen oder politischen Motiven – ihre moralischen Entscheidungen erst machen es möglich, daß der gehetzte Flüchtling nicht an Krankheit, Hunger, Alpträumen, Selbstmordvisionen, Hoffnungslosigkeit, Schwäche und Verzweiflung zugrunde geht und schließlich durch das feinmaschige Netz eines reibungslos funktionierenden Polizeiapparats entschlüpfen kann. Nicht eine politische Organisation oder Partei, sondern einfache Menschen setzen ihr eigenes Leben und das ihrer Angehörigen aufs Spiel, damit die Passion des Kommunisten Heisler in der Freiheit endet; am Schluß heißt es: *»Wir fühlten alle, wie tief und furchtbar die äußeren Mächte in den Menschen hineingreifen können, bis in sein Innerstes, aber wir fühlten auch, daß es im Innersten etwas gab, was unangreifbar war und unverletzbar.«*

Das dem Roman zugrunde liegende Kompositionsprinzip weist deutlich Einflüsse der von John Dos Passos angewandten Erzähltechnik auf: Die Handlung ist in insgesamt 127 Einzelabschnitte aufgelöst, die entweder parallel geführt werden oder kontrastierend sich gegenüberstehen; eine kurze Rahmenhandlung am Anfang und Schluß trägt das formale Gerüst; Rückblenden, Gespräche und innere Monologe vertiefen den Ablauf des Geschehens. Das Werk wurde noch während des Zweiten Weltkriegs verfilmt. KLL

Ausgaben: Moskau 1939 (in Internationale Literatur, H. 6–8; Teilabdr.). – Mexiko 1942. – Boston 1942 *(The Seventh Cross)*. – Amsterdam 1946. – Bln. 1946. – Mchn. 1947. – Reinbek 1965 (rororo). – Darmstadt/Neuwied 1973 (SLu). – Bln./Weimar 1975 (in *GW in Einzelausg.*, 14 Bde., 1975–1980, 4). – Darmstadt/Neuwied 1977 (in *Werke in 10 Bdn.*, 3; Nachw. Chr. Wolf). – Lpzg. 1985 (RUB). – Lpzg. 1986 [Ill. B. Heisig].

Verfilmung: *The Seventh Cross*, USA 1944 (Regie: F. Zinnemann).

Literatur: H. Becher, *Ein falsches Kreuz* (in Wort u. Wahrheit, 3, 1948, S. 776 f.). – G. Haas, *Veränderung u. Dauer. A. S. »Das siebte Kreuz«* (in DU, 20, 1968, H. 1, S. 69–78). – T. Motyljowa, *Unangreifbar u. unverletzbar. Bemerkungen zu A. S.'s Roman »Das siebte Kreuz«* (in WB, 17, 1971, H. 9, S. 153–168). – I. Diersen, *A. S., »Das siebte Kreuz«* (ebd., 18, 1972, H. 12, S. 96–120). – M. Maren-Grisebach, *A. S. Roman »Das siebte Kreuz«* (in *Der deutsche Roman im 20. Jh.*, Hg. M. Brauneck, Bd. 1, Bamberg 1976, S. 283–298). – R. Jaretzky u. H. Taubald, *Das Faschismusverständnis im Deutschlandroman der Exilierten. Untersucht am Beispiel von A. S.: »Das siebte Kreuz«, Lion Feuchtwanger: »Die Geschwister Oppermann« u. Ödön von Horvath: »Ein Kind unserer Zeit«* ... (in Sammlung, 1, 1978, S. 12–36). – L. Winckler, *Bei der Zerstörung des Faschismus mitschreiben«. A. S. Romane »Das siebte Kreuz« u. »Die Toten bleiben jung«* (in *Antifaschistische Literaturprogramme, Autoren, Werke*, Hg. ders., Bd. 3, Kronberg/Ts. 1979, S. 172–201). – H. Tischer, *A. S. »Das siebte Kreuz«* (in *Dt. Romane von Grimmelshausen bis Walser. Interpretationen für den Literaturunterricht*, Hg. J. Lehmann, Königstein/Ts. 1982, S. 313–338). – Chr. Wolf, *»Das siebte Kreuz«* (in Chr. W., *Fortgesetzter Versuch. Aufsätze, Gespräche, Essays*, Lpzg. ³1982, S. 199–211). – J. Kowalewski, *Über »Das siebte Kreuz«* (in *Annäherung u. Distanz. DDR-Literatur in der polnischen Literaturkritik*; Hg. M. Diersch u. H. Orlowski, Halle/Lpzg. 1983, S. 94–101). – E. Naganowski, *Noch einmal zum »siebten Kreuz«* (ebd., S. 102–107). – P. Beicken, *A. S. »Das siebte Kreuz«* (in *Deutsche Romane des 20. Jh.s. Neue Interpretationen*, Hg. P. M. Lützeler, Königstein/Ts. 1983, S. 255–272). – R. Maag, *Den Faschismus überwinden. Darstellung u. Deutung des Faschismus in A. S.' Romanen*, Diss. Zürich 1984. – A. Stephan, *»... ce livre a pour moi une importance spéciale.« »Das siebte Kreuz«. Entstehungs- u. Manuskriptgeschichte eines Exilromans* (in Exil, 5, 1985, Nr. 2, S. 12–24). – U. Böhmel Fichera, *Realismus »heute« oder Realismus »überhaupt«. Über die Möglichkeiten realistischen Schreibens im Exil. A. S.' Exilromane »Das siebte Kreuz« u. »Transit«* (in AION. Studi tedeschi, 27, 1984, S. 199–221). – A. Stephan, *Ein Exilroman als Bestseller. A. S.' »The Seventh Cross« in den USA. Analyse und Dokumente* (in Exilforschung, 3, 1985, S. 238–259). – E. Schwarz, *Lese- u. Lebenserfahrung mit A. S. 40 Jahre Lektüre »Das siebte Kreuz«* (in *In Sachen Literatur. 25 Jahre Text + Kritik*, Mchn. 1988).

DIE TOTEN BLEIBEN JUNG

Roman von Anna Seghers, begonnen im mexikanischen Exil, abgeschlossen nach der Rückkehr 1947 in Berlin, erschienen 1949. – Thematisch bereits von der 1946 in New York erschienenen Novelle *Der Ausflug der toten Mädchen* angekündigt, markiert der Roman eine Zäsur im Gesamtwerk der Anna Seghers. Mit ihm gibt die kommunistische Erzählerin die schlaglichtartige Schilderung einzelner wechselnder Schauplätze des internationalen proletarischen Befreiungskampfes auf zugunsten einer chronikartigen Bestandsaufnahme der deutschen Entwicklung seit 1918. Über das Jahr 1945 hinaus und tendenziell verschärft führte die Autorin ihr Unternehmen fort in den späteren, zur Trilogie lose verknüpften Romanen *Die Entscheidung* (1959) und *Das Vertrauen* (1968).

Eine Episode aus der *»Revolution die keine war«* organisiert in einer Art Prolog das Romangeschehen: 1918 wird in einem Vorort Berlins ein Spartakist,

Erwin, der als Soldat im Weltkrieg-Schützengraben sich seiner Klassenrolle bewußt geworden war, von Weißgardisten getötet. Am Schluß wiederholt sich Erwins Exekution an seinem Sohn Hans, für den zweifachen Mörder jedoch visionär an Erwin selbst; die Toten bleiben jung und der Revolution verbunden, zumal auch Hans nicht ohne leiblichen Nachfolger bleiben wird. Die am Mord Beteiligten, drei Offiziere und ein Freikorpskämpfer, und die um Erwin Leidtragenden, seine Freundin Marie und sein Genosse Martin, deren Lebenswege aufgezeichnet werden, um die historischen und politischen Ereignisse im Querschnitt transparent zu machen, sind die Hauptpersonen des Romans und von der Autorin vorweg ausdrücklich antagonistisch gruppiert. Dieses dualistische Schema konturiert als Raster das Romangeschehen und etabliert einen Gesellschaftskosmos, mit der Nation als Klassenkampfarena, in dem das Klassenpanorama der Weimarer Republik und des Dritten Reichs sich spiegeln soll. In getrennten Handlungslinien werden die Biographien aufgerollt und durch verschiedene milieuintensive Nebenhandlungen komplettiert, überschneiden sich und laufen parallel, bis sie im Finale der Niederwerfung des NS-Regimes zusammentreffen.

Von den beiden konträren Gruppen ist die der »Mörder« mit vier biographischen Erzählungen die umfangreichste und von der Autorin mit erhöhtem Interesse gestaltete. Die Protagonistin dieser Gruppe stehen stellvertretend für das Machtkartell aus Militäradel, Großgrundbesitz und Wirtschaftsoligarchie, das die Revision seiner geschmälerten expansiven Interessen vorbereitet. Die vier typisierten Lebenslinien sind Spurlinien auf der Rollbahn des Nationalsozialismus und signalisieren dessen Verlauf bis in den Untergang.

Als erster kommt jener Offizier von Klemm, der im Jahr 1918 die heimliche Exekution Erwins kommandierte, ums Leben. Nach den Freikorpsgefechten wird er durch Geschäftemacherei mit den französischen Okkupanten im Rheinland zum Kriegsgewinnler und bekämpft mit einer Industriellenclique und paramilitärischen Banden die Weimarer Republik. Nach seinem Unfalltod tritt sein Sohn das politische Erbe an. Als zweiter scheidet der Freikorpskämpe Nadler aus, ein nationalistisch verdummter und autoritätsgieriger Kleinbauer, den das marodierende Freikämpfertum mit jenem schizophrenen Herrenmenschentum infiziert hat, das je entschiedener autoritätsgläubig nach oben, desto zügelloser gewalttätig nach unten reagiert. Über präfaschistische Provinzkorporationen und nazistische Parteigliederungen gelangt er in die NS-Wehrmacht. Im okkupierten Frankreich streckt ihn beim zynischen Demonstrieren des »Sieg Heil«-Triumphes die Kugel eines beherzten Einheimischen nieder. Als dritter büßt der zweite Offizier, von Lieven, sein Leben ein. Nachdem er sich infolge des »Friedensdiktats« von seinem Familiengut hatte trennen müssen, erlangte er schließlich als getarnter NSDAP-Kontaktmann Erfolg und Zukunftschancen, die sich erfüllen, als er im Gefolge der NS-Wehrmacht als SS-Charge den Familiensitz heim ins Reich holt, bevor er von Partisanen zur Strecke gebracht wird. Der dritte Offizier und Mörder des Spartakisten, von Wenzlow, fällt von eigener Hand, als der Untergang Nazi-Deutschlands feststeht. Abkomme von preußischem Militäradel, war er in die Reichswehr übernommen worden und nur gewisser parasozialistischer Eigenheiten wegen der NSDAP fern geblieben. Dagegen verwehrt es ihm seine preußische Militärtugend nicht, in China antibolschewistische Bürgerkriegsverbände auszubilden und den Nazi als hoher Armeeoffizier zu dienen, sobald diese sich als unumschränkte Macht im Staate »legitimiert« haben. Weil er im Krieg auch ganz und gar unmilitärischen Menschenmord toleriert hat, fürchtet er die Gefangenschaft und begeht Selbstmord.

Die Kontrastgruppe der »Opfer« wird von einer einzelnen biographischen Erzählung getragen. Der Hauptperson, Erwins Freundin Marie, aus kleinbürgerlichen Verhältnissen durch die Heirat mit einem sozialdemokratischen Arbeiter in proletarisches Milieu wechselnd, wird eine Vielzahl von Nebenfiguren beigegeben, die den Zustand der Arbeiterklasse unter den zunehmend stärkeren politischen Einwirkungen spiegeln sollen. Kennzeichnend für diese Gruppe ist eine ganz unmittelbare, konkrete Menschenfreundlichkeit, die in der Folge zur Basis politischen Bewußtseins wird. Dieser Prozeß wird vor allem an Erwins Sohn Hans verdeutlicht, der von seiner Mutter die humane Gesinnung und von Erwins Genossen Martin fortschrittliches Bewußtsein und Handeln vermittelt bekommt. In der ideologischen Auseinandersetzung der beiden Arbeiterparteien entscheidet sich Hans unter dem Einfluß seines politischen Mentors für die kommunistische Seite, baut in der Hitlerjugend eine Widerstandszelle auf und wird als Soldat wegen antifaschistischer Propaganda auf Befehl desselben von Wenzlow erschossen, der einst seinen Vater ermordet hat.

Als *Die Toten bleiben jung* zum erstenmal im »westlich« lizensierten Suhrkamp Verlag erschien, gehörte das Buch mit Thomas MANNS *Doktor Faustus* zu jenen umfangreichen Rechenschaftsberichten, die der befreiten und zur Neuorientierung angehaltenen Nation von ihren vertriebenen Schriftstellern präsentiert worden sind. Das Epochenwerk der Anna Seghers versuchte die Ursachen für die verhängnisvolle Entwicklung der deutschen Geschichte im 20. Jh. zu benennen, alternative Möglichkeiten aufzuzeigen und den siegreichen (und um so entschiedener zur Niederlage führenden) Weg der Exekutoren der schlimmsten aller Möglichkeiten gestaltend aufzuheben im perspektivischen Ausblick in eine konkret veränderte, sozialistische Demokratie. Das Buch ist von der marxistischen und bürgerlichen Kritik mit Vorbehalten aufgenommen worden. Erstere hatte den Roman zwar akzeptiert und besonders nach dem Erscheinen der beiden fortsetzenden Romane das Werk als *»das ungebrochen und konsequent progressive Epos deutscher Gegenwartsgesellschaft«* (A. Auer) gepriesen, jedoch auch auf inhaltliche und formale Schwächen hingewiesen. Irritation löste vor allem die farblosere und flache Zeichnung der proletarischen Kontrastgruppe aus, die ohne eine profilierte Leitfigur auskommen muß und von der Autorin durch den symbollastigen Titel, der dem Roman eine thematische Klammer gibt, notdürftig aufgewertet wird. In der Bundesrepublik war die Rezeption des Romans – wie die des gesamten Werks der Autorin bis in die siebziger Jahre – überlagert von der Atmosphäre des Kalten Krieges; stärker noch als *Die Toten bleiben jung* wurden die Nachfolgeromane *Die Entscheidung* und *Das Vertrauen* vor allem als Ausdruck unkritischer Parteinahme für die DDR gelesen. P.Gl.

Ausgaben: Bln./Ffm. 1949. – Bln./Weimar 1949. – Bln./Neuwied 1967. – Bln./Weimar 1976 (in *GW in Einzelausg.*, 14 Bde., 1975–1980, 6). – Darmstadt/Neuwied 1977 (in *Werke in 10 Bdn.*, 5/6; Nachw. Chr. Wolf). – Darmstadt/Neuwied 1980 (SLu).

Verfilmung: DDR 1968 (Regie: J. Kunert).

Literatur: A. Giachi, Rez. (in Die Gegenwart, 15. 6. 1950). – A. Auer, Rez. (in Die Neue Welt, 1950, H. 2). – P. Rilla, Rez. (in Aufbau, 6, 1950, S. 216–224). – Ders., *Kritik des Militarismus u. Gestaltung der nationalen Perspektive in A. S.' Roman »Die Toten bleiben jung«* (in ZDLG, 7, 1961, S. 80–98). – I. Diersen, *Kompositionsfragen in A. S.' Romanen »Die Toten bleiben jung« u. »Die Entscheidung«* (in *Kritik in der Zeit. Der Sozialismus, seine Literatur, ihre Entwicklung*, Hg. K. Jarmatz, Halle a. d. Saale 1970, S. 464–475). – L. Winckler, *»Bei der Zerstörung des Faschismus mitschreiben. A. S.' Romane »Das siebte Kreuz« u. »Die Toten bleiben jung«* (in *Antifaschistische Literatur, Programme, Autoren, Werke*, Hg. ders., Bd. 3, Kronberg/Ts. 1979, S. 172–201). – S. Bock, *Erziehungsfunktion u. Romanexperiment. A. S.: »Die Toten bleiben jung«* (in *Erfahrung Exil. Antifaschistische Romane 1933–1945, Analysen*, Hg. S. Bock u. M. Hahn, Bln./Weimar 1979, S. 394–434).

TRANSIT

Roman von Anna Seghers, erschienen 1944 (in englischer Übersetzung), in deutscher Sprache zuerst veröffentlicht 1948. – Marseille, der Schauplatz des Romans, wird im Sommer 1940 als größter Hafen im unbesetzten Teil Frankreichs zum Sammelplatz von Flüchtlingen, die sich zu Tausenden – darunter viele deutsche Emigranten – vor dem drohenden Zugriff der nationalsozialistischen Invasoren in Sicherheit bringen wollen. Ehe sie jedoch den Kontinent verlassen können, steht ihnen ein zermürbender Papierkrieg mit den für ihre Auswanderung zuständigen Behörden bevor. Hier wird gefeilscht um Aufenthaltsgenehmigungen, Bürgschaften, Aus- und Einreisedokumente; da gibt es Gerüchte, die falsche Hoffnungen oder Panikstimmung erwecken, Bestechung beherrscht die Szene. Besonders demütigend und verzweifelt verläuft der Kampf um Schiffsplätze und das begehrte Transit-Visum, das nur unter schier unerfüllbaren Bedingungen gewährt wird. Das gehetzte Leben dieser Menschen spielt sich fast ausschließlich auf Konsulaten, Schiffsagenturen und ihren Treffpunkten, den Hafencafés, ab, wo sie Erwartungen und bittere Erfahrungen austauschen – immer in der Angst, aus Marseille nicht mehr rechtzeitig vor Ankunft der deutschen Truppen herauszukommen und wie in einer Falle festzusitzen.

»Transit« erweist sich so als Chiffre für die transitorische, für die gefährdete Existenz der Exilierten überhaupt. *»Alles war auf der Flucht, alles war nur vorübergehend, aber wir wußten noch nicht, ob dieser Zustand bis morgen dauern würde oder noch ein paar Wochen oder Jahre oder unser ganzes Leben«* – mit diesen Worten charakterisiert der Ich-Erzähler des Romans die Situation. An seinem Schicksal hat die Autorin die zentralen Lebensprobleme der Emigranten sichtbar gemacht: die ständige Entfremdung und die Verunsicherung der Identität. Dieser junge Deutsche, der aus einem Konzentrationslager nach Frankreich geflüchtet ist, dort interniert wird und wieder flüchtet, soll in Paris einem Schriftsteller namens Weidel eine Nachricht überbringen. Als er erfährt, daß der Empfänger Selbstmord begangen hat, nimmt er dessen Hinterlassenschaft an sich, darunter ein gültiges mexikanisches Einreise-Visum, flüchtet noch einmal, und zwar über die Demarkationslinie in den freien Teil des Landes. Unterwegs bekommt er von einheimischen Freunden Personalpapiere, die auf den Namen Seidler lauten. In Marseille sieht er sich vor die schwierige Aufgabe gestellt, die Behörden davon zu überzeugen, daß Seidler und Weidel identisch sind, was ihm schließlich auch gelingt. Das Auftauchen von Weidels Frau Marie, die nichts vom Tod ihres Mannes weiß, bringt indes neue Komplikationen. Weil sich Seidler nicht entschließen kann, ihr die Wahrheit zu sagen, gibt sie ihre verzweifelten Nachforschungen nicht auf, selbst dann nicht, als sie endlich ausreisen kann: Sie fährt mit der sicheren Hoffnung, auf dem neuen Kontinent ihren Mann wiederzufinden. Seidler, der seine Abfahrt nicht so entschieden betrieben hat, wie die anderen, gibt im letzten Moment sein Schiffsticket zurück, denn er hat erkannt, daß es sinnlos ist, immer wieder zu flüchten. Statt dessen geht er als Arbeiter auf die Obstfarm seiner französischen Freunde und schließt sich mit ihnen der Résistance an. Erst dadurch hat er eine Chance, seine wahre Identität wiederzugewinnen. Das Schiff mit Marie und den Emigranten an Bord geht zwischen Dakar und Martinique unter.

Neben Brechts *Flüchtlingsgesprächen* (1941/44) und Klaus Manns *Der Vulkan* vermittelt dieser Roman das wohl anschaulichste und bewegendste Bild des Emigrantendaseins mit seinen individuellen Konflikten, seinen vielfachen Nöten und Verstörungen. Das Buch hat deshalb zweifellos auch den Rang eines Zeitdokuments. Anna Seghers vermeidet jede Sentimentalität; noch lapidarer als in ihren vorangehenden Büchern läßt sie den Erzähler dem fiktiven Gesprächspartner die Begebenheiten berichten. In ganz kurzen Abschnitten, die wie Filmsequenzen aufeinanderfolgen, verdichtet sich die Atmosphäre zu präzisen, alptraumhaften Bildern. P.L.

AUSGABEN: Boston 1944 (*Transit*; engl.). – Mexiko 1945 (*Visado de tránsito*; span.). – Konstanz 1948. – Bln./Weimar 1951. – Bln./Neuwied 1963. – Reinbek 1966 u.ö. (rororo). – Bln./Weimar 1976 (in *GW in Einzelausg.*, 14 Bde., 1975–1980, 5). – Darmstadt/Neuwied 1977 (in *Werke in 10 Bdn.*, 4; Nachw. Chr. Wolf). – Darmstadt/Neuwied, 1978 (SLu). – Darmstadt/Neuwied 1985 (Nachw. H. Böll).

LITERATUR: W. Merklin (in FH, 7, 1952, S. 149 bis 151). – R. Hartung, Rez. (in NRs, 75, 1964, S. 498–502). – H.-A. Walter, Rez. (in FH, 19, 1964, S. 583–586). – J. B. Bilke, *Sturz aus der Geschichte? A. S.' Roman »Transit«* (in *Die deutsche Exilliteratur 1933–1945*, Hg. M. Durzak, Stg. 1973, S. 312–325). – P. v. Matt, *Ein Zeichen aus der Tiefe. Über A. S.' »Transit«* (in FAZ, 7. 6. 1983, S. 23). – H.-A. Walter, *A. S. Metamorphosen. »Transit« – Erkundungsversuche in einem Labyrinth*, Ffm. 1985. – Ders., *Zeitgeschichte, Psychologie des Exils u. Mythos in A. S.' Roman »Transit«. Anmerkungen zu Interpretationsproblemen bei der deutschen Exilliteratur* (in *Deutschsprachiges Exil in Dänemark nach 1935*, Hg. R. Dinesen u. a., Kopenhagen/Mchn. 1986, S. 11–56). – Chr. Wolf, *»Transit«. Ortschaften* (in Chr. W., *Die Dimension des Autors. Essays u. Aufsätze*, Darmstadt/Neuwied 1987, S. 364–377).

MANÈS SPERBER

* 12.12.1905 Zablotow / Ostgalizien
† 5.2.1984 Paris

LITERATUR ZUM AUTOR:
W. Kraus, *Schreiben in dieser Zeit. Für M. S.*, Wien 1976. – C. Magris, *Ein Versuch aus dem Nirgends: Zu M. S. und seinem Werk* (in Modern Austrian Literature, 12, 1979, Nr. 2, S. 41–66). – U. Homann, *M. S.: ein unbequemer Kronzeuge unserer Zeit* (in Der Literat, 25, 1983, S. 317–318). – A. Pfaffenhof, *M. S. zur Einführung*, Hannover 1984. – D. Rondeau, *M. S. Luftmensch aus Galizien* (in D. R., *Trans-Europ-Express*, Freiburg i. B. 1985, S. 65–71). – *M. S. 1905–1984*, Wien 1987 [Ausst.-Kat.]. – H. Komuth, *M. S., Arthur Koestler u. George Orwell. Der Totalitarismus als Geißel des 20. Jh.s*, Würzburg 1987. – W. Licharz, L. Kauffeldt u. H.-R. Schießer, *Die Herausforderung M. S. Ein treuer Ketzer auf der Brücke ohne anderes Ufer*, Ffm. 1988. – H.-R. Schießer, *Im Exil zu Hause. Die vergebliche Heimkehr des M. S.* (in *Vertriebene Vernunft II. Emigration u. Exil österreichischer Wissenschaft*, Hg. F. Stadler, Wien 1988, S. 564–574).

WIE EINE TRÄNE IM OZEAN

Romantrilogie von Manès SPERBER, bestehend aus den Bänden *Der verbrannte Dornbusch* (1950), *Plus profond que l'abîme*, 1950 *(Tiefer als der Abgrund)*, sowie *Die verlorene Bucht* (1955), als Trilogie erschienen 1961. – Das literarische Hauptwerk des jüdischen Essayisten und Psychologen wurde erst in den siebziger Jahren in der Bundesrepublik intensiver rezipiert und in seiner Bedeutung als literarische Reflexion über die *»permanente politische und moralische Katastrophe«* erkannt, in welche sich *»der folgenreichste Sieg unseres Jahrhunderts«*, die russische Revolution von 1917, *»verwandelt hat«* – so Sperber in seiner Rede anläßlich der Verleihung des Büchner-Preises 1975. Den Erfahrungshintergrund der Trilogie, die die Situation der kommunistischen Untergrundbewegung in Mittel- und Osteuropa zwischen 1930 und dem Ende des Zweiten Weltkriegs darstellt, liefert der Lebensweg des in Galizien geborenen, in Österreich aufgewachsenen und von 1945 an in Paris lebenden Autors dar, der als militanter Humanist und Schüler Alfred ADLERS in den zwanziger Jahren zur Kommunistischen Partei stieß. Den Terror der stalinistischen Säuberungen beantwortete er 1937 im Exil mit seinem Parteiaustritt. Diese Entscheidung war der eigentliche Anlaß für die Niederschrift des Romans, die elf Jahre (von 1940–1951) in Anspruch nahm. Der erste, umfangreichste Teil, *Der verbrannte Dornbusch*, spielt zunächst in Dalmatien, wo eine revolutionäre Gruppe verzweifelte Anstrengungen macht, sich der Verfolgung durch das semifaschistische Regime zu entziehen. Die Gruppe ist in Machtkämpfe verstrickt und durch gegenseitiges Mißtrauen geschwächt. Es erhebt sich Widerspruch gegen die politische Linie der Parteileitung, weil sie die besonderen nationalen Gegebenheiten zu wenig berücksichtigt. Der Führer der Gruppe, eine undurchsichtige Gestalt, gerät in Verdacht, der politischen Polizei unliebsame Genossen ans Messer geliefert zu haben. Der Intellektuelle Dojno Faber, autobiographischer Held der Trilogie, gehört zwar auch zu den Abweichlern, sein taktisches Geschick bewahrt ihn jedoch vor den Folgen eines solchen Verhaltens. Mit Faber trotz politischer Meinungsverschiedenheiten freundschaftlich verbunden ist der skeptisch-liberale Humanist und Gesellschaftstheoretiker Stetten, der die Rolle eines intellektuellen Mentors spielt. Nach der nationalsozialistischen Machtergreifung kommt Faber, der in die Parteizentrale nach Deutschland zurückgekehrt ist, für einige Monate ins KZ. Nach seiner Entlassung geht er ins Prager Exil. Dort erfährt er nach und nach, daß seine nach Moskau emigrierten Parteifreunde bei Stalin in Ungnade gefallen sind und liquidiert werden sollen. Lange Zeit weigert er sich, das Ausmaß des Verrats und Betrugs zur Kenntnis zu nehmen, bis seine Enttäuschung schließlich in Empörung gegen die Parteiführer umschlägt.

Im zweiten Teil, *Tiefer als der Abgrund*, versucht Faber mit seiner politischen Desillusionierung fertig zu werden. Er schließt sich wieder enger an Stetten an, dessen politische Prognosen sich bewahrheitet haben. Im Pariser Exil arbeiten beide an einer soziologischen Untersuchung über den modernen Krieg. Für Faber bedeutet diese Periode einen völligen Stillstand in allen Lebensbereichen. Er hat zwar seinen »Tod« überlebt (denn das Sterben des Kommunisten Faber empfindet er als einen Tod), aber nicht um ein neues Leben zu beginnen, sondern um das Ende des alten bis ins Unerträgliche auszudehnen. Angesichts der weiteren politischen Entwicklung – Niederlage der Republikaner im Spanischen Bürgerkrieg, Okkupation der Tschechoslovakei, Nichtangriffspakt – bleibt ihm nur noch das Gefühl der Ohnmacht. Als Stetten bei Kriegsbeginn stirbt, meldet sich Faber freiwillig zur französischen Armee, wird nach Marseille verschlagen und versucht, das Land zu verlassen. Mehr aus Müdigkeit und Resignation entschließt er sich, zu bleiben und irgendwo auf dem Land unterzutauchen. In der Betreuung eines Waisenjungen findet er eine neue Aufgabe.

Im letzten Teil, *Die verlorene Bucht*, spüren Fabers Freunde, Abtrünnige der Partei wie er, den Totgeglaubten wieder auf und versuchen ihn zu überreden, sich neuerlich am politischen Kampf in Jugoslavien zu beteiligen. Faber entschließt sich erst nach einigem Zögern, weil er den Jungen nicht im Stich lassen will. Bevor er zu der Partisanenbrigade seiner Kameraden stößt, erleidet diese eine schwere Niederlage, die vielen das Leben kostet. Faber entdeckt nach seiner Ankunft, daß ein KP-Genosse sie verraten hat. Seine letzten Hoffnungen trägt er im jugoslavischen Maquis zu Grabe. Ganz auf sich gestellt, mit keiner Macht verbündet, kämpft die Brigade auf verlorenem Posten. Ihr Weg endet in einem Hinterhalt der kommunistischen Partisanenarmee. Faber wird von einem alliierten Beobachter vor der drohenden Liquidierung gerettet und kann nach Frankreich zurückkehren.

Sperber erzählt seinen Roman ohne große formale Ambitionen. Das eigentliche Handlungselement ist stark zurückgedrängt zugunsten der Dialoge und der mehr essayistischen Einschübe, obwohl ihm hin und wieder auch sehr eindringliche atmosphärische Details gelingen. In den Dialogen werden die politisch-moralischen Konflikte ausführlich erörtert. Das große Aufgebot an handelnden Personen gibt dem Autor die Möglichkeit, revolutionäres Bewußtsein in vielfacher Schattierung zu zeichnen. Die Haltung jedes einzelnen wird biographisch, aus der Summe der individuellen Erfahrung überzeugend motiviert, wodurch der Roman allerdings manchmal in Gefahr gerät, auseinanderzufallen. Obgleich Sperbers Sympathie offenkundig den Zweiflern, den *»heimatlosen Linken«* gehört, ist er kein Renegat; eine Einschätzung, die auch seine umstrittene Rede anläßlich der Verleihung des Friedenspreises des Deutschen Buchhandels nicht revidiert, in der Sperber sich gegen die Demilitarisierung Europas wandte. An der revolutionären Idee des Sozialismus hielt er fest, in der Sowjetunion sah er früh jedoch bereits diese Idee pervertiert durch den Stalinismus. Was in seinen späteren politischen Essays, die 1981 in dem Band *Essays zur täglichen Weltgeschichte* gesammelt ediert wurden, sich immer wieder artikuliert, liegt als pessimistische These auch bereits Sperbers Trilogie zugrunde: die Überzeugung, wonach jede Revolution, sobald sie an die Macht kommt, sich selbst verrät: *»Das erste Opfer einer Revolution ist die Theorie, auf die sich ihre Führer berufen. Die nächsten Opfer sind die Führer selbst, soweit sie Theoretiker sind. Fortschreitend wird die Praxis sie verraten und deshalb als Verräter brandmarken. Dialektik des Verrats – Verrat der Dialektik.«* Damit verbunden ist der Widerspruch, der sich zwischen dem Glücksbedürfnis des einzelnen und der Einsicht in die historische Notwendigkeit auftut. Eine Lösung dieses Konflikts gibt es für Sperber nicht; deswegen fehlt, wie der Autor schon im Vorwort ankündigt, dem Roman *»die tröstliche Moral«*.

Sperber selbst verstand sein Werk, von Arthur Koestler als *»die Sage der Komintern«*, der Kommunistischen Internationalen, gepriesen, während André Malraux es als *»eines der ganz großen Bücher des jüdischen Volkes«* würdigte, weniger als politischen denn als *»philosophischen«* Roman in jener Weise, in der er das literarische Œuvre Malraux' umriß; die Politik ist dabei der *»als Ereignis und Erlebnis faßbare Rohstoff..., der es erlaubt, den gleichen Menschen in seiner Vereinzelung und in seiner aktivierenden Vergesellschaftung zu zeigen«*. Darüber hinaus aber ist der Roman – wie auch Sperbers spätere Memoiren (*Die Wasserträger Gottes*, 1974; *Die vergebliche Warnung*, 1975; *Bis man mir Scherben auf die Augen legt*, 1977) – ein Rechenschaftsbericht über die individuelle Beteiligung an der Katastrophe des 20. Jh.s. P.L.-KLL

Ausgaben: *Der verbrannte Dornbusch*, Mainz 1950. – *Plus profond que l'abîme*, Paris 1950. – *Die verlorene Bucht*, Köln/Bln. 1955. – *Wie eine Träne im Ozean*, Köln/Bln. 1961. – Ffm./Bln. 1971 (Ullst. Tb). – Wien 1976 (in *GW in Einzelausg.*). – Mchn. 1980 (dtv).

Verfilmungen: BRD 1970 (TV). – *Une larme dans l'océan*, Frankreich 1971 (Regie: H. Glaeser).

Literatur: S. Brandt, *Der bittere Geschmack der Hoffnung* (in Der Monat, 14, 1961, H. 159). – M. Reich-Ranicki, *Deutsche Literatur in West u. Ost*, Mchn. 1963, S. 257–262. – A. Malraux, *Antimemoiren*, Ffm. 1968. – *Schreiben in dieser Zeit. Für M. S.*, Hg. W. Kraus, Wien 1976. – C. Magris, *Ein*

Versuch aus dem Nirgends. Zu M. S. u. seinem Werk (in Modern Austrian Literature, 12, 1979, Nr. 2, S. 41–66). – S. Lenz, *Gespräche mit M. S. u. L. Kolakowski*, Hg. u. Vorw. A. Mensak, Hbg. 1980. – D. Larese, *Besuch bei M. S.*, Amriswil 1980. – H. Böll, *Spuren der Zeitgenossenschaft*, Mchn. 1980, S. 203–207 (dtv). – W. Müller, *M. S.s Romantrilogie »Wie eine Träne im Ozean«: ein Beitrag zur Theorie des modernen Romans*, Diss. Graz 1981. – G. Brude-Firnau, *Exil u. Ethos. Zu M. S.s Trilogie »Wie eine Träne im Ozean«* (in *Das Exilerlebnis*, Hg. D. G. Daviau u. L. M. Fischer, Columbia/S.C. 1982, S. 297–305). – *M. S. Ansprachen aus Anlaß der Verleihung des Friedenspreises des Dt. Buchhandels*, Ffm. 1983. – A. Paffenholz, *M. S. Zur Einführung*, Hannover 1984. – *M. S. Sein letztes Jahr*, Hg. H. Friedrich, Mchn. 1985 (dtv). – H. Komuth, *M. S., A. Koestler, G. Orwell. Der Totalitarismus als Geißel des 20. Jh.s*, Würzburg 1987. – *M. S. 1905–1984. Eine Ausstellung der österreichischen Nationalbibliothek*, Hg. V. Lunzer-Talos, Wien 1987. – *Die Herausforderung M. S.*, Hg. W. Licharz, Ffm. 1988. – J. Zipes, *M. S.'s Legacy for Peace in »Wie eine Träne im Ozean«* (in GQ, 61, 1988, S. 249–263).

LUDWIG THOMA

* 21.1.1867 Oberammergau
† 26.8.1921 Tegernsee

LITERATUR ZUM AUTOR:
L. T. Die Geschichte seiner Liebe u. Ehe. Aus Briefen u. Erinnerungen, Hg. W. Ziersch, Mchn. 1928. – W. L. Heilbronner, *L. T. as a Social and Political Critic and Satirist*, Diss. Univ. of Michigan 1955. – F. Heinle, *L. T. in Selbstzeugnissen und Bilddokumenten*, Reinbek 1963; 21985 (rm). – *L. T. Ein Leben in Briefen (1875–1921)*, Hg. A. Keller, Mchn. 1963. – S. Sandrock, *The Art of L. T.*, Ann Arbor/Mich. 1964. – R. Ziersch, *L. T.*, Mühlacker 1964 [m. Bibliogr.]. – G. Thumser, *L. T. und seine Welt*, Mchn. 1966. – *L. T. zum 100. Geburtstag*, Hg. Stadtbibliothek Mchn., Bearb. R. Lemp, Mchn. 1967. – M. Fritzen, *Das satirische Werk L. T.s*, Diss. Ffm. 1970. – P. Haage, *L. T. Bürgerschreck u. Volksschriftsteller*, Mchn. 1975; ern. 1985 [m. Bibliogr.]. – C. N. Jones, *Tradition and Innovation: The Volksstücke of L. T.*, Ann Arbor/Mich. 1978. – *L. T. Vom Advokaten zum Literaten. Unbekannte Briefe*, Hg. R. Lemp, Mchn. 1979. – H. Ahrens, *L. T. Sein Leben, sein Werk, seine Zeit*, Pfaffenhofen 1983. – F. Fenzl, *L. T. Ein bayerischer »Dichter« der Jh.-Wende*, Diss. Mchn. 1983. – *L. T. Bilder, Dokumente, Materialien zu Leben u. Werk*, Bearb. R. Lemp, Mchn. 1984. – L. Thoma, *Sämtliche Beiträge aus dem ›Miesbacher Anzeiger‹ 1920–21*, Hg. u. Komm. W. Volkert, Mchn. 21990. – G. M. Rösch, *L. T. als Journalist. Ein Beitrag zur Publizistik des Kaiserreichs u. der frühen Weimarer Republik*, Ffm. 1990.

MAGDALENA

Volksstück von Ludwig THOMA, Uraufführung: Berlin, 12. 12. 1912, Kleines Theater. – Magdalena, die Tochter des Gütlers Thomas Mayr, genannt Paulimann, hat den elterlichen Hof verlassen, um es in der Stadt zu etwas zu bringen. Doch ist es ihr dort *»schlecht ganga«*: Ein skrupelloser Kerl macht ihr ein Heiratsversprechen, verführt sie und betrügt sie obendrein um ihr ganzes »Zusammengespartes«. In ihrer Verzweiflung weiß sie nicht mehr aus noch ein und wird schließlich zur Prostituierten. Daraufhin zwingt man sie, die Stadt zu verlassen, und da sie minderjährig ist, wird sie unter polizeilicher Bewachung in ihr Heimatdorf zurückgebracht. Die Rückkehr des Mädchens bringt in den Augen aller Dorfbewohner große Schande über das Haus des Paulimann. Nach dem Tod der kranken, alles verzeihenden Mutter stellt Paulimann seine Tochter unter strengen Hausarrest, um Zusammenstöße mit den Leuten im Dorf zu vermeiden. Der Bürgermeister leitet – unter dem Vorwand, die Moral zu verteidigen, in Wirklichkeit aber, weil er auf den billigen Erwerb von Paulimanns Hof spekuliert – eine erpresserische Hetzkampagne gegen Vater und Tochter ein. Paulimann verliert seinen Aushilfsknecht Lorenz, den das Gerede der Leute über Magdalena zur Kündigung veranlaßt. Auch der neue Dorfgeistliche tut alles, um den Haß der Dorfbewohner gegen den Gütler und seine Tochter zu schüren. Seine Sonntagspredigten enthalten regelmäßig sehr gezielte Anspielungen: *»... daß diesen Übles geschieht, die wo Ärgernis geben«*. Magdalena, zerquält und von Angst getrieben, schreitet zu einer Verzweiflungstat: Sie ist entschlossen, das Dorf zu verlassen; es fehlt ihr jedoch am nötigen Geld. Deshalb läßt sie nachts einen Bauernburschen in ihre Kammer ein und bittet ihn um ein paar Mark. Am nächsten Tag weiß das ganze Dorf davon, und die versteckte Gehässigkeit steigert sich zu heller Empörung. Magdalena soll aus dem Dorf vertrieben werden. Paulimann wird gezwungen, seine Tochter vor dem Bürgermeister und anderen Dorfbewohnern zur Rede zu stellen. Als Magdalena zugeben muß, daß sie um das Geld gebeten hat, ersticht sie der Vater mit den Worten: *»Jetzt reißt's as naus in d'Schand!«*

Thoma begann das Stück am 20. 11. 1911 unter dem Titel *Martin Heiß* und wollte das Scheitern eines Menschen vorführen, der zum Priesterberuf gezwungen wurde. Von November 1911 bis 10. 1. 1912 schrieb er den ersten Entwurf; über die Idee berichtet er im Brief: *»Meine Magdalena entstand fix und fertig im Kopfe, seiner Zeit, als ich in Egern die Fronleichnamsprozession durch die Felder ziehen sah. Die kleinen, weißgekleideten Mädel, die hinter dem*

Pfarrer hertrippelten, machten mir einen rührenden Eindruck. Was wird aus ihnen werden? Wie lange halten sie fest an dem Kinderglauben? Und plötzlich stand ein Schicksal von so einem armen Ding vor meinen Augen« (an M. v. Liebermann, 15. 3. 1919). Es fehlen Hinweise darauf, ob Thoma die Motivparallelen zu einer Episode bei Livius und in Lessings *Emilia Galotti* (1771/72) gekannt hat, wiewohl das Ende damit sehr genau übereinstimmt; mit Hebbels *Maria Magdalene* (1843) wurde das Stück schon bei der Uraufführung verglichen. – In den Entwürfen spielt Thoma noch mit einer verzeihenden Gestalt, einem Landarzt, der aber in der Endfassung durch einen Kooperator ersetzt wird, der Leni dogmatisch streng verurteilt, statt die sterbende Mutter zu trösten (Parallelen zu dieser Szene sind der Tod der alten Vöstin in *Andreas Vöst* und das Sterben Lonis in *Der Ruepp*). In diesem Auftritt, der in der Verfilmung von A. J. Lippl weggelassen wurde, bereitet Thoma den Verlauf des Stücks vor, indem Paulimann *»nirgends Hilfe finden konnte. Die einzige Möglichkeit lag beim Geistlichen. Von dieser Seite hätte Verstehen und Verzeihen, wenn nicht versöhnend, so doch abmildernd einwirken können«* (an G. Heim, 28. 6. 1916). Die Gründe für den Untergang Lenis kommen nach Thoma aus der bäuerlichen Welt: Im Gegensatz zur rigiden Sexualmoral des städtischen Bürgertums und deren Kehrseite, der Prostitution, sei auf dem Land der freie, unentgeltliche Sexualverkehr vor der Heirat akzeptabel, denn nicht Sittenstrenge, sondern die Arbeit mache den Wert eines Menschen aus. Diese Äußerungen Thomas (im Essay *Bauernmoral* in der Halbmonatsschrift ›März‹) sind idealisierend auf den Gegensatz Stadt–Land zugespitzt, denn in Wirklichkeit litten ledige Mütter unter Verachtung und materiellem Nachteil. Dennoch leitet er im Drama aus jener (angeblich bäuerlichen) Moralauffassung die Katastrophe ab, weil das Dorf nicht duldet, daß Leni Geld für den Beischlaf verlangt. Paulimann, der sich auf Bitten der Mutter gegen seine eigene Auffassung von Ehre auf Lenis Seite stellt, ist zu Mitleid und Erbarmen nicht fähig, durch die er eine weitere Existenz Lenis ermöglicht hätte, und gibt dem Druck von allen Seiten nach, indem er sie tötet. G.Rö.-KLL

Ausgaben: Mchn. 1912. – Mchn. 1922 (in *GW*, 7 Bde., 6). – Mchn. 1956 (in *GW*, Hg. A. Knaus, 8 Bde., 2). – Mchn. 1964 (in *Theater. Sämtliche Bühnenstücke*; Nachw. H.-R. Müller). – Mchn. 1968 (in *GW*, Textred. A. Knaus, 6 Bde., 2). – Mchn. 1985 [Textrev. u. Nachw. B. Gajek].

Verfilmungen: BRD 1955 (Regie: A. J. Lippl). – BRD 1985 (Regie: K. Wilhelm).

Literatur: C. N. Jones, *L. T.'s »Magdalena«: A Transitional »Volksstück«* (in Seminar, 16, 1980, S. 83–95).

MORAL

Komödie in drei Akten von Ludwig Thoma, Uraufführung: Berlin, 20. 11. 1908, Kleines Theater. – In Emilsburg, der Residenzstadt des Herzogtums Gerolstein, trifft sich die »gute Gesellschaft« im Hause des Rentiers und Reichstagskandidaten der Liberal-Konservativen Fritz Beermann; man bewundert den seit zwei Jahren in der Stadt lebenden, jungen und schon berühmten Dichter Hans Jakob Dobler, Autor des Romans *Der arme Hans*. Nachdem dieser gemeinsam mit einigen anderen Gästen das Haus verlassen hat, wendet sich das Gespräch alsbald dem vor kurzem in der Stadt gegründeten Sittlichkeitsverein zu, dessen Präsident Beermann ist. Lauthals verurteilen die Herren, darunter der Altphilologe Otto Wasner, der pornographische Publikationen sammelt, um die offensichtlich herrschende Verderbnis zu belegen, den Niedergang der Moral; nur Beermanns gutherzige und mütterlich-souveräne Frau Lina und eine alte Dame, die großbürgerliche und als notorisch *»freigeistig«* stadtbekannte Frau Lund, eine Freundin der Familie, widersprechen den bornierten und heuchlerischen Argumenten der selbsternannten Tugendwächter (Frau Lund: *»Kein Laster ist so widerwärtig wie die Tugend, die sich vor der Öffentlichkeit entblößt«*). Als dann der Justizrat Dr. Hauser beiläufig erzählt, die Polizei habe kürzlich *»eine Frau verhaftet, die ein sehr gastfreies Haus führte«*, nämlich die Dame Ninon de Hauteville, und man habe auch ein Notizbuch mit den Namen ihrer *»Kunden«* beschlagnahmt, versetzt diese Nachricht Beermann in scheinbar ganz unverständliche Aufregung. Die Verhaftung Ninons (sie heißt in Wahrheit Therese Hochstetter) war auf eine anonyme Anzeige hin erfolgt und wurde von dem ehrgeizigen Polizeiassessor Oskar Ströbel verantwortet, dessen Vorgesetzter, der Freiherr von Simbach, ihm allerdings rät, bei seinen weiteren Ermittlungen mit Umsicht vorzugehen: *»Vergessen Sie nie, daß der Skandal sehr oft erst dann beginnt, wenn ihm die Polizei ein Ende bereitet«* (ein Wort von Karl Kraus, das Thoma hier zitiert).

Als der Assessor die Hauteville dann verhört, kündigt diese in unverfrorener Selbstsicherheit an, sie werde noch vor dem Abend dank ihrer *»Freunde«* wieder frei sein, ja *»man wird sich bei mir noch heute entschuldigen«*. Im weiteren Verlauf deutet sie an, beim Eindringen der Polizei habe sich *»jemand«* (dessen Identität sie freilich nicht preisgibt) in ihrem Kleiderschrank verstecken müssen. Um wen es sich dabei handle, werde sie keinesfalls sagen, denn *»man rechnet stark damit, daß uns Diskretion keine bloße Redensart ist«*. Nachdem der wütende Ströbel das Verhör abgebrochen hat, erscheint Beermann im Amtszimmer. Auch er verlangt plötzlich zur Verblüffung des verwirrten Assessors, das Verfahren müsse niedergeschlagen werden, denn durch einen Prozeß – den Ströbel *»rücksichtslos«* herbeiführen will – werde *»gerade die besitzende Klasse kompromittiert«*, während es doch das Ziel des Sittlichkeitsvereins sei, *»gegen die Unsittlichkeit in den* *unteren Schichten, wo sie leicht in Zügellosigkeit ausartet«*, vorzugehen. *»Da geht Autorität verloren. Da wird bei den Massen der Respekt erschüttert.«* Aber Ströbel bleibt unerbittlich, er prahlt mit dem Beweismittel des Tagebuchs; schließlich nutzt Beermann – da er weiß, wie oft sein Name in Ninons Tagebuch vorkommt – ein Telefongespräch des Assessors, um das peinliche *corpus delicti* an sich zu nehmen. Es gelingt ihm, den Diebstahl unbemerkt zu halten, und er verläßt das Präsidium. Unmittelbar danach erscheint der Polizeipräsident bei Ströbel, in seiner Begleitung ist der Freiherr Botho von Schmettau, der Adjutant des Erbprinzen. Er enträtselt endlich den Zwischenfall bei Frau Ninon – unter dem Siegel strengster Diskretion: *»Seine Hoheit, unser gnädigster Erbprinz Emil«* war es, der gemeinsam mit Schmettau im Schrank der Hauteville Zuflucht suchen mußte, als der Kommissär plötzlich auftauchte und sich benahm, *»als wenn er Stoff für eine sozialdemokratische Zeitung sammeln müßte«*, wie Schmettau meint. Um eine Kompromittierung des Erbprinzen zu vermeiden, verlangt Schmettau die Niederschlagung des Verfahrens, die Ströbel nun ohne Aufsehen einleiten muß. – Am gleichen Abend bittet Lina Beermann ihren Mann, sich und die Familie nicht durch fortgesetzte Tugendmeierei zu kompromittieren, denn sie habe ihn längst durchschaut. Wasner meldet sich und gesteht, die anonyme Anzeige sei von ihm gekommen; ebenso erscheint Ströbel und teilt mit, Ninon wolle die ihr angebotene Möglichkeit, Kaution zu stellen und zu fliehen, nicht nützen, sondern verlange eine Entschädigung. Beermann erklärt sich bereit – Höhepunkt der Farce –, durch eine Kollekte des Sittlichkeitsvereins die Summe von 15000 Mark aufzubringen, und erhält dafür den *»Hausorden Emils des Gütigen«*.

Der Anlaß für die sechswöchige Haftstrafe in Stadelheim, während der Thoma das Drama schrieb, war das Gedicht *An die Sittlichkeitsprediger in Köln am Rheine*, das am 25.10. 1904 im ›Simplicissimus‹ (unter dem Pseudonym Peter Schlemihl) erschienen und auf die »Allgemeine Konferenz der deutschen Sittlichkeitsvereine« in Köln gemünzt war. Die Strafe trat er am 16.10. 1906 im Gefängnis Stadelheim an, bereits mit der Absicht, eine Komödie zu schreiben, in der gezeigt werden sollte, *»daß unsere gesellschaftliche Moral nur persönliche Richtpunkte hat«* (an C. Haußmann, 21.10. 1908). Aus dem *Stadelheimer Tagebuch* geht hervor, daß Thoma für das Stück Notizen aus *Über Liebe und Ehe* (dt. 1904) verwendete, einer Abhandlung der schwedischen Sozialreformerin Ellen KEY (sie ist das Urbild der Lund), ebenso aus SCHOPENHAUERS Preisschrift *Über die Grundlage der Moral: »die wahre Basis der Moralität ist das Mitleid«*. Zwischen Frau Lund und dem unvoreingenommen-distanzierten Rechtsanwalt Hauser, dessen Urbild Thomas Rechtsanwalt und Freund C. Haußmann aus Stuttgart ist, kommt es zu jener witzigen Konversation, die Thoma in den Gesellschaftskomödien von Oscar WILDE und Emil AUGIER modellhaft vorfand.

Den zweiten Akt beherrscht Therese Hochstetter bzw. »Ninon de Hauteville«, die in den Entwürfen zunächst als Typ der diskreten, geschäftsbewußten Kurtisane auftrat; in der Endfassung dagegen wird ihre Herkunft aus guten Verhältnissen, ihre Kindheit im exotischen Ausland und ihre Scheidung betont. Eine derart außergewöhnliche Vita galt gleichermaßen für Thomas spätere Frau, die Berliner Tänzerin Maria Trinidad de la Rosa (1880–1966), die auf den Philippinen geboren war und in Berlin unter dem Namen Marietta di Rigardo im Cabaret ihres Mannes David Georg Schulz auftrat. Thoma hatte sie 1905 kennengelernt und bewogen, ihren Mann zu verlassen. Um die Scheidung von Schulz zu erreichen, zahlte er diesem 15000 Mark; 1907 heirateten Thoma und Maria; die Ehe wurde 1911 geschieden. *»Die in der ›Moral‹ planvoll durchgeführte Aufwertung unkonventioneller Beziehungen zwischen Mann und Frau ist auch als halbbewußte, verschlüsselte Rechtfertigung seines Verhältnisses zu Maria zu lesen«* (B. Gajek). Die Widersprüche von Schein und Sein, von Realität und Ideal tragen die Handlung des Stücks, dessen Motive Thoma in der Erzählung *Papas Fehltritt* noch einmal aufgriff.

G.Rö.-KLL

AUSGABEN: Mchn. 1909. – Mchn. 1922 (in *GW*, 7Bde., 6). – Mchn. 1956 (in *GW*, Hg. A. Knaus, 8Bde., 2). – Mchn. 1964 (in *Theater. Sämtliche Bühnenstücke*; Nachw. H.-R. Müller). – Mchn. 1964 (zus. m. *Erster Klasse*; dtv). – Mchn. 1968 (in *GW*, Textred. A. Knaus, 6Bde., 2). – Mchn. 1983 [Textrev. u. Nachw. B. Gajek].

VERFILMUNGEN: Deutschland 1927 (Regie: W. Wolff). – Deutschland 1936 (Regie: H. H. Zerlett).

LITERATUR: O. Gritschneder, *Angeklagter L. T. Unveröffentlichte Akten*, Rosenheim 1978. – F. Pfäfflin, *Fackelrot am Münchner Himmel. Karl Kraus und L. T. 1903–1921* (in *Nisus in librorum nitore. Fs. Werner Goebel*, Hg. M. Leonhard, Mchn. 1980, S. 94–131).

DER RUEPP

Roman von Ludwig THOMA, erschienen 1922. – In seinem letzten Roman erzählt Thoma die Geschichte des Bauern Michael Umbricht zum Ruepp auf der Leiten, der den Hof durch unüberlegte Geschäfte, Trunksucht, Kartenspiel und Gerichtsklagen verschuldet hat. Seine Frau Afra erträgt das großspurige, haltlose Wirtschaften in stillem Kummer, während die zwei Kinder Kaspar und Leni in scharfen Reden dem Vater den Niedergang vorhalten. Der dritte Sohn, Michel, besucht das Priesterseminar in Freising, weil der Ruepp ihn – gegen den Rat des Ortspfarrers und trotz der geringen Begabung des Jungen – zum Geistlichen bestimmt hat. Zum Haushalt gehört seit zwanzig Jahren auch die Magd Apollonia Amesreiter, die den groß-

sprecherischen Ruepp durchschaut, ihm aber dennoch 3000 Mark geliehen hat, um Schulden zu dekken.
Am Beginn des Romans wird diese Vorgeschichte rasch in krisenhaft zugespitzten Szenen erzählt: Der in die Ferien heimkommende Michel findet die alte Loni kränklich im Bett und gesteht ihr, er wolle das Priesterstudium aufgeben und auf die Landwirtschaftsschule Weihenstephan wechseln. Loni bestärkt ihn in seinem Plan und verspricht, ihm ihr verbliebenes Geld zu hinterlassen, statt es ihrem Neffen zu geben, einem Anwaltsschreiber in Dachau, der wegen Kassendiebstahls ein Jahr im Gefängnis war und als nichtsnutziger Schmeichler erscheint. Loni drängt daher Afra und den Bauern, einen Notar zu bestellen, um das Testament festzulegen; der Ruepp verschleppt diese Bitte, weil er fürchtet, daß der Schuldschein über die 3000 Mark bekannt würde. Loni stirbt und wird von Afra gefunden, die darauf dem Ehemann vorwirft, den Termin mit dem Notar hintertrieben zu haben. Ruepp schleicht in das Sterbezimmer, nimmt den Schuldschein sowie weitere Pfandbriefe an sich und wird von Afra ertappt, die aber niemandem davon erzählt. Einige Tage später trifft eine Aufforderung ein, der Ruepp solle gerichtliche Auskunft über den Nachlaß geben. Vor dem Amtsrichter begegnet er dem gesetzlichen Erben Pfleiderer, der darauf besteht, daß der Bauer und seine Frau durch einen Offenbarungseid die Richtigkeit von Lonis Hinterlassenschaft beschwören. Da Afra dies ablehnt, bietet Ruepp Pfleiderer eine Geldsumme an, die dieser erpresserisch zu erhöhen versucht. Der Ruepp will darauf seinem erfolgreich schaffenden Nachbarn Lukas, mit dem er seit langem in Streit liegt, ein Grundstück verkaufen, aber dieser lehnt ab. Da es an Geld fehlt und Afra weiterhin den Eid verweigert, sieht der Bauer keinen Ausweg mehr und erhängt sich. In dem auch für Thomas Roman *Der Wittiber* typischen protokollierenden Schluß berichtet der Erzähler, Kaspar habe den verschuldeten Hof übernommen und mit großer Mühe erhalten können; Michel, der seine Liebe zu Stasi, der Tochter des Lukas, und die Hoffnung auf eine Heirat aufgeben muß, sei ein redlich arbeitender Knecht geworden, obwohl die Leute mißtrauisch gegen ihn blieben.
Die Stoffquelle für Thomas *Ruepp* war Anzengrubers Stück *Der Meineidbauer* (1871/72), zumal der Roman zunächst *»Der kalte Eid«* hieß; deutliche Übernahmen sind die Hintertreibung eines Erbes durch einen falschen Eid, die diktatorische Bestimmung eines Sohnes zum Geistlichen sowie die Liebe zwischen Kindern verfeindeter Eltern. Thoma schrieb den Roman vom 4.1. bis 22.4. 1921 nieder, konnte dabei aber auf fünf (im Nachlaß erhaltene) Entwürfe zurückgreifen, von denen zwei *(Der Gerolts Hof; Die alte treue Dienerin)* aus dem Jahr 1913 stammten. Die Fragmente *Der Strumpf*, *Der Bucherbauer* und *Die Bucherbauern* sind schwer datierbar (vermutlich 1918), weisen aber Motive, Orte und Personen auf, die im späteren Roman wiederkehren. Dazu gehört die Gestalt des verständnisvollen Priesters, dem die Bäuerin, die im Fragment *Der Gerolts Hof* noch Apollonia heißt und ein uneheliches Kind hat, den Kummer mit dem trunksüchtigen Mann berichtet. Diese unveröffentlichten Quellen belegen Thomas Arbeitsweise, der dieselben Namen für verschiedene Personen verwendete und offene biographische Anspielungen tilgte – so hieß der Priester in *Der Gerolts Hof* noch Daisenberger und verwies auf den langjährigen Pfarrer von Oberammergau, der Thoma getauft hatte und von diesem in den 1919 abgeschlossenen *Erinnerungen* als Ideal des »geistlich-Geistlichen« den politisierenden Priestern des Kulturkampfs gegenübergestellt worden war. Der auslösende Faktor für den Roman liegt in Thomas gleichzeitigem politischen Engagement im ›Miesbacher Anzeiger‹ (*Das Testament Bismarck's*, 19. 12. 1920); dort stellt er die These auf, wäre den Deutschen dieses warnende Testament nicht vorenthalten worden, wäre die Katastrophe des Krieges vermieden worden. Der abgedankte Kaiser Wilhelm II., der aus dem Exil erfolgreich gegen die Publikation des Textes prozessierte und ihn schließlich doch freigab, hat in Thomas Augen die Katastrophe zu verantworten, weil er einmal den verantwortungsvollen Mahner aus der Politik entfernte und zudem sein Buch zu hintertreiben versuchte. In dem Artikel *Bergab* (›Miesbacher Anzeiger‹, 21. 4. 1921) wirft er den in Berlin regierenden Sozialdemokraten vor, durch die marxistisch orientierte Kapitalismuskritik die Arbeit entwertet und den Ruin des Landes mitverschuldet zu haben. Dieser Vorwurf, historisch falsch wie zahlreiche Äußerungen Thomas in dieser Tageszeitung, und das damit verbundene Lob der Arbeit kehren im Roman wieder in den lyrischen Passagen, in denen Erntearbeit und Natur beschrieben werden. Die Einschätzung der Reichspolitik, des Kaisers, daneben auch des ehemaligen Reichskanzlers Bethmann Hollweg, dem Thoma am 8. 1. 1921 im ›Miesbacher Anzeiger‹ einen Nachruf widmete, liegt analog zur Handlung des Romans, in dem ein Bauer den Hof durch schlechte Wirtschaft herunterbringt, ohne daß seine Angehörigen dem Niedergang steuern können. Der Roman, in dem die kleine dörfliche Welt als Spiegel der großen Welt – in diesem Fall des besiegten Deutschlands – erscheint, bezeugt die Verbindung von dichterischem und publizistischem Werk bei Thoma. G.Rö.

Ausgaben: Mchn. 1922. – Mchn. 1956 (in *GW*, Hg. A. Knaus, 8 Bde., 7). – Mchn. 1968 (in *GW*, Textred. ders., 6 Bde., 5). – Mchn. 1984.

Verfilmung: BRD 1979 (TV; Regie: K. Wilhelm).

Literatur: *L. T. Sämtliche Beiträge aus dem Miesbacher Anzeiger 1920/21*, Hg. W. Volkert, Mchn. 1989.

KURT TUCHOLSKY

* 9.1.1890 Berlin
† 21.12.1935 Hindås bei Göteborg / Schweden

LITERATUR ZUM AUTOR:
Bibliographie:
A. Bonitz u. Th. Wirtz, *K. T. Ein Verzeichnis seiner Schriften*, 3 Bde., Marbach/N. 1991.
Biographien:
K.-P. Schulz, *K. T. in Selbstzeugnissen u. Bilddokumenten*, Reinbek 1959 (rm; [15]1979). – H. Prescher, *K. T.*, Bln. 1959. – K. Kleinschmidt, *K. T. Sein Leben in Bildern*, Lpzg. [2]1964. – F. J. Raddatz, *T. Eine Bildbiographie*, Mchn. 1961. – G. Zwerenz, *K. T. Biographie eines guten Deutschen*, Mchn. 1979. – *K. T.: 1890–1935. Ein Lebensbild. »Erlebnis u. Schreiben waren ja – wie immer – zweierlei«*, Hg. R. v. Soldenhoff, Bln. 1985; ern. Ffm. u. a. 1988. – W. J. King, *K. T. als politischer Publizist. Eine politische Biographie*, Ffm./Bern 1985. – H. Bemmann, *K. T. Ein Lebensbild*, Bln. 1991.
Gesamtdarstellungen und Studien:
H. L. Poor, *K. T. and the Ordeal of Germany 1914–1935*, NY 1968. – M. Doerfel, *K. T. als Politiker*, Mainz 1971. – H. Mörchen, *Schriftsteller in der Massengesellschaft. Zur politischen Essayistik u. Publizistik Heinrich u. Thomas Manns, K. T.s u. Ernst Jüngers während der zwanziger Jahre*, Stg. 1973. – *K. T. 1935–1975. Eine Ausst. der Deutschen Bibliothek Ffm.*, Ausst. u. Kat. v. W. Berthold u. a., Ffm. 1975. – P. Goder-Stark, *Das K.-T.-Archiv*, Marbach 1978. – *K. T. Sieben Beiträge zu Werk u. Wirkung*, Hg. I. Ackermann, Mchn. 1981 (Text + Kritik). – D. Heß, *Aufklärungsstrategien K. T.s. Literarisch-publizistische Aspekte der Weltbühne-Texte*, Ffm. u. a. 1982. – B. P. Grenville, *K. T.*, Mchn. [3]1985. – *K. T.*, Hg. H. L. Arnold, Mchn. [3]1985 (Text + Kritik). – A. Austermann, *K. T. Der Journalist u. sein Publikum*, Mchn. 1985. – W. Mehring, *K. T.*, Hg. u. Nachw. D. Pforte, Bln. 1985. – E. Suhr, *Zwei Wege, ein Ziel. T., Ossietzky u. »Die Weltbühne«. Mit dem Briefwechsel zwischen T. u. Ossietzky aus dem Jahre 1932*, Mchn. 1986. – J. Meyer u. A. Bonitz, *»Entlaufene Bürger«. K. T. u. die Seinen*, Marbach/N. 1990 [Ausst.-Kat.]. – *»Ich habe den Eindruck, hier zu stören«. K. T. zum 100. Geburtstag*, Ausst. u. Kat. v. S. Kinder u. E. Presser, Mchn. 1990.

DAS LYRISCHE WERK von Kurt TUCHOLSKY. Unter verschiedenen Pseudonymen veröffentlichte Kurt Tucholsky in Tageszeitungen, Illustrierten, Wochenblättern, Satirezeitschriften, Anthologien und Büchern zwischen 1911 und 1932 über achthundert Gedichte; mehr als sechshundert davon zeichnete Theobald Tiger, etwa siebzig nannten Kaspar Hauser als Verfasser, unter drei Dutzend stand Kurt Tucholsky. Die »5 PS« *(»Tiger. Wrobel. Panter. Hauser und ick«)* liebten und haßten gemeinsam, nur mit anderem Temperament und anderen künstlerischen Mitteln.

Eher scherzend als programmatisch schrieb Theobald Tiger, der »Lyriker« unter den Fünfen, handschriftlich in die Vorzugsausgabe seiner *Frommen Gesänge* (1919): *»Ich gucke freundlich um die Oecke / und greife voller Seelenruh / der Muse unter ihre Rökke... / Und dabei, Leser, siehst du zu –? // Sie quietscht. Ich grinse. Sie verstehen: / Nicht immer gilt der Klassik Maß. / Denn was wir im Verborgnen drehen / macht uns am allermeisten Spaß –!«* Der »Klassik Maß« galt besonders wenig für Tucholskys freche Couplets und Chansons, die er oft im Auftrag von Berliner Revuetheatern und Kabaretts verfaßte, Interpreten wie Paul Graetz widmete oder beliebten »Chansonnieren« auf den Leib schrieb – Trude Hesterberg, Gussy Holl, Kate Kühl oder Claire Waldoff. Dabei bediente sich der bald schon routinierte Texter meist schlichter, liedhafter Strophen mit einfachen Kreuz- oder Paarreimen und schnurriger Refrains. Einige seiner *»Sonx«* richteten sich vorwiegend ans Kabarettpublikum, nicht an Leser. Oft zielten die Verse auf eine Pointe, mal keß, mal grüblerisch. So schildert *Danach* Liebeslust und Eheglück; *Tuchos* lyrisches Resümee: *»Die Ehe war zum jrößten Teile / vabrühte Milch un Langeweile / Und darum wird beim happy end / im Film jewöhnlich abjeblendt«.* Bezeichnend für Kurt Tucholsky ist stilistisch der *miljö*-schaffende Gebrauch von Mundart und Soziolekt, thematisch sind gewisse Zweifel an der Dauerhaftigkeit von Glücksgefühlen nicht zu überhören. Ob Theobald Tiger oder Kaspar Hauser, manche seiner Verse wirkten schnoddrig, andere sentimental, keiner war jedoch verletzend, keiner rührselig. Zu den schönsten Stimmungsbildern und lyrischen Nachdenklichkeiten Tucholskys gehört, neben *Es ist*, sein *Park Monceau*: *»Hier ist es hübsch. Hier kann ich ruhig träumen. / Hier bin ich Mensch – und nicht nur Zivilist. / Hier darf ich links gehen. Unter grünen Bäumen / Sagt keine Tafel, was verboten ist.«*

Die drei bei Rowohlt verlegten Sammelbände *Mit 5 PS* (1928), *Das Lächeln der Mona Lisa* (1929) und *Lerne lachen ohne zu weinen* (1931) enthalten neben Prosa ausgewählte Gedichte; für die Komödie *Christoph Kolumbus* schrieb Tucholsky Shanties, umgekehrt erzählen manche seiner Verse Geschichten *(Ballade)* oder umreißen ein Szenario *(Der Stimmungssänger)*. Nicht Gattungsgesetze, sondern den typischen Tonfall, den treffenden Jargon, hielt Kurt Tucholsky für künstlerisch maßgebend. War dieser Ton getroffen, die Situation und das Lyrische Ich sprachlich charakterisiert, so kam es rasch zu der für ihn eigenen dichterischen Verschmelzung von Milieu und Moral, Politik und Einzelschicksal. Nach dem Tode von Mary Gerold wird auch *Die verkehrte Welt in Knüttelversen* (1922) eindeutig Kurt Tucholsky zugeschrieben und als ein politischer Ulk seines »Kaspar Hauser« gesehen. Die Gedichte dieses Bandes gehören zu

einer großen Zahl von Texten, die bislang in keine der Tucholsky-Werkausgaben aufgenommen wurden. Auch die angeblich vollständige Edition der *Gedichte* (1983) ist Fragment geblieben.
Krause Wunschwelten des Bürgers konstruierte Kurt Tucholsky geistreich, frech und witzig in *Das Ideal*: vorn die Ostsee, hinten die Friedrichstraße, Zugspitze und Großstadtflair. Mit seinem augenzwinkernden Spott wandte er sich an die groß- und kleinbürgerliche Leserschaft der ›Berliner Illustrirten Zeitung‹. Berlins Arbeiterschaft suchte Tucholsky hingegen mit politischen Gedichten in der ›Arbeiter Illustrierten Zeitung‹ anzusprechen. Kompromisse schloß Tucholsky lediglich in Hinblick auf sein jeweiliges Publikum, niemals in bezug auf zensurgefährdete Inhalte oder die Tendenz eines Gedichts, etwa seines *Liedes vom Kompromiß*, in dem er die deutsche Sozialdemokratie mit einem Radieschen vergleicht: außen rot, innen weiß und stets zu einem faulen Kompromiß bereit. Rosa Valetti und Ernst Busch waren die namhaftesten Interpreten von Kurt Tucholskys politischen Liedern. In der ›Arbeiter Illustrierten Zeitung‹ veröffentlichte er seit 1928 »Tendenzkunst«, operative Dichtung im Dienste politischer Aufklärung und Veränderung. Theobald Tigers lyrische Prankenhiebe galten sozialer Ungerechtigkeit *(Saisonarbeiter)*, der Klassenjusitz *(Das Gesetz)*, deutschem Nationalismus und Militarismus *(Auf die Mensur)*, einer irregeleiteten Demokratie *(Zehn Jahre deutsche Republik)* und der immer bedrohlicheren Gefahr von rechts *(Deutschland erwache!)*. Gelegentlich brüllte Tiger »tendenziös« *(Ein Haus – untendurch)*, niemals jedoch unter Niveau, niemals schrieb er *»Gebrauchslyrik«: »ein tendenziöses Gedicht ist ein Gedicht, die Verse der Gebrauchslyrik sind gereimtes oder rhythmisches Parteimanifest«.* M.B.

AUSGABEN: [Theobald Tiger], *Fromme Gesänge*, Bln. 1919. – *Die verkehrte Welt in Knittelversen dargestellt von Kaspar Hauser*, Bln. 1922. – *Mit 5 PS*, Bln. 1928. – *Das Lächeln der Mona Lisa*, Bln. 1929. – *Lerne lachen ohne zu weinen*, Bln. 1931. – *Panter, Tiger & Co. Eine Ausw. aus seinen Schriften u. Gedichten*, Hbg. 1954 u.ö. (rororo). – *AW*, Hg. R. Links unter Mitarb. v. Chr. Links, 6 Bde., Bln./DDR 1956–1963. – *GW 1907–1932*, Hg. M. Gerold-Tucholsky u. F.J. Raddatz, 3 Bde., Reinbek 1960; ern. 10 Bde., Reinbek 1975 (rororo). – *Wenn die Igel in der Abendstunde. Gedichte, Lieder, Chansons*, Reinbek 1968 u.ö. (rororo). – *Gedichte*, Hg. M. Gerold-Tucholsky, Reinbek 1983. – *Deutsches Tempo. GW Ergänzungsband* [1], Reinbek 1985. – *Republik wider Willen. GW. Ergänzungsband* [2], Reinbek 1989. – *»In mein' Verein hier bin ich hineingetreten«. K. T. als Chanson- u. Lieddichter*, Bln./DDR 1989 [mit Gedichten aus dem Nachlaß].

LITERATUR: A. v. Bormann, *K. T.: »Deutsches Lied«* (in *Geschichte im Gedicht. Texte u. Interpretationen* Hg. W. Hinck, Ffm. 1979, S. 198–205). – R. Grimm, *Ruhe auf der Flucht* [zu *Park Monceau*] (in *Frankfurter Anthologie*, Bd. 5, Ffm. 1980, S. 185–188).

EIN PYRENÄENBUCH

Reisebericht von Kurt TUCHOLSKY, erschienen 1927 unter dem Pseudonym Peter Panter. – Im April 1924 ging Tucholsky als Korrespondent der ›Vossischen Zeitung‹ und der ›Weltbühne‹ nach Paris. Von hier aus unternahm er 1925 jene Reise durch Südfrankreich und Nordspanien, deren Eindrücke in einer ingeniösen Mischung aus Reportage und Feuilleton diesem Reisebericht zugrunde liegen. Mehr noch als die bizarre Pyrenäenlandschaft schlugen ihn deren Bewohner in Bann, lieferten ihm Kultur und Gesellschaft dieser Völker Reflexionsmaterial. Die Amtshandlung beim Überschreiten der Landesgrenzen, der Besuch eines Stierkampfs in Bayonne *(»... eine Barbarei. Aber wenn sie morgen wieder ist, gehe ich wieder hin«)*, die reichen Badegäste in Biarritz, ein Gottesdienst in einem Jesuitenkloster, das baskische Volksleben – Erlebnisse, deren politisch-soziale Symptomatik Tucholskys scharfer Blick für das Wesentliche zum Vorschein bringt. Zum Höhepunkt des Buchs wird eine dokumentierende Untersuchung des Phänomens Lourdes. Abschließend unternimmt Tucholsky eine subtile Würdigung Henri de Toulouse-Lautrecs und berichtet vom Besuch in dessen Geburtsstadt Albi sowie von der Begegnung mit der Mutter des Malers.
Mit dem *Pyrenäenbuch* durchbricht Tucholsky die herkömmlichen Vorstellungen von Reiseliteratur. Wie HEINE verzichtet er auf ästhetisierende Unverbindlichkeit, Sensationsmache und Übertreibung. Statt dessen bietet er dezidiert gesellschaftsbezogene, geistreiche Reiseimpressionen, die meist über den unmittelbaren Anlaß hinausweisen und in persönliche Bekenntnisse münden: Die Fahrt durch die Pyrenäen wird zur *»Reise durch mich selbst«*. Die sozialen Zustände im Reiseland werden mit denen in Deutschland verglichen, die Abfertigung an der Grenze führt zu Reflexionen über das Nationalstaatensystem, die Begegnung mit Wallfahrern zu der Frage, wie es mit der christlichen Religion vereinbar sei, daß *»ein frommer Katholik dem andern ein Bajonett in den Leib jagen kann«*. Seiner engagiert humanistischen, internationalistischen und pazifistischen Tendenz wegen hat man das *Pyrenäenbuch* als eine *»Fibel der Völkerverständigung«* apostrophiert. Monty JACOBS nannte es *»das Reisebuch eines Menschenfreundes«*, Carl von OSSIETZKY bescheinigte dem Autor, *»ein virtuoser Beherrscher des kleinen Formats«* zu sein. Tucholsky selbst bezeichnete sein Reiseprotokoll zwei Jahre nach dessen Erscheinen hingegen als *»kein Muster seiner Gattung«: »Es ist darin mehr von meiner Welt als von den Pyrenäen die Rede, und nur das Kapitel über Lourdes macht eine Ausnahme.« (Aus aller Welt)*
H.G.W.-KLL

AUSGABEN: Bln. 1927. – Bln. 1930. – Hbg. 1953. – Reinbek 1962 u. ö. (rororo). – Bln./DDR 1969 (in *AW*, Hg. R. Links unter Mitarb. v. Chr. Links, 6 Bde., 1969–1973, 2). – Reinbek 1975 (in *GW*, Hg. M. Gerold-Tucholsky u. F. J. Raddatz, 10 Bde., 5; rororo).

LITERATUR: P. Cohen-Portheim, Rez. (in Das Tagebuch, 8, 1927, S. 1518). – A. Eggebrecht, Rez. (in Die literarische Welt, 3, 1927, Nr. 24, S. 5 f.). – L. Schiering, Rez. (in Die Weltbühne, 23, 1927, S. 840). – H. Kasack, Rez. (in NRs, 39, 1928, S. 447 f.). – A. Lambeck, *Henri de Toulouse-Lautrec und K. T.* (in Das goldene Tor, 4, 1949, S. 207–211). – E. Phillippoff, *K. T.s Frankreichbild*, Mchn. 1978. – *Auf T.s Spuren. Ein Pyrenäenbuch*, Hg. H. Urban, Hbg. 1985.

SCHLOSS GRIPSHOLM

Roman von Kurt TUCHOLSKY, erschienen 1931. – Die Präliminarien zu Tucholskys beliebtestem Werk sind vergleichsweise prosaisch, folgt man den Angaben des Autors in der ironischen Vorrede des Werks; danach habe der Verleger Ernst ROWOHLT, marktorientiert, seinen Hausautor um *»eine kleine Liebesgeschichte«* ersucht, *»zart im Gefühl, kartoniert, leicht ironisch und mit einem bunten Umschlag«*. Pekuniären Erwägungen selbst nicht abgeneigt, konzipierte Tucholsky das Werk zunächst als *»Fingerübung«* (an M. FUCHS, 1931) für ein umfangreicheres Buch über Frauen; geblieben ist von diesem Vorhaben nur dieser kurze Roman, mit dem Tucholsky souverän an den Klischees der gängigen Liebes- und Reiseromane vorbeischrieb.

Der Ich-Erzähler, gern »Daddy« genannt, reist mit seiner Geliebten Lydia, seiner »Prinzessin«, Sekretärin bei einem Berliner Seifenfabrikanten, nach Schweden, wo sie schließlich auf die kleine Stadt Mariefred am Mälarsee stoßen: *»niemand ... hätte von diesem Ort Notiz genommen, wenn hier nicht eines der ältesten Schlösser Schwedens wäre: das Schloß Gripsholm«*. Hier mieten sich die beiden zu einem mehrwöchigen, vergnügten Urlaub ein, während dem sie Besuch von Daddys Freund Karlchen und, nach dessen Abreise, von Lydias Freundin Billie erhalten, einem *»netten«* Mädchen, *»lustig; verspielt; ernst, wenn sie will«*, das die Zweisamkeit auch in erotischer Hinsicht zur Dreisamkeit werden läßt. Zu dritt befreien sie in einem nahegelegenen Kinderheim ein kleines Mädchen aus der Tyrannei einer verbiesterten Heimleiterin. Mit diesem Abenteuer endet der Urlaub: *»Berlin streckte die Riesenarme und langte über den See.«*

Trotz seiner Verspieltheit und Unbefangenheit ist Tucholskys Roman nicht ohne Anspielungen auf die Zeitumstände, denen das Paar – anders als in *Rheinsberg* – letztlich nicht entfliehen kann: *»Wir hatten geglaubt, der Zeit entrinnen zu können. Man kann das nicht, sie kommt nach ... Man denkt oft, die Liebe sei stärker als die Zeit. Aber immer ist die Zeit stärker als die Liebe.«* Das Kinderheim, in dem die Unterdrückung von oben zum Kampf der Kinder gegeneinander führt, läßt den Charakter der Liebesbeziehung als private Idylle auf Zeit um so stärker hervortreten, betont auch durch den norddeutschen Dialekt, in dem viele Dialoge verfaßt sind: *»Das Plattdeutsche kann alles sein: zart und grob, humorvoll und herzlich, klar und nüchtern und vor allem, wenn man will, herrlich besoffen.«* Daß Tucholsky damit nicht der Tümelei *»dummer Heimatdichter«* das Wort redet *(»Oberförster des Meeres«)*, bleibt ebenso unübersehbar wie die versteckten Attacken auf die Klischees der Trivialliteratur.

»Warum bleiben wir eigentlich nicht immer hier«, fragt sich der Autor am Ende und antwortet aus der Einsicht in die Unmöglichkeit, diese Idylle dauerhaft zu konservieren: *»Nein, damit ist es nichts. Wenn man umzieht, ziehen die Sorgen nach.«* Für ihn selbst, der schon 1929 nach Schweden übergesiedelt war, wurde dieser Satz zur fürchterlichen Gewißheit: Im Dezember 1935 setzte er seinem Leben ein Ende. M.Pr.

AUSGABEN: Bln. 1931. – Hbg. 1946 (ern. Hbg. 1950, Ill. W. M. Busch, rororo; ern. Reinbek 1965 u. ö., rororo). – Bln./DDR 1973 (in *AW*, Hg. R. Links unter Mitarb. v. Chr. Links, 6 Bde., 1969–1973, 6). – Reinbek 1975 (in *GW*, Hg. M. Gerold-Tucholsky u. F. J. Raddatz, 10 Bde., 9; rororo).

DRAMATISIERUNG: M. Trautwein, *Schloß Gripsholm* (Urauff.: Mainz, 30. 11. 1963, Stadttheater).

VERFILMUNG: BRD 1963 (Regie: K. Hoffmann).

LITERATUR: H. Günther, Rez. (in Die Literatur, 33, 1930/31, S. 648). – D. Grieser, *Schloß Gripsholm. Eine Wintergeschichte* (in D. G., *Vom Schloß Gripsholm zum River Kwai*, Ffm. 1973, S. 97–105). – G. Kunert, Rez. (in *Romane von gestern – heute gelesen*, Hg. M. Reich-Ranicki, Bd. 2, Ffm. 1989).

GEORG VON DER VRING

* 30.12.1889 Brake / Oldenburg
† 29.2.1968 München

DAS LYRISCHE WERK von Georg von der VRING.

Als Romanautor hat von der Vring seinen Lebensunterhalt bestritten und als Verfasser des in mehrere Sprachen übersetzten Antikriegsromans *Soldat Suhren* (1927) wurde er Ende der zwanziger Jahre auch einem breiteren Publikum bekannt. Dennoch verstand sich der Autor vor allem als Lyriker. *»Gut oder schlecht«*, erklärte er 1965 zu der Auswahlsammlung *Gedichte*, *»mein Leben hängt daran, es ist das Beste, was ich gemacht habe.«* Auf mehr als tausend Gedichte beläuft sich das Werk von der Vrings, von denen etwa die Hälfte Eingang in die 19 Einzelausgaben gefunden haben, die bis zu seinem Freitod 1968 erschienen. Neben dichterischen Vorbildern wie Claudius, Lenau, Trakl, Verlaine und Hamsun, zu denen er sich bekannte, hat sich in seinem lyrischen Schaffen auch die Doppelbegabung als Schriftsteller und Maler niedergeschlagen, zumal von der Vring nach einem Kunststudium fast ein Jahrzehnt, bis 1928 als Zeichenlehrer tätig war. Die Anlage und Struktur seiner Beschreibungen lassen eine Sehweise erkennen, die über die kontemplative Betrachtung hinaus durch eigene bildnerische Praxis geübt ist. Einzelne Gedichte widmen sich auch ausdrücklich dem Thema des Malens *(Versuch, Callablüten zu malen; Palette für den Oktober)*.

Weder hinsichtlich der Themen – Liebesglück und Liebesleid, staunende Bewunderung der Natur, Trauer um im Krieg verlorene Freunde, Kinderglück oder Erinnerungen – noch im stilistischen Grundcharakter läßt sich an von der Vrings Dichtung über fünfzig Jahre hinweg eine wesentliche Veränderung feststellen, ein Umstand, durch den sich die Herausgeber seines Nachlasses zum Verzicht auf Datierungen gezwungen sahen: *»Es gibt von ihm kein unauflösbares Buch, kein Gewachsenes oder konzipiertes Volumen«* (Chr. Meckel).

Die Allgegenwart von Naturmotiven, atmosphärischen und jahreszeitlichen Stimmungsbildern, von Metaphern und Vergleichen aus Flora und – seltener –Fauna, haben zu einer Einordnung des Dichters in den Kreis der Autoren um die Zeitschrift ›Die Kolonne‹ geführt, zu denen die Verbindung jedoch allenfalls lose war. Auch das freundschaftliche Verhältnis zu G. Eich wich später zunehmender Distanz, die durch ein gewisses Mißtrauen des Älteren gegenüber allen »modernistischen« Strömungen bedingt war, nicht zuletzt aber auch von der geringen Resonanz seiner eigenen Veröffentlichungen in der Nachkriegszeit verursacht war, die ihn empfindlich traf.

Doch ähnlich wie Eich kann von der Vring nicht eigentlich als Naturlyriker verstanden werden, was selbst für Sammlungen zutrifft, die sich dem Titel nach dieser Lesart anbieten, wie *Das Blumenbuch* (1933) oder *Der Tulpengarten* (1936). Anders als W. Lehmann strebt er nicht die präzise Beschreibung eines geschlossenen Naturmotivs an und es findet sich bei ihm auch nicht die emotionale Durchdringung der Landschaft, wie sie viele Gedichte E. Langgässers charakterisiert. Vielmehr ist die Grundfigur der Sprache, deren Vokabular auf Naturwahrnehmungen zurückgreift, die unvordenkliche Distanz zu Dingen, Menschen und zur Natur selbst. Die es umgebende Welt wird auch in der Erinnerung nie ganz Besitz des lyrischen Ichs und schließt sich seiner Bildsprache nicht definitiv auf. Mehr beschwörend als beschreibend heißt es etwa in einer anaphorischen Fügung: *»Aber die zarten Blumen, / die lass ich nicht! / Aber die rauschenden Bäume / Vergess ich nicht! / Aber die kleinen Kinder / Behalt ich lieb! ...« (Garten der Kindheit:* vgl. *Märzlied: Ende der Zeit)*. Zum Symbol wird die Natur negativ: als Emblem der Grundlosigkeit des Ichs, wo strotzende Blütenfülle ihm seine eigene Heimatlosigkeit vor Augen führt *(Windstoß)*, als Signatur des Todes *(»Die Mauer ist schwarz vor Alter. / Iris, wir kennen uns nicht.« – Iris bei Nacht)* und einer Vergänglichkeit, die von der Vring gelegentlich in an Hölderlin gemahnender Diktion deutet: *»Viel ist von Dauer, auch Menschen / Rühmen sich dessen. Aber des Mohnes / Rote Verschwendung gibt ihm die Freiheit« (Fragment vom Mohn)*.

Zumeist auf einen verhaltenen, oft geradezu zärtlichen Ton gestimmt und häufig von Regen-, Herbst- und Nebelstimmungen erzählend, sind diese Gedichte vielfach Ausdruck einer schmerzlich empfundenen Kluft zwischen dem einsamen Bewußtsein und der Welt *(Aus einer Nacht)*. Ihre *»fast schon rückertsche Virtuosität«* (P. Hamm) erweist sich weniger an den Reimen (überwiegend jambische und trochäische, gelegentlich getragenere im Daktylus, vgl. *Bei einer Linde; An John Keats*). Diese bilden ein schlichtes, konventionelles Gerüst, und das Spätwerk der fünfziger und sechziger Jahre, in denen vermehrt reimlose Formen meist in Verbindung mit Langzeilen auftreten, läßt gelegentlich das Potential an Modernität erkennen, welches der Dichter offenbar bewußt zurückhielt *(Fragment; Unvermessen fällt der Regen; Gladiole)*. Seine Verskunst wird an den Enjambements sichtbar, die auch dem narrativen Gestus, der von der Vring eigen ist, besonders entgegenkommen: *»Also wird, wo spinnweb-leicht ein Bogen / Blanken Wassers am Gesträuch ersteht, / Das Vergänglichste noch einbezogen / In dies Rot, wie's spät noch als Komet // Dieser Herbstnacht von weither gesendet, / Uns die Zärtlichkeit vom Munde liest« (Hagebutten)*. Jene *»Anmut und facilité«*, die Chr. Meckel an von der Vring hervorhebt, stellt sich besonders in seiner Liebeslyrik – darin Robert Walser vergleichbar – immer wieder ein als eine *»nur auf Erwartung und Staunen, nicht aber auf Erfüllung gerichtete erotische Empfindsamkeit«* (P. Hamm). Am Ende des Dialoggedichts *Psyche sich kühlend* stimmt der Dichter in die Klage der Päonie ein: *»Lust wird uns alle vertreiben, / Zärtliche haben kein bleiben. / Der diese Verse in Trauer gefunden, / Trauerte auch, sie zu schreiben.«*

Trauer ist, wie überhaupt eine Konstante des Werks, so auch das zentrale Thema des 1939 erschienenen Bandes *Dumpfe Trommel, schlag an!*, der entgegen dem Untertitel *Soldatenlieder* nicht das seinerzeit verbreitete Anpassungsritual an die »völkisch-heldischen« Primitivismen der Nazikultur zelebriert, vielmehr unpathetisch und eher melancholisch die Erfahrung menschlicher Verluste schildert: *»Am liebsten habe ich gelebt / Im Schleier verregneter Gärten, / Hier fanden mich gute Gefährten, / Wir haben nach Hohem gestrebt. // Sie fielen. So blieb ich allein.« (Im Laubgang)* In der Form traditionell, stehen manche Gedichte dem Geiste einer avantgardistischen Produktion wie G. UNGARETTIS lyrischem Kriegstagebuch *L'Allegria (Veglia; Fratelli)* durchaus nahe: *»Am Kap der guten Hoffnung / liegt meines Freundes Grab. / Was reim' ich da auf Hoffnung? / Auf Hoffnung reim' ich Grab« (Cap de Bonne-Espérance)*.

Von der Vrings Dichtung ist der Ruf eines in sich selbst Gefangenen, dessen Dringlichkeit von der Bedrohung des Subjektzerfalls zeugt. Die frühere Selbstbefragung: *»Gleichst du, mein umzäuntes Ich, / Jenem Hohlraum dort im Eise?« (Auge im Eis)* beantwortet der später sich als *»Greis«* Erlebende verzweifelt: *»Und immer nur mich sehn, ist eine Strafe, / Verhängt lebenslänglich ...« (Schuldturm)*; so im letzten, symbolträchtig *Gesang im Schnee* (1967) betitelten Band, der neben harmlos-scherzhaften Liebesliedern *(Die Kürbisblätter wanken)* noch einmal der Empfindung der »reißenden Zeit« Ausdruck verleiht). Mit der Last des körperlichen Verfalls verbindet sich der Schrecken über das Entgleiten der Vergangenheit: *»Die letzten tauben Jahre, / Die nimmt ihm niemand ab; / Sie sind die sonderbare / Vernebelung vor dem Grab« (Das Schweigen)*.

Das in der Tat nicht seltene *»Gewisper von Treuherzigkeiten«* (Chr. Meckel) bei von der Vring, wie in *Verse für Minette* (1947), gehört auf die Seite der Harmlosigkeit eines schwermütigen Temperaments, dessen Abgründigkeit K. KROLOW kaum gerecht werden dürfte, wenn er allein von der *»volksliedhaften Schlichtheit der schönen und zart gefühlten, herben und süßen Landschaft des melodischen Georg von der Vring«* spricht. Andererseits hat die eigene Neigung des Dichters, diese Seite zu betonen, seiner Verkennung mit Vorschub geleistet, die auch durch die Verleihung des niedersächsischen Literaturpreises (geteilt mit H. H. JAHNN) 1954 oder den Förderpreis der Stadt München 1958 nicht durchbrochen wurde. Selbst reflektierender Lyrik durchaus abgeneigt, hat von der Vring dennoch ein Werk geschaffen, das auch spezifischen Erfahrungen der Moderne zu einer unprätentiösen Sprache verholfen hat. P.Koh.

AUSGABEN: *Muscheln*, o. O. 1913. – *Südergast*, Jever/Oldenburg 1925. – *Verse*, Bremen 1930. – *Das Blumenbuch*, Dresden 1933. – *Garten der Kindheit*, Hbg. 1937. – *Bilderbuch für eine junge Mutter*, Bln. 1938. – *Dumpfe Trommel, schlag an! Soldatenlieder*, Hbg. 1939. – *Die Lieder des Georg von der Vring (1939)*, Oldenburg 1939. – *Oktoberrose*, Mchn. 1942. – *Verse für Minette*, Mchn. 1947. – *Abendfalter. Ausgewählte Gedichte*, Mchn. 1952. – *Kleiner Faden Blau*, Hbg. 1954. – *Die Lieder des Georg von der Vring 1906–1956*, Mchn. 1956. – *Der Schwan*, Mchn. 1961. – *Die Muschel*, Mchn./Würzburg 1963. – *Der Mann am Fenster*, Mchn./Wien 1964. – *Gedichte. Eine Auswahl*, Ffm. 1965. – *Gesang im Schnee*, Mchn. 1967. – *Gedichte und Lieder*, Hg. B. Bondy u. R. Goldschmit, Mchn. 1979. – *Die Gedichte*, Hg. Chr. P. u. K. Wachinger, Ebenhausen 1989 [Nachw. Chr. Meckel].

LITERATUR: J. Sievering, *G. v. der V.s Gedicht »Schwarz«* (in NDH, 15, 1968, H. 2, S. 71–74). – W. E. Süskind, *G. v. der V.* (in Jahresring 1968/69, S. 305–312). – E. Hack, *G. v. der V. und Heinz Piontek als Keats-Übersetzer* (in *Umgang mit Texten*, Hg. J. Lehmann, Bamberg 1973, S. 112–130). – E. Klessmann, *Musica Celestis* (in *Frankfurter Anthologie*, Bd. 7, Ffm. 1983, S. 175–177). – H. Piontek, *Die Lieder des G. v. der V.* (in H. P., *Werke*, Bd. 5: *Schönheit, Partisanin*, Mchn. 1983, S. 451–460). – Ders., *Interpretationen: »Cap de Bonne-Espérance«* (ebd., S. 464–470). – P. Hamm, *Der letzte Meister des Liedes* (in Die Zeit, 5. 1. 1990).

SOLDAT SUHREN

Roman von Georg von der VRING, erschienen 1927. – Mit Ludwig RENN (*Krieg*, 1928) und Erich Maria REMARQUE (*Im Westen nichts Neues*, 1929) eröffnet der später vor allem als Lyriker und Übersetzer bekannt gewordene Autor die Reihe der deutschen Antikriegsromane, die die Sinnlosigkeit und Grausamkeit des Krieges am repräsentativen Einzelschicksal und aus der beschränkten Perspektive ihrer unheroischen Protagonisten sichtbar zu machen suchen – sachlich und zugleich beseelt vom idealistischen Glauben an *»die Front der guten Gedanken und der menschenwürdigen Taten«*.

Der unverkennbar mit autobiographischen Zügen ausgestattete Ich-Erzähler Georg Suhren, ein als einfacher Infanteriesoldat einberufener junger Maler, beginnt die tagebuchartigen Aufzeichnungen seiner Erlebnisse während des Ersten Weltkriegs mit der Schilderung des Kasernenhofdrills. Nach einem erfolglosen Versuch, sich durch Simulation dem verabscheuten Kriegsdienst zu entziehen, findet er trostreiche Zuflucht in der träumerischen Erinnerung an seine Kindheit und Jugend, in der Liebe zu seiner Verlobten Lisa und in der Freundschaft zu dem Lehrer Albering. Auf die ersten, trotz endloser Märsche in glühender Sonne und sinnlosen Strafexerzierens noch relativ erträglichen Wochen hinter der französischen Front folgt die wehmütig gestimmte Fahrt durch die Heimat nach Rußland. Fußmärsche bei Nacht und Regen und ständiger Hunger prägen jetzt das Leben des Rekruten, der seinen Tornister bald um den literarischen Ballast, die *»200 Gramm Zarathustra«*, erleichtert. Die Front rückt näher, und während die ersten Granaten über die Köpfe schwirren, versuchen Suhren und seine Kameraden, ihre Angst durch die Erinnerung an glücklichere Zeiten zu verdrängen. Verzweifelt hält Suhren am christlichen Tötungsverbot fest, *»denn Jesus hat kein Ausnahmegebot gegeben, das für den Krieg der Völker Geltung hat«*. Aber als sie dem Feind gegenüberstehen, schießt auch er, um *»der Verwirrung ein Ende«* zu bereiten. Verwundet und resigniert *(»Ich kann nicht mehr sagen, nicht mehr wissen, was totsein heißt«)* kehrt Suhren mit einem Lazarettzug in die Heimat zurück.

Eine »*Chronik, eine Blütenlese von ›Scènes de la vie‹*« (W. E. Süskind), kann der Roman den Lyriker Georg von der Vring nicht verleugnen: Angesichts der Brutalität des Kriegshandwerks und des gigantischen Blutvergießens auf dem Schlachtfeld enthüllt sich ihm wie Ernst Jünger die zeitlose Schönheit der Natur – in eingestreuten Gedichten, in Kapitelüberschriften wie *Des Kasernenhofes winterlicher Blumenstrauß* oder im leitmotivisch wiederholten Vergleich der Schützenlöcher mit Bienenwaben. Eklatant wird damit aber auch die Schwäche des Genres der Antikriegsliteratur sichtbar, das den Krieg letztlich als übermächtiges Schicksal betrachtet und sich in den Fatalismus einer ohnmächtigen privaten Moral flüchtet. M.Schm.

Ausgaben: Bln. 1927. – Mchn. 1979.

Literatur: H. J. Fröhlich, Rez. (in *Roman von gestern – heute gelesen*, Hg. M. Reich-Ranicki, Bd. 2, Ffm. 1989, S. 91–97).

Jakob Wassermann

* 10.3.1873 Fürth
† 1.1.1934 Alt-Aussee / Österreich

Literatur zum Autor:
J. Wassermann-Speyer, *J. W. u. sein Werk*, Wien/Lpzg. 1923. – A. L. Sell, *Das metaphysisch-realistische Weltbild J. W.s*, Bern 1932. – S. Bing, *J. W. Weg u. Werk des Dichters*, Bln. 21933. – M. Karlweis, *J. W. Bild, Kampf u. Werk*, Amsterdam 1935. – W. Böhm, *Die Idee der Gerechtigkeit im Werke J. W.s*, Paris 1937. – J. C. Blankenagel, *The Writings of J. W.*, Boston 1942. – R. Richter, *Der Einfluß F.M. Dostojewskijs auf das Werk J. W.s*, Diss. Bonn 1951. – M. M. Oonk, *J. W.s Auffassung des »Neuen Menschen«*, Diss. Univ. of Washington 1971. – *J. W.: 1873–1934. Ein Weg als Deutscher u. Jude. Lesebuch zu einer Ausstellung*, Hg. D. Rodewald, Bonn 1984. – *J. W. Werk und Wirkung*, Hg. R. Wolff, Bonn 1987.

DER FALL MAURIZIUS

Roman von Jakob Wassermann, erschienen 1928. – Im Jahre 1924 wurde der Rechtsanwalt Karl Hau, der 1906 in einem aufsehenerregenden Indizienprozeß wegen Mordes zum Tode verurteilt und zu lebenslänglicher Zuchthausstrafe begnadigt worden war, nach achtzehnjähriger Haft entlassen. Bald danach beging er Selbstmord. Seine Schuld, die er stets geleugnet hatte, blieb umstritten. Diese Ereignisse wurden zum unmittelbaren äußeren Anlaß für die Entstehung von Wassermanns erfolgreichstem Roman, dem *Fall Maurizius*. Zusammen mit den beiden späteren Werken *Etzel Andergast* (1930) und *Joseph Kerkhovens dritte Existenz* (1934) bildet er einen dreiteiligen Zyklus, dessen innerer Zusammenhang durch die Lebensgeschichte Etzel Andergasts, einer Hauptfigur auch des ersten Romans, gegeben ist.

Im *Fall Maurizius* erzählt Wassermann, wie Etzel, der sechzehnjährige Sohn des Oberstaatsanwalts Freiherr von Andergast, besessen von unerbittlichem Gerechtigkeitswillen, die Unschuld des seit achtzehn Jahren wegen Mordes im Zuchthaus sitzenden Leonhart Maurizius beweisen will, indem er den Kronzeugen des Prozesses, Gregor Waremme, in Berlin aufspürt, um ihn zum Geständnis eines Meineids zu bewegen. Maurizius, Privatdozent für Kunstgeschichte, war in einem Sensationsprozeß für schuldig befunden worden, wegen einer ehebrecherischen Beziehung zu seiner Schwägerin Anna Jahn seine um fünfzehn Jahre ältere Frau Elli erschossen zu haben. Waremme, intimer Freund des Angeklagten wie Anna Jahns, hatte behauptet, Augenzeuge des Mordes gewesen zu sein. Etzels Vater hatte in dem Prozeß die Anklage vertreten und mit diesem Fall seine Karriere begründet – das Urteil war hauptsächlich aufgrund seiner überlegenen Beweisführung ergangen. – Der selbstsichere, despotische Andergast läßt nach gescheiterter Ehe – er hat neun Jahre zuvor den Liebhaber seiner Frau zum Meineid gezwungen und dadurch in den Selbstmord getrieben – seinen Sohn, dem jeder Kontakt mit der Mutter verwehrt wird, in der lieblosen Atmosphäre eines minuziös geregelten, jede Spontaneität ausschließenden Familienlebens aufwachsen. Andergast ist von der heimlichen Abreise Etzels nach Berlin und der brieflichen Ankündigung seines Plans zutiefst irritiert; er muß erkennen, daß ihm in seinem Sohn ein selbständiger, verschlossener und willensstarker Gegner erwachsen ist. Nun, da der Vater um Etzels Absicht weiß, beginnt auch er, zunächst fast widerwillig, sich mit dem vergessenen Verfahren zu beschäftigen. Während er abermals die alten Prozeßakten studiert, kommen ihm unversehens Zweifel an der Rechtmäßigkeit des damaligen Urteils. Schließlich besucht er den Strafgefangenen Maurizius im Zuchthaus. Mehrere ausführliche Gespräche mit ihm bringen allmählich das ganze Gebäude der Anklage ins Wanken. In den Erzählungen des Häftlings treten nach und nach jene bis zur Undurchschaubarkeit verflochtenen Beziehungen der Prozeßbeteiligten an den Tag, ein Chaos von Konvention, Leidenschaft, Verlogenheit und Promiskuität. Andergast erkennt, daß die Grundlagen allen juristischen Urteilens, Kategorien wie Verantwortung, Gerechtigkeit, Schuld und Bestrafung, die auch die Basis seiner eigenen Existenz sind, in diesem Labyrinth ihre Geltung einbüßen, daß die Grenze zwischen Recht und Unrecht verwischt, ja ganz aufgehoben zu werden droht. Im Verlauf seiner Nachforschungen immer unsicherer geworden, sieht er sich innerlich dazu gezwungen, eine Begnadigung

zu befürworten; von einer Revision des Urteils allerdings kann nach seiner Überzeugung nicht die Rede sein.
Maurizius wird in der Tat auf dem Gnadenwege aus dem Zuchthaus entlassen. Fast gleichzeitig kehrt Etzel, den Beweis für dessen Unschuld in Händen, nach Haus zurück. Waremme hat ihm den Meineid gestanden: Nicht Maurizius, sondern Anna Jahn hat den Mord begangen. Etzel fordert nun von seinem Vater die Wiederaufnahme des Prozesses. Andergast weigert sich. Im Verlauf einer dramatischen Auseinandersetzung sagt sich Etzel von seinem Vater los. Andergast, durch die Vorgänge um den Fall Maurizius, die Konfrontation mit dem Leben und der Schuld eines anderen, die ihn das eigene Leben und die eigene Schuld erkennen lassen, schon zutiefst erschüttert, bricht nun vollständig zusammen. – Dem begnadigten Maurizius gelingt es nicht, eine erträgliche Beziehung zur Umwelt herzustellen. Er begeht kurz nach seiner Entlassung Selbstmord. Etzel kehrt nach dem Zusammenbruch des Vaters zu seiner Mutter zurück.
Wassermann hat diesen äußeren Handlungsverlauf benutzt, um, wie er sagt, *»viel Größeres«* darzustellen: *»Es ist die Idee der Gerechtigkeit, die den Herzpunkt im ›Fall Maurizius‹ bildet.«* Indem der Autor jenen weit zurückliegenden Prozeß aus der Erinnerung der Hauptbeteiligten wiedererstehen läßt, wird sichtbar, wie das Leben beider – des Angeklagten und seines Anklägers – unter dem Einfluß der damaligen verhängnisvollen Ereignisse steht und schließlich daran scheitern muß. Während der unschuldig-schuldige Maurizius im Zuchthaus der unaufhaltsamen Zerstörung seiner Persönlichkeit ausgeliefert ist, vollzieht sich in der Existenz des Staatsanwalts ein Prozeß innerer Depravation, so daß es nur noch eines Anstoßes bedarf, um diese scheinbar so sehr in der Sicherheit einer moralischen Wertordnung ruhende Persönlichkeit in sich zusammenstürzen zu lassen. Der fanatische Wille zur Gerechtigkeit, den Etzel verkörpert, muß vor der unseligen Verquickung menschlicher Leidenschaft und Schuld versagen – einer Konstellation, die in der vieldeutig schillernden Gestalt des meineidigen Zeugen Waremme am deutlichsten wird. Dieser polnische Jude, dessen eigentlicher Name Georg Warschauer ist, wandert, seine Herkunft verleugnend, wie ein moderner Ahasver ruhelos von Europa nach Amerika, bis ihn der Osten, aus dem er gekommen ist, wieder aufnimmt. Gleichzeitig werden an dieser Gestalt die unzähligen Verzweigungen und Verästelungen deutlich, in die sich der einfache juristische Tatbestand des Falls Maurizius, je tiefer man in ihn eindringt, immer mehr auflöst und verliert. Waremmes thematisch und formal zerfließende Monologe, die auf weite Strecken den äußeren Gegenstand des Romans verdecken, sind symptomatisch für das ganze Buch, von dem Wassermann sagt, er habe es *»bisweilen mit einem in die Erde gebauten Trichter verglichen, dessen schmalste Öffnung oben, dessen weiteste unten liegt«*: Je weiter sich der Roman von der eigentlichen Geschichte des Justizfalles Maurizius entfernt, um so mehr verliert er an Konzentration, und die zu Anfang überraschende Stringenz von Gedanke und Sprache verschwindet immer mehr in den Wucherungen einer ungehemmten erzählerischen Phantasie. R.Rr.

AUSGABEN: Bln. 1928. – Bln. 1935. – Zürich 1944. – Bln./Ffm./Mchn. 1947. – Reinbek 1975; Nachw. F. Martini. – Mchn. 1988 (dtv).

VERFILMUNG: *L'affaire Maurizius*, Frankreich 1953 (Regie: J. Duvivier).

LITERATUR: W. v. Einsiedel, Rez. (in Die Schöne Literatur, 29, 1928, H. 10). – J. Wassermann, *Einige Bemerkungen über den »Fall Maurizius«* (in J. W., *Lebensdienst. Ges. Studien, Erfahrungen u. Reden aus drei Jahrzehnten*, Lpzg./Zürich 1928, S. 336–338). – V. Zuckerkandl, *»Der Fall Maurizius«* (in NRs, 39, 1928, S. 432). – M. Thalmann, *»Der Fall Maurizius«* (in Deutsches Volkstum, 12, 1930, S. 44–48). – E. Laszczower, *J. W.: »Der Fall Maurizius«*, Diss. Wien 1933. – H. Regensteiner, *The Obsessive Personality in J. W.'s Novel »Der Fall Maurizius«* (in Literature and Psychology, 14, 1964, S. 106–115). – K. Schnetzler, *»Der Fall Maurizius«. J. W.s Kunst des Erzählens*, Bern 1968. – S. H. Garrin, *The Concept of Justice in J. W.'s Trilogy*, Bern u. a. 1979. – H. Zahnow, *»Der Fall Maurizius«. J. W.s analytische Erzählkunst* (in ASSL, 136, 1984, S. 241–267). – J. v. Uthmann, Rez. (in *Romane von gestern – heute gelesen*, Hg. M. Reich-Ranicki, Bd. 2, Ffm. 1989, S. 148–152). – M. Pazi, *Die Kraft des Intellekts. J. W.s »Der Fall Maurizius«* (in *Juden in der Weimarer Republik*, Hg. W. Grab u. J. H. Schoeps, Stg./Bonn 1986). – I. Claßen, *Wider die Todesstrafe. Über Vorlage u. Fabel zum »Fall Maurizius«* (in *J. W. Werk u. Wirkung*, Hg. R. Wolff, Bonn 1987, S. 33–45). – M. Landscheidt, *Mutmaßungen über Waremme. Annäherung an Warschauer* (ebd., S. 14–31).

ERNST WEISS

* 28.8.1882 Brünn
† 14.6.1940 Paris

LITERATUR ZUM AUTOR:
E. Wondrák, *Einiges über den Arzt u. Schriftsteller E. W. mit einer autobiographischen Skizze »E. W. über sich selbst« u. dem Versuch einer Bibliographie der Werke von E. W.*, Icking/Mchn. 1968. – *W.-Blätter*, Hbg. 1973 ff. – K.-P. Hinze, *E. W. Bibliographie der Primär- u. Sekundärliteratur*, Hbg. 1977. – *E. W.*, Hg. P. Engel, Ffm. 1982 (st). – *E. W.*, Hg. H. L. Arnold, Mchn. 1982 (Text + Kri-

tik). – M. Versari, *E. W. – Individualität zwischen Vernunft u. Irrationalismus. Ein Werk zwischen »Mythologie« u. »Aufklärung«*, Ffm. u. a. 1984. – F. Haas, *Der Dichter von der traurigen Gestalt. Zu Leben u. Werk von E. W.*, Ffm. u. a. 1986. – R. Mielke, *Das Böse als Krankheit. Entwurf einer neuen Ethik im Werk von E. W.*, Ffm. u. a. 1986. – A. Klein, *E. W.* (in *Österreichische Literatur des 20. Jahrhunderts*, Red. H. Prosche, Bln. 1988, S. 188–208).

ICH - DER AUGENZEUGE

Roman von Ernst WEISS, erschienen 1963. – Das 1939 abgeschlossene Manuskript schickte der Autor aus dem Pariser Exil zu einem literarischen Preisausschreiben nach New York; so ging das Werk nicht – wie etwa die Tagebücher – verloren, als Ernst Weiß vor dem Einrücken deutscher Truppen in Paris Selbstmord beging. Der Originaltitel des Romans, *Der Augenzeuge*, mußte aus wettbewerbsrechtlichen Gründen (1959 war in Deutschland der gleichnamige Roman von Alain ROBBE-GRILLET erschienen) geändert werden.

In einer fiktiven Autobiographie, die nicht ohne Parallelen zum Lebensweg des Autors ist, erzählt ein süddeutscher Arzt und Psychologe seine Lebensgeschichte von der Jahrhundertwende bis zur Zeit des Spanischen Bürgerkriegs (1936). Gleichsam aus der Distanz eines neutralen Beobachters berichtet der Ich-Erzähler von Kindheit und Jugend in seinem bürgerlich-gutsituierten Elternhaus, dessen Lebenshaltung von katholischer Frömmigkeit und wirtschaftlicher Sekurität geprägt war; der Ruin dieser Familie bewies ihm, daß das ganze, scheinbar so stabile und unerschütterliche Gebäude bürgerlicher Überzeugung längst zur hohlen Fassade geworden war. Der wachsame, kühle Analytiker zeichnet die verschlungenen Wege des Knaben nach, der nach dem Beispiel des jüdischen Hausarztes, des »Judenkaisers«, beschließt, selbst Arzt zu werden, mit Unterstützung eines berühmten Nervenspezialisten, des »Narrenkaisers«, Medizin studiert, sich als Sekretär seines Mentors und als Tellerwäscher durchschlägt und aufgrund seiner Willenskraft und Selbstbeherrschung zu der Hoffnung berechtigt, einst über andere herrschen zu können. Der wachsame Diagnostiker zählt die Merkmale jener kollektiven Grausamkeit auf, die mit Beginn des Ersten Weltkriegs ausbricht: *»Die bestialischen Triebe, die* ›Unterseelen‹, *waren erwacht, man rühmte sich der unerschütterlichen, mitten im strömenden Blut, in furchtbaren Leiden und Schmerzen wie Eisen so starren Herzen, der von keinem Jammer und keinen Wunden zu rührenden Gemüter.«* Und er sieht sich selbst mit einbezogen: durch die grausige Fließbandarbeit des Amputierens im Feldlazarett und als Führer eines Stoßtrupps, der im Nahkampf dem Rausch des Tötens verfällt. In dem psychiatrischen Reservelazarett zu Pasewalk begegnet er dem österreichischen Gefreiten A. H., den er unter dem Zwang des *»Helfenmüssens um den Preis der Selbstverleugnung«* von seiner hysterischen Blindheit befreit. So wird er zum Mitschuldigen an dem Aufstieg des Fanatikers in den zwanziger Jahren und schließlich zum Opfer des an die Macht Gelangten. Wegen geheimer Aufzeichnungen über die »Wunderkur« an A. H. wird er verfolgt und im Konzentrationslager gefoltert. Seine jüdische Frau kann ihn nur um den Preis dieser Dokumente loskaufen. Im Pariser Exil arbeitet der Arzt wieder, wie schon in seiner Studienzeit, als Tellerwäscher. Doch seine grauenvollen Erlebnisse haben ihn seiner Frau entfremdet. Er, dem sich im Konzentrationslager das Antlitz des Todes eingeprägt hat, fühlt sich dem Leben nicht mehr gewachsen. Aber er überwindet seine Selbstmordgedanken und stellt sich der republikanischen Truppe im Spanischen Bürgerkrieg als Arzt zur Verfügung – ungewiß, ob er letzten Endes nicht wiederum Opfer sein wird.

Der Arzt, der als seine Aufgabe sieht, sich *»als objektiver Beobachter, als Augenzeuge der Tatsachen«* zu verhalten, verknüpft den Bericht über sein Leben mit einer Analyse des im »Führer« verkörperten Machttypus, die mit Zitaten aus HITLERS *Mein Kampf* belegt wird und im wesentlichen wohl auf dem Material der Hitler-Biographie Konrad HEIDENS fußt. Diese beiden paradox verbundenen Erzählstränge kulminieren und vereinigen sich für den Emigranten Ernst Weiß im politischen Bereich: Der Lebensweg des »Augenzeugen« führt unaufhaltsam in das *»Zermalmende«*, den vernichtenden Zugriff der Macht. Insofern ist der mit nahezu klinischer Sachlichkeit und in chronikalisch kargem Stil geschriebene Roman ein Zeugnis für die Krise des bürgerlichen Intellektuellen angesichts totalitärer Macht – eine Krise, die nicht nur für diesen Schriftsteller tödlich war. W.F.S.

AUSGABEN: Icking/Mchn. 1963 [Vorw. H. Kesten]. – Icking/Mchn. 1963 (*Ich – Der Augenzeuge*; Titelüberdruck der EA). – Ffm. 1982 (in *GW*, Hg. P. Engel u. V. Michels, 16 Bde., 14). – Ffm. 1982 (st). – Ffm. u. a. 1986.

LITERATUR: W. Grözinger, Rez. (in Hochland, 6, 1964, S. 554). – W. Weyrauch, Rez. (in SZ, 8./9. 2. 1964). – F. J. Sauer, Rez. (in Der Tagesspiegel, 22. 5. 1964). – F. Baukloh, Rez. (in Echo der Zeit, 4. 10. 1964). – S. de Lugnani, *E. W.: »Io – Il testimone oculare«* (in *Il romanzo tedesco del Novecento*, Hg. G. Baioni u. a., Turin 1973, S. 351–362). – M. Wollheim, *Ist E. W. Hitlers Arzt begegnet? Ein Beitrag zu dem Roman »Der Augenzeuge«* (in W.-Blätter, 1978, Nr. 6/7, S. 7–22). – M. Pazi, *E. W.' Hitlerroman – Ursprung u. Genese* (in Modern Austrian Literature, 12, 1979, Nr. 1, S. 63–71). – D. Kliche, *Der Versuch einen poetischen Roman zu schreiben. E. W.: »Der Augenzeuge«* (in *Erfahrung Exil*, Hg. S. Bock u. M. Hahn, Bln./Weimar 1979, S. 309–327). – R. Schneider, *Die Blindheit Adolf Hitlers* (in *E. W.*, Hg. P. Engel, Ffm. 1982, S. 302–307). – F. Trapp, *Die Greuel der verletzten*

Psyche als Greuel der politischen Realität. E. W.: »Der Augenzeuge« (in Exil, 1984, H. 2, S. 17–37). – Ders., *»Der Augenzeuge« – ein Psychogramm der deutschen Intellektuellen zwischen 1914 u. 1936*, Ffm. u. a. 1986.

CARL ZUCKMAYER

* 27.12.1896 Nackenheim bei Mainz
† 18.1.1977 Visp / Kanton Wallis (Schweiz)

LITERATUR ZUM AUTOR:
A. Herdan, *Die Farm in den grünen Bergen*, Hbg. 1949. – W. Teelen, *Die Gestaltungsgesetze im Bühnenwerk C. Z.s*, Diss. Marburg 1952. – W. Adling, *Die Entwicklung des Dramatikers C. Z.*, Diss. Lpzg. 1957. – I. Engelsing-Malek, *»Amor Fati« in Z.s Dramen*, Konstanz 1960. – P. Meinherz, *C. Z. Sein Weg zu einem modernen Schauspiel*, Bern 1960. – J. Vandenrath, *Drama u. Theater in Z.s Bühnendichtung*, Diss. Lüttich 1960. – L. E. Reindl, *Z. Eine Bildbiographie*, Mchn. 1962. – R. Lange, *C. Z.*, Velber 1969 (ern. Mchn. 1976; dtv). – A. Bauer, *C. Z.*, Bln. 1970. – A. J. Jacobius, *Motive u. Dramaturgie im Schauspiel C. Z.s. Versuch einer Deutung im Rahmen des zwischen 1920 und 1955 entstandenen Gesamtwerks*, Ffm. 1971. – Ders., *C. Z. Eine Bibliographie 1917–1971. Ab 1955 fortgeführt u. auf den jüngsten Stand gebracht v. H. Kieser*, Ffm. 1971. – S. Sudhof, *C. Z.* (in *Deutsche Dichter der Gegenwart*, Hg. B. v. Wiese, Bln. 1973, S. 64–82). – Blätter der C.-Z.-Gesellschaft, Mainz 1975 ff. [m. fortlaufender Bibliogr. ab Jg. 11, 1985]. – *C. Z. auf der Bühne. Eine Ausstellung zum 80. Geburtstag*, Bearb. B. Glauert, Mainz 1976. – Th. Ayck, *C. Z. in Selbstzeugnissen u. Bilddokumenten*, Reinbek 1977 (rm). – *C. Z. Das Bühnenwerk im Spiegel der Kritik*, Hg. B. Glauert, Ffm. 1977. – *C. Z. '78. Ein Jahrbuch*, Bearb. ders. u. a., Ffm. 1978. – S. Mews, *C. Z.*, Boston 1981 (TWAS). – H. Wagener, *C. Z.*, Mchn. 1983. – J. Becker, *C. Z. u. seine Heimaten. Ein biographischer Essay*, Mainz 1984. – *C. Z. Materialien zu Leben u. Werk*, Hg. H. Kieser, Ffm. 1986 (FiTb).

DER FRÖHLICHE WEINBERG

Lustspiel in drei Akten von Carl ZUCKMAYER, Uraufführung: Berlin, 22. 12. 1925, Theater am Schiffbauerdamm. – Nach seinen beiden ersten, dem Expressionismus verpflichteten dramatischen Versuchen (*Der Kreuzweg*, 1921; *Pankraz erwacht oder Die Hinterwäldler*, 1925), die beide wenig Beachtung fanden, eroberte Zuckmayer mit diesem Stück, das ihm 1925 den Kleist-Preis eintrug, die Bühne und bahnte damit die Erneuerung des Volksstücks an.

Der vitale, verwitwete Weingutsbesitzer Gunderloch, der sich von der Arbeit zurückziehen möchte, will die eine Hälfte seines Besitzes verkaufen, die andere aber seiner Tochter Klärchen und ihrem zukünftigen Ehemann, dem arroganten und dünkelhaften Assessor Knuzius, vererben. Doch zuvor muß der Mitgiftjäger mit dem schneidigen Gehabe des ehemaligen Couleurstudenten eine Bedingung seines zukünftigen Schwiegervaters erfüllen: Schon vor der Hochzeit soll er beweisen, daß er fähig ist, den Fortbestand der Familie Gunderloch zu sichern. Klärchen jedoch liebt in Wahrheit den stämmigen, unverbildeten Rheinschiffer Jochen Most. Ihre Freundin Babettchen dagegen, die nach dem Höheren strebende Wirtstochter, ist einer Verbindung mit Knuzius nicht abgeneigt. In dieser Situation rät Annemarie, Jochens Schwester und geheime Anbeterin ihres Dienstherrn Gunderloch, eine Schwangerschaft Klärchens vorzutäuschen, um weitere Annäherungsversuche des Assessors überflüssig zu machen. Man bezweifelt aber Knuzius' Vaterschaft, worin dieser eine Kränkung seiner Mannesehre sieht. Beim Winzerfest in der »Landskrone« kommt es zu einer zünftigen Prügelei, die Jochen Most Gelegenheit gibt, sich des vermeintlichen Nebenbuhlers nachhaltig anzunehmen. Im Wirtshof, in Heuschobern und Ligusterlauben finden schließlich zu nächtlicher Stunde folgende Paare zusammen: Gunderloch und Annemarie, Klärchen und Jochen, der sich überzeugen läßt, daß sie keineswegs von Knuzius ein Kind erwartet, und der nun seinerseits nur allzu bereitwillig die väterliche Bedingung erfüllt; außerdem Babettchen und Knuzius, der bei Tagesanbruch auf einem Misthaufen als Geprellter erwacht; endlich noch – der dramatischen Symmetrie zuliebe – der jüdische Weinreisende Hahnesand und die Weinhändlerstochter Stenz aus Köln. Gunderloch macht den Verkauf rückgängig, lädt aber die Geschäftsfreunde zur Hochzeit ein, und in einem großen Weinhymnus klingt das Stück aus.

An der auf Versöhnlichkeit gestimmten »Lebensgläubigkeit« des Brecht-Antipoden Zuckmayer mag es liegen, daß er von Anfang an gesellschaftliche Konflikt meistens als Scheinkonflikte dargestellt hat. Daher bleiben auch satirische Ansätze im Äußerlichen stecken, denn seine »Gesellschaftskritik« wird mehr durch die kulturpessimistische Stimmung der Jugendbewegung als durch ein sozialkritisches Bewußtsein gelenkt. KLL

AUSGABEN: Bln. 1926. – Ffm. 1960 (in *GW*, 4 Bde., 3). – Wien 1964 (in *Dramen*; Nachw. A. Haberkalt). – Ffm. 1966 (in *Meisterdramen*; Nachw. G. F. Hering; zul. 1983). – Ffm. 1976 (in *Z.-Lesebuch*). – Ffm. 1976 (in *Werkausgabe in 10 Bdn.*, FiTb). – Ffm./Bln. 1980 (in G. Rühle, *Zeit u. Theater*, Bd. 3/4: *Von der Republik zur Diktatur*; m. Komm.; Ullst. Tb). – Ffm. [15]1988 (FiTb).

VERFILMUNGEN: Deutschland 1927 (Regie: J. u. L. Fleck). – BRD 1952 (Regie: E. Engel).

LITERATUR: K. Kraus, Rez. (in Die Fackel, 27, April 1926, S. 107). – H. Ihering, Rez. (in Berliner Börsen-Courier, 23. 12. 1925). – G. Rühle, *So fröhlich war der Weinberg. Eine Z.-Premiere und was sie bedeutete* (in FAZ, 1. 10. 1966, Nr. 228). – G. Hensel, *Z.s »Fröhlicher Weinberg«* (in Blätter der C.-Z.-Ges., 8, 1982, S. 158–162).

DER HAUPTMANN VON KÖPENICK. Ein deutsches Märchen

Schauspiel von Carl ZUCKMAYER. Uraufführung: Berlin, 5. 3. 1931, Deutsches Theater. – Realer Hintergrund des Stücks ist eine Berliner Zeitungsmeldung vom 17. 10. 1906: *»Ein als Hauptmann verkleideter Mensch führte gestern eine von Tegel kommende Abteilung Soldaten nach dem Köpenicker Rathaus, ließ den Bürgermeister verhaften, beraubte die Gemeindekasse und fuhr in einer Droschke davon.«* Fritz Kortner griff diese Episode auf, arbeitete auch bereits ein umfangreiches Szenarium aus und wandte sich damit 1930 zuerst an H. J. REHFISCH, dann an Zuckmayer, der daraus ein Stück für Kortners Debüt als Theaterregisseur verfassen sollte: *»Zuckmayer schrieb die Komödie, zerstritt sich mit dem Erfinder des Projekts, der einen Tantieme-Anteil erhielt und, wie vereinbart, ungenannt blieb«* (K. Völker). Die Uraufführung aber inszenierte H. Hilpert, und auch hinsichtlich der Urheberschaft am Stoff sowie der daraus resultierenden Tantiemenrechte kam es 1956 noch einmal zu einem ernsten Konflikt zwischen Kortner und Zuckmayer; Kortners Ansprüche wurden aber als verjährt betrachtet. In seinen Memoiren *Als wär's ein Stück von mir* spricht Zuckmayer von der *»Anregung zu einem Stoff«*, die ihm durch Kortner 1930 zuteil geworden sei.

Zuckmayer läßt die 1896 und 1906 in Berlin und Umgebung spielenden Ereignisse in Form einer szenischen Reportage ablaufen, wobei es ihm weniger um historische Treue geht als um die Ausdeutung der Umstände und Motive, die den Schuster zu seinem Husarenstück veranlaßten. Voigt hat bereits insgesamt sechzehneinviertel Jahre im Gefängnis gesessen, einmal wegen *»Posturkundenfälschung«*, dann wegen *»Melde- und Paßvergehen, Irreführung der Behörden und versuchter Urkundenfälschung«*, als der nunmehr Sechsundvierzigjährige – gerade entlassen – auf der Arbeitssuche erneut in die Mühlen der Bürokratie gerät. Denn ohne Aufenthaltsgenehmigung bekommt er keine Arbeit und ohne Arbeitsnachweis keine Aufenthaltsgenehmigung; einen Paß verweigert ihm der Beamte wegen »Nichtzuständigkeit«, so daß sich Voigt die verstörte Bemerkung erlaubt: *»Aber't muß ja nu'n Platz geben, wo der Mensch hingehört!... Ich kann ja nun mit de Füße nich in de Luft baumeln, det kann ja nur'n Erhenkter!«* Kurz entschlossen bricht er ins Potsdamer Polizeirevier ein, um sich einen Paß zu verschaffen; er wird ertappt und wandert für weitere zehn Jahre ins Zuchthaus Plötzensee. Doch nach seiner Entlassung hat Voigt dazugelernt. Da die Behörden ihm auch jetzt weder eine Aufenthaltsgenehmigung noch einen Paß bewilligen, ihn vielmehr sogar ausweisen, beschließt der Schuster, sich die Magie der Uniform (*»Es geht ein gewisser Zauber von ihr aus –«*, sagt beim Uniformschneider der spätere Bürgermeister von Köpenick) und das in Plötzensee erworbene militärische Wissen zunutze zu machen; hatte doch der Zuchthausdirektor zur Feier der Sedan-Schlacht geäußert: *»Manch einer ... verläßt die Anstalt als ein ... mit dem Wesen und der Disziplin unserer deutschen Armee hinlänglich vertrauter Mann. Und das wird ihn befähigen, auch im zivilen Leben ... wieder seinen Mann zu stellen.«* Dieser Lehren eingedenk, ersteht Voigt beim Trödler eine Hauptmannsuniform, zieht sie auf der Toilette des Schlesischen Bahnhofs an und genießt sogleich auf dem Bahnsteig den Respekt der Beamten. Er unterstellt sich ein Wachkommando, besetzt das Rathaus von Köpenick, verhaftet den Bürgermeister und beschlagnahmt die Gemeindekasse. Leider verfehlt er auch diesmal sein eigentliches Ziel, denn in Köpenick gibt es keine Paßabteilung. Enttäuscht befiehlt er den Soldaten heimzukehren. In Windeseile verbreitet sich die Nachricht von dem erstaunlichen Handstreich, dessen Urheber die Lacher auf seiner Seite weiß; sogar der Kaiser äußert schmunzelnd: *»Da kann man sehen, was Disziplin heißt! Kein Volk der Erde macht uns das nach!«* Die Polizei fahndet einige Tage lang vergeblich unter ehemaligen Soldaten nach dem Täter, als Voigt – wieder in Zivil – in der Paßabteilung des Berliner Polizeipräsidiums auftaucht und sich als der Gesuchte zu erkennen gibt, nachdem ihm der zuständige Beamte einen Paß zur Belohnung versprochen hat. Auf die Frage der Polizeioffiziere, wie ihm als »Ungedientem« der Streich überhaupt habe gelingen können, antwortet er: *»Sone Uniform, die macht det meiste janz von alleene.«* Als Voigt auf Bitten der Polizisten die Montur noch einmal anlegt und sich im Spiegel erblickt, überkommt ihn ein Lachanfall. *»Aus diesem Lachen formt sich ein Wort ... in neuem, großem, befreitem und mächtigem Gelächter alles zusammenfassend ›Unmöglich!‹!«*

Zuckmayer, der bereits 1925 mit dem Lustspiel *Der fröhliche Weinberg* die Wende vom expressionistischen Dramatiker zum Volksstückautor vollzogen hatte, schrieb mit dem *Hauptmann von Köpenick* sein erfolgreichstes Stück. In den 21 Szenen der nach der Bilderbogen-Dramaturgie gebauten Moritat läßt der Autor typische Vertreter aller Stände jener Zeit zu Wort kommen, jeweils in ihrem charakteristischen Sprechton (dem Kasinojargon der Offiziere, dem Jiddisch der Händler und dem Berlinerisch der einfachen Leute). Trotz aller Typisierung erhalten die Personen der Satire lebendige individuelle Züge, vor allem der Held Voigt, dessen Ahnherr Eulenspiegel heißt und der keineswegs ein Hochstapler und Krimineller, sondern ein melancholisch-verschmitzter Unglücksrabe ist, den eine unmenschlich geahndete Jugendsünde zwingt, die preußische Obrigkeit mit ihren eigenen Waffen zu schlagen. *»Es ist ja auch nichts Neues, was es* [das Stück] *erzählt, sondern es ist ein deutsches Märchen, längst vorbei – vielleicht überhaupt nicht wahr? – und nur ein Gleichnis für das, was nicht vorbei ist!«* (Zuckmayer) E.N.-KLL

AUSGABEN: Bln. 1930. – Ffm. 1960 (in *GW*, 4 Bde., 3). – Ffm. 1961 (in *Europäische Dramen von Ibsen bis Z.*, Hg. L. Büttner; Vorw. P. Riegel). – Wien 1964 (in *Dramen*; Nachw. A. Haberkalt). – Ffm. 1966 (in *Meisterdramen*; Nachw. G. F. Hering; zul. 1983). – Ffm. 1976 (in *Werkausgabe in 10 Bdn.*; FiTb). – Ffm. 53 1990 (FiTb).

VERFILMUNGEN: Deutschland 1926 (Regie: S. Dessauer). – Deutschland 1931 (Regie: R. Oswald). – Deutschland 1956 (Regie: H. Käutner).

LITERATUR: P. Rilla, *Z. u. die Uniform* (in P. R., *Literatur*, Bln. 1950, S. 7–27). – S. Werner, *»Der Hauptmann von Köpenick«. Wirklichkeit u. Dichtung* ..., Diss. Univ. of Maryland 1954. – *C. Z.: »Der Hauptmann von Köpenick«. Erläuterungen u. Dokumente*, Hg. H. Scheible, Stg. 1977 (RUB). – J. Hein, *Z.: »Der Hauptmann von Köpenick«* (in *Die deutsche Komödie*, Hg. W. Hinck, Düsseldorf 1977, S. 269–286; 399–401). – S. Mews, *»Der Hauptmann von Köpenick«: »Ein deutsches Märchen« oder »Kleider machen Leute«* (in Blätter der C.-Z.-Ges., 4, 1978, H. 2, S. 20–26). – Ders., *C. Z.: »Der Hauptmann von Köpenick«. Grundlagen u. Gedanken zum Verständnis des Dramas*, Ffm. u. a. 3 1982. – K. Völker, *Fritz Kortner. Schauspieler u. Regisseur*, Bln. 1987. – W. Frizen, *C. Z.: »Der Hauptmann von Köpenick«. Interpretation*, Mchn. 2 1988 [überarb. u. erg.]. – H. Wagener, *Mensch u. Menschenordnung. C. Z.s »deutsches Märchen« »Der Hauptmann von Köpenick«* (in *Deutsche Komödien*, Hg. W. Freund, Mchn. 1988, S. 226–240). – H. Kindler, *Zum Abschied ein Fest. Autobiogr. eines dt. Verlegers*, Mchn. 1991, S. 571 ff.

DES TEUFELS GENERAL

Drama in drei Akten von Carl ZUCKMAYER, Uraufführung: Zürich, 12. 12. 1946, Schauspielhaus. – Der durchschlagende Erfolg des fast gleichzeitig mit den dargestellten Ereignissen, aber in der Sicherheit des amerikanischen Exils entstandenen Dramas auf den deutschsprachigen Bühnen der Nachkriegszeit ist aus heutiger Sicht ein schwer zu erklärendes Phänomen: Während die Zuschauer der Uraufführung, Überlebende der deutschen Katastrophe, der vermeintlichen Tragödie eines zu später Einsicht in die wahren Zusammenhänge gelangenden Mitläufers zujubelten, erweist sich das zur Kolportage verkommene idealistische Heldendrama aus der Distanz als Verharmlosung, ja als fatal unbewußte Glorifizierung der nationalsozialistischen Schreckensherrschaft.

Im *»Spätjahr 1941, kurz vor dem Eintritt Amerikas in den Krieg«*, treffen sich in »Ottos Restaurant«, einem exklusiven Berliner Nachtlokal der Nazi-Prominenz, die scheinbar exemplarisch, im Grunde aber klischiert gezeichneten Gestalten der Zeit auf einer ausgelassenen Party des Generals Harras: der doktrinär linientreue »Kulturleiter« Dr. Schmidt-Lausitz, der naiv gläubige Nationalsozialist Oberst Eilers, dessen *»fünfzigster Luftsieg«* gefeiert wird, der opportunistische aristokratische Waffenlieferant von Morungen, dessen Tochter, das kesse BDM-Mädchen »Pützchen«, die gefeierte Operettendiva Olivia Geiß, die heimlich ihren jüdischen Freunden zur Flucht ins Ausland verhilft, mehr oder weniger plastisch gezeichnete tapfere Offiziere wie etwa Pfundtmayer, *»Typus bayerischer Kraftlackel«* – schließlich der verehrte und gefürchtete, geliebte und gehaßte Hauptheld General Harras, stilisiertes Nachbild des Fliegergenerals Udet. Mit kalauernder *(»Das walte Himmler«)*, kaltschnäuziger Schnoddrigkeit schwadroniert er unbekümmert vor seinen entsetzten, heimlich entzückten oder rachsüchtig intrigierenden und spitzelnden Zuhörern über die »miesen Typen« des Regimes, dem er doch seine militärische Karriere verdankt. Aus Sentimentalität, um der »alten Mutter« den Spaß an seinen Orden und Heldentaten nicht zu verderben, und aus Begeisterung für das Fliegen hat er sich dem »Teufel« Hitler verschrieben – ohne Skrupel über die sich daraus ergebenden politischen und moralischen Konsequenzen: *»Sie haben mich gebraucht – und sie brauchen mich jetzt erst recht. Außerdem – ist es mir wurscht.«* Ganz so »wurscht« scheint es ihm indes doch nicht zu sein: Er weigert sich, in »die Partei« einzutreten, und hilft seiner Freundin Olivia und deren in zarter Liebe zu ihm entflammten Nichte Diddo zuliebe einem jüdischen Chefarzt (!) über die Grenze. Wegen seiner militärischen Erfolge genießt er weitgehend Narrenfreiheit, bis ihm die unerklärliche Kette der durch Materialschäden verursachten Abstürze seiner Kampfmaschinen zum Verhängnis wird. Von der Gestapo ultimativ zur Aufklärung dieser »Unfälle« gezwungen, entdeckt er schließlich in seinem besten Freund, dem verantwortlichen Chefingenieur Oderbruch, den Haupttäter. Oderbruch, ein idealistischer Widerstandskämpfer, der auch in der überarbeiteten Schlußfassung von 1966 nicht zu einer klar umrissenen Gestalt wurde, sucht Harras von der Notwendigkeit der Sabotageakte zu überzeugen und zur Mitarbeit in seiner Organisation zu bewegen. Doch für den ist es zu spät: *»Wer auf Erden des Teufels General wurde und ihm die Bahn gebombt hat – der muß ihm auch Quartier in der Hölle machen«*, verabschiedet sich Harras, besteigt eine der defekten Maschinen und stürzt kurz nach dem Start in den Heldentod.

Die Fragwürdigkeit des Stücks beruht nicht allein auf der politischen Ahnungslosigkeit und moralischen Skrupellosigkeit, mit der sich der überaus sympathisch gezeichnete Held einem Regime verschreibt, dessen Unmenschlichkeit durch die Verteufelung nur oberflächlich erfaßt wird, sondern vor allem auf Zuckmayers dramatischer Konzeption: Um auch in einem Stück über das Dritte Reich die potente Kraftnatur seines stereotypen Dramenhelden, dessen Schnoddrigkeit seine eigentliche Herzenswärme kaschieren soll, recht in Szene zu setzen, reduziert er das politische Hintergrundsgeschehen zur bloßen Staffage, die jeder zeitkritischen Signifikanz enträt. M.Schm.

AUSGABEN: Stockholm 1946. – Stockholm 1947 (in *Die deutschen Dramen*). – Ffm. 1960 (in *GW*, 4 Bde., 3). – Ffm. 1966 (in *Meisterdramen*; Nachw. G. F. Hering; zul. 1983). – Ffm. 1976 (in *Werkausgabe in 10 Bdn.*; FiTb). – Ffm. 21 1989 (FiTb).

VERFILMUNG: Deutschland 1954 (Regie: H. Käutner).

LITERATUR: C. Zuckmayer, *Persönliche Notizen zu meinem Stück »Des Teufels General«* (in Wandlung, 3, 1948, S. 331–333). – P. Rilla, *Z. und die Uniform* (in P. R., *Literatur*, Bln. 1950, S. 7–27). – H. Glade, *C. Z.'s »The Devil's General« as Autobiography* (in MD, 9, 1966/67, S. 54–61). – V. Wehdeking, *Mythologisches Ungewitter. C. Z.s problematisches Exildrama »Des Teufels General«* (in Die dt. Exilliteratur 1933–1945, Hg. M. Durzak, Stg. 1973, S. 509–519). – P. Rilla, *C. Z.: »Des Teufels General«* (in *Das dt. Drama vom Expressionismus bis zur Gegenwart*, Hg. M. Brauneck, Bamberg 31977, S. 103–111). – B. Keller, *Die Auseinandersetzung mit dem Nationalsozialismus im Drama. Vergleichende Analyse von Z.s »Des Teufels General« u. Brechts »Arturo Ui«* (in Sammlung, 1, 1978, S. 147–158). – K. Holst, *Der Teufelspakt. Einige Bem. zu C. Z.s Drama »Des Teufels General«* (in *Fs. für Lauri Seppänen*, Red. A. Jäntti u. a., Tampere 1984, S. 265–271). – W. Linder, *C. Z.s antifaschistisches Drama »Des Teufels General«. Das Werk im Kontext des Gesamtschaffens des Autors u. seine Wirkung als Modellfall von Rezeptionsbesonderheiten im Nachkriegsdeutschland*, Diss. Bln./DDR 1987.

ARNOLD ZWEIG

* 10.11.1887 Glogau
† 26.11.1968 Berlin / DDR

LITERATUR ZUM AUTOR:
Bibliographien:
N. I. Lopatina, *A. Z. Bibliographie*, Moskau 1983. – I. Lange, *Findbuch des literarischen Nachlasses von A. Z.*, 2 Bde., Bln./DDR 1983. – M. Rost, *Bibliographie A. Z.*, 2 Bde., Bln./Weimar 1987.
Gesamtdarstellungen und Studien:
J. Rudolph, *Der Humanist A. Z. Ein Versuch*, Bln./DDR 1955. – P. Huys, *A. Z. Der Mensch, der Jude, der Epiker*, Gent 1959. – *A. Z.: ein Almanach. Briefe, Glückwünsche, Aufsätze*, Hg. Deutsche Akademie der Künste, Bln./DDR 1962. – H. Kamnitzer, *Der Tod des Dichters*, Bln./DDR 1967. – G. Salomon, *A. Z.*, Boston 1975 (TWAS). – *A. Z. 1887–1968. Werk u. Leben in Dokumenten u. Bildern*, Hg. G. Wenzel, Bln./Weimar 1978. – D. R. Midgley, *A. Z. Zu Werk u. Wandlung 1927–1948*, Königstein/Ts. 1980. – M. Wiznitzer, *A. Z. Das Leben eines deutsch-jüdischen Schriftstellers*, Königstein/Ts. 1983; ern. Ffm. 1987 (FiTb). – A. Dussau, *A. Z. romancier*, Diss. Metz 1986. – *A. Z. Materialien zu Leben u. Werk*, Hg. W. v. Sternburg, Ffm. 1987 (FiTb). – E. Hilscher, *A. Z. Leben u. Werk*, Bln. 81987. – *A. Z.*, Hg. H. L. Arnold, Mchn. 1989 (Text + Kritik). – *A. Z. – Poetik, Judentum u. Politik*, Akten des Internat. A. Z.-Symposiums aus Anlaß des 100. Geburtstags, Hg. D. R. Midgley u. a., Bern u. a. 1989. – J. Hermand, *A. Z. mit Selbstzeugnissen u. Bilddokumenten*, Reinbek 1989 (rm). – W. v. Sternburg, *A. Z.*, Ffm. 1990.

HAQUARDŌM SEL WANDSBĒQ

(Das Beil von Wandsbek). Roman von Arnold ZWEIG, erschienen zuerst in hebräischer Übersetzung 1943, deutsch erstmals 1947. – Nach seiner Flucht aus Deutschland 1933 über Prag, Wien, die Schweiz und Südfrankreich lebte Arnold Zweig 15 Jahre in Haifa. Daß Palästina, das bis zur Gründung des Staates Israel 1948 britisches Protektorat war, für den kritischen Zionisten mehr bedeutete als nur ein Exil, belegen schon die dort entstandenen Hauptwerke: *Erziehung vor Verdun* (1935) und *Einsetzung eines Königs* (1937), beides Teile des Zyklus *Der große Krieg der weißen Männer*, und *Das Beil von Wandsbek*.

Den novellistischen Kern dieses Romans lehnte Zweig einem Artikel des Prager Exilblattes ›Deutsche Volkszeitung‹ vom 18.4. 1937 an, *»um im Aufstieg des Dritten Reiches seinen Untergang schon mitzugeben«: »Die Hinrichtung von Jonny Detmer und drei weiteren Antifaschisten wurde seinerzeit nicht dem Hamburger Scharfrichter, sondern dem Schlächtermeister und SS-Mann Fock aus Altona übertragen. Der Schlächtermeister hatte gehofft, daß er mit den 2000 Mark, die ihm die Hinrichtung einbrachte, sein Geschäft würde wieder in Gang bringen können. Nach und nach aber sickerte durch, daß er der Henker der vier unschuldigen Opfer des Hakenkreuzes gewesen sei. Daraufhin blieben immer mehr Kunden weg, und der finanzielle Zusammenbruch war unvermeidlich. In seiner Verzweiflung erschoß der Schlächtermeister zunächst seine Frau und beging dann Selbstmord.«* H. A. WALTER hat in einer großen Studie über das *Beil von Wandsbek* plausibel gemacht, daß es sich hierbei um in der Exilpresse geläufiges Wunschdenken gehandelt hat; den breiten Widerstand gegen das Naziregime, der in dieser Meldung suggeriert wird, gab es nicht. Im Roman erhält der

Niedergang des Schlächtermeisters Teetjen und seiner Frau Stine freilich ganz andere Gründe: Der Boykott erfolgt nicht als Opposition gegen die Nazis, sondern auf das Gerücht hin, Teetjen benutze das Beil der Hinrichtung auch in seinem Laden. Auch seine SS-»Kameraden« unterstützen ihn nicht, weil er keinen Anteil des Blutgeldes an die Gemeinschaftskasse abgeführt hat.
Die Geschichte des Paares Teetjen ist mannigfaltig verflochten mit einer Darstellung der Bürgerschicht, die durch Konformität, Zuwarten und – zu lange – nur inneren Widerstand den Machtzuwachs der Nazis geduldet, ja durch ihre Passivität gefördert hat. Es seien hier nur die wichtigsten Figuren genannt: der Zuchthausdirektor Heinrich Koldewey, der vor einem Besuch Hitlers in Hamburg die bei ihm einsitzenden vier Kommunisten »vom Tisch« haben will und so die Suche nach dem Henker in Gang setzt; der Reeder Hans Peter Footh, dem der *»Kriegskamerad«* Teetjen im Ersten Weltkrieg das Leben gerettet hatte und der ihm diese Art Arbeit, keineswegs uneigennützig, verschafft; Koldeweys Freundin und spätere Frau, die Ärztin Käte Neumeier, die den Ersatzhenker bei der Hinrichtung erkennt und das Gerücht gegen ihn ausstreut. Sie alle laden Schuld auf sich, ohne deren Ausmaß zu erkennen; erst allmählich finden Neumeier und Koldewey zu immer entschiedenerer Opposition. Dabei hilft ihnen vor allem FREUDS Studie über den Paranoiker D. P. Schreber (*Denkwürdigkeiten eines Nervenkranken*, 1903); dessen Fall weist deutliche Parallelen zu Hitler auf, und in *Mein Kampf »zeigte sich jenes Nebeneinander von Wahn und Scharfsinn, welches Daniel Paul Schreber erst in die Anstalt geführt hatte und dann aus ihr hinaus. Der Führer des Deutschen Reiches lebte keineswegs in einer geschlossenen Anstalt; aber wäre es nicht besser gewesen, man hätte ihn 1923 hineingetan statt auf jene bequeme Festung Landsberg, auf welcher er seine Denkwürdigkeiten verfassen konnte?«*
Die Modernität von Zweigs Arbeiten – es handelt sich keineswegs um sozialistischen Realismus, wie die DDR-Rezeption der fünfziger und sechziger Jahre im Gefolge Georg LUKÁCS' glauben machen wollte – erweist sich durch seine Figurenzeichnung, die differenziert und psychoanalytisch fundiert ist. So ist es ihm bei der Gestaltung des Proletarierpaars Teetjen, die sich für Selbständige, für Bürger halten, und bei den konformistischen Bourgeois um *»Verständnis«* zu tun, auch um die Bekämpfung des damals verständlicherweise in Palästina grassierenden *»Antigermanismus«; »es ist nicht die Art dieses Erzählers, Fragen zu entscheiden und Diskussionen zu einem ›Ende‹ zu führen«* (B. Hüppauf). Nicht zufällig hat Zweig die Handlung von Altona nach Wandsbek verlegt, dem Hamburger Stadtviertel LESSINGS und CLAUDIUS'. Das *Beil von Wandsbek* durchziehen mehrere Metaphernsysteme; wesentlich, wie H. A. Walter festgestellt hat, ist eine Neugestaltung des Faust-Mythos. Zweig läßt eine bis dorthin verschüttete Rezeptionslinie aufleben, *»Faust als Schlächter und Henker«* (H. A. Walter), der keineswegs zur Identifikationsfigur taugt, sondern eher zur Metapher von Schuld, Torheit und des Unglücks, das sich zuallererst an ihm selbst und seinem Gegenpol Stine-Gretchen entlädt: *»Hier sehe ich einen Grischatyp, aus dem, Schicht um Schicht abstoßend, der alte Deutsche herauskeimt und durchbricht. Und besonders seine Frau, eine Evangelische, die innerlich zustimmt... Es wäre ein wirklicher Roman, – und er müßte den im Nazismus begrabenen Menschen darstellen, der so oft vergessen und übersehen wird. Der geschändete Deutsche ist ja nicht bloß im KZ-Lager, sondern auch in seinen Henkern«* (Zweig an Freud, 1938). S.Ha.

AUSGABEN: Tel Aviv 1943 *(Haquardōm sel Wandsbēq)*. – Stockholm 1947 *(Das Beil von Wandsbek)*. – Weimar 1951. – Bln./DDR 1959 (in *AW in Einzelausgaben*, 16 Bde., 1957–1967, 9; [8]1986). – Königstein/Ts. 1979. – Ffm. 1982 u. ö. (FiTb). – Ffm. u. a. 1986.

VERFILMUNGEN: DDR 1951 (Regie: F. Harnack). – BRD 1981 (TV; Regie: H. Königstein u. H. Breloer).

LITERATUR: H. Vormweg, *Gerechtigkeit über sich fühlend, A. Z.s Roman »Das Beil von Wandsbek«* (in *Die dt. Exilliteratur 1933–1945*, Hg. M. Durzak, Stg. 1973; ern. in *A. Z. Materialien zu Leben u. Werk*, Hg. W. v. Sternburg, Ffm. 1987, S. 194 bis 207). – G. Wenzel, *Blick auf Deutschland aus dem Exil. A. Z.: »Das Beil von Wandsbek«* (in *Erfahrung Exil*, Hg. S. Bock u. M. Hahn, Weimar 1979, S. 375–393). – C. Zähner, *Das Deutschlandbild im Exilroman. L. Feuchtwangers »Die Geschwister Oppermann«, A. Z.s »Das Beil von Wandsbek«, A. Seghers »Das siebte Kreuz«*, Diss. Cardiff/Wales 1985. – W. Boehlich, *Buch der Rettung. A. Z.s »Beil von Wandsbek«* (in Die Zeit, 3. 10. 1986). – H. A. Walter, *Im Anfang war die Tat. A. Z.s »Beil von Wandsbek«. Roman einer Welt. Welt eines Romans*, Ffm. u. a. 1986. – B. Kowalowa, *Zur Problematik des Faschismus in den Romanen »Das Beil von Wandsbek« u. »Traum ist teuer« von A. Z.* (in Germanica Wratislaviensia, 1987, H. 77, S. 272–282). – B. Hüppauf, *Assoziationen. Über A. Z.s Sprache als Aufhebung der Moderne* (in *A. Z.*, Hg. H. L. Arnold, Mchn. 1989, S. 38–55).

DER STREIT UM DEN SERGEANTEN GRISCHA

Roman von Arnold ZWEIG, erschienen 1927. – Zweigs berühmter Roman, 1917 konzipiert und 1921 zunächst als Drama niedergeschrieben *(Das Spiel um den Sergeanten Grischa*; Uraufführung: Berlin, 31. 3. 1930, Theater am Nollendorfplatz), war ursprünglich als Mittelstück einer vom Autor selbst so bezeichneten *»Trilogie des Übergangs«* vorgesehen und wurde später mit anderen, zeitlich und handlungsmäßig im Ersten Weltkrieg spielenden Romanen des Autors (*Junge Frau von 1914*, 1931; *Erziehung vor Verdun*, 1935; *Einsetzung eines Kö-*

nigs, 1937; *Die Feuerpause*, 1954; *Die Zeit ist reif*, 1958) dem unvollendeten Romanzyklus *Der große Krieg der weißen Männer* zugeordnet.

Die Handlung des Romans entwickelt sich aus einem novellistischen Kern, einer extremen Konfliktsituation zwischen Individuum und Staat. Unstillbares Heimweh treibt den Sergeanten Grigorij Iljitsch Paprotkin, genannt Grischa, zur Flucht aus einem deutschen Gefangenenlager, die jedoch mißlingt. Der Rat seiner Geliebten, der Partisanenführerin Babka, er solle sich als Überläufer Bjuschew ausgeben, erweist sich bei der erneuten Gefangennahme Grischas als verhängnisvoll: Nun verdächtigen ihn die deutschen Militärbehörden als russischen Spion und verurteilen Paprotkin alias Bjuschew zum Tode. Es hilft ihm nichts mehr, daß er seine wahre Identität überzeugend beweisen kann und daß das zuständige Kriegsgericht das Todesurteil revidiert. Der vorgesetzte Generalquartiermeister ignoriert die juristische Zuständigkeit des Divisionskommandanten und läßt das Urteil vollstrecken.

Aber nicht primär um die Person Grischas geht es in diesem Roman, sondern um die politische Moral, an der dieser exemplarische Konflikt sich entzündet. *»Um Deutschland geht es uns...; daß in dem Land, dessen Rock wir tragen, und für dessen Sache wir in Dreck und Elend zu verrecken bereit sind, Recht richtig und Gerechtigkeit der Ordnung nach gewogen werde. Daß dies geliebte Land nicht verkomme, während es zu steigen glaubt. Daß unsere Mutter Deutschland nicht auf die falsche Seite der Welt gerate. Denn wer das Recht verläßt, der ist erledigt.«* Trauer und Resignation sprechen aus diesem Bekenntnis einer Romanfigur, das zugleich ein Credo des Schriftstellers Arnold Zweig sein könnte. Nicht um Kompetenzfragen allein entbrennt der Streit, sondern um der *»moralischen Existenz«* des preußischen Staates willen, die der General von Lychow und die Männer seiner Division gegen den unrechtmäßigen Übergriff des Generalmajors Schieffenzahn zu verteidigen suchen. Die Frage, wieviel das Ethos eines Staates noch gilt, eines Staates, der Unrecht duldet und im Namen der Justiz sogar Unrecht verübt, bewegt in diesem *»Roman über die deutsch-jüdische Symbiose«* (M. Reich-Ranicki) den General von Lychow und seinen Neffen und Adjutanten, Oberleutnant Winfried, mit gleicher Vehemenz wie den jüdischen Kriegsgerichtsrat Posniaski und den jüdischen Literaten Bertin. Denn der autoritäre Pragmatiker Schieffenzahn, das kaum verhüllte Konterfei Ludendorffs, fordert Grischas Kopf: *»Der Staat schafft das Recht, der einzelne ist eine Laus.«* In einer »Revolution von oben« bekämpft Lychow, der altpreußisch fühlende Nachkomme des Prinzen von Homburg, diesen inhumanen Standpunkt: *»Entweder bestand Deutschland auf Rechttun nach der Einsicht seiner Träger, und lediglich das Gewissen des Verantwortlichen, das Rechtsgefühl in der Brust eines sachlichen Menschen verbürgte unumschränkt entscheidend die Richtigkeit seines Rechts – oder Dreinreden jeder Art war möglich...«* Doch des Generals *»politische Theologie«* geht im seelenlosen Getriebe der modernen Kriegsmaschinerie ebenso zugrunde wie der unschuldige Russe; der ethische Verfall des altpreußischen Staatsgedanken läßt sich nicht mehr aufhalten: *»Deutschland als Macht geht auf wie ein Napfkuchen, Deutschland als Sittlichkeit schrumpft ein zur Fadendünne.«*

Die Strategen des imperialistischen Machtwahns behalten die Oberhand und nehmen auf die Kategorien von Moral und Recht genausowenig Rücksicht wie auf ein Menschenleben. Der vergebliche Kampf der – damals immerhin noch real möglichen – Allianz preußischer Militärs und jüdischer Intellektueller läßt die kommende Katastrophe schon vorausahnen.

Unbewußt und ohne es zu wollen setzt Grischa mit seinem privaten Präzedenzfall einen Prozeß in Gang, den der Erzähler mit souveränem Einblick in dialektische Strukturen analysiert, um hinter dem erzählten Geschehen die soziopolitischen Voraussetzungen einer pathologischen Erschütterung des gesellschaftlichen Bewußtseins zu diagnostizieren. Er ordnet Ereignisse und Vorgänge, Ursachen und Wirkungen, Handelnde und Betroffene zueinander und gegeneinander in dem Bewußtsein, *»daß jedes Geschehen auf anderes Geschehen Einfluß nehmen konnte«*.

Wie seine Vorbilder, allen voran FONTANE und die russischen Realisten des 19. Jh.s, hegt Zweig keinerlei Zweifel an der Erzählbarkeit dieser Welt und entwirft mit virtuosem Kunstverstand auf dem Grundriß einer streng geführten Fabel sein episches Gesellschaftsbild, in dem trotz kritischer Ansätze und vereinzelter Hinweise jenes sozialistische Bewußtsein gerade nicht dominiert, das die sozialistische Literaturkritik für Zweigs Gesamtwerk beansprucht hat. M.Ke.

AUSGABEN: Potsdam/Bln. 1927. – Bln. 1950 (in *Grischa-Zyklus*, 4 Bde., 1950/51, 3). – Bln./DDR 1958 (in *AW in Einzelausg.*, 16 Bde., 1957–1967, 4; [18]1987). – Ffm. 1985 u. ö. (FiTb).
Dramenfassung *(Das Spiel um den Sergeanten Grischa)*: Starnberg 1921. – Bln./DDR 1956 (in *Soldatenspiele. Drei dramatische Historien*). – Ffm. 1987 (in dass.; FiTb).

VERFILMUNGEN: *The Case of Sergeant Grischa*, USA 1930 (Regie: H. Brenon). – DDR 1968 (TV; Regie: H. Schiemann).

LITERATUR: P. Panter [d. i. K. Tucholsky], Rez. (in Die Weltbühne, 23, 1927, H. 50; ern. in K. T., *GW in zehn Bdn.*, Hg. M. Gerold-Tucholsky u. F. J. Raddatz, Bd. 5, Reinbek 1975, S. 405–412; rororo). – H. Mayer, *A. Z.s Grischa-Zyklus* (in H. M., *Deutsche Literatur u. Weltliteratur*, Bln./DDR 1957, S. 590–607). – H. Nitsche, *Die Bedeutung des Grischazyklus von A. Z.*, Diss. Lpzg. 1959. – M. Reich-Ranicki, *Deutsche Literatur in West u. Ost*, Mchn. 1963, S. 305–342. – E. Kaufmann, *A. Z.s Weg zum Roman. Vorgeschichte u. Analyse des Grischaromans*, Bln./DDR 1967. – A. Voigtländer, *Welt u. Wirkung eines Romans. Zu A. Z.s »Der*

Streit um den Sergeanten Grischa«, Bln./DDR 1967. – H. A. Walter, *Auf dem Wege zum Staatsroman. A. Z.s Grischa-Zyklus* (in FH, 23, 1968, S. 564–574). – F. C. Scheibe, *Der Kriegsroman als optimistische Tragödie. Über A. Z.s »Der Streit um den Sergeanten Grischa«* (in LJb, N. F. 15, 1974, S. 221–236). – J. Happ, *A. Z.: »Der Streit um den Sergeanten Grischa«. Probleme des Aufbaus mit besonderer Berücksichtigung der Entwicklung der Grischagestalt*, Stockholm 1974. – H. Wetzel, *War and Destruction of Moral Principles in A. Z.'s »Der Streit um den Sergeanten Grischa« and »Erziehung vor Verdun«* (in *The First World War in German Narrative Prose*, Hg. C. N. Genno u. ders., Toronto u. a. 1980, S. 50–70). – J. Améry, *Auch ein »roter Preuße«. Über den dt. Enzyklopädisten des Ersten Weltkriegs, A. Z.* (in J. A., *Bücher aus der Jugend unseres Jh.s*, Stg. 1981; ern. in *A. Z. Materialien zu Leben u. Werk*, Hg. W. v. Sternburg, Ffm. 1987, S. 170–180). – D. Mayer, *A. Z.: »Der Streit um den Sergeanten Grischa«* (in *Dt. Romane von Grimmelshausen bis Walser*, Hg. J. Lehmann, Königstein/Ts. 1982, S. 195–211). – R. u. M. Seydewitz, *»Der große Krieg der weißen Männer«. A. Z.* (in R. u. M. S., *Unvergessene Jahre*, Bln. 1984, S. 245–250). – J. Schönert, *»... mehr als die Juden weiß von Gott und der Welt doch niemand.« Zu A. Z.s Roman »Der Streit um den Sergeanten Grischa«* (in *Im Zeichen Hiobs*, Hg. G. E. Grimm u. H.-P. Bayerdörfer, Königstein/Ts. 1985, S. 223–242). – R. Wolff, *A. Z. »Der Streit um den Sergeanten Grischa«*, Bonn 1986. – B. Hüppauf, *Versuchte Aufklärung über Krieg u. Frieden. A. Z., »Der Streit um den Sergeanten Grischa« u. H. Fast, »The Hessian«* (in *Antipodische Aufklärungen*, Hg. W. Veit, Ffm./Bern 1987, S. 141–154).

STEFAN ZWEIG

* 28.11.1881 Wien
† 23.2.1942 Petrópolis / Brasilien

LITERATUR ZUM AUTOR:

Bibliographie:

R. J. Klawiter, *S. Z.: A Bibliography*, Chapel Hill/N.C. 1965.

Biographien:

A. Bauer, *S. Z.*, Bln. 1961. – F. S. Zweig, *Spiegelungen des Lebens*, Wien u. a. 1964. – E. Allday, *S. Z. A Critical Biography*, Ldn. 1972. – *S. Z., F. Zweig. Unrast der Liebe. Ihr Leben u. ihre Zeit im Spiegel ihres Briefwechsels*, Hg. P. Eisele, Bern/Mchn. 1981. – D. A. Prater, *S. Z. Das Leben eines Ungeduldigen*, Mchn. 1981; ern. u. d. T. *S. Z. Eine Biographie*, Reinbek 1991 (rororo). – *S. Z. Leben u. Werk im Bild*, Hg. D. A. Prater u. V. Michels, Ffm. 1981 (Insel Tb). – H. Müller, *S. Z. mit Selbstzeugnissen u. Bilddokumenten*, Reinbek 1988 (rm).

Gesamtdarstellungen und Studien:

E. Rieger, *S. Z. Der Mann u. das Werk*, Bln. 1928. – J. Romains, *S. Z., Great European*, NY 1941. – H. Arens, *S. Z. Sein Leben – sein Werk*, Esslingen 1949. – I. Lent, *Das Novellenwerk S. Z.s. Eine Stil- u. Typenuntersuchung*, Diss. Mchn. 1957. – M. L. Welter, *Typus u. Eros. Eine Untersuchung des Menschenbildes in den Novellen S. Z.s*, Diss. Freiburg i. B. 1957. – *S. Z. Spiegelungen einer schöpferischen Persönlichkeit*, Hg. E. Fitzbauer, Wien 1959. – *Der große Europäer S. Z.*, Hg. H. Arens, Ffm. 1981. – Modern Austrian Literature, 14, 1981, Nr. 3/4 [Sondernr. *S. Z.*, Hg. D. G. Daviau u. H. J. Dunkle]. – *S. Z. 1881–1981. Aufsätze u. Dokumente*, Red. H. Umzer u. G. Renner, Wien 1981. – J. Strelka, *S. Z. Freier Geist der Menschlichkeit*, Wien 1981. – *S. Z. The Word of Yesterday's Humanist Today*, Hg. M. Sonnenfeld, Chapel Hill/N.C. 1983. – *S. Z. heute*, Hg. M. H. Gelber, NY u. a. 1987. – V. Henze, *Jüdischer Kulturpessimismus u. das Bild des alten Österreich im Werk S. Z.s und J. Roths*, Heidelberg 1988.

SCHACHNOVELLE

Novelle von Stefan ZWEIG, erschienen 1942. – Noch vor seinem Selbstmord im Exil erschien Zweigs letzte abgeschlossene Prosadichtung, die vor dem Hintergrund des Zweiten Weltkriegs die Brutalität der faschistischen Regime anprangert und im Geist bürgerlicher Humanität die nationalsozialistischen Terrormethoden entlarvt. – Formal erfüllt Zweig exemplarisch GOETHES klassische Novellentheorie, deren Grunderfordernis – die künstlerische Gestaltung einer »unerhörten Begebenheit« – in der Konfrontation zweier genialer Schachspieler an Bord eines Passagierdampfers gegeben ist, der von New York nach Buenos Aires ausläuft.

Ein als Schachspieler mäßig dilettierender Ich-Erzähler berichtet von seiner Begegnung mit dem Weltschachmeister Mirko Czentovic, den ein selbstgefälliger Millionär gegen Honorar zu einer Simultanpartie herausfordert. Der primitive und zugleich arrogante Czentovic, ein *»Spezimen intellektueller Eingleisigkeit«*, beherrscht fast automatisch die kalte Logik des königlichen Spiels; er tritt als halb analphabetischer Roboter auf, der *»Phlegma und Imbezilität«* mit *»ordinärer Habgier«* überspielt. Ein fremder Herr, der österreichische Emigrant Dr. B., greift beratend in die hoffnungslos verfahrene Partie ein und rettet gegen den eiskalt operierenden Weltmeister ein schmeichelhaftes Remis. Dr. B., als Vermögensverwalter großer Klöster von der Gestapo verhaftet, hatte sich – in einem Hotelzimmer hermetisch von der Außenwelt abgeschnitten – vor nervlicher Zermürbung und geistiger Aushöhlung bewahrt, indem er monatelang eine Sammlung von 150 Meisterpartien blind durchspielte und mit diesen intellektuellen

Exerzitien jene Widerstandskraft zurückgewann, die ihm die täglichen Verhöre abverlangten. Später dachte er sich zu den alten Partien neue aus und überwand so die *»völlig raumlose und zeitlose Leere«*; schließlich, *»um nicht erdrückt zu werden von dem grauen Nichts um mich«*, verfiel er der geistigen Schizophrenie, gegen sich selbst zu spielen, eine *»solche Paradoxie, wie über seinen eigenen Schatten zu springen«*. Diese *»Schachvergiftung«* verursachte ein Nervenfieber, das seine Entlassung herbeiführte. Zum erstenmal nach seiner Haft spielt nun Dr. B. auf einem richtigen Schachbrett gegen einen kongenialen Gegner. Sein Motiv ist *»einzig die posthume Neugier, festzustellen, ob das in der Zelle damals noch Schachspiel oder schon Wahnsinn gewesen«*. In der ersten Partie schlägt er den Weltmeister souverän; gegen seinen Willen läßt er sich auf eine Revanche ein und verfällt in eben jenes Nervenfieber, das damals seinen Zusammenbruch herbeigeführt hatte: die *»sichtbare Exaltiertheit«* artet in unsinnige Züge aus – Dr. B. bricht die Partie ab und entfernt sich, um nie wieder ein Schachbrett zu berühren. Sensibilität und differenzierte Intelligenz unterliegen dem brutalen Ungeist.
Mit dem resignativen Schlußakkord der Novelle will Zweig gleichsam metaphorisch auf die Gefährdung der abendländischen Kultur durch die faschistische Gewaltpraxis hindeuten. Im Schicksal des exilierten ehemaligen Gestapohäftlings leuchtet schlaglichtartig jenes weitaus bedrohlichere Schicksal auf, unter dem zur Entstehungszeit der *Schachnovelle* Millionen von Verfolgten in den Konzentrationslagern des Hitlerregimes zu leiden hatten. Zweig selbst fand die Geschichte, mit der er sich erstmals in seinem literarischen Schaffen direkt auf das Zeitgeschehen bezog, die Geschichte *»zu abstrakt für das große Publikum«* und *»zu abseitig zu seinem Thema«*; tatsächlich erwies es sich als sein beständigstes Werk in der Gunst seiner internationalen Leserschaft. M.Ke.

Ausgaben: Buenos Aires 1942. – Stockholm 1943; ern. 1945. – Ffm. 1957. – Ffm. 1974 u. ö. (FiTb). – Ffm. 1979 [Nachw. S. Unseld]. – Ffm. 1990 (in *Buchmendel. Erzählungen*, Hg. K. Beck; *GW in Einzelbdn.*).

Verfilmung: BRD 1960 (Regie: G. Oswald).

Literatur: Anon., Rez. (in The New Yorker, 14. 4. 1944). – D. G. Daviau u. H. I. Dunkle, *S. Z.s »Schachnovelle«* (in MDU, 65, 1973, S. 370–384). – E. Meissenburg, *S. Z.s »Schachnovelle«. Eine Bibliographie der Sekundärliteratur* (in Börsenblatt, 35, Ffm. 1979, S. A 16–19). – B. Murdoch, *Game, Image and Ambiguity in S. Z.'s »Schachnovelle«* (in New German Studies, 11, 1983, S. 171–189). – I. Schwamborn, *Schachmatt im brasilianischen Paradies. Die Entstehungsgeschichte der »Schachnovelle«* (in GRM, 34, 1984, S. 404–430).

DIE WELT VON GESTERN. Erinnerungen eines Europäers

Autobiographie von Stefan Zweig, postum erschienen 1942. – Zweigs *Erinnerungen* wurden zu einer Zeit projektiert, als die akute Zuspitzung der faschistischen Kriegstreiberei auf das politisch-literarische Selbstverständnis der emigrierten Schriftsteller tiefgreifend einwirkte, die unterschiedliche politische Haftung der Autoren schärfer akzentuierte und für viele von ihnen den Weg in die existentielle Katastrophe vorzeichnete. Als symptomatisch für jene Polarisierung kann eine Auseinandersetzung beim Zusammentreffen des PEN-Clubs Anfang 1939 in Paris gelten, die Ernst Weiss mit der Bemerkung auslöste: *»Was bleibt unsereins im Exil jetzt noch übrig, als von Erinnerungen zu leben und Memoiren zu schreiben«*, und von Rudolf Olden mit der Antwort gekontert wurde: *»Memoiren werden wir schreiben, wenn wir aus dem Exil zurückgekehrt sind, jetzt soll unser Blick der Gegenwart und der Zukunft gelten!«*
Schon der programmatische Titel der Autobiographie signalisiert die Blickrichtung ihres Verfassers und umreißt dessen Anliegen, ein Stück erlebter europäischer Vergangenheit wehmütig zu erinnern. Zweig nannte es *Die Welt der Sicherheit* und gab deren konstituierende Bedeutung für sein Leben und Schaffen in der Anordnung seiner Aufzeichnung, die bis zum Beginn des Zweiten Weltkriegs reicht, bereits quantitativ an. Mehr als die Hälfte des Buches ist der Schilderung jener Zeit unter der k. u. k. Monarchie vorbehalten, die Zweig noch in den Jahren nach 1914 vor dem Untergang zu retten und an sporadischen Überbleibseln zu beleben suchte, bis er sie nach dem endgültigen Niedergang 1933 nur noch zu memorieren vermochte. Ungleich all jenen exilierten Kollegen, die im Kampf gegen die Brutalisierung der Bürgerlichkeit durch den Faschismus erlahmten und in einer angeblich erinnerbaren »heilen Welt« Zuflucht suchten, hatte Zweig jenen Kampf erst gar nicht anzutreten brauchen, weil sein Weltverständnis den alternativen Bezugspunkt noch um eine Ära weiter zurückdatiere. Seine »Welt von Gestern« *»war schon zur Welt von vor-vorgestern geworden …«* (A. Lazar). Zweig hat die aus jener Welt erworbenen Maßstäbe beharrlich gegen die »Unzeit« jeder Gegenwart gewendet und an ihnen seine Existenz derart konsequent ausgerichtet, daß der Kulminationspunkt dieser Ungleichzeitigkeit ihr Ende bedeutete.
Zweigs dominierender Maßstab, der natürlich auch die Perspektive der Lebensdarstellung bestimmte, war die »individuelle Freiheit«, die in der k. u. k. Monarchie dem Besitz- und Bildungsbürgertum, dem Zweig entstammte, garantiert und notwendig war: *»Es war eine Freiheit der Reichen … Der sehnsuchtsvoll-schmerzliche Rückblick auf die Zeit vor dem Ersten Weltkrieg wird also durch die Position dessen relativiert, der ihn tut«* (H. A. Walter). Die Relativierung der Prämisse, unter der Zweig die »Welt von Gestern« schildert, erbringt eine ent-

sprechende Einschätzung des Gegenstandes selbst. *»Natürlich ist die Welt, die Zweig schildert, alles andere als die Welt von Gestern; natürlich lebte der Autor dieses Buches nicht eigentlich in der Welt, sondern nur an ihrem Rande«* (H. Arendt). Ein solches Außenseitertum erfuhr bei Zweig durch dessen jüdische Herkunft eine besondere Strukturierung. *»Die jüdische Bourgeoisie, in scharfem Gegensatz zu der deutschen oder österreichischen, war... an Machtpositionen, auch wirtschaftlich, uninteressiert, zufrieden mit dem erworbenen Reichtum und glücklich über die Sicherheit, den er zu verheißen und zu garantieren schien. Immer mehr Kinder begüterter jüdischer Häuser drängten aus dem Geschäftsleben weg, da ein leeres Reicher- und Reicherwerden sinnlos war; immer stärker drängten sie in reine Kulturberufe«* (Arendt). Der jugendliche Zweig beschritt den Weg zu einer *»liberal-elitären Lebensform... die strikte Trennung von Geist und Politik«* wesentlich kennzeichnete (Walter), konsequent und unter Beachtung der für Juden geltenden Voraussetzung, daß Ruhm nötig war, um der gesellschaftlichen Diskriminierung zu entgehen. Von der kindlich-spielerischen Kontaktsucht zu den Zelebritäten des Wiener Theaters und einer literarischen Genieverehrung absorbiert, welche Zweig anspornte, sich der lebenden Berühmtheiten durch Freundschaft, der toten durch eine immense Sammlerleidenschaft (er war ein berühmter Autographensammler) zu versichern, übersah der jugendliche Zweig nicht nur die *»normalen Interessen«* seines Alters, er überließ sich auch einer politischen Ignoranz, die seiner schriftstellerischen Karriere simultan laufen sollte. Die erschwingliche »individuelle Freiheit« kombiniert mit der sie garantierenden *»strahlende(n) Macht des Ruhms«* wollte sich ihre eigene *»soziale Atmosphäre... gleichsam eine Kaste berühmter Männer..., eine Gesellschaft der Berühmtheiten«* schaffen (Arendt). Kosmopolitisch und pazifistisch orientiert, transponierte sie ihr geistiges Gemeinschaftsideal auf den staatlichen Raum und setzte sich die Vereinigung Europas zur Aufgabe.

Den Glauben an die *»völkerverbindende Macht des Geistes«*, der Zweig aus der *»geistige(n) Brüderschaft«* eines internationalen Kollegenkreises, mit H. Barbusse, R. Rolland und E. Verhaeren an der Spitze, erwachsen war, bewahrte er den Ersten Weltkrieg hindurch, nach anfänglicher, nicht erwähnter Kriegsbegeisterung, im selbstgewählten schweizerischen Refugium und schirmte ihn ab gegen die Hysterie solcher Kollegen, die zu *»Wortemachern des Krieges«* geworden waren. So gewappnet sah er nach Kriegsende *»die Stunde für das gemeinsame Europa, von dem wir geträumt«* angebrochen und kehrte voller Optimismus nach Österreich zurück. Die *»Internationale des Ruhms«* (Arendt) funktionierte tatsächlich noch einmal in Europa, gestützt auf Reste der durch den Krieg hindurch erhalten gebliebenen Vorkriegsgesellschaft, die auch Zweig den beispiellosen Erfolg in jenen Jahren bescherten; er hatte sich *»eine Gemeinde (geschaffen), eine verläßliche Gruppe von Menschen, die jedes Buch erwartete, jedes neue Buch kaufte, die einem vertraute und deren Vertrauen man nicht enttäuschen durfte«* und war *»der meistübersetzte Autor der Welt«*. Wie prekär *»diese privilegierte, ganz in sich gesicherte Existenz«* im unpolitischen Residuum eingerichtet war, machte Zweig der deutsche Faschismus »schlagartig« fühlbar, der dem unpolitischen liberalen Humanisten Lebensnerv und -sicherheit durch den *»unmittelbare(n) Eingriff in seine persönliche Sphäre«* (Walter) brutal zerstörte. Die Trennung von Geist und Politik, die Zweig nicht nur akzeptierte – *»er kultivierte sie geradezu«* (Walter) –, wurde jetzt ihrer Fiktion überführt. Und doch hielt Zweig an ihr fest. Orientiert an seinem »Polit-Degout« manövrierte er seit 1930 in seiner Auseinandersetzung mit dem Faschismus auf einen Neutralitätsstatus hin, von dem er in seiner *Erasmus*-Biographie (1934) selbstversichernd Zeugnis ablegte. Das langjährige mißliche Lavieren in der Konfrontation mit dem Faschismus wird vom Autor in seiner Lebensdarstellung ganz unterschlagen und ist in der Studie von Walter nachgetragen. Zweig suchte die Position *»über dem Kampfgewühl«* (nach einer Losung R. Rollands aus dem Ersten Weltkrieg) beizubehalten, ohne aufmerksam zu werden auf die *»Veränderung der gesellschaftlichen Auseinandersetzungen. Es war durchaus sinnvoll, auch nur die depravierten Formen der bürgerlichen Demokratie zu verteidigen, vom sozialistischen Ideengut zu schweigen«* (Walter). Antifaschistischer Kampf auf dieser Basis hätte bei Zweig einen Denkprozeß erfordert, dem er sich verweigerte: zu erkennen, *»daß individuelle Freiheit und geistige Unabhängigkeit politisches Engagement nicht ausschlossen, daß sie es vielmehr als Voraussetzung ihres eigenen Überlebens brauchten«* (Walter). Fixiert auf den idealistischen Freiheitsbegriff des 19. Jhs. und paralysiert von der Terrorgegenwart des Faschismus flüchtete Zweig in sein *»innerstes Dickicht, in (die) Arbeit, in das, wo du nur dein atmendes Ich bist, nicht Staatsbürger, nicht Objekt dieses infernalischen Spiels...«* Mit der als Gejagter und Vertriebener neu erlernten Kunst des *»Abschiednehmens«* schrieb Zweig seinen Vergangenheitsbericht nieder, bevor ihm die gescheiterte Gegenwartskonfrontation selbst das letzte Refugium, sein Werk des »reinen« Geistes *»totally irrelevant«* erscheinen und die lange Flucht, die ein Suchen nach der »Welt von Gestern« war, beenden ließ.

P.Gl.

Ausgaben: Stockholm 1942. – Ldn. 1945. – Ffm. 1947. – Wien 1948. – Bln./Ffm. 1949. – Ffm./Hbg. 1953. – Ffm. ³1969. – Ffm. 1970 (FiBü; ern. 1978 u. ö. FiTb). – Ffm. 1982, Hg. K. Beck *(GW in Einzelbdn.)*

Literatur: J. W. Krutch, *S. Z.'s Two Worlds* (in NY Times Book Review, 18. 4. 1943). – R. Pick, *»The Storm Within a Storm«* (in Saturday Review of Literature, 24. 4. 1943). – H. Kesten, *»Citizen of the World«* (in Nation, 15. 5. 1943). – H. Arendt, *Portrait of a Period; Based on Z.'s Autobiography »World of Yesterday«* (in Menorah Journal, Okt.

1943; ern. in Übers. u. d. T. *»Juden in der Welt von gestern«*, in H. A., *Sechs Essays*, Heidelberg 1948). – E. Wolff, Rez. (in Hamburger Akademische Rundschau, 1, 1946/47, S. 437–441). – A. Eisermann, Rez. (in Forum, Bln., 2, 1948). – H. Uhlig, Rez. (in Aufbau, Bln., 4, 1948, H. 9). – F. Sieburg, *»Ein braver Mann«* (in Die Gegenwart, 15. 11. 1948). – H.-A. Walter, *Vom Liberalismus zum Eskapismus. S. Z. im Exil* (in FH, 1970, H. 6). – D. Prater, *Ein unbekanntes Seitenstück zu »Die Welt von gestern«. S. Z. im 2. Jahr des Exils* (in Philobiblon, 25, 1981, S. 276–282). – G. Iggers, *Some Introductory Observations on S. Z.'s »World of Yesterday«* (in *S. Z.*, Hg. M. Sonnenfeld, Chapel Hill/N.C. 1983, S. 1–19). – K. Böttcher, *S. Z.s »Welt von gestern«* (in *Daß eine Nation die ander verstehen möge*, Hg. N. Honsza u. H.-G. Roloff, Amsterdam 1988).

V. Gegenwartsliteratur seit 1945

ILSE AICHINGER

* 1.11.1921 Wien

LITERATUR ZUR AUTORIN:

W. Weber, *I. A.* (in *Schriftsteller der Gegenwart, Deutsche Literatur*, Hg. K. Nonnenmann, Olten/Freiburg i. B. 1963, S. 11–18). – J. C. Allridge, *I. A.*, Ldn. 1969. – W. Eggers, *I. A.* (in *Deutsche Literatur seit 1945*, Hg. D. Weber, Stg. 1970, S. 252–270). – H. F. Schafroth, *Die Erfahrung der Widersprüchlichkeit – über die Texte I. A.s* (in I. A., *Dialoge, Erzählungen, Gedichte*, Stg. 1971; Nachw.). – H. M. Gerresheim, *I. A.* (in *Deutsche Dichter der Gegenwart*, Hg. B. v. Wiese, Bln. 1973, S. 481–496). – M. E. Fleming, *I. A.: »Die Sicht der Entfremdung« – ein Versuch, die Symbolik ihres Werkes von dessen Gesamtstruktur her zu erschließen*, Diss. Maryland 1978. – E. Endres, *I. A.* (in *Neue Literatur der Frauen*, Hg. H. Puknus, Mchn. 1980, S. 44–50). – D. C. G. Lorenz, *I. A.* Königstein/Ts. 1981. – H. F. Schafroth, *I. A.* (in KLG, 9. Nlg., 1981). – C. Kleiber, *I. A. Leben und Werk*, Ffm. u. a. 1984. – K. Rothmann, *I. A.* (in K. R., *Deutschsprachige Schriftsteller seit 1945 in Einzeldarstellungen*, Stg. 1985, S. 9–13). – S. Weigel, *Schreibarbeit und Phantasie: I. A.* (in *Frauenliteratur ohne Tradition? Neun Autorinnenporträts*, Hg. I. Stephan, R. Venske, S. Weigel, Ffm. 1987, S. 11–37).

DIE GRÖSSERE HOFFNUNG

Roman von Ilse AICHINGER, erschienen 1948. – Reduziert man die im bisher einzigen Roman der Autorin – ihrer ersten Buchveröffentlichung überhaupt – erzählten Erlebnisse eines Kindes auf die ihnen zugrunde liegenden Fakten, so ergibt sich eine einfache Geschichte: Das halbjüdische Mädchen Ellen, ein Kind noch, gerät ins Räderwerk des Dritten Reichs. Es versucht ein Visum für sich zu bekommen, um seine Mutter, eine Jüdin, die das Land verlassen darf, begleiten zu können. Aber für Ellen bürgt niemand. Sie muß zurückbleiben bei ihrer jüdischen Großmutter; der arische Vater hat die Familie verleugnet und verlassen. Doch zwei »falsche« Großeltern reichen nicht aus, Ellen in ihre in Verwirrung geratene Umwelt einzuordnen; auch der Platz bei ihren kleinen jüdischen Freunden, die vier »falsche« Großeltern haben, muß erst erkämpft werden. Hier erlebt sie dann alles mit: die schrittweise Verdrängung aus jedem Lebensraum, Krieg, Lebensmittelkarten, Davidstern, Bombenangriffe, den Tod der Großmutter. Doch was sich lange nicht verwirklichen läßt, sooft es auch versucht wird: die Hoffnung, aus diesem Ort der Verfolgung auszubrechen, die große Hoffnung, die, je öfter sie enttäuscht wird, um so mehr sich mit der Vorstellung vermischt, ein nicht nur dem Namen nach Heiliges Land, ein Paradies also, warte darauf, errungen zu werden – diese »größere Hoffnung« scheint sich am Ende des Kriegs zu erfüllen: Ellen kann sich durch Zufall auf die andere Seite durchschlagen. Doch hält es sie nicht bei den fremden Soldaten, die schon vor der Stadt liegen, sie findet hier *»den Frieden«*, die *»neue Welt«* nicht; so will sie dorthin zurück, wo sie zu Hause ist und wo noch gekämpft wird. Ihr Begleiter Jan, ein junger Offizier, wird unterwegs schwer verwundet. Ellen erlebt, daß das Wunderbare, das sie gesucht hat, für kurze Zeit sein Gesicht annimmt. Bei dem Versuch, stellvertretend für ihn eine wichtige Botschaft zu den Brücken zu bringen, wird sie von einer Granate zerrissen. Ihr Tod an der »Brücke«, dem Symbol für »Friede« und »Vereinigung«, ist die Erfüllung der größeren Hoffnung. *»Über den umkämpften Brücken stand der Morgenstern«*, heißt der letzte Satz.

Ilse Aichinger verzichtet darauf, das Geschehen jener Jahre in seiner ganzen Fülle und Breite mit den Augen des objektiven Beobachters zu beschreiben. Poetisches Prinzip der Darstellung ist die Perspektive des eigensinnig die Wirklichkeit seiner Traumwelt anverwandelnden Kindes, das die Realität ins Märchenhafte transponiert, auch wo sie schrecklich ist. Solcherart von der kindlichen Optik verwandelt und verzerrt, wird die Welt – das ist die paradoxe Erfahrung – erst als das kenntlich, was sie wirklich ist: ein rätselhaftes und hintergründiges Geschehen. Nicht Echtheit des kindlichen Ausdrucks wird dabei angestrebt, sondern das Prinzip der kindlichen Sehweise – das Aufnehmen unverständlicher Vorgänge, die nicht mit der Ratio, sondern mit Gefühl und Phantasie gedeutet werden – als Schlüssel zur Erkenntnis der Wirklichkeit verstanden. So beherrschen vom Kinde gelenkte direkte oder indirekte Rede und Ellens innerer Monolog den Roman, der nur selten auf eigentlich epische Darstellung zurückgreift. Oft findet die Autorin aus dem Geschehniszusammenhang zwanglos sich ergebende und ihn erklärende, einprägsame Formeln – *»Nur wer sich selbst das Visum gibt, wird frei«, »Der für den Wind und die Haifische bürgt, der bürgt auch für dich.«* Das Ergebnis: ein Roman, der bei einem Minimum an Realien ein hohes Maß an poetischer Intensität erreicht. L.D.

AUSGABEN: Amsterdam 1948. – Wien 1948. – Ffm. 1960. – Ffm. 1976. – Bln. 1979. – Ffm. 1986.

LITERATUR: W. M. Guggenheimer, *Das Feuer hat Hunger* (in FH, H. 12, 1951). – R. A. Schröder, *Reden zur Verleihung des Literaturpreises*, Bremen 1956, S. 17–25. – A. Friedrichs, *Untersuchungen zur Prosa I. A.s*, Diss. Münster 1970. – K. H. Kramberg, *Ellen und die fremde Macht* (in SZ, 26./27. 2. 1977).

MEINE SPRACHE UND ICH

Erzählungen von Ilse AICHINGER, erschienen 1978. – Das Prosawerk Ilse Aichingers, das sich nach ihrem Roman (vgl. *Die größere Hoffnung*) auf Erzählungen und Kurztexte konzentriert, dokumentiert auf anschauliche Weise die schriftstellerische Entwicklung der Autorin. Während frühe Kurzgeschichten noch von Handlungszusammenhängen getragen sind und eine »Fabel« enthalten, äußert sich im späteren Schreiben eine zunehmende Tendenz zur Hermetik und Sprachautonomie. Der Band *Meine Sprache und ich* versammelt einen Großteil der zwischen 1949 und 1968 entstandenen Erzählungen in chronologischer Reihenfolge. Bis auf den Titel-Essay *Meine Sprache und ich* wurden alle Texte bereits zuvor publiziert: die frühen Geschichten im Band *Rede unter dem Galgen* (1952) bzw. *Der Gefesselte* (1953); weitere Gruppen von Erzählungen im Band *Wo ich wohne* (1963) und im Band *Eliza Eliza* (1965); schließlich einige spätere Prosatexte im Band *Nachricht vom Tag* (1970), der zugleich einen Querschnitt der bis dahin erschienenen Aichinger-Erzählungen enthält.

Unter Lebensangst, Alpträumen, Wahnvorstellungen und Fieberphantasien leiden die Figuren in Ilse Aichingers zehn kleinen Erzählungen, die 1952 in dem Band *Rede unter dem Galgen* erschienen sind. Im Vorwort definiert die Autorin die Situation des modernen Erzählers: *»So liegt auch heute für den Erzählenden die Gefahr nicht mehr darin, weitschweifig zu werden. Sie liegt eher darin, daß er angesichts der Bedrohung und unter dem Eindruck des Endes den Mund nicht mehr aufbringt.«* Die Gefahr des Verstummens, der zunehmenden Sprachauszehrung verhalf der parabolisch komponierten Form der Kurzgeschichte nach dem Zweiten Weltkrieg zu ihrem literarischen Durchbruch.

Vieldeutige, dicht zusammengedrängte Parabeln sind auch Ilse Aichingers Kurzgeschichten, die sich um die *Spiegelgeschichte* gruppieren, für die die Autorin 1952 den Preis der Gruppe 47 erhielt. Diese Geschichte beginnt mit dem Tod und endet mit der Geburt. Eine Frau stirbt an den Folgen einer Abtreibung; in flüchtigen Bildern huscht ihr Leben vorbei, das sich wie ein verkehrt eingelegter Film vom Ende her abspult. Stimmen in sachlichem Ton kommentieren die Phasen der Agonie. Die Sterbende steht zugleich diesseits und jenseits des Todes, der Todeskampf verwischt die Grenzen zwischen Leben und Tod. Vom Tod, dem Fixpunkt der Geschichte, geht alles aus, zum Tod strebt alles hin. In spiegelbildlichen Verkehrungen werden die Stationen ihres Lebens notiert, das im Bild des Spiegels symbolisch vom Ende her dechiffriert wird, verlängert noch um eine Dimension jenseits des Todes: *»Der Spiegel spiegelt alles.«*

Während die Struktur der perspektivischen Umkehrung in frühen Erzählungen noch häufig ein dichterisches Mittel der Wahrheitssuche darstellt, um die es Ilse Aichinger geht, lösen sich die Texte der sechziger Jahre zunehmend vom herkömmlichen Wirklichkeitsbegriff. Sie erscheinen als pure Phantasiebilder, als Versuchsanordnungen, in denen Gegenwelten als Sprachspiele hervorgebracht werden *(Das Bauen von Dörfern; Eliza Eliza)*. Surrealistische Visionen *(Mein grüner Esel; Mein Vater aus Stroh)* und traumhafte Sequenzen *(Herodes; Wiegenfest; Holzfahrscheine)* treten an die Stelle linearen Erzählens. Die Autonomisierung der Sprache wird schließlich in den spätesten Texten des Erzählbandes selbst zum Thema gemacht *(Die Rampenmaler; Die Schwestern Jouet)*. Der Titel-Essay *Meine Sprache und ich*, der eine Art Bilanz des Erzählens darstellt, reflektiert die schon in der frühen Prosa beschworene Gefahr des Verstummens nun nicht mehr in historischer, sondern in einer radikal sprachkritischen Perspektive: *»Meine Sprache und ich, wir reden nicht miteinander, wir haben uns nichts zu sagen.«* Die resignative Einsicht in die konstitutive Fremdheit und Unzulänglichkeit der Sprache bildet jedoch keinen Endpunkt, sondern markiert eine Wende, von der aus Ilse Aichinger in den siebziger Jahren ein neues poetologisches Konzept entwickelt (vgl. *Schlechte Wörter*). C.Lu.

AUSGABEN: Ffm. 1978. – Ffm. 1986 (gem. m. *Die größere Hoffnung* und *Verschenkter Rat*).

LITERATUR: A. Polazzi, *Die Erzählungen I. A.s*, Diss. Mailand 1965/66. – C. B. Bedwell, *The Ambivalent Image in A.'s »Spiegelgeschichte«* (in Revue des Langues Vivantes, 33, 1967). – W. Hildesheimer, *Das absurde Ich* (in W. H., *Interpretationen*, Ffm. 1969, S. 84–110). – H. Wolfschütz, *I. A., The Sceptical Narrator* (in *Modern Austrian Writing. Literature and Society After 1945*, Hg. A. Best u. H. Wolfschütz, Ldn. 1980, S. 156–180).

SCHLECHTE WÖRTER

Texte von Ilse AICHINGER, erschienen 1976. – Die im Band *Schlechte Wörter* enthaltenen Texte Ilse Aichingers unterscheiden sich grundlegend von der früheren Schreibweise der Autorin (vgl. *Die größe-*

re Hoffnung; Meine Sprache und ich). Im Titel-Essay *Schlechte Wörter* entwickelt Ilse Aichinger einen programmatischen poetologischen Ansatz, der den ästhetischen Anspruch und das Wahrheitspostulat der Dichtung radikal in Frage stellt: *»Ich gebrauche jetzt die besseren Wörter nicht mehr. ›Der Regen, der gegen die Fenster stürzt.‹ Früher wäre mir da etwas ganz anderes eingefallen. Damit ist es jetzt genug.«* An die Stelle des in der abendländischen Tradition verankerten Kohärenzprinzips tritt ein Experimentieren mit Wortfragmenten, deren Auswahl und Gruppierung willkürlich erscheint: *»Niemand kann von mir verlangen, daß ich Zusammenhänge herstelle, solange sie vermeidbar sind.«* Gerade aus dieser provokanten Negation leitet sich jedoch ein engagierter Anspruch des Schreibens ab: Aufgabe des Schriftstellers ist es, *»Ausfälle«* zu produzieren, subversive Sprachkritik zu üben. Die Texte des Bandes, der sich in drei Teile gliedert, legen davon ein beredtes Zeugnis ab. In der ersten Gruppe finden sich Erzählungen, die, ausgehend von losgelösten Namen und Begriffen, Assoziationsgeflechte herstellen, die auf nichts als sich selbst verweisen. Indem die Sprache hier buchstäblich beim Wort genommen wird – häufig folgen die Bildketten linguistischen Gegebenheiten –, öffnet sich der Blick auf Abseitiges, Un-sinniges, Verschwiegenes, Ungewöhnliches: *Flecken; Zweifel an Balkonen; Liebhaber der Westsäulen* etwa bilden den Horizont des Schreibvorgangs. Daß die Verfremdung der Sprache zugleich eine eigentlich wahre Dimension aus sich entbindet, zeigen Assoziationstexte wie *Dover; Privas; Albany*, in denen eine unverstellte Sprache des Wahnsinns geradezu programmatisch ins Recht gesetzt wird.

Eine zweite Gruppe bilden die von Ilse Aichinger selbst so bezeichneten *Prosagedichte*, die sich um visionäre Figuren *(Hemlin; Galy Sad; L. bis Muzot)* und Ereignisbilder *(Surrender; Bergung)* entspinnen. Die Tendenz zum fragmentarischen und unzusammenhängenden Sprechen zeigt sich in diesen Texten in äußerster Verknappung: Die einzelnen Prosagedichte erscheinen durch die Strophenform wie zerstückelt; die jeweils neu ansetzende, abrupte Rede treibt die Sprache in eine fundamentale Indifferenz, die auf die Leere ›zwischen den Zeilen‹ verweist: *»... Kam nicht hin, wo ich gern entsprungen und den jüngsten Lauf getan hätte. Wäre. Wo ich nicht geblieben wäre. Gern, gern, aber ich kam nicht hin. Kam nicht hin, wo ich nicht geblieben wäre. Kam nicht hin« (Sur le bonheur)*.

Auf einen solchen Zielpunkt der Leere und des ›Zwischenraums‹ richtet sich das Hörspiel *Gare Maritime*, das im dritten Teil den Band beschließt. Die Atemlosigkeit, die insgesamt den Band *Schlechte Wörter* durchzieht (H. F. Schafroth), wird hier auf die Spitze getrieben und – umgewendet im buchstäblichen Sinn – zum Programm erhoben: Joe und Joan, zwei heimatlose, gejagte Randexistenzen, deren materielle Gestalt im Text unfaßlich bleibt, erklären das Aussetzen des Atems zur Bedingung des Überlebens: *»Du hast nicht geatmet... Oder du hast nur den Akzent aus dem Atem gebracht, weil der Atem die Akzente übertreibt... hast ihn abgesäbelt hast lange Pausen gemacht.«* Am Ende, nachdem beide von einem Museumswärter in Stücke zerrissen werden, artikuliert sich im äußersten Rand des Todes und des Verstummens eine Hoffnung: *»Joan: Und kommen wir voran / Joe: Es näßt mich Zwischen deinen Rippen hindurch tränt es auf meinen Doch doch Joan Ich glaube wir kommen voran«*. Die Kompromißlosigkeit und Schärfe, die in einer solchen Poetologie der Zerstörung am Werk ist, kennt in der zeitgenössischen Dichtung wohl kaum ihresgleichen. C.Lu.

AUSGABE: Ffm. 1976 [mit einem Nachw. von H. F. Schafroth, *Die Dimensionen der Atemlosigkeit*].

LITERATUR: H. Politzer, *I. A.s todernste Ironien* (in Merkur, 336, 1976, S. 486–488). – K. Hoffer, *Die Räuberin. Zu I. A.s »Schlechte Wörter«* (in NRs, 92, 1981, S. 39–42). – S. Moser, *Auf Dover zu. Reflexionen über I. A.* (ebd., S. 70–82). – H. F. Schafroth, *Hinter Pritzwalk und Privas. Die Topographie des Privaten im Werke I.A.s* (in Schweizer Monatshefte, 61, 1981, S. 135–147).

VERSCHENKTER RAT

Gedichtsammlung von Ilse AICHINGER, erschienen 1978. – Neben den Prosawerken, den Hörspielen und den Dialogen nimmt die Lyrik Ilse Aichingers einen vergleichsweise schmalen Raum ein; gleichwohl kann sie thematisch und sprachlich als eine Art Quintessenz ihres Schreibens gelten: In der Lyrik »ver-dichten« sich die wesentlichen Probleme und Motive ihres Werks; in der sprachlichen Form dokumentiert sich eine Tendenz zu äußerster Verknappung, die insgesamt den Schreibprozeß dieser Autorin kennzeichnet. Während sie 1948 zuerst mit einem Romantext an die Öffentlichkeit trat (vgl. *Die größere Hoffnung*) und diesem Erzählungen und Hörspiele folgen ließ, finden sich in ihrem Schaffen seit den sechziger Jahren zunehmend literarische Kurzformen, die keiner herkömmlichen Gattung zugeordnet werden können und die in ihrer Aussage bis an den Rand des Verstummens reichen. Die Übergänge zwischen »Lyrik« und »Prosa« verschwimmen; einen Teil der im Band *Schlechte Wörter* (1976) erschienen Kurztexte bezeichnet die Autorin selbst als »Prosagedichte«.

Der Band *Verschenkter Rat* enthält einen Großteil der in den Jahren zwischen 1955 und 1978 entstandenen Gedichte. Einige Texte dieser Sammlung finden sich bereits in früheren Publikationen: im Band *Wo ich wohne* (1963); in *Dialoge, Erzählungen, Gedichte* (1963) sowie vereinzelt in Anthologien oder Zeitschriften. Es ist bezeichnend, daß die Gedichte in *Verschenkter Rat* nicht chronologisch geordnet wurden, sondern in einem von der Autorin nicht aufgeschlüsselten inneren Verweiszusammenhang stehen. Die Dichte der wechselseitigen Bildbezüge sowie zahlreiche Querverbindungen zu anderen Texten Aichingers lassen ihre Lyrik als eine

Art Netz erscheinen, das sich über das Gesamtwerk breitet. Die auffällig dunkle Hermetik der Sprache dieser Gedichte hat ihren Grund vor allem in den poetologischen Voraussetzungen des Schreibens. Ausgehend von den katastrophalen Erfahrungen des Dritten Reichs, die sich auch autobiographisch im Werk Aichingers niederschlagen, steht im Zentrum ihrer Dichtung ein radikales Mißtrauen gegen die Macht, die sich – so behauptet schon der Roman – fundamental in der Sprache manifestiert (vgl. das Kap. *Im Dienst einer fremden Macht* in: *Die größere Hoffnung*). Mit ihrem Schreiben wendet sich die Autorin gegen vorschnelle, selbstzufriedene, verschleiernde Sprachregelungen der Nachkriegsgesellschaft und beharrt dagegen auf der ungelösten und mahnenden Präsenz des Schreckens und der Gewalt (vgl. den Essay von 1954: *Die Sicht der Entfremdung*). Entsprechend der *»Entscheidung, die Welt als Sprache zu sehen«* G. Eich), eröffnet sich im Medium einer unbedingten und subversiven Sprachkritik zugleich die Hoffnung auf Veränderung: Auf der Suche nach neuen, unverbrauchten Ausdrucksformen spürt die Dichterin zugleich den Möglichkeiten einer alternativen Wirklichkeit nach. Das poetologische Programm einer solchen *»Sprachsuche«* verbindet Ilse Aichinger mit bedeutenden Schriftstellern ihrer Zeit: Günter EICH, Ingeborg BACHMANN, Paul CELAN. Mit einer radikalen Autonomisierung der Sprache, dem selbstreferentiellen Gebrauch einer *»absoluten Metaphorik«* (H. Friedrich) knüpfen diese Dichter durchaus an eine Tradition an: an die Lyrik der Symbolisten, der Surrealisten, der Expressionisten. Ein wesentlicher Unterschied besteht freilich in den politischen Implikationen, mit denen in der Nachkriegszeit die Form des »absoluten Gedichts« favorisiert wird. Dieses folgt nun nicht mehr einem losgelösten ästhetischen Gesetz, sondern die *»Notwendigkeit des Gedichts«* (G. Eich) resultiert aus dem Willen zur politischen Veränderung. Damit wird dem Diktum ADORNOS *»nach Auschwitz ließe kein Gedicht mehr sich schreiben«*, entschieden widersprochen.

Die Lyrik Ilse Aichingers ist einem so engagierten Anspruch in doppelter Weise verpflichtet: in ihrer konzentrierten thematischen Ausrichtung ebenso wie in der stets mitklingenden poetologischen Selbstreflexion. Die meisten ihrer Gedichte sind von dunkler Trauer und lakonischer Bitterkeit gezeichnet. Nur in der schonungslosen Vergegenwärtigung des Leids vermag die Autorin Spuren einer utopischen Gegen-Wirklichkeit aufzuweisen. Oft sind es Bildanklänge an die Zeit des Nationalsozialismus, die das Thema der Gewalterfahrung historisch dingfest und zum Ausgangspunkt der neuen Sprachsuche machen: *»Nichts weiter, / Flutlicht / auf die Pelzerhaltungsstätten, / die gebrannten Gladiolen, / die Gesellenlampen« (Seitlicher Durchblick)*. Neben (autobiographisch gefärbten) Verweisen auf die Erschütterungen des Dritten Reichs *(Winterantwort; Meiner Großmutter)* richtet sich das Interesse zahlreicher Gedichte jedoch vor allem auf die Gegenwart eines *»alltäglichen Faschismus« (Abgezählt)*, dessen Verdrängung im gesellschaftlichen Bewußtsein der Nachkriegszeit Ilse Aichinger mit ihrem Schreiben aufzubrechen versucht: *»Ich trau dem Frieden nicht, / den Nachbarn, den Rosenhecken, / dem geflüsteren Wort« (Ortsanfang)*. Ein solcher *Aufruf zum Mißtrauen* (so der Titel einer programmatischen Äußerung Ilse Aichingers von 1946) zielt in erster Linie immer wieder auf die Macht von Sprachregelungen: *»Hör gut hin, Kleiner, / es gibt Weißblech, sagen sie, / es gibt die Welt, / prüfe, ob sie nicht lügen« (Verschenkter Rat)*.

Darüber hinaus weitet Ilse Aichinger die fundamentale Infragestellung herkömmlich anerkannter Machtinstanzen auf den Bereich der Religion aus: In zahlreichen Gedichttexten findet eine radikale Demontage von Glaubensinhalten statt; nicht zuletzt stellt die Autorin (deren Mutter Jüdin war) immer wieder religiöse Grundvorstellungen in den Zusammenhang des Machtmotivs *(Auf Sicht; Nachruf)*. Gegen die Hoffnung einer transzendenten Rückbindung behauptet Ilse Aichinger in ihren Gedichten die Perspektive eines unwiderruflich verlorenen Paradieses: *»Und darum geh ich fort / aus diesem Frieden, / aus diesem lieben Frieden / in den Schatten / zu meinen lieben Schweinen ...« (Neuer Bund)*.

Die Aufgabe konventioneller Positionen zugunsten eines kreativen Außenseitertums ist überhaupt kennzeichnend für die Aichingersche Dichtung. Gegen die schlechte Wirklichkeit werden immer wieder außergewöhnliche Perspektiven ins Feld geführt: die tröstlich unverstellte Sichtweise von Kindern *(Baumzeichnen; Hochzeitszug)*; sehr häufig ein die Realität überlagernder visionärer Blick *(Rauchenberg; Winter, gemalt)*; schließlich die Insistenz auf eine Phantasie des Unwahrscheinlichen: *»... so laßt es nicht zu, / daß hinter euren Ställen die Elstern / kurz auffliegen und glänzend / in die glänzenden Weiher stürzen, / daß euer Rauch noch steigt / vor den Wäldern, / lieber wollen wir warten, / bis uns die goldenen Füchse / im Schnee erscheinen« (Spaziergang)*.

Die Schreibweise Ilse Aichingers ist von einer starken Bildhaftigkeit der Sprache geprägt. In zwei poetologischen Gedichten *(Baumzeichnen; Winter, gemalt)* wird der schöpferische Vorgang mit der Herstellung eines Gemäldes verglichen: Im kreativen Spiel mit Bildassoziationen, die vorwiegend der Naturwelt entstammen, werden neue Wirklichkeiten entworfen: *»Hier, jetzt / nehmt diese Zweige / und gebt ihnen recht, / bemalt sie, laßt sie hängen, / spannt sie aus, / laßt auch Mäuse daran / und was euch noch zukommt ...« (Baumzeichnen)*. Ein buchstäblicher »Zu-Fall« von Bildern beherrscht die Lyrik Aichingers. Als absolute Metaphern sind sie nicht übersetzbar; der Leser selbst muß sich auf das Assoziationsfeld einlassen und kann sich dabei allenfalls an der Dichte der Bildbezüge untereinander orientieren. C. Kleiber hat zu Recht von einer Art »privater Mythologie« Aichingers gesprochen, die den Gedichtband zusammenhält. Die zentrale Leerstelle, um die das Verweissystem der Bilder letztlich kreist, ist die Sprache selbst. Der Autorin

geht es in ihrem Schreiben um die utopische Synthese von Sprache und Wirklichkeit; diese sucht sie in einer paradoxen Artikulation des Unaussprechlichen zu gestalten und gerät dabei immer wieder an die Grenze des Schweigens: *»Hinausgehen / auf den Flecken, / der still ist, / unter die Sonne, / die heute / das Lärmen läßt, / das alte Geprahle. / Herausfinden, / jetzt herausfinden, / wo die hinrannten, / die hier / verwegen und leise waren, / in welchen Gestalten, / Chören, Verfänglichkeiten / sie unauffindbar sind« (Danach)*. Die Zeitlichkeitsdimension der Sprache ist es, die den authentischen Ausdruck immer wieder in eine Sphäre des »Noch-Nicht« oder »Nicht-Mehr« verschiebt *(Übermorgen; Verfrüht)*. Neben einer solchen aus der Dynamik des Sprechens sich entwickelnden »Poetik des Nachklangs« (vgl. auch: *Dorfweg; Ende des Ungeschriebenen*) ermöglicht auch das Aufsuchen von »ungenützten Zwischenräumen« *(Wunsch)* die Artikulation des Nicht-Gesagten: *»Zwischen Leiter und Nordwand, / Besuch am Nachmittag und verworfenem / Holz, / Apfel- und Schneeresten / ein Verhältnis herzustellen, das unaufhebbar ist« (Versuch)*.
Nicht zuletzt ist es auch die Sprachstruktur selbst, in der die Dichterin das Verschwiegene mitklingen und laut werden läßt: durch bewußt eingesetzte grammatikalische Diffusionen etwa in der Mehrdeutigkeit der Satzbezüge oder unvermittelten Tempuswechsel *(Außer Landes)*; durch die Form der Negation *(Winterantwort; Kleine Summe)*; durch abrupt anhebende Satzfragmente *(Gebirgsrand; Winter, gemalt)*. Schließlich werden auffällig häufig Konjunktivkonstruktionen und Frageformen verwendet, die das Gesagte ins Offene verweisen. Die wesentliche Bedeutung solcher unabgeschlossenen Ausdrucksformen bezeugt auf prägnante Weise jener Text, mit dem Ilse Aichinger ihren Gedichtband ausklingen läßt: *»Und hätt ich keine Träume, / so wär ich doch kein anderer, / ich wär derselbe ohne Träume, / wer rief mich heim?« (In einem)*. Die Rezeption der Aichingerschen Lyrik steht noch in ihren Anfängen. Als sprachliche Ausdrucksform einer radikalen und sensiblen Zeitgenossenschaft wird sie erst noch zu entdecken sein.

C.Lu.

AUSGABEN: Ffm. 1978. – Ffm. 1986 (gem. m. *Die größere Hoffnung* und *Meine Sprache und ich*).

LITERATUR: A. Hildebrand, *Zu I. A.s Gedichten* (in Literatur und Kritik, 23, 1968, S. 163–167). – E. Fried, *Über Gedichte I. A.s* (in NRs, 92, 1981, S. 25–38). – H. Spiel, *Eh' die Träume rosten und brechen. I. A.s Gedichte* (in H. S., *In meinem Garten schlendernd. Essays*, Mchn. 1981, S. 145–152). – H. Schafroth, *Ich und Jetzt – Zu I. A.s Gedichten* (in *Frauenliteratur in Österreich von 1945 bis heute. 21.–23. Februar 1985 in Mulhouse*, Hg. C. Kleiber u. E. Tunner, Bern u. a. 1986, S. 87–107).

ALFRED ANDERSCH

* 4.2.1914 München
† 21.2.1980 Berzona bei Locarno

LITERATUR ZUM AUTOR:
M. Bense, *A. A.* (in *Schriftsteller der Gegenwart. Deutsche Literatur*, Hg. K. Nonnenmann, Olten/Freiburg i. B. 1963, S. 18–28). – L. Z. Wittmann, *A. A.*, Stg. u. a. 1971. – A. Bühlmann, *Zu der Faszination der Freiheit. Eine Untersuchung zur Struktur der Grundthematik im Werk von A. A.*, Bln. 1973. – *Über A. A.*, Hg. G. Haffmans, Zürich 1974; ²1980 (detebe; erw. Aufl.; m. Bibliogr.). – H. Pischdovdjian, *Menschenbild u. Erzähltechnik in A. A.s Werken*, Diss. Zürich 1978. – *A. A.*, Hg. H. L. Arnold, Mchn. 1979 (Text + Kritik). – E. Schütz, *A. A.*, Mchn. 1980. – V. Ch. Wehdeking, *A. A.*, Stg. 1983 (Slg. Metzler). – R. Williams, *A. A.* (in KLG, 16. Nlg., 1984). – J. Quack, *A. A., ein literarischer Nominalist* (in NDH, 32, 1985, S. 717–732). – I. Heidelberger-Leonard, *A. A.: Die ästhetische Position als politisches Gewissen: zu den Wechselbeziehungen zwischen Kunst u. Wirklichkeit in den Romanen*, Ffm. u. a. 1986. – B. Jendricke, *A. A. in Selbstzeugnissen u. Bilddokumenten*, Reinbek 1988 (rm).

DIE KIRSCHEN DER FREIHEIT.
Ein Bericht

Autobiographischer Text von Alfred ANDERSCH, entstanden 1951/52, erschienen 1952. – Der Autor rekapituliert in diesem Buch ganz ohne Behagen, rasch, nervös, unsentimental, die Geschichte seines eigenen Lebens, als dessen Fluchtpunkt er die Desertion von der deutschen Truppe in Italien am 6. Juni 1944 betrachtet. Bezeichnenderweise steht am Anfang des Berichts sogleich die Erinnerung an ein politisches Ereignis, nämlich das Bild verhafteter Revolutionäre der Münchner Räterepublik von 1919, die der damals Fünfjährige auf ihrem Weg zur Exekution sah.
Im Spannungsfeld gegensätzlicher politischer Anschauungen wächst Andersch in kleinbürgerlichem Elternhaus auf, ist seit 1929 für die Kommunistische Partei in München tätig und 1932, mit achtzehn Jahren, bereits Funktionär, nämlich Leiter der kommunistischen Jugendorganisation Bayerns. Wie seine Parteifreunde sieht er in ohnmächtiger Tatenlosigkeit der nationalsozialistischen Machtergreifung zu, wird 1933 zweimal verhaftet und verbringt drei Monate im Konzentrationslager Dachau. In den folgenden Jahren antwortet er, wie er sich erinnert, *»auf den totalen Staat mit der totalen Introversion«*: Neben seiner Tätigkeit in einer Verlagsbuchhandlung und in einem Industriebetrieb treibt er kunsthistorische und literarische Studien,

schreibt Gedichte und feiert *»im Schmelz der Lasuren Tiepolos die Wiederentdeckung der eigenen, verlorenen Seele«*. Diese *»ästhetische Existenz«*, dieser *»marxistisch gesprochen, Rückfall ins Kleinbürgertum«* endet, als er eingezogen wird, erstmals 1940, erneut dann 1943. Erst im Sommer 1944, nachdem der Gedanke an Fahnenflucht, ans *»Aussteigen«*, ihn zunehmend mehr beschäftigt hat, läuft sein Leben *»endlich auf den Punkt zu, auf den es seinen für mich unsichtbaren Kurs gehalten hatte«*. Er sondert sich von seiner Schwadron ab, schlägt sich im Niemandsland zwischen den Fronten durch und gelangt schließlich bei Nettuno in die Nähe amerikanischer Panzer. In der Gewißheit, daß seine Desertion geglückt ist und er eine existentiell-moralische Entscheidung von – für ihn – großer Tragweite getroffen hat, ißt er ein paar Hände voll von den auf freiem Feld wachsenden *»wilden Wüstenkirschen meiner Freiheit ... Sie schmeckten frisch und herb«*.

»Mein ganz kleiner privater 20. Juli fand bereits am 6. Juni statt« – dieser Satz macht deutlich, daß der Autor seine Tat als einen Akt des politischen Widerstands verstanden wissen will. Andersch macht gerade die Tatsache, daß *»die Kommunistische Partei den Gedanken der Willensfreiheit ablehnte, die Freiheit des menschlichen Denkens, die Fähigkeit des Menschen, zu wählen«*, für das Ausbleiben jedes »linken« Widerstandes 1933 verantwortlich; mit der Fahnenflucht beweist er sich selbst seine Freiheit des Willens, seine Freiheit zur *»von niemandem gelenkten und stillschweigenden Sabotage«*, seine Freiheit und Bereitschaft zu jener Spontaneität, welche die KP ihren Mitgliedern so dogmatisch wie ängstlich verboten hatte. In die selbstkritische Rekapitulation seines Lebens bezieht der Autor immer wieder die politisch-gesellschaftliche Situation der Zeit ein, und er unterbricht seine Erzählung durch allgemeine Reflexionen über Mut und Angst, über Sinn und Unsinn des Eides usw. Insgesamt sei in dem Buch *»der politische Anspruch gewichtiger als der literarische; es fällt schon halbwegs unter den zeitgemäßen Gattungsbegriff der Reportage«*, dekretierte der Kritiker Hans-Egon Holthusen herablassend; Heinrich Böll allerdings nannte *Die Kirschen der Freiheit* gleich bei ihrem Erscheinen, mitten in der Diskussion um eine deutsche Wiederbewaffnung, ein *»erfrischendes Antikriegsbuch«* und einen *»Trompetenstoß, der in die schwüle Stille fährt«*. In der Tat hat Andersch – darin anderen Autoren und deren Werken aus der Zeit unmittelbar nach dem Krieg vergleichbar, etwa Arno Schmidt (*Brand's Haide*, 1951), Heinrich Böll (*Wanderer, kommst du nach Spa...*, 1950) oder Wolfgang Koeppen (*Tauben im Gras*, 1951) – eher einen trockenen Bericht als eine durchkomponierte Erzählung geschrieben; die Sprache scheint wenig stilisiert, oft umgangssprachlich und im Ton bisweilen fast wegwerfend. Aber wenn auch Anderschs Stil hier noch unberührt bleibt von den komplexeren modernen erzähltechnischen Verfahren, so ist seine Schreibweise doch nicht im schlechten Sinn nachlässig, sondern ein Zeugnis der absichtlichen Abkehr des Autors von der *»traditionellen symbolischen Schönschrift«* (Peter Demetz) in der Literatur, welche auch Gustav René Hocke 1946 in der von Andersch und Hans Werner Richter herausgegebenen Zeitschrift ›Der Ruf‹ als unverantwortliche *»Kalligraphie«* gebrandmarkt und als unzeitgemäß abgelehnt hatte. *Die Kirschen der Freiheit* hat jedenfalls dem Urteil der Kritik auf die Dauer besser standgehalten als andere Arbeiten Anderschs, gerade weil das Buch so unprätentiös und auch unbeeinträchtigt von jener gewissen Sentimentalität von *Sansibar oder der letzte Grund* (1957) und frei von den mondänen Klischees von *Die Rote* (1960 bzw. 1972) ist. J.Dr.

Ausgaben: Ffm. 1952. – Zürich 1968. – Zürich 1971 (detebe).

Literatur: H. E. Holthusen, *Reflexionen eines Deserteurs* (in H. E. H., *Ja und Nein*, Mchn. 1954, S. 207–218). – K. Migner, *Die Flucht in die Freiheit. Untersuchung zu einem zentralen Motiv in den Werken von A. A.* (in Welt u. Wort, 18, 1963, S. 329–332). – H. Geulen, *A. A. Probleme der dargestellten Erfahrung des »deutschen Irrtums«* (in *Gegenwartsliteratur und Drittes Reich*, Hg. K. Wagener, Stg. 1977, S. 205–221). – W. Barner, *A. A.: »Die Kirschen der Freiheit«. Zeitsignatur, Form, Resonanz* (in *Zeit der Moderne*, Hg. H.-H. Krummacher, Stg. 1984, S. 1–23).

SANSIBAR ODER DER LETZTE GRUND

Roman von Alfred Andersch, erschienen 1957. – Wie in seinem autobiographischen Bericht *Die Kirschen der Freiheit* (1952), in dem der Autor seine Desertion aus der deutschen Wehrmacht schildert, steht in diesem Buch das Thema der – erzwungenen oder gewollten – Flucht in die Freiheit im Mittelpunkt.

Im Herbst 1937 treffen in dem Ostseestädtchen Rerik mehrere Menschen zusammen, die aus politischen oder privaten Gründen fliehen müssen. Am unmittelbarsten bedroht ist Judith Levin, eine junge deutsche Jüdin, deren alte, körperbehinderte Mutter wenige Tage zuvor Selbstmord beging, um ihrer Tochter die Flucht vor den Nazis zu ermöglichen. Judith hat die vage Hoffnung, daß ein schwedisches Schiff sie ins neutrale Ausland mitnehmen werde. In Rerik lernt sie den kommunistischen Instrukteur Gregor kennen, der einen Parteiauftrag ausführen soll, der KP aber mittlerweile skeptisch gegenübersteht, weil er ihren Terror auf der Lenin-Akademie in Moskau zu spüren bekommen hat und weil sie in seinen Augen versagt hat, als sie »den Anderen«, d. h. den Nazis, 1933 widerstandslos die Macht überließ. Gregor nimmt Verbindung auf zu dem Fischer Knudsen, dem letzten noch aktiven Genossen in Rerik, der sich aber gleichfalls von der Partei und ihrer aussichtslosen Untergrundarbeit absetzen will. *»Man mußte weg«* – das denkt auch Knudsens fünfzehnjähriger Schiffsjun-

ge, den das Leben in der kleinen Stadt und bei seiner Mutter, die ewig nörgelt und *»nölt«*, langweilt und der von einer Flucht träumt, die der Huckleberry Finns auf dem Mississippi entspricht.
Den stummen Mittelpunkt dieser Gruppe von Menschen aber bildet die Figur des »Lesenden Klosterschülers«, eine offensichtlich von Barlach stammende Plastik in der Kirche von Rerik, die Knudsen auf Bitten von Pfarrer Helander nach Skillinge in Schweden bringen soll, damit sie nicht als »entartete Kunst« abgeholt und vernichtet wird. Widerwillig vereinbart Knudsen, für den die Plastik nur der »Götze« aus Helanders Kirche ist, mit Gregor, der von der kleinen Figur, der Zartheit und liebevollen Konzentration in der Haltung des Klosterschülers fasziniert ist, einen Treffpunkt an einer verborgenen Stelle der Küste. Dorthin bringt Gregor in Begleitung von Judith Levi die Figur; nach anfänglichem Widerstand nimmt Knudsen sowohl die Jüdin wie auch den Klosterschüler mit nach Schweden: *»Es geht die Schönheit Judiths. Es gehen Kunst und Wissenschaft, unverhüllt verkörpert im Bild des Lesenden. – Was übrig bleibt, ist Deutschland, das-Land-aus-dem-man-flüchtet«* (Arno Schmidt). Für Gregor und auch für den zunächst zögernden Knudsen war dies schon eine Tat, die mit der Partei nichts mehr zu tun hatte und in der sich ihre neu errungene menschliche Freiheit dokumentiert. Dem Schiffsjungen, dem ein erträumtes *»Sansibar in der Ferne«* immer der wichtigste und »letzte Grund« für eine Flucht war, gibt sich mit diesem – aus seiner Sicht – »kleinen Abenteuer« zufrieden: Er kehrt mit Knudsen nach Deutschland zurück. Pfarrer Helander aber, ohnehin unheilbar krank, schießt, nachdem er von der Rettung der Plastik erfahren hat, auf einen der nationalsozialistischen Funktionäre, die ihn wegen des Verschwindens der Statue verhaften wollen, und wird von der SA liquidiert.
Zwischen die Kapitel, in denen von den Fluchtplänen und der Flucht selbst erzählt wird, sind kurze Abschnitte in der Art des inneren Monologs eingeschoben, in denen die Gedanken und Fluchtphantasien des Schiffsjungen wiedergegeben werden; spielerisch kehren auf dieser Ebene die Fluchtpläne der Erwachsenen und ihre Sehnsucht nach einem neuen, freien Leben wieder. »Die Anderen«, für die beiden (Ex-)Kommunisten, den Pfarrer und die Jüdin die Nazis, sind in den Augen des Schiffsjungen die Erwachsenen schlechthin. Mit der Schilderung weniger typischer Details – der massiven Kirche in Backsteingotik, eines Hafenplatzes, einer Schifferkneipe – in einer unprätentiösen, fast kargen Sprache, die gleichwohl stets vom emotionalen, autobiographisch bedingten Engagement des Autors – er war vor 1933 KP-Funktionär, desertierte 1944 zu den Amerikanern – für die Romangestalten und ihre Schicksale zeugt, gelingt es Andersch, die deprimierende Atmosphäre der kleinen Hafenstadt im Spätherbst authentisch einzufangen.
Obwohl Anderschs »Bericht« *Die Kirschen der Freiheit* zunächst bei der Kritik eine stärkere Resonanz fand, darf *Sansibar oder der letzte Grund* als eines der bedeutendsten Bücher des Autors gelten, was gleich nach seinem Erscheinen Kritiker wie Walter Muschg, Helmut Heissenbüttel und Arno Schmidt in seltener Einmütigkeit feststellten. Auch wenn das Buch nicht frei ist von gewissen sprachlichen Ungeschicklichkeiten und bisweilen recht papierenen Sätzen sowie einer gewissen gefühligen Innerlichkeit, ist darin doch Anderschs Plädoyer für die Entscheidungsfreiheit des Individuums gegenüber Mächtigen und Kollektiven und Organisationen fast so konkret, differenziert und überzeugend gestaltet wie in *Kirschen der Freiheit*. Arno Schmidt nannte das Buch 1957 *»eine sachlich unwiderlegbare Anklage gegen Deutschland. Eine Warnung an ›alle die es angeht‹. Unterricht in (ja, fast Anleitung zur) Flucht als Protest. Vorzeichen einer neuerlichen, nur durch ein Wunder noch aufzuhaltenden Emigration aller Geistigkeit... Kompositorisch ausgezeichnet; sprachlich bedeutend über dem Durchschnitt.«* J.Dr.

Ausgaben: Olten/Freiburg i. B. 1957. – Zürich 1970. – Zürich 1972 (detebe).

Verfilmungen: BRD 1961 (TV; Regie: R. Wolffhardt). – BRD 1986 (TV; Regie: B. Wicki).

Literatur: K. Migner, *Die Flucht in die Freiheit. Untersuchung zu einem zentralen Motiv in den Werken von A.A.* (in Welt u. Wort, 18, 1963, S. 329–332). – R. Geißler, *A.A.: »Sansibar oder Der letzte Grund«* (in *Möglichkeiten des modernen dt. Romans*, Hg. R. G., Ffm./Bln./Bonn [2]1965, S. 215–231). – I. Drewitz u. P. Demetz, *A.A. oder Die Krise des Engagements* (in Merkur, 20, 1966, S. 669–679). – W. Herzig, *Weltentwurf und Sprachverwandlung. Untersuchungen zu Dominanzverschiebungen der Erzählkunst zwischen 1825 und 1950*, Bern/Ffm. 1982 [zugl. Diss.].

DER VATER EINES MÖRDERS

Erzählung von Alfred Andersch, erschienen 1980. – Aus der konsequent durchgehaltenen Sicht des vierzehnjährigen Franz Kien wird der Verlauf einer Griechischstunde im Mai 1928 geschildert: Schuldirektor Himmler, kurz *»Rex«*, kommt unangekündigt, um »seine« Untertertia zu inspizieren, nimmt sehr schnell dem Lehrer die Leitung der Stunde aus der Hand und zeigt, daß der Zweck seines Besuches die Examinierung bestimmter Schüler ist. Zunächst provoziert er den Adeligen Konrad von Greiff, der aber preußische Tugenden, zuvörderst die der Unterwürfigkeit, völlig vermissen läßt und durch unverhofft patzige – dabei überlegene – Antworten dem in seinen Schulmauern göttergleichen Rektor die Contenance raubt; er wird relegiert. Das nächste Opfer, Kien, kann die gestellten Aufgaben nicht lösen; um ihn vollends vor der Klasse zu blamieren, erklärt Himmler, Kien habe sich der auf Bitte seines Vaters gewährten Schulgeldbefreiung für unwürdig erwiesen und sei, wie sein älterer Bruder auch, *»zur Ausbildung an höheren Schulen nicht geeignet«*. Mit einem Ausblick auf die überraschend ruhige Aufnahme der schlechten Nachrichten durch den Vater schließt die Erzählung.

Die Tradition deutscher »Schulgeschichten«, die sich aus Werken bedeutender Autoren der ersten Jahrhunderthälfte (u. a. HAUPTMANN, WEDEKIND, WERFEL, Th. u. H. MANN, HESSE, MUSIL) herleiten läßt, wird in Anderschs Erzählung durch die hinter dem sichtbaren Geschehen sich ankündigende und fühlbar werdende Dimension der nationalsozialistischen Verbrechensherrschaft aufgebrochen. Es gelang ihm, ein Zeitbild der letzten Jahre der Weimarer Republik in eine konzentrierte lineare Struktur zu fügen – ein Meisterstück des Zweideutigen und Ungesagten. Denn allein der Titel durchbricht die konsequente Beschränkung der Perspektive: Dem Leser ist ständig präsent, daß dieser »Rex« der Vater von Heinrich Himmler ist, für den Franz Kien viel Verständnis empfindet; *»nicht für viel Geld möchte ich dem sein Sohn sein, ich kann verstehen, daß sein Sohn mit ihm Krach bekommen hat«*. Das Problem, ob solch ein Vater notwendig prädisponiert ist, einen Massenmörder zu zeugen, wird mit der Frage konfrontiert: *»Schützt Humanismus denn vor gar nichts?«*

In einem *»Nachwort für Leser«* lüftet Andersch endgültig das offene Geheimnis um Franz Kien, der in weiteren fünf Erzählungen (versammelt im *Alfred Andersch Lesebuch*, 1979) die Hauptfigur ist: *»Franz Kien bin ich selbst.«* Zwar schreibt der Autor, er wisse nicht, warum er nicht einfach »Ich« sage, nennt dann aber einen durchaus plausiblen Grund: Durch größere erzählerische Freiheit und ein gewisses Maß an Distanz kann höhere Authentizität erreicht werden; Anderschs Verständnis von Erzählen als Sich-Erinnern macht auch die Offenheit der Annäherung an den Charakter Kien deutlich: *»Etwas Ungelöstes liegt in solchen Texten – ich gebe es zu. Es liegt sogar in meiner Absicht.«* S.Ha.

AUSGABEN: Zürich 1980. – Zürich 1982 (detebe).

VERFILMUNG: BRD 1985 (Regie: C.-H. Caspari).

LITERATUR: H. Kesting, *Ein autoritärer Anarchist* (in H. K., *Dichter ohne Vaterland*, Bln./Bonn 1982, S. 137–143). – F. Hitzer, *Fragmente zu einem großen Plan* (in kürbiskern, 1/1981, S. 99–114). – A. v. Schirnding, *Es lohnt sich, Franz Kien zu loben* (in Merkur, 3/1981, S. 329–334). – U. Reinhold, *A. A.: »Der Vater eines Mörders«* (in WB, 1982, H. 2, S. 141–148).

WINTERSPELT

Roman von Alfred ANDERSCH, erschienen 1974. – In seinem »Bericht« *Die Kirschen der Freiheit* (1952) gestaltete Andersch die eigene Desertion 1944 in Italien; *Winterspelt*, sein Hauptwerk, stellt das Thema in einen größeren Rahmen: Ritterkreuzträger Major Joseph Dincklage ist Kommandeur einer Regimentseinheit im Dorf Winterspelt in der Westeifel. Er huldigt wie Ernst JÜNGER der Auffassung, als Offizier habe man die Möglichkeit, den Nationalsozialismus auf anständige Art zu überwintern, hegt aber insgeheim den Plan, sein Bataillon kurz vor der Ardennenoffensive 1944 kampflos den Amerikanern zu übergeben. Diese für ihn zunächst nur *»abstrakte Idee«* wird mit Hilfe einiger anderer Personen zu einer realen kleinen Verschwörung, deren Ausgang dem Leser von den ersten Seiten an bekannt ist: *»Geschichte berichtet, wie es gewesen. Erzählung spielt eine Möglichkeit durch.«*

Die untergetauchte Lehrerin Käthe Lenk, eine jener selbstbewußten, freien Frauengestalten, wie sie für Andersch typisch sind, Geliebte Dincklages und ehemalige Geliebte des alten, resignierten Kommunisten Wenzel Hainstock, drängt den Major zur Durchführung seines Planes, mutiger als er und mehr zu Taten als zu Worten aufgelegt. Hainstock hält ihn für undurchführbar, für die aussichtslose Aktion eines Einzelgängers. Dennoch vermittelt er einen Kurier, den emigrierten Kunsthistoriker Bruno Schefold, ohnehin ein *»struggler«*, ein *»Herumstreifer ohne feste Absichten«*, Bewohner des im Niemandsland zwischen den Linien gelegenen Weilers Hemmeres und – bei aller Weltfremdheit – mit den amerikanischen Offizieren Kimbrough und Wheeler bereits in Kontakt. Als fatal erweist sich, daß Dincklage verlangt, den Kurier *»zum Zeichen militärisch zuverlässiger Verhandlungsformen«* und zum Beweis der Ernsthaftigkeit seines Angebots durch die Linie zu schicken. Bei diesem Unternehmen wird Schefold von dem Gefreiten Hubert Reidel aufgegriffen und zu Dincklages Hauptquartier gebracht. Reidel, ein *»schießwütiger«* Mensch, ebenso brutal wie verklemmt, seiner Homosexualität wegen schon unliebsam aufgefallen, ist Schefold gegenüber argwöhnisch; als ehemaliger Hotellehrling sieht er in ihm den Typus des verhaßten *»Gastes«* schlechthin. Dincklage gestattet Reidel, nach einem längeren, aber belanglosen Gespräch mit Schefold, diesen wieder zurück an die Linie zu begleiten, und verspricht ihm – so er seine Aufgabe gut erledige und Schefold gut behandle – die Meldung wegen Homosexualität zu vergessen. Als Schefold ihm aber leichtsinnig und herablassend eine Zehn-Dollar-Note, *»für Ihre nicht sehr freundlichen Dienste«*, beim Abschied überreicht, sieht Reidel rot und schießt ihm alle Kugeln seines Gewehrmagazins in den Rücken. Dieser Mord an der unschuldigsten Person der ganzen Affäre macht den Plan zunichte. Reidel wird befördert werden; Dincklage samt seinem Bataillon noch in derselben Nacht zu einem neuen Einsatzort abziehen, Käthe durch die Linie gehen und sich den Amerikanern ausliefern; einzig Hainstock bleibt in seinem Steinbruch bei Winterspelt. Soweit die *»Novelle im Kleistischen Sinne«*, der *»eigentliche Kern«* (Andersch); ihre Lebendigkeit und Spannung ist vor allem der meisterhaften Personencharakterisierung zu verdanken und dem *»Roman im Roman«* (Koeppen), der Liebesgeschichte um Käthe, die ihresgleichen an vermittelter Wärme und Entschlossenheit sucht. *Winterspelt* ist Anderschs Plädoyer für historische Konditionalsätze, seine Auflehnung gegen die Geschichte überhaupt: *»Wenn man darauf verzichtet, sich vorzustellen, wie etwas hätte sein können, verzichtet man auf die Vorstellung einer besseren Möglichkeit überhaupt. Dann nimmt man Geschichte hin, wie sie eben kommt.«* Der zeitgeschichtliche Hintergrund ist in zahlreichen Dokumenten und Ausgrabungen als eine Ebene eingearbeitet; aus der Komplexität des Zusammenwirkens aller Ebenen zieht der Roman seine Überzeugungskraft, die Jean AMÉRY veranlaßte, vom *»bedeutendsten deutschsprachigen Werk über den Zweiten Weltkrieg«* zu schreiben. *»Es sind solche Verschränkungen des erzählerisch-essayistischen Vortrags, welche die absolute, freie, spielerische Souveränität des Autors beweisen. Anderschs Winterspelt ist ein Alterswerk ...«* (W. Schütte).

Winterspelt spielt nur an einem Tag, dem 12. Oktober 1944; von ihm aus wird ständig und weit zurückgeblendet, um Lebensläufe und Charaktere der Beteiligten sowie ihre unterschiedlichen Motive offenzulegen. In der Erzählung *Noch schöner wohnen* (1971) hat Andersch diese extreme Montagetechnik zum erstenmal erprobt; durch ihre Ausformung in *Winterspelt* geriet ihm dieser Roman auch formal zu Fluchtpunkt und Gesamtsumme seines Werks. Das Erzählen vollzieht sich in kleinen bis winzigen Bruchstücken, der epische Fluß ist zerstört; die Mannigfaltigkeit des Stils (er reicht vom eher trockenen Chronikstil über ironische Kommentare und detailfreudige Beschreibungen bis zum inneren Mono- einmal sogar Dialog) und die unterschiedliche, schlaglichtartige Beleuchtung derselben Szenen, Sachverhalte oder Personen bewirken, daß niemals ein festes Bild entsteht. Gelegentlich wird sogar die Erzählerrolle ironisch aufgekündigt: *»Wählen Sie, welche Lösung Ihnen als die glaubhafteste erscheint, angesichts so vieler Rätsel und Widersprüche ...!«*

Die Struktur des Romans findet ihre Entsprechung im Text durch das Aquarell *»Polyphon umgrenztes Weiß«* von Paul Klee (korrekt: *Polyphon gefaßtes Weiß*). Um es vor der Vernichtung als »entartete Kunst« zu bewahren, nahm Schefold es mit sich ins Exil. *»Das Bild ist ein Plan«*; wie der Roman besteht es aus *»sechs sukzessiv abgeschwächten Werten«* (respektive – im Roman – Personen), die sich, von einem weißen Zentrum ausgehend, *»nach einem mathematisch-musikalischen Prinzip«* gruppieren. Die Kritik dieses poetischen Verfahrens ist im Aquarell inbegriffen: Der weltfremde Ästhet Schefold, also die »schwächste« Figur, die einzige, die den Roman nicht überlebt, emigrierte des Bildes wegen; es wäre aber von den Nazis gar nicht verbrannt, sondern versteigert worden: *»Seine Emigration beruhte auf einem Mißverständnis.«* Zugleich steckt im Bild die Hoffnung, es könne sich als *»Samenkorn«* erweisen: *»Daraus konnte eine neue Stadt wachsen.«* S.Ha.

AUSGABEN: Zürich 1974. – Zürich 1977 (für die Taschenbuchausgabe *»neu durchgesehen und hie und da verbessert«*; detebe 20397).

VERFILMUNG: BRD 1978 (Regie: E. Fechner).

LITERATUR: H. Heißenbüttel u. H. T. Lehner, *Gedankenspiel in den Ardennen* (Gespräch mit A. A.) (in *Über A. A.*, Hg. G. Haffmans, Zürich ²1980, S. 222–236). – W. Koeppen, *Die Leute von Winterspelt* (in W. K., *Die elenden Skribenten*, Ffm. 1981, S. 212–221). – W. Schütte, *Sachbuch über Denkweisen im Möglichkeitsfall* (in *Über A. A.*, S. 147–154). – J. Améry, *Der Denkspieler und der Krieg* (in Weltwoche, Zürich, 20. 11. 1974). – F. Hitzer, *»Winterspelt«* (in kürbiskern, 2/1975, S. 120–134). – M. W. Schulz, *Mehr als »Polyphon umgrenztes Weiß«* (in SuF, 6/1976, S. 1319–1326). – P. Bekes, *Wie man sich verweigert* (in *A. A.*, Hg. H. L. Arnold, Mchn. 1979, S. 54–62; Text + Kritik). – S. Mühlethaler, *A. A.s »Winterspelt«*, Diss. Zürich 1979. – F. Kröll, *»Winterspelt«, Bauhaus, Polyphonie* (in *Zu A. A.*, Hg. V. Wehdeking, Stg. 1983). – U. Fries, *»Winterspelt« im Kontext des Romanwerks von A. A.* (in Orbis litterarum, 39, 1984, Nr. 4, S. 352–379). – S. Hanuschek, *»Winterspelt« als »polyphon gefaßtes Weiß«?* (in kürbiskern, 4/1987, S. 93–108).

HANS CARL ARTMANN

* 12.6.1921 Wien

LITERATUR ZUM AUTOR:
Über H. C. A., Hg. G. Bisinger, Ffm. 1972 (es; m. Bibliogr.). – K. Riha, *H. C. A.* (in *Deutsche Dichter der Gegenwart*, Hg. B. v. Wiese, Bln. 1973, S. 452–468). – P. Pabisch, *H. C. A. Ein Versuch über literarische Alogik*, Wien 1978. – J. Drews, *Über H. C. A.* (in Protokolle, 1979, Bd. 1, S. 49–57). – K. Riha u. M. Koetzle, *H. C. A.* (in KLG, 9. Nlg., 1980). – *Pose, Possen und Poesie. Zum Werk H. C. A.s*, Hg. J. Donnenberg, Stg. 1981. – *Artmann, H. C., Dichter. Ein Album mit alten Bildern und neuen Texten*, Hg. J. Jung, Salzburg/Wien 1986. – N. Puszkar, *Tradition und Moderne: H. C. A.s Sprachspiele* (in Modern Austrian Literature, 20, 1987, Nr. 1, S. 91–108).

EIN LILIENWEISSER BRIEF AUS LINCOLNSHIRE gedichte aus 21 jahren

von Hans Carl ARTMANN, erschienen 1969. – Die von G. BISINGER herausgegebene, vom Autor durchgesehene Ausgabe vereinigt die seit 1945 entstandenen lyrischen Texte Artmanns; sie beruht zum einen auf zuvor erschienenen Gedichtbänden wie *verbarium* (1966), *persische quatrainen* (1966) und *allerleirausch* (1967), zum anderen auf der Sammeltätigkeit des Herausgebers zusammen mit Peter O. Chotjewitz, G. Rühm, A. Okopenko u. a., und enthält damit eine Reihe von unveröffentlichten bzw. verschollenen Texte des niemals auf Ordnung und Bewahrung seiner Produktion bedachten Dichters. Nicht aufgenommen sind u. a. Artmanns Dialektgedichte aus → *med ana schwoazzn dintn* (1958) und *hosn rosn baa* (zus. mit F. Achleitner u. G. Rühm, 1959) sowie seine in dem von G. Rühm herausgegebenen Band *Die Wiener Gruppe* (1967) abgedruckten Gemeinschaftsproduktionen mit K. Bayer und G. Rühm. Die Anordnung der Texte bzw. Textzyklen folgt im wesentlichen chronologischen Gesichtspunkten; gleichwohl sind es nicht so sehr Entwicklungsaspekte, die das Interesse des Lesers gefangennehmen, als vielmehr die Vielfalt und scheinbare Unerschöpflichkeit jener Welt aus Phantasie und Sprache, die sich auf nahezu 500 Seiten ausbreitet. Denn schon in den frühen Texten, noch in der vordergründigen Anlehnung an die Tradition des Surrealismus, wird deutlich, daß hier ein autochthones dichterisches Talent am Werk war, das sich in weiterer Folge – sei es auf der Grundlage von Vielsprachigkeit und darauf fußender Übersetzungstätigkeit, sei es durch spielerisch-produktive Aneignung literarischer Epochen und ihrer charakteristischen Stilmerkmale, sei es auch durch die lebendige Berührung mit Trivial- und Volkskultur – in unverwechselbarer Weise *»Poesie als Weltanschauung«* (K. Bayer, in seinem der Ausgabe als Einleitung vorangestellten Bericht, *hans carl artmann und die wiener dichtergruppe*), ja als eine Lebensform zu eigen machte.

Ausgangspunkt des poetischen Verfahrens ist ein artistischer Umgang mit Sprache: sie transportiert bei Artmann nicht Inhalte, ist nicht »Ausdruck« von etwas außerhalb ihrer selbst, sie ist aber auch nicht bloßes Material, über das der Dichter beliebig verfügen könnte; Worte sind, nach Artmanns eigenem Bekunden, *»… gleichsam ›sexuell‹, sie zeugen miteinander, sie treiben Unzucht miteinander, sie üben Magie, die über mich hinweggeht …«*. Die überbordende Sprachlust und der sich damit verbindende Hang zum Gesuchten und Exzentrischen im stofflichen Bereich scheinen Artmann als Manieristen auszuweisen; indessen läßt sich gegen eine solche Etikettierung zu Recht vorbringen, daß hier *»Stil zur Substanz gemacht wird«*, und daß die Sprach- und Bilderwelt dieser Dichtungen geadelt ist *»von einer Sinnlichkeit, die eben* den *Reichtum von Welt noch einmal heraufruft, der vielleicht bald unwiederbringlich dahin ist«* (J. Drews, 1979). Hinzu kommt eine ironische Brechung des Artifiziellen, die klarerweise in den parodistischen Abschnitten der Sammlung am deutlichsten hervortritt, etwa in den 25 pseudobarocken Alexandriner-Epigrammen von *Vergänglichkeit und Auferstehung der Schäfferei* oder den makabren Kindervers-Adaptionen von *allerleirausch*. Sprachexperimentellen Charakter im engeren Sinne weist nur ein relativ kleiner Teil der Texte auf, die *invenciones/inventionen* und *sieben lyrische Verbarien*, vor allem aber *erweiterte poesie* und *flaschenposten*, wie denn Artmann in der Tat an den konstruktivistischen Ansätzen der »Wiener Gruppe«, etwa den von ihr 1954 entwikkelten »Methodischen Inventionismus«, nur am Rande teilhat (so in *epitafe*, oder *verbaristische Szenen*). Er zieht es vor, sich im intuitiven Verfahren der Eigenbewegung und Assoziationskraft der Sprache zu überlassen; in den wichtigsten Zyklen des Sammelbandes – *persische quatrainen; auf meine klinge geschrieben; hirschgehege & leuchtturm* – in erster Linie aber in den von C. v. Linnés *Lappländischer Reise* inspirierten *landschaften* wird diese »Sprachalchimie«, bis hin zum »automatischen Schreiben« im Sinne des klassischen Surrealismus, spürbar: das virtuose Arrangement von preziösem Vokabular und Metaphorik, von (bewußt falschem) Pathos und Melodramatik, Mythen und Legenden, von Figuren und Schauplatzkulissen steht nicht im Dienst eines konventionellen subjektivistischen Ausdruckwillens, nicht im Dienst der Vermittlung von Gefühlen, Stimmungen oder Einsichten; allenfalls ließe sich von einer *»fiktiven Stellungsnahme zur Wirklichkeit«* sprechen (R. Prießnitz). In diesem Sinne handelt es sich bei den lyrischen Dichtungen Artmanns um mehr als um amüsantes Kunstgewerbe: mit ihnen entsteht ein autonom Ästhetisches, eine nur sich selbst verpflichtete poetische Welt, die in der gegenwärtigen Gesellschaft als *»Korrektiv des allgemeinen Bewußtseins«* fungieren kann, als »Oppositionsgeste« gegenüber *»einer Welt, die uns zunehmend zwanghafter auf eine verläßliche Identität einschwört, einer Welt zudem, die zunehmend abstrakter, unsinnlicher und uniformer wird«* (J. Drews, 1979). E.Fi.

Ausgaben: Ffm. 1969, Hg. u. Nachw. G. Bisinger. – Ffm. 1979 (um unveröff. Gedichte erw. Ausg.; st).

Literatur: H. Mader, *H. C. A., »ein lilienweißer brief aus lincolnshire«* (in NRs, 1969, H.3, S. 549–552). – C. Hohoff, *Poeta doctus oder poetischer Filou? Zu H. C. A.s gesammelter Poesie* (in Merkur, 1969, H. 257, S. 875–877). – Ders., *oder aber: kleidung fantasiehistorisch* (ebd., 1970, H. 266, S. 590–592). – R. Engerth, *Bald kommt A. auch zu Dir* (in Literatur und Kritik, 1970, H. 43, S. 180–183). – P. Pabisch, *Zur Poetik H. C. A.s* (in Modern Austrian Literature, 12, 1979, Nr. 2, S. 151–159). – J. Drews, *Über H. C. A.* (in Protokolle, 1979, Bd. 1, S. 49–57). – K. Reichert, *In Polen poetisch. Vorläufiges zu einer Charakteristik H. C. A.s* (ebd., S. 58–66). – *Pose, Possen und Poesie. Zum Werk H. C. A.s*, Hg. J. Donnenberg, Stg. 1981.

MED ANA SCHWOAZZN DINTN.
gedichta r aus bradnsee

(Mit schwarzer Tinte. Gedichte aus Breitensee). Sammlung von Gedichten in Wiener Mundart von Hans Carl ARTMANN, erschienen 1958. – Schon vor der Publikation in dem Sammelband hatte der Autor, zum Teil zusammen mit anderen Mitgliedern der »Wiener Gruppe«, mit Gerhard RÜHM und Friedrich ACHLEITNER, 1956 eine Anzahl der Gedichte in der Zeitschrift ›alpha‹ veröffentlicht und sie in einer Lesung in Salzburg 1957 vorgestellt. Sie fanden großen Widerhall beim Publikum, was allerdings, ebenso wie der Erfolg von *med ana schwoazzn dintn*, in gewissem Sinn auf einem Mißverständnis beruhte: Man nahm an, Artmann setze damit einfach die Tradition Wiener Heimatdichtung fort und sei in Nachfolge etwa von Josef WEINHEBERS *Wien wörtlich* (1935) zu sehen.

Doch Artmann kam über Umwege zum Dialekt; bei den sprachlichen Experimenten der Wiener Gruppe entdeckte er mit anderen eben auch den Reiz und die Möglichkeiten der Verwendung von Mundart. Jede Innigkeit, Besinnlichkeit und biedere Provinzialität fehlen diesen Mundartgedichten; programmatisch fordert Artmann im ersten Gedicht des Bandes: *»nua ka schmoez how e xogt! / nua ka schmoez ned ... / reis s ausse dei heazz dei bluadex / und hau s owe iwa r a bruknglanda!« (»Nur kein Schmalz, hab ich gesagt! Nur kein Schmalz ... Reiß es aus, dein Herz, dein blutiges, und wirf es über ein Brückengeländer!«).* Geschult an den Texten der Surrealisten, mit Anklängen an Motive der »schwarzen Romantik«, versehen mit einem kräftigen Schuß schwarzen Humors und genährt von der Sinnlichkeit und Konkretion der Mundartsprache, geben die Gedichte ein unsentimentales, mit »schwarzer Tinte« gezeichnetes, eher das Makabre und Dämonische hervorhebendes Bild Wiens und seiner Einwohner. Da taucht ein *»ringlgschbiiübsizza«* (ein Karusselbesitzer) als *»blauboad«*, als unersättlicher Frauenmörder auf, ein böser *»kindafazara«* (Kinderfresser), ein *»besa geadna«* (böser Gärtner), der seinen Sadismus an Blumen austobt, die er in Mengen köpft, Gestalten also, die alle in *»finztara unschuid«*, in finsterer Unschuld, doch in artistisch raffinierter Naivität, in meist reimlosen, im *vers libre* gehaltenen Rollengedichten sich aussprechen oder angesprochen werden. Andere Gedichte lehnen sich an die Tradition der Küchen- und Dienstmädchenlieder an oder sind Liebespoeme voll poesiereicher und zärtlicher Komplimente, die in hochdeutscher Literatursprache gesucht oder abgegriffen wirken würden: *»i mechad me diaregt fia dii / en a blumanschdandal fazauwan / alanech und grod nua fia dii / ... / en a schdandal foi duipm und rosn / foi draureche astan und nökn ...« (»Ich möchte mich speziell für dich / in ein Blumenständchen verwandeln / allein und gerade nur für dich / ... / in ein Ständchen voller Tulpen und Rosen / voll trauriger Astern und Nelken ...«)* Ohne daß je der gefühligen Erinnerungsseligkeit nachgegeben wird, werden Kindheitsszenen beschworen, die Atmosphäre der Wiener Vorstädte eingefangen (der Autor selbst stammt aus dem im Untertitel genannten Bezirk *»bradnsee«*: Breitensee) und die alten Wiener Themen Tod und Vergänglichkeit mit kühner Bildlichkeit und hintergründigen Einfällen variiert: Da soll einer zu seinem eigenen Begräbnis *»med a anasibzkawong / en an schwoazzn quand / med dein batazel / en da linkn haund« (»mit der 71er Tram / mit einem schwarzen Anzug / mit deiner Todesanzeige / in der linken Hand«)* zum Krematorium fahren, und an anderer Stelle wird mit der Feststellung aufgewartet: *»noch ana sindflud / san alawäu / de fenztabreln fafäud« (»Nach einer Sintflut / sind immer / die Fensterbretter verfault«).*

Die Mundart ist in den Gedichten annähernd phonetisch, allerdings unter Verwendung des normalen Alphabets wiedergegeben; dem Buch ist ein Glossar für alle Nicht-Wiener beigefügt. Die anfängliche Mühe der Lektüre lohnt, wenn die Gedichte laut, »über das Ohr« gelesen werden (wofür einem Teil der Auflage des Buches eine Schallplatte beigegeben ist), bis einem *»die Zunge zu schmelzen beginnt«* (A. Schmeller). In einer zweiten Publikation, *rosn hosn baa*, 1959 *(Rosen Hosen Beine)*, hat Artmann weitere Gedichte im Wiener Dialekt veröffentlicht; die beiden anderen Autoren dieses Bandes folgen in ihren Mundartgedichten noch anderen Tendenzen: Achleitners Poeme zeigen die Verwendung der Reihungs- und Wiederholungsprinzipien der »konkreten Poesie«, während Gerhard Rühms Gedichte zum Teil in der Tradition der dadaistischen Lautgedichte stehen. Mit der Publikation dieser beiden Bände war für die Mitglieder der Wiener Gruppe die poetische Arbeit mit dem Dialekt als einem für die avantgardistisch-experimentelle Lyrik *»noch unentdeckten Sprachbereich«* (G. Rühm) erledigt, auch wenn viele von Gerhard Rühms Gedichten in Mundart erst in den späten sechziger und frühen siebziger Jahren erschienen. Das Echo bei der Kritik und z. T. auch beim Publikum war stark; schon 1956, als Artmann und Rühm einige Dialektgedichte in der Zeitschrift ›alpha‹ veröffentlichten, schrieb der Kritiker Alfred SCHMELLER begeistert im ›Wiener Kurier‹: *»Von früheren ›Mundart‹-Dichtungen unterscheiden sich diese Gedichte nicht unerheblich. Sie sind nicht mehr Impression, nicht mehr abgebildetes Wortgeläute; sie sind schärfer, makabrer, abgründiger, sie sind Selbstironie an der Peripherie, eine geraunzte Variante des schwarzen Humors, von aktiver Resignation durchtränkt und in ihren besten Stücken von unglaublicher Ausdruckskraft ...«.*

Inzwischen ist zu erkennen, daß Artmanns *med ana schwoazzn dintn* ihn nicht nur mit einem Schlag in Wien berühmt machte, sondern von unabsehbarer und weitverzweigter Wirkung war. Angeregt und ermutigt durch Artmanns Gedichte wagte eine wachsende Zahl von Autoren in den späten sechziger und dann vor allem in den siebziger Jahren wieder, ihren Dialekt mit seinem spezifischen Ausdruckspotential poetisch neu zu erproben; Artmann hatte bewiesen, daß Mundart nicht automatisch dichterische Rückständigkeit und Provinzalität bedeuten mußte. Kurt MARTI veröffentlichte 1968 *Rosa Loui*, moderne Gedichte in Berner Umgangssprache; der Franke Fitzgerald KUSZ schrieb Gedichte im landnürnbergischen Dialekt der fränkischen Mundart (unter anderem *morng sixtäs suwisu nimmä*; Morgen siehst du es sowieso nicht mehr, 1973; *kehrichhaffn*; Kehrichthaufen, 1974), und auch im Drama und vor allem im Hörspiel – in diesem Fall in Zusammenhang mit der Tendenz zum sogenannten »Originalton-Hörspiel« – wurden die Möglichkeiten der Sprache von der Straße, aus der Kneipe, aus dem Alltag, ihr Potential an unverbrauchter Poesiefähigkeit, an Zärtlichkeit, Aufsässigkeit und Komik von den Autoren exploriert, die damit ein authentischeres, »aufgerauhteres« Material der Abgeschliffenheit und Glätte der üblichen Literatursprache und vor allem der Sprache der Medien entgegensetzen wollten. Noch ein Großteil der Lieder, die André HELLER in den siebziger Jahren im Wiener Dialekt sang, verdanken sich der Möglichkeit, die Artmann als Pionier dem Dialekt wieder eröffnete; allerdings zeigen Hellers Lieder und die anderer österreichischer Schlagertexter in Mundart vor allem in den achtziger Jahren dann schon wieder den Abstieg ins Schlecht-Populäre und Sentimentale und führen damit wieder ein, was Artmann schneidend verbannt oder bodenlos ironisiert hatte: »Schmalz«. J.Dr.

AUSGABEN: Salzburg 1958 [Vorw. H. Sedlmayr, Einl. F. Polakovics]; 7. Aufl. o. J. [ca. 1985].

LITERATUR: G. Rühm, *zur »wiener gruppe« in den fünfziger Jahren – mit bemerkungen zu einigen frühen gemeinschaftsarbeiten* (in *Vom »Kahlschlag« zum »movens«*, Hg. J. Drews, Mchn. 1980). – Vgl. auch die Literaturang. zum Beitr. *Ein lilienweißer Brief aus Lincolnshire.*

ROSE AUSLÄNDER

eig. Rosalie Ruth Scherzer

* 11.5.1901 Czernowitz
† 3.1.1988 Düsseldorf

DAS LYRISCHE WERK von Rose AUSLÄNDER.

Kindheit und Jugend verbrachte Rose Ausländer im damals österreichischen Czernowitz/Bukowina. Sie entstammt einer jüdischen Familie; der Vater war Kaufmann, die Mutter kam aus Berlin. 1916, während des Ersten Weltkriegs, mußte die Familie fliehen. Nach zweijährigem Aufenthalt in Wien kehrte sie 1919 in die zwischenzeitlich rumänisch gewordene Bukowina zurück. Rose Ausländer begann ein Studium (Literatur, Philosophie) an der Universität in Czernowitz. 1920 starb der Vater; die Mutter sah sich außerstande, die ganze Familie zu ernähren. Daher mußte die Tochter in die USA auswandern. Verwandte nahmen sie im Mittelwesten der USA auf. Sie arbeitete als Hilfsredakteurin bei der deutschsprachigen Zeitung ›Westlicher Herold‹. Ende 1922 übersiedelte sie nach New York. Ihre ersten Gedichte erschienen in den von ihr als Redakteurin betreuten Jahresanthologien ›Amerika-Herold-Kalender‹. Sie heiratete ihren Studienfreund Ignaz Ausländer, trennte sich nach drei Jahren von ihm, ließ sich scheiden und kehrte Ende 1930 nach Czernowitz zurück. Sie lebte dort als Sekretärin, Übersetzerin, Englischlehrerin, als Arbeiterin in einer chemischen Fabrik. Ihr erstes Buch, die Gedichtsammlung *Der Regenbogen*, erschien 1939.

1941 besetzten Truppen der SS die Stadt Czernowitz. Das Leid der Juden der Bukowina begann. Rose Ausländer selbst war Ghetto und Todesnot ausgesetzt. 55000 Czernowitzer Juden wurden ermordet. Zu den fünftausend Überlebenden zählt Rose Ausländer. Sie verließ die nunmehr russische Bukowina und ging nach Bukarest. 1946 wanderte sie zum zweitenmal in die USA aus und lebte in der Folgezeit in New York. 1948 erhielt sie die amerikanische Staatsbürgerschaft.

1957 trat sie eine Europareise an, begegnete in Paris dem Lyriker Paul CELAN, den sie aus Czernowitz kannte, und wurde von ihm zu einer radikalen Änderung ihres Schreibstils angeregt. 1963 kehrte sie zurück nach Europa – zuerst nach Wien. Ab 1965 hielt sie sich in Deutschland auf. In Etappen hat sich die Heimkehr in die deutsche Sprache, ins Mutterland vollzogen. Seit 1972 lebte Rose Ausländer im Nelly-Sachs-Haus der jüdischen Gemeinde in Düsseldorf. Seit 1978 war sie bettlägerig. Sie lebte in zunehmender selbstgewählter Isolation unter unendlicher Anstrengung, unterbrochen von langen, nichtschöpferischen Pausen, Gedichte schreibend.

Ihr Werk umfaßt rund 2500 Gedichte, etwa 80 Kurzprosastücke, mehrere Erzählungen sowie essayistische und journalistische Arbeiten, daneben sind 1500 Entwürfe in verschiedenen Arbeitsstadien vorhanden. Diese Flut ist das Ergebnis eines lebenslangen Schreibtriebes als Reaktion auf erzwungene Veränderung. Beginnend mit der Flucht 1916 nach Wien schrieb sie, setzte dies fort nach der unfreiwilligen Auswanderung in die USA, später in der rumänischen Bukowina, in Elend, Hunger und Tod des Ghettos, als Fremde in New York und schließlich krank und isoliert im Altenheim. Sie schrieb, denn *»Schreiben war Leben, war Überleben«*. Immer baute sie sich eine Gegenwelt in ihrem Schreiben auf. Dabei leugnete sie in ihren Gedichten nicht materielle Not, Verfolgung, Todesdrohung – aber dagegen setzte sie eine Welt der Hoffnung, der Geborgenheit, des Glücks. Dieser Mechanismus, wahrscheinlich nur dieser Mechanismus, machte das Weiterleben möglich, verhinderte den psychischen Tod Rose Ausländers, gab ihr die

Kraft, auch da noch auszuharren und zu hoffen, wo der Mensch sonst in Fatalismus verfällt, sich aufgibt und verliert.
Von 1916 bis 1957 hat Rose Ausländer mit Reim und gebundener Form gearbeitet. Sie orientierte sich an anderen zeitgenössischen deutschen Dichtern der Bukowina, nennt als Anreger aber auch HÖLDERLIN und TRAKL. Durch Elternhaus und Schule war ihr die Klassik wohlvertraut. *Der Regenbogen*, 1939 in Czernowitz erschienen, sammelte die Gedichte aus den Jahren 1928 bis 1933. In Band 1 der *Gesammelten Werke* (*Die Erde war ein atlasweißes Feld. Gedichte 1927–1956*, 1985) werden rund 280 Gedichte der frühen Periode vorgestellt. Herausragend aus dem Konventionellen – bekannte, allzubekannte Themen, Motive, Worte – sind besonders die Gedichte aus dem Zyklus *New York* (1927, nur bruchstückhaft erhalten), in dem die Erfahrungen in dieser Stadt ihren Niederschlag gefunden haben, die packend und stilistisch meisterhaft geschrieben sind, und die unter dem Begriff *Ghettomotive* zusammengefaßten Gedichte aus den Jahren 1941 bis 1943, Reflexionen über das Leben und Leiden in Elend und Todesnot. Zwei Besuche bei Paul Celan in Paris, seine Anregungen und Hinweise, wurden für die Dichterin zum Anlaß, in Form und Stil ihrer Lyrik neue Möglichkeiten zu erproben; sie fand erstaunlich schnell und erstaunlich vollkommen Anschluß an das moderne Gedicht.
Bis 1976 blieb das Schreiben Rose Ausländers weitgehend ohne öffentliche Resonanz. Erst seither standen ihr ausreichend Publikationsmöglichkeiten zur Verfügung. Da sie ihre Gedichte nicht datiert hat und der Arbeitsprozeß am einzelnen Gedicht sich manchmal bis zu zwanzig Jahre hinzog, ist eine genaue chronologische Einordnung der Texte sehr schwierig. Auch Veröffentlichungen aus späteren Jahren (u. a. *Einen Drachen reiten*, 1981; *Südlich wartet ein wärmeres Land*, 1982) greifen oft auf Gedichte zurück, die vor 1970 entstanden. Drei große Arbeitsperioden lassen sich klar bestimmen: Das Frühwerk bis 1956, die mittlere Schaffensperiode mit reimlosen und ungebundenen lyrischen Texten (bis etwa 1976) und das Alterswerk, dem große Meisterschaft zugesprochen wird und das sich deutlich durch Reduktion auszeichnet und unterscheidet.
Während der beiden letzten Perioden war Rose Ausländers dichterischer Weg klar, geradeaus, ohne Umwege. Unbeeinflußt von literarischen Tendenzen und Moden hat sie ihre Gedichte geschrieben. Über die Jahre wurden ihre Verse schmuckloser, Zusätze und Schnörkel entfielen, die Texte wurden reduziert bis zum bloßen, offenliegenden Kern.
Vier thematische Schwerpunkte kennzeichnen das Werk Rose Ausländers. Zum ersten die in Kindheit und Jugend zurückreichenden Anklänge an das Judentum, insbesondere an das Ostjudentum und den Chassidismus (*Blinder Sommer*, 1965) und die als Angehörige des jüdischen Volkes erlittenen Nazigreuel. Staunend und verwundert hat sie das Überleben beschrieben (*36 Gerechte*, 1967). Wie sehr sie diese Erlebnisse auch noch im Alter bedrängten, zeigen viele Gedichte noch in den Bänden des Spätwerkes, die in den Jahren 1981 bis 1987 erschienen.
Zum zweiten findet die lebenslange Beschäftigung mit der Philosophie (SPINOZA, Constantin BRUNNER) ihren Niederschlag. Besonders Brunner (1862–1937) mit seiner Weiterentwicklung des spinozistischen Pantheismus beeinflußte ihre Gedichte nachhaltig. Hunderte Gedichte sind durch die Brunnersche Lehre geprägt, bis hin zum direkten Zitat.
Zum dritten hatte Rose Ausländer eine feste Beziehung zur Landschaft und zur Stadt. Ihre Aufenthalte und ihre Reisen sind Themen vieler Gedichte. Alle geographischen Lebensstationen lassen sich in ihren Texten finden. Es wäre möglich, einen chronologischen, geographischen Ablauf ihres Lebens aus ihren Gedichten zusammenzustellen.
Zum vierten schildert sie ihre Beziehung zu Menschen, zum Geliebten, zur Mutter, zum Du. Liebe und Hoffnung prägen diese Texte; sie sind das Angebot, dem realen Leben die dichterische Erlebenskraft entgegenzuhalten und das Leben zu bestehen. *(»Zum Menschen / bekenne ich mich / mit allen Worten / die mich erschaffen«.)* Es ist Rose Ausländer gelungen, zu den Urthemen und Urworten der Poesie zurückzukehren. Sie spricht vom Atem, von der Erde, Trauer und Tod, Mond, Sternen, Glück und Traum, von Zauberworten und der Hoffnung, von Vogel und Blume, und es gelingt ihr, diesen Urbegriffen neue Facetten abzugewinnen. Ihre Gedichte sind Strophen eines endlosen Liedes von ungetrübter Klarheit, bezaubernder Musikalität und bejahter Schwermut. Sie sagt Ich mit der Liebe zum Du. H.Bn.

AUSGABEN: *Der Regenbogen. Gedichte*, Czernowitz 1939. – *Blinder Sommer. Gedichte*, Wien 1965. – *36 Gerechte. Gedichte*, Hbg. 1967. – *Inventar. Gedichte*, Duisburg 1972. – *Ohne Visum. Gedichte und Kurzprosa*, Krefeld 1974. – *Andere Zeichen. Gedichte*, Düsseldorf 1975. – *Gesammelte Gedichte*, Leverkusen 1976. – *Noch ist Raum. Gedichte*, Duisburg 1976. – *Doppelspiel. Gedichte*, Köln 1977. – *Mutterland. Gedichte*, Köln 1978. – *Ein Stück weiter. Gedichte*, Köln 1979. – *Einverständnis. Gedichte*, Pfaffenweiler 1980. – *Mein Atem heißt jetzt. Gedichte*, Ffm. 1981. – *Einen Drachen reiten. Gedichte*, Pfaffenweiler 1981. – *Mein Venedig versinkt nicht. Gedichte*, Ffm. 1982. – *Südlich wartet ein wärmeres Land. Gedichte*, Pfaffenweiler 1982. – *So sicher atmet nur Tod. Gedichte*, Pfaffenweiler 1983. – *Ich zähl die Sterne meiner Worte. Gedichte*, Ffm. 1985. – *Ich spiele noch. Gedichte*, Ffm. 1987. – *Der Traum hat offene Augen. Gedichte*, Ffm. 1987. – *Gesammelte Werke*, Hg. H. Braun, 7 Bde., Ffm. 1985–1988: Bd. 1: *Die Erde war ein atlasweißes Feld, 1927–1956* (1985); Bd. 2: *Die Sichel mäht die Zeit zu Heu, 1957–1965* (1985); Bd. 3: *Hügel aus Äther unwiderruflich, 1966–1975* (1984); Bd. 4: *Im Aschenre-*

gen die Spur deines Namens, 1976 (1984); Bd. 5: *Ich höre das Herz des Oleanders, 1977–1979* (1984); Bd. 6: *Wieder ein Tag aus Glut und Wind, 1980–1982* (1986); Bd. 7: *Und preise die kühlende Liebe der Luft, 1983–1987* (1988).

LITERATUR: *R. A. Eine Ausstellung im Heinrich-Heine-Institut Düsseldorf 4. Mai–5. Juni 1977*, Hg. J. A. Kruse, Düsseldorf 1977. – J. Glenn, *Blumenworte/Kriegsgestammel, The Poetry of R. A.* (in Modern Australian Literature, 1979, H. 3/4, S. 127–146). – J. P. Wallmann, *»Ich will wohnen im Menschenwort«. Die Lyrik von R. A.* (in Literatur und Kritik, 1980, H. 15, S. 73–78). – G Lindemann, *Verse aus der Galgenzeit* (in Die Zeit, 17. 10. 1980). – J. Serke, *R. A.* (in J. S., *Frauen schreiben*, Ffm. 1982, S. 207–216). – B. Witte, *R. A.* (in KLG, 18. Nlg., 1984). – *R. A., Materialien zu Leben und Werk*, Ffm. 1988.

INGEBORG BACHMANN

* 25.6.1926 Klagenfurt
† 17.10.1973 Rom

LITERATUR ZUR AUTORIN:
Bibliographien:
O. Bareiss u. F. Ohloff, *I. B.*, Mchn./Zürich 1976. – O. Bareiss, *I. B.-Bibliographie 1977/1978–1981/1982. Nachträge und Ergänzungen* (in Jb. der Grillparzer-Ges., 15, 1983, S. 173–217). – Ders., *I. B.-Bibliographie 1981/1982 – Sommer 1985. Nachträge und Ergänzungen* (ebd., 16, 1985, S. 201–275).
Forschungsbericht:
M. Jakubowicz-Pisarek, *Stand der Forschung zum Werk I. B.s*, Ffm. u. a. 1984.
Biographien:
H. Pausch, *I. B.*, Bln. 1975. – *I. B. Bilder aus ihrem Leben*, Hg. A. Hapkemeyer, Mchn./Zürich 1983; ern. 1987 [Tb.].
Gesamtdarstellungen und Studien:
B. Witte, *I. B.* (in KLG, 6. Nlg., 1981 bzw. 28. Nlg., 1988). – A. Hapkemeyer, *Die Sprachthematik in der Prosa I. B.s. Todesarten und Sprachformen*, Ffm./Bern 1982. – *Der dunkle Schatten, dem ich schon seit Anfang folge ... I. B. Vorschläge zu einer neuen Lektüre des Werks*, Hg. H. Höller u. a., Wien/Mchn. 1982. – Acta Neophilologica, 17, 1984 [Sonderbd. *I. B.*]. – *I. B.*, Hg. H. L. Arnold, Mchn. 1984 (Text + Kritik). – H. Weber, *An der Grenze der Sprache. Religiöse Dimension der Sprache und biblisch-christliche Metaphorik im Werk I. B.s*, Essen 1986. – H. Höller, *I. B. Das Werk. Von den frühesten Gedichten bis zum »Todesarten-Zyklus«*, Ffm. 1987. – K. Bartsch, *I. B.*, Stg. 1988. – P. Beicken, *I. B.*, Mchn. 1988.

DAS LYRISCHE WERK von Ingeborg BACHMANN.
Selbst der literarisch interessierten Öffentlichkeit war Ingeborg Bachman weitgehend unbekannt, als ihr 1953 der Preis der Gruppe 47 verliehen wurde. Ihr noch im gleichen Jahr erschienener erster Gedichtband *Die gestundete Zeit* veranlaßte den Literaturkritiker G. BLÖCKER zu der Prophezeiung: *»Das lyrische Jahr 1953/1954 hat alle Aussicht, in die Literaturgeschichte einzugehen ... Es hat uns einen neuen Stern am deutschen Poetenhimmel beschert ...«*; und beim Erscheinen ihres zweiten und zugleich letzten Gedichtbandes *Anrufung des Großen Bären* (1956) war in den Rezensionen von *»Höhenzügen deutscher Lyrik, die sich da fortsetzen«* (J. KAISER) die Rede, von *»reiner, großer Poesie«* (S. UNSELD). H. E. HOLTHUSEN sah in den Gedichten der Bachmann gar *»das Klassische selbst, das hier sein ewiges Recht anmeldet«*. Verständlich wird die damalige Überhöhung der Lyrikerin, unterstützt im übrigen durch ihre auratische Erscheinung wie auch durch eine »Titelgeschichte« des Nachrichtenmagazins ›Der Spiegel‹ (1954), aus dem Kontext der deutschen Nachkriegsgeschichte. Wiederaufbau und Wirtschaftswunder ergänzten sich mit der Verdrängung der NS-Vergangenheit, im bundesdeutschen Feuilleton wurde die historisch erfahrene Existenzbedrohung im Zuge einer vom französischen Existentialismus angeregten HEIDEGGER-Renaissance umgedeutet in die ahistorische Grundbefindlichkeit des modernen Menschen schlechthin. Das »absurde« Theater begann seinen Siegeszug, und ein lyrisches Spektrum entfaltete sich, das, von Ausnahmeerscheinungen wie Paul CELAN, Günter EICH oder Nelly SACHS abgesehen, von der sog. »Kahlschlagliteratur« über eine idyllisch-panegyrische Naturlyrik bis zum apodiktischen Ästhetizismus eines Gottfried BENN reichte. Anzuknüpfen an Traditionen der klassischen europäischen Moderne, dies stand als Aufgabe vor den Nachkriegsautoren, die sich mit dem Diktum Theodor W. ADORNOS konfrontiert sahen, nach Auschwitz seien keine Gedichte mehr möglich.
Es gehört zu den literaturgeschichtlichen Leistungen Ingeborg Bachmanns, daß sie sich wie nur wenige dieser Herausforderung gestellt, das lyrische Ich als »Ich *in* der Geschichte« begriffen und »Geschichte *im* Ich« aufgezeigt hat. Als ihre Ausgangsposition kennzeichnete sie selbst in einem Interview eine *»Bewegung aus Leiderfahrung«*, eine tiefe persönliche und zugleich geschichtlich bedingte Verstörung: *»Es hat einen bestimmten Moment gegeben, der hat meine Kindheit zertrümmert. Der Einmarsch von Hitlers Truppen in Klagenfurt. Es war etwas so Entsetzliches, daß mit diesem Tag meine Erinnerung anfängt ... diese ungeheure Brutalität, die spürbar war, dieses Brüllen, Singen und Marschieren – das Aufkommen meiner ersten Todesangst« (Wir müssen wahre Sätze finden)*. Schon in den frühen

Gedichten, noch vor dem Band *Die gestundete Zeit*, war diese Angst als eine Art Grundstörung des lyrischen Ichs spürbar geworden: *»Versunkne Schiffe mit verkohltem Mast, / versunkne Schiffe mit zerschossner Brust, / mit halbzerfetztem Leib ... Wenn diese Schiffe bis ans Ufer kommen ... / Nein, nicht ans Ufer! / Wir werden sterben wie die Fischzüge, / die rund um sie auf breiten Wogen wiegen / zu abertausend Leichen!« (Vision)*. Hier ist der prägende Grundzug der Bachmannschen Lyrik bereits erkennbar, die strukturelle Verschränkung von Natur und Geschichte, der Versuch, in Bildern und Metaphern der beschädigten Natur die von der jüngsten Vergangenheit den Menschen zugefügten Beschädigungen und Verletzungen auszudrücken, ohne damit ins Genre der Naturlyrik abzugleiten; gegen eine solche Charakterisierung protestierte Ingeborg Bachmann ebenso vehement wie gegen die Würdigungen, die ihre Lyrik als zeitlose und damit wirkungslose Poesie vereinnahmten.

Denn, und darauf hatte auch Adornos Verdikt gegen Lyrik nach Auschwitz gezielt, die Jahre der NS-Herrschaft hatten die tradierten Bilder von Schönheit und Natur entwertet, ihre ungebrochene Verwendung für die Autoren der Nachkriegszeit ausgeschlossen. Dieses Bewußtsein prägt den ersten Gedichtband Ingeborg Bachmanns, *Die gestundete Zeit* (1953), einen schmalen Band mit nur 23 Gedichten, denen *Ein Monolog des Fürsten Myschkin zu der Ballettpantomime »Der Idiot«* nachgestellt ist. Formal überwiegen freie, fließende Rhythmen; soweit überhaupt Reimschemata verwendet werden, imaginieren sie eine verlorene Welt, die eine Ahnung von Geborgenheit zu vermitteln imstande ist, nunmehr aber der Vergangenheit angehört. Die Anklänge an die Tradition der Romantik und des Volkslieds dienen lediglich dazu, das Ausmaß der Zerstörung und der Desorientierung sichtbar zu machen; was geblieben ist, sind die »Scherben«, unter denen der »Märchenvogel« verschüttet ist. Hinter der von Spannungen und Widersprüchen geprägten, dissonanten Struktur der Gedichte, die Einflüsse von Expressionismus und Surrealismus zeigen, gibt sich ein lyrisches Ich zu erkennen, das mit einer durchaus an BRECHT erinnernden Lakonie und analytischen Schärfe seine Situation in der Welt nach dem Faschismus reflektiert. Was bei vielen Lyrikern der Nachkriegszeit bloßer Eskapismus war – Natur, Märchenwelt und Mythos – wurde transformiert in Chiffren einer aus dem Erlebnis der politischen Katastrophen herrührenden Verletzung und Verängstigung.

Scheinbar idyllisch beginnt das Gedicht *Früher Mittag*: *»Still grünt die Linde im eröffneten Sommer, / weit aus den Städten gerückt, flirrt / der mattglänzende Tagmond. Schon ist Mittag, / schon regt sich im Brunnen der Strahl, / ...«*. Aber bereits in den nächsten Zeilen dringt die vergangene, aber als noch anhaltend erlebte Apokalypse in die Bildwelt des Gedichts ein: *»Schon hebt sich unter den Scherben / des Märchenvogels geschundener Flügel, / und die vom Steinwurf entstellte Hand / sinkt ins erwachende Korn. / Wo Deutschlands Himmel die Erde schwärzt, / sucht sein enthaupteter Engel ein Grab für den Haß / und reicht dir die Schlüssel des Herzens.«* Der Neubeginn, der nach dem Ende des Krieges notwendig gewesen wäre, hat nicht stattgefunden; jene, die mitgeholfen haben, die Herrschaft der Nationalsozialisten zu festigen, werden in den Zeiten des kalten Krieges wieder gebraucht: *»Sieben Jahre später / fällt es dir wieder ein, / am Brunnen vor dem Tore, / blick nicht zu tief hinein, / die Augen gehen dir über / Sieben Jahre später, / in einem Totenhaus, / trinken die Henker von gestern / den goldenen Becher aus. / Die Augen täten dir sinken.«* Bei allem Pessimismus in der Diagnose ihrer Zeit (*»In der Nachgeburt der Schrecken / sucht das Geschmeiß nach neuer Nahrung.«*) verharrt das lyrische Ich nicht in einer fatalistischen Haltung, eine mitunter konstatierte *»Untergangssüchtigkeit«* (S. Bothner, 1986) liegt durchgängig sowenig vor wie die Flucht vor der Realität in ein Traumland. Die Metaphern der Natur, die Anspielungen auf die scheinbar unbeschädigte Tradition der deutschen Literatur tragen den Appell des Widerstands in sich, gemeinsam ist den Gedichten die eindringliche Mahnung, wieviel an kostbarer Zeit für eine Neugestaltung der Welt, die einen radikalen Bruch mit dem Vergangenen einzuschließen hätte, bereits verstrichen ist. Der Titel des Gedichts *Die gestundete Zeit*, das dem Gedichtband den Namen gab, bedeutet nichts als eine Warnung, daß die Zeit für einen Neubeginn nicht unbegrenzt zur Verfügung stehen wird: *»Es kommen härtere Tage. / Die auf Widerruf gestundete Zeit / wird sichtbar am Horizont. / Bald mußt du den Schuh schnüren / und die Hunde zurückjagen in die Marschhöfe.«*

Der Gegensatz zwischen der *»verheerte(n) Welt«* der Gegenwart und einer ersehnten Utopie, deren Unbestimmbarkeit und Unsagbarkeit zunehmend hervortritt, verstärkt sich in Ingeborg Bachmanns zweitem Gedichtband *Anrufung des Großen Bären* (1956). Der Band umfaßt vier Gedichtgruppen mit insgesamt 41 Gedichten, wobei *Von einem Land, einem Fluß und den Seen* mit 10 Gedichten ebenso einen eigenen Zyklus bildet wie *Lieder auf der Flucht* mit 15 Gedichten. Auffällig sind die eine fast überströmende Bilderflut ordnenden, häufig verwendeten Reimschemata und ein wesentlich strengerer Gedichtaufbau, ohne daß jedoch der freie Rhythmus aufgegeben wäre. Es hat den Anschein, als versuche das lyrische Ich mit einem neuen Sprachgestus und strengerem Formbewußtsein seine eigene Beschädigung und die der Zeit zu überwinden. Im ersten Gedicht der Gruppe, *Von einem Land, einem Fluß und den Seen*, das sich wohl auf ihre Heimat Kärnten bezieht, wird der schmerzlich erfahrene Hintergrund des ersten Gedichtbandes ausdrücklich revoziert und mit einer vermeintlich optimistischen Grundhaltung des lyrischen Sprechens verknüpft: *»Erinnere dich! Du weißt jetzt allerlanden: / wer treu ist, wird im Frühlicht heimgeführt. / O Zeit gestundet, Zeit uns überlassen! / Was ich vergaß, hat glänzend mich berührt.«* Diese Grundhaltung setzt sich fort im fünften Gedicht: *»Wir aber wollen über Grenzen sprechen, / und* *gehen auch Grenzen noch durch jedes Wort: / wir werden sie vor Heimweh überschreiten / und dann im Einklang stehn mit jedem Ort.«* Aber diese Orte bezeichnen weder das Land der Kindheit noch eine real auffindbare oder einholbare Utopie, wie sie noch in *Die gestundete Zeit* beschworen worden war. Die Wirklichkeit scheint verstellt. Anderswo scheint es Versöhnung und Erlösung zu geben: *»Wo ist Gesetz, wo Ordnung? Wo erscheinen / uns ganz begreiflich Blatt und Baum und Stein? / Zugegen sind sie in der schönen Sprache, / im reinen Sein ...«.* Die Schlußzeilen zitieren fast wörtlich die Sprachphilosophie HEIDEGGERS (Thema der Dissertation I. Bachmanns, 1949): *»Das Sein von jeglichem, was ist, wohnt im Wort. Daher gilt der Satz ›Die Sprache ist das Haus des Seins‹. Gemeint ist besagte Erfahrung, die der Dichter zu machen habe: daß erst das Wort ein Ding als das Ding, das es ist, erscheinen und also anwesen läßt.«* In ähnliche Richtung, wenngleich von anderen Prämissen her, wies auch schon der berühmte Satz WITTGENSTEINS: *»Die Grenzen meiner Sprache bedeuten die Grenzen meiner Welt.«* – ein Satz, den Ingeborg Bachmann in das poetologische Postulat umformulierte: *»Keine neue Welt ohne neue Sprache« (Das dreißigste Jahr).* Wenn im gleichnamigen Gedicht von *»Landnahme«* die Rede ist, so ist deshalb zunächst nur eine sprachlich-poetische Landschaft intendiert, denn *»allein die Phantasie kann, was draußen verlorenging, als Möglichkeit für den Menschen ins Innere hinüberretten«* (H. Höller). So wird gleich im Eingangsgedicht, *Das Spiel ist aus*, in Bildern kindlicher Phantasie, die sich aus der Erwachsenenwelt flüchtet, eine ferne, märchenhaft-mythische Utopie der Versöhnung imaginiert: *»Nur wer an der goldenen Brücke für die Karfunkelfee / das Wort noch weiß, hat gewonnen. / Ich muß dir sagen, es ist mit dem letzten Schnee / im Garten zerronnen. // Von vielen, vielen Steinen sind unsere Füße so wund. / Einer heilt. Mit dem wollen wir springen, / bis der Kinderkönig, mit dem Schlüssel zu seinem Reich im Mund, / uns holt ...«.*

Erschien in *Die gestundete Zeit* noch ein Aufbruch zu neuen Formen gesellschaftlicher Wirklichkeit möglich, so scheint in *Anrufung des Großen Bären* die Verdüsterung und Erstarrung der geschichtlichen Welt und die damit verbundene Bedrohung aller zwischenmenschlichen Beziehungen endgültig geworden zu sein: *»Kälte wie noch nie ist eingedrungen, / Fliegende Kommandos kamen über das Meer. / Mit allen Lichtern hat der Golf sich ergeben. / Die Stadt ist gefallen«* (*Lieder auf der Flucht*, IV). Immer wieder sinkt »Nacht« auf die mit magischem Realismus beschworene Geschichtslandschaft, die wie unter einem mythischen Bann erlebt wird, so im Titelgedicht, wo der Große Bär die Welt und ihre Menschen wie *»Zapfen jagt, die von den Tannen / gefallen sind, den großen, geflügelten, / die aus dem Paradiese stürzten«.*

All dies verleiht Ingeborg Bachmanns zweitem Gedichtband zwar einen höheren Grad an Bildhaftigkeit, läßt aber den Bezug zu den in völliger Entfremdung erstarrten Verhältnissen der Gegenwart nur noch negativ in deren Ablehnung aufscheinen. Was immer als Utopie ersehnt wird – ein elementares Dasein, dem Liebe und *»Klarheit«* zukommt, das Ende von Unterdrückung und Ausbeutung – wird zunehmend in die Innenwelt verlagert oder in eine mystisch-märchenhafte Bilderwelt transformiert. Letztlich versammeln die Gedichte dieses Bandes an *»utopischen Bildern und Zeichen das ..., was die Menschen in ihrer bisherigen Geschichte gegen die entfremdete Welt aufgeboten haben: Natur, Kunst, Religion, Volksmärchen und utopische Volksfeste, Liebe, Spiel und Arbeit, sie bilden den Schatz an Vorstellungen, Klängen, Farben und Bewegungen zur Versinnbildlichung des augenblicklichen Aufbruchs einer erlösten Welt«* (H. Höller). Die Aufhebung der Entfremdung wird in einem Bereich gesucht, der jenseits rationaler, zweckgerichteter Verhaltensformen liegt, der daher nicht begrifflich konstruierbar ist, dessen Imagination allein dem dichterischen Wort möglich ist und der damit aber auch für politisches Handeln nicht mehr faßbar, konkretisierbar wird. Wiederholt konstatierten daher die Rezensenten einen Rückzug der Dichterin in die Innerlichkeit.

Während in *Die gestundete Zeit* die Naturlandschaften noch als geschichtliche Handlungsräume entworfen wurden, klammert sich das lyrische Ich im poetologischen Gedicht *Mein Vogel* schon mit der ersten Zeile aus dem realen Zeitgeschehen aus: *»Was auch geschieht: die verheerte Welt / sinkt in die Dämmerung zurück, / einen Schlaftrunk halten ihr die Wälder bereit, / und vom Turm, den der Wächter verließ, / blicken ruhig und stet die Augen der Eule herab.«* Der Flug der Eule der Minerva, für HEGEL noch Symbol der Vollendung einer teleologisch zu sich selbst gelangten und vernünftig gewordenen Welt, wird hier zur Metapher eines dichterischen Über-Ich, zur einzigen Instanz, der gegenüber sich das lyrische Ich seiner selbst vergewissert: *»Mein eisgrauer Schultergenoß, meine Waffe, / mit jener Feder besteckt, meiner einzigen Waffe! / Mein einziger Schmuck: Schleier und Feder von dir.«* Der Isolation und Angestrengtheit dieser existentiellen Haltung entspricht in vielen Gedichten eine Angestrengtheit der lyrischen Gebärde, die häufig ins Abstrakte, Deklamatorische, ja Litaneihafte abgleitet: *»O Aufgang der Wolken, der Worte, / dem Scherbenberg anvertraut!« (Scherbenhügel); »Wort, sei bei uns«, »Wort, sei von uns«, »Mein Wort, errette mich« (Rede und Gegenrede); »O hätt ich nicht Todesfurcht! Hätt ich das Wort« (Curriculum vitae).* Am Ende der *Lieder auf der Flucht* stehen die tief resignativen Zeilen: *»Die Liebe hat einen Triumph und der Tod hat einen, / die Zeit und die Zeit danach. / Wir haben keinen. / Nur Sinken um uns von Gestirnen. Abglanz und Schweigen. / Doch das Lied überm Staub danach / wird uns übersteigen.«* Was bleibt, scheint ein an Gottfried BENN erinnerndes artistisches Credo zu sein, das aber nicht in dessen nihilistischem Ästhetizismus, sondern in existentieller Verzweiflung wurzelt, die der eigentliche Grundakkord ihrer beiden Gedichtbände ist und sich bereits als *»bevorstehende Sprachlosigkeit«* (Christa WOLF) ankündigte. In den wenigen Gedichten, die nach *Anrufung des*

Großen Bären noch entstanden, wurden die Zweifel an der Berechtigung des lyrischen Sprechens offen thematisiert, so in *Ihr Worte*, das mit den Zeilen endet: *»Kein Sterbenswort, ihr Worte!«* Und neben ENZENSBERGERS Totsagung der Literatur im Kursbuch 15 (1968) veröffentlichte Bachmann ihr Gedicht *Keine Delikatessen*, mit dem sie ihr Verstummen als Lyrikerin dokumentierte: *»Mein Teil, es soll verloren gehen.«*

Ingeborg Bachmann suchte fortan in einer zunächst noch lyrisch eingefärbten Prosa *(Das dreißigste Jahr)*, zu einer Bestandsaufnahme der Situation der Frau und zu neuen Möglichkeiten weiblichen Schreibens zu gelangen. Im Bemühen, ihr auf diesem Weg zu folgen, verlor die Literaturkritik ihr *»literarisches Glückskind«* (H. Koopmann) allmählich aus den Augen. Man hatte sie als genuine Lyrikerin gepriesen und zeigte bis in die späten siebziger Jahre hinein wenig Neigung, ihren Prosatexten jene Aufmerksamkeit zukommen zu lassen wie einst ihren Gedichten. Mittlerweile hat sich dies umgekehrt in den Zeiten der »Neuen Subjektivität«. Während Ingeborg Bachmanns Prosatexte, auch vor dem Hintergrund der Frauenbewegung, in den achtziger Jahren auf neues Interesse stießen, auch in der wissenschaftlichen Aufarbeitung des Werks, gerät die Lyrik in den Hintergrund. Eine kritische Wiederentdeckung der Lyrik steht durchaus noch aus, sowohl hinsichtlich ihres gesellschaftskritischen Impetus als auch hinsichtlich der Verknüpfung mit der Biographie der Dichterin. Denn wie *»keine andere Autorin der jüngsten deutschen Literatur hat sie ihr eigenes Ich poetisiert; ihr Leben war eine rollenhafte Verwirklichung des dichterischen Werkes«* (M. Jurgensen). H.Ve.-KLL

AUSGABEN: *Die gestundete Zeit. Gedichte*, Ffm. 1953. – *Anrufung des Großen Bären*, Mchn. 1956. – Mchn./Zürich 1978 (in *Werke*, Hg. Chr. Koschel u. a., 4 Bde., 1; ern. 1982).

LITERATUR: [K. Wagner], *B. Stenogramm der Zeit* (in Der Spiegel, 18. 8. 1954). – C. Heselhaus, *Suche nach einer neuen Dichtung* (in FAZ, 18. 9. 1954). – S. Unseld, *I. B.s neue Gedichte* (ebd., 27. 10. 1956). – H. Piontek, *Anrufung des Großen Bären. Neue Gedichte von I. B.* (in Stuttgarter Ztg., 17. 11. 1956). – H. Heißenbüttel, *Gegenbild der heillosen Zeit* (in Texte und Zeichen, 1957, H. 1, S. 92–94). – G. Blöcker, *Unter dem sapphischen Mond. Zum Thema Frauenlyrik* (in Der Tagesspiegel, 7. 7. 1957). – H. E. Holthusen, *Kämpfender Sprachgeist. Die Lyrik I. B.s* (in *Das Schöne und das Wahre. Neue Studien zur modernen Literatur*, Hg. ders., Mchn. 1958, S. 246–276). – A. Doppler, *Die Sprachauffassung I. B.s* (in Neoph, 47, 1963, S. 277–285). – W. Mauser, *I. B.s Landnahme. Zur Metaphernkunst der Dichterin* (in Sprachkunst, 1, 1970). – B. Angst-Hürlimann, *Im Widerspiel des Möglichen mit dem Unmöglichen. Zum Problem der Sprache bei I. B.*, Diss. Zürich 1971. – J. Görtz, *Zur Lyrik der I. B.* (in Text + Kritik, 6, 1971, S. 28–38). – U. Thiem, *Die Bildsprache der Lyrik I. B.s*, Diss. Köln 1972. – K. Krolow, *Nach zwei Jahrzehnten. Neuausgabe der Gedichte I. B.s* (in FAZ, 21. 3. 1974). – T. Mechtenberg, *Utopie als ästhetische Kategorie. Eine Untersuchung der Lyrik I. B.s*, Stg. 1978. – U.-M. Oelmann, *Deutsche poetologische Lyrik nach 1945. I. B., Günter Eich, Paul Celan*, Stg. 1980. – M. Jurgensen, *I. B. Die neue Sprache*, Bern u. a. 1981. – H. Höller, *»Die gestundete Zeit« und »Anrufung des Großen Bären«. Vorschläge zu einem neuen Verständnis* (in *»Der dunkle Schatten, dem ich schon seit Anfang folge.« I. B. – Vorschläge zu einer neuen Lektüre des Werks*, Hg. H. Höller, Wien/ Mchn. 1982, S. 125–172). – U. Baltz, *Literatur als Utopie. Zur Lyrik I. B.s* (in U. B., *Theologie und Poesie*, Ffm. u. a. 1983, S. 114–129). – R. Svandrlik, *Ästhetizismus und Ästhetikkritik in der Lyrik I. B.s* (in *I. B.*, Hg. H. L. Arnold, Mchn. 1984; Text + Kritik). – *I. B., »Wir müssen wahre Sätze finden«. Gespräche und Interviews*, Hg. Chr. Koschel u. I. Weidenbaum, Mchn. 1985. – S. Bothner, *I. B. Der janusköpfige Tod. Versuch der literaturpsychologischen Deutung eines Grenzgebiets der Lyrik, unter Einbeziehung des Nachlasses*, Ffm. u. a. 1986.

DAS DREISSIGSTE JAHR

Erzählungsband von Ingeborg BACHMANN, erschienen 1961. – Die in diesem Band enthaltenen sieben Erzählungen, die ersten Prosaarbeiten, die Ingeborg Bachmann publizierte, wurden nach Auskunft der Autorin *»in den Jahren 1956 und 1957 entworfen«*. Ebenso wie die in dieser Zeit entstandenen Gedichte des Bandes *Anrufung des Großen Bären* oder die Hörspiele thematisieren sie Versuche, den Bindungen einer Gesellschaft zu entkommen, die jeden Versuch individueller Entfaltung verhindert. Protest und Resignation kulminieren in diesen Texten zu Lebenskrisen, die als symptomatisch für die Befindlichkeit der Menschen in der Nachkriegszeit gesehen werden, die zugleich aber auch Spuren autobiographischer Bekenntnisse tragen, nicht allein aufgrund von Ingeborg Bachmanns Bestandsaufnahme ihrer Jugend in der Erzählung *Jugend in einer österreichischen Stadt*, die am Anfang des Bandes steht.

»Wenn einer in sein dreißigstes Jahr geht ...«, mit diesen Worten beginnt die umfangreichste Erzählung, die dem Band auch den Titel gab: *Das dreißigste Jahr*. Das Erreichen dieses Lebensjahrzehnts markiert, in diesem Text veranschaulicht am Beispiel eines Mannes, das endgültige Ende der Jugend *(»[er] hat so viele Möglichkeiten für sich gesehen und ... gedacht, daß er alles mögliche werden könne«)* und den Beginn dessen, was gemeinhin als Berufsleben umschrieben wird und dem Dreißigjährigen als eine einzige *»Falle«* erscheint. Noch versucht er, ähnlich MUSILS Held in *Der Mann ohne Eigenschaften* (1930–1952), jede Entscheidung zu vermeiden, er verbleibt in einem *»Schwebezustand«*, der sich zu einem Rückzug in sich selbst verdichtet. Die Begegnung mit den Menschen, die ihm als gesellschaftliche Charaktermasken erscheinen, erfährt er

zunehmend als *»Kränkung«*, ohne doch über die radikale Ablehnung dieser Gesellschaft hinaus zur eigenen Identität zu gelangen: *»Zum Schweigen gebrachtes Ich aus Schweigen ...«*. Die Problematisierung der eigenen Individualität, die Existenzkrisen, die alle Erzählungen des Bandes behandeln, haben nicht nur gesellschaftliche, sondern auch geschichtliche Ursachen. Die als Trauma erfahrene Kinderzeit im nationalsozialistischen Österreich *(Jugend in einer österreichischen Stadt)* läßt sich weder individuell noch kollektiv überwinden *(»›Nach dem Krieg‹ – dies ist die Zeitrechnung«*, heißt es lapidar in der Erzählung *Unter Mördern und Irren)*, und im Ansatz bereitet sich in diesen Erzählungen bereits jenes Geschichts- und Gesellschaftsbild vor, das schließlich in den Romanen des *Todesarten*-Zyklus dominieren wird. *»Die Kinder haben keine Zukunft«*, konstatiert die Autorin in *Jugend in einer österreichischen Stadt* und meint damit ihre Generation, die den Ausbruch aus der *»schlechtesten aller Welten«* nicht leistet und damit nicht nur ihre eigene Zukunft, sondern auch die ihrer eigenen Kinder zerstört. Die Erzählung *Alles* handelt von einem Mann, der vergebens seinen Sohn vor der *»Falle«* der Gesellschaft und jener *»Dressur«* schützen will, die mit dem Erwerb der Sprache dieser Gesellschaft verbunden ist: *»Alles ist eine Frage der Sprache.«* Die Hoffnung des Vaters jedoch, er könne sein Kind bewahren *»vor unserer Sprache, bis es eine neue begründet hatte und eine neue Zeit einleiten konnte«*, bleibt notwendig Illusion. Da der Vater erkennen muß, daß *»das Kind ja zu allem fähig (war), nur dazu nicht, auszutreten, den Teufelskreis zu durchbrechen«*, läßt er es schließlich aus seiner *»Liebe fallen«*. Als das Kind auf einem Schulausflug tödlich verunglückt, steigert sich die Erzählung zu einer Tragödie: Die Schuld des Vaters ist es, vom Sohn *»alles«* erwartet, ihn zum Instrument gemacht zu haben. Am Ende steht die Einsicht: *»Lern du die Schattensprache! Lern du selber.«*

In einer alles nivellierenden Gesellschaft bleiben auch die Randbereiche und Fluchtmöglichkeiten in Konventionen und Klischees befangen. Selbst dem am Rand der Gesetzeswelt Lebenden, dem Mann, der eine natürliche Lust am Blutvergießen in sich spürt *(Unter Mördern und Irren)*, ist es verwehrt, sein Schicksal auf eigene Weise zu leben; denn durch den Krieg ist auch das Töten banalisiert worden. Die Frau, die aus einer ihr beengend erscheinenden Ehe in ein lesbisches Verhältnis zu fliehen sucht *(Ein Schritt nach Gomorrha)* und gleichsam einen weiblichen Gegenentwurf zur bestehenden Welt der Männer aufbauen will, scheitert ebenso wie der Richter, der sich während des Prozesses gegen einen ihm zufällig namensgleichen Mörder der Unmöglichkeit bewußt wird, der Wahrheit mittels sprachlicher Verständigung auf die Spur zu kommen *(Ein Wildermuth)*. Die Befreiung, die in den Texten mit fast romantisch anmutender, emotionaler Radikalität gesucht wird, kann nicht gelingen; denn welcher Art könnte die neue Welt sein, die aus der totalen Zertrümmerung alles Bestehenden, aus Sprachlosigkeit und aus der Ekstase des Selbstvergessens hervorgeht? Der Held der Erzählung *Das dreißigste Jahr* erlebt diese Form anarchischer, unbedingter Liebe als *»Hölle«*, und in ihren Frankfurter Poetik-Vorlesungen 1959/1960 konstatiert die Autorin, daß *»Liebe als Verneinung, als Ausnahmezustand«* nicht dauern könne. Was bleibt, ist jedoch die Sehnsucht danach, die Suche nach einer Utopie, die diese Lebensform zum Ausdruck bringen könne, und nicht zufällig steht am Ende des Erzählbandes das Anti-Märchen *Undine geht*, oft als Selbstbekenntnis der Autorin mißverstanden. Undine, so Ingeborg Bachmann, steht für die Möglichkeiten der Kunst, die hier aus weiblicher Sicht Klage über die patriarchalische Gesellschaft führt, um schließlich *»sprachlos«* im Wasser zu versinken.

»Das Neue«, so hatte Adorno einst das Dilemma literarischer Utopie beschrieben, *»ist die Sehnsucht nach dem Neuen, kaum es selbst, daran krankt alles Neue.«* Gerade dies war den Kritikern nach Erscheinen des Erzählbandes kaum bewußt; sie bemängelten, daß die Autorin über die bloße Negation des Bestehenden nicht hinausgelangt sei und vermißten fast übereinstimmend den Realitätsbezug der Texte, wie auch deren lyrischer Gestus, der Gegensatz von sachlicher Diktion und üppiger Metaphorik, von Ironie und Musikalität, irritierend wirkte. Wie im Fall der übrigen Prosatexte von Ingeborg Bachmann kam es in den späten siebziger Jahren zu einer neuen, positiven Einschätzung ihrer Erzählungen und Romane. Zunehmend erkannte man, daß in dem frühen Erzählband *Das dreißigste Jahr* *»die wesentlichen Momente der späteren Frauenbewegung vorweggenommen* (sind), *ihr anthropologischer Stachel, ihre tragische Paradoxie, ihr notwendiger gesellschaftlicher Affront«* (Horst Peter Neumann).

M.Pr.

Ausgaben: Mchn. 1961. – Mchn./Zürich 1978 (in *Werke*, Hg. Chr. Koschel u.a., 4 Bde., 2; ern. 1982).

Literatur: H. Henze, Rez. (in FAZ, 5.8.1961). – W. Jens, Rez. (in Die Zeit, 8.9.1961). – G. Blökker, *Nur die Bilder bleiben* (in Merkur, 1961, H. 9, S. 882–886). – B. Schärer, *I. B.s Erzählung »Alles«* (in Muttersprache, 72, 1961, H. 11, S. 321–326). – H. P. Neumann, *Vier Gründe einer Befangenheit. Über I. B.* (in Merkur, 1978, H. 11, S. 1130–1136). – K. Bartsch, *»Die frühe Dunkelhaft«. Zu I. B.s Erzählung »Jugend in einer österreichischen Stadt«* (in Literatur und Kritik, 1979, H. 131, S. 33–43). – H. Seidel, *I. B. und L. Wittgenstein. Person und Werk L. Wittgensteins in den Erzählungen »Das dreißigste Jahr« und »Ein Wildermuth«* (in ZfdPh, 98, 1979, S. 267–282). – H. Brinkmann, *Worte ziehen Worte nach sich. Entwerfende Zeichen in »Undine geht« von I. B.* (in WW, 31, 1981, S. 225–240). – A. Hapkemeyer, *I. B.s früheste Prosa. Struktur und Thematik*, Bonn 1982. – R. Delphendahl, *Alienation and Self-Discovery in I. B.s »Undine geht«* (in Modern Austrian Literature, 18, 1985, Nr. 3/4, S. 195–210).

DER GUTE GOTT VON MANHATTAN

Hörspiel von Ingeborg BACHMANN, Rundfunk-Uraufführung: 29. 5. 1958. – Das dritte und letzte Hörspiel Ingeborg Bachmanns, nach *Ein Geschäft mit Träumen* (1952) sowie *Die Zikaden* (1955), nimmt bereits Motive des späteren Romanwerks vorweg: die Beschwörung einer utopischen *»Gegenzeit«* durch die Liebe sowie die Kritik an einer von Männern getragenen, von Konkurrenz und Ausbeutung beherrschten Gesellschaft, die davon abweichende, von Frauen vorgetragene Lebensentwürfe nicht zuläßt.

Vor Gericht muß sich ein »Angeklagter«, der der »gute Gott von Manhattan« genannt wird, für ein Attentat verantworten, das er mit Hilfe seiner »Agenten«, der »Eichhörnchen«, auf das Paar Jennifer und Jan verübt hat. Zu seiner Rechtfertigung erklärt er, daß er diesen und viele vorangegangene Anschläge auf Liebende, die sich *»absentierten«*, begangen habe, weil ihre Liebe *»in den Senkrechten und Geraden der Stadt«* die Konvention sprenge, *»zuviel Trunkenheit und Selbstvergessen«* sei und ansteckend wirke wie eine gefährliche Krankheit. Zum Beweis beschwört (in Szenen, die in das Verhör eingeblendet sind) dieser gute Gott, gegen dessen Gesetz – Herrschaft des gesunden Menschenverstands und Anpassung an das allgemein Übliche – die Liebenden zu allen Zeiten am verheerendsten verstoßen haben, die Liebe von Jennifer und Jan. Sie durchläuft alle Stadien von einer flüchtigen Reisebekanntschaft über die *»Vereinbarung auf Distanz«* bis zum *»Grenzübertritt«*, bei dem die beiden, rettungslos aneinander verloren, ausbrechen aus allen Fesseln des Raums und der Zeit und allen Bindungen, in denen sie bisher lebten. Als mit den Worten des Mannes *»Ich bin mit dir und gegen alles«* die *»Gegenzeit«* beginnt, sieht der gute Gott den Augenblick gekommen, *»die Liebenden gerechterweise in die Luft fliegen«* zu lassen, in gutem Glauben, wie er versichert. Denn: *»Ich glaube an eine Ordnung für alle und für alle Tage, in der gelebt wird jeden Tag ... Ich glaube, daß die Liebe auf der Nachtseite der Welt ist, verderblicher als jedes Verbrechen, als alle Ketzereien.«* Als er für einen annehmbaren Status in der Gesellschaft plädiert – *»alles im Gleichgewicht und alles in Ordnung«* –, muß der verwirrte Richter ihm zustimmen: *»Etwas anderes ist nicht möglich und gibt es nicht.«* Der Richter gewinnt seine Sicherheit erst wieder, als Jan zur Rückkehr in die Normalität bereit ist; während Jennifer den Tod findet, ist der Mann in Sicherheit: *»Er war gerettet. Die Erde hatte ihn wieder«*, so die ironische, auf GOETHES *Faust* anspielende Kommentierung. Der gute Gott, davon ist der Richter nun überzeugt, vertritt die Ordnung dieser Welt, er hält die Anklage aufrecht, läßt den Angeklagten aber gehen.

»Schweigen« ist das letzte Wort des Hörspiels, in Schweigen mündet der entrückte Überschwang der Liebenden, denen Ingeborg Bachmann eine fast hymnische Sprache leiht, und in Schweigen endet die *»große Konvention«*, für deren Denk- und Sprachschablonen der gute Gott von Manhattan nicht minder zwingenden Ausdruck findet. Gestaltlose Stimmen *»ohne Timbre, ohne Betonung, klar und gleichmäßig«*, Gedichte aus Floskeln und Slogans – Maßregeln und Normen des Wohlverhaltens in einem vernünftig geordneten Dasein – demonstrieren wie ein begleitender Chor die Kluft zwischen den beiden Welten. Die gesellschaftskritische Komponente des Hörspiels, vor allem aber der ihm immanente weibliche Diskurs wurden in den fünfziger Jahren kaum erkannt, und noch 1970 opponierte Wolf WONDRATSCHEK, Vertreter des sog. »Neuen Hörspiels« gegen angeblich reaktionäre, dem Rundfunkbetrieb gegenüber affirmative Tendenzen des Stücks, das 1958 mit dem Hörspielpreis der Kriegsblinden ausgezeichnet worden war. Jurek BECKER wies die Vorwürfe Wondratscheks als ahistorisch zurück, und auch die moderne Forschung ist sich darin einig, daß diese Angriffe *»eher den restaurationsbesessenen literaturkritischen Mentoren der Dichterin hätten gelten müssen als ihrem Werk, das nur entstellt und bereits vorinterpretiert in den Blick geriet«* (H. Höller). W.F.S.-KLL

AUSGABEN: Mchn. 1958; [4]1962. – Mchn. 1964 (in *Gedichte, Erzählungen, Hörspiele, Essays*). – Mchn. 1976 (in *Die Hörspiele*). – Mchn./Zürich 1978 (in *Werke*, Hg. Chr. Koschel u. a., 4 Bde., 1; ern. 1982). – Stg. [2]1979 (Nachw. O. F. Best; RUB).

LITERATUR: A. A. Scholl, *Unsichtbares betörendes Spiel. Über das dichterische Hörspiel G. Eichs und I. B.s* (in Jahresring, 1958/59, S. 353–360). – H.-G. Funke, *Zwei Hörspiele. »Die Zikaden«. »Der gute Gott von Manhattan«. Interpretation*, Mchn. 1969. – W. Wondratschek u. J. Becker, *War das Hörspiel der fünfziger Jahre reaktionär? Eine Kontroverse am Beispiel von I. B.s »Der gute Gott von Manhattan«* (in Merkur, 24, 1970, S. 190–194). – G. Bergsten, *Liebe als Grenzübertritt. Eine Studie über I. B.s Hörspiel »Der gute Gott von Manhattan«* (in *Deutsche Weltliteratur*, Hg. K.W. Jonas, Tübingen 1972, S. 277–289). – C. Reinert, *Unzumutbare Wahrheiten? Einführung in I. B.s Hörspiel »Der gute Gott von Manhattan«*, Bonn 1983. – H. Haider-Pregler, *I. B.s Radioarbeit. Ein Beitrag zur Hörspielforschung* (in *I. B. L'œuvre et ses situations. Actes du colloque*, Nantes 1986, S. 24–81). – *Materialband zu I. B.s Hörspielen*, Hg. N. Bary u. E. Tunner, Paris 1986.

MALINA

Roman von Ingeborg BACHMANN, erschienen 1971. – Nach Publikation des Erzählungsbandes *Das dreißigste Jahr* (1961) und der Verleihung des Büchner-Preises 1964 konzentrierte sich Ingeborg Bachmann auf die Komposition dieses Romans, des einzigen, der noch zu Lebzeiten der Autorin erschien und der Teil ist einer ursprünglich als Trilogie unter dem Titel *Todesarten* konzipierten Romanfolge; lediglich als Fragmente liegen die beiden dazu gehörenden Werke, *Der Fall Franza*

(1976) und *Requiem für Fanny Goldmann* (1979), vor.

Der Roman gibt sich den Anschein einer Autobiographie. Die Ich-Figur, wie die Autorin in Klagenfurt geboren und in Wien wohnend, reflektiert ihr Verhältnis zu zwei Männern: dem in der Nachbarschaft lebenden Ungarn Ivan, der sich mit seinen beiden Kindern seit zwei Jahren in Wien aufhält, sowie zu Malina, einem Militärhistoriker, mit dem die Erzählerin offensichtlich zusammenlebt. Wie bei einem Theaterstück werden Personen, Ort und Zeit *(»Heute«)* dem Roman vorangestellt, aber bereits dieses Verfahren verweist darauf, daß Schriftsteller-Ich und erzählendes Ich nicht ohne weiteres gleichgesetzt werden dürfen, sondern daß hier aus einer mitunter auch *»ironisch«* (H. Mayer) wirkenden Distanz heraus erzählt, eine Versuchsanordnung aufgebaut wird. Als dementsprechend doppelbödig erweist sich die reale Handlungsebene des Romans, zwischen *»Dreiecksgeschichte, Kriminalroman, Künstlerroman«* (Albrecht/Kollhoff) schwankend und durchsetzt mit literarischen und satirischen Anspielungen.

Glücklich mit Ivan ist das erste Kapitel überschrieben, aber dieses Glück bleibt imaginär. Ivan, der Nachbar aus der Ungargasse, dem *»Ungargassenland«*, wie die Erzählerin diese Welt sehnsuchtsvoll benennt, ist der Mann, dem sie eine absolute Liebe entgegenbringt, die dieser aber in jener Ausschließlichkeit nicht erwidern kann. Der erträumten Welt mit Ivan steht die Realität mit Malina gegenüber; er schafft in seiner rationalen Haltung die Bedingungen des gemeinsamen Lebens, sichert die Existenz beider. Aber Malina, der die Werte und Normen der Außenwelt verkörpert, ein Repräsentant der Vernunft, ist weniger eine reale Figur als vielmehr jenes aus dem Bereich des Erzähler-Ichs ausgegrenzte Prinzip der Selbsterhaltung, gleichsam die männliche Komponente im Bewußtsein der Erzählerin, die sie in einem Maße internalisiert hat, daß alle Versuche, dagegen ihre ›weibliche‹ Welt der Wünsche, Sehnsucht und Phantasie zu stellen, zum Scheitern verurteilt sind: *»Bin ich eine Frau oder etwas Dimorphes? Bin ich nicht ganz eine Frau, was bin ich überhaupt?«* Die Konflikte spielen sich im Innern der Ich-Erzählerin ab, dort, wie es im Vorwort zum *»Fall Franza«* heißen wird, wo *»alle Dramen stattfinden«*.

Der Versuch, sich einer weiblichen Identität in der Erinnerung an die eigene Herkunft zu vergewissern, führt in die Traumsequenzen des zweiten Kapitels: *Der Dritte Mann*. An dieser Person, als *»Vater«* ebenso gekennzeichnet wie als *»Mörder«*, personifiziert sich die Gewalttätigkeit einer Außenwelt, die gleichermaßen mit den Exzessen der nationalsozialistischen Vergangenheit wie mit den autoritären Ritualen der bürgerlichen Familie verbunden ist; Unterdrückung im privaten Bereich korrespondiert mit staatlicher Gewalt. Eine Verständigung mit dieser Welt männlicher Repression ist nicht möglich, weder für die vage aufscheinende *»Mutter«* noch für die Ich-Erzählerin selbst, deren Fazit über die Vergangenheit lautet: *»Hier wird man ermordet.«* Zunehmend reduzieren sich in der Folge die Kontakte zur Außenwelt, und auch die Beziehung zu Ivan zerbricht, womit die letzte Hoffnung verlorengeht, einen Gegenentwurf zum Bestehenden aufzubauen. Die Utopie des Glücks, im Märchen von der *»Prinzessin von Kagran«* im ersten Kapitel erzählt, bleibt für das Ich eine ferne Perspektive. Die Prinzessin von Kagran kann sich in einer feindlichen Welt behaupten aufgrund ihrer Liebe zu einem Prinzen, hinter dem die Außenseiterexistenz des Juden und Künstlers sichtbar wird; im *»Heute«* bleibt diese Möglichkeit versperrt.

Der weibliche Gegenentwurf zur Welt der Männer ist vertagt, und auch der im dritten Kapitel *(Von letzten Dingen)* stattfindende Versuch, über das Schreiben einen Dialog mit Malina aufzubauen, verfällt der Resignation: *»Ich kann das schöne Buch nicht mehr schreiben, ich habe vor langem aufgehört, an das Buch zu denken, grundlos, mir fällt kein Satz mehr ein.«* Im Schreiben, im damit verbundenen Bewußtwerdungsprozeß ist die Doppelexistenz von Erzähler-Ich und Malina, von Phantasie und Ratio nicht mehr aufrechtzuerhalten: *»Ich habe in Ivan gelebt und sterbe in Malina.«* Jener Teil der Doppelexistenz, der für Emotionalität, für Spontaneität steht, gleichsam für den weiblichen Teil dieser Existenz, kann nicht überleben, siegreich bleiben die verdinglichten Ordnungsmuster einer letztlich von Männern beherrschten Welt. In diese Ordnung geht die Erzählerin ein: *»Es ist eine sehr alte, eine sehr starke Wand, aus der niemand fallen kann, die niemand aufbrechen kann, aus der nie mehr etwas laut werden kann. Es war Mord.«*

Die Kritik hatte unmittelbar nach Erscheinen des Romans vielfach von einem Scheitern der Autorin gesprochen, von einem *»preziösen Seelen-Exhibitionismus«* war die Rede, und auf viele wirkte das Werk in der politisierten Atmosphäre der Studentenbewegung geradezu anachronistisch. Dabei war sich Ingeborg Bachmann stets bewußt, daß Dichtung nicht außerhalb der historischen Situation stattfindet, in diesem Sinne hatte sie schon 1959/1960 in ihren Poetik-Vorlesungen in Frankfurt argumentiert. Aber die eigentliche Utopiemächtigkeit von Dichtung lag für sie in dem Bestreben begründet, die Welt der Tatsachen auf die Welt der Wünsche hin zu übersteigen: *»Denn bei allem, was wir tun, denken und fühlen, möchten wir manchmal bis zum Äußersten gehen.«* Diese Utopie korrespondiert mit der Hoffnung auf eine *»neue Sprache«*, und nur allmählich las man *Malina* als Psychogramm einer Schriftstellerin, die hinsichtlich dieser Zukunftserwartung in existenzgefährdender Weise desillusioniert ist. Erst in den späten siebziger Jahren, vor dem Hintergrund der aufkommenden Frauenbewegung, erkannte man den weiblichen Diskurs, der diesem Werk ebenso immanent ist wie den übrigen Teilen des *Todesarten*-Zyklus, dessen Frauengestalten auf verschiedene Weise in den Tod getrieben werden und die diesen Prozeß der Selbstzerstörung selbst forcieren. Christa Wolf stellt daher die Ich-Erzählerin dieses Romans mit ihrem *»Selbstvernichtungswunsch«* in eine

Reihe mit jenen Frauenschicksalen, *»die sich in diesem Jahrhundert und in unserem Kulturkreis in die vom männlichen Selbstverständnis geprägten Institutionen gewagt«* haben und an der Internalisierung männlicher Normen und Spielregeln zerbrachen.

H.Ve.-KLL

Ausgaben: Ffm. 1971. – Mchn./Zürich 1978 (in *Werke*, Hg. Chr. Koschel u.a., 4 Bde., 3; ern. 1982). – Ffm. 1980 (st).

Literatur: G. Wohmann, Rez. (in Der Spiegel, 29.3. 1971). – A. Mechtel, Rez. (in FAZ, 30.3. 1971). – H. Mayer, Rez. (in Die Weltwoche, 30.4. 1971). – R. Baumgart, *I. B.: »Malina«* (in NDH, 1971, H. 2, S. 536–542). – E. Summerfield, *I. B. Die Auflösung der Figur in ihrem Roman »Malina«*, Bonn 1976. – R. Steiger, *»Malina« – Versuch einer Interpretation des Romans von I. B.*, Heidelberg 1978. – I. Riedel, *Traum und Legende in I. B.s »Malina«* (in *Psychoanalytische und psychopathologische Literaturinterpretation*, Hg. B. Urban u. W. Kudszus, Darmstadt 1981, S. 178–201). – E. Atzler, *I. B.s Roman »Malina« im Spiegel der literarischen Kritik* (in Jb. der Grillparzer-Ges., 15, 1983, S. 155–171). – Chr. Wolf, *Voraussetzungen einer Erzählung: »Kassandra«*, Darmstadt/Neuwied 1983, S. 126–155. – A. Klaubert, *Symbolische Strukturen bei I. B. »Malina« im Kontext der Kurzgeschichten*, Bern u.a. 1983. – G. Bail, *Weibliche Identität. I. B.s »Malina«*, Göttingen 1984. – E. Koch-Klenske, *Die vollkommene Vergeudung. Eine Lesart des Romans »Malina« von I. B.* (in *Die Sprache des Vaters im Körper der Mutter*, Hg. R. Haubl u.a., Gießen 1984, S. 115–131). – B. Kunze, *Ein Geheimnis der Prinzessin von Kagran: Die ungewöhnliche Quelle zu der ›Legende‹ in I. B.s »Malina«* (in Modern Austrian Literature, 18, 1985, Nr. 3/4, S. 105–119). – M. Albrecht u. J. Kallhoff, *Vorstellungen auf einer Gedankenbühne: Zu I. B.s »Todesarten«* (ebd., S. 91–104). – B. Thau, *Gesellschaftsbild und Utopie im Spätwerk I. B.s. Untersuchungen zum »Todesarten-Zyklus« und zu »Simultan«*, Ffm. u.a. 1986.

SIMULTAN

Erzählungsband von Ingeborg Bachmann, erschienen 1972. – Die fünf Erzählungen des Bandes entstanden im Umkreis des *Todesarten*-Zyklus. Ursprünglich sollten zwei weitere Texte, *Gier* und *Rosamunde*, in die Sammlung aufgenommen werden, sie blieben jedoch Fragment und wurden erst 1982 in der Aufsatzsammlung *Der dunkle Schatten, dem ich schon seit Anfang folge* veröffentlicht.

Beherrschendes Thema der Texte sind die Versuche von Frauen, sich den Anforderungen und den Zwängen einer von Männern beherrschten Wettbewerbsgesellschaft zu entziehen. Die Frauengestalten der rahmenden Erzählungen, *Simultan* und *Drei Wege zum See*, haben den Weg der beruflichen Karriere gewählt, aber auch über den Erfolg lassen sich jene persönlichen Freiräume nicht erreichen, in denen Bedürfnisse befriedigt werden können, die jenseits von Leistung und Konkurrenz liegen. Nadja, die Heldin in der Erzählung *Simultan*, arbeitet als Simultandolmetscherin; sie besorgt die Kommunikation in der Gesellschaft und ist selbst davon ausgeschlossen. Auch Elisabeth Matrei, Protagonistin der Erzählung *Drei Wege zum See*, hat als Fotoreporterin Karriere gemacht in einem von Männern und deren Konkurrenzkämpfen dominierten Beruf, bis sie durch die Hochzeit ihres Bruders und die Rückkehr in die Heimat auf die Defizite und Kosten aufmerksam gemacht wird, die nicht mehr rückgängig zu machen, nicht zu kompensieren sind im Privatleben.

Denn letztlich laufen die Überlebensstrategien der Heldinnen auf eine Reduzierung der Wahrnehmung hinaus; was Nadja und Elisabeth in den rahmenden Erzählungen über die Flucht in die Karriere erstreben, versuchen die übrigen Frauenfiguren durch den völligen Rückzug auf das eigene Ich, durch die totale Verweigerung (Beatrix in *Probleme, Probleme*), durch die Flucht in die Krankheit (Miranda in *Ihr glücklichen Augen* kultiviert ihre Sehschwäche, die ihr als *»Geschenk«* erscheint) oder, wie die alte Frau Jordan in *Das Gebell*, durch die Flucht in eine gewollte, offensichtliche Lebenslüge. Anders als in den Romanen des *Todesarten*-Zyklus kommen die Frauen in diesen Erzählungen nicht zu Tode, aber die Lebensform, die ihnen das Überleben sichert, bleibt kümmerlich, entfremdet, reduziert. Die Maßstäbe, nach denen sie ihr Leben organisieren, sind von außen oktroyiert, durch die Werbeindustrie, durch Leistungsdenken, vor allem aber durch jene Männer, zu denen eine Beziehung aufzubauen nie gelingt. Die Verwüstungen der Außenwelt prägen auch die privaten Fluchten, den Bereich der Innenwelt; so existenznotwendig und ersehnt die Liebesbeziehungen sind, sie gelingen nicht, weil die Männer noch stärker als die Frauen sich der Konkurrenz im Beruf und ihren eigenen Leistungsansprüchen unterwerfen. Der *»neue Mann«*, mit dem andere Formen des Austausches und Zusammenlebens möglich wären, existiert noch nicht, so daß, wie Elisabeth Matrei in *Drei Wege zum See* lakonisch konstatiert, nur vorübergehende, flüchtige Beziehungen möglich sind: *»... solange es diesen neuen Mann nicht gab, konnte man nur freundlich sein und gut zueinander, eine Weile. Mehr war nicht daraus zu machen, und es sollten die Frauen und Männer am besten Abstand halten, nichts zu tun haben miteinander, bis beide herausgefunden hatten aus einer Verwirrung und der Verstörung, der Unstimmigkeit aller Beziehungen.«*

Der Erzählungsband, der zweite nach *Das dreißigste Jahr* (1961), fand wie die übrigen Prosatexte von Ingeborg Bachmann ursprünglich eine zwiespältige Aufnahme; Marcel Reich-Ranicki sprach in seiner Rezension von der *»gefallenen Lyrikerin«*. Mittlerweile hat diese negative Einschätzung der Erzählerin Ingeborg Bachmann sich gewandelt, vor allem die Frauenbewegung fand in den Prosatexten Bachmanns vieles von dem bereits vorgedacht, was seit den späten siebziger Jahren in die öffentliche Diskussion getragen wurde, und auch in der wissenschaftlichen Aufbereitung des Werkes stehen die Prosatexte in einem solchen Maß im Vordergrund, daß darüber die frühe Lyrik Ingeborg Bachmanns fast vergessen wird. H.Ve.-KLL

Ausgaben: Mchn. 1972. – Mchn./Zürich 1978 (in *Werke*, Hg. Chr. Koschel u. a., 4 Bde., 2; ern. 1982).

Literatur: M. Reich-Ranicki, Rez. (in Die Zeit, 29. 2. 1972). – I. Drewitz, Rez. (in Der Tagesspiegel, 1. 10. 1972). – E. Henscheid, Rez. (in FRs, 1. 11. 1972). – J. Kaiser, Rez. (in SZ, 4./5. 11. 1972). – E. Summerfield, *Verzicht auf den Mann. Zu I. B.s Erzählungen »Simultan«* (in *Die Frau als Heldin und Autorin* [10. Amherster Kolloquium], Hg. W. Paulsen, Bern/Mchn. 1979, S. 211–216). – G. B. Mauch, *I. B.s Erzählband »Simultan«* (in Modern Austrian Literature, 12, 1979, Nr. 3/4, S. 273–304). – I. Holeschofsky, *Bewußtseinsdarstellung und Ironie in I. B.s Erzählung »Simultan«* (in Sprachkunst, 1980, H. 1, S. 63–70). – S. Schmid-Bortenschlager, *Frauen als Opfer – Gesellschaftliche Realität und literarisches Modell. Zu I. B.s Erzählband »Simultan«* (in *Der dunkle Schatten, dem ich schon seit Anfang folge. I. B. – Vorschläge zu einer neuen Lektüre des Werks*, Hg. H. Höller, Wien/Mchn. 1982, S. 85–95). – B. Thau, *Gesellschaftsbild und Utopie im Spätwerk I. B.s. Untersuchungen zum »Todesarten-Zyklus« und zu »Simultan«*, Ffm. u. a. 1986.

JÜRGEN BECKER

* 10.7.1932 Köln

Literatur zum Autor:
Über J. B., Hg. L. Kreuzer, Ffm. 1972. – D. Janshen, *Opfer und Subjekt des Alltäglichen. Denkstrukturen und Sprachformen in den Prosatexten J. B.s*, Köln/Wien 1976. – P. Bekes, *J. B.* (in KLG, 10. Nlg., 1982).

DAS LYRISCHE WERK von Jürgen Becker. Im wesentlichen entsteht das lyrische Œuvre Beckers in den siebziger Jahren. Demonstrierten seine von Joyce und Heissenbüttel beeinflußten experimentellen Prosatexte *Felder* (1964), *Ränder* (1968) und *Umgebungen* (1970) die Verschmelzung von disparaten Gattungen und Genres, so setzte um 1970 eine, wie Becker selbst kommentiert, *»Entflechtung«* der in der Prosa noch verbundenen epischen, lyrischen, szenischen und akustisch-visuellen Momente ein. Es erschienen Hörspiele, ein Theaterstück, ein Fotoband sowie eine Reihe von Gedichtbänden: *Schnee* (1971); *Das Ende der Landschaftsmalerei* (1974); *Erzähl mir nichts vom Krieg* (1977); *In der verbleibenden Zeit* (1979); *Fenster und Stimmen* (1982); *Odenthals Küste* (1986). – Beckers Lyrikpublikationen stellen keine Sammlungen von verstreuten Gedichten dar; vielmehr zentrieren sich die Texte um einen schon im Titel angezeigten thematischen Schwerpunkt. Zudem sorgt ein formalisierter Aufbau der Bände auch für einen äußeren Zusammenhalt.

Bei aller Scheu Beckers, einmal erprobte literarische Techniken wieder aufzugreifen, knüpft der 1971 veröffentlichte erste Lyrikband *Schnee* dennoch bruchlos an sein bisheriges Verfahren einer ›offenen Schreibweise‹ an. Deren sprachkritischer Impuls bestand darin, sowohl mit der Abkehr von traditionellen Sprachschablonen, Literaturformen und Denkklischees als auch mit der Verfremdung von stereotypen Sprachritualen den ideologischen Gehalt gängiger Sprachformeln zu entlarven und neue Wahrnehmungs- und Erfahrungsweisen zu initiieren. Auch wenn Beckers Lyrik ohne die experimentellen Ansätze seiner Prosa auskommt, führt doch das auf erlesene Metaphorik, ›hohe‹ Stillage und Texttektonik moderner Dichtung verzichtende umgangssprachliche Instrumentarium von *Schnee* die Methode der ›offenen Schreibweise‹ weiter. Das assoziative Registrieren von alltäglichen Beobachtungen, Redewendungen sowie Gedanken- und Erinnerungssplittern verdichtet sich in seinen Gedichten, gleichsam in Momentaufnahmen, zu einem Wahrnehmungsstenogramm, in dem das lyrische Ich im Detail die Veränderungen seiner nächsten Umgebung kritisch aufzeigt: Naturzerstörung, Entfremdung, den Wechsel im subjektiven Erleben. Der *»Kamera-Blick«* des lyrischen Subjekts fungiert dabei als Medium eines ›vielstimmigen‹ Bewußtseinsprotokolls. Von der Literaturkritik vielfach abwertend als sog. *»Neuer Subjektivismus«* etikettiert und damit in eine Reihe mit Autoren wie P. Handke oder N. Born gestellt, vermittelt die regionalistische Alltagsphänomenologie jedoch auch aus der Perspektive einer scheinbar bloß privaten Existenz Modelle allgemeiner Erfahrungen. Das vielperspektivische Zugleich einer Fülle von unterschiedlichsten Empfindungen, Wahrnehmungen und Reflexionen findet seinen formalen Niederschlag in einer auch räumlich und optisch vollzogenen Zertrümmerung der lyrischen Syntax: Ellipsen, Anakoluthe und Permutationen strukturieren die abrupt wechselnden Kurz- und Langzeilen, welche im Gefüge des Gedichts in zueinander und gegeneinander geordnete Vers- und Wortblöcke typographisch parzelliert werden. Die Gleichzeitigkeit verschiedener Bewußtseinsvorgänge versinnlichen überdies eingeklammerte Parenthesen, unterbrechende Einschübe und Nachträge. Besonders ausgeprägt ist dieses formale Verfahren bei den mehrere Seiten umfassenden Gedichten *Fragment aus Rom* oder *Takes*, die eine stilistische Nähe zu Höllerers ›langen Gedichten‹ und R. D.

BRINKMANNS Texten aus *Standphotos* (1969) oder *Gras* (1970) zeigen. Gerade aufgrund ihrer komplizierten Kompositionstechnik sind Beckers Texte, trotz ihrer unprätentiösen Diktion, vielschichtig und vieldeutig.

Ohne die lyrische Ausdrucksskala zu verändern, akzentuiert der Band *Das Ende der Landschaftsmalerei* (1974) stärker als zuvor ein zentrales Thema Bekkers: die fortschreitende Urbanisierung, Vernutzung und industrielle Verplanung der Landschaft. Beckers »Naturlyrik« ist jedoch – wie der Titel schon andeutet – weder die Fortsetzung naturbeschreibender Lyrik des 18./19. Jh.s noch die beschworene Idylle einer vergangenen Harmonie von Mensch und Natur. Ebensowenig tritt sie als blankes Protokoll der Naturzerstörung auf. Natur wird vielmehr nur im Bild ihres allmählichen Verschwindens noch einmal poetisch in Erinnerung gerufen und festgehalten *(Einst im Februar; Zehnter Juli)*. Das Naturerlebnis ist geschichtlich vermittelt und vermittelt Geschichte. Selbst das Summen der Fliegen assoziiert das lyrische Subjekt in *Mittags-Geräusch* mit dem *»Summen der Bomber«*, die Mittagshitze eines Augusttages leitet im *Gedicht mit Fragen* unwillkürlich zum Wort *»Mobilmachung«* über. Erinnerung wird aber zugleich auch als Zukunftsprojektion zur Suche nach noch unversehrter Natur *(Natur-Gedicht)*. Die topographische Erschließung vorwiegend der Kölner Vorstadtlandschaft geht stellenweise über diese hinaus in die poetische Imagination einer unversehrten Natur, die Erinnerung an das Vergangene wird zum Vorgriff auf eine ersehnte Zukunft. Im *Berliner Programmgedicht; 1971* heißt es: *»manchmal/ sind Traum-Wörter/ wirkliche Dinge/ im Rest dieser Landschaft; der Sandweg,/ die Kiefern, das Schilf/ – das Land/ ist nicht Eigentum der Phantasie, aber/ es verändert sich:/ eine Projektion der Erinnerung, / Ideen, der Einbildung und der Schmerzen./ Und es bleibt/ ein Produkt der Geschichte, und/ es verschwindet in einer Zukunft«*.

Der von Becker als »lyrisches Tagebuch« bezeichnete Band *Erzähl mir nichts vom Krieg* (1977) bringt die vormals noch vielstimmige Erkundung des Subjekts und dessen naturhafter wie gesellschaftlicher Umwelt näher mit dem persönlichen Erlebnis, der biographisch fixierbaren Vergangenheit zusammen. Die um die Erfahrung des Alterns kreisende lyrische Selbstvergewisserung bricht sich hier prismatisch in Kriegs- und Nachkriegserlebnissen *(Träume wiederholen sich*; *Ein ganzer Freitag*; *Am 21. Oktober 1944)*. Insgesamt werden die Gedichte in bemerkenswerter Weise kürzer, prägnanter; der lapidare Sprachgestus gewinnt an Intensität. Einen sich hier schon andeutenden Wandel der Naturlyrik bekunden die Bände *In der verbleibenden Zeit* (1979), *Die gemachten Geräusche* (nur in der Sammlung *Gedichte. 1965–1968*, 1981, abgedruckt) sowie *Fenster und Stimmen* (1982). Zuvor nur zaghaft gebrauchte lyrische Möglichkeiten von Naturbildern werden nun voll ausgeschöpft *(Heimfahrt [2], Erzählung)*; die ästhetische Bildsprache wird einheitlicher und hermetischer *(Möglichkeit im Garten, Spielzeit)*.

Diese Tendenz bestätigt Beckers vorerst letzte Veröffentlichung *Odenthals Küste* (1986). In dem aus sechs abgeschlossenen Abteilungen bestehenden Band, mit je anderer lyrischer Technik komponiert, gewinnt das einsame, private Naturerlebnis ästhetische Dignität. Der feste Jahreszeitenwechsel in einer begrenzten Landschaft verspricht dem Subjekt gegen eine konturenlos verfließende Zeit die Möglichkeit der Identitätssicherung und stillt seine Sehnsucht nach einer von geschichtlichen und gesellschaftlichen Zwängen befreiten Natur. Die Bilder in *Odenthals Küste* versuchen gleich der lyrischen Prosa in *Die Türe zum Meer* (1983) sich ganz in den »Text der Natur« hineinzuschreiben, wenn auch von dieser Chiffrensprache der Natur der Eingriff des Menschen nicht mehr weggedacht werden kann. Will *Die Türe zum Meer* es *»mit der Landschaft versuchen, ob Traum oder nicht«* und die *»Sprache der Dinge«* erlernen, so vergißt doch die poetische Rede *»im Konjunktiv«* aus *Odenthals Küste* nicht die Verquickung von Naturnutzung und Natur: *»die Spuren des Sprechens/ sind lesbar geblieben im Zeichensystem/ der Einmachgläser und kralligen Winteräste«*. Diese freilich nicht ganz unverfängliche natursemiotische Poetologie ist jedoch keinesfalls eine nostalgische Wiederbelebung spätromantischer Lehren. Auch für Beckers verinnerlichte ›neue‹ Naturpoesie gilt noch, was das *Kölner Fernseh-Gedicht* 1972 über Dichtung schreibt: *»im Selbstgespräch kämpft/ das Gedicht/ gegen die Stummheit der Einzelnen und/ das Vergessen der Mehrheit«*. N.Z.

AUSGABEN: *Schnee. Gedichte*, Bln. 1971. – *Das Ende der Landschaftsmalerei. Gedichte*, Ffm. 1974. – *Erzähl mir nichts vom Krieg. Gedichte*, Ffm. 1977. – *In der verbleibenden Zeit. Gedichte*, Ffm. 1979. – *Gedichte. 1965–1980*, Ffm. 1981 (st). – *Fenster und Stimmen*. Bilder von Rango Bohne. Gedichte von J. B., Ffm. 1982. – *Odenthals Küste*. Gedichte, Ffm. 1986. – *Das Gedicht von der wiedervereinigten Landschaft*, Ffm. 1988.

LITERATUR: R. Michaelis, Rez. (in Die Zeit, 5.4. 1974). – H. Piontek, Rez. (in NZZ, 19.4. 1974). – H.D. Schäfer, Rez. (in NDH, 1974, H.3, S. 585–591). – H. Bienek, *J. B. als Lyriker* (in NRs, 1974, H.3, S. 509–511). – H.D. Schäfer, Rez. (in Die Welt, 12.10. 1977). – H. Gnüg, *Nachschrift 1977* (in *Deutsche Literatur der Gegenwart*, Bd. II, Hg. D. Weber, Stg. 1977, S. 47–55). – V. Hage, Rez. (in FAZ, 9.10. 1977). – R. Michaelis, Rez. (in Die Zeit, 12.10. 1979). – Ch. Linder, Rez. (in SZ, 29.11. 1979). – S. Volckmann, *Zeit der Kirschen? Das Naturbild in der deutschen Gegenwartslyrik: J. B., Sarah Kirsch, Wolf Biermann, Hans Magnus Enzensberger*, Königstein/Ts. 1982, S. 53–94. – A. Kilb, Rez. (in Die Zeit, 7.11. 1986).

RÄNDER

Prosatext von Jürgen BECKER, erschienen 1968. – Bereits in der Typographie gibt sich die Struktur dieser experimentellen Prosa zu erkennen: Von den kompakten Satzblöcken des ersten und letzten Kapitels her lichten sich die Seiten zur Buchmitte hin zu kürzeren Absätzen ohne Satzzeichen, schmalen Wortkolonnen, schließlich sind nur noch einzelne Wendungen und Wörter isoliert und scheinbar haltlos über die Seiten gestreut. Die stumme Mitte, auch nach der Seitenzahl mathematisch genau fixiert, ist das sechste Kapitel: eine leere Doppelseite. Diese Progression des Schweigens demonstriert schon rein äußerlich die Formstrenge des Buches, das an verwandte typographische Experimente bei STERNE (vgl. *The Life and Opinions of Tristram Shandy*) oder MALLARMÉ (im geplanten *Le livre*; vgl. *Variations sur un sujet*) erinnert. Eine Konstruktion wird auffällig zur Schau gestellt: Das Buch als Ganzes ist mehr als die Summe seiner Partikel; es fixiert das Punktuelle und Momentane in einem übergreifenden Ordnungsgefüge. Von solcher strengen Systematik war Beckers erstes Buch *Felder* (1964) noch frei; dort vertraute er ganz dem Zusammenhang, der sich unwillkürlich auch zwischen den spontansten Äußerungen eines Subjekts herstellt. In den *Rändern* sucht Becker – und die 1970 erschienenen *Umgebungen* setzen dies fort – entschiedenere Widerstände, so etwas wie einen Raster, der zur Auswahl der Mitteilungen zwingt und sie rechtfertigt: Er unterwirft das Buch gleichsam seiner »Idee«.

Jeder gattungsmäßigen Zuordnung sich verweigernd, bietet der Text scheinbar nur autobiographische Materialien dar: die Kölner Topographie, ein römischer Park, die Villa Massimo, Ostia, die Küste Sardiniens, die Katze Nina und der Kater Nino, Kindheitserinnerungen, Tagesereignisse, die sechste amerikanische Flotte, der Offiziersputsch in Griechenland, Illustriertenzitate. Doch darüber wird nicht detailfreudig referiert, vielmehr entzündet sich an diesen Materialien Beckers Sprache und wird zu Erkundungen ihrer Möglichkeiten in Bewegung gesetzt. Das beginnt spröde, beim Einfachsten und Nächsten, als würde der Text allmählich und spielerisch zu sich selbst kommen, zielt zur leeren Mitte hin aber immer energischer auf die Synthese des Privaten und Globalen: Anläufe, die Distanz zwischen dem Ort, wo man sich zufällig befindet, und der Welt, die sich jeder konkreten Wahrnehmung entzieht, zu überspringen, Ich und Weltgeschichte in einem Atemzug zu verschränken; immer wieder irrt der suchende Blick über Landkarten oder aus dem Flugzeugfenster hinab auf die *»entschleierte Erde«*, die doch unerkennbar bleibt. Was von innen her die rigorose, so etwas wie »Endgültigkeit« postulierende Konstruktion des Buches rechtfertigt, ist die Anstrengung, vom Subjekt her *(»fremd bleibend mittendrin«)* den Kontinent des Erfahrbaren und in Sprache zu Fassenden auszumessen.

Diese Sprache – prunklose, nur zögernd und unaufdringlich aneinandergereihte Feststellungen, Sätze, die nie länger als ein Atemzug sind, Kurzformeln, Skizzen, deren Leichtigkeit, ja Verspieltheit vergessen läßt, wie genau sie einer Vorstellungsspur folgen – diese Sprache also besitzt außerordentliche Präsenz und Dichte: *»Wir sind manchmal verwirrt; was wir zu sehen glauben, verschwindet gleich wieder; im Kopf ein Rauschen; verwischte Welt. Sprichwörterzeit. Leben mit Landkarten.«* Jeder Absatz des Buches bringt eine Situation eindringlich zum Sprechen, doch in der Abfolge der Texte verflüchtigt sich jeder Augenblick, jede Erfahrung wieder in Vergänglichkeit. Blick- und Ortswechsel, Fortgehen und Wiederkommen, Sitzenbleiben und Wiederaufbrechen, erneuter Rückzug und Resignation im Verrinnen der Zeit: Dieser komplexe Gefühlsstrom spült immer wieder weg, was sich eben in Sprache kristallisiert hat, stört mit hartnäkkigem Zweifel auf, was sich bei vordergründiger Gewißheit beruhigen möchte. Das haltlose Ich und sein Verlangen nach einem begreifbaren Ganzen, nach dem ideologischen Denkmodell einer haltbaren Welt – dies etwa bildet Beckers Text ab: Die Ränder sind relativ festes Terrain, aber schmal; die letzten, vereinzelten Wörter an der Grenze zum leeren Mittelfeld, der *terra incognita*, ragen auf wie fernste Gipfel einer Erfahrungstopographie, die sich der insistierenden Vermessungskunst letztlich entzieht. U.-J.

AUSGABEN: Ffm. 1968. – Ffm. 1969 (es). – Ffm. 1983 (in *Felder Ränder Umgebungen*).

LITERATUR: H. Vormweg, *Das wiederentdeckte Ich* (in Merkur, 1968, S. 1160 ff.). – P. Laemmle, *Ein verkappter Realist?* (in FH, 1969, H. 1, S. 61 ff.). – W. Hinck, *Die ›offene Schreibweise‹ J. B.s* (in Basis, 1, 1970, S. 186 ff.). – W. Hildesheimer, *J. B. »Ränder«* (in *Deutsche Literaturkritik*, Hg. H. Mayer, Bd. 4, Ffm. 1983, S. 968–974). – P. V. Zima, *Vom Nouveau Roman zu J. B.s Prosa. Eine Studie zur Auflösung der Subjektivität* (in ZfdPh, 104, 1985, S. 244–270).

THOMAS BERNHARD

* 9.2.1931 Heerlen bei Maastricht / Niederlande
† 10.2.1989 Gmunden

LITERATUR ZUM AUTOR:
Über Th. B., Hg. A. Botond, Ffm. 1970 (es). – *Th. B.*, Hg. H. L. Arnold, Mchn. 1974; [2]1982 (erw.; Text + Kritik). – C. Strebel-Zeller, *Die Verpflichtung der Tiefe des eigenen Abgrunds in Th. B.s Prosa*, Zürich 1975. – H. Gamper, *Th. B.*, Mchn.

1977 (dtv). – B. Sorg, *Th.B.*, Mchn. 1977. – H. Höller, *Kritik einer literarischen Form. Versuch über Th.B.*, Stg. 1979 [zugl. Diss. Salzburg 1973]. – M. Jurgensen, *Th.B. Der Kegel im Wald oder Die Geometrie der Verneinung*, Bern u.a. 1981. – *Bernhard. Annäherungen*, Hg. M. Jurgensen, Bern u.a. 1981. – *Th.B. Werkgeschichte*, Hg. J. Dittmar, Ffm. 1981 (st). – *In Sachen Th.B.*, Hg. K. Bartsch u.a., Königstein/Ts. 1983. – N.J. Meyerhofer, *Th.B.*, Bln. 1985. – B. Sorg, *Th.B.* (in KLG, 19. Nlg., 1985). – V. Struck, *›menschenlos‹: Die Notwendigkeit der Katastrophe. Der utopische Schein im Werk Th.B.s*, Ffm. u.a. 1985. – Th. Fraund, *Bewegung – Korrektur – Utopie. Studien zum Verhältnis von Melancholie und Ästhetik im Erzählwerk Th.B.s*, Ffm. 1986. – W. Schmidt-Dengler, *Der Übertreibungskünstler. Zu Th.B.*, Wien 1986. – I. Petrasch, *Die Konstitution von Wirklichkeit in der Prosa Th.B.s*, Ffm. u.a. 1987.

AUSLÖSCHUNG. Ein Zerfall

Prosawerk von Thomas BERNHARD, erschienen 1986. – Als »opus magnum«, als »Summe seines literarischen Werks« wurde die bislang umfangreichste Prosaarbeit Bernhards von der Literaturkritik gewürdigt, aber auch polemisch als »Wiederaufbereitungsprosa« abgetan. Konsens besteht darin, daß Bernhard mit *Auslöschung* eine weitere Kombinationsvariante seiner Themen und Stileigenheiten vorgelegt habe. In der Tat entwickelt Bernhard in seinem Œuvre aus der rhetorischen Figur der Wiederholung ein ästhetisch-philosophisches Prinzip: alles, was geschieht, ist eine Wiederholung, stets ist das Leben die Krankheit zum Tode. Findet sich also in Erzählstruktur (Zweiteiligkeit, Rollenprosa mit kompliziertem Ineinander von direkter und indirekter Redeform), Stilistik (kreisförmige Syntax, die Hyperbel als dominantes Stilmittel) und Thematik kaum Neues, so manifestiert sich gerade in den zahlreichen Anspielungen und Verweisen auf frühere Arbeiten die Eigengesetzlichkeit von Bernhards Schreiben, gewinnt die *Auslöschung* topischen Charakter.

Der in Rom lebende 46jährige österreichische Privatgelehrte und Schriftsteller Franz Josef Murau erhält ein Telegramm von seinen beiden Schwestern, in welchem ihm Mitteilung vom Unfalltod seiner Eltern und des Bruders gemacht wird. Er reist zur Beerdigung nach Oberösterreich auf das Familiengut in Wolfsegg. Während seines Aufenthalts wird ihm bewußt, daß er sich von dem verhaßten Erbe trennen muß: Er faßt den Entschluß, über Wolfsegg zu schreiben, mit dem Ziel der Auslöschung des inneren, geistigen Erbes (*»tatsächlich bin ich dabei, Wolfsegg und die Meinigen auseinanderzunehmen und zu zersetzen, sie zu vernichten, auszulöschen und nehme mich dabei selbst auseinander, zersetze mich, vernichte mich, lösche mich aus.«*); den bedeutenden Landbesitz macht Murau der von seinem *»Geistesbruder«* Rabbi Eisenberg geführten Israelitischen Kultusgemeinde in Wien zum Geschenk. *»Auslöschung«* ist denn auch der Titel der Aufzeichnungen, die er während seines letzten Lebensjahres verfaßt hat: Der Prozeß der Selbstzerstörung – von dem alle Werke Bernhards handeln – findet seinen Ausdruck in der Vernichtung der eigenen Existenzgrundlagen durch den Protagonisten und in dessen Untergang, der *»Selbstauslöschung«*. Übrig bleibt das Werk, das dem Verfall abgetrotzt wurde.

Diese äußere Handlung wird über das Bewußtsein des Erzählers Murau gefiltert, ja das Denken selbst wird zum eigentlichen Thema des Geschehens. Movens des Gedankenflusses ist dabei die Aufarbeitung des *»Herkunftskomplexes«* von Murau, die Summe jener Einflüsse, die seine Persönlichkeit und Existenz bestimmen und letztlich zerstören. Dabei findet die für Bernhard typische Philippika gegen den österreichischen Staat und dessen gesellschaftliches Klima, gegen Tradition und Kultur, Photographie, Leitz-Ordner und Goethe ebenso Raum wie Muraus persönliche Auseinandersetzung mit seiner Familie (*»meine Mutter ist widerwärtig, meine Schwestern sind es ebenso, der Vater ist schwach, mein Bruder ist ein Narr, alle sind sie Dummköpfe«*). Die einzige Möglichkeit einer *»Existenzüberbrückung«* sieht Murau in der maßlosen Übertreibung, in der Stilisierung zum *»größten Übertreibungskünstler«*. Nur gegenüber wenigen Figuren – jenen Menschen, die er seine Freunde oder Lehrer nennt – schlägt er einen schlichten Ton an: es sind dies sein gleichaltriger Vetter Alexander, die Dichterin Maria (in deren Porträt unschwer Ingeborg BACHMANN zu erkennen ist) und sein Onkel Georg. Diesem verdankt Murau sein *»Geistesvermögen«*, seine künstlerischen und philosophischen Neigungen und die Hinführung *»auf den tatsächlichen Weg, auf den Gegenweg«*. Der Gegenweg mündet in einen Gestus der Verweigerung und Entäußerung; das Motiv der Wegschenkung des Erbes wurde schon in Interpretationen früherer Werke Bernhards als Aufgabe von Geschichte und Identität bewertet und der Autor aufgrund der von ihm gestalteten radikalen Weltverwerfung als moderner Gnostiker (H. Zelinsky) ausgewiesen.

Mit der virtuosen Kongruenz von Idee und sprachlicher Form stellt *Auslöschung* einen bedeutenden Beitrag zur avancierten modernen Prosa dar: *»Ist in diesem Kunstwerk vielleicht etwas gelungen, was die Kunst schon seit langem probt: sich selbst aufzuheben, die perfekte Negation?«* (V. Hage) C.Fi.

AUSGABE: Ffm. 1986.

LITERATUR: F.J. Görtz, Rez. (in FAZ, 30.9. 1986). – W. Schreiber, Rez. (in SZ, 22.11.1986). – H. Jacobi, Rez. (in NZZ, 5.12.1986). – R. Michaelis, Rez. (in Die Zeit, 3.10.1986). – H.F. Schafroth, Rez. (in FRs, 4.10.1986). – V. Hage, *Sirenenklänge, Unheilsgesänge. Deutsche Literatur 1986* (in Die Zeit, 12.2.1987).

FROST

Roman von Thomas BERNHARD, erschienen 1963. – Nach Versuchen als Journalist und Lyriker gelang Bernhard mit diesem ersten Roman der literarische Durchbruch. Noch steht, wie auch im folgenden Roman, *Die Verstörung* (1967), ein Ich-Erzähler den Monologen und wahnhaften Weltbildern eines gesellschaftlichen Außenseiters gegenüber: Ein Student, der bei einem Chirurgen in einer Kleinstadt famuliert hat und von diesem nach dem entlegenen Ort Weng gesandt wird, wo er den Bruder des Chirurgen beobachten soll, den Maler Strauch, der als krank oder verrückt gilt. Das Hochtal im Salzburger Land, die Menschen und die Gegenstände erhalten rasch scharfe Kontur. Zum größten Teil besteht der fast handlungslose Roman aus Berichten des Studenten über seine Begegnungen mit Strauch, der Wiedergabe ihrer Gespräche und der heftigen, maßlosen Monologe des Malers, seiner Wortkaskaden, die er nur aus Erschöpfung abbricht. Daß der Student von Strauchs Reden immer stärker ergriffen wird, hat wenig Bedeutung. Das Buch ist angelegt nach dem Prinzip sich steigernder Wiederholungen; der Schluß könnte auch früher oder später angesetzt worden sein. Strauch geht unter, er verschwindet einfach, das heißt, er verirrt sich im winterlichen Gebirge und wird nicht mehr gesehen; vielleicht hat er Selbstmord begangen.

Dieser Mann, für die Dorfleute ein Verrückter, ist ein Leidender; er leidet am »Frost«, dem Frost in der ganzen Welt, der in die Seelen gedrungen ist. Doch ist Strauch noch der erbitterten Anklage fähig. Seine Grundgeste ist die des Zeigens: *»Sehen Sie«*, *»Hören Sie«* – immer ist es eine Hindeutung auf das Böse. Er spricht also nicht ins Leere, sondern braucht jemand, der ihm zuhört, er ist nicht völlig in sich verfangen. Andererseits lebt er freilich nur im Reden, auf ein erahnbares Ende zu. Alle seine Wahrnehmungen und Reflexionen stehen im Zeichen des Entsetzens. Aus der Realität entwikkeln sich Bilder des Grauens (*»Fetzen von Kindern auf den Bäumen«* – in der Zeit kurz nach dem Krieg), noch aber sind die formalen Mittel des Romans durchaus konventionell. Die Lebensphänomene – auch die Kunst – werden ausschließlich in ihren negativen Momenten erfaßt und verworfen. So erscheinen am Ende die Menschen als Besessene (sie *»gehen da in ihren furchtbaren Fiebern herum«*), die Welt wird zur Hölle (*»Alles ist die Hölle. Himmel und Erde und Erde und Himmel sind die Hölle«*), der Wahnsinn zur letzten Rettung vor dem *»Schwachsinn«*, der in der Bevölkerung grassiert: ein negativer Heimatroman somit, die Rückseite gleichsam der gängigen Postkartenidyllen, und ein Roman, in dem die Natur keine Zuflucht mehr bietet.

Für diese wahnhaft verengte, aber höchst intensive Grunderfahrung einer kalten und höllischen Welt werden immer neue Beispiele aufeinandergetürmt, bis zu grotesken Übersteigerungen. *Frost* bildet einen »Anti-Hymnus«, der seine Konsistenz aus der Dichte und Heftigkeit der Sprache und aus der Konzentration auf eine symbolische Figur empfängt. Die Rezensenten zogen Parallelen zu BECKETT, aber auch, in aphoristischer Zuspitzung, zu KAFKA (*»Das Leben ist ein Prozeß, den man verliert, was man auch tut und wer man auch ist«*). H.O.

AUSGABEN: Ffm. 1963. – Ffm. 1972; ern. 1987 (st).

LITERATUR: J. Berthier-Verondini, *Trilogia dell'intellettuale. »Frost«, »Verstörung«, »Das Kalkwerk« di Th. B.* (in Studi Germanici, 1974, S. 69–97). – M. C. Eben, *Th. B.s »Frost«. Early Indications of an Austrian Demise* (in Neoph, 69, 1985, S. 590–603).

DER IGNORANT UND DER WAHNSINNIGE

Theaterstück von Thomas BERNHARD, Uraufführung: Salzburger Festspiele, 29. 7. 1972. – Die im erzählerischen Werk Bernhards immer wiederkehrende Metapher von der Welt als Bühne, auf der die Menschen ihre ›Todesrolle‹ spielen, wird hier vom Autor inhaltlich, formal und stilistisch konsequent in das Medium des Schauspiels transponiert. Die Absage an die Möglichkeit einer sinnhaften Existenz, ein zentrales Thema zeitgenössischer Literatur, entwickelt Bernhard auf originäre Weise, indem er dem Individuum eine energische Manifestation seines Existenzwillens im »naturgemäß« scheiternden Versuch, eine Gegen-Welt zu schaffen, zugesteht. Die Radikalität dieser pessimistisch-nihilistischen Weltauffassung, die letztlich auf den Stillstand der Geschichte zielt, hat für das Drama eine extreme Reduktion der szenischen Dynamik zur Folge: Die Figuren sprechen vorzugsweise in Monologen, in denen sie ihre Obsessionen ausbreiten und die den Stücken Bernhards den Charakter einer monotonen Sprechpartitur verleihen.

Die in zwei Teile gegliederte Handlung des Fünfpersonenstücks spielt unmittelbar vor Beginn der Vorstellung von Mozarts »Zauberflöte« in der Operngarderobe der Darstellerin der »Königin der Nacht« sowie nach der Aufführung im Restaurant »Drei Husaren«. Der beinahe erblindete, seit dem Beginn der künstlerischen Laufbahn seiner Tochter dem Alkoholismus verfallene Vater der *»berühmtesten aller Koloratursängerinnen«* wartet bereits zwei Stunden in Gesellschaft des »Doktors« auf das Eintreffen der Sopranistin. Der Arzt, eine weltweit anerkannte Kapazität im Bereich der Anatomie, vertreibt dem immer nervöser werdenden Trunkenbold (er ist der »Ignorant« des Titels, der Arzt der »Wahnsinnige«) die Zeit, indem er ihm detailliert die Sektion einer menschlichen Leiche erklärt; in seine Ausführungen flicht er Bemerkungen über Karriere und Kunst der »Königin der Nacht«, dem *»vollkommen künstlerischen Geschöpf«* ein. Die Gerühmte ist ihm die Verkörperung seiner Überzeugung, daß Kunst, um ihrem eigenen Anspruch gerecht zu werden, radikal künstlich werden muß und damit den einzig möglichen Ausweg vor der Bedrohung durch das Zerstörerische der Natur bietet. Die Ouverture ist bereits intoniert, da betritt die Sängerin, eine gefühllose Marionette, die Garderobe, wird kostümiert und weiß geschminkt *(»das unterstreicht die Künstlichkeit«)* und enteilt auf die Bühne. – Während des abendlichen Diners gewinnt die Künstlerin menschlichere Züge, in einer plötzlichen Aufwallung des Gemüts beschließt sie, ihre nächsten Termine abzusagen und in die Berge zu fahren. Der Doktor setzt indessen seine ausführlichen Erläuterungen zur Leichenöffnung und seine Reflexionen zum Verhältnis von Kunst und Natur fort. Dabei wird er immer wieder vom Husten der Sängerin unterbrochen, dem Symptom ihrer tödlichen Erkrankung. Nachdem der Doktor Leben und Kunst zu Ende seziert hat, senkt sich totale Finsternis auf die Szene, das Schlußwort hat das Kunstgeschöpf: *»Erschöpfung/nichts als Erschöpfung«.*

Innerhalb von Bernhards monothematischen Stükken schlägt das Werk, ebenso wie das davor entstandene *Ein Fest für Boris* (1970), das erste der sogenannten »Salzburger Stücke«, einen groteskmakabren Ton an: Ignoranz und Wahnsinn fungieren als Randmarken einer Existenzbetrachtung, die den Tod stets mitdenkt. Als einziges Mittel menschlicher Selbstbehauptung läßt der Autor künstlerische Perfektion gelten, die allerdings in ihrer absoluten Form nicht erreicht werden kann und daher das Scheitern impliziert. So birgt die exakte Mechanik der Koloraturmaschine bereits den Keim der Vernichtung in sich, die Heilkunde ist zur Obduktionslehre pervertiert, die Trunksucht führt zum völligen Erblinden. Das Motiv der totalen Finsternis – eine sinnstiftende Konstante in Bernhards Gesamtwerk – steht für die Ausweglosigkeit der menschlichen Existenz. Insofern kann der Skandal anläßlich der Uraufführung des Stücks – die Theaterleitung weigerte sich, die Notbeleuchtung im Zuschauerraum abzuschalten, das Stück wurde vom Spielplan der Salzburger Festspiele 1972 abgesetzt – als exemplarisch für das weitverbreitete Unverständnis gegenüber Bernhards Werk gelten. C.Fi.

AUSGABEN: Ffm. 1972 (BS). – Ffm. 1973 (in *Spectaculum*, Bd. 19). – Ffm. 1975 (in *Die Salzburger Stücke*; st). – Ffm. 1988 (in *Stücke 1*; st).

LITERATUR: B. Sorg, *Th.B.*, Mchn. 1977, S. 193–195. – J. Donnenberg, *»In der Finsternis wird alles deutlich«. Über Th. B.* (in German Studies in India, 1980, Nr. 4, S. 215–221). – B. Hannemann, *Totentanz der Marionetten. Monotonie und Manier bei Th. B.* (in Modern Austrian Literature, 1980, Nr. 2, S. 123–150). – S. Steinmann, *Sprache, Handlung, Wirklichkeit im deutschen Gegenwartsdrama. Studien zu Th. B., B. Strauß und B. Kirchhoff*, Ffm. 1985. – C. Klug, *Simultane Widersprüche. Ein Interpretationsvorschlag zum Werk Th. B.s, dargestellt am Beispiel der ›Finsternis‹-Metapher* (in LiLi, 64, 1986, S. 132–136).

DIE MACHT DER GEWOHNHEIT

Komödie von Thomas BERNHARD, Uraufführung: Salzburger Festspiele, 27. 7. 1974. – *»Wir wissen nicht, handelt es sich um die Tragödie um der Komödie, oder um die Komödie um der Tragödie willen (...) aber alles handelt von der Fürchterlichkeit, von Erbärmlichkeit, von Unzurechnungsfähigkeit (...) Wir sind (und das ist Geschichte, und das ist der Geisteszustand der Geschichte) die Angst, die Körper- und die Geistesangst und die Todesangst als das Schöpferische«*, so der Autor in seiner Rede zur Verleihung des Georg-Büchner-Preises 1970. Die Kennzeichnung des Stücks als Komödie durch den Autor muß im Zusammenhang mit Bernhards ästhetisch-poetologischen Auffassungen verstanden werden, die sich wiederum konsequent aus seiner Lebensphilosophie ableiten. *Die Macht der Gewohnheit* variiert die Einstellung Bernhards gegenüber der Sinnlosigkeit der Kunst wie des Lebens (vgl. andere seiner »Künstlerdramen« wie *Der Ignorant und der Wahnsinnige*, 1972, *Die Berühmten*, 1976, *Der Theatermacher*, 1984), wobei in diesem Stück der Zirkus als Metapher für Artistik schlechthin und damit für jene ohne jegliche Rücksichtnahme auszuübende Perfektion erscheint, die im Kampf gegen den Tod die einzige Waffe darstellt.

Schauplatz der in drei Szenen gegliederten Handlung ist der Wohnwagen des von Altersgebrechen und Konzentrationsschwäche geplagten Zirkusdirektors Caribaldi, der verzweifelt bemüht ist, eine perfekte Aufführung von Schuberts *Forellenquintett* zustande zu bringen. Zu diesem Zweck nötigt er seit zweiundzwanzig Jahren seine Truppe – den Jongleur, den Spaßmacher, den Dompteur und die seiltanzende Enkelin – Tag für Tag, dieses Stück zu proben. Die Übungen, bei denen man über das Stimmen der Instrumente kaum jemals hinauskommt, sind zu einem qualvoll-dilettantischen Ritual geworden, auf das die Mitspieler mit Disziplinlosigkeit, Aggression, Trunkenheit und Sabotage reagieren. Caribaldi läßt in seinem Perfektionszwang jedoch nicht davon ab, seinen Traum zu verfolgen *(»Wir wollen das Leben nicht/aber es muß gelebt werden/Wir hassen das Forellenquintett/ aber es muß gespielt werden«)*, und übt seine *»Schrekkensherrschaft«* über die vier ihm ausgelieferten Existenzen aus, die er mit seiner Idee von der großen Kunst peinigt. Die Dialektik von Macht und Unterwerfung strukturiert das Stück nicht nur innerhalb der Figurenkonstellation, sondern auch im Sinne einer »Tücke des Objekts«: triviale Requisiten, wie das ständig vermißte Kolophonium, das Schuhfetzchen des Jongleurs oder die permanent rutschende Haube des Spaßmachers, entwickeln Züge eines metaphysischen Verhängnisses, vor dem der Geist kapituliert. Die Macht der Gewohnheit führt das jämmerliche Ensemble auch in der dritten Szene des Stücks zur notwendig scheiternden Probe zusammen: Während die vier Streicher – Caribaldi/Cello, Spaßmacher/Baßgeige, Enkelin/ Viola, Jongleur/Violine – ihre Instrumente stimmen, traktiert der stumpfsinnige, wie üblich betrunkene Dompteur mit seinem wegen einer Bißwunde einbandagierten Arm das Klavier. Auf dem Höhepunkt des orgiastischen Lärms wirft der Direktor die Truppe hinaus: Parabelhaft endet die Probe wieder in Kakophonie, ein Bild für den täglich vergeblichen Versuch einer Singgebung des Daseins. Erschöpft läßt sich Caribaldi in ein Fauteuil fallen, da tönen wie zum Hohn aus dem Radio die ersten fünf Takte des Forellenquintetts – erneut ein Anlaß für den Versuch, den Traum vom vollendeten Kunstwerk zu realisieren.

Das Stück, das in der dreigeteilten szenischen Gliederung der musikalischen Struktur von Schuberts op. 144 *(Forellenquintett)* folgt – die energisch-heiteren Außensätze schließen einen ruhigen Mittelteil ein – gilt als eines der geglücktesten Bühnenwerke Bernhards. Im Unterschied zu den früheren, stilistisch im Bereich des Grotesk-Makabren angesiedelten »Salzburger Stücken« führt Bernhard in *Die Macht der Gewohnheit* sein Thema von der Unmöglichkeit einer Selbstverwirklichung im Außerordentlichen in lustspielhafte Dimensionen: durch seinen Sentenzenstil mit stehenden Wendungen *(»Morgen in Augsburg«)* wie durch seine possen- und slapstickhaften Elemente gewinnt das Stück komisch-absurde Qualität. C.Fi.

Ausgaben: Ffm. 1974 (BS). – Ffm. 1975 (in *Spectaculum*, Bd. 22). – Ffm. 1975 (in *Die Salzburger Stücke*; st). – Ffm. 1988 (in *Stücke 1*; st).

Literatur: B. Sorg, *Th. B.*, Mchn. 1977, S. 199–203. – A. Barthofer, *Das Cello und die Peitsche. Beobachtungen zu Th. B.s »Die Macht der Gewohnheit«* (in Sprachkunst, 1976, S. 294–311). – E. Grohotolsky, *Ästhetik der Negation – Tendenzen des dt. Gegenwartsdramas*, Königstein/Ts. 1984, S. 60–72. – U. Klingmann, *Begriff und Struktur des Komischen in Th. B.s Dramen* (in WW, 1984, H. 2).

DIE URSACHE. Eine Andeutung

Erster Band der in fünf Teilen veröffentlichten autobiographischen Erzählprosa von Thomas Bernhard, erschienen 1975; es folgten *Der Keller. Eine Entziehung* (1976), *Der Atem. Eine Entscheidung* (1978), *Die Kälte. Eine Isolation* (1981) und *Ein Kind* (1982). – Die Bände leuchten den zeitgeschichtlichen wie persönlichen Hintergrund von Bernhards Kindheit und Jugend aus, wobei die einzelnen Etappen der Entwicklungsgeschichte als Aufeinanderfolge extremer existentieller Bedrohungen dargestellt werden, die, auf einer jeweils höheren Stufe der Bewußtwerdung, in eine willentliche Entscheidung für das Leben münden. Die Erzählstrategie wird geprägt durch eine Verknüpfung der in den einzelnen Lebensaltern herrschenden Bewußtseinsstufen und Empfindungsweisen mit denen des schreibenden Ichs, das sich der Forderung nach wahrheitsgetreuem Bericht stellt, die Möglichkeit dazu im selben Augenblick jedoch problematisiert und in Abrede stellt. Die indirekt vermittelte Erzählweise zeigt den Protagonisten immer auch aus der Perspektive des beobachtenden, denkenden, notierenden Erzähl-Ichs und führt so zu einer genuinen Qualität autobiographischen Schreibens, die den subjektiven Gehalt dieser Gattung auf spezifische Weise sublimiert.

Der Untertitel des ersten Bandes kann als programmatisch für die Erzählhaltung Bernhards in allen Teilen seiner Autobiographie gelten: dokumentarisch belegbar ist für *Die Ursache* das dürre Faktengerüst der Schulzeit des 12- bis 15jährigen Knaben im Salzburger Internat. 1944 erfolgt seine Einschulung als Zögling in die vom nationalsozialistischen Erziehungssystem geprägte Hauptschule, Ende 1944 holt die Großmutter den Enkel aus dem Inferno der von den Alliierten bombardierten Stadt hinaus auf das geschützte Land nach Ettendorf. In der Nachkriegszeit nimmt er den Unterricht im selben, nunmehr unter katholischer Aufsicht stehenden Institut wieder auf, bricht aber 1947 aus eigenem Entschluß den Bildungsweg ab und läßt sich vom Arbeitsamt eine Lehrstelle bei einem Lebensmittelkaufmann vermitteln. Dieser äußere biographische Weg wird vom Er-Erzähler, der im Lauf des Textes in die Position des Ich-Erzählers überwechselt, die in den Folgebänden durchgehend beibehalten wird, in einer Aneinanderreihung subjektiver Urteile und Impressionen zu einer inneren Biographie aufbereitet: *»Die Schwierigkeit ist, in diesen Notizen und Andeutungen die Empfindung von damals und das Denken von heute zu Notizen und Andeutungen zu machen, die den Tatsachen von damals, meiner Erfahrung als Zögling damals entsprechen.«* Auf die autoritäre Kollektiverziehung und den ideologisch manipulierten Lehrstoff reagiert der Schüler mit einer Abwehrhaltung, die sich bis zum Gedanken an Selbstmord steigert. Durch seine Kriegserlebnisse, aus der Bedrohung durch den Bombenhagel, der Konfrontation mit den Opfern und den Zerstörungen der Stadt, erfährt der Knabe eine Schärfung seines Realitätssinnes und überwindet auf diese Weise die Selbstgefährdung. Mit schonungsloser Beobachtung begegnet der Gymnasiast seiner Umgebung nach der neuerlichen Einschulung in das katholische »Johanneum«; seine Erkenntnis von der nur unter anderen ideologischen Vorzeichen stehenden, sonst aber völlig identischen *»pädagogischen Unterdrükkungsmaschinerie«* führt schließlich zur *»Entziehung«* (so der Untertitel des chronologisch unmittelbar anschließenden zweiten Teils *Der Keller*) aus dem *»staatlichen Kerker«* und zur autonomen Entscheidung für einen Lebensweg in *»entgegengesetzter Richtung«*.

Dieser eruptive Akt von Selbstbestimmung setzt in dem Jugendlichen Fähigkeiten frei, die in der bisherigen Erziehung weitgehend vernachlässigt worden waren: Der die Vaterstelle vertretende, *»in allem lebens- und existenzentscheidende«* Großvater hatte sich in erster Linie um die geistig-philosophische Schulung des Enkels gekümmert, im Lebensmittelhändler Podlaha findet der Fünfzehnjährige nun einen Lehrer, der ihm die *»Gegenwart als Reali-*

tät« vermittelt: Hier, im Kellerladen in der Scherzhauserfeldsiedlung, einem Elendsviertel am Rande der Stadt Salzburg, entdeckt der Jugendliche Vergnügen an nützlicher Tätigkeit, entfaltet Fröhlichkeit und Lebensfreude. Der Keller wird dem kaufmännischen Lehrling solcherart zum *»Überlebensmittel«*, ein vom Großvater finanzierter privater Gesang- und Musikunterricht bewirkt im Protagonisten einen *»Idealzustand in Kopf und Körper«*; das als faszinierend erlebte Ineinander von proletarischem Vorstadtmilieu und der kultivierten Welt seiner Musikpädagogen umschreibt aber auch gleichzeitig die innere Zerrissenheit des Jugendlichen, die in einer existentiellen Prüfungssituation zum Ausbruch kommt: Eine verschleppte Rippenfellentzündung wird zur Ursache von vier Jahren schwerster Krankheit.
Dem Verlauf der Krankheitsgeschichte gelten die beiden folgenden Bände; *Der Atem. Eine Entscheidung* umfaßt als Berichtszeitraum die ersten Monate des Jahres 1949, in die der Aufenthalt des noch nicht Achtzehnjährigen im Landeskrankenhaus Salzburg und in einem Erholungsheim in Großgmain fällt, der Folgeband *Die Kälte. Eine Isolation* hat die Lungenheilstätte Grafenhof zum Schauplatz. Die etappenweise Heranbildung des Jugendlichen zur Selbstbestimmung findet in dieser *»Biographie des Schmerzes«* ihre gesteigerte Fortsetzung. Der von den Ärzten bereits aufgegebene Kranke entwickelt mit Hilfe des Großvaters, der zur gleichen Zeit im Spital behandelt wird, einen energischen Lebenswillen: In einem psychosomatischen Gewaltakt entscheidet sich der Sterbenskranke für den *»Atem«*, das Leben. Der Großvater stilisiert dieses existentielle Erlebnis des Jugendlichen nachträglich zum Beweis für die künstlerische Veranlagung des Enkels, er erklärt das Krankenhaus, den *»existenznotwendigen Denkbezirk«*, zum Purgatorium für außerordentlich begabte Menschen. Der Rekonvaleszent tritt in eine intensive geistige Beziehung zu seinem Erzieher, so daß selbst dessen überraschender Tod zu einem *»vorher nicht gekannten, unglaublichen Existenzantrieb«* für den jungen Mann wird: Die Erfahrung der Eigenverantwortlichkeit mobilisiert die Selbstbehauptung, ist ein weiterer Impuls für die Entscheidung zur Gesundung. Die Einlieferung des Genesenden in ein *»Erholungsheim für die an Atmungsorganen Erkrankten«* stellt sich allerdings als folgenschwere ärztliche Fehlentscheidung heraus, handelt es sich bei diesem ehemaligen Hotel Vötterl in Großgmain in Wirklichkeit doch um eine abgelegene Sterbeklinik für Tuberkulosekranke. In beständiger Angst vor einer Infektion entwickelt der Achtzehnjährige mit Hilfe von Musik und Literatur eine Selbstheilungstherapie; er entwirft für sich die Zukunftsvorstellung einer künstlerischen Karriere, weite Spaziergänge festigen seine körperliche und geistige Konstitution. Doch als er von der Krebserkrankung seiner Mutter erfährt, zu der er erstmals nach dem Tod des Großvaters in verständnisvolle Beziehung getreten war, kann er dem neuerlichen Leidensdruck nicht standhalten. Kurz nach seiner Entlassung aus dem *»Erholungsheim«* entdeckt der Internist ein Infiltrat auf dem rechten Lungenflügel und stellt einen Einweisungsschein für die Lungenheilstätte Grafenhof aus.
Der vierte Band seiner autobiographischen Erzählungen, dem Bernhard ein Novalis-Zitat als Motto voranstellt: *»Jede Krankheit kann man Seelenkrankheit nennen«*, schließt die Chronologie der Jugenderinnerungen mit dem Ausgang der Krankheitsgeschichte ab. Der Jugendliche, dessen labiler geistiger und körperlicher Zustand eng mit dem Sterben der Mutter und dem Moribundenmilieu des Sanatoriums Grafenhof verknüpft ist, wird kurz nach seiner Einlieferung mit der Diagnose offener Tbc konfrontiert. Dieser Befund wird allerdings neuerlich zum Stimulans für seinen Abwehrwillen, wobei sich die Lebensratschläge des Großvaters in zunehmendem Maße als Bewältigungshilfen erweisen. Der bereits *»gut ausgebildete Skeptiker«* übt sich in argwöhnischem Widerstand gegen die dilettierenden Ärzte, geht aus *»reinem Selbsterhaltungstrieb auf Distanz«* zur Umwelt und verarbeitet in einem analytischen Prozeß kompromißlos Vergangenes und Gegenwärtiges, *»den Krieg und seine Folgen, die Krankheit des Großvaters, den Tod des Großvaters, meine Krankheit, die Krankheit der Mutter, die Verzweiflung aller Meinigen, ihre bedrückenden Lebensumstände, aussichtslosen Existenzen ...« (Die Kälte)*. Auf diese Weise erarbeitet sich der Jugendliche eine auch seine Identität bestimmende Interpretation menschlicher Existenz: Er lernt die Welt, gleich dem Sanatorium, als ein makabres Theater sehen, die Menschen als zum Tod verurteilte Marionetten. Der Erfolg der bereits in Großgmain erprobten selbsttherapeutischen Maßnahmen bewirkt schließlich seine Entlassung. Sein Überlebenswille wird auch durch einen neuerlichen Rückfall nicht gefährdet: Mit kritischer Beobachtung, Sarkasmus und Ironie reagiert der Gequälte auf die stümperhaften chirurgischen Eingriffe. Auf der letzten Stufe seiner Persönlichkeitsentwicklung, nach dem Tod der Mutter, nimmt der Erzähler sein Leiden und Leben selbst in die Hand, er betreibt seine Heilung eigenständig als *»Kopfarbeit«*, setzt trotz der Lungenkrankheit sein Gesangsstudium fort und geht an die literarische Aufarbeitung seiner Ichwerdung – ein Prozeß, der als ein bis zum Tag der Niederschrift fortdauernder dargestellt wird.
Es ist die Gewinnung dieses distanzierten Beobachtungsstandpunktes, die dem heranwachsenden Protagonisten eine eigenständige, in sich geschlossene Erkenntnis von Existenz und Welt ermöglicht. Der letzte Band der Jugenderinnerungen, *Ein Kind*, der die Kindheitsgeschichte nachreicht und solcherart den Ring des *»Entwicklungsromans«* in Form einer Rückblende kompositorisch abschließt, ist in seinem gelösten Erzählduktus Beweis für die dem Ich-Erzähler zu eigen gewordene intellektuelle Souveränität: Seine *»Sicherheit und Gleichgültigkeit«* gegenüber der tödlichen Natur (sie ist in der konsequent durchgeführten Metaphernsprache, den insistierenden Bildern der Hölle, des Todes und der Welt als Bühne, literarisch

überformt) manifestieren sich in einer ironisch-humorvollen Stilhaltung, die dem – trotz Episoden glückhaften Erlebens von jeder Idylle weit entfernten – Bericht von der Kindheit einen besonderen Erfolg bei Kritik und Publikum einbrachte.

In assoziativer Verknüpfung werden die wichtigsten Ereignisse aus dem Leben des achtjährigen Ich-Erzählers vorgeführt, wobei bereits die Eingangsgeschichte vom übermütigen Streich des Knaben, der in Überschätzung seiner Kräfte beschließt, mit dem Fahrrad seines Vormunds nach Salzburg zu radeln, die Identität und die Familienverhältnisse der Hauptfigur exponiert: Der Euphorie folgt prompt das Fiasko, der Bub landet im Straßengraben und flüchtet vor dem Zorn der Mutter zum *»wie nichts auf der Welt geliebten«* Großvater. Dieser, der Schriftsteller, Schopenhauer-Verehrer und Zuckmayer-Freund Johannes Freumbichler, hatte das 1931 unehelich geborene Kind seiner Tochter in bürgerlich-ärmlichen Verhältnissen zunächst in Wien, später auf dem Land aufgezogen. Die nie verwundene traumatische Erfahrung der frühesten Kindheit – die Mutter war gezwungen gewesen, den Säugling zu einer Frau zu geben, die auf ihrem Fischkutter in Rotterdam *»Pflegekinder in Hängematten unter Deck hatte«* – wird vom Erzähler zwar schonungslos dargestellt, doch reflektiert er auch die Ursachen des mütterlichen Verhaltens. Die labile Psyche des Knaben sucht zwischen den Ausbrüchen der Mutter *(»scheussliches Teufelskind«)* und der fürsorglichen Zuwendung des Großvaters, dessen Erziehung nach Prinzipien eines geistigen Anarchismus ausgerichtet ist, vergeblich nach Orientierung. Die Schule wird dem Außenseiter zur Qual, der Gruppenzwang in nationalsozialistischen Jugendorganisationen dem Einzelgänger unerträglich. Die Flucht in sportliche Ertüchtigung bringt die ersehnte Anerkennung ebensowenig wie der vom Großvater lancierte Violinunterricht eine positive Wirkung auf das strapazierte Gemüt des Knaben zeitigt. Schließlich wird das schwierige Kind auf einen *»Erholungsurlaub«* in ein Heim im Thüringischen verschickt; als es nach Hause kommt, ist der Krieg ausgebrochen. Der Großvater bestimmt den Zwölfjährigen aus Gründen der *»Bildungsnotwendigkeit«* für das Internat in Salzburg. Alle diese Enttäuschungen und prägenden Verletzungen ziehen in der Folge die Entwicklungs- und Identitätskrise des Pubertierenden nach sich, wie sie Gegenstand der vorausgegangenen Bände ist.

Die Besonderheit der von Thomas Bernhard geschaffenen Form des autobiographischen Entwicklungsromans beruht auf einer Position, von der aus das schreibende Ich das gelebte Leben ohne jegliche Rücksichtnahme nachvollzieht und mit seiner spekulativen Philosophie interpretiert. Eine höchst artifizielle Prosa steht in Kongruenz zur geistig-emotionalen Betrachtungsweise des Berichtenden: Die hypotaktische Satzstruktur, mechanische Wiederholungsformeln, hyperbolische Aufgipfelungen, Neologismen, Paradoxien und ein dichtes Metaphernnetz ermöglichen eine Erzähltechnik ironisch-distanzierter Wahrnehmung ebenso wie teilnehmender Beobachtung, dienen der Reflexion, sind Mittel der Stilisierung oder auch der Wiedergabe höchst subjektiver Impressionen. Aus der Komplexität dieser Strukturen ergeben sich nicht zuletzt die verschiedenen Interpretationsansätze: Diese reichen von der psychoanalytischen Deutung der Bände als Schreibtherapie eines verletzten Ichs (U. Bugmann) bis zu deren Bewertung als Denkexperiment, wobei der autobiographische Charakter des Textes gering veranschlagt wird im Vergleich zum poetisch-ästhetisch-philosophischen Konstrukt (H. J. Piechotta). C.Fi.

Ausgaben: *Die Ursache*: Salzburg 1975. – Mchn. 1977 (dtv). – *Der Keller*: Salzburg 1976. – Mchn. 1979 (dtv). – *Der Atem*: Salzburg 1978. – Mchn. 1981 (dtv). – *Die Kälte*: Salzburg 1981. – Mchn. 1984 (dtv). – *Ein Kind*: Salzburg 1982. – Mchn. 1985 (dtv).

Literatur: K. Thorpe, *The Autobiographical Works of Th. B.* (in Acta Germanica, 13, 1980, Nr. 2, S. 189–200). – U. Bugmann, *Bewältigungsversuch. Th. B.s autobiografische Schriften*, Bern u. a. 1981. – P. Friedl, *»Die Kälte« von Th. B.* (in Literatur u. Kritik, 1981, H. 159, S. 531–544). – W. M. Lüdke, *Ein »Ich« in der Bewegung: stillgestellt. Wegmarken der B.schen Autobiographie* (in Merkur, 1981, H. 11, S. 1175–1183). – P. Laemmle, *Karriere eines Außenseiters. Vorläufige Anmerkungen zu Th. B.s fünfteiliger Autobiographie* (in *Th. B.*, Hg. H. L. Arnold, Mchn. ²1982; Text + Kritik). – H. J. Piechotta, *»Naturgemäß«. Th. B.s autobiographische Bücher* (ebd.). – G. vom Hofe, *Ecce Lazarus. Autor-Existenz und Privat-Metaphysik in Th. B.s autobiographischen Schriften* (in Duitse kroniek, 32, 1982, H. 4). – J. Strutz, *»Wir, das bin ich.« – Folgerungen zum Autobiographienwerk von Th. B.* (in *In Sachen Th. B.*, Hg. K. Bartsch u. a., Königstein/Ts. 1983). – E. Schirhuber, *Verfremdete Authentizität. Studien zum Werk Th. B.s*, Diss. Wien 1983. – N. L. Thomas, *The Structure of a Nightmare: Autobiography and Art in Th. B.'s »Der Keller«* (in Quinquereme, 6, 1983). – R. Tschapke, *Hölle und zurück. Das Initiationsthema in den Jugenderinnerungen Th. B.s*, Hildesheim 1984. – H. A. Glaser, *Die Krankheit zum Tode oder der Willen zum Leben – Überlegungen zu Th. B.s Autobiographie* (in *Sehnsuchtsangst*, Hg. A. v. Bormann, Amsterdam 1987, S. 65–74).

VERSTÖRUNG

Roman von Thomas Bernhard, erschienen 1967. – Folgt die Erzählung *Amras* (1964) dem Wort von Novalis, daß das Wesen der Krankheit so dunkel sei wie das Wesen des Lebens selbst, so stellt Bernhard seinem zweiten Roman, der die Themen von Krankheit und Tod, Wahnsinn und Selbstmord konsequent weiterführt, ein Wort Pascals voran: *»Das ewige Schweigen dieser unendlichen Räume macht mich schaudern.«*

Der Sohn eines steiermärkischen Landarztes, für wenige Tage aus Leoben, wo er an der »Montanistischen Hochschule« studiert, nach Hause gekommen, begleitet seinen Vater, der sich als *»Opfer einer durch und durch kranken, zur Gewalttätigkeit sowie zum Irrsinn neigenden Bevölkerung«* fühlt, bei seinen Visiten. Es ist ein deprimierender Tag, der ihn mit dem absonderlichen Menschenschlag unterhalb der Gleinalpe und der Koralpe, im Kainach- und Gröbnitztal bekanntmacht, *»Musterbeispiele für eine von den Jahrmillionen und Jahrtausenden auf die ordinärsten Körperexzesse hin konstruierte Steiermark«*. Seine Schwester, in unheilbarer Schwermut versinkend, verbringt ihr Leben mit Selbstmordgedanken und Selbstmordversuchen; sie lebt inmitten einer fortschreitenden Verstörung, die der Arzt allenthalben und überall diagnostiziert. Eine *»grauenhafte Irritation«* breitet sich in einer sich selbst vernichtenden Welt aus. Das *»unendliche Naturlabyrinth«* zeigt sich am unheimlichsten dort, wo es rein und unberührt scheint – die Natur atmet Tod und Verwesung, die Abfallprodukte einer ungeheuren Erschöpfung: *»Wohin ich schaue, nur Sterbende, Abtreibende, die zurückschauen. Die Menschen sind nichts anderes als eine in Milliarden gehende ungeheure auf die fünf Kontinente verteilte Sterbensgemeinschaft.«* Alles treibt in *»stumpfsinniger Agonie«* dahin, in *»unvorstellbarer Verwüstung«*. Vater und Sohn durcheilen eine düstere Todesszenerie, reflektierend und monologisierend, immer die Exzesse von Brutalität und Verbrechen, Wahnsinn und Morbidität vor Augen. Sie werden Zeuge, wie eine Gastwirtsfrau als Opfer eines Totschlags stirbt, stehen am Krankenbett der dahinsiechenden Lehrerwitwe Ebenhöh und lauschen den unendlichen Monologen des den Wahnsinn methodisch pflegenden Fürsten Saurau auf Schloß Hochgobernitz, dessen Tiraden den zweiten Teil des Romans (mit dem Titel *Der Fürst*) füllen.

Der Arzt weiß, wie gefährlich es ist, sich der Medizin als einer Pseudowissenschaft auszuliefern, *»dem Zufall und der völligen Gefühllosigkeit … Nichts ist unheimlicher als die Medizin«*. Keiner schaut über seine *»primitive Vokabelwelt«*, über den *»Zustand der Verzweiflungsanfälligkeit«* hinaus in das Inferno einer trostlos infamen Schöpfung. Das steiermärkische Gebirgstal wird zum Topos einer universalen Krankheitsgeschichte, die ein hilfloser Arzt mißverständlich, weil sprachlich unzulänglich kommentiert: *»Jeder spreche immer eine Sprache, die er selbst nicht versteht, die aber ab und zu verstanden wird. Dadurch könne man existieren und also wenigstens mißverstanden werden.«*

Bernhards Erzählstil, aufs äußerste angespannt, fast überspannt wirkend, diagnostiziert das Elend der menschlichen Existenz in einer Art Grammatik des Pathologischen, die einen universalen Katastrophenzusammenhang indiziert. Die Sprache ist von außerordentlicher, rhythmischer Suggestion und latenter Bedrohlichkeit. Die gedankliche wie stilistische Figur der Wiederholung dominiert diesen radikalen Text, der monomanisch ein einziges Thema variiert: Wahnsinn und Zerfall, Verstörung und Schizophrenie einer sinnentleerten Welt, die *»als seelische und physische Folterkammer vorgestellt wird«* (H. Dittberner). Bernhards Protagonisten wiederholen alles, weil sich alles wiederholt: Sie können nicht anders, als sich im Gefängnis der Worte und Bilder ihre Stirn blutig zu schlagen.

M.Ke.

AUSGABEN: Ffm. 1967. – Ffm. 1969 (BS). – Ffm. 1988 (st).

LITERATUR: H. J. Fröhlich, *Verstörung unten und oben* (in Neues Forum, 1968, S. 351–356). – J. Donnenberg, *Gehirnfähigkeit der Unfähigkeit der Natur. Zu Sprache, Struktur und Thematik von Th. B.s Roman »Verstörung«* (in *Peripherie und Zentrum*, Hg. G. Weiss u. K. Zelewitz, Salzburg u. a. 1971, S. 13–42). – C. Magris, *Geometrie und Finsternis. Zu Th. B.s »Verstörung«* (in EG, 33, 1978, S. 282–297). – H. Dittberner, *Die heimliche Apologie der Macht. Kritisches zu Th. B.s »Verstörung«* in *Th. B.*, Hg. H. L. Arnold, Mchn. [2]1982, S. 46–53 (Text + Kritik).

WOLF BIERMANN

* 15.11.1936 Hamburg

DAS LYRISCHE WERK von Wolf BIERMANN. Ohne jemals in der DDR ein Buch oder eine Schallplatte veröffentlicht zu haben, wurde Biermann vielleicht der wirksamste, zumindest der bekannteste literarische Kritiker des ersten sozialistischen Staates auf deutschem Boden, zu dessen Gesellschaftsordnung er sich aber stets solidarisch bekannte. Der Sohn eines 1943 in Auschwitz ermordeten Kommunisten übersiedelte 1953 von Hamburg in die DDR, wo er nach einem Philosophiestudium und seiner Tätigkeit als Regieassistent am »Berliner Ensemble« (1957–1959) in Gedichten, Liedern und Balladen ironisch-sarkastisch die Diskrepanz zwischen Anspruch und Wirklichkeit der DDR anprangerte, was ihm, nach der Publikation einiger Gedichte in DDR-Zeitschriften und Anthologien sowie nach einem Auftritt im Ost-Berliner Kabarett »Die Distel« 1965 auf dem 11. Plenum des ZK der SED zusammen mit Autoren wie Manfred BIELER, Werner BRÄUNING, Peter HACKS, Stefan HEYM, Günter KUNERT, Heiner MÜLLER und dem Naturwissenschaftler Robert HAVEMANN ein Publikations- und Aufführungsverbot einbrachte. *»Unsere DDR ist ein sauberer Staat. In ihr gibt es unverrückbare Maßstäbe der Ethik und Moral, für Anstand und gute Sitte«*, so der damalige Berichterstatter der Sitzung, Erich Honecker, wogegen den kritisierten Autoren *»anarchistische«, »liberalistische«* und *»pornographische«* Neigungen vorgehalten wurden.

In den elf Jahren, in denen Biermann in der DDR zum Schweigen verurteilt war, erschienen seine Lieder und Gedichte in der Bundesrepublik: *Die Drahtharfe* (1965), *Mit Marx- und Engelszungen* (1968), *Deutschland. Ein Wintermärchen* (1972) sowie *Für meine Genossen* (1972). 1976 konnte Biermann vor der evangelischen Kirchengemeinde in Prenzlau im Rahmen eines Gottesdienstes zwar erstmals wieder auftreten, aber im November desselben Jahres wurde ihm, während einer von der IG Metall organisierten Konzerttournee durch die Bundesrepublik, die Staatsbürgerschaft der DDR entzogen. Der Vorgang führte zu einem offenen Protestbrief von zwölf DDR-Autoren, darunter Christa Wolf, Heiner Müller, Stephan Hermlin und Jurek Becker und in der Folgezeit zu einem Exodus vieler, vor allem junger DDR-Künstler in den Westen, womit die in den frühen siebziger Jahren sich andeutende Liberalisierung in der Kulturpolitik der SED ein jähes Ende fand. Seit 1976 veröffentlichte Biermann in der Bundesrepublik die Bände *Preußischer Ikarus* (1978), *Verdrehte Welt – das seh' ich gerne* sowie *Affenfels und Barrikade* (1986).

Biermann war für die DDR-Behörden von jeher ein Ärgernis, weil er sich auf die besten Traditionen des Marxismus bezog: Kritik an den bestehenden Verhältnissen mit dem Maßstab, wieweit die sinnlich-spontanen, die existentiellen Bedürfnisse und Interessen des einzelnen zu ihrem Recht kommen. Immer wieder reklamiert er dafür sein politisches Idol Rosa Luxemburg: *»Die DDR braucht endlich – und wie! – / Rosas ›rote Demokratie‹«*, immer wieder wendet er sich gegen Untertanengeist und staatliche Bestrebungen, sich eine unbedingte Verfügungsgewalt über die Bürger zu sichern. Es gehört zu den paradoxen Begleitumständen der Biographie Biermanns, daß er seine eigentlichen Adressaten, das Publikum der DDR, aufgrund der Aufführungs- und Publikationsverbote nicht erreichen konnte, während seine erste Sammlung *Die Drahtharfe* (1965) zu einem der erfolgreichsten Lyrikbände der bundesdeutschen Nachkriegsliteratur avancierte. Der Band enthält neben sinnlich-frecher Natur- und Liebeslyrik, die ihre Vorbilder Villon und Brecht *(Die Buckower Elegien)* nicht verleugnet, die politisch-provokativen *Beschwichtigungen und Revisionen*; opportunistische Auftragsdichtung bezeichnet er als *»Schweinefraß«*, seine Aufgabe als Dichter sieht er darin, den konfliktscheuen Parteifunkionären den *»Bittersaft meiner Wahrheit«* zu präsentieren. Wie Heiner Müller weiß auch Biermann, daß hier ein grundsätzlich verändertes Verhältnis zweier Generationen zum sozialistischen Staat vorliegt: Während den alten Genossen mit den *»müden ... verhärteten Augen«* die DDR das Ziel politischer Kämpfe war, ist sie der jungen Generation der *»bittre Anfang nur«*, der nach Veränderung *»schreit«*. Das Vorwärtstreiben der Revolution, die Demokratisierung und Entstalinisierung des sozialistischen Alltags beherrschen auch die Thematik der Sammlung *Mit Marx- und Engelszungen* (1968), in der Biermann seine Sympathie für den Prager Frühling nicht verhehlt: *»Die Revolution macht sich wieder frei / Marx selber und Lenin und Rosa und Trotzki / stehen den Kommunisten bei« (In Prag ist Pariser Kommune)*.

Es hängt mit den Publikationsbedingungen zusammen, unter denen der Kommunist Biermann zu leiden hatte, daß er auch im Westen bevorzugt als Kritiker des DDR-Staates gelesen wurde, obgleich er aus seiner grundsätzlichen Ablehnung der kapitalistischen Verhältnisse kein Hehl machte, wie seine *Hetzlieder gegen den Krieg und Lobpreisungen des Friedens* bezeugen, die in dem Band *Mit Marx- und Engelszungen* enthalten sind, vor allem aber sein Poem *Deutschland. Ein Wintermärchen* (1972). Bereits Ende 1964 in Anspielung auf Heinrich Heine entstanden, kritisiert Biermann die Relikte preußischen Staatsdenkens in der DDR und das Überdauern faschistoider Züge in der Bundesrepublik und beschwört die Tradition der deutschen Arbeiterbewegung. Auf der Suche nach Hamburgs Schutzgöttin Hammonia trifft er den von den Nazis ermordeten Ernst (»Teddy«) Thälmann; er befreit ihn von seinen stalinistischen Vorstellungen und gemeinsam brechen sie auf, noch einmal ihren revolutionären *»Menschheitstraum«* zu wagen: *»Die Zukunft, Freunde, ist ja längst / Und schmerzlich angebrochen!«*, der abschließende *»Gesang für meine Genossen«* feiert die Befreiungsbewegung des Westens und die tschechischen Reformer von 1968, ohne aber eine konkrete Perspektive in der deutschen Gegenwart benennen zu können. Dieses Gedicht ist dem ebenfalls 1968 veröffentlichten Band *Für meine Genossen* vorangestellt, dessen *Hetzlieder und Gedichte* einen zunehmend resignativen Ton aufweisen. Mit zunehmender Bitternis porträtiert Biermann die *Monopolbürokraten (»In deinem Land ist die Revolution / Lebendig / Begraben, Genosse, du feierst zu früh«)* und entlarvt Brechts »Nachgeborene« (aus dessen Gedicht *An die Nachgeborenen*) als *»nachgestorbene Vorgestorbene / Voller Nachsicht nur mit sich selber / Öfter noch als die Schuhe die Haltung wechselnd«*.

Biermanns Gedichte und Balladen sind zumeist als Lieder konzipiert, ihre eigentliche Wirkung gewinnen sie im unverwechselbaren Vortrag des Autors selbst, der sein Publikum direkt aktivieren will *(»Ach verzagt nicht, Freunde ...«, »Warte nicht auf bessere Zeiten ...«)*, der aber auch über dem politischen Kampf den Genuß, die Emotionen nicht vergessen lassen will: *»Rote Zeit, Zeit der Revolution, Zeit der Liebe«*. Mit seiner Musik, deren Eingängigkeit den Text nicht reduziert, sondern ihn gegen den Strich bürstet, die Pausen, Einschübe, Reflexionen erlaubt und doch über den Refrain den Zusammenhalt herstellt, und mit seinen Texten, in denen Vulgarismen und Zärtlichkeiten, Öffentliches und Privates unvermittelt nebeneinanderstehen, traf Biermann vor allem den Nerv der Zeit der Studentenbewegung. Bei seiner Ausbürgerung 1976 stand er mit diesem Gestus jedoch außerhalb des

Trends der bundesdeutschen Gesellschaft. Der 1978 erschienene Band *Preußischer Ikarus* enthält zunächst noch in der DDR entstandene Liebeslieder und Gedichte und beschreibt dann, nach einem erläuternden Prosatext *(Vorworte)*, Biermanns neue Erfahrungen in der Bundesrepublik. Von Deutschland nach Deutschland *»in das Exil«* gekommen, sieht er sich keineswegs in einer besseren Situation: *»Hier fallen sie auf den Rücken / Dort kriechen sie auf dem Bauche / Und ich bin gekommen ... vom Regen in die Jauche« (Deutsches Miserere)*. Biermann hat Schwierigkeiten, innerhalb der westdeutschen Linken seinen Platz zu finden, teils, weil diese nach seiner Einschätzung in *»linkem Sektenzwist«* zerfallen ist, weshalb er sich mehr zu den kommunistischen Parteien Frankreichs, Spaniens und Italiens hingezogen fühlt, teils auch, weil seine bekenntnishaften Auftritte nicht frei waren von Larmoyanz und Sentimentalität. Schon 1965, nach dem über ihn verhängten Publikationsverbot in der DDR, war sich Biermann der möglichen persönlichen Folgen durchaus bewußt, der Gefahr, sich *»mit der Dornenkrone des Märtyrers zu schmücken«*, des Wissens um die *»Pose des ›pomphaft weinerlichen‹ Sozialismus ... in mir«*, und als er 1980 eine Tournee gegen den CDU/CSU-Kandidaten Franz Josef Strauß unternahm, resümierte der ›Spiegel‹-Autor Chr. SCHULTZ-GERSTEIN ebenso treffend wie böse, Biermann singe *»... nicht politische Lieder, sondern Lieder, deren ganzer Inhalt sich darin erschöpft, zu beweisen, daß er nach wie vor ein linker Barde ist.«* In den späteren Gedichtbänden *Verdrehte Welt – das seh' ich gerne* (1982) und *Affenfels und Barrikade* (1986) blickt Biermann selbstkritisch auf die Protestbewegung der siebziger Jahre, in der er dem *»eigentlich unpolitisch politischen Pöbel«* oftmals als Alibifigur gedient hatte, sich aber auch gerne hatte andienen lassen. Neben die politischen Texte treten nun traurig-private Gedichte, Reiseerfahrungen in der westlichen Welt *(Vom Lesen in den Innereien: »noch nie sah ich menschen so freundlich und / verhältnisse nirgendwo so brutal«)*. Seine Position zwischen utopischem Anspruch und gesellschaftlicher Wirkungslosigkeit reflektiert Biermann in Gedichten über HÖLDERLIN *(Hölderlin in Bordeaux; Hölderlin im Turm)*, illusionslos und gleichzeitig *»hoffnungsblind«* setzt er aber weiterhin *»auf die sanfte Gewalt / der Vernunft« (Geständis)*. C.Kn.-KLL

AUSGABEN: *Die Drahtharfe. Balladen, Gedichte, Lieder*, Bln. 1965. – *Mit Marx- und Engelszungen. Gedichte, Balladen, Lieder*, Bln. 1968. – *Für meine Genossen. Hetzlieder, Gedichte, Balladen*, Bln. 1972. – *Deutschland. Ein Wintermärchen*, Bln. 1972. – *Nachlaß I. Noten, Schriften, Beispiele*, Köln 1977 [enth. alle bisher ersch. Sammlungen]. – *Preußischer Ikarus. Lieder/Balladen/Gedichte/Prosa*, Köln 1978; Mchn. 1981. – *Verdrehte Welt – das seh' ich gerne. Lieder/Balladen/Gedichte/Prosa*, Köln 1982; Mchn. 1985. – *Affenfels und Barrikade. Gedichte, Lieder, Balladen*, Köln 1986.

SCHALLPLATTEN: *W. B. (Ost) zu Gast bei Wolfgang Neuss (West)*, 1965. – *Vier neue Lieder*, 1968. – *Chausseestraße 131*, 1969. – *Warte nicht auf beßre Zeiten*, 1973. – *aah-ja!*, 1974. – *Liebeslieder*, 1975. – *Es gibt ein Leben vor dem Tod*, 1976. – *Es geht sein' sozialistischen Gang*, 1976. – *Der Friedensclown*, 1977. – *Trotz alledem*, 1978. – *Hälfte des Lebens*, 1979. – *Eins in die Fresse, mein Herzblatt*, 1980. – *Wir müssen vor Hoffnung verrückt sein*, 1982. – *Im Hamburger Federbett*, 1983. – *Die Welt ist schön*, 1985. – *Seelengeld*, 1986.

LITERATUR: *W. B.*, Hg. H. L. Arnold, Mchn. 1975; erw. 1980 (Text + Kritik). – *W. B., Liedermacher und Sozialist*, Hg. T. Rothschild, Reinbek 1976. – M. Reich-Ranicki, Rez. (in FAZ, 17. 10. 1978). – D. P. Meier-Lenz, *Heinrich Heine – W. B.: Deutschland. Zwei Wintermärchen*, Bonn 1979; erw. 1985. – B. Allenstein u. M. Behn, *W. B.* (in KLG, 5. Nlg., 1980). – P. Demetz, Rez. (in FAZ, 6. 11. 1982). – J. Haupt, *Sozialistische Naturlyrik bei W. B.* (in die horen 126, 1982, H. 2, S. 25–42). – P. Zimmermann, *Der Sturz des preußischen Ikarus. – Zur Wirkungsgeschichte eines deutschen Sängers* (in *Deutsche Misere einst und jetzt*, Hg. P. G. Klussmann u. H. Mohr, Bonn 1982, S. 177–198). – M. Jäger, *»Am liebsten«: eine melancholische Ermutigung. Zu W. B.s Lied »Und als wir ans Ufer kamen«* (in *Gedichte und Interpretationen*, Bd. 6, Hg. W. Hink, Stg. 1983, S. 319–327). – T. Rothschild, Rez. (in FRs, 1. 10. 1986). – R. Baumgart, Rez. (in FAZ, 10. 1. 1987).

JOHANNES BOBROWSKI

* 9.4.1917 Tilsit
† 2.9.1965 Berlin / DDR

LITERATUR ZUM AUTOR:
S. Streller, *J. B.* (in *Literatur der DDR in Einzeldarstellungen*, Hg. H. J. Geerdts, Stg. 1972, S. 292–315). – N. Oellers, *J. B.* (in *Deutsche Dichter der Gegenwart*, Hg. B. v. Wiese, Bln. 1973, S. 413–435). – C. Grützmacher, *Das Werk von J. B.: eine Bibliographie*, Mchn. 1974. – *J. B. Selbstzeugnisse und neue Beiträge über sein Werk*, Hg. G. Rostin, Bln./DDR 1975; Stg. 1976. – A. Behrmann, *Facetten. Untersuchungen zum Werk J. B.s*, Stg. 1976. – *Ahornallee 26 oder Epitaph für J. B.*, Hg. G. Rostin, Bln./DDR 1977; Stg. 1978. – B. Gajek u. E. Haufe, *J. B.*, Ffm. u. a. 1977. – J. P. Wieczorek, *Figures and Themes in the Works of J. B.*, Diss. Oxford 1978. – B. Leistner, *J. B.: Studien und Interpretationen*, 2 Bde., Diss. Lpzg. 1982. – G. Wolf, *J. B. Leben und Werk*, Bln./DDR 1982.

DAS LYRISCHE WERK von Johannes BOBROWSKI.

Der sehr stark durch die ostpreußisch-litauische Landschaft seiner Kindheit geprägte Lyriker und Erzähler begann bereits mit 24 Jahren zu schreiben, seine ersten Gedichtbände erschienen aber erst zwanzig Jahre später: *Sarmatische Zeit* (1961), *Schattenland Ströme* (1962) und *Wetterzeichen* (1967). Das Zusammenleben unterschiedlicher Nationalitäten in dem als *»Sarmatien«* bezeichneten *»weiten Land zwischen Weichsel und Wolga/ Don«* wurde für Bobrowski das Thema seiner Dichtung: *»Die Deutschen und der europäische Osten. Weil ich um die Memel herum aufgewachsen bin, wo Polen, Litauer, Russen, Deutsche miteinander lebten, unter ihnen allen die Judenheit. Eine lange Geschichte aus Unglück und Verschuldung, seit den Tagen des deutschen Ordens, die meinem Volk zu Buche steht. Wohl nicht zu tilgen und zu sühnen, aber eine Hoffnung wert und einen redlichen Versuch in deutschen Gedichten.«*

Bevor Bobrowski 1960 mit einer ersten Lesung vor der »Gruppe 47« einer breiteren Öffentlichkeit in beiden Teilen Deutschlands bekannt wurde, hatte er bis auf acht frühe Gedichte, die 1944 in der Zeitschrift ›Das Innere Reich‹ erschienen waren, lediglich noch einige Gedichte in der von Peter HUCHEL herausgegebenen DDR-Zeitschrift ›Sinn und Form‹ (1955) veröffentlicht. Bobrowskis lyrische Anfänge gehen zwar auf das Jahr 1941 zurück, die meisten Gedichte entstanden aber erst in den Jahren 1954 bis 1962; so ließen die rasch aufeinanderfolgenden Lyrikbände kaum mehr eine literarische Entwicklung erkennen, vielmehr erweckte Bobrowski mit diesen meist ausgereiften und formal anspruchsvollen Gedichten den Eindruck, ein von Anfang an »vollendeter« Dichter zu sein.

Der 1961 erschienene Band *Sarmatische Zeit* faßt Lyrik der vergangenen zehn Jahre zusammen; beschworen wird der nordosteuropäische Landschaftsraum und die Geschichte seiner Völker *(Steppe: »Einer war, / der sang in den Abend. Draußen / schwer die Ebene, / baumlos, um niedres Gewächs / brennend der Sand –«)*. Realistisch und visionär zugleich vergegenwärtigt Bobrowski die versunkene sarmatische Welt, in der Landschaft und Menschen sich wechselseitig prägten. Dabei verbindet er Kindheitserinnerungen sowohl mit den Mythen der Frühzeit *(Pruzzische Elegie; Wiederkehr; Die Daubas)* als auch mit Anzeichen der Bedrohung und des Untergangs *(Die Spur im Sand: »Der blasse Alte / im verschossenen Kaftan. / Die Schläfenlocke wie voreinst. Aaron, / da kannte ich dein Haus. / Du trägst die Asche / im Schuh davon«)*.

In den überwiegend 1960/1961 entstandenen Gedichten des Bandes *Schattenland Ströme* (1962) vertieft Bobrowski die Beziehung zwischen Landschaft und Geschichte durch den Rückgriff auf historische Gestalten und Mythen ebenso wie durch die Einbeziehung der jüngsten, nationalsozialistischen Vergangenheit *(Der Adler; An den Chassid Barkan; Gedenkblatt; Wetterzeichen; Holunderblüte)*. Das Kriegs- und Schuldthema tritt deutlicher in den Vordergrund, Vergangenes soll nicht in Vergessenheit geraten und wird deshalb mahnend beschworen *(»Immer zu benennen: / den Baum, den Vogel im Flug, / den rötlichen Fels, wo der Strom / zieht, grün, und den Fisch / im weißen Rauch, wenn es dunkelt / über die Wälder herab«)*. Das ursprüngliche Gefühl der Harmonie zwischen Mensch und Natur erweist sich aus der Erinnerung heraus als trügerisch, das lyrische Ich beklagt die Zerstörung dieser Einheit und die nun drohende Vereinsamung *(Abend der Fischerdörfer; Wintergeschrei)*. Nach diesem zweiten Band brach Bobrowski den Versuch ab, in einer großen Gedichtsammlung *(Sarmatischer Divan)* die historische Schuld der Deutschen gegenüber den Völkern des Ostens abzutragen, da das *»mehr summierende grundsätzliche Gedicht«* diesem Anliegen nicht gerecht werden konnte und er sein Thema eher in der Prosa weiterführen wollte.

Wetterzeichen (1967) ist die letzte von Bobrowski selbst zusammengestellte Sammlung, deren Gedichte größtenteils zwischen 1961 und 1963 entstanden. Die Themen werden persönlicher, sie reflektieren Bobrowskis lyrischen Anspruch und seine Position als Dichter *(An Klopstock: »ich hab / aufgehoben, dran ich vorüberging, / Schattenfabel von den Verschuldungen / und der Sühnung«)*. Die Chiffrenhaftigkeit der Naturbilder nimmt zu, Liebesgedichte stehen neben Gedanken an den Tod *(Hechtzeit; Antwort)* und Zweifeln an der Wirksamkeit des gesprochenen Worts *(An Klopstock; Sprache; Antwort)*.

Bobrowskis Lyrik gilt allgemein als dunkel und hermetisch; eine eher fremde Erfahrungswelt, die Vieldeutigkeit der symbolischen Bilder und die spannungsvolle Verbindung von humanistischer Bildungstradition mit lyrischer Moderne in seinen Gedichten erschweren den unmittelbaren Zugang. Beeinflußt von seinem *»Zuchtmeister«* KLOPSTOCK, übernahm Bobrowski das reimlose antike Versmaß und verband es mit der nachsymbolistischen Lyriktradition. Die Auflösung der Syntax, häufige Inversionen und die isolierte Stellung des einzelnen Worts weisen über den konkreten Bedeutungszusammenhang des Verses hinaus *(Gegenlicht: »Dämmerung. / Wie das Grasland / hertreibt, die breite Strömung, / Ebenen. Kalt, unzeitig / der Mond. Ein Flügelschlag nun.«)*. Die Unmittelbarkeit der sinnlichen Wahrnehmung drückt sich aus in der suggestiven Kraft seiner Sprache, die eine durchgängige Symbolik besitzt: *Baum* und *Vogel* stehen für Leben, Bewegung und sprachliche Verständigung, *Schnee* für Vergessen oder *Winter* für Krieg und Verfinsterung. In Anlehnung an die Stromlyrik Klopstocks, GOETHES und HÖLDERLINS entstanden Gedichte, die die historische Zeit bis in die Gegenwart sichtbar machen sollten *(Stromgedicht; Die Memel; Der Don; Im Strom; Wiesenfluß)*.

Bobrowski hat, ähnlich wie Peter Huchel, keine traditionellen oder idyllischen Naturgedichte geschrieben, vielmehr suchte er die *»Geschichte menschlicher Arbeit in der Landschaft«* aufzuzeigen. Mensch und Natur vereinen sich, ihre gemeinsame

Geschichte wird schließlich in der Landschaft aufbewahrt; die beschworenen Naturbilder verweisen dabei in ihrer Komplexität auf rational nicht darstellbare Zusammenhänge *(Auf der Taurischen Straße)*.

Beeinflußt von den poetologisch-weltanschaulichen Positionen Johann Georg HAMANNS, dessen Vernunftskepsis er folgte, dessen Glaubensgewißheit und heilsgeschichtliche Zukunftserwartung er aber auch als Christ nicht mehr teilen konnte, griff Bobrowski zurück auf die Idee einer magischen *»Natursprache«*, die *»wahrscheinlich wieder mehr Zauberspruch, Beschwörungsformel«* werden müßte. Unter dem Eindruck von Johann Gottfried HERDERS Geschichtsverständnis und dessen *»Konzeption einer fortschreitenden Humanisierung«* des Menschen, sah Bobrowski seine Aufgabe als Dichter darin, gegen das Vergessen von Geschichte und Schuld anzuschreiben *(»Ich bin dafür, daß alles immer neu genannt wird, was man so ganz üblich als ›unbewältigt‹ bezeichnet, aber ich denke nicht, daß es damit ›bewältigt‹ ist. Es muß getan werden, nur auf Hoffnung.«)*. Dabei gründete er *»seine Verantwortlichkeit nicht auf eine benannte Transzendenz, sondern auf menschliche Erfahrung. Um diesen Mangel an verbindlicher Autorität auszugleichen, braucht er die suggestive, beschwörende Sprache, braucht er als Instrument den unmittelbaren sinnlichen Eindruck der Chiffren der Natur, auch wenn er Geschichtliches meint«* (v. Heydebrand).

Bobrowskis zutiefst *»brüderliche«* (Hermlin) Dichtung hat Zeichencharakter, die evokative Kraft seiner Bilder will unmittelbar sinnlich auf den Leser wirken. Eine *»intensive Ich-Du-Beziehung im Gedicht«* war für ihn *»Vorbedingung für Gesellschaft«* und Grundlage für eine *»Zukunft ohne Angst«*; als Mahnung und Vermächtnis kann eines seiner letzten Gedichte gelten, *Das Wort Mensch: »Wo Liebe nicht ist, / sprich das Wort nicht aus«.*

Zahlreiche Personengedichte, über Klopstock, Hamman, Hölderlin und LENZ, über Gertrud KOLMAR, Else LASKER-SCHÜLER und Nelly SACHS, dienten der eigenen Standortbestimmung, sie waren für Bobrowski *»keine Porträts..., sondern Anrufe an Sternbilder, nach denen der alte Sarmate die Himmelsrichtung peilt«*. Bobrowski hinterließ Lyrik, *»in die die Bitternis erfahrener Lebenswirklichkeit, die schmerzliche Wahrnehmung von Dissonanzen zutiefst eingegangen sind und in der sich mit höchster Intensität die Sehnsucht nach existentieller Harmonie ausspricht«* (Leistner). Der Einwand, er habe von seiner elegisch-humanistischen Position aus den komplexen gesellschaftlich-politischen Hintergründen der vergangenen Katastrophen nicht gerecht werden können, verliert vor der moralischen und künstlerischen Kraft seiner Gedichte an Bedeutung. C.Kn.

AUSGABEN: *Sarmatische Zeit. Gedichte*, Stg. 1961; Bln./DDR 1961. – *Schattenland Ströme. Gedichte*, Stg. 1962; Bln./DDR 1963. – *Das Land Sarmatien. Gedichte*, Mchn. 1966 [enth. *Sarmatische Zeit* u. *Schattenland Ströme*; ern. unter d. Titel *Sarmatische Zeit*, Mchn. 1978]. – *Wetterzeichen. Gedichte*, Bln./DDR 1967; Bln. 1967. – *Im Windgesträuch. Gedichte aus dem Nachlaß*, Bln./DDR 1970; Stg. 1970. – *Gedichte 1952–1965*, Lpzg. 1974. – *Gedichte. Gedichte aus dem Nachlaß* (in *GW*, Hg. E. Haufe, Bd. 1 u. 2, Bln./DDR, Stg. 1987).

LITERATUR: R. v. Heydebrand, *Engagierte Esoterik: Die Gedichte J. B.s* (in *Wiss. als Dialog. Studien zur Literatur und Kunst seit der Jahrhundertwende. W. Rasch zum 65. Geburtstag*, Hg. dies. u. K. G. Just, Stg. 1969, S. 389–450). – D. Deskau, *Der aufgelöste Widerspruch. »Engagement« und »Dunkelheit« in der Lyrik J. B.s*, Stg. 1975. – W. Mauser, *Beschwörung und Reflexion. B.s sarmatische Gedichte*, Ffm. 1970. – F. Minde, *J. B.s Lyrik und Tradition*, Ffm./Bern 1981. – W. Schulz, *Die aufgehobene Zeit. Zeitstruktur und Zeitelemente in der Lyrik J. B.s*, Bern u. a. 1983. – S. Reichert, *Das verschneite Wort. Untersuchungen zur Lyrik J. B.s*, Bonn 1988.

LEVINS MÜHLE. 34 Sätze über meinen Großvater

Roman von Johannes BOBROWSKI, erschienen 1964. – Der Großvater des Erzählers lebt zur Zeit der Gründerjahre als reicher Mühlenbesitzer in Westpreußen, wo (seit 1870) das nationale Selbstbewußtsein des deutschen Bevölkerungsteils systematisch gegen andersrassige Minderheiten mobilisiert wird. Die Deutschen, zu denen der Großvater trotz polnischer Vorfahren sich zählt, treten nach der Reichsgründung gegenüber Polen, Juden und Zigeunern als Herrenmenschen auf. So glaubt der Großvater ein gewissermaßen »natürliches« Recht wahrzunehmen, wenn er eines Nachts die Mühle seines jüdischen Konkurrenten Levin durch heimtückisches Öffnen einer Schleuse zerstört. Als Levin gegen den Großvater Anzeige erstattet, verbündet dieser sich mit dem großdeutsch gesinnten Dorfpfarrer, der eine Vertagung des Verfahrens erwirkt. Levin seinerseits solidarisiert sich mit den Besitzlosen und Entrechteten; herumziehende Zigeuner ergreifen für ihn Partei und prangern das geschehene Unrecht in einer zündenden Ballade an. Der Großvater reagiert darauf mit einer neuen Untat. Er legt Feuer an das herrenlose Haus, in dem Levin und einer der Zigeuner sich versteckt halten, und klagt dann Levin der Brandstiftung an. In der anschließenden Gerichtsverhandlung werden Levins Zeugen als befangen abgelehnt. Da glaubwürdige – und das heißt: deutsche – Zeugen nicht beizubringen sind, muß Levin das Dorf verlassen. Die Unterdrückten – Polen, Juden, Zigeuner und deutsches Landproletariat – halten jedoch weiter zusammen und erzielen sogar gewisse Erfolge; einmal gelingt es ihnen, einer Gruppe deutscher Nationalisten – unter ihnen der Großvater –, die im Dorfgasthaus eine Schlägerei provozieren, mit vereinten Kräften Herr zu werden. Als nach diesem

Vorfall die zuständigen Behörden nicht zugunsten der Deutschen eingreifen, resigniert der Großvater, verkauft seine Mühle und verläßt den Ort. Gewandelt hat er sich nicht; er bleibt ein überzeugter Nationalist und Antisemit, der nur auf den Tag wartet, wo er wirkungsvoller zuschlagen kann. Der Erzähler gibt ihn auf – als einen hoffnungslosen Fall.
Es sind die Vorformen der großen Katastrophen, die Bobrowski in der kleinen alltäglichen Welt der westpreußischen Provinz findet, wobei er nicht als allwissender Erzähler auftritt, sondern, darin dem Mutmaßungs-Stil Uwe Johnsons *(Mutmaßungen über Jakob)* ähnlich, den Gang der Geschichte durch Nebensätze, Fragen und Reflexionen hemmt, sie auf Alternativen hin untersucht. Verschiedene Sprachschichten und Erzählstile stehen nebeneinander, Dialoge wechseln unvermittelt mit inneren Monologen, sachliche Berichterstattung in der Alltagssprache wird unterbrochen durch lyrisch-beschreibende Passagen. Der Versuch, die Fabel in 34 Sätzen zu erzählen, wie der Untertitel des Romans verspricht, wird scheinbar ernsthaft verfolgt, aber schließlich aus den Augen verloren. Bobrowski, in der DDR als *»bürgerlicher Humanist«* bezeichnet, hat mit diesem Roman – wohl sein meistgerühmter Prosatext – zugleich ein Beispiel für einen alternativen, sich jeder falschen Idylle entziehenden »Heimatroman« geschaffen, der durchaus in der Tradition eines Oskar Maria Graf oder einer Anna Seghers zu sehen ist. KLL

Ausgaben: Ffm. 1964. – Bln./DDR 1964; [7]1980. – Ffm. 1970; [10]1987 (FiTb). – Lpzg. 1981 (RUB). – Bln. (DDR)/Stg. 1987 (in *GW*, Hg. E. Haufe, Bd. 3).

Literatur: M.-T. Cadot, *Le comique sérieux dans »Levins Mühle« de J. B.* (in Recherches Germaniques, 11, 1981, S. 169–189).

LITAUISCHE CLAVIERE

Roman von Johannes Bobrowski, erschienen 1966. – In seinem letzten Roman, der, fertig vorliegend, aus dem Nachlaß veröffentlicht wurde, hat Bobrowski es wiederum mit seinem »Thema«, dem Problem des Zusammenlebens verschiedener Volksgruppen im ostdeutschen Grenzland, zu tun. Was sich als äußere Handlung erzählen läßt, bietet nur den Rahmen für eine vielschichtige Sinnstruktur. Zwei Herren aus Tilsit, Gymnasialprofessor Voigt und Konzertmeister Gawehn, wollen eine Oper schreiben. Ihr Gegenstand ist die historische Gestalt des Kristijonas Donelaitis, der im 18. Jahrhundert Pfarrer im preußisch-litauischen Dorf Tolmingkehmen war, litauischer Nationaldichter, Barometer- und Thermometermacher und Erbauer von drei Klavieren. Auf der Suche nach Material für den Hintergrund dieser exemplarisch gemeinten Lebensstudie unternehmen die beiden am Vortag des Johannisfests 1936 eine Kleinbahnfahrt über die Memel ins derzeit litauische Willkischken zum Dorfschullehrer, Volksliedsammler und Sprachforscher Potschka. Dabei geraten sie in die zu Johanni üblichen Feiern nationaler Vereine der Deutschen und Litauer und können das bunte, spannungsreiche Mit- und Gegeneinander der Volksgruppen unmittelbar beobachten. Sie erleben, wie der schwelende Konflikt angeheizt wird, wie es – durch die noch als »Kulturverein« getarnten Nationalsozialisten – zu Mord und Totschlag kommt. Ein friedliches Zusammenleben, zu dem Voigt mit seiner Oper beitragen wollte, scheint kaum noch möglich. Auch auf Potschka soll, da er als Litauer die Liebe der Deutschen Tuta Gendrolis erwidert, ein Anschlag verübt werden. Ob und wie dieser Anschlag ausgeführt wird, läßt der Erzähler nur ahnen, da er in den letzten Kapiteln das reale Geschehen mit imaginären fast unscheidbar durchsetzt: Potschka besteigt einen *»Turm, den es nicht gibt«* und verliert sich dort in Visionen aus dem Leben des Donelaitis, mit dem er sich auch sonst schon identifiziert hat; dabei wird er – dies die eine Version – von einem Handlanger der Nazis herabgestoßen oder – dies die andere – von seiner Tuta zu den Forderungen der Gegenwart zurückgerufen. Der Leser wird durch die Verschlüsselung des Endes vor die Aufgabe gestellt, sich dessen Sinn im Rückblick auf die gesamte Erzählung zu erarbeiten. Solch provozierende Dunkelheit, die Eindeutigkeit verweigert, ist für Lyrik wie Prosa Bobrowskis charakteristisch. Ebenso sind es die Stilmittel: scheinbar überflüssige Episoden und Details, Anekdoten und Bildbeschreibungen, Landschaftsschilderungen und Exkursionen in die Geschichte, all dies durch lyrische Parallelen und epische Entsprechungen verwoben zu einem Netz von sinntragenden Bezügen. Dominantes Strukturprinzip ist die Beziehung des Gegenwartsgeschehens auf die Geschichte.
Damit erscheint Bobrowskis Leitfrage nach den Bedingungen humanen Verhaltens als Frage nach dem richtigen Verhältnis zur Vergangenheit. Begünstigt Naturnähe eine idyllisch-geschichtsferne Lebensform, wie sie in Leben und Brauchtum der Litauer noch greifbar ist, so stellt Geschichte in die Entscheidung zwischen gerecht und ungerecht. Zu Ungerechtigkeit führt das Streben nach Macht, Besitz und Herrschaft. An ihm haben Litauer wie Deutsche teil, glücklos und daher weniger befleckt die einen, erfolgreich und durch den Erfolg noch mehr korrumpiert die andern; Bobrowski meint mit seiner Kritik die Machtgierigen, nicht die Völker. Auf Gerechtigkeit dagegen zielt ein Handeln aus selbstloser Liebe, wie es Donelaitis vorlebte. In diesem Dichterpfarrer verbindet sich Naturnähe mit tätiger Verantwortung, auf dem Boden des Christentums; Unerschrockenheit gegenüber den Mächtigen kennzeichnet sein Leben und drückt sich aus in seinem mehrfach zitierten Hauptwerk, den Hexameter-Idyllen *Die Jahreszeiten*. Zu diesem Typus geschichtlichen Verhaltens gilt es sich zu bekennen; verkörpert wurde er bereits durch Hamann, auf den Donelaitis selbst wieder kryptisch bezogen ist. Voigt und Potschka, die durch

auffällige biographische Parallelen als »Postfigurationen« des Donelaitis bezeichnet sind, lassen sowohl Gelingen als auch Verfehlen eines solchen Rückbezugs erkennen; Voigt hat die rechte Beziehung zum Vorbild, aktive Nachfolge, schon gefunden, Potschka muß – dies versinnbildlicht die Turmszene – noch lernen; romantisch-kontemplative Verehrung der Vergangenheit ist den bösen Kräften gegenüber ohnmächtig. Das Erinnern muß für die Gegenwart und die Menschen fruchtbar werden, im Handeln und im Weitersagen.
Mit dieser Einsicht hat Bobrowski auch sein Selbstverständnis umrissen. Der Dichter steht in einer Kette von Menschen, die – vormals als Christen, heute im Geist des Christentums oder doch in seiner säkularisierten Tradition – Gerechtigkeit zu fördern suchen, indem sie in furchtloser Liebe handeln und an Gerechtes erinnern. Für die bescheidene Hoffnung auf die Wirksamkeit solchen Tuns stehen, als Chiffre, die *»litauischen Claviere«* des Donelaitis, die nur ganz langsam gestimmt werden können und immer *»leicht verstimmt«* bleiben: wiederum Zeichen christlichen Weltverständnisses, das sich für die irdischen Verhältnisse mit der Annäherung an die geahnte Harmonie begnügen muß.
Das »Weitersagen« übernimmt im Text ein Erzähler, der in Satzduktus und Wortwahl mündliches Erzählen nachahmt und engsten Kontakt mit seinen »Hörern« sucht. Zugleich gibt er sich als Augenzeuge des Geschilderten, ja oft als Freund und Mahner der Figuren. Authenzität des Dargestellten, Hervortreten seiner ethischen Bedeutung und Appell an den Leser sind die Wirkungen dieses für Bobrowski typischen Verfahrens, das die Übereinstimmung von Absicht und Gestaltung bezeugt.

R.v.H.

AUSGABEN: Bln./DDR 1966; [2]1967. – Bln. 1967. – Bln. 1983. – Bln. (DDR)/Stg. 1987 (in *GW*, Hg. E. Haufe, Bd. 3).

LITERATUR: B. Leistner, *Der Epiker J. B.*, Diss. Lpzg. 1971. – J. P. Wieczorek, *»Die großen Taten in verschiedenen Zungen«. J. B.s »Litauische Claviere«* (in GLL, 35, 1982, S. 355–367).

HEINRICH BÖLL

* 21.12.1917 Köln
† 16.7.1985 Bornheim-Merten

LITERATUR ZUM AUTOR:
W. J. Schwarz, *Der Erzähler H. B. Seine Werke und Gestalten*, Bern/Mchn. [2]1968; [3]1973. – H. J. Bernhard, *Die Romane H. B.s. Gesellschaftskritik u. Gemeinschaftsutopie*, Bln. 1970. – *In Sachen B. – Ansichten u. Einsichten*, Hg. M. Reich-Ranicki, Mchn. 1972 (dtv). – *B. Untersuchungen zum Werk*. Hg. M. Jurgensen, Bern/Mchn. 1975. – W. Martin, *H. B. eine Bibliographie seiner Werke*, Hildesheim 1975. – R. Nägele, *H. B. Einführung in das Werk und in die Forschung*, Ffm. 1976. – *H. B. Eine Einführung in das Gesamtwerk*, Hg. H. Beth, Königstein [2]1980. – H. Herlyn, *H. B. und H. Marcuse. Literatur als Utopie*, Lampertheim 1979. – J. C. Conard, *H. B.*, Boston 1981 (TWAS). – *H. B.*, Hg. H. L. Arnold, Mchn. [3]1982 (Text + Kritik). – K. Schröter, *H. B. in Selbstzeugnissen und Bilddokumenten*, Reinbek 1982 (rm). – *Zu H. B. Interpretationen*, Hg. A. M. Dell'Agli, Stg. 1984. – Ch. Linder, *H. B. Lesen & Schreiben 1917 bis 1985*, Köln 1986. – M. Reich-Ranicki, *Mehr als ein Dichter. Über H. B.*, Köln 1986. – J. Vogt, *H. B.*, Mchn. [2]1987. – H. Falkenstein, *H. B.*, Bln. 1987. – J. Vogt, *H. B.* (in KLG, 26. Nlg., 1987).

ANSICHTEN EINES CLOWNS

Roman von Heinrich BÖLL, erschienen 1963. – Der Roman, bei seinem Erscheinen wegen seiner antiklerikalen Tendenz heftig diskutiert, drängt die Masse des zu bewältigenden Stoffs in den Zeitraum eines erzählten Tages zusammen. Das direkte Nebeneinander von Einst und Jetzt soll augenfällig, ohne umständliche epische Vermittlung, das Weiterleben autoritärer Machttendenzen im Schutze demokratischer und christlicher Schlagworte demonstrieren, das in bitteren Satiren attackiert wird. Der (negative) Held des Romans ist – wie der Titel ahnen läßt – der als Typus schon in der Romantik beliebte Außenseiter der Gesellschaft, der Unbehauste, der reine Tor, die *anima naturaliter christiana*. *»Heiter, fromm, keusch«*, obwohl *»nicht religiös, nicht einmal kritisch«*, leicht zu Tränen gerührt, zum Selbstmitleid neigend, ist er in einer Welt der Heuchelei, des Ehrgeizes und steriler Intellektualität der *»natürliche«*, nicht verformte Mensch rousseauischer Prägung. Allergisch gegen alle Erscheinungsformen von Macht, sieht er in jeder, auch legitimen Art von Organisation die Zeichen der Repression des Individiums. Ihren abstrakten *»Ordnungsprinzipien«* setzt er die konkrete Wirklichkeit des mit den Augen des Kindes gesehenen Details entgegen, denen auch und gerade das Banale noch wunderbar, *»ohne Ordnung«* erscheint. Dieser Clown Hans Schnier ist der aus der Art geschlagene Sohn eines rheinischen Braunkohlenmillionärs und einer dumm-naiven Mutter – noch 1945 schickte sie ihre einzige Tochter, Henriette, als Flakhelferin gegen die *»jüdischen Yankees«* in den sicheren Tod: nach dem Zusammenbruch wurde sie Präsidentin des Zentralkomitees der Gesellschaften zur Versöhnung rassischer Gegensätze. Schnier hat seit seinem 21. Lebensjahr mit Marie, der katholischen Tochter eines Kommunisten, in nicht legalisierter Ehe gelebt. Nach sechs Jahren hat sie ihn nun, von Glaubensgenossen beeinflußt, verlassen, um den einflußreichen Katholiken Züpfner zu heiraten. Anlaß dieses Treuebruchs war Schniers Weigerung, sich schriftlich zur katholischen Erziehung künftig zu erwartender Kinder aus dieser freien Ehe zu verpflichten; im Grunde aber steht hier der Anspruch einer überindividuellen Ordnung dem Recht des Individuums auf Selbstbestimmung gegenüber. Seiner Natur entsprechend unterliegt Schnier in diesem Konflikt. Unfähig, noch zu arbeiten, krank, ohne Geld, gibt er sich selbst auf. Am Ende sitzt er, mitten im Karnevalstreiben, Gitarre spielend und singend, auf den Stufen des Bahnhofs, aus dem Marie, von der Hochzeitsreise zurückkehrend, am Arm Züpfners heraustreten wird. Die erste Münze, die ein Mitleidiger ihm in den Hut wirft, degradiert ihn zum Bettler und besiegelt sein Schicksal.

Die Aufnahme dieses Erfolgsromans war zwiespältig, man kritisierte Bölls verfremdende Darstellung des katholischen Milieus und identifizierte allzuleicht den Autor mit seinem Helden, der aggressiv auf politische oder religiöse Standpunkte jeglicher Couleur reagiert: Rechte und Linke, Katholiken, Protestanten und Atheisten, Kapitalisten und Proletarier erscheinen gleichermaßen fragwürdig. Der Clown Schnier verteidigt seine individuelle Freiheit gegen jede Art von gesellschaftlicher Macht, die über ihn verfügen will oder ihm seiner letzten Fluchtmöglichkeit, der Liebe zu Marie, beraubt. Zweifellos wird die Diabolik der Herrschaft abstrakter Ordnungsprinzipien nicht erkennbar, da ihre Exponenten zu *»Idioten«*, *»miesen Spießern«*, *»eitlen Phrasendreschern«* verkleinert werden und der Held in seinem Selbstmitleid und seiner Sentimentalität eher traurig denn tragisch wirkt, und, wie E. Beck nachweisen kann, auch in seinem Verhältnis zu Marie von einer Egozentrik beherrscht wird, die dem Aufklärungspotential seiner Person wie des Romans insgesamt enge Grenzen setzt. *»Ich bin ein Clown ... und sammle Augenblicke«*, dieses Bekenntnis des Heldens umreißt die Verfahrensweise des Buches, das mehr auf Momentaufnahmen der bundesdeutschen Realität konzentriert ist als auf eine breit angelegte Bestandsaufnahme. Die Wirkung des Werks beruht auf den oft bis zur Groteske gesteigerten, treffsicheren und witzigen Satiren, und dennoch enthält es eine Absage an die Satire und die Hofnarrenrolle, die Satiriker zu spielen haben. *»Ich war es leid zu karikieren«*, erinnert sich Schnier selbst an seine Clownerien, und Böll konstatierte ein Jahr später in seinen *Frankfurter Vorlesungen*: die, die er jeweils angreifen wolle, *»ob es sich nun um selbstsichere Industrielle handelt oder um Kleriker – sie erwarten Prügel, und seitdem mir das bewußt geworden ist, bin ich nicht mehr bereit, Prügel, wenn auch nur scheinbare, auszuteilen.«* G.He.-KLL

Ausgaben: Köln 1963. – Mchn. 1967 (dtv). – Köln 1977 (in *Werke. Romane und Erzählungen*, 5 Bde., 4).

Verfilmung: BRD 1975 (Regie: V. Jasny).

Literatur: R. Baumgart, *H. B., »Ansichten eines Clowns«* (in NRs, 74, 1963, S. 477–481). – A. Bekkel, *Mensch, Gesellschaft, Kirche bei H. B.*, Osnabrück 1966. – E. Lehnhardt, *Das Romanwerk H. B.s von »Haus ohne Hüter« bis »Gruppenbild mit Dame«. Urchristentum u. Wohlstandsgesellschaft*, Bern/Ffm. 1983. – K.H. Götze, *H. B., »Ansichten eines Clowns«. Text u. Geschichte*, Mchn. 1985.

BILLARD UM HALBZEHN

Roman von Heinrich Böll, erschienen 1959. – Der Roman erzählt die Geschichte dreier Generationen einer rheinischen Architektenfamilie und ihres Lebenswerks, der Abtei St. Anton. 1907 wird der Architekt Heinrich Fähmel mit dem Neubau dieser Abtei beauftragt, sein Sohn Robert Fähmel läßt sie während des Zweiten Weltkriegs zerstören, um, so der Befehl, »freies Schußfeld« zu erlangen, letztlich aber deshalb, weil die Mönche des Klosters ihre Sympathie für die politischen Gewalttäter des Jahrhunderts nicht verhehlt hatten. Robert Fähmel, dessen Sohn Joseph nach dem Krieg die Abtei wieder aufbaut, erzählt die Chronik seiner Familie dem Liftboy Hugo im Hotel *»Prinz Heinrich«*, wo er jeden Vormittag um halb zehn Billard zu spielen pflegt. Es ist Bölls einziger Versuch, im selben Jahr erschienen wie *Die Blechtrommel* von Günter Grass und *Mutmaßungen über Jakob* von Uwe Johnson, eine Epochenbilanz verdrängter und unbewältigter deutscher Geschichte zu gestalten, auch wenn sich die äußere Handlung auf einen Tag des Jahres 1958 reduziert und die Vergangenheit durch Rückblenden, Erinnerungen, Reflexionen vergegenwärtigt wird.

Nicht die Rekonstruktion historischer Geschehnisse allerdings ist Gegenstand des Romans, vielmehr die daraus resultierende, psychisch-seelische Verstümmelung der Überlebenden. Mit dem Wiederaufbau der zerstörten Abtei scheint das Vergangene stillschweigend abgetan zu sein, nur die Ehefrau des alten Heinrich Fähmel, seit Jahren in einer Nervenheilanstalt lebend, kann sich damit nicht abfinden. Bei der Familienfeier aus Anlaß des 80. Geburtstages ihres Mannes schießt sie auf einen Minister, der, einst Mitläufer der Nazis, nach dem Krieg rasch wieder zu Amt und Würden gekommen, ihr als Repräsentant für Herrschaft und Unterdrükkung erscheint: *»Ich habe Angst, viel mehr als damals; ihr habt euch offenbar an die Gesichter schon gewöhnt, aber ich fange an, mich nach meinen harmlosen Irren zurückzusehnen; seid ihr denn blind? So leicht zu täuschen? Die werden euch für weniger als eine Handbewegung, für weniger als ein Butterbrot umbringen (...) Seid ihr denn blind? Da weißt du ja einfach nicht mehr, wo du bist; ich sag, Liebster, die haben doch alle vom Sakrament des Büffels gegessen ...«*.

Mit Hilfe der leitmotivischen Formeln *»Sakrament des Büffels«* und *»Sakrament des Lammes«* kontrastiert Böll das Ensemble seiner Figuren und das Panorama der deutschen Geschichte, die Spaltung des deutschen Volkes seit dem Ersten Weltkrieg: *»Es ist die Spaltung zwischen jenen, die sich dem Krieg, der Gewalt, der Diktatur verschworen haben und jenen, die im stillen Widerstand wehrlos wurden.«* (Martini). Böll selbst distanzierte sich später von dieser schematischen Symbolik, die, zumindest im *»Büffel«*-Symbol, in mehreren seiner frühen Erzählungen schon angelegt ist und worüber er selbst schreibt: *»Diese Zweiteilung in ›Billard um halbzehn‹ basiert hauptsächlich auf meiner Vorstellung von Hindenburg und all den deutschnationalen Kriminellen, die ich für die eigentlich Verantwortlichen halte. Deutsch-Nationale zusammen mit den Industriellen und Bankiers ... das waren für mich die Büffel.«* Gerade jene Kräfte, die er für das Aufkommen der NS-Diktatur verantwortlich machte, sieht Böll in der bundesdeutschen Nachkriegszeit wieder an der Macht, die *»Lämmer Gottes«* wieder in der Rolle der Opfer. Sie, die mit ihrem christlichen, außerhalb der institutionalisierten Kirche stehenden Humanismus als die einzige oppositionelle, freilich auch introvertierte Kraft erscheinen, nutzen allerdings, woran der Autor keinen Zweifel läßt, ihre Möglichkeiten zum Widerstand nicht. Lediglich in der Figur des Liftboys Hugo, den Robert Fähmel schließlich adoptiert, deutet sich die Verwirklichung der Utopie einer gewaltlosen Zeit an.

Es ist nicht nur dieser Schematismus der »Büffel« und der »Schafe«, den die Kritik bis heute an diesem Roman bemängelt und der den Personen Bölls keine Entwicklung erlaubt, sondern auch die bemüht wirkende Erzählweise; übereinstimmend wird das Werk als Bölls *»ambitioniertester epischer Versuch«* (Durzak) betrachtet, bei Erscheinen des Romans zog man sogar Parallelen zum französischen *nouveau roman*. Letztlich aber gelingt es Böll auch mit dem Stilmittel des inneren Monologs oder mit einer assoziationsreichen, eingängigen Symbolik kaum, den eng gefaßten erzählerischen Rahmen so zu weiten, daß aus dem Blickwinkel einer Familie, vor allem aber eines Mannes, des Architekten Robert Fähmel, ein überzeugendes Bild der deutschen Geschichte im 20. Jh. entstehen kann: der Roman *»... bleibt auf dem Hintergrund der Werkgeschichte Bölls ein Experiment, dessen formale Kühnheiten die thematischen Widersprüche nicht überwinden«* (Durzak). M.Pr.

AUSGABEN: Köln/Bln. 1959. – Lpzg. 1961. – Mchn. 1974 (dtv). – Köln 1977 (in *Werke. Romane u. Erzählungen*, 5 Bde., 3).

LITERATUR: R. Becker, *Modell eines christl. Nonkonformismus. Zu H. B.s »Billard um halbzehn«* (in Der Monat, 12, 1959/60, S. 69–74). – H. Plard, *Böll le constructeur. Remarques sur »Billard um halbzehn«* (in EG, 15, 1960, S. 120–143). – H. B. Schmid, *H. B. als Zeitkritiker* (in Stimmen der Zeit, 169, 1961). – F. Martini, H. B. *»Billard um halbzehn«* (in Moderna Språk, 55, 1961, S. 27–38). – H. Haase, *Charakter u. Funktion der zentralen Symbolik in H. B.s Roman »Billard um halbzehn«* (in WB, 1964, H. 10, S. 219–226). – G. Jaeckel, *Die alte u. die neue Welt. Das Verhältnis von Mensch u. Technik in H. B.s Roman »Billard um halbzehn«* (ebd., 1968, H. 6, S. 1285 ff.). – K. Jeziorkowski, *Rhythmus u. Figur. Zur Technik der epischen Konstruktion in H. B.s »Der Wegwerfer« u. »Billard um halbzehn«*, Bad Homburg 1968. – M. Durzak, *Die problematische Wiedereinsetzung des Erzählers. H. B.s Romane* (in *B. Untersuchungen zum Werk*, Hg. M. Jurgensen, Bern/Mchn. 1975). – E. Lehnhardt, *Das Romanwerk H. B.s von »Haus ohne Hüter« bis »Gruppenbild mit Dame«. Urchristentum und Wohlstandsgesellschaft*, Bern/Ffm. 1983.

GRUPPENBILD MIT DAME

Roman von Heinrich BÖLL, erschienen 1971. – Der eine Vielzahl von Motiven aus früheren Werken des Kölner Autors variierende, äußerst erfolgreiche Roman gilt vielen als Bölls *»bedeutendstes Buch«* (K. Korn). Der weit in die Zeitgeschichte zurückgreifende und diese *»aus der Alltagsperspektive«* (J. Vogt) seiner Protagonistin wie auch aus der Sicht zahlreicher Nebenfiguren schildernde Kriegs- und Nachkriegsroman kann als radikale Kritik deutscher Wirklichkeit verstanden werden, der die als *»subversive Madonna«* (R. Matthaei) erscheinende *»Dame«* das utopische Bild einer im urchristlichen Sinne humanen Existenz entgegenstellt. *»Gerade die prinzipielle Infragestellung der Institutionen von Familie, Staat und Kirche deutet in Bölls Roman (...) auf eine grundsätzlich skeptische Vorstellung von der denkbaren Wirksamkeit jeder Institution. Er leitet ihre radikal fragwürdig gewordene Gültigkeit vom Verfall der persönlichen Integrität in einer unmenschlich gewordenen Gesellschaftsordnung ab und postuliert, konsequent genug, das authentische, gegeninstitutionelle, ja, wenn nötig, anarchistische Verhalten als eine unter den historischen Umständen geforderte Alternative des gesellschaftlichen Handelns«* (V. Lange).

Titelfigur des Buches ist die etwa 48jährige Helene Maria Pfeiffer, geborene Gruyten, die *»seit ihrem vierzehnten Lebensjahr unkirchlich dahinlebt«* und noch immer in ihrem Geburtshaus wohnt. Leni erscheint als *»legendenhaft-symbolisch«* (J. Vogt) gezeichnete Frauengestalt *(»Ja, es gibt sie, und es gibt sie nicht«)*, die sich den Anpassungszwängen der Gesellschaft konsequent verweigert und sich in intuitiver Arglosigkeit ihre subjektiven Bedürfnisse zu erfüllen sucht. *»Der Lebensweg eben dieser Leni Pfeiffer ist das episch konstituierende Element des Romans«* (H. J. Bernhard). Lenis fast lückenloser Lebenslauf wird auf pseudo-dokumentarische Weise erzählt, nämlich in Form von aneinandermontierten Berichten, Protokollen, Gesprächen, Erinnerungen und Befragungen von Personen, die zu ihr in Beziehung standen oder noch stehen – gebrochen also *»im Medium verschiedener subjektiver Wahrnehmungen, Erinnerungen, Bewertungen«* (J. Vogt). Leni selbst *»läßt sich nicht fragen, und wenn man sie fragt, antwortet sie nicht«*. Ein sich selbst – wenigstens anfangs – nur *»ausnahmsweise«*

ins erzählte Geschehen einmischender, *»Verf.«* genannter Erzähler protokolliert seine Recherchen über diese hilfsbereite und herzliche Frau, die aus unabweisbarer Gefühlssicherheit heraus stets das ihr Selbstverständliche tut und deren inneren Kern der Autor als *»eigentlich unzerstörbar«* bezeichnet. Lenis *»materialistisch sinnlicher Konkretismus«*, einer ihrer hervorgehobensten Wesenszüge, ist im Sinne einer weitgehenden *»Kongruenz von Sinnlichkeit und Leben«* (B. Balzer) zu verstehen. Ihre Umwelt jedoch, der sie stolz, unnahbar, in ihrer niemals taktisch-kalkulierenden Ehrlichkeit unbequem und in ihrer erotisch aufgeladenen Güte und Herzlichkeit oft auch unheimlich vorkommt, *»möchte Leni am liebsten ab- oder wegschaffen«*. Der Erzähler weist darauf hin, *»daß man Lenis religiöse Begabung so verkannt hat wie ihre Sinnlichkeit, daß in ihr, an ihr vielleicht eine große Mystikerin zu entdecken und zu entwickeln gewesen wäre«*.

In den einzelnen Kapiteln wird aus jeweils unterschiedlicher Sicht stets eine wichtige Lebensetappe der Protagonistin geschildert, so etwa Lenis Kindheit und der parallel dazu stattfindende Aufstieg ihres Vaters, der als Baufachmann in den dreißiger und vierziger Jahren zu Reichtum und Ansehen gelangt. Die junge Leni, die einmal *»einen ganz großartigen Aufsatz«* über Kleists *Marquise von O.* geschrieben hat, steht der für ihre geistig-moralische Entwicklung überaus wichtigen jüdischen Nonne Rahel bei, einer *»Mittelexistenz zwischen Toiletten- und Putzfrau«*, die während der Nazi-Zeit von ihren Mitschwestern versteckt, aber auch degradiert und vernachlässigt wird. Nach einer nur drei Tage währenden Ehe mit dem ungeliebten *»mißglückten Germanen«* Alois Pfeiffer, der im Krieg fällt, arbeitet Leni in der Kranzbinderei des opportunistischen Walter Pelzer. Dort lernt sie den russischen Kriegsgefangenen Boris Lvovic Koltowski kennen, der zu ihrer großen und einzigen Liebe wird, nachdem eine lebensgefährliche und nicht von ungefähr im Zentrum des Buches stehende *»Entscheidungsschlacht«* geschlagen ist: Leni reicht dem verachteten und angefeindeten *»russischen Untermenschen«* ganz selbstverständlich eine Tasse Kaffee und läßt sich in ihrer naiv-reinen Menschlichkeit durch nichts beirren. *»Der Boris wurde einfach durch Lenis mutige Tat zum Menschen gemacht, zum Menschen erklärt«*. Die immer dichter aufeinanderfolgenden Bombardements sorgen dafür, daß sich für das – unter zahlreichen Hinweisen auf die biblischen Figuren Joseph und Maria geschilderte – Liebespaar Zeit zum Alleinsein in ihrem *»Sowjetparadies in den Grüften«* ergibt. Boris, der wenige Tage nach Kriegsende in einem lothringischen Bergwerk stirbt, ist der Vater von Lenis Sohn Lev Borrisovic Gruyten, der ihr in seiner vielfach auf Jesus Christus verweisenden Leidenschaft für Menschen in Not ähnelt. Lev, der mit Lenis Zustimmung Müllkutscher werden möchte, bezahlt für sein geradliniges soziales Engagement mit drei Monaten Gefängnis: Er hat Urkunden gefälscht, um sich an der Familie Hoyser zu rächen, die nach dem Motto *»wer fortschreitet, muß über so manchen hinwegschreiten«* die Altbauwohnung von *»Tante Leni«* zum Spekulationsobjekt machen möchte. In der etwa um 1970 spielenden Erzählgegenwart kämpft Leni, die den vor ihr knienden türkischen Arbeiter Mehmet Sahin *»erhört«* hat, von ihm ein Kind erwartet und vielleicht Mohammedanerin wird *(»da auch der Koran der Madonna einen Platz eingeräumt hat«)*, zusammen mit ihren zahlreichen, *»sozial fast zum Abfall«* gehörenden Untermietern (Arme, Ausländer, Müllkutscher) um ihre Wohnung. Ein *»Helft-Leni-Komitee«* wird gegründet, dem sich auch *»Verf.«* anschließt, und die Müllkutscher inszenieren am Schluß eine große Verkehrsstauung, die die angeordnete Wohnungsräumung zumindest für einige Zeit verhindert.

Der episodenhaft und fragmentarisch erzählte, das komplizierte Verhältnis von Wirklichkeit und Fiktion bewußt zum Thema machende Roman, der Kritik an gesellschaftlichen Zuständen mittelbar, oft durch ironische Brechungen hindurch evoziert, entwirft das Porträt einer *»deutschen Frau von etwa Ende Vierzig (...), die die ganze Last dieser Geschichte zwischen 1922 und 1970 mit und auf sich genommen hat«*. Zugleich erzählt das Buch die Geschichte einer großen Liebe, die der Autor ganz bewußt *»in eine möglichst schwierige, heikle, politisch, sozial und äußerlich (...) schwierige Situation«* stellen wollte. Die intuitiv gefühlssichere, moralisch durch und durch integre, ausdrücklich mit der Mutter Jesu verglichene und auch mit märchenhaften Zügen ausgestattete Leni Pfeiffer erscheint inmitten einer von Leistung und Kalkül gekennzeichneten und Gewissen ebenso wie Nächstenliebe dem Profit und dem Egoismus unterordnenden Gesellschaft als *»Figur gewordene Projektion von Hoffnung«* (K. Batt). Sie verweist von daher sowohl zurück auf Hans Schnier (*Ansichten eines Clowns*, 1963) und weitere Gestalten des Böllschen Erzählkosmos wie auch voraus auf die ähnlich konzipierte Figur der Katharina Blum (vgl. *Die verlorene Ehre der Katharina Blum*, 1974). K.Hü.

Ausgaben: Vorabdruck ab 29. 7. 1971 in FAZ. – Köln 1971. – Mchn. 1974 (dtv). – Köln 1977 (in *Werke. Romane u. Erzählungen*, 5 Bde., 5).

Verfilmung: BRD/Frankreich 1976 (TV; Regie: A. Petrovic).

Literatur: K. Korn, Rez. (in FAZ, 28. 7. 1971). – R. Baumgart, Rez. (in Der Spiegel, 2. 8. 1971). – W. Schütte, Rez. (in FRs, 7. 8. 1971). – H. Heißenbüttel u. H. Schwab-Felisch, *Wie man dokumentarisch erzählen kann* (in Merkur, 1971, H. 9, S. 911–916). – H. J. Bernhard, *Der Clown als »Verf.«* (in NDL, 1972, H. 4, S. 157–164; auch in *Geschichte der deutschen Literatur aus Methoden*, Hg. H. L. Arnold, Ffm. 1972, Bd. 1, S. 272–281). – M. Durzak, *H. B.s epische Summe?* (in *Basis 3*, Hg. R. Grimm u. J. Hermand, Ffm. 1972, S. 174–197). – H. L. Arnold, *H. B.s Roman »Gruppenbild mit Dame«* (in Text + Kritik, 33, Mchn. [2]1974, S. 58–65).

– R. Matthaei (Hg.), *Die subversive Madonna*, Köln 1975 (mit einem Böll-Interview von D. Wellershoff und Beiträgen von B. Balzer, A. Bernath, H. J. Bernhard, M. Durzak, V. Lange und Th. Ziolkowski). – K. Batt, *Die Exekution des Erzählers* (in K. B., *Revolte intern*, Mchn. 1975). – H. Kaiser, *Die Botschaft der Sprachlosigkeit in H. B.s Roman »Gruppenbild mit Dame«* (in WW, 1978, H. 4, S. 221–232). – I. Prodaniuk, *The Imagery in H. B.s Novels*, Bonn 1979. – H. E. Beyersdorf, *The Great Refusal in H. B.s »Gruppenbild mit Dame«* (in GR, 1983, H. 1, S. 153–179). – E. Lehnhardt, *Das Romanwerk H. B.s von »Haus ohne Hüter« bis »Gruppenbild mit Dame«. Urchristentum u. Wohlstandsgesellschaft*, Bern/Ffm. 1983.

UND SAGTE KEIN EINZIGES WORT

Roman von Heinrich Böll, erschienen 1953. – Bölls erster großer literarischer Erfolg stellt programmatisch die beiden Antihelden in Analogie zum christlichen Bild des Gekreuzigten: Die Eheleute Fred und Käte Bogner rekapitulieren in dreizehn Abschnitten alternierend die Erlebnisse ihres letzten Wochenendes wie die Erfahrungen ihrer Ehe und werden in den Monologen als duldende »Lämmer« (vgl. *Billard um halbzehn*) mit schlichtem Gottvertrauen erkennbar, die den lebenstüchtig-raffinierten und mächtigen »Büffel«-Anbetern der Gesellschaft aussichtslos unterlegen sind. Fred, gegenwärtig Telefonist bei einer kirchlichen Behörde, als Trinker geltend und trotz frustierender Nebenbeschäftigungen ständig in Geldnot, lebt seit zwei Monaten von seiner Frau und den drei minderjährigen Kindern getrennt. Er treibt sich in einer nach dem Modell des zerbombten Köln gezeichneten Stadt umher und versucht, seine Ehe notdürftig aufrechtzuerhalten. Die zermürbende, zu Aggressionen führende Enge der Unterkunft in einem gemeinsamen Zimmer hat ihn zu diesem Ausbruch veranlaßt, nachdem die Zuweisung einer Wohnung nach sechsjährigem Bemühen an der Einflußnahme des nachtragenden Pfarrers und der bigotten Vermieterin gescheitert ist. Derselben Dame, die *»jeden Monat den Ring des Bischofs küßt«*, dient – Indiz für die satirisch-antiklerikale Tendenz des Romans – ein Raum ihrer unzerstörten, großbürgerlichen Wohnung als Sprechzimmer bei ihrer organisiert-demonstrativen Wohltätigkeit.

Innerhalb der durchsichtigen Symbolik des Romans, die seinen detailfreudigen, aber zum Klischee neigenden Realismus zu transzendieren sucht, verweist das Leitmotiv des Schmutzes und Staubes auf diese allgegenwärtige, verkrustet-pharisäerhafte Haltung. Es findet seine Entsprechung in den Begleiterscheinungen der Drogisten-Tagung in der Stadt, auf der die Accessoires des hygienisch-sterilen Lebensstils der bundesdeutschen Nachkriegszeit propagiert werden und deren immer zitierte Werbeslogans *»in grotesker Dissonanz«* (K. L. Schneider) zu den Problemen der Böllschen Hauptfiguren stehen. Der im Roman parodistisch akzentuierte Appell: *»Vertrau dich deinem Drogisten an!«* schlägt angesichts der neuerlichen Schwangerschaft Kätes in schieren Zynismus um. Während Fred vor den Schwierigkeiten der gemeinsamen Existenz sich in eine Depression flüchtet, die ihre Wurzeln in Todeserlebnissen der Kindheit und Soldatenzeit hat, ist seine vermeintlich fatalistische Frau weiterhin zum Kampf entschlossen. Wie die leitmotivisch immer wiederkehrende Vergeblichkeit des Glückspiels am Kneipenautomaten für ihn, so ist ihr *»Kampf gegen den Schmutz«*, der die *»großartige Banalität«* ihres Alltags kennzeichnet, Sinnbild für ihren Heroismus. Höhepunkte dieses Kampfes und novellistische Klimax zugleich ist ihr Entschluß, den sie im entscheidenden Gespräch mit Fred in einem Hotel äußert: den geliebten Mann um der Kinder willen aufzugeben: *»... niemals denkst du daran, daß ein Zustand, der dir so unerträglich ist, daß du ihn fliehst – uns langsam mordet, weil du nicht bei uns bist. Und niemals denkst du daran, daß Beten das einzige ist, was helfen könnte.«* Da auch er seine Kinder liebt und die Liebe zu seiner Frau frei von Routine, aber auch illusionslos neu begreift, verspricht er, *»nach Hause«* zurückzukehren: *»... eines Tages werde ich sprechen«*.

Der Titel des Werks bezieht sich demnach präziser auf die männliche Hauptgestalt, die Böll im vierten Kapitel entsprechend kennzeichnet: *»... und er sagte kein einziges Wort.«* Käte kann den am Tod ihrer Zwillinge schuldigen hochgestellten Persönlichkeiten nicht verzeihen, haßt die Priester und lehnt sich gegen die *»verzweifelt sinnlose Demut«* besonders ihrer von der Nachbarin eingeschüchterten Kinder auf. Sie gelangt somit über den Status des reinen, aus Protest verstummten Märtyrers hinaus, womit sich ein Ausweg für die beiden Protagonisten des von einem *»christlich-personalen Existentialismus«* (E. Ribbat) geprägten Romans vage abzeichnet. Anders als in dem vorangegangenen Roman *Wo warst du, Adam?* vermag sich die Liebe zweier Menschen gegen die Widerstände von außen durchzusetzen, Böll *»klagt nicht ins Allgemeine, wie es in der Literatur zwischen 1945 und 1950 Stil war. Er traut der Verbindlichkeit des Privaten, statuiert keinen Fall, sondern erzählt eine Geschichte.«* (P. Härtling). Allerdings ist rückblickend die schematische Zeichnung der historischen Situation, die kleinbürgerliche Enge des Lebens von Käte und Fred sowie die Stilisierung beider zu rechtschaffen-christlichen Außenseitern unübersehbar.

K.Hab.-KLL

AUSGABEN: Köln/Bln. 1963; [10]1968. – Köln 1977 (in *Werke, Romane und Erzählungen*, 5 Bde., 2). – Mchn. 1980 (dtv).

LITERATUR: K. Korn, Rez. (in Allemagne d'Aujourd'hui, 1, 1953, S. 410–412). – R. H. Wiegenstein, Rez. (in FH, 8, 1953, S. 474–476). – H. E. Käufer, *Das Werk H. B.s 1949–1963*, Dortmund/Bochum 1963. – W. A. Coupe, *H. B.s »Und sagte kein einziges Wort«. An Analysis* (in GLL, 17,

1963/64, S. 238–249). – J. Kuczynski, *Arbeitslosigkeit und Not bei Anna Seghers (»Die Rettung«) und H. B. (»Und sagte kein einziges Wort«)* (in J. K., *Zur westdeutschen Historiographie*, Bln. 1966, S. 151–160). – G. Wirth, *H. B. Essayistische Studie über religiöse u. gesellschaftliche Motive im Prosawerk des Dichters*, Bln. 1967. – P. Härtling, *Notizen zu dem Buch »Und sagte kein einziges Wort«* (in *In Sachen B. Ansichten und Einsichten*, Hg. M. Reich-Ranicki, Köln/Bln. [2]1968; ern. Mchn. 1971; dtv, 730). – K. L. Schneider, *Die Werbeslogans in dem Roman »Und sagte kein einziges Wort«* (ebd.). – E. Ribbat, *H. B.: »Und sagte kein einziges Wort«. Ein Rettungsversuch mit Vorbehalten* (in DU, 33, 1981/82, H. 3, S. 51–61).

DIE VERLORENE EHRE DER KATHARINA BLUM oder: Wie Gewalt entsteht und wohin sie führen kann

Erzählung von Heinrich Böll, erschienen 1974. – In dieser im Kontext von Bölls Auseinandersetzung mit dem Terrorismus (*Will Ulrike Meinhof Gnade oder freies Geleit?*, 1972) und der gegen vermutete Sympathisanten terroristischer Gewalt gerichteten politischen Hetzkampagne in den Zeitungen des Springer-Konzerns stehenden Erzählung setzte der Autor die Form der Novelle im Sinne operativer Literatur ein und leistete damit einen höchst umstrittenen literarischen Beitrag zur zeitgenössischen politisch-gesellschaftlichen Debatte in der Bundesrepublik Deutschland. Der ein *»im Grunde (...) mythisches Thema«* (Böll) gestaltende Text verknüpft *»das Problem individueller Gewalttätigkeit mit dem der Identitätszerstörung durch mißbrauchte publizistische Gewalt«* (J. Vogt). Die literarische Anklage der persönlichkeitszerstörenden strukturellen Gewalt moderner Manipulations-Industrien ist die Quintessenz der eine grundlegende Böllsche Erzählkonstellation variierenden Geschichte: *»Ein Individuum, das seinen Frei- und Freiheitsraum, seinen Anspruch auf Unversehrtheit und ein bißchen Glück gegen die übermächtigen Zwänge und Repressionen der Umwelt zu verteidigen sucht«* (J. Vogt). Den Gegenwartsbezug der Novelle verdeutlicht der ihr vorangestellte Vorspruch: *»Personen und Handlungen dieser Erzählung sind frei erfunden. Sollten sich bei der Schilderung gewisser journalistischer Praktiken Ähnlichkeiten mit den Praktiken der ›Bild‹-Zeitung ergeben haben, so sind diese Ähnlichkeiten weder beabsichtigt noch zufällig, sondern unvermeidlich«.*

Die grundanständige Hausangestellte Katharina (»Die Reine«) Blum, die eine kleine Eigentumswohnung und einen Volkswagen besitzt, arbeitet seit langem im Kölner Haushalt des Anwalts Blorna und seiner Frau Trude. Die in katholischem Milieu aufgewachsene, mit 19 Jahren aus der Kirche ausgetretene und früher einmal unglücklich verheiratete junge Frau wird von ihrer Umgebung gelegentlich *»Nonne«* genannt, weil sie sich männliche *»Zudringlichkeiten«* grundsätzlich verbittet (*»(...) einer der Gründe, warum sie sich von ihrem Mann getrennt habe, hänge damit zusammen: der sei eben nie zärtlich, sondern immer zudringlich gewesen«*). Katharina, *»die zwei lebensgefährliche Eigenschaften hat: Treue und Stolz«*, verliebt sich *»am Mittwoch, dem 20. 2. 1974, am Vorabend von Weiberfastnacht«*, in den polizeilich gesuchten Ludwig Götten. Nachdem sie *»ausschließlich und innig«* miteinander getanzt und eine gemeinsame Nacht verbracht haben, gibt Katharina *»ihrem Ludwig«* den Schlüssel zum *»Zweithaus«* des ihr seit langem vergeblich nachstellenden Unternehmers Alois Sträubleder und läßt Götten aus dem Haus entkommen. In nicht ganz durchsichtigem Zusammenspiel mit dem die Götten-Fahndung leitenden Kriminalkommissar Erwin Beizmenne wird *»die Blum«* in den nächsten Tagen von der *»ZEITUNG«*, deren Hauptvertreter der zynisch-skrupellose Reporter Tötges ist, als *»Mörderbraut«* und *»Räuberliebchen«* denunziert. Der Schmutz-Kampagne der *»ZEITUNG«* – die vor »Recherchen« am Bett von Katharinas schwerkranker Mutter nicht zurückschreckt und diese damit wahrscheinlich in den Tod treibt – und den daraufhin einsetzenden Beschimpfungen durch anonyme Anrufe und Briefe ist die Protagonistin nicht gewachsen. Mit einer verzweifelten Gewalttat – sie erschießt den wegen eines Exklusiv-Interviews zu ihr gekommenen Tötges (*»Ich sah sofort, welch ein Schwein er war, ein richtiges Schwein«*) – setzt sie sich schließlich zur Wehr und erlangt so ihre Selbstachtung und ein Stück ihrer *»verlorenen Ehre«* zurück. Ludwig Götten wird verhaftet, Katharina Blum stellt sich der Polizei. *»Reue«* über ihre Tat kann Katharina nicht empfinden – ihr einziger Wunsch nach der Verhaftung ist, dort sein zu dürfen, wo auch ihr *»lieber Ludwig«* gefangen gehalten wird.

Die Geschichte der vier Tage aus dem Leben der Katharina Blum wird in einem filmisch strukturierten Erzählerbericht in ironisiert-kriminalistischer Manier retrospektiv rekonstruiert. In einer Montage hart aneinandergeschnittener Prosablöcke entwirft der 1972 mit dem Nobelpreis ausgezeichnete Autor ein minutiöses, mit anteilnehmender Sympathie geschildertes Panorama menschlicher Beziehungen und ihrer Ver- und Zerstörung durch die gnadenlose Indoktrinierungs- und Manipulations-Gewalt der *»ZEITUNG«*. Sowohl als Novelle wie später auch als Film war *Die verlorene Ehre der Katharina Blum* nicht nur in der Bundesrepublik außergewöhnlich erfolgreich. K.Hü.

Ausgaben: Vorabdruck ab 28. 7. 1974 in Der Spiegel. – Köln 1974. – Leipzig 1975. – Mchn. 1976 (dtv 1150). – Köln 1977 (in *Werke. Romane und Erzählungen*, 5 Bde., 5).

Verfilmung: BRD 1975 (Regie: V. Schlöndorff u. M. v. Trotta).

Dramatisierung: Uraufführung: Bonn, 8. 5. 1976, Stadttheater.

LITERATUR: W. Schütte, Rez. (in FRs, 10.8. 1974). – M. Reich-Ranicki, Rez. (in FAZ, 24.8. 1974). – D. Sölle, *H. B. und die Eskalation der Gewalt* (in Merkur, 1974, H.9, S.885–887). – W. Donner, Rez. (in Die Zeit, 10.10. 1975). – J. Zipes, *The Political Dimension of »The Lost Honor of Katharina Blum«* (in New German Critique, 1977, H.12, S.75–84). – E. Scheiffele, *Kritische Sprachanalyse in H.B.s »Die verlorene Ehre der Katharina Blum«* (in *Basis 9*, Hg. R. Grimm u. J. Hermand, Ffm. 1979, S.169 bis 187). – D. Head, *Der Autor Muß Respektiert werden* (in GLL, 1979, Nr.3, S.248–264). – A. Petersen, *Die Rezeption von B.s »Katharina Blum« in den Massenmedien der Bundesrepublik Deutschland*, Kopenhagen/Mchn. 1980 – H. Fischer-Kesselmann, *H.B.s Erzählung »Die verlorene Ehre der Katharina Blum« und die gleichnamige Verfilmung* (in Diskussion Deutsch, 1984, H.76, S.186–200).

WO WARST DU, ADAM?

Roman von Heinrich BÖLL, erschienen 1951. – Die erste größere Arbeit des Autors, die er selbst als Roman bezeichnet, ist der Anlage nach eher eine Folge, eine Ringkomposition von neun Kurzgeschichten, die durch eine Art Leitgestalt, den Soldaten und Architekten Feinhals, der in den einzelnen Kapiteln abwechselnd als Haupt- oder Nebenfigur erscheint, und durch die Einheit des Ortes und der Handlung zusammengehalten werden. Für die relativ große Selbständigkeit der einzelnen Kurzgeschichten-Kapitel spricht die Tatsache, daß Böll die achte Episode bald nach Erscheinen des Romans zu dem Hörspiel *Die Brücke von Berczaba* (1952) umgestaltete und auch andere Kapitel isoliert in Zeitschriften veröffentlichte.

Schauplatz ist der nördliche Balkan während des letzten Jahres des Zweiten Weltkriegs. Von einem leerlaufenden Automatismus gesteuert, fordert das Kriegsgeschehen an der südlichen Ostfront unzählige sinnlose Menschenopfer. Dort, wo die Vernichtungsmaschinerie für kurze Zeit stockt, erscheint – aus dem Blickwinkel einer resoluten Frau – das ganze Unternehmen wie ein gigantisches Etappentreiben: *»Wahrscheinlich bestand der Krieg daraus, daß die Männer nichts taten und zu diesem Zweck in andere Länder fuhren, damit niemand es sah.«* Für diejenigen, die mit hohlem Selbstbewußtsein und falschem Pathos Helden spielen, hat der Krieg Alibifunktion – entsprechend einem der beiden dem Roman vorangestellten Motti, das Böll den *Tag- und Nachtbüchern* (1947) Theodor HAECKERS entnahm: *»Eine Weltkatastrophe kann zu manchem dienen. Auch dazu, ein Alibi zu finden vor Gott. Wo warst du, Adam? ›Ich war im Weltkrieg.‹«* Die Absicht des Romans, den Krieg zu entmythologisieren und als Seuche zu enthüllen, deutet das andere Motto an, das Antoine de SAINT-EXUPÉRYS *Pilote de guerre*, 1942 *(Flug nach Arras)*, entstammt: *»... der Krieg ist kein richtiges Abenteuer, er ist nur Abenteuer-Ersatz. Der Krieg ist eine Krankheit. Wie der Typhus.«*

Im Wechsel der Schauplätze, die von Kapitel zu Kapitel weiter nach Westen verlagert werden, spiegelt sich das unaufhaltsame Näherrücken des Zusammenbruchs. Dieses topographische Verfahren ist ein besonderes Kennzeichen des Romans: Der zeitliche Ablauf des Geschehens wird überwiegend räumlich und damit optisch vergegenwärtigt. Beim Gang durch ein ungarisches Mädchengymnasium, das als Lazarett dient, wird dies an Klassenfotos demonstriert, die in den Korridoren hängen: *»Ganz oben links am Ende des dritten Aufgangs hing noch der Jahrgang 1944, Mädchen in steifen, weißen Blusen.«* Wie aus der Kameraperspektive werden die Vorgänge registriert; oft wird mit der »fotografierten« Totalen begonnen, die zu immer näher rükkenden Detailausschnitten verengt wird, entsprechend der geographischen Verengung des Geschehensraums bis hin zu Feinhals' rheinischem Heimatdorf und schließlich zur Schwelle seines Elternhauses. Die Darstellung dieser Vorgänge erweckt häufig den Eindruck einer Pantomime, eines grotesken Balletts oder grausig-lächerlicher Stummfilmszenen, doch wird auch auf akustische Effekte nicht verzichtet. – Das optische Moment in dieser »Choreographie«, die durch mehrfache Repetition das Geschehen als stumpfsinnige Litanei und sinnloses Tötungsritual erscheinen läßt, wirkt auch in die Gesamtstruktur des Werkes hinein. Aus der wechselnden Dominanz der Figuren ergibt sich eine kunstvolle Polyperspektivik: Gleichsam von Spiegeln umgeben, wird der jeweilige (Kriegs-) Schauplatz vielfach reflektiert. Die rondoähnliche Anordnung der wechselnden Personenkonstellationen hat Ähnlichkeit mit SCHNITZLERS *Reigen* (1900), erinnert aber vor allem an einen Totentanzzyklus, zumal am Ende fast jedes Kapitels der Krieg neue Opfer verschlingt – am Schluß des Romans, in einem choreographisch und symbolisch forcierten Finale, den heimgekehrten Soldaten Feinhals ebenso wie das Mädchen Ilona, seine Liebe, die im KZ ermordet wird.

Bei der Interpretation dieses Werkes hat man, ebenso wie bei der anderer, vornehmlich früher Romane Bölls, bisher vor allem die gehaltliche, weltanschauliche »Aussage«, die Antikriegstendenz herausgestellt und dabei weitgehend ignoriert, daß der in den späteren Werken unübersehbare enge Zusammenhang zwischen Mitgeteiltem und künstlerischer Form bereits hier vorhanden ist. Erst die Strukturanalyse läßt das in *Wo warst du, Adam?* wiedergegebene Geschehen als einen Totentanz identifizieren, dessen Regisseure, metaphysische Zwänge vortäuschend, im dunkeln bleiben und andere für sich bluten lassen, eines Tages aber selbst dem erbarmungslosen Mechanismus, dessen Kontrolle ihnen mehr und mehr entgleitet, zum Opfer fallen werden. K.Je.

AUSGABEN: Opladen 1951. – Köln 1967. – Mchn. 1974 (dtv). – Köln 1977 (in *Werke. Romane und Erzählungen*, 5 Bde., 2).

LITERATUR: H. Schwab-Felisch, *Die Literatur der Obergefreiten. Neue deutsche Kriegsromane und Kriegstagebücher* (in Der Monat, 3, 1951/52, S. 644–651). – H. E. Käufer, *Das Werk H. B.s. 1949–1963*, Dortmund/Bochum 1963. – W. J. Schwarz, *Der Erzähler H. B.*, Bern 1967. – H. J. Bernhard, *Die Romane H. B.s. Gesellschaftskritik und Gemeinschaftsutopie*, Bln. 1970. – K. Jeziorkowski, *H. B.: »Wo warst du, Adam?«* (in *Deutsche Romane des 20. Jh.s*, Hg. P. M. Lützeler, Ffm. 1983, S. 273–283).

WOLFGANG BORCHERT

* 20.5.1921 Hamburg
† 20.11.1947 Basel

LITERATUR ZUM AUTOR:
P. Rühmkorf, *W. B. in Selbstzeugnissen und Bilddokumenten*, Reinbek 1961; zul. 1982 (rm). – M. Schmidt, *W. B. Analysen und Reflexionen*, Halle 1970. – A. Schmidt, *W. B. Sprachgestaltung in seinem Werk*, Bonn 1975. – *W. B. Werk und Wirkung*, Hg. R. Wolff, Bonn 1984. – G. J. A. Burgess u. a., *W. B.*, Hbg. 1985.

DRAUSSEN VOR DER TÜR. Ein Stück, das kein Theater spielen und kein Publikum sehen will

Schauspiel von Wolfgang BORCHERT, als Hörspiel gesendet am 13. 2. 1947, Hamburg, Nordwestdeutscher Rundfunk; Uraufführung als Bühnenstück: Hamburg, 21. 11. 1947, Kammerspiele. – Das Stück, im Thema Ernst TOLLERS *Deutschem Hinkemann* und Leonhard FRANKS *Karl und Anna* verwandt, erzählt die Geschichte des Rußlandheimkehrers Beckmann, der nach drei Jahren sibirischer Gefangenschaft seine Frau in den Armen eines anderen findet. Er ist, wie es in einer Vorbemerkung heißt, *»einer von denen, die nach Hause kommen und die dann doch nicht nach Hause kommen, weil für sie kein Zuhause mehr da ist. Und ihr Zuhause ist dann draußen vor der Tür. Ihr Deutschland ist draußen, nachts im Regen, auf der Straße. Das ist ihr Deutschland.«*

Beckmann, der Heimkehrer mit dem steifen Knie und der grotesken Gasmaskenbrille, beschließt, seinem Leben ein Ende zu machen. Doch die Elbe will ihn nicht; bei Blankenese wirft sie ihn wieder ans Ufer. Noch einmal muß er versuchen, im Leben wieder Fuß zu fassen. Aber seine Versuche schlagen fehl. Eine Frau nimmt ihn mit und schenkt ihm die Kleider ihres verschollenen Mannes – da kehrt dieser, einbeinig und auf Krücken, zurück. Beckmann sucht seinen ehemaligen Oberst auf, um ihm *»die Verantwortung zurückzugeben«*, die ihm jener im Krieg für einen Spähtrupp aufgeladen hat und deren Folgen ihn heute nicht mehr schlafen lassen – aber der Oberst lacht ihn aus. Ein Kabarettdirektor, bei dem er mit tristen Bänkelliedern vom Leiden des Krieges Arbeit sucht, speist ihn mit Phrasen ab (*»Positiv! Positiv, mein Lieber! Denken Sie an Goethe! Denken Sie an Mozart! Die Jungfrau von Orleans, Richard Wagner, Schmeling, Shirley Temple!«*) und schickt ihn weg – denn *»wer will heute etwas von der Wahrheit wissen?«* An der Wohnungstür seiner Eltern öffnet eine Frau Kramer und erzählt ihm, daß die beiden Alten sich inzwischen das Leben genommen haben. Beckmann will endgültig aufgeben: Seine Straße führt hinunter, wieder der Elbe zu. »Der Andere« – eine Art lebensbejahendes, optimistisches *Alter ego*, das ihn auch auf seinen bisherigen Lebensstationen begleitet hat – versucht vergebens, ihn zur Umkehr zu bewegen. In einem Traum begegnet er einem weinerlichen alten Mann, dem »lieben Gott«, den er mit sarkastischem Mitleid seiner Wege schickt, und, in Gestalt eines Straßenkehrers, dem Tod, den er bittet, eine Tür für ihn offenzuhalten; auch seine »Mörder« erscheinen ihm noch einmal, der Oberst, der Direktor, Frau Kramer, seine Frau mit ihrem neuen Freund; am Ende kommt der Einbeinige, um seinerseits von Beckmann Rechenschaft zu fordern – er ist in die Elbe gegangen, und so ist Beckmann ebenfalls zum Mörder geworden. Als er aus dem Traum erwacht, muß er erkennen, daß er kein Recht auf seinen Selbstmord hat, daß er allein weiterleben muß, verraten, wie er ist: Keiner hört ihn, keiner gibt ihm mehr Antwort.

Draußen vor der Tür, einen Tag nach dem Tod des Dichters uraufgeführt, fand einen ungeheuren Widerhall. Es gilt als das bedeutendste Stück jener »Trümmer-« und »Kahlschlagliteratur« nach 1945, deren Programm Borchert selbst in seinem Pamphlet *Das ist unser Manifest* entworfen hat: *»Wir brauchen keine Dichter mit guter Grammatik. Zu guter Grammatik fehlt uns Geduld. Wir brauchen die, ... die zu Baum Baum und zu Weib Weib sagen und ja und nein sagen: laut und deutlich und dreifach und ohne Konjunktion ... Über den Schornsteinen, über den Dächern: die Welt: lila! Über unseren hingeworfenen Leibern die schattigen Mulden: die blaubeschneiten Augenhöhlen der Toten im Eissturm, die violettwütigen Schlunde der kalten Kanonen.«* Dem entsprechend ist die Sprache eruptiv, bisweilen geradezu schreiend, von einer nicht selten an den Expressionismus gemahnenden, apokalyptisch-bizarren Bildhaftigkeit (Traum vom blutbeschmierten General mit dem Knochenxylophon!). Doch erschöpft sich das Stück nicht in realistischer oder krasser Schilderung und Anklage; darüber hinaus ist es ein moralitätenartiges, symbolisches Spiel von der geschundenen Kreatur, die nicht einmal mehr bei der Natur (Elbe) und bei den außer- und übermenschlichen Mächten (Gott, der Tod, der Andere) Erbarmen und Hilfe findet. E. Sch.

AUSGABEN: Hbg. 1947. – Hbg. 1949 (in *Das Gesamtwerk*, Nachw. B. Meyer-Marwitz; zul. 1985). – Reinbek 1956 (rororo).

VERFILMUNG: *Liebe 47*, BRD 1949 (Regie: W. Liebeneiner).

LITERATUR: K. Migner, *Das Drama »Draußen vor der Tür«* (in *Interpretationen zu W. B.*, Mchn. 1962; Nachdr. 1982). – B. Balzer, *W. B.: Draussen vor der Tür«*, Ffm. u. a. 1983.

NICOLAS BORN

eig. Klaus Jürgen Born
* 31.12.1937 Duisburg
† 7.12.1979 Dannenberg

LITERATUR ZUM AUTOR:
M. Grzimek, *N. B.* (in KLG, 4. Nlg., 1980) – *N. B. zum Gedenken* (Rowohlt LiteraturMagazin, Nr. 21, 1988; Beitr. von H. C. Buch, F. C. Delius, G. Grass, P. Handke, R. Haufs, B. Jentzsch, G. Kunert, H. M. Ledig-Rowohlt, R. Lettau, H.-J. Schädlich, D. Wellershoff).

DAS LYRISCHE WERK von Nicolas BORN. Nach seinem ersten, erfolglosen Roman *Der zweite Tag* (1965), und bevor er mit seinem zweiten Roman *Die erdabgewandte Seite der Geschichte* (1976) seinen ersten großen literarischen Erfolg erzielen konnte, trat Born vor allem als Lyriker hervor. Die ersten Gedichtbände, *Marktlage* (1967) und *Wo mir der Kopf steht* (1970) betreute noch der damalige Lektor des Verlages Kiepenheuer & Witsch, Dieter WELLERSHOFF, der in den frühen sechziger Jahren einen Kreis von Autoren um den Verlag versammelte, darunter Rolf Dieter BRINKMANN, Ludwig HARIG und Günter HERBURGER, der unter der Kennzeichnung »Kölner Schule« oder »Neuer Realismus« bekannt wurde. Auch Born stieß zu dieser Gruppe, breitere Anerkennung fand aber erst der Band *Das Auge des Entdeckers* (1972), womit der Autor für die Kritik unter dem Etikett der »Neuen Subjektivität« firmierte, zusammen mit Literaten wie F. C. DELIUS oder Jürgen THEOBALDY. Nach dem Zerfall der Studentenbewegung, so die gängige Charakterisierung dieser literarischen Strömung, folgte die Rückbesinnung auf die eigene Individualität, die Abkehr von der unmittelbaren politischen Arbeit; allerdings war Born bis zu seinem frühen Tod in der Antiatomkraft-Bewegung aktiv, noch seine letzten Gedichte, unter dem Titel *Keiner für sich, alle für niemand* in die Sammlung *Gedichte 1967–1978* (1978) aufgenommen, bezeugen dieses Engagement.

Born verstand, und die postum erschienene Aufsatzsammlung *Die Welt der Maschine* (1980) ist darauf konzentriert, schriftstellerische Arbeit von jeher als politische Tätigkeit, allerdings nicht im Sinne parteilicher Agitation; aber eine ihre Grundlagen reflektierende künstlerische Tätigkeit bedingt immer auch eine kritische, von Verweigerung bestimmte Haltung gegenüber der Welt der Fakten und Sachzwänge. Bereits 1967, bevor der Slogan vom »Konsumverhalten« aufkam, zeichnete Born in seinem Band *Marktlage* das Bild der neuen, satten Selbstzufriedenheit: *»Was uns geblieben ist / nach Kriegen und privaten Katastrophen«*, heißt es im einleitenden Gedicht *Reste*, *»halten wir zusammen wie Pech und Schwefel / Fahren samstags fröhlich übern See / mit verbilligtem Werksprit / (wozu verbringt man die Woche mit Maschinen) / 90 PS unterm Arsch, los Kumpels refft / die Freizeitjacken ...«*. Das Thema wird in den vier Abschnitten *Marktlage*, *Wohnungen*, *Damals* und *Nachrufe* weiter variiert, in einer schmucklosen, der Umgangssprache angepaßten Diktion. Gedichte sollten, so bemerkte Born, frei von *»Symbol, Metapher, von allen Bedeutungsträgern«* sein und nicht *»geschmäcklerisch oder romantisierend«* die Welt beschreiben, sondern die Dinge direkt benennen. Auffallend ist der häufige Gebrauch des lyrischen *»Wir«*, wodurch Born den Leser in seine Kritik des bundesdeutschen Wohlstands einbezieht.

Zwar knüpft der Anfang der Gedichtsammlung *Wo mir der Kopf steht* (1970) noch an diese Auseinandersetzung mit der Konsumgesellschaft an, so in dem Gedicht *Anzeige*, in dem Born das Vokabular der Shampoo-Werbung ironisiert, aber verstärkt kommen die politischen Themen zur Geltung, die in der Entstehungszeit des Bandes, in den Jahren 1967–1970, virulent waren: Vietnam, Willkür der Polizei, Abrechnung mit der Vätergeneration. Neue stilistische Verfahren stellen sich ein: *»Soldaten in Stellungen / zählende Offiziere: tote Feinde / reihenweise ...«*, beginnt etwa das Gedicht *Fünfzehnte Reihe*, um nach vier Strophen, die von den Kriegsgreueln in Vietnam handeln, lapidar zu enden: *»dann fing der Hauptfilm an / wir saßen Fünfzehnte Reihe«*. Deutlich ist in diesen pointierten Zuspitzungen, in denen der Schluß des Gedichtes das Vorangegangene in neuem Licht erscheinen läßt, ein Einfluß der zeitgenössischen amerikanischen Lyrik (Charles BUKOWSKI, Ron PADGETT) zu erkennen, deren kompetenter Kenner und Interpret Born immer gewesen ist. Auch die immer wieder erscheinende Thematisierung der bundesdeutschen Konsumgesellschaft legt den Vergleich mit amerikanischen Vorbildern nahe, wie sie Borns Freund Rolf Dieter BRINKMANN mit *Acid. Neue amerikanische Szene* (1969) dem deutschen Publikum zugänglich gemacht hatte. Wiederholt zitiert und paraphrasiert Born Gedichte anderer Autoren, ohne daraus ein Rätselspiel für literarische Kenner zu entwickeln; in einer Fußnote etwa zu dem Gedicht *Der Kampf mit den Bullen* erläutert er: *»Titel*

und Anfang variieren ein Gedicht von Jacques Prévert.«. Und im Nachwort zu diesem Band charakterisiert sich Born als subjektiver Chronist seiner Zeit, als *»Nachdenker von Vorgedachtem«: »Aber ich verändere Anordnungen, Reihenfolgen, schreibe deutlich Zitate in ungewohnte Zusammenhänge.«*
Einen entscheidenden Schritt vollzieht Born mit der 1970–1972 entstandenen Sammlung *Das Auge des Entdeckers* (1972); die Gedichte dieses Bandes halten alltägliche Wahrnehmungen fest, an denen sich jenseits der herrschenden Normierungen und Verfügungen Freiräume öffnen für *»Gegenbilder«*, für Wünsche, Phantasien, für Utopie, deren Bezugspunkt im empfindenden Ich selbst liegt: *»Heute wie gestern / die erstaunlichen Bäume in meiner Straße / rote Backsteinkamine / eine Schwalbe / schnippelt das Blau / eine Tasse Kaffee eine Zigarette / der kleine aztekische Maisgott / auf der Fensterbank ... ich bin / erstaunlich und ich bin es der sich / von Wünschen weit hinaustragen läßt.«* Im Gegensatz zu den vorhergehenden Bänden dokumentieren die Gedichte dieser Sammlung einen strikten Stilwillen, verbunden mit einer zunehmend agrammatischen Sprache, in der assoziativ Bilder verbunden werden. Dem entspricht die Typographie des Bandes: Die Zeilen beginnen nicht durchgehend am linken Rand, manche sind in die Mitte oder nach rechts versetzt und dynamisieren die Texte somit auch optisch, verbunden mit den Bildern von Dieter Masuhr, die allerdings in die spätere Sammelausgabe *Gedichte 1967–1978* nicht mehr aufgenommen wurden.
In den *Nachbemerkungen* zu *Das Auge des Entdeckers* hat Born seine grundsätzliche programmatische Vorgabe umrissen: *»Literatur hat die Realität mit Hilfe von Gegenbildern, von Utopien erst einmal als die gräßliche Bescherung sichtbar zu machen, die sie tatsächlich ist.«*. In seinen nach 1972 entstandenen Gedichten, die unter der Übertitelung *Keiner für sich, alle für niemand* in dem Sammelband *Gedichte 1967–1978* enthalten sind, verdunkeln sich diese *»Gegenbilder«* jedoch zunehmend. Born war in dieser Zeit von Berlin nach Gorleben umgezogen, wo er sich, auch nach Diagnose seiner Krebserkrankung, aktiv am Widerstand gegen die Errichtung eines Zwischenlagers beteiligte. Die Gedichte sind von einer bedrohlichen Düsternis gekennzeichnet. Natur, einst Ausgangspunkt für utopische Bilder, scheint wie im Sterben begriffen: *»Baukräne, zementhelle Öde / Blick in die aufsteigende Welt / die nun doch nicht überlebt hat.« (Horror, Dienstag)*. Nicht nur weil er, etwa in dem Gedicht *Entsorgt*, den von den Behörden ausgegebenen Euphemismen auf der Spur ist, kreist die letzte Gedichtsammlung Borns auch deutlich um ihr eigenes Material, um Sprache, die in den offiziellen Verlautbarungen zu Worthülsen zerrinnt, die nur durch Verfremdung, in der Literatur, ihren Mitteilungscharakter wieder gewinnen kann. Literatur hat, so konstatierte Born noch 1975 in seinen Vorbemerkungen zum ›Rowohlt Literaturmagazin 3‹, *»den sowohl zerstörerischen wie auch aufbauenden, auf jeden Fall aber erschütternden Zusammenprall der Imagination mit dem Faktischen darzustellen bzw. dieser Zusammenprall selber zu sein.«* In seinen letzten Gedichten scheint die Poesie vor diesem Anspruch zu vergehen, die Gegenbilder zum Faktischen reduzieren sich auf Fragmente: *»Gekippte Wiesenböschung, Engel, ungewisse / warmer Menschenkörper und Verstehn / Gärten hingebreitet, unter Zweigen Bänke ... / ... Schatten ... Laub ... im Wind gesprochen / .... Samen«.* R.Rh.-KLL

AUSGABEN: *Marktlage. Gedichte*, Köln 1967. – *Wo mir der Kopf steht*, Köln 1970. – *Das Auge des Entdeckers. Gedichte*, Reinbek 1972. – *Gedichte. 1967–1978*, Reinbek 1978. – *Gedichte*, Reinbek 1980.

DIE ERDABGEWANDTE SEITE DER GESCHICHTE

Roman von Nicolas BORN, erschienen 1976. – Auf den ersten Seiten des Romans erinnert sich der Ich-Erzähler an den Beginn seiner Liebschaft zu Maria im Berlin der späten sechziger und frühen siebziger Jahre. Ohne zu wissen, was er von ihr wollte, und ohne zu wissen, was sie von ihm wollte, kam diese Beziehung zustande. *»Es war nichts dagegen zu machen ...«* Auf den letzten Seiten des Romans sieht dann der Erzähler stumpf und zufrieden zu, wie Maria, die Schallplattenagentin, mit einem Fotografen die Funk- und Fernsehmesse verläßt. Dazwischen liegen die Stationen einer unspektakulär beginnenden und unspektakulär endenden Liebschaft. Während sich Maria im Beruf engagiert, verbringt der Ich-Erzähler, der sich mit literarischen Arbeiten durchschlägt, seine Tage in ihrem Bett. Abwechslung bringen Treffs mit dem Schriftsteller-Kollegen Lasski, den mit dem Erzähler ein extremer Individualismus eint. Eine gewisse Zuneigung empfindet der Erzähler allein für Ursel, seine Tochter aus einer gescheiterten Ehe.
Andere Episoden, die nicht unmittelbar auf die totgeborene Liebe zu Maria eingehen, sind in den Roman eingestreut, der keiner Kapitelfolge und keiner klar entwickelten Geschichte folgt: die Berliner Anti-Schah-Demonstration des Jahres 1968, Wohngemeinschaftsfeste, flankiert von Haschisch und Alkohol; Reisen ins Ruhrgebiet und nach Frankfurt. Trotz der durch den Erzähler eingebrachten misanthropen Grundstimmung weist der Roman aber schließlich doch noch ein optimistisches, letztlich aber wohl ironisch gemeintes Moment auf. Nachdem der Erzähler während eines Ferienaufenthalts im Fichtelgebirge vom Tod Lasskis erfährt, besinnt er sich auf die Natur und auf das, was als Hier und Jetzt zu gelten hat: *»Nachher ißt du mit einem Kind, nimmst eine Valium, liest noch ein paar Seiten und schläfst ein. Die Erde atmet aus und ein, du atmest, Maria ist weit weg, Lasski ist tot, du sitzt hier in der Sonne und denkst darüber nach, wie du für Ursel etwas Besonderes tun kannst. Das alles ist genau das, was wirklich ist. Nimm es hin und hör endlich auf, daran herumzudrehen.«*

Der Roman ist mit Bernward VESPERS *Die Reise* (1977) verglichen und auch als Schlüsselroman zum Verständnis der Tendenzwende im intellektuellen Klima der Bundesrepublik in den siebziger Jahren, hin zu einer »Neuen Subjektivität«, verstanden worden. Die autobiographischen Elemente in Borns Buch geben einer solchen Deutung in Grenzen Recht. Der Autor war aktiv an der Anti-Schah-Demonstration beteiligt und auch ein Wortführer jener linken Schriftsteller, die sich um ›Rowohlts Literaturmagazin‹ versammelten. Nicht zuletzt weist die Biographie des Ich-Erzählers zahlreiche Parallelen zum Lebensweg des Autors auf, der im Rheinland und im Ruhrgebiet aufgewachsen war und sich nach seiner Scheidung in Berlin eine Schriftstellerexistenz aufbaute; hinter der Figur des »Lasski« ist Rolf Dieter BRINKMANN zu erkennen, mit dem Born befreundet war.

Offensichtlich ist aber auch, daß der Roman mehr als ein historischer Beleg und mehr als eine Autobiographie ist. Die Endzeit-Atmosphäre des Romans, mitunter mit SARTRES *La nausée (Der Ekel)* oder CAMUS' *L'Etranger (Der Fremde)* verglichen, ist so wenig als realistische Abbildung des Bestehenden zu deuten wie die Erinnerung an Zeitgeschichte als Analyse des Vergangenen. Gegenstand des Werks ist letztlich die Befindlichkeit des Ich-Erzählers, der in immer neuen Anläufen und Variationen sich in Selbstbetrachtung verliert; *»Innerlichkeit«*, so konstatierte Born in einem Interview, *»gibt es bei mir nicht, nur Narzißmus, der sich in der Selbstbetrachtung erschöpft.«* Die Ausweglosigkeit dieser Haltung birgt aber gerade jenes Moment an Utopie, das dem Roman zu eigen ist und worin Born die politische Begründung von literarischer Tätigkeit insgesamt sieht, wie er es am prägnantesten in seiner Aufsatzsammlung *Die Welt der Maschine* (1980) zum Ausdruck gebracht hat: *»Das Wahnsystem Wirklichkeit muß um seinen Alleinvertretungsanspruch gebracht werden.«* Jenseits der eingefahrenen Sinnbezüge und Ordnungsmuster liegt die *»erdabgewandte Seite der Geschichte«*: in den Zwängen und Wünschen, Hoffnungen und Verstrickungen des einzelnen, der sich damit immer schon unangepaßt zur Realität verhält, obgleich ihm das Eingeständnis dazu ebenso schwer fällt wie die Orientierung in seinem inneren Labyrinth. Gerade eine linear ablaufende Geschichte ist hier nicht möglich, wie auch Borns Roman keine Fabel im herkömmlichen Sinne erzählt, und auch die Ansätze des Erzählers dazu immer wieder im Vorläufigen, im Unabgeschlossenen stecken bleiben: *»Ohne meine Absicht wurde die Geschichte eine ganz andere, und es beruhigte mich sehr, daß es niemals zu genauen Übereinstimmungen kam, zu einem Wiedererkennen und zwanghaften Vergleichen. Die Geschichte würde wahrscheinlich eine ganz andere werden, eine unvergleichlich andere. Vielleicht würde sie sich selbst ihr Ende finden oder sich aufspalten und verzweigen zu anderen, wieder anderen Geschichten, oder sie würde eine bloße Zusammenfassung werden einer Geschichte...«*.

Das offene, jeder vorschnellen Lösung sich entziehende Kompositionsprinzip des Romans erstreckt sich auch auf das sprachliche Material. Fast manisch ist der Erzähler zusammen mit Lasski den neuen Verlogenheiten der neuen Solidaritäten der siebziger Jahre auf der Spur, nur mit der vagen Hoffnung, jenseits der Kritik eröffne sich ein allerdings nicht benennbarer Freiraum, kämpft er gegen die vorgeformten Worthülsen und Klischees, gegen eine Mechanik des Schreibens an, das auf Ergebnisse, auf Festschreibungen aus ist: *»Ich schrieb nur noch, was mal gewesen ist, vielleicht so gewesen war, denn es veränderte sich ja immerfort, kein Moment war freizuhalten von Wörtern, kein Moment war unausgesprochen geblieben; es waren lauter wörtlich, in Wörtern zusammengekratzte Erlebnisse, abgezogene Bilder... Aber hinter allen Gefühlen und auch hinter allen Wörtern fing das Schreiben erst an.«*

R.Rh.-KLL

AUSGABEN: Reinbek 1976. – Reinbek 1980.

LITERATUR: M. Reich-Ranicki, Rez. (in FAZ, 14. 9. 1976). – R. Baumgart, Rez. (in SZ, 18. 9. 1976). – P. Handke, Rez. (in Die Zeit, 8. 10. 1976). – R. Stephan, *Verfall und Angst* (in FH, 1977, H. 3, S. 65–67). – C. Merkes, *Wahrn.strukturen in Werken d.s Neuen Realismus*, Ffm. 1982. – R. Stegers, *»Aber ei. Tages werden alle Bilder wahr«* (in Rowohlt LiteraturMagazin, Nr. 21, 1988).

VOLKER BRAUN

* 7.5.1939 Dresden

LITERATUR ZUM AUTOR:
C. u. W. Hartinger, *V. B.* (in *Literatur der DDR in Einzeldarstellungen*, Hg. H. J. Geerdts, Stg. 1972). – U. Reinhold, *V. B.s Konzept u. Realisierung einer gesellschaftsgestaltenden Dichtung im Sozialismus* (in *Weggenossen. 15 Schriftsteller der DDR*, Ffm. 1975). – *V. B.*, Hg. H. L. Arnold, Mchn. 1977 (Text + Kritik). – J. Rosellini, *V. B.*, Mchn. 1983. – U. Profitlich, *V. B.*, Mchn. 1985.

DAS LYRISCHE WERK von Volker BRAUN. Der Lyriker, Dramatiker und Prosaist Volker Braun gehört zu jener Generation von DDR-Schriftstellern, die, in der DDR aufgewachsen, den sozialistischen Staat nicht mehr vorwiegend als rettende Alternative zu NS-Herrschaft und Krieg erlebten, sondern als mühsamen Aufbauprozeß, dessen Entwicklung geprägt ist vom anhaltenden Widerspruch zwischen den Verheißungen der Zukunft und den Zwängen der Gegenwart. Wie Hei-

ner MÜLLER oder Christa WOLF reflektiert Braun in seinen Texten die Antagonismen dieser Entwicklung, thematisiert die Möglichkeiten und Grenzen individueller Selbstverwirklichung wie die Rolle, die Literatur hier als Diskussionsmedium spielen kann: *»Es geht um die arbeitenden, planenden, genießenden Leute in ihrem umfänglichen Kampf mit der Natur, vor allem ihrer eigenen, der sozialistischen Gesellschaft. Denen braucht man nicht mit Parolen kommen, denen braucht man überhaupt nicht kommen.«*
Braun zählte zu jenem Kreis junger Lyriker, darunter auch Sarah und Rainer KIRSCH, Wolf BIERMANN, Heinz CZECHOWSKI oder Karl MICKEL, die in den sechziger Jahren provokant gegen kulturpolitische Gängelei auftraten und das kritische Potential des Marxismus, sein Insistieren auf der Frage nach der Befindlichkeit des produktiven Individuums, auf die DDR selbst angewendet wissen wollten: *»Das Politische ist als menschliche Haltung Substanz des heutigen Gedichts, mit dieser Haltung steht oder fällt es: eine wirklich ›arbeitende Subjektivität‹ kommt ohne sie nicht aus.«* Das lyrische Ich, das in den Gedichten Volker Brauns erscheint, ist immer auch das gesellschaftliche Ich der modernen Industriegesellschaft sozialistischer Provenienz; aus diesem bewußt und zugleich distanziert komponierten Spannungsverhältnis gewinnt sein lyrisches Werk, das zum Bedeutendsten der DDR-Literatur gezählt werden muß, seine Qualität: *Provokation für mich* (1965), *Wir und nicht sie* (1970), *Gegen die symmetrische Welt* (1974), *Training des aufrechten Gangs* (1979) sowie *Langsamer knirschender Morgen* (1987).

Die frühen Gedichte Brauns (*Provokation für mich*, 1965) orientieren sich stark an der Lyrik des jungen Bertolt BRECHT; so entsprechen die *Anmerkungen* zu den vier Kapiteln des Bandes den »Anleitungen« der Brechtschen *Hauspostille*. In kraftvollen Bildern und knapper, provozierender Sprache versichert Braun sich des gesellschaftlich-politischen Aufbruchs in der DDR *(Anspruch: »Kommt uns nicht mit Fertigem. Wir brauchen Halbfabrikate ... Hier wird Neuland gegraben«)*. Formal beeinflußt von dem Pathos der Sprechgedichte MAJAKOVSKIJS, verbindet er die Erfahrung entfremdeter Arbeit mit dem Wissen um die vorläufige, gesellschaftliche Notwendigkeit dieses Zustands *(Jugendobjekt; Flüche in Krummensee)*; dabei thematisiert er schon früh das Verhältnis zwischen dem Selbstverwirklichungsanspruch des einzelnen und den Anforderungen des Kollektivs *(Jazz: »Jeder spielt sein Bestes aus zum gemeinsamen Thema. / Das ist die Musik der Zukunft: jeder ist ein Schöpfer«)*. Ausgesprochen erotische Gedichte verknüpfen das Liebeserlebnis mit sinnlich-konkreter Naturerfahrung.

In dem Gedichtband *Wir und nicht sie* (1970), dessen Titel auf eine Ode KLOPSTOCKS über die Französische Revolution anspielt *(Sie, und nicht wir)*, sieht sich Braun *»sozusagen als Staatsbürger, der das Wagnis der Vergesellschaftung in seinem deutschen Staat der fatalen Verlängerung der Vorgeschichte in dem anderen deutschen Staat«* entgegenhält. Dabei weist er aber jede selbstzufriedene Verherrlichung des bisher Erreichten ebenso zurück *(Lagebericht)* wie die Beschönigung übermenschlicher Arbeitsleistungen und unvollkommener Produktionsbedingungen *(Schwellen: »... sollte man kein Lob mehr lügen / Diesen Millionen / Die stur wie die Natur / Dulden, im Dreck stolz / Auf den Stationen der rauhen Strecke«)*. Statt dessen fordert er dazu auf, das Bestehende zu verändern *(Prometheus: »Was glaub ich denn / Wenn nicht an uns? ... wolln wir / in Vorzimmern warten auf / Die neue Verfügung?«)*. Während in der ersten Auflage des Gedichtbandes das lyrische Ich sich bewußt in ein Kollektiv zurücknahm, tritt in der stark veränderten dritten Auflage (1979) eine deutliche Unterscheidung zwischen dem fortschrittlicheren Subjekt und dem noch unentfalteten »Wir« hervor *(Arbeiter, Bauern; Schöneweide)*.

Mit dem Titel seines dritten Gedichtbandes, *Gegen die symmetrische Welt* (1974), greift Braun ein HÖLDERLIN-Zitat auf und wendet sich damit gegen zunehmende Entfremdungserscheinungen in der sozialistischen Industriegesellschaft *(Die Industrie; Unwirsche Antwort)*. Das Ideal einer humanen Gemeinschaft *(Im Ilmtal)* steht im Spannungsfeld zwischen den »hinlänglichen Erfahrungen« des sozialistischen Alltags und den Zwängen der Arbeitswelt sowie den »allgemeinen Erwartungen« eines verwundbaren lyrischen Ichs *(Die Morgendämmerung: »Jeder Schritt, den ich noch tu, / reißt mich auf«)*. Skepsis gegenüber dem Erreichten und ständiges Hinterfragen sollen die Belange des einzelnen innerhalb der Gesellschaft sichern *(Allgemeine Erwartung; Der geflügelte Satz)*. Die Bauart der Gedichte wird komplexer, Naturbilder verdeutlichen die Bedeutung des privaten Bereichs für die Gemeinschaft *(Entscheidende Entdeckung: »Die Menschen blühn auf einmal aus sich / Wie ein Feld von Mohn, wie ein Feld / von zarten Gedanken, die sich einander zudrehn / und aneinander entfalten«)*.

Mit dem Band *Training des aufrechten Gangs* (1979) werden die Gedichte Brauns radikaler und persönlicher. Zerstörte Hoffnungen und das Pochen auf ein Widerspruchsrecht finden ihren Ausdruck in einer an T. S. ELIOT orientierten Montage- und Assoziationstechnik. Der naive Naturgenuß ist nicht mehr möglich *(Material I: Wie herrlich leuchtet mir die Natur: »Woher soll ich es nehmen / Wonach ich verlange / aus diesem Sommer? ... Wie rette ich mich / Vor diesem brausenden Nichts, das aus den Wiesen steigt / Diesem überdrüssigen Licht?«)*; Reflexionen offenbaren die Entfremdung von ursprünglichen Verhaltens- und Lebensweisen, das Verhältnis von Mann und Frau ist reduziert auf reine Körperlichkeit *(Material II: Brennende Fragen)*. Der sarkastischen Tonlage mancher Gedichte steht die verzweifelte, auf Ernst BLOCH zurückgreifende Forderung nach dem »aufrechten Gang« des Individuums entgegen *(Höhlengleichnis)*, deren Verwirklichung Braun – in kritischer Selbstreflexion – an historischen Vorbildern demonstriert *(Prozeß Galilei; Bruno; Ist es zu früh. Ist es zu spät)*.

Die Gedichte des bislang letzten Bandes *Langsamer knirschender Morgen* (1987) entstanden bereits in den Jahren 1978 bis 1984; in ihnen bilanziert Braun seine eigenen Hoffnungen und Erfahrungen *(Material V: Burghammer: »Hier bin ich durchgegangen / Mit meinem Werkzeug Ab- / Geräumt der glaube«)*, wobei er jede taktische Zurückhaltung aufgibt *(Das gebremste Leben: »Ein Fremdkörper, ichförmig / Im Verkehrsstau / Im Kopf: Rot ... Zwei Stempel wegen überhöhter / Ach leck mich«)*. Montagen von Bildungsgut und Verweise auf ältere Dichter (GOETHE, EICHENDORFF, KLOPSTOCK, JEAN PAUL, HOMER, HÖLDERLIN) lassen in Verbindung mit der nüchternen Gegenwartssprache spannungsvolle Assoziationsreihen entstehen, mit denen Braun einstige Zukunftserwartungen als immer noch uneingelöst beschreibt. Die globale Bedrohung und Zerstörung der Lebensgrundlagen werden auch als Folge von Pragmatismus und politischen Scheingefechten erkannt *(Gespräch im Garten des Chefs: »Wenn die Wahrheit, Asche im Mund / In eure Türen fällt / Werdet ihr sie wissen«)*; es bleibt nur noch der individuelle Aufbruch *(Das innerste Afrika)*. Die 164 *Berlinischen Epigramme*, die den Band abschließen, sind eine Auseinandersetzung mit dem Arbeitsalltag und dem Bürokratismus in der DDR, sie reflektieren das Verhältnis zu Frauen, die Werke der Kollegen und den eigenen Schreibprozeß.

Braun, der in seinen ungeduldig-drängenden frühen Gedichten als Sprecher der jungen Generation auftrat, betrachtet seine subjektiven Erfahrungen immer auch als exemplarische. Er dichtet an gegen Erstarrung und Stagnation, sein Sprachgestus ist der des Aufbrechens und Sprengens; dabei läßt er sich nicht festlegen, er verändert und korrigiert das Geschriebene ständig *(Der Bauplatz: »Kommt uns / mit Fertigem, sag ich / Der schon anders sprach«)*, was ihm von westlicher Seite den Vorwurf des Taktierens eintrug. Sich *»für die vielen Sachen, die zum Menschen gehören«* engagierend, sah er lange Zeit den Sinn seiner konstruktiv-kritischen Gedichte darin, *»auf die offenen Enden unserer Revolution hinzulaufen«*.

Bis Anfang der siebziger Jahre wird Brauns Lyrik geprägt von der Vorstellung, *»die politische Aktivität der Massen zu fördern«*, sein eigentliches Thema ist die Vermittlung zwischen »Ich« und »Wir«. Die an BRECHT geschulte provokant-dialektische Betrachtungsweise und das Aufbrechen sprachlicher Konventionen soll den Leser zur Reflexion seiner eigenen Situation animieren. Nicht selten stellen Ironie und Sarkasmus das Formulierte in Frage und drücken so die Skepsis gegenüber dem scheinbar schon Erreichten aus. Die praktische Wirkungsmöglichkeit der Gedichte wird zunehmend bezweifelt.

In den letzten Lyrikbänden kann die traditionelle Naturmetaphorik, die seit den frühen Gedichten immer auch den Lebens- und Arbeitsraum mit einbezog, der veränderten Wirklichkeit mit ihrer ökologischen und menschheitsbedrohenden Problematik nicht mehr gerecht werden; die bruchstückhafte, montierte Sprache vor allem der *»Material«*-Gedichte resultiert aus dieser desillusionierenden Gegenwartserfahrung *(Material V: Burghammer: »Mitteldeutsches Loch Ausgekohlte Metapher / Keiner Mutter Boden Loser Satz / Aus dem Zusammen FROHE ZUKUNFT / Hang gerissen«)*.

Braun, dessen spätere Dichtung *»eine Wendung vom geschichtlich Abstrakten zum individuell Konkreten innerhalb des Geschichtlichen«* zeigt (Cosentino/Ertl), wandelt schließlich Louis FÜRNBERGS altes Lied über »Die Partei« ab: *»Die Bleibe, die ich suche, ist kein Staat ... Partei mein Fürst: sie hat uns alles gegeben / Und alles ist noch nicht das Leben. / Das Leben, das ich brauch, wird nicht vergeben« (Das Leben)*. C.Kn.

AUSGABEN: *Provokation für mich. Gedichte*, Halle 1965 [erw. 1975]. – *Vorläufiges. Gedichte*, Ffm. 1966 [enth. *Provokation für mich* u. weitere 23 Gedichte]. – *Wir und nicht sie. Gedichte*, Halle 1970 [veränd. 1979; Ffm. 1970]. – *Gedichte* (Ausw.), Lpzg. 1972; erw. 1979. – *Gegen die symmetrische Welt. Gedichte*, Halle 1974; Ffm. 1977. – *Poesiealbum 115* (Ausw.), Bln./DDR 1977; Mchn. 1977. – *Der Stoff zum Leben. Gedichtzyklus*, Pfaffenweil 1977. – *Training des aufrechten Gangs. Gedichte*, Halle 1979 (enth. *Der Stoff zum Leben*). – *Gedichte* (Ausw.), Ffm. 1979. – *Langsamer knirschender Morgen*, Ffm. 1987.

LITERATUR: M. Jäger, *Vom Wollen u. Wünschen, vom Schreien u. Tun. Die vorläufigen Provokationen des Lyrikers V. B.* (in M. J., *Sozialliteraten*, Düsseldorf 1973). – U. Heukenkamp, *Überantwortete Sinngebung* (in Zs. f. Germanistik, 1982, H. 2, S. 173–188). – C. Cosentino u. W. Ertl, *Zur Lyrik V. B.s*, Königstein/Ts. 1984. – J. Engler, *Mannschaftsraum Kopf. V. B.s Gedicht »Burghammer«* (in *DDR-Literatur '83 im Gespräch*, Hg. S. Rönisch, Bln./Weimar 1984). – G. Wolf, *Die gebrochene Ode oder: Training des aufrechten Gangs. Zur Lyrik V. B.s* (in G. W., *Im deutschen Dichtergarten*, Darmstadt/Neuwied 1985). – K. Corino, Rez. (in Stuttgarter Ztg., 5. 9. 1987). – W. F. Schoeller, Rez. (in SZ, 3./4. 10. 1987). – U. Wittstock, Rez. (in FAZ, 8. 12. 1987). – U. Heukenkamp, Rez. (in Neue Deutsche Literatur, 1988, H. 2, S. 131–136).

HINZE-KUNZE-ROMAN

Roman von Volker BRAUN, erschienen 1985. – Im Sommer 1981 hatte Braun das Manuskript seines ersten Romans abgeschlossen, doch erscheinen konnte das Buch erst vier Jahre später. Die gesellschaftspolitische Brisanz der Geschichte und die Suspendierung der ästhetischen Norm eines »sozialistischen Realismus« – der Roman ist weit entfernt von den Maximen des einst proklamierten »Bitterfelder Weges« – hatten zu kontroversen Auseinandersetzungen innerhalb der DDR-Kulturbürokratie geführt, die ein sofortiges Erscheinen unmöglich machten. Der stellvertretende Kulturminister Klaus Höpcke sorgte dann aber 1985 persönlich mit einer wohlmeinenden Kritik in ›Die

Weltbühne‹ für günstigere Rahmenbedingungen. Auch das Nachwort von Dieter SCHLENSTEDT, das der Mitteldeutsche Verlag seiner Ausgabe beifügte (die in Frankfurt a.M. erschienene Ausgabe verzichtet darauf), sollte helfen, die massiven Einwände zu entkräften.

Es gehört zu einem auffälligen Stilelement Brauns, daß er den Erzähler mit Anmerkungen zum eigenen Schreibprozeß, Kommentierungen und Relativierungen, die nicht abschwächen, aber ironisieren sollen, selbst zu Wort kommen läßt. Wie in fast allen literarischen Arbeiten Brauns finden sich auch hier Anlehnungen an literarische Vorbilder, darunter Laurence STERNE und JEAN PAUL. Selbst die Reaktionen auf seine satirische Darstellung der DDR-Wirklichkeit nimmt der Autor vorweg, indem er eine fiktive Frau Prof. Messerle über den Roman *»beck-messern«* läßt. *»Der Autor hat das Werk nicht geplant bzw. den Plan nicht erfüllt. Er ist ein Opfer seiner Triebe, seiner Antriebe, seiner, nun, Sehnsüchte, seiner... Wir kennen das alle, Wunschvorstellungen... Diese Figuren (schrie sie unvermittelt, unbegreiflicherweise) entwickeln sich einfach nicht.«* Doch die Realität holte Volker Braun ein: Nach Erscheinen des Buches in der DDR veröffentlichte das SED-Organ ›Neues Deutschland‹ eine vernichtende Kritik von Frau Prof. Anneliese Löffler; damit war Brauns Roman offiziös geächtet.

Thema und Stoff hatte Braun bereits 1968 in seinem Schauspiel *Hinze und Kunze* und 1983 in den – formal den BRECHTschen *Geschichten vom Herrn Keuner* und *Flüchtlingsgesprächen* nachempfundenen *Berichten von Hinze und Kunze* verarbeitet, für die Erzählung wählt er die Form der Collage: eine vielschichtige Textstruktur aus Reflexionen, rhetorischen Sprachgesten, Dialogen, essayistischen Einschüben, Zitaten (von Maxi WANDER bis Rainer KUNZE) und ideologiekritischen Sentenzen. Die Satire auf Erscheinungsformen des DDR-Alltags wird exemplarisch am *»Verhältnis zwischen Leitern und Geleiteten, eines geschichtlich überkommenen und nicht selten angenommenen ›Rollenverständisses«* (K. Jarmetz) vorgeführt. Die Namen Hinze und Kunze stehen, wie es die Redewendung auch meint, für jedermann, miteinander austauschbar, aber von Braun in jene Beziehung zueinander gestellt, die seit der Renaissance bis hin zum absurden Theater dazu dient, Herrschaftsverhältnisse zu kennzeichnen: die Beziehung von Herr und Knecht. So stehen für Hinze und Kunze Don Quichotte und Sancho Pansa, DIDEROTS Jacques der Fatalist und sein Herr, BRECHTS Puntila und sein Knecht Matti sowie BECKETTS Lucky und Pozzo aus *Warten auf Godot* Pate. Hinze ist der Chauffeur des Parteifunktionärs Kunze, den er in einem schwarzen Tatra durch die Republik fährt. Beide, Hinze und Kunze, sind Prototypen der DDR-Gesellschaft, die das *»gesellschaftliche Interesse, um dessenwillen«* auch der Autor, der Erzähler des Hinze-Kunze-Romans (hier durchaus gleichzusetzen mit V. Braun) überhaupt schreibt und er diese Geschichte wiedergibt, verbindet; sie erfahren im Text keine Veränderung oder Entwicklung, sondern verbleiben in der Schwebe zwischen abstrakten Kunstfiguren und psychologisch determinierten Charakteren.

Kunze, sein äußeres Erscheinungsbild ist der Beschreibung eines Funktionärs in Franz FÜHMANNS Erzählung *Drei nackte Männer* entnommen, ist ein Vollblut-Politiker der Arbeiterklasse und zugleich ein Erotomane, der sich an jedem Rock vergreift, selbst an Lisa, Hinzes Frau. Das Kind, das sie zur Welt bringt, kann ebenso von Hinze wie auch von Kunze sein, aber es wird keinem der beiden Männern ähneln. Lisa ist die einzige Figur in dem handlungsarmen Roman, die einen Emanzipationsprozeß vollzieht. Hinzes und Kunzes Reise durch die DDR-Wirklichkeit, die sie in ihren Gesprächen kommentieren, erlebt ihren Höhepunkt auf einer Versammlung, auf der Kunze in Emphase verkündet: *»Gebt Euch hin ! Proletarier vereinigt Euch ! Es lebe der Friede, es lebe der Orgasmus der Welt !«* Daraufhin wird Kunze für eine Weile in ein Sanatorium gesteckt, wo er sich von den Anstrengungen seiner gesellschaftlichen *»Selbstverpflichtung«* erholen kann.

Die Satire *Hinze-Kunze-Roman* ist die solidarische Kritik eines Sozialisten am ganz gewöhnlichen Alltag der DDR und am propagandistischen Programm einer Führungselite, die eigentlich die Gleichheit der Menschen zu verwirklichen vorgab, sie aber in der Praxis weder umzusetzen weiß noch, angesichts der Annehmlichkeiten des besser gestellten Lebens, diese Aufgabe als sonderlich dringlich empfindet. R.Di.

AUSGABEN: Halle/Lpzg. 1985 [Nachw. D. Schlenstedt]. – Ffm. 1985 [ohne Nachw.]. – Ffm. 1988 (es).

LITERATUR: S. Hoefert, *Die Faust-Problematik in V.B.s »Hinze und Kunze«* (in Amsterdamer Beiträge zur neuen Germanistik, 1978, H.7, S.147–163). – K. Höpcke, Rez. (in Die Weltbühne, 1985, H.33, S.1036–1039; vgl. H.34, S.1068–1071). – H. Vormweg, Rez. (in SZ, 9.10. 1985). – H. Hartung, Rez. (in FAZ, 19.10.1985). – M. Lüdke, Rez. (in FRs, 23.11. 1985). – R. Schneider, Rez. (in Der Spiegel, 23.11.1985). – S. Cramer, Rez. (in Die Zeit, 13.12.1985). – H. Kleinschmidt, Rez. (in Deutschland-Archiv, 1985, H.12, S.1258–1262). – H.-P. Klausenitzer, Rez. (ebd., S.1348–1351). – K. Jarmetz, *Realismus mit Ecken und Kanten* (in Neue Deutsche Literatur, 34, 1986, H.2, S.132–139). – U. Heukenkamp, *»Hinze-Kunze-Roman« von V.B.* (in WB, 32, 1986).

DIE KIPPER

Schauspiel von Volker BRAUN; Uraufführung: Leipzig 3.4. 1972, Städtische Bühnen. – Braun überarbeitete sein Erstlingsstück mehrmals; eine erste Fassung *(Der totale Mensch)*, an der er seit 1962 arbeitete, blieb unveröffentlicht, 1966 publizierte Braun (in ›Forum‹, H.18) eine zweite Fassung, betitelt *Kipper Paul Bauch*, bis 1972 die um drei Prosaskizzen ergänzte Spielfassung im Aufbau-Verlag erschien. Ähnlich wie Heiner MÜLLER in seinen Produktionsstücken thematisiert auch Volker Braun die Widersprüche, in denen sich der Aufbau einer sozialistischen Gesellschaft vollzieht. Zwar sind die allgemeinen Produktionsverhältnisse revolutioniert, ist die Ausbeutung des Menschen durch den Menschen abgeschafft, aber die Arbeitsbedingungen für den einzelnen haben sich nicht geändert; entfremdende, zermürbende Arbeit muß weiterhin getan werden. Der provokant formulierte Gegensatz zwischen dem individuellen Anspruch auf Selbstverwirklichung und den Erfordernissen der gesellschaftlichen Produktion führt Braun zur wiederholten Neukonzeption des Stücks, dessen Titeländerungen die dramaturgischen Verlagerungen anzeigen: von der Schilderung eines Einzelschicksals *(Kipper Paul Bauch)* zur Geschichte eines Kollektivs, das den einzelnen in die Pflicht nimmt.

Die stupide und entfremdete Arbeit in einem Tagebergbau veranlaßt den großsprecherischen Paul Bauch, den es bis dahin noch nie lange auf einer Arbeitsstelle gehalten hat, sich nach neuer Arbeit umzusehen. Als er jedoch erfährt, daß die Bedingungen für ihn überall gleich sind, beschließt er zu bleiben und in seiner Brigade nach Änderungsmöglichkeiten zu suchen. Sein Augenmerk ist auf die Erhöhung der Arbeitsleistung gerichtet und so treibt er, mittlerweile Brigadier geworden, nach einer nächtlichen Auseinandersetzung seine Brigade ungestüm zur Normüberfüllung an, wobei es zu einem Unfall kommt, durch den ein Kollege ein Bein verliert. Die Parteisekretärin Reppin, die Bauchs ungestüme, anarchische Kraftanstrenungen bisher toleriert hatte, wird daraufhin strafversetzt, Bauch selbst mit Gefängnis bestraft. Nach seiner Entlassung sieht Bauch sich einer neuen Situation gegenüber; zwar hat er erkannt, daß nicht die Erhöhung der Arbeitsleistung, sondern die Veränderung der Arbeitsqualität die eigentliche Aufgabe ist, aber seine Brigade hat sich von ihm und seinen erneuten, kühnen Rationalisierungsvorschlägen emanzipiert. Die Brigade setzt auf eine schrittweise Verbesserung der Arbeitsbedingungen, Bauch muß sich einordnen oder weiterziehen. Als Antreiber ist er überflüssig geworden, als produktiver Mitarbeiter aber wird er weiterhin benötigt.

Mit der Figur des Paul Bauch zeichnet Braun einen produktiven Helden, der die sozialistische Idee einer Arbeit, in der der Mensch sich voll entfalten und verwirklichen vermag, unmittelbar einzulösen versucht: *»Der einzelne ist ersetzbar, austauschbar. Er ist noch nicht etwas, was nur er ist. Er hat kein Gesicht, er hat nur einen Hebel in der Hand. Nicht* er *arbeitet, sondern der kleine Teil in ihm, der für den Hebel nötig ist. Der übrige Mensch bleibt noch stumm ... Ich will ganz gebraucht sein.«* Ähnlich wie in den Produktionsstücken Heiner MÜLLERS, und Braun greift dies in seinem Drama *Tinka* (1975) erneut auf, kollidiert dieser Anspruch mit einer Arbeitswelt, die noch nicht weit genug entwickelt ist, die aber auch die Gefahr in sich birgt, bei fortschreitender Rationalisierung (durch *»kybernetische Maschinen«*) die Arbeitsteilung und Vereinzelung des Arbeiters noch zu verstärken. Braun kommentiert hier durchaus skeptisch die Bemühungen der DDR, durch Modernisierung der Wirtschaft Anschluß an das »Weltniveau« zu erlangen und die subjektiven Bedürfnisse der Arbeiter dabei weiterhin zu vernachlässigen, weshalb man dem Stück auch *»subjektiv-idealistischen Voluntarismus«* vorwarf, die Verabsolutierung des Subjekts im Geschichtsprozeß. Dabei läßt Braun keinen Zweifel daran, daß der ungestüme Veränderungs- und Durchsetzungswille seines Paul Bauch nur bedingt ein taugliches Mittel ist, die *»Fabriken und Säle«* so zu verändern, daß die Arbeiter *»Platz haben drin«*. Zwar weckt der Kipper Paul Bauch die Produktivkraft des Kollektivs, aber da er nur seinen individuellen Antrieben folgt, steht er immer auch außerhalb der gemeinsamen Anstrengungen, muß er letztlich durch das Kollektiv diszipliniert werden. Brauns Stück kommt dabei nicht ohne pathetische Beschwörung des Aufbruchwillens des sozialistischen Staates aus: *»Der Staat besteht nur, wenn etwas in ihm vorgeht, und immer Neues ... Das, glaub ich, war's, was mich an dem Land kleben ließ, daß es ein andres wurde, wenn ich in kein anders fortging.«*

R.Di.-KLL

AUSGABEN: Bln./DDR 1972 (in SuF, H. 1). – Ffm. 1972 (in *Spectaculum*, Bd. 16). – Bln./Weimar 1972. – Ffm. 1976; ²1981 (in *Stücke 1*; st). – Bln./DDR 1983 (in *Stücke*; Nachw. K. Schuhmann).

LITERATUR: N. Bauer, Rez. (in FRs, 23. 3. 1972). – G. Cwojdrak, *»Kipper«-Premiere in Leipzig* (in Die Weltbühne, 1972, H. 11, S. 325–327; vgl. 1973, H. 15, S. 466–468). – M. Nössig, *Neue Ansprüche werden angemeldet* (in Theater der Zeit, 1972, H. 6, S. 16–19). – J. Beckelmann, *Das langweiligste Land der Erde* (in FRs, 6. 4. 1973). – H. Czechowski, *»Die Kipper«. Sprache, Stil, Struktur* (in WB, 1973, H. 7, S. 130–152). – G. Jaeger, *Faßbarer Fortschritt* (in Theater heute, 1973, H. 10, S. 29). – R. Michaelis, *Die Kipper im Ursprungsland* (in FAZ, 12. 4. 1973).

ROLF DIETER BRINKMANN

* 16.4.1940 Vechta
† 23.4.1975 London

LITERATUR ZUM AUTOR:
D. Wellershoff, *Destruktion als Befreiungsversuch. Über R. D. B.* (in Akzente, 1976, H. 3, S. 277–286;

Repliken dazu in H. 5, S. 475–479). – *R. D. B.*, Hg. H. L. Arnold, Mchn. 1981 (Text + Kritik). – G. W. Lampe, *Ohne Subjektivität. Interpretation zur Lyrik R. B. B.s vor dem Hintergrund der Studentenbewegung der 60er Jahre*, Tübingen 1983. – H. Richter, *Ästhetik der Ambivalenz*, Ffm. u. a. 1983. – O. F. Riewoldt, *R. D. B.* (in KLG, 21. Nlg., 1985). – H. Schenk, *Das Kunstverständnis in den späteren Texten R. D. B.s*, Ffm. u. a. 1986.

KEINER WEISS MEHR

Roman von Rolf Dieter Brinkmann, erschienen 1968. – Nach einigen frühen Prosastücken und erster Lyrik ist *Keiner weiß mehr* der erste und einzige Roman des Autors. Vierzehn ausschnitthafte Sequenzen sezieren in mikroskopischen Momentaufnahmen das Leben und Innenleben eines namenlos bleibenden, alternden Pädagogikstudenten mit Frau und Kind am Rand des Existenzminimums, eingekapselt in eine typische Kölner Altbauwohnung in den sechziger Jahren.

Im Zyklus von Sommerende bis Frühlingsanfang werden die Gespräche und Verwicklungen des Protagonisten mit der Außenwelt aus der egomanischen Nahperspektive eines end- und sinnlosen inneren Monologs aufgerollt, in dem jede fremde Äußerung vom eigenen Gemaule nachäffend überholt wird und alles Gegenwärtige sich immer schon melancholisch in Brocken unverdauter Vergangenheit anhäuft: *»Ein riesig angeschwollener Scheißhaufen von Gerede war das alles. Ein zäher Dreck aus Bildern, die an einem kleben bleiben.«* Das formale Zentrum des Romans ist die leitmotivische Verwebung der Bilder, Zitate und Stereotype im gepreßten Atem syntaktischer Perioden; im detailreichen Karussel der ewigen Zerstreuungen, Obsessionen, Varianten und Reprisen, in kleinsten Verschiebungen und Verrückungen werden überschaubare konventionelle Figuren-, Handlungs- und Erzählmuster exzentrisch zerdehnt, unterlaufen oder durch Vulgarismen frontal attackiert. Das in nahezu greifbaren Schichten der Depression und Betäubung verkrustete Zeiterleben der Hauptfigur läßt den Alltag fast nur noch in räumlichen Choreographien aufgehen – mit einem Grundschema: *»Er«* hält sich zumeist allein und abgetrennt im Vorderzimmer der Wohnung auf, am Schreibtisch, erstarrt und verkümmert, inmitten seiner halb gescheiterten, halb schon aufgegebenen Studien- und Schriftstellerpläne. *»Sie«* sorgt für den Familienunterhalt und erduldet seine obszön-aggressiven Demütigungen und hilflosen Wiederversöhnungsversuche. Sie teilt Hinter- und Mittelzimmer mit dem gemeinsamen, *»weder gewollten noch verhinderten«* Kind. Seine Familie verdrängt die beiden alten Untermieter und Freunde Rainer und Gerald, die für *»ihn«* auf ihre Weise je ein Stück vorehelicher Freiheit und männlicher Unabhängigkeit verkörpern. Rainer, der allabendlich aufgedonnerte und sensible Schwule, repräsentiert durch seine Londonaufenthalte die angloamerikanische Pop- und Beat-Subkultur, die in Westdeutschland jedoch nur über Schallplatten rezipiert werden kann. Und doch durchzieht der Rhythmus etwa der Rolling Stones den literarischen Puls des Romans. Der zweite Freund, Gerald, ist ein ewig frühpubertäres Muttersöhnchen mit immer noch korrekten Manieren. In möblierten Zimmern spießt er ausgeschnittene Illustrierten-Mädchen an die Tapetenwände, um seinen keimfreien Onaniephantasien nachzugehen: *»Trockene Frau, nasse Frau, sagte Gerald, trockene Frauen sind besser als nasse Frauen.«*

Artikuliert wird so eine individuelle Randexistenz und ein Protest ohne den politischen und intellektuellen Rückhalt der zeitgleichen Studentenbewegung, ein Stück leibhaften Widerstands ohne Diskussionen, der doch immer schon korrumpiert zu werden droht, eine Rebellion ohne greifbaren Gegner und ohne eigene Identität – in einer Zeit, in der Körper zu erotisierten Reklamebildern, Lebenszusammenhänge zu Kinomythen, die Sprache zum Werbeslogan der Superlative (vom mehrdeutig betonbaren Romantitel parodiert) und die Innenstädte zu verkehrsfreien Einkaufszonen umgewandelt werden: *»Bilder, die wiederkommen, einzeln, in Teilen, und jedes Teil farbig, in Technicolor eingetaucht, ein stummer, stumm ablaufender Film. Ich kann nicht mehr. Ich will nicht mehr. Weiter.«* Ohnmächtig erscheinen die Ausbruchsversuche: die rastlosen Gänge des mittellosen Protagonisten vorbei an den Schaufenstern der Kölner City mit ihrer damaligen Cord-, Mini- und Block-Absatz-Mode, die Zugfahrt zur Frau an die holländische Küste, die schäbigen Puffbesuche in der Kleinen Brinkgasse Kölns und in Hannover, die finale Selbstbefriedigungsszene – einsam im Christlichen Hospiz-Hotel, in der die bis dahin getrennt exponierten homo- und heterosexuellen Imaginationen zum selbstvergewissernden Akt des ›Ich-komme-also-bin-Ich‹, zur momentan wiedergewonnenen Sensibilität für den abwesenden anderen zusammenfluten. Der Waren- und Konsumfetischismus der sechziger Jahre, der den Befreiungsanspruch der Beat- und Hippie-Kultur als kommerziellen Sex-Appeal ausbeutete, sickert in den Diskurs des Protagonisten und heizt eine durch die Massenmedien entkörperlichte Sexualität des gefräßigen Blicks an, der alles libidinös besetzt – bis auf *»seine Frau«*, die zur geschlechtslos *»ausgesparten Stelle«* wird. Der pornographische Grundzug des Romans ist die präzise vermittelte Erfahrung einer männlichen Frigidität der trostlos-kleinen Entladungen, der brutal-aggressiven Machismen und comicartig zugespitzten Tötungs- und Abtreibungsphantasien, gegen die *»sie«* verhalten zu protestieren beginnt. Brinkmanns Roman erscheint heute als Spiegelbild des Lebensgefühls der Beatgeneration und zugleich als Kanalisationssystem voller intendierter Verstopfungen und Sabotagen, welche die *»Kloake«* der westdeutschen sechziger Jahre unerbittlich hochspülen. P.Br.

Ausgaben: Köln/Bln. 1968. – Reinbek 1970 (rororo).

LITERATUR: M. Reich-Ranicki, Rez. (in Die Zeit, 26.4. 1968). – K.-H. Bohrer, Rez. (in FAZ, 4.5. 1968). – G. Fuchs, Rez. (in Der Spiegel, 16.6. 1968). – H. Vormweg, *Ein Realismus, der über sich hinaus will* (in Merkur, 1968, H. 7).

STANDPHOTOS. Gedichte 1962–1970

Gedichtband von Rolf Dieter BRINKMANN, erschienen 1980. – Dieser erste Band einer geplanten dreibändigen Lyrikausgabe umfaßt neun Einzelpublikationen, in denen sich Brinkmanns schriftstellerische Entwicklung von frühen lyrischen Versuchen über intermediale Experimente bis hin zu einer subjektiv-autobiographischen Schreibweise jenseits tradierter Gattungen verfolgen läßt.

In der frühen Phase (1962–1967) setzt sich der Autor mit der etablierten westdeutschen Nachkriegsliteratur auseinander. Das Titelgedicht aus *Ihr nennt es Sprache* (1962) demonstriert den unverbindlichen Historismus der zeitgenössischen Kultur von BÖLL bis STOCKHAUSEN. An deren ästhetischen Ansprüchen zwischen Sozialkritik und Sprachalchemie arbeitet sich Brinkmann ab (so in *Beton*) und eröffnet sich einen anderen, verständlicheren Sprachraum mit den Rätseln und Problemen des biographischen Alltags, wie in dem negativen Liebesgedicht *Einem Mädchen ins Album geschrieben*. Die gewonnene Position festigt die Sammlung *Le chant du monde* (1963–1964) mit *»Gedichte schreiben«*: Die alltäglichen Dinge und ihr gelassener Prosarhythmus stellen eine von der Poesie bisher unentdeckte Randzone dar; das *»Schreiben, realistisch gesehen«* erweist sich als alltägliche Situation. Beide Komponenten konvergieren in lakonischen Skizzen, die momentane Gesamteindrücke, wahrgenommene und fotografierte Bilder festhalten oder umschreiben. Die sprachimmanente Bild- und Metaphern-Arbeit wird in Frage gestellt; vielmehr gilt es, die Physiognomie alltäglicher Bildwelten ökonomisch zu versprachlichen. – In *Ohne Neger* (1965) mischen sich unauffällig Reklame- und Schlagerfragmente unter die Verse. –Im folgenden Band *&-Gedichte* (1966) kündigen sich minutiöse syntaktische und semantische Verschiebungsvorgänge an, so im Liebesgedicht *»Innen«* und in *»Gras«: »Wie ein Feuer, das/niederbrennt/fast tonlos und leer, ohne sich/fortzubewegen«*. – Die Sammlung *Was fraglich ist wofür* (1967) präsentiert die volle Palette der bisherigen Techniken mit einigen Wiederholungen und betont die bisherige Tendenz zum erzählten Film und zu balladesk kondensierten Comic-Storys.

Die zweite Phase der Gedichte (1968–1969) ist mit Brinkmanns zeitgleichen Projekten, dem Roman *Keiner weiß mehr* (1968), der Herausgabe und Übersetzung amerikanischer Pop-art- und Beat-Texte, der zeitgenössischen Lyrik Frank O'HARAS und Ted BERRIGANS eng verschränkt. In oft verkannter subversiver Adaption der amerikanischen Medienkunst, etwa WARHOLS serieller Pop-art-Produktion, synthetisiert Brinkmann Schrift- und Bildraum miteinander, um die massenkulturelle Stereotypisierung des Konsumalltags kritisch offenzulegen: In *Godzilla* (1968) werden die Gedichte auf farbige Plakatausschnitte der Illustriertenwerbung gedruckt, auf der lächelnde Bikinischönheiten locken. In noch heute provokanter Kombination kommentieren sich die Medien des Pin-up-Fotos und der pornographischen Graffitis im alptraumhaften Wechselbad der optisch verlockenden, phallisch-glatten »Haut«-Oberflächen und der sich unerfüllt auf ihr austobenden verbalen Direktheiten. Das Natur-Monster Godzilla bedroht in japanischen B-Horror-Filmen die Zivilisation – bei Brinkmann wird es zur ideologischen Wunsch- und Allmachtsprojektion des Kapitalismus. Der Mythos der reißenden Bestie und der hinreißenden Schönen wird hier zur vieldeutigen Chiffre für die Marktsituation zwischen dem monströs-geilen Kauf-Mann-Kunden *(»er«)* und der trivial-ästhetischen Werbung-Weib-Ware *(»sie«)*: *»Hier, nimm mich/schluchzte sie, nachdem er sich davon überzeugt hatte/daß es wirklich nur Zahnpasta war«*. – Thematisch und formal erweitert sich der Bild-Schreib-Raum in *Die Piloten* (1968), betitelt nach den leitmotivisch den Text durchziehenden Pilotengedichten, in denen der traditionelle Originalitätsanspruch der Kunst mit dem öffentlichen Werbecharakter der Massenkultur paradox verschränkt wird. In dem von einer Comicmontage dreigeteilten Band wird die Ambivalenz der frisch aus Amerika importierten Alltagsmythen (vom »Weißen Riesen« bis zum Supermarkt) aufgetischt, der Film, seine Stars und seine technisch-ideologische Entwicklung thematisiert und schließlich die subjektive Perspektive der ernüchterten Katerstimmung in den Pausen des medialen Terrors, der drohende Identitätsverlust und individuelle Protest dargestellt.

Der folgende kürzere Band *Standphotos* (1969), welcher der gesamten Sammlung den Titel gibt, wurde ursprünglich auf dicken, transparenten Kunststoffolien mit eingearbeiteten Bildern schwimmender Körper in Braun-Grün-Tönen gedruckt, so daß die Texte direkt zu Privationen filmischen Lichts, zu in die Tiefe verschwimmenden, holographisch eingefrorenen Palimpsesten werden.

Die dritte Phase der lyrischen Produktion Brinkmanns wird mit der letzten Publikation *Gras* (1970) eröffnet. Der Titel spielt nicht nur auf die bewußtseinserweiternde Droge Marihuana an, sondern auch auf die eingangs zitierte botanische Klassifikation von »über 4000 Arten«. *Gras* erschließt somit ein neuartiges, durch keinen starren Gattungsbegriff mehr einzäumbares Territorium *»gemäßigter Zonen«*. Ferner ist der Titel eine Reverenz an WHITMANS *Leaves of Grass* (1885) und Frank O'HARAS Konzept des lyrischen »personism«, einer minimalistisch-subjektivistischen Textstruktur – durchwirkt von unzensierten Umwelterfahrungen. Das entsprechende Widmungsgedicht Brinkmanns an O'Hara verbindet unprätentiös und sensibel Erzählung und Beobachtung,

Reflexion und Autobiographie, Konstruktion und Dokumentation: »*Wir sind nicht entspannt und können nicht zugeben, daß es darauf ankommt, die banalen Ereignisse mit gesteigerter Aufmerksamkeit zu beachten.*« Die neugewonnene Kunst Brinkmanns, das Gedicht dem Alltag zu öffnen und den Alltag im Gedicht zu erretten, wurde zunächst kaum von der Kritik gewürdigt, bereitet aber den späteren, so erfolgreichen Gedichtband *Westwärts 1 & 2. Gedichte 1970–74* sowie das Prosaprojekt der postum erscheinenden Stadterkundungen *(Rom, Blicke)* vor. P.Br.

AUSGABE: Reinbek 1980.

LITERATUR: B. Urbe, *Lyrik, Fotografie und Massenkultur bei R. D. B.*, Ffm. u. a. 1985.

PAUL CELAN

eig. Paul Anczel

* 23.11.1920 Czernowitz
† 26.(?)4.1970 Paris

LITERATUR ZUM AUTOR:
Bibliographien:
C. Heuline, *Bibliographie zu P. C.* (in *P. C.*, Hg. H. L. Arnold, Mchn. ²1984, Text + Kritik). – H. Schmidt, *P. C.* (in *Quellenlexikon der Interpretationen u. Textanalysen*, Bd. 2, Duisburg 1984, S. 13–27). – J. Glenn, *P. C.: Eine Auswahlbibliographie der Sekundärliteratur 1984–1985* (in C. Jb., 1, 1987, S. 229–233; wird jährlich fortgesetzt).
Gesamtdarstellungen und Studien:
P. P. Schwarz, *Totengedächtnis und dialogische Polarität in der Lyrik P. C.s*, Düsseldorf 1966. – P. H. Neumann, *Zur Lyrik P. C.s*, Göttingen 1968. – H. Weinrich, *P. C.* (in *Deutsche Literatur seit 1945 in Einzeldarstellungen*, Hg. D. Weber, Stg. 1968, S. 62–76). – P. Mayer, *P. C. als jüdischer Dichter*, Heidelberg 1969. – *Über P. C.*, Hg. D. Meinecke, Ffm. 1970; ern. 1973 (es). – G. Neumann, *Die absolute Metapher. Ein Abgrenzungsversuch am Beispiel Stephane Mallarmés und P. C.s* (in Poetica, 3, 1970, S. 188–225). – S. Vietta, *Sprache und Sprachreflexion in der modernen Lyrik*, Bad Homburg 1970, S. 89–131. – P. Szondi, *C.-Studien*, Ffm. 1972; ern. 1983 (BS). – G. Glenn, *P. C.*, NY 1973. – K. Voswinckel, *P. C., verweigerte Poetisierung der Welt*, Heidelberg 1974. – G. Buhr, *C.s Poetik*, Göttingen 1976. – G. M. Schulz, *Negativität in der Dichtung P. C.s*, Tübingen 1977. – W. Menninghaus, *P. C. Magie der Form*, Ffm. 1980 (es). – O. Lorenz, *P. C.* (in KLG, 15. Nlg., 1983). – G. Civikov, *Interpretationsprobleme moderner Lyrik am Beispiel P. C.s*, Amsterdam 1984. – M. Janz, *Vom Engagement absoluter Poesie. Zur Lyrik und Ästhetik P. C.s*, Königstein/Ts. ²1984. – *P. C.*, Hg. H. L. Arnold, Mchn. ²1984 (Text u. Kritik; erw.). – J. Derrida, *Schibboleth pour P. C.*, Paris 1986. – I. E. Kummer, *Unlesbarkeit dieser Welt. Spannungsfelder moderner Lyrik und ihr Ausdruck im Werk von P. C.*, Ffm. 1987. – *P. C.*, Hg. W. Hamacher u. W. Menninghaus, Ffm. 1988 (st).

DAS LYRISCHE WERK von Paul CELAN.

Das lyrische Werk des deutsch-jüdischen Dichters Paul Celan gilt weithin als Höhepunkt und Vollendung der klassischen Moderne. Celan, der sich zeitlebens intensiv mit literarischen Traditionen auseinandersetzte – er machte sich auch einen Namen als Übersetzer fremdsprachiger Lyrik – verstand sein Schreiben stets auch als ein poetologisch reflektiertes Experiment mit der Sprache. Seine Gedichte, die neben einigen wenigen Prosatexten und Reden den Schwerpunkt seines Schaffens bilden, sind gekennzeichnet von einer Mischung aus bitterster Kritik und sehnsüchtiger Utopie, von der Gleichzeitigkeit eines magischen Hermetismus und lapidarer Präzision, womit der Dichter immer wieder auf große Bewunderung, zum Teil aber auch auf Unverständnis gestoßen ist.
Die ersten Arbeiten entstanden bereits in der frühen Bukowiner Phase (bis 1945) und in Bukarest, wohin der Autor nach Kriegsende geflohen war. Nach kurzer Redaktionstätigkeit kam er 1947 nach Wien, wo 1948 im Verlag A. Sexl sein erster Gedichtband *Der Sand aus den Urnen* erschien, der jedoch wegen sinnentstellender Druckfehler makuliert wurde. Ein Teil dieser Gedichte, zu denen auch die berühmt gewordene *Todesfuge* gehörte, bildet – in z. T. veränderter Fassung – die erste Hälfte des Bandes *Mohn und Gedächtnis*, den Celan 1952 nach seiner Übersiedlung nach Paris veröffentlichte. Es folgten die Gedichtsammlungen *Von Schwelle zu Schwelle* (1955), *Sprachgitter* (1959), *Die Niemandsrose* (1963), *Atemwende* (1967) und *Fadensonnen* (1968). Nach dem Freitod Celans 1970 erschienen die bereits vom Dichter autorisierten Bände *Lichtzwang* (1970) und *Schneepart* (1971), 1976 eine Sammlung später Gedichte aus dem Nachlaß *(Zeitgehöft)*. Die 1983 herausgegebenen *Gesammelten Werke* enthalten neben den genannten Titeln einige verstreute Gedichte, die Prosatexte und Reden sowie das umfangreiche Übersetzungswerk des Autors. Eine historisch-kritische Gesamtausgabe ist im Entstehen, 1985 wurden im Faksimile-Druck erstmals die frühen Gedichte aus der Bukowiner Zeit veröffentlicht.

Poetologische Aspekte

Die Jugendlyrik Celans steht noch weitgehend unter dem Einfluß des Symbolismus und neoromantischer Prägungen, die insgesamt die Werke der deutsch-rumänischen Dichter in der Bukowina bestimmten; bei Celan finden sich Anklänge an TRAKL, GEORGE, insbesondere an RILKE. Für die Bukarester Zeit läßt sich eine deutliche Orientierung an der surrealistischen Poetik verzeichnen. Neben der durchgängigen Auseinandersetzung mit der literarischen Moderne dokumentiert das Schreiben Celans überhaupt – bis hin zum Spätwerk – eine eigenwillige Aufnahme und Umsetzung literarischer Formen: Der Bogen spannt sich dabei von der Romantik (NOVALIS) über eine erklärte Affinität zu HÖLDERLIN und BÜCHNER bis hin zur kritischen Rezeption zeitgenössischer Strömungen etwa der politischen Lyrik und der Konkreten Poesie. Nicht zuletzt auch in seiner Übersetzertätigkeit offenbart sich eine bemerkenswerte Bandbreite: An erster Stelle stehen hier zahlreiche Dichter des französischen Symbolismus (u. a. RIMBAUD, VALÉRY, MALLARMÉ) und Surrealismus (u.a. CHAR, ÉLUARD, BRETON); einen breiten Raum nehmen die Gedichte des russisch-jüdischen Dichters Osip MANDEL'ŠTAM ein, dem Celan auch seinen Gedichtband *Die Niemandsrose* widmete; ferner übertrug er Gedichte aus dem Englischen (u. a. SHAKESPEARE, E. DICKINSON), Italienischen (UNGARETTI), Rumänischen, Portugiesischen und Hebräischen.

Die fortgesetzte poetische Reflexion richtet sich bei Celan freilich nicht auf eine losgelöste Ästhetik, sondern ist in erster Linie historisch begründet. Den unauslöschlichen Brennpunkt seines Schreibens bildet die – auch biographisch einschneidende – Erfahrung des Nationalsozialismus und des Holocaust. Wenn der Autor in seiner poetologischen Rede *Der Meridian* (1960) in Anspielung auf Büchners *Lenz* vom *»20. Jänner«* spricht, der jedem Gedicht *»eingeschrieben«* sei, so verweist dies implizit auf jenes *»Datum«*, dessen letztlich die gesamte Dichtung Celans *»eingedenk bleibt«*: den 20. Januar 1942, den Tag, an dem auf der Berliner »Wannsee-Konferenz« die »Endlösung« der Judenfrage beschlossen wurde. Das Diktum ADORNOS, *»nach Auschwitz ließe kein Gedicht mehr sich schreiben«*, widerlegt Celan in seiner frühen Lyrik durch eindringlich dunkle Töne der Trauer und beschwörende Formen der Anklage; später weitet er die Faschismusthematik aus auf eine sarkastische Bestandsaufnahme zeitgenössischer Verhältnisse und formuliert in lakonischer Hoffnungslosigkeit eine beißende Zivilisationskritik.

In engem Zusammenhang mit der politischen Implikation stehen die zunehmende Sprachskepsis und die Hervorhebung des utopischen *»Unterwegsseins«* des Schreibens (Bremer Rede 1958). Das Gedicht ist für Celan einerseits der Ort, an dem der Kampf gegen jede gesellschaftliche Instrumentalisierung der Kunst ausgefochten wird: durch permanente Umwendung, Verknappung und Neugruppierung der gebräuchlichen, auch der poetischen Sprache. Es ist zugleich das Medium, über das der Autor – *»wirklichkeitswund und Wirklichkeit suchend«* (Bremer Rede) – *»zuhält«* auf ein Dasein in der Sprache, das ein unentfremdetes wäre. Einen solchen *»unerhörten Anspruch«* behauptet das Gedicht nach Celan heute nur noch *»am Rande seiner selbst«*, mit einer *»starke(n) Neigung zum Verstummen« (Der Meridian)*.

Celans lyrische Sprache

Immer wieder ist Celans Sprache ihr starker Hermetismus vorgehalten worden. Die Schreibweise des Autors folgt jedoch nicht einem Konzept der *l'art pour l'art*; vielmehr erscheinen die Mittel der Verschlüsselung und Verknappung als die einzig mögliche und adäquate Form der Widerspiegelung realer Erfahrung und zugleich als ein Weg der Wirklichkeitsüberwindung. In diesem Sinne haben die Gedichte geradezu Appellcharakter. Eine zentrale Funktion erfüllt hier die auffällige, fast beschwörende Wiederkehr eines relativ geringen Bestandes an Leitworten (etwa Stein, Auge, Herz, Hand, Blume, Baum, Blatt, Meer, Erde, Eis, Licht, Stern, Nacht). Celan gebraucht seine Kernmetaphern jedoch gerade nicht in einer konstanten Bedeutung; als *»Übersetzungen ohne Original«* führen sie vielmehr ein dynamisches Eigenleben im Text und bilden lediglich einen Verweiszusammenhang untereinander. Die nuancierte Verwendung von Kennworten in unterschiedlichen Kon-Texten führt den Leser in eine buchstäbliche Irritation, durch die er teilhat an der Dichtung als ›Wirklichkeitsentwurf‹: *»Toposforschung (...) im Lichte der U-topie« (Der Meridian)*. – In diese Richtung zielt auch die Strategie der *Mehrdeutigkeit*, die ein konstitutives Prinzip der Celanschen Dichtung darstellt. *»Dieser Sprache geht es, bei aller unabdingbaren Vielstelligkeit des Ausdrucks, um Präzision«* (Antwort Celans auf eine Umfrage der Librairie Flinker): *»Mach den Ort aus, machs Wort aus. / Lösch. Miß«* heißt es im Gedicht *Deine Augen im Arm*. In programmatischer Mehrdeutigkeit verdichtet sich hier die paradoxe U-topie einer (dunklen) Rede, die gerade im »Auslöschen« herkömmlicher Bedeutungen neue Möglichkeiten des Sprechens »ausmißt«. – Eine solche Funktion der Irritation und Neubestimmung erfüllen neben der Mehrdeutigkeit auch die zahlreichen charakteristischen Wortschöpfungen Celans. Fällt im Frühwerk eine Häufung ungewöhnlicher Genitivmetaphern und Oxymora auf (*»Schwarze Milch der Frühe«*; *»Glockenstuhl deines Schweigens«*), so markieren in späteren Gedichten neologische Komposita das utopische *»Unterwegssein«* der Metaphern: *»Weißkiesstotterer«*; *»Sackleinen-Gugel«*; *»Sternwurf-Kaschemmen«*. – Auf der formalen Ebene betreibt Celan eine spannungsgeladene Demontage traditioneller Poetik. Der im Frühwerk noch häufig verwendete musikalische Rhythmus des daktylischen Langzeilenverses steht dort in einem beunruhigenden, krassen Widerspruch zum thematisierten Massenmord in den KZs; später verabschiedet sich Celan fast ausnahmslos von vorgegebenen metrischen Mustern und entwickelt eine Anti-Poetik, in der sich eine zunehmende Zerstückelung des Gedichts selbst artikuliert: *»Tiefimschnee, / Iefimnee, / I-i-e« (Keine Sandkunst mehr)*.

Das Frühwerk

Der Band *Mohn und Gedächtnis* (vgl. dort), durch den Celan 1952 erstmals einem breiteren Publikum bekannt wurde, enthält in seiner ersten Hälfte den bedeutenderen Teil jener Gedichte, die der Autor bereits 1948 herausgegeben und kurz darauf zurückgezogen hatte. Insgesamt gliedert sich die Sammlung in vier Abschnitte: *Der Sand aus den Urnen*; *Todesfuge*; *Gegenlicht*; *Halme der Nacht*. Thematisch kristallisiert sich die Suche nach adäquater Wahrnehmung und Darstellung an der Unfaßlichkeit der jüngsten geschichtlichen Erfahrung: Der Brandgeruch der Vernichtungslager, Trauer und Einsamkeit der Überlebenden, die bittere Anklage durchziehen den gesamten Band. Die *Todesfuge*, das Kernstück von *Mohn und Gedächtnis*, beschwört in geradezu zynischer Musikalität den Tod in den KZs. Mit den in das Gedicht eingeflochtenen literarischen Anspielungen *(»dein goldenes Haar Margarethe«)* stellt Celan im Angesicht des Faschismus zugleich die abendländische Kulturgeschichte zur Disposition. Poetologische Gedichte stehen oft explizit im Widerspruch zur Tradition, wie das folgende, das auf Goethes *»Gedichte sind gemalte Fensterscheiben«* zurückweist: *»Umsonst malst du Herzen ans Fenster: / der Herzog der Stille / wirbt unten im Schloßhof Soldaten.«* – Das Titelgedicht *Corona (»Wir sagen uns Dunkles, / wir lieben einander wie Mohn und Gedächtnis«)* entwirft demgegenüber eine poetische Utopie, in der – ausgehend von der surrealistischen Verbindung von Traum und Bewußtsein – der Gegensatz von Wirklichkeit und Poesie wieder aufzuheben wäre: *»Es ist Zeit, daß der Stein sich zu blühen bequemt.«* – Abgesehen von solch emphatischer Programmatik ist Celans erster Gedichtband freilich gezeichnet von einer apokalyptischen Grundstimmung und einer melancholischen Dunkelheit, teilweise durchzogen von einem durchaus traditionellen Eigentlichkeitspathos etwa in der Nachfolge Rilkes. Das Schlußgedicht allerdings formuliert nochmals in lakonischer Knappheit die Grundeinsicht des Bandes: daß nach Auschwitz ein Gedicht nur noch möglich sei im Durchgang durch die bittere Realität, die es zu er-zählen habe: *»Zähle die Mandeln, / zähle, was bitter war und dich wachhielt, / zähl mich dazu.«*

Mittlere Phase

Der Band *Von Schwelle zu Schwelle* (1955) signalisiert schon im Titel einen Übergang: Er enthält Anklänge und Fortführungen aus *Mohn und Gedächtnis* (so zitiert der Titel einen Vers aus dem im ersten Band enthaltenen *Chanson einer Dame im Schatten*, außerdem ist das Motto des ersten der insgesamt drei Teile dem für Celan wichtigen Gedicht *Kristall* entlehnt, *»Sieben Rosen später«*, das der Autor sogar in der *Niemandsrose* nochmals aufgreift, in *»... rauscht der Brunnen«*). Gleichzeitig weist der Band bereits deutlich in die Richtung von *Sprachgitter*. Im Gedicht *Schibboleth* kommt die Neuorientierung paradigmatisch zum Ausdruck: Dort verknüpfen sich Trauer und Gefangenschaft *(»Mitsamt meinen Steinen, / den großgeweinten / hinter den Gittern«)* mit einem zunehmenden Beharren auf eine andere, widerständige Sprache: *»Ruf's, das Schibboleth, hinaus / in die Fremde der Heimat: / Februar. No parasan.«* In Anspielung auf den Wiener Februaraufstand 1934 und den Spanischen Bürgerkrieg weitet Celan die Faschismusthematik aus und verbindet sie mit einer Sprachreflexion, die sich bereits hier im Sinne der Meridian-Rede auf das *»Gegen-Wort«* als Erkennungswort (»Schibboleth«, vgl. AT, Buch der Richter 12,6) ausrichtet. Der Band *Sprachgitter* (1959) rückt die poetologische Selbstreflexion zunehmend in den Mittelpunkt und tendiert dabei zu einer auffälligen Abstraktion – man hat von *»Textlandschaften«* (P. Szondi) gesprochen – und zur hermetischen Verdichtung. Das Titelgedicht des in sechs Teile gegliederten Zyklus zeigt, worauf die poetische Sprache zuläuft: *»zwei Mundvoll Schweigen«*. – *»Keine Stimme« (Stimmen)*, *»Blindenworte« (Blume)*, *»Unhörbares« (Oben, geräuschlos)*, *»Ungeschriebenes« (Mit Brief und Uhr)*, *»Stummheit, aufs neue« (In die Ferne)*: mit solchen Verweigerungen *»behauptet«* sich das Gedicht *»am Rande seiner selbst«*. Die Sprachskepsis bleibt auch im Band *Sprachgitter* historisch begründet: Neben die Vergangenheitsbewältigung tritt erstmals der zivilisationskritische Blick auf eine entgegenständlichte, naturentfremdete, verdinglichte Welt *(Heimkehr*; *Die Welt)*, deren Menschenunwürdigkeit sich notgedrungen in blasphemischem Zynismus *(Tenebrae)* oder in der äußersten Kappung des Sprachgestus spiegelt. Das Gedicht *Engführung*, gleichsam das Resümee des Bandes, führt eine solche Verdichtung auf geradezu programmatische Weise in seiner sprachlich-formalen Struktur vor.

Der Titel des vierteiligen Zyklus *Die Niemandsrose* (1963) impliziert eine dreifache Ausrichtung des Gedichtbandes: 1. Die intensive Auseinandersetzung Celans mit der literarischen Tradition wird explizit ins Gedicht hineingenommen und dient als Angelpunkt der poetologischen Reflexion; der Titel selbst spielt auf einen Vers aus der Grabinschrift Rilkes an. Auffällig häufig finden sich Zitate und Reminiszenzen an Autoren wie Hölderlin *(Tübingen, Jänner)*, Heine *(Eine Gauner- und Ganovenweise*; *Es ist alles anders)*, Büchner *(Mandorla*; *In eins)*, Baudelaire *(A la pointe acerée)*, Verlaine *(Huhediblu)* und O. Mandel'štam *(Nachmittag mit Zirkus und Zitadelle*; *Es ist alles anders)*. Hier wie auch in den zahlreichen Selbstzitaten (so in *Zwölf Jahre; In Eins; ... rauscht der Brunnen*) geht es Celan immer wieder um die Überprüfung, letztlich um die Revision von herkömmlichen Sprechweisen. An die Stelle einer (immer wieder zitierten) poetischen Schönheit und Hoffnung tritt die Zerstückelung des Gedichts, des Worts, wie sie besonders deutlich in *»... rauscht der Brunnen«*, veranschaulicht wird: *»Wir werden das Kinderlied singen, das / hörst du, das / mit den Men, mit den Schen...«* 2. *Die Niemandsrose* ist insgesamt geprägt von der Figur der Negation. Im Schreiben entwikkelt Celan eine Philosophie des Nichts, deren poetologische Implikationen (z. B. in *Mandorla*) nicht nur politisch *(Radix, Matrix)*, sondern auch theologisch begründet werden: *»Ein Nichts / waren wir, sind wir, werden / wir bleiben, blühend: / die Nichts-,* *die / Niemandsrose.« (Psalm)*. 3. Das nihilistische »Blühen« der Niemandsrose verweist zugleich auf die paradoxe (und einzige) Möglichkeit, *»Sprachwahres« (Kolon)*, *»Zeltworte« (Anabasis)* zu entbinden: *»Mit / dem Griffel seelenhell, / dem Staubfaden himmelswüst« (Psalm)*.

Die Gedichte des Zyklus *Die Niemandsrose* dokumentieren in einer gegenüber früheren Veröffentlichungen gesteigerten Intensität das Ringen Celans um Poesie *und* desillusionierende Präzision, nicht zuletzt aber auch um Kommunikation. Auffällig häufig finden sich beschwörende Du-Ansprachen, und zum *»Geheimnis der Begegnung«* heißt es in *Der Meridian: »Das Gedicht will zu einem Andern, es braucht ein Gegenüber. Es sucht es auf, es spricht sich ihm zu.«*

Das Spätwerk

Im Gegensatz zu einer solchen existentialistischen Ich-Du-Utopie in der Sprache (in seiner Bremer Rede erwähnt Celan Martin BUBER) dominiert in den späten Gedichtbänden doch zunehmend die ›Einsamkeit‹ des Gedichts, sein *»Für-niemand-und-nichts-Stehn«*, wie es im Band *Atemwende* (1967) heißt. *»Dichtung: das kann eine Atemwende bedeuten« (Der Meridian)*: In der entsprechend betitelten Gedichtsammlung sucht Celan seine Poetologie radikal und konsequent zu realisieren. Dies betrifft einmal die Kampfansage gegen jede Instrumentalisierung der Kunst: *»Weggebeizt vom / Strahlenwind deiner Sprache / das bunte Gerede des An- / erlebten – das hundert- / züngige Mein- / gedicht, das Genicht.«* Statt »meineidige Genichte« zu schreiben, verlegt der Dichter seinen Ort in den »Untergrund«, der zugleich ein »U-Topos« ist: *»Tief / in der Zeitenschrunde, / beim / Wabeneis / wartet, / ein Atemkristall, / dein unumstößliches / Zeugnis.« (Weggebeizt)*. Vermag eine solche Ausrichtung immerhin – und so fordert es der *Meridian* – die *»Majestät des Absurden«* freizusetzen, in der ›Atemwende‹ ein Neues zu entbinden, so artikuliert sich in diesem Band daneben bereits ein Fatalismus, der die späteren Gedichte nicht mehr verlassen wird: *»Fadensonnen / über der grauschwarzen Ödnis. / Ein baum- / hoher Gedanke / greift sich den Lichtton: es sind / noch Lieder zu singen jenseits / der Menschen.« (Fadensonnen)*.

Daß diesseits keine Lieder mehr zu singen sind, demonstrieren die folgenden Bände schonungslos, und man hat angesichts des zunehmenden Sarkasmus und der beißenden Hoffnungslosigkeit im Spätwerk Celans zu Recht von einer nochmaligen poetologischen Wende gesprochen. Das programmatische Anfangsgedicht des Bandes *Fadensonnen* (1968) zieht sich gegen jeden Zukunftsoptimismus zurück auf den bloßen (schlechten) Augenblick *(Augenblicke)*; *»der Namenbau setzt aus« (Die zwischenein-)*; Celan widerruft die Möglichkeit einer Wirklichkeit suchenden Sprache. An die Stelle von Chiffren, die utopisch auf ›ein Anderes zuhalten‹, tritt nun reine *»Wortaufschüttung«*, die dem Alltag sein Gerede ablauscht und dieses dokumentiert und brüskiert: *»Müllschlucker-Chöre«*. Der aggressive Grundton des späten Celan wird vor allem erzeugt durch die Hineinnahme von antipoetischem, umgangssprachlichem Jargon ins Gedicht (»jaulende Düse«; »Die Ewigkeiten tingeln«), einen provokativ ordinären Sprachgebrauch *(Spasmen; Tau; Haut mal)*, schließlich durch die grelle Verwendung eines wissenschaftlichen und technischen Vokabulars *(»Elektronen-Idioten«; »Kaltlicht-Ozellen«)*. Teilweise gewinnen ganze Gedichtpassagen Zitatcharakter (*Möwenküken* z. B. geht auf einen biologischen Fachbeitrag zurück, ... *auch keinerlei Friede* auf Freuds *Jenseits des Lustprinzips*).

Daß es der Dichtung lediglich noch um *»Singreste, Hörreste«* gehe, formuliert programmatisch das Anfangsgedicht von *Lichtzwang* (1970). Dieser Band birgt nochmals auffällig viele zeitkritische Bezüge: Angespielt wird auf den Vietnamkrieg *(Einem Bruder in Asien)*, die Konsumgesellschaft *(Hinter frostgebänderten Käfern)*, die Technikgläubigkeit *(Fertigungshalle)* und die kaltherzige Verwissenschaftlichung des Lebenszusammenhangs *(Schaltjahrhunderte)*. Angesichts der grellen Konfrontation mit der Wirklichkeit, dem ›Lichtzwang‹ *(Wir lagen)*, und der Unmöglichkeit, dem *»Leuchtschopf Bedeutung«* in der Sprache zu entkommen *(Schwimmhäute)*, tendiert diese Dichtung jedoch gleichzeitig zum Rückzug: *»Klopf die / Lichtkeile weg: / das schwimmende Wort / hat der Dämmer« (Klopf)*. Auf ein solches Abseits der Sprache bewegt sich der Band *Schneepart* (1971) zu, der insgesamt gezeichnet ist durch eine Zurücknahme des (noch in der *Meridian*-Rede formulierten) *»unerhörten Anspruch(s)«* des Gedichts. Die Bitterkeit und Verzweiflung darüber, daß das Schreiben, die *»Cor-respondenz«*, letztlich immer wieder zurückgeworfen ist auf die *»Bergung allen / Abwasserglucksens im Briefmarken-Unken- / ruf« (Bergung)* läßt den Dichter zur *»Nachtordnung«* übergehen *(Zur Nachtordnung)*, eine wachsende Todessehnsucht formulieren *(Du mit der Finsterzwille)* und mündet schließlich in die schriftstellerische Kapitulation: *»Mit den Sackgassen sprechen / vom Gegenüber, / von seiner / expatrierten Bedeutung –: // dieses Brot kauen, mit / Schreibzähnen.«* In einer solchen Bilanz, nicht zuletzt auch in den kurz vor Celans Tod entstandenen Texten (*Zeitgehöft*, 1976), die wohl als ›Abschiedsgedichte‹ bezeichnet werden könnten, schließt sich jedoch zugleich noch einmal der Bogen des *›Meridian‹*: *»Die Dichtung, meine Damen und Herren –: diese Unendlichkeitssprechung von lauter Sterblichkeit und Umsonst!«*

Celan-Forschung

Am Ausgangspunkt der Celan-Diskussion stand immer wieder die Frage nach der Einordnung in die literarische Tradition. Während frühe Arbeiten (freilich ohne das Spätwerk zu berücksichtigen) eine Nähe zur Romantik (K. VOSWINCKEL) bzw. zum Symbolismus (S. VIETTA) behaupteten, wurden in der späteren Forschung die vielfältigen Bezüge und die eigenwillige Aufnahme literarischer Traditionen durch Celan deutlicher herausgearbeitet (M. JANZ, G. M. SCHULZ, B. WIEDEMANN-WOLF). Wesentliche Impulse brachten Beiträge zum philosophischen Hintergrund des Celanschen Denkens: Einflüsse der jüdischen Mystik und des Chassidismus (P. MAYER) sowie der Existenzphilosophie Martin Bubers (P. P. SCHWARZ, I. E. KUMMER) wurden belegt; in seiner gründlichen Studie wies W. Menninghaus die zentrale Bedeutung der Sprachphilosophie W. BENJAMINS für die Dichtung Celans nach; M. Janz unterstrich die Affinität zu ADORNOS Kunsttheorie.

Eine zentrale Kontroverse entspann sich um die Frage des Wirklichkeitsbezugs. Während einerseits ein losgelöster Ästhetizismus (S. Vietta) oder die transzendente Ausrichtung (P. H. NEUMANN) von Celans Hermetismus behauptet wurden, richtete sich spätestens seit P. Szondis *Celan-Studien* das Augenmerk auf die zahlreichen biographischen und gegenwartsgeschichtlichen Daten in den Texten Celans. Der schon von P. H. Neumann hervorgehobene politische Grundzug des Werks steht im Mittelpunkt der umfangreichen Studie von M. Janz.

Schwierigkeiten bereitete immer wieder die Frage der Lesbarkeit, des methodischen Herangehens. Während P. H. Neumann mit seiner *Wortkonkordanz zur Lyrik Paul Celans bis 1967* implizit nicht nur die Konstanz eines Metaphernschatzes, sondern damit zugleich auch eine Übersetzbarkeit der Bilder suggerierte, bestand P. Szondi auf der Einmaligkeit und Textimmanenz ihres jeweiligen Gebrauchs. G. NEUMANN hat erstmals auf den Prozeßcharakter und die utopische Richtungsweisung der Celanschen Metaphern hingewiesen. Inzwischen findet die Parallelstellen-Interpretation – nicht zuletzt vor dem Hintergrund des Spätwerks – keine Befürworter mehr; es herrscht jedoch weitgehende Einigkeit über die »intertextuelle Konsistenz« (W. MENNINGHAUS) und die gleichzeitige Dynamik der Bildwelten im Werk Celans. – Die jüngste Forschung setzt sich vor allem mit der Poetologie des Autors auseinander (D. BRIERLEY; G. CIVIKOV; J. E. Kummer) und erarbeitet von hier aus Spezialstudien zu einzelnen Texten, Gedichtsammlungen und Schaffensperioden (B. Wiedemann-Wolf; H. M. SPEIER). C.Lu.

AUSGABEN: *Der Sand aus den Urnen*, Wien 1948. – *Mohn und Gedächtnis*, Stg. 1952. – *Von Schwelle zu Schwelle*, Stg. 1955. – *Sprachgitter*, Ffm. 1959. – *Gedichte. Eine Auswahl*, Hg. K. Wagenbach, unter Mitarbeit des Autors, Ffm. 1962. – *Die Niemandsrose*, Ffm. 1963. – *Atemwende*, Ffm. 1967. – *Ausgewählte Gedichte. Zwei Reden* (anläßlich der Entgegennahme des Bremer Literaturpreises 1958 und des Büchner-Preises 1960), Ffm. 1968 [Nachw. B. Allemann]. – *Fadensonnen*, Ffm. 1968. – *Ausgewählte Gedichte*, Ausw. u. Nachw. K. Reichert, Ffm. 1970. – *Lichtzwang*, Ffm. 1970. – *Schneepart*, Ffm. 1971. – *Gedichte*, Hg. B. Allemann, Ffm. 1975, 2 Bde. – *Zeitgehöft. Späte Gedichte aus dem Nachlaß*, Ffm. 1976. – *GW in 5 Bdn.*, Hg. B. Allemann u. St. Reichert, Ffm. 1983.

LITERATUR: H. G. Gadamer, *Wer bin ich und wer bist du? Ein Kommentar zu P. C.s Gedichtfuge »Atemkristall«*, Ffm. 1973. – R. Hartung, *»Atemwende« und »Schneepart«* (in R. H., *Kritische Dialoge*, Ffm. 1973). – A. Rexhäuser, *Sinnsuche und Zeichensetzung in der Lyrik des frühen C. Linguistische und lit.wiss. Untersuchungen zu dem Gedichtband »Mohn und Gedächtnis«*, Bonn 1974. – K. H. Nielsen u. H. Pors, *Index zur Lyrik P. C.s*, Mchn. 1981. – P. Michelsen, *Liedlos. P. C.s »Fadensonnen«* (in *Gedichte und Interpretationen*, Bd. 6, Hg. W. Hinck, Stg. 1983, S. 123–139). – D. Brierley, *»Der Meridian«. Ein Versuch zur Poetik und Dichtung P. C.s*, Ffm. u. a. 1984. – W. H. Albrecht, *P. C.s späte Gedichte. Versuch an den Grenzen eurozentrischer Wirklichkeit*, Bonn 1985. – L. M. Olschner, *Der feste Buchstab. Erläuterungen zu P. C.s Gedichtübertragungen*, Göttingen/Zürich 1985. – B. Wiedemann-Wolf, *Antschel Paul – Paul Celan. Studien zum Frühwerk*, Tübingen 1985. – G. Buhr, *Über P. C.s Gedichte »Weggebeizt«* (in C.Jb., 1, 1987, S. 9–56). – H. M. Speier, *P. C., Dichter einer neuen Wirklichkeit. Studien zu »Schneepart« (I)* (ebd., S. 65–79).

MOHN UND GEDÄCHTNIS

Gedichte von Paul CELAN, erschienen 1952. – Die Entstehungsgeschichte der in diesem Band gesammelten Gedichte verweist auf ein Exilschicksal, das mit Krieg, Völkermord und Flucht begann und in einer Fremde, die zur existentiellen Fremdheit geworden war, mit dem Freitod des Dichters endete. Daß Celan, der zuletzt als Dozent an der École Normale Supérieure der Universität Paris tätig war, ausschließlich in deutscher Sprache schrieb, kennzeichnet sein Verhältnis zum dichterischen Wort. *»Dichtung – das ist das schicksalhaft Einmalige der Sprache«*, antwortete er auf eine Umfrage der Librairie Flinker, die die Möglichkeit der Zweisprachigkeit zur Diskussion gestellt hatte. 1947 erschien sein erster Gedichtband *Der Sand aus den Urnen*, den er jedoch wegen sinnentstellender Druckfehler schon bald einstampfen ließ. Die Gedichte dieser Ausgabe, die auch die berühmt gewordene *Todesfuge* enthielt, bilden – in z. T. veränderter Fassung – die erste Hälfte des Bandes *Mohn und Gedächtnis*, der sich in vier Teile gliedert: *Der Sand aus den Urnen*, *Todesfuge*, *Gegenlicht* und *Halme der Nacht*. Erstpublikationen dieser Gedichte erfolgten in verschiedenen deutschsprachigen Zeitungen und Zeitschriften, so in Otto BASILS ›Plan‹ (Wien 1948), in der ›Tat‹ (Zürich 1948), in Dolf STERNBERGERS ›Wandlung‹ (Heidelberg 1949), in Alain BOSQUETS ›Lot‹ (Berlin 1952) und anderen.

Haben folglich die Gedichte dieses Bandes verschiedene Entstehungszeiten und -stufen, so bilden sie dennoch in der vorliegenden Sammlung eine Einheit, wie schon der programmatische Titel *Mohn und Gedächtnis* erkennen läßt, der ein Spannungsverhältnis von Traum (Sphäre rauschhaft sinnlicher Bildevokationen) und Realität (Sphäre des Historisch-Faktischen) impliziert. Der Traum als ein Raum des Unbewußten ist jene die Stilepoche des Surrealismus prägende Schicht, für die vor allem Metaphern des Wassers bzw. des Meeres charakteristisch sind. In Celans Sprache verbindet sich das Sinnlich-Konkrete mit dem Abstrakt-Begrifflichen zu einem Bildgefüge, das zu einem großen Teil aus Genitivmetaphern besteht. So spricht Celan vom *»Meer über uns«*, vom *»Hügel der Tiefe«*, *»vom Wasser der Stätte, wo's dunkelt und keinem gereicht wird der Dolch«*. Das *»aus den Händen«* gerollte *»Herz«* der Welt wird *Der Stein aus dem Meer*, der *»sinnt über Muschel und Welle«*. Die magische Aura des Traums, die oft von Zahlenmystik geprägt ist, verkörpert auf typische Weise das Gedicht *Kristall*. In einer hermetischen, dunklen Welt beschwören *»sieben Nächte«*, *»sieben Herzen«* und *»sieben Rosen«* ein verborgenes Geheimnis. Die Luzidität dieser Welt erschließt sich nur dem, der sie sich fühlend aneignet. Bezeichnenderweise schrieb Celan zu dem Bildband des Surrealisten Edgar Jené *Der Traum vom Traume* (1948) einen Begleittext, in dem er eine *»neue Helligkeit«* definiert, die jenseits der Vorstellungen des wachen Denkens zu finden ist: *»Ihr Licht ist nicht das Licht des Tages, und sie ist von Gestalten bewohnt, die ich nicht wiedererkenne, sondern erkenne in einer einmaligen Schau ... mein Gehör ist hinübergewandert in mein Getast, wo es sehen lernt.«*

Unter diesem auf ein neues Sehen zielenden Aspekt ist auch die Kapitelkennzeichnung *Gegenlicht* zu begreifen. Obwohl sich hier das Reale stärker zu konkretisieren scheint, geht es auch in diesem Sprachraum, wie stets in Celans Gedichten, mit den imaginierten Bildern eine Verbindung ein, aus der eine neue Wortidentität entsteht, einem Liebesakt gleich, von dem Celan sagt: *»Wir lieben einander wie Mohn und Gedächtnis.«* Neben die Vision des Traums tritt die Erinnerung, neben das Unbewußte das allzu Bewußte. Bewußtsein ist für Celan vor allem Bewußtsein der Zeit, die es zu überwinden gilt. Ist der Traum Aufhebung der Zeit durch ein Vergessen, dessen Zeichen die Mohnblume ist, durch Hingabe an einen fluktuierenden Augenblick, so schließt das »Gedächtnis« als Sphäre des wachen Bewußtseins alles Wandelbar-Flüchtige aus und verleiht den Ereignissen Dauer, die Celan in der Chiffre »Stein« faßt. Die Zeit erscheint häufig in Verbindung mit Worten wie »Spiegel«, »Weißhaar« oder »Kreidefelsen«, die ihren kristallisierten Charakter betonen, vor allem aber erscheint sie als geschichtliches Ereignis, als die historische Tragödie Israels.

Wie wichtig die Konfrontation mit Geschichte und Religion für Celans Werk ist, läßt schon das erste Gedicht des Bandes – *Ein Lied in der Wüste* – erkennen. Die Wüste wird hier gleichermaßen als geographisch-historische Stätte (die »Gegend von Akra«) wie als metaphorischer Ort eines dauernden Ringens um den »Himmel« begriffen: *»Dort riß ich den Rappen herum und stach nach dem Tod mit dem Degen / ... und zog mit gefälltem Visier den Trümmern der Himmel entgegen.«* Celans Gedichte kreisen um das Problem des Todes, dessen Endgültigkeit alle Anstrengung – auch die des Schreibens – vergeblich erscheinen läßt: *»Umsonst malst du Herzen ans Fenster: / der Herzog der Stille / wirbt unten im Schloßhof Soldaten.«* Dichtung ist Aufbruch aus dieser »Stille« und gegen sie der paradoxe – im Zeichen des Scheiterns unternommene – Versuch, den Tod und damit das endgültige Verstummen aufzuheben.

Das Thema des Todes aber ist bei Celan stets mit der Vernichtung der Juden in den deutschen Konzentrationslagern verbunden: *»Der Tod ist ein Meister aus Deutschland / er ruft streicht dunkler die Geigen dann steigt ihr als Rauch in die Luft / dann habt ihr ein Grab in den Wolken da liegt man nicht eng.«* Dieser Todeserfahrung setzt Celan den Auferstehungsgedanken entgegen, die Messias-Erwartung Israels. Der Glaube an den Sieg des Lebens widersetzt sich der Zerstörung. Die *Todesfuge*, die das Kernstück des Bandes bildet, ist kein Schlußpunkt, sondern Moment eines übergreifenden Geschehens. An diesem 1945 entstandenen Gedicht, das durch seine rhythmische Musikalität fasziniert, entzündete sich eine heftige Kontroverse über die Widersprüchlichkeit von schöner Form und unmenschlichem Inhalt, die in der Frage Th. W. Adornos gipfelte, ob man nach Auschwitz überhaupt noch Gedichte schreiben könne. Abgesehen von dem Argument, daß Klang und Bild als Einheit des Paradoxen zu sehen sind (W. Müller-Seidel), ließ jene Kontroverse außer acht, daß Celan dem grauenhaften Geschehen nur deshalb Sprache verleihen konnte, weil er die Leidensgeschichte des jüdischen Volkes als Charisma verstand. Die *»schwarze Milch der Frühe«*, zentrale und stets wiederkehrende Metapher des Gedichtes, wird zum dunklen, ein neues Werden einschließenden Zeichen. Nicht zufällig hat der folgende Teil, in dem Celan die Mütter des Alten Bundes beschwört, den Titel *Gegenlicht*. Das Leid wird als Gegenwart Gottes begriffen, so in dem Gedicht *Augen: »Augen: / schimmernd vom Regen, / der strömte, / als Gott mir zu trinken befahl.«*

Dichtung war für Celan – trotz des Hermetismus seiner Lyrik – in erster Linie ein Ort der Kommunikation, auch der Kommunikation mit der Transzendenz. In seiner Rede anläßlich der Verleihung des Büchner-Preises (1960) bezeichnete er das Gedicht als *»Geheimnis der Begegnung«*, als einen Daseinsentwurf, in dem *»noch ein Anderes frei (wird)«*. Dieses Andere, das die bloße Faktizität Übersteigende, ist schon in den frühen Gedichten stets gegenwärtig. Wird jedoch hier die Sprache primär aus dem Traumbereich gespeist, so wandelt sich in den späteren Gedichten die Sprache zusehends zu einem Offenen, werden die Metaphern abgelöst von präzisen, wenngleich nicht minder verschlüsselten Benennungen. Wenn Celan von einem *»Hinaustreten aus dem Menschlichen«*, einem *»Sichhinausbegeben in einen dem Menschen zugewandten unheimlichen Bereich«* (Büchner-Rede) sprach, so wird analog dazu in seiner Lyrik ein Weg deutlich, der vom

konkreten »Du« der ersten Gedichte auf ein Nichts zielt. Dieses Nichts, vor dem die Bilder sich allmählich auflösen, läßt den mit größter Anstrengung durchgehaltenen Dialog immer knapper werden, ohne daß er ganz aufhörte.
Celan war kein Protagonist der Moderne, eher könnte man ihn als einen ihrer Klassiker bezeichnen. Seine Sprache ist, wie vor allem die Wortwahl zeigt, der europäischen Tradition verhaftet (Vorbilder HÖLDERLIN, RILKE, TRAKL, MALLARMÉ). Neu jedoch ist die Art, wie er die traditionellen Worte ins Bild setzte und ihren Sinn veränderte. So vermochte er es, von Blume, Stein, Träne, Nacht zu sprechen, ja selbst das Herz wird zum gefügigen Wort. *»Aus Herzen und Hirnen / sprießen die Halme der Nacht, / und ein Wort, von Sensen gesprochen, / neigt sie ins Leben.«* Mit der Verwandlung des sprachlich Vertrauten wird eine Innovation angesprochen, die über die Sprache hinausgeht. I.Ž.

AUSGABEN: Stg. 1952. – Ffm. 1975. – Ffm. 1983 (in *GW in 5 Bdn.*, Hg. B. Allemann u. St. Reichert, Bd. 1–3).

LITERATUR: H. de Haas, Rez. (in Die neue literarische Welt, 10. 7. 1953, S. 12). – J. Firges, *Die Gestaltungsschichten in der Lyrik P. C.s*, Diss. Köln 1959. – P. Jokostra, *Zeit u. Unzeit in der Dichtung P. C.s* (in Eckart-Jb., 29, 1960, S. 162–174). – W. Müller-Seidel, *Probleme der literarischen Wertung*, Stg. 1965, S. 178–180. – P. P. Schwarz, *Totengedächtnis u. dialogische Polarität in der Lyrik P. C.s*, Düsseldorf 1966. – P. H. Neumann, *Zur Lyrik P. C.s*, Göttingen 1968. – K. Weissenberger, *Die Elegie bei P. C.*, Bern 1969. – H. Mayer, *Sprechen u. Verstummen der Dichter* (in H. M., *Das Geschehen u. das Schweigen*, Ffm. 1969). – G. Neumann, *Die ›absolute‹ Metapher* (in Poetica, 3, 1970, H. 1/2, S. 188–225). – P. Szondi, *C.-Studien*, Ffm. 1972; ern. 1983 (BS). – P. Mayer, *»Alle Dichter sind Juden.« Zur Lyrik P. C.s* (in GRM, 54, 1973, S. 32–55). – H. Burger, *P. C. Auf der Suche nach der verlorenen Sprache* (in Sprachkunst, 1974, H. 5, S. 49–56). – A. Rexheuser, *Sinnsuche u. Zeichensetzung in der Lyrik des frühen C. Linguistische u. literaturwiss. Untersuchungen zu dem Gedichtband »Mohn und Gedächtnis«*, Bonn 1974. – G. Buhr, *C.s Poetik*, Göttingen 1976. – P. H. Neumann, *Schönheit des Grauens oder Greuel der Schönheit?* (in *Geschichte im Gedicht*, Hg. W. Hinck, Ffm. 1979). – K. Wagenbach, *P. C. »Todesfuge«* (in Freibeuter, 1979, S. 85–87). – S. de Lugnani, *Politische u. poetologische Aspekte in der Lyrik P. C.s. Zwei Momente einer einheitlichen Haltung* (in *Österreichische Literatur seit den zwanziger Jahren*, Hg. F. Aspetsberger, Wien 1979, S. 81–96). – O. Pöggeler, *Kontroverse zur Poetik P. C.s (1920–1970)* (in Zs. f. Ästhetik u. allgemeine Kunstwiss., 1980, H. 2, S. 202–243). – M. Janz, *Vom Engagement absoluter Poesie. Zur Lyrik u. Poetik P. C.s*, Königstein/Ts. ²1984.

TANKRED DORST

* 19.12.1925 Sonneberg / Thüringen

LITERATUR ZUM AUTOR:
S. Onderdelinden, *Fiktion und Dokument. Zum Dokumentarischen Drama* (in Amsterdamer Beiträge zur neueren Germanistik, 1972, S. 173–206). – *Werkbuch über T. D.*, Hg. H. Laube, Ffm. 1974 (es). – K. Prümm, *Das Buch nach dem Film. Aktuelle Tendenzen des multimedialen Schreibens bei T. D. und Heinar Kipphardt* (in *Li-Li 10. Fernsehforschung–Fernsehkritik*, Hg. H. Kreuzer, Göttingen 1979). – B. C. Sucher, *Ein Film das ist eine Erzählung mit neuen Zeichen. Ergebnisse eines Gespräches mit dem Buch- und Filmautor T. D.* (in Der Deutschunterricht, 1981, H. 4, S. 76–82). – W. Hinck, *Reden an die Mauern der Geschichte. Dorst wird 60* (in FAZ, 19. 12. 1985). – P. Bekes, *T. D.* (in KLG, 24. Nlg., 1986).

AUF DEM CHIMBORAZO

Komödie von Tankred DORST, unter Mitarbeit von Ursula Ehler; Uraufführung: Berlin, 23. 1. 1975, Schloßpark-Theater. – Das Stück, 1974 bereits als Hörspiel vom Bayerischen Rundfunk gesendet, gehört zu Dorsts Versuch, deutsche Zeitgeschichte aus der Perspektive von Familiengeschichten nachzuzeichnen; dazu zählen auch die Theaterstücke *Die Villa* (1980) und *Heinrich oder Die Schmerzen der Phantasie* (1985), in denen die Situation der Familie Merz in der Nachkriegszeit sowie der Krieg aus der Sicht des Gymnasiasten Heinrich Merz geschildert werden, sowie die Filme *Dorothea Merz* (1976) und *Klaras Mutter* (1978). Nicht die Wandlung der historischen Situation findet das Interesse von Dorst, sondern das sich wandelnde Selbstbild seiner Figuren unter dem Eindruck der sich ändernden Umstände ihres Lebens: *»Menschen haben eine bestimmte Vorstellung davon, wie Leben sein muß, wie man leben soll; sie haben eine Utopie, und diese Utopie bringt sie in Schwierigkeiten mit der Realität, in der sie leben müssen.«*
Mit dem Chimborazo ist nicht der höchste Berg der Kordilleren in Ecuador gemeint, sondern ein Höhenzug unbekannten Namens an der bundesdeutschen Grenze zur DDR, der von Dorothea Merz, ihren Söhnen Tilman und Heinrich sowie zwei Begleiterinnen bestiegen wird, um Verwandte und Bekannte *»drüben«* zu grüßen. Schon während des Aufstiegs kommt es zwischen der Mutter und ihren Söhnen zu kleineren Auseinandersetzungen, die sich auf dem Gipfel fortsetzen und sich schließlich zu einer Abrechnung mit den Lebenslügen der Familie ausweiten. Dorothea, die sich nach dem Krieg in bescheidenen Verhältnissen einrichten mußte, lebt immer noch in verklärender Erinnerung an das

großbürgerliche Leben der Vorkriegszeit und verdrängt in ihrem Egozentrismus das Scheitern ihrer Kinder im Westen. Der schwächliche Tilman hat es nur zum kleinen Angestellten beim TÜV gebracht, der im Studium gescheiterte Heinrich arbeitet als Hilfskraft in der Universitätsbibliothek und ist zum Zyniker geworden, während sich Tilman weiterhin von seiner Mutter bevormunden läßt. Dorotheas Projektionen, Hoffnungen und ungebrochene Ansprüche haben sich zu einer fast undurchdringlichen Lebenslüge verdichtet, die Heinrich behutsam, aber beharrlich während des Spaziergangs zerstört.

Dorst ist mit *Auf dem Chimborazo* eine melancholische Komödie gelungen, die ohne heftige Zerwürfnisse und Selbstanklagen, ohne dramatische Steigerungen auskommt; ein Konversationsstück, das in seinen Dialogen indirekt die Verdrängungen der bundesdeutschen Geschichte auf einer sehr privaten Ebene aufzeigt: *»Die Form der Revue, zum Beispiel beim ›Toller‹, machte es möglich, sehr viele verschiedene Aspekte und Facetten einer historischen Realität zu zeigen, anzureißen, während die realistische, enge Form von ›Eiszeit‹ dem widerborstigen, starren Charakter der Figur des Alten mehr entspricht. Und die Intimität des ›Chimborazo‹-Stücks entspricht der Intimität der Konflikte, die hier aufgerissen werden. Mir ist es wichtig, die Realität der Personen nicht einer dramaturgischen Konstruktion zu opfern ... das Stück sollte sozusagen die Dramaturgie eines Spaziergangs haben.«* R.Di.-KLL

AUSGABEN: Ffm. 1974. – Ffm. 1975 (in *Spectaculum*, Bd. 22). – Ffm. 1985 (in *Werkausgabe*, Bd. 1: *Deutsche Stücke*).

VERFILMUNG: BRD 1976 (TV; Regie: T. D.).

LITERATUR: G. Hensel, Rez. (in FAZ, 25. 1. 1975). – F. Luft, Rez. (in Die Welt, 25. 1. 1975). – J. Kaiser, Rez. (in SZ, 25./26. 1. 1975). – H. Karasek, Rez. (in Der Spiegel, 27. 1. 1975). – R. Michaelis, Rez. (in Die Weltwoche, 29. 1. 1975). – I. Keller, Rez. (in Vorwärts, 30. 1. 1975). – H. Rischbieter, Rez. (in Theater heute, 1975, H. 3).

MERLIN ODER DAS WÜSTE LAND

Schauspiel von Tankred DORST, Uraufführung: Düsseldorf 24. 10. 1981, Schauspielhaus. – Waren Dorsts Schauspiele vorwiegend auf privat-intimer Ebene sich vollziehende Rollen- und Charakterstudien, stets angesiedelt in der Realität des 20. Jh.s, so greift er mit *Merlin* überraschend auf die mythische Welt der mittelalterlichen Ritterepen zurück. *»Was mich an ›Merlin‹ interessiert hat«*, so Dorst selbst zu diesem Versuch, *»das war die Möglichkeit, größere Bilder hervorzubringen, die Phantasie des Zuschauers auf etwas Größeres zu richten und beim Schreiben zu erleben, wie der Kleinrealismus irgendwo eine Grenze hat.«* Er greift dabei auf die im 12. Jh. entstandene, auf das England der Völkerwanderungszeit verweisende Artusepik zurück: Der Zauberer Merlin, gezeugt von einem Dämon und einer Jungfrau, gibt König Artus die Anregung zu einer Tafelrunde, der Versammlung edler Ritter, wozu schließlich neben Parzival auch Lancelot oder Iwein gehören. Neben den mittelalterlichen Überlieferungen und Ausgestaltungen der Heldensagen (CRÉTIEN DE TROYES, WOLFRAM VON ESCHENBACH), die bereits die Verbindung der Artusdichtung mit der Sage vom Gral leisteten, zieht Dorst auch moderne Bearbeitungen, von Richard WAGNER über Mark TWAIN bis zu R. TOLKIEN, heran, ohne allerdings in einen modischen Mythenzauber zu verfallen. Er entwickelt vielmehr einen skeptischen, gleichwohl bildmächtigen Diskurs über das *»Scheitern von Utopien«*, den er in 97 Szenen entfaltet. Die Aufführung nimmt mit den Abschnitten *»Prolog«*, *»Die Tafelrunde«*, *»Der Gral«* sowie *»Untergang«* zwei Abende in Anspruch.

Im Mittelpunkt des monumentalen Bühnenszenariums steht Merlin, der auf der Bühne gezeugt wird, sofort zur Zeitung greift, aber alsbald von seinem teuflischen Vater den Auftrag erhält, den Menschen *»den Schrecken vor dem Bösen zu nehmen«*. Doch Merlin widersetzt sich, er will es mit den Menschen noch einmal im Guten versuchen und ist der eigentliche Urheber der elitären Tafelrunde von König Artus, die eine Welt der gerechten Ordnung erreichen soll. Zwar versammeln die Ritter sich an einem runden Tisch, an dem alle Plätze gleich sind, doch gegenseitige Eifersucht und Rivalitäten bedrohen bald die Gemeinschaft: *»Die Ritter von Dorsts Tafelrunde gehorchen Gott, schlagen frohgemut einander tot, reden gemäßigt anachronistisch und schützen eine literarische Liebe vor, wenn sie mit einer Frau ins Bett wollen. Dorst übersetzt das hohe Pathos des Rittertums immer in die Psychologie ... und manchmal auch in die Banalität unserer Tage«* (G. Hensel). Die Figur des Merlin hält die zahlreichen Einzelepisoden, die sich um Artus und seine Gattin Ginevra, um den in Ginevra verliebten Lancelot, um seinen Sohn Galahad und um Parzival ranken, zusammen, er inszeniert, lenkt und korrigiert als Regisseur der mythischen Welt die Schicksale, ohne doch seiner Utopie näherzukommen.

Auch Parzival, der naive Held, kann mit seiner Suche nach dem Gral, dem Sinnbild der durch Christi Tod gestifteten menschlichen Seligkeit, der Ritterschar keinen dauerhaften Zusammenhalt geben. Als sich Mordred, unehelicher Sohn von König Artus, gegen den Vater und die von ihm repräsentierte Ordnung erhebt, kommt es zum endgültigen, blutigen Entscheidungskampf, an dessen Ende ein hoffnungs- und utopieloses *»wüstes Land«* (der Untertitel verweist auf das Epos von T. S. ELIOT *The Waste Land*, 1922) steht. Merlin, der stets das Gute wollte, hat zuletzt doch den Auftrag seines Vaters erfüllt. Er verabschiedet sich aus der Geschichte angesichts der Dummheit seiner Helden *(»Ich bin sie alle leid! Ich will keinen mehr sehen! Keinen Moralisten! Keinen Sozialisten! Keinen Kapitalisten! Keinen Strukturalisten! ...«)*. Von der Nymphe Viviane läßt er sich in eine Weißdornhecke bannen, während draußen der Kampf tobt und schließlich die *»heidnischen Götter«*, die im Prolog von Christus vertrieben wurden, wieder um das Schlachtfeld schleichen.

Handlungen und Personen sind vielfältig gebrochen: durch kabaretthafte Einlagen, trivial-umgangssprachliche Distanzierungen, die das erhabene Pathos der Heldenepen konterkarieren, durch Stimmungswechsel, die vom Zynisch-Obszönen bis zum Märchenhaft-Sentimentalen reichen; neben Baron Rothschild darf auch Mark Twain erscheinen, ohne daß die Szenerie in Klamauk abgleitet. Die Kritik fühlte sich angesichts der Bildmächtigkeit der Tableaus an die Visionen eines Hieronymus Bosch oder an die Kinoepen eines Fellini oder Kurosawa erinnert, sie sprach vom *»phantastisch grausigen Realismus«* (P. v. Becker), vom *»ersten großen Theaterstück der achtziger Jahre«* und nahm das Stück begeistert auf. R.Di.-KLL

Ausgaben: Ffm. 1980. – Ffm. 1983 (st).

Literatur: P. v. Becker, Rez. (in SZ, 6.–8. 6. 1981). – G. Hensel, Rez. (in FAZ, 17. 10. 1981 u. 26. 10. 1981). – C. B. Sucher, Rez. (in SZ, 26. 10. 1981). – H. Schödel, Rez. (in Die Zeit, 30. 10. 1981). – J. Kaiser, Rez. (in SZ, 3. 2. 1982). – W. Schreiber, Rez. (in NZZ, 10. 2. 1982). – H. Klunker, *Untergang des Abendlandes mit Goldrand* (in Theater heute, 1982, H. 3, S. 31–33). – R. Baumgart, *Parsifal 1982* (ebd., H. 10, S. 18–25). – U. Müller, *Parzival 1980, auf der Bühne, im Fernsehen u. im Film* (in *MA – Rezeption*, Bd. 2, Hg. J. Kühnel u. a., Göttingen 1982, S. 523–640). – W. Haug, *»Merlin oder Das wüste Land«* (in Arbitrium, 1983, H. 1, S. 100–108). – R. Krohn, *Die Geschichte widerlegt die Utopie. Zur Aktualität von T. D.s Bühnenspektakel »Merlin oder Das wüste Land«* (in Euphorion, 78, 1984, S. 160–179). – Ders., *Mehrfach gebrochenes MA* (in *MA – Rezeption*, Hg. P. Wapnewski, Stg. 1986, S. 296–307). – Ders., *»Merlin oder Das wüste Land«* (in *Im Dialog mit der Moderne. Fs. f. J. Steiner*, Hg. R. Jost u. H. Schmidt-Bergmann, Ffm. 1986, S. 425–438).

FRIEDRICH DÜRRENMATT

* 5.1.1921 Konolfingen bei Bern
† 14.12.1990 Neuchâtel

Literatur zum Autor:
E. Brock-Sulzer, *F. D. Stationen seines Werkes*, Zürich 1960; erw. 1973; zul. 1986 (detebe). – H. Bänziger, *Frisch und D.*, Bern/Mchn. 1960; (neu bearb. 1976). – R. Grimm, *Parodie und Groteske im Werk F. D.s* (in GRM, 1961, S. 431–450). – *Der unbequeme D.*, Beitr. v. G. Benn, E. Brock-Sulzer u. a., Basel 1962. – H. Mayer, *D. und Frisch. Anmerkungen*, Pfullingen 1963; ern. 1977. – C. M. Jauslin, *F. D. Zur Struktur seiner Dramen*, Diss. Zürich 1964. – U. Jenny, *F. D.*, Velber 1965. – E. Wilbert-Collins, *A Bibliography of Four Contemporary German-Swiss Authors. F. D., M. Frisch, R. Walser, A. Zollinger*, Bern 1967. – E. Brock-Sulzer, *D. in unserer Zeit. Eine Werkinterpretation in Selbstzeugnissen*, Basel 1968; erw. 1971. – J. Hansel, *F. D.-Bibliographie*, Bad Homburg u. a. 1968. – A. Arnold, *F. D.*, Bln. 1969; erg. 1979. – M. B. Peppard, *F. D.*, NY 1969. – M. Durzak, *D., Frisch, Weiss, Dt. Drama der Gegenwart zwischen Kritik und Utopie*, Stg. 1972. – P. Spycher, *F. D. Das erzählerische Werk*, Frauenfeld/Stg. 1972. – U. Profitlich, *F. D.s Komödienbegriff und Komödienstruktur. Eine Einführung*, Stg. u. a. 1973. – C. Gutmann, *Der Narr bei D.*, Bielefeld 1975. – *F. D. Studien zu seinem Werk*, Hg. G. P. Knapp, Heidelberg 1976. – J. Knopf, *F. D.*, Mchn. 1976; ern. 1988. – *F. D. I + II*, Hg. H.-L. Arnold, Mchn. 1976/77 (Text + Kritik, 50/51; 56); Bd. I, erw. 1980. – K. S. Whitton, *The theatre of F. D.*, Ldn. 1980. – G. P. Knapp, *F. D.*, Stg. 1980. – *Über F. D.*, Hg. D. Keel, Zürich 1980 (detebe). – *Facetten. Studien zum 60. Geburtstag F. D.s*, Hg. G. P. Knapp u. G. Labroisse, Bern 1981. – *Zu F. D. Interpretationen*, Hg. A. Arnold, Stg. 1982. – *Play D.*, Hg. M. Lazar, Malibu 1983. – S. Gottwald, *Der mutige Narr im dramatischen Werk F. D.s*, NY u. a. 1983.

DER BESUCH DER ALTEN DAME

Eine tragische Komödie in drei Akten von Friedrich Dürrenmatt, entstanden 1955, Uraufführung: 29. 1. 1956, Zürich, Schauspielhaus. – In der Handlung des Stücks, das ursprünglich den Untertitel *Komödie der Hochkonjunktur* trug, sind zwei Themen miteinander verknüpft: der Abfall einer kleinen Stadt von moralischen Konventionen unter dem Zugriff der Macht und der Verführung des Geldes, denen die Bewohner *»nur schwach, nicht böse«* erliegen, und die Geschichte eines Schuldigen, der dazu gelangt, seine Schuld zu erkennen und zu sühnen. Die Kleinstadt Güllen *»irgendwo in Mitteleuropa«* (Nachwort Dürrenmatts) erwartet den Besuch der alten Dame Claire Zachanassian, die als junges Mädchen selbst in Güllen gewohnt hatte. Man erhofft sich von ihr Rettung vor dem finanziellen Ruin, der die Stadt seit langem bedroht und der, wie sich später zeigen wird, von der inzwischen reich und mächtig gewordenen Claire selbst über Güllen verhängt worden war. Der Krämer Alfred Ill soll Claire, seine Jugendgeliebte, zu einer gemeinnützigen Stiftung veranlassen und damit der Stadt einen Platz an der Sonne verschaffen. Er hatte seine Freundin verleugnet, als sie vor fünfundvierzig Jahren ein Kind von ihm erwartete, und sie damit auf den Leidensweg der Auswanderung und der Prostitution gestoßen. Claire, den Bürgern ein

Popanz und Götzenbild, wird für Ill zum steinernen Gast. Denn Claire macht ihre Stiftung davon abhängig, daß *»Gerechtigkeit«* und *»totale Rache«* geübt werden: Ill soll für sein damaliges Vergehen von seinen Mitbürgern umgebracht werden. Die Bürger lehnen anfangs das Ansinnen *»im Namen der Menschlichkeit«* entrüstet ab, beruhigen sich dann damit, es werde sich schon alles »arrangieren« lassen, und erliegen schließlich der Versuchung des Geldes. Sie beschließen, Ill zu töten; in der Einsicht, daß die Zeit seine Schuld nicht getilgt hat, nimmt dieser das Opfer auf sich. Der Scheck wird ausgefertigt und ein (das erste Stasimon der *Antigone* des SOPHOKLES grotesk abwandelnder) Schlußchor preist das heilige Gut des Wohlstandes, während die Presse meldet: *»Tod aus Freude. Das Leben schreibt die schönsten Geschichten.«* Das Tragikomische des Stücks, das ein Welterfolg wurde, beruht auf der Kreisbewegung zweier gegenläufiger Geschichten: hier die lächerliche Groteske von der Käuflichkeit der Moral einer ganzen Stadt, dort die exemplarische Demonstration der Entwicklung des sittlichen Bewußtseins in einem einzelnen. Beide werden, die eine in absteigender, die andere in aufsteigender Richtung in Gang und zu Ende gebracht von der *»reichsten Frau der Welt«*, die *»durch ihr Vermögen in der Lage«* ist, *»wie eine Heldin der griechischen Tragödie zu handeln, absolut, grausam, wie Medea etwa«* (Nachwort Dürrenmatts zu seinem Stück). Die Kritik an der westlichen Wohlstandsgesellschaft, von Dürrenmatt auch in Hörspielen wie *Herkules und der Stall des Augias* (1954), *Der Prozeß um des Esels Schatten* (1956) oder *Abendstunde im Spätherbst* (1957) thematisiert, wird mit den Topoi der griechischen Tragödie, vor allem des Ödipus-Stoffes, verknüpft: Verhängnis und Gericht, Schuld und Sühne, Rache und Opfer. In einem vergeblichen Versuch Ills, sich der bürgerlichen Gemeinschaft und der eigenen Verantwortung zu entziehen, überschneiden sich beide Geschichten; in seinem Tod, der ihn in die Gemeinschaft zurückführt, laufen sie zusammen. Der simultane Verlauf der Geschehnisse entspricht dem Sachverhalt, daß innerhalb einer Gemeinschaft die Moral zugleich erkannt und vertuscht werden kann – *»dargestellt von einem, der sich von diesen Leuten durchaus nicht distanziert und der nicht so sicher ist, ob er anders handeln würde«* (Nachwort). W.F.S.-KLL

AUSGABEN: Zürich 1956. – Zürich 1957 (in *Komödien*, Bd. 1). – Ffm. 1959 (in *Spectaculum*, Bd. 2). – Zürich 1980 (in *Werkausgabe*, 30 Bde., 5; 2. Fassg.).

VERFILMUNG: *The Visit*, USA 1964 (Regie: B. Wicki).

VERTONUNG: G. v. Einem, *Der Besuch der alten Dame* (Oper; Urauff.: Wien 1971).

LITERATUR: J. C. Loram, *»Der Besuch der alten Dame« and »The Visit«* (in MDU, 53, 1961, S. 15–21). – E. E. Reed, *D.'s »Besuch der alten Dame«. A Study in the Grotesque* (ebd., S. 9–14). – H. J. Syberberg, *Zum Drama F. D.s Zwei Modellinterpretationen zur Wesensdeutung des modernen Dramas*, Diss. Mchn. 1963. – P.-J. Breuer, *F. D., »Der Besuch der alten Dame«* (in *Europäische Komödien*, Hg. K. Bräutigam, Ffm. 1964, S. 214–242). – E. Neis, *Erläuterungen zu D.s »Der Besuch der alten Dame« und »Die Physiker«*, Hollfeld 1965. – E. S. Dick, *D.s »Der Besuch der alten Dame«. Welttheater und Ritualspiele* (in ZfdPh, 1968, H. 4, S. 498–509). – D. G. Doviau u. H. J. Dunkle, *F. D.s »Der Besuch der alten Dame«. A Parable of Western Society in Transition* (MLQ, 1974, S. 302–316). – E. K. Neuse, *Das Rhetorische in D.s »Der Besuch der alten Dame«. Zur Funktion des Dialogs im Drama* (in Seminar, 1975, S. 225–241). – V. Schüler, *D. »Der Besuch der alten Dame«. »Der Verdacht«. Untersuchungen und Anmerkungen*, Hollfeld 1975. – M. Durzak, *Die Travestie der Tragödie in D.s »Der Besuch der alten Dame« und »Die Physiker«* (in Der Deutschunterricht, 1976, H. 6, S. 86–96). – *F. D. »Der Besuch der alten Dame«. Erläuterungen und Dokumente*, Hg. J. Schmidt, Stg. 1976 (RUB). – K. S. Guthke, *F. D. »Der Besuch der alten Dame«* (in *Das dt. Drama vom Expressionismus bis zur Gegenwart*, Hg. M. Brauneck, Bamberg 1977, S. 241–249). – K. Haberkamm, *Die alte Dame in Andorra. Zwei Schweizer Parabeln des nationalsozialistischen Antisemitismus* (in *Gegenwartslit. und Drittes Reich*, Hg. H. Wagener, Stg. 1977, S. 95–110). – H. Haller, *F. D.s tragische Komödie »Der Besuch der alten Dame«* (in *Deutsche Dramen*, Hg. H. Müller-Michaels, Königstein/Ts. 1981, Bd. 2, S. 137–162). – H. Kester, *F. D.s »Besuch der alten Dame«* (in H. K., *Fakten und Hintergründe*, Lund 1982, S. 58–67). – M. Andreotti, *Die kollektivierte Figur. D.s »Besuch der alten Dame« als moderner Text* (in Sprachkunst, 15, 1984, S. 352–357).

DIE PHYSIKER

Komödie in zwei Akten von Friedrich DÜRRENMATT, entstanden 1961, Uraufführung: Zürich, 20. 2. 1962, Schauspielhaus; 1980 fand eine zweite Fassung Aufnahme in die Werkausgabe. – Die unausweichliche Gefährdung der Welt durch die moderne Kernphysik ist zentrales Thema dieser Komödie, die streng die drei klassischen Einheiten der Zeit, des Orts und der Handlung wahrt. Das Stück, der Schauspielerin Therese Giehse gewidmet, spielt irgendwo in der Schweiz in einem privaten Nervensanatorium, wo die weltbekannte Psychiaterin Dr. h.c. Dr. med. Mathilde von Zahnd drei Kernphysiker, harmlose, liebenswerte Irre, behandelt: Ernst Heinrich Ernesti, der sich für Einstein hält, Herbert Georg Beutler, der sich mit Newton identifiziert, und Johann Wilhelm Möbius, dem König Salomon aufsehenerregende Erfindungen diktiert. In der Villa geschehen merkwürdige Dinge, die auch die Polizei beschäftigen. Inspektor Voss untersucht in kürzester Zeit drei Morde an Krankenschwestern. Der parallele Bau der beiden Akte kommt darin zum Ausdruck, daß Dürrenmatt sie jeweils mit der Untersuchung des zuletzt erfolgten Mordes einleitet. Die überraschende Wendung geschieht erst in der Mitte des zweiten Akts: Keiner der drei Patienten ist wirklich krank. Die Schwestern mußten sterben, weil sie Verdacht geschöpft hatten. Sie wurden das Opfer einer höheren Notwendigkeit. Möbius hatte mit einer genialen Dissertation die beiden größten Geheimdienste der Welt auf sich aufmerksam gemacht, die zwei Kernphysiker, Kilton alias Newton und Eisler alias Einstein, als Agenten in das Irrenhaus schickten, wo Möbius, dessen Handeln allein von der Verantwortlichkeit der Wissenschaft bestimmt ist, Zuflucht gesucht hat. Denn Möbius, dem größten Physiker der Welt, ist es gelungen, das System aller möglichen Erfindungen, die Weltformel, zu entdecken, aber er hat aus Gründen der Verantwortung den vorgetäuschten Wahnsinn als einzige Alternative zu einer glänzenden wissenschaftlichen Karriere gewählt. Er entscheidet sich für die Narrenkappe, denn das Irrenhaus garantiert ihm die Sicherheit, von Politikern nicht ausgenutzt zu werden. Die beiden gleichfalls Wahnsinn simulierenden Agenten versuchen, jeder mit anderen ideologischen Gründen, die Weltformel für ihr Land zu erwerben. Möbius aber überzeugt seine beiden Kollegen, daß es keinen anderen Ausweg als die Flucht aus der Welt gibt. *»Wir müssen unser Wissen zurücknehmen ... Entweder bleiben wir im Irrenhaus oder die Welt wird eines.«* Seiner Erkenntnis folgend, hat er die Manuskripte längst verbrannt. Da erscheint Mathilde von Zahnd, die mißgestaltete Anstaltsleiterin, und erklärt die drei Physiker zu Gefangenen. Sie hat das Spiel durchschaut, die Manuskripte rechtzeitig photokopieren lassen und mit der Auswertung des *»Systems aller möglichen Erfindungen«* in ihrem Welttrust begonnen, denn auch ihr ist König Salomon erschienen, um durch sie die Weltherrschaft zu ergreifen. Die Welt fällt in die Hände einer verrückten, buckligen, alten Irrenärztin. Hinter den drei Kernphysikern aber schließen sich die Anstaltsgitter für immer. Als Einstein, Newton und Salomon erscheint ihnen der selbstgewählte Wahnsinn als die einzig sinnvolle Existenzform in einer Welt, die dem eigenen Untergang entgegentaumelt; als Mördern bleibt ihnen keine andere Wahl als das Paradoxon vernünftiger Schizophrenie.

Was als kriminalistische Kolportage begann, endet in einer grotesken Umkehrung. Dramatisches Vehikel dafür ist der für die Gattung Komödie charakteristische Überraschungseffekt, den Dürrenmatt in virtuoser Steigerung einsetzt, vom dreifachen Mord an den Krankenschwestern über die Preisgabe der wahren Identität der Physiker bis zur Aufdeckung der diabolisch-irrwitzigen Pläne der Anstaltsleiterin. Dieser letzte Überraschungseffekt, mit dem das Stück seine *»schlimmst-mögliche Wendung«* nimmt, enthüllt die zentrale Funktion, die der Zufall in Dürrenmatts Theater hat. Am Zufall, dem unerwarteten Manöver einer Irrenärztin, scheitert das durchdachte, verantwortungsbewußte Vorgehen von Möbius. Damit ist das Paradoxe zum dramaturgischen Bauprinzip erhoben. *»Je planmäßiger die Menschen vorgehen, desto wirksamer vermag sie der Zufall zu treffen«*, heißt es in den *21 Punkten zu den Physikern*, einem lakonischen Kommentar des Autors zu seiner Komödie. Gerade die heroische Individualethik fällt diesem Paradox zum Opfer. Die in Brechts *Leben des Galilei* gestellte Frage nach der Verantwortung des Naturwissenschaftlers wird irrelevant angesichts der Tatsache, daß der einzelne, selbst wenn er verzichtbereit sein Wissen zurücknimmt, die Menschheit nicht vor dem drohenden Untergang retten kann. *»Was einmal gedacht wurde, kann nicht mehr zurückgenommen werden«*, sagt Möbius. Aus dieser These resultiert Dürrenmatts idealistischer Vorschlag einer universalen, quasi weltumfassenden Lösung des Problems: *»Der Inhalt der Physik geht die Physiker an, die Auswirkung alle Menschen. Was alle angeht, können nur alle lösen. Jeder Versuch eines einzelnen, für sich zu lösen, was alle angeht, muß scheitern« (21 Punkte zu den Physikern)*. Dürrenmatts Einsicht in die Hilflosigkeit des einzelnen hat eine dramaturgische Konsequenz: An die Stelle der Tragödie mit ihren an das geschichtsmächtige Individuum gebundenen Kategorien der Schuld, des Maßes, der Übersicht, der Verantwortung tritt die Komödie, die das Tragische als verhängnisvollen Zufall in sich aufnimmt. – Die scheinbar alltagsnahe Sprache des Stücks erscheint trotz eingestreuter Kolloquialismen bewußt stilisiert und unterkühlt. So zieht der Autor das Imperfekt dem umgangssprachlichen Perfekt vor und benützt reduzierte parataktische Satzreihen. Nur der visionär-apokalyptische Furor im *Gesang, den Weltraumfahrern zu singen* bzw. die lyrische Bildlichkeit in den kurzen, von gespieltem Wahnsinn motivierten Monologen verläßt die etablierte Stilebene. In bewußtem, gelegentlich inadäquatem Kontrast zum Tragischen gestaltet Dürrenmatt das Komische in Form des effektvollen Irrenwitzes, der pointierten Wortwiederholung und des saloppen Gags. Dank dieser verbalen Komik entspannt sich allerdings der angestrengt intellektuelle Charakter des Stücks, seine Tendenz zum scharfsinnigen, an szenischer Dynamik relativ armen Diskussionsforum. C.P.S.

Ausgaben: Zürich 1962. – Zürich 1964 (in *Komödien II und frühe Stücke*). – Bln. 1965 (in *Komödien*, Hg. u. Nachw. A.-G. Kuckhoff u. R. Links). – Zürich 1980 (in *Werkausgabe*, 30 Bde., 7; 2. Fassg.).

Verfilmung: Deutschland 1964 (Fernsehspiel; Regie: F. Ungeheuer).

Literatur: J. Jacobi, Rez. (in Die Zeit, 9.3. 1962). – J. Kaiser, *Die Welt als Irrenhaus* (in Theater heute, 3, 1962, H. 4, S. 5–7). – P. Hübner, *Beifall für D.?* (in Wort und Wahrheit, 17, 1962, S. 563–566). – W. Muschg, *D. und »Die Physiker«* (in Moderna språk, 56, 1962, S. 280–283). – H. Mayer, *D. und Brecht oder Die Zurücknahme* (in

Der unbequeme D., Hg. R. Grimm u. a., Stg. 1962, S. 97–116). – E. Neis, *Erläuterungen zu D.s »Der Besuch der alten Dame« und »Die Physiker«*, Hollfeld 1965. – K. S. Weimar, *The Scientist and Society. A Study of Three Modern Plays* (in MLQ, 27, 1966, S. 431–448). – K. D. Petersen, *F. D.s Physiker-Komödie. Eine Interpretation für den Deutschunterricht* (in Pädagogische Provinz, 5, 1967, S. 289–302). – H. Kügler, *Dichtung und Naturwissenschaft. Einige Reflexionen zum Rollenspiel des Naturwissenschaftlers in B. Brecht, »Das Leben des Galilei«, F. D., »Physiker«, H. Kipphardt »In der Sache J. Robert Oppenheimer«* (in H. K., *Weg und Weglosigkeit*, Heidenheim 1969, S. 219–235). – J. Müller, *Verantwortung im Drama. Brechts »Galilei« und D.s »Physiker«* (in J. M., *Epik, Dramatik, Lyrik*, Halle 1974, S. 369–377 u. 450). – V. Schüler, *D. »Der Richter und sein Henker«. »Die Physiker«. Dichterbiographie und Interpretation*, Hollfeld 1974. – G. P. Knapp, *F. D. »Die Physiker«*, Ffm./Mchn. 1979. – H. F. Taylor, *The Question of Responsibility in »The Physicists«* (in *F. D.*, Hg. B. Fritzen, Ann Arbor/Mich. 1983, S. 19–35). – G. P. Knapp, *F. D. »Die Physiker«. Grundlagen und Gedanken zum Verständnis des Dramas*, Ffm. u. a., 3. erw. Aufl. 1983.

DER RICHTER UND SEIN HENKER

Kriminalroman von Friedrich DÜRRENMATT, erschienen 1952. – Im Winter 1950/51 begann Dürrenmatt aus finanziellen Gründen mit dem Schreiben von Kriminalromanen, die zunächst in Fortsetzungen im »Schweizerischen Beobachter« erschienen, aber keinesfalls, wie die Begleitumstände und der große Publikumserfolg vermuten lassen, lediglich Gelegenheitsarbeiten darstellten. Kunst, so notierte Dürrenmatt in seinem Text *»Theaterprobleme«*, könne sich vielleicht nur noch dort durchsetzen, *»wo sie niemand vermutet«*.

Im Mittelpunkt des Romans steht der alte, kranke Kommissar Bärlach. Ihm bleibt nicht mehr viel Zeit, jene Wette zu gewinnen, die er einst in der Türkei als junger Kriminalbeamter mit dem Verbrecher Gastmann abgeschlossen hatte. Während Bärlach behauptete, daß *»die menschliche Unvollkommenheit, die Tatsache, daß wir die Handlungsweise anderer nie mit Sicherheit voraussagen können und daß ferner der Zufall, der in alles hineinspielt, der Grund sei, der die meisten Verbrechen zwangsläufig zutage fördern müsse«*, sah Gastmann darin gerade ein Argument für die Möglichkeit, ein perfektes, unaufklärbares Verbrechen zu verüben. Vor den Augen des Kommissars stößt Gastmann einen Unbeteiligten über eine Brücke, Bärlachs Beteuerungen finden kein Gehör bei der Polizei, und in der Folgezeit schützen internationale Beziehungen Gastmanns kriminelle Aktivitäten. Erst am Ende seiner Laufbahn bietet sich Bärlach eine Chance, als ein Kollege ermordet wird. Bärlach kennt den Mörder, den Polizisten Tschanz, aber er lenkt den Verdacht auf Gastmann. Zu spät durchschaut dieser die skrupellose Intrige, Tschanz erschießt ihn in angeblicher Notwehr, um sich selbst zu retten. In einem, wie sich im Folgeband *Der Verdacht* herausstellt, für Bärlach beinahe tödlich endenden Essen mit Tschanz gelingt es ihm schließlich, auch diesen zu überführen; Tschanz verunglückt auf der Flucht tödlich.

Die Figur des Kommissars Bärlach hat ihre Vorbilder in SIMENONS Maigret oder den verlorenen Helden der amerikanischen Autoren CHANDLER, HAMMETT oder Ross MACDONALD; G. Knapp hebt die Parallelen zum Wachtmeister Studer aus den Romanen Friedrich GLAUSERS (1896–1938) hervor. Weniger diese literaturhistorischen Anleihen bei der Tradition des Genres als vielmehr seine Verstöße dagegen machen den Reiz des Romans aus. Während für den herkömmlichen Kriminalroman die Welt und das Verhalten der Menschen darin aufklärbar sind, ist in Dürrenmatts Romanen der Zufall bestimmend. Sie spielen mit den Handlungsmustern des Genres, parodieren es teilweise und negieren den Mythos von der ausgleichenden Kraft der Gerechtigkeit. Der Staatsbeamte Bärlach pflegt ein ausgesprochen individualistisches Verhältnis zum Prinzip der Gerechtigkeit, seine Handlungsweisen unterscheiden sich nur wenig von dem seiner Gegner; als er in *Der Verdacht* einen ehemaligen KZ-Arzt zur Rechenschaft zwingt, weiß er dessen zynischem Bekenntnis *(»Das Gesetz ist nicht das Gesetz, sondern die Macht …«)* nichts entgegenzuhalten als die ebenfalls nur zufällig gelingende Rache der Justiz.

Der dritte Kriminalroman Dürrenmatts, *Das Versprechen*, mit dem Untertitel *Requiem auf den Kriminalroman*, bricht endgültig mit den Regeln des Genres; ein Kommissar versucht einem Kindesmörder eine Falle zu stellen, der Verbrecher erscheint nicht, da er auf dem Weg Opfer eines Autounfalls wird. Der nichtsahnende Kommissar, von seinem Kalkül überzeugt, quittiert den Dienst, sein Lebensinhalt wird das vergebliche Warten auf den Mörder. Mit der Erzählung *Die Panne* schließt Dürrenmatt die Reihe seiner Kriminalerzählungen ab. M.Pr.

AUSGABEN: Basel 1950/51 (in Der Schweizerische Beobachter, 15. 12. 1950–31. 3. 1951). – Einsiedeln 1952. – Reinbek 1965 (rororo).

VERFILMUNG: BRD 1976 (Regie: M. Schell).

LITERATUR: W. Paul, Rez. (in Neue literarische Welt, 10. 3. 1953). – A. Boucher, Rez. (in New York Times, 12. 7. 1955). – K. A. Horst, Rez. (in Merkur, 10, 1956, S. 818–819). – E. E. Reed, *The Image of the Unimaginable. A Note on D.s »Der Richter und sein Henker«* (in Revue des langues vivantes, 27, 1961, S. 117–123). – H. Heißenbüttel, *Spielregeln des Kriminalromans* (in H. H., *Über Literatur*, Olten/Freiburg i. B. 1966, S. 96–110). – U. Profitlich, *Der Zufall in den Komödien und Detektivromanen F. D.s* (in ZfdPh, 1971, S. 258–280). – W. Seifert, *Frisch und Dürrenmatt, »Der Richter und sein Henker«. Zur Analyse und Didaktik des Kriminalromans*, Mchn. 1975. – U. Eisenbeiß, *F. D.s Roman »Der Richter und sein Henker« auf Sekundarstufe I* (in Der Deutschunterricht 28, 1976, H. 5). – H. Hienger, *Lektüre als Spiel und Deutung. Zum Beispiel: F. D.s Detektivroman »Der Richter und sein Henker«* (in *Unterhaltungsliteratur 1976*, S. 55–81). – H. Kirchner, *Schema und Anspruch. Zur Destruktion des Kriminalromans bei D., Robbe-Grillet und Handke* (in GRM, 59, 1978, S. 195–215).

GÜNTER EICH

* 1.2.1907 Lebus an der Oder
† 20.12.1972 Groß-Gmain bei Salzburg

LITERATUR ZUM AUTOR:
Über G. E., Hg. S. Müller-Hanpft, Ffm. 1970 (m. Bibliogr.; es). – E. Krispyn, *G. E.*, NY 1971 (TWAS). – S. Müller-Hanpft, *Lyrik u. Rezeption. Das Beispiel G. E.*, Mchn. 1972. – *G. E. zum Gedächtnis. Nachrufe bekannter Autoren*, Hg. S. Unseld, Ffm. 1973. – L. Z. Wittmann, *Ein Überblick über E.s literatur- u. sprachtheoretische Äußerungen 1930–1971* (in DVLG, 48, 1974, S. 567–578). – P. Märki, *G. E.s Hörspielkunst*, Ffm. 1974. – H. F. Schafroth, *G. E.*, Mchn. 1976. – R. Lieberherr-Kübler, *Von der Wortmystik zur Sprachtechnik. Zu G. E.s Hörspielen*, Bonn 1977. – K. D. Post, *G. E. Zwischen Angst u. Einverständnis*, Bonn 1977. – H. G. Briner, *Naturmystik. Biologischer Pessimismus. Ketzertum. G. E.s Werk im Spannungsfeld der Theodizee*, Bonn 1978. – *G. E.*, Hg. H. L. Arnold, Mchn. ^{3}1979 (Text + Kritik). – P. H. Neumann, *Die Rettung der Poesie im Unsinn. Der Anarchist G. E.*, Stg. 1981. – R. Foot, *The Phenomen of Speechlessness in the Poetry of M. L. Kaschnitz, G. E., N. Sachs and P. Celan*, Bonn 1982. – L. Richardson, *Committed Aestheticism. The Poetic Theory and Practice of G. E.*, Bern u. a. 1983. – A. Goodbody, *Natursprache. Ein dichtungstheoretisches Konzept der Romantik u. seine Wiederaufnahme in der modernen Naturlyrik (Novalis, Eichendorff, Lehmann, E.)*, Neumünster 1984. – *G. E.* (in Marbacher Magazin 45, 1988; Bearb. J. W. Storck).

DAS LYRISCHE WERK von Günter EICH.
Der Lyriker und Hörspielautor Günter Eich gilt als einer der bedeutendsten Vertreter der deutschsprachigen Literatur nach 1945. Sein eigenwilliges Werk wurde allerdings immer wieder unterschiedlich gewichtet. Die einen kennen ihn bis heute als einen Begründer der *»Kahlschlagliteratur«* (W. Weyrauch), andere erblicken in ihm einen der letzten deutschen Naturdichter oder bezeichnen ihn als einen poetischen »Anarchisten« (P. H. Neumann) und betonen die politischen Implikationen seines Schreibens. Neben seinen zahlreichen Hörspielen, durch die Günter Eich in den fünfziger Jahren bekannt wurde, veröffentlichte er eine Reihe von Gedichtbänden; seine späte Kurzprosa *(Die Maulwürfe)* bezeichnete der Autor selbst als Prosagedichte.

Seine ersten Gedichte veröffentlichte Eich 1927 unter dem Pseudonym Erich Günter in der von W. FEHSE und K. MANN herausgegebenen *Anthologie jüngster Lyrik (Verse an vielen Abenden)*; es folgten 1930 eine erste Ausgabe von Gedichten unter eigenem Namen sowie von 1930 bis 1933 Publikationen in den Zeitschriften ›Die Kolonne‹ und ›Neue Rundschau‹. Während der Zeit des Nationalsozialismus verstummte Eich als Lyriker und wandte sich erst wieder 1948 an die Öffentlichkeit mit dem Band *Abgelegene Gehöfte*, der wie der 1949 in geringer Auflage erschienene Band *Untergrundbahn* wenig Beachtung fand. Dagegen wurde die Gedichtsammlung *Botschaften des Regens* (1955) von einem breiten Publikum aufgenommen. Es folgten die Bände *Zu den Akten* (1964) und *Anlässe und Steingärten* (1966); nach dem Tode Eichs 1972 wurde noch im selben Jahr der Zyklus *Nach Seumes Papieren* postum veröffentlicht. Zahlreiche Einzelpublikationen und Gedichte aus dem Nachlaß finden sich darüber hinaus in den 1973 herausgegebenen *Gesammelten Werken*.

Insgesamt läßt sich das lyrische Werk Günter Eichs in drei Phasen unterteilen: das Frühwerk bis 1945, die mittlere Phase der fünfziger Jahre und das Spätwerk ab 1964. – Für seine frühen Gedichte bezeichnete sich Eich selbst als einen *»verspäteten Expressionisten und Naturlyriker«*. Eine auffällige Affinität besteht zu Dichtern des ›Kolonne‹-Kreises (LEHMANN, LOERKE, HUCHEL); ferner lassen sich Einflüsse TRAKLS, BENNS und auch der deutschen Romantik nachweisen (SCHLEGEL, EICHENDORFF). Außerdem beschäftigte sich der Sinologiestudent Eich eingehend mit der chinesischen Literatur.

Naturbilder bestimmen das Schreiben Eichs bis hin zum Spätwerk. An ihrer spezifischen Verwendung lassen sich die Ausprägungen und Wandlungen seiner Dichtungsauffassung ablesen. Dem frühen Eich gilt die Natur als magischer Erfahrungsraum, dem der Dichter das Geheimnis einer ursprünglichen Sprache ablauscht. Vögel, Wind und Wolken übermitteln eine Erkenntnis- und Daseinsform, die aufgrund einer beschädigten Realitätserfahrung als Gegenwelt begriffen wird. Nach dem Krieg erscheint die Natur jedoch selbst als zerstörte Welt. In den Gedichten dominiert ein Bild der Verwüstung, das den zerrütteten Zustand der Seele spiegelt. Eine solche Funktionalisierung der Natur als Gegenwelt oder als Spiegel weist Eich in den fünfziger Jahren zurück. Die Texte dieser Zeit insistieren auf einer Trennung von Mensch und Natur und verzichten auf jegliche Projektion; der Natur wird eine unantastbare Eigengesetzlichkeit zugeschrieben. Das Ehrfürchtige einer solchen Haltung hat

der Autor später verworfen: *»In meinem Gedichtband ›Botschaften des Regens‹ war ich noch ein Naturdichter, der die Schöpfung akzeptiert hat. Heute akzeptiere ich die Natur nicht mehr: wenn sie auch unabänderlich ist. Ich bin gegen das Einverständnis der Dinge in der Schöpfung. Es ist immer der gleiche Gedankengang: das Nichtmehreinverstandensein«* (Gespräch mit Peter Coreth, 1971).
Die zunehmende Distanzierung Günter Eichs von der Naturlyrik geht mit der für sein Schreiben zentralen Sprachreflexion und Sprachkritik einher, die ihn mit Dichtern seiner Zeit verbindet: Ilse AICHINGER, Ingeborg BACHMANN, Paul CELAN. Eichs *»Entscheidung, die Welt als Sprache zu sehen«* (*Der Schriftsteller vor der Realität*, 1956), unterliegt wie die Naturauffassung deutlichen Modifikationen, die in seinen drei poetologischen Reden zum Ausdruck kommen. Erscheint noch in der *Rede vor den Kriegsblinden* (1953) der Dichter als Übersetzer einer magischen Ursprache, so verlagert sich die Perspektive 1956 in *Der Schriftsteller vor der Realität* ins Utopische: Das Übersetzen bezieht sich nun nicht mehr auf das vermeintliche Original einer Natursprache, sondern auf eine neue (Sprach-) Wirklichkeit, die im Schreiben erst herzustellen ist. Die nicht zuletzt zeitkritischen Implikationen solcher Überlegungen radikalisiert Eich in seiner brisanten *Büchner-Preis-Rede* von 1959. Dort verknüpft er Sprachkritik mit einer umfassenden Machtkritik: Da jede Form der Sprache, auch die künstlerische, gelenkt wird, erscheint selbst die engagierte Wirklichkeitssuche des Dichters gesellschaftlich instrumentalisiert; Eich fordert daher einen Rückzug auf die Position der Verweigerung und eine verstärkte Suche nach subversiven Ausrucksmitteln.
Die Schreibweise des Dichters unterliegt dementsprechend tiefgreifenden Wandlungen. Seine frühen Gedichte bewegen sich noch weitgehend in einem traditionellen Rahmen: Eich verwendet Reimformen, dichtet in Jamben, zeigt eine Vorliebe für die romantische Volksliedstrophe; er gebraucht herkömmliche poetische Bilder und eine zuweilen überladene Metaphorik (Genitivmetaphern). Allerdings finden sich bereits hier vereinzelt reimlose und gebrochene Verse, in denen der knappe prosaische Stil des Spätwerks schon angelegt ist. Auf der Bildebene folgen die Gedichte seit der Nachkriegszeit der zunehmenden Tendenz einer Anti-Poetik; an die Stelle einer hermetisierenden und melancholischen Naturdarstellung treten alltagssprachliche Relikte, provokante Vulgarismen, dissonante Kompositionen und surrealistische Visionen. Der Hang zu fragmentarischem Sprechen verdichtet sich in den späten Texten bis hin zu einzeiligen *Formeln*; die prosaische Kürze und Widerspenstigkeit der Gedichte weist den Weg zu den *Maulwürfen*, die *»logische Konsequenz seiner späten Lyrik«* (Eich).
Die frühen Gedichte Günter Eichs sind getragen von sehnsüchtiger Melancholie, von der Trauer über eine gebrochene Wirklichkeitserfahrung, die oft mit der Vergänglichkeitsthematik verknüpft wird. Das Gedicht *Deine Tage gehen falsch*, mit dem Eich 1927 debütierte (vgl. die Trilogie *Verse an vielen Abenden*) entwirft die Utopie einer nichtsprachlichen Einheit mit der Natur: *»Du mußt wieder stumm werden, unbeschwert, / eine Mücke, ein Windstoß, eine Lilie sein.«*
Die meisten Texte des Frühwerks wurden später von Eich selbst als dilettantisch und epigonal verworfen. Das gilt auch noch für den Band *Abgelegene Gehöfte* (1948), der ja seinerseits eine Reihe von Gedichten aus den dreißiger Jahren enthält und dessen Neuauflage 1968 der Autor nur widerwillig zustimmte. Entgegen der Legende von der »Stunde Null« dominiert hier die herkömmliche, auf Zeitbezug verzichtende, stark poetisierende Schreibweise; auch im Titelgedicht wird die unmittelbare Erfahrung des Krieges naturalisiert und universalisiert. In der Sammlung finden sich zugleich die berühmt gewordenen »Kahlschlag«-Gedichte: Das Gedicht *Inventur*, für das Eich 1950 den Preis der Gruppe 47 erhielt, reduziert in lakonischer Benennung den dichterischen Inhalt auf das Notwendigste und Alltägliche; in *Latrine*, wo sich *Hölderlin* provozierend auf *Urin* reimt, weist Eich das »Andenken« an das dichterische Erbe zurück (vgl. *An die Lerche*, eine Abrechnung mit der Romantik); das Gedicht *Lazarett* entfaltet das Programm einer Ästhetik des Häßlichen.
Gegenüber der in der Kahlschlag-Lyrik relativ unpolitischen Aufarbeitung des Gefangenschaftserlebnisses rücken in den 18 Gedichten von *Untergrundbahn* (1949) bereits zeitkritische Perspektiven in den Vordergrund. Schon der Titel des Bandes läßt erkennen, daß nun das Schwergewicht auf Zivilisations- und Alltagserfahrungen liegt. Soziale Themen werden aufgegriffen *(Die Zigarettenfrau)*; die Natur gilt lediglich als Zerrspiegel *(Schuttablage; Angst)*. In auffällig dialogischer Eindringlichkeit geben sich die Texte als Warngedichte zu erkennen: Ähnlich dem berühmt gewordenen Hörspiel-Gedicht *»Wacht auf, denn Eure Träume sind schlecht«* (1950) mißtrauen sie der Selbstzufriedenheit der Nachkriegsgesellschaft *(Betrachtet die Fingerspitzen; Wenn du die Klapper des Aussätzigen hörst; Im Sonnenlicht)*. Nicht zuletzt verweist das im Titel angesprochene Untergründige bereits auf ein subversives Moment, das schließlich im programmatischen letzten Gedicht des Bandes – im dort erstmals auftretenden Bild des Maulwurfs – unterstrichen wird: *»Schrecklich gepreßt, wie in Erstickens Angst, / mit Augen hervorquellend, so lallt es, / Sprache des Maulwurfs, der Elster Gekrächz« (Fragment)*.
Eine Reihe von Gedichten aus *Untergrundbahn* wurde 1955 in die Sammlung *Botschaften des Regens* übernommen. Dieser Band zeichnet sich insgesamt durch ein konzentriertes Bemühen um eine poetologische Standortbestimmung aus. Er enthält vor allem eine Absage an die traditionelle Naturlyrik: *Tage mit Hähern*, das direkt auf ein Gedicht aus *Abgelegene Gehöfte* Bezug nimmt *(Die Häherfeder)*, verwirft die Möglichkeit einer poetischen Ursprache: *»Der Häher wirft mir / die blaue*

Feder nicht zu.« Im Titelgedicht dagegen verweist die Natur auf eine schlechte Wirklichkeit: *»Bestürzt vernehme ich / die Botschaften der Verzweiflung, / die Botschaften der Armut und die Botschaften des Vorwurfs« (Botschaften des Regens)*. Das Gedicht *Tauben* negiert die Projektionsfunktion der Naturdichtung und thematisiert bereits das Problem der Sprache als Machtinstrument. Die Determiniertheit weiter Erfahrungsbereiche tritt zunehmend in den Vordergrund: Liebesgedichte *(Gegenwart; Westwind)* und Landschaftsdarstellungen *(Veränderte Landschaft)* zeugen von der Verdinglichung der Sprache und Wahrnehmung. Mit seinem zeitkritischen Engagement *(Augenblick im Juni; Wo ich wohne)* plädiert der Autor für Wachsamkeit und mißbilligt jede Tröstungs- und Erbauungsfunktion der Kunst. Dennoch finden sich vereinzelt noch sprachutopische Visionen *»Während mein Hauch sich noch müht, / das Ungeschiedne zu nennen, / hat mich das Wiesengrün übersetzt / und die Dämmerung denkt mich« (Andere Sprachen)*; sie werden allerdings vom sprachskeptischen Schlußgedicht des Bandes *(Himbeerranken)* zurückgenommen.

»Zu den Akten« legt Eich mit seiner gleichnamigen Gedichtsammlung von 1964 nicht nur endgültig die Vorstellung von einer naturmagischen Poetik, sondern auch den Anspruch einer engagiert zeitbezogenen Autorschaft: *»In meinem Mund / halt ich den Speichel bereit / für Eure Hoffnung« (Munch, Konsul Sandberg)*; statt dessen konzentriert sich die Kunst auf ein Versteckspiel mit der Macht: *»Aus Briefen kannst du mich nicht lesen / und in Gedichten verstecke ich mich« (Huhu)*. Aufgabe des Dichters ist es, lediglich zu benennen; sein Schreiben folgt, in Umkehrung des Postulats von 1956, der *»Entscheidung, die Sprache als Welt zu sehen«* (P. H. Neumann). Lyrik ist Sprachexperiment: Ein Spiel mit Lexikon-Begriffen *(Zum Beispiel)*, eine Übung im Kurzfassen. Eine Zuspitzung findet letzteres in den Zyklen *Alte Postkarten* und *Neue Postkarten* sowie in den *Formeln* – beide setzt Eich in seinem späteren Gedichtband fort. Daß sich hinter solchen *»Girlandenvariationen«* ein tiefer Kulturpessimismus verbirgt, unterstreicht eines der letzten Gedichte, das bereits auf den Titel des folgenden Bandes verweist: *»Zuviel Abendland, / verdächtig. // Zuviel Welt ausgespart. / Keine Möglichkeit / für Steingärten« (Fußnote zu Rom)*.

Japanische Steingärten, Orte der Meditation, hatte Eich 1962 in Kyoto kennengelernt. In seiner Gedichtsammlung *Anlässe und Steingärten* (1966), in der zahlreiche Texte der Form des japanischen Kurzgedichts *(haiku)* nahekommen, sucht Eich das Konzept einer funktionslosen Kunst zu verwirklichen (vgl. *Weniger*). Mit seinem Grenzgang zwischen Sinn und Unsinn – *»der Mett heiligt die Zwickel« (und Wirklichkeit)* – in anarchischem Umgang mit dem blanken Wortmaterial *(»Die Flaschenpost abgeheftet // Vergessen und vertrunken // Baumwollust« – Formeln 19–21)* sucht der Autor sein *»Nichtmehreinverstandensein«* zu artikulieren, ohne dabei auf zeitkritische Seitenhiebe zu verzichten *(Seminar für Hinterbliebene; Geometrischer Ort)*. Es ist gerade die Spannung zwischen politischem Bezug und Absichtslosigkeit, in der Eich seine subversive und produktive Außenseiterposition ansetzt. Das poetologische Gedicht *Ryoanji* veranschaulicht dies auf paradigmatische Weise. Es bringt auch zum Ausdruck, daß der Autor in seiner widerborstigen Betrachtungsweise *(»Stachelfell meiner Einsichten«)* keineswegs den Rückzug antritt, sondern ein Programm verkündet: *»Wir siedeln uns nicht mehr an, / wir lehren unsere Töchter und Söhne die Igelwörter / und halten auf Unordnung, / unseren Freunden mißlingt die Welt.«*

Die 1972 veröffentlichten Gedichte *Nach Seumes Papieren* bilden gleichsam das Resümee dieser Entwicklung hin zu einem poetischen Anarchismus. In seiner Auseinandersetzung mit J. G. Seume, dem durch seine Reisen bekanntgewordenen Dichter des späten 18. Jh.s, verabschiedet Eich in ironischer Pointierung endgültig Leitvorstellungen des Abendlandes; zugleich bilden der wohl verborgene Anarchismus Seumes und seine *»Apokryphe«*, wie H. D. Schäfer hervorhebt, den Anknüpfungspunkt für die Aufzeichnungen Günter Eichs.

In der Forschung standen sich lange Zeit ontologische und sozialkritische Deutungen gegenüber, aus denen sich auch jeweils unterschiedliche Gewichtungen der einzelnen Phasen ergaben. Während E. Kryspin die frühe und mittlere Lyrik Eichs als Ausdruck einer metaphysischen Wahrheitssuche begriff und die Gedichte ab *Zu den Akten* als *»schöpferische Krise«* abtat, betonte S. Müller-Hanpft in ihrer rezeptionsästhetischen Studie den zunehmend politischen Charakter der Eichschen Dichtung und unterstrich eine in diesem Sinne konsequente Entwicklung hin zum Spätwerk. Gegenüber der These vom ästhetischen Bruch nach *Botschaften des Regens* setzt sich heute eher die Überzeugung durch, daß Eichs Werk schon von Anfang an eine *»Kontinuität und Verschärfung seines anarchischen Denkens«* aufweist (P. H. Neumann). E. C. Lutz spricht von einem *»Fortschritt zum Nullpunkt«*. Neuere Untersuchungen beschäftigen sich vor allem mit der poetologischen Entwicklung (Oelmann, Richardson) und Eichs Verhältnis zur Tradition. Während K. Yamane erstmals die Verbindungen zur asiatischen Literatur aufzeigt (die auch H. Schafroth hervorhebt), weisen A. Goodbody und auch P. H. Neumann eine kritische Romantik-Rezeption im Werke Eichs nach. Einzelinterpretationen, vor allem zu den späten Gedichten, finden sich bisher selten. C. Lu.

Ausgaben: *Gedichte*, Dresden 1930. – *Abgelegene Gehöfte*, Ffm. 1948 [m. Ill. v. Karl Rössing]; ern. Ffm. 1968 (es). – *Untergrundbahn*, Hbg. 1949. – *Botschaften des Regens*, Ffm. 1955 (1963). – *Ausgew. Gedichte*, Ffm. 1960 [Ausw., Nachw. W. Höllerer]. – *Zu den Akten*, Ffm. 1964. – *Anlässe und Steingärten*, Ffm. 1966. – *Nach Seumes Papieren*, Darmstadt 1972. – *Gedichte*, Ffm. 1973 [Ausw. I. Aichinger]. – *Die Gedichte* (in *GW*, Hg. S. Müller-Hanpft u. a. in Verbindung m. I. Aichinger, Bd. 1, Ffm. 1973).

LITERATUR: A. Zimmermann, *Das lyrische Werk G. E.s*, Diss. Erlangen/Nürnberg 1966. – E. Horst, *G. E., »Anlässe und Steingärten«* (in NRs 78, 1967, S. 127–131). – E. Krispyn, *G. E.s Lyrik bis 1964* (in *Über G. E.*, Hg. S. Müller-Hanpft, Ffm. 1970, S. 69–89). – H. Ohde, *G. E.s Gedicht »Gärtnerei«* (ebd., S. 90–97). – H. D. Schäfer, *Die Interpretation »Nach Seumes Papieren«. Über ein spätes Gedicht von G. E.* (in NDH 20, 1973, S. 45–55). – S. Kaneko, *Naturlyrik als Entscheidung. G. E.s Lyrik bis 1955* (in DVLG, 51, 1977, S. 247–271). – C. L. Haart-Nibbrig, *Sprengkitt zwischen den Zeilen: Versuch über G. E.s poetischen Anarchismus* (in Basis 7, 1977, S. 118–136). – U. M. Oelmann, *Deutsche poetologische Lyrik nach 1945: Ingeborg Bachmann, G. E., Paul Celan*, Stg. 1980. – P. H. Neumann, *G. E.* (in *Die deutsche Lyrik 1945–1975. Zwischen Botschaft u. Spiel*, Hg. K. Weissenberger, Düsseldorf 1981, S. 230–243). – A. Gallmetzer, *Das Problem der Sprachlenkung. Untersuchung zur Entwicklung der lyrischen Sprache G. E. s*, Innsbruck 1982. – P. M. Graf, *Wandel und Konstanz in G. E. s Selbstverständnis als Lyriker*, Bern 1984.

TRÄUME

Hörspiel von Günter EICH, Erstsendung: Hamburg, 19. 4. 1951, Nordwestdt. Rundfunk; erschienen 1953. – Günter Eich, der als der große Erneuerer des Hörspiels im deutschsprachigen Raum gilt, schuf mit *Träume* eines der Hauptwerke der Gattung; die Ursendung wurde sogar als *»Geburtsstunde des Hörspiels«* (G. Prager) in der deutschen Literatur bezeichnet. Das Hörspiel gehört der vorexperimentellen Funkdichtung zu: Auf akustischen oder sprachlichen Avantgardismus wird noch verzichtet, jedoch hebt sich der Aufbau deutlich vom Herkömmlichen (linearer Handlungsverlauf) ab. Fünf Träume werden durch kurze Einschübe vom Autor lose miteinander verknüpft und jeweils von einem Anfangs- und Schlußteil eingeleitet und rückblickend kommentiert. Vorausdeutend und programmatisch ist einer der ersten Sätze: *»Alles, was geschieht, geht dich an.«* Das eintönige Geratter der Eisenbahnschienen gibt dem ersten Traum seine akustisch-formale Einheit und ist gleichzeitig Signal der Bedrohung. Drei Generationen einer Familie befinden sich in einem engen, lichtlosen Waggon. Die Großeltern wurden vor vierzig Jahren aus den Betten geholt, sie sind die einzigen, die die Welt der Blumen, Berge und Sonntagsanzüge noch bewußt gesehen haben. Plötzlich beschleunigt sich das Fahrtgeräusch, der Zug rast offensichtlich einer Katastrophe entgegen. – Der zweite Traum widerfährt der Tochter eines chinesischen Reishändlers. Sie träumt die entsetzliche Geschichte von einem Elternpaar, das sein Söhnchen einem kranken, reichen Chinesen verkauft. Dieser sucht per Zeitungsannoncen Kinder, die er schlachtet und verzehrt, um gesund zu werden. – Ein australischer Automechaniker erlebt im folgenden Traum, wie seine Familie durch das Heranrücken eines einzelnen, übermächtigen »Feindes« aus ihrem Haus vertrieben wird. Einem ungeschriebenen Gesetz zufolge muß bei einer Flucht alles zurückgelassen werden: Weil die jüngste Tochter ihre Puppe mitnimmt, jagen die Mitbürger aus Furcht vor dem »Feind« die Familie aus der Stadt. – Ein Moskauer Kartenzeichner sieht sich im Traum auf einer afrikanischen Urwaldexpedition. Die akustische Atmosphäre ist gekennzeichnet vom unaufhörlichen Wirbel der Nachrichtentrommeln, die schließlich seinen Untergang signalisieren: Die Träger machen sich davon, er verliert sein Gedächtnis. – Der fünfte Traum, der einer New Yorker Hausfrau, schildert die konkrete Bedrohung des Menschen und seiner Umwelt von innen her; dauerndes Hintergrundgeräusch ist das Nagen von Termiten, denen zunächst Mutter und Ehemann zum Opfer fallen. Der nächste Gewittersturm wird das Haus, die Stadt, vielleicht die ganze Erde zusammenstürzen lassen. Ein kurzer Schlußteil gipfelt in direkten Aufforderungen an den Hörer: *»Tut das Unnütze!«*, und: *»Seid Sand, nicht das Öl im Getriebe der Welt!«*.

In zweifacher Hinsicht ist der Zustand des Schlafens zentrales Motiv des gesamten Hörspiels. Einerseits wird der Traum immer wieder als diejenige Realität ausgewiesen, die erst das Erkennen einer untergründig vorhandenen Bedrohung möglich macht. (Hierher gehören auch die Motive des Schlafes im Schlaf und des gestörten Schlafes.) Auf der anderen Seite ist aber diese Bedrohung nur abzuwenden durch das »Aufwachen« aus gefährlicher Lethargie und Interesselosigkeit: *»Denke daran, daß du schuld bist an allem Entsetzlichen, das sich fern von dir abspielt!«* Vorgeführt werden Alpträume einer endgültigen Zerstörung des Menschen durch eine wechselnd personifizierte oder symbolisierte Gewalteinwirkung. Der Totalitätsanspruch, der aus dieser Thematik spricht, ist verstärkt durch geographische Vollständigkeit: Schauplatz der Handlung ist jeweils einer der fünf Erdteile. Neben einer feindlichen Umwelt – Urwald oder Kleinstadt – ist es vor allem die Anonymität der staatlichen Gewalt, die zur Katastrophe führt. Durch die dauernde Präsenz des akustischen Raums mit seinen feinabgestuften Spannungsbögen wird diese Katastrophe von Anfang an signalisiert und in zunehmendem Maß hörbar gemacht – hier zeigt sich Eichs perfekte Beherrschung des Mediums. Die verschiedenen Sprachebenen werden virtuos aufeinander bezogen: Die vor den Anfang eines jeden Traums gestellte Kurznotiz im Nachrichtenstil verleiht dem Folgenden nicht nur den Schein journalistischer Tatsächlichkeit – die Irrealität des Traums erhält auch durch die deutenden Kommentare symbolischen Wirklichkeitscharakter. *»Wacht auf«*, heißt es am Ende, *»denn eure Träume sind schlecht«*, und: *»Schon läuft der Strom in den Umzäunungen, und die Posten sind aufgestellt.«* M.Fru.

AUSGABE: Bln./Ffm. 1953; ern. 1969 (BS). – Ffm. 1973 (in *GW*, Hg. S. Müller-Hanpft u. a. in Verbindung m. I. Aichinger, 4 Bde., 2).

Literatur: H. Klempt, *G. E.: »Träume«. Versuche einer Interpretation* (in Der Deutschunterricht, 12, 1960, S. 62–72). – J. P. Wallmann, *»Wacht auf, denn eure Träume sind schlecht«* (in *Argumente. Informationen u. Meinungen zur dt. Lit. der Gegenwart*, Mühlacker 1968, S. 32–39). – A. Heiner, *Unterrichtsprojekt G. E. Versuch einer hist.-materialistischen Analyse des Hörspiels »Träume«* (in projekt deutschunterricht, 6, 1974, S. 164–198). – B. Lermen, *G. E.: Träume* (in B. L., *Das traditionelle u. neue Hörspiel im Deutschunterricht*, Paderborn 1975, S. 106–123). – S. D. Martinson, *The Metaphysical-Religious Dimension of G. E.s »Träume«* (in HOL, 1978, H. 2, S. 330–348).

Hans Magnus Enzensberger

* 11.11.1929 Kaufbeuren

Literatur zum Autor:
Über H. M. E., Hg. H. J. Schickel, Ffm. 1970 (m. Beitr. v. J. Habermas, J. Gross, R. Schmidt u. a.; es). – R. Grimm, *Bildnis H. M. E. Struktur, Ideologie u. Vorgeschichte eines Gesellschaftskritikers* (in Basis, 1973, Nr. 4, S. 131–174). – C. Linder, *Der lange Sommer der Romantik. Über H. M. E.* (in *Die Lit. nach dem Tod der Lit.*, Hg. H. C. Buch, Reinbek 1975, S. 85–107). – *H. M. E.*, Hg. H. L. Arnold, Mchn. 1976; 21985 (erw; Text + Kritik). – H. Falkenstein, *H. M. E.*, Bln. 1977. – I. Eggers, *Veränderungen des Literaturbegriffs im Werk von H. M. E.*, Diss. Washington Univ. 1978; ern. Ffm./Bern 1981. – D. Dornhof, *Baukasten für kritische Eingriffe: Zum Funktionswandel des Dokumentarischen im lit. u. theoret. Schaffen H. M. E.s*, 2 Bde., Diss. Bln./DDR 1983. – *H. M. E*, Hg. R. Grimm, Ffm. 1984 (st; m. Bibliogr.). – Ders., *Texturen. Essays und anderes zu H. M. E.*, Bern u. a. 1984 (st). – F. Dietschreit u. B. Heinze-Dietschreit, *H. M. E.*, Stg. 1986.

MAUSOLEUM. Siebenunddreißig Balladen aus der Geschichte des Fortschritts

Lyrischer Zyklus von Hans Magnus Enzensberger, erschienen 1975. – Nachdem Enzensberger in seine 1971 erschienenen *Gedichte 1955–1970* einige neue Texte mit historischen Motiven aufgenommen hatte *(Himmelsmaschine, An Niccolo Macchiavelli)*, sich ansonsten jedoch in anderen künstlerischen und politischen Metiers versucht und vor allem mit dokumentarischen Formen der Literatur experimentiert hatte, führt er mit *Mausoleum* sein lyrisches Schaffen auf einer neuen poetischen Stufe weiter. Das bereits in früheren Gedichtbänden *(blindenschrift)* anklingende Motiv der Dialektik des technischen Fortschritts wird hier, im Kontext seiner Arbeit am *Untergang der Titanic*, zum zentralen Thema.

Enzensbergers *»große Weltanschauungsdichtung«* ist daraufhin angelegt, *»die Entwicklung der Produktivkräfte oder enger: der Produktionsinstrumente seit Beginn der Neuzeit anhand bestimmter Modellfälle auf lyrische Weise zu erzählen«* (M. Franz). Dies geschieht in lyrischer Vergegenwärtigung von 37, in chronologischer Reihenfolge (von *G. de D. 1318–1389* bis *E. G. de la S. 1928–1967)* angeordneten Biographien. Das Buch beginnt mit der Erfindung der Uhr; dann läuft die Neuzeit vor den Augen des Lesers ab. Die Texte dieses *»einem faulenden Mythos errichteten«* (R. Grimm) Mausoleums handeln von Mathematikern (Babbage, Condorcet, G. W. Leibnitz, Turing), Anthropologen (Bernardino de Sahagún), Astronomen (Tycho Brahe, Charles Messier), Ingenieuren (Brunel, Taylor), Biologen (Spallanzani, Ch. Darwin), Ärzten (J. Semmelweis, Guillotin, Reich, Cerletti), Erfindern (Evans, Vaucanson, Gutenberg), Naturforschern (Linné, A. von Humboldt, Stanley), Philosophen (Raimondo di Sangro, Campanella, Malthus, Fourier), Politikern (Blanqui, N. Machiavelli, Bakunin, Molotow, Ché Guevara), Architekten (Haussmann), Künstlern (Piranesi, Chopin, Méliès) und Zauberern (R. Houdin). *»Von vorsichtiger Identifikation über ironische Distanz bis zu grotesker Verzerrung finden sich sämtliche Einlassungen auf die literarischen Biographien«* (F. u. B. Dietschreit). Die Geschichte des Fortschritts und die Ambivalenz dieses Leitbegriffs der neuzeitlichen Welt werden auf dialektische Art und Weise diskutiert. Enzensberger stellt die Entwicklung der modernen Welt, der Technik und Wissenschaft distanziert-kritisch dar, ohne allerdings in einen kulturkritischen Pessimismus zu verfallen. Stets geht es um den *»widersprüchlichen Charakter des Fortschritts, um das Verhältnis von Produktivkraftentwicklung und Menschheitsfortschritt«* (U. Reinhold). Weil *Mausoleum* im Kontext von Enzensbergers bisherigem Gesamtwerk als lyrischer Ausdruck des Endes der vormals gehegten Hoffnung auf revolutionäre Veränderung der Gesellschaft begriffen werden kann (*»Der Text bricht ab, und ruhig rotten die Antworten fort«*, heißt es am Ende des letzten, Ché Guevara gewidmeten Gedichts), wurde von einer Rückkehr des Dichters *»in den Umkreis der Kritischen Theorie«* gesprochen (I. Eggers). Die Geschichte des Fortschritts, an der Enzensberger vor allem die Entwicklung zur Automation und Elektronisierung des Alltags herausstellt, wird von ihren Perversionen und Auswüchsen im 20. Jh. her kritisch und skeptisch interpretiert.

Der Vermittlung dieser Skepsis dient die Wahl der lyrischen Großform »Ballade«, die eine Verknüpfung unterschiedlichster Aussageschichten (Mitteilung, Reflexion, Kommentar, Zitat) zuläßt. *»Es sind epische Balladen, im Rhythmus expressiv, in ihrer kommunikativen Absicht auf Dialog angelegt«* (F. u. B. Dietschreit). Ihres hervorstechenden epischen

Gestus wegen können die Texte als *»rhythmisch gegliederte biographische Prosaminiaturen«* (H. Falkenstein) bezeichnet werden. Unter Einbeziehung authentischer Aussagen der lyrischen Helden und weiterer dokumentarischer Materialien hat Enzensberger eine offene Gedichtform gewählt – *»die lyrische Montage in großen freirhythmischen Spannungsbögen und im wesentlichen parataktisch konstruierten strophischen Komplexen, die aber auch die Aufnahme ausholender hypotaktischer Prosa-Perioden erlauben«* (M. Franz).

In den 37 Balladen aus der Geschichte des Fortschritts tritt eine neue, in *Der Untergang der Titanic* und *Die Furie des Verschwindens* weiterentwikkelte künstlerische Qualität hervor, deren herausragendes Kennzeichen die Integration von subjektiv-lyrischen Auffassungs- und Mitteilungsweisen und dokumentarisch erarbeitetem Realitätsgehalt ist. – Die 35 Gedichte des 1980 erschienenen Bandes *Die Furie des Verschwindens* sind in drei Gruppen eingeteilt. Zwischen Texten, die der Autor selbst als im Ton *»ratlos, heiter und zuweilen sarkastisch«* beschreibt *(Tränen der Dankbarkeit)*, und Gedichten, die sich einer thematischen Festlegung eher entziehen *(Die Furie des Verschwindens)*, steht ein *»Zentralgedicht«* (J. Kaiser). In diesem *Die Frösche von Bikini* überschriebenen langen Psalm geht es um das Hervortreten neuen Lebens auf dem Südsee-Atoll dreißig Jahre nach den dortigen Atomwaffen-Tests und um damit einhergehende geschichtsphilosophische Reflexionen. Die Gedichtsammlung, die zuweilen in einem an Enzensbergers gleichzeitige Molière-Nachdichtung *Der Menschenfeind* erinnernden *»spielerisch-lässigen Ton«* (F. u. B. Dietschreit) gehalten ist, bietet in raschem Wechsel liebevolle Porträts, lyrische Momentaufnahmen alltäglicher Geschehnisse, kritische Selbstreflexionen sowie Kalauer und politische Sinnsprüche *(»Falsches Bewußtsein, sagen die Philosophen. / Wenn es nur das wäre«)*. Enzensbergers Kritik am Revolutions-Optimismus früherer Jahre *(»Ich denke gern an die Zukunft zurück«)* und seine Anspielungen auf die fundamentale Rat- und Orientierungslosigkeit der linken Intellektuellen *(»Also was die siebziger Jahre betrifft / kann ich mich kurz fassen. / Die Auskunft war immer besetzt.«)*, die zu den zentralen Themen und Motiven vor allem seiner Arbeiten seit Mitte der siebziger Jahre gehören *(Mausoleum, Der Untergang der Titanic, Politische Brosamen, Ach, Europa!)*, werden in dieser im Titel auf HEGEL und ADORNO anspielenden Sammlung vielfältig variiert. Zorn über die Verhältnisse und Sehnsucht nach ihrer Veränderung finden keine Entsprechung mehr in irgendeiner Form von Hoffnung oder gar Utopie *(»Utopien? Gewiß, aber wo? / Wir sehen sie nicht. Wir fühlen sie nur / wie das Messer im Rücken.« – »Eskapismus, ruft ihr mir zu, / vorwurfsvoll. / Was denn sonst, antworte ich, / bei diesem Sauwetter!«)*. Kennzeichnend für viele Gedichte des Bandes ist folgende sprachliche Form: *»Assoziative Montagetechnik, Verzicht auf Metaphorik, Protokollstil, Mischung aus schmerzhaften Beobachtungen und kurzen Reflexionen und ein Rhythmus, dessen schneller Wechsel von Stau und Fluß durch den unablässigen und übergangslosen Perspektiven- und Themenwechsel geprägt ist«* (H. Uerlings). Der Gedichtband macht erneut deutlich, daß Enzensbergers lyrisches Gesamtwerk *»sowohl in der Thematik – dem Nebeneinander von politisch engagierten und gesellschaftsabgewandten Gesten –, der künstlerischen Haltung – die sich nie auf ein Schema festlegen läßt, sondern alle Schattierungen, von tiefster Resignation bis zu vorwärtsdrängender Sozialkritik einnimmt – als auch im lyrischen Handwerk – vom Gebrauch der Anaphern, Oxymora und Alliterationen bis zur assoziativen Montage konträrer Sprach- und Gedankenspiele sowie einem Wechsel verkürzten Stakkatos und ausufernden Parlandos«* eine Kontinuität aufweist, *»die kaum jemals hinlänglich gewürdigt worden ist«* (F. u. B. Dietschreit). K.Hü.

AUSGABEN: *Mausoleum*, Ffm. 1975. – Ffm. 1978 (BS). – *Die Furie des Verschwindens*, Ffm. 1980 (es). – *Die Gedichte*, Ffm. 1983. – *Gedichte 1950–1985*, Ffm. 1986 (st).

LITERATUR: J. Kaiser, Rez. (in SZ, 27. 9. 1975). – V. Hage, Rez. (in FAZ, 7. 10. 1975). – R. Michaelis, Rez. (in Die Zeit, 10. 10. 1975). – M. Franz, *H. M. E. »Mausoleum«* (in WB, 12, 1976, S. 125–140; auch in *H. M. E.*, Hg. R. Grimm, 1984, S. 294–311). – H. P. Neumann, *Restauration der Zukunft?* (in Aurora, 39, 1979, S. 16–27). – F. J. Raddatz, Rez. (in Die Zeit, 14. 11. 1980). – P. Demetz, Rez. (in FAZ, 18. 11. 1980). – J. Kaiser, Rez. (in SZ, 17. 11. 1980). – M. Buselmeier, *»Spart auf den schlüsselfertigen Schrecken«* (in FH, 1982, H. 2, S. 77–79). – U. Reinhold, *Geschichtliche Konfrontation u. poetische Produktivität* (in WB, 1, 1981, S. 104–127; auch in U. R., *Tendenzen und Autoren*, Bln./Weimar 1982). – M. Zeller, *Literarische Karriere im Rhythmus der Mäander* (in M. Z., *Gedichte haben Zeit*, Stg. 1982, S. 94–152). – H. Uerlings, *Ideologiekritik als auratische Erfahrung?* (in *Akten des VII. Internationalen Germanisten-Kongresses*, Göttingen 1985, Hg. A. Schöne, Bd. 10, S. 241–248).

DER UNTERGANG DER TITANIC

Komödie in Versen von Hans Magnus ENZENSBERGER, erschienen 1978. – In Anknüpfung an seine zuvor bereits in Essays und Gedichten sichtbar gewordene *»Fortschritts-Infragestellung«* (F. u. B. Dietschreit) und in engem Zusammenhang mit dem Aufsatz *Zwei Randbemerkungen zum Weltuntergang* (1978) legt Enzensberger hier ein durchkomponiertes Versepos vor, dessen Genre-Bezeichnung *Komödie* viele Kritiker irritiert hat. In 33 Gesängen und 16 lyrischen Zwischentexten wird nicht nur der Untergang des seinerzeit für unsinkbar gehaltenen Riesendampfers Titanic nach der Kollision mit einem Eisberg (1912) auf verschiedenen gedanklichen Ebenen und von verschiedenen Blickwinkeln her sprachlich kunstvoll inszeniert, sondern zudem mit Hilfe der traditionsreichen Metapher vom Schiff als Gesellschaftsmodell die Ambivalenz von Fortschritt und Apokalypse in der Geschichte reflektiert. In diesem mehrdimensionalen, literarische Traditionen und Bildungszitate (u.a. von Dante, Poe, Bakunin, Engels) souverän in den Gang der poetischen Reflexion integrierenden Text erscheint der Untergang des Schiffes zugleich *»als reale Katastrophe und intellektuelle Verwirrung«* (F. u. B. Dietschreit). Die ausgeklügelte poetische Montage von Versatzstücken diverser Versionen des Titanic-Mythos, die ihre poetologischen Grundlagen ebenso thematisiert wie mögliche politische Konsequenzen aus der Katastrophe, macht die Titanic als Symbol gescheiterten Fortschrittsglaubens zum Ausgangspunkt und Zentrum einer letztlich politisch-philosophischen Denk- und Schreibbewegung, die die modernen Gesellschaften des 20. Jh.s kritisch zu beschreiben versucht; deutlich wird der politische Desillusionierungsprozeß des Autors, von einer gewissen Sozialismus-Euphorie bis hin zu einer tiefen und umfassenden Ratlosigkeit. Das in *»Enzensbergers utopisch-dystopischer Chiffrenschrift«* (R. Grimm) komponierte, gleichwohl artistisch-locker und mit einer die Ironie des Empirischen hervorkehrenden Distanz (Lieder, Schlagerzitate, indirekte Rede) verfertigte Epos entstand zwischen 1969 (Kuba) und 1977 (Berlin/West). *»Der Anfang vom Ende / ist immer diskret ... Der Eisberg kommt auf uns zu / unwiderruflich ... Der Eisberg hat keine Zukunft / Er läßt sich treiben ... Gebenedeit sei das Vorläufige!«* Das Leben auf dem Luxusschiff *»in den Stunden, bevor die Katastrophe offenkundig wird und es ans Sterben und Rette-sich-wer-Kann geht«* (H.-Th. Lehmann), ist das Thema einer ersten Gruppe von Gesängen aus diesem Versepos. Ahnungslosigkeit, blindes Vertrauen in die Technik und die dafür Zuständigen, Nicht-Wahrhaben-Wollen und Schicksalsergebenheit der Passagiere werden in eindringlichen Bildern geschildert *(»Nur ganz unten, wo man, wie immer, zuerst kapiert / werden Bündel, Babies, weinrote Inletts / hastig zusammengerafft«)*. Ein zweites Hauptthema ist der Untergang selbst, die Panik und Verzweiflung, der erbitterte Kampf um die Rettungsboote, das allmähliche Versinken, das Ertrinken und das Sterben *(»Es ist nicht wie ein Gemetzel, wie eine Bombe: / es blutet ja niemand, es wird ja niemand zerfleischt; / es ist nur so, daß es mehr und mehr wird, / daß es überall hin will, daß alles sich wellt«)*. Ein weiteres wichtiges Thema kann in den mitunter selbstkritischen, das politische und künstlerische Bewußtsein der siebziger Jahre zur Sprache bringenden Überlegungen des Autors Enzensberger *(»Wir wußten nicht, daß das Fest längst zu Ende, / und alles Übrige eine Sache war / für die Abteilungsleiter der Weltbank / und die Genossen von der Staatssicherheit, genau wie bei uns und überall sonst auch«)* gesehen werden. Analysen und lyrische Reflexionen zu diesen drei Themen, gegenwartskritische Sentenzen und ironisch-distanzierte Anmerkungen zur ästhetischen Lust an Untergang und Apokalypse schaffen Übergänge zwischen den drei Hauptthemen und zwischen den einzelnen Gesängen, die in sich abgeschlossen sind. *»Die Einheit seines Text-Schiffes ist lyrisch und gedanklich, nicht narrativ«* (H.-Th. Lehmann). Die Schlußverse des 33. und letzten Gesangs des an die Tradition der Ideenlyrik anschließenden Werks darf man als eine Art Fazit der am Untergang der Titanic artistisch versinnbildlichten Gegenwartsbeschreibung lesen: *»Ich schwimme und heule. / Alles, heule ich, wie gehabt, alles schlingert, alles / unter Kontrolle, alles läuft, die Personen vermutlich ertrunken / im schrägen Regen, schade, macht nichts, zum Heulen, auch gut, / undeutlich, schwer zu sagen, warum, heule und schwimme ich weiter.«*

In einer ersten, vorwiegend politisch geprägten Rezeptionsphase der *Komödie* wurde Enzensberger von den einen als windschnittiger Opportunist kritisiert und von den anderen als postmoderner Avantgardist jenseits politischer Naivitäten gefeiert. Die motivlichen und thematischen Gemeinsamkeiten zwischen *Der Untergang der Titanic* und Enzensbergers Frühwerk (vor 1965) fanden erst in den achtziger Jahren stärkere Beachtung. K.Hü.

Ausgaben: Ffm. 1978. – Ffm. 1982 (st).

Hörspiel: BRD 1979 (Regie: H.H. Vollmer).

Theaterfassung: BRD 1979 (Regie: G. Tabori).

Literatur: K.H. Bohrer, Rez. (in Merkur, 32, 1978, S. 1275–1279). – J. Kaiser, Rez. (in SZ, 18. 10. 1978). – U. Greiner, Rez. (in FAZ, 19. 10. 1978). – N. Born, Rez. (in Der Spiegel, 1978, Nr. 43). – A. Wirth, *Die Lust an der schwachen Lesung* (in Theater heute, 1980, H. 6, S. 10–13). – G. Müller, *»Der Untergang der Titanic«* (in ZfdPh, 100, 1981, S. 254–274). – H. C. Seeba, *Der Untergang der Utopie* (in German Studies Review, 4, 1981, Nr. 2, S. 281–298). – J. Kiermeier-Debre, *»Diese Gesichte vom untergehenden Schiff, das ein Schiff und kein Schiff ist«* (in *Apokalypse,*, Hg. R. Grimm u.a., Ffm. 1986, S. 222–245).

VERTEIDIGUNG DER WÖLFE

Gedichtsammlung von Hans Magnus Enzensberger, erschienen 1957. – Mit der Veröffentlichung des in *freundliche, traurige* und *böse gedichte* gegliederten Bandes datiert der Beginn einer Lyrik, die – mit avancierten künstlerischen Mitteln – gegen die Verhältnisse in der neu entstandenen Bundesrepublik Deutschland opponiert und sich nicht mehr auf den allgemeinen humanen oder emotionalen Fundus der bundesdeutschen Nachkriegslyrik verläßt. Von Anfang an ist Enzensberger ein engagierter Beobachter gesellschaftlicher Entwicklungen, mit denen er sich ideologie- und sprachkritisch auseinandersetzt. Zu Recht werden deshalb seine Gedichte als Wiederaufnahme der unterbrochenen lyrischen Tradition des politischen Gedichts von Heine und Brecht betrachtet.

Die *freundlichen gedichte* nehmen Formen der Vagantenlyrik auf. Als Song, Lied oder Ballade, in melancholischem oder frechem Ton schreibt Enzensberger unter anderem ein *scherzo*, über die *zikade* oder *für lot, einem makedonischen hirten*. Es sind Locklieder *(lock lied)*, die es mit der Sprache genau nehmen und in denen Zeilenfall, Klangfarbe und Sprechrhythmus ihre Funktion haben: *»meine weisheit ist eine binse / schneide dich in den finger damit / ... meine stimme ist ein sanftes verlies / laß dich nicht fangen / meine binse ist ein seidener dolch / hör nicht zu / ki wit ki wit ki wit.«* Leicht und elegant, aber mit strengem Formbewußtsein entstehen lyrische Miniaturen, in denen aus der Mischung von Fremdsprachen und Fachsprachen ein eigentümliches Liebesgedicht *(telegrammschalter null uhr zwölf)*, Utopien oder eine *letztwillige verfügung* entstehen. – In den *traurigen gedichten* überwiegt die schmerzliche Wehmut einer sensiblen Erfahrung: Es sind Klagelieder, *erinnerung an die schrekken der jugend, befragung zur mitternacht, aschermittwoch, erinnerung an den tod*.

Erst im dritten Teil, in den *bösen gedichten* wird die subjektive Klage zur gesellschaftlichen Anklage; diese Gedichte sollen gelesen werden *»wie das Inserat in der Zeitung, das Plakat auf der Litfaßsäule, die Schrift am Himmel«* (nach Auskunft des Klappentextes der ersten Ausgabe). Unordnung und Erstarrung der Verhältnisse in Politik, Wirtschaft und Massenmedien werden thematisiert, die Parolen sprachkritisch (nicht sprachexperimentell) überprüft. Kritisch gesehen werden unter anderem: der feststehende soziale Kontext, in den man hineingeboren wird, die Geschichte *(»immer dieselbe vettel, history«)*, die politischen Mörder und Mitläufer, die Rüstungsindustrie, die ›BILD‹-Zeitung. Der Protest tritt auf in Reizwörtern, marktschreierisch und mit moralischem Pathos. Ausgehend von der Alltagssprache steigert Enzensberger das sprachliche Grauen zu einem allgemeinen Zorn. Er verwendet bewußt artifizielle Mittel, um das Gedicht als herstellbares auszuweisen: die Kleinschreibung und die sparsame Interpunktion, den Doppelpunkt und den vieldeutigen syntaktischen Bezug *(»alt: du bist alt bist du: alt«)*, das Zitat und die Variation, das Spiegelbild und die Umstellung von Silben *(»manitypistin stenoküre«)*.

Sein Engagement richtet sich gegen die abstrakte Begrifflichkeit und Funktionalität gesellschaftlicher, politischer und ökonomischer Verhältnisse *(»abschußrampe, »security risk«, »sozialpartner«, »amortisation«)*. Gegen das entfremdete Leben in einer verplanten Welt setzt er die zeitlose Existenz einfacher Dinge *(»fisch«, »wind«, »flöte«, »vögel«)*. So entsteht das politische Gedicht in der kalkulierten Montage von individueller Erfahrung und allgemeinem Sprechen. Aus dem artistischen Spiel mit Sprichwörtern und weltliterarischen Zitaten, mit Redensarten und Modeslogans ergeben sich gesellschaftskritische Satiren und Warnungen, wobei Enzensberger Zustimmung oder schroffe Ablehnung gerade in der Maske dessen artikuliert, der sich scheinbar auf die Seite der anderen stellt, der für die *verteidigung der wölfe gegen die lämmer* eintritt.

In dem Vortrag *Die Entstehung eines Gedichts* beschreibt Enzensberger seine poetische Technik, betont er den mehrdeutigen Verweisungscharakter der Textstruktur, die das politische Interesse nur indirekt ausspricht. Und in dem Essay *Poesie und Politik* (1962) sieht er den *»politischen Auftrag«* des Gedichts darin, *»sich jedem politischen Auftrag zu verweigern und für alle zu sprechen noch dort, wo es von keinem spricht, von einem Baum, von einem Stein, von dem was nicht ist«*. Dadurch werde die Poesie zur *»Antizipation, und sei's im Modus des Zweifels, der Absage, der Verneinung«*.

In dem Band *verteidigung der wölfe* sind bereits die beiden Grundmotive enthalten, von denen Enzensbergers Lyrik bestimmt ist: Trauer über fehlende Freiräume und sozialkritische Aggressivität. In seinem zweiten Gedichtband, *landessprache* (1960), verstärkt Enzensberger den Protest, der in der Benennung einzelner Fakten auf allgemeine Zustände zielt (etwa in dem Titelgedicht des Bandes oder in den großen Metaphern *schaum* und *gewimmer und firmament*). Diese Gedichte sollen, wie der Autor schreibt, *»gebrauchsgegenstände, nicht geschenkartikel im engeren sinne«* sein.

Im dritten Gedichtband, *blindenschrift* (1964), überwiegt die Sehnsucht nach der Beständigkeit der Dinge *(»flechte«, »stein«)*, jenseits von Politik und Geschichte. Es sind zumeist sinnfällige und geduldige Elegien über eine zurückgezogene, erkennbare autobiographische Existenz, auf die nur noch der Schatten von Gesellschaftlichem fällt *(»zeitung«, »abendnachrichten«, »freizeit«)*. Es scheint, als träten in diesen *»Ding-Gedichten«* das poetische Bild und der gesellschaftliche Aspekt der Sache, das lyrische Ich und die soziale Gemeinschaft auseinander, um der Gefahr des Manierismus, der falschen Ästhetisierung politisch-ökonomischer Tatsachen zu entgehen. Um so deutlicher, detaillierter und begrifflicher werden Enzensbergers politische Interpretationen und sein soziales Engagement in den Essaybänden *Einzelheiten* (1962), *Politik und Verbrechen* (1964) und *Deutschland, Deutschland unter anderm* (1967).

Mehrmals hat Enzensberger die Gedichte seiner Lyrikbände neu zusammengestellt. In *Gedichte* (1962) nahm er aus der *verteidigung der wölfe* zwölf Gedichte auf, von denen vier aus der Abteilung *böse gedichte* stammen. 1971 erschien der Band *Gedichte 1955–1970*, der, nun in üblicher Groß- und Kleinschreibung, elf Gedichte aus dem ersten Lyrikbuch enthält, davon sieben *böse*. In diesem Band finden sich auch neue, meist vorher nicht publizierte Gedichte. Neben fast prosaischen Alltagsbeschreibungen und Selbstreflexionen *(Sommerkunde)*, historischen Verweisen (*Himmelmaschine* und *An Niccolo Macchiavelli geboren am 3. Mai 1469*) sowie reinen Zitatmontagen *(Vorschlag zur Strafrechtsreform, Berliner Modell 1967)* steht die poetische Kritik an falschen Formen revolutionärer Praxis *(Über die Schwierigkeiten der Umerziehung, Ausgleich, Beschluß gegen das Abenteuertum, Ein letzter Beitrag zu der Frage ob Literatur?): »Ich gebe zu, seinerzeit / habe ich mit Spatzen auf Kanonen geschossen. / ... Kanonen auf Spatzen, das hieße doch / in den umgekehrten Fehler verfallen« (Zwei Fehler)*. In den achtziger Jahren folgten drei weitere Ausgaben. T.Be.

Ausgaben: Ffm. 1957; ⁴1963. – Ffm. 1962 (in *Gedichte*; es; Ausw.). – Ffm. 1971 (in *Gedichte 1955–1970*; st; Ausw.). – Ffm. 1981 (Nachw. R. Grimm). – Ffm. 1983 (in *Die Gedichte*). – Ffm. 1986 (in *Gedichte 1950–1985*; st).

Literatur: B. Gutzat, *Bewußtseinsinhalte krit. Lyrik. Eine Analyse der ersten drei Gedichtbände von H. M. E.*, Wiesbaden 1977. – A. Zimmermann, *H. M. E. Die Gedichte u. ihre lit. krit. Rezeption*, Bonn 1977.

HUBERT FICHTE

* 21.3.1935 Perleburg, Westprignitz / DDR
† 8.3.1986 Hamburg

Literatur zum Autor:
W. v. Wangenheim, *H. F.*, Mchn. 1980. – *H. F.*, Hg. H. L. Arnold, Mchn. 1981 (Text + Kritik). – P. Bekes, *H. F.* (in KLG, 9. Nlg., 1981). – *H. F. Materialien zu Leben u. Werk*, Hg. Th. Beckermann, Ffm. 1985 (FiTb). – T. Teichert, *»Herzschlag außen«. Die poetische Konstruktion des Fremden u. des Eigenen im Werk von H. F.*, Ffm. 1988 (FiTb).

DIE PALETTE

Roman von Hubert Fichte, erschienen 1968. – Drei Jahre lang besucht Jäcki, die Hauptfigur des Romans, das Hamburger Szenelokal »Palette« und notiert, was er sieht, hört und erlebt: *»Es geht um einen Initiationsprozeß, die Lebensunterweisung, die einem jungen Ästheten, Träumer und Zuschauer namens Jäcki im Kreise der Gammler, Schwulen, Drogenfresser und Trinker zuteil wird«* (W. Jens).
Gezeichnet wird ein Soziogramm der Hamburger Subkultur der sechziger Jahre, über das es in Bd. 4 der *Geschichte der Empfindlichkeit* (1988) heißt: *»Jäcki wollte jetzt endlich mit dem Artikel über die Palette anfangen. Er hatte sich über einen hingehudelten Bericht in der ›Zeit‹ geärgert und wollte zeigen, daß er etwas mehr über die deutschen Gammler und das Kellerlokal in der ABC-Straße schreiben konnte ... Jäcki wollte seinen Artikel gegen die ganze Beatnikliteratur setzen, die bei Hanser von Professor Höllerer herausgegeben wurde.«* Jäckis Erfahrungen wiederholen, ähnlich den Wahrnehmungen Detlevs in *Das Waisenhaus* (1965), Abschnitte aus Fichtes eigener Biographie. Das Verhältnis zwischen Protagonist und Autor ist in der *Palette*, dem zweiten Roman Fichtes, gegenüber dem *Waisenhaus* verkompliziert; beide Ebenen überschneiden sich und werden im Roman selbst thematisiert. Der *»Palettianer«* Jäcki ist entscheidend von einer Reise in die Provence geprägt, der Autor erinnert sich von einem portugiesischen Fischerdorf aus an die Hamburger Erlebnisse: *»Ich fange an zu schreiben, verändere die Namen der Palettianer, tausche Namen aus, denke mir Personen aus zu den Namen. / Ich denke ... an die Palette in Beziehung zu den Fischern am Strand, zu dem kindsgroßen schwarzen Fisch mit dem türkisfarbenen Glasauge am Strand. / Es ergeben sich Überschneidungen.«* Der Autor führt Jäcki in der »Palette« herum, allmählich nimmt das Lokal Kontur an, gewinnen seine Gäste Gestalt und Ausdruck; neben Jäcki und seiner Lebensgefährtin Irma vor allem Liana Pozzi *(»Lianas Jugend ist siebzig Jahre alt«)*, Jürgen, Heidi und Reimar Renaissancefürstchen. *»Jeder Besuch in der Palette«*, stellt Jäcki fest, *»ist ein Roman.«* Dieser Roman aus Romanen setzt sich aus den Erzählungen der Kneipenbesucher über die Kneipenbesucher zusammen, die ohne weitere Vermittlung nebeneinander stehen, Bruchstücke von Lebensläufen und Erfahrungen. Die Erzählung kreist um wenige, sich wiederholende Motiv- und Stoffpartikel: Emigration, Rauschgift, Sexualität, Obdachlosigkeit, Armut und Kriminalität, dazu Reflexionen über die Zeit, über Kunst und Langeweile. Eine Handlung im herkömmlichen Sinne entsteht nicht und kann nicht entstehen, da das Ganze der »Palette« sich als Gleichzeitigkeit, gleichsam als Hintergrundgeräusch, präsentiert, während die Wahrnehmung wie das Schreiben darüber als Abfolge von Geschehnissen, als Nacheinander organisiert ist: *»Nach jeder Zeit kommt ein neues Stück Zeit ... paßt dahin oder dahin beim Ablauf der Schilderungen der Besuche in den drei Palettenräumen, die einen Bruchteil ausmachen, von der Palette im ganzen.«*
Jäcki fungiert in diesem Roman, mit dem Fichte wohl seinen größten literarischen Erfolg erzielte, nicht als Held, sondern als Medium, das die Beobachtungen in der »Palette« fixiert, aufhebt. Die Aufsprengung linearer Erzählmuster erzwingt eine Montagetechnik, die exemplarisch am Gefüge der Kapitel 25–27 verdeutlicht werden kann: einer privaten Traumnotiz *(»Irmas Traum«)* folgt die Erzählung eines Besuchs der Johannespassion, der übergeht in die Ostermärsche *(»Passionsmarsch«)*. Fichte verfolgt und travestiert die Entstehung des Lebens von der Zeugung über die Entwicklung des Embryo bis zur grotesken Niederkunft der gammelnden Mutter in einer Schwulenkneipe. Ausblikke nach Portugal und Frankreich erweitern und verschieben die Erzählperspektiven, aber die »Palette« bleibt, als Manifestation einer Gegenkultur, Dreh- und Angelpunkt für die verschiedenen Zeit- und Erzählstufen. Als das Lokal geschlossen wird, stellt Fichte seinen Roman im Hamburger Starclub vor: *»Ich wollte aufschreiben, was ich über die Palette*

weiß und was mir zur Palette einfiel. Die Palette ist zu.«
Die Beschreibung der »Palette« bleibt notwendig Fragment, weil die Analyse der verschiedenen Wirklichkeiten sich ins Uferlose verliert. Fichte entgeht diesen Problemen, indem er den fragmentarischen Charakter der Wirklichkeitserfahrung als Formkalkül einsetzt. Die Realität wird eingefangen in kurzen, prägnanten Sätzen, ohne schmükkendes Dekor, selten von Adjektiven angestrahlt. Die Sprache ist mit Spruchbändern, plakativen Textfiguren, Toilettenparolen, Werbeslogans und der Blasenpoesie der *Comic strips* durchsetzt und mit Reflexionen angereichert: *»Kann Schlechtes literarisch relevant sein, auch wenn es nicht bewußt als Zitat von Schlechtem eingesetzt wurde?«* Die Frage beantwortet sich in diesem Roman von selbst, der subliterarische Ausdrucksformen mit subtiler Einfachheit in eine profilierte, realitätsgesättigte Sprachmelodie überführt. Was an der Oberfläche wie eine willkürlich hingeworfene Wort-Collage aussieht, gehorcht in Wirklichkeit einer seltenen Formkraft, die Schreiben als einen sozialpolitischen Erkenntnisprozeß begreift und die gesellschaftliche Wirklichkeit auch dann noch sichtbar macht, wenn sie scheinbar in der Sphäre von Randzonen versandet. Der Perspektivenreichtum der *Palette* ist zugleich die Weiterentwicklung jener formalen Mittel, die im *Waisenhaus* bereits angelegt sind. Bleibt die Stadt für Detlev, den Helden im *Waisenhaus*, noch Utopie, so ist sie für Jäcki Basis seiner Erfahrungen in den Jahren 1962–1967. Im Roman *Detlevs Imitationen, »Grünspan«* (1971) werden die Erfahrungen von Detlev und Jäcki zusammengeführt. M.Ke.-KLL

Ausgaben: Reinbek 1968. – Ffm. 1978. – Ffm. 1981 (FiTb).

Radiosendung: H. F., *Cartacalo/la u. seine Zeit*, 1967 (WDR).

Literatur: K.H. Kramberg, Rez. (in SZ, 23./24. 3. 1968). – M. Reich-Ranicki, Rez. (in Die Zeit, 29. 3. 1968; ern. in *H. F. Materialien zu Leben u. Werk*, Hg. Th. Beckermann, Ffm. 1985). – W. Jens, Rez. (in Die Zeit, 5. 4. 1968; ern. ebd.). – G. Blöcker, *Ein deutscher Beat-Roman* (in Merkur, 22, 1968, S. 374–376). – M. Scharang, *F.s »Palette« – Modell literarischer Anpassung* (in Literatur u. Kritik, 1969, S. 506–508). – H. Heissenbüttel, *Deutschland in den sechziger Jahren. H. F.s »Palette« wiederlesend* (in Die Zeit, 26. 5. 1978; ern. in *H. F. Materialien zu Leben u. Werk*, Hg. Th. Beckermann, Ffm. 1985). – G. Schäfer, *Kalkül u. Verwandlung. Zur Poetik H. F.s* (in Merkur, 40, 1986, S. 388–402).

ERICH FRIED

* 6.5.1921 Wien
† 22.11.1988 Baden-Baden

Literatur zum Autor:
J. P. Wallmann, *E. F.* (in J. P. W., *Argumente. Informationen u. Meinungen zur deutschen Literatur der Gegenwart*, Mühlacker 1968, S. 161–169). – W. Hinderer, *Sprache u. Methode: Bemerkungen zur politischen Lyrik der sechziger Jahre. Enzensberger, Grass, F.* (in *Revolte u. Experiment. Die Literatur der 60er Jahre in Ost u. West*, Hg. W. Paulsen, Heidelberg 1972, S. 98–143). – J. Wertheimer, *E. F.* (in *Die deutsche Lyrik 1945–1975*, Hg. K. Weissenberger, Düsseldorf 1981, S. 344–352). – V. Kaukoreit, *E. F. im Londoner Exil* (in die horen, 1984, H. 134, S. 59–72). – H. Kesting, *E. F.* (in KLG, 21. Nlg., 1985). – *E. F.*, Hg. H. L. Arnold, Mchn. 1986 (Text + Kritik). – *E. F. Gespräche u. Kritiken*, Hg. R. Wolff, Bonn 1986. – *E. F. Von der Nachfolge dieses jungen Mannes, der nie mehr alt wird*, Hg. V. Kaukoreit, Darmstadt 1988.

DAS LYRISCHE WERK von Erich Fried.
Eine handschriftliche Widmung in Erich Frieds erstem Gedichtband steht programmatisch für sein gesamtes dichterisches Werk: *»Kunst und Menschlichkeit / helfen viel überwinden – / vielleicht .. / London. 1944«.* Dies keineswegs von Zweifeln freie Vertrauen auf Humanität und Kunst charakterisiert sowohl Frieds radikalen Moralismus als auch sein Verständnis von Literatur als Waffe gegen politische Indifferenz und gegen Unrecht.
Nach dem Einmarsch deutscher Truppen in Wien hatte der jüdische Gymnasiast eine Widerstandsgruppe organisiert; nach dem Tod seines Vaters in Folge eines Gestapo-Verhörs verließ Erich Fried Österreich; nach seiner Ankunft im Londoner Exil begann er zu schreiben. Zeitgleich mit ersten literarischen Versuchen und beginnender Kulturarbeit gründete er die »Emigrantenjugend«; es gelang ihm, insgesamt 73 Verfolgten aus Österreich das Leben zu retten – dichterisches Schaffen und politisches Engagement waren von Anfang untrennbar ineinander verflochten. Fried hatte sich in England dem »Young Austria in Great Britain« angeschlossen, einer kommunistischen Widerstandsorganisation, deren Zeitschriften ›Young Austria‹ und ›Zeitspiegel‹ im Frühjahr 1941 erste Prosaskizzen und Gedichte des knapp Zwanzigjährigen veröffentlichten; kurz darauf erschien in einer Lyrikanthologie, neben anderen Gedichten Frieds, *Jugend* – ein glühendes Bekenntnis zur Menschenliebe, die allerdings zugleich zum politischen Kampf gegen Unterdrückung verpflichte.
Politische Lyrik führte ihm während der sogenannten Wirtschaftswunderjahre aufbegehrende Ju-

gendliche und Intellektuelle zu (*und VIETNAM und*, 1966), seine *Liebesgedichte* (1979) wurden ein Bestseller; in 45 als Verfasser oder Mitverfasser veröffentlichten Lyrikbänden zeigte Erich Fried das Individuelle im gesellschaftlichen Kontext, das Politische an dessen individuellen Konsequenzen – er schrieb von sich, ohne privat zu werden, er umbrach eine Agenturmeldung in Verse, und man hört beim Lesen seine Stimme, in der bei jedem Sachargument persönliche Betroffenheit spürbar blieb.

Zeitlebens machte es der im Londoner Exil Verbliebene politisch Andersdenkenden unter seinen Kritikern leicht, ihn persönlich (einen *»Verzweiflungsneurotiker«* nannte ihn Theo Sommer) oder literarisch zu diffamieren: *»Doch sollte man nicht übersehen, daß ihm zusammen mit vielen mißratenen oder sogar peinlichen Gedichten hier und da auch solche glückten, die auf ihre Art vollkommen sind – und der Rang eines Lyrikers richtet sich immer nach seinen besten Arbeiten«* (M. Reich-Ranicki, 1982). Dies änderte sich erst nach Frieds Tod; nun gehörte er *»zu den bedeutendsten deutschsprachigen Lyrikern nach 1945«* (M. Reich-Ranicki, 1988). Nachdem der provokante Dichter endgültig verstummt war, befand die Kritik, er habe das von Gottfried Benn gesetzte Soll von sechs bis acht vollendeten Gedichten erfüllt. Allgemein anerkannt wurde nun, daß der Verstorbene durch semantische, syntaktische und phonetische Verfremdung – durch Sprachspiele als Denkanstoß – der politischen Lyrik Deutschlands neue Formen gegeben hatte: *»Aber seht die Behafteten / und ihre verwaffneten Verwacher / und was die Gerichte bezapfen / vor die man sie stellt / Seht euch diese Verweisbefahren an / die Haftverfehle / und Bestöße gegen das Grundrecht / die Bedrehungen und ausweichenden Verscheide / dann die Hauptbehandlungen / und die begnügten Verrichterstatter / und zuletzt die Beurteilten / und die vergnadigten Kronzeugen«* (*Verstandsaufnahme* aus dem Band *Die bunten Getüme*)

Erich Frieds Ängste, seine Leidenschaftlichkeit und Liebe, Empörung und Zorn fanden stets auch literarisch Ausdruck. Offen bekannte er: *»Je mehr man über das Leben eines Dichters weiß, desto mehr weiß man auch über seine Gedichte.«* Von Fried war bekannt, daß er durch die Nationalsozialisten Familie und Heimat verloren hatte, daß er bereits als Schüler gegen Polizeiwillkür, Rassismus und Militarismus Widerstand geleistet hatte, daß er sich zeitlebens zur radikalen Linken zählte, Freunde und Frauen hingebungsvoll schätzen und lieben konnte und daß er aus seinen Ängsten vor Einsamkeit, Alter und Tod keinen Hehl machte, sondern sie schreibend zu bewältigen suchte. Seit *und VIETNAM und* (*»Die Zeile des Jahrzehnts«* nannte M. Walser diesen Titel) nahm Frieds Leserschaft beständig zu. Sein Protest gegen den Krieg in Vietnam, seine Kritik an Israels Politik (*»Als ihr verfolgt wurdet / war ich einer von euch / Wie kann ich das bleiben / wenn ihr Verfolger seid?«*), sein Eintreten für eine humane Behandlung politischer Gefangener in der Bundesrepublik sowie seine öffentlichen Stellungnahmen gegen Willkürmaßnahmen von Staatsanwaltschaft und Polizei provozierten Pressekampagnen gegen ihn, Zensur einiger seiner Gedichte und Strafprozesse – *»Wo die Welt des Günter Grass ihre Grenzen hat und die Einsicht auch unserer anderen Kaiserwilhelmgedächtniskirchturmpolitiker endet, beginnt die Wahrnehmungszone der Gedichte von Erich Fried«* (P. Rühmkorf).

Unter dem Titel *Befreiung von der Flucht* veröffentlichte Fried 1968 *Gedichte und Gegengedichte*, so der Untertitel des Buches, um sich durch aktuelle Gegenentwürfe mit eigenen Arbeiten der Jahre 1946 bis 1957 (*Gedichte*, 1958) auseinanderzusetzen und diese, ohne Unzeitgemäßes *»unterschlagen«* oder verwerfen zu wollen, der Gegenwart von Autor und Gesellschaft anzunähern. In einem erläuternden Vorwort nannte er Teile seines Frühwerks *»›versponnen‹«* und *»›unengagiert‹«*, dies wiederum griff die Kritik auf: *»Frieds frühe Lyrik huldigte noch einem neuromantischen Traditionalismus vorwiegend angelsächsischer Prägung«* (H. Kesting). Soweit sich diese Feststellung auch auf Aussage und politische Tendenz früher Fried-Gedichte bezieht, ist sie falsch. Er selbst hatte 1958 jedoch festgestellt, dichterisch von G. M. Hopkins, W. Owen und E. E. Cummings beeinflußt worden zu sein; von weitaus stärkerem literarischen Einfluß waren zu jener Zeit jedoch, wie Fried später einräumte: *»außer der Bibel Theodor Kramer, Bertolt Brecht, Arthur Rimbaud, Joseph Kalmer und Berthold Viertel«*. Obwohl er Kalmer als seinen eigentlichen lyrischen Lehrmeister bezeichnet hat, scheinen Theodor Kramers (1897–1958) *»Land- und Stadtschaftsgedichte«* in ihrem Einfluß auf frühe Buchpublikationen Frieds (etwa in den Anthologien *Die Vertriebenen*, 1941, *Zwischen gestern und morgen*, 1942, und *Mut*, 1943) vom Autor selbst unterschätzt worden zu sein; immerhin verehrte er Kramer, zu dessen üppigem Lyrikschaffen er als junger Mann kritisch Stellung nehmen durfte, als wohl einzigen *»sozialistischen Heimatdichter«* deutscher Sprache. Seine eigenen Verse jener Jahre empfand Fried rückblickend hingegen als formal zu konventionell und weitgehend der Stimmungslyrik zugehörig.

Der ersten selbständigen Buchveröffentlichung *Deutschland* (1944) folgte *Oesterreich* (1945): *»Obwohl ich in jener Zeit schon mit Ablautreimen und ernsthaften Wortspielen als poetischen Strukturelementen zu experimentieren begonnen hatte, wagte ich noch nicht, etwas von diesen Versuchen zu veröffentlichen.«* Eine Ausnahme bildete *Es muss sein*, die Auseinandersetzung des Londoner Exilanten mit Luftangriffen auf Wien. Mögen auch *»Stimmungsgedichte«* und konventionelle Formgebung (zunächst in der Zeitschrift ›Neue Auslese‹, später im ›Merkur‹ und den ›Akzenten‹ veröffentlicht) in Frieds Lyrik der Jahre 1941 bis 1962/63 überwiegen, so zeichnete sich Anfang der sechziger Jahre Neues ab: neben fertigen Gedichtzyklen (*Reich der Steine*, 1963, und *Überlegungen*, 1964) entstanden seit 1962 erste Verse gegen den Vietnamkrieg.

Nicht der Tendenz, wohl aber der Form nach, markieren seine *Warngedichte* (1964) eine deutliche Zäsur: seit 1941 veröffentlichte Fried sowohl Liebesgedichte als auch politische Lyrik, nun erst hatte er den ihrer Radikalität entsprechenden Ton gefunden: *»Der orchestrische Rhythmus, das Grundmaß, wird überwiegend vom freien Vers bestimmt; er findet seinen strophischen Ausdruck in stark abgewandelten Odenmustern. Die akzentuelle oder sprachliche Gliederung (Schwere der Silben im Satz, Sprechgruppen, steigernder und fallender Rhythmus) orientiert sich an dem, was in der mittelhochdeutschen Dichtung als ›sagen‹ bezeichnet wird und das Vortragen, das Sprechen des Textes meint.... Aus freien (ungleichen) Strophen entwickeln sich Spruch, Epigramm, Rätsel und Fabel, Legende und Legendenhaftes, Lied und Liedhaftes, Ballade und Balladeskes«* (B. Jentzsch). Erich Fried suchte politische Wahrheit an sprachlicher Unwahrheit und gezielten Lügen, besonders der Massenmedien als Sprachrohr der Politik, aufzudecken. Seine meist reimlosen Verse berichtigten Kommentare und kommentierten Berichte; häufig stellte er ihnen eine Widmung oder ein Motto voran und belegte verwendete Zitate durch Anmerkung, Quellenhinweis oder Dokumentation. Etwaige Irrtümer seinerseits korrigierte er öffentlich. Fried sezierte in seinen Gedichten Statements und Schlagzeilen, indem er das Original kontrapunktierte, collagierte, travestierte oder, etwa im Fall einer Zeitungsannonce des Berliner Polizeipräsidenten, die Vorlage lediglich durch die Brechung der Zeilen veränderte: *»Der Polizeipräsident / in Berlin sucht: / Schäferhundrüden. / ... / mit und ohne / Ahnentafel. / Voraussetzungen: einwandfreies Wesen / rücksichtslose Schärfe (Tiermarkt/Ankauf* aus *Unter Nebenfeinden)*. Um politische wie poetische Wahrheiten ringend, konzentrierte sich Fried ganz auf das Medium Sprache, wobei Silbentausch, ungewohnte Reihungen und Wortneuschöpfungen ihn in Berührung zur konkreten Poesie brachten.

Trotz Helmut Heissenbüttels Feststellung *»Ich bin überzeugt, daß Erich Frieds Werk zum Dauerhaftesten gehört, das diese Zeit hervorgebracht hat«*, müssen seine lyrischen Texte zum Teil so verstanden werden, wie sie ihr Autor bereits 1941 bezeichnet hat: als *»Zeitgedichte«* und somit als poetische Reaktion auf eine konkrete historische Gegebenheit. Wortwitz, Gedanken- und Sprachspiel machen viele dieser Zeitgedichte *»dauerhaft«*; ohne *»Gegengedichte«* bald schon *»unzeitgemäß«* ist hingegen jene Lyrik Frieds, die, häufig auf Kosten von Bildhaftigkeit und Metaphorik, vom Autor immer wieder als Möglichkeit genutzt wurde, um auf aktuelle Ereignisse spontan zu reagieren. Auch in dieser Hinsicht ist Fried ganz Schüler seines noch immer verkannten Kollegen und Landsmanns Theodor Kramer.

Zu den herausragenden Gedicht- und Auswahlbänden Erich Frieds gehören neben der von Bernd Jentzsch herausgegebenen Sammlung *Fall ins Wort* (1985) die Bände *Höre Israel!* (1974), *So kam ich unter die Deutschen* (1977), *Die bunten Getüme* (1977), vor allem aber das 1978 mit dem »Internationalen Verlegerpreis« ausgezeichnete lyrische Resümee *100 Gedichte ohne Vaterland*. Wesentlichster Band aus dem Spätwerk ist das im Verlag Klaus Wagenbach erschienene Quartheft *Es ist was es ist* (1983). Die Rede aus Anlaß des ihm 1983 verliehenen Bremer Literaturpreises schloß der Übersetzer, Prosaist, Essayist und Dramatiker Fried mit dem Bekenntnis, Schriftsteller zu sein, sei weder eine rein literarische noch eine rein politische oder gar parteipolitische Tätigkeit – Schriftsteller zu sein, bedeute *»– wie jede künstlerische Tätigkeit – der Widerstand gegen Entfremdung, gegen Abstumpfung, gegen Fühllosigkeit für das, was wir einander tun, und gegen Gedankenlosigkeit, auch im eigenen Kreis, auch bei uns selbst.«* Charakteristisch für Frieds lyrisches Werk sind Sentiment und Dialektik, ist die seit Heinrich Heine in der deutschen Literatur kaum mehr gekannte Einheit von Intellektualität, Moralismus und Melancholie. M.B.

Ausgaben: *Deutschland*, Ldn. 1944. – *Oesterreich*, Zürich 1946 [recte: 1945]. – *Gedichte*, Hbg. 1958. – *Reich der Steine*, Hbg. 1963. – *Überlegungen*, Mchn. 1964. – *Warngedichte*, Mchn. 1964. – *und VIETNAM und*, Bln. 1966. – *Anfechtungen*, Bln. 1967. – *Befreiung von der Flucht. Gedichte u. Gegengedichte*, Hbg./Düsseldorf 1968. – *Zeitfragen*, Mchn. 1968. – *Die Beine der größeren Lügen*, Bln. 1969. – *Poesiealbum 22*, Bln./DDR 1969. – *Unter Nebenfeinden*, Bln. 1970. – *Aufforderung zur Unruhe*, Mchn. 1972. – *Die Freiheit den Mund aufzumachen*, Bln. 1972. – *Gegengift*, Bln. 1974. – *Höre, Israel!*, Hbg. 1974. – *Kampf ohne Engel*, Bln./DDR 1976. – *Die Beine der größeren Lügen/Unter Nebenfeinden/Gegengift*, Bln. 1976. – *Die bunten Getüme*, Bln. 1977. – *So kam ich unter die Deutschen*, Hbg. 1977. – *100 Gedichte ohne Vaterland*, Bln. 1978. – *Liebesgedichte*, Bln. 1979. – *Lebensschatten*, Bln. 1981. – *Zur Zeit und zur Unzeit*, Köln 1981. – *Das Nahe suchen*, Bln. 1982. – *Angst und Trost*, Ffm. 1983. – *Es ist was es ist*, Bln. 1983. – *Zeit, die sich auch in Gedichten spiegelt*, Bremen 1983. – *Beunruhigungen*, Bln. 1984. – *Kalender für den Frieden 1985*, Köln 1984. – *Und nicht taub und stumpf werden*, Dorsten 1984. – *Zeitfragen und Überlegungen*, Bln. 1984. – *Fall ins Wort*, Hg. B. Jentzsch, Ffm. 1985. – *In die Sinne einradiert*, Köln 1985. – *Um Klarheit*, Bln. 1985. – *Von Bis nach Seit*, Wien 1985. – *Frühe Gedichte*, Düsseldorf 1986.
(Mitverf.) *Die da reden gegen Vernichtung*, Wien 1986. – *Wächst das Rettende auch?*, Köln 1986. – *Gegen das Vergessen*, Köln 1987. – *Nicht verdrängen nicht gewöhnen*, Wien 1987. – *Vorübungen für Wunder*, Bln. 1987. – *Am Rande unserer Lebenszeit*, Bln. 1987. – *Unverwundenes*, Bln. 1988.

Literatur: H. Hartung, *Lyrik als Warnung u. Erkenntnis* (in kürbiskern, 1966, H. 3, S. 182–187). – H.-J. Schmitt, *Dichten gegen die Poesie. Interpretation des Gedichtes »Euphorie« von E. F.* (in FAZ, 27.4. 1966). – K. H. Bohrer, *Befreiung von der Flucht? E. F.s »Gedichte und Gegengedichte«* (in

FAZ, 27.7.1968). – H. Rochelt, *E. F.* (in Literatur und Kritik, 3, 1968, S. 618–621). – A. v. Bormann, *Was bleibt, geht stiften. Neue Gedichte von E. F.* (in FRs, 21.5.1973). – Ch. Schultz-Gerstein, *Aus Liebe zum Gegenteil. Über E. F.* (in Der Spiegel, 9.4.1979). – A. v. Bormann, *E. F.: »100 Gedichte ohne Vaterland«* (in Deutsche Bücher, 1980, H. 1, S. 23–25). – H. Heißenbüttel, *Gruß für E. F.* (in Der Freibeuter, 7, 1981, S. 2–4). – G. Lindemann, *Ohne Verzweiflung müßten wir alle verzweifeln* (ebd., S. 5–19). – M. Reich-Ranicki, *Die Leiden des Dichters E. F.* (in FAZ, 23.1. 1982). – W. Große, *E. F., »Neue Naturdichtung«* (in *Deutsche Gegenwartslyrik*, Hg. P. Bekes u. a., Mchn. 1982, S. 86–99). – M. Zeller, *Im Zeichen des ewigen Juden* (in M. Z., *Gedichte haben Zeit*, Stg. 1982, S. 153–196). – A. v. Bormann, *Mit fast schon sehenden Augen. E. F.s ironische Dialektik* (in Die Zeit, 13.4. 1984). – B. v. Matt, *Selbstdenker zwischen den Fronten* (in NZZ, 9.10. 1987). – M. Reich-Ranicki, *Ein deutscher Dichter* (in FAZ, 24.11. 1988).

und VIETNAM und. Einundvierzig Gedichte

Gedichtband von Erich Fried, entstanden 1962 bis 1966, erschienen 1966. – Mit den Gedichten dieses »Quartheftes« aus dem Berliner Wagenbach Verlag knüpfte Erich Fried an die politische Lyrik der zwanziger Jahre und des Exils an. Die programmatischen Verszeilen *»Vietnam ist Deutschland / sein Schicksal ist unser Schicksal« (Gleichheit Brüderlichkeit)* kündeten vom damals bevorstehenden Ende der Restaurationslyrik. Angesichts täglich neuer Nachrichten von Massenmorden an Zivilisten, von Flächenbombardements und Folter sollten, so Fried, Schriftsteller und Leser Stellung beziehen. Die Zeiten der für Denken und Dichtung der fünfziger Jahre charakteristischen Anthologie *Ergriffenes Dasein*, herausgegeben von Hans Egon Holthusen und Friedhelm Kemp, schienen endgültig vorbei zu sein: Die Ergriffenheit dichterischer Existenz hatte dem Engagement aus schriftstellerischer Verantwortung zu weichen. Die neuerliche Politisierung der Literatur begann mit der 1964 erschienenen Anthologie *Gegen den Tod*; diesem Protest gegen Atombombe und nukleares Wettrüsten folgten 1966 *Vietnam!* von Peter Weiss, wenig später *und VIETNAM und* von Erich Fried, schließlich, im Februar 1968, die Anthologie *gegen den tod in vietnam*, ebenfalls mit Versen Frieds. Für ihn, der schon mit seinen ersten Gedichten in *Die Vertriebenen* (London 1941) Partei ergriffen hatte, war politisches Engagement selbstverständlich, für das westdeutsche Lesepublikum der sechziger Jahre hingegen war jede Form schriftstellerischer Parteilichkeit provokant und abstoßend. Sowohl Peter Weiss als auch Fried wurden wegen ihrer Stellungnahmen gegen den Krieg in Vietnam von der Literaturkritik heftig attackiert. Weiss wurde aufgrund seiner *Ästhetik des Widerstands* später »rehabilitiert«, Fried blieb der Makel des Agitations-Lyrikers. Bis zu seinem Tod schrieb er gegen Opportunismus und geistige Trägheit: *»Anpassung // Gestern fing ich an / sprechen zu lernen / Heute lerne ich schweigen / Morgen höre ich / zu lernen auf«.*

und VIETNAM und verbindet Friedsches Gedanken- und Wortspiel mit Brechtscher Dialektik und Didaktik. Umdenken lehren und mittels Sprache einsichtig machen, daß der Krieg in Fernost nichts Exotisches ist, sondern ein Unrecht darstellt, das mit deutscher Politik und Geschichte direkt zu tun hat *(42 Schulkinder)*, war nur ein Anliegen von Erich Frieds Gedichtband. Bereits der Titel *und VIETNAM und* sollte zeigen, daß der Völkermord in Südostasien lediglich einer von zahlreichen weltweiten kriegerischen Konflikten war, die an Grausamkeit den wenige Jahre zurückliegenden Weltkrieg noch übertrafen. Zwar erwähnt Fried in einem der Gedichte bewußt auch den Ungarn-Aufstand von 1956 *(»Ich habe gesprochen/gegen russische Panzer in Ungarn/Soll ich heute schweigen?«)*, doch läßt er keinen Zweifel daran, daß für ihn die USA und ihre anmaßende Haltung als Garant von Gerechtigkeit und Weltfrieden, im Vergleich zur UdSSR, der weitaus gefährlichere Aggressor waren *(Pressekonferenz LBJ, Frühjahr 1966; Messung eines Staatsoberhauptes; Neue Rangordnung; Im Pentagon)*. Lyrik war für Fried politische Waffe; *und VIETNAM und* enthält daher nahezu ausschließlich Zeitgedichte, von denen beinahe alle den tagesaktuellen Bezug eingebüßt haben, kaum eines aber an aktueller Brisanz verloren hat. Auch Ende der achtziger Jahre sind Grundzüge amerikanischer Außenpolitik durch Frieds *Greuelmärchen* treffend charakterisiert. *(»Der Menschenfresser frißt keinen / der nicht sein Feind ist / Wen er fressen will / den macht er sich erst zum Feind«)*.

Erich Fried stellte 1966 mit *und VIETNAM und* die Frage nach der Schuld des einzelnen *(Falls es vorübergeht)*, die Frage nach politischer Moral *(Gezieltes Spielzeug)* und immer wieder die Frage nach sprachlicher Vermittlung historischen Geschehens. Erst die ungenügende, oftmals auch bewußt falsche Information der Weltöffentlichkeit zwang nach seiner Ansicht den Schriftsteller zur Stellungnahme, vor allem aber zur sprachlichen Analyse gezielter Desinformation und zur öffentlichen Anklage sogenannten Heldentums: *»Beim Nachdenken über Vorbilder // Die uns vorleben wollen / wie leicht / das Sterben ist / Wenn sie uns vorsterben wollten / wie leicht / wäre das Leben«*. Der Schriftsteller sollte mit seiner Sprache das erhellen, was in offiziellen Nachrichten bewußt im dunkeln gehalten wurde. Selten mißlangen Frieds provokante Sprach- und Gedankenspiele wie etwa in seinem Gedicht *Logik*.

Vorangestellt ist dem Band *und VIETNAM und* eine Skizze der Republik Vietnam, am Ende des Bandes verzeichnet eine umfangreiche Chronik die leidvolle Geschichte des Landes. Unter Verwendung von direkt oder indirekt wiedergegebenen Zitaten, zum Teil auch als Anmerkungen zu Gedichten, suchte Fried den Dialog mit seinen Lesern. Diskussionsgrundlage war die literarische Montage politischer Fakten und historischer Dokumente. Zur Tradition politischer Lyrik der Weimarer Republik traten somit Elemente der Anfang der sechziger Jahre aufkommenden Dokumentarliteratur, wie sie vor allem in Theaterstücken von Rolf HOCHHUTH, Heinar KIPPHARDT und Peter Weiss Eingang fanden. M.B.

AUSGABE: Bln. 1966 u. ö.

LITERATUR: P. Rühmkorf, Rez. (in Der Spiegel, 24. 4. 1967). – P. Härtling, *Kann man über Vietnam Gedichte schreiben?* (in Der Monat, 1967, H. 224, S. 57). – U. Hahn, *Die Vietnamgedichte E. F.s* (in U. H., *Literatur in Aktion*, Wiesbaden 1978, S. 36).

MAX FRISCH

* 15.5.1911 Zürich
† 4.4.1991 Zürich

LITERATUR ZUM AUTOR:
Bibliographien:
Über M.F. II, Hg. W. Schmitz, Ffm. 1976, S. 453–534. – J. H. Petersen, *M. F.*, Stg. 1978.
Gesamtdarstellungen und Studien:
H. Bänzinger, *F. u. Dürrenmatt*, Bern 1960; [6]1971. – H. Mayer, *Dürrenmatt u. F. Anmerkungen*, Pfullingen 1963. – M. Wintsch-Spiess, *Zum Problem der Identität im Werk M. F.s*, Zürich 1965. – H. Karasek, *M. F.*, Velber 1966; ern. Mchn. 1976 (dtv). – E. Stäuble, *M. F. Gedankliche Grundzüge in seinen Werken*, Basel 1967. – U. Weisstein, *M. F.*, NY 1967. – M. Jurgensen, *M. F. Die Dramen*, Bern 1968. – A. Weise, *Untersuchungen zur Thematik u. Struktur der Dramen von M. F.*, Göppingen 1969. – *Über M. F.*, Hg. Th. Beckermann, Ffm. 1971 (es). – D. F. Merrifield, *Das Bild der Frau bei M. F.*, Freiburg 1971. – *M. F. – Beiträge zur Wirkungsgeschichte*, Hg. A. Schau, Freiburg 1971. – M. Durzak, *Dürrenmatt, F., Weiss. Deutsches Drama der Gegenwart zwischen Kritik u. Utopie*, Stg. 1972. – M. Jurgensen, *M. F. Die Romane*, Bern 1972. – H. Geisser, *Die Entstehung von M. F.s Dramaturgie der Permutation*, Bern 1973. – H. Steinmetz, *M. F.: Tagebuch, Drama, Roman*, Göttingen 1973. – M. Biedermann, *Das politische Theater von M. F.*, Lampertheim 1974. – A. Schnetzler-Suter, *M. F. Dramaturgische Fragen*, Bern 1974. – H. Bänzinger, *Zwischen Protest und Traditionsbewußtsein. Arbeiten zum Werk u. zur gesellschaftlichen Stellung M. F.s*, Bern 1975. – M. Werner, *Bilder des Endgültigen, Entwürfe des Möglichen. Zum Werk von M. F.*, Bern 1975. – E. M. Dahms, *Zeit u. Zeiterlebnis in den Werken M. F.s. Bedeutung u. technische Darstellung*, Bln./NY 1976. – T. Hanhart, *M. F.: Zufall, Rolle u. literarische Form. Untersuchungen zu seinem neueren Werk*, Kronberg/Ts. 1976. – G. Lusser-Mertelsmann, *M. F. Die Identitätsproblematik in seinem Werk aus psychoanalytischer Sicht*, Stg. 1976. – G. Ullrich, *Identität u. Rolle. Probleme des Erzählens bei Johnson, F. u. Fichte*, Stg. 1977. – *F. Kritik – Thesen – Analysen*, Hg. M. Jurgensen, Bern 1977. – *M. F. Aspekte seines Prosawerks*, Hg. G. P. Knapp, Bern 1978. – J. H. Petersen, *M. F.*, Stg. 1978 (Slg. Metzler). – F. Hoffmann, *Der Kitsch bei M. F.: Vorgeformte Realitätsvokabeln. Eine Kitschtopographie*, Bad Honnef 1979. – *M. F. Aspekte des Bühnenwerks*, Hg. G. P. Knapp, Bern 1979. – M. E. Schuchmann, *Der Autor als Zeitgenosse. Gesellschaftliche Aspekte in M. F.s Werk*, Ffm. 1979. – K. Schuhmacher, *»Weil es geschehen ist«. Untersuchungen zu M. F.s Poetik der Geschichte*, Königstein/Ts. 1979. – *»Begegnung«. Fs. für M. F. zum siebzigsten Geburtstag*, Ffm. 1981. – H. J. Lüthi, *M. F. »Du sollst dir kein Bildnis machen«*, Mchn. 1981 (UTB). – A. Stephan, *M. F.* (in KLG, 11. Nlg. 1982). – V. Hage, *M. F. Mit Selbstzeugnissen u. Bilddokumenten dargestellt*, Reinbek 1983 (rm). – A. Stephan, *M. F.*, Mchn. 1983. – W. Schwenke, *Lesen u. Schreiben: M. F. – eine produktionsästh. Auseinandersetzung mit seinem Werk*, Ffm. 1983. – *M. F.*, Hg. H. L. Arnold, [3]1983 (Text + Kritik). – B. Jacques-Bosch, *Kritik u. Melancholie im Werk M. F.s: Zur Entwicklung einer für die Schweizer Lit. typischen Dichotomie*, Bern u. a. 1984. – W. Schmitz, *M. F. Das Spätwerk (1962–1982)*, Tübingen 1985. – Ders., *M. F.: Das Werk (1931–1961). Studien zu Tradition u. Traditionsverarbeitung*, Bern u. a. 1985. – M. Butler, *The Plays of M. F.*, NY 1985. – J. Ellerbrock, *Identität u. Rechtfertigung: M. F.s Romane unter bes. Berücksichtigung des theologischen Aspekts*, Ffm. 1985

ANDORRA

Stück in zwölf Bildern von Max FRISCH, nach einer ersten Notiz im Jahre 1946, einer längeren Prosafassung im *Tagebuch 1946–1949* und fünfmaliger Umarbeitung 1961 erschienen; Uraufführung: Zürich, 2. 11. 1961, Schauspielhaus. – Wie Millard LAMPELL in seinem Schauspiel *Die Mauer* greift Frisch in *Andorra* den Antisemitismus an; während jedoch Lampell sich auf eine Dokumentation des Schicksals der Juden im Warschauer Ghetto beschränkt, versucht Frisch, seinen Zeitgenossen die Judenfrage im Rahmen einer modellhaften Situation vor Augen zu führen: der des Outsiders, der sich einer in Ressentiments erstarrten Gesellschaft gegenüber sieht. Das Problem des gesellschaftlichen Vorurteils ergibt sich aus einer vorgestellten politischen Situation; dem »weißen« Andorra droht die Aggression der »Schwarzen«. In diesem Andorra, das nichts zu tun hat mit dem Kleinstaat dieses Namens, wird dem jungen Andri aufgrund des Gerüchts, sein Pflegevater, der Lehrer Can, habe ihn als Judenkind vor dem Zugriff der »Schwarzen« gerettet und aufgezogen, das Schandmal der Andersartigkeit aufgeprägt (in Wirklichkeit ist er Cans unehelicher Sohn). Der Tischler, sein Lehrherr, wirft ihm Fehler vor, die offensichtlich ein anderer begangen hat: Der Bürger unterdrückt die Wahrheit. Der Soldat, ähnlich dem Tambourmajor aus Büchners *Woyzeck*, mißhandelt den Jungen: Die Gewalt erschlägt das Recht. Der Arzt beleidigt ihn aus bornierter Eitelkeit: Klischeedenken verstellt die Einsicht. Der Pater, eine dem Staatsanwalt in Frischs Roman *Stiller* verwandte Figur, hält Andri das Kierkegaard-Wort: *»Du mußt dich selber annehmen«*, entgegen, vermag ihm aber nicht zu helfen, da auch er sich an ein falsches Bild hält. Von einer Mauer des Vorurteils umgeben, klammert sich Andri an seine Liebe zu Barblin, der ehelichen Tochter seines Pflegevaters. Als ihm die Hand des Mädchens verweigert wird – da sie ja in Wirklichkeit seine Halbschwester ist –, bildet Andri eben jene Eigenschaften aus, die seine Umgebung ihm unablässig einzuhämmern versucht. Der Wahn seiner Umwelt wird zum Wunschbild seiner Existenz: *»Ich will anders sein.«* So ist das Verhängnis unausweichlich: In der großen Judenschau nach dem Einmarsch der »Schwarzen« wird er zur Liquidation abgeführt, der Vater erhängt sich, Barblin weißelt mit irrer Gebärde die Stadt und *»euch alle«* und starrt auf die zurückgebliebenen Schuhe Andris, vergeblich hoffend, daß ihr Bruder heimkehren werde.

Frisch durchbricht das Illusionstheater, indem er die Schuldigen zwischen den einzelnen Bildern in den Zeugenstand treten, die Ereignisse in der Rückschau erörtern und alle, außer dem Pater, sich für nicht schuldig erklären oder die Achseln zucken läßt. Das Stück erweckt den Eindruck, als gehe es Frisch weniger um eine Bewältigung des Judenproblems unserer jüngsten Vergangenheit, das – seiner massenmörderischen »Endlösung« entkleidet – lediglich in einer Form von allgemeinem Antisemitismus als sozialem Vorurteil behandelt wird. Judenproblem und Identitätsproblem werden auf eine verwirrende Weise vermengt; Andri ist kein Jude, sondern wird dafür gehalten, weshalb gegen das Stück auch der Vorwurf der antisemitischen Tendenz (Torberg) oder der historischen Verharmlosung, der Flucht ins Unverbindliche erhoben wurde. Denn es hat den Anschein, als ob der Autor, der – wie er im *Tagebuch 1946–1949* berichtet – durch das Bibelwort: *»Du sollst dir kein Bildnis machen«* zu dem Stück angeregt wurde, die mit den Juden verbundenen Vorurteile wie Geldgier und Hartherzigkeit als einem Urbild zugehörig akzeptieren könnte. Der politische Rahmen mit seinem konkreten Zeitbezug verstellt die Absicht der modellhaften massenpsychologischen Studie, die das Ressentiment aus der Ideologie und die Ideologie aus einem Mangel an Leitbildern ableitet, und verdrängt die ursprünglich aufgeworfene Frage der Abhängigkeit des einzelnen vom Bild seiner Umgebung – ein Grundproblem seit Pirandello – und der Suche des Menschen nach seiner Identität. Nicht die Aufarbeitung der Judenverfolgung durch die Nationalsozialisten erstrebte Frisch mit diesem Stück, vielmehr die Beschäftigung damit suchte er in den restaurativen Zeiten der fünfziger Jahre auszulösen; das Stück sei, so meinte Frisch, *»für viele Zuschauer doch, wenn auch ein Anfängerkurs, aber doch ein Kurs gewesen in der Beschäftigung mit dem Phänomen Vorurteil – Massenvorurteil – das hat doch wohl schon ein gewisses Bewußtsein geschärft.«*

W.F.S.-KLL

Ausgaben: Ffm. 1961. – Ffm. 1962 (in *Stücke*, 2). – Ffm. 1963 (BS). – Ffm. 1975 (st). – Ffm. 1976 (in *GW in zeitlicher Folge*, Hg. H. Mayer unter Mitw. von W. Schmitz, 7 Bde., 4); Ffm. 1986 (st).

Literatur: F. Torberg, *Ein furchtbares Mißverständnis. Notizen zur Zürcher Uraufführung des Schauspiels »Andorra« von M. F.* (in Das Forum (Wien) 1961, S. 455–456). – K. A. Horst, *»Andorra« mit anderen Augen* (in Merkur, 16, 1962, S. 396–399). – R. Liebermann, *»Andorra« in New York* (in NZZ, 16. 3. 1963). – R. Eckart, *M. F.: »Andorra«. Interpretation*, Mchn. 1965. – P. C. Plett, *Dokumente zu M. F.s »Andorra«*, Stg. 1972. – S. Heidenreich, *Andorra. Biedermann u. die Brandstifter*, Hollfeld 1974. – *M. F. »Andorra« / » Wilhelm Tell«. Materialien, Kommentare*, Hg. W. Frühwald u. W. Schmitz, Mchn. 1977. – *Materialien zu M. F.s »Andorra«*, Hg. E. Wendt u. W. Schmitz, Ffm. 1978 (es). – G. u. M. Knapp, *M. F. »Andorra«*, Ffm. 1980. – *F.s »Andorra«*, Hg. E. Wendt u. W. Schmitz, Ffm. 1984 (st).

BIEDERMANN UND DIE BRANDSTIFTER. Ein Lehrstück ohne Lehre

Schauspiel von Max Frisch, Uraufführung: Zürich 29. 3. 1958 (zusammen mit dem Einakter *Die große Wut des Philipp Hotz*); deutsche Erstaufführung: Frankfurt am Main 28. 9. 1958 (Uraufführung des Nachspiels). Die Fabel zu dem Stück notierte Frisch bereits 1948 im *Tagebuch 1946–1949*, im März 1953 wurde es als Hörspiel *Herr Biedermann und die Brandstifter* im Bayerischen Rundfunk gesendet. – Der Haarwasserfabrikant Jakob Biedermann sitzt in seinem Wohnzimmer und kommentiert mit Empörung neue Zeitungsmeldungen von Feuersbrünsten und Brandstiftungen. Lästiger Besuch dringt in sein Heim: Der Ringer Josef Schmitz, ein Mensch von triefender Sentimentalität und höhnischer Verschlagenheit, bittet um Obdach auf dem feuergefährlichen Speicher. Biedermann sträubt sich, erliegt aber der Schmeichelei, mit der Schmitz seine Spießermentalität, seinen Egoismus, sein Mißtrauen, sein schlechtes Gewissen und sein Sicherheitsdenken geschickt zu manipulieren weiß. Selbst als der Mitverschworene des Vagabunden, der Kellner Eisenring, sich auf dem Dachboden einnistet, als Benzinfässer herangerollt, Zündschnüre angeschlossen und Zündkapseln geputzt werden, kommt Biedermann nicht zur Einsicht; zum Handeln aber ist es ohnehin schon zu spät.

Das einfach gebaute Stück bleibt vieldeutig und erlaubte Interpretationen, mit denen der Autor anscheinend selbst nicht gerechnet hatte. Das Züricher Premierenpublikum fühlte sich vor kommunistischer Infiltration gewarnt (schließlich steht die Fabel im *Tagebuch 1946–1949* im Kontext von Frischs Bemerkungen zum kommunistischen Umsturz in der Tschechoslowakei 1948), in der Bundesrepublik deutete man daraufhin das Stück nach Hinweisen des Autors, der für die deutsche Erstaufführung ein *Nachspiel* verfaßt hatte, eher als Parabel auf die faschistische Machtübernahme 1933. Noch in der Hörspielfassung hatte Frisch vermerkt, es handle sich *»um die Darstellung eines durchschnittlichen Bürgers, der ein etwas schlechtes Gewissen hat ... und der ein gutes haben möchte, ohne irgend etwas zu verändern«*. Der Autor erscheint in der Hörspielversion selbst als »Verfasser«, der das Verhalten Biedermanns kommentiert; seine Rolle übernimmt im Schauspiel der »Chor der Feuerwehrleute«. Im antiken Versmaß verfolgt er parodierend pathetisch die Entwicklung der Dinge, warnt Biedermann, verhält sich aber ebenso passiv wie dieser vor der drohenden Gefahr. Nur in seinen eigenen geschäftlichen Angelegenheiten zeigt sich Biedermann als kalter, nüchterner Rechner; seinen langjährigen Mitarbeiter Knechtling hat er zum Selbstmord getrieben, skrupellos weist er dessen Witwe ab, während ihn umgekehrt im Falle der Brandstifter sein Konformismus dazu bringt, sich bei den Verbrechern anzubiedern. Er selbst bietet ihnen die Streichhölzer an, und noch im Angesicht des Feuers, das aus den benachbarten Häusern schlägt, tröstet er sich mit der Hoffnung, daß es nicht wahr sei: *»Blinder als blind ist der Ängstliche, / Zitternd vor Hoffnung, es sei nicht das Böse / Freundlich empfängt er's, / Wehrlos, ach, müde der Angst, / Hoffend das Beste ... / Bis es zu spät ist.«*

Das bei den meisten Aufführungen gestrichene *Nachspiel* des Jahres 1958 zeigt die Familie Biedermann nach dem Brand in der Hölle. Schmitz und Eisenring entpuppen sich als Teufel auf der Jagd nach den Großen der Welt. Aber nur die Kleinen werden gefangen. Also streikt die Hölle, und die verbrannte Stadt ersteht neu in Chrom und Nickel. Es bleibt alles beim alten – *»ein Lehrstück ohne Lehre«*, dessen formale Nähe zum Lehrstücktypus Brechts unverkennbar ist. Jegliche politische Konkretisierung allerdings bleibt ausgespart, vielmehr wird mit den Erwartungen des Publikums gespielt, werden absurde Formmittel ebenso eingesetzt wie literarische Parodien, darunter eine auf Goethes *Faust*; das Stück erwies sich als erster großer Erfolg des Autors auf den deutschsprachigen Bühnen. KLL

Ausgaben: Hbg. 1955 (in *Hörwerke der Zeit*, Bd. 2; Hörspielfassung). – Ffm. 1958 (ab 14. Aufl. ohne *Nachspiel*; es). – Ffm. 1976 (in *GW in zeitlicher Folge*, Hg. H. Mayer unter Mitw. v. W. Schmitz, 7 Bde., 4); ern. Ffm. 1986 (st).

Verfilmung: Bundesrepublik 1967 (TV; Regie: R. Wolffhardt).

Literatur: D. Herms, *M. F., »Biedermann u. die Brandstifter«* (in *Das deutsche Drama vom Expressionismus bis zur Gegenwart. Interpetationen*, Hg. M. Brauneck, Bamberg 1970). – *M. F., »Biedermann u. die Brandstifter«. Erl. u. Dokumente*, Stg. 1975 (RUB). – *Materialien zu M. F., »Biedermann u. die Brandstifter«*, Hg. W. Schmitz, Ffm. 1979 (st). – G. Jordan, *M. F.: »Biedermann u. die Brandstifter«*, Ffm. 1980. – R. u. R. Meurer, *M. F., »Biedermann u. die Brandstifter«. Interpretation*, Mchn. 1983. – Th. Rosebrock, *Erl. zu M. F.s »Andorra«, »Biedermann u. die Brandstifter«*, Hollfeld [10]1984. – R. Kästler, *Erl. zu M. F. »Biedermann u. die Brandstifter«: Nachspiel zu »Biedermann u. die Brandstifter«*, Hollfeld 1987.

HOMO FABER. Ein Bericht

Roman von Max Frisch, erschienen 1957. – Der Titel des Buchs charakterisiert bereits den Haupthelden und Ich-Erzähler des »Berichts«: Walter Faber ist der Typ eines rationalitätsgläubigen, diesseitsorientierten modernen Menschen, dessen technologisch-mathematisches Weltverständnis ihn blind macht für die Erkenntnis, daß das Leben mit all seinen Unwägbarkeiten und schicksalhaften Zufällen sich den Gesetzen der Logik entzieht. Die Tragik von Fabers eigenem Leben, die sich in wenigen Monaten des Jahres 1957 erfüllt, besteht gerade darin, daß er, der den Glauben an schicksalhafte, irrationale Fügungen im menschlichen Dasein als *»Mystifikation«* und *»Spintisiererei«* verwirft, das Opfer unkalkulierbarer Zufälle wird.

Aus den Aufzeichnungen, die er auf einem Flug nach Caracas und kurz vor seiner Operation in einem Athener Krankenhaus niederschreibt und die von seinem vergangenen Leben, den entscheidenden Ereignissen der letzten Monate und schließlich Tage berichten, geht hervor, daß er in den dreißiger Jahren, als Assistent an der Züricher Technischen Hochschule, eine Halbjüdin, die Münchner Kunststudentin Hanna Landsberg, liebte. Als die politische Situation für Hanna bedrohlich wurde, beschloß er, das Mädchen, das ein Kind von ihm erwartete, zu heiraten: Gleichzeitig jedoch nahm er ein glänzendes berufliches Angebot nach Bagdad an. Durch seine Kälte verletzt, lehnte Hanna schließlich die Heirat ab, und beide beschlossen, das Kind solle nicht zur Welt kommen. 1936 verließ Faber seine Freundin. Zwanzig Jahre später erfährt der inzwischen fünfzigjährige Unesco-Ingenieur, daß Hanna, nach der er nie mehr geforscht und die er für tot gehalten hatte, als Archivarin in Athen lebt und eine Tochter hat, und auf einer Schiffsreise nach Europa begegnet er einem Mädchen, seiner eigenen Tochter Sabeth, die er nicht erkennt – sie trägt den Nachnamen Piper –, die ihn aber mit ihrem *»Hanna-Mädchen-Gesicht«* an seine frühere Geliebte erinnert. Er begleitet die zwanzigjährige Studentin auf ihrer Heimreise durch Italien nach Griechenland, schläft mit ihr und will sie heiraten, obgleich er inzwischen erfahren hat, daß sie die Tochter von Hanna ist, die, nachdem er sie verlassen hatte, ihren gemeinsamen Freund Joachim geheiratet hat: *»Ich rechnete im stillen pausenlos, bis die Rechnung aufging, wie ich sie wollte: Sie konnte nur das Kind von Joachim sein! Wie ich's rechnete, weiß ich nicht; ich legte mir die Daten zurecht, bis die Rechnung wirklich stimmte, die Rechnung als solche.«* In Athen bestätigt ihm Hanna, was er im Grund längst schon wußte, sich aber nicht eingestehen wollte: Sabeth ist sein Kind, das Hanna 1936 nicht hatte abtreiben lassen. Zu Fabers Inzest kommt hinzu, daß die ahnungslose Tochter durch eine Verkettung unglückseliger Umstände, an denen aber Faber nicht ganz schuldlos ist, verunglückt. Kurz vor seinem Tode – Faber ahnt, daß die Operation in Athen die Diagnose eines unheilbaren Magenkrebses ergeben wird – muß er erkennen, daß er das Leben seiner Tochter, sein eigenes Glück und das der Mutter vernichtet hat, ohne es zu wissen: *»Was ist denn meine Schuld?«*

Faber, der alles, was nicht berechenbar ist, als bedeutungslos denunziert, der Stimmungen, Liebe, Religion, Kunst nicht kennt, nicht wahrhaben will oder nur »wissenschaftlich« erklärt und abtut, muß erfahren, daß seine technologische Weltorientierung nicht ausreicht, um menschlicher Schuld und schicksalhaftem Verhängnis zu entgehen. Nach dem Tod Sabeths ahnt er, der moderne Ödipus, daß er schuldig geworden ist; jedoch bleibt ihm unverständlich, was Hanna, die ihn einst »homo faber« nannte, mit der Äußerung meint, daß alles kein zufälliger Irrtum gewesen sei, sondern ein Irrtum, der zu ihm gehöre wie sein Beruf, wie sein ganzes Leben: *»Du behandelst das Leben nicht als Gestalt, sondern als bloße Addition, daher kein Verhältnis zur Zeit, weil kein Verhältnis zum Tod.«* – Mit der Form des tagebuchartigen »Berichts«, der einerseits das Erzählte dokumentarisch zu verbürgen scheint, andererseits die Subjektivität des Tagebuchschreibers zur Geltung kommen läßt, verwendet Frisch wie bereits in dem Roman *Stiller* (1956) ein Kunstmittel, das schon durch seine eigene Dialektik die »wahren« Aufzeichnungen Fabers als Zeugnis für seine Selbsttäuschung offenbart: In der »genauen« Rekonstruktion der Vorgänge und den vorbehaltlosen, scheinbar nichts verschweigenden Aufzeichnungen reprodziert er nur sein – unwissentlich – falsches Bild der Wirklichkeit; seinem absoluten starren Glauben an die Welt als einer einwandfrei aufgehenden Gleichung muß die Hintergründigkeit und Unerforschlichkeit des Lebens ein Rätsel, mindestens aber ein Ärgernis bleiben. Das Werk, dessen Handlung sich in Grundrissen schon in einer vom Autor in seinem *Tagebuch* (1950) erzählten *Kalendergeschichte* von 1946 findet und dessen autobiographisches Moment Frisch in *Montauk* mitteilt, hatte zwar großen Erfolg beim Publikum, erreicht aber nicht den Rang des auch sprachlich sehr viel differenzierteren *Stiller*: Fast kann man sagen, daß in *Homo Faber* das *fabula docet*, die tiefere Bedeutung überdeutlich und gelegentlich zu aufdringlich zutage tritt. S.P.-KLL

Ausgaben: Ffm. 1957. – Ffm. 1966. – Ffm. 1976 (in *GW in zeitlicher Folge*, Hg. H. Mayer unter Mitw. v. W. Schmitz, 7 Bde., 4); ern. Ffm. 1986 (st).

Literatur: E. Stäuble, *M. F. Ein Schweizer Dichter der Gegenwart. Versuch einer Gesamtdarstellung seines Werkes*, Amriswil ⁴1971. – H. Geulen, *M. F.s »Homo Faber«. Studien u. Interpretationen*, Bln. 1965. – H. Bänzinger, *F. u. Dürrenmatt*, Bern ⁵1967. – E. Neis, *Erl. zu M. F. Stiller. Homo Faber. Gantenbein*, Hollfeld ⁴1975. – S. Heidenreich, *M. F. Homo Faber. Untersuchungen zum Roman*, Hollfeld 1977. – C. Hoffmann, *M. F.s Roman »Homo Faber«, betrachtet unter theologischem Aspekt*, Ffm. 1978. – D. Kiernan, *Existentiale Themen bei M. F. Die Existentialphilosophie M. Heideggers in den Romanen Stiller, Homo Faber u. Mein Name sei Gantenbein*, Bln./NY 1978. – W. Loukopoulos, *M. F.: Homo Faber. Eine Motivanalyse. H. v. Kleist: Der Zweikampf. Die Stellung des Subjekts*, Stg. 1978. – *F.s Homo Faber*, Hg. W. Schmitz, Ffm. 1983 (st). – E. Neis, *M. F., »Homo Faber«. Eine Einf. in den modernen Roman*, Hollfeld 1984. – M. Knapp, *M. F., »Homo Faber«*, Ffm. 1987.

MEIN NAME SEI GANTENBEIN

Roman von Max Frisch, erschienen 1964. – Der Konjunktiv im Titel verweist auf die erzählerische Grundintention, alle im Roman vorgetragenen Geschichten und Episoden allein als fiktive Vergegenwärtigungen eines vergangenen Geschehens, als Sinnbilder der Erkenntnis gelten zu lassen: Wirklichkeit entziehe sich dem unmittelbaren Zugriff der Sprache, sie könne allenfalls in der Pluralität fingierter Möglichkeiten experimentell zur Erscheinung gebracht werden. Darum heißt die Ausgangsposition des Romans: *»Ein Mann hat eine Erfahrung gemacht, jetzt sucht er die Geschichte dazu.«* Er fragt sich angesichts des verlassenen Wohnzimmers, in dem seine Ehe gescheitert ist: *»Was ist wirklich geschehen?«*, ist sich jedoch bewußt, daß eine Antwort nicht in der faktischen Rekonstruktion des Vergangenen, sondern bestenfalls an dessen Spiegelung mit Hilfe von Fiktionen zu erhalten ist, die der Erzähler wiederholt durch die Formel *»Ich stelle mir vor«* kennzeichnet.

Wie schon in den Romanen *Die Schwierigen, Stiller* und *Homo Faber* kommt auch *Gantenbein* dem Eheproblem eine dominierende Stellung zu. Keines dieser Werke läßt sich jedoch unter den Begriff »Eheroman« subsumieren. Vielmehr wird die Ehe zum Modellfall zwischenmenschlicher Beziehung, an dem sich die Diskrepanz von faktischer und erlebter Wirklichkeit sinnfällig demonstrieren läßt. Eifersucht, die Gantenbeins Ehe zerstört, offenbart diese Diskrepanz. Sie ist Ausdruck der *»Kluft zwischen Welt und Wahn«*, der Blindheit des Ichs gegenüber der Welt. Diese objektive Konstellation wird im Roman thematisiert. Gantenbein, sehend und sogar sehr genau beobachtend wie der Erzähler, für den er in der hypothetischen Rekonstruktion des Geschehenen eintritt, spielt einen Blinden. Zweifel, ob die Gantenbein-Rolle letzten Endes geeignet ist, die eigentliche Erfahrung widerzuspiegeln, veranlassen den Erzähler, das Problem vorübergehend an anderen Personifikationen seines Ichs zu überprüfen. Doch scheinen ihm schließlich die Daseinsentwürfe eines Architekten Svoboda und eines Kunsthistorikers Enderlin noch weniger geeignet, die ursprüngliche Erfahrung sinnfällig zu vermitteln. Zwar dient es dem Bewußtwerdungsprozeß des Erzählers, wenn er die Beziehungen beider Personen zu Lila, der weiblichen Zentralfigur, darstellt, dennoch unterbricht er das Spiel der Möglichkeiten zugunsten der Titelgestalt: *»Mein Name sei Gantenbein (Aber endgültig).«* – In Gantenbein versucht das reflektierende Ich einen Halt zu finden – *»Jedes Ich, das sich ausspricht, ist eine Rolle«*; und Gantenbein erweist sich – nicht zuletzt in erzähltechnischer Hinsicht – als nahezu ideale Gestalt. Der scheinbar Blinde wird zum genauesten Augenzeugen seiner Umwelt, die vor ihm ihr schlechtes Rollenspiel meint aufgeben zu dürfen. So zeitigt seine Position notwendig kultur- und zivilisationskritische Einsichten, die sich indessen nicht zur großen Entlarvung und Anklage der Gesellschaft zusammenschließen. Ihr Wert liegt darin, daß sie dem Ich zum Bewußtsein seiner selbst verhelfen. Um dieses Erzähler-Ich, sich selbst nicht oder nur in Rollen sehen kann, kreisen noch die entlegensten Teile des Romans, in dem der Erzähler abschließend mit einem lakonischen Satz – *»Leben gefällt mir«* – die unabsehbare Variabilität des wirklichen Lebens gegen das gesichts- und geschichtslose Dasein des nur Faktischen verteidigt.

Der spielerische Rollenwechsel – *»Ich probiere Geschichten an wie Kleider«* – wird möglich dank einer Sprache, die eher entwirft als schildert, vermeintlich sichere Aussagen ironisch relativiert und den suggestiven Identifikationsgestus vermeidet. Frisch skizziert, notiert, häuft Materialien in locker gereihten Sätzen und Saltzgliedern. Er zwingt sie so wenig in moderierten epischen Fluß, wie er das Widerstrebende und Widersprüchliche der »Geschichten« kaschiert. Um Raum für das Spiel mit den verschiedenen Variationen jener zentralen Erfahrung zu bekommen, preßt Frisch den Erzählstoff nicht mehr in ein festen Raum-Zeit-Schema. Kausale und zeitliche Sukzession sind aufgegeben, so daß eine »Handlung« im herkömmlichen Sinn nicht mehr zustande kommt, zweifellos ein Indiz dafür, wie sehr sich Frisch von den vorhergegangenen Romanen *Stiller* und *Homo Faber* erzähltechnisch entfernt hat. Im Zusammenhang mit seiner Bühnenarbeit führte Frisch die Überlegungen zur Erzähltechnik weiter, die er in *Mein Name sei Gantenbein* erprobt hatte. In seiner Rede bei der Verleihung des Schillerpreises 1965, aber auch in Essays (*Anmerkung zu »Biografie«*, 1967; *In eigener Sache*, 1968) setzt er gegen die herkömmliche, sich kausal entwickelnde Dramaturgie von Texten eine Dramaturgie des Zufalls, der »Permutation«: Das Leben, so äußert Frisch 1965, *»summiert sich aus Handlungen, die oft zufällig sind, und es hätte immer auch anders sein können, es gibt keine Handlung und Unterlassung, die für die Zukunft nicht Varianten zuließe«*. Will Kunst eine Äußerung über Lebensverhältnisse und -zustände sein, so darf der Zufall, und in seinem Stück *Biografie: Ein Spiel* (1967, 2. Fassg. 1968) versuchte Frisch diese Überlegungen auf das Theater zu übertragen, nicht als *»dramaturgischer Makel«* eliminiert werden.

C.P.S.-W.We.

AUSGABEN: Ffm. 1964. – Ffm. 1975 (st). – Ffm. 1976 (in *GW in zeitlicher Folge*, Hg. H. Mayer unter Mitw. v. W. Schmitz, 7 Bde., 5); ern. Ffm. 1986 (st).

LITERATUR: W. R. Marchand, *M. F. »Mein Name sei Gantenbein«* (in ZfdPh, 4, 1968, S. 510–535). – M. Kraft, *Studien zur Thematik von M. F.s Roman »Mein Name sei Gantenbein«*, Bern 1969. – E. Neis, *Erläuterungen zu M. F. »Stiller«, »Homo Faber«, »Gantenbein«*, Hollfeld [4]1975. – P. F. Botheroyd, *Ich u. er. First and Third Person. Self-Reference and Problems of Identity in Three Contemporary German-Language Novels*, Den Haag/Paris 1976. – M. Butler, *The Novels of M. F.*, Ldn. 1976. – H. Gockel, *M. F. »Gantenbein«. Das offen-artistische Erzählen*, Bonn 1976. – S. Heidenreich, *»Mein Name sei Gantenbein«. »Montauk«. »Stiller«. Untersuchungen und Anmerkungen*, Hollfeld 1976. – D. Kiernan, *Existentiale Themen bei M. F. Die Existentialphilosophie M. Heideggers in den Romanen Stiller, Homo Faber und Mein Name sei Gantenbein*, Bln./NY 1976.

DER MENSCH ERSCHEINT IM HOLOZÄN

Erzählung von Max FRISCH, erschienen 1979. – Die bereits in den frühen siebziger Jahren konzipierte und in enger thematischer Beziehung zum Drama *Triptychon* stehende Erzählung gestaltet in karger, extrem verdichteter Prosa die Erfahrung von Alter, nachlassender Schaffenskraft und Tod im Angesicht einer dem Individuum gegenüber vollkommen gleichgültigen Natur, die den Anspruch der Menschen auf Ordnung, Lebenssinn und Perspektive als lächerlich und hoffnungslos erscheinen läßt. Die Erzählung, *»ein eigentlicher Jetztzeit-Roman, ein Endzeit-Roman, ein Roman über den Verlust individueller Selbstbestimmung«*, darf als charakteristisch für den Altersstil des Schweizer Autors verstanden werden und markiert gewiß *»einen Kulminationspunkt in Frischs Schaffen überhaupt«* (B. v. Matt).

Der 73jährige Herr Geiser lebt seit dem Tod seiner Frau Elsbeth allein im Valle Onsernone im schweizerischen Tessin, wo auch Max Frisch ein Haus besitzt. *»Die Frage, warum Herr Geiser, Bürger von Basel, sich in diesem Tal niedergelassen hat, ist müßig: Herr Geiser hat es getan«*. Die selbstgewählte Isolation in seinem nicht weit von einem Dorf gelegenen Haus – etwaige, nur vage beschriebene Besucher reisen rasch weiter oder werden nicht eingelassen – wird zu einem Aufenthalt ohne Rückkehr, als ein durch ein gewaltiges Sommergewitter ausgelöster Erdrutsch das abgelegene Tal von der Außenwelt abschneidet. Die sonst spektakuläre Berglandschaft versinkt in einem zumindest Herrn Geiser an den Untergang der Welt gemahnenden Regen *(»Niemand rechnet mit Sintflut«)*. Der Strom fällt aus, und somit sind die alltagspraktischen Annehmlichkeiten der Zivilisation (Boiler, Kochplatte, Kühlschrank, Tiefkühltruhe, Fernseher) nicht mehr zu nutzen. Herr Geiser, der an sich Zeichen geistiger Hinfälligkeit wahrnimmt *(»Schlimm wäre der Verlust des Gedächtnisses«, »Ohne Gedächtnis kein Wissen«, »Wissen beruhigt«)*, heftet Belege menschlichen Wissens in Form einer Zitatensammlung aus Handbüchern und Lexika aus seiner Bibliothek an die Wand (Lexikonartikel, Zeichnungen und Zettel sind im Buch typographisch hervorgehoben) und versucht auf diese Weise, *»die Spuren menschlichen Daseins zu sichern«* (W. Schmitz). Seine Zettel-Kollektion jedoch wird durch einen Luftzug durcheinandergewirbelt zu einem *»Wirrwarr, das keinen Sinn gibt«*. Der Protagonist, *»innerlich abgestorben wie in der Vorhölle«* (B. v. Matt), versucht in einer großen physischen Anstrengung, sein Ende abzuwenden und das Tal in Richtung Italien zu verlassen. Von der letztendlichen Vergeblichkeit seines Tuns immer mehr überzeugt, bricht er den Ausbruchsversuch vorzeitig ab *(»Was soll Herr Geiser in Basel!«)*. Das Ende von Herrn Geisers *»Rückzugsgefecht«* (A. Stephan) scheint unausweichlich, und das Zeitalter des Holozän (Lexikon: *»die erdgeschichtl. Gegenwart spielt sich im Holozän ab«*) präsentiert sich als eine für den einzelnen unübersehbar lange und für die Erde selbst episodenhaft kurze Epoche *(»Was heißt Holozän! Die Natur braucht keine Namen. Das weiß Herr Geiser. Die Gesteine brauchen sein Gedächtnis nicht«)*. Am Ende der Erzählung erscheint der vom Schlag getroffene Herr Geiser *»wie nicht gewesen«* (B. v. Matt). Im Schlußbild triumphiert das *»Unbewußtsein der Natur, des Geschichtslos-Ewigen, des Unmenschlichen«* (W. Schmitz).

Die Geschichte des in der Schöpfung verlorenen und für diese vollkommen unerheblichen, Gedächtnis und Wissen am Rande des Todes verlierenden Herrn Geiser darf als poetisch verschlüsseltes Meta-Zeichen für die prinzipiell hoffnungslose Situation des postmodernen »Endzeit-Menschen« im Angesicht der irdische Zeit- und Raumvorstellungen hinter sich lassenden Unermeßlichkeit des Kosmos verstanden werden. *»Herr Geiser sieht keinen Unterschied zwischen seinem privaten Ende und dem Ende der Menschheit«* (A. Stephan). Variationen und Möglichkeitsdenken, geschweige denn irgendwelche Erlösungshoffnungen, verbieten sich in einer poetischen Welt, in der schon die Kommunikation kein Problem mehr ist, da sie in dieser Ein-Personen-Erzählung nur noch als bruchstückhafter Bewußtseinsmonolog eines alternden Mannes vorkommt. Der Rückzug aus Zeit und Welt, der Verzicht auf Gemeinschaft und das Absehen von jeglicher Zukunftsausrichtung, die in dieser Erzählung ebenso wie in *Triptychon* und in Max Frischs Publizistik aus den späten siebziger Jahren unübersehbar sind, stehen in gewissem Widerspruch zum politisch-literarischen Selbstverständnis des vordem durchaus zeitkritisch-engagierten Autors, dessen eher resignatives Spätwerk auf manche dem Existentialismus nahestehende Position des frühen Frisch zurückverweist. K.Hü.

AUSGABEN: Ffm. 1979. – Ffm.1981 (st). – Bln./DDR 1980 (in *Erzählende Prosa 1939–1979*). – Ffm. 1986 (in *GW in zeitlicher Folge*, Hg. H. Mayer unter Mitw. v. W. Schmitz, 7 Bde., 7); ern. Ffm. 1986 (st).

LITERATUR: R. M. Goetz, *Alter ohne Revolte* (in Merkur, 33, 1979, H. 9, S. 914–918). – R. Hartung, *Vom abgeschiedenen Leben* (in NRs, 90, 1979, S. 455–458). – G. Bauer-Pickar, *»Es wird nie eine Pagode«* (in Seminar 1983, Nr. 1, S. 33–56). – B. v. Matt, *Endzeitfiguren* (in NZZ, 10. 5. 1986). – K. Rossbacher, *Lesevorgänge. Zu M. F.s Erzählung »Der Mensch erscheint im Holozän«* (in *Zeitgenossenschaft*, Hg. P. M. Lützeler, Ffm. 1987, S. 252–265).

MONTAUK

Autobiographische Erzählung von Max FRISCH, erschienen 1975. – Mit diesem ersten der seinem Spätwerk zugerechneten Werke zieht Max Frisch eine seine eigene Person radikal preisgebende kritische Bilanz. Demnach lassen sich Frischs *»Bekenntnisse unter Kunstzwang«* (A. Krättli) zunächst als eine schonungslose öffentliche Beichte ihres Autors verstehen, bei der insbesondere sein *»Life as a Man«* im Hinblick auf den Prozeß des Alterns im Vordergrund steht. Neben den Beziehungen Frischs zu seiner jüdischen Braut Käte und zu seiner zweiten Frau Marianne kommt auch sein Verhältnis zu Ingeborg BACHMANN einschließlich einiger Anmerkungen zu deren Hörspiel *Der gute Gott von Manhattan* zur Sprache. *Montauk* ist zugleich ein vieldimensionales Erinnerungsbuch, in dem sich diverse Themen und Motive aus früheren Werken Frischs *(Stiller, Mein Name sei Gantenbein, Homo Faber)* strukturell verdichten und das vor allem Frischs schriftstellerisches Werk *»als Selbsttäuschung des Autors«* (M. Jurgensen) zum Thema macht. Darüber hinaus kann der erzähltechnisch äußerst kompliziert gestaltete Text, in dem die Grenzen zwischen literarischer Fiktion, Tagebuch, Dokument und unmittelbarem Erleben aufgehoben zu sein scheinen, als poetologische Studie über die Möglichkeiten des Erzählens überhaupt und damit über den Zusammenhang von Leben, Schreiben und Erinnern aufgefaßt werden *(»Ich möchte erzählen können, ohne irgend etwas dabei zu erfinden. Eine einfältige Erzähler-Position«)*.

Dem Prosatext programmatisch vorangestellt ist das MONTAIGNE-Zitat *»Dies ist ein aufrichtiges Buch, Leser... Denn ich bin es, den ich darstelle... So bin ich selbst, Leser, der einzige Inhalt meines Buches«*. Der darin angedeutete Vorsatz, endlich einmal ungeschminkt aufrichtig sein zu wollen (*»Ich habe mir mein Leben verschwiegen. Ich habe irgendeine Öffentlichkeit bedient mit Geschichten«*), wird im Verlauf der Erzählung problematisiert (*»Dies ist ein aufrichtiges Buch, Leser. Und was verschweigt es und warum?«*) und im Endeffekt sowohl erfüllt als auch gebrochen. Vordergründig handelt die Erzählung von einem Wochenende, das ein alternder Schriftsteller namens Max mit der 31jährigen Amerikanerin Lynn, an die ihn keine tiefere Empfindung bindet, im Mai des Jahres 1974 am Strand des Ortes Montauk auf Long Island verbringt. *»Sein Flug ist für Dienstag gebucht«*. Doch das durchaus nicht spektakulär verlaufende Liebesabenteuer bekommt durch die ausführlichen Assoziationen und Reflexionen des Erzählers eine ins Existentielle geweitete Dimension. Weniger die durch häufige fremdsprachliche Textsegmente verfremdeten Gegenwartsereignisse als vielmehr die intensiven Erinnerungen an sein stets problematisches Verhältnis zu Frauen, an seinen Männlichkeitswahn und seine Schuldverstrickung, an seine Leere (*»Er weiß, daß er langweilig ist«*) und seine Unzulänglichkeiten (*»Meine Fehler wird man hier finden«*), an die sein Lebensschicksal prägende Zeit mit dem Zürcher Jugendfreund W., an seine frühere Tätigkeit als Architekt, an die lebenslange Angst vor Versagen und Verstummen, an Figuren und Szenen aus literarischen Werken und an die Schwierigkeiten mit der Rolle des berühmten Schriftstellers bestimmen das Textgeschehen. Die *»dünne Gegenwart«* wird der literarisierten Wahrnehmung des oft nur im Zitat lebenden Erzählers nebensächlich im Vergleich zu seiner erinnerten Vergangenheit und zu seinem Wissen, daß er dem Tode näher kommt (*»Es mehren sich die Toten als Freundeskreis«*). *»Indem er die Geschichten rekapituliert, die ihn mit anderen verknüpfen, gewinnt sein gegenwärtiges Selbst die Dimension des Gewesen-Seins. Indem er die Vergangenheit wiederholt, verliert er die Gegenwart: Déja vu«* (W. Schmitz). Die unmittelbare Erfahrung der Gegenwart und der gleichzeitige Versuch, diese festzuhalten und damit bereits zu bearbeiten, also die auch erzähltechnisch (grammatischer Wechsel von Ich und Er) reflektierte Aufspaltung des Ich in ein erlebendes und ein registrierendes (*»Leben ist langweilig, ich mache Erfahrungen nur noch, wenn ich schreibe«*), führen zu ernsten Identitäts- und Authentizitätszweifeln. *»Das Ich ist nur in seinem Einerseits-andererseits, in seinem Sowohl-als-Auch zureichend zu fassen«* (J.H. Petersen). *Montauk* ist nicht nur Liebesgeschichte und autobiographischer Schlüsselroman, sondern vor allem auch *»ein Buch über die Schwierigkeiten, Leben zu beschreiben und Literatur zu leben«* (A. Stephan). Die Trennung von Lynn als Konsequenz der Verdammung eines Schuld und Ängste produzierenden *»Life as a Man«* steht am Ende des Textes. *»Bestand haben in diesem Buch eigentlich nur die negativen Einsichten: die Unsicherheit als Mensch und Autor; die Angst vor Rolle und Bildnis; das Unvermögen, einen Ausgleich zwischen Bindungslosigkeit und Geborgenheit zu finden; das Mißtrauen gegenüber den politischen Parolen«* (A. Stephan).

Die am Beginn einer gewissen literarischen *»Reprivatisierung«* (A. Stephan) des Schweizer Autors stehende Erzählung erteilt dem unmittelbaren politischen Engagement des Schriftstellers eine deutliche Absage (*»Politik kümmert mich überhaupt nicht«*, *»Ich schreibe für mich«*). Wie schon zuvor wird der Mann und das von ihm repräsentierte Weltverständnis verurteilt, *»erstmals aber der utopische Anspruch, vor dem er versagt, als möglicher Gegenstand von Dichtung angesprochen«* (W. Schmitz). Insgesamt stellt die Erzählung *»ein höchst bemerkenswertes Beispiel für den Versuch dar, Autobiographie als Poesie zur Geltung zu bringen«*, und in gewisser Weise ist sie auch *»ein dichtungsontologisches Novum«* (J. H. Petersen). K.Hü.

AUSGABEN: Ffm. 1975. – Ffm. 1976 (in *GW in zeitlicher Folge*, Hg. H. Mayer unter Mitw. v. W. Schmitz, 7 Bde., 6); ern. Ffm. 1986 (st). – Ffm. 1978 (BS). – Bln./DDR 1980 (in *Erzählende Prosa 1939–1979*). – Ffm. 1981 (st).

LITERATUR: A. Krättli, *Leben im Zitat. M. F.s »Montauk«* (in Schweizer Monatshefte, 55, 1975, S. 653–656; ern. in *Über M. F. II*, Hg. W. Schmitz, Ffm. 1976, S. 428–434). – H. Schwab-Felisch, *M. F.s Konfessionen* (in Merkur, 29, 1975, S. 1179–1183). – R. Hartung, *»Schreibend unter Kunstzwang«. Zu der autobiographischen Erzählung »Montauk« v. M. F.* (in Neue Rundschau, 86, 1975, S. 713–717, ern. in *Über M. F. II*, Hg. W. Schmitz, Ffm. 1976, S. 435–442). – H. Mayer, *»Die Geheimnisse jedweden Mannes«* (in *Über M. F. II*, Hg. W. Schmitz, Ffm. 1976, S. 443–447). – G. v. Hofe, *Zauber ohne Zukunft. Zur autobiographischen Korrektur in M. F.s Erzählung »Montauk«* (in Euph, 70, 1976, S. 374–397). – U. Johnson, *Zu »Montauk«* (in *Über M. F. II*, Hg. W. Schmitz, Ffm. 1976, S. 448 ff.). – M. Jurgensen, *M. F. Die Romane*, Bern 1976, S. 262–270. – G. Knapp, *Noch einmal: Das Spiel mit der Identität. Zu M. F.s »Montauk«* (in *M. F. Aspekte des Prosawerks*, Hg. ders., Bern 1978, S. 285–307). – K. Müller-Salget, *M. F.s »Montauk« – eine Erzählung?* (in ZfdPh, 1978, S. 108–120; Sonderh.). – W. Stauffacher, *Die strukturale Funktion fremdsprachlicher Elemente in M. F.s »Montauk«* (in Études de Lettres, 1981, Nr. 4, S. 39–48). – W. Schmitz, *M. F. Das Spätwerk (1962–1982)*, Tübingen 1985.

STILLER

Roman von Max FRISCH, erschienen 1954. – *»Ich bin nicht Stiller«* – mit diesem Satz beginnt Frischs erster bedeutender Roman. Aus dem darin enthaltenen Widerspruch entwickeln sich Handlung und

Grundproblematik: der Kampf eines Menschen um seine subjektive und gegen seine objektive Identität; das Werk entstand fast gleichzeitig mit dem Schauspiel *Don Juan oder die Liebe zur Geometrie* sowie mit dem Hörspiel *Rip van Winkle*.

Ein Mann namens Jim Larkin White, angeblich Amerikaner, wird beim Grenzübertritt in die Schweiz festgenommen und verdächtigt, mit dem seit sieben Jahren verschollenen und in eine mysteriöse Agentenaffäre verwickelten Bildhauer Ludwig Anatol Stiller identisch zu sein. Seine Aufzeichnungen während der Untersuchungshaft – sie sollen seine objektive Identität klären helfen – bilden den tagebuchartigen Hauptteil des Romans. Aus einzelnen Aussagen bildet sich allmählich eine Charakteristik des verschollenen Bildhauers: *»Er will nicht er selbst sein … Er leidet an der klassischen Minderwertigkeitsangst aus übertriebener Anforderung an sich selbst … Er flieht das Hier-und-Jetzt zumindest innerlich.«* Er scheitert als Bildhauer wie schon vor ihm Reinhart in Frischs Roman *J'adore ce qui me brûle oder Die Schwierigen* (1943), und er versagt als Freiwilliger im Spanischen Bürgerkrieg. Seine größte, den Roman bestimmende »Bewährungsprobe«, die Ehe mit Julika, mißlingt bei dem Versuch, Julika aus ihrer kühlen Verschlossenheit herauszuführen, ihr Wesen *»zu deuten und auszusprechen«*. In der Hoffnung, ein neues Leben beginnen zu können, flieht Stiller nach Amerika. Sein Abenteuerleben, gespiegelt in den Geschichten Whites, mündet in einen Selbstmordversuch: die Peripetie in Stillers Leben. Er ergreift die Möglichkeit, noch einmal neu anzufangen und *»kein anderes Leben zu suchen als dieses, das er nicht von sich werfen kann«*. Nach seiner Rückkehr in die Heimat und während der Untersuchungshaft erweist sich diese Hoffnung jedoch als trügerische Illusion. Die Last der Beweise und ein gerichtlicher Beschluß zwingen »White« schließlich, seine objektive Identität mit dem Verschollenen zu akzeptieren, obwohl er subjektiv ein Gewandelter ist. – Im *Nachwort*, dem zweiten Teil des Romans, wird aus der Perspektive des Staatsanwalts Stillers weiterer Weg geschildert. Er zieht mit Julika in ein verlassenes Bauernhaus am Genfer See und arbeitet dort als einfacher Töpfer. Alles wiederholt sich nun. Noch einmal versucht er, Julika zu »erlösen«, wieder scheitert er. Erst als es zu spät ist und Julika an einem Lungenleiden stirbt, ist er bereit, seine Unzulänglichkeit und damit sich selbst anzunehmen. Stiller lebt fortan ein einsames Leben.

Das Ringen des Protagonisten um seine Identität nimmt im Roman eine alle anderen Probleme weit überragende Stellung ein. Was diese Identität der Person subjektiv gefährdet, ist die neurotische Sehnsucht nach einem anderen Ich, nach einem erfüllteren Leben. Sie bestimmt im Zusammenhang mit dem Identitätsproblem das gesamte Werk Frischs. Seine Helden leiden an der begrenzten Alltagswirklichkeit, in der sie sich in eine Rolle gedrängt fühlen, die sie daran hindert, sie selbst zu sein. Sie sehnen sich in ihre Jugend zurück oder nach Traumorten wie Santa Cruz (*Santa Cruz*, 1947), einem geographisch nicht lokalisierbaren Peking (*Bin oder Die Resie nach Peking*, 1945) oder der Insel Santorin (*Graf Öderland*, 1951) und erproben neue Lebensmuster wie Gantenbein (*Mein Name sei Gantenbein*, 1964) oder Kürmann (*Biografie*, 1968). Diese anfänglich positiv bewertete Sehnsucht – *»Die Sehnsucht ist unser Bestes« (Bin)* – führt zur Identitätskrise in *Stiller*, die schon im Kierkegaard-Motto des Romans anklingt: *»Sieh, darum ist es so schwer, sich selbst zu wählen, weil in dieser Wahl die absolute Isolation mit der tiefsten Kontinuität identisch ist, weil durch sie jede Möglichkeit, etwas anderes zu werden, vielmehr sich in etwas anderes umzudichten, unbedingt ausgeschlossen wird.«* Stillers Flucht aus seinem verfehlten Leben und sein Versuch, als Gewandelter zurückzukehren, um ein neues Leben zu führen, können nicht die Identität mit sich selbst bewirken. Er wollte das Unmögliche, weil er in der Erfüllung des Möglichen versagt hatte.

Erzähltechnisch entsprechen den beiden Ichs (Stiller/White) zwei Zeitebenen (Vergangenheit und Gegenwart), deren ständige Überlagerung die Simultaneität aller Lebensabschnitte suggeriert. In der komplexen Vielfalt der Sprach- und Erzählformen zeichnet sich Frischs Erzählproblem ab: *»Ich habe keine Sprache für die Wirklichkeit.«* Die insistierende Reflexion dieser Aporie und ihre Integration im Romanganzen spiegeln auf höherer Ebene die Grundproblematik des an seiner frustrierten Sehnsucht nach Selbstverwirklichung leidenden Romanhelden, ohne sie jedoch einer bequemen Lösung zuzuführen. C.P.S.

Ausgaben: Ffm. 1954; ern. 1969. – Ffm. 1973 (st). – Ffm. 1976 (in *GW in zeitlicher Folge*, Hg. H. Mayer unter Mitw. v. W. Schmitz, 7 Bde., 3); ern. Ffm. 1986 (st).

Literatur: K.-H. Braun, *Die epische Technik in M. F.s Roman »Stiller«*, Diss. Ffm. 1959. – H. Mayer, *Dürrenmatt u. F. Anm.*, Pfullingen 1965, S. 38–54. – M. Wintsch-Spiess, *Zum Problem d. Identität im Werk M. F.s*, Zürich 1965. – F. Dürrenmatt, *»Stiller«. Roman von M. F. Fragment einer Kritik* (in F. D., *Theater-Schriften u. Reden*, Hg. E. Brock-Sulzer, Zürich 1966, S. 261–271). – W. Zimmermann, *M. F.: »Stiller«* (in W. Z., *Deutsche Prosadichtungen unseres Jh.s*, Bd. 2, Düsseldorf 1969). – P. F. Botheroyd, *Ich u. er. First and Third Person Self-Reference and Problems of Identity in Three Contemporary German-Language Novels*, Den Haag/Paris 1976. – S. Heidenreich, *Mein Name sei Gantenbein. Montauk. Stiller. Untersuchungen u. Anm.*, Hollfeld 1976. – M. Butler, *The Novels of M. F.*, Ldn. 1976. – T. Poser, *M. F.: »Stiller«. Interpretation*, Mchn. 1977. – D. Kiernan, *Existentiale Themen bei M. F. Die Existentialphilosophie M. Heideggers in »Stiller«, »Homo Faber« u. »Mein Name sei Gantenbein«*, Bln./NY 1978. – *Mat. zu M. F. »Stiller«*, Hg. W. Schmitz, 2 Bde., Ffm. 1978 (st). – *F.s »Stiller«*, Hg. ders., Ffm. 1986 (st). – R. Kästler, *Erl. zu M. F.s »Stiller«*, Hollfeld 1987.

TAGEBUCH 1966–1971

Tagebuchnotizen von Max FRISCH, erschienen 1972. – Die Veröffentlichung eines aus fiktionalen, biographischen und dokumentarischen Texten komponierten Tagebuchs aus den kulturell und politisch besonders bewegten Jahren von 1966 bis 1971 weist zurück auf das *Tagebuch 1946–1949*. Frischs Diarium, das in zwei Fassungen vorliegt, steht jedoch vor allem in engem Zusammenhang mit seinem Spätwerk *(Montauk, Triptychon, Der Mensch erscheint im Holozän, Blaubart)*, als dessen Keimzelle es zunehmend erkannt wird. Während in den frühen siebziger Jahren im Kontext von Frischs zeitkritischer Publizistik vor allem die unmittelbar politischen Aussagen des neuen Tagebuchs auf breites Interesse stießen, wird im Zuge von Frischs *»Weiterverarbeitung der Themen, in der sich Gesellschaftskritik nochmals neu an menschlichen Existenzgrundlagen orientiert«* (H. Helbling), dessen literarische Bedeutung immer deutlicher. *»Die Möglichkeit der Welt-Erfassung durch Literatur in ihrer zeitgenössischen Spannweite vom Dokumentarismus bis zum Artistisch-Fiktiven wird in diesem Tagebuch experimentell überprüft«* (W. Schmitz).

Der vom Autor schon früher formulierte humanistische Anspruch auf moralisch verantwortbares Menschsein und dessen Konsequenzen – jede Lebensordnung permanent zu überprüfen, kritisch zu sein und sich zugleich der Authentizität seiner Gefühle zu vergewissern – kann als durchgängig wahrnehmbare Grundmelodie des Tagebuchs bezeichnet werden. Frischs *»Selbstgespräch des sozialen Ich«* (M. Jurgensen) kreist immer wieder um *»die Fundamental-Frage des Verhältnisses von Politik und Moral«* (P. Wapnewski). Die ebenfalls zentralen Reflexionen über Altern und Sterben kommen etwa in den Abschnitten *»Vereinigung Freitod«* und *»Notizen zu einem Handbuch für Mitglieder«* oder in literarischen Geschichten wie *»Der Goldschmied«*, *»Skizze«* und *»Skizze eines Unglücks (II)«* zum Ausdruck. Wie zum Teil bereits im *Tagebuch 1946–1949* finden sich Texte zur Poetik *(»Vom Schreiben in Ich-Form«)*, erzählerische Passagen *(»Kabusch«, »Glück«)*, Erinnerungen (B. BRECHT) und Porträts (G. GRASS, U. JOHNSON), den Leser zu selbständigem Denken provozierende Fragebögen *(»Ist die Ehe für Sie noch ein Problem?«, »Wissen Sie in der Regel, was Sie hoffen?«, »Halten Sie sich für einen guten Freund?«)*, Verhöre zum Thema Politik und Gewalt, Reiseskizzen (USA, Sowjetunion), Nachträge zu früheren Werken *(Rip van Winkle)*, Berichte, Anekdoten und halbdokumentarische Passagen, die sich mit politischen Tagesfragen beschäftigen. Hier geht es zum einen um schweizerische Probleme (Auseinandersetzungen um das Zürcher »Globus«-Kaufhaus, Waffengeschäfte, Ausländerpolitik), vor allem aber um die Proteste gegen die in Griechenland herrschende Militärjunta, um die Zerschlagung des Prager Frühlings sowie um den Vietnamkrieg und die gesellschaftlichen Zustände in den Vereinigten Staaten. Zum Komplex der politisch-literarischen Texte gehört im weiteren Sinne auch das Prosastück *Wilhelm Tell für die Schule*, das der Autor wegen seines Umfangs aus dem Tagebuch-Manuskript herauslöste und 1971 als eigenständiges Buch veröffentlichte. Das zweite Tagebuch Max Frischs, das einer ausgeklügelten *»tektonischen Strategie«* (J. H. Petersen) zu folgen scheint, gliedert sich nicht nur nach Jahreskapiteln oder nach wechselnden Schrifttypen, sondern auch inhaltlich nach Themenkomplexen, die schon durch äußere rezeptionssteuernde Merkmale als zusammengehörig ausgewiesen werden. Neben der Wiedergabe dokumentarischer Texte wie Interviews, Zeitungsmeldungen, Reden oder Statistiken stehen deutlich als literarische Fiktion erkennbare Skizzen sowie Passagen, in denen der Autor im klassischen Sinne des Tagebuchs eigene Meinungen, persönliche Erlebnisse und individuelle Erfahrungen skizzenhaft notiert. Die ontischen Unterschiede zwischen Faktum, Fiktion und Eigenerlebnis werden allerdings zu minimalisieren gesucht. *»Das soziale Ich konzipiert eine Tagebuch-Rolle, deren Grundformel nur lauten kann: Max Frisch zum Beispiel«* (M. Jurgensen). K.Hü.

AUSGABEN: Ffm. 1972. – Ffm. 1979 (st). – Ffm. [2]1976 (in *GW in zeitlicher Folge*, Hg. H. Mayer unter Mitw. v. W. Schmitz, 7 Bde., 6); ern. Ffm. 1986 (st).

LITERATUR: M. Boveri, *Tagebuch 1966–1971* (in NRs, 1972, Nr. 3, S. 540–548). – H. Helbling, *Was bleibt, ist die Unruhe* (in NZZ, 29. 4. 1973). – H. Steinmetz, *M. F. Tagebuch. Drama. Roman*, Göttingen 1973. – R. Kieser, *M. F. Das literarische Tagebuch*, Frauenfeld 1975. – H. Bänziger, *Zwischen Protest u. Traditionsbewußtsein*, Bern 1975, S. 94–107. – K. Schimanski, *Ernst genommene Zeitgenossenschaft – subjektiv gespiegelt* (in *Über M. F. II*, Hg. W. Schmitz, Ffm. 1976, S. 385–397). – P. Wapnewski, *Tua res* (in *Über M. F. II*, Hg. W. Schmitz, Ffm. 1976, S. 375–384). – M. Jurgensen, *M. F. Die Romane*, Bern 1976 (1972), S. 245–261. – E. Pulver, *Mut zur Unsicherheit* (in *F. Kritik – Thesen – Analysen*, Hg. M. Jurgensen, Bern 1977, S. 27–54). – D. de Vin, *M. F.s Tagebücher*, Köln 1977. – H. F. Schafroth, *Bruchstücke einer großen Fiktion* (in *M. F.*, [3]1975 [erw.], S. 58–68; Text + Kritik, H. 47/48). – G. Scholz-Petri, *M. F. Zur Funktion von Natur u. Politik in seinen Tagebüchern*, Darmstadt 1980.

TAGEBUCH 1946–1949

Aufzeichnungen von Max FRISCH, erschienen 1950. – Max Frischs Reisen durch das vom Krieg gezeichnete Europa – die wichtigsten Stationen sind Frankfurt, München, Berlin, Prag, Warschau, Wien und Mailand – sind der biographische Hintergrund und äußere Anlaß des Tagebuchs, das die Grenzen eines Reisetagebuchs weit überschreitet. Die private Sphäre des Diaristen tritt ganz zurück zugunsten eines locker verbundenen Mosaiks von

Reflexionen über Politik, Literatur, Theater und von Erinnerungen an Begegnungen wie beispielsweise mit BRECHT und WILDER; hinzu kommen Aperçus und literarische Skizzen, die persönlich Erlebtes zum Erzählstoff umwandeln und es so über seine augenblicksbezogene Gültigkeit hinausheben. Frischs *Tagebuch* gehört somit zu dem seit Beginn des 20. Jh.s immer mehr in den Vordergrund rückenden Typ des von der privaten Aussage abgehenden literarischen Tagebuchs als einer Werkstatt künstlerischer Ideen mit deutlichem Öffentlichkeitsanspruch. – Ansätze dazu finden sich bereits in den Aufzeichnungen *Blätter aus dem Brotsack. Tagebuch eines Kanoniers. Geschrieben im Grenzdienst 1939* und dem *Tagebuch mit Marion* (1947). Hier wird Frischs tiefere Beziehung zu dieser Gattung erkennbar, die dann in *Stiller* (1954) und *Homo Faber* (1957) zum konstituierenden Strukturmerkmal der Romanform wird.

Die enge Verbindung von Tagebuch und literarischem Werk, die – ähnlich wie bei KIERKEGAARD – das Tagebuch zur Präfiguration schriftstellerischer Ideen werden läßt, macht diese *Notizen* zu einem wichtigen Dokument, das Einblick in die Arbeitsweise des Schriftstellers gewährt. Wie in KAFKAS *Tagebüchern* ist ein Teil der Werke Frischs bereits hier vorgeformt: Man erkennt die Urfassung des *Graf Öderland*, den Stoff zu *Biedermann und die Brandstifter* und zu *Andorra* sowie Ansätze zu *Nun singen sie wieder, Don Juan, Stiller, Homo Faber* und *Mein Name sei Gantenbein*; ebenso erörtert Frisch Probleme, die im Zentrum seines gesamten späteren Werks stehen: die in *Andorra, Stiller* und *Don Juan* thematisierte Flucht vor der Determination durch die Vorurteile der Anderen, komprimiert zur abgewandelten biblischen Formel »Du sollst dir kein Bildnis machen«, der für Frischs Erzählhaltung bestimmende Zeitbegriff (Zeit als *»bloßer Behelf für unsere Vorstellung, die in ein Nacheinander zerlegt, was wesentlich eine Allgegenwart ist«*), oder das im Mittelpunkt von *Mein Name sei Gantenbein* stehende Problem der Kommunikation des persönlich Erlebten, die Gestaltung der Wirklichkeit: *»Jedes Erlebnis bleibt im Grunde unsäglich, solange wir hoffen, es ausdrücken zu können mit dem wirklichen Beispiel, das uns betroffen hat. Ausdrücken kann mich nur das Beispiel, das mir so ferne ist wie dem Zuhörer: nämlich das erfundene!«*

Frisch, der sein »Schreibrecht« nicht *»in seiner Person«*, sondern *»nur in seiner Zeitgenossenschaft«* und in *»seiner besonderen Lage als Verschonter, der außerhalb der nationalen Lager steht«* begründet sieht, schrieb sein *Tagebuch* aus einer Perspektive, die bestimmt ist von dem Willen, das aufmerksam registrierte Zeitgeschehen ebenso wie das persönlich Erfahrene mit größter subjektiver Offenheit und kritischer Einsicht menschlich erfahrbar zu machen. C.P.S.

AUSGABEN: Ffm. 1950. – Ffm. 1958. – Ffm. 1970 (BS). – Ffm. 1976 (in *GW in zeitlicher Folge*, Hg. H. Mayer unter Mitw. v. W. Schmitz, 7 Bde., 2); ern. Ffm. 1986 (st).

LITERATUR: R. Kieser, *M. F. Das lit. Tagebuch*, Frauenfeld 1975. – *M. F.*, Hg. H. L. Arnold, Mchn. 1975 (Text + Kritik). – D. de Vin, *M. F.s Tagebücher. Studien ... im Rahmen des bisherigen Gesamtwerks (1932–1975)*, Köln 1977. – A. Kurczaba, *Gombrowicz and F. Aspects of the Literary Diary*, Bonn 1980. – G. Scholz-Petri, *M. F. Zur Funktion von Natur u. Politik in seinen Tagebüchern*, Darmstadt 1980.

FRANZ FÜHMANN

* 15.1.1922 Rochlitz / Riesengebirge
† 8.7.1984 Berlin / DDR

LITERATUR ZUM AUTOR:
M. Reich-Ranicki, *Deutsche Lit. in West und Ost*, Mchn. 1963, S. 422–433. – A. Große, *Vom Werden des Menschen. Zum Werk F. F.s* (in WB, 1971, H. 1, S. 54–78; H. 4, S. 71–101). – F. J. Raddatz, *Märchen-Irrationalität. F. F.* (in F. J. R., *Traditionen u. Tendenzen. Materialien zur Literatur der DDR*, Ffm. 1972, S. 311–316; st). – H. J. Bernhard, *Meermotiv u. Menschenbild. Bemerkungen zu Lyrik u. Prosa F. F.s* (in Neue deutsche Literatur, 1972, H. 1, S. 37–55). – H. J. Bernhard, *F. F.* (in *Lit. der Deutschen Demokratischen Republik. Einzeldarstellungen*, Hg. H. J. Geerdts u. a., Bd. 1, Bln./DDR 1976, S. 279–296). – E. Mannack, *»Wie könnte ich je sagen, ich hätte meine Vergangenheit bewältigt«. – Beobachtungen zu F. F.s Dichtungen* (in Jb. zur Lit. der DDR, Bd. 3, Bonn 1983, S. 19–33). – Ch. Wolf, *F. F. Gedenkrede* (in FRs, 29. 9. 1984; ern. in Freibeuter, H. 21, 1984, S. 1–6). – *F. F. Wandlung, Wahrheit, Würde, Aufsätze u. Gespräche 1964–1981*, Darmstadt/Neuwied 1985 (Slg. Luchterhand). – W. Jung, *F. F.* (in KLG, 28. Nlg., 1988).

DAS JUDENAUTO. Vierzehn Tage aus zwei Jahrzehnten

Erzählungen von Franz FÜHMANN, erschienen 1962. – Die vierzehn Erzählungen des Bandes entstanden zwischen 1959 und 1961 und markieren jeweils einen entscheidenden Tag der deutschen Geschichte im Zeitraum von 1929 bis 1949, von der Weltwirtschaftskrise über die Ereignisse des Zweiten Weltkriegs bis hin zur Gründung der DDR. Erzählt wird aus der Perspektive eines Menschen des Jahrgangs 1922. Der Autor betont in seinem Nachwort, daß hier nicht Momente einer Autobiographie im Vordergrund stehen, aber unverkennbar ist dennoch der Bezug der Erzählungen zu seinem Leben. Fühmann kehrte 1947 aus sowjetischer Kriegsgefangenschaft zurück, dokumentierte vor dem Hintergrund des sogenannten »Bitterfelder Weges« die Arbeitswelt der DDR (*Kabelkran und Blauer Peter*, 1961), aber beherrschendes Thema seiner Werke – er publizierte zunächst Gedichtbände (*Die Fahrt nach Stalingrad*, 1953; *Die Nelke Nikos*, 1953) und Novellen (*Stürzende Schatten*, 1959) – blieb die Beschäftigung mit dem Nationalsozialismus, von dem er selbst als Jugendlicher fasziniert war, die Reflexion über Voraussetzungen und Folgen dieses Denkens, das sich auch dann noch im Bewußtsein der Menschen festsetzte, wenn es offensichtlich durch die Wirklichkeit dementiert worden war.

Die Titelgeschichte *Das Judenauto. 1929, Weltwirtschaftskrise* spielt im Sudetenland und imaginiert aus der Perspektive eines Kindes den herrschenden Antisemitismus jener Jahre. Im Heimatdorf des neunjährigen Erzählers wird die alte Legende von den Juden erzählt, die zu rituellen Zwecken Christenkinder töten; ein gelbes Auto mit *»vier schwarzen mörderischen Juden«*, so heißt es, fahre abends durch die Gegend, um Mädchen einzufangen, zu schlachten und aus ihrem Blut *»Zauberbrot«* zu bakken. Das Gerücht beschäftigt die vorpubertäre Phantasie des Jungen so stark, daß er sich tatsächlich verfolgt glaubt, als er eines Tages zwischen den Feldern ein Auto sieht. Es fährt hinter ihm her und nur durch schnelle Flucht, so glaubt er, rettet er sein Leben. Am nächsten Tag schildert er das Erlebnis in der Schule, erzählt von *»vier Juden, die blutige Messer schwangen«* und sucht damit vor allem einer Mitschülerin zu imponieren. Sein Bericht wird von den Klassenkameraden, ja selbst vom Lehrer mit bewunderndem Grauen aufgenommen, bis eben jene Mitschülerin klarstellt, daß das Auto ihrem zu Besuch weilenden Onkel gehört, der den Jungen nur nach dem Weg fragen wollte. Der Schüler sieht sich gedemütigt und bloßgestellt. Um sein Selbstwertgefühl zu retten, greift er zu einem Mittel, das sich seit Jahrhunderten bewährt hat; er projeziert sein Versagen auf die Juden insgesamt: Gäbe es sie nicht, wäre ihm das alles nicht passiert.

In der Erzählung *Die Verteidigung der Reichenberger Turnhalle. September 1938, vor der Münchener Konferenz* schließt sich der nunmehr Sechzehnjährige einer Gruppe jugendlicher NS-Anhänger an, nachdem der reichsdeutsche Rundfunk eine vermeintliche, gegen die Deutschen gerichtete Pogromstimmung in dem sudetendeutschen Grenzgebiet zu antitschechischer Propagandahetze benutzt hat. Zwar ist vom täglich gemeldeten *»Blutterror des tschechisch-jüdisch-marxistischen Mordgesindels an der friedlichen sudetendeutschen Bevölkerung«* in Reichenberg nichts zu sehen, doch glauben die Jugendlichen gern, daß dergleichen in anderen Städten an der Tagesordnung sei. Ihre Stunde der Bewährung sehen sie gekommen, als das Gerücht aufkommt, die Tschechen planten einen Anschlag auf die örtliche Turnhalle. Einen Tag lang, in dem ihre aggressive Begeisterung zu Langeweile zerrinnt, halten die Jugendlichen die Turnhalle besetzt, bis wohlmeinende tschechische Polizei sie mit Hinweis auf die Sperrstunde nach Hause schickt. Am nächsten Tag hören sie im Deutschlandsender, daß in Reichenberg harmlose Schulkinder von Polizisten überfallen worden seien. Die Jugendlichen sitzen am Radio, *»und wußten, daß jedes Wort erlogen war, und hörten dennoch leuchtenden Auges«* – sie sind begeistert von der Goebbelsschen Propaganda.

Die Ernüchterung kommt erst später, während des Kriegs (*Jedem sein Stalingrad. Januar 1943, Schlacht vor Stalingrad*) und der sowjetischen Gefangenschaft (*Regentag im Kaukasus. 21. April 1946, Vereinigungsparteitag des KPD und SPD*); der Besuch einer sowjetischen Antifa-Schule bewirkt schließlich den scheinbar mühelosen und unvermittelten Aufbau eines neuen Lebensziels: An die Stelle des Nationalsozialismus tritt der Glaube an den Kommunismus. Sein Weg als entlassener Kriegsgefangener führt den Erzähler daher ohne Zögern in die DDR (*Zum erstenmal: Deutschland. 7. Oktober 1949, Gründung der Deutschen Demokratischen Republik*), wobei diese letzte Erzählung sich stilistisch von den übrigen Texten des Bandes abhebt. Die selbstironische Erzählhaltung ist aufgegeben *»zugunsten einer Haltung absoluter Übereinstimmung zwischen dem Individuum und der von ihr zur Lebenssphäre gewählten Gesellschaft«*. In seinem späten Werk *Der Sturz des Engels* hat Fühmann seine schnelle, kritiklose Begeisterung für den neuen Staat und die herrschende Ideologie mit distanziertem Blick geschildert, in dem für die Schweizer Ausgabe von *Das Judenauto* verfaßten Nachwort notierte er bereits 1968: *»Mir widerstrebt es, im Nachhinein zu ändern. So habe ich es nun einmal geschrieben und ›so‹ ist es ja schließlich nun auch einmal gewesen.«* G.Wi.

AUSGABEN: Bln./Weimar 1962. – Zürich 1968. – Rostock 1979.

LITERATUR: H. Poschmann, *Stationen vom Gestern ins Heute* (in Neue deutsche Literatur, 1963, H. 9). – H. Klinker, Rez. (in Sonntagsblatt, 13. 10. 1968). – W. Werth, Rez. (in Die Zeit, 1. 11. 1968). – B. Skriver, Rez. (in FAZ, 12. 11. 1968). – H. L. Arnold, Rez. (in FRs, 8. 4. 1969). – K. Franke, *Der Bürger lebt* (in FH, 1969, H. 7).

EUGEN GOMRINGER

* 20.1.1925 Cachuela Esperanza/Bolivien

DAS LYRISCHE WERK von Eugen GOMRINGER.

Der Begriff »konkrete Poesie« wurde zu einer Art Sammelbezeichnung für Texte, die sich mit Merkmalen wie ›Rückgriff auf die Materialität des Wortes‹, ›Einbeziehung visueller und akustischer Möglichkeiten in die Dichtung‹, ›Experimentieren mit der linguistischen Struktur von Sprache‹ beschreiben lassen. Konkrete Poesie im weitesten Sinne bedeutet, so HEISSENBÜTTEL in seinen *Anmerkungen zur konkreten Poesie* veränderte Verwendung von Sprache und damit eine neue Art und Weise, *»sich sprachlich in der Welt zu orientieren«*. Trotzdem läßt sich nicht von einem einheitlichen *»Gesicht der konkreten Literatur«* (R. Döhl) sprechen. Vielmehr existieren verschiedene Ansätze und Realisationen konkreter Dichtung, deren wesentlicher Unterschied in der Funktion liegt, die der Dichtung in der modernen Gesellschaft jeweils zugeschrieben wird. Einen scharf umrissenen eigenen Ansatz unter den konkreten Dichtern vertritt Eugen Gomringer.

Der Autor gehört zu den Vätern der konkreten Literatur. Unter dem Einfluß Max Bills, bei dem er Sekretär an der Hochschule für Gestaltung in Ulm war, prägte er in Analogie zur »konkreten Kunst« den Begriff »konkrete Poesie«. Darunter versteht Gomringer, selbst lange Zeit in Werbung und Industrie tätig und mittlerweile Professor für Theorie der Ästhetik an der Kunstakademie Düsseldorf, eine Literatur, die sich ihrer gesellschaftlichen Funktion bewußt ist und *»Poesie als Mittel der Umweltgestaltung«* (so der Titel eines späteren Vortrags) begreift. In seinem Essay *konkrete dichtung* (1956) kritisiert Gomringer die Aufspaltung von Kunst und Leben anhand des traditionellen Autorbegriffs, der Autonomie der Kunst von gesellschaftlichen Prozessen fingiere und in symbolischer Rede große Gefühle beschwöre. Das neue Gedicht dagegen sei Gebrauchsgegenstand, nicht *»ventil für allerlei gefühle und gedanken, sondern ein sprachliches gestaltungsgebiet mit einem engen bezug zu modernen, naturwissenschaftlich und soziologisch fundierten kommunikationsaufgaben«*. Dichtung muß sich – so Gomringer in seinem ersten Manifest *vom vers zur konstellation* (1954) – einfügen in die Sprache der Zeit, die *»schnelle Kommunikation«*: fortschreitende Verknappung und Vereinfachung der Rede, zunehmender Zeichencharakter der Schrift. *»das neue gedicht ist deshalb als ganzes und in teilen einfach und überschaubar. es wird zum seh- und gebrauchsgegenstand: denkgegenstand – denkspiel. es beschäftigt durch seine kürze und knappheit. es ist memorierbar und als bild einprägsam. es dient dem heutigen menschen durch seinen objektiven spielcharakter. ... durch die vorbildlichkeit seiner spielregeln kann das neue gedicht die alltagssprache beeinflussen.«*

Gomringer entwickelt seine Theorie der konkreten Poesie entlang den Erfordernissen von technisch-naturwissenschaftlichem Fortschritt und moderner Gesellschaft. Mit dieser Funktionalisierung der Poesie für Zwecke des Fortschritts unterscheidet er sich prinzipiell von anderen Autoren konkreter Poesie, vor allem von Franz MON, der mit Gomringer zu den bekanntesten Vertretern der konkreten Dichtung gehört. Wenn Mon von der *»Unversöhnlichkeit zwischen experimenteller Kunst und einer Gesellschaft, die im ganzen konformistisch sein muß«*, spricht, bezieht er eine Position, die der Gomringers gerade entgegengesetzt ist. Definiert Mon das Konkrete als das Uneindeutige – *»Was identifiziert wird, ist auch bereits verschwunden ... Das Konkrete ist das, an das nicht gedacht wird«* –, so rückt Gomringer unter dem Einfluß Bills konkrete Dichtung aufgrund ihrer Prägnanz und Einprägsamkeit in die Nähe der *»mathematischen Denkweise«*. Während Mon also auf den subversiven Charakter von Sprache rekurriert, bezieht sich Gomringer auf ihr *»werbewirksames«* Potential, setzt sie bewußt zur Entwicklung einer *»rational-synthetischen«* Weltanschauung ein.

Von mathematischer Ordnung ist die Form, die Gomringer für das *»neue gedicht«* entwickelt: die Konstellation. Den Begriff *»constellations«* entlehnt der Autor dem Spätwerk MALLARMÉS (*Un coup de Dés*, 1897/1914) und stellt sich damit bewußt in die Tradition der Moderne: Unter anderem bezieht er sich auch auf die Sprachexperimente der Futuristen und Dadaisten.

Als ein *»Spielraum mit festen Größen«* erlaubt die Konstellation Kombination und Variation verschiedenster Art. Konstitutiv ist dabei das *»Überschreiten medialer Grenzen«* (H. Heißenbüttel), womit in diesem Fall die Einbeziehung von graphischen Möglichkeiten in das Sprachexperiment gemeint ist: *»wesentliches merkmal ist sowohl bei buchstaben- wie bei wort- und satzkonstellationen der einbezug des raumes als zwischen- und umgebungsraum, der einzelne elemente nicht nur trennt, sondern auch verbindet und dabei assoziationsmöglichkeiten schafft.«*

Eine der bekanntesten Konstellationen Gomringers aus seinem ersten Band *konstellationen constellations constelaciones* (1953) verdeutlicht dieses Prinzip:

»Das schwarze geheimnis
ist   hier
hier   ist
das schwarze geheimnis«

Das Gedicht wirkt auf den ersten Blick fast wie ein Bild. Es besteht nicht nur aus den Worten, es schließt die Oberfläche des Papiers in zweierlei Hinsicht mit ein, nämlich zunächst rein graphisch, dann jedoch ebenso vom Gehalt des Gedichtes her. Die Worte umschließen einen weißen leeren Raum, der im Kontrast zu ihrer Bedeutung steht: Es bleibt offen, ob das schwarze Geheimnis sich in der Druckerschwärze der Lettern oder in dem von den Buchstaben umrahmten Weiß des Papiers im Zentrum der Konstellation befindet. Gleichzeitig ist diese Konstellation nicht nur von links nach rechts zu lesen. Liest man die Senkrechten, entstehen zwei Wortkomplexe, die an Beschwörungsformeln erinnern und sich ebenso auf das bedeutungsvoll-magische Zentrum *schwarzes geheimnis* beziehen lassen.

Die Konstellation mit ihren Mitteln Reihung und Inversion soll einfach und sofort verständlich sein und den Raum für Assoziationen eröffnen. Sie soll darüber hinaus – und hier ist der mehrsprachige Titel des ersten Bandes für Gomringer symptomatisch – für verschiedene Sprachen offen sein, als Ausdruck einer Dichtung, deren Ziel die *»zukünftige universale gemeinschaftssprache«* ist. Der Form der Konstellation fügt Gomringer später das *»Ideogramm«* hinzu. Ideogramme sind nach Gomringer *»als ganzes einprägsame sehgegenstände von logischem aufbau«*. Allerdings ist die hier theoretisch geforderte Abgrenzung zur Konstellation nicht unbedingt einsichtig, bezeichnet doch der Autor selbst seine früheren Konstellationen nun als Ideogramme.

Ob Ideogramm oder Konstellation – im Mittelpunkt von Gomringers Werk steht immer das Wort. Es bleibt – mit Ausnahme der *I-Ging transkriptionen* (1971), in denen Buchstaben verwendet sind – als semantische Einheit bestehen, auch wenn es isoliert oder in ungewöhnliche syntaktische Zusammenhänge eingebunden wird. Reduktion, Konzentration und strukturelle Einfachheit bestimmen die Konstellation. Ein Höhepunkt dieser Entwicklung dürfte Gomringers Gedicht *Schweigen* sein. 1960 in dem Band *33 konstellationen* publiziert, avancierte die Konstellation aus nur einem Wort zu einem der immer wieder zitierten Texte der konkreten Poesie.

»schweigen schweigen schweigen
schweigen schweigen
schweigen schweigen schweigen«

Sosehr Gomringer sich in seinen theoretischen Texten für die Arbeit des Dichters an einem rational-synthetischen Weltbild für eine naturwissenschaftlich-technische Zukunft einsetzt, so bricht sich eine andere, »esoterische« Seite seines Schreibens in dem 1965 erschienenen *stundenbuch* Bahn. Schon der Titel knüpft an die literarische Tradition des Andachtsbuches an, das in liturgischer Sprache geistliche Stärkung verspricht. Gomringer reiht sich bewußt in diese Tradition. In seinem Stundenbuch variiert er 24 Worte – gemäß den 24 Stunden des Tages – mit den Pronomina »mein« und »dein«. Das Wortfeld versammelt mit existentieller Bedeutung aufgeladene Begriffe wie Geist, Leib, Herkunft oder Tod, das Stilmittel der Reduktion soll hier eine *»Rückführung auf das Wesentliche«* (W. Gössmann) sein. Gössmann siedelt diese Texte zwischen Lyrik und geistlicher Dichtung an und bezeichnet sie mit ihren Anklängen an litaneihaftes Sprechen als *»meditative Konstellationen«*. Dennoch, das Ergebnis dieser lyrischen Meditation scheint zweifelhaft, denn gerade die Kombination und häufige Wiederholung solch »existentieller« Worte evoziert klischeehafte Assoziationen und bricht diese nicht auf:

»dein lied
meine trauer
dein lied
mein tod
dein lied
mein jahr«

Seit den siebziger Jahren arbeitet Gomringer, der sich mittlerweile auch als Autor von Monographien zur bildenden Kunst einen Namen machte, vor allem mit Künstlern der abstrakten Malerei zusammen. Konsequent treibt der Autor dabei Dichtung als mathematisches Kombinationsspiel voran. Seine beiden Bände *wie weiß ist wissen die weisen* (1975) und *kein fehler im system* (1978) – beide in Koproduktion mit dem Maler Günther Uecker entstanden – sind Beispiele von *»Computerpoesie«*. Der Titelsatz wird jeweils per Computer permutiert, Auswahl und Anordnung der auf diese Weise entstandenen »Sätze« trifft jedoch der Autor selbst.

Im Gegensatz zu Heißenbüttel und Mon, den beiden weiteren Hauptvertretern der konkreten Poesie in Deutschland, die ihre literarischen Experimente für Gesellschaftskritik einsetzen und in neuen Formen weiterentwickeln, treibt Gomringer in diesen Computergedichten den Entstehungsprozeß seiner Konstellationen als mathematische Kombinatorik bis zur höchsten Präzision fort. Konsequent bezieht der Autor den neuesten Stand der Technik mit ein und eröffnet möglicherweise neue Perspektiven für eine Literatur, die zumindest herkömmliche Autor- und Werkkategorien sprengt. Jedoch gilt immer noch: *»Alles Problematische und Kritische schließt er aus seinen Konstellationen aus. Als Werbetexter stellt er die Errungenschaften seiner formalästhetischen Revolution in den Dienst der Wirtschaft«* (K. Rothmann). Gomringers Sprachexperimente sind zu einem großen Teil von der Werbeindustrie längst adaptiert worden – ob allerdings gemäß der Intention des Autors, bleibt fraglich. D.R.M.

AUSGABEN: *konstellationen constellations constelaciones*, Bern 1953. – *5 mal 1 konstellation*, Frauenfeld o. J. [1960]. – *33 konstellationen*, St. Gallen 1960 [m. 6 Konstellationen von M. Bill]. – *die konstellationen les constellations the constellations los constelaciones*, Frauenfeld o. J. [1963]. – *15 konstellationen*, Zürich 1965 [zus. m. R. S. Gessner]. – *das stundenbuch*, Mchn. 1965 [Einl. W. Gössmann; fünfsprachige Neuausg.: Starnberg 1980]. – *manifeste und darstellungen der konkreten poesie 1954–1966*, St. Gallen 1966 [Vorw. R. Wagner]. – *Poesie als Mittel der Umweltgestaltung*, Itzehoe 1969. – *worte sind schatten. die konstellationen 1951–1968*, Hg. u. Einl. H. Heißenbüttel, Reinbek 1969 [enth. auch *manifeste und theoretische texte 1945–1967* sowie eine Bibliogr.]. – *einsam gemeinsam*, Duisburg 1971 [m. fünf Prägedrucken v. G. Uecker]. – *I-Ging transkriptionen* (in *UND Buch*, Mchn. 1971). – *wie weiß ist wissen die weisen. hommage à uecker*, Zirndorf 1975. – *konstellationen. ideogramme. stundenbuch*, Stg. 1977 (Einl. H. Heißenbüttel u. W. Gössmann; m. Bibliogr.; RUB). – *kein fehler im system. eine unsystematische auswahl von sätzen aus dem gleichnamigen (imaginären) computer-lesebuch*, Zürich 1978 [m. sieben Lithographien v. G. Uecker].

VERTONUNG: *Konkrete Texte. E. G. spricht E. G.*, Hattingen 1973 [Tonkassette].

LITERATUR: H. Müller, *Formen moderner deutscher Lyrik*, Paderborn 1970, S. 64–67, 108 f. – C. Wagenknecht, *Variationen über ein Thema von E. G.* (in *Konkrete Poesie I*, Hg. H. L. Arnold, Mchn. 1970, S. 14–16; Text + Kritik). – L. Bornscheuer, *E. G.s »Konstellationen«. Konkrete Poesie als universale Sprachgestaltung unserer Zeit* (in DU, 1970, H. 5, S. 59–78). – Ders., *Das Gedicht als »Gebrauchsgegenstand«* (in Akzente, 1970, H. 5, S. 417–423). – E. Jurgens, *Wie konkret kann Konkrete Poesie sich engagieren? Interview* (in *Konkrete Poesie II*, Hg. H. L. Arnold, Mchn. 1971, S. 43–47; Text + Kritik). – T. Kopfermann, *Theoretische Positionen zur Konkreten Poesie*, Tübingen 1974 [Einl.]. – D. Kessler, *Untersuchungen zur Konkreten Dichtung. Vorformen – Theorien – Texte*, Meisenheim a. Gl. 1976, S. 103–121; 207–227; 235–247. – G. Saße, *Sprache u. Kritik. Untersuchungen zur Sprachkritik der Moderne*, Göttingen 1977, S. 24–37. – P. Demetz, *E. G. u. die Entwicklung der deutschen Poesie* (in *Die deutsche Lyrik 1945–1975*, Hg. K. Weissenberger, Düsseldorf 1981, S. 277–286). – R. Döhl, *Konkrete Literatur* (in *Deutsche Gegenwartsliteratur. Ausgangspositionen u. aktuelle Entwicklungen*, Hg. M. Durzak, Stg. 1981, S. 270–298). – M. Zeller, *Gedichte haben Zeit. Aufriß einer zeitgenössischen Poetik*, Stg. 1982, S. 47–85. – M. E. Solt, *Charles Sanders Pierce and E. G. The Concrete Poem as a Sign* (in Poetics Today, 3, 1982, S. 197–209). – G. Kaiser, *Der Rest ist Schweigen* (in FAZ, 4. 8. 1984; ern. in *Frankfurter Anthologie*, Hg. M. Reich-Ranicki, Bd. 9, Ffm. 1985, S. 211–214). – K. Rothmann, *E. G.* (in K. R., *Deutschsprachige Schriftsteller seit 1945 in Einzeldarstellungen*, Stg. 1985, S. 135–138; RUB). – *auskünfte von und über E. G.*, Univ. Bamberg 1986. – W. Ihrig, *E. G.* (in KLG, 27. Nlg., 1987). – *»Deine Träume – mein Gedicht«. E. G. und die konkrete Poesie*, Hg. C. Schnauber, Nördlingen 1989.

GÜNTER GRASS

* 16.10.1927 Danzig

LITERATUR ZUM AUTOR:
Bibliographien:
P. O'Neill, *G. G., A Bibliography 1955–1975*, Toronto/Buffalo 1976. – D. Hermes, Auswahlbibliographie (in *G. G.*, Hg. H. L. Arnold, Mchn. [6]1988, S. 139–161; Text + Kritik).
Gesamtdarstellungen und Studien:
Von Buch zu Buch – G. G. in der Kritik. Eine Dokumentation, Neuwied 1967. – *G. G. – Dokumente zur politischen Wirkung*, Hg. H.L. Arnold u. F.J. Görtz, Mchn. 1971. – *G. Kritik – Thesen – Analysen*, Hg. M. Jurgensen, Bern/Mchn. 1973. – C. Ceplkaufmann, *G. G. – Eine Analyse des Gesamtwerks unter dem Aspekt von Politik u. Literatur*, Kronberg/Ts. 1975. – *G. G. Materialienbuch*, Hg. R. Geißler, Neuwied 1976 (SLu). – H. Koopmann, *G. G. Der Faschismus als Kleinbürgertum u. was daraus wurde* (in *Gegenwartsliteratur u. Drittes Reich*, Hg. H. Wagener, Stg. 1977, S. 163–182). – H. Brode, *G. G.*, Mchn. 1979. – V. Neuhaus, *G. G.*, Stg. 1979 (Slg. Metzler). – Ders., *G. G.* (in KLG, 7. Nlg. 1981/31. Nlg. 1989). – *Das bildnerische Werk des G. G.*, Hg. A. Dreher, 2 Bde., Darmstadt 1983–1985. – *G. G. Auskunft für Leser*, Hg. F. J. Görtz, Darmstadt 1984 (SLu). – *G. G. Werk u. Wirkung*, Hg. R. Wolff, Bonn 1985. – H. Vormweg, *G. G. in Selbstzeugnissen u. Bilddokumenten*, Reinbek 1986 (rm). – *Critical Essays on G. G.*, Hg. P. O'Neill, Boston 1987. – *G. G.* Hg. H. L. Arnold, Mchn. [6]1988 (Text + Kritik).

DIE BLECHTROMMEL

Roman von Günter GRASS, erschienen 1959. – Der erste Roman des bis dahin als Lyriker, Stückeschreiber und bildender Künstler hervorgetretenen Günter Grass verschaffte ihm den Durchbruch zu einem führenden Autor der deutschsprachigen Nachkriegsliteratur und verhalf ihm – wie keinem anderen seiner Kollegen – zu weltweiter Resonanz. Nach Lesung aus dem Manuskript in der Gruppe 47 fand das Buch trotz heftiger Polemik eines Teils der Kritik gegen *»Pornographie«*, *»Obszönität«*, *»Nihilismus«* und *»Gotteslästertum«* sofort stürmische Anerkennung als eines der repräsentativen Werke der westdeutschen Literatur. Der frühe Zeitpunkt des Erfolgs ist besonders beachtlich, da das Buch, mit einem auktorialen Erzähler ausgestattet, als Weltentwurf von Heimatgeschichte beabsichtigt, auf einem kontinuierlichen Erzählfluß bestehend, einem konservativen epischen Muster verpflichtet ist und damit die vorherrschende intellektuelle Stimmung gegen den Begriff der Provinz widerlegte und überdies zu einem Zeitpunkt erschien, als die Krise des Romans geradezu unumstößlich schien, das unwiderrufliche Ende des erzählerischen Großformats propagiert war und die Maximen literarischer Avantgarde den Bruch mit den Traditionen nahelegten.
Später hat Grass die *Blechtrommel* als den Anfang seiner *Danziger Trilogie* (1959–1963) bezeichnet; mit *Katz und Maus* folgte ein schmaler novellistischer Mittelteil und danach der umfangreiche Roman *Hundejahre* als Gegenstück. Eine Verbindung der drei Bücher ergibt sich zunächst durch die gleichliche stoffliche Bindung an die Nazijahre. Über dieser Prosa steht – als erzähltechnisch-ästhetisches Vorbild – der »Lehrer« Alfred DÖBLIN. Grass versuchte, sich in der epischen Trias auf das Gelände der eigenen Kindheit zurückzuschreiben, so daß drei Variationen von literarischer Heimatkunde entstehen. Überdies weisen die beiden anderen Bücher viele Bezüge und Reminiszenzen auf, so daß durch gleichen Schauplatz, die Gravitation der

Zeitgeschichte, korrespondierende Motive und ein Geflecht von Verweisen das Bild einer »Danziger Trilogie« verständlich wird.

In der *Blechtrommel* ist Oskar Matzerath, *»Insasse einer Heil- und Pflegeanstalt«*, das vorgeschobene Erzähler-Ich des Romanautors. In der Klinik, die für ihn Rückzugsrevier und Außenseiterposten ist, schreibt er seinen Lebensroman nieder und berichtet aus seinem Alltag. Es ergeben sich damit zwei ineinander verschränkte Zeitebenen: die Spanne der Niederschrift von 1952 bis 1954, in der Matzerath sich mit allem Aufwand gegen die Vereinnahmung durch Besucher und Personal der Anstalt, gegen die höhnisch verachteten Physiognomien der bundesdeutschen Nachkriegs-Reaktion wehrt, deren Tabus er plan- und lustvoll verletzt, deren Scheinwerte er in Frage stellt. Und zum anderen die Epoche von 1899 bis 1954, in der Matzerath von den Geschicken, Wirrnissen und Lebensgrotesken seiner Vorfahren und seiner selbst in linearem, gemächlichem Erzählfluß berichtet. Beide Ebenen gehen am Schluß des Romans, an Matzeraths dreißigstem Geburtstag, ineinander über.

Weil er seiner Devise folgen will, daß niemand sein Leben beschreiben sollte, *»der nicht die Geduld aufbringt, vor dem Datieren der eigenen Existenz wenigstens der Hälfte seiner Großeltern zu gedenken«*, beginnt Matzerath mit seiner Großmutter Anna Bronski, die *»im Herzen der Kaschubei«* auf einem Kartoffelacker sitzt und unter ihren vier Röcken den flüchtigen Brandstifter Joseph Koljaicek vor der Feldgendarmerie versteckt. Das Tableau aus der Zeitferne des ausgehenden 19. Jh.s gibt dem Erzähler die mit Bedacht genutzte Möglichkeit, in ausschweifenden, episodenreichen Kapiteln vom Wechsel der Zeiten und vom Wandel des kleinbürgerlichen Lebens im Grenzgebiet zwischen Polen und Deutschland sowie in der Freien Stadt Danzig (dem Geburtsort von Günter Grass) zu erzählen. Koljaicek schlüpft in die Rolle des Ehemanns, nachdem er in seinem erotischen Rockasyl ein Kind gezeugt hat, und in die Identität eines Holzflößers. 1913 verschwindet er bei der Flucht vor der Polizei in der Weichsel, Anna führt einen Lebensmittelladen und heiratet Gregor Koljaicek, den älteren Bruder des Ertrunkenen, um ihrer Tochter Agnes eine Familie zu geben.

Geschlechter-, Ehestands- und Spießergeschichten, Jugend-, Front- und Liebesabenteuer durchziehen die Zeitläufte: Agnes heiratet den Rheinländer Alfred Matzerath und unterhält gleichzeitig ein Verhältnis mit dem Vetter Jan Bronski, so daß der 1924 geborene Oskar Matzerath zwei Väter hat. Er selbst gehört nach eigener Aussage *»zu den hellhörigen Säuglingen, deren geistige Entwicklung schon bei der Geburt abgeschlossen ist und sich fortan nur noch bestätigen muß«*. Die Trommel, an sich das Requisit kriegerischer Zeiten, ist sein Instrument der Selbstvergewisserung und des Überlebens; mit ihrer Hilfe erinnert er sich im Irrenhaus an die früheren Zeiten, sie ist das Vehikel seines Protests und der Weigerung, sich ins bürgerliche Dasein zu fügen. Wenn er trommelt, ist er nicht verloren, trommelnd ruft er die grausigen, aber auch die heimeligen Bilder ins Gedächtnis zurück; ihrem Rhythmus folgen die Erinnerungen an die Einzelheiten der Danziger Geographie, an Gebäude, Straßen, Plätze. Die Trommel hat er zum dritten Geburtstag erhalten, an dem er beschließt, *»auf keinen Fall Politiker und schon gar nicht Kolonialwarenhändler zu werden, vielmehr einen Punkt zu machen, so zu verbleiben«*. Gegen die Vorstellung von Größe und Heldenmaß setzt er die Weigerung zu wachsen, sein Kinderformat. *»Der Dreijährige, der Gnom, der Däumling, der nicht aufzustockende Dreikäsehoch«* ist eine brillant erfundene Kunstfigur, mit der die Welt auf satirische und burleske Weise von unten, aus der tückischen Scheinnaivität gemustert wird. Ausgestattet mit der Gabe einer durchdringenden Stimme und der Fähigkeit, Glas zerspringen zu lassen, ist er ein raffinierter Simplicius, ein buckliger Zwerg und priapischer Vorwärtsdränger, ein Kind und Ausbund überblickenden Verstandes, der Winzling und der Frauenheld, ein zweiwertiger Außenseiter voller Protest und erotischer Fluchtphantasien.

In 46 Kapiteln, die, in drei Büchern gruppiert, weitgehend abgeschlossen nebeneinander stehen und eine lockere Reihung des Stoffes vorgeben, erzählt Oskar Matzerath vorwiegend im Ich-Bericht, bisweilen komisch distanzierend von sich in der dritten Person oder fremde Erzähler einschiebend, jedenfalls stets in einem von ihm bestimmten Tonfall. Früh wird er, schon in jungen Jahren von erotischer Neugier getrieben, Augenzeuge der mütterlichen Seitensprünge mit Jan Bronski. Zwischen dem Kolonialwarenladen seiner Eltern, dem Gemüsegeschäft der Greffs und der Bäckerei Schefflers beäugt er die verachteten Krämer und Mitläufer. Lesen lernt er nicht in der Schule, aus der er nach einem einzigen Tag wegen schlechten Benehmens entlassen wurde, sondern bei der Frau des Bäckers. Das *»glaszersägende Stimmphänomen Oskar M.«* zersingt die Scheiben des Stadttheaters, soll im Zirkus auftreten, wogegen er lieber mit seiner Trommel unter der Aufmarschbühne der Nazis sitzt und ihren martialischen Marschrhythmus mit seinem Walzertakt durcheinanderbringt. Orgiastisch aufs phantastische Detail versessen, mit drastischer Handlungs- und Benennungslust arbeitet er sich durch die Danziger Geschehnisse. Er avanciert zum Chef einer Bande von Halbstarken, fügt sich nie ins bürgerliche Bravheitsschema. In der »Kristallnacht« begeht der Jude Markus, der Lieferant seiner Blechtrommel, Selbstmord. Und Oskar Matzerath wird für viele Menschen zum Unglück. Seine geliebte Mutter Agnes bringt sich um, als sie mit einem zweiten Krüppel schwanger ist. Jan Bronski, seinen anderen Vater, veranlaßt er bei Kriegsausbruch, die polnische Post mitzuverteidigen, wonach er von den Deutschen hingerichtet wird. Der offizielle Vater Matzerath, der es bei den Nazis zum Zellenleiter gebracht hat, verschluckt beim Einmarsch der Russen sein Parteiabzeichen, das ihm Oskar übergeben hat, und erstickt daran. Weil das Kriegsende zuvorkommt, entgeht er der

Bestimmung, als »lebensunwertes Leben« dem Euthanasieprogramm zu verfallen. Bei einer Liliputaner-Front-Theater-Gruppe arbeitet er zu Beginn der alliierten Invasion am Atlantik.
Mit seiner späteren Schwiegermutter zeugt er vermutlich ein Kind und übersiedelt 1945 nach Düsseldorf. Er wird Steinmetz, Jazzschlagzeuger und Modell, bringt im Zwiebelkeller des Herrn Schmuh die Gäste dazu, sich *»zu lallenden, glückseligen Kleinkindern«* zu machen. Mit Konzertreisen und Schallplatten wird der Blechtrommler ein reicher Mann. Halb hält er sich an Goethe, halb an Rasputin und betätigt sich als entschlossener Verführer. Der Zwerg mit seiner Scheinkindlichkeit und unter dem selbstgewählten Diktat der Verweigerung von Normalität entzieht sich dem kollektiven Gedächtnisschwund, der in den Zeiten des Adenauer-Staats und des Wirtschaftswunders zur reflexhaften Selbstverständlichkeit geworden ist. Sein durchtrieben naives Außenseitertum ist nicht nur gegen die Nazis und gegen den Krieg gerichtet, sondern danach auch gegen den allgemeinen Verlust der Anamnese. Angeklagt der Ermordung einer Krankenschwester, wird er ins Irrenhaus eingeliefert. Sein weißes Gitterbett ist die Schreibzentrale seiner Welt, die von den Katastrophen der deutschen Geschichte geprägt ist; er begreift sie als absurde, oft abstruse Groteske und beschreibt sie mit einem Riesenaufwand an Wörterlust. Von seinem artistisch und schwelgerisch verwendeten Vokabular des Jargons, der Sprichwortweisheiten, des parodistischen Nachschmeckens, der Anspielungen, von den Wortreihen, Persiflagen, allegorischen Bildern, karikaturistischen Details und rabulistischen Witzen wird Ideologie geradezu abgewiesen: Die *Blechtrommel* wendet sich gegen den Gedächtnisschwund wie gegen die eingefahrenen Muster der Vergangenheitsbewältigung.
Matzeraths heftig beschworenen Sehnsuchts-Kontinent bilden die Frauen: zuerst die Mutter mit ihren beiden Männern, dann folgt in der Kriegszeit Maria, die Brausepulver mag, nach Vanille und Pilzen riecht und sich schließlich an den Vater Matzerath heranmacht; die Nachbarin Lina Greff kommt hinzu und die Liliputanerin Roswitha. Im Rheinland sucht er schließlich seine Zimmernachbarin, die Krankenschwester Dorothea auf, die sich seiner Leidenschaft fügen muß. Seiner Neigung für die weiß gekleideten Schwestern entspricht seine Angst vor der *»Schwarzen Köchin«*, vor der Zukunft, die nach seiner Entlassung auf ihn wartet. Matzeraths früher *»Wunsch nach Rückkehr in meine embryonale Kopflage«* enthält das gleiche Motiv wie sein Gang zu den Frauen als den Müttern. In der lüsternen Verehrung des Weiblichen – auch eine blasphemische Spielart des Marienkultes – wird der Wunsch nach einer Flucht zurück in den Schoß, an den Ursprung jener erzählten Geschichte, die unter den Röcken der kaschubischen Großmutter begann, nach einer Rücknahme der Existenz sichtbar. Wegen der erotischen Stellen in seinem Roman wurde Grass als *»Pornograph«* angegriffen; der ihm von einer unabhängigen Jury 1959 zugesprochene Bremer Literaturpreis wurde ihm durch den Senat verweigert.
Seit Hans Magnus Enzensbergers Diktum: *»Wilhelm Meister, auf Blech getrommelt«* wird das Buch häufig als »Bildungsroman« bestimmt, wozu auch die Gattungsbezeichnung des »Schelmenromans« hinzugesetzt wird. Grass hat die beiden Lesarten nachträglich in gewisser Hinsicht bestätigt, als er feststellte, daß die *Blechtrommel »in einem ironisch-distanzierten Verhältnis zum deutschen Bildungsroman«* stehe und sich auch auf den pikaresken Roman berufe. Doch ist das Buch gleichermaßen von phantastischen und märchenhaften Elementen geprägt, und die oft realistischen Partien sowie der Strom an zeitgeschichtlichen Einzelheiten heben jede Fixierung an eine bestimmte Gattung oder an ein historisches Romanmuster in einem polyvalenten Spiel der erzählerischen Möglichkeiten wieder auf. – Knapp zwei Jahrzehnte nach der Erstveröffentlichung des Romans hat die Verfilmung von Volker Schlöndorff dem Buch und seinem Autor weitere Popularität in internationalem Rahmen hinzugefügt. W.F.S.

AUSGABEN: Darmstadt 1959. – Ffm. 1962 (FiTb). – Neuwied 1974; [24]1985 (SLu). – Neuwied 1980 (in *Danziger Trilogie*; Sonderausg.). – Neuwied 1984 [Nachw. H. Mayer]. – Neuwied 1987 (in *Werkausg.*, Hg. V. Neuhaus, 10 Bde., 2).

VERFILMUNG: BRD/Frankreich 1978 (Regie: V. Schlöndorff).

LITERATUR: J. Kaiser, *Oskars getrommelte Bekenntnisse* (in SZ, 31. 10. 1959). – T. Wieser u. K. A. Horst, Rez. (in Merkur, 13, 1959, S. 1188–1195). – R. Hartung, *Schläge auf die Blechtrommel* (in NDH, 1960, S. 1053–1056). – H. M. Enzensberger, *Wilhelm Meister, auf Blech getrommelt* (in H. M. E., *Einzelheiten*, Ffm. 1962, S. 221–227). – H. Plard, *Verteidigung d. Blechtrommeln* (in Text u. Kritik, 1, 1963, S. 1–8). – E. M. Friedrichsmeyer, *Aspects of Myth, Parody and Obscenity in G.'s »Die Blechtrommel« and »Katz und Maus«* (in GR, 1965, S. 240–252). – R. Geißler, *Der moderne Roman im Unterricht – z. B. »Die Blechtrommel« von G. G.* (in *Moderne Dichtung im Unterricht*, Hg. H. Helmers, Braunschweig 1967, S. 126–141). – D. v. Abbé, *Metamorphoses of »Unbewältigte Vergangenheit« in »Die Blechtrommel«* (in GLL, 1969/70, Nr. 2, S. 152–160). – G. Just, *Darstellung u. Appell in der »Blechtrommel« von G. G. Darstellungsästhetik versus Wirkungsästhetik*, Ffm. 1972. – R. Leroy, *»Die Blechtrommel« von G. G. Eine Interpretation*, Paris 1973. – E. Pflanz, *Sexualität u. Sexualideologie des Ich-Erzählers in G. G.s Roman »Die Blechtrommel«*, Diss. Mchn. 1975 – H. Brode, *Die Zeitgeschichte in der »Blechtrommel« von G. G.*, Bern 1976. – J. Schnell, *Irritation der Wirklichkeitserfahrung. Die Funktion des Erzählers in G. G.s »Die Blechtrommel«* (in Der Deutschunterricht, 1975, H. 3, S. 33–43). – S. Jendrowiak, *G. G. und die Hybris des Kleinbürgers. »Die Blechtrommel« – Bruch mit der*

Tradition einer irrationalistischen Kunst- und Wirklichkeitsinterpretation, Heidelberg 1979. – U. Lieverscheidt, *G. G., »Die Blechtrommel«. Interpretation und didaktische Analyse*, Hollfeld ²1979. – V. Neuhaus, *G. G.: »Die Blechtrommel«*, Mchn. 1982; ²1988. – H. P. Zimmermann, *G. G.: »Die Blechtrommel«* (in *Dt. Romane des 20. Jh.s*, Hg. P. M. Lützeler, Königstein/Ts. 1983, S. 324–339). – *»Die Blechtrommel«. Attraktion und Ärgernis. Ein Kapitel der dt. Literaturkritik*, Hg. F. J. Görtz, Neuwied 1984 (SLu). – G. Cepl-Kaufmann, *Verlust oder poetische Rettung? Zum Begriff ›Heimat‹ in G. G.s »Danziger Trilogie«* (in *Literatur und Provinz*, Hg. H. G. Pott, Paderborn 1986, S. 61–83). D. Krumme, *G. G., »Die Blechtrommel«*, Mchn. 1986. – W. Frizen, *Zur Entstehungsgeschichte von G. G.' Roman »Die Blechtrommel«* (in MDU, 1987, H. 2, S. 210–222).

DER BUTT

Roman von Günter GRASS, erschienen 1977. – Nach einer Phase vorwiegend politischer Aktivitäten, die auch in die schriftstellerische Produktion hineinwirkten und in *Aus dem Tagebuch einer Schnecke* (1972), Grass' literarischem Resümee seiner Unterstützung der SPD im Wahlkampf 1969, thematisiert werden, findet der Autor im *Butt* wieder zu der breiten Epik und den Erzählörtlichkeiten der *Blechtrommel* (1959) zurück: Wieder ist es der Geburtsort Danzig, dessen Lokalgeschichte als mikroskopisch vergrößerte Welt- und Menschheitsgeschichte dargestellt wird. Beginnend in der Steinzeit an der Weichselmündung, dem späteren Gründungsort der Stadt Danzig, verfolgt der eher episodenhafte als von einer durchgehenden Handlung bestimmte Roman über neun historische Stationen (Jungsteinzeit, Eisenzeit, frühes, mittleres und Spätmittelalter, Barock, Absolutismus, revolutionäres 19. und frühes 20. Jh. mit dem Endpunkt Drittes Reich) bis in die Gegenwart dieses Jahrhunderts geschichtliche Entwicklungen. Im Erzählrahmen greift Grass dabei auf das von Philipp Otto RUNGE aufgezeichnete und von den Brüdern GRIMM tradierte Märchen *Von dem Fischer und syne Fru* zurück, dessen Grundaussage von der unersättlichen menschlichen Hybris – die Fischersfrau, die sich von einem allmächtigen Butt immer noch mehr Reichtum und Macht wünscht und alles wieder verliert – auf heutige Verhältnisse übertragen wird. Bei Grass allerdings ist es der männliche Demiurgen-Wahn, der eine patriarchal bestimmte Welt an den Rand der Selbstvernichtung treibt. Die durch das Märchen von der ewig unzufriedenen Frau denunzierte weibliche Rolle wird korrigiert anhand der fiktiven Biographien von *»neun Köchinnen«*, die den *»anonymen Anteil der Frauen an der Geschichte«* repräsentieren. In dem seinerseits märchenhafte Züge tragenden Buch, das versucht, *»genauere Fakten zu erfinden als die, die uns als angeblich authentisch überliefert wurden«*, kreuzen diese neun Frauenschicksale, die als Mütter und Köchinnen diejenigen sind, die Leben spenden und erhalten, des öfteren die Wege »bedeutender« Männer (u. a. Bischof Albert von Prag, Martin Opitz, August Bebel) und zeigen, wo geschichtliche Entscheidungen falsche Wege genommen haben könnten.

Initiiert wird der Erzählvorgang durch einen doppelten Zeugungsakt: Der Erzähler – hier auf der Gegenwartsebene Anfang der siebziger Jahre, in Wewelsfleth in der Nähe Hamburgs, gleichzusetzen mit dem Autor Grass (er schildert seine realen Erfahrungen bei Reisen nach Danzig und Kalkutta) – zeugt mit seiner Frau Ilsebill ein Kind und wird seinerseits während dieses Aktes ›befruchtet‹, geht ab nun schwanger an seiner männlichen Kopfgeburt. Parallel zu der neunmonatigen Entwicklung des Embryos schreibt der Erzähler eine neun *»Monats«*-Kapitel umfassende Erinnerung an sein *»Zeitweilen«*. Denn er selbst, und hier verläßt er als stets sich reinkarnierender Wanderer durch die Zeiten *(»Ich, das bin ich jederzeit«)* die Ebene der realen Autor-Person, stellt beim Gang durch die Geschichte die Liebhaber und Ehemänner der jeweiligen historischen Köchinnen dar und fungiert somit als Zeitgenosse der jeweils geschilderten Epochen. In seiner ersten historischen Identität, als steinzeitlicher Fischer, fängt der Erzähler einen märchenhaften sprechenden Butt. In Anspielung auf das Märchen macht sich bei Grass allerdings der Butt nicht einer ewig unzufriedenen Frau dienstbar, sondern dem jeweiligen männlichen Protagonisten der einzelnen historischen Episoden. Als eine Art Hegelscher Weltgeist und allwissender Kommentator der Weltgeschichte arbeitet der Butt nun als Berater für die Männer, um sie aus der Unterdrükkung des zeitlosen Matriarchats *(»Kein Datum. Nie kam wer oder was zu spät«)* zu befreien und zu Gestalte(r)n der Geschichte zu machen, die *»Daten setzen«*. Die Etablierung eines gewalttätigen Patriarchats, das, wie die Gegenwart zeigt, die Lebensgrundlagen systematisch zerstört hat, geht auf die Interventionen des Buttes zurück. Zutage kommt dies alles während eines Tribunals (einer weiteren erzählerischen Ebene, die das ganze Buch durchzieht), vor das der Butt von einer Gruppe von neun Feministinnen (stellvertretend für die neun unterdrückten Köchinnen hier als Anklägerinnen) gestellt wird, nachdem er sich, der doch stets nur versagenden Männer überdrüssig, ein zweites Mal in der Ostsee Anfang der siebziger Jahre fangen läßt. Dieses Gericht über die von den Männern bestimmte Geschichte wird als Schauprozeß in einem Berliner Kino inszeniert.

Die jeweiligen Klein-Kapitel (jeder *»Monat«* gliedert sich in mehrere Episoden auf) werden von lyrischen Einschüben des Ich-Erzählers zusammengefaßt, der Roman folgt somit nicht nur einem durch die Romantik überlieferten Märchenmotiv, sondern auch der romantischen Poetik des gattungsübergreifenden Gesamtkunstwerks. Der Erzählstil versucht dem thematisch-zeitlichen Spannungsbogen auch einen sprachlichen gegenüberzustellen, die Tonlagen reichen von einer barock-*»jammerta-*

ligen« Metaphernsprache bis zum sexistischen Szenejargon.
Das vielfach mit Kochrezepten und Mahlzeiten-Szenarien durchwobene Buch wird zu einer Geschichte der Ernährung und des Essens, aber auch des Hungers: zu einer Kulturgeschichte der elementaren Lebensfunktionen. Der für Grass typische offene Schluß – der Butt wird von seinen Richterinnen wieder freigelassen mit der Auflage, fortan die Frauen zu beraten – kann sowohl als Signal für eine Zeitenwende angesehen werden als auch als Indiz für eine geschichtspessimistische Sicht, nach der sich menschliches Leiden zyklisch wiederholen muß. Dies wird auch im extrem kruden achten Kapitel *»Vatertag«* deutlich, in dem fanatische Feministinnen einem pervertierten männlichen Gewalthabitus nacheifern. So wurde *Der Butt* einerseits als großes, wenn auch deutlich resignativ eingefärbtes Geschichtsfresko gerühmt, das den Anschluß an den Anfangserfolg der *Danziger Trilogie* herstellt, andererseits aber auch, von eher feministischer Seite, als die hybrishafte Zementierung männlichen Selbstbewußtseins kritisiert. B.S.

AUSGABEN: Neuwied 1977. – Neuwied 1985 (SLu) Neuwied 1987 (in *Werkausg.*, Hg. V. Neuhaus, 10 Bde., 5).

LITERATUR: R. Michaelis, Rez. (in Die Zeit, 12. 8. 1977). – J. Kaiser, Rez. (in SZ, 13./14. 8. 1977). – M. Reich-Ranicki, Rez. (in FAZ, 13. 8. 1977). – F. J. Raddatz, *Der Butt von G. G. Eine erste Annäherung* (in Merkur, 1977, H. 9, S. 892–901). – Ch. Perels u. G. Schmidt Noerr, *Über den Butt* (in *G. G.*, Hg. H. L. Arnold, Mchn. [5]1978, S. 88–93; Text + Kritik). – M. Durzak, *Ein märchenhafter Roman. Zum »Butt« von G. G.* (in Basis, 9, 1979, S. 71–90). – *The Fisherman and His Wife. G. G.'s »The Flunder« in Critical Perspective*, Hg. S. Mews, NY 1983. – *Adventures of a Flounder. Critical Essays of G. G.' »Der Butt«*, Hg. G. Bauer Pickar, Mchn. 1982. – J. E. Hunt, *Mütter u. Muttermythos in G. G.'s Roman »Der Butt«*, Ffm. u. a. 1983.

HUNDEJAHRE

Roman in drei Büchern von Günter GRASS, erschienen 1963. – Der Autor erzählt im dritten Teil seiner *Danziger Trilogie* nach *Die Blechtrommel* (1959) und *Katz und Maus* (1961) – die Geschichte der Freundschaft zwischen Eduard Amsel und Walter Matern, die von 1925 bis in die fünfziger Jahre reicht und in der sich, wie im Werdegang des Trommlers Oskar Matzerath, Danziger, hitlerdeutsche und bundesrepublikanische Historie spiegelt. Matern, Sohn eines Windmüllers aus Nickelswalde im Danziger Hinterland, schließt als Achtjähriger Blutsfreundschaft mit dem gleichaltrigen, ewig gehänselten Halbjuden Eduard (»Eddi«) Amsel. Er wird zum Beschützer und Handlungsgehilfen Amsels, der Menschen und Situationen in Gestalt von Vogelscheuchen nachbildet und damit der verwahrlosten Schöpfung ihre Spiegelbilder entgegenhält, mit denen er zugleich schwunghaft Geschäfte bei den Bauern der Gegend macht. Die beiden Jungen erfinden sich eine Geheimsprache; mit blitzartiger Geschwindigkeit sprechen sie ganze Sätze Wort für Wort rückwärts aus, was Dritte verwirrt und das Duo abschirmt. Ihre Freundschaft hält zwar Amsels Respektlosigkeit gegenüber allem Völkischen, die Matern – gewiß der Simplere – oft kaum ertragen kann, nicht aber den Faschismus aus. Matern, zuerst Kommunist, dann in die SA eingetreten, begeht blutigen Verrat. Mit einem kleinen Rollkommando überfällt er den dicken, zynischen Amsel, schlägt ihm alle Zähne aus und läßt ihn in Schnee eingerollt liegen. Ähnlich malträtiert die schon aus *Katz und Maus* bekannte Göre Tulla Pokriefke das von einem Studienrat adoptierte Zigeunerkind Jenny. Im Krieg tun sich Amsel (nun unter dem Namen Haseloff) und Jenny zusammen: Sie wird in Berlin zur Ballettänzerin ausgebildet, er inszeniert dort Ballettabende nach Vogelscheuchenmotiven, während Matern vom Mitläufer zum Opfer wird; er fängt zu saufen an aus Kummer über seinen Verrat, wird politisch unzuverlässig, muß zum Militär, wird verwundet und endlich 1945 aus englischer Gefangenschaft entlassen. *»Gekommen, um zu richten«*, reist er in Deutschland herum zu seinen ehemaligen Peinigern, Vorgesetzten und Denunzianten, verführt deren Frauen und Töchter und hängt ihnen Kinder und Geschlechtskrankheiten an. Amsel, der sich nun Brauxel nennt, baut indessen in einem stillgelegten Kalibergwerk bei Hildesheim wieder an symbolischen Figuren. Tief untertage entsteht ein Pandämonium der deutschen Vergangenheit, die Amsel auf seine Weise bewältigt, allerdings nicht ohne auch damit einen gutgehenden Handel zu verbinden. Im vorletzten Kapitel werden Matern, der in die DDR flüchten will, Jenny, die seit einer Verletzung bei einem Luftangriff ihre Ballettkarriere aufgeben mußte und als Lokalbesitzerin lebt, und der jetzt mit 32 Goldzähnen ausgestattete Amsel wieder zusammengeführt. Um sie herum brennt Jennys Westberliner Lokal ab, aber die drei – den Jünglingen im Feuerofen gleich – können nicht aufhören mit Erinnern, Erzählen, Schreien, Saufen und Singen. Doch diese makabre Versöhnungsszene wird kontrapunktiert durch einen Besuch in Amsels Unterwelt, wo Amsel-Brauxel dem zermürbten Matern seine allegorische Vogelscheuchen-Hölle vorführt. Ihr wird in Zukunft Pluto, der Matern zugelaufene Hund, vorstehen, und dieser Hund gibt auch das Leitmotiv ab, dem der Roman seinen Titel verdankt: Pluto ist ein Abkömmling des Schäferhundes Harras aus Danzig und war vom Gauleiter Forster 1935 Hitler geschenkt worden, bis auch er, seinem Führer untreu werdend, sich aus Berlin in Richtung Westen absetzte und als Begleiter Materns weiterlebte.
Diese mit Folklore, Danziger Heimatkunde, Schulstreichen, bäurischen Grotesken, Satiren auf Wirtschaft und Gesellschaft der Bundesrepublik und einer – seinerzeit vor allem von Walter JENS

(*»... die Albernheiten der Heidegger-Parodie verraten weder Kenntnis noch Geschmack«*) heftig kritisierten – Attacke auf HEIDEGGER angefüllte Handlung wird, im Gegensatz zu der einheitlichen Erzählperspektive der *Blechtrommel*, in einer verwirrenden Fülle von Perspektiven erzählt: Amsel, alias Brauxel, berichtet im ersten Buch, den *Frühgeschichten*, von der Danziger Zeit, Harry Liebenau, inzwischen Funkredakteur in Köln und einst ein Verehrer Tullas, erzählt – er allein in der Ichform – im zweiten Teil, den (fiktiv an Tulla gerichteten) *Liebesbriefen*, von der Hitlerzeit, und Matern in den *Materniaden* von der Nachkriegszeit. Zwischendurch kommt Amsel-Brauxel als Chef des gleichzeitig schreibenden Autorenkollektivs immer wieder mit zahllosen Reflexionen, Antizipationen und erzähltechnischen Erwägungen zu Wort. Vor dem Hintergrund der hochgelobten *Blechtrommel* wirkte dieser Verzicht auf perspektivische Einheit ebenso irritierend auf die Kritik wie der ständig wechselnde Sprachstil. Ungekünstelt wirkender Saga-Tonfall und Parodie auf die Sprache von HEIDEGGERS *Sein und Zeit* (1927), mundartliche Einschläge und zeitkritische Allegorien, absichtsvoll halbierte Sätze und anspielungsreiche Wortungetüme (*»laugeschrapperundmottenverunglimpfte«*) fanden in ihrem Nebeneinander eine zwiespältige bis ablehnende Aufnahme bei den Rezensenten, die das traditionelle Erzählmuster des klassischen Entwicklungsromans oder die Dramaturgie des Schelmenromans vor Augen hatten. Als Vorbilder dienten wohl JEAN PAUL und Alfred DÖBLIN; ohne die *»futuristische Komponente«*, die Döblins Roman auszeichne, könne er sich seine eigene Prosa nicht vorstellen, sagte Grass (*»Über meinen Lehrer Döblin«*, 1967). J.Ka.-KLL

AUSGABEN: Neuwied 1963. – Reinbek 1968 (rororo). – Neuwied 1974 (SLu). – Neuwied 1987 (in *Werkausg.*, Hg. V. Neuhaus, 10 Bde., 3).

LITERATUR: W. Jens, Rez. (in Die Zeit, 6. 9. 1963). – G. Blöcker, Rez. (in FAZ, 14. 9. 1963). – K. Wagenbach, Rez. (in Die Zeit, 20. 9. 1963). – I. Nagel, Rez. (ebd., 27. 9. 1963). – A. Goetze, *Pression u. Deformatio. Zehn Thesen zum Roman »Hundejahre« von G. G.*, Göttingen 1972. – M. Harscheidt, *G. G. Wort – Zahl – Gott. Der »phantastische Realismus« in den Hundejahren*, Bonn 1976. – R. Link, *Figur u. Episode. Eine Analyse der »Hundejahre« von G. G.*, Diss. Univ. of Connecticut 1981. – S. H. Abbott, *G. G. »Hundejahre«* (in GQ, 55, 1982, S. 212–220). – S. Schröder, *Erzählfiguren u. Erzählperspektive in G. G.' »Danziger Trilogie«*, Ffm. u. a. 1986.

KATZ UND MAUS

Novelle von Günter GRASS, erschienen 1961. – Zur Entstehungsgeschichte dieses zweiten Teils der sogenannten *Danziger Trilogie*, wie Grass seine drei Erzählwerke *Blechtrommel*, *Katz und Maus* und *Hundejahre* 1974 in einer Ausgabe des Luchterhand Verlages zusammenfaßte, erläuterte der Autor rückblickend: *»›Hundejahre‹ habe ich mit einer falschen Erzählkonzeption begonnen, die dann in der Mitte des Buches durch ein Kapitel, das eigentlich ›Katz und Maus‹ enthielt, zerschlagen wurde; es stellte sich heraus, daß darin eine Novelle war, die den Roman kaputtmachte. Dann hab' ich zuerst die Novelle geschrieben und durch die Arbeit an der Novelle die Erzählpositionen für ›Hundejahre‹ gefunden.«*

Ein typisch novellistisches Ereignis steht am Beginn des Schicksals, das dem Helden, Joachim Mahlke, zur Zeit des Zweiten Weltkriegs in Danzig widerfährt. Im Kreis einiger Schulkameraden nimmt Pilenz, der Erzähler, zum erstenmal Mahlkes überdimensionalen, mit der Pubertät entstandenen Adamsapfel wahr, einen heftig bewegten, an eine Maus erinnernden *»Knorpel«*, an den Pilenz, einer tollen Eingebung folgend, plötzlich eine in der Nähe sich umhertreibende Katze setzt. Aus diesem Ereignis geht das permanente Schuldgefühl des Erzählers hervor, das ihn zur Niederschrift der Biographie Mahlkes zwingt: Der abnorme Adamsapfel, auf den Pilenz ein für allemal den Blick der Leute gelenkt hat, macht Mahlke zum Helden wider Willen und führt seinen Untergang herbei.

In dreizehn nur lose miteinander verknüpften Abschnitten vergegenwärtigt sich der Erzähler, immer wieder ins Episodische und Anekdotische schweifend, Mahlkes phantastische und verzweifelte Versuche, seine körperliche Mißbildung, die den Spott und die Neugier der Umwelt herausfordert, zu verleugnen. Er behängt sich mit einem Schraubenzieher, einem polnischen Orden, einem Medaillon, das von seiner bigotten Marienverehrung zeugt, vollbringt vor seinen Kameraden atemberaubende Tauchübungen und triumphiert am Reck mit zahllosen Kniewellen. Mahlkes unerhörte Taten sollen die Umwelt vom Adamsapfel, *»die ewige Katze von der ewigen Maus ablenken«*. Sammelt Mahlke aber auch immer wieder außerordentlichen Beifall, so haftet den Leistungen, die er mühsam seinem schwächlichen Körper abzwingt, doch stets etwas Verkrampftes, Unnatürliches an, das die Groteske streift. Darin meldet sich seine fortschreitende, von der Umwelt ihm auferlegte Selbstentfremdung an. Das Schuldgefühl des Erzählers reflektiert nur das Bewußtsein des Unrechts, das die Gesellschaft dem einzelnen antut. Der abnorme Adamsapfel Mahlkes wird zur bizarren Sinnfigur eines beschädigten Verhältnisses zwischen Ich und Außenwelt, das sich zur extremen Antithese von beklatschter Schauspielerei und *»monumentaler Einsamkeit«*, von öffentlicher Leistung und Introversion verzerrt. Denn der *»Große Mahlke«*, bezeichnenderweise stets mit einer *»Leidensmiene«* behaftet, stößt bei einer seiner vielbewunderten Tauchübungen in einem abgesoffenen Minensuchboot auf eine (über der Wasseroberfläche liegende) Kabine, die er mit den wunderlichsten Dingen ausstattet und zum bewohnbaren, von der Umwelt abgeschnittenen und zugleich von ihr bestaunten Refugium macht – allegorisches Zeichen dafür, daß Beifall und Anerkennung der Gesellschaft durch Isolierung und Selbstverleugnung erkauft werden müssen. Unaufdringlich verknüpft Grass diese Antinomie mit der historischen Wirklichkeit, der die Novelle entstammt. Einem hoch dekorierten Kapitänleutnant, ehemaliger Schüler des von Pilenz und Mahlke besuchten Gymnasiums, entwendet der Held das Ritterkreuz und bereitet damit die – novellistisch pointierte – Peripetie, den definitiven Umschlag seines Lebens in eine tödliche Emigration vor. Der vollkommen seinen Adamsapfel bedeckende Orden gewährt ihm für kurze Zeit Glück, unverkrampfte Identifikation mit sich selbst – *»zum erstenmal bißchen albern, keine Erlösermiene«* –, und ist zugleich Anlaß für den Ausschluß Mahlkes vom Gymnasium. Die vom Oberstudienrat Klohse in schneidigem Nazijargon proklamierte Unantastbarkeit eines so läppischen Details wie des Ritterkreuzes ist Zeugnis für die in jener Zeit übliche Ästhetisierung des Kriegs, wie sie unmißverständlich in einer lyrischen, mit verstiegenen Metaphern besetzten Rede des Kapitänleutnants zum Ausdruck kommt. Zwar erobert sich Mahlke durch außerordentliche Taten erneut den Orden, wird in kurzer Zeit Panzerkommandant, aber sein Versuch, sich, hochdekoriert, durch einen Vortrag im Gymnasium zu rehabilitieren, scheitert am spießigen Pseudoethos des Oberstudienrats. Verzweifelt desertiert er; beim Versuch, in seine Schiffskabine zu tauchen, verunglückt er vermutlich.

Mahlkes übergroßer Adamsapfel, die Objekte, die ihn kaschieren sollen, und die Versuche, diesen »Fehler« zu kompensieren, entspringen der exakten Phantasie des Autors, einer Phantasie, deren bizarre Produkte stets den Charakter praller Realität haben – dank der sinnlichen Kraft von treffend charakterisierenden Verben, von Appositions- und Adjektivreihen, die jedes Detail mit bedrängender Genauigkeit fixieren. Erst die mit provozierender Schärfe dingfest gemachten, phantastischen Eingebungen können die schematischen Wirklichkeitsvorstellungen des Lesers aufsprengen und die hintergründige Beispielhaftigkeit der Existenz Mahlkes ins Bewußtsein heben. Daher übt Grass sich in der Verknappung des Vordergründigen, in der Durchbrechung von Tabus – Anlaß und Ablauf einer ausgiebigen Onanieszene werden effektvoll als Chiffre für Mahlkes »heroische« Existenz präsentiert –, in der Reduktion banaler Fakten und im beunruhigenden Wechsel zeitlicher Perspektiven oder syntaktischer Gebilde: Vorausgriffe und Rückblenden überspielen das chronologische Erzählgerüst; weit ausgreifende, dynamisch fortdrängende Perioden kontrastieren mit lakonischen telegrammartig verkürzten Sätzen. Kontrapunktisch zu solchem Wechsel wirkt die festgefügte, dicht verspannte Komposition, in der auch die scheinbar zufälligste Beobachtung, das scheinbar beliebigste Detail gewichtige Bedeutung gewinnt, indem Grass es, durch Reprise und Variation, in den Rang eines Leitmotivs, einer Sinnfigur erhebt. Ohne Zweifel liegt *»sein Geheimnis in dem prekären und einzigartigen Gleichgewicht, das er zwischen seiner anarchischen Einbildungskraft und seinem überlegenen Kunstverstand herzustellen vermocht hat«* (Enzensberger). G.Sa.-KLL

Ausgaben: Neuwied 1961. – Reinbek 1963 (rororo). – Neuwied 1974 (SLu). – Neuwied 1987 (in *Werkausg.*, Hg. V. Neuhaus, 10 Bde., 3).

Literatur: K. Korn, Rez. (in FAZ, 7. 8. 1961). – M. Reich-Ranicki, Rez. (in Die Zeit, 10. 11. 1961). – H. M. Enzensberger, *Zusatz: Der verständige Anarchist* (in H. M. E., *Einzelheiten*, Ffm. 1962, S. 227–233). – W. Zimmermann, *G. G. »Katz und Maus«* (in W. Z., *Deutsche Prosadichtungen unseres Jh.s*, Bd. 2, Düsseldorf 1969, S. 267–300). – G. Kaiser, *G. G. »Katz und Maus«*, Mchn. 1971. – U. Karthaus, *»Katz und Maus« von G. G. – eine politische Dichtung* (in DU, 1971, H. 1/2, S. 68–93). – I. Tiesler, *G. G. »Katz und Maus«*, Mchn. 1971, [2]1985 – N. L. Thomas, *An Analysis of G. G.'s »Katz und Maus«* (in GLL, 1972, Nr. 3, S. 307–322). – J. E. Behrend, *Die Ausweglosigkeit der menschlichen Natur* (in *G.-Materialienbuch*, Hg. R. Geißler, Neuwied 1976, S. 115–135; SLu). – A. Ritter, *Erläuterungen u. Dokumente. G. G., »Katz und Maus«*, Stg. 1977. – M. Sera, *Der Erzähler als Verfolger u. Verfolgter in der Novelle »Katz und Maus« von G. G.* (in ZfdPh, 1977, Nr. 4, S. 586–604). – M. Bengel, *»Ich aber muß schreiben«. Erzählprobleme als Interpretationsprobleme in G. G.'s Novelle »Katz und Maus«* (in Praxis Deutsch, 1981, H. 49, S. 49–57). – R. Hillman, *Erzähltechnische Probleme in G. G. »Katz und Maus«* (in *Erzählung u. Erzählforschung im 20. Jh.*, Hg. R. Kloepfer u. a., Stg. u. a. 1981). – S. Schröder, *Erzählfiguren u. Erzählperspektive in G. G.' »Danziger Trilogie«*, Ffm. u. a. 1986.

DIE RÄTTIN

Prosa von Günter Grass, erschienen 1986. – Grass' Einsicht, *»daß jenes Buch, das ich zu schreiben vorhabe, nicht mehr so tun kann, als sei ihm Zukunft sicher«*, die auch seine anläßlich der Verleihung des Feltrinelli-Preises gehaltene Rede *Die Vernichtung der Menschheit hat begonnen* (1982) bestimmte, ist prägend für die strukturellen Eigenheiten des Prosawerkes *Die Rättin*, das bewußt auf jede Gattungsbezeichnung verzichtet. Die drohende Ausradierung aller menschlichen Zivilisation – durch Umweltkatastrophe oder Atomkrieg – ruft im Ich-Erzähler (weitgehend identisch mit dem Autor) eine schrankenlose Schreibobsession hervor, die an die Stelle der breiten Epik der frühen Romane das bruchstückhafte, summarische Auflisten aller Grassschen Motive und Thematiken setzt. Denn es gilt Abschied zu nehmen, *»weil es zu spät, viel zu spät ist«*, die Lessingsche *»Erziehung des Menschengeschlechts«* – an der auch Grass lange Zeit festgehalten hatte (*Aus dem Tagebuch einer Schnecke*, 1972) – fehlgeschlagen ist.

Eine Jungratte, die sich der Ich-Erzähler zu Weihnachten wünschte, stellt die Initialzündung für den Erzählvorgang dar: Sie verwandelt sich, ähnlich wie seinerzeit der Butt, zu einer die Träume des Autors besetzenden sprechenden Rättin, die sich fortan zum Gegenpart des Erzählers entwickelt, mit ihm in einen Wettstreit tritt. Es beginnt ein mit Zeitebenen jonglierendes Verwirrspiel: Offen bleibt, ob der Autor die Rättin imaginiert (als Sinnbild der gerade auch vom Menschen immer wieder ausgestoßenen Kreatur, die ihn aber schließlich überlebt) oder ob der Erzähler nur mehr in den Träumen einer dem Menschen immer ähnlicher werdenden Ratte vorkommt. Findet dieses Zwiegespräch bereits in einer posthumanen Zeit – nach einem Atomkrieg – statt, wie die Rättin behauptet, und umkreist der Autor, wie ihm immer wieder träumt, als einziger Überlebender in einer Raumkapsel die Erde? Oder ist die Rättin und ihr posthumaner Rattenstaat, der sich in der unter der Neutronenbombe unversehrt gebliebenen Danziger Innenstadt etabliert, nur ein Alptraum? Gibt es also doch noch für die verschiedenen Aktionsstränge, die der Autor in der bundesrepublikanischen Wirklichkeit des Jahres 1984 beginnen läßt, Zukunft? Oskar Matzerath, jene mittlerweile weltberühmte Figur aus Grass' erstem Roman *Die Blechtrommel* (1959), taucht sechzigjährig und als Inhaber einer Firma für Videofilm-Produktionen nochmals auf. Er verfolgt verschiedene Pläne, die der Erzähler in Drehbuchform über das ganze Buch hinweg immer wieder in Ausschnitten entwickelt: etwa einen Videofilm über den sterbenden Wald (eine Comic-strip-artige Persiflage, in der die Grimmschen Märchengestalten einen erfolglosen Kampf gegen Politik- und Wirtschaftsbosse führen zur Erhaltung ihres Waldes) oder über die *»Falschen Fuffziger«* (Jahre), ein Film, in dem das Fälscher-Triumvirat Adenauer, Ulbricht, Malskat (ein Malerrestaurator in den fünfziger Jahren, der in der Lübekker Kirche eigene Fresken für gotische ausgab) stellvertretend für die große Fälschung der deutschen (angeblich schuldgetilgten) Nachkriegsgeschichte steht. Zudem kehrt Oskar Matzerath an die Orte seiner Kindheit zurück, nach Danzig und in die Kaschubei, um dort das große Geburtstagsfest seiner einhundertundsiebenjährigen Großmutter Koljaiczek zu feiern. Einen weiteren Erzählstrang bildet die Schiffsreise einer fünfköpfigen Frauencrew in dem Ewer *»Die Neue Ilsebill«*, angeblich, um die Quallendichte, Indikator für ein gestörtes ökologisches Gleichgewicht, der Ostsee zu messen, in Wahrheit aber unterwegs zu der sagenhaften Stadt Vineta, ein im Meer versunkenes, matriarchales Utopia.

Gegen Mitte des Buches erreichen diese Reisen ihr Ziel, doch in diesem Augenblick, ausgelöst durch eine computertechnische Panne, erfolgt der atomare Schlagabtausch. Als einzige Kreaturen überleben die Ratten, teilweise noch unter den Genmanipulationen der Menschen zu aufrechtgehenden Rattenmenschen mutiert, die nun in einer menschenleeren Welt erneut den absurden Kreislauf der Geschichte zu eröffnen scheinen: Sie beginnen wieder mit Akkerbau, gründen wieder Religionen (mit den eingeschrumpelten, *»entsafteten«* Überresten der Großmutter Koljaiczek und Oskars als anbetungswürdige Pieta), verfallen wieder in Abgrenzung, Rassismus und kriegerische Auseinandersetzung. In einer immer kürzer segmentierten *»Videodramaturgie, die alles gleichzeitig weiß«*, geraten nun alle Handlungsabläufe, Zeitebenen, Traum und Wirklichkeit durcheinander, verliert schließlich der Autor die Macht über sein imaginiertes Produkt: Die Rättin droht ihm, *»es könnte uns einfallen, dich zu vergessen, dich nicht mehr komisch zu finden, anderes als dich (...) zu träumen«*.

Die Rättin erweist sich so als ein letztes Pandämonium früherer Romangestalten des Autors; an fast alle vorangehenden Bücher Grass' wird angeknüpft, sei es motivlich, personell oder strukturell. Diese Selbstzitate sind zu verstehen als Nachruf auf das eigene schriftstellerische Werk – und die darin enthaltenen exemplarischen Menschenschicksale – in einer dem Untergang geweihten *»Humanzeit«*. Als Endzeit-Buch gehört es zur Programmatik der *Rättin*, noch einmal alle literarischen Traditionen im Sinne eines Nekrologs aufzurufen – die Verweise reichen von den Anfängen einer deutschen Nationalsprache im Bibeldeutsch Martin LUTHERS bis zur Science-fiction-Literatur (etwa George ORWELLS *1984*). Stiladaptionen – so in den barockhaften, satzlangen Kapitelüberschriften – und das Aufgreifen zurückliegender Poetiken – wie dem romantischen Ideal des gattungsübergreifenden Gesamtkunstwerks – prägen das Buch, in das, wie bereits im *Butt*, lyrische Passagen eingeflochten sind und das trotz modernistisch anmutender Offenheit nicht nach neuen Ausdrucksmöglichkeiten sucht, sondern nur noch Abschied nehmen will: *»Weil alles gesagt ist. Weil nur noch Abschied bleibt.«*

Sofort nach Erscheinen der *Rättin* setzte, wie schon bei *Kopfgeburten oder Die Deutschen sterben aus* (1980), eine umfangreiche und sehr kontroverse Rezeption ein. Einerseits wurde der Text als Grass' Opus magnum und Summe aller bisherigen Werke gelobt, andererseits abgeurteilt als *»katastrophales Buch«* (M. Reich-Ranicki), nicht zuletzt seiner Heterogenität wegen. Die einen sehen in der *Rättin* die *»Unheilprophetie säkulären Ausmaßes«* (F. J. Raddatz) mit einer meisterhaften Sprachbeherrschung, andere einen aufgeblähten Leitartikel, der krampfhaft darum bemüht ist, alle zur Zeit akuten Menschheitsprobleme abzuhandeln. Vor allem aber auch aus Kreisen der alternativen Jugendkultur, die von Grass mit viel Symphatie in der *Rättin* gezeichnet wurde, so im Bild der rattenliebenden Punker, wurde das Buch und der »arrivierte« Autor heftig attackiert. B.S.

AUSGABEN: Neuwied 1986. – Neuwied 1987 (in *Werkausg.*, Hg. V. Neuhaus, 10 Bde., 7). – Reinbek 1988 (rororo).

LITERATUR: J. Kaiser, Rez. (in SZ, 1./2. 3. 1986). – M. Reich-Ranicki, Rez. (in FAZ, 10. 5. 1986). –

W. Schütte, Rez. (in FRs, 1.3. 1986). – H. L. Arnold, *Literaturkritik: Hinrichtungs- oder Erkenntnisinstrument* (in L'80, 1986, H. 39, S. 115–126). – J. Grambow, Rez. (in SuF, 1986, H. 6, S. 1292–1302) – R. Scherf, *G. G.: »Die Rättin« und der Tod der Literatur* (in WW, 1987, H. 6, S. 382–398).

PETER HÄRTLING

* 13.11.1933 Chemnitz

LITERATUR ZUM AUTOR:
D. v. König, *P. H.* (in *Dt. Literatur der Gegenwart in Einzeldarstellungen*, Hg. D. Weber, Bd. 2, Stg. 1977, S. 207–227). – *P. H. Materialienbuch*, Hg. E. u. R. Hackenbracht, Neuwied 1979 (SLu). – B. Dücker, *P. H.*, Mchn. 1983. – W. Schmitz, *P. H.* (in KLG, 18. Nlg., 1984). – *P. H.: Auskunft für Leser*, Hg. M. Lüdke, Darmstadt/Neuwied 1988 (SLu).

NACHGETRAGENE LIEBE

Roman von Peter HÄRTLING, erschienen 1980. – Wie *Zwettl* ist auch *Nachgetragene Liebe* ein unmittelbar aus der Familiengeschichte des Autors abgeleitetes Buch, ein autobiographischer Bericht über die eigene Kindheit bis zum frühen Tod des Vaters. *»Mein Vater hinterließ mir eine Nickelbrille, eine goldene Taschenuhr und ein Notizbuch, das er aus grauem Papier gefaltet und in das er nichts eingetragen hatte als ein Gedicht Eichendorffs, ein paar bissige Bemerkungen Nestroys und die Adressen von zwei mir Unbekannten. Er hinterließ mich mit einer Geschichte, die ich seit dreißig Jahren nicht zu Ende schreiben kann. Ich habe über ihn geschrieben, doch nie von ihm sprechen können.«*
Mit dieser Inventur spärlicher Hinterlassenschaft leitet Härtling seinen Versuch der Aufarbeitung einer traumatischen Vaterbeziehung ein. Im Schreiben wiedergefunden werden zunächst erste Erinnerungen an den Fünfjährigen, der auf dem Dreirad zum Vater reisen will – und nicht verstanden wird; der mit gestohlenem Geld eine Mundharmonika kauft und mit tagelangem Schweigen bestraft wird vom Vater, der meist zwischen schwarzen Aktenschränken eingemauert scheint – *»ihnen verwandt, aus einem dunklen Holz wie sie«*.
Das *erzählte* Ich, die Kinderperspektive, rekapituliert die wenigen bewußt erlebten Jahre mit dem Vater von 1938 bis 1945; es ist anklagend, nachtragend, zeigt den Vater als Strafenden oder das Kind verletzend mit der oft wiederholten Bemerkung: *»Er benimmt sich wie ein Waschlappen.«* Das *erzählende* Ich dagegen arbeitet die Kindheitserlebnisse auf, indem es sie aufgrund späterer Erfahrungen und psychosozialer Erklärungsansätze deutet und versteht. Als dritte Perspektive schließlich sind Mitteilungen in die Form der postumen Anrede an den Vater gekleidet *(»Du hast meine Angst nicht ernstgenommen. Was hast du unter Mut verstanden, gerade du, der du uns mit Mutlosigkeit überschwemmen konntest?«)*. Orte der Handlung sind Chemnitz, später die mährischen Städte Brünn und Olmütz, schließlich – in Überschneidung mit dem Roman *Zwettl* – noch der gleichnamige österreichische Zufluchtsort der Familie. Der Vater ist Rechtsanwalt, ein kunstsinniger, in sich gekehrter Mann, der jedoch Mühe hat, die Familie über Wasser zu halten, und auf die Protektion des übermächtigen Großvaters angewiesen bleibt. Es sind vorwiegend kleinere Fälle, mit denen er betraut wird, doch vielfach sind es Tschechen und Juden, die seinen Beistand gegen die deutschen Besetzer finden – so gering die Möglichkeiten auch sind. Obwohl vom Nationalsozialismus angewidert, bleibt sein Widerstand stumm, inaktiv, er fordert damit den Trotz des Sohnes heraus, der sich demonstrativ zum vaterfeindlichen Hitler-Jungen und Familien-Ekel entwickelt. *»Weil Vater den Helden ausweicht und sich vor dem Kampf drückt, bin ich eigentlich ein Kind des Führers.«* Man sieht den Vater in wechselndem Licht, elegant und vereinsamt, schroff und weich zugleich. *»Du konntest mir gar nicht die Gelegenheit geben, dich zu verstehen. Ich habe deine Verstrickung nicht wahrhaben wollen, vieles, was du getan hast, als Verrat ausgelegt, mich nie bemüht, deine Geschichte auszusprechen, nur die meiner Verletzungen«*, schreibt der Sohn und sucht die Auseinandersetzungen noch einmal heraufzubeschwören: *»Ich habe dich gehaßt, deswegen, und ich mußte älter werden als du wurdest, um ohne Haß, doch noch immer mit Resten von Widerwillen und Trauer mir und dir zu erzählen, ... wie du unsere Wagenburg aufbrachst.«* Erst der erwachsene Schriftsteller findet die Sprache auszudrücken, was das Kind erlebt und gefühlt haben mag gegenüber den Dressurversuchen und Geheimnissen der Erwachsenen, angesichts brauner Uniformen und tschechischer Lieder – und bei der langsamen Entdeckung der verletzlichen Ohnmacht des nur scheinbar mächtigen Vaters. Nach und nach wird die Labilität dieser väterlichen Existenz erfühlt. Der Autor bedient sich der Gefühlswelt des Kindes als Hilfsmittel und ergänzt das Verständnis des Erwachsenen für den Vater, die nachgetragene Liebe. *»Ich versuche den Abstand zwischen uns, Satz um Satz, zu verringern.«* Diesem komplizierten Prozeß der Annäherung an den scheinbar unbegreifbaren Vater, seine Schwächen und Empfindlichkeiten, sein differenziertes Wesen, ist das Buch gewidmet.
Es wurde damit eines der bekanntesten Zeugnisse für das Sujet der sogenannten »Vater«-Bücher, ein Nebenprodukt der autobiographischen Mode der siebziger Jahre (Chr. MECKEL, G. WOHMANN, B. SCHWAIGER). Im Mittelpunkt dieser teilweise selbsttherapeutischen Bewältigungsversuche steht

zumeist das Verhältnis der Väter zum Nationalsozialismus, die Väter werden – anders als etwa in F. KAFKAS *Brief an den Vater* (1919) – in den literarischen Bearbeitungen der siebziger und frühen achtziger Jahre als eher schwach und desorientiert durchschaut. Der biographische Blick auf die Vergangenheit erfährt seine Verdopplung in Härtlings übrigen Romanen, in denen anhand exemplarischer Lebensgeschichten den Einschnitten und dem Lebensgefühl deutscher Geschichte im 20. Jh. nachgedacht wird (*Eine Frau. Der Roman einer Generation*, 1974; *Hubert oder Die Rückkehr nach Casablanca*, 1978; *Windrad*, 1983). R.Bz.

AUSGABEN: Neuwied 1980. – Darmstadt/Neuwied 1982 (SLu).

LITERATUR: R. Stumm, Rez. (in Die Zeit, 15. 2. 1980). – S. Wirsing, Rez. (in FAZ, 16. 2. 1980). – W. Werth, Rez. (in SZ, 23./24. 2. 1980). – K. Siblewski, Rez. (in FRs, 1. 3. 1980). – H. F. Schafroth, Rez. (in Die Weltwoche, 30. 4. 1980). – E. Pulver, *Annäherung an einen Fremden. Vater-Portraits in der neuen Literatur* (in Schweizer Monatshefte, 1980, H. 8, S. 689–701). – J. Günther, *P. H.: »Nachgetragene Liebe«* (in NDH, 1980, H. 2, S. 374–376). – H. Adler, *Scham u. Schuld. Barrieren des Erinnerns in Chr. Wolfs u. P. H.s Kindheitsmustern u. im psychoanalytischen Prozeß* (in Der Deutschunterricht, 35, 1983, S. 5–20).

NIEMBSCH ODER DER STILLSTAND. Eine Suite

Roman von Peter HÄRTLING, erschienen 1964. – Härtling gliedert seine freien Phantasien über den Dichter Nikolaus LENAU (d. i. Nikolaus Niembsch, Edler von Strehlenau, 1802–1850) in acht Sätze: *Präludium, Rondo, Gigue, Menuett-Gavotte, Allemande, Bourrée, Sarabande, Bourlesca-Air*. Der Erzähler begleitet den eben aus Amerika zurückgekehrten Dichter eine Strecke seines Weges, um mit ihm und durch ihn eine neue, nie geschaute Wirklichkeit zu erfahren. Er greift einzelne Stationen heraus, wie die Liebe zu Karoline von Zarg, den Stuttgarter Aufenthalt, die Baden-Badener Verlobung, die Kur bei Kerner, biographische Details, die als Folien Niembschs innerer Geschichte unterlegt sind. Der in Amerika gescheiterte Dichter verstrickt sich, von Mozarts »Don Giovanni« fasziniert, in ein Geistesabenteuer, wie es KIERKEGAARD in seiner Philosophie der Wiederholung und Erinnerung beschreibt (ein Motto Kierkegaards steht der Suite voran). Niembsch erkennt, daß die Figuren der Vergangenheit in seiner Erinnerung verblassen und ihre Individualität verlieren; er sieht sie ins Unwirkliche entschweben. Die Erinnerung streift die Fesseln ab, die Zeit scheint zu zersplittern. Die magische Gestalt Don Juans bemächtigt sich seines Geistes, *»eine Gestalt, ohne Bindung, ohne Reminiszenz, mit der Fähigkeit, alles zu tauschen und von den Verwandlungen und Abenteuern nicht lädiert zu werden«*. Niembsch identifiziert sich schrittweise mit dieser Mythenfigur, erkennend, daß die vollkommene Dauer nur im Stillstand existiert. Wie Don Juan benützt auch er die Frauen (Karoline von Zarg, Maria und Margarethe Winterhalter, Juliette Zegerlein), um in der Wiederholung die Dauer festzuhalten. Er plant ein Don-Juan-Epos und erlebt an sich das *»verzerrende Melos der Metamorphose«*. Langsam dringt er in jene Zonen des Stillstands vor, wo die Sprache verstummt und die Dinge für den sehenden Geist transparent werden. Sein Leben mündet in die gleichförmige Bewegung des ewigen Wiederholens, beschreibt die Form des Kreises. Das geplante Epos scheitert an der Dürftigkeit der konventionellen Sprache, Niembsch erfindet eine neue, geschichtslos-reine Sprache, musikalische Buchstabengebilde ohne Sinn. Sein Verstummen am Ende der Suite ist vieldeutig: Zeichen für die Überlistung der Zeit, den wortlosen Rausch des Stillstands, für melancholische Sprachskepsis oder für ausbrechenden Wahnsinn.

Härtling, der dem allzu wörtlichen Realismus mißtraut, spiegelt das innere Geschehen auf wechselnden Erzählebenen, in verzahnten und sich überschneidenden Reflexionen, in Briefen, Gesprächen und pointillistischen Beschreibungen. Äußere Ereignisse treten in den Hintergrund, verblassen vor dem inneren Geschehen, vor den Kontemplationen und Phantasien über Zeit, Aufhebung der Zeit, Schwermut und Liebe. Der Autor erzählt keine Geschichte, seine Erzählweise gleicht einem Musikstück mit Themen und Variationen, einer Komposition mit Worten, die musikalische Akzente setzt und preziöse Melodien entwirft, wo der sprachliche Ausdruck den Motiven des Schweigens und Verstummens nicht mehr gerecht wird. Der Erzähler wird zum Jongleur, der mit Nuancen, flüchtigen Eindrücken, Licht, Farben und Schatten sein kunstvolles Spiel treibt; sein eigentliches Thema aber ist das Unbeschreibbare, das Verstummen jenseits aller sprachlichen Möglichkeiten. In der Folgezeit setzte Härtling seine Dichterporträts fort, neben *Gilles, Ein Kostümstück aus der Revolution* (1970) sowie *Die dreifache Maria* (1982), eine *»Geschichte«* über E. MÖRIKE, fand vor allem sein *Hölderlin*-Roman (1976) eine lebhafte Resonanz. M.Ke.

AUSGABEN: Stg. 1964. – Reinbek 1967 (rororo). – Darmstadt/Neuwied 1975 (SLu).

LITERATUR: R. Baumgart, Rez. (in Der Spiegel, 21. 10. 1964). – M. Gregor-Dellin, Rez. (in Die Zeit, 30. 10. 1964). – H. Heissenbüttel, *Das Gegenteil eines historischen Romans* (in Merkur, 1964, H. 199, S. 892–894). – W. Michel, *Poetische Transformationen Kierkegaardscher Denkfiguren im neueren deutschen Roman* (in *Fs. für Friedrich Kienecker*, Hg. G. Michaeli, Heidelberg 1980, S. 152–177). – M. Tabah, *P. H.s Erzählung »Niembsch oder der Stillstand«* (in Recherches Germaniques, 1981, H. 11, S. 190–202).

PETER HANDKE

* 6.12.1942 Griffen / Kärnten

LITERATUR ZUM AUTOR:
P. H., Hg. H. L. Arnold, Mchn. 1969; [4]1978 (rev. u. erg.; Text + Kritik). – H. Rischbieter, *P. H.*, Velber 1972. – *Über P. H.*, Hg. M. Scharang, Ffm. 1972; [3]1977 (es). – U. Schultz, *P. H.*, Velber 1973. – W. Thuswaldner, *Sprachexperiment u. Darbietungsexperiment bei P. H. Praxis u. Theorie*, Diss. Salzburg 1973. – H. Falkenstein, *P. H.*, Bln. 1974. – G. Heintz, *P. H.*, Mchn. 1974; [2]1976. – J. Jacobs, *P. H.* (in *Dt. Literatur der Gegenwart in Einzeldarstellungen*, Bd. 2, Hg. D. Weber, Stg. 1977, S. 152–179). – M. Mixner, *P. H.*, Kronberg/Ts. 1977. – R. Nägele u. R. Voris, *P. H.*, Mchn. 1978. – M. Jurgensen, *H. Ansätze, Analysen, Anmerkungen*, Bern/Mchn. 1979. – *Zu P. H. Zwischen Experiment u. Tradition*, Hg. N. Honsza, Stg. 1982. – M. Durzak, *P. H. und die dt. Gegenwartslit. Narziß auf Abwegen*, Stg. 1982. – P. Pütz, *P. H.*, Ffm. 1982 (st). – C. Bartmann, *Suche nach Zusammenhang. H.s Werk als Prozeß*, Wien 1984. – R. Fellinger, *P. H.*, Ffm. 1985 (st). – *P. H. Die Arbeit am Glück*, Hg. G. Melzer u. J. Tükel, Königstein/Ts. 1985. – R. G. Renner, *P. H.*, Stg. 1985 (Slg. Metzler). – P. Pütz, *P. H.* (in KLG, 28. Nlg., 1988).

DIE ANGST DES TORMANNS BEIM ELFMETER

Erzählung von Peter HANDKE, erschienen 1970. – In seinem dritten längeren Prosatext (nach *Die Hornissen*, 1966, und *Der Hausierer*, 1967), der im Gegensatz zu den beiden früheren völlig ungegliedert ist und durchgehend die Perspektive des Helden, wenn auch in der dritten Person, beibehält, bedient sich Handke vordergründig des Kriminalromanschemas, während die Tiefenperspektive der Erzählung auf eine grundsätzliche Erkenntnisproblematik zielt.

Der Monteur Josef Bloch, ein ehemals bekannter Fußballtorwart, verläßt eines Morgens in der Annahme, er sei entlassen, seine Arbeitsstelle, schlendert durch die Stadt, und wird dabei von allen Wahrnehmungen gestört.

Die Irritationen machen ihn zu einem Reiter über den Bodensee, der auf eine reibungslos funktionierende Welt und die Reduktion menschlicher Beziehungen auf bloße Tauschakte zurückblickt. Bloch ist keineswegs »krank«, obgleich er alle Symptome eines Schizophrenen aufweist, er nimmt nur die Automatismen bewußt wahr, löst sie aus ihrer stummen Selbstverständlichkeit, um sie neu zu »montieren«, ohne ihnen doch selbst entgehen zu können; Handke nimmt seinen Helden, der ständig zu Interpretationen gezwungen ist, in Schutz vor den Interpreten: *»Ohne daß er damit etwas ausdrücken wollte, senkte er den Kopf.«*

In diesem als scheinhaft empfundenen Dasein wird der Mord, den Bloch an einer Kinokassiererin verübt, zum einzigen Mittel, um »Ernst zu machen«: *»Er hatte gleich so fest zugedrückt, daß sie gar nicht dazugekommen war, es noch als Spaß aufzufassen.«* Scheinbar unmotiviert, eine Kurzschlußhandlung, ist dieser Mord als ein aggressiver Sexualakt nicht nur symbolische Handlung, sondern darüber hinaus eine Art »direkte Aktion«, die allein noch die eigene Identität in einem unendlichen System von Vermittlungen zu verbürgen scheint. Doch die anarchische Rebellion resultiert nicht nur aus einer als ausweglos reglementiert erfahrenen Welt, der Aufstand gegen alles »Eingelernte« verstärkt zugleich die Fremdbestimmung des Täters, macht diesen immer mehr zum Gefangenen der Ordnung, gegen die er sich auflehnt.

Nachdem er in einen »südlichen Grenzort«, wo eine frühere Freundin eine Gastwirtschaft betreibt, gefahren ist und in der Zeitung die Bemühungen der Polizei verfolgt, ihm auf die Spur zu kommen, wirkt der Mord weiter als Katalysator für ein Geschehen, bei dem sich für Bloch *»die Gegenstände, die er wahrnimmt ... immer mehr versprachlichen und, indem die Bilder versprachlicht werden, auch zu Geboten und Verboten werden«*, so der Autor selbst 1969 über seinen Text. Aus der Geschichte wird eine Detektivgeschichte, aus dem Täter ein Analytiker der eigenen Situation. Das Demonstrationsobjekt Bloch versucht, sich selbst auf die Schliche zu kommen. Wie für den Kriminalschriftsteller R. CHANDLER spielt für die Erzählstrategie Handkes nicht die Tat die entscheidende Rolle, sondern die Reaktion des Täters. Die autistische Haltung gegenüber der Außenwelt schärft die Wahrnehmung, indem sie diese verzerrt. Der Held, der *»immer nur reagieren«* kann, mausert sich endgültig zum Strukturalisten, dem alles zum Zeichen wird: *»Und nicht nur, was geredet wurde, war eine Anspielung, sondern auch die Gegenstände ringsherum sollten ihm etwas andeuten. ›Als ob sie mir zuzwinkern und Zeichen geben‹, dachte Bloch.« »Aber Handkes Text enthält nicht nur Bedeutsamkeit, er thematisiert darüber hinaus das erkenntnistheoretische Problem der Bedeutsamkeit und stellt damit den ›Verweisungscharakter‹ von Gesprochenem und Wahrgenommenem, das heißt von Welt, fundamental in Frage«* (P. Pütz).

Folgerichtig bekommt die *Nouveau-roman*-Methode akribischer Detailbeschreibung die Realität nicht in den Griff. Signifikat und signifikant sind nicht identisch, und Bloch reagiert auf Verhältnisse, in denen ihm alles »vorformuliert« ist, mit seiner »verhaßten Wortspielkrankheit«, in der die Sprache sich verselbständigt. Für die Sehnsucht nach Unmittelbarkeit ist die Sprachneurose Blochs der Psychopathologie der Alltagssprache strukturell verwandt. In der von der Sprache verzauberten Welt ist jede Bewegung verräterisch; nur dem Tormann, der sich völlig ruhig verhält, schießt der Schütze den Ball in die Hände. U.E.-KLL

AUSGABEN: Ffm. 1970. – Ffm. 1972 (st). – Ffm. 1978 (BS).

VERFILMUNG: BRD 1971 (Regie: W. Wenders).

LITERATUR: H. Vormweg, *Die Aufdringlichkeit der unbestimmten Bedeutung* (in H. V., *Eine andere Lesart. Über neue Literatur*, Neuwied/Bln. 1972, S. 124–135). – Ch. K. Dixon, *P. H. »Die Angst des Tormanns beim Elfmeter«. Ein Beitrag zur Interpretation* (in Sprachkunst, 3, 1972, H. 1, S. 75–97). – P. Pütz, *P. H. »Die Angst des Tormanns beim Elfmeter«* (in *Deutsche Bestseller – Deutsche Ideologie*, Hg. H. L. Arnold, Stg. 1975, S. 145–156). – A. Lenzen, *Gesellschaft u. Umgebung in H.: »Die Angst des Tormanns beim Elfmeter«* (in WW, 1976, H. 6, S. 401–406). – K. Bohnen, *Kommunikationsproblematik u. Vermittlungsmethode in P. H.s »Die Angst des Tormanns beim Elfmeter«* (ebd., S. 387–400). – E. Neis, *Erläuterungen zu P. H.: »Die Angst des Tormanns beim Elfmeter«. »Der kurze Brief zum langen Abschied«. »Wunschloses Unglück«*, Hollfeld 1978. – R. L. Voris, *Realismusprobleme im Gegenwartsroman. Drei Modelle*, Diss. Univ. of Ohio 1978. – E. Summerfield, *Die Kamera als literarisches Mittel. Zu P. H.s »Die Angst des Tormanns beim Elfmeter«* (in Modern Austrian Literature, 12, 1979, S. 95–112). – K. Kanzog, *Die Standpunkte des Erzählers u. der Kamera. P. H.s u. Wim Wenders: »Die Angst des Tormanns beim Elfmeter«. Point-of-View-Probleme im Film-Text u. in der Text-Verfilmung* (in *Erzählung u. Erzählforschung im 20. Jh.*, Hg. R. Kloepfer u. G. Janetzke-Dillner, Stg. u. a. 1981, S. 157–168). – Th. F. Barry, *Momentary Orientations: The Dislocated Self in P. H.'s »Die Hornissen«, »Die Angst des Tormanns beim Elfmeter« and »Wunschloses Unglück«*, Diss. Univ. of Virginia 1981. – W. G. Sebald, *Unterm Spiegel des Wasser. – P. H.s Erzählung von der Angst des Tormanns* (in Austriaca, 1983, H. 16, S. 63–65).

DER CHINESE DES SCHMERZES

Erzählung von Peter HANDKE, erschienen 1983. – In drei Teile *(1. Der Betrachter wird abgelenkt; 2. Der Betrachter greift ein; 3. Der Betrachter sucht einen Zeugen)* und einen Epilog gegliedert, enthält diese Prosaarbeit in äußerster Verdichtung wesentliche Elemente von Handkes seit seiner Erzählung *Langsame Heimkehr* (1979) manifest gewordenen Weltauffassung und Erzähltechnik. Unter Verzicht auf linearen epischen Zusammenhang, auf ein vordergründiges Handlungsgefüge oder realistisch gezeichnete Figuren wird in *Der Chinese des Schmerzes* neuerlich ein Wiedergeburtsritual inszeniert; textstrukturierender Faktor ist – auch das ist bei Handke nicht neu – das Verhältnis von Außenwelt und Innenwelt des Protagonisten.
Auf der äußeren Wirklichkeitsebene des Ich-Erzählers Andreas Loser – der oberdeutsche Name charakterisiert ihn zugleich als »Horcher« und »Lauscher« – findet im ersten Teil des Buches kaum Handlung statt: Der Lehrer für alte Sprachen in Salzburg, nebenbei Amateurarchäologe, spezialisiert auf die Erforschung der Überreste von antiken Schwellen, lebt getrennt von seiner Familie, in deren Augen er als *»aufsässig«* gilt. In der Tat neigt Loser zu spontan-anarchistischen Gewalttaten, aufgrund eines kleineren Zwischenfalls hat er sich selbst vom Dienst freistellen lassen. Im zweiten Teil der Erzählung wird Loser zum Täter: Auf dem Weg zur gewohnten monatlichen Tarockrunde stellt er auf dem Mönchsberg einen Hakenkreuzsprayer, steinigt ihn und stürzt den Toten über einen Felshang in den Abgrund. Am Kartenspiel nimmt Loser dennoch teil, er führt mit seinen Partnern – dem Hausherrn, einem Politiker, einem Maler und einem Priester – ein langes Gespräch über die verschiedenen Sinnebenen des Wortes »Schwelle«; wieder allein zu Hause, konstatiert Loser für sich *»Heimweh nach einem Körper«*, nach einer *»lieben Anwesenheit«*. Der dritte Teil der Handlung beginnt mit einem peinigenden Traum; Loser nimmt die Mordtat als »Bestimmung« an und stellt sich der Prüfung der *»Vereinzelung«*. Am Ostersonntag verläßt er frühmorgens seine Wohnung und begibt sich von der Peripherie in die Stadt. Am Salzburger Flughafen begegnet er einer jungen Frau, mit der er sich nach einem Augen-Blick ohne jegliche Vorgeschichte in einer liebenden Vereinigung findet; danach unternimmt er gleichsam eine Pilgerreise zum Geburtsort des VERGIL und taucht ein in den Mincio, Vergils Fluß. Seine Reise führt ihn weiter nach Sardinien, wo er seine beiden Kinder gezeugt hat. Wieder in Salzburg, meldet er sich zum Schuldienst zurück, besucht seine Familie und wählt den Sohn zum Zeugen seiner Geschichte, die dadurch erst gültig wird.
Aus der zweiten, eigentlichen Realitätsebene der Erzählung, die in den Wahrnehmungsräumen der Innenwelt Losers spielt, erschließt sich die symbolische Funktion der äußeren Handlung: Mord und sexuelle Vereinigung stehen für Thanatos und Eros, das innerpsychische Durchleben von Verdammnis und Erlösung. Losers Gefühlswelt, in der grelle Affekte mit Zuständen innerlicher Leere spannungsreich abwechseln und ihre Befreiung in einer epikureischen Seelenlage suchen *(»›Galene‹: Ausdruck für eine ›still strahlende, nur leise bewegte Meeresfläche‹, die das Daseins-Vorbild abgeben kann«)* orientiert sich innerhalb der Kategorien Raum und Zeit, etwa in der stets angestrebten Positionierung des Ich in der *»Mitte« (»mein Platz ist die Mitte«)* und im Zeithaben als *»Lösung aller widersprüchlichen Empfindungen«*. Eine wichtige Funktion haben in dieser Innenwelt naturgemäß die Träume; so geht Loser durch das Purgatorium des Angsttraums oder träumt in der Liebesnacht davon, *»daß man, mit dem andern eins, zum Eingeborenen der Weltmitte wurde«*. Der Traum, als Berührungsort von Unbewußtem und Bewußtem, steht als Stoffelement in der Nähe zum Schwellenmotiv, das für den Text immer wieder beziehungsstiftende Bedeutung annimmt: Schwelle meint ursprünglich jenen Ort des antiken Tempelbezirks,

der den sakralen Innenraum vom Weltlichen abgrenzt, und fungiert in der Erzählung als Ort des Segnens, Ruhens, der Krise und auch des Erzählens selbst. *»Der Erzähler ist die Schwelle«*, träumt Loser am Ende seiner Geschichte, die auch ihren Anfang mit einer Reflexion des Ich-Erzählers über seine Erzählhaltung genommen hat: *»›Leere!‹ das entsprach der Anrufung der Muse einst am Beginn des Epos«*; die Schwelle zwischen der inneren und äußeren Welt des Helden bildet demnach sein Erzählen, das dabei zur Therapie für den Erzähler wird. Künstlerisches und ethisches Leitbild, eine Art seelisches Vademecum, ist für Loser Vergils *Georgica*. Der Epilog zeigt Loser in selbstgewisser Gefühlslage und beobachtender Aufmerksamkeit auf einer Brücke über einem Vorstadtkanal; Handke malt hier ein Bild der Harmonie von innen und außen. Der letzte Satz der Erzählung beschreibt diesen Idealzustand mit akkumulierten Leitbegriffen: *»Ruhe, Verschmitztheit, Verschwiegenheit, Feierlichkeit, Langsamkeit und Geduld.«*

Der kryptische Titel des Buchs ist jener Textpassage entnommen, in der die Frau nach dem Liebesakt Loser eine Beschreibung des Bildes gibt, das er ihr vermittelt: *»Du ähnelst jenem Mann im Türspalt: Er besuchte, schwer krank, noch einen guten Freund. Beim Abschied blieb er dann lange im Türspalt und versuchte ein Lächeln; die Augen verspannt zu Schlitzen, und eingefaßt von den Höhlen wie von scharf geschliffenen Brillen. ›Auf Wiedersehen, mein Chinese des Schmerzes!‹ sagte der Freund.«* Das Bild des Chinesen kehrt im Text als Metapher für den innerpsychischen Vorgang der Leidbewältigung, des Sublimierens des Schmerzes mehrfach wieder. Der Mensch, in dem sich solches vollzieht, wirkt wie ein geheimnisvoller Fremder.

Die Erzählung ist ein hermetischer Text, der, nach vielen Interpretationsrichtungen hin offen, sich auf mehreren, ineinander verschränkten Bedeutungsebenen erschließen läßt: etwa psychoanalytisch, indem man das Ödipus- und Aristeus-Motiv verfolgt; philosophisch, da der Text erkenntniskritische Denkpositionen mit Nietzsches Begriff vom Über-Menschen und Heideggers Seinsphilosophie verknüpft; religiös, als unverdeckt gestalteter Mythos der Wiedergeburt (die Erzählung ist reich an symbolischen Elementen der christlichen Lehre, insbesondere das Kreuzmotiv wird in mehreren Varianten aufgenommen), schließlich literarästhetisch als immanente Poetik. Jenseits aller rationalistischen Deutungsansätze kann *Der Chinese des Schmerzes* mit seiner bis in sprachmystizistische Bereiche vordringenden Textgestalt, dem intensiven Naturgefühl und angespannten Belauschen innerseelischer Vorgänge als eines der Hauptwerke einer neoempfindsamen Literaturströmung der Gegenwart gelten. C.Fi.

Ausgaben: Ffm. 1983. – Ffm. 1986 (st).

Literatur: J. P. Wallmann, *P. H. »Der Chinese des Schmerzes«* (in Literatur u. Kritik, 1984, Nr. 181/82, S. 87/88). – J. Manthey, *Literatur. Eine Kolumne* (in Merkur, 1984, H. 1, S. 80–86). – Ders., *Franz Kafka, der Ewige Sohn* (in *P. H.*, Hg. R. Fellinger, Ffm. 1985, S. 375–385; st). – A. Haslinger, *P. H.s »Der Chinese des Schmerzes«. Eine Annäherung* (in *Zeit ohne Manifeste, Zur Literatur der siebziger Jahre in Österreich*, Wien 1987, S. 141–149).

DAS GEWICHT DER WELT. Ein Journal. – DIE GESCHICHTE DES BLEISTIFTS. – PHANTASIEN DER WIEDERHOLUNG

Aufzeichnungen von Peter Handke, erschienen 1977, 1982 und 1983. – Die voneinander unabhängig erschienenen, gleichwohl in vielerlei Hinsicht miteinander korrespondierenden Bände enthalten Aufzeichnungen Handkes aus den Jahren 1975 bis 1977, 1976 bis 1980 sowie 1981/82; insgesamt mehrere tausend Gedankensplitter, Prosafragmente, Notate von alltäglichen Erfahrungen und Beobachtungen, von Sinneseindrücken und Impressionen. Innerhalb von Handkes Gesamtwerk liegt das Charakteristikum der drei Bücher in ihrem formalen Erscheinungsbild; sie sind Ergebnis eines Experimentierens mit der Form des Journals bzw. des Tagebuchs: *»... kurze Notizen, die man aus dem Stand macht, man notiert eben schnell was auf, wo Innenwelt und Außenwelt sich blitzartig und lakonisch, epigrammhaft verbinden«*, so der Autor in einem Interview.

Ihren Ausgang nehmen die Aufzeichnungen mit Werkstattnotizen zu einem stummen Theaterstück und Motivideen für eine projektierte Erzählung; der autobiographische Hintergrund bleibt, jedenfalls in *Das Gewicht der Welt*, nachvollziehbar, etwa ein Krankenhausaufenthalt Handkes in Paris, der Tod eines Freundes oder die Einschulung des Kindes A. Die Aufmerksamkeit des schreibenden Subjekts gegenüber seiner eigenen Befindlichkeit und seiner Beziehung zu den Mitmenschen bildet einen thematischen Schwerpunkt. Doch sind alle Eintragungen auch einer höheren Absicht gewidmet: erklärtermaßen setzt sich der Schriftsteller das Ziel, alle Daseinsphänomene in ihrer Unmittelbarkeit zu verzeichnen, losgelöst von jeglichem überkommenen Vorverständnis und jeglichem zweckgerichteten Zugriff oder Verwertungsgedanken (P. Pütz). Die Formgebung der Notate folgt dabei der Forderung an das schreibende Subjekt nach möglichst totaler Apperzeption: Das schriftliche Festhalten von Eindrücken in ihrer punktuellen Gegenwärtigkeit, das unselektierte Nebeneinander unterschiedlichster Erscheinungen, Erlebnisse, Beobachtungen, Reflexionen stellt sich nicht als *»Erzählung von einem Bewußtsein«* dar, sondern als *»die unmittelbare, simultan festgehaltene Reportage davon«* (*Das Gewicht der Welt*, Vornotiz). Handke notiert Bewußtseinszustände und -vorgänge, die in einem scheinbar beliebigen Moment einen ihm wesentlichen Zug des Daseins erhellen, einen Gegenstand oder ein Geschehen in seinem ganzen Sinnhorizont erfahrbar machen. Der Schreibvorgang stellt sich solcherart als das kreative Experiment dar, zu den *»authentischen, tatsächlichen, aber bedeutungslosen Dingen also die mythologischen Bilder meines Bewußtseins und meiner Existenz« (Das Gewicht der Welt)* zu finden. Ihren Mittelpunkt haben demzufolge alle Aufzeichnungen ausschließlich im Ego des Schriftstellers *(»In der entstehenden Form wird mein ganzes Leben wieder lebendig und bekommt sein Recht«; Die Geschichte des Bleistifts)*, er überwölbt mit seinem Bewußtsein, seinem Denk- und Darstellungsstil die protokollierten Erscheinungen.

Auf zwei Ebenen geben die Notizbücher Auskunft über Handkes schriftstellerische Existenz ab Mitte der siebziger Jahre: in ideologischer Hinsicht, indem sich aus den vielen Mitteilungen ein kohärentes Weltbild zusammensetzen läßt, und als ästhetisches Programm, sowohl in thesenhafter Formulierung wie auch als angewandte Theorie, in jenen Textpassagen nämlich, die den Charakter minimalistischer Kurzprosa annehmen.

Das Gewicht der Welt liest sich über weite Passagen als Krisentagebuch eines *»modernen Nervenmenschen, der jeden Moment zugrunde zu gehen droht am total gestörten Verhältnis zu Menschen und Umwelt«* (K. Mommsen); protokolliert wird der fortgeschrittene Verfall der Welt, *»jedes Leben, auch das kleinste pflanzliche«*, wird vom Beobachter als *»Erkrankung des paradiesisch toten Universums« (Das Gewicht der Welt)* aufgefaßt. Der sensitive Chronist schaut in *»Gesichter, denen man nur im Moment des Todes noch einen Lebensfunken zutraut«* (ebd.). In Spannung zu diesem Weltekel steht der Idealisierungswille des Schriftstellers, der sich ein ästhetisches Programm gibt: *»Die vorsichtig schönen Lebensformen der alten Literatur wiederfinden, fürs Leben« (Das Gewicht der Welt)*. Pantheistisches Naturversenken und die Auseinandersetzung mit Klassikern der Literatur und Philosophie (GOETHE, NOVALIS, STIFTER, SPINOZA, HEIDEGGER, NIETZSCHE, HESSE) helfen dem Schriftsteller, die Grundkoordinaten seiner positiven Weltdeutung festzulegen; Handke entwickelt im Versuch eines grundsätzlichen Annehmens von Welt geradezu eine Programmatik der Affirmation.

Seinen persönlichen Angelpunkt, der sowohl für die Weltanschauung als auch für seine Dichtungstheorie von zentraler Bedeutung ist, findet Handke in der Naturaneignung, und zwar speziell in jenem metaphysisch empfundenen Moment des *»nunc stans«*, der einen Entgrenzungszustand meint, *»daß man tatsächlich eine Art Weltseele fühlt statt die beschränkte eigene« (Das Gewicht der Welt). »Nunc stans«* bedeutet nach Handke aber nicht nur den absoluten Einklang zwischen Betrachter und Natur, sondern auch – und hier wird der Begriff von Handke für sein poetisches Verfahren fruchtbar gemacht –, daß die Welt dem Ich zur Feststellung offensteht. Die Sprache stellt sich in den Dienst des reinen Beschreibens, der Schreibvorgang ist für Handke eine andere Art der Welterfahrung und ein Übersetzen dieser Erfahrung in Sprache: *»Ihr habt die Welt immer neu interpretiert und verändert; aber es kommt darauf an, sie zu beschreiben« (Die Geschichte des Bleistifts)*. Der Versuch einer präzisen Übertragung bestimmt die literarische Form bzw. naturhafte Formlosigkeit, die Handke für seine Journale angewendet hat. Die Notate insgesamt stellen sich als Manifest für Handkes eigene Schreibexistenz dar und lösen in der Tat die programmatische Idee des Schriftstellers ein: *»Ein Epos aus Haikus, die sich dabei aber keinesfalls als solche Einzeldinge bemerkbar machen, ohne Handlung, ohne Intrige, ohne Dramatik, und doch erzählend: das schwebt mir vor als das Höchste« (Die Geschichte des Bleistifts)*.

Handkes elitäres, nachgerade messianisches Literaturverständnis *(»Die ideale Schreibhaltung ist das ›Ich sage euch‹«; Die Geschichte des Bleistifts)*, der hohe Ton seiner Sprache, seine aus Empirie und Empathie abgeleitete Dichtungstheorie, dies alles machte Handke angreifbar für eine an gesellschaftlicher Relevanz orientierte Literaturkritik, die ihm Solipsismus vorwarf. Dem steht eine Wertung gegenüber, die Handkes Literatur eine *»Evidenz vor aller Reflexion«* (U. Greiner) bescheinigt. C.Fi.

AUSGABEN: *Das Gewicht der Welt*: Salzburg 1977. – Ffm. 1981 (st). – *Die Geschichte des Bleistifts*: Salzburg 1982. – Ffm. 1985 (st). – *Phantasien der Wiederholung*: Ffm. 1983 (st).

LITERATUR: P. Wapnewski, *»Das Gewicht der Welt« und sein Eichmeister* (in NRs, 1978, H. 2, S. 268–275). – R. Hoffmann, *Gelebtes Alsob u. erarbeitete Zeit. Bemerkungen zu P. H.s »Das Gewicht der Welt – ein Journal«* (in WW, 29, 1979, S. 287–302). – J. Müller, *Zeitgenössische Literatur: P. H. und sein Journal »Das Gewicht der Welt«* (in Universitas, 1979, H. 10, S. 1055–1062). – K. Mommsen, *P. H.: »Das Gewicht der Welt« – Tagebuch als literarische Form* (in Modern Austrian Literature, 13, 1980, S. 35–46). – I. Wellershoff, *Innen u. Außen. Wahrnehmung u. Vorstellung bei Alain Robbe-Grillet und P. H.*, Mchn. 1980. – M. Jurgensen, *Das Tagebuch in der Literatur der Gegenwart: P. H. und sein Werk* (in Universitas, 1981, H. 12, S. 1263–1268). – U. Greiner, *Langsame Himmelfahrt* (in Die Zeit, 8. 10. 1982). – J. P. Wallmann, *P. H.: »Die Geschichte des Bleistifts«* (in NDH, 1983, H. 2, S. 375/376). – P. K. Kurz, *»Augenblicke der Sprache«. Empfindsame Expedition in die Geburtsnähe des Bewußtseins, P. H.: »Das Gewicht der Welt«* (in P. K. K., *Über moderne Literatur*, Bd. 6, Ffm. 1986, S. 144 ff.).

KASPAR

Schauspiel von Peter HANDKE, Uraufführung: Frankfurt/M., Theater am Turm, und Oberhausen, Städtische Bühnen, 11. 5. 1968. – Nach *Publikumsbeschimpfung* (1966), *Selbstbezichtigung* (1966), *Weissagung* (1966) und *Hilferufe* (1967), nichtillusionistischen kurzen Theaterstücken, die man als »Sprechpartituren«, Analogformen zu polyphonen Vokalsätzen auffassen kann, legte Handke mit *Kas-*

par sein erstes umfangreicheres Schauspiel vor. Erstmals verweist der Titel, ein Eigenname, auf eine individuelle (historische) Gestalt. Die hieran und an den Einsatz von Bühnenrequisiten sich knüpfende Erwartung des Zuschauers, er bekomme die szenisch illustrierte Biographie des legendären Findlings Kaspar Hauser zu sehen, wird freilich nicht erfüllt: *»Das Stück ›Kaspar‹ zeigt nicht, wie ES WIRKLICH IST oder WIRKLICH WAR mit Kaspar Hauser. Es zeigt, was MÖGLICH IST mit jemandem. Es zeigt, wie jemand durch Sprechen zum Sprechen gebracht werden kann. Das Stück könnte auch ›Sprechfolterung‹ heißen«*, so der Autor in der Einleitung.

Kaspar, seine Aufmachung, die Bühneneinrichtung simulieren kein »eigentliches« Geschehen, keinen »eigentlichen« Handlungsraum, sondern sind identisch mit ihrer Theaterfunktion. Handke gebraucht ausdrücklich das Attribut *»theatralisch«* (auch in bezug auf das Verlöschen der Saalbeleuchtung nach der Pause), spricht von *»Spielgegenständen«* und vom *»Bild von der Bühne«*; die unsichtbaren Einsager, deren pädagogisches Objekt Kaspar wird, *»sprechen nicht mit den üblichen Mitteln einen* Sinn, *sie* spielen Sprechen.« Nicht die Illusion einer außerhalb des Theaters gelegenen Realität wird vermittelt; vielmehr verdichtet sich das Vorführen funktionierender theatralischer Elemente zu einer Formel, die auf außertheatralische Prozesse verweist. Thema des Spiels ist die *»Manipulierbarkeit des einzelnen durch die öffentlich verordnete Sprache«* (B. Strauß), Aufbau und Zerstörung sprachlich-ontischer Beziehungen. Kaspars in den Regieanweisungen sorgfältig choreographiertes erstes Erscheinen auf der Bühne ist ein *»Ur-Auftritt«* (B. Strauß), wie auch seine anfängliche Starrheit, seine ersten Bewegungen und ersten Worte theatralische Ur-Positionen, Ur-Initiationen sind. Kaspar findet sich voraussetzungslos und unvorbereitet in einer Welt, die nicht die seine ist (die Bühne mit ungeordnetem Mobiliar) und deren Grenze (die Rampe zum Zuschauerraum) er mit dem *»Ausdruck der Verwunderung und Verwirrung«* wahrnimmt. Erste der Orientierung dienende Bewegungs- und Sprechversuche (der historisch belegte Satz *»Ich möcht ein solcher werden, wie einmal ein andrer gewesen ist«* wird von Kaspar als unbegriffenes Zitat mehrmals wiederholt) schlagen fehl; Kaspar bekommt sein Verhältnis zu sich und zur Umwelt nicht unter Kontrolle. Unsichtbare Einsager, die jetzt (über Lautsprecher) hörbar werden, setzen einen Lern- und Adaptionsprozeß in Gang. Kaspar *»wird mit Sprechmaterial zum Sprechen allmählich angestachelt«*. Der Nichtbeziehung des einzelnen zur Sprache entsprach eine Nichtbeziehung zur Umwelt und zu sich selbst; mit der Aneignung von Sprache tritt Kaspar in Beziehung zu beidem (Einsager: *»Mit diesem Satz gehören alle Gegenstände dir« – »Du wirst mit dem Satz auf dich aufmerksam«*). Die Ordnungshierarchie der Begriffe, der Syntax, des Sinns erlauben es Kaspar, die eigene Identität zu bestimmen und in eine Umwelt einzupassen, die sich jetzt ebenfalls ordnen läßt (Kaspar: *»Seit ich sprechen kann, kann ich alles in Ordnung bringen« – »Ich bin der ich bin«*). Noch vor der Zäsur, die das Spiel in zwei Teile zerlegt, erscheinen jedoch nach und nach immer neue Kaspars auf der Bühne. Gegen die zunehmend lauter werdenden, unartikulierten Geräusche, die sie erzeugen, muß der *»Redekaspar«* ansprechen. Sprechordnung und ontische Ordnung, in gegenseitiger Anpassung eben erst hergestellt und als eigene begriffen, entfremden sich sogleich wieder (Kaspars *»Stimme wird der der Einsager ähnlich«*) zu einem sich verselbständigenden Folterungs- und Unterwerfungsmechanismus, der ein Verharren Kaspars in der einmal erfahrenen Identität nicht zuläßt (Kaspar *»... ich habe mich selber noch erlebt: ich habe mich nie gesehen: ich leiste keinen nennenswerten Widerstand« – »Ich: bin: nur: zufällig: ich«*).

Die Frage, ob die Determination des einzelnen durch das erdrückende Herrschaftssystem der Sprache mithin total und unwiderruflich sei, scheint jedoch nicht eindeutig entschieden. Der zum Schluß noch eingebrachte Begriff des Zufälligen (in einem Satz allerdings, der in späteren Ausgaben des Stücks nicht enthalten ist) läßt eine alternative Deutung zu: Kaspar *»hatte sich noch selbst erlebt. Deshalb allein vermochte er zu erkennen, daß dieses Ich ein zufälliges sei. Die Erkenntnis aber einer solchen Kontingenz ist für Kaspar nicht Kapitulation, sondern neue, zukünftige Widersetzlichkeit«* (H. Mayer). In *Kaspar* entfällt die theaterübliche *»sinnliche Qualität«* von *»Dialog- und Handlungsspannung«* (B. Strauß). Zwischen Kaspar und der Gruppe der Einsager entsteht jedoch ein Spannungsfeld automatischer Prozesse und Reaktionen. Der zweite Teil des Spiels ist die *»verdichtende Rekapitulation«* (P. Iden) der ersten. Er ist aber auch, als gegenläufiges Analogon, dessen paradoxe Aufhebung: Dem Aufbau von Relationen wird deren Destruktion gerade durch das Fortwirken des Ordnungsmechanismus gegenübergestellt, so daß beide Teile parallel und chiastisch zugleich aufeinander bezogen sind. Die Bühne erscheint während des Spiels als ein nur von theatralischen Elementen erfüllter Raum, der dem Zuschauer gegenüber hermetisch abgeschlossen ist. Diese Hermetik öffnet sich aber, wenn in der Pause zwischen den beiden Teilen *»Pausentexte«* über Lautsprecher im ganzen Theater hörbar werden, die die zwischen Spielmodell und Realwelt bestehende Beziehung suggerieren und aktualisieren: Laut Regieanweisung sind diese Texte *»zusammengesetzt aus Bandaufnahmen der Einsager, Geräuscheinschüben, Originalaufnahmen von* echten *Parteiführern, Päpsten, öffentlichen Sprechern jeder Art, auch von Staats- oder Ministerpräsidenten, vielleicht auch von* echten *Dichtern ... Die Zuschauer werden zwar in ihrer verdienten Unterhaltung nicht gehindert, aber doch ab und zu ein wenig gestört.«* K.D.G.

AUSGABEN: Ffm. 1968. – Ffm. 1968 (in *Spectaculum*, Bd. 12). – Ffm. 1972 (in *Stücke 1*, st).

LITERATUR: *Kritiker über »Kaspar« von P. H.* (in Dichten u. Trachten, 30, 1968, S. 47–49). – H. Mayer, *»Kaspar« der Fremde u. der Zufall* (in H. M., *Das Geschehen u. das Schweigen. Aspekte der Literatur*, Ffm. 1969, S. 101–125; es). – R. Taeni, *Chaos versus Order: The Grotesque in »Kaspar« and »Marat/Sade«* (in Dimension, 2, 1969, S. 592–603). – P. Iden, *Triumph u. Pleite der Wörter. Zu H.s »Kaspar«* (in Theater heute, 1970, H. 10, S. 28). – B. Strauß, *Versuch, ästhetische u. politische Ereignisse zusammenzudenken. Neues Theater 1967–1970* (ebd., S. 64/65). – H. L. Arnold, *Innovation u. Irritation als Prinzip. Zu P. H.s »Kaspar«* (in Jahresring, 1971/72, 1971). – H. P. Franke, *»Kaspar« von P. H. Versuch einer literatursoziologischen Interpretation* (in Der Deutschunterricht, 1971, H. 5, S. 15–23). – L. Herbrand, *P. H.s »Kaspar«: ein Modell der inhaltsbezogenen Grammatik* (in Diskussion Deutsch, 1975, H. 26, S. 529–545). – W. Klein, *Über P. H.s Kaspar u. einige Fragen der poetischen Kommunikation* (in *Moderne Dramentheorie*, Hg. A. v. Kesteren u. H. Schmid, Kronberg/Ts. 1975, S. 300–317). – R. Nägele, *Unbehagen in der Sprache. Zu P. H.s »Kaspar«* (in Basis, 6, 1976, S. 78–96). – L. Hill, *Obscurantism und Verbal Resistance in H.'s »Kaspar«* (in GR, 52, 1977, S. 304–315). – E. Neis, *Erläuterungen zu P. H.: »Publikumsbeschimpfung«, »Kaspar«*, Hollfeld 1978. – R. Geißler *P. H. »Kaspar«* (in Zeigen und Erkennen, 1979, S. 65–82). – M. Kesting, *Sprachterror oder dichterische Sondersprache. Zur Verwandlung der Kaspar-Hauser-Figur in Hofmannsthals »Turm«-Dichtungen und P. H.s »Kaspar«* (in *Drama und Theater im 20. Jh. Fs. für W. Hinck*, Göttingen 1983, S. 365–380). – R. Voris, *P. H.: »Kaspar«*, Ffm. u. a. 1984. – P. Bekes, *P. H.: »Kaspar«*, Paderborn u. a. 1984.

LANGSAME HEIMKEHR

Erzählung von Peter HANDKE, erschienen 1979. – *Langsame Heimkehr* ist der erste Teil einer von Handke im nachhinein zusammengefaßten »Tetralogie«, zu der noch *Die Lehre der Sainte-Victoire*, die *Kindergeschichte* und die dramatische Dichtung *Über die Dörfer* gehören. Ein markanter Stilwandel hebt diese Werkgruppe von den vorangegangenen Arbeiten Handkes ab; dennoch stellt sich die Erzählung als eine Fortschreibung des in *Die Stunde der wahren Empfindung* und in *Die linkshändige Frau* aufgenommenen Themas vom Verlust gesicherter Lebensräume und dem Weg der Selbstfindung dar. War in diesen Erzählungen jedoch die mystische Seinserfahrung nur für einen *»magischen Moment«* möglich, so intendiert Handke hier eine erzählerische Vermittlung von Subjekt und Welt dergestalt, daß ein bleibender Zusammenhang von Form und Inhalt, Zeit und Raum, Geschichte und Gegenwart, Natur und Kunst gestiftet wird. Die Geschichte der Sinnfindung des Helden und seiner Selbsterhaltung stellt sich als sakraler Akt dar, der seinen sprachlichen Ausdruck konsequenterweise im »hohen Ton« des erhabenen Stilbereichs findet. Im ersten Teil des Buches – untertitelt *Die Vorzeitformen* – beobachtet, mißt, ergründet der *»Erdforscher«* Valentin Sorger die Bodenbeschaffenheit der Außenwelt, einer stillen *»Mittellandschaft«*, acht Meilen vom Polarkreis entfernt, von einem ruhig in Mäandern dahinfließenden Fluß beherrscht. Bei seiner Tätigkeit ist Sorger vom persönlichen Bedürfnis nach *»Heil«* geleitet, er ist *»durchdrungen von der Suche nach Formen, ihrer Unterscheidung und Beschreibung, über die Landschaft hinaus«*. Seine seelischen *»Niemandsland-Zustände«*, sein Pendeln zwischen Weltverdrossenheit und irrationalen Beseligungsmomenten lassen in ihm den Wunsch nach *»Gleichmaß und Dauer«* entstehen. In seiner Arbeit, die ihm gleichsam zur Religion wird, erfährt Sorger eine Ahnung von diesen ersehnten Gütern: Der Raum, den er sich als Beobachter der Natur aneignet, offenbart sich ihm als Sinnträger des Daseins, seine Beschäftigung mit den Formen und Gesetzen der Natur vermittelt ihm, dem *»selbstvergessenen Mann«*, das zeitliche Maß einer *»Allgegenwärtigkeit«*. In einem Moment der Krise empfindet er sein *»eigengewichtsloses Dasein«* als Mangel und beschließt, sich seiner geschichtlichen Verantwortung zu stellen. Sorger fliegt zurück in die Universitätsstadt an der amerikanischen Westküste, wo er seine lange geplante wissenschaftliche Abhandlung *»Über Räume«* verfassen will.

Der zweite Teil der Erzählung mit dem Untertitel *Das Raumverbot* bringt eine Zuspitzung der Selbsterfahrung: Sorger registriert den kalifornischen Landstrich als Erdbebengebiet; wiederholt befällt ihn bei seiner Suche nach den *»Leitformen«* ein Gefühl des Raumverlustes (*»nicht allein auf der Welt, sondern allein ohne Welt«*), erneut gerät er in eine Existenzkrise, in der ihm *»nicht einmal die Orientierung an der Bodenschichtung unter den Fußsohlen«* sicheren Halt bietet. Aus der Tiefe dieser niederschmetternden Isolation befreit ihn das *»Erlebnis der Schwelle«*, die Aufnahme in das Haus der Nachbarn: Im Bedürfnis nach Zugehörigkeit und Gemeinschaft behauptet Sorger sein Ich und bekräftigt erneut seinen *»Weltanspruch«*. Er beschließt, nach Europa zu seinem Kind zurückzukehren.

Der dritte Teil der Erzählung *(Das Gesetz)* leitet als letzte Etappe von Sorgers Resozialisation die Heimkehr – in all ihrer Bedeutungsvielfalt – ein. Im Flugzeug nach New York beschließt Sorger, sich ein verpflichtendes *»persönliches Gesetz«* zu geben, und in der Zufallsbekanntschaft mit einem Landsmann namens Esch erfährt er, daß seine Nähe von Menschen gesucht wird. Während des Flanierens durch die Menschenmenge der Weltstadt gerät Sorger in einen Entgrenzungszustand, es öffnen sich ihm Zeit und Raum, *»er hatte das Wort, und die Zeit wurde ein Licht«*: Sorger nimmt die Zeit als Grundform des Werdens und Vergehens an und findet seinen Ort in der Geschichte, einer *»von jedermann fortsetzbaren, friedensstiftenden Form«*. In einem Coffee Shop schreibt er die Formel seines Gesetzes nieder: *»… ich erkläre mich verantwortlich für meine Zukunft, sehne mich nach der ewigen Ver-*

nunft und will nie mehr allein sein.« Das religiöse Finale eines Zurückfindens aus der Öde der Vereinzelung in den Seinsgrund alles Lebendigen trägt allerdings auch den Zweifel an dem so gefundenen Halt in sich: *»Kurz hattest du, Sorger, da die Vorstellung, daß die Geschichte der Menschheit bald vollendet sein würde, harmonisch und ohne Schrecken. Ja, es gab die Gnade (Oder?).«* Demütig lernt Sorger, daß die Einheit von Welt und Dasein sich nur in Augenblicken erschließt, ihm muß die Heimkehr erst gelingen.

Die von Handke dargestellte Standortbestimmung des Individuums in der Welt irritierte in ihrer theologisch gefärbten, eklektisch-metaphysischen Gestalt die literarische Szene. Nach Handke bedarf die Welt der Erscheinungen der formgebenden und sinnstiftenden Anstrengung des Subjekts; in der Synthese von Positionen der modernen Erkenntnistheorie mit Kategorien der idealistischen Philosophie (mit Reflexionen zum Sprachproblem, dem Verhältnis von Natur und Mensch, Zeit und Raum, Vernunft und Sinnlichkeit) vollzieht Handke jene für die idealistische Philosophie konstitutive Wende mit, wonach die Formen der Anschauung und der Erkenntnis nicht durch die Außenwelt, sondern durch das menschliche Subjekt selbst bestimmt werden. Die Interpreten betten Handkes philosophisch-künstlerischen Entwurf einer Harmonisierung von Welt und Subjekt in die geistesgeschichtliche Tradition von Kant über Nietzsche bis Heidegger ein und sehen in der Erzählung die Gestaltung der Krise des *Homo faber* des 20. Jh.s am vorläufigen Ende der abendländischen Rationalität (V. Graf, M. Meyer). C.Fi.

Ausgaben: Ffm. 1979. – Ffm. 1984 (st).

Literatur: A. von Schirnding, *»Der vermessenste aller Landvermesser«* (in Merkur, 1980, H. 2, S. 198–200). – W. Schulze-Reimpell, *Prozeß der Selbsterfahrung* (in FH, 1981, H. 1, S. 70 ff.). – P. Laemmle, *»Gelassenheit zu den Dingen«. P. H. auf den Spuren Martin Heideggers* (in Merkur, 1981, H. 4, S. 426–428). – W. M. Fues, *Das Subjekt und das Nichts. Erörterungen zu P. H. Erzählung »Langsame Heimkehr«* (in DVLG, 1982, H. 3, S. 478–507). – R. Felski, *P. H.s »Langsame Heimkehr«* (in AUMLA, 1984, Nr. 62, S. 208–225). – N. Gabriel, *Das ›Volk der Leser‹. Zum Dichtungsbegriff in P. H.s Tetralogie »Langsame Heimkehr«* (in DVLG, 1984, H. 3, S. 475–496). – W. Lange, *Eklektizismus und Epigonentum heute. Die »Langsame Heimkehr« des P. H.* (in Merkur, 1985, H. 3, S. 256–263). – M. Meyer, *Heimkehr ins Sein. P. H.s »Langsame Heimkehr« und »Die Lehre der Sainte-Victoire«* (in *P. H.*, Hg. R. Fellinger, Ffm. 1985, S. 252–275; st). – V. Graf, *»Verwandlung und Bergung der Dinge in Gefahr.« P. H.s Kunstutopie* (ebd., S. 276–314). – C. Neubaur, *Hiergelände* (ebd., S. 345–374). – M. Scharang, *Heilige Schriften. Über die Feierlichkeit in der Gegenwartsliteratur am Beispiel P. H.* (in Konkret, 1987, H. 10).

PUBLIKUMSBESCHIMPFUNG

»Sprechstück« von Peter Handke, Uraufführung: Frankfurt/M., 8. 6. 1966, Theater am Turm. – Die *Publikumsbeschimpfung*, mit der Handke auf dem Theater debütierte, gehört neben *Weissagung, Selbstbezichtigung* (beide 1966) und *Hilferufe* (1967) zu einer Serie von »Sprechstücken«, bei denen es sich um *»Schauspiele ohne Bilder«*, Textpartituren ohne Handlung, Rolle, Requisiten handelt. Handkes *»Antidramaturgie in nuce»* (P. Pütz) setzt sich zusammen aus rhythmischen, klanglich an Beat-Musik, Litaneien, Sprechchören und Alltagsgeräuschen sich anlehnende Wort- und Satzfolgen, die in der *Publikumsbeschimpfung* auf vier Sprecher beliebig verteilt werden, so daß jeder von ihnen allein oder auch gleichzeitig mit den andern ungefähr gleich viel zu sprechen hat. Die Sprecher, die sich mimisch und gestisch nicht mit dem Text identifizieren sollen, sind *»Sprachrohr des Autors«*; sie sagen Sätze, in denen – in leichtem Widerspruch zum Titel des Stücks – das Publikum mehr angeredet als beschimpft wird. Diese sich wiederholenden, sich widersprechenden, definierenden und Definitionen als unrealistische Fixierungen sogleich wieder aufhebenden Satzfolgen der *Publikumsbeschimpfung* haben keinen Verweisungscharakter, deuten nicht auf eine darzustellende Handlung; ihre theatralische Realität ist die momentan konkrete Realität des Theaters, in dem sie gesprochen werden. Mit anderen Worten: Handkes provokatorisches Programmstück ist eine Auseinandersetzung mit dem Theater und der »Gattung« Theaterbesucher, mit deren Erwartungen, Frustrationen und Verhaltensweisen. Das Publikum wird nicht in das Bühnengeschehen einbezogen, sondern ist selbst Thema und »Zielscheibe« des Stücks; in Umkehrung der üblichen Theatersituation wird der Besucher, vor allem in der Schlußbeschimpfung, sogar zum *»Stichwortbringer«* und *»Spielmacher«*: In klischeehaften Formulierungen, die normalerweise das Publikum selbst in seinen Kommentaren zu einem Theaterabend gebraucht, wird ihm die theatralische Qualität seiner Spielformen ironisch bestätigt: *»Ihr wart wirklichkeitsnah … Ihr zeugtet von hoher Spielkultur, ihr Gauner … Ihr wart wie aus einem Guß … Ihr wart wunderbar aufeinander eingespielt …«* Das »Theater« findet nicht auf der Bühne, sondern im Parkett statt.

Handke versteht – wie er in seiner *Bemerkung zu meinen Sprechstücken* erklärt – sein neues »Welttheater« als verselbständigte *»Vorrede zu künftigen Theaterbesuchen«*. Seine *Publikumsbeschimpfung* mit pädagogisch-didaktischer Absicht ist kein »Anti-Theater«; Handke kehrt zwar die Positionen der Schauspieler und der Zuschauer um, hebt aber die Schranke zwischen ihnen nicht auf. Jede Durchbrechung dieser Schranke, zu der er den Theaterbesucher ungewollt animiert, bedeutet eine Störung seiner ästhetisch-rhythmischen Wortkaskaden; seine »Sprechstücke« *»wollen nicht revolutionieren, sondern aufmerksam machen«* auf das Konsumverhalten des Publikums und auf die dessen Verhalten beschreibenden Sprachklischees, die ihrerseits nochmals dazu beitragen, dieses Verhalten zu verfestigen und zu reproduzieren. Indem er dem Publikum eben diese Klischees vorreden und sie zugleich in Frage stellen läßt, versucht er, mit der Reflexion über die Sprache und über das Theater ein kritisches Bewußtsein herzustellen. Durch die Negation des automatisierten theatralischen Vorgangs soll dem Publikum an *einem* Beispiel bewußt werden, daß es generell unter dem Zwang von verhärteten Bedeutungen steht und von seiner Erwartungshaltung beherrscht wird. – Das Stück hatte, insbesondere in Aufführungen mit dem Ensemble des Frankfurter Theaters am Turm während der »Experimenta I« (1966) großen Erfolg bei Kritik und Publikum. H.W.

AUSGABEN: Ffm. 1966 (in *Publikumsbeschimpfung und andere Sprechstücke*; es). – Ffm. 1967 (in *Spectaculum*, Bd. 10). – Ffm. 1969 (in *Prosa. Gedichte. Theaterstücke. Hörspiel. Aufsätze*).

LITERATUR: H. Rischbieter, *Experimenta. Theater u. Publikum neu definiert* (in Theater heute, 7, 1966, H. 7, S. 14–17). – G. Blöcker, *P. H.s Entdekkungen* (in Merkur, 21, 1967, H. 11, S. 1090–1094). – J. Neugroschel, *The Theatre as Insult* (in American-German Review, 33, 1967, Nr. 3, S. 27–30). – P. Schumann, *Der Fall H. oder die Monotonie in der Literatur. Versuche eines polemisch-kompilierten Belegs oder Eine Autorenbeschimpfung* (in *P. H.*, Hg. H. L. Arnold, Mchn. 1969, S. 56–65; Text + Kritik). – H. C. Angermayer, *Zuschauer im Drama. Brecht, Dürrenmatt, H.*, Ffm. 1971. – W. Emrich, *Drama u. modernes Theater*, Wiesbaden 1974. – H. Heißenbüttel, *P. H.: »Publikumsbeschimpfung«* (in *Das dt. Drama vom Expressionismus bis zur Gegenwart*, Hg. M. Brauneck, Bamberg 1977, S. 327–333). – E. Neis, *Erläuterungen zu P. H.: »Publikumsbeschimpfung«, »Kaspar«*, Hollfeld 1978. – G. Behse, *Über P. H.s Erfolgsstück »Publikumsbeschimpfung«* (in *Wege der Literaturwissenschaft*, Hg. J. Kolkenbrock-Netz, Bonn 1985, S. 345–371).

DIE WIEDERHOLUNG

Erzählung von Peter HANDKE, erschienen 1986. – In dem Buch unternimmt Handke den Versuch *»großer, totaler Epik«*, indem er Elemente des traditionellen Familien-, Bildungs- und Bewußtseinsromans aufnimmt und mit dem Erzählproblem verknüpft. Sein Erzählprinzip ist die titelgebende *»Wiederholung«*, ein von Handke theoretisch und auch in den vorangegangenen Werken schon häufig reflektierter Schlüsselbegriff, der, befreit von der konventionellen Bedeutung, die Möglichkeit meint, alles je Gewesene neu zu gewinnen: *»Hier mein anderes Wort für die Wiederholung: ›Wiederfindung!‹« (Der Chinese des Schmerzes)*.
Eigentliches Gestaltungselement der Erzählung ist die Zeit in mehrfach gestaffelter Zeitenfolge: Der 45 Jahre alte Erzähler Filip Kobal erinnert sich an eine Reise, die er vor mehr als 25 Jahren unternommen hat, und, in weiterer Rückblende, an die damalige Erinnerung des Jugendlichen an seine Kindheit. Die erzählte Zeit umfaßt also das gesamte bisherige Leben des Ich-Erzählers bis zum Zeitpunkt der Niederschrift; erst dem Erwachsenen ist das Vermögen zu eigen, sprachmächtig das *»wirre Epos«* erinnerten Geschehens in gestaltender Form zu wiederholen, denn *»was der Zwanzigjährige erlebt hatte, war noch keine Erinnerung. Und Erinnerung hieß nicht: Was gewesen war, kehrte wieder; sondern: Was gewesen war, zeigte, indem es wiederkehrte, seinen Platz. Wenn ich mich erinnerte, erfuhr ich: So war das Erlebnis, genau so!, und damit wurde mir dieses erst bewußt, benennbar, stimmhaft und spruchreif, und deshalb ist mir die Erinnerung kein beliebiges Zurückdenken, sondern ein Am-Werk-Sein, und das Werk der Erinnerung schreibt dem Erlebten seinen Platz zu, in der es am Leben haltenden Folge, der Erzählung, die immer wieder übergehen kann ins offene Erzählen, ins größere Leben, in die Erfindung«*. Die Gleichzeitigkeit der Erinnerungsströme im gestaltenden Bewußtsein führt dazu, daß die verschiedenen Zeitstufen der Vergangenheit der (Reise) und Vorvergangenheit (Kindheit) trotz ihrer Chronologie jede Zeitgebundenheit verlieren und zum seelisch-geistigen Raum des Erzählers werden. Der Text ist in drei Teile gegliedert, deren geheimnisvolle Titel gleichsam als Chiffren der Persönlichkeitsstruktur des Erzählers zu verstehen sind: *1. Das blinde Fenster; 2. Die leeren Viehsteige; 3. Die Savanne der Freiheit und das neunte Land.*
Der erste Teil des Romans vergegenwärtigt die Lebenslage des Ich-Erzählers im Sommer 1960, als der damals Zwanzigjährige gerade im Begriff ist, aus dem heimatlichen Dorf Rinkenberg im südlichen Kärnten nach Slovenien aufzubrechen, um sich auf die Fährte seines im Krieg verschollenen Bruders Gregor zu begeben. Filip Kobal schaut auf seine *»Kindheitslandschaft«* zurück; erinnert wird eine *»verhinderte Jugend«*, ein in der dörflichen Gemeinschaft ebenso wie in Internat und Gymnasium stets vorhandenes Gefühl der Andersartigkeit, des Fremdseins. Begründet sind Filips Identitätsprobleme in der Familienherkunft: Die Kobals leben, als Nachfahren eines slovenischen Freiheitshelden aus dem 18. Jh., seit Generationen als »Sippe von Knechten« in der Verbannung, damit einher geht die Verleugnung der angestammten slovenischen Sprache durch den Vater. Deutsch, die Sprache der Mutter, bleibt dennoch die Sprache des *»feindlichen Volkes«*. Der von den Eltern wie schon von den Vorfahren nicht eingelöste Anspruch auf ein würdiges und selbstbestimmtes Leben in der ursprünglichen Heimat überträgt sich auch auf den jüngeren Sohn; Filip lebt in einem durchaus problematischen Verhältnis zu seinem Vater, einem Zimmermann, der sterbenskranken Mutter und der geistesschwachen, zwanzig Jahre älteren Schwester. In der Schule isoliert *(»allein die Tatsache, daß ich dichtete, ließ die Mitschüler von mir abrücken«)*, verzichtet er auf die Teilnahme an der Maturareise, und begibt sich al-

lein auf den Weg in das Land seiner Ahnen. Leitmotivische Funktion übernehmen dabei blinde Fenster, die Filip *»zum freundlichen Zeichen des Zeithabens«* werden.

Der zweite Teil zeigt Filip auf seinem Weg der Selbstbestimmung zum Dichter. Die fremd-vertraute slovenische Landschaft wird für Filip zu einem befreienden Lebensraum. Er verbringt die Zeit seines Aufenthaltes in der Wochein, der *»Stammsitzgegend«* um Bohinj, mit dem Studium der *»zwei Bruderbücher«*, die er in seinem Seesack mitgenommen hat. Das eine ist ein Schreibheft des Bruders aus seiner Zeit an der Landwirtschaftsschule in Maribor, verfaßt in der slovenischen Unterrichtssprache. Die Eintragungen sind *»eine Art Abhandlung, zuletzt ein Katalog von Regeln und Vorschlägen; insgesamt Lernheft und Lehrbuch in einem«*. Auf den Einsichten dieses Schreibheftes beruhte einst die Anlage eines ertragreichen Obstgartens im heimatlichen Rinkenberg, der für den Knaben Filip ein prägender Ort war; und so liest der Jugendliche denn auch die Anleitungen zum Anpflanzen und Veredeln von Obstbäumen als *»Erziehungsgeschichten.«* Im Betrachten des nun im *»natürlichen Absterben«* begriffenen Nutzgartens wird der Ort dem Erzähler *»zu einem Werk, einer die Menschenhand überliefernden und würdigenden Form, mit dem Nutzen, von einer anderen Hand in eine andere Form übertragbar zu sein, zum Beispiel in Schriftzeichenform«*, und er leitet daraus seinen Schreibauftrag ab: *»Ja, ich werde euch erzählen!«*

Bei dem zweiten Bruderbuch handelt es sich um das große deutsch-slovenische Wörterbuch aus dem Jahr 1895, dem Geburtsjahr des Vaters; Filip studiert die vom Bruder angestrichenen Wörter; dabei wird ihm die slovenische Sprache mit ihren *»Ein-Wort-Märchen, mit der Kraft von Weltbildern«* zum Inbegriff der Geborgenheit, und er findet über die Sprache zur Verwurzlung in einem Volk, *»das für Krieg und Obrigkeit nur Lehnwörter hat«* und das *»am schöpferischsten ist im Benennen der Zufluchts-, Verborgenheits- und Überlebensstätten, wie sie sich nur Kinder erträumen können«*. Aus Trauer und Wut über einen Krieg, der den Bruder tötete, der begabt war, *»die Wörter und durch sie die Dinge zu beleben«*, behauptet Filip das Recht auf Selbsterhaltung. Im Sinnieren über das letzte vom Bruder angekreuzte Wort fällt sein Blick auf die leeren Viehsteige an der Bergflanke, die ihm zu einem Bild für Zeilen, zu *»Leerformen«* werden. Mit Gewißheit erkennt er seine Bestimmung zum Dichter; denn *»ohne die Wortwinkel ist die Erde, die schwarze, die rote, die begrünte eine einzige Wüste, und kein Drama, kein Geschichts-Drama will ich mehr gelten lassen als das von den Dingen und Wörtern der lieben Welt«*. Filip schneidet einen Haselstab und ritzt Ort und Jahr des existenzentscheidenden Geschehens ein: *»Dobrawa, Slovenija, Jugoslavija 1960«*.

Im dritten Teil erinnert sich Kobal daran, wie er es lernte, *»für jeden erlebten Gegenstand neu das Gesetz seiner Benennung zu finden»*. Auf seiner weiteren Reise gelangt Filip zu Fuß über das Gebirge in das Isonzotal und über den Ort Kobarid in den Karst, die Hochfläche über dem Golf von Triest. So wie die *»Savanne der Freiheit«*, jene Grasfläche, auf der sich die Säule mit der letzten bekannten Inschrift der Maya befindet, gibt der Karst Aufschluß über die Geschichte seines Volkes. Die Dolinenlandschaft lehrt ihn, Urbilder und Elementarformen zu sehen, zu unterscheiden und deren Ineinandergreifen zu erkennen. Der Karstwind schärft seine Sinne, er *»entdeckte die nutzlosesten Dinge als einen Wert und kam in den Stand, die Dinge zusammen zu benennen«*.

Eine große, von Menschen kultivierte, fruchtbare Doline verheißt ihm die Möglichkeit einer Zukunft auch nach einer atomaren Katastrophe, hier könnten, so scheint ihm, die überlebenden Menschen einen Neubeginn finden. An der Wand der Schulkapelle in Maribor entdeckt Filip die eingravierte Namensinschrift des Bruders, nachdem er schon zuvor im Antlitz eines jungen Slovenen und in einer Schlafkammer Spuren des Verschollenen wahrgenommen hatte. Im Karst vollendet sich die Spurensicherung: Mit der Erzählung ist es Kobal gelungen, den Bruder in die *»irdische Erfüllung«*, die Schrift, zu übertragen: Ein Hymnus an das Erzählen beschließt das Buch.

Handkes Roman, von der Kritik als *»Summe seines bisherigen Werkes«* gewürdigt, ist mit seiner Glaubenslehre vom Erzählen als der eigentlichen Rettungsarbeit an der bedrohten Welt und der dazu gehörenden sakralen Sprachgebärde ein Gegenmanifest zur Sprachskepsis und »Krise des modernen Romans«. Einen poetologischen Kommentar zur *Wiederholung* liefert die 1987 erschienene kleinere Arbeit *Nachmittag eines Schriftstellers*. C.Fi.

AUSGABE: Ffm. 1986.

LITERATUR: P. v. Matt, *Schlafen bei der großen Mutter. P. H.s Prosaarbeit »Die Wiederholung«* (in FAZ, 27.9. 1986). – J. Kaiser, *P. H.s hohe Heimatkunst* (in SZ, 1.10. 1986). – M. Lüdke, *Die wirkliche Heimkehr des P. H. Sein neuer großer Roman »Die Wiederholung«* (in FRs, 1.10. 1986). – B. Henrichs, *Der Evangelimann, Glücksmärchen, Wanderpredigt, Lesefolter: »Die Wiederholung«* (in Die Zeit, 3.10. 1986). – P. Vollbrecht, *P. H.: »Die Wiederholung«* (in NDH, 1987, H. 2, S. 378–381).

WUNSCHLOSES UNGLÜCK

Erzählung von Peter HANDKE, erschienen 1972. – Unmittelbarer Anlaß für die Niederschrift dieser Erzählung war der Selbstmord von Handkes Mutter Ende 1971, doch ist das biographisch-autobiographische Moment eingebunden in einen Themenkomplex, den Handke seit seinem *Kaspar*-Stück (1968) beständig weiterentwickelt hat: die lebenszerstörende Wirkung einer entfremdeten Existenzweise, Sprache als Herrschaftsinstrument einer als selbstverständlich akzeptierten Gesellschaftsordnung, und, beide Aspekte miteinander verknüpfend, das Ineinsfallen von Sprach- und

Selbstbewußtheit. Die strukturelle Besonderheit dieser Erzählung resultiert aus der Position des Ich-Erzählers: Als unmittelbar Betroffener stellt sich der Sohn der *»tätigen Erinnerung«*, folgt er dem in der vorangegangenen Erzählung *Der kurze Brief zum langen Abschied* (1972) entwickelten schriftstellerischen Credo, daß Poesie den *»Zusammenhang«* zwischen den Menschen stifte, zugleich aber legt er sich die distanzierte Berichthaltung eines *»außenstehenden Interviewers«* zu, der aus dem Geschehenen das Exemplarische herausarbeitet.
Die Erzählung nimmt ihren Anfang mit einer lapidaren Zeitungsnotiz: Unter der Rubrik »Vermischtes« wird der Selbstmord *»einer 51jährigen Hausfrau aus A. (Gemeinde G.)«* berichtet. Der Ich-Erzähler unterzieht sich der Aufgabe, gleichsam einen Gegentext zu dieser entpersönlichenden Nachricht zu verfassen, die *»einfache und klare Geschichte«* seiner Mutter niederzuschreiben. Im Erinnern des persönlichen Schicksals dieser Frau werden die Zwangsmechanismen ihrer Existenz freigelegt, wird die *»Geschichte«* zum *»Fall«*: Hineingeboren in kleinbäuerlich-katholisches Milieu, erzogen in den Tugenden der Bedürfnislosigkeit, Ordnung und des Duldens *(»Selten wunschlos und irgendwie glücklich, meistens wunschlos und ein bißchen unglücklich«)*, schlittert die Mutter in eine erzwungene Ehe mit einem notorischen Trinker. Die nur kurz währende, freudige Teilhabe am Gemeinschaftsgefühl nach dem »Anschluß« 1938, dann der Krieg, danach ein Sicheinrichten in ärmlich-kleinbürgerlichen Verhältnissen, ab und zu kleine Gesten der Auflehnung, eine sentimentale Liebe zur Literatur und am Schluß die schwere Krankheit und der einzige wirkliche Ausbruch ihres Lebens, der Selbstmord – dies sind die äußeren Stationen eines fremdbestimmten Lebensweges: *»Das persönliche Schicksal, wenn es sich überhaupt jemals als etwas Eigenes entwickelt hatte, wurde bis auf Traumreste entpersönlicht und ausgezehrt in den Riten der Religion, des Brauchtums und der guten Sitten, so daß von den Individuen kaum etwas Menschliches übrigblieb; ›Individuum‹ war auch nur bekannt als ein Schimpfwort«*. Das Aufspüren der Individualität der Mutter hinter den Rollenmechanismen wird für den Ich-Erzähler zu einem schmerzlichen Prozeß und gleichzeitig zu einem Problem der Schreibtechnik: Zweifel an der notwendigen Distanz zum Geschehenen führen zu zwischengeschalteten Reflexionen, in denen der Chronist sich vergewissert, ob er die Mitte zwischen bloßer Nacherzählung der Biographie einerseits und einer Verselbständigung der Wendungen und Sätze zu einem bloßen *»Literatur-Ritual«* andererseits, hinter dem das individuelle Schicksal verschwinden würde, findet. Zur Objektivierung des Schreibvorgangs legt der Ich-Erzähler die Axiome seiner Erzählstrategie offen: *»Ich vergleiche also den allgemeinen Formelvorrat für die Biographie eines Frauenlebens satzweise mit dem besonderen Leben meiner Mutter; aus den Übereinstimmungen und Widersprüchlichkeiten ergibt sich dann die eigentliche Schreibtätigkeit.«* Doch am Ende kapituliert der Erzähler vor der eigenen Betroffenheit, der Erzählzusammenhang löst sich auf in Erinnerungsfetzen, Gedankensplitter und Notizen, zuletzt bleibt der Vorsatz: *»Später werde ich über das alles Genaueres schreiben.«*
Seine Kohärenz findet der Text in der Bewältigung des Sprachproblems als zugleich eines Lebens- und Erzählproblems: Handke registriert bis in Nuancen das sprachliche Zeichensystem jener Gesellschaftsschicht, in der die Mutter sich zeit ihres Lebens bewegt hat, er decouvriert die Manipulation des Individuums durch die Sprache, in der es denkt und sich der Umwelt vermittelt. Indem Handke auf diese Weise sowohl soziale Strukturen wie internalisierte Verhaltenszwänge auf diese ihre Bedingtheit zurückführt, gelangt er über die Wiedergabe eines persönlichen Schicksals hinaus zu einer soziologischen Fallstudie; die Reflexionen zum Erzählproblem schließlich gelten als *»aktuelle literatur-, sprach- und erzähltheoretische Gedanken, für deren Exponierung und Bewältigung Handkes ›Wunschloses Unglück‹ in einer Weise bürgt, wie kaum eine Prosaarbeit der Gegenwart«* (V. Bohn).

C.Fi.

AUSGABEN: Salzburg, 1972. – Ffm. 1975 (st). – Ffm. 1984 (BS).

LITERATUR: W. Weiss, *P. H., »Wunschloses Unglück« oder Formalismus und Realismus in der Literatur der Gegenwart* (in *Austriaca. Fs. für H. Politzer*, Hg. W. Kudszus u. H. C. Seeba, Tübingen 1975, S. 442–459). – G. Zürcher, *Leben mit Poesie* (in *P. H.*, Hg. L. Arnold, Mchn. ³1976, S. 38–56; Text + Kritik). – V. Bohn, *Später werde ich über das alles Genaueres schreiben. P. H.s Erzählung »Wunschloses Unglück« aus literaturtheoretischer Sicht* (in GRM, 1976, H. 3/4, S. 356–379). – W. Mauser, *P. H. »Wunschloses Unglück« – erwünschtes Unglück?* (in Der Deutschunterricht, 1982, H. 5, S. 73–89).

LUDWIG HARIG

* 18.7.1927 Sulzbach / Saarland

LITERATUR ZUM AUTOR:
H. Geißner, *L. H.* (in *Deutsche Literatur der Gegenwart in Einzeldarstellungen*, Hg. D. Weber, Bd. 2, Stg. 1977, S. 180–206). – *H. lesen*, Hg. G. Sander u. G. Schmidt-Henkel, Mchn. 1987. – K. Riha, *L. H.* (in KLG, 29. Nlg. 1988).

SPRECHSTUNDEN FÜR DIE DEUTSCH-FRANZÖSISCHE VERSTÄNDIGUNG UND DIE MITGLIEDER DES GEMEINSAMEN MARKTES. Ein Familienroman

Experimenteller Roman von Ludwig HARIG, erschienen 1971. – Nach vielen kürzeren Texten, die Harig in den sechziger Jahren vorlegte und die sehr stark den Einfluß der Literaturtheorien des Stuttgarter Wissenschafts- und Literaturtheoretikers Max BENSE (* 1910) zeigen – u. a. *Zustand und Veränderungen* (1963); *Reise nach Bordeaux* (1965) –, geriet Harig an ein Problem, dem vor ihm schon Franz MON in dem Roman *Herzzero* (1968) und Helmut HEISSENBÜTTEL in *D'Alemberts Ende* (1970) Beispiele einer Lösung zu geben versucht hatten: Wie konnte man umfangreichere Texte nach den sprachlichen Verfahren herstellen und strukturieren, die in den fünfziger und sechziger Jahren in der experimentellen Literatur und speziell auch der seriellen und konkreten Poesie in Texten geringen Umfangs erprobt wurden? Wie ließ sich ein Rückfall in die als abgenutzt empfundenen epischen Schemata vermeiden? Wie ließen sich Großformen konstruieren, ohne auf fiktive Personen und die üblichen Handlungsverläufe zu rekurrieren? Harig wählt augenzwinkernd – er war zwanzig Jahre Volksschullehrer im Saarland – ein Lehrbuch als Schema, in das er Stoffe, Themen und Sprachspiele einbauen kann; das Gerüst seines Buches sind 40 Lektionen aus Louis MARCHANDS *Lehrbuch der französischen Sprache*, das in dem Jahrzehnt nach dem Zweiten Weltkrieg an den deutschen Schulen der französischen Besatzungszone eingeführt war. Aus der französischen Sprachlehre wird dabei eine deutsche Sprachlehre, denn Harig hat natürlich die Texte, die er wörtlich aus dem Marchand zitiert, in jenes starr-einfältige, überdeutliche Deutsch übersetzt – bisweilen auch gezielt falsch oder ungeschickt übersetzt –, das man aus Sprachlehrbüchern kennt. Die weitverzweigte Sippe von Protagonisten des alten Sprachlehrbuches, die Familie Dupont, feiert verfremdete fröhliche Urständ, ist aber wegen der didaktischen Schematik natürlich nicht im eigentlichen Sinn episches Personal, sondern nur eine Ansammlung von Namen bzw. Schablonen, die mit Sprache drapiert sind; sie sind Puppen, die Sprache bzw. sprachliche Möglichkeiten ausstellen: *»Familie Dupont ist eine Familie von der Stange. Monsieur Dupont steht unter dem Pantoffel, Madame Dupont hat die Hosen an. René nimmt seinen Hut. André macht sich auf die Socken. Jean hat Manschetten«*, heißt es in einer frühen Lektion; alles geschieht in diesem ›Roman‹ nur *beispielsweise*, jeder Satz hat deiktische Funktion, deutet auf die Worte, die er bietet: Achtung, Sprache! Die Komik des Buches hängt vor allem damit zusammen, daß der Leser diese Wörter, Redensarten usw. gar nicht lernen muß – er kennt sie ja als Deutscher schon –, daß aber deren Vorführung ganz grundsätzlich sprachliche Vielfalt, Bildkräftigkeit, Skurrilität, auch die End- und Bodenlosigkeit bestimmter idiomatischer Ausdrücke und sprachlicher Register belegt.

Damit der Spaß an den Zitaten aus dem Marchandschen Buch – aus dem auch ein Teil der putzig-primitiven lehrhaften Zeichnungen übernommen wird – sich nicht zu schnell totläuft, ergänzt Harig die reinen Zitate dadurch, daß er die Duponts ganze Wort*felder* exemplifizieren läßt, wobei sie unterstützt werden durch eine deutsche Familie aus dem Saarland, offenbar die Familie des Erzählers bzw. des Autors – und nun turnen beide Familien durch unzählige Aktivitäten, die eigentlich nur gestiftet sind von der didaktischen Notwendigkeit bzw. dem spielerischen Willen des Verfassers, an diesen kleinbürgerlichen Clans den sprachlichen Reichtum und die Nuancen von Kaffeekränzchen, Ferienaufenthalten, Bierabenden und einer gesunden deutschen Weltanschauung vorzuführen; die haarsträubende Einfältigkeit seiner Modellfamilien entfaltet Harig zu geradezu aberwitziger sprachlicher Vielfalt.

Als weitere Mitglieder des Gemeinsamen (Sprach-)Marktes tauchen auf: die Engländerin Agatha CHRISTIE (Sätze aus ihrem Kriminalroman *Nikotin*), die Amerikanerin Gertrude STEIN (Zitate bzw. die Figur der Guten Anna aus dem Band *Three Lives*), der Grieche PLATO, der Italiener CAMPANELLA, der Trivialautor Perry RHODAN (Nationalität unbekannt), der Franzose Raymond QUENEAU (Sätze aus *Das intime Tagebuch der Sally Mara*, 1962). In Abschnitten, deren keiner mehr als 45 Zeilen lang ist, »lernt« der Leser nun zum Beispiel, daß bei Perry Rhodan eine Sprache kurzatmiger Aufgeregtheit herrscht, daß Agatha Christie spießige Vorstellungen von Künstlertum reproduziert, daß platonische Dialoge von gespreizter Umständlichkeit sind (jedenfalls in den üblichen deutschen Übersetzungen), und obendrein sehen wir noch in treuherzig-altdeutscher Sprachmanier einen sprichwörtlichen Hans samt sprichwörtlicher Grete allerlei Schicksalhaftes erleben, wie es Friedrich SPIELHAGEN in der Erzählung *Hans und Grete* 1868 vorformuliert hat.

Jede Lektion enthält mehrere Textsorten: Erzählung, Wortschatzübung, grammatische Übung, Landeskundliches, ein Sprichwort oder Dichterworte, ein Liedchen. Zuerst wird der neue Wortschatz eingeführt und übungshalber dann bis zu den absurdesten Komplikationen durchgespielt (wobei sich meist das pur Vokabuläre einfach selbständig macht, als *l'art pour l'art* vorwärtsgetrieben wird); ein weiterer Text ist – sozusagen anakoluthisch – in seine Bestandteile zerschlagen und muß wie ein Puzzlespiel wieder in Ordnung gebracht werden; schließlich wird Sprachmaterial – ein Satz, ein Sprichwort – nach allen Regeln seriell-permutationeller Kunst durch Umstellung seiner Elemente immer neu arrangiert, bis sich Gags (auch etwa erotisch pointierte; man probiere nur den Satz *»Stille Freude wärmt findigen Griff«* durch...) ergeben, und am Ende jeder Lektion bekommt der Leser noch ein Liedchen oder ein monumentales Dichterwort mit auf den Weg.

Was entsteht, ist weniger Handlung und Verlauf als vielmehr ein Raum; obwohl einige der Personen im Lauf der Lektionen auch älter werden, bleibt der Gesamtzustand eher statisch; es wird weniger gehandelt als nach einem bestimmten Satz von Regeln gespielt: *»Familie Dupont, Miß Mary und Perry Rhodan, Hercule Poirot, Pfaffen und Polizisten sowie Hans und Grete eröffnen das Spiel, beginnen das Spiel, spielen das Spiel, machen das Spiel, treiben ein Spiel, treiben ein doppeltes Spiel, verfallen dem Spiel«*, usw. – Was entsteht, ist nicht tiefere Bedeutung, sondern eine Art Text-Puzzle von hintergründiger Oberflächlichkeit. Jeder Satz, sei er auch semantisch noch so absurd, jeder Absatz, erscheine er auch noch so chaotisch, ist nach strikter Logik gebaut, und zugleich haben viele Sätze die aus Sprachlehrbüchern bekannte monumentale Leere und tautologische Plattheit. Dabei gibt es bei Harig nirgends sprachmystische Mogeleien; die Spielregeln sind immer genau angegeben, das Virtuosentum ist nachprüfbar.

Der Gattung nach ist *Sprechstunden für die deutsch-französische Verständigung* so sehr oder so wenig ein »Roman« wie die erwähnten längeren Texte Heissenbüttels oder Mons oder auch etwa Oswald WIENERS *die verbesserung von mitteleuropa, roman* (1969); es handelt sich eher um eine in Teilen narrative Montage aus Zitaten, bearbeiteten Zitaten, Permutationen und nach verschiedenen Prinzipien gereihten Sätzen unterschiedlicher Geschlossenheit und Herkunft; der Lehrbuchcharakter des Ganzen ist dabei nur eine Art hintersinnige Hilfskonstruktion, denn wenn Harig etwas lehren wollte, dann war es so etwas wie den Reichtum der deutschen Sprache und außerdem den spielerischen und zugleich bewußten Umgang mit ihr, wobei allerdings der Harigschen Ordnungsliebe auch ein gehöriger Schuß Anarchismus in die Quere kommt, welcher jedoch gerade dieses Buch, das sonst unter dem Mechanisch-Didaktischen leiden könnte, vor Verödung rettet. Zu den Paradoxa des Buches gehört, daß am Ende eigentlich nichts herauskommt, nichts geklärt ist und auch kein höherer Grad von »Verständigung« – zwischen wem auch eigentlich? – erreicht ist, es sei denn, daß das Bewußtsein des Lesers dafür geschärft ist, daß man mit spielerisch-kritischen Verfahren alle pompösen, verdinglichten, leeren Parolen, Maximen und Metaphern lustvoll auflösen oder lächelnd in Nonsense verwandeln kann. In den letzten Zeilen des Buchs konzediert Harig schließlich sogar, daß das Unternehmen, das scheinbar auf klaren Gebrauch der Wörter zum Zweck verbesserter Verständigung aus war, sich gewissermaßen mit des Autors Billigung vollständig selbst unterminiert hat; Monsieur Dupont sagt nämlich: *»Ich bin nicht Henri Dupont, ich bin Pierre Dupont. Sie haben mich mit dem Mechaniker Henri Dupont verwechselt. Diese Verwechslung geschieht leicht. Sie geschieht auch oft, und, nun höre ich nichts mehr als ein verworrenes Rauschen. Hallo!«*

J.Dr.

AUSGABEN: Mchn. 1971. – Mchn. 1974 (dtv). – Ffm. 1988 (FiTb).

LITERATUR: H. Heissenbüttel, Rez. (in SZ, 30. 9. 1971). – D. Segebrecht, Rez. (in FAZ, 12. 10. 1971). – H. Hartung, Rez. (in Der Tagesspiegel, 30. 1. 1972). – E. Gramer, *Was mit der Sprache los ist* (in Akzente, 1972, H. 5). – E. Endres, *Der Überdruß der Sprache* (in Merkur, 1973, H. 12).

STAATSBEGRÄBNIS ODER VIER LEKTIONEN POLITISCHE GEMEINSCHAFTSKUNDE

Hörspiel von Ludwig HARIG, Erstsendung im Westdeutschen Rundfunk am 24. Januar 1969, neu produziert und auf Schallplatte publiziert 1975. – Aus dem sprachlich-akustischen Material, das bei den Begräbnisfeierlichkeiten für den ersten Kanzler der Bundesrepublik Deutschland, Konrad Adenauer, am 25. April 1967 über die Rundfunkanstalten der ARD gesendet wurde, macht Ludwig Harig durch Demontage und Neuzusammensetzung des Gesendeten eine sprach- und ideologiekritische Demonstration des bei dieser Gelegenheit ›eigentlich‹ Gesagten. Das Material, die Kommentare der Rundfunksprecher in den 14 Stunden dieser Sondersendung des Staatsakts, die Ansprachen der Politiker im Bundestag in Bonn, die Predigt von Joseph Kardinal Frings im Kölner Dom, Musik, Kommandos und Geräusche bei der Fahrt des Sarges von Köln nach Rhöndorf zur Beerdigung, läßt Harig mit den Schnittechniken des Rundfunkstudios zerlegen und baut es in Auswahl, Verkürzung und Wiederholung von Sätzen und Satzteilen, aus Stichworten und musikalischen Partikeln unter vier Oberbegriffen bzw. zu vier politischen Lektionen in einer 30minütigen Hörsequenz wieder zusammen. Dabei kann er sich – nach wochenlangem Abhören des Gesendeten, also der bei dieser Gelegenheit verlauteten bzw. sich verratenden politischen Grundsätze der politisch-religiösen Führungsspitze der BRD – die Tatsache zunutze machen, daß dies Begräbnisritual und die Ansprachen ihrerseits ja schon als politische Lektion für das am Radio lauschende Volk gedacht waren. Harig verändert den Staatsakt und die Totenreden zu kritischer Kenntlichkeit; er lenkt gerade dadurch, daß bei ihm keiner der Redner ausreden darf, daß also das täuschende, einlullende Kontinuum der Reden gesprengt wird, die Aufmerksamkeit auf die immer wiederkehrenden Stichworte, Wendungen, Phrasen, Beteuerungen, Floskeln usw. Die vier Lektionen enthalten so etwas wie die Summe der Ideologie der Bundesrepublik; sie heißen: *»Die Gemeinschaft der freien Völker«*, *»Die christliche Bedeutung der politischen Tätigkeit«*, *»Freiheit und Ordnung«* und *»Die Auferstehung und das Leben«*, wobei diese thematisch-strukturellen Komplexe im Verlauf des Hörspiels nicht ausdrücklich angesagt werden, aber sich deutlich ergeben.

Harig verhält sich in dieser dokumentarischen Satire manipulativ in Antwort darauf, daß ja die Art, wie ein Staatsakt und seine Übertragung im Rundfunk verläuft, ebenfalls nicht frei ist von manipulativen Strategien (pathetische Sprache, gedämpfte klassische Musik, Trommelwirbel, Verschweigen von grundlegenden politischen Konflikten zugunsten der Suggestion von Konsens); er »verfälscht« aber nicht in denunziatorischer, sondern in kritischer, gegen Phrasen und ideologische Beeinflussung gerichteter Absicht. Zugespitzt könnte man sagen: Der lustige, erheiternde, bisweilen auch fast schadenfreudige Effekt kommt vor allem dadurch zustande, daß keiner der Politiker, die sonst in Bundestag und Radio fast unbegrenzte Redefreiheit haben, hier ausreden dürfen; Harig fällt ihnen, als sei er widersprechendes, spottendes, der verblasenen Politikerrhetorik auf die Spur kommendes Volk, ins Wort und zwingt sie mittels der technischen Möglichkeiten von Tonbandaufzeichnung, Stopp-, Schnitt- und Wiederholungstechniken, ihre immer gleichen Floskeln, Beschönigungen und demagogischen Tricks zu wiederholen. Die Komik entstammt der Aufsässigkeit, mit der hier die Devotheit der Rundfunksprecher, das Salbadern der Politiker und das Inszenierte des ganzen Staatsakts bloßgestellt wird. Zeitgeschichtlich wie auch atmosphärisch ist das Hörspiel nicht zu trennen von den regierungs- und kapitalismuskritischen, die Ideologie von der Bundesrepublik als einem Teil des »christlichen Abendlandes« endgültig verabschiedenden Aktivitäten zur Zeit der Großen Koalition (1966–1969) in Bonn und der Studentenbewegung; Harig verhält sich dabei aber nicht extrem kritisch oder im Ton hämisch, sondern grundsätzlich loyal zu diesem Staat, läßt aber dessen Regierungspuppen und Charaktermasken ein bißchen tanzen. Aus der Distanz zu den im Hörspiel zur Sprache kommenden politischen Ereignissen, insbesondere zur Regierungszeit Adenauers (1949–1963) wird deutlich, daß Harigs souveräner, spielerischer Umgang mit dem Originalton-Material auch das Resultat dessen ist, daß Öffentlichkeit wie Autor das nicht nur trauernde, sondern auch befreiende Gefühl hatten, daß mit dem Tod Adenauers eine durch politische Illiberalität gekennzeichnete Ära, nämlich die der frühen Jahre der BRD, endgültig zu Grabe getragen wurde. Übrigens gewinnt das Hörspiel außerordentlich an Komik, wenn man die Stimmen der Sprechenden (Kiesinger, Gerstenmaier, Lübke, Frings etc.) kennt, deren Rhetorik Harig in seiner Auswahl treffsicher kennzeichnet.

Für die Hörspielgeschichte entscheidend war Harigs Idee, das im Radio authentisch Hörbare auszunutzen, also nicht Hörbares im Studio zu produzieren, um damit kritisch zu spielen, sondern eine Sendegattung des Rundfunks bzw. deren originales Tonmaterial zu nutzen, um dann in einer anderen Sendeart, zu einem anderen Zeitpunkt, also im Hörspiel, dies früher Gesendete zu kritisieren; auf diese Weise bekam politische Sprachkritik eine ganz neue Überzeugungskraft und Echtheit, und das Hörspiel wurde grundsätzlich authentischer, aktueller und politischer. Harigs *Staatsbegräbnis*, das er 1975 durch das Hörspiel *Staatsbegräbnis 2* ergänzte, in welchem er das Radiomaterial, das 1973 bei dem Staatsakt der DDR für Walter Ulbricht gesendet wurde, einer ähnlichen Behandlung unterzog, gehört mit *Fünf Mann Menschen* (1967) von Ernst Jandl (* 1925) und Friederike Mayröcker (* 1924) und *Preislied* (1970) von Paul Wühr (* 1927) zu den frühesten Beispielen des sogenannten »Neuen Hörspiels«, in dem in den späten sechziger und frühen siebziger Jahren das Hörspiel als Gattung den Anschluß an die poetischen Techniken der avantgardistisch-experimentellen Literatur des 20. Jh.s fand und auf ein ganz neues Niveau von Bewußtheit und methodischer Offenheit gehoben wurde; die Kunstform Hörspiel zehrt bis heute von den Innovationen jener Jahre. J.Dr.

Ausgabe: Wiesbaden 1969 (in *Ein Blumenstück. Texte zu Hörspielen*).

Literatur: H. Geißner, *Sprechen u. Hören – und doch kein Gespräch* (in *Hören und Beurteilen*, Hg. N. Gutenberg, Königstein/Ts. 1984, S. 101–125).

Christoph Hein

* 8.4.1944 Heinzendorf / Schlesien

HORNS ENDE

Roman von Christoph Hein, erschienen 1985. – Nach der Novelle *Der fremde Freund* (1982) und dem Kinderbuch *Das Wildpferd unterm Kachelofen* (1984) ist dies Heins erster als Roman gekennzeichneter Prosatext. Aus fünf Perspektiven erzählt er vom Schickals des Museumsdirektors Horn, eines ehemaligen Parteifunktionärs, der in die kleine Stadt Bad Guldenberg abgeschoben wird und dort im Jahre 1957 Selbstmord begeht.

Fünf Menschen erinnern sich an die Ereignisse dieses Jahres, an die Stimmung im Städtchen Guldenberg: Thomas, der Sohn des Apothekers, die Krämersfrau Gertrude Fischlinger, die geistig behinderte Marlene Gohl, Tochter eines Malers, der Arzt Dr. Spodeck und schließlich Bürgermeister Kruschkatz, der als einziger nicht in der Stadt aufgewachsen ist, sondern auf seinen Posten beordert wurde. Die Stadt selbst entlarvt sich als falsche Idylle. Der Bahnhof, der Weltoffenheit hätte signalisieren können, spiegelt nur den leeren, aufgeblasenen Ehrgeiz der Bewohner von Guldenberg, die alte Burg taugt kaum als Touristenattraktion und erweist sich für den alten Maler Guhl als Zufluchtsort vor der Realität und als Verbannungsort für den Historiker Horn. Die Zeit scheint stehengeblieben zu sein: Das Verhalten der Einwohner erweist sich als resistent gegenüber den politischen Einschnitten, gegenüber dem Kriegsende 1945 und gegenüber der Politik der sozialistischen Regierung. Guldenberg ist ein Ort der kargen Gefühle, der Verbitterung, statt lauter Empörung regieren verdeckter Opportunismus und Denunziantentum. Die Verspiegelung des tatsächlich gelebten Lebens im puritanisch-ehrbaren Schein zeigt beispielhaft die Bibliothek des Apothekers, hinter deren Bücherwänden der heranwachsende Thomas die Pornohefte des Vaters findet.

Dieses selbstgerechte Kleinstadtmilieu fordert immer wieder seine Opfer. Während der NS-Zeit war es die Mutter der schwachsinnigen Marlene; die Familie hatte ihr Kind lange Zeit vor den Nazis verbergen können, bis ein Hinweis aus der Bevölkerung zur Abholung und Ermordung der Kranken führt. Erst nach dem Krieg aber entdeckt die Stadt, daß das Kind noch lebt: *»Frau Guhl mußte es gelungen sein, die Behörden zu betrügen und sich unter dem Namen der Tochter in eine jener Anstalten bringen zu lassen, in die der Staat alle jene Menschen einwies, über die er sein tödliches Urteil gefällt hatte: unwertes Leben.«* Das Opfer der neuen Zeitrechnung nach 1945 ist der Historiker Horn. In dem vom Faschismus befreiten Land ist die staatliche Gewalt weiter präsent und entscheidet über die Existenz des einzelnen. Am Ende der stalinistischen Phase, 1953, war Horns wissenschaftliche Karriere wegen angeblichen Abweichlertums von der Parteilinie gestoppt worden. Strafversetzt nach Guldenberg, versucht ihm die Partei – nach dem Ende der »Tauwetter«-Periode Mitte der fünfziger Jahre und der Verhärtung des innenpolitischen Kurses von 1956 an – politischen Revisionismus und Agententätigkeit zu unterstellen, nachdem seine Schwester aus der DDR geflohen ist. Horn erhängt sich im Wald. Wiederum rührt keiner in der Stadt die Hand, um dem Verfemten zu helfen, seine Auslöschung vollzieht sich schleichend und lautlos. Bürgermeister Kruschkatz erweist sich als Schlüsselfigur für den Lebenslauf Horns. Er hatte den Wissenschaftler bereits 1953 an der Universität denunziert, in Guldenberg kreuzen sich ihre Wege erneut. Der Bürgermeister glaubt zwar für sich aus seinem Verhalten gelernt zu haben, aber obgleich er in seinem Stellvertreter den Intriganten erkennt, der die Verdächtigungen gegen Horn auslöst und pflegt, bringt er wiederum nicht die Zivilcourage auf, sich auf Horns Seite zu stellen; für ihn ist Horns Verhalten starrsinnig, dessen Unfähigkeit, die Spielregeln zu begreifen, Indiz für Lebensuntüchtigkeit: *»Horn war für den Tod bestimmt wie der Ochse für den Schlachthof. Er war nicht lebenstüchtig ... da wir nun einmal genötigt sind, in menschlicher Gemeinschaft zu leben, ist ein gewisses Maß an Bereitschaft für dieses Leben, ob zu loben oder nicht, erforderlich und somit eine Tugend.«*

Nicht das Versagen des einzelnen als vielmehr der Gemeinschaft ist das eigentliche Thema des Romans: *»Was mich bestürzte und verwirrte«*, so der Bürgermeister, *»war die Entdeckung, daß die Einwohner von Guldenberg, und zwar jeder einzelne von ihnen, ohne jeden Beweggrund und offenbar ohne Bewußtsein der Unangemessenheit ihres Treibens die schäbigsten Interessen mit ihrer erstaunlichen Großzügigkeit verbinden und empfindungslos einer Geste selbstloser Herzlichkeit die filzigste Lumperei folgen lassen konnten.«* Leitmotivisch veranschaulicht der Roman dies am Beispiel der Zigeuner, die einmal jährlich für wenige Wochen ihr Lager auf einer Wiese aufschlagen. Hatten es schon Horn und Kruschkatz schwer, als Fremde in der Stadt Fuß zu fassen, so stoßen erst recht die Zigeuner auf einen Wall aus Abwehr und aggressiver Verachtung. Nach Horns Selbstmord ziehen die Zigeuner die Konsequenz und erscheinen nie wieder in der Stadt.

Heins Roman setzt ohne Pathos und ohne Ironie die Bestandsaufnahme des DDR-Alltags fort, die, nach dem Optimismus der sogenannten »Ankunftsliteratur« der sechziger Jahre (B. Reimann, *Ankunft im Alltag*, 1961) in kritischer Weise mit Romanen wie *Die neuen Leiden des jungen W.* von U. Plenzdorf (1972) oder *Kindheitsmuster* von Chr. Wolf (1976) begonnen wurde. Wie diese Romane verschränkt auch Hein in *Horns Ende*, allerdings in radikalisierter Weise (*»diese Stadt war eine Siedlung von Verrückten«*), die Zeit des Faschismus und der »demokratischen Erneuerung« ineinander. Die Kontinuität des versteckten, alltäglichen Faschismus in der Welt eines auf äußerliche Sauberkeit und Ordnung pochenden Kleinbürgertums behauptet sich gegen alle vorgeblich geglückten Umerziehungsversuche. G.Wi.

Ausgaben: Bln./Weimar 1985. – Darmstadt/Neuwied 1985. – Ffm. 1987 (SLu).

Literatur: S. Cramer, Rez. (in FRs, 9. 10. 1985). – U. Wittstock, Rez. (in FAZ, 29. 11. 1985). – C. Leggewie, Rez. (in Die Zeit, 28. 3. 1986). – L. Baier, *Eine Laudatio auf Chr. H. und seinen Roman »Horns Ende«* (in FRs, 6. 12. 1986). – G. Lindner, Rez. (in Neue Dt. Literatur, 34, 1986, S. 155–161). – P. McKnight, *Ein Mosaik. Zu Chr. H.s Roman »Horns Ende«* (in SuF, 39, 1987).

DIE WAHRE GESCHICHTE DES AH Q (ZWISCHEN HUND UND WOLF). Nach Lu Xun

Schauspiel von Christoph Hein, erschienen 1983; Uraufführung: Berlin, 22. 12. 1983, Deutsches Theater. – Der Autor, der – sieht man von seinem Erstling *Schlötel oder Was Solls* (1974) ab – den Gegenwartsbezug seiner Stücke gern in historische Stoffe kleidet (*Cromwell*, 1980; *Lasalle fragt Herrn Herbert nach Sonja*, 1980), greift hier auf die Novelle *A Q chengchuan* (1921; dt. 1954) des chinesischen Schriftstellers Lu Xun (1881–1936) zurück, der darin am Beispiel der unterdrückten, unwissend gehaltenen Bauern den Verlauf der sog. Revolution der Jungchinesen (1911) kritisiert. Die in China sehr populäre Figur des A Q ist bei Lu Xun ein Arbeitsloser, der stellvertretend für das Dorfproletariat steht, jener Klasse, die zwar am Umsturz der bestehenden Verhältnisse interessiert ist, sich dafür aber, gefangen in Unwissenheit und sozialen Zwängen, nicht engagiert.

Hein, der sein Stück eine *»freie assoziative«* Dramatisierung der Novelle nennt, ironisiert das Genre des Revolutionsstücks. Seine Helden sind zwei Müßiggänger, Ah Q und sein Freund Wang, ein gescheiterter Intellektueller, die in einem Schuppen Unterschlupf gefunden haben. Als Gegenleistung sollen sie das Dach abdichten, eine Arbeit, die nicht vorankommt. Vielmehr träumen sie von Frauen und von der *»Anarchie«*; Wang hat dieses Wort dem Tempelwächter als Drohung entgegengeschleudert, Ah Q, der das Wort nicht kennt *(»Ein schönes Wort. Scharf und kräftig. Und es klingt. Anarchie. Was meinst du damit?«)*, zeigt sich fasziniert: *»Ein Anarchist ist gegen alles.«*

Die tägliche Unterdrückung, unter der beide leiden, geht vom Tempelwächter und dem Dorfpolizisten Maske aus; sie stehen im Dienst des *»gnädigen Herrn«*, der das Dorf beherrscht, selbst aber nie in Erscheinung tritt. Als Wohltäterin kommt dagegen jeden Donnerstag eine junge Nonne mit einem Topf Milchsuppe. Ah Q verläßt schließlich die Unterkunft, um in der Stadt sein Glück zu machen. Gut gekleidet, mit Zigarre, *»Geld und Schnaps«* kehrt er zurück, und feiert zusammen mit Wang; der Tempelwächter und Maske schließen sich an, und auch die kleine Nonne erscheint, die Ah Q schließlich vergewaltigt und tötet. In dieser Nacht aber hat die Revolution das Dorf erreicht, unbemerkt von den beiden *»Anarchisten«*. Der *»gnädige Herr«* ist nun zum *»revolutionären Herrn«* geworden, und er läßt am nächsten Tag Ah Q hinrichten, nicht des Mordes wegen, sondern für einen Diebstahl, den dieser nicht begangen hat.

Hein greift mit seinem Stück die bereits von B. Brecht (*Turandot*, 1953) oder H. Müller (*Die Hamletmaschine*, 1977) gestellte Frage nach der Funktion der Intellektuellen innerhalb der Gesellschaft auf. Ähnlich wie in Müllers Stück *(»ich gehe nach Hause und schlage die Zeit tot, einig mit meinem ungeteilten Selbst«)* bleiben Heins Helden unproduktiv, befangen in der Deutung von Verhältnissen, auf die sie keinen Einfluß haben, angewiesen auf Almosen, Opfer oder Mittel in der Hand der Mächtigen; *»Szenen aus der Welt der Angestellten«* nannte der Autor seinen bislang größten Bühnenerfolg. Auch sein Schauspiel *Passagen* (1987) thematisiert, in Anlehnung an das Schicksal W. Benjamins, den ohnmächtigen und auch zwiespältigen Status des Intellektuellen. G.Wi.

Ausgaben: Bln./DDR 1983 (in Theater der Zeit, 1983, H. 10). – Darmstadt/Neuwied 1984 (SLu).

Literatur: I. Seyfarth, Rez. (in Sonntag, 15. 1. 1984). – M. Linzer, Rez. (in Theater der Zeit, 1984, H. 3). – A. Roßmann, Rez. (in Theater heute, 1984, H. 3). – P. Burri, Rez. (in FAZ, 27. 11. 1984). – F. Hornigk, Rez. (in *DDR-Literatur 83 im Gespräch*, Hg. S. Rönisch, Weimar 1984, S. 234–243). – M. Behn-Liebherz, *Chr. H.* (in KLG, 19. Nlg., 1985).

Helmut Heissenbüttel

* 21.6.1921 Rüstringen / Wilhelmshaven

Literatur zum Autor:
J. Becker, *H. H.* (in *Schriftsteller der Gegenwart. Dreiundfünfzig Porträts*, Hg. K. Nonnenmann, Olten, Freiburg 1963). – E. Endres, *H. H.* (in *Dt. Dichter der Gegenwart*, Hg. B. v. Wiese, Bln. 1973, S. 469–480). – E. Meyer, *H. H. Eine Beschreibung der intellektuellen u. abstrakten Vorstellungsweise seiner Sprachtheorie u. Texte*, Diss. Univ. of Adelaide 1973. – R. Rumold, *Sprachliches Experiment u. lit. Tradition. Zu den Texten H. H.s*, Bern, Ffm. 1975. – R. Döhl, *H. H.* (in *Dt. Lit. der Gegenwart in Einzeldarstellungen*, Bd. 1, Hg. D. Weber, Stg. 1976, S. 627–656). – H. Pätzold, *Theorie u. Praxis moderner Schreibweisen. Am Beispiel von S. Lenz u. H. H.*, Bonn 1976. – *H. H.*, Hg. H. L. Arnold, Mchn. 1981 (Text + Kritik). – D. Dubbe, *Dem »Alten« zum Sechzigsten* (in FRs, 13. 6. 1981). – H. Vormweg, *Immer noch ein paar Schritte voraus. H. H. zum 60. Geburtstag* (in SZ, 20./21. 6. 1981). – J. Drews, *Weil der Versuch die einzige Gewähr ist. H. H. ist 60 Jahre alt* (in Merkur, 1981, H. 6, S. 574 ff.). – *Aus Wörtern eine Welt. Zu H. H.*, Hg. H. J. Heinrichs u. a., Ffm. 1981. – O. Lorenz, *H. H.* (in KLG, 20. Nlg. 1985). – R. Kühn, *Was man wörtlich nimmt oder Die Grenzen der Willkür lernt man leichter auswendig, als man denkt* (in H. H., *Den Blick öffnen auf das, was offen bleibt. Lesebuch*, Hg. R. K., Mchn. 1986).

POETISCHE TEXTE von Helmut Heissenbüttel.

In einem *»Ohnedaßgedicht«* betitelten Text, 1985 erschienen in Heißenbüttels *Textbuch 8*, stehen die Zeilen: *»eine ganze Epoche ins Loch gefallen ohne daß irgendjemand / weiß wie wieder daraus heraus«*. Es ist kaum zweifelhaft, daß hier mit der persönlichen Geschichte des alternden Autors auch ein Kapitel der jüngeren bundesdeutschen Literaturgeschichte gemeint ist: die Geschichte eines Versuchs, Literatur, Poesie anders zu begründen als gewohnt, nicht mehr auf Stimmungen, Gefühle, Identifikationsbedürfnisse nämlich, sondern auf Sprache und eine Einsicht in die Bedeutung von Sprache, die sich orientierte an den aktuellen Resultaten der Wissenschaften.

In der Tat scheint seit Beginn der achtziger Jahre die Phase einer experimentellen Literatur, die seit 1960 die Literatur in der Bundesrepublik mehr und mehr dominierte und zu deren Exponenten Heißenbüttel gehörte, geschichtlich überholt, jedenfalls überrollt zu sein von einem wiedererstarkten Bedürfnis nach gefühltem Einverständnis und spontan faßlichem Sinn, einem der Prüfung nicht weiter bedürftigen erneuten Vertrauen in individuelle Sprachgewalt. Was gestern noch »grundsätzlich« neu zu sein schien und unwiderruflich, schien und scheint hiernach nur noch von gestern. Und in Heißenbüttels *Textbuch 8* finden sich, weit auffälliger noch als in seinen nach 1985 erschienenen Textbüchern, immer andere Zeilen, die in geradezu barocker Inbrunst die hier sich dokumentierende Vergeblichkeit und Vergänglichkeit berufen. Im Text *September* heißt es: *»die Flüchtigkeit der Gegenwart ist unheimlich bekannt / und große Schiffe gehn durch Bäume überland«*. Ein *Trostspruch* lautet: *»das definitive Ende von allem ist gewiß / was alles ist bleibt bis dahin ungewiß«*. Doch in dem Text *undurchschaubares Gedicht mit Bruno Wille* ist auch zu lesen: *»Julilicht aufgerollt in die Nebelbank / über der schimmernden Elbe / aufdampfender Nebel / das Rauschen der Fähren im Nebel / nahe am Meer nahe am Haar / am Wasser gebaut / im Grund möchte ich beides // aber wenn beides nicht geht dann eben / doch und vor allem Bewußtsein …«* Ein Poet also, der *»Bewußtsein«* über seine Gefühle und somit auch über alle sonst allgemein bevorzugten lyrischen Reize und Schönheiten stellt. Und immer gestellt hat.

Die Ausgangslage

Wie kein anderer Autor deutscher Sprache in der zweiten Hälfte des 20. Jh.s hat Heißenbüttel alles, was er schrieb, orientiert an der Möglichkeit, schreibend zu erkennen, an der Absicht, Erkenntnisse schreibend vorauszusetzen. Bewußtsein und Erkenntnis waren für Heißenbüttel stets elementare Bezugspunkte einer Literatur, die nach seiner Gewißheit nur unter Voraussetzung des tatsächlichen Wissensstandes der Menschen noch zu sich selbst kommen konnte, nicht aber, wie es ihm meist üblich zu sein schien, durch Ignorieren der Resultate und Methoden naturwissenschaftlichen Denkens, der Linguistik, einer Philosophie, die ihm vor allem durch Ludwig WITTGENSTEIN auf ihren aktuellen Stand gebracht zu sein schien. Darüber hatte sich, wie er früh schon in immer anderen Formulierungen konstatierte, etwas *»Grundsätzliches«* verändert, insbesondere im Bewußtsein dessen, was Sprache sei. Für Heißenbüttel war diese schon in seinen Anfängen die Welt selbst, eine Welt, aus der hinauszutreten, die zu beherrschen für den einzelnen unmöglich war. Sein *Apriori* lautete, *»daß Literatur nicht aus Vorstellungen, Bildern, Empfindungen, Meinungen, Thesen, Streitobjekten, ›geistigen Gebrauchsgegenständen‹ usw. besteht, sondern aus Sprache, daß sie es mit nichts anderem als mit Sprache zu tun hat.«* Jedoch: *»Die Veränderungen der Sprache bedeuten Veränderungen der Weltinterpretation. Die Literatur wächst aus diesem Prozeß heraus und treibt ihn gleichzeitig an …«* (H. Heißenbüttel in dem 1962 erschienenen Essay *Voraussetzungen*).

Die Titel der ersten Gedichtbände – *Kombinationen* (1954) und *Topographien* (1956) – bereits zeigten die Gegenposition an zu Stimmung und zum Anspruch der Lyrik ihrer Entstehungszeit, der fünfziger Jahre – einer Zeit, in der sich das lyrische Ich durchweg seiner selbst und seiner weiterhin nur als willfähriges Medium angesehenen Sprache noch ganz sicher fühlte. Sie zeigten ein Interesse an, für das damals die abschätzige Vokabel *»Laborlyrik«* im Schwange war. Nach dem ersten öffentlichen Auftreten Heißenbüttels während der Tagung der Gruppe 47 im Februar 1955 waren denn auch jahrelang Verständnislosigkeit und Ablehnung die übliche Reaktion auf die Arbeiten dieses Autors, die er selbst schon bald nicht mehr als Gedichte, sondern als *»Texte«* bezeichnete. Selbst sympathisierende Kritiker beschränkten sich damals auf Feststellungen wie die, Heißenbüttel werde sich schon noch einen *»Ausweg aus dem Gestrüpp des Experiments«* bahnen, oder auf den Hinweis, es gebe ja doch auch bei Heißenbüttel manche schöne, beeindruckende Zeile. Durchweg unerkannt blieb zunächst, daß man es hier nicht mit dem fragwürdigen individuellen Entwicklungsstadium eines im übrigen talentierten jüngeren Lyrikers, sondern mit einem Versuch zu tun hatte, von einem neuen und aktuellen Standort aus, unter Voraussetzung eines neuen, auch wissenschaftlich relevanten Begriffs von Literatur und in bewußter und begründeter Opposition gegen den literarischen Status quo zu schreiben.

Noch immer und weiterhin ist bei einer Beschäftigung mit Heißenbüttels poetischem Werk diese Ausgangslage zu erinnern insbesondere deshalb, weil sie ganz praktisch die Position des Autors und auch die Position jener Kritik mitbestimmte, die sich dann doch ohne Vorurteil auf seine Texte eingelassen hat. Schon bevor und dann auch während in den Jahren 1960–1967 *Textbuch I* bis *Textbuch VI* erschienen, selbst noch in der Folgezeit hat Heißenbüttel seine Textproduktion begleitet mit Argumenten, Reflexionen, Querverweisen, kurz mit einer stetigen Produktion von Essays, in denen er direkt und indirekt seine Position begründet, erläutert und verteidigt hat. Ganz ähnlich reagierte die kritische Auseinandersetzung mit Heißenbüttel, in der immer wieder die Voraussetzungen reflektiert worden sind, laut denen dieser Autor seine poetischen Texte verfaßte, denn ohne deren Kenntnis blieben die Texte unverständlich. Oft erreichte die Kritik die Texte darüber gar nicht.

Das jedoch war nur allzu begreiflich. Eine spontane, damit stets auch traditionsbedingte Einschätzung und Wertung der Poesie Heißenbüttels konnte diese nur verfehlen. Wer sie lesen und verstehen wollte, war zur Auseinandersetzung mit der Theorie des Autors, zum Nachvollzug dessen, was sich nach Meinung des Autors *»grundsätzlich«* geändert hatte im 20. Jh. geradezu gezwungen. In dem essayistischen Text *13 Hypothesen über Literatur und Wissenschaft als vergleichbare Tätigkeiten* hat Heißenbüttel es einmal so auf den Punkt gebracht: *»... auch das Medium der Literatur, die Sprache, gerät aus dem Bereich der bloß historisch beschreibenden in den einer neuen, radikal analytischen und phänomenologisch-philosophierenden Wissenschaft; Literatur sieht sich in ihrer Konsequenz der radikalen Selbstbeobachtung ihres Mediums gegenüber. Daraus ergibt sich vor allem eine Folgerung: sobald Mathematik und Sprache als letzte Gründe des Welt- und des menschlichen Selbstverständnisses sichtbar werden, erweist sich der Bezugspunkt, auf den Philosophie, Wissenschaft und Literatur sich geeinigt hatten (das einzelne und selbständige Subjekt), als Fiktion und Interpretation.«*

Der Weg ins Innere der Sprache

Dies also war Heißenbüttels äußerste Konsequenz: der einzelne, das Individuum, das Subjekt, seit eh und je Mittelpunkt nicht zuletzt der Literatur, werden mit einer Entschiedenheit in Frage gestellt, an die sonst der Umgang mit der Identitätsproblematik in den fünfziger und sechziger Jahren, etwa bei Max Frisch, nirgendwo heranreichte. Unter dieser Prämisse, das *»selbständige Subjekt«* sei nichts als *»Fiktion und Interpretation«*, hat Heißenbüttel allerdings dennoch Literatur herzustellen versucht. Seine Folgerung war, sich selbst und seine Subjektivität zurückzunehmen und zugleich, quasi objektiv, die Sprache in ihrer über Jahrhunderte hin zu determinierender Übermacht angeschwollenen Bedeutung direkt beim Wort zu nehmen. Als die eine Möglichkeit sah er, was er *»Eindringen ins Innere der Sprache«* genannt hat. Schon in *Textbuch I* erschien die Sequenz *»Einsätze«*, deren Absatz VII beispielsweise so lautet: *»Gelblampe Lampenkreis offen sich offen und dann : umdunkelt : dunkelt um um das dunkle Rundume wie Gitter gegittert : offengittrig wie offen gemacht zu sehend gründend und das : dahinter das hintergegründete : Lampengelb Lichtschalter mich : mich Lichtschalter ungegittert aufgitternd mich lampenoffen : und dies : ja nun aufdenkend aufkümmernd dies ja nun aufgeblüht lampenblähn : dies ja nun lampenblühn : Blende mich lampengelb gilbend und dies ja : vergilbte«.*

Solch Eindringen in das Innere der Sprache erweist sich, von traditionellen Vorstellungen her angesehen, als ein destruierendes Sich-Einbohren, das bis zum einzelnen Wort hin gewohnte Zusammenhänge zerstört. Eine Situation, ein Assoziationskomplex oder Wortfolgen werden gegen alle Gewohnheit sprachlich durchleuchtet. Das kann sich steigern bis zur Konzentration auf einzelne Wörter, die deren Hof umschreibt und so ein Wortbewußtsein provoziert, das immer mehr Relationen in der Sprache ins Blickfeld bringt. Dies alles wird erkennbar in dem Augenblick, in dem der Leser oder Hörer vom Text nicht mehr vorurteilsvoll Modulationen des geläufigen, Deutung der Welt enthaltenden Systems syntaktischer Zusammenhänge erwartet. Und zugleich attackieren die Texte solche noch immer als natürlich angesehene Erwartung.

Methoden: Zitat, Montage, Collage

Heißenbüttel hat diesen methodischen Ansatz des *»Eindringens in die Sprache«* dennoch, freilich ohne ihn zu widerrufen, nach und nach zurückgenommen. Daß er Stoff, durch Sprachgewohnheiten unsichtbar gemachte, doch in Erfahrung und Sprache vorhandene Inhalte freilegen kann, hat vor allem Jürgen Becker in seinem Buch *Felder* (1964) eindringlich demonstriert. In den unreflektierten Nachahmungen jüngerer experimenteller Autoren ist der Ansatz dann jedoch bald zerlaufen. Anders steht es mit dem Versuch, Sprache als einen unabsehbaren Fundus vorgegebener Redeweisen, immer schon gehabter Sprachstücke zu durchforschen und ihn durch Montage und Collage von Zitaten als solchen literarisch erkennbar zu machen. Dieses Verfahren erreichte einen Höhepunkt in dem Text *Deutschland 1944*, erschienen 1967 in *Textbuch VI*, in dem es heißt: *»sie hörte wie der Todesschweiß plätscherte das Uranatom dessen / Aufspaltung den Physikern gelang läßt sie Möglichkeit ins Auge / fassen durch fortgesetztes Aufprallen von Neutronen auf Uranatome / in sich multiplizierenden Wirkungen soviel Energien freizumachen / daß die Planeten in Katastrophen verwickelt werden können es trat / an uns die Frage heran wie es ist mit den Frauen und Kindern ich / habe mich entschlossen auch hier eine ganz klare Lösung zu finden / ich hielt mich nämlich nicht für berechtigt die Männer auszurotten / sprich also umzubringen oder umbringen zu lassen und die Rächer / in Gestalt ihrer Kinder für unsere Söhne und Enkel groß werden zu / lassen es mußte der schwere Entschluß gefaßt werden dieses Volk / von der Erde verschwinden zu lassen sie hörte wie der Todes- / schweiß plätscherte sie hörte wie der Todesschweiß plätscherte«.*

Deutschland 1944 ist, begriffen wieder als Gedicht, einer der wenigen Texte Heißenbüttels, die nicht nur sozusagen im inneren Zirkel der Literatur Aufsehen gemacht haben. Von ihm fühlten sich auch Leser und Hörer unmittelbar betroffen, die keineswegs bereit waren, ihre traditionellen Erwartungen angesichts Literatur aufzugeben. Der Text besteht aus dreizehn strophenartigen, nach der optischen Geschlossenheit innerhalb des Satzspiegels ausgerichteten Textblöcken von je dreizehn Zeilen. Und er besteht *ausschließlich* aus Zitaten. Aus dem Deutschland des Kriegsjahrs 1944 hat Heißenbüttel aus Aufzeichnungen verschiedenster Art – Notizen Ernst Jüngers, Zeitungsartikeln, Verlautbarungen Hitlers – Sprachstücke entnommen und diese mittels rhythmisch pointierter Umordnungen und Verschiebungen und mittels Wiederholungen zu einer Art Spirale organisiert. Der Anteil des Autors an diesem Text ist also beschränkt auf die methodische Setzung, ausschließlich Zitate zu verwenden, und auf das Arrangieren der vorgefundenen Sprachstücke. Das Ergebnis aber ist etwas Ungeheuerliches. Es gibt sicherlich keine literarische Darstellung oder Gestaltung der deutschen Zustände in der späteren Kriegszeit, die so direkt und grauenvoll die absurde, irrsinnige und fast

süßliche Verfallenheit menschlichen Bewußtseins artikuliert. Ihre außerordentliche, schockierende Authentizität erreicht Heißenbüttels Montage aus vorgefundenen Sprachstücken zweifellos dadurch, daß sie in der Sprache konservierte Zustände aus zeitlicher Entfernung vorweist, ohne sie zu verändern. Die Verschiebungen und Wiederholungen verändern sie ja nicht, sondern sind ausschließlich verdeutlichende Techniken des Vorzeigens.
Das Gedicht *Deutschland 1944* läßt die Konsequenzen einer Literatur als Zitat vorgefundener Sprachstücke deshalb so deutlich erkennen – und ist deshalb repräsentativ –, weil das verwendete Material einem historischen Realitätskomplex entnommen ist, der starke Emotionen provoziert, der allein als Material schon Bedeutung hat. Wer immer direkt oder indirekt jenes Deutschland erinnert, reagiert spontan. Es erwarten ihn keine Folgerungen und Lösungen. Es geschieht nichts anderes, als daß in der Sprache konservierte Realitäten gleichsam neu in ein sehr helles Scheinwerferlicht gebracht sind. Darin werden sie durchschaubar. Heißenbüttel mildert dieses Zu-erkennen-Geben nicht durch Schlüsse und Nutzanwendungen, besteht vielmehr ausschließlich auf ihm selbst, darauf, das Erkennen als den Zweck selbst zu konstituieren. Und es wird deutlich, was der Sinn des vorzeigenden Zitats von Sprachstücken ist: eine nicht subsumierende, nicht auf Systeme bezogene und sie stützende, sondern offene Erkenntnis.

Formen: Parodie, Satire, Lehrgedicht

Sprache in all ihren geschichtlichen Erscheinungsweisen konkret und offen vorauszusetzen als einen unabsehbaren Vorrat an schon gelebter und das Bewußtsein eines jeden unerbittlich vorbestimmender Realität wurde für Heißenbüttel zum zentralen Impuls all seiner literarischen Produktion. In der Anerkennung seiner Abhängigkeit von der Sprache als einem der zwei letzten Gründe des *»Welt- und des menschlichen Selbstverständnisse«* entdeckte er bald immer deutlicher ein erstaunliches Moment von Befreiung. Die Grundbedingung vorausgesetzt und in den Methoden stets bewußt gehalten, wurde fast alles erneut möglich. Das Bewußtsein, sowieso als Autor der bestehenden, wissenschaftlich orientierten industriellen Zivilisation nur zitieren zu können, weil ja alles schon gesagt ist, stimulierte zu höchst erfinderischem Umgang mit den Methoden der Collage und zu erstaunlicher Lockerheit in der Verwendung des Sprachmaterials. Wo alles Zitat und als Zitat anerkannt ist, fällt die Scheu vor dem Selbstzitat, dem direkten Erfahrungszitat ohne nachprüfbaren Bezug, selbst der Erfindung. Eine Folgerung hieraus war für Heißenbüttel, daß er die Tradition des Gelegenheitsgedichts erneut aufnahm. Die strikte Orientierung an Erkenntnis und Wissen schließt auch Parodie und Satire nicht mehr aus. Ein reizvolles und vielbeachtetes Beispiel war hier der Text *Gruppenkritik*, eine formalisierende und darin erstaunlich sarkastische beispielhafte Reproduktion der mündlichen Kritik, wie sie auf den Tagungen der Gruppe 47 praktiziert wurde. Viel Satirisches und Parodistisches findet sich auch in Heißenbüttels erzählender Prosa, die zu schreiben ihm nach Jahren strenger, sich übrigens gelegentlich der Prosa nähernder Textproduktion die Erfahrung ganz unerwarteter Offenheit als der Konsequenz der Anerkennung grundsätzlicher Abhängigkeit in der Sprache ermöglichte. Den *Textbüchern*, die er selbst 1967 zunächst für abgeschlossen hielt, ließ Heißenbüttel *Projekte* folgen.
Das *Projekt Nr. 1* mit dem Titel *D'Alemberts Ende* hatte Ähnlichkeit mit einem umfangreichen Roman. Die dreizehn als *Lehrgedichte* bezeichneten Stücke des *Projekts Nr. 2* mit dem Titel *Das Durchhauen des Kohlhaupts* (1974) sind zu einem Teil zunächst als Hörspiele realisiert und gesendet worden, und jedes einzelne kommt in der Tat seiner Machart nach am nächsten einer avancierten Form des Hörspiels. Dennoch trifft die Bezeichnung *Lehrgedichte*, und diese gehören zweifellos zu den poetischen Texten Heißenbüttels. Es widerspricht keineswegs der Vorstellung »Gedicht«, wie hier ein mehrstimmiges Sprechen praktiziert und immer anders variiert wird. Selbst wo die Stimmen scheinbar individualisiert sind, bleiben sie Stimmen im Bewußtsein des Autors. Dieser bleibt der Sprechende, der sich der verschiedenen Stimmen zu bedienen berechtigt weiß, weil seine eigenen Gedanken und Sätze so vieler anderer enthalten – als Zitate. So unverkennbar es aber ist, daß auch hier vorgegebenes sprachliches Material verschiedenster Art arrangiert ist, so deutlich zeigt sich nunmehr, daß es als Stoff dient, daß es sich durch die Art und Weise des Zitierens verändert und daß die so entstandenen Texte gemacht sind, Bewußtsein zu verändern.
Im *Lehrgedicht über das Sexualverhalten unterm Spätkapitalismus* heißt es: »*... der Mensch versteht die Struktur seines Denkens als die Struktur der Realität und bildet sich daher ein daß die Kontrolle die er über seine Gedanken hat oder zu haben meint ihm erlaubt eine entsprechende Kontrolle über die Dinge auszuüben ...*« Sagen läßt sich hiernach sogar im Fall *»Sexualverhalten«* immer nur etwas über die Denkstrukturen, damit die Sprachstrukturen. Sie konstituieren für die Menschen die im übrigen unbestimmte Realität. Und in den Lehrgedichten vermittelt sich deutlich das tatsächliche Vorhandensein unterschiedlicher Denkstrukturen und die Relativität einer jeden von ihnen als konstitutives Moment des individuellen und gesellschaftlichen Lebens. Begreiflich wird auch die Bedeutung des Unterschieds zwischen deformierten Denkweisen, die durch Konditionierung erzeugt und in die verschiedensten Kalküls eingebracht werden können, und entwickelten Strukturen. Wobei übrigens auch entwickelte Strukturen keineswegs Realitätsstrukturen darstellen.
In diesem Strudel bleiben für Heißenbüttel nicht mehr die geringsten Sicherheiten. Das Bewußtsein hiervon aber, durch den Wissensstand beglaubigt, wird zur Bedingung des Denkens, ja der Glaubwürdigkeit und sogar Menschlichkeit. Der rigorose

Materialismus, der die skizzierten Erkenntnisse und Erfahrungen ermöglicht, ist der Lehrgegenstand der dreizehn Lehrgedichte in *Das Durchhauen des Kohlhaupts*. In jedem der Lehrgedichte setzt der Autor in fast willkürlichem Akt eine Konstruktion von Zitaten in einen aller Gravitation beraubten Raum, deren Bewegung um einen leeren Mittelpunkt eine gerade genügende Erfahrung von Schwere erzeugt, um zu ermöglichen, daß der Leser sich in dem Sprachgebilde hält. Bei dem allen sind die Lehrgedichte des *Projekts Nr. 2* charakterisiert durch eine in Heißenbüttels folgenden Arbeiten immer wieder vordrängende thematische Fixierung, die er dann offenbar nicht mehr abschütteln kann. Auch in der Wahl seiner Zitate ist niemand ganz frei. Und das ist offensichtlich der Grund, aus dem Heißenbüttel für den Band als Motto dieses HEGEL-Zitat gewählt hat: *»das einzige Werk und Tat der allgemeinen Freiheit ist daher der Tod und zwar ein Tod der keinen inneren Umfang und Erfüllung hat denn was negiert wird ist der unerfüllte Punkt des absolut freien Selbsts er ist also der kälteste platteste Tod ohne mehr Bedeutung als das Durchhauen eines Kohlhaupts oder ein Schluck Wassers«.*

Der *»kälteste, platteste Tod«* läßt den Autor nicht kalt; er macht ihm heiß. Was das Bewußtsein akzeptiert, beunruhigt dennoch das Subjekt, das erschrocken, ja verzweifelt rebelliert gegen das immer aufdringlichere Erleben der Vergänglichkeit, des Alterns, des sich ankündigenden Todes. Diesem Widerspruch – *»ich bins leid aber ich möchte ohne Ende weiter machen«* – ordnen sich alle Texte zu, er ist der Katalysator der Lehrgedichte. Im Titelgedicht *Das Durchhauen des Kohlhaupts* finden sich die Zeilen: *»was ist es wie erklären sie es / ein Verschwinden der Lebenskraft ein Aufhören der Verrichtungen ein Verschwinden der Verrichtungen des Atmens und der Bewegung des Herzens / wann verläßt es den Körper ...«*

Eine radikal subjektive, ganz ins Autor-Ich zurückgeholte Motivation des Schreibens zuletzt also, die auch die mehr spielerisch und ironisch angelegten Texte färbt. Literatur wie Leben seien eher Objekte der Sprachstrukturen, jedenfalls nicht deren Beherrscher, und das *»einzelne und selbständige Subjekt«* sei nur *»Fiktion und Interpretation«* – ohne daß Heißenbüttel dies Apriori aufgibt, wird das ganz subjektive Verfangensein in einem Lebenszustand, dem des Alterns, mehr und mehr zum Antrieb und Anlaß des Schreibens. Ohne zu widerrufen also doch die Rückkehr zur Fiktion des Subjekts als dem letzten Beweggrund der Poesie? Eine Bewegung im Kreise? Eine neue Ästhetik der totalen Offenheit, die nun endlich alles zuläßt und sich zuletzt selbst aufhebt?

Die »Textbücher« der achtziger Jahre

Nach Abschluß seines *Projekts Nr. 3*, das drei Erzählbücher umfaßt, ist Heißenbüttel Anfang der achtziger Jahre zu den Texten zurückgekehrt, hat er die Folge der Textbücher fortgesetzt inzwischen bis hin zum *Textbuch 11 in gereinigter Sprache* (1987). Die thematische Obsession Vergänglichkeit ist ihm geblieben, doch obgleich sie immer wieder hervorbricht, dominiert sie die meisten dieser Textbücher nicht. Heißenbüttel zeigt nicht mehr das geringste Interesse daran, theoretisch recht zu behalten, doch die Struktur seines poetischen Schreibens ist so stabil, daß sein manchmal fast unwirsches Beharren auf *»Altersidentität«* (*Textbuch 8*, 1985) sie keineswegs aufhebt. Während er weiterschreibt, schreibend weiter umgeht nicht zuletzt auch mit Gelesenem, gibt Heißenbüttel auch seinen Zuständen nach. Emotionen, Stimmungen, Vorstellungen, Wünsche, Gelüste, Aggressionen, Bosheit, Erwartungen und Enttäuschungen haben ihre Funktionen in den späten Texten, doch das Zitat bleibt unersetzlich. Immer noch das Grundmuster: *»Ich habe«*, notiert er 1987 im Rückblick auf das *Gedichtgedicht* in *Textbuch 8*, *»als ich dieses Gedicht schrieb, an das Entschwinden von realen Erlebnissen gedacht und an den quasi unsterblichen Triumph der Phantasie, des Traums, provoziert, festgehalten und konserviert durch Sprache.«*

Noch immer will Heißenbüttel herausfinden, was ist, was real und was »wahr« ist. Doch sein unbegrenzt variables Verfahren, das alles sprachlich Reale ebenso als es selbst nimmt wie es inzwischen die eignen subjektiven Zustände als sie selbst nimmt, das den unerschöpflichen und widerspruchsvollen Bestand des in Sprache Konservierten als ihn selbst nimmt und die unergründlichen, so vergänglichen Träume als sie selbst – das Verfahren schließt alle gewohnten Übereinkünfte noch immer systematisch aus. Für Heißenbüttels poetisches Bewußtsein, das sich abhängig weiß in der Sprache, gibt es noch immer einen Halt nur im sprachlichen Prozeß selbst: *»die verlorene Existenz des Traums wird erst schreibend wiedergewonnen für mein Bewußtsein daher überhaupt erst Existenz« (Textbuch 11).*

Noch weniger als in früheren Texten verlockt etwas dazu, den Zitaten im einzelnen nachzuforschen. Es kommt vielmehr auf das Bewußtsein an, daß hier Schreiben stets zugleich Vergewisserung von längst Gesagtem ist und die permanente Präsenz des in Sprache immer schon Konservierten dokumentiert. Das gar nicht hoch genug einzuschätzende Spannungsmoment besteht weiterhin in der geradezu zwanghaften Gegenwärtigkeit eines nicht regulierenden, ordnenden, sondern in Frage stellenden Bewußtseins: *»aber wenn beides nicht geht dann eben / doch und vor allem Bewußtsein«*. Vor diesem hat die ungeheure Masse all der Realitäten immer nur im einzelnen Bestand, ohne daß dies die Sehnsucht nach der längst unerreichbaren Einheit von Realität und Bewußtsein im Subjekt aufheben könnte. Aus diesem Bewußtsein, das unsere Epoche stigmatisiert, und dieser Sehnsucht, die unerfüllt bleibt, ist Helmut Heißenbüttels Poesie entstanden, eine schon im Ansatz wieder zerfallende, gerade deshalb für eine ganze Epoche so exemplarische Poesie. Oder, mit einem Bruchstück aus dem Text *»Legende«* (in *Textbuch 11*): *»die Zeit die mir bleibt absolut definitiv luftiger Raum Ausblick nach* *allen Seiten Grün von Bäumen windbewegt Lautenmusik aus dem Lautsprecher«.* H.Vwg.

AUSGABEN: *Kombinationen*, Gedichte 1951–1954, Eßlingen 1954. – *Topographien*, Gedichte 1954/55, Esslingen 1956. – *Textbuch 1*, Olten/Freiburg 1960. – *Textbuch 2*, Olten/Freiburg 1961. – *Textbuch 3*, Olten/Freiburg 1962. – *Textbuch 4*, Olten/Freiburg 1964. – *Textbuch 5. 3x13 mehr oder weniger Geschichten*, Olten/Freiburg 1965. – *Textbuch 6. Neue Abhandlungen über den menschlichen Verstand. Wolfgang Koeppen gewidmet*, Neuwied/Bln. 1967. – *Das Textbuch. Vom Autor besorgte Zus.fassg. der Textbücher 1–6*, Neuwied/Bln. 1970. – *Gelegenheitsgedichte u. Klappentexte*, Darmstadt/Neuwied 1973. – *Das Durchhauen des Kohlhaupts. Dreizehn Lehrgedichte. Projekt Nr. 2*, Darmstadt/Neuwied 1974. – *Textbücher 1–6*, Stg. 1980. – *Ödipuskomplex made in Germany. Gelegenheitsgedichte, Totentage, Landschaften 1965–1980*, Stg. 1981. – *Textbuch 8*, Stg. 1985. – *Textbuch 9*, Stg. 1986. – *Textbuch 10 von Liebeskunst*, Stg. 1986. – *Textbuch 11 in gereinigter Sprache*, Stg. 1987.

LITERATUR: B. Allemann, *Gibt es abstrakte Dichtung?* (in *Definitionen. Essays zur Lit.*, Hg. A. Frisé, Ffm. 1963). – W. Weyrauch, *Was die Uhren geschlagen haben. Über die Methoden des Schriftstellers H. H.* (in Welt der Lit., 7. 1. 1965). – J. Drews, *H.s heitere Melancholie* (in SZ, 16. 11. 1967). – M. Bense, *Ein Textbuch H.s* (in M. B., *Die Realität der Lit.*, Köln 1971). – E. Meyer, *H. H. Eine Beschreibung d. intellekt. u. abstr. Vorstellungsweise seiner Sprachtheorie u. Texte*, Diss. Univ. of Adelaide 1973. – R. Rumold, *Sprachl. Experiment u. lit. Trad. Zu den Texten H. H.s*, Bern/Ffm. 1976. – K. H. Köhler, *Reduktion als Textverfahren in H.s »Textbüchern«. Anspruch, theoretische Begründ. u. erzählerische Leistung von H.s Reduktionsformen*, Ffm. 1978. – U. Fülleborn, *H. H.* (in *Die dt. Lyrik 1945–1975*, Hg. K. Weissenborn, Düsseldorf 1981).

D'ALEMBERTS ENDE. PROJEKT NR. 1

Prosa von Helmut HEISSENBÜTTEL, erschienen 1970. – Obwohl Heißenbüttel es geflissentlich vermieden hat, seine erste umfangreiche Arbeit geradewegs als Roman zu bezeichnen, ist doch nicht recht einsichtig, warum – die Gattung als Großform in Prosa verstanden, ist weit genug, auch *D'Alemberts Ende* zu beherbergen. Erstmals läßt sich der Autor hier auf etwas wie eine Handlung ein, wie auch, in anders hinterlistiger Weise, in den Bänden von *Projekt Nr. 3: Eichendorffs Untergang und andere Märchen* (1978), *Wenn Adolf Hitler den Krieg nicht gewonnen hätte* (1979) und *Das Ende der Alternative* (1980). Das Buch besteht, wie es in *Erfundenes Interview mit mir selbst über das Projekt 1* heißt, *»in der Aufteilung in drei Teile und 39 Kapitel. Der erste Teil stellt vor und gibt den Aufriß. Der zweite Teil enthält die Diskussion. Der dritte führt zuende, löst Knoten, löst auf.«*

Der Rundfunkredakteur Eduard trifft am Abend des 25. 7. 1968 die Fernsehredakteurin Ottilie von Wildermuth im Zug nach Hamburg (ein ironischer Rekurs auf GOETHES *Wahlverwandtschaften*, um einen längeren Prosatext ins Rollen zu bringen). Der *»bekannte auswärtige Kunstkritiker«* mit dem Spitznamen *»die Schildkröte«* gesellt sich zu ihnen. Die übrigen sechs Personen werden nach und nach vorgestellt, durch ein Selbstporträt der Kunstkritiker d'Alembert (in Anlehnung an die Autobiographie des Enzyklopädisten Jean Le Rond d'ALEMBERT, 1717–1783), der freie Schriftsteller Dr. Samuel Johnson (eine Anspielung auf den gleichnamigen englischen Autor des 18. Jh.s) durch Eduards Vorstellungen von ihm, ferner d'Alemberts Frau Liselotte, drei Geschwister Ottilies, die Redakteure Bertolt und Helmut Maria Wildermuth und der Künstler Andie Wildermuth. Hamburger Lokalkolorit wird verbreitet, der Tag des 26. Juli 1968 rekonstruiert anhand von Zeitungsmeldungen, Wetterbeobachtungen, Werbung, der Programme von Kino, Rundfunk, Fernsehen, Ausstellungen usf.
Der zweite Teil gibt die Gespräche wieder, die all jene neun Personen am 26. 7. in der Wohnung der d'Alemberts führen. Die Themen sind die der späten sechziger Jahre: MARX und FREUD und deren Blicke auf die Gesellschaft, die moderne Kunst, Klatsch, *»Studenten und verwandte Gegenstände«*, *»bürgerliche Moral und verwandte Gegenstände«*, Sprachlosigkeit, Sexualität und Illusion; auch die *»Lage der Nation«* darf nicht fehlen, wird aber schon schematisch besprochen, um in ein letztes, vollends *»schematisches Gespräch«* bar jeden Inhalts zu münden. – Der dritte Teil befaßt sich vorwiegend mit dem Ableben d'Alemberts und dessen Vorstufen: Flucht, Wahn, Memoiren und Träume; er stirbt rätselhaft, allein, *»Todesursache unbekannt«*, sein *»Toupet liegt auf dem Teller des angestellten Plattenspielers und dreht sich gleichmäßig um sich selbst. Dies ist der erste derartige Fall, der auf dem Festland bekannt wird. Andere werden folgen.«* Ein Ende aller Enden, bedrohlich für alle, boulevardmäßig herausgeputzt; aber Heißenbüttel sorgt schon dafür, daß es weitergeht –: der *»kommende Mann«* wird porträtiert, ein *»lupenreines Charakterschwein«*, in dem jeder erkennen mag, wen er will. Das letzte Kapitel heißt *Demaskierung* und läßt alle Figuren nochmals auftreten, inklusive des d'Alembert. Mit einer wichtigen Ergänzung: Jedem Namen ist noch ein *»der Darsteller von«* bzw. *»die Darstellerin von«* vorangesetzt.
Das *Projekt Nr. 1* enthält zahlreiche zeichenhafte Hinweise, die der Autor an deutlich sichtbarer Stelle angebracht hat; sie werden beängstigend dicht im Schlußkapitel, ziehen sich aber durch den ganzen Text. Das erste ist ein Zitat aus Thomas MANNS *Entstehung des Doktor Faustus* (1949) und bildet das Motto des ganzen Buches: *»Das Zitat als solches hat etwas spezifisch Musikalisches, ungeachtet des Mechanischen, das ihm eignet, außerdem aber ist es Wirklichkeit, die sich in Fiktion verwandelt, Fiktion, die das Wirkliche absorbiert, eine eigentümlich träu-*

merische und reizvolle Vermischung der Sphären.« D'Alemberts Ende besteht förmlich aus Zitaten, ist eine gigantische Montage von Sprachfetzen aus Klassikermund, von Goethe bis Heißenbüttel; wo aber alles schon gesagt, alles schon dagewesen ist, vergeht auch die Scheu vor Eigenem, und deshalb ist kaum zu ermessen, wieviel denn nun wirklich von Heißenbüttel ist – vom Arrangement des Materials abgesehen. Die Personen sind keine, sondern lediglich *»Charaktermasken«*, Typen, die im zweiten Teil ein *»Zitatenballett«* (J. Drews) veranstalten; sie sprechen nicht miteinander, sondern tauschen Zitate aus, die sie auch noch wiederholen, staffellaufartig übernehmen.

Das *Projekt Nr. 1* läßt sich lesen als Denunziation der Intellektuellen und ihres Geredes, als *»Satire auf den Überbau. Durchgeführt am Beispiel Bundesrepublik Juli 1968« (Selbstinterview)*; aber ein gehöriges Maß Unsicherheit bleibt: Es gibt hinreichend Indizien, daß sich auch andere Menschen angesprochen fühlen dürfen, schließlich erscheinen *»tatsächlich Redewendungen, Floskeln, Formeln, die alle gebrauchen«*, unterscheidet sich der Vertrag einer Angestellten beim Fernsehen nicht von dem einer anderen Angestellten, und schließlich wird konstatiert: *»Wer sind wir als Einzelne in der Menge? Nichts Unterscheidbares.«* Heißenbüttel ist (sprach-)philosophisch zu versiert, um der Wiederkehr des Gleichen das Wort zu reden – und um Singularität zu verherrlichen; er schneidet die Extreme auf eine Art komplexer Mitte zurück (ohne ihre Komplexität zu reduzieren). Die unentwegten Wiederholungen entwerten die Zitate nicht; sie bilden *»Varianten von etwas, was immer gleich ist, ohne jemals dasselbe zu werden«*; jede Wiederholung reißt das Zitat zwar aus seinem alten Kontext, verhilft ihm aber so zu einem neuen. Auch Wittgensteins *Philosophische Untersuchungen* (1953) werden referiert: *»Notwendigkeit der Wiederholung, um zu zeigen, daß eine Regel funktioniert«*. Deshalb ist *D'Alemberts Ende* mehr als die Denunziation eines Berufsstandes; grundiert von der Melodie der Vergeblichkeit, in die alles mündet *(»Das Bild des Definitiven ist der Tod«)*, hat Heißenbüttel *»synthetische Authentizität«* erreicht, *»eine Welt aus authentischen Bestandteilen ganz und gar erfunden«*. S.Ha.

Ausgaben: Neuwied, Bln. 1970. – Stg. 1988.

Literatur: J. Drews, *»D'Alemberts Ende«. H. H.s erster Roman* (in SZ, 29./30. 8. 1970; ern. in *Geschichte der dt. Lit. aus Methoden. Westdt. Lit. von 1945–1971*, Hg. H. L. Arnold, Bd. II, Ffm. 1973, S. 303–306). – H. L. Arnold, *Synthetische Authentizität. H. H.s »Projekt Nr. 1, D'Alemberts Ende«* (in H. L. A., *Brauchen wir noch Lit.? Zur lit. Situation in der Bundesrepublik*, Düsseldorf 1972, S. 183–185). – H. H., *Erfundenes Interview mit mir selbst über das Projekt Nr. 1: D'Alemberts Ende. Zweites erfundenes Interview mit mir selbst nach dem Erscheinen von Projekt Nr. 1: D'Alemberts Ende* (in H. H., *Zur Tradition der Moderne. Aufsätze u. Anmerkungen 1964–1971*, Neuwied/Bln. 1972, S. 369–382; SLu). – L. Bornscheuer, *Wahlverwandtes? Zu Kants »Aula« u. H.s »D'Alemberts Ende«* (in Basis, Jb. f. dt. Gegenwartslit., 1973/1974, S. 201–234). – K. Batt, *Die Exekution des Erzählers. Westdt. Romane zwischen 1968 u. 1972*, Ffm. 1974, S. 50–65. – B. Heimann, *Experimentelle Prosa der Gegenwart*, Mchn. 1978, S. 65–80.

DAS TEXTBUCH

Textsammlung von Helmut Heissenbüttel, erschienen 1970. – *Das Textbuch* faßt die sechs zwischen 1960 und 1967 erschienenen *Textbücher* Heißenbüttels in neuer, nicht chronologischer, sondern methodischer Gruppierung zusammen. Auf diese Weise erscheinen die vielfältigen Ansätze, Methoden und Formen, die Heißenbüttel im Laufe der Jahre (die Entstehung der ersten Texte reicht in das Jahr 1954 zurück) entwickelt hat, systematisiert und können einer kritischen Betrachtung unterzogen werden als *»Glieder einer Menge«*, die *»nicht untereinander verbunden«* sind, worin beschlossen liegt, *»daß das Ganze mehr ist als die Summe seiner Teile«*.

Dieses Zitat von E. Husserl, das der Autor seinem Band als Motto vorangestellt hat, ist mehr als eine Konvention, denn bei Heißenbüttel sind Theorie und Praxis, poetische und wissenschaftliche Beschäftigung mit Literatur untrennbar miteinander verbunden (seine frühen theoretischen und kritischen Arbeiten sind in den Sammelbänden *Über Literatur*, 1966, und *Zur Tradition der Moderne*, 1972, enthalten). Literatur und Wissenschaft sind für ihn *»parallel verlaufende Tätigkeiten der menschlichen Aufklärung« (13 Hypothesen über Literatur und Wissenschaft als vergleichbare Tätigkeiten)*, die beide Erkenntnis anstreben oder doch anstreben sollten. Erkenntnis, auf die Literatur abzuzielen hat, ist jedoch immer an Sprache gebunden, ja, diese Relation begründet überhaupt erst die Möglichkeit, der Literatur eine solch explizite Erkenntnisfunktion zuzuweisen. Auch Heißenbüttel vertritt die von L. Wittgenstein im *Tractatus logico-philosophicus* formulierte Grundthese: *»Die Grenzen meiner Sprache bedeuten die Grenzen meiner Welt.«*

Wenn Sprache konstitutiv ist für Erkenntnis, kommt der Literatur, deren Medium die Sprache ist, besondere Bedeutung zu. Aus den sprachphilosophischen Voraussetzungen leitet Heißenbüttel ein aufklärerisch-didaktisches Programm für die Literatur ab, das auf dem Grundsatz basiert: *»literarisch, das heißt beispielhaft reden« (Voraussetzungen)*. Dies soll freilich nicht geschehen durch die sprachliche Abbildung typischer oder vorbildlicher Personen und Ereignisse; vielmehr wird Sprache *»nicht mehr symbolisch, sondern wörtlich verwendet«*, und *»Literatur sieht sich in ihrer Konsequenz der radikalen Selbstbeobachtung ihres Mediums gegenüber« (13 Hypothesen)*.

Die *»imaginativ verfahrende Einbildungskraft«* verliert ihre *»Stellvertreterschaft«*, und zugleich wird das autonome Subjekt, dessen Konzeption der herkömmlichen, repräsentativen Literatur zugrunde lag, als Fiktion entlarvt: *»Es reduziert sich ... zu einem Bündel Redegewohnheiten.«* Diese Redegewohnheiten kritisch zu sichten und zu analysieren wird zur vorrangigen Aufgabe der Literatur. Gleichzeitig verändern sich Stellung und Funktion des Autors: Er erscheint nicht mehr als »Genie«, das die eigene Subjektivität stellvertretend realisiert, sondern seine Tätigkeit nähert sich der des Wissenschaftlers an; in seinen *»kombinatorischen und akzentuierenden«* Fähigkeiten liegt seine Bedeutung. Als *»multiples Subjekt« (13 Hypothesen)* geht es ihm nicht mehr um die Ausbildung eines individuellen »Stils«, sondern er bedient sich des gesamten verfügbaren Sprachmaterials, dessen Elemente er zitiert, montiert, verfremdet.

Der *Text* wird zur angemessenen Form, um die *»Erfahrungen eines desorientierten nachindividuellen Zustands« (Spekulation über eine Literatur von übermorgen)* nicht nur darstellen, sondern überhaupt erst herstellen zu können, ohne durch eine der gängigen Gattungsbezeichnungen ins Schema des damit verbundenen Vorverständnisses gepreßt zu werden. Die allgemeine und anonyme Bezeichnung *Text* weist nicht nur den Autor als einfachen »Texter« aus, sondern zerstört auch jene *»Aura«*, von der nach W. BENJAMIN (*Das Kunstwerk im Zeitalter seiner technischen Reproduzierbarkeit*, 1936) die Werke der Epoche des bürgerlichen Individualismus geprägt sind.

In seinen *Texten* will Heißenbüttel den herrschenden (Sprach-)Zustand nicht einfach nur benennen, vielmehr soll dieser durch exemplarisches Sprechen durchschaubar gemacht und – auf lange Sicht – verändert werden. Sprachliche und literarische Modelle dienen als Folie für Experimente. Abstraktion und Reduktion sind die bevorzugten Verfahren, um sprachliche Realität auf den Begriff zu bringen und Realität der Sprache erkennbar werden zu lassen. Dabei ist das greifbar »Inhaltliche« weitgehend ausgeschaltet; einige wenige semantische Elemente – Wörter, Satzteile, Sätze – werden jeweils miteinander verknüpft und vielfältig variiert. Heißenbüttel versucht, aus den *Beziehungen* zwischen den Wörtern, aus den Mechanismen, die er bloßlegt, Erkenntnis(se) zu gewinnen, nicht so sehr aus den Wörtern (und ihrer isolierten Bedeutung) selbst. Über das Funktionieren der Sprache soll nicht geredet, es soll demonstriert werden, es muß sich *»zeigen«*, um mit Wittgenstein zu reden. (Gegenbeispiele – aus Heißenbüttels Frühzeit – finden sich in dem Abschnitt *Quasiroman*: eher konventionelle Parabeln, die in mancher Hinsicht an F. KAFKA erinnern und auf alle formalen Experimente verzichten.)

Dem Leser werden keine Identifikationsmuster geboten, weder »Menschen aus Fleisch und Blut« noch »realistische« Geschichten, sondern höchstens deren Skelett. Es geht Heißenbüttel um das Allgemeine, aber ebenso um Genauigkeit, um Differenzierung. Wittgensteins Begriff der *»Familienähnlichkeit«*, den dieser in seiner Sprachspieltheorie benutzt (*Philosophische Untersuchungen*, 1953), wird hier zum *»gemeinsamen Unterschied« (Platzkonzert)*. – Definition und Aufgabe der *Texte* rükken ihr Verhältnis zur traditionellen Literatur in den Vordergrund, zum *»herkömmlichen Gedicht, das sie travestieren, negieren, grammatisch zerlegen seiner Obsoletheit überführen«* (J. Drews). *Bremen wodu* parodiert das lyrische Gedicht à la P. CELAN durch die zunehmende Banalisierung des zu Beginn seraphisch Angesprochenen. Texte wie *Roman, Krimi, Variationen über den Anfang eines Romans* oder *Shortstory* durchleuchten literarische Konventionen und ganze Genres, indem sie sie auf Stereotype reduzieren. Die hierin zutage tretende Sprachkritik zielt letzten Endes auf Realität – die Stücke des Abschnitts *3x13 mehr oder weniger Geschichten* zeigen dies ebenso deutlich wie die *Neuen Abhandlungen über den menschlichen Verstand* –, doch geschieht dies stets im Bewußtsein, zu einer *»Zweithandanschauung (quasiautobiographisch)«* verurteilt zu sein. Spielt das Zitat generell eine beherrschende Rolle in Heißenbüttels Werk – in *D'Alemberts Ende*, dessen zentraler Begriff die *»synthetische Authentizität«* ist, wird es heißen: *»Aber auch der einzeln vollzogene Vorgang tendiert zum Zitat«* –, so ist es, als ein Stück sprachlicher Realität bevorzugter Gegenstand der Kritik. Der Text *Hauptsatzbahnhof*, der zu Heißenbüttels gelungensten Arbeiten gehört, stellt einem »Original« einen deskriptiv-kritischen Kommentar gegenüber:

»das Etwas als denknotwendiges Substrat ist die zur äußersten Abstraktion verblaßte bis zum Differential diminuierte Spur des Sachhaltigen der Gedanke an ein Etwas überhaupt wäre anders nicht zu vollziehen
Theodor W. Adorno
wenn man mit etwas etwas anstellt und auch überzeugt ist daß man mit etwas etwas anstellen kann so bleibt doch bei allem was man mit etwas anstellt etwas und man erhält im Extremfall nur soetwas wie soetwas und der einzige Vorteil wäre zu erkennen daß etwas auch als soetwas oder irgendetwas oder nochetwas oder etwas anderes immer etwas bleibt.«

Bestimmend ist das Infragestellen, die ständige Falsifikation – Heißenbüttels Nähe zum kritischen Rationalismus ist unverkennbar –, die Weigerung, endgültige Ergebnisse zu akzeptieren, die im Bild des *Wassermalers* verkörpert ist. Thesen, die am Anfang stehen, werden im Verlauf eines Textes aufgehoben, zerstört *(Hutmacher)*. Diese *konkrete* Sprach- und Literaturauffassung demonstriert besonders eindrucksvoll der Text *Traktat*, der über den Traktat in Form eines Traktats redet, wobei das Paradox, *in* Sprache *über* Sprache zu sprechen, thematisch wird.

In der Kritik von Modellen durch Modelle liegt die Stärke dieser Texte. Wo Systeme und deren Funktionieren durch bestimmte Negation analysiert werden, hat auch das Antigrammatikalische seine Funktion und seine Berechtigung. Wenn der Autor dagegen ohne Netz arbeitet, wenn er auf die Rückversicherung der zu durchbrechenden Konvention verzichtet und freischwebend sich vorwiegend von Assoziationen leiten läßt, stellt sich häufig eine gewisse Beliebigkeit ein. Die Abschnitte *Cinemascope 59/60, Einsätze*, die (mit graphisch-visuellen Mitteln operierenden) *Sprechwörter* und *Siebensachen* beweisen dies, und auch das lange *Gedicht über die Übung zu sterben*, zu dem Heißenbüttel einen aufschlußreichen Kommentar *(So etwas wie eine Selbstinterpretation)* verfaßt hat, ist von »privatistischen« Tendenzen nicht frei. Ein Text wie *vokabulär*, der sich am Schluß bis zum zukünftigen Glück durchgewühlt hat, *»das uns zukommt«*, und der ein Beispiel dafür ist, wie die scheinbar rein formale Methode durchaus »Inhalte« transportieren kann, ist eher die Ausnahme.

Als Sprachexerzitien – auch der Begriff *»Meditation«* kommt vor – erfordern Heißenbüttels Texte Konzentration und Phantasie; konsumierbar sind sie nicht. Als Bruchstücke, die ergänzt werden wollen, sind sie Angebote an den Leser, den Text selbständig aufzufüllen *(Zusammensetzungen)*. Hinter dieser Konzeption steht die romantische Vision einer poetisierten Welt und die Hoffnung auf eine Demokratisierung der Literatur: Schließlich wird *»... die Grenze zwischen Autoren und Lesern verwischbar sein. Jeder Leser, jeder ›Übende‹ hat der Tendenz nach die Möglichkeit, Autor zu werden« (So etwas wie eine Selbstinterpretation)*.

Der – im weiteren Sinne – politische Aspekt erscheint auch in den Texten selbst. Die Brauchbarkeit des Verfahrens erweist sich als abhängig vom behandelten Gegenstand. Während es in *Bildzeitung* gelingt, den Vorgang der Manipulation plausibel darzustellen, scheint die abstrahierende Reduktion in *Klassenanalyse. Die Zukunft des Sozialismus* oder *Politische Grammatik (»verfolgte verfolgende Verfolgte«)* eher geeignet, sich selbst zu denunzieren. Hier wird Realität nicht auf den Begriff gebracht, sondern mit schlechter Verallgemeinerung zugedeckt; wenn mit der Sprache zugleich die Sache selbst diskreditiert werden soll, büßen die Texte ihre Überzeugungskraft ein.

Die Methode, deren wesentlichster Gebrauchswert darin besteht, die totale Gültigkeit des Tauschwerts in der warenproduzierenden bürgerlich-kapitalistischen Gesellschaft aufzuzeigen, ist nur dann von aufklärerischem Nutzen, wenn die gesellschaftliche Arbeitsteilung implizit mitreflektiert wird. Insofern ist Heißenbüttels erste umfangreiche Arbeit, das *Projekt Nr. 1, D'Alemberts Ende* (1970), ein Fortschritt im Œuvre des Autors, denn unendliches Zitieren, sprachlicher Leerlauf, Sprachfetischismus und Tautologie sind hier soziologisch bestimmt; sie sind – parodistisch – an einer gesellschaftlichen Gruppe, den Intellektuellen, festgemacht und werden damit zugleich spezifiziert und in ihrer Gültigkeit relativiert. Die Einwände, die gegen das Buch seiner »Länge« wegen erhoben wurden, und die »Langeweile«, die sich bei den meisten Kritikern ausbreitete, sind wohl nicht zuletzt als Abwehrmechanismen derer zu verstehen, die ihre eigene Existenz in *D'Alemberts Ende* »realistisch« dargestellt fanden. Unbestreitbar ist allerdings, daß hier auch die Aufklärung an ein Ende gelangt, das von ihr fordert, sich über sich selbst aufzuklären. U.E.

Ausgaben: Neuwied/Bln. 1970 (SLu). – Stg. 1980.

Literatur: K. A. Horst, Rez. zu *»Textbuch«* I. u. II (in Merkur, 15, 1960, S. 389–392). – H. Hartung, *Antigrammatische Poetik u. Poesie. Zu neuen Büchern von H. H. u. Franz Mon* (in NRs, 1968, S. 480–494). – R. Döhl, *H. H.* (in *Dt. Lit. seit 45*, Hg. D. Weber, Stg. [2]1970, S. 600–631). – J. Drews, *»D'Alemberts Ende«. H. H.s erster Roman* (in SZ, 29./30. 8. 1970). – M. Bense, *Ein Textbuch H.s* (in M. B., *Die Realität der Lit. Autoren u. ihre Texte*, Köln 1971, S. 111–118). – R. R. Rumold, *Verfremd. u. Exp. Analysen f. eine Standortbest. d. Demonstrationen H. H.s* (in Sprache im techn. Zeitalter, 1971, S. 26–44). – K. H. Köhler, *Redukt. als Textverfahren in H.s »Textbüchern«*, Ffm. 1978. – K. H. Hahnl, *Von den »Textbüchern« zum Text* (in Arbeiter-Ztg., Wien, 5. 9. 1980).

WOLFGANG HILDESHEIMER

* 9.12.1916 Hamburg
† 21.8.1991 Poschiavo / Graubünden

Literatur zum Autor:
W. Jens, *Die Anmut des Entsetzens. Laudatio auf den Büchner-Preisträger W. H.* (in Die Zeit, 21. 10. 1966). – *Über W. H.*, Hg. D. Rodewald, Ffm. 1971 (es). – H. Puknus, *W. H.*, Mchn. 1978. – D. Frauenhuber, *Die Prosa W. H.s*, Diss. Salzburg 1979. – W. Rath, *Fremd im Fremden. Zur Scheidung von Ich und Welt im dt. Gegenwartsroman*, Heidelberg 1985. – *W. H.*, Hg. H. L. Arnold, Mchn. 1986 (Text + Kritik). – H. Puknus, *W. H.* (in KLG, 25. Nlg., 1987).

MARBOT

Fiktive Biographie von Wolfgang Hildesheimer, erschienen 1981. – In diesem letzten umfangreicheren Buch, aus dem eine *»Urzelle«* in der ›Zeit‹ vom 22. 2. 1980 vorabgedruckt wurde, entwirft Hildesheimer die Biographie eines fiktiven Helden, des 1801 als Sohn von Sir Francis und Lady Catherine Marbot geborenen Andrew Marbot, den er die Grundzüge der späteren Psychoanalyse formulieren und in seinen Gedanken über die Kunst und ihre Produzenten zur Anwendung bringen läßt.

Als Fünfjähriger macht Andrew bei Gelegenheit der Betrachtung eines in Familienbesitz befindlichen Tintoretto-Gemäldes, *Die Entstehung der Milchstraße*, die folgenschwere und bereits ödipal motivierte Entdeckung des Geschlechtsunterschiedes, die den zum Mann Gereiften schicksalhaft zum wiederholten Inzest mit der inzwischen verwitweten Mutter treibt. Nicht minder bestimmend für seine Entwicklung ist indes sein erwachtes ästhetisches Interesse, durch das Marbot seit 1820 zu ausgedehnten Reisen durch ganz Europa angeregt wird. In deren Verlauf lernt er nicht nur die Schätze der abendländischen Kunst kennen, sondern begegnet auf seinem Reiseweg auch Lord Byron, Goethe, Leopardi, A. v. Platen, Schopenhauer, W. Blake, E. Delacroix, W. Turner und H. Berlioz. Marbots eigene Existenz ist von der Tragik überschattet, daß ihm eigenes Wirken als Schöpfer von Kunst verschlossen ist. Diese Beschränkung auf die Interpretation, seine melancholische Disposition – *»Schwermut verhüllt ihm die Möglichkeit des Eingriffs«* – und die Leitidee von der Kunst als exemplarischer und objektiver Äußerung des kreativen Individuums befähigen den jungen Adligen in einem Akt der Kompensation zu subtilen Reflexionen über das »Wesen« künstlerischer Produktivität und ihren verborgenen Antrieb, doch wird er auch seiner definitiven Beschränkung inne: ohne das Vermögen zu originärer Praxis nicht hinter das Geheimnis der *»seelischen Notwendigkeit«* des Kunstwerks kommen zu können. Er sieht sich infolge der Grenzen, die seinem nur einfühlenden mimetischen Erkennen gesteckt sind, zur Wiederholung verdammt und entschließt sich – nachdem auch die Liebe keine Zukunft verheißt – zum Freitod.

Mit *Marbot* hat Hildesheimer ein *»Spiegel-Buch«* (H. Kesting) zu seiner Mozart-Biographie vorgelegt, in dem er – statt wie dort die Entmythologisierung einer realen Figur – die *»Mythologisierung eines fiktiven Helden«* (H. Beck) betreibt und, der eigenen Intention nach, ein Verfahren forciert, das in den *Lieblosen Legenden* (1962) bereits die kurze Erzählung *1956 – Ein Pilzjahr* gekennzeichnet hatte. Als subtile Parodie der in den siebziger jahren sehr erfolgreichen historischen Biographien ist *Marbot* zugleich eines ihrer vollkommensten Beispiele und stellt mit seinem komplizierten Geflecht von Anspielungen und literarischen Mustern an den Leser hohe Ansprüche. Nicht allein Fäden des sophokleischen Ödipus-Mythos (den Marbot selbst durch seinen Erzieher, den Hauskaplan Pater van Rossum kennenlernt), sondern auch Elemente der durch Th. MANNS *Der Erwählte* noch bekannten *Gregorius*-Legende HARTMANNS VON AUE sowie der BYRON-Biographie sind in die Figur Marbots und ihr Geschick eingewoben; strukturelle und thematische Analogien (gehemmte Kreativität, Anleitung durch einen Mentor, leitmotivische Funktion eines Gemäldes, der Einfluß W. SHAKESPEARES) verbinden Hildesheimers Fiktion überdies mit GOETHES *Wilhelm Meister*.

Der ironischen Tönung, die der Text als Ganzes infolge der Nachahmung philologischer Verfahrensweisen und durch das mit den entsprechenden verbalen Gesten zum Ausdruck gebrachte identifikatorische Verhältnis des Biographen zu seinem Gegenstand erhält, steht die Sympathie des Autors Hildesheimer für die Kunstfigur des Marbot-Biographen (mit dem er nicht kurzschlüssig gleichgesetzt werden darf) gegenüber. So fungiert die *»verschwiegene Spielregel«* (P. Neumann) der Parodie, anders als die offene Satire und gebildete Groteske der *Lieblosen Legenden*, nicht einfach destruktiv, vielmehr hält sie die Suche Marbots nach dem Schönen als »Sinngebung des Sinnlosen« im Zwischenreich von heilloser Sehnsucht und heiterem Spiel. Der *»entrückte Horizont«* um Marbots italienisches Refugium Urbino, an dem er sein Scheitern *»meistert«*, das ist auch der Horizont der Geschichte, deren Abstraktion Hildesheimer – ein (vor-) letztes Mal schreibend – durch die absurde, gleichwohl konkrete Hoffnung der Schönheit ersetzt.

P. Koh.

AUSGABEN: Ffm. 1981. – Bln./DDR 1982. – Ffm. 1984 (st).

LITERATUR: G. Blöcker, Rez. (in FAZ, 31. 10. 1981). – H. Heißenbüttel, Rez. (in SZ, 21./22. 11. 1981). – P. H. Neumann, Rez. (in Die Zeit, 11. 12. 1981). – P. Wapnewski, Rez. (in Der Spiegel, 4. 1. 1982). – H. Kesting, Rez. (in FRs, 20. 2. 1982). – G. Schiff, *Illusionäre Wunscherfüllung. Zu W. H.s »Marbot«* (in *IDEA. Jb. der Hamburger Kunsthalle II/1983: Kunst um 1800*, Hg. W. Hofmann u. M. Warnke, Mchn. 1984, S. 137–150). – H. Urbahn de Jauregui, *Ästhetik der Verweigerung* (in SuF, 1984, H. 2, S. 422–432). – U. Reinhold, *W. H.s »Marbot«* (in WB, 1984, H. 11, S. 1908–1915). – K. Hamburger, *»Marbot« – Eine Biographie* (in *Romanistik integrativ*, Hg. W. Brandauer u. R. Tanzmeister, Wien 1985, S. 195–204). – H. J. Beck, *Der Selbstmord als eine schöne Kunst begangen – Prolegomena zu W. H.s psychoanalytischem Roman »Marbot«*, Ffm./Bern 1986. – P. H. Neumann, *H.s Ziel u. Ende: Über »Marbot« u. die Folgen* (in *W. H.*, Hg. H. L. Arnold, Mchn. 1986, S. 20–32; Text + Kritik).

MITTEILUNGEN AN MAX

Sprachkritische Reflexionen von Wolfgang HILDESHEIMER, erschienen 1983. – Der vollständige Titel dieses gerade achtzig Seiten umfassenden Bändchens lautet *Mitteilungen an Max über den Stand der Dinge und anderes*. Das schmale Buch, das aus einem Beitrag zur *Festschrift für Max Frisch zum 70. Geburtstag* (1981) entstand, gehört wohl zu den ungewöhnlichsten Veröffentlichungen der achtziger Jahre. Komplettiert durch ein *Glossarium und sechs Tuschzeichnungen des Autors*, läßt sich der briefartige Text kaum mehr einer bestimmten Gattung oder überhaupt erzählender Prosa zuordnen. Hildesheimer, der bereits 1975 (also vor Erscheinen von *Mozart* und *Marbot*) *»The End of Fiction«* (Das Ende der Fiktionen) konstatierte – nämlich die Unmöglichkeit der literarischen Variation und Neugestaltung von Realität angesichts der inzwischen uneinholbaren Distanz zwischen der subjektiven Erkenntnisfähigkeit und der Komplexität einer von der Wissenschaft geprägten Wirklichkeit – vollzieht mit diesem Buch seinen durch weitere öffentliche Stellungnahmen begleiteten und von Schriftstellerkollegen zumeist mit Bedauern und auch Widerspruch kommentierten »Abschied von der Literatur«. So erschienen 1984 *(Endlich allein)* und 1986 *(In Erwartung der Nacht)* zwei Bände mit Collagen des Autors, und die 1987 herausgegebene kleine *Nachlese* aus fragmentarischen Notizen von gelegentlich aphoristischer Qualität, Reste des »Zettelkastens«, verleugnet literarische Erwartungen.

Die *Mitteilungen* erweisen sich bei näherer Betrachtung als die Durchführung einer auch formal radikalen Version absurder Literatur, deren Programm Hildesheimer in seinen Frankfurter Poetik-Vorlesungen (1967) mit einer Formulierung von Günter Eich umschreibt, wonach die absurde Prosa zu bestimmmen sei als *»jene, die vom Fehlen des Urtextes handelt«*. Infolge der seit damals offenbar geschwundenen Hoffnung, Literatur könne das *»Rezeptionsvermögen«* für die Wirklichkeit erhöhen, hat der Autor in zunehmendem Maße die sich anbietende Alternative publizistischer Reaktion auf die Zeitumstände wahrgenommen (wie 1989 mit *Klage und Anklage*), während die *Mitteilungen* als eine polemisch kalauernde, den ganzen Text hindurch straffe Sprachreflexion auftreten, die gleichsam den *stream of unconsciousness* der Bildungs- und Literatursprache an die Oberfläche lenkt. Hölderlin, Rilke – der schon in *Mozart* als *»Scheingenie«* firmiert – Goethes *Faust*, und andere geraten in die Mühle klappernder Phrasen, und die – zumal vom gealterten – Schriftsteller erwartete Spruchweisheit treibt Hildesheimer hier durch Übertreibung zu skurrilen Blüten. Mannigfach lassen sich Bezugnahmen auf Günter Eich und seine *Maulwürfe* ausmachen; nicht allein wird dessen Geburtsort Lebus erwähnt und glossarisch-lexikalisch belegt, es finden sich auch Anspielungen auf Gedichte, und darüber hinaus besteht eine enge Verwandtschaft in beider Umgangsweise mit der Sprache. Fast fugenlos, wie in den gleichzeitig schon entstehenden Collagen, werden Worthülsen, Satzbruchstücke und literarische Zitate (auch aus eigenen Büchern) aneinandergesetzt. Jede Assoziation enthält das Material für die nächste Anknüpfung, ohne daß es ein Zentrum oder Ziel dieser nach innen vielmehr ins Unendliche fortsetzbaren Bewegung gäbe. Schon durch minimale grammatische Verschiebungen verrückt der Autor den prätentiösen Anspruch Rilkes auf »Tiefe« und »Transzendenz« in eine trostlose Albernheit: Aus der gebetförmigen Anrufung *»und auf den Fluren laß die Winde los« (Herbsttag)* wird *»Aber auf den Fluren hat jemand die Winde losgelassen«*, was von *»schlechten Manieren«* zeuge. Nach einem grotesken, zweideutig endenden Disput mit dem sprichwörtlichen *»Sensenmann (»›Natur und Geist, so spricht man nicht zu Christen‹ – ›Wieso Christen?!‹, rief er zurück, und da hatte er mich«)* zieht der Briefschreiber sich wortreich auf sich selbst zurück und bekennt: *»manchmal, meist gegen Abend, denke ich überhaupt, ich sei gescheitert. Aber sei's drum. Das ewig Scheiternde zieht uns hinan.«* Die Zersetzung des metaphysischen Schimmers in kreiselnden Wortspielen, die das Plagiat geradewegs *»zur authentischen literarischen Gattung«* (Th. Schneider) erheben, die Spiegelfechterei mit dem *poeta doctus*, der den weniger oder gar Ungebildeten unter den Lesern per Glossar die Brillanz der Einfälle demonstriert, all diese kunstreichen Streifzüge durch die Untiefen der deutschen Sprachkultur teilen natürlich gerade nichts mehr mit, sowenig sie den *»Stand der Dinge«* zu erhellen vermögen. Sie meinen indes das Geschwätz, nicht den Künstler, dem Hildesheimer in einer engagierten Entgegnung auf P. Handke (Die Zeit, 12. 5. 1986) immerhin noch die Zeugenschaft für die angesichts der Naturzerstörung drohende *»Endzeit«* zutraut. P. Koh.

Ausgaben: Ffm. 1983. – Ffm. 1986 (st).

Literatur: P. v. Matt, Rez. (in FAZ, 22. 10. 1983). – W. Hochkeppel, Rez. (in Die Zeit, 2. 12. 1983). – B. Schärer, Rez. (in Tages-Anzeiger, 2. 11. 1983). – Th. Schneider, *»Mitteilungen an Max«* (in Arbitrium, 3, 1985, S. 210–217). – Th. Schneider, *»Die Antwort als Klopfzeichen«* (in Text & Kontext, 1986, S. 355–381).

TYNSET

Prosa von Wolfgang Hildesheimer, erschienen 1965. – Ein Mann liegt in seinem Bett; da er unter chronischer Schlaflosigkeit leidet, hängt er jede Nacht seinen Gedanken nach. Er hat Deutschland, in dem immer noch die Mörder der Nazi-Zeit als harmlose Bürger leben, verlassen und bewohnt irgendwo im Gebirge vereinsamt mit seiner Haushälterin Celestina ein altes Haus, dessen antiquiertes Mobiliar ihn zu weitläufigen Assoziationen veranlaßt. Kursbuch-Daten, telefonisch eingeholte Straßenzustandsberichte, Wettervorhersagen und Lawinenbulletins sind die einzigen Kontakte zur Außenwelt, denen der Skeptiker überprüfbaren Wahrheitsgehalt zuerkennt. Im Monolog einer einzigen, im Text beschriebenen Nacht fließen erinnerte Vergangenheit, erzählende Berichte und Phantasien mit der leitmotivisch wiederkehrenden Zielvorstellung zusammen, aus der Einsamkeit aufzubrechen und nach dem norwegischen Städtchen Tynset zu fahren, dessen Unbekanntheit und angenommene Geschichtslosigkeit den weltflüchtigen Ich-Erzähler magisch anzieht; aber vorgestellte Probleme, wie das Verkehrslabyrinth der Städte, und reale Hindernisse wie ein Wintereinbruch vereiteln auch diesen letzten Versuch.

Von der *»trügerischen Schönheit der Welt«* enttäuscht und verängstigt durch ihre Entsetzlichkeit – sein Vater wurde während der NS-Zeit umgebracht, die Mörder blieben ungeschoren – hat der Erzähler jede Kommunikation mit der »Welt« abgebrochen. Was bleibt, ist Erinnerung an erlebte Erfahrung, an Liebe, vor allem aber an Angst. Da der Erzähler die Wirklichkeit als Täuschung erfährt, gewinnt für ihn die Möglichkeit, der Entwurf, an Bedeutung. Geschehnisse werden nicht mehr erlebt, sondern imaginiert, die Halluzination, etwa wenn Hamlets Vater auf der Treppe erscheint, wird zur selbstverständlichen Realität. Wie aber erfinderische Vorstellung neben oder über berichteter Erfahrung steht, so steht, erzähltechnisch gesprochen, neben dem schweifenden »Bewußtseinsstrom« die erklärte Fiktionalität eingeschalteter, novellenhaft geschlossener *»Intermezzi«* wie der *»Bett-Fuge«*, in denen der Erzähler, der auch die *»Hähne Attikas«* zum Krähen bringt und der betrunkenen Celestina als Christus erscheint, als *alter deus* waltet.

Der gedoppelten Fiktionalität der *»Intermezzi«* entspricht eine an klassischer Harmonik orientierte Großstruktur des Prosawerks. Zu einem Hauptthema, allem voran dem der *»vergangenen Schrekken«*, treten die Nebenthemen der Einlagen, die *»Hähne Attikas«*, die Bekehrungsparty, die *»Bett-Fuge«*, Gesualdos Mordgeschichte. Das Leitmotiv des Aufbruchs nach Tynset schafft eine Rondo-Form, auf die Hildesheimer selbst hinweist, ebenso wie auf die epische Integration von Fugen- und Toccata-Form. Der Widerspruch zwischen Todesthematik und Rondo-Form wird vermittelt durch eine *stream-of-consciousness*-Technik, durch die Musikalität der Bewußtseinsstruktur des Ich-Erzählers. Die Zeitdimensionen werden in einer solchen, für Hildesheimers Monolog-Technik der sechziger und frühen siebziger Jahre typischen Weise verschränkt und aufgehoben. Reduziert die schwindende Erinnerung des Erzähler-Ichs die erzählbare Vergangenheit, bleiben Zukunftsentwürfe zunehmend unerfüllt, beschränkt sich Realität fortschreitend auf die meditierende Gegenwart des im Bett Liegenden. Der Zeitreduktion entspricht die Raumreduktion: Nach Aufgabe der Reise nach Tynset beschließt der Erzähler, *»für immer«* im Bett zu bleiben.

Die monologisierende, mit Lyrismen durchsetzte Prosa erinnerte die Kritik, die das Werk teils begeistert aufnahm (W. JENS, W. HEISSENBÜTTEL), an J. JOYCE, S. BECKETT, D. BARNES oder J. BECKER. Das hier angewandte Erzählverfahren, von Hildesheimer bereits 1964 in seinem Hörspiel *Monolog* erprobt, fand seine Vollendung in dem Roman *Masante* (1973). E.H.V.-KLL

AUSGABEN: Ffm. 1965. – Ffm. 1967 (FiTb). – Ffm. 1973 (BS).

LITERATUR: R. Baumgart, Rez. (in Der Spiegel, 3. 3. 1965). – U. Jenny, Rez. (in SZ, 6./7. 3. 1965). – K. Korn, Rez. (in FAZ, 18. 3. 1965). – W. Jens, Rez. (in Die Zeit, 19. 3. 1965). – R. Hartung, *Hamlet in Graubünden* (in Der Monat, 1965, H. 6, S. 70–73). – H. Domin, *Denk ich an Deutschland in der Nacht* (in NDH, 12, 1965, H. 107, S. 124–134). – H. Schwab-Felisch, *W. H. »Tynset«* (in NRs, 76, 1965, S. 345–349). – H. Kachler, *H.s Flucht nach Tynset* (in SuF, 1965, H. 5, S. 792–797). – W. Hildesheimer, *Antworten über »Tynset«* (in Dichten u. Trachten, 25, 1965, S. 7–12). – G. Hartlaub, *Tynset ist keine Endstation. Gespräch mit W. H.* (in Sonntagsblatt, 26. 2. 1967). – P. H. Stanley, *W. H.s »Tynset«*, Meisenheim a. Gl. 1978. – W. G. Sebald, *Konstruktion der Trauer* (in DU, 1983, H. 5, S. 32–46). – W. Rath, *Das Symptom Wort u. die Warnung davor. Über W. H.s »Tynset« (u. »Masante«)* (in Sprache im technischen Zeitalter, 1985, H. 93, S. 25–47).

ROLF HOCHHUTH

* 1.4.1931 Eschwege

LITERATUR ZUM AUTOR:
S. Melchinger, *H.*, Velber 1967. – Th. W. Adorno, *Offener Brief an R. H.* (in FAZ, 10. 6. 1967; ern. in Th. W. A., *Noten zur Literatur*, Ffm. 1974, S. 137–146). – R. Taëni, *R. H.*, Mchn. 1977. – *R. H.*, Hg. H. L. Arnold, Mchn. 1978 (Text + Kritik). – *R. H. Dokumente zur polit. Wirkung*, Hg. R. Hoffmeister, Mchn. 1980. – *R. H. – Eingriff in die Zeitgeschichte. Essays zum Werk*, Hg. W. Hinck, Reinbek 1981. – P. Bekes, *R. H.* (in KLG, 1. Nlg., 1984). – W. Ismayr, *Das politische Theater in Westdeutschland*, Königstein/Ts. [2]1985. – B. Barton, *Dokumentartheater*, Stg. 1987 (Slg. Metzler).

DER STELLVERTRETER. Ein christliches Trauerspiel

Tragödie in fünf Akten von Rolf HOCHHUTH, erschienen 1963; Uraufführung: Berlin, 20. 2. 1963, Freie Volksbühne. – E. PISCATOR inszenierte das Erstlingswerk des Autors, mit dem dieser einen der nachhaltigsten literarischen Skandale der restaurativen Adenauer-Ära entfesselte, indem er dem Vatikan politisch und wirtschaftlich kalkulierte Untätigkeit gegenüber der Massenvernichtung von Juden während der nationalsozialistischen Herrschaft vorwarf.

Hochhuth stützt seine Anklage auf historische Quellen, ohne daß sein Stück damit dem dokumentarischen Theater zuzurechnen ist. Als richtungweisend zitiert Hochhuth die These F. SCHILLERS, wonach der Dramatiker *»kein einziges Element aus der Wirklichkeit brauchen«* kann, *»wie er es findet, sein Werk muß in allen Teilen ideell sein, wenn es als Ganzes Realität haben soll«*. Dieser Kernsatz einer idealistischen Ästhetik bedeutet die Unterordnung des dokumentarischen Materials unter die allgemeine Geschichtsauffassung des Autors; nach Hochhuth ist das entscheidende Movens der Geschichte das Individuum, das letzlich – auch dies eine Anleihe bei Schiller – in seinen Entscheidungen frei ist und menschenwürdig wie auch menschenunwürdig handeln kann. Dem entsprechend geht es im *Stellvertreter* nicht um die Analyse eines Staats- und eines Kirchensystems in einer bestimmten historischen Situation, sondern um die Analyse der Verhaltensweise bestimmter Personen. Da die Personen als verantwortliche Träger der historischen Situation gezeigt werden, wird die Geschichte simplifiziert als Resultat bestimmter Charaktereigenschaft dargestellt, historische Gesetzmäßigkeiten sind auf die moralische Entscheidung von Individuen verkürzt. So kann der Einzelfall, das Verhalten einer Person, die aufgrund ihrer Position Entscheidungsgewalt hat, wie etwa der Papst, als exemplarisch deklariert werden, woraus die Parabelstruktur des Dramas folgt.

Die erste Szene zeigt bereits die Problemstellung des ganzen Dramas auf. SS-Obersturmbannführer Gerstein, eine historisch verbürgte Figur, der, um effektiv gegen das Regime kämpfen zu können, in die SS eingetreten ist, sucht den Apostolischen Nuntius in Berlin auf. Er versucht, diesen für einen Protest der Kirche zu gewinnen, indem er ihm genaue Informationen über die KZs liefert. Gerstein hat aber weder hier noch bei seinen weiteren Versuchen, den Widerstand zu organisieren, Erfolg. Ebenso vergeblich bemüht sich der Jesuitenpater Riccardo, durch Gersteins Bericht zutiefst betroffen, darum, den Papst zu einer eindeutigen Stellungnahme gegen den an Juden verübten Massenmord zu bewegen, was ihm auch dann nicht gelingt, als schon in Rom Deportationen durchgeführt werden. – Diese Bemühungen, den Vatikan zu beeinflussen, erhalten dadurch einen gesteigerten politischen Stellenwert, daß im Laufe des Dramas immer wieder gezeigt wird, welchen Einfluß die katholische Kirche hätte ausüben können; hingewiesen wird auf den erfolgreichen Protest des Bischofs Galen gegen das Euthanasieprogramm sowie darauf, daß Hitler gute Beziehungen zum Papst unterhalten mußte, um den katholischen Teil der deutschen Bevölkerung nicht gegen sich aufzubringen. Daß die katholische Kirche dennoch das mit dem Hitlerdeutschland abgeschlossene Konkordat nicht als Basis dafür benutzt, grundsätzliche Proteste vorzubringen, liegt nach Hochhuth daran, daß die kirchlichen Würdenträger sich zu sehr von den wirtschaftlichen und machtpolitischen Interessen der Institution Kirche leiten lassen. Pius XII. ist in seiner Funktion als »Stellvertreter Gottes« zugleich einer der größten Aktionäre der Welt. Weil die Kirche beispielsweise Kapital und Grundbesitz in Ungarn hat, wird von ihren Würdenträgern das Hitlerdeutschland als Bollwerk gegen die vormarschierenden russischen Truppen im speziellen und den Kommunismus im allgemeinen geschätzt. Hochhuth deutet damit die Ursachen für das Schweigen der Kirche an, stellt sie aber nicht als zwingend hin. Nach dem Prinzip der Freiheit der Entscheidung verlagert er die Möglichkeit zur Entscheidung und damit auch die moralische Schuld in die Person des Papstes zurück. – Das Ausmaß dieser Schuld soll im fünften Akt deutlich gemacht werden, in dem Hochhuth versucht, Auschwitz szenisch darzustellen und dabei in eine Mystifikation ausweicht: Das böse Prinzip wird durch die Figur des »Doktors« verkörpert, einem modernen Teufel, das Drama gerät zum Mysterienspiel, wenn diese dämonisierte Gestalt als *»Seele von Auschwitz«* auftritt. Gerstein und Riccardo sind dem »Doktor« nicht gewachsen. Beide kommen um, Gerstein als Rebell, Riccardo als christlicher Märtyrer, der stellvertretend die Schuld der Kirche büßen will, indem er dem Gebot der Nächstenliebe in der Form des Mitleidens genügt. Auschwitz besteht weiter. Selbst als Hitler bereits militärisch geschlagen ist protestiert die Kirche nicht dagegen, daß jüdische Häftlinge, die für Krupp bis zur totalen Erschöpfung arbeiten mußten, in den Vernichtungslagern zu Tode geschunden werden.

Hochhuth benutzte das Theater als *»moralische Anstalt«* im alten aufklärerischen Sinne und tatsächlich löste. *Der Stellvertreter* als erstes Stück nach 1945 unmittelbare politische Wirkungen auf: Demonstrationen einer erregten Öffentlichkeit ebenso wie eine breite Diskussion über die Rolle der Kirche im Dritten Reich. Zwar wird im *Stellvertreter* der Ansatz zu einer historisch-politischen Analyse zuletzt auf individuelle Entscheidungsgewalt, dämonische Personifikation und moralischen Protest reduziert, aber Hochhuths Verdienst ist es, das Theater als Stätte öffentlicher Provokation genutzt zu haben. Im ersten Jahrzehnt nach der Uraufführung (bis Ende 1972) wurde Hochhuths Stück von mehr als 60 Theatern in 26 Ländern aufgeführt. D.Pl.

AUSGABEN: Reinbek 1963 [Vorw. E. Piscator]. – Reinbek 1967 (Vorw. E. Piscator; Essay W. Muschg; rororo).

LITERATUR: R. Schroers, W. Hildesheimer u. K. O. v. Aretin, *Unbewältigtes Schweigen. Zu R. H.s »Stellvertreter«* (in Merkur, 17, 1963, S. 807–820). – H. Proebst, *Das schiefe Geschichtsbild des Herrn H. Jetzt soll der »Stellvertreter« unsere Vergangenheit bewältigen* (in DRs, 89, 1963, H. 6, S. 29–35). – O. Köhler, *Der Streit um den »Stellvertreter«* (in FH, 18, 1963, S. 293–296). – *Der Streit um H.s »Stellvertreter«*, Hg. R. Grimm u. a., Basel/Stg. 1963 (Theater unserer Zeit, 5). – *Summa iniuria oder Durfte der Papst schweigen? H.s »Stellvertreter« in der öffentlichen Kritik*, Hg. F. J. Raddatz, Reinbek 1963 (rororo). – W. Adolph, *Verfälschte Geschichte. Antwort an R. H. Mit Dokumenten u. authentischen Berichten*, Bln. 21963. – *Gedanken zu H.s Schauspiel »Der Stellvertreter«*, Wien 1964. – J.-M. Görgen, *Pius XII., Katholische Kirche u. H.s »Stellvertreter«*, Buxheim 1964. – R. Taëni, *»Der Stellvertreter«, episches Theater oder Christliche Tragödie* (in Seminar, 2, 1966, S. 15–35). – S. Sontag, *Gedanken zu H.s »Der Stellvertreter«* (in S. S., *Kunst u. Antikunst. 24 literarische Analysen*, Reinbek 1968). – H.-J. Schrimpf, *Die Schaubühne als moralische Anstalt betrachtet. Zum politisch-engagierten Theater im 20. Jh.: Piscator, Brecht, H.* (in *Untersu-*

chungen zur Literatur als Geschichte. Fs. f. B. v. Wiese, Bln. 1973, S. 559ff.). – J. Berg, *H.s »Stellvertreter« u. die »Stellvertreter«-Debatte*, Kronberg/Ts. 1977. – E. Schwarz, *»Der Stellvertreter«: R. H.s Verhältnis zur Geschichte* (in *Geschichte als Schauspiel*, Hg. W. Hinck, Ffm. 1981; st). – S. Schroeder-Krassnow, *H.s »Stellvertreter« u. das klassische Drama* (in Amsterdamer Beiträge zur neueren Germanistik, 16, 1983).

PETER HUCHEL

* 3.4.1903 Berlin-Lichterfelde
† 30.4.1981 Staufen b. Freiburg i.B.

LITERATUR ZUM AUTOR:
Über P. H., Hg. H. Mayer, Ffm. 1973 (es). – A. Vieregg, *Die Lyrik P. H.s. Zeichensprache u. Privatmythologie*, Bln. 1976. – M. Dierks, *P. H.* (in KLG, 10. Nlg., 1982). – I. Hilton, *P. H.: plough a lonely furrow*, Blairgowrie 1986. – *P. H.*, Hg. A. Vieregg, Ffm. 1986 (st).

DAS LYRISCHE WERK von Peter HUCHEL. Der Autor, von 1949–1962 Chefredakteur der renommierten DDR-Zeitschrift ›Sinn und Form‹, hinterließ – neben wenigen Prosatexten und Hörspielen aus der Jugendzeit – ein nur schmales lyrisches Werk, das zum Bedeutendsten der deutschsprachigen Nachkriegslyrik gehört, auch wenn die Kritik sich mit seiner Deutung und Charakterisierung von jeher schwertat. Von *»Mißverständnissen«* auf seiten der Kritiker, die allerdings von *»ziemlich viel gutem Willen begleitet werden«*, schrieb 1973 Hans MAYER im Vorwort eines von ihm herausgegebenen Sammelbandes, nachdem Huchel – nach acht Jahren der erzwungenen Isolation in der DDR – 1971 in den Westen übergesiedelt war. Vor dem Hintergrund seiner Biographie schien sich die Dechiffrierung der Huchelschen Lyrik als politische Dichtung anzubieten, obgleich andererseits die Bildwelt seiner vier Gedichtbände – *Gedichte* (1948), *Chausseen Chausseen* (1963), *Gezählte Tage* (1972) sowie *Die neunte Stunde* (1979) – ihre Orientierung an der Tradition der Naturlyrik um O. LOERKE nie verleugnete, jener literarischen Bewegung (um die Zeitschrift ›Die Kolonne‹), deren betont unpolitischer, *»naturmagischer«* Gestus während der dreißiger Jahre zu bitteren Kommentierungen führte, und von der neben Huchel auch Autoren wie G. EICH oder K. KROLOW geprägt wurden. Für Hilde DOMIN blieb Huchel dieser Tradition am meisten verhaftet, blickt man allein auf die Kontinuität seiner Bildsprache; zugleich aber erwies sich Huchel, der rückblickend eine Zugehörigkeit zum Kreis um ›Die Kolonne‹ stets bestritt, obgleich er 1932 den Lyrikpreis der Gruppe erhalten hatte, von Anfang an als einer der eigenständigsten Lyriker aus diesem Kreis, der sich den gängigen Etikettierungen immer entzog. Zutreffend bemerkte der Naturlyriker Wilhelm LEHMANN, und dies war als Kritik gemeint, daß Huchel das *»Glück des anschauend Fühlens«* nicht zulasse, und zugleich sperrte der Autor selbst sich gegen jede kurzschlüssige Deutung seiner Texte mittels von außen herangetragener Analogien. In einer der seltenen Selbstkommentierungen, zum Gedicht *Winterpsalm*, heißt es kategorisch: *»Auch dieser Text will für sich selber stehen und sich nach Möglichkeit behaupten gegen seine Interpreten, gegen etwaige Spekulationen, Erhellungen und Biographismen.«*
Huchel hatte bis 1936 in Zeitschriften wie ›Das Innere Reich‹, ›Die Kolonne‹ und ›Die literarische Welt‹ publiziert, die folgenden Texte erschienen erst 1948 in dem Band *Gedichte*; sie wurden 1967 (in einer vom Verlag getroffenen Auswahl) in den Band *Die Sternenreuse. Gedichte 1925–1947* aufgenommen, der Huchels erste Schaffensphase dokumentiert. Seine frühen, vor allem von der Landschaft der Mark Brandenburg geprägten Gedichte, etwa *Die Magd* (1926), zeigen bereits die für Huchel typische Verfahrensweise, hinter einer nüchtern-registrierenden Metaphorik eine mythisierende Naturschau zu entwerfen, wie A. VIEREGG im Vergleich mit der Symbolik aus J. J. BACHOFENS *Das Mutterrecht* entschlüsseln wollte, ohne die Sozialkritik zu bemerken: *»Die Magd ist mehr als Mutter noch.«* Seit Ende der dreißiger Jahre lockert sich der thematische Zusammenhang der Texte, sie beschränken sich auf die Reihung von Einzelbeobachtungen, die Benennung einzelner, nicht weiter kommentierter Gegenstände des bäuerlichen Lebens, von Tieren und Pflanzen. Bestehen aber bleibt eine subtile Kommunikation mit der Natur; staunendes Fragen *(»Daß du noch schwebst, uralter Mond?«)* weist in urzeitliche Bereiche des Mythos, mythische Ausdrucksweisen *(»Wir riefen sie alle damals beim Namen«)* vermitteln unentfremdete Vertrautheit, zauberische Vollzüge *(»Er bläst auf Gras, sein Lockruf schnalzt«)* erinnern an überkommene, heidnische Praktiken; daneben steht das Gedächtnis an christliche Überlieferung *(»Die Trän' der Welt, den Herbst von Müttern, / spürst du das noch, o Jesuskind«)* oder der Verweis auf geheime Bereiche *(»Der tote Hall, dem niemand lauscht, / sagt es noch immerfort. // Ich lausch dem Hall am Grabgebüsch«)*. Der Versuch, im gesellschaftlichen Bereich Utopie zu verankern, gelingt während der Aufbaujahre der DDR nicht; das Gedicht *Das Gesetz*, in dem Huchel den Übergang vom Kriegsende hin zur Bodenreform in der DDR zu schildern versucht, bleibt eine Ausnahme. Vielmehr wird die Natur zum *»Zeichen«* – wie das Einleitungsgedicht des Bandes *Chausseen Chausseen* (1963) überschrieben ist – für das Leben in dieser Gesellschaft: *»Baumkahler Hügel, / Noch einmal flog / Am Abend die Wildentenkette / Durch wäßrige Herbstluft. // War es das Zeichen? / Mit falben Lanzen / Durchbohrte der See / Den ruh-*

losen Nebel.« Jeder Spur der falschen Idylle, der Anheimelei oder des Klischees entgeht Huchels Lyrik durch die Offenheit ihrer Bezüge wie durch die Sprödigkeit und Präzision ihrer Sprache. Im vorangestellten Leitspruch aus den *Bekenntnissen* des AUGUSTINUS *(»... im großen Hof meines Gedächtnisses. Daselbst sind mir Himmel, Erde und Meer gegenwärtig ...«)* manifestiert sich das Bemühen Huchels, seine Naturschau zu einer, wie es A. VIEREGG einflußreich, aber mißverständlich formulierte, *»Privatmythologie«* mit vielfältigen Assoziationsräumen auszubauen, die mit mythischen und politischen Bezügen spielt. Kälte, Einsamkeit beherrscht etwa das in der Mitte stehende dritte von fünf Kapiteln aus dem Band *Chausseen Chausseen* mit seinen urtümlichen, allbekannten Landschaftsbildern, die sich schon in den Titeln der Gedichte angesprochen finden *(Nebel; Eine Herbstnacht; Auffliegende Schwäne)* und die sich dem isoliert beobachtenden Ich zu Sinnbildern fügen: *»Am Hohlweg wechselt schneller das Wild«*, heißt es in *Widmung für Ernst Bloch*, dessen Naturphilosophie der *»Erinnerungsspuren«* für Huchel bestimmend ist.

Dichtkunst offenbart die *»Dialektik der Aufklärung«*; mehr, das Gegebene scheint unabdingbar, in den Bildern der Natur spiegelt sich, im Doppelsinn des Wortes, menschliches Vergehen, von Huchel mit verschlüsselten Anspielungen auf historische und literarische Analogien vielfältig kommentiert. Huchels wohl berühmtestes Gedicht, *Der Garten des Theophrast*, seinem Sohn gewidmet, benennt in einer Geheimsprache den erzwungenen Abschied aus der Kulturlandschaft der DDR und ihrem Anspruch; der antike Naturphilosoph THEOPHRAST hinterließ seinen Schülern einen Garten zur gemeinsamen Nutzung, Huchels Gedicht schließt dagegen mit der Zeile: *»Sie gaben Befehl, die Wurzel zu roden. / Es sinkt dein Licht, schutzloses Laub.«*

Die Gleichnis- und Zeichenhaftigkeit der Huchelschen Lyrik erschöpft sich jedoch nur teilweise in der Kommentierung politischer Vorgänge; charakteristisch ist für sie ein Mythensystem, das sich in einer über Jahrzehnte hinweg ausgeformten Bildwelt manifestiert und geprägt ist von der Mystik Jakob BÖHMES, auf den etwa das Gedicht *Alt-Seidenberg* deutlich anspielt, und der Mythendeutung J. J. Bachofens (*Das Mutterrecht*, 1861): *»Es ist dies die Vorstellung einer als göttlich verstandenen und gerühmten Erde, nicht im pantheistischen Sinne, sondern als eines sein Prinzip allein aus sich selbst heraus empfangenden Weltverlaufs, dessen zyklisches Wesen zwar jede chiliastische Hoffnung ausschließt, aber im Wissen von der ewigen Wiederkehr einen Halt gibt«* (A. Vieregg). Sie scheint dem Dichter als das allein Bleibende, während dem Ich – in expliziter Aussparung der christlichen Deutung – keine Erlösung zukommt: *»Dich will ich rühmen, / Erde«*, heißt es programmatisch im Gedicht *Sommer* aus dem Band *Die Sternenreuse*.

Der Gedichtband *Chausseen Chausseen* fand, nachdem Huchel 1962 als Chefredakteur der Zeitschrift ›Sinn und Form‹ abgesetzt worden war, in der Bundesrepublik starke Beachtung, 1963 erhielt der Lyriker den Theodor-Fontane-Preis. Wenige Jahre später jedoch, 1968, konnte I. SEIDLER konstatieren: *»Um Peter Huchel ist es wieder still geworden.«* Erst 1971 durfte Huchel in den Westen ausreisen, seit 1972 lebte er in der Bundesrepublik. In diesem Jahr erschien auch sein Band *Gezählte Tage*, der die in den sechziger Jahren entstandenen Gedichte versammelt. Obgleich die Titel der Texte auf die Situation des Autors verweisen *(Exil; Ankunft)*, sich auch die bei Huchel seltenen, direkten Kommentierungen finden, so in dem Gedicht *Gericht (»Nicht dafür geboren, / unter den Fittichen der Gewalt zu leben«)*, bleibt der hermetisch verschlüsselte Charakter seiner Lyrik bestehen, deren bitterer, düsterer Ton sich noch verstärkt. Die »Krähen«, in Huchels Lyrik immer mit Tod und Untergang verbunden, sind gegenwärtig; die Gewalten der Natur, Blitz und Wasser, stehen als eigener Bereich außerhalb der menschlichen Ordnung *(»Nicht reinigt der Regen die Atmosphäre«)*, die Metapher des Eises dominiert *(»Ich bette mich ein / in die eisige Mulde meiner Jahre.«)*, eine Perspektive stellt sich nicht ein: *»Unter der blanken Hacke des Monds / werde ich sterben, / ohne das Alphabet der Blitze / gelernt zu haben.«*

Für den Band *Gezählte Tage* gilt bereits, was Barbara BONDY schließlich zu Huchels letztem Gedichtband, *Die neunte Stunde* (1979), konstatierte: *»Über solche Lyrik zu schreiben, ist auch ein schöner Widersinn; soll man dieses Sprache gewordene Schweigen referieren?«*. Die im titelgebenden Gedicht *Die neunte Stunde* ins Gedächtnis gerufene Leidensgeschichte Jesu Christi weitet sich zur Allgemeingültigkeit der Leidensklage: *»Ein Mann steigt mühsam / Den Hügel hinauf, / in seiner Hirtentasche / die neunte Stunde«*. Die Dürre dominiert als leitmotivische Metapher, Bilder der Hitze und des Staubes ergänzen sie *(»Herr, dein Geheimnis ist groß / und eingeriegelt in die Stille der Felsen, / ich bin nur Staub, / der lockere Ziegel in der Mauer.«)*, die Natur kündet vom Tod: *»Bitterstachlig der Wald, / kein Küstenwind, kein Vorgebirge, / Das Gras verfilzt, der Tod wird kommen / mit Pferdehufen.«* Die großen Shakespeare-Gestalten, Hamlet und King Lear, werden angesprochen, ebenso Odysseus und MARSILIUS VON PADUA, Bezüge zum Autor, Zeuge und Genosse ihres Schmerzes, scheinen auf; Lear kehrt geschunden zurück, so ähnlich das lyrische Ich, das, *»den Jodlappen / um die rechte Hand gewickelt«*, wund vom Schreiben ist. Auch sieht es, wie Hamlet, sein Spiegelbild, *»sein weißes Gesicht« (Im Kalmusgeruch)* des Todes im Wasser und geht *»davon / und hat den Stempel / aus Regen und Moos / noch rasch der Mauer aufgedrückt« (Der Fremde)*. Der Dichter bleibt den im *»Hof des Gedächtnisses«* eingeschriebenen Naturbildern treu und stellt sie dem Leser zur Deutung anheim: *»Jahreszeiten, Mißgeschicke, Nekrologe – / unbekümmert geht der Fremde davon.«*

Huchels verschlüsselte Naturlyrik, auf ihre Art auch eine politische Geheimsprache, übte vor allem auf DDR-Lyriker wie J. BOBROWSKI, W. KIRSTEN,

S. KIRSCH oder H. CZECHOWSKI großen Einfluß aus, während man in der Bundesrepublik, vor allem in den Jahren des Kalten Krieges, bevorzugt den »politischen« Lyriker sah, die *»Selbstherrlichkeit der Metapher«* (I. Seidler) in seinen Texten mitunter beklagte, und auch, daß seine Gedichte manchmal *»nahe an den Rand des Sinns«* gingen – so W. JENS, dem Huchel sein Gedicht *Südliche Insel* widmete. Für Huchel dagegen, in den Nachrufen bei seinem Tod in einem Atemzug mit P. CELAN genannt, blieb dies die einzige Möglichkeit der Verständigung: *»Unter der Wurzel der Sprache«*, so heißt es in dem gleichnamigen Gedicht aus dem Band *Chausseen Chausseen*, *»Wohnt nun die Distel, / Nicht abgewandt, / Im steinigen Grund. / Ein Riegel fürs Feuer / War sie immer.«* M.Beh.-M.Pr.

AUSGABEN: *Gedichte*, Bln./DDR 1948; Karlsruhe 1949. – *Chausseen Chausseen. Gedichte*, Ffm. 1963; Ffm. 1982 (FiTb). – *Die Sternenreuse. Gedichte 1925–1947*, Mchn. 1967. – *Gezählte Tage. Gedichte*, Ffm. 1972 (Ffm. 1985; st). – *Ausgewählte Gedichte*, Ausw. u. Nachw. P. Wapnewski, Ffm. 1973 (BS). – *Die neunte Stunde. Gedichte*, Ffm. 1979; ern. Ffm. 1985 (BS). – *GW*, 2 Bde., Hg. A. Vieregg, Ffm. 1984. – *Gedichte*, Ffm. 1989.

LITERATUR: A. Kantorowicz, *Der märkische Dichter. P.H.* (in A. K., *Deutsche Schicksale. Neue Portraits*, Bln./DDR 1949, S. 194–205). – H. Jhering, *Der Lyriker P. H.* (in Sonntag, Berlin, 29. 5. 1949). – E. Zak, *Der Dichter P.H. Versuch einer Darstellung seines lyrischen Werkes* (in Neue Dt. Literatur, 1953, H. 4, S. 164–183). – M. Reich-Ranicki, *Ein anderer Sinn, eine andere Form. Der Dichter u. Redakteur P. H. ist in Ungnade gefallen* (in Die Zeit, 4. 1. 1963). – W. Jens, *Wo die Dunkelheit endet. Zu den Gedichten von P. H.* (in Die Zeit, 6. 12. 1963). – C. Hohoff, *Singen mit einer Distel im Mund* (in SZ, 11./12. 1. 1964). – W. Lehmann, *Maß des Lobes. Zur Kritik der Gedichte von P. H.* (in Deutsche Zeitung, 8./9. 2. 1964). – H. J. Heise, *P. H.s neue Wege* (in NDH, 1964, H. 99, S. 104–111). – P. Hamm, *Vermächtnis des Schweigens. Der Lyriker P. H.* (in Merkur, 1964, H. 195, S. 480–488). – P. H., *»Winterpsalm«. Selbstinterpretation* (in *Doppelinterpretation*, Hg. H. Domin, Ffm. 1966; ern. Ffm. 1969, FiTb, S. 55 f.). – S. Brandt, *An taube Ohren der Geschlechter. Endlich gibt es wieder eine Ausgabe früher H.-Gedichte* (in Die Zeit, 8. 12. 1967). – H. Mayer, *Zu Gedichten von P. H.* (in ders., *Zur deutschen Literatur der Zeit*, Reinbek 1967, S. 178–188). – I. Seidler, *P. H. u. sein lyrisches Werk. Zum 65. Geburtstag am 3. April* (in NDH, 1968, H. 117, S. 11–28). – *Hommage für P. H. Zum 3. April 1968*, Hg. O. F. Best, Mchn. 1968. – P. Hutchinson, *»Der Garten des Theophrast« – an epitaph for P. H.?* (in GLL, 1971, S. 125–135). – G. Laschen, *Sprache u. Zeichen in der Dichtung P. H.s* (in G. L., *Lyrik in der DDR. Anmerkungen zur Sprachverfassung des modernen Gedichts*, Ffm. 1971, S. 38–49). – J. Günther, *P. H.: »Gezählte Tage«* (in NDH, 1972, S. 137–141). – P. Wapnewski, *Zone des Schmerzes. Zu P. H.s neuen Gedichten* (in Die Zeit, 10. 11. 1972). – K. Völker, *Der Lyriker P. H.* (in National-Zeitung, Basel, 23. 12. 1972). – O. Lagercrantz, *Ein deutscher Dichter. P. H. zum 70. Geburtstag* (in FAZ, 3. 4. 1973). – D. Fringeli, *»... wo ein Schrei das Wasser höhlt«. Wird der Dichter P. H. aus politischen Rücksichten überschätzt?* (in Die Weltwoche, Zürich, 27. 6. 1973). – B. Bondy, *Tiefer ins Schweigen* (in SZ, 10. 10. 1979). – R. Hartung, *Keiner weiß das Geheimnis* (in FAZ, 13. 10. 1979). – E. Pulver, *Das brüchige Gold der Toten* (in NZZ, 11. 7. 1980). – K. Krolow, *Apokalyptische Landschaft. Zum Tode von P. H.* (in FAZ, 7. 5. 1981). – S. Hermlin, *»Aber wir sind doch Brüder ...«* (in Die Zeit, 15. 5. 1981). – B. Wälti, *»Die weiße Kehle der Einsamkeit«* (in Études de lettres, Lausanne, 1981, H. 4, S. 49–58). – G. Schmidt-Henkel, *»Ein Traum, was sonst?« Zu P. H.s Gedicht »Brandenburg«* (in *Gedichte und Interpretationen*, Bd. 6, Hg. W. Hinck, Stg. 1985, S. 50–58). – B. Ekmann, *P. H. »Dezember 1942«, »Winterquartier«, »Unter der Wurzel der Distel«, »Unter der blanken Hacke des Mondes«* (in Text & Kontext, 14, 1987, S. 281–309).

FRANZ INNERHOFER

* 2.5.1944 Krimml bei Salzburg

SCHÖNE TAGE

Roman von Franz INNERHOFER, erschienen 1974. – Das Werk läßt sich, zusammen mit den Romanen *Schattseite* (1975), *Die großen Wörter* (1977) sowie der Erzählung *Der Emporkömmling* (1982), als eine breit angelegte Lebensgeschichte des Autors lesen. In dem enthusiastisch aufgenommenen, 1975 mit dem Bremer und dem Rauriser Literaturpreis ausgezeichneten Debütroman Innerhofers wird in spröd-distanzierter Erzählhaltung von der Jugendzeit des unehelich geborenen Holl berichtet, der nach Jahren des Herumgeschobenwerdens als Sechsjähriger auf dem Bergbauernhof des Vaters im Salzburgischen ein Unterkommen findet. Eingeschüchtert, verstört, ein Bettnässer, verbringt der Bub seine Kindheit in *»versteckter Leibeigenschaft«*. Elf Jahre lang schuftet Holl auf dem Hof 48 in Haudorf; jeglicher Willkür ausgesetzt, vegetiert er zwischen Mägden, Knechten, Taglöhnern und der Bauernfamilie; keinem zugehörig, von den Halbgeschwistern als Knecht gedemütigt, vom Gesinde als Bauernsohn mit Mißtrauen aufgenommen. Untereinander empfindet *»einer für den andern mehr Haß als Mitgefühl«*, das Leben und der Wert des einzelnen bestimmen sich einzig und allein nach seiner Arbeitskraft: *»Arbeiten, das Lernen und Be-*

herrschen von Arbeitsgängen und der völlige Verzicht auf sich selbst waren das Um und Auf.« Die mühevolle Sicherung des Lebensunterhalts führt zu einer Vertierung der Menschen, an der Schule, Kirche und Behörden vorbeisehen. Über Prügeln, Befehlen und dem Joch der Arbeit geht jeder individuelle Anspruch auf ein menschenwürdiges Dasein verloren. Doch die Zeiten ändern sich, und mit ihnen die Lebensumstände auf dem Hof. Ende der fünfziger Jahre werden die ersten Traktoren angeschafft, und Holl, der gelernt hat, die Arbeit als *»Rückendeckung und Gesichtsmaske zugleich«* zu gebrauchen, erringt auf dem Hof eine gewisse Achtung, da er als einziger mit den neuen Maschinen umgehen kann. Die Aushilfsköchin Helga und der Melker Klein machen Holl aufmerksam auf Grundrechte des Menschen wie Meinungsfreiheit und Selbstbestimmung. Holl bringt den Mut zur Rebellion auf, er verläßt seine *»zusammengelebte Kindheitsschrecklichkeit«* und geht zu einem Schmied in die Lehre, *»nach mehr als siebzehn Jahren war er plötzlich unter Menschen«* – ein hoffnungsvoller Romanschluß, der sich im Folgeband bald als Wunschdenken erweisen wird.

Innerhofer hat mit *Schöne Tage* einen schonungslos realistischen, nahezu volkskundlichen Dokumentarbericht über die anachronistische Lebensweise einer patriarchalischen bäuerlichen Welt aus vormaschineller Zeit vorgelegt. Seine Eindringlichkeit bezieht der Text aus einer Sprache, die mit dem engen Verständnishorizont des Protagonisten zur Deckung gebracht wird: So werden aus der vorbewußten Zeit der frühen Kindheit Erlebnisse nur in Episodenform erinnert; zerhackte, oft auch nur aus einem Wort bestehende Sätze evozieren die dumpfe Beschränktheit und Sprachlosigkeit des dargestellten Elendsmilieus. Mit der zunehmenden Identitätsbildung Holls richtet sich das eigentliche Erzählinteresse, bei aller Genauigkeit in der Schilderung der quälenden Abfolge des bäuerlichen Jahreskreises, auf den Bewußtwerdungsvorgang in Holl, der schließlich zu seinem Ich findet.

Konsequenterweise wechselt Innerhofer in *Schattseite* die Erzählperspektive zur Ich-Form. Das Buch berichtet vom weiteren Bildungsweg Franz Holls, der als Schmiedelehrling und Berufsschüler allerdings ähnliche Erfahrungen wie auf dem Bauernhof machen muß. *»Nichts ist leichter, als einem Lehrling mit dem Arbeitsgang gleichzeitig auch zu zeigen, daß er ein Idiot ist.«* Holl stellt fest, daß auch in der Handwerkerwelt Arbeit ein selbst-entfremdendes Herrschafts- und Zwangsinstrument ist, das den individuellen Selbstbehauptungswillen im Interesse des Vorgesetzten bricht. Der Milieuwechsel hat Holls Lebensbedingungen nicht entscheidend verbessert, doch von Helene, der Mutter seines Meisters, hat Holl gelernt, Fragen zu stellen, kritisch zu denken, Literatur zu lesen. Holl zieht in die Stadt, nimmt eine Stelle als Fabrikarbeiter an und geht mit großem Bildungseifer daran, das Abitur zu machen. – Mit *Schattseite* konnte Innerhofer nicht an den Erfolg seines ersten Romans anknüpfen. Zwar entspricht den *»mühsamen Versuchen, in proletarischer Umgebung Selbständigkeit zu entwickeln, ... eine formale Unsicherheit des Textes, die den spezifischen Bewußtwerdungsprozeß des Helden genau widerspiegelt«* (J. Jung), doch bricht der Autor die scheinbare Unmittelbarkeit der *Schönen Tage*, ohne damit jedoch eine überzeugende neue Erzählform zu finden.

Das erhöhte reflexive Moment im Erzählen hat eine Kopflastigkeit der Handlung zur Folge, die mit der Fortschreibung der Entwicklungsgeschichte in *Die großen Wörter* noch zunimmt. Holl begibt sich in die »Welt des Redens«, er verläßt seinen Arbeitsplatz in der Fabrik und geht nach Abitur und Militärdienst als Student an die Universität Salzburg. Hier setzt sich der Desillusionierungsprozeß weiter fort. Holl, der sich das akademische Leben als objektiven Erkenntnisbereich vorgestellt hatte, begreift, nachdem er sich fünf Semester lang auf den intellektuellen Diskurs der sechziger Jahre eingelassen hat, daß die *»großen Wörter«* Herrschaftssysteme zwar analysieren, nicht aber verändern oder gar abschaffen können. Innerhofer, der sich mit der Beschreibung der krisenhaften Subjekt-Werdung Holls nahe an seine eigene Existenz herangeschrieben hat, decouvriert das Bewußtsein Holls im nachhinein als schichtspezifisches und zeitgebundenes, am Ende ist Holl eine zerrissene, ratlose Figur *(»er, der von den Arbeitern weg in die Welt des Redens gelockt worden war, konnte auf die Dauer nicht übersehen, daß außer den Unternehmern auch die Welt des Redens auf ihnen lastete«)*.

Autobiographisch authentisch ist auch der letzte Teil der Tetralogie, die fünf Jahre später gleichsam als Epilog von Innerhofer vorgelegte Erzählung *Der Emporkömmling*. In ihr wird die Rückkehr des Erzähl-Ichs, das hier Hans Peter Lambrecht heißt, in die Arbeitswelt beschrieben. Lambrechts unbändiger Wille, allen Widerständen zum Trotz sich selbst zu verwirklichen, bringt ihn zur Erkenntnis, daß für seine Existenz manuelle Arbeit und Denken in Übereinstimmung gebracht werden müssen: *»Du mußt dir deine Hände zurückerobern. Die Hände sind dein Ausweg. Nur über sie kannst du vielleicht zu dir finden.«* Lambrecht verdingt sich als Wochenendpendler in einer Baufirma nahe München *(»Jetzt war ich froh, es selbst noch einmal als Arbeiter versuchen zu können. Ich wollte wissen, wie sie leben, was sie denken, wofür sie sich interessieren und worüber sie sich unterhalten. Vor allem wollte ich herausfinden, ob ich mich überhaupt noch mit ihnen verständigen konnte«)* und betritt nach langen Jahren wieder das Vaterhaus. Das Annehmen seiner Lebensgeschichte, eine differenziertere Sicht auf die Welt der Arbeiter und erste Erfolge als junger Schriftsteller stärken sein Ichgefühl, ein privates Glück scheint möglich. Am Ende des Buches ist Lambrecht ganz zufrieden, ein *»Individualist«* zu sein. Mit der schmalen Erzählung schließt sich der Bogen der Autobiographie, die dem Wechsel der Lebensumstände der Hauptfigur entsprechend in ihren einzelnen Teilen auch literarisch verschiedene Gestaltungsformen annimmt. Mit *Schöne Tage* setzt die Entwicklungsgeschichte in der Form des traditionellen Bildungsromans ein, allerdings unter geändertem Vorzeichen: Die für seine »Menschwerdung« wesentlichen Erfahrungen macht Holl nicht im ästhetisch-ethischen Bereich, sondern in einer Schreckenswelt. Vom »Anti-Heimatroman«, von der »Anti-Idylle« wechselt Innerhofer mit *Schattseite* und *Die großen Wörter* in das Genre der in den sechziger Jahren forcierten ›Literatur der Arbeitswelt‹, das er in der Erzählung *Der Emporkömmling* wieder verläßt, einem *»aufregend ehrlichen Bericht«* (M. Skasa), der in der Loslösung von politisch-ideologischen Erklärungsmustern zugunsten authentischer Erfahrung eine neue Unmittelbarkeit gewinnt. C.Fi.

AUSGABEN: *Schöne Tage*: Salzburg 1974. – Ffm. 1977 (st). – *Schattseite*: Salzburg 1975. – Ffm. 1980 (st). – *Die großen Wörter*: Salzburg 1977. – Ffm. 1979 (st). – *Der Emporkömmling*: Salzburg 1982.

VERFILMUNG: *Schöne Tage*, BRD 1982 (TV; Regie: F. Lehner).

LITERATUR: K. Zelewitz, *Fest in den Mechanismus eingespannt. Bemerkungen zur Literatur der Arbeitswelt in Salzburger Verlagen* (in *Fs. f. Adalbert Schmidt*, Hg. G. Weiss, Stg. 1976, S. 429–455). – W. Emmerich, *Zwischen Anpassung u. Widerstand. Lernen aus Lebensläufen* (in Berliner Hefte, 1977, H. 5, S. 47–57). – K. Heydemann, *Jugend auf dem Lande. Zur Tradition des Heimatromans in Österreich* (in Sprachkunst, 9, 1978, S. 141–157). – A. Auer, *Nach Haudorf u. anderswo hin* (in Austriaca, 1978, Nr. 7, S. 37–44). – U. Greiner, *F. I.* (in U. G., *Der Tod des Nachsommers*, Mchn. 1979, S. 101–122). – P. R. Frank, *Heimatromane von unten – einige Gedanken zum Werk F. I.s* (in Modern Austrian Literature, 13, 1980, S. 163–175). – E. Wessel, *Kindheit in Österreich. Über die Anti-Heimatromane F. I.s* (in Dikt of idé, 1981, S. 281–293). – M. Skasa, *Nachrichten von Stirn u. Faust* (in SZ, 11. 12. 1982). – W. M. Lüdke, *F. I.* (in KLG, 16. Nlg., 1984). – A. Brandstetter, *Keine Lust an der Natur. Zur Naturdarstellung in F. I.s Roman »Schöne Tage«* (in DU, 38, 1986, S. 5–10). – J. Jung, *F. I.* (in LdtG, S. 277/278).

ERNST JANDL

* 1.8.1925 Wien

LITERATUR ZUM AUTOR:
K. Riha, *E. J.* (in KLG, 5. Nlg., 1980). – *E. J. Materialienbuch*, Hg. W. Schmidt-Dengler, Darmstadt/Neuwied 1982. – *E. J.* Begleitheft zur Ausst. der Stadt- u. Universitätsbibliothek Frankfurt a. M., Hg. A. Estermann, Ffm. 1984. – *Für E. J. Texte zum 60. Geb. Werkgeschichte*, Hg. K. Pfoser-Schewig, Wien 1985. – W. Schmidt-Dengler, *Drei Naturen: Bernhard, J., Handke – Destruktion, Reduktion, Restauration* (in *Zeit ohne Manifeste? Zur Literatur der 70er Jahre in Österreich*, Hg. F. Aspetsberger u. H. Lengauer, Wien 1987, S. 150–165). – L. Harig, *E. J.* (in LdtG. S. 280/281).

DAS LYRISCHE WERK von Ernst JANDL.
»kennen du ernsten jandeln? / ihn du kennen nicht dürfen / du sein guten jungen!« (an einen grenzen).
Ernst Jandl gehört zu den international bekanntesten Autoren der deutschsprachigen experimentellen Literatur. Neben Hörspielen, Theaterstücken, Übersetzungen, Rezensionen und Vorträgen veröffentlichte der studierte Anglist und Germanist mehr als zwanzig Gedichtbände. Dabei besticht das Werk dieses Autors durch ein breites Spektrum sowohl experimenteller als auch konventioneller Texte in englischer wie in deutscher Sprache. Die Texte scheinen sich zunächst grundsätzlich zu unterscheiden: Neben Gedichten in Alltagssprache, oft gekoppelt mit traditionellen poetischen Mustern und Verfahren, stehen experimentelle Formen von Lyrik – visuelle Gedichte, Lautgedichte, Sprechgedichte und (ab 1976) »Gedichte in heruntergekommener Sprache«.
Jedoch existiert trotz aller Verschiedenheit der einzelnen Gedichte ein inhaltlicher Zusammenhang des Werks, der sich zunächst in den Themen äußert. Diese Verbindung von Varianz und Konstanz, die Bandbreite der lyrischen Formen bei gleichbleibenden Themen – Alltagserfahrungen, Familiensituationen, Liebe und Eros, Tier- und Dingbeschreibungen, Krieg, gesellschaftliche Konventionen und Restriktionen, psychische Reaktionen und Selbstreflexionen des schreibenden Ich – resultiert aus Jandls poetologischen Vorstellungen: *»… er habe immer etwa zu sagen gehabt, und er habe immer gewußt, daß man es so und so und so sagen könne; und so habe er sich nie darum mühen müssen, etwas zu sagen, wohl aber um die art und weise dieses sagens. denn in dem, was man zu sagen hat, gibt es keine alternative; aber für die art und weise, es zu sagen, gibt es eine unbestimmte zahl von möglichkeiten. es gibt dichter, die alles mögliche sagen, und dies immer auf die gleiche art und weise. solches zu tun habe ihn nie gereizt; denn zu sagen gebe es schließlich nur eines; dieses aber immer wieder, und auf immer neue weise.«* Das poetologische Selbstbekenntnis Ernst Jandls – es leitet den 1973 erschienenen Gedichtband *dingfest* ein – gilt noch heute. Alle Texte des Lyrikers basieren auf einer wesentlichen Voraussetzung: *»Kunst heute, also auch Dichtkunst, kann«*, so Jandl in einem Vortrag 1969, *»als eine fortwährende Realisation von Freiheit interpretiert werden.«* Kunst ist *»Schauspiel des Vollzugs von Freiheit«*. Sie kann *»ohne Lenkung von außen immer wieder neue Modelle von Freiheit entstehen«* lassen, ermöglicht jedem *»sein eigenes Modell von Freiheit«*. Die Realisation von Freiheit

allerdings drückt sich für Jandl nicht nur im Thematischen aus, sondern vor allem im Umgang mit Sprache: Das Spiel mit der Sprache ist – trotz der so oft betonten Komik und Groteske der Gedichte – Ernst. *»Die Ernsthaftigkeit des Spielerischen und das Spielerische des Ernstes sind in Jandl zur existentiellen Einheit verschmolzen. Jandl ist ein ernster Mensch, der spielt, weil die Notwendigkeit des Spiels zum Überleben des Menschen für ihn zum Programm geworden ist: Der Mensch überlebt nur, wenn er Interesse zeigt, Anteil nimmt, dazwischentritt«* (W. Harig). Ernst Jandl selbst: *»was ich will, sind gedichte, die nicht kalt lassen.«*

Nach seinem Debüt mit dem Gedichtband *Andere Augen* (1956), der im Rahmen der Nachkriegsliteratur und gemessen an den späteren Texten dieses Autors durchaus herkömmliche Gedichte in Umgangssprache enthält, veröffentlichte Jandl 1957 erstmals seine berühmten Sprechgedichte in der Zeitschrift ›Neue Wege‹. Sprechgedichte, so erläutert Jandl in seiner Vorbemerkung, entfalteten ihre volle Wirkung erst bei lautem Lesen. Sie müßten gehört werden, erst dann würden die verschiedenen Techniken, Zusammenziehung und Dehnung *(boooooooooooooooooooooooorrrrrannn)*, Verhärtung des Wortes *(schtzngrmm)*, Zerlegung des Wortes und Zusammensetzung neuer Lautgruppen *(ode auf N)* und ironisches Spiel mit dem Sinn *(philosophie)* sichtbar. Da lautes Lesen für die Wirkung des Sprechgedichts konstituierend ist, zog Jandl Konsequenzen: Er nahm selbst mehrere Platten mit Sprechgedichten, später auch Videokassetten auf – und gilt als der beste Interpret seiner Texte. Wie das Lautgedicht arbeitet das Sprechgedicht mit den Möglichkeiten der Stimme, die beiden Formen unterscheiden sich aber dadurch, daß das Wort Bezugspunkt des Sprechgedichtes bleibt, während es im Lautgedicht aufgelöst wird.

Dennoch hat das Lautgedicht – mit seinen Schwerpunkten Rhythmus und Klang – hier Pate gestanden, gehen einige Sprechgedichte schon fast in Lautgedichte über. Dies hat historische Gründe. In den fünfziger Jahren wurde durch die Autoren »konkreter Poesie« (E. Gomringer, F. Mon, H. Heissenbüttel) und durch die »Wiener Gruppe« (H. C. Artmann, G. Rühm, O. Wiener, K. Bayer) der Anschluß an die Avantgarde-Literatur der Vorkriegszeit gesucht. Jandl kam über seinen Kontakt zur »Wiener Gruppe« mit dieser Tradition in Berührung. Als Ausgangspunkte seiner lyrischen Arbeit nennt er neben den Lautgedichten von H. Ball, R. Hausmann und K. Schwitters die frühe expressionistische Lyrik A. Stramms, aber auch Johannes R. Bechers als wichtige Vorbilder. Gegenüber diesen Einflüssen bleiben Jandls lyrische Experimentalanordnungen jedoch eigenständig, gekennzeichnet durch den Zusammenhang mit anderen Traditionen experimenteller Literatur, vor allem dem Werk Gertrude Steins und der Literatur der Nachkriegszeit: Arbeiten Artmanns und Rühms, Konstellationen Gomringers, Verse und Kurzszenen René Altmanns und sicherlich nicht zuletzt Texte Friederike Mayröckers. Zudem baut Jandl immer wieder traditionelle Formen von Lyrik in seine Gedichte ein, sieht gerade das Zusammensetzen von experimentellen und traditionellen Formen als produktiv an: *»meine experimente nahmen oft züge der traditionellen lyrik auf, was durch die gleichzeitige konfrontation von bekannten und unbekannten elementen stärkere reaktionen hervorrief.«*

Seinen ersten großen Erfolg als experimenteller Autor hatte Jandl 1966 mit seinem Gedichtband *Laut und Luise*. Dieses *»Musterbuch moderner Textverfahren«* (K. Riha) versammelt Gedichte vorwiegend aus den Jahren 1956–1958, darunter jene 1957 in den ›Neuen Wegen‹ publizierten »skandalösen« Sprechgedichte ebenso wie den bereits 1964 ohne große Resonanz veröffentlichten visuellen Zyklus *klare gerührt*. Neben witzigen und grotesken Sprachspielen enthält der Band dadaistisch anmutende lyrische Prosa, Figurengedichte, jedoch ebenso Gedichte über den Krieg. Sie unterscheiden sich grundsätzlich von konventionellen Kriegsgedichten. Das Sprechgedicht *schtzngrmm* zum Beispiel bringt zugleich das sprachliche Erlebnis des Themas: *»schtzgrmm / schtzngrmm / t-t-t-t / t-t-t-t / grrrmmmmm / t-t-t-t / s-----c-----h / tzngrmm / tzngrmm / tzngrmm / grrrmmmmm / schtzn / schtzn / t-t-t-t / ..... scht / scht / scht / grrrrrrrrrrrrrrrrrrrrrrrrrrr / t-tt«*. Die Sprache führt vor, wovon das Gedicht handelt. Dies kann auch zu witzigen, Sprach- und Weltverständnis gleichermaßen entlarvenden Texten führen: *»manche meinen / lechts und rinks / kann man nicht / velwechsern. / werch ein illtum!« (lichtung)*. Das komische und groteske Element ist ein wesentliches Merkmal Jandlscher Texte, wird jedoch häufig unter Vernachlässigung anderer Elemente überinterpretiert. Denn Jandls Spiel mit der Sprache ist nicht Selbstzweck. Es bleibt immer auf eine bestimmte Realität bezogen, allerdings im Bemühen um eine *»projektive Grammatik«*, ein *»vorauseilendes Wörterbuch«*, das zukünftige Möglichkeiten und Formen der Sprache antizipiert und damit Modelle von Freiheit ermöglicht. *»Jandl verfällt nicht der Möglichkeit, die Sprache von der sogenannten Realität abzuziehen, er läßt sie in ihrer ganzen Funktion sein, weiß aber, daß sie als Welterzeugerin ihre Methoden und Tricks hat. Und diese sucht er auf und wendet sie, gestaltet sie um und sprengt dadurch den naiven Weltbezug, das heißt eine naiv-objektive Sprachbetrachtung«* (A. Kolleritsch).

Besonders deutlich wird dieser Zusammenhang an einem der faszinierendsten Gedichte des Bandes *Laut und Luise*, dem Text *wien: heldenplatz: »der glanze heldenplatz zirka / versaggerte in maschenhaftem männchenmeere / drunter auch frauen die ans maskelknie / zu heften sich versuchten, hoffensdick. / und brüllzten wesentlich. // verwogener stirnscheitelunterschwang / nach nöten nördlich, kechelte / mit zunummernder aufs bluten feilzer stimme / hinsensend sämmertliche eigenwäscher. // pirsch! / döppelte der gottelbock von SA-Atz zu SA-Atz / mit hünig sprenkem stimmstummel. / balzerig würmelte es im männechensee / und den weibern ward so pfingstig ums heil /*

zumahn: wenn ein knie-ender sie hirschelte.« Der Text bezieht sich auf eine konkrete historische Situation, die Jandl als Vierzehnjähriger selbst miterlebt hatte: eine Kundgebung zu Ehren Hitlers nach dem Anschluß Österreichs am 15. März 1938 auf dem Wiener Heldenplatz. Das Gedicht erinnert an expressionistisches Pathos, streng grammatikalisch und semantisch genommen bleibt es jedoch zunächst unverständlich. Dennoch eröffnet sich ein weiter Assoziationsraum mit einigen Anhaltspunkten. Verschiedene Motivketten ziehen sich durch das Gedicht, vor allem Hinweise auf tierisches und triebhaftes Verhalten, ebenso wie Jagdmotive. *»Als Zentrum dieser von primitiven Regungen umspülten Situation steht, ohne Namensnennung, Hitler im Gedicht, charakterisiert in Erscheinung und Diktion«*, erläutert Jandl in seinem Aufsatz *Mein Gedicht und sein Autor* (1969). Die beschädigte Sprache, verstümmelte wie reduzierte Normalsprache, aber auch Kunstworte, steht im Gegensatz zur intakten umgangssprachlichen Syntax. Dies erzeugt einerseits die ungeheure Spannung innerhalb des Textes, eröffnet andrerseits einen Zugang und läßt dennoch keine eindeutige Interpretation zu. Die Sprache des Gedichts ahmt nationalsozialistisches Pathos nach und destruiert es gleichzeitig, indem sie es *»verhunzt«* (J. Drews) nachäfft. Dadurch wird implizit die Aggressivität und Triebhaftigkeit nicht nur einer solchen Sprache enthüllt, sondern auch eine Analyse des Mythos Hitler versucht.

In den nächsten Jahren veröffentlicht Jandl weitere Bände mit experimentellen Gedichten: *sprechblasen* (1968) und *der künstliche baum* (1970). Mit kleineren Publikationen fügen sich diese drei Bände zu einem umfangreichen eigenständigen Textkorpus zusammen, *»... dem Dadaismus nur neffenhaft, der Wiener Gruppe nur vetterlich verwandt. Im ›künstlichen baum‹ fächert sich noch einmal das Spektrum Jandlscher Möglichkeiten auf: visuelle Gedichte, Wortwitze, Montagen, Permutationen, Lautverschiebungen, Sprechtexte, Fremdsprachengags und Partituren für akustische Experimente«* (A. Okopenko). 1973 erscheinen mit dem Gedichtband *dingfest* formal ganz andere Texte. Die Gedichte dieses Bandes – alle vor und während der Arbeit mit experimentellen Textverfahren entstanden – beschreiben in Umgangssprache die banalen Erlebnisse und kleinen Dinge des Alltags. Sie bestechen durch *»unkomplizierten Satzbau und eine Wortwahl, die alle Kostbarkeit vermeidet«* und arbeiten mit traditionellen poetischen Mitteln: Reihungstechnik, Reim, Volksliedhaftes, wobei sich immer wieder surrealistische Elemente einschleichen. Kausale Zusammenhänge werden nicht benannt, die Beobachtungen stehen unvermittelt nebeneinander, wie in dem Titelgedicht *dingfest: »auf einem stuhl / liegt ein hut. / beide / wissen voneinander / nichts. / beide / sind / so dingfest.« Dingfest*, so erläutert H. MAYER in seinem Nachwort, hat mehrere Bedeutungen: *»Etwas wird dingfest gemacht ... durch Sprache. Die Dinge selbst sind fest, in einem doppelten Sinn verstanden: durch ihre Räumlichkeit und dadurch, daß sie sich so schwer verändern lassen. Schließlich jedoch wird in diesem Band gleichzeitig auch ein Fest der Dinge gefeiert ...«* Neben einer überschäumenden Vitalität, dem Fest der Dinge, zeigen Jandls Texte oft deren Gegenteil. Trauer, Wut, Verzweiflung, Angst, Auseinandersetzung mit dem Tod werden – wohl zur Vermeidung eines falschen Pathos – häufig ausgedrückt in einem knappen ironisch-sarkastischen Ton: *»wir sind die menschen auf den wiesen / bald sind wir menschen unter den wiesen / und werden wiesen, und werden wald / das wird ein heiterer landaufenthalt« (sommerlied)*.

In den weiteren Veröffentlichungen Jandls kommt diese verzweifelte, depressive Seite seiner Texte immer mehr zum Tragen. Dabei entwickelt der Autor noch einmal ein neues poetisches Verfahren, das gerade das Zerstörte und Zerstörerische als Spracherlebnis möglich macht. Dieses Prinzip wird – nach Versuchen in dem Stück *die humanisten* (1976) – zum ersten Mal in dem *Zyklus tagenglas* des 1978 erschienenen Bandes *die bearbeitung der mütze* durchgängig verwendet. Jandl schreibt hier Gedichte in *»einer heruntergekommenen Sprache«*, einer Art Gastarbeiterdeutsch, das im schärfsten Gegensatz zu der Vorstellung von poetischer, gar lyrischer Sprache steht, bewußt unter das Niveau der Umgangssprache gedrückt ist. *»Drei Dinge werden damit bezweckt«*, so Jandl in seinen Frankfurter Poetik-Vorlesungen: *»erstens wird ein Tabu durchbrochen, denn auch diese Art Sprache kommt im Leben vor, wenn sie auch aus der Poesie verbannt war; ... Zweitens ist diese Sprache poetisch unverbraucht, ... sie erlaubt die Behandlung von Themen, die im Gedicht konventioneller Sprache heute kaum mehr möglich sind. Schließlich, und das ist das dritte, muß mancher, der zeitlebens Gedichte schreibt, immer wieder einen neuen Weg finden, um seine Tätigkeit fortsetzen zu können; ein solcher Weg ist für mich diese ›heruntergekommene Sprache‹.«*

Dabei ist der Zusammenhang von Sprache und Inhalt immer mitzudenken: *»schreiben und reden in einen heruntergekommenen sprachen / sein ein demonstrieren, sein ein es zeigen, wie weit / es gekommen sein mit einem solchenen: seinen mistigen / leben er nun nehmen auf den schaufeln von worten / und es demonstrieren als einen den stinkigen haufen / denen es seien. es nicht mehr geben einen beschönigen / nichts mehr verstellungen. oder ein worten, auch stinkigen / auch heruntergekommenen sprachen-worten in jedenen fallen / einen masken vor den wahren gesichten denen zerfressenen / haben den aussatz. das sein ein fragen, einen tötenen« (von einen sprachen)*. Die *»Stammel- und Tölpel-Sprache«* (J. Drews) erlaubt Lebenszweifel auszudrücken, existentielle Hilflosigkeit, ohne in salbaderndes Pathos zu verfallen. Im Stammeln drückt sich die Ohnmacht eines unbedingten Wahrheitssuchers aus, der sich selbst zerfleischt mit Skepsis, der keine Antworten auf seine Frage nach dem richtigen Wort findet, der selbst kein »richtiges« Wort (mehr) erfindet: *»das sein ein fragen, einen tötenen«*. Am Horizont dieser Schreib- und Lebensangst steht immer der Tod: *»und doch habe ein fürchten / nicht vor wiesen und schlüssen / doch fürchten zwergen als riesen / und erdenewigkeit / wo* *himmel helfen müssen«*. Die Zeilen entstammen dem Gedicht *tagenglas*, das dem gleichnamigen Zyklus den Titel gab. *tagenglas* – der Titel erinnert an Stundenglas, an das Ablaufen der Zeit, der Lebenszeit. Dieses Thema setzt sich in den zwei weiteren Gedichtbänden fort: *der gelbe hund* (1980) und *selbstporträt des schachspielers als trinkende Uhr* (1983), teils in heruntergekommener Sprache, teils in eher positiver Wendung (in dem Zyklus *Gedichte aus der Kindheit*) in Kindersprache, teils aber auch in Gedichten aus alltäglicher Umgangssprache. Schreibhemmung, Schreibunfähigkeit macht dem sprechenden Ich der Gedichte die begrenzte (Lebens-)Zeit zur Hölle: *»wie oft-oft sein ich gesessen haben vorn vom / weißen papieren und nicht / gefüllen sich haben mit lettern und wörtern den / weißen papieren sondern / weißen geblieben sein« (von tauben)*. Quälend wird der Dichteralltag zwischen Schachcomputer, Alkohol, Zigaretten und Schreibmaschine *(selbstporträt des schachspielers als trinkende Uhr)* beschrieben. Das Schreiben *»... poesie / seinen widerlichen / lebenszweck« (kommentar)* ist gleichzeitig Auslöser der Qual und letzte Rettung: *»das chaos und der dreck / sind seither in mir drin / ich stoße sie zurück / indem ich schreibend bin« (am 28. mai 1979)*.

Ernst Jandl gehört zu den wichtigsten deutschen Gegenwartsautoren. Von anderen Vertretern der experimentellen Literatur unterscheidet er sich vor allem dadurch, daß er sich nicht scheut, in herkömmlicher Weise zu schreiben und traditionelle poetische Muster in sein Experimentieren mit einzubeziehen. Daher ergibt sich das weite Spektrum seiner Arbeit. Einen hervorragenden Überblick bieten hier die zum sechzigsten Geburtstag des Autors erschienenen *Gesammelten Werke* (1985): In den beiden ersten Bänden sind – nach Publikationszeit geordnet – alle Gedichte, auch entlegene Veröffentlichungen, versammelt. Daneben enthält die Gesamtausgabe auch bislang Unveröffentlichtes und – im dritten Band – außer den Hörspielen und der Prosa Faksimiles einiger Manuskripte, die den Arbeitsprozeß des Autors zeigen. Die Ausgabe wird als exemplarisch für Gegenwartsliteratur gelobt: ein außerordentliches Unternehmen für einen außergewöhnlichen zeitgenössischen Dichter.

D.R.M.

AUSGABEN: *Andere Augen*, Wien 1956. – *lange gedichte*, Hg. M. Bense u. E. Walter, Stg. 1964. – *klare gerührt*, Frauenfeld 1964. – *mai hartlieb zapfen eibe hold*, Hg. B. Cobbing, Ldn. 1965. – *Sprechgedichte/Sound Poems* [zus. m. B. Cobbing], Ldn. 1965. – *Hosi-Anna*, Bad-Homburg 1966. – *Laut und Luise*, Olten 1966 (Nachw. H. Heißenbüttel; ern. Neuwied/Bln. 1971; SLu; Stg. 1976; RUB). – *No Music Please*, Ldn. 1967. – *sprechblasen. gedichte*, Neuwied/Bln. 1968; ern. Stg. 1979 (m. einem Nachw. des Autors; RUB). – *der künstliche Baum*, Darmstadt/Neuwied 1970. – *flöda und der schwan. mit vier zeichnungen des autors*, Stierstadt/Ts. 1971. – *dingfest. gedichte*, Darmstadt/Neuwied 1974 [Nachw. H. Mayer]. – *übung mit buben*, Bln. 1973. – *serienfuss*, Darmstadt/Neuwied 1974. – *wischen möchten*, Bln. 1974. – *für alle*, Darmstadt/Neuwied 1974; ern. Darmstadt/Neuwied 1984 (m. einem Nachw. des Autors; SLu). – *der versteckte hirte. mit zeichnungen des autors*, Düsseldorf 1975. – *alle freut, was alle freut. Ein Märchen in 28 Gedichten. Frei nach Zeichnungen von W. Trier*, Köln 1975. – *Die schöne Kunst des Schreibens*, Darmstadt/Neuwied 1976; ern. 1983 [erw.]. – *die bearbeitung der mütze. gedichte*, Darmstadt/Neuwied 1978; ern. 1980 (SLu). – *der gelbe Hund. gedichte*, Darmstadt/Neuwied 1980; ern. 1981 (SLu). – *Augenspiel, Gedichte*, Hg. u. Nachw. J. Schreck, Bln./DDR 1981. – *falamaleikum. gedichte und bilder*, Darmstadt/Neuwied 1983 [Ill. J. Spohn]. – *Das Öffnen u. Schließen des Mundes. Frankfurter Poetik-Vorlesungen*, Darmstadt/Neuwied 1985. – *GW*, Hg. K. Siblewski, Darmstadt/Neuwied 1985, Bd. 1 u. 2. – *Idyllen. Gedichte*, Ffm. 1989.

SCHALLPLATTEN: *Sprechgedichte / Sound Poems*, [zus. m. B. Cobbing], Ldn. 1965 (Writers Forum Record 1). – *Laut und Luise. E. J. liest Sprechgedichte*, Bln. 1968 (Quartplatte 2). – *der künstliche baum*, Neuwied 1970 (Luchterhand Schallplatte). – *hosi +anna*, Bln. 1971 (Quartplatte 6). – *him hanflang war das wort. Neue Sprechgedichte, gelesen vom Autor*, Bln. 1980 (Quartplatte 20). – *Laut und Luise / hosi +anna*, Bln. 1983 (Wagenbachs Quartplatte 22). – *bist eulen?*, Wien 1984 (Extraplatte EX 316141). – *E. J. spricht Gedichte*, Ffm. 1984 (Interpress-Tonträger).

TONBAND: *13 radiophone Texte*, Düsseldorf 1977 (S Press Tonband 50).

VIDEOBAND: *E. J. live. Gedichte und Szenen aus zwei Autorenlesungen*, Darmstadt 1984.

LITERATUR: H. Heißenbüttel, *Möglichkeiten des Gedichts im 20. Jh.* (in Deutsche Zeitung, 23./24. 11. 1963). – A. Okopenko, *Ärger, Spaß, Experiment u. dgl. Der Wiener Antilyriker E. J.* (in Wort in der Zeit, 1964, H. 1, S. 8–18). – A. Kolleritsch, Rez. (in manuskripte, 1966). – W. Höllerer, *E. J.* (in *Ein Gedicht u. sein Autor. Lyrik u. Essay*, Bln. 1967, S. 381). – B. Frank, *Alchimie der Buchstaben. E. J.s »Sprechblasen«* (in FAZ, 17. 9. 1968). – H. Salzinger, *Spielgedichte zum Selbermachen. Zu den lyrischen Experimenten des Wieners E. J.* (in Die Zeit, 28. 3. 1969). – K. Riha, *»schtzngrmm«. Zu E. J.* (in Replik, 1970, H. 4/5, S. 54–56). – A. Okopenko, *Baum seitlich der Kunstbaumgruppe* (in Wort u. Wahrheit, 1971, H. 3, S. 268). – K. Riha, *Cross-Reading u. Cross-Talking. Zitatcollagen als poetische u. satirische Technik*, Stg. 1971. – G. Dischner, *E. J. u. die ästhetische Funktion* (in neue texte, 1972, H. 8/9). – J. P. Wallmann, *Gedichte, die nicht kalt lassen. Texte u. Theorien von E. J.* (in Die Tat, Zürich, 26. 10. 1974). – *my right hand. my writing hand. my handwriting. e. j.*, Hg. H. Bäcker (in neue texte, H. 16/17, 1976; Sonderh.; erw.

Neuaufl. 1985). – P. Pabisch, *Sprachliche Struktur u. assoziative Thematik in E. J.s experimentellem Gedicht »Wien: Heldenplatz«* (in Modern Austrian Literature, 1976, Nr. 2, S. 73–85). – P. H. Neumann, *»tagenglas« – Versuch über E. J. Mit Kommentaren zu 14 Gedichten* (in Merkur, 30, 1976, H. 11, S. 1053–1064). – B. Murdoch u. M. Read, *An Approach to the Poetry of E. J.* (in New German Studies, 1977, Nr. 5, S. 125–155). – M. Wulff, *Konkrete Poesie u. sprachimmanente Lüge. Von E. J. zu Ansätzen einer Sprachästhetik*, Stg. 1978. – K. Jeziorkowski, *»... kann der kopf nicht bearbeitet werden, dann immer noch die mütze«* (in FAZ, 17. 10. 1978). – H. Heißenbüttel, *was 1978 poesie heißen kann* (in Deutsche Zeitung, 20. 10. 1978). – J. P. Wallmann, *E. J.: »die bearbeitung der mütze«* (in Literatur u. Kritik, 1979, H. 133, S. 180 f.). – J. Drews, *Über ein Gedicht von E. J.* (in manuskripte, 1980, H. 69/70, S. 162–164; zu *wien: heldenplatz*). – A. Berger, *E. J.s Bearbeitung der Sprache. Anmerkungen zu seiner Poesie u. Poetik heute* (in *Lyrik – von allen Seiten*, Hg. L. Jordan u. a., Ffm. 1981, S. 429–438). – V. Hage, *Rückblick auf die »konkrete Poesie«: E. J. und G. Rühm* (in V. H., *Die Wiederkehr des Erzählers*, Ffm./Bln. 1982, S. 32–53; Ullst. Tb). – E. Jandl, *Notizen zur eigenen poetischen Arbeit* (in *Formen der Lyrik in der österr. Gegenwartsliteratur*, Hg. W. Schmidt-Dengler, Wien 1981, S. 110–133). – A. Allkemper, *Das Drehen der Worte um nichts als quittierte Grimassen. Anmerkungen zu E. J.* (in Sprachkunst, 18, 1987, S. 93–109). – H. Brülls, *Nach der Artistik. Zur immanenten Poetik in drei Gedichten E. J.* (in DVLG, 62, 1988, S. 363–386).

DAS RÖCHELN DER MONA LISA. Ein akustisches Geschehen für eine Stimme und Apparaturen

Hörspiel von Ernst JANDL; Erstsendung: 13. 11. 1970, Bayerischer Rundfunk. – Zusammen mit Friederike MAYRÖCKER hatte Jandl 1968 sein erstes Hörspiel, *Fünf Mann Menschen*, produziert und sofort die Möglichkeiten des Mediums Hörfunk ganz anders zu nutzen begonnen als das konventionelle deutsche Nachkriegshörspiel: *Fünf Mann Menschen* bietet einen entindividualisierten, schematisierten und skelettierten (und konsequenterweise auch unpersönlich und chorisch gesprochenen) Lebenslauf eines Durchschnittsmannes; in sparsamen, kurz angebunden gesprochenen Sequenzen wird ein Leben zwischen Geburt, Militär, Kinderzeugen, Kriegsgericht und Tod präsentiert. Dabei wird nicht eine Geschichte erzählt, ein Schicksal poetisiert, sondern eher eine höhnisch klischierte Lebensgeschichte, die zugleich die von fünf Kameraden beim Militär ist, in einen Hallraum quasi hineingebrüllt und hineingesungen, unter Ausnutzung der in Stereophonie – die hier in der deutschen Hörspielgeschichte erstmals angewandt wurde – genau unterscheidbaren Sprecherpositionen.

Zwei Jahre nach diesem Hörspiel, das sogleich mit dem renommierten »Hörspielpreis der Kriegsblinden« für 1968 ausgezeichnet wurde, öffnete Jandl, diesmal als alleiniger Autor und zugleich auch als Realisator und Regisseur des Stücks, mit *Das Röcheln der Mona Lisa* das Hörspiel als Gattung in eine ganz andere Richtung, die der Untertitel andeutet: Er benutzt einzig und allein seine eigene Stimme und deren Ausdrucksmöglichkeiten und zugleich alle technischen Möglichkeiten der elektronischen Akustik um 1970 wie Verzerrung oder Echoeffekt. Mit jener Art Rücksichtslosigkeit gegen sich selbst, die das künstlerische Ethos Jandls bis in seine späten Gedichte hinein ausmacht, setzt er sich selbst als Laute, Wörter und Sätze erzeugenden – d. h. sich ausdenkenden und artikulierenden – Apparat ein; er kramt gewissermaßen im Reservoir seines Sprachmaterials und bietet dann eine überraschende, auch programmatisch auf Verblüffung angelegte Sequenz von teils gedicht-, teils lautgedicht-ähnlichen Einzelteilen. Dabei kommen Jandl seine Qualitäten als poetischer Alleinunterhalter zugute, der schon vor diesem Hörspiel in vielen öffentlichen Rezitationen alle möglichen Ausdruckswerte und Stimm- und Klangfarben seines Kehlkopfs ausprobiert hatte; verglichen mit dem Jandlschen Organ wirken die Stimm- und Modulationsfähigkeiten der üblichen Sprecherstimmen geradezu ärmlich. Auf Handlung im herkömmlichen Sinn verzichtet Jandl wieder, ähnlich wie bei *Fünf Mann Menschen*; im Zentrum steht ein Tatbestand, der zwar Sarkasmen und wildes Gelächter, aber keine belanglosen Nettigkeiten aufkommen läßt: der Tod und jene Leere, auf die wir zugehen, indem wir uns auf den Tod zubewegen, jene Unsicherheit, die alle befallen muß, denen durch keine religiöse oder philosophische Instanz die Sinnhaftigkeit des Lebens beglaubigt wird. Diese Verstörung, dies dauernde Uneins-Sein mit sich selbst, das ja auch aus vielen der Gedichte Jandls (und mit dem Alter des Autors zunehmend mehr) spricht, wird ungeschlichtet durchgehalten und nirgends getröstet.

Der Blick, den hier ein Individuum auf die Welt und in sich selbst wirft, ist ein *»Blick ohne Focus«*, da es den Trost einer deutenden zentralen Lebensperspektive nicht mehr gibt, jedenfalls nicht mehr für den hier Sprechenden und Sich-Ausdrückenden. Jandl erklärte rückblickend zu Konzeption und Absicht von *Das Röcheln der Mona Lisa*, es sollten darin *»Dinge eintreten, die nicht erwartet wurden, und womöglich in ununterbrochener Folge«*; was in der Tat nicht eintritt, ist ein Nachlassen von Spannung, etwas Menschenfreundliches. Kaum hat das Hörspiel begonnen, reimt sich auf das zuversichtlich lautstark gesprochene Wort *»aufgewacht«* ein pessimistisch geflüstertes *»umgebracht«*; eine Donald-Duck-Stimme quäkt *»Schöner sterben«*; das Wort *»Strick«* wird unbarmherzig scharf prononciert wiederholt, und dem gegenwartsfreudigen Satz *»Wir sind jung«* wird ein *»... und das war schön«* beigestellt, dessen Vergangenheitsform alles Positive des ersten Satzes schon dementiert. Es ist ein schier unglaubliches Sammelsurium von infantilen Versen, beschädigten Sätzen und Kalauern, begleitet von halbartikuliert plappernden Chören und unterbrochen von Einwürfen aus so verhunzt pathetischen Sätzen, daß man sich als Hörer fast ihres Pathos schämt. Das spaßhafte Element, das sich etwa auch in der Verwandlung des berühmten »Lächelns« der Mona Lisa in ein »Röcheln« zeigt, ist zwar da, wird aber immer sarkastisch unterschnitten; es weht einen ziemlich kalt an aus diesem Hörspiel. Jandls Pathos ist unbarmherzig, befremdlich unfein und rauhbeinig, und dies hat damit zu tun, daß Jandls Literatur überhaupt die Hierarchie aufheben will, die vor der experimentellen Poesie das Feine und Bedeutsame auch nur mit feinen und bedeutsamen Sprach- und Stilmaterialien ausgedrückt sehen wollte.

Zum Zeitpunkt der Entstehung des Hörspiels plädierte Jandl im Zusammenhang mit dem *Röcheln der Mona Lisa* für eine *»Dichtung der Sprachfetzen«*, die er so kennzeichnete: *»Sie erfaßt Sprache als Körpergeräusch, verwirft die Idee des Konstruktiven und beseitigt das Possierliche aus der Dichtung.«* Auf eine schwer faßbare Weise hängt Jandls unerbittliches und bis heute durchgehaltenes Insistieren auf einer Literatur, die nicht glatt und vorschnell versöhnlich ist, sondern auf den Härten und Brüchen in der Wirklichkeit beharrt, mit einer politischen Stimmung zusammen, die in der dauernden konkreten Negation und in der beharrlichen Kritik dessen, was schlecht ist, von gesellschaftlichen Mißständen bis zum Skandalon des Todes, fraglos eine Voraussetzung des Besseren und der Veränderung zum Besseren hin sah.

Zugleich deutet das Wort *»Apparaturen«* im Untertitel des Hörspiels an, daß Jandl weiß, daß »Ausdruck« und »Unmittelbarkeit« heute in der Literatur nur mit Reflexion der künstlerischen Mittel, also nur mit höchster Künstlichkeit zu realisieren sind. Unter diesem Aspekt eines notwendigen Arrangements von kürzeren sprachlichen Gebilden, Zitaten und stimmlich-expressiven Passagen zu größeren Text- und Sprechtext-Einheiten, die höchst komplex und artifiziell zu strukturieren sind, ist Jandls *Röcheln der Mona Lisa* neben jene längeren Quasi-Romane zu stellen, in denen die Autoren der experimentellen Literatur um 1970 (die ja zugleich auch die wichtigsten Hörspielautoren jener Jahre waren) über die kurzen Texte der sogenannten »Konkreten Poesie« (zu der Jandl nur bedingt zu zählen ist) hinauszugelangen suchten: Franz Mons *Herzzero* (1968), Ludwig Harigs *Sprechstunden für die deutsch-französische Verständigung* (1971) und Helmut Heissenbüttels *D'Alemberts Ende* (1970). *Das Röcheln der Mona Lisa* gilt als eines der bedeutendsten aus jenen zwei Dutzend Hörspielen, aus denen sich der Ruhm der Epoche des sogenannten »Neuen Hörspiels« herleitet. J.Dr.

Ausgabe: Darmstadt/Neuwied 1985 (in *GW*, Hg. K. Siblewski, 3 Bde., 3).

Schallplatte: *Das Röcheln der Mona Lisa*, Neuwied 1972 (Luchterhand/Deutsche Grammophon 2574003).

Literatur: E.-M. Lenz, *Die Hörspiele E. J.s. Das Lächeln der Mona Lisa* (in FAZ, 26.7. 1979). – R. Döhl, *Das Neue Hörspiel*, Darmstadt 1988.

ELFRIEDE JELINEK

* 20.10.1946 Mürzzuschlag / Steiermark

Literatur zur Autorin:
T. J. Levin, *Political Ideology and Aesthetics in Neo-Feminist German Fiction: Verena Stefan, E. J., Margot Schroeder*, Diss. Cornell Univ. 1979. – H. Beth, *E. J.* (in *Neue Literatur der Frauen. Deutschsprachige Autorinnen der Gegenwart*, Hg. H. Puknus, Mchn. 1980, S. 133–137). – S. Löffler, *Der sensible Vampir* (in Emma, 1985, H. 10, S. 32–37). – A. v. Bormann, *»Von einigen Dingen, die sich in den Begriffen einnisten«. Zur Stilform E. J.s* (in *Frauenliteratur in Österreich von 1945 bis heute*, Hg. C. Kleiber u. E. Tunner, Ffm. u. a. 1985, S. 27–54). – S. Schmid-Bortenschlager, *Der analytische Blick* (ebd., S. 109–129). – U. Nyssen, *Zu den Theaterstücken von E. J.* (in Schreiben, Bremen 1986, H. 29/30, S. 75–89). – A. Doll, *E. J.* (in KLG, 31. Nlg., 1989). – B. R. Erdle, *»Die Kunst ist ein schwarzes glitschiges Sekret«. Zur feministischen Kunst-Kritik in neuen Texten E. J.s* (in *Frauen-Fragen in der deutschsprachigen Literatur seit 1945*, Hg. M. Knapp u. G. Labroisse, Amsterdam 1989).

CLARA S.

Musikalische Tragödie in zwei Teilen und einem Epilog von Elfriede Jelinek, Uraufführung: Bonn, 24. 9. 1982, Bühnen der Stadt Bonn. – Ähnlich wie in ihrem dramatischen Erstling *Was geschah, nachdem Nora ihren Mann verlassen hatte oder Stützen der Gesellschaft* (1977) nimmt Jelinek auch in diesem Theaterstück eine Versuchsanordnung zum Thema der weiblichen Emanzipation vor, indem sie Anleihen bei fiktiven oder historischen Lebensläufen berühmter Frauen nimmt, um überkommene und noch heute wirksame Unterdrükkungsmechanismen freizulegen. Jelineks Sicht wird dabei entschieden von einem marxistisch orientierten Feminismus bestimmt, der für das Scheitern der Selbstverwirklichung der Frau die einander bedingenden gesellschaftlichen Konstanten des Faschismus und der Männerherrschaft verantwortlich macht. In *Clara S.* führt Jelinek in direkter Umsetzung dieses Gedankenmodells und

ungeachtet der historischen Stimmigkeit durch eine Montagetechnik verschiedene Zeitebenen in der Handlung zusammen, um in der in das Ambiente des italienischen Faschismus transponierten Biographie der Clara Schumann das Exemplarische ihres Schicksals herauszustellen.
Schauplatz der in das Jahr 1929 verlegten Handlung ist die Villa des Dichters Gabriele d'Annunzio, bei dem die Pianistin Clara S. um eine finanzielle Unterstützung vorstellig wird. Obwohl ihr geisteskranker Mann Robert ein berühmter Komponist ist, mußte sie jahrelang mit ihrer Konzerttätigkeit für den Unterhalt der Familie sorgen, sah sich aber nun aufgrund der bedrängenden Verhältnisse gezwungen, den Gatten aus der Irrenanstalt herauszunehmen und sich seiner Pflege zu widmen. Der dekadente Dichter knüpft an sein Mäzenatentum die Bedingung der »Körperhingabe« Claras, die dadurch in einen unlösbaren Konflikt zwischen ihrem emanzipatorischen Bewußtsein und dem materiellen Notstand gerät. Die Fremdbestimmung der Clara S. wird in der Folge in allen ihren Dimensionen aufgezeigt. Während die Künstlerin unentschieden über ihre Weiblichkeit räsonniert – sie erzählt von Kindheit, Karriere und Ehe und analysiert dabei ihren Vaterkomplex und die Unterdrükkung ihrer Kreativität durch den eifersüchtigen Mann –, vergnügt sich d'Annunzio mit seinen Mätressen und wirft begehrlich ein Auge auf Marie, die kleine Tochter Claras.
Zu Beginn des zweiten Teils versammelt sich die Abendgesellschaft d'Annunzios im Speisezimmer. Während der originalitätssüchtige Komponist mit seinen sexistischen Äußerungen (*»Der einzige Effekt ihrer Kompositionsversuche war das sukzessive Absterben ihres weiblichen Geschlechtsreizes für mich«*) Clara als Frau und Künstlerin provoziert, nötigt d'Annunzio Marie, ihn sexuell zu stimulieren. Die Szene eskaliert schließlich: Robert gerät über Claras ekstatisches Klavierspiel in Erregung, behauptet in einem Anfall geistiger Verwirrung, er habe die Ouverture zu Rossinis *La Gazza Ladra* komponiert, und wird seiner Frau gegenüber gewalttätig, worauf diese ihn erwürgt. Bevor er stirbt, stammelt er ein letztes Mal sein chauvinistisches Credo (*»Künstlerische Leistung liegt außerhalb der Frau ... denn nur natürliche Körperleistung zählt für diese«*). – Der surrealistisch überhöhte Epilog zeigt Clara zurückgefallen in die Rolle des liebenden Kindweibes: Während sie sich wegen ihres künstlerischen Ehrgeizes und Dranges zur Selbstverwirklichung heftige Vorwürfe macht, umfängt sie arktische Kälte; mit wahnwitzigem Klavierspiel steigert Clara sich in ihren Tod.
Jelineks dramatischer Stil gewinnt in der Mischung von aggressivem Pathos, opulenter Sprach- und Bildphantasie und vor allem aufgrund der heterogenen Darstellungselemente auf der Handlungsebene eine manierierte Qualität. Seine plakative Wirkung verdankt der Text in erster Linie der Weise, in der die Autorin in die Reflexionen der Clara S. modisch-aktuelle Theorieansätze einbringt und dem Zuschauer ein mechanistisches Gesellschaftsverständnis mit Anleihen aus Psychoanalyse, marxistischer Faschismusanalyse und feministischer Ideologie zur Interpretation des Verhaltens der Figuren nahelegt. C.Fi.

AUSGABE: Köln 1984 (in *Theaterstücke*, Hg. u. Vorw. U. Nyssen).

LITERATUR: G. Hensel, Rez. (in FAZ, 29. 9. 1982). – H. Karasek, Rez. (in Der Spiegel, 4. 10. 1982). – H. Schödel, Rez. (in Die Zeit, 8. 10. 1982) – U. Nyssen, *Zu den Theaterstücken von E. J.* (in Schreiben, 1986, H. 29/30, S. 75–89).

DIE KLAVIERSPIELERIN

Roman von Elfriede JELINEK, erschienen 1983. – Ihre mit dem Prosatext *Die Liebhaberinnen* (1975) einsetzende, satirisch-sezierende Erkundung des (klein)bürgerlichen Familien- und Liebeslebens als Schauplatz alltäglichen Terrors und gewaltsamer Dressurakte führt die Autorin in ihrem fünften, autobiographisch geprägten Roman fort. – Erika Kohut, Mitte dreißig und von Beruf Klavierlehrerin, lebt seit der Vertreibung des störenden Vaters eingeschlossen in der trauten, haßerfüllten Zweisamkeit einer sadomasochistisch gefärbten Symbiose mit ihrer ältlichen Mama. Deren Hauptproblem ist es, ihr Besitztum – die Tochter – *»möglichst unbeweglich an einem Ort zu fixieren, damit es nicht davonläuft«*. Diesem Zweck dient nicht nur der Fernsehapparat, *»der schöne Bilder, schöne Weisen, vorfabriziert und verpackt, ins Haus liefert«*, sondern auch ein vielfältiges System von Bestrafungen. Abendliches Zuspätkommen etwa ahndet die Mutter, *»Inquisitor und Erschießungskommando in einer Person«*, mit Prügeln und büschelweisem Ausreißen von Haaren. Die einem *»Insekt in Bernstein, zeitlos, alterslos«* gleichende, ihrem empfindungslosen Körper gelegentlich mittels Nadeln und Rasierklingen künstliche Öffnungen zufügende Tochter hat eine langwierige und brutale, mit der Absicht der künstlerischen Verfeinerung vorgenommene Dressur hinter sich: Ehrgeizig und herrschsüchtig versuchte die Mama, Erika zur brillanten Pianistin abzurichten und ihr mit dem Mangel an Kunstfertigkeit zugleich Körperlichkeit und Sinnenfreude auszutreiben: *»Jede Schicht, in der sich etwas Leben regt, wird als verfault erkannt und weggesäbelt.«* So ist aus Erika zwar keine Künstlerin geworden, doch eine auf das Korsett der genau zu befolgenden Partitur angewiesene Lehrerin, die nun ihrerseits voller Unterwerfungsdrang und in tiefer Verachtung für die »Masse« Schüler zu gehorsamem Spiel abrichtet. Ganz perfekt jedoch ist die mütterliche Zurichtung der Tochter noch nicht – deren Triebleben sucht sich Nebenwege. Das mütterliche Ordnungssystem wird anfangs nur gefährdet durch Erikas eitle *»Gier nach Äußerlichkeiten«* – Kleidern, Schuhen, Handtaschen – und durch heimliche, eigenmächtige Ausflüge, die sie aus dem mütterlichen Aufsichtsraum herausführen, in Pornokinos und zum Prater, wo sie aus sicherer Entfernung lustlos das Treiben der Prostituierten betrachtet. Doch dann taucht in Gestalt des jungen und sportlichen Klavierschülers Walter Klemmer, der Erika aus kurzfristiger Liebe nachstellt, eine wesentlich gewichtigere Ordnungswidrigkeit auf. Erika, für die Zärtlichkeit nur denkbar ist als Verlangen nach Unterwerfung, straft sein Begehren zunächst mit Mißachtung, später mit demütigender Verachtung. Nur so kann sie, die von Klemmer Erlösung und Vernichtung erhofft, ihre überlegene Unberührbarkeit wahren. Seinen Höhepunkt findet dieser langwierige Unterwerfungsakt in einem Brief Erikas, der Klemmer zu sadistischen Handlungen an ihr auffordert. Diese schriftliche Niederlegung sexueller Wünsche in der Befehlsform einer Vorschrift, einer Partitur, dient erneut dem Verstecken und der Panzerung des Körpers. Doch Klemmer erkennt diesen Ritualcharakter des Briefes nicht. Er liest ihn als wörtliche Aufforderung zur Gewalt, was sein sexuelles Begehren augenblicklich zum Verschwinden bringt: *»Er fürchtet sich vor den so lang ungelüfteten Innenwelten dieser Klavierlehrerin.«* Gepeinigt von seiner Zurückweisung und seinem körperlichen Versagen, begibt sich Klemmer in einem nächtlichen Park auf die wütende Suche nach jemandem, *»der ihm endlich einmal nicht widerspricht«*. Ein junges Paar flieht entsetzt vor ihm; er zertrampelt die auf dem Waldboden zurückgelassene Strickjacke des Mädchens. In seiner sadistischen Lust vollführt er schließlich an der erschreckten und die Rückkehr zur *»Normalausführung der Liebe«* erbittenden Erika Kohut all das, was ihr Brief ihm vorschrieb. Danach geht er weg, endgültig von ihr befreit. Erika wendet daraufhin in der gewohnten masochistischen Lächerlichkeit das Klemmer zugedachte Messer gegen sich selbst – schweigend fügt sie sich einen tiefen Schnitt an der Schulter zu.

Der Sprachklischees, Redensarten und Volksliedkürzel ironisch zitierende Text legt, *»ins Monströse vergröbert«* (G. Kreis), Strukturen kleinbürgerlicher Mentalität frei, die – von der Kernmetapher der »Partitur« ausgehend – in grausam-grotesken Bildern der Fesselung, der Unterwerfung und des Gehorsams beschrieben werden. Die vor allem in der zynischen Karikatur des (klein)bürgerlichen Liebes-, Weiblichkeits- und Kunstbegriffs liegende Gesellschaftskritik dieses von der Kritik zwiespältig aufgenommenen *»zeitgenössischen politischen Roman[s]«* (L. Baier) entfaltet sich aus den Sprachmaterialien selbst. Denn Jelineks Romansprache *»stülpt nicht das Innere ihrer Figuren nach außen und legt es als grauen Film über die Welt, sondern sucht es in den sprachgewordenen Ablagerungen ihres Bewußtseins auf; die Welt geht unterdessen gleichgültig ihren gewohnten Gang«* (L. Baier). B.R.E.

Ausgaben: Reinbek 1983. – Reinbek 1986 (rororo).

Literatur: H. Burger, Rez. (in FAZ, 9.4. 1983). – L. Baier, Rez. (in SZ, 16.7. 1983). – G. Kreis, Rez. (in Dt. Allg. Sonntagsblatt, 10.4. 1983). – K. Kathrein, Rez. (in Die Presse, 27.4. 1983). – B. Henrichs, Rez. (in Die Zeit, 15.7. 1983).

Walter Jens

* 8.3.1923 Hamburg

Literatur zum Autor:
H. Kraft, *Das literarische Werk von W. J.*, Tübingen 1975. – J. Kolbe, *W. J.* (in *Deutsche Literatur der Gegenwart in Einzeldarstellungen*, Hg. D. Weber, Stg. [3]1976, S. 338–357; KTA). – M. Lauffs, *W. J.*, Mchn. 1980. – *Literatur in der Demokratie. W. J. zum 60. Geburtstag*, Hg. W. Barner u. a., Mchn. 1983. – U. Berls, *W. J. als politischer Schriftsteller u. Rhetor*, Diss. Tübingen 1984. – M. Lauffs, *W. J.* (in KLG, 26. Nlg., 1987).

NEIN – DIE WELT DER ANGEKLAGTEN

Roman von Walter Jens, erschienen 1950. – Nach seinem literarischen Debüt, der unter dem Pseudonym Walter Freiburger erschienenen Erzählung *Das weiße Taschentuch* (1947), verfaßte Jens im Mai 1949 seinen ersten Roman *Nein – Die Welt der Angeklagten*, der ursprünglich den Titel *Weltuntergang* tragen sollte. Das Werk, gelesen als engagierte Auseinandersetzung mit der jüngsten nationalsozialistischen Vergangenheit, stieß auf große Zustimmung der Kritik und wurde, unterstützt durch die Dramatisierung von Emil Favre, auch international ein Erfolg, wie ihn, so notierte Hans Schwab-Felisch in einer zeitgenössischen Rezension, *»nach diesem Kriege nur ganz wenige deutsche Schriftsteller erleben konnten«*. Jens, der früh auch bereits der Gruppe 47 angehörte, wurde später als Philologe, Kritiker und Essayist zu einer Instanz im Kulturleben der Bundesrepublik. In den fünfziger Jahren galt er neben Autoren wie H. Böll, W. Koeppen oder A. Andersch als einer der prononciertesten Vertreter der jungen bundesdeutschen Nachkriegsliteratur.

Der ehemalige Dozent und Literat Walter Sturm, Autor einer Biographie über den römischen Kaiser Nero, lebt zusammen mit einigen Künstlern und Gelehrten in einer Bergenklave, umgeben von einer Welt totalitärer Macht. Als letzter der Übriggebliebenen erhält Sturm eine Vorladung vor den höchsten Richter und Machthaber des Staates. Ohne Namen, ohne Gesicht repräsentiert dieser Mann das oberste Prinzip einer unmenschlichen Welt, die er folgendermaßen beschreibt: *»Bis heute ist es dir verborgen geblieben, daß es auf der ganzen Welt nur Angeklagte und Zeugen und Richter gibt. So haben wir es bestimmt, und so wird es bleiben. Denn wir ha-*

ben uns nichts erdacht, sondern nur etwas Bestehendes, aber Verborgenes zum Prinzip erhoben.« Rettungslos ist Sturm diesem System von Angeklagten, Zeugen und Richtern ausgeliefert. In einer Sammelzelle erkennt er die Macht des Systems, das allen Angeklagten ein Schuldbewußtsein einprägt, das sie auch widersinnigste Anschuldigungen akzeptieren läßt. Nur wer zum Zeugen wird, kann scheinbar den Teufelskreis des Angeklagtseins durchbrechen; doch wird tatsächlich gerade der schuldig, der einen anderen anklagt. Walter Sturm wird zum »Zeugen«. Nach der Haltung seiner Geliebten, der Ärztin Gisela Waltz, zu den Machthabern befragt, sagt er aus, diese sei seiner eigenen vergleichbar. Ungewollt klagt er sie damit an. Auch ein Widerruf seiner Aussage hilft nichts mehr; der Justizmechanismus läuft. Im Gespräch mit der Geliebten wird dann der unmenschliche Zwang seiner Lage sichtbar. *»Ich konnte doch nicht einfach lügen, als man mich fragte. Mein Gott, hätte ich denn lügen sollen?«* Um seiner selbst willen kann Sturm nicht lügen, muß er sie anklagen. Gisela Waltz erkennt, daß ihm und seinem Prozeß diese Anklage nützt. Ehe sie verhaftet werden kann, opfert sie sich und nimmt Gift. Noch immer aber ist Sturm nicht zu einer Auflehnung imstande. Erst als ihm der oberste Richter die Nachfolge seines Amtes anbietet (*»Du hast nur die Wahl, mein Nachfolger zu werden oder zu sterben«*), hat Sturm eine Möglichkeit zur Entscheidung: Er lehnt ab. *»Als sein eigener Richter verurteilt er sich zum Tod, denn leben könnte er nur noch durch Verrat an sich selbst«* (H. Emmel).

Obgleich der Roman bis heute das bekannteste und auch anerkannteste literarische Werk des Autors ist (*Der Blinde*, 1951; *Vergessene Gesichter*, 1952; *Der Mann, der nicht alt werden wollte*, 1955; *Herr Meister. Dialog über einen Roman* 1964), ließ die von ihm selbst gekürzte und gestraffte Neuauflage (1968) der *»melancholischen Parabel«* den historischen Abstand zur unmittelbaren Nachkriegszeit deutlich werden, ohne daß man das Anliegen des Werks als von der Geschichte überholt bezeichnen hätte können. Die Kritik zog Parallelen zu A. KOESTLERS *Darkness at Noon* (1940) oder zu G. ORWELLS *1984*, Bücher, die Jens beim Schreiben seines Romans nicht gekannt hatte. G.R.-KLL

AUSGABEN: Hbg. 1950. – Hbg. 1954 (rororo). – Mchn. 1968. – Mchn. 1984 (Knaur Tb).

DRAMATISIERUNG [frz.]: E. Favre (Urauff.: Paris, 11. 1. 1954, Théâtre Vieux Colombier).

LITERATUR: F. Minssen, *Klippen der Utopie. W. J.: »Nein ...«* (in FH, 1951, H. 1, S. 63–65). – H. Schwab-Felisch, *W. J.: »Der Blinde« und »Nein ...«* (in Der Monat, 1952, H. 40, S. 426/427). – H. Wiemken, *Soziale Utopien. Bemerkungen zu Büchern von George Orwell u. W. J.* (in Dt. Universitätszeitung, 1954, H. 12, S. 14–17). – H. Emmel, *Das Gericht in der dt. Literatur des 20. Jh.s*, Bern/Mchn. 1963, S. 82–119. – Th. Kielinger, *W. J.: »Nein ...«* (in NDH, 1968, H. 4).

UWE JOHNSON

* 20.7.1934 Kammin (heute Kamien Pomorski)
† 23./24.2.1984 Sheerness-on-Sea / England

LITERATUR ZUM AUTOR:
Über U. J., Hg. R. Baumgart, Ffm. 1970 (es). – W. J. Schwarz, *Der Erzähler U. J.*, Bern 1970. – E. Wünderich, *U. J.*, Bln. 1973. – M. Boulby, *U. J.*, NY 1974. – N. Riedel, *Determinanten der Rezeptionssteuerung. Dargestellt am Beispiel der multimedialen Rezeption des schriftstellerischen Werks U. J.s*, Mannheim 1978. – B. Neumann, *Utopie u. Mimesis. Zum Verhältnis von Ästhetik, Geschichtsphilosophie u. Politik in den Romanen U. J.s*, Kronberg/Ts. 1978. – M. Durzak, *Wirklichkeitserkundung u. Utopie. Die Romane U. J.s* (in M. D., *Der dt. Roman der Gegenwart*, Stg. ³1979, S. 328–403). – *U. J.*, Hg. H. L. Arnold, Mchn. 1980 (Text + Kritik). – R. Nicolai, *U. J. Bibliographie 1950–1980*, Bonn 1981. – *U. J.*, Hg. R. Gerlach u. M. Richter, Ffm. 1984 (st). – W. Schmitz, *U. J.*, Mchn. 1984. – Th. Buck, *U. J.* (in KLG, 23. Nlg., 1986). – *U. J.s Frühwerk im Spiegel der dt.sprachigen Lit.kritik. Dokumente zur publizistischen Rezeption der Romane »Mutmaßungen über Jakob«, »Das dritte Buch über Achim« u. »Ingrid Babendererde«*, Hg. N. Nicolai, Bonn 1987. – K. Fickert, *Neither Left nor Right: The Politics of Individualism in U. J.s Work*, Ffm. u. a. 1987. – *»Ich überlege mir eine Geschichte«. U. J. im Gespräch*, Hg. E. Fahlke, Ffm. 1988 (es).

DAS DRITTE BUCH ÜBER ACHIM

Roman von Uwe JOHNSON, erschienen 1961. – Der Autor, bis 1959 in der DDR ansässig, versucht in diesem seinem zweiten Roman *»die Grenze: den Unterschied: die Entfernung«* zwischen Ost- und Westdeutschland zu beschreiben. Im Fortschreiten des Werkes aber wird die dem Begriff »Beschreibung« anhaftende Vieldeutigkeit selbst zum Problem und zum eigentlichen Thema des Buches.

Karsch, ein Hamburger Sportjournalist, wird von einer Schauspielerin, Karin, mit der er nach dem Zweiten Weltkrieg einige Jahre zusammengelebt hat, zu einem Besuch in einer mitteldeutschen Großstadt eingeladen. Obwohl direkte Kennzeichnungen fehlen, handelt es sich zweifellos um Leipzig, und der Besuch dort findet im Sommer 1960 statt. Karin ist seit geraumer Zeit die Geliebte des berühmten Radsportlers Achim, der für seine Erfolge häufig ausgezeichnet und öffentlich geehrt und schließlich in die Volksvertretung gewählt worden ist. Karsch lernt Achim kennen und versucht zunächst, sich trotz aller Schwierigkeiten in die Situation in Ostdeutschland einzufühlen und sie zu begreifen. *»Die Sprache, die er verstand und* *mit der er verständlich über den Tag gekommen war, redete ihn noch oft in die Täuschung von Zusammengehörigkeit hinein, wieder hielt er beide Staaten für vergleichbar ...«* Als Fleisg, Lokalredakteur einer Tageszeitung, ihm vorschlägt, als unvoreingenommener Berichterstatter einen Beitrag über Achim zu schreiben, dessen dreißigster Geburtstag mit einer Radsportveranstaltung zusammenfällt, sagt er zu. Daraus entwickelt sich Karschs Zusammenarbeit mit dem staatlichen »Verlag für junge Literatur«; dessen Vertreterin beauftragt ihn, ein drittes Buch über Achim zu schreiben, in dem dieser – im Gegensatz zu zwei früheren, die ausschließlich dem Sportler galten – als exemplarische und d. h. auch als politische Persönlichkeit geschildert werden soll. *»Das Buch, in dem ein Durchreisender namens Karsch beschreiben wollte, wie Achim zum Ruhm kam und lebte mit dem Ruhm, sollte enden mit der Wahl Achims in das Parlament des Landes, das war die Zusammenarbeit von Sport und Gesellschaft in einer Person ... auf dies Ende zu sollte der Anfang laufen und sein Ziel schon wissen.«* Karsch sammelt Informationen, befragt den privilegierten Spitzensportler, der jetzt an der Hochschule für Leibeserziehung studiert, begleitet ihn zu Rennen und beim Training, gewinnt aber keineswegs eindeutige Klarheit über seinen Helden. Schon die von ihm ermittelten Tatsachen, daß der fünfzehnjährige Achim der Hitlerjugend angehört hat und daß sein Vater, während des Hitlerreiches Flugzeugkonstrukteur, in eine undurchsichtige Sabotageaffäre verwickelt war, führen zum Einspruch der auftraggebenden Funktionäre. Sie möchten bestätigt sehen, daß *»wer inzwischen fünfzehn Jahre gearbeitet hat für unseren Sozialismus, dazu bereit gewesen sein«* muß; *»der Verteidiger der sozialistischen Ordnung muß es schon gewesen sein zur Zeit der Verbrechen ...«* Verschiedene Fassungen der Darstellung von Achims Leben vor und unmittelbar nach dem Kriege werden abgelehnt, auch Achim selbst ist mit ihnen nicht einverstanden. Als ein nicht aufzuklärender Zufall Karsch eine Photographie in die Hände spielt, die Achims Teilnahme am Aufstand vom 17. Juni 1953 beweist – Achim bestreitet sie, und auch Karin weiß nichts darüber –, gibt Karsch die Arbeit entmutigt auf und beschließt, nach Hamburg zurückzukehren: die Wahrheit läßt sich nicht feststellen.

Johnson gliedert seinen Roman durch ein »Dialogspiel«, in dem zwei nicht näher bestimmbare Gesprächspartner in Fragen und Antworten den Stoff unter wechselnden Gesichtspunkten entfalten. Obwohl dieser Stoff über weite Strecken hin als scheinbar konventionelle Er-Erzählung dargeboten wird, bestehen kaum noch Beziehungen zum traditionellen realistischen Roman. Der spröde, an syntaktischen Umkehrungen reiche Stil des Autors, der auf reguläre Interpunktion vielfach verzichtet, richtet sich, geradezu fiktionsfeindlich, mit programmatischer Nüchternheit darauf, alle im weitesten Sinne »faktischen« – technischen, materialen, feststellbaren – Phänomene zu erfassen (Beschreibung eines Rennrades oder der Technik der Ablösung beim Mannschaftsfahren usw.).

Das Problem der politischen Spaltung Deutschlands wiederholt sich für Johnson in dem der sprachlichen. Er beschreibt Ostdeutschland weder so, wie es sich selbst, noch wie Westdeutschland es sieht; er verfremdet die üblichen politischen Schlagworte und Begriffe, indem er sie auflöst, und faßt dadurch die Wirklichkeit in ihren verschiedenen Schichten genauer, als glatte und allzu selbstverständlich gewordene Formeln es vermögen. Der Vorsatz des westdeutschen Intellektuellen Karsch indessen, angesichts der von den Funktionären geforderten *»Eindeutigkeit«* von Achims Lebenslauf den *»handelsüblichen«* Vorstellungen zu mißtrauen, führt zur Resignation: Gewißheit, selbst innerhalb eines so vordergründigen Teilbereiches, ist nicht möglich. H.H.H.

Ausgaben: Ffm. 1961. – Ffm. 1964 (es). – Ffm. 1969 (FiTb). – Ffm. 1973; [7]1986 (st).

Literatur: M. Walser, Rez. (in SZ, 26./27. 8. 1961). – G. Blöcker, Rez. (in FAZ, 16. 9. 1961). – M. Reich-Ranicki, Rez. (in Die Welt, 16. 9. 1961). – K. A. Horst, Rez. (in NZZ, 7. 10. 1961). – W. Jens, Rez. (in Die Zeit, 6. 10. 1961). – H. Heissenbüttel, Rez. (in Deutsche Zeitung/Christ u. Welt, 19. 10. 1961). – H. P. Piwitt, *Chronik u. Protokoll. U. J.: »Das dritte Buch über Achim«* (in Sprache im technischen Zeitalter, 1961/62, H. 1, S. 83–86). – R. Baumgart, *U. J.: »Das dritte Buch über Achim«* (in NDH, 1962, H. 1, S. 146–148). – K. Migner, *U. J. »Das dritte Buch über Achim«. Methodische Hinweise zu seiner Einarbeitung* (in Der Deutschunterricht, 1964, H. 2, S. 17–25). – E. Wagner, *Form u. Romantechnik in U. J.s Werken »Mutmassungen über Jakob« u. »Das dritte Buch über Achim«*, Diss. Grenoble 1969. – K. Migner, *U. J.: »Das dritte Buch über Achim«. Interpretation*, Mchn. [3]1974. – R. Post-Adams, *U. J. Darstellungsproblematik als Romanthema in »Mutmassungen über Jakob« u. »Das dritte Buch über Achim«*, Bonn 1977. – J. Burkhard, *U. J.s Bild der DDR-Gesellschaft: »Das dritte Buch über Achim«. Romaninterpretation*, Bonn 1987.

JAHRESTAGE. Aus dem Leben der Gesine Cresspahl

Roman in vier Bänden von Uwe Johnson, erschienen 1970–1983. – Als 1983 nach zehnjähriger Unterbrechung doch noch der vierte und abschließende Band der ursprünglich auf drei Lieferungen angelegten *Jahrestage* erschien, da hatte sich ein Großteil der Literaturwissenschaft und -kritik bereits damit abgefunden, daß der Roman wohl ein Fragment bleiben würde. Johnson hatte die ersten beiden Bände fristgerecht fertiggestellt – sie beschreiben jeweils vier Monate eines Jahres (*August 1967–Dezember 1967* und *Dezember 1967–April 1968*) –, teilte dann aber den geplanten Abschlußband in zwei zweimonatige Abschnitte (*April*

1968–Juni 1968 und *Juni 1968–August 1968*). Der Schriftsteller signalisierte seinem Verleger Probleme mit dem Stoff seines Romans und dem Schreiben an sich. Denn ein zentrales Thema der *Jahrestage* ist die Chance eines demokratischen Sozialismus, wie die Hauptperson *»es, im Alter von 35 Jahren, doch noch einmal versuchen will mit dem Sozialismus, nach reichlich Enttäuschungen mit dem, der in der Tschechoslowakei fast ein halbes Jahr dauerte«*. Gemeint ist damit die Zeit des Prager Frühlings, in dem sich eine Liberalisierung und Demokratisierung des real existierenden Sozialismus als zumindest möglich andeutete. Johnson bestand zeitlebens darauf, zufälligerweise den 20. August 1967 als ersten Tag des zu beschreibenden Jahres gewählt zu haben, nicht ahnend, daß genau ein Jahr später der Einmarsch sowjetischer Truppen in die Tschechoslowakei den Hoffnungen ein Ende bereiten würde. Damit schien dem Roman bereits bei Veröffentlichung des ersten Bandes der mögliche Zielpunkt, die utopische Komponente genommen. Mit der verspäteten Fertigstellung wurde jedoch Johnsons eigentliche künstlerische Intention deutlich, einen *»möglichen Entwurf von Wirklichkeit«* auszubreiten, die Beschreibung des Bewußtseins der Person Gesine Cresspahl während eines Jahres. So wurden auch frühe Kritiker, die Johnsons Kombination chronikhaften Dokumentierens mit traditionellem Erzählen als verfehlt und unzeitgemäß betrachtet hatten, von der gestalterischen Notwendigkeit der Form und vom Umfang, fast 2000 Seiten, überzeugt. In dieser akribischen Rekonstruktion von Wirklichkeit in strukturalistischer Manier sind Handlung und Gesinnung nur in ihrer Zeit- und Ortsbezogenheit beurteilbar und deutbar geworden. Die Suche des Individuums nach einer moralischen und humanen Existenz im Spannungsverhältnis von Ideal und Notwendigkeit, von Einzelnem und Gesellschaft wird nicht deutend vorgeführt, sondern dem Leser zur tätigen Teilnahme angeboten. In gestalterischer wie weltanschaulicher Konsequenz sind Johnsons *Jahrestage* als Summe seines Gesamtwerks zu bezeichnen.

Uwe Johnson beschreibt das Bewußtsein der Gesine Cresspahl während eines Jahres. Gesine, die in Johnsons erstveröffentlichtem Roman *Mutmassungen über Jakob* 1953 die DDR verließ, lebt nun, 1967, seit sechs Jahren als Bankangestellte mit ihrer Tochter Marie in New York. In drei Erzählsträngen werden drei Handlungen, erinnerte Vergangenheit, erlebte und erfahrene Gegenwart parallelgeführt und montageartig miteinander verwoben. Gesine erzählt Marie ihre Herkunft und Entwicklung und protokolliert die Erinnerungen auf Tonband, um sie zu bewahren *»für wenn ich tot bin«*. Daneben werden erlebte Gegenwart und Alltag von Mutter und Tochter beschrieben. Originalartikel aus der ›New York Times‹ liefern aktuelles Weltgeschehen, das Gesine zwar wahrnimmt, an dem sie aber nicht teilnimmt. Durch die Zeitungslektüre versucht sie *»Leben nachzuholen«*, das sie während ihrer Bürostunden in der Bank versäumt. So wird durch Gesine Cresspahl als Verknüpfungspunkt deutsche Vergangenheit – Weimarer Republik, Drittes Reich, Teilung nach dem Weltkrieg – mit den Ereignissen des Zeitraums August 1967 bis August 1968 verbunden: Reformbestrebungen in der Tschechoslowakei, Vietnamkrieg, Ermordung Martin Luther Kings und Robert Kennedys, Rassenunruhen in den USA, Naziprozesse in der Bundesrepublik Deutschland. Bereits im ersten Band ist die thematische Erzählstruktur für den gesamten Roman vorgezeichnet. Neben der Gegenwartshandlung sind älteste und jüngste Vergangenheit als Rahmen vorgegeben, Anfangs- und Endpunkt der Erinnerung, die sich im weiteren Verlauf des Romans dann chronologisch an die Gegenwart annähert.

Gesine beginnt ihre Aufzeichnung mit der Geschichte ihrer Eltern. Mutter Lisbeth, geborene Papenbrock, verrät als vierzehnjährige Tochter eines Gutspächters während der Klassenunruhen 1920 ein Waffenversteck in ihrem Haus. Ihr Vater hatte ein falsches Ehrenwort gegeben, um feindliche Truppen abzuwimmeln, doch Lisbeth hält es mit *»der Liebe des Christen zur Wahrheit«*. Wegen dieses Vorfalls zieht die Familie Papenbrock 1922 ins mecklenburgische Jerichow, der Heimat des Schreiners Heinrich Cresspahl. Dieser trat aus der SPD aus, als sich diese nach dem Ersten Weltkrieg mit konservativen Kräften arrangierte und gegen die revolutionären Arbeiterräte paktierte. Cresspahl arbeitet seit mehreren Jahren in einer Tischlerei in England. Im Sommer 1931 lernt er bei einem Heimatbesuch Lisbeth Papenbrock kennen. Beide heiraten noch im Herbst und ziehen gemeinsam nach England. Lisbeth, die sich dort fremd fühlt, reist kurz vor der Geburt Gesines zurück nach Jerichow, wo das Kind im März 1933 zur Welt kommt. Heinrich Cresspahl beobachtet acht Monate, *»wie die Nazis ihren Staat einrichteten«*, gibt seine Arbeit in England dann doch auf und folgt seiner Frau zurück ins Dritte Reich. Cresspahls Schwiegervater ist Deutschnationaler, sein Schwager Nazi. Cresspahl verweigert sich einem direkten politischen Engagement und zieht sich ins Private zurück. Lisbeth stürzt sich aus Verzweiflung über die barbarische Gegenwart in religiöse Zwangsvorstellungen, wird von Schuldgefühlen geplagt, denen beinahe ihre Tochter Gesine zum Opfer fällt. Cresspahl hält trotz zunehmender Gefahr zu einem jüdischen Tierarzt und rät diesem zur Flucht. Er nimmt aber auch als Tischler Aufträge für den Neubau eines Kriegsflugplatzes an. Lisbeth Cresspahl ohrfeigt in der Reichskristallnacht einen Nazischergen und begeht anschließend Selbstmord. Der Ortspfarrer hält für Lisbeth eine Begräbnisrede, die ihn ins Konzentrationslager bringt. Daraufhin arbeitet Heinrich Cresspahl bis zum Ende des Zweiten Weltkriegs als britischer Spion. Nach dem Krieg, als Jerichow von den Briten besetzt wird, wird er zum Bürgermeister ernannt. Die Briten ziehen sich aber schon bald zurück, und die nachrückenden Sowjets dulden Cresspahl nur kurz in dem Amt und verhaften ihn. Er bleibt fast drei Jahre in sowjetischen Gefängnissen verschwunden.

Seit dem Krieg wohnen Jakob Abs und seine Mutter als Flüchtlinge bei Cresspahl. Gesine geht auf die Oberschule. *»Sie hat also den Sozialismus auf der Schule gehabt, und zwar theoretisch, d. h. in dem Sinne, daß die Lehrer wußten, daß man log, und daß man wußte, daß der Lehrer wußte, daß man log.«* An der Schule herrscht ein Bespitzelungsklima. Man versucht sich mit dem System stalinistischer Prägung zu arrangieren, Bürgerlichkeit oder christlich-religiöses Engagement müssen kaschiert werden. 1952 geht Gesine an die Universität Halle und studiert Anglistik. 1953 flieht sie mit Hilfe Jakobs, der ihr als Bahnangestellter die nötigen Fahrkarten beschafft hat, trotz ihrer Liebe zu ihm. In der Bundesrepublik studiert Gesine weiter, arbeitet dann für das NATO-Hauptquartier. 1956 besucht Jakob sie heimlich in Düsseldorf und verunglückt nach seiner Rückkehr in die DDR am ersten Arbeitstag tödlich. 1957 kommt Marie als Tochter Gesines und Jakobs zur Welt. Gesine geht 1961 für eine deutsche Bank nach New York. Dort wechselt sie zu einer amerikanischen Bank. Während sie sich in fremder Sprache und Umgebung eine neue Heimat erarbeiten muß, wächst ihre Tochter in diese hinein. In New York trifft sie auch Dietrich Erichson *(»D. E.«)* wieder, einen Wissenschaftler, der für einen Rüstungsbetrieb arbeitet, *»in die U. S. A. gekauft wurde er 1960«*. Die beiden kennen sich flüchtig aus dem Westberliner Übergangslager, in dem sie 1953 waren, und haben die gleiche Heimat. In New York freunden sie sich näher an, D. E. dringt auf Heirat, aber Gesine scheut eine feste Entscheidung.

Die Gegenwartshandlung wird bestimmt von Gesines Arbeit in der Bank und den Gesprächen mit ihrer Tochter, in denen sie die Familienvergangenheit, die beruflichen Pläne, das aktuelle politische Geschehen und den gemeinsamen Alltag besprechen. Gesine wird beauftragt, für die amerikanische Bank in die Tschechoslowakei zu reisen, wo *»überlegt wurde, ob man das System dieses sozialistischen Staates nicht verbessern könnte, moralisch wie ökonomisch«*. Sie soll dort Verhandlungen zur Abwicklung eines amerikanischen Großkredits führen. Von ihrem Bankdirektor wird sie wegen ihrer Flucht aus der DDR als Gegner des Sozialismus eingeschätzt, doch sie will es damit *»noch einmal versuchen«* und beobachtet deshalb interessiert die Reformbestrebungen des Prager Frühlings. Gegenüber ihrer Tochter muß Gesine ihre Anschauungsweisen, Pläne und Ansichten ständig rechtfertigen. Aufgrund des unterschiedlichen Erfahrungshorizontes beobachten Mutter und Tochter die Geschehnisse von verschiedenen Warten aus. Marie ist New York längst eine selbstverständliche Heimat geworden, die durch die Tschechoslowakeipläne ihrer Mutter gefährdet ist. Gesine dagegen ist nach dem Verlust ihrer Mecklenburger Heimat noch immer auf der Suche nach einer neuen. In New York orientiert sie sich ständig an äußerlichen Ähnlichkeiten mit ihrer deutschen Heimat, die fremde Sprache erfordert immer noch ein *»doppeltes Denken«*. Gesine verfolgt in der ›New York Times‹ interessiert die Prozesse gegen die Nationalsozialisten, sie stört die hohe Anzahl ehemaliger NSDAP-Mitglieder, die in der Bundesrepublik Deutschland wichtige Funktionen innehaben. Sie hält den Kontakt zu ihren früheren Freunden und Bekannten aufrecht, hilft bei der Organisation von Fluchthilfe für DDR-Bürger. Während Gesine die aktuellen amerikanischen Ereignisse unter moralischen und humanitären Gesichtspunkten beurteilen will, ist bei Marie häufig auch ein amerikanisch-patriotischer Impetus spürbar. Für Gesine bedeutet Reisen Suche – nach der verlorenen oder einer neuen Heimat –, für Marie eher Überprüfung von Erfahrungen und Wissen. Neben der Vergangenheit diskutieren Mutter und Tochter über Rassenunruhen in den USA und politische Morde. Der Alltag der beiden wird bestimmt durch Schule und Beruf, in denen die Auswirkungen des politischen Geschehens spürbar werden. Gesine und ihre Tochter kümmern sich um Francine, die *»Alibinegerin«* aus Maries Klasse, scheitern aber daran, deren Situation entscheidend zu verbessern. Mutter und Tochter besuchen gemeinsam eine Anti-Vietnam-Demonstration. D. E., der Freund Gesines, ist als Wissenschaftler mit dem Aufbau eines Radarüberwachungsnetzes für die NATO betraut, nimmt also als Handlanger direkt am politischen Geschehen teil. Die Beziehung zwischen Gesine und D. E. bleibt lange wegen ihrer Unentschlossenheit zur Heirat im Vagen. Als sie sich doch noch entschließt, kommt D. E. bei einem Flugzeugabsturz ums Leben. Am 20. August 1968, am Schluß des Romans, befinden sich Mutter und Tochter auf dem Weg nach Prag. Beide wissen noch nicht um die Geschehnisse dort.

Die komplexe Erzählstruktur ist das auffallendste Merkmal der umfangreichen *Jahrestage*, in denen Johnson fast das gesamte Personal seiner übrigen Werke zusammengeführt hat. Der offene Multiperspektivismus der *Mutmassungen über Jakob* – dort wurde die Handlung aus den verschiedenen Blickwinkeln der einzelnen Romanfiguren geschildert – ist nun verdeckt hinter der thematischen Zentrierung auf die Person der Gesine Cresspahl. Dadurch entsteht eine dialogische Erzählweise, für die Johnson seinen Erzählerstandpunkt auf die Funktion eines Chronisten beschränkt. Die Romaninhalte werden vermittelt durch Dialoge zwischen Gesine und Marie, Gesine und den Toten sowie zwischen Gesine und der ›New York Times‹, die als *»Tante«* personifiziert wird. Erkenntnis kann somit nur durch das Wahrnehmen, Ordnen und Interpretieren von perspektivisch verengtem Wahrnehmungsinteresse stattfinden. Da der Roman eine Bewußtseinsrekonstruktion und Identitätsbeschreibung eines Menschen in der modernen Gesellschaft versucht, ist Gesine Cresspahl zentrale Beurteilungsinstanz für die Wichtigkeit von Fakten, sie ist im Roman teleologischer Endpunkt von Geschichte. Jede Form von Wirklichkeit, sei sie nun erlebt, erfahren oder erinnert, wird daraufhin überprüft, ob sie für Gesines subjektive Situation von Relevanz ist. Der Vorwurf mancher Kritiker, Johnson ziehe sich vor politischer und historischer Wirklichkeit zurück ins Private, ist also insofern unzutreffend, da die sogenannten objektiven Geschehnisse lediglich auf ihre subjektive Bedeutung reduziert werden. Gesines Informationsquellen bringen ihrerseits wiederum perspektivisch verengte Wirklichkeit in ihre Wahrnehmung ein. Der Multiperspektivismus ist also nicht mehr eine offen sichtbare Erzähltechnik, sondern eine Realität der Wirklichkeitswahrnehmung, die ihre Spur im Roman hinterlassen hat. Die Suche nach Wahrheit muß sich demnach auf die Leerstellen im Geflecht der vielfältigen, subjektiv eingebrachten Wirklichkeitssplitter konzentrieren und kann bestenfalls persönliche Teilwahrheiten aufspüren. Ansprüche auf eine absolute Wahrheit werden desavouiert. Diese Suche nach Wahrheit ist es auch, die Romanautor, -figuren und -leser gemein haben. Die Romanfiguren sehen sich ständig den verschiedensten Anforderungen, privat und gesellschaftlich, gegenübergestellt. Heinrich Cresspahl muß sich mit dem Dritten Reich arrangieren, um seine Familie zu ernähren. Er steckt also seine politischen Ideale zurück. Lisbeth, die immer christlich-moralisch handelt und beurteilt, widersetzt sich der Immoralität des NS-Staates, handelt somit politisch, gefährdet dadurch aber ihre nächsten Mitmenschen, Familie und Pfarrer und sieht für sich selbst nur die Flucht in den Tod als Lösungsmöglichkeit. Gesine hat politische und moralische Ideale, die aber unter dem Handlungsdruck der Wirklichkeit nicht gleichzeitig verwirklichbar sind. Die Frage nach dem Nutzen politischen und moralischen Handelns bleibt unbeantwortet. Diese Konflikte zwischen Individuum und Gesellschaft erweisen sich als nicht harmonisierbar, eine konkrete Entscheidung für das Ideal des einen zieht fast zwanghaft die Undurchführbarkeit des anderen nach sich. Die äußere Form des Romans – die chronikhafte Einteilung der Kapitel unter das Tagesdatum, das Jahr, das scheinbar wahllos aus dem gleichförmigen Arbeitsalltag der Gesine Cresspahl herausgegriffen ist – zeigt sich damit als logische Konsequenz des Stoffes. Die Suche selbst ist das Thema des Romans, nicht die Wahrheit. Wahrheit und Moralität sind nicht als absolute Begriffe denkbar, sie sind personen-, orts- und situationsgebunden. So sind denn auch die Ereignisse dargestellt: uninterpretiert durch den Autor, interpretierbar durch den Leser.

Uwe Johnson hat in der Nachfolge und konsequenten Weiterentwicklung der Realisten des 19. Jh.s – Vorbilder sind Theodor FONTANE, Gottfried KELLER und Wilhelm RAABE – den allwissenden Erzähler als Unmöglichkeit der modernen, komplexen Gesellschaft aufgegeben und sich selbst auf das Niveau seines Romanpersonals begeben. Er erzählt gemeinsam mit Gesine, unterhält sich mit ihr. *»Wer erzählt hier eigentlich, Gesine. Wir beide. Das hörst Du doch, Johnson.«* Beide sind in gleichem Maße Objekt *und* Subjekt des Erzählens. Damit kann Johnson auch selbstkritisch und ironisch die eigene Situation als Autor reflektieren. Ein ähnliches Engagement verlangt er von seinem Leser. Das Werk ist nicht nur durch seinen Umfang sperrig, es verweigert sich auch durch eigenwillige Syntax und Begrifflichkeit der Sprache den herkömmlichen Lesegewohnheiten. Wer sich dennoch auf den Roman einläßt, muß selbst die aufgesplitterten Handlungsfragmente zusammensetzen, wobei eindeutige Zuordnungen nie möglich sind. Momente der Gegenwart und der Vergangenheit erweisen sich als frei kombinierbar und vergleichbar. Die Denkrichtung wird niemals durch Kommentierung des Erzählers gesteuert. Der Leser jedoch muß seine eigene Meinung den kritischen Fragen der Romanfiguren gegenüber behaupten können. Wie Gesines Version der Vergangenheit ständig von Marie hinterfragt wird, wie Gesine die Kompetenz der *»alten Tante«* ›New York Times‹ nicht bedingungslos anerkennt und ihren Chronisten Uwe Johnson ständig kritisch überwacht, wie die Nachgeborenen den Toten Fehler aufrechnen, so muß sich auch der Leser auf die Konfrontation verschiedener Ansichten einlassen. Die interpretatorische Offenheit des Romans spiegelt sich im vielfältigen Echo der Literaturkritik wieder. Die Erfahrungen des Lesers können nahtlos in das Erzählwerk mit eingebracht werden, denn der Rezipient nimmt ja lediglich an einer Suche teil, die durch die Ziellosigkeit der *Jahrestage* in ihrem Ergebnis vom Autor nicht vorgeprägt wird. In dieser Selbstgenügsamkeit des Anspruchs, einfach nur *»Wirklichkeit abzubilden«*, diese aber durch die konsequente künstlerische Durchgestaltung ihrer Komplexität nicht zu berauben, stellen die *Jahrestage* in der modernen deutschen Literatur ein einmaliges Werk dar. Traf der Roman beim Erscheinen der ersten drei Bände auch noch auf manche ablehnende Kritik, da er sich der damaligen aktuellen öffentlichen Diskussion verweigerte, so wurde seine Bedeutung beim Erscheinen des Abschlußbandes allgemein erkannt und gewürdigt. Die *Jahrestage* sind der Spiegel einer modernen, vor allem aber deutschen Existenz, der Versuch einer Identitätsfindung und Bewußtseinsklärung: *»Man beginnt sich zu fragen, was war eigentlich bis jetzt: Woher komme ich, und was hat mich zu dem gemacht, was ich bin.«* C.Sa.

AUSGABEN: Ffm. 1970 [Bd. 1]. – Ffm. 1971 [Bd. 2]. – Ffm. 1973 [Bd. 3]. – Ffm. 1983 [Bd. 4]. – Ffm. 1983 [Bd. 1–4]. – Ffm. 1988 (Bd. 1–4; es).

LITERATUR: R. Michaelis, K. H. Bohrer u. M. Boveri, Rez. (in FAZ, 22. 9. 1970). – M. Reich-Ranicki, Rez. (in Die Zeit, 2. 10. 1970). – R. Becker, Rez. (in Der Spiegel, 5. 10. 1970). – J. Kaiser, Rez. (in SZ, 3. 12. 1970). – H. Mayer, Rez. (in Weltwoche, 4. 12. 1970). – G. Blöcker, Rez. (in FAZ, 23. 10. 1971). – U. Jenny, Rez. (in SZ, 23. 10. 1971). – D. E. Zimmer, Rez. (in Die Zeit, 26. 11. 1971). – R. H. Wiegenstein, *U. J.: »Jahrestage I u. II«* (in NRs, 1972, H. 1, S. 125–133). – G. Blöcker, Rez. (in FAZ, 22. 12. 1973). – U. Jenny, Rez. (in SZ, 9. 2. 1974). – H. D. Osterle, *U. J.s »Jahrestage: Das Bild der USA* (in GQ, 48, 1975, Nr. 4,

S. 505–518). – M. Durzak, *Gespräche über den Roman. Formbestimmungen u. Analysen*, Ffm. 1976, S. 461–481 (st). – R. T. Hye, *U. J.s »Jahrestage«: Die Gegenwart als variierende Wiederholung der Vergangenheit*, Ffm. u. a. 1978. – I. Gerlach, *Auf der Suche nach der verlorenen Identität. Zu U. J.s »Jahrestagen«*, Kronberg/Ts. 1980. – P. Bekes, *Gefällt dir das Land nicht, such dir ein anderes. Zum Verhältnis von Moral u. Politik in J.s »Jahrestagen«* (in *U. J.*, Hg. H. L. Arnold, Mchn. 1980, S. 63–76; Text + Kritik). – J. Kaiser, *Für wenn wir tot sind. Zum Abschluß von U. J.s großer »Jahrestage«-Tetralogie* (in SZ, 12. 10. 1983). – F. J. Raddatz, *Ein Märchen aus Geschichte u. Geschichten. U. J.: »Jahrestage 4«. Zum Abschluß eines großen Romanwerks* (in Die Zeit, 14. 10. 1983). – R. Becker, *Eine Bitte für die Stunde des Sterbens. Über die Vollendung des Romanwerks »Jahrestage« von U. J.* (in Der Spiegel, 17. 10. 1983). – P. Demetz, *U. J.s Blick in die Epoche. »Aus dem Leben von Gesine Cresspahl« – der vierte Band der »Jahrestage«* (in FAZ, 12. 11. 1983). – R. Michaelis, *Kleines Adreßbuch für Jerichow u. New York. Ein Register zu U. J.s Roman »Jahrestage«*, Ffm. 1983. – *J.s »Jahrestage«*, Hg. M. Bengel, Ffm. 1985 (st). – U. T. Fries, *U. J.s »Jahrestage«: Erzählstruktur u. politische Subjektivität*, Ann Arbor/Mich. 1987. – S. Storz-Stahl, *Erinnerung u. Erfahrung. Geschichtsphilosophie u. ästhetische Erfahrung in U. J.s »Jahrestage«*, Ffm. u. a. 1988.

MUTMASSUNGEN ÜBER JAKOB

Roman von Uwe Johnson, erschienen 1959. – Der erste veröffentlichte Roman des Autors, der in der DDR nicht erscheinen konnte und zeitgleich mit Johnsons *»Umzug«* nach Westberlin in der Bundesrepublik publiziert wurde, zeigt bereits die das weitere Werk bestimmenden Themata: die Chance eines menschenwürdigen Sozialismus, die deutsche Teilung und deren Auswirkungen auf die Menschen beiderseits des Eisernen Vorhangs. Schicksal und Entscheidungen der wenigen Romanfiguren werden beeinflußt von den politischen Verhältnissen, die im Herbst 1956 das Leben in der DDR und in der Bundesrepublik bestimmen. Die kunstvollen »Mutmaßungen« des Erzählers über die Titelfigur, den achtundzwanzigjährigen Reichsbahnbeamten Jakob Abs, werden durch dessen Tod ausgelöst: An einem nebligen Novembermorgen wird er auf dem Gelände des Dresdner Bahnhofs von einer Lokomotive überfahren. Beging Jakob Selbstmord? Wurde er aus politischen Gründen liquidiert? Oder wurde er nur, weil er übermüdet und unachtsam war, das Opfer eines Unfalls? *»Aber Jakob ist immer quer über die Gleise gegangen«* – mit diesem gegen allzu einfache Erklärungen sich wendenden Satz beginnt der Versuch, Klarheit in das scheinbar so offen daliegende Leben und den Tod des verläßlichen, schweigsamen, vom Rangierer zum Inspektor aufgestiegenen Jakob zu bringen. In einer Folge von Dialogfetzen aus Gesprächen von Bekannten Jakobs, von erzählenden Passagen und von Bruchstücken aus inneren Monologen der drei am engsten mit Jakob verbundenen Personen entsteht ein nicht immer ganz deutliches, aber eindringliches Bild seiner Lebensumstände. Weil seine Mutter und seine Freundin Gesine, die nun bei einer Dienststelle der NATO arbeitet, in den Westen geflohen sind, wird er von Hauptmann Rohlfs, einem Mitarbeiter der Militärischen Spionageabwehr der DDR, beschattet. Als Gesine zu Jakob nach Dresden kommt und mit ihm zusammen ihren Vater, den Kunsttischler Heinrich Cresspahl besucht, werden sie von Rohlfs, der den Auftrag hat, Gesine für Spionagedienste zu gewinnen, in ein Gespräch verwickelt, das halb aus Drohungen, halb aus Grundsatzdiskussionen besteht; doch Rohlfs respektiert, besonders von Jakob beeindruckt, die heikle Situation, in der sich alle Personen befinden. Er läßt Gesine in den Westen fahren, kurz darauf sogar Jakob; er möchte von ihnen eine freie Entscheidung für die Sache des Sozialismus, denn er ist kein gemeiner *»Hundefänger«*. In der Tat kehrt Jakob trotz seiner Liebe zu Gesine bald in die DDR zurück, enttäuscht vom Leben im Westen; am Tage seiner Rückkehr wird er bei dem mysteriösen Unfall getötet. Doch so vertrauensvoll Rohlfs mit Jakob umging, so unnachgiebig verhält er sich gegen den ebenfalls in Gesine verliebten Dr. Jonas Blach: Wenige Tage nach Jakobs Tod verhaftet er den an den Tauwetter-Diskussionen der ostdeutschen Intellektuellen beteiligten Universitätsassistenten wegen staatsfeindlicher Umtriebe.

Jakob hat versucht, sich ohne politisches Engagement loyal gegen die sozialistische Obrigkeit und zugleich menschlich anständig zu verhalten; er ist eigentlich ein unpolitischer Mensch, doch durch die persönlichen Umstände (die ihrerseits nicht von den politischen zu trennen sind) und schließlich auch als Beamter gerät er in politische Verstrikkungen: etwa wenn er wenige Tage vor seinem Tod Zügen, die russische Soldaten zur Niederschlagung des ungarischen Aufstandes bringen, freie Fahrt geben muß. Er und der alte Cresspahl sind die überzeugendsten Gestalten des Buches; zu ihrer fast altfränkischen, knorrigen und soliden Art paßt auch am besten die herbe und spröde, mit plattdeutschen Einsprengseln durchsetzte, kauzig-umständliche Sprache des Buches, die nur dann Klarheit und völlige Durchsichtigkeit gewinnt, wenn etwa über Details von Jakobs Tätigkeit im Stellwerk des Bahnhofs berichtet wird: Technische Vorgänge sind ohne weiteres einsichtig, doch bei den menschlichen und politischen Fragen muß es bei »Mutmaßungen« über die Wahrheit bleiben, weil die Menschen, *»durch das ›Gesellschaftliche‹ genötigt, mit herabgelassenem Visier leben. Das Menschliche bleibt eingekapselt. Wer es erreichen will, tappt im dunkeln«* (H. M. Enzensberger). Dem Leser wird bei dem Roman eine sehr aktive Rolle zugedacht: Er muß selbst Verbindungen herstellen zwischen den aufgesplitterten Teilen der Erzählung, muß sich beim Lesen und Aufnehmen ganz konkret in die »Mutmaßungen« einschalten: *»Wie*

Brechts Dramaturgie den Zuschauer, so erlöst Johnsons Erzählweise den Leser aus seiner genießerischen Passivität« (H.M. Enzensberger).
Bei Kritik und Publikum hatte das Buch Erfolg; 1960 erhielt Johnson, von Günter BLÖCKER *»der Dichter der beiden Deutschland«* genannt, für seinen Roman, der von den Rezensenten als sein ausgewogenstes und gewichtigstes Werk bezeichnet wird, den Fontane-Preis der Stadt Berlin sowie 1961, mit Erscheinen von *Das dritte Buch über Achim*, ein Stipendium für die Villa Massimo in Rom. Dagegen protestierte der damalige CDU-Fraktionschef im Bundestag, H. v. Brentano, in dessen Rede Johnson als *»amoralischer Ästhet«* und *»Produkt der Erziehung im Diktaturstaat Ulbrichts«* bezeichnet wurde. J.Dr.

AUSGABEN: Ffm. 1959. – Ffm. 1962 (FiTb). – Ffm. 1974; 91988 (st). – Ffm. 1981 (BS).

LITERATUR: M. Rychner, Rez. (in Die Zeit, 23. 10. 1959). – G. Blöcker, Rez. (in FAZ, 31. 10. 1959). – W. J. Siedler, Rez. (in Der Tagesspiegel, 22. 11. 1959). – R. Baumgart, *Ein Riese im Nebel* (in NDH, 1960, H. 66, S. 967–969). – G. Wunberg, *Struktur u. Symbolik in U. J.s Roman »Mutmassungen über Jakob«* (in Neue Sammlung, 5, 1962, S. 440–449). – M. Reich-Ranicki, Rez. (in Die Welt, 21. 9. 1963). – H. Kolb, *Rückfall in die Parataxe. Anläßlich einiger Satzbauformen in U. J.s erstveröffentlichtem Roman* (in NDH, 1963, H. 96, S. 42–74). – W. J. Radke, *Untersuchungen zu U. J.s »Mutmassungen über Jakob«*, Diss. Stanford Univ. 1966. – E. Friedrichsmeyer, *Quest by Supposition: J.s »Mutmassungen über Jakob«* (in GR, 42, 1967, H. 3, S. 215–226). – H. Popp, *Einführung in U. J.s Roman »Mutmassungen über Jakob«*, Stg. 1967 (Deutschunterricht, 19, Beih. 1). – H. Steger, *Rebellion u. Tradition in der Sprache von U. J.s »Mutmassungen über Jakob«* (in H. S., *Zwischen Sprache u. Literatur*, Göttingen 1967, S. 43–69). – E. Wagner, *Form u. Romantechnik in U. J.s Werken »Mutmassungen über Jakob« u. »Das dritte Buch über Achim«*, Diss. Grenoble 1969. – S. E. Jackiw, *The Manifold Difficulties of U. J.s »Mutmassungen über Jakob«* (in MDU, 1973, H. 2, S. 126–143). – H. Mayer, *Versuch, eine Grenze zu beschreiben. Zu U. J.s »Mutmassungen über Jakob«* (in H. M., *Vereinzelt Niederschläge. Kritik – Polemik*, Pfullingen 1973, S. 137–146). – B. Neumann, *U. J.s »Mutmassungen über Jakob«. Die nichtaristotelische Gestaltung einer Utopie* (in *Der dt. Roman im 20. Jh.*, Bd. 2, Hg. M. Brauneck, Bamberg 1976, S. 118–144). – R. Post-Adams, *U. J. Darstellungsproblematik als Romanthema in »Mutmassungen über Jakob« u. »Das dritte Buch über Achim«*, Bonn 1977. – B. Koblenzer, *Staatspolitisch-gesellschaftliche Notwendigkeit u. individueller Handlungsspielraum, Entfremdungssymptome u. figurale Realitätsvermittlung in U. J.s Roman »Mutmassungen über Jakob«*, Mchn. 1979. – E. Fahlke, *Die »Wirklichkeit« der Mutmassungen. Eine politische Lesart der »Mutmassungen über Jakob« von U. J.*, Ffm. u. a. 1981. – B. Neumann, *U. J.: »Mutmassungen über Jakob«*, Stg. 1989 (RUB).

MARIE LUISE KASCHNITZ

eig. Marie Luise von Kaschnitz-Weinberg

* 31.1.1901 Karlsruhe
† 10.10.1974 Rom

LITERATUR ZUR AUTORIN:
E. Linpinsel, *K.-Bibliographie*, Hbg. 1971. – E. Pulver, *M. L. K.* (in KLG, 11. Nlg., 1982). – J. C. Reichardt, *Zeitgenossin M. L. K. Eine Monographie*, Ffm. u. a. 1984. – *M. L. K.*, Hg. U. Schweikert, Ffm. 1984 [Materialien, Bibliogr.]. – E. Pulver, *M. L. K.*, Mchn. 1984 (Autorenbücher).

DAS LYRISCHE WERK von Marie Luise KASCHNITZ.
»Wie viele Veränderungen in einem Menschenalter!« – Dieses Resümee aus einem späten Gedicht von Marie Luise Kaschnitz *(Notwendigkeiten)* könnte zugleich als Motto über ihre dichterische Entwicklung gestellt werden. Die Autorin, die neben ihrem umfangreichen lyrischen Werk Romane, Erzählungen *(Lange Schatten)*, Hörspiele und autobiographische Aufzeichnungen *(Wohin denn ich)* verfaßte, hat die Turbulenzen des Jahrhunderts und die biographischen Einschnitte immer wieder zum Anlaß genommen, um ihre Schreibweise und poetische Zielsetzung zu revidieren und umzuformen. Während ihre frühe Schaffensperiode vor 1945 noch durch eine starke Traditionsgebundenheit gekennzeichnet war, entwickelte sie später moderne Ausdrucksformen, die einer spannungsvollen, schmerzlichen Wirklichkeitskonfrontation Rechnung trugen.
Mit ihrer ersten Gedichtsammlung *Gedichte* (1947) veröffentlichte Marie Luise Kaschnitz zunächst ihre frühe, in den Jahren zwischen 1930 und 1944 entstandene Lyrik. Es folgten in der Umbruchsphase der Nachkriegszeit die Bände *Totentanz und Gedichte zur Zeit* (1948), *Zukunftsmusik* (1950) sowie der Zyklus *Ewige Stadt. Rom-Gedichte* (1952). Mit dem programmatischen Titel *Neue Gedichte* (1957) markierte die Autorin dann eine entschiedene, vor allem stilistische Wende. Diese wird fortgesetzt in den in den sechziger Jahren erschienenen Bänden *Dein Schweigen – meine Stimme* (1962) und *Ein Wort weiter* (1965). Die Gedichtsammlung *Kein Zauberspruch* (1972) beschließt das zu Lebzeiten veröffentlichte lyrische Werk. Postum erschienen der noch von der Dichterin autorisierte Zyklus *Gesang vom Menschenleben* (1974, erw. 1982), der vorwiegend Gedichte aus den drei-

ßiger und vierziger Jahren versammelt, sowie die in den *Gesammelten Werken* (Bd. 5, 1985) enthaltenen verstreuten und nachgelassenen Gedichte von 1919–1974.

»Wenn ich einmal schreiben würde, wollte ich schreiben wie Trakl schrieb«, bemerkte Marie Luise Kaschnitz einmal zur Frage nach ihren literarischen Vorbildern. Tatsächlich finden sich in ihren Gedichten kaum Anklänge an den bewunderten Dichter; dagegen lassen sich, vor allem für das Frühwerk, Affinitäten zu Eichendorff und Rilke feststellen. Die spätere Lyrik dokumentiert eine intensive Auseinandersetzung mit der Moderne und zeitgenössischen Autoren. Auf die darüber hinaus zeitlebens wichtige Bedeutung Hölderlins hat Marie Luise Kaschnitz selbst hingewiesen.

Der Band *Gedichte* (1947), der in sechs Abschnitte untergliedert ist *(Heimat; Südliche Landschaft; Im Osten; Balladen; Die reichen Jahre; Dunkle Zeit)*, ist gekennzeichnet durch eine auffällige Anlehnung an traditionelle Formen: Ein Großteil der Gedichte ist in antikisierendem Versmaß (Hexametern) oder in fünfhebigen Jamben *(vers commun)* abgefaßt, durchgehend herrscht Reimbindung vor. Auch in der Wahl von Themen und Motiven orientiert sich die frühe Lyrik an konventionellen Vorgaben: Im Mittelpunkt stehen menschliche Grundfragen wie Liebe, Tod, Vergänglichkeit; sie werden universell gefaßt in Naturbildern (so fast durchgängig in den ersten drei Gedichtgruppen des Bandes), in biblischen Anklängen *(Bollschweil)* und märchenhaften Visionen *(Das alte Pferd)*. Der den Band eröffnende Gedichtzyklus *Bollschweil I–VII* (1930) versammelt in sich, einer Ouvertüre gleich, die zentralen Themen, die auch noch die Nachkriegslyrik der Kaschnitz durchziehen: Ein grundlegendes Heimatbedürfnis, gepaart mit idyllischer Naturverbundenheit (Bollschweil im Breisgau ist der Heimatort ihrer Familie); in unauflöslicher Spannung dazu eine tiefgreifende Verlusterfahrung: Tod und Ende der Kindheit, die die *»Freude des Daseins«* dem Diktum der Vergänglichkeit unterwerfen. Insgesamt fehlt in der frühen Lyrik ein direkter Gegenwartsbezug; auch die in der Zeit des Zweiten Weltkriegs entstandenen Gedichte (im Abschnitt *Dunkle Zeit*) vermeiden eine konkrete Stellungnahme, ziehen sich auf menschliche Grunderfahrungen zurück – *»dieses schmerzlich schöne / Geborenwerden, Dasein und Vergehen« (Der Augenblick)* – und behelfen sich mit einer Mythisierung des Kriegsgeschehens: *»Wie gleicht die Welt der Sphinx.« (Sphinx); »Hörst Du den alten Gotteszorn sich regen?« (Die Wolke)*. Auffällig häufig verwendet die Autorin hier die Sonettform: In deren gattungsgeschichtlich festgeschriebener dialektischer Struktur sucht die Dichterin der zerreißenden Wirklichkeit durch strenge Formgebung entgegenzutreten, wobei letztlich immer wieder versöhnliche Perspektiven entbunden werden, wie etwa im Gedicht *Strom der Zuversicht: »Steht im Westen noch ein rotes Glühen / Wie von Untergang und Blutgericht, / Glüht es doch für alle Zeiten nicht; // Wind will wehen, Rosen wollen blühen / Mit der Hoffnung heiligem Bemühen / Wecken wir den Strom der Zuversicht.«* – Von ihrer frühen Lyrik hat sich Marie Luise Kaschnitz später entschieden distanziert.

Eine erste Umorientierung findet in der Nachkriegszeit statt: *»Auch noch dem irrationalsten Gedicht muß man die historischen und soziologischen Erfahrungen abhören können, durch die sein Verfasser hindurchgegangen ist«*, fordert Marie Luise Kaschnitz in ihrem Essay *Was ist Wahrheit* (in dem Band *Schwierigkeiten heute die Wahrheit zu schreiben*, 1964), und ihre Veröffentlichungen nach 1945 zeugen von einem solchen *»Ringen mit Gegenwart« (Beschwörung)*. Zwar folgen die *Gedichte zur Zeit* (1948) nach wie vor konventionellen Schemata, aber bereits die bevorzugte Form des Zyklus – der Band besteht aus drei großen Zyklen: *Große Wanderschaft I–XVI; Rückkehr nach Frankfurt I–XIV; Beschwörung I–XV* – zeigt eine veränderte Perspektive auf die vielfältige, gebrochen erfahrene, nur »künstlich« zusammengehaltene Wirklichkeit. Im Zyklus *Große Wanderschaft* erscheinen bereits vereinzelt – in Gestalt eines prosaischen Einschubs – die formensprengenden Stilmittel des Wortabbruchs und Enjambements: *»Vom Quell des Lebens abgetrennt / Verlorene – « (IX) // »Verlorene. Aber an wen, / An wen verloren?« (X)* Thematisch halten sich diese Gedichte eng an die konkrete Nachkriegsrealität: Von *»Züge(n), Fähren, Obdachlosenheime(n)« (II)* ist die Rede, von *»Wartenden in den Asylen« (IV), »Gliederlosen, Blinden, Totgeglaubten« (VI)*; gezeichnet wird eine Welt aus Asche, Trümmern, Not und Verfall.

Auf die *Gedichte zur Zeit* und den zwei Jahre später erschienenen Band *Zukunftsmusik* (1950) ist daher auch der Begriff der »Trümmerlyrik« angewandt worden. Einerseits geht es hier um eine Aufarbeitung der unmittelbaren Kriegsvergangenheit: Gefallene von Stalingrad werden befragt *(Was wissen die Toten)*, das Gedicht *Die Gefangenen* warnt vor Verdrängung und Ignoranz und fordert eine schonungslose Auseinandersetzung mit dem Geschehenen. Andererseits richtet sich der Blick bereits auf die Gefahren des Wiederaufbaus: *»Überall sichtbar stehen die Toten und schreien. / ›Was wir gewonnen haben im Sterben? – Nichts. / Wir sehen Euch alles das Alte von neuem beginnen, / Wir sehen Euch, wie Ihr die Waffen schärft und die / Wachtürme rüstet.* / Das *ist die Hölle.‹« (Was wissen die Toten)*. Insgesamt leiten die Gedichte des Bandes aus einer so bitteren Zeitbilanz eine geradezu pathetische Hoffnung auf Neubeginn und Verwandlung ab. *»Mit wissendem Herzen«*, so die poetologische Selbstaussage im Gedicht *Der Dichter spricht*, soll den gegebenen Zeitumständen *»Zukunftsmusik«* abgelauscht werden, und noch das Schlußgedicht *Fürchtet Euch nicht* zitiert die im Titelgedicht aufgeworfene musikalische Utopie: *»Vom Kommenden hör' ich sie flüstern, die ewige Stimme. / Nicht von Maschinen spricht sie, / Nicht von Vermehrung der Ernten, / Nicht von gewonnenem Schiffsraum. // Zusammenklang, sagt sie, und Würde des Menschen und / Freiheit. / Hoffnung, sagt sie, und Liebe, das süßeste Wort.« (Fürchtet Euch nicht)*.

Gegenüber derart harmonischen Klängen findet in der Lyrik der Marie Luise Kaschnitz *»Mitte der fünfziger Jahre (...) ein radikaler Stilwechsel statt, der Wuchs der Verse wird härter, ohne dabei die Transparenz zu verlieren, keine wuchernde Metaphorik mehr, die Verknappung der Sprache ist das poetische Element«* (P. Huchel). Während die zivilisationskritischen Gedichte aus dem Zyklus *Ewige Stadt. Rom-Gedichte* (1952) in der Form noch beschönigend wirken, bricht der Band *Neue Gedichte* (1957) gänzlich mit traditionellen Ausdrucksweisen und neuromantischen Reminiszenzen. *»Was vom Gedicht der Jetztzeit tatsächlich vermittelt werden kann, ist die vielfach gebrochene und stückhafte Innenwelt des heutigen Menschen«*, erklärt die Autorin in ihren poetologischen Aufzeichnungen *(Zwischen immer und nie)*; sprachlich realisiert die Dichterin dieses Postulat in ihrem Werk durch eine entschiedene Abkehr von Metrik und Reimbindung, vor allem aber durch eine zunehmend elliptische Sprechweise: *»Unwirtliche Wohnung. Austauschbares Gerät, / Unauffindbares Gestern. Zerfallen in einem Tag, / Nicht ansprechbar die Toten. Ausgelöscht / Der Reigen der seligen Geister, aufgezehrt / Das Fleisch, das einmal unter uns gewohnt« (Tutzinger Gedichtkreis)*. Im fünften der insgesamt sechs Abschnitte des Bandes wird der gebrochene Stil durch strophensprengende Enjambements nochmals radikalisiert: *»Aus dem Tambourin hat er gegessen / Aus der Zymbel hat er getrunken / Ein // Knabe hockend im Reisfeld / Furcht mit dem Finger / Die schwarze Erde / Ein // Knabe springt über / gespiegelte Wolken / Ein // (...)« (Der Eingeweihte)*. Gebrochenheit bestimmt auch thematisch die *Neuen Gedichte*. Die Ballade *Hiroshima* prangert in einer polaren Verschränkung zweier Strophen den »Wahnsinn« der Atombombe und den spießigen Rückzug in die Kleinbürgeridylle an (R. Grimm); im Gedicht *Genazzano*, das Hugo FRIEDRICH in seinem Standardwerk *Die Struktur der modernen Lyrik* zitiert, werden subtil eine abendliche Dorfstimmung und die tödlichen Visionen eines zerrissenen Ichs ineinandergeschoben. R. SCHNELL hat zu Recht auf die Anklänge an Hölderlins *Hälfte des Lebens* hingewiesen: *»Meine Hände waren / zwei Klumpen Eis / Fünf Zapfen an jeder / Die klirrten« (Genazzano)*.

Der Gedichtband *Dein Schweigen – meine Stimme* (1962) ist vor allem gezeichnet durch einen biographischen Einschnitt im Leben der Dichterin: den Tod ihres Ehemannes Guido von Kaschnitz im Jahre 1958. In immer wieder anhebenden Zwiegesprächen mit dem Verstorbenen bringt das *»verlorene Ich« (Tageszeiten)* die Klage und Trauer über den unwiderbringlichen Verlust des Geliebten zum Ausdruck *(Requiem; Dein Schweigen)*. Der Dialogcharakter der Gedichte verweist dabei aber auch grundlegend auf die kommunikative Zielrichtung und Eingebundenheit der Kaschnitzschen Lyrik, in der nicht zuletzt die spezifisch weibliche Komponente ihres Schreibens gesehen wurde (E. PULVER, I. STEPHAN). Daß sich in ihrem Werk private Erfahrungen und engagierte Zeitgenossenschaft zunehmend durchdringen, zeigt sich gerade auch in diesem stark autobiographisch gefärbten Band: Im Gedicht *Interview* etwa verbindet sich die Artikulation persönlicher Ratlosigkeit mit einer sarkastischen Kritik an der Biedermann-Mentalität der Nachkriegsgesellschaft; beide Aspekte bestimmen gemeinsam die poetologische Reflexion (F. Martini). Insgesamt zeigt der Band, daß gerade im Durchgang durch Trauer und Leid eine moralische Energie freigesetzt wird: die Kampfansage gegen den (gesellschaftlichen) Tod zu Lebzeiten. Das Schlußgedicht spricht dies deutlich aus: *»Meine Neugier, die ausgewanderte, ist zurückgekehrt /. (...) Ein Ohr soll ich haben für jeden Untergang / Und Augen für jede Gewalttat.« (Meine Neugier)*.

Im Band *Ein Wort weiter* (1965) wird dieser Anspruch über die *»Schmerzgrenze«* hinaus radikalisiert und politisiert: *»Halte nicht ein bei der Schmerzgrenze / Halte nicht ein / Geh ein Wort weiter / Einen Atemzug / Noch über Dich hinaus.« (Bericht vom Neumagen II)*. Die in elf Einzelgruppen unterteilten Gedichte *»registrieren«*, wie es die Autorin auch in ihren poetologischen Aufzeichnungen von 1963 fordert, *»im Gegensatz zu den glücklichen Augen des Goetheschen Träumers das Unerfreuliche und Häßliche« (Wohin denn ich)*; sie beobachten voller Skepsis und Kritik gefährliche gesellschaftliche Tendenzen, den Alltagsfaschismus, die *»Zündplätzchenspiele« (Zoon politikon II)*. Im Zyklus *Zoon politikon* wird die lakonisch-provokative Frage gestellt: *»Warum ist seit Auschwitz nichts wesentlich besser / Geworden?« (Zoon politikon III)*. Im Gegensatz zur hermetischen Lyrik (Paul CELAN, Günter EICH) zieht Marie Luise Kaschnitz aus dieser Frage nicht die Konsequenz einer umfassenden Sprachkritik. Trotz der zu verzeichnenden Abstraktion und Verknappung stellen die Gedichte ihre immanenten sprachlichen Ausdrucksmöglichkeiten nicht eigentlich in Frage. Eine erhebliche Erschütterung erfährt allerdings die noch in *Zukunftsmusik* emphatisch heraufbeschworene Mission der Dichtung. In Anspielung auf G. Eichs Gedicht *Träume* von 1950 *(»Seid unbequem, seid Sand, nicht das Öl im Getriebe der Welt«)* negiert das poetologische Gedicht *Schluß* die Möglichkeit direkter politischer Wirksamkeit: *»Dein Gedicht / Schlag es Dir in den Hals / Bring Dich zum Schweigen (...) Die Maschine / In der man es manchmal knirschen hört / Schluchzen nicht mehr. / Nur die Handvoll Mensch im Getriebe. Schweig.« (Schluß)*

Im Band *Kein Zauberspruch* (1972), der Gedichte von 1962–1970 und in einem zweiten Teil von 1970–1972 enthält, formuliert das Titelgedicht lakonisch die Position, die der Dichtung jenseits von sprachkritischem Rückzug und politischer Wirkungsabsicht noch bleibt: *»Kein Zauberspruch / Keine Geste / Worte einmal aufgeschrieben / Will ich meinem / Text einfügen / Etwa diese / Aus Aquino / Weil das Böse ist / Ist Gott.« (Kein Zauberspruch)*. Dichtung als Komposition und Zitat – mit diesem Programm folgt Marie Luise Kaschnitz einer modernen Texttheorie. *»Die gehetzten Zeilen«*, die sie niederschreibt *(Prosa)*, sind *»Nur ein Wort und ein*

Wort und ein Wort / Wahllos aus dem Sprachnetz gerissen / Zueinandergeschleudert« (Blätter). Mit einer solchen Schreibmethode weist die Autorin aber gerade nicht ihren historischen Ort zurück: *»Was fällt mir ein, wenn ich Deutschland sage?« (Jeder)*. Die *»Einfälle«* (vgl. das gleichnamige Gedicht) der Dichterin beziehen sich erklärtermaßen auf geschichtliche Erfahrungen, nicht zuletzt auf die bedrohliche Zukunft: *»Schall / Überschall / Und Büchse der Pandora / Giftstreuende / Von Kontinent / zu Kontinent / ohne Aufenthalt / Unser Selbstmord / Könnte gelingen / Bis zum Jahr Zweitausend / Bequem.« (Unterwegs)*. Das Engagement eines solchen Schreibens konzentriert sich einmal darauf, Gegenpositionen zu provozieren: »Müllworte« werden *»gekritzelt / Verworfen zerhackt«*, damit wenigstens einige von ihnen gegen die Vernichtung selbst protestieren: *»Tanzen im Kielstaub / Leuchten auf in der Sonne.« (Müllabfuhr)*. Nicht zuletzt erfüllen die *»Splitter«* der Gedichte aber auch eine Appellfunktion: *»Friß, Vogel, oder laß es bleiben, werde satt, Leser, oder bleibe hungrig, ergänze, was nicht dasteht, aus eigenem Vermögen, arbeite mit.«* (Autobiographischer Text aus dem Nachlaß).
Für die gesamte späte Lyrik der Kaschnitz kann gelten, was Th. W. ADORNO (dem in *Kein Zauberspruch* ein Gedicht gewidmet ist) über engagierte Kunst sagt: *»Engagierte Kunst im prägnanten Sinn will nicht Maßnahmen, gesetzgeberische Akte, praktische Veranstaltungen herbeiführen (...), sondern auf eine Haltung hinarbeiten« (Engagement)*. C.Lu.

AUSGABEN: *Gedichte*, Hbg. 1947. – *Totentanz und Gedichte zur Zeit*, Hbg. 1947 [recte 1948]. – *Zukunftsmusik. Gedichte*, Hbg. 1950. – *Ewige Stadt. Rom-Gedichte*, Krefeld 1952. – *Neue Gedichte*, Hbg. 1957. – *Dein Schweigen – meine Stimme. Gedichte 1958–1961*, Hbg. 1962. – *Ein Wort weiter. Gedichte*, Hbg. 1965. – *Kein Zauberspruch. Gedichte*, Hbg. 1972. – *Gesang vom Menschenleben. Gedichte*, Initialen v. H. Richter, Düsseldorf 1974 [um dreizehn Gedichte erw.: Düsseldorf 1982]. – *Gedichte*, Ausw. P. Huchel, Ffm. 1975. – *Notizen der Hoffnung. Ausgew. Gedichte*, Ausw. u. Nachw. H. Czechowski, Bln./Weimar 1984. – *GW*, Hg. C. Büttrich u. N. Miller, Bd. 5: *Gedichte*, Ffm. 1985.

LITERATUR: R. Reiners, *Tradition und Moderne in der Lyrik von M. L. K.* (in Schriften der Theodor-Storm-Gesellsch., 14, 1965, S. 40–57). – P. Forget, *Zur frühen Lyrik von M. L. K. 1928–1939*, Mémoires de Maitrise, Nancy 1974. – M. Koger, *Die Rom-Gedichte der M. L. K. Ein Thema und seine Variationen* (in Recherches Germaniques, 5, 1975, S. 217–242). – A. Strack-Richter, *Öffentliches und privates Engagement. Die Lyrik von M. L. K.*, Ffm. u. a. 1979. – B. Gajek, *Die Frage der Theodizee in moderner deutscher Lyrik. Überlegungen zu Gedichten von M. L. K.* (in *»Gott nicht gelobt.« Über Dichtung und Glauben*, Hg. W. Böhme, Karlsruhe 1981, S. 43–67). – H. Schwerte, *M. L. K.* (in *Die deutsche Lyrik 1945–1975. Zwischen Botschaft und Spiel*, Hg. K. Weissenberger, Düsseldorf 1981, S. 97–109). – R. Foot, *The Phenomenon of Speechlessness in the Poetry of M. L. K., Nelly Sachs and Paul Celan*, Bonn 1982. – F. Martini, *Auf der Suche nach sich selbst. Zu M. L. K.'s Gedicht »Interview«* (in *Gedichte und Interpretationen*, Bd. 6: *Gegenwart*, Hg. W. Hinck, Stg. 1982, S. 60–70). – P. Forget, *Überliefertes als Spannungsfeld des eigenen. Zum Verhältnis der frühen und späten Lyrik bei M. L. K.* (in *Kehr um im Bild*, Gedenkschrift V. A. Schmitz, Hg. H. M. Speier u. D. Straub, Ffm. 1983, S. 125–146). – U. Schweikert, *M. L. K. Materialien*, Ffm. 1984 [darin u. a.: Grimm, *Ein Menschenalter danach. Über das zweistrophige Gedicht »Hiroshima« von M. L. K.*; R. Schnell, *Das verlorene Ich. Zur impliziten Poetik der M. L. K.*; G. Zürcher, *»Vom elenden, herrlichen Leben«. Die Nachkriegsgedichte von M. L. K.*].

LANGE SCHATTEN

Erzählungen von Marie Luise KASCHNITZ, erschienen 1960. – Seit den dreißiger Jahren hatte die Autorin literarische Texte publiziert, darunter die Romane *Liebe beginnt* (1933) und *Elissa* (1937) sowie den Erzählband *Das dicke Kind und andere Erzählungen* (1951). 1955 wurde sie mit dem Georg-Büchner-Preis ausgezeichnet, aber die ihrer eigenen Einschätzung nach wichtigsten Werke entstanden erst nach dem Tod ihres Mannes Guido von Kaschnitz-Weinberg (1958). Die einundzwanzig Kurzgeschichten des Bandes *Lange Schatten* stehen am Beginn dieses Spätwerks und bewegen sich allesamt im Spannungsfeld zwischen dem Alltäglichen und dem Dämonisch-Unheimlichen. Die in den Erzählungen aufscheinenden Figuren stehen, wie die Autorin selbst festhält, *»unter der Einwirkung rationalistisch nicht zu erklärender Mächte, gegen die sie ankämpfen oder denen sie sich beugen oder an denen sie zugrunde gehen«*. Dieser rational nicht ganz auflösbare Rest in den in Italien (Rom, Albaner See, Cap Circeo), in London, Frankreich und am Bodensee spielenden Geschichten reicht dabei vom rein Gespenstischen *(Gespenster)* bis zu manischen Angstzuständen, die in einer persönlichen oder schicksalhaften Schuld begründet zu sein scheinen *(Das rote Netz; Der Strohhalm; Der Mönch Benda; Christine; Der Deserteur)* und ihren Ausdruck in einem antikmythischen, ja »panischen« Erschrekken finden: In der Titelgeschichte *Lange Schatten* erfährt ein junges, seiner selbst nur allzu gewisses Mädchen auf einsamer, sonnenbeglänzter Höhe ganz unmittelbar Pans Gegenwart, in *Am Circeo* wird das Felsmassiv, das die versteinerten, über das Meer blickenden Züge der homerischen Zauberin Circe trägt, zum bedrohlichen Symbol für den unwiderruflichen Tod des geliebten Lebensgefährten, in *Eines Mittags, Mitte Juni* sieht sich die allein draußen im Meer schwimmende Erzählerin vom unsichtbaren Orpheus aus momentaner Todessehnsucht ins Leben zurückgeleitet.

Schlüsselszenen, Augenblicke halten auch die übrigen Erzählungen des Bandes fest. *Die übermäßige Liebe zu Trois Sapins* und *Popp und Mingel*, zwei subtile psychologische Studien, schildern die scheinbar abstrusen Motive von Brandstiftern, eines Landarbeiters und eines vereinsamten »Schlüsselkindes«. – *Die späten Abenteuer* verfolgen das letzte, hilflose Aufflackern von Lebensgier in einem Greis. – In *Das dicke Kind*, einer der auffälligsten Erzählungen der Sammlung und der einzige Text, den die Autorin aus dem gleichnamigen, schon 1951 erschienenen Erzählband erneut aufgenommen hat, wird die Erzählerin Opfer einer peinigenden, in die Kindheit zurückführenden Traumvision, in der sich in surrealistischer Überlagerung Gegenwart und Vergangenheit vermischen.

Die Geschichten sind realistisch erzählt, und doch gewinnt die Realität in ihnen eine hintergründige, nicht völlig ausleuchtbare Dimension; die stets am Rande der Gesellschaft sich ereignenden Begebenheiten offenbaren in seelischen Grenzlagen jeweils die Summe einer Existenz. Dennoch zielt der eher kühle Ton der Erzählungen weniger auf die Durchdringung der Wirklichkeit als auf deren Verrätselung und Mystifizierung: *»Ich glaube«*, so heißt es in der Erzählung *Der schwarze See*, *»daß es auf unserer, von der Technik beherrschten Erde und mitten zwischen den lauten Ansiedlungen der Menschen immer noch Orte gibt, die den Geistern gehören.«* Stärker der Gegenwart zugewendet sind die Erzählungen des späteren Bandes *Ferngespräche* (1966) wie der Prosaband *Beschreibung eines Dorfes* (1966); die Veränderungen, die hier – wie in den späten Gedichten und den autobiographischen Texten *Wohin denn ich* (1963), *Tage, Tage, Jahre* (1968), *Steht noch dahin* (1970) und *Orte* (1973) – festgestellt werden, erweisen sich zunehmend als politisch motivierte, in den Ursachen benennbare Zerstörungen. R.M.-KLL

AUSGABEN: Hbg. 1960. – Mchn. 1964 (dtv). – Ffm. 1983 (in *GW*, Hg. C. Büttrich u. N. Miller, 7 Bde., 1981–1989, 4: *Die Erzählungen*).

LITERATUR: W. Wien, Rez. (in Christ und Welt, 29. 11. 1960). – K. A. Horst, *Unterbrochene Vergangenheit* (in Merkur, 1960, H. 12, S. 1204). – H. Henze, Rez. (in FAZ, 14. 1. 1961). – M. M. Gehrke, Rez. (in Die Welt, 11. 3. 1961). – H. Bienek, *»Lange Schatten«* (in NDH, 1961, H. 81, S. 126–128). – W. Zimmermann, *M. L. K. »Das dicke Kind«* (in W. Z., *Deutsche Prosadichtungen der Gegenwart*, Düsseldorf 1961, S. 281–288). – W. Ross, *Die Erzählerin M. L. K.* (in Merkur, 1967, H. 230, S. 490–495).

WOHIN DENN ICH. – TAGE, TAGE, JAHRE. – STEHT NOCH DAHIN. – ORTE

Autobiographische Prosa von Marie Luise KASCHNITZ, erschienen 1963, 1968, 1970 und 1973. – Im Spätwerk der Autorin, das nach dem Tod ihres Mannes Guido von Kaschnitz-Weinberg (1958) entstand, treten gegenüber der Veröffentlichung von Essays, Lyrik- und Hörspielbänden sowie Erzählungen vier autobiographische Arbeiten hervor: *Wohin denn ich. Aufzeichnungen* (1963), *Tage, Tage, Jahre. Aufzeichnungen* (1968), *Steht noch dahin. Neue Prosa* (1970) und *Orte. Aufzeichnungen* (1973). Diese Texte begründen einen Abschnitt des Werks, der die biographischen Ereignisse mit denen des öffentlichen Lebens verbindet. Durch die Untertitel weist die Autorin auf eine neue Form *»essayistischer Prosa«* hin, in der sie die altbewährte Gattung der »Konfessionen« wiederzubeleben und ein Zeugnis unabhängigen Denkens und Handelns zu geben sucht.

Dem entspricht auch der Titel des Prosawerks *Wohin denn ich*, ein für sie von Th. W. ADORNO gewähltes Zitat aus dem Gedicht *Abendphantasie* von F. HÖLDERLIN. Der poetische Gegenstand der Einbildungskraft ist eine Schiffsreise. Im Hin und Her einer durch Trauer und Todessehnsucht grundgelegten Auflösungsbereitschaft gewinnt sie den Gleichnischarakter des Übergangs. Als kurze epische Einheiten ausgewiesen, wahrt der Text die Erzählkontinuität, fügt sich dabei in einen Rhythmus, der sich der Bewegungsform des Lebens selbst anpaßt: *»Wer allein ist, wird unruhiger, wacher, aufmerksamer, von jeder Unruhe mitgerissen, wie ein Weidenzweig, den das strömende Wasser eines Baches mitreißt, wieder freigibt, wieder mitreißt, es ist da kein Ende abzusehen.«* Das erzählerische Leitbild ist die *»Tänzerin aus dem Geschlechte Jubals«*, das Kind mit dem Springseil. Ausgelöst durch das Rauschen der Meereswellen gipfeln seine betont gleichmäßig gegliederten Lebensbewegungen in einem *»berauschenden Tanz«*. Als stilistische Begleitung dazu häufen sich langzeilige Verse. Das Gefühl, in Bewegung zu sein, setzt sich fort in der Ausfahrtsbewegung des Schiffes, einer Bewegung in die Fremde, in die Phantasie, die frei von Alltagszwängen ist: *»... die Bugwelle ... rauschte ununterbrochen, fort, fort, fort, ... nicht ankommen müssen, nicht mehr lernen müssen, was man doch nicht versteht«*. Marie Luise Kaschnitz beläßt im Bild der Schiffsreise, Aufbruch und Rückkehr zugleich, die Frage *Wohin denn ich* in ihrer schillernden Doppeldeutigkeit. Dem dichterischen Bekenntnis zum Leben und zum Werk Hölderlins gibt sie Ausdruck durch die Wiedergewinnung des feierlichen Tons. Der im Schreibprozeß gewonnene *»Lebensstrom«* der Schwermut, im Andenken auch an den Elegien-Dichter, erweitert die Daseins-Trauer des einzelnen, bettet sie ein und enthebt sie der Verlorenheit, wobei das Neue das Alte nicht *»wegspült«*.

Die Aufzeichnungen *Jahre, Jahre, Tage* von 1968 enthalten die während zweier Jahre (22. 2. 1966 bis 31. 12. 1967) tagebuchartig notierten Erlebnisse. Teilweise werden sie durch numerisch gezählte Variationen eines Themas zusätzlich verbunden: *Wien I–II; Fremdenführerspiel I–V*; das Spiel *»Wie-wäre-es-wenn« I–II; Träume I–VII; Rom I–X; Ballett I–II; Amerika I–XIII; Somnambulengeschichten I–III*. Der äußere Anlaß der ersten Eintragung ist die zufällige Pressenotiz über eine Umgestaltung der Wohnstadt Frankfurt. Reine Funktionshochhäuser bezeichnen die drohende Gefahr aus dem Boden schießender *»Pilzhäuser«* mit der Vision einer Fluchtwanderung der Menschen, einer tatsächlichen Obdachlosigkeit. Diese erahnte Ungeborgenheit bildet den Hintergrund für die Untersuchung einer den Menschen als Natur- und Geistwesen betreffenden tiefen Bewegung. In einem harten Schnitt folgt in der zweiten Eintragung der Rückblick auf die drei Schwestern, die in ihrer Kindheit auf einer Fähre über einen See gesetzt werden und dabei die Hände einfach durchs Wasser gleiten lassen. Der Verlust sicher geglaubter Lebensräume fordert solche Erinnerung heraus; sie erscheint szenisch gegliedert, offen für die Schau traumhafter Verwandlungen, hier in Schlangenwesen. Die teilweise unter Stichworten gruppierte Ansammlung der Szenen bildet ein Gedächtnis mit offenen Landkarten und Übereinkünften als Spielregeln. Eine Bezeichnung *»innerer Ort«* für Gedächtnis läßt die Tagebuchschreiberin nicht gelten. Gedächtnis besteht *»aus Innen und Außen«*, *»jetzt besonders, im Zeitalter des Bildes, der Allgegenwart aller Ereignisse und Dinge, der freiwilligen oder unfreiwilligen Partizipation«*. Die Möglichkeit ständiger Vergegenwärtigung selbst der alltäglichen kleinen Vertrautheiten, eines mit *»Zeigelust«* vorgeführten Wohnungsinventars vermittelt zugleich das Bewußtsein des *»Nichtfesthaltenkönnens«*. Daraus folgt deutlich die über allem schwebende Allgegenwart einer umfassenden Verantwortungsverpflichtung, die in ihrer übermenschlich erscheinenden Anforderung die *»Qual der Gottverlassenheit«* benennt. *»Standortbestimmung«*, Vergewisserung der Lebensverhältnisse findet unter den Bedingungen einer *»pathetischen Zeit«* statt, die mit einer *»täglich verringerten Lebenswahrscheinlichkeit«* einhergeht. Im Bild ist dieses Leben der Seiltanz zwischen einer Sinngebung durch das Leben oder durch den Tod in einem künstlichen Halten des Gleichgewichts im Umgang mit dem *»Kobold Gedächtnis«*. Es ist auch *»ein fließendes, fliegendes Ballspiel«*, ein Jonglieren mit Einzelheiten, so wie der Kompaß um geheime Zirkelrosen kreist. Die vollkommene Beherrschung dieser Kunst vermag die Schwerkraft des *»Gedächtnissacks«*, des *»Fasses voll Erinnerungen«* mit der *»Anziehungskraft des Todes«* durch das lebendige *»Gewicht der Welt«* zu übersteigen. Gerade in dieser Hinsicht widerspricht die Autorin der Geringschätzung, die dem Tagebuchschreiben als einem nur flüchtigen Tun – etwa durch Arno SCHMIDT – entgegengebracht wird. Die Sprache, das geschriebene Wort, kann zwischen den verharrenden und gleitenden Punkten des Lebens vermitteln, in einem Geschehen, das *»einem Stück Musik«* gleicht mit dem *»schmerzlichen Reiz«* des *»Schonvorüberseins«*.

Der Band *Steht noch dahin* (1970) schockiert durch die Schroffheit in der Aussage, durch die Darstellung in Gedankensplittern. Ein Fügungsprinzip ist nicht zu erkennen, liegt aber wohl im Durchhalten eines Tones. Erst auf den zweiten Blick wird die autobiographische Natur der Aufzeichnungen sichtbar, die Pronomina *»Wir«*, *»Man«* oder *»Du«* häufen sich. Wiederholungen erinnern an die strengen Formen von Litaneien, Psalmen, Gebeten, Eidesformeln, Kinderreimen über Grundsätzliches und Zufälliges. Eine Verkürzung des Ausdrucks im Wörterbuchstil spiegelt öffentliche und private Sprachstereotypien. Die politische Sprache wird als traumhafte bloßgestellt: *»Bei öffentlichen Veranstaltungen werden statt Gedichten Auszüge aus dem Telefonbuch vorgelesen, zum Beispiel der Abschnitt A–B«*, die private Ausdrucksweise ist leicht spöttisch entlarvt: *»Ein Wörterbuch anlegen, ein Verzeichnis der seit Jahrzehnten bevorzugten Worte, da käme man sich auf die Schliche.«* Selbst die künstlerischen Sprachformen sind in ihrer Brüchigkeit gesehen: *»Die Zeiten, in denen wir von Dichtern, wenn auch in selten aufgeführten Theaterstücken, noch besungen wurden, sind wohl für immer vorbei.«* Marie Luise Kaschnitz schreibt kritisch-erzählende kurze Stücke, Glossen, die sich stets in der Pointe zurücknehmen, die auch keine festen Blöcke der Gesellschaftskritik, sondern eher *»ein paar fadendünne Wörter«* auf *»leerem Papier«* sind.

In dem Band *Orte* (1973) werden, auch auf Anregung von Freunden, so des Freiburger Philosophen Werner MARX, Lebensgeschichten mit Geschichtsschreibung vermischt. Die Städtenamen ordnen sich zu unterschiedlichsten Gruppen. Entweder bedeuten sie Lebensstationen (Karlsruhe, Berlin, Potsdam, Weimar, München, Rom, Bollschweil, Freiburg, Königsberg, Marburg, Frankfurt, Kronberg), erinnern an Forschungs- und Ferienreisen (Italien, Frankreich, Griechenland, Türkei, London) oder sind Halte- und Ruhepunkte auf Lesereisen (Knokke, Südamerika, USA). In jedem Fall verkörpern die Orte eine gehörte und erlesene Welt, die mit der erlebten in Vergleich gesetzt wird. Preußen und Österreich als im Mittelpunkt stehende Erinnerungsländer repräsentieren untergehende Welten. Das Leiden an der Vergänglichkeit beschreibt Kaschnitz in einem von SCHOPENHAUER beeinflußten philosophisch-pessimistischen Ton, den sie jedoch durch kraftvolle Bilder aufhellt, die sie aus der Begeisterung für südliche Überlebenskunst schöpft. So entstehen *Aphorismen zur Lebensweisheit*. In dem Willen, die Welt wirklich zeigen oder gar bannen zu können, wählt die Dichterin einen Umweg, indem sie die Lebensvollzüge mit Dingen beschreibt. Eine solche Art der Beobachtung zeugt von einer gesuchten Nähe zu den Anschauungsgegenständen, die sich aber des gebotenen Abstands stets bewußt bleibt. *»Orte«* regen erst zur nüchternen Besinnung an, wenn sie in ihren Schichten aufgedeckt sind, direkt ins Leben eingebunden. So verliert Archäologie, Graben in Vergangenheit, den Selbstzweck und dient der gründlichen Wahrheitssuche. Für die Autorin verbindet sich diese Suche immer mit quälenden Zweifeln (*»Ich habe ein starkes Gefühl, unerlöst zu sein«*) oder auch mit einer Selbstberuhigung (*»Meine Fähigkeit, Worte in eine bestimmte, wie ich glaubte, höhere Ordnung zu bringen, hatte alles aufgewo-*

gen, was ich für eine bessere Ordnung in der Welt nicht tat«). Die dabei entwickelte Leichtigkeit der Texte wird als Ergebnis einer Anstrengung genau beschrieben, einer Arbeit auf Papieren, die *»am Ende wie Schlachtfelder«* aussehen. Aus der allseitigen Erfahrung von Verstörung, Zerstörung findet der Weg in eine behütete Natur über eine phantastische Schau statt. Das Auge verläßt das Zimmer durch die *»Tür«* eines Bilderrahmens. Auf dem Bild durchwandert es den Ort einer gewünschten Zukunft. Vor orientalischem Hintergrund vollzieht sich eine Lebenskunst, die keine schädlichen Spuren hinterlassen kann. Diese Art des Naturerlebnisses ist eigenwillig, einsam, orientiert nach Osten und vermittelt ein Gefühl von Schwermut.

Vor dem Hintergrund des kurzen Essays *Mein Gedicht* (1961) können die vier Prosaarbeiten im Zusammenhang gesehen werden. In einer künstlerisch feinsinnigen Deutung des berühmten Hölderlin-Gedichts *Hälfte des Lebens* legt Marie Luise Kaschnitz dar, daß das Gedicht für sie eine vierstufige Lebensbegleitung bedeutet. So beschreibt sie die anfänglich glückvolle Anschauung der Natur als Fülle des Lebens, die in der *»Wollust der Einsamkeit«* erfahren wird, gefolgt von der Vision einer Winterlandschaft als schrecklicher Erfahrung des Alterns. Damit eng verknüpft ist die begründete Furcht vor dem Verlust der Sinne, vor allem der dichterischen Stimme. Wiederholtes, buchstabengetreues Lesen der Naturgegebenheiten im Sinne des Jahreszeitenwechsels kann zu einem Aushalten der Angst führen. In vergleichbarer Weise spiegeln die vier Prosawerke in der Reihenfolge ihres Erscheinens den Lebensweg der Dichterin mit seiner Botschaft vom unmittelbar erlebenden zum energisch, zweifelnd oder weise reflektierenden Menschen. Parallel dazu entwickeln sich in den einzelnen Werken die künstlerischen Gestaltungsprinzipien. In *Wohin denn ich* bildet die innere Klage auf den Reisen zu Land und zu Wasser einen lückenlosen Zusammenhang, in *Tage, Tage, Jahre* wird mittels kalendarischer Gradlinigkeit die Bindung von Vorstellungsverkettungen an Städte und fiktive Spiele aufgedeckt. In *Steht noch dahin* ruft der Blick auf die Unvollkommenheit des Lebens einen strengen Ton der Anklage hervor, bis sich in *Orte* der Lebensfaden als Erzählspur bildet, der die anscheinend zusammenhanglosen schicksalhaften Ereignisse beruhigend verknüpft.

Eine solche Tonabfolge bekräftigt die Frage nach dem Verhältnis von gelebtem Leben und seiner poetischen Gestaltung. Aus dem vorausschauenden Denken der Kaschnitz über die Gattung *Tagebuch* (1965) ergeben sich unter erweiterter Aufnahme des Untertitels *»Das Tagebuch. Gedächtnis – Zuchtrute – Kunstform«* wiederum Markierungspunkte für die Werkabfolge. So liest sich der Band *Wohin denn ich* als *»Bekenntnisbuch«* einer Witwe, der Band *Tage, Tage, Jahre* als *»Gedächtnis«* einer Stadtbewohnerin, der Band *Steht noch dahin* als *»Zuchtrute«* einer Zeitgenossin und der Band *Orte* als *»Kunstform«* einer Seherin, die zurück und nach vorn schaut. M.Beh.

AUSGABEN: *Wohin denn ich. Aufzeichnungen*: Hbg. 1963. – Ffm. 1981 (in *GW*, Hg. C. Büttrich u. N. Miller, 7 Bde., 1981–1989, 2). – Ffm. 1984 (FiTb).
Tage, Tage, Jahre. Aufzeichnungen: Ffm. 1968. – Ffm. 1971 (FiTb). – Ffm. 1982 (in *GW*, Hg. C. Büttrich u. N. Miller, 7 Bde., 1981–1989, 3). – Ffm. 1984 (st).
Steht noch dahin. Neue Prosa: Ffm. 1970. – Ffm. 1972 (st). – Ffm. 1982 (in *GW*, Hg. C. Büttrich u. N. Miller, 7 Bde., 1981–1989, 3).
Orte. Aufzeichnungen: Ffm. 1973. – Ffm. 1976 (ern. 1985; BS). – Ffm. 1982 (in *GW*, Hg. C. Büttrich u. N. Miller, 7 Bde., 1981–1989, 3).

LITERATUR: B. Reifenberg, Rez. (in FAZ, 21. 9. 1963). – G. Hartlaub, Rez. (in SZ, 28. 9. 1963). – J. Günther, *M. L. K.: »Wohin denn ich«* (in NDH, 1963, H. 96, S. 134 f.). – K. Krolow, Rez. (in FAZ, 17. 9. 1968). – M. Franke, Rez. (in DAS, 22. 9. 1968). – W. Ross, *Dreimal Altern* (in Merkur, 1969, H. 4, S. 386–390). – K. Krolow, Rez. (in FAZ, 18. 4. 1970). – H. Kesten, Rez. (in FRs, 31. 8. 1970). – K. Krolow, Rez. (in FAZ, 7. 11. 1973). – H. Krüger, Rez. (in Die Zeit, 30. 11. 1973). – K. H. Kramberg, Rez. (in SZ, 1./2. 12. 1973). – A. Baus, *Standortbestimmung als Prozeß. Eine Untersuchung zur Prosa von M. L. K.*, Bonn 1974. – J. Ortheil, *Die pathetische Klarheit des Herbstes. Über das autobiograph. Exempel der M. L. K.* (in *M. L. K.*, Hg. U. Schweikert, Ffm. 1984, S. 27–42; st). – S. Kienlechner, *Über Archäologie u. Grundbesitz. Beob. zum topographischen Schreiben bei M. L. K.* (ebd., S. 43–57). – U. Schweikert, *Das eingekreiste Ich. Zur Schrift der Erinnerung bei M. L. K.* (ebd., S. 58–77). – R.-E. Boetcher-Joeres, *Mensch oder Frau? M. L. K.' »Orte« als autobiogr. Beweis eines Frauenbewußtseins* (in DU, 1986, S. 77–85). – N. Altenhofer, *Sibyllische Rede: Poetologische Mythen im Werk von M. L. K.* (in *Zeitgenossenschaft. Zur dt.sprachigen Lit. im 20. Jh. Fs Egon Schwarz zum 65. Geb.*, Hg. P. M. Lützeler u. a., Ffm. 1987).

HEINAR KIPPHARDT

* 8.3.1922 Heidersdorf / Schlesien
† 18.11.1982 München

LITERATUR ZUM AUTOR:
B. Henrichs, *Lehrer ohne Lehre* (in Die Zeit, 26. 11. 1982). – W. Dimter, *H. K. (1922–1982)* (in Schlesien, 28, 1983, S. 174–180). – H. Peters u. M. Töteberg, *H. K.* (in KLG, 14. Nlg., 1983). – K. Rothmann, *H. K.* (in K. R., *Deutschsprachige Schriftsteller seit 1945 in Einzeldarstellungen*, Stg. 1985, S. 213–219). – A. Stock, *H. K. mit Selbstzeugnissen*

u. Bilddokumenten, Reinbek 1987 (rm). – W. Karbach, *Mit Vernunft zu rasen: H. K. Studien zu seiner Ästhetik und zu seinem veröffentlichten und nachgelassenen Werk*, Oberwesel 1989. – *H. K.*, Hg. H. L. Arnold, Mchn. 1990 [Text + Kritik].

IN DER SACHE J. ROBERT OPPENHEIMER. Ein szenischer Bericht

Schauspiel in neun Szenen von Heinar KIPPHARDT, in einer ursprünglichen Fassung als Fernsehspiel gesendet am 23. 1. 1964; Uraufführung der erweiterten Bühnenfassung: Berlin und München, 11. 10. 1964, Freie Volksbühne bzw. Kammerspiele. – Dem Stück dient als Handlungsgrundlage ein 1954 von der Atomenergiekommission der Vereinigten Staaten von Amerika angestrengtes Verfahren gegen den amerikanischen Physiker Julius Robert Oppenheimer, das die sogenannte »Sicherheitsgarantie« des Wissenschaftlers zu überprüfen und sich mit Vorwürfen auseinanderzusetzen hatte, die Oppenheimer – von 1943 bis 1945 in Los Alamos Leiter der staatlichen Laboratorien, in denen die erste Atombombe entwickelt wurde – für die Verzögerung des amerikanischen Dringlichkeitsprogramms zum Bau einer Wasserstoffbombe verantwortlich machten. Die Ermittlungen gegen ihn wurden vom Untersuchungsausschuß im Mai 1954 in Form eines mehr als 3000 Seiten umfassenden Verhandlungsprotokolls veröffentlicht, auf das als Quelle sich Kipphardts Stück bezieht. Sein »szenischer Bericht« hält sich weniger streng an die pure Faktizität protokollierter Aussagen als etwa die Auschwitz-Dokumentation von Peter WEISS – *Die Ermittlung* –, wenn auch beide Stücke den Begriff und den Typus des Dokumentartheaters in Deutschland entscheidend geprägt haben.

Die mehr als vierwöchige Verhandlung, in der über vierzig Zeugen gehört wurden, wird in neun Szenen konzentriert, zwischen denen kurze, zusammenfassende Berichte eines Sprechers vermitteln. Die Verhandlung kreist zunächst um Oppenheimers frühere Verbindungen zu kommunistischen Kreisen, die langsame Abschwächung dieser Sympathien bis zur Beteiligung an einem geheimen militärischen Projekt der USA und das Entsetzen, das der erste Atompilz über Hiroshima bei ihm auslöste. Ein zweideutiger Spionagefall, den Oppenheimer, um einen Freund zu schützen, anzuzeigen unterließ, wirft das Loyalitätsproblem und die Frage der vollkommenen Sicherheitsgarantie auf. Im Fortgang der Untersuchung konzentrieren sich die Fragen der Anklagevertreter auf das Kernproblem: Besteht ein Zusammenhang zwischen Oppenheimers *»linken Verbindungen«* und seinem passiven Verhalten angesichts des Dringlichkeitsprogramms, und, wenn ja, wäre es möglich gewesen, mit seiner Unterstützung schon 1948 eine Wasserstoffbombe herzustellen, die das *»Gleichgewicht des Schreckens, das uns heute lähmt«* entbehrlich gemacht hätte? Oppenheimer wird schließlich von der Mehrheit des Untersuchungsausschusses die Sicherheitsgarantie verweigert. Sein Gewissenskonflikt aber, der sich im Verlauf des Verhörs enthüllt, hat tiefere Hintergründe als nur den der fragwürdigen Treue gegenüber der eigenen Regierung: es ist ein Loyalitätskonflikt, in dem die politische Bindung an ein Staatswesen und die – wissenschaftliche – Verpflichtung der gesamten Menschheit gegenüber einander aufheben. Oppenheimer plädiert in seinem Schlußwort – im Gegensatz zu seinem als Zeuge auftretenden Kollegen Edward Teller, der die Kategorien »moralisch« – »unmoralisch« im Bereich von wissenschaftlich-technischen Entdeckungen gänzlich verwirft – für die limitierende, humane Selbstkontrolle der Naturwissenschaften: *»Ganz anders als dieser Ausschuß frage ich mich ... ob wir Physiker unseren Regierungen nicht zuweilen eine zu große, eine zu ungeprüfte Loyalität gegeben haben, gegen unsere bessere Einsicht, in meinem Fall in der Frage der Wasserstoffbombe ... Wir haben die Arbeit des Teufels getan, und wir kehren nun zu unseren wirklichen Aufgaben zurück.«*

Der inneren Logik des Dokumentartheaters entsprechend, muß Kipphardt die traditionelle Rolle des »Theaterautors« auf ein Minimum beschränken – die Straffung und Gliederung von Rohmaterialien –, wenn er auch sein Stück als »literarischen Text«, nicht als »Dokument« aufgefaßt sehen will. Dennoch gelingt ihm die Akzentuierung und Herausarbeitung eines Konflikts, der nicht zuletzt darauf beruht, daß individuelle Skrupel überflüssig zu werden scheinen angesichts der von Oppenheimers Mitarbeiter, dem späteren Initiator des H-Bomben-Projekts, Teller, formulierten Erfahrung, daß *»brillante Ideen organisierbar«* geworden und *»nicht an einzelne Leute gebunden«* sind. H.H.H.

AUSGABEN: Ffm. 1964 (in *Spectaculum*, Bd. 7; ern. 1982). – Ffm. 1964 (es). – Köln 1978 (in *Theaterstücke*, Bd. 1; ern. Reinbek 1982; rororo). – Reinbek 1987 (in *GW in Einzelausgaben*, Hg. u. Nachw. U. Naumann, 10 Bde., 1986–1990).

LITERATUR: C. W. Thomsen, *Die Verantwortung des Naturwissenschaftlers in M. Shelleys »Frankenstein« u. H. K.s »In der Sache J. Robert Oppenheimer«* (in LWU, 1, 1971, S. 16–26). – R. Charbon, *Die Naturwissenschaften im modernen Drama*, Zürich/Mchn. 1974. – K. H. Hilzinger, *Die Dramaturgie des dokumentarischen Theaters*, Tübingen 1976. – W. Ismayr, *Das politische Theater in Westdeutschland*, Meisenheim a. Gl. 1977. – F. v. Ingen, *H. K.: »In der Sache J. Robert Oppenheimer«. Grundlagen u. Gedanken zum Verständnis des Dramas*, Ffm. u. a. 1978; [3]1985. – S. Volckmann, *Auf ideologischem Schlachtfeld. H. K.: »In der Sache J. Robert Oppenheimer«* (in *Geschichte als Schauspiel*, Hg. W. Hinck, Ffm. 1981, S. 322–339). – N. Miller, *Prolegomena zu einer Poetik der Dokumentarliteratur*, Mchn. 1982. – *Materialien H. K., »In der Sache J. Robert Oppenheimer«*, Hg. L. Bartelheimer u. M. Nutz, Stg. 1984. – E. Neis, *Erl. zu H. K., »In der Sache J. Robert Oppenheimer«*, Hollfeld [4]1985 [überarb.]. – B. Barton, *Das Dokumentartheater*, Stg. 1987.

SARAH KIRSCH

* 16.4.1935 Limlingerode / Harz

DAS LYRISCHE WERK von Sarah KIRSCH. Sarah Kirsch veröffentlichte 1965 zusammen mit ihrem damaligen Ehemann Rainer Kirsch in dem gemeinsam herausgegebenen Band *Gespräch mit dem Saurier* ihre ersten Gedichte. Auch wenn die studierte Biologin, die außerdem zwischen 1963 und 1965 das Institut für Literatur »Johannes R. Becher« in Leipzig besucht hatte, in ihren frühen Gedichten noch nicht durchgehend zu einem eigenen Stil gefunden hatte, sind ihre literarischen Anfänge ein Beispiel für eine neue lyrische Subjektivität gewesen, die sie mit Schriftstellern ihrer Generation in der DDR teilte, mit Günter KUNERT, Reiner KUNZE, Rainer KIRSCH, Volker BRAUN und Karl MICKEL beispielsweise. Dieser neue lyrische Ton in der Literatur der DDR seit 1965 mußte sich gegen den Widerstand der Kulturobrigkeit erst durchsetzen, wie die Lyrik-Debatte in der Zeitschrift ›Forum‹ und im ›Neuen Deutschland‹ deutlich zeigte.

Der Mut zum Existentiellen, die ständige Reflexion der eigenen Autobiographie, aber auch bereits eine vorsichtige Wendung gegen die erstarrte Gesellschaftsordnung der DDR und gegen die verordnete sozialistische Moraldidaxe sind in der ersten selbständigen Gedichtsammlung von Sarah Kirsch mit dem Titel *Landaufenthalt*, die seit 1967 in mehreren erweiterten und veränderten Auflagen erschien, unverkennbar. Das bedeutete jedoch nicht, daß Sarah Kirsch zu diesem Zeitpunkt ihre schriftstellerische Funktion in der sozialistischen Gesellschaft in Frage gestellt hätte. Trotz ihres Unbehagens und ihrer kritischen Distanz war die DDR für sie noch das *»bessere Land«* und bis zu ihrer Übersiedlung 1977 in die Bundesrepublik im Gefolge der Ausbürgerung Wolf BIERMANNS, gegen die sie zusammen mit den wichtigsten Schriftstellern der DDR protestiert hatte, blieb sie eine geförderte und anerkannte Dichterin. Dem Vorstand des Schriftstellerverbandes gehörte sie dann auch bis zu ihrer Übersiedlung nach West-Berlin an, 1973 erhielt sie den Heinrich-Heine-Preis, ihre Bücher wurden publiziert und sie hatte Reisemöglichkeiten auch in den Westen. In dem Gedicht *Fahrt II* der Sammlung *Landaufenthalt* nennt sie die DDR *»mein kleines Land«*; und über das andere Deutschland hinter dem *»Draht«* schreibt sie: *»doch die Worte / die sie hörn die sie lesen, die gleichen Bilder / werden den meinen entgegen sein, ich weiß und seh / keinen Weg der meinen schnaufenden Zug / durch den Draht führt«*. In ihrer ersten Gedichtsammlung sind viele der charakteristischen Topoi ihres lyrischen Werks bereits angelegt. Die Orte und Landschaften, die sie beschreibt, sind Traumlandschaften, sie imaginiert einen ländlichen Lebensraum jenseits der industriellen städtischen Zivilisation, auch wenn diese subjektiven Innenräume von den geschichtlichen und politischen Realien immer wieder sabotiert werden. In dem Gedicht *Der Schnee liegt schwarz in meiner Stadt* ist es der vergessene Judenfriedhof, der unter dem Schnee verborgen liegt, in dem Gedicht *Eines Tages* ist es das Ende des Vietnam-Krieges, das ersehnt wird; erst dann könne das lyrische Ich *»gewissenlos glücklich sein«*. Das Private wird ins Allgemeine übergeführt, so wie das Persönliche ins Kreatürliche.

Auch formal ist in diesen Gedichten der spätere lyrische Stil der Sarah Kirsch deutlich vorgeprägt. Dies gilt insbesondere für ihre Metaphorik. Ihre Metaphern opponieren gegen die mechanisierten Wahrnehmungsformen und gegen eine allgemeine Erfahrungsnivellierung, das lakonische Sprechen widersetzt sich jeglicher traditioneller Naturlyrik, in deren Tradition Sarah Kirsch immer wider gestellt wird. Doch die Ahnen, die sie in ihren Gedichten zitiert, hatten selbst ein gebrochenes Verhältnis zur Natur, auch ihnen gelang keine Idyllik mehr, wie Annette von DROSTE-HÜLSHOFF, LILIENCRON oder Johannes BOBROWSKI, dem sie in ihren Anfängen am nächsten steht. Die poetischen Mittel ihrer lyrischen Sprache, die Verknappung, die in der späteren Lyrik immer radikaler wird, das Enjambement, der sparsame Gebrauch von Satzzeichen, gehören zu einem lyrischen Stil, der schließlich immer expressiver wird.

Nach der Gedichtsammlung *Landaufenthalt* folgen in kurzen Abständen die Bände *Zaubersprüche* (1973), *Rückenwind* (1976), *Wintergedichte* (1978) – dem ersten nach ihrer Übersiedlung nach West-Berlin –, *Katzenkopfpflaster* (1978), *Drachensteigen* (1979), *La Pagerie* (1980), *Erdreich* (1982), *Katzenleben* (1984) und *Schneewärme* (1989). *Widerrede* ist ein Gedicht aus der Sammlung *Zaubersprüche* überschrieben und als eine dauernde Widerrede gegen das Vergessen lassen sich auch die Gedichte der Sarah Kirsch begreifen. Mit ihren Gedichten versucht sie zu bewahren, was nicht von Dauer ist, das privat Gelebte wie das geschichtlich Vergessene. Ihre Gedichte gleichen Momentaufnahmen, die festzuhalten versuchen, was sich immer mehr verflüchtigt oder fremd ist, Kulturlandschaften beispielsweise und Reisebilder, gelungene wie erlittene Augenblicke, glückliche wie schmerzliche Erfahrungen – die Arbeit des Dichters als *»Besinnung«*, so der Titel eines Gedichtes der *Zaubersprüche* –, eine Besinnung, die stellvertretend zu bewahren versucht, was unwiederbringlich verloren wäre. Das Stillstellen der Zeit, dies ist vielleicht die letzte Legitimation des Lyrikers, auch wenn er sich in der Rolle eines tragischen *»Clowns«* sieht, dem das Leben das Sehen gelernt hat: *»Am Anfang war meine Natur sorglos und fröhlich / Aber was ich gesehen habe zog mir den Mund / In Richtung der Füße«*.

Ein Jahr vor ihrer Übersiedlung nach West-Berlin erschien 1976 die Sammlung *Rückenwind* mit dem Zyklus *Wiepersdorf*, ein Dorf in der Mark Branden-

burg mit dem Schloß Achim von ARNIMS, das heute als Arbeitsstelle für DDR-Schriftsteller dient. Melancholie ist eines der Themen dieser Gedichte: *»Hier ist das Versmaß elegisch / Das Tempus Preateritum / Eine hübsche blaßrote Melancholia / Durch die geschorenen Hecken gewebt«*. In der Zwiesprache mit Bettine von ARNIM, deren Grab sich in der Dorfkirche von Wiepersdorf befindet, öffnet Sarah Kirsch den Blick auf ihr dauerndes monologisches Schreiben: *»Dieser Abend, Bettina, es ist / Alles beim alten. Immer / Sind wir allein, wenn wir den Königen schreiben / Denen des Herzens und jenen / Des Staats.«*
Nach ihrer Übersiedlung in die Bundesrepublik (1977) wird die Lyrik zunehmend privater. Der größere Teil ihrer Gedichte seit 1983 gilt der schleswig-holsteinischen Landschaft, in die sich Sarah Kirsch nach ihrer Zwischenstation in West-Berlin zurückgezogen hat. Zuvor waren zwei Sammlungen mit lyrischen Reisebildern erschienen. *La Pagerie* enthält Prosagedichte, die während eines Aufenthalts in der Provence entstanden. Es sind sehr private Gedichte, ein lyrisches Tagebuch, teilweise märchenhaft verspielt und von einer heiteren Trunkenheit, eine persönliche Utopie, die nicht von Dauer sein kann. Der im Jahre 1982 folgende Band *Erdreich* enthält u. a. eine Reihe von Gedichten in denen Sarah Kirsch ihre Reise durch die Vereinigten Staaten lyrisch reflektiert. In der Anonymität der amerikanischen Metropolen entfernt sich das lyrische Ich von dem gewohnten Leben, es spürt die Gefahr verlorenzugehen: *»Mein Selbstbewußtsein / Liegt ausgekotzt im Rinnstein, ich weiß / Was ich bin, fast nicht vorhanden / Ich bin ein frohes Geschöpf / Unter Brüdern und toten Engeln.«* Ein zweiter Zyklus der Sammlung ist *Reisezehrung* überschrieben und handelt vom Verlust der *»märkischen Landschaft«* und ihrer vergangenen und gegenwärtigen Dichter: Grabbe, Braun, Bobrowski und Brockes unter ihnen. *»Ich gedenke nicht am Heimweh zu sterben. / Unauslöschlich hab ich die Bilder im Kopf / Die hellen und die dunklen.«*
Die *»Vorläufige Verwurzelung«*, die sie sich nach dem Verlust ihrer Heimat ersehnt hat, scheint sie in der nördlichen Landschaft der Bundesrepublik gefunden zu haben: *»Unter unholden mürrischen Menschen bin ich / Froh in landläufiger Gegend.«* Doch die *»Erfahrung steckt in den Knochen«*, in der Schwermut der Landschaft spiegelt sich das lyrische Ich in den *»Traumverlorenen Bäumen«*. Die nördliche Landschaft wird zu einer Chiffre für fortschreitende Vereinsamung: *Kälte, Schnee, Winterpromenade, Kahlfrost* und *Geröll* sind einige der Gedichte überschrieben. Wieder will sich keine ländliche Geborgenheit auf Dauer einstellen, die *Unausweichliche Kälte*, so der Titel eines weiteren Texts, wird zur Metapher eines Lebens, das Glück kaum noch zu erhoffen wagt und den ganz realen Verlust der Landschaft durch die gesellschaftliche Zerstörung immer wieder reflektiert – und sich gerade darum ihr immer intensiver hingibt. Der Blick richtet sich auf das Einzelne, auf die Nuancen und Schattierungen eines Winters, von dem die meisten der Gedichte handeln. Knapper ist der Stil, der in immer lakonischer klingenden Wendungen Natur und Ich verschmelzen läßt, so in dem Gedicht *Der Winter*: *»Purpurfahnen. Roter Rauch aus den Häusern. / Verrückte ausgepreßte Seelen fahren auf. / In Sonnenblut getauchte Korallenwälder«*. Natur erscheint so, schreibt Günter Kunert über diese Gedichte, *»vor allem visualisiert, als äußere, uns gegenübergestellte Verlockung, als unerreichbares Heil, als der ewig alte fruchtlose Trost«*. Doch diese Visualisierung wird immer hermetischer, die Bedeutungen entziehen sich zunehmend einer Dechiffrierung. Dunkler und pessimistischer ist dann auch die lyrische Stimmung der jüngsten Sammlung mit dem Titel *Schneewärme*, die Gedichte enthält, die wie *»Spiegel für schwarze Bilder«* erscheinen und die lyrische Werkreihe der Sarah Kirsch mit aller bitteren Konsequenz fortschreiben. Auch hierfür gilt, was Kunert konstatiert hat: *»Was die Dichterin in ihre Umwelt hineinprojiziert, erhält sie echohaft vervielfacht und verfremdet zurück.«* Das monologische Schreiben hat seinen Preis – die Einsamkeit, die erlitten wird, auch wenn sie von Sarah Kirsch als eine gesuchte ausgegeben wird: *»die Einsamkeit / Erfreut mich schon lange. / Das Gewese der Menschen / ist mir zuwider.«* H.S.B.

AUSGABEN: *Gespräche mit dem Saurier. Gedichte* (zus. m. Rainer Kirsch), Bln./DDR 1965. – *Landaufenthalt. Gedichte*, Bln./DDR 1967 (Ebenhausen 1969; ern. 1977). – *Gedichte*, Lpzg. 1967 (Ebenhausen 1969). – *Zaubersprüche*, Bln./Weimar 1973. – *Es war dieser merkwürdige Sommer. Gedichte*, Bln. 1974. – *Rückenwind. Gedichte*, Bln./DDR 1976 (Ebenhausen 1977). – *Musik auf dem Wasser. Gedichte*, Lpzg. 1977 [Ausw. aus *Landaufenthalt, Zaubersprüche* u. *Rückenwind*, Nachw. E. Erb]. – *Wintergedichte. Poetische Wandzeitung*, Ebenhausen 1978. – *Katzenkopfpflaster. Gedichte*, Mchn. 1978 (Ausw. aus *Landaufenthalt, Zaubersprüche* u. *Rückenwind*; dtv). – *Drachensteigen*, Ebenhausen 1979. – *La Pagerie*, Stg. 1980 (Mchn. 1984; dtv). – *Erdreich*, Stg. 1982. – *Katzenleben*, Stg. 1984. – *Landwege. Eine Auswahl 1980–1985*, Nachw. G. Kunert, Stg. 1985. – *Hundert Gedichte*, Ebenhausen 1985. – *Schneewärme. Gedichte*, Stg. 1989.

LITERATUR: A. Endler, *S. K. und ihre Kritiker* (in SuF, 1975, H. 1, S. 142–170). – F. Fühmann, *Vademecum für das Lesen von Zaubersprüchen* (ebd., H. 2, S. 385–420). – K. Wagenbach, *Von der volkseigenen Idylle ins freie Land der Wölfe. Ein Gespräch mit S. K.* (in Freibeuter, 1979, H. 2, S. 85–93). – Ch. Cosentino, *Die Lyrikerin S. K. im Spiegel ihrer Bilder* (in Neoph, 63, 1979, S. 418–429). – M. Reich-Ranicki, *Der Droste jüngere Schwester. Über die Lyrik der S. K.* (in FAZ, 17. 5. 1980). – M. Behn-Liebherz, *S. K.* (in *Neue Literatur der Frauen. Deutschsprachige Autorinnen der Gegenwart*, Hg. H. Puknus, Mchn. 1980, S. 158–165). – H. Spiel, *Laudatio auf S. K.* (in Literatur u. Kritik, 1981, H. 153, S. 132–136). – S. Volckmann, *Zeit der Kirschen? Das Naturbild in der deutschen Gegen-*

wartslyrik: J. Becker, S. K., W. Biermann, H. M. Enzensberger, Königstein/Ts. 1982. – W. H. Fritz, *S. K.* (in KLG, 21. Nlg., 1985). – *S. K.*, Hg. H. L. Arnold, Mchn. 1989 (Text + Kritik).

ALEXANDER KLUGE

* 14.2.1932 Halberstadt

LITERATUR ZUM AUTOR:
R. Lewandowski, *A. K.*, Mchn. 1980 (Autorenbücher). – Ch. Linder, *Die Behandlung der Welt. Über A. K.* (in Ch. L., *Die Träume der Wunschmaschine*, Reinbek 1981, S. 64–111). – *A. K.*, Hg. Th. Böhm-Christel, Ffm. 1983 (st). – *A. K.*, Hg. H. L. Arnold, Mchn. 1985 (Text + Kritik). – H. Beth, *A. K.* (in KLG, 28. Nlg., 1988). – *A. K.*, Hg. S. Liebman, Ldn./Cambridge (Mass.) 1988 (October, Sonderh. 46).

LEBENSLÄUFE

Erzählungen von Alexander KLUGE, erschienen 1962. – Die in diesem ersten Buch des Autors und Filmemachers versammelten Geschichten ergeben zusammen *»eine traurige Geschichte«*, die Geschichte Deutschlands, vermittelt durch die Lebensläufe von neun Personen, deren Leben durch das Dritte Reich geprägt, entstellt, verändert oder beendet wurde. Diese exemplarischen Biographien werden in einem quasi untersuchungsrichterlichen Verfahren zusammengestellt; sie lesen sich wie faktengetreu nacherzählte Gerichtsakten. Dem entspricht die forensisch geschulte Dialogtechnik des Juristen Kluge; freilich werden die Fragen viel hintergründiger, menschlich verständisvoller und mitfühlender gestellt als in einem regulären Gerichtsverfahren, und so fordern sie auch entsetzlichere Schlüsse und Antworten heraus. Unaufdringlich, doch deutlich zeigt sich in den Geschichten das Scheitern der neun Personen an einer Justiz, deren Geschichte, gegenwärtige Praxis und Vertreter als äußerst fragwürdig und dennoch fast unangreifbar erscheinen; in gewissem Sinn ist »Justitia in Deutschland« die zehnte Person, von der erzählt wird.
Nach den Worten des Autors stellen die Erzählungen alle *»aus sehr verschiedenen Aspekten die Frage nach der Tradition«*. Diese Frage und ihre Beantwortung sind implizit in den Lebensläufen enthalten, die meist vom Dritten Reich bis in die bundesrepublikanische Gegenwart herüberreichen. Mit einer Ausnahme sind die Personen alle entweder Opfer oder Mitläufer sowohl des Dritten Reiches als auch der rechtlichen oder gesellschaftlichen Verhältnisse der Bundesrepublik: das Mädchen Anita G., die den Abtransport ihrer Großeltern nach Theresienstadt miterleben muß, sich danach nicht mehr zurechtfindet und zu streunen und zu stehlen beginnt; der Oberleutnant Boulanger, der im Krieg ein Sonderkommando zur Sicherstellung von Schädeln »jüdisch-bolschewistischer« Kommissare leitet; der Lehrer Schwebkowski, durch dessen Erziehung in einer Napola die *»Abrichtungsregel Elternhaus, Volksschule, Höhere Schule unterbrochen«* wurde und der später, teils aus persönlichen, teils aus beruflichen Gründen nicht mehr zurechtkommt. Die *»Frage nach der Tradition«* ist also die Frage, wieweit das Dritte Reich mit seinen Folgen in die Bundesrepublik hineinwirkt, das heißt, ob das Jahr 1945 überhaupt einen wirklichen Einschnitt darstellt.
Die *Lebensläufe*, *»teils erfunden, teils nicht erfunden«*, sind in einer Sprache erzählt, die ihren Charakter als realistische, absolut unpoetische Quasi-Dokumente unterstreicht; sie ist sachlich, metaphernlos und von einer täuschenden, fast protokollarischen Kühle. Die Erzählungen sind einerseits durch die Zwischenfragen des Erzählers gegliedert, auf die dann mit weiteren Erklärungen und Informationen geantwortet wird, zum andern durch die Unterteilung in Abschnitte, die, wie filmische Bildsequenzen, nicht durch verbindende Überleitungen, sondern durch Schnitte getrennt werden: *»Die Geschichten wurden zunächst als Filme konzipiert. Wenn man sie genau ansieht, kann man die ›Schnitte‹ feststellen. Das literarische Prinzip der ›Lebensläufe‹ ist ein filmisches Prinzip«* (A. Kluge). Der Autor selbst verfilmte 1966 – mit seiner Schwester Alexandra Kluge in der Hauptrolle – die Geschichte der Anita G., eine der Erzählungen des von der Kritik allgemein stark beachteten sowie insbesondere wegen des neuen und unprätentiösen Erzählstils gelobten Bandes, und schuf damit einen der ersten und wichtigsten Beiträge zum sogenannten »Neuen deutschen Film«. J.Dr.

AUSGABEN: Stg. 1962. – Ffm. 1964 (FiTb). – Ffm. 1974 (neu bearb. u. erw. Fassg. u. d. T. *Lebensläufe. Anwesenheitsliste für eine Beerdigung*; st).

LITERATUR: H. Heißenbüttel, Rez. (in Deutsche Zeitung, 20./21. 10. 1962). – F. Sieburg, Rez. (in FAZ, 20. 10. 1962). – M. Reich-Ranicki, Rez. (in Die Zeit, 14. 12. 1962). – R. Baumgart, Rez. (in Die Tat, 6. 4. 1963).

SCHLACHTBESCHREIBUNG

Dokumentarische Prosamontage von Alexander KLUGE, erschienen 1964. – Die literarische Darstellung und Interpretation zeitgeschichtlicher Ereignisse zeichnet sich nach dem Zweiten Weltkrieg in zunehmendem Maße aus durch das Mißtrauen gegenüber einer Personalisierung der Geschichte, die sich denn auch als Abfolge überindividueller machtpolitischer und ökonomischer Interessenkonflikte weitgehend individueller Einsicht und

Entscheidungsfreiheit entzieht. Mit diesem Mißtrauen gegenüber individuellem Heldentum, wie es noch kennzeichnend war für die Geschichtsdichtung des 19. Jh.s, verbindet sich die Einsicht in die Unzulänglichkeit poetischer Fiktion, die den historischen Prozeß eher verschleiert und verfälscht als erhellt. Diesem Dilemma sucht das von den Autoren betriebene Studium von Geheimakten, Gerichtsprotokollen, Tagebuchaufzeichnungen und anderen Quellen zu begegnen: Während die literarische Leistung auf die Montage der authentischen Materialien reduziert wird, soll die geschichtliche Realität gleichsam im Medium ihres archivarischen Niederschlags zum Sprechen gebracht werden. Mit dieser dem Dokumentarfilm verwandten und vor allem von Dramatikern wie Rolf Hochhuth, Heinar Kipphardt und Peter Weiss praktizierten Verfahrensweise operiert Alexander Kluge in seiner *Schlachtbeschreibung* derart virtuos, daß er sie in ihrer perfekten Modellhaftigkeit fast schon wieder ad absurdum führt.

Hatte Theodor Plievier in seinem auf authentischen Gefangenenaussagen beruhenden »Tatsachenroman« *Stalingrad* (1945) die kriegsentscheidende Kesselschlacht zum kolportagehaften Kolossalgemälde stilisiert, so beschränkt sich Kluge ausschließlich auf die leidenschaftslos nüchterne Darbietung des dokumentarischen Materials: *»Das Buch beschreibt den organisatorischen Aufbau eines Unglücks. Es geht um das bekannte Unglück von St. Die Ursachen liegen 30 Tage oder 300 Jahre zurück.«* Die montierten echten und die von ihnen nur schwer zu unterscheidenden fingierten Dokumente – Wehrmachtsbericht, vertrauliche Mitteilungen des Reichspressechefs, Auszüge aus der Heeresdienstvorschrift, Durchhaltepredigten von Militärgeistlichen, die tagebuchartige Rekonstruktion des Schlachtgeschehens, Interviews mit ehemaligen Kriegsteilnehmern, Berichte aus dem »Führerhauptquartier« Wolfsschanze und ein Anhang über Manöverspiele, die *»Sprache der höheren Führung«* und die preußisch idealistische *»Formenwelt«* des Militärs – beschreiben somit nicht nur pedantisch genau die historische Schlacht um Stalingrad; darüber hinaus bieten sie – die chiffrenhafte Abkürzung »St.« und der zahllosen *»durch häufige Nennung abgestumpften Namen«* (Hi., P., v. Ma., Zei. usw.) betont es – gleichsam eine Phänomenologie der militärischen und politischen Ursachen, Motive und Strategien. Bewußt verzichtet Kluge auf die kritische Instanz des epischen Kommentators – dem Verfahren der Montage wie dem montierten Material selbst sind Kommentar und Kritik in dialektischer Weise immanent. Die Beschreibung der Schlacht von St., in Wehrmachts- und Presseberichten wie in der *»Militärgeistlichen Behandlung«* zum nationalen »Heldenepos« verfälscht, entlarvt im Medium des konsequent durchgehaltenen militärischen Fachjargons den Wahnwitz der nationalsozialistischen Kriegsführung.

Dennoch vermag das Buch sein komplexes Programm nicht überzeugend zu verwirklichen. Während Kluges *Lebensläufe* (1962), virtuose Etüden dokumentarischen Erzählens, präzise und schlüssige Fallstudien aus der nationalsozialistischen Vergangenheit und der bundesrepublikanischen Gegenwart lieferten, erstickt seine *Schlachtbeschreibung* unter der kaum zu bewältigenden Fülle des Materials. Ermüdende Monotonie und die *»Gefahren einer manieristischen Erstarrung«* (H. Schwab-Felisch) stellen sich fast zwangsläufig ein. Vor allem aber widerstrebt der *»Fiktion des totalen Überblicks«* (F. Schonauer) über das konkrete Schlachtgeschehen und seine Hintergründe die Überhöhung zum Modellfall: *»... das Modell ›St.‹ bleibt in der Rohform des geschichtlichen Falles Stalingrad stekken; eine Transformation findet nicht statt«* (F. Schonauer). Der Text war für Kluge der Versuch, seinen bereits in *Lebensläufe* erprobten Realismus auf ein öffentliches Ereignis anzuwenden: *»Ich halte«*, so heißt es in der Nachbemerkung, *»das Formprinzip, das Formen (der Realität, die uns im Alltag begegnet) durch einen Autor, eigentlich für einen Fehler. Ich bin der Meinung, daß die wirkliche Qualität eines Autors in der Aufmerksamkeit liegt, durch die er aus der Vielfalt gesellschaftlicher Phänomene ein Bild herauswählt, das dann wie ein Kristallgitter funktioniert. Um dieses Kristallgitter, die ursprüngliche idée fixe, kristallisiert sich jetzt ein ganzer Zusammenhang ...«* – ein Erzählverfahren, dem Kluge auch in seinen späteren Textsammlungen (*Lernprozesse mit tödlichem Ausgang*, 1973; *Gelegenheitsarbeit einer Sklavin. Zur realistischen Methode*, 1975; *Neue Geschichten. Hefte 1–18. »Unheimlichkeit der Zeit«*, 1977) wie in seinen Filmen (*Die Patriotin*, 1979; *Macht der Gefühle*, 1982) folgt; zusammen mit dem Soziologen Oskar Negt verfolgt Kluge den *»Realismus der Arbeitsweise des menschlichen Wahrnehmungsapparats«* in den Schriften *Öffentlichkeit und Erfahrung* (1972) sowie *Geschichte und Eigensinn* (1981). M.Schm.

Ausgaben: Freiburg i. B. 1964. – Ffm. 1968 (FiTb). – Mchn. 1969 (u. d. T. *Der Untergang der sechsten Armee – Schlachtbeschreibung*). – Ffm. 1983 (u. d. T. *Schlachtbeschreibung. Neue Geschichten. Hefte 20–27. »Vater Krieg«*; es).

Literatur: R. Baumgart, Rez. (in Der Spiegel, 20. 5. 1964). – J. Kaiser, Rez. (in SZ, 6. 6. 1964). – G. Blöcker, Rez. (in FAZ, 6. 6. 1964). – M. Reich-Ranicki, Rez. (in Die Zeit, 12. 6. 1964; ern. in M. R.-R., *Literatur der kleinen Schritte*, Mchn. 1967; ern. Ffm./Bln. 1972; Ullst. Tb). – N. Born, Rez. (in Berliner Morgenpost, 18. 10. 1964). – K. A. Horst, Rez. (in NZZ, 19. 11. 1964). – H. Schwab-Felisch, Rez. (in NRs, 75, 1964, S. 694–699). – F. Schonauer, Rez. (in NDH, 101, 1964, S. 141–147).

WOLFGANG KOEPPEN

* 23.6.1906 Greifswald

LITERATUR ZUM AUTOR:

W.K., Hg. H.L. Arnold, Mchn. 1972 (Text + Kritik). – D. Erlach, *W.K. als zeitkritischer Erzähler*, Uppsala 1973. – M. Koch, *W.K. Literatur zwischen Nonkonformismus u. Resignation*, Stg. u. a. 1973. – *Über W.K.*, Hg. U. Greiner, Ffm. 1976 (es). – A. Andersch, *Die Geheimschreiber 1. W.K. 2. Ernst Schnabel* (in Merkur, 30, 1976, S. 555–563). – J.-P. Mauranges, *W.K. – littérature sans frontières*, Bern/Ffm. 1978. – M. Reich-Ranicki, *W.K.* (in M. R.-R., *Entgegnung. Zur dt. Literatur der siebziger Jahre*, Stg. 1979, S. 60–66). – A. Lipp, *Die Verschwommenheit u. Unverbindlichkeit der Aussage des nichtfaschistischen dt. Romans der 30er Jahre unter besonderer Berücksichtigung von W.K.s »Die Mauer schwankt«, Hans Carossas »Geheimnisse des reifen Lebens« und Ernst Wiecherts »Das einfache Leben«*, Diss. Univ. of Connecticut 1979 (vgl. Diss. Abstracts, 40, 1980/81, S. 5460A). – G. Vom Hofe u. P. Pfaff, *Das Elend des Polyphem. Zum Thema der Subjektivität bei Thomas Bernhard, Peter Handke, W.K. und Botho Strauß*, Königstein/Ts. 1980. – G. J. A. Burgess, *The Reception of Wolfgang Borchert, W.K. and Siegfried Lenz. An Examination of Critical Attitudes 1946–1978*, Diss. Aberdeen 1982. – S. Craven, *W.K.: A Study in Modernist Alienation*, Stg. 1982. – H. Buchholz, *Eine eigene Wahrheit: über W.K.s Romantrilogie »Tauben im Gras«, »Das Treibhaus« u. »Der Tod in Rom«*, Ffm./Bern 1982. – *W.K. Begleitheft zur Ausstellung der Stadt- u. Universitätsbibliothek Ffm., 16.11. 1982–15.1. 1983*, Hg. A. Estermann u. a. [m. Bibliogr. ab 1945]. – R. L. Gunn, *Art and Politics in W.K.s Postwar Trilogy*, Bern u. a. 1983. – C. Hanbidge, *The Transformation of Failure. A Critical Analysis of Character Presentation in the Novels of W.K.*, Bern u. a. 1983. – M. Durzak u. W. Koeppen, *Überleben im 3. Reich. Gespräch* (in NRs, 95, 1984, S. 88–98). – H.-U. Treichel, *Fragment ohne Ende. Eine Studie über W.K.*, Heidelberg 1984. – B. Uske, *Geschichte u. ästhetisches Verhalten. Das Werk W.K.s*, Ffm. u. a. 1984. – H. Bienek, *Die langsame, aber konsequente Wiederentdeckung des Schriftstellers W.K. durch den Kritiker M. Reich-Ranicki* (in *Über M. Reich-Ranicki. Aufsätze u. Kommentare*, Hg. J. Jessen, Mchn. 1985, S. 71–77; dtv). – *W.K.*, Hg. E. Oehlenschläger, Ffm. 1987 [m. Bibliogr.; st]. – H. Schlösser, *Reiseformen des Geschriebenen. Selbsterfahrung u. Weltdarstellung in Reisebüchern W.K.s, R.D. Brinkmanns u. H. Fichtes*, Wien u. a. 1987. – M. Hielscher, *W.K.*, Mchn. 1988. – Ders., *Zitierte Moderne. Poetische Erfahrung u. Reflexion in W.K.s Nachkriegsroman u. in »Jugend«*, Heidelberg 1988. – K. Siblewski, *W.K.* (in KLG, 4./31. Nlg., 1989).

TAUBEN IM GRAS

Roman von Wolfgang KOEPPEN, erschienen 1951. – Die Möglichkeiten der Montagetechnik von DÖBLIN oder DOS PASSOS, des inneren Monologs von JOYCE mit virtuoser Selbstverständlichkeit nutzend, gibt der Autor in dieser mosaikartigen Szenenfolge die modellhaft konzentrierte Bestandsaufnahme eines Tagesgeschehens im Nachkriegsdeutschland.

Wie »Tauben im Gras« sind die Menschen des Alltags im amerikanisch besetzten München um 1948, gefährdet und Opfer des Zufalls, *»dem Metzger preisgegeben, aber stolz auf die eingebildete, zu nichts als Elend führende Freiheit«*. Sie alle – der Lehrer, der sich mit Drogen zugrunde gerichtet hat, weil er nicht Soldat werden wollte, der Arzt, der seinen Lebensunterhalt als Blutspender verdient – sind »verurteilt«, jeder in einer anderen Weise, auf der Flucht vor einem Dasein, dessen Unheimlichkeit sie spüren, vor einer Welt, die ihnen sinnlos und unbegreiflich zu sein scheint. Aus knappen, exemplarischen Szenen, kaleidoskopartig an- und ineinander gefügt und assoziativ verbunden, entsteht in simultaner Entfaltung das sinnlich füllige Bild einer Großstadt und ihrer Gesellschaft. Während der gefeierte Filmheld Alexander sich für einen neuen Drehabschnitt rüstet, denkt Messalina, seine gewaltige Frau, an lasziv-bewegte Partys und überläßt ihre kleine Tochter den bigotten Quälereien der Kinderfrau, die das »Sündenkind« zu Gott führen will; während der deutsche Schriftsteller Philipp, der sich vom Leben in die Enge getrieben fühlt und nicht mehr schreiben kann, auch in der Liebe seiner aus Not ihr Erbe versetzenden Frau Emilia keine Hilfe findet, träumt Washington Price von einer Existenz als Kneipenwirt in Paris, wo niemand seine Geliebte Carla der Verbindung mit einem Schwarzen wegen boykottieren wird. Die Handlung gewinnt zunehmend an Gefälle, verdichtet sich am Abend zu zwei Schwerpunkten: Der Vortrag des berühmten Modedichters und angelsächsischen Schöngeistes Edwin im Amerikahaus und die lärmvolle, bieder-deutsche Fröhlichkeit des Brauhauses vereinigen die Protagonisten. Schicksale, die durch unsichtbare Fäden miteinander verknüpft sind, erfüllen sich: Die Rache für den Mord an dem Dienstmann Josef, der den Negersoldaten Odysseus Cotton wie ein Hund auf einer Zechtour begleitete, trifft, von den trinkfreudig Feiernden angezettelt, einen Unschuldigen, Carlas Sohn; Edwin gerät auf einem nächtlichen, seinen homosexuellen Neigungen geltenden Spaziergang in die Hände skrupelloser Halbstarker; Philipp, der die junge amerikanische Lehrerin Kate, eine Bewundererin Edwins, die ihn in der Hotelhalle für jenen gehalten hatte, nach dem Vortrag mit auf sein Zimmer nahm, muß erkennen, daß er seiner Welt und seinem Schicksal nicht entfliehen kann. Es hat symbolische Bedeutung, daß Kate, ehe sie sich ihm entzieht, als Gabe den alten Großmutterschmuck auf die Fensterbank legt, den ihr am Nachmittag Emilia, erzürnt über das Feilschen des

Antiquars, als *»freie und absichtslose Tat«*, geschenkt hatte. Als es Mitternacht vom Turm schlägt, ist wieder ein Tag zu Ende, ein Tag wie viele, mit Schicksalen wie viele, voll Furcht und Hoffnung, Schicksale von Menschen, die einander fremd bleiben. – Es verwundert, daß der Roman, in Thematik und Technik mit den kurz darauffolgenden Werken *Das Treibhaus* und *Der Tod in Rom* eng verwandt, beim Erscheinen als aggressiv-militant empfunden wurde. Was ihn kennzeichnet, ist nicht Anklage, sondern Klage, Diagnose, verbunden mit dem Versuch der Ortsbestimmung durch einen Mann, der *»Zeuge gewesen und am Leben geblieben war«*. O.F.B.

Ausgaben: Stg./Hbg. 1951. – Stg. 1969 [zus. m. *Das Treibhaus* u. *Der Tod in Rom*]. – Ffm. 1986 (in *GW*, Hg. M. Reich-Ranicki, 6 Bde., 2). – Ffm. 1986 (zus. m. *Das Treibhaus* u. *Der Tod in Rom*; BS).

Literatur: G. Bungter, *Über W. K.s »Tauben im Gras«* (in ZfdPh, 87, 1968, S. 535–545). – H. Isernhagen, *Die Bewußtseinskrise der Moderne u. die Erfahrung der Stadt als Labyrinth* (in *Die Stadt in der Literatur*, Hg. C. Meckseper u. E. Schraut, Göttingen 1983, S. 81–104). – N. Altendorfer, *W. K.: »Tauben im Gras«* (in *Deutsche Romane des 20. Jh.s. Neue Interpretationen*, Hg. P. M. Lützeler, Königstein/Ts. 1983, S. 284–295). – K. R. Scherpe, *Ideologie im Verhältnis zur Literatur. Versuch einer methodischen Orientierung am Beispiel von W. K.s Roman »Tauben im Gras«* (in GQ, 57, 1984, S. 6–26). – D. J. Ward, *Postwar Germany Distilled. A Translation and an Assessment of W. K.s »Tauben im Gras / Pigeons on the Grass«*, Diss. Univ. of Texas, Austin 1984 (vgl. Diss. Abstracts, 46, 1985/86, S. 1957/58A).

DER TOD IN ROM

Roman von Wolfgang Koeppen, erschienen 1954. – Wie in seinen vorangehenden Romanen (*Tauben im Gras*, 1951, und *Das Treibhaus*, 1953) geht es Koeppen auch hier um eine aktuelle Problematik der deutschen Nachkriegsgeschichte. Wirtschaftswunder und Wiederaufrüstung während der Adenauer-Ära, die Kämpfe in Korea und der kalte Krieg der Großmächte bilden das zeitliche Bezugssystem für eine kritische Auseinandersetzung mit den Folgen des Faschismus, mit der verdrängten, doch untergründig weiterexistierenden nationalsozialistischen Ideologie und den tiefreichenden Beschädigungen, die das Dritte Reich bei den Angehörigen der betroffenen Generation hinterlassen hat.

Das Geschehen ist auf wenige Tage zusammengedrängt. In Rom treffen die Angehörigen einer durch den Nationalsozialismus entzweiten Familie wieder zusammen. Gottlieb Judejahn, ehemaliger SS-General, der sich einem Prozeß durch die Flucht ins Ausland entzogen hat und als militärischer Berater in einem Scheichtum untertauchen konnte, will im Auftrag seines Gastlandes in Rom illegale Waffengeschäfte abwickeln. Eine Begegnung mit seinem einflußreichen Schwager Pfaffrath soll die Frage einer möglichen Rückkehr in die Bundesrepublik klären. Pfaffrath, einst hoher Parteigenosse, schlug sich nach Kriegsende, die Zeichen der Zeit richtig deutend, auf die Seite der Christlich-Konservativen und bekleidet nunmehr als frischgebackener Demokrat das Amt eines Oberbürgermeisters. Die in einer nationalsozialistischen Ordensburg erzogenen Söhne beider, Adolf Judejahn und Siegfried Pfaffrath, haben nach 1945 den Kontakt zu ihren Eltern abgebrochen. Während Adolf als Priester die Schuld seines Vaters sühnen möchte, beginnt Siegfried sich als avantgardistischer Komponist einen Namen zu machen. Anläßlich der spektakulären Uraufführung seiner Zwölftonsymphonie durch den Dirigenten Kürenberg, einen Emigranten, kommt es zum unverhofften und verhängnisvollen Wiedersehen aller Familienmitglieder.

Für Judejahn ist das Dritte Reich noch nicht zu Ende: Revanchelüstern fiebert er dem Tag entgegen, an dem er die alte und vertraute Ordnung wiederherstellen kann. Seine Beziehung zum Faschismus entspringt einer geradezu mythischen Vorstellung: Er hält sich für einen germanischen Kriegsgott, dem aufgetragen ist, alles Nichtdeutsche auszurotten. Für Siegfried Pfaffrath wird die Begegnung mit dem gefürchteten Onkel zu einem Alptraum, der alle Schrecken seiner Jugend wieder heraufbeschwört; seine Homosexualität, die von seinem Aufwachsen in einer reinen Männergesellschaft herrührt, bereitet ihm schwere Schuldgefühle und treibt ihn in eine fast vollständige Isolation.

In einer unheilvollen Verkettung der Ereignisse kulminiert die Handlung. Judejahn versucht das vermeintlich jüdische Barmädchen Laura in einem Anfall von Rassenwahn zu erschießen, weil er glaubt, mit ihr eine *»Sünde wider das Blut«* begangen zu haben. Bei seinem Amoklauf bringt er aber in Wirklichkeit Kürenbergs Frau um, die zufällig in seiner Schußbahn auftaucht und tatsächlich Jüdin ist; ihr Vater war seinerzeit durch Pfaffraths Schuld ins KZ gekommen.

In kurzen, in den Handlungsablauf eingestreuten Szenen gelingt es Koeppen, schlaglichtartig den Zeitzustand zu beleuchten, etwa wenn deutsche Touristen an der Fontana di Trevi das Volkslied »Am Brunnen vor dem Tore« anstimmen oder die Familie Pfaffrath die alten nationalistischen Ressentiments bei einem Picknick auf dem Schlachtfeld am Monte Cassino wieder aufwärmt. – Ironische Anspielungen auf Thomas Manns Novelle *Der Tod in Venedig* finden sich – abgesehen vom Titel – auch in dem von Koeppen parodistisch abgewandelten Schlußsatz der Novelle (*»Die Zeitungen meldeten noch am Abend Judejahns Tod, der durch die Umstände eine Weltnachricht geworden war, die aber niemand mehr erschütterte«*) wie im Hinweis auf Platons *Phaidros* und in der homoerotischen Beziehung Siegfrieds zu einem Strichjungen, die wohl die ein wenig vergeistigte Knabenliebe in Manns Erzählung travestieren soll. In einer ebenso transparenten wie expressionistisch-suggestiven Sprache werden die vielschichtigen Empfindungen und Reaktionen der Personen nachgezeichnet. Koeppens Stil ist deutlich von FAULKNER beeinflußt, an den auch die introspektive Erzählhaltung erinnert. Der Gang der Handlung scheint auf eine pessimistische Grundhaltung des Autors hinzudeuten, doch manifestiert sich darin eher das Gefühl der Ohnmacht, das kritische deutsche Intellektuelle angesichts der Beschönigung der Vergangenheit und des restaurativen Klimas in Deutschland gerade in den fünfziger Jahren empfinden mußten. Wie sehr der Autor durch sein unbeirrbares gesellschaftskritisches Engagement nationale Tabus verletzte, zeigte auch die zwiespältige Aufnahme seines Buches bei der damals dominierenden Literaturkritik.

P.L.

AUSGABEN: Stg. 1954. – Stg. 1969 [zus. m. *Tauben im Gras* u. *Das Treibhaus*]. – Ffm. 1986 (in *GW*, Hg. M. Reich-Ranicki, 6 Bde., 2). – Ffm. 1986 (zus. m. *Tauben im Gras* u. *Das Treibhaus*; BS).

LITERATUR: K. A. Horst, *Der ewige Judejahn* (in Merkur, 9, 1955, S. 589–591). – J. Mittenzwei, *Die musikalische Kompositionstechnik des ›inneren Monologs‹ in K.s Roman »Der Tod in Rom«* (in J. M., *Das Musikalische in der Literatur*, Halle 1962, S. 395–426). – A. F. Bance, *»Der Tod in Rom« and »Die Rote«. Two Italian Episodes* (in FMLS, 3, 1967, S. 126–134). – L. Kopelew, *Ein Toter greift nach den Lebenden. Zu W. K.s Roman »Der Tod in Rom«* (in L. K., *Verwandt und verfremdet. Essays zur Literatur der Bundesrepublik u. der DDR*, Ffm. 1976, S. 111–122). – Th. Richner, *»Der Tod in Rom«. Eine existentialpsychologische Analyse von W. K.s Roman*, Mchn./Zürich 1982. – F. Letsch, *Auseinandersetzung mit der Vergangenheit als Moment der Gegenwartskritik. Die Romane »Billard um halb zehn« von H. Böll, »Hundejahre« von G. Grass, »Der Tod in Rom« von W. K. und »Deutschstunde« von S. Lenz*, Köln 1982.

DAS TREIBHAUS

Roman von Wolfgang KOEPPEN, erschienen 1953. – Koeppens in Bonn zu Beginn der fünfziger Jahre spielender Roman beschreibt die damalige politische Szenerie nur verhüllt und nennt auch die Figuren nicht bei ihren wirklichen Namen. Dennoch erkennt man in den mehr oder weniger versteckten Anspielungen unschwer manchen Angehörigen der Parteiprominenz dieser Zeit wieder: Der »Kanzler« zum Beispiel trägt deutlich Züge Konrad Adenauers, während die Gestalt des sozialdemokratischen Oppositionsführers »Knurrewahn« offenkundige Ähnlichkeiten mit Kurt Schumacher aufweist. Koeppens Verfahren, Fiktives mit Rekursen auf reale Verhältnisse geschickt zu mischen, wobei als wichtigstes politisches Ereignis die heftig umkämpfte Frage der Wiederaufrüstung im Vordergrund steht, hat dazu geführt, daß *Das Treibhaus* häufig als Schlüsselroman gedeutet wurde. In einer Vorbemerkung verwahrt sich Koeppen ausdrücklich gegen dieses Mißverständnis: *»Die Dimension aller Aussagen liegt jenseits der Bezüge von Menschen, Organisationen und Geschehnissen unserer Gegenwart, der Roman hat seine eigene poetische Wahrheit.«*

Trotzdem handelt es sich bei diesem Roman um politische Literatur, freilich in einer übergreifenden Bedeutung. Denn die in Koeppens Romanen (*Tauben im Gras*, 1951; *Der Tod in Rom*, 1954), vorgeführten Konflikte sind immer maßgeblich von bestimmten historischen Ereignissen und den durch sie ausgelösten gesellschaftlichen Umwälzungen abhängig und demonstrieren, wie weitgehend das Sein das Bewußtsein verändern kann. Die Hauptfigur, der Bundestagsabgeordnete Keetenheuve, ist durch die politischen Ereignisse der Nazizeit, deren Ende er im Exil unter bedrückenden Lebensumständen abgewartet hatte, in seiner Entwicklung vielfach gebrochen, irritiert auch in seiner Aktivität; als kompromißloser, zur Selbstquälerei neigender Intellektueller vermag er den Anschluß an die neuen Lebensverhältnisse der deutschen Nachkriegszeit weder in seiner politischen Tätigkeit noch in seiner privaten Existenz herzustellen. Koeppen selbst wollte deshalb *Das Treibhaus* als einen Roman *»des Scheiterns«* verstanden wissen.

Zunächst kehrt Keetenheuve jedoch voller Hoffnung aus der Emigration zurück, wird als Abgeordneter der Opposition in den Bundestag gewählt und versucht, seine fortschrittliche Gesinnung beim Wiederaufbau der Demokratie in der Bundesrepublik zur Geltung zu bringen. Doch nicht allein der autoritäre Regierungsstil des »Kanzlers« und die ohnmächtige Situation der Opposition lassen ihn zunehmend resignieren. Einerseits hat er als ehemaliger Emigrant Alibifunktion, muß sich aber andererseits verleumden lassen, weil er in der Siegerarmee einen Offiziersrang innehatte. In seiner eigenen Partei gilt er als »schwarzes Schaf«, weil er sich die Eigenständigkeit seiner Entscheidungen vorbehält und sich nicht dem Fraktionszwang unterwirft. Als dilettierender Schöngeist, mit einer verzweifelten Liebe zur Literatur, vornehmlich zur Lyrik von CUMMINGS und BAUDELAIRE, als Bohemien, dem bürgerliche Ordnung auch im persönlichen Lebensstil zuwider ist, entfremdet er sich seinen Kollegen, den zähen, feilschenden Pragmatikern, auch persönlich immer mehr. Seine Ehe scheitert; seine sehr viel jüngere Frau, die nicht in der Lage ist, das Kriegserlebnis zu verarbeiten, wird völlig haltlos, entgleitet ihm und verfällt dem Alkohol.

Im »Treibhaus«, der provisorischen Hauptstadt mit ihrem hektischen Klima von Intrigen und Korruption, ihren Dunkelmännern und Geheimdiensten, erkennt Keetenheuve, daß seine Politik zu völliger Wirkungslosigkeit verdammt ist. Die offizielle Linie seiner Partei erscheint ihm als Beschwichtigungspolitik; zum andern sind die Bedingungen für eine Revolution nicht gegeben: *»Die Revolution war tot. Sie war verdorrt... Sie hatte ihre Zeit gehabt. Ihre Möglichkeiten waren nicht genutzt worden.«* Was bleibt, ist die Verfestigung der nationalen Restauration. Die Regierung, die Keetenheuve wegen seines rhetorischen Talents bei der Diskussion um die Wiederbewaffnung fürchtet, möchte ihn als Gesandten nach Guatemala abschieben, was ihm zunächst verlockend erscheint: Er könnte auf diesem Posten sorgenfrei seinen musischen Liebhabereien nachgehen, seine geplante Übersetzung des Gedichts *Le beau navire* von Baudelaire fertigstellen. Die Einsicht, sich damit jedoch völlig von der Realität abzuwenden und sein Scheitern in eine bequeme Lebenslüge zu verwandeln, setzt sich bei ihm durch; er wählt den Freitod als Eingeständnis seines Scheiterns. Der Roman, der mit dem Begräbnis seiner Frau beginnt, endet mit Keetenheuves Sprung von einer Rheinbrücke.

Auch in diesem Werk stellt Koeppen sein ungewöhnliches Gespür für die verschiedenartigsten sprachlichen Valeurs unter Beweis. In seinem Stil, der sich durch einen aggressiven und gleichzeitig melancholischen Ton auszeichnet, verschmelzen Jargon, Pathos und lyrische Prosa zu einer untrennbaren Einheit. Koeppens Fähigkeit, visuelle Eindrücke intensiv aufzunehmen und sie in Bilder von besonderer Einprägsamkeit und Leuchtkraft umzusetzen, charakterisiert auch seine späteren Reisebücher *Nach Rußland und anderswohin* (1958), *Amerikafahrt* (1959) und *Reisen nach Frankreich* (1961). P.L.

Ausgaben: Stg. 1953. – Stg. 1969 [zus. m. *Tauben im Gras* u. *Der Tod in Rom*]. – Ffm. 1986 (in *GW*, Hg. M. Reich-Ranicki, 6 Bde., 2). – Ffm. 1986 (zus. m. *Tauben im Gras* u. *Der Tod in Rom*; BS).

Verfilmung: BRD 1987 (TV; Regie: P. Goedel).

Literatur: P. Stadelmayer, *W. K. »Das Treibhaus«* (in FH, 8, 1953, S. 962/963). – F. R. Allemann, *Restauration im Treibhaus. Gedanken über ein Buch u. eine Epoche* (in Der Monat, 6, 1953/54, H. 2, S. 81–85). – F. Fühmann, *Die Freiheit im Treibhaus* (in Die Nation, 4, 1954, S. 194–201). – H. M. Braem, *Sie halten den Krieg an* (in DRs, 80, 1954, S. 1303–1305). – K. A. Horst, *Hase u. Igel* (in Merkur, 8, 1954, S. 1089–1093). – G. Cwojdrak, *Kleines Rencontre mit der Restauration* (in Neue Dt. Literatur, 3, 1955, H. 8, S. 140–142). – E. Schütz, *Der Dilettant in der geschriebenen Geschichte. Was an W. K.s Roman »Das Treibhaus« modern ist* (in DU, 33, 1981, H. 3, S. 72–81). – A. Höfer, *Die Rolle des Außenseiters in moderner Dichtung. Eine Studie zu W. K.s Roman »Das Treibhaus«* (in Literatur für Leser, 1983, S. 153–170). – K.-H. Götze, *W. K. »Das Treibhaus«*, Mchn. 1985.

FRANZ XAVER KROETZ

* 25.2.1946 München

Literatur zum Autor:
H. Burger u. P. v. Matt, *Dramatischer Dialog u. restringiertes Sprechen. F. X. K. in linguistischer u. literaturwissenschaftlicher Sicht* (in Zs. für Germanistische Linguistik, 1974, H. 2, S. 269–298). – M. Töteberg, *Der Kleinbürger auf der Bühne. Die Entwicklung des Dramatikers F. X. K. und das realistische Volksstück* (in Akzente, 1976, H. 2, S. 165–173). – E. Panzner, *F. X. K. und seine Rezeption. Die Intentionen eines Stückeschreibers u. seine Aufnahme durch die Kritik*, Stg. 1976. – U. Reinhold, *F. X. K. – Dramenaufbau u. Wirkungsabsicht* (in WB, 22, 1976, H. 5, S. 47–59). – R.-P. Carl, *F. X. K.*, Mchn. 1978. – *F. X. K.*, Hg. H. L. Arnold, Mchn. 1978 (Text + Kritik). – G. Müller, *Das Volksstück von Raimund bis K.*, Mchn. 1979, S. 132–143. – J. H. Petersen, *F. X. K. Von der Tragödie der Unfreiheit zum Lehrstück für Werktätige* (in *Studien zur Dramatik in der Bundesrepublik Deutschland*, Hg. G. Kluge, Amsterdam 1983, S. 291–312). – R. W. Blevins, *F. X. K.: The Emergence of a Political Playwright*, NY u. a. 1983. – *F. X. K.*, Hg. O. Riewoldt, Ffm. 1985 (Materialien; st). – A. Betten, *Sprachrealismus im deutschen Drama der siebziger Jahre*, Heidelberg 1985, S. 218–290. – O. Riewoldt, *F. X. K. – Der lange Weg zum Volksstück* (in *Studien zur Ästhetik des Gegenwartstheaters*, Hg. Ch. W. Thomsen, Heidelberg 1985). – P. v. Becker u. M. Merschmeier, *»Ich habe immer nur von mir geschrieben. Dem Volk hab' ich nie aufs Maul geschaut. Das Volk hat mich nie wirklich interessiert«. Interview* (in Theater heute, Jb. 1985, S. 72–87). – M. Töteberg, *F. X. K.* (in KLG, 23. Nlg., 1986). – J. C. Walther, *The Theatre of F. X. K.*, Diss. Univ. of Michigan 1987.

FURCHT UND HOFFNUNG DER BRD

Fünfzehn Szenen aus dem deutschen Alltag des Jahres 1983 von Franz Xaver Kroetz, Uraufführungen: Bochum und Düsseldorf, 27. 1. 1984, jeweils Schauspielhaus. – Mit diesem schon vom Titel her an Bert Brechts *Furcht und Elend des Dritten Reiches* (1938) erinnernden Bilderbogen möchte der auch nach seinem Austritt aus der DKP (1980) in erster Linie an politischen Stoffen interessierte Autor *»die vielen kleinen Schattenseiten der Republik«* dramatisch verdeutlichen. Entstanden sind die fünfzehn Szenen *»aus dem Wunsch heraus, schneller mit der Arbeit auf Ereignisse reagieren zu können«*. Hauptthemen des Stückes sind die Folgen der Arbeitslosigkeit für den einzelnen, sind Existenzangst, Wut, Trauer, Isolation, Trostlosigkeit

und ausweglose Identitätsbeschädigungen. Einige der aus *Mensch Meier* (1976/77), *Der stramme Max* (1979) oder *Nicht Fisch nicht Fleisch* (1980) bekannten Motive werden wieder aufgenommen, nun jedoch auf drastischere und zugespitztere Weise dargestellt. *»Die einzelnen Teile zeigen, begünstigt durch die kurze, schlaglichthafte Form, eine neue Bandbreite dramatischer Möglichkeiten, zum bekannten genauen Blick tritt die bis zur Groteske reichende Überzeichnung«* (O. Riewoldt).
Nicht eine durchgehende dramatische Handlung mit einem festen Arsenal von Figuren verbindet die einzelnen Szenen, sondern das ihnen gemeinsame Grundthema. Neben den von Arbeitslosigkeit gezeichneten Paaren (ER-SIE; Willi Gerngroß und seine Frau Martha; Anna und Karl) treten eine Vielzahl von Einzelpersonen auf, wodurch sich das soziologische Spektrum über das Facharbeiter- und Kleinbürgermilieu hinaus erweitert. Des Arbeitsplatzverlust zerstört die Selbstachtung und das soziale Ansehen, aber auch das seelische und sexuelle Leben der Betroffenen, die wütend und ohnmächtig an die Grenze des Wahns und der Selbstzerstörung aus Verzweiflung getrieben werden (*»Die deutsche Wirtschaft hat keinen Durst. Weil sie keinen Durst hat, kriege ich keine Luft mehr, ich, der Gerngroß Willi«)*. Um sich als vollwertiger Mensch empfinden zu können, ist der Besitz eines Arbeitsplatzes allemal wichtiger als die Liebe (ER: *»Liebst deine Arbeit mehr wie mich?«* SIE: *»Ja.«* ER: *»Ich auch.«* PAUSE). Ebenfalls zur Sprache kommen die ausländerfeindlichen und die anti-emanzipatorischen Auswirkungen der ökonomischen Krise (Karl zu Anna: *»Bist wieder daheim gelandet, hinter dem Kochtopf, wos hingehörst«*). Religiöse Symbole (Jüngstes Gericht, Osterlamm) und politische Polemik verdichten sich zu einem düster-larmoyanten Krisen-Szenario, das der Autor als subjektives Bild *»meiner Gefühlslage von der BRD im Jahr 83«* verstanden wissen möchte. Ein Mann verlangt die Einführung eines Arbeitslosenjudensterns, ein anderer will sich als Lamm Gottes darbringen und sich kreuzigen lassen. Während die Furcht bis in traurig-aberwitzige Verästelungen hinein szenisch vergegenwärtigt wird, kommt die Hoffnung in diesem von unheilvoller Weltuntergangsstimmung durchzogenen Stück nur ganz vereinzelt zum Ausdruck: Eine Traumvision vom *»Weiterleben zwischen Eis und Benzin«* bietet die letzte, *»Verschnaufpause«* überschriebene Szene. *»Mit kaum einer Hoffnung endet das Stück, auch mit der vagen Öffnung über das Thema Arbeitslosigkeit und die BRD hinaus – in universelle Katastrophen-Ahnungen und individuelle Aufbrüche«* (H. Rischbieter).
Die fünfzehn Szenen sind vorwiegend monologisch gestaltet: Den unterschiedlich gezeichneten Ausbrüchen in Psychose und Verzweiflung stehen die jeweiligen Partner meist hilf- und sprachlos gegenüber. In Einklang mit Äußerungen des Autors aus dem Jahre 1980 *(»Mich interessieren mehr und mehr meine eigenen biographie-immanenten, existenziellen Ruinen, die ich versuche, als gesellschaftliche Phänomene zu begreifen und darzustellen«)* kommt in seinem kaleidoskopartigen Reigen der Ausweglosigkeit auch die Situation des »freien« Schriftstellers in der Bundesrepublik zur Sprache – ein neues Moment in seinem literarischen Schaffen. *Material* zum Stück und *Tagebuch*-Auszüge aus seiner Entstehungszeit hat der Autor der Buchveröffentlichung beigesellt. K.Hü.

AUSGABE: Ffm. 1984 (es). – Ffm. 1989 (in *Stücke IV*; st).

LITERATUR: G. Hensel, Rez. (in FAZ, 30. 1. 1984). – U. Schreiber, Rez. (in FRs, 31. 1. 1984). – H. Vormweg, Rez. (in SZ, 3. 2. 1984). – B. Henrichs, Rez. (in Die Zeit, 3. 2. 1984). – H. Rischbieter, *Vom Leid der Arbeitslosigkeit* (in Theater heute, 1984, H. 3, S. 28–30). – V. Auffermann, *Bundesdeutsches Elend – glanzlos u. grausam* (in Theater heute, 1984, H. 8, S. 47).

HEIMARBEIT

Einakter in zwanzig Bildern von Franz Xaver KROETZ, Uraufführung (zusammen mit *Hartnäckig*): München, 3. 4. 1971, Werkraumtheater der Kammerspiele. – Ebenso wie *Hartnäckig* (1971), *Lieber Fritz* (1972), *Wunschkonzert* (1972) und *Wildwechsel* (1973) kann das 1969 entstandene Stück *Heimarbeit* als typisch für die frühe Schaffensphase des sozialkritischen Dramatikers angesehen werden. Es führt in akribischer Langsamkeit und Detailgenauigkeit vor, wie Sprache ihren Sinn als Kommunikationsmittel verloren hat, wie die Menschen – bei Kroetz zumeist aus dem bayerischen Milieu stammend – nur noch fremdbestimmt und stumpfsinnig in vorgefertigten Rede- und Handlungsmustern auf für sie nicht einsichtige Lebenssituationen reagieren können. Bewußt versucht der Autor, an die Tradition des Volksstücks der zwanziger und dreißiger Jahre anzuschließen. Seine vor allem der Dramenkonzeption Ödön von HORVÁTHS verpflichteten inhaltlichen und dramaturgischen Absichten umreißt Kroetz folgendermaßen: *»Ich wollte eine Theaterkonvention durchbrechen, die unrealistisch ist: Geschwätzigkeit. Das ausgeprägteste Verhalten meiner Figuren liegt im Schweigen: denn ihre Sprache funktioniert nicht. Sie haben keinen guten Willen. Ihre Probleme liegen so weit zurück und sind so weit fortgeschritten, daß sie nicht mehr in der Lage sind, sie wörtlich auszudrükken.«* Primäres Ausdrucksmittel ist demnach nicht der Dialog, sondern die Handlung. Gestik und Mimik der agierenden Personen, längere Phasen des Schweigens, dauernde Geschäftigkeit bei betonter Langsamkeit der Bewegungen erzeugen die dramatische Spannung des Stückes. Nicht naturalistisch-abbildende Schilderung, sondern durch Verknappung, Verdichtung und Aussparung erreichter kritischer Realismus kennzeichnen *Heimarbeit* und andere frühe Kroetz-Stücke.

In zwanzig kurzen, stets im selben Zimmer spielenden Szenen gibt *Heimarbeit* Einblick in das triste Alltagsleben einer durch mangelhaftes Sprach- und Artikulationsvermögen gekennzeichneten Familie, die am Rande eines kleinen, in Süddeutschland gelegenen Ortes wohnt. Der vierzigjährige Willy hat durch einen Mopedunfall seinen Arbeitsplatz verloren und hält die Familie durch Heimarbeit über Wasser. Sein Verdienst hängt ab von der Anzahl der verkaufsfertigen Tüten, in die Willy Blumensamen abzufüllen hat. Mürrisch-resignative Gewohnheit und latent-aggressive Spannungen charakterisieren das Familienleben. Willys Ehefrau Martha erwartet ein Baby, dessen Zeugung allerdings in die Zeit fällt, die Willy im Krankenhaus verbringen mußte. Willy legt ihr eine Abtreibung mit der Stricknadel nahe. Marthas Versuch (*»Man muß es probiern. Probiern geht über Studiern«*) bleibt ohne den gewünschten Erfolg. Mit dem krank zur Welt kommenden Kind (Willy: *»Das hab ich mir gleich denkt, daß das nix Richtiges is«*) wissen beide nichts Rechtes anzufangen (Willy: *»Gegen ein Kind kann man nix habn.«* Martha: *»Das sag ich auch.«* Großes Intervall). Man setzt es bewußt der Zugluft aus (ein Motiv aus Ödön von Horváths *Geschichten aus dem Wiener Wald*), doch das Kind überlebt. Martha hält die bedrückende häusliche Situation nicht mehr aus und zieht zu ihren Eltern (*»Ich geh weg von dir, Willy, weil ich dich verlaß«*), so daß die mit wenig emotionaler Zuwendung autoritär »aufgezogene« zehnjährige Monika die Familie versorgen muß. Willy sieht keinen Ausweg mehr und erdrosselt schließlich das Baby im Badebottich. Martha kehrt zurück, und trotz des Vorgefallenen steht am Ende eine Andeutung von gegenseitigem Einverständnis (Martha: *»Jetzt hat alles wieder seine Ordnung«*), obwohl sich an der sozialen Lage der Familie nichts geändert hat.

Die zwanzig Kurzszenen, deren provokante Bilder (Abtreibungsversuch, Masturbation) bei der Uraufführung Proteststürme hervorriefen, zeigen die geringe Bedeutung von Sprache und Rationalität in einem Unterschichtsmilieu, das durch vorgefaßte Ansichten, starre Rollenfixierungen, resignatives Sich-Abfinden und eine Atmosphäre latent-gewalttätiger Gereiztheit gekennzeichnet ist. Die Figuren reagieren *»genau so, wie ihre soziale Abhängigkeit es zuläßt. Die dramatischen Kollisionen entfalten sich aus dem Zusammenstoß zwischen der Determination ihrer sozialen Existenz und dem Versuch, ein Stück Menschenglück zu verteidigen«* (U. Reinhold). Der sozial unterprivilegierte Außenseiter Willy behandelt Frau und Kinder auf autoritäre Weise, gibt also die eigene dumpf verspürte gesellschaftliche Unterdrückung an die nächst Schwächeren weiter, und er benutzt das nicht von ihm stammende Baby als wehrloses Objekt für alle diffusen Schuldvorwürfe, die er an niemanden sonst richten kann. Der von der Gesellschaft allein Gelassene löst schließlich sein Problem, kann dies jedoch nicht anders als auf mörderisch-brutale Art und Weise. Der Stücktitel *Heimarbeit* erhält von daher einen makabren Doppelsinn. K.Hü.

Ausgaben: Ffm. 1971 (in *Spectaculum*, Bd. 15). – Ffm. 1971 (in *Heimarbeit. Hartnäckig. Männersache. Drei Stücke*; es). – Ffm. 1975 (in *Gesammelte Stücke*; st). – Bln./DDR 1981 (in *Stücke*, Hg. u. Nachw. J. Ziller). – Ffm. 1989 (in *Stücke I*; st).

Literatur: B. Henrichs, Rez. (in SZ, 5. 4. 1971). – H. Karasek, Rez. (in Die Zeit, 9. 4. 1971). – Ders., *Die Sprache der Sprachlosen* (in Theater heute, 1971, Jahressonderheft, S. 78 f.). – D. L. Hoffmeister, *The Theatre of Confinement*, Columbia/S.C. 1983. – E. Wendt, *Dramen über Zerstörung, Leiden, Sprachlosigkeiten im Alltag – auf der Flucht vor den großen politischen Stoffen?* (in Theater heute, 1971, H. 5, S. 32–37).

STALLERHOF

Stück in drei Akten von Franz Xaver Kroetz, Uraufführung: Hamburg, 24. 6. 1972, Deutsches Schauspielhaus. – Das der frühen Schaffensphase des erfolgreichen bayerischen Dramatikers zuzurechnende, 1971 entstandene Drama steht von Struktur und Sprachgebung her in der Tradition der kritischen Volksstücke der zwanziger und dreißiger Jahre (Ödön von Horváth, Marieluise Fleisser). Die in radikaler Reduktion und Lakonisierung von Szene und Dialog dargestellte *»Geschlossenheit der Situationen, die Personen als Ausgelieferte und perspektivlose, fatalistische Geschehnisse«* (O. Riewoldt) geben diesem und anderen frühen Kroetz-Stücken ihre eigentümliche Farbe. *Stallerhof* ist dem bayerischen Rededuktus verpflichtet und führt in kritisch-realistischer Expressivität die Lebensschicksale zweier Außenseiter im autoritär-hartherzigen Milieu eines Kleinbauernhofes vor Augen.

Die auf dem Stallerhof heranwachsende Beppi ist ein geistig zurückgebliebenes Kind, das aufgrund mangelnder Zuwendung und Förderung zum gesellschaftlich chancenlosen Außenseiter werden muß. Die Hausgenossenschaft mit einer *»Schwachsinnigen«* wird als Belastung und als soziale Schande empfunden. Ihre Behinderung wird Beppi von den Eltern vorgehalten (Stallerin: *»Zruckbliebn bist, hörst es, was der Papa sagt. Machst uns keine Freud.«* Staller: *»Andere in dem Alter gehn in dem Alter schon in die Handelsschule«*). Beppi wird niemals gelobt, ihre Fehler jedoch werden handfest bestraft. Der kurz vor dem Rentenalter stehende und von Perspektivlosigkeit und Resignation gezeichnete Landarbeiter Sepp, der andere Außenseiter auf dem Hof (*»Kein Glück han ich ebn ghabt im Lebn, das is es. Wenn einer kein Glück hat, kann er nix machn.«* Pause. Staller: *»Jeder is seines Glückes Schmied, heißt es.«* Sepp: *»Net jeder«*), nimmt bei der Arbeit im Stall mit Beppi Kontakt auf. Sie werden Freunde und schließlich ein Pärchen, das auf dem Rummelplatz und im Gasthaus gemeinsam auftritt. Sepp, der sich *»allerweil net traut«* hat, ist in der Beziehung zu Beppi erstmals in seinem Leben nicht von vornherein der Unterlegene. Zwischen den beiden in vielerlei Hinsicht sehr ungleichen, jedoch auf je verschiedene Weise zu kurz gekommenen und von ihrer Umgebung unmündig gehaltenen Partnern kommt es zu Augenblicken schüchterner Zärtlichkeit (Sepp gibt Beppi einen Geldbeutel: *»Da, das is dir mitbracht wordn, aus der Stadt.«* Beppi schaut) und auch, auf äußerst rüde Weise, zu sexuellem Kontakt. Als die Schwangerschaft der auf diesem Gebiet völlig unwissenden Beppi nicht mehr zu verheimlichen ist, spitzt sich der Konflikt mit den Eltern zu. Der Gedanke an eine Beseitigung der Tochter samt Baby taucht auf, wird jedoch verworfen. Auch die Idee einer Abtreibung mit unzureichenden Mitteln wird, entsprechenden Vorbereitungen zum Trotz, nicht verwirklicht, weil die Stallerin doch instinktiv ein gewisses Mitleid mit ihrer Tochter verspürt (Stallerin: *»Frierst ja, Dummkopf.«* Pause). Der Knecht wird vom Hof gewiesen, nachdem der Bauer zur *»Strafe«* Sepps geliebten Hund vergiftet hat. Beppi wird dabei nicht gefragt – eine andere als eine fremdbestimmte Zukunft ist in diesem Milieu nicht denkbar: *»Über ihr Schicksal wird entschieden, bevor sie ihren Zustand noch recht begriffen hat«* (R.-P. Carl). Mit dem Einsetzen der Geburtswehen und Beppis letztem Wort *»Papamama«* endet das Stück.

Die auf dem Stallerhof herrschenden unumstößlichen sozialen Normen und die von süddeutsch-katholischer Religiosität durchtränkten starren Moralvorstellungen erlauben keinerlei Form von Anderssein. Kroetz zeigt die Beschränktheit im Ausdrucks- und Abstraktionsvermögen wie auch das Schielen auf Autoritäten und auf die Meinung anderer vor allem an den Figuren der Stallerin und des Staller. Eine Verbindung wie die zwischen Beppi und Sepp wird als widernatürlich und zugleich als wider die althergebrachten Verhältnisse empfunden. Die herrschende, von Intoleranz und Vorurteilen gekennzeichnete soziale Normalität, deren menschenentwürdigende Züge Kroetz auch in diesem Stück kritisch ausleuchtet, wird indes von keiner seiner Figuren in Frage gestellt. Sie ist auch und gerade in den unter ihr leidenden Personen wirksam, selbst wenn sie deren Bedürfnissen und Interessen fundamental entgegensteht. Die in einer Atmosphäre latenter Gewalttätigkeit von Starrsinn und Dumpfheit umgetriebenen Figuren sprechen eine dialektal gefärbte Sprache, *»die karg, äußerst verkümmert scheint und doch voll mimischen Ausdrucks inneren gepreßten Lebens ist«* (F. N. Mennemeier). Neben dem dramatischen Dialog gehören auch Mimik und Gestik der Figuren und vor allem ihr beredtes Schweigen zu den wichtigen künstlerischen Gestaltungsmitteln des Stückes. *»Als Sprachkritik soll Sozialkritik über das Milieuspezifische hinaus gültig werden mit Hilfe einer Dramaturgie des Schweigens«* (Chr. L. Hart Nibbrig). K.Hü.

AUSGABEN: Velber 1971 (in Theater heute, 1971, Jahressonderheft). – Ffm. 1972 (in *Stallerhof. Geisterbahn. Lieber Fritz. Wunschkonzert. Vier Stücke*; es). – Ffm. 1975 (in *Gesammelte Stücke*; st). – Bln./DDR 1981 (in *Stücke*, Hg. u. Nachw. J. Ziller). – Ffm. 1989 (in *Stücke I*; st).

VERTONUNG: G. Kühr, *Stallerhof* (Oper; Libretto: F. X. Kroetz; Urauff.: Mchn., 3. 6. 1988, Musikbiennale; Hess. Staatstheater Wiesbaden).

LITERATUR: R. Baumgart, Rez. (in SZ, 26. 6. 1972). – C. Grosse, Rez. (in FRs, 26. 6. 1972). – H. Karasek, Rez. (in Die Zeit, 30. 6. 1972). – R. Michaelis, *Tragödienstadel* (in Theater heute, 1972, H. 8, S. 11 f.). – K. Lüthi, *Sprachnot. Ein Kommentar zu »Stallerhof« im Grenzgebiet zwischen Literatur u. Theologie* (in *Prophetische Diakonie. Impulse u. Modelle für eine zukunftsorientierte Pastoral*, Hg. H. Erharter u. a., Wien u. a. 1977, S. 334–348). – Chr. L. Hart Nibbrig, *Rhetorik des Schweigens*, Ffm. 1981, S. 199–214 (st).

KARL KROLOW

* 11.3.1915 Hannover

LITERATUR ZUM AUTOR:
E. Kreuder, *Dichtung als existentielles Experiment* (in Dt. Akad. für Sprache u. Dichtung in Darmstadt, Jb. 1956, Heidelberg/Darmstadt 1957, S. 93–100). – D. Schlenstedt, *Emotion u. Bild. Theoretische Aspekte ihrer Grundbeziehung im bürgerlichen Gedicht nach 1945*, Diss. Bln./DDR 1967, S. 50–169; 249–268. – A. Rucktäschel, *Zur Sprachstruktur moderner Lyrik. Ein Versuch über K. K.*, Diss. Mchn. 1969. – A. Rümmler, *Die Entwicklung der Metaphorik in der Lyrik K. K.s (1942–1962). Die Beziehungen zu deutschen, französischen u. spanischen Lyrikern*, Bern u. a. 1972. – *Über K. K.*, Hg. W. H. Fritz, Ffm. 1972 (es). – R. Paulus, *K.-K.-Bibliographie*, Ffm. 1972. – K. Jeziorkowski, *K. K.* (in *Dt. Dichter der Gegenwart*, Hg. B. v. Wiese, Bln. 1973, S. 395–412). – W. H. Fritz, *K. K.* (in *Dt. Literatur der Gegenwart in Einzeldarstellungen*, Hg. D. Weber, Bd. 1, Stg. ³1976, S. 293–311; KTA). – G. Kolter, *Die Rezeption westdeutscher Nachkriegslyrik am Beispiel K. K.s*, Bonn 1977. – R. Paulus, *Lyrik u. Poetik K. K.s 1940–1970. Produktionsästhetische, poetologische u. interpretatorische Hauptaspekte seines »offenen Gedichts«*, Bonn 1980 [m. Bibliogr.]. – H. S. Daemmrich, *Messer u. Himmelsleiter. Eine Einführung in das Werk K. K.s*, Heidelberg 1980. – F. Massoud, *Epochengeschichtliche Aspekte in der Lyrik K. K.s*, Bern u. a. 1981. – H. Hartung, *K. K.* (in *Die deutsche Lyrik 1945–1975*, Hg. K. Weissenberger, Düsseldorf 1981, S. 167–176). – *K. K.*, Hg. H. L. Arnold, Mchn. 1983 (Text + Kritik). – R. Paulus, G. Kolter, *Der Lyriker K. K. Biographie – Werkentwicklung*

– *Gedichtinterpretation – Bibliographie*, Bonn 1983. – R. Paulus, *K. K.* (in KLG, 18. Nlg., 1984). – B. Hillebrand, *Vernunft ist etwas Schönes. K. K.: Poesie u. Person*, Mainz/Stg. 1985.

DAS LYRISCHE WERK von Karl Krolow. Karl Krolow veröffentlichte 1940 seine ersten Gedichte; bis heute erschienen mehr als 20 Gedichtbände und -sammlungen, dazu Übertragungen französischer und spanischer Dichtung. Gerade der Umfang seiner lyrischen Produktion provozierte durchaus widersprüchliche Reaktionen bei Kritikern und auch Kollegen; als *»galante Gesellschaftslyrik«* (H. D. Schäfer) wurde sein Werk charakterisiert, der Autor als *»Festsänger«* (J. Bobrowski) bezeichnet *(»Er hat zu jedem Feste das passendste Angebot Verse«)*, während etwa H. Friedrich sein Werk, so im Nachwort zu Krolows *Ausgewählten Gedichten* (1962), als *»bedeutende dichterische Diagnose der modernen Seele«* gleichberechtigt neben die Klassiker des französischen und spanischen Surrealismus stellte. Deren neue Bildsprache adaptierte Krolow, nachdem er zunächst unter dem Einfluß der Naturlyrik Wilhelm Lehmanns stand, in den fünfziger und sechziger Jahren, bevor er sich einem lakonisch-realistischeren Duktus zuwandte. Ein Einteilungsangebot seiner Werke liegt vor in der dreibändigen Ausgabe seiner *Gesammelten Gedichte* (1965–1985).

Der erste Band der *Gesammelten Gedichte* (1965) enthält die Lyrik der ersten 20 Jahre, unterteilt in zwei Abschnitte von je einer Dekade. Der erste Abschnitt (1945–1955) ist bestimmt durch die Orientierung einerseits an der Neuen Sachlichkeit Oskar Loerkes und W. Lehmanns, andererseits an der Wirklichkeitsauflösung und -neubildung vor allem des französischen Surrealismus. Die naturmagische Tendenz, wie sie in den frühen Gedichtbänden (*Hochgelobtes gutes Leben*, zus. mit H. Gaupp, 1943; *Gedichte*, 1948; *Auf Erden*, 1949) zum Ausdruck kommt (*»Ich wüchse selig über alles Dunkel / Und wäre Blume, Baum und Vogellaut«*, so das Gedicht *Traum von einem Wald* in *Hochgelobtes gutes Leben*), bricht sich alsbald mit Krolows Betonung *»intellektueller Heiterkeit«*, wie ein Essay aus dem Jahre 1955 überschrieben ist. Krolow favorisiert das *»offene Gedicht«*, das sich *»licht-, luft- und geistdurchlässig«*, gleichsam *»porös«* zu halten habe. Der angestrebte *»souveränere Umgang«* mit dem Stoff, die *»Befreiung aus der stofflichen Überwältigung durch das Vegetations-Detail«*, wie er es in der Naturlyrik seiner frühen Vorbilder walten sah, dokumentiert sich erstmals in dem Band *Die Zeichen der Welt* (1952). Die Eindeutigkeit der Dinge ist geschwunden, die Realität ist nicht mehr verläßlich faßbar; in der *Ode 1950* heißt es: *»Formel der Früchte: wer nennt sie? Auf tönenden Tischen / Der Tage gebreitet, in silbernen Schalen der Nacht! / Sinnlich und nah und zu greifen. Ich suche mit Worten inzwischen / Die Flüchtigen aufzuhalten: mit einer Algebra, zart erdacht / Aus atmenden Silben …«* Von der *»genialen Verschmelzung surrealer Mittel mit dem ›schönen Handwerk‹ der naturlyrischen Schule«* schrieb A. Andersch in seiner Besprechung des Bandes, dem zugleich aber jener nüchterne Pessimismus zu eigen ist *(»Vieles bleibt unbenamt, / Wie sich's in Trauer mischt, / Wie es sich ungenau / Hin zum Vergehen drängt«)*, der auch in Krolows bekanntem Gedicht *Verlassene Küste* sich äußert und von Interpreten wie R. Paulus und G. Kolter als *»Paradigma für einen gedämpften, melancholischen Existentialismus der Nachkriegszeit«* gelesen wurde: *»Segelschiffe und Gelächter, / Das wie Gold im Barte steht, / Sind vergangen wie ein schlechter / Atem, der vom Munde weht, …«*

In der Folgezeit, bis hinein in die Mitte der sechziger Jahre, orientiert Krolow sich in den nunmehr meist reimlosen Gedichten zunehmend an der französischen und spanischen Moderne (J. Supervielle, R. Alberti, J. Guillén). Die Zeit des kalten Krieges und der Restauration kündigt sich in deprimierten Andeutungen an *(»Der Staat, das ist / Der steinerne Gast. / Er erscheint: allen Abwehrgesten / Zum Trotz. / …«)*, die Natur reduziert sich auf formale Strukturgebilde; schon im Gedicht *Orte der Geometrie* aus dem Jahre 1953 hieß es: *»Orte der Geometrie: / Einzelne Pappel, Platane. / Und dahinter die Luft, / Schiffbar mit heiterem Kahne / … / Alles wird faßlich und Form …«* In Krolows wohl berühmtestem Gedicht *Robinson* (1958) aber wird im Ende aller Hoffnung gerade ein neuer Anfang sichtbar: *»Gezählt sind alle Blitze, / Alle Streichhölzer, die übrig blieben. // Bis man es leid ist / Und den letzten Wimpel / Im Meer versenkt.«* Die zentrale Robinson-Figur, der Schiffbrüchige inmitten des Meeres, weist zugleich auf einen weiteren, vorherrschenden Bildbereich, den des Wassers – eine Metapher, die zum Sinnbild für Unsicherheit und Insellage der menschlichen Existenz, aber auch für Leichtigkeit, für Wandlungsfähigkeit, für unterschiedliche Zustandsformen steht. In seiner Büchner-Preis-Rede (1956) sowie in seinem Essay *Von der Zuständlichkeit des Lyrikers in der Politik* (1967) erhebt Krolow, der seine Lyrik mit zahlreichen reflektierenden Essays begleitete, vor allem diesen Aspekt zum Charakteristikum seiner Arbeit: *»Ich glaube, daß die von mir im Gedicht bevorzugten Gegenstände … ohne das Gewicht der Materialität sind. Es sind in Veränderungen befindliche Stoffe … Übergänge von einem zu anderen. Und also bewegliche, sich materialisierende Mitteilungen … ich möchte Rose oder Auge oder Mund oder Hand sagen. Aber zugleich den Übergang von Rose, Auge, Mund, Hand an ihre Umwelt, an Wind, Luft, Licht darstellen, an ein leichtes Ensemble, das den Einzelheiten hilft, so liquid wie möglich zu werden.«*

Eine entscheidende Veränderung im lyrischen Werk Krolows vollzieht sich zwischen den Sammlungen *Fremde Körper* (1959) und *Landschaften für mich* (1966). Bereits A. Rümmler hatte in seiner bis in das Jahr 1962 reichenden Untersuchung der Lyrik Krolows eine Entwicklung hin zu einer *»betont intellektuellen Metapher mit der Tendenz zum Unmetaphorischen«* konstatiert. Die Dinge werden distanziert betrachtet, sie erscheinen in einem irrealen, unvermittelten Zusammenhang: *»Baumschatten lassen / verschiedene Beschreibungen zu. / Der Mittag verzehrt in ihnen / einen Fisch / mit geometrischer Flosse«*, heißt es in *Eine Landschaft für mich.* Ordnung des nur Notwendigen, Verzicht auf Zierat, Rückzug auf das Sachliche sind die Charakteristika dieser Gedichte, die *»offen«* und *»leicht«* bleiben wollen, mit der menschlichen Wahrnehmung ebenso spielen wie mit naturwissenschaftlichen Erkenntnisweisen: *»Ordnung herrscht gern / nach verschiedener Weise.«* Erklärungen wie *»Ich weiß, daß Physik wahr ist«* oder *»Alle Sätze sind gleichwertig«* müssen nicht eine *»Kapitulation der Poesie«* (R. Hartung) involvieren, vielmehr die ästhetische, jederzeit widerrufbare Anverwandlung von Realität. In seinen *»Selbstdeutungen«*, die Krolow 1973 unter dem Titel *Ein Gedicht entsteht* veröffentlichte, erläutert der Autor das Gedicht *Für Celine, vor Zeiten gestorben* (zu dem er durch die Grabinschrift für eine Unbekannte angeregt wurde und die er *»zum jungen Mädchen ›jeder‹ Zeit«* zu stilisieren suchte) *»zugleich momentanes Wunsch- und Luftbild und kurze Realisation, Verkörperung in Bewegung geratener, kombinierender Phantasie, die das Unmögliche nicht kannte«*.

Dabei bleibt Krolow nicht bei einer selbstgenügsamen lyrischen Spielerei stehen, vielmehr kommentieren seine Gedichte immer wieder die politische Entwicklung im Lande, von der Debatte über die Notstandsgesetze bis hin zur Wiederbelebung nationaler Gesinnungen (*»Diese Landschaft wie ein / nationales Lied«*). Die zunehmende Politisierung der westdeutschen Öffentlichkeit Ende der sechziger Jahre geht auch an Krolow nicht vorbei, politische Exponierung, vergleichbar etwa mit Lyrikern wie E. Fried oder H. M. Enzensberger, meidet er jedoch. Die Bände dieses Zeitraums, von *Alltägliche Gedichte* (1968) bis zu *Der Einfachheit halber* (1977), geben sich zunehmend lakonisch, die Metaphorik ist reduziert, die Themen, etwa das Erlebnis der Natur angesichts ihrer umfassenden Zerstörung, lassen sich nur noch ironisch bewältigen, vor allem durch den zitierenden Rekurs auf die literarischen Klassiker; im Falle des Gedichts *Gemeinsamer Frühling* ist es L. Uhlands Zeile *»Nun muß sich alles, alles wenden«*, die den ironischen Kontrast ermöglicht: *»Uns gehören / die Tauben auf dem Dach. / Die Dose Bier / schmeckt wieder im Freien. / Nun muß sich alles, alles / wenden.«* Von *»vorsichtigeren Gefühlen«* spricht Krolow, die Selbstvergewisserung der eigenen Existenz entbehrt jeder gewichtigen Gebärde (*»Man ist am Leben, wenn man / seine farbigen Hemden zählt«*), die Beschränkung auf den erfüllten Augenblick (*»Sich wieder erleben / in Kleinigkeit ohne Perspektive. / Das bleibt immer noch etwas wert«*) dominieren. Eine Ausnahme sind Krolows *Bürgerliche Gedichte*, eine Sammlung erotischer Lyrik, die er 1970 unter dem Pseudonym Karol Kröpcke veröffentlichte.

Krolows »einfachen« Gedichten, wie die Texte dieser Phase von der Kritik charakterisiert wurden, folgte schließlich in den achtziger Jahren die Rückwendung zu traditionellen lyrischen Formen, zum Reim und zur Sprache des Alltags, zuerst im Band *Herbstsonett mit Hegel* (1981). Zunehmend – und auch Krolows späte Prosa zeigt diese Tendenz – tritt der distanzierte Blick auf die eigene Existenz hervor, und Geschichte wird, so in *Herodot oder der Beginn von Geschichte* (1983), zur Abfolge von Gewalt, von Glücksverlangen und von Mythen, von Erinnertem: *»Eine heilige Schlange verschlingt sich selbst. / Was übrig bleibt, wird Bericht.«* Geborgenheit ist, so scheint es, letztlich nur in einer kreatürlichen Übereinstimmung mit der Natur zu finden; so heißt es in *Der Fall* aus dem Band *Als es soweit war* (1988): *»Und wie man lebt und weiter lebt, / ist fortan gleich. Ich spüre: nach / und nach, wie sich der Boden hebt / und senkt. Er gab wie immer nach.«* Die Stellung Krolows als eines der bedeutendsten Repräsentanten der westdeutschen Nachkriegslyrik ist heute unbestritten. Wie bei kaum einem anderen Autor spiegelt sein Werk die Wandlungen und Tendenzen der deutschen Literatur wider; ein Tatbestand, der nicht nur Kritik provozierte, sondern seiner Lyrik auch eine gewisse Unauffälligkeit im Literaturbetrieb verleiht, wie bereits R. Paulus und G. Kolter in ihrer Studie zu Krolows Werk beklagen. In seiner Rezension von *Schönen Dank und vorüber* (1984) faßte W. Hinck dies in die Worte: *»Es gibt zur Zeit nur wenig Autoren, deren Gedichte soviel von der lyrischen Überlieferung wissen und doch so unmittelbar zu uns gesprochen sind. Krolows Verse haben Eleganz, aber nichts von der Sanftheit der Beschwichtigungspoesie. Sie sind von Prüderie ebensoweit entfernt wie von der unbedingten Lust zu schockieren, von falscher Scham ebensoweit wie von Schamlosigkeit.«* M.Beh.-KLL

Ausgaben: *Hochgelobtes gutes Leben. Gedichte von Hermann Gaupp u. K. K.*, Hbg. 1943. – *Gedichte*, Konstanz 1948. – *Heimsuchung*, Bln. 1948 [Vorw. S. Hermlin]. – *Auf Erden. Gedichte*, Hbg. 1949. – *Die Zeichen der Welt. Neue Gedichte*, Stg. 1952. – *Wind und Zeit. Gedichte 1950–1954*, Stg. 1954. – *Tage und Nächte. Gedichte*, 1956. – *Fremde Körper. Neue Gedichte*, Ffm. 1959 (BS). – *Unsichtbare Hände. Gedichte 1959–1962*, Ffm. 1962. – *Ausgewählte Gedichte*, Ffm. 1962 [Nachw. H. Friedrich]; ern. Ffm. 1963 (es). – *Gesammelte Gedichte. 1944–1964*, Ffm. 1965. – *Landschaften für mich. Neue Gedichte*, Ffm. 1966 (es). – *Alltägliche Gedichte*, Ffm. 1968 (BS). – *Allzeit mutig*, Neuwied 1968. – *Bürgerliche Gedichte* [unter dem Pseud. Karol Kröpcke], Hbg. 1970. – *Nichts weiter als Leben. Neue Gedichte mit einem Anhang »Über ein eigenes Gedicht«*, Ffm. 1970 (BS). – *Zeitvergehen. Gedichte* Ffm. 1972. – *Miteinander. Anthologie* [Zusammengest. v. K. K.], Darmstadt 1974. – *Gesammelte Gedichte 2. (1965–1974)*, Ffm. 1975. – *Der Einfachheit halber. Gedichte*, Ffm. 1977. – *Gedichte*, Ffm. 1980 (Ausw. u. Nachw. G. Wohmann; BS). – *Sterblich. Gedichte*, Pfaffenweiler 1980. – *Nocturnos. Gedichte*, Hofheim 1981. – *Pomologische Gedichte*, Kransberg 1981. – *Herbstsonett mit Hegel. Gedichte, Lieder etc.*, Ffm. 1981. – *Zwischen Null und Unendlich. Gedichte*, Ffm. 1982. – *Herodot oder*

der Beginn von Geschichte. Gedichte, Hg. R. Th. Hlawatsch u. H. G. Heiderhoff, Waldbrunn 1983 [m. Essay v. K. Jeziorkowski]. – *Schönen Dank und vorüber. Gedichte*, Ffm. 1984. – *Gesammelte Gedichte 3. (1974–1984)*, Ffm. 1985. – *Gedichte u. poetologische Texte*, Stg. 1985 (Ausw. u. Nachw. R. Paulus; RUB). – *Als es soweit war. Gedichte*, Ffm. 1988. – *Auf Erden. Frühe Gedichte*, Ffm. 1989. – *Meine Gedichte. Eine Auswahl*, Ffm. 1990 (BS).

SCHALLPLATTEN: *K. K. liest aus seinen Gedichten*, Ffm. 1976 (Suhrkamp).

LITERATUR: H. E. Holthusen, *Naturlyrik u. Surrealismus* (in Merkur, 1953, H. 4, S. 321–347; ern. in *Über K. K.*, Hg. W. H. Fritz, Ffm. 1972, S. 9–41; es). – H. Piontek, *Musterung eines Œuvres* (in Wort u. Wahrheit, 1969, H. 4, S. 301–311). – H. Schwerte, *K. K.: Verlassene Küste* (in *Wege zum Gedicht*, Hg. R. Hirschenauer u. A. Weber, Mchn. 71968, S. 384–391). – K. K., *Ein Gedicht entsteht. Selbstdeutungen Interpretationen Aufsätze*, Ffm. 1973 (st). – W. Hinck, *Weder sanft noch schamlos. K. K.s neue Gedichte* (in FAZ, 7. 4. 1984). – H.-J. Heise, *Sensibles u. Triviales versöhnen – Die Lyrik des Dichters K. K.* (in Universitas, 1975, H. 8). – K. H. D. Schäfer, *Die Wandlungen K. K.s* (in NRs, 86, 1975, S. 330–334). – K. Jeziorkowski, *Zu K.s Terzinen vom frühen Einverständnis mit der Welt* (in *Gedichte u. Interpretationen*, Bd. 6, Hg. W. Hinck, Stg. 1982, S. 216–227; RUB). – H. Hartung, *Deutsche Lyrik seit 1965. Tendenzen, Beispiele, Portraits*, Mchn. 1985, S. 163–182. – F. Cercignani, *Zwischen irdischem Nichts u. machtlosem Himmel. K. K. »Gedichte« 1948* (in LJb, 27, 1986, S. 197–217). – Ders., *Dunkel, Grün und Paradies. K. K.s lyrische Anfänge in »Hochgelobtes gutes Leben«* (in GRM, 34, 1986, S. 9–78). – H. Domin, *Zum Leonce-und-Lena-Preis 1979. Rede auf K. K.... (1980)* (in H. D., *Aber die Hoffnung*, Mchn. 21987, S. 180–192). – P. Rühmkorf, *Von der Körpersprache der Poesie. Rede auf den Dichter K. K. anläßlich der Verleihung des F. Hölderlin-Preises* (in FAZ, 8. 10. 1988; auch in P. R., *Dreizehn deutsche Dichter*, Reinbek 1989, S. 141–153). – W. Hinck, *Überleben im Gedicht. K. K.s frühe Lyrik kann wieder besichtigt werden* (in FAZ, 18. 12. 1989).

GÜNTER KUNERT

* 6.3.1929 Berlin

LITERATUR ZUM AUTOR:
K. Werner, *G. K.* (in *Literatur der DDR in Einzeldarstellungen*, Hg. H. J. Geerdts, Stg. 1972, S. 523–547). – H. Richter, *Über G. K.* (in WB, 20, 1974, H. 5, S. 67–88). – *K. lesen*, Hg. M. Krüger, Mchn. 1979. – P. Bekes, *G. K.* (in KLG, 17. Nlg., 1984). – N. Riedel, *Internationale G. K.-Bibliographie. Bd. 1: Das poetische u. essayistische Werk in Editionen, Einzeldrucken u. Übersetzungen*, Hildesheim 1987.

DAS LYRISCHE WERK von Günter KUNERT. Kunerts lyrisches Schaffen erstreckt sich mittlerweile über einen Zeitraum von rund vier Jahrzehnten. Geprägt von den Erfahrungen des Krieges, der nationalsozialistischen Gewaltherrschaft und dem späteren Aufbau einer sozialistischen Gesellschaftsordnung in der DDR, reflektieren seine ersten Gedichtbände die Genese, Bedingungen, Probleme und Widersprüche der soziokulturellen Existenz des Menschen. So wollen die Texte aus *Wegschilder und Mauerinschriften* (1950) oder *Unter diesem Himmel* (1955), aber auch die Lieder- und Balladensammlungen *Tagwerke* (1960) und *Das kreuzbrave Liederbuch* (1961) gleichermaßen die Erinnerung an die jüngste deutsche Vergangenheit wachhalten wie den Blick schärfen für die im Gegenwärtigen verkapselten Potentiale einer gesamtgesellschaftlichen Erneuerung. Mit didaktisch-politischem Anspruch verfolgt Kunert als Aufklärer und loyaler, bisweilen sogar enthusiasmierter Chronist die Entwicklung der sozialistischen Gesellschaft. Seine Gedichte präsentieren sich als Warnung, Mahnung und Orientierungshilfe. Lyrik soll als Medium einer übergreifenden Realitätsbestimmung sozialgeschichtliche Zusammenhänge transparent halten, sie soll *»das Sichtbare ins/Wirkliche«* umsetzen. Ganz in der Tradition des BRECHTschen Lehrgedichtes erprobt Kunert hierbei bereits die Technik dessen, was er *»dialektisches Paradoxon«* nennt *(Über einige Davongekommene; Wenn ihr mal kniet vor einem)*; ein Grundprinzip seiner Lyrik, das er in den folgenden Gedichtbänden noch weiter ausdifferenzieren wird. Antithesen, Paradoxien und Chiasmen bilden dabei die bevorzugten Stilfiguren, mit denen die Spannungen zwischen Individuum und Gesellschaft, geschichtlicher Entwicklung und Gegenwart, Ideal und Realität gestaltet werden. Kunerts zumeist freirhythmische Diktion bedient sich zwar der Alltagssprache, wandelt diese jedoch durch eine Fülle von rhetorischen Figuren ab; sie spielt ebenso virtuos mit dem aus der Barocklyrik stammenden Trikolon und dem Konklusionsschema wie mit dem Parallelismus, der Stauung oder der seriellen Häufung. Die Epigramme, Parabel- und Lehrgedichte des frühen Kunert veranschaulichen abstrakte Gedankengefüge, Thesen und Lehrsätze, wobei sowohl die Bildsprache als auch die unerwartete, kontrapunktierende Schlußpointe die Kritik-, Assoziations- und Urteilsfähigkeit des Lesers aktivieren möchte. Die Texte aus dieser Phase sind durch einen unerschütterten Geschichtsoptimismus gekennzeichnet, der auch noch in der Vergegenwärtigung der weltgeschichtlichen Schrecken dieses Jahrhunderts den Traum von einer besseren Gesellschaft nicht preiszugeben gewillt ist. Hoffnungsfroh endet beispielsweise das Gedicht *Traum von der Erneuerung* mit den Zeilen: *»Eines Tages müßte die Menschheit,/ ihr Krankenbett verlassend,/ geheilt umhergehen.«* Eine Einschätzung, die jedoch die Veröffentlichungen ab etwa Mitte der sechziger Jahre schon nicht mehr teilen. Der Glaube an die Veränderbarkeit der Verhältnisse weicht einer skeptischen Sicht der noch verbliebenen Möglichkeiten einer Rekonvaleszenz des Menschen und der Installation einer neuen, freieren und gerechteren Gesellschaft. Die Bände *Der ungebetene Gast* (1965) und *Verkündigung des Wetters* (1966) demaskieren ironisch bis satirisch die Spannungen, Probleme und Konflikte des sozialistischen Alltags: *»ALS UNNÖTIGEN LUXUS/ Herzustellen verbot was die Leute/ Lampen nennen/ König Tharsos von Xantos der/ Von Geburt/ Blinde.«* Gedichte wie dieses oder *Auch die Würmer* und *Unterschiede* mußten Kunert zwangsläufig mit den kulturpolitischen Trägern der sozialistischen Republik in Konflikt bringen. Schmähungen blieben nicht aus. Allerdings richtet sich seine wachsende Skepsis nicht allein auf für die DDR spezifische Zustände. Der nunmehr unermüdlich vorgetragene Verweis auf die virtuelle Vergeblichkeit menschlichen Strebens, die Ablehnung optimistischer Geschichtsphilosopheme, gleich welcher Provenienz auch immer, und der Abschied von jeglicher technologischer Fortschrittsgläubigkeit bezeugen einen tiefgreifenden Geschichtspessimismus, dessen Visionen apokalyptischer Katastrophen nicht auf nationale Grenzen einzuschränken sind. Die existentiellen Nöte und Gefährdungen des modernen Menschen, seine Isolation und Entfremdung, seine Ängste und Ohnmachtsgefühle im Zeitalter totalisierter Technologie avancieren zum mannigfach variierten Grundthema der *»schwarzen Lehrgedichte«* seit Beginn der siebziger Jahre. Der gravierende Paradigmenwechsel in Kunerts Weltbild ist unübersehbar geworden. So erweisen sich die Gedichtbände *Warnung vor Spiegeln* (1970), *Unterwegs nach Utopia* (1977) und *Abtötungsverfahren* (1980) als traumatische Seismogramme der Erfahrung einer substantiellen Desillusionierung, deren Grundstimmung zwischen Verzweiflung und Melancholie oszilliert. Unwiderruflich lautet es in *Warnung vor Spiegeln: »Wir sind uns einig darüber/ daß unsere Lage aussichtslos ist.«* Ohnmächtig wird ebenso die Tendenz zur totalen Verwaltung und Verplanung des Menschen diagnostiziert wie die unaufhaltsame technische und industrielle Selbstzerstörung. Neben dem literarischen Einfluß BENNS offenbart Kunerts »Poetik der Trauer« in den späteren Texten eine Wahlverwandtschaft mit Autoren wie KLEIST, LENAU und HEINE, deren Werke er sich auch mit einigen theoretischen Arbeiten angenommen hat. Ganz im Geiste dieser literaturhistorischen Tradition bedeutet Schreiben für Kunert *»Rettung vorm Tode«*. Programmatisch formuliert der Aufsatz *»Warum Schreiben?«: »Solange man schreibt, ist der Untergang gebannt, findet Vergänglichkeit nicht statt, und darum schreibe ich: um die Welt, die pausenlos in Nichts zerfällt, zu ertragen.«* Die Publikationen der letzten Jahre *Stilleben* (1983), *Abendstimmung* (1983) und *Berlin beizeiten* (1987) lassen eine Änderung an dieser Grundhaltung nicht erkennen. N.Z.

AUSGABEN: *Wegschilder und Mauerinschriften. Gedichte*, Bln./DDR 1950. – *Unter diesem Himmel. Gedichte*, Bln./DDR 1955. – *Tagwerke. Gedichte und Balladen*, Halle 1960. – *Das kreuzbrave Liederbuch. Gedichte*, Bln./DDR 1961. – *Erinnerung an einen Planeten. Gedichte aus fünfzehn Jahren*, Mchn. 1963. – Dass., Mchn. 1980 (Heyne Tb). – *Der ungebetene Gast. Gedichte*, Bln./Weimar 1966. – *Verkündigung des Wetters*, Mchn. 1966. – *Unschuld der Natur. Gedichte. 52 Figurationen leibhafter Liebe*, Bln./Weimar 1966. – *Poesiealbum 8. Gedichte*, Bln./DDR 1968. – *Warnung vor Spiegeln. Gedichte*, Mchn. 1970. – *Notizen in Kreide. Gedichte*, Lpzg. 1970 [Ausw. H. Witt; ²1975; erw.]. – *Offener Ausgang. Gedichte*, Bln./Weimar 1970. – *Im weiteren Fortgang. Gedichte*, Mchn. 1974. – *Das kleine Aber. Gedichte*, Bln./Weimar 1976. – *Unterwegs nach Utopia. Gedichte*, Mchn. 1977. – *Verlangen nach Bomarzo. Reisegedichte*, Lpzg. 1978. – Dass., Mchn. 1978; ern. Ffm. 1981 (FiTb). – *Unruhiger Schlaf*, Mchn. 1979 [Ausw. G. Kunert]. – *Abtötungsverfahren. Gedichte*, Mchn. 1980. – *Stilleben. Gedichte*, Mchn. 1983. – *Abendstimmung. Gedichte – Holzschnitte* [zus. m. H. Stein], Hauzenberg 1983. – *Berlin beizeiten. Gedichte*, Mchn. 1987.

LITERATUR: K. Werner, *Zur Brecht-Rezeption bei G.K. u. Hans Magnus Enzensberger* (in WB, Brecht-Sonderh., 1968, S. 61–73). – Ders., *Zur sozialistischen u. bürgerlichen deutschen Lyrik nach 1945. Die jüngere Generation: K. u. Berger, Enzensberger u. Rühmkorf*, Diss. Lpzg. 1969. – G. Laschen, *Lyrik in der DDR. Anmerkungen zur Sprachverfassung des modernen Gedichts*, Ffm. 1971, S. 88–98. – M. Müller, *Aspekte der K.schen Weltanschauungsdichtung* (in *Welt im sozialistischen Gedicht*, Hg. S. Schlenstedt u. a., Bln./Weimar 1974, S. 241–247). – R. Rumod, *»Warnung vor Spiegeln«: Zur kulturpolitischen u. sprachlichen Problematik des »schwarzen« Lehrgedichts G. K.s* (in MDU, 1976, S. 425–435). – M. Reich-Ranicki, *Poet des Zweifels* (in FAZ, 24. 10. 1979). – H. Wagener, *G.K.* (in *Die deutsche Lyrik nach 1945*, Hg. K. Weissenberger, Düsseldorf 1981, S. 353–365). – M. Durzak, *»Unverstümmelt dasein ist alles«. Zu K.s »Geschichte«* (in *Gedichte u. Interpretationen*, Bd. 6, Hg. W. Hinck, Stg. 1982, S. 305–318; RUB). – E. Kasper, *»wie ein Gedicht also / das nicht mehr ist als ein Gedicht«. Zur frühen Lyrik G. K.* (in *Deutsche Lyrik nach 1945*, Hg. D. Breuer, Ffm. 1988, S. 306–321).

CAMERA OBSCURA

Prosa von Günter KUNERT, erschienen 1978. – Der Band enthält eine Sammlung von 78 kurzen, kaum

mehr als eine halbe Druckseitenlänge umfassenden Prosastücken, deren Spektrum von Arabesken, Künstler- und Stadtporträts bis zu Denk-Bildern BENJAMINscher Prägung und kafkaesken, parabolischen Kürzestgeschichten reicht. In thematischer wie stilistischer Hinsicht sind diese Prosaminiaturen eng mit Kunerts später Lyrik und Kurzprosa verwandt.
Zwischen erzählerischer Kleinform und meditativer Betrachtung pendelnd, registriert dieser Bilderbogen von Momentaufnahmen thematisch sowohl den Schrecken im scheinbar Unbedeutenden und Nebensächlichen alltäglicher Wirklichkeit – so in den Mikrogeschichten *Vorschlag, Zweiter Vorschlag, Kinobesuch* oder *Amtliche Verlautbarung* – als auch das Befremdliche, der Ratio Inkommensurable, das durch den Umschlag ins Surreale und Absurde zur Groteske gesteigert wird. Insbesondere mit den Parabeln *Ich und Ich, Der rote Streifen, Der fliegende Mensch* oder *Vom Pluto her* läßt Kunerts fotografisch präziser Blick die Welt in grotesker Verzerrung erscheinen. Dabei ist aber nicht die Optik des Autors, sondern die Wirklichkeit selbst Ausgangspunkt. Denn, so Kunert in der Essay-Sammlung *Warum schreiben?* (1976), gerade *»die groteske Darstellung resultiert aus der grotesken Weltverfassung«*. Kunerts Texte sind Reflex einer traumatischen Wirklichkeitserfahrung, ein ineinandergewobenes Glossarium der Isolation, Entfremdung und der Verzweiflung, das eine skeptische Sicht entwirft von den noch verbliebenen Möglichkeiten, den Geschichtsprozeß zu steuern. *»Uns bleibt nichts anderes übrig, als uns an den Reflex des Schreckens zu gewöhnen, Blutflecken zu ignorieren und ein Todesröcheln einfach zu überhören«*, heißt es bitter und resigniert in der Science-fiction-Story *Vom Pluto her*.
Obwohl die Genese der Texte vor dem Hintergrund der sozialpolitischen Lage in der DDR zu sehen ist, bezeugen sie dennoch keine spezifische Ost-West-Differenz. Kunerts Absage an Fortschrittsgläubigkeit und Geschichtsoptimismus ist vielmehr auf kein politisches System reduzibel. Angesichts einer ihm unvermeidlich erscheinenden globalen Katastrophe findet Kunert nur noch bei der poetischen Sprache Rückhalt. In einem bezeichnenderweise *Refugium* genannten Prosastück heißt es: *»Ich lege mich in die Sprache und decke mich mit ihr zu: sie wärmt mich im Schlagschatten meiner Erfahrung. In den wahrlich finsteren Zeiten, darinnen wir Leben vortäuschen, erhellt sie etwas von meinem Umkreis, Zirkel, der immer sich selbst nur ermißt.«* Die rettende Funktion des Schreibprozesses hebt Kunert seit Beginn der siebziger Jahre immer wieder hervor. Schreiben bedeutet leben können, *»Schreiben ist Rettung vorm Tode, solange es anhält«*, notiert er in dem Prosaband *Tagträume in Berlin und andernorts* (1972). Die *»Zelle«* Sprache wird insofern gleichermaßen als *»Kerker«* und *»Daseinsträger«* erfahren; *»was nicht zur Sprache kommt, kommt nicht zur Welt«*. Das Textszenarium der *Camera obscura* stellt sich als Versuch dar, die Irrationalität der Welt im Medium poetischer Sprache zugleich zu bannen und sichtbar zu machen.

N.Z.

AUSGABEN: Mchn. 1978. – Ffm. 1980 (FiTb).

LITERATUR: W. Schütte, Rez. (in FRs, 21. 10. 1978). – H. L. Arnold, Rez. (in Deutsches Allg. Sonntagsblatt, 22. 10. 1978). – J. P. Wallmann, Rez. (in Deutschland-Archiv, 1979, H. 1, S. 78–80).

REINER KUNZE

* 16.8.1933 Oelsnitz / Erzgebirge

LITERATUR ZUM AUTOR:
Über R. K., Hg. A. W. Mytze, Bln. 1976. – *R. K., Materialien und Dokumente*, Hg. J. P. Wallmann, Ffm. 1977. – *R. K., Werk und Wirkung*, Hg. R. Wolff, Bonn 1983. – J. Serke, *R. K., Die Stimme aus der Stille* (in J. S., *Das neue Exil*, Ffm. 1985, S. 8–33). – M. Jäger, *R. K.* (in KLG, 22. Nlg., 1986). – *R. K., Materialien zu Leben und Werk*, Hg. H. Feldkamp, Ffm. 1987.

DAS LYRISCHE WERK von Reiner KUNZE. Die Gedichtbände des im thüringischen Greiz beheimateten und 1977 aus der DDR in die Bundesrepublik übergesiedelten Autors konnten größtenteils nur im Westen erscheinen: *widmungen* (1963); *sensible wege* (1969); *zimmerlautstärke* (1972); *auf eigene hoffnung* (1981); *eines jeden einziges leben* (1986). Während seine frühen Veröffentlichungen (*Die Zukunft sitzt am Tisch*, 1955; *Vögel über dem Tau*, 1959; *Aber die Nachtigall jubelt*, 1962), die in ihrer liedhaften Einfachheit vor allem jugendliche Leser ansprachen, in der DDR Anerkennung fanden, begann sich in den sechziger Jahren die Diskrepanz zur offiziellen Kulturpolitik zu vergrößern. Kunze selbst läßt seine ersten Gedichte bis auf wenige Ausnahmen heute nicht mehr gelten und bezeichnet sie als *»Produkte eines poetologisch, philosophisch und ideologisch Irregeführten«*.
An seinem überwiegend in der ČSSR entstandenen und von ihm selbst als *»Opus 1«* bezeichneten Gedichtband *widmungen* (BRD 1963) läßt sich Kunzes intensive Beschäftigung mit der tschechischen Literatur ablesen, deren moderne, an westeuropäische Lyriker (GARCIA LORCA, APOLLINAIRE) anschließende Metaphorik ihn ebenso beeinflußte wie die *»Metapher der barocken tschechischen Volkspoesie«*. Neben balladesken Gedichten über die Liebe (*Die liebe; Aber das gras unter den füßen*) kreisen die Themen um Sehnsucht nach Menschlichkeit und neuer Heimat (*Ich habe briefe geschrieben; Nach*

einem regen in Melnik; Der vogel schmerz; Ankunft in meiner stadt) und um den Widerstand gegen Anpassung und Fremdbestimmung *(In der Thaya; Von der list, im kreis zu gehn)*.

Der 1969 wieder nur in der Bundesrepublik veröffentlichte Band *sensible wege* thematisiert die Unterdrückung von Individualität und künstlerischer Freiheit durch den Staatsapparat *(der hochwald erzieht seine bäume; das ende der kunst)* wie auch die zunehmende Isolierung Kunzes in der DDR *(einundzwanzig variationen über das thema ›die post‹)*. Das Erscheinen dieses Lyrikbandes, in dem er sich eindeutig zu seinem Staat bekennt *(dreiblick)*, rief in der DDR heftige Kritik hervor *(»aktionslüsterner Individualismus«)* und führte in Verbindung mit Kunzes Protest gegen den Einmarsch in die ČSSR zu Publikationsverbot. Ein Jahr zuvor war aber in der DDR-Lyrikreihe *Poesiealbum* (Nr. 11) dennoch ein Band mit Gedichten aus *widmungen* und *sensible wege* erschienen, allerdings ohne jene Texte, die sich mit Zensur *(von der notwendigkeit der zensur; lesung)*, Einschränkung der Kommunikationsmöglichkeit *(dreiblick; erinnerung an Greiz; dezember)* oder der Solidarität mit verfemten Dichterkollegen befassen *(lied vom biermann)*.

Die Sammlung *zimmerlautstärke* (BRD 1972) spiegelt in lakonisch verknappten Spruchgedichten die beklemmende Lebensrealität und äußerste Defensivposition wider, in der Kunze sich inzwischen befand. Eine Gruppe der Gedichte *(monologe mit der tochter)* setzt sich mit dem restriktiven sozialistischen Erziehungssystem auseinander und weist damit bereits auf die Thematik des Prosabandes *Die wunderbaren Jahre* (1976) voraus. Andere Kapitel fassen Gedichte zusammen über den zerschlagenen Prager Frühling *(wie die dinge aus ton)* und die Unterdrückung von Meinungsfreiheit *(zimmerlautstärke)*. Erst 1973 durfte in der DDR wieder ein Band mit einer Auswahl von 81 bereits publizierten und zum Teil bearbeiteten Gedichten erscheinen, der sofort vergriffen war: *Brief mit blauem Siegel*. Er enthält vor allem Landschafts- und Liebesgedichte, aber auch explizit kritische Texte, die in der DDR noch nicht zu lesen waren *(von der list, im kreis zu gehn; in der Thaya; das ende der fabeln)*.

Der Titel von Kunzes erster Veröffentlichung nach der Übersiedelung in die Bundesrepublik steht programmatisch für seine Schreibhaltung unter dem Druck westlicher Erwartungen: *auf eigene hoffnung* (1981) modifiziert den bekannten Tagebuchtitel Johannes R. BECHERS (*Auf andere Art so große Hoffnung*, 1951) dahingehend, daß Kunze auch außerhalb der DDR nur sich selbst verantwortlich und ohne ideologische Rücksichten schreiben will *(und ein wirklicher leser wird sagen)*. Landschaftsgedichte meditativen Charakters spiegeln in ihrer assoziativen Vielfalt den neuen Erlebnishorizont wider *(in den Highlands; gebirgsschlucht; mit dem gastgeber durch die prärie)*, während andere neue gesellschaftlich-politische Erfahrungen reflektieren *(auch dies ist mein land)*. Stärker in den Vordergrund tritt auch die Frage nach Gott, der für Kunze *»zuflucht hinter der zuflucht«* ist, erreichbar nur über die existentielle Seinserfahrung *(kleine rechenschaft nach Mähren)*.

In dem Gedichtband, *eines jeden einziges leben* (1986), rücken tagespolitische Themen zugunsten zeitlos-poetischer Inhalte in den Hintergrund: Natur- und Liebeslyrik läßt eine gefährdete Welt entstehen *(hoher sommer; august; unter sterbenden bäumen)*, Todesahnungen durchziehen die Texte *(das haus; nachts)*, und religiös motivierte Gedichte stehen neben Reflexionen über das Selbstverständnis des Dichters *(nachdichten; dichter im exil)*.

Auch wenn Kunzes Lyrik in der Bundesrepublik vor allem auf ihren aktuellen politischen Gehalt hin rezipiert wurde, versteht er selbst sich nicht als »Oppositioneller«, sondern als allgemein engagierter Schriftsteller, der im Schreiben einen *»akt der gewinnung von freiheitsgraden nach innen und außen«* sieht. Von Staat und Partei früh enttäuscht, begann er den Anspruch auf freie Entfaltung der Persönlichkeit in seinen Gedichten einzuklagen. Hinweise auf diese poetische Neuorientierung gab bereits der 1959 gehaltene Vortrag zu *Fragen des lyrischen Schaffens*, in dem Kunze in Anlehnung an Johannes R. BECHERS *Verteidigung der Poesie* (1952) das subjektive Erlebnis als Voraussetzung dichterischen Schaffens und als Grundlage für die Identifikation des Lesers mit der poetischen Gestalt betonte. In seiner Lyrik geht er, im Gegensatz zu Günter KUNERT, nicht vom Intellekt, sondern vom Gefühl aus, seine Gedichte registrieren Fakten, dokumentieren Zustände, ohne deren Ursachen zu hinterfragen. Zahlreiche Übersetzungen aus dem Tschechischen und Slovakischen (bes. Gedichte von Jan SKÁCEL) lassen ihn eine metaphorische Sprache entdecken, die durch die *»Verknüpfung der entgegengesetzten Welten viel menschliche Wärme«* freisetzt. Symbole wie »Vogel« und »Rose« stehen für die Suche nach Heimat *(Der vogel schmerz)* oder Freiheit *(Spätsommer)* und für die Vielfalt des Lebens und der Kunst *(In der Thaya; Horizonte)*. Unmittelbare Naturerfahrung wird zum Sinnbild wahren Menschseins *(Philosophie)* und als Gegenwelt zur gesellschaftlichen Wirklichkeit beschworen, ähnlich wie bei Peter HUCHEL, dem Kunze mehrere Gedichte widmet. Rückbezogen auf Albert CAMUS und den französischen Existentialismus, engagiert Kunze sich für die *»Bewahrung des Menschen vor der Einsamkeit«* in einer absurd anmutenden Welt. Die künstliche Dialoghaltung der Gedichte soll die Gefahr des Verstummens bannen *(einladung zu einer tasse jasmintee)*; im entlarvenden Zitieren offiziellen Sprachgebrauchs *(kurzer lehrgang: »Im mittelpunkt steht / der mensch // nicht / der einzelne«)* und in einprägsamen Parabeln wendet sich Kunze gegen die Stagnation revolutionärer Veränderungen *(lied vom biermann)*, wobei der Einfluß des späten BRECHT in der aphoristisch-satirischen Zuspitzung von Konfliktsituationen deutlich wird *(auf einen vertreter der macht)*. Diese äußerste formale Konzentration, die immer zur Verteidigung der Menschenwürde aufruft, birgt aber auch die Gefahr, an der komplexen politischen Realität vorbeizuzielen *(vortrupps hier: »In den händen / pflastersteine, die schweren samen / der finsternis // Steinwurf um steinwurf rückt sie vor«)*; die Bildlichkeit der Sprache weist oftmals nicht über sich hinaus *(die großen spaziergänge; in der provence; zettel in den fugen der klagemauer von Jerusalem)*. C.Kn.

AUSGABEN: *Fragen des lyrischen Schaffens. Referate* (zusammen mit Gerhard Wolf u. Klaus Pfützner; in Beiträge zur Gegenwartsliteratur 18, Hg. Deutscher Schriftstellerverband, Halle 1960, S. 6–37). – *widmungen. Gedichte*, Bad Godesberg 1963. – *Poesiealbum 11. Gedichte* (Ausw. aus *widmungen* und *sensible wege*), Bln./DDR 1968. – *sensible wege. achtundvierzig gedichte und ein zyklus*, Reinbek 1969; ern. 1977. – *zimmerlautstärke. gedichte*, Ffm. 1972; ern. 1977. – *Brief mit blauem Siegel. Gedichte* (einige frühe Gedichte sowie eine Auswahl aus *widmungen, sensible wege* und *zimmerlautstärke*), Lpzg. 1973. – *auf eigene hoffnung. gedichte*, Ffm. 1981; ern. 1987. – *eines jeden einziges leben. gedichte*, Ffm. 1986.

LITERATUR: Rezensionen der einzelnen Gedichtbände: G. Zehm (in Die Welt, 19. 3. 1964). – S. Brandt (in FAZ, 4. 7. 1964). – W. H. Fritz (in Stuttgarter Ztg., 14. 6. 1969). – L. Baier (in FAZ, 17. 7. 1969). – M. Gansel (in Allemagne d'Aujourd'hui, 1970, Nr. 23, S. 61–65). – H.-J. Heise (in Rheinischer Merkur, 29. 9. 1972). – U. Herms (in Stuttgarter Ztg., 21. 10. 1972). – J. Nolte (in Die Zeit, 23. 2. 1973). – B. Bondy (in SZ, 21. 4. 1973). – P. Demetz (in FAZ, 22. 8. 1981). – H.-J. Heise (in Die Zeit, 18. 9. 1981). – J. Kaiser (in SZ, 5./6. 9. 1981). – H. Hartung (in FAZ, 6. 9. 1986). – H.-J. Heise (in SZ, 6. 9. 1986). – M. Ahrends (in Die Zeit, 26. 9. 1986). – H. L. Arnold (in Nürnberger Nachrichten, 2. 10. 1986). – M. Santak (in FRs, 1. 10. 1986). – R. Moritz (in Rheinischer Merkur, 3. 10. 1986). – C. Jenny-Ebeling (in NZZ, 10. 10. 1986).

DIE WUNDERBAREN JAHRE

Prosatexte von Reiner KUNZE, erschienen 1976. – Die zum Schutz des DDR-Autors im stillen vorbereitete und überraschende Veröffentlichung des Buches in der Bundesrepublik brachte Kunze eine Resonanz, wie er sie mit seiner Lyrik bis dahin noch nicht erreicht hatte. Die Betroffenheit über die in lakonisch knappen Skizzen und Kurzgeschichten dokumentierte bedrückende Situation von DDR-Jugendlichen – ein Gegenbild zur offiziellen Version einer frohen und unbeschwerten Kindheit – machte das Buch im Westen zu einem Politikum. Grundlage für den größten Teil dieser – formal stark an Kunzes Lyrik orientierten – Texte waren zahlreiche Gespräche des Autors mit Schülern, Studenten, Lehrlingen und jungen Soldaten; geschrieben wurde das Buch schließlich in einem Zeitraum von fast drei Jahren. Die DDR reagierte auf diese brisanten Texte mit dem Ausschluß Kunzes aus dem Schriftstellerverband (1976) und setzte ihn schließlich so unter Druck, daß er 1977 in die Bundesrepublik übersiedelte.

Der Titel des Buches bezieht sich auf ein Zitat aus Truman CAPOTES Roman *The Grass Harp*, 1951 *(Die Grasharfe)*, wo es heißt: *»Ich war elf, und später wurde ich sechzehn. Verdienste erwarb ich mir keine, aber das waren die wunderbaren Jahre.«* In bitterem Kontrast dazu stehen die Mechanismen, mit denen Jugendliche, besonders in der DDR, ihrer Individualität und Spontaneität beraubt werden. Unter der Überschrift *Friedenskinder* schildert Kunze nicht nur die fehlende Erziehung zu Toleranz und kritischer Reflexion (ein Sechsjähriger durchbohrt Spielzeugsoldaten, weil es *»die anderen«* sind), vor allem zeigt er auch die zunehmende Einbeziehung der Schüler in paramilitärische Einrichtungen auf, so daß die *»sozialistische Wehrerziehung«* schließlich fast folgerichtig in den Aufbau eines Feindbildes und in die Ausführung des *»Schießbefehls«* münden muß.

Der Hauptteil des Buches *(Verteidigung einer unmöglichen Metapher)* schließt thematisch an den in dem Gedichtband *zimmerlautstärke* (1972) veröffentlichten Zyklus *Monologe mit der Tochter* an. Er skizziert in teils autobiographisch gefärbten, auch humorvollen Vater-Tochter-Geschichten die alltägliche Suche junger Menschen nach Identität und Lebensstil, die aber oft durch Bürokratismus und Spießertum dramatisiert oder rigoros unterdrückt wird: Das Herumzeigen einer Ansichtskarte aus Tokio wird als *»Propaganda für das kapitalistische System«* denunziert *(Mitschüler)*, das Tragen dunkler Pullover als zu wenig *»optimistisch«* gerügt *(Menschenbild I)* und Gitarrespielen in der Öffentlichkeit als *»Störung des sozialistischen Zusammenlebens«* geahndet *(Nachhall)*. Wer die *Bibel* lesen will, gilt als *»unsicheres Element« (Element)*, denn gleichzeitig ist die Kirche der letzte öffentliche Ort, wo die Jugendlichen nichts von ihrer Persönlichkeit *»ablegen«* müssen *(Orgelkonzert)*.

In einem dritten Teil *(Café Slavia)*, in dem Kunze seine Solidarität mit dem »Prager Frühling« – eine andere »wunderbare« Zeit – dokumentiert, schreibt er über zwei Reisen nach Prag: einmal nach dem Einmarsch der Warschauer-Pakt-Truppen im Jahr 1968, als er in einem Lokal als DDR-Bürger erkannt und deshalb nicht bedient wird; und dann 1975, als Kunze im Café zwar keine Probleme mehr hat, sich aber andererseits die »Normalisierung der Verhältnisse« auch darin ausdrückt, daß in wichtigen Anthologien tschechischer Lyriker die Namen einiger zwar berühmter, aber politisch mißliebiger Dichter fehlen. Kunze zitiert neun Gedichte dieser totgeschwiegenen Autoren und verhilft ihnen so zu einer Öffentlichkeit.

Die wunderbaren Jahre sind melancholische Blicke auf eine unbestechliche Jugend, die wißbegierig, kritisch, aber auch verletzlich ist. Kunze, der unbeirrbar an die Kraft der Vernunft glaubt, registriert besonders sensibel die zerstörerischen Einschüchterungsversuche des Staates, für den die Verfügungsgewalt über seine Bürger an erster Stelle steht. Die scheinbar emotionslosen Tatsachenschilderungen klagen kommentarlos an: *»Mit diesem Buch habe ich versucht, mit Erschütterungen fertig zu werden, mit denen ich auf andere Weise nicht fertig wurde«*; dennoch sei dies *»kein Buch gegen einen Staat«* (Kunze). Wie schon in seinen Gedichten, so arbeitet Kunze auch hier mit dem Mittel der äußersten Konzentration und der dialektischen Pointierung. Einzelne Titel stehen zu ihrem Text in ironischem Kontrast und entlarven so die Absurdität der Situationen. Durch die Reduktion des Erzählers auf die Funktion eines Chronisten, durch die quasi-authentische Wiedergabe von Dialogen und offiziellen Äußerungen erreichen die Texte einen dokumentarischen Charakter, der ihren zeitlos-literarischen Gehalt oftmals in den Hintergrund drängt.

In der Bundesrepublik wurde Kunzes Buch überwiegend als politisches Dokument aufgenommen, das einen *»einmalig schrecklichen Eindruck von der ›inneren Wirklichkeit‹ der DDR«* (H. Böll) vermittle. Die Kritik lobte die Präzision der Texte, den manchmal fast absurden Witz und die bescheidene Diktion der *»parabelhaft verknappten realistischen Miniaturen«* (R. Becker). Die ästhetische Verdichtung dieser Kurzprosa, die auch als ein *»Kult des Schlichten, des Kalenderspruchhaften«* (J. Kaiser) empfunden werden kann, weist auf die Allgemeingültigkeit des Geschilderten hin: *»Mir ging es um das Exemplarische, das künstlerisch Relevante, also darum, mit einem möglichst hohen Maß an Authentizität Strukturen in uns sichtbar zu machen, die sich auf unser Menschsein zerstörerisch auswirken«* (Kunze); und diese Strukturen seien vielleicht eher ein *»deutsches Element«* als ein DDR-spezifisches.

C.Kn.

AUSGABEN: Ffm. 1976. – Ffm. 1978 (FiTb). – Ffm. 1978 (in *Die wunderbaren Jahre. Lyrik, Prosa, Dokumente*, Hg. K. Corino). – Ffm. 1986 (in *Die wunderbaren Jahre. Ausgewählte Gedichte*).

VERFILMUNG: BRD 1979 (Regie: R. Kunze).

LITERATUR: P.H. Neumann, Rez. (in Merkur, 1976, Nr. 343). – M. L. Linn, *R. K.s »Die wunderbaren Jahre« – Analyse der literarischen Form* (in DU, 1978, H. 6, S. 70–81). – M. Durzak, *Das andere Deutschland – Leben in der DDR* (in M. D., *Die deutsche Kurzgeschichte der Gegenwart*, Stg. 1980, S. 425–456). – H.-P. Klausenitzer u. M. Sallmann, *Rückblick auf »Die wunderbaren Jahre«* (in Deutschland Archiv, 1980, H. 8, S. 864–866). – H. Abret, *Vorschläge zur Behandlung von R. K.s »Wunderbaren Jahren«* (in Nouveaux Cahiers d'Allemand, 1983, H. 1, S. 290–311).

HERMANN LENZ

* 26.2.1913 Stuttgart

LITERATUR ZUM AUTOR: M. Durzak, *Vor deiner Haut beginnt die Fremde. Gespräch mit H. L.* (in M. D., *Gespräche über den Roman*, Ffm. 1976, S. 225–246; st). – N. Born, *Ich habe nichts über den Krieg aufgeschrieben* (in *Literaturmagazin 7. Nachkriegsliteratur*, Hg. N. Born, Reinbek 1977, S. 30–74). – *Über H. L. Dokumente seiner Rezeption (1947–1979) u. autobiographische Texte*, Hg. I. u. H. Kreuzer, Mchn. 1981. – R. Koch, *H. L.* (in KLG, 24. Nlg., 1986). – R. Moritz, *Schreiben, wie man ist. H. L. – Grundlinien seines Werkes*, Tübingen 1989.

VERLASSENE ZIMMER

Roman von Hermann LENZ, erschienen 1966. – Das Werk eröffnet einen Zyklus von autobiographischen Romanen: *Andere Tage* (1968), *Neue Zeit* (1975), *Tagebuch vom Überleben und Leben* (1979), *Ein Fremdling* (1983), *Der Wanderer* (1986) sowie *Seltsamer Abschied* (1988). – Nachdem der Autor in früheren Werken wiederholt eine ins Wiener Adelsmilieu der Jahrhundertwende versetzte Wunschbiographie entfaltet hatte (*Das stille Haus*, 1947; *Die Augen eines Dieners*, 1964), wandte er sich ab Mitte der sechziger Jahre der authentischen Fassung des autobiographischen Stoffs zu. Der Roman *Verlassene Zimmer* schildert, zurückgreifend bis ins Biedermeier, die Zeit der Vorfahren und Großeltern in ihrer schwäbischen Provinzwelt. Liebenswerte, stille Menschen werden heraufbeschworen, mit bürgerlichen Wertvorstellungen und vaterländischer Gesinnung. Großvater Julius Krumm, gut situierter Wirt im Weingärtnersdorf Gablenberg bei Stuttgart, gleicht sich in Bart und Huttracht seinem württembergischen König an. Einst war er nach Amerika ausgewandert, aber das Heimweh hatte ihn zurückgetrieben. Seine begabte Tochter schickt er aufs Konservatorium und sieht sie in seinen Wunschträumen bereits als gefeierte Pianistin. Wie er ist auch seine Frau von eher grübelndem, vorsichtigem Naturell; nach seinem Tod lebt sie allein mit ihrer Tochter. Diese heiratet den liebenswürdig-energischen Zeichenlehrer Hermann Rapp, der seine Erfüllung als Offizier im Ersten Weltkrieg findet. Die Aufmerksamkeit der Witwe Krumm aber gehört vor allem ihrem Enkel Eugen, literarisches Alter ego des Autors, einem stillen, in sich gekehrten Jungen (*»Ich tu nicht gern was; lieber schau ich zu«*). Nur peripher nimmt sie Notiz vom Zusammenbruch der politischen Ordnung nach 1918 und versteht nicht mehr, weshalb ihr Schwiegersohn nun als Kommandant der *»Einwohnerwehr«* beschimpft wird: *»Die Weiber schrien

ihm ›Noske-Hund!‹ nach und spuckten, doch traf ihn keine.«
Der Roman *Andere Tage* (1968) begleitet die Entwicklung von Eugen Rapp in den Jahren von 1925 bis 1936, jenem Zeitraum, der in den Sieg des Nationalsozialismus mündet. In weiten Teilen des Romans beobachtet Eugens robuste, aber einfühlsame jüngere Schwester die Personen ihres bürgerlichen Lebenskreises und erfährt, wie die nationalsozialistische Machtübernahme die Familie polarisiert. Der Vater tritt der NSDAP bei und geniert sich im Kollegenkreis für seinen Sohn: *»›Ja, der Eugen ist halt Demokrat ...‹, sagte Herr Waidelich, und es klang recht abschätzig.«* Eugen wiederum berichtet von *»Rüpeln in abortfarbenen Uniformen«* an der Universität, und immer drängender quälen ihn, den lustlos lernenden Theologie- und Kunststudenten, Gedanken an den bevorstehenden Krieg; zunehmend lebt er *»abwesend«*. Als einzige Form der Selbstbewahrung entdeckt er das Schreiben und debütiert auf Empfehlung des Stuttgarter Dichters Bitter (d. i. Georg von der VRING) mit zehn Naturgedichten als Lyriker.
Wiederum ist die lärmende Zeit in einem stillen Buch eingefangen, wiederum hat Lenz hinter alltäglich-banalen Einzelvorgängen die unmerkliche Progression des Schreckens versteckt. Gesteigert wird dieses Stilprinzip im Roman *Neue Zeit* (1975); Eugen Rapp, dem es vor dem Dritten Reich *»weit nei graust«*, versucht als »Dandy«, sich vom vulgären Alltagsfaschismus abzuheben und abseits zu bleiben, ohne seine Gegnerschaft aktiv zu dokumentieren; Widerstand liegt nicht in seiner Natur. Die Kriegsjahre in Frankreich und an vorderster Front in Rußland übersteht er als einer, der *»taumelt«, »stolpert«, »sich aufrappelt«, »wegrutscht«, »weiterwerkelt«, »sich flach macht«, »weiterschlampt«.* Dem Angebot, Offizier zu werden, verweigert er sich; er sieht keinen Sinn darin, *»Arbeiter, Bauern, kleine Angestellte in den Tod«* zu schicken. Er ist ein meisterhafter Schütze und gibt selbst keinen Schuß auf den Feind ab. Als er in amerikanische Gefangenschaft gerät, stellt sich heraus, daß die Patronen in seinem Gurt von Grünspan überzogen sind. Erneut wird ihm die Literatur zu einem Mittel der Selbsterhaltung: *»Da wurde in einen Menschenkopf eine Maschinenpistolensalve hineingejagt, der Menschenkopf lag neben seinen Füßen, er sah's von oben her und ganz nahe; und trotzdem schrieb er wenig später Verse, in denen nur ein heller Schein und Schimmer war.«* Die barbarische »neue Zeit« ist nur durch die Erinnerung an die alte Zeit zu ertragen; die Zukunft erscheint als *»leerer Nebel«*. Am Leben hält sich Eugen Rapp durch die Flucht in Gedanken und Aufzeichnungen und vor allem durch die in langen Bogen erzählte Liebe zur Halbjüdin Hanni Treutlein, die wie die übrigen Personen in diesem Band mit dem Nachnamen zuerst, als »Treutlein Hanni«, vorgestellt wird. Auch der Erzähler nennt sich immer häufiger »Rapp Eugen« – als stünden er und seine Mitmenschen unter ständigem Appell in der »neuen Zeit«.
Die Rückkehr Rapps aus der Kriegsgefangenschaft 1946 und die ersten Nachkriegsjahre sind festgehalten im *Tagebuch vom Überleben und Leben* (1979). Gegen alle lebenspraktischen Erwartungen seiner Umwelt strebt Rapp keinen gutbürgerlichen Beruf an, sondern setzt seinen Lebenstraum durch: unterstützt von seiner jungen Frau Hanne führt er unter dem Dach des unzerstörten Stuttgarter Elternhauses eine freie Schriftstellerexistenz. Aus einem Mosaik kleiner Episoden und Momentaufnahmen erwächst das Bild jener Zeit, die geprägt ist von Lebensmittelkarten, Entnazifierungsschwindeleien drangvoller häuslicher Enge und kleinen Glücksfragmenten: *»Als Eugen hinterm Paravent an seiner Geschichte ›Fanjas Spiegel‹ schrieb und Hanne sich Notizen für ihren Weihnachtsvortrag über Altarbilder machte, den sie im Schwesternverein halten mußte, weil Tante Lene es so wünschte, kam die Mutter in die Stube und brachte zwei Stück Zwetschgenkuchen, eine tolle Überraschung.«* Befremdet registriert der junge Schriftsteller das wiedererwachende literarische Leben in Deutschland. Die sogenannte »Trümmerliteratur« erscheint ihm *»grob und simpel«*, und in der amerikanischen ›Neuen Zeitung‹ wird ein Autor gefeiert, den Hanne *»noch anno 45 in Uniform mit Schleppsäbel«* und Parolen vom Endsieg auf den Lippen durch München flanieren sah.
Ein Fremdling (1983), so der Titel des folgenden Romans, bleibt Eugen Rapp im Literaturbetrieb der neuen Republik. Er veröffentlicht drei – kaum beachtete – Bücher und verdingt sich als Sekretär des Stuttgarter Kulturvereins sowie eines Schriftstellerverbandes. Nachts aber schreibt er – mit Stahlfedern, *»die er ins Tintenfaß eintauchte, als befände man sich immer noch im Jahre 1890 oder 1910«*. Gleichgültigkeit schlägt ihm bei einer Tagung der Gruppe 47 entgegen, deren Pandämoniumsrituale entlarvend beschrieben werden. Die erfolgreiche Kollegin Elsa (d. i. Ilse AICHINGER) gibt Hanne zu verstehen: *»Ihr Mann ist so ein reizender Mensch und schreibt so widerliche Sachen.«* Rapp begegnet in diesen Jahren vielen Kollegen, die ihm *»durchgefuchst, sattelgerecht, enorm eloquent«* vorkommen. Und er bekommt viele Ratschläge: Loschek etwa (d. i. Hermann KASACK) *»hatte eine strenge, scharf umgrenzte Vorstellung davon, wie man heutzutage schreiben müsse: So, wie er es tat.«* Und der einflußreiche Herr vom Nachtstudio im Rundfunk (d. i. Helmut HEISSENBÜTTEL) gebietet, *»Gedichte dürften heutzutage nur aus Wörtern und nicht aus Gefühlen gemacht werden«*. Tiefes Einverständnis herrscht dagegen zwischen Eugen, Hanne und Jakob Stern (d. i. Paul CELAN).
Aus der Außenseiterperspektive des Erfolglosen entwickelt Lenz ein genaues Bild der fünfziger Jahre in ihrer gespreizten Prosperität. Man lebt nach den Gesetzen des Marktes, die tüchtige Schwester an der Seite eines geldraffenden Bäckermeisters und »Cafetiers« ist eines der Musterbeispiele deutscher Wirtschaftswunderbürger, in deren Alltag erst die Zwischentöne der politischen und sozialen Veränderungen deutlich werden. Der Schriftsteller Rapp aber bleibt der dem Zeitgeist gegenüber distanzierte, *»geistesabwesende Schwabe«*, der immer

nur im *»Stüble hockt«* bei seiner *»Schreiberei«*, in den Augen des konsequent als Gegenfigur fungierenden Vaters und der meisten Mitmenschen ein seltsamer Träumer. Sogar in seinem Liebesleben unterscheidet er sich von den anderen, denn er ist treu. Zwar registriert er zufrieden Angebote zum Abenteuer, scheut aber das Risiko: *»Wenn du fünfzig bist, ist die immer noch dreiunddreißig, und du bist ein müder Gaul in der heißen Manege.«*
In Bescheidenheit und Distanz verharrt Eugen Rapp auch in den sechziger Jahren. Dem *Wanderer* (1986), wie der folgende Roman betitelt ist, bleiben die modernen Verkehrsmittel suspekt, materieller Ehrgeiz ist dem kärglich besoldeten Verbandssekretär fremd, literarischer Ehrgeiz bleibt ihm versagt. Er paßt nicht zum Wohlstand und Selbstgefälligkeit entfaltenden Bürgertum, fühlt sich aber keineswegs wie viele der jüngeren dazu berufen, bewußtseinsverändernd auf eine aufklärungsbedürftige Leserschaft einzuwirken. So werden die Sommerwanderungen im Bayerischen Wald zur Zuflucht, sein Bedürfnis nach Zeit und Stille erfüllend: *»Dich vertiefen ins Geringste, Unscheinbarste, darauf kommt's dir an.«* Ihn fasziniert nach wie vor das Alte, Patinaveredelte, das er bedroht, ins Abseits gedrängt sieht: *»Und er nahm sich vor, beim nächsten Mal das Löwentor genau anzuschauen, vergaß es aber, weil er auf dem Straßenübergang die Autos zu beachten hatte.«*
Mit dem Roman *Seltsamer Abschied* weitete Lenz 1988 seine *»autobiographische Recherche«* über *»das Durchkommen eines Empfindlichen«* (A. v. Schirnding) bis in die frühen siebziger Jahre aus. Der zeitabgewandte Schriftsteller – der von Begegnungen mit einem alten Schäfer schwärmt und in Landschaftsbildern schwelgt – gerät in diesmal unausweichlichen Konflikt mit dem »Zeitgeist«. Der Schriftstellerverband wählt den nicht hinreichend gewerkschaftlich orientierten Sekretär kurzerhand ab, nimmt ihm den Brotberuf. Der Verleger stellt die Arbeit ein. Die Verwandtschaft vertreibt durch skrupellos durchgeführte Erbstreitigkeiten den Sechzigjährigen aus dem jahrzehntelang bewohnten elterlichen Haus. Und in endlosen Diskussionen um die politische Relevanz von Literatur vernimmt er nur Wortgeklingel: *»Lieber mit dem Schäfer reden als mit Literaturbeflissenen.«* In dieser existenzbedrohenden Situation geschieht unverhofft die späte Entdeckung des Erzählers Eugen Rapp aufgrund der Intervention Peter HANDKES (im Roman: Stephan Koral), dessen Essay *Tage wie ausgeblasene Eier. Einladung, Hermann Lenz zu lesen* (1973) geradezu eine Lawine öffentlicher Aufmerksamkeit auslöst.
In der literarischen Kritik avanciert der Autor daraufhin zum Meister der indirekten Darstellung, der seine Figuren sich wechselseitig spiegeln läßt, dessen *»psychologisch-artistische Bestrebung ... aus sich herauszutreten, aber nicht in die Weite und Breite einer naiven Welt der Dinge, Gestalten und Begebenheiten, sondern vielmehr in die andere Subjektivität«* (D. Sternberger) ihn dazu prädestiniert, im erzählerischen Perspektiventausch die Facetten eines Lebensraumes auszuleuchten. Seiner vornehmlich den Ton des (Selbst-)Gesprächs kultivierenden Schreibweise setzt Lenz den Kunstbegriff konsequenter Verdichtung entgegen: die Räsonnements bleiben kurz, pointiert, in rascher Abfolge innere Spannung bei äußerlich scheinbar ereignisloser Idylle erzeugend, ein auf Nuancen konzentrierter Stil, in gern komödiantisch untermalten Miniaturen Milieus und Atmosphäre reproduzierend. Über Jahrzehnte hin hält der Autor in der leicht und präzise wirkenden, dialektal gefärbten Gestaltung seiner Impressionen sprachliche Konstanz aufrecht, wobei er durchaus den Wandel der Sprache vermittelt, insbesondere während der Zeit des Nationalsozialismus. Abgerissene Sätze und die Zoten der Landsersprache – in *Andere Tage* und *Neue Zeit* – kennzeichnen den Ausnahmezustand in einer Romanfolge, die ansonsten von Ausgeglichenheit und Ruhe geprägt ist: *»... nicht als Flucht vor der Wirklichkeit, sondern als Besonnenheit in der Wirklichkeit«* (H. L. Arnold).
Der sensible Chronist Hermann Lenz nimmt eine Ausnahmestellung in der deutschen Nachkriegsliteratur ein. In stoischer Hartnäckigkeit beharrte er jenseits aller Modeströmungen auf seiner Schreibweise, deren literarische Ahnherren – E. MÖRIKE, A. STIFTER, A. SCHNITZLER, H. v. HOFMANNSTHAL – so wenig *en vogue* waren wie sein radikaler Subjektivismus und das eigenwillige Wiederholen von Wunschildern aus dem Wien des Fin de siècle, was in Zeiten einer politisch ambitionierten Kultur belanglos wirken mußte. Nach der späten Entdekkung erschien der Kritik die 1966 begonnene Beschreibung der eigenen Familiengeschichte dann als *»Vorwegnahme der Hinwendung zum Autobiographischen in der Literatur der siebziger Jahre«* (H. Kreuzer). Doch auch diesen – unter dem Begriff der »Neuen Innerlichkeit« zusammengefaßten – Tendenzen und selbsttherapeutischen Ansätzen kann das leise, antiplakative, selbstironische Erzählwerk von Hermann Lenz nicht zugeordnet werden: dessen *»Bescheidenheit, diese Demut, unaufhörlich beschworen, ist so aufreizend, daß sie zum Skandal wird«* (L. Harig). Literarischen Trends in Thematik und Stilistik provozierend Unzeitgemäßes entgegensetzend, betont eigenwillig Familien- in Zeitgeschichte verwandelnd, ergeben die sieben autobiographischen, formal jeweils in sich abgeschlossenen Romane des Autors ein in der neueren Literaturgeschichte wohl einmalig homogen erzähltes Kontinuum: *»Ein poetischer Geschichtsunterricht, voller Anmut, voller Würde«* (P. Handke).

R.Bz.

AUSGABEN: *Verlassene Zimmer. Roman*: Köln 1966. – Ffm. 1978 (st). – *Andere Tage. Roman*: Köln 1968. – Ffm. 1978 (st). – *Neue Zeit. Roman*: Ffm. 1975. – Ffm. 1976 (BS). – *Tagebuch vom Überlebern und Leben*: Ffm. 1978. – Ffm. 1981 (st). – *Ein Fremdling. Roman*: Ffm. 1983. – *Der Wanderer. Roman*: Ffm. 1986. – *Seltsamer Abschied. Roman*: Ffm 1988.

Literatur: K.H. Kramberg, Rez. (in Die Zeit, 9.12. 1966). – H.L. Arnold, Rez. (in Die Welt, 16.3. 1967). – P. Handke, Rez. (in Die Zeit, 30.5. 1975). – D. Sternberger, *Laudatio auf H. L.* (in SZ, 28.10. 1978). – H. Piontek, Rez. (in NZZ, 3.11. 1978). – B. Bondy, Rez. (in SZ, 8.11. 1978). – G. Hartlaub, Rez. (in Dt. Allg. Sonntagsblatt, 3.12. 1978). – J.P. Wallmann, Rez. (in NDH, 1983, H. 3). – L. Harig, Rez. (in FAZ, 2.7. 1983). – A.v. Schirnding, Rez. (in SZ, 30.7. 1983). – Ders., Rez. (in SZ, 7.5. 1986). – E. Kleßmann, Rez. (in FAZ, 24.5. 1986). – J. Manthey, Rez. (in Die Zeit, 15.8. 1986). – A.v. Schirnding, Rez. (in SZ, 2.7. 1988).

SIEGFRIED LENZ

* 17.3.1926 Lyck / Ostpreußen

Literatur zum Autor:
Interpretationen zu S. L., Hg. A. Weber u. R. Hirschenauer, Mchn. 1969. – T. Reber, *S. L.*, Bln. 1973; ³1986 [erg.]. – *Der Schriftsteller S. L. Urteile u. Standpunkte*, Hg. C.A.H. Russ, Hbg. 1973. – W.J. Schwarz, *Der Erzähler S. L.*, Bern/Mchn. 1974. – W. Bassmann, *S. L. Sein Werk als Beispiel für Weg u. Stand der Literatur in der Bundesrepublik Deutschland*, Bonn 1976. – M. Durzak, *S. L.* (in M. D., *Gespräche über den Roman*, Ffm. 1976; es). – H. Pätzold, *Theorie u. Praxis moderner Schreibweisen am Beispiel von S. L. u. Helmut Heißenbüttel*, Bonn 1976. – Th. Elm, *S. L.: Zeitgeschichte als moralisches Lehrstück* (in *Gegenwartsliteratur u. Drittes Reich*, Hg. H. Wagener, Stg. 1977, S. 222–240). – B.O. Murdoch u. M. Read, *S. L.*, Ldn. 1978. – H. Meyerhoff, *Die Figur des Alten im Werk von S. L.*, Ffm. 1979. – *S. L.*, Hg. H. L. Arnold, Mchn. ²1982 (Text + Kritik). – N. Reiter, *Wertstrukturen im erzählerischen Werk von S. L.*, Ffm. u. a. 1982. – H. Wagener, *S. L.*, Mchn. ⁴1985. – H. Zimmermann, *S. L.* (in KLG, 19. Nlg., 1985). – *S. L. Werk u. Wirkung*, Hg. R. Wolff, Bonn 1985 [m. Bibliogr.].

DEUTSCHSTUNDE

Roman von Siegfried Lenz, erschienen 1968. – Der Autor hatte seit 1948 kontinuierlich zumeist gesellschaftskritisch angelegte, die Auseinandersetzung mit der NS-Zeit thematisierende Erzählungen, Romane (*Es waren Habichte in der Luft*, 1951; *Der Mann im Strom*, 1956; *Brot und Spiele*, 1959; *Stadtgespräch*, 1963) sowie Hörspiele verfaßt, an denen die Kritik jedoch immer wieder die traditionelle, personalisierende Erzählweise monierte. *»Ich bekenne«*, so konstatierte Lenz gegenüber diesen Einwänden, *»ich brauche Geschichten, um die Welt zu verstehen«*. Der endgültige literarische Durchbruch, der ihn zugleich zu einem der erfolgreichsten bundesdeutschen Autoren der Nachkriegszeit machte, gelang Siegfried Lenz mit dem Roman *Deutschstunde*.

Der Roman gliedert sich in eine Haupthandlung und eine Rahmenerzählung, die im Jahre 1954 spielt. Siggi Jepsen, der Ich-Erzähler, Insasse einer Jugendstrafanstalt, soll einen Aufsatz über das Thema »Die Freuden der Pflicht« schreiben. Für die Flut seiner Erinnerungen und Einfälle findet er jedoch nicht die geeignete Darstellungsform. Er gibt ein leeres Heft ab. Der Direktor der Anstalt sieht darin einen Akt der Aufsässigkeit und ordnet eine Sonderbehandlung an: In einer Einzelzelle muß Siggi unter verschärften Bedingungen (Besuchsverbot) den Aufsatz als Strafarbeit nun erneut schreiben.

Mit der Niederschrift beginnt die eigentliche Haupthandlung, die im mittleren Teil des Romans und am Schluß noch einmal durch Rekurse auf Siggis gegenwärtige Situation unterbrochen wird. »Die Freuden der Pflicht« sind für Siggi eng mit dem Bild des Vaters verbunden, der in dem fiktiven schleswig-holsteinischen Dorf Rugbüll als *»nördlichster Polizeiposten Deutschlands«* seinen Dienst tut. Es sind Erinnerungen, die bis ins Jahr 1943 zurückgehen. Der Vater überbringt einem Jugendfreund, der ihm früher einmal das Leben gerettet hat, das von den nazistischen Kulturfunktionären verhängte Malverbot – die Figur dieses Malers Nansen erinnert an Emil Nolde, der mit bürgerlichem Namen Hansen hieß. Während der Vater das Malverbot nach anfänglichem Zögern unbarmherzig überwacht, wird Siggi zum Vertrauten und Verbündeten des Malers, versteckt dessen Bilder, warnt ihn. Aus dem Elternhaus, in dem die Mutter mindestens ebenso nachdrücklich Obrigkeitsdenken und unmenschliche Prinzipientreue verkörpert wie der Vater, bricht auch Siggis älterer Bruder aus; um nicht am Krieg teilnehmen zu müssen, fügt er sich selbst eine Verletzung zu und findet zeitweise im Hause Nansens Unterschlupf.

Nach dem Krieg können sich weder Siggi noch der inzwischen von seinem Posten abgesetzte Vater mit der neuen Situation abfinden. Beide sind nicht imstand, sich aus dem Mechanismus ihres früheren Verhaltens zu lösen: Der Vater kann nicht aufhören, den Maler zu verfolgen, obwohl das Malverbot längst außer Kraft ist; sein Pflichtbewußtsein nimmt paranoide Züge an (*»Er hatte einen Tick zuletzt«*, schreibt Siggi, *»so wie alle einen Tick bekommen, die nichts tun wollen, als ihre Pflicht. Es war eine Krankheit zum Schluß, vielleicht noch schlimmer«*). Siggi dagegen kann nicht aufhören, den Maler zu schützen, auch dann noch, als er ihn gar nicht mehr zu schützen braucht. Seine vermeintliche Hilfeleistung verkehrt sich ins Kriminelle: Er entfernt Nansens Gemälde aus einer Ausstellung und wird wegen Diebstahls zu einer Jugendstrafe verurteilt. Nach Absolvierung seiner Strafarbeit wird Siggi wegen guter Führung vorzeitig entlassen. Zwar hat er mit seinen Aufzeichnungen so etwas wie die Anamnese seines bisherigen Lebens vollzogen, doch bleibt die eigentliche kathartische Wirkung aus. Daß er stellvertretend für seinen Vater bestraft worden ist, wird ihm zwar klar, doch zieht er daraus keine Folgerungen. Die Richtung seines weiteren Lebens bleibt am Ende des Romans völlig offen. Die Aufrichtigkeit der Gesinnung des Autors, das Episch-Solide seines Romans kann nicht bestritten werden. Dennoch sind die literarischen wie politischen Schwächen unübersehbar. Sie liegen einmal in der formalen Konstruktion, hauptsächlich in der Erzählperspektive: Das Ausmaß der Erinnerungsfähigkeit des Ich-Erzählers ist – bei diesem so bewußt realistisch gehaltenen Roman – ebenso unwahrscheinlich wie seine Allgegenwart. Lenz muß hier gelegentlich zu Tricks greifen, um die Glaubwürdigkeit der Handlung noch einigermaßen zu retten. So hört Siggi von einem Versteck aus Gespräche mit, beobachtet Szenen durchs Schlüsselloch oder durchs Fenster.

Durch die breit angelegte Schilderung der Landschaft und der Naturvorgänge, überhaupt der atmosphärischen Details, gerät der Roman auf weiten Strecken in Gefahr, episch auszuufern und sich von seinem eigentlichen Thema zu entfernen. Es gibt eine Reihe von Motiven und erzählerischen Zusätzen, die nicht tragen; so die Tatsache, daß Siggis Vater »schichtig kieken« kann, also die Gabe des Zweiten Gesichts besitzt. – Schwerer noch wiegt, daß sich Lenz nicht um die psychischen, durch Erziehung und provinzielle Enge vermittelten Ursachen für das Verhalten von Siggis Vater kümmert. Die in das Buch eingestreuten klischeehaften Invektiven gegen alles Psychologisieren wirken aus diesem Grund etwas fatal. Die Charakterzeichnung der Figuren bleibt dementsprechend ungenau, sie verläuft zu sehr nach dem Schema von Gut und Böse.

Der Roman versteht sich als literarische Vergangenheitsbewältigung. Lenz hantiert dabei mehr mit moralischen als mit politischen Kriterien. Den Anteil der bürokratischen Handlanger des Dritten Reichs, die Banalität ihrer Verbrechen, hat beispielsweise Hannah ARENDT in ihrem Essay *Eichmann in Jerusalem* sehr viel genauer analysiert. Dem Roman von Siegfried Lenz gelingt es in seiner etwas angestrengt wirkenden Fiktivität nicht, den bekannten sozialpsychologischen und historisch-politischen Erkenntnissen neue hinzuzufügen oder sie episch umzusetzen. Bei ihm verflüchtigt sich das Thema eher in einem anekdotischen Realismus.

P.L.

AUSGABEN: Hbg. 1968. – Mchn. 1973; [21]1988 (dtv). – Bln./DDR 1974 [Nachw. K. Batt].

LITERATUR: W. Nagel, Rez. (in FH, 28, 1968, H. 11). – H. de Haas, Rez. (in WdL, 19. 9. 1968). – P. W. Jansen, Rez. (in FAZ, 19. 9. 1968). – W. Weber, Rez. (in Die Zeit, 20. 9. 1968). – Ders., Rez. (in NZZ, 22. 9. 1968). – P. Härtling, Rez. (in Der Spiegel, 28. 10. 1968). – J. Drews, Rez. (in NRs, 80, 1969, H. 2). – W. Beutin, *»Deutschstunde« von S. L. Eine Kritik*, Hbg. 1970. – D. Kraeter, *Alles über einen Bestseller. Der unaufhaltsame Aufstieg des S. L.* (in Der Rheinische Merkur, Köln, 20. 2. 1970). – D. Peinert, *»Deutschstunde«: Eine Einführung in den Roman* (in DU, 23, 1971, S. 36–58). – A. Weber, *S. L. »Deutschstunde«*, Mchn. 1971. – E. Pawel, Rez. (in The NY Times Book Review, 9. 4. 1972). – Th. Elm, *S. L. »Deutschstunde«. Engagement u. Realismus im Gegenwartsroman*, Mchn. 1974. – W. H. Grothmann, *S. L.' »Deutschstunde«. Eine Würdigung der Kunst Emil Noldes* (in Seminar, 1979, S. 56–69). – H. Worm-Kaschuge, *L., »Deutschstunde«. Untersuchungen zum Roman*, Hollfeld [3]1982. – F. Letsch, *Auseinandersetzungen mit der Vergangenheit als Momente der Gegenwartskritik: Die Romane »Billard um halb zehn« von Heinrich Böll, »Hundejahre« von Günter Grass, »Der Tod in Rom« von Wolfgang Koeppen und »Deutschstunde« von S. L.*, Köln 1982. – A. Ayren, *S. L.: »Deutschstunde«* (in *Deutsche Romane des 20. Jh.s. Neue Interpretationen*, Hg. P. M. Lützeler, Königstein/Ts. 1983, S. 356–371). – H. J. Bernhard, *S. L., »Deutschstunde«* (in *Werkinterpretationen zur dt. Literatur*, Hg. H. Hartmann, Bln./DDR 1986, S. 222–234).

KURT MARTI

* 31.1.1921 Bern

DAS LYRISCHE WERK von Kurt MARTI.
Bereits die ersten, in den späten fünfziger Jahren erschienenen Gedichtbände des Autors, der mehr als zwanzig Jahre lang, von 1961 bis 1983, als Pfarrer an der Berner Nydeggkirche tätig war, zeigten eine neue und neuartige Politisierung und Aktualisierung der Lyrik an, darin Hans Magnus ENZENSBERGERS *Verteidigung der Wölfe* (1957) vergleichbar. Neben *Boulevard Bikini* (1958) war es vor allem der Band *republikanische Gedichte* (1959), durch den Marti zum Begründer des modernen, »engagierten« Gedichts in der deutschen Schweiz wurde. Klassenunterschiede und Machtgefälle in einem demokratischen Staat, die Kompromißpraxis der schweizerischen Konkordanzdemokratie, die Subversiven- und Kommunistenhetze in den Jahren des Kalten Krieges, die politische Ohnmacht des kleinen Mannes und der weitgehend verdrängte Zusammenhang des neutralen Landes mit den weltpolitischen Problemen – dies sind Themen, die Martis Lyrik bestimmen. Zweites Hauptthema, das für den Theologen und Priester selbstverständlichere, ist die christliche Religion, deren Erstarrung in der Institution Kirche und im Alltag

nicht weniger kritisch beleuchtet wird als die Politik; vor allem in den *gedichten am rand* (1963), lyrischen Kommentaren zu einzelnen Stellen der Evangelien, und in den *leichenreden* (1969) kommen Martis theologische Auffassungen ebenso wie seine seelsorgerischen Erfahrungen zur Sprache. Die beiden Themenbereiche Politik und Religion durchdringen sich in seinen Gedichten immer wieder gegenseitig; die entscheidenden Impulse der politischen Kritik kommen aus der christlichen Grundhaltung, zu der umgekehrt politische und soziale Verantwortung unabdingbar gehören.

Wenn Marti sich in seinen Gedichten gegen die Erstarrung von Politik und Kirche wendet, dann nicht in überkommenen literarischen Formen, sondern in experimentellen, innovativen, spielerischen, welche die geforderte Freiheit und Beweglichkeit in sich selbst verkörpern. Vor allem die *republikanischen Gedichte* sind geprägt von der Konkreten Poesie, wie Marti sie in den *konstellationen* Eugen GOMRINGERS kennenlernte, wobei er diese Form nicht einfach übernahm, sondern sie als Mittel der kritischen Analyse einsetzte. Im Verfahren der Konkreten Poesie, das Wort aus dem vertrauten syntaktischen Zusammenhang zu befreien oder einzelne Silben zu verselbständigen und neu zu kombinieren, werden die gegebenen gesellschaftlichen Strukturen durch die Form selbst, nicht durch Reflexion oder Rhetorik, aufgebrochen – so etwa im Gedicht *opposition in der Schweiz: »noch op- / und doch / schon position / halb op halb po / regiert sie mit / meist wird das pro / mit contra quitt.«* Marti hat die Verfahrensweise der Konkreten Poesie nie aufgegeben, dennoch war ihr Muster ihm von Anfang an zu eng, verlangte nach Ergänzung durch experimentelle und spielerische Formen mit freieren Spielregeln, die dem Irrationalen und Spontanen, auch dem Humor mehr Raum lassen. Vor allem der schmale Gedichtband *alfabeete und cymbalklang* (1966) lebt von Versuchen mit musikalischen, auch surrealen Elementen, die bis in die Nähe von Nonsense-Versen führen, wie sich beispielsweise in dem poetologischen *gedicht von gedichten* zeigt: *»gedichte sind nicht polizeilich gemeldet / gedichte gehen niemals zur Schule / gedichte sind nicht militärdienstpflichtig«.*

In den *leichenreden* (1969) weitet Marti den Spielraum seiner Lyrik bis zum Epischen und zur Prosa hin aus. In nur leicht rhythmisierten Versen, die Rhetorik des Trauergottesdienstes variierend und verfremdend, porträtiert er die Toten, zeigt ihren gesellschaftlichen Hintergrund und sagt dabei das, was in der offiziellen Trauerfeier nicht gesagt werden darf: *»die stühle / auf denen wir sitzen / sind nicht / die stühle des letzten / oder vorletzten gerichts // die stühle / auf denen wir sitzen / sind / die stühle der gesellschaft / für feuerbestattung.«* Der Rückblick auf das Leben spiegelt auch die Wertsetzungen des Autors wieder, zugespitzt zum Lob der Untüchtigen als Kontrapunkt zu den bürgerlichen Normen: *»welche wohltat / einmal sagen zu dürfen / nein er war nicht tüchtig // welche wohltat / in einer welt / die vor tüchtigkeit / aus den fugen gerät.«*

Neben den *leichenreden* haben Martis Mundartgedichte *rosa loui. vierzg gedicht ir bärner umgangsschprach* (1967) die größten Auflagen erzielt – und dem Autor das höchste Lob bei den Kritikern eingebracht. Grund dafür war die gerade in der Schweiz als einer Hochburg traditioneller Mundartdichtung völlig unerwartete Erneuerung und Verwandlung einer antiquierten, in den Mustern der Heimatkunst erstarrten Gattung, was ohne die Impulse der Konkreten Poesie und der Freiheit des Sprachspiels nicht möglich gewesen wäre. Was eine schweizerische Literatursache zu sein scheint, stand von Anfang an im internationalen Zusammenhang einer generellen Wiederentdeckung und -belebung der Dialektliteratur. Bereits ein Jahrzehnt früher war H. C. ARTMANNS *med ana schwoazzn dintn* (1958) erschienen. Aber gerade im Vergleich mit Artmann fällt auf, daß es Marti in der phonetischen Schreibweise mehr um Klarheit denn um die möglichst genaue Wiedergabe des Lautlichen zu tun ist. Der Untertitel des Bandes, *ir bärner umgangsschprach*, macht deutlich, daß hier die tatsächlich verwendete, teils abgeschliffene, von Sprachpflegern damals durchaus kritisierte Mundart zur Literatursprache erhoben wurde. Die Mundartlyrik Martis hatte in der schweizerdeutschen Literatur eine breite, allerdings nicht nur erfreuliche Wirkung. Was er entwickelt hatte, erstarrte bei anderen bald wieder zum Klischee. Marti selbst führte die Mundartlyrik nur in dem Band *undereinisch* (1973) fort, wie überhaupt die sechziger Jahre sich als reichste und innovativste Phase seines lyrischen Schaffens darstellen; in den siebziger Jahren wendet er sich verstärkt der Prosa, dem Tagebuch (*Zum Beispiel: Bern 1972. Ein politisches Tagebuch*, 1973) und der Erzählung zu, um in den achtziger Jahren wieder zum Gedicht zurückzukehren.

Dabei markiert *abendland* (1980), ein Band vor allem religiöser Lyrik, den eigentlichen Höhepunkt des lyrischen Werkes von Kurt Marti, durch den Reichtum, die Musikalität und die schwebende Leichtigkeit der Sprache. Was in den sechziger Jahren als Experiment begann, ist nunmehr selbstverständlich geworden: *»das buckelt aus / gleitet ab / löchert ein / das verschlammt / verglubbert / zerglitscht / das höckert quer / klafft unter / verteilt sich / rifft gleich wieder hoch / ... und soll meine Seele sein.«* Das Spielerische der Form kontrastiert mit dem dunklen Grundton der Gedichte; waren es in den sechziger Jahren emanzipatorische Impulse und Hoffnung auf Veränderung, so dominiert in der späten Lyrik, angesichts ungehemmter Umweltzerstörung und apokalyptischer Bedrohung, die Einsicht in die Ohnmacht des Menschen. Das entspricht postmodernen Tendenzen, hat seinen Ursprung aber in einer christlichen Haltung, die auch die folgenden Bände *Ungrund Liebe. Klagen, Wünsche, Lieder* (1987) sowie *Mein barfüssig Lob* (1987) bestimmt. In letzterem Band reagiert Marti allerdings, in Auflehnung gegen die eigene Machtlosigkeit, erneut zornig, heftig und melancholisch auf die zerstörerischen Tendenzen der Zeit, *»nach dem besuch der radioaktiven wolke«* aus Tschernobyl.

Innerhalb der Lyrik der deutschsprachigen Schweiz hat Marti als einer der wichtigsten Neuerer und Anreger gewirkt, vor allem durch die formale Innovation, die um so mehr auffällt, als der Autor andererseits wie kaum ein anderer bestehende Traditionen aufnimmt, entlegene und verborgene Motive neu entdeckt und umgestaltet. Auffallend ist Martis Vorliebe für das Zitat, das er in collagehaften Texten anbringt, teils auch ironisierend bricht. Auch im Bereich des politischen Gedichts kommt dem Autor eine bahnbrechende Rolle zu, indem er früh bereits ökologische Themen wahrnahm, aber auch neuere Impulse, etwa die feministische Theologie, fruchtbar werden ließ. E.Pu.

AUSGABEN: *Boulevard Bikini. Gedichte*, Biel 1958. – *republikanische gedichte*, St. Gallen 1959; ern. Neuwied 1971 [erw.]. – *gedichte am rand*, Teufen/Köln 1963 [ern. u. d. T. *geduld und revolte*, Stg. 1984]. – *alfabeete und cymbalklang*, Bln. 1966. – *rosa loui. vierzg gedicht ir bärner umgangsschprach*, Neuwied 1967. – *leichenreden*, Neuwied 1969; ern. 1976 (SLu). – *heil-vetia. Ein Gedicht*, Basel 1971; ern. 1981 [veränd.]. – *undereinisch. gedicht ir ärner umgangsschprach*, Neuwied 1973. – *meergedichte, alpengedichte*, Bln. 1975. – *Nancy Neujahr und Co.*, Leverkusen 1976. – *abendland. gedichte*, Neuwied 1980. – *Der Aufstand Gottes gegen die Herren*, Stg. 1981. – *Schon wieder heute. Ausgewählte Gedichte 1959–1980*, Neuwied 1982 (SLu). – *Mein barfüssig Lob*, Neuwied 1987. – *Ungrund Liebe. Klagen, Wünsche, Lieder*, Stg. 1987. – *Ausgewählte Gedichte*, Ffm. 1989 (SLu).

LITERATUR: C. Schnauber, *K.M.* (in *Die deutsche Lyrik 1945–1975*, Hg. K. Weissenberger, Düsseldorf 1981, S. 318–328). – H. Ester, *Gespräch mit K.M.* (in Deutsche Bücher, 1981, H. 4, S. 245–260). – U. Hahn, *Zu K.M.s Gedicht »der name«* (in *Gedichte und Interpretationen 6*, Hg. W. Hinck, Stg. 1985, S. 208–214; RUB). – E. Pulver, *K.M.* (in KLG, 32. Nlg., 1989). – Ch. Mauch, *K.M. Materialienband*, Ffm. 1990 (SLu). – E. Pulver, *Nachwort* (in K.M., *Wen meinte der Mann? Gedichte und Prosa*, Stg. 1990). – E.R. Rinke, *K.M. Theologie und Poesie der Zärtlichkeit*, Stg. 1990.

ERNST MEISTER

* 3.9.1911 Hagen-Haspe / Westfalen
† 15.6.1979 Hagen

LITERATUR ZUM AUTOR:
A. Koch [d. i. Else Meister], *E.M.-Ein außerordentliches Leben* (in E. M.-Gymnasium Haspe. Namensgebung 1980, Hg. E. M.-Gymnasium, Hagen-Haspe 1980, S. 15–27). – *E.M.-Hommage. Überlegungen zum Werk. Texte aus dem Nachlaß*, Hg. H. Arntzen u. J. P. Wallmann, Münster 1985. – *E.M.*, Hg. H. L. Arnold, Mchn. 1987 (Text + Kritik). – G. Laschen, *E.M.* (in KLG, 29. Nlg., 1988). – *Zeichen um Zeichen. Der Lyriker E.M. als Maler*, Münster 1990 [Ausst.-Kat.].

DAS LYRISCHE WERK von Ernst MEISTER. Die Lyrik Ernst Meisters entstand in einem Zeitraum von mehr als vierzig Jahren. Das Werk umfaßt über zwanzig – teils sehr umfangreiche – Gedichtbände. Meister erhielt seit den fünfziger Jahren verschiedene literarische Ehrungen, von denen die Verleihung des Georg Büchner-Preises im Jahre 1979 die herausragendste ist.
Der erste Lyrikband Ernst Meisters mit dem Titel *Ausstellung* erschien bereits 1932 und zeigt noch verspielte Züge; expressionistische Motive *(Fahrt mit toten Engeln)*, dadaistische Sprachspiele *(Wein im Gesicht)* und Skurrilitäten *(Ultiman)* verbinden sich mit neusachlichen Zivilisationszitaten *(DIE TELEGRAPHENDRÄHTE)* und einer Vorliebe für das Phantastische und Absurde *(Der Gebückte)*. Die Ergebnisse solcher Stilmischung sind Bild- und Wortfindungen, die an den zeitgleichen, doch von Meister noch nicht wahrgenommenen französischen Surrealismus erinnern: *»Die Knie kniet er tief in seinen Mund. / Das dunkle Auge träumt den dunklen Leib. // Der hochgedrehte Kopf dreht sich im Traum.«* Daneben erscheinen hier bereits jedoch Texte, die eine existentielle Verunsicherung des Autors dokumentieren und in denen sich die theologisch-philosophische Thematik des Nachkriegswerkes ankündigt: *»Im Nichts hausen die Fragen. / Im Nichts sind die Pupillen groß. / Wenn Nichts wäre, / o wir schliefen jetzt nicht (...)« (Monolog der Menschen)*.
Seit etwa 1933 verliert die zeitgenössische Moderne für Meister ihre Vorbildfunktion. Die sechs Privatdrucke, die unter dem Titel *Gehn und Sehn in der Mütter Geheiß* kurz nach Kriegsende erschienen, versammeln die Produktion eines Jahrzehnts, das unter dem übermächtigen Einfluß von GOETHES volksliednaher Lyrik *(Abkehr und Sehnsucht; Knabe am Aetna)* und der Hymnendichtung HÖLDERLINS *(Der Sittentag; Der Tausendfuß)* stand. Meister benutzt in den meisten Gedichten tradierte lyrische Formen und variiert das vorgegebene Themenrepertoire. Nur in wenigen Texten bezieht er sich auf die Zeitgeschichte, etwa in dem 1946 entstandenen Gedicht *Der Sittentag*, in dem die Emigration des Philosophen Karl LÖWITH, dessen Marburger Schüler der Autor war, als exemplarisches Verhalten gefeiert wird: *»Ihr Tun war Höchstes. / Doch wenn zu blöde der Zeitgeist und süchtig zu fesseln, / mußten sie gehn, um nicht unnütz zu leiden, / auch um sich erkennen zu lassen.«* Wie reserviert Meister den eigenen Gedichten dieser Dekade schon zur Zeit ihrer Veröffentlichung gegenüberstand, dokumentiert eine Anmerkung zur fünften *Mittei-*

lung (Von langer Straße): »Die hier versammelten Verse entstanden zum größten Teil am Wege des Soldaten, sie sind *Weg.«* Eingedenk ihres vorläufigen Charakters hat der Autor sie denn auch, bis auf eine Ausnahme (*Zerstreuung eines Fisches*, entstanden um 1935), unterdrückt.
Das auffälligste Merkmal der schmalen Bände *Unterm schwarzen Schafspelz* (1953), *Dem Spiegelkabinett gegenüber* (1954) und ... *und Ararat* (1956), mit denen Meister fast unbeachtet die bundesdeutsche Literaturszene der fünfziger Jahre betrat, ist die intensive Auseinandersetzung mit der Bibel und ihrer Botschaft der leiblichen Auferstehung und des ewigen Lebens. Durch Transformation und Destruktion von biblischem Material, bevorzugt aus der Apokalyptik und den Evangelien, entstanden anspielungsreiche Montagen (*Gründonnerstag*, 1953; *Johanneische Rhapsodie*, 1953; *Im Stalle zu B.*, 1954; *Abkunft*, 1956), deren Technik an G. Benn erinnert und deren »negative« Theologie das Werk Rudolf Bultmanns zur Voraussetzung hat. Daneben treten Gedichte, die ironisierend mit den Mythen der Antike spielen (*Der Südwind sagte zu mir*, 1955; *Utopische Fahrt*, 1956) oder die surrealen Tendenzen des Frühwerks, diesmal mit bewußtem Bezug zum französischen Surrealismus, wieder aufnehmen (*Den Ratten Diener zu sein*, 1954; *Traurig*, 1956).
Mit dem Gedichtband *Fermate* (1957) tritt die direkte und polemische Auseinandersetzung Meisters mit der biblischen Botschaft ebenso zurück wie das narrative Element seiner Lyrik. Zunehmend ist der Autor um Verknappung und Konzentration der lyrischen Textur bemüht. Es kommt zu abstrakt-hermetischen Konstruktionen, in denen der *»Augenblick«* zum Aufschein endzeitlicher Existenz wird und zur *»Entperspektivierung«* (H.-J. Heinrichs) von Raum und Zeit führt *(Jetzt)*. Die Sammlung *Pythiusa*, ein archaischer Name für Ibiza, verarbeitet das Erlebnis der mittelmeerischen Welt. Die Gedichte sind ein ins Existentielle gewandter Reflex auf die zeitgenössische Naturdichtung, etwa eines W. Lehmann. Die Landschaft Pythiusas erscheint als eine Komposition aus thanatologischen Chiffren: *»Die sie ruft, die Lämmer, / Hirtin, / hütet sie nicht auch / die Schemen solcher / Schafe, die sie überließ / den Schlächtern? (...)« (Hirtin)*. Die Bände *Zahlen und Figuren* (1958) sowie *Die Formel und die Stätte* (1960) zitieren Novalis und Rimbaud im Titel und setzen, um ein *»deutliches Bild des Wirklichen zu gewinnen«* (E. Meister), das Bemühen um Verknappung und Konzentration fort. So entsteht vielfach eine *»minima lyrica«* (C. Heselhaus), die nur weniger Wörter bedarf, von den kleinen, unbeobachteten Dingen ausgeht *(Eine Murmel; Ein Stück Zeitungspapier)* und in ihnen die gültigen Symbole menschlicher Existenz erkennt: *»Auf stummen Giebeln / standen weiße Hähne / regungslos. / Es glänzten Schindeln und Gefieder / im Licht des Monds. // Im Strahl des Mondes / hielt und drehte ich / ein Kreuz. / Wie Lack / troff ab von ihm / zinnoberrotes Blut. (...)« (Geborgen und Gefangen)*.
Wurde der Mythos in den Gedichten der fünfziger Jahre eher ironisch behandelt, so erscheint er in *Flut und Stein* (1962) als Tiefendimension der Wirklichkeit: *»O Altertum, / dessen Finger / uns spielen«*. Meister verneint in diesem streng zyklisch angelegten Band, dessen Diktion bisweilen den Einfluß von P. Celan verrät, das Ende des Mythos; dieser setzt sich vielmehr fort in immer neuen, oft befremdlichen Metamorphosen *(Anfang, Da nun, Hierorts)*. Der Lyriker greift dabei auf die überlieferten Attribute der Götter zurück, auf den Dreizack des Poseidon oder den Blitz des Zeus, er kombiniert biblische und griechische Mythen und verbindet diese bildhafte Sprache mit einer philosophisch-theologischen Begrifflichkeit, die ihre Herkunft von M. Heidegger und R. Bultmann nicht verleugnet, zu einem poetischen Sprachgestus, der sich im *»Totum«*, dem Ganzen, gegründet weiß. Die aktuellen Ereignisse der Zeit, vor allem die Studentenrevolte und die mit ihr einhergehende Politisierung der Literatur, wurden von Meister, wie der Gedichtband *Zeichen um Zeichen* (1968) dokumentiert, nicht beachtet. Dominieren seit den sechziger Jahren Begriffe wie *»Zeit«*, *»Tod«* und *»Leere«* die Gedichte, so hellt in dem Band *Es kam die Nachricht* (1972) der Topos der Liebe die düstere Wortskala auf: *»Nicht gewußt, daß mir Liebe / geweissagt war / aus der Liebe.«* Der Lyriker kommt zu immer neuen Selbstversicherungen, welche die einmal vorgenommene Welt- und Existenzdeutung bestätigen und systematisieren: *»Es ist faul, / Götter zu denken und Gott / (daß die nicht stürben), / da die Wahrheit / der Himmel ist: / die Höhle, berauhend auch / die Liebe des Atems.«*
Der Titel des 1972 publizierten Bandes *Sage vom Ganzen den Satz* hat programmatischen Charakter. Meister umreißt damit die Grundlage seiner Poetologie, in der er sich auf Hölderlin beruft *(Demnach, nach–)* und sich kritisch mit den Positionen Celans auseinandersetzt: *»Ich habe mich nie auf der Flucht vor dem Satz befunden«* – mit diesen Worten formuliert er seine Ablehnung von Celans satz- und wortzertrümmerndem Spätwerk. Dichten ist ihm *»identisch mit Denken«* und kann sich damit nur in und mittels der gegliederten Sprache artikulieren. Meisters Gesamtwerk beschließen die Gedichtbände *Im Zeitspalt* (1976) und *Wandloser Raum* (1979), in denen er den Gedankengängen Montaignes, Nietzsches, Heideggers und Pascals, auf den der Titel *Wandloser Raum* anspielt, nachspürt. Die äußerst reduzierten, spruchartigen, dennoch um Nachvollziehbarkeit bemühten Gedichte kreisen fast ausschließlich um die Themen Zeit, Ewigkeit, Raum, Sterblichkeit und Ende des Bewußtseins: *»Geist zu sein / oder Staub, es ist / dasselbe im All. // Nichts ist, um / an den Rand zu reichen / der Leere. // Überhaupt / gibt es ihn nicht. / Was ist, ist // und ist aufgehoben / im wandlosen Gefäß / des Raums.« (Wandloser Raum)*. Im dialektischen Umschlag wird die Gewißheit der Auslöschung der Existenz zum sinnstiftenden Element: *»Ich, Leben, brauch den Tod, / ich, Zeit, die Ohnezeit«*. An anderer Stelle, in einem 1979 publizierten Gespräch mit

J. P. WALLMANN, äußert Meister: *»Das ist für mich die Basis für alles Begreifen: Ich muß die Dinge jetzt verstehen, von ihrer Vernichtbarkeit her«.* Hier gibt sich das Vorverständnis einer Hermeneutik zu erkennen, die die Zerstörung als bestimmendes Strukturelement von Wirklichkeit begreift. Die Prüfung dieses Vorverständnisses, so Meisters poetologische Position seit den fünfziger Jahren, hat mit Hilfe des Gedichts zu geschehen. Damit verbindet sich ein ausgesprochen appellativer Gestus: Es geht um existentielle Aufklärung und Vermittlung eines sachgemäßen Selbstverständnisses.

Meisters Lyrik ist in einem fast klassischen Sinne »Gedankenlyrik«, auch wenn subjektive Erfahrungen und Erlebnisse immer wieder zum Auslöser von Gedichten werden, wie an den Liebesgedichten des Bandes *Es kam die Nachricht* (1970) offensichtlich wird. Das Nachkriegswerk macht sich erklärtermaßen auf die Suche nach der *»Formel«*, dem *»Begriff«* für das *»Ganze«* der Wirklichkeit und erreicht so eine thematische und stilistische Geschlossenheit. Meisters Spätwerk steht in intensivem Dialog mit der lyrischen und philosophischen Tradition Deutschlands und Frankreichs, den vielleicht nachhaltigsten Einfluß aber haben der späte Hölderlin und, was die Begrifflichkeit angeht, Heidegger ausgeübt. Meisters Lyrik ist, so fern sie der Alltagssprache und der Tagesaktualität steht, doch nicht monologisch und verschlossen, sondern richtet sich an ein Gegenüber, das sie existentiell unterrichten und verändern will.

Ernst Meister hat, trotz aller literarischen Ehrungen und trotz der Wertschätzung jüngerer Autoren, wie N. BORN oder P. HANDKE in den siebziger Jahren, weder eine größere Leserschaft erreicht noch ein nachhaltiges Interesse bei der Literaturwissenschaft gefunden. Seine Stellung innerhalb des Spektrums der westdeutschen Nachkriegslyrik ist bislang kaum bestimmt worden. R.Ki.

AUSGABEN: *Ausstellung. Gedichte*, Marburg 1932. – *Gehn und Sehn in der Mütter Geheiß. Gedichte. (6 Mitteilungen für Freunde)*, Hagen 1946/47. – *Unterm schwarzen Schafspelz. Gedichte*, Ffm. 1953. – *Dem Spiegelkabinett gegenüber. Gedichte*, Stierstadt/Ts. 1954. – *Der Südwind sagte zu mir. Gedicht*, Stierstadt/Ts. 1955. – *... und Ararat. Gedichte*, Wiesbaden 1956. – *Fermate. Gedichte*, Stierstadt/Ts. 1957. – *Pythiusa. Gedichte*, Stierstadt/Ts. 1958. – *Zahlen und Figuren. Gedichte*, Wiesbaden 1958. – *Lichtes Labyrinth. Gedichte*, Gießen 1960. – *Die Formel und die Stätte. Gedichte*, Wiesbaden 1960. – *Flut und Stein. Gedichte*, Neuwied/Bln. 1962. – *Gedichte 1932–1964*, Neuwied/Bln. 1964. – *Zeichen um Zeichen. Gedichte*, Neuwied/Bln. 1968. – *Schein und Gegenschein. Gedichte*, Duisburg 1969 [m. Radierungen v. E. Schumacher]. – *Es kam die Nachricht. Gedichte*, Neuwied/Bln. 1970. – *Sage vom Ganzen den Satz. Gedichte*, Darmstadt/Neuwied 1972. – *Schatten. Gedichte*, Duisburg 1973 [m. Lithographien v. E. M.]. – *Im Zeitspalt. Gedichte*, Darmstadt/Neuwied 1976. – *Ausgewählte Gedichte 1932–1976*, Darmstadt/Neuwied 1977 (Nachw. B. Allemann, SLu; erw. u. d. T. *Ausgewählte Gedichte 1932–1979*, 1979). – *Das Leben ist länglich, dachte ich kürzlich. Nonsense-Gedichte*, Hg. H. Kohlleppel u. J. P. Wallmann, Münster 1980 [Erstveröffentlichung aus dem Nachlaß]. – *Wandloser Raum. Gedichte*, Darmstadt/Neuwied 1979. – *Sämtliche Gedichte*, Hg. u. Nachw. R. Kiefer, Aachen 1985 ff. – *»Was liegt einem Snob ob.« Drie nonsens gedichten van Ernst Meister*, Utrecht 1986.

LITERATUR: C. Heselhaus, *E. M.s negative Symbolik* (in C. H., *Deutsche Lyrik der Moderne von Nietzsche bis Yvan Goll*, Düsseldorf 1961, S. 437–444). – W. Jens, *Betroffenheit u. schwebende Anmut* (in Die Zeit, 6. 7. 1962). – H. Lamprecht, *E. M.* (in *Schriftsteller der Gegenwart*, Hg. K. Nonnenmann, Olten/Freiburg i. B. 1963, S. 227–233). – H.-J. Heise, *E. M.s lyrisches Werk* (in Die Tat, Zürich, 10. 7. 1964). – W. Rasch, *»Wirkliche Tafel«. Interpretation* (in *Doppelinterpretationen*, Hg. H. Domin, Ffm. 1966, S. 145–148). – K. Krolow, *Die singenden Gedichte des E. M.* (in FAZ, 3. 9. 1971). – W. H. Fritz, *Doppelgesicht* (ebd., 24. 5. 1975; zu *Langsame Zeit*). – H.-G. Gadamer, *»Das Blatt zwischen uns«* (ebd., 12. 2. 1977; zu *Gedenken V*). – J. P. Wallmann, *Todesrechnung voller Klarheit. Ein Gespräch mit E. M.* (in Dt. Allg. Sonntagsblatt, 4. 2. 1979). – E. Zeller, *Laudatio auf E. M.* (in Jb. d. Dt. Akademie f. Sprache u. Dichtung, Darmstadt 1979, S. 83–91; ern. Heidelberg 1980). – N. Born, *Ich weiß nichts Dunkleres denn das Licht. Über E. M.* (in N. B., *Die Welt der Maschine. Aufsätze u. Reden*, Hg. R. Haufs, Reinbek 1980, S. 179–187). – Chr. Perels, *Der dornige Weg des Gedichts. Zur Poesie u. Poetik E. M.s an der Schwelle zum Spätwerk* (in *Gedichte u. Interpretationen 6*, Hg. W. Hinck, Stg. 1982, S. 93–101; RUB). – N. Gabriel, *»Im Zeitspalt«. Zum Problem »Zeit« in der Lyrik E. M.s* (in *Zei(t)räume. Perspektiven der Zeiterfahrung in Literatur, Theologie u. Kunstgeschichte*, Hg. W. C.-W. Clasen u. G. Lehnert-Rodiek, Rheinbach-Merzbach 1986, S. 43–67). – T. Naajikens, *Lyrik u. Subjekt. Pluralisierung des lyrischen Subjekts bei Nicolas Born, Rolf Dieter Brinkmann, Paul Celan, E. M., Peter Rühmkorf*, Diss. Utrecht 1986. – D. E. Wellbery, *Death as a Poetological Problem: On Texts by Erich Fried and E. M.* (in *Argumentum e Silentio. Internationales Paul-Celan-Symposium*, Hg. A. D. Colin, Bln. u. a. 1986, S. 87–98). – M. Bärmann, *Am Ende der Metaphysik: Erkenntnis u. Gespräch* (in *E. M.*, Hg. H. L. Arnold, Mchn. 1987, S. 31–42). – Ch. Soboth, *Todes-Beschwörung. Untersuchungen zum lyrischen Werk E. M.s*, Ffm. u. a. 1989 [Diss. Bochum 1987]. – R. Kiefer, *Die ›negative Theologie‹ im lyrischen Werk E. M.s*, Diss. Aachen 1990.

FRANZ MON

eig. Franz Löffelholz
* 6.5.1926 Frankfurt/M.

LITERATUR ZUM AUTOR:
H. Hartung, *Experimentelle Literatur u. konkrete Poesie*, Göttingen 1975. – *F. M.*, Hg. H. L. Arnold, Mchn. 1978 (Text + Kritik). – R. Gerlach, *F. M.* (in KLG, 5. Nlg., 1980). – K. Rothmann, *F. M.* (in K. R., *Deutschsprachige Schriftsteller seit 1945 in Einzeldarstellungen*, Stg. 1985, S. 274–279; RUB).

POETISCHE TEXTE von Franz MON.

Franz Mon wird neben Eugen GOMRINGER und Helmut HEISSENBÜTTEL als einer der Hauptvertreter der konkreten Poesie bezeichnet. Zweifelsohne gehört der Autor zu den wichtigsten Vertretern dieser Richtung, dennoch wird ihm eine solche Beschreibung allein nicht gerecht. Denn Mon, im Brotberuf der Geschäftsführer eines Frankfurter Schulbuchverlages, erweiterte seine Spracharbeit immer mehr zu einem experimentellen Schreiben, das nicht nur innerhalb der Sprache verfestigte Strukturen aufzubrechen sucht, sondern auch die Grenzen der Poesie zu Musik und bildender Kunst hin überschreitet. Das weite Spektrum der Arbeiten Mons zeigt dies deutlich: von den ersten konkreten Gedichten über Essays und theoretische Texte hin zu *»visuell-scripturalen Textblättern«*, zu *»phonetisch-artikulatorischen Versuchen«* unter dem Stichwort »Neues Hörspiel«, zu Prosatexten bis hin zu dem umfangreichen Text *herzzero* (1968) und in jüngster Zeit zu Kunstformen, die Sprache, Bild und Ton vereinen: 1985 etwa veranstaltete Mon eine Performance im Pariser Centre Pompidou, *Artikulation. Für Stimme und Tonband*, eine weitere Performance mit Bild (W. Schmidt), Baßgeige (J. Niebergall), Texten und Stimme (Franz Mon) fand im selben Jahre unter dem Titel *Konnotationen* in der Alten Oper in Frankfurt statt.
Franz Mons erstes Gedicht erschien 1951 in der Zeitschrift ›meta‹. Der Autor gehört damit zu jener Generation, die nach dem Zweiten Weltkrieg unter dem Eindruck einer durch den Nationalsozialismus beschädigten Sprache zu schreiben begann, und die zugleich von den während der Nazizeit verfemten Autoren der literarischen Moderne abgeschnitten war. Prägend für Mon wurde in dieser Situation die Freundschaft mit dem eine Generation älteren Maler Karl Otto Götz (* 1914), durch den er nicht nur Zugang zu den verschollenen Zeugnissen der Moderne bekam: *»Indem ich seine Konzepte verfolgte, begriff ich, was im ästhetischen Zusammenhang Experiment heißt«*, beschreibt Mon selbst diesen Einfluß. Unter den ihn beeindruckenden Autoren des Expressionismus, Dadaismus und Surrealismus nennt Mon vor allem drei Künstler, deren gemeinsames Merkmal es ist, daß sie die Grenzen zwischen Poesie, Malerei und Musik verwischen: Den Maler und Dichter Wassily KANDINSKY, dessen Schrift *Über das Geistige in der Kunst* (1911) für Mon zu einem *»Theorieschlüssel«* wurde; den Maler, Bildhauer und Schriftsteller Kurt SCHWITTERS, dessen »Antinovelle« *Auguste Bolte* mit ihrer aus der Struktur der Sprache herausgetriebenen Handlung ihn besonders faszinierte und den dadaistischen Aktionskünstler, Schriftsteller und Maler Raoul HAUSMANN, der vor allem mit Collagetechniken und den phonetischen Möglichkeiten der Poesie experimentierte. Ergiebig, so Mon, sei für ihn auch die Literatur des 17. Jh.s gewesen, über die er 1955 mit dem Thema *Wirklichkeitserlebnis und Gottesvorstellung in B. H. Brockes ›Irdisches Vergnügen in Gott‹* promovierte.
1960 gab Mon gemeinsam mit Walter HÖLLERER und Manfred de la MOTTE den für die zeitgenössische Avantgarde wichtigen Band *movens. Dokumente und Analysen zu Dichtung, bildender Kunst, Musik, Architektur*, heraus. Dieses Buch war für den Autor Ergebnis einer intensiven Arbeit zur *»Basis einer Poetik experimentellen Schreibens«* und hat seinen eigenen produktiven Ansatz *»in engster Beziehung zu den anderen visuellen und auditiven Künsten«* wesentlich mitbestimmt. Wie in *movens* beispielhaft vorgeführt, sind Theorie und Praxis in der Arbeit Franz Mons grundsätzlich nicht zu trennen, existieren neben den poetischen Texten immer auch literaturwissenschaftliche Aufsätze und theoretische Essays. Zusammengefaßt sind die wichtigsten Aufsätze, in denen er sich mit historischen und theoretischen Voraussetzungen seiner Poesie auseinandersetzt, in dem Band *Texte über Texte* (1970).
Aber auch im Werk selbst verschmelzen in ständigem Rekurs auf die Bedingungen der Sprache als Material des Textes Poesie und Poetologie. Mons erste selbständige Publikation *artikulationen* (1959) bringt zwischen den Texten theoretische Erläuterungen. Die Texte selbst sind »Versuchsanordnungen« mit dem Material der Sprache: Der Gedichtband enthält jedoch auch Gedichte, die in Diktion und Reihungsstil nicht unbedingt experimentell sind, sondern eher an expressionistische Lyrik erinnern *(Geschnürter Wind)*. Die Ergebnisse konkreter Poesie dieses Bandes allerdings brechen das Wort völlig auf; sie formieren Buchstabenkombinationen unter Einbeziehung der Fläche des Papiers ohne offensichtliche semantische Bezüge *(sinks)*. Trotzdem stellen sich Assoziationen ein, provoziert diese Art von Texten wie eine wütende Rezension zeigt: *»Mons Texte ... verquicken tierische Laute ohne jeden Sinn mit rationalen Chiffren ohne jeden Inhalt. Leere Spielereien ..., Regression in vorsprachliche (animalische oder semantische) Gestik ... im Hinterland der Vokabelhöfe«* (K. M. Michel). Aufschlußreich ist an dieser Reaktion auf Mons Texte nicht so sehr die Richtung der Assoziationen selbst, als vielmehr die Tatsache, daß Mons Texte

als *»Signalordnung«* wirken, daß eine semantische Ebene hineingelesen wurde. Wenn die gewohnte Semantik also durch den ungewohnten Umgang mit Zeichen – d.h. Worten und Buchstaben, aber auch Wortgruppen – außer Kraft gesetzt wird, *»bietet sich aus der verschobenen Zeichenordnung eine neue an, ist doch jede konsequente Ordnung scheinbar nur formal bestimmt, immer auch schon wieder lesbar«*, erläutert Mon diesen Vorgang am Beispiel seines Textes *rakon tsiste*, der nicht nur in waagrechten Zeilen von links nach rechts gelesen werden kann, sondern für dessen Verständnis es unabdingbar ist, ihn in schrägen Zeilen nach unten hin, dem Textbild folgend, zu lesen.

Dem Autor geht es in seinem Werk um eine *»erschwernis der lesbarkeit«*. Seine Textverfahren dienen dazu, Lesegewohnheiten zu brechen und die Aufmerksamkeit auf die Sprache selbst, ihre Funktionen und Möglichkeiten zu lenken. Mon strebt diese Irritationen in seinen Texten durch verschiedene poetische Verfahrensweisen an: Zum einen zerlegt er das Wort in einzelne Buchstaben, etwa *t-o-t*, die er auf der Fläche des Papiers wiederum zu Formen, wortähnliche Gebilde und Bildzeichen in einem, arrangiert: *»buchstaben sind zeichen für zeichen und daher von der sprache schon wieder so weit distanziert dass sie sprache reflektieren können wenn sie in bewegung geraten«*. Mon setzt dabei auch die visuellen Elemente der Schrift-Sprache ein, die Fläche des Papiers oder die Letterntypik. Über die Herstellung von *»Textlabyrinthen«*, Bildern aus Worten, die sich mehrfach differenziert überlappen, gelangt der Autor hier bis zur Konstruktion von Textbildern, *»bis zur auflösung des letternmaterials«: »in der textfläche verschwimmt die grenze zum bildnerisch grafischen.«* Mons Texte und Textbilder sind – häufig in Zusammenarbeit mit anderen Künstlern – in kleinen pretiosen Auflagen erschienen. Einen Überblick über die ins Graphische hineinreichenden Texte vermittelt der 1967 erschienene Band *ainmal nur das alphabet gebrauchen*.

Umgekehrt verfährt eine zweite literarische Technik Mons, nämlich die Verbindung sprachlicher Elemente, Buchstaben, Worte, aber auch feststehender Redensarten zu neuen Texten. So entsteht etwa in dem Band *verläufe* (1962) der Text dadurch, daß Wortelemente und Redensarten nicht getrennt, sondern in Gruppen zusammengeschrieben werden, ineinander »verlaufen«. Gleichzeitig scheinen sie sich nach phonetischen Assoziationen zu entwickeln: *»lokkergetsnicht/ drehdich/ ... /sichernich/ solcherweis/ malsmal/ mokkerchen«*. Die orthographische Schreibweise wird zugunsten einer phonetischen aufgegeben, in einem Sprachspiel entstehen Wortneuschöpfungen. Das Verfahren funktioniert analog zu dem für Mons Prosatexte konstitutiven Collageverfahren. Der Text entsteht aus dem Spiel mit der Sprache, die Unterscheidung zwischen den Gattungen wird hier fragwürdig.

Das im selben Jahre erschienene *Lesebuch* gibt einen Überblick über Mons »linguistische« Texte insgesamt, zeigt die Bandbreite seiner Manipulationen am Sprachmaterial, die letztendlich auf die Entwicklung von Sprachbewußtsein zielen. Auf diese Intention spielt schon der Titel an, nämlich auf das Schulbuch, das als Medium zum Lesenlernen auch hier auf die Notwendigkeit weist, Sprachzeichen neu zu entziffern. Der in grammatische Einheiten gegliederte Aufbau des Buches – *»wörter«, »lettern«, »sätze«, »wörter im wortwechsel«* – macht dabei deutlich, wie verschiedene methodische Ansätze auch thematische Unterschiede mit sich bringen: Das Buch liest sich *»als Musterkarte aller experimentellen Tendenzen unseres Jahrhunderts, als Lesekompendium lettristischer, semantischer und syntaktischer Exerzitien samt ihrer Mischformen«* (H. Hartung).

Während also Mons im weitesten Sinne poetische Arbeiten mit der visuellen, aber auch der phonetischen, d.h. artikulatorischen Seite der Sprache spielen, wendet sich der Autor in seiner auditiven Arbeit, die zunächst Hörspiele beinhaltete, den lautlichen und stimmlichen Möglichkeiten der Sprache zu. Mit Hilfe der Technik schafft er Collagen aus Worten, Stimmen und Tönen, die in Analogie zur musikalischen Komposition nach Regeln der Aufzählung, der Reihung, der Gruppierung, der Variation und der Wiederholung geordnet werden. Diese literarischen Techniken bestimmen Mons Spracharbeit überhaupt, seien es »Gedichte«, Textbilder, auditive Arbeiten oder Performances, die neueren Sprachmanifestationen dieses Autors, in denen die Grenzen zwischen den verschiedenen Künsten endgültig aufgehoben und der Sprache neue Möglichkeiten erobert werden.

In der Verbindung von linguistischem Sprachspiel und Sprachtheorie einerseits, in der Überschreitung von Gattungs- und Kunstgrenzen andererseits ist Franz Mons Werk den poetischen Experimentalformen der Avantgarde zuzuordnen. Allerdings stehen bei Mon diese Versuche zu Funktionen und Möglichkeiten der Sprache immer in einem gesellschaftskritischen Kontext. Auch wenn die Kunst gesellschaftliche Prozesse nicht direkt beeinflussen könne, so Mon, bestehe ihre Funktion und ihre Legitimation gerade darin, Voraussetzungen für eine freie Gesellschaft zu schaffen: *»daß sie [die Kunst] jene Existenzform des volldimensionierten Subjekts am Leben erhält und durch die Analogiebezüge hindurch der zivilisatorischen Physiognomie das unerwartete und doch begründete Gesicht der Freiheit, des Spiels, des ›neuen‹ Ganzen zeigt und vermutlich dadurch, daß sie die Fähigkeit des Protestes übt, an der Fortdauer des Problembewußtseins, auf dem der Bestand der zivilisatorischen Welt beruht, beteiligt ist«*.

D.R.M.

AUSGABEN: *artikulationen*, Pfullingen 1959. – *movens. Dokumente u. Analysen zur Dichtung, bildenden Kunst, Musik, Architektur*. In Zusammenarbeit mit W. Höllerer u. M. de la Motte, Wiesbaden 1960. – *protokoll an der kette*. Vierzehn Gedichte von F.M., mit sechs Originallithographien v. B. Schultze, Köln 1960/61. – *verläufe*. Mit Lithographien v. K. O. Götz, Stg. 1962. – *sehgänge*, Bln. 1964. – *weiß wie weiß*. Mit Prägedrucken v. R. Kissel, Bad Homburg 1964. – *rückblick auf isaac newton*. Mit einer Lichtgrafik v. H. Bleckert, Köln 1965. – *5 beliebige fassungen eines textes aus einem satz*, Hg. M. Bense u. E. Walther, Stg. 1966. – *ainmal nur das alphabet gebrauchen*, Stg. 1967. – *Lesebuch*, Neuwied/Darmstadt 1967 [Nachw. H. Heißenbüttel; ern. 1972; erw.]. – *text mit 600*, Ffm. 1970. – *Texte über Texte*, Neuwied/Bln. 1970. – *aufenthaltsraum*. Mit Siebdrucken v. Th. Lenk, Duisburg 1972. – *maus im mehl*, Ffm. 1976. – *fallen stellen. texte aus mehr als elf jahren*, Spenge 1981. – *hören ohne aufzuhören. Arbeiten 1951–1981*, Linz 1982. – *Es liegt noch näher. 9 Texte aus den 50ern*, Spenge 1984.

Literatur: K. M. Michel, Rez. (in NDH, 1960, H. 73, S. 448 f.). – K. Krolow, *Die Rolle des Autors im experimentellen Gedicht* (in K. K., *Schattengefecht*, Ffm. 1964, S. 39–64). – P. Schneider, *Konkrete Dichtung* (in Sprache im technischen Zeitalter, 1965, H. 15, S. 1210–1214). – K. Leonhard, *Interpretation von F. M.s »Geschnürter Wind«* (in *Doppelinterpretationen*, Hg. H. Domin, Bonn 1966, S. 332–336). – H. Hartung, *Antigrammatische Poetik u. Poesie. Zu neuen Büchern von Helmut Heißenbüttel u. F. M.* (in NRs, 1968, H. 3, S. 480–494). – H. Ch. Kosler, *Die Poetik F. M.s im Kontext zur konkreten Poesie* (in Der neue Egoist, 1976, H. 2, S. 32–38). – P. Bekes u. W. Große, *F. M.: »panoptikum«* (in *Deutsche Gegenwartslyrik von Biermann bis Zahl*, Mchn. 1982, S. 170–187). – R. Drux, *Sprachrepräsentation in Gedichten der sechziger Jahre* (in LiLi, 1983, S. 20–28).

Heiner Müller

* 9.1.1929 Eppendorf / Sachsen

Literatur zum Autor:
W. Schivelbusch, *Sozialistisches Drama nach Brecht. Drei Modelle: Peter Hacks – H. M. – Hartmut Lange*, Darmstadt/Neuwied 1974 (SLu). – G. Schulz, *H. M.*, Stg. 1980 (Slg. Metzler). – M. Silbermann, *H. M.*, Rotterdam 1980. – Th. Girshausen, *Realismus u. Utopie. Die frühen Stücke H. M.s*, Köln 1980. – G. Wieghaus, *H. M.*, Mchn. 1981. – *Zum Drama der DDR: H. M. und Peter Hacks*, Hg. J. R. Scheid, Stg. 1981. – *H. M.*, Hg. H. L. Arnold, Mchn. 1982 (Text + Kritik). – G. Wieghaus, *Zwischen Auftrag u. Verrat. Werk u. Ästhetik H. M.s*, Ffm. 1984. – Th. Buck, *H. M.* (in KLG, 24. Nlg., 1986). – A. A. Teraoka, *The Silence of Entropy or Universal Discourse. The Postmodernist Poetics of H. M.*, NY 1985. – K. Teichmann, *Der verwundete Körper: zu Texten H. M.s*, Freiburg i. B. 1986. – *Explosion of a Memory H. M. DDR. Ein Arbeitsbuch*, Hg. W. Storch, Bln. 1988. – C. v. Maltzan, *Zur Bedeutung von Geschichte, Sexualität u. Tod im Werk H. M.s*, Ffm. u. a. 1988. – B. Gruber, *Mythen in den Dramen H. M.s: zu ihrem Funktionswandel in den Jahren 1958 bis 1982*, Essen 1989. – N. Eke, *H. M. Apokalypse u. Utopie*, Paderborn 1989. – J. Fiebach, *Inseln der Unordnung. Fünf Versuche zu H. M.s Theatertexten*, Bln./DDR 1990.

DER BAU

Stück in neun Bildern von Heiner Müller, nach Motiven aus Erik Neutschs Roman *Die Spur der Steine*; Uraufführung: Berlin/DDR, 4. 9. 1980, Volksbühne. – Eine Großbaustelle in der DDR im Jahre 1961. Die Brigade Barka arbeitet an einem Wasserwerk, kurz vor dessen Fertigstellung soll sie die Arbeit daran jedoch einstellen und an einem Kraftwerk weiterarbeiten. Die Brigade weigert sich und setzt die Arbeit am Wasserwerk fort, das dafür benötigte Material stiehlt sie anderen Brigaden. Während jene widerspruchslos die einander widersprechenden Anordnungen der zentralen Planungsbehörde befolgen *(»Wir reißen ein, baun neu. Der Projektant / ändert die Zeichnung: ein Dreh mit dem Reißzeug / Wir reißen wieder ein, baun wieder neu«)*, gelingt der Brigade Barka die Entwicklung neuer Arbeitsformen; der Kampf um Eigeninitiative und Selbstverantwortung setzt neue Produktivitäten frei.

Das 1963/64 entstandene Stück markiert das Ende von Müllers Zyklus *»Geschichten aus der Produktion«*, in dem er die Stadien des Aufbaus der DDR kommentierend begleitet hatte (*Der Lohndrücker*, 1956; *Die Korrektur*, 1957, 2. Fassg. 1958) und die Konzeption eines »didaktischen« Theaters in der Nachfolge Brechts auf die DDR-Gegenwart angewandt hatte. Anders als vom Programm des »Bitterfelder Wegs« letztlich gefordert, intendierte Müller nicht die künstlerische Überhöhung von Problemen der Produktion, sondern die Darstellung der Widersprüche im Aufbau einer neuen Gesellschaft: *»Die Kunst fängt an, wo das Museum aufhört.«* Konkret bezieht sich das Stück auf Tendenzen Anfang der sechziger Jahre, die DDR-Wirtschaft durch Dezentralisierung und die Einführung monetärer Steuerungshilfen zu reformieren, letztlich aber geht es Müller um eine Bestandsaufnahme der DDR-Gesellschaft im Jahr des Mauerbaus: *»In meinem Stück ›Der Bau‹ zum Beispiel ist der Anlaß absolut lächerlich. Das Kraftwerk, das gebaut wird, ist nur da, um die Leute auspacken zu lassen, was sie so auf dem Herzen haben.«*

Die Konflikte, die zwischen den Arbeitern, den Parteifunktionären und den Vertretern der Intelligenz ausgefochten werden, resultieren aus der Frage, ob die Zukunft die Opfer lohnt, die Menschen jetzt zu leisten haben. Barka, der Brigadeleiter, weiß um die ruinösen Folgen der von ihm propagierten Schichtarbeit und um die Zwänge des sozialistischen Staates, die Arbeitskräfte durch den Bau der Mauer sich verfügbar zu halten: *»Gratulation zum Schutzwall ... Hätt ich gewußt, daß ich *mein eignes Gefängnis bau hier, jede Wand hätt ich mit Dynamit geladen.«* Eine Alternative sieht er jedoch nicht, Ziel seiner Arbeit bleibt eine kommunistische Zukunft, die er selbst nicht mehr erleben wird: *»Ich bin / der Ponton zwischen Eiszeit und Kommune.«* Dem anarchistischen Selbsthelfer Barka steht der Faktenmensch Donat als Parteisekretär gegenüber, der für den Bau die Zerstörung seiner Ehe in Kauf nimmt und seine Vaterschaft für das Kind der Ingenieurin Schleef leugnet. Die persönlichen Beziehungen werden dem Zwang zur Produktion ebenso geopfert wie die Natur, in der das Kraftwerk entsteht. Aufbau des Sozialismus und menschliches Glück scheinen sich auszuschließen, das Ende der *»Eiszeit«* ist nicht abzusehen: *»Wir werden Kinder haben, die Kinder haben werden, eine Generation macht die nächste, die Zukunft uns aus dem Gesicht geschnitten, der Kommunismus gut oder schlecht, wie wir ihn gemacht haben ...«*

In immer wechselnden, kurzen Einstellungen machen die Bilder des Stücks die Diskrepanzen zwischen Anspruch und Wirklichkeit deutlich, verweisen auf den Übergangscharakter und die Vorläufigkeit der Gegenwart: *»Was hier anfängt hört nicht auf / Mit uns, aber was lebt muß wachsen und / Haust in der Schwebe zwischen Alt und Neu.«* Noch, und darin lag die Provokation des Stücks, besteht auch im Sozialismus Entfremdung fort, eine These, die Walter Ulbricht 1963 in Reaktion auf die KAFKA-Konferenz von Liblice bei Prag (1962) heftig bestritten hatte, die in *Der Bau* aber an der eigentlichen Hauptfigur des Stücks, dem Ingenieur Hasselbein, demonstriert wird. Zwischen Arbeitern und Parteivertretern stehend, hat er Lösungen für die Probleme auf der Großbaustelle ausgearbeitet, ohne sie verwirklichen zu können: *»Hamlet in Leuna, Hans Wurst auf dem Bau, Zweiter Clown im kommunistischen Frühling. Mein Kopf ist mein Bukkel. Staub vor den Ellbogen der Praktiker.«* Mit Hasselbein tritt erstmals die in Müllers weiterem Werk zentrale Figur des handlungsunfähigen, in der revolutionären oder gesellschaftlichen Praxis meist auch nicht benötigten Intellektuellen auf, auch wenn *Der Bau* optimistisch endet. Als Barka sich für seine Vorschläge interessiert, kann Hasselbein in den Arbeitsprozeß gestaltend eingreifen.

Der Bau war das letzte Stück, in dem Müller sich offen mit der Gegenwart der DDR beschäftigte. Nach der heftigen Kritik auf dem 11. Plenum des ZK der SED 1965 konnte das Stück erst 1980 uraufgeführt werden, Müller ging nach 1965 von den »Produktionsstücken« zur Bearbeitung antiker Stoffe *(Philoktet)* über. M.Pr.

AUSGABEN: Bln./DDR 1965 (in SuF, H. 1/2, S. 169–227). – Bln. 1975 (in *Stücke aus der Produktion 1. H.M. Texte 1*). – Bln./DDR 1975 (in *Stükke*; Nachw. R. Rohmer). – Bln./DDR 1981 (in *Der Auftrag. Der Bau. Herakles 5. Todesanzeige*, Hg. J. Fiebach).

LITERATUR: R. Rohmer, *Struktur u. Idee. Zum vorgelegten Text von H. M.s »Der Bau«* (in Theater der Zeit, 1966, H. 6, S. 10–12). – H. Fehervary, *H. M.s Brigadestücke* (in Basis. Jb. für deutsche Gegenwartsliteratur, 2, 1971, S. 103–140). – B. Greiner, *Von der Allegorie zur Idylle. Die Literatur der Arbeitswelt in der DDR*, Heidelberg 1974. – J. Milfull, *Gegenwart und Geschichte. H. M.s Weg von »Der Bau« zu »Zement«* (in AUMLA, 1977, Nr. 48, S. 234–247). – G. Baumbach, *Theatralische Qualität poetischer Texte – »Der Bau« von H. M.* (in Theater der Zeit, 1978, H. 3, S. 50–53). – R. Clauß, *Held oder kollektives Subjekt. Die Problematik der DDR-Literatur, dargestellt am Beispiel von Kubas »terra incognita« u. H. M.s »Der Bau«*, Diss. Göttingen 1979. – F. Hörnigk, *»Bau«-Stellen. Aspekte der Produktions- u. Rezeptionsgeschichte eines dramatischen Entwurfs* (in Zs. für Germanistik, 1985, H. 1, S. 35–52).

DIE BAUERN

Komödie in 15 Bildern von Heiner MÜLLER; Uraufführung: Berlin/DDR, 30. 5. 1976, Volksbühne. – Das Stück stellt die 1964 entstandene Neufassung der Komödie *Die Umsiedlerin oder Das Leben auf dem Lande* dar, die nach der Uraufführung auf der Studentenbühne der Hochschule für Ökonomie in Berlin-Karlshorst am 30. 9. 1961 von den Behörden abgesetzt wurde. – Skizziert wird in einem Bilderbogen die Entwicklung des *»Leben(s) auf dem Lande«* in der DDR zwischen 1946 und 1960. Es beginnt mit der Enteignung der Großgrundbesitzer und der Verteilung des Bodens an die ehemaligen Landarbeiter und die Umsiedler aus dem Osten, und endet mit der Kollektivierung des Landbesitzes. Die ursprünglich verteilten landwirtschaftlichen Flächen waren zu klein, um die Familien ernähren zu können, die Maschinenparks der Dörfer, in denen »Maschinen-Ausleihstationen« (MAS) eingerichtet wurden, konnten nicht effektiv genutzt werden, die sozialen Unterschiede zwischen den von der Enteignung verschonten Mittelbauern und den neuen Landbesitzern bestanden weiterhin fort. Gegen jede harmonisierende Sichtweise entwickelt Müller diesen Prozeß als widerspruchsvollen Kampf zwischen altem und neuem Bewußtsein, alten und neuen Verhaltensweisen, wovon auch die Vertreter der Partei nicht ausgeschlossen sind. Sie, allen voran der Parteisekretär Flint, wissen um die Unausweichlichkeit der Kollektivierung des Landes und bekennen sich nicht dazu, um die Bevölkerung nicht zu verschrekken. Diese hat das Vertrauen in die Versprechungen der Partei schon verloren und ist doch nicht in der Lage, einander in Eigeninitiative zu helfen. Zu Beginn des Stücks erhängt sich der Neubauer Ketzer, drangsaliert vom Bürgermeister und dem reichen Bauern Treiber, die Staatsabgaben und Schulden eintreiben wollen; Ketzer glaubt nicht an die Lieferung sowjetischer Traktoren, mit denen er sein Land bestellen könnte. Als sie endlich eintreffen, geraten die Bauern in Abhängigkeit von den Maschinisten und beschließen, das Volkseigentum unter sich zu verlosen. Jeder hofft auf das Los, tatsächlich aber gehen die Traktoren an den ohnehin begüterten Bauern Treiber und an den Neubauern Henne, der sich daraufhin sofort den übrigen Bauern als Arbeiter anbietet und eben jene Abhängigkeit, die der Sozialismus aufzuheben verspricht, wieder etablieren will. Erst dieses Experiment führt bei den Dorfbewohnern zur Einsicht, das Land kollektiv zu bewirtschaften.

Die Erstfassung des Stücks, das sich an die Erzählung *Die Umsiedlerin* von Anna SEGHERS anlehnt, entstand 1956–1961; die Inszenierung 1961 durch B. K. Tragelehn führte zum Ausschluß Müllers aus dem Schriftstellerverband der DDR. Über die Gründe dieser Maßnahme schrieb Peter HACKS ironisch: *»Das Stück vertritt zwei Lehrmeinungen, die ich ... nur mit Schaudern anführe. Es behauptet erstens, daß Kinder gezeugt würden durch wechselseitige Berührung der Geschlechtsteile eines Mannes und eines Weibes, und es sagt zweitens, daß es nicht genüge, einen für glücklich zu erklären, damit er es auch sei.«* Die Kollektivierung der Bauern ist geprägt durch Not und Entbehrungen, worüber auch die Propaganda der Partei nicht hinwegtäuschen kann. Im Mittelpunkt des Stücks steht der Konflikt zwischen dem Parteisekretär Flint und dem Säufer Fondrak, der jede Arbeit verweigert und sich von der Umsiedlerin Niet aushalten läßt. Er nimmt auf seine Weise die Versprechungen des Kommunismus vorweg: *»Ich bin ein geistiger Mensch, Flint, Bier ist Geist. / Der Geist erhebt den Menschen übers Tier. / Die Arbeit wirft ihn unters Vieh zurück.«* Anders als Flint, der den Aufbau des Dorfes zu leiten versucht, geht Fondrak keine Kompromisse in seinem Leben ein; und während Flint sich kaum dazu bekennen kann, seine Frau wegen einer jüngeren Geliebten verlassen zu haben, steht Fondrak ungeniert zu seinem Egoismus. Er geht schließlich in den Westen, die Umsiedlerin bleibt zurück. Für seine anarchistische Vitalität ist in der neuen Gesellschaft noch kein Platz.

Zusammen mit *Der Bau* markiert das Stück das Ende des »dialektischen« oder »didaktischen« Theaters in der DDR, in dem BRECHTS Theatertheorie in produktiver Weise auf die Gegenwart der DDR angewendet werden sollte. Müllers kritischer Blick auf die Widersprüche der DDR-Entwicklung war dort bis in die siebziger Jahre hinein politisch nicht tolerierbar. M.Pr.

AUSGABEN: Bln. 1975 (in *Die Umsiedlerin oder Das Leben auf dem Lande. H.M. Texte 3*; enthält *Die Bauern*). – Bln./DDR 1975 (in *Stücke*; Nachw. R. Rohmer). – Bln./DDR 1984 (in *Die Bauern. Macbeth. Mülheimer Rede*, Hg. u. Einl. J. Fiebach).

LITERATUR: P. Hacks, *Über den Vers in M.s Umsiedlerin-Fragment* (in Theater der Zeit, 1961, H. 5, S. 47–54; ern. in P. H., *Essais*, Lpzg. 1984, S. 143–148). – U. Allemann, *Der Säufer als Utopist* (in Theater heute, 1976, H. 8, S. 10–13).

GERMANIA TOD IN BERLIN

Schauspiel in 13 Bildern von Heiner MÜLLER, Uraufführung: München, 20. 4. 1978, Kammerspiele. – Weniger Schauspiel als vielmehr Schauerspiel über die »deutsche Misere«, kontrastiert das Stück sechs Momentaufnahmen aus der Anfangszeit der DDR, vom Gründungstag des Staates über den Todestag Stalins bis hin zu den Ereignissen des 17. Juni 1953, mit sechs meist surreal verfremdeten Szenen aus der deutschen Geschichte. Im Mittelpunkt steht Szene 7 *(Die heilige Familie)*, eine Groteske auf die Entstehung der Bundesrepublik. Germania, die *»Verkörperung des deutschen Volkes in Gestalt einer Frau im Waffenschmuck«*, entbindet als Hebamme den schwangeren Goebbels im Berliner Führerbunker von einem *»Contergan-Wolf«*. Die *»Heiligen Drei aus dem Abendland«*, die drei Westalliierten, prüfen dessen Tauglichkeit für den antikommunistischen Kampf. Antisemitische Ausfälle werden von ihm nicht mehr erwartet, wie Germania selbst betont: *»Ich muß mit der Zeit gehen, wenn ich wieder ins Geschäft kommen will.«* Dennoch wird Germania selbst noch im Führerbunker vernichtet, ihre endgültige Abdankung aber vollzieht sich in der Parallelszene *Das Arbeiterdenkmal*. Der alte Maurer Hilse befolgt am 17. Juni 1953 in Ostberlin den Streikaufruf nicht und wird dafür von Jugendlichen im *»Rock-Rhythmus«* gesteinigt. Der Streik, Ausdruck des Widerstands der Arbeiter gegen die Erhöhung der staatlich festgesetzten Arbeitsnormen, erweist die Spaltung der deutschen Arbeiterschaft; die Selbstzerfleischung des deutschen Volkes, von Müller in einem Zusammenhang gesehen von den Nibelungen über den Kessel von Stalingrad bis hin zum Kampf der feindlichen Brüder in einem DDR-Gefängnis, dauert an. Hilse, der Maurer, dessen Namensvetter in Gerhart HAUPTMANNS *Die Weber* damals ebenfalls dem Streik ferngeblieben und als einziger umgekommen ist, stirbt schließlich in Berlin, allerdings nicht an den Folgen der Steinigung, sondern an Krebs, Sinnbild der Selbstzerfleischung. Seine politische Utopie bleibt Vision auf dem Todesbett: *»Und jetzt / Hab ich die Kapitalisten eingemauert / Ein Stein aus Kalk. Wenn du noch Augen hättest / Könntst du durch meine Hände scheinen sehn / Die roten Fahnen über Rhein und Ruhr.«*

Bereits 1956 hatte Müller erste Szenen des Stücks verfaßt, 1971 beendet er es. Mit teilweise drastischen Metaphern und mit einem kaum überschaubaren Arsenal an historischen und politischen Anspielungen umkreist er die Kontinuität von Militarismus und Untertanengeist, von Ausbeutung und Teilung in der deutschen Geschichte. Der Versuch, auf deutschem Boden einen Neubeginn zu unternehmen in Gestalt der DDR, kann von den Traditionen Deutschlands nicht absehen. Die Kleinbürger, die am Gründungstag der DDR die Straße bevölkern, haben aus der jüngsten Vergangenheit nichts gelernt, und doch werden sie zum Aufbau des neuen Staates benötigt. Noch der »Held der Arbeit« im sozialistischen Staat kann den Status des

Untertanen kaum abschütteln, die aus der Not des Augenblicks geborenen Zwänge schießen zusammen mit tradierten Bewußtseins- und Verhaltensweisen. Die kommunistische Partei, diskreditiert durch die Schreckensherrschaft Stalins, erscheint als *»Hure«*; Hilses Vision, an sie gerichtet, bleibt ihr fremd, und doch ist keine Alternative zu ihr zu sehen. Die Hoffnung auf eine Unterbrechung des gewalttätigen Geschichtszusammenhangs ist konkret nicht mehr zu fassen, nur pantomimisch demonstriert Müller in der Szene *Nachtstück*, dem einzigen Bild ohne Parallelszene, die für ihn notwendige Demontage des alten Menschen; im Augenblick seiner Zerstörung entsteht der neue Mensch. Auf diesen bei ihm immer wiederkehrenden Topos verweist Müller paradigmatisch 1983 in seinem Brief an den Regisseur der bulgarischen Erstaufführung des *Philoktet*: *»Der kommunistische Grundsatz KEINER ODER ALLE erfährt auf dem Hintergrund des möglichen Selbstmords der Gattung seinen endgültigen Sinn. Aber der erste Schritt zur Aufhebung des Individuums in diesem Kollektiv ist seine Zerreißung, Tod oder Kaiserschnitt die Alternative des NEUEN MENSCHEN.«*

Die Radikalität, mit der Müller die Widersprüche der deutschen Geschichte und der Entwicklung der DDR in *Germania Tod in Berlin* zeichnet, führte in der Bundesrepublik häufig zu antikommunistischen Lesarten des Stücks, meist unter Verkennung der Theaterkonzeption Müllers. Danach stellt das Theater zwar gesellschaftliche Antagonismen zur Diskussion, deren Lösung aber bleibt dem Publikum überantwortet. Das Zielpublikum Müllerscher Stücke ist das der DDR; daß viele der Schauspiele des Autors bis 1989 nur im Westen aufgeführt wurden und daß die Uraufführung von *Germania Tod in Berlin* durch Ernst Wendt neben der *Philoktet*-Inszenierung von Hans Lietzau 1968 die endgültige Anerkennung des Dramatikers Müller in der Bundesrepublik bedeutete, gehört für den Autor zu den Widersprüchlichkeiten deutscher Geschichte. M.Pr.

AUSGABEN: Bln. 1977 (in *H.M. Texte 7*). – Stg. 1983 [m. Materialien; Einl. R. Clauß].

LITERATUR: G. Hensel, Rez. (in FAZ, 22. 4. 1978). – P.v. Becker, Rez. (in SZ, 22./23. 4. 1978). – D.N. Schmidt, Rez. (in FRs, 24. 4. 1978). – P. Iden, Rez. (in Die Zeit, 28. 4. 1977). – H. Rischbieter, *Nur heilloser Schrecken? H.M. »Germania Tod in Berlin« an den Münchner Kammerspielen* (in Theater heute, 1978, H. 6, S. 7–11). – P. G. Klussmann, *H.M.s »Germania Tod in Berlin«* (in *Geschichte als Schauspiel. Deutsche Geschichtsdramen*, Hg. W. Hinck, Ffm. 1981).

MAUSER

Stück von Heiner MÜLLER, Uraufführung: Austin/Texas, Dezember 1975, Austin Theatre Group. – In den frühen zwanziger Jahren steht in der sowjetischen Stadt Witebsk ein Henker, bezeichnet als »A«, vor dem Parteitribunal. Er hat im Auftrag der Partei *»Feinde der Revolution«* hingerichtet, darunter auch seinen Vorgänger, der drei verurteilte Bauern nicht als Feinde, sondern als unwissende Angehörige einer ausgebeuteten Klasse gesehen und sie in ihr Dorf zurückgeschickt hatte. A besorgt seine Hinrichtung, bittet aber bald, vom Amt des Henkers zurücktreten zu dürfen: *»Entlaßt mich aus dem Auftrag / Für den ich zu schwach bin.«* Die Partei lehnt seine Bitte ab, verurteilt ihn aber zum Tode, als er beginnt, mechanisch und unkontrolliert zu töten: *»... als deine Hand eins wurde mit dem Revolver / Und du wurdest eins mit deiner Arbeit / Und hattest kein Bewußtsein mehr von ihr / Daß sie getan werden muß hier und heute / Damit sie nicht mehr getan werden muß und von keinem / War dein Platz in unsrer Front eine Lücke.«* Gewalt ist notwendig zur revolutionären Erneuerung der Welt, und da A selbst ein Hindernis für die Revolution geworden ist, soll er sein Einverständnis zu seiner eigenen Hinrichtung geben.

Das 1970 entstandene Stück bezeichnete Müller als drittes und letztes Beispiel einer »Versuchsreihe« von Lehrstücken, zu denen er auch *Philoktet* (1958/1964) und *Der Horatier* (1968) zählte. Es variiert ein Motiv aus M. ŠOLOCHOVS Roman *Der stille Don* (1928/1940), bezieht sich aber vor allem auf BRECHTS Lehrstück *Die Maßnahme*. Zwischen beiden Stücken liegen die Erfahrungen der sowjetischen Schauprozesse der dreißiger Jahre und des Terrors der Stalinzeit. Anders als bei Brecht werden bei Müller die Mittel der Revolution durchaus problematisiert: *»Wozu das Töten und wozu das Sterben / Wenn der Preis der Revolution die Revolution ist / Die zu Befreienden der Preis der Freiheit.«* Und anders als bei Brecht ist nicht gänzlich klar, ob der Verurteilte tatsächlich sein Einverständnis zu seiner Tötung gibt; nur zusammen mit dem Chor fordert er: *»TOD DEN FEINDEN DER REVOLUTION.«*

Wie die »Produktionsstücke« (vgl. *Der Bau*) verweigern auch Müllers Lehrstücke jede Lösung der aufgezeigten Widersprüche auf der Bühne; dies wird dem Publikum überantwortet. Die Provokation von *Mauser* resultiert aus der These, der Mensch könne sich nur gewaltsam aus den gewalttätigen Verhältnissen befreien und so Gewalt schlechthin aufheben, die Geburt des eigentlichen, des »neuen« Menschen ermöglichen: *»Nicht eh die Revolution gesiegt hat endgültig / In der Stadt Witebsk wie in andern Städten / Werden wir wissen, was das ist, ein Mensch.«* Die neue Welt aber bedeutet die Zerstörung der alten, die *»ERSTE ERSCHEINUNG DES NEUEN«*, so Müller in der Anmerkung zum Stück, *»IST DER SCHRECKEN«*. Die planlose Verselbständigung des Terrors muß jedoch verhindert werden; das Individuum, in den Gewaltzusammenhang involviert, kann dafür keine Garantie sein, wie das Beispiel des Henkers zeigt. Die Partei, die verantwortlich für den Terror ist, ohne mit ihm konfrontiert zu sein, könnte, wie im Stück geschehen, als kontrollierende Instanz auftreten; die historische Erfahrung aber läßt dies als Illusion erscheinen.

Die Nüchternheit, mit der Müller in *Mauser* die Produktion von Terror, die Liquidierung der Feinde der Revolution diskutiert, ließ einzelne Interpreten das Stück als verschärftes »Produktionsstück« Müllerscher Konzeption deuten. Tatsächlich verbindet Müller hier die ursprüngliche Wirkungsabsicht des »didaktischen« Theaters mit der Form des Brechtschen Lehrstücks. Der Text ist daher vor allem ein Übungsstück für Schauspieler, das Publikum ist nur zugelassen, wie Müller in der Anmerkung zum Text betont, sofern es aktiv in die Aufführung einbezogen wird. Daraus resultiert die formale Kargheit des Stücks, das nur den Chor und zwei Spieler kennt und auf jede psychologisierende und individualisierende Zeichnung der Personen verzichtet. Der Henker erzählt im Rückblick, unterstützt und kommentiert vom Chor, in einer nüchtern-abgehackten Sprache, der ebenfalls jede persönliche Färbung fehlt, in der einzelne Motivgruppen sich immer wieder, refrainartig, wiederholen. Allerdings ist diese Form des Theaters, die aktiv in revolutionäre Prozesse einer Gesellschaft eingreifen will, ihrer Zeit voraus, wie Müller in seinem Brief an Rainer Steinweg (4. 1. 1977) feststellt. Mit *Mauser* gibt Müller das Lehrstück auf, revolutionäre Prozesse sind für ihn weder im Osten noch im Westen zu sehen: »*Was bleibt: einsame Texte, die auf Geschichte warten.*« M.Pr.

Ausgabe: Bln. 1978 *(H.M. Texte 6)*.

Literatur: D. Bathrick, A. Huyssen, *Producing Revolution. H.M.'s »Mauser« as a Learning Play* (in New German Critique, 1976, H. 2, S. 110–121). – B.N. Weber, *»Mauser« in Austin, Texas* (ebd., H. 8, S. 150–156; dt. in *Spectaculum*, Bd. 27, Ffm. 1977, S. 291–296). – H. Brenner, *H.M.s »Mauser«-Entwurf: Fortschreibung der brechtschen Lehrstücke?* (in alternative, 1976, H. 110/111, S. 210–221). – H. Rosshoff, *H.M.s Lehrstück »Mauser«* (ebd., S. 193–209). – H.-Th. Lehmann u. H. Lethen, *Ein Vorschlag zur Güte. Zur doppelten Polarität des Lehrstücks* (in *Auf Anregung Bertolt Brechts: Lehrstücke mit Schülern, Arbeitern, Theaterleuten*, Hg. R. Steinweg, Ffm. 1978, S. 302–318; es). – G. Rühle, *Die Traktierung des H.M. »Mauser« in Köln, »Hamletmaschine« in Frankfurt – zwei Fälle u. viele Fragen* (in Theater heute, 1980, H. 6, S. 18–22). – U. Profitlich, *»Nötiges« u. »unnötiges« Töten. Zu H.M.s »Versuchsreihe«* (in *Fs. f. Friedrich Kienecker*, Hg. G. Michels, Heidelberg 1980, S. 219–246).

PHILOKTET

Schauspiel von Heiner Müller, Uraufführung: München, 13.7. 1968, Residenztheater. – Das Stück entstand zwischen 1958 und 1964, zu einer Zeit also, in der Müller mit seinen »*Stücken aus der Produktion*«, zu denen neben *Der Lohndrücker* (1958) vor allem *Der Bau* (1963/64) zählt, zunehmend auf Widerstand stieß. In der Folgezeit wandte er sich antiken Stoffen zu (*Herakles 5*, 1966; *Horatier*, 1972/73) und entwickelte die *Versuche um das Lehrstück*, deren erstes Beispiel *Philoktet* war: »*... in den frühen sechziger Jahren konnte man kein Stück über den Stalinismus schreiben, man brauchte diese Art von Modell, wenn man die wirklichen Fragen stellen wollte.*«

Mit der Vorlage, dem *Philoktet* des Sophokles, hat der Text nur noch die Rahmenhandlung gemeinsam. Auf der Fahrt nach Troja hatten die Griechen einst den Feldherrn Philoktet auf der unbewohnten Insel Lemnos ausgesetzt, da er durch einen Schlangenbiß eine schwärende Wunde am Bein davongetragen hatte, die einen unerträglichen Gestank verursachte. Als nun, zehn Jahre später, die Soldaten des Philoktet meutern und vor allem sein Bogen benötigt wird, dem man Unfehlbarkeit nachsagt, beschließt Odysseus, den Feldherrn herbeizuholen. Da er mit dessen Haß rechnet, wählt er sich zum Begleiter Neoptolemos, Sohn des Achill, der sich mit Lügen das Vertrauen des Philoktet erschleichen und diesen auf das Schiff der Griechen locken soll. Es ist der Zwang zur »*Pflicht*«, der hier handlungsleitend wird, obgleich vor allem Neoptolemos seine Ideale nicht einfach aufgeben will. Er kann sich nur schwer in das Kalkül des Odysseus einfügen, den er selbst haßt, da dieser einst nach dem Tod des Achill dessen Rüstung und Waffen an sich genommen hat; und als es ihm schließlich gelingt, mit Lügen das Vertrauen des Philoktet zu erschleichen und den Bogen zu erlangen, überwiegt sein Mitgefühl, und er gesteht diesem die Wahrheit. Philoktet wiederum, nach zehn Jahren Einsamkeit und Sprachlosigkeit geradezu hilflos in seiner Sehnsucht nach einem anderen Menschen, nach einem Gegenüber (»*Bleibt. Laßt mich nicht zum zweitenmal den Geiern*«), sieht sich erneut getäuscht und verweigert sich dem Ansinnen des Odysseus, ihn nach Troja zu begleiten, er sinnt nur noch auf den Tod dessen, der ihn abermals belogen hat: »*mein Leben selber / Hat keine Wahrheit mehr als deinen Tod.*« Während bei Sophokles schließlich Herakles auf einer Wolke erscheint und Philoktet befiehlt, sich Odysseus anzuschließen, gibt es bei Müller nur eine gewaltsame Lösung, provoziert durch die Schwäche des Neoptolemos. Als Philoktet auf Odysseus anlegt, ersticht ihn Neoptolemos hinterrücks; die Pflicht hat gesiegt. Odysseus bringt den Leichnam des Philoktet ins Lager der Griechen und gibt vor, die Trojer hätten ihn getötet.

Das Werk mit seiner spröden Sprache und der Konstruktion eines »*Extremfalls*« steht ganz in der Tradition der Lehrstücke Brechts. Nicht die mitfühlende Haltung des Publikums soll provoziert werden, sondern der Blick auf die Voraussetzungen, die die Eskalation der Gewalt verursachen: »*Der Ablauf ist zwangsläufig nur, wenn das System nicht in Frage gestellt wird. Komik in der Darstellung provoziert die Diskussion seiner Voraussetzungen. Nur der Clown stellt den Zirkus in Frage. Philoktet,*

Odysseus, Neoptolemos: drei Clowns und Gladiatoren ihrer Weltanschauung.« Das Stück, das in der DDR nicht aufgeführt werden konnte, war – in der Inszenierung durch H. Lietzau – der erste Bühnenerfolg des Dramatikers in der Bundesrepublik. M.Pr.

AUSGABEN: Velber 1965 (in Theater heute, 1965, H. 8). – Ffm. 1966 (in *Philoktet. Herakles 5*; es). – Bln./DDR 1975 (in *Stücke*; Nachw. R. Rohmer). – Bln. 1978 (in *Mauser. H.M. Texte 6*).

LITERATUR: J. Kaiser, Rez. (in SZ, 15.7. 1968). – H. Karasek, Rez. (in Die Zeit, 19.7. 1968). – H. Rischbieter, Rez. (in Theater heute, 1968, H. 8, S. 28–31). – Chr. Tilse, Rez. (in Sonntag, 30.6. 1974). – R. Bernhardt, *Antikerezeption im Werk H.M.s* (in WB, 22, 1976, H. 1, S. 83–122). – M. Linzer, Rez. (in Theater der Zeit, 1978, H. 2, S. 53–55). – U. Profitlich, *Über den Umgang mit H.M.s »Philoktet«* (in Basis, Jb. für deutsche Gegenwartsliteratur, 10, 1980, S. 142–157). – J. Kaiser, Rez. (in SZ, 27.11. 1984). – B. Strauß, *Versuch, ästhetische u. politische Ereignisse zusammenzudenken. Texte über Theater 1967–1986*, Ffm. 1987, S. 150–155. – M. Kraus, *H.M. und die griechische Tragödie. Dargestellt am Beispiel des »Philoktet«* (in Poetica, 17, 1985, S. 299–339).

HERTA MÜLLER

* 17.8.1953 Nitzkydorf / Rumänien

NIEDERUNGEN

Erzählungen von Herta MÜLLER, erschienen 1984. – Mit ihrem Debütband erregte die 1987 aus Rumänien in die Bundesrepublik Deutschland ausgewanderte Autorin sofort Aufsehen. Ihre knappen Texte, 16 Erzählungen oder Prosaskizzen, die oft nur wenige Seiten umfassen, sind zutiefst geprägt von der Realität des rumäniendeutschen Dorflebens, seinen Normen, seiner Moral, seiner Borniertheit – und seiner Sprache. In *Dorfchronik* bezieht sich Herta Müller immer wieder explizit auf spezifische Sprachregelungen, gibt damit subtil eine Vorstellung von der unbewußt ablaufenden Prägung des Denkens und Wahrnehmens. Erwähnt werden die *»Helden, die im Dorf Gefallene genannt werden«*, der *»Papst, der im Dorf der heilige Vater genannt wird«*, das *»Ausland, das im Dorf der Westen genannt wird«*, die *»Alkoholiker, die im Dorf Säufer genannt werden«*, und vieles mehr.
Herta Müller ist in Nitzkydorf (Kreis Timis) geboren, aufgewachsen mit dem Lebensstil der Banater Schwaben; seit 1987 lebt sie in West-Berlin. *Das Schwäbische Bad* heißt eine der Erzählungen, und auch Titel wie *Der deutsche Scheitel und der deutsche Schnurrbart* oder eben *Dorfchronik* machen deutlich, daß die Autorin sich mit ihrer Umwelt und deren meist rigiden Ansprüchen literarisch auseinandersetzt.
Entlarvend zeigt Herta Müller das von Bigotterie, Ahnenkult, Aberglauben, Mißgunst, Sauberkeitswahn und autoritären Strukturen beherrschte Leben im Dorf, das namenlos paradigmatisch für alle derartigen Sozialgefüge steht. Deskriptiv und ohne Emotion reiht sich Satz an Satz, und die Syntax ist vollkommen schlicht – dadurch gewinnt der Leser einen unmittelbaren Eindruck von der Leere dieser Existenzen: *»Das Auto schnüffelt mit grünen Lichtern durch den Rand der Wälder. Der Farn streut sein Spitzengewebe in die Dunkelheit. Die Tante lehnt die Wange an die Scheibe und schläft. Die Zigarette des Vaters glüht über dem Lenkrad.«*
Die weitaus umfangreichste Erzählung, die Titelerzählung *Niederungen*, beschreibt die Dorfrealität aus der Perspektive eines Kindes. Nüchtern-klare Beobachtung mischt sich mit Phantasien und Ängsten, die sich aus vielfältigen Quellen speisen. Angst erscheint als Grundbefindlichkeit nicht nur des in der Ich-Form erzählenden Mädchens, sondern nahezu aller Dorfbewohner. Die konturlosen Frauen fürchten die Männer, die Jungen fürchten die Alten und umgekehrt, Kinder und Tiere werden gequält. Grau in Grau das Szenario aus trinkendem Vater, ständig weinender, schimpfender, prügelnder Mutter, Fragen abwehrendem Großvater, abgearbeiteter Großmutter, deren Hände *»wie die Arbeit selbst«* aussehen. Die ganze Dorfgemeinschaft ist eine einzige traurige Gestalt. Immer wieder sieht sich das Kind konfrontiert mit Schmerz, Entbehrung, Tod und Angstträumen: *»Nachts kommt der Traum durch den Hinterhof ins Bett.«*
Herta Müllers Sprache spiegelt die Kargheit der beschriebenen Existenzbedingungen, eine Kargheit nicht nur im Materiellen, sondern auch im Psychischen. Im Leuchter mit fünf Armen brennt nur eine Glühbirne, seine anderen vier Arme sind blind; die Mutter assistiert beim Schlachten und hat *»dabei kein Gesicht im Gesicht«*. Die Menschen erscheinen als Opfer ihrer Lebensverhältnisse, aber auch als Täter, die alles, was ihren starren Normen zuwiderläuft, gewaltsam ersticken. Gewalt dominiert auch in der immer wieder abrupt durchbrechenden Sexualität, die ebenso wie alles andere jeglicher Zärtlichkeit entbehrt.
Wie sich alles einprägt in Kopf und Herz dieses Kindes, unvergeßlich, unauslöschlich, machen Herta Müllers Destillat-Texte mit einer unerhörten sprachlichen Intensität deutlich. Ihre Erzählungen sind nicht denkbar ohne ihre Erfahrungen, überschreiten sie jedoch im Akt des bewußtmachenden Schreibens. Viele sprachliche Bilder beziehen ihre Kraft aus der sinnlichen Realität – *»Mein Gang hatte etwas von der gestärkten Bettwäsche meiner Großmutter an sich«* –, vieles aber kehrt erst nach einem mentalen Verwandlungsprozeß, der seine Wurzeln weder verleugnen kann noch will, als allgemein gültige Formulierung im Wort wieder: der kalte

Fliesenboden der Kirche ist *»beängstigend wie eine weite Fläche Eis, wenn man schon zuviel gegangen ist darauf und keine Beine mehr am Leibe hat und weitergehen muß auf dem Gesicht.«*
Diese Prosa ist aus der Enge und Beschränktheit rumäniendeutscher Dorfexistenz heraus entstanden und insofern auch ein kulturhistorisches Manifest; ihre Sprache jedoch wirkt grenzüberschreitend. Die gilt auch für die nach *Niederungen* erschienenen Bücher der Herta Müller. *Der Mensch ist ein großer Fasan auf der Welt* (1986), *Barfüßiger Februar* (1987) und *Reisende auf einem Bein* (1989). Im letzten setzt sie sich allerdings intensiv mit neuen Erfahrungen auseinander: Westdeutschland wird mit den Augen der Aussiedlerin Irene, *»außen alt«*, *»innen unmündig«*, betrachtet. Erzählt werden, im Gegensatz zu den eher tristen Inhalten der anderen Bücher, Liebesgeschichten, oder: Geschichten von der Liebe und von ihrem Scheitern. Denn auch in der Liebe gibt es bei Herta Müller kein Gelingen, keine Erlösung, keine Heimat. Selbst die deutsche Sprache klingt in Deutschland fremd. Eine Heimatlose, Fremde zeigt diese Erzählung. Sie ist gegangen, aber nicht wirklich angekommen – zwischen den Kulturen.
Von einem der weggehen will, handelt *Der Mensch ist ein großer Fasan auf der Welt*. Beschrieben wird die Situation des Wartens auf die Ausreisegenehmigung. Der Müller Windisch will ins gelobte Land, in die Bundesrepublik. Stets von neuem kreisen Müllers Texte um diese Thematik, das Weggehen, das mehr Flucht als Ausreise ist. Windischs Tochter Amalie schläft mit dem Milizmann, um Pässe zu erhalten, doch erfolg- und machtlos bleiben alle: *»Seit Windisch auswandern will, sieht er überall im Dorf das Ende.«* Heimatlos fühlen sich Herta Müllers Figuren überall. »Zuhause« ist für sie ein Wort, das geradezu Angst auslöst.
So endet der *Barfüßige Februar* mit der lakonischen Feststellung: *»Diese Gegend hat mich nicht gespürt. Sie hat mir weh getan. Doch überall, wo man den Tod gesehen hat, ist man ein bißchen wie zuhause«* 26 Prosaskizzen sind in diesem Band versammelt, die Themen heißen, vielfältig variiert, Abschied und Tod. Ihre knappe Syntax treibt Müller in diesen oft sehr kurzen Texten bis ans Äußerste; neben realistischen Elementen tauchen immer wieder surreale auf. Wichtiges Thema ist auch in diesem Buch wieder die Sprache, das *»Minderheitendeutsch«*, das nicht immer ohne weiteres verfügbar ist: *»Wie hohlwangig du in mir schlägst. Und wenn ich reden will, legst du dich tot auf meine Zunge.«* B.Hb.

Ausgabe: Bln. 1984.

Literatur: U. Wittstock, Rez. (in FAZ, 17.4. 1984). – R. Michaelis, Rez. (in Die Zeit, 24.8. 1984). – F. Chr. Delius, Rez. (in Der Spiegel, 1984, Nr. 31, S. 119–123). – *Reflexe. Aufsätze, Rezensionen u. Interviews zur dt. Literatur in Rumänien*, Hg. E. Reichrath, Bd. 2, Cluj/Napoca 1984, S. 121–137. – D. Götz, *»Vom Ende einer heilen Welt«: H. M.s »Niederungen«* (in *Beiträge zur dt. Literatur in Rumänien seit 1918*, Hg. A. Schwob, Mchn. 1985, S. 97–102). – F. Heinz, *Kosmos u. Banater Provinz* (ebd., S. 103–112).

HANS ERICH NOSSACK

* 31.1.1901 Hamburg
† 2.11.1977 Hamburg

Literatur zum Autor:
Ch. Schmid, *Monologische Kunst. Untersuchungen zum Werk von H. E. N.*, Stg./Bln. 1968. – *Über H. E. N.*, Hg. ders., Ffm. 1970. – W. Schmidt-Dengler, *H. E. N.* (in *Deutsche Dichter der Gegenwart. Ihr Leben u. Werk*, Hg. B. v. Wiese, Bln. 1973, S. 138–152). – J. Kraus, *The Missing Link or the Quiet Rebellion of H. E. N.*, Bonn 1976. – K. G. Esselborn, *Gesellschaftskritische Literatur nach 1945. Politische Resignation u. konservative Kulturkritik, besonders am Beispiel H. E. N.s*, Mchn. 1977. – J. Kraus, *H. E. N.*, Mchn. 1981. – R. Hauser, *Auf der Suche nach der verlorenen Zukunft. Studien zur Biographie und zum Werk H. E. N.s*, Diss. Karlsruhe 1981. – M. Bielefeld, *H. E. N.* (in KLG, 23. Nlg., 1986).

DER JÜNGERE BRUDER

Roman von Hans Erich Nossack, erschienen 1958. – Im März 1949 kehrt der dreiundvierzigjährige Ingenieur Stefan Schneider aus zehnjährigem Exil in Brasilien in das noch stark zerstörte Hamburg zurück, wo er aus Polizeiakten zum ersten Mal genauere Einzelheiten über den Tod seiner Frau Susanne erfährt, die 1942 eines Nachts vom Balkon ihres Hauses gestürzt ist. Schneider interessiert sich jedoch nicht so sehr für die Umstände dieses nie ganz aufgeklärten Unglücksfalls, als vielmehr für einen ihm unbekannten jungen Mann, einen gewissen Carlos Heller, der als letzter mit Susanne zusammen war und der bei der Vernehmung berichtete, er habe in einer Vision den Mann der Verunglückten todkrank auf dem Bett liegen sehen. Schneider, der damals tatsächlich zwischen Leben und Tod schwebte, macht sich nun auf die Suche nach dem Zeugen, den er aus einem Gefühl innerer Verwandtschaft seinen *»jüngeren Bruder«* nennt und der ihm als ein etwas skurriler, überaus gütiger, rätselhafter *»Engel ohne Flügel«* geschildert wird. Bei seinen Nachforschungen erfährt Schneider, daß Heller, von dem alle fasziniert waren, eine Zeitlang als Pianist in dem Künstlerlokal »Aporée« auftrat, dann aber in die Ostzone gegangen sein soll. Schneider, der besessen ist von der fixen Idee, es müsse zwischen dem Unbekannten und ihm eine

Beziehung bestehen, reist dorthin; während seines Besuchs bei seinen Eltern in Jena kommt ihm sogar der Gedanke, Carlos könne ein unehelicher Sohn seines Vaters und somit wirklich der *»jüngere Bruder«* sein.

Nach Hamburg zurückgekehrt, wird Schneider im Oktober 1949, als ihm Heller schon gleichgültig zu werden beginnt und er sich bereits zur Rückkehr nach Brasilien entschlossen hat, auf fatale Weise indirekt das Opfer dieses mysteriös Verschwundenen: Als in einem billigen Hamburger Restaurant ein Strichjunge namens Carlos auftaucht, rutscht Schneider vor Lachen über diesen seltsamen Zufall in einer Bierlache aus, erleidet einen Schädelbruch und stirbt nach einigen Tagen, wobei offen bleibt, ob es sich bei dem Jungen wirklich um Carlos Heller handelte.

Der Roman ist in Form eines von Schneider kurz vor seinem Tod niedergeschriebenen Berichts abgefaßt, den er dem Schriftsteller Arno Breckwaldt anvertraute mit der Bitte: *»Erzählen Sie mir mein Ende, wenn Sie Zeit und Lust dazu haben. Mein Fall interessiert mich.«* Schneiders absolut unkünstlerischer Natur entspricht die einfache, trockene Sprache der Aufzeichnungen; zudem werden die Geschehnisse, wie auch Breckwaldt in seinem Nachwort bemerkt, in mehrfach *»verrutschten Perspektiven«* geschildert, eine Erzähltechnik, durch die die Authentizität des meist in Ichform Berichteten noch erhöht wird. Der Roman hat, besonders in der fast märchenhaften Gestalt des Verschwundenen, parabolische Züge. Der Autor konfrontiert den gesellschaftlichen Außenseiter Stefan Schneider, der sich selbst fragwürdig geworden ist und der im *»jüngeren Bruder«* sein hoffnungslos verlorenes anderes Ich sucht, mit der deutschen Wirklichkeit von 1949, an der er äußerst scharf und satirisch Kritik übt. Der aus *»unzivilisierten Landstrichen«* Südamerikas heimkehrende Emigrant muß zu seiner Enttäuschung erkennen, daß Europa immer noch den Anspruch erhebt, *»Bildung, Kultur, Idealismus, Pietät und was es sonst noch alles gibt, zu repräsentieren«*, und daß man sich in Deutschland von der Vergangenheit nicht loszureißen vermag. Einzig in den Künstlern, Vagabunden und andern unbürgerlichen Existenzen trifft er *»zukunftsgläubige Menschen«*, die wenigstens *»ihre eigene Spur«* suchen und die ihm eine *»unsichtbare Vorhut des Menschen«* zu bilden scheinen. Der Name ihres Treffpunkts, der Kellerkneipe »Aporée«, der die Assoziation »Aporie« und, in der Umkehrung, »Europa« auslöst, deutet symbolisch auf jene Weglosigkeit des einzelnen wie Europas hin, die Schneider erlebt und von der er, seine innere Gleichgültigkeit langsam überwindend und immer mehr Anteil nehmend, berichtet. J.Dr.

AUSGABEN: Ffm. 1958. – Ffm. 1973 (Nachw. Ch. Schmidt; st).

LITERATUR: K.A. Horst, Rez. (in Merkur, 12, 1958, S. 1190–1193). – H. Schwab-Felisch, Rez. (in Der Monat, 11, 1958/59, H. 122, S. 71–74). – O. M. Tangner, *The Structure of Complex Narrative and H. E. N.'s »Der jüngere Bruder«*, Diss. Univ. of California, Los Angeles 1974 (vgl. Diss. Abstracts, 35, 1974, S. 1674A). – K. A. Buck, *H. E. N.'s »Der jüngere Bruder«: Polarities in Theme and Structure in a Modern Bildungsroman*, Diss. Univ. of Washington 1980 (vgl. Diss. Abstracts, 41, 1980/81, S. 4725A).

NEKYIA. Bericht eines Überlebenden

Roman von Hans Erich NOSSACK, erschienen 1947. – Das Werk war eines der ersten, die in Deutschland von der Erfahrung des Zweiten Weltkriegs zu sprechen versuchten; doch schloß sich der Autor nicht dem Trend zu einer *»Kahlschlagliteratur«* (W. Weyrauch) an, pflegte nicht den Stil eines kargen Realismus, der die Anfänge der deutschen Literatur nach 1945 kennzeichnet, sondern überhöhte das Geschehen ins Traumhaft-Allegorische und Apokalyptische. Die Ausgangssituation der Handlung ähnelt dem Ansatz von Arno SCHMIDTS Roman *Schwarze Spiegel* (1951): Ein Mann, der den Krieg überlebt hat, verläßt seine auf dem Boden einer unwirtlichen Landschaft kampierenden Kameraden, die *»namenlosen, erschöpften Schläfer«*, und geht in *»die Stadt zurück. Es war eine große Stadt.«* Dort ist alles Leben erstarrt, und die Menschen sind verschwunden; allein wandert er durch die Straßen, in einem Licht von grauer, *»langweiliger Helligkeit«*. Doch während der Schmidtsche Held sich aus den Resten der zerstörten Welt eine Einsiedlerexistenz aufbaut, nimmt Nossacks »Bericht« eine Wendung ins Hintersinnig-Parabolische: Der Erzähler und Held gerät in eine Wohnung, in der er merkt, daß er kein Spiegelbild mehr hat, daß sein *»Bild zugrunde gegangen«* und *»die Zeit zerbrochen ist«*. Er hat einen Traum, dessen Wiedergabe den größten Teil des Buches einnimmt und in dem noch einmal die wichtigsten Situationen seines Lebens auftauchen; er rekapituliert sein eigenes und das Leben aller vor der Katastrophe. Doch wird dessen realistische Darstellung nicht nur durch das Medium des mühsam erinnerten Traums (sprachlich ausgedrückt durch einen konjunktivreichen Stil, mit vielen *»Es mag sein«*, *»vielleicht«*, *»wahrscheinlich«*) gebrochen, sondern der Erzählende wiederholt träumend vorgeschichtliche und mythische Motive aus der Menschheitsgeschichte: Das Bruderpaar: Kain und Abel, die Erschaffung des Menschen aus Lehm (die zugleich an die Schöpfung Adams und den Mythos von Deukalion und Pyrrha erinnert), schließlich die Sage von Agamemnon und Klytämnestra erscheinen im Traum, Motive und Gestalten also, in denen sich entscheidende, für das menschliche Selbstverständnis bezeichnende Erfahrungen niedergeschlagen haben. Ähnlich wie Odysseus, der in der Unterwelt eine *nekyia*, ein Totenopfer, darbringt und mit den Abgeschiedenen spricht, verbindet sich der Träumende in Nossacks Erzählung noch einmal mit der

Vergangenheit, um dann voller Hoffnung Anstalten zu einem neuen Leben zu treffen: *»Zu den Leuten, die um mich herumliegen, werde ich nur sagen: Geht dort hinaus und sucht einen Fluß. Da wascht euch, daß ihr euch erkennt. – Denn wenn sie erst ihre Gesichter wieder sehen, werden sie einander auch Namen geben. Und wenn die Namen erschallen, wird die Erde davon erwachen und denken: Nun muß ich Blumen und Bäume wachsen lassen.«*
Nekyia muß in Zusammenhang mit Nossacks Buch *Der Untergang* gesehen werden, das 1943 entstand. Beide Werke berichten vom Untergang Hamburgs in dem Luftangriff vom Juli 1943, den der Autor aus wenigen Kilometern Entfernung in einem Heidedorf miterlebte. Die Katastrophe, bei der Nossack all seine früheren Manuskripte verlor, ermutigte ihn selbst zu einem Bruch mit seiner Vergangenheit: Er verließ seinen Beruf als Kaufmann und wurde Schriftsteller. In *Der Untergang* finden sich schon manche Stichworte und Ansätze für die – übrigens fast gleichzeitig begonnene – Erzählung *Nekyia*; die Zerstörung wird in beiden Werken dargestellt als ein *»furchtbares Begebnis aus vorgeschichtlicher Zeit, das heute nicht mehr möglich ist und dessen Erschütterungen nur noch durch unsere Träume nachklingen«*. In *Nekyia* ist die Sprache noch ausgedörrter als in dem realistischen Bericht von der Hamburger Katastrophe; sie nähert sich bisweilen der Kargheit der Diktion in den Romanen Samuel BECKETTS. J.Dr.

AUSGABEN: Hbg. 1947 [Nachw. H. Goertz]. – Ffm. 1964 (BS).

LITERATUR: M. Reich-Ranicki; *Mythologie und Wirklichkeit. Zu dem Lebensbericht und den essayistischen Arbeiten von H. E. N.* (in Jb. d. Freien Akad. d. Künste, Hbg. 1966, S. 220–228).

GERHARD RÜHM

* 12.2.1930 Wien

EXPERIMENTELLE TEXTE von Gerhard RÜHM.

Rühm kann als Klassiker des sprachexperimentellen Dichtens gelten, als einer der letzten Vertreter der literarischen Avantgarde, die in den fünfziger und sechziger Jahren auf sich aufmerksam gemacht hat. Während diese Ansätze bereits wieder historisch geworden sind, führt er in immer neuen Anläufen vor, daß die damals aufgenommenen Fragestellungen sich keineswegs erschöpft haben. Das anhaltende Interesse an seiner Arbeit beruht auf den zwar komplexen, aber nicht esoterisch abgehobenen, immer wieder überraschende Effekte freisetzenden poetischen Versuchsanordnungen, die im Stiften von Zusammenhängen eine durchaus lustvolle Auseinandersetzung ermöglichen. Der für experimentelle Literatur bemerkenswerte Erfolg beruht nicht zuletzt auch auf der außerordentlichen Variationsbreite seiner Produktion: Neben der Beharrlichkeit, mit der Rühm einzelne Bereiche ästhetischer Kommunikation auslotet, ist seine Arbeit gekennzeichnet vom Prinzip der Grenzüberschreitung, im besonderen von der intermedialen Verknüpfung verschiedener künstlerischer Ausdrucksmittel und -formen: *»beim gegenwärtigen stand der gesamtkünstlerischen entwicklung ist es illusorisch zu fragen, ob es sich noch um dichtung oder schon musik, um musik oder graphik, um (mobile) plastik oder theatralische aktion handelt. die produktionen lassen sich nicht mehr in gesonderte disziplinen eingrenzen, die produzenten nicht mehr auf einen material- oder auf einen ausdrucksbereich festlegen. das interesse gilt vielmehr den problemen des ausdrucks und der vermittlung überhaupt, der material- und bewußtseinserweiterung«* (*schriftzeichnungen*, 1982).
Rühm hat zunächst Musik studiert und die aus musikkompositorischen Arbeiten gewonnenen Erfahrungen auch späterhin in seine poetische Produktion eingebracht; entscheidende literarische Impulse erhielt er aber aus der Zusammenarbeit mit H. C. ARTMANN, F. ACHLEITNER, K. BAYER und O. WIENER im Rahmen der »Wiener Gruppe«, für deren retrospektive Rezeption er vor allem als Herausgeber des Sammelbandes *Die Wiener Gruppe* und des Gesamtwerks von Konrad Bayer die Voraussetzungen geschaffen hat. Ausgangspunkt für die Wiener Gruppe war die Negation aller herkömmlichen literarischen Konventionen, die Überzeugung von der Obsoletheit der traditionellen Gattungen und überhaupt aller episch-narrativen, lyrischen oder dramatischen Schreibweisen, aller Formen literarischer Fiktion, der »Einkleidung« von Wirklichkeit in künstlerische »Darstellung«. In den Diskussionen, den Gemeinschaftsarbeiten der Gruppenmitglieder wie auch in deren individueller Produktion ging es um die Erarbeitung von neuen poetischen Verfahrensweisen, mit denen die Räume sprachlicher und generell ästhetischer Kommunikation erweitert und zugleich die dabei angewandten Mittel mitreflektiert werden sollten. Ausgangspunkt ist *»das wort als abstrakter Begriff und akustische realität (als lautkonstellation) einer der wesentlichsten Züge unserer dichtung: sie ist nicht deskriptiv, sie schafft selbst wirklichkeiten, sie ist eine wirklichkeit«* (G. Rühm).
Rühms experimentelles Werk ist in seinem Kern autochthonen Ursprungs. Zwar hat er sich mit Traditionen der historischen Avantgarden des 20. Jh.s auseinandergesetzt, v. a. mit dem »Sturm«-Expressionismus und dem Dadaismus, mit Raoul HAUSMANN und auch mit Kurt SCHWITTERS; eine direkte Einwirkung dieser Traditionen auf seine Arbeit ist jedoch kaum nachzuweisen. Rühm hat 1956 mit Eugen GOMRINGER, dem bedeutendsten Vertreter der konkreten Poesie, Kontakt aufgenommen, aber sein Interesse am Materialcharakter von Sprache,

das ihn mit der konkreten Poesie verbindet, war zu diesem Zeitpunkt bereits manifest. Zudem richtete sich dieses Interesse im Vergleich zu Gomringer und anderen »Konkretisten« auf einen sehr viel umfassenderen Anwendungsbereich, insofern Rühm die typischen kleineren Formen materialkonkreter Dichtung durch komplexere Textorganisationsprinzipien in Richtung einer »Konzeptionellen Poesie« weiterentwickelte und von Anfang an musikalische, szenisch-theatralische, (funk-) technische oder bildnerische Ausdrucksformen in seine Arbeit mit einbezog. Im Überblick über die wechselnden Schwerpunktbildungen seiner künstlerischen Tätigkeit zeichnen sich drei große Linien ab: auditive Poesie, visuelle Poesie und szenisch realisierbare Arbeiten.

Auditive Poesie: Lautgedicht, Sprechtext und Neues Hörspiel

Rühms erste literarische Produktionen bestanden aus Lautgedichten (1952–1956), inspiriert von dem damals in Wien rezipierten Tachismus (gemeinsame Experimente mit Arnulf Rainer), z.T. auch von den expressiv verknappten Musikstücken A. v. Weberns. Die teils eruptiven (»expressionen«), teils mehr meditativen (»reihungen und konstellationen«) Texte präsentieren sich als unbegriffliche, d.h. nicht semantisierbare Lautnotate, die für den Vortrag gedacht sind, vielfach aber auch optischen Reiz entfalten (*Gesammelte Gedichte und visuelle Texte*, 1970).
1954 eroberte Rühm gemeinsam mit H.C. Artmann den Wiener Dialekt als einen neuen Material- und Ausdrucksbereich, der ihren innovatorischen Intentionen durch lautlichen Reichtum und verfremdende Wirkung entgegenkam. Während Artmann mehr die ins Moritatenhafte, Makabre und ins Surreale hinüberspielenden Effekte herausstellte *(med ana schwoazzn dintn)*, hat Rühm nicht nur thematisch provokante, das Vulgäre und Aggressive betonende Gedichte verfaßt (*wiener dialektgedichte*, 1955–1958, und *söbstmeadagraunz*, entstanden 1955/56), sondern auch die charakteristischen Klangfarben des Wiener Idioms zum Spielmaterial von Sprachexperimenten gemacht und durch reduktive Behandlung von Lautkombinationen eine abstrakte, asemantische phonetische Poesie von absoluter Künstlichkeit geschaffen (*lautgedichte im wiener dialekt*, in *hosn rosn baa*, 1959).
Rühm hat im weiteren die Arbeit mit dem elementaren Sprachlaut, den er als *»unmittelbarstes und menschlichstes gestaltungsmaterial, mit dem der künstler arbeiten kann«*, und als sprachkulturenübergreifendes *»internationales ausdrucks-›vokabular‹«* auffaßt, zu einer »auditiven poesie« konzeptualisiert. Durch Einbeziehung des Ausdrucksgestus der Sprache bzw. »musikalischer« Parameter wie Lautstärke, Tonhöhe, Sprechmelodie, Phrasierung, Rhythmus, Tempo oder Dynamik entstehen (großenteils auf Schallplatte oder Tonkassette verfügbare) Hörtexte, entweder als für den Vortrag konzipierte »Sprechtexte« mit genauen Realisationsanweisungen (gesammelt in *botschaft an die zukunft*, 1988) oder als »radiophone texte«, in der Form technisch manipulierter Aufnahmen, die auf partiturhaften Vorlagen oder auch nur auf bloßen Ideennotizen beruhen und erst in der spontanen akustischen Realisation zu einem verbindlichen Ergebnis führen. Ein prägnantes Beispiel für einen Sprechtext stellt der *versuch über das weltall* (entstanden 1962–1964) dar, den Rühm zu seinen wichtigsten Arbeiten zählt. Der *versuch* beruht auf der Anwendung des 2. Hauptsatzes der Thermodynamik: In einem phonologisch notierten Text, einem populärwissenschaftlichen Vortrag, saugen die häufigeren Phoneme die selteneren auf, *»bis in dem übrigbleibenden ›e‹ (dem häufigsten phonem der deutschen sprache) die maximale entropie erreicht ist – die sprache ist, adäquat der entwicklung des weltalls, gleichsam den wärmetod gestorben«*.
Mit seinen »radiophonen texten« hat Rühm einen bedeutenden Beitrag zur Herausbildung des »Neuen Hörspiels« geleistet. Darunter versteht er ein die technischen Möglichkeiten des Tonstudios ausschöpfendes *»autonomes hörereignis«*, *»komponierbar aus allem, was hörbar ist, was hörbar gemacht werden kann«*. Rühm bedient sich hier einer Vielzahl verschiedener Verfahrensweisen: in dem »kriminal-hörspiel« *diotima hat ihre lektüre gewechselt* unterlegt er ein Mordprotokoll mit irritierendem, zeitgliederndem Klavierspiel sowie einer sich vom Geschehen allmählich emanzipierenden Geräuschkulisse, um so den *»kriminalistischen spürsinn«* des Zuhörers zu wecken; in *blaubart vor der krummen lanke* bedient er sich einer komplizierten, »netzartige assoziationsfelder« verknüpfenden Montagetechnik, und im »radiomelodram« *wintermärchen* konterkariert er, nach einer Zitatzusammenstellung aus acht klassischen Melodramen, den authentischen Zeitungsbericht vom tragischen Tod eines jungen Mannes durch eine strukturell eigenständige, zeitdramaturgisch wirksame Schallebene. Seit den ausgehenden sechziger Jahren liegt hier ein Schwerpunkt seiner Arbeit; für *wald. ein deutsches requiem* hat Rühm 1983 den »Hörspielpreis der Kriegsblinden« erhalten.

Visuelle Poesie: Von der Konstellation zur Objektkunst

Parallel zu der lautlichen Dimension von Sprache hat Rühm immer auch ihren visuellen Ausdrucksqualitäten Aufmerksamkeit geschenkt. 1955 hat er durch *»reduktion des ›gedichtes‹ auf die totalität des einzelnen begriffs«* mit Formen »punktueller dichtung« experimentiert, etwa in den »ein-wort-tafeln«; bereits seit 1954 sind *konstellationen und ideogramme* entstanden, die – z.T. ganz im Sinne E. Gomringers und seiner Nachahmer, aber unter Verzicht auf vordergründige Effekte – eine Spannung von maximaler Ökonomie der Mittel und polyvalenter Semantik intendierten. Der Reiz des charakteristischen typovisuellen Gedichts der konkreten Poesie und der Technik der Konstellationen war für Rühm allerdings rasch verbraucht, und so ging er bald von der Arbeit mit isoliertem Wortmaterial über zu komplexeren Gestaltungsformen, zu

»Lesetexten« wie *die frösche* oder *strümpfe fliegen*, in denen die eingespielten Mechanismen von Sprach-, Denk- und erzählliterarischen Vermittlungsformen aufgebrochen werden, bis hin zu einem umfassenden Konzept visueller Poesie, das auch nichtsprachliche – wie z. B. rein graphische – Elemente integriert.

Die bis in die Gegenwart fortgeführte Linie textbildnerischer Arbeiten umfaßt dabei »textbilder« (1955–1964), »textgrafik« (mit handschriftlichen Zusätzen zu typographischem Text) und »schriftzeichnungen«, die auf spontanem schriftlichen Ausdruck beruhen und psychische Gestimmtheiten graphisch fixieren; daneben entstanden in fortschreitender Erweiterung der Palette von Materialkomponenten neben Textcollagen auch »schriftfilme«, ein »farbengedicht«, »plastische texte«, »mobile texte«, »hauttexte«, »haptische texte« sowie objektkünstlerische Ansätze wie »einmachtexte« und Projekte wie eine »kondensstreifenpoesie«, mit denen Rühm in Bereiche der *concept art* vorstieß. Der Avantgarde-Charakter seiner poetischen Praxis manifestierte sich bereits früh in künstlerischen Setzungshandlungen (Rühm signierte schriftliche Anschläge, gebrauchte Löschpapiere etc. und rückte sie auf diese Weise in den Kunstzusammenhang) und nicht zuletzt auch in der Tendenz, das »Kunstwerk« selbst durch den kunsttheoretischen Diskurs oder Kommentar zu ersetzen; dazu gehört auch, daß Rühm in einer Reihe von theoretisch-programmatischen Aufsätzen und Bemerkungen (gesammelt in *Text – Bild – Musik*, 1984) immer wieder Einblick in seine Arbeitsweise und seine ästhetischen Grundsatzüberlegungen gegeben hat.

Rühm, der seit 1972 als Professor für Freies Zeichnen an der Staatlichen Kunsthochschule in Hamburg tätig ist, hat sich durchgehend auch mit rein bildnerischen Arbeiten befaßt. Aus neuerer Zeit sind vor allem die Hand- und Körperzeichnungen sowie die »automatischen zeichnungen« und die »gestischen zeichnungen« zu nennen; nach Vorstufen der »schriftmusik« (vgl. hier auch die in *bleistiftmusik* 1976 festgehaltenen Schallspuren von Zeichenvorgängen) gelangte er zu emotional gesteuerten Lese-Zeichnungen auf Notenpapier (*visuelle musik*, 1983; *melogramme*, 1984), die *»nur im ›inneren ohr‹ – synoptisch – vage akustische vorstellungen wecken«* sollen; an eine instrumentale oder vokale Interpretation ist hier nicht mehr gedacht.

Szenische Textrealisation: Vom konkreten Theater zur poetischen Performance

1954 hat Rühm mit *rund oder oval* einen *»ersten versuch, die prinzipien der ›konkreten poesie‹ auf das theater anzuwenden«*, entworfen. In der 1962 entstandenen Programmschrift *grundlagen des neuen theaters* legt er seine Vorstellung eines radikal nichtmimetischen Theaters dar: *»hier wird nichts vorgetäuscht, nichts beschrieben und nichts erzählt. es verhält sich so, wie es geschieht, und es geschieht jetzt und da, unter diesen und jenen umständen (gegebenheiten). form und inhalt, darsteller und dargestelltes sind identisch. es ist immer gegenwart.«* Der Bruch mit traditionellen Formen dramatischer Gestaltung, der Verzicht auf Illusion, Handlung, Figurenpsychologie etc. beruht auf einer Konzeption, in der alle Elemente des szenisch-theatralischen Ereignisses gleichberechtigt aufeinander bezogen sind. Tatsächlich nähert sich Rühm in seinen Theaterprojekten wieder der Konzeptkunst an, so in *atmen* (»ein stück für rund 2,7 Milliarden Menschen« mit der Spielanweisung: *»von rund 2,7 milliarden menschen atmet jeder so lange er kann«*) oder in *unser versuch bestätigt das*, einer für eine Aufführung im Hallenbad eingerichteten »szene für eine schwimmerin, bariton und frauenchor«. In der Linie des von der Wiener Gruppe betriebenen Theaterkonzeptualismus und speziell der in ihren »literarischen cabarets« praktizierten »Ausstellung von Wirklichkeit« liegen Rühms »theatralische readymades« *(»ich verkaufe statt theaterkarten strassenbahnvorverkaufsfahrscheine ... die ereignisse während der zeit der benützung der karte gelten als (postulierte) ›künstlerische‹ darbietung«)*; er selbst hat auch an aktionskünstlerischen Veranstaltungen bzw. an Fluxus-Aktionen teilgenommen (*selten gehörte musik*, 1974, gemeinsam mit Chr. Attersee, G. Brus, H. Nitsch, D. Roth, D. Steiger, O. Wiener u. A. Rainer).

Rühms Intentionen richten sich alles in allem aber doch weniger auf Formen des »spontanen Theaters« als vielmehr auf ein »fixiertes Theater«, das die Funktionen der Sprache selbst unmittelbar zur Anschauung bringt. In dem Bühnenstück *ophelia und die wörter* aus dem Jahr 1968 wird der Text der SHAKESPEAREschen Ophelia in bestimmte Elemente zerlegt und durch Remontage als ein Prozeß der Verselbständigung von Sprache vorgeführt (der Text wurde von Rühm auch als Hörspiel und als Film ausgearbeitet, um das formale Konzept in verschiedenen Medien zu erproben). Auch in seinen Mini-, Hanswurst-, Wiener Dialekt- und Konversationsstücken steht das Experiment mit sprachlichen Ausdrucksmitteln im Mittelpunkt. Eine bewußtseinskritische Funktion gewinnt die methodische Poetisierung von Alltags- bzw. Fachsprache in Rühms gemeinsam mit F. Achleitner erarbeitetem Beitrag zu den Kapfenberger Kulturtagen 1961 *super rekord extra 100*, einem »werkstück«, dessen Vokabular aus Informationsschriften eines Stahlwerks entnommen und, nach Begriffsgruppen geordnet, aus dem ursprünglichen Verwendungszusammenhang gerissen neu montiert wurde. In *reisefieber* (»theatralische ereignisse in fünf teilen«) bilden die aus Wörterbüchern zu fünf europäischen Sprachen entnommenen deutschen Einträge unter dem Buchstaben »A« – in der Folge ihres Auftretens, vom Autor aber behutsam syntaktisch verknüpft – das Ausgangsmaterial für einen Theatertext, der neben dem Sprechtext auch eine Aktionsebene, Lautsprecherdurchsagen und Projektionen vorsieht. Schon bei bloßer Lektüre eröffnen sich aus der einem mechanischen Prinzip folgenden Verknüpfung von Wortmaterial verblüffende poetische Wirkungen, die durch den Performance-

Charakter einer Aufführung noch verdeutlicht und gesteigert werden.
Vergegenwärtigt man sich die von Rühm angewandten poetischen Verfahrensweisen, Prozeduren und Manipulationen, die kompositorischen Techniken und Kalküle der Textgenerierung und -organisation, so zeichnen sich bei aller Vielfalt doch einige grundsätzlichere Aspekte ab. Dazu zählt zuallererst die kunstspartenübergreifende Tendenz zur elementaren Reduktion, die Rühms Werk den Stellenwert einer immanenten Fundamentalpoetik verleiht, weil durch sie modellhaft ästhetische Funktionsweisen menschlicher Ausdrucksformen offengelegt werden. Ein anderer Grundzug besteht in der Transformation einzelner Verfahrensweisen bzw. Techniken in andere Materialbereiche, mit der Folge einer wechselseitigen Erhellung und Erweiterung der Ausdrucksmöglichkeiten von Sprache, Musik und gestischem Zeichnen. Ebenfalls charakteristisch für Rühm ist seine prinzipiell undogmatische, explorative Arbeitsweise, in deren Rahmen er ebenso willkürlich-spontan und spielerisch experimentierend wie auch streng systematisch, in kalkulierter Methodik verfahren kann. Dies letztere zeigt sich in den unterschiedlichen Weisen der Dekomposition und Rekomposition des Materials in neuem (ästhetischem) Verständniszusammenhang, in der Anwendung mathematischer Kalküle, der Bildung von Permutationsreihen, durch Montagetechniken etc., die neben produktiver Irritation immer wieder eine überraschende Poetizität des so gewonnenen Textes bewirken. Wichtig ist in diesem Zusammenhang auch Rühms »dokumentarischer« Ansatz: Viele seiner Arbeiten gehen von vorgefundenem Textmaterial aus (Zeitungsmeldungen, Trivialliteratur, Statistiken etc.), das er durch spezifische Manipulationen aus pragmatischen Sinnzusammenhängen in ästhetische überführt. So z. B. spielt er in den *Dokumentarischen Sonetten* mit der Spannung zwischen den tagesaktuellen Inhalten und einer künstlerischen Bearbeitung, die das Ausgangsmaterial in eine »klassisch-gültige« Form bringt. Sie sind zugleich ein Beleg für die von Rühm lustvoll gehandhabte Begabung, Kontrafakturen auf traditionelle Gattungsmuster zu verfertigen. Formal oft demonstrativ konventionell, beziehen diese Texte ihre provokatorische und parodistische Wirkung zumeist aus der Brechung und Ironisierung ihres überlieferten Anspruchs, z. B. aus der Diskrepanz zwischen Gattungsnorm und sexualsadistischer inhaltlicher Füllung, mit der die *Thusnelda Romanzen* schockieren. In seinen von den beginnenden fünfziger Jahren an geschriebenen »chansons« (gesammelt in *Geschlechterdings*, 1990), aber auch zu anderen Gelegenheiten (*fenster*, 1968) zeigt Rühm, daß er das Banale, den Kalauer und Wirkungen des Grotesken, aber auch das Obszöne bzw. Pornographische als legitime Ausdrucksqualität poetischer Kommunikation zu instrumentalisieren versteht.
Rühms primäres Interesse konzentriert sich auf Probleme der ästhetischen Formation von Texten. Dennoch ist er durchaus kein Formalist, er hat den gesellschaftlichen und kulturellen Kontext seiner Arbeit niemals außer acht gelassen und sich auch nicht gescheut, Zeitthemen aufzugreifen (etwa in der Kritik der naturzerstörerischen Wirkungen unserer Zivilisationswelt) oder konkrete politische Verhältnisse zum Gegenstand seiner Arbeit zu machen, wie in der 1969 für den tschechoslowakischen Rundfunk hergestellten *zensurierten rede*, in der er versucht hat, *»das wesen der zensur nicht nur bedeutungsmäßig zu umschreiben, sondern formal und material, eben ästhetisch zu demonstrieren«*. Zu diesem Zweck hat er die in tschechischer Sprache gehaltene Rede nach einem bestimmten Verfahren verstümmelt und unkenntlich gemacht, um sie als *»sinnfällig gewordenen würgegriff der zensur«* zu präsentieren. Die spezifische Bedeutung seines Werkes liegt indessen auf einer anderen Ebene: Die *»Verkunstung elementarer Lebensphänomene durch ästhetische Fokussierung«* (S. J. Schmidt, in *protokolle* 1987/2) ist besonders eindrucksvoll dort, wo es Rühm um fundamentale Kategorien menschlicher Weltorientierung geht. So hat er sich intensiv mit dem Erlebnis »Zeit« befaßt, zahlreiche Texte kreisen um Möglichkeiten eines »Jetzt«, einer dauernden Realisation von Gegenwart. Dazu gehören auch Verfahren zur Verräumlichung von Zeit oder Verzeitlichung von Raum, die Simulation von Stillstand in Form von semantischen Schwebezuständen oder etwa auch die *»elementare demonstration des verbrauchs von ›schönheit‹ oder ›frische‹ durch dauer, durch die zeit«*, die Rühm in dem hochreduktiven Sprechtext *So lange wie möglich* demonstriert *(»nur ein einziger laut, das ›a‹, wird wohlklingend artikuliert und so lange wie möglich [bis zum völligen versiegen des atems] gehalten«)*. Auch in den *Wahnsinn Litaneien*, entstanden 1970–1973, spielen Zeitmaß und Dauer als strukturbildende Elemente eine zentrale Rolle; ähnliches gilt für musikalische Kompositionen wie die minimalistisch konzipierten »Klangmodelle« oder den »text für Klavier« *das leben chopins* (Uraufführung, Graz 1983), der *»ein grundmuster der repetitiven und variablen struktur menschlichen lebens überhaupt«* entwirft. Der meditative Charakter dieser und vieler anderer Arbeiten und wohl auch Rühms Auseinandersetzung mit der christlichen Mystik des 13. und 14. Jh.s (*Albertus Magnus Angelus*, 1989) sind von diesen Bestrebungen her zu verstehen.
Rühms experimentalpoetische Praxis erweist sich so in letzter Instanz als *»mittel kreativer existenzbewältigung«* (M. Becker). Diese von ihm auch intendierte Funktion nehmen seine Texte in mehrfacher Weise wahr: allgemein in der Evokation von Bewußtseinserweiterung, in der Aufdeckung der Konventionalität von Sprache und »objektiver« Realität, in der Erforschung von Kommunikations- und Wahrnehmungsmechanismen wie auch in der Sensibilisierung für differenziertere sinnliche Wahrnehmung, in der Erkundung von Grenzbereichen unserer Ausdrucksmöglichkeiten und Verstehenskapazitäten. Rühms experimentelle Texte stellen freilich immer nur Interpretations- und Kom-

munikationsangebote dar; was sie von ihrem Potential entfalten können, liegt jeweils auch am Leser/Hörer/Zuseher, der durch seine Eigenaktivität an ihrer Entstehung teilhat. E.Fi.

Ausgaben: *hosn rosn baa*, zus. m. F. Achleitner u. H. C. Artmann, Wien 1959. – *fenster. texte*, Reinbek 1968. – *rhythmus r*, Berlin 1968. – *Thusnelda Romanzen*, Stierstadt/Ts. 1968; ern. 1979. – *gesammelte gedichte und visuelle texte*, Reinbek 1970. – *die frösche und andere texte*, Reinbek 1971 (rororo). – *ophelia und die wörter. Gesammelte Theaterstücke 1954–1971*, Darmstadt/Neuwied 1972 (SLu). – *Wahnsinn Litaneien*, Mchn. 1973 (m. e. Schallplatte). – *super rekord 50 + 50*, zus. m. F. Achleitner. Hg. v. H. Bäcker, Linz 1980. – *automatische zeichnungen, fotomontagen 1958–1966, hand- und körperzeichnungen*, Wien o. J. (erw. Neuausg. Hannover 1982). – *Bleistiftmusik*, Köln 1983 (1 Tonbandkassette u. 20 Dias). – *TEXT-BILD-MUSIK. ein schau- und lesebuch*, Wien 1984. – *leselieder/visuelle musik*, Graz 1986. – *Zeichnungen*, m. e. Einführung v. Peter Weiermair, Hg. v. Museum moderner Kunst Wien, Salzburg 1987. – *botschaft an die zukunft. gesammelte sprechtexte*, Reinbek 1988 (m. Tonbandkassette). – *reisefieber. theatralische ereignisse in fünf teilen*, Reinbek 1989. – *Albertus Magnus Angelus*, Salzburg und Wien 1989. – *Geschlechterdings. Chansons, Romanzen, Gedichte*, Reinbek 1990.

Literatur: H. Hartung, *Experimentelle Literatur u. Konkrete Poesie*, Göttingen 1975. – V. Hage, *Rückblick auf die Konkrete Poesie. E. Jandl und G. R.* (in V. H., *Die Wiederkehr des Erzählers. Neue deutsche Literatur der siebziger Jahre*, Ffm. u. a. 1982, S. 32–52). – J. Drews, *Abhandlung über das Lautall. Hörspielmacher G. R.* (in *Hörspielmacher. Autorenporträts und Essays*, Hg. K. Schöning, Königstein/Ts. 1983, S. 144–162). – K. Ramm, *Blaubart vor der Krummen Lanke im Radio. G. R.* (ebd., S. 163–168). – K. Rothmann, *G. R.* (in K. R., *Deutschsprachige Schriftsteller seit 1945 in Einzeldarstellungen*, Stg. 1985, S. 308–313; RUB). – E. Beutner, *G. R.s »neues theater«. Theorie u. Praxis* (in *Die Wiener Gruppe*, Hg. v. d. Walter-Buchebner-Gesellschaft, Wien u. a. 1987, S. 110–119). – *Im Fall der Sprache*, Hg. O. Breicha, Wien/Mchn. 1987 (Beiträge u. a. von J. Adler, F. J. Czernin, K. Ramm, K. Riha, F. Schmatz u. S. J. Schmidt zum 8. Int. Autorenseminar der Alten Schmiede über G. R., 29. 11.–7. 12. 1984 in Wien; *Protokolle 2*). – E. Fischer u. G. Jäger, *Von der Wiener Gruppe zum Wiener Aktionismus – Problemfelder zur Erforschung der Wiener Avantgarde zwischen 1950 und 1970* (in *Die österreichische Literatur*, Hg. H. Zeman, Tl. 1, Graz 1989, S. 617–683). – G. Melzer u. M. Becker, *G. R.* (in KLG, 33. Nlg., 1989).

PETER RÜHMKORF

* 25.10.1929 Dortmund

Literatur zum Autor:
K. Werner, *Zur sozialistischen u. bürgerlichen dt. Lyrik nach 1945. Die junge Generation: Kunert u. Berger, Enzensberger u. R.*, Diss. Lpzg. 1969. – Th. Verweyen, *Eine Theorie der Parodie. Am Beispiel P. R.s*, Mchn. 1973. – P. Bekes u. M. Bielefeld, *P. R.*, Mchn. 1982. – E. Ihekweazu, *P. R. Bibliografie. Essay z. Poetik*, Ffm. 1984. – H. Uerlings, *Die Gedichte P. R.s*, Bonn 1984. – S. Brunner, *R.s Engagement f. d. Kunst*, Essen 1985. – *P. R. Seine Lyrik im Urteil der Kritik*, Hg. D. Lamping u. S. Speicher, Bonn 1987. – *P. R.*, Hg. H. L. Arnold, Mchn. 1988 (m. Bibliogr.; Text + Kritik). – *Zwischen Freund Hein u. Freund Heine – P. R. Studien zu seinem Werk*, Hg. M. Durzak u. H. Steinecke, Reinbek 1989. – P. Bekes, *P. R.* (in KLG, 35. Nlg., 1990).

DAS LYRISCHE WERK von Peter Rühmkorf.

Das lyrische Werk des Hamburger Autors, der seit dem Ende der vierziger Jahre Gedichte schreibt, ist von Beginn an durch eine einzigartige Kontinuität geprägt. Die Motive, Themen, Sprechweisen, poetologischen Muster, die er aufgreift und gestaltet, die literarischen Traditionen, an die er anknüpft und die er virtuos weiterentwickelt, haben sich kaum verändert. Die Rollen des lyrischen Ichs als Vagant, Gaukler und Prophet, die einer zirzensischen Großmetaphorik entlehnten Bilder des Hochseilartisten, der Arena und der Balanciernummer, Ironie und Parodie als kritische Sondierungsverfahren, die kühnen Antithesen von Vulgärem und Feinsinnigem, von Sinnlichem und Metaphysischem, alle diese Elemente und Zugriffe verleihen seinem Werk eine erstaunliche Konsequenz und Konsistenz. Und dennoch – bei aller Einheitlichkeit – sind seine Gedichte vielstimmig; in ihnen kreuzen sich mannigfaltige Sprechweisen, konkurrieren umgangssprachliche Stimmen aus dem »Volksvermögen« mit artifiziellen Formulierungsmustern, etwa Oden und Hymnen. Im Monologischen sind sie dialogisch, innerhalb der einen »gesammelten Stimme« sind sie polyphon.

In seiner Lyrik sind die Leiderfahrungen des Poeten an der sozialen Praxis und sein Widerspruch zu ihr, seine Sensibilität und sein Behauptungswille *(»ein standhafter Spitzenneurotiker«; »Druse«)* poetisch aufgehoben. Politische Tendenz und poetische Konstitution sind in Rühmkorfs Lyrikverständnis unverträglich. Seine Gedichte verweigern sich einer direkten politischen Wirkungsästhetik, aber dennoch stellen sie sich in immer neuen poetischen Versuchsanordnungen – wider einen unverbindlichen Ästhetizismus – ihrer Zeit und machen, gebrochen durch die Spontaneität des wahrnehmenden, reflektierenden und gestaltenden Ich, deren Widersprüche und Zwänge sinnfällig. Der Autor schreibt Gedichte, weil sein Ich an den institutionellen Orientierungs- und Wertesystemen, an den ideologischen Stabilisierungs- und Gleichgewichtsmechanismen der Gesellschaft keinen Halt mehr findet und nach einer neuen Balance suchen muß. Im Sinnbild des auf dem Hochseil agierenden Artisten, das spätestens seit dem Ende der fünfziger Jahre im lyrischen und poetologischen Werk immer wieder auftaucht, faßt er die ambivalente Beziehung von Subjekt und Poesie. Sie bedeutet Gefährdung, aber sie gibt auch dem Ich für Augenblicke die Möglichkeit, in der gewonnenen Balance mit sich selbst identisch zu sein: *»Wir turnen in höchsten Höhen herum, / selbstredend und selbstreimend, / von einem Individuum / aus nichts als Worten träumend« (Hochseil)*.

Rühmkorfs lyrisches Schaffen läßt sich in drei Phasen unterteilen. Die erste Phase umfaßt etwa die erste Hälfte der fünfziger Jahre, abgeschlossen wird sie durch den gemeinsam mit W. RIEGEL publizierten Gedichtband *Heiße Lyrik* (1956). Im Jahre 1959 folgte die Sammlung *Irdisches Vergnügen in g*, deren Titel parodistisch an das Gedichtwerk *Irdisches Vergnügen in Gott* des Aufklärers B. H. BROCKES anknüpft und die in ihm vermittelte poetische Theodizee diesseitig-materialistisch aufhebt. 1962 erschienen 50 Gedichte unter dem Titel *Kunststücke*. Beide Anthologien markieren einen zweiten Abschnitt im lyrischen Werk. Eine Art Zwischenbilanz zog der Autor mit seinen *Gesammelten Gedichten* (1976). Das Buch enthält neben neueren Publikationen eine repräsentative Textauswahl der voraufgegangenen Jahre poetischen Schaffens. Die Texte des Lyrikbandes *Haltbar bis Ende 1999* (1979) und die in den achtziger Jahren geschriebenen Gedichte, die in der Anthologie *Einmalig wie wir alle* (1989) veröffentlicht wurden, bilden den Grundstock für die letzte Phase.

Am Anfang seiner lyrischen Tätigkeit begreift sich Rühmkorf als Vertreter einer Generation, *»die sich ohnmächtig in ein Zeitalter zwischen die Kriege versetzt sah, einen totalen«*, den sie aus der persönlichen Anschauung kannte, *»und einen kaum noch vorstellbaren atomaren, der schon Anlaß zu neuen Planspielereien gab«*. Seinen literarischen Ausdruck findet solches Krisen- bzw. Endzeitgefühl in den Gedichten, die er – außer seinem Namen – unter den Pseudonymen Leslie Meier und Leo Doletzki in der zusammen mit Riegel herausgegebenen hektographierten Monatsschrift ›Zwischen den Kriegen‹ (seit 1952) veröffentlicht. In visionär-apokalyptischen Versen, die in ihrem Pathos, in ihrer prophetischen Gestik und kühnen Metaphorik an den literarischen Expressionismus anknüpfen und weltanschaulich durch die zynische Zivilisations- und Fortschrittsverachtung Benns geprägt sind *(Weit in die Leere geht; Wildernd im Ungewissen)*, soll das sich in der Nachkriegszeit festigende »Restauratorium« poetisch herausgefordert werden. Ohne *»jede Rücksicht auf öffentliche Illusionen und bis an den Rand der Verzweiflung«* sucht Rühmkorf im persönlichen Ausdrucksgedicht nach radikalen poetischen Antworten auf eine unheilvolle Welt. Der epochale Begriff, der solche Verweigerungsgesten gegenüber dem Zeitalter bündeln sollte, hieß *»Finismus«*. Er sollte der *»Testamentsvollstrecker und definitiv letzte aller Ismen«* sein. Derweil in den finistischen Gedichten das depravierte Abendland verabschiedet wurde *(»Heiser singt der Messias / Auf dem abendländischen Müll«)*, findet das Ich in ihnen einen Ort, sich individual-anarchistisch auszuleben und noch in den Bildern der Ohnmacht und des Ausgeliefertseins seine Auferstehung in der heiligen Lust des Fleisches zu feiern *(»Ein Tag von Hölle und Helium, / Aus Wahnsinn und Wasserstoff / Nun künde das Evangelium, / das dir aus der Harnröhre troff...«)*.

Das literarische Debüt des Autors mit seinem Gedichtband *»Heiße Lyrik«* bedeutete das Ende der *»finistischen«* Phase, trug aber zugleich die Signatur des Neuen: Die düstere Prophetie und Apokalyptik dieser autonomen Ausdruckspoesie, ihre an Benn erinnernde Regression ins Mythische und Ahistorische, wurden hier z. T. keck und frivol in Frage gestellt, durch gestische Sprechweisen, den abrupten Wechsel von Pathos und Slang und die sinnlich-hedonistischen Haltungen eines Ich ironisch-satirisch gebrochen. Der Spaßmacher, der *»Bruder Lustig«* fuhr dem Unheilspropheten jäh in die Parade; das finistische Pathos und der Verkündigungsstil wurden schnoddrig verfremdet.

Verstärkt, variiert und ausgebaut wurden diese ironischen Sprechweisen in den beiden folgenden Gedichtbänden *Irdisches Vergnügen in g* und *Kunststücke*. In ihnen entfernte sich Rühmkorf von den ästhetischen Positionen Benns, ohne sie allerdings gänzlich aus den Augen zu verlieren, und näherte sich, freilich in ständiger Auseinandersetzung mit seiner Gegenwart, dem Vorbild HEINE und mit ihm der lyrischen Tradition des 18. und 19. Jh.s an. Ausgerüstet mit dessen Fähigkeiten, *»das Bittere auf die leichte Vaganten-Zunge zu nehmen, Niederlagen in Witz aufzuwiegen und den Gram über die gesellschaftliche Misere Possen reißen und die Verse summen zu machen«*, stimmt er witzig, ironisch und frech die Gegengesänge zur Überlieferung an, variiert und parodiert er Gedichte von KLOPSTOCK, HÖLDERLIN, EICHENDORFF und CLAUDIUS. Indes sollen solche *»Dennoch- und Vorüberlieder«* nicht die literarische Tradition verspotten und verhöhnen, diese besitzt für den Autor weiterhin ihre ästhetische und historische Dignität, sondern die Oden, Hymnen und Lieder der Alten sollen Medium und Filter sein, durch die der Autor neu seine Gegenwart erfährt und kritisch reflektiert. Dem unaufgeklärten Jahrhundert, *»das / schon mit goldenen Bombern an seinem Untergang webt«*, begegnet er mit der *»Ironie dritten Grades«*. In die sublimen Formen der literarischen Tradition mischt er volkstümliche Elemente, saloppe und vulgäre Wendungen: *»Du mit der Plombe im Zahn und dem schlechten Geschmack im Mund, / faselnd von Unsterblich-*

keit und nachgespendetem Ruhm, / wen bringt die ausgelutschte Fanfare / noch auf die Socken?«. Die hochtrabende Begrifflichkeit der Metaphysik kontrastiert er mit Graffiti, Reklamesprüchen und Latrinenscherzen. Hinter all solchen kontrafaktischen und parodisierenden Anknüpfungen und Anverwandlungen wird ein poetisches Subjekt erkennbar, das geradezu Gefallen an dem Bewußtsein seiner Endlichkeit und Erdenschwere findet und sich rückhaltlos – bar jeden Zielglaubens – zum *»irdischen Vergnügen«* bekennt: *»Prächtig, nichts verstanden zu haben und doch / sein Nasenloch voll Sterblichkeit zu genießen –: / der wackere Sohn des Moments«*, so charakterisiert es sich selbst.

Dieses Ich meldet sich – nach fast 15 Jahren Abwesenheit – am Ende der siebziger Jahre mit neuen Gedichten *(Haltbar bis Ende 1999)* in der Manege zurück. Die Ironie, der Spott und der Witz, die aufheben und erheben, sind ihm geblieben, doch ist es nachdenklicher, verhaltener, skeptischer geworden. Die Gedichte sind im Ton dunkler gehalten und enden häufig in Melancholie, in einer schmerzhaft empfundenen Resignation. Seine Hoffnungen, in der Zeit der Studentenbewegung seinen Schreibtisch *»perspektivisch auf die Straße, das heißt direkt auf die Gesellschaft zu verlängern«*, hatten sich zerschlagen. Neuer politischer Elan will nicht mehr aufkommen; dieser selbst wird ihm zum Objekt der Persiflage: *»Ich will ja nicht hetzen, aber so rum betrachtet / ist der Sozialismus eigentlich / mehr ne Sache fürs Jenseits / Ohne Hoffnung nicht zu ertragen und zum Leben / – wie sagt man? – Keine echte Alternative« (Zum Jahreswechsel)*. Illusionslos blickt das Ich auf sich und seine Umwelt, mit düsteren Vorahnungen sieht es in die Zukunft *»wie in eine Geschützmündung«*. Gleichwohl bleibt das Gedicht weiterhin der Ort, an dem es sich fassen, erfassen und verfassen kann. Hier kann es der inneren Widersprüche, Bewußtseinsanfechtungen und Entfremdungsschäden, überhaupt seiner *»eigentümlichverrückten Schiefstellung zur Welt«* ansichtig werden; hier gelingt es ihm noch, sich mit Possen sozusagen am eigenen Schopf aus dem Morast seiner Depressionen zu reißen; hier bekennt es sich schließlich – selbstbewußt und selbstironisch – zu seiner Verantwortung für *»dieses gewaltige Zeitalter des Verfalls«*, für die Erde, die *»wie ein abgeriebener Pneu auf die ewigen Müllgründe«* zurast. So bleibt – trotz oder gerade wegen der zunehmenden Verdüsterung – ein Bedürfnis nach Erlösung. Wenn das Ich auch keine heilsgeschichtlichen Sicherheiten anzubieten vermag, noch im subjektiven literarischen Ausdruck ist es auf Mitteilbarkeit und magische Beteiligung angelegt. *Bleib erschütterbar und widersteh; Komm raus!; Von mir – zu euch – für uns; Laß leuchten!* – diese Gedichttitel des Bandes *Haltbar bis Ende 1999* sind Losungen des Dichters an seine Leser, sich angesichts der drohenden ökologischen Katastrophe, des Rüstungswahns, der kalten Machtausübung nicht entnerven und verrohen zu lassen, sich zu verbinden und standhaft zu sein.

Solche gleichsam magischen Solidaritätsappelle verdanken sich den steten Bemühungen des Autors, bei der Gestaltung des Gedichtes immer wieder neue melodische und rhythmische Figuren auszuprobieren, poetische Einheiten zu verändern, zu verschieben, zu kombinieren und zu ersetzen. Einen Einblick in diese zeitraubende »Zyklopenarbeit« gewährt er mit seinem als aufwendige Faksimile-Ausgabe konzipierten Buch *»Aus der Fassung«* (1989). In ihm dokumentiert er akribisch auf durchnumerierten Arbeitsblättern die mannigfaltigen Entstehungs- und Entwicklungsstadien seines lyrischen Selbstporträts *»Mit den Jahren ... Selbst III/88«*.

P.Be.

AUSGABEN: *Heiße Lyrik*. Zusammen mit W. Riegel, Wiesbaden 1956. – *Irdisches Vergnügen in g. Fünfzig Gedichte*, Hbg. 1959. – *Kunststücke. Fünfzig Gedichte nebst einer Anleitung zum Widerspruch*, Hbg. 1962. – *Gemischtes Doppel*, Köln 1967. – *Gesammelte Gedichte*, Reinbek 1976. – *Phoenix – voran! Gedichte*, Dreieich 1977; Bln./DDR 1982. – *Haltbar bis Ende 1999. Gedichte*, Reinbek 1979. – *Im Fahrtwind. Gedichte und Geschichte*, Bln./Darmstadt/Wien 1980. – *Außer der Liebe nichts. Liebesgedichte*, Reinbek 1986. – *Selbstredend und selbstreimend. Gedichte – Gedanken – Lichtblicke*, Hg. P. Bekes, Stg. 1987. – *Einmalig wie wir alle*, Reinbek 1989. – *Aus der Fassung*, Zürich 1989.

LITERATUR: R. Tiedemann, Rez. (in Die Andere Zeitung, 26. 7. 1956). – F. Sieburg, Rez. (in FAZ, 21. 11. 1959). – J. Nolte, Rez. (in Die Welt, 12. 12. 1959). – H. M. Enzensberger, Rez. (in Der Spiegel, 9. 1. 1963). – A. Astel, Rez. (in Christ und Welt, 28. 3. 1963). – K. Krolow, Rez. (in Stuttgarter Zeitung, 25. 5. 1976). – H. Weinrich, *Radikal zwischen den Stühlen* (in Merkur, 30, 1976, S. 1179–1184). – U. Greiner, Rez. (in FAZ, 29. 9. 1979). – E. Wolffheim, Rez. (in FH, 6, 1980, S. 77–78). – J. Petersen, *P. R.s Spiel mit der Tradition* (in ZfdPh, 103, 1984, S. 244–263). – H. O. Horch, *»ins süße Benn-Engramm«?* (in *Deutsche Lyrik nach 1945*, Hg. D. Breuer, Ffm. 1988, S. 65–108). – R. Baumgart, *Gesang, Gesinnung, Abendröte* (in Die Zeit, 20. 10. 1989). – J. Hieber, *Über dem Hochseil* (in FAZ, 25. 10. 1989).

ARNO SCHMIDT

eig. Arno Otto Schmidt

* 18.1.1914 Hamburg
† 3.6.1979 Celle

LITERATUR ZUM AUTOR:
Bibliographien:
H.-M. Bock, *Bibliographie A. S. 1949–1978*, Mchn. 1974; [2]1979 (verb., erg.). – M. M. Schardt, *Biblio-*

graphie A. S. 1979–(7)1985. Mit Ergänzungen u. Verbesserungen zur A. S.-Bibliogr. 1949–1978, Aschen 1985. – L. Prütting, *A. S.* (in KLG, 35. Nlg., 1990).
Periodica:
Bargfelder Bote, Hg. J. Drews, Mchn. 1972 ff. [in den Werkbeiträgen zitiert als: BB]. – Zettelkasten, Ffm. 1985 ff. – Der Haide-Anzeiger, Hg. D. Noering, Ffm. 1985 ff.
Biographien:
Porträt einer Klasse. A. S. zum Gedenken, Hg. E. Krawehl, Ffm. 1982. – *»Wu Hi?« A. S. in Görlitz Lauban Greiffenberg*, Hg. J. P. Reemtsma, B. Rauschenbach, Zürich 1986. – W. Proß, *A. S. – Fragmente einer Biographie* (in *A. S.*, Hg. H. L. Arnold, Mchn. 41986, S. 180–196). – *In Sachen A. S. ./. Prozesse 1 & 2*, Hg. J. P. Reemtsma, G. Eyring, Zürich 1988. – *A. S. (1914–1979). Kat. zu Leben u. Werk*, Hg. A. Dunker, Mchn. 1990.
Gesamtdarstellungen und Studien:
H. Heißenbüttel, *Annäherung an A. S.* (in H. H., *Über Literatur*, Olten 1966; ern. Mchn. 1970, S. 51–65; dtv). – *A. S.*, Hg. H. L. Arnold, Mchn. 1968; 41986 [Neufassg.]. – H. Suhrbier, *Zur Prosatheorie von A. S.*, Bonn 1969; ern. Mchn. 1980 (Sonderlfg. BB). – R. Bull, *Bauformen des Erzählens bei A. S.*, Bonn 1970. – T. Phelan, *Rationalist narrative in some works of A. S.*, Coventry 1972. – *Der Solipsist in der Heide. Materialien zum Werk A. S.s*, Hg. J. Drews u. H.-M. Bock, Mchn. 1974. – H. Postma, *Aufarbeitung u. Vermittlung literarischer Traditionen. A. S. u. seine Arbeiten zur Literatur*, Diss. Hannover 1975; ern. Ffm. 1982. – W. Eggers, *A. S.* (in *Deutsche Literatur der Gegenwart in Einzeldarstellungen*, Hg. D. Weber, Stg. 1976, Bd. 1, S. 312–337). – B. Blumenthal, *Der Weg A. S.s. Vom Prosatext zur Privatprosa*, Diss. Bremen 1976; ern. Bremen 1980. – J. Drews, *Work after the »Wake«, or: A first Look at the Influence of J. Joyce on A. S.* (in BB, Lfg. 19, 1977). – F. Senn, *»Entzifferungen & Proben«. »Finnegans Wake« in der Brechung von A. S.* (in BB, Lfg. 27, 1978; ern. in F. S., *Nichts gegen Joyce. Joyce versus Nothing*, Zürich 1983, S. 261–277). – B. Malchow, *Schärfste Wortkonzentrate. Untersuchungen zum Sprachstil A. S.s*, Mchn. 1980 (Sonderlfg. BB). – W. Proß, *A. S.*, Mchn. 1980 (Autorenbücher). – J. Huerkamp, *»Gekettet an Daten & Namen«. Drei Studien zum »authentischen« Erzählen in der Prosa A. S.s*, Mchn. 1981 (Sonderlfg. BB). – H. Thomé, *Natur u. Geschichte im Frühwerk A. S.s*, Mchn. 1981 (Sonderlfg. BB). – H. Gnüg, *Warnutopie u. Idylle in den fünfziger Jahren. Am Beispiel A. S.s* (in *Literarische Utopie-Entwürfe*, Hg. H. G., Ffm. 1982, S. 277–290; st). – D. Kuhn, *Das Mißverständnis. Polemische Überlegungen zum politischen Standort A. S.s*, Mchn. 1982 (Sonderlfg. BB). – H. Wollschläger, *Die Insel u. einige andere Metaphern für A. S.* (in *A. S. Preis für H. W.*, Bargfeld 1982). – R. Finke, *»Der Herr ist Autor.« Die Zusammenhänge zwischen literarischem und empirischem Ich bei A. S.*, Mchn. 1982 (Sonderlfg. BB). – *Gebirgslandschaft mit A. S. Grazer Symposion 1980*, Hg. J. Drews, Mchn. 1982 (Sonderlfg. BB). – M. Minden, *A. S. A Critical Study of His Prose*, Cambridge 1982. – R. Weninger, *A. S.s Joyce-Rezeption 1957–1970. Ein Beitrag zur Poetik A. S.s*, Ffm., Bern 1982. – G. Flemming, *Letternspuren. A. S. u. E. Schlotter – die Außenseite ihrer Freundschaft*, Mchn. 1982 (Sonderlfg. BB). – *›Lilienthal oder die Astronomen‹. Historische Materialien zu einem Projekt A. S.s*, Hg. J. Drews, H. Schwier; Nachw. J. Huerkamp, Mchn. 1984 (Sonderlfg. BB). – M. Schneider, *Bilanzen des Scheiterns. Raum, Wirklichkeit u. Subjekt in A. S.s Werken*, Ffm. 1984. – B. Hinrichs, *Utopische Prosa als Längeres Gedankenspiel. Untersuchungen zu A. S.s Theorie der Modernen Lit. u. ihrer Konkretisierungen in »Schwarze Spiegel«, »Die Gelehrtenrepublik« u. »KAFF auch Mare Crisium«*, Tübingen 1984. – *Über A. S. Rezensionen vom »Leviathan« bis zur »Julia«*, Hg. H.-M. Bock, Zürich 1984. – R. Barczaitis, *»Kein simpel-biedrer Sprachferge«. A. S. als Übersetzer*, Ffm. 1985. – S. Gradmann, *Das Ungetym. Mythologie, Psychoanalyse u. Zeichensynthesis in A. S.s Joyce-Rezeption*, Mchn. 1986 (Sonderlfg. BB). – *Über A. S. II. Gesamtdarstellungen*, Hg. H.-M. Bock u. T. Schreiber, Zürich 1987. – M. M. Schardt, *A. S. – Das Frühwerk (I). Interpretationen von »Gadir« bis »Kosmas«*, Aachen 1985. – F. Rathjen, *»... schlechte Augen«: J. Joyce bei A. S. vor »Zettels Traum«*, Mchn. 1988 (Sonderlfg. BB). – *A. S. Das Frühwerk II*, Hg. M. M. Schardt, Aachen 1988. – W. Rasch, *A. S.s Zeitungsartikel. Eine Studie über Werden, Wesen u. Wirkung der journalistischen Brotarbeiten A. S.s zwischen 1954 u. 1971*, Ffm. 1988. – W. Hink, *Der Ausflug ins Innere der eigenen Persönlichkeit. Zur Funktion der Zitate im Werk A. S.s*, Heidelberg 1989. – R. Schweikert, *A. S.s Lauban. Die Stadt u. der Kreis. Bilder u. Daten*, Mchn. 1990 (Sonderlfg. BB). – L. Prütting, *A. S.* (in KLG, 35. Nlg., 1990). – F. Rathjen, *Reziproke Radien. A. S. u. S. Beckett*, Mchn. 1990 (Sonderlfg. BB). – *A. S. Leben – Werk – Wirkung*, Hg. M. M. Schardt u. H. Vollmer, Reinbek 1990 (rororo). – *A. S. 1914–1979. Katalog zu Leben u. Werk*, Hg. A. Dunker, Mchn. 1990 (Text + Kritik). – W. Martynkewicz, *Selbstinszenierung. Untersuchungen zum psychosozialen Habitus A. S.s*, Mchn. 1991.

ABEND MIT GOLDRAND. Eine MärchenPosse. 55 Bilder aus der LÄndlichkeit für Gönner der VerschreibKunst

Erzählwerk von Arno SCHMIDT, erschienen 1975. – Der Text ist das letzte vollendete Werk des *»Wortweltenerbauers«* Arno Schmidt. Die Handlung entwickelt sich aus folgenden Konstellationen bzw. Ereignissen: Drei alte Männer wohnen mit des einen Frau, einer Haushälterin und der 15jährigen Martina, diffusen Verwandtschaftsverhältnisses, in einem Heidehäuschen in Klappendorf. Binnen dreieinhalb *»ungewöhnlich warm(en) & schön(en)«* Tagen Anfang Oktober 1974 wird das ohnehin marode Idyll zerstört: Eine Rotte von seltsamen Vaganten, unter Führung eines zaubermächtigen Elementarmädchens *»im üblichen Kleid aus Äther«* namens Ann'Ev', läßt sich auf einem hohen Strohhaufen gegenüber dem Hause nieder, spielt orgiastisch Szenen aus dem *Garten der Lüste* von Hieronymus Bosch nach, bezieht etliche der Hausbewohner ein und enthusiasmiert drei von ihnen endlich so weit, daß sie mit ihnen ziehen, um Utopia – hier heißt es Tasmanien – zu suchen; freilich suchen der älteste, geilste Herr sowie die zwei Frauen nur aus dem pragmatischen Grunde mit, weil sie in dieser Gruppe ihre lebenslang angestauten sexuellen Bedürfnisse befriedigen können. Das zurückbleibende, neue Idyll ist ramponiert; zwar bekommt Martina ihren geliebten Martin, aber der Schriftsteller Alexander Ottokar Gläser, genannt A & O, kann nicht mit Ann'Ev' zusammenbleiben.

Ebenso wie bei allen Werken nach *Zettels Traum* (1970) handelt es sich auch hier um einen Roman in Dialogform, unterteilt in Aufzüge, Bilder und Szenen. Die dominante Ich-Perspektive der früheren Texte ist aufgelöst, jede Figur besitzt ihr Eigenrecht und -leben. Die im Untertitel behauptete *MärchenPosse* charakterisiert die eigentümliche Atmosphäre des Werks und den, bei aller Melancholie, komödiantischen Ablauf der Handlung: Ann'Ev' betritt tatsächlich das Bild von Hieronymus Bosch und fährt mit A & O auf einer Wolkeninsel durch das Luftmeer: *»Nur die Phantasielosen flüchtn in die Realität; (und zerschellen dann, wie billich, daran.)«*

Abend mit Goldrand ist eines der geheimnisvollsten Bücher Arno Schmidts. Das beginnt damit, daß kaum ein Schmidt-Leser eine solche zarte Heiterkeit und Selbstironie vom Autor des mit Theorie überfrachteten Monsterromans *Zettels Traum* erwartet hätte, wo alles auf die Lieferung endloser Belege für eine Literaturtheorie hinauslief; hier aber herrscht plötzlich komödiantische Freiheit und Frechheit. Hinzu kommt, daß Schmidt in *Abend mit Goldrand* ein Porträt seiner selbst in dreifacher Brechung bzw. Spaltung liefert: die Figur A & O Gläser ist so etwas wie das altersweise Über-Ich Schmidts, der lüsterne Bibliothekar das Es und der ehemalige Artillerist Eugen Fohrbach das Ich, das – Fohrbach ist symbolischerweise unterschenkelamputiert – zielgerichtete Triebbewegungen einzuschränken weiß. Und am merkwürdigsten ist das umfangreiche Material, das aus der Religionsgeschichte herbeizitiert wird und einmal die Funktion hat, bizarr-poetisches Material zu liefern, zum anderen aber die in Klappendorf hausende Hippiesekte in sektengeschichtliche Zusammenhänge zu stellen. Man könnte *Abend mit Goldrand* statt »MärchenPosse« auch politisch-religiöse Poesie nennen, denn es werden nicht nur die Gesetze der Wahrscheinlichkeit durchbrochen, sondern die in den frühen siebziger Jahren virulenten Phänomene von Kommunen, Aussteigergemeinschaften und politischen Terrorgruppen im Lichte einer historischen Phänomenologie des Sektenwesens betrachtet und so gewissermaßen als »Nichts Neues« relativiert, dies aber nicht mit bierernst theoretischem Ton, sondern mit einem Ton des Fasziniertseins durch eine anarchische, fröhlich triebhafte und arbeitsscheue Existenz, die sich natürlich Arno Schmidt nie leistete, mit der er aber liebäugelt und die er jedenfalls nicht so puritanisch verbissen ablehnt wie noch in *Zettels Traum*. Eine kulturmelancholische Toleranz liegt über dem Text und zugleich ein Sympathisieren mit den Hippie-Existenzen, die sich ein Leben erlauben, das Schmidt als versäumt erkennen muß.

Sprache und Aufbau des Romans sind von einmaliger Artifizialität; an vielen Stellen formuliert Schmidt Sachverhalte gar nicht selbst, sondern holt Zitate aus der Literatur aller Zeiten und vieler Sprachen herbei, so daß das Buch zwar angeblich 1974 (wenn man von den unverkennbar autobiographischen Passagen absieht, in denen Schmidt seine Hamburger und Görlitzer Jugend heraufruft bzw. durch seine drei Alter egos Gläser, Fohrbach und Olmers heraufrufen läßt), zum Teil aber so schrullig und altmodisch in den Dialogen ist, daß man meint, es sei auf weite Strecken aus alten Komödien abgeschrieben oder doch durch ältliche komödiantische Redeweisen eingefärbt.

Noch das Ernsteste wird mit Leichtigkeit, Beiläufigkeit und Charme präsentiert, funkelnd wie ein Amalgam aus Zitaten, denen weitgehend das Eigenleben sprachlicher Fundstücke gelassen wird. Um die Überraschung seiner Leser zu vervollständigen, legt Schmidt einem 18jährigen literaturenthusiastischen Knaben ein Prosastück namens *PHAROS, oder von der Macht der Dichter* in die Feder, das aber in Wirklichkeit eine Erzählung Schmidts aus den Jahren um 1942 ist und einen entscheidenden Beleg darstellt für eine Wende in der Entwicklung Arno Schmidts vom zurückgezogen-stilimitatorische literarische Träume spinnenden Jüngling im Dritten Reich zum explosiven, aggressiven Nachkriegsautor, der die Verträumtheit der inneren Emigration just hinter sich läßt. Eine wildere Truppe von Figuren hat noch kein Buch Schmidts durchzogen; eine bizarre Mischung von höllenbreughelschen Derbheiten und elfischzartester Erotik gibt es in keinem Text Schmidts, und keines der ja oft etwas forcierten Bücher Schmidts hat eine solche spielerische Durchsichtigkeit erreicht wie diese sprachliche Synthese aus Ingredienzen des ganzen Schatzhauses der Literatur, sprich: des Schmidtschen Bücherhauses in Bargfeld in der Heide. Mit den Worten von Egon Olmers: *»Dabei ist das Ganze elegant geschrieben: feurig, blumenreich, (so daß es durchaus zur großen Literatur jener Zeit zu rechnen wäre!); Witzig, fantastisch, anmutig.«* S.Ha.-KLL

Ausgaben: Ffm. 1975; ³1981.

Literatur: J. Busche, Rez. (in FAZ, 7. 10. 1975). – K. H. Kramberg, Rez. (in SZ, 11. 12. 1975). – H. Postma, Rez. (in die horen, 1975, H. 120, S. 70–72). – H. Rubinstein, Rez. (in FH, 1976, H. 7, S. 63–68). – R. Vollmann, Rez. (in Die Zeit,

14. 5. 1976). – O. Boenicke, *Mythos u. Psychoanalyse in »Abend mit Goldrand«*, Mchn. 1980 (Sonderlfg. BB). – K. Jauslin, *Die Welt im Kopf des Einen. Über die Rolle der »variedad del mundo« des H. Bosch in A. S.s »Abend mit Goldrand«* (in BB, Lfg. 41–42, 1980). – G. Jürgensmeier, *»His Borrowing Places«* (in BB, Lfg. 61–62, 1982). – C. F. Lorenz, *Leitmotivik als tektonisches Prinzip im Spätwerk A. S.s* (in *A. S.*, Hg. H. L. Arnold, Mchn. [4]1986, S. 141–159). – F. Rathjen, *Revelry by Night. Vergebliche Mutmaßungen zur Datierung von »Pharos«* (in BB, Lfg. 134–136, 1989).

JULIA, ODER DIE GEMÄLDE. Scenen aus dem Novecento

Romanfragment von Arno SCHMIDT, erschienen 1983. – Wie alle Werke des Autors seit *Zettels Traum* (1970) ist auch dieser unvollendet gebliebene und erst postum veröffentlichte Text in Dialogform gehalten und als Typoskript im DIN-A 3-Format gedruckt.

Das Buch schildert einige Tage im Leben der Gäste des *»Fürstenhofes«* 1979 in Bückeburg. Da ist zum einen Familie Kühne, bestehend aus einem *»ideale(n) NormalWeibchen«* von 48 Jahren, *»mittelgroß, üppig, geil«* und ziemlich ekelhaft, ihrem etwas älteren Mann, *»ehrlich ungebildet«* und haarsträubend reaktionär, sowie ihrem Sohn Nino, einzig an seinem Taschenrechner und einem weiblichen Hotelgast namens Sheila interessiert, die als rabiate Feministin auftritt. Zum anderen erscheint ein Studienrat, kompetent für *»entlegenste Theologica«* und in seiner Bildung dem herzkranken Schriftsteller Leonhard Jhering gewachsen, wohl das *Alter ego* des Autors selbst. Es passiert nichts Ungewöhnliches mit den Figuren; sie frühstücken, besichtigen in wechselnden Konstellationen das Schloß der Stadt, betreiben Konversation, natürlich auch über Bücher *(»verrunzelte Anekdoten über wertlose Gegenstände«)* oder sie mieten ein Boot, um einen Ausflug aufs Steinhuder Meer zu wagen. Offenkundig wird, daß der Autor nicht mehr zu einer Überarbeitung seines Textes kam. Phantastische Ereignisse, wie sie die *Schule der Atheisten* (1972) und *Abend mit Goldrand* (1979) prägen, fehlen fast vollständig, ausgenommen die Geschichte um Julia, jüngste der vier oranischen Schwestern nach dem gleichnamigen, 1666 entstandenen Gemälde von Jan MYTENS. Sie steigt, *»schlank wie ein ausgedachtes Mädchen«*, aus dem Bild heraus, spukt durch diverse Szenen und verliebt sich schließlich in Jhering – eine ätherische, an mittelalterliche Minne erinnernde Liebesgeschichte mit Anklängen an FOUQUÉS *Undine* (1811): *»For all things exist in the human imagination!«*

Daß es Schmidt hier, wie im gesamten Spätwerk, nicht um Nachahmung von Realität, sondern um das Schaffen von Gegenwelten zu tun war, ist offensichtlich. Jhering scheint von Anfang an nicht (mehr?) von dieser Welt zu sein: *»imgrunde Truggestalt«* und Pseudonymträger, teilt er mit dem Autor Geburtstag und schriftstellerisches Werk, ist aber 110 Jahre älter, als *»Herr von '64 000 Tag'n«*; sein Lebensgefühl: *»infantil«*, *»Alles ist mir imgrunde fremd«*. Daß er – im nicht mehr ausgeführten Teil des Textes – spurlos verschwinden und zehn Jahre später auf Mytens' Gemälde, auf ewig mit Julia vereint, wieder erscheinen sollte, überrascht kaum noch, sein Abschied von allem, was lebt, kündigt sich bereits an: *»plötzlich überfallen ihn ganz kurze scharfe Schwindelstöße – es hält sich an der nächsten Schulter und schreit dazu etwas in einer ihm unbekannten Sprache.«* S.Ha.

AUSGABE: Zürich 1983.

LITERATUR: J. Drews, *Die letzten hundert Seiten A. S.s* (in SZ, 16. 4. 1983). – R. Vollmann, Rez. (in Zettelkasten, 1, 1984, S. 147–156). – M. Lowsky, *»Julia« u. die späte Liebe zum Zweidimensionalen. Beobachtungen zur Mathematik bei A. S.* (ebd., S. 183–201). – R. Schweikert, *Erste Liebe mit letzter Kraft. Lovecraft – eine späte Lektüreerfahrung A. S.s u. ihre Spuren im Fragment »Julia, oder die Gemälde«* (in *Über H. P. Lovecraft*, Hg. F. Rottensteiner, Ffm. 1984, S. 234–268; st). – Zettelkasten, 4, Hg. T. Krömmelbein, 1986 (enth. Aufsätze, Register u. Literaturverzeichnis zur *Julia*).

KAFF AUCH MARE CRISIUM

Roman von Arno SCHMIDT, erschienen 1960. – Das Buch, das nach des Autors launigem Vorwort weder »Handlung« noch »tieferen Sinn« enthält und auch nicht als »Kunstwerk« zu betrachten ist, stellt trotz solcher Versicherungen eines der wichtigsten erzählerischen Werke Schmidts dar. Wie der Titel andeutet, spielt der Roman auf zwei Ebenen und in zwei Zeiten: einmal im Oktober 1959 in dem »Kaff« Giffendorf in der Lüneburger Heide, zum andern im Jahr 1980 auf dem Mond. »Kaff« kann aber in norddeutscher Mundart auch »Spreu« bedeuten, und solche Spreu des Schicksals sind die Menschen, die beide Schauplätze bevölkern und denen die Giffendorfer Dreschmaschine gleich zu Anfang ein rhythmisches *»Nichts Niemand Nirgends Nie!«* zurattert. Die auf der Erde angesiedelte Handlung läßt sich mit wenigen Worten umreißen: Karl Richter, Lagerbuchhalter und spleeniger Autodidakt, und seine schüchterne, sommersprossige Freundin Hertha Theunert sind für zwei Tage zu Besuch bei Karls sechzigjähriger, rüstiger und heidnisch-weltkluger Tante Heete, die die beiden *»S-tattflanzn«* mit kräftiger Kost und vielen dörflichen Anekdoten vollstopft. Karl und Hertha machen Spaziergänge in der Umgebung, besuchen eine von den Schulkindern des Dorfs veranstaltete Theateraufführung und stehen schließlich vor einer schwierigen Entscheidung: Tante Heete bietet ihnen an, zu ihr zu ziehen; sie ist Witwe und hat Platz im Haus. Karl und Hertha würden auf dem Dorf gesünder leben, und vor allem könnte Karl seinen literarischen Interessen in aller Ruhe nachgehen.

Alle drei fürchten aber auch das enge Zusammenwohnen und die sich daraus wahrscheinlich ergebenden Reibereien. Ob die beiden, deren Beziehungen auch nicht ohne Probleme sind, das Angebot Tante Heetes annehmen werden, bleibt offen; am Ende fahren sie wieder nach Nordhorn.
Eingeflochten in diese Handlung ist eine Erzählung, die Karl sich ausdenkt und in Abschnitten Hertha vorträgt. Sie spielt im Jahr 1980 in diversen Mondkratern, in denen die wenigen tausend Menschen – Russen und Amerikaner – leben, die sich von der im Krieg zerstörten und noch immer atomar glühenden Erde gerettet haben. Höhepunkt der Geschehnisse auf dem Mond ist die Lesung eines von dem amerikanischen Poeten Frederick T. Lawrence verfaßten neuen *»umfassend-nazionalen Roman-Epos«*, was die Russen mit der Überreichung eines ebenfalls auf dem Mond entstandenen sowjetischen Heldenepos beantworten; das US-Epos entpuppt sich für den Leser als eine moderne Umdichtung des *Nibelungenlieds*, das russische Werk als eine Adaption von Herders *Cid*.
Die beiden Erzählebenen sind durch unzählige Verzahnungen, Stichworte und Anstöße miteinander verknüpft; optisch-typographisches Zeichen dieser Korrespondenzen und Übergänge ist, daß die beiden Kolumnen, die jeweils die ländliche Idylle und die lunare Utopie enthalten, nicht einfach nebeneinander stehen, sondern leicht ineinander geschoben sind. In Sprache und Erzähltechnik stellt der Roman eine höchst amüsante Synthese dar von altfränkisch-biederer Umständlichkeit und pfiffiger *up-to-dateness*, von Tradition und Revolution. Schmidt gibt nicht nur den Dialekt seiner Figuren (Platt, Schlesisch) in einer annähernd phonetischen Schreibung wieder, sondern schreibt insgesamt unter Verstoß gegen sämtliche Duden-Regeln; er erfindet Wortgebilde, wie etwa *»Roh-Mann-Tick«* für »Romantik«, *»gleich sex & firz ich«* für »gleich 46«, *»Begreepniß«* für »Begräbnis«, *»Ap-wex-lunk«* für »Abwechslung«, *»maulhängkolisch«* für »melancholisch«, und verwendet zudem ganze Batterien von Satzzeichen, um Redepausen, Mimik und Gestik der Personen anzudeuten. Die aller Orthographie spottenden Schreibungen, angeregt von Klopstocks *Grammatischen Gesprächen* und James Joyces *Finnegans Wake*, deuten einmal auf die kauzige Aufsässigkeit des Erzählers Karl, zum anderen auf die historischen Inkonsequenzen unserer Rechtschreibung, aus deren Unstimmigkeiten Schmidt witzig Kapital schlägt.
Im Gegensatz zu dem bisweilen schnoddrig-unbekümmerten Ton der früheren Romane Schmidts zeigt *Kaff auch Mare Crisium* eine Atmosphäre von zögernder Nachdenklichkeit, von nur leicht ironisch gebrochener Schwermut und Tiefsinnigkeit. Das Werk gehört nach Meinung H. Heissenbüttels in der modernen deutschen Literatur *»in den obersten Rang«*. J.Dr.

Ausgaben: Karlsruhe 1960; ern. Ffm. 1985. – Ffm. 1970 (FiTb). – Zürich 1985 (in *Zürcher Kassette. Das erzählerische Werk in 8 Bdn.*, Hg. A. S. Stiftung, 7). – Zürich 1987 (in *Bargfelder Ausg. Werkgruppe I in 4 Bdn.: Romane. Erzählungen. Gedichte. Juvenilia*, Hg. A. S. Stiftung, 3).

Literatur: H. Maier, Rez. (in FRs, 14. 1. 1961). – H. Heissenbüttel, Rez. (in Deutsche Zeitung, 21. 1. 1961). – H. H. Kramberg, Rez. (in SZ, 4. 3. 1961). – R. Hartung, Rez. (in Die Zeit, 28. 4. 1961). – F. P. Ott, *Gedankenspiel als (Selbst-)Porträt. A. S.s »KAFF auch Mare Crisium«* (in Protokolle, 1982, H. 1, S. 35–48). – Ders., *Karl Richter: Deus constructor, oder Einer emaniert den Anderen* (in BB, Lfg. 69–70, 1983). – J. Drews, *Ein Kratersturz ins Unbewußte. Zur Konstruktion von Traum u. Tagtraum in »KAFF auch Mare Crisium«* (ebd.). – L. Prütting, *»Weltunterganks-Schtimmunk«. Einige Anmerkungen zur Theateraufführung KAFF 68 ff.* (in BB, Lfg. 77–78, 1984). – J. Koepp, *»KAFF auch Mare Crisium« u. das Epos eines Unbekannten von »Der Nibelunge Nôt* (ebd.). – G. Damaschke, *›Bericht vom verfehltn Leebm‹. Zur Funktion des Nibelungenliedes in »KAFF auch Mare Crisium«* (in BB, Lfg. 101–103, 1986). – R. Bloschek, *Die Schlüsse der Erzähltexte A. S.s, oder: Wie endet »KAFF«?* (in BB, Lfg. 124, 1988). – T. S. Hansen, *S.'s English »Nibelungenlied« – Source and The Many Tongues of »KAFF«* (in BB, Lfg. 139, 1989). – S. Kyora, *»Über Triebumsetzungen, insbesondere der Analerotik«. Zum Zusammenhang von Metaphorik u. Trieb in »KAFF auch Mare Crisium«* (in BB, Lfg. 131, 1988).

NOBODADDY'S KINDER

Romantrilogie von Arno Schmidt. Die Teile 2 und 3 *(Brand's Haide und Schwarze Spiegel)* erschienen 1951 unter dem Titel *Brand's Haide*; Teil 1 *(Aus dem Leben eines Fauns)* erschien 1953. Erst 1963 wurden die Romane unter dem neuen Titel und unter Auslassung zweier einleitender Gedichte als Trilogie publiziert. – Den inneren Zusammenhalt der drei Kurzromane stiftet der Krieg, der allerdings nicht als Fronterlebnis, sondern in seinen Auswirkungen auf die Bevölkerung beschrieben, also von seiner schäbigsten und unheroischsten Seite sichtbar wird.
Der »Faun« des ersten Teils ist der fünfzigjährige Beamte Düring. Sein Wohnsitz ist der Heideort Cordingen, sein Arbeitsplatz das Landratsamt des Kreisstädtchens Fallingbostel. Als kühl registrierender, seiner Umwelt durch Intelligenz und Belesenheit überlegener Beobachter notiert Düring die Reaktionen der deutschen Kleinbürger bei Ausbruch des Zweiten Weltkriegs: Die kurzsichtige Kriegsbegeisterung seiner Kollegen, die Dummheit seiner Frau, die den Sohn unbedingt als Offizier sehen will, und die eitel-hochmütige Verblendung seiner Nazi-Vorgesetzten. Düring flüchtet aus seiner nur noch formal existierenden Ehe und vor der nationalsozialistischen *»Elefantiasis des Staatsbegriffes«* zeitweise in eine zweite Existenz. Wegen seiner lokalhistorischen Interessen zur Er-

forschung der Geschichte des Kreises Fallingbostel abgeordnet, kann er – dienstlich gedeckt – seinen antiquarischen Neigungen, dem Studium alter Pandekten, Landkarten und Akten frönen. Dabei entdeckt er, daß während der Napoleonischen Kriege ein französischer Soldat eine Deserteurs- und Faun-Existenz in Heide und Moor führte. Bei Streifzügen durch die Landschaft stößt Düring auf die alte Blockhütte des Franzosen, die er sich, quasi gleichfalls desertierend, als Refugium für sich und seine Freundin, die Primanerin Käthe, einrichtet. 1944, als der Krieg seinem Höhepunkt und Ende zugeht – Düring nimmt es mit ingrimmiger Befriedigung zur Kenntnis –, muß er seine Doppelexistenz aufgeben: Man hat seine Blockhütte entdeckt. Nachdem er mit Käthe dem Inferno eines Bombenangriffs auf eine nahe Munitionsfabrik entkommen ist, verbringt er eine letzte Nacht in seinem Schlupfwinkel und läßt ihn dann in Flammen aufgehen.

Der Protagonist des zweiten Teils ist Arno Schmidt selbst, der nach dem Krieg (1946) ebenfalls nach Cordingen verschlagen wurde und sich dort nun eine schriftstellerische Existenz aufbaut, wie Düring alte Handschriften studiert und an einer Biographie des Dichters Friedrich de La Motte Fouqué arbeitet (die dann in der Tat auch 1958 erschien). An einem Punkt weicht Schmidt, der seit 1937 verheiratet ist, in seinem Selbstporträt von der eigenen Biographie ab: Im Roman ist er unverheiratet und findet für wenige Monate eine Freundin, mit der zusammen er die Nachkriegsmisere zu bewältigen versucht. Mit Kaffee und amerikanischen Zigaretten organisiert man sich Tisch, Schrank, Kartoffeln und Schnaps, klaut Holz, sammelt Pilze und röstet Eicheln. Doch Lore hält die kümmerliche Existenz nicht aus, nutzt Verbindungen nach Mexiko und wandert aus. Er bleibt zurück, *»allein, hellgrau und frei, ni Dieu, ni Maitresse«.*

Schwarze Spiegel, die utopische Vision einer nun gänzlich zerstörten Welt, spielt im Jahr 1960, ebenfalls in der Lüneburger Heide, nach einem ABC-Krieg, der als Ereignis des Jahres 1955 vorausgesetzt wird. Einer der letzten überlebenden Menschen, ein Mann ähnlicher Interessen und ähnlich atheistischer und skeptischer Geisteshaltung wie die Hauptfiguren der vorangehenden Romane (sein Name wird nicht genannt), kommt auf Streifzügen durch das zerstörte Deutschland, das nur noch von menschlichen Skeletten bevölkert, von zerfallenden Häusern übersät ist und bald wieder von der Natur überwuchert sein wird, in die Heide, wo er sich, alle Zivilisationstrümmer ausbeutend, eine Hütte baut. Für kurze Zeit wohnt eine Frau bei ihm, die es aber bald weitertreibt. So bleibt er als ein Robinson, der seine ohnehin wütend-menschenfeindliche und melancholische Weltsicht durch den apokalyptischen Zustand der Erde nur bestätigt sieht, in einer absurd hoffnungslosen, doch mit grimmigem Trotz ertragenen Einsamkeit allein: *»Gegen Morgen kam Gewölk auf (und Regenschauer). Frischer gelber Rauch wehte mich an: mein Ofen! So verließ ich den Wald und schob mich ans Haus: der letzte Mensch.«*

Schmidt benutzt – wie in den meisten seiner Bücher – eine Erzähltechnik, in der das epische Kontinuum in kurze, einzeilige bis eine Seite lange »Raster« aufgesplittert wird, die eine Serie von Momentaufnahmen des Geschehens und Erzählerbewußtseins ergeben. In einer Mischform aus Ich-Erzählung und Innerem Monolog, mit leidenschaftlich genauem Blick fürs dingliche Detail, für Gesten und Tonfälle der Sprache seiner Figuren, reproduziert der Erzähler, der, in welchen Maskierungen auch immer, stets mit dem Autor identisch ist, die sich ihm zusehends verdüsternde und schließlich von menschlichem Wahnsinn zerstörte Umwelt. Die Menschen zeichnet er als teils böse, teils bedauernswerte *»Kinder keines Vaters«* (so ungefähr ist *»Nobodaddy«* wohl zu übersetzen). Die Romane gehörten bei ihrem Erscheinen zu den sprachlich und erzähltechnisch avanciertesten der deutschen Nachkriegsliteratur; Schmidt versuchte – ähnlich wie Heinrich Böll in seinen frühen Romanen oder wie H. E. Nossack in *Nekyia* (1947) –, die Verzweiflung und den desorientierten Bewußtseinsstand der Deutschen nach dem Krieg zu dokumentieren, indem er einen Stil entwickelte, der dem konventionellen Ideal des abgerundeten, ausgewogenen Erzählens hohnspricht. Dabei griff er – etwa bei der Schilderung eines Luftangriffs – auf die zugespitzte, kühne Sprache der Expressionisten, insbesondere August Stramms und Albert Ehrensteins – zurück. – Die Kritik reagierte überwiegend positiv, und wenn Schmidt wohl auch erst mit seinen späteren Werken wie *Kaff auch Mare Crisium* (1960) und *Kühe in Halbtrauer* (1964) die Höhe seines Könnens erreichte, so war es gerade diese Trilogie, mit der er die nach seinem Erstling *Leviathan* (1949) in ihn gesetzten Erwartungen erfüllte.

J.Dr.

Ausgaben: Hbg. 1951 *(Brand's Haide. Zwei Erzählungen)*; ern. Ffm. 1985. – Hbg. 1953 *(Aus dem Leben eines Fauns)*; ern. Ffm. 1985. – Zürich 1985 (in *Zürcher Kassette. Das erzählerische Werk in 8 Bdn.*, 3). – Zürich 1987 (in *Bargfelder Ausg. Werkgruppe I in 4 Bdn.: Romane. Erzählungen. Gedichte. Juvenilia*, Hg. A. S. Stiftung, 1).

Literatur: H. Kasack, *Ein poetischer Seismograph* (in Neue Literarische Welt, 10. 1. 1952). – K. A. Horst, *Auf der Suche nach der verlorenen Welt. »Aus dem Leben eines Fauns«* (in Merkur, 7, 1953, S. 1185–1189). – J. Manthey, *A. S. und seine Kritiker. Bemerkungen zur Artistik in der Zeit* (in FH, 17, 1962, S. 408–416). – M. Rychner, *Der Erzähler A. S.* (in M. R., *Bedachte und bezeugte Welt*, Darmstadt/Hbg. 1962, S. 225–228). – P. Piontek, *Zum Wald-Stück »Brand's Haide«* (in BB, Lfg. 71–72, 1983). – M. Lowsky, *Der düpierte Leser. Überlegungen zur Hauptgestalt von A. S.s »Faun«-Erzählung* (in BB, Lfg. 83–84, 1984). – R. Braemkamp, *Topographie der Wirklichkeit in A. S.s Kurzroman »Aus dem Leben eines Fauns«* (in *A. S.*, Hg. H.-L. Arnold,

Mchn. [4]1986, S. 92–108). – J. Drews, *Mehr Lesungen als Lösungen. Ein Komm. zum Auftakt des »Fauns«* (ebd., S. 109–118). – D. Kuhn, *Kommentierendes Handbuch zu A. S. Roman »Aus dem Leben eines Fauns«*, Mchn. 1986. – C. Schillow, *Die »Inseln« seiner Sehnsucht: Variationen des Insel-Motivs bei A. S.s am Beispiel von »Schwarze Spiegel«* (in BB, Lfg. 116–118, 1987).

ZETTELS TRAUM

Roman in acht Büchern von Arno Schmidt, erschienen 1970. – *Zettels Traum* ist Fluchtpunkt und Summe des gesamten bis dahin entstandenen Werks des Autors; das monumental umfangreiche Buch – es enthält 1330 Seiten vom Format DIN A3, die mehrspaltig beschrieben sind – ist Epos und Essay, Übersetzungstheorie und Dichterpsychographie zugleich, Fortführung und konsequente Zusammenfassung der erzähltechnischen und literaturtheoretischen Ansätze der früheren Bücher Schmidts, die im Nachhinein wie Fingerübungen zu diesem Riesenbuch erscheinen.

Die Handlung des Romans spielt an einem Sommertag des Jahres 1968, den die vier Hauptpersonen von 4 Uhr früh bis zum folgenden Morgen in dem Dörfchen Ödingen in der Celler Ostheide miteinander verbringen. Beim Ich-Erzähler Daniel Pagenstecher, dem in ländlichem Refugium in einem mit Büchern vollgestopften Haus lebenden gelehrten Schriftsteller und Übersetzer, sind das befreundete Übersetzerehepaar Paul und Wilma Jacobi und dessen sechzehnjährige Tochter Franziska zu Gast; die vier kennen sich, so lange sie denken können, und was sie diesmal zusammenführt, sind die Übersetzungsprobleme der Jacobis: Ihre Übertragung der Werke Edgar Allan Poes bietet Anlaß, sich in einer Art Marathon-Symposion den lieben langen Tag immer wieder mit Werk und Gestalt Poes zu beschäftigen, und dieser Poe-Essay in Gesprächsform, meist gegen Zweifel und Einwände der Jacobis von Daniel Pagenstecher bestritten, gewinnt die gleiche Bedeutung wie das Tun und Treiben der Personen und ihr Verhältnis zueinander. Geschehnisse des Dorfalltags sind immer wieder der Anstoß zu Gesprächen über bestimmte Themen und Motive im Werk Poes, das seinerseits die Folie bildet für die zart-melancholischen Beziehungen des alternden Pagenstecher zur sechzehnjährigen Franziska, die dem literaturbesessenen Hagestolz noch einmal den Schmelz halbwüchsiger Weiblichkeit verlockend vorführt. Ähnlich wie Poe die dreizehnjährige Virginia Clemm heiratete, könnte Pagenstecher die »Kindsbraut«, das elfische, unsterblich in ihn verliebte Wesen zu sich nehmen, um so mehr, als Franziska sich mit ihrer Mutter schlecht versteht und die Jacobis in finanziellen Nöten sind. Doch Pagenstecher, einsiedlerisch, ängstlich und überdies weise die Komplikationen abwägend, die eine solche Verbindung angesichts seiner schwindenden Manneskraft mit sich bringen würde, entzieht sich schweren Herzens dem Werben Franziskas; er sorgt dafür, daß die Jacobis ihr Abitur und Studium ermöglichen können. Die Bedingung, die dieser Pakt mit Franziskas Eltern enthält: Franziska darf ihn, Pagenstecher, nie wiedersehen. In der Frühe des folgenden Tages, als Pagenstecher sich unter dem Vorwand, der dörflichen Feuerwehr bei einem Brand assistieren zu müssen, entfernt hat, verlassen die Jacobis mit ihrer Tochter das Dorf und kehren nach Lünen/Westfalen zurück.

Diese Personenkonstellation war schon vorgezeichnet in Schmidts Erzählung *Die Wasserstraße* aus dem Buch *Kühe in Halbtrauer* (1964): Hier entsagt der Erzähler einer Romanze mit der sechzehnjährigen Hel. Auf der Ebene der Literaturtheorie ist Schmidts Untersuchung *Sitara und der Weg dorthin* (1963), eine psychoanalytische Studie von Werk und Person Karl Mays, das Vorspiel zu *Zettels Traum*. Wie Schmidt aus der Biographie und den Schriften Mays ein Psychogramm seiner Persönlichkeit abzuleiten suchte (mit dem von der Karl-May-Forschung bis heute nicht bestätigten Ergebnis, daß May wahrscheinlich latent homosexuell gewesen sei und daß diese unterdrückte Triebrichtung Spuren in seinem Wortschatz und seinen Romanfiguren hinterlassen habe), so versucht nun Schmidts Alter ego Daniel Pagenstecher an Poes Schriften die psychoanalytische Sonde anzulegen. Gegen den – allerdings immer mehr schwindenden – Widerstand der Jacobis, insbesondere Wilmas, die ihr idealisch-reines Bild Poes retten will, entwickelt er seine *»Etym-Theorie«*, ein tiefenpsychologisch-spekulatives Theorem, das er an den Erzählungen, Gedichten und Rezensionen Poes zu exemplifizieren sucht.

Gestützt auf die Darlegungen Sigmund Freuds in der *Traumdeutung* (1900) und der *Psychopathologie des Alltagslebens* (1901), behauptet Pagenstecher, Poes Sprache und Bilderwelt in den poetischen Werken verrate eine darunter liegende Schicht von *»eigentlich«* (im Unbewußten) gemeinten sexuellen Vorstellungen, wenn man sie auf *»Etyms«* abhorche, das heißt auf Wortgruppen, die durch Klangähnlichkeit gebündelt sind, wobei jeweils das Wort, welches eine dem Über-Ich zulässige, *»anständige«*, poetische Bedeutung habe, die psychische Zensur passierte, während *»unanständige«* (aber dem pschoanalytisch geschulten Ohr durch die Klangähnlichkeit assoziierbare) Worte verdrängt, überformt, »sublimiert« wurden. So vermutet Pagenstecher hinter »Pallas« ein unbewußtes »Phallus«, hinter »pen« ein versteckes »Penis«, hinter »true« und »whole« ein »trou« (französisch, Loch) und »hole« (ebenfalls englisch, Loch), hinter der Silbe »con« das englische »cunt« (Vagina) usw. Das Aufspüren der unbewußten Wort- und Bilderwelt Poes erfolgt aber nicht nur über Einzelwörter, über die als *»Graue Eminenzen«* und *»Schaltstellen«* des Gehirns bezeichneten *»Etyms«*, sondern auch über obsessiv in Poes Erzählungen wiederkehrende Szenen, Gegenstände, Pflanzen, Landschaftsformationen etc., deren Form, Farbe und andere optische und haptische Qualitäten sie im Sinne der psychoanalytischen Symbolik bedeutungsträchtig erscheinen lassen. Pagenstecher gelangt auf diese Weise zu einem sehr düsteren Psychogramm Poes; wenn man seiner Theorie glauben darf, so war dieser ein impotenter, syphilitischer Voyeur mit einer starken Neigung zur Koprophilie.

Seiner weitausgreifenden Theorienbildung setzt Pagenstecher die Krone auf, indem er erklärt, neben den drei von Freud behaupteten Instanzen der Persönlichkeit (Es, Ich und Über-Ich) noch eine *»4. Instanz«* gefunden zu haben, eine psychische Instanz, die sich bei intelligenten Menschen ungefähr vom 50. Lebensjahr an bilde und die es übernehme, Sexualität, die real nicht mehr gelebt werden kann, in bewußt schalkhafte Wortspiele zu sublimieren, in witzig-doppeldeutige Anspielungen umzubiegen. Pagenstechers Kronzeugen für diese Theorie sind James JOYCES Sprachbehandlung in *Finnegans Wake* und Laurence STERNES anzügliche Wortwitze im *Tristram Shandy*. Es versteht sich von selbst, daß der ebenso selbstkritische wie, in anderen Dingen, selbstbewußte Daniel Pagenstecher sich zu den großen altersweisen Schriftstellern rechnet, die den trickreichen Mechanismen des Unbewußten nicht anheimfallen, sondern daraus sprachwitziges Kapital schlagen, damit aber im beginnenden Alter noch einmal künstlerisches Format zeigen.

Gebrochen und relativiert, dadurch aber auch in seiner – ohnehin zumindest problematischen – Gültigkeit in der Schwebe gehalten, wird das Psychogramm Poes dadurch, daß Daniel Pagenstecher und der immer begeisterter zustimmende Paul Jacobi an Poe vielleicht nur das erkennen, was in ihnen selbst ist: Beide sind von beginnender Impotenz und von Voyeurtum getriebene ältere Herren, die ihren eigenen Zustand in Poe hineinprojizieren. Umgekehrt erklärt sich Wilma Jacobis Widerstand gegen Pagenstechers Poe-Bild daraus, daß sie, eigentlich schon zu alt dafür und überdies in schwierigen materiellen Umständen lebend, noch einmal schwanger geworden ist und daher einen starken Widerstand gegen alle Sexualität entwikkelt, was auch erklärt, warum sie ihre ständig mit Pagenstecher tändelnde Tochter immer wieder scharf zur Tugend mahnt.

Die außerordentlichen Schwierigkeiten, die die Lektüre von *Zettels Traum* bereitet, liegen nicht so sehr im Umfang des Buches, auch nicht in der zwar stark gedehnten, in den Grundzügen aber leicht überschaubaren Handlung und auch nicht in der dem mit Freuds Schriften vertrauten Leser durchaus verständlichen Etym-Theorie. Längere Eingewöhnung erfordern vielmehr die »Spaltentechnik« des Buches, d. h. die Aufspaltung des Textes jeder einzelnen Seite in drei – wechselnd umfangreiche – Textstränge, die ungewöhnliche Orthographie und Interpunktion sowie die unzähligen, zum Teil fremdsprachigen Zitate, Randbemerkungen, Anspielungen und Querverweise, die das Buch durchziehen. Die einzelne Seite des – übrigens nicht gedruckten, sondern photomechanisch nach dem Typoskript des Autors vervielfältigten – Buches enthält in der Regel einen Haupt-Textstrang, der auf der Mitte der Seite verläuft und der »realen« Handlung, dem Tun, Erleben und Sprechen der Figuren, vorbehalten ist, links davon eine schmale Spalte für jene Zitate aus den Werken Poes, die die Personen gerade assoziieren, und rechts davon eine ebenfalls schmalere Spalte für die persönlichen Einfälle, Gedankenspiele und Randbemerkungen des Erzählers Pagenstecher, die weitgehend – und oft in autobiographisch sehr aufschlußreicher Art – mit denen Arno Schmidts gleichgesetzt werden können.

Der über die Seite mäandrierende Text – je nachdem, ob das Hauptinteresse gerade Poe, der Realität oder den Gedankenspielen des Erzählers gilt, kann der Haupt-Textstrang auch rechts oder links verlaufen – ist in einer Orthographie abgefaßt, die, ebenso wie die Interpunktion, allen Duden-Regeln hohnspricht: Die Wörter sind häufig phonetisch (wenn auch mit dem normalen Alphabet) aufgezeichnet, oft aber erscheinen auch ähnlich zweideutige Wortbastarde wie in Joyces *Finnegans Wake*. Als Beispiel diene der Titel des IV. Buches von *Zettels Traum: Die Geste des Großen Pun*. Das läßt sich lesen als »Die Gäste des Großen Pan«, aber auch als »The jests of the great pun« (Die Taten des großen Wortspiels), des weiteren als »Die Späße der großen Feder« und als »Die Gesten des großen Herrn Penis« (je nachdem, welche deutschen, französischen und englischen Klänge und Bedeutungen man assoziiert oder unterschiebt). Und schließlich wird die Aufmerksamkeit vom Haupttext immer wieder abgelenkt durch die in alle Spalten und auf alle Seiten verstreuten, im Gespräch der Personen oder in freier Assoziation des Erzählers eingeführten Zitate aus der psychoanalytischen Fachliteratur, der deutschen, englischen und französischen Literatur von Johann FISCHART über Lewis CARROLL bis Jules VERNE, aus Opern- und Operettentexten, aus Singspielen und Vaudevilles von Mozart bis Offenbach, aus Bücherkatalogen und Reklametexten; zum Teil sind Herkunft und Funktion der Zitate und Einschiebsel sofort erkennbar, zum Teil aber bleibt ihre Provenienz dunkel und ihre Funktion in der Schwebe. Schwierig bleibt es schließlich, den Grad der Fiktionalität vieler Szenen des Buches richtig einzuschätzen, denn es gibt zwar auf weite Strecken eine »reale« Ebene der Handlung, doch wandelt sich die Szene bisweilen ins Phantastische, ins Träumerische und Gedankenspielerische, und schließlich tauchen in weitgehender Suspendierung von realistischen Zeit- und Raumkategorien vor allem in den Büchern IV und VII die Sirene Ligeia, antike Seegötter, neapolitanische Schiffer und sogar, in seltsamer Vermummung, Edgar Allan Poe selbst auf, der kurz, auf einem zum Walpurgisspuk und grandiosen Panoptikum aller sexuellen Perversionen umgedeuteten Jahrmarkt, mit Pagenstecher und Jacobi konfrontiert wird, um sich dann ebenso schnell, entsetzt von Pagenstechers Deutungen seines Seelenlebens, wieder in Nichts aufzulösen. Auf diesen traumhaften Charakter des ganzen Romans verweist auch der Titel, der nicht nur ironisch auf die 120 000

Notiz-»Zettel« deutet, auf die Schmidt vor und bei der Niederschrift des Buches Einfälle und Stichworte notiert hatte, sondern auch auf die Traumerzählung Zettels, des Webers in SHAKESPEARES *Sommernachtstraum*, anspielt: *»Ich hab' ein äußerst rares Gesicht gehabt! Ich hatt' nen Traum – 's geht über Menschenwitz, zu sagen, was es für ein Traum war«* – dieses Zitat hat Schmidt dem Buch als Motto vorangestellt.

Die ersten Rezensionen und Aufsätze über das Werk, an dem Schmidt – selbst ein hervorragender Kenner und Übersetzer Poes – 1963 zu arbeiten begann und dessen Niederschrift vier Jahre – von 1965 bis Anfang 1969 – dauerte, waren im Grund nur Zeugnisse des tastenden Versuches, sich in dem Labyrinth zurechtzufinden. Schmidt selbst setzte die Schwierigkeit der Lektüre so hoch an, daß er die Meinung äußerte, nur etwa 400 Leser würden das Buch nach vieler Mühe verstehen können. Das ist sicher übertrieben; man kann sogar sagen, daß *Zettels Traum* in vieler Hinsicht leichter zu verstehen ist als etwa James JOYCE' *Finnegans Wake*, zu dem Schmidt mit seinem Buch sicher in Konkurrenz treten wollte. Aber es ist bezeichnend, daß in der Schmidt-Philologie *Zettels Traum* bisher wesentlich weniger intensiv erforscht worden ist als etwa der Erzählungsband *Kühe in Halbtrauer*; die schiere Text-Menge samt endloser Zitatenfülle scheint geradezu lähmend zu wirken sogar auf Schmidt-Fanatiker. Fraglos wird kaum je alles entschlüsselt werden können, was an Bedeutungen und Anspielungen in dem Roman steckt, der von einem System von einander auslösenden, aufeinander verweisenden, leitmotivisch funktionierenden Zitaten durchzogen ist. Das ist die eine, die quasi philologische Seite. Auf der anderen Seite wäre zu untersuchen, ob auch die Gesamtkonstruktion des Buches tragfähig ist, die ja nicht nur bei der ersten, sondern wohl auch noch bei der zweiten und dritten Lektüre nur in Umrissen deutlich wird. Klar ist, daß in manchen Passagen die Handlung auf der Stelle tritt, ja sich bis zum Fadenscheinigen verdünnt, weil die Erörterungen zur Psychographie Poes ganz in den Vordergrund treten; außerdem entsteht im Verlauf des Buches natürlich auch, da viele Passagen stark bekenntnishafte Züge tragen, ein Psychogramm Arno Schmidts, das von der großen Ehrlichkeit des Verfassers, aber auch von seinen Schwächen, Ressentiments, Skurrilitäten und seinen unreflektiert-verhärteten Einstellungen gegenüber vielen Erscheinungen der Gegenwart und gegenüber bestimmten Bevölkerungsgruppen (Hippies, Studenten, Bauern, usw.) zeugt.

Dennoch stieß das Buch, das in Deutschland die literarische Sensation des Jahres 1970 war, auf ein so starkes Interesse, daß die zwangsläufig sehr teure Erstausgabe nach wenigen Monaten vergriffen war und daß ein Berliner Kollektiv von Raubdrucken im Herbst 1970 einen gegenüber der Originalausgabe stark verkleinerten Piratendruck verkaufen konnte. J.Dr.

AUSGABEN: Stg. 1970 – Ffm. [4]1986. – Ffm. 1973 (*Studienausg.* in 8 Einzelheften); ern. 1986.

LITERATUR: K.-H. Kramberg, Rez. (in SZ, 25./26. 4. 1970). – K. Podak u. R. Vollmann, Rez. (in Stuttgarter Zeitung, 8. 8. u. 24. 9. 1970). – H.-B. Moeller, *Perception, Word-Play, and the Printed Page: A. S. and His Poe Novel* (in Books Abroad, Jan. 1971, S. 25–30). – H. Heißenbüttel, *»Zettels Traum« als dickes Buch* (in Text + Kritik, Mai 1971, Nr. 20, S. 15–20). – Horst Denkler, *Das heulende Gelächter des Gehirntiers* (in Basis, 2, 1972, S. 246–259). – J. Drews, *A. S.: »Zettels Traum«, Seite 1(ZT 4). Ein Kommentar* (in BB, Lfg. 9, 1974). – M. Manko, *»Ein Sommernachtstraum« u. »Zettels Traum«. Eine Quellenstudie* (in BB, Lfg. 51–52, 1981). – R. Schweikert, *»Merlin and Vivien«. Zitate aus A. Lord Tennysons »Idyll of the King« in A. S.s »Zettels Traum«* (in BB, Lfg. 58–60, 1982). – K.-E. Bröer, *Die Geburt der 4. Instanz aus dem Geiste der Impotenz. Zur ›Mühdtollogie‹ in »Zettels Traum«* (in BB, Lfg. 58–60, 1982). – M. Schneider, *Das irrealencyclopische Buch der Westernwelt. Zu »Zettels Traum«* (in BB, Lfg. 64, 1982). – D. H. Stündel, *A. S. »Zettels Traum«*, Ffm. [2]1984. – F. Rathjen, *Zettels Titel* (in BB, Lfg. 137, 1989). – F. Rathjen, *»Ödingen den so = &= sovieltn«. Wann spielt »Zettels Traum«?* (in Zettelkasten, 6, 1988, S. 141–171). – A. Dunker, *ZT 1132 »Cunnyng is great...«* (in BB, Lfg. 100, 1986). – E.-D. Steinwender, *»ICH bin doch bloß KLEINDOWI!« Versuch über »Zettels Traum«* (in BB, Lfg. 145, 1990).

BOTHO STRAUSS

* 2.12.1944 Naumburg / Saale

LITERATUR ZUM AUTOR:
B. S. Symposium 9. 2. 1981–5. 4. 1981. Dokumentatieboek, Amsterdam 1981. – *B. S.*, Hg. H. L. Arnold, Mchn. 1984 (Text + Kritik). – L. A. Adelson, *Crisis of Subjectivity. B. S.' Challenge to West German Prose in the 1970's*, Amsterdam 1984. – H. Wolfschütz, *B. S.* (in KLG, 19. Nlg., 1985). – H. Herwig, *Verwünschte Beziehungen, verwebte Bezüge. Zerfall u. Verwandlung des Dialogs bei B. S.*, Tübingen 1986. – M. Sandhack, *Jenseits des Rätsels. Versuch einer Spurensicherung im dramatischen Werk von B. S.*, Ffm. u. a. 1986. – *S. lesen*, Hg. M. Radix, Mchn. 1987. – U. Kapitza, *Bewußtseinsspiele. Drama u. Dramaturgie bei B. S.*, Ffm. u. a. 1987. – V. Plümer, *Zur Entwicklung u. Dramaturgie der Dramen von B. S.*, Ffm. u. a. 1987. – L. A. Adelson, *Der arme Mann und »diese solidarischen Löcher«. Zu Begriff und Funktion von Weiblichkeit*

bei B.S. (in *Weiblichkeit und Avantgarde*, Hg. I. Stephan u. S. Weigel, Hbg. 1987, S. 165–186).

GROSS UND KLEIN. Szenen

Schauspiel in zehn Szenen von Botho STRAUSS, Uraufführung: Berlin, 8. 12. 1978, Schaubühne am Halleschen Ufer. – Das vierte und bis dahin erfolgreichste Theaterstück des für seine melancholisch-bizarren Bestandsaufnahmen der bundesdeutschen Mittelstandsgesellschaft in den siebziger und achtziger Jahren gerühmten Autors stellt sich als lose gefügtes Stationsdrama dar, das in einem durch die Hauptfigur zusammengehaltenen Bilderbogen aus satirischen Schnappschüssen und szenischen Mosaiken eine *»Höllenfahrt durch den BRD-Alltag«* (M. Schneider) unternimmt. Das Stück, das in der Tradition ČECHOVS und STRINDBERGS steht, fand bei Kritik und Publikum eine begeisterte Aufnahme: *»Zum ersten Mal – ich hoffe, nicht zu übertreiben – ist hier die Apparatur unserer gegenwärtigen Zivilisation in ein lückenloses System von Theaterzeichen übersetzt worden«* (R. Baumgart).
Die in Scheidung lebende arbeitslose Graphikerin Lotte aus Remscheid-Lennep, Mitte dreißig, ökonomisch abhängig und *»äußerst frei«*, streift auf der Suche nach ihrem Mann, dem Journalisten Paul, durch die Ödnis der bundesdeutschen Beton-, Verwaltungs-, Konsum- und Freizeitkultur. Von Marokko bis Sylt, vom frustrierenden Pauschalurlaub bis zur unerbittlich-trostlosen Geschäftswelt, von der massiv gestörten Familienidylle im Garten bis zur möglichst störungsfrei eingerichteten Wohngemeinschaft *(»Im Prinzip kommt hier jedes Zimmer alleine zurecht«)* reicht der weite Gesellschaftsausschnitte umfassende szenische Bilderreigen. Der Eingang eines Wohnsilos kann ebenso zum Schauplatz des Geschehens werden wie eine Telefonzelle, eine Bushaltestelle, ein Büro oder ein Wartezimmer. Die seelenlos-kleinmütigen Gegenwartsmenschen haben sich in der daseinsvergessenen modernen Zivilisation recht und schlecht eingerichtet und leben meist ein in betäubender Isolation (Alkohol, Morphium, Fernsehen) dahintaumelndes Pseudo-Leben *(»Glaubeliebehoffnung? – Nein!«)*. Nur noch Randgruppen, hier ein türkischer Arbeiter, versuchen zu rebellieren, allerdings eher blind aggressiv und politisch ohne jede Perspektive. In jedem neuen Bild gerät die erlösungssüchtige, überall fremde und aus der *»habituellen Diskursordnung«* (H. Herwig) herausgefallene Lotte *(»Der Mensch verliert das Bild vom Menschen«)* in eine bereits fertige, geschlossene Situation, und jedesmal versucht sie in ihrem *»verzweifelten Altruismus«* (H. Wolfschütz), sich an die jeweils geltenden Spielregeln zu halten und sich anzupassen. *»Immer wieder sehen wir sie bei Kontaktversuchen mit jeweils unerreichbaren Mitbürgern«* (M. Schneider), so etwa – durch die Sprechanlage eines Mietshauses – mit ihrer nun an den Rollstuhl gebundenen Jugendfreundin Meggy. Lotte möchte gern so nützlich und problemfrei funktionieren wie alle anderen, dabei aber zugleich auch gut und freundlich bleiben. Ihre Suche nach dem Menschen im emphatischen Sinn des Wortes wirkt inmitten einer kalten und herzlosen »Plastik-Umwelt« wie ein Anachronismus; Lottes vom *»Glauben an das Gute im Menschen«* getragene Barmherzigkeit, *»ihre unbeirrbare, sture Menschenfreundlichkeit und Mitleidsneigung«* (R. Baumgart), erscheint den anderen Figuren nur als ein unangebrachter und altmodischer *»sozialer Tick«*. In einer von Entfremdung und Vereisung gezeichneten Welt, in der die Beziehungslosigkeit der Menschen *»zu einer chronischen Kontaktsperre gesteigert«* (M. Schneider) erscheint, bleibt der zur tragikomischen Stadtstreicherin herabsinkende *»eklige Engel«*, der sich einmal als einer der im Alten Testament erwähnten sechsunddreißig Gerechten bezeichnet, unglücklich und orientierungslos *(»In den siebziger Jahren finde sich einer zurecht«)*. Allerdings ist es *»nicht nur die Eiseskälte der anderen, es ist auch ihre eigene Idiosynkrasie und Frustrationsintoleranz gegen das Elend, die ihre Kontaktversuche sogleich wieder abreißen lassen«* (M. Schneider). Am Ende befindet sich Lotte im aseptisch-kühlen Wartezimmer eines Internisten, der sie als letzte auf der Warteliste schlicht und einfach vergessen hat. *»Im Damaskus-Weg der zehn Szenen haben sich in Lottes Gestalt die Krankheitssymptome der modernen Welt eingegraben, aber sie werden von dieser nicht erkannt, sie sind ärztlich nicht diagnostizierbar«* (H.-P. Bayerdörfer). Lottes Leiden ist nicht zu heilen. *»Mir fehlt ja nichts«*, lautet ihre abschließende Selbstdiagnose.
Der Titel des Dramas meint im Kontext des auftretenden Personals *»die Erwachsenen und die Kinder, die alten und die jungen Paare, die großen und die kleinen Leiden, die großen (politischen) Entscheidungen und die kleinen (privaten) Folgen, die Inländer und die Ausländer, die Herrschenden und die Unterdrückten, die großen Erwartungen (Lottes) und die kleinen Erfüllungen (Meggys)«* (H. Herwig). Lottes Weg führt von einer Niederlage zur anderen. Je mehr sich die Abweisungen und Verletzungen häufen, desto verzweifelter und grotesker wird Lottes Selbstüberhöhung. Die Frau, *»die unter lauter Frierenden, Würgenden, die Zähne Zusammenbeißenden immer neue Redeversuche unternimmt«* (R. Baumgart), erscheint letztlich als eine ins Mystisch-Religiöse stilisierte tragikomische *»Gegenbildfigur«* (D. Kafitz), und nicht erst ihre Selbstpräsentation als alttestamentliche Prophetin stellt sie *»in die literarisch-mythische Tradition der Seher- und Gründerfiguren«* (H. Herwig). Die von Bibel- und Kierkegaard-Zitaten (sogar ein Gitarrenspieler namens Sören tritt auf) durchsetzte Rede der Protagonistin – welche in ihrer Hilflosigkeit und Überanpassung immer auch als eine Art *»weiblicher Kaspar Hauser«* (H. Herwig) erscheint – macht die Totalität von Entfremdung und Selbstentfremdung des modernen Menschen transparent. K.Hü.

AUSGABEN: Mchn. 1978. – Ffm. 1980 (in *Spectaculum*, Bd. 33). – Mchn. 1980 (zus. mit *Trilogie des Wiedersehens*; dtv); ern. 1985.

VERFILMUNG: BRD 1980 (Regie: P. Stein).

LITERATUR: G. Hensel, Rez. (in FAZ, 11. 12. 1978). – P. Iden, Rez. (in FRs, 12. 12. 1978). – K. Niehoff, Rez. (in SZ, 13. 12. 1978). – R. Baumgart, Rez. (in Die Zeit, 15. 12. 1978). – H. Karasek, Rez. (in Der Spiegel, 18. 12. 1978). – P. v. Becker, Rez. (in Theater heute, 1979, H. 1, S. 4–10). – S. Wirsing, Rez. (in FAZ, 20. 2. 1979). – H. Schödel, Rez. (in Die Zeit, 2. 3. 1979). – D. Kafiz, *Die Problematisierung des individualistischen Menschenbildes im deutschsprachigen Drama der Gegenwart* (in Basis, 10, 1980, S. 93–126). – M. Schneider, *Den Kopf verkehrt aufgesetzt oder Die melancholische Linke*, Darmstadt/Neuwied 1981, S. 234–259; SLu. – H.-P. Bayerdörfer, *Raumproportionen* (in *Studien zur Dramatik in der Bundesrepublik*, Hg. G. Kluge, Amsterdam 1983, S. 31–68). – E. Emrich, *»Der Mensch verliert das Bild vom Menschen«. Wahnsinn u. Gesellschaft in B. S.' »Groß und klein«* (in Sprache im technischen Zeitalter, 1983, H. 87, S. 225–241). – H. Herwig, *»Ich selbst bin ein wieder runterkletternder Kletterstrauch«. Interpretationsvorschläge zu »Groß und klein« von B. S.* (in DU, 1984, H. 3, S. 41–50). – A. v. Bormann, *»Groß und klein«. Existentialismus ohne Subjekt?* (in *Literarische Tradition heute. Deutschsprachige Gegenwartsliteratur in ihrem Verhältnis zur Tradition*, Hg. G. Labroisse u. G. P. Knapp, Amsterdam 1988, S. 201–224).

DER JUNGE MANN

Roman von Botho STRAUSS, erschienen 1984. – In Fortführung der poetologischen Reflexionen seines Prosatextes *Paare Passanten* entwirft Strauß in seinem bislang umfangreichsten Prosawerk eine im Sinne der frühromantischen Poetik bizarr verrätselte, phantastische Welt. Bereits die Einleitung zu diesem Buch, das mit den Worten *»Allegorien. Initiationsgeschichten. RomantischerReflexionsRoman«* umschrieben wird, beschwört ein Erzählen, das *»Schaltkreise«* zwischen dem Einst und dem Jetzt schließen und die Einheit *»von Tag und Traum, von adlergleichem Sachverstand und gefügigem Schlafwandel«* herstellen soll. *»Die in der Einleitung sichtbar werdende poetologische Anknüpfung des Erzählers an die Frühromantik wird auf subtile Weise selbst problematisiert und konstruiert so die Widersprüchlichkeit des gesamten Romans auch in seinem Verhältnis zur literarischen Tradition«* (R. Jost).

Held der durchaus realistisch erzählten Rahmengeschichte ist Leon Pracht, der sich als junger Mann gegen den Willen seines Vaters für das Theater entscheidet und fünfzehn Jahre später desillusioniert in den Zwängen der Gewöhnlichkeit endet. Innerhalb dieses Romans entfaltet sich ein nur locker gefügtes Panoptikum von Tableaus und Episoden mit einer Vielzahl literarischer Anspielungen: Märchen, Allegorien, Fabeln, Parodien und essayistische Passagen stehen oft unvermittelt nebeneinander. Leon Pracht, *»ein Held, der sich stets abhanden kommt, und so um so tiefer in alles verwickelt wird«* (G. Stadelmaier), der sich ständig verwandelt und in die Haut fremder Personen schlüpft, ein *»aus vielen Menschen gemischter«*, auch mit *»weiblichem Wissen«* ausgestatteter *»bedrohter Einzelgänger«*, begibt sich auf eine ungewöhnliche Reise durch sich selbst, durch die äußere Welt und durch die Welt der Träume.

Nach der Trennung von seinem Vater, einem die Mythen und Sekten der Antike studierenden Religionshistoriker, versucht sich Leon Pracht im ersten Kapitel *(Die Straße)* zunächst im Freiburg des Jahres 1969 und dann in Köln an einer Inszenierung von Genets *Die Zofen*. Er scheitert vor allem an den Eigenwilligkeiten der für die Rolle der Zofen vorgesehenen Schauspielerinnen, der beiden *»peitschenschwingenden Initiationswärterinnen«*, denen er sein Künstlertum nicht so verdeutlichen kann, daß seine Eingriffe ins *»mehrzeitige Gefüge«* des Stückes akzeptiert werden. Im zweiten Kapitel *(Der Wald)* wechselt die Erzählperspektive vom Regisseur zu einer jungen Bankkauffrau, die sich in einer plötzlich hereinbrechenden *»anderen Wirklichkeit«* verirrt hat, in welcher die *»Wildnis von gleicher Zeit«* herrscht. In dieser geheimnisvoll-erotisierten Märchenwelt begegnet ihr eine *»träge Menschenschlange«*, die sich selbst auffrißt und deren Haupt sich schließlich spaltet; sie gelangt zu einem kaufhausartigen *»Turm der Deutschen«*, wo sie ein Ungetüm aus Männerstirn und Fischmaul trifft, das sich als *»das Wesen aller Deutschen«* vorstellt, und sie kehrt auf qualvollen Umwegen zurück in die vertraute Alltagswelt – ein traumhaftes Vexierspiel mit unerwarteten Verwandlungen. Im dritten Kapitel *(Die Siedlung)* erlebt man Leon Pracht als jungen Soziologen, der zusammen mit seiner *»scheuen Gefährtin«* Ines das in einem Reservat bei Köln lebende Volk der Synkreas beobachtet. Diese aus verschiedenen Ländern kommenden *»kreativen Synthetiker«*, eine friedliche, vom Streben nach allseitiger Harmonie gekennzeichnete Gemeinschaft von Aussteigern aus den Zwängen der westlichen Industriegesellschaften, erscheinen dem für die Lebensweise und die erotischen Spannungen dieser Menschengruppe zeitweise selbst anfälligen Leon letztlich als *»gesellschaftslos«*. Im umfangreichen vierten Kapitel *(Die Terrasse)* diskutiert Leon im Kreise Gleichaltriger über Grundsatzfragen von Mensch, Natur und Gesellschaft, wobei nach Art eines Novellenkranzes selbsterlebte Episoden und Geschichten eingeflochten werden. Nachdem ein Unwetter die Atmosphäre gereinigt hat, irrt Leon allein durch einen märchenhaft-bizarren Park und dann durch eine merkwürdige Großstadt, bis er in einen Wald gelangt, wo das Mädchen Yossica auf ihn wartet. Im letzten Kapitel *(Der Turm)* leben Leon und Yossica zusammen, er ein 37jähriger ambitionsloser Archivleiter, sie um eine Karriere als Liedermacherin bemüht. Sie suchen Leons früheren Lehrer auf, den bekannten Regisseur und Komiker Ossia, welcher im Tower-Bellevue, dem *»Meisterwerk einer postmodernen Hotel-Architektur«*, als letzter *»Ritter vom Heiligen Orden des Indi-*

viduums« in einer tiefen künstlerischen Krise steckt. Leon lehnt es ab, Ossia bei seinem Filmprojekt zu unterstützen *(»Ossia, laß endlich den Episodenkram! Du mußt wieder zu einer großen, bündigen Geschichte finden«)*, und geht hinaus ins Offene, glücklich, *»dem trügerischen Licht und der schalen Kühle des Turms«* entkommen zu sein.

Die poetische Spannung des Buches wird erzeugt durch *»die ständige Variation des Möglichen«* (F.J. Raddatz), durch das Prinzip der immerwährenden und nach allen Seiten hin offenen Verwandlung, welches *»geschichtete Augenblicke«* zu gestalten erlaubt. Die ironisch kommentierte Wegsuche des Protagonisten, die partienweise an *Wilhelm Meister, Parzival, Hamlet, Don Quixote* und andere Werke der Weltliteratur erinnern mag, mündet stets in Desillusionierung. Daß diese Erzählbewegung episodenhaft und fragmentarisch bleibt und demnach als das *»schillernde, funkelnde Kaleidoskop aufklärungssatter Benommenheit«* (J. Kaiser) erscheinen kann – diese von vielen Rezensenten kritisierte Tatsache hat Botho Strauß in seinem sprachlich virtuosen Text selbstironisch kommentiert und damit zum Gegenstand der textimmanenten poetologischen Diskussion gemacht. Das heterogene Romangefüge hat das zersplitterte Gegenwartsbewußtsein zum Thema und reproduziert es zugleich in seiner künstlerischen Form. K.Hü.

AUSGABEN: Mchn. 1984. – Mchn. 1987 (dtv).

LITERATUR: G. Stadelmaier, Rez. (in Stuttgarter Ztg., 11. 8. 1984). – C. Fetscher, Rez. (in Der Spiegel, 13. 8. 1984). – F. J. Raddatz, Rez. (in Die Zeit, 24. 8. 1984). – J. Kaiser, Rez. (in SZ, 22./23. 9. 1984). – M. W. Lüdke, Rez. (in FAZ, 8. 10. 1984). – M. Reich-Ranicki, Rez. (in FAZ, 1. 12. 1984). – R. Jost, *B. S.' »regressive Universalpoesie«* (in *Im Dialog mit der Moderne*, Hg. R. Jost u. H. Schmidt-Bergmann, Ffm. 1986, S. 481–500). – F. Wefelmeyer, *B. S.' »Der junge Mann« u. die Literaturkritik. Überlegungen u. zwei fromme Wünsche* (in Literaturmagazin, 1986, Nr. 17, S. 51–70). – H. M. Müller, *Transformation romantischer Traditionsquellen im »Jungen Mann«* (in *Literarische Tradition heute. Deutschsprachige Gegenwartsliteratur in ihrem Verhältnis zur Tradition*, Hg. G. Labroisse u. G. P. Knapp, Amsterdam 1988, S. 181–199).

PAARE, PASSANTEN

Prosaband von Botho STRAUSS, erschienen 1981. – Wie das im gleichen Jahr veröffentlichte Theaterstück *Kalldewey, Farce* ist auch dieser Band, konzipiert als eine in sechs Teile gegliederte Montage von Prosablöcken fragmentarisch-flüchtigen Charakters, geprägt von dem für Strauß zentralen Thema des *»menschenlosen Menschen«* inmitten einer desolaten Freizeit- und Konsumgesellschaft, in der *»das Unverhoffte und die autonome Handlung«* nicht mehr möglich ist. Die *»alles durchdringende Kraft des Heterogenen«* (K. Modick) ist das wesentliche Charakteristikum dieses von einem beobachtenden, reflektierenden und kommentierenden Ich-Erzähler zusammengehaltenen Textes, der in flanierenden Schreib- und Denkbewegungen ein düsteres Panorama bundesdeutscher Seelenlagen zeichnet.

»Außer den Kräften der Ausbeutung und der Angst scheinen nur noch die der Nachlässigkeit und des Desinteresses die Verhältnisse der Menschen untereinander zu regeln.« Der mit einem soziologischen Röntgenblick ausgestattete intellektuelle Ich-Erzähler setzt sich vom heillos-lächerlichen *»Beziehungsmarkt«* der vergeblich ihre sogenannte Identität suchenden Paare und Passanten ab *(»Verfluchte Passanten-Welt!«)* und verteidigt den mitleidlos konstatierten und mit Verve kritisierten Zeiterscheinungen gegenüber die ästhetische und moralische Integrität und Autorität des neuzeitlichen Individuums. *»Aus solcher Perspektive reduzieren sich die Objekte der Beobachtung – die Gegenwartsmenschen – zu Chiffren des Verlusts (von Natur, Geschichte, Liebe, Sprache, Gemeinschaft) und zu Marionetten eines alles beherrschenden Netzes von Formen und Regeln«* (H. Wolfschütz). In der *»gottverdammten Fick- und Ex-Gesellschaft«* der Gegenwart bestehe das wirkliche Elend darin, *»daß sich das wirkliche Elend nicht Luft machen kann«*. Liebesbeziehungen würden von den allzeit bereiten *»Gegenwartsfreaks«* nur noch als domestizierte, von den Schaudern wahrer Erotik meilenweit entfernte Beliebigkeiten erfahren *(»Die Angst gehört den Atomkraftwerken. Keiner ist mehr gezwungen, sie an ihrer geschlechtlichen Quelle selbst zu ertragen. Und vielen scheint es zu gelingen, die Angst zu provinzialisieren, umzulagern. Allein das Wort Beziehungen immer wieder zu hören, wirkt sich handschweißhemmend aus«)*. Dem nur scheinbar freien, in Wahrheit jedoch selbstvergessenen Lebenswandel der meist mittelständischen, untereinander vielseitig vernetzten und ständig psycho-sozial ent- und versorgten Gegenwartsmenschen *(»am liebsten die permanente Diskussion, um sich vor Glück, Unglück und anderen Unbegreiflichkeiten zu schützen«)* stellt der Erzähler, wie vor allem in seinen Überlegungen zu Nagashi Oshimas Film *Im Reich der Sinne* deutlich wird, ein von der Gewalt des Eros und des Thanatos ekstatisch bewegtes Daseinserleben gegenüber. Im Sinne des u. a. von Charles BAUDELAIRE, Stéphane MALLARMÉ, Ernst JÜNGER, Walter BENJAMIN, Ernst BLOCH und Theodor W. ADORNO entwickelten Gegenwartsverständnisses der künstlerischen und philosophischen Moderne erscheint das Ganze der Gesellschaft als ein aus zusammenhanglosen und kurzlebigen Impressionen zusammengewürfeltes Trümmerfeld, dessen innere Beschaffenheit nur am Bruchstück jäh aufblitzt *(»Das Falsche ist gleich gut verteilt«)*. Die vor allem im dritten Teil des Textes *(Schrieb)* diskutierte Frage nach einer der postmodernen Gegenwart angemessenen Haltung des Schriftstellers *(»Eine kulturelle Egalität, die jedem Ding gleichen Erscheinungswert zubilligt, ist die Wüste des Bewußtseins: und sie wächst, sie drängt an den Rand des Idiotismus: wie weit ist denn die Welt zwi-*

schen Ezra Pound und Wim Thoelke?«) wird u. a. mit einer Absage an das dialektische Denken *(»Ohne Dialektik denken wir auf Anhieb dümmer; aber es muß sein: ohne sie!«)* und einem Plädoyer für die *»hymnische Schönheit«* beantwortet.

Der subtile Beobachter und virtuose Sprachartist Botho Strauß versucht in diesem aus Augenblicksbildern und Gedankensplittern komponierten Prosatext – *»Magnetfelder aus Wortgebilden, deren Anordnung sich konturiert durch die Ausstrahlung ihrer Kerne«* (K. Modick) – dem zunehmenden Gedächtnisverlust und der fortschreitenden Bewußtseinsverödung einer durch und durch entfremdeten Kultur, die das Individuum im emphatischen Sinne des Wortes außer Kraft gesetzt haben, einen radikal kritischen literarisch-intellektuellen Spiegel vorzuhalten. Die in überwiegend weihevollem, festlichhehrem Ton vorgebrachte kulturpessimistische Gegenwartsanalyse wurde bald zu einer Art *»Kultbuch der liberalen und linksliberalen Feuilletons«* und zum *»kulturkritischen Almanach für skeptische Bildungsbürger«* (M. Schneider). K.Hü.

AUSGABEN: Mchn. 1981. – Mchn. 1984 (dtv). – Bln./Weimar 1989 [zus. m. *Niemand anderes*].

LITERATUR: R. Baumgart, Rez. (in Die Zeit, 25. 9. 1981). – G. Blöcker, Rez. (in FAZ, 26. 9. 1981). – J. Kaiser, Rez. (in SZ, 14. 10. 1981). – R. Goetz, Rez. (in Der Spiegel, 19. 10. 1981). – H. Olles, *B. S.: »Paare, Passanten«* (in NDH, 1982, H. 2, S. 372–374). – L. A. Adelson, *B. S. Pays Tribute to the Bomb: On »Paare, Passanten« and Collective Survival* (in GQ, 1984, Nr. 2, S. 250–268). – M. Schneider, *Ein neuer Festredner am Grand Hotel Abgrund* (in FH, 1984, H. 4, S. 53–60; ern. in M. S., *Nur tote Fische schwimmen mit dem Strom*, Köln 1984, S. 169–188). – K. Modick, *Das Fragment als Methode* (in *B. S.*, Hg. H. L. Arnold, Mchn. 1984, S. 72–79). – L. A. Adelson, *The Bomb and I. Peter Sloterdijk (»Kritik der zynischen Vernunft«), B. S. (»Paare, Passanten«) u. Christa Wolf (»Kassandra«)* (in MDU, 78, 1986/87, S. 500–513). – Th. Anz, *Modern, postmodern? B. S.' »Paare, Passanten«* (in GQ, 1990, Nr. 3/4, S. 404–411).

TRILOGIE DES WIEDERSEHENS

Stück in drei Teilen von Botho STRAUSS, Uraufführung: Hamburg, 18. 5. 1977, Deutsches Schauspielhaus. – In seinem nach *Die Hypochonder* (1972) und *Bekannte Gesichter, gemischte Gefühle* (1974) dritten Theaterstück entwickelt Strauß die für sein bisheriges Gesamtwerk charakteristische *»Ästhetik des Verlustes«* (H. Schödel) weiter. Alle auf der Bühne vorgeführten Beziehungen *»befinden sich in einem flüchtigen, sozusagen gasförmigen Aggregatzustand, aber nicht aufgrund zu starker Erhitzung, sondern infolge mangelnder Temperaturen, infolge Unterkühlung«* (M. Schneider). Die erinnerungsvolle Isolation der einzelnen und die diffuse Unübersichtlichkeit ihrer Bewegungen werden in kurzen Momentaufnahmen und an den Film erinnernden, die szenischen Ausschnitte wechselseitig erhellenden *»Blenden«* episodenartig veranschaulicht. Das nicht auf realistische, sondern auf spielerisch-unspektakuläre Weise gesellschaftskritische Drama, das – vermehrt um surreal-absurde Elemente – die Tradition des bürgerlichen Konversationsstücks der Jahrhundertwende wiederzubeleben sucht, gilt als moderne Variante der vom Autor 1974 dramaturgisch bearbeiteten *Sommergäste* von Maksim GOR'KIJ (1904).

Schauplatz des im Sommer 1975 spielenden Dramas sind die Ausstellungsräume eines Kunstvereins, wo sechzehn Personen zu einer Vorbesichtigung der Gemäldeausstellung *»Kapitalistischer Realismus«* zusammentreffen. In *»kleiner Gesellschaft«* gibt die redselige 42jährige Susanne *(»Wißbegierig gleichgültig, erstaunt erschöpft, nachdenklich dumm«)* in einem bruchstückhaft-andeutenden »dialogischen Monolog« mit Moritz ihrem Gefühl Ausdruck, in einer tiefen persönlichen Krise zu stecken *(»Wenn ich in den Spiegel sehe, so finde ich nichts, was nicht auch in tausend anderen Gesichtern zu finden ist«)*. Der zerstreut und ratlos wirkende 37jährige Moritz, Direktor des Kunstvereins und langjähriger Freund Susannes, erzählt ihr vom privaten, durchgehend krisenhaft-gebrochenen Schicksal der anderen Gäste. Die Kunst ist hier nur noch ein Anlaß, um sich zu treffen; man bedarf ihrer, weil man sich selbst nicht mehr unmittelbar-authentisch darstellen kann (Richard: *»Sie sehen es ja, ich kann Ihnen nicht einmal erzählen, was mir auf den Nägeln brennt«*). Alle Bühnenfiguren leiden an ihrer Sehnsucht nach Glück (Johanna: *»Und wenn wir die Sehnsucht nicht litten –«* Marlies: *»So würden wir überhaupt gar nichts mehr tun«*), sind jedoch unfähig, den Anderen auch nur wahrzunehmen. Die Gegenwart empfindet man als *»ewig unentschieden«*. Die existentielle Verstörtheit aller Personen und die unaufmerksame Beiläufigkeit ihres Geredes wird in kleinen Gesten, Floskeln und Attitüden vor Augen geführt. Alle Anwesenden leben ein Leben aus zweiter Hand; ihre Haltungen und ihre poetisch-gezierte Sprache sind durch und durch künstlich. Obwohl es zu diversen verbalen Auseinandersetzungen kommt, fühlt sich *»niemand Bestimmtes«* wirklich berührt. Die Flucht aus dieser geschlossenen Gesellschaft, die Ruth und Moritz versuchen, ist ohne Perspektive und endet in kläglicher Banalität. Spektakuläres geschieht nicht: *»Der seelische Alltag setzt sich durch«* (H.-P. Bayerdörfer). Aus gekränkter Eitelkeit hat Kiepert dafür gesorgt, daß die Ausstellung in der von Moritz gewünschten Form verboten wird. Man äußert sich zwar im Sinne einer Verteidigung der Freiheit der Kunst, ist sich aber uneins und letztlich zu Kompromissen und Rückziehern bereit: Berufs-, Ehe- und Freundschaftsbeziehungen der Anwesenden interessieren weit mehr als die Zensur. Moritz beginnt schließlich damit, die Bilder der Ausstellung abzuhängen und zu verpacken, so daß Kiepert am Ende die »bereinigte« Ausstellung besichtigen kann. Der Zusammenhang zwischen Kapital,

Kunst und Künstlichkeit der Rezipienten wird lediglich beiläufig angedeutet. Grundlegend für Struktur und Konfliktgestaltung ist vielmehr die *»Konzeption eines ewigen Näherkommens und Sich-Entfernens der dramatis personae«* (K. Kazubko). Die in vielerlei Hinsicht zerrütteten und von der Erfahrung unwiederbringlichen Verlusts geprägten zwischenmenschlichen Beziehungen, denen der Autor bis in die feinsten seelischen Verästelungen nachgeht, sind der eigentliche Gegenstand der Ausstellung und des Stückes. Alle Anwesenden sind *»Rücken an Rücken Vereinte«*, die ständig auf der Flucht voreinander sind und sich doch nicht trennen können. Ihre unwirklich-flüchtigen Begegnungen erscheinen durchweg belastet von einem allgegenwärtigen Lebensgefühl der Verlassenheit und des Unverstanden-Seins, das für Überraschungen oder Veränderungen kaum noch zugänglich ist und in Bildern voller ironisch gebrochener Sentimentalität und Melancholie vorgeführt wird.

K.Hü.

AUSGABEN: Mchn. 1976. – Velber 1976 (in Theater heute, 1976, Jahres-Sonderh.). – Ffm. 1978 (in *Spectaculum*, Bd. 28). – Stg. 1978 (Nachw. B. Henrichs; RUB). – Mchn. 1980 (zus. mit *Groß und klein*; ern. 1985; dtv).

VERFILMUNG: BRD 1979 (Regie: P. Stein).

LITERATUR: M. Lang, Rez. (in FRs, 23. 5. 1977). – H. Karasek, Rez. (in Der Spiegel, 23. 5. 1977). – R. Michaelis, Rez. (in Die Zeit, 27. 5. 1977; ern. in *Spectaculum*, Bd. 33, Ffm. 1978, S. 340–344). – G. Hensel, Rez. (in FAZ, 13. 6. 1977). – P. v. Becker, Rez. (in SZ, 14. 6. 1977). – P. Iden, Rez. (in FRs, 14. 6. 1977). – H. Schödel, Rez. (in Theater heute, 1977, H. 7, S. 31–36). – H. Bleydl, Rez. (in NDH, 1978, S. 361–363). – M. Schneider, *B. S., das bürgerliche Feuilleton u. der Kultus des Verfalls* (in M. S., *Den Kopf verkehrt aufgesetzt oder Die melancholische Linke*, Darmstadt/Neuwied 1981, S. 234–259; SLu). – W. Buddeke u. H. Fuhrmann, *B. S.: »Trilogie des Wiedersehens«* (in W. B. u. H. F., *Das deutschsprachige Drama seit 1945*, Mchn. 1981, S. 401–410). – H. Denkler, *B. S.: »Trilogie des Wiedersehens«* (in *Deutsche Dramen. Interpretationen*, Hg. H. Müller-Michaelis, Bd. 2, Königstein/Ts. 1981, S. 220–235). – W. Keller, *Dramaturgie der »gemischten Gefühle«. Anmerkungen zur »Trilogie des Wiedersehens« von B. S.* (in *Drama und Theater im 20. Jh. Fs. W. Hinck*, Hg. H. D. Irmscher u. W. Keller, Göttingen 1983, S. 402–418). – G. Szarszewska-Kühl, *Zeitdokument im Gesprächston. B. S.' »Trilogie des Wiedersehens«* (in Zs. f. Germanistik, 1984, H. 4, S. 428–444). – E. Grohotolsky, *B. S.: »Trilogie des Wiedersehens« oder: die Bilder einer Ausstellung; das Kunstwerk als »urteilsloses Urteil«* (in E. G., *Ästhetik der Negation – Tendenzen des deutschen Gegenwartsdramas*, Königstein/Ts. 1984, S. 72–79). – K. Kazubko, *Der alltägliche Wahnsinn* (in Text + Kritik, H. 81, 1984, S. 20–30). – B. Greiner, *Dramatik der Zeichen. B. S., »Trilogie des Wiedersehens«* (in Text & Kontext, 13, 1985, S. 158–176).

ERWIN STRITTMATTER

* 14.8.1912 Spremberg / Niederlausitz
† 31.1.1994 Dollgow / Brandenburg

LITERATUR ZUM AUTOR: *E. S.*, Hg. G. Albrecht u. P. G. Krohn, Bln. 1961. – R. Rindfleisch, *E. S.* (in *Literatur der Dt. Demokratischen Republik*, Hg. H. J. Geerdts, Bln./DDR 1976, S. 216–241). – *E. S. Analysen, Erörterungen, Gespräche*, Red. R. Hillich u. R. Krolop, Bln./DDR 1977. – F. Meyer-Gosau, *E. S.* (in KLG, 35. Nlg., 1990).

OLE BIENKOPP

Roman von Erwin STRITTMATTER, erschienen 1963. – Die Bodenreform des Jahres 1945 in der damaligen SBZ (Sowjetische Besatzungszone) brachte eine gerechtere Landverteilung, warf für die Landwirtschaft aber schwerwiegende Problem auf. Den zahlreichen Neubauern mangelte es an Erfahrungen in der landwirtschaftlichen Praxis, an Gebäuden, Vieh und Maschinen. In dem fiktiven DDR-Dorf Blumenau ergreift Ole Hansen, genannt Bienkopp, die Initiative und gründet die Bauerngenossenschaft »Blühendes Feld«. Gegner dieses Prototyps der späteren LPG (Landwirtschaftliche Produktionsgenossenschaft) sind der Sägemüller Ramsch, der Altbauer Serno, der Förster Flunker und die Vertreter der Partei, Kreisparteisekretär Wunschgetreu und Bürgermeister Frieda Simson: *»Es ist zu verzeichnen, daß der Genosse Hansen unerlaubt Institutionen hinter dem Rücken der Partei aufzieht.«* Als erster wird der pietistische Frömmler Weichelt Anhänger Bienkopps, andere Dorfbewohner folgen: Stierhalter Jan Bullert, Dorfschneider Mampe-Bitter, Gastwirt Mischer, Konsumverkäuferin Danke, Maurer Kelle, Friseur Schaber. In einem ländlichen Bilderbogen wird die Kollektivierung eines mitteldeutschen Dorfes vorgeführt. Altkommunist und Parteisekretär Anton Dürr, Bienkopps Freund, wird von dem englisch radebrechenden Sägemüller Ramsch heimtückisch umgebracht. Serno, streng, verschlagen, kirchengläubig, versucht seine Leute mit Hilfe von Wurst und Speck zusammenzuhalten. Bienkopp organisiert für die Genossenschaft Saatkartoffeln und baut eine Hühner- und Entenzucht auf. Als 1960 auch die Partei die Kollektivierung der Landwirtschaft fordert und durchsetzt, ist Bienkopps Eifer gerechtfertigt. Jetzt aber kämpfen die Funktionäre als seine Freunde gegen ihn: Sie schlachten die Enten wegen des Ablieferungssolls und schicken schwedische Importkühe im Winter in den »Offenstall«, wo sie ohne Futter erfrieren müssen. Bienkopp macht man am Ende dafür verantwortlich – er ist Vorsitzender der LPG – und setzt ihn ab. Er verliert den Verstand und gräbt sich mit einer Schaufel regelrecht zu Tode, weil er einen Bagger ersetzen möchte, der nicht geliefert wurde. *»Eigensinn ohne Eigennutz – dafür gibt's noch kein Wort.«*

Mit der Gestalt des »Wegsuchers« und »Spurmachers« Ole Bienkopp plädiert der Autor für eine undogmatische, vernünftige sozialistische Ordnung. Seine Blumenauer Typen mit den von ihrem Charakter bzw. ihren Berufen abgeleiteten Namen sind Personal einer säkularisierten Märtyrerlegende: Bienkopp muß, standhaft im Glauben an den Sieg des Sozialismus, Prüfungen, private und gesellschaftliche Bewährungsproben bestehen und schließlich den Tode erleiden. Kurzatmige Sätze, die Massierung von Sprichwörtern, Befehlen und Fragen in einem für Strittmatter typischen, eigenartig gedrechselten ländlich-derben Jargon charakterisieren die Erzählweise des Autors: *»Es wird wohl nichts aus uns beiden?« – »Nein, du bist nicht ausgerichtet.« – »Wie das?« – »Ideologisch.« – »Ich geh ins Parteijahr, wenn eins stattfindet.« – »Aber du priemst.« – »Senkt die Waldbrandgefahr.«*

Mit *Ole Bienkopp*, der heute als der DDR-Bauernroman schlechthin gilt, schuf Strittmatter die Figur des sozialistischen *»Selbsthelfers«*, wie er auch in den frühen Theaterstücken Heiner Müllers (*Der Bau*, 1965) auftaucht, der mit seinen subjektiven Bemühungen im Alltag der DDR jedoch scheitert, ähnlich den Protagonisten in Erik Neutschs *Spur der Steine* (1964). Dem offiziösen Anspruch der DDR-Gesellschaft, die Entfaltung des Individuums im Rahmen einer neuen Ordnung zu fördern, wird in den sechziger Jahren auf dem Gebiet der Literatur zunehmend mit Skepsis begegnet. Während der in der DDR heftig diskutierte Roman Kritik von kulturpolitischer Seite (*»Ist die Partei ein Versicherungsunternehmen?«*) auf sich zog, bemängelte das bundesdeutsche Feuilleton die teils holzschnittartige Gestaltungsweise des Werkes und unterstellte ihm fälschlicherweise eine reaktionäre Tendenz, auch deshalb, weil das Genre des Bauernromans im Westen nicht existierte und seine nichtkonservative Tradition, wie sie etwa O. M. Graf oder A. Scharrer begründet hatten, zu dieser Zeit kaum geläufig war. K.Fr.

Ausgaben: Bln./DDR 1963. – Gütersloh 1965. – Bln./Weimar 1966. – Ffm. 1976 (FiBü). – Lpzg. 1989.

Literatur: H. J. Geisthardt, Rez. (in Neues Deutschland, 9. 1. 1964). – S. Brandt, Rez. (in FAZ, 15. 2. 1964). – H.-G. Thalheim, *Zur Entwicklung des epischen Helden u. zum Problem des Menschenbildes in E. S.s »Ole Bienkopp«* (in WB, 10, 1964, H. 2, S. 228–234; H. 4, S. 501–524). – L. u. N. Krenzlin, *Bitterfeld, einige Fragen der Literaturtheorie u. »Ole Bienkopp«* (ebd., H. 7, S. 872–888). – K. H. Haase, *Komisches u. Tragisches in E. S.s »Ole Bienkopp«* (in Neue Dt. Literatur, 1964, H. 3, S. 131–141). – H. Plavius, *Künstlerische Gestaltung der Widersprüche in E. S.s »Ole Bienkopp«* (ebd., H. 4, S. 187–195). – F. J. Raddatz, *Traditionen u. Tendenzen. Materialien zur Literatur der DDR*, Bd. 1, Ffm. 1972, S. 354–368.

DER WUNDERTÄTER

Roman in drei Bänden von Erwin Strittmatter, erschienen 1957–1980. – In seinen Werken beschäftigt sich Erwin Strittmatter vorzugsweise mit den historischen Voraussetzungen und den Zeitproblemen des sozialistischen Aufbaus in den Anfangsjahren der DDR. Dabei gilt sein Interesse dem *»Anderswerden der Menschen«* (E. Strittmatter), ihren Konflikten und ihrer Bewährung. Seit dem Romanerstling *Der Ochsenkutscher* (1951) gehören der autobiographische Bezug, die Gestaltung naiver Helden, eine bildhafte Sprache, die auch Dialektformen einbezieht, und die Verwendung satirischer und ironischer Mittel zu den wichtigsten Elementen seiner Schreibweise; von ihnen ist auch *Der Wundertäter* geprägt.

Im Zentrum des sehr breit angelegten Romans steht der plebejisch-kleinbürgerliche Stanislaus Büdner. Der erste Band schildert – in episodischer Reihung und detailgenauer, manchmal bewußt umständlicher Erzählweise – seine Stationen vom Geburtsjahr 1909 bis 1943. Der *»hintersichtige«* Dorfjunge, spätere Bäckerlehrling und heimliche Poet ist ein schelmenhafter Einzelgänger, der romantischen Träumen nachhängt und auf oft wunderlichen Pfaden nach der Entfaltung seiner Persönlichkeit strebt. Seiner naiven Weltsicht bleiben die verbrecherischen Motive des Nationalsozialismus verborgen, und er meldet sich aus enttäuschter Liebe freiwillig zur Wehrmacht. Erst durch die Erfahrungen als Soldat wacht der bislang unpolitische Büdner auf, seine Flucht aus der Wehrmacht markiert den Beginn einer grundlegenden Wandlung. In seinem weiteren Leben – im zweiten Band des Romans während der unmittelbaren Nachkriegsjahre zunächst im Westen, dann im Osten Deutschlands, im dritten Band in der DDR bis 1956 – durchläuft Büdner, nunmehr mit dem Ziel, Schriftsteller zu werden, neue *»Lehrstellen«*. Er entwickelt sich zu einem politisch denkenden und handelnden Menschen, arbeitet in verschiedenen Berufen und versucht sich nebenher in immer neuen Anläufen als Dichter, bis es am Ende des Romans heißt: *»Am Abend dieses Tages fängt er an zu schreiben«*; nach vielen Konflikten hat der Held seinen Weg als Schriftsteller gefunden. Im Unterschied zum ersten Band, in dem die Folge der Ereignisse linear erzählt und durchgängig aus der Perspektive Büdners dargestellt ist, weisen diese Teile des Werks durch eingeschobene Erzählerkommentare, Reflexionen und Erinnerungen eine vielschichtigere Struktur auf.

Strittmatter hat den Protagonisten mit einem reichen Figurenensemble umgeben, so daß in einer Vielzahl von komischen und tragischen Episoden ein zeitkritisches Gesellschaftspanorama entsteht. In dieser Bilanz eines halben Jahrhunderts deutscher Geschichte erhält die Zeit nach dem Zweiten Weltkrieg besonderes Gewicht. Dabei zeichnet Strittmatter gegenüber den Verhältnissen im Westen Deutschlands den in der sowjetischen Zone und späteren DDR eingeschlagenen Weg als die bessere Alternative und deckt zugleich eine Reihe von Mißständen auf. Seine Kritik gilt den *»zeitgenössischen Literaturvermessern«* des *»sozialistischen Realismus«*, den bornierten SED-Funktionären und Agitatoren, die gutwillige Bürger verprellen, und den Folgen der Stalin-Ulbricht-Ära.
Wie seinem Helden war dem Roman Strittmatters ein wunderliches Schicksal beschieden: Der erste Band sollte 1961 in der Bundesrepublik erscheinen, doch das bereits gedruckte Buch wurde als Reaktion auf den Bau der Berliner Mauer vom Verlag wieder eingestampft. Auch sonst fand *Der Wundertäter*, in der DDR als großer Entwicklungsroman gefeiert, in der Bundesrepublik wenig Zustimmung. Zwar wurde das erzählerische Talent des Autors gewürdigt, aber die Rezensenten bezweifelten, daß *»der naive Mensch in den Zeiten der allgemeinen Schulpflicht zum Helden noch taugt«* (K. Franke), kritisierten *»klassenkämpferische Klischees«* (E. O. Maetzke) und *»allzu vordergründigen Ulk«* (S. Brandt). B.Bh.

AUSGABEN: Bln./Weimar 1957 [Bd. 1]. – Bln./ Weimar 1973 [Bd. 2]. – Bln./Weimar 1980 [Bd. 3]. – Bln./Weimar 1987.

LITERATUR: W. Fabian, Rez. (in Neues Deutschland, 1. 2. 1958). – E. Zak, Rez. (in Neue Dt. Literatur, 6, 1958, H. 3, S. 133–135). – E.-O. Maetzke, Rez. (in FAZ, 1. 12. 1960). – E. Albrecht, Rez. (in NDH, 7, 1960, S. 458 f.). – K. Franke, Rez. (in FH, 21, 1966, S. 288–290). – K. Jarmatz, Rez. (in Neue dt. Literatur, 21, 1973, H. 10, S. 102–108). – M. Schmidt, Rez. (in SuF, 25, 1973, S. 1314 bis 1323). – F. Wagner, Rez. (in WB, 19, 1973, H. 10, S. 142–150). – E. O. Maetzke, Rez. (in FAZ, 26. 1. 1974). – R. Karalaschwili, *E. S.s Roman »Der Wundertäter«* (in SuF, 1976, H. 1, S. 174–197). – J. Knipowitsch, *»Der Wundertäter«* (in Kunst u. Literatur, 24, 1976, S. 1217–1227). – S. Brandt, Rez. (in FAZ, 30. 8. 1980). – H. Kant, Rez. (in Neue Dt. Literatur, 28, 1980, H. 6, S. 5–12). – E. Kaufmann, Rez. (in SuF, 32, 1980, S. 1326–1332). – A. Reimann, *Die Reflexionsgestaltung in den Romanen »Der Wundertäter. Zweiter Band«, »Der Aufenthalt« und »Kindheitsmuster«. Charakter, Formen und Funktionen*, Diss. Lpzg. 1982. – H. Plavius, *E. S.: »Der Wundertäter« III. Wundertäter gefragt?* (in WB, 29, 1983, S. 327–330). – K. H. Berger, *Der Weg des Stanislaus Büdner. »Der Wundertäter« Band I und II* (in *E. S. Leben u. Werk. Analysen, Erörterungen, Gespräche*, Bln. 1984, S. 122–145).

PETER TURRINI

* 26.9.1944 St. Margarethen / Kärnten

LITERATUR ZUM AUTOR:
F. N. Mennemeier, *Volkstheater gegen den Strich. Von Marieluise Fleisser bis P. T.* (in F. N. M., *Modernes Deutsches Drama*, Bd. 2, München 1975, S. 297–306). – *Turrini Lesebuch*, ausgew. u. bearb. v. U. Birbaumer. Wien u. a. 1978. – *Turrini Lesebuch zwei*, ausgew. u. bearb. v. U. Birbaumer, Wien u. a. 1983. – J. Landa, *Bürgerliches Schocktheater*, Ffm. 1988. – M. Töteberg, *P. T.* (in KLG, 32. Nlg., 1989). – *P. T. Texte, Daten, Bilder*, Hg. W. Schuch u. K. Siblewski, Ffm. 1990.

DIE MINDERLEISTER

Theaterstück von Peter TURRINI, Uraufführung: Wien 1. 6. 1988, Akademietheater. – Mit den *Minderleistern* setzt Turrini seine kritische, marxistisch inspirierte Auseinandersetzung mit Phänomenen gesellschaftlicher Depravation fort *(Rozznjogd; Maria und Josef; Arbeitersaga)*. Ausgangspunkt der Handlung ist die Arbeitslosigkeit in der Stahlindustrie *(»In den Personalbüros der Stahlwerke liegen Listen mit den Namen von Arbeitern, die in nächster Zeit entlassen werden. Auf diesen Listen steht das Wort ›Minderleister‹. Mit diesem Wort verbinde ich den schäbigen Versuch, die Krise in der Stahlindustrie auf Kosten der Schwächsten auszutragen. (...) In Wahrheit ist eine Gesellschaft in die Krise geraten«)*. Seine Ansicht teilt am Ende seines leidvollen Stationenweges auch der Protagonist des Stücks, der redliche Stahlkocher Hans. Der drastische Personalabbau im Stahlwerk betrifft auch seine Arbeitspartie am Hochofen – neben ihm den alten Schmelzer, Ringo, Ursus und den Italiener. Hans weigert sich, gegen eine Abfindung freiwillig seinen Arbeitsplatz zu räumen, sein Kollege Ringo wird von der Personalchefin übertölpelt.
Als Hans daraufhin in der Werkskantine zu randalieren beginnt, wird er fristlos entlassen. Seiner Frau Anna, Hilfsarbeiterin in einer Waschmaschinenfabrik, ist ebenfalls gekündigt worden. Aus finanzieller Not – die Delogierung aus dem überschuldeten Eigenheim steht unmittelbar bevor – prostituiert sich Anna in einem Pornovideo. Gemeinsam mit seinen Arbeitskollegen rächt sich Hans an dem jugoslawischen Videoproduzenten mit einem brutalen Überfall, was ihm eine Strafanzeige wegen Körperverletzung einträgt. Hans sucht persönlich bei dem Minister für Arbeit und Wissenschaft um dessen Protektion an; aufgrund der Intervention von höchster Stelle *(»ein soziales Minidrama«)* wird Hans wieder im Stahlwerk eingestellt. Seinem Wunsch *»zurück zum Ofen«* wird allerdings nicht entsprochen, er erhält von der Fir-

menleitung den Auftrag, als »Ordner« die »Minderleister« festzustellen. Hans gerät in einen unlösbaren Konflikt zwischen existentiellen Zwängen und solidarischem Empfinden, setzt aus Protest seinen eigenen Namen auf die Liste und springt in den Hochofen. Die Arbeiter, so das Fazit, *»sind das Schlachtvieh der Geschichte / seit neuestem mit Eigenheim«* – diesen zynischen Kommentar steuert der Werksbibliothekar William Shakespeare bei, eine skurrile Figur, die in Prolog, Epilog und auch innerhalb der Szenen das Geschehen erläutert, das eine Parabel auf das *»Verschwinden der Arbeiterklasse als historische Klasse«* darstellt. Eine mythische Überhöhung erfahren auch die anderen Personen des Stücks, in dem pornographische und Horrorszenen, surrealistische Bühnenmetaphern, Traumsequenzen und eine Kunstsprache funktionalisiert werden, um den Identitätsverlust der Arbeiterschaft in der modernen Industriegesellschaft darzustellen.

Turrini hat in diesem Stück, darin Franz Xaver KROETZ vergleichbar *(Nicht Fisch, nicht Fleisch)*, ein exemplarisches Proletarierschicksal überhöht zur zeitgenössischen Passionsgeschichte; ein Beitrag zur deutschsprachigen »Literatur der Arbeitswelt«, wurden die *Minderleister* an vielen Bühnen erfolgreich inszeniert. C.Fi.

AUSGABE: Ffm. 1989.

ROZZNJOGD

Einakter von Peter TURRINI, Uraufführung: Wien, 27. 1. 1971, Volkstheater. – Aggression und Provokation als kalkulierte Wirkungen dieses Einakters wie auch des unmittelbar folgenden, ebenfalls einem brutalen Neorealismus verpflichteten »Volksstücks« *sauschlachten* machten Turrini schlagartig als Skandalautor auf der deutschsprachigen Bühne bekannt. In einem *»verzweifelten Selbstreinigungsprozeß«* (P. T.) verlieh der damals 23jährige Schriftsteller seinem Ekel vor den denaturierten Lebensbedingungen in der heutigen Gesellschaft seinen dramatischen Ausdruck. 1971 schrieb Turrini eine hochdeutsche Version des im Wiener Dialekt abgefaßten Einakters, die als Grundlage für lokale Dialektbearbeitungen eine Verbreitung des Stücks im gesamten deutschsprachigen Raum ermöglichte.

Einheitlicher Schauplatz der Handlung ist eine Müllhalde am Rande der Großstadt. Ein junger Automechaniker und seine Freundin, beide anonym typisiert als *»Er«* und *»Sie«*, wollen hier ungestört intim werden. Umherlaufende Ratten werden von ihm kurzerhand mit dem Gewehr abgeknallt – ein blindwütiger Aktionismus, Ventil für die aufgestauten Frustrationen und Aggressionen des jungen Mannes. Die Situation erscheint ihm als sprechendes Bild für die Existenz des Menschen, der nichts anderes sei als ein Abfallkübel, in den von frühester Kindheit an alles hineingestopft werde. Aus diesem Gedanken entwickeln die beiden ein spielerisches Arrangement, um einander *»wirklich«* kennenzulernen: sie wollen sich vom Zivilisationsmüll befreien, von dem sie sich bis zur Unkenntlichkeit behaftet und entstellt fühlen. In dem Maße, in welchem sie sich von allen Äußerlichkeiten trennen – dem Inhalt ihrer Taschen, den falschen Haaren und Zähnen, schließlich ihren Kleidern –, wächst das gegenseitige Vertrauen und der Mut zur Bejahung der eigenen Unvollkommenheit. Auf dem Höhepunkt ihrer Intimität eskaliert das Geschehen: in animalischer Erregung *(»Menschen wie Ratten... Ratten wie Menschen«)* werden sie von zwei Rattenjägern erschossen. In diesem Augenblick scheint auch die Differenz zwischen Theater und Wirklichkeit aufgehoben; die Zuschauer werden in das Geschehen hineingezogen, die Heckenschützen feuern auf das Auditorium, das sie für ein Rudel Ratten halten.

In seiner Protesthaltung und anarchistischen Gesellschaftskritik ist das Stück eng an die Zeitstimmung Ende der sechziger Jahre gebunden. Die Dramaturgie folgt einer damals aktuellen Tendenz zur Entliterarisierung, indem sie neben derb-naturalistischen Bühnen- und Sprachmitteln auch Elemente des Happenings aufnimmt, um den Zuschauer aus seiner passiv-konsumierenden Haltung zu reißen. Die zynisch-nihilistische Einstellung gegenüber der Inhumanität der Konsumgesellschaft überwand der Autor in der Folge aufgrund seiner zunehmenden Annäherung an die marxistische Ideologie und seines politischen Engagements. Den seit der Entstehungszeit des Stücks veränderten gesellschaftlichen Verhältnissen trug Turrini in einer 1986 in Wien aufgeführten Neufassung von *rozznjogd* Rechnung, die in einem veränderten Schluß mit der Rückkehr des Paares zu seinen Attitüden und Masken aktuelles Anpassungsverhalten bloßstellt. C.Fi.

AUSGABE: Wollerau / Wien / Mchn. 1973. – Wien u. a. 1978 (in *T. Lesebuch*, Hg. U. Birbaumer, S. 16–83; mit Materialien). – Darmstadt 1988.

LITERATUR: H. Spiel, *Zweimal Rattenjagd* (in FAZ, 1. 2. 1971).

BERNWARD VESPER

* 1.8.1938 Frankfurt / Oder
† 15.5.1971 Hamburg

DIE REISE. Romanessay

Fragment gebliebener, autobiographischer Roman von Bernward VESPER, nach dem unvollendeten Manuskript herausgegeben 1977 von Jörg SCHRÖ-

DER. – Vespers Roman ist der Versuch einer Selbsterkundung der eigenen Person, deren bisheriges Leben als verfehlt beurteilt wird. Um eine Lebensform zu gewinnen, die zum sinnlichen Genuß ebenso befähigt wie zum politischen Widerstand gegenüber dem alltäglichen, *»subtilen Faschismus«*, will der Autor sich freischreiben von den Deformationen seiner Erziehung und die aufgearbeitete *»Kloake«* seiner 31 Lebensjahre zur Abrechnung vorlegen. Der für den Autor existentiell wichtige Versuch scheiterte; nach zweijähriger Arbeit am Roman nahm Vesper sich das Leben.

Der Text überschreitet die nur private Dimension durch den Anspruch, die kollektive Autobiographie jener Generation zu sein, die wie der Erzähler im autoritären Klima der deutschen Nachkriegsjahre aufwuchs, die wie er betrogen worden sei um ihre *»Träume, um Liebe, Geist, Heiterkeit, ums Fikken, um Hasch und Trip«*, und die schließlich Ende der sechziger Jahre revoltierte. Vesper, Mitglied des »Sozialistischen Deutschen Studentenbunds« (SDS) und einer der führenden Publizisten und Verleger in der APO-Bewegung (»Außerparlamentarische Opposition«), führt das Scheitern der studentischen Revolte auch darauf zurück, daß ihre Vertreter sich nie befreit hatten von *»autoritätsfixierten Halluzinationen, ob sie sie nun Gott, Pflicht, Moral, Revolution nennen oder wie auch immer«*. Für Vesper ist sein Haß auf die Menschen und Umstände, die er für die *»Vergeudung seiner Jugend«* verantwortlich macht, der produktive Impuls seines über weite Strecken als Pamphlet geschriebenen Romans; daneben steht der Selbsthaß auf die eigene *»eingefleischte Unterwürfigkeit«*. Das Dilemma zwischen radikaler Ablehnung einerseits, sei es von Teilen der eigenen Person und der Umwelt, und der Unfähigkeit andererseits, sich aus allen gelebten Bezügen, sei es der Gegenwart oder der Vergangenheit, hinauskatapultieren zu können, diesen Widerspruch zwischen Einsicht und Lebenshaltung entfaltet der Roman durch verschiedene Erzählebenen, Stillagen und Schreibweisen.

Der Erzähler ist stets präsent, seine momentanen Wahrnehmungen und Gefühle, sein Reflektieren über Möglichkeit und Sinn des Schreibens wie über die Widerstände, die der literarischen Rekonstruktion der Lebensgeschichte entgegenstehen. Tagebuchartige Aufzeichnungen, Pamphlete und Essays, Briefe, dokumentarische Zeitgedichte und Zeichnungen umkreisen kühl reflektierend und wuterfüllt, empfindsam und zynisch die Schwierigkeit, mit der eigenen Geschichte zu leben: *»Ich hasse alle, die mich zur Sau gemacht haben, undsoweiter 150–200 Seiten. Und irgendwo, um der Dialektik genüge zu tun, ich liebe mich – aber das sollte ja erst herausgefunden werden, oder ob es günstiger war, sich nach dieser Geschichte aufzuhängen?«* Verflochten mit der Erzählgegenwart sind zwei Ebenen der Vergangenheit. Zum einen die Erinnerung an eine Fahrt von Jugoslawien nach Tübingen, die durch das Protokoll einer psychodelischen Reise unterbrochen wird; während seines LSD-Trips erfährt der Erzähler die deutsche Geschichte als in seinen Körper eingeschrieben: *»Ja, ich wußte genau, daß ich Hitler war, bis zum Gürtel, daß ich da nicht herauskommen würde, daß es ein Kampf auf Leben und Tod ist... aber es ist gar nicht Hitler, es ist mein Vater, ist meine Kindheit.«* Die Obsessionen schlagen in Visionen um, die schließlich die Sehnsucht nach Liebe und Glück imaginieren, in assoziativen, bilderreichen Phantasien. Auf einer zweiten Vergangenheitsebene blickt der Erzähler zurück in die *»Kindheitshölle«*, neben deren Beschreibung die analytisch-therapeutische Durchdringung steht; hier schreibt sich Vesper durch die verkrusteten Sedimente seines Ichs, hier schildert er die destruktive Gewalt, welche die übermächtige Autorität des Vaters Will VESPER ausstrahlt, eines prominenten völkisch-nationalen Schriftstellers der NS-Zeit, der seine Kinder mit dem Siebenstriem dressiert und beim Lesen seiner eigenen Gedichte in Tränen ausbricht. Angesichts dieser Vaterfigur blieb dem Sohn zunächst nur die Wahl zwischen der Unterwerfung, der Übernahme der väterlichen Ansichten, und der radikalen Ablehnung, die in einer leeren Geste dem Gehaßten Gegenbilder entgegensetzt, die nicht weniger verpflichtend wirken. Die souveräne Anerkennung des Gegenübers als eines Anderen, die nicht eine Aufgabe des eigenen Ichs mit sich führt, war ausgeschlossen.

Sechs Jahre lang wurde Vespers Manuskript von Verlagen abgelehnt, bis der ehemalige Chef des März-Verlages, Jörg Schröder, die Publikation erreichte. Das Buch wurde zu einem der Kultbücher der späten siebziger Jahre, Peter WEISS deklarierte es zum späten *»intellektuellen Höhepunkt der Bewegung des Jahres 68«*, die Kritik deutete es als Nachlaß einer gesamten Generation, dessen radikale Subjektivität die Wirklichkeit seiner Zeit ebenso repräsentativ wie eindringlich zur Sprache bringt.

G.Hei.-KLL

AUSGABEN: Jossa 1977. – Bln. 1979. – Ffm. 1981 (»Ausg. letzter Hand«). – Reinbek 1983 (rororo).

VERFILMUNG: BRD/Schweiz 1985/86 (Regie: M. Imhoof).

LITERATUR: Chr. Schultz-Gerstein, Rez. (in Der Spiegel, 11. 7. 1977). – P. Mosler, Rez. (in FAZ, 11. 10. 1977). – U. Schweikert, Rez. (in FRs, 29. 10. 1977). – B. v. Becker, Rez. (in Die Zeit, 11. 11. 1977). – L. Baier, Rez. (in SZ, 1. 12. 1977). – H. Böll, Rez. (in Konkret, 22. 12. 1977). – P. Laemmle, Rez. (in Die Weltwoche, 8. 2. 1978). – Chr. Schultz-Gerstein, *Die Zerstörung einer Legende. Über den Nachlaß B. V.s* (in Der Spiegel, 24. 12. 1979). – B. Neumann, *Die Wiedergeburt des Erzählers aus dem Geist der Autobiographie? Einige Anmerkungen zum neuen autobiographischen Roman am Beispiel von Hermann Kinders »Der Schleiftrog« und B. V.s »Die Reise«* (in Basis, 1979, S. 91–129). – M. Schneider, *Über die Außen- u. Innenansicht eines Selbstmörders. Notwendige Ergänzungen zu B. V.s »Die Reise«* (in M. S., *Den Kopf verkehrt aufgesetzt oder Die melancholische Linke.*

Aspekte des Kulturzerfalls in den siebziger Jahren, Darmstadt/Neuwied 1981, S.65–79; SLu). – A. Bhatti, *Wozu schreiben? Bemerkungen anläßlich der Lektüre von B. V. »Die Reise«* (in *Erzählung u. Erzählforschung im 20. Jh.*, Hg. R. Kloepfer u. G. Janetzke-Dillner, Stg. 1981, S.309–317). – E. Grütter, *Faschistoide Sozialisation u. Gesellschaftskritik in B. V.s Autobiographie »Die Reise«* (in *Freiburger literatur-psychologische Gespräche 1*, Hg. J. Cremerius u. a., Ffm. u. a. 1981, S.63–77). – G. Guntermann, *Tagebuch einer Reise in das Innere des Autors. Versuch zu B. V.s Romanessay »Die Reise«* (in ZfdPh, 100, 1981, S.232–253). – J. Chr. Martin, *Schreiben: Harakiri. Über B. V.s Romanessay »Die Reise«. Mit einem Anhang »philosophischer tagebücher« B. V.s, die in der ›Ausgabe Letzter Hand‹ der »Reise« nicht enthalten sind*, Diss. Graz 1982. – J. Vogt, *B. V.* (in KLG, 23. Nlg., 1986).

MARTIN WALSER

* 24.3.1927 Wasserburg / Bodensee

LITERATUR ZUM AUTOR:
Über M. W., Hg. Th. Beckermann, Ffm. 1970 (es). – K. Pezold, *M. W. Seine literarische Entwicklung*, Bln./DDR 1971. – W. J. Schwarz, *Der Erzähler M. W.*, Bern/Mchn. 1971. – J. W. Preuss, *M. W.*, Bln. 1972. – R. Nägele, *M. W. Die Gesellschaft im Spiegel des Subjekts* (in *Zeitkritische Romane des 20. Jh.s. Die Gesellschaft in der Kritik der dt. Literatur*, Hg. H. Wagener, Stg. 1975, S.318–345). – A. E. Waine, *M. W. The Development as Dramatist 1950–1970*, Bonn 1978. – W. Brändle, *Die dramatischen Stücke M. W.s. Variationen über das Elend des bürgerlichen Subjekts*, Stg. 1978. – A. Waine, *M. W.*, Mchn. 1980. – *M. W.*, Hg. K. Siblewski, Ffm. 1981 (st). – *M. W.*, Hg. H. L. Arnold, Mchn. [2]1983 (Text + Kritik). – U. Hick, *M. W.s Prosa. Möglichkeiten des zeitgenössischen Romans unter Berücksichtigung des Realismusanspruchs*, Stg. 1983. – *M. W. International Perspectives*, Hg. J. E. Schlunk u. A. E. Singer, Bern u. a. 1987. – K. Siblewski u. M. Töteberg, *M. W.* (in KLG, 27. Nlg., 1987; m. ausf. Rezensionennachweis).

BRANDUNG

Roman von Martin WALSER, erschienen 1985. – Seit dem überragenden Erfolg seiner Novelle *Ein fliehendes Pferd* (1978) hat Walser mit keinem seiner folgenden Romane (*Seelenarbeit*, 1979; *Das Schwanenhaus*, 1980; *Brief an Lord Liszt*, 1982) noch mit seinem Bühnenstück *In Goethes Hand. Szenen aus dem 19. Jahrhundert* (1982) einen so großen Erfolg bei Kritik und Publikum erzielt wie mit diesem Werk. Es erzählt die Weltfahrt des Protagonisten Helmut Halm, dem Leser bereits seit der Novelle *Ein fliehendes Pferd* bekannt, aus der Enge seines Stuttgarter Studienratsdaseins in die freie Ferne der San-Francisco-Bay und schreibt damit Walsers Bestandsaufnahme bundesdeutscher Mittelstandsmentalität fort, wie sie seit dem ersten Roman *Ehen in Philippsburg* (1957) über die Anselm-Kristlein-Trilogie bis hin zu den Psychogrammen der späten Romane, von der deutschen Nachkriegszeit über die Hoffnungen der späten sechziger Jahre bis zum irritierten, vereinzelten Hedonismusstreben der Zeit nach der Studentenbewegung im Mittelpunkt seines schriftstellerischen Interesses steht.

Von Rainer Mersjohann, einem Tübinger Studienfreund, wird Helmut Halm für eine Gastdozentur an eine kleine Universität in Oakland, Kalifornien verpflichtet. Mit Frau Sabine und Tochter Lena reist er in die Neue Welt, geradezu *»lustvoll«* genießt er den *»Augenblick des Eintritts ins Gelobte Land«*. In der ersten Sitzung des Konversationskurses, den er zu halten hat, lernt er die Studentin Fran kennen, an deren Handschlag zur Begrüßung er sich später noch lebhaft erinnert: *»Das war ein Augenblick, in dem er lebendiger gewesen war als vorher und nachher. Das Leben braucht auch Ausdruck, dachte er. Der Tod hat mehr als genug davon.«* Auf Elissa Mersjohanns Cocktailparty lernt Halm die Mitglieder des deutschen Fachbereichs kennen und gewinnt einen ersten Einblick in die spannungsgeladene Binnenstruktur dieser Fakultätsgesellschaft mit ihren verhohlenen Animositäten hinter der freundlichen Fassade herzlicher Vertrautheit. An zwei weiteren Ritualen nimmt Halm teil: an einer Skatrunde, die in ein Alkoholgelage ausartet, und an einem Fakultätstag zum Andenken an eine großzügige Stifterin, an dem ein Kollege Lieder aus Robert Schumann Zyklus *Dichterliebe* singt und Halm einen Heine-Vortrag halten muß, vertrautverkrampfte Reminiszenz an die deutsche Bildungsbürgerkultur inmitten des Landes der TV-Spots. Seinen eigentlichen Akzent aber erhält Halms Amerika-Aufenthalt durch seine Beziehung zur blonden Studentin Fran, mit der er Übersetzungen am Beispiel von RILKES Gedicht *Der Panther* übt. Über uneingestandene Spiegelungen durch literarische Figuren findet die Nähe zwischen Lehrer und Schülerin gesprächsweise ihren Ausdruck. Anspielungen auf Heine, Faulkner und Shakespeare werden beiläufig in die Erzählung verwoben. Bei einem Badeausflug gerät er in den *»tosend zusammenstürzenden Kristallpalast«* der pazifischen Brandung, die ihn an den Strand zurückwirft. Zu weit hat er sich aus den Rollenmustern seiner Existenz vorgewagt, physisch wie emotional. Zwei weitere Male wiederholt sich der Sturz, am Rednerpult unmittelbar vor seinem Heine-Vortrag und beim Tanz mit Fran, dem *»Fräulein Mephisto«*, nach reichlichem Rotweingenuß. So verheißungsvoll die Begegnung mit der Jugend und der Ahnung eines anderen, eines neuen Lebens begonnen hatte, so düster und tragisch endet sein *»Fortsein«* von seinem behüteten Studienratsdasein; Halm folgt seiner bereits früher heimgekehrten Frau nach Stuttgart zurück, Fran verunglückt tödlich in der pazifischen Brandung, Mersjohann begeht Selbstmord.

Walser fand mit diesem Text die Anerkennung der Kritik, die den Roman als *»Rankenwerk aus Sätzen, Einfällen, Anekdoten, Haupt- und Nebengeschichten«* (U. Greiner) charakterisierte, geprägt von einer *»ruhig-heiteren Erzähllust, wie Walser sie bisher in keinem seiner Werke gezeigt hat«* (W. Ross). Zugleich ist dieser ironische Text über das Bemühen, der eigenen Biographie auszuweichen, auch eine *»Liebesgeschichte«* seines Autors *»mit Amerika«* (H. Karasek), aber auch eine Reverenz Walsers vor der anglo-amerikanischen Literatur. H.Bre.-KLL

AUSGABEN: Ffm. 1985. – Ffm. 1987 (st).

LITERATUR: E. Pulver, Rez. (in Schweizer Monatshefte, 65, 1985, S. 894–901). – B. Weyhmann, Rez. (in NDH, 33, 1986, H. 1, S. 142–145). – S. Mews, *M. W.s »Brandung«, ein deutscher Campus-Roman?* (in GQ, 60, 1987, S. 220–236). – Ders., *Ein entpolitisierter Heine? Zur Rezeption Heines in M. W.s »Brandung«* (in Heine-Jb., 27, 1988, S. 162–169). – H. Dörfler, *Das Perspektiven-Modell. Zur Erschließung von M. W.s »Brandung«* (in H. D., *Moderne Romane im Unterricht*, Ffm. 1988). – H. Breier, *Brando Malvolio, ein Mann von (fünfund)fünfzig Jahren: Form u. Funktion des Zitats in M. W.s Roman »Brandung«* (in LWU, 21, 1988, S. 191–201).

EICHE UND ANGORA. Eine deutsche Chronik

Schauspiel in elf Bildern von Martin WALSER, Uraufführung: Berlin, 23. 9. 1962, Schiller-Theater. – Ein deutscher Autor, so resümierte Walser 1962 in seinem Essay *Vom erwarteten Theater*, habe *»heute ausschließlich mit Figuren zu handeln, die die Zeit von 33 bis 45 entweder verschweigen oder zum Ausdruck bringen. Die die deutsche Ost-Westlage verschweigen oder zum Ausdruck bringen. Jeder Satz eines deutschen Autors, der von dieser geschichtlichen Wirklichkeit schweigt, verschweigt etwas.«* Es ist vor allem das Nachwirken des unter dem Nationalsozialismus eingeübten Opportunitäts- und Herrschaftsdenkens, das Walser in seinen frühen Stükken bloßlegt und attackiert; neben *Überlebensgroß Herr Krott* (1963) und *Der Schwarze Schwan* (1964) ist *Eiche und Angora* sein erster Versuch, politische Themen auf die deutsche Bühnen zu bringen, während sein erstes Drama *Der Abstecher* (1961) – ebenso wie die ebenfalls in dieser Zeit entstandene, aber erst 1967 aufgeführte *Zimmerschlacht* (1967) – Beziehungsprobleme aufgegriffen hatte.

Im April 1945 wird im Teutach-Tal eine Verteidigungsstellung vor den anrückenden Franzosen errichtet. Kreisleiter Gorbach inspiziert das Gelände in Begleitung des ehemaligen KZ-Häftlings Grübel, der sich vom Kommunisten zum treuen Gefolgsmann des Führers gewandelt hat und, als Folge eines operativen Eingriffs, über eine Tenorstimme mit großem Höhenregister verfügt. Er ist begeisterter Züchter von Angorahasen, denen er, auf Anraten eines SS-Unterscharführers im KZ, ausschließlich jüdische Vornamen gibt. Eine erste Störung der Arbeiten tritt auf, als Studienrat Schmidt bei den Grabungen auf vorchristliche alemannische Königsgräber stößt und die Verteidigungsfront einen halben Kilometer zurückverlegt. Während die Parteihonoratioren noch unter *»deutschen Eichen«* ihre Generalstabspläne diskutieren – *»Germanien wurde immer in den Wäldern verteidigt«* –, müssen sie plötzlich erleben, daß die Einwohner Bretzgenburgs kampflos vor dem Feinde kapitulieren, und zwar mit Hilfe weißer, an Fahnenstangen gehißter Angorafelle, die Alois, seinem ersten »Rückfall« erliegend, zu Schleuderpreisen verkauft hat. Er wird, als er wieder auf dem Eichkopf erscheint, wegen Hochverrats zum Tode durch den Strang verurteilt. Die Gewährung seiner Bitte, eine Stimmprobe vor dem Leiter des Bretzgenburger »Liederkranzes«, Oberstudienrat Potz, ablegen zu dürfen, verzögert die Urteilsvollstreckung, von der auch SS-Amtsarzt Dr. Zerlebeck dringend abrät, da Alois ihm als medizinisches Versuchsobjekt für eine Arbeit über die Psychologie des Häftlings dient und er an ihm die Möglichkeit einer *»männlichen Regeneration«* prüfen will. Um sich und seinen »Stab« sowohl vor den französischen Truppen als auch den die Verteidigungslinie nach Deserteuren absuchenden SS-Verbänden zu retten, greift Gorbach, auf Anraten Alois', zu einer List: Er läßt sich, Schmidt, Potz und Zerlebeck an die nächsten Eichen fesseln, um den Anschein eines Überfalls zu erwecken.

Mit dem sechsten Bild – *April 1950. Veränderungen auf dem Eichkopf* – tritt Walsers *»deutsche Chronik«* in das Nachkriegsstadium. Gorbach, der auf dem Eichkopf ein Höhenrestaurant, »Teutach-Blick«, eröffnet hat und Alois und dessen Frau Anna als Hausmeisterpaar beschäftigt, läßt an seinem Haus eine Gedenktafel anbringen, deren Aufschrift nicht bekannt wird, die offensichtlich aber antimilitaristische Grundsätze so drastisch zum Ausdruck bringt, daß, als wenige Jahre später die allgemeine Wehrpflicht gesetzlich verankert wird, Alois sie wieder abreißen muß, um die jungen Wehrpflichtigen nicht durch zersetzende Parolen zu beunruhigen. Die »Nachtigall« Alois wird endlich in den »Liederkranz« aufgenommen; er läßt sich jedoch bei seiner Dankrede einen zweiten »Rückfall« zuschulden kommen: Als *»einfacher Mensch«*, der aber *»die Idee* [des Nationalsozialismus] *begriffen hat«*, kommt er den neuen Anpassungspflichten nicht pünktlich genug nach – seine Bemerkungen über *»Untermenschentum«* und *»Mitgliedschaft«* (im »Liederkranz«) erregen peinliches Befremden. Es gelingt ihm jedoch, allmählich in die »neuen« politischen Vorstellungen hineinzuwachsen; während Gorbach glaubt, er sei wieder Kommunist geworden, und sich vorsichtig – *»Ich mein, es geht ja nicht immer so weiter, daß die einen mehr haben als die andern«* – bei ihm anbiedert, hat sich Alois, unter dem Einfluß Kaplan Böhringers und eines Aufenthaltes in einem Nervensanatorium, zum entschiedenen Christen gewandelt und läßt sich sogar dazu bestimmen, seine ungeheuer angewachsene Angorazucht, deren Ausdünstungen die Gäste des »Teutach-Blicks« belästigen, abzuschaffen. Als er aber an einem großen lokalen Sängerfest aus Gründen der behutsamen Verschleierung der *»unmenschlichen Jahre«* nicht teilnehmen darf, ereignet sich sein dritter »Rückfall«: Er nagelt die weißen Felle seiner Angorahasen an die auf dem Eichkopf flatternden Traditionsfahnen der Sängerbünde der Umgebung, dabei die Geschlechterkataloge des alttestamentarischen Königsbuches *(»... und Daniel zeugte Benjamin ...«)* murmelnd. Die allgemeine Ratlosigkeit darüber, ob diese Aktion *»gegen die Juden oder gegen die Gesangvereine«* gerichtet gewesen sei, kann er selbst nicht beheben. Er vertröstet Gorbach auf die Ergebnisse einer psychoanalytischen Behandlung, der er sich unterziehen muß: *»Ich bin gespannt, was der Professor sagt, wenn ich ihm das erzähl. Er weiß sicher gleich, woher jetzt dieser Rückfall wieder kommt.«* Seinen einzigen überlebenden Angorahasen Daniel im Rucksack mitnehmend, reist Alois ab, in der Hoffnung, im Sanatorium auch Josef Woizele wiederzutreffen, einen jüdischen Blumen- und Gemüsehändler, der, wie er selbst KZ-Häftling, schon am Schluß früherer Szenen auftauchte, den Wald mit irren Schreien nach seinen Kindern absuchend.

Der Autor bedient sich in *Eiche und Angora*, seiner ersten Bühnenarbeit, einer eher epischen, an Brecht und dessen Bilderbogentechnik erinnernden Folge von *»Stationen«*, die einen Zeitraum von etwa fünfzehn Jahren umfassen (1945–1960). Diese fünfzehn Jahre deutscher Kriegs- und Nachkriegsgeschichte, von Walser vor allem als Phase willenloser Anpassungsbereitschaft an das jeweils herrschende politische System gekennzeichnet, werden in den Lebensläufen kleinbürgerlicher »Mitläufer« zur grotesken Farce, die bei Kritik und Publikum allerdings nur wenig Anklang fand.

H.H.H.-KLL

Ausgaben: Ffm. 1962. – Ffm. 1963 (rev. Fassg.; es). – Ffm. 1987 (in *Stücke*; st).

Verfilmung: BRD 1964 (Regie: R. Wolffhardt).

Literatur: H. Rischbieter, Rez. (in Theater heute, 1962, H. 11, S. 18; vgl. ebd., S. I/II). – H. Coubier, *Statt einer Satire* (in Merkur, 1963, H. 181, S. 309–312). – W. Böth, *Anpassung u. Widerstand. Zum Prozeß der Bewußtwerdung Alois Grübels in M. W.s »Eiche und Angora«* (in *Studien zur Dramatik in der Bundesrepublik Deutschland*, Hg. G. Kluge, Amsterdam 1983, S. 117–183).

DAS EINHORN

Roman von Martin Walser, erschienen 1966. – Der zweite Band der Anselm-Kristlein-Trilogie (vgl. auch *Halbzeit*, 1960; *Der Sturz*, 1973) spielt vorwiegend im Jahre 1962. Kristlein ist mittlerweile 42 Jahre alt und verdient seinen Lebensunterhalt als Schriftsteller, Vortragsreisender und Teilnehmer an Podiumsdiskussionen. Das Geschehen wird aus der Rückschau erzählt. Der Ich-Erzähler stellt sich krank und erinnert sich der Vorgeschichte seiner Bettlägerigkeit.

Um den Anfeindungen zu entgehen, denen sie sich durch die Buchveröffentlichung *(»Halbzeit«)* ihres Mannes ausgesetzt sieht, hat Alissa, die sich jetzt Birga nennt, die Übersiedlung der Familie von Stuttgart nach München in die Wege geleitet. Dort lernt Kristlein auf einem Kostümfest die Schweizer Verlegerin Melanie Sugg kennen, die ihm ein lukratives Angebot macht: Gegen ein monatliches Honorar von 2000 Mark soll er einen *»Sachroman«* über die Liebe schreiben. Die einzige Bedingung seiner Auftraggeberin lautet: Was Kristlein schreibt, darf *»nichts Erdachtes«*, sondern muß *»etwas Genaues«*, *»nach dem Leben«* sein, worunter sie die schonungslose Darstellung sexueller Erlebnisse versteht. Zwar bezweifelt Kristlein, daß es für die körperliche Liebe eine *»zugelassene oder auch nur anwendbare Sprache«* gebe, *»man wäre denn Arzt und weithin unverständlich«*, doch aufgrund seiner prekären finanziellen Lage willigt er ein. In den Mittelpunkt des Romans stellt er sich selbst. Zunächst erinnert er sich seiner Affäre mit der Studentin Barbara Salzer, der Geliebten eines verheirateten, masochistisch veranlagten Bankiers, die er auf einer Diskussionsveranstaltung kennenlernt. Die Schilderung des Koitus aber geniert ihn, und daher bittet er Melanie, sie möge sich mit einer *»Umschreibung«*, einer *»asymptotische[n] Annäherung an den heiklen Gegenstand durch Erzeugung schwüler Wortreihen«* begnügen: *»Ich bin vielleicht doch nicht der Kämpfer für die neue Sittlichkeit, den Du suchst. Ist Heuchelei nicht ein schönes Gewand, das noch genug verrät von dem, was es verbergen soll?«* Melanie will allerdings von einer Veränderung der Vereinbarung nichts wissen. Als Muster einer authentischen Beschreibung schickt sie ihm das heimlich aufgezeichnete Tonbandprotokoll ihrer mit Kristlein verbrachten Nacht zu und verlangt, daß das Dokument in den Roman eingebaut werde. Kristlein ist schockiert. In der Hoffnung, Melanie zum Verzicht auf das kompromittierende *»Schandprotokoll«* zu bewegen, versucht er selbst, seine Erlebnisse mit ihr zu schildern. Doch auch mit diesem Entwurf ist seine Auftraggeberin nicht einverstanden. Da sie befürchtet, Kristlein könne zu Hause zu gehemmt sein, vermittelt sie ihm einen Aufenthalt in dem am Bodensee gelegenen *»Seehaus«* des Süßwarenfabrikanten Hans Blomich.

Nach weiteren intimen Zusammenkünften mit Melanie, erotischen Abenteuern mit Blomichs Freundin Rosa und einem ausgedehnten Sommerfest, das der Autor, wie schon das Münchener Kostümfest, zum Anlaß einer Satire auf den westdeutschen Kulturbetrieb der frühen sechziger Jahre nimmt, passiert das Unerwartete: Kristlein verliebt sich leidenschaftlich in die junge, aus Surinam stammende Holländerin Orli Laks. Mit einem ausgeklügelten Plan gelingt es ihm, ihren Freund Bamber Prins zu vertreiben und Orlis Zuneigung zu gewinnen. Von der Idee beherrscht, ihrer nur durch Keuschheit würdig zu sein, zähmt er seine sexuellen Begierden und verzichtet darauf, mit ihr zu schlafen. Als Orli eines Tages spurlos verschwunden ist, gerät Kristlein in eine tiefe Krise. Er flieht zu seiner Familie nach München. Im Nachdenken über sich, seine Begegnung mit Orli und das Erinnerungsvermögen kommt er zu dem Schluß, daß die Vergangenheit unrettbar verloren ist und auch durch die Erinnerung nicht mehr vergegenwärtigt werden kann: *»Erinnerung, obwohl erregt vom Vergangenen, ist ein ganz anderes als das Vergangene. Das ist nicht leicht einzusehen. Wegen der Größe unseres Gedächtnisses... Und dieser Überfluß, der uns religiös macht und krank, heißt Einbildungskraft, Phantasie, Seele usw., damit kann man sogar den monströsen Versuch machen, Vergangenheit herzustellen. Aber auch rechtens ist unser Gedächtnis keine Anlage für Wiederauferstehungsfeiern, sondern bloß ein Instrument zur Ermessung der Verluste.«* Die Folgen für das geplante Buch bleiben nicht aus, Melanies Auftrag, *»etwas Genaues«* über die Liebe zu schreiben, erweist sich für Kristlein als undurchführbar. Anstelle eines sinnlichen Romans über die befreite Sexualität entsteht so ein Buch, das von den Schwierigkeiten beim Schreiben über die Liebe handelt.

Das Einhorn – die leitmotivisch verwendete Titelfigur, Symbol der Erwartung und des Begehrens, ist Kristleins imaginärer Begleiter – schildert den Prozeß einer zunehmenden Desillusionierung, die den Erzähler an sich selbst, an der Darstellungsfunktion der Sprache und am Wahrheitsgehalt der Erinnerung zweifeln läßt und ihn zu einer entschiedenen Absage an Marcel PROUST führt, der in *A la recherche du temps perdu* (1913–1927) glaubte, die *»verlorene Zeit«* durch das sprachliche Kunstwerk erneut beleben und damit retten zu können, worüber Walser bereits in seinem Essay *Leseerfahrungen mit Marcel Proust* (1958) reflektiert hatte, den er auch in seinen Band *Erfahrungen und Leseerfahrungen* (1965) aufnahm. So wird das erinnernde Erzählen selbst zum Thema und Problem des Romans, in dessen offener, experimenteller Form sich die skeptische Grundeinstellung des Erzählers spiegelt: in der verschachtelten, den episodenreichen Handlungsverlauf immer wieder unterbrechenden Erzählweise, im oft abrupten Wechsel zwischen Schilderung und kommentierender Reflexion, Ich- und Er-Perspektive, der Zeitform der Vergangenheit und der Gegenwart und in der Vielfalt der Ausdrucksmittel, zu denen etwa Dialekt- und Fremdsprachen gehören – Darstellungstechniken, die den Leser auf Distanz zum Erzählten halten und ihn zum Nachdenken über das Verhältnis von Fiktion und Wirklichkeit anregen. P.La.

AUSGABEN: Ffm. 1966. – Ffm. 1970 (FiTb). – Ffm. 1974 (st). – Ffm. 1981 (in *Die Anselm Kristlein Trilogie*, 3 Bde., 2; st).

VERFILMUNG: BRD 1977 (Regie: P. Patzak).

LITERATUR: M. Reich-Ranicki, Rez. (in Die Zeit, 2. 9. 1966; ern. in M. R.-R., *Literatur der kleinen Schritte*, Mchn. 1967, S. 215–224). – J. Kaiser, Rez. (in SZ, 3./4. 9. 1966; ern. in *Deutsche Literaturkritik*, Hg. H. Mayer, Bd. 4, Ffm. 1978, S. 851–858, FiTb). – G. Blöcker, *Die endgültig verlorene Zeit* (in Merkur, 20, 1966, H. 223, S. 987–991). – P. O. Chotjewitz, *M. W.: »Das Einhorn«* (in Literatur u. Kritik, 1, 1966, H. 9/10, S. 109–113). – R. Hartung, *M. W.: »Das Einhorn«* (in NRs, 77, 1966, H. 4, S. 668–672). – H. Plavius, *Kritik, die am Bettuch nagt* (in Neue Deutsche Literatur, 15, 1967, H. 1, S. 142–154). – G. Ullrich, *Identität u. Rolle. Probleme des Erzählens bei Johnson, W., Frisch u. Fichte*, Stg. 1977, S. 33–50. – R. Nägele, *Zwischen Erinnerung u. Erwartung. Gesellschaftskritik u. Utopie in M. W.s »Einhorn«* (in *M. W.*, Hg. K. Siblewski, Ffm. 1981, S. 114–131; st). – Weitere Literatur zur *Anselm-Kristlein-Trilogie* vgl. *Halbzeit*.

EIN FLIEHENDES PFERD

Novelle von Martin WALSER, erschienen 1978. – Nach seiner Trilogie um Anselm Kristlein, der 1973 mit *Der Sturz* sein literarisches Ende nahm, und dem kurzen Intermezzo des Intellektuellen Gallistl (*Die Gallistl'sche Krankheit*, 1972) fand Walser ein neues Figurenensemble in dem Stuttgarter Studienrat Helmut Halm, der in *Ein fliehendes Pferd* und in *Brandung* im Mittelpunkt der Handlung steht, sowie dem Immobilienmakler Gottlieb Zürn (*Ein fliehendes Pferd; Das Schwanenhaus*, 1980) mit seinen beiden Vettern Xaver Zürn (*Seelenarbeit*, 1979) und Franz Horn (*Jenseits der Liebe*, 1976). Waren Walsers vorhergehende Romane aus der Perspektive eines Ich-Erzählers geschrieben, so wechselte der Autor mit *Jenseits der Liebe* in die distanzierte Haltung des Er-Erzählers, die ihm jene ironische Darstellung der Welt des bundesdeutschen Mittelstandes erlaubt, die diese Werkgruppe prägt.

In seinem Urlaubsort am Bodensee sitzen der Lehrer Helmut Halm und seine Gattin Sabine in einem Straßencafé an der Uferpromenade. Während Sabine das Vorbeiflanieren der *»leichtbekleideten Braungebrannten«* beobachtet und zu genießen scheint, sinniert Helmut über seine Rolle als Lehrer und sein damit verbundenes Unterlegenheitsgefühl, über *»das Erkannt- und Durchschautwerden in Schule oder Nachbarschaft«*. Der Drang, aus seinem privaten und beruflichen Dasein zu fliehen, bestimmt auch seine Ferien: *»Flucht«* aus *»Vertrautheiten«*. Unversehens tritt ein *»zierlicher junger Mann«* an den Cafétisch, Klaus Buch, der sich als ein alter, längst verschollener Freund Helmuts aus gemeinsamen Tübinger Studententagen zu erkennen gibt und von seiner jungen Frau Helene, *»genannt Hel«*, begleitet wird. Beim Abendessen wird man miteinander vertraut und beschließt gemeinsame Unternehmungen, nachdem bald vergessen ist, daß sich der sportlich-dynamische Macher und der grüblerisch-behäbige Intellektuelle *»fast auf den Tag genau 23 Jahre«* nicht gesehen haben. Am nächsten Tag unternimmt man eine Segelpartie, schließlich einen Wanderausflug aufs Land, bei dem den beiden Ehepaaren ein in wildem Galopp dahinstürmendes Pferd begegnet. Klaus Buch gelingt es, das Tier einzufangen und aufzusitzen, als es auf einer Wiese zur Ruhe gekommen ist: *»Einem fliehenden Pferd kannst du dich nicht in den Weg stellen. Es muß das Gefühl haben, sein Weg bleibt frei.«* Die extrovertierte Siegerattitüde des *»schwadronierenden Lebenssportlers«* (R. Baumgart) löst bei Halm, einer eher introvertiert-schwermütigen Verliererfigur, zunehmend Aggressionen aus, die sich schließlich bei einem weiteren Segelturn entladen, den die beiden Männer allein unternehmen. In manischer Mitteilsamkeit will Klaus Buch den Studienrat für ein neues Leben auf den Bahamas, zu einem *»zweiten Stapellauf«* überreden. Helmut schweigt zu allen Vorschlägen, zunehmend auch in Sorge über den aufziehenden Sturm, den Klaus jubelnd begrüßt. In nackter Angst um sein Leben *(»Das Boot hatte wieder die entsetzliche Schräglage erreicht. Es war vorauszusehen, daß es in den nächsten Sekunden endgültig kentern würde«)* stößt er Klaus die Ruderpinne aus der Hand; das Boot richtet sich auf und dreht in den Wind. Klaus stürzt dabei über Bord, während Helmut mit dem Boot sicher am Ufer strandet, *»zerschlagen«* wie noch nie in seinem Leben, geplagt von Versagens- und Angstgefühlen, weniger wegen des ungeklärten Schicksals seines Freundes als in Reaktion auf das enttäuschende Fazit seines gesamten Lebens. Am nächsten Tag fällt die Feriengemeinschaft auseinander. Helene enthüllt Klaus Buchs Minderwertigkeitsgefühle und Machtansprüche *(»Und dann hat er mich auf seine Interessen dressiert«)*, aber auch die Erfolglosigkeit seiner Existenz; gerade von Helmut hat er jene Stabilität und Ruhe erwartet, die ihm selbst fehlt. Überraschend tritt der totgeglaubte Klaus Buch ins Zimmer; ohne Helmut anzusehen, nimmt er Helene mit, das Ehepaar Halm entflieht spontan nach Montpellier.

Der Novelle ist ein Text von Søren Kierkegaard vorangestellt: *»Man trifft zuweilen auf Novellen, in denen bestimmte Personen entgegengesetzte Lebensanschauungen vortragen. Das endet dann gerne damit, daß der eine den andern überzeugt. Anstatt daß also die Anschauung für sich sprechen muß, wird der Leser mit dem historischen Ergebnis bereichert, daß der andre überzeugt worden ist. Ich sehe es für ein Glück an, daß in solcher Hinsicht diese Papiere eine Aufklärung nicht gewähren« (Entweder-Oder)*. Die Episode, die der Erzählung den Titel gibt, ist für beide, den Zauderer *»aus Hamlets Geschlecht«* (M. Reich-Ranicki) wie für den *»Supermann aus der Reklamewelt«* (S. Schultze), von höchster Signifikanz, die eigentliche *»unerhörte Begebenheit«*, die schon Goethe von der Novelle forderte. In dem *»Symbol-Gaul«* (B. Henrichs) sind beide ins Bild gebracht mit ihrer Sinnkrise und dem damit verbundenen Fluchtimpuls. Die Kritik reagierte enthusiastisch auf den Text: *»Eine Novelle, die mit dem Wort ›meisterlich‹ eher karg gelobt wäre... Ein Buch, auf dessen 151 Seiten man mehr über die sogenannte Krise der Lebensmitte (und andere Krisen auch) lernen kann als in den fetten Aufklärungsbüchern mit all ihren Statistiken und aufdringlichen Bekenntnissen«* (B. Henrichs).

H.Bre.

Ausgaben: Ffm. 1978. – Ffm. 1980 (st). – Ffm. 1983 (BS). – Ffm. 1985 (st).

Verfilmung: BRD 1986 (Regie: P. Beauvais).

Dramatisierung: M. Walser u. U. Khuon, *Ein fliehendes Pferd* (Schauspiel; Urauff.: Meersburg, 19. 7. 1985, Hämmele-Fabrik; Ausg.: Ffm. 1985; es).

Bearbeitung: M. Walser, *Ein fliehendes Pferd* (Hörspiel; Erstsendung: 17. 3. 1986, Bayerischer Rundfunk).

Literatur: B. Henrichs, Rez. (in Die Zeit, 24. 2. 1978; auch in B. H., *Beruf: Kritiker*, Mchn. 1978, S. 228–235). – M. Reich-Ranicki, Rez. (in FAZ, 4. 3. 1978; ern. in M. R.-R., *Entgegnung. Zur dt. Literatur der 70er Jahre*, Stg. 1981). – J. Kaiser, *M. W.s blindes Glanzstück. Funktion u. Funktionieren der Novelle »Ein fliehendes Pferd«* (in Merkur, 32, 1978, S. 828–838). – A. Weber, *M. W.: »Ein fliehendes Pferd«* (in *Deutsche Novellen von Goethe bis Walser*, Hg. J. Lehmann, Bd. 2, Königstein/Ts. 1980, S. 281–300). – H. A. Doane, *Innen- u. Außenwelt in M. W.s Novelle »Ein fliehendes Pferd«* (in German Studies Review, 3, 1980, S. 69–83). – V. Bohn, *Ein genau geschlagener Zirkel* (in *M. W.*, Hg. K. Siblewski, Ffm. 1981, S. 150–168; st). – M. M. Sinka, *The Flight Motif in M. W.'s »Ein fliehendes Pferd«* (in MDU, 74, 1982, S. 47–58). – W. Wiethöller, *»Otto« – oder sind Goethes »Wahlverwandtschaften« auf den Hund gekommen? Anmerkungen zu M. W.s »Ein fliehendes Pferd«* (in ZfdPh, 102, 1983, S. 240–259). – H.-E. Struck, *M. W.: »Ein fliehendes Pferd«. Interpretation*, Mchn. 1988. – E. Deboesser u. a., *Von der Idee bis zur Kritik. Stationen der Fernsehfilmadaption der Novelle »Ein fliehendes Pferd« von M. W.*, Essen 1988. – M. Behre, *Erzählen zwischen Kierkegaard- u. Nietzsche-Lektüre in M. W.s Novelle »Ein fliehendes Pferd«* (in LWU, 23, 1990, S. 3–18).

HALBZEIT

Roman von Martin Walser, erschienen 1960. – Seinem Debütroman *Ehen in Philippsburg* (1957) ließ Walser 1960 mit *Halbzeit* den ersten Teil der späteren sog. *Anselm-Kristlein-Trilogie* (weitere Bände: *Das Einhorn*, 1966; *Der Sturz*, 1973) folgen, der Geschichte eines Bürgers, der *»durch seine große Leidensfähigkeit und -bereitschaft angesichts der gesellschaftlichen Entwicklung wie ein Fossil aus einer humaneren Vorzeit* [wirkt]. *Er möchte ganz allein sich selbst verwirklichen und erkennt zu spät, daß die Gesellschaft, in der er lebt, gerade dies, raffiniert und mit allen Mitteln, verhindert«* (Th. Beckermann).

Ich-Erzähler ist der alerte, ewig redende und dabei ewig mißmutige fünfunddreißigjährige Vertreter Anselm Kristlein, eine Art bundesrepublikanischer »Jedermann«, ein seiner Familie überdrüssiger Vater von drei Kindern, in mehrere Liebesverhältnisse verstrickt, voller Aufsässigkeit und zugleich trotz seiner Resignation und vieler wegwerfender Redensarten auf sozialen Aufstieg bedacht. In inneren Monologen, Erinnerungen, Gesprächen und ausgedehnten, allerdings mehr obenhin nörgelnden als scharfen Kommentaren läßt der Autor den Ich-Erzähler seinen ganzen Gehirn- und Sprachmüll, das Denken und Fühlen eines weitgehend als »typischer Vertreter« angelegten Menschen, eines *»Herrn der fünfziger Jahre«* reproduzieren. Der Leser erhält Einblick in Vertreterbräuche, Weibergeschichten, Geldpumpereien, Ehemuff, Partyklatsch und Sprachmoden einer Gruppe von betont durchschnittlichen Leuten. Die Handlung des Romans umfaßt etwa den Zeitraum eines Jahres, für Kristlein eine fast gleichgültige Phase seines – eher mürrischen als begeisterten – Aufstiegs; was er in diesem Jahr erlebt, ist sozusagen das Übliche: sein Beratungsbüro für Ölfeuerung floriert nicht, dafür findet er einen Posten in der Werbeabteilung eines Lebensmittelkonzerns, ist kurz in Finanzschwierigkeiten, kann sich aber bald einen größeren Wagen leisten, betrügt seine Frau Alissa mit einigen seiner früheren Geliebten, legt sich eine neue zu, verliert sie wieder, steht wegen dieser Affäre einen Ehekrach mit seiner Frau durch und zeigt sich am Ende als das, was er am Anfang war – ein willenloses Opfer seiner unlustig hingenommenen Verhältnisse; morgens aufwachend, fühlt er sich als *»ein Gefangener der Sonne für einen weiteren Tag«*. Weder er noch seine Umwelt haben sich durch seinen Aufstieg wesentlich geändert, auch auf der Ebene des Big Business sind uneheliche Verhältnisse an der Tagesordnung, alte Nazis in wichtigen Positionen, die Parties eine Spur feiner, aber ebenso langweilig, die Gespräche und Umgangsformen etwas soignierter, aber im Grunde ebenso halbgebildet und prätentiös.

»...so Redensarten streuen alle umher, die einem im Magen liegen«, läßt der Autor seinen Erzähler am Ende notieren. Einzig diese kritische Aufmerksamkeit für die Sprache seiner Umgebung zeigt, daß Anselm Kristlein der Anpassung noch nicht völlig erlegen ist, und auch die Sprache des Romans, die etwas von dem endlosen Redenmüssen des Vertreters hat, läßt an einigen (wenn auch zu wenigen) Stellen erkennen, daß sie dem Autor dazu dient, sowohl Kristleins Durchschnittlichkeit und seine Anpassung an seine Umwelt als auch das wache kritische Bewußtsein seiner Lage und die leise Selbstironie, zu der er immer noch fähig ist, deutlich zu machen: *»Ich bin Don Quixote, nachdem er gelesen hat, was Cervantes über ihn schrieb.«* Walser hat den sprachgewandten Kristlein denn auch in seinem dritten Roman *Das Einhorn* (1966) nicht mehr als Werbetexter, sondern als Schriftsteller auftreten lassen, der er – verkappt – auch schon in *Halbzeit* ist. J.Dr.

AUSGABEN: Ffm. 1960. – Mchn./Zürich 1964 (Knaur Tb). – Ffm. 1973 (st). – Ffm. 1981 (in *Anselm Kristlein Trilogie*, 3 Bde., 1).

LITERATUR: R. Baumgart, *Perpetuum Mobile* (in NDH, 1960, H. 77, S. 833–835). – R. Hartung, *Schaum in der Klarsicht-Tube* (in Der Monat, 1960, H. 147, S. 65–69). – W. Berghahn, *Sehnsucht nach Widerstand* (in FH, 1961, H. 2, S. 135–137). – Th. Beckermann, *M. W. oder Die Zerstörung eines Musters. Literatursoziologischer Versuch über »Halbzeit«*, Bonn 1972. – D. Arendt, *Im goldenen Käfig der Freiheit. Eine literarisch-didaktische Explikation zu M. W.s Roman »Halbzeit«* (in DU, 26, 1974, H. 4, S. 27–40). – K. Rooney, *Wife and Mistress: Women in M. W.'s Anselm Kristlein Trilogie*, Warwick 1975. – H. Doane, *Gesellschaftspolitische Aspekte in M. W.s Kristlein-Trilogie*, Bonn 1978. – Th. Beckermann, *Epilog auf eine Romanform. M. W.s Roman »Halbzeit«. Mit einer kurzen Weiterführung, die Romane »Das Einhorn« u. »Der Sturz« betreffend* (in *M. W.*, Hg. K. Siblewski, Ffm. 1981, S. 74–113; st). – G. Hartmeier, *Die Wunsch- u. Erzählströme in M. W.s Kristlein-Trilogie*, Bern u. a. 1983. – H. Kinder, *Anselm Kristlein: Eins bis Drei – Gemeinsamkeit u. Unterschied* (in *M. W.*, Hg. H. L. Arnold, Mchn. [2]1983; Text + Kritik).

DER STURZ

Roman von Martin WALSER, erschienen 1973. – Wie schon in den beiden ersten Bänden der Anselm-Kristlein-Trilogie, in *Halbzeit* (1960) und *Das Einhorn* (1966), entsprechen sich auch im letzten Band Ausgangs- und Schlußsituation: Kristlein liegt räsonierend im Bett. Während in den vorangegangenen Bänden aber die Erzählzeit zu Beginn und am Ende gleich ist, wechselt sie im *Sturz* von der Vergangenheit (erster Teil) über die Gegenwart (zweiter Teil) in die Zukunft (dritter Teil). Der Ausgang der Trilogie bleibt daher offen, das weitere Schicksal des Erzählers und seiner Familie ungewiß.

Der erste Teil des Romans hat die Form einer »Beichte«. Kristlein, inzwischen Anfang fünfzig, erzählt seiner Frau Alissa von seinen vergeblichen Versuchen, zu Geld zu gelangen, und schildert dann seine abenteuerliche Rückkehr an den Bodensee, wo seine Familie inzwischen eine neue Bleibe gefunden hat. Nachdem er in München Alissas Erbteil verspekuliert hat, seine Cousine, deren Zuhälter er zeitweilig gewesen ist, ihm die Unterstützung versagt hat und die Bewerbung als Sekretär beim *»Bund Sozialdemokratischer Millionäre« (»BuSoM«)* mißlungen ist, verläßt Kristlein die Stadt. Zu Fuß durchstreift er die Landschaften Süddeutschlands und macht dabei alptraumartige Bekanntschaften und Erfahrungen. Er lernt eine verwahrloste, taubstumme Halbwüchsige kennen, verdingt sich als Akkordarbeiter, gerät in die Gefangenschaft einer Nymphomanin, lebt einige Zeit in einer Landkommune, trifft auf den impotenten, masochistischen Rassenforscher Dr. Zerrl und dessen sadistische Frau Finchen, die vor den Augen ihres gefesselten Mannes mit Kristlein schläft, und wird schließlich unter Mordverdacht verhaftet und vor Gericht gestellt. Alissa gelingt es, die Unschuld ihres Mannes zu beweisen und den wirklichen Täter zu entlarven. Wieder in Freiheit, setzt Kristlein seine Reise fort, wird aber kurz vor seiner Ankunft am Bodensee von Unbekannten brutal zusammengeschlagen. Im Bett erwacht er aus seiner Ohnmacht.

Der zweite Teil spielt am Bodensee. Kristlein und seine Frau haben die Leitung eines Betriebserholungsheims übernommen, in dem die Arbeiter und Angestellten des Blomich-Konzerns Ferien machen. Der Zwang, Geld verdienen zu müssen, die Abhängigkeit von Blomich und die konfliktträchtigen Erwartungen der Erholungssuchenden drohen Kristlein zu zermürben. Seine Wohnung entwickelt sich allmählich zu einem Asyl der Enttäuschten und Gescheiterten, seine schriftstellerischen Arbeiten stagnieren. Den Alltag beherrschen kleinere und größere Katastrophen: Seltsame Todesfälle und groteske Selbstmorde ereignen sich, Kristleins Kinder entwickeln auffällige Verhaltensweisen, und auch der Erzähler selbst benimmt sich befremdlich: In tagelanger, sinnloser Anstrengung hebt er im Garten seines Dienstherrn einen tiefen Schacht aus. Alissa, die als einzige ein deutliches Bewußtsein von der *»ununterbrochene[n] Abwärtsbewegung«* hat, erleidet einen Nervenzusammenbruch und muß in eine psychiatrische Klinik eingeliefert werden. Aus der Tageszeitung erfährt Kristlein, daß Blomich seine Firma an die Amerikaner verkauft hat, dem Ehepaar wird gekündigt.

Im dritten Teil imaginiert Kristlein seine Flucht in den Süden. Nachdem er seine Kinder bei Verwandten untergebracht hat, unternimmt er mit Alissa, ein Segelboot auf dem Autoanhänger, eine Fahrt in die Alpen. Auf einer Paßhöhe geraten sie in einen Schneesturm, der Wagen kommt von der Straße ab und stürzt einen Abhang hinunter. Der Schluß wiederholt teilweise wörtlich die Szene zu Beginn des Romans, berichtet Kristleins Erwachen aus der Ohnmacht aber im Irrealis. Der Sturz scheint tödlich gewesen zu sein. Doch läßt der Roman noch ein anderes mögliches Ende erkennen. In einer seiner letzten Reflexionen distanziert sich Kristlein von seinem erfolgreichen und unabhängigen *»Gegentyp«*, dem er sich über Jahre anzupassen versucht hat, und entwickelt die Vision seiner Selbstbefreiung: *»Seit ich nicht mehr so werden will wie er* [der Gegentyp], *kann ich ohne ihn sein. Ich will nicht mehr unabhängig werden. Solang ich das wollte, wurde ich immer abhängiger von ihm… Ich werde den Absprung finden. Das wird aussehen wie eine Art Selbstmord oder Auferstehung.«* Und der Roman schließt mit der hoffnungsvollen Aussicht, *»daß es wunderbar sei, sich in Umständen zu finden, die einem entsprächen, und daß das, wenn es einmal möglich sei, immer möglich sei, und daß sich solche Umstände für alle nur von allen machen ließen… Es sei jetzt geradezu Zeit für uns, uns zu verändern, und das und nichts anderes sei unser Ziel. Ich empfände natürlich auch Angst. Aber ich sei doch froh über die Unmißverständlichkeit der Umstände. Es fielen jetzt Glück und Ende zusammen wie Ober- und Unterkiefer beim Biß.«*

Die Trilogie erzählt die Geschichte vom Aufstieg *(Halbzeit)* und Fall *(Das Einhorn; Der Sturz)* eines konformistischen und opportunistischen kleinbürgerlichen Intellektuellen. Der alltägliche Existenzkampf deformiert Kristlein moralisch, psychisch und physisch, er verstrickt ihn immer tiefer in Abhängigkeiten und macht ihn zum willfährigen Spielball der Interessen anderer. Erschien sein Scheitern in *Das Einhorn* noch als seine persönliche Niederlage, so erfaßt die Krise in *Der Sturz* auch seine Mitmenschen. Zweifel an der seinem Handeln zugrundeliegenden Wertorientierung, dem Streben nach ökonomischer und sexueller Selbständigkeit, kommen Kristlein aber erst, nachdem er endgültig gescheitert ist: in der Liebe, in der Familie und im Beruf. Ob das utopische Wunschbild von einem Leben, in dem sich Ich und Gesellschaft im Einklang befänden, noch zu praktischen Konsequenzen führt, läßt der Roman offen. Ein Jahr vor der Veröffentlichung von *Der Sturz*, in dem Roman *Die Gallistl'sche Krankheit* (1972), hatte Walser eine politische Perspektive entworfen: Beeinflußt von den Positionen der DKP, denen er zeitweilig nahestand, schuf er mit Josef Georg Gallistl eine Gegenfigur zu Anselm Kristlein, die es lernt, ihre Leiden als Folge des kapitalistischen Systems zu begreifen, und sich schließlich in der kommunistischen Bewegung engagiert. P.La.

Ausgaben: Ffm. 1973. – Ffm. 1976 (st). – Ffm. 1981 (in *Die Anselm Kristlein Trilogie*, 3 Bde., 3; st).

Verfilmung: BRD 1978 (Regie: A. Brustellin).

Literatur: Chr. Schultz-Gerstein, Rez. (in Die Zeit, 18. 5. 1973; m. Interview v. D. E. Zimmer). – W. Ross, *Lauter Endzustände* (in Merkur, 27, 1973, H. 303, S. 774–777). – J. Kaiser, *Subjektivistischer Romancier mit marxistischem Überbau* (ebd., S. 777–783). – B. Wehrli, *Zwischenhalt?* (in Schweizer Monatshefte, 54, 1974/75, S. 217–223). – P. Laemmle, *»Lust am Untergang« oder radikale Gegen-Utopie? »Der Sturz« u. seine Aufnahme in der Kritik* (in *M. W.*, Hg. H. L. Arnold, Mchn. 21983, S. 70–76; Text + Kritik). – Weitere Literatur vgl. *Halbzeit*.

PETER WEISS

* 8.11.1916 Nowawes / Berlin
† 10.5.1982 Stockholm

LITERATUR ZUM AUTOR:
H. Rischbieter, *P. W.*, Velber 1967. – *Über P. W.*, Hg. V. Canaris, Ffm. 1970 (es). – O. F. Best, *P. W. Vom existentialistischen Drama zum marxistischen Welttheater. Eine kritische Bilanz*, Bern/Mchn. 1971. – H. Lüttmann, *Die Prosawerke von P. W.*, Hbg. 1972. – U. Paul, *Vom Geschichtsroman zur politischen Diskussion. Über die Desintegration von Individuum u. Geschichte bei G. Büchner u. P. W.*, Mchn. 1974. – W. Kehn, *Von Dante zu Hölderlin. Traditionswahl u. Engagement im Werk von P. W.*, Köln/Wien 1975. – M. Haiduk, *Der Dramatiker P. W.*, Bln. ²1977. – I. Schmitz, *Dokumentartheater bei P. W. Von der »Ermittlung« zu »Hölderlin«*, Ffm. u. a. 1981. – H. Vormweg, *P. W.*, Mchn. 1981. – *P. W.*, Hg. H. L. Arnold, Mchn. ²1982 (Text + Kritik). – H. Vormweg, *P. W.* (in KLG, 13. Nlg., 1983). – *P. W. als Maler*, Red. A. Meyer, Bremen 1983 [Kat.]. – *P. W.*, Hg. R. Gerlach, Ffm. 1984 (st). – H. Lange-Fuchs, *P. W. u. der Film. Dokumentation*, Lübeck 1986. – *P. W. Werk u. Wirkung*, Hg. R. Wolff, Bonn 1987. – R. Ellis, *P. W. in Exile. A Critical Study of His Works*, Ann Arbor/Mich. 1987. – J. Vogt, *P. W. mit Selbstzeugnissen u. Bilddokumenten*, Reinbek 1987 (rm). – A. Söllner, *P. W. u. die Deutschen. Die Entstehung einer politischen Ästhetik wider die Verdrängung*, Opladen 1988. – *P. W. Leben u. Werk*, Hg. G. Palmstierna-Weiss u. J. Schutte, Ffm. 1991.

ABSCHIED VON DEN ELTERN

Erzählung von Peter WEISS, erschienen 1961. – Es war dies die zweite in einem deutschen Verlag erfolgende Buchveröffentlichung des in Schweden lebenden Schriftstellers, Experimentalfilmers und Malers, der durch *Der Schatten des Körpers des Kutschers* (1960) bekannt geworden war. *Abschied von den Eltern* fand seine Fortsetzung in *Fluchtpunkt* (1962). In der Folgezeit wandte sich Weiss vor allem der Bühne zu und provozierte mit seinen dokumentarischen Theaterstücken immer wieder die Kritik; erst spät, mit seinem Hauptwerk *Die Ästhetik des Widerstands* (1975–1981), kehrte er, der als undogmatischer Linker weder in der Bundesrepublik noch in der DDR eine politische Heimat fand, zur Prosa zurück.

Als Anlaß zu seiner frühen autobiographischen Erzählung *Abschied von den Eltern* bezeichnete Weiss *»die Erkenntnis eines gänzlich mißglückten Versuchs von Zusammenleben, in dem die Mitglieder einer Familie ein paar Jahrzehnte lang beieinander ausgeharrt hatten«*. Erst nach dem fast gleichzeitigen Tod von Vater und Mutter vermag der Sohn das Wesen dieser beiden *»Portalfiguren«* seines Lebens zu erfassen und sich von ihrem Einfluß frei zu machen. Er distanziert sich aber nicht nur von den allzu selbstsicheren, dabei wenig feinfühligen Eltern, sondern auch von dem ebenso unverstandenen wie unverständigen Kind, dem alle Wirren der Hitlerzeit – die Emigration aus Deutschland und der ruhelose Schicksalsweg der Familie von England über Prag und die Schweiz nach Schweden – weniger bedrohlich erscheinen als ein beiläufiges Wort des Vaters. *»Meine Niederlage ist nicht die des Emigranten vor den Schwierigkeiten des Daseins im Exil, sondern die Niederlage dessen, der es nicht wagt, sich von seiner Gebundenheit zu befreien.«* Es ist die nie ermüdende Tatkraft des Vaters, die die Aktivität des verträumten, sensiblen Jungen lähmt. Er kann sich zu keinem praktischen Beruf entschließen, scheitert als Lehrling in einem Warenhaus und als Volontär im väterlichen Kontor. Allein künstlerische Betätigung kann ihn befriedigen, aber auch der Besuch der Kunstakademie beweist scheinbar nur seine Unfähigkeit, aus eigener Kraft zu leben. In das Elternhaus in Schweden zurückgekehrt, versetzt ihn das Gefühl, ein Versager zu sein, in einen *»Zustand der Umnachtung«*. Zwei Jahre lang arbeitet er als Laborant in einer – wohl auch als Symbol zu verstehenden – Dunkelkammer; dann hat er eines Tages eine Vision, die ihn bestimmt, fortzugehen und neu zu beginnen.

Psychologisch gesehen ist dieser Entwicklungsgang eines komplizierten, falsch geleiteten Kindes eher typisch als außergewöhnlich. Auffallend ist die Ähnlichkeit der verkrampften Beziehung zwischen Vater und Sohn – gestört sowohl durch die Überbetonung der patriarchalischen Macht wie durch die Überempfindlichkeit des sich seiner Schwäche bewußten Jungen – mit dem Verhältnis Franz KAFKAS zu seinem Vater, wie es der *Brief an den Vater* (1919) schildert. Gemeinsam ist dem Prager Malstudenten Weiss und dem Prager Versicherungsangestellten Kafka die Abneigung gegen den bürgerlichen Broterwerb, vor allem aber eine ausgeprägte Neurose, verstärkt durch die gefährlich bourgeoise, eine normale sexuelle Entwicklung hemmende Geschlechtsmoral der Erzieher. Sie führte bei Kafka zu einer puristischen, fast naiven Einstellung zur Frau und fördert bei Weiss ein inzestuöses Begehren und den Hang zu romantischen Freundschaften. Beide kehren, indem sie ihren Abschied von den Eltern schriftlich fixieren und ihn dabei absichtlich in die Länge ziehen, ihre einzige Stärke hervor: ihr großes, vielleicht geniales literarisches Talent, das die fehlende Begabung für eine andere Existenzform ersetzen muß.

Obwohl ohne Absatz und wie in einem Zug atemlos niedergeschrieben, läßt die Erzählung vom ersten Satz an erkennen, daß sie – im Unterschied zu Kafkas *Brief* – nicht erst eine Klärung der Situation herbeiführen soll, sondern bereits das souverän formulierte Ergebnis eines vorausgegangenen inneren Bewältigungsprozesses ist. G.Wo.

AUSGABEN: Ffm. 1961; [2]1964. – Ffm. 1964 (es). – Ffm. 1980 (m. 8 Collagen von P. W.; BS).

LITERATUR: H. Fink, Rez. (in SZ, 21./22. 10. 1961). – M. Delling, Rez. (in Die Welt, 6. 12. 1961). – U. Jenny, Rez. (in DU, H. 11, 1961). – B. Raudszus, Rez. (in FRs, 8. 12. 1962). – G. Dallmann, Rez. (in Moderna språk, 1962, H. 3, S. 339–342). – R. H. Wiegenstein, *P. W.: »Der Schatten des Körpers des Kutschers« – »Abschied von den Eltern« – »Fluchtpunkt«* (in NRs, 1963, H. 1, S. 149–151). – K. Krolow, *Porträt strenger Isoliertheit. Bemerkungen zu drei Büchern von P. W.* (in DRs, 1963, H. 6, S. 61–67).

DIE ÄSTHETIK DES WIDERSTANDS

Roman von Peter WEISS, erschienen in drei Bänden 1975–1981. – Seit 1972 arbeitete der Autor an dem von ihm selbst als sein Hauptwerk bezeichneten Roman, der die Konventionen dieser Gattung sprengt. Der dem Text zugrunde liegende historische Stoff, die Geschichte der deutschen Arbeiterbewegung zwischen 1918 und 1945, wird nicht in herkömmlicher Weise in eine Erzählhandlung überführt; vielmehr gehen essayistische, dokumentarische und fiktionale Passagen ineinander über. Figuren und Schauplätze sind authentisch, die historischen Ereignisse werden, ohne den analytischen Gestus aufzugeben, aus der Perspektive derer geschildert, *»die sich ganz unten befinden u dort, Entbehrungen u Leid auf sich nehmend, ihre Überzeugung«* gewinnen, wie Weiss in seinen *Notizbüchern 1971–1980* festhält.

Mit gleichsam filmischen Mitteln montiert Weiss historische Szenen und Fragmente teils mit harten Schnitten, teils mit Überblendungen, verbindet Vergangenheit mit der Gegenwart seines Ich-Erzählers in Dialogen und reflektierenden Passagen. Die Figur des Ich-Erzählers weist Parallelen zur Biographie des Autors auf, dessen großbürgerliche Herkunft allerdings durch eine proletarische ersetzt wird. Peter Weiss war nach seinen autobiographischen Romanen *Abschied von den Eltern* (1961) und *Fluchtpunkt* (1962) vor allem als Dramatiker hervorgetreten, mit der *Ästhetik des Widerstands* kehrt er zur Prosa zurück, seine persönliche Entwicklung aber nicht mehr individualpsychologisch deutend, sondern politisch, vor dem Hintergrund seiner Wendung zum Marxismus; im Ich-Erzähler, so Weiss in einem Interview (FRs, 24. 11. 1979), *»... werden Erfahrungen, die ich erst in späteren Jahren gewonnen habe, verdichtet, und das Ich spricht Dinge aus, die ich damals keineswegs aussprechen konnte. Ich mußte mir dies erarbeiten, und dieses Erarbeiten ist auch Thema des Buches.«*

Das Werk trägt, indem es die Entwicklung des Erzählers zum politisch engagierten Künstler verfolgt, Züge eines Bildungsromans, doch wird dieser Erzählstrang eingebettet in die Darstellung der Kämpfe der deutschen Linken zwischen den beiden Weltkriegen sowie in den Versuch, im Rückgriff auf die Tradition einer marxistischen Kunsttheorie erneut eine politisch motivierte Ästhetik zu formulieren, somit *»Ästhetik vom Werkzeug der Erkenntnis kultureller Vorgänge zum Instrument des Eingreifens zu machen« (Notizbücher 1971–1980)*. Der Zusammenhang des Romans wird durch den Erzähler gestiftet, geboren 1917 am Tag der Oktoberrevolution, Sohn eines Sozialdemokraten, der sich 1919 am Bremer Arbeiteraufstand beteiligt. Während der Vater auf seiten der reformistischen SPD verharrt, wendet der Sohn sich der KPD zu, ohne allerdings der Partei beizutreten. Die Spaltung der Linken in Deutschland wie in den übrigen europäischen Ländern bestimmt die Schauplätze des Romans, das Berlin des Jahres 1937, die spanische Bürgerkriegsszenerie, die Exilorte Paris und Stockholm. Der Rivalität der Parteiführungen steht die Zusammenarbeit von Sozialdemokraten und Kommunisten im politischen Alltag gegenüber, eine Volksfront auf unterster Ebene mit utopischem Gehalt.

Der erste Band von *Die Ästhetik des Widerstands* setzt ein am 22. 9. 1937 in Berlin. Der Erzähler steht vor der Abreise nach Spanien, wo er sich den Internationalen Brigaden anschließt, während seine kommunistischen Freunde Heilmann und Coppi zurückbleiben, um den Kampf gegen den Nationalsozialismus im Untergrund fortzuführen. Das Engagement in Spanien, wo der Erzähler in den von Max Hodann geleiteten Sanitätsstationen arbeitet, wird begleitet von Auseinandersetzungen über die Chancen eines basisdemokratischen Sozialismus, vor dem Hintergrund des autoritären Führungsstils der kommunistischen Partei und den Nachrichten von Schauprozessen in Moskau. Im Frühjahr 1938, zu Beginn des zweiten Bandes, befindet sich der Erzähler in Paris. Die Brigaden sind aufgelöst, der Sieg Francos steht bevor. Der Erzähler wartet auf ein Visum nach Schweden, er arbeitet in einem Hilfskomitee für Flüchtlinge und betreibt kunsthistorische Studien im Louvre. In Stockholm findet er Arbeit als *»Aufräumer und Heizer«*, er erledigt Kurierdienste für die illegale Zelle der deutschen KP und wird schließlich Mitarbeiter Bertolt BRECHTS, der sich mit einem Projekt über Engelbrekt beschäftigt, den Führer des schwedischen Volksaufstandes gegen die Hanse im 15. Jh. Nach dem Angriff der deutschen Truppen auf Norwegen am 9. 4. 1940 flieht Brecht nach Finnland.

Im dritten Band weitet sich die Erzählperspektive. Die Eltern des Erzählers retten sich zu ihm nach Stockholm, die Mutter gezeichnet von den Greueln der Nationalsozialisten. Sie verweigert sich, ebenso wie die Schriftstellerin Karin BOYE, der Wirklichkeit durch den Tod, während der Kampf der Kommunisten im Untergrund weitergeht. Die Schilderung dieser Ereignisse, die verbunden sind mit der Person des späteren SPD-Politikers Herbert Wehner, löst sich unmerklich vom Ich-Erzähler; er ist dafür so wenig direkter Zeuge wie für die Reise der Widerstandskämpferin Lotte Bischoff ins nationalsozialistische Berlin, wo sie zu den Mitgliedern der Untergrundorganisation der »Roten Kapelle« stoßen soll. Bischoff gelingt es, bis zum Kriegsende zu überleben, die Angehörigen der Roten Kapelle, darunter Heilmann und Coppi, werden jedoch 1942 enttarnt und hingerichtet. Die Hoffnung auf den Sturz des NS-Regimes durch die politische Linke bleibt Illusion, einen gemeinsamen Neubeginn gibt es auch 1945 nicht, erneut finden sich Sozialdemokraten und Kommunisten in getrennten Lagern. In Stockholm begeht Max Hodann Selbstmord nach dem Scheitern seiner Bemühungen, die kulturellen Kräfte der deutschen Linken zu versammeln. Es bleibt allein die Hoffnung auf die Zukunft: *»Die Hoffnungen würden bleiben. Die Utopie würde notwendig sein. Auch später würden die Hoffnungen unzählige Male aufflammen, vom überlegnen Feind erstickt und wieder neu geweckt werden.«*

Die Sicherheit, mit welcher der Roman in seinen konjunktivisch geführten Schlußpassagen auf der Berechtigung dieser Hoffnungen insistiert, ist eng verknüpft mit jener *»Ästhetik des Widerstands«*, die sein zentrales Thema darstellt. Stets ist das politische Handeln des Erzählers begleitet von der Rezeption von Kunst, von der Reflexion über den *Pergamon-Altar* wie über die Tempel von Angkor Wat, über DANTES *Göttliche Komödie* bis hin zum Werk von Eugène SUE, über KAFKA, die Surrealisten, die Werke von DELACROIX, GÉRICAULT, PICASSO, George GROSZ oder John HEARTFIELD. Fungiert der Erzähler anfänglich vor allem als Medium der verschiedenen Meinungen seiner Umwelt über die Zeitereignisse, so gewinnt er durch die Kunst seine Individualität. Darin besteht der eigentliche Zusammenhang zwischen seinem Bildungsgang und der Biographie des Autors. Die im Roman in breiten Passagen vergegenwärtigten Kunstwerke provozieren die Bewußtseinsentwicklung des Erzählers, am Beispiel ihrer Betrachtung aktualisiert Peter Weiss aber auch den Streit um die Begründung einer marxistisch fundierten Ästhetik, wie er in den zwanziger und dreißiger Jahren des 20. Jh.s in Deutschland zwischen den Vertretern einer traditionellen, »realistischen« Gestaltungsweise – allen voran Georg LUKÁCS – und den Verfechtern eines innovativ-offenen Kunstbegriffs (B. BRECHT, W. BENJAMIN) ausgefochten wurde. Den ihnen gemeinsamen Anspruch, der allen Differenzen zum Trotz bestand, reformuliert Weiss in seinen *Notizbüchern 1971–1980*: *»Hier ist die Rede von einer Ästhetik, die nicht nur künstlerische Kategorien umfassen will, sondern versucht, die geistigen Erkenntnisprozesse mit sozialen u politischen Einsichten zu verbinden.«*

Der Roman beginnt mit der Beschreibung des Frieses des *Pergamonaltars*, Zeugnis antiker Klassenkämpfe, die Heilmann, Coppi und der Erzähler in Beziehung bringen zu ihrer Gegenwart: *»Mehr als zweitausend Jahre waren vergangen, seitdem die ausgehobenen Söhne der Bauern ... verbluteten in Schlachten, die zum Untergang des einen, zum Aufstieg des anderen Usurpatoren führten. Vor zwanzig Jahren erst waren unsere Väter aus ihren Massakern gekommen.«* Walter BENJAMIN verweist in seinen Thesen *Über den Begriff der Geschichte* (1940), die besonders dem ersten Band des Romanwerks zugrunde liegen, darauf, daß Geschichte immer die Geschichte der Sieger sei. Deren Werke und Zeugnisse bestehen fort. Kunst ist damit ein Dokument der *»Barbarei«*, der Gewalt und Ausbeutung, aber sie fungiert immer auch als Medium, in dem die vergangenen Generationen ihre Hoffnungen auf Befreiung an die Nachgeborenen weitergeben. Vor dem *Pergamonaltar* schießen für die Betrachter Vergangenheit und Gegenwart zusammen, schockartig realisiert sich die Erkenntnis, daß Geschichte als Gewaltzusammenhang noch immer keine Unterbrechung gefunden hat. Dadurch erhalten Kunstwerke vergangener Epochen ihre Bedeutung für die Gegenwart, darin liegt ein Teil des ihnen innewohnenden Vermögens, Widerstandspotential zu mobilisieren, sofern sie gegen die herrschende Rezeptionsweise gelesen werden. Diese Werke, so fordert Heilmann, müßten *»immer wieder neu ausgelegt werden ..., bis eine Umkehrung gewonnen wäre und die Erdgebornen aus Finsternis und Sklaverei erwachten und sich in ihrem wahren Aussehn zeigten«*.

Da das Proletariat von jeher von der Aneignung von Kunst ausgeschlossen war, muß eine *»Ästhetik des Widerstands«* den Versuch beinhalten, *»zur Überwindung einer klassenbedingten Aussperrung von ästhetischen Gütern« (Notizbücher 1971–1980)* zu gelangen. Die Diskussion zwischen Coppi und Heilmann im ersten Band kreist um die Frage, welche Form von Kunst dafür am ehesten geeignet sei. Während Coppi, der Proletarier, an »realistischen« Kunstformen festhält, plädiert der Intellektuelle Heilmann für einen avantgardistischen Kunstbegriff, der mit neuen Formen neue Wahrnehmungsweisen gestaltet. Der Ich-Erzähler beteiligt sich kaum an dieser Diskussion, im Fortgang des Romans aber wird er sich die Haltung Heilmanns zu eigen machen, ohne die von Coppi zu verwerfen, in deutlicher Frontstellung aber zur verordneten Abqualifizierung der Moderne, wie sie in der Doktrin des sozialistischen Realismus zum Ausdruck kam. *»So verlief unser Bildungsgang nicht nur konträr zu den Hindernissen der Klassengesellschaft, sondern auch im Widerstreit zum Grundsatz einer sozialistischen Kultursicht, nach dem die Meister der Vergangenheit sanktioniert und die Pioniere des 20. Jhs. exkommuniziert wurden.«* Denn letztlich war es immer die künstlerische Avantgarde, wie der Erzähler am Beispiel von Dante und Kafka, von Géricault und Picasso reflektiert, die in ihrer Epoche jene neuen Gestaltungsweisen entwickelte, durch die das Leiden der Unterdrückten einen authentischen Ausdruck erhielt. Das Grauen, dem die Kunstwerke sich stellen – und paradigmatisch steht dafür Géricaults *Das Floß der Medusa* zu Beginn des zweiten Bandes –, setzt eine künstlerische Grenzerfahrung voraus, die die Einseitigkeiten unbeteiligter, objektivierender Analyse ebenso übersteigt wie die bloßer emotionaler Anteilnahme. Heilmann sieht (im ersten Band) den Dichter als scheinbar ungerührten Zeugen seiner Zeit dabei in einem schmerzunempfindlichen Zustand: *»Die Anästhesie gehöre* *auch zur äußerst beteiligten ... Kunst, denn ohne deren Hilfe würden wir entweder von Mitgefühl für die Qualen andrer oder vom Leiden am selbsterfahrnen Unheil überwältigt werden und könnten unser Verstummen, unsre Schreckenslähmung nicht umwandeln in jene Aggressivität, die notwendig ist, um die Ursachen des Alpdrucks zu beseitigen.«*

Die im Roman vergegenwärtigten Kunstwerke werden stets auf jene Polarität hin gelesen, in der Rationalität und Emotionalität zusammenfinden, in der der Mensch sich in jenem Zwischenzustand befindet, wie ihn Heilmann in seinem Brief aus dem Gestapokeller schildert, in dem die Grenze zwischen Wachen und Traum schwindet: *»Im Traum sind wir also unsres teilnehmenden, verantwortungsvollen Ichs entäußert, im Wachen wiederum haben wir den Zugang verloren zu unsren innersten Wahrheiten.«* Aus diesem Zwischenzustand aber speist sich Phantasie als der Drang, sich über das Gegebene wie über die eigene Beschränktheit hinwegzusetzen, Realität in einer Weise sich sinnlich anzueignen, in der gegen alle Einsprüche von außen sich der Wunsch nach Selbstverwirklichung artikuliert und Widerstand somit im Innersten des Menschen bewußt gemacht wird.

Diese Kunstauffassung ist nicht zu trennen von der politischen Dimension des Geschehens. Denn eine politische Praxis, die den Bezug zu diesen *»innersten Wahrheiten«* der Menschen verloren hat, versteinert, kapituliert vor der Macht der Verhältnisse, geht schließlich an den Menschen vorbei. Weiss beharrt auf dem Zusammenhang der *»doppelten, der wachen und der geträumten Revolution«*. Aus dieser Perspektive kritisiert er die Erstarrung der Kommunistischen Internationale, die Fehleinschätzung des Faschismus, die Moskauer Schauprozesse. Unter diesem Blickwinkel verfolgt er in historischen Exkursen die Entwicklung der Arbeiterparteien in Spanien und Schweden, sucht nach den im Geschichtsprozeß verschütteten Alternativen, die für ihn am Beispiel unabhängiger Linker aufscheinen, wie des Psychologen Max Hodann oder des ehemaligen kommunistischen Reichstagsabgeordneten Willi Münzenberg, der unter ungeklärten Umständen 1940 bei Paris ums Leben kam; und er erinnert an das Schicksal von Widerstandskämpfern wie Herbert Wehner, die sich im Geflecht der Parteiintrigen und Fraktionskämpfe aufrieben und schließlich von der Partei fallengelassen wurden.

»Wie könnte dies alles geschildert werden?« Die Frage des Erzählers am Ende des Romans beantwortet das Werk selbst, das in seinen Schlußpassagen, in denen erlebender und rückblickender Erzähler sich verbinden, den Ausblick auf ein gemeinsames Auftreten der Linken nochmals bekräftigt und dabei auf das Motiv der Löwentatze am *Pergamonaltar* zurückgreift, Sinnbild für den Revolutionär Herakles im antiken Mythos: *»... und blind geworden vom langen Kampf würden sie, die sich auflehnten nach oben, auch herfallen übereinander, einander würgen und zerstampfen ... und Heilmann würde Rimbaud zitieren und Coppi das Manifest sprechen, und ein Platz im Gemenge würde frei sein, die Löwenpranke würde dort hängen, greifbar für jeden, und solange sie unten nicht abließen voneinander, würden sie die Pranke des Löwenfells nicht sehn, und es würde kein Kenntlicher kommen, den leeren Platz zu füllen, sie müßten selber mächtig werden dieses einzigen Griffs, dieser weit ausholenden und schwingenden Bewegung, mit der sie den furchtbaren Druck, der auf ihnen lastete, endlich hinwegfegen könnten.«*

Vor allem die beiden ersten Bände der *Ästhetik des Widerstands* fanden in der Bundesrepublik eine sehr gemischte Aufnahme bei der Kritik. Besonders das nur verkürzt aufgenommene Bekenntnis des Autors, damit eine *»Wunschbiographie«* verfaßt zu haben, rief ironische Kommentierungen hervor, daneben wertete man die politische Parteinahme von Peter Weiss als idealistisches Bekennertum. In der DDR wurde das Werk weitgehend ignoriert, da *»nicht übereinstimmend mit der in der DDR gültigen Geschichtsschreibung«*. Eine fundierte Auseinandersetzung vollzog sich erst nach Erscheinen des dritten Bandes. Das Werk wurde nun als *»großer Entwurf gegen den Zeitgeist«* (H. Vormweg) gelesen, man erkannte die Einzigartigkeit des Versuchs von Peter Weiss, deutsche Geschichte und Ich-Findung eines Künstlers zu verbinden und zugleich die Tradition einer marxistisch geprägten Ästhetik in einer großangelegten Reflexion nochmals zu aktualisieren: *»Was Benjamin vorschwebte, als er seine Pariser ›Passagen‹-Arbeit skizzierte, das hat Peter Weiss in der ›Ästhetik des Widerstands‹, diesem gewaltigen Epitaph auf die Geschichte der Arbeiterbewegung in der Epoche des Faschismus, verwirklicht: die Beschreibung eines Zeitalters aus seinen Ruinen«* (H. Kesting). M.Pr.

Ausgaben: Ffm. 1975–1981, 3 Bde. – Bln./DDR 1983, 3 Bde. – Ffm. 1983. – Ffm. 1988 (es).

Literatur: A. Andersch, *Wie man widersteht* (in FRs, 20. 9. 1975; ern. in A. A., *Öffentlicher Brief an einen sowjetischen Schriftsteller, das Überholte betreffend*, Zürich 1977, S. 143–154). – *»Es ist eine Wunschbiographie«. P. W. im Gespräch mit R. Michaelis über seinen politischen Gleichnisroman* (in Die Zeit, 10. 10. 1975; ern. in *P. W. im Gespräch*, Hg. R. Gerlach u. M. Richter, Ffm. 1986, S. 216–226). – H. Müssener, *tua res agitur. Zur »Ästhetik des Widerstands« von P. W.* (in Basis, 6, 1976, S. 126–139). – K. Scherpe, *P. W.' »Ästhetik des Widerstands« – Antworten eines lesenden Arbeiters?* (in WB, 1978, H. 1, S. 155–163). – H. Vormweg, Rez. (in SZ, 19. 5. 1981). – H. Kesting, Rez. (in Der Spiegel, 8. 6. 1981; ern. in H. K., *Dichter ohne Vaterland*, Bln./Bonn 1982, S. 207–216). – K. Jochem, *Widerstand u. Ästhetik bei P. W. Zur Kunstkonzeption u. Geschichtsdarstellung in der »Ästhetik des Widerstands«*, Bln. 1980. – *Die »Ästhetik des Widerstands« lesen*, Hg. K. H. Götze u. K. R. Scherpe, Bln. 1981. – *»Die Ästhetik des Widerstands«*, Hg. A. Stephan, Ffm. 1983 (st). – P. Horn, *Diskurs über die lang andauernde unästhetische Praxis der Kultur u. Kulturwissenschaften in der Metropole u. den Kunstkolonien u. über die Notwendigkeit einer neuen* *ästhetischen Praxis anhand des Romans »Ästhetik des Widerstands« von P. W.* (in Acta Germanica, 16, 1983, S. 173–246). – M. C. Schmitt, *»Die Ästhetik des Widerstands«. Studien zu Kontext, Struktur u. Kunstverständnis*, St. Ingbert 1986. – G. Schulz, *»Die Ästhetik des Widerstands«. Versionen des Indirekten in P. W.' Roman*, Stg. 1986. – A. Stephan, *Spätfolgen des Exils. Zwischenbericht zu P. W.: »Die Ästhetik des Widerstands«* (in *Exil. Wirkung u. Wertung*, Hg. D. G. Daviau u. L. M. Fischer, Columbia/S.C. 1985, S. 245–257). – *»Ästhetik des Widerstands«. Erfahrungen mit dem Roman von P. W.*, Hg. N. Kreuzlin, Bln. 1987. – J. Drews, *»Echte Trauer« – was ist das? Die Namenlosen, die Namhaften u. die Unnennbaren in P. W.' »Die Ästhetik des Widerstands«* (in Protokolle, 1987, H. 1, S. 105–132). – *Lesergespräche. Erfahrungen mit P. W.' Roman »Die Ästhetik des Widerstands«*, Hg. G. Dunz-Wolff, H. Goebel u. J. Stüsser, Hbg. 1988. – V. Lilienthal, *Literaturkritik als politische Lektüre. Am Beispiel der Rezeption der »Ästhetik des Widerstands« von P. W.*, Bln. 1988. – S. Meyer, *Kunst als Widerstand. Zum Verhältnis von Erzählung u. ästhetischer Reflexion in P. W.' »Die Ästhetik des Widerstands«*, Tübingen 1989. – A. Huber, *Mythos u. Utopie. Eine Studie zur »Ästhetik des Widerstands« von P. W.*, Heidelberg 1990. – *Widerstand der Ästhetik? Im Anschluß an P. W.* (in Literaturmagazin, 1991, Nr. 27, S. 22–72).

DIE ERMITTLUNG. Oratorium in elf Gesängen

Szenische Darstellung des Frankfurter Auschwitz-Prozesses von Peter Weiss, Uraufführung: 19. 10. 1965, gleichzeitig in Altenburg, Berlin (Ost und West), Cottbus, Dresden, Erfurt, Essen, Gera, Halle, Köln, Leipzig, London, München, Neustrelitz, Potsdam, Rostock und Stuttgart. – Die *Ermittlung* will, einer *Anmerkung* des Autors zufolge, nichts anderes als ein *»Konzentrat«* der Materialien und Aussagen jenes Prozesses sein, der vom Dezember 1963 bis zum August 1965 in Frankfurt gegen achtzehn Angehörige des Aufsichts-, Sanitäts- und Wachmannschaftspersonals des ehemaligen Konzentrationslagers Auschwitz geführt wurde. Das zwischen Gleiwitz und Krakau gelegene Vernichtungslager Auschwitz-Birkenau (polnisch Oświecim-Brzezinka) bestand, zunächst als Schutzhaftlager für politische Häftlinge, vom Sommer 1940 bis zum Januar 1945, anfangs unter der Leitung des SS-Obersturmbannführers Rudolf Höß, später, seit Dezember 1943, als die Zahl der Häftlinge sich immer mehr vergrößerte, unter drei Kommandanten, und hatte entscheidenden Anteil an der Ausrottung nahezu des gesamten europäischen Judentums und einer großen Zahl sowjetischer Kriegsgefangener. Der Autor stützt seine Darstellung auf eigene, bei der Gerichtsverhandlung und einem Lokaltermin in Auschwitz angefertigte Gedächtnisprotokolle, auf die Prozeßberichte der Tagespresse (vor allem die von Bernd Naumann in der ›Frankfurter Allgemeinen Zeitung‹ veröffentlichten, die 1965 unter dem Titel *Auschwitz* in Buchform erschienen) und auf die dokumentarische Literatur (besonders die biographischen Aufzeichnungen des vom polnischen Obersten Volksgericht verurteilten und am 2. April 1947 in Auschwitz gehenkten Lagerkommandanten Höß, die 1951 und 1956 in polnischer, 1958 auch in deutscher Sprache veröffentlicht wurden). Das Werk verfolgt keine anderen Absichten als die, zu denen auch der Herausgeber der Höß-Memoiren, Martin Broszat, sich bekennt: *»So kann und soll diese Veröffentlichung, indem sie mit der abgründigsten Unmenschlichkeit konfrontiert, zu jener Katharsis beitragen, welche nach der Epoche des Dritten Reiches Gebot nationaler Selbstachtung ist.«*

In den elf jeweils dreifach unterteilten »Gesängen« – *Gesang von der Rampe, Gesang vom Lager, Gesang von der Schaukel, Gesang von der Möglichkeit des Überlebens, Gesang vom Ende der Lili Tofler, Gesang vom Unterscharführer Stark, Gesang von der Schwarzen Wand, Gesang vom Phenol, Gesang vom Bunkerblock, Gesang vom Zyklon B* und *Gesang von den Feueröfen* – versucht der Autor, aus den Aussagen von Angeklagten und Zeugen, Anklägern, Richtern und Verteidigern in Frage und Antwort jene Realität zu rekonstruieren und durchsichtig zu machen, die nach einer zeitlichen Distanz von genau zwanzig Jahren sich in eben dem Maße dem öffentlichen Bewußtsein zu verschließen scheint, wie die Anstrengungen wachsen, sie zu durchdringen. Mit der Brechung jener Realität am Modell des Strafprozesses, der Gerichtsverhandlung, die einen unklaren Tatbestand aufzuhellen sucht, wird überdies ein repräsentatives Moment der deutschen Nachkriegswirklichkeit festgehalten, das einer der überlebenden Zeugen in der *Ermittlung* so beschreibt: *»Wenn wir mit Menschen / die nicht im Lager gewesen sind / heute über unsere Erfahrungen sprechen / ergibt sich für diese Menschen / immer etwas Unvorstellbares / Und doch sind es die gleichen Menschen / wie sie dort Häftling und Bewacher waren.«*

Die im Stück auftretenden achtzehn Angeklagten entsprechen den authentischen Personen des Frankfurter Prozesses und tragen ihre wirklichen Namen, während der gleichsam anonyme Chor der über dreihundert gehörten Zeugen auf neun (namenlose) Sprecher reduziert ist und Staatsanwaltschaft sowie Verteidigung nur durch je einen Vertreter repräsentiert werden. Obwohl sich der Autor im Zuge der Konzentration auf die pure Faktizität der dargestellten Vorgänge aller Erfindung und literarischen Stilisierung weitgehend und absichtlich enthält, bleibt ihm dennoch ein Rest von Freiheit, der sich in der Gliederung und Strukturierung des Materials, in Anlehnung an die poetische Ausdrucksform des »Gesangs«, der Anordnung und Verteilung der Figuren und der kaum merklichen Steigerung auf die beiden letzten Gesänge hin zeigt. So werden die Funktionen – und vor allem die Funktionsüberschreitungen – aller achtzehn Angeklagten im Rahmen der bürokratischen Vernichtungsmaschinerie hinreichend deutlich, um den Begriff der *»befehlsbestimmten Verantwortung«*, auf den sich alle mit immer denselben stereotypen Formeln *(»Ich hatte nur dafür zu sorgen, daß...«, »Meine Aufgabe war ausschließlich administrativer Art...«, »Ich gehörte nur...«, »Da war ich gar nicht zuständig...«)* berufen, außer Kraft zu setzen. Am deutlichsten wird die strategische Distanz, auf die der Autor sich zurückzieht, in der Gesamtanlage der elf Gesänge, die den Prozeß der *»Verarbeitung«* der Häftlinge nachvollzieht: Von der Ankunft im Lager und der Registrierung bzw. Aussonderung zur sofortigen Tötung – eine Entscheidung, die der Angeklagte 12 (Stark) als den Unterschied von *»Verlegung«* und *»Überstellung«* exakt beschreibt – führt der Weg der arbeitsfähigen Inhaftierten in die überbelegten, hygienisch völlig unzureichend ausgestatteten Lagerblocks, an die Arbeitsplätze in den Industriebetrieben der Umgebung, endlich, wenn Krankheit, Unterernährung, Seuchen, Denunzierungen oder völlige Erschöpfung und Selbstaufgabe ihr Werk getan haben, zu den sadistischen Verhören auf der *»Schaukel«* des Angeklagten Boger, zum Hinrichtungsplatz an der Schwarzen Wand, den Phenol-Injektionen des Angeklagten Klehr und schließlich in die Vergasungskammern.

Um diesen Weg, den alle Überlebenden als Prozeß fortschreitender Entpersönlichung beschreiben, in seiner Totalität in das Stück eingehen zu lassen, ist der Autor zu Umstellungen des Prozeßablaufs gezwungen und muß Brüche hinnehmen. Mit einem der wenigen Einzelschicksale, die er herausgreift, dem eines jungen Mädchens namens Lili Tofler, das erschossen wird, nachdem man einen ihrer an einen Häftling gerichteten Liebesbriefe abgefangen hat, verbindet er – im Mittelteil des *Gesanges vom Ende der Lili Tofler* – einen wichtigen, häufig übersehenen Aspekt: den der unbegrenzten Verfügungsgewalt der Lagerleitung über billige Arbeitskräfte und der zwielichtigen Rolle eines Teils der deutschen Industrie, die sich ihrer bediente. – Ein wesentliches Symptom wird am Lebenslauf des Angeklagten Stark demonstriert, der, im Alter von neunzehn Jahren nach Auschwitz abkommandiert, mit Hilfe eines längeren Sonderurlaubs das Abitur nachholt und dennoch ohne Einsicht in die Tragweite des ihm befohlenen »Dienstes« bleibt, vielmehr seine geistige Unreife mit der unausgesetzten politischen Schulung entschuldigt. Ins Stück übernommen sind auch längere Rededuelle zwischen den Vertretern der Anklage und Verteidigung, etwa über die angebliche politisch-propagandistische Beeinflussung des Prozesses oder über die Zulässigkeit ideologisch-qualifizierender Urteile von Zeugen.

Wenn gegen diesen integren Versuch der Durchdringung eines unfaßlich-grauenhaften Geschehens ein Einwand gemacht werden kann, so muß er in der paradoxen Entgegnung bestehen, daß sich ästhetische, d.h. künstlerisch-kritische Vorbehalte im weitesten Sinne *nicht* vorbringen lassen. Peter Weiss hat alles getan, um die der *Ermittlung* zugrunde liegenden Sachverhalte nicht als ästhetisch-fiktive, sondern als reale, unverstellte Wirklichkeit fortbestehen zu lassen. Aber das einfache Moment der Transsubstantiation, die notwendig immer schon dann eintritt, wenn in einem geschlossenen Bühnenraum Schauspieler Stimme und Körper selbst einem Text leihen, der nichts sein will als unbezweifelbarer Bericht, wendet sich verfälschend gegen das Stück. So berichtet einer der Zeugen: *»Jeden Mittwoch und Freitag waren Erschießungen / Ich habe gesehn wie Boger / am 14. Mai 1943 / 17 Häftlinge tötete / Ich merkte mir das Datum / denn mein Freund Berger war dabei / Er war vorher noch auf der Schaukel zuschanden geschlagen worden / Berger schrie / Ihr Mörder ihr Verbrecher / da hat Boger ihn weggeschossen.«* Die unerbittliche Buchstäblichkeit und Authentizität solcher Sätze verbietet, wenn nicht überhaupt die Transponierung in die Kunst, so doch jede, selbst eine noch so vorsichtige dramatisch-mimetische Stilisierung, die aber schon wirksam wird, wenn ein »anderer« Sprecher (der Schauspieler) für diesen Zeugen eintritt. Grundsätzlich reduziert der Text der *Ermittlung* die Aufgabe des Schauspielers auf eine Funktion und läßt ihm nicht die geringste Freiheit. Die Aufführungskritiken in der Presse schienen zu bestätigen, daß überall da, wo ein Regisseur (wie Peter Brook in London) auf theatralische Mittel im eigentlichen Sinne verzichtet, die Wirkung des Dargestellten am unmittelbarsten und nachhaltigsten war. H.H.H.

Ausgaben: Velber 1965 (in Theater heute, Sonderh., 1965, S. 58–87; Ausz.). – Ffm. 1965. – Bln. 1965. – Reinbek 1969 (rororo). – Ffm. 1976 (in *Stücke I*, es). – Ffm. 1990 (es).

Literatur: J. Kaiser, *Plädoyer gegen das Theater-Auschwitz* (in SZ, 4./5. 9. 1965, 212). – G. Rühle, *Der Auschwitz-Prozeß auf der Bühne* (in FAZ, 21. 10. 1965, 245, S. 20). – W. Jens, *Die »Ermittlung« in Westberlin* (in Die Zeit, 29. 10. 1965, 44, S. 22). – H. Naber, *Die »Ermittlung« in der Presse* (ebd., S. 22). – D. E. Zimmer, *Die Lesung in der Volkskammer der DDR* (ebd., S. 21). – H. Karasek, *Die »Ermittlung« in Stuttgart* (ebd., S. 21 f.). – G. Schoenberner, *Die »Ermittlung« in München* (ebd., S. 21). – E. Piscator, *Politisches Theater heute* (in Die Zeit, 26. 11. 1965, 48, S. 17/18). – T. v. Vegesack, *Dokumentation zur »Ermittlung«* (in Kürbiskern, 2, 1966, S. 74–83). – L. Marcuse, *Was ermittelte P. W.?* (ebd., S. 84–89). – I. Drexel, *Propaganda als Gottesdienst* (ebd., S. 90–95). – J. Fiebach, *Marginalien zu einem deutschen Oratorium* (ebd., S. 96–99). – E. Piscator, *Nach-Ermittlung* (ebd., S. 100–102). – W. Hädecke, *Zur »Ermittlung« von P. W.* (in NRs, 77, 1966, S. 165–169). – R. C. Perry, *Historical Authenticity and Dramatic Form. Hochhuth's »Der Stellvertreter« and W.'s »Die Ermittlung«* (in MLR, 1969, S. 829–839). – E. Salloch, *The Divina Commedia as Model and Anti-Model for »The Investigation« by P. W.* (in MD, 1971, H. 1, S. 1–12). – Dies., *P. W. »Die Ermittlung«. Zur Struktur des Dokumentartheaters*, Ffm. 1972. – R. D. Krause, *Faschismus als Theorie u. Er-*

fahrung. »Die Ermittlung« u. ihr Autor P. W., Ffm./Bern 1982. – J. E. Schlunk, *Auschwitz and Its Function in P. W.'s Search for Identity* (in German Studies Review, 10, 1987, S. 11–30).

FLUCHTPUNKT

Roman von Peter WEISS, erschienen 1962. – Dieser autobiographische Bericht, der den Zeitraum von 1940–1947 beschreibt, ist als Fortsetzung der ein Jahr zuvor veröffentlichten Erzählung *Abschied von den Eltern* angelegt. Wenn Weiss in diesem *»unendlichen, formlosen Selbstgespräch«* den *»Resten früherer Zeitabschnitte«* nachgeht und sein Bericht sich auf nichts anderes als die pure Faktizität des eigenen Lebensumkreises konzentriert, so gibt er damit einer Einsicht Ausdruck, die nach den Erschütterungen des Zweiten Weltkrieges zahlreiche – und nicht nur deutsche – Autoren bewegte: *»Alles, was Literatur war, war verwelkt... In der Forderung nach Wahrheit konnten nur noch die intimsten persönlichen Aussagen gelten. Tagebücher, Krankenjournale, Berichte aus Gefängnissen nahmen den Romanen die Kraft.«* So sucht auch Weiss nach den Spuren des Kommenden, auf die die *»geologischen Schichten«* der eigenen Vergangenheit verweisen, im Vertrauen darauf, daß die reine Subjektivität der Autobiographie mehr an »Objektivität« des Weltlaufs zu vermitteln vermöge als eine Kunst, deren Erfindungen die »Wirklichkeit« einholt, ja überholt. *»Ich hebe Augenblicke aus Zeitspannen hervor, in denen Stunden, Tage, Wochen, Monate ertrinken, ich suche nach Anhaltspunkten in einem Fließen und Rinnen, in einer unaufhörlichen Veränderlichkeit, ich beschwöre Gegenstände, Tatsachen herauf, umringe mich mit ihnen, um mich daran zu stoßen, um meine Haltbarkeit zu spüren, ich konfrontiere mich mit Gesichtern und Worten, um mich zu stellen, um eine Aussage von mir zu gewinnen, in der ich mich erkennen kann.«*

Der Autor, Sohn eines in Ungarn geborenen, zum Christentum übergetretenen jüdischen Textilfabrikanten tschechischer Nationalität, läßt seinen Bericht im November des Jahres 1940 beginnen, als er, nach längeren Studienaufenthalten in der Schweiz und an der Prager Kunstakademie, im Alter von vierundzwanzig Jahren in Stockholm eintrifft, entschlossen, dem übermächtigen Druck seiner Herkunftswelt zu entgehen und sich als Maler und Schriftsteller jener Bindungslosigkeit auszusetzen, die Familie und Erziehung ihm bisher verwehrten. Im Gegensatz zu zahlreichen politischen Emigranten zeigt er sich von der rassischen Demütigung des Judentums wenig betroffen, solange sie nicht seine persönlichen Freiheiten beschränkt. *»Meine Malerei war eine Handlung, eine Lebensäußerung, ich wollte sie bewußt wählen, als meine Alternative zur Teilnahme am Krieg«* – eine Entscheidung, die zunächst lediglich defensive Abwehr aller *»Zugehörigkeiten«* betrifft und in der noch die nahezu neurotische Vaterfixierung der Kindheit sich fortsetzt. *»Nur für meine Flucht, meine Feigheit, wollte ich eintreten, keinem Volk, keinem Ideal, keiner Stadt, keiner Sprache angehören, und nur in meiner Losgelöstheit eine Stärke sehen.«* In dem Maße aber, in dem die politische Entwicklung unter dem Druck des in Europa sich ausbreitenden Faschismus alle menschliche Solidarität auf ein Freund-Feind-Verhältnis reduziert, verstrickt ihn sein abstraktes Bedürfnis nach *»fruchtbarer Unzugehörigkeit«* in Widersprüche, die seine Malerei zunächst noch verdeckt, die aber immer unverhüllter hervortreten, bis die *»Vermessenheit des Abstandnehmens«*, angesichts der Nachrichten über die »Endlösung« der Judenfrage, einer tiefen Erschütterung weicht. Seine tastenden Eingewöhnungsversuche in einem Land am Rande des europäischen Chaos führen ihn in eine Krise, aus der sich, nach dem emphatisch begrüßten Kriegsende, erst ein Ausweg bietet, als eine spontan unternommene Reise nach Paris jenen ungeheuren *»Schock der Freiheit«* wiederholt, in dem sie so anwächst, daß die *»Wahrnehmung des Urübels, des Ausgesetztseins, der Verlassenheit«* jede andere Empfindung betäubt. In einem initiatorischen Moment löst sich die neu gewonnene Freiheit aus dem *»Alptraum von Anonymität«* und Unselbständigkeit. *»An diesem Abend, im Frühjahr 1947, auf dem Seinedamm in Paris, im Alter von dreißig Jahren, sah ich, daß ich teilhaben konnte an einem Austausch von Gedanken, der ringsum stattfand, an kein Land gebunden.«*

Diesem Bericht kommt literarisch-repräsentative Bedeutung zu, weil er – als persönliche Rechenschaft über einen Lebensabschnitt, der mit einer der verhängnisvollsten Phasen der politischen Entwicklung Deutschlands zusammenfällt – aus großer, überlegener Distanz jene »rückhaltlose Offenheit« sucht, die eine krude Bekenntnisliteratur im 20. Jh. desavouiert hatte. *Fluchtpunkt* nimmt – wie schon *Abschied von den Eltern* – eine eigentümliche Mittelstellung ein zwischen Roman und reiner Autobiographie. H.H.H.

AUSGABEN: Ffm. 1962. – Ffm. 1965 (es). – Ffm. 1983 (m. 4 Collagen von P. W.; BS).

LITERATUR: W. Bergengruen, *P. W.* (in W. B., *Mündlich gesprochen*, Zürich/Mchn. 1963, S. 209 bis 212). – K. Krolow, *Porträt strenger Isoliertheit. Bemerkungen zu drei Büchern von P. W.* (in DRs, 89, 1963, H. 6, S. 61–67). – G. Dallmann, *Zurück zur Muttersprache: P. W.* (in Moderna språk, 58, 1964, S. 8–12). – R. Grimm, *Blanckenburgs »Fluchtpunkt«. Oder P. W. u. der deutsche Bildungsroman* (in Basis, 2, 1971, S. 234–245).

DER SCHATTEN DES KÖRPERS DES KUTSCHERS

Erzählung von Peter WEISS, entstanden 1952, erschienen 1960. – Dieser Prosatext machte seinen Autor schlagartig berühmt und stempelte ihn zum viel imitierten Avantgardisten. Was faszinierte, war eine absurd präzise Manier der Beschreibung, in der die Dinge wie am ersten, vielmehr am letzten Tag buchstabiert schienen. *»Dies sind die Geräusche: das Schmatzen und Grunzen des Schweinerüssels, das Schwappen und Klatschen des Schlammes, das borstige Schmieren des Schweinerückens an den Brettern, das Quietschen und Knarren der Bretter, das Knirschen der Bretter und lockeren Pfosten an der Hauswand, die vereinzelten weichen Pfiffe des Windes an der Ecke der Hauswand und das Dahinstreifen der Windböen über die Ackerfurchen, das Krächzen einer Krähe das von weither kommt und sich bisher noch nicht wiederholt hat (sie schrie Harm), das leise Knistern und Knacken im Holz des Häuschens in dem ich sitze...«*

Der da sitzt, ist der Erzähler. Er sitzt, den Schreibblock auf den Knien, auf dem Abtritt; ein Voyeur, verharrend in analer Regression. Auch der Abtritt wird beschrieben mit tastender Akribie, dann die verstaubten, mit Speiseresten verklebten Zeitungsfetzen, die man dort benutzt: Nachrichten von einer in blinde Fakten zertrümmerten Realität. Wenn der Schreibende mit der Fixierung des Nächstliegenden aussetzt, liegt er auf seiner Bettstatt in der Dachkammer, eskapistischen Träumen frönend. Immer steht ein Teller Salz bereit, damit er sich einige Körner davon in die Augen streuen kann. Durch den Schleier der Tränen scheinen Bilder, schillernde geometrische Figuren, die übergehen in sexuelle Phantasmagorien: ironische Allegorie der Kunst, die nach einer Definition der klassischen Ästhetik die Idee im Schleier der Erscheinung darstellt.

Treten in den Träumen des Erzählers Geometrie und wuchernde Sexualität auseinander, so werden sie im Stil der Erzählung selbst verschränkt. Auf dem Grund einer gleichsam kubistischen Darstellung der Figuren und Gegenstände spuken die verdrängten Obsessionen, maskieren sich als sadistische Autorität und wahnhafte Wissenschaft.

Zwei Gruppen wohnen im Haus: die Familie, welcher der Vater vorsteht, und (mit dem Schreibenden) vier Junggesellen, versorgt vom Knecht und der Haushälterin, Figuren von Breughelscher Massivität. Da gibt es den Hauptmann in abgetakelter Uniform: Er redet von vergangener Ordnung, an der Scheide seines Säbels fingernd. Herr Schnee, kalt und fischäugig, sammelt mit selbstzufriedener Pedanterie Steine. Er erinnert an Molloy aus Samuel BECKETTS gleichnamigem Roman, der nach einem Ritual von irrwitziger Logik seine gesammelten Steine lutscht. Der Doktor ist sich selbst der beste Patient, vermummt unter Verbänden leidet er stumm. Allein die Vorstellung von weiteren Orgien der Selbstverstümmelung löst ihm die Zunge zum Lied: Er jubiliert, während ihn der Erzähler auf sein Zimmer geleitet, wie bald das Messer ihm immer tiefer ins Innere eindringe und daß der Kranke nun den Arzt führe – ein Echo aus Franz KAFKAS *Ein Landarzt.* Zu diesem Panoptikum der »Herren« gesellt sich der Schneider, ein scheckiger Hampelmann. Ihm, der seine Bewegungen nicht mehr koordinieren kann, ist offenbar das Herrschaftszentrum »Geist« kaputtgegangen, sein Appetit ist deshalb neben dem des Knechtes der beste. Während diese Gruppe in der Küche nach einer beklemmend mechanischen Choreographie ihre Mahlzeit einnimmt, wird das Essen bisweilen untermalt von Schreien und klatschenden Geräuschen. Sicher wird nebenan wieder vom Vater der Sohn geschlagen. Der Erzähler, der mit dieser verborgen zentralen Figur der Geschichte in verschwiegener Sympathie korrespondiert, beobachtet durchs Schlüsselloch einmal eine solche Szene: Der Vater, die Mutter mit dem rosigen Säugling und der Sohn, alle wie dem Lesebuch entsprungen, zelebrieren die Hölle der Familie.

Als die Haushälterin eines Tages beide Parteien zu sich aufs Zimmer einlädt, kommt es zur Katastrophe, ähnlich der im *Struwwelpeter*, wenn »Zappelphilipp« die elterliche Tischordnung umstürzt. Hier sind es letztlich die Dinge, die im bürgerlichen Interieur vergegenständlichten Neurosen, welche heimtückisch lautlos revoltieren. Auslöser der Revolte ist natürlich der Sohn. Er macht aus Ungeschick die Spieldose, welche die Haushälterin stolz herumzeigt, kaputt. Diese stürzt bei dem Versuch, ihr Eigentum zu retten, die versammelte Gesellschaft in ein fuchtelndes und purzelndes Chaos. Auch nachdem der Sohn in die Stadt geschickt wurde, um die Spieldose sofort reparieren zu lassen, kehrt kein Friede ein: Mutter und Haushälterin müssen aus der Kleiderkammer, deren Tür urplötzlich sperrt, mit der Axt befreit werden.

»Wie das Elend, nicht nur das soziale, sondern auch das architektonische, das Elend des Interieurs, die verslavten und versklavenden Dinge in revolutionären Nihilismus umschlagen...«, las Walter BENJAMIN *(Der Sürrealismus)* aus den Bildern der Surrealisten. In ihrer Nachfolge steht Peter Weiss; seine den Text kommentierenden Collagen, in der Manier von Max Ernst, illustrieren es deutlich.

Die Geschichte endet mit der Ankunft des Kutschers. Seine mächtige praktische Existenz drückt den schreibenden Voyeur vollends nieder. Wie der gefesselte Höhlenbewohner den Schatten der Platonischen Idee, sieht er den Schatten des Kutschers mit dem Schatten der Haushälterin auf dem Küchentisch sich vereinigen. Dem von Depressionen Gelähmten zerfällt die Realität, er kommt ihr trotz manischen Registrierens nicht näher. So konnte er auch die Kutsche nicht erkennen, da mit ihrem Nahen auch die Dunkelheit zugenommen hatte: parabolisches Resümee des literarischen Verfahrens.

Dieses Verfahren – scheinbar realistisches Inventarisieren der Außenwelt, gekoppelt mit dem Zweifel an der Möglichkeit zu erzählen – fand zahlreiche Nachahmer, zumal das Erscheinen von *Der Schatten des Körpers des Kutschers* mit dem Siegeszug des »Nouveau roman« sich kreuzte. Es ermöglichte gerade Anfängern, einen formal geschlossenen epischen Raum bezugsfertig zu übernehmen. Peter Weiss wurde nicht sein eigener Epigone. Die Traumata vom Ursprung in der Familie objektivierte er in dem autobiographischen Buch *Abschied von den Eltern* (1961), die verdrängte Revolte wurde zur

Explosion gebracht in dem Stück *Die Verfolgung und Ermordung Jean Paul Marats...* (1964).
G.Schi.

AUSGABEN: Mchn. 1959 (in Akzente, H. 3; Ausz.). – Ffm. 1960 – Ffm. 1964 (es). – Ffm. 1978 (BS).

LITERATUR: K. Krolow, *Freude am verzögerten Genitiv* (in Deutsche Zeitung, 15./16. 10. 1960). – J. Becker, Rez. (in NDH, 1961, Nr. 83, S. 151). – G. Schmidt-Henkel, *Die Wortgraphik des P. W.* (in Sprache im technischen Zeitalter, 1961, H. 1, S. 71). – R. Wolf, *Die Poesie der kleinsten Stücke – Bemerkungen zu P. W.* (in Diskus, 1961, Nr. 2, S. 34). – R. Zeller, *»Der Schatten des Körpers des Kutschers«* (in ZfdPh, 87, 1968). – H. J. Schneider, *Der verlorene Sohn u. die Sprache. Zu »Der Schatten des Körpers des Kutschers«* (in *Über P. W.*, Hg. V. Canaris, Ffm. 1970; es). – O. F. Best, *Vermessung der Hölle oder Entseelte Realität als grotesque strip. Zur Erzähltechnik von P. W.' »Der Schatten des Körpers des Kutschers«* (in Akzente, 1971, H. 1, S. 43–55). – R. C. Perry, *W.' »Der Schatten des Körpers des Kutschers«, a Forerunner of the Noveau Roman?* (in GR, 1972, S. 204–219). – D. Hensing, *Die Position von P. W. in den Jahren 1947–1965 u. der Prosatext »Der Schatten des Körpers des Kutschers«* (in Amsterdamer Beiträge zur Neueren Germanistik, 1973, S. 137–187). – G. Witting, *Bericht von der hohen Warte. Zu P. W.' »Der Schatten des Körpers des Kutschers«* (in DU, 37, 1985, H. 3, S. 55–64).

DIE VERFOLGUNG UND ERMORDUNG JEAN PAUL MARATS DARGESTELLT DURCH DIE SCHAUSPIELGRUPPE DES HOSPIZES ZU CHARENTON UNTER ANLEITUNG DES HERRN DE SADE

Drama in zwei Akten von Peter WEISS, Uraufführung: Berlin, 29. 4. 1964, Schillertheater (Musik: H.-M. Majewski); erschienen 1964, vom Autor revidierte Fassung 1965. – Das Stück ist ein Musterbeispiel für die Wandlung einer ideologisch-dramatischen Konzeption unter dem Einfluß der literarischen Kritik, der Theaterpraxis und vor allem der Gesinnungsänderung seines Verfassers. Der *Marat/Sade*, wie die international eingebürgerte Bezeichnung des Werkes lautet, liegt in fünf Versionen (A–E) vor, denen eine Hörspielfassung vorausging. Überdies autorisierte Peter Weiss die Rostocker Bearbeitung der von ihm *»revidierte[n] Fassung 1965«* (E) durch Hans Anselm PERTEN. Repräsentativ für die gesamte künstlerisch-politische Entwicklung des deutsch-schwedischen Autors, spiegelt die kontinuierliche Modifikation seines ersten deutschsprachigen Dramas seinen Weg von der Position des »dritten Standpunkts« zu der eines entschiedenen Sozialisten marxistischer Prägung.
Diese Polarität verkörpert sich in den Titelhelden des *Marat/Sade*, deren historisch pendantloses Streitgespräch den Kern des locker gefügten Szenentableaus bildet: Sade, Vertreter des Relativismus und Agnostizismus und hierin dem Weiss vor allem des Romans *Fluchtpunkt* (1962) ähnlich, befindet sich *»zwischen dem sozialistischen und individualistischen Lager«*. Enttäuschter Rousseauist und resignierter Parteigänger der Revolution, glaubt er in extremem Solipsismus nicht mehr an die Ideale der Gerechtigkeit, Gleichheit und Solidarität. Vor dem Nihilismus bewahren den Zyniker allein sein Ästhetizismus des Barbarischen, seine Lust am exquisiten Sterben des einzelnen und der Fetischismus übersteigerter Leiblichkeit. Seiner verbissenen Suche nach der Wahrheit über den Menschen steht die antifaustische Sehnsucht gegenüber, im Tode *»alle Spuren aus[zu]löschen«*. In Erkenntnis der Vergeblichkeit alles Handelns, der Wirkungslosigkeit alles Schreibens und der Vergänglichkeit alles Gedachten überläßt er sich der Imagination und der Indifferenz. – Diese Haltung verurteilt sein Antagonist Marat, der, entscheidungsfreudig und handlungsorientiert, als Vorläufer des Kommunismus *»grundlegende Änderungen in den Verhältnissen«* anstrebt, als Apathie und Dekadenz. Anwalt der proletarischen Revolution, die 1789 und in den anschließenden Richtungskämpfen den Interessen der Bourgeoisie geopfert worden sei, brandmarkt er Sade als Verräter. Im Kampf gegen Unterdrükkung, Ausbeutung und Heuchelei der neuen weltlichen und geistlichen Herren will der *»Freund des Volkes«* das Risiko subjektiven Urteilens und pragmatischen Irrtums eingehen. Nach Meinung des »Chors« der *»Vier Sänger«* seiner Zeit *»um ein Jahrhundert voraus«*, entscheidet er mit der Massenguillotinierung seiner Feinde den Konflikt zwischen Verantwortungs- und Gesinnungsethik zugunsten letzterer und nimmt dafür, von Weiss als »Christus novus« stilisiert, Verfolgung und Ermordung durch Girondisten und Aristokraten in Kauf.
Obwohl für beide antithetisch aufeinander bezogenen Zentralgestalten, denen in den wichtigsten Nebenfiguren je ein *alter ego* zugeordnet ist, *»nur die äußersten Extreme«* gelten, besteht dieses Gleichgewicht nur im Verbalen. Das bedingt das Strukturprinzip des Dramas, bleibt doch selbst in der Schlußfassung die Figur Marats in eigentümlicher Dialektik von Sade, dem fiktiven Erfinder und Regisseur des Spiels, abhängig. Indem er seinem Gegenspieler als einer Teilprojektion seiner selbst starke Argumente in den Mund legt und meist das letzte Wort überläßt, frönt der Marquis einer ausgefallenen Form des Wortsadismus. Bereits in der Exposition des Stücks kennzeichnen die Vertreter der Sansculotten – die der Autor in der Endversion etwas gewaltsam von politisch desinteressierten Possenreißern zu klassenbewußten Repräsentanten des vierten Standes umfunktioniert – ihren Protagonisten Marat in bitterer Ironie als Gescheiterten; sie führen ihn ein *»am Vorabend zur Feier der Revolution / später zum Ende geführt durch Kaiser Napoleon«*. So können auch die Textveränderungen zugunsten Marats, vor allem im Epilog des Dramas, sowie nachträgliche Interpretationen des Autors, wie er sie u. a. indirekt in der *»Vorübung zum*

dreiteiligen Drama divina commedia« (1965) gibt, den zweiten Helden allenfalls *»als einen Visionär, von dem aus die Linie zu künftigen Revolutionen läuft«*, retten. Das Paradoxon, daß der hautkranke Aktivist an die lindernde Wanne fixiert ist, bleibt bestehen. Das Lehrstück ohne Lehrmeinung, als das es die Kritik zunächst sehen mußte, wurde von Weiss nachträglich zum Drama der *»betrogenen Revolution«* erklärt, obwohl Sade *»zu keinem Ende«* der Probleme finden kann.

Konsequenter handhabt der Verfasser die formalen Mittel seines Thesenstückes. Konstruiert er auch keine eigentliche Handlung, die etwa außer der vorgeführten Ermordung Marats seine Verfolgung in Szene setzte, so gelingt ihm doch intensive Bühnenwirksamkeit durch die Verwendung vieler Stilkomponenten im Sinne des »totalen Theaters«: Die bilderbogenartige Collage mit der von Weiss auch in späteren Werken bevorzugten Anzahl von dreiunddreißig Szenen, die sich teils des Aufführungsprinzips des historischen Dramatikers Sade selbst, teils der freien Gestaltung der Geschichte *»im Geist der Revolutionswirren«* bedient, bannt die im Zykluscharakter des Geschehens enthaltene Gefahr des Statischen. Sie tut es durch souveräne Mischung von Elementen des Bänkelsangs und des Schaubudengags, des Musiktheaters und der Oper, des absurden und des surrealen Dramas sowie der antiken Tragödie und des japanischen Kabuki-Spiels. Gemäß den Forderungen des Dokumentartheaters, das sich gegen die politisch-gesellschaftliche Unverbindlichkeit erfundener Parabeln wendet, benutzt der Verfasser authentische Worte der wirklichen Vorbilder seiner Hauptfiguren. Ironische Kontraste, Pantomimen, Parodien, Totentanz und Visionen steigern sich zusammen mit einer zwischen Knittelversen und rhythmischer Prosa wechselnden Parataxe zu einem theatralisch-ekstatischen Hexenkessel, dessen sinnliche Suggestivität ihre Höhepunkte in den drastischen Anleihen an Artauds »Théâtre de cruauté« besitzt. Sie sind freilich ebenso wie der Schauplatz des Hospizes, das – wenigstens anfänglich – für Weiss Sinnbild der *»Irrenhauswelt«* war, nicht als kulinarischer Selbstzweck intendiert: In Abkehr von der Dramaturgie Brechts, die dennoch in mancher Demonstrationsgebärde virulent bleibt, bekennt sich der Autor damit zu einem auch emotional ansprechenden Theater, das gerade als solches – gemäß dem von Piscator formulierten Junktim – politisch wirken soll. Dem gleichen Zweck dient die Strukturierung der drei wesentlichen Zeitebenen des Stückes – der beiden des »Spiels im Spiel« und der der Gegenwart –, die allerdings mit der Berufung auf die Idee der Vielzeitigkeit in der Relativitätstheorie zu anspruchsvoll fundiert wird. Ein dichtes Beziehungs- und Berechnungsgeflecht erlaubt nahezu ständig die Aktualisierung der demonstrierten Zustände und Ereignisse von 1793 nicht nur für das Jahr 1808, sondern auch für die sechziger Jahre des zwanzigsten Jahrhunderts, hätten doch die Restauration Nachkriegsdeutschlands und überhaupt bestimmte Tendenzen in der heutigen westlichen Welt ihre Parallelen in der Napoleonischen Ära. Vor allem der Beherrschung des Theaterapparates, weniger der nicht völlig eindeutigen und überzeugenden weltanschaulichen Aussage dürfte der Autor den ungewöhnlichen Erfolg des *Marat/Sade* verdanken, der ihn weltbekannt machte: In die meisten Kultursprachen übersetzt, wurde das Drama inzwischen auf fast allen führenden Bühnen des In- und Auslandes gegeben. Die Inszenierungen profilieren bei allgemeiner Beachtung des sozialkritischen Engagements entweder die intellektuell pointierten Disputationen der beiden ideologischen Gegner oder die spielbetonten, oft phantasmagorischen Szenen der übrigen Handlungsstränge stärker heraus. K.Hab.

Ausgaben: Ffm. 1964 (es). – Ffm. 1968 (in *Dramen*, 2 Bde., 1). – Lpzg. 1968 (RUB). – Ffm. 1976 (in *Stücke I*, es).

Verfilmung: England 1966 (Regie: P. Brook).

Literatur: W. Mittenzwei, *Zwischen Resignation und Auflehnung. Vom Menschenbild der neuesten westdeutschen Dramatik* (in SuF, 16, 1964, S. 894–908). – E. Wendt, *P. W. zwischen den Ideologien* (in Akzente, 12, 1965, S. 415–425). – M. Haiduk, *P. W.' Drama »Die Verfolgung...«* (in Beitr., 12, 1966, S. 81–104; 186–209). – *Materialien zu P. W.' »Marat/Sade«*, Hg. K. Braun, Ffm. 1967 (es). – W. Buddecke, *Die Moritat des Herrn de Sade. Zur Deutung des »Marat/Sade« von P. W.* (in *Geistesgeschichtliche Perspektiven. Rückblick. Augenblick. Ausblick*, Hg. G. Großklaus, Bonn 1969, S. 309–344). – K. Maurer, *P. W., »Marat/Sade« – Dichtung u. Wirklichkeit* (in Poetica, 1971, H. 3, S. 361–377). – B. Keller-Schumacher, *Eine Interpretation des »Marat/Sade« von P. W.*, Ffm. 1973. – G. Weinrich, *P. W.' »Marat/Sade«*, Ffm. u. a. 1974. – R. Nägele, *Zum Gleichgewicht der Positionen. Reflexionen zu »Marat/Sade« von P. W.* (in Basis, 5, 1975, S. 150–165). – J. Taberna-Prat, *Über den »Marat/Sade« von P. W. Artistische Kreation u. rezeptive Mißverständnisse*, Stg. 1976. – T. Hocke, *Artaud u. W. Untersuchung zur theoretischen Konzeption des »Theaters der Grausamkeit« u. ihrer praktischen Wirksamkeit in P. W.' »Marat/Sade«*, Ffm./Bern 1978. – D. T. William, *Directing Shadows: Drama and Psychodrama in Shaffer's »Equus«, Arrabal's »L'Architecte et l'Empereur d'Assyrie« and W.'s »Marat/Sade«*, Diss. Univ. of Washington 1981. – M. Kesting, *Verbrechen, Wahnsinn u. Revolte. P. W.' »Marat/Sade«-Stück u. der französische Surrealismus* (in *Geschichte als Schauspiel*, Hg. W. Hinck, Ffm. 1981, S. 304–321). – G. Schulz, *»Der Fall Charlotte Corday«. Antezedenzien eines Stückes von P. W.* (in *Drama u. Theater im 20. Jh.*, Göttingen 1983, S. 349–364). – E. Wendt, *P. W. zwischen den Ideologien* (in E. W., *Wie es euch gefällt...*, Mchn. 1985, S. 102–113). – M. Haiduk, *P. W.' Drama in zwei Akten »Marat/Sade«* (in *Werkinterpretationen zur deutschen Literatur*, Bln.

1986, S. 210–221). – D. Suvin, *W.'s »Marat/Sade« and Its Three Main Performance Versions* (in MD, 31, 1988, S. 395–419).

CHRISTA WOLF

* 18.3.1929 Landsberg / Warthe

LITERATUR ZUR AUTORIN:

M. v. Salisch, *Zwischen Selbstaufgabe u. Selbstverwirklichung. Zum Problem der Persönlichkeitsstruktur im Werk Chr. W.s*, Stg. 1975. – H.-J. Greif, *Chr. W.: »Wie sind wir so geworden, wie wir heute sind?«*, Ffm. u. a. 1978. – A. Stephan, *Chr. W.*, Amsterdam 1980. – *Chr. W. Materialienbuch*, Hg. K. Sauer, Darmstadt/Neuwied ²1983 (SLu). – *W. Darstellung – Deutung – Diskussion*, Hg. M. Jurgensen, Bern/Mchn. 1984. – *Chr. W.*, Hg. H. L. Arnold, Mchn. ³1985 (Text + Kritik). – *Erinnerte Zukunft. 11 Studien zum Werk Chr. W.s*, Hg. W. Mauser, Würzburg 1985. – S. Hilzinger, *Chr. W.*, Stg. 1986 (Slg. Metzler). – C. E. Smith, *Tradition, Art and Society: Chr. W.'s Prose*, Essen 1987. – A. Stephan, *Chr. W.*, Mchn. ³1987. – *Chr. W., ein Arbeitsbuch. Studien, Dokumente, Bibliographie*, Hg. A. Drescher, Bln./DDR 1989. – F. Baumer, *Chr. W.*, Bln. 1988. – V. Hammerschmidt u. A. Oettel, *Chr. W.* (in KLG, 31. Nlg., 1989). – Th. Hörnigk, *Chr. W.*, Bln./DDR 1989. – W. Krogmann, *Chr. W. Konturen*, Ffm. u. a. 1989. – M. Quernheim, *Das moralische Ich. Kritische Studien zur Subjektwerdung in der Erzählprosa Chr. W.s*, Würzburg 1990.

DER GETEILTE HIMMEL

Roman von Christa WOLF, erschienen 1963. – *»Wir wüßten den deutschsprachigen Schriftsteller nicht zu nennen«*, schrieb 1977 die ›Neue Zürcher Zeitung‹ anläßlich des Erscheinens von Christa Wolfs *Kindheitsmuster, »den wir gleich ernst nähmen wie Christa Wolf«*. Tatsächlich erlangte die Autorin, 1980 mit dem Georg-Büchner-Preis geehrt, mit ihren Romanen und Erzählungen in den siebziger und achtziger Jahren den Status einer gleichermaßen literarischen wie moralischen Instanz in beiden deutschen Staaten, gepriesen immer wieder wegen der Differenziertheit ihrer Prosa und der Authentizität ihres Schreibens, kritisiert im Osten wegen ihrer Skepsis, mit der sie die Entwicklung der DDR verfolgte, im Westen wegen ihrer Weigerung, sich ohne weiteres den Vorstellungen der Kritiker zu beugen, wie ein Schriftsteller in einem autoritären Staat sich zu verhalten habe. Nach dem Fall der Mauer reagierte sie 1990 mit der Erzählung *Was bleibt* auf die Auflösung der DDR, ein Versuch, der in den Feuilletons einiger westdeutscher Zeitungen eine nicht ohne Selbstgerechtigkeit geführte Diskussion auslöste.

Ihr literarisches Debüt hatte die Autorin, in den fünfziger Jahren Redakteurin der Zeitschrift ›Neue Deutsche Literatur‹, mit ihrer *Moskauer Novelle* (1961) gegeben, der bald ihr erster Roman *Der geteilte Himmel* folgte, angeregt durch den 1959 von Walter Ulbricht initiierten »Bitterfelder Weg«, der die DDR-Autoren aufrief, sich den Gegenwartsproblemen der Arbeiter *(»Dichter in die Produktion«)* zu stellen; als literarisches Ergebnis dieses Versuchs ist, neben Arbeiten von H. MÜLLER, F. FÜHMANN und P. HACKS, nur der Roman von Christa Wolf noch erwähnenswert, der zugleich als einer der ersten den Bau der Mauer (1961) in der DDR-Literatur thematisierte. Der Text erzählt das Leben des Mädchens Rita Seidel, die in *»den letzten Augusttagen des Jahres 1961«* nach einem physischen wie psychischen Zusammenbruch im Krankenhaus erwacht. In Rückblenden und inneren Monologen entrollt sich das Leben der Frau, die zwei Jahre davor durch die Begegnung mit dem Chemiker Manfred Herrfurth der Eintönigkeit ihres Daseins als Büroangestellte in einem kleinen mitteldeutschen Dorf entronnen war. Mit ihm zusammen war sie nach Halle/Saale gezogen und hatte dort ein Studium als Lehrerin begonnen. Damit verbunden ist ein Arbeitspraktikum in einer Waggonfabrik *(»Ein Lehrer muß heutzutage einen Großbetrieb kennen!«)*, dem eigentlichen Schauplatz des Romans; hier entwickelt Rita die Bereitschaft, allen Mängeln, Streitigkeiten und Intrigen im Werk zum Trotz, für den Aufbau des Sozialismus sich zu engagieren, angespornt durch die Arbeiter in ihrer Brigade, allen voran der Brigadier Meternagel.

Je mehr Rita allerdings ein gesellschaftspolitisches Bewußtsein entwickelt, desto mehr entfremdet sie sich Manfred. Dieser steht der DDR skeptisch gegenüber, teils aufgrund der Einflüsse seines großbürgerlichen Elternhauses, teils aufgrund seiner Erfahrungen aus den düsteren Jahren der Stalinzeit, in denen *»man eine Schutzfarbe annehmen mußte, um nicht erkannt und vernichtet zu werden«*. Als eine von ihm verbesserte Spinnmaschine von Wirtschaftsbürokraten abgelehnt wird, geht er in den Westen, getrieben auch von einer fundamentalen Enttäuschung über die Untaten Stalins: *»Ich weiß natürlich, daß man sich lange Zeit über vieles selbst betrügen kann ... Aber es ist doch nicht denkbar, daß Ihr alle nicht wenigstens jetzt, angesichts der neuesten Moskauer Parteitagsenthüllungen, einen Schauder vor der menschlichen Natur bekommt? Was heißt hier Gesellschaftsordnung, wenn der Bodensatz der Geschichte überall das Unglück und die Angst des einzelnen ist.«* Rita aber kann diese Haltung nicht nachvollziehen; als sie Manfred – in den letzten Tagen vor dem Mauerbau – noch einmal in Westberlin besucht, fühlt sie sich fremd. Sie kehrt in die DDR zurück, nicht ohne Verständnis für den Geliebten, aber auch mit dem auf den Bau der Mauer bezogenen Resümee: *»Wenn er hiergeblieben wäre,*

und sei es durch Zwang: Heute müßte er ja versuchen, mit allem fertig zu werden.«
Der Roman fand bei seinem Erscheinen in der DDR enorme Resonanz. Weil die Autorin sich eindeutig auf die Seite ihrer Heldin stellte, konnte sie unverblümt das Tabu der Teilung Deutschlands ansprechen und in der Figur des »Republikflüchtlings« Manfred einen differenziert angelegten Charakter entwerfen, der mit seinem individualistischen Lebensprogramm im DDR-Alltag keine Perspektive für sich sieht. Wie sehr sich Christa Wolf in ihrem Roman den offiziösen Pauschalisierungen entzog, zeigen auch die Episoden um Ritas Meister im Waggonwerk, Rolf Meternagel, der sich völlig für die Fabrik verausgabt hat, auf Kosten seiner Gesundheit und seiner Familie. Noch kam Christa Wolf in ihrem Romandebüt, für das sie mit dem »Heinrich-Mann-Preis« ausgezeichnet wurde, nicht ohne abgegriffene Naturbilder und Symbolismen aus, stilistische Unsicherheiten, die in der heftigen Debatte um diesen Roman in der DDR allerdings keine Rolle spielten, wo vor allem bemängelt wurde, daß die Partei nicht als korrigierende Kraft in Erscheinung tritt. Zugleich sind die Bezüge des Werks zu dem in der DDR nicht verlegten Roman *Mutmaßungen über Jakob* (1959) von Uwe Johnson unübersehbar; auch hier spielt der Held mit dem Gedanken, seiner Geliebten in den Westen zu folgen, kehrt dann aber doch in die DDR zurück, wo er bei einem Unfall, der auch ein Selbstmord gewesen sein könnte, ums Leben kommt.

M.Gru.-KLL

Ausgaben: Halle/Saale 1963. – Bln. 1964. – Mchn. 1973 (dtv). – Bln./Weimar 1975.

Verfilmung: DDR 1964 (Regie: K. Wolf).

Literatur: D. Allert u. H. Wetzelt, Rez. (in Freiheit, 31. 8. 1963). – G. Dahlke, Rez. (in Film – Wissenschaftliche Mitteilungen, Bln./DDR 1964, H. 1, S. 22–24). – K. Barthel, *»Der geteilte Himmel« – zur filmischen Umsetzung* (ebd., H. 3, S. 565–695). – P. Hamm, Rez. (in Die Zeit, 27. 3. 1964). – G. Dahlke, *»Geteilter Himmel« u. geteilte Kritik. Über die Dialektik von Glück u. Unglück u. einige andere Fragen* (in SuF, 1964, H. 2, S. 307–317). – D. Schlenstedt, *Motive u. Symbole in Chr. W.s Erzählung »Der geteilte Himmel«* (in WB, 10, 1964, S. 77–104). – *»Der geteilte Himmel« u. seine Kritiker. Dokumentation*, Hg. M. Reso, Halle/Saale 1965. – Chr. Reinig, Rez. (in Der Spiegel, 13. 1. 1965). – H.-J. Geisthardt, *Das Thema der Nation u. zwei Literaturen. Nachweis an Chr. W. und Uwe Johnson* (in Neue Dt. Literatur, 1966, H. 6, S. 48–69). – E. Kloehn, *Chr. W.: »Der geteilte Himmel«. Roman zwischen sozialistischem Realismus u. krit. Realismus* (in DU, 1968, H. 1, S. 43–56). – P. Hutchinson, *»Der geteilte Himmel«* (in P. H., *Literary Presentations of Divided Germany*, Cambridge 1977, S. 90–99). – F. Cercignani, *Existenz u. Heldentum bei Chr. W.: »Der geteilte Himmel« u. »Kassandra«*, Würzburg 1988. – D. Sevin, *Chr. W.: »Der geteilte Himmel«, »Nachdenken über Christa T.«. Interpretation*, Mchn. [2]1988.

KASSANDRA

Erzählung von Christa Wolf, erschienen 1983. – Der Text adaptiert die von Aischylos in seiner *Orestie* erzählte Geschichte der trojanischen Königstochter Kassandra. Sie hatte von Apoll die Sehergabe erhalten, war dann aber von ihm gestraft worden, als sie sich seiner Liebe verweigerte: Niemand sollte je ihren Prophezeiungen Glauben schenken. Vergebens warnte Kassandra die Trojer vor dem Krieg mit den Griechen. Nach dem Untergang ihres Volkes wird sie von Agamemnon als Sklavin nach Griechenland verschleppt. Hier setzt Christa Wolfs Erzählung ein. Kassandra, vor dem Löwentor von Mykene stehend, weiß um ihren bevorstehenden Tod und um das Schicksal des triumphierenden Agamemnon, der einem Anschlag seiner Frau Klytämnestra und ihres Liebhabers zum Opfer fallen wird. In einem inneren Monolog blickt Kassandra auf ihr Leben zurück, auf ihre Liebe zu Aineas und auf den Krieg, der um ein Phantom geführt wurde, denn Paris war es nie gelungen, Helena nach Troja zu bringen (Wolf folgt hierin der Version des Stesichoros und Euripides, wonach es sich bei der Helena, die von Paris entführt wurde, nur um ein Phantom handelte, während die echte Helena nach Ägypten entrückt wurde). Erinnerungen und verlorene Hoffnungen verbinden sich zum resignierten Eingeständnis eigener Ohnmacht: *»Hier ende ich, ohnmächtig, und nichts, was ich hätte tun und lassen, wollen oder denken können, hätte mich an ein anderes Ziel geführt.«*
Entstehung und Kontext der Erzählung explizierte Christa Wolf in ihren Poetik-Vorlesungen, die sie 1982 in Frankfurt/Main gehalten hatte und die zeitgleich mit dem Prosatext unter dem Titel *Voraussetzungen einer Erzählung: Kassandra* erschienen. Es ist nicht nur das Interesse an der Figur Kassandra als Sinnbild für die Ohnmacht des Wissens gegenüber den Interessen der Herrschenden, das hier sich offenbart, dessen Bezüge zur Gegenwart des Wettrüstens und der atomaren Bedrohung offensichtlich sind. Vor allem aber liest Christa Wolf den Kassandra-Mythos auf einen matriarchalen Kern hin, greift vergessene Varianten auf, spürt den Anfängen der Unterdrückung der Frau nach. Die Poetik-Vorlesungen verfolgen die Rezeption des Mythos in der Moderne, von Bachofen bis Thomas Mann, die Erzählung transponiert die Figur der Kassandra *»aus dem Mythos in die (gedachten) sozialen und historischen Koordinaten«* ihrer Zeit, deren Grundstrukturen für die Autorin aber bis heute gültig sind. Kassandra, eine Außenseiterin als Frau wie als Priesterin, repräsentiert eine Lebensform, die sich den Mechanismen verdinglichter Rationalität zu widersetzen sucht: *»Für die Griechen gibt es nur entweder Wahrheit oder Lüge, richtig oder falsch, Sieg oder Niederlage, Freund oder Feind, Leben oder Tod. Sie denken anders. Was nicht*

sichtbar, riechbar, hörbar, tastbar ist, ist nicht vorhanden. Es ist das andere, das sie zwischen ihren scharfen Unterscheidungen zerquetschen, das es nach ihrer Meinung überhaupt nicht gibt, das lächelnde Lebendige, das imstande ist, sich immer wieder aus sich selbst hervorzubringen, das Ungetrennte, Geist im Leben, Leben im Geist.«

Jene durchgreifende Tendenz der Funktionalisierung des Lebens, wie sie in *Kein Ort. Nirgends* mit der Entstehung der bürgerlich-industriellen Gesellschaft verbunden wurde, erscheint nunmehr als Kennzeichen der gesamten abendländischen Geschichte. Die Befreiung vom Mythos führt nicht zu einem selbstbestimmten Leben, sondern endet wiederum in Blindheit und Herrschaftsgläubigkeit; Protagonisten dieser Entwicklung sind dabei wesentlich die Männer, so daß die Unterdrückung der Frau das notwendige Komplement zu diesem Geschichtsverlauf ist, der ungeachtet seiner Perspektive der globalen Vernichtung jede Einrede als *»Wunschdenken«* denunziert. *»So wäre der Wunsch, über Leben und Tod vieler, vielleicht aller künftiger Generationen mitzudenken, mitzureden, ganz abwegig?«* sinniert Christa Wolf in ihren Poetik-Vorlesungen.

Den unbedingten Anspruch auf Wahrheit, und in diesem Zusammenhang fällt wiederholt der Name Ingeborg BACHMANNS, sucht die Autorin für sich selbst einzulösen, aller Anfechtbarkeit zum Trotz. Gegenbilder befreiten Lebens, gelungenen Widerstands kennt die Erzählung nur noch in den sporadischen Begegnungen Kassandras mit Aineas, im privaten Bereich; indem Troja, die Heimatstadt, sich zum Krieg rüstet, wird es seinen Feinden, den griechischen Invasoren, immer ähnlicher, dem Untergang geweiht: *»Wann Krieg beginnt, das kann man wissen, aber wann beginnt der Vorkrieg. Falls es da Regeln gäbe, müßte man sie weitersagen. In Ton, in Stein eingraben, überliefern. Was stände da? Da stände, unter anderen Sätzen: Laßt euch nicht von den Eigenen täuschen.«* M.Pr.

AUSGABEN: Darmstadt/Neuwied 1983. – Darmstadt/Neuwied 1983 (SLu). – Bln./Weimar 1983. – Lpzg. 1984. – Ffm. 1990.

LITERATUR: W. Girnus, *Wer baute das siebentorige Theben* (in SuF, 1983, H. 2, S. 439–447). – H. Kaufmann, *Wider die trojanischen Kriege* (ebd., 1984, H. 3, S. 653–663). – S. Bock u. a., *»Kassandra« von Chr. W. Für u. Wider* (in WB, 30, 1984, S. 1353–1381). – U. Püschel, *»... die Reflexion der weißen Frau auf sich selbst«* (in Neue Deutsche Literatur, 1984, H. 8, S. 132–151). – A. K. Kuhn, *Chr. W.s »Kassandra«: Kanon, Umdeutung, Utopie* (in *Literatur u. bildende Kunst*, Hg. P. G. Kaufmann, Bonn 1985, S. 135–163). – B. Lersch, *Hervorbringen müssen, was einen vernichten wird: Mimik als poetisches Prinzip in Chr. W.s »Kassandra«* (in DVLG, 59, 1985, S. 145–167). – S. Hilzinger, *Weibliches Schreiben als eine Ästhetik des Widerstands. Über Chr. W.s »Kassandra«-Projekt* (in NRs, 1985, H. 1, S. 85–101). – Th. Keller, *Die Wolfsträume der Kassandra. Über eine weibliche Mythologie des Friedens bei Chr. W.* (in Recherches germaniques, 15, 1985, S. 151–174). – Chr. Maisch, *Ein schmaler Streifen Zukunft: Chr. W.s Erzählung »Kassandra«*, Würzburg 1986. – F. Cercignani, *Existenz u. Heldentum bei Chr. W.: »Der geteilte Himmel« u. »Kassandra«*, Würzburg 1988. – U. Growe, *Erfinden u. Erinnern: typologische Untersuchung zu Chr. W.s Romanen »Kindheitsmuster«, »Kein Ort. Nirgends« u. »Kassandra«*, Würzburg 1988. – F. Haas, *Chr. W.s »Kassandra« als »Modellfall politischer Erfahrung«: eine Interpretation*, Ffm. u. a. 1988. – R. Nicolai, *Chr. W.: »Kassandra«. Interpretation*, Mchn. 1989.

KINDHEITSMUSTER

Roman von Christa WOLF, erschienen 1976. – Acht Jahre nachdem sie das Buch *Nachdenken über Christa T.* veröffentlicht hatte, erschien Christa Wolfs dritter Roman; zwischenzeitlich waren ein mit ihrem Ehemann Gerhard Wolf zusammen verfaßtes Drehbuch (*Till Eulenspiegel*, 1972) und ein Band mit Erzählungen (*Unter den Linden*, 1974) publiziert worden. Inhaltlich wie formal knüpft *Kindheitsmuster* an *Nachdenken über Christa T.* an; in beiden Fällen verzichtet die Autorin auf eine Genrebezeichnung, mischt sich Autobiographisches mit Fiktionalem, wird Erinnerungsarbeit geleistet. Aber nicht den Aufbaujahren der DDR, den Hoffnungen der Nachkriegszeit wird »nach-gedacht«, sondern der Zeit des Nationalsozialismus. Er prägte Kindheit und Jugend der Generation, der die Autorin selbst angehört, modellierte die Denk- und Verhaltensmuster der Menschen so nachhaltig, daß die Auswirkungen bis in die Gegenwart hineinreichen. Für Stephan HERMLIN beendete dieser Roman das lange Schweigen in der DDR über den verdrängten, alltäglichen Faschismus jenseits der offiziellen Proklamationen: *»Wie sind wir so geworden, wie wir heute sind?«*

Den Erzählrahmen bildet eine Reise, die die Erzählerin zusammen mit Ehemann, Tochter und Bruder in ihre Heimatstadt unternimmt, die nunmehr zu Polen gehört und leicht als das ehemalige Landsberg/Warthe, der Geburtsort von Christa Wolf, zu erkennen ist. Die Rückkehr nach mehr als zwei Jahrzehnten weckt Erinnerungen, die bis in das Jahr 1933, zur Machtübernahme Hitlers, zurückgreifen und sich in der Gestalt der damals dreijährigen Nelly Jordan kristallisieren; vertraut und zugleich fremd erscheint der Erzählerin die eigene Kindheit, von der sie in der dritten Person berichtet und zugleich damit ihrer Tochter Lenka Rechenschaft ablegt von der Trivialität des faschistischen Alltags, *»wie man zugleich anwesend und nicht dabei gewesen sein kann, das schauerliche Geheimnis der Menschen dieses Jahrhunderts«*. In 18 Kapiteln wird die Kindheit der Nelly Jordan, Tochter eines Lebensmittelhändlers, geschildert. Familienstreitigkeiten und Verwandtschaftstreffen, Schulszenen und Freizeit im BDM (»Bund Deutscher Mädel«) –

akribisch registriert die Erzählerin die Entwicklung dieses Kindes, notiert den Drang zur Anpassung wie das instinktive Sträuben, der *»Verführung zur Selbstaufgabe«* nachzugeben. Nicht die großen politischen Ereignisse bestimmen das Leben vor und während des Krieges, vorherrschend ist das allgegenwärtige, verführerische Angebot, den Mächtigen hörig zu sein. Reichskristallnacht und Judenverfolgung, spanischer Bürgerkrieg und Kriegsbeginn 1939 bleiben Ereignisse, von denen die Zeitungen berichten, deren Folgen die kleine Stadt jenseits der Oder aber kaum zu berühren scheinen. Schon als 1933 die Versammlungs- und Pressefreiheit aufgehoben wurde, nahm die Familie Jordan davon kaum Notiz, denn man hatte *»ja auch bisher keine Publikationen geplant ... oder an Massenzusammenkünften teilgenommen«*. Zwar muß Vater Jordan seine Lebensmittelspenden nunmehr an die SA statt an die Rote Hilfe verteilen, zwar muß er an die Front und wird als Soldat beinahe einem Erschießungskommando zugeteilt, aber aus den Fugen gerät diese Welt – aus der Sicht des Kindes – erst, als die Familie vor der Roten Armee nach Westen flüchtet, als Nelly entflohenen KZ-Häftlingen begegnet. Sie verbrennt ihr Tagebuch, der Vater kehrt als Fremder aus dem Krieg zurück. Nelly erkrankt an Tuberkulose; die Neugierde auf das Kommende aber läßt sie überleben. Mit ihrer Gesundung 1947 endet das Buch.

Durchbrochen werden diese Erinnerungen immer wieder von Beobachtungen während der Reise 1971 in die Heimatstadt, von Gesprächen der Erzählerin mit ihrer mitreisenden Familie, aber auch, in einer weiteren Ebene, von Reflexionen während der Niederschrift des Manuskripts in den Jahren 1972 bis 1975. Erlebnisse und Eindrücke aus der Gegenwart der DDR werden daraufhin überprüft, wieweit Verhaltensweisen aus faschistischer Zeit weiterbestehen, Anmerkungen zu den in der Gegenwart sich vollziehenden Ereignissen in Vietnam, zum Putsch in Chile und zum Regime der griechischen Obristen treten hinzu. Stets gerät das Vorhaben der Erzählerin, den Bezug zwischen privater Erfahrung und historischer Realität herzustellen, zum Versuch, sich der eigenen Identität zu vergewissern und gegen jene *»Verhärtung, Versteinerung, Gewöhnung«* anzuschreiben, die einhergeht mit der Verdrängung der Vergangenheit und der unbeteiligten Hinnahme des Gegebenen; eine Voraussetzung, die Christa Wolf schon 1968 in ihrem programmatischen Essay *Lesen und Schreiben* formuliert hatte: *»Zu schreiben kann erst beginnen, wem die Realität nicht mehr selbstverständlich ist.«* Bezugspunkt dieses Schreibens bleibt die persönliche Betroffenheit, die allein jene *»subjektive Authentizität«* ermöglicht, die Christa Wolf als Methode wie als Maßstab ihrem Roman zugrunde legt; diese Verbindung von individuellem Erleben und historischer Faktizität erzwingt zugleich den Verzicht auf herkömmliche Erzählformen: *»Im Idealfall sollten die Strukturen des Erlebens sich mit den Strukturen des Erzählens decken ... Aber es gibt diese Technik nicht, die es gestatten würde, ein unglaublich verfilztes Geflecht, dessen Fäden nach den strengsten Gesetzen ineinandergeschlungen sind, in die lineare Sprache zu übertragen, ohne es ernstlich zu verletzen.«*

Vor allem die westliche Kritik hatte zunächst Anstoß genommen an der Form des Romans, der 1977 mit dem »Bremer Literaturpreis« ausgezeichnet wurde, während die Rezeption in der DDR ihren Akzent durch die *Gegenerinnerung* von Annemarie Auer erhielt, die der Autorin ein Abweichen vom *»ideologischen Standpunkt der revolutionären Klasse«* vorwarf. Mittlerweile gilt der Roman als einer der wichigsten Versuche der deutschsprachigen Literatur zum Thema Vergangenheitsbewältigung, nicht nur, weil er im Gegensatz zu vergleichbaren Versuchen in der DDR ohne Helden und revolutionäre Bekehrungsszenen auskommt, sondern auch, weil er die Unabgeschlossenheit dieser Vergangenheit gerade durch die Differenziertheit seiner formalen Mittel deutlich zu machen sucht: *»Für diejenigen, die in der Zeit des Faschismus aufwuchsen, kann es kein Datum geben, von dem ab sie ihn als ›bewältigt‹ erklären können. Die Literatur hat dem Vorgang nachzugehen, ihn vielleicht mit einzulösen: Eine immer tiefere, aber auch immer persönlichere Verarbeitung dieser im Sinne des Wortes ungeheuren Zeit-Erscheinung«* (Chr. Wolf). M.Pr.

Ausgaben: Bln./DDR 1976. – Darmstadt/Neuwied 1977. – Darmstadt/Neuwied 1981 (SLu).

Literatur: *Diskussion mit Chr. W.* (in SuF, 1976, H. 4, S. 861–888). – H. Kant, Rez. (in Sonntag, 13. 2. 1977). – H. Plavius, *Gewissenserforschung* (in Neue Deutsche Literatur, 1977, H. 1, S. 139–151). – A. Auer, *Gegenerinnerung* (in SuF, 1977, H. 4, S. 847–878). – W. Girnus, S. Hermlin u. a., *Briefe an A. Auer* (ebd., H. 6, S. 1311–1322). – M. Mitscherlich, *Die Frage der Selbstdarstellung* (in NRs, 1980, H. 2/3, S. 291–316). – M. Melchert, *Epischer Spielraum im Roman* (in WB, 28, 1982, S. 101–115). – Chr. Zahlmann, *C. W.s Reise ins »Tertiär«: eine literaturpsychologische Studie zu »Kindheitsmuster«*, Würzburg 1986. – C. Viollet, *Nachdenken über Pronomina. Zur Entstehung von Chr. W.s »Kindheitsmuster«* (in LiLi, 1987, H. 68, S. 52–62). – H. Growe, *Erfinden u. Erinnern: typologische Untersuchung zu Chr. W.s Romanen »Kindheitsmuster«, »Kein Ort. Nirgends« u. »Kassandra«*, Würzburg 1988. – A. Blumer, *Identitätsbildung als Bildschöpfung am Beispiel von Chr. W.s Roman »Kindheitsmuster«* (in Acta Germanica, 19, 1988).

NACHDENKEN ÜBER CHRISTA T.

Roman von Christa Wolf, erschienen 1968. – Fünf Jahre nach dem Erfolg von *Der geteilte Himmel* erschien der zweite Roman der Autorin, die kurz davor von der Kandidatenliste zum ZK der SED gestrichen worden war. *Nachdenken über Christa T.*, ein *»leicht angreifbares und schwer greifbares«* Stück Literatur (M. Reich-Ranicki), wurde

in der DDR selbst anfänglich sehr negativ aufgenommen, im sozialistischen wie im westlichen Ausland dagegen teilweise begeistert begrüßt.
Eine herkömmliche Fabel kennt der Roman nicht. Erzählanlaß für die Erzählerin, die keine individuellen Konturen gewinnt, ist der Tod einer Freundin, Christa T. Ihrem Leben wird nach-gedacht, um sie *»weiterzudenken, sie leben und altern zu lassen, wie es jedermann zukommt«*, denn, wie bereits eingangs festgehalten wird: *»... bloß nicht vorgeben, wir täten es ihretwegen. Ein für allemal: Sie braucht uns nicht. Halten wir also fest, es ist unsretwegen, denn es scheint, wir brauchen sie.«* Die äußeren Stationen dieses Lebens sind wenig außergewöhnlich, weisen allerdings einige Parallelen mit der Biographie der Autorin auf. Um 1927 als Tochter eines Dorfschullehrers geboren, wächst Christa T. östlich der Oder auf und besucht das Gymnasium, wo sie die Erzählerin kennenlernt. Auf der Flucht vor der Roten Armee verlieren sie sich aus den Augen. Christa T. arbeitet auf dem Lande, unterrichtet Dorfkinder und beschließt schließlich, in Leipzig Germanistik zu studieren; an der Universität begegnen sich die Freundinnen wieder. Unter den Studenten, die teils idealistisch, teils opportunistisch am Aufbau des sozialistischen Staates mitarbeiten, bleibt Christa T. eine Außenseiterin, stets in kritischer Distanz zu den gegebenen Verhältnissen. Die offiziellen Losungen versucht sie ins Konkrete zu wenden: *»Der neue Mensch, hörte sie sagen und begann, in sich hineinzublicken.«* Die Überzeugungskraft der Politparolen zerbricht unter der Wucht der Ereignisse des 17. Juni 1953, im Roman nicht direkt benannt; vom *»Frühsommer dreiundfünfzig«* ist die Rede. Christa T. erleidet einen psychischen Zusammenbruch, die Flucht zurück in die dörfliche Idylle und zu einem Hellseher bleibt jedoch Episode. Sie beendet ihr Studium und wird, wenn auch nur für kurze Zeit, Lehrerin. Als sie heiratet, gibt sie ihren Beruf auf und richtet sich mit zwei Kindern im Alltag ein. Klagen über das Hausfrauendasein und eine kurze Liebschaft mit einem Förster führen so wenig zur Veränderung ihrer Situation wie der Vorsatz, es mit der Schriftstellerei zu versuchen. 1963 stirbt Christa T. überraschend an Leukämie.
Erzählt wird dieses Leben in Rückblenden, in die sich Reflexionen und Träume mischen. Keine allwissende Erzählerin tritt auf, vielmehr werden Erfahrungen und Möglichkeiten eines Lebens aufgedeckt, werden jene Überlegungen in die literarische Praxis umgesetzt, die Christa Wolf in ihrem Essay *Lesen und Schreiben* (1968) als ihr ästhetisches Programm festgehalten hat: *»Prosa schafft Menschen im doppelten Sinn. Sie baut tödliche Vereinfachungen ab, indem sie die Möglichkeiten vorführt, auf menschliche Weise zu existieren. Sie dient als Erfahrungsspeicher und beurteilt die Strukturen menschlichen Zusammenlebens unter dem Gesichtspunkt der Produktivität.«* Diese Produktivität ist nicht abzulösen von der Verfassung der Gesellschaft, in der Christa T. lebt. In einer Zeit, in der die DDR sich – nach dem Mauerbau 1961 – politisch und wirtschaftlich zu konsolidieren beginnt, blickt Christa Wolf auf die Geschichte dieses Staates zurück, vergleicht sie die Hoffnungen der Aufbauzeit mit der Stagnation der Gegenwart. *»Ich weiß nicht, wozu ich da bin«*, stellt Christa T. fest, die sich weder den Anforderungen des Kollektivs unterwerfen noch in den Konkurrenzkampf mit den *»Tatsachenmenschen«* eintreten will, aber auch im Rückzug in die Privatheit ihre Identität nicht finden kann.
Gerade durch die fragmentarischen und unabgeschlossenen Züge dieser Figur, die sich jeder Gewöhnung an Routine und Abstumpfung zu verweigern sucht, erreicht der Roman ein bis dahin in der DDR-Literatur kaum gekanntes kritisches Potential, ohne daß das Scheitern von Christa T., wie westliche Rezensenten vermuteten, als resignative Absage der Autorin an die DDR-Gesellschaft zu deuten gewesen wäre. Christa Wolf verstand ihr Werk, wie sie 1968 in ihrem *Selbstinterview* festhielt, als Erkundung der Möglichkeiten von Literatur in dieser Gesellschaft: *»Die Literatur nimmt sich, wie unsere Gesellschaft, gerade der Unruhigen an... Auch, um die Gründe zu finden, warum (diese) Unruhe steckenbleibt – wenn dies der Fall sein sollte: warum sie nicht aus sich heraustreten und sich voll verwirklichen kann.«* Der Roman, mit dem Christa Wolf in der Folgezeit zu einer der am meisten beachteten Autorinnen in beiden deutschen Staaten wurde, markierte einen Umbruch in der DDR-Literatur; durch die kritische Bestandsaufnahme des Alltags, wie ihn Autoren wie U. PLENZDORF, V. BRAUN, M. WANDER oder I. MORGNER in den siebziger Jahren unternahmen, gewann diese Literatur auch aus westdeutscher Sicht einen zunehmend eigenständigen Charakter. M.Pr.

AUSGABEN: Halle/Saale 1968. – Neuwied 1969. – Neuwied 1971 (SLu). – Bln./Weimar 1973. – Stg./Mchn. 1986.

LITERATUR: H. Kahler, *Chr. W.s Elegie* (in SuF, 1969, H. 1, S. 251–261). – H. Haase, *Nachdenken über ein Buch* (in Neue Deutsche Literatur, 1969, H. 4, S. 174–185). – M. W. Schulz, *Das Neue u. Bleibende in unserer Literatur* (in *VI. Deutscher Schriftstellerkongreß. Protokoll*, Bln./Weimar 1969, S. 23–59). – H. Mohr, *Produktive Sehnsucht. Struktur, Thematik u. politische Relevanz von Chr. W.s »Nachdenken über Christa T.«* (in Basis, 2, 1971, S. 191–233). – A. Huyssen, *Auf den Spuren Ernst Blochs. Nachdenken über Chr. W.* (ebd., 5, 1975, S. 100–116). – Chr. Thomassen, *Der lange Weg zu uns selbst. Chr. W.s Roman »Nachdenken über Christa T.« als Erfahrungs- u. Handlungsmuster*, Kronberg/Ts. 1977. – *Wirkungsgeschichte von Chr. W.s »Nachdenken über Christa T.«*, Hg. M. Behn, Königstein/Ts. 1978. – L. Köhn, *Chr. W.: »Nachdenken über Christa T.«* (in *Deutsche Romane des 20. Jh.s. Neue Interpretationen*, Hg. P. M. Lützeler, Königstein/Ts. 1983, S. 340–355). – M. u. W. Mauser, *Chr. W. »Nachdenken über Christa T.«*, Mchn. 1987. – D. Sevin, *Chr. W.: »Der geteilte Himmel«, »Nachdenken über Christa T.«. Interpretation*, Mchn. [2]1988.

Die Verfasser der Beiträge

A.Ar	Dr. Andreas Ammer
A.Sch.	Dr. Arthur Scherle
B.B.	Bastian Brant
B.Bh.	Brigitte Bergheim M.A.
B.Hb.	Dr. Brigitte Haberer
B.Mü.	Burkhard Müller
B.R.E.	Birgit R. Erdle M.A.
B.S.	Bernhard Setzwein M.A.
C.Bi.	Christa Bianchi
C.Bu.	Dr. Christoph Buggert
C.Fi.	Dr. Cornelia Fischer
C.Kn.	Christine Knobloch M.A.
C.Lu.	Dr. Christine Lubkoll
C.P.S.	Claus P. Schmid
C.Sa.	Christoph Sahner
D.Bar.	Dieter Barber
D.Pl.	Dagmar Ploetz
D.R.M.	Daniela Riess-Meinhardt
E.Er.	Eric Erfurth
E.Fi.	Prof. Dr. Ernst Fischer
E.Ho.	Eginhard Hora
E.H.V.	Eike H. Vollmuth
E.Koe.	Elmar Koenen
E.O.G.	Dr. Ernst-O. Gerke
E.N.	Dr. Eckehart Nölle
E.Pu.	Dr. Elsbeth Pulver
E.Ri.	Prof. Dr. Ernst Ribbat
E.Sch.	Prof. Dr. Egidius Schmalzriedt
F.J.	Dr. Friedrich Jenaczek
F.Ke.	Dr. Friedhelm Kemp
F.N.	Dr. Friedrich Nemec
G.Bu.	Dr. Günter Baumann
G.E.	Dr. Günter Erken
G.H.	Dr. Gertrud Herding
G.He.	Gisela Hesse
G.Hei.	Gerd Heistermann
G.Hz.	Georg Heintz
G.Le.	Günther Leitzgen
G.O.	Dr. Gert Oberembt
G.R.	Prof. Dr. Gunter Reiß
G.Rö.	Dr. Gertraud Rösch
G.Sa.	Prof. Dr. Gert Sautermeister
G.Schi.	Dr. Gerhard Schindele
G.Wi.	Dr. Gertraude Wilhelm
G.Wo.	Gert Woerner
H.Ba.	Dr. Helmut Bachmaier
H.Bes.	Heribert Besch
H.B.H.	Hansjörg Beger-Hintzen
H.Bn.	Helmut Braun
H.Bor.	Helga Born
H.Bre.	Harald Breier
H.E.	Hermann Ebeling
H.Es.	Hans Esselborn
H.G.W.	Dr. Horst G. Weise
H.Hä.	Dr. Hiltrud Häntzschel
H.Hen.	Prof. Hans Hennecke
H.H.H.	Hans H. Henschen
H.Hon.	Dr. Helga Honold
H.J.B.	Dr. Hans J. Ballschmieter
H.L.	Harald Landry
H.Mon.	Dr. Hiltgunt Monecke
H.O.	Dr. Helmut Olles
H.P.	Helga Probst
H.S.B.	Dr. Hansgeorg Schmidt-Bergmann
H.Sch.	Hartmut Scheible
H.Str.	Horst Strittmatter
H.Ve.	Dr. Heinz Vestner
H.Vwg.	Dr. Heinrich Vormweg
H.W.	Herbert Wiesner
I.Am.	Dr. Irmgard Ackermann
I.F.W.	Ingo F. Walther
I.Ž.	Dr. Irene Živsa
J.Dr.	Prof. Dr. Jörg Drews
J.Dy.	Prof. Dr. Joachim Dyck
J.F.	Prof. Dr. Johannes Feest
J.Ka.	Prof. Dr. Joachim Kaiser
J.K.D.	Dr. Joseph Kiermeier-Debre
J.Kn.	Prof. Dr. Jan Knopf
J.N.F.	Dr. Jutta Neuendorff-Fürstenau
J.P.S.	Prof. Dr. Josef P. Stern
J.Vo.	Joseph Vogl
J.W.St.	Prof. Dr. Joachim W. Storck
J.Ze.	Johanna Zeitler
K.B.	Prof. Dr. Klaus Baumgärtner
K.D.G.	Dr. Karl Dietrich Gräwe
K.E.	Dr. Klaus Ensslen
K.Fr.	Dr. Konrad Franke
K.Hab.	Dr. Klaus Haberkamm
K.Hü.	Dr. Klaus Hübner
K.Je.	Prof. Dr. Klaus Jeziorkowski
KLL.	Redaktion Kindlers Literatur Lexikon
K.N.	Knut Nievers
K.P.	Klaus Podak
K.Re.	Dr. Karl Reichert
L.D.	Dr. Ludwig Dietz
L.Ha.	Dr. Lutz Hagestedt
M.B.	Dr. Michael Bauer
M.Beh.	Dr. Maria Behre
M.Br.	Prof. Dr. Manfred Brauneck
M.Fru.	Michael Fruth
M.Gl.	Dr. Martin Glaubrecht
M.Gru.	Manfred Grunert
M.Ke.	Manfred Kluge
M.May.	Dr. Mathias Mayer
M.Me.	Martina Mehring
M.Ni.	Martin Nickisch
M.Pr.	Dr. Meinhard Prill
M.Schm.	Dr. Michael Schmidt
M.Se.	Prof. Dr. Martin Selge
M.T.	Prof. Dr. Michael Titzmann
M.Th.	Manuel Thomas
N.v.H.	Nils-Henning von Hugo
N.Z.	Norbert Zimmermann
O.F.B.	Prof. Dr. Otto F. Best
P.Be.	Dr. Peter Bekes
P.Br.	Peter Brinkemper
P.Gl.	Peter Glaser
P.Hel.	Dr. Peter Heller

P.J.B.	Dr. Peter J. Brenner
P.Ko.	Peter Kobbe
P.Koh.	Peter Kohlhaas M.A.
P.L.	Dr. Peter Laemmle
P.La.	Dr. Peter Langemeyer
P.Sch.	Dr. Peter Schraud
P.Schü.	Peter Schünemann
R.Br.	Renate Briesemeister
R.Bz.	Dr. Rüdiger Bolz
R.Di.	Rüdiger Dingemann M.A.
R.Fr.	Prof. Dr. Rüdiger Frommholz
R.Go.	Rüdiger Gollnick
R.Gr.	Prof. Dr. Rolf Grimminger
R.Hk.	Richard Heckner
R.Ki.	Reinhard Kiefer
R.Lo.	Raimund Lorenzer
R.M.	Richard Mellein M.A.
R.Ra.	Roland Rall
R.Rh.	Dr. Reinhold Rauh
R.Rr.	Rudolf Radler
R.v.H.	Prof. Dr. Renate von Heydebrand
S.E.	Dr. Steffen Ewig
S.Ha.	Dr. Sven Hanuschek
S.P.	Dr. Susanne Partsch
S.Re.	Stephan Reinhardt
T.Be.	Dr. Thomas Beckermann
T.Koe.	Prof. Dr. Thomas Koebner
T.M.M.	Dr. Thomas M. Mayer
U.Ba.	Ulrike Backofen
U.Di.	Dr. Ulrich Dittmann
U.E..	Ulf Eisele
U.Fr.	Ulrich Frei
U.H.	Dr. Ulrich Hubert
U.J.	Urs Jenny
V.H.	Dr. Valentin Herzog M.A.
V.Ho.	Prof. Dr. Volker Hoffmann
W.D.	Wilfried Dittmar
W.F.S.	Dr. Wilfried F. Schoeller
W.G.	Prof. Dr. Walter Gebhard
W.Hae.	Dr. Wilhelm Haefs
W.P.	Dr. Wulf Piper
W.Pre.	Prof. Dr. Wolfgang Preisendanz
W.R.L.	Prof. Dr. Werner R. Lehmann
W.Schm.	Dr. Walter Schmitz
W.v.S.	Werner von Stegmann
W.We.	Walter Weidner

Abkürzungsverzeichnis

AA Johann Wolfgang v. Goethe, *Gedenkausgabe der Werke, Briefe und Gespräche. 28. August 1949,* Hg. E. Beutler, 24 Bde., Zürich/Stuttgart 1948–1954 (Artemis-Ausgabe)
ABAW Abhandlungen der Bayer. Akademie der Wissenschaften
ADAW Abhandlungen der Deutschen Akademie der Wissenschaften
ADB *Allgemeine Deutsche Biographie,* Hg. Historische Commission bei der kgl. Akademie der Wissenschaften, 56 Bde., Leipzig 1875–1912
AfdA Anzeiger für deutsches Altertum und deutsche Literatur
AFNF Arkiv för Nordisk Filologi
AGG Abhandlungen der Gesellschaft Wissenschaften in Göttingen
AGPh Archiv für Geschichte der Philosophie
AlH Ausgabe letzter Hand
APAW Abhandlungen der Preußischen Akademie der Wissenschaften
ARG Archiv für Reformationsgeschichte
ASSL Archiv für das Studium der neuen Sprachen (und Literaturen)
ATB Altdeutsche Textbibliothek
AWA Anzeiger der philologisch-historischen Klasse der Akademie der Wissenschaften in Wien
BdtLw Beiträge zur deutschen Literaturwissenschaft
Beitr. Beiträge zur Geschichte der deutschen Literatur; seit 1955: Beitr. (Tübingen); Beitr. (Halle)
BLV Bibliothek des litterarischen Vereins in Stuttgart
BS Bibliothek Suhrkamp
CL Comparative Literature
DA Deutsches Archiv für Geschichte (Erforschung) des Mittelalters
DD Das Deutsche Drama. Zeitschrift für Freunde dramatischer Kunst
De Boor H. de Boor u. R. Newald, *Geschichte der deutschen Literatur von den Anfängen bis zur Gegenwart* München 1949 ff.
detebe Diogenes Taschenbuch
DL Deutsche Literatur. Sammlung literarischer Kunst- und Kulturdenkmäler in Entwicklungsreihen
DLD Deutsche Literaturdenkmale des 18. und 19. Jahrhunderts in Neudrucken
DLz Deutsche Literaturzeitung für Kritik der internationalen Wissenschaft
DNL Deutsche National Literatur
DPhA *Deutsche Philologie im Aufriß,* Hg. W. Stammler, 3 Bde., Berlin² 1957–1962
dtv Deutscher Taschenbuch Verlag
DRs Deutsche Rundschau
DTM Deutsche Texte des Mittelalters
DU Der Deutschunterricht
DuV Dichtung und Volkstum
DUZ Deutsche Universitäts-Zeitung
DVLG (DVjS) Deutsche Vierteljahrsschrift für Literaturwissenschaft und Geistesgeschichte
EC Exempla Classica
EG Études Germaniques
Ehrismann G. Ehrismann, *Geschichte der deutschen Literatur bis zum Ausgang des Mittelalters,* 4 Bde., München 1918–1935
es Edition Suhrkamp
Euph Euphorion. Zeitschrift für Literaturgeschichte
FAZ Frankfurter Allgemeine Zeitung für Deutschland
FDH Jahrbuch des Freien Deutschen Hochstifts
FH Frankfurter Hefte
FiBü Fischer Bücherei
FRs Frankfurter Rundschau
GGA Göttingische Gelehrte Anzeigen
GGT Goldmanns Gelbe Taschenbücher
GJb Goethe-Jahrbuch
GK Goethe-Kalender
GLL German Life and Letters
Goethe Goethe. Vierteljahresschrift der Goethe-Gesellschaft
Goldm.Tb Goldmann Taschenbuch
GQ The German Quarterly
GR The Germanic Review
GRM Germanisch-Romanische Monatsschrift
HA Johann Wolfgang v. Goethe, *Werke,* Hg. E. Trunz, 14 Bde., Hamburg 1948–1960 (Hamburger Ausgabe)
HZ Historische Zeitschrift
IB Insel Bücherei
JbGG Jahrbuch der Goethe-Gesellschaft
JbNd Jahrbuch des Vereins für niederdeutsche Sprachforschung
JC Johann Wolfgang v. Goethe, *Sämtliche Werke,* Hg. E. v. d. Hellen, 40 Bde., Stuttgart 1902–1912 (Jubiläums-Ausgabe, Cotta)
JEGPh The Journal of English and Germanic Philology
KLG Kritisches Lexikon zur deutschsprachigen Gegenwartsliteratur
KTA Kröners Taschenausgabe
LangMod Les Langues Modernes
LE Das literarische Echo. Halbmonatsschrift für Literaturfreunde
LdtG *Lexikon der deutschsprachigen Gegenwartsliteratur,* Hg. H. Wiesner u. S. Cramer, Mchn. 1987
LiLi Zeitschrift für Literaturwissenschaft und Linguistik
LJb Literaturwissenschaftliches Jahrbuch der Görres-Gesellschaft
LLD Lateinische Literaturdenkmäler des XV. und XVI. Jahrhunderts
LM *Lexikon des Mittelalters,* Mchn. 1980 ff.
LWU Literatur in Wissenschaft und Unterricht
MA Le Moyen-Age, Revue d'Histoire et de Philologie
Manitius M. Manitius, *Geschichte der lateinischen Literatur des Mittelalters,* 3 Bde., Mchn. 1911–1931
MdF Mercure de France
MDU Monatshefte für deutschen Unterricht, deutsche Sprache und Literatur
MGH Monumenta Germaniae Historica
MIÖG Mitteilungen des Instituts für Österreichische Geschichtsforschung
MLN Modern Language Notes
MLQ Modern Language Quarterly
MLR The Modern Language Review
MLS Modern Language Studies

NAG Nachrichten von der Akademie der Wissenschaften zu Göttingen
NDB *Neue Deutsche Biographie,*
Hg. Historische Kommission bei der Bayerischen Akademie der Wissenschaften, Berlin 1951 ff.
NDF Neue Deutsche Forschung
NDH Neue deutsche Hefte.
Beiträge zur europäischen Gegenwart
NdJb Niederdeutsches Jahrbuch
NdL Neudrucke deutscher Literaturwerke
(des 16. und 17. Jahrhunderts)
Neoph Neophilologus. Driemaandeliks tijdschrift voor de wetenschappelike beoefening van levende vreemde talen en van haar letterkunde
NGG Nachrichten von der Gesellschaft der Wissenschaften in Göttingen
NHJb Neue Heidelberger Jahrbücher
NJb Neue Jahrbücher für Philologie und Pädagogik
NLit Die Neue Literatur
NNRF La Nouvelle Nouvelle Revue Française
NphM Neuphilologische Mitteilungen
NQ Notes and Queries for Readers and Writers, Collectors and Librarians
NRs Die Neue Rundschau
NSRs Neue Schweizer Rundschau
NZZ Neue Zürcher Zeitung
OL Orbis Litterarum. Revue internationale d'études littéraires
Phil Philologus. Zeitschrift für das klassische Altertum
PhJb Philosophisches Jahrbuch.
Auf Veranlassung und Unterstützung der Görresgesellschaft
PJb Preußische Jahrbücher
PMLA Publications of the Modern Language Association of America
PQ The Philological Quarterly.
A Journal Devoted to Scholarly Investigation in the Classical and Modern Languages and Literatures
QFgV Quellen und Forschungen zur Sprach- und Culturgeschichte der Germanischen Völker
RF Romanische Forschungen. Vierteljahrsschrift für romanische Sprachen und Literaturen
rde Rowohlts deutsche Enzyklopädie
RGA; RGA² *Reallexikon der germanischen Altertumskunde,* Hg. J. Hoops, 4 Bde., Straßburg 1911–1919; 2. Aufl., Hg. H. Jankuhn u. a., Bln. 1968 ff.
RGerm Revue Germanique. Allemagne – Angleterre États Unis – Pays-Bas – Scandinavie
RGG *Die Religion in Geschichte und Gegenwart. Handwörterbuch für Theologie und Religionswissenschaft,* Hg. K. Galling u. H. Frh. von Campenhausen, 6 Bde., Tübingen³ 1957–1962
RJb Romanistisches Jahrbuch
RKl Rowohlts Klassiker
RL P. Merker u. W Stammler, *Reallexikon der deutschen Literaturgeschichte,* 4 Bde., Berlin 1925–1931, 1958² ff., Hg. W. Kohlschmidt u. W. Mohr
RLC Revue de la littérature Comparée
rm Rowohlts Monographien
rororo Rowohlts Rotations Romane
RUB Reclams Universal Bibliothek
SAWH Sitzungsberichte der Heidelberger Akademie der Wissenschaften
SBAW Sitzungsberichte der (Kgl.) Bayerischen Akademie der Wissenschaften
SchwRs Schweizer(ische) Rundschau
SG Sammlung Göschen
SL Die Schöne Literatur
SLu Sammlung Luchterhand
SPAW Sitzungsberichte der (Kgl.) Preußischen Akademie der Wissenschaften
st Suhrkamp Taschenbuch
Staiger E. Staiger, *Goethe,* 3 Bde., Zürich 1952–1959
StPh Studies in Philology
StvLg Studien zur vergleichenden Literaturgeschichte
stw Suhrkamp Taschenbuch Wissenschaft
SuF Sinn und Form. Beiträge zur Literatur
SWAW Sitzungsberichte der Wiener Akademie der Wissenschaften
SZ Süddeutsche Zeitung
Tb. Taschenbuch
Ullst.Tb. Ullstein Taschenbuch
VL; VL² *Die deutsche Literatur des Mittelalters. Verfasserlexikon,* Hg. W. Stammler u. K. Langosch, 5 Bde., Bln./Lpzg. 1933–1955. 2. Aufl., Hg. K. Ruh u. a., Bln./NY 1977 ff.
WA Johann Wolfgang v. Goethe, *Werke,* hg. im Auftrag der Großherzogin Sophie von Weimar, 4 Abt., 133 Bde., Weimar 1887–1912 (Weimarer Ausgabe)
WB Weimarer Beiträge
WdL Die Welt der Literatur
WM Westermanns (illustrierte deutsche) Monatshefte
WW Wirkendes Wort. Deutsches Sprachschaffen in Lehre und Leben
ZBLG Züricher Beiträge zur deutschen Literatur- und Geistesgeschichte
ZDLG Zeitschrift für deutsche Literaturgeschichte
ZfÄsth Zeitschrift für Ästhetik und allgemeine Kunstwissenschaft
ZfdA Zeitschrift für Deutsches Altertum (und Literatur)
ZfdGw Zeitschrift für deutsche Geisteswissenschaft
ZfdPh Zeitschrift für deutsche Philologie
ZfdU Zeitschrift für den Deutschen Unterricht
ZfÖG Zeitschrift für die österreichischen Gymnasien
ZRG Zeitschrift für Religions- und Geistesgeschichte
ZsTh Zeitschrift für systematische Theologie
ZvLg Zeitschrift für vergleichende Literaturgeschichte

Register der Autoren und Werke